KICKER-ALMANACH 2012

Zusammenstellung und Bearbeitung

Robert Hohensee
Christoph Huber
Ulrich Matheja

COPRESS VERLAG MÜNCHEN

INHALTSVERZEICHNIS

Kapitel 1:
Die Saison

Kapitel 2:
Die Länderspiele

Kapitel 3:
Die deutsche Meisterschaft

Kapitel 4:
Die deutschen Pokalwettbewerbe

Kapitel 5:
Der deutsche Ligafußball

Kapitel 6:
Die 1. Bundesliga

Kapitel 7:
Die 2. Bundesliga

Kapitel 8:
Die 3. Liga

Kapitel 9:
Die Fußball-Weltmeisterschaft

Kapitel 10:
Die Fußball-Europameisterschaft

Kapitel 11:
Die Europapokale

Kapitel 12:
Der Jugendfußball

Kapitel 13:
Der Frauen-Fußball

Kapitel 14: Anhang

Titelbild: SVEN SIMON (Manuel Neuer, der Spieler des Jahres 2011);
Alle Bilder Innenteil: SVEN SIMON

Nymphenburger Straße 86, 80636 München und
Olympia-Verlag GmbH, Badstraße 4-6, 90402 Nürnberg
 www.copress.de
Gesamtherstellung: Stiebner, München Printed in Germany
ISBN-13: 978-3-7679-0916-8

Vorwort

Normalerweise werden Aussagen durch Wiederholungen nicht besser. Aber Hand aufs Herz: Von unseren Fußball-Frauen hatten wir uns bei der WM im eigenen Land doch mehr erwartet? Nach den tollen Erfolgen der Vergangenheit spielte das Team von Silvia Neid mit angezogener Handbremse und schied vollkommen überraschend bereits im Viertelfinale aus. Auch wenn es gegen den späteren Weltmeister Japan war. Die Enttäuschung war groß – zumal das vorzeitige Aus auch das Ticket für die Olympischen Spiele 2012 in London kostete. Es muss sich jetzt zeigen, inwieweit sich Begeisterung und öffentliches Interesse nun auf die Frauen-Bundesliga auswirken. Die Meinungen sind verschieden. Immerhin konnten die U-19-Juniorinnen ihren EM-Titel verteidigen. Im Nachwuchsbereich stimmt es also. Das wird den Umbruch in der Frauen-Nationalmannschaft im Hinblick auf die Qualifikation für die EM 2013 in Schweden sicherlich erleichtern.

Voll auf EM-Kurs liegt die Männer-Nationalmannschaft. Bisher haben die Jungs von Joachim Löw noch keinen Punkt abgegeben. Auch hier ist der Einbau junger Spieler gelungen. Und die Zukunft sieht nicht schlecht aus. Die U 17 wurde Vize-Europameister und belegte bei der anschließenden WM in Mexiko als bestes europäisches Team Platz 3.

Voll auf die Jugend gesetzt hatte auch Borussia Dortmund, das mit einem einmaligen Siegeszug durch die Saison zog und verdient Meister wurde. Wünschen wir den Borussen, dass sie die Bundesliga ähnlich erfolgreich vertreten wie 2010 der FC Bayern München (Finale) oder 2011 der FC Schalke 04 (Halbfinale). Großes hat sich auch der FC Bayern vorgenommen, der lange um die Qualifikation zur Champions League bangen musste und den im Vorjahr noch hochgelobten Louis van Gaal vorzeitig in die Wüste schickte. Richten soll's einmal wieder Jupp Heynckes, der in Leverkusen hervorragende Arbeit geleistet hat. Erneut ein Jahr ohne Titel kann und will man sich in München nicht leisten. Zumal das Champions-League-Finale 2012 in der heimischen Allianz-Arena ausgetragen wird. Immerhin spricht die Statistik für die Münchner, die zuletzt in geraden Jahren (2010, 2008, 2006) immer Meister wurden.

Meister werden wollten schon viele. Auch der FC Schalke 04, der eine Saison mit allen Höhen und Tiefen durchmachte. Der Pokalsieg konnte am Ende aber nur ein schwacher Trost für das schlechteste Abschneiden seit Jahren in der Liga sein. Doch wie Schalke erging es auch anderen Klubs, die Ambitionen nach oben hatten. Werder Bremen etwa, das zum ersten Mal seit Jahren nicht international vertreten ist oder der VfL Wolfsburg, der bis zum letzten Spieltag gegen den Abstieg kämpfte. Hier wird man mit großem Interesse verfolgen, wie Felix Magath den Meister von 2009 wieder in die Spur bekommt. Den entgegengesetzten Weg musste die Frankfurter Eintracht gehen. Unverständlich der Einbruch nach einer hervorragenden Vorrunde. Selbst Ober-Motivator Christoph Daum konnte das schlingernde Schiff nicht mehr in ruhiges Wasser steuern.

Ähnlich war es im Jahr davor Hertha BSC ergangen, der aber der sofortigen Wiederaufstieg gelang. Mit dem Hauptstadtklub stieg auch der FC Augsburg erstmals ins deutsche Fußball-Oberhaus auf. Herzlich willkommen FCA. Die letzten Jahre haben ja gezeigt, dass der Bundesliga die Blutauffrischung aus der 2. Bundesliga durchaus gut tat. Siehe TSG 1899 Hoffenheim, siehe 1. FSV Mainz 05, siehe SC Freiburg. Das Gleiche gilt natürlich auf eine Spielklasse tiefer, wo mit Eintracht Braunschweig, Hansa Rostock und Dynamo Dresden drei Traditionsvereine in den Profifußball zurückgekehrt sind. Damit ist der Osten 2011/12 mit fünf Klubs in der 2. Bundesliga vertreten: Erzgebirge Aue, Energie Cottbus und der 1. FC Union Berlin vervollständigen das Quintett. So viele Klubs hat der Osten seit 20 Jahren nicht mehr im Profibereich gehabt.

Ansonsten machten ab Liga 2 einige Klubs leider mehr durch schlechtes Wirtschaften als durch schöne Kombinationen auf sich aufmerksam. Arminia Bielefeld und dem TSV München 1860 mussten sogar Punkte abgezogen werden. Noch schlimmer ging es in der 3. Liga zu, wo TuS Koblenz und Rot-Weiss Ahlen finanziell am Ende waren. Während Koblenz in letzter Sekunde immerhin noch die Zulassung für die Regionalliga bekam, gingen die Westfalen sogar freiwillig noch eine Klasse tiefer. Aber auch in der Regionalliga mussten mit der SpVgg Weiden und dem SSV Ulm 1846 wieder zwei Klubs vorzeitig aufgeben. Es bleibt abzuwarten, ob die Regionalliga-Reform mit fünf statt drei Regionalligen ab 2012/13 Besserung bringt. Zumal es dann kein automatisches Aufstiegsrecht mehr

Den WM-Hattrick verpasste die deutsche Frauen-Nationalmannschaft durch ein 0:1 nach Verlängerung im Viertelfinale gegen Japan. Dennoch war das WM-Turnier in Deutschland sportlich und organisatorisch ein voller Erfolg.

für den Meister gibt. Und es für einige Klubs kaum Veränderungen geben wird. Hessen Kassel muss dann zwar vielleicht nicht mehr nach München fahren, dafür ins Saarland und weiterhin nach Freiburg.

Er ist also in Bewegung, der deutsche Fußball. Und die Zuschauer strömen weiterhin. Erstmals kamen über 42 000 pro Spiel in der Bundesliga. Auch in der 2. Bundesliga hat sich der schnitt auf hohem Niveau stabilisiert. Man kann es kaum glauben, dass er 1987/88 bei nur 4102 gelegen hat. Jetzt sind es über 10 000 mehr. Selbst die 3. Liga hat heute mehr. 5590 waren es in der abgelaufenen Saison. Wobei hier die 2. Mannschaften der Profiklubs den Schnitt gehörig nach unten drücken. Nächstes Jahr spielen nur noch zwei „Zweite" in der 3. Liga mit – die übrigen 18 Klubs sehen es mit einem lachenden und einem weinenden Augen. Zwar wird allenthalben die Unattraktivität der „Zweiten" angeprangert, andererseits müssen die ohnehin spärlich fließenden Fernsehgelder nun mit einem Klub mehr geteilt werden.

Wir werden sehen, was die Zukunft bringt. Das gilt auch für den Almanach. Erneut bekamen wir zahlreiche Zuschriften, das eine oder andere Thema mal wieder zu veröffentlichen. Interessant der Vorschlag, eine Plattform zu schaffen, wo umfangreichere Spezialkapitel einzusehen sind. Wir bleiben auf jeden Fall am Ball und wollen Ihnen auch in Zukunft einen attraktiven und informativen Almanach präsentieren. Wie immer können Sie Ihre Anregungen, Lob und Kritik an unsere E-Mail-Adresse almanach@kicker.de richten.

In diesem Sinne wünschen wir allen Lesern eine spannende Saison 2011/12 – an deren Ende es dann vielleicht doch endlich das lang ersehnte Sommermärchen gibt.

Nürnberg, im August 2011 **U. M.**

KAPITEL 1

DIE SAISON

Die deutschen Länderspiele

Die A-Nationalmannschaft

11. August 2010 gegen **Dänemark** in Kopenhagen	2:2 (1:0)
3. September 2010 gegen **Belgien** in Brüssel (EM-Qualifikation)	1:0 (0:0)
7. September 2010 gegen **Aserbaidschan** in Köln (EM-Qualifikation)	6:1 (3:0)
8. Oktober 2010 gegen die **Türkei** in Berlin (EM-Qualifikation)	3:0 (1:0)
12. Oktober 2010 gegen **Kasachstan** in Astana (EM-Qualifikation)	3:0 (0:0)
17. November 2010 gegen **Schweden** in Göteborg	0:0
9. Februar 2011 gegen **Italien** in Dortmund	1:1 (1:0)
26. März 2011 gegen **Kasachstan** in Kaiserslautern (EM-Qualifikation)	4:0 (3:0)
29. März 2011 gegen **Australien** in Mönchengladbach	1:2 (1:0)
29. Mai 2011 gegen **Uruguay** in Sinsheim	2:1 (2:0)
3. Juni 2011 gegen **Österreich** in Wien (EM-Qualifikation)	2:1 (1:0)
7. Juni 2011 gegen **Aserbaidschan** in Baku (EM-Qualifikation)	3:1 (2:0)

Die Junioren-Nationalmannschaft U 21

11. August 2010 gegen **Island** in Hafnarfjördur (EM-Qualifikation)	1:4 (0:1)
3. September 2010 gegen **Tschechien** in Mlada Boleslav (EM-Qualifikation)	1:1 (0:1)
7. September 2010 gegen **Nordirland** in Ingolstadt (EM-Qualifikation)	3:0 (1:0)
11. Oktober 2010 gegen die **Ukraine** in Unterhaching	2:1 (1:1)
16. November 2010 gegen **England** in Wiesbaden	2:0 (1:0)
9. Februar 2011 gegen **Griechenland** in Athen	0:0
25. März 2011 gegen die **Niederlande** in Sittard	3:1 (1:1)
29. März 2011 gegen **Italien** in Kassel	2:2 (1:0)
31. Mai 2011 gegen **Portugal** in Portimao	2:4 (1:3)

Die Junioren-Nationalmannschaft U 20

6. September 2010 gegen die **Schweiz** in Schaffhausen (Internat. U20-Spielrunde)	3:2 (2:0)
7. Oktober 2010 gegen die **Schweiz** in Heidenheim (Internat. U20-Spielrunde)	2:0 (0:0)
10. Oktober 2010 gegen **Polen** in Wloclawek (Internat. U20-Spielrunde)	1:0 (0:0)
17. November 2010 gegen **Italien** in Figline Valdarno (Internat. U20-Spielrunde)	2:1 (1:0)
9. Februar 2011 gegen **Italien** in Oberhausen (Internat. U20-Spielrunde)	3:1 (3:0)
24. März 2011 gegen **Polen** in Cottbus (Internat. U20-Spielrunde)	1:1 (1:0)

Die Junioren-Nationalmannschaft U 19/18

18. August 2010 gegen **Belgien** in Meerbusch	5:2 (3:1)
3. September 2010 gegen die **Niederlande** in Groesbek	2:2 (1:1)
6. September 2010 gegen **Dänemark** in Krefeld	3:0 (1:0)
8. Oktober 2010 gegen **Andorra** in Sandhausen (EM-Qualifikation)	10:0 (2:0)
8. Oktober 2010 gegen die **Ukraine** (U18) in Kiew	2:1 (1:0)
10. Oktober 2010 gegen **Nordirland** in Hoffenheim (EM-Qualifikation)	2:1 (0:0)
10. Oktober 2010 gegen die **Ukraine** (U18) in Kiew	1:0 (0:0)
13. Oktober 2010 gegen die **Schweiz** in Mannheim (EM-Qualifikation)	2:2 (1:2)
16. November 2010 gegen die **Türkei** (U18) in Bingen	4:2 (2:0)
17. November 2010 gegen **Tschechien** in Dresden	1:1 (1:0)
18. November 2010 gegen die **Türkei** (U18) in Rüsselsheim	2:0 (1:0)
14. Dezember 2010 gegen **Israel** (U18) in Rishon le Zion (Internationales Turnier)	7:0 (3:0)
16. Dezember 2010 gegen **Frankreich** (U18) in Ra'anana (Internationales Turnier)	2:1 (2:0)
17. Dezember 2010 gegen die **USA** (U18) in Nes Ziona (Internationales Turnier)	2:1 (0:0)
8. Februar 2011 gegen **England** in Chesterfield	1:0 (1:0)
22. März 2011 gegen **Frankreich** (U18) in Heimstetten	3:2 (1:2)
24. März 2011 gegen **Frankreich** (U18) in Prien	1:2 (0:0)
25. März 2011 gegen **Belgien** in Völklingen	1:2 (1:1)
29. März 2011 gegen die **Ukraine** in Homburg	3:0 (1:0)
18. Mai 2011 gegen **Österreich** (U18) in (Aalen)	1:0 (1:0)
31. Mai 2011 gegen **Ungarn** in Antalya (EM-Qualifikation)	3:0 (1:0)
2. Juni 2011 gegen **Mazedonien** in Antalya (EM-Qualifikation)	5:0 (2:0)
5. Juni 2011 gegen die **Türkei** in Antalya (EM-Qualifikation)	0:1 (0:1)

Die Junioren-Nationalmannschaft U 17

4. September 2010 gegen **Aserbaidschan** in Stadthagen	2:0 (0:0)
15. September 2010 gegen die **Niederlande** in Saarbrücken (Vier-Nationen-Turnier)	2:1 (0:1)
17. September 2010 gegen **Israel** in Dillingen (Vier-Nationen-Turnier)	2:0 (2:0)
20. September 2010 gegen **Italien** in Elversberg (Vier-Nationen-Turnier)	2:2 (0:1)
15. Oktober 2010 gegen **Estland** in Tallinn (EM-Qualifikation)	5:0 (2:0)
17. Oktober 2010 gegen **Bosnien-Herzegowina** in Kuusalu (EM-Qualifikation)	6:1 (4:1)
20. Oktober 2010 gegen **Österreich** in Kuusalu (EM-Qualifikation)	2:1 (2:0)
10. November 2010 gegen **Ägypten** in Kairo	2:1 (1:1)
13. November 2010 gegen **Ägypten** in Kairo	1:0 (1:0)
24. Februar 2011 gegen **Portugal** in Parchal (Algarve-Cup)	1:2 (1:0)
25. Februar 2011 gegen **England** in Faro (Algarve-Cup)	3:1 (1:0)
27. Februar 2011 gegen **Rumänien** in Parchal (Algarve-Cup)	1:1 (0:0)
24. März 2011 gegen die **Türkei** in Krefeld (EM-Qualifikation)	2:0 (1:0)
26. März 2011 gegen die **Ukraine** in Düsseldorf (EM-Qualifikation)	2:0 (2:0)
29. März 2011 gegen die **Schweiz** in Düsseldorf (EM-Qualifikation)	2:0 (0:0)
13. April 2011 gegen **Serbien** in Novi Sad	0:1 (0:1)
3. Mai 2011 gegen die **Niederlande** in Smederevo (EM-Gruppenspiel)	0:2 (0:0)
6. Mai 2011 gegen **Tschechien** in Smederevo (EM-Gruppenspiel)	1:1 (0:1)
9. Mai 2011 gegen **Rumänien** in Semederevo (EM-Gruppenspiel)	1:0 (0:0)
12. Mai 2011 gegen **Dänemark** in Novi Sad (EM-Halbfinale)	2:0 (0:0)
15. Mai 2011 gegen die **Niederlande** in Novi Sad (EM-Endspiel)	2:5 (2:2)
20. Juni 2011 gegen **Ecuador** in Queretaro (WM-Gruppenspiel)	6:1 (1:0)
23. Juni 2011 gegen **Burkina Faso** in Queretaro (WM-Gruppenspiel)	3:0 (2:0)
26. Juni 2011 gegen **Panama** in Queretaro (WM-Gruppenspiel)	3:0 (2:0)
30. Juni 2011 gegen die **USA** in Queretaro (WM-Achtelfinale)	4:0 (3:0)
4. Juli 2011 gegen **England** in Morelia (WM-Viertelfinale)	3:2 (2:0)
8. Juli 2011 gegen **Mexiko** in Torreon (WM-Halbfinale)	2:3 (1:1)
10. Juli 2011 gegen **Brasilien** in Mexiko City (WM, Spiel um den 3. Platz)	4:3 (2:3)

Die Junioren-Nationalmannschaft U 16

15. Oktober 2010 gegen **Nordirland** in Göttingen	3:2 (2:1)
17. Oktober 2010 gegen **Nordirland** in Baunatal	4:1 (1:0)
12. November 2010 gegen **Russland** in Holzwickede	4:0 (3:0)
16. November 2010 gegen **Russland** in Hagen	1:0 (1:0)
15. Februar 2011 gegen **Zypern** in Pafos	4:0 (4:0)
17. Februar 2011 gegen **Zypern** in Pafos	6:0 (2:0)
15. März 2011 gegen **Rumänien** in Drochtersen	5:0 (0:0)
17. März 2011 gegen **Rumänien** in Rotenburg	2:0 (1:0)
13. April 2011 gegen **Lettland** in Riga	5:0 (2:0)
25. Mai 2011 gegen **Frankreich** in Berlin	2:1 (1:0)

Die Junioren-Nationalmannschaft U 15

9. November 2010 gegen **Polen** in Buchbach	5:1 (1:1)
11. November 2010 gegen **Polen** in Eggenfelden	2:0 (2:0)
7. Juni 2011 gegen **Portugal** in Bamberg	3:1 (1:0)
9. Juni 2011 gegen **Portugal** in Weismain	4:0 (3:0)

Die Frauen-A-Nationalmannschaft

15. September 2010 gegen **Kanada** in Dresden	5:0 (1:0)
28. Oktober 2010 gegen **Australien** in Wolfsburg	2:1 (1:1)
25. November 2010 gegen **Nigeria** in Leverkusen	8:0 (5:0)
21. Mai 2011 gegen **Nordkorea** in Ingolstadt	2:0 (0:0)
3. Juni 2011 gegen **Italien** in Osnabrück	5:0 (1:0)
7. Juni gegen die **Niederlande** in Aachen	5:0 (2:0)
16. Juni 2011 gegen **Norwegen** in Mainz	3:0 (0:0)
26. Juni 2011 gegen **Kanada** in Berlin (WM-Gruppenspiel)	2:1 (2:0)
30. Juni 2011 gegen **Nigeria** in Frankfurt (WM-Gruppenspiel)	1:0 (0:0)
5. Juli 2011 gegen **Frankreich** in Mönchengladbach (WM-Gruppenspiel)	4:2 (2:0)
9. Juli 2011 gegen **Japan** in Wolfsburg (WM-Viertelfinale)	n. V. 0:1 (0:0, 0:0)

Die Frauen-Nationalmannschaft U23

30. September 2010 gegen England in Leicester 1:2 (1:1)

Die Frauen-Nationalmannschaft U20

keine Spiele

Die Frauen-Nationalmannschaft U19

27. Oktober 2010 gegen **Schweden** in Sollentuna 1:1 (0:1)
23. Februar 2011 gegen die **Niederlande** in Nettetal 2:0 (2:0)
31. März 2011 gegen **Wales** in Llanelli (EM-Qualifikation) 1:1 (1:0)
2. April 2011 gegen die **Türkei** in Carmarthen (EM-Qualifikation) 2:0 (1:0)
5. April 2011 gegen **Island** in Llanelli (EM-Qualifikation) 3:0 (2:0)
11. Mai 2011 gegen **Russland** in Bremerhaven 5:0 (3:0)
30. Mai 2011 gegen **Norwegen** in Cervia (EM-Gruppenspiel) 3:1 (2:1)
2. Juni 2011 gegen **Spanien** in Bellaria (EM-Gruppenspiel) 1:0 (0:0)
5. Juni 2011 gegen die **Niederlande** in Imola (EM-Gruppenspiel) 2:1 (0:0)
8. Juni 2011 gegen die **Schweiz** in Imola (EM-Halbfinale) 3:1 (1:1)
11. Juni 2011 gegen **Norwegen** in Imola (EM-Endspiel) 8:1 (1:0)

Die Juniorinnen-Nationalmannschaft U17

5. September 2010 gegen **Mexiko** in Scarborough (WM-Gruppenspiel) 9:0 (5:0)
8. September 2010 gegen **Südafrika** in Scarborough (WM-Gruppenspiel) 10:1 (9:1)
12. September 2010 gegen **Südkorea** in Arima (WM-Gruppenspiel) 3:0 (0:0)
17. September 2010 gegen **Nordkorea** in Marabella (WM-Viertelfinale) 0:1 (0:1)
14. Dezember 2010 **Israel** U19 in Rishon le Zion 4:1 (1:0)
16. Dezember 2010 **Israel** U19 in Kfar Saba 5:0 (4:0)
21. April 2011 gegen **Finnland** in Esbjerg (EM-Qualifikation) 5:0 (3:0)
23. April 2011 gegen **Russland** in Esbjerg (EM-Qualifikation) 9:0 (2:0)
26. April 2011 gegen **Dänemark** in Esbjerg (EM-Qualifikation) 3:0 (1:0)
28. Juli 2011 gegen **Frankreich** in Nyon (EM-Halbfinale) n. V. 2:2 (2:2, 1:0) Elfmeterschießen 5:6
31. Juli 2011 gegen **Island** in Nyon (EM, Spiel um den 3. Platz) 8:2 (5:0)

Die Juniorinnen-Nationalmannschaft U16

11. Mai 2011 gegen **Italien** in Tamai 2:0 (1:0)
4. Juli 2011 gegen **Island** in Äänekoski (Nordic Cupl) 1:1 (0:0)
5. Juli 2011 gegen **Norwegen** in Laukaa (Nordic Cup) 0:1 (0:0)
7. Juli 2011 gegen **Frankreich** in Keuruu (Nordic Cup) 1:1 (1:1)
9. Juli 2011 gegen **Finnland** in Keuruu (Nordic Cup, Spiel um den 7. Platz) 4:0 (2:0)

Die Juniorinnen-Nationalmannschaft U15

4. November 2010 gegen **Schottland** in Ravenscraig 3:0 (2:0)
6. November 2010 gegen **Schottland** in Ravenscraig 5:1 (3:0)
24. April 2011 gegen die **Niederlande** in Spelle 4:2 (1:1)
22. Juni 2011 gegen **Polen** in Slubice 4:1 (2:0)

Die Spiele der A-Nationalmannschaft

Dänemark – Deutschland 2:2 (0:1) am 11. 8. 2010 in Kopenhagen

Dänemark: Sörensen (Stoke City) – Jacobsen (Blackburn Rovers), Kjaer (VfL Wolfsburg), Agger (FC Liverpool), S. Poulsen (AZ Alkmaar)/28. Thomsen (Sönderjysk Elitesport) – M. Jensen (Bröndby IF)/46. Silberbauer (FC Utrecht), Kvist (FC Kopenhagen)/67. Lorentzen (Randers FC) – Eriksen (Ajax Amsterdam) – Rommedahl (Olympiakos Piräus), Pedersen (FC Nordsjaelland)/55. Junker (Roda JC Kerkrade), Enevoldsen (FC Groningen)/46. Schöne (NEC Nimwegen) – Trainer: Olsen.

Deutschland: Wiese (Werder Bremen) – Beck (TSG 1899 Hoffenheim)/56. Riether (VfL Wolfsburg), Boateng (Manchester City)/78. Schulz (Hannover 96), Tasci (VfB Stuttgart), Schäfer (VfL Wolfsburg) – Gentner (VfB Stuttgart), Hitzlsperger (West Ham United)/66. Helmes (Bayer Leverkusen) – Träsch (VfB Stuttgart), T. Kroos (Bayern München), Marin (Werder Bremen)/56. Hunt (Werder Bremen) – Gomez (Bayern München) – Trainer: Löw.

Tore: 0:1 Gomez (19.), 0:2 Helmes (73.), 1:2 Rommedahl (74.), 2:2 Junker (87.) – SR: Kelly (Irland) – Zuschauer: 19 071.

Anmerkung: Bei weiteren Länderspielen sind die Vereinsnamen nur noch bei neu hinzukommenden Spielern angegeben.

Belgien – Deutschland 0:1 (0:0) am 3. 9. 2010 in Brüssel (EM-Qualifikation)

Belgien: Bailly (Borussia Mönchengladbach) – Alderweireld (Ajax Amsterdam), Van Buyten (Bayern München), Kompany (Manchester City), Vermaelen (FC Arsenal) – Simons (1. FC Nürnberg)/83. Vossen (KRC Genk) – Hazard (Lille OSC)/73. Defour (Standard Lüttich), Fellaini (FC Everton), Vertonghen (Ajax Amsterdam), Dembelé (FC Fulham) – Lukaku (RSC Anderlecht)/73. Benteke (Standard Lüttich) – Trainer: Leekens.

Deutschland: Neuer (FC Schalke 04) – Lahm (Bayern München), Mertesacker (Werder Bremen), Badstuber (Bayern München), Jansen (Hamburger SV)/46. Westermann (Hamburger SV) – Khedira (Real Madrid), Schweinsteiger (Bayern München) – Müller (Bayern München), Özil (Real Madrid)/88. Cacau (VfB Stuttgart), Podolski (1. FC Köln)/70. T. Kroos – Klose (Bayern München) – Trainer: Löw.

Tor: 0:1 Klose (51.) – SR: Hauge (Norwegen) – Zuschauer: 47 000 (ausverkauft).

Deutschland – Aserbaidschan 6:0 (3:0) am 7. 9. 2010 in Köln (EM-Qualifikation)

Deutschland: Neuer – Riether, Mertesacker/11. Westermann, Badstuber, Lahm – Khedira, Schweinsteiger/78. Cacau – Müller/62. Marin, Özil, Podolski – Klose – Trainer: Löw.

Aserbaidschan: K. Agayev (Xäzär Länkäran) – Medvedev (Qarabag Agdam), Yunisoglu (FK Qäbälä)/56. V. Huseynov (Turan Tavuz), R. F. Sadygov (Qarabag Agdam), Melikov (Neftci Baku) – Allahverdiyev (Qarabag Agdam) – Shukurov (Anschi Machatschkala), Chertoganov (Inter Baku)/64. R. A. Sadygov (Qarabag Agdam), Abbasov (Qarabag Agdam), Nadyrov (Qarabag Agdam)/85. Abdullayev (Neftci Baku) – Dzavadov (FK Baku) – Trainer: Vogts.

Tore: 1:0 Westermann (28.), 2:0 Podolski (45./+1), 3:0 Klose (45./+2), 4:0 R. F. Sadygov (53., Eigentor), 4:1 Dzavadov (57.), 5:1 Badstuber (86.), 6:1 Klose (90./+2) – SR: Strömbergsson (Schweden) – Zuschauer: 43 751.

Deutschland – Türkei 3:0 (1:0) am 8. 10. 2010 in Berlin (EM-Qualifikation)

Deutschland: Neuer – Lahm, Mertesacker, Badstuber, Westermann – Khedira, T. Kroos – Müller, Özil/90. Marin, Podolski/86. Träsch – Klose/90. Cacau – Trainer: Löw.

Türkei: Volkan (Fenerbahce Istanbul) – Gönül (Fenerbahce Istanbul), Ömer Erdogan (Bursaspor), Servet Cetin (Galatasaray Istanbul), Sabri Sarioglu (Galatasaray Istanbul) – Mehmet Aurelio (Besiktas Istanbul)/25. Tuncay (Stoke City) – Hurmaci (Fenerbahce Istanbul), Sahin (Borussia Dortmund)/78. Yildirim (Bursaspor), Emre Belözoglu (Fenerbahce Istanbul), Hamit Altintop (Bayern München) – Halil Altintop (Eintracht Frankfurt)/63. Semih Sentürk (Fenerbahce Istanbul) – Trainer: Hiddink.

Tore: 1:0 Klose (42.), 2:0 Özil (79.), 3:0 Klose (87.) – SR: Webb (England) – Zuschauer: 74 244 (ausverkauft).

Kasachstan – Deutschland 0:3 (0:0) am 12. 10. 2010 in Astana (EM-Qualifikation)

Kasachstan: Sidelnikov (FK Aqtöbe) – Irismetov (Tobol Qostanai)/68. Rozhkov (Lokomotiv Astana), Abdulin (Tobol Qostanai), Popov (Amkar Perm), Kirov (Lokomotiv Astana) – Nurgaliyev (Tobol Qostanai)/63. Averchenko (FK Aqtöbe), Azovski (Lokomotiv Astana), Geteriyev (Spartak Naltschik), Schmidtgal (Rot-Weiß Oberhausen) – Zhumaskaliyev (Tobol Qostanai) – Khizhnichenko (FK Atyrau)/79. Finonchenko (Schachtjor Karaganda) – Trainer: Storck.

Deutschland: Neuer – Lahm, Mertesacker, Badstuber, Westermann – Khedira, T. Kroos – Müller/70. Marin, Özil/79. Cacau, Podolski – Klose/55. Gomez – Trainer: Löw.

Tore: 0:1 Klose (48.), 0:2 Gomez (76.), 0:3 Podolski (85.) – SR: Tudor (Rumänien) – Zuschauer: 20 000.

Schweden – Deutschland 0:0 am 17. 11. 2010 in Göteborg

Schweden: Isaksson (PSV Eindhoven) – Lustig (Rosenborg Trondheim)/69. Safari (FC Basel), Granqvist (FC Groningen), Majstorovic (Celtic Glasgow), Wendt (FC Kopenhagen) – Larsson (Birmingham City), Svensson (IF Elfsborg Boras), Källström (Olympique Lyon)/88. Gerndt (Helsingborgs IF), Wilhelmsson (Al-Hilal Riad) – Wernbloom (AZ Alkmaar)/75. Elm (AZ Alkmaar) – Toivonen (PSV Eindhoven)/69. Berg (PSV Eindhoven) – Trainer: Hamrén.

Deutschland: Adler (Bayer Leverkusen) – Boateng/46. Beck, Westermann, Hummels (Borussia Dortmund), Schmelzer (Borussia Dortmund) – Khedira/59. T. Kroos, Schweinsteiger/60. Cacau – Großkreutz (Borussia Dortmund)/78. M. Götze (Borussia Dortmund), Holtby (1. FSV Mainz 05)/78. Schürrle (1. FSV Mainz 05), Marin/60. Träsch – Gomez – Trainer: Löw.

SR: Velasco Carballo (Spanien) – Zuschauer: 21 959.

Deutschland – Italien 1:1 (1:0) am 9. 2. 2011 in Dortmund

Deutschland: Neuer – Lahm/64. Boateng, Mertesacker, Badstuber/64. Hummels, Aogo (Hamburger SV) – Khedira, Schweinsteiger – Müller/46. M. Götze, Özil, Podolski – Klose/75. Großkreutz – Trainer: Löw.

Italien: Buffon (Juventus Turin) – Cassani (US Palermo)/53. Maggio (SSC Neapel), Ranocchia (Inter Mailand), Bonucci (Juventus Turin), Chiellini (Juventus Turin)/78. Criscito (CFC Genua 1893) – Motta (Inter Mailand)/63. Aquilani (Juventus Turin) – Montolivo (AC Florenz), De Rossi (AS Rom) – Mauri (Lazio Rom)/74. Giovinco (FC Parma) – Pazzini (Inter Mailand)/46. Borriello (AS Rom), Cassano (AC Mailand)/46. Rossi (FC Villarreal) – Trainer: Prandelli.

Tore: 1:0 Klose (16.), 1:1 Rossi (81.) – SR: Braamhaar (Niederlande) – Zuschauer: 60 196.

Deutschland – Kasachstan 4:0 (3:0) am 26. 3. 2011 in Kaiserslautern (EM-Qualifikation)

Deutschland: Neuer – Lahm, Mertesacker, Badstuber, Aogo – Khedira, Schweinsteiger/78. T. Kroos – Müller/78. M. Götze, Özil, Podolski/65. Gomez – Klose – Trainer: Löw.

Kasachstan: Loria (Irtysch Pawlodar) – Chichulin (FK Aqtöbe), Abdulin (Wostok Oskemen), Chernyshov (Irtysch Pawlodar), Irismetov (Ordabassy Schymkent) – Nurdauletov (Lokomotiv Astana) – Konysbaev (Lokomotiv Astana), Geteriyev (Schemtschuschina Sotschi)/81. Ostapenko (Schetissu Taldykorgan), Zhumaskaliyev (Lokomotiv Astana)/46. Baizhanov (Schachtjor Karaganda), Nurgaliyev (Ordabassy Schymkent)/60. Kukeyev (Schachtjor Karaganda) – Khizhnichenko (Schachtjor Karaganda) – Trainer: Beranek.

Tore: 1:0 Klose (3.), 2:0 Müller (25.), 3:0 Müller (43.), 4:0 Klose (88.) – SR: Stavrev (Mazedonien) – Zuschauer: 47 849 (ausverkauft).

Deutschland – Australien 1:2 (1:0) am 29. 3. 2011 in Mönchengladbach

Deutschland: Wiese – Träsch, Friedrich (VfL Wolfsburg), Hummels, Schmelzer – S. Bender (Borussia Dortmund), Schweinsteiger/64. T. Kroos – Schürrle, Müller/64. M. Götze, Podolski – Gomez/73. Klose – Trainer: Löw.

Australien: Schwarzer (FC Fulham) – Wilkshire (Dynamo Moskau), Neill (Galatasaray Istanbul), Ognenovski (Seongnam Ilhwa), Carney (FC Blackpool) – Emerton (Blackburn Rovers), Valeri (Sassuolo Calcio), Jedinak (Genclerbirligi Ankara), McKay (Brisbane Roar) – Kewell (Galatasaray Istanbul)/80. Kruse (Melbourne Victory), Holman (AZ Alkmaar)/90. McGrath (Bröndby IF) – Trainer: Osieck.

Tore: 1:0 Gomez (26.), 1:1 Carney (61.), 1:2 Wilkshire (64., Foulelfmeter) – SR: Lannoy (Frankreich) – Zuschauer: 30 152.

Deutschland – Uruguay 2:1 (2:0) am 29. 5. 2011 in Sinsheim

Deutschland: Neuer – Lahm/66. Höwedes (FC Schalke 04), Friedrich/66. Badstuber, Hummels, Schmelzer – Rolfes (Bayer Leverkusen), T. Kroos/79. Träsch – Müller/79. M. Götze, Özil/46. Klose, Schürrle/58. Podolski – Gomez – Trainer: Löw.

Uruguay: Muslera (Lazio Rom) – Maxi Pereira (Benfica Lissabon), Lugano (Fenerbahce Istanbul), Godin (Atletico Madrid), Caceres (FC Sevilla) – Arevalo Rios (Botafogo Rio)/76. Eguren (Sporting Gijon), Gargano (SSC Neapel)/87. Abreu (Botafogo Rio) – Cavani (SSC Neapel), Forlan (Atletico Madrid), Alvaro Pereira (FC Porto)/55. Ramirez (FC Bologna) – Suarez (FC Liverpool) – Trainer: Tabarez.

Tore: 1:0 Gomez (20.), 2:0 Schürrle (35.), 2:1 Gargano (48.) – SR: Olegario Benquerenca (Portugal) – Zuschauer: 25 655 (ausverkauft).

Österreich – Deutschland 1:2 (0:1) am 3. 6. 2011 in Wien (EM-Qualifikation)

Österreich: Gratzei (Sturm Graz) – Klein (Austrai Wien), Scharner (West Bromwich Albion), Pogatetz (Hannover 96), Fuchs (1. FSV Mainz 05) – Baumgartlinger (Austria Wien), Kulovits (Rapid Wien) – Ekrem Dag (Besiktas Istanbul)/66. Junuzovic (Austria Wien), Harnik (VfB Stuttgart)/81. Royer (SV Ried), Alaba (TSG 1899 Hoffenheim) – Hoffer (1. FC Kaiserslautern)/88. Janko (FC Twente Enschede) – Trainer: Constantini.

Deutschland: Neuer – Lahm, Friedrich, Hummels, Schmelzer – Khedira/69. Badstuber, T. Kroos/90.+3 Aogo – Müller, Özil, Podolski/67. Schürrle – Gomez – Trainer: Löw.

Tore: 0:1 Gomez (44.), 1:1 Friedrich (50., Eigentor), 1:2 Gomez (90.) – SR: Busacca (Schweiz) – Zuschauer: 47 500 (ausverkauft).

Aserbaidschan – Deutschland 1:3 (0:2) am 7. 6. 2011 in Baku (EM-Qualifikation)

Aserbaidschan: Agayev (Xäzär Länkäran) – Melikov (Neftci Baku), R. F. Sadygov (Qarabag Agdam), V. Huseynov (Turan Tavuz), Allahverdiyev (Xäzär Länkäran) – Abushev (Neftci Baku) – Ismaylov (Qarabag Agdam)/58. Isayev (FK Qäbälä), Chertoganov (Inter Baku)/86. R. A. Sadygov (Qarabag Agdam), Amirguliyev (Xäzär Länkäran), Nadyrov (Qarabag Agdam) – Dzavadov (FK Baku)/72. M. Huseynov (FK Qäbälä) – Trainer: Vogts.

Deutschland: Neuer – Höwedes, Hummels, Badstuber, Aogo – Lahm, T. Kroos – Müller/88. Holtby, Özil/81. M. Götze, Podolski/76. Schürrle – Gomez – Trainer: Löw.

Tore: 0:1 Özil (30.), 0:2 Gomez (41.), 1:2 M. Huseynov (89.), 1:3 Schürrle (90.+3) – SR: Koukoulakis (Griechenland) – Zuschauer: 30 000.

Die Spiele der Junioren-Nationalmannschaft U 21

Island – Deutschland 4:1 (1:0) am 11. 8. 2010 in Hafnarfjördur (EM-Qualifikation)

Island: Björnsson (Throttur Reykajavik) – Fridgeirsson (Throttur Reykjavik), Eyjolfsson (KR REykjavik), Fjoluson (Fram Reykjavik), K. Jonsson (UMF Breidablik) – E. Jonsson (Heart of Midlothian), Vidarsson (KV Mechelen) – Sigurdsson (FC Reading), Gudmundsson (AZ Alkmaar)/85. Johannesson (Fylkir Reykjavik), Bjarnason (Viking Stavanger)/79. Palsson (FC Liverpool) – Sigthorsson (AZ Alkmaar)/71. Finnbogason (UMF Breidablik) – Trainer: Sverrisson.

Deutschland: Sippel (1. FC Kaiserslautern) – Diekmeier (Hamburger SV)/58. Schwaab (Bayer Leverkusen), Höwedes (FC Schalke 04), Hummels (Borussia Dortmund), Schmelzer (Borussia Dortmund) – Reinartz (Bayer Leverkusen), Bargfrede (Werder Bremen)/58. Sukuta-Pasu (FC St. Pauli) – Gebhart (VfB Stuttgart), L. Bender (Bayer Leverkusen)/62. Sam (Bayer Leverkusen), Großkreutz (Borussia Dortmund) – Schieber (1. FC Nürnberg) – Trainer: Adrion.

Tore: 1:0 Bjarnason (5.), 1:1 Großkreutz (49.), 2:1 Sigurdsson (53.), 3:1 Sigthorsson (54.), 4:1 Finnbogason (84.) – SR: Berntsen (Norwegen) – Zuschauer: 3000.

Tschechien – Deutschland 1:1 (1:0) am 3. 9. 2010 in Mlada Boleslaw (EM-Qualifikation)

Tschechien: Vaclik (Viktoria Zizkov) – Reznik (Banik Ostrau), Celustka (Slavia Prag), Hosek (FK Teplitz), Fabian (FK Mlada Boleslaw) – Marecek (RSC Anderlecht)/ 89. Horava (Sigma Olmütz), Gecov (Slovan Liberec) – Dockal (Konyaspor)/46. Vacha (Slovan Liberec), Cerny (Slavia Prag) – Pekhart (FK Gablonz), Kozak (Lazio Rom)/65. Chramosta (FK Mlada Boleslaw) – Trainer: Suchoparek.

Deutschland: Baumann (SC Freiburg) – Jung (Eintracht Frankfurt), Kirchhoff (1. FSV Mainz 05), Sobiech (Borussia Dortmund), Rausch (Hannover 96) – Moritz (FC Schalke 04) – Rudy (TSG 1899 Hoffenheim)/63. Götze (Borussia Dortmund), Holtby (1. FSV Mainz 05) – Herrmann (Borussia Mönchengladbach)/68. Ekici (1. FC Nürnberg), Mlapa (TSG 1899 Hoffenheim)/90. Funk (VfB Stuttgart) – Sukuta-Pasu – Trainer: Adrion.

Tore: 1:0 Marecek (38.), 1:1 Kirchhoff (72.) – SR: De Marco (Italien) – Zuschauer: 4051.

Deutschland – Nordirland 3:0 (1:0) am 7. 9. 2010 in Ingolstadt (EM-Qualifikation)

Deutschland: Trapp (1. FC Kaiserslautern) – Jantschke (Borussia Mönchengladbach), Kirchhoff, Bell (TSV München 1860), Rausch – Moritz – Ekici/26. Rudy – M. Götze – Holtby/71. Yalcin (1. FC Köln), Vukcevic (TSG 1899 Hoffenheim)/63. Herrmann – Sukuta-Pasu – Trainer: Adrion.

Nordirland: Devlin (Manchester United) – Thompson (FC Watford)/72. Grigg (FC Walsall), Flynn (Blackburn Rovers), McGivern (FC Walsall), Hodson (FC Watford) – Weir (AFC Sunderland), Norwood (Manchester United)/44. McLaughlin (Newcastle United) – Little (Glasgow Rangers), Ferguson (Newcastle United) – McKay (Northampton Town)/64. Magennis (FC Aberdeen) – Boyce (Werder Bremen) – Trainer: Beaglehole.

Tore: 1:0 Holtby (42.), 2:0 Holtby (60.), 3:0 Herrmann (67.) – SR: Kaasik (Estland) – Zuschauer: 5440.

Deutschland – Ukraine 2:1 (1:1) am 11.10.2010 in Unterhaching

Deutschland: Baumann/46. Trapp – Koch (MSV Duisburg)/73. Jung, Kirchhoff, Sobiech/46. Bell, Rausch/73. Neumann (Hertha BSC) – Moritz/88. Perdedaj (Hertha BSC) – Gündogan (1. FC Nürnberg)/46. Funk – Holtby – Vukcevic/46. Ginczek (Borussia Dortmund), Schürrle (1. FSV Mainz 05) – Mlapa/73. Ekici – Trainer: Adrion.

Ukraine: Tetenko (Schachtar Donezk) – Polischuk (PFK Sewastopol), Plastun (Obolon Kiew), Partsvaniya (Dynamo Kiew), Zapadnya (Illitschewez Mariupol)/71. Fedotov (Schachtar Donezk) – Bohdanov (Arsenal Kiew), Shakhov (Dnipro Dnipropetrowsk)/83. Hromov (Worskla Poltawa) – Yeremenko (Matalurg Saporischschja)/35. Grechyshkin (Schachtar Donezk), Khomchenovskyi (Krywbas Krywyj Rih)/71. Putrash (Obolon Kiew) – Bezus (Worskla Poltawa)/71. Hudyma (Karpaty Lwiw) – Pavlov (Wolyn Luzk)/53. Imerekov (Schachtar Donezk) – Trainer: Moroz.

Tore: 1:0 Schürrle (13.), 1:1 Bezus (39.), 2:1 Schürrle (60.) – SR: Turpin (Frankreich) – Zuschauer: 2230 – Rote Karte: Plastun (48., Notbremse).

Deutschland – England 2:0 (1:0) am 16.11.2010 in Wiesbaden

Deutschland: Baumann – Jung, Kirchhoff, Bell/46. Hornschuh (Borussia Dortmund), Rausch/84. Sobiech – Moritz, Gündogan/46. Ginczek – Rudy/46. Funk – Mlapa/57. Beister (Fortuna Düsseldorf), Vukcevic/78. Salger (1. FC Köln) – Tosun (Eintracht Frankfurt) – Trainer: Adrion.

England: Loach (FC Watford)/46. Steele (FC Middlesbrough) – Trippier (FC Barnsley), Kelly (FC Liverpool)/79. Caulker (Bristol City), Mancienne (Wolverhampton Wanderers), Bertrand (Nottingham Forest) – Cork (FC Burnley), Rodwell (FC Everton)/67. Mee (Manchester City) – Rose (Bristol City) – Lansbury (FC Arsenal), Sinclair (Swansea City)/67. Wickham (Ipswich Town) – Delfouneso (Aston Villa)/87. McEachran (FC Chelsea) – Trainer: Pearce.

Tore: 1:0 Rausch (37.), 2:0 Tosun (60., Foulelfmeter) – SR: Virant (Belgien) – Zuschauer: 5600 – Rote Karte: Steele (58., Notbremse) – Besonderes Vorkommnis: Nach der Roten Karte für Steele musste Feldspieler Lansbury ins Tor (59.).

Griechenland – Deutschland 0:0 am 9.2.2011 in Athen

Griechenland: Lamprou (Feyenoord Rotterdam)/67. Katsoulis (Apollon Athen) – Argiropoulos (Asteras Tripolis)/46. Mitropoulos (Olympiakos Volou), Papadopoulos (FC Schalke 04), Manolas (AEK Athen)/46. Katsikas (Iraklis Saloniki)/53. Tsoumanis (Skoda Xanthi), Skondras (Atromitos Chalkidona) – Lagos (Panathinaikos Athen), Anakoglou (Panserraikos Serres) – Chrisofakis (AE Ergotelis)/64. Tachtsidis (US Grosseto), Fortounis (Asteras Tripolis)/76. Soiledis (Levadiakos Levadia), Karagounis (Atromitos Chalkidona)/46. Vasilogiannis (Ethnikos Piräus) – Giannou (AO Kavala)/76. Tsitas (Iraklis Saloniki) – Trainer: Georgiadis.

Deutschland: Trapp – Jung/46. Jantschke, Kirchhoff, Sobiech/64. Neumann, Rausch/64. Salger – Rudy, Funk/64. Herrmann – Mlapa/64. Didavi (VfB Stuttgart), Holtby – Sukuta-Pasu/79. F. Kroos (Werder Bremen), Tosun (Gaziantepspor)/46. Clemens (1. FC Köln) – Trainer: Adrion.

Schiedsrichter: Tritsonis (Griechenland) – Zuschauer: 1000.

Niederlande – Deutschland 1:3 (1:1) am 25.3.2011 in Sittard

Niederlande: Padt (Go Ahead Eagles Deventer)/46. Zoet (PSV Eindhoven) – Evers (De Graafschap Doetichem), Bruma (Leicester City), Nuytinck (NEC Nijmegen)/46. Ramsteijn (Excelsior Rotterdam), Blind (Ajax Amsterdam)/85. Nelom (Excelsior Rotterdam) – Clasie (Excelsior Rotterdam)/55. Ebecilio (Ajax Amsterdam) – Fer (Feyenoord Rotterdam) – Vejinovic (Heracles Almelo)/55. Nijholt (FC Utrecht) – Narsingh (SC Heerenveen), Zeefuik (PSV Eindhoven)/85. Bergkamp (Excelsior Rotterdam), Cabral (Feyenoord Rotterdam)/75. Kieftenbeld (FC Groningen) – Trainer: Pot.

Deutschland: Baumann – Jantschke, Kirchhoff, Neumann, Radjabali-Fardi (Alemannia Aachen)/22. Ostrzolek (VfL Bochum) – Rudy/83. Hornschuh, Vogt (VfL Bochum) – Vukcevic/90. Schindler (TSV München 1860), Holtby/90. Jung, Mlapa/72. Didavi – Lasogga (Hertha BSC)/72. Sukuta-Pasu – Trainer: Adrion.

Tore: 0:1 Lasogga (27.), 1:1 Zeefuik (45.+3), 1:2 Rudy (46.), 1:3 Holtby (64.) – SR: Christoffersen (Dänemark) – Zuschauer: 5920.

Deutschland – Italien 2:2 (1:0) am 29.3.2011 in Kassel

Deutschland: Trapp – Jung, Kirchhoff, Neumann, Rausch – Vogt/71. Hornschuh – Rudy/50. Didavi, Gündogan/83. Ostrzolek – Mlapa/46. Vukcevic, Lasogga/62. Sukuta-Pasu, Holtby/71. Schindler – Trainer: Adrion.

Italien: Pinsoglio (FC Esperia Viareggio) – Faraoni (Inter Mailand)/75. Donati (US Lecce), Mori (FC Empoli), Caldirola (Vitesse Arnhem), Crescenzi (FC Crotone) – Marrone (AC Siena)/90.+1 Sori-

ano (FC Empoli), Crisetig (Inter Mailand)/46. Romizi (AC Reggiana) – D'Alessandro (AS Livorno)/60. Borini (Swansea City), Fabbrini (FC Empoli)/46. Misuraca (Vicenza Calcio) – Macheda (Sampdoria Genua)/75. Gabbiadini (AS Cittadella) – Paloschi (CFC Genua 1893)/60. Saponara (FC Empoli) – Trainer: Ferrara.
Tore: 1:0 Holtby (14.), 2:0 Holtby (59.), 2:1 Gabbiadini (76.), 2:2 Borini (83.) – SR: Borski (Polen) – Zuschauer: 16 368 (ausverkauft).

Portugal – Deutschland 4:2 (3:1) am 31. 5. 2011 in Portimao
Portugal: Anthony Lopes (Olympique Lyon) – Dani (Sporting Braga)/76. Sousa (FC Pampilhosa), Vitor Bastos (SC Freamunde), Joao Pereira (CD Fatima), Ruben (Maritimo Funchal) – Amado (Uniao Leiria)/58. Ricardo Martins GD Ribeirao) – André Almeida (Belenenses Lissabon), André Martins (CD Pinhalnovense)/66. Diogo Viana (CD Aves) – Rui Fonte (Espanyol Barcelona)/66. Joao Silva (Uniao Leiria), Wilson (SC Beitra-Mar)/58. Abel (Belenenses Lissabon) – Josué (VVV-Venlo)/76. Edu (GD Chaves) – Trainer: Rui Jorge.
Deutschland: Baumann/46. Trapp – Jantschke/88. Perdedaj, Kirchhoff/62. Funk, Sobiech, Rausch/46. Ostrzolek – Hornschuh/88. Schindler – Rudy – Holtby – Mlapa/46. Herrmann, Sukuta-Pasu/46. Esswein (Dynamo Dresden) – Lasogga/62. Didavi – Trainer: Adrion.
Tore: 1:0 Wilson (3.), 2:0 Wilson (7.), 2:1 Kirchhoff (14.), 3:1 Rui Fonte (44.), 4:1 Abel (90.+2), 4:2 Rudy (90.+3) – SR: Duarte (Portugal) – Zuschauer: 2000.

Die Spiele der Frauen-A-Nationalmannschaft

Deutschland – Kanada 5:0 (1:0) am 15. 9. 2010 in Dresden
Deutschland: Angerer (1. FFC Frankfurt) – Fuss (FCR Duisburg), Goeßling (VfL Wolfsburg)/82. Henning (Turbine Potsdam), Bartusiak (1. FFC Frankfurt), Peter (Turbine Potsdam) – Laudehr (FCR Duisburg)/46. Hingst (1. FFC Frankfurt), Kulig (Hamburger SV), Garefrekes (1. FFC Frankfurt)/46. Okoyino da Mbabi (SC Bad Neuenahr), Prinz (1. FFC Frankfurt)/46. Behringer (1. FFC Frankfurt), Bajramaj (Turbine Potsdam)/65. Popp (FCR Duisburg) – Grings (FCR Duisburg)/46. Mittag (Turbine Potsdam) – Trainerin: Neid.
Tore: 1:0 Grings (2., Foulelfmeter), 2:0 Bajramaj (54.), 3:0 Popp (76.), 4:0 Behringer (79.), 5:0 Okoyino da Mbabi (83.) – SR: Damkova (Tschechien) – Zuschauer: 20 431.

Deutschland – Australien 2:1 (1:1) am 28. 10. 2010 in Wolfsburg
Deutschland: Holl (FCR Duisburg) – Bartusiak, Goeßling, Fuss/46. Faißt (VfL Wolfsburg), Peter – Laudehr, Kulig/46. M. Müller (VfL Wolfsburg), Bajramaj, Garefrekes/25. Okoyino da Mbabi – Prinz/69. Hingst, Grings/69. Marozsan (1. FFC Frankfurt) – Trainerin: Neid.
Tore: 0:1 Kerr (27.), 1:1 Grings (36.), 2:1 M. Müller (71.) – SR: Schett (Österreich) – Zuschauer: 7229.

Deutschland – Nigeria 8:0 (5:0) am 25. 11. 2010 in Leverkusen
Deutschland: Angerer – Peter, Bartusiak/74. Henning, Goeßling, Faißt – Laudehr/46. Bresonik (FCR Duisburg), Hingst – Garefrekes/87. Mittag), Prinz/67. Marozsan, Bajramaj/46. Behringer – Grings/24. Popp – Trainerin: Neid.
Tore: 1:0 Grings (5.), 2:0 Garefrekes (9.), 3:0 Grings (10.), 4:0 Prinz (19.), 5:0 Prinz (42.), 6:0 Popp (62.), 7:0 Garefrekes (71.), 8:0 Garefrekes (79.) – SR: Pedersen (Norwegen) – Zuschauer: 8100.

Deutschland – Nordkorea 2:0 (0:0) am 21. 5. 2011 in Ingolstadt
Deutschland: Angerer – Bresonik, Krahn (FCR Duisburg)/74. Peter, Bartusiak/46. Goeßling, Faißt – Kulig, Laudehr/65. Hingst – Garefrekes, Prinz/74. M. Müller, Behringer/65. Bajramaj – Popp/46. Okoyino da Mbabi – Trainerin: Neid.
Tore: 1:0 Kulig (59., Foulelfmeter), 2:0 Okoyino da Mbabi (85.) – SR: Schett (Österreich) – Zuschauer: 8.756.

Deutschland – Italien 5:0 (1:0) am 3. 6. 2011 in Osnabrück
Deutschland: Angerer – Bresonik, Bartusiak/46. Goeßling, Krahn, Peter – Laudehr, Kulig/67. Hingst – Garefrekes/67. M. Müller, Prinz/46. Okoyino da Mbabi, Behringer/46. Bajramaj – Grings/46. Popp – Trainerin: Neid.
Tore: 1:0 D'Adda (32., Eigentor), 2:0 Popp (46.), 3:0 Kulig (62.), 4:0 Okoyino da Mbabi (69.), 5:0 Popp (77.) – SR: Ihringova (England) – Zuschauer: 12 080.

Deutschland – Niederlande 5:0 (2:0) am 7. 6. 2011 in Aachen

Deutschland: Angerer – Schmidt (Turbine Potsdam), Krahn/46. Goeßling, Bartusiak, Peter – Kulig, Laudehr/63. Hingst – Garefrekes/46. Grings, Prinz/46. Popp, Bajramaj/46. Behringer – Okoyino da Mbabi/76. M. Müller – Trainerin: Neid.

Tore: 1:0 Okoyino da Mbabi (15.), 2:0 Laudehr (43.), 3:0 Popp (71.), 4:0 Kulig (75.), 5:0 Grings (87.) – SR: Ihringova (England) – Zuschauer: 11 136.

Deutschland – Norwegen 3:0 (0:0) am 16. 6. 2011 in Mainz

Deutschland: Angerer – Bresonik, Krahn/72. Goeßling, Bartusiak, Peter – Laudehr, Kulig/82. Hingst – Garefrekes/46. Behringer, Prinz/46. Bajramaj, Okoyino da Mbabi/72. M. Müller – Grings/46. Popp – Trainerin: Neid.

Tore: 1:0 Laudehr (79.), 2:0 Popp (80.), 3:0 Popp (82.) – SR: Hong (Südkorea) – Zuschauer: 13 812.

Deutschland – Kanada 2:1 (2:0) am 26. 6. 2011 in Berlin (WM-Gruppenspiel)

Deutschland: Angerer – Bresonik, Krahn, Bartusiak, Peter – Kulig, Laudehr – Garefrekes, Okoyino da Mbabi/65. Grings, Behringer/71. Bajramaj – Prinz/56. Popp – Trainerin: Neid.

Tore: 1:0 Garefrekes (10.), 2:0 Okoyino da Mbabi (42.), 2:1 Sinclair (82.) – SR: Melksham (Australien) – Zuschauer: 73 680 (ausverkauft).

Deutschland – Nigeria 1:0 (0:0) am 30. 6. 2011 in Frankfurt (WM-Gruppenspiel)

Deutschland: Angerer – Bresonik, Krahn, Bartusiak, Peter – Kulig, Laudehr – Garefrekes, Okoyino da Mbabi/87. Bajramaj, Behringer/31. Popp – Prinz/53. Grings – Trainerin: Neid.

Tor: 1:0 Laudehr (54.) – SR: Cha (Südkorea) – Zuschauer: 48 817 (ausverkauft).

Frankreich – Deutschland 2:4 (0:2) am 5. 7 2011 in Mönchengladbach (WM-Gruppenspiel)

Deutschland: Angerer – Schmidt, Krahn/78. Popp, Bartusiak, Peter – Laudehr/46. Hingst, Goeßling – Garefrekes, Okoyino da Mbabi, Bajramaj – Grings – Trainerin: Neid.

Tore: 0:1 Garefrekes (25.), 0:2 Grings (32.), 1:2 Delie (56.), 1:3 Grings (68., Foulelfmeter), 2:3 Georges (72.), 2:4 Okoyino da Mbabi (89.) – SR: Heikkinen (Finnland) – Zuschauer: 45 867 (ausverkauft) – Rote Karte: Sapowicz (65., Notbremse).

Deutschland – Japan n. V. 0:1 (0:0, 0:0) am 9. 7. 2011 in Wolfsburg (WM-Viertelfinale)

Deutschland: Angerer – Bresonik/65. Goeßling, Krahn, Bartusiak, Peter – Laudehr, Kulig/8. Schmidt – Garefrekes, Okoyino da Mbabi, Behringer – Grings/102. Popp – Trainerin: Neid.

Tor: 0:1 Maruyama (108.) – SR: Alvarado (Mexiko) – Zuschauer: 26 067 (ausverkauft).

Die Spiele der sechs deutschen Klubs im Europapokal 2010/11

Der Weg von Bayern München in der Champions League

Gruppenphase:

Bayern München – AS Rom 2:0 (0:0) am 15. 9. 2010

München: Butt – Lahm, Van Buyten, Badstuber, Contento – Van Bommel, Schweinsteiger – Müller/82. Pranjic, Kroos, Hamit Altintop/68. Klose – Olic/68. Gomez – Trainer: Van Gaal.

Rom: Julio Sergio – Rosi, N. Burdisso, Juan, Cassetti – Brighi, Pizarro, De Rossi, Perrotta – Totti/79. Menez, Borriello – Trainer: Ranieri.

Tore: 1:0 Müller (79.), 2:0 Klose (83.) – SR: Lannoy (Frankreich) – Zuschauer: 66 000 (ausverkauft).

FC Basel – Bayern München 1:2 (1:0) am 28. 9. 2010

Basel: Costanzo – Inkoom, Abraham, Ferati, Safari – Huggel/87. Cabral, Yapi/90.+1 Almerares – Shaqiri/80. Chipperfield, Stocker – A. Frei, Streller – Trainer: Fink.

München: Butt – Lahm, Van Buyten, Badstuber, Pranjic – Van Bommel, Schweinsteiger – Hamit Altintop/46. Gomez, Kroos/57. Olic – Müller – Klose/77. Tymoshchuk – Trainer: Van Gaal.

Tore: 1:0 A. Frei (18.), 1:1 Schweinsteiger (56., Foulelfmeter), 1:2 Schweinsteiger (89.) – SR: Thomson (Schottland) – Zuschauer: 37 500 (ausverkauft).

Bayern München – CFR Cluj 3:2 (2:1) am 19. 10. 2010

München: Butt – Lahm, Tymoshchuk, Badstuber, Pranjic – Ottl, Schweinsteiger/79. Braafheid – Hamit Altintop, Kroos, Müller – Gomez – Trainer: Van Gaal.

Cluj: Stancioiu – Rada, Cadu, Piccolo, Panin – Rafael/56. Hora, Kivuvu, Dica, Culio – De Zerbi – Traoré/76. Bjelanovic – Trainer: Cartu.

Tore: 0:1 Cadu (28.), 1:1 Cadu (32., Eigentor), 2:1 Panin (37., Eigentor), 3:1Gomez (77.), 3:2 Culio (86.) – SR: Atkinson (England) – Zuschauer: 64 000.

CFR Cluj – Bayern München 0:4 (0:2) am 3. 11. 2010

Cluj: Stancioiu – Panin, Cadu/78. Tony, Piccolo, Rada – Rafael/46. Hora, Tomas Costa, Dica/46. Edimar, Culio – De Zerbi – Traoré – Trainer: Cartu.

München: Butt – Lahm, Van Buyten, Demichelis, Pranjic – Tymoshchuk, Ottl – Hamit Altintop, Schweinsteiger/75. Müller, Kroos – Gomez – Trainer: Van Gaal.

Tore: 0:1 Gomez (12.), 0:2 Gomez (24.), 0:3 Gomez (71.), 0:4 Müller (90.) – SR: Gumienny (Belgien) – Zuschauer: 9000.

AS Rom – Bayern München 3:2 (0:2) am 23. 11. 2010

Rom: Julio Sergio – Cassetti, Mexes, G. Burdisso, Riise – Brighi/75. Totti, De Rossi, Greco/46. Simplicio – Menez – Borriello, Vucinic/82. Pizarro – Trainer: Ranieri.

München: Kraft – Lahm, Van Buyten, Demichelis, Pranjic – Tymoshchuk, Ottl – Müller/73. Contento, Kroos, Ribery/77. Hamit Altintop – Gomez – Trainer: Van Gaal.

Tore: 0:1Gomez (34.), 0:2 Gomez (39.), 1:2 Borriello (49.), 2:2 De Rossi (81.), 3:2 Totti (84., Foulelfmeter) – SR: Undiano Mallenco (Spanien) – Zuschauer: 42 789.

Bayern München – FC Basel 3:0 (2:0) am 8. 12. 2010

München: Kraft – Lahm, Tymoshchuk, Breno, Contento – Van Bommel, Kroos/68. Hamit Altintop – Müller, Schweinsteiger, Ribery – Gomez – Trainer: Van Gaal.

Basel: Costanzo – Inkoom, Abraham, Ferati, Safari – Shaqiri/76. Tembo, Cabral/55. Almerares, Yapi, Stocker – A. Frei – Streller/46. Xhaka – Trainer: Fink.

Tore: 1:0 Ribery (35.), 2:0 Tymoshchuk (37.), 3:0 Ribery (49.) – SR: Hansson (Schweden) – Zuschauer: 66 000 (ausverkauft).

Achtelfinale:

Inter Mailand – Bayern München 0:1 (0:0) am 23. 2. 2011

Mailand: Julio Cesar – Maicon, Ranocchia/73. Kharja, Lucio, Chivu – Zanetti, Motta, Cambiasso – Stankovic, Sneijder – Eto'o – Trainer: Leonardo.

München: Kraft – Lahm, Tymoshchuk, Badstuber, Pranjic/38. Breno – Luiz Gustavo, Schweinsteiger – Robben, Müller, Ribery – Gomez – Trainer: Van Gaal.

Tor: 0:1 Gomez (90.) – SR: Kassai (Ungarn) – Zuschauer: 75 925.

Bayern München – Inter Mailand 2:3 (2:1) am 15. 3. 2011

München: Kraft – Lahm, Van Buyten/70. Badstuber, Breno/90. Kroos, Pranjic – Luiz Gustavo, Schweinsteiger – Robben/68. Hamit Altintop, Müller, Ribery – Gomez – Trainer: Van Gaal.

Mailand: Julio Cesar – Maicon, Lucio, Ranocchia, Chivu/87. Nagatomo – Cambiasso, Motta – Stankovic/51. Coutinho, Sneijder – Pandev/90. Kharja – Eto'o – Trainer: Leonardo.

Tore: 0:1 Eto'o (3.), 1:1 Gomez (21.), 2:1 Müller (31.), 2:2 Sneijder (63.), 2:3 Pandev (88.) – SR: Proenca (Portugal) – Zuschauer: 66 000 (ausverkauft).

Der Weg des FC Schalke 04 in der Champions League

Gruppenphase:

Olympique Lyon – FC Schalke 04 1:0 (1:0) am 14. 9. 2010

Lyon: Lloris – Reveillere, Diakhaté, Lovren, Kolodziejczak – Toulalan – Pjanic, Gourcuff/86. Makoun – Briand/90.+2 Källström, Michel Bastos/71. Pied – Lisandro Lopez – Trainer: Puel.

Schalke: Neuer – Moritz, Höwedes, Plestan, Sarpei/75. Schmitz – Jones/70. Kluge, Rakitic – Farfan, Deac/45. Matip – Raul – Huntelaar – Trainer: Magath.

Tor: 1:0 Michel Bastos (21.) – SR: Bebek (Kroatien) – Zuschauer: 35 552 – Rote Karte: Höwedes (38., grobes Foulspiel).

FC Schalke 04 – Benfica Lissabon 2:0 (0:0) am 29. 9. 2010

Schalke: Neuer – Uchida/58. Sarpei, Papadopoulos, Metzelder, Schmitz – Matip – Farfan, Rakitic/66. Jones – Jurado/78. Kluge – Huntelaar, Raul – Trainer: Magath.

Lissabon: Roberto – Maxi Pereira, Luisao, David Luiz, Cesar Peixoto – Javi Garcia – Gaitan/46. Salvio, Carlos Martins, Fabio Coentrao – Saviola/63. Aimar – Cardozo/71. Alan Kardec – Trainer: Jorge Jesus.

Tore: 1:0 Farfan (73.), 2:0 Huntelaar (85.) – SR: Rocchi (Italien) – Zuschauer: 50 436.

FC Schalke 04 – Hapoel Tel Aviv 3:1 (1:0) am 20. 10. 2010

Schalke: Neuer – Uchida, Höwedes, Metzelder, Schmitz – Jones/75. Matip – Farfan/67. Hao, Moritz/53. Rakitic – Jurado – Huntelaar, Raul – Trainer: Magath.

Tel Aviv: Enyeama – Kende, Badeer, Douglas, Shish – Abutbul/57. Toama, Yadin/72. Fransman – Vermouth, Zehavi – Shechter, Tamuz/58. Sahar – Trainer: Gutman.

Tore: 1:0 Raul (3.), 2:0 Raul (59.), 3:0 Jurado (68.), 3:1 Shechter (90.+3) – SR: Collum (Schottland) – Zuschauer: 50 900.

Hapoel Tel Aviv – FC Schalke 04 0:0 am 2. 11. 2010

Tel Aviv: Enyeama – Bondarv, Badeer, Douglas/42. Fransman, Ben Dayan – Zehavi, Abutbul – Vermouth, Toama/61. Shivhon – Tamuz, Sahar/70. Mare – Trainer: Gutman.

Schalke: Neuer – Uchida, Höwedes, Metzelder, Escudero – Kluge/46. Moritz, Rakitic/74. Edu – Farfan/81. Deac, Jurado – Raul – Huntelaar – Trainer: Magath.

SR: De Bleeckere (Belgien) – Zuschauer: 12 132.

FC Schalke 04 – Olympique Lyon 3:0 (2:0) am 24. 11. 2010

Schalke: Neuer – Uchida, Höwedes, Metzelder, Schmitz – Jones/70. Matip, Kluge – Farfan/65. Edu, Jurado/85. Deac – Raul, Huntelaar – Trainer: Magath.

Lyon: Lloris – Reveillere, Diakhaté, Lovren, Cissokho/46. Gomis – Toulalan – Gourcuff/60. Pjanic, Källström – Briand, Michel Bastos – Lisandro Lopez/74. Pied – Trainer: Puel.

Tore: 1:0 Farfan (13.), 2:0 Huntelaar (20.), 3:0 Huntelaar (89.) – SR: Rizzoli (Italien) – Zuschauer: 51 132.

Benfica Lissabon – FC Schalke 04 1:2 (0:1) am 7. 12. 2010

Lissabon: Roberto – Maxi Pereira/46. Gaitan, Luisao, David Luiz, Fabio Coentrao – Javi Garcia – Ruben Amorim, Cesar Peixoto/46. Aimar – Carlos Martins/79. Salvio – Cardozo, Saviola – Trainer: Jorge Jesus.

Schalke: Neuer – Uchida, Höwedes, Metzelder, Schmitz – Kluge/82. Matip, Papadopoulos – Jurado/88. Jendrisek, Rakitic – Raul, Huntelaar/85. Edu – Trainer: Magath.

Tore: 0:1 Jurado (19.), 0:2 Höwedes (81.), 1:2 Luisao (87.) – SR: Webb (England) – Zuschauer: 23 348.

Achtelfinale:

FC Valencia – FC Schalke 04 1:1 (1:0) am 15. 2. 2011

Valencia: Guaita – Miguel, David Navarro, Ricardo Costa – Mathieu/78. Jordi Alba – Topal – Banega/68. Vicente, Tino Costa – Dominguez/68. Joaquin – Soldado, Aduriz – Trainer: Emery.

Schalke: Neuer – Uchida, Höwedes, Metzelder, Schmitz – Matip, Kluge – Farfan/78. Draxler Jurado/83. Edu – Raul, Huntelaar/90. Hao – Trainer: Magath.

Tore: 1:0 Soldado (17.), 1:1 Raul (63.) – SR: Nikolaev (Russland) – Zuschauer: 42 703 – Gelb-Rote Karte: Schmitz (90.+4).

FC Schalke 04 – FC Valencia 3:1 (1:1) am 9. 3. 2011

Schalke: Neuer – Uchida, Höwedes, Metzelder, Escudero – Matip/60. Papadopoulos, Kluge/81. Sarpei – Farfan, Jurado/76. Draxler – Raul – Gavranovic – Trainer: Magath.

Valencia: Guaita – Bruno, David Navarro, Ricardo Costa, Mathieu – Banega/71. Tino Costa, Topal – Joaquin, Mata, Pablo Hernandez/64. Soldado – Aduriz/74. Jonas – Trainer: Emery.

Tore: 0:1 Ricardo Costa (17.), 1:1 Farfan (40.), 2:1 Gavranovic (52.), 3:1 Farfan (90.+4) – SR: Eriksson (Schweden) – Zuschauer: 53 517.

Viertelfinale:

Inter Mailand – FC Schalke 04 2:5 (2:2) am 5. 4. 2011

Mailand: Julio Cesar – Maicon, Ranocchia, Chivu, Zanetti – Motta/76. Nagatomo – Stankovic/24. Kharja/63. Cordoba, Cambiasso – Sneijder – Milito, Eto'o – Trainer: Leonardo.

Schalke: Neuer – Uchida, Höwedes, Matip, Sarpei – Papadopoulos, Jurado/83. Draxler – Farfan, Baumjohann/76. Schmitz – Edu, Raul/87. Karimi – Trainer: Rangnick.

Tore: 1:0 Stankovic (1.), 1:1 Matip (17.), 2:1 Milito (33.), 2:2 Edu (40.), 2:3 Raul (53.), 2:4 Ranocchia (57., Eigentor), 2:5 Edu (75.) – SR: Atkinson (England) – Zuschauer: 72 770 – Gelb-Rote Karte: Chivu(62.).

FC Schalke 04 – Inter Mailand 2:1 (1:0) am 13. 4. 2011

Schalke: Neuer – Uchida, Höwedes, Metzelder, Sarpei – Papadopoulos, Matip – Baumjohann/73. Draxler, Jurado/87. Schmitz – Edu/77. Charisteas, Raul – Trainer: Rangnick.

Mailand: Julio Cesar – Maicon, Lucio, Ranocchia, Nagatomo – Motta – Zanetti, Stankovic/46. Pandev – Sneijder/80. Coutinho – Milito, Eto'o – Trainer: Leonardo.

Tore: 1:0 Raul (45.), 1:1 Motta (49.), 2:1 Höwedes (81.) – SR: Skomina (Slowenien) – Zuschauer: 54 142 (ausverkauft).

Halbfinale:

FC Schalke 04 – Manchester United 0:2 (0:0) am 26. 4. 2011

Schalke: Neuer – Uchida, Matip, Metzelder, Sarpei/72. Escudero – Papadopoulos – Baumjohann/53. Kluge, Jurado/83. Draxler – Farfan, Edu – Raul – Trainer: Rangnick.

Manchester: Van der Sar – Fabio da Silva, R. Ferdinand, Vidic, Evra – Carrick, Giggs – Valencia, Park/73. Scholes – Rooney/83. Nani – Hernandez/73. Anderson – Trainer: Ferguson.

Tore: 0:1 Giggs (67.), 0:2 Rooney (69.) – SR: Velasco Carballo (Spanien) – Zuschauer: 54 142 (ausverkauft).

Manchester United – FC Schalke 04 4:1 (2:1) am 4. 5. 2011

Manchester: Van der Sar – Rafael da Silva/60. Evra, Smalling, Evans, O'Shea – Scholes/72. Fletcher – Gibson, Anderson – Valencia, Nani – Berbatov/77. Owen – Trainer: Ferguson.

Schalke: Neuer – Uchida, Höwedes/70. Huntelaar, Metzelder, Escudero – Papadopoulos – Jurado, Baumjohann/46. Edu – Farfan/75. Matip, Draxler – Raul – Trainer: Rangnick.

Tore: 1:0 Valencia (26.), 2:0 Gibson (31.), 2:1 Jurado (35.), 3:1 Anderson (72.), 4:1 Anderson (76.) – SR: Proenca (Portugal) – Zuschauer: 74 687.

Der Weg von Werder Bremen in der Champions League

Play-offs:

Werder Bremen – Sampdoria Genua 3:1 (0:0) am 18. 8. 2010

Bremen: Wiese – Fritz, Mertesacker, Prödl, Pasanen/77. Boenisch – Frings – Bargfrede, Borowski – Hunt/85. Marin – Pizarro, Hugo Almeida/89. Arnautovic – Trainer: Schaaf.

Genua: Curci – Volta, Gastaldello, Lucchini, Ziegler – Semioli/68. Stankevicius, Palombo, Tissone/59. Poli, Mannini/65. Guberti – Cassano – Pazzini – Trainer: Di Carlo.

Tore: 1:0 Fritz (51.), 2:0 Frings (67., Foulelfmeter), 3:0 Pizarro (69.), 3:1 Pazzini (90.) – SR: Lannoy (Frankreich) – Zuschauer: 25 276 – Gelb-Rote Karte: Lucchini(66.).

Sampdoria Genua – Werder Bremen n. V. 3:2 (3:1, 2:0) am 24. 8. 2010

Genua: Curci – Stankevicius, Volta, Gastaldello, Ziegler – Palombo – Semioli, Dessena – Guberti/66. Tissone/73. Mannini – Pazzini, Cassano/90. Pozzi – Trainer: Di Carlo.

Bremen: Wiese – Fritz, Mertesacker, Prödl, Pasanen/79. Boenisch – Bargfrede, Frings – Borowski/63. Arnautovic, Pizarro, Marin – Wagner/72. Rosenberg – Trainer: Schaaf.

Tore: 1:0 Pazzini (8.), 2:0 Pazzini (14.), 3:0 Cassano (85.), 3:1 Rosenberg (90.+3), 3:2 Pizarro (100.) – SR: Kassai (Ungarn) – Zuschauer: 36 536 (ausverkauft).

Gruppenphase:

Werder Bremen – Tottenham Hotspur 2:2 (1:2) am 14. 9. 2010

Bremen: Wiese – Fritz, Prödl, Pasanen, Silvestre – Frings – Bargfrede/37. Hunt, Marin – Wesley/67. Borowski – Hugo Almeida/79. Wagner, Arnautovic – Trainer: Schaaf.

Tottenham: Cudicini – Corluka, Kaboul, King, Assou-Ekotto – Jenas, Huddlestone – Lennon/75. Palacios, Van der Vaart/49. Keane, Bale – Crouch – Trainer: Redknapp.

Tore: 0.1 Pasanen (12., Eigentor), 0:2 Crouch (18.), 1:2 Hugo Almeida (43.), 2:2 Marin (47.) – SR: Busacca (Schweiz) – Zuschauer: 30 344.

Inter Mailand – Werder Bremen 4:0 (3:0) am 29. 9. 2010

Mailand: Julio Cesar/46. Castellazzi – Maicon, Cordoba, Lucio/62. Santon, Chivu – Stankovic/80. Obi, Cambiasso – Biabiany, Sneijder, Coutinho – Eto'o – Trainer: Benitez.

Bremen: Wiese – Wesley, Mertesacker, Prödl, Silvestre – Bargfrede, Jensen – Marin/63. Hunt, Borowski/46. Pasanen, Arnautovic – Hugo Almeida/78. Wagner – Trainer: Schaaf.

Tore: 1:0 Eto'o (21.), 2:0 Eto'o (27.), 3:0 Sneijder (34.), 4:0 Eto'o (81.) – SR: Undiano Mallenco (Spanien) – Zuschauer: 30 000.

FC Twente Enschede – Werder Bremen 1:1 (0:0) am 20. 10. 2010

Enschede: Mihajlov – Rosales, Wisgerhof/24. Bengtsson, Douglas, Tiendalli – Brama, Landzaat/86. De Jong, Janssen – Ruiz, Chadli – Janko – Trainer: Preud'homme.

Bremen: Wiese/37. Mielitz – Fritz, Mertesacker, Prödl, Pasanen – Bargfrede/77. Marin, Frings – Wesley, Pizarro, Hunt – Hugo Almeida/60. Arnautovic – Trainer: Schaaf.

Tore: 1:0 Janssen (75.), 1:1 Arnautovic (80.) – SR: Larsen (Dänemark) – Zuschauer: 24 000.

Werder Bremen – FC Twente Enschede 0:2 (0:0) am 2. 11. 2010

Bremen: Mielitz – Prödl, Mertesacker, Frings, Wesley – Jensen – Bargfrede/59. Arnautovic, Hunt – Marin – Pizarro, Hugo Almeida – Trainer: Schaaf.

Enschede: Mihajlov – Bengtsson/76. Schimpelsberger, Wisgerhof, Douglas, Leugers – Rosales, Landzaat – De Jong/90.+1 Stockentree – Ruiz, Chadli/85. Vujicevic – Janko – Trainer: Preud'homme.

Tore: 0:1 Chadli (81.), 0:2 De Jong (84.) – Schiedsrichter: Hamer (Luxemburg) – Zuschauer: 30 200 – Rote Karte: Frings (75., Notbremse).

Tottenham Hotspur – Werder Bremen 3:0 (2:0) am 24. 11. 2010

Tottenham: Gomes – Hutton, Gallas, Kaboul, Assou-Ekotto – Jenas/19. Palacios, Modric – Lennon, Bale/81. Kranjcar – Pavlyuchenko/57. Defoe, Crouch – Trainer: Redknapp.

Bremen: Wiese – Fritz, Mertesacker, Prödl, Schmidt – Bargfrede – Kroos/55. Ayik, Jensen/86. Pasanen, Hunt/79. Thy, Marin – Wagner – Trainer: Schaaf.

Tore: 1:0 Kaboul (6.), 2:0 Modric (45.+1), 3:0 Crouch (79.) – SR: Benquerenca (Portugal) – Zuschauer: 36 310 (ausverkauft) – Besonderes Vorkommnis: Wiese hält Foulelfmeter von Bale (54.).

Werder Bremen – Inter Mailand 3:0 (1:0) am 7. 12. 2010

Bremen: Wiese – Schmidt, Mertesacker, Prödl, Pasanen/83. Silvestre – Frings/78. Bargfrede, Fritz – Marin, Hunt, Hugo Almeida/75. Pizarro – Arnautovic – Trainer: Schaaf.

Mailand: Orlandoni – Zanetti/54. Natalino, Cordoba, Cambiasso, Biraghi – Motta/76. Mariga, Obiora – Santon/50. Biabiany, Muntari – Pandev, Eto'o – Trainer: Benitez.

Tore: 1:0 Prödl (38.), 2:0 Arnautovic (49.), 3:0 Pizarro (88.) – SR: Cakir (Türkei) – Zuschauer: 30 400.

Der Weg von Bayer Leverkusen in der Europa League

Play-offs:

Bayer Leverkusen – Tawrija Simferopol 3:0 (1:0) am 19. August 2010

Leverkusen: Adler – Schwaab, Reinartz, M. Friedrich, Kadlec – Vidal, L. Bender/46. Ballack – Renato Augusto, Sam/46. Barnetta – Kießling, Helmes/66. Derdiyok – Trainer: Heynckes.

Simferopol: Postranskiy – Markovic, Monakhov, Leandro – Matyazh/71. Lutsenko, Galyuza – Gumenuk, Shynder/46. Holaido – Ljubenovic – Kovpak, Idahor/82. Gigiadze – Trainer: Puchkov.

Tore: 1:0 Kadlec (1.), 2:0 Kadlec (83.), 3:0 Ballack (90.+2, Foulelfmeter) – SR: Fautrel (Frankreich) – Zuschauer: 13 000.

Tawrija Simferopol – Bayer Leverkusen 1:3 (1:0) am 26. 8. 2010

Simferopol: Postranskiy – Markovic, Monakhov, Holaido – Galyuza, Kornyev, Lutsenko/57. Platon, Ljubenovic – Mukhovikov/34. Leandro – Idahor/80. Feschuk, Kovpak – Trainer: Puchkov.

Leverkusen: Adler – Schwaab, Reinartz, M. Friedrich, Castro – Vidal – L. Bender, Balitsch – Kaplan/46. Renato Augusto, Barnetta/77. Kadlec – Derdiyok/79. Jörgensen – Trainer: Heynckes.

Tore: 1:0 Idahor (5., Handelfmeter), 1:1 Vidal (50., Foulelfmeter), 1:2 Holaido (74., Eigentor), 1:3 Castro (90.+2) – SR: Tudor (Rumänien) – Zuschauer: 10 700.

Gruppenphase:

Bayer Leverkusen – Rosenborg Trondheim 4:0 (2:0) am 16. 9. 2010

Leverkusen: Adler – Schwaab, M. Friedrich, Hyypiä, Castro/78. Vida – Reinartz, L. Bender/67. Balitsch – Sam, Jörgensen – Derdiyok/78. Barnetta, Helmes – Trainer: Heynckes.

Trondheim: Örlund – Lustig, Bjärsmyr, Demidov, Dorsin – Annan – Henriksen/72. Jamtfall, Strand/56. Sare, Skjelbred – Iversen/79. Olsen, Prica – Trainer: Eggen.

Tore: 1:0 Helmes (4.), 2:0 Reinartz (38.), 3:0 Helmes (58.), 4:0 Helmes (61.) – SR: Vollquartz (Dänemark) – Zuschauer: 13 062.

Atletico Madrid – Bayer Leverkusen 1:1 (0:1) am 30. 9. 2010

Madrid: De Gea – Ujfalusi, Alvaro Dominguez, Perea, Filipe – Paulo Assuncao, Raul Garcia/46. Fran Merida – Reyes, Simao – Forlan/46. Tiago, Diego Costa – Trainer: Quique Flores.

Leverkusen: Adler – Schwaab, M. Friedrich, Hyypiä, Kadlec – Reinartz – Sam, Vidal/61. L. Bender, Balitsch/61. Rolfes, Barnetta – Derdiyok/68. Helmes – Trainer: Heynckes.

Tore: 0:1 Derdiyok (39.), 1:1 Simao (51.) – SR: Tagliavento (Italien) – Zuschauer: 35 000.

Aris Saloniki – Bayer Leverkusen 0:0 am 21. 10. 2010

Saloniki: Sifakis – Vangeli, Ronaldo, Lazaridis, Michel – Toja, Faty – Javito, Toni Calvo – Ruiz, Koke/70. Mendrinos – Trainer: Cuper.

Leverkusen: Adler – Vida, M. Friedrich, Reinartz, Kadlec – L. Bender, Balitsch/61. Vidal – Rolfes/76. Derdiyok – Kaplan, Jörgensen/60. Barnetta – Helmes – Trainer: Heynckes.

SR: Ingvarsson (Schweden) – Zuschauer: 22 000 (ausverkauft).

Bayer Leverkusen – Aris Saloniki 1:0 (0:0) am 4. 11. 2010

Leverkusen: Adler – Balitsch, M. Friedrich, Reinartz, Kadlec – L. Bender/46. Rolfes, Vidal – Sam, Kaplan/63. Barnetta – Helmes, Jörgensen/46. Derdiyok – Trainer: Heynckes.

Saloniki: Sifakis – Vangeli, Ronaldo, Lazaridis, Michel – Toja, Faty – Javito, Toni Calvo/79. Kaznaferis – Ruiz/56. Cesnauskis, Koke/90.+1 Prittas – Trainer: Cuper.

Tor: 1:0 Vidal (90.) – SR: Durte Paixao (Portugal) – Zuschauer: 18 265.

Rosenborg Trondheim – Bayer Leverkusen 0:1 (0:1) am 1. 12. 2010

Trondheim: Örlund – Lustig, Bjärsmyr, Demidov, Dorsin – Annan – Henriksen, Skjelbred – Moldskred – Iversen, Prica – Trainer: Eggen.

Leverkusen: Giefer – Vida, M. Friedrich, Hyypiä, Kadlec – Reinartz – Balitsch – L. Bender – Sam/68. Kaplan, Jörgensen/76. Derdiyok – Helmes/85. Castro – Trainer: Heynckes.

Tor: 0:1 Sam (35.) – SR: Kelly (Irland) – Zuschauer: 11 096.

Bayer Leverkusen – Atletico Madrid 1:1 (0:0) am 16. 12. 2010

Leverkusen: Giefer – Vida, Schwaab, Hyypiä, Castro&46. da Costa – L. Bender/88. Vidal, Balitsch – Kaplan, Renato Augusto/46. Kießling – Jörgensen, Helmes – Trainer: Heynckes.

Madrid: De Gea – Valera, Perea, Alvaro Dominguez, Filipe – Paulo Assuncao, Mario Suarez/84. Tiago – Raul Garcia, Simao/71. Fran Merida – Forlan/67. Diego Costa, Aguero – Trainer: Quique Flores.

Tore: 1:0 Helmes (69.), 1:1 Fran Merida (72.) – SR: Tudor (Rumänien) – Zuschauer: 18 093.

Zwischenrunde:

Metalist Charkiw – Bayer Leverkusen 0:4 (0:1) am 17. 2. 2011

Charkiw: Disljenkovic – Villagra, Obradovic, Pshenychnykh/16. Berezovchuk, Fininho – Valyayev, Cleiton Xavier – Blanco, Oleinik, Taison – Cristaldo/68. Lysenko – Trainer: Markevich.

Leverkusen: Adler – Vida, M. Friedrich, Reinartz, Kadlec – L. Bender, Vidal – Sam, Renato Augusto/75. Rolfes, Balitsch/46. Castro – Derdiyok/79. Kießling – Trainer: Heynckes.

Tore: 0:1 Derdiyok (22.), 0:2 Castro (72.), 0:3 Sam (90.), 0:4 Sam (90.+2) – SR: Gumienny (Belgien) – Zuschauer: 33 000.

Bayer Leverkusen – Metalist Charkiw 2:0 (0:0) am 24. 2. 2011

Leverkusen: Adler – Vida, Schwaab, M. Friedrich, Castro – Ballack, L. Bender/46. Vidal – Renato Augusto/64. da Costa, Rolfes/64. Kampl, Jörgensen – Kießling – Trainer: Heynckes.

Charkiw: Disljenkovic – Romanchuk, Gueye, Obradovic, Fininho – Cleiton Xavier/76. Vorobey, Shelayev – Blanco, Taison/57. Valyayev, Oleinik – Devic/57. Cristaldo – Trainer: Markevich.
Tore: 1:0 Rolfes (47.), 2:0 Ballack (70.) – SR: Collum (Schottland) – Zuschauer: 16 212.

Achtelfinale:

Bayer Leverkusen – FC Villarreal 2:3 (1:1) am 10. 3. 2011

Leverkusen: Adler – Vida, Schwaab, Reinartz, Kadlec – Vidal, Rolfes/89. L. Bender – Sam/76. Jörgensen, Renato Augusto, Castro – Derdiyok/46. Kießling – Trainer: Heynckes.
Villareal: Diego Lopez – Mario, Gonzalo Rodriguez, Musacchio, Catala – Borja Valero, Marchena, Bruno, Wakaso/61. Santi Cazorla – Marco Ruben83. Joan Oriol, Rossi/69. Nilmar – Trainer: Garrido.
Tore: 1:0 Kadlec (33.), 1:1 Rossi (42.), 1:2 Nilmar (70.), 2:2 Castro (72.), 2:3 Nilmar (90.+4) – SR: Tagliavento (Italien) – Zuschauer: 20 126.

FC Villarreal – Bayer Leverkusen 2:1 (1:0) am 17. 3. 2011

Villarreal: Diego Lopez – Mario, Gonzalo Rodriguez, Musacchio, Catala – Borja Valero/74. Capdevila, Marchena, Bruno, Santi Cazorla/80. Cani – Marco Ruben – Rossi/69. Nilmar – Trainer: Garrido.
Leverkusen: Adler – Vida/60. Schwaab, Reinartz, Hyypiä, Kadlec – L. Bender, Rolfes – Derdiyok, Renato Augusto, Castro/43. Sam – Kießling/53. Ballack – Trainer: Heynckes.
Tore: 1:0 Santi Cazorla (33.), 2:0 Rossi (61.), 2:1 Gonzalo Rodriguez (82., Eigentor) – SR: Kuipers (Niederlande) – Zuschauer: 19 500.

Der Weg von Borussia Dortmund in der Europa League

Play-offs:

Borussia Dortmund – Qarabag Agdam 4:0 (4:0) am 19. 8. 2010

Dortmund: Weidenfeller – Piszczek, Subotic, Hummels, Schmelzer – Sahin, Kehl/66. S. Bender – Blaszczykowski/49. M. Götze, Kagawa/70. Lewandowski, Großkreutz – Barrios – Trainer: Klopp.
Agdam: Veliyev – Medvedev, Teli/70. Hashimov, R. F. Sadygov, Agolli – Imamaliev/46. Nadyrov, Abbasov, R. A. Sadygov, Rubins – Aliyev/46. Yusifov, Adamia – Trainer: Gurbanov.
Tore: 1:0 Kagawa (13.), 2:0 Barrios (20.), 3:0 Barrios (29.), 4:0 Kagawa (41.) – SR: Balaj (Rumänien) – Zuschauer: 47 800.

Qarabag Agdam – Borussia Dortmund 0:1 (0:0) am 26. 8. 2010

Agdam: Veliyev – Medvedev, Teli, R. F. Sadygov, Agolli – Nadyrov, Abbasov/88. Kerimov, R. A. Sadygov, Rubins/69. Karimov – Adamia/68. Mammadov, Aliyev – Trainer: Gurbanov.
Dortmund: Weidenfeller – Owomoyela, Subotic, Hummels, Schmelzer – Kehl, Sahin – Piszczek/76. Rangelov, Kagawa/61. Lewandowski, Großkreutz/61. M. Götze – Barrios – Trainer: Klopp.
Tor: 0:1Barrios (90.+2) – SR: Gumienny (Belgien) – Zuschauer: 15 000.

Gruppenphase:

Karpaty Lwiw – Borussia Dortmund 3:4 (1:2) am 16. 9. 2010

Lwiw: Tlumak – Petrivskiy, Milosevic, Tubic, Danilo Avelar – Khudobyak, Godwin, Holodyuk – Kozhanov/90.+1 Checher, Batista/13. Kopolovets, Zenjov – Trainer: Konanaw.
Dortmund: Weidenfeller – Owomoyela, Subotic, Hummels, Schmelzer – S. Bender/80. da Silva, Sahin – M. Götze, Kagawa/64. Blaszczykowski, Großkreutz/64. Lewandowski – Barrios – Trainer: Klopp.
Tore: 0:1 Sahin (12., Foulelfmeter), 0:2 M. Götze (27.), 1:2 Holodyuk (44.), 2:2 Kopolovets (52.), 3:2 Kozhanov (78.), 3:3 Barrios (87.), 3:4 M. Götze (90.+2) – SR: Circhetta (Schweiz) – Zuschauer: 28 051 (ausverkauft).

Borussia Dortmund – FC Sevilla 0:1 (0:1) am 30. 9. 2010

Dortmund: Weidenfeller – Piszczek, Subotic, Hummels, Schmelzer – S. Bender/76. Owomoyela, Sahin – Blaszczykowski/76. Lewandowski, Kagawa, Großkreutz/86. da Silva – Barrios – Trainer: Klopp.
Sevilla: Palop – Dabo/65. Escudé, Alexis, Caceres, Fernando Navarro – Zokora, Guarente – Jesus Navas, Cigarini/52. Kanouté, Perotti – Luis Fabiano/82. Negredo – Trainer: Manzano.
Tor: 0:1 Cigarini (45.+1) – SR: Dean (England) – Zuschauer: 49 100 – Gelb-Rote Karte: Schmelzer (50.).

Borussia Dortmund – Paris St.-Germain 1:1 (0:0) am 21. 10. 2010
Dortmund: Weidenfeller – Piszczek, Subotic, Hummels, Dede – S. Bender/46. M. Götze, Sahin – Blaszczykowski/82. Feulner, Kagawa/65. Lewandowski, Großkreutz – Barrios – Trainer: Klopp.
Paris: Edel – Jallet, Camara, Sakho, Tiené – Makelele, Bodmer/68. Clement – Sessegnon, Nené/82. Chantome – Luyindula, Mevlüt Erdinc/72. Hoarau – Trainer: Kombouaré.
Tore: 1:0 Sahin (50., Foulelfmeter), 1:1 Chantome (87.) – SR: Eriksson (Schweden) – Zuschauer: 50 200.

Paris St.-Germain – Borussia Dortmund 0:0 am 4. 11. 2010
Paris: Edel – Ceara, Camara, Sakho, Tiené – Sessegnon, Clement, Bodmer/81. Hoarau, Nené/66. Jallet – Luyindula, Mevlüt Erdinc/75. Chantome – Trainer: Kombouaré.
Dortmund: Weidenfeller – Piszczek/46. Blaszczykowski, Subotic, Hummels, Schmelzer – S. Bender, Sahin – M. Götze/87. Feulner, Kagawa, Großkreutz – Barrios/68. Lewandowski – Trainer: Klopp.
SR: Kralovec (Tschechien) – Zuschauer: 24 204.

Borussia Dortmund – Karpaty Lwiw 3:0 (1:0) am 2. 12. 2010
Dortmund: Weidenfeller – Piszczek, Subotic, Hummels, Schmelzer – S. Bender/67. da Silva, Sahin – Blaszczykowski, Kagawa/67. Zidan, Großkreutz/80. Le Tallec – Lewandowski – Trainer: Klopp.
Lwiw: Rudenko – Fedetskyy, Checher, Tubic, Danilo Avelar – Godwin/77. H. Baranets – Tkachuk, Khudobyak – Kozhanov/86. B. Baranets, Kuznetsov, Kopolovets/62. Guruli – Trainer: Konanaw.
Tore: 1:0 Kagawa (5.), 2:0 Hummels (49.), 3:0 Lewandowski (89.) – SR: Braamhaar (Niederlande) – Zuschauer: 40 100.

FC Sevilla – Borussia Dortmund 2:2 (2:1) am 15. 12. 2010
Sevilla: Palop – Konko, Alexis, Escudé, Dabo – Zokora, Romaric/86. Fazio – Perotti/60. Caceres, Kanouté/41. Renato, Capel – Luis Fabiano – Trainer: Manzano.
Dortmund: Weidenfeller – Piszczek, Subotic, Hummels, Schmelzer/87. Le Tallec – S. Bender/78. da Silva, Sahin – Blaszczykowski/67. Lewandowski, Kagawa, M. Götze – Barrios – Trainer: Klopp.
Tore: 0:1 Kagawa (4.), 1:1 Romaric (31.), 2:1 Kanouté (35.), 2:2 Subotic (49.) – SR: Nikolaev (Russland) – Zuschauer: 30 000.

Der Weg des VfB Stuttgart in der Europa League

3. Qualifikationsrunde:

Molde FK – VfB Stuttgart 2:3 (0:1) am 29. 7. 2010
Molde: Lillebakk – Simonsen, Forren, Andreasson, Rindaröy – Holm – Moström/87. Runström, Hoseth, Hestad/78. Skjölsvik, Makhtar Thioune/66. Johansson – Fall – Trainer: Jonevret.
Stuttgart: Ulreich – Celozzi, Niedermeier, Gentner, Molinaro – Träsch/79. Funk, Kuzmanovic – Rudy/72. Didavi, Gebhart – Marica, Pogrebnyak/79. Harnik – Trainer: Gross.
Tore: 0:1 Rudy (27.), 1:1 Moström (65.), 1:2 Kuzmanovic (74.), 2:2 Hoseth (76.), 2:3 Harnik (82.) – SR: Nijhuis (Niederlande) – Zuschauer: 3270.

VfB Stuttgart – Molde FK 2:2 (0:1) am 5. 8. 2010
Stuttgart: Ulreich – Träsch, Niedermeier, Gentner, Molinaro – Funk/61. Boulahrouz, Kuzmanovic – Rudy/71. Didavi, Gebhart – Marica/85. Harnik, Pogrebnyak – Trainer: Gross.
Molde: Lillebakk – Simonsen, Andreasson, Forren, Rindaröy – Hestad – Moström/89. Skjölsvik, Makhtar Thioune/79. Holm, Hoseth, Johansson/86. Diouf – Fall – Trainer: Jonevret.
Tore: 0:1 Johansson (41.), 0:2 Rindaröy (49.), 1:2 Pogrebnyak (54.), 2:2 Gebhart (90.+3) – SR: Bergonzi (Italien) – Zuschauer: 11 500.

Play-offs:

Slovan Bratislava – VfB Stuttgart 0:1 (0:0) am 19. 8. 2010
Bratislava: Putnocky – Janosik, Dobrotka, Salata, Had – Bagayoko, Kiss, Guedé, Ivana/61. Breznanik – Grendel/82. Kuzma – Sylvester/67. Slovak – Trainer: Jankech.
Stuttgart: Ulreich – P. Degen, Boulahrouz, Niedermeier, Molinaro – Gentner, Kuzmanovic – Täsch/61. Audel, Gebhart – Pogrebnyak/67. Harnik, Cacau/85. Marica – Trainer: Gross.
Tor: 0:1 Harnik (88.) – SR: Chapron (Frankreich) – Zuschauer: 8120 – Besonderes Vorkommnis: Das Spiel wurde wegen Ausschreitungen zwischen Slovan- und VfB-Anhängern für fünf Minuten unterbrochen (34.).

VfB Stuttgart – Slovan Bratislava 2:2 (0:1) am 26. 8. 2009

Stuttgart: Ulreich – Träsch, Boulahrouz, Niedermeier, Molinaro – Kuzmanovic, Gentner – Gebhart/89. Funk, Didavi/68. Audel – Marica/46. Harnik, Cacau – Trainer: Gross.

Bratislava: Putnocky – Janosik/75. Kiss, Dobrotka, Salata, Breznanik – Bozic, Guedé – Bagayoko, Ivana/75. Slovak – Grendel/88. Stepanovsky – Sylvester – Trainer: Jankech

Tore: 0:1 Dobrotka (9.), 0:2 Sylvester (53.), 1:2 Gebhart (56.), 2:2 Gentner (64.) – SR: Nikolaev (Russland) – Zuschauer: 14 000 – Gelb-Rote Karte: Breznanik (55.).

Gruppenphase:

VfB Stuttgart – Young Boys Bern 3:0 (1:0) am 16. 9. 2010

Stuttgart: Ulreich – Träsch, Niedermeier, Tasci, Boka – Kuzmanovic, Gentner – Camoranesi/80. Marica, Didavi/84. Molinaro – Cacau/69. Harnik, Pogrebnyak – Trainer: Gross.

Bern: Wölfli – Nef, Affolter, Jemal, Spycher – Hochstrasser/62. Mayuka, Doubai – Sutter/62. Regazzoni, M. Schneuwly/74. C. Schneuwly – Costanzo – Ntsama – Trainer: Petkovic.

Tore: 1:0 Cacau (23., Foulelfmeter), 2:0 Gentner (59.), 3:0 Tasci (90.+1) – SR: Banti (Italien) – Zuschauer: 15 000.

Odense BK – VfB Stuttgart 1:2 (0:0) am 30. 9. 2010

Odense: Carroll – Ruud, Haland, Troest, Sörensen – Traoré/90. Feldballe, Djemba-Djemba – Andreasen, Gislason/70. Kadrii – Johansson/80. Demba-Nyren – Utaka – Trainer: Pedersen.

Stuttgart: Ulreich – Celozzi, Tasci, Delpierre, Molinaro/59. Boka – Bah, Kuzmanovic – Camoranesi, Gentner – Marica, Cacau/73. Harnik – Trainer: Gross.

Tore: 0:1 Kuzmanovic (72.), 1:1 Johansson (78.), 1:2 Harnik (86.) – SR: Deaconu (Rumänien) – Zuschauer: 14 761.

VfB Stuttgart – FC Getafe 1:0 (1:0) am 21. 10. 2010

Stuttgart: Ulreich – Celozzi, Boulahrouz/75. Bah, Niedermeier, Boka – Kuzmanovic, Träsch/65. Funk – Camoranesi, Gentner – Cacau – Marica/66. Pogrebnyak – Trainer: Keller.

Getafe: Ustari – Pintos, Cata Diaz, Rafa, Marcano – Borja – Arizmendi/46. Gavilan, Victor Sanchez/46. Casquero, Albin/72. Adrian Colunga, Manu del Moral – Miku – Trainer: Michel.

Tor: 1:0 Marica (29.) – SR: Kakos (Griechenland) – Zuschauer: 17 400.

FC Getafe – VfB Stuttgart 0:3 (0:1) am 4. 11. 2010

Getafe: Ustari – Victor Sanchez, Ibrahim Kas/65. Miku, Cata Diaz, Mané – D. Boateng/46. Casquero – Borja, Albin – Arizmendi, Adrian Sardinero/58. Manu del Moral – Adrian Colunga – Trainer: Michel.

Stuttgart: Ulreich – Funk, Tasci/58. Gebhart, Delpierre/46. Niedermeier, Molinaro – Bah, Kuzmanovic – Camoranesi/71. Gentner, Harnik, Boka – Marica – Trainer: Keller.

Tore: 0:1 Marica (26.), 0:2 Gebhart (64.), 0:3 Harnik (76.) – SR: Strahonja (Kroatien) – Zuschauer: 4000 – Rote Karte: Marica (79., Tätlichkeit).

Young Boys Bern – VfB Stuttgart 4:2 (1:0) am 1. 12. 2010

Bern: Wölfli – Sutter, Affolter, Nef, Jemal – Doubai/67. M. Schneuwly, Spycher – D. Degen, Costanzo/56. C. Schneuwly, Lulic/73. Regazzoni – Mayuka – Trainer: Petkovic.

Stuttgart: Ziegler – P. Degen/72. Funk, Niedermeier, Bicakcic, Molinaro – Bah – Camoranesi, Kuzmanovic – Elson – Pogrebnyak/66. Schipplock, Harnik/74. Didavi – Trainer: Keller.

Tore: 1:0 D. Degen (35.), 1:1 Pogrebnyak (48.), 1:2 Schipplock (68.), 2:2 Sutter (78.), 3:2 Mayuka (81.), 4:2 Mayuka (82.) – SR: Yefet (Israel) – Zuschauer: 18 627 – Besondere Vorkommnisse: Das Spiel wurde wegen starker starken Schneefälle 30 Minuten später angepfiffen. In der ersten und zweiten Halbzeit gab es wegen Schneeräumen jeweils Unterbrechungen.

VfB Stuttgart – Odense BK 5:1 (1:0) am 16. 12. 2010

Stuttgart: Ulreich – P. Degen, Niedermeier, Bicakcic, Molinaro – Kuzmanovic, Bah/60. Gentner – Gebhart/60. Camoranesi, Boka – Pogrebnyak/71. Cacau, Marica – Trainer: Labbadia.

Odense: Ousager – Helveg, Möller Christensen, Höegh, Sörensen – Ruud, Andreasen, Djemba-Djemba, Traoré/79. Feldballe – Toft/76. Johansson, Utaka/88. Jensen – Trainer: Clausen.

Tore: 1:0 Gebhart (20.), 2:0 Höegh (48., Eigentor), 3:0 Gentner (65.), 4:0 Pogrebnyak (70.), 4:1 Utaka (72.), 5:1 Marica (90.+3) – SR: Hauge (Norwegen) – Zuschauer: 14 000.

Zwischenrunde:

Benfica Lissabon – VfB Stuttgart 2:1 (0:1) am 17. 2. 2011

Lissabon: Roberto – Maxi Pereira, Luisao, Sidnei, Fabio Coentrao – Javi Garcia – Salvio/74. Alan Kardec, Gaitan – Aimar/75. Carlos Martins – Jara/87. Felipe Menezes, Cardozo – Trainer: Jorge Jesus.

Stuttgart: Ulreich – Boulahrouz, Tasci, Delpierre, Molinaro – Träsch, Kuzmanovic/76. Niedermeier – Harnik, Hajnal/63. Elson, Okazaki – Cacau – Trainer: Labbadia.

Tore: 0:1 Harnik (21.), 1:1 Cardozo (70.), 2:1 Jara (81.) – SR: Braamhaar (Niederlande) – Zuschauer: 45 000.

VfB Stuttgart – Benfica Lissabon 0:2 (0:1) am 24. 2. 2011

Stuttgart: Ziegler/52. Ulreich – Boulahrouz/61. Gebhart, Niedermeier, Delpierre, Molinaro – Träsch, Kuzmanovic – Harnik, Hajnal/78. Elson, Okazaki – Schipplock – Trainer: Labbadia.

Lissabon: Roberto – Maxi Pereira, Luisao, Sidnei, Fabio Coentrao – Aimar/73. Carlos Martins, Airton – Salvio, Gaitan – Jara/90.+2 Alan Kardec, Cardozo/88. Felipe Menezes – Trainer: Jorge Jesus.

Tore: 0:1 Salvio (31.), 0:2 Cardozo (78.) – SR: Dean (England) – Zuschauer: 25 800 – Rote Karte: Kuzmanovic (90.+7, grobes Foulspiel).

Die Bundesliga 2010/11 (48. Saison)

Alle Einsätze und alle Tore

Borussia Dortmund (23 Spieler eingesetzt):

Großkreutz, Schmelzer (je 34), Götze, Lewandowski, Piszczek, Weidenfeller (je 33), Barrios, Hummels (je 32), S. Bender, Subotic (je 31), Sahin (30), Blaszczykowski (29), da Silva (22), Kagawa (18), Felipe Santana (13), Zidan (8), Feulner, Kehl, Owomoyela (je 6), Dede, Stiepermann (je 4), Langerak, Rangelov (je 1).

11 Spieler erzielten 63 Tore:

Barrios (16), Großkreutz, Kagawa, Lewandowski (je 8), Götze, Sahin (je 6), Hummels (5), Blaszczykowski (3), S. Bender, da Silva, Subotic (je 1) – Dazu kommt je ein Eigentor von Russ (Eintracht Frankfurt), Mujdza (SC Freiburg), Gunesch (FC St. Pauli) und Boulahrouz (VfB Stuttgart).

Bayer Leverkusen (21 Spieler eingesetzt):

Vidal (33), Adler, Derdiyok, Kadlec (je 32), Reinartz (31), Sam, Schwaab (je 30), Rolfes (28), L. Bender, Renato Augusto (je 27), Balitsch, Barnetta (je 24), Castro (23), Kießling (22), Hyypiä (21), M. Friedrich (19), Ballack (17), Helmes (11), Jörgensen (9), Giefer (2), Vida (1).

14 Spieler erzielten 62 Tore:

Vidal (10), Kießling, Sam (je 7), Derdiyok, Renato Augusto (je 6), Helmes, Rolfes (je 5), Balitsch, L. Bender, Castro (je 3), Barnetta, Kadlec, Reinartz (je 2), Hyypiä (1) – Dazu kommt je ein Eigentor von Rost (Hamburger SV) und Metzelder (FC Schalke 04).

Bayern München (24 Spieler eingesetzt):

Lahm, T. Müller (je 34), Gomez, Schweinsteiger (je 32), Pranjic (28), T. Kroos (27), Tymoshchuk (26), Ribery (25), Badstuber, Butt (je 23), Van Buyten (21), Klose (20), Ottl (15), Hamit Altintop, Contento, Luiz Gustavo, Robben (je 14), Breno, Van Bommel (je 13), Kraft (12), Demichelis, Olic (je 6), Braafheid (3), Alaba (2).

13 Spieler erzielten 77 Tore:

Gomez (28), T. Müller, Robben (je 12), Ribery (7), Schweinsteiger (4), Lahm, Tymoshchuk (je 3), Hamit Altintop, Van Buyten (je 2), Demichelis, Klose, T. Kroos, Luiz Gustavo (je 1) – Dazu kommt je ein Eigentor von Mertesacker (Werder Bremen), Westermann (Hamburger SV), Rolfes (Bayer Leverkusen) und Svensson (1. FSV Mainz 05).

Hannover 96 (23 Spieler eingesetzt):

Rausch (34), Cherundolo, C. Schulz, Stindl (je 33), Schmiedebach (32), Pinto (31), Pogatetz, Ya Konan (je 28), Abdellaoue (26), Haggui (25), Stoppelkamp (23), Schlaudraff (21), Fromlowitz (20), Chahed (18), Zieler (15), Djakpa (14), Eggimann, Forssell (je 12), Lala (10), Hanke (7), Carlitos (6), Avevor (5), Beasley (4).

9 Spieler erzielten 48 Tore:

Ya Konan (14), Abdellaoue (10), Pinto, Rausch (je 5), Schlaudraff, C. Schulz (je 4), Hanke (3), Stindl (2), Haggui (1) – Dazu kommt ein Eigentor von Fritz (Werder Bremen).

1. FSV Mainz 05 (26 Spieler eingesetzt):

Schürrle (33), Noveski (32), C. Fuchs (31), Holtby (30), Allagui, Bungert, Polanski (je 28), Soto (26), Risse (25), Wetklo (24), M. Caligiuri (22), Ivanschitz, Szalai, Zabavnik (je 20), Fathi, F. Heller, Svensson (je 19), Karhan (13), Kirchhoff, H. Müller (je 10), Sliskovic (9), Rasmussen (5), Babangida, Gopko, Pieckenhagen, Simak (je 1).

13 Spieler erzielten 51 Tore:

Schürrle (15), Allagui (10), Holtby, Soto, Szalai (je 4), Ivanschitz (3), Noveski, Rasmussen, Risse, Sliskovic (je 2), Bungert, M. Caligiuri, F. Heller (je 1) – Dazu kommt ein Eigentor von Luiz Gustavo (TSG 1899 Hoffenheim).

1. FC Nürnberg (28 Spieler eingesetzt):

Hegeler, R. Schäfer, Simons (je 34), Eigler, Ekici (je 32), Wolf (30), Schieber (29), Pinola (28), Cohen, Gündogan (je 25), Judt (24), Mak (22), Nilsson, Wollscheid (je 19), Mintal (17), Chandler, Frantz (je 14), Plattenhardt (9), Maroh (8), Mendler (6), Vidosic (5), Bieler, Okotie (je 4), Bunjaku (3), Boakye (2), Ben Khalifa, Stephan, Wießmeier (je 1).

15 Spieler erzielten 46 Tore:

Eigler (8), Schieber (7), Gündogan (5), Ekici, Hegeler, Mak, Wolf, Wollscheid (je 3), Cohen, Frantz, Pinola, Simons (je 2), Chandler, Nilsson, Wießmeier (je 1) – Dazu kommt ein Eigentor von Cherundolo (Hannover 96).

1. FC Kaiserslautern (25 Spieler eingesetzt):

Tiffert (33), Lakic (31), Kirch, Moravek (je 29), Dick, Jessen (je 27), Amedick, Rodnei (je 26), Sippel (25), Hoffer, Nemec (je 24), Ilicevic (21), Petsos (20), Abel (19), Bilek (15), De Wit, Hlousek (je 13), Bugera, Rivic, Walch (je 12), Micanski (10), Trapp (9), Amri (6), B. Schulz (3), D. Fuchs (1).

13 Spieler erzielten 47 Tore:

Lakic (16), Hoffer, Ilicevic, Moravek (je 5), Nemec (3), Abel, Amedick, Rivic, Rodnei, Tiffert (je 2), Dick, Hlousek, Micanski (je 1) – Dazu kommt ein Eigentor von Bailly (Borussia Mönchengladbach).

Hamburger SV (25 Spieler eingesetzt):

Westermann (34), Zé Roberto (31), Rost (30), Pitroipa (26), Guerrero, Van Nistelrooy (je 25), Elia, Jarolim (je 24), Kacar (23), Petric (22), Demel, Trochowski (je 21), Aogo (20), Mathijsen, Rincon (je 19), Ben-Hatira (18), Jansen (16), Son (13), Tesche (11), Choupo-Moting (10), Benjamin, Diekmeier (je 8), Drobny, Torun (je 5), Besic (3).

14 Spieler erzielten 45 Tore:

Petric (11), Van Nistelrooy (7), Guerrero (4), Ben-Hatira, Son (je 3), Choupo-Moting, Elia, Jansen, Kacar, Mathijsen, Pitroipa, Trochowski, Westermann (je 2), Zé Roberto (1) – Dazu kommt ein Eigentor von Vidal (Bayer Leverkusen).

SC Freiburg (27 Spieler eingesetzt):

Makiadi (34), Cissé, Mujdza (je 32), Baumann (30), Barth, Bastians (je 29), Schuster (26), Butscher, Putsila (je 25), Toprak (24), D. Caligiuri, Nicu (je 23), Reisinger, Rosenthal (je 22), Abdessadki (21), Yano (15), Flum, Jäger (je 12), Jendrisek (8), Williams (7), Krmas (6), Pouplin (4), Banovic, Pamic, Sereinig (je 2), Bektasi, Schmid (je 1).

7 Spieler erzielten 38 Tore:

Cissé (22), Rosenthal (5), Reisinger (4), Schuster (3), Flum (2), Barth, Butscher (je 1) – Dazu kommt je ein Eigentor von Hummels (Borussia Dortmund), Nemec (1. FC Kaiserslautern) und Braafheid (Bayern München).

1. FC Köln (30 Spieler eingesetzt):

Podolski (32), Jajalo (30), Brecko (29), Lanig, Mohamad, Novakovic (je 28), Clemens, Geromel (je 27), Matuschyk, Petit (je 24), Ehret (21), Pezzoni (20), Eichner, Rensing (je 17), Yalcin (16), Freis (13), Mondragon (12), Chihi, Peszko (je 11), Andrezinho, Ionita (je 8), McKenna (7), Makino, Salger, Terodde, Varvodic (je 5), Schorch, Yabo (je 4), Sanou (3), Vunguidica (1).

13 Spieler erzielten 47 Tore:

Novakovic (17), Podolski (13), Clemens, Geromel, Jajalo, Lanig, Matuschyk, Mohamad (je 2), Chihi, Freis, McKenna, Petit, Yalcin (je 1).

TSG 1899 Hoffenheim (28 Spieler eingesetzt):

Beck (33), Compper, Rudy (je 32), Ibisevic (31), Mlapa, Vorsah (je 30), Sigurdsson (29), Salihovic, Vukcevic (je 26), Starke (25), Ibertsberger (20), Alaba, Ba, Luiz Gustavo, Weis (je 17), Babel (15), Roberto Firmino (11), Braafheid, Simunic (je 10), Haas, Jaissle (je 9), Tagoe (6), Obasi (5), Eichner, Thomalla (je 4), Gulde, Kaiser, Vestergaard (je 1).

13 Spieler erzielten 48 Tore:

Sigurdsson (9), Ibisevic (8), Ba (6), Salihovic (5), Mlapa (4), Roberto Firmino, Vorsah (je 3), Alaba, Compper, Luiz Gustavo, Vukcevic (je 2), Babel, Rudy (je 1) – Dazu kommt je ein Eigentor von Novakovic (1. FC Köln) und Anderson (Borussia Mönchengladbach).

VfB Stuttgart (27 Spieler eingesetzt):

Träsch, Ulreich (je 34), Harnik, Kuzmanovic (je 32), Gentner (31), Niedermeier (29), Cacau, Molinaro (je 27), Pogrebnyak, Tasci (je 26), Gebhart (25), Boka (23), Delpierre (18), Boulahrouz (16), Marica (13), Hajnal, Okazaki, Schipplock (je 12), Funk (9), Didavi (8), Camoranesi, Celozzi (je 7), Degen (5), Audel, Elson (je 3), Bah (2), Bicakcic (1).

15 Spieler erzielten 60 Tore:

Harnik, Kuzmanovic (je 9), Cacau, Pogrebnyak (je 8), Gentner, Niedermeier (je 5), Hajnal, Marica (je 3), Boka, Gebhart, Okazaki (je 2), Delpierre, Funk, Schipplock, Träsch (je 1).

Werder Bremen (28 Spieler eingesetzt):
Marin (34), Frings (32), Mertesacker (30), Fritz, Hunt, Wiese (je 29), Bargfrede (28), Silvestre (26), Arnautovic, Prödl (je 25), Pasanen (24), Wagner (23), Pizarro (22), Wesley (20), Hugo Almeida (13), Borowski, Do. Schmidt (je 12), Jensen (11), Trinks (8), Avdic (7), Mielitz (6), F. Kroos (5), Husejinovic (4), Balogun, Stevanovic (je 3), Thy (2), Ayik, Boenisch (je 1).

11 Spieler erzielten 43 Tore:
Hugo Almeida, Pizarro (je 9), Frings (6), Wagner (5), Arnautovic, Hunt, Marin (je 3), Mertesacker (2), Prödl, Silvestre, Wesley (je 1) – Dazu kommt je ein Eigentor von Halil Altintop (Eintracht Frankfurt), Demel (Hamburger SV), Kießling (Bayer Leverkusen) und Thorandt (FC St. Pauli).

FC Schalke 04 (31 Spieler eingesetzt):
Neuer, Raul (je 34), Metzelder (32), Höwedes (30), Edu, Farfan, Jurado (je 28), J. Matip, Uchida (je 26), Huntelaar (24), Schmitz (23), Kluge (22), Papadopoulos (18), Rakitic (16), Draxler (15), Moritz (12), Jones (10), Annan, Baumjohann, Sarpei (je 9), Gavranovic (8), Escudero, Hao (je 6), Charisteas, Pander (je 4), Danilo Avelar, Jendrisek, Plestan (je 3), Deac (2), Karimi, Pliatsikas (je 1).

12 Spieler erzielten 37 Tore:
Raul (13), Huntelaar (8), Edu, Farfan, Jurado (je 3), Charisteas, Draxler, Höwedes, Jones, Kluge, Metzelder, Rakitic (je 1) – Dazu kommt ein Eigentor von Badstuber (Bayern München).

VfL Wolfsburg (28 Spieler eingesetzt):
M. Schäfer (34), Kjaer (32), Diego (30), Benaglio, Grafite, Riether (je 28), Josué (26), Mandzukic (24), Dejagah, Hasebe, Pekarik (je 23), Cicero (21), Madlung (20), Barzagli, Dzeko (je 17), A. Friedrich (15), Kahlenberg (14), Polak (12), Koo (10), Helmes (8), Mbokani (7), Cigerci, Hitz, Johnson (je 6), Ziani (5), Tuncay (4), Lenz, Misimovic (je 1).

11 Spieler erzielten 43 Tore:
Dzeko (10), Grafite (9), Mandzukic (8), Diego (6), Dejagah (3), Riether (2), Cicero, Helmes, Kahlenberg, Kjaer, Polak (je 1)

Borussia Mönchengladbach (28 Spieler eingesetzt):
Daems (34), Idrissou (33), Reus (32), Marx (27), Arango (25), Herrmann, Neustädter (je 24), Levels (22), Bradley, de Camargo (je 19), Dante, Matmour (je 18), Stranzl (17), Nordtveit (16), Bailly, Brouwers (je 15), Bobadilla, Hanke (je 14), Anderson, Heimeroth, Schachten (je 13), Jantschke (11), Fink, ter Stegen (je 6), Callsen-Bracker (4), Wissing (3), Kachunga, Meeuwis (je 2).

15 Spieler erzielten 47 Tore:
Reus (10), de Camargo (7), Idrissou (5), Arango, Daems (je 4), Bobadilla, Bradley, Herrmann (je 3), Dante (2), Brouwers, Hanke, Marx, Neustädter, Nordtveit, Stranzl (je 1) – Dazu kommt ein Eigentor von Mertesacker (Werder Bremen).

Eintracht Frankfurt (27 Spieler eingesetzt):
Halil Altintop, Gekas (je 34), S. Jung (33), Schwegler (32), Russ (31), Köhler (30), Ochs (29), Caio (27), Tzavellas (25), Fenin, A. Meier (je 24), Franz (23), Nikolov (20), Amanatidis (19), Fährmann (15), Clark, Rode, Vasoski (je 11), M. Heller (10), Kittel (8), Chris (7), Steinhöfer (4), Korkmaz (2), Dudda, Kraus, Petkovic, Titsch-Rivero (je 1).

11 Spieler erzielten 31 Tore:
Gekas (16), Chris, Köhler, A. Meier, Ochs, Rode (je 2), Caio, Fenin, Russ, Schwegler, Tzavellas (je 1).

FC St. Pauli (28 Spieler eingesetzt):
Kruse, Lehmann (je 33), Bartels, Ebbers (je 31), Bruns (30), Thorandt (29), Boll (28), Asamoah (27), Kessler (26), Takyi (24), Gunesch, Naki, Oczipka, Zambrano (je 20), Hennings (16), Daube, Rothenbach (je 13), Lechner (10), Sukuta-Pasu, Volz (je 9), Eger, Morena (je 7), Kalla, Pliquett (je 5), Hain, Schultz (je 4), Drobo-Ampem, Filipovic (je 1)

14 Spieler erzielten 34 Tore:
Asamoah (6), Lehmann (5), Takyi (4), Boll, Bruns, Ebbers (je 3), Bartels, Kruse (je 2), Eger, Hennings, Naki, Sukuta-Pasu, Thorandt, Zambrano (je 1) – Dazu kommt ein Eigentor von Tiffert (1. FC Kaiserslautern).

Sieben Spieler spielten bei zwei Vereinen:
Folgende Spieler kamen in der Saison 2010/11 bei zwei Vereinen der Bundesliga zum Einsatz: David Alaba und Edson Braafheid (beide Bayern München und TSG 1899 Hoffenheim), Christian Eichner (TSG 1899 Hoffenheim und 1. FC Köln), Mike Hanke (Hannover 96 und Borussia Mönchengladbach), Patrick Helmes (Bayer Leverkusen und VfL Wolfsburg), Erik Jendrisek (FC Schalke 04 und SC Freiburg) sowie Luiz Gustavo (TSG 1899 Hoffenheim und Bayern München).

BUNDESLIGA 2010/11

	Borussia Dortmund	Bayer Leverkusen	Bayern München	Hannover 96	1. FSV Mainz 05	1. FC Nürnberg	1. FC Kaiserslautern	Hamburger SV	SC Freiburg	1. FC Köln	1899 Hoffenheim	VfB Stuttgart	Werder Bremen	FC Schalke 04	VfL Wolfsburg	B. Mönchengladbach	Eintracht Frankfurt	FC St. Pauli	Heimbilanz Auswärtsbilanz g.	u.	v.	Tore	Pkt.	Gesamt Tore	Punkte
1. Borussia Dortmund	K	0:2 3:1	2:0 3:1	4:1 4:0	1:1 2:0	2:0 2:0	5:0 1:1	2:0 1:1	3:0 2:1	1:0 2:1	1:1 0:1	1:1 3:1	2:0 0:2	0:0 3:1	2:0 3:0	4:1 0:1	3:1 0:1	2:0 3:1	12 11	4 2	1 4	35:8 32:14	40 35	67:22	75
2. Bayer Leverkusen	1:3 2:0	I	1:1 1:5	2:0 2:2	0:1 1:0	0:0 0:1	3:1 1:0	1:1 4:2	2:2 1:0	3:2 0:2	2:1 2:2	4:2 4:1	2:2 2:2	2:0 1:0	3:0 3:2	3:6 3:1	2:1 3:0	2:1 1:0	9 11	5 3	3 3	33:24 31:20	32 36	64:44	68
3. Bayern München	1:3 0:2	5:1 1:1	C	3:0 1:3	1:2 3:1	3:0 1:1	5:1 0:2	6:0 0:0	4:2 2:1	0:0 2:3	4:0 2:1	2:1 5:3	0:0 3:1	4:1 0:2	2:1 1:1	1:0 3:3	4:1 1:1	3:0 8:1	13 6	2 6	2 5	48:13 33:27	41 24	81:40	65
4. Hannover 96	0:4 1:4	2:2 0:2	3:1 0:3	K	2:0 1:0	3:1 1:3	3:0 1:0	3:2 0:0	3:0 3:1	2:1 0:4	2:0 0:4	2:1 1:2	4:1 1:1	0:1 2:1	1:0 0:2	0:1 2:1	2:1 3:0	0:1 1:0	12 7	1 2	4 8	32:17 17:28	37 23	49:45	60
5. 1. FSV Mainz 05	0:2 1:1	0:1 1:0	1:3 2:1	0:1 0:2	E	3:0 0:0	2:1 1:0	0:1 4:2	1:1 0:1	2:0 2:4	4:2 2:1	2:0 0:1	1:1 2:0	0:1 3:1	0:1 4:3	1:0 3:2	3:0 1:2	2:1 4:2	8 10	2 2	7 5	22:16 30:23	26 32	52:39	58
6. 1. FC Nürnberg	0:2 0:2	1:0 0:0	1:1 0:3	3:1 1:3	0:0 0:3	R	1:3 2:0	2:0 1:1	1:2 1:1	3:1 0:1	1:2 1:1	2:1 4:1	1:3 3:2	2:1 1:1	2:1 2:1	0:1 1:1	3:0 0:2	5:0 2:3	9 4	2 6	6 7	28:19 19:26	29 18	47:45	47
7. 1. FC Kaiserslautern	1:1 0:5	0:1 1:3	2:0 1:5	0:1 0:3	0:1 1:2	0:2 3:1	S	1:1 1:2	2:1 1:2	1:1 3:1	2:2 2:3	3:3 4:2	3:2 2:1	5:0 1:0	0:0 2:1	3:0 1:0	0:3 0:0	2:0 0:1	6 7	6 1	5 9	25:19 23:32	24 22	48:51	46
8. Hamburger SV	1:1 0:2	2:4 1:1	0:0 0:6	0:0 2:3	2:4 1:0	1:1 0:2	2:1 1:1	P	0:2 0:1	6:2 2:3	2:1 0:0	4:2 0:3	4:0 2:3	2:1 1:0	1:3 1:0	1:1 2:1	1:0 3:1	0:1 1:1	7 5	5 4	5 8	29:24 17:28	26 19	46:52	45
9. SC Freiburg	1:2 0:3	0:1 2:2	1:2 2:4	1:3 0:3	1:0 1:1	1:1 2:1	2:1 1:2	1:0 2:0	O	3:2 0:1	3:2 1:0	2:1 1:0	1:3 1:2	1:2 0:1	2:1 1:2	3:0 0:2	0:0 1:0	1:3 2:2	8 5	2 3	7 9	24:24 17:26	26 18	41:50	44
10. 1. FC Köln	1:2 0:1	2:0 2:3	3:2 0:0	4:0 1:2	4:2 0:2	1:0 1:3	1:3 1:1	3:2 2:6	1:0 2:3	R	1:1 1:1	1:3 1:0	3:0 2:4	2:1 0:3	1:1 1:4	0:4 1:5	1:0 2:0	1:0 0:3	11 2	2 3	4 12	30:21 17:41	35 9	47:62	44
11. 1899 Hoffenheim	1:0 1:1	2:2 1:2	1:2 0:4	4:0 0:2	1:2 2:4	1:1 2:1	3:2 2:2	0:0 1:2	0:1 2:3	1:1 1:1	T	1:2 1:1	4:1 1:2	2:0 1:0	1:3 2:2	3:2 0:2	1:0 4:0	2:2 1:0	7 4	5 5	5 8	28:21 22:29	26 17	50:50	43
12. VfB Stuttgart	1:3 1:1	1:4 2:4	3:5 1:2	2:1 1:2	1:0 0:2	1:4 1:2	2:4 3:3	3:0 2:4	0:1 1:2	0:1 3:1	1:1 2:1	M	6:0 1:1	1:0 2:2	1:1 0:2	7:0 3:2	1:2 2:0	2:0 2:1	7 5	2 4	8 8	33:27 27:32	23 19	60:59	42
13. Werder Bremen	2:0 0:2	2:2 2:2	1:3 0:0	1:1 1:4	0:2 1:1	2:3 3:1	1:2 2:3	3:2 0:4	2:1 3:1	4:2 0:3	2:1 1:4	1:1 0:6	A	1:1 0:4	0:1 0:0	1:1 4:1	0:0 1:1	3:0 3:1	6 4	6 5	5 8	26:23 21:38	24 17	47:61	41
14. FC Schalke 04	1:3 0:0	0:1 0:2	2:0 1:4	1:2 1:0	1:3 1:0	1:1 1:2	0:1 0:5	0:1 1:2	1:0 2:1	3:0 1:2	0:1 0:2	2:2 0:1	4:0 1:1	G	1:0 2:2	2:2 1:2	2:1 0:0	3:0 2:0	7 4	3 4	7 9	24:18 14:26	24 16	38:44	40
15. VfL Wolfsburg	0:3 0:2	2:3 0:3	1:1 1:2	2:0 0:1	3:4 1:0	1:2 1:2	1:2 0:0	0:1 3:1	2:1 1:2	4:1 1:1	2:2 3:1	2:0 1:1	0:0 1:0	2:2 0:1	A	2:1 1:1	1:1 1:3	2:2 1:1	5 4	6 5	6 8	27:26 16:22	21 17	43:48	38
16. Bor. Mönchengladbach	1:0 1:4	1:3 6:3	3:3 0:1	1:2 1:0	2:3 0:1	1:1 1:0	0:1 0:3	1:2 1:1	2:0 0:3	5:1 4:0	2:0 2:3	2:3 0:7	1:4 1:1	2:1 2:2	1:1 1:2	Z	0:4 1:0	1:2 1:3	5 5	3 3	9 9	26:31 22:34	18 18	48:65	36
17. Eintracht Frankfurt *	1:0 1:3	0:3 1:2	1:1 1:4	0:3 1:2	2:1 0:3	2:0 0:3	0:0 3:0	1:3 0:1	0:1 0:0	0:2 0:1	0:4 0:1	0:2 2:1	1:1 0:0	0:0 1:2	3:1 1:1	0:1 4:0	I	2:1 3:1	5 4	4 3	8 10	13:24 18:25	19 15	31:49	34
18. FC St. Pauli *	1:3 0:2	0:1 1:2	1:8 0:3	0:1 1:0	2:4 1:2	3:2 0:5	1:0 0:2	1:1 1:0	2:2 3:1	3:0 0:1	0:1 2:2	1:2 0:2	1:3 0:3	0:2 0:3	1:1 2:2	3:1 2:1	1:3 1:2	N	4 4	3 2	10 11	21:35 14:33	15 14	35:68	29

*) = Absteiger in die 2. Bundesliga. Aufsteiger aus der 2. Bundesliga: Hertha BSC, FC Augsburg. Relegation: Borussia Mönchengladbach – VfL Bochum 1:0, 1:1.

„Ewige“ Bundesliga-Tabelle (1963–2011)

Verein	Jahre	Sp.	S	U	N	Tore	Pkt.
1. Bayern München	46	1568	884	370	314	3335:1821	3022
2. Werder Bremen	47	1594	698	394	502	2735:2236	2488
3. Hamburger SV	48	1628	679	440	509	2682:2267	2477
4. VfB Stuttgart	46	1560	665	383	512	2660:2224	2378
5. Borussia Dortmund	44	1492	625	394	473	2545:2174	2269
6. Bor. Mönchengladbach	43	1466	579	393	494	2526:2186	2130
7. 1. FC Köln	42	1424	585	355	484	2420:2095	2110
8. 1. FC Kaiserslautern	43	1458	571	361	526	2324:2290	2071
9. FC Schalke 04	43	1458	561	372	525	2121:2105	2055
10. Eintracht Frankfurt	43	1458	538	368	552	2327:2267	1980
11. Bayer Leverkusen	32	1092	451	314	327	1816:1476	1667
12. VfL Bochum	34	1160	356	306	498	1602:1887	1374
13. Hertha BSC	29	978	365	246	367	1428:1495	1341
14. 1. FC Nürnberg	29	982	313	248	421	1288:1560	1187
15. MSV Duisburg	28	948	296	259	393	1291:1520	1147
16. Karlsruher SC	24	812	241	230	341	1093:1408	953
17. Fortuna Düsseldorf	22	752	238	206	308	1121:1329	920
18. Hannover 96	23	778	240	197	341	1092:1325	917
19. TSV München 1860	20	672	238	170	264	1022:1059	884
20. Eintracht Braunschweig	20	672	236	170	266	908:1026	878
21. VfL Wolfsburg	14	476	178	120	178	719:702	654
22. Arminia Bielefeld	16	544	153	139	252	645:883	598
23. KFC Uerdingen 05	14	476	138	129	209	644:844	543
24. Hansa Rostock	12	412	124	107	181	492:621	479
25. SC Freiburg	12	408	126	96	186	513:655	474
26. Waldhof Mannheim	7	238	71	72	95	299:378	285
27. Kickers Offenbach	7	238	77	51	110	368:486	282
28. Rot-Weiss Essen	7	238	61	79	98	346:483	262
29. FC St. Pauli	8	272	58	80	134	296:485	254
30. 1. FSV Mainz 05	5	170	59	43	68	218:240	220
31. Energie Cottbus	6	204	56	43	105	211:338	211
32. Alemannia Aachen	4	136	43	28	65	186:270	157
33. SG Wattenscheid 09	4	140	34	48	58	186:248	150
34. 1. FC Saarbrücken	5	166	32	48	86	202:336	144
35. TSG 1899 Hoffenheim	3	102	37	29	36	157:141	140
36. Dynamo Dresden	4	140	33	45	62	132:211	140
37. Rot-Weiß Oberhausen	4	136	36	31	69	182:281	139
38. Wuppertaler SV	3	102	25	27	50	136:200	102
39. Borussia Neunkirchen	3	98	25	18	55	109:223	93
40. FC 08 Homburg	3	102	21	27	54	103:200	90
41. SpVgg Unterhaching	2	68	20	19	29	75:101	79
42. Stuttgarter Kickers	2	72	20	17	35	94:132	77
43. SV Darmstadt 98	2	68	12	18	38	86:157	54
44. Tennis Borussia Berlin	2	68	11	16	41	85:174	49
45. SSV Ulm 1846	1	34	9	8	17	36:62	35
46. Fortuna Köln	1	34	8	9	17	46:79	33
47. Preußen Münster	1	30	7	9	14	34:52	30
48. Blau-Weiß 90 Berlin	1	34	3	12	19	36:76	21
49. VfB Leipzig	1	34	3	11	20	32:69	20
50. Tasmania 1900 Berlin	1	34	2	4	28	15:108	10

Tabelle wurde nach dem Drei-Punkte-System errechnet.

*) = In der Saison 1971/72 wurden alle Spiele von Arminia Bielefeld nur für den Gegner gewertet. Die von Arminia erbrachten Leistungen bleiben in allen Spalten unberücksichtigt:

		Sp.	S	U	N	Tore	Pkt.
		34	6	7	21	41:75	25

1993/94 wurden Dynamo Dresden 4 Punkte, 1999/2000 Eintracht Frankfurt 2 Punkte, 2003/04 dem 1. FC Kaiserslautern 3 Punkte abgezogen.

2. Bundesliga 2010/11:
Alle Einsätze und alle Tore

Hertha BSC (27 Spieler eingesetzt):
Lell, Ramos (je 33), Kobiashvili (32), Hubnik, Rukavytsya (je 31), Raffael (30), Niemeyer (28), Mijatovic (26), Friend, Lasogga (je 25), Aerts (24), Ronny (22), N. Schulz (21), Domovchiyski (20), Lustenberger (18), Perdedaj (16), Ebert (12), S. Neumann (11), Djuricin (9), Sejna (7), Janker (4), S. Burchert, Morales (je 3), Knoll (2), Dardai, Kaka, Neuendorf (je 1).
14 Spieler erzielten 68 Tore:
Ramos (15), Lasogga (13), Raffael (10), Domovchiyski, Friend (je 5), Rukavytsya (4), Hubnik, Kobiashvili, Niemeyer (je 3), Djuricin, Ronny (je 2), Ebert, Lustenberger, Mijatovic (je 1) – Dazu kommt ein Eigentor von Aygün (TSV München 1860).

FC Augsburg (26 Spieler eingesetzt):
Jentzsch (33), Sankoh (31), Bellinghausen, Möhrle, Verhaegh (je 30), Oehrl (29), De Jong, Rafael (je 27), Thurk (26), St. Hain (25), Da. Brinkmann (22), Werner (21), Kwakman (20), Baier, S. Bertram (je 17), Callsen-Bracker, Traore (je 15), M. Ndjeng (11), Sinkiewicz (10), De Roeck, Leitner (je 9), Hosogai, Sinkala (je 7), Amsif, Nebel (je 2), D. Reinhardt (1).
14 Spieler erzielten 58 Tore:
Rafael (14), St. Hain (10), Thurk (9), Oehrl (7), Werner (5), De Jong (3), Bellinghausen, Callsen-Bracker (je 2), Baier, S. Bertram, Möhrle, Sinkiewicz, Traore, Verhaegh (je 1).

VfL Bochum (29 Spieler eingesetzt):
Kopplin (34), Maltritz (32), Luthe (30), Dabrowski, Federico (je 29), Yahia (28), Johansson, Saglik (je 26), Chong Tese (25), Dedic (22), Vogt (21), Freier (18), Ostrzolek, Toski (je 17), Aydin (15), Azaouagh, Mavraj (je 13), Korkmaz (12), Concha, Prokoph (je 10), Maric (8), Grote (7), P. Bönig, Fabian (je 6), Heerwagen, Rzatkowski (je 4), Pfertzel (3), Acquistapace, Kefkir (je 1).
12 Spieler erzielten 48 Tore:
Chong Tese (10), Aydin (8), Federico (7), Dabrowski (4), Dedic, Korkmaz, Maltritz, Saglik (je 3), Azaouagh, Freier, Yahia (je 2), Rzatkowski (1) – Dazu kommt ein Eigentor von Jula (Energie Cottbus).

SpVgg Greuther Fürth (29 Spieler eingesetzt):
Kleine (34), N. Müller, Prib (je 33), Nehrig (32), L. Haas (29), Pekovic (28), Sararer (27), Fürstner (26), Onuegbu (20), Klaus, Schröck (je 18), Grün, Karaslavov (je 17), Aleksic, Walke (je 16), Falkenberg (15), Mavraj (13), Biliskov, Nöthe (je 11), Pektürk (9), C. Rahn, Schahin (je 8), Slepicka (7), Geis, Kaplan (je 6), Mauersberger, Vogler (je 3), Fejzic, Kampl (je 1).
16 Spieler erzielten 46 Tore:
N. Müller, Sararer (je 7), Onuegbu (6), L. Haas (5), Nehrig (4), Kaplan (3), Aleksic, Klaus, Nöthe, Prib (je 2), Fürstner, Karaslavov, Kleine, Pektürk, Schahin, Schröck (je 1) – Dazu kommt ein Eigentor von Stang (VfL Osnabrück).

Erzgebirge Aue (25 Spieler eingesetzt):
Männel (33), Hensel, Kempe, Klingbeil, Lachheb (je 32), Hochscheidt (31), Curri, Schlitte (je 30), Le Beau (29), E. Kern (28), Paulus (25), Glasner, Fa. Müller (je 24), Oliver Schröder (18), Kos (16), Ramaj (15), Strauß (10), Birk (9), Jö. Wemmer (7), Milchraum (6), Braham, Stephan (je 5), Flauder, Hiemer, Rau (je 1).
12 Spieler erzielten 39 Tore:
Hensel (9), E. Kern (7), Paulus (6), Hochscheidt (5), Klingbeil (3), Kempe, Lachheb (je 2), Curri, Le Beau, Ramaj, Schlitte, Schröder (je 1) – Dazu kommt ein Eigentor von C. Müller (FSV Frankfurt).

Energie Cottbus (24 Spieler eingesetzt):
Petersen (33), Kirschbaum, Kruska (je 32), Brzenska, Hünemeier, Jula, Reimerink (je 30), Adlung, Roger (je 28), Bittroff (27), Shao (25), Ziebig (23), Kurth (22), Soma (21), Afriyie (15), Kronaveter, Sörensen (je 14), V. Jovanovic, Radu (je 8), Fandrich, Straith (je 7), Bittencourt (3), Renno (2), Miatke (1).
14 Spieler erzielten 65 Tore:
Petersen (25), Jula (10), Hünemeier (9), Adlung, Kruska, Shao (je 4), Kurth (2), Brzenska, V. Jovanovic, Kronaveter, Reimerink, Roger, Soma, Sörensen (je 1).

Fortuna Düsseldorf (24 Spieler eingesetzt):
J. van den Bergh (33), Langeneke (32), O. Fink (31), Lukimya (30), Beister, Rösler (je 26), Bröker (25), Costa (24), Lambertz, Zoundi (je 23), Schwertfeger (22), Dum (21), Melka (19), R. Jovanovic (18), Gaus (17), Ilsö, Torghelle (je 16), Ratajczak, C. Weber (je 15), Bodzek (14), Christ (12), Tiago (8), Wellington (6), Rockenbach da Silva (2).

12 Spieler erzielten 46 Tore:
Langeneke (8), Beister, Ilsö (je 7), Rösler (6), Bröker, Lambertz (je 5), O. Fink (3), Bodzek, Gaus, Torghelle, Wellington, Zoundi (je 1) – Dazu kommt je ein Eigentor von Hensel (Erzgebirge Aue), Veigneau (MSV Duisburg) und Lovin (TSV München 1860).

MSV Duisburg (21 Spieler eingesetzt):
Sahan, Trojan, Yelldell (je 34), Veigneau (33), Bajic, Sukalo (je 32), S. Yilmaz (31), Bruno Soares (30), B. Kern (28), Maierhofer (27), Baljak (25), J. Koch (22), Exslager, Schäffler (je 21), Grlic (20), Reiche (17), Banovic (16), Säumel (7), Kunt (4), Bodzek (3), Herzog (1).

12 Spieler erzielten 53 Tore:
Baljak (9), Maierhofer, Sukalo (je 8), Sahan (7), S. Yilmaz (6), Schäffler (4), Grlic (3), Exslager, J. Koch, Trojan (je 2), Banovic, Bruno Soares (je 1).

TSV München 1860 (29 Spieler eingesetzt):
Rukavina (34), Kiraly, Lauth (je 33), Buck (32), Bülow (29), Aigner, Rakic (je 27), Bierofka (25), Bell, Volland (je 24), D. Halfar, Ignjovski (je 23), Stahl (22), Ludwig (19), Lovin (17), Leitner, Schindler (je 16), Aygün (11), Camdal (9), Ghvinianidze (7), B. Schwarz (6), Wood (5), Biancucchi, Nsereko, Uzoma (je 2), Barros, Cooper, S. Kaiser, Tschauner (je 1).

12 Spieler erzielten 50 Tore:
Lauth (16), Volland (6), Rakic (5), Aigner, Ludwig (je 4), Bülow, Stahl (je 3), Aygün, Bell, Buck, D. Halfar (je 2), Schindler (1).

Alemannia Aachen (27 Spieler eingesetzt):
Achenbach, Stieber (je 34), Höger, Hohs (je 33), Auer (32), Arslan, Feisthammel (je 31), Kratz (30), Junglas (29), Stehle (26), Uludag (19), Casper, Demai (je 17), Gueye, Olajengbesi (je 15), Radjabali-Fardi (14), Radu (13), Cubukcu (9), Fl. Müller, Tsoumou, Zdebel (je 6), N. Herzig (5), Lubasa (3), Korte, Krumpen (je 2), Ojamaa, Stuckmann (je 1).

13 Spieler erzielten 57 Tore:
Auer (20), Stieber (10), Höger (7), Arslan (6), Demai, Kratz, Radjabali-Fardi, Stehle, Uludag (je 2), Achenbach, Feisthammel, Junglas, Radu (je 1) – Dazu kommt ein Eigentor von Göhlert (1. FC Union Berlin).

1. FC Union Berlin (25 Spieler eingesetzt):
Ede (33), J. J. Mosquera (31), Benyamina (30), Göhlert, Mattuschka, Peitz (je 29), Kohlmann (28), Menz (27), Savran (24), Thomik (23), Brunnemann, Rauw (je 20), Glinker, Madouni, Stuff (je 19), Kolk (17), Höttecke (15), Parensen, Younga-Mouhani (je 14), Quiring (11), Polenz, K. Sahin (je 6), Skrzybski (4), Uaferro (2), Trapp (1).

12 Spieler erzielten 38 Tore:
J. J. Mosquera (8), Benyamina (7), Mattuschka (5), Ede, Kolk (je 4), Peitz (3), Savran (2), Kohlmann, Madouni, Quiring, Stuff, Thomik (je 1) – Dazu kommt ein Eigentor von Müller (Karlsruher SC).

SC Paderborn 07 (25 Spieler eingesetzt):
Alushi (34), Masuch, Mohr (je 32), Krösche (31), Brückner, Gonther, Guié-Mien, Raitala (je 29), Brandy (27), Heithölter, Je. Wemmer (je 25), Kapllani (23), Palionis, Strohdiek (je 22), Wachsmuth (15), Daghfous (14), Jansen (13), Klotz, Manno (je 11), J. O. Mosquera (9), S. Krause (4), L. Kruse (2), Georgiev, Jevric, Schmik (je 1).

13 Spieler erzielten 32 Tore:
Kapllani (8), Brandy (7), Krösche (4), Mohr (3), Je. Wemmer (2), Brückner, Guié-Mien, Heithölter, Jansen, Klotz, Manno, J. O. Mosquera, Wachsmuth (je 1).

FSV Frankfurt (24 Spieler eingesetzt):
Mölders (34), Cinaz, Gjasula, Schlicke (je 32), C. Müller (31), Fillinger (30), Klandt, S. Müller (je 29), Wunderlich (28), N'Diaye (24), Gledson (23), Cidimar, Heitmeier (je 22), M. Konrad (21), Bouhaddouz, Dahlén (je 19), Hickl (11), Stein (10), Mnari (8), Gallego (6), Langer (5), U. Albayrak (3), K.-F. Schulz, Tosunoglu (je 2).

9 Spieler erzielten 41 Tore:
Mölders (15), Gjasula (6), N'Diaye, Wunderlich (je 5), Cidimar, Fillinger (je 3), Schlicke (2), Bouhaddouz, Cinaz (je 1) – Dazu kommt ein Eigentor von Brzenska (Energie Cottbus).

FC Ingolstadt 04 (26 Spieler eingesetzt):
T. Fink, Kirschstein (je 34), Mo. Hartmann (33), M. Matip (30), Metzelder (28), Görlitz, Leitl (je 27), Bambara, Gerber (je 25), Futacs (23), Pisot (22), Karl (21), Buchner (18), Biliskov, Caiuby (je 15), Buddle, Dedola, S. Hofmann (je 14), Zielinsky (11), Ma. Hartmann, Wohlfarth (je 10), Wittek (9), Keidel (5), Ruprecht (3), Mölzl (2), Kauffmann (1).

11 Spieler erzielten 40 Tore:
Leitl (13), Caiuby (5), Buchner, Buddle, Gerber, Mo. Hartmann, Hofmann (je 3), Futacs, M. Matip, Metzelder (je 2), Karl (1).

Karlsruher SC (39 Spieler eingesetzt):
M. Zimmermann (33), Iashvili (31), Staffeldt (30), A. Schäfer (29), M. Langkamp, Mutzel (je 25), Rupp (24), St. Müller, Robles (je 23), Chrisantus, S. Langkamp (je 22), Aduobe (18), Buckley (17), Krebs (16), A. Fink (13), Nicht (12), Cristea, Terrazzino (je 11), Serhat Akin (10), Timm (9), Engelhardt (8), Nguyen, Zoller (je 7), Porcello, Ole Schröder (je 6), Demirtas, Stadler, Witschi (je 5), Dulleck (4), P. Groß (3), Hudec, T. Konrad, Omerbegovic (je 2), Cuntz, T. Kern, Mosch, Rieß, Tarvajärvi, Voglsammer (je 1).

16 Spieler erzielten 45 Tore:
Chrisantus (8), Iashvili (7), Cristea (6), Staffeldt (5), A. Fink, Rupp (je 3), Buckley, M. Langkamp, St. Müller (je 2), P. Groß, Krebs, S. Langkamp, Mutzel, Stadler, Terrazzino, M. Zimmermann (je 1) – Dazu kommt ein Eigentor von Brückner (SC Paderborn 07).

VfL Osnabrück (25 Spieler eingesetzt):
Berbig (34), N. Adler, Tyrala (je 31), Siegert (28), Hansen (25), K. Andersen, Lindemann, Stang (je 24), Engel (23), Schnetzler (21), Heidrich (20), Krük (19), Barletta, Lejan, Tauer (je 18), Nickenig, De. Schmidt (je 17), Kastrati, Mauersberger (je 16), Diabang (12), Kotuljac (10), Bencik (9), Schöneberg (8), Gorka, Pauli (je 5).

16 Spieler erzielten 39 Tore:
Adler (7), Heidrich, Kastrati, Lindemann, Tyrala (je 4), K. Andersen, Hansen (je 3), De. Schmidt (2), Bencik, Diabang, Kotuljac, Nickenig, Pauli, Schnetzler, Siegert, Stang (je 1) – Dazu kommt ein Eigentor von Stehle (Alemannia Aachen).

Rot-Weiß Oberhausen (26 Spieler eingesetzt):
Pirson (34), Kaya, Petersch (je 33), König (29), Landers, B. Reichert (je 28), Klinger (26), Hergesell (25), Schönfeld (23), Pappas (22), Terranova (21), Schlieter (20), Lamidi, Schmidtgal (je 18), Gordon, Miletic (je 17), T. Kruse (16), Grote, Krontiris (je 13), Embers (11), Luz (9), Bahcecioglu (6), Celik (4), Ellmann (2), Corvers, Ruprecht (je 1).

11 Spieler erzielten 30 Tore:
König, Lamidi (je 6), Terranova (4), Gordon, Kaya, Luz (je 3), Bahcecioglu, Klinger, T. Kruse, Petersch, B. Reichert (je 1).

Arminia Bielefeld (39 Spieler eingesetzt):
Schuler (29), Eilhoff (28), Feick (23), Heidinger (22), Bollmann, Di Gregorio (je 21), Guela, C. Müller (je 20), Appiah, Berisha, Quaner (je 18), Abelski, S. Kaiser, Vidosic (je 15), N. Fischer, Tadic (je 14), Bölstler, Kauf, Mustafi, Neuville (je 12), Demme, Hernandez, Sako, Touré, Uzoma (je 10), Kerr, Schöneberg (je 9), Denneboom, Ivanov (je 8), Baykan (7), Platins (6), Fort, Nibombé, Studtrucker (je 3), Kasela Mbona, Lense (je 2), Delura, R. Fernandez, Rump (je 1).

13 Spieler erzielten 25 Tore:
Heidinger, Tadic (je 5), Berisha, Di Gregorio, C. Müller, Neuville (je 2), Appiah, Bollmann, Feick, N. Fischer, Guela, Quaner, Vidosic (je 1) – Dazu kommt je ein Eigentor von Reichert (Rot-Weiß Oberhausen), Hansen (VfL Osnabrück) und Nickenig (VfL Osnabrück).

Elf Spieler spielten bei zwei Vereinen:
Folgende Spieler kamen in der Saison 2010/11 bei zwei Vereinen der 2. Bundesliga zum Einsatz: Marino Biliskov (SpVgg Greuther Fürth und FC Ingolstadt 04), Adam Bodzek (MSV Duisburg und Fortuna Düsseldorf), Dennis Grote (VfL Bochum und Rot-Weiß Oberhausen), Sandro Kaiser und Eke Uzoma (beide TSV München 1860 und Arminia Bielefeld), Moritz Leitner (TSV München 1860 und FC Augsburg), Jan Mauersberger (SpVgg Greuther Fürth und VfL Osnabrück), Mergim Mavraj (VfL Bochum und SpVgg Greuther Fürth), Sergiu Marian Radu (Energie Cottbus und Alemannia Aachen), Steven Ruprecht (FC Ingolstadt 04 und Rot-Weiß Oberhausen) sowie Kevin Schöneberg (Arminia Bielefeld und VfL Osnabrück).

„Ewige“ Tabelle der 2. Bundesliga (1974–2011)

In dieser Tabelle sind alle Vereine enthalten, die in der zweigeteilten 2. Liga seit 1974/75 und in der „eingleisigen“ Liga seit 1981/82 spielten.

Verein	Jahre	Sp.	S	U	N	Tore	Pkt.
1. Alemannia Aachen	27	986	400	250	336	1461:1360	1450
2. Fortuna Köln	26	970	371	263	336	1589:1432	1376
3. Stuttgarter Kickers	23	864	350	214	300	1400:1199	1264
4. Hannover 96	22	818	341	232	245	1398:1105	1255
5. SpVgg Greuther Fürth	23	820	334	217	269	1232:1039	1219
6. SC Freiburg	20	778	324	216	238	1191:1027	1188
7. VfL Osnabrück	23	860	296	219	345	1270:1396	1107
8. SV Waldhof Mannheim	20	736	287	203	246	1102:985	1064
9. FC St. Pauli	19	688	279	203	206	1058:909	1040
10. SG Wattenscheid 09	20	748	272	205	271	1168:1156	1021
11. 1. FC Saarbrücken	19	698	270	190	238	1033:997	1000
12. SV Darmstadt 98	17	650	272	158	220	1057:929	974
13. 1. FSV Mainz 05	19	676	252	206	218	993:920	962
14. Karlsruher SC	17	608	274	135	199	1036:841	957
15. MSV Duisburg	17	614	247	169	198	926:803	910
16. Arminia Bielefeld *	15	542	241	140	161	894:676	856
17. FC 08 Homburg	15	570	230	151	189	895:765	841
18. 1. FC Nürnberg *	13	468	233	117	118	813:551	810
19. Hertha BSC *	14	522	219	149	154	861:634	803
20. TSV München 1860 *	14	498	216	132	150	787:597	778
21. Rot-Weiß Oberhausen	18	648	200	168	280	835:1027	768
22. Kickers Offenbach *	14	518	208	135	175	879:774	757
23. Rot-Weiss Essen *	16	562	200	148	214	901:876	748
24. Union Solingen	14	536	175	145	216	762:910	670
25. SpVgg Bayreuth	12	458	174	100	184	727:741	622
26. Bayer/KFC Uerdingen 05	11	400	170	107	123	626:499	617
27. FC Augsburg	12	436	152	110	174	632:673	566
28. Eintracht Braunschweig	11	412	144	106	162	579:569	538
29. SV Meppen	11	404	124	139	141	495:547	511
30. Preußen Münster	9	346	139	93	114	516:484	510
31. SpVgg Unterhaching	11	390	132	108	150	472:495	504
32. Hessen Kassel	8	304	129	74	101	457:408	461
33. FSV Frankfurt	11	404	122	86	196	535:762	452
34. Tennis Borussia Berlin	9	338	113	91	134	485:519	430
35. Fortuna Düsseldorf	8	292	116	75	101	428:373	423
36. Energie Cottbus	8	272	108	73	91	404:346	397
37. VfL Bochum	6	208	116	45	47	364:222	393
38. Blau-Weiß 90 Berlin	7	260	98	85	77	405:350	379
39. Eintracht Trier	8	294	102	69	123	416:448	375
40. SSV Ulm 1846	8	298	96	77	125	427:492	365
41. Hansa Rostock	7	254	98	67	89	349:315	361
42. 1. FC Köln	6	204	98	54	52	350:264	348
43. Carl Zeiss Jena	8	286	85	92	109	360:424	347
44. Wuppertaler SV	7	274	88	74	112	393:410	338
45. FC Schalke 04	5	190	94	54	42	356:211	336
46. VfL Wolfsburg	7	262	85	78	99	363:437	333
47. LR/Rot Weiss Ahlen	8	272	87	62	123	341:439	323
48. Chemnitzer FC	7	252	81	73	98	289:358	316
49. Wormatia Worms	6	230	84	50	96	326:372	302
50. VfB Leipzig	6	214	78	58	78	271:285	292
51. Eintracht Frankfurt	5	170	80	49	41	269:194	289
52. Erzgebirge Aue	6	204	76	52	76	269:263	280
53. 1. FC Kaiserslautern	5	170	75	54	41	268:175	279
54. Freiburger FC	5	192	64	45	83	322:392	237
55. Bayer Leverkusen	4	152	66	38	48	250:204	236
56. 1. FC Union Berlin	5	170	56	52	62	221:232	220
57. Bayern Hof	4	152	61	35	56	231:217	218
58. Westfalia Herne	4	152	59	39	54	255:236	216
59. Wacker Burghausen	5	170	54	54	62	223:247	216
60. VfB Oldenburg	5	192	52	59	81	268:338	215

61.	SC Paderborn 07	5	170	54	47	69	192:231	209
62.	Schwarz-Weiß Essen	4	152	52	36	64	226:268	192
63.	BVL/FC Remscheid	5	192	47	51	94	232:358	192
64.	1. SC Göttingen 05	4	156	50	39	67	247:285	189
65.	Röchling Völklingen	4	154	52	29	73	224:291	185
66.	Borussia Mönchengladbach	3	102	49	35	18	193:112	182
67.	VfR Bürstadt	4	154	50	30	74	207:258	180
68.	SC Herford	4	156	46	40	70	209:255	178
69.	FV Würzburg 04	4	154	46	37	71	183:278	175
70.	Arminia Hannover	4	152	48	29	75	223:297	173
71.	VfB Lübeck	4	136	43	34	59	170:205	163
72.	SC Viktoria Köln	3	118	40	39	39	197:191	159
73.	Rot-Weiß Lüdenscheid	4	156	39	38	79	207:337	155
74.	FSV Zwickau	4	136	39	37	60	137:201	154
75.	Wacker 04 Berlin	4	152	41	30	81	181:316	153
76.	TuS Koblenz *	4	136	41	37	58	164:209	151
77.	SSV Reutlingen *	4	140	44	22	74	195:261	148
78.	FK Pirmasens	4	152	38	30	84	209:345	144
79.	1. FC Schweinfurt 05	4	148	36	33	79	171:296	141
80.	Borussia Dortmund	2	76	39	20	17	158:81	137
81.	Holstein Kiel	3	118	38	23	57	149:210	137
82.	FC Gütersloh *	3	102	35	32	35	125:135	134
83.	VfB Stuttgart	2	76	40	13	23	167:96	133
84.	KSV Baunatal	3	114	36	21	57	168:229	129
85.	Viktoria Aschaffenburg	3	114	32	29	53	151:191	125
86.	SpVgg Erkenschwick	3	118	26	28	64	140:230	106
87.	Jahn Regensburg	3	110	24	31	55	127:212	103
88.	Borussia Neunkirchen	3	114	26	23	65	140:242	101
89.	Werder Bremen	1	42	30	8	4	97:33	98
90.	DSC Wanne-Eickel	2	76	26	19	31	129:137	97
91.	1. FC Bocholt	2	80	27	16	37	131:140	97
92.	ESV Ingolstadt	2	78	27	11	40	119:181	92
93.	MTV Ingolstadt	2	78	27	10	41	120:163	91
94.	Dynamo Dresden	2	68	26	12	30	87:98	90
95.	1. FC Mülheim	2	76	22	22	32	101:140	88
96.	DJK Gütersloh	2	76	23	14	39	109:133	83
97.	OSC Bremerhaven	2	76	21	17	38	113:167	80
98.	OSV Hannover	2	80	20	15	45	96:187	75
99.	SV Wehen Wiesbaden	2	68	16	23	29	75:102	71
100.	FC Ingolstadt 04	2	68	16	20	32	78:100	68
101.	TSG 1899 Hoffenheim	1	34	17	9	8	60:40	60
102.	Rot-Weiß Erfurt	2	66	12	16	38	70:135	52
103.	Bonner SC	1	38	14	5	19	53:72	47
104.	FC Hanau 93	1	38	11	7	20	72:98	40
105.	VfR Heilbronn	1	38	10	10	18	51:78	40
106.	SC Charlottenburg	1	38	10	9	19	49:68	39
107.	Olympia Wilhelmshaven	1	38	10	7	21	54:81	37
108.	Hallescher FC	1	32	7	13	12	35:47	34
109.	VfR Mannheim	1	38	8	10	20	43:85	34
110.	Stahl Brandenburg	1	32	8	7	17	37:53	31
111.	Sportfreunde Siegen	1	34	8	7	19	35:54	31
112.	Eintracht Bad Kreuznach	1	38	8	7	23	49:83	31
113.	VfB Eppingen	1	38	7	8	23	44:86	29
114.	TuS Schloß Neuhaus	1	38	7	8	23	43:92	29
115.	HSV Barmbek-Uhlenhorst	1	38	6	8	24	34:86	26
116.	TSV Havelse	1	38	6	7	25	44:82	25
117.	FSV Salmrohr	1	38	4	13	21	48:94	25
118.	Würzburger Kickers	1	38	4	9	25	38:93	21
119.	BSV Schwenningen	1	38	4	7	27	31:102	19
120.	SV Babelsberg 03	1	34	4	6	24	39:82	18
121.	Spandauer SV	1	38	2	4	32	33:115	10

*) Punktabzüge: 1984/85 Kickers Offenbach (2 Punkte), 1995/96 1. FC Nürnberg (6) und Hertha BSC (3), 1996/97 FC Gütersloh (3), 2002/03 SSV Reutlingen (6), 2007/08 und 2008/09 TuS Koblenz (6 und 3), 2009/10 und 2010/11 Arminia Bielefeld (4 und 3), 2010/11 TSV München 1860 (2). Die Spiele von Rot-Weiss Essen wurden 1993/94 nur für den Gegner gewertet:

38	9	11	18	44:60	38

2. BUNDESLIGA 2010/11

	Hertha BSC	FC Augsburg	VfL Bochum	SpVhh Greuther Fürth	Erzgebirge Aue	Energie Cottbus	Fortuna Düsseldorf	MSV Duisburg	TSV München 1860	Alemannia Aachen	1. FC Union Berlin	SC Paderborn 07	FSV Frankfurt	FC Ingolstadt 04	Karlsruher SC	VfL Osnabrück	Rot-Weiß Oberhausen	Arminia Bielefeld	Heimbilanz Auswärtsbilanz g.	u.	v.	Tore	Pkt.	Gesamt Tore	Punkte
1. Hertha BSC **	**K**	2:1 1:1	2:0 2:0	2:0 2:0	2:0 2:0	2:2 1:0	4:2 2:1	0:2 1:0	1:2 0:1	0:0 5:0	1:2 1:1	2:0 0:1	3:1 1:0	3:1 1:1	4:0 6:2	4:0 0:2	3:2 3:1	3:1 3:1	12 11	2 3	3 3	38:16 31:12	38 36	**69:28**	**74**
2. FC Augsburg **	1:1 1:2	**I**	0:1 2:0	0:0 1:1	2:1 2:3	4:0 1:1	5:2 0:1	0:0 0:1	1:2 2:0	1:2 3:1	2:1 0:0	1:0 1:1	2:1 2:1	2:0 4:1	3:1 1:0	2:2 2:0	2:0 3:0	3:0 2:0	10 9	4 4	3 4	31:14 27:13	34 31	**58:27**	**65**
3. VfL Bochum	0:2 0:2	0:2 1:0	**C**	0:2 1:1	2:0 0:1	1:0 1:2	2:0 1:0	3:1 1:0	3:2 3:1	1:1 3:1	3:0 1:0	3:0 0:0	1:0 1:0	1:4 0:3	1:1 2:0	2:1 3:1	2:1 1:3	3:1 2:2	11 9	2 3	4 5	28:18 21:17	35 30	**49:35**	**65**
4. SpVgg Greuther Fürth	0:2 0:2	1:1 0:0	1:1 2:0	**K**	1:2 0:0	3:1 0:2	1:1 0:1	2:1 0:2	1:0 0:3	1:1 2:2	1:0 2:1	2:0 4:0	1:0 0:0	1:0 2:0	4:1 1:1	3:0 2:0	0:0 4:1	1:0 4:1	10 7	5 5	2 5	24:11 23:16	35 26	**47:27**	**61**
5. Erzgebirge Aue	0:2 0:2	3:2 1:2	1:0 0:2	0:0 2:1	**E**	1:2 0:6	1:0 0:3	1:0 1:3	1:0 0:0	2:1 5:1	0:0 1:1	1:0 1:0	3:1 2:0	1:1 0:0	1:1 1:1	0:1 2:3	2:0 2:1	3:0 1:0	10 6	4 4	3 7	21:11 19:26	34 22	**40:37**	**56**
6. Energie Cottbus	0:1 2:2	1:1 0:4	2:1 0:1	2:0 1:3	6:0 2:1	**R**	2:0 1:3	3:1 2:2	0:0 0:4	3:3 3:2	0:0 2:4	3:1 5:0	2:1 2:3	1:2 2:1	5:5 0:1	2:0 0:2	3:1 4:0	2:1 2:1	10 6	5 2	2 9	37:18 28:34	35 20	**65:52**	**55**
7. Fortuna Düsseldorf	1:2 2:4	1:0 2:5	0:1 0:2	1:0 1:1	3:0 0:1	3:1 0:2	**S**	1:0 0:1	1:2 1:1	3:1 0:0	3:0 0:1	0:0 0:3	6:0 0:1	3:1 0:3	1:0 2:2	2:1 3:2	3:0 2:1	2:0 2:0	13 3	1 4	3 10	34:9 15:30	40 13	**49:39**	**53**
8. MSV Duisburg	0:1 2:0	1:0 0:0	0:1 1:3	2:0 1:2	3:1 0:1	2:2 1:3	1:0 0:1	**P**	2:1 1:1	3:2 2:2	0:1 0:2	3:1 0:0	1:3 4:0	4:1 1:1	3:0 1:3	4:1 3:1	3:0 0:0	1:2 3:1	11 4	1 6	5 7	33:17 20:21	34 18	**53:38**	**52**
9. TSV München 1860	1:0 2:1	0:2 2:1	1:3 2:3	3:0 0:1	0:0 0:1	4:0 0:0	1:1 2:1	1:1 1:2	**O**	2:1 1:2	1:0 1:0	0:1 2:3	3:3 1:2	1:1 1:1	5:1 4:2	3:1 1:0	1:1 0:0	0:0 3:0	7 7	7 3	3 7	27:16 23:20	28 24	**50:36**	**50**
10. Alemannia Aachen	0:5 0:0	1:3 2:1	1:3 1:1	2:2 1:1	1:5 1:2	2:3 3:3	0:0 1:3	2:2 2:3	2:1 1:2	**R**	2:2 1:2	2:0 3:1	2:1 3:1	2:1 1:2	4:2 0:3	2:1 3:1	4:0 2:1	1:1 3:1	7 6	5 4	5 7	30:32 28:28	26 22	**58:60**	**48**
11. 1. FC Union Berlin	1:1 2:1	0:0 1:2	0:1 0:3	1:2 0:1	1:1 0:0	4:2 0:0	1:0 0:3	2:0 1:0	0:1 0:1	2:1 2:2	**T**	0:2 0:2	2:0 1:2	1:1 0:1	3:1 2:3	3:3 1:4	2:1 2:0	2:2 2:1	7 4	6 3	4 10	25:19 14:26	27 15	**39:45**	**42**
12. SC Paderborn 07	1:0 0:2	1:1 0:1	0:0 0:3	0:4 0:2	0:1 0:1	0:5 1:3	3:0 0:0	0:0 1:3	3:2 1:0	1:3 0:2	2:0 2:0	**M**	2:2 0:2	1:1 2:1	3:0 1:2	1:0 2:2	0:0 0:2	3:1 1:1	7 3	6 3	4 11	21:20 11:27	27 12	**32:47**	**39**
13. FSV Frankfurt	0:1 1:3	1:2 1:2	0:1 0:1	0:0 0:1	0:2 1:3	3:2 1:2	1:0 0:6	0:4 3:1	2:1 3:3	1:3 1:2	2:1 0:2	2:0 2:2	**A**	1:2 1:0	1:2 2:0	4:1 1:1	4:0 0:1	2:1 1:1	8 3	1 4	8 10	24:23 18:31	25 13	**42:54**	**38**
14. FC Ingolstadt 04	1:1 1:3	1:4 0:2	3:0 4:1	0:2 0:1	0:0 1:1	1:2 2:1	3:0 1:3	1:1 1:4	1:1 1:1	2:1 1:2	1:0 1:1	1:2 1:1	0:1 2:1	**G**	1:1 4:1	0:1 1:2	1:2 1:1	1:0 0:1	5 4	5 5	7 8	18:19 22:27	20 17	**40:46**	**37**
15. Karlsruher SC	2:6 0:4	0:1 1:3	0:2 1:1	1:1 1:4	1:1 1:1	1:0 5:5	2:2 0:1	3:1 0:3	2:4 1:5	3:0 2:4	3:2 1:3	2:1 0:3	0:2 2:1	1:4 1:1	**A**	2:2 0:0	4:0 1:2	1:0 1:2	7 1	4 5	6 11	28:29 18:43	25 8	**46:72**	**33**
16. VfL Osnabrück *	2:0 0:4	0:2 2:2	1:3 1:2	0:2 0:3	3:2 1:0	2:0 0:2	2:3 1:2	1:3 1:4	0:1 1:3	1:3 1:2	4:1 3:3	2:2 0:1	1:1 1:4	2:1 1:0	0:0 2:2	**Z**	3:1 0:1	0:0 1:2	6 2	4 3	7 12	24:25 16:37	22 9	**40:62**	**31**
17. Rot-Weiß Oberhausen *	1:3 2:3	0:3 0:2	3:1 1:2	1:4 0:0	1:2 0:2	0:4 1:3	1:2 0:3	0:0 0:3	0:0 1:1	1:2 0:4	0:2 1:2	2:0 0:0	1:0 0:4	1:1 2:1	2:1 0:4	1:0 1:3	**I**	3:0 3:3	6 1	3 4	8 12	18:25 12:40	21 7	**30:65**	**28**
18. Arminia Bielefeld *	1:3 1:3	0:2 0:3	2:2 1:3	1:4 0:1	0:1 0:3	1:2 1:2	0:2 0:2	1:3 2:1	0:3 0:0	1:3 1:1	1:2 2:2	1:1 1:3	1:1 1:2	1:0 0:1	2:1 0:1	2:1 0:0	3:3 0:3	**N**	3 1	4 4	10 12	18:34 10:31	13 7	**28:65**	**17**

**) = Aufsteiger in die Bundesliga. Absteiger aus der Bundesliga: Eintracht Frankfurt, FC St. Pauli. Relegation: Borussia Mönchengladbach – VfL Bochum 1:0, 1:1.

*) = Absteiger in die 3. Liga. Aufsteiger aus der 3. Liga: Eintracht Braunschweig, Hansa Rostock. Relegation: Dynamo Dresden – VfL Osnabrück 1:1, 3:1

Dem TSV München 1860 wurden wegen unzureichender Angaben im Lizenzierungsverfahren zwei, Arminia Bielefeld wegen Inanspruchnahme des Sicherungsfonds des Ligaverbandes drei Punkte abgezogen.

3. Liga 2010/2011

Alle Einsätze und alle Tore

Eintracht Braunschweig (24 Spieler eingesetzt):
Kumbela (38), Boland, Henn (je 37), Bellarabi, Petkovic, Reichel (je 35), D. Dogan, Kruppke (je 34), Theuerkauf (31), Fetsch, D. Vrancic (je 30), B. Fuchs (26), Kessel (24), Pfitzner (23), Calamita (19), J. Reinhardt (16), Markus Unger (12), Amrhein (11), Bohl (8), Washausen (5), Davari (4), Turan (2), Kragl, D. Lemke (je 1).

18 Spieler erzielten 80 Tore:
Kumbela (19), Kruppke (16), Bellarabi (8), D. Vrancic (6), Fetsch, Theuerkauf (je 5), D. Dogan (4), Boland, Calamita (je 3), Pfitzner, J. Reinhardt (je 2), Amrhein, Bohl, B. Fuchs, Henn, Kessel, Reichel, Markus Unger (je 1) – Dazu kommt ein Eigentor von Kempe (VfR Aalen).

Hansa Rostock (25 Spieler eingesetzt):
Jänicke, Lartey, Pelzer (je 37), Schied, Schyrba, Wiemann (je 36), R. Müller, Pannewitz (je 35), Vujanovic, Ziegenbein (je 33), Hahnel (29), Albrecht (26), Trybull (18), Evljuskin (17), Stoll (13), M. Blum, Bolivard, Gusche (je 11), K. Müller (9), Großöhmichen (8), Neitzel (7), R. Lange (3), P. Jensen, Langen, Weilandt (je 1).

11 Spieler erzielten 67 Tore:
Ziegenbein (14), Schied (11), Lartey (10), Jänicke (9), Vujanovic (7), Pannewitz, Wiemann (je 4), R. Müller (3), Neitzel, Schyrba (je 2), Pelzer (1) – Dazu kommt je ein Eigentor von Landeka (Carl Zeiss Jena), Forkel (1. FC Saarbrücken) und T. Hoffmann (SpVgg Unterhaching).

Dynamo Dresden (27 Spieler eingesetzt):
Jungnickel (36), Koch (34), Hübener (32), Esswein (31), Röttger (29), Kegel, Schuppan, Strifler (je 27), Pfeffer (26), F. Jungwirth (25), G. Müller (24), Bührer, Fiel (je 23), A. Keller (22), Kister (21), D. Herzig, Kirsten (je 17), Solga (16), Sand (13), Schahin (12), Grossert (11), T. Franke (10), Gundersen (8), Biran (5), M. Franke, Leistner, Walther (je 1).

14 Spieler erzielten 54 Tore:
Esswein (17), Schahin (9), Koch (6), G. Müller, Röttger (je 4), Schuppan (3), Kegel, Sand, Solga (je 2), Grossert, Gundersen, Hübener, Jungnickel, Kister (je 1) – Dazu kommt ein Eigentor von Kopilas (Kickers Offenbach).

SV Wehen Wiesbaden (30 Spieler eingesetzt):
Janjic (38), Gurski, Lanzaat, Schönheim (je 35), Mintzel (34), Ziemer (31), Boskovic, Menga (je 29), Sailer (27), Abraham, Ledgerwood (je 25), B. Hübner (24), Fießer (23), Brosinski (19), F. Hübner (17), Salem (16), Neppe (14), Bohl (13), Kioyo (11), Jordan, Masmanidis (je 10), Döring (9), T. Barg (7), Damjanovic (5), Domaschke, Türker (je 3), S. Wolf (2), Billick, Fall, R. Laux (je 1).

14 Spieler erzielten 53 Tore:
Janjic (12), Menga (7), Ziemer (6), Brosinski, Sailer (je 5), Abraham (4), Kioyo, Mintzel (je 3), Bohl, Schönheim (je 2), T. Barg, Boskovic, Lanzaat, Salem (je 1) – Dazu kommt je ein Eigentor von Book (Rot Weiss Ahlen) und Vier (VfB Stuttgart II).

Rot-Weiß Erfurt (27 Spieler eingesetzt):
Orlishausen, Reichwein, Zedi (je 37), Pfingsten-Reddig (36), Möckel, Stenzel (je 35), Weidlich (33), Caillas, Semmer (je 31), Hauswald, Malura (je 30), Hillebrand (27), T. Bertram (21), Drexler, Lüttmann (je 19), Ströhl (18), Pohl (14), El Haj Ali (10), Baumgarten (7), P. Göbel, Sponsel (je 3), Hauck, Tyler (je 2), Handke, Jurascheck, Siga, Smisek (je 1).

14 Spieler erzielten 62 Tore:
Reichwein (12), Semmer (10), Pfingsten-Reddig (9), Zedi (8), Weidlich (5), Drexler (4), Caillas, Hauswald, Möckel (je 3), Hillebrand, Malura, Pohl, Stenzel, Ströhl (je 1) – Dazu kommt ein Eigentor von Flottmann (Rot Weiss Ahlen).

1. FC Saarbrücken (24 Spieler eingesetzt):
Lerandy, Sieger, N. Zimmermann (je 37), Forkel (33), Stiefler (32), Mann, Marina, Zeitz (je 31), Özbek (28), M. Fuchs, Kohler, Pisano (je 27), Buchner (26), Zydko (24), Grgic (22), Otto, Schug (je 15), Gehring (13), Schutzbach (10), Hubert (7), Sv. Krause (6), Weißmann (5), Kizmaz (4), Dafi (1).

17 Spieler erzielten 60 Tore:
Pisano, Zimmermann (je 8), M. Fuchs, Sieger (je 7), Zeitz (6), Özbek (5), Stiefler (4), Grgic, Mann (je 3), Kohler (2), Forkel, Sv. Krause, Lerandy, Otto, Schug, Schutzbach, Zydko (je 1) – Dazu kommt ein Eigentor von Vrzogic (Rot Weiss Ahlen).

Kickers Offenbach (27 Spieler eingesetzt):
Wulnikowski (36), Teixeira (35), Mehic (34), Kopilas (33), Feldhahn (31), Occean, Rathgeber (je 30), S. Haas (29), Lamprecht (28), Husterer (25), Berger (22), Mesic (21), M. Laux, Stadel (je 20), da Costa (18), Huber, Telch, Vunguidica (je 16), Damahou (15), Gunkel (14), Hesse (11), Cincotta (9), Hayer (6), T. Wolf (4), Henrich, Sommer (je 3), Öz (1).

17 Spieler erzielten 50 Tore:
Occean (16), Rathgeber (8), da Costa (5), Feldhahn, Hesse (je 3), Berger, S. Haas, Vunguidica (je 2), Hayer, Huber, Husterer, Kopilas, Lamprecht, M. Laux, Mehic, Mesic, Teixeira (je 1) – Dazu kommt ein Eigentor von Fiel (Dynamo Dresden) und Mann (1. FC Saarbrücken).

Jahn Regensburg (28 Spieler eingesetzt):
M. Hofmann (38), Temür (35), Hörnig (34), Maul, Stoilov (je 33), Haller (32), Schweinsteiger (31), S. Jarosch (30), Binder (28), Erfen, Klauß (je 27), Nachreiner (22), Hein (21), Laurito, J. Schmid, Zellner (je 17), Formento (15), Buch (14), Alibaz (12), Schlauderer (11), Gambo (10), Selimbegovic (9), Karikari (6), Hegenbart (4), Morina, Schäffer, Zurawsky (je 2), Szücs (1).

17 Spieler erzielten 33 Tore:
Schweinsteiger (9), Haller (6), Formento, Temür, Zellner (je 2), Alibaz, Buch, Erfen, Hein, Hörnig, S. Jarosch, Karikari, Klauß, Laurito, Schlauderer, J. Schmid, Stoilov (je 1) – Dazu kommt ein Eigentor von Röcker (VfB Stuttgart II).

1. FC Heidenheim (24 Spieler eingesetzt):
Schnatterer (38), Feistle, Spann (je 35), Sabanov (33), Bagceci, Sirigu (je 32), Weil (31), Aupperle, Pa. Mayer (je 30), Klarer, Schittenhelm (je 26), J. Meier (24), Beisel, D. Jarosch (je 21), Glockner (19), Krebs (16), Essig, Heidenfelder (je 15), Sauter (13), Göhlert (11), Tausendpfund (9), Gül (8), Lehmann (5), Kulabas (4).

11 Spieler erzielten 59 Tore:
Pa. Mayer (19), Schnatterer (12), Spann (11), Weil (5), Bagceci, Heidenfelder (je 3), Aupperle (2), Beisel, Essig, Sirigu, Tausendpfund (je 1).

VfB Stuttgart II (34 Spieler eingesetzt):
Leno (37), Benyamina, M. Schwarz (je 35), Rathgeb (33), Holzhauser (31), Lagerblom (30), Gardawski, Geyer (je 28), Vecchione, Vier (je 25), Rühle (24), Schimmel (21), Hertner (20), Riemann (19), Aschauer (17), Rapp, Schipplock (je 14), Röcker (12), Bicakcic (10), Breier, Enderle (je 9), Broghammer, Karatas (je 8), P. Vlachodimos (7), Stöger (6), Lang, D. Müller (je 5), Funk, Hegen (je 4), P. Bauer, Didavi (je 2), Celozzi, Janzer, Krauss (je 1).

15 Spieler erzielten 47 Tore:
Schipplock (10), Benyamina, Rathgeb (je 7), Holzhauser, Vier (je 5), Aschauer, Rühle, M. Schwarz (je 2), Breier, Gardawski, Janzer, Karatas, D. Müller, Riemann, Vecchione (je 1) – Dazu kommt ein Eigentor von Klarer (1. FC Heidenheim).

TuS Koblenz (23 Spieler eingesetzt):
Gentner (37), Steegmann (35), L. Bender (34), Haben, Kittner, D. Riemer (je 33), M. Stahl (31), O. Laux, Paucken, J. Rahn (je 29), Klasen (28), De. Brinkmann (27), Nottbeck (23), Hawel (22), Hornig (21), C. Pospischil (20), Hahn (16), Cannizzaro (15), To. Bauer (10), Weis (9), Mund (5), S. Klappert, P. Schmidt (je 1).

13 Spieler erzielten 37 Tore:
Steegmann (10), Rahn (4), L. Bender, Cannizzaro, Hornig, Kittner (je 3), Gentner, Haben, Hahn, Nottbeck (je 2), To. Bauer, C. Pospischil, D. Riemer (je 1) – Dazu kommt ein Eigentor von Tausendpfund (1. FC Heidenheim).

SV Sandhausen (26 Spieler eingesetzt):
Danneberg, Löning (je 34), Ulm (33), Dorn, Pischorn (je 31), D. Blum, Schauerte (je 30), D. Schulz (29), Sievers (25), E. Öztürk, Pinto (je 24), Benschneider, S. Fischer (je 23), Rohracker (19), Ischdonat (17), Löhe (16), Schick (15), Hillenbrand, D. Jungwirth (je 14), Glibo, Ristic (je 13), Zinnow (12), Stickel (10), Tausendpfund (6), Kornetzky (5), Rubink (4).

13 Spieler erzielten 42 Tore:
Löning (13), Dorn (6), Danneberg (5), Pischorn (3), Benschneider, Glibo, D. Jungwirth, Pinto, Rohracker, Zinnow (je 2), S. Fischer, E. Öztürk, Ulm (je 1) – Dazu kommt ein Eigentor von Hackenberg (Wacker Burghausen).

SV Babelsberg 03 (22 Spieler eingesetzt):
Marian Unger (38), Schütz (36), Kocer, Stroh-Engel (je 35), A. Müller (34), Makarenko (32), Civa (29), R. Paul (28), J. Oumari, Prochnow (je 27), Koc (26), Evers (25), Hebisch, M. Hoffmann (je 24), Hahne (23), Rudolph (20), Surma (19), I. Jovanovic (18), Herrem (16), Engler (8), Ergirdi (5), Rauch (1).
15 Spieler erzielten 38 Tore:
Kocer, Makarenko, Stroh-Engel (je 6), Hebisch (4), Herrem (3), Koc, A. Müller, Prochnow (je 2), Civa, Engler, Evers, Hahne, J. Oumari, R. Paul, Schütz (je 1) – Dazu kommt je ein Eigentor von Fleßers (Rot Weiss Ahlen) und R. Paul (Jahn Regensburg).

SpVgg Unterhaching (32 Spieler eingesetzt):
Kampa (35), Amachaibou, Leandro (je 32), Hefele, Tunjic (je 27), Stegmayer (26), Brysch, Nygaard (je 23), T. Schulz (22), T. Hoffmann, Thee (je 21), Mitterhuber, Vitzthum, Zillner (je 20), Balkan (19), Jerat, Kadrijaj (je 18), Gunnlaugsson (17), Tyce (16), C. Hain (15), M. Avdic, Y. Yilmaz (je 14), Mimm, Villar (je 10), Minorelli (6), Schwabl (5), Fioretto, Mützel, Riederer (je 3), Kanca (2), Pasiciel, Ziegler (je 1).
16 Spieler erzielten 38 Tore:
Amachaibou (9), Tunjic (6), T. Hoffmann, Nygaard, Zillner (je 3), Jerat, Kadrijaj, Thee (je 2), Balkan, Gunnlaugsson, C. Hain, Leandro, Mimm, Mitterhuber, Schwabl, Vitzthum (je 1) – Dazu kommt ein Eigentor von R. Paul (SV Babelsberg 03).

Carl Zeiss Jena (33 Spieler eingesetzt):
Hähnge, Nikol (je 36), Nulle, Ra. Schmidt (je 34), Voigt (32), Landeka, M. Riemer (je 31), Truckenbrod (30), Smeekes (29), Eismann (27), Reimann (26), Ziegner (22), Sichone, Ullmann (je 19), Kurbjuweit (18), E. Bopp, A. Öztürk (je 16), Brown Forbes (15), Luge, Pichinot (je 10), Eckardt, Mayombo (je 8), Holzner (5), Siefkes (4), Fries, Wuttke (je 3), Nagy, Osadchenko (je 2), Frick, Fuss, Grob, Röppnack, Sevimli (je 1).
16 Spieler erzielten 41 Tore:
Hähnge (9), Reimann (5), A. Öztürk (4), Brown Forbes, Smeekes, Ullmann (je 3), Eckardt, Kurbjuweit, Landeka, Nikol (je 2), Pichinot, M. Riemer, Sichone, Truckenbrod, Voigt, Ziegner (je 1) – Dazu kommt je ein Eigentor von Otto (1. FC Saarbrücken) und Bicakcic (VfB Stuttgart II).

VfR Aalen (27 Spieler eingesetzt):
B. Barg, Bernhardt (je 38), Sulu (37), Dausch (35), Lechleiter (34), A. Hofmann (31), Scheuring, Traut (je 30), Kettemann (29), D. Kempe (28), Ti. Bauer, Schön (je 22), C. Haas (20), Valentini (19), Grüttner (18), A. Fink, Mössmer (je 15), Hohn (13), Soriano (12), Herröder, Morys (je 9), Brechler (7), Kakoko (5), Klefenz (4), Almeida-Knüttgen, Bentele, Weiß (je 1).
13 Spieler erzielten 40 Tore:
Dausch, Lechleiter (je 9), A. Fink (6), C. Haas (4), Sulu (3), Ti. Bauer (2), B. Barg, Grüttner, Herröder, Kettemann, Morys, Schön, Traut (je 1).

Wacker Burghausen (28 Spieler eingesetzt):
Holzer, Vollath (je 36), Burkhard (35), Brucia, S. Halfar (je 33), Grübl, P. Wolf (je 32), Eberlein (30), Agyemang (29), Ro. Schmidt (27), Omodiagbe (26), Holz, Leberfinger (je 21), Hertl (20), Knappmann (19), Cappek (17), Behr (15), Hackenberg, Hess (je 12), Diego Leon, Olumide (je 11), Thiel (8), Akkurt, Neumayr (je 4), Michl (3), M. Fischer (2), H. Bonimeier, Schönhuber (je 1).
12 Spieler erzielten 43 Tore:
Agyemang (13), Eberlein, Knappmann (je 5), S. Halfar, Omodiagbe (je 4), Burkhard (3), Cappek, Hess, Holzer (je 2), Brucia, Hertl, Ro. Schmidt (je 1) – Dazu kommt je ein Eigentor von Riedmüller (Bayern München II), Kopilas (Kickers Offenbach) und Stadel (Kickers Offenbach).

Werder Bremen II (38 Spieler eingesetzt):
Stallbaum (37), Thy (35), Testroet (31), Maek (30), Balogun (29), Hessel, Wiedwald (je 24), F. Kroos, Ronneburg (je 21), Gerdes, Krisch (je 20), Grieneisen (19), Ayik, Nagel (je 18), Artmann, Y. Becker, Thiele (je 16), Schoppenhauer (14), Ikeng (13), N. Andersen, Schiller, Do. Schmidt (je 12), Schindler, Stevanovic (je 10), Vander (7), Thöle, Trinks (je 6), Duffner, Perthel (je 4), Boyce, Löhden (je 3), Mielitz, Mlynikowski, Wagner (je 2), D. Avdic, Patzler, Tönnies, Öz. Yildirim (je 1).
14 Spieler erzielten 32 Tore:
F. Kroos, Testroet (je 6), Thy (5), Maek, Stevanovic (je 3), Artmann, Balogun, Y. Becker, Grieneisen, Krisch, Ronneburg, Schindler, Thöle, Wagner (je 1) – Dazu kommt ein Eigentor von Caillas (Rot-Weiß Erfurt).

Bayern München II (32 Spieler eingesetzt):
Jüllich (34), Lewicki (33), Deul, Erb, Leist (je 31), Hajdarovic, Kurz (je 30), Sansone (28), Dombrowka, D. Yilmaz (je 27), Mujic (23), Riedmüller (20), Wohlfarth (19), M. Haas, Pangallo (je 18), Knasmüllner (17), D. Schwarz (14), Alvarez (11), Alaba, Sattelmaier (je 10), Holzmann, Köz (je 9), Contento (8), Ba. Müller (7), Kraft (6), Saba (5), Cosic (4), Oswald (3), Sene (2), Van Buyten, Janjatovic, Pflügler (je 1).

11 Spieler erzielten 30 Tore:
Deul, Wohlfarth, D. Yilmaz (je 6), Erb, Hajdarovic, Jüllich, Sansone (je 2), M. Haas, Holzmann, Kurz, D. Schwarz (je 1).

Rot Weiss Ahlen (28 Spieler eingesetzt):
Flottmann, Wölk (je 36), Book, Piossek (je 35), Vrzogic (34), Hille (33), Busch (32), Taylor (30), Blacha (29), S. Ghasemi-Nobakht, Kluft (je 22), Fleßers (20), Maczkowiak (19), Özkara (16), Knappmann, Kühn (je 15), Alder, Celik, Eckel (je 14), Dahlhoff (11), Tankulic (7), Mimbala (6), Koczor, J. Kraus, P. Schmidt (je 4), Manstein, Meschede, Stiller (je 3).

14 Spieler erzielten 45 Tore:
Taylor (17), Piossek (7), Hille (6), Wölk (3), S. Ghasemi-Nobakht, Kluft (je 2), Alder, Book, Busch, Celik, Eckel, Özkara, Tankulic, Vrzogic (je 1).

Drei Spieler spielten bei zwei Vereinen:
Folgende Spieler kamen in der Saison 2010/11 bei zwei Vereinen der 3. Liga zum Einsatz: Steffen Bohl (SV Wehen Wiesbaden und Eintracht Braunschweig), Christian Knappmann (Rot Weiss Ahlen und Wacker Burghausen) sowie Florian Tausendpfund (SV Sandhausen und 1. FC Heidenheim).

„Ewige“ Tabelle der 3. Liga (2008–2011)

Verein	Jahre	Sp.	S	U	N	Tore	Pkt.
1. Eintracht Braunschweig	3	114	55	27	32	182:110	192
2. Kickers Offenbach	3	114	43	37	34	147:115	166
3. Dynamo Dresden	3	114	46	27	41	140:129	165
4. Rot-Weiß Erfurt	3	114	45	29	40	150:134	164
5. SpVgg Unterhaching	3	114	44	30	40	148:153	162
6. VfB Stuttgart II	3	114	41	29	44	162:148	152
7. Carl Zeiss Jena	3	114	37	34	43	138:165	145
8. SV Sandhausen	3	114	34	41	39	155:161	143
9. Bayern München II	3	114	36	35	43	139:157	143
10. Jahn Regensburg	3	114	35	38	41	115:140	143
11. Werder Bremen II	3	114	31	30	53	131:168	123
12. Wacker Burghausen	3	114	32	27	55	131:195	123
13. Erzgebirge Aue	2	76	32	20	24	100:84	116
14. SV Wehen Wiesbaden	2	76	31	18	27	107:103	111
15. 1. FC Heidenheim	2	76	31	17	28	125:114	110
16. Wuppertaler SV Borussia	2	76	21	20	35	76:106	83
17. VfR Aalen	2	76	17	29	30	78:112	80
18. 1. FC Union Berlin	1	38	22	12	4	59:23	78
19. Hansa Rostock	1	38	24	6	8	70:36	78
20. Fortuna Düsseldorf	1	38	20	9	9	54:33	69
21. VfL Osnabrück	1	38	20	9	9	55:37	69
22. SC Paderborn 07	1	38	20	8	10	68:38	68
23. FC Ingolstadt 04	1	38	18	10	10	72:46	64
24. 1. FC Saarbrücken	1	38	17	8	13	61:51	59
25. Kickers Emden	1	38	16	11	11	45:44	59
26. TuS Koblenz	1	38	13	10	15	38:46	49
27. SV Babelsberg 03	1	38	12	10	16	39:47	46
28. Borussia Dortmund II	1	38	11	6	21	43:58	39
29. Rot Weiss Ahlen *	1	38	11	9	18	45:69	39
30. Holstein Kiel	1	38	9	11	18	43:61	38
31. Stuttgarter Kickers *	1	38	7	11	20	38:71	29

*) Punktabzüge: 2008/09 Stuttgarter Kickers (3 Punkte), 2010/11 Rot Weiss Ahlen (3).

3. LIGA 2010/11

3. LIGA 2010/11	Eintr. Braunschweig	Hansa Rostock	Dynamo Dresden	SV Wehen Wiesbaden	Rot-Weiß Erfurt	1. FC Saarbrücken	Kickers Offenbach	Jahn Regensburg	1. FC Heidenheim	VfB Stuttgart II	TuS Koblenz	SV Sandhausen	SV Babelsberg 03	SpVgg Unterhaching	Carl Zeiss Jena	VfR Aalen	Wacker Burghausen	Werder Bremen II	Bayern München II	Rot Weiss Ahlen	Heimbilanz Auswärtsbilanz g.	u.	v.	Tore	Pkt.	Gesamt Tore	Punkte
1. Eintr. Braunschweig **	K	2:1 1:2	2:1 1:1	1:2 2:0	4:0 1:3	1:0 3:0	2:1 2:2	2:0 3:0	4:0 4:1	2:1 0:0	4:1 2:0	2:0 2:0	1:1 3:0	3:0 1:0	6:0 2:2	2:0 0:0	3:0 0:0	1:2 5:0	2:0 0:1	2:0 3:0	16 10	1 6	2 3	46:10 35:12	49 36	**81:22**	**85**
2. Hansa Rostock **	2:1 1:2	I	1:0 2:2	3:1 2:1	3:0 1:0	2:1 0:3	0:0 2:3	5:0 2:2	2:1 2:1	0:1 0:3	2:0 2:0	0:1 2:1	3:0 2:0	7:2 0:3	2:1 3:1	3:0 1:1	1:1 4:1	2:0 2:0	0:2 0:0	2:0 2:0	14 10	2 4	3 5	40:12 30:24	44 34	**70:36**	**78**
3. Dynamo Dresden **	1:1 1:2	2:2 0:1	C	3:0 2:2	1:3 0:3	3:0 2:3	2:0 3:2	1:1 1:0	0:0 0:3	1:1 0:1	1:0 1:0	3:1 1:4	0:1 1:1	4:0 1:0	2:0 0:1	1:0 0:1	2:0 2:0	1:1 3:0	3:1 2:1	3:0 1:0	11 8	6 2	2 9	34:12 21:25	39 26	**55:37**	**65**
4. SV Wehen Wiesbaden	0:2 2:1	1:2 1:3	2:2 0:3	K	0:1 0:0	2:1 0:0	1:2 0:0	2:0 0:0	5:2 2:0	2:1 3:3	1:0 2:3	2:0 0:0	1:0 0:0	3:0 1:0	2:1 0:1	1:3 2:1	3:0 1:1	1:1 4:1	3:0 1:0	3:0 1:4	12 6	2 8	5 5	35:18 20:21	38 26	**55:39**	**64**
5. Rot-Weiß Erfurt	3:1 0:4	0:1 0:3	3:0 3:1	0:0 1:0	E	1:2 3:1	3:1 1:2	0:1 0:0	0:0 1:1	1:2 1:3	3:0 1:1	2:1 2:3	4:2 1:1	4:0 1:3	2:1 3:1	1:0 4:0	1:1 0:1	2:1 2:1	2:0 0:1	4:0 3:4	12 6	3 4	4 9	36:14 27:31	39 22	**63:45**	**61**
6. 1. FC Saarbrücken	0:3 0:1	3:0 1:2	3:2 0:3	0:0 1:2	1:3 2:1	R	2:0 0:2	0:0 2:2	3:4 0:2	1:0 2:2	0:0 2:1	3:1 1:3	3:1 2:0	2:3 2:0	1:3 7:0	3:2 1:1	2:1 4:3	1:0 0:2	4:1 0:0	0:0 2:0	10 7	4 4	5 8	32:24 29:27	34 25	**61:51**	**59**
7. Kickers Offenbach	2:2 1:2	3:2 0:0	2:3 0:2	0:0 2:1	2:1 1:3	2:0 0:2	–	2:1 2:0	1:0 1:2	2:2 2:0	0:0 1:0	1:2 2:0	2:1 0:2	1:0 1:1	0:2 0:1	2:0 1:1	2:0 3:4	3:1 0:0	4:1 0:1	1:2 3:3	11 5	4 5	4 9	32:20 20:25	37 20	**52:45**	**57**
8. Jahn Regensburg	0:3 0:2	2:2 0:5	0:1 1:1	0:0 0:2	0:0 1:0	2:2 0:0	0:2 1:2	–	2:1 1:0	1:2 2:1	0:2 2:0	0:0 2:2	1:1 1:0	3:0 0:0	0:0 2:1	1:1 3:2	2:0 1:0	0:2 1:0	0:0 2:0	1:2 0:2	3 10	9 4	7 5	15:21 20:20	18 34	**35:41**	**52**
9. 1. FC Heidenheim	1:4 0:4	1:2 1:2	3:0 0:0	0:2 2:5	1:1 0:0	2:0 4:3	2:1 0:1	0:1 1:2	S	0:0 1:2	3:1 0:4	1:1 2:1	1:1 3:4	5:1 1:1	2:0 1:2	0:0 1:2	4:1 2:2	3:1 1:0	3:1 3:2	3:0 1:3	10 4	5 4	4 11	35:18 24:40	35 16	**59:58**	**51**
10. VfB Stuttgart II	0:0 1:2	3:0 1:0	1:0 1:1	3:3 1:2	3:1 2:1	2:2 0:1	0:2 2:2	1:2 2:1	2:1 0:0	P	1:2 0:2	0:1 1:0	1:1 0:3	1:1 1:0	3:2 1:1	1:1 1:1	1:1 4:3	0:3 1:1	0:0 1:1	5:1 0:2	6 6	8 7	5 6	28:24 20:24	26 25	**48:48**	**51**
11. TuS Koblenz *	0:2 1:4	0:2 0:2	0:1 0:1	3:2 0:1	1:1 0:3	1:2 0:0	0:1 0:0	0:2 2:0	4:0 1:3	2:0 2:1	O	3:0 0:0	1:0 1:0	1:1 1:1	1:0 2:2	1:0 2:1	0:4 1:3	0:0 2:0	1:3 1:1	0:0 3:2	7 6	4 6	8 7	19:21 19:25	25 24	**38:46**	**49**
12. SV Sandhausen	0:2 0:2	1:2 1:0	4:1 1:3	0:0 0:2	3:2 1:2	3:1 1:3	0:2 2:1	2:2 0:0	1:2 1:1	0:1 1:0	0:0 0:3	R	0:0 0:0	0:0 1:1	0:2 0:3	1:3 0:0	1:1 4:1	5:1 1:1	1:0 1:0	5:0 1:1	6 5	6 7	7 7	27:22 16:24	24 22	**43:46**	**46**
13. SV Babelsberg 03	0:3 1:1	0:2 0:3	1:1 1:0	0:0 0:1	1:1 2:4	0:2 1:3	2:0 1:2	0:1 1:1	4:3 1:1	3:0 1:1	0:1 0:1	0:0 0:0	T	0:4 0:1	4:1 0:0	3:1 2:3	0:2 2:1	2:0 0:1	1:0 2:1	1:0 2:0	8 4	4 6	7 9	22:22 17:25	28 18	**39:47**	**46**
14. SpVgg Unterhaching	0:1 0:3	3:0 2:7	0:1 0:4	0:1 0:3	3:1 0:4	0:2 3:2	1:1 0:1	0:0 0:3	1:1 1:5	0:1 1:1	1:1 1:1	1:1 0:0	1:0 4:0	M	1:1 2:1	2:0 0:0	2:0 3:1	2:0 3:1	0:4 0:1	0:0 1:1	6 5	7 5	6 9	18:16 21:39	25 20	**39:55**	**45**
15. Carl Zeiss Jena	2:2 0:6	1:3 1:2	1:0 0:2	1:0 1:2	1:3 1:2	0:7 3:1	1:0 2:0	1:2 0:0	2:1 0:2	1:1 2:3	2:2 0:1	3:0 2:0	0:0 1:4	1:2 1:1	A	0:0 1:2	1:0 3:2	1:1 0:0	1:1 2:1	3:3 0:3	6 5	8 3	5 11	23:28 20:34	26 18	**43:62**	**44**
16. VfR Aalen	0:0 0:2	1:1 0:3	1:0 0:1	1:2 3:1	0:4 0:1	1:1 2:3	1:1 0:2	2:3 1:1	2:1 0:0	1:1 1:1	1:2 0:1	0:0 3:1	3:2 1:3	0:0 0:2	2:1 0:0	G	1:0 2:3	1:1 1:1	2:2 1:0	3:0 2:4	6 3	9 5	4 11	23:22 17:30	27 14	**40:52**	**41**
17. Wacker Burghausen	0:0 0:3	1:4 1:1	0:2 0:2	1:1 0:3	1:0 1:1	3:4 1:2	4:3 0:2	0:1 0:2	2:2 1:4	3:4 1:1	3:1 4:0	1:4 1:1	1:2 2:0	1:3 0:2	2:3 0:1	3:2 0:1	A	2:1 1:1	2:0 1:1	1:1 1:0	6 3	4 6	9 10	31:38 15:28	22 15	**46:66**	**37**
18. Werder Bremen II	0:5 2:1	0:2 0:2	0:3 1:1	1:4 1:1	1:2 1:2	2:0 0:1	0:0 1:3	0:1 2:0	0:1 1:3	1:1 3:0	0:2 0:0	1:1 1:5	1:0 0:2	1:3 0:2	0:0 1:1	1:1 1:1	1:1 1:2	Z	2:0 1:0	3:1 1:1	4 4	6 6	9 9	15:28 18:28	18 18	**33:56**	**36**
19. Bayern München II *	1:0 0:2	0:0 2:0	1:2 1:3	0:1 0:3	1:0 0:2	0:0 1:4	1:0 1:4	0:2 0:0	2:3 1:3	1:1 0:0	1:1 3:1	0:1 0:1	1:2 0:1	1:0 4:0	1:2 1:1	0:1 2:2	1:1 0:2	0:1 0:2	I	2:3 0:2	4 3	5 4	10 12	14:21 16:33	17 13	**30:54**	**30**
20. Rot Weiss Ahlen *	0:3 0:2	0:2 0:2	0:1 0:3	4:1 0:3	4:3 0:4	0:2 0:0	3:3 2:1	2:0 2:1	3:1 0:3	2:0 1:5	2:3 0:0	1:1 0:5	0:2 0:1	1:1 0:0	3:0 3:3	4:2 0:3	0:1 1:1	1:1 1:3	2:0 3:2	N	8 3	4 5	7 11	32:27 13:42	28 14	**45:69**	**39**

**) = Aufsteiger in die 2. Bundesliga. Absteiger aus der 2. Bundesliga: VfL Osnabrück, Rot-Weiß Oberhausen, Arminia Bielefeld. Relegation: Dynamo Dresden – VfL Osnabrück 1:1, 3:1
*) = Absteiger in die Regionalliga. TuS Koblenz hat keinen Lizenzantrag für die 3. Liga gestellt. Rot Weiss Ahlen wurden wegen Verstößen im Rahmen des wirtschaftlichen Zulassungsverfahrens drei Punkte abgezogen. Außerdem wurde der Klub nach Saisonende wegen Eröffnung des Insolvenzverfahren auf den letzten Platz zurückgestuft, verzichtete auf seinen Regionalliga-Startplatz und spielt 2011/12 in der. NRW-Liga – Aufsteiger aus den Regionalligen: Chemnitzer FC (Nord), Preußen Münster (West), SV Darmstadt 98 (Süd).

RL NORD 2010/11

	Chemnitzer FC	VfL Wolfsburg II	VfB Lübeck	RB Leipzig	Hallescher FC	Holstein Kiel	Hertha BSC II	Hamburger SV II	Hannover 96 II	Energie Cottbus II	ZFC Meuselwitz	1. FC Magdeburg	SV Wilhelmshaven	VFC Plauen	TSV Havelse	Eintr. Braunschweig II	FC Oberneuland	Türkiyemspor Berlin	Heimbilanz Auswärtsbilanz g.	u.	v.	Tore	Pkt.	Gesamt Tore	Punkte
1. Chemnitzer FC **	K	1:1 4:0	6:0 0:0	1:0 1:1	0:0 1:0	0:2 2:0	3:1 0:2	6:0 4:3	2:2 2:1	4:2 1:0	1:0 4:0	3:0 6:1	1:0 5:1	2:1 1:1	5:0 2:0	1:0 2:2	3:1 2:1	4:0 2:0	13 12	3 4	1 1	43:10 39:13	42 40	82:23	82
2. VfL Wolfsburg II	0:4 1:1	I	3:1 1:3	1:0 1:0	2:2 2:0	1:1 1:1	2:0 2:0	2:1 1:0	1:0 0:1	3:1 5:0	3:0 1:2	0:0 2:1	2:1 0:1	3:1 2:1	2:1 1:1	1:0 1:0	2:1 5:0	1:0 4:2	13 10	3 3	1 4	29:14 30:14	42 33	59:28	75
3. VfB Lübeck	0:0 0:6	3:1 1:3	C	0:0 1:2	3:2 2:2	2:0 2:2	1:1 2:1	3:0 1:1	2:0 1:0	2:3 3:1	2:0 3:1	0:2 2:0	1:2 2:0	2:1 1:0	1:0 2:1	1:0 1:0	3:2 0:2	5:0 3:0	11 10	3 3	3 4	31:14 27:22	36 33	58:36	69
4. RB Leipzig	1:1 0:1	0:1 0:1	2:1 0:0	K	2:0 0:0	1:5 2:1	2:0 1:1	3:0 2:1	1:1 3:0	3:2 1:3	3:0 3:3	2:1 1:2	3:2 1:1	1:0 2:0	2:0 0:0	4:0 0:0	3:0 4:0	1:1 3:0	12 6	3 7	2 4	34:15 23:14	39 25	57:29	64
5. Hallescher FC	0:1 0:0	0:2 2:2	2:2 2:3	0:0 0:2	E	0:3 1:1	1:1 2:2	0:2 1:0	1:0 2:1	1:0 3:0	3:1 1:0	0:2 3:1	1:1 1:0	3:1 1:1	3:1 3:0	2:0 1:1	3:1 0:2	4:0 4:0	8 8	4 6	5 3	24:18 27:16	28 30	51:34	58
6. Holstein Kiel	0:2 2:0	1:1 1:1	2:2 0:2	1:2 5:1	1:1 3:0	R	5:0 2:2	0:0 2:1	3:1 1:1	0:1 1:0	1:0 1:2	0:1 0:2	3:2 0:0	1:3 0:2	6:1 1:0	5:0 5:2	1:1 3:2	8:0 0:0	7 8	5 5	5 4	38:18 27:18	26 29	65:36	55
7. Hertha BSC II	2:0 1:3	0:2 0:2	1:2 1:1	1:1 0:2	2:2 1:1	2:2 0:5	S	0:1 3:1	1:3 2:0	2:2 0:3	1:0 1:0	2:0 2:1	3:1 1:3	1:1 1:3	3:2 1:0	3:0 0:3	4:2 2:0	1:0 2:0	8 7	5 2	4 8	29:21 18:28	29 23	47:49	52
8. Hamburger SV II	3:4 0:6	0:1 1:2	1:1 0:3	1:2 0:3	0:1 2:0	1:2 0:0	1:3 1:0	P	4:4 1:2	3:2 1:1	2:2 2:1	2:0 1:1	1:1 1:3	4:0 2:1	4:1 0:1	2:0 5:0	2:0 2:0	4:1 3:0	7 7	4 3	6 7	35:25 22:24	25 24	57:49	49
9. Hannover 96 II	1:2 2:2	1:0 0:1	0:1 0:2	0:3 1:1	1:2 0:1	1:1 1:3	0:2 3:1	2:1 4:4	O	0:2 0:1	1:1 1:2	0:3 2:1	9:2 0:1	3:2 3:2	3:1 2:0	0:0 1:1	1:0 4:0	4:1 5:0	7 6	3 4	7 7	27:24 29:23	24 22	56:47	46
10. Energie Cottbus II	0:1 2:4	0:5 1:3	1:3 3:2	3:1 2:3	0:3 0:1	0:1 1:0	3:0 2:2	1:1 2:3	1:0 2:0	R	0:1 0:2	2:0 0:0	3:0 1:3	2:0 0:0	1:2 0:3	2:0 3:3	6:1 2:2	1:0 2:1	9 4	1 5	7 8	26:19 23:32	28 17	49:51	45
11. ZFC Meuselwitz	0:4 0:1	2:1 0:3	1:3 0:2	3:3 0:3	0:1 1:3	2:1 0:1	0:1 0:1	1:2 2:2	2:1 1:1	2:0 1:0	T	1:1 0:2	3:1 1:1	3:1 1:0	2:2 1:3	2:0 2:1	1:3 1:4	4:0 1:0	8 4	3 3	6 10	29:25 12:28	27 15	41:53	42
12. 1. FC Magdeburg	1:6 0:3	1:2 0:0	0:2 2:0	2:1 1:2	1:3 2:0	2:0 1:0	1:2 0:2	1:1 0:2	1:2 3:0	0:0 0:2	2:0 1:1	M	1:1 3:0	0:2 1:3	1:2 3:3	3:2 0:1	1:0 0:0	1:1 1:0	5 6	4 4	8 7	19:27 18:19	19 22	37:46	41
13. SV Wilhelmshaven	1:5 0:1	1:0 1:2	0:2 2:1	1:1 2:3	0:1 1:1	0:0 2:3	3:1 1:3	3:1 1:1	1:0 2:9	3:1 0:3	1:1 1:3	0:3 1:1	A	2:0 0:2	6:1 4:1	1:2 0:0	1:5 2:1	2:2 2:0	7 4	4 4	6 9	26:26 22:35	25 16	48:61	41
14. VFC Plauen	1:1 1:2	1:2 1:3	0:1 1:2	0:2 0:1	1:1 1:3	2:0 3:1	3:1 1:1	1:2 0:4	2:3 2:3	0:0 0:2	0:1 1:3	3:1 2:0	2:0 0:2	G	1:1 0:1	3:1 1:0	3:1 2:2	3:0 1:0	7 4	4 2	6 11	26:18 17:30	25 14	43:48	39
15. TSV Havelse	0:2 0:5	1:1 1:2	1:2 0:1	0:0 0:2	0:3 1:3	0:1 1:6	0:1 2:3	1:0 1:4	0:2 1:3	3:0 2:1	3:1 2:2	3:3 2:1	1:4 1:6	1:0 1:1	A	1:0 0:2	6:2 1:2	4:0 4:1	7 3	3 2	7 12	25:22 20:45	24 11	45:67	35
16. Eintr. Braunschweig II *	2:2 0:1	0:1 0:1	0:1 0:1	0:0 0:4	1:1 0:2	2:5 0:5	3:0 0:3	0:5 0:2	1:1 0:0	3:3 0:2	1:2 0:2	1:0 2:3	0:0 2:1	0:1 1:3	2:0 0:1	Z	4:0 2:0	4:1 0:0	5 2	6 2	6 13	24:23 7:31	21 8	31:54	29
17. FC Oberneuland *	1:2 1:3	0:5 1:2	2:0 2:3	0:4 0:3	2:0 1:3	2:3 1:1	0:2 2:4	0:2 0:2	0:4 0:1	2:2 1:6	4:1 3:1	0:0 0:1	1:2 5:1	2:2 1:3	2:1 2:6	0:2 0:4	I	6:0 2:1	5 3	3 1	9 13	24:32 22:45	18 10	46:77	28
18. Türkiyemspor Berlin *	0:2 0:4	2:4 0:1	0:3 0:5	0:3 1:1	0:4 0:4	0:0 0:8	0:2 0:1	0:3 1:4	0:5 1:4	1:2 0:1	0:1 0:4	0:1 1:1	0:2 2:2	0:1 0:3	1:4 0:4	0:0 1:4	1:2 0:6	N	0 0	2 3	15 14	5:39 7:57	2 3	12:96	2

**) = Aufsteiger in die 3. Liga. Absteiger aus der 3. Liga: keine – *) = Absteiger in die Oberligen. Aufsteiger aus den Oberligen: SV Meppen (Niedersachsen), FC St. Pauli II (Hamburg), Berliner AK 07 (NOFV-Nord), Germania Halberstadt (NOFV-Süd) – Türkiyemspor Berlin wurden wegen Verstößen im Lizenzierungsverfahren drei Punkte abgezogen..

RL WEST 2010/11

	Preußen Münster	Eintracht Trier	Spfr. Lotte	1. FC Kaiserslautern II	Bor. M'gladbach II	Bor. Dortmund II	1. FC Köln II	Wuppertaler SV Bor.	SC Verl	SC Wiedenbrück	FC Schalke 04 II	SV Elversberg	1. FSV Mainz 05 II	VfL Bochum II	Bayer Leverkusen II	Fortuna Düsseldorf II	FC Homburg	Arminia Bielefeld II	Heimbilanz / Auswärtsbilanz g.	u.	v.	Tore	Pkt.	Gesamt Tore	Punkte
1. Preußen Münster **	K	3:1 1:1	2:1 0:1	2:1 0:3	3:0 0:1	0:2 1:1	3:0 3:0	2:2 1:1	0:1 2:1	3:0 2:0	3:0 1:1	1:0 2:0	2:1 2:1	2:2 2:1	2:0 2:0	0:1 1:0	3:0 2:0	2:0 1:0	12 10	2 4	3 3	33:12 23:12	38 34	56:24	72
2. Eintracht Trier	1:1 1:3	I	1:1 0:2	0:1 2:0	1:2 4:0	2:0 2:0	2:2 2:2	2:4 3:1	1:0 1:1	2:0 0:2	1:0 2:2	2:0 0:2	2:2 2:0	0:0 3:0	3:1 1:0	3:0 1:3	3:1 3:0	2:0 3:1	9 9	5 3	3 5	28:15 30:19	32 30	58:34	62
3. Spfr. Lotte	1:0 1:2	2:0 1:1	C	1:1 1:0	0:0 2:5	1:3 1:1	3:1 1:0	2:0 0:1	0:0 0:0	1:0 1:1	1:0 1:0	2:2 1:1	0:0 1:3	3:0 1:1	1:0 2:1	2:1 2:1	2:0 2:1	0:2 3:0	10 7	5 6	2 4	22:10 21:19	35 27	43:29	62
4. 1. FC Kaiserslautern II	3:0 1:2	0:2 1:0	0:1 1:1	K	0:0 1:1	2:1 2:0	3:1 2:2	4:1 1:0	1:1 3:1	1:1 1:3	2:1 0:1	1:1 1:1	0:1 0:0	4:1 3:2	5:1 1:0	0:4 1:1	1:1 3:2	2:1 2:0	8 8	5 6	4 3	29:19 24:17	29 30	53:36	59
5. Bor. Mönchengladbach II	1:0 0:3	0:4 2:1	5:2 0:0	1:1 0:0	E	2:1 0:1	3:1 1:1	0:2 1:1	3:2 2:1	2:2 3:1	0:1 0:1	1:0 4:1	1:1 1:2	3:0 4:4	0:0 2:1	1:1 4:2	1:1 1:0	1:0 3:2	8 8	6 5	3 4	25:19 28:22	30 29	53:41	59
6. Borussia Dortmund II	1:1 2:0	0:2 0:2	1:1 3:1	0:2 1:2	1:0 1:2	R	0:0 1:3	2:1 1:3	0:1 0:2	2:3 3:1	2:0 5:1	1:3 1:1	3:2 2:1	2:1 1:2	4:3 3:1	2:0 2:2	1:1 2:0	1:1 5:1	7 8	5 2	5 7	23:22 33:25	26 26	56:47	52
7. 1. FC Köln II	0:3 0:3	2:2 2:2	0:1 1:3	2:2 1:3	1:1 1:3	3:1 0:0	S	1:1 2:3	3:0 2:2	2:0 5:2	1:1 0:1	7:0 3:1	1:0 1:1	3:0 0:0	1:0 0:0	2:1 3:0	2:3 0:0	5:2 4:1	9 4	5 7	3 6	36:18 25:25	32 19	61:43	51
8. Wuppertaler SV Bor.	1:1 2:2	1:3 4:2	1:0 0:2	0:1 1:4	1:1 2:0	3:1 1:2	3:2 1:1	P	1:0 1:4	2:0 3:2	2:4 0:3	1:3 2:2	2:0 2:1	1:0 2:2	3:4 0:2	2:2 0:4	1:0 3:2	1:1 2:1	8 6	4 4	5 7	26:23 26:36	28 22	52:59	50
9. SC Verl	1:2 1:0	1:1 0:1	0:0 0:0	1:3 1:1	1:2 2:3	2:0 1:0	2:2 0:3	4:1 0:1	O	3:0 0:0	4:1 1:3	1:0 2:1	0:2 0:0	2:3 1:1	3:2 3:1	2:0 1:0	0:0 0:0	0:0 0:0	7 5	5 7	5 5	27:19 13:15	26 22	40:34	48
10. SC Wiedenbrück 2000	0:2 0:3	2:0 0:2	1:1 0:1	3:1 1:1	1:3 2:2	1:3 3:2	2:5 0:2	2:3 0:2	0:0 0:3	R	1:0 1:0	2:2 3:2	2:2 3:0	5:3 2:2	1:3 0:1	5:1 1:0	2:0 0:2	2:1 2:0	7 6	4 3	6 8	32:30 18:25	25 21	50:55	46
11. FC Schalke 04 II	1:1 0:3	2:2 0:1	0:1 0:1	1:0 1:2	1:0 1:0	1:5 0:2	1:0 1:1	3:0 4:2	3:1 1:4	0:1 0:1	T	0:0 0:0	0:2 0:3	2:1 3:2	1:1 1:4	0:0 0:1	1:0 2:1	1:1 2:1	7 5	6 2	4 10	18:16 16:29	27 17	34:45	44
12. SV Elversberg	0:2 0:1	2:0 0:2	1:1 2:2	1:1 1:1	1:4 0:1	1:1 3:1	1:3 0:7	2:2 3:1	1:2 0:1	2:3 2:2	0:0 0:0	M	1:2 1:1	3:0 2:0	1:0 1:1	2:1 1:1	1:0 2:0	0:0 1:0	5 5	6 7	6 5	20:22 19:22	21 22	39:44	43
13. 1. FSV Mainz 05 II	1:2 1:2	0:2 2:2	3:1 0:0	0:0 1:0	2:1 1:1	1:2 2:3	1:1 0:1	1:2 0:2	0:0 2:0	0:3 2:2	3:0 2:0	1:1 2:1	A	0:3 2:4	3:0 1:3	1:5 5:2	1:3 0:2	3:0 4:0	5 6	4 4	8 7	21:26 27:25	19 22	48:51	41
14. VfL Bochum II	1:2 2:2	0:3 0:0	1:1 0:3	2:3 1:4	4:4 0:3	2:1 1:2	0:0 0:3	2:2 0:1	1:1 3:2	2:2 3:5	2:3 1:2	0:2 0:3	4:2 3:0	G	4:0 0:0	2:3 2:0	0:0 2:0	1:4 3:1	3 5	7 3	7 9	28:33 21:31	16 18	49:64	34
15. Bayer Leverkusen II	0:2 0:2	0:1 1:3	1:2 0:1	0:1 1:5	1:2 0:0	1:3 3:4	0:0 0:1	2:0 4:3	1:3 2:3	1:0 3:1	4:1 1:1	1:1 0:1	3:1 0:3	0:0 0:4	A	2:1 1:2	1:1 3:1	6:2 0:2	6 3	4 2	7 12	24:21 19:37	22 11	43:58	33
16. Fortuna Düsseldorf II	0:1 1:0	3:1 0:3	1:2 1:2	1:1 4:0	2:4 1:1	2:2 0:2	0:3 1:2	4:0 2:2	0:1 0:2	0:1 1:5	1:0 0:0	1:1 1:2	2:5 5:1	0:2 3:2	2:1 1:2	Z	0:0 1:2	0:1 0:1	4 4	4 3	9 10	19:26 22:29	16 15	41:55	31
17. FC Homburg *	0:2 0:3	0:3 1:3	1:2 0:2	2:3 1:1	0:1 1:1	0:2 1:1	0:0 3:2	2:3 0:1	0:0 0:0	2:0 0:2	1:2 0:1	0:2 0:1	2:0 3:1	0:2 0:0	1:3 1:1	2:1 0:0	I	2:1 3:2	4 3	2 7	11 7	15:27 14:22	14 16	29:49	30
18. Arminia Bielefeld II *	0:1 0:2	1:3 0:2	0:3 2:0	0:2 1:2	2:3 0:1	1:5 1:1	1:4 2:5	1:2 1:1	0:0 0:0	0:2 1:2	1:2 1:1	0:1 0:0	0:4 0:3	1:3 4:1	2:0 2:6	1:0 1:0	2:3 1:2	N	2 3	1 5	14 9	13:38 17:29	7 14	30:67	21

**) = Aufsteiger in die 3. Liga. Absteiger aus der 3. Liga: TuS Koblenz. Rot Weiss Ahlen hat keinen Lizenzantrag für die Regionalliga beantragt und spielt 2011/12 in der NRW-Liga –
*) = Absteiger in die Oberligen. Aufsteiger aus den Oberligen: Rot-Weiss Essen, Fortuna Köln (beide NRW-Liga), SC Idar-Oberstein (Südwest) – Die Liga spielt 2011/12 mit 19 Klubs

RL SÜD 2010/11

	SV Darmstadt 98	Stuttgarter Kickers	Hessen Kassel	Greuther Fürth II	1899 Hoffenheim II	Eintracht Frankfurt II	SC Freiburg II	1860 München II	SC Pfullendorf	Karlsruher SC II	1. FC Nürnberg II	Wormatia Worms	FC Memmingen	SGS Großaspach	FSV Frankfurt II	SV Wehen Wiesb. II	SSV Ulm 1846	SpVgg Weiden	Heimbilanz Auswärtsbilanz g.	u.	v.	Tore	Pkt.	Gesamt Tore	Punkte
1. SV Darmstadt 98 **	**K**	1:1 0:1	3:2 0:1	3:1 1:1	2:0 1:1	2:1 3:2	2:5 2:1	1:1 3:0	0:2 0:0	1:0 3:1	1:1 1:0	1:0 2:1	4:0 1:1	1:0 1:1	2:0 1:0	4:1 3:0	*3:0* *0:3*	 *1:1*	10 8	3 5	2 2	28:15 22:11	33 29	**50:26**	**62**
2. Stuttgarter Kickers	1:0 1:1	**I**	2:4 0:0	0:1 2:0	1:0 1:1	2:1 4:0	2:1 0:1	1:3 5:1	2:0 0:0	2:2 1:0	1:2 2:1	1:1 0:3	2:0 1:1	2:1 3:0	7:2 2:0	3:0 3:1	*2:2* *1:2*	 *1:0*	9 8	2 5	4 2	29:18 25:10	29 29	**54:28**	**58**
3. Hessen Kassel	1:0 2:3	0:0 4:2	**C**	0:1 2:1	3:4 0:3	3:2 0:2	3:1 1:1	4:2 0:2	2:0 1:2	3:2 0:0	0:0 2:1	3:0 2:2	3:0 2:4	3:0 1:1	1:0 4:1	6:0 3:0	*4:0* *2:3*	*2:1* 	11 5	2 4	2 6	35:12 24:25	35 19	**59:37**	**54**
4. SpVgg Greuther Fürth II	1:1 1:3	0:2 1:0	1:2 1:0	**K**	1:1 3:2	1:3 2:1	2:4 1:4	5:1 0:1	1:2 0:0	2:2 4:2	6:1 4:4	1:1 1:0	0:2 1:2	3:0 1:0	2:1 1:0	2:0 2:0	*3:1* *2:3*	*6:0* 	5 9	4 2	6 4	28:23 23:19	19 29	**51:42**	**48**
5. 1899 Hoffenheim II	1:1 0:2	1:1 0:1	3:0 4:3	2:3 1:1	**E**	1:2 1:1	1:1 3:3	2:0 1:0	1:2 1:3	1:5 0:1	1:0 2:1	1:2 5:1	6:0 3:0	0:1 1:1	4:0 3:1	5:1 5:2	*5:1* *4:0*	 *0:0*	6 7	3 4	6 4	30:19 30:21	21 25	**60:40**	**46**
6. Eintracht Frankfurt II	2:3 1:2	0:4 1:2	2:0 2:3	1:2 3:1	1:1 2:1	**R**	3:1 3:0	4:0 0:1	4:2 3:1	1:1 0:4	1:4 3:2	4:3 2:1	0:2 3:1	5:0 2:2	1:0 1:1	1:2 0:1	*0:2* *5:3*	*1:0* 	7 7	2 2	6 6	30:25 26:23	23 23	**56:48**	**46**
7. SC Freiburg II	1:2 5:2	1:0 1:2	1:1 1:3	4:1 4:2	3:3 1:1	0:3 1:3	**S**	5:3 3:0	5:1 1:0	2:1 1:1	3:3 0:3	1:2 5:0	2:0 0:1	0:2 3:3	1:4 2:2	1:3 7:2	*3:2* *3:1*	*3:0* 	6 6	3 4	6 5	30:29 35:25	21 22	**65:54**	**43**
8. TSV München 1860 II	0:3 1:1	1:5 3:1	2:0 2:4	1:0 1:5	0:1 0:2	1:0 0:4	0:3 3:5	**P**	1:1 2:1	1:0 0:0	5:2 1:0	4:2 0:6	1:1 3:3	0:1 1:0	1:1 0:0	3:1 1:1	*3:1* *1:2*	 *2:0*	7 4	3 5	5 6	21:21 18:33	24 17	**39:54**	**41**
9. SC Pfullendorf	0:0 2:0	0:0 0:2	2:1 0:2	0:0 2:1	3:1 2:1	1:3 2:4	0:1 1:5	1:2 1:1	**O**	1:3 2:1	0:2 0:1	0:1 1:2	2:0 1:4	2:0 4:1	3:0 1:3	5:1 1:0	*2:1* *1:1*	 *4:2*	6 6	3 1	6 8	20:15 20:28	21 19	**40:43**	**40**
10. Karlsruher SC II	1:3 0:1	0:1 2:2	0:0 2:3	2:4 2:2	1:0 5:1	4:0 1:1	1:1 1:2	0:0 0:1	1:2 3:1	**R**	1:1 2:1	1:0 2:1	1:0 2:2	0:1 1:3	1:1 4:1	1:0 0:1	*2:2* *4:1*	*2:1* 	5 5	5 4	5 6	15:14 27:23	20 19	**42:37**	**39**
11. 1. FC Nürnberg II	0:1 1:1	1:2 2:1	1:2 0:0	4:4 1:6	1:2 0:1	2:3 4:1	3:0 3:3	0:1 2:5	1:0 2:0	1:2 1:1	**T**	1:0 1:0	1:1 1:2	2:1 2:0	2:3 0:2	2:0 1:1	*4:0* *0:0*	 *1:1*	5 5	2 5	8 5	22:22 21:24	17 20	**43:46**	**37**
12. Wormatia Worms	1:2 0:1	3:0 1:1	2:2 0:3	0:1 1:1	1:5 2:1	1:2 3:4	0:5 2:1	6:0 2:4	2:1 1:0	1:2 0:1	0:1 0:1	**M**	0:0 3:0	1:1 2:1	1:1 0:2	2:0 2:1	*1:0* *1:2*	*4:1* 	4 6	4 2	7 7	21:23 19:22	16 20	**40:45**	**36**
13. FC Memmingen	1:1 0:4	1:1 0:2	4:2 0:3	2:1 2:0	0:3 0:6	1:3 2:0	1:0 0:2	3:3 1:1	4:1 0:2	2:2 0:1	2:1 1:1	0:3 0:0	**A**	0:1 0:0	1:0 1:4	2:0 2:2	*1:1* *0:0*	*0:2* 	7 2	4 5	4 8	24:22 9:28	25 11	**33:50**	**36**
14. SGS Großaspach	1:1 0:1	0:3 1:2	1:1 0:3	0:1 0:3	1:1 1:0	2:2 0:5	3:3 2:0	0:1 1:0	1:4 0:2	3:1 1:0	0:2 1:2	1:2 1:1	0:0 1:0	**G**	1:1 2:0	1:1 3:1	*1:1* *1:0*	 *1:0*	1 7	8 1	6 7	15:24 14:20	11 22	**29:44**	**33**
15. FSV Frankfurt II	0:1 0:2	0:2 2:7	1:4 0:1	0:1 1:2	1:3 0:4	1:1 0:1	2:2 4:1	0:0 1:1	3:1 0:3	1:4 1:1	2:0 3:2	2:0 1:1	4:1 0:1	0:2 1:1	**A**	0:0 0:2	*1:3* *1:0*	*2:2* 	4 2	4 4	7 9	17:22 14:30	16 10	**31:52**	**26**
16. SV Wehen Wiesbaden II *	0:3 1:4	1:3 0:3	0:3 0:6	0:2 0:2	2:5 1:5	1:0 2:1	2:7 3:1	1:1 1:3	0:1 1:5	1:0 0:1	1:1 0:2	1:2 0:2	2:2 0:2	1:3 1:1	2:0 0:0	**Z**	*4:1* *2:4*	 *0:2*	3 2	3 2	9 11	15:33 10:38	12 8	**25:71**	**20**
17. SSV Ulm 1846 *	*3:0* *0:3*	*2:1* *2:2*	*3:2* *0:4*	*3:2* *1:3*	*0:4* *1:5*	*3:5* *2:0*	*1:3* *2:3*	*2:1* *1:3*	*1:1* *1:2*	*1:4* *2:2*	*0:0* *0:4*	*2:1* *0:1*	*0:0* *1:1*	*0:1* *1:1*	*0:1* *3:1*	*4:2* *1:4*	**I**	 *1:2*	0 0	0 0	0 0	0:0 0:0	0 0	**0:0**	**0**
SpVgg Weiden *	*1:1* 	*0:1* 	 *1:2*	 *0:6*	*0:0* 	 *0:1*	 *0:3*	*0:2* 	*2:4* 	 *1.2*	*1:1* 	 *1:4*	 *2:0*	*0:1* 	 *2:2*	*2:0* 	*2:1* 	**N**	0 0	0 0	0 0	0:0 0:0	0 0	**0:0**	**0**

**) = Aufsteiger in die 3. Liga. Absteiger aus der 3. Liga: Bayern München II – *) = Absteiger in die Oberliga. Gegen die SpVgg Weiden wurde am 1. 12. 2010, gegen den SSV Ulm 1846 am 3. 1. 2011 ein Insolvenzverfahren eröffnet. Weiden übernahm als SpVgg Weiden 2010 den Platz der 2. Mannschaft in der Landesliga Bayern-Nord. Ulm bestritt bis Saisonende Pflichtfreundschaftsspiele. Diese und die Ergebnisse der annullierten Spiele sind *kursiv* markiert. Aufsteiger aus den Oberligen: FC Ingolstadt 04 II (Bayern), SV Waldhof Mannheim (Baden-Württemberg), Bayern Alzenau (Hessen).

DFB-Vereinspokal Männer 2010/11

Endspiel am 21. Mai 2011 in Berlin:

FC Schalke 04 – MSV Duisburg 5:0 (x:0)
Schalke: Neuer – Höwedes, Papadopoulos, Metzelder, Sarpei/43. Escudero – Kluge/81. Uchida, Jurado – Farfan, Draxler/72. Matip – Raul – Huntelaar – Trainer: Rangnick.
Duisburg: Yelldell – Kern/77. Exslager, Reiche/60. Trojan, Bajic, Veigneau – Sukalo – Yilmaz, Grlic, Banovic, Sahan – Schäffler – Trainer: Sasic.
Tore: 1:0 Draxler (18.), 2:0 Huntelaar (22.), 3:0 Höwedes (42.), 4:0 Jurado (55.), 5:0 Huntelaar (70.) – SR: Stark (Ergolding) – Zuschauer: 75 708 (ausverkauft).

- Alle Runden und alle Ergebnisse siehe Kapitel 4.

Aufstieg zur Bundesliga 2010/11

Der Meister (Hertha BSC) und Zweite (FC Augsburg) der 2. Bundesliga stiegen direkt auf. Der Dritte der 2. Bundesliga (VfL Bochum) bestritt gegen den Drittletzten der Bundesliga (Borussia Mönchengladbach) Relegationsspiele.

Borussia Mönchengladbach – VfL Bochum 1:0 (0:0) am 19. 5. 2011
Mönchengladbach: ter Stegen – Jantschke, Stranzl, Dante, Daems – Nordtveit, Neustädter – Reus/84. Matmour, Arango – Hanke, Idrissou/67. de Camargo – Trainer: Favre.
Bochum: Luthe – Kopplin, Maltritz, Yahia, Ostrzolek – Johansson – Dabrowski, Toski/83. Azaouagh – Freier, Korkmaz/71. Federico – Aydin/46. Chong Tese – Trainer: Funkel.
Tore: 1:0 de Camargo (90.+3) – SR: Perl (Pullach) – Zuschauer: 54 057 (ausverkauft).

VfL Bochum – Borussia Mönchengladbach 1:1 (1:0) am 25. 5. 2011
Bochum: Luthe – Freier, Maltritz, Yahia, Ostrzolek – Johansson – Azaouagh/63. Federico, Dabrowski, Toski, Dedic/75. Saglik – Aydin – Trainer: Funkel.
Mönchengladbach: ter Stegen – Jantschke, Stranzl, Dante, Daems – Nordtveit, Neustädter – Reus/85. Matmour, Arango – Hanke/90.+3 Brouwers, Idrissou/68. de Camargo – Trainer: Favre.
Tore: 1:0 Nordtveit (24., Eigentor), 1:1 Reus (72.) – SR: Gagelmann (Bremen) – Zuschauer: 28 650 (ausverkauft).

Aufstieg zur 2. Bundesliga 2010/11

Der Meister (Eintracht Braunschweig) und Zweite (Hansa Rostock) der 3. Liga stiegen direkt auf. Der Dritte der 3. Liga (Dynamo Dresden) bestritt gegen den Drittletzten der 2. Bundesliga (VfL Osna-#brück) Relegationsspiele.

Dynamo Dresden – VfL Osnabrück 1:1 (0:0) am 20. 5. 2011
Dresden: Kirsten – Jungnickel/70. Strifler, Jungwirth, Hübener, Bührer – Solga, Fiel – Esswein, Koch, Röttger/70. Müller – Schahin – Trainer: Loose.
Osnabrück: Berbig – Schnetzler, Nickenig/84. Heidrich, Mauersberger, Tauer – Hansen, Engel – Siegert/59. Andersen, Tyrala, Krük/90.+1 Schmidt – Kastrati – Trainer: Flottmann.
Tore: 0:1 Jungnickel (66., Eigentor), 1:1 Koch (76.) – SR: Gräfe (Berlin) – Zuschauer: 28 760.

VfL Osnabrück – Dynamo Dresden n. V. 1:3 (1:1, 1:0) am 24. 5. 2011
Osnabrück: Berbig – Schnetzler, Nickenig, Mauersberger, Tauer/102. Krük – Engel, Hansen/95. Adler – Andersen, Tyrala, Kastrati/79. Pauli – Schmidt – Trainer: Flottmann.
Dresden: Kirsten – Jungnickel, Jungwirth, Hübener, Schuppan/67. Bührer – Fiel, Solga – Koch, Röttger/74. Müller/98. Kegel – Esswein – Schahin – Trainer: Loose.
Tore: 1:0 Mauersberger (45.), 1:1 Fiel (61.), 1:2 Schahin (94.), 1:3 Koch (119.) – SR: Kinhöfer (Herne) – Zuschauer: 16 600 (ausverkauft).

Aufstieg zur 3. Liga 2010/11

Die Meister der drei Regionalligen stiegen direkt auf: Chemnitzer FC (Nord), Preußen Münster (West) und SV Darmstadt 98 (Süd).

Deutsche A-Junioren-Meisterschaft der U 19

Endspiel am 19. Juni 2011 in Wolfsburg:

VfL Wolfsburg – 1. FC Kaiserslautern 4:2 (1:0)

Wolfsburg: Sauss – Schulze, Berzel, Thoelke, Hartherz – Arnold/84. Millemaci, Chamorro, Knoche, Gogia/90. Winter – Scheidhauer, Cigerci – Trainer: Schmidt.

Kaiserslautern: Keilmann – Lindner, Orban, Heintz, Zimmer – Rattke – Pfrengle, Klement, Simon/63. Dorow – Schwehm, Derstroff – Trainer: Metz.

Tore: 1:0 Scheidhauer (11.), 2:0 Scheidhauer (55.), 2:1 Rattke (59.), 3:1 Scheidhauer (72.), 3:2 Dorow (73.), 4:2 Gogia (78.) – SR: Hartmann (Wangen) – Zuschauer: 7150.

• Alle Runden und alle Ergebnisse siehe Kapitel 12.

Deutsche B-Junioren-Meisterschaft der U 17

Endspiel am 5. Juni 2011 in Bremen:

1. FC Köln – Werder Bremen n. V. 3:2 (2:2, 2:1)

Köln: Mesenhöler – Engelke, Schell/81. Rolke, Müller, Berg/53. Schäfer – Wiebe, Gerhardt – Schnellhardt, Weiser – Ban/72. Scepanik, la Monica/41. Budimbu – Trainer: Schommers.

Bremen: Frerichs – Zwerschke, Fröde, Plendiskis, Röcker – Busch/52. Kabul, von Haacke, Aycicek, Hilßner/49. Schwede – Lizius/61. Ruf, F. Schmidt/41. Almpanis – Trainer: Skripnik.

Tore: 0:1 Aycicek (4.), 1:1 Engelke (12.), 2:1 la Monica (27.), 2:2 Schwede (69.), 3:2 Scepanik (85.) – SR: Petersen (Stuttgart) – Zuschauer 2150

• Alle Runden und alle Ergebnisse siehe Kapitel 12.

DFB-Junioren-Vereinspokal 2010/11

Endspiel am 21. Mai 2011 in Berlin:

SC Freiburg – Hansa Rostock n. V. 2:2 (2:2, 1:0), Elfmeterschießen 5:3

Freiburg: Schwolow – Schulz/77. Göppert, Günter, Albutat, Hezel – Gujahr, Lorenzoni, Ginter, Lienhard – Tasli/3. Falahen/85. Kerk, Knab – Trainer: Streich.

Rostock: Brinkies – Bremer, Pfingstner/81. Uecker, Jensen, Kemsies – Zolinski, Gruppe – Jordanov, Weilandt, Adamyan – Klak(63. Quaschner – Trainer: Kroos.

Tore: 1:0 Hezel (16.), 1:1 Zolinski (71.), 2:1 Falahen (77.), 2:2 Uecker (90.+2) – Elfmeterschießen: 1:0 Ginter, 1:1 Jordanov, 2:1 Göppert, 2:2 Jensen, 3:2 Gutjahr, Weilandt scheitert an Schwolow, 4:2 Knab, 4:3 Quaschner, 5:3 Albutat – SR: Steuer (Menden) – Zuschauer: 1873.

• Alle Runden und alle Ergebnisse siehe Kapitel 12.

DFB-Vereinspokal Frauen 2010/11

Endspiel am 26. März 2011 in Köln:

1. FFC Frankfurt – Turbine Potsdam 2:1 (1:1)

Frankfurt: Angerer – Krieger, Hingst, Lewandowski, Weber/90.+2 Thunebro – Garefrekes, Smisek, Behringer/81. Landström, Huth/60. Pohlers – Marozsan, Prinz – Trainer: Kahlert.

Potsdam: Sarholz – Wesely/62. M. Kerschowski, Peter, Henning – Schmidt, Odebrecht, Zietz, Kemme/46. I. Kerschowski – Nagasato/81. Andonova, Bajramaj, Mittag –Trainer: Schröder.

Tore: 1:0 Huth (15.), 1:1 Nagasato (42.), 2:1 Garefrekes (48.) – SR: Jaworek (Rötsweiler) – Zuschauer: 20 312

• Alle Runden und alle Ergebnisse siehe Kapitel 13.

FRAUEN-BL 2010/11	Turbine Potsdam	1. FFC Frankfurt	FCR Duisburg	Hamburger SV	Bayern München	SC Bad Neuenahr	VfL Wolfsburg	Bayer Leverkusen	Essen-Schönebeck	USV Jena	1. FC Saarbrücken	Herforder SV	Heimbilanz Auswärtsbilanz g.	u.	v.	Tore	Pkt.	Gesamt Tore	Punkte
1. Turbine Potsdam	K	2:1 1:4	1:0 1:1	4:1 1:0	3:0 3:0	1:0 5:2	4:0 1:2	6:1 7:1	3:0 4:1	5:0 3:2	7:0 2:0	1:0 2:1	11 8	0 1	0 2	37:3 30:14	33 25	67:17	58
2. 1. FFC Frankfurt	4:1 1:2	I	0:1 2:1	5:1 4:0	8:2 2:0	4:1 8:0	5:1 3:4	5:1 4:0	6:0 8:0	5:0 3:0	9:0 4:1	6:0 7:0	10 9	0 0	1 2	57:8 46:8	30 27	103:16	57
3. FCR Duisburg	1:1 0:1	1:2 1:0	C	2:2 5:1	2:1 4:2	2:0 2:0	2:1 2:3	9:0 3:2	3:1 2:0	1:0 2:2	5:0 3:0	4:0 5:0	8 8	2 1	1 2	32:8 29:11	26 25	61:19	51
4. Hamburger SV	0:1 1:4	0:4 1:5	1:5 2:2	K	2:1 4:1	0:3 6:2	2:1 3:2	0:1 1:4	1:0 3:1	2:2 1:0	3:1 3:1	3:0 3:1	5 7	1 1	5 3	14:19 28:23	16 22	42:42	38
5. Bayern München	0:3 0:3	0:2 2:8	2:4 1:2	1:4 1:2	E	1:2 1:0	2:1 0:0	4:0 2:1	1:1 2:1	5:0 4:0	4:0 5:0	3:2 2:0	5 6	1 1	5 4	23:19 20:17	16 19	43:36	35
6. SC Bad Neuenahr	2:5 0:1	0:8 1:4	0:2 0:2	2:6 3:0	0:1 2:1	R	1:2 4:1	5:1 4:1	4:3 1:2	2:1 7:0	6:0 3:2	5:1 2:4	5 6	0 0	6 5	27:30 27:18	15 18	54:48	33
7. VfL Wolfsburg	2:1 0:4	4:3 1:5	3:2 1:2	2:3 1:2	0:0 1:2	1:4 2:1	K	3:3 2:3	1:0 2:3	1:2 4:1	4:0 3:2	6:3 8:0	6 4	2 0	3 7	27:21 25:25	20 12	52:46	32
8. Bayer Leverkusen	1:7 1:6	0:4 1:5	2:3 0:9	4:1 1:0	1:2 0:4	1:4 1:5	3:2 3:3	I	1:1 1:1	0:4 3:0	0:1 0:2	5:1 3:2	3 3	1 2	7 6	18:30 14:37	10 11	32:67	21
9. SG Essen-Schönebeck	1:4 0:3	0:8 0:6	0:2 1:3	1:3 0:1	1:2 1:1	2:1 3:4	3:2 0:1	1:1 1:1	C	1:2 0:0	3:1 3:1	4:2 1:1	4 1	1 4	6 6	17:28 10:22	13 7	27:50	20
10. USV Jena	2:3 0:5	0:3 0:5	2:2 0:1	0:1 2:2	0:4 0:5	0:7 1:2	1:4 2:1	0:3 4:0	0:0 2:1	K	1:3 1:1	2:1 4:3	1 4	2 2	8 5	8:31 16:26	5 14	24:57	19
11. 1. FC Saarbrücken *	0:2 0:7	1:4 0:9	0:3 0:5	1:3 1:3	0:5 0:4	2:3 0:6	2:3 0:4	2:0 1:0	1:3 1:3	1:1 3:1	E	2:2 2:1	1 3	2 0	8 8	12:29 8:43	5 9	20:72	14
12. Herforder SV Bor. Fr. *	1:2 0:1	0:7 0:6	0:5 0:4	1:3 0:3	0:2 2:3	4:2 1:5	0:8 3:6	2:3 1:5	1:1 2:4	3:4 1:2	1:2 2:2	R	1 0	1 1	9 10	13:39 12:41	4 1	25:80	5

*) = Absteiger in die 2. Frauen-Bundesliga. Aufsteiger aus der 2. Frauen-Bundesliga: 1. FC Lokomotive Leipzig, SC Freiburg

Aufstieg zur Frauen-Bundesliga 2009/10

Da die 2. Mannschaft des Hamburger SV nicht aufstiegsberechtigt war, stieg aus der Nord-Staffel der 2. Frauen-Bundesliga Vizemeister 1. FC Lokomotive Leipzig auf. Im Süden stieg Meister SC Freiburg auf.

Die Abschlusstabellen der 2. Frauen-Bundesliga 2010/11

Gruppe Nord

1. Hamburger SV II *	22	57:18	56
2. 1. FC Lokomotive Leipzig **	22	54:20	53
3. Turbine Potsdam II	22	59:25	44
4. 1. FC Lübars (N)	22	43:30	39
5. Werder Bremen	22	35:29	36
6. Victoria Gersten	22	30:31	31
7. FFC Oldesloe	22	29:33	27
8. FSV Gütersloh 2009	22	30:33	26
9. Magdeburger FFC	22	23:32	19
10. BV Cloppenburg (N)	22	15:45	15
11. Tennis Borussia Berlin (A) *	22	14:58	12
12. Holstein Kiel *	22	12:47	11

Aufsteiger: Mellendorfer TV, USV Jena II – Dazu kommt aus der Bundesliga: Herforder SV Borussia Friedenstal. Dazu kommt aus der Gruppe Süd: FCR Duisburg II. Victoria Gersten schloss sich dem SV Meppen an.

Relegation: Entfiel durch den Rückzug von Hamburger SV II in die Regionalliga.

Gruppe Süd

1. SC Freiburg (A) **	22	80:8	60
2. 1. FC Köln	22	74:19	51
3. TSG 1899 Hoffenheim (N)	22	46:22	43
4. TSV Crailsheim	22	25:28	33
5. VfL Sindelfingen	22	32:37	31
6. FCR Duisburg II	22	29:35	28
7. 1. FFC Niederkirchen (N)	22	37:51	28
8. Bayern München II	22	40:40	26
9. 1. FFC Frankfurt II	22	29:45	24
10. FV Löchgau	22	18:37	22
11. SC Sand *	22	25:46	21
12. 1. FFC Recklinghausen (N) *	22	18:85	10

Aufsteiger: Borussia Mönchengladbach, SC Bad Neuenahr II, ETSV Würzburg – Dazu kommt aus der Bundesliga: 1. FC Saarbrücken. FCR Duisburg II wechselt in die Gruppe Nord.

Die Abschlusstabellen der fünfthöchsten deutschen Spielklassen 2010/11

Bayernliga

1. FC Ismaning	34	72:48	66
2. FC Ingolstadt 04 II **	34	75:48	63
3. TSV 1860 Rosenheim	34	58:39	53
4. TSV Buchbach	34	58:51	53
5. Würzburger FV (N)	34	57:52	52
6. SV Seligenporten	34	59:56	52
7. SpVgg Unterhaching II	34	53:44	51
8. 1. FC Eintr. Bamberg (A)	34	54:61	51
9. 1. FC Schweinfurt 05 (N)	34	48:50	50
10. TSV Großbardorf	34	53:54	45
11. FSV Erlangen-Bruck	34	59:70	45
12. TSV Rain/Lech	34	52:47	44
13. TSV Aindling	34	40:39	43
14. SV Heimstetten (N)	34	53:53	43
15. SpVgg Bayern Hof	34	50:56	41
16. SpVgg Bayreuth *	34	45:63	41
17. SV Schalding-Heining *	34	47:66	32
18. Freier TuS Regensburg (N) *	34	38:74	23

Aufsteiger: VfL Frohnlach (Landesliga Nord), SC Eltersdorf (Landesliga Mitte), SB DJK Rosenheim, TSV Gersthofen (Landesliga Süd) – Der 1. FC Eintracht Bamberg spielt ab 2011/12 unter der Bezeichnung FC Eintracht Bamberg 2010.

Oberliga Baden-Württemberg

1. Waldhof Mannheim (A) **	36	71:22	83
2. FC Nöttingen	36	80:40	78
3. FC 08 Villingen	36	58:40	65
4. SpVgg Neckarelz (N)	36	54:50	58
5. 1. FC Normannia Gmünd	36	66:56	55
6. Stuttgarter Kickers II	36	56:45	54
7. FV Illertissen	36	51:39	52
8. FC Astoria Walldorf	36	51:40	51
9. VfL Kirchheim/Teck	36	57:51	50
10. TSG Balingen	36	48:50	50
11. Kehler FV	36	59:54	46
12. FSV Hollenbach (N)	36	51:45	45
13. Bahlinger SC	36	48:52	45
14. SSV Reutlingen (A)	36	55:65	45
15. SGV Freiberg *	36	45:61	44
16. TSG 62/09 Weinheim *	36	44:65	38
17. VfB Neckarrems (N) *	36	52:72	35
18. ASV Durlach *	36	34:87	24
19. SV Linx (N) *	36	30:76	18

Aufsteiger: SV Bonlanden (Verbandsliga Württemberg), SV Spielberg, VfR Mannheim (Verbandsliga Baden), Offenburger FV (Verbandsliga Südbaden) – Dazu kommt aus der Regionalliga: SSV Ulm 1846 – Die Liga spielt 2011/12 mit 18 Klubs.

Der VfL Kirchheim/Teck zog seine Mannschaft am 26. Juli 2011 zurück und steht als erster Absteiger fest.

Hessenliga

1. Bayern Alzenau (A) **	34	76:36	66
2. SC Waldgirmes	34	76:56	58
3. KSV Baunatal	34	75:56	58
4. 1. FC Eschborn	34	78:58	57
5. Kickers Offenbach II	34	71:60	54
6. OSC Vellmar	34	76:65	53
7. Viktoria Urberach	34	60:51	53
8. Eintracht Stadtallendorf	34	65:65	53
9. FSV Fernwald	34	53:49	50
10. Eintracht Wetzlar (N)	34	55:58	47
11. Rot-Weiß Darmstadt (N)	34	51:47	45
12. 1. FCA Darmstadt (N)	34	51:49	45
13. Buchonia Flieden (N)	34	70:71	45
14. Rot-Weiss Frankfurt	34	56:62	42
15. RSV Würges *	34	44:58	42
16. Hünfelder SV *	34	44:61	32
17. 1. FC Schwalmstadt *	34	36:76	31
18. VfB Marburg *	34	31:90	21

Aufsteiger: FSC Lohfelden (Verbandsliga Nord), SpVgg Hadamar (Verbandsliga Mitte), TGM SV Jügesheim, Viktoria Aschaffenburg (Verbandsliga Süd) – Dazu kommt aus der Regionalliga: SV Wehen Wiesbaden II.

Oberliga Südwest

1. SC Idar-Oberstein **	36	69:35	67
2. FK Pirmasens	36	51:40	63
3. SG Betzdorf	36	55:43	60
4. SC Hauenstein	36	61:53	58
5. SVN Zweibrücken	36	49:32	55
6. Sportfreunde Köllerbach	36	57:45	55
7. Borussia Neunkirchen	36	60:54	54
8. TuS Mechtersheim	36	62:52	53
9. SV Elversberg II	36	48:51	50
10. Eintracht Trier II (N)	36	53:59	47
11. Eintr. Glas/Chemie Wirges	36	42:52	47
12. Alemannia Waldalgesheim	36	58:65	46
13. SV Roßbach/Verscheid	36	46:55	46
14. 1. FC Saarbrücken II (N)	36	61:54	45
15. SV Gonsenheim (N)	36	56:62	45
16. Rot-Weiß Hasborn *	36	47:52	44
17. SG Bad Breisig (N) *	36	57:71	37
18. SV Auersmacher *	36	44:79	36
19. Eisbachtaler Sportfreunde *	36	36:58	33

Aufsteiger: Arminia Ludwigshafen (Verbandsliga Südwest), FSV Salmrohr (Rheinlandliga), Röchling Völklingen (Saarlandliga) – Dazu kommt aus der Regionalliga: FC 08 Homburg – Die Liga spielt 2011/12 mit 18 Klubs.

NRW-Liga

1. Rot-Weiss Essen **	32	59:28	71
2. Germania Windeck *	32	62:37	66
3. Fortuna Köln **	32	57:25	61
4. Alemannia Aachen II	32	58:37	52
5. Schwarz-Weiß Essen	32	45:36	51
6. SSVg Velbert	32	60:45	49
7. Sportfreunde Siegen	32	54:47	48
8. MSV Duisburg II	32	39:42	44
9. VfB Speldorf	32	49:46	42
10. SV Schermbeck	32	44:49	42
11. VfB Homberg (N)	32	41:51	38
12. Bergisch Gladbach 09	32	35:61	37
13. Westfalia Herne	32	52:60	36
14. FC Wegberg-Beeck (N) *	32	43:58	36
15. VfB Hüls	32	34:50	36
16. Westfalia Rhynern (N)	32	43:64	31
17. SpVgg Erkenschwick (N) *	32	30:69	17
18. 1. FC Kleve *	0	0:0	0

Aufsteiger: TuS Dornberg (Westfalenliga I), TuS Erndtebrück (Westfalenliga II), KFC Uerdingen 05 (Niederrheinliga), FC Viktoria Köln (Mittelrheinliga) – Dazu kommt aus der 3. Liga: Rot Weiss Ahlen. Dazu kommt aus der Regionalliga: Arminia Bielefeld II. – Germania Windeck und FC Wegberg-Beeck ziehen sich aus finanziellen Gründen aus der NRW-Liga zurück.

Oberliga Nordost, Staffel Nord

1. Torgelower SV Greif	30	66:22	69
2. Hansa Rostock II	30	56:30	69
3. Berliner AK 07 **	30	55:17	66
4. TSG Neustrelitz	30	56:28	58
5. 1. FC Union Berlin II (N)	30	58:42	51
6. Optik Rathenow	30	35:41	46
7. Berliner FC Dynamo	30	48:35	45
8. Brandenburger SC Süd 05	30	45:51	41
9. Anker Wismar (N)	30	38:36	39
10. Malchower SV	30	45:48	37
11. Germania Schöneiche	30	38:43	34
12. Lichterfelder FC	30	37:52	30
13. SV Altlüdersdorf (N)	30	40:50	28
14. Tennis Borussia Berlin *	30	26:66	22
15. Reinickendorfer Füchse *	30	25:63	21
16. Ludwigsfelder FC *	30	31:75	20

Da der Torgelower SV Greif und Hansa Rostock II verzichteten, steigt der Tabellendritte Berliner AK 07 in die Regionalliga auf.

Aufsteiger: Viktoria 89 Berlin (Berlin-Liga), Union Fürstenwalde (Brandenburg-Liga), 1. FC Neubrandenburg (Verbandsliga Mecklenburg-Vorpommern) – Dazu kommt aus der Regionalliga: Türkiyemspor Berlin.

Oberliga Nordost, Staffel Süd

1. Germania Halberstadt **	30	69:22	47
2. VfB Auerbach	30	63:39	57
3. Budissa Bautzen	30	44:30	52
4. Rot-Weiß Erfurt II	30	48:39	48
5. Dynamo Dresden II	30	48:45	41
6. FSV Luckenwalde	30	53:55	41
7. Erzgebirge Aue II	30	43:47	41
8. 1. FC Lokomotive Leipzig	30	42:43	39
9. FSV Zwickau	30	39:39	37
10. Sachsen Leipzig *	30	33:43	36
11. Chemnitzer FC II (N)	30	45:50	34
12. Wacker Gotha (N)	30	40:55	34
13. Carl Zeiss Jena II	30	42:47	33
14. VfL Halle 96	30	34:47	33
15. SC Borea Dresden	30	33:47	32
16. 1. FC Magdeburg II (N) *	30	37:65	26

Aufsteiger: Fortuna Chemnitz (Sachsenliga), 1. FC Gera 03 (Thüringenliga), Grün-Weiß Piesteritz (Verbandsliga Sachsen-Anhalt) – Sachsen Leipzig hat zum 30. 6. 2011 den Spielbetrieb eingestellt.

Oberliga Niedersachsen

1. SV Meppen **	38	92:46	81
2. BV Cloppenburg	38	96:49	77
3. VfL Osnabrück II	38	77:41	72
4. Kickers Emden	38	71:51	71
5. VfV 06 Hildesheim	38	58:46	67
6. VfB Oldenburg	38	78:50	65
7. Goslarer SC 08 (A)	38	64:37	63
8. Schwarz-Weiß Rehden	38	59:43	62
9. Eintracht Nordhorn	38	64:74	56
10. SC Langenhagen	38	60:48	55
11. VSK Osterholz-Scharmb.	38	56:67	53
12. TSV Ottersberg	38	53:58	51
13. Hansa Lüneburg	38	62:57	49
14. TuS Heeslingen	38	63:70	47
15. Arminia Hannover (N) *	38	49:72	45
16. Eintracht Northeim *	38	55:82	38
17. SV Drochtersen/Assel *	38	54:65	36
18. SV Ramlingen-Ehlershsn. *	38	64:99	33
19. Teutonia Uelzen (N) *	38	53:93	24
20. Güldenstern Stade *	38	40:120	13

Aufsteiger: VfL Bückeburg (Bezirksliga Hannover), RSV Göttingen 05 (Bezirksliga Braunschweig), Rotenburger SV (Bezirksliga Lüneburg), SV Holthausen-Biene (Bezirksliga Weser-Ems) – Dazu kommt aus der Regionalliga: Eintracht Braunschweig II – Die Liga spielt 2011/12 mit 18 Klubs.

Schleswig-Holstein-Liga

1. VfR Neumünster	34	74:20	82
2. SV Eichede	34	71:29	67
3. FC Sylt (N)	34	80:36	63
4. VfB Lübeck II	34	75:55	59
5. NTSV Strand 08 (N)	34	74:55	56
6. ETSV Weiche Flensburg	34	67:45	53
7. Holstein Kiel II (M)	34	62:44	53
8. TSV Kropp	34	56:51	51
9. SV Henstedt-Ulzburg	34	76:52	48
10. Flensburg 08	34	59:64	47
11. Heikendorfer SV	34	56:70	47
12. Eider Büdelsdorf	34	38:57	42
13. SV Todesfelde (N)	34	50:65	40
14. Heider SV	34	43:62	39
15. PSV Union Neumünster *	34	60:89	34
16. TSV Bordesholm (N) *	34	50:94	27
17. Eckernförder SV *	34	30:80	21
18. 1. Schleswiger SV 06 *	34	46:99	21

Aufsteiger: Preetzer TSV (Verbandsliga Nord Ost), Husumer SV (Verbandsliga Nor West), Bratenfelder SV (Verbandsliga Süd Ost), SV Schackendorf (Verbandsliga Süd West).

Oberliga Hamburg

1. FC St. Pauli II (A) **	34	103:36	83
2. TSV Buchholz 08	34	56:33	68
3. SV Curslack-Neuengamme	34	55:43	62
4. Condor Hamburg	34	55:43	57
5. Altona 93	34	63:46	54
6. Eintracht Norderstedt	34	55:44	52
7. FC Bergedorf 85	34	67:69	52
8. Meiendorfer SV	34	55:48	51
9. Victoria Hamburg (M)	34	58:51	50
10. Germania Schnelsen (N)	34	55:47	45
11. SV Rugenbergen (N)	34	46:47	45
12. Niendorfer TSV	34	55:63	40
13. Oststeinbeker SV	34	59:67	39
14. Uhlenhorster SC Paloma	34	39:57	32
15. HSV Barmbek-Uhlenhorst *	34	46:68	32
16. Wedeler TSV *	34	43:71	32
17. Concordia Hamburg *	34	37:71	31
18. Bramfelder SV (N) *	34	41:84	24

Aufsteiger: VfL Pinneberg, SV Halstenbek-Rellingen (Landesliga Hammonia), SC Vier- und Marschlande, Vorwärts-Wacker Billstedt, TSV Sasel (Landesliga Hansa).

Bremen-Liga

1. Werder Bremen III (M)	30	113:28	75
2. Bremer SV	30	93:33	69
3. SG Aumund-Vegesack	30	96:46	67
4. OSC Bremerhaven	30	66:33	62
5. Blumenthaler SV	30	75:47	53
6. 1. FC Burg (N)	30	63:75	45
7. FC Bremerhaven	30	74:57	43
8. Brinkumer SV	30	61:67	40
9. TuS Schwachhausen	30	54:74	33
10. Habenhauser FV	30	66:63	32
11. TSV Wulsdorf	30	51:61	30
12. VfL 07 Bremen	30	43:60	30
13. FC Oberneuland II *	30	52:136	28
14. Türkspor Bremen	30	56:86	25
15. TSV Melchiorshausen *	30	37:91	21
16. SC Weyhe (N) *	30	36:79	16

Aufsteiger: Union 60 Bremen, TS Woltmershausen (Landesliga Bremen) – Dazu kommt aus der Regionalliga: FC Oberneuland. Dadurch muss FC Oberneuland II absteigen.

Regionalliga-Aufstieg 2011

Aus den Oberligen Bayern, Baden-Württemberg, Hessen, Südwest, NRW, Nordost-Nord, Nordost-Süd und Niedersachsen waren die acht Meister sowie der Zweite der NRW-Liga aufstiegsberechtigt. Im Norden sollte neben dem Niedersachsen-Meister der Sieger einer Aufstiegsrunde der Meister aus Schleswig-Holstein, Hamburg und Bremen aufsteigen. Da die Mannschaften aus Schleswig-Holstein und Bremen keine Aufstiegsambitionen hatten, stieg der Hamburger Meister FC St. Pauli II direkt auf.

Mit einem Sieg in Wien stieß die deutsche Nationalmannschaft das Tor zur EM-Endrunde 2012 in Polen und der Ukraine ganz weit auf. Zweifacher Torschütze war Mario Gomez (halb verdeckt hinter Royer/Nr. 18). Hier der Siegtreffer zum 2:1 kurz vor Schluss der Begegnung.

KAPITEL 2

DIE DEUTSCHEN LÄNDERSPIELE

Die Bilanz der 848 deutschen A-Länderspiele

(Stand: 1.7.2011)

Gegner	Zahl der Spiele	Gesamtbilanz				Spiele in Deutschland			im Lande des Gegners oder neutraler Platz			WM- und EM-Endrunden Olympische Spiele		
		Siege	Unentsch.	Niederl.	Tore	Siege	Unentsch.	Niederl.	Siege	Unentsch.	Niederl.	Siege	Unentsch.	Niederl.
Ägypten	1	–	–	1	1:2	–	–	–	–	–	1	–	–	–
Albanien	14	13	1	–	38:10	7	–	–	6	1	–	–	–	–
Algerien	2	–	–	2	1:4	–	–	–	–	–	1	–	–	1
Argentinien	19	6	5*)	8	27:25	2	2	4	1	1	3	3	2*)	1
Armenien	2	2	–	–	9:1	1	–	–	1	–	–	–	–	–
Aserbaidschan	4	4	–	–	15:2	2	–	–	2	–	–	–	–	–
Australien	4	3	–	1	12:5	1	–	1	–	–	–	2	–	–
Belgien	24	19	1	4	55:25	7	1	1	8	–	3	4	–	–
Böhmen-Mähren	1	–	1	–	4:4	–	1	–	–	–	–	–	–	–
Bolivien	1	1	–	–	1:0	–	–	–	–	–	–	1	–	–
Bosnien-Herzegowina	2	1	1	–	4:2	–	–	–	–	1	–	–	–	–
Brasilien	20	3	5	12	21:37	3	1	6	–	4	5	–	–	1
Bulgarien	21	16	2	3	56:24	9	–	–	6	2	2	1	–	1
Chile	6	4	–	2	11:7	1	–	–	–	–	2	3	–	–
China	2	1	1	–	2:1	1	–	–	–	1	–	–	–	–
Costa Rica	1	1	–	–	4:2	–	–	–	–	–	–	1	–	–
Dänemark	25	14	3	8	51:35	8	1	2	5	2	4	1	–	2
DDR	1	–	–	1	0:1	–	–	–	–	–	–	–	–	1
Ecuador	1	1	–	–	3:0	–	–	–	–	–	–	1	–	–
Elfenbeinküste	1	–	1	–	2:2	–	1	–	–	–	–	–	–	–
England	32	11	6*)	15	41:67	3	3	7	6	–	6	2	3*)	2
Estland	3	3	–	–	11:1	2	–	–	1	–	–	–	–	–
Färöer	2	2	–	–	4:1	1	–	–	1	–	–	–	–	–
Finnland	22	15	6	1	80:19	7	1	1	9	4	–	–	–	–
Frankreich	23	7	6*)	10	39:38	5	2	3	1	3	6	1	1*)	1
Georgien	3	3	–	–	8:1	2	–	–	1	–	–	–	–	–
Ghana	2	2	–	–	7:1	1	–	–	–	–	–	1	–	–
Griechenland	8	5	3	–	17:7	2	1	–	3	1	–	–	1	–
Iran	2	2	–	–	4:0	–	–	–	1	–	–	1	–	–

Gegner	Zahl der Spiele	Gesamtbilanz				Spiele in Deutschland			im Lande des Gegners oder neutraler Platz			WM- und EM-Endrunden Olympische Spiele		
		Siege	Unentsch.	Niederl.	Tore	Siege	Unentsch.	Niederl.	Siege	Unentsch.	Niederl.	Siege	Unentsch.	Niederl.
Irland	16	7	4	5	25:21	5	1	2	2	2	3	–	1	–
Island	4	3	1	–	11:1	1	–	–	2	1	–	–	–	–
Israel	3	3	–	–	10:1	1	–	–	2	–	–	–	–	–
Italien	30	7	9	14	34:45	3	4	4	4	1	7	–	4	3
Japan	2	1	1	–	5:2	–	1	–	1	–	–	–	–	–
Kamerun	2	2	–	–	5:0	1	–	–	–	–	–	1	–	–
Kanada	2	2	–	–	6:1	1	–	–	1	–	–	–	–	–
Kasachstan	2	2	–	–	7:0	1	–	–	1	–	–	–	–	–
Kolumbien	4	2	2	–	10:5	2	–	–	–	1	–	–	1	–
Kroatien	8	5	1	2	18:10	2	–	–	2	1	–	1	–	2
Kuwait	1	1	–	–	7:0	1	–	–	–	–	–	–	–	–
Lettland	3	2	1	–	6:1	1	–	–	1	–	–	–	1	–
Liechtenstein	4	4	–	–	27:3	3	–	–	1	–	–	–	–	–
Litauen	2	1	1	–	3:1	–	1	–	1	–	–	–	–	–
Luxemburg	13	12	–	1	60:11	6	–	–	5	–	1	1	–	–
Malta	9	8	1	–	38:3	5	–	–	3	1	–	–	–	–
Marokko	4	4	–	–	12:3	1	–	–	1	–	–	2	–	–
Mexiko	10	4	5*)	1	20:9	2	1	–	–	3	1	2	1*)	–
Moldawien	4	4	–	–	18:3	2	–	–	2	–	–	–	–	–
Neuseeland	1	1	–	–	2:0	–	–	–	1	–	–	–	–	–
Niederlande	37	13	14	10	72:63	4	6	5	6	6	3	3	2	2
Nigeria	1	1	–	–	1:0	1	–	–	–	–	–	–	–	–
Nordirland	14	8	4	2	32:13	3	2	1	5	1	1	–	1	–
Norwegen	20	13	5	2	50:17	6	2	1	7	3	–	–	–	1
Österreich	36	22	6	8	78:52	8	4	2	10	2	4	4	–	2
Oman	1	1	–	–	2:0	–	–	–	1	–	–	–	–	–
Paraguay	1	1	–	–	1:0	–	–	–	–	–	–	1	–	–
Peru	1	1	–	–	3:1	–	–	–	–	–	–	1	–	–
Polen	16	12	4	–	29:7	4	2	–	5	1	–	3	1	–
Portugal	16	8	5	3	24:16	2	2	1	4	2	1	2	1	1
Rumänien	13	8	3	2	38:18	5	1	–	2	1	2	1	1	–
Russland (Sowjetunion/GUS)	19	14	2	3	48:15	6	1	1	4	–	2	4	1	–

Gegner	Zahl der Spiele	Gesamtbilanz				Spiele in Deutschland			im Lande des Gegners oder neutraler Platz			WM- und EM-Endrunden Olympische Spiele		
		Siege	Unentsch.	Niederl.	Tore	Siege	Unentsch.	Niederl.	Siege	Unentsch.	Niederl.	Siege	Unentsch.	Niederl.
Saarland	2	2	–	–	6:1	1	–	–	1	–	–	–	–	–
San Marino	2	2	–	–	19:0	1	–	–	1	–	–	–	–	–
Saudi-Arabien	2	2	–	–	11:0	–	–	–	1	–	–	1	–	–
Schottland	15	6	5	4	21:20	3	2	2	1	3	2	2	–	–
Schweden	34	14	8*)	12	61:53	7	4*)	3	3	4	8	4	–	1
Schweiz	50	36	6	8	135:60	14	4	4	19	1	3	3	1	2
Serbien & Montenegro/Jugoslawien	28	16	4	8	49:33	7	3	2	4	–	4	5	1	2
Slowakei	9	7	–	2	21:9	4	–	–	3	–	2	–	–	–
Slowenien	1	1	–	–	1:0	–	–	–	1	–	–	–	–	–
Spanien	21	8	6	7	27:23	4	2	1	1	3	3	3	1	3
Südafrika	4	3	1	–	9:2	3	–	–	–	1	–	–	–	–
Südkorea	3	2	–	1	5:5	–	–	–	–	–	1	2	–	–
Thailand	1	1	–	–	5:1	–	–	–	1	–	–	–	–	–
Tschechien	6	4	–	2	10:9	1	–	1	1	–	–	2	–	1
Tschechoslowakei	17	10	4*)	3	36:24	5	1	1	3	1	1	2	2*)	1
Türkei	19	13	3	3	46:12	5	2	1	5	1	2	3	–	–
Tunesien	3	1	2	–	4:1	1	–	–	–	1	–	–	1	–
Ukraine	4	2	2	–	7:2	2	–	–	–	2	–	–	–	–
Ungarn	33	12	10	11	69:64	7	4	3	4	6	6	1	–	2
Uruguay	11	8	2	1	29:12	3	1	–	2	–	–	3	1	1
USA	8	6	–	2	18:11	2	–	–	2	–	2	2	–	–
Vereinigte Arabische Emirate	3	3	–	–	14:3	–	–	–	2	–	–	1	–	–
Wales	17	9	6	2	26:10	4	4	–	5	2	2	–	–	–
Weißrussland	1	–	1	–	2:2	–	1	–	–	–	–	–	–	–
Zypern	6	5	1	–	29:1	3	–	–	2	1	–	–	–	–
Gesamtbilanz	848	488	172	187	1890:1004	219	72	60	188	71	94	82	29	33

*) Darunter ein 2:2 n. V. am 20.6.1976 in Belgrad gegen CSSR, ein 3:3 n. V. am 8.7.1982 in Sevilla gegen Frankreich, ein 0:0 n. V. am 21.6.1986 in Monterrey gegen Mexiko, ein 1:1 am 31.3.1988 in Berlin gegen Schweden, ein 1:1 n. V. am 4.7.1990 in Turin gegen England, ein 1:1 n. V. am 26.6.1996 in London gegen England und ein 1:1 n.V. m 30.6.2006 in Berlin gegen Argentinien. Die Spiele werden mit diesen Torergebnissen in allen Bilanzen gewertet, aber unabhängig vom Ausgang des Elfmeterschießens als Unentschieden gewertet. Die Tore aus dem Elfmeterschießen zählen nicht in der Torübersicht; sie dienen lediglich der Ermittlung des Siegers.

Die A-Nationalmannschaften

1908: 3 Spiele: 3 Niederlagen

1 **Schweiz,** 5.4., Basel, 3:5 verloren: Baumgarten – Hempel, Jordan – Ludwig, Hiller II, Weymar – Hensel, Förderer (1), Kipp, Becker (2), Baumgärtner – Kapitän: Hiller II – Schiedsrichter: H.P. Devitte (Schweiz).

2 **England,** 20.4., Berlin, 1:5 verloren: Eichelmann – Hantschick, P. Fischer – Poppe, Hiller II, Weymar – Gehrts, Neumann, Förderer (1), Matthes, Baumgärtner – K.: Hiller II – SR: P. Neumann (Deutschland).

3 **Österreich,** 7.6., Wien, 2:3 verloren: Eichelmann – Riso I, Tänzer – Poetsch, Hiller II, Weymar – Schmidt, Garrn, Kipp (1), Jäger (1), Baumgärtner – K.: Kipp – SR: G. Wagstaffe Simmons (England).

1909: 3 Spiele: 1 Sieg, 1 Unentschieden, 1 Niederlage

4 **England,** 13.3., Oxford, 0:9 verloren: Ad. Werner – Hantschick, Massini – Ugi, Dr. Glaser, Hunder – Albrecht, Garrn, Jäger, Röpnack, Baumgärtner – K.: Dr. Glaser. SR: T. Kyle (England).

5 **Ungarn,** 4.4., Budapest, 3:3 unentschieden: Ad. Werner – Hirth, Riso I – Poetsch, Ugi (1), Hunder – Dutton, Richter, Worpitzky (2), Queck, Schulz – K.: Ugi – SR: H. Meisl (Österreich).

6 **Schweiz,** 4.4., Karlsruhe, 1:0 gewonnen: Illmer – Dr. Nicodemus, Neumaier – Burger, Dr. Glaser, Hiller II – Schweikert, Förderer, Löble, Kipp (1), Oberle – K.: Dr. Glaser – SR: A. Sohn (Deutschland).

1910: 4 Spiele: 1 Sieg, 3 Niederlagen

7 **Schweiz,** 3.4., Basel, 3:2 gewonnen: Riso II – Hempel, Kühnle – Burger, Trautmann, Hunder – Wegele, Hiller III (1), Löble, Kipp (2), Philipp – K.: Hunder – SR: H. P. Devitte (Schweiz).

8 **Niederlande,** 24.4., Arnheim, 2:4 verloren: Chr. Schmidt – Hempel, Hollstein – Poetsch, Breunig, Unfried – Wegele, Gehrts, Fick (1), Kipp (1), Philipp – K.: Chr. Schmidt – SR: J. T. Howcroft (England).

9 **Belgien,** 16.5., Duisburg, 0:3 verloren: Faas – Neumaier, Berghausen – Ugi, Dr. Glaser, Budzinski – Gablonsky, Schilling, Bauwens (Breynk), Reißlant, Bert (Adalbert Friedrich) – K.: Dr. Glaser – SR: H.J. Willing (Niederlande).

10 **Niederlande,** 16.10., Kleve, 1:2 verloren: Ad. Werner – Neiße, Hense – Ugi, Bülte, Weymar – Hanssen, Schilling, Worpitzky, Umbach, Queck (1) – K.: Ugi – SR: H. Istace (Belgien).

1911: 7 Spiele: 2 Siege, 1 Unentschieden, 4 Niederlagen

11 **Schweiz,** 26.3., Stuttgart, 6:2 gewonnen: Ad. Werner – Kühnle, Hollstein – Burger, Breunig (1), Krauß – Gablonsky, Förderer (2), Fuchs (2), Kipp (1), W. Fischer – K.: Breunig – SR: H. Istace (Belgien).

12 **England,** 14.4., Berlin, 2:2 unentschieden: Ad. Werner – Neiße, Hempel – Burger, Ugi, Hunder – Hanssen, Hiller III, Worpitzky, Kipp, Möller (2) – K.: Ugi – SR: H. J. Willing (Niederlande).

13 **Belgien,** 23.4., Lüttich, 1:2 verloren: Ad. Werner – Neiße, Hollstein – Ugi, Breunig, Burger – Hanssen, Förderer (1), Fuchs, Reiser, W. Fischer – K.: Breunig – SR: J. P. Schumacher (England).

14 **Schweden,** 18.6., Stockholm, 4:2 gewonnen: Ad. Werner – Wiggers, Hempel – Burger, Ugi, Hunder – Dumke (3), Droz, Worpitzky, Kipp (1), Möller – K.: Ugi – SR: C. Buchwald (Dänemark).

15 **Österreich,** 10.9., Dresden, 1:2 verloren: Ad. Werner – Röpnack, Hempel – Burger, Breunig, Hunder – Gablonsky, Hiller III, Worpitzky (1), Kipp, Möller – K.: Breunig – SR: H. J. Willing (Niederlande).

16 **Schweden,** 29.10., Hamburg, 1:3 verloren: Ad. Werner – Burger, Hempel – Sorkale, Ugi, Hunder – Gablonsky, Dumke, Jäger, P. Kugler, Möller (1) – K.: Ugi – SR: H. J. Willing (Niederlande).

17 **Ungarn,** 17.12., München, 1:4 verloren: Borck – Hempel, Koenen – Ugi, Knesebeck, Hunder – Wegele, Förderer, Worpitzky (1), Hirsch, Thiel – K.: Ugi – SR: H. Meisl (Österreich).

1912: 8 Spiele: 2 Siege, 2 Unentschieden, 4 Niederlagen

18 **Niederlande,** 24.3., Zwolle, 5:5 unentschieden: Ad. Werner – Röpnack, Hollstein – Burger, Breunig, Gros – Wegele, Förderer, Fuchs (1), Hirsch (4), Oberle – K.: Breunig – SR: J.T. Howcroft (England).

19 **Ungarn,** 14.4., Budapest, 4:4 unentschieden: Ad. Werner – Röpnack, Hempel – Krogmann, Ugi, Krauß – Wegele, Jäger (1), Worpitzky (1), Kipp (1), Möller (1) – K.: Jäger – SR: H. Meisl (Österreich).

20 **Schweiz,** 5.5., St. Gallen, 2:1 gewonnen: Alb. Weber – Hempel, Neumajer – Burger, Dr. Glaser, Ugi – Wegele, Mechling (1), Löble, Kipp (1), Oberle – K.: Dr. Glaser – SR: H. P. Devitte (England).

21 **Österreich,** 29.6. (Olymp. Fußballturnier), Stockholm, 1:5 verloren: Alb. Weber – Röpnack, Hollstein – Krogmann, Breunig, Bosch – Wegele, Jäger (1), Worpitzky, Kipp, Hirsch – K.: Breunig – SR: H. J. Willing (Niederlande).

22 **Rußland,** 1.7. (Olymp. Fußballturnier), Stockholm, 16:0 gewonnen: Ad. Werner – Reese, Hempel – Burger (1), Dr. Glaser, Ugi – Uhle, Förderer (4), Fuchs (10), Oberle (1), Thiel – K.: Ugi – SR: C. J. Groothoff (Niederlande).

23 **Ungarn,** 3.7. (Olymp. Fußballturnier), Stockholm, 1:3 verloren: Ad. Werner – Röpnack, Hollstein – Krogmann, Ugi, Bosch – Wegele, Förderer (1), Fuchs, Hirsch, Oberle – K.: Ugi – SR: C. J. Groothoff (Niederlande).

24 **Dänemark,** 6.10., Kopenhagen, 1:3 verloren: Alb. Weber – Möller, Diemer – Ugi, Knesebeck, Bosch – Wegele, Jäger (1), Worpitzky, Kipp, Wolter – K.: Ugi – SR: H. J. Willing (Niederlande).

25 **Niederlande,** 17.11., Leipzig, 2:3 verloren: Hofmeister – Röpnack, Diemer – Ugi, Breunig, Bosch – Wegele, Förderer, Jäger (2), Kipp, Gaebelein – K.: Breunig – SR: E. Herzog (Ungarn).

1913: 4 Spiele: 4 Niederlagen

26 **England,** 21.3., Berlin, 0:3 verloren: Chr. Schmidt – Diemer, Möller – Völker, Edy, Jungtow – Wegele, Jäger, Löble, Kipp, Fischer – K.: Jäger – SR: H. J. Willing (Niederlande).

27 **Schweiz,** 18.5., Freiburg, 1:2 verloren: Chr. Schmidt – Röpnack, Diemer – Bosch, P. Kugler, H. Schmidt – Wegele, Mechling, Fürst, Kipp (1), Hirsch – K.: Kipp – SR: C. Barette (Frankreich).

28 **Dänemark,** 26.10., Hamburg, 1:4 verloren: J. Schneider – Röpnack, Möller – Kipp, Breunig, Schümmelfelder – Wegele, Förderer, Jäger (1), Hirsch, Zilgas – K.: Breunig – SR: H. J. Willing (Niederlande).

29 **Belgien,** 23.11., Antwerpen, 2:6 verloren: J. Schneider – Röpnack, Möller – Kipp, Breunig, Schümmelfelder – Wegele (1), Jäger, Fuchs (1), Hirsch, Fischer – K.: Röpnack – SR: H. A. M. Terwogt (Niederlande).

1914: 1 Spiel: 1 Unentschieden

30 **Niederlande,** 5.4., Amsterdam, 4:4 unentschieden: Hofmeister – Dr. W. Völker, Rokosch – Schümmelfelder, Ludewig, Bollmann – Wegele (1), Jäger (1), Harder (1), Queck (1), Fischer – K.: Jäger – SR: J. T. Howcroft (England).

1920: 3 Spiele: 1 Sieg, 2 Niederlagen

31 **Schweiz,** 27.6., Zürich, 1:4 verloren: Stuhlfauth – Höschle, Schneider – H. Schmidt, Kalb, Riegel – Wunderlich, Harder, Jäger (1), Seiderer, Wolter – K.: Jäger – SR: L. Ballint (Ungarn).

32 **Österreich,** 26.9., Wien, 2:3 verloren: Stuhlfauth – Mohns, Lohneis – Hagen, Tewes, Riegel – Wunderlich, Harder, Jäger, Seiderer (1), Sutor (1) – K.: Jäger – SR: L. Fehery (Ungarn).

33 **Ungarn,** 24.10., Berlin, 1:0 gewonnen: Lohrmann – Gg. Schneider, Mohns – Krause, Tewes, Riegel – L. Fiederer, Harder, Jäger (1), Popp, Forell – K.: Jäger – SR: Hicscz (Jugoslawien).

1921: 3 Spiele: 2 Unentschieden, 1 Niederlage

34 **Österreich,** 5.5., Dresden, 3:3 unentschieden: Stuhlfauth – Mohns, Fritzsche – Riegel, Tewes, Schümmelfelder – Wunderlich, Popp (1), Seiderer (1), Träg (1), Sutor – K.: Tewes – SR: W. Eymers (Niederlande).

35 **Ungarn,** 5.6., Budapest, 0:3 verloren: Stuhlfauth – Gg. Schneider, H. Müller – Marohn, Tewes, Schümmelfelder – Höger, Schnürle – Jäger, Gröner, Kreß – K.: Jäger – SR: H. Retschury (Österreich).

36 **Finnland,** 18.9., Helsingfors, 3:3 unentschieden: Schwedler – Mohns, J. Müller – Au, Tewes, Krause – Höger, Herberger (2), Kalb (1), Hutter, Wolter – K.: Tewes – SR: E. Albihn (Schweden).

1922: 3 Spiele: 1 Sieg, 2 Unentschieden

37 **Schweiz,** 26.3., Frankfurt a.M., 2:2 unentschieden: Lohrmann – Wellhöfer, J. Müller – Lang, Edy, Hagen – Retter, Franz (1), Seiderer (1), Hutter, Altvater – K.: Seiderer – SR: W. Boas (Niederlande).

38 **Österreich,** 23.4., Wien, 2:0 gewonnen: Mauch – Edy, H. Müller – Wetzel, Kalb, Riegel – Strobel, Weißenbacher (1), Jäger (1), Träg, Sutor – K.: Jäger – SR: F. Gerö (Ungarn).

39 **Ungarn,** 2.7., Bochum, 0:0 unentschieden: Lohrmann – H. Müller, Mohns – Flink, Tewes, H. Schmidt – Strobel, Franz, Jäger, Träg, Esser – K.: Jäger – SR: H. Retschury (Österreich).

1923: 6 Spiele: 2 Siege, 1 Unentschieden, 3 Niederlagen

40 **Italien,** 1.1., Mailand, 1:3 verloren: Stuhlfauth – T. Kugler, J. Müller – Hagen, Lang, H. Schmidt – Wunderlich, Franz, Seiderer (1), Träg, Sutor – K.: Träg – SR: E. Stutz (Schweiz).

41 **Niederlande,** 10.5., Hamburg, 0:0 unentschieden: Dr. Zörner – Risse, H. Müller – Pohl, Eikhof, Krause – Wunderlich, Lüke, Hartmann, Claus-Oehler, Maneval – K.: Wunderlich – SR A. Björklund (Schweden).

42 **Schweiz,** 3.6., Basel, 2:1 gewonnen: Dr. Zörner – Risse, H. Müller – H. Schmidt, Eikhof, Riegel – Montag, Sobeck, Hartmann (2), Wieder, Sutor – K.: Riegel – SR: G. Mauro (Italien).

43 **Schweden,** 29.6., Stockholm, 1:2 verloren: Dr. Zörner – Risse, H. Müller – Hagen, Popp, Riegel – Montag, Franz, Seiderer (1), Wieder, Sutor – K.: Riegel – SR: R. Smedvik (Norwegen).

44 **Finnland,** 12.8., Dresden, 1:2 verloren: Dr. Zörner – Risse, H. Müller – Krause, Eikhof, Pohl – Leip, Lüke, Hartmann, Claus-Oehler (1), Sutor – K.: Eikhof – SR: J. Mutters (Niederlande).

45 **Norwegen,** 4.11., Hamburg, 1:0 gewonnen: Stuhlfauth – Risse, Bache – H. Schmidt, Kalb, Krause – Leip, Reißmann, Harder (1), Wieder, Sutor – K.: Stuhlfauth – SR: Th. van Zwieteren (Niederlande).

1924: 7 Spiele: 3 Siege, 1 Unentschieden, 3 Niederlagen

46 **Österreich,** 13.1., Nürnberg, 4:3 gewonnen: Stuhlfauth – T. Kugler, J. Müller – Hagen, Kalb, H. Schmidt – Auer (1), Franz (3), Seiderer, Wieder, Sutor – K.: Seiderer – SR: E. Hebak (Tschechoslowakei).

47 **Niederlande,** 21.4., Amsterdam, 1:0 gewonnen: Stuhlfauth – J. Müller, Kugler – Hagen, Kalb, H. Schmidt – Auer (1), Franz, Seiderer, Träg, Ascherl – K.: Seiderer – SR: F. Herren (Schweiz).

48 **Norwegen,** 15.6., Christiania, 2:0 gewonnen: Stuhlfauth – Risse, T. Kugler – Lang, Kalb, H. Schmidt – Strobel, Hochgesang, Harder, Wieder (1), Sutor (1) (Krause) – K.: Stuhlfauth – SR: A. Björklund (Schweden).

49 **Schweden,** 31.8., Berlin, 1:4 verloren: Kuhnt – Risse, Bache – Eschenlohr, Lux, Lang – Leip, Hartmann, Harder (1), Kirsei, Paulsen (Schumann) – K.: Harder – SR: F. Herren (Schweiz).

50 **Ungarn,** 21.9., Budapest, 1:4 verloren: Stuhlfauth – Popp, Roller – Lang, Kalb, H. Schmidt – Strobel, Hochgesang, Harder (1), Bantle, Sutor – K.: Harder – SR: H. Retschury (Österreich).

51 **Italien,** 23.11., Duisburg, 0:1 verloren: Stuhlfauth – J. Müller, T. Kugler (H. Müller) – Hagen, Kalb, H. Schmidt – Höger, Fleischmann, Herberger (Franz), Meißner, Paulsen – K.: H. Schmidt – SR: Th. van Zwieteren (Niederlande).

52 **Schweiz,** 14.12., Stuttgart, 1:1 unentschieden: Stuhlfauth – Beier, J. Müller – Hagen, Kalb, H. Schmidt – Höger, Franz, Jäger, Harder (1), Paulsen – K.: Jäger – SR: J. Mutters (Niederlande).

1925: 4 Spiele: 2 Siege, 2 Niederlagen

53 **Niederlande,** 29.3., Amsterdam, 1:2 verloren: Zolper – Beier, J. Müller – Lang, Lux, Hagen – Voß (1), Sobeck, Herberger, Harder, Paulsen – K.: Harder – SR: F. Herren (Schweiz).

54 **Schweden,** 21.6., Stockholm, 0:1 verloren: Ertl – Beier (Aug. Werner), Kutterer – Lang, Niederbacher, Martwig – Ruch, Montag, Karl Schulz, Ritter, Paulsen – K.: Lang – SR: L. Andersen (Dänemark).

55 **Finnland,** 26.6. Helsingfors, 5:3 gewonnen: Ertl – Aug. Werner, Kutterer – Lang, Lux, Martwig – Voß (1), Montag, K. Schulz, Paulsen (3), Ruch (1) – K.: Paulsen – SR: O. Benzer (Schweden).

56 **Schweiz,** 25.10., Basel, 4:0 gewonnen: Ertl – J. Müller, Kutterer – Lang, Köhler, H. Schmidt – Martwig, Franz, Harder (3), Hochgesang (1), Sutor – K.: Harder – SR: E. Braun (Österreich).

1926: 4 Spiele: 2 Siege, 1 Unentschieden, 1 Niederlage

57 **Niederlande,** 18.4., Düsseldorf, 4:2 gewonnen: Ertl – J. Müller, Kutterer – Nagelschmitz, Köhler, Lang – Schröder, Gedlich, Harder (1), Pöttinger (3), L. Hofmann – K.: Harder – SR: L. Andersen (Dänemark).

58 **Schweden,** 20.6., Nürnberg, 3:3 unentschieden: Stuhlfauth – Popp, Kutterer – Martwig, Köhler, Schmidt – Auer, Franz, Harder (3), Pöttinger, L. Hofmann – K.: Harder – SR: L. Andersen (Dänemark).

59 **Niederlande,** 31.10., Amsterdam, 3:2 gewonnen: Ertl – J. Müller, Kutterer – Martwig (Geiger), Kalb, H. Schmidt – Scherm, Hochgesang, Harder (2), Wieder (1), Träg – K.: Harder – SR: A. J. Prince Cox (England).

60 **Schweiz,** 12.12., München, 2:3 verloren: Ertl – Beier, Kutterer – Geiger, Köhler, H. Schmidt – Scherm (1), Hochgesang (1), Harder, Wolpers, L. Hofmann – K.: Harder – SR: J. Mutters (Niederlande).

1927: 3 Spiele: 1 Sieg, 1 Unentschieden, 1 Niederlage

61 **Dänemark,** 2.10., Kopenhagen, 1:3 verloren: Ertl – Brunke, Kling – Mantel, Leinberger, Blum – Haftmann, R. Hofmann, Gedlich, Frank, Kießling (1) – K.: Blum – SR: R. Smedvik (Norwegen).

62 **Norwegen,** 23.10., Altona, 6:2 gewonnen: Stuhlfauth – Brunke, T. Kugler – Köpplinger, Kalb (1), Martwig – Reinmann, Hochgesang (2), Pöttinger (2), R. Hofmann, L. Hofmann (1) – K.: Kalb – SR: L. Andersen (Dänemark).

63 **Niederlande,** 20.11., Köln, 2:2 unentschieden: Stuhlfauth – Falk, T. Kugler – J. Weber, Kalb, Heidkamp – Reinmann, R. Hofmann, Pöttinger (2), Kuzorra, L. Hofmann – K.: Kalb – SR: A. J. Prince Cox (England).

1928: 6 Spiele: 4 Siege, 2 Niederlagen

64 **Schweiz,** 15.4., Bern, 3:2 gewonnen: Wentorf – J. Müller, Kutterer – Knöpfle, Leinberger, Berthold – E. Albrecht (1), Hornauer (1), Pöttinger, R. Hofmann (1), L. Hofmann – K.: J. Müller – SR: S. F. Rous (England).

65 **Schweiz,** 28.6. (Olymp, Fußballturnier), Amsterdam, 4:0 gewonnen: Stuhlfauth – Beier, H. Weber – Knöpfle, Kalb, Leinberger – E. Albrecht, Hornauer (1), Pöttinger, R. Hofmann (3), L. Hofmann – K.: Kalb – SR: W. Eymers (Niederlande).

66 **Uruguay,** 3.6. (Olymp. Fußballturnier), Amsterdam, 1:4 verloren: Stuhlfauth – Beier, H. Weber – Knöpfle, Kalb, Leinberger – E. Albrecht, Hornauer, Pöttinger, R. Hofmann (1), L. Hofmann – K.: Kalb – SR: Youssef Mohammed (Ägypten).

67 **Dänemark,** 16.9., Nürnberg, 2:1 gewonnen: Wentorf – Beier, H. Weber – Knöpfle, Leinberger, Heidkamp (1) – Reinmann, Horn, J. Schmitt, Pöttinger, L. Hofmann (1) – K.: Beier – SR: P. Ruoff (Schweiz).

68 **Norwegen,** 23.9., Oslo, 2:0 gewonnen: Stuhlfauth – H. Müller, Risse – Knöpfle, Leinberger, Heidkamp – E. Albrecht, Winkler, J. Schmitt (1), Kuzorra (1), Kießling – K.: Stuhlfauth – SR: L. Andersen (Dänemark).

69 **Schweden,** 30.9., Stockholm, 0:2 verloren: Gehlhaar – Beier, H. Weber – Knöpfle, Köhler, Heidkamp – E. Albrecht, Sobeck, Pöttinger, Kuzorra, L. Hofmann – K.: Beier – SR: S. Hansen (Dänemark).

1929: 5 Spiele: 4 Siege, 1 Unentschieden

70 **Schweiz,** 10.2., Mannheim, 7:1 gewonnen: Kreß – Schütz, H. Weber – Geiger, Leinberger, Knöpfle – Reinmann, Sobeck (2), Pöttinger (1), Frank (4), L. Hofmann – K.: Pöttinger – SR: L. Andersen (Dänemark).

71 **Italien,** 28.4., Turin, 2:1 gewonnen: Stuhlfauth – Beier, H. Weber – Geiger, Leinberger, Knöpfle – E. Albrecht, Hornauer (1), Pöttinger, Frank (1), L. Hofmann – K.: Stuhlfauth – SR: E. Gray (England).

72 **Schottland,** 1.6., Berlin, 1:1 unentschieden: Stuhlfauth – Schütz, Brunke – Geiger, Gruber, Heidkamp – Ruch (1), Sobeck, Pöttinger, R. Hofmann, L. Hofmann – K.: Stuhlfauth – SR: O. Olssen (Schweden).

73 **Schweden,** 23.6., Köln, 3:0 gewonnen: W. Kreß – Schütz, H. Weber – Geiger, Leinberger, Knöpfle – E. Albrecht, Sobeck, Horn, R. Hofmann (3), L. Hofmann – K.: L. Hofmann – SR: E. Braun (Österreich).

74 **Finnland,** 20.10., Altona, 4:0 gewonnen: Blunk – Beler, Hagen – Flick, K. Schulz, W. Völker – E. Albrecht, Szepan (1), Horn, R. Hofmann (1), Sackenheim (2) – K.: Hagen – SR: B. H. Bech (Norwegen).

1930: 6 Spiele, 2 Siege, 2 Unentschieden, 2 Niederlagen

75 **Italien,** 2.3., Frankfurt a. M., 0:2 verloren: Stuhlfauth – Hagen, H. Weber – Knöpfle (Mantel), Leinberger, Heidkamp – E. Albrecht, Szepan, Pöttinger, Frank, L. Hofmann – K.: Stuhlfauth – SR: P. Ruoff (Schweiz).

76 **Schweiz,** 4.5., Zürich, 5:0 gewonnen: W. Kreß – Schutz, Stubb (Hagen) – Hergert, Leinberger, Heidkamp – Bergmaier, Sackenheim, Kuzorra (3), R. Hofmann (2), A. Huber – K.: Leinberger – SR: S. F. Rous (England).

77 **England,** 10.5., Berlin, 3:3 unentschieden: W. Kreß – Schutz, Stubb – Heidkamp, Leinberger, Mantel – Bergmaier, Pöttinger, Kuzorra, R. Hofmann (3), L. Hofmann – K.: L. Hofmann – SR: J. Mutters (Niederlande).

78 **Dänemark,** 7.9., Kopenhagen, 3:6 verloren: Wenz – Brunke, Stubb – Hergert, Münzenberg, Mantel – Straßburger, Sobeck, Hohmann (1), R. Hofmann (1), Kund (1) – K.: R. Hofmann – SR: O. Olssen (Schweden).

79 **Ungarn,** 28.9., Dresden, 5:3 gewonnen: Kreß – Schütz, Burkhardt – Hergert, Leinberger, Heidkamp – Albrecht, Lachner (1), Ludwig (1), R. Hofmann (1), L. Hofmann (2) – K.: R. Hofmann – SR: L. Andersen (Dänemark).

80 **Norwegen,** 2.11., Breslau, 1:1 unentschieden: Jakob – Weber, Stubb – Kauer, Münzenberg, Wendl – Albrecht, Lachner, Hohmann (Hanke(1), R. Hofmann, Straßburger – K.: R. Hofmann – SR: H. S. Boekmann (Niederlande).

1931: 7 Spiele: 1 Sieg, 3 Unentschieden, 3 Niederlagen

81 **Frankreich,** 15.3., Paris 0:1 verloren: Kreß – Schütz, Weber – Münzenberg, Leinberger, Knöpfle – Bergmaier, Haringer, Hergert, R. Hofmann, L. Hofmann (Welker) – K.: R. Hofmann – SR: T. Crew (England).

82 **Niederlande,** 26.4., Amsterdam, 1:1 unentschieden: Kreß – Schröder, Weber – Stößel, Kauer, Knöpfle – Albrecht, Lachner, Schlösser (1), R. Hofmann, F. Müller – K.: H. Weber – SR: A. Bergquist (Schweden).

83 **Österreich,** 24.5., Berlin, 0:6 verloren: Gehlhaar – Beier, Weber – Knöpfle, Münzenberg, E. Müller – Bergmaier, Sobeck, Hohmann, R. Hofmann, F. Müller – K.: H. Weber – SR: O. Olssen (Schweden).

84 **Schweden,** 17.6., Stockholm, 0:0 unentschieden: Kreß – Emmerich, Brunke – Kauer, Leinberger, Knöpfle – Bergmaier, Sobeck, Ludwig, Widmayer, Sackenheim – K.: Leinberger – SR: J. Langenus (Belgien).

85 **Norwegen,** 21.6., Oslo, 2:2 unentschieden: Kreß – Emmerich, Brunke – Kauer, Leinberger, Knöpfle – Bergmaier (1), Sobeck, Ludwig (1), Widmayer, Sackenheim – K.: Leinberger – SR: I. Eklind (Schweden).

86 **Österreich,** 13.9., Wien, 0:5 verloren: Kreß – Emmerich, Brunke – Kauer, Leinberger, Knöpfle – Weiß, Hornauer, Kuzorra, R. Hofmann, Kund – K.: Leinberger – SR: O. Olssen (Schweden).

87 **Dänemark,** 27.9., Hannover, 4:2 gewonnen: Kreß – Schütz, Stubb – Gramlich, Leinberger, Knöpfle – H. Tibulski, Szepan, Kuzorra (1), R. Hofmann (3), Kobierski – K.: Leinberger – SR: A. Miesz (Österreich).

1932: 5 Spiele: 3 Siege, 2 Niederlagen

88 **Schweiz,** 6.3., Leipzig, 2:0 gewonnen: Kreß – Schütz, Stubb – Gramlich, Leinberger, Knöpfle – Langenbein, Rohr, Kuzorra, R. Hofmann (2), Kobierski – K.: Leinberger – SR: H. S. Boekmann (Niederlande).

89 **Finnland,** 1.7., Helsingfors, 4:1 gewonnen: Jakob – Schütz, Stubb – Gramlich, Leinberger, Knöpfle – Fischer, R. Hofmann (3), Rutz (1), Kuzorra, Kobierski – K.: Leinberger – SR: J. Anderssen (Schweden).

90 **Schweden,** 25.9., Nürnberg, 4:3 gewonnen: Jakob – Haringer, Stubb – Knöpfle, Leinberger, Oehm – Bergmaier, Krumm (1), Rohr (2), R. Hofmann, Kobierski (1) – K.: Leinberger – SR: R. Barlassina (Italien).

91 **Ungarn,** 30.10., Budapest, 1:2 verloren: Jakob – L. Huber, Wendl – Janes, Leinberger (Joppich), Knöpfle – Albrecht, Lachner, Malik (1), R. Hofmann, Kobierski – K.: Leinberger – SR: A. Carraro (Italien).

92 **Niederlande,** 4.12., Düsseldorf, 0:2 verloren: Buchloh – Schütz, Stubb – Mahlmann, Leinberger, Knöpfle – Albrecht, Wigold, Kuzorra, R. Hofmann, Kobierski – K.: Leinberger – SR: O. Olssen (Schweden).

1933: 6 Spiele: 3 Siege, 2 Unentschieden, 1 Niederlage

93 **Italien,** 1.1., Bologna, 1:3 verloren: Jakob (Buchloh) – Haringer, Wendl – Gramlich, Leinberger, Knöpfle – Bergmaier, Krumm, Rohr (1), Malik, Kobierski – K. Leinberger – SR: L. Baert (Belgien).

94 **Frankreich**, 19.3., Berlin, 3:3 unentschieden: Jakob – Haringer, Wend – Gramlich, Hergert, Mantel – Fischer, Lachner (1), Rohr (2), Lindner (R. Hofmann), Kobierski – K.: Hergert – SR: T. Crew (England).

95 **Belgien**, 22.10., Duisburg, 8:1 gewonnen: Buchloh – Busch, Hundt – Janes, Bender, Breuer – Albrecht (1), Wigold (2), Hohmann (3), Rasselnberg (1), Kobierski (1) – K.: E. Albrecht – SR: O. Olssen (Schweden).

96 **Norwegen**, 5.11., Magdeburg, 2:2 unentschieden: Buchloh – Hundt, Busch – Janes, Bender, Breuer – Albrecht (1), Wigold, Hohmann (1), Rasselnberg, Kobierski – K.: E. Albrecht – SR: J. F. van Moorsel (Niederlande).

97 **Schweiz**, 19.11., Zürich, 2:0 gewonnen: Jakob – Haringer, Wendl – Gramlich, Goldbrunner, Eiberle – Lehner, Lachner (1), Hohmann (1), Rasselnberg, Heidemann – K.: Gramlich – SR: R. Barlassina (Italien).

98 **Polen**, 3.12., Berlin, 1:0 gewonnen: Jakob – Haringer, Krause – Janes, Bender, Appel – Lehner, Lachner, Hohmann, Rasselnberg (1), Kobierski – K.: Kobierski – SR: O. Olssen (Schweden).

1934: 8 Spiele: 7 Siege, 1 Niederlage

99 **Ungarn**, 14.1., Frankfurt a. M., 3:1 gewonnen: Kreß – Haringer (Schäfer), Stubb (1) – Gramlich, Goldbrunner, Oehm – Lehner, Lachner (1), Conen (1), Noack, Politz – K.: Gramlich – SR: L. Baert (Belgien).

100 **Luxemburg**, 11.3., Luxemburg, 9:1 gewonnen (WM-Qualifikation): Buchloh – Hundt, Haringer – Janes, Szepan, Oehm – Albrecht (1), Wigold (1), Hohmann (3), Rasselnberg (4), Kobierski – K.: E. Albrecht – SR: Th. de Wolf (Niederlande).

101 **Belgien**, 27.5. (Weltmeisterschaft – Vorrunde), Florenz, 5:2 gewonnen: Kreß – Haringer, Schwartz – Janes, Szepan, Zielinski – Lehner, Hohmann, Conen (3), Siffling (1), Kobierski (1) – K.: Szepan – SR: F. Mattea (Italien).
102 **Schweden**, 31.5. (Weltmeisterschaft – Zwischenrunde), Mailand, 2:1 gewonnen: Kreß – Haringer, Busch – Gramlich, Szepan, Zielinski – Lehner, Hohmann (2), Conen, Siffling, Kobierski – K.: Szepan – SR: R. Barlassina (Italien).
103 **Tschechoslowakei**, 3.6. (Weltmeisterschaft – Halbfinale), Rom, 1:3 verloren: Kreß – Haringer, Busch – Zielinski, Szepan, Bender – Lehner, Siffling, Conen, Noack (1), Kobierski – K.: Szepan – SR: R. Barlassina (Italien).
104 **Österreich**, 7.6. (Weltmeisterschaft – Spiel um den 3. und 4. Platz), Neapel, 3:2 gewonnen: Jakob – Janes, Busch – Zielinski, Münzenberg, Bender – Lehner (2), Siffling, Conen (1), Szepan, Heidemann – K.: Szepan – SR: A. Carraro (Italien).
105 **Polen**, 9.9., Warschau, 5:2 gewonnen: Buchloh – Janes, Busch – Zielinski, Münzenberg, Bender – Lehner (2), Siffling (1), Hohmann (1), Szepan (1), Fath – K.: Szepan – SR: O. Olssen (Schweden).
106 **Dänemark**, 7.10., Kopenhagen, 5:2 gewonnen: Buchloh – Janes, Schwartz – Gramlich, Münzenberg, Zielinski – Lehner, Hohmann (1), Rohwedder (1), Szepan, Fath (3) – K.: Szepan – SR: R. Bäckström (Schweden).

1935: 17 Spiele: 13 Siege, 1 Unentschieden, 3 Niederlagen

107 **Schweiz**, 27.1., Stuttgart, 4:0 gewonnen: Buchloh – Stührk, Busch – Gramlich, Goldbrunner, Appel – Lehner (1), Siffling, Conen (3), Rohwedder, Kobierski – K.: Goldbrunner – SR: L. Leclercq (Frankreich).
108 **Niederlande**, 17.2., Amsterdam, 3:2 gewonnen: Buchloh – Stührk, Busch – Gramlich, Münzenberg, Zielinski (Janes) – Lehner, Hohmann (1), Conen (1), Rohwedder, Kobierski (1) – K.: Gramlich – SR: O. Olssen (Schweden).
109 **Frankreich**, 17.3., Paris, 3:1 gewonnen: Jakob – Janes, Busch – Gramlich, Münzenberg, Zielinski – Lehner (1), Hohmann (1), Conen, Siffling, Kobierski (1) – K.: Gramlich – SR: L. Baert (Belgien).
110 **Belgien**, 28.4., Brüssel, 6:1 gewonnen: Jakob – Munkert, Busch – Gramlich, Goldbrunner, W. Schulz – Lehner, Siffling, Lenz (2), Damminger (2), Fath (2) – K.: Gramlich – SR: Dr. J. F. van Moorsel (Niederlande).
111 **Irland**, 8.5., Dortmund, 3:1 gewonnen: Buchloh – Janes, Tiefel – Zielinski, Goldbrunner, Bender – Lehner (1), Siffling, Lenz, Damminger (2), Fath – K.: Buchloh – SR: A. Krist (Tschechoslowakei).
112 **Spanien**, 12.5., Köln, 1:2 verloren: Buchloh – Janes, Busch – Gramlich, Münzenberg, Bender – Lehner, Hohmann, Conen (1), Rasselnberg, Fath – K.: Gramlich – SR: J. Langenus (Belgien).
113 **Tschechoslowakei**, 26.5., Dresden, 2:1 gewonnen: Jakob – Janes, Tiefel – Gramlich, Goldbrunner, Zielinski – Lehner, Lenz (2), Conen, Siffling, Fath – K.: Gramlich – SR: J. Langenus (Belgien).
114 **Norwegen**, 27.6., Oslo, 1:1 unentschieden: Jakob – Janes, Tiefel – Gramlich, Goldbrunner, Zielinski – Lehner, Lenz (1), Conen, Siffling, Fath – K.: Gramlich – SR: S. Flisberg (Schweden).
115 **Schweden**, 30.6., Stockholm, 1:3 verloren: Buchloh – Janes, Tiefel – Zielinski, Münzenberg, Bender – Lehner, Siffling, Conen, Rohwedder (1), Kobierski – K.: Münzenberg – SR: E. Ulrich (Dänemark).
116 **Finnland**, 18.8., München, 6:0 gewonnen: Jakob – Janes, Munkert – Gramlich, Goldbrunner, Schulz – Lehner (3), Siffling, Conen (3), Szepan, Fath – K.: Szepan – SR: B. Pfitzner (Tschechoslowakei).
117 **Luxemburg**, 18.8., Luxemburg, 1:0 gewonnen: Jürissen – Busch, H. Gramlich – Zielinski, Sold, Stephan – Elbern, Gellesch, Fricke, Urban, Günther (1) – K.: Busch – SR: L. Baert (Belgien).
118 **Rumänien**, 25.8., Erfurt, 4:2 gewonnen: Buchloh – Münzenberg, H. Gramlich – Werner, Deike, Kitzinger – Malecki, Lenz (1), Hohmann (1), Rasselnberg (1), Simetsreiter (1) – K.: Hohmann – SR: Dr. J. F. van Moorsel (Niederlande).
119 **Polen**, 15.9., Breslau, 1:0 gewonnen: Jakob – Haringer, H. Gramlich – R. Gramlich, Goldbrunner, Zielinski – Lehner, Lenz, Conen (1), Siffling, Fath – K.: Rudolf Gramlich – SR: O. Olssen (Schweden).
120 **Estland**, 15.9., Stettin, 5:0 gewonnen: Sonnrein – Münzenberg, Tiefel – Sukop, Mathies, W. Schulz – Malecki (1), Hohmann, Damminger (1), Rasselnberg (1), Simetsreiter (2) – K.: Hohmann – SR: E. Malmström (Schweden).
121 **Lettland**, 13.10., Königsberg, 3:0 gewonnen: Jürissen – Stührk, Tiefel – Ruchay, Mathies, Appel – Langenbein (1), Lenz (1), Panse (1), Bökle, Heidemann – K.: Tiefel – SR: M. Rutkowski (Polen).

122 **Bulgarien**, 20.10., Leipzig, 4:2 gewonnen: Buchloh – Münzenberg, Haringer – Gramlich, Goldbrunner, Warnken – Lehner (1), Siffling, Poertgen (1), Szepan, Simetsreiter (2) – K.: Szepan – SR: M. Ivancsics (Ungarn).

123 **England**, 4.12., London, 0:3 verloren: Jakob – Haringer, Münzenberg – Janes, Goldbrunner, Gramlich – Lehner, Szepan, Hohmann, Rasselnberg, Fath – K.: Szepan – SR: O. Olssen (Schweden).

1936: 11 Spiele: 5 Siege, 2 Unentschieden, 4 Niederlagen

124 **Spanien**, 23.2., Barcelona, 2:1 gewonnen: Jakob – Münzenberg, Munkert – Janes, Goldbrunner, R. Gramlich – Lehner, Siffling, Lenz, Szepan, Fath (2) – K.: Szepan – SR: J. Langenus (Belgien).

125 **Portugal**, 27.2., Lissabon, 3:1 gewonnen: Buchloh (Jakob) – Münzenberg, Tiefel – Janes, Goldbrunner, Kitzinger (1) – Lehner (1), Hohmann (1), Siffling, Szepan, Simetsreiter – K.: Szepan – SR: P. Escartin (Spanien).

126 **Ungarn**, 15.3., Budapest, 2:3 verloren: Sonnrein – Münzenberg, Munkert – Janes, Sold, Kitzinger – Elbern, Gellesch, Lenz (1), Szepan, Urban (1) – K.: Szepan – SR: A. Krist (Tschechoslowakei).

127 **Luxemburg**, 4.8., Berlin (Olymp. Fußballturnier), 9:0 gewonnen: Buchloh – Münzenberg, Ditgens – Mehl, Goldbrunner, Bernard – Elbern (1), Gauchel (2), Hohmann, Urban (3), Simetsreiter (3) – K.: Münzenberg – SR: P. von Hertzka (Ungarn).

128 **Norwegen**, 7.8., Berlin (Olymp. Fußballturnier), 0:2 verloren: Jakob – Münzenberg, Ditgens – Gramlich, Goldbrunner, Bernard – Lehner, Siffling, Lenz, Urban, Simetsreiter – K.: Gramlich – SR: Dr. A. W. Barton (England).

129 **Polen**, 13.9., Warschau, 1:1 unentschieden: Buchloh – Janes, Münzenberg – Mehl, Rodzinski, Kitzinger – Elbern, Gauchel, Hohmann (1), Euler, Günther – K.: Münzenberg – SR: R. Eklöw (Schweden).

130 **Tschechoslowakei**, 27.9., Prag, 2:1 gewonnen: Jakob – Münzenberg, Munkert – Rodzinski, Goldbrunner, Kitzinger – Elbern (1), Gellesch, Siffling (1), Lenz, Kobierski – K.: Münzenberg – SR: Dr. J. F. Moorsel (Niederlande).

131 **Luxemburg**, 27.9., Krefeld, 7:2 gewonnen: Jürissen – Busch, Sievert – O. Tibulski, Rohde, Zielinski – Malecki (1), Billen, Poertgen (3), Kuzorra (2), Günther (1) – K.: Busch – SR: O. Olssen (Schweden).

132 **Schottland**, 14.10., Glasgow, 0:2 verloren: Jakob – Münzenberg, Munkert – Janes, Goldbrunner, Kitzinger – Elbern, Gellesch, Siffling, Szepan, Urban – K.: Szepan – SR: H. Nattras (England).

133 **Irland**, 17.10., Dublin, 2:5 verloren: Jakob – Münzenberg, Munkert – Rodzinski, Goldbrunner, Kitzinger – Lehner, Siffling, Hohmann, Szepan (1), Kobierski (1) – K.: Szepan – SR: W. Webb (Schottland).

134 **Italien**, 15.11., Berlin, 2:2 unentschieden: Jakob – Münzenberg, Munkert – Janes, Goldbrunner, Kitzinger – Elbern, Gellesch, Siffling (2), Szepan, Urban – K.: Szepan – SR: R. Eklöw (Schweden).

1937: 11 Spiele: 10 Siege, 1 Unentschieden

135 **Niederlande**, 31,1., Düsseldorf, 2:2 unentschieden: Jakob – Janes, Münzenberg – Gellesch, Goldbrunner, Kitzinger – Lehner (2), Hohmann, Friedel, Szepan, Günther – K.: Szepan – SR: L. Leclercq (Frankreich).

136 **Frankreich**, 21.3., Stuttgart, 4:0 gewonnen: Jakob – Janes, Münzenberg – Gellesch, Goldbrunner, Kitzinger – Lehner (1), Siffling, Lenz (1), Szepan, Urban (2) – K.: Szepan – SR: R. Barlassina (Italien).

137 **Luxemburg**, 21.3., Luxemburg, 3:2 gewonnen: Köhl – Appel, Klaas – Kupfer, Sold, Schädler – Malecki, Gauchel, Poertgen (1), Hohmann, Striebinger (2) – K.: Hohmann – SR: K. Wunderlin (Schweiz).

138 **Belgien**, 25.4., Hannover, 1:0 gewonnen: Jakob – Haringer, Münzenberg – Kupfer, Goldbrunner, Kitzinger – Lehner, Rohwedder, Lenz, Hohmann (1), Striebinger – K.: Münzenberg – SR: A. J. Jewell (England).

139 **Schweiz**, 2.5., Zürich, 1:0 gewonnen: Jakob – Billmann, Münzenberg – Kupfer, Goldbrunner, Kitzinger (1) – Lehner, Szepan, Eckert, Noack, Urban – K.: Szepan – SR: L. Baert (Belgien).

140 **Dänemark**, 16.5., Breslau, 8:0 gewonnen: Jakob – Janes, Münzenberg – Kupfer, Goldbrunner, Kitzinger – Lehner (1), Gellesch, Siffling (5), Szepan (1), Urban (1) – K.: Szepan – SR: A. Krist (Tschechoslowakei).

141 **Lettland**, 25.6., Riga, 3:1 gewonnen: Jürissen – Welsch, Münzenberg – Männer, Sold, Schädler – Elbern, Siffling, Berndt (2), Hohmann (1), Simetsreiter – K.: Hohmann – SR: A. Krist (Tschechoslowakei).

142 **Finnland**, 29.6., Helsinki, 2:0 gewonnen (WM-Qualifikation): Jakob – Janes, Münzenberg – Kupfer, Goldbrunner, Kitzinger – Lehner (1), Gellesch, Siffling, Szepan, Urban (1) – K.: Szepan – SR: Dr. Remke (Dänemark).

143 **Estland**, 29.8., Königsberg, 4:1 gewonnen (WM-Qualifikation): Jakob – Janes, Münzenberg – Rose, Goldbrunner, Schädler – Lehner (2), Gauchel (2), Berndt, Szepan, Simetsreiter – K.: Szepan – SR: B. Pfitzner (Tschechoslowakei).

144 **Norwegen**, 24.10., Berlin, 3:0 gewonnen: Jakob – Janes, Münzenberg – Kupfer, Goldbrunner, Kitzinger – Lehner, Gellesch, Siffling (3), Szepan, Urban – K.: Szepan – SR: P. Snape (England).

145 **Schweden**, 21.11., Hamburg, 5:0 gewonnen (WM-Qualifikation): Jakob – Janes, Münzenberg – Kupfer, Goldbrunner, Gellesch – Lehner, Schön (2), Siffling (2), Szepan (1), Urban – K.: Szepan – SR: B. Pfitzner (Tschechoslowakei).

1938: 9 Spiele: 3 Siege, 4 Unentschieden, 2 Niederlagen

146 **Schweiz**, 6.2., Köln, 1:1 unentschieden: Jürissen – Janes, Münzenberg – Kupfer, Sold, Gellesch – Lehner, Urban, Siffling, Szepan (1), Striebinger – K.: Szepan – SR: R. G. Rudd (England).

147 **Ungarn**, 20.3., Nürnberg, 1:1 unentschieden: Jakob – Billmann, Münzenberg – Kitzinger, Goldbrunner, Mengel – Lehner, Siffling (1), Berndt, Kuzorra, Fath – K.: Münzenberg – SR: J. Langenus (Belgien).

148 **Luxemburg**, 20.3., Wuppertal, 2:1 gewonnen: H. Klodt – Schulz, Ditgens – Berg, Sold, Schädler – Winkler, Gauchel (2), Lenz, Heibach, Holz – K.: Sold – SR: Wüthrich (Schweiz).

149 **Portugal**, 24.4., Frankfurt, 1:1 unentschieden: Jakob – Janes, Münzenberg – Kupfer, Goldbrunner, Kitzinger – Lehner, Gellesch, Siffling (1), Szepan, Fath – K.: Szepan – SR: R. Barlassina (Italien).

150 **England**, 14.5., Berlin, 3:6 verloren: Jakob – Janes, Münzenberg – Kupfer, Goldbrunner, Kitzinger – Lehner, Gellesch (1), Gauchel (1), Szepan, Pesser (1) – K.: Szepan – SR: J. Langenus (Belgien).

151 **Schweiz**, 4.6., Paris (Weltmeisterschaft), 1:1 nach Verlängerung: Raftl – Janes, Schmaus – Kupfer, Mock, Kitzinger – Lehner, Gellesch, Gauchel (1), Hahnemann, Pesser – K.: Mock – SR: J. Langenus (Belgien).

152 **Schweiz**, 9.6., Paris (Weltmeisterschaft, Wiederholungsspiel), 2:4 verloren: Raftl – Janes, Streitle – Kupfer, Goldbrunner, Skoumal – Lehner, Stroh, Hahnemann (1), Szepan, Neumer (1 Selbsttor Lörtscher) – K.: Szepan – SR: Eklind (Schweden).

153 **Polen**, 18.9., Chemnitz, 4:1 gewonnen: Jakob – Janes, Münzenberg – Kupfer, Goldbrunner, Kitzinger – Hahnemann, Stroh, Gauchel (3), Schön (1), Pesser – K.: Münzenberg – SR Wüthrich (Schweiz).

154 **Rumänien**, 25.9., Bukarest, 4:1 gewonnen: Raftl – Appel, Schmaus – Wagner, Mock, Skoumal – Biallas, Hahnemann, Stroh (1), Schön (1), Pesser (1) (Eigentor Albu) – K.: Mock – SR: Popovich (Jugoslawien).

1939: 15 Spiele: 9 Siege, 2 Unentschieden, 4 Niederlagen

155 **Belgien**, 25.1., Brüssel, 4:1 gewonnen: Platzer – Streitle, Schmaus – Rohde, Goldbrunner, Gellesch – Lehner (1), Hahnemann (1), Binder (1), Schön (1), Arlt – K.: Goldbrunner – SR: Eklöw (Schweden).

156 **Jugoslawien**, 26.2., Berlin, 3:2 gewonnen: H. Klodt – Janes (1), Streitle – Kupfer, O. Tibulski, Kitzinger – Biallas (1), Stroh, Gauchel, Hahnemann, Urban (1) – K.: Janes – SR: Rutkowski (Polen).

157 **Italien**, 26.3., Florenz, 2:3 verloren: Platzer – Janes (1), Schmaus – Kupfer, Goldbrunner, Kitzinger – Lehner, Hahnemann (1), Gauchel, Schön, Pesser – K.: Janes – SR: Baert (Belgien).

158 **Luxemburg**, 26.3., Differdingen, 1:2 verloren: Flotho – Münzenberg, Immig – Rohde, Picard, Männer – Malecki, Pöhler, Hänel (1), Fiederer, Arlt – K.: Münzenberg – SR: Charlier (Belgien).

159 **Irland**, 23.5., Bremen, 1:1 unentschieden: Jakob – Janes, Streitle – Kupfer, Rohde, Kitzinger – Lehner, Hahnemann, Gauchel, Schön (1), Arlt – K.: Janes – SR: Dr. Remke (Dänemark).

160 **Norwegen**, 22.6., Oslo, 4:0 gewonnen: H. Klodt – Janes (1), Schmaus – Kupfer, Goldbrunner, Kitzinger – Lehner, Gellesch, Schön (2), Schaletzki, Urban (1) – K.: Janes – SR: Eklind (Schweden).

161 **Dänemark**, 25.6., Kopenhagen, 2:0 gewonnen: H. Klodt – Janes, Streitle – Kupfer, Rohde, Kitzinger – Biallas, Hahnemann, Conen (1), Gauchel (1), Arlt – K.: Janes – SR: Johansen (Norwegen).

162 **Estland**, 29.6., Tallinn, 2:0 gewonnen: Deyhle – Janes, Moog – Jakobs, Rohde, Männer – Lehner (1), Schaletzki (1), Hänel, Gauchel, Arlt – K.: Janes – SR: Jürgens (Lettland).

163 **Slowakei**, 27.8., Preßburg, 0:2 verloren: Jürissen – Immig, Marischka – Sabeditsch, Pekarek, Merkel – Hofer, Reitermaier, Binder, Kaburek, Gärtner – K.: Binder – SR: Popovich (Jugoslawien).

164 **Ungarn**, 24.9., Budapest, 1:5 verloren: Jakob – Janes, Schmaus – Kupfer, Goldbrunner, Kitzinger – Lehner (1), Gellesch, Schön, Szepan, Pesser – K.: Szepan – SR: Dattilo (Italien).

165 **Jugoslawien**, 15.10., Zagreb, 5:1 gewonnen: H. Klodt – Janes, Billmann – Kupfer, Sold, Kitzinger – Lehner, Schön (3), Conen, Szepan (2), Urban – K.: Szepan – SR: Barlassina (Italien).

166 **Bulgarien**, 22.10., Sofia, 2:1 gewonnen: H. Klodt – Janes, Billmann – Kupfer, Sold, Kitzinger – Lehner, Gellesch, Conen (1), Szepan, Urban (1) – K.: Szepan – SR: Stefanowitsch (Jugoslawien).

167 **Böhmen-Mähren**, 12.11., Breslau, 4:4 unentschieden: Raftl – Janes (1), Billmann – Kupfer, Sold, Männer – Lehner, Schön, Binder (3), Urban, Arlt – K.: Janes – SR: Popovich (Jugoslawien).

168 **Italien**, 26.11.. Berlin, 5:2 gewonnen: Raftl – Janes, Billmann – Kupfer, Rohde, Kitzinger – Lehner (1), Hahnemann, Conen (1), Binder (3), Pesser – K.: Janes – SR: Escartin (Spanien).

169 **Slowakei**, 3.12., Chemnitz, 3:1 gewonnen: Jahn – Billmann, Kubus – Goede, Rohde, Kitzinger – Lehner (1), Schön (1), Hänel, Fiederer (1), Arlt – K.: Lehner – SR: Dr. Remke (Dänemark).

1940: 10 Spiele: 5 Siege, 2 Unentschieden, 3 Niederlagen

170 **Ungarn**, 7.4., Berlin, 2:2 unentschieden: H. Klodt – Janes, Billmann – Kupfer, Rohde, Kitzinger – Lehner, Gauchel (1), Conen, Binder (1), Pesser – K.: Janes – SR: Baert (Belgien).

171 **Jugoslawien**, 14.4., Wien, 1:2 verloren: Raftl – Janes, Schmaus – Hanreiter, Hofstätter, Skoumal – Lehner (1), Hahnemann, Binder, Gauchel, Pesser – K.: Janes – SR: Dattilo (Italien).

172 **Italien**, 5.5., Mailand, 2:3 verloren: H. Klodt – Janes, Billmann – Kupfer, Rohde, Kitzinger – Lehner, Hahnemann, Binder (2), Urban, Pesser – K.: Janes – SR: Ivancsics (Ungarn).

173 **Rumänien**, 14.7., Frankfurt, 9:3 gewonnen: Martinek – Janes, Moog – Kupfer, Krüger, Kitzinger – Plener (2), Hahnemann (2), F. Walter (3), Fiederer (2), Arlt – K.: Janes – SR: Scorzoni (Italien).

174 **Finnland**, 1.9., Leipzig, 13:0 gewonnen: H. Klodt – Schneider, Moog – Kupfer, Dzur, Kitzinger – Plener, Hahnemann (6), F. Walter (2), Conen (4), Arlt (1) – K.: Kitzinger – SR: Dr. Remke (Dänemark).

175 **Slowakei**, 15.9., Preßburg, 1:0 gewonnen: Jahn – Janes, Moog – Zwolanowski, Dzur, Männer – Eppenhoff, Hahnemann, Conen, Jelinek, Durek (1) – K.: Janes – SR: Scarpi (Italien).

176 **Ungarn**, 6.10., Budapest, 2:2 unentschieden: H. Klodt – Janes, Moog – Kupfer, Goldbrunner, Kitzinger – Lehner (1), Hahnemann (1), F. Walter, Conen, Pesser – K.: Janes – SR: Dattilo (Italien).

177 **Bulgarien**, 20.10., München, 7:3 gewonnen: H. Klodt – Streitle, Moog – Kupfer (1), Goldbrunner, Hammerl – Lehner (1), F. Walter, Conen (4), Sing, Gärtner (1) – K.: Goldbrunner – SR: Kiss (Ungarn).

178 **Jugoslawien**, 3.11., Zagreb, 0:2 verloren: H. Klodt – Janes, Streitle – Kupfer, Rohde, Kitzinger – Lehner, Zwolanowski, F. Walter, Fiederer, Arlt – K.: Janes – SR: Scarpi (Italien).

179 **Dänemark**, 17.11., Hamburg, 1:0 gewonnen: Jahn – Janes, Moog – Kupfer, Rohde, Kitzinger – Lehner, F. Walter, Binder, Schön (1), Pesser – K.: Janes – SR: Ahlfors (Finnland).

1941: 9 Spiele: 6 Siege, 1 Unentschieden, 2 Niederlagen

180 **Schweiz**, 9.3., Stuttgart, 4:2 gewonnen: H. Klodt – Janes, Streitle Kupfer, Rohde, Kitzinger– Hanreiter, Hahnemann, F. Walter (1), Schön (2), Kobierski (1) – K.: Janes – SR: Scorzoni (Italien).

181 **Ungarn**, 6.4., Köln, 7:0 gewonnen: H. Klodt – Janes (1), Miller – Kupfer, Rohde, Kitzinger – Hanreiter, Hahnemann (2), F. Walter (1), Schön (2), Kobierski (1) – K.: Janes – SR: Escartin (Spanien).

182 **Schweiz**, 20.4., Bern, 1:2 verloren: H. Klodt – Janes, Miller – Kupfer, Rohde, Kitzinger – Hanreiter, Hahnemann (1), F. Walter, Schön, Kobierski – K.: Janes – SR: Scarpi (Italien).

183 **Rumänien**, 1.6., Bukarest, 4:1 gewonnen: H. Klodt – Janes, Billmann – Kupfer, Rohde, Kitzinger – Lehner, F. Walter (1), Binder, Willimowski (2), Kobierski (1) – K.: Janes – SR: Bizic (Slowakei).

184 **Kroatien**, 15.6., Wien, 5:1 gewonnen: Jahn – Sesta, Schmaus – Urbanek, Mock, Hanreiter – Lehner (2), Hahnemann, F. Walter (2), Willimowski (1), Fiederer – K.: Hahnemann – SR: Mieß (Deutschland), Wüthrich (Schweiz) nicht erschienen.

185 **Schweden**, 5.10., Stockholm, 2:4 verloren: H. Klodt – Janes, Billmann – Kupfer, Rohde, Kitzinger – Lehner (1), Hahnemann, F. Walter ((1), Schön, Gärtner – K.: Janes – SR: Laursen (Dänemark).

186 **Finnland**, 5.10., Helsinki, 6:0 gewonnen: Jahn – Richter, Miller – Pohl, Dzur, Schubert – H. Burdenski, Gellesch, Eppenhoff (3), Willimowski (3), Kobierski – K.: Gellesch – SR: Eklind (Schweden).

187 **Dänemark**, 16.11., Dresden, 1:1 unentschieden: Jahn – Janes, Miller – Kupfer, Rohde, Schubert – Hahnemann (1), F. Walter, Conen, Willimowski, Fiederer – K.: Janes – SR: Eklind (Schweden).

188 **Slowakei**, 7.12, Breslau, 4:0 gewonnen: Jahn – Janes, Miller – Pohl, Rohde, Schubert – Riegler, Hahnemann, Conen (2), F. Walter (1), Durek (1) – K.: Janes – SR: Kroner (Rumänien).

1942: 10 Spiele: 7 Siege, 1 Unentschieden, 2 Niederlagen

189 **Kroatien**, 18.1., Agram, 2:0 gewonnen: Jahn – Sesta, Schmaus – Wagner, Mock, Hanreiter – Riegler, Decker (1), Conen, F. Walter, Durek (1 Eigentor Brozovic) – K.: Mock – SR: Moler (Slowakei).

190 **Schweiz**, 1.2., Wien, 1:2 verloren: Jahn – Sesta, Schmaus – Wagner, Mock, Hanreiter – Fitz, Decker (1), Eppenhoff, F. Walter, Durek – K.: Mock – SR: Scarpi (Italien).

191 **Spanien**, 12.4., Berlin, 1:1 unentschieden: Jahn – Janes, Miller – Kitzinger, Rohde, Sing – F. Dörfel, Decker (1), Conen, F. Walter, Durek – K.: Janes – SR: Barlassina (Italien).

192 **Ungarn**, 3.5., Budapest, 5:3 gewonnen: Jahn – Janes (1), Miller – Kitzinger, Rohde, Sing (1) – F. Dörfel (1), Decker, Conen, F. Walter (2), Durek – K.: Janes. SR: Barlassina (Italien).

193 **Bulgarien**, 19.7., Sofia, 3:0 gewonnen: Jahn – Janes, Miller – Kupfer, Sold, Sing – H. Burdenski, Decker (2), F. Walter, Gauchel, Arlt (1) – K.: Janes – SR: Moler (Slowakei).

194 **Rumänien**, 16.8., Beuthen, 7:0 gewonnen: Jahn – Janes, Miller – Kupfer, Sold, Sing – H. Burdenski (1), Decker (1), F. Walter (3), Willimowski (1), Klingler (1) – K.: Janes – SR: Moler (Slowakei).

195 **Schweden**, 20.9., Berlin, 2:3 verloren: Jahn – Janes, Miller – Kupfer, Sold, Rohde – Lehner (1), Decker, F. Walter, Sing, Klingler (1) – K.: Janes – SR: Laursen (Dänemark).

196 **Schweiz**, 18.10., Bern, 5:3 gewonnen: Jahn – Janes, Miller – Kupfer, Rohde, Sing – Lehner, F. Walter (1), Willimowski (4), Klingler, Urban – K.: Janes – SR: Escartin (Spanien).

197 **Kroatien**, 1.11., Stuttgart, 5:1 gewonnen: Jahn – Janes (1), Adamkiewicz – Kupfer, Rohde, Sing – Lehner, F. Walter (1), Willimowski (2), Urban, Klingler (1) – K.: Janes – SR: Palasti (Ungarn).

198 **Slowakei**, 22.11., Preßburg, 5:2 gewonnen: Jahn – Janes, Miller – Kupfer, Rohde, Sing – Adamkiewicz (1), Decker (1), Willimowski, F. Walter, Klingler (3) – K.: Janes – SR: Bazant (Kroatien).

1950: 1 Spiel: 1 Sieg

199 **Schweiz**, 22.11., Stuttgart, 1:0 gewonnen: Turek – H. Burdenski (1), Streitle – Kupfer, Baumann, Barufka (Röhrig) – B. Klodt, Morlock, O. Walter, Balogh, Herrmann – K.: Kupfer – SR: Ellis (England).

1951: 6 Spiele: 4 Siege, 2 Niederlagen

200 **Schweiz**, 15.4., Zürich, 3:2 gewonnen: Turek – H. Burdenski, Streitle – Mebus, Baumann, Barufka – Gerritzen (1), Röhrig, O. Walter (1), F. Walter (1), B. Klodt (Schade) – K.: Fritz Walter – SR: Ellis (England).

201 **Türkei**, 17.6., Berlin, 1:2 verloren: Turek – Streitle, Kohlmeyer – Posipal, Liebrich, Haferkamp (1) – Gerritzen, F. Walter, Schade, Röhrig (Schanko), Herrmann – K.: Fritz Walter – SR: Carpani (Italien).

202 **Österreich**, 23.9., Wien, 2:0 gewonnen: Turek – Streitle, Kohlmeyer – Mebus, Posipal, Schanko – Gerritzen (Haferkamp(1), Preißler, Morlock (1), F. Walter, Barufka (Herrmann) – K.: Fritz Walter – SR: Evans (England).

203 **Irland**, 17.10., Dublin, 2:3 verloren: Turek – Streitle, Kohlmeyer – Mebus, Posipal, Schanko – Gerritzen, Preißler, Morlock (1), F. Walter (1), Herrmann – K.: Fritz Walter – SR: Ling (England).

204 **Türkei**, 21.11., Istanbul, 2:0 gewonnen: Adam – Streitle, Kohlmeyer – Mebus, Posipal, Schanko – Rahn, Morlock (2), F. Walter, Haferkamp, Termath – K.: Fritz Walter – SR: Ellis (England).

205 **Luxemburg**, 23.12., Essen, 4:1 gewonnen: Bögelein – Juskowiak, Bauer – Mebus, Wewers, Schanko – Rahn (1), Stollenwerk (1), Schröder, F. Walter, Termath (2) – K.: Fritz Walter – SR: Baert (Belgien).

1952: 6 Spiele: 4 Siege, 1 Unentschieden, 1 Niederlage

206 **Luxemburg**, 20.4., Luxemburg, 3:0 gewonnen: Adam – Retter, Bauer – Wientjes (Haferkamp), Posipal, Schanko – B. Klodt (1), Stollenwerk (1), Zeitler (1), Schröder, Ehrmann – K.: Posipal – SR: Bauwens (Belgien).

207 **Irland**, 4.5., Köln, 3:0 gewonnen: Adam – Retter, Kohlmeyer – Posipal (1), Streitle, Schanko – B. Klodt, Röhrig, O. Walter (1), Herrmann (Stollenwerk), Termath (1) – K.: Streitle – SR: Ellis (England).

208 **Frankreich**, 5.10., Paris, 1:3 verloren: Turek – Retter, Borkenhagen – Posipal, Liebrich, Schanko – Rahn, Wientjes, O. Walter (1), (Stollenwerk), F. Walter, Termath – K.: Fritz Walter – SR: Evans (England).

209 **Schweiz**, 9.11., Augsburg, 5:1 gewonnen: Turek – Retter, Kohlmeyer – Eckel, Posipal, Schanko – B. Klodt, Morlock (1), O. Walter (1), F. Walter (1), Schäfer (2) – K.: Fritz Walter – SR: Orlandini (Italien).

210 **Jugoslawien**, 21.12., Ludwigshafen, 3:2 gewonnen: Turek – Retter, Kohlmeyer – Eckel, Posipal, Schanko – Rahn (1), Morlock (1), O. Walter, F. Walter (1), Termath – K.: Fritz Walter – SR: Ellis (England).

211 **Spanien**, 28.12., Madrid, 2:2 unentschieden: Turek – Retter, Kohlmeyer – Eckel, Posipal, Schanko – Rahn, Morlock, O. Walter (1) (Metzner), F. Walter, Termath (1) – K.: Fritz Walter – SR: Orlandini (Italien).

1953: 4 Spiele: 2 Siege, 2 Unentschieden

212 **Österreich**, 22.3., Köln, 0:0 unentschieden: Turek – Retter, Kohlmeyer – Eckel (Harpers), Posipal, Schanko – Rahn, Morlock, O. Walter (Röhrig), F. Walter, Schäfer – K.: Fritz Walter – SR: Bauwens (Belgien).

213 **Norwegen**, 19.8., Oslo, 1:1 unentschieden (WM-Qualifikation): Turek – Retter, Kohlmeyer – Eckel, Posipal, Schanko – Rahn, Morlock, O. Walter, F. Walter (1), Schäfer (Pfaff) – K.: Fritz Walter – SR: Aussum (Niederlande).

214 **Saarland**, 11.10., Stuttgart, 3:0 gewonnen (WM-Qualifikation): Turek – Retter, Erhardt – Mai, Posipal, Gottinger (Eckel) – Rahn, Morlock (2), Schade (1), Metzner, Schäfer – K.: Posipal – SR: van der Meer (Niederlande).

215 **Norwegen**, 22.11., Hamburg, 5:1 gewonnen (WM-Qualifikation): Turek – Retter, Kohlmeyer – Eckel, Posipal, Mai – Rahn (1), Morlock (2), O. Walter (1), F. Walter (1), Herrmann – K.: Fritz Walter – SR: Luty (England).

1954: 12 Spiele: 8 Siege, 4 Niederlagen

216 **Saarland**, 28.3., Saarbrücken, 3:1 gewonnen (WM-Qualifikation): Turek – Retter, Kohlmeyer – Posipal, Liebrich, Schanko – Rahn, Morlock (2), F. Walter (O. Walter), Röhrig, Schäfer (1) – K.: Fritz Walter – SR: Bronkhorst (Niederlande).

217 **Schweiz**, 25.4., Basel, 5:3 gewonnen: Kubsch – Retter (Kohlmeyer), Laband – Eckel, Posipal, Mai – Herrmann (B. Klodt), Morlock (1), O. Walter, F. Walter (2), Schäfer (2) – K.: Fritz Walter – SR: Griffiths (Wales).

218 **Türkei**, 17.6., Bern, 4:1 gewonnen (Weltmeisterschafts-Vorrunde): Turek – Laband, Kohlmeyer – Eckel, Posipal, Mai – B. Klodt (1), Morlock (1), O. Walter (1), F. Walter, Schäfer (1) – K.: Fritz Walter – SR: da Costa (Portugal).

219 **Ungarn**, 20.6., Basel, 3:8 verloren (Weltmeisterschafts-Vorrunde): Kwiatkowski – Bauer, Kohlmeyer – Posipal, Liebrich, Mebus – Rahn (1), Eckel, F. Walter, Pfaff (1), Herrmann (1) – K.: Fritz Walter – SR: Ling (England).

220 **Türkei**, 23.6., Zürich, 7:2 gewonnen (Weltmeisterschafts-Vorrunde, Entscheidung um Platz 2 der Gruppe 2): Turek – Laband, Bauer – Eckel, Posipal, Mai – B. Klodt, Morlock (3), O. Walter (1), F. Walter (1), Schäfer (2) – K.: Fritz Walter – SR: Vincenti (Frankreich).

221 **Jugoslawien**, 27.6., Genf, 2:0 gewonnen (Weltmeisterschafts-Zwischenrunde): Turek – Laband, Kohlmeyer – Eckel, Liebrich, Mai – Rahn (1), Morlock, O. Walter, F. Walter, Schäfer (Selbsttor Horvat) – K.: Fritz Walter – SR: Zsolt (Ungarn).

222 **Österreich**, 30.6., Basel, 6:1 gewonnen (Weltmeisterschafts-Vorschlußrunde): Turek – Posipal, Kohlmeyer – Eckel, Liebrich, Mai – Rahn, Morlock (1), O. Walter (2), F. Walter (2), Schäfer (1) – K.: Fritz Walter – SR: Orlandini (Italien).

223 **Ungarn**, 4.7., Bern, 3:2 gewonnen (Endspiel um die Weltmeisterschaft): Turek – Posipal, Kohlmeyer – Eckel, Liebrich, Mai – Rahn (2), Morlock (1), O. Walter, F. Walter, Schäfer – K.: Fritz Walter – SR: Ling (England).

224 **Belgien**, 26.9., Brüssel, 0:2 verloren: Herkenrath – Erhardt, Kohlmeyer – Posipal, Liebrich, Mai – Rahn, Morlock, O. Walter, Biesinger, B. Klodt – K.: Posipal – SR: Bronkhorst (Niederlande).

225 **Frankreich**, 16.10., Hannover, 1:3 verloren: Turek – Erhardt, Kohlmeyer – Posipal, Liebrich, Mai – B. Klodt, Stürmer (1), O. Walter, Islacker, Termath (Seeler) – K.: Posipal – SR: Griffiths (Wales).

226 **England**, 1.12., London, 1:3 verloren: Herkenrath – Posipal, Kohlmeyer – Erhardt, Liebrich, Harpers – Kaufhold, Pfeiffer, Seeler, Derwall, Beck (1) – K.: Posipal – SR: Orlandini (Italien).

227 **Portugal**, 19.12., Lissabon, 3:0 gewonnen: Herkenrath – Posipal, Juskowiak (1) – Erhardt (1), Liebrich, Harpers – B. Klodt, Miltz, Kreß (Waldner), Derwall, Pfaff (1) – K.: Posipal – SR: van der Meer (Niederlande).

1955: 6 Spiele: 2 Siege, 4 Niederlagen

228 **Italien**, 30.3., Stuttgart, 1:2 verloren: Herkenrath – Juskowiak (1), Kohlmeyer – Mai, Posipal, Harpers – Rahn (Waldner), Morlock, Seeler, F. Walter, Schäfer – K.: Fritz Walter – SR: Zsolt (Ungarn).

229 **Irland**, 28.5., Hamburg, 2:1 gewonnen: Kubsch – Retter, Erhardt – Schlienz, R. Hoffmann, Mai (1) – Waldner (1), Weilbächer, Biesinger, Röhrig, Schäfer – K.: Röhrig – SR: van der Meer (Niederlande).

230 **Sowjetunion**, 21.8., Moskau, 2:3 verloren: Herkenrath – Juskowiak, Posipal – Eckel, Liebrich, Harpers – Rahn, F. Walter (1), Morlock (Schröder), Röhrig, Schäfer (1) – K.: Fritz Walter – SR: Ling (England).

231 **Jugoslawien**, 25.9., Belgrad, 1:3 verloren: Herkenrath – K. Schmidt, Posipal – Eckel, Liebrich, Röhrig – Waldner (Kraus), Morlock (1), O. Walter, F. Walter, Schäfer – K.: Fritz Walter – SR: Zsolt (Ungarn).

232 **Norwegen**, 16.11., Karlsruhe, 2:0 gewonnen: Herkenrath – Posipal, K. Schmidt – Eckel, Liebrich, Harpers – Kraus, F. Walter (1), Biesinger (Schröder), Röhrig (1), Waldner – K.: Fritz Walter – SR: Seipelt (Österreich).

233 **Italien**, 18.12. Rom, 1:2 verloren: Herkenrath – Posipal (Juskowiak), K. Schmidt – Eckel, Liebrich, Mai – Rahn, F. Walter, Stollenwerk, Röhrig (1), Schäfer – K.: Fritz Walter – SR: Ellis (England).

1956: 8 Spiele: 2 Siege, 1 Unentschieden, 5 Niederlagen

234 **Niederlande**, 14.3., Düsseldorf, 1:2 verloren: Herkenrath – Posipal, Juskowiak – Eckel, Schlienz, K. Schmidt – B. Klodt, F. Walter, Seeler (Waldner), Röhrig, Schäfer (Selbsttor v. d. Hart) – K.: Fritz Walter – SR: Leafe (England).

235 **England**, 26.5., Berlin, 1:3 verloren: Herkenrath – Retter, Juskowiak – Schlienz, Wewers, Mai – Waldner, Morlock (Pfaff), O. Walter, F. Walter (1), Schäfer – K.: Fritz Walter – SR: Zsolt (Ungarn).

236 **Norwegen**, 13.6., Oslo, 3:1 gewonnen: Sawitzki – Erhardt, Juskowiak – Dörner, Wewers Mai – Bäumler (1), Schröder, Biesinger (1), Pfaff, Schönhöft (1) – K.: Pfaff – SR: van der Meer (Niederlande).

237 **Schweden**, 30.6., Stockholm, 2:2 unentschieden: Sawitzki – Erhardt, Juskowiak – Eckel, Wewers, Dörner – B. Klodt, Schröder (1), Biesinger (1), Pfaff, Vollmar – K.: Pfaff – SR: Schippers (Niederlande).

238 **Sowjetunion**, 15.9., Hannover, 1:2 verloren: Herkenrath – K. Schmidt, Juskowiak – Eckel, Posipal, Erhardt – Waldner, Schröder (1), Biesinger (Schäfer), F. Walter, Vollmar – K.: Fritz Walter – SR: Ellis (England).

239 **Schweiz**, 21.11., Frankfurt, 1:3 verloren: Kubsch – K. Schmidt, Juskowiak – Eckel, Liebrich, Szymaniak (Mai) – Vollmar, F. Walter, Neuschäfer (1), Pfaff, Schäfer – K.: Fritz Walter – SR: Seipelt (Österreich).

240 **Irland**, 25.11., Dublin, 0:3 verloren: Kwiatkowski – Erhardt, Juskowiak – Schlebrowski, Wewers, Mai – Rahn, Morlock, Miltz, Schäfer (Eckel), Vollmar – K.: Morlock – SR: Murdock (England).

241 **Belgien**, 23.12., Köln, 4:1 gewonnen: Kwiatkowski – Juskowiak, Köchling – Schlebrowski, Wewers (1), Szymaniak – Waldner, Geiger, Kelbassa (1), Schröder (1), Vollmar (1) – K.: Juskowiak – SR: Bronkhorst (Niederlande).

1957: 5 Spiele: 4 Siege, 1 Niederlage

242 **Österreich**, 10.3., Wien, 3:2 gewonnen: Herkenrath – Juskowiak, K. Schmidt – Szymaniak, Wewers, Erhardt – Rahn (2), Schröder, Kraus (1), Schäfer, Vollmar (Waldner) – K.: Hans Schäfer – SR: Bronkhorst (Niederlande).

243 **Niederlande**, 3.4., Amsterdam, 2:1 gewonnen: Tilkowski – Juskowiak, K. Schmidt – Erhardt, Wewers, Szymaniak – Rahn, Schröder, Kraus, A. Schmidt (1), Siedl (1) – K.: Rahn – SR: Leafe (England).

244 **Schottland**, 22.5., Stuttgart, 1:3 verloren: Tilkowski – Gerdau, Juskowiak – Stollenwerk, Wewers, Szymaniak – Rahn, Schröder, Kelbassa, A. Schmidt, Siedl (1) – K.: Rahn – SR: Dienst (Schweiz).

245 **Schweden**, 20.11., Hamburg, 1:0 gewonnen: Sawitzki – Erhardt, K. Schmidt – Mai, Herb. Schäfer, Szymaniak – Peters, A. Schmidt (1), Kelbassa, Schröder, Hans Schäfer (Klodt) – K.: Hans Schäfer – SR: Zsolt (Ungarn).

246 **Ungarn**, 22.12., Hannover, 1:0 gewonnen: Herkenrath – Erhardt (Stollenwerk), Juskowiak – Eckel, Wewers, Szymaniak – Cieslarczyk, A. Schmidt, Kelbassa (1), Schäfer, Vollmar – K.: Hans Schäfer – SR: Martens (Niederlande).

1958: 14 Spiele: 5 Siege, 5 Unentschieden, 4 Niederlagen

247 **Belgien**, 2.3., Brüssel, 2:0 gewonnen: Herkenrath – Erhardt, Juskowiak – Eckel, Wewers, Szymaniak – Waldner, A. Schmidt (1), Kelbassa, Schäfer (1), B. Klodt – K.: Hans Schäfer – SR: Leafe (England).

248 **Spanien**, 19.3., Frankfurt, 2:0 gewonnen: Herkenrath – Stollenwerk, Juskowiak – Eckel, Erhardt, Szymaniak – B. Klodt (1), A. Schmidt, F. Walter, Schäfer, Cieslarczyk (1) – K.: Hans Schäfer – SR: Ellis (England).

249 **Tschechoslowakei**, 2.4., Prag, 2:3 verloren: Sawitzki – Erhardt, Juskowiak – Eckel, A. Schmidt (Waldner), Schnellinger – Steffen, Sturm, F. Walter, Schäfer, Cieslarczyk (1) (Selbsttor Stacho) – K.: Hans Schäfer – SR: Latyschew (Sowjetunion).

250 **Argentinien**, 8.6., Malmö, 3:1 gewonnen (Weltmeisterschaft – Vorrunde): Herkenrath – Stollenwerk, Juskowiak – Eckel, Erhardt, Szymaniak – Rahn (2), F. Walter, Seeler (1), A. Schmidt, Schäfer – K.: Hans Schäfer – SR: Leafe (England).

251 **Tschechoslowakei**, 11.6., Hälsingborg, 2:2 unentschieden (Weltmeisterschaft – Vorrunde): Herkenrath – Stollenwerk, Juskowiak – Schnellinger, Erhardt, Szymaniak – Rahn (1), F. Walter, Seeler, Schäfer (1), B. Klodt – K.: Hans Schäfer – SR: Ellis (England).

252 **Nordirland**, 15.6., Malmö, 2:2 unentschieden (Weltmeisterschaft – Vorrunde): Herkenrath – Stollenwerk, Juskowiak – Eckel, Erhardt, Szymaniak – Rahn (1), F. Walter, Seeler (1), Schäfer, B. Klodt – K.: Hans Schäfer – SR: Campos (Portugal).

253 **Jugoslawien**, 19.6., Malmö, 1:0 gewonnen (Weltmeisterschaft – Viertelfinale): Herkenrath – Stollenwerk, Juskowiak – Eckel, Erhardt, Szymaniak – Rahn (1), F. Walter, Seeler, A. Schmidt, Schäfer – K.: Hans Schäfer – SR: Wyssling (Schweiz).

254 **Schweden**, 24.6., Göteborg, 1:3 verloren (Weltmeisterschaft – Halbfinale): Herkenrath – Stollenwerk, Juskowiak – Eckel, Erhardt, Szymaniak – Rahn, F. Walter, Seeler, Schäfer (1), Cieslarczyk – K.: Hans Schäfer – SR: Zsolt (Ungarn).

255 **Frankreich**, 28.6., Göteborg, 3:6 verloren (Weltmeisterschaft – Spiel um 3. und 4. Platz): Kwiatkowski – Stollenwerk, Erhardt – Schnellinger, Wewers, Szymaniak – Rahn (1), Sturm, Kelbassa, Schäfer (1), Cieslarczyk (1) – K.: Hans Schäfer – SR: Brozzi (Argentinien).

256 **Dänemark**, 24.9., Kopenhagen, 1:1 unentschieden: Herkenrath – Stollenwerk, Juskowiak – Erhardt, Jäger, Szymaniak – Kraus, Haller (Cieslarczyk), Seeler, A. Schmidt, Rahn (1) – K.: Rahn – SR: Fencl (Tschechoslowakei).

257 **Frankreich**, 26.10., Paris, 2:2 unentschieden: Tilkowski – Stollenwerk, Bauer – A. Schmidt, Erhardt, Szymaniak – Rahn (1), Haller, Seeler (1), Geiger, Cieslarczyk – K.: Rahn – SR: Ellis (England).

258 **Österreich**, 19.11., Berlin, 2:2 unentschieden: Tilkowski – Stollenwerk, Schnellinger – Eckel, Erhardt, Szymaniak – Rahn (2), Haller, Seeler, A. Schmidt, Kapitulski – K.: Rahn – SR: Fencl (Tschechoslowakei).

259 **Bulgarien**, 21.12., Augsburg, 3:0 gewonnen: Sawitzki – Stollenwerk, Schnellinger – Mai, Erhardt, Benthaus – Waldner (1), Geiger, Seeler (2), Haller (Morlock), Rahn – K.: Rahn – SR: Seipelt (Österreich).

260 **Ägypten**, 28.12., Kairo, 1:2 verloren: Tilkowski – Zastrau, Schnellinger – Mai (Kördell), Pyka, Benthaus – Rahn, Morlock (1), Biesinger (Ringel), Faeder, Klöckner – K.: Rahn – SR: Lo Bello (Italien).

1959: 6 Spiele: 2 Siege, 2 Unentschieden, 2 Niederlagen

261 **Schottland**, 6.5., Glasgow, 2:3 verloren: Sawitzki – Juskowiak (1), Schnellinger – Benthaus, Erhardt, Szymaniak – Rahn, Geiger, Seeler (1), A. Schmidt, Schäfer – K.: Rahn – SR: Ellis (England).

262 **Polen**, 20.5., Hamburg, 1:1 unentschieden: Sawitzki – Mauritz, Juskowiak – Mai, Erhardt, Szymaniak – B. Klodt (Stein (1)), Geiger, Haller, A. Schmidt, Klöckner – K.: Erhardt – SR: Campos (Portugal).

263 **Schweiz**, 4.10., Bern, 4:0 gewonnen: Tilkowski – Stollenwerk, Juskowiak (1) – Benthaus, Erhardt, Szymaniak – Rahn (1), Seeler (A. Schmidt), Brülls (1), Siedl, Vollmar (1) – K.: Erhardt – SR: Seipelt (Österreich).

264 **Niederlande**, 21.10., Köln, 7:0 gewonnen: Ewert – Stollenwerk, Juskowiak – Benthaus, Erhardt, Szymaniak – Rahn, A. Schmidt (2), Seeler (3), Brülls (1), Siedl (1) – K.: Erhardt – SR: Galba (Tschechoslowakei).

265 **Ungarn**, 8.11., Budapest, 3:4 verloren: Tilkowski – Stollenwerk, Juskowiak – Benthaus, Erhardt, Szymaniak – Rahn, A. Schmidt. Seeler (2), Brülls (1), Siedl – K.: Erhardt – SR: Sar (Sowjetunion).

266 **Jugoslawien**, 20.12., Hannover, 1:1 unentschieden: Sawitzki – Stollenwerk, Schnellinger – Schulz, Erhardt, Szymaniak – Rahn, A. Schmidt (1), Seeler, Brülls (Vollmar), Siedl – K.: Erhardt – SR: Martens (Niederlande).

1960: 7 Spiele: 5 Siege, 2 Niederlagen

267 **Chile**, 23.3., Stuttgart, 2:1 gewonnen: Tilkowski – Stollenwerk, Schnellinger – Benthaus, Erhardt (Wilden), Sundermann – Rahn, Haller (1), Seeler (1), A. Schmidt (Schütz), Brülls – K.: Erhardt – SR: Dienst (Schweiz).

268 **Portugal**, 27.4., Ludwigshafen, 2:1 gewonnen: Tilkowski – Erhardt, Schnellinger – Schulz, Wilden, Szymaniak – Rahn (1), Schütz, Seeler (1), Haller, Brülls – K.: Erhardt – SR: Howley (England).

269 **Irland**, 11.5., Düsseldorf, 0:1 verloren: Sawitzki – Giesemann, Erhardt – Schulz, Wenauer, Porges – Steffen, A. Schmidt, Brülls, Haller, Vollmar – K.: Erhardt – SR: Ellis (England).

270 **Island**, 3.8., Reykjavik, 5:0 gewonnen: Tilkowski – Lutz, Schnellinger – Schulz, Erhardt, Szymaniak – Reitgaßl (1), Brülls (Marx(1), Seeler (1), Haller, G. Dörfel (2) – K.: Erhardt – SR: Wharton (Schottland).

271 **Nordirland**, 26.10., Belfast, 4:3 gewonnen (WM-Qualifikation): Tilkowski Erhardt, Schnellinger – Giesemann, Wilden, Szymaniak – Kreß, Brülls (1), Seeler (1), Herrmann, G. Dörfel (2) – K.: Erhardt – SR: Horn (Niederlande).

272 **Griechenland**, 20.11., Athen, 3:0 gewonnen (WM-Qualifikation): Tilkowski – Lutz, Schnellinger – Giesemann, Erhardt, Szymaniak – Kreß, Haller (1), Seeler, Brülls (1), G. Dörfel (1) – K.: Erhardt – SR: Ehrlich (Jugoslawien).

273 **Bulgarien**, 23.11., Sofia, 1:2 verloren: Ewert – Lutz, Schnellinger – Giesemann, Erhardt, Szymaniak (Benthaus) – Kreß (G. Dörfel), Haller, Brülls, Herrmann, Vollmar (1.) – K.: Erhardt – SR: Kowal (Polen).

1961: 6 Spiele: 5 Siege, 1 Niederlage

274 **Belgien**, 8.3., Frankfurt, 1:0 gewonnen: Tilkowski – Lutz, Schnellinger (Wilden) – Giesemann, Erhardt, Szymaniak – Vollmar, Haller, Seeler, Brülls, G. Dörfel (1) – K.: Erhardt – SR: Gulde (Schweiz).

275 **Chile**, 26.3., Santiago, 1:3 verloren: Tilkowski – Lutz, Erhardt – Giesemann (Werner), Wilden, Szymaniak – Kreß, Brülls, Seeler, Herrmann (1), G. Dörfel – K.: Erhardt – SR: Praddaude (Argentinien).

276 **Nordirland**, 10.5., Berlin, 2:1 gewonnen (WM-Qualifikation): Tilkowski – Erhardt, Schnellinger – Werner, Wilden, Szymaniak – Kreß (1), Herrmann, Seeler, Stürmer, Brülls (1) – K.: Erhardt – SR: Lindberg (Schweden).

277 **Dänemark**, 20.9., Düsseldorf, 5:1 gewonnen: Tilkowski – Nowak, Schnellinger – Schulz, Wenauer, Giesemann – Kreß (1), Herrmann, Seeler (3), Haller, Brülls (1) – K.: Seeler – SR: Martens (Niederlande).

278 **Polen**, 8.10., Warschau, 2:0 gewonnen: Tilkowski – Nowak, Erhardt – Schulz, Wenauer, Giesemann – Olk (Kreß), Herrmann, Seeler, Haller (1), Brülls (1) – K.: Erhardt – SR: Galba (Tschechoslowakei).

279 **Griechenland**, 22.10., Augsburg, 2:1 gewonnen (WM-Qualifikation): Tilkowski – Nowak, Schnellinger – Schulz, Erhardt, Giesemann – Kreß, Herrmann, Seeler (2), Haller, Brülls – K.: Erhardt – SR: Nilsen (Norwegen).

1962: 8 Spiele: 5 Siege, 2 Unentschieden, 1 Niederlage

280 **Uruguay**, 11.4., Hamburg, 3:0 gewonnen: Fahrian – Schnellinger, Kurbjuhn – Schulz, Wenauer, Szymaniak – Koslowski (1), Haller (1), Seeler, Brülls, Schäfer (1) – K.: Seeler – SR: Horn (Niederlande).

281 **Italien**, 31.5., Santiago, 0:0 unentschieden (Weltmeisterschaft – Vorrunde): Fahrian – Nowak, Schnellinger – Schulz, Erhardt, Szymaniak – Sturm, Haller, Seeler, Schäfer, Brülls – K.: Hans Schäfer – SR: Davidson (Schottland).

282 **Schweiz**, 3.6., Santiago, 2:1 gewonnen (Weltmeisterschaft – Vorrunde): Fahrian – Nowak, Schnellinger – Schulz, Erhardt, Szymaniak – Koslowski, Haller, Seeler (1), Schäfer, Brülls (1) – K.: Hans Schäfer – SR: Horn (Niederlande).

283 **Chile**, 6.6., Santiago, 2:0 gewonnen (Weltmeisterschaft – Vorrunde): Fahrian – Nowak, Schnellinger – Schulz, Erhardt, Giesemann – Kraus, Szymaniak (1), Seeler (1), Schäfer, Brülls – K.: Hans Schäfer – SR: Davidson (Schottland).

284 **Jugoslawien**, 10.6., Santiago, 0:1 verloren (Weltmeisterschaft – Viertelfinale): Fahrian – Nowak, Schnellinger – Schulz, Erhardt, Giesemann – Brülls, Haller, Seeler, Szymaniak, Schäfer – K.: Hans Schäfer – SR: Yamasaki (Peru).

285 **Jugoslawien**, 30.9., Zagreb, 3:2 gewonnen: Fahrian – Erhardt, Schnellinger – Schulz, Wilden, Reisch – Trimhold (Koslowski), Schütz, Strehl (3), Konietzka, Kraus – K.: Erhardt – SR: Rigato (Italien).

286 **Frankreich**, 24.10., Stuttgart, 2:2 unentschieden: Fahrian (Bernard) – Pott, Schnellinger – Schulz (Steinmann (1)), Wilden, Reisch – . Seeler, Schütz, Strehl, Konietzka (1), Solz – K.: Seeler – SR: Seipelt (Österreich).

287 **Schweiz**, 23.12., Karlsruhe, 5:1 gewonnen: Bernard – Nowak, Schnellinger – Werner (1), Wilden, Reisch – Kraus (1), Schütz (2), Seeler, Küppers (1), Heiß – K.: Seeler – SR: Roomer (Niederlande).

1963: 4 Spiele: 2 Siege, 2 Niederlagen

288 **Brasilien**, 5.5., Hamburg, 1:2 verloren: Fahrian – Nowak, Schnellinger – Schulz, Wilden, Werner (1) – Heiß, Schütz, Seeler, Konietzka (Strehl), G. Dörfel – K.: Seeler – SR: Dienst (Schweiz).

289 **Türkei**, 28.9., Frankfurt, 3:0 gewonnen: Fahrian – Nowak, Pott – Schulz, Wilden, A. Schmidt (Reisch) – Libuda, Krämer, Seeler (3), Konietzka (Overath), G. Dörfel – K.: Seeler – SR: Rigato (Italien).

290 **Schweden**, 3.11., Stockholm, 1:2 verloren: Sawitzki – Nowak, Kurbjuhn – Schulz, Wilden, Reisch – Libuda, Krämer, Seeler, Overath, G. Dörfel (1) – K.: Seeler – SR: Horn (Niederlande).

291 **Marokko**, 29.12., Casablanca, 4:1 gewonnen: Ewert – Nowak, Kurbjuhn – Schulz, Wilden (Overath). Reisch – Libuda, Krämer (1), A. Schmidt (1), Konietzka (2), Gerwien (Ferner) – K.: A. Schmidt – SR: Gardeazabal (Spanien).

1964: 5 Spiele: 1 Sieg, 2 Unentschieden, 2 Niederlagen

292 **Algerien**, 1.1., Algier, 0:2 verloren: Ewert (Tilkowski) – Lutz, Kurbjuhn – Schulz, Wilden, Reisch – Libuda (Ferner), Krämer, A. Schmidt (Overath), Konietzka, Gerwien – K.: A. Schmidt – SR: Bahri (Tunesien).

293 **Tschechoslowakei**, 29.4., Ludwigshafen 3:4 verloren: Fahrian – Nowak, Pott – Schulz (Reisch), Wilden, Weber – Thielen, Geiger (1), Seeler (2), Overath, Solz (Libuda) – K.: Seeler – SR: Hannet (Belgien).

294 **Schottland**, 12.5., Hannover, 2:2 unentschieden: Tilkowski – Nowak, Steiner – Szymaniak, Giesemann, Weber – Libuda, A. Schmidt (Reisch), Seeler (2), Geiger, G. Dörfel – K.: Seeler – SR: Poulsen (Dänemark).

295 **Finnland**, 7.6., Helsinki, 4:1 gewonnen: Tilkowski – Lutz (W. Sturm), Redder – Schulz, Sieloff, Weber – Kraus (1), Geiger (1), A. Schmidt (1), Konietzka, Overath (1) – K.: A. Schmidt – SR: Lindberg (Schweden).

296 **Schweden**, 4.11., Berlin, 1:1 unentschieden (WM-Qualifikation): Tilkowski – Nowak, Schnellinger – Szymaniak, Giesemann, Weber – Brunnenmeier (1), Haller, Seeler, Overath, G. Dörfel – K.: Seeler – SR: Dienst (Schweiz).

1965: 8 Spiele: 5 Siege, 1 Unentschieden, 2 Niederlagen

297 **Italien**, 13.3., Hamburg, 1:1 unentschieden: Tilkowski (Manglitz) – Piontek, Patzke – Höttges (Steinmann), Sieloff (1), Weber – Heiß, Küppers, Brunnenmeier, Konietzka, Hornig – K.: Brunnenmeier – SR: Michaelsen (Dänemark).

298 **Zypern**, 24.4., Karlsruhe, 5:0 gewonnen (WM-Qualifikation): Manglitz – Höttges, Patzke – Schulz, Sieloff (2), Lorenz – Ulsaß, Konietzka, Strehl (1), Overath (2), Hornig – K.: Schulz – SR: Mootz (Luxemburg).

299 **England**, 12.5., Nürnberg, 0:1 verloren: Tilkowski – Piontek, Höttges – Schulz, Sieloff, Lorenz (Steinmann) – Thielen, Krämer, Rodekamp, Overath, Hornig – K.: Schulz – SR: Zsolt (Ungarn).

300 **Schweiz**, 26.5., Basel, 1:0 gewonnen: Tilkowski – Piontek, Höttges – Schulz, Sieloff, Lorenz – Heiß, Küppers, Rodekamp (1), Overath, Rebele – K.: Schulz – SR: Bueno (Spanien).

301 **Brasilien**, 6.6., Rio de Janeiro, 0:2 verloren: Tilkowski – Piontek, Höttges (Giesemann) – Schulz, Sieloff, Lorenz – Heiß, Krämer, Rodekamp, Overath (Küppers), Libuda – K.: Schulz – SR: Riveros (Peru).

302 **Schweden**, 26.9., Stockholm, 2:1 gewonnen (WM-Qualifikation): Tilkowski – Höttges, Schnellinger – Beckenbauer, Sieloff, Schulz – Brunnenmeier, Grosser, Seeler (1), Szymaniak, Krämer (1) – K.: Seeler – SR: Dagnall (England).

303 **Österreich**, 9.10., Stuttgart, 4:1 gewonnen: Tilkowski – Höttges, Lorenz – Beckenbauer, Sieloff (1), Weber – Nafziger, Ulsaß (3), Brunnenmeier, Netzer, Krämer – K.: Tilkowski – SR: Dienst (Schweiz).

304 **Zypern**, 14.11., Nikosia, 6:0 gewonnen (WM-Qualifikation): Tilkowski – Piontek, Höttges – Beckenbauer, Weber, Szymaniak (1) – Heiß (1), Brunnenmeier (2), Netzer, Krämer (1), Hornig, (Selbsttor Panayotu) – K.: Szymaniak – SR: Francesconi (Italien).

1966: 14 Spiele: 11 Siege, 1 Unentschieden, 2 Niederlagen

305 **England**, 23.2., London, 0:1 verloren: Tilkowski – Lutz, Lorenz – Schulz, Weber, Szymaniak – Krämer, Beckenbauer, Held, Netzer, Hornig (Heiß) – K.: Szymaniak – SR: Roomer (Niederlande).

306 **Niederlande**, 23.3., Rotterdam, 4:2 gewonnen: Bernard – Höttges. Lorenz – Beckenbauer (2), Schulz. Weber – Brülls, Seeler (1), Held, Overath, Emmerich (1) – K.: Seeler – SR: Dagnall (England).

307 **Irland**, 4.5., Dublin, 4:0 gewonnen: Maier – Lutz, Kurbjuhn – Beckenbauer (1), Schulz, Höttges – Grabowski, Haller (1), Seeler, Overath (2), Hornig – K.: Seeler – SR: Mullen (Schottland).

308 **Nordirland**, 7.5., Belfast, 2:0 gewonnen: Bernard – Lutz, Höttges (Piontek) – Weber, Schulz, Beckenbauer – Grabowski, Overath, Seeler (1), Grosser, Heiß (1) – K.: Seeler. SR: Philips (Schottland).

309 **Rumänien**, 1.6., Ludwigshafen, 1:0 gewonnen: Tilkowski – Lutz, Schnellinger – Szymaniak, Weber, Höttges – Grabowski (Held), Ulsaß, Seeler (1), Overath, Hornig – K.: Seeler. SR: Mayer (Österreich).

310 **Jugoslawien**, 23.6., Hannover, 2:0 gewonnen: Tilkowski – Höttges, Schnellinger – Beckenbauer, Schulz, Weber – Krämer, Haller, Seeler (1), Overath (1), Held – K.: Seeler – SR: Lööw (Schweden).

311 **Schweiz**, 12.7., Sheffield, 5:0 gewonnen (Weltmeisterschaft – Achtelfinale) – Tilkowski – Höttges, Schnellinger – Beckenbauer (2), Schulz, Weber – Brülls, Haller (2), Seeler, Overath, Held (1) – K.: Seeler – SR: Philips (Schottland).

312 **Argentinien**, 16.7., Birmingham, 0:0 unentschieden (Weltmeisterschaft – Achtelfinale): Tilkowski – Höttges, Schnellinger – Beckenbauer, Schulz, Weber – Brülls, Haller, Seeler, Overath, Held – K.: Seeler – SR: Zecevic (Jugoslawien).

313 **Spanien**, 20.7., Birmingham, 2:1 gewonnen (Weltmeisterschaft – Achtelfinale), Tilkowski – Höttges, Schnellinger – Beckenbauer, Schulz, Weber – Krämer, Overath, Seeler (1), Held, Emmerich (1) – K.: Seeler – SR: Marques (Brasilien).

314 **Uruguay**, 23.7., Sheffield, 4:0 gewonnen (Weltmeisterschaft – Viertelfinale): Tilkowski – Höttges, Schnellinger – Beckenbauer (1), Schulz, Weber – Haller (2), Overath, Seeler (1), Held, Emmerich – K.: Seeler – SR: Finney (England).

315 **Sowjetunion**, 25.7., Liverpool, 2:1 gewonnen (Weltmeisterschaft – Halbfinale): Tilkowski – Lutz, Schnellinger – Beckenbauer (1), Schulz, Weber – Haller (1), Overath, Seeler, Held, Emmerich – K.: Seeler – SR: Lo Bello (Italien).

316 **England**, 30.7., London, 2:4 n. Verlg. verloren (Weltmeisterschaft – Endspiel): Tilkowski – Höttges, Schnellinger – Beckenbauer, Schulz, Weber (1) – Haller (1), Overath, Seeler, Held, Emmerich – K.: Seeler – SR: Dienst (Schweiz).

317 **Türkei**, 12.10., Ankara, 2:0 gewonnen: Maier – Heidemann, Höttges – Weber, Schulz, Overath – Grabowski, Küppers (1), G. Müller, Netzer, Rupp (1) – K.: Schulz – SR: Romantschev (Bulgarien).

318 **Norwegen**, 19.11., Köln, 3:0 gewonnen: Maier – Heidemann, Höttges – Beckenbauer, Schulz, Weber – B. Dörfel, Ulsaß (2), Seeler (1), Overath, Held – K.: Seeler – SR: Aalbrecht (Niederlande).

1967: 8 Spiele: 5 Siege, 1 Unentschieden, 2 Niederlagen

319 **Marokko**, 22.2., Karlsruhe, 5:1 gewonnen: Wolter – Patzke, Höttges – Beckenbauer, Schulz, Fichtel – Herrmann, Ulsaß (2) (Zaczyk (1)), Heynckes (1), Overath (Löhr(1)), Held – K.: Schulz – SR: De Marchi (Italien).

320 **Bulgarien**, 22.3., Hannover, 1:0 gewonnen: Maier – Patzke, Höttges – Weber, Schulz (Fichtel), Overath – Krämer, Herrmann, Heynckes (1), Netzer, Löhr – K.: Schulz – SR: Machin (Frankreich).

321 **Albanien**, 8.4., Dortmund, 6:0 gewonnen (EM-Qualifikation): Tilkowski – Patzke, Höttges – Beckenbauer, Schulz, Weber – B. Dörfel, Ulsaß, G. Müller (4), Overath, Löhr (2) – K.: Schulz – SR: Hirviniemi (Finnland).

322 **Jugoslawien**, 3.5., Belgrad, 0:1 verloren (EM-Qualifikation): Maier – Patzke, Vogts – Beckenbauer, Schulz, Fichtel – Held, Küppers, G. Müller, Overath, Löhr – K.: Schulz – SR: de Mendibil (Spanien).

323 **Frankreich**, 27.9., Berlin, 5:1 gewonnen: Maier – Patzke, Höttges – Beckenbauer (G. Müller (1)), Schulz, Weber – Libuda (1), Siemensmeyer (2), Seeler, Overath (1), Löhr – K.: Seeler – SR: Monti (Italien).

324 **Jugoslawien**, 7.10., Hamburg, 3:1 gewonnen (EM-Qualifikation): Maier – Patzke, Höttges – Siemensmeyer, Schulz, Weber – Roth, Seeler (1), G. Müller (1), Overath, Löhr (1) – K.: Seeler – SR: Lo Bello (Italien).

325 **Rumänien**, 22.11., Bukarest, 0:1 verloren: Wolter – Patzke, Vogts – Beckenbauer, Schulz, Weber – Libuda, Siemensmeyer, Seeler, Overath, Löhr – K.: Seeler – SR: Mayer (Österreich).

326 **Albanien**, 17.12., Tirana, 0:0 unentschieden (EM-Qualifikation): Wolter – Patzke, Höttges – Netzer, Schulz, Weber – Held, Küppers, Meyer, Overath, Löhr – K.: Schulz – SR: Marschall (Österreich).

1968: 11 Spiele: 5 Siege, 5 Unentschieden, 1 Niederlage

327 **Belgien**, 6.3., Brüssel, 3:1 gewonnen: Maier – Vogts, Höttges – Beckenbauer, Schulz, Fichtel – Köppel, Laumen (1), Löhr, Netzer, Volkert (2) (Maas) – K.: Schulz – SR: Scheurer (Schweiz).

328 **Schweiz**, 17.4., Basel, 0:0 unentschieden: Wolter – Heidemann (Fichtel), Vogts – Beckenbauer, Schulz, Weber – Köppel, Seeler, Löhr, Netzer, Volkert – K.: Seeler – SR: d'Agostini (Italien).

329 **Wales**, 8.5., Cardiff, 1:1 unentschieden: Wolter (Bernard) – Vogts, Höttges – Fichtel, Bäse, Weber – Laumen, Neuberger, Held, Overath (1) (Netzer), Köppel – K.: Overath – SR: Lindberg (Schweden).

330 **England**, 1.6., Hannover, 1:0 gewonnen: Wolter – Vogts, Lorenz – L. Müller, Fichtel, Weber – B. Dörfel, Beckenbauer (1), Löhr, Overath, Volkert – K.: Overath – SR: Van Ravens (Niederlande).

331 **Brasilien**, 16.6., Stuttgart, 2:1 gewonnen: Wolter – Vogts, Lorenz (Höttges) – L. Müller, Fichtel, Weber – B. Dörfel (1), Beckenbauer, Held (1), Overath, Neuberger – K.: Overath –SR: Lööw (Schweden).

332 **Frankreich**, 25.9., Marseille, 1:1 unentschieden: Maier – Vogts, Lorenz – Schulz, Fichtel, L. Müller (Netzer) – B. Dörfel, Beckenbauer, G. Müller, Overath (1), Held – K.: Schulz – SR: de Mendibil (Spanien).

333 **Österreich**, 13.10., Wien, 2:0 gewonnen (WM-Qualifikation): Maier – Vogts, Höttges – Beckenbauer, Schulz, Weber – B. Dörfel, Ulsaß, G. Müller (1), Netzer, Held (Selbsttor Eigenstiller) – K.: Schulz – SR: Ecksztain (Polen).

334 **Zypern**, 23.11., Nikosia, 1:0 gewonnen (WM-Qualifikation): Wolter – Vogts, Höttges (Gerwien) Weber, Schulz (Patzke), Lorenz – Wimmer, B. Dörfel, G. Müller (1), Overath, Held – K.: Schulz – SR: Pirvu (Rumänien).

335 **Brasilien**, 14.12., Rio de Janeiro, 2:2 unentschieden: Maier – Vogts, Patzke – Schulz, Beckenbauer, Weber (Lorenz) – B. Dörfel, Netzer, Held (1), Overath (Wimmer), Volkert (Gerwien,(1)) – K.: Schulz – SR: Zsolt (Ungarn).

336 **Chile**, 18.12., Santiago, 1:2 verloren: Wolter – Vogts, Patzke – Beckenbauer (Bella), Schulz, Lorenz – Wimmer, Netzer, Ohlhauser, Ulsaß (1), (Overath), Gerwien (B. Dörfel) – K.: Schulz – SR: Robbies (Chile).

337 **Mexiko**, 22.12., Mexico City, 0:0 unentschieden: Maier – Vogts, Patzke – Bella, Beckenbauer, Lorenz – B. Dörfel, Held, Ulsaß, Overath (Wimmer), Gerwien (Volkert) – K.: Overath – SR: Robles (Guatemala).

1969: 7 Spiele: 4 Siege, 3 Unentschieden

338 **Wales**, 26.3., Frankfurt, 1:1 unentschieden: Maier – Vogts, Höttges – Patzke, Schulz, Lorenz – Libuda, Ulsaß (L. Müller), G. Müller (1), Held, Rebele (B. Dörfel) – K.: Schulz – SR: Lo Bello (Italien).

339 **Schottland**, 16.4., Glasgow, 1:1 unentschieden (WM-Qualifikation): Wolter (Maier) – Patzke, Vogts – Beckenbauer, Schulz, Schnellinger – B. Dörfel, Haller, G. Müller (1), Overath (Lorenz). Held – K.: Schulz – SR: Gardeazabal (Spanien).

340 **Österreich**, 10.5., Nürnberg, 1:0 gewonnen (WM-Qualifikation): Maier – Höttges, Vogts – Beckenbauer, Schulz, Patzke – B. Dörfel, Overath, G. Müller (1), Held (Heynckes), Brenninger (Volkert) – K.: Schulz – SR: Fiala (CSSR).

341 **Zypern**, 21.5., Essen, 12:0 gewonnen (WM-Qualifikation): Maier – Vogts, Höttges (1) (L. Müller) – Beckenbauer, Schulz, Lorenz (1) (Patzke) – Libuda, Haller (2), G. Müller (4), Overath (3), Held (1) – K.: Schulz – SR: Colling (Luxemburg).

342 **Österreich**, 21.9., Wien, 1:1 unentschieden: Wolter – Höttges, Vogts – Beckenbauer, Schulz, Weber (Fichtel) – B. Dörfel (Libuda), G. Müller (1). Seeler, Overath, Held – K.: Seeler – SR: Lo Bello (Italien).

343 **Bulgarien**, 24.9., Sofia, 1:0 gewonnen: Maier – Höttges, Vogts – Beckenbauer, Schulz (L. Müller), Fichtel – B. Dörfel (1), Seeler, G. Müller, Overath, Maas – K.: Seeler – SR: Dileg Talaz (Türkei).

344 **Schottland**, 22.10., Hamburg, 3:2 gewonnen (WM-Qualifikation): Maier – Höttges, Vogts – Beckenbauer, Schulz, Fichtel (1) – Libuda (1), Seeler, G. Müller (1), Overath, Haller – K.: Seeler – SR: Droz (Schweiz).

1970: 14 Spiele: 9 Siege, 2 Unentschieden, 3 Niederlagen

345 **Spanien**, 11.2., Sevilla, 0:2 verloren: Manglitz – Vogts, Schnellinger – Netzer, Schulz, Weber – Libuda, G. Müller, Seeler, Haller, Grabowski – K.: Seeler – SR: Vigliani (Frankreich).

346 **Rumänien**, 8.4., Stuttgart, 1:1 unentschieden: Maier – Vogts, Höttges – Beckenbauer, Schnellinger, Weber (Sieloff) – Grabowski, Haller (Lorenz), G. Müller, Overath (1), Maas (Roth) – K.: Overath – SR: Emsberger (Ungarn).

347 **Irland**, 9.5., Berlin, 2:1 gewonnen: Wolter – Patzke, Vogts – Beckenbauer, Schulz, Weber – Grabowski (Dietrich), Seeler (1), G. Müller, Overath (Held), Löhr (1) – K.: Seeler – SR: Bostroem (Schweden).

348 **Jugoslawien**, 13.5., Hannover, 1:0 gewonnen: Manglitz – Vogts, Höttges – Beckenbauer, Schnellinger, Fichtel – Libuda, Seeler (1), G. Müller, Overath, Löhr – K.: Seeler – SR: Scheurer (Schweiz).

349 **Marokko**, 3.6., Leon, 2:1 gewonnen (Weltmeisterschaft – Achtelfinale): Maier – Vogts, Höttges (Löhr) – Beckenbauer, Schulz, Fichtel – Haller (Grabowski), Seeler (1), G. Müller (1), Overath, Held – K.: Seeler – SR: Van Ravens (Niederlande).

350 **Bulgarien**, 7.6., Leon, 5:2 gewonnen (Weltmeisterschaft – Achtelfinale): Maier – Vogts, Höttges – Beckenbauer (Weber), Schnellinger, Fichtel – Libuda (1), Seeler (1), G. Müller (3), Overath, Löhr (Grabowski) – K.: Seeler – SR: Ortiz de Mendebil (Spanien).

351 **Peru**, 10.6., Leon, 3:1 gewonnen (Weltmeisterschaft – Achtelfinale): Maier – Vogts, Höttges (Patzke) – Beckenbauer, Schnellinger, Fichtel – Libuda (Grabowski), Seeler, G. Müller (3), Overath, Löhr – K.: Seeler – SR: Aguilar (Mexiko).

352 **England**, 14.6., Leon, 3:2 n. Verl. gewonnen (Weltmeisterschaft – Viertelfinale): Maier – Vogts, Höttges (Schulz) – Beckenbauer (1), Schnellinger, Fichtel – Libuda (Grabowski), Seeler (1), G. Müller (1), Overath, Löhr – K.: Seeler – SR: Coerezza (Argentinien).

353 **Italien**, 17.6., Mexico City, 3:4 n. Verlg. verloren (Weltmeisterschaft – Halbfinale): Maier – Vogts, Patzke (Held) – Beckenbauer, Schnellinger (1), Schulz – Grabowski, Seeler, G. Müller (2), Overath, Löhr (Libuda) – K.: Seeler – SR: Yamasaki (Mexiko).

354 **Uruguay,** 20.6., Mexico City, 1:0 gewonnen (Weltmeisterschaft – Spiel um den 3. Platz): Wolter – Patzke, Vogts – Weber, Schnellinger (Lorenz), Fichtel – Libuda (Löhr), Seeler, G. Müller, Overath (1), Held – K.: Seeler – SR: Sbardella (Italien).

355 **Ungarn**, 9.9., Nürnberg, 3:1 gewonnen: Maier – Vogts, Höttges – Beckenbauer, Sieloff (1), Weber – Grabowski, Fichtel, Seeler, G. Müller (2), Löhr (Libuda) – K.: Seeler – SR: Marschall (Österreich).

356 **Türkei**, 17.10., Köln, 1:1 unentschieden (EM-Qualifikation): Maier – Vogts, Höttges – Beckenbauer, Sieloff (Heynckes), Weber – Libuda, Fichtel, G. Müller (1), Overath, Grabowski – K.: Overath – SR: Bonett (Malta).

357 **Jugoslawien**, 18.11., Zagreb, 0:2 verloren: Maier – Vogts, Höttges – Beckenbauer, Weber, Roth – Libuda, Netzer, Heynckes, Overath, Held (Grabowski) – K.: Overath – SR: Vizhanyo (Ungarn).

358 **Griechenland**, 22.11., Athen, 3:1 gewonnen: Groß – Vogts, Höttges – Beckenbauer (1), Sieloff, Bella – Libuda, Netzer (1) (Flohe), Heynckes, Overath (Roth), Grabowski (1) – K.: Overath – SR: Bentu (Rumänien).

1971: 9 Spiele: 7 Siege, 1 Unentschieden, 1 Niederlage

359 **Albanien**, 17.2., Tirana, 1:0 gewonnen (EM-Qualifikation): Maier – Vogts, Patzke (Bella) – Beckenbauer, Schnellinger, Weber – Grabowski, Netzer, G. Müller (1), Overath, Heynckes – K.: Overath – SR: Betschirov (Bulgarien).

360 **Türkei**, 25.4., Istanbul, 3:0 gewonnen (EM-Qualifikation): Maier – Vogts, Patzke – Wimmer, Beckenbauer, Weber – Grabowski, Köppel (1) (Flohe), G. Müller (2), Netzer, Heynckes – K.: Beckenbauer – SR: Kruaschwili (Sowjetunion).

361 **Albanien**, 12.6., Karlsruhe, 2:0 gewonnen (EM-Qualifikation): Maier – Schwarzenbeck, Vogts (Bleidick) – Sieloff, Beckenbauer, Wimmer – Grabowski (1), Netzer (1), Köppel, Overath (Held), Heynckes – K.: Overath – SR: Latsios (Griechenland).

362 **Norwegen**, 22.6., Oslo, 7:1 gewonnen: Kleff – Breitner, Vogts – Schwarzenbeck, Beckenbauer (1) (Bleidick), Wimmer (Sieloff) – Grabowski, Netzer (1), G. Müller (3), Overath (1), Held (1) – K.: Overath – SR: Lööw (Schweden).

363 **Schweden**, 27.6., Göteborg, 0:1 verloren: Maier – Vogts, Schwarzenbeck – Wimmer, Beckenbauer, Weber – Grabowski, Netzer, G. Müller, Overath, Held (Heynckes) – K.: Overath – SR: Wharton (Schottland).

364 **Dänemark**, 30.6., Kopenhagen, 3:1 gewonnen: Maier – Vogts, Schwarzenbeck – Flohe (1), Beckenbauer (1), Weber – Köppel (Grabowski), Overath, G. Müller (1), Netzer (Heynckes), Held (Wimmer) – K.: Overath – SR: Boosten (Niederlande).

365 **Mexiko**, 8.9., Hannover, 5:0 gewonnen: Maier – Vogts (Zembski), Schwarzenbeck – Weber, Beckenbauer, Fichtel – Grabowski (Libuda), Köppel (1) (Steffenhagen), G. Müller (3), Netzer (1), Heynckes – K.: Beckenbauer – SR: Lööw (Schweden).

366 **Polen**, 10.10., Warschau, 3:1 gewonnen (EM-Qualifikation): Maier – Breitner, Schwarzenbeck – Fichtel, Beckenbauer, Wimmer – Grabowski (1), Köppel, G. Müller (2), Netzer, Heynckes – K.: Beckenbauer – SR: Marschall (Österreich).

367 **Polen**, 17.11., Hamburg, 0:0 unentschieden (EM-Qualifikation): Maier – Höttges, Schwarzenbeck – Weber, Beckenbauer, Fichtel – Libuda, Wimmer (Köppel), G. Müller, Overath, Grabowski – K.: Overath – SR: Mullen (Schottland).

1972: 7 Spiele: 6 Siege, 1 Unentschieden

368 **Ungarn**, 29.3., Budapest, 2:0 gewonnen: Maier – Höttges, Breitner (1) – Schwarzenbeck, Beckenbauer, Wimmer – Hoeneß (1), Flohe, G. Müller, Netzer, Heynckes (Held) – K.: Beckenbauer – SR: Lo Bello (Italien).

369 **England**, 29.4., London, 3:1 gewonnen (Europameisterschaft – Viertelfinale): Maier – Höttges, Breitner – Schwarzenbeck, Beckenbauer, Wimmer – Grabowski, Hoeneß (1), G. Müller (1), Netzer (1), Held – K.: Beckenbauer – SR: Heliet (Frankreich).

370 **England**, 13.5., Berlin, 0:0 unentschieden (Europameisterschaft – Viertelfinale): Maier – Höttges, Breitner – Schwarzenbeck, Beckenbauer, Wimmer – Hoeneß (Heynckes), Flohe, G. Müller, Netzer, Held – K.: Beckenbauer – SR: Gugulovic (Jugoslawien).

371 **Sowjetunion**, 26.5., München, 4:1 gewonnen: Maier (Kleff) – Höttges (Bonhof), Breitner – Schwarzenbeck, Beckenbauer, Wimmer – Heynckes, Hoeneß, G. Müller (4), Netzer, E. Kremers – K.: Beckenbauer – SR: Marques (Brasilien).

372 **Belgien**, 14.6., Antwerpen, 2:1 gewonnen (Europameisterschaft – Halbfinale): Maier – Höttges, Breitner – Schwarzenbeck, Beckenbauer, Wimmer – Heynckes, Hoeneß (Grabowski), G. Müller (2), Netzer, E. Kremers – K.: Beckenbauer – SR: Mullen (Schottland).

373 **Sowjetunion**, 18.6., Brüssel, 3:0 gewonnen (Europameisterschaft – Endspiel): Maier – Höttges, Breitner – Schwarzenbeck, Beckenbauer, Wimmer (1) – Heynckes, Hoeneß, G. Müller (2), Netzer, E. Kremers – K.: Beckenbauer – SR: Marschall (Österreich).

374 **Schweiz**, 15.11., Düsseldorf, 5:1 gewonnen: Maier – Höttges, Breitner – Schwarzenbeck, Beckenbauer, Wimmer (Vogts) – Heynckes, Hoeneß, G. Müller (4), Netzer (1), E. Kremers (Geye) – K.: Beckenbauer – SR: van der Kroft (Niederlande).

1973: 10 Spiele: 6 Siege, 1 Unentschieden, 3 Niederlagen

375 **Argentinien**, 14.2., München, 2:3 verloren: Maier – Höttges, Vogts – Schwarzenbeck (Cullmann (1)), Beckenbauer, Breitner – Geye, Wimmer, Heynckes (1), Overath, E. Kremers (Held) – K.: Beckenbauer – SR: Lo Bello (Italien).

376 **Tschechoslowakei**, 28.3., Düsseldorf, 3:0 gewonnen: Franke – Vogts, Breitner – Schwarzenbeck, Beckenbauer, Flohe – Heynckes, Hoeneß (Cullmann), G. Müller (2), Overath, E. Kremers (1) – K.: Beckenbauer – SR: Keller (Schweiz).

377 **Jugoslawien**, 9.5., München, 0:1 verloren: Maier – Höttges, Breitner – Schwarzenbeck, Beckenbauer, Flohe – Grabowski, Hoeneß, G. Müller, Overath, Held (E. Kremers) – K.: Beckenbauer – SR: Buzek (Österreich).

378 **Bulgarien**, 12.5., Hamburg, 3:0 gewonnen: Franke – Höttges, Breitner – Cullmann (1), Beckenbauer (1), Kapellmann – Grabowski, Flohe (Köppel), G. Müller, Overath, E. Kremers (Eigentor Jordanov) – K.: Beckenbauer – SR: Jonsson (Schweden).

379 **Brasilien**, 16.6., Berlin, 0:1 verloren: Maier – Breitner, Vogts – Cullmann, Beckenbauer, Flohe – Heynckes, Hoeneß (Kapellmann), G. Müller, Overath, E. Kremers – K.: Beckenbauer – SR: van Gemert (Niederlande).

380 **Sowjetunion**, 5.9., Moskau, 1:0 gewonnen: Kleff – Höttges, Breitner – Schwarzenbeck, Beckenbauer, Danner – Grabowski (Wunder), Köppel (Hoeneß), G. Müller (1), Flohe, Heynckes (E. Kremers) – K.: Beckenbauer – SR: Mladenovic (Jugoslawien).

381 **Österreich**, 10.10., Hannover, 4:0 gewonnen: Kleff – Kapellmann (H. Kremers), Höttges – Weber (1) (Hölzenbein), Beckenbauer (Cullmann), Flohe – Grabowski, Hoeneß, G. Müller (2), Overath, E. Kremers (1) – K.: Beckenbauer – SR: Delcourt (Belgien).

382 **Frankreich**, 13.10., Gelsenkirchen, 2:1 gewonnen: Kleff – Höttges (Cullmann), H. Kremers – Weber, Beckenbauer, Flohe – Grabowski, Hoeneß, G. Müller (2), Overath, E. Kremers – K.: Beckenbauer – SR: Scheurer (Schweiz).

383 **Schottland**, 14.11., Glasgow, 1:1 unentschieden: Kleff (Maier) – Vogts, Höttges – Weber, Beckenbauer, Wimmer (Cullmann) – Grabowski, Hoeneß (1), Held (Flohe), Netzer, E. Kremers (Heynckes) – K.: Beckenbauer – SR: J. K. Taylor (England).

384 **Spanien**, 24.11., Stuttgart, 2:1 gewonnen: Maier – Vogts, Höttges (Bonhof) – Weber (Schwarzenbeck), Beckenbauer, Cullmann – Grabowski, Hoeneß (Hölzenbein), G. Müller, Overath, Heynckes (2) – K.: Beckenbauer – SR: MacKenzie (Schottland).

1974: 15 Spiele: 11 Siege, 2 Unentschieden, 2 Niederlagen

385 **Spanien**, 23.2., Barcelona, 0:1 verloren: Nigbur – Vogts (Breitner), Höttges – Weber, Beckenbauer, H. Kremers (Wimmer) – Grabowski (Heynckes), Hoeneß, G. Müller, Overath, Herzog – K.: Beckenbauer – SR: Jurea (CSSR).

386 **Italien**, 26.2., Rom, 0:0 unentschieden: Maier – Höttges (H. Kremers), Breitner – Schwarzenbeck, Beckenbauer, Cullmann – Hoeneß, Netzer, G. Müller, Overath, Heynckes – K.: Beckenbauer – SR: Bucheli (Schweiz).

387 **Schottland**, 27.3., Frankfurt a. M., 2:1 gewonnen: Maier – Breitner (1), Vogts – Schwarzenbeck, Beckenbauer, Cullmann – Grabowski (1), Hoeneß, G. Müller, Wimmer, Herzog – K.: Beckenbauer – SR: Schiller (Österreich).

388 **Ungarn**, 17.4., Dortmund, 5:0 gewonnen: Nigbur – Vogts, H. Kremers – Schwarzenbeck (Bonhof), Beckenbauer, Cullmann – Grabowski, Hoeneß (Flohe), G. Müller (2), Wimmer (1) (Hölzenbein (1)), E. Kremers (1) – K.: Beckenbauer – SR: Schaut (Belgien).

389 **Schweden**, 1.5., Hamburg, 2:0 gewonnen: Maier – Vogts, Breitner – Schwarzenbeck, Beckenbauer, Cullmann (Hölzenbein) – Grabowski, Hoeneß, G. Müller, Netzer, E. Kremers (Heynckes, 2/Bonhof) – K.: Beckenbauer – SR: Kitabdjan (Frankreich).

390 **Chile**, 14.6., Berlin, 1:0 gewonnen (Weltmeisterschaft – 1. Final runde): Maier – Vogts, Breitner (1) – Schwarzenbeck, Beckenbauer, Cullmann – Grabowski, Hoeneß, G. Müller, Overath, (Hölzenbein), Heynckes – K.: Beckenbauer – SR: Babacan (Türkei).

391 **Australien**, 18.6., Hamburg, 3:0 gewonnen (Weltmeisterschaft – 1. Finalrunde): Maier – Vogts, Breitner – Schwarzenbeck, Beckenbauer, Cullmann (1) (Wimmer) – Grabowski, Hoeneß, G. Müller (1), Overath (1), Heynckes (Hölzenbein) – K.: Beckenbauer – SR: Kamel (Ägypten).

392 **DDR**, 22.6., Hamburg, 0:1 verloren (Weltmeisterschaft – 1. Finalrunde): Maier – Vogts, Breitner – Schwarzenbeck (Höttges), Beckenbauer, Cullmann – Grabowski, Hoeneß, G. Müller, Overath (Netzer), Flohe – K.: Beckenbauer – SR: Barreto Ruiz (Uruguay).

393 **Jugoslawien**, 26.6., Düsseldorf, 2:0 gewonnen (Weltmeisterschaft – 2. Finalrunde): Maier – Vogts, Breitner (1) – Schwarzenbeck, Beckenbauer, Bonhof – Hölzenbein (Flohe), Wimmer (Hoeneß), G. Müller (1), Overath, Herzog – K.: Beckenbauer – SR: Marques (Brasilien).

394 **Schweden**, 30.6., Düsseldorf, 4:2 gewonnen (Weltmeisterschaft – 2. Finalrunde): Maier – Vogts, Breitner – Schwarzenbeck, Beckenbauer, Bonhof (1) – Hölzenbein (Flohe), Hoeneß (1), G. Müller, Overath (1), Herzog (Grabowski (1)) – K.: Beckenbauer – SR: Kasakow (Sowjetunion).

395 **Polen**, 3.7., Frankfurt a. M., 1:0 gewonnen (Weltmeisterschaft – 2. Finalrunde): Maier – Vogts, Breitner – Schwarzenbeck, Beckenbauer, Bonhof – Grabowski, Hoeneß, G. Müller (1), Overath, Hölzenbein – K.: Beckenbauer – SR: Linemayr (Österreich).

396 **Niederlande**, 7.7., München, 2:1 gewonnen (Weltmeisterschaft – Endspiel): Maier – Vogts, Breitner (1) – Schwarzenbeck, Beckenbauer, Bonhof – Grabowski, Hoeneß, G. Müller (1), Overath, Hölzenbein – K.: Beckenbauer – SR: J. K. Taylor (England).

397 **Schweiz**, 4.9., Basel, 2:1 gewonnen: Maier – Vogts, H. Kremers – Schwarzenbeck (Kapellmann), Beckenbauer, Cullmann (1) – Geye (1), Bonhof, Hölzenbein (Seel), Hoeneß, Herzog – K.: Beckenbauer – SR: Schiller (Österreich).

398 **Griechenland**, 20.11., Piräus, 2:2 unentschieden (EM-Qualifikation): Maier – Vogts, H. Kremers – Schwarzenbeck, Beckenbauer, Cullmann (1) (Kapellmann) – Geye, Wimmer (1), Hölzenbein, Hoeneß, Heynckes (Pirrung) – K.: Beckenbauer – SR: Rainea (Rumänien).

399 **Malta**, 22.12., Gzira, 1:0 gewonnen (EM-Qualifikation): Nigbur – Vogts, Dietz – Körbel, Beckenbauer, Cullmann (1) (Seliger) – Pirrung (B. Nickel), Bonhof, Kostedde, Flohe, Hölzenbein – K.: Beckenbauer – SR: Emsberger (Ungarn).

1975: 7 Spiele: 3 Siege, 3 Unentschieden, 1 Niederlage

400 **England**, 12.3., London, 0:2 verloren: Maier – Bonhof, Vogts – Körbel, Beckenbauer, Cullmann – Ritschel, Flohe, Kostedde (Heynckes), Wimmer (H. Kremers), Hölzenbein – K.: Beckenbauer – SR: Schaut (Belgien).

401 **Bulgarien**, 27.4., Sofia, 1:1 unentschieden (EM-Qualifikation): Maier – Vogts, Breitner – Schwarzenbeck, Beckenbauer, Bonhof – Ritschel (1), Hoeneß (Körbel), Seel, Netzer, Heynckes (Hölzenbein) – K.: Beckenbauer – SR: Dubach (Schweiz).

402 **Niederlande**, 17.5., Frankfurt, 1:1 unentschieden: Maier – Vogts, Bonhof – Kliemann, Beckenbauer, Körbel – Ritschel, Wimmer (1) (Cullmann), Seel, Beer, Hölzenbein – K.: Beckenbauer – SR: Hungerbühler (Schweiz).

403 **Österreich**, 3.9., Wien, 2:0 gewonnen: Maier – Kaltz, Vogts – Schwarzenbeck (Danner), Beckenbauer (Beer, 2), Körbel – Seel, Wimmer (Keller), Gersdorff, Stielike, Hölzenbein – K.: Beckenbauer – SR: Palotai (Ungarn).

404 **Griechenland**, 11.10., Düsseldorf, 1:1 unentschieden (EM-Qualifikation): Maier – Kaltz, Vogts – Körbel, Beckenbauer, Breitner – Hölzenbein, Beer, Kostedde, Netzer, Heynckes (1) – K.: Beckenbauer – SR: Thomas (Wales).

405 **Bulgarien**, 19.11., Stuttgart, 1:0 gewonnen (EM-Qualifikation): Maier – Vogts, Dietz – Schwarzenbeck, Beckenbauer, Danner – Hölzenbein, Wimmer, Beer, Stielike, Heynckes (1) – K.: Beckenbauer – SR: MacKenzie (Schottland).

406 **Türkei**, 20.12., Istanbul, 5:0 gewonnen: Kargus – Vogts, Dietz (Reichel) – Schwarzenbeck, Beckenbauer, Danner – Hölzenbein, Wimmer (Bonhof), Beer (1), Stielike (Worm, 2), Heynckes (2) – K.: Beckenbauer – SR: Michelotti (Italien).

1976: 7 Spiele: 5 Siege, 2 Unentschieden

407 **Malta**, 28.2., Dortmund, 8:0 gewonnen (EM-Qualifikation): Maier – Vogts (1), Dietz – Schwarzenbeck, Beckenbauer, Beer (2) – Hölzenbein (1), Wimmer (Bongartz), Worm (2), Stielike (Cullmann), Heynckes (2) – K.: Beckenbauer – SR: Kuston (Polen).

408 **Spanien**, 24.4., Madrid, 1:1 unentschieden (EM-Viertelfinale): Maier – Vogts, Dietz (Reichel) – Schwarzenbeck (Cullmann), Beckenbauer, Bonhof – Hölzenbein, Wimmer, Beer (1), Danner, Worm – K.: Beckenbauer – SR: Taylor (England).

409 **Spanien**, 22.5., München, 2:0 gewonnen (EM-Viertelfinale): Maier – Vogts, Dietz – Schwarzenbeck, Beckenbauer, Bonhof – Hoeneß (1), Wimmer, Toppmöller (1), Beer, Hölzenbein – K.: Beckenbauer – SR: Wurtz (Frankreich).

410 **Jugoslawien**, 17.6., Belgrad, 4:2 n. Verl. gewonnen (Europameisterschaft – Halbfinale): Maier – Vogts, Dietz – Schwarzenbeck, Beckenbauer, Bonhof – Hoeneß, Wimmer (D. Müller, 3), Beer, Danner (Flohe,(1)), Hölzenbein – K.: Beckenbauer – SR: Delcourt (Belgien).

411 **Tschechoslowakei**, 20.6., Belgrad, 2:2 n. Verl., Elfmeterschießen 5:3 für CSSR (Europameisterschaft – Endspiel): Maier – Vogts, Dietz – Schwarzenbeck, Beckenbauer, Bonhof – Hoeneß, Wimmer (Flohe), D. Müller (1), Beer (Bongartz), Hölzenbein (1) – K. Beckenbauer – SR: Gonella (Italien) – Die Tore aus dem 11-m-Schießen zählen nicht in der Torjägerstatistik, sondern dienen lediglich der Feststellung des Sieges. Die 11-m-Tore: Bonhof, Flohe, Bongartz.

412 **Wales**, 6.10., Cardiff, 2:0 gewonnen: Kargus – Vogts, Dietz – Zimmermann (Schwarzenbeck), Beckenbauer (1), Beer (Seliger) – Rummenigge, Flohe, Hoeneß (D. Müller), Stielike, Heynckes (1) – K.: Beckenbauer – SR: Mathewson (England).

413 **Tschechoslowakei**, 17.11., Hannover, 2:0 gewonnen: Maier – Vogts (Kaltz), Dietz – Schwarzenbeck, Beckenbauer, Bonhof – Rummenigge, Hoeneß, Beer (1), Flohe (1), Heynckes – K.: Beckenbauer – SR: Dubach (Schweiz).

1977: 11 Spiele: 7 Siege, 3 Unentschieden, 1 Niederlage

414 **Frankreich**, 23.2., Paris, 0:1 verloren: Maier – Vogts, Dietz – Nogly, Beckenbauer, Bonhof – Rummenigge, Flohe, D. Müller (Beer), Stielike, Hölzenbein – K.: Beckenbauer – SR: Sanchez Ibanez (Spanien).

415 **Nordirland**, 27.4., Köln, 5:0 gewonnen: Maier (Franke) – Vogts, Dietz – Nogly, Kaltz, Bonhof (1) – Abramczik, Fischer (2), D. Müller (1), Flohe (1), Hölzenbein – K.: Vogts – SR: Palotai (Ungarn).

416 **Jugoslawien**, 30.4., Belgrad, 2:1 gewonnen: Maier (Kargus) – Tenhagen, Vogts – Rüßmann, Kaltz, Bonhof (1) – Abramczik, Beer, Fischer, D. Müller (1), Flohe (Magath) – K.: Vogts – SR: Babacan (Türkei).

417 **Argentinien**, 5.6., Buenos Aires, 3:1 gewonnen: Franke – Vogts, Dietz – Rüßmann, Kaltz, Bonhof – Abramczik, Hölzenbein (1), Fischer (2), Beer (Rummenigge), Volkert – K.: Vogts – SR: Coelho (Brasilien).

418 **Uruguay**, 8.6., Montevideo, 2:0 gewonnen: D. Burdenski – Vogts, Dietz – Rüßmann (Nogly), Kaltz, Bonhof – Rummenigge, Flohe (1), D. Müller (1), Magath, Volkert (Abramczik, Hölzenbein) – K.: Vogts – SR: Coerezza (Argentinien).

419 **Brasilien**, 12.6., Rio de Janeiro, 1:1 unentschieden: Maier – Vogts, Dietz – Rüßmann, Kaltz, Bonhof – Abramczik, Hölzenbein (Tenhagen), Fischer (1), Beer (Flohe), Volkert (Rummenigge) – K.: Vogts – SR: Pestarino (Argentinien).

420 **Mexiko**, 14.6., Mexiko City, 2:2 unentschieden: Maier – Vogts, Dietz – Rüßmann, Kaltz, Bonhof (Nogly) – Hölzenbein, Bongartz, Fischer (2), D. Müller (Volkert), Flohe (Beer) – K.: Vogts – SR: Dorantes (Mexiko).

421 **Finnland**, 7.9., Helsinki, 1:0 gewonnen: Maier – Vogts, Dietz – Bonhof, Kaltz, Rüßmann – Abramczik (Rummenigge), Hölzenbein, Fischer (1), Beer (Bongartz), Volkert – K.: Vogts – SR: Jarkow (Sowjetunion).

422 **Italien**, 8.10., Berlin, 2:1 gewonnen: Maier – Vogts, Dietz – Bonhof, Kaltz (1), Rüßmann – Rummenigge (1), Flohe, Fischer, Beer, Volkert (Hölzenbein) – K.: Vogts – SR: Rion (Belgien).

423 **Schweiz**, 16.11., Stuttgart, 4:1 gewonnen: Franke – Vogts, Dietz (H. Zimmermann) – Bonhof, Kaltz, Rüßmann – Abramczik, Burgsmüller, Fischer (2), Flohe (1), Seel. Dazu Selbsttor Meyer – K.: Vogts – SR: Gonella (Italien).

424 **Wales**, 14.12., Dortmund, 1:1 unentschieden: Maier – Vogts, Dietz – Bonhof, Tenhagen, Rüßmann – Abramczik, Burgsmüller, Fischer 1 (Seel), Flohe, Hölzenbein – K.: Vogts – SR: Corver (Niederlande).

1978: 13 Spiele: 5 Siege, 5 Unentschieden, 3 Niederlagen

425 **England**, 22.2., München, 2:1 gewonnen: Maier – Vogts, H. Zimmermann – Bonhof (1), Schwarzenbeck, Rüßmann – Abramczik, Flohe (Burgsmüller), Hölzenbein (Worm(1)), Neumann (Dietz), Rummenigge – K.: Vogts – SR: Wöhrer (Österreich).

426 **Sowjetunion**, 8.3., Frankfurt, 1:0 gewonnen: Maier – Vogts, Dietz – Bonhof, Kaltz, Rüßmann (1) – Abramczik, Hölzenbein, Fischer, Flohe, Rummenigge – K.: Vogts – SR: Gordon (Schottland).

427 **Brasilien**, 5.4., Hamburg, 0:1 verloren: Maier – Vogts, Dietz (Kh. Förster) – Bonhof, Kaltz, Rüßmann – Abramczik (H. Müller), Beer (Worm), Fischer, Flohe, Rummenigge – K.: Vogts – SR: Palotai (Ungarn).

428 **Schweden**, 19.4., Stockholm, 1:3 verloren: Maier (D. Burdenski) – Vogts, H. Zimmermann – Bonhof (1) (Dietz), Kaltz, Rüßmann – Abramczik, Hölzenbein, Fischer, H. Müller (Worm), Rummenigge – K.: Vogts – SR: Burns (England).

429 **Polen**, 1.6., Buenos Aires, 0:0 unentschieden (Weltmeisterschaft): Maier – Vogts, H. Zimmermann – Bonhof, Kaltz, Rüßmann – Abramczik, Beer, Fischer, Flohe, H. Müller – K.: Vogts – SR: Coerezza (Argentinien).

430 **Mexiko**, 6.6., Cordoba, 6:0 gewonnen (Weltmeisterschaft): Maier – Vogts, Dietz – Bonhof, Kaltz, Rüßmann – Rummenigge (2), Flohe (2), Fischer, D. Müller (1), H. Müller (1) – K.: Vogts – SR: Bouzo (Syrien).

431 **Tunesien**, 10.6., Cordoba, 0:0 unentschieden (Weltmeisterschaft): Maier – Vogts, Dietz – Bonhof, Kaltz, Rüßmann – Rummenigge, Flohe, Fischer, D. Müller, H. Müller – K.: Vogts – SR: Orozco (Peru).

432 **Italien**, 14.6., Buenos Aires, 0:0 unentschieden (Weltmeisterschaft): Maier – Vogts, Dietz – Bonhof, Kaltz, Rüßmann – Rummenigge, Flohe (Beer), Fischer, H. Zimmermann (Konopka), Hölzenbein – K.: Vogts – SR: Maksimovic (Jugoslawien).

433 **Niederlande**, 18.6., Cordoba, 2:2 unentschieden (Weltmeisterschaft): Maier – Vogts, Dietz – Bonhof, Kaltz, Rüßmann – Abramczik (1), Beer, D. Müller (1), Hölzenbein, Rummenigge – K.: Vogts – SR: Barreto Ruiz (Uruguay).

434 **Österreich**, 21.6., Cordoba, 2:3 verloren (Weltmeisterschaft): Maier – Vogts, Dietz – Bonhof, Kaltz, Rüßmann – Abramczik, Beer (H. Müller), D. Müller (Fischer), Hölzenbein (1), Rummenigge (1) – K.: Vogts – SR: Klein (Israel).

435 **Tschechoslowakei**, 11.10., Prag, 4:3 gewonnen: Maier – Kaltz, Dietz – Bonhof (2), Zewe, Kh. Förster – Abramczik (1), Cullmann, Fischer, H. Müller (1) (Worm, Kl. Allofs), Rummenigge – K.: Maier – SR: Daina (Schweiz).

436 **Ungarn**, 15.11., Frankfurt/M., 0:0 (nach 60 Minuten wegen Nebels abgebrochen): Maier – Kaltz, Dietz – Bonhof, Zewe, Rüßmann – Abramczik, Cullmann, Fischer, Kl. Allofs, Rummenigge – K.: Maier – SR: Wurtz (Frankreich).

437 **Niederlande**, 20.12., Düsseldorf, 3:1 gewonnen: D. Burdenski – Kaltz, Dietz – Bonhof (1), Zewe, Stielike – Abramczik (Borchers), Cullmann (H. Zimmermann), Fischer (1), Kl. Allofs, Rummenigge (1) – K.: Dietz – SR: Palotai (Ungarn).

1979: 9 Spiele: 7 Siege, 2 Unentschieden

438 **Malta**, 25.2., Gzira, 0:0 unentschieden (EM-Qualifikation): Maier – Kaltz, Dietz – Bonhof, Zewe (Toppmöller), Kh. Förster Abramczik, Cullmann, Fischer, H. Müller, Rummenigge (Kl. Allofs) – K.: Maier – SR: Christov (CSSR).

439 **Türkei**, 1.4., Izmir, 0:0 unentschieden (EM-Qualifikation): D. Burdenski – Kaltz, Dietz – Bonhof, Stielike, H. Zimmermann (Kh. Förster) – Rummenigge (Kelsch), Cullmann, Toppmöller, H. Müller, Borchers – K.: Dietz – SR: Stuper (UdSSR).

440 **Wales**, 2.5., Wrexham, 2:0 gewonnen (EM-Qualifikation): Maier – Kaltz, Dietz – Bonhof, Stielike (Martin), Kh. Förster – Rummenigge, Cullmann, Fischer (1), H. Zimmermann (1), Kl. Allofs – K.: Maier – SR: Michelotti (Italien).

441 **Irland**, 22.5., Dublin, 3:1 gewonnen: Maier (D. Burdenski) – Kaltz, B. Förster – H. Zimmermann (Hartwig), Cullmann, Kh. Förster Rummenigge (1) (Memering), Schuster, D. Hoeneß (1), H. Müller (Kelsch (1)), Kl. Allofs – K.: Maier/Cullmann – SR: Courtney (England).

442 **Island**, 26.5., Reykjavik, 3:1 gewonnen: Maier (Schumacher) – Konopka, B. Förster – Kh. Förster (Kaltz), Cullmann, Schuster – Kelsch (1), H. Zimmermann (Hartwig), D. Hoeneß (2), Groh, Memering – K.: Maier/Cullmann – SR: Hope (Schottland).

443 **Argentinien**, 12.9., Berlin, 2:1 gewonnen: D. Burdenski – Kaltz, Dietz – Kh. Förster, Cullmann, Schuster – Rummenigge (1), Bonhof, Fischer, H. Müller, Kl. Allofs (1) – K.: Dietz – SR: Eriksson (Schweden).

444 **Wales**, 17.10., Köln, 5:1 gewonnen (EM-Qualifikation): D. Burdenski – Kaltz (1), Dietz – Kh. Förster (1), Cullmann, Schuster (Zimmermann) – Rummenigge (1) (Briegel), Bonhof, Fischer (2), H. Müller, Kl. Allofs – K.: Dietz – SR: Keizer (Niederlande).

445 **Sowjetunion**, 21.11., Tiflis, 3:1 gewonnen: Nigbur – Kaltz (Zimmermann), Briegel – Kh. Förster, Cullmann, Dietz (Votava) – Rummenigge (2), Schuster (B. Förster), Fischer (1), H. Müller, H. Nickel – K.: Dietz/Cullmann – SR: Hirviniemi (Finnland).

446 **Türkei**, 22.12., Gelsenkirchen, 2:0 gewonnen (EM-Qualifikation): Nigbur – Kaltz, Dietz – Bonhof, Cullmann, B. Förster – Rummenigge, Stielike (Zimmermann (1)), Fischer (1), H. Müller, H. Nickel – K.: Dietz – SR: Renggli (Schweiz).

1980: 11 Spiele: 9 Siege, 2 Unentschieden

447 **Malta**, 27.2., Bremen, 8:0 gewonnen (EM-Qualifikation): D. Burdenski – Kaltz, Cullmann, Kh. Förster, Dietz – Bonhof (1), B. Förster (Kelsch (1)), H. Müller – Rummenigge (1), Fischer (2), Kl. Allofs (2) (H. Nickel) – K.: Dietz – SR: Rolles (Luxemburg) – Dazu ein Selbsttor von Malta.

448 **Österreich**, 2.4., München, 1:0 gewonnen: Nigbur (Schumacher) – Kaltz, Cullmann, Kh. Förster, Dietz (Briegel) – Bonhof, B. Förster (Schuster), H. Müller (1) – Rummenigge, Hrubesch, Kl. Allofs (Del Haye) – K.: Dietz/Cullmann – SR: Vautrot (Frankreich).

449 **Polen**, 13.5., Frankfurt, 3:1 gewonnen: Schumacher – Kaltz, Cullmann, Kh. Förster, Dietz – B. Förster (Schuster (1)), Magath, Briegel (Jakobs), H. Müller (Hrubesch) – Rummenigge (1), Kl. Allofs (1) – K.: Dietz – SR: Menegali (Italien).

450 **Tschechoslowakei**, 11.6., Rom (EM-Endrunde), 1:0 gewonnen: Schumacher – Kaltz, Cullmann, Kh. Förster, Dietz – B. Förster (Magath), Stielike, Briegel, H. Müller – Rummenigge (1), Kl. Allofs – K.: Dietz – SR: Michelotti (Italien).

451 **Niederlande**, 14.6., Neapel (EM-Endrunde), 3:2 gewonnen: Schumacher – Kaltz, Stielike, Kh. Förster, Dietz (Matthäus) – Schuster, Briegel, H. Müller (Magath) – Rummenigge, Hrubesch, Kl. Allofs (3) – K.: Dietz/ Rummenigge – SR: Wurtz (Frankreich).

452 **Griechenland**, 17.6., Turin (EM-Endrunde), 0:0 unentschieden: Schumacher – Kaltz, Stielike, Kh. Förster, B. Förster (Votava) – Cullmann, Briegel, H. Müller, Memering – Rummenigge (Del Haye), Hrubesch – K.: Cullmann – SR: McGinlay (Schottland).

453 **Belgien**, 22.6., Rom (EM-Finale), 2:1 gewonnen: Schumacher – Kaltz, Stielike, Kh. Förster, Dietz – Schuster, Briegel (Cullmann), H. Müller – Rummenigge, Hrubesch (2), Kl. Allofs – K.: Dietz – SR: Rainea (Rumänien).

454 **Schweiz**, 10.9.,Basel, 3:2 gewonnen: Schumacher – Kaltz, Schuster, Kh. Förster, Dietz – Briegel, Magath (1), H. Müller (2) – Rummenigge, Hrubesch, Kl. Allofs – K.: Dietz – SR: Agnolin (Italien).

455 **Niederlande**, 11.10., Eindhoven, 1:1 unentschieden: Schumacher (Immel) – Kaltz, Niedermayer, Kh. Förster, Dietz – Briegel, Magath, H. Müller – Rummenigge, Hrubesch (1), Kl. Allofs – K.: Dietz – SR: Christov (CSSR).

456 **Frankreich**, 19.11., Hannover, 4:1 gewonnen: Schumacher – Kaltz (1), Schuster, Kh. Förster, Dietz – Briegel (1), Votava, H. Müller – Allgöwer, Hrubesch (1), Kl. Allofs (1) – K.: Dietz – SR: Nyhus (Norwegen).

457 **Bulgarien**, 3.12., Sofia, 3:1 gewonnen (WM-Qualifikation): Schumacher – Kaltz (2), Stielike, Kh. Förster, Dietz – Briegel, Magath (Votava), H. Müller – Rummenigge (1), Hrubesch, Kl. Allofs (Borchers) – K.: Dietz – SR: Lattanzi (Italien).

1981: 11 Spiele: 8 Siege, 3 Niederlagen

458 **Argentinien**, 1.1., Montevideo, 1:2 verloren (Copa de Oro/Mini-WM): Schumacher – Kaltz, Bonhof, Kh. Förster, Dietz – Briegel, Magath, H. Müller – Rummenigge, Hrubesch (1), Kl. Allofs – K.: Dietz – SR: Castillo (Spanien).

459 **Brasilien**, 7.1., Montevideo, 1:4 verloren (Copa de Oro/Mini-WM): Schumacher – Kaltz (Dremmler), Bonhof, Kh. Förster, Dietz – Votava, Briegel, Magath, H. Müller – Rummenigge, Kl. Allofs (1) (Allgöwer) – K.: Dietz – SR: Silvagno (Chile).

460 **Albanien**, 1.4., Tirana, 2:0 gewonnen (WM-Qualifikation): Schumacher – Kaltz, Stielike, Kh. Förster (Hannes), Dietz – Schuster (2), Magath, H. Müller – Rummenigge, Hrubesch, Kl. Allofs – K.: Dietz – SR: Venci (CSSR).

461 **Österreich**, 29.4., Hamburg, 2:0 gewonnen (WM-Qualifikation): Schumacher – Kaltz, Stielike, Kh. Förster, Briegel – Schuster, Breitner, Magath, H. Müller – Rummenigge, Fischer (1) (Allgöwer). Dazu ein Eigentor des Österreichers Krauss – K.: Rummenigge – SR: Corver (Niederlande).

462 **Brasilien**, 19.5., Stuttgart, 1:2 verloren: Schumacher (Immel) – Kaltz, Hannes, Kh. Förster, Briegel – Schuster (Dietz), Breitner, Magath, H. Müller – Rummenigge, Fischer (1) (Allgöwer) – K.: Rummenigge – SR: White (England).

463 **Finnland**, 24.5., Lahti, 4:0 gewonnen (WM-Qualifikation): Schumacher – Kaltz (1), Hannes, Kh. Förster, Briegel (1) – Dremmler, Breitner, Magath (Allgöwer) – Rummenigge, Fischer (2), H. Müller (Borchers) – K.: Rummenigge – SR: Carpenter (Irland).

464 **Polen**, 2.9., Königshütte, 2:0 gewonnen: Schumacher – Kaltz (Hieronymus), Hannes, B. Förster, Briegel (Dremmler) – Breitner, Magath, H. Müller – Borchers, Fischer (1), Rummenigge (1) – K.: Rummenigge – SR: Johannsen (Schweden).

465 **Finnland**, 23.9., Bochum, 7:1 gewonnen (WM-Qualifikation): Schumacher – Kaltz, Stielike, B. Förster, Briegel – Dremmler (1), Breitner (2), Magath – Borchers, Fischer (1), Rummenigge (3) – K.: Rummenigge – SR: Rolles (Luxemburg).

466 **Österreich**, 14.10., Wien, 3:1 gewonnen (WM-Qualifikation): Schumacher – Kaltz, Stielike, Kh. Förster, Briegel – Dremmler, Breitner, Magath (1) – Littbarski (2), Fischer, Rummenigge – K.: Rummenigge – SR: Ponnet (Belgien).

467 **Albanien**, 18.11., Dortmund, 8:0 gewonnen (WM-Qualifikation): Immel – Kaltz (1) (Matthäus) Stielike, Kh. Förster, Briegel – Dremmler, Breitner (1), Magath – Rummenigge (3) (Milewski), Fischer (2), Littbarski (1) – K.: Rummenigge/Fischer – SR: Björnestad (Norwegen).

468 **Bulgarien**, 22.11., Düsseldorf, 4:0 gewonnen (WM-Qualifikation): Schumacher – Kaltz (1), Hannes, Kh. Förster, Briegel – Dremmler, Breitner, Magath (Kl. Allofs) – Rummenigge (2), Hrubesch, Fischer (1) – K.: Rummenigge – SR: Fredriksson (Schweden).

1982: 15 Spiele: 7 Siege, 4 Unentschieden, 4 Niederlagen

469 **Portugal**, 17.2., Hannover, 3:1 gewonnen: Schumacher (Franke) – Kaltz, B. Förster, Kh. Förster, Briegel – Dremmler, Breitner, Rummenigge – Hrubesch (Matthäus), Fischer (2), Littbarski (Allgöwer). Dazu ein Eigentor von Humberto – K.: Rummenigge – SR: Ponnet (Belgien).

470 **Brasilien**, 21.3., Rio de Janeiro, 0:1 verloren: Schumacher – Kaltz, Stielike, Kh. Förster, Briegel – Dremmler, Breitner, Matthäus – Littbarski (Mill), Fischer (Hrubesch), H. Müller (Engels) – K.: Kaltz – SR: Castilho (Spanien).

471 **Argentinien**, 24.3., Buenos Aires, 1:1 unentschieden: Schumacher – Kaltz, Stielike, Kh. Förster, Briegel – Dremmler (1), Matthäus, Breitner (B. Förster), H. Müller – Littbarski (Mill), Hrubesch (Engels) – K.: Kaltz – SR: Bazan (Uruguay).

472 **Tschechoslowakei**, 14.4., Köln, 2:1 gewonnen: Schumacher – Kaltz (Engels), Hannes, Kh. Förster, Briegel – Dremmler (B. Förster), Breitner (1), Matthäus – Rummenigge, Fischer (Mill), Littbarski (1) – K.: Rummenigge – SR: Quiniou (Frankreich).

473 **Norwegen**, 12.5., Oslo, 4:2 gewonnen: Franke (Immel) – B. Förster (Hannes), Stielike, Kh. Förster, Briegel (Hieronymus) – Matthäus, Breitner (Reinders), Magath – Rummenigge (2), Hrubesch (Fischer), Littbarski (2) – K.: Rummenigge – SR: Johansson (Schweden).

474 **Algerien**, 16.6., Gijon, 1:2 verloren (WM Endrunde): Schumacher Kaltz, Stielike, Kh. Förster, Briegel – Dremmler, Breitner, Magath (Fischer) – Rummenigge (1), Hrubesch, Littbarski – K.: Rummenigge – SR: Revoredo (Peru).

475 **Chile**, 20.6., Gijon, 4:1 gewonnen (WM-Endrunde): Schumacher – Kaltz, Stielike, Kh. Förster, Briegel – Dremmler, Breitner (Matthäus), Magath, Rummenigge (3) – Hrubesch, Littbarski (Reinders (1)) – K.: Rummenigge – SR: Galler (Schweiz).

476 **Österreich**, 25.6., Gijon, 1:0 gewonnen (WM Endrunde): Schumacher Kaltz, Stielike, Kh. Förster, Briegel – Dremmler, Breitner, Magath, Rummenigge (Matthäus) – Littbarski, Hrubesch (1) (Fischer) – K.: Rummenigge/Kaltz – SR: Valentine (Schottland).

477 **England**, 29.6., Madrid, 0:0 unentschieden (2. WM-Finalrunde): Schumacher – Kaltz, Stielike, Kh. Förster, Briegel – Dremmler, B. Förster, Breitner, H. Müller (Fischer) – Reinders (Littbarski), Rummenigge – K.: Rummenigge – SR: Coelho (Brasilien).

478 **Spanien**, 2.7., Madrid, 2:1 gewonnen (2. WM-Finalrunde): Schumacher – Kaltz, Stielike, Kh. Förster, B. Förster – Dremmler, Breitner, Briegel, Rummenigge (Reinders) – Littbarski (1), Fischer (1) – K.: Rummenigge/Kaltz – SR: Casarin (Italien).

479 **Frankreich**, 8.7., Sevilla, 3:3 n. V. unentschieden, Elfmeterschießen 5:4 (WM-Halbfinale): Schumacher – Kaltz, Stielike, Kh. Förster, B. Förster – Dremmler, Breitner, Magath (Hrubesch), Briegel (Rummenigge (1)) – Littbarski (1), Fischer (1) – K.: Kaltz – SR: Corver (Niederlande). Die Tore aus dem Elfmeterschießen zählen nicht in der Torjägerstatistik, sie dienen lediglich der Feststellung des Siegers. 11-m-Tore: Kaltz, Breitner, Littbarski, Hrubesch, K.-H. Rummenigge.

480 **Italien**, 11.7., Madrid 1:3 verloren (WM-Endspiel): Schumacher – Kaltz, Stielike, Kh. Förster, B. Förster – Dremmler (Hrubesch), Breitner (1), Rummenigge (H. Müller), Briegel – Littbarski, Fischer – K.: Rummenigge/Kaltz – SR: Coelho (Brasilien).

481 **Belgien**, 22.9., München, 0:0 unentschieden: Schumacher – Dremmler, Hannes, Kh. Förster, B. Förster – H. Müller (Milewski), Stielike, Matthäus, Briegel – Littbarski, Rummenigge – K.: Rummenigge – SR: Christov (CSSR).

482 **England**, 13.10., London, 2:1 gewonnen: Schumacher – Kaltz, Strack, Kh. Förster (Hieronymus), B. Förster – Meier (Littbarski), Dremmler, Briegel, Matthäus – Rummenigge (2), Kl. Allofs (Engels) – K.: Rummenigge – SR: Palotai (Ungarn).

483 **Nordirland**, 17.11., Belfast, 0:1 verloren (EM-Qualifikation): Schumacher – Kaltz, Stielike, Strack, B. Förster – Matthäus (Völler), Schuster (Engels), Briegel – Rummenigge, Kl. Allofs, Littbarski – K.: Rummenigge – SR: Nyhus (Norwegen).

1983: 10 Spiele: 6 Siege, 2 Unentschieden, 2 Niederlagen

484 **Portugal**, 23.2., Lissabon, 0:1 verloren: Schumacher – Kaltz, B. Förster, Kh. Förster, Briegel – Dremmler, Rolff, Matthäus (Otten) – Rummenigge, Völler (Meier), Littbarski (Kl. Allofs) – K.: Rummenigge – SR: Bacou (Frankreich).

485 **Albanien**, 30.3., Tirana, 2:1 gewonnen (EM-Qualifikation): Schumacher – B. Förster, Strack, Kh. Förster, Otten – Engels, H. Müller, Briegel – Littbarski, Völler (1) (Meier), Rummenigge (1) – K.: Rummenigge – SR: Menegali (Italien).

486 **Türkei**, 23.4., Izmir, 3:0 gewonnen (EM-Qualifikation): Schumacher – Dremmler (1), Strack, Kh. Förster, Briegel – Engels, Schuster, H. Müller – Littbarski (Rolff), Völler, Rummenigge (2) – K.: Rummenigge – SR: Christov (CSSR).

487 **Österreich**, 27.4., Wien, 0:0 unentschieden (EM-Qualifikation): Schumacher – Dremmler, Strack,

Kh. Förster, Briegel (B. Förster) – Engels, Schuster, H. Müller (Rolff) – Littbarski, Völler, Rummenigge – K.: Rummenigge – SR: McGinlay (Schottland).

488 **Jugoslawien**, 7.6., Luxemburg, 4:2 gewonnen (Jubiläumsspiel anl. des 75jährigen Bestehens des Luxemburgischen Fußball-Verbandes): D. Burdenski (Stein) – B. Förster (Otten), Stielike, Kh. Förster, Briegel – Rolff, Schuster (1), H. Müller (Waas) – Rummenigge (1), Völler, Meier (2) (Matthäus) – K.: Rummenigge – SR: Bastian (Luxemburg).

489 **Ungarn**, 7.9., Budapest, 1:1 unentschieden: Schumacher (D. Burdenski) – B. Förster (Matthäus), Strack, Kh. Förster, Briegel – Rolff, Groh, H. Müller (Waas), Meier – Littbarski, Völler (1) – K.: Kh. Förster – SR: Krchnak (CSSR).

490 **Österreich**, 5.10., Gelsenkirchen, 3:0 gewonnen (EM-Qualifikation): Schumacher – Dremmler, Strack, Kh. Förster, Briegel – Rolff, Augenthaler, Schuster, Meier (Matthäus) – K.-H. Rummenigge (1), Völler (2) (Waas) – K.: K.-H. Rummenigge – SR: Agnolin (Italien).

491 **Türkei**, 26.10., Berlin, 5:1 gewonnen (EM-Qualifikation): Schumacher – Otten, Strack, Augenthaler, Briegel (Herget) – Matthäus, Stielike (1), Meier (M. Rummenigge) – Littbarski, Völler (2), K.-H. Rummenigge (2) – K.: K.-H. Rummenigge – SR: Sostaric (Jugoslawien).

492 **Nordirland**, 16.11., Hamburg, 0:1 verloren (EM-Qualifikation): Schumacher – Dremmler, Stielike (Strack), Kh. Förster, Briegel – Matthäus, Augenthaler, Rolff, Meier (Littbarski) – K.-H. Rummenigge, Waas – K.: K.-H. Rummenigge – SR: Palotai (Ungarn).

493 **Albanien**, 20.11., Saarbrücken, 2:1 gewonnen (EM-Qualifikation): Schumacher – B. Förster, Strack (1), Kh. Förster, Briegel (Otten) – Dremmler, Matthäus, Meier – Littbarski (Waas), Völler, K.-H. Rummenigge (1).– K.: K.-H. Rummenigge – SR: Mattsson (Finnland).

1984: 11 Spiele: 7 Siege, 1 Unentschieden, 3 Niederlagen

494 **Bulgarien**, 15.2., Varna, 3:2 gewonnen: D. Burdenski – Bockenfeld, Herget, Kh. Förster, Brehme – Stielike (2), Schuster, Meier – Bommer, Völler (1) (Kl. Allofs), K.-H. Rummenigge – K.: K.-H. Rummenigge – SR: Wöhrer (Österreich).

495 **Belgien**, 29.2., Brüssel, 1:0 gewonnen: Schumacher – Dremmler, Herget, Kh. Förster (Augenthaler), Brehme (Bruns) – Stielike, Schuster, Matthäus – Bommer (Kl. Allofs), Völler (1), K.-H. Rummenigge – K.: K.-H. Rummenigge – SR: Thomas (Niederlande).

496 **Sowjetunion**, 28.3., Hannover, 2:1 gewonnen: Schumacher (Roleder) – Rolff (Otten), Herget, Kh. Förster, Briegel – Matthäus, Bruns, Meier – Milewski (Bommer), Völler (1), Kl. Allofs (Brehme (1)) – K.: Kh. Förster – SR: Namoglu (Türkei).

497 **Frankreich**, 18.4., Straßburg, 0:1 verloren: Schumacher – B. Förster, Bruns, Kh. Förster, Briegel – Rolff (Herget), Matthäus, Brehme, Meier (Littbarski) – K.-H. Rummenigge, Völler – K.: K.-H. Rummenigge – SR: Barbaresco (Italien).

498 **Italien**, 22.5., Zürich, 1:0 gewonnen (80 Jahre FIFA): Schumacher (D. Burdenski) – B. Förster, Stielike, Kh. Förster, (Matthäus), Briegel (1) – Buchwald (Bommer), K.-H. Rummenigge, Rolff, Brehme – Völler, Kl. Allofs – K.: K.-H. Rummenigge – SR: Coelho (Brasilien).

499 **Portugal**, 14.6., Straßburg, 0:0 unentschieden (EM-Endrunde): Schumacher – B. Förster, Stielike, Kh. Förster, Briegel – Rolff (Bommer), Buchwald (Matthäus), K.-H. Rummenigge, Brehme – Völler, Kl. Allofs – K.: K.-H. Rummenigge – SR: Juschka (UdSSR).

500 **Rumänien**, 17.6., Lens, 2:1 gewonnen (EM-Endrunde): Schumacher – B. Förster, Stielike, Kh. Förster (Buchwald),. Briegel – Matthäus, Meier (Littbarski), Brehme – K.-H. Rummenigge, Völler (2), Kl. Allofs – K.: K.-H. Rummenigge – SR: Keizer (Niederlande).

501 **Spanien**, 20.6., Paris, 0:1 verloren (EM-Endrunde): Schumacher – B. Förster, Stielike, Kh. Förster, Briegel – Matthäus, Meier (Littbarski), Brehme (Rolff) – K.-H. Rummenigge, Völler, Kl. Allofs – K.: K.-H. Rummenigge – SR: Christov (CSSR).

502 **Argentinien**, 12.9., Düsseldorf, 1:3 verloren: Schumacher – Brehme, Bruns, Jakobs (1), Frontzeck – Bommer, Matthäus, Magath, Falkenmayer – Völler (Stielike), Mill (Schreier) – K.: Schumacher – SR: Wurtz (Frankreich).

503 **Schweden**, 17.10., Köln, 2:0 gewonnen (WM-Qualifikation): Schumacher – Jakobs, Herget, Kh. Förster, Briegel – Brehme, Matthäus, Falkenmayer (Kl. Allofs), Magath (Rahn (1)) – K.-H. Rummenigge (1), Völler – K.: K.-H. Rummenigge – SR: Valentine (Schottland).

504 **Malta**, 16.12., Ta' Qali, 3:2 gewonnen (WM-Qualifikation): Schumacher – Jakobs (Thon), Herget, Kh. Förster (1) – Matthäus, Rahn, Brehme, Briegel – K.-H. Rummenigge, Völler, Kl. Allofs (2) – K.: K.-H. Rummenigge – SR: Petrovic (Jugoslawien).

1985: 11 Spiele: 4 Siege, 2 Unentschieden, 5 Niederlagen

505 **Ungarn**, 29.1., Hamburg, 0:1 verloren: Stein (Schumacher) – Berthold (Herget), Jakobs, Kh. Förster, Briegel (Frontzeck) – Littbarski (Mill), Matthäus, Magath, Thon (Kroth) – K.-H. Rummenigge, Völler – K.: K.-H. Rummenigge – SR: Halle (Norwegen).

506 **Portugal**, 24.2., Lissabon, 2:1 gewonnen (WM-Qualifikation): Schumacher – Berthold, Herget, Jakobs, Frontzeck – Matthäus, Falkenmayer, Magath, Briegel – Littbarski (1), Völler (1) – K.: Schumacher – SR: Casarin (Italien).

507 **Malta**, 27.3., Saarbrücken, 6:0 gewonnen (WM-Qualifikation): Schumacher – Berthold, Herget, Kh. Förster, Frontzeck – Rahn (2) (Thon), Briegel (Brehme), Magath (1), Littbarski (1), Völler, K.-H. Rummenigge (2) – K.: K.-H. Rummenigge – SR: Tokat (Türkei).

508 **Bulgarien**, 17.4., Augsburg, 4:1 gewonnen: Schumacher (Stein) – Brehme, Herget, Kh. Förster, Frontzeck (Berthold) – Matthäus, Magath, Rahn (1) (Jakobs) – Littbarski (1), Völler (2), K.-H. Rummenigge (Thon) – K.: K.-H. Rummenigge/Kh. Förster – SR: Galler (Schweiz).

509 **Tschechoslowakei**, 30.4., Prag, 5:1 gewonnen (WM-Qualifikation): Schumacher – Berthold (1), Jakobs, Kh. Förster, Brehme – Matthäus 1 (Thon), Herget (1), Magath, Rahn (Kl. Allofs (1)) – Littbarski (1), Völler – K.: Schumacher – SR: Quiniou (Frankreich).

510 **England**, 12.6., Mexiko City, 0:3 verloren: Schumacher – Berthold, Herget, Jakobs, Augenthaler, Brehme – Matthäus, Magath (Thon), Rahn – Littbarski, Mill (Waas) – K.: Schumacher – SR: Leanza (Mexiko).

511 **Mexiko**, 15.6., Mexiko City, 0:2 verloren: Stein – Matthäus, Augenthaler (Frontzeck), Jakobs, Brehme – Rahn, Herget, Magath – Mill, Völler, Kögl – K.: Magath – SR: Hackett (England).

512 **Sowjetunion**, 28.8., Moskau, 0:1 verloren: Schumacher – Herget – Berthold, Kh. Förster, Brehme – Matthäus, Littbarski, Magath, Rahn – Völler, Kl. Allofs (Meier) – K. Schumacher – SR: Ravander (Finnland).

513 **Schweden**, 25.9., Stockholm, 2:2 unentschieden (WM-Qualifikation): Schumacher – Augenthaler – Berthold, Kh. Förster, Jakobs – Littbarski, Herget (1), Briegel, Brehme – K.-H. Rummenigge, Völler (1) – K.: K.-H. Rummenigge – SR: van Langenhove (Belgien).

514 **Portugal**, 16.10., Stuttgart, 0:1 verloren (WM-Qualifikation): Schumacher – Jakobs (Gründel) – Berthold, Kh. Förster, Brehme – Allgöwer, Herget, Meier, Briegel – Littbarski (Th. Allofs), K.-H. Rummenigge – K.: K.-H. Rummenigge – SR: Hackett (England).

515 **Tschechoslowakei**, 17.11., München, 2:2 unentschieden (WM-Qualifikation): Schumacher – Augenthaler – Brehme (1), Kh. Förster, Briegel (Frontzeck) – Rolff, Thon, Allgöwer – Littbarski (Rahn), K.-H. Rummenigge (1), Kögl – K.: K.-H. Rummenigge – SR: Thime (Norwegen).

1986: 15 Spiele: 8 Siege, 4 Unentschieden, 3 Niederlagen

516 **Italien**, 5.2., Avellino, 2:1 gewonnen: Schumacher – Augenthaler – Buchwald, Kh. Förster, Briegel – Matthäus (1), Rolff, Herget (1), Magath – K.-H. Rummenigge, Kl. Allofs (Gründel) – K.: K.-H. Rummenigge – SR: Igna (Rumänien).

517 **Brasilien**, 12.3., Frankfurt/M., 2:0 gewonnen: Schumacher – Herget – Brehme, Jakobs (Buchwald), Briegel (1) – Matthäus, Rolff, Magath, Thon – Mill (Gründel), K.-H. Rummenigge (Kl. Allofs (1)) – K.: K.-H. Rummenigge/Schumacher – SR: Agnolin (Italien).

518 **Schweiz**, 9.4., Basel, 1:0 gewonnen: Stein – Augenthaler – Berthold, Kh. Förster (Jakobs), Briegel (Buchwald) – Falkenmayer (Brehme), Matthäus, Magath, Rolff – D. Hoeneß (1), Thon (Allgöwer) – K.: Kh. Förster/Magath – SR: Quiniou (Frankreich).

519 **Jugoslawien**, 11.5., Bochum, 1:1 unentschieden: Schumacher – Augenthaler – Buchwald (Berthold), Kh. Förster, Eder – Matthäus, Herget (Kl. Allofs), Thon, Briegel – D. Hoeneß (Littbarski), Völler (1) – K.: Schumacher – SR: Eriksson (Schweden).

520 **Niederlande**, 14.5., Dortmund, 3:1 gewonnen: Stein – Herget (1) – Berthold, Eder (W. Funkel), Briegel – Matthäus (Allgöwer), Rolff, Littbarski (Gründel), Brehme – Völler (2) (Mill), Kl. Allofs – K.: Briegel – SR: Wöhrer (Österreich).

521 **Uruguay**, 4.6., Queretaro, 1:1 unentschieden (WM-Gruppenspiel): Schumacher – Augenthaler – Berthold, Kh. Förster, Briegel – Matthäus (K.-H. Rummenigge), Eder, Magath, Brehme (Littbarski) – Kl. Allofs (1), Völler – K.: Schumacher – SR: Christov (CSSR).

522 **Schottland**, 8.6., Queretaro, 2:1 gewonnen (WM-Gruppenspiel): Schumacher – Augenthaler – Berthold, Eder, Kh. Förster, Briegel (Jakobs) – Littbarski (K.-H. Rummenigge), Matthäus, Magath – Kl. Allofs (1), Völler (1) – K.: Schumacher – SR: Igna (Rumänien).

523 **Dänemark**, 13.6., Queretaro, 0:2 verloren (WM-Gruppenspiel): Schumacher – Jakobs – Berthold, Eder, Kh. Förster (K.-H. Rummenigge), Brehme – Matthäus, Rolff (Littbarski), Herget – Kl. Allofs, Völler – K.: Schumacher – SR: Ponnet (Belgien).

524 **Marokko**, 17.6., Monterrey, 1:0 gewonnen (WM-Achtelfinale): Schumacher – Jakobs – Berthold, Kh. Förster, Briegel – Matthäus (1), Magath, Eder – K.-H. Rummenigge, Völler (Littbarski), Kl. Allofs – K.: K.-H. Rummenigge – SR: Z. Petrovic (Jugoslawien).

525 **Mexiko**, 21.6., Monterrey, 0:0 unentschieden n. V., Elfmeterschießen 4:1 (WM-Viertelfinale). Schumacher – Jakobs – Berthold, Eder (Littbarski), Kh. Förster, Briegel – Matthäus,

Magath, Brehme – K.-H. Rummenigge (D. Hoeneß), Kl. Allofs – K.: K.-H. Rummenigge/Schumacher – SR: Diaz (Kolumbien) – Tore aus dem Elfmeterschießen (zählen nicht in der Torjägerstatistik, sondern dienen lediglich der Feststellung des Siegers): Kl. Allofs, Brehme, Matthäus, Littbarski.

526 **Frankreich**, 25.6., Guadalajara, 2:0 gewonnen (WM-Halbfinale): Schumacher – Jakobs – Brehme (1), Eder, Kh. Förster, Briegel – Matthäus, Rolff, Magath – K.-H. Rummenigge (Völler (1)), Kl. Allofs – K.: K.-H. Rummenigge/Schumacher – SR: Agnolin (Italien).

527 **Argentinien**, 29.6., Mexico City, 2:3 verloren (WM-Endspiel): Schumacher – Jakobs – Brehme, Kh. Förster, Briegel – Berthold, Matthäus, Eder, Magath (D. Hoeneß) – K.-H. Rummenigge (1), Kl. Allofs (Völler (1)) – K.: K.-H. Rummenigge – SR: Arppi Filho (Brasilien).

528 **Dänemark**, 24.9., Kopenhagen, 2:0 gewonnen: Schumacher – Hörster – Berthold, Kohler, Buchwald, Frontzeck – Matthäus, Thon (1) (Rahn), Rolff – Völler, Kl. Allofs (1) (Waas) – K.: Schumacher – SR: Fredriksson (Schweden).

529 **Spanien**, 15.10., Hannover, 2:2 unentschieden: Schumacher – Hörster (Augenthaler) – Berthold, Kohler, Buchwald, Frontzeck – Matthäus, Rahn (1), Rolff (Wuttke) – Wohlfarth, Waas (1) (Eckstein) – K.: Schumacher – SR: Sawtschenko (Sowjetunion).

530 **Österreich**, 29.10., Wien, 1:4 verloren: Immel – Hörster – Berthold, Buchwald, W. Funkel, Frontzeck (Völler (1)) – Rolff, Matthäus, Thon (M. Rummenigge) – Waas, Kl. Allofs – K.: Kl. Allofs – SR: Agnolin (Italien).

1987: 9 Spiele: 4 Siege, 4 Unentschieden, 1 Niederlage

531 **Israel**, 25.3., Tel Aviv, 2:0 gewonnen: Immel – Hörster – Kohler, Buchwald, Pflügler – Brehme, Matthäus (1), Rahn, Thon (1) – Waas, Völler (Wuttke) – K.: Matthäus – SR: Gächter (Schweiz).

532 **Italien**, 18.4., Köln, 0:0 unentschieden: Immel – Herget – Kohler, Buchwald, Pflügler (Frontzeck) – Rolff (Reuter), Littbarski, Matthäus, Thon – Völler, Kl. Allofs – K.: Kl. Allofs – SR: Thomas (Niederlande).

533 **Frankreich**, 12.8., Berlin, 2:1 gewonnen: Immel – Herget – Kohler, Buchwald (Rolff), Pflügler – Brehme (Reuter), Matthäus, Rahn, Dorfner – Völler (2) (Littbarski), Kl. Allofs – K.: Kl. Allofs – SR: Lund-Sörensen (Dänemark).

534 **England**, 9.9., Düsseldorf, 3:1 gewonnen: Immel – Herget – Brehme (Reuter), Kohler, Buchwald, Frontzeck – Littbarski (2), Thon, Dorfner – Völler (Wuttke(1)), Kl. Allofs – K.: Kl. Allofs – SR: Casarin (Italien).

535 **Dänemark**, 23.9., Hamburg, 1:0 gewonnen: Illgner – Herget – Reuter, Kohler, Buchwald, Frontzeck – Littbarski, Rolff, Thon (Schwabl) – Völler (1), Kl. Allofs (Rahn) – K.: Kl. Allofs, Völler – SR: Brummeier (Österreich).

536 **Schweden**, 14.10., Gelsenkirchen, 1:1 unentschieden: Illgner – Herget – Berthold (Brehme), Kohler, Buchwald, Pflügler – Littbarski (1), Thon, Dorfner – Völler, Kl. Allofs – K.: Kl. Allofs – SR: Sanchez-Arminio (Spanien).

537 **Ungarn**, 18.11., Budapest, 0:0 unentschieden: Immel –Herget – Berthold, Kohler, Frontzeck – Rolff, Matthäus (Eckstein), Thon, Reuter – Littbarski, Kl. Allofs – K.: Kl. Allofs – SR: Krchnak (CSSR).

538 **Brasilien**, 12.12., Brasilia, 1:1 unentschieden: Immel – Reuter (1), Kohler, Buchwald, Brehme (Hochstätter) – Herget – Schwabl (Ordenewitz), Matthäus, Frontzeck (Foda) – Klinsmann, Thon – K.: Matthäus – SR: Racomin (Ecuador).

539 **Argentinien**, 16.12., Buenos Aires, 0:1 verloren: Illgner – Herget – Reuter (Foda), Kohler, Pflügler – Rolff, Matthäus, Thon, Schwabl (Hochstätter) – Klinsmann, Ordenewitz – K.: Matthäus – SR: Coelho (Brasilien).

1988: 11 Spiele: 6 Siege, 4 Unentschieden, 1 Niederlage

540 **Schweden**, 31.3., Berlin, 1:1 unentschieden, Elfmeterschießen 2:4: Immel – Herget – Berthold (Reuter), Kohler, Buchwald Frontzeck – Matthäus, Littbarski (Rolff), Thon – Völler, Kl. Allofs (1) (Eckstein) – K.: Kl. Allofs/Matthäus – SR: Hartman (Ungarn). Tore aus dem 11-m-Schießen zählen nicht in der Torstatistik: Thon, Eckstein.

541 **Argentinien**, 2.4., Berlin, 1:0 gewonnen: Immel – Herget – Berthold (Brehme), Kohler (Pflügler), Borowka – Matthäus (1), Thon, Rolff – Klinsmann, Völler, Eckstein (Neubarth) – K.: Matthäus – SR: Röthlisberger (Schweiz).

542 **Schweiz**, 27.4., Kaiserslautern, 1:0 gewonnen: Immel – Herget – Brehme, Kohler, Görtz (Reuter) – Matthäus, Rolff, Thon (Littbarski), Dorfner (Schwabl) – Klinsmann (1), Völler – K.: Matthäus – SR: Blankenstein (Niederlande).

543 **Jugoslawien**, 4.6., Bremen, 1:1 unentschieden: Immel – Herget – Berthold (Dorfner), Kohler, Borowka – Matthäus (1), Rolff, Thon (Eckstein), Brehme – Klinsmann, Völler (Mill) – K.: Matthäus – SR: Spirin (Sowjetunion).

544 **Italien**, 10.6., Düsseldorf, 1:1 unentschieden (EM-Endrunden-Gruppenspiel): Immel – Herget – Berthold, Kohler, Buchwald, Brehme (1) (Borowka) – Matthäus, Littbarski, Thon – Klinsmann, Völler (Eckstein) – K.: Matthäus – SR: Hackett (England).

545 **Dänemark**, 14.6., Gelsenkirchen, 2:0 gewonnen (EM-Endrunden-Gruppenspiel): Immel – Herget – Buchwald (Borowka), Kohler, Brehme – Rolff, Littbarski, Matthäus, Thon (1) – Klinsmann (1), Völler (Mill) – K.: Matthäus – SR: Valentine (Schottland).

546 **Spanien**, 17.6., München, 2:0 gewonnen (EM-Endrunden-Gruppenspiel): Immel – Herget – Borowka, Kohler, Brehme – Matthäus, Littbarski (Wuttke), Rolff, Thon – Klinsmann (Mill), Völler (2) – K.: Matthäus – SR: Vautrot (Frankreich).

547 **Niederlande**, 21.6., Hamburg, 1:2 verloren (EM-Halbfinale): Immel – Herget (Pflügler) – Brehme, Kohler, Borowka – Matthäus (1), Rolff, Thon – Mill (Littbarski), Klinsmann, Völler – K.: Matthäus – SR: Igna (Rumänien).

548 **Finnland**, 31.8., Helsinki, 4:0 gewonnen (WM-Qualifikation): Illgner – Fach – Brehme, Kohler, Buchwald (Rolff), Görtz – Matthäus (1), Häßler – Littbarski, Völler (2), Eckstein (Riedle (1)) – K.: Matthäus – SR: Zhuk (Sowjetunion).

549 **Sowjetunion**, 21.9., Düsseldorf, 1:0 gewonnen: Illgner – Herget – Reuter, Kohler (Buchwald), Pflügler (K. Reinhardt) – Möller, Rolff, Hermann – Littbarski, Th. Allofs, Waas. Eigentor Schmatowalenko – K.: Littbarski – SR: Galler (Schweiz).

550 **Niederlande**, 19.10., München, 0:0 unentschieden (WM-Qualifikation): Illgner – Fach – Berthold, Kohler, Buchwald, Brehme – Matthäus, Thon, Häßler – Klinsmann (Mill), Völler – K.: Matthäus – SR: d'Elia (Italien).

1989: 6 Spiele, 3 Siege, 3 Unentschieden

551 **Bulgarien**, 22.3., Sofia, 2:1 gew.: Illgner – Fach (Littbarski (1)) – Berthold, Kohler, Buchwald, Brehme – Häßler, Möller, Matthäus – Riedle, Völler (1) – K.: Matthäus – SR: Krchnak (CSSR).

552 **Niederlande**, 26.4., Rotterdam, 1:1 unentschieden (WM-Qualifikation): Illgner – Berthold – Reuter, Buchwald, Kohler (Rolff), Brehme – Matthäus, Möller, Häßler – Riedle (1), Völler (Klinsmann) – K.: Matthäus – SR: Fredriksson (Schweden).

553 **Wales**, 31.5., Cardiff, 0:0 unentschieden (WM-Qualifikation): Illgner – Berthold – Reuter, A. Reinhardt, Buchwald, Brehme – Häßler, Fach, Möller – Riedle (Klinsmann), Völler – K. Völler – SR: da Silva Valente (Portugal).

554 **Irland**, 6.9., Dublin, 1:1 unentschieden: Illgner (Aumann) – Augenthaler – Reuter, Buchwald (A. Reinhardt), Pflügler – Dorfner (1) (Fach), Littbarski, Möller, Thon, Häßler – Wohlfarth – K.: Littbarski – SR: van den Wijngaert (Belgien).

555 **Finnland**, 4.10., Dortmund, 6:1 gewonnen (WM-Qualifikation): Illgner – Augenthaler – Reuter, Buchwald, Brehme – Häßler (Bein), Matthäus (1), Möller (2) (Mill), Littbarski (1) – Klinsmann (1), Völler (1) – K.: Matthäus – SR: Snoddy (Nordirland).

556 **Wales**, 15.11., Köln 2:1 gewonnen (WM-Qualifikation): Illgner – Augenthaler (A. Reinhardt) – Reuter, Buchwald, Brehme – Häßler (1), Dorfner, Möller (Bein), Littbarski, Klinsmann, Völler (1) – K.: Littbarski – SR: Vautrot (Frankreich).

1990: 15 Spiele, 10 Siege, 4 Unentschieden, 1 Niederlage

557 **Frankreich**, 28.2., Montpellier, 1:2 verloren: Illgner – Augenthaler – Berthold, A. Reinhardt, Brehme – Häßler, Möller (1), Matthäus, Bein – Klinsmann, Riedle (Littbarski) – K. Matthäus – SR: Ramos Marcos (Spanien).

558 **Uruguay**, 25.4., Stuttgart, 3:3 unentschieden: Illgner (Aumann) – Kohler, Berthold, Buchwald, Brehme – Häßler, Littbarski, Matthäus (1), Bein (Thon) – Klinsmann (1), Völler (1) – K.: Matthäus – SR: Karlsson (Schweden).

559 **Tschechoslowakei**, 26.5., Düsseldorf, 1:0 gewonnen: Illgner – Augenthaler – Buchwald, Kohler, Brehme – Häßler (Thon), Littbarski (Möller), Matthäus, Bein (1) (Berthold) – Klinsmann (Mill), Völler – K.: Matthäus – SR: Galler (Schweiz).

560 **Dänemark**, 30.5., Gelsenkirchen, 1:0 gewonnen: Aumann (Köpke) – Augenthaler (Steiner) – Kohler (Reuter), Buchwald, Brehme (Pflügler) – Häßler (Hermann), Littbarski (Berthold), Matthäus (Thon), Bein (Möller) – Klinsmann (Mill), Völler (1) (Riedle) – K.: Matthäus/Berthold – SR: Midgley (England).

561 **Jugoslawien**, 10.6., Mailand, 4:1 gewonnen (WM-Gruppenspiel): Illgner – Augenthaler – Reuter, Buchwald, Brehme – Berthold, Häßler (Littbarski), Matthäus (2), Bein (Möller) – Völler (1), Klinsmann (1). K.: Matthäus – SR: Mikkelsen (Dänemark).

562 **Vereinigte Arabische Emirate**, 15.6., Mailand, 5:1 gewonnen (WM-Gruppenspiel): Illgner – Augenthaler – Reuter, Buchwald, Brehme – Berthold (Littbarski), Häßler, Matthäus (1), Bein (1) – Völler (2), Klinsmann (1) (Riedle) – K.: Matthäus – SR: Spirin (UdSSR).

563 **Kolumbien**, 19.6., Mailand, 1:1 unentschieden (WM-Gruppenspiel): Illgner – Augenthaler – Reuter, Buchwald, Pflügler – Berthold, Häßler (Thon), Matthäus, Bein (Littbarski (1)) – Völler, Klinsmann – K.: Matthäus – SR: Snoddy (Nordirland).

564 **Niederlande**, 24.6., Mailand, 2:1 gewonnen (WM-Achtelfinale): Illgner – Augenthaler – Reuter, Berthold, Kohler, Brehme (1), Littbarski, Matthäus, Buchwald – Klinsmann (1) (Riedle), Völler – K.: Matthäus – SR: Loustau (Argentinien).

565 **Tschechoslowakei**, 1.7., Mailand, 1:0 gewonnen (WM-Viertelfinale): Illgner – Augenthaler – Berthold, Buchwald, Kohler, Brehme – Littbarski, Matthäus (1), Bein (Möller) – Riedle, Klinsmann – K.: Matthäus – SR: Kohl (Österreich).

566 **England**, 4.7., Turin, 1:1 unentschieden n.V./4:3 im 11-m-Schießen (WM-Halbfinale): Illgner – Augenthaler – Berthold, Buchwald, Kohler, Brehme (1) – Häßler (Reuter), Matthäus, Thon – Klinsmann, Völler (Riedle) – K.: Matthäus – SR: Wright (Brasilien). Die Tore aus dem 11-m-Schießen (Brehme, Matthäus, Riedle, Thon) zählen nicht in der Torjägerstatistik, sondern dienen lediglich der Ermittlung des Siegers.

567 **Argentinien**, 8.7., Rom, 1:0 gewonnen (WM-Endspiel): Illgner – Augenthaler – Berthold (Reuter), Kohler, Buchwald, Brehme (1) – Häßler, Matthäus, Littbarski – Klinsmann, Völler – K.: Matthäus – SR: Codesal Mendez (Mexiko).

568 **Portugal**, 29.8., Lissabon, 1:1 unentschieden: Illgner – Berthold – Reuter, Kohler, Buchwald, Brehme – Bein (K. Reinhardt), Matthäus (1) (Binz), Möller – Riedle, Völler (Klinsmann) – K.: Matthäus/Brehme – SR: R. Lo Bello (Italien).

569 **Schweden**, 10.10., Stockholm, 3:1 gewonnen: Aumann – Binz – Berthold, Helmer, Brehme (1) (K. Reinhardt) – Häßler, Möller (Riedle), Matthäus, Strunz – Völler (1), Klinsmann (1) – K.: Matthäus – SR: Worrall (England).

570 **Luxemburg**, 31.10., Luxemburg, 3:2 gewonnen: (EM-Qualifikation): Illgner – Binz – Berthold, Kohler, Brehme – Häßler, Strunz, Matthäus, Bein (1) (K. Reinhardt) – Klinsmann (1), Völler (1) – K.: Matthäus – SR: Nielsen (Dänemark).

571 **Schweiz**, 19.12., Stuttgart, 4:0 gewonnen: Illgner – Berthold – Kohler, Buchwald, Helmer – Reuter, Häßler, Matthäus (1), Sammer (Thom (1)) – Klinsmann, Völler (1) (Riedle (1)) – K.: Matthäus – SR: C. Longhi (Italien).

1991: 7 Spiele, 6 Siege, 1 Niederlage

572 **Sowjetunion**, 27.3., Frankfurt/M., 2:1 gewonnen: Illgner – Berthold – Reuter (1), Kohler (Helmer), Buchwald – Häßler (Möller), Sammer, Matthäus (1), Doll – Klinsmann, Völler – K.: Matthäus – SR: Listkiewicz (Polen).

573 **Belgien**, 1.5., Hannover, 1:0 gewonnen (EM-Qualifikation): Illgner – Berthold – Reuter, Beiersdorfer, Brehme – Häßler, Sammer, Matthäus (1), Doll – Klinsmann (Helmer), Völler (Riedle) – K.: Matthäus – SR: Z. Petrovic (Jugoslawien).

574 **Wales**, 5.6., Cardiff, 0:1 verloren (EM-Qualifikation): Illgner – Berthold – Buchwald, Kohler, Brehme – Reuter, Helmer, Matthäus (Doll), Sammer (Effenberg) – Klinsmann, Völler – K.: Matthäus/Völler – SR: Bo Karlsson (Schweden).

575 **England**, 11.9., London, 1:0 gew.: Illgner – Binz – Effenberg, Kohler, Buchwald – Häßler, Matthäus, Möller, Brehme – Riedle (1), Doll (Klinsmann) – K.: Matthäus – SR: Spirin (Sowjetunion).

576 **Wales**, 16.10., Nürnberg, 4:1 gewonnen (EM-Qualifikation): Illgner – Binz – Buchwald, Kohler, Brehme – Reuter, Doll 1 (Effenberg), Matthäus, Möller (1) – Riedle (1) (Häßler), Völler (1) – K.: Matthäus – SR: Quiniou (Frankreich).

577 **Belgien**, 20.11., Brüssel, 1:0 gewonnen (EM-Qualifikation): Illgner – Binz – Buchwald, Kohler, Brehme – Reuter, Möller (Effenberg), Matthäus, Doll – Völler (1), Riedle – K.: Matthäus – SR: Lanese (Italien).

578 **Luxemburg**, 18.12., Leverkusen, 4:0 gewonnen (EM-Qualifikation): Illgner – Binz – Reuter, Buchwald (1), Kohler, Brehme – Möller (Bein), Matthäus (1), Doll (Häßler (1)) – Riedle (1), Völler – K.: Matthäus – SR: Przesmycki (Polen).

1992: 14 Spiele: 5 Siege, 5 Unentschieden, 4 Niederlagen

579 **Italien**, 25.3., Turin, 0:1 verloren: Illgner – Binz – Reuter, Helmer, Buchwald, Brehme (M. Schulz) Häßler, Matthäus, Doll (Bein) – Völler (Klinsmann), Riedle – K.: Matthäus – SR: Larsson (Schweden).

580 **Tschechoslowakei**, 22.4., Prag, 1:1 unentschieden: Köpke – Binz – Helmer, Buchwald, Wörns – Häßler (1) (Möller), Effenberg, Thom (Sammer), Frontzeck – Klinsmann, Völler – K.: Völler – SR: Frost (Israel).

581 **Türkei**, 30.5., Gelsenkirchen, 1:0 gewonnen: Köpke Kohler, Binz, Buchwald – Wörns (Effenberg),

Häßler, Sammer, Möller, Brehme Völler (1), Klinsmann (Thom) – K.: Völler – SR: Ramos (Frankreich).

582 **Nordirland**, 2.6., Bremen, 1:1 unentschieden: Illgner – Binz (1) – Kohler, Buchwald – Reuter, Effenberg, Sammer (Thom), Häßler (Doll), Brehme – Völler, Riedle – K.: Völler – SR: Constantin (Belgien).

583 **GUS**, 12.6., Norrköping, 1:1 unentschieden (EM-Gruppenspiel): Illgner – Binz – Reuter (Klinsmann), Kohler, Buchwald, Brehme – Häßler (1), Effenberg, Doll – Völler (Möller), Riedle – K.: Völler/Brehme – SR: Biguét (Frankreich).

584 **Schottland**, 15.6., Norrköping, 2:0 gewonnen (EM-Gruppenspiel): Illgner – Kohler, Binz, Buchwald, Brehme – Häßler, Effenberg (1), Sammer, Möller – Klinsmann, Riedle (1) (Reuter, Schulz) – K.: Brehme – SR: Goethals (Belgien).

585 **Niederlande**, 18.6., Göteborg, 1:3 verloren (EM-Gruppenspiel): Illgner – Binz (Sammer) – Brehme, Helmer, Kohler, Frontzeck – Häßler, Effenberg, Möller – Riedle (Doll), Klinsmann (1) – K.: Brehme – SR: Pairetto (Italien).

586 **Schweden**, 21.6., Stockholm, 3:2 gewonnen (EM-Halbfinale): Illgner – Helmer – Reuter, Kohler, Buchwald, Brehme – Häßler (1), Effenberg, Sammer – Klinsmann (Doll), Riedle (2) – K.: Brehme – SR: Lanese (Italien).

587 **Dänemark**, 26.6., Göteborg, 0:2 verloren (EM-Endspiel): Illgner – Helmer – Reuter, Kohler, Buchwald, Brehme – Häßler, Effenberg (Thom), Sammer (Doll) – Klinsmann, Riedle – K.: Brehme – SR: Galler (Schweiz).

588 **Dänemark**, 9.9., Kopenhagen, 2:1 gewonnen: Köpke – Buchwald – Wörns, Helmer, Frontzeck – Reuter, Klinsmann (Strunz), Effenberg (1), Doll (Thon) – Riedle (1), Thom – K.: Buchwald – SR: Bodenham (England).

589 **Mexiko**, 14.10., Dresden, 1:1 unentschieden: Köpke – Thon – Buchwald – Scholz, Häßler, Matthäus, Helmer, Effenberg, K. Reinhardt – Völler (1) (Kirsten), Riedle (Klinsmann) – K.: Matthäus – SR: Marko (CSFR).

590 **Österreich**, 18.11., Nürnberg, 0:0 unentschieden: Köpke – Buchwald – Kohler, Helmer – Reuter, Häßler, Effenberg, Doll, Reinhardt (Möller) – Klinsmann, Riedle (Kirsten) – K.: Buchwald – SR: Worrall (England).

591 **Brasilien**, 16.12., Porto Alegre, 1:3 verloren: Illgner – Buchwald – Wörns, Kohler – Wolter (Zorc), Wagner (Reinhardt) – Effenberg, Matthäus, Häßler (Sammer (1)) – Klinsmann, Thom (Doll) – K.: Matthäus – SR: Escobar (Paraguay).

592 **Uruguay**, 20.12., Montevideo, 4:1 gewonnen: Köpke – Thon – Kohler, Helmer – Häßler (1) (Sammer), Zorc, Buchwald (1), Matthäus, Möller (1), Doll (Kirsten) – Klinsmann (1) (Labbadia) – K.: Matthäus – SR: Loustau (Argentinien).

1993: 11 Spiele: 7 Siege, 3 Unentschieden, 1 Niederlage

593 **Schottland**, 24.3., Glasgow, 1:0 gewonnen: Köpke – Thon – Buchwald, Kohler – Häßler, Zorc, Matthäus (Sammer), Doll (Effenberg), Helmer – Riedle (1), Klinsmann – K.: Matthäus/ Buchwald – SR: Schelings (Belgien).

594 **Ghana**, 14.4., Bochum, 6:1 gewonnen: Köpke – Thon – Kohler, Buchwald – Effenberg (2), Matthäus (Häßler), Zorc, Bein (Möller (1)), Helmer Klinsmann (2), Riedle (Kirsten (1)) Matthäus/Buchwald – SR: van der Ende (Niederlande).

595 **Brasilien**, 10.6., Washington, 3:3 unentschieden: Köpke – Buchwald – Kohler, Helmer – Effenberg, Zorc (Strunz), Matthäus, Ziege (Schulz), Sammer (Riedle), Möller (1) – Klinsmann (2) – K.: Matthäus – SR: Angeles (USA).

596 **USA**, 13.6., Chicago, 4:3 gewonnen: Köpke – Buchwald – Kohler (Helmer), Schulz – Strunz, Effenberg (Möller), Matthäus, Bein, Ziege – Klinsmann (1) (Pflipsen), Riedle (3) – K.: Matthäus – SR: Loustau (Argentinien).

597 **England**, 19.6., Detroit, 2:1 gewonnen: Illgner – Helmer – Buchwald, Schulz – Strunz, Effenberg (1) (Zorc), Matthäus, Möller (Sammer), Ziege – Riedle, Klinsmann (1) – K.: Matthäus – SR: Cavani (Uruguay).

598 **Tunesien**, 22.9., Tunis, 1:1 unentschieden: Illgner – Matthäus – Kohler, Schulz – Buchwald (Hobsch), Gaudino, Effenberg, Bein, Ziege – Riedle (Kirsten), Möller (1) – K.: Matthäus – SR: Medjeiba (Algerien).

599 **Uruguay**, 13.10., Karlsruhe, 5:0 gewonnen: Köpke – Matthäus – Kohler, Helmer (Zorc) – Effenberg (Ritter), Häßler, Buchwald (1), Möller (1), Ziege – Klinsmann, Riedle (1) (Kirsten (1)) – Dazu ein Eigentor von Romero – K.: Matthäus – SR: Grabher (Österreich).

600 **Brasilien**, 17.11., Köln, 2:1 gewonnen: Illgner – Matthäus – Effenberg, Kohler, Helmer – Häßler, Buchwald (1), Möller (1), Brehme – Riedle (Kirsten), Klinsmann (Gaudino) – K.: Matthäus – SR: Damgaard (Dänemark).

601 **Argentinien**, 15.12., Miami, 1:2 verloren: Köpke – Matthäus – Kohler, Helmer – Effenberg, Häßler, Buchwald, Möller (1) (Sammer), Brehme – Kirsten, Klinsmann (Thom) – K.: Matthäus – SR: Don (England).

602 **USA**, 18.12., San Francisco, 3:0 gewonnen: Illgner – Matthäus – Kohler (Sammer), Buchwald – Effenberg, Häßler (Strunz), Eilts, Brehme (Ziege) – Möller (1) – Klinsmann (Thom (1)), Kuntz (1) – K.: Matthäus – SR: Pedersen (Norwegen).

603 **Mexiko**, 22.12., Mexiko City, 0:0 unentschieden: Illgner – Matthäus – Kohler, Schulz – Strunz, Effenberg (Eilts), Gaudino (Häßler), Sammer, Ziege (Kuntz) – Möller, Klinsmann (Kirsten) – K.: Matthäus – SR: Sawtell (Kanada).

1994: 15 Spiele: 11 Siege, 2 Unentschieden, 2 Niederlagen

604 **Italien**, 23.3., Stuttgart, 2:1 gewonnen: Illgner – Matthäus – Kohler (Berthold), Buchwald – Strunz, Häßler (Basler), Effenberg, Sammer, Brehme – Möller, Klinsmann (2) – K.: Matthäus – SR: McCluskey (Schottland).

605 **Vereinigte Arabische Emirate**, 27.4., Abu Dhabi, 2:0 gewonnen: Köpke – Matthäus (Sammer) – Kohler, Berthold – Strunz, Basler, Möller (Gaudino (1)), Buchwald, Brehme (Helmer) – Kirsten (1), Thom (Häßler) – K.: Matthäus/Buchwald – SR: Craciunescu (Rumänien).

606 **Irland**, 29.5., Hannover, 0:2 verloren: Illgner – Matthäus – Kohler (Häßler), Buchwald (Berthold) – Strunz, Basler, Sammer, Wagner – Möller (Effenberg) – Klinsmann, Riedle (Völler) – K.: Matthäus – SR: Encianar (Spanien).

607 **Österreich**, 2.6., Wien, 5:1 gewonnen: Illgner – Matthäus (Basler (1)) – Berthold, Kohler – Strunz, Effenberg, Sammer (1) (Helmer), Brehme – Häßler, Möller (2) (Kuntz) – Klinsmann (1) (Riedle) – K.: Matthäus/Brehme – SR: Harrel (Frankreich).

608 **Kanada**, 8.6., Toronto, 2:0 gewonnen: Illgner – Matthäus – Kohler (Helmer), Berthold – Strunz (Gaudino), Basler (Kuntz), Sammer (1), Häßler (Wagner), Brehme – Klinsmann (Riedle), Völler (1) – K.: Matthäus – SR: Lodge (England).

609 **Bolivien**, 17.6., Chicago, 1:0 gewonnen (WM-Gruppenspiel): Illgner – Matthäus – Kohler, Berthold – Brehme, Häßler (Strunz), Sammer, Effenberg – Möller – Klinsmann (1), Riedle (Basler) – K.: Matthäus – SR: Carter (Mexiko).

610 **Spanien**, 21.6., Chicago, 1:1 unentschieden (WM-Gruppenspiel): Illgner – Matthäus – Kohler, Berthold – Strunz, Häßler, Sammer, Effenberg, Brehme – Klinsmann (1), Möller (Völler) – K.: Matthäus – SR: Cavani (Uruguay).

611 **Südkorea**, 27.6., Dallas, 3:2 gewonnen (WM-Gruppenspiel): Illgner – Matthäus (Möller) – Kohler, Berthold – Effenberg (Helmer), Häßler, Buchwald, Sammer, Brehme – Riedle (1), Klinsmann (2) – K.: Matthäus/Brehme – SR: Quiniou (Frankreich).

612 **Belgien**, 2.7., Chicago, 3:2 gewonnen (WM-Achtelfinale): Illgner – Matthäus (Brehme) – Kohler, Helmer – Berthold, Häßler, Buchwald, Sammer, Wagner – Völler (2), Klinsmann (1) (Kuntz) – K.: Matthäus/Völler – SR: Röthlisberger (Schweiz).

613 **Bulgarien**, 10.7., New York, 1:2 verloren (WM-Viertelfinale): Illgner – Matthäus (1) – Kohler, Helmer – Berthold, Häßler (Brehme), Buchwald, Möller, Wagner (Strunz) – Klinsmann, Völler – K.: Matthäus – SR: Cadena (Kolumbien).

614 **Russland**, 7.9., Moskau, 1:0 gewonnen: Köpke – Matthäus – Kohler, Helmer – Strunz, Basler (Möller), Eilts, Häßler, Weber – Klinsmann, Kuntz (1) (Riedle) – K.: Matthäus – SR: Werner (Polen).

615 **Ungarn**, 12.10., Budapest, 0:0 unentschieden: Köpke – Matthäus (Reuter) – Kohler, D. Schuster – Strunz, Todt, Eilts (Wagner), Weber – Häßler – Klinsmann, Bobic (Marschall) – K.: Matthäus/Kohler – SR: Zen-Ruffinen (Schweiz).

616 **Albanien**, 16.11., Tirana, 2:1 gewonnen (EM-Qualifikation): Köpke – Matthäus – Berthold, Kohler – Reuter, Eilts, Sammer (Strunz), Weber (D. Schuster) – Möller – Klinsmann (1), Kirsten (1) – K.: Matthäus – SR: Melnitschuk (Ukraine).

617 **Moldawien**, 14.12., Chisinau, 3:0 gewonnen (EM-Qualifikation): Köpke – Matthäus (1) – Helmer, Berthold – Reuter, Häßler, Sammer, Weber – Möller (Kuntz), Klinsmann (1), Kirsten (1) (Strunz) – K.: Matthäus – SR: Van Vliet (Niederlande).

618 **Albanien**, 18.12., Kaiserslautern, 2:1 gewonnen (EM-Qualifikation): Köpke – Matthäus (1) – Berthold, Helmer – Reuter, Häßler (Strunz), Sammer, Weber – Möller – Kirsten (Kuntz), Klinsmann (1) – K.: Matthäus – SR: Christensen (Dänemark).

1995: 12 Spiele: 8 Siege, 3 Unentschieden, 1 Niederlage

619 **Spanien**, 22.2., Jerez de la Frontera, 0:0 unentschieden: Köpke – Helmer – Babbel – Wörns (Basler), Freund, Todt, Schuster (Weber) – Häßler, Möller – Klinsmann, Kirsten – K.: Klinsmann – SR: Sundell (Schweden).

620 **Georgien**, 29.3., Tiflis, 2:0 gewonnen (EM-Qualifikation): Köpke – Helmer – Kohler, Babbel – Reuter, Eilts, Weber (Freund) – Basler, Möller – Klinsmann (2), Herrlich – K.: Klinsmann – SR: Bodenham (England).

621 **Wales**, 26.4., Düsseldorf, 1:1 unentschieden (EM-Qualifikation): Köpke – Reuter Freund, Babbel, Weber – Basler (Scholl), Eilts, Häßler, Ziege (Kuntz) – Klinsmann, Herrlich (1) – K.: Klinsmann – SR: Encinar (Spanien).

622 **Bulgarien**, 7.6., Sofia, 2:3 verloren (EM-Qualifikation): Köpke – Sammer – Reuter, Babbel, Helmer – Basler (Möller), Strunz (1) (Kirsten), Eilts – Häßler – Klinsmann (1), Herrlich – K.: Klinsmann – SR: Pairetto (Italien).

623 **Italien**, 21.6., Zürich, 2:0 gewonnen: Köpke – Sammer – Babbel, Helmer (1), Freund – Reuter, Häßler, Ziege, Heinrich – Kirsten, Kuntz (Bobic) – K.: Häßler – SR: Detruche (Schweiz) – Dazu ein Eigentor von Maldini.

624 **Schweiz**, 23.6., Bern, 2:1 gewonnen: Kahn – Sammer – Freund, Helmer – Reuter, Todt, Ziege – Häßler (1), Scholl (Weber), Möller (1) – Kuntz – K.: Häßler – SR: Grabher (Österreich).

625 **Belgien**, 23.8., Brüssel, 2:1 gewonnen: Köpke – Helmer – Strunz (Eilts), Kohler (Haber, Labbadia), Heinrich – Basler, Freund, Babbel, Möller (1) – Bobic (1), Scholl – K.: Kohler/Möller – SR: van der Ende (Niederlande).

626 **Georgien**, 6.9., Nürnberg, 4:1 gewonnen (EM-Qualifikation): Kahn – Helmer – Kohler, Babbel (1), Ziege (1) – Strunz, Freund, Häßler, Möller (1) – Klinsmann, Kirsten (1) – K.: Klinsmann – SR: McCluskey (Schottland).

627 **Moldawien**, 8.10., Leverkusen, 6:1 gewonnen (EM-Qualifikation): Köpke – Sammer (2) (Wörns) – Babbel, Helmer (1) – Freund, Eilts, Ziege – Häßler, Möller (2) (Scholl) – Klinsmann, Herrlich (Bobic). Dazu ein Eigentor von S. Stroenco – Moldawien – K.: Klinsmann – SR: Ziober (Polen).

628 **Wales**, 11.10., Cardiff, 2:1 gewonnen (EM-Qualifikation): Köpke – Sammer – Babbel (Wörns), Helmer – Freund, Eilts, Ziege – Häßler, Möller – Klinsmann (1), Herrlich (Kuntz). Dazu ein Eigentor von Melville – Wales – K.: Klinsmann – SR: Craciunescu (Rumänien).

629 **Bulgarien**, 15.11., Berlin, 3:1 gewonnen (EM-Qualifikation): Köpke – Sammer – Babbel, Kohler (Strunz), Freund – Eilts, Helmer, Basler, Häßler (1) (Reuter) – Klinsmann (2), Kuntz (Bobic) – K.: Klinsmann – SR: Nikakis (Griechenland).

630 **Südafrika**, 15.12., Johannesburg, 0:0 unentschieden: Köpke – Helmer – Kohler (Kuntz), R. Schneider – Haber (Wörns), Reuter, Bode – Häßler, Möller – Klinsmann, Bobic – K.: Klinsmann – SR: Gallagher (England).

1996: 16 Spiele: 10 Siege, 5 Unentschieden, 1 Niederlage

631 **Portugal**, 21.2., Porto, 2:1 gewonnen: Köpke – Sammer – Ziege (Albertz), Kohler, Babbel – Häßler (Basler), Freund, Helmer, Möller (2) – Klinsmann, Kuntz (Bierhoff) – K.: Klinsmann – SR: Boggi (Italien).

632 **Dänemark**, 27.3., München, 2:0 gewonnen Kahn (Köpke) – Helmer – Kohler – Reuter (Babbel), Eilts, Freund (Albertz), Ziege – Häßler, Scholl (Basler) – Klinsmann, Bierhoff (2) – K.: Klinsmann – SR: Temmink (Niederlande).

633 **Niederlande**, 24.4., Rotterdam, 1:0 gewonnen: Köpke – Sammer (Helmer) – Reuter, Kohler, Ziege – Freund, Häßler (Kuntz), Eilts (Babbel), Basler (Scholl) – Klinsmann (1), Bierhoff – K.: Klinsmann – SR: Collina (Italien).

634 **Nordirland**, 29.5., Belfast, 1:1 unentschieden: Kahn – Helmer – Basler, Strunz, Kohler, Ziege (Bode) – Scholl (1), Eilts, Möller – Bierhoff (Kuntz), Klinsmann (Bobic) – K.: Klinsmann/Kohler – SR: Young (Schottland).

635 **Frankreich**, 1.6., Stuttgart, 0:1 verloren: Köpke – Sammer – Reuter, Babbel, Ziege (Scholl) – Häßler (Basler), Eilts (Freund), Helmer, Möller – Klinsmann, Bobic – K.: Klinsmann – SR: Wojcik (Polen).

636 **Liechtenstein**, 4.6., Mannheim, 9:1 gewonnen: Reck – Sammer (1) – Reuter (Freund), Kohler (1), Ziege (1) (Klinsmann (1)) – Eilts (Strunz), Häßler (Basler), Helmer (Bode), Möller (2) (Scholl) – Bierhoff (1), Kuntz (2) – K.: Kohler – SR: W. Müller (Schweiz).

637 **Tschechien**, 9.6., Manchester, 2:0 gewonnen (EM-Gruppenspiel): Köpke – Sammer – Reuter, Kohler (Babbel), Helmer – Häßler, Eilts, Möller (1), Ziege (1) – Bobic (Strunz), Kuntz (Bierhoff) – K.: Kohler/Häßler – SR: Elleray (England).

638 **Russland**, 16.6., Manchester, 3:0 gewonnen (EM-Gruppenspiel): Köpke – Sammer (1) – Reuter, Babbel, Helmer, Ziege – Häßler (Freund), Eilts, Möller (Strunz) – Bierhoff (Kuntz), Klinsmann (2) – K.: Klinsmann – SR: Nielsen (Dänemark).

639 **Italien**, 19.6., Manchester, 0:0 unentschieden (EM-Gruppenspiel): Köpke – Sammer – Strunz, Freund, Helmer, Ziege – Häßler, Eilts, Möller (Bode) – Klinsmann, Bobic – K.: Klinsmann – SR: Goethals (Belgien).

640 **Kroatien**, 23.6., Manchester, 2:1 gewonnen (EM-Viertelfinale): Köpke – Sammer (1) – Reuter, Babbel, Helmer, Ziege – Scholl (Häßler), Eilts, Möller – Klinsmann (1) (Freund), Bobic (Kuntz) – K.: Klinsmann/Möller – SR: Sundell (Schweden).

641 **England**, 26.6., London, 1:1 n.V./E 6:5 (EM-Halbfinale): Köpke – Sammer – Reuter, Babbel, Helmer (Bode), Ziege – Freund (Strunz), Eilts – Scholl (Häßler), Möller – Kuntz (1) – K.: Möller – SR: Puhl (Ungarn) – Tore aus dem 11-m-Schießen: Häßler, Strunz, Reuter, Ziege, Kuntz, Möller (zählen nicht in der Torstatistik, sondern dienen lediglich der Ermittlung des Siegers).

642 **Tschechien**, 30.6., London, 2:1 n. V. („Golden Goal"), EM-Endspiel: Köpke – Sammer – Strunz, Babbel, Helmer, Ziege – Eilts (Bode), Scholl (Bierhoff (2)), Häßler – Klinsmann, Kuntz – K.: Klinsmann – SR: Pairetto (Italien).

643 **Polen**, 4.9., Zabrze, 2:0 gewonnen: Kahn – Helmer – Reuter (Babbel), Kohler, Strunz, Ziege (Bode) – Häßler, Eilts, Möller (Scholl) – Bierhoff (1) (Bobic), Klinsmann (1) – K.: Klinsmann – SR: Durkin (England).

644 **Armenien**, 9.10., Eriwan, 5:1 gewonnen (WM-Qualifikation): Köpke – Reuter – Babbel, Kohler – Paßlack, Eilts, Bode (Kuntz (1)) – Häßler (2) (Tarnat), Scholl – Bierhoff (Bobic (1)), Klinsmann (1) – K.: Klinsmann – SR: Collina (Italien).

645 **Nordirland**, 9.11., Nürnberg, 1:1 unentschieden (WM-Qualifikation): Köpke – Reuter – Kohler – Babbel, Strunz, Eilts (Paßlack), Tarnat – Häßler, Möller (1) – Bobic (Bierhoff), Klinsmann – K.: Klinsmann – SR: Cakar (Türkei).

646 **Portugal**, 14.12., Lissabon, 0:0 unentschieden (WM-Qualifikation): Köpke – Sammer – Kohler – Reuter, Babbel (Tarnat), Eilts, Ziege – Basler (Kirsten), Möller – Klinsmann, Bobic – K.: Klinsmann – SR: Puhl (Ungarn).

1997: 9 Spiele: 7 Siege, 2 Unentschieden

647 **Israel**, 26.2., Tel Aviv, 1:0 gewonnen: Kahn – Sammer – Kohler – Babbel, Eilts, Ziege – Basler (Heinrich), Möller, Wosz (1) – Klinsmann, Bobic (Kirsten) – K.: Klinsmann – SR: Braschi (Italien).

648 **Albanien**, 2.4., Granada, 3:2 gewonnen (WM-Qualifikation): Köpke – Sammer – Kohler, Helmer – Reuter (Heinrich), Eilts (Kirsten (3)), Möller, Wosz, Ziege – Bierhoff, Klinsmann – K.: Klinsmann – SR: Piraux (Belgien).

649 **Ukraine**, 30.4., Bremen, 2:0 gewonnen (WM-Qualifikation): Köpke – Helmer – Kohler – Heinrich, Eilts, Ziege – Basler (1), Wosz (Tarnat) – Bobic (Nowotny), Klinsmann, Bierhoff (1) – K.: Klinsmann – SR: Frisk (Schweden).

650 **Ukraine**, 7.6., Kiew, 0:0 unentschieden (WM-Qualifikation): Köpke – Sammer – Kohler, Helmer – Heinrich, Basler, Eilts, Wosz (Scholl), Ziege – Kirsten (Bierhoff), Klinsmann – K.: Klinsmann – SR: Vagner (Ungarn).

651 **Nordirland**, 20.8., Belfast, 3:1 gewonnen (WM-Qualifikation): Köpke – Helmer – Kohler – Wörns (Häßler), Nowotny, Ziege, Heinrich – Basler (Babbel), Möller – Klinsmann, Kirsten (Bierhoff 3) – K.: Klinsmann – SR: Encinar (Spanien).

652 **Portugal**, 6.9., Berlin, 1:1 unentschieden (WM-Qualifikation): Köpke – Helmer – Heinrich (Wosz), Kohler, Ziege – Reuter (Babbel), Nowotny – Basler, Häßler – Klinsmann, Bierhoff (Kirsten (1)) – K.: Klinsmann – SR: Batta (Frankreich).

653 **Armenien**, 10.9., Dortmund, 4:0 gewonnen (WM-Qualifikation): Köpke – Wörns, Thon, Helmer – Heinrich, Kmetsch (Ricken), Tarnat (Bierhoff) – Häßler (1), Wosz (Nowotny) – Klinsmann (2), Kirsten (1) – K.: Klinsmann – SR: Mikkelsen (Dänemark).

654 **Albanien**, 11.10., Hannover, 4:3 gewonnen (WM-Qualifikation): Kahn – Thon – Reuter, Kohler, Helmer (1), Heinrich – Häßler, Möller – Kuntz (Marschall (1)) – Bobic (Tarnat), Bierhoff (2) – K.: Kohler – SR: Pedersen (Norwegen).

655 **Südafrika**, 15.11., Düsseldorf, 3:0 gewonnen: Kahn – Helmer (Tarnat) – Wörns, Linke – Basler, D. Hamann (1), Jeremies, Ziege (Heinrich (1)) – Häßler – Bierhoff (1), Kirsten (Marschall) – K.: Häßler – SR: Michel (Slowakei).

1998: 17 Spiele: 10 Siege, 4 Unentschieden, 3 Niederlagen

656 **Oman**, 18.2., Maskat, 2:0 gewonnen: Köpke (Lehmann) – Kohler (1), Wörns – Thon – Ricken (Möller), Kmetsch (Reuter), Jeremies, Heinrich (1) – Häßler – Bierhoff, Kirsten – K.: Kohler – SR: Saleh (Vereinigte Arabische Emirate).

657 **Saudi-Arabien**, 22.2., Riad, 3:0 gewonnen: Köpke – Thon (Nowotny) – Kohler, Linke – Basler (Häßler), Hamann, Helmer (1), Tarnat – Möller (1) – Bierhoff (Marschall (1)), Kirsten (Bobic) – K.: Kohler – SR: Khamis (Bahrain).

658 **Brasilien**, 25.3., Stuttgart, 1:2 verloren: Köpke – Thon – Wörns, Kohler – Heinrich, Hamann, Helmer (Babbel), Ziege (Tarnat) – Möller – Klinsmann (Kirsten (1)), Bierhoff – K.: Klinsmann/Möller – SR: Elleray (England).

659 **Nigeria**, 22.4., Köln, 1:0 gewonnen: Kahn – Thon – Wörns, Babbel – Jeremies (Reuter), Häßler, Hamann, Tarnat – Möller (1) (Freund) – Kirsten, Bierhoff – K.: Häßler – SR: Nieto (Spanien).

660 **Finnland**, 27.5., Helsinki, 0:0 unentschieden: Köpke (Kahn) – Wörns, Matthäus, Kohler (Babbel) – Heinrich (Jeremies), Freund, Hamann (Thon), Tarnat – Häßler, Bierhoff, Kirsten (Marschall) – K.: Kohler/Häßler – SR: Bo Larsen (Dänemark).

661 **Kolumbien**, 30.5., Frankfurt/M., 3:1 gewonnen: Köpke – Thon – Wörns, Kohler – Reuter, Jeremies (Matthäus), Ziege – Häßler (Hamann), Möller (1) – Bierhoff (2) (Kirsten), Marschall, (Klinsmann) – K.: Kohler – SR: Ouzounov (Bulgarien).

662 **Luxemburg**, 5.6., Mannheim, 7:0 gewonnen: Köpke (Lehmann) – Thon (Reuter) – Wörns, Kohler (Babbel) – Heinrich, Hamann (Tarnat), Helmer (1) (Matthäus) – Ziege (1) – Möller (Marschall) – Kirsten (2) (Bierhoff (2)), Klinsmann (1) – K.: Klinsmann – SR: Stuchlik (Österreich).

663 **USA**, 15.6., Paris, 2:0 gewonnen (WM-Gruppenspiel): Köpke – Thon – Wörns, Kohler – Reuter (Ziege), Jeremies, Heinrich – Häßler (Hamann), Möller (1) (Babbel) – Klinsmann (1), Bierhoff – K.: Klinsmann – SR: Belqola (Marokko).

664 **Jugoslawien**, 21.6., Lens, 2:2 unentschieden (WM-Gruppenspiel): Köpke – Thon – Wörns, Kohler – Heinrich, Jeremies, Hamann (Matthäus), Ziege (Tarnat) – Möller (Kirsten) – Klinsmann, Bierhoff (1). Dazu ein Eigentor von S. Mihajlovic – K.: Klinsmann – SR: Nielsen (Dänemark).

665 **Iran**, 25.6., Montpellier, 2:0 gewonnen (WM-Gruppenspiel): Köpke – Thon (Hamann) – Wörns, Kohler – Heinrich, Matthäus, Helmer, Tarnat (Ziege) – Häßler (Kirsten) – Klinsmann (1), Bierhoff (1) – K.: Klinsmann – SR: Chavez (Paraguay).

666 **Mexiko**, 29.6., Montpellier, 2:1 gewonnen (WM-Achtelfinale): Köpke – Matthäus – Wörns, Babbel – Heinrich (Möller), Hamann, Helmer (Ziege), Tarnat – Häßler (Kirsten) – Klinsmann (1), Bierhoff (1) – K.: Klinsmann – SR: Pereira (Portugal).

667 **Kroatien**, 4.7., Lyon, 0:3 verloren (WM-Viertelfinale): Köpke – Matthäus – Wörns, Kohler – Heinrich, Hamann (Marschall), Jeremies, Tarnat – Häßler (Kirsten) – Klinsmann, Bierhoff – K.: Klinsmann – SR: Pedersen (Norwegen).

668 **Malta**, 2.9., Ta' Qali, 2:1 gewonnen: Kahn – Nowotny – Rehmer, Linke (Paßlack (1)) – Babbel, Beinlich, Basler (Neuville), Effenberg, Heinrich (Tarnat) – Bierhoff (Kirsten), Marschall (Rink) – K.: Bierhoff/Kirsten – SR: Bazzoli (Italien) – Dazu Eigentor Debono.

669 **Rumänien**, 5.9., Ta' Qali, 1:1 unentschieden: Kahn – Paßlack (Nowotny), Rehmer, Babbel, Albertz (Tarnat) – Jeremies, Nerlinger (1) – Basler, Effenberg – Kirsten, Bierhoff (Rink) – K.: Bierhoff/Kirsten – SR: Micallef (Malta).

670 **Türkei**, 10.10., Bursa, 0:1 verloren (EM-Qualifikation): Kahn – Nowotny – Babbel, Rehmer – Ramelow, Jeremies, Heinrich (Neuville) – Ricken (Bode), Beinlich – Bierhoff, Kirsten – K.: Bierhoff – SR: Dallas (Schottland).

671 **Moldawien**, 14.10., Chisinau, 3:1 gewonnen (EM-Qualifikation): Kahn – Nowotny – Babbel, Rehmer – Ramelow, Ricken (Neuville), Nerlinger, Beinlich (Wosz), Tarnat – Kirsten (2) (Jancker), Bierhoff (1) – K.: Bierhoff – SR: Marin (Spanien).

672 **Niederlande**, 18.11., Gelsenkirchen, 1:1 unentschieden: Kahn – Nowotny (Rehmer), Matthäus (Ramelow), Wörns – Strunz (Hamann), Jeremies, Heinrich – Basler (Zickler), Möller – Bierhoff, Kirsten (Marschall (1)) – K.: Bierhoff – SR: Wojcik (Polen).

1999: 13 Spiele: 7 Siege, 2 Unentschieden, 4 Niederlagen

673 **USA**, 6.2., Jacksonville, 0:3 verloren: Kahn – Matthäus – Babbel, Rehmer – Jeremies, Ricken, Ramelow (Nerlinger), Zickler (Bode) – Möller – Preetz, Marschall – K.: Matthäus – SR: Alcala (Mexiko).

674 **Kolumbien**, 9.2., Miami, 3:3 unentschieden: Kahn (Lehmann) – Wörns, Matthäus, Rehmer – Babbel, Jeremies (Nerlinger), Möller, Bode (1) – Neuville (Zickler), Preetz (2), Reich (Ricken) – K.: Matthäus – SR: Hall (USA).

675 **Nordirland**, 27.3., Belfast, 3:0 gewonnen (EM-Qualifikation): Kahn – Matthäus (Nowotny) – Babbel, Wörns – Strunz, Jeremies, Hamann (1), Heinrich – Neuville (Jancker), Bierhoff, Bode (2) (Preetz) – K.: Bierhoff – SR: Cesari (Italien).

676 **Finnland**, 31.3., Nürnberg, 2:0 gewonnen (EM-Qualifikation): Kahn – Babbel, Matthäus, Wörns – Strunz, Hamann (Nowotny), Jeremies (1), Heinrich – Neuville (1) (Kirsten), Bierhoff, Bode (Jancker) – K.: Bierhoff – SR: Kussainow (Russland).

677 **Schottland**, 28.4., Bremen, 0:1 verloren: Lehmann – Wörns, Matthäus, Nowotny – Strunz (Jancker), Hamann (Ballack), Jeremies (Ramelow), Heinrich – Neuville, Bierhoff (Kirsten), Heldt – K.: Bierhoff/Matthäus – SR: Meier (Schweiz).

678 **Moldawien**, 4.6., Leverkusen, 6:1 gewonnen (EM-Qualifikation): Kahn – Matthäus (Babbel) – Nowotny – Strunz, Hamann, Jeremies (Scholl (1)), Heinrich – Neuville, Bierhoff (3), Kirsten (1) (Ramelow), Bode (1) – K.: Bierhoff – SR: Coroado (Portugal).

679 **Brasilien**, 24.7., Guadalajara, 0:4 verloren (Confederations Cup): Lehmann – Matthäus – Wörns, Linke – Ricken, Ballack, Wosz, Heinrich (Maul) – Neuville (Gerber), Preetz (Marschall), Scholl – K.: Matthäus – SR: Alcala (Mexiko).

680 **Neuseeland**, 28. 7., Guadalajara, 2:0 gewonnen (Confederations Cup): Lehmann – Matthäus (1) (Ballack) – Wörns, Linke – Ricken, B. Schneider, Scholl (Wosz), Heinrich, – Neuville, Marschall (Rink), Preetz (1) – K.: Matthäus/Wörns – SR: Codija (Benin).

681 **USA,** 30. 7., Guadalajara, 0:2 verloren (Confederations Cup): Lehmann – Matthäus – Wörns, Linke – Heinrich (Dogan), Gerber (Maul), B. Schneider, Wosz – Neuville, Preetz, Heldt (Rink) – K.: Matthäus – SR: Alcala (Mexiko).

682 **Finnland,** 4. 9., Helsinki, 2:1 gewonnen (EM-Qualifikation): Lehmann – Matthäus – Linke, Nowotny – Babbel, Scholl (Nerlinger), Jeremies, Ziege – Neuville (Strunz), Bierhoff (2), Kirsten (B. Schneider) – K.: Bierhoff – SR: Lopez Nieto (Spanien).

683 **Nordirland,** 8. 9., Dortmund, 4:0 gewonnen (EM-Qualifikation): Lehmann – Linke, Matthäus – Babbel (Strunz), Jeremies, Nowotny (Wörns), Scholl, Ziege (3) – Neuville (B. Schneider), Bierhoff (1), Bode – K.: Bierhoff – SR: Bikas (Griechenland).

684 **Türkei,** 9. 10., München, 0:0 unentschieden (EM-Qualifikation): Kahn – Matthäus – Babbel, Linke – B. Schneider (Dogan), Hamann (Nerlinger), Jeremies, Ziege (Bode) – Neuville, Bierhoff, Scholl – K.: Bierhoff – SR: Collina (Italien).

685 **Norwegen,** 14. 11., Oslo, 1:0 gewonnen: Lehmann – Wörns, Matthäus – Babbel (Baumann), Jeremies, Ziege, Scholl (1), Bode (Hamann) – Neuville (Linke), Kirsten (Wosz), Bierhoff (Jancker) – K.: Bierhoff/Matthäus – SR: Jol (Niederlande).

2000: 12 Spiele: 5 Siege, 3 Unentschieden, 4 Niederlagen

686 **Niederlande,** 23. 2., Amsterdam, 1:2 verloren: Kahn – Babbel, Matthäus, Linke – Sebescen (Deisler), Jeremies, Hamann (Wosz), Ziege (1) – Neuville (Baumann), Bierhoff, Scholl – K.: Bierhoff – SR: Messina (Italien).

687 **Kroatien,** 29. 3., Zagreb, 1:1 unentschieden: Kahn – Linke, Matthäus, Nowotny – Rehmer (1) (Ramelow), Hamann, Ballack, Ziege (Beinlich) – Wosz, Bierhoff, Kirsten (Rink) – K.: Bierhoff – SR: Michel (Slowakei).

688 **Schweiz,** 26. 4., Kaiserslautern, 1:1 unentschieden: Lehmann – Babbel (Wörns), Matthäus, Linke – Rehmer (Neuville), Ballack, Ziege (Bode) – Scholl (Hamann), Wosz (Rink), Preetz (Kirsten (1)), Bierhoff – K.: Bierhoff – SR: Norman (Schweden).

689 **Tschechien**, 3. 6., Nürnberg, 3:2 gewonnen: Kahn – Nowotny (Rehmer), Ramelow, Linke – Ziege, Hamann (Ballack), Babbel (Deisler), – Scholl (Bode), Häßler (Wosz) – Jancker (1) (Bierhoff (2)), Rink – K.: Kahn – SR: Trentalange (Italien).

690 **Liechtenstein**, 7. 6., Freiburg, 8:2 gewonnen: Lehmann (Butt) – Matthäus (Ramelow) – Linke (Rehmer), Nowotny – Babbel (Deisler), Jeremies (Ballack), Hamann (Häßler), Ziege (Bode (1)) – Scholl (1) (Wosz) – Bierhoff (1) (Jancker (2)), Rink (Kirsten (2)). Dazu ein Eigentor von Hasler – K.: Bierhoff/Häßler – SR: Plautz (Österreich).

691 **Rumänien,** 12. 6., Lüttich, 1:1 unentschieden (EM-Gruppenspiel): Kahn – Nowotny, Matthäus (Deisler), Linke (Rehmer) – Babbel, Jeremies, Ziege – Häßler (Hamann), Scholl (1) – Bierhoff, Rink – K.: Bierhoff – SR: Milton Nielsen (Dänemark).

692 **England**, 17. 6., Charleroi, 0:1 verloren (EM-Gruppenspiel): Kahn – Babbel, Matthäus, Nowotny – Deisler (Ballack), Hamann, Jeremies (Bode), Ziege – Scholl – Kirsten (Rink), Jancker – K.: Kahn – SR: Collina (Italien).

693 **Portugal,** 20. 6., Rotterdam, 0:3 verloren (EM-Gruppenspiel): Kahn – Nowotny, Matthäus, Linke – Rehmer, Hamann, Ballack (Rink) – Scholl (Häßler) – Deisler, Jancker (Kirsten), Bode – K.: Kahn – SR: Jol (Niederlande).

694 **Spanien,** 16. 8., Hannover, 4:1 gewonnen: Kahn – Rehmer, Nowotny, Heinrich (Linke) – Deisler, Ballack (Hamann), Ramelow, Bode (Beinlich) – Scholl (2) (Neuville), Jancker (Rink), Zickler (2) – K.: Kahn – SR: Fisker (Dänemark).

695 **Griechenland,** 2. 9., Hamburg, 2:0 gewonnen (WM-Qualifikation): Kahn – Rehmer, Nowotny, Heinrich (Linke) – Deisler (1), Ramelow, Ballack, Bode, Scholl – Zickler (Rink), Jancker. Dazu ein Eigentor von Ouzunidis – K.: Kahn – SR: Lopez Nieto (Spanien).

696 **England,** 7. 10., London, 1:0 gewonnen (WM-Qualifikation): Kahn – Rehmer, Nowotny, Linke – Deisler, Hamann (1), Ramelow, Ballack , Bode (Ziege) – Bierhoff, Scholl – K.: Bierhoff – SR: Braschi (Italien).

697 **Dänemark,** 15. 11., Kopenhagen, 1:2 verloren: Kahn – Hertzsch, Nowotny, Linke (Wosz) – Heinrich (Bode), Ramelow, Hamann, Ziege (Baumann) Scholl (1) – Zickler (Neuville), Bierhoff (Jancker) – K.: Bierhoff/Kahn – SR: Stuchlik (Österreich).

2001: 11 Spiele: 6 Siege, 3 Unentschieden, 2 Niederlage

698 **Frankreich,** 27. 2., Paris, 0:1 verloren: Kahn – Wörns, Jeremies, Linke – Rehmer (Frings), Ramelow, Hamann (Neuville), Ballack, Bode (Ziege) – Scholl, Jancker (Bierhoff) – K.: Kahn – SR: Trentalange (Italien).

699 **Albanien,** 24. 3., Leverkusen, 2:1 gewonnen (WM-Qualifikation): Kahn – Wörns, Nowotny – Jeremies, Ramelow, Deisler (1), Hamann (Rehmer), Bode – Neuville (Klose(1)), Bierhoff (Jancker), Scholl – K.: Bierhoff/Kahn – SR: Cesari (Italien).

700 **Griechenland,** 28. 3., Athen, 4:2 gewonnen (WM-Qualifikation): Kahn – Wörns, Nowotny, Heinrich – Rehmer (1), Jeremies (Ramelow), Ziege – Ballack (1), Deisler – Jancker (Bode (1)), Neuville (Klose (1)) – K.: Kahn – SR: Melo Pereira (Portugal).

701 **Slowakei,** 29. 5., Bremen, 2:0 gewonnen: Lehmann – Rehmer (Kehl), Nowotny, Baumann (1) – Ramelow, Bode (Böhme), Asamoah (1) (Zickler), Ballack (Ziege) – Deisler (Ricken), Neuville (Frings), Bierhoff (Klose) – K.: Bierhoff/Nowotny – SR: Colombo (Frankreich).

702 **Finnland,** 2. 6., Helsinki, 2:2 unentschieden (WM-Qualifikation): Kahn – Rehmer, Nowotny, Linke – Asamoah, Ramelow, Ballack (1), Bode (Ziege) – Ricken, Neuville (Klose), Jancker (1) (Bierhoff) – K.: Kahn – SR: Jol (Niederlande).

703 **Albanien,** 6. 6., Tirana, 2:0 gewonnen (WM-Qualifikation): Kahn – Rehmer (1), Nowotny, Linke – Ramelow, Ziege, Asamoah (Ricken), Ballack (1) – Deisler (Baumann), Jancker, Neuville (Zickler) – K.: Kahn – SR: Veissière (Frankreich).

704 **Ungarn,** 15. 8., Budapest, 5:2 gewonnen: Kahn – Rehmer (Metzelder), Baumann (1), Linke – Asamoah (Zickler), Kehl (1), Hamann (Ricken), Böhme (1) (Bode) – Deisler (Ziege) – Jancker (1) (Bierhoff (1)), Neuville (Klose) – K.: Kahn – SR: Ansuategui Roca (Spanien).

705 **England,** 1. 9., München, 1:5 verloren (WM-Qualifikation): Kahn – Wörns (Asamoah), Nowotny, Linke – Rehmer, Ballack (Klose), Hamann, Böhme – Deisler – Jancker (1), Neuville (Kehl) – K.: Kahn – SR: Collina (Italien).

706 **Finnland,** 6. 10., Gelsenkirchen, 0:0 unentschieden (WM-Qualifiktion): Kahn – Rehmer, Wörns, Nowotny, Ziege – Ballack, Ramelow, Böhme (Asamoah), Deisler – Bierhoff, Neuville (Klose) – K.: Kahn – SR: Frisk (Schweden).

707 **Ukraine,** 10. 11., Kiew, 1:1 unentschieden (WM-Qualifikation, Play-off): Kahn – Rehmer, Nowotny, Linke – B. Schneider (Ricken), Ramelow, Hamann, Ziege – Ballack (1) – Asamoah, Zickler (Jancker) – K.: Kahn – SR: Braschi (Italien).

708 **Ukraine,** 14. 11., Dortmund, 4:1 gewonnen (WM-Qualifikation, Play-off): Kahn – Rehmer (1) (Baumann), Nowotny, Linke – B. Schneider, Ramelow, Hamann, Ziege – Ballack (2) – Neuville (1) (Ricken), Jancker (Bierhoff) – K.: Kahn – SR: Melo Pereira (Portugal).

2002: 18 Spiele: 11 Siege, 3 Unentschieden, 4 Niederlagen

709 **Israel,** 13. 2., Kaiserslautern, 7:1 gewonnen: Kahn – Wörns (Metzelder), Nowotny (Linke) – Schneider, Ramelow (Baumann), Hamann (1), Ricken (1), Kehl – Scholl (Frings) – Jancker (Bierhoff(1)), Klose (3) (Asamoah (1)) – K.: Kahn – SR: Dunn (England).

710 **USA,** 27. 3., Rostock, 4:2 gewonnen: Rost (Butt) – Baumann, Ramelow, Linke – Schneider (Asamoah), Hamann, Frings (1), Jeremies (Heinrich), Ziege (1) (Böhme) – Neuville (1) (Brdaric), Bierhoff (1) – K.: Ziege/Hamann – SR: Brugger (Österreich).

711 **Argentinien,** 17. 4., Stuttgart, 0:1 verloren: Lehmann – Linke (Baumann), Nowotny, Metzelder – Frings (Max), Ramelow, Ballack, Jeremies (Kehl), Böhme (Ricken) – Bierhoff (Jancker), Klose – K.: Nowotny – SR: Mejuto Gonzalez (Spanien).

712 **Kuwait,** 9. 5., Freiburg, 7:0 gewonnen: Kahn – Linke, Metzelder – Frings (1), Jeremies, Kehl (Ernst), Rahn – Deisler (1) (Freier), Klose – Jancker (1), Bierhoff (3) (Bierofka). Dazu ein Eigentor von Shammari – K.: Kahn – SR: Nilsson (Schweden).

713 **Wales,** 14. 5., Cardiff, 0:1 verloren: Kahn – Heinrich, Metzelder, Linke, Ziege (Bode) – Hamann (Kehl), Jeremies, Frings, Deisler (Asamoah) – Bierhoff (Jancker), Klose – K.: Kahn – SR: Olsen (Norwegen).

714 **Österreich,** 18. 5., Leverkusen, 6:2 gewonnen: Kahn – Frings (Rahn), Linke, Metzelder, Ziege (Heinrich) – Jeremies (Baumann), Hamann, Deisler (Kehl) – Klose (3) (Asamoah), Jancker (Bierhoff), Bode (2) (Bierofka (1)) – K.: Kahn – SR: Busacca (Schweiz).

715 **Saudi-Arabien,** 1. 6., Sapporo, 8:0 gewonnen (WM-Gruppenspiel): Kahn – Linke (1), Ramelow (Jeremies), Metzelder – Frings, Schneider (1), Ballack (1), Hamann, Ziege – Klose (3) (Neuville), Jancker (1) (Bierhoff (1)) – K.: Kahn – SR: Aquino (Paraguay).

716 **Irland,** 5. 6., Ibaraki, 1:1 unentschieden (WM-Gruppenspiel): Kahn – Linke, Ramelow, Metzelder – Frings, Hamann, Ziege – Schneider (Jeremies), Ballack – Klose (1) (Bode), Jancker (Bierhoff) – K.: Kahn – SR: Nielsen (Dänemark).

717 **Kamerun,** 11. 6., Shizuoka, 2:0 gewonnen (WM-Gruppenspiel): Kahn – Linke, Ramelow, Metzelder – Frings, Hamann, Ziege – Schneider (Jeremies), Ballack – Jancker (Bode (1)), Klose (1) (Neuville) – K.: Kahn – Lopez Nieto (Spanien).

718 **Paraguay,** 15. 6., Seogwipo, 1:0 gewonnen (WM-Achtelfinale): Kahn – Frings, Rehmer (Kehl), Linke, Metzelder (Baumann) – Schneider, Jeremies, Ballack, Bode – Klose, Neuville (1) (Asamoah) – K.: Kahn – SR: Batres (Guatemala).

719 **USA,** 21. 6., Ulsan, 1:0 gewonnen (WM-Viertelfinale): Kahn – Linke, Kehl, Metzelder – Frings, Schneider (Jeremies), Hamann, Ballack (1), Ziege – Klose (Bierhoff), Neuville (Bode) – K.: Kahn – SR: Dallas (Schottland).

720 **Südkorea,** 25. 6., Seoul, 1:0 gewonnen (WM-Halbfinale): Kahn – Frings, Linke, Ramelow, Metzelder – Schneider (Jeremies), Hamann, Ballack (1), Bode – Neuville (Asamoah), Klose (Bierhoff) – K.: Kahn – SR: Meier (Schweiz).

721 **Brasilien,** 30. 6., Yokohama, 0:2 verloren (WM-Endspiel): Kahn – Frings, Linke, Ramelow, Metzelder – Schneider, Jeremies (Asamoah), Hamann, Bode (Ziege) – Neuville, Klose (Bierhoff) – K.: Kahn – SR: Collina (Italien).

722 **Bulgarien,** 21. 8., Sofia, 2:2 unentschieden: Lehmann – Metzelder (Friedrich), Ramelow, Hertzsch – Freier (Asamoah), Jeremies, Bierofka (Kehl) – Schneider (Ernst), Ballack (1) (Zickler) – Klose (Borowski), Jancker (1) – K.: Jeremies – SR: Bre (Frankreich).

723 **Litauen,** 7. 9., Kaunas, 2:0 gewonnen (EM-Qualifikation): Kahn – Linke, Ramelow, Metzelder – Frings, Hamann, Böhme, Schneider (Jeremies), Ballack (1) – Klose, Jancker (Neuville) – K.: Kahn – SR: Poll (England) – Dazu ein Eigentor von Stankevicius.

724 **Bosnien-Herzegowina,** 11. 10., Sarajevo, 1:1 unentschieden: Kahn (Lehmann) – Rehmer (Friedrich), Wörns, Ramelow, Frings – Asamoah (Freier), Jeremies, Borowski (Schneider), Kehl – Klose (Zickler), Jancker (1) – K.: Kahn/Jeremies – SR: De Santis (Italien).

725 **Färöer,** 16. 10., Hannover, 2:1 gewonnen (EM-Qualifikation): Kahn – Friedrich, Ramelow (Freier), Wörns, Frings – Schneider (Kehl), Hamann, Ballack (1), Jeremies – Jancker (Neuville), Klose (1) – K.: Kahn – SR: Koren (Israel).

726 **Niederlande,** 20. 11., Gelsenkirchen 1:3 verloren: Kahn – Rehmer, Baumann, Friedrich – Frings, Jeremies (Kehl), Ballack, Böhme (Neuville) – Schneider – Bobic (1) (Asamoah), Klose (Freier) – K.: Kahn – SR: Dallas (Schottland).

2003: 11 Spiele: 5 Siege, 3 Unentschieden, 3 Niederlagen

727 **Spanien,** 12. 2., Palma de Mallorca, 1:3 verloren: Kahn – Friedrich, Wörns, Metzelder, Rau (Baumann, Balitsch) – Schneider (Freier), Jeremies, Ramelow, Böhme – Bobic (1) (Lauth), Klose (Neuville) – K.: Kahn – SR: Riley (England).

728 **Litauen,** 29. 3., Nürnberg, 1:1 unentschieden (EM-Qualifikation): Kahn – Friedrich, Wörns, Rau (Freier) – Frings, Ramelow (1), Schneider, Hamann, Böhme (Rehmer) – Bobic (Kuranyi), Klose – K.: Kahn – SR: Esquinas Torres (Spanien).

729 **Serbien und Montenegro,** 30. 4., Bremen, 1:0 gewonnen: Rost – Friedrich (Hinkel), Baumann, Wörns, Hartmann – Freier (Asamoah), Ramelow, Kehl (1) – Frings – Bobic (Klose), Kuranyi (Lauth) – K.: Wörns – SR: De Bleeckere (Belgien).

730 **Kanada,** 1. 6., Wolfsburg, 4:1 gewonnen: Rost (Butt) – Wörns, Baumann (Rehmer) – Friedrich (Hinkel), Rau (1) – Ramelow (1) (Freier (1)), Kehl – Frings – Schneider (Hartmann) – Bobic (1) (Kuranyi), Lauth (Neuville) – K.: Wörns – SR: Poulat (Frankreich).

731 **Schottland,** 7. 6., Glasgow, 1:1 unentschieden (EM-Qualifikation): Kahn – Friedrich, Ramelow, Wörns – Frings, Jeremies, Rau (Freier) – Schneider (Kehl), Ballack – Bobic (1), Klose (Neuville) – K.: Kahn – SR: Messina (Italien).

732 **Färöer,** 11. 6., Torshavn, 2:0 gewonnen (EM-Qualifikation): Kahn (Rost) – Friedrich, Ramelow, Wörns – Freier, Jeremies (Klose (1)), Kehl, Rau (Hartmann) – Schneider – Bobic (1), Neuville – K.: Kahn/Wörns – SR: Wegereef (Niederlande).

733 **Italien,** 20. 8., Stuttgart, 0:1 verloren : Kahn – Hinkel, Wörns (Rehmer), Baumann, Rau – Schneider, Ramelow (Kehl), Jeremies, Freier – Neuville (Lauth), Bobic (Klose) – K.: Kahn – SR: Milton Nielsen (Dänemark).

734 **Island,** 6. 9., Reykjavik, 0:0 unentschieden (EM-Qualifikation): Kahn – Friedrich, Wörns, Baumann – Schneider (Deisler), Ramelow, Ballack, Kehl, Rahn (Hartmann) – Klose, Neuville (Kuranyi) – K.: Kahn – SR: Barber (England)

735 **Schottland,** 10. 9., Dortmund, 2:1 gewonnen (EM-Qualifikation): Kahn – Rehmer, Ramelow, Wörns – Friedrich, Schneider (Kehl), Baumann, Ballack (1), Rau – Bobic (1) (Klose), Kuranyi – K.: Kahn – SR: Frisk (Schweden).

736 **Island,** 11. 10., Hamburg, 3:0 gewonnen (EM-Qualifikation): Kahn – Friedrich, Ramelow, Wörns – Hinkel, Schneider, Baumann, Ballack (1), Rahn – Bobic (1) (Klose), Kuranyi (1) (Neuville) – K.: Kahn – SR: Iwanow (Russland).

737 **Frankreich,** 15. 11., Gelsenkirchen, 0:3 verloren: Kahn – Friedrich, Wörns, Nowotny (Rehmer), Hinkel – Schneider (Freier), Jeremies, Ballack, Baumann (Ernst) – Bobic (Klose), Kuranyi – K.: Kahn – SR: Farina (Italien).

2004: 16 Spiele: 9 Siege, 3 Unentschieden, 4 Niederlagen

738 **Kroatien,** 18. 2., Split, 2:1 gewonnen: Kahn – Friedrich, Wörns, Nowotny, Lahm – Freier (Schneider), Frings (Ramelow 1), Hamann, Baumann – Klose (1) (Lauth), Kuranyi (Bobic) – K.: Kahn – SR: Fröjdfeldt (Schweden).

739 **Belgien,** 31. 3., Köln, 3:0 gewonnen: Lehmann – Friedrich, Wörns, Nowotny, Lahm – Hamann (1), Schneider (Ernst), Ballack (1) (Rahn), Frings (Neuville) – Freier (Jeremies), Kuranyi (1) (Bobic) – K.: Wörns – SR: Wegereef (Niederlande).

740 **Rumänien,** 28. 4., Bukarest, 1:5 verloren: Kahn (Hildebrand) – Friedrich, Ramelow, Jeremies, Lahm (1) – Schneider, Hamann, Frings (Freier), Ernst (Kehl) – Bobic (Neuville), Kuranyi – K.: Kahn/Hamann – SR: Rosetti (Italien).

741 **Malta,** 27. 5., Freiburg, 7:0 gewonnen: Lehmann – Hinkel (Freier/Kehl), Friedrich, Nowotny (1), Lahm (Ziege) – Schneider, Hamann (Jeremies), Frings (1), Ballack (4) – Bobic (1), Kuranyi (Klose) – K.: Hamann/Ballack – SR: Stredak (Slowakei).

742 **Schweiz,** 2. 6., Basel, 2:0 gewonnen: Kahn – Friedrich, Wörns, Nowotny, Lahm – Schneider (Frings), Hamann (Jeremies), Ballack (Kehl), Baumann (Ernst) – Kuranyi (2), Klose (Brdaric) – K.: Kahn – SR: Messina (Italien).

743 **Ungarn,** 6. 6., Kaiserslautern, 0:2 verloren: Kahn – Hinkel (Schweinsteiger), Wörns, Nowotny (Baumann), Lahm – Schneider, Hamann (Ernst), Ballack, Frings – Klose (Brdaric), Bobic (Podolski) – K.: Kahn – SR: Bennett (England).

744 **Niederlande,** 15. 6., Porto, 1:1 unentschieden (EM-Gruppenspiel): Kahn – Friedrich, Wörns, Nowotny, Lahm – Baumann, Hamann, Schneider (Schweinsteiger), Ballack, Frings (1) (Ernst) – Kuranyi (Bobic) – K.: Kahn – SR: Frisk (Schweden).

745 **Lettland,** 19. 6., Porto, 0:0 unentschieden (EM-Gruppenspiel): Kahn – Friedrich, Wörns, Baumann, Lahm – Hamann – Schneider (Schweinsteiger), Ballack, Frings – Kuranyi (Brdaric), Bobic (Klose) – K.: Kahn – SR: Riley (England).

746 **Tschechien,** 23. 6., Lissabon, 1:2 verloren (EM-Gruppenspiel): Kahn – Friedrich, Wörns, Nowotny, Lahm – Frings (Podolski), Hamann (Klose) – Schneider, Ballack (1), Schweinsteiger (Jeremies) – Kuranyi – K.: Kahn – SR: Hauge (Norwegen).

747 **Österreich**, 18. 8., Wien, 3:1 gewonnen: Kahn (Lehmann) – Hinkel (Huth), Fahrenhorst, Linke, Lahm – Borowski, Frings (Baumann), Schweinsteiger (Ernst), Ballack – Asamoah (Podolski), Kuranyi (3) (Brdaric) – K.: Ballack – SR: Collina (Italien).

748 **Brasilien**, 8. 9., Berlin, 1:1 unentschieden: Kahn – Hinkel (Görlitz), Huth, Fahrenhorst, Lahm – Deisler (Podolski), Frings, Schneider, Ballack – Kuranyi (1), Asamoah (Klose). K.: Ballack – SR: Meier (Schweiz).

749 **Iran**, 9. 10., Teheran, 2:0 gewonnen: Lehmann – Görlitz, Huth, Wörns (Mertesacker), Lahm – Deisler (Borowski), Ballack, Ernst (1) (Schweinsteiger), Schneider (Hitzlsperger) – Klose (Asamoah), Brdaric (1) (Podolski) – K.: Ballack – SR: Mane (Kuwait).

750 **Kamerun**, 17. 11., Leipzig, 3:0 gewonnen: Lehmann – Schneider, Mertesacker, Huth, Lahm (Hitzlsperger) – Schweinsteiger, Frings, Ballack, Ernst (Borowski) – Asamoah (Klose 2), Kuranyi (1) – K.: Ballack – SR: De Santis (Italien).

751 **Japan**, 16. 12., Yokohama, 3:0 gewonnen: Kahn – Owomoyela, Wörns, Mertesacker, Schulz – Ernst (Engelhardt), Ballack (1), Schneider (Borowski) – Asamoah, Klose (2), Podolski (Schweinsteiger) – K.: Ballack – SR: Shield (Australien).

752 **Südkorea**, 19. 12., Busan, 1:3 verloren: Kahn – Hinkel (Owomoyela), Wörns (Brdaric), Friedrich, Lahm – Schneider, Ernst, Schweinsteiger (Podolski), Ballack (1) – Kuranyi (Asamoah), Klose – K.: Ballack – SR: Salleh (Malaysia).

753 **Thailand**, 21. 12., Bangkok, 5:1 gewonnen: Hildebrand – Hinkel (Owomoyela), Mertesacker, Friedrich (Wörns), Lahm (Schulz) – Asamoah (1), Borowski, Engelhardt, Schweinsteiger – Kuranyi (2), Brdaric (Podolski 2) – K.: Friedrich/Wörns – SR: Salleh (Malaysia)

2005: 15 Spiele: 7 Siege, 5 Unentschieden, 3 Niederlagen

754 **Argentinien**, 9. 2., Düsseldorf, 2:2 unentschieden: Lehmann – Owomoyela, Mertesacker, Wörns, Hitzlsperger – Schneider, Frings (1), Ernst, Schweinsteiger (Schulz) – Kuranyi (1), Asamoah (Freier) – K.: Wörns – SR: Farina (Italien)

755 **Slowenien**, 26. 3., Celje, 1:0 gewonnen: Kahn – Hinkel (Owomoyela), Friedrich, Huth, Hitzlsperger – Frings, Ballack, Baumann (Schweinsteiger) – Neuville (Borowski), Klose (Kuranyi), Podolski (1) – K.: Ballack – SR: Poll (England)

756 **Nordirland**, 4. 6., Belfast, 4:1 gewonnen: Lehmann – Owomoyela, Mertesacker, Huth, Hitzlsperger – Schneider (Schweinsteiger), Ballack (2) (Borowski), Frings, Ernst – Asamoah (1) (Deisler), Kuranyi (Podolski 1) – K.: Ballack/Frings – SR: Richmond (Schottland)

757 **Russland**, 8. 6., Mönchengladbach, 2:2 unentschieden: Kahn – Hinkel (Deisler), Friedrich, Mertesacker, Hitzlsperger – Schneider, Frings, Ballack, Schweinsteiger (2) (Kuranyi) – Asamoah (Hanke), Podolski (Ernst) – K.: Ballack – SR: Plautz (Österreich)

758 **Australien**, 15. 6., Frankfurt, 4:3 gewonnen (Confederations Cup): Kahn – Friedrich, Mertesacker (1), Huth, Hitzlsperger – Schneider (Deisler), Frings, Ballack (1), Schweinsteiger (Ernst) – Kuranyi (1) (Asamoah), Podolski (1) – K.: Ballack – SR: Amarilla (Paraguay)

759 **Tunesien**, 18. 6., Köln, 3:0 gewonnen (Confederations Cup): Lehmann – Friedrich, Mertesacker, Huth, Hitzlsperger (Schneider) – Deisler, Frings, Schweinsteiger (1), Ballack (1) – Asamoah (Kuranyi), Podolski (Hanke 1) – K.: Ballack – SR: Prendergast (Jamaika)

760 **Argentinien**, 21. 6., Nürnberg, 2:2 unentschieden (Confederations Cup): Hildebrand – Hinkel, Mertesacker, Huth, Hitzlsperger – Deisler, Ernst, Schneider (Frings), Schweinsteiger (Engelhardt) – Kuranyi (1), Asamoah (1) (Hanke) – K.: Schneider/Frings – SR: Michel (Slowakei)

761 **Brasilien**, 25. 6., Nürnberg, 2:3 verloren (Confederations Cup, Halbfinale): Lehmann – Friedrich, Mertesacker, Huth, Schneider – Deisler (Hanke), Frings, Ballack (1), Ernst (Borowski) – Kuranyi (Asamoah), Podolski (1) – K.: Ballack – SR: Chandia (Chile)

762 **Mexiko**, 29. 6., Leipzig, 4:3 n. V. gewonnen (Confederations Cup, Spiel um den dritten Platz): Kahn – Hinkel, Mertesacker, Huth (1), Schneider – Deisler (Asamoah), Frings, Ballack (1), Schweinsteiger (1) (Ernst) – Hanke, Podolski (1) (Kuranyi) – K.: Ballack – SR: Breeze (Australien)

763 **Niederlande**, 17. 8., Rotterdam, 2:2 unentschieden: Kahn – Friedrich (Hinkel), Mertesacker (Huth), Wörns, Schneider – Frings (Hitzlsperger), Hamann (Borowski), Ballack (1), Ernst (Deisler) – Kuranyi, Klose (Asamoah 1) – K.: Ballack – SR: Hauge (Norwegen)

764 **Slowakei**, 3. 9., Bratislava, 0:2 verloren: Lehmann – Owomoyela (Hinkel), Mertesacker, Wörns (Sinkiewicz), Hitzlsperger (Jansen), Deisler, Ernst (Schweinsteiger), Ballack, Schneider (Kuranyi) – Klose, Asamoah (Podolski) – K.: Ballack – SR: Braamhaar (Niederlande)

765 **Südafrika**, 7. 9., Bremen, 4:2 gewonnen: Lehmann – Owomoyela, Mertesacker, Sinkiewicz, Jansen – Deisler (Schneider), Borowski (1), Ballack, Schweinsteiger (Ernst) – Klose (Asamoah), Podolski (3) (Kuranyi) – K.: Ballack – SR: Gilewski (Polen)

766 **Türkei**, 8. 10., Istanbul, 1:2 verloren: Kahn – Owomoyela, Sinkiewicz, Mertesacker, Jansen – Frings (Deisler) – Schneider, Borowski (Hanke), Schweinsteiger (Hitzlsperger) – Kuranyi (Neuville 1), Podolski – K.: Kahn – SR: Messina (Italien)

767 **China**, 12. 10., Hamburg, 1:0 gewonnen: Kahn – Friedrich, Metzelder, Mertesacker (Huth), Schweinsteiger (Hitzlsperger) – Frings (1) – Deisler, Borowski, Schneider – Podolski (Kuranyi), Neuville (Owomoyela) – K.: Kahn – SR: Cortez Batista (Portugal)

768 **Frankreich**, 12. 11., Paris, 0:0 unentschieden: Lehmann – Friedrich, Mertesacker, Huth, Jansen – Deisler (Schweinsteiger), Frings, Ballack, Schneider (Borowski) – Podolski (Kuranyi), Klose – K.: Ballack – SR: Bennett (England)

2006: 18 Spiele: 13 Siege, 3 Unentschieden, 2 Niederlagen

769 **Italien**, 1. 3., Florenz, 1:4 verloren: Lehmann – Friedrich, Mertesacker (Metzelder), Huth (1), Lahm – Deisler, Frings (Borowski), Ballack, Schneider (Schweinsteiger) – Klose, Podolski (Asamoah) – K.: Ballack – SR: Iturralde Gonzalez (Spanien)

770 **USA**, 22. 3., Dortmund, 4:1 gewonnen: Kahn – Friedrich (Owomoyela), Mertesacker, Metzelder, Lahm – Schneider (Borowski), Ballack (1), Kehl (Ernst) – Asamoah (Neuville 1), Klose (1), Podolski (Schweinsteiger 1) – K.: Ballack – SR: Fröjdfeldt (Schweden)

771 **Luxemburg**, 27. 5., Freiburg, 7:0 gewonnen: Lehmann (Kahn) – Friedrich, Huth (Mertesacker), Metzelder, Jansen (Hitzlsperger) – Schneider, Frings (1) (Kehl), Borowski, Schweinsteiger – Klose (2) (Asamoah), Podolski (2) (Neuville 2) – K.: Schneider – SR: Rogalla (Schweiz)

772 **Japan**, 30. 5., Leverkusen, 2:2 unentschieden: Lehmann – Schneider, Mertesacker, Metzelder (Nowotny), Jansen – Ballack, Frings, Borowski (Odonkor), Schweinsteiger (1) – Klose (1), Podolski (Neuville) – K.: Ballack – SR: Vassaras (Griechenland)

773 **Kolumbien**, 2. 6., Mönchengladbach, 3:0 gewonnen: Lehmann – Friedrich, Mertesacker, Metzelder, Lahm (Hitzlsperger) – Ballack (1), Frings (Kehl) – Schneider (Borowski 1), Schweinsteiger (1) (Jansen) – Klose (Neuville), Podolski (Asamoah) – K.: Ballack – SR: Hauge (Norwegen)

774 **Costa Rica**, 9. 6., München, 4:2 gewonnen (WM-Vorrunde): Lehmann – Friedrich, Mertesacker, Metzelder, Lahm (1) – Frings (1), Borowski (Kehl) – Schneider (Odonkor), Schweinsteiger – Klose (2) (Neuville), Podolski – K.: Schneider/Frings – SR: Elizondo (Argentinien)

775 **Polen**, 14. 6., Dortmund, 1:0 gewonnen (WM-Vorrunde): Lehmann – Friedrich (Odonkor), Mertesacker, Metzelder, Lahm – Schneider, Frings, Ballack, Schweinsteiger (Borowski) – Klose, Podolski (Neuville 1) – K.: Ballack – SR: Medina Cantalejo (Spanien)

776 **Ecuador**, 20. 6., Berlin, 3:0 gewonnen (WM-Vorrunde): Lehmann – Friedrich, Mertesacker, Huth, Lahm – Frings (Borowski) – Schneider (Asamoah), Schweinsteiger – Ballack – Klose (2) (Neuville), Podolski (1) – K.: Ballack – SR: Ivanov (Russland)

777 **Schweden**, 24. 6., München, 2:0 gewonnen (WM-Achtelfinale): Lehmann – Friedrich, Mertesacker, Metzelder, Lahm – Frings (Kehl) – Schneider, Schweinsteiger (Borowski) – Ballack – Klose, Podolski (2) (Neuville) – K.: Ballack – SR: Simon (Brasilien)

778 **Argentinien**, 30. 6., Berlin, 1:1 unentschieden n. V./4:2 im Elfmeterschießen (WM-Viertelfinale): Lehmann – Friedrich, Mertesacker, Metzelder, Lahm – Frings – Schneider (Odonkor), Schweinsteiger (Borowski) – Ballack – Klose (1) (Neuville), Podolski – K.: Ballack – SR: Michel (Slowakei). Die Tore aus dem Elfmeterschießen (Neuville, Ballack, Podolski, Borowski) zählen nicht in der Torjägersstatistik, sondern dienen lediglich zur Ermittlung des Siegers.

779 **Italien**, 4. 7., Dortmund, 0:2 verloren n. V. (WM-Halbfinale): Lehmann – Friedrich, Mertesacker, Metzelder, Lahm – Schneider (Odonkor), Kehl, Ballack, Borowski (Schweinsteiger) – Klose (Neuville), Podolski – K.: Ballack – SR: Archundia (Mexiko)

780 **Portugal**, 8. 7., Stuttgart, 3:1 gewonnen (Spiel um den dritten Platz): Kahn – Lahm, Nowotny, Metzelder, Jansen – Frings, Kehl – Schneider, Schweinsteiger (2) (Hitzlsperger) – Klose (Neuville), Podolski (Hanke) – K.: Kahn – SR: Kamikawa (Japan) – Dazu ein Eigentor von Petit

781 **Schweden**, 16. 8., Gelsenkirchen, 3:0 gewonnen: Lehmann – Lahm, A. Friedrich (M. Friedrich), Nowotny, Jansen (Fathi) – Schneider (1) (Odonkor), Frings (Hitzlsperger), Borowski, Schweinsteiger – Klose (2) (Neuville), Podolski (Asamoah) – K.: Schneider/Borowski – SR: Farina (Italien)

782 **Irland**, 2. 9., Stuttgart, 1:0 gewonnen (EM-Qualifikation): Lehmann – Lahm, A. Friedrich, M. Friedrich, Jansen – Schneider (Borowski), Ballack, Frings, Schweinsteiger – Klose, Podolski (1) (Neuville) – K.: Ballack – SR: Medina Cantalejo (Spanien)

783 **San Marino**, 6. 9., Serravalle, 13:0 gewonnen (EM-Qualifikation): Lehmann – Lahm, A. Friedrich, M. Friedrich (1), Jansen – Schneider (1), Frings (Hitzlsperger 2), Ballack (1) (Odonkor), Schweinsteiger (2) – Klose (2) (Asamoah), Podolski (4) – K.: Ballack/Schneider – SR: Dereli (Türkei)

784 **Georgien**, 7. 10., Rostock, 2:0 gewonnen: Hildebrand – Fritz, A. Friedrich, M. Friedrich (Madlung), Hitzlsperger (Fathi) – Odonkor, Ballack (1), Trochowski (Frings), Schweinsteiger (1) – Podolski, Hanke (Schlaudraff) – K.: Ballack – SR: Lehner (Österreich)

785 **Slowakei**, 11. 10., Bratislava, 4:1 gewonnen (EM-Qualifikation): Lehmann – Fritz, A. Friedrich, M. Friedrich, Lahm – Schneider (Odonkor), Frings, Ballack (1), Schweinsteiger (1) (Trochowski) – Klose, Podolski (2) (Hanke) – K.: Ballack – SR: Hauge (Norwegen)

786 **Zypern**, 15. 11., Nicosia, 1:1 unentschieden (EM-Qualifikation): Hildebrand – Fritz, A. Friedrich, M. Friedrich, Lahm – Odonkor (Hitzlsperger), Frings, Ballack (1), Schweinsteiger – Klose, Neuville (Hanke) – K.: Ballack – SR: Fröjdfeldt (Schweden)

2007: 12 Spiele: 8 Siege, 2 Unentschieden, 2 Niederlagen

787 **Schweiz**, 7. 2., Düsseldorf, 3:1 gewonnen: Lehmann – A. Friedrich, Mertesacker, Metzelder, Lahm – Fritz, Frings (1) (Hitzlsperger), Ballack (Borowski), Schweinsteiger (Jansen) – Gomez (1) (Hanke), Kuranyi (1) (Schlaudraff) – K.: Ballack/Frings/Metzelder – SR: Bossen (Niederlande)

788 **Tschechien**, 24. 3., Prag, 2:1 gewonnen (EM-Qualifikation): Lehmann – Lahm, Mertesacker, Metzelder, Jansen – Frings, Ballack – Schneider, Schweinsteiger – Kuranyi (2), Podolski (Hitzlsperger) – K.: Ballack – SR: Rosetti (Italien)

789 **Dänemark**, 28. 3., Duisburg, 0:1 verloren: Enke – Fritz, Madlung, M. Friedrich, Jansen – Hilbert (Freier), Hitzlsperger, Rolfes (Castro), Trochowski – Kuranyi (Kießling), Schlaudraff (Helmes) – K.: Kuranyi/Hitzlsperger – SR: Webb (England)

790 **San Marino**, 2. 6., Nürnberg, 6:0 gewonnen (EM-Qualifikation): Lehmann – Lahm (Helmes), Mertesacker, Metzelder, Jansen (1) – Frings (1) – Hilbert (Fritz 1), Hitzlsperger – Schneider – Klose, Kuranyi (1) (Gomez 2) – K.: Schneider – SR: Asumaa (Finnland)

791 **Slowakei**, 6. 6., Hamburg, 2:1 gewonnen (EM-Qualifikation): Lehmann – Lahm, Mertesacker, Metzelder, Jansen – Frings – Fritz, Hitzlsperger (1) – Schneider (Rolfes) – Klose (Trochowski), Kuranyi (Gomez) – K.: Schneider/Frings – SR: Benquerenca (Portugal) – Dazu ein Eigentor von Durica

792 **England**, 22. 8., London, 2:1 gewonnen: Lehmann – A. Friedrich, Mertesacker, Metzelder, Pander (1) – Lahm – Odonkor (Hilbert), Trochowski (Rolfes), Schneider (Castro), Hitzlsperger – Kuranyi (1) – K.: Schneider/Lahm – SR: Busacca (Schweiz)

793 **Wales**, 8. 9., Cardiff, 2:0 gewonnen (EM-Qualifikation): Lehmann – A. Friedrich, Mertesacker, Metzelder, Pander (Trochowski) – Hitzlsperger – Hilbert, Jansen – Schweinsteiger – Kuranyi (Podolski), Klose (2) (Helmes) – K.: Klose/A. Friedrich – SR: Mejuto Gonzalez (Spanien)

794 **Rumänien**, 12. 9., Köln, 3:1 gewonnen: Hildebrand – Hilbert, M. Friedrich, Metzelder (A. Friedrich), Jansen (Castro) – Hitzlsperger (Rolfes) – Schneider (1) (Odonkor 1), Trochowski – Schweinsteiger – Helmes, Podolski (1) – K.: Schneider/A. Friedrich – SR: Rizzoli (Italien)

795 **Irland**, 13. 10., Dublin, 0:0 unentschieden (EM-Qualifikation): Lehmann – A. Friedrich, Mertesacker, Metzelder, Jansen – Schweinsteiger (Rolfes), Frings – Fritz, Trochowski (Castro) – Kuranyi, Gomez (Podolski) – K.: Frings – SR: Hansson (Schweden)

796 **Tschechien**, 17. 10., München, 0:3 verloren (EM-Qualifikation): Hildebrand – A. Friedrich, Mertesacker, Metzelder (Fritz), Jansen – Schweinsteiger (Gomez), Frings – Odonkor, Trochowski (Rolfes) – Kuranyi, Podolski – K.: Frings – SR: Webb (England)

797 **Zypern**, 17. 11., Hannover, 4:0 gewonnen (EM-Qualifikation): Lehmann – A. Friedrich, Mertesacker, Metzelder, Lahm – Hitzlsperger (1) – Fritz (1) (Hilbert), Trochowski (Borowski), Podolski (1) – Klose (1), Gomez (Hanke) – K.: Klose – SR: Rasmussen (Dänemark)

798 **Wales**, 21. 11., Frankfurt, 0:0 unentschieden (EM-Qualifikation): Lehmann – Castro (Hilbert), Mertesacker, Metzelder, Lahm – Borowski, Hitzlsperger (Rolfes) – Fritz, Podolski – Gomez (Neuville), Klose – K.: Klose – SR: Balaj (Rumänien)

2008: 16 Spiele: 11 Siege, 2 Unentschieden, 3 Niederlagen

799 **Österreich**, 6. 2., Wien, 3:0 gewonnen: Lehmann – Westermann, Mertesacker, M. Friedrich (Hilbert), Lahm – Schneider, Ballack (Rolfes), Hitzlsperger (1) (Jones), Schweinsteiger (Podolski) – Klose (1), Kuranyi (Gomez 1) – K.: Ballack/Klose – SR: Dondarini (Italien)

800 **Schweiz**, 26. 3., Basel, 4:0 gewonnen: Lehmann – Lahm (Trochowski), Mertesacker, Westermann, Jansen (Rolfes) – Fritz (Friedrich), Ballack, Hitzlsperger, Schweinsteiger – Klose (1) (Podolski 1), Gomez (2) (Kuranyi) – K.: Ballack – SR: Braamhaar (Niederlande)

801 **Weißrussland**, 27. 5., Kaiserslautern, 2:2 unentschieden: Lehmann – Lahm, Mertesacker, Metzelder, Hitzlsperger – Frings (Trochowski), Ballack (Jones) – Odonkor (Fritz), Schweinsteiger (Marin) – Klose (1) (Neuville), Podolski (Helmes) – K.: Ballack/Klose/Frings/Lehmann – SR: Ceferin (Slowenien) – Dazu ein Eigentor von Korytko

802 **Serbien**, 31. 5., Gelsenkirchen, 2:1 gewonnen: Lehmann – Lahm (Podolski), Mertesacker (A. Friedrich), Metzelder, Jansen (Westermann) – Frings (Rolfes), Ballack (1) – Fritz, Schweinsteiger (Odonkor) – Kuranyi (Neuville 1), Gomez – K.: Ballack – SR: Fautrel (Frankreich)

803 **Polen**, 8. 6., Klagenfurt, 2:0 gewonnen (EM-Vorrunde): Lehmann – Lahm, Mertesacker, Metzelder, Jansen – Frings, Ballack – Fritz (Schweinsteiger), Podolski (2) – Klose (Kuranyi), Gomez (Hitzlsperger) – K.: Ballack – SR: Övrebö (Norwegen)

804 **Kroatien**, 12. 6., Klagenfurt, 1:2 verloren (EM-Vorrunde): Lehmann – Lahm, Mertesacker, Metzelder, Jansen (Odonkor) – Frings, Ballack – Fritz (Kuranyi), Podolski (1) – Gomez (Schweinsteiger), Klose – K.: Ballack – SR: De Bleeckere (Belgien)

805 **Österreich**, 16. 6., Wien, 1:0 gewonnen (EM-Vorrunde): Lehmann – A. Friedrich, Mertesacker, Metzelder, Lahm – Frings, Ballack (1) – Fritz (Borowski), Podolski (Neuville) – Klose (Hitzlsperger), Gomez – K.: Ballack – SR: Mejuto Gonzalez (Spanien)

806 **Portugal**, 19. 6., Basel 3:2 gewonnen (EM-Viertelfinale): Lehmann – A. Friedrich, Mertesacker, Metzelder, Lahm – Hitzlsperger (Borowski), Rolfes – Schweinsteiger (1) (Fritz), Ballack (1), Podolski – Klose (1) (Jansen) – K.: Ballack – SR: Fröjdfeldt (Schweden)

807 **Türkei**, 25. 6., Basel, 3:2 gewonnen (EM-Halbfinale): Lehmann – A. Friedrich, Mertesacker, Metzelder, Lahm (1) – Hitzlsperger, Rolfes (Frings) – Schweinsteiger (1), Ballack, Podolski – Klose (1) (Jansen) – K.: Ballack – SR: Busacca (Schweiz)

808 **Spanien**, 29. 6., Wien, 0:1 verloren (EM-Finale): Lehmann – A. Friedrich, Mertesacker, Metzelder, Lahm (Jansen) – Frings, Hitzlsperger (Kuranyi) – Schweinsteiger, Ballack, Podolski – Klose (Gomez) – K.: Ballack – SR: Rosetti (Italien)

809 **Belgien**, 20. 8., Nürnberg, 2:0 gewonnen: Enke – Fritz, Tasci, Westermann, Lahm (Jansen) – Schweinsteiger (1), Hitzlsperger (Marin 1), Rolfes, Trochowski (Helmes) – Klose (Kuranyi), Podolski (Gomez) – K.: Klose/Schweinsteiger – SR: Vejlgaard (Dänemark)

810 **Liechtenstein**, 6. 9., Vaduz, 6:0 gewonnen (WM-Qualifikation): Enke – Fritz, Tasci, Westermann (1), Lahm – Schweinsteiger (1), Rolfes (1) (Marin), Hitzlsperger (1), Trochowski – Klose (Gomez), Podolski (2) (Kuranyi) – K.: Klose/Schweinsteiger – SR: Pereira Gomes (Portugal)

811 **Finnland**, 10. 9., Helsinki, 3:3 unentschieden (WM-Qualifikation): Enke – Fritz (Hinkel), Tasci, Westermann, Lahm – Schweinsteiger, Rolfes (Helmes), Hitzlsperger, Trochowski – Klose (3), Podolski (Gomez) – K.: Klose – SR: Kassai (Ungarn)

812 **Russland**, 11. 10., Dortmund, 2:1 gewonnen (WM-Qualifikation): Adler – A. Friedrich, Mertesacker, Westermann, Lahm – Ballack (1), Hitzlsperger (Rolfes) – Schweinsteiger, Trochowski (Frings) – Klose (Gomez), Podolski (1) – K.: Ballack – SR: Fröjdfeldt (Schweden)

813 **Wales**, 15. 10., Mönchengladbach, 1:0 gewonnen (WM-Qualifikation): Adler – A. Friedrich (Fritz), Mertesacker, Westermann, Lahm – Ballack, Hitzlsperger – Schweinsteiger, Trochowski (1) – Klose (Helmes), Podolski (Gomez) – K.: Ballack – SR: Duhamel (Frankreich)

814 **England**, 19. 11., Berlin, 1:2 verloren: Adler (Wiese) – A. Friedrich (Tasci), Mertesacker, Westermann, Compper (Schäfer) – Jones (Marin), Rolfes – Schweinsteiger, Trochowski – Klose (Helmes 1), Gomez (Podolski) – K.: Klose/Schweinsteiger – SR: Busacca (Schweiz)

2009: 11 Spiele: 7 Siege, 3 Unentschieden, 1 Niederlage

815 **Norwegen**, 11. 2., Düsseldorf, 0:1 verloren: Adler – Hinkel (Beck), Mertesacker (Tasci), Westermann, Lahm – Frings (Marin), Ballack – Schweinsteiger, Trochowski (Özil) – Klose (Helmes), Gomez (Kießling) – K.: Ballack – SR: Messner (Österreich)

816 **Liechtenstein**, 28. 3., Leipzig, 4:0 gewonnen (WM-Qualifikation): Enke – Beck, Mertesacker, Tasci, Lahm – Ballack (1), Hitzlsperger (Marin) – Schweinsteiger (1) (Rolfes), Jansen (1) (Helmes) – Gomez, Podolski (1) – K.: Ballack – SR: Ishchenko (Ukraine)

817 **Wales**, 1. 4., Cardiff, 2:0 gewonnen (WM-Qualifikation): Enke – Beck, Mertesacker, Tasci, Lahm – Rolfes (Westermann), Hitzlsperger – Schweinsteiger (Helmes), Ballack (1), Podolski (Trochowski) – Gomez – K.: Ballack – SR: Hauge (Norwegen) – Dazu ein Eigentor von Williams

818 **China**, 29. 5., Shanghai, 1:1 unentschieden: Enke – Lahm, A. Friedrich, Huth, Schäfer – Gentner, Hitzlsperger – Trochowski (Hinkel), Schweinsteiger, Podolski (1) – Gomez (Cacau) – K.: Lahm – SR: M. Lee (Südkorea)

819 **Vereinigte** Arabische Emirate, 2. 6., Dubai, 7:2 gewonnen: Neuer – Hinkel (Träsch), A. Friedrich (Huth), Westermann (1), Lahm (Schäfer) – Schweinsteiger, Hitzlsperger (Weis), Gentner, Trochowski (1) – Podolski (Cacau), Gomez (4) – K.: Schweinsteiger – SR: Darwish (Jordanien) – Dazu ein Eigentor von Juma

820 **Aserbaidschan**, 12. 8., Baku, 2:0 gewonnen (WM-Qualifikation): Enke – Lahm, Mertesacker, Tasci, Schäfer – Schweinsteiger (1), Ballack, Hitzlsperger, Trochowski (Jansen) – Klose (1) (Cacau), Gomez (Özil) – K.: Ballack – SR: Kelly (Irland)

821 **Südafrika**, 5. 9., Leverkusen, 2:0 gewonnen: Adler – Lahm, A. Friedrich, Tasci (Westermann), Schäfer – Ballack (Gentner), Rolfes (Khedira) – Schweinsteiger (Trochowski), Özil (1), Marin (Podolski) – Gomez (1) (Klose) – K.: Ballack/Klose – SR: Circhetta (Schweiz)

822 **Aserbaidschan**, 9. 9., Hannover, 4:0 gewonnen (WM-Qualifikation): Adler – Lahm, Mertesacker, Westermann, Schäfer (Beck) – Ballack (1), Hitzlsperger – Schweinsteiger (Trochowski), Özil, Podolski (1) – Gomez (Klose 2) – K.: Ballack – SR: Kakos (Griechenland)

823 **Russland**, 10. 10., Moskau, 1:0 gewonnen (WM-Qualifikation): Adler – Boateng, Mertesacker, Westermann, Lahm – Ballack, Rolfes – Schweinsteiger, Özil (A. Friedrich), Podolski (Trochowski) – Klose (1) (Gomez) – K.: Ballack – SR: Busacca (Schweiz)

824 **Finnland**, 14. 10., Hamburg, 1:1 unentschieden (WM-Qualifikation): Adler – Beck, A. Friedrich, Westermann, Lahm – Ballack (Gentner), Hitzlsperger (Özil), Trochowski – Cacau, Podolski (1) – Gomez (Klose) – K.: Ballack/Lahm – SR: Atkinson (England)

825 **Elfenbeinküste**, 18. 11., Gelsenkirchen, 2:2 unentschieden: Wiese (Neuer) – Boateng (Beck), Mertesacker, Westermann, Lahm – Hitzlsperger – Schweinsteiger (Hunt), Trochowski (Schäfer) – Özil – Kießling (Gomez), Podolski (2) – K.: Lahm – SR: Kuipers (Niederlande)

2010: 17 Spiele: 12 Siege, 2 Unentschieden, 3 Niederlagen

826 **Argentinien**, 3. 3., München, 0:1 verloren: Adler – Boateng, Mertesacker, Tasci, Lahm – Ballack, Schweinsteiger (Khedira) – T. Müller (Kroos), Özil (Cacau), Podolski – Klose (Gomez) – K.: Ballack – SR: Atkinson (England)

827 **Malta**, 13.5., Aachen, 3:0 gewonnen: Neuer – Beck (Träsch), A. Friedrich (Westermann), Tasci (Hummels), Aogo (J. Boateng) – Khedira (Reinartz) – Trochowski, Kroos (Großkreutz) – Cacau (2), Kießling, Podolski – K.: A. Friedrich/Podolski – SR: Hamer (Luxemburg) – Dazu ein Eigentor von Scicluna

828 **Ungarn**, 29.5., Budapest, 3:0 gewonnen: Neuer – Boateng, Mertesacker, A. Friedrich (Badstuber), Westermann – Khedira (Aogo), Kroos (Marin) – Trochowski (Jansen), Özil (Cacau 1), Podolski (1) – Klose (Gomez 1) – K.: Klose/A. Friedrich/Mertesacker – SR: Larsen (Dänemark)

829 **Bosnien-Herzegowina**, 3. 6., Frankfurt, 3:1 gewonnen: Neuer – Lahm (1), Mertesacker, A. Friedrich (Tasci), Badstuber – Khedira, Schweinsteiger (2) (Kroos) – Trochowski (T. Müller), Özil (Gomez), Podolski (Marin) – Klose (Cacau) – K.: Lahm – SR: Rizzoli (Italien)

830 **Australien**, 13. 6., Durban, 4:0 gewonnen (WM-Vorrunde): Neuer – Lahm, Mertesacker, A. Friedrich, Badstuber – Khedira, Schweinsteiger – T. Müller (1), Özil (Gomez), Podolski (1) (Marin) – Klose (1) (Cacau 1) – K.: Lahm – SR: Rodriguez Moreno (Mexiko)

831 **Serbien**, 18. 6., Port Elizabeth, 0:1 verloren (WM-Vorrunde): Neuer – Lahm, Mertesacker, A. Friedrich, Badstuber (Gomez) – Khedira, Schweinsteiger – T. Müller (Marin), Özil (Cacau), Podolski – Klose – K.: Lahm – SR: Undiano Mallenco (Spanien)

832 **Ghana**, 23. 6., Johannesburg, 1:0 gewonnen (WM-Vorrunde): Neuer – Lahm, Mertesacker, A. Friedrich, J. Boateng (Jansen) – Khedira, Schweinsteiger (Kroos) – T. Müller (Trochowski), Podolski – Özil (1) – Cacau – K.: Lahm – SR: Simon (Brasilien)

833 **England**, 27. 6., Bloemfontein, 4:1 gewonnen (WM-Achtelfinale): Neuer – Lahm, Mertesacker, A. Friedrich, J. Boateng – Khedira, Schweinsteiger – T. Müller (2) (Trochowski), Podolski (1) – Özil (Kießling) – Klose (1) (Gomez) – K.: Lahm – SR: Larrionda (Uruguay)

834 **Argentinien**, 3. 7., Kapstadt, 4:0 gewonnen (WM-Viertelfinale): Neuer – Lahm, Mertesacker, A. Friedrich (1), J. Boateng (Jansen) – Khedira (Kroos), Schweinsteiger – T. Müller (1) (Trochowski), Podolski – Özil – Klose (2) – K.: Lahm – SR: Irmatov (Usbekistan)

835 **Spanien**, 7. 7., Durban, 0:1 verloren (WM-Halbfinale): Neuer – Lahm, Mertesacker, A. Friedrich, J. Boateng (Jansen) – Khedira (Gomez), Schweinsteiger – Trochowski (Kroos), Özil, Podolski – Klose – K.: Lahm – SR: Kassai (Ungarn)

836 **Uruguay**, 10. 7., Port Elizabeth, 3:2 gewonnen (WM, Spiel um den dritten Platz): Butt – J. Boateng, Mertesacker, A. Friedrich, Aogo – Khedira (1), Schweinsteiger – T. Müller (1), Özil (Tasci), Jansen (1) (Kroos) – Cacau (Kießling) – K.: Schweinsteiger – SR: Archundia (Mexiko)

837 **Dänemark**, 11. 8., Kopenhagen, 2:2 unentschieden: Wiese – Beck (Riether), J. Boateng (C. Schulz), Tasci, M. Schäfer – Gentner, Hitzlsperger (Helmes 1) – Träsch, Kroos, Marin (Hunt) – Gomez (1) – K.: Hitzlsperger/Tasci – SR: Kelly (Irland)

838 **Belgien**, 3. 9., Brüssel, 1:0 gewonnen (EM-Qualifikation): Neuer – Lahm, Mertesacker, Badstuber, Jansen (Westermann) – Khedira, Schweinsteiger – T. Müller, Özil (Cacau), Podolski (Kroos) – Klose (1) – K.: Lahm – SR: Hauge (Norwegen)

839 **Aserbaidschan**, 7. 9., Köln, 6:1 gewonnen (EM-Qualifikation): Neuer – Riether, Mertesacker (Westermann 1), Badstuber (1), Lahm – Khedira, Schweinsteiger (Cacau) – T. Müller (Marin), Özil, Podolski (1) – Klose (2) – K.: Lahm – SR: Strömbergsson (Schweden) – Dazu ein Eigentor von R. F. Sadygov

840 **Türkei**, 8. 10., Berlin, 3:0 gewonnen (EM-Qualifikation): Neuer – Lahm, Mertesacker, Badstuber, Westermann – Khedira, Kroos – T. Müller, Özil (1) (Marin), Podolski (Träsch) – Klose (2) (Cacau) – K.: Lahm – SR: Webb (England)

841 **Kasachstan**, 12. 10., Astana, 3:0 gewonnen (EM-Qualifikation): Neuer – Lahm, Mertesacker, Badstuber, Westermann – Khedira, Kroos – T. Müller (Marin), Özil (Cacau), Podolski (1) – Klose (1) (Gomez 1) – K.: Lahm – SR: Tudor (Rumänien)

842 **Schweden**, 17. 11., Göteborg, 0:0 unentschieden: Adler – J. Boateng (Beck), Westermann, Hummels, Schmelzer – Khedira (Kroos), Schweinsteiger (Cacau) – Großkreutz (Götze), Holtby (Schürrle), Marin (Träsch) – Gomez – K.: Schweinsteiger/Westermann – SR: Velasco (Spanien)

2011: 6 Spiele: 4 Siege, 1 Unentschieden, 1 Niederlage

843 **Italien**, 9. 2., Dortmund, 1:1 unentschieden: Neuer – Lahm (J. Boateng), Mertesacker, Badstuber (Hummels), Aogo – Khedira, Schweinsteiger – T. Müller (Götze), Özil, Podolski – Klose (1) (Großkreutz) – K.: Lahm/Schweinsteiger – SR: Braamhaar (Niederlande)

844 **Kasachstan**, 26. 3., Kaiserslautern, 4:0 gewonnen (EM-Qualifikation): Neuer – Lahm, Mertesacker, Badstuber, Aogo – Khedira, Schweinsteiger (Kroos) – T. Müller (2) (Götze), Özil, Podolski (Gomez) – Klose (2) – K.: Lahm – SR: Stavnev (Mazedonien)

845 **Australien**, 29. 3., Mönchengladbach, 1:2 verloren: Wiese – Träsch, A. Friedrich, Hummels, Schmelzer – S. Bender, Schweinsteiger (Kroos) – Schürrle, T. Müller (Götze), Podolski – Gomez (1) (Klose) – K.: Schweinsteiger/A. Friedrich – SR: Lannoy (Frankreich)

846 **Uruguay**, 29. 5., Sinsheim, 2:1 gewonnen: Neuer – Lahm (Höwedes), A. Friedrich (Badstuber), Hummels, Schmelzer – Rolfes, Kroos (Träsch) – T. Müller (Götze), Özil (Klose), Schürrle (1) (Podolski) – Gomez (1) – K.: Lahm/Klose – SR: Benquerenca (Portugal)

847 **Österreich**, 3. 6., Wien, 2:1 gewonnen (EM-Qualifikation): Neuer – Lahm, A. Friedrich, Hummels, Schmelzer – Khedira (Badstuber), Kroos (Aogo) – T. Müller, Özil, Podolski (Schürrle) – Gomez (2) – K.: Lahm – SR: Busacca (Schweiz)

848 **Aserbaidschan**, 7. 6., Baku, 3:1 gewonnen (EM-Qualifikation): Neuer – Höwedes, Hummels, Badstuber, Aogo – Lahm, Kroos – T. Müller (Holtby), Özil (1) (Götze), Podolski (Schürrle 1) – Gomez (1) – K.: Lahm – SR: Koukoulakis (Griechenland)

86 Länderspielpartner in der Einzelbilanz

(WM) = Weltmeisterschafts-Endrundenspiele
(EM) = Europameisterschafts-Endrundenspiele
(OS) = Olympische Spiele

Ägypten:

28. 12. 1958	Kairo	1:2
1 Spiel: 1 Niederlage		**1:2 Tore**

Albanien:

8. 4. 1967	Dortmund	6:0
17. 12. 1967	Tirana	0:0
17. 2. 1971	Tirana	1:0
12. 6. 1971	Karlsruhe	2:0
1. 4. 1981	Tirana	2:0
18. 11. 1981	Dortmund	8:0
30. 3. 1983	Tirana	2:1
20. 11. 1983	Saarbrücken	2:1
16. 11. 1994	Tirana	2:1
18. 12. 1994	Kaiserslautern	2:1
2. 4. 1997	Granada	3:2
11. 10. 1997	Hannover	4:3
24. 3. 2001	Leverkusen	2:1
6. 6. 2001	Tirana	2:0
14 Spiele:		**38:10 Tore**
13 Siege, 1 Unentschieden		

Algerien:

1. 1. 1964	Algier	0:2
16. 6. 1982	Gijon (WM)	1:2
2 Spiele: 2 Niederlagen		**1:4 Tore**

Argentinien:

8. 6. 1958	Malmö (WM)	3:1
16. 7. 1966	Birmingham (WM)	0:0
14. 2. 1973	München	2:3
5. 6. 1977	Buenos Aires	3:1
12. 9. 1979	Berlin	2:1
1. 1. 1981	Montevideo	1:2
24. 3. 1982	Buenos Aires	1:1
12. 9. 1984	Düsseldorf	1:3
29. 6. 1986	Mexiko City (WM)	2:3
16. 12. 1987	Buenos Aires	0:1
2. 4. 1988	Berlin	1:0
8. 7. 1990	Rom (WM)	1:0
15. 12. 1993	Miami	1:2
17. 4. 2002	Stuttgart	0:1
9. 2. 2005	Düsseldorf	2:2
21. 6. 2005	Nürnberg	2:2
30. 6. 2006	Berlin (WM)	n. V. 1:1
		Elfmeterschießen 4:2
3.3.2010	München	0:1
3.7.2010	Kapstadt (WM)	4:0
19 Spiele:		**27:25 Tore**
6 Siege, 5 Unentschieden, 8 Niederlagen		

Armenien:

9. 10. 1996	Eriwan	5:1
10. 9. 1997	Dortmund	4:0
2 Spiele: 2 Siege		**9:1 Tore**

Aserbaidschan:

12. 8. 2009	Baku	2:0
9. 9. 2009	Hannover	4:0
7. 9. 2010	Köln	6:1
7. 6. 2011	Baku	3:1
4 Spiele: 4 Siege		**15:2 Tore**

Australien:

18. 6. 1974	Hamburg (WM)	3:0
15. 6. 2005	Frankfurt	4:3
13. 6. 2010	Durban (WM)	4:0
29. 3. 2011	Mönchengladbach	1:2
4 Spiele:		**12:5 Tore**
3 Siege, 1 Niederlage		

Belgien:

16. 5. 1910	Duisburg	0:3
23. 4. 1911	Lüttich	1:2
23. 11. 1913	Antwerpen	2:6
22. 10. 1933	Duisburg	8:1
27. 5. 1934	Florenz (WM)	5:2
28. 4. 1935	Brüssel	6:1
25. 4. 1937	Hannover	1:0
29. 1. 1939	Brüssel	4:1
26. 9. 1954	Brüssel	0:2
23. 12. 1956	Köln	4:1
2. 3. 1958	Brüssel	2:0
8. 3. 1961	Frankfurt	1:0
6. 3. 1968	Brüssel	3:1
14. 6. 1972	Antwerpen (EM)	2:1
22. 6. 1980	Rom (EM)	2:1
22. 9. 1982	München	0:0
29. 2. 1984	Brüssel	1:0
1. 5. 1991	Hannover	1:0
20. 11. 1991	Brüssel	1:0
2. 7. 1994	Chicago (WM)	3:2
23. 8. 1995	Brüssel	2:1
31. 3. 2004	Köln	3:0
20. 8. 2008	Nürnberg	2:0
3. 9. 2010	Brüssel	1:0
24 Spiele:		**55:25 Tore**
19 Siege, 1 Unentschieden, 4 Niederlagen		

Böhmen/Mähren:

12. 11. 1939	Breslau	4:4
1 Spiel: 1 Unentschieden		**4:4 Tore**

Bolivien:

17. 6. 1994	Chicago (WM)	1:0
1 Spiel: 1 Sieg		**1:0 Tore**

Bosnien-Herzegowina:

11. 10. 2002	Sarajevo	1:1
3. 6. 2010	Frankfurt	3:1
2 Spiele: 1 Sieg, 1 Unentschieden		**4:2 Tore**

Brasilien:

5. 5. 1963 Hamburg 1:2
6. 6. 1965 Rio de Janeiro 0:2
16. 6. 1968 Stuttgart 2:1
14. 12. 1968 Rio de Janeiro 2:2
16. 6. 1973 Berlin 0:1
12. 6. 1977 Rio de Janeiro 1:1
5. 4. 1978 Hamburg 0:1
7. 1. 1981 Montevideo 1:4
19. 5. 1981 Stuttgart 1:2
21. 3. 1982 Rio de Janeiro 0:1
12. 3. 1986 Frankfurt/M. 2:0
12. 12. 1987 Brasilia 1:1
16. 12. 1992 Porto Alegre 1:3
10. 6. 1993 Washington 3:3
17. 11. 1993 Köln 2:1
25. 3. 1998 Stuttgart 1:2
24. 7. 1999 Guadalajara 0:4
30. 6. 2002 Yokohama (WM) 0:2
8. 9. 2004 Berlin 1:1
25. 6. 2005 Nürnberg 2:3

20 Spiele: 21:37 Tore
3 Siege, 5 Unentschieden, 12 Niederlagen

Bulgarien:

20. 10. 1935 Leipzig 4:2
22. 10. 1939 Sofia 2:1
20. 10. 1940 München 7:3
19. 7. 1942 Sofia 3:0
21. 12. 1958 Augsburg 3:0
23. 11. 1960 Sofia 1:2
22. 3. 1967 Hannover 1:0
24. 9. 1969 Sofia 1:0
7. 6. 1970 Leon (WM) 5:2
12. 5. 1973 Hamburg 3:0
27. 4. 1975 Sofia 1:1
19. 11. 1975 Stuttgart 1:0
3. 12. 1980 Sofia 3:1
22. 11. 1981 Düsseldorf 4:0
15. 2. 1984 Varna 3:2
17. 4. 1985 Augsburg 4:1
22. 3. 1989 Sofia 2:1
10. 7. 1994 New York (WM) 1:2
7. 6. 1995 Sofia 2:3
15. 11. 1995 Berlin 3:1
21. 8. 2002 Sofia 2:2

21 Spiele: 56:24 Tore
16 Siege, 2 Unentschieden, 3 Niederlagen

Chile:

23. 3. 1960 Stuttgart 2:1
26. 3. 1961 Santiago 1:3
6. 6. 1962 Santiago (WM) 2:0
18. 12. 1968 Santiago 1:2
14. 6. 1974 Berlin (WM) 1:0
20. 6. 1982 Gijon (WM) 4:1

6 Spiele: 4 Siege, 2 Niederlagen 11:7 Tore

China:

12. 10. 2005 Hamburg 1:0
29. 5. 2009 Shanghai 1:1

2 Spiele: 1 Sieg, 1 Unentschieden 2:1 Tore

Costa Rica:

9. 6. 2006 München (WM) 4:2

1 Spiel: 1 Sieg 4:2 Tore

Dänemark:

6. 10. 1912 Kopenhagen 1:3
26. 10. 1913 Hamburg 1:4
2. 10. 1927 Kopenhagen 1:3
16. 9. 1928 Nürnberg 2:1
7. 9. 1930 Kopenhagen 3:6
27. 9. 1931 Hannover 4:2
7. 10. 1934 Kopenhagen 5:2
16. 5. 1937 Breslau 8:0
25. 6. 1939 Kopenhagen 2:0
17. 11. 1940 Hamburg 1:0
16. 11. 1941 Dresden 1:1
24. 9. 1958 Kopenhagen 1:1
20. 9. 1961 Düsseldorf 5:1
30. 6. 1971 Kopenhagen 3:1
13. 6. 1986 Queretaro (WM) 0:2
24. 9. 1986 Kopenhagen 2:0
23. 9. 1987 Hamburg 1:0
14. 6. 1988 Gelsenkirchen (EM) 2:0
30. 5. 1990 Gelsenkirchen 1:0
26. 6. 1992 Göteborg (EM) 0:2
9. 9. 1992 Kopenhagen 2:1
27. 3. 1996 München 2:0
15. 11. 2000 Kopenhagen 1:2
28. 3. 2007 Duisburg 0:1
11. 8. 2010 Kopenhagen 2:2

25 Spiele: 51:35 Tore
14 Siege, 3 Unentschieden, 8 Niederlagen

DDR:

22. 6. 1974 Hamburg (WM) 0:1

1 Spiel: 1 Niederlage 0:1 Tore

Ecuador:

20. 6. 2006 Berlin (WM) 3:0

1 Spiel: 1 Sieg 3:0 Tore

Elfenbeinküste:

18. 11. 2009 Gelsenkirchen 2:2

1 Spiel: 1 Unentschieden 2:2 Tore

England:

20. 4. 1908 Berlin 1:5
13. 3. 1909 Oxford 0:9
14. 4. 1911 Berlin 2:2
21. 3. 1913 Berlin 0:3
10. 5. 1930 Berlin 3:3
4. 12. 1935 London 0:3
14. 5. 1938 Berlin 3:6
1. 12. 1954 London 1:3
26. 5. 1956 Berlin 1:3

12. 5. 1965 Nürnberg 0:1
23. 2. 1966 London 0:1
30. 7. 1966 London (WM) n. V. 2:4
1. 6. 1968 Hannover 1:0
14. 6. 1970 Leon (WM) n. V. 3:2
29. 4. 1972 London 3:1
13. 5. 1972 Berlin 0:0
12. 3. 1975 London 0:2
22. 2. 1978 München 2:1
29. 6. 1982 Madrid (WM) 0:0
13. 10. 1982 London 2:1
12. 6. 1985 Mexiko City 0:3
9. 9. 1987 Düsseldorf 3:1
4. 7. 1990 Turin (WM) n. V. 1:1
Elfmeterschießen 4:3
11. 9. 1991 London 1:0
19. 6. 1993 Detroit 2:1
26. 6. 1996 London (EM) n.V. 1:1
Elfmeterschießen 6:5
17. 6. 2000 Charleroi (EM) 0:1
7. 10. 2000 London 1:0
1. 9. 2001 München 1:5
22. 8. 2007 London 2:1
19. 11. 2008 Berlin 1:2
27. 6. 2010 Bloemfontein (WM) 4:1
32 Spiele: 41:67 Tore
11 Siege, 6 Unentschieden, 15 Niederlagen

Estland:

15. 9. 1935 Stettin 5:0
29. 8. 1937 Königsberg 4:1
29. 6. 1939 Tallinn 2:0
3 Spiele: 3 Siege 11:1 Tore

Färöer:

16. 10. 2002 Hannover 2:1
11. 6. 2003 Torshavn 2:0
2 Spiele: 2 Siege 4:1 Tore

Finnland:

18. 9. 1921 Helsinki 3:3
12. 8. 1923 Dresden 1:2
26. 6. 1925 Helsinki 5:3
20. 10. 1929 Hamburg 4:0
1. 7. 1932 Helsinki 4:1
18. 8. 1935 München 6:0
29. 6. 1937 Helsinki 2:0
1. 9. 1940 Leipzig 13:0
5. 10. 1941 Helsinki 6:0
7. 6. 1964 Helsinki 4:1
7. 9. 1977 Helsinki 1:0
24. 5. 1981 Lahti 4:0
23. 9. 1981 Bochum 7:1
31. 8. 1988 Helsinki 4:0
4. 10. 1989 Dortmund 6:1
27. 5. 1998 Helsinki 0:0
31. 3. 1999 Nürnberg 2:0
4. 9. 1999 Helsinki 2:1
2. 6. 2001 Helsinki 2:2
6. 10. 2001 Gelsenkirchen 0:0
10. 9. 2008 Helsinki 3:3
14.10.2009Hamburg 1:1
22 Spiele: 80:19 Tore
15 Siege, 6 Unentschieden, 1 Niederlage

Frankreich:

15. 3. 1931 Paris 0:1
19. 3. 1933 Berlin 3:3
17. 3. 1935 Paris 3:1
21. 3. 1937 Stuttgart 4:0
5. 10. 1952 Paris 1:3
16. 10. 1954 Hannover 1:3
28. 6. 1958 Göteborg (WM) 3:6
26. 10. 1958 Paris 2:2
24. 10. 1962 Stuttgart 2:2
27. 9. 1967 Berlin 5:1
25. 9. 1968 Marseille 1:1
13. 10. 1973 Gelsenkirchen 2:1
23. 2. 1977 Paris 0:1
19. 11. 1980 Hannover 4:1
8. 7. 1982 Sevilla (WM) n. V. 3:3
Elfmeterschießen 5:4
18. 4. 1984 Straßburg 0:1
25. 6. 1986 Guadalajara (WM) 2:0
12. 8. 1987 Berlin 2:1
28. 2. 1990 Montpellier 1:2
1. 6. 1996 Stuttgart 0:1
27. 2. 2001 Paris 0:1
15. 11. 2003 Gelsenkirchen 0:3
12. 11. 2005 Paris 0:0
23 Spiele: 39:38 Tore
7 Siege, 6 Unentschieden, 10 Niederlagen

Georgien:

29. 3. 1995 Tiflis 2:0
6. 9. 1995 Nürnberg 4:1
7. 10. 2006 Rostock 2:0
3 Spiele: 3 Siege 8:1 Tore

Ghana:

14. 4. 1993 Bochum 6:1
23.6.2010Johannesburg (WM) 1:0
2 Spiele: 2 Siege 7:1 Tore

Griechenland:

20. 11. 1960 Athen
3:0
22. 10. 1961 Augsburg 2:1
22. 11. 1970 Athen 3:1
20. 11. 1974 Piräus 2:2
11. 10. 1975 Düsseldorf 1:1
17. 6. 1980 Turin (EM) 0:0
2. 9. 2000 Hamburg 2:0
28. 3. 2001 Athen 4:2
8 Spiele: 5 Siege, 3 Unentschieden 17:7 Tore

Iran:

25. 6. 1998 Montpellier (WM) 2:0
9. 10. 2004 Teheran 2:0
2 Spiele: 2 Siege 4:0 Tore

Irland:

8. 5. 1935	Dortmund	3:1
17. 10. 1936	Dublin	2:5
23. 5. 1939	Bremen	1:1
17. 10. 1951	Dublin	2:3
4. 5. 1952	Köln	3:0
28. 5. 1955	Hamburg	2:1
25. 11. 1956	Dublin	0:3
11. 5. 1960	Düsseldorf	0:1
4. 5. 1966	Dublin	4:0
9. 5. 1970	Berlin	2:1
22. 5. 1979	Dublin	3:1
6. 9. 1989	Dublin	1:1
29. 5. 1994	Hannover	0:2
5. 6. 2002	Ibaraki (WM)	1:1
2. 9. 2006	Stuttgart	1:0
13. 10. 2007	Dublin	0:0

16 Spiele: 25:21 Tore
7 Siege, 4 Unentschieden, 5 Niederlagen

Island:

3. 8. 1960	Reykjavik	5:0
26. 5. 1979	Reykjavik	3:1
6. 9. 2003	Reykjavik	0:0
11. 10.2003	Hamburg	3:0

4 Spiele: 11:1 Tore
3 Siege, 1 Unentschieden

Israel:

25. 3. 1987	Tel Aviv	2:0
26. 2. 1997	Tel Aviv	1:0
13. 2. 2002	Kaiserslautern	7:1

3 Spiele: 3 Siege 10:1 Tore

Italien:

1. 1. 1923	Mailand	1:3
23. 11. 1924	Duisburg	0:1
28. 4. 1929	Turin	2:1
2. 3. 1930	Frankfurt/M.	0:2
1. 1. 1933	Bologna	1:3
15. 11. 1936	Berlin	2:2
26. 3. 1939	Florenz	2:3
26. 11. 1939	Berlin	5:2
5. 5. 1940	Mailand	2:3
30. 3. 1955	Stuttgart	1:2
18. 12. 1955	Rom	1:2
31. 5. 1962	Santiago (WM)	0:0
13. 3. 1965	Hamburg	1:1
17. 6. 1970	Mexiko (WM)	n. V. 3:4
26. 2. 1974	Rom	0:0
8. 10. 1977	Berlin	2:1
14. 6. 1978	Buenos Aires (WM)	0:0
11. 7. 1982	Madrid (WM)	1:3
22. 5. 1984	Zürich	1:0
5. 2. 1986	Avellino	2:1
18. 4. 1987	Köln	0:0
10. 6. 1988	Düsseldorf (EM)	1:1
25. 3. 1992	Turin	0:1
23. 3. 1994	Stuttgart	2:1
21. 6. 1995	Zürich	2:0
19. 6. 1996	Manchester (EM)	0:0
20. 8. 2003	Stuttgart	0:1
1. 3. 2006	Florenz	1:4
4. 7. 2006	Dortmund (WM)	n. V. 0:2
9. 2. 2011	Dortmund	1:1

30 Spiele: 34:45 Tore
7 Siege, 9 Unentschieden, 14 Niederlagen

Japan:

16. 12. 2004	Yokohama	3:0
30. 5. 2006	Leverkusen	2:2

2 Spiele: 1 Sieg, 1 Unentschieden 5:2 Tore

Kamerun:

11. 6. 2002	Shizuoka (WM)	2:0
17. 11. 2004	Leipzig	3:0

2 Spiele: 2 Siege 5:0 Tore

Kanada:

8. 6. 1994	Toronto	2:0
1. 6. 2003	Wolfsburg	4:1

2 Spiele: 2 Siege 6:1 Tore

Kasachstan:

12. 10. 2010	Astana	3:0
26. 3. 2011	Kaiserslautern	4:0

2 Spiel: 2 Siege 7:0 Tore

Kolumbien:

19. 6. 1990	Mailand (WM)	1:1
30. 5. 1998	Frankfurt/M.	3:1
9. 2. 1999	Miami	3:3
2. 6. 2006	M'gladbach	3:0

4 Spiele: 2 Siege, 2 Unentschieden 10:5 Tore

Kroatien:

15. 6. 1941	Wien	5:1
18. 1. 1942	Agram	2:0
1. 11. 1942	Stuttgart	5:1
29. 6. 1996	Manchester (EM)	2:1
4. 7. 1998	Lyon (WM)	0:3
29. 3. 2000	Zagreb	1:1
18. 2. 2004	Split	2:1
12. 6. 2008	Klagenfurt (EM)	1:2

8 Spiele: 18:10 Tore
5 Siege, 1 Unentschieden, 2 Niederlagen

Kuwait:

9. 5. 2002	Freiburg	7:0

1 Spiel, 1 Sieg 7:0 Tore

Lettland:

13. 10. 1935	Königsberg	3:0
25. 6. 1937	Riga	3:1
19. 6. 2004	Porto (EM)	0:0

3 Spiele: 2 Siege, 1 Unentschieden 3:1 Tore

Liechtenstein:

4.	6. 1996	Mannheim	9:1
7.	6. 2000	Freiburg	8:2
6.	9. 2008	Vaduz	6:0
28.	3. 2009	Leipzig	4:0

4 Spiele: 4 Siege **27:3 Tore**

Litauen:

7.	9. 2002	Kaunas	2:0
29.	3. 2003	Nürnberg	1:1

2 Spiele: 1 Sieg, 1 Unentschieden **3:1 Tore**

Luxemburg:

11.	3. 1934	Luxemburg	9:1
18.	8. 1935	Luxemburg	1:0
4.	8. 1936	Berlin (OS)	9:0
27.	9. 1936	Krefeld	7:2
21.	3. 1937	Luxemburg	3:2
20.	3. 1938	Wuppertal	2:1
26.	3. 1939	Differdingen	1:2
23.	12. 1951	Essen	4:1
20.	4. 1952	Luxemburg	3:0
31.	10. 1990	Luxemburg	3:2
18.	12. 1991	Leverkusen	4:0
4.	6. 1998	Mannheim	7:0
27.	5. 2006	Freiburg	7:0

13 Spiele: **60:11 Tore**
12 Siege, 1 Niederlage

Malta:

22.	12. 1974	Gzira	1:0
28.	2. 1976	Dortmund	8:0
25.	2. 1979	Gzira	0:0
27.	2. 1980	Bremen	8:0
16.	12. 1984	Ta' Qali	3:2
27.	3. 1985	Saarbrücken	6:0
2.	9. 1998	Ta' Qali	2:1
27.	5. 2004	Freiburg	7:0
13.	5. 2010	Aachen	3:0

9 Spiele: **38:3 Tore**
8 Siege, 1 Unentschieden

Marokko:

29.	12. 1963	Casablanca	4:1
22.	2. 1967	Karlsruhe	5:1
3.	6. 1970	Leon (WM)	2:1
17.	6. 1986	Monterrey(WM)	1:0

4 Spiele: 4 Siege **12:3 Tore**

Mexiko:

22.	12. 1968	Mexico City	0:0
8.	9. 1971	Hannover	5:0
14.	6. 1977	Mexico City	2:2
6.	6. 1978	Cordoba(WM)	6:0
15.	6. 1985	Mexico City	0:2
21.	6. 1986	Monterrey (WM)	n. V. 0:0
			Elfmeterschießen 4:1
14.	10. 1992	Dresden	1:1
22.	12. 1993	Mexico City	0:0
29.	6. 1998	Montpellier (WM)	2:1
29.	6. 2005	Leipzig	n. V. 4:3

10 Spiele: **20:9 Tore**
4 Siege, 5 Unentschieden, 1 Niederlage

Moldawien:

14.	12. 1994	Chisinau	3:0
8.	10. 1995	Leverkusen	6:1
14.	10. 1998	Chisinau	3:1
4.	6. 1999	Leverkusen	6:1

4 Spiele: 4 Siege **18:3 Tore**

Neuseeland:

28.	7. 1999	Guadalajara	2:0

1 Spiel: 1 Sieg **2:0 Tore**

Niederlande:

24.	4. 1910	Arnheim	2:4
16.	10. 1910	Kleve	1:2
24.	3. 1912	Zwolle	5:5
17.	11. 1912	Leipzig	2:3
5.	4. 1914	Amsterdam	4:4
10.	5. 1923	Hamburg	0:0
21.	4. 1924	Amsterdam	1:0
29.	3. 1925	Amsterdam	1:2
18.	4. 1926	Düsseldorf	4:2
31.	10. 1926	Amsterdam	3:2
20.	11. 1927	Köln	2:2
26.	4. 1931	Amsterdam	1:1
4.	12. 1932	Düsseldorf	0:2
17.	2. 1935	Amsterdam	3:2
31.	1. 1937	Düsseldorf	2:2
14.	3. 1956	Düsseldorf	1:2
3.	4. 1957	Amsterdam	2:1
21.	10. 1959	Köln	7:0
23.	3. 1966	Rotterdam	4:2
7.	7. 1974	München (WM)	2:1
17.	5. 1975	Frankfurt	1:1
18.	6. 1978	Cordoba (WM)	2:2
20.	12. 1978	Düsseldorf	3:1
14.	6. 1980	Neapel (EM)	3:2
11.	10. 1980	Eindhoven	1:1
14.	5. 1986	Dortmund	3:1
21.	6. 1988	Hamburg (EM)	1:2
19.	10. 1988	München	0:0
26.	4. 1989	Rotterdam	1:1
24.	6. 1990	Mailand (WM)	2:1
18.	6. 1992	Göteborg (EM)	1:3
24.	4. 1996	Rotterdam	1:0
18.	11. 1998	Gelsenkirchen	1:1
23.	2. 2000	Amsterdam	1:2
20.	11. 2002	Gelsenkirchen	1:3
15.	6. 2004	Porto (EM)	1:1
17.	8. 2005	Rotterdam	2:2

37 Spiele: **72:63 Tore**
13 Siege, 14 Unentschieden, 10 Niederlagen

Nigeria:

22. 4. 1998 Köln 1:0
1 Spiel: 1 Sieg 1:0 Tor

Nordirland:

15. 6. 1958 Malmö (WM) 2:2
26. 10. 1960 Belfast 4:3
10. 5. 1961 Berlin 2:1
7. 5. 1966 Belfast 2:0
27. 4. 1977 Köln 5:0
17. 11. 1982 Belfast 0:1
16. 11. 1983 Hamburg 0:1
2. 6. 1992 Bremen 1:1
29. 5. 1996 Belfast 1:1
9. 11. 1996 Nürnberg 1:1
20. 8. 1997 Belfast 3:1
27. 3. 1999 Belfast 3:0
8. 9. 1999 Dortmund 4:0
4. 6. 2005 Belfast 4:1
14 Spiele: 32:13 Tore
8 Siege, 4 Unentschieden, 2 Niederlagen

Norwegen:

4. 11. 1923 Hamburg 1:0
15. 6. 1924 Christiania 2:0
23. 10. 1927 Hamburg 6:2
23. 9. 1928 Oslo 2:0
2. 11. 1930 Breslau 1:1
21. 6. 1931 Oslo 2:2
5. 11. 1933 Magdeburg 2:2
27. 8. 1935 Oslo 1:1
7. 8. 1936 Berlin (OS) 0:2
24. 10. 1937 Berlin 3:0
22. 6. 1939 Oslo 4:0
19. 8. 1953 Oslo 1:1
22. 11. 1953 Hamburg 5:1
18. 11. 1955 Karlsruhe 2:0
13. 6. 1956 Oslo 3:1
19. 11. 1966 Köln 3:0
22. 6. 1971 Oslo 7:1
12. 5. 1982 Oslo 4:2
14. 11. 1999 Oslo 1:0
11. 2. 2009 Düsseldorf 0:1
20 Spiele: 50:17 Tore
13 Siege, 5 Unentschieden, 2 Niederlagen

Österreich:

7. 6. 1908 Wien 2:3
10. 9. 1911 Dresden 1:2
29. 6. 1912 Stockholm (OS) 1:5
26. 9. 1920 Wien 2:3
5. 5. 1921 Dresden 3:3
23. 4. 1922 Wien 2:0
13. 1. 1924 Nürnberg 4:3
24. 5. 1931 Berlin 0:6
13. 9. 1931 Wien 0:5
7. 6. 1934 Neapel (WM) 3:2
23. 9. 1951 Wien 2:0
22. 3. 1953 Köln 0:0
30. 6. 1954 Basel (WM) 6:1
10. 3. 1957 Wien 3:2
19. 11. 1958 Berlin 2:2
9. 10. 1965 Stuttgart 4:1
13. 10. 1968 Wien 2:0
10. 5. 1969 Nürnberg 1:0
21. 9. 1969 Wien 1:1
10. 10. 1973 Hannover 4:0
3. 9. 1975 Wien 2:0
21. 6. 1978 Cordoba (WM) 2:3
2. 4. 1980 München 1:0
29. 4. 1981 Hamburg 2:0
14. 10. 1981 Wien 3:1
25. 6. 1982 Gijon (WM) 1:0
27. 4. 1983 Wien 0:0
5. 10. 1983 Gelsenkirchen 3:0
29. 10. 1986 Wien 1:4
18. 11. 1992 Nürnberg 0:0
2. 6. 1994 Wien 5:1
18. 5. 2002 Leverkusen 6:2
18. 8. 2004 Wien 3:1
6. 2. 2008 Wien 3:0
16. 6. 2008 Wien (EM) 1:0
3. 6. 2011 Wien 2:1
36 Spiele: 78:52 Tore
22 Siege, 6 Unentschieden, 8 Niederlagen

Oman:

18. 2. 1998 Maskat 2:0
1 Spiel: 1 Sieg 2:0 Tore

Paraguay:

15. 6. 2002 Seogwipo (WM) 1:0
1 Spiel: 1 Sieg 1:0 Tore

Peru:

10. 6. 1970 Leon(WM) 3:1
1 Spiel: 1 Sieg 3:1 Tore

Polen:

3. 12. 1933 Berlin 1:0
9. 9. 1934 Warschau 5:2
15. 9. 1935 Breslau 1:0
13. 9. 1936 Warschau 1:1
18. 9. 1938 Chemnitz 4:1
20. 5. 1959 Hamburg 1:1
8. 10. 1961 Warschau 2:0
10. 10. 1971 Warschau 3:1
17. 11. 1971 Hamburg 0:0
3. 7. 1974 Frankfurt/M. (WM) 1:0
1. 6. 1978 Buenos Aires (WM) 0:0
13. 5. 1980 Frankfurt 3:1
2. 9. 1981 Königshütte 2:0
4. 9. 1996 Zabrze 2:0
14. 6. 2006 Dortmund (WM) 1:0
8. 6. 2008 Klagenfurt (EM) 2:0
16 Spiele: 29:7 Tore
12 Siege, 4 Unentschieden

Portugal:

27.	2. 1936	Lissabon	3:1
24.	4. 1938	Frankfurt/M.	1:1
19.	12. 1954	Lissabon	3:0
27.	4. 1960	Ludwigshafen	2:1
17.	2. 1982	Hannover	3:1
23.	2. 1983	Lissabon	0:1
14.	6. 1984	Straßburg (EM)	0:0
24.	2. 1985	Lissabon	2:1
16.	10. 1985	Stuttgart	0:1
29.	8. 1990	Lissabon	1:1
21.	2. 1996	Porto	2:1
14.	12. 1996	Lissabon	0:0
6.	9. 1997	Berlin	1:1
20.	6. 2000	Rotterdam (EM)	0:3
8.	7. 2006	Stuttgart (WM)	3:1
19.	6. 2008	Basel (EM)	3:2

16 Spiele: 24:16 Tore
8 Siege, 5 Unentschieden, 3 Niederlagen

Rumänien:

25.	8. 1935	Erfurt	4:2
25.	9. 1938	Bukarest	4:1
14.	7. 1940	Frankfurt/M.	9:3
1.	6. 1941	Bukarest	4:1
16.	8. 1942	Beuthen	7:0
1.	6. 1966	Ludwigshafen	1:0
22.	11. 1967	Bukarest	0:1
8.	4. 1970	Stuttgart	1:1
17.	6. 1984	Lens (EM)	2:1
5.	9. 1998	Ta' Qali	1:1
12.	6. 2000	Lüttich (EM)	1:1
28.	4. 2004	Bukarest	1:5
12.	9. 2007	Köln	3:1

13 Spiele: 38:18 Tore
8 Siege, 3 Unentschieden, 2 Niederlagen

Russland (Sowjetunion/GUS):

1.	7. 1912	Stockholm (OS)	16:0
21.	8. 1955	Moskau	2:3
15.	9. 1956	Hannover	1:2
25.	7. 1966	Liverpool (WM)	2:1
26.	5. 1972	München	4:1
18.	6. 1972	Brüssel (EM)	3:0
5.	9. 1973	Moskau	1:0
8.	3. 1978	Frankfurt	1:0
21.	11. 1979	Tiflis	3:1
28.	3. 1984	Hannover	2:1
28.	8. 1985	Moskau	0:1
21.	9. 1988	Düsseldorf	1:0
27.	3. 1991	Frankfurt/M.	2:1
12.	6. 1992	Norrköping (EM)	1:1
7.	9. 1994	Moskau	1:0
16.	6. 1996	Manchester (EM)	3:0
8.	6. 2005	M'gladbach	2:2
11.	10. 2008	Dortmund	2:1
10.	10. 2009	Moskau	1:0

19 Spiele: 48:15 Tore
14 Siege, 2 Unentschieden, 3 Niederlagen

Saarland:

11.	10. 1953	Stuttgart	3:0
28.	3. 1954	Saarbrücken	3:1

2 Spiele: 2 Siege 6:1 Tore

San Marino:

6.	9. 2006	Serravalle	13:0
2.	6. 2007	Nürnberg	6:0

2 Spiele: 2 Siege 19:0 Tore

Saudi-Arabien:

22.	2. 1998	Riad	3:0
1.	6. 2002	Sapporo (WM)	8:0

2 Spiele: 2 Siege 11:0 Tore

Schottland:

1.	6. 1929	Berlin	1:1
14.	10. 1936	Glasgow	0:2
22.	5. 1957	Stuttgart	1:3
6.	5. 1959	Glasgow	2:3
12.	5. 1964	Hannover	2:2
16.	4. 1969	Glasgow	1:1
22.	10. 1969	Hamburg	3:2
14.	11. 1973	Glasgow	1:1
27.	3. 1974	Frankfurt/M.	2:1
8.	6. 1986	Queretaro (WM)	2:1
15.	6. 1992	Norrköping (EM)	2:0
24.	3. 1993	Glasgow	1:0
28.	4. 1999	Bremen	0:1
7.	6. 2003	Glasgow	1:1
10.	9. 2003	Dortmund	2:1

15 Spiele: 21:20 Tore
6 Siege, 5 Unentschieden, 4 Niederlagen

Schweden:

18.	6. 1911	Stockholm	4:2
29.	10. 1911	Hamburg	1:3
29.	6. 1923	Stockholm	1:2
31.	8. 1924	Berlin	1:4
21.	6. 1925	Stockholm	0:1
20.	6. 1926	Nürnberg	3:3
30.	9. 1928	Stockholm	0:2
23.	6. 1929	Köln	3:0
17.	6. 1931	Stockholm	0:0
25.	9. 1932	Nürnberg	4:3
31.	5. 1934	Mailand (WM)	2:1
30.	6. 1935	Stockholm	1:3
21.	11. 1937	Hamburg	5:0
5.	10. 1941	Stockholm	2:4
20.	9. 1942	Berlin	2:3
30.	6. 1956	Stockholm	2:2
20.	11. 1957	Hamburg	1:0
24.	6. 1958	Göteborg (WM)	1:3
3.	11. 1963	Stockholm	1:2
4.	11. 1964	Berlin	1:1
26.	9. 1965	Stockholm	2:1
27.	6. 1971	Göteborg	0:1
1.	5. 1974	Hamburg	2:0
30.	6. 1974	Düsseldorf (WM)	4:2
19.	4. 1978	Stockholm	1:3

17. 10. 1984 Köln 2:0
25. 9. 1985 Stockholm 2:2
14. 10. 1987 Gelsenkirchen 1:1
31. 3. 1988 Berlin 1:1
Elfmeterschießen 2:4
10. 10. 1990 Stockholm 3:1
21. 6. 1992 Stockholm (EM) 3:2
24. 6. 2006 München (WM) 2:0
16. 8. 2006 Gelsenkirchen 3:0
17. 11. 2010 Göteborg 0:0
34 Spiele: 61:53 Tore
14 Siege, 8 Unentschieden, 12 Niederlagen

Schweiz:

5. 4. 1908 Basel 3:5
4. 4. 1909 Karlsruhe 1:0
3. 4. 1910 Basel 3:2
26. 3. 1911 Stuttgart 6:2
5. 5. 1912 St. Gallen 2:1
18. 5. 1913 Freiburg 1:2
27. 6. 1920 Zürich 1:4
26. 3. 1922 Frankfurt/M. 2:2
3. 6. 1923 Basel 2:1
14. 12. 1924 Stuttgart 1:1
25. 10. 1925 Basel 4:0
12. 12. 1926 München 2:3
15. 4. 1928 Bern 3:2
28. 5. 1928 Amsterdam (OS) 4:0
10. 2. 1929 Mannheim 7:1
4. 5. 1930 Zürich 5:0
6. 3. 1932 Leipzig 2:0
19. 11. 1933 Zürich 2:0
27. 1. 1935 Stuttgart 4:0
2. 5. 1937 Zürich 1:0
6. 2. 1938 Köln 1:1
4. 6. 1938 Paris (WM) n. V. 1:1
9. 6. 1938 Paris (WM) 2:4
9. 3. 1941 Stuttgart 4:2
20. 4. 1941 Bern 1:2
1. 2. 1942 Wien 1:2
18. 10. 1942 Bern 5:3
22. 11. 1950 Stuttgart 1:0
15. 4. 1951 Zürich 3:2
9. 11. 1952 Augsburg 5:1
25. 4. 1954 Basel 5:3
21. 11. 1956 Frankfurt/M. 1:3
4. 10. 1959 Bern 4:0
3. 6. 1962 Santiago (WM) 2:1
23. 12. 1962 Karlsruhe 5:1
26. 5. 1965 Basel 1:0
12. 7. 1966 Sheffield (WM) 5:0
17. 4. 1968 Basel 0:0
15. 11. 1972 Düsseldorf 5:1
4. 9. 1974 Basel 2:1
16. 11. 1977 Stuttgart 4:1
10. 9. 1980 Basel 3:2
9. 4. 1986 Basel 1:0
27. 4. 1988 Kaiserslautern 1:0
19. 12. 1990 Stuttgart 4:0
23. 8. 1995 Bern 2:1
26. 4. 2000 Kaiserslautern 1:1
2. 6. 2004 Basel 2:0
7. 2. 2007 Düsseldorf 3:1
26. 3. 2008 Basel 4:0
50 Spiele: 135:60 Tore
36 Siege, 6 Unentschieden, 8 Niederlagen

Serbien:

(bis Februar 2003 Jugoslawien, bis 2007 Serbien & Montenegro)
26. 2. 1939 Berlin 3:2
15. 10. 1939 Zagreb 5:1
14. 4. 1940 Wien 1:2
3. 11. 1940 Zagreb 0:2
21. 12. 1952 Ludwigshafen 3:2
27. 6. 1954 Genf (WM) 2:0
25. 9. 1955 Belgrad 1:3
19. 6. 1958 Malmö (WM) 1:0
20. 12. 1959 Hannover 1:1
10. 6. 1962 Santiago (WM) 0:1
30. 9. 1962 Zagreb 3:2
23. 6. 1966 Hannover 2:0
3. 5. 1967 Belgrad 0:1
7. 10. 1967 Hamburg 3:1
13. 5. 1970 Hannover 1:0
18. 11. 1970 Zagreb 0:2
9. 5. 1973 München 0:1
26. 6. 1974 Düsseldorf (WM) 2:0
17. 6. 1976 Belgrad (EM) n. V. 4:2
30. 4. 1977 Belgrad 2:1
7. 6. 1983 Luxemburg 4:2
11. 5. 1986 Bochum 1:1
4. 6. 1988 Bremen 1:1
10. 6. 1990 Mailand (WM) 4:1
21. 6. 1998 Lens (WM) 2:2
30. 4. 2003 Bremen 1:0
31. 5. 2008 Gelsenkirchen 2:1
18. 6. 2010 Port Elizabeth (WM) 0:1
28 Spiele: 49:33 Tore
16 Siege, 4 Unentschieden, 8 Niederlagen

Slowakei:

27. 8. 1939 Bratislava 0:2
3. 12. 1939 Chemnitz 3:1
15. 9. 1940 Bratislava 1:0
7. 12. 1941 Breslau 4:0
22. 11. 1942 Bratislava 5:2
29. 5. 2001 Bremen 2:0
3. 9. 2005 Bratislava 0:2
11. 10. 2006 Bratislava 4:1
6. 6. 2007 Hamburg 2:1
9 Spiele: 7 Siege, 2 Niederlagen 21:9 Tore

Slowenien:

26. 3. 2005 Celje 1:0
1 Spiel: 1 Sieg 1:0 Tore

Spanien:

12. 5. 1935 Köln 1:2
23. 2. 1936 Barcelona 2:1
12. 4. 1942 Berlin 1:1

28. 12. 1952 Madrid 2:2
19. 3. 1958 Frankfurt 2:0
20. 7. 1966 Birmingham (WM) 2:1
11. 2. 1970 Sevilla 0:2
24. 11. 1973 Stuttgart 2:1
23. 2. 1974 Barcelona 0:1
24. 4. 1976 Madrid 1:1
22. 5. 1976 München 2:0
2. 7. 1982 Madrid (WM) 2:1
20. 6. 1984 Paris (EM) 0:1
15. 10. 1986 Hannover 2:2
17. 6. 1988 München (EM) 2:0
21. 6. 1994 Chicago (WM) 1:1
22. 2. 1995 Jerez de la Frontera 0:0
16. 8. 2000 Hannover 4:1
12. 3. 2003 Palma de Mallorca 1:3
29. 6. 2008 Wien (EM) 0:1
7. 7. 2010 Durban (WM) 0:1
21 Spiele: 27:23 Tore
8 Siege, 6 Unentschieden, 7 Niederlagen

Südafrika:

15. 12. 1995 Johannesburg 0:0
15. 11. 1997 Düsseldorf 3:0
7. 9. 2005 Bremen 4:2
5. 9. 2009 Leverkusen 2:0
4 Spiele: 3 Siege, 1 Unentschieden 9:2 Tore

Südkorea:

27. 6. 1994 Dallas (WM) 3:2
25. 6. 2002 Seoul (WM) 1:0
19. 12. 2004 Busan 1:3
3 Spiele: 2 Siege, 1 Niederlage 5:5 Tore

Thailand:

21. 12. 2004 Bangkok 5:1
1 Spiel: 1 Sieg 5:1 Tore

Tschechien:

9. 6. 1996 Manchester (EM) 2:0
30. 6. 1996 London (EM) n. V. 2:1
3. 6. 2000 Nürnberg 3:2
23. 6. 2004 Lissabon (EM) 1:2
24. 3. 2007 Prag 2:1
17. 10. 2007 München 0:3
6 Spiele: 4 Siege, 2 Niederlagen 10:9 Tore

Tschechoslowakei:

3. 6. 1934 Rom (WM) 1:3
26. 5. 1935 Dresden 2:1
27. 9. 1936 Prag 2:1
2. 4. 1958 Prag 2:3
11. 6. 1958 Helsingborg (WM) 2:2
29. 4. 1964 Ludwigshafen 3:4
28. 3. 1973 Düsseldorf 3:0
20. 6. 1976 Belgrad (EM) n. V. 2:2
Elfmeterschießen 3:5
17. 11. 1976 Hannover 2:0
11. 10. 1978 Prag 4:3
11. 6. 1980 Rom (EM) 1:0
14. 4. 1982 Köln 2:1
30. 4. 1985 Prag 5:1
17. 11. 1985 München 2:2
26. 5. 1990 Düsseldorf 1:0
1. 7. 1990 Mailand (WM) 1:0
22. 4. 1992 Prag 1:1
17 Spiele: 36:24 Tore
10 Siege, 4 Unentschieden, 3 Niederlagen

Türkei:

17. 6. 1951 Berlin 1:2
21. 11. 1951 Istanbul 2:0
17. 6. 1954 Bern (WM) 4:1
23. 6. 1954 Zürich (WM) 7:2
28. 9. 1963 Frankfurt 3:0
12. 10. 1966 Ankara 2:0
17. 10. 1970 Köln 1:1
25. 4. 1971 Istanbul 3:0
20. 12. 1975 Istanbul 5:0
1. 4. 1979 Izmir 0:0
22. 12. 1979 Gelsenkirchen 2:0
23. 4. 1983 Izmir 3:0
26. 10. 1983 Berlin 5:1
30. 5. 1992 Gelsenkirchen 1:0
10. 10. 1998 Bursa 0:1
9. 10. 1999 München 0:0
8. 10. 2005 Istanbul 1:2
25. 6. 2008 Basel (EM) 3:2
8. 10. 2010 Berlin 3:0
19 Spiele: 46:12 Tore
13 Siege, 3 Unentschieden, 3 Niederlagen

Tunesien:

10. 6. 1978 Cordoba (WM) 0:0
22. 9. 1993 Tunis 1:1
18. 6. 2005 Köln 3:0
3 Spiele: 1 Sieg, 2 Unentschieden 4:1 Tore

Ukraine:

30. 4. 1997 Bremen 2:0
7. 6. 1997 Kiew 0:0
10. 11. 2001 Kiew 1:1
14. 11. 2001 Dortmund 4:1
4 Spiele: 2 Siege, 2 Unentschieden 7:2 Tore

Ungarn:

4. 4. 1909 Budapest 3:3
17. 12. 1911 München 1:4
14. 4. 1912 Budapest 4:4
3. 7. 1912 Stockholm (OS) 1:3
24. 10. 1920 Berlin 1:0
5. 6. 1921 Budapest 0:3
2. 7. 1922 Bochum 0:0
21. 9. 1924 Budapest 1:4
28. 9. 1930 Dresden 5:3
30. 10. 1932 Budapest 1:2
14. 1. 1934 Frankfurt/M. 3:1
15. 3. 1936 Budapest 2:3
20. 3. 1938 Nürnberg 1:1
24. 9. 1939 Budapest 1:5

7. 4. 1940	Berlin	2:2
6. 10. 1940	Budapest	2:2
6. 4. 1941	Köln	7:0
3. 5. 1942	Budapest	5:3
20. 6. 1954	Basel (WM)	3:8
4. 7. 1954	Bern (WM)	3:2
22. 12. 1957	Hannover	1:0
8. 11. 1959	Budapest	3:4
9. 9. 1970	Nürnberg	3:1
29. 3. 1972	Budapest	2:0
17. 4. 1974	Dortmund	5:0
15. 11. 1978	Frankfurt	0:0 abgebr.
7. 9. 1983	Budapest	1:1
29. 1. 1985	Hamburg	0:1
18. 11. 1987	Budapest	0:0
12. 10. 1994	Budapest	0:0
15. 8. 2001	Budapest	5:2
6. 6. 2004	Kaiserslautern	0:2
29. 5. 2010	Budapest	3:0

33 Spiele: 69:64 Tore
12 Siege, 10 Unentschieden., 11 Niederlagen

Uruguay:

3. 6. 1928	Amsterdam (OS)	1:4
11. 4. 1962	Hamburg	3:0
23. 7. 1966	Sheffield (WM)	4:0
20. 6. 1970	Mexiko (WM)	1:0
8. 6. 1977	Montevideo	2:0
4. 6. 1986	Queretaro (WM)	1:1
25. 4. 1990	Stuttgart	3:3
20. 12. 1992	Montevideo	4:1
13. 10. 1993	Karlsruhe	5:0
10. 7. 2010	Port Elizabeth (WM)	3:2
29. 5. 2011	Sinsheim	2:1

11 Spiele: 29:12 Tore
8 Siege, 2 Unentschieden, 1 Niederlage

USA:

13. 6. 1993	Chicago	4:3
18. 12. 1993	San Francisco	3:0
15. 6. 1998	Paris (WM)	2:0
6. 2. 1999	Jacksonville	0:3
30. 7. 1999	Guadalajara	0:2
27. 3. 2002	Rostock	4:2
21. 6. 2002	Ulsan (WM)	1:0
22. 3. 2006	Dortmund	4:1

8 Spiele: 6 Siege, 2 Niederlagen 18:11 Tore

Vereinigte Arabische Emirate:

15. 6. 1990	Mailand (WM)	5:1
27. 4. 1994	Abu Dhabi	2:0
2. 6. 2009	Dubai	7:2

3 Spiele: 3 Siege 14:3 Tore

Wales:

8. 5. 1968	Cardiff	1:1
26. 3. 1969	Frankfurt	1:1
6. 10. 1976	Cardiff	2:0
14. 12. 1977	Dortmund	1:1
2. 5. 1979	Wrexham	2:0
17. 10. 1979	Köln	5:1
31. 5. 1989	Cardiff	0:0
15. 11. 1989	Köln	2:1
5. 6. 1991	Cardiff	0:1
16. 10. 1991	Nürnberg	4:1
26. 4. 1995	Düsseldorf	1:1
11. 10. 1995	Cardiff	2:1
14. 5. 2002	Cardiff	0:1
8. 9. 2007	Cardiff	2:0
21. 11. 2007	Frankfurt	0:0
15. 10. 2008	M'gladbach	1:0
1. 4. 2009	Cardiff	2:0

17 Spiele: 26:10 Tore
9 Siege, 6 Unentschieden, 2 Niederlagen

Weißrussland:

27. 5. 2008	Kaiserslautern	2:2

1 Spiel: 1 Unentschieden 2:2 Tore

Zypern:

24. 4. 1965	Karlsruhe	5:0
14. 11. 1965	Nicosia	6:0
23.11.1968	Nicosia	1:0
21. 5. 1969	Essen	12:0
15.11.2006	Nicosia	1:1
17. 11. 2007	Hannover	4:0

6 Spiele: 29:1 Tore
5 Siege, 1 Unentschieden

1 Spiel: 1 Niederlage 1:2 Tore

Die Erklärung der Länderkürzel:

Die Abkürzungen hinter den Namen der Spieler bezeichnen die Länder, gegen die sie eingesetzt wurden. Bei den Kadern der Bundesligisten geben sie das Herkunftsland des Spielers an. Diese Kürzel entsprechen den offiziellen FIFA-Abkürzungen und gelten gleichermaßen für alle Nationalmannschaften aller Altersstufen bei den Frauen und Herren. Wenn keine offiziellen FIFA-Abkürzungen existieren, wurden die Abkürzungen des Internationalen Olympischen Komitees (IOC) verwendet:

AFG = Afghanistan, ALB = Albanien, ALG = Algerien, ASA = Amer. Samoa, AND = Andorra, ANG = Angola, AIA = Anguilla, ATG = Antigua und Barbuda, ARG = Argentinien, ARM = Armenien, ARU = Aruba, AUS = Australien, AUT = Österreich, AZE = Aserbaidschan, BAH = Bahamas, BHR = Bahrain, BAN = Bangladesh, BRB = Barbados, BLR = Weißrussland, BEL = Belgien, BLZ = Belize, BEN = Benin, BER = Bermuda, BHU = Bhutan, BOL = Bolivien, BIH = Bosnien-Herzegowina, BOT = Botswana, BRA = Brasilien, , VGB = Brit. Jungfern-Inseln, BRU = Brunei, BUL = Bulgarien, BFA = Burkina Faso, BDI = Burundi, CAM = Kambodscha, CMR = Kamerun, CAN = Kanada, CPV = Kap Verde, CAY = Cayman-Inseln, CTA = Zentralafr. Republik, CHA = Tschad, CHI = Chile, CHN = China, COL = Kolumbien, CGO = Kongo, COD = Dem. Rep. Kongo, COK = Cook-Inseln, CRC = Costa Rica, CIV = Elfenbeinküste, CRO = Kroatien, CUB = Kuba, CYP = Zypern, CZE = Tschechien, DEN = Dänemark, DJI = Dschibuti, DMA = Dominica, DOM = Dominikanische Republik, ECU = Ecuador, EGY = Ägypten, SLV = El Salvador, ENG = England, EQG = Äquatorial-Guinea, ERI = Eritrea, EST = Estland, ETH = Äthiopien, FRO = Färöer, FIJ = Fidschi, FIN = Finnland, FRA = Frankreich, GAB = Gabun, GAM = Gambia, GBR* = Großbritannien, GEO = Georgien, GHA = Ghana, GRE = Griechenland, GRN = Grenada, GUM = Guam, GUA = Guatemala, GUI = Guinea, GNB = Guinea-Bissau, GUY = Guyana, HAI = Haiti, HON = Honduras, HKG = Hongkong, HUN = Ungarn, ISL = Island, IND = Indien, IDN = Indonesien, IRN = Iran, IRQ = Irak, IRL = Irland, ISR = Israel, ITA = Italien, JAM = Jamaika, JPN = Japan, JOR = Jordanien, KAZ = Kasachstan, KEN = Kenia, PRK = Nordkorea, KOR = Südkorea, KUW = Kuwait, KGZ = Kirgistan, LAO = Laos, LVA = Lettland, LIB = Libanon, LES = Lesotho, LBR = Liberia, LBY = Libyen, LIE = Liechtenstein, LTU = Litauen, LUX = Luxemburg, MAC = Macao, MKD = Mazedonien, MAD = Madagaskar, MWI = Malawi, MAS = Malaysia, MDV = Malediven, MLI = Mali, MLT = Malta, MTN = Mauretanien, MRI = Mauritius, MEX = Mexiko, MDA = Moldawien, MGL = Mongolei, MSR = Montserrat, MAR = Marokko, MOZ = Mozambique, MYA = Myanmar, NAM = Namibia, NEP = Nepal, NED = Niederlande, ANT = Niederl. Antillen, NZL = Neuseeland, NCA = Nicaragua, NIG = Niger, NGA = Nigeria, NIR = Nordirland, NOR = Norwegen, OMA = Oman, PAK = Pakistan, PAL = Palästina, PAN = Panama, PNG = Papua-Neuguinea, PAR = Paraguay, PER = Peru, PHI = Philippinen, POL = Polen, POR = Portugal, PUR = Puerto Rico, QAT = Katar, ROM = Rumänien, RUS = Russland, RWA = Ruanda, SAM = Samoa, SCG = Serbien & Montenegro, SMR = San Marino, STP = São Tomé e Príncipe, KSA = Saudi-Arabien, SCO = Schottland, SEN = Senegal, SEY = Seychellen, SLE = Sierra Leone, SIN = Singapur, SVK = Slowakei, SVN = Slowenien, SOL = Salomonen, SOM = Somalia, RSA = Südafrika, ESP = Spanien, SRI = Sri Lanka, SKN = St. Kitts & Nevis, LCA = St. Lucia, VIN = St. Vincent & Grenadines, SUD = Sudan, SUR = Surinam, SWZ = Swaziland, SWE = Schweden, SUI = Schweiz, SYR = Syrien, TAH = Tahiti, TPE = Taiwan, TJK = Tadschikistan, TAN = Tansania, THA = Thailand, TOG = Togo, TGA = Tonga, TRI = Trinidad & Tobago, TUN = Tunesien, TUR = Türkei, TKM = Turkmenistan, TCA = Turks & Caicos Inseln, UGA = Uganda, UKR = Ukraine, UAE = Ver. Arab. Emirate, URU = Uruguay, VIR = Amer. Jungfern-Inseln, USA = USA, UZB = Usbekistan, VAN = Vanuatu, VEN = Venezuela, VIE = Vietnam, WAL = Wales, YEM = Jemen, YUG = Jugoslawien (ab 2003 SCG = Serbien & Montenegro), ZAM = Sambia, ZIM = Simbabwe.

Abkürzungen von Ländern, die nicht mehr existieren :
BOH = Böhmen-Mähren, CIS = Gemeinschaft unabhängiger Staaten, CSV = Tschechoslowakei, CUR = Curaçao , DDR = Deutsche Demokratische Republik, SAA = Saarland , URS = Sowjetunion.

Abkürzungen für sonstige Gebiete:
Pr. Kanton = Provinz Kanton, SVI = Süd-Vietnam

* = offizielle IOC-Abkürzung

Ehrentafel der Nationalspieler

Die Aufstellung umfaßt sämtliche seit dem ersten Länderspiel am 5. April 1908 bis zum 30. Juni 2011 eingesetzten 887 Nationalspieler.

19 **Abramczik** Rüdiger, 18. 2. 1956 (FC Schalke 04) 1977 NIR, YUG, ARG, URU, BRA, FIN, SUI, WAL – 1978 ENG, URS, BRA, SWE, POL, NED, AUT, CSV, HUN, NED – 1979 MLT

3 **Adam** Karl, 5. 2. 1924, † 9. 7. 1999 (TuS Neuendorf) 1951 TUR – 1952 LUX, IRL

2 **Adamkiewicz** Edmund, 21. 4. 1920, † 4. 4. 1991 (Hamburger SV) 1942 CRO, SVK

10 **Adler** René, 15. 1. 1985 (Bayer Leverkusen) 2008 RUS, WAL, ENG – 2009 NOR, RSA, AZE, RUS, FIN – 2010 ARG, SWE

3 **Albertz** Jörg, 29. 1. 1971, (Hamburger SV 2, Glasgow Rangers 1) 1996 POR, DEN – 1998 ROM

1 **Albrecht** Erich, 31. 3. 1889, † (Wacker Leipzig) 1909 ENG

17 **Albrecht** Ernst, 12. 11. 1907, † 26. 3. 1976 (Fortuna Düsseldorf) 1928 SUI, SUI, URU, NOR, SWE – 1929 ITA, SWE, FIN – 1930 ITA, HUN, NOR – 1931 NED – 1932 HUN, NED – 1933 BEL, NOR – 1934 LUX

10 **Allgöwer** Karl, 5. 1. 1957 (VfB Stuttgart) 1980 FRA – 1981 BRA, AUT, BRA, FIN – 1982 POR – 1985 POR, CSV – 1986 SUI, NED

56 **Allofs** Klaus, 5. 12. 1956 (Fortuna Düsseldorf 21, 1. FC Köln 29, Olympique Marseille 6) 1978 CSV, HUN, NED – 1979 MLT, WAL, IRL, ARG, WAL – 1980 MLT, AUT, POL, CSV, NED, BEL, SUI, NED, FRA, BUL – 1981 ARG, BRA, ALB, BUL – 1982 ENG, NIR – 1983 POR – 1984 BUL, BEL, URS, ITA, POR, ROM, ESP, SWE, MLT – 1985 CSV, URS – 1986 ITA, BRA, YUG, NED, URU, SCO, DEN, MAR, MEX, FRA, ARG, DEN, AUT – 1987 ITA, FRA, ENG, DEN, SWE, HUN – 1988 SWE

2 **Allofs** Thomas, 17. 11. 1959 (1. FC Kaiserslautern 1, 1. FC Köln 1) 1985 POR – 1988 URS

1 **Altvater** Heinrich, 27. 8. 1902, † 25. 2. 1994 (Wacker München) 1922 SUI

7 **Aogo** Dennis, 14. 1. 1987 (Hamburger SV) 2010 MLT, HUN, URU – 2011 ITA, KAZ, AUT, AZE

5 **Appel** Hans, 8. 6. 1911, † 24. 7. 1973 (Berliner SV 92) 1933 POL – 1935 SUI, LVA – 1937 LUX – 1938 ROM

11 **Arlt** Willi, 27. 10. 1919, † 27. 7. 1947 (Riesaer SV) 1939 BEL, LUX, IRL, DEN, EST, BOH, SVK – 1940 ROM, FIN, YUG – 1942 BUL

43 **Asamoah** Gerald, 3. 10. 1978 (FC Schalke 04) 2001 SVK, FIN, ALB, HUN, ENG, FIN, UKR – 2002 ISR, USA, WAL, AUT, PAR, KOR, BRA, BUL, BIH, NED – 2003 SCG – 2004 AUT, BRA, IRN, CMR, JPN, KOR, THA – 2005 ARG, NIR, RUS, AUS, TUN, ARG, BRA, MEX, NED, SVK, RSA – 2006 ITA, USA, LUX, COL, ECU, SWE, SMR

1 **Ascherl** Willy, 7. 1. 1902, † 8. 8. 1929 (SpVgg Fürth) 1924 NED

1 **Au** Alfred, 14. 12. 1898, † 27. 10. 1986 (VfR Mannheim) 1921 FIN

3 **Auer** Karl, 12. 8. 1903, † 21. 2. 1945 (SpVgg Fürth) 1924 AUT, NED – 1926 SWE

27 **Augenthaler** Klaus, 26. 9. 1957 (Bayern München) 1983 AUT, TUR, NIR – 1984 BEL – 1985 ENG, MEX, SWE, CSV – 1986 ITA, SUI, YUG, URU, SCO, ESP – 1989 IRL, FIN, WAL – 1990 FRA, CSV, DEN, YUG, UAE, COL, NED, CSV, ENG, ARG

4 **Aumann** Raimond, 12. 10. 1963 (Bayern München) 1989 IRL – 1990 URU, DEN, SWE

51 **Babbel** Markus, 8. 9. 1972 (Bayern München) 1995 ESP, GEO, WAL, BUL, ITA, BEL, GEO, MDA, WAL, BUL – 1996 POR, DEN, NED, FRA, CZE, RUS, CRO, ENG, CZE, POL, ARM, NIR, POR – 1997 ISR, NIR, POR – 1998 BRA, NGA, FIN, LUX, USA, MEX, MLT, ROM, TUR, MDA – 1999 USA, COL, NIR, FIN, MDA, FIN, NIR, TUR, NOR – 2000 NED, SUI, CZE, LIE, ROM, ENG

2 **Bache** Fritz, 29. 3. 1898, † 6. 12. 1959 (Wacker 04 Berlin) 1923 NOR – 1924 SWE

13 **Badstuber** Holger, 13. 3. 1989 (Bayern München) 2010 HUN, BIH, AUS, SRB, BEL, AZE, TUR, KAZ – 2011 ITA, KAZ, URU, AUT, AZE

1 **Bäse** Joachim, 2. 9. 1939 (Eintracht Braunschweig) 1968 WAL

1 **Bäumler** Erich, 6. 1. 1930, † 18. 9. 2003 (Eintracht Frankfurt) 1956 NOR

1 **Balitsch** Hanno, 2. 1. 1981 (Bayer Leverkusen) 2003 ESP

98 **Ballack** Michael, 26. 9. 1976 (1. FC Kaiserslautern 1, Bayer Leverkusen 27, Bayern München 42, FC Chelsea 28) 1999 SCO, BRA, NZL – 2000 CRO, SUI, CZE, LIE, ENG, POR, ESP, GRE, ENG – 2001 FRA, GRE, SVK, FIN, ALB, ENG, FIN, UKR, UKR – 2002 AUT, KSA, IRL, CMR, PAR, USA, KOR, BUL, LTU, FRO, NED – 2003 SCO, ISL, SCO, ISL, FRA – 2004 BEL, MLT, SUI, HUN, NED, LVA, CZE, AUT, BRA, IRN, CMR, JPN, KOR – 2005 SVN, NIR, RUS, AUS, TUN, BRA, MEX, NED, SVK, RSA, FRA – 2006 ITA, USA, JPN, COL, POL, ECU, SWE, ARG, ITA, IRL, SMR, GEO, SVK, CYP – 2007 SUI, CZE – 2008 AUT, SUI, BLR, SRB, POL, CRO, AUT, POR, TUR, ESP, RUS, WAL – 2009 NOR, LIE, WAL, AZE, RSA, AZE, RUS, FIN – 2010 ARG

1 **Balogh** Fritz, 16. 12. 1920, † 15. 1. 1951 (VfL Neckarau) 1950 SUI

1 **Bantle** Ernst, 16. 2. 1901, † 13. 4. 1978 (Freiburger FC) 1924 HUN

3 **Barufka** Karl, 15. 5. 1921, † 4. 4. 1999 (VfB Stuttgart) 1950 SUI – 1951 SUI, AUT

30 **Basler** Mario, 18. 12. 1968 (Werder Bremen 19, Bayern München 11) 1994 ITA, UAE, IRL, AUT, CAN, BOL, RUS – 1995 ESP, GEO, WAL, BUL, BEL, BUL – 1996 POR, DEN, NED, NIR, FRA, LIE, POR – 1997 ISR, UKR, UKR, NIR, POR, RSA – 1998 KSA, MLT, ROM, NED

5 **Bauer** Hans, 28. 7. 1927, † 31. 10. 1997 (Bayern München) 1951 LUX – 1952 LUX – 1954 HUN, TUR – 1958 FRA

28 **Baumann** Frank, 29. 10. 1975 (Werder Bremen) 1999 NOR – 2000 NED, DEN – 2001 SVK, ALB, HUN, UKR – 2002 ISR, USA, ARG, AUT, PAR, NED – 2003 ESP, SCG, CAN, ITA, ISL, SCO, ISL, FRA – 2004 CRO, SUI, HUN, NED, LVA, AUT – 2005 SVN

2 **Baumann** Gunther, 19. 1. 1921, † 7. 2. 1998 (1. FC Nürnberg) 1950 SUI – 1951 SUI

4 **Baumgärtner** Willy, 23. 12. 1890, † 16. 11. 1953 (Düsseldorfer SV 04) 1908 SUI, ENG, AUT – 1909 ENG

1 **Baumgarten** Fritz, 21. 12. 1886, † (Germania 88 Berlin) 1908 SUI

1 **Bauwens** Peco, 24. 12. 1886, † 24. 11. 1963 (SC 99 Köln) 1910 BEL

1 **Beck** Alfred, 12. 4. 1925, † September 1994 (FC St. Pauli) 1954 ENG

9 **Beck** Andreas, 13. 3. 1987 (TSG 1899 Hoffenheim) 2009 NOR, LIE, WAL, AZE, FIN, CIV – 2010 MLT, DEN, SWE

103 **Beckenbauer** Franz, 11. 9. 1945 (Bayern München) 1965 SWE, AUT, CYP – 1966 ENG, NED, IRL, NIR, YUG, SUI, ARG, ESP, URU, URS, ENG, NOR – 1967 MAR, ALB, YUG, FRA, ROM – 1968 BEL, SUI, ENG, BRA, FRA, AUT, BRA, CHI, MEX – 1969 SCO, AUT, CYP, AUT, BUL, SCO – 1970 ROM, IRL, YUG, MAR, BUL, PER, ENG, ITA, HUN, TUR, YUG, GRE – 1971 ALB, TUR, ALB, NOR, SWE, DEN, MEX, POL, POL – 1972 HUN, ENG, ENG, URS, BEL, URS, SUI – 1973 ARG, CSV, YUG, BUL, BRA, URS, AUT, FRA, SCO, ESP – 1974 ESP, ITA, SCO, HUN, SWE, CHI, AUS, DDR, YUG, SWE, POL, NED, SUI, GRE, MLT – 1975 ENG, BUL, NED, AUT, GRE, BUL, TUR – 1976 MLT, ESP, ESP, YUG, CSV, WAL, CSV – 1977 FRA

1 **Becker** Fritz, 13. 9. 1888, † 19. 2. 1963 (Frankfurter Kickers) 1908 SUI

24 **Beer** Erich, 9. 12. 1946 (Hertha BSC) 1975 NED, AUT, GRE, BUL, TUR – 1976 MLT, ESP, ESP, YUG, CSV, WAL, CSV – 1977 FRA, YUG, ARG, BRA, MEX, FIN, ITA – 1978 BRA, POL, ITA, NED, AUT

11 **Beier** Albert, 28. 9. 1900, † 21. 9. 1972 (Hamburger SV) 1924 SUI – 1925 NED, SWE – 1926 SUI – 1928 SUI, URU, DEN, SWE – 1929 ITA, FIN – 1931 AUT

1 **Beiersdorfer** Dietmar, 16. 11. 1963 (Hamburger SV) 1991 BEL

17 **Bein**, Uwe, 26. 9. 1960 (Eintracht Frankfurt) 1989 FIN, WAL – 1990 FRA, URU, CSV, DEN, YUG, UAE, COL, CSV, POR, LUX – 1991 LUX – 1992 ITA – 1993 GHA, USA, TUN

5 **Beinlich** Stefan, 13. 1. 1972 (Bayer Leverkusen 4, Hertha BSC 1) 1998 MLT, TUR, MDA – 2000 CRO, ESP

4 **Bella** Michael, 29. 9. 1945 (MSV Duisburg) 1968 CHI, MEX – 1970 GRE – 1971 ALB

9 **Bender** Jakob, 23. 3. 1910, † 8. 2. 1981 (Fortuna Düsseldorf) 1933 BEL, NOR, POL – 1934 CSV, AUT, POL – 1935 IRL, ESP, SWE

1 **Bender** Sven, 27. 4. 1989 (Borussia Dortmund) 2011 AUS

8 **Benthaus** Helmut, 5. 6. 1935 (Westfalia Herne) 1958 BUL, EGY – 1959 SCO, SUI, NED, HUN – 1960 CHI, BUL

1 **Berg** Walter, 21. 4. 1916, † 12. 5. 1949 (FC Schalke 04) 1938 LUX

1 **Berghausen** Alfred, 9. 12. 1889, † (Preußen Duisburg) 1910 BEL

8 **Bergmaier** Josef, 5. 3. 1909, † 5. 3. 1943 (Bayern München) 1930 SUI, ENG – 1931 FRA, AUT, SWE, NOR – 1932 SWE – 1933 ITA

5 **Bernard** Günter, 4. 11. 1939 (Schweinfurt 05 2, Werder Bremen 3) 1962 FRA, SUI – 1966 NED, NIR – 1968 WAL

2 **Bernard** Robert, 10. 3. 1913, † 17. 2. 1990 (VfR Schweinfurt) 1936 LUX, NOR

3 **Berndt** Hans, 30. 10. 1913, † 9. 4. 1988 (Tennis Borussia Berlin) 1937 LVA, EST – 1938 HUN

1 **Bert** (Friedrich) Adalbert, 10. 6. 1884, † 4. 7. 1962 (VfB Leipzig) 1910 BEL

1 **Berthold** Rudolf, 1. 4. 1903, † Dezember 1976 (Dresdner SC) 1928 SUI

62 **Berthold** Thomas, 12. 11. 1964 (Eintracht Frankfurt 21, Hellas Verona 10, AS Rom 18, VfB Stuttgart 13) 1985 HUN, POR, MLT, BUL, CSV, ENG, URS, SWE, POR – 1986 SUI, YUG, NED, URU, SCO, DEN, MAR, MEX, ARG, DEN, ESP, AUT – 1987 SWE, HUN – 1988 SWE, ARG, YUG, ITA, NED – 1989 BUL, NED, WAL – 1990 FRA, URU, CSV, DEN, YUG, UAE, COL, NED, CSV, ENG, ARG, POR, SWE, LUX, SUI – 1991 URS, BEL, WAL – 1994 ITA, UAE, IRL, AUT, CAN, BOL, ESP, KOR, BEL, BUL, ALB, MDA, ALB

3 **Biallas** Hans, 14. 10. 1918, † 20. 8. 2009 (TuS Duisburg 48/99) 1938 ROM – 1939 YUG, DEN

70 **Bierhoff** Oliver, 1. 5. 1968 (Udinese Calcio 31, AC Mailand 26, AS Monaco 13) 1996 POR, DEN, NED, NIR, LIE, CSV, RUS, CZE, POL, ARM, NIR – 1997 ALB, UKR, UKR, NIR, POR, ARM, ALB, RSA – 1998 OMA, KSA, BRA, NGA, FIN, COL, LUX, USA, YUG, IRN, MEX, CRO, MLT, ROM, TUR, MDA, NED – 1999 NIR, FIN, SCO, MDA, FIN, NIR, TUR, NOR – 2000 NED, CRO, SUI, CZE, LIE,

ROM, ENG, DEN – 2001 FRA, ALB, SVK, FIN, HUN, FIN, UKR – 2002 ISR, USA, ARG, KUW, WAL, AUT, KSA, IRL, USA, KOR, BRA

3 **Bierofka** Daniel, 7. 2. 1979 (TSV München 1860 2, Bayer Leverkusen 1) 2002 KUW, AUT, BUL

7 **Biesinger** Ulrich, 6. 8. 1933, † 18. 6. 2011 (BC Augsburg) 1954 BEL – 1955 IRL, NOR – 1956 NOR, SWE, URS – 1958 EGY

1 **Billen** Matthias, 29. 3. 1910, † 1. 7. 1989 (VfL Osnabrück) 1936 LUX

11 **Billmann** Willi, 15. 1. 1911, † 5. 7. 2001 (1. FC Nürnberg) 1937 SUI – 1938 HUN – 1939 YUG, BUL, BOH, ITA, SVK – 1940 HUN, ITA – 1941 ROM, SWE

9 **Binder** Franz, 1. 12. 1911, † 24. 4. 1989 (Rapid Wien) 1939 BEL, SVK, BOH, ITA – 1940 HUN, YUG, ITA, DEN – 1941 ROM (+ 19 A für Österreich)

14 **Binz** Manfred, 22. 9. 1965 (Eintracht Frankfurt) 1990 POR, SWE, LUX – 1991 ENG, WAL, BEL, LUX – 1992 ITA, CSV, TUR, NIR, CIS, SCO, NED

2 **Bleidick** Hartwig, 26. 12. 1944 (Borussia Mönchengladbach) 1971 ALB, NOR

1 **Blum** Ernst, 25. 1. 1904, † 17. 5. 1980 (VfB Stuttgart) 1927 DEN

1 **Blunk** Wilhelm, 12. 12. 1902, † 25. 10. 1975 (Hamburger SV) 1929 FIN

13 **Boateng** Jerome, 3. 9. 1988 (Hamburger SV 10, Manchester City 3) 2009 RUS, CIV – 2010 ARG, MLT, HUN, GHA, ENG, ARG, ESP, URU, DEN, SWE – 2011 ITA

37 **Bobic** Fredi, 30. 10. 1971 (VfB Stuttgart 19, Hannover 96 7, Hertha BSC 11) 1994 HUN – 1995 ITA, BEL, MDA, BUL, RSA – 1996 NIR, FRA, CZE, ITA, CRO, POL, ARM, NIR, POR – 1997 ISR, UKR, ALB – 1998 KSA – 2002 NED – 2003 ESP, LTU, SCG, CAN, SCO, FRO, ITA, SCO, ISL, FRA – 2004 CRO, BEL, ROM, MLT, HUN, NED, LVA

1 **Bockenfeld** Manfred, 23. 7. 1960 (Fortuna Düsseldorf) 1984 BUL

40 **Bode** Marco, 23. 7. 1969 (Werder Bremen) 1995 RSA – 1996 NIR, LIE, ITA, ENG, CZE, POL, ARM – 1998 TUR – 1999 USA, COL, NIR, FIN, MDA, NIR, TUR, NOR – 2000 SUI, CZE, LIE, ENG, POR, ESP, GRE, ENG, DEN – 2001 FRA, ALB, GRE, SVK, FIN, HUN – 2002 WAL, AUT, IRL, CMR, PAR, USA,KOR, BRA

1 **Bögelein** Karl, 28. 1. 1927 (VfB Stuttgart) 1951 LUX

10 **Böhme** Jörg, 22. 1. 1974 (FC Schalke 04) 2001 SVK, HUN, ENG, FIN – 2002 USA, ARG, LTU, NED – 2003 ESP, LTU

1 **Bökle** Otto, 17. 2. 1912, † 16. 8. 1988 (VfB Stuttgart) 1935 LVA

1 **Bollmann** Albert, 5. 10. 1889, † 26. 1. 1959 (Schwarz-Weiß Essen) 1914 NED

6 **Bommer** Rudolf, 19. 8. 1957 (Fortuna Düsseldorf) 1984 BUL, BEL, URS, ITA, POR, ARG

4 **Bongartz** Hans, 3. 10. 1951 (FC Schalke 04) 1976 MLT, CSV – 1977 MEX, FIN

53 **Bonhof** Rainer, 29. 3. 1952 (Borussia Mönchengladbach 40, FC Valencia 11, 1. FC Köln 2) 1972 URS – 1973 ESP – 1974 HUN, SWE, YUG, SWE, POL, NED, SUI, MLT – 1975 ENG, BUL, NED, TUR – 1976 ESP, ESP, YUG, CSV, CSV – 1977 FRA, NIR, YUG, ARG, URU, BRA, MEX, FIN, ITA, SUI, WAL – 1978 ENG, URS, BRA, SWE, POL, MEX, TUN, ITA, NED, AUT, CSV, HUN, NED – 1979 MLT, TUR, WAL, ARG, WAL, TUR – 1980 MLT, AUT – 1981 ARG, BRA

6 **Borchers** Ronald, 10. 8. 1957 (Eintracht Frankfurt) 1978 NED – 1979 TUR – 1980 BUL – 1981 FIN, POL, FIN

1 **Borck** Walter, 1. 5. 1891, † 5. 1. 1949 (MTV München) 1911 HUN

1 **Borkenhagen** Kurt, 30. 12. 1919 (Fortuna Düsseldorf) 1952 FRA

6 **Borowka** Ulrich, 19. 5. 1962 (Werder Bremen) 1988 ARG, YUG, ITA, DEN, ESP, NED

33 **Borowski** Tim, 2. 5. 1980 (Werder Bremen) 2002 BUL, BIH – 2004 AUT, IRN, CMR, JPN, THA – 2005 SVN, NIR, BRA, NED, RSA, TUR, CHN, FRA – 2006 ITA, USA, LUX, JPN, COL, CRC, POL, ECU, SWE, ARG, ITA, SWE, IRL – 2007 SUI, CYP, WAL – 2008 AUT, POR

5 **Bosch** Hermann, 10. 3. 1891, † 16. 7. 1916 (Karlsruher FV) 1912 AUT, HUN, DEN, NED – 1913 SUI

8 **Brdaric** Thomas, 23. 1. 1975 (Bayer Leverkusen 1, Hannover 96 3, VfL Wolfsburg 4) 2002 USA – 2004 SUI, HUN, LVA, AUT, IRN, KOR, THA

86 **Brehme** Andreas, 9. 11. 1960 (1. FC Kaiserslautern 40, Bayern München 12, Inter Mailand 34) 1984 BUL, BEL, URS, FRA, ITA, POR, ROM, ESP, ARG, SWE, MLT – 1985 MLT, BUL, CSV, ENG, MEX, URS, SWE, POR, CSV – 1986 BRA, SUI, NED, URU, DEN, MEX, FRA, ARG – 1987 ISR, FRA, ENG, SWE, BRA – 1988 ARG, SUI, YUG, ITA, DEN, ESP, NED, FIN, NED – 1989 BUL, NED, WAL, FIN, WAL – 1990 FRA, URU, CSV, DEN, YUG, UAE, NED, CSV, ENG, ARG, POR, SWE, LUX – 1991 BEL, WAL, ENG, WAL, BEL, LUX – 1992 ITA, TUR, NIR, URS, SCO, NED, SWE, DEN – 1993 BRA, ARG, USA – 1994 ITA, UAE, AUT, CAN, BOL, ESP, KOR, BEL, BUL

48 **Breitner** Paul, 5. 9. 1951 (Bayern München 46, Real Madrid 2) 1971 NOR, POL – 1972 HUN, ENG, ENG, URS, BEL, URS, SUI – 1973 ARG, CSV, YUG, BUL, BRA, URS – 1974 ESP, ITA, SCO, SWE, CHI, AUS, DDR, YUG, SWE, POL, NED – 1975 BUL, GRE – 1981 AUT, BRA, FIN, POL, FIN, AUT, ALB, BUL – 1982 POR, BRA, ARG, CSV, NOR, ALG, CHI, AUT, ENG, ESP, FRA, ITA

1 **Brenninger** Dieter, 16. 2. 1944 (Bayern München) 1969 AUT
2 **Breuer** Theo, 15. 3. 1909, † 8. 12. 1980 (Fortuna Düsseldorf) 1933 BEL, NOR
9 **Breunig** Max, 12. 11. 1888, † 4. 7. 1961 (Karlsruher FV 7, 1. FC Pforzheim 2) 1910 NED – 1911 SUI, BEL, AUT – 1912 NED, AUT, NED – 1913 DEN, BEL
1 **Breynk** Andreas, 4. 7. 1890, † 12. 7. 1957 (Preußen Duisburg) 1910 BEL
72 **Briegel** Hans-Peter, 11. 10. 1955 (1. FC Kaiserslautern 53, Hellas Verona 19) 1979 WAL, URS – 1980 AUT, POL, CSV, NED, GRE, BEL, SUI, NED, FRA, BUL – 1981 ARG, BRA, AUT, BRA, FIN, POL, FIN, AUT, ALB, BUL – 1982 POR, BRA, ARG, CSV, NOR, ALG, CHI, AUT, ENG, ESP, FRA, ITA, BEL, ENG, NIR – 1983 POR, ALB, TUR, AUT, YUG, HUN, AUT, TUR, NIR, ALB – 1984 URS, FRA, ITA, POR, ROM, ESP, SWE, MLT – 1985 HUN, POR, MLT, SWE, POR, CSV – 1986 ITA, BRA, SUI, YUG, NED, URU, SCO, MAR, MEX, FRA, ARG
25 **Brülls** Albert, 26. 3. 1937, † 28. 3. 2004 (Borussia Mönchengladbach 22, AC Brescia 3) 1959 SUI, NED, HUN, YUG – 1960 CHI, POR, IRL, ISL, NIR, GRE, BUL – 1961 BEL, CHI, NIR, DEN, POL, GRE – 1962 URU, ITA, SUI, CHI, YUG – 1966 NED, SUI, ARG
7 **Brunke** Hans, 1. 10. 1904, † 6. 3. 1985 (Tennis Borussia Berlin) 1927 DEN, NOR – 1929 SCO – 1930 DEN – 1931 SWE, NOR, AUT
5 **Brunnenmeier** Rudolf, 11. 2. 1941, † 18. 4. 2003 (TSV München 1860) 1964 SWE – 1965 ITA, SWE, AUT, CYP
4 **Bruns** Hans-Günther, 15. 11. 1954 (Borussia Mönchengladbach) 1984 BEL, URS, FRA, ARG
17 **Buchloh** Fritz, 26. 11. 1909, † Juli 1998 (VfB Speldorf) 1932 NED – 1933 ITA, BEL, NOR – 1934 LUX, POL, DEN – 1935 SUI, NED, IRL, ESP, SWE, ROM, BUL – 1936 POR, LUX, POL
76 **Buchwald** Guido, 24. 1. 1961 (VfB Stuttgart) 1984 ITA, POR, ROM – 1986 ITA, BRA, SUI, YUG, DEN, ESP, AUT – 1987 ISR, ITA, FRA, ENG, DEN, SWE, BRA – 1988 SWE, ITA, DEN, FIN, URS, NED – 1989 BUL, NED, WAL, IRL, FIN, WAL – 1990 URU, CSV, DEN, YUG, UAE, COL, NED, CSV, ENG, ARG, POR, SUI – 1991 URS, WAL, ENG, WAL, BEL, LUX – 1992 ITA, CSV, TUR, NIR, URS, SCO, SWE, DEN, DEN, MEX, AUT, BRA, URU – 1993 SCO, GHA, BRA, USA, ENG, TUN, URU, BRA, ARG, USA – 1994 ITA, UAE, IRL, KOR, BEL, BUL
1 **Budzinski-Kreth** Lothar, 7. 8. 1886, † 1. 3. 1955 (Duisburger SV) 1910 BEL
1 **Bülte** Otto, 4. 9. 1886, † (Eintracht Braunschweig) 1910 NED
12 **Burdenski** Dieter, 26. 11. 1950 (Werder Bremen) 1977 URU – 1978 SWE, NED – 1979 TUR, IRL, ARG, WAL – 1980 MLT – 1983 YUG, HUN – 1984 BUL, ITA
5 **Burdenski** Herbert, 19. 5. 1922, † 15. 9. 2001 (FC Schalke 04 3, Werder Bremen 2) 1941 FIN – 1942 BUL, ROM – 1950 SUI – 1951 SUI
11 **Burger** Karl, 26. 12. 1883, † 3. 10. 1959 (SpVgg Fürth) 1909 SUI – 1910 SUI – 1911 SUI, ENG, BEL, SWE, AUT, SWE – 1912 NED, SUI, RUS
3 **Burgsmüller** Manfred, 22. 12. 1949 (Borussia Dortmund) 1977 SUI, WAL – 1978 ENG
1 **Burkhardt** Theodor, 31. 1. 1905, † 14. 3. 1958 (Germania Brötzingen) 1930 HUN
13 **Busch** Willy, 4. 1. 1907, † 1982 (TuS Duisburg 48/99) 1933 BEL, NOR – 1934 SWE, CSV, AUT, POL – 1935 SUI, NED, FRA, BEL, ESP, LUX – 1936 LUX
4 **Butt** Hans-Jörg, 28. 5. 1974 (Hamburger SV 1, Bayer Leverkusen 2, Bayern München 1) 2000 LIE – 2002 USA – 2003 CAN – 2010 URU
17 **Cacau**, 27. 3. 1981 (VfB Stuttgart) 2009 CHN, UAE, AZE, FIN – 2010 ARG, MLT, HUN, BIH, AUS, SRB, GHA, URU, BEL, AZE, TUR, KAZ, SWE
5 **Castro** Gonzalo, 11. 6. 1987 (Bayer Leverkusen) 2007 DEN, ENG, ROM, IRL, WAL
7 **Cieslarczyk** Hans, 3. 5. 1937 (SV Sodingen 5, Borussia Dortmund 2) 1957 HUN – 1958 ESP, CSV, SWE, FRA, DEN, FRA
2 **Claus-Oehler** Walter, 7. 5. 1897, † 8. 11. 1941 (Arminia Bielefeld) 1923 NED, FIN
1 **Compper** Marvin, 14. 6. 1985 (TSG 1899 Hoffenheim) 2008 E
28 **Conen** Edmund, 10. 11. 1914, † 5. 3. 1990 (FV Saarbrücken 14, Stuttgarter Kickers 14) 1934 HUN, BEL, SWE, CSV, AUT – 1935 SUI, NED, FRA, ESP, CSV, NOR, SWE, FIN, POL – 1939 DEN, YUG, BUL, ITA – 1940 HUN, FIN, SVK, HUN, BUL – 1941 DEN, SVK – 1942 CRO, ESP, HUN
40 **Cullmann** Bernd, 1. 11. 1949 (1. FC Köln) 1973 ARG, CSV, BUL, BRA, AUT, FRA, SCO, ESP – 1974 ITA, SCO, HUN, SWE, CHI, AUS, DDR, SUI, GRE, MLT – 1975 ENG, NED – 1976 MLT, ESP – 1978 CSV, HUN, NED – 1979 MLT, TUR, WAL, IRL, ISL, ARG, WAL, URS, TUR – 1980 MLT, AUT, POL, CSV, GRE, BEL
3 **Damminger** Ludwig, 29. 10. 1913, † 4. 2. 1981 (Karlsruher FV) 1935 BEL, IRL, EST
6 **Danner** Dietmar, 29. 11. 1950 (Borussia Mönchengladbach) 1973 URS – 1975 AUT, BUL, TUR – 1976 ESP, YUG
8 **Decker** Karl, 5. 9. 1921, † 27. 9. 2005 (First Vienna FC) 1942 CRO, SUI, ESP, HUN, BUL, ROM, SWE, SVK (+ 25 A für Österreich)
1 **Deike** Fritz, 24. 6. 1913, † 21. 10. 1973 (Hannover 96) 1935 ROM

36 **Deisler** Sebastian , 5. 1. 1980 (Hertha BSC 19, Bayern München 17) 2000 NED, CZE, LIE, ROM, ENG, POR, ESP, GRE, ENG – 2001 ALB, GRE, SVK, ALB, HUN, ENG, FIN – 2002 KUW, WAL, AUT – 2003 ISL – 2004 BRA, IRN – 2005 NIR, RUS, AUS, TUN, ARG, BRA, MEX, NED, SVK, RSA, TUR, CHN, FRA – 2006 ITA

2 **Del'Haye** Karl, 18. 8. 1955 (Borussia Mönchengladbach) 1980 AUT, GRE

2 **Derwall** Josef, 10. 3. 1927, † 26. 6. 2007 (Fortuna Düsseldorf) 1954 ENG, POR

1 **Deyhle** Erwin, 19. 1. 1914, † Dezember 1989 (Stuttgarter Kickers) 1939 EST

4 **Diemer** Kurt, 17. 5. 1893, † 13. 12. 1953 (Britannia Berlin) 1912 DEN, NED – 1913 ENG, SUI

1 **Dietrich** Peter, 6. 3. 1944 (Borussia Mönchengladbach) 1970 IRL

53 **Dietz** Bernard, 22. 3. 1948 (MSV Duisburg) 1974 MLT – 1975 BUL, TUR – 1976 MLT, ESP, ESP, YUG, CSV, WAL, CSV – 1977 FRA, NIR, ARG, URU, BRA, MEX, FIN, ITA, SUI, WAL – 1978 ENG, URS, BRA, SWE, MEX, TUN, ITA, NED, AUT, CSV, HUN, NED – 1979 MLT, TUN, WAL, ARG, WAL, URS, TUR – 1980 MLT, AUT, POL, CSV, NED, BEL, SUI, NED, FRA, BUL – 1981 ARG, BRA, ALB, BRA

3 **Ditgens** Heinz, 3. 7. 1914, † 20. 6. 1998 (Borussia Mönchengladbach) 1936 LUX, NOR – 1938 LUX

15 **Dörfel** Bernd, 18. 12. 1944 (Hamburger SV 4, Eintracht Braunschweig 11) 1966 NOR – 1967 ALB – 1968 ENG, BRA, FRA, AUT, CYP, BRA, CHI, MEX – 1969 WAL, SCO, AUT, AUT, BUL

2 **Dörfel** Friedrich, 19. 2. 1915, † 8. 11. 1980 (Hamburger SV) 1942 ESP, HUN

11 **Dörfel** Gert, 18. 9. 1939 (Hamburger SV) 1960 ISL, NIR, GRE, BUL – 1961 BEL, CHI – 1963 BRA, TUR, SWE – 1964 SCO, SWE

2 **Dörner** Herbert, 14. 7. 1930, † 26. 3. 1991 (1. FC Köln) 1956 NOR, SWE

2 **Dogan** Mustafa, 1. 1. 1976 (Fenerbahçe Istanbul) 1999 USA, TUR

18 **Doll** Thomas, 9. 4. 1966 (Hamburger SV 3, Lazio Rom 15) 1991 URS, BEL, WAL, ENG, WAL, BEL, LUX – 1992 ITA, NIR, URS, NED, SWE, DEN, DEN, AUT, BRA, URU – 1993 SCO (+ 29 A für die DDR)

7 **Dorfner** Hans, 3. 7. 1965 (Bayern München) 1987 FRA, ENG, SWE – 1988 SUI, YUG – 1989 IRL, WAL

27 **Dremmler** Wolfgang, 12. 7. 1954 (Bayern München) 1981 BRA, FIN, POL, FIN, AUT, ALB, BUL – 1982 POR, BRA, ARG, CSV, ALG, CHI, AUT, ENG, ESP, FRA, ITA, BEL, ENG – 1983 POR, TUR, AUT, AUT, NIR, ALB – 1984 BEL

1 **Droz** Rudolf, 9. 1. 1888, † (Preußen Berlin) 1911 SWE

2 **Dumke** Otto, 29. 4. 1887, † 24. 5. 1913 (Viktoria 89 Berlin) 1911 SWE, SWE

6 **Durek** Ludwig, 27. 1. 1921, † Frühjahr 2000 (FC Wien) 1940 SVK – 1941 SVK – 1942 CRO, SUI, ESP, HUN (+ 2 A für Österreich)

1 **Dutton** Edwin, 8. 4. 1890, † (Preußen Berlin) 1909 HUN

3 **Dzur** Walter, 18. 11. 1919, † 19. 10. 1999 (Dresdner SC) 1940 FIN, SVK – 1941 FIN

32 **Eckel** Horst, 8. 2. 1932 (1. FC Kaiserslautern) 1952 SUI, YUG, ESP – 1953 AUT, NOR, SAA, NOR – 1954 SUI, TUR, HUN, TUR, YUG, AUT, HUN – 1955 URS, YUG, NOR, ITA – 1956 NED, SWE, URS, SUI, IRL – 1957 HUN – 1958 BEL, ESP, CSV, ARG, NIR, YUG, SWE, AUT

1 **Eckert** Jakob, 19. 9. 1916, † 5. 6. 1940 (Wormatia Worms) 1937 SUI

7 **Eckstein** Dieter, 12. 3. 1964 (1. FC Nürnberg) 1986 ESP – 1987 HUN – 1988 SWE, ARG, YUG, ITA, FIN

9 **Eder** Norbert, 7. 11. 1955 (Bayern München) 1986 YUG, NED, URU, SCO, DEN, MAR, MEX, FRA, ARG

3 **Edy** (Pendorf) Eduard, 18. 10. 1892, † 3. 11. 1958 (VfB Leipzig) 1913 ENG – 1922 SUI, AUT

35 **Effenberg** Stefan, 2. 8. 1968 (Bayern München 14, AC Florenz 21) 1991 WAL, ENG, WAL, BEL – 1992 CSV, TUR, NIR, URS, SCO, NED, SWE, DEN, DEN, MEX, AUT, BRA – 1993 SCO, GHA, BRA, USA, ENG, TUN, URU, BRA, ARG, USA, MEX – 1994 ITA, IRL, AUT, BOL, ESP, KOR – 1998 MLT, ROM

1 **Ehrmann** Kurt, 7. 6. 1922 (Karlsruher FV) 1952 LUX

1 **Eiberle** Fritz, 17. 9. 1904, † 22. 9. 1987 (TSV München 1860) 1933 SUI

2 **Eichelmann** Paul 11. 10. 1879, † 9. 12. 1938 (Union 92 Berlin) 1908 ENG, AUT

3 **Eikhof** Ernst, 6. 5. 1892, † 19. 11. 1978 (Victoria Hamburg) 1923 NED, SUI, FIN

31 **Eilts** Dieter, 13. 12. 1964 (Werder Bremen) 1993 USA, MEX – 1994 RUS, HUN, ALB – 1995 GEO, WAL, BUL, BEL, MDA, WAL, BUL – 1996 DEN, NED, NIR, FRA, LIE, CSV, RUS, ITA, CRO, ENG, CSV, POL, ARM, NIR, POR – 1997 ISR, ALB, UKR, UKR

8 **Elbern** Franz, 1. 11. 1910, † 23. 2. 2002 (SV 06 Beuel) 1935 LUX – 1936 HUN, LUX, POL, CSV, SCO, ITA – 1937 LVA

3 **Emmerich** Heinz, 25. 2. 1908, † 10. 3. 1986 (Tennis Borussia Berlin) 1931 SWE, NOR, AUT

5 **Emmerich** Lothar, 29. 11. 1941, † 13. 8. 2003 (Borussia Dortmund) 1966 NED, ESP, URU, URS, ENG

3 **Engelhardt** Marco, 2. 12. 1980 (1. FC Kaiserslautern) 2004 JPN, THA – 2005 ARG

8 **Engels** Stephan, 6. 9. 1960 (1. FC Köln) 1982 BRA, ARG, CSV, ENG, NIR – 1983 ALB, TUR, AUT

8 **Enke** Robert, 24. 8. 1977, † 10. 11. 2009 (Hannover 96) 2007 DEN – 2008 BEL, LIE, FIN – 2009 LIE, WAL, CHN, AZE
3 **Eppenhoff** Hermann, 19. 5. 1919, † 10. 4. 1992 (FC Schalke 04) 1940 SVK – 1941 FIN – 1942 SUI
50 **Erhard** Herbert, 6. 7. 1930, † 3. 7. 2010 (SpVgg Fürth 49, Bayern München 1) 1953 SAA – 1954 BEL, FRA, ENG, POR – 1955 IRL – 1956 NOR, SWE, URS, IRL – 1957 AUT, NED, SWE, HUN – 1958 BEL, ESP, CSV, ARG, CSV, NIR, YUG, SWE, FRA, DEN, FRA, AUT, BUL – 1959 SCO, POL, SUI, NED, HUN, YUG – 1960 CHI, POR, IRL, ISL, NIR, GRE, BUL – 1961 BEL, CHI, NIR, POL, GRE – 1962 ITA, SUI, CHI, YUG, YUG
24 **Ernst** Fabian, 30. 5. 1979 (Werder Bremen 20, FC Schalke 04 4) 2002 KUW, BUL – 2003 FRA – 2004 BEL, ROM, SUI, HUN, NED, AUT, IRN, CMR, JPN, KOR – 2005 ARG, NIR, RUS, AUS, ARG, BRA, MEX, NED, SVK, RSA – 2006 USA
7 **Ertl** Georg, 17. 3. 1901, † 22. 10. 1968 (Wacker München) 1925 SWE, FIN, SUI – 1926 NED, NED, SUI – 1927 DEN
1 **Eschenlohr** Albert, 10. 3. 1898, † 9. 12. 1938 (Tennis Borussia Berlin) 1924 SWE
1 **Esser** Franz, 20. 1. 1900, † 21. 9. 1982 (Holstein Kiel) 1922 HUN
1 **Euler** Georg, 23. 12. 1905, † 1993 (SpVgg Sülz 07) 1936 POL
4 **Ewert** Fritz, 9. 2. 1937, † 16. 3. 1990 (1. FC Köln) 1959 NED – 1960 BUL – 1963 MAR – 1964 ALG
1 **Faas** Robert, 3. 4. 1889, † (1. FC Pforzheim) 1910 BEL
5 **Fach** Holger, 6. 9. 1962 (Bayer Uerdingen) 1988 FIN, NED – 1989 BUL, WAL, IRL
1 **Faeder** Helmut, 3. 7. 1935 (Hertha BSC) 1958 EGY
2 **Fahrenhorst** Frank, 24. 9. 1977 (Werder Bremen) 2004 AUT, BRA
10 **Fahrian** Wolfgang, 31. 5. 1941 (TSG Ulm 46) 1962 URU, ITA, SUI, CHI, YUG, YUG, FRA – 1963 BRA, TUR – 1964 CSV
1 **Falk** Wilhelm, 3. 7. 1898, † 16. 10. 1961 (Wacker München) 1927 NED
4 **Falkenmayer** Ralf, 11. 2. 1963 (Eintracht Frankfurt) 1984 ARG, SWE – 1985 POR – 1986 SUI
13 **Fath** Josef, 27. 12. 1911, † 13. 8. 1985 (Wormatia Worms) 1934 POL, DEN – 1935 BEL, IRL, ESP, CSV, NOR, FIN, POL, ENG – 1936 ESP – 1938 HUN, POR
2 **Fathi** Malik, 29. 10. 1983 (Hertha BSC) 2006 SWE, GEO
2 **Ferner** Diethelm, 13. 7. 1941 (Werder Bremen) 1963 MAR – 1964 ALG
23 **Fichtel** Klaus, 19. 11. 1944 (FC Schalke 04) 1967 MAR, BUL, YUG – 1968 BEL, SUI, WAL, ENG, BRA, FRA – 1969 AUT, BUL, SCO – 1970 YUG, MAR, BUL, PER, ENG, URU, HUN, TUR – 1971 MEX, POL, POL
1 **Fick** Willy, 17. 2. 1891, † 5. 9. 1913 (Holstein Kiel) 1910 NED
6 **Fiederer** Hans, 21. 1. 1920, † 15. 12. 1980 (SpVgg Fürth) 1939 LUX, SVK – 1940 ROM, YUG – 1941 CRO, DEN
1 **Fiederer** Leo, 4. 4. 1897, † Okt. 1946 (SpVgg Fürth) 1920 HUN
2 **Fischer** Erich, 31. 12. 1909, † Dezember 1990 (1. FC Pforzheim) 1932 FIN – 1933 FRA
45 **Fischer** Klaus, 27. 12. 1949 (FC Schalke 04 30, 1. FC Köln 15) 1977 NIR, YUG, ARG, BRA, MEX, FIN, ITA, SUI, WAL – 1978 URS, BRA, SWE, POL, MEX, TUN, ITA, AUT, CSV, HUN, NED – 1979 MLT, WAL, ARG, WAL, URS, TUR – 1980 MLT – 1981 AUT, BRA, FIN, POL, FIN, AUT, ALB, BUL – 1982 POR, BRA, CSV, NOR, ALG, AUT, ENG, ESP, FRA, ITA
1 **Fischer** Paul, 6. 9. 1882, † 6. 2. 1942 (Viktoria 89 Berlin) 1908 ENG
5 **Fischer** Walter, 21. 2. 1889, † 3. 4. 1959 (Duisburger SV) 1911 SUI, BEL – 1913 ENG, BEL – 1914 NED
1 **Fitz** Wilhelm, 12. 3. 1918 (Rapid Wien) 1942 SUI
1 **Fleischmann** Hans, 11. 5. 1898, † 28. 12. 1978 (VfR Mannheim) 1924 ITA
1 **Flick** Hermann, 22. 11. 1905, † 19. 1. 1944 (TuS Duisburg 48/99) 1929 FIN
1 **Flink** Karl, 7. 12. 1895, † 28. 11. 1958 (Kölner BC 01) 1922 HUN
39 **Flohe** Heinz, 28. 1. 1948 (1. FC Köln) 1970 GRE – 1971 TUR, DEN – 1972 HUN, ENG – 1973 CSV, YUG, BUL, BRA, URS, AUT, FRA, SCO – 1974 HUN, DDR, YUG, SWE, MLT – 1975 ENG – 1976 YUG, CSV, WAL, CSV – 1977 FRA, NIR, YUG, URU, BRA, MEX, ITA, SUI, WAL – 1978 ENG, URS, BRA, POL, MEX, TUN, ITA
1 **Flotho** Heinz, 23. 2. 1915, † 29. 1. 2000 (VfL Osnabrück) 1939 LUX
2 **Foda** Franco, 23. 4. 1966 (1. FC Kaiserslautern) 1987 BRA, ARG
11 **Förderer** Fritz, 5. 1. 1888, † 20. 12. 1952 (Karlsruher FV) 1908 SUI, ENG – 1909 SUI – 1911 SUI, BEL, HUN – 1912 NED, RUS, HUN, NED – 1913 DEN
33 **Förster** Bernd, 3. 5. 1956 (VfB Stuttgart) 1979 IRL, ISL, URS, TUN – 1980 MLT, AUT, POL, CSV, GRE – 1981 POL, FIN – 1982 POR, ARG, CSV, NOR, ENG, ESP, FRA, ITA, BEL, ENG, NIR – 1983 POR, ALB, AUT, YUG, HUN, ALB – 1984 FRA, ITA, POR, ROM, ESP
81 **Förster** Karlheinz, 25. 7. 1958 (VfB Stuttgart) 1978 BRA, CSV – 1979 MLT, TUR, WAL, IRL, ISL, ARG, WAL, URS – 1980 MLT, AUT, POL, CSV, NED, GRE, BEL, SUI, NED, FRA, BUL – 1981 ARG,

BRA, ALB, AUT, BRA, FIN, AUT, ALB, BUL – 1982 POR, BRA, ARG, CSV, NOR, ALG, CHI, AUT, ENG, ESP, FRA, ITA, BEL, ENG – 1983 POR, ALB, TUR, AUT, YUG, HUN, AUT, NIR, ALB – 1984 BUL, BEL, URS, FRA, ITA, POR, ROM, ESP, SWE, MLT – 1985 HUN, MLT, BUL, CSV, URS, SWE, POR, CSV – 1986 ITA, SUI, YUG, URU, SCO, DEN, MAR, MEX, FRA, ARG

1 **Forell** Paul, 14. 1. 1892, † 3. 8. 1959 (1. FC Pforzheim) 1920 HUN

4 **Frank** Georg, 14. 12. 1907, † 13. 11. 1944 (SpVgg Fürth) 1927 DEN – 1929 SUI, ITA – 1930 ITA

7 **Franke** Bernd, 12. 2. 1948 (Eintracht Braunschweig) 1973 CSV, BUL – 1977 NIR, ARG, SUI – 1982 POR, NOR

10 **Franz** Andreas, 27. 6. 1897, † 2. 5. 1970 (SpVgg Fürth) 1922 SUI, HUN – 1923 ITA, SWE – 1924 AUT, NED, ITA, SUI – 1925 SUI – 1926 SWE

19 **Freier** Paul, 26. 7. 1979 (VfL Bochum 17, Bayer Leverkusen 2) 2002 KUW, BUL, BIH, FRO, NED – 2003 ESP, LTU, SCG, CAN, SCO, FRO, ITA, FRA – 2004 CRO, BEL, ROM, MLT – 2005 ARG – 2007 DEN

21 **Freund** Steffen, 19. 1. 1970 (Borussia Dortmund) 1995 ESP, GEO, WAL, ITA, SUI, BEL, GEO, MDA, WAL, BUL – 1996 POR, DEN, NED, FRA, LIE, RUS, ITA, CRO, ENG – 1998 NGA, FIN

1 **Fricke** Willi, 6. 1. 1913, † 15. 6. 1963 (Arminia Hannover) 1935 LUX

82 **Friedrich** Arne, 29. 5. 1979 (Hertha BSC 79, VfL Wolfsburg 3) 2002 BUL, BIH, FRO, NED – 2003 ESP, LTU, SCG, CAN, SCO, FRO, ISL, SCO, ISL, FRA – 2004 CRO, BEL, ROM, MLT, SUI, NED, LVA, CZE, KOR, THA – 2005 SVN, RUS, AUS, TUN, BRA, NED, CHN, FRA – 2006 ITA, USA, LUX, COL, CRC, POL, ECU, SWE, ARG, ITA, SWE, IRL, SMR, GEO, SVK, CYP – 2007 SUI, ENG, WAL, ROM, IRL, CZE, CYP – 2008 SUI, SRB, AUT, POR, TUR, ESP, RUS, WAL, ENG – 2009 CHN, UAE, RSA, RUS, FIN – 2010 MLT, HUN, BIH, AUS, SRB, GHA, ENG, ARG, ESP, URU – 2011 AUS, URU, AUT

9 **Friedrich** Manuel, 13. 9. 1979 (1. FSV Mainz 05 7, Bayer Leverkusen 2) 2006 SWE, IRL, SMR, GEO, SVK, CYP – 2007 DEN, ROM – 2008 AUT

1 **Friedel** Georg, 6. 9. 1913, † 1. 6. 1987 (1. FC Nürnberg) 1937 NED

79 **Frings** Torsten, 22. 11. 1976 (Werder Bremen 50, Borussia Dortmund 17, Bayern München 12) 2001 FRA, SVK – 2002 ISR, USA, ARG, KUW, WAL, AUT, KSA, IRL, CMR, PAR, USA, KOR, BRA, LTU, BIH, FRO, NED – 2003 LTU, SCG, CAN, SCO – 2004 CRO, BEL, ROM, MLT, SUI, HUN, NED, LVA, CZE, AUT, BRA, CMR – 2005 ARG, SVN, NIR, RUS, AUS, TUN, ARG, BRA, MEX, NED, TUR, CHN, FRA – 2006 ITA, LUX, JPN, COL, CRC, POL, ECU, SWE, ARG, POR, SWE, IRL, SMR, GEO, SVK, CYP – 2007 SUI, CZE, SMR, SVK, IRL, CZE – 2008 BLR, SRB, POL, CRO, AUT, TUR, ESP, RUS – 2009 NOR

1 **Fritzsche** Walter, 19. 12. 1895, † (Vorwärts Berlin) 1921 AUT

22 **Fritz** Clemens, 7. 12. 1980 (Werder Bremen) 2006 GEO, SVK, CYP – 2007 SUI, DEN, SMR, SVK, IRL, CZE, CYP, WAL – 2008 SUI, BLR, SRB, POL, CRO, AUT, POR, BEL, LIE, FIN, WAL

19 **Frontzeck** Michael, 26. 3. 1964 (Borussia Mönchengladbach 16, VfB Stuttgart 3) 1984 ARG – 1985 URU, POR, MLT, BUL, MEX, CSV – 1986 DEN, ESP, AUT – 1987 ITA, ENG, DEN, URU, BRA – 1988 SWE – 1992 CSV, NED, DEN

6 **Fuchs** Gottfried, 3. 5. 1889, † 25. 2. 1972 (Karlsruher FV) 1911 SUI, BEL – 1912 NED, RUS, HUN – 1913 BEL

1 **Fürst** Fritz, 3. 7. 1891, † 8. 6. 1954 (Bayern München) 1913 SUI

2 **Funkel** Wolfgang, 10. 8. 1958 (Bayer Uerdingen) 1986 NED, AUT

4 **Gablonsky** Max, 1. 1. 1890, † 16. 7. 1969 (Bayern München) 1910 BEL – 1911 SUI, AUT, SWE

1 **Gaebelein** Arthur, 29. 3. 1891, † 4. 9. 1964 (Hohenzollern Halle) 1912 NED

3 **Gärtner** Ludwig, 19. 4. 1919, † 6. 6. 1995 (Olympia Lorsch) 1939 SVK – 1940 BUL – 1941 SWE

2 **Garrn** (Ehlers) Hermann, 11. 3. 1888, † 27. 3. 1966 (Victoria Hamburg) 1908 AUT – 1909 ENG

16 **Gauchel** Josef, 11. 9. 1916, † 21. 3. 1963 (TuS Neuendorf) 1936 LUX, POL – 1937 LUX, EST – 1938 LUX, ENG, SUI, POL – 1939 YUG, ITA, IRL, DEN, EST – 1940 HUN, YUG – 1942 BUL

5 **Gaudino** Maurizio, 12. 12. 1966 (Eintracht Frankfurt) 1993 TUN, BRA, MEX – 1994 UAE, CAN

2 **Gedlich** Richard, 17. 2. 1900, † 5. 1. 1971 (Dresdner SC) 1926 NED – 1927 DEN

2 **Gehlhaar** Paul, 27. 8. 1905, † 2. 7. 1968 (Hertha BSC) 1928 SWE – 1931 AUT

2 **Gehrts** Adolf, 30. 10. 1886, † 17. 1. 1943 (Victoria Hamburg) 1908 ENG – 1910 NED

6 **Geiger** Hans, 24. 12. 1905, † (ASV Nürnberg 2, 1. FC Nürnberg 4) 1926 NED, SUI – 1929 SUI, ITA, SCO, SWE

8 **Geiger** Rolf, 16. 10. 1934 (Stuttgarter Kickers 1, VfB Stuttgart 7) 1956 BEL – 1958 FRA, BUL – 1959 SCO, POL – 1964 CSV, SCO, FIN

20 **Gellesch** Rudolf, 01. 5. 1914, † 20. 8. 1990 (FC Schalke 04) 1935 LUX – 1936 HUN, CSV, SCO, ITA – 1937 NED, FRA, DEN, FIN, NOR, SWE – 1938 SUI, POR, ENG, SUI – 1939 BEL, NOR, HUN, BUL – 1941 FIN

5 **Gentner** Christian, 14. 8. 1985 (VfL Wolfsburg 4, VfB Stuttgart 1) 2009 CHN, UAE, RSA, FIN – 2010 DEN
2 **Gerber** Heiko, 11. 7. 1972 (VfB Stuttgart) 1999 BRA, USA
1 **Gerdau** Willi, 12. 2. 1929 (Heider SV) 1957 SCO
4 **Gerritzen** Felix, 6. 2. 1927, † 3. 7. 2007 (Preußen Münster) 1951 SUI, TUR, AUT, IRL
1 **Gersdorff** Bernd, 18. 11. 1946 (Eintracht Braunschweig) 1975 AUT
6 **Gerwien** Klaus, 11. 9. 1940 (Eintracht Braunschweig) 1963 MAR – 1964 ALG – 1968 CYP, BRA, CHI, MEX
4 **Geye** Reiner, 22. 11. 1949, † 8. 8. 2002 (Fortuna Düsseldorf) 1972 SUI – 1973 ARG – 1974 SUI, GRE
14 **Giesemann** Willi, 2. 9. 1937 (Bayern München 11, Hamburger SV 3) 1960 IRL, NIR, GRE, BUL – 1961 BEL, CHI, DEN, POL, GRE – 1962 CHI, YUG – 1964 SCO, SWE – 1965 BRA
5 **Glaser** Josef, 11. 5. 1887, † 12. 08. 1969 (Freiburger FC) 1909 ENG, SUI, – 1910 BEL – 1912 SUI, RUS
1 **Goede** Erich, 24. 5. 1916, † 13. 5. 1949 (Berliner SV 92) 1939 SVK
2 **Görlitz** Andreas, 31. 1. 1982 (Bayern München) 2004 BRA, IRN
2 **Görtz** Armin, 30. 8. 1959 (1. FC Köln) 1988 SUI, FIN
6 **Götze** Mario, 3. 6. 1992 (Borussia Dortmund) 2010 SWE – 2011 ITA, KAZ, AUS, URU, AZE
39 **Goldbrunner** Ludwig, 5. 3. 1908, † 26. 9. 1981 (Bayern München) 1933 SUI – 1934 HUN – 1935 SUI, BEL, IRL, CSV, NOR, FIN, POL, BUL, ESP – 1936 ESP, POR, LUX, NOR, CSV, SCO, IRL, ITA – 1937 NED, FRA, BEL, SUI, DEN, FIN, EST, NOR, SWE – 1938 HUN, POR, ESP, SUI, POL – 1939 BEL, ITA, NOR, HUN – 1940 HUN, BUL
46 **Gomez** Mario, 10. 07. 1985 (VfB Stuttgart 25, Bayern München 21) 2007 SUI, SMR, SVK, IRL, CZE, CYP, WAL – 2008 AUT, SUI, SRB, POL, CRO, AUT, ESP, BEL, LIE, FIN, RUS, WAL, ENG – 2009 NOR, LIE, WAL, CHN, UAE, AZE, RSA, AZE, RUS, FIN, CIV – 2010 ARG, HUN, BIH, AUS, SRB, ENG, ESP, DEN, KAZ, SWE – 2011 KAZ, AUS, URU, AUT, AZE
1 **Gottinger** Richard, 4. 6. 1926, † 5. 3. 2008 (SpVgg Fürth) 1953 SAA
44 **Grabowski** Jürgen, 7. 7. 1944 (Eintracht Frankfurt) 1966 IRL, NIR, ROM, TUR – 1970 ESP, ROM, IRL, MAR, BUL, PER, ENG, ITA, HUN, TUR, YUG, GRE – 1971 ALB, TUR, ALB, NOR, SWE, DEN, MEX, POL, POL – 1972 ENG, BEL – 1973 YUG, BUL, URS, AUT, FRA, SCO, ESP – 1974 ESP, SCO, HUN, SWE, CHI, AUS, DDR, SWE, POL, NED
3 **Gramlich** Hermann, 24. 4. 1913, † 5. 3. 1942 (FC 08 Villingen) 1935 LUX, ROM, POL
22 **Gramlich** Rudolf, 6. 6. 1908, † 14. 3. 1988 (Eintracht Frankfurt) 1931 DEN – 1932 SUI, FIN – 1933 ITA, FRA, SUI – 1934 HUN, SWE, DEN – 1935 SUI, NED, FRA, BEL, ESP, CSV, NOR, FIN, POL, BUL, ENG – 1936 ESP, NOR
1 **Gröner** Emil, 25. 3. 1892, † (Stuttgarter SC) 1921 HUN
2 **Groh** Jürgen, 17. 7. 1956 (1. FC Kaiserslautern 1, Hamburger SV 1) 1979 ISL – 1983 HUN
1 **Gros** Wilhelm, 6. 7. 1892, † 22. 8. 1917 (Karlsruher FV) 1912 NED
1 **Groß** Volkmar, 31. 1. 1948 (Hertha BSC) 1970 GRE
2 **Grosser** Peter, 28. 9. 1938 (TSV München 1860) 1965 SWE – 1966 NIR
3 **Großkreutz** Kevin, 19. 7. 1988 (Borussia Dortmund) 2010 MLT, SWE – 2011 ITA
1 **Gruber** Hans, 4. 6. 1905, † 9. 10. 1967 (Duisburger SV) 1929 SCO
4 **Gründel** Heinz, 13. 2. 1957 (Hamburger SV) 1985 POR – 1986 ITA, BRA, NED
4 **Günther** Walter, 18. 11. 1915, † März 1989 (TuS Duisburg 48/99) 1935 LUX – 1936 POL, LUX – 1937 NED
2 **Haber** Marco, 21. 9. 1971 (VfB Stuttgart) 1995 BEL, RSA
3 **Hänel** Erich, 31. 10. 1915, † 17. 3. 2003 (BC Hartha) 1939 LUX, EST, SVK
101 **Häßler** Thomas, 30. 5. 1966 (1. FC Köln 17, Juventus Turin 5, AS Rom 33, Karlsruher SC 42, TSV München 1860 4) 1988 FIN, NED – 1989 BUL, NED, WAL, IRL, FIN, WAL – 1990 FRA, URU, CSV, DEN, YUG, UAE, COL, ENG, ARG, SWE, LUX, SUI – 1991 URS, BEL, ENG, WAL, LUX – 1992 ITA, CSV, TUR, NIR, URS, SCO, NED, SWE, DEN, MEX, AUT, BRA, URU – 1993 SCO, GHA, URU, ARG, BRA, USA, MEX – 1994 ITA, UAE, IRL, AUT, CAN, BOL, ESP, KOR, BEL, BUL, RUS, HUN, MDA, ALB – 1995 ESP, WAL, BUL, ITA, SUI, GEO, MDA, WAL, BUL, RSA – 1996 POR, DEN, NED, FRA, LIE, CZE, RUS, ITA, CRO, ENG, CSV, POL, ARM, NIR – 1997 NIR, POR, ARM, ALB, RSA – 1998 OMA, KSA, NGA, FIN, COL, USA, IRN, MEX, CRO, – 2000 CZE, LIE, ROM, POR
4 **Haferkamp** Hans, 11. 10. 1921, † 30. 6. 1974 (VfL Osnabrück) 1951 TUR, AUT, TUR – 1952 LUX
1 **Haftmann** Martin, 16. 7. 1899, † Juli 1961 (Dresdner SC) 1927 DEN
12 **Hagen** Hans, 15. 7. 1894, † 11. 10. 1957 (SpVgg Fürth) 1920 AUT – 1922 SUI – 1923 ITA, SWE – 1924 AUT, NED, ITA, SUI – 1925 NED – 1929 FIN – 1930 ITA, SUI

23 **Hahnemann** Wilhelm, 14. 4. 1914, † 23. 8. 1991 (Admira Wien) 1938 SUI, SUI, POL, ROM – 1939 BEL, YUG, ITA, IRL, DEN, ITA – 1940 YUG, ITA, ROM, FIN, SVK, HUN – 1941 SUI, HUN, SUI, CRO, SWE, DEN, SVK (+ 23 A für Österreich)

33 **Haller** Helmut, 21. 7. 1939 (BC Augsburg 19, FC Bologna 8, Juventus Turin 6) 1958 DEN, FRA, AUT, BUL – 1959 POL – 1960 CHI, POR, IRL, ISL, GRE, BUL – 1961 BEL, DEN, POL, GRE – 1962 URU, ITA, SUI, YUG – 1964 SWE – 1966 IRL, YUG, SUI, ARG, URU, URS, ENG – 1969 SCO, CYP, SCO – 1970 ESP, ROM, MAR

59 **Hamann** Dietmar, 27. 8. 1973 (Bayern München 12, Newcastle United 5, FC Liverpool 42) 1997 RSA – 1998 KSA, BRA, NGA, FIN, COL, LUX, USA, YUG, IRN, MEX, CRO, NED – 1999 NIR, FIN, SCO, MDA, TUR, NOR – 2000 NED, CRO, SUI, CZE, LIE, ROM, ENG, POR, ESP, ENG, DEN – 2001 FRA, ALB, HUN, ENG, UKR, UKR – 2002 ISR, USA, WAL, AUT, KSA, IRL, CMR, USA, KOR, BRA, LTU, FRO – 2003 LTU – 2004 CRO, BEL, ROM, MLT, SUI, HUN, NED, LVA, CZE – 2005 NED

1 **Hammerl** Franz, 9. 10. 1919, † August 2001 (Post SV München) 1940 BUL

12 **Hanke** Mike, 5. 11. 1983 (FC Schalke 04 5, VfL Wolfsburg 6, Hannover 96 1) 2005 RUS, TUN, ARG, BRA, MEX, TUR – 2006 POR, GEO, SVK, CYP – 2007 SUI, CYP

1 **Hanke** Walter, 18. 3. 1910, † 1980 (FV Breslau 06) 1930 NOR

8 **Hannes** Wilfried, 17. 5. 1957 (Borussia Mönchengladbach) 1981 ALB, BRA, FIN, POL, BUL – 1982 CZE, NOR, BEL

7 **Hanreiter** Franz, 4. 11. 1913, † 21. 01. 1992 (Admira Wien) 1940 YUG – 1941 SUI, HUN, SUI, CRO – 1942 CRO, SUI (+ 6 A für Österreich)

3 **Hanssen** Karl, 5. 7. 1887, † 13. 9. 1916 (Altona 93) 1910 NED – 1911 ESP, BEL

2 **Hantschick** Otto, 11. 2. 1884, † (Union 92 Berlin) 1908 ENG – 1909 ENG

15 **Harder** Otto »Tull«, 25. 11. 1892, † 4. 3. 1956 (Hamburger SV) 1914 NED – 1920 SUI, AUT, HUN – 1923 NOR – 1924 NOR, SWE, HUN, SUI – 1925 NED, SUI – 1926 NED, SWE, NED, SUI

15 **Haringer** Sigmund, 9. 12. 1908, † 23. 2. 1975 (Bayern München 11, Wacker München 4) 1931 FRA – 1932 SWE – 1933 ITA, FRA, SUI, POL – 1934 HUN, LUX, BEL, SWE, CSV – 1935 POL, BUL, ENG – 1937 BEL

6 **Harpers** Gerhard, 12. 3. 1928 (SV Sodingen) 1953 AUT – 1954 ENG, POR – 1955 ITA, URS, NOR

4 **Hartmann** Karl, 8. 2. 1894, † 9. 12. 1971 (Union Potsdam 3, Victoria Hamburg 1) 1923 NED, SUI, FIN – 1924 SWE

4 **Hartmann** Michael, 11. 7. 1974 (Hertha BSC) 2003 SCG, CAN, FRO, ISL

2 **Hartwig** William, 5. 10. 1954 (Hamburger SV) 1979 IRL, ISL

1 **Heibach** Hans, 1. 12. 1918, † 6. 3. 1970 (Fortuna Düsseldorf) 1938 LUX

3 **Heidemann** Hartmut, 5. 6. 1941 (MSV Duisburg) 1966 TUR, NOR – 1968 SUI

3 **Heidemann** Matthias, 7. 2. 1912, † 30. 11. 1971 (Bonner FV 1, Werder Bremen 2) 1933 SUI – 1934 AUT – 1935 LVA

9 **Heidkamp** Conrad, 27. 9. 1905, † 6. 3. 1994 (Düsseldorfer SC 99 1, Bayern München 8) 1927 NED – 1928 DEN, NOR, SWE – 1929 SCO – 1930 ITA, SUI, ENG, HUN

37 **Heinrich** Jörg, 6. 12. 1969 (SC Freiburg 2, Borussia Dortmund 25, AC Florenz 10) 1995 ITA, BEL – 1997 ISR, ALB, UKR, UKR, NIR, POR, ARM, ALB, RSA – 1998 OMA, BRA, FIN, LUX, USA, YUG, IRN, MEX, CRO, MLT, TUR, NED – 1999 NIR, FIN, SCO, MDA, BRA, NZL, USA – 2000 ESP, GRE, DEN, GRE – 2002 USA, WAL, AUT

8 **Heiß** Alfred, 5. 12. 1940 (TSV München 1860) 1962 SUI – 1963 BRA – 1965 ITA, SUI, BRA, CYP – 1966 ENG, NIR

41 **Held** Sigfried, 7. 8. 1942 (Borussia Dortmund 35, Kickers Offenbach 6) 1966 ENG, NED, ROM, YUG, SUI, ARG, ESP, URU, URS, ENG, NOR – 1967 MAR, YUG, ALB – 1968 WAL, BRA, FRA, AUT, CYP, BRA, MEX – 1969 WAL, SCO, AUT, CYP, AUT – 1970 IRL, MAR, ITA, URU, YUG – 1971 ALB, NOR, SWE, DEN – 1972 HUN, ENG, ENG – 1973 ARG, YUG, SCO

2 **Heldt** Horst, 9. 12. 1969 (TSV München 1860 1, Eintracht Frankfurt 1) 1999 SCO, USA

68 **Helmer** Thomas, 21. 4. 1965 (Borussia Dortmund 10, Bayern München 58) 1990 SWE, SUI – 1991 URS, BEL, WAL – 1992 ITA, CZE, NED, SWE, DEN, DEN, MEX, AUT, URU – 1993 SCO, GHA, BRA, USA, ESP, URU, BRA, ARG – 1994 UAE, AUT, CAN, KOR, BEL, BUL, RUS, MDA, ALB – 1995 ESP, GEO, BUL, ITA, SUI, BEL, GEO, MDA, WAL, BUL, RSA – 1996 POR, DEN, NED, NIR, FRA, LIE, CSV, RUS, ITA, CRO, ENG, CSV, POL – 1997 ALB, UKR, UKR, NIR, POR, ARM, ALB, RSA – 1998 KSA, BRA, LUX, IRN, MEX

13 **Helmes** Patrick, 1. 3. 1984 (1. FC Köln 5, Bayer Leverkusen 8) 2007 DEN, SMR, WAL, ROM – 2008 BLR, BEL, FIN, WAL, ENG – 2009 NOR, LIE, WAL – 2010 DEN

11 **Hempel** Walter, 12. 8. 1887, † 10. 1. 1940 (Sportfreunde Leipzig) 1908 SUI – 1910 SUI, NED – 1911 ENG, SWE, AUT, SWE, HUN – 1912 HUN, SUI, RUS

1 **Hense** Robert, 17. 11. 1885, † 20. 6. 1966 (Kölner BC 01) 1910 NED

1 **Hensel** Gustav, 23. 10. 1884, † 29. 8. 1933 (FV Kassel) 1908 SUI

3 **Herberger** Josef, 28. 3. 1897, † 28. 4. 1977 (Waldhof Mannheim 1, VfR Mannheim 2) 1921 FIN – 1924 ITA – 1925 NED

5 **Hergert** Heinrich, 21. 2. 1904, † 18. 9. 1949 (FK Pirmasens) 1930 SUI, DEN, HUN – 1931 FRA – 1933 FRA

39 **Herget** Matthias, 14. 11. 1955 (Bayer Uerdingen) 1983 TUR – 1984 BUL, BEL, URS, FRA, SWE, MLT – 1985 HUN, POR, MLT, BUL, CSV, ENG, MEX, URS, SWE, POR – 1986 ITA, BRA, YUG, NED, DEN – 1987 ITA, FRA, ENG, DEN, SWE, HUN, BRA, ARG – 1988 SWE, ARG, SUI, YUG, ITA, DEN, ESP, NED, URS

21 **Herkenrath** Fritz, 9. 9. 1928 (Rot-Weiss Essen) 1954 BEL, ENG, POR – 1955 ITA, URS, YUG, NOR, ITA – 1956 NED, ENG, URS – 1957 AUT, HUN – 1958 BEL, ESP, ARG, CSV, NIR, YUG, SWE, DEN

2 **Hermann** Günter, 5. 12. 1960 (Werder Bremen) 1988 URS – 1990 DEN

5 **Herrlich** Heiko, 3. 12. 1971 (Borussia M'Gladbach 3, Borussia Dortmund 2) 1995 GEO, WAL, BUL, MDA, WAL

9 **Herrmann** Günter, 1. 9. 1939 (Karlsruher SC 7, FC Schalke 04 2) 1960 NIR, BUL – 1961 CHI, NIR, DEN, POL, GRE – 1967 MAR, BUL

8 **Herrmann** Richard, 28. 1. 1923, † 27. 7. 1962 (FSV Frankfurt) 1950 SUI – 1951 TUR, AUT, IRL – 1952 IRL – 1953 NOR – 1954 SUI, HUN

2 **Hertzsch** Ingo, 22. 7. 1977 (Hamburger SV) 2000 DEN – 2002 BUL

5 **Herzog** Dieter, 15. 7. 1946 (Fortuna Düsseldorf) 1974 ESP, SCO, YUG, SWE, SUI

39 **Heynckes** Josef, 9. 5. 1945 (Borussia Mönchengladbach 38, Hannover 96 1) 1967 MAR, BUL – 1969 AUT – 1970 TUR, YUG, GRE – 1971 ALB, TUR, ALB, SWE, DEN, MEX, POL – 1972 HUN, ENG, URS, BEL, URS, SUI – 1973 ARG, CSV, BRA, URS, SCO, ESP – 1974 ESP, ITA, SWE, CHI, AUS, GRE – 1975 ENG, BUL, GRE, BUL, TUR – 1976 MLT, WAL, CSV

3 **Hieronymus** Holger, 22. 2. 1959 (Hamburger SV) 1981 POL – 1982 NOR, ENG

8 **Hilbert** Roberto, 16. 10. 1984 (VfB Stuttgart) 2007 DEN, SMR, ENG, WAL, ROM, CYP, WAL – 2008 AUT

7 **Hildebrand** Timo, 5. 4. 1979 (VfB Stuttgart 5, FC Valencia 2) 2004 ROM, THA – 2005 ARG – 2006 GEO, CYP – 2007 ROM, CZE

4 **Hiller** II Arthur, 3. 10. 1881, † 14. 8. 1941 (1. FC Pforzheim) 1908 SUI, ENG, AUT – 1909 SUI

3 **Hiller** III Marius, 5. 8. 1892, † 25. 11. 1964 (1. FC Pforzheim) 1910 SUI – 1911 ENG, AUT (+ 2 A für Argentinien)

21 **Hinkel** Andreas, 26. 3. 1982 (VfB Stuttgart 17, Celtic Glasgow 4) 2003 SCG, CAN, ITA, ISL, FRA – 2004 MLT, HUN, AUT, BRA, KOR, THA – 2005 SVN, RUS, ARG, MEX, NED, SVK – 2008 FIN – 2009 NOR, CHN, UAE

7 **Hirsch** Julius, 7. 4. 1892, † 8. 5. 1945 (Karlsruher FV 4, SpVgg Fürth 3) 1911 HUN – 1912 NED, AUT, HUN – 1913 SUI, DEN, BEL

1 **Hirth** Herbert, 23. 1. 1884, † (Hertha BSC) 1909 HUN

52 **Hitzlsperger** Thomas, 5. 4. 1982 (Aston Villa 9, VfB Stuttgart 42, West Ham United 1) 2004 IRN, CMR – 2005 ARG, SVN, NIR, RUS, AUS, TUN, ARG, NED, SVK, TUR, CHN – 2006 LUX, COL, POR, SWE, SMR, GEO, CYP – 2007 SUI, CZE, DEN, SMR, SVK, ENG, WAL, ROM, CYP, WAL – 2008 AUT, SUI, BLR, POL, AUT, POR, TUR, ESP, BEL, LIE, FIN, RUS, WAL – 2009 LIE, WAL, CHN, UAE, AZE, AZE, FIN, CIV – 2010 DEN

1 **Hobsch** Bernd, 7. 5. 1968 (Werder Bremen) 1993 TUN

6 **Hochgesang** Georg, 3. 11. 1897, † 9. 6. 1988 (1. FC Nürnberg) 1924 NOR, HUN – 1925 SUI – 1926 NED, SUI – 1927 NOR

2 **Hochstätter** Christian, 19. 10. 1963 (Borussia Mönchengladbach) 1987 BRA, ARG

4 **Höger** Karl, 27. 5. 1897, † 31. 3. 1975 (Waldhof Mannheim 2, VfR Mannheim 2) 1921 HUN, FIN – 1924 ITA, SUI

40 **Hölzenbein** Bernd, 9. 3. 1946 (Eintracht Frankfurt) 1973 AUT, ESP – 1974 HUN, SWE, CHI, AUS, YUG, SWE, POL, NED, SUI, GRE, MLT – 1975 ENG, BUL, NED, AUT, GRE, BUL, TUR – 1976 MLT, ESP, ESP, YUG, CSV – 1977 FRA, NIR, ARG, URU, BRA, MEX, FIN, ITA, WAL – 1978 ENG, URS, SWE, ITA, NED, AUT

6 **Hoeneß** Dieter, 7. 1. 1953 (VfB Stuttgart 2, Bayern München 4) 1979 IRL, ISL – 1986 SUI, YUG, MEX, ARG

35 **Hoeneß** Ulrich, 5. 1. 1952 (Bayern München) 1972 HUN, ENG, ENG, URS, BEL, URS, SUI – 1973 CSV, YUG, BRA, URS, AUT, FRA, SCO, ESP – 1974 ESP, ITA, SCO, HUN, SWE, CHI, AUS, DDR, YUG, SWE, POL, NED, SUI, GRE – 1975 BUL – 1976 ESP, YUG, CSV, WAL, CSV

4 **Hörster** Thomas, 27. 11. 1956 (Bayer Leverkusen) 1986 DEN, ESP, AUT – 1987 ISR

1 **Höschle** Adolf, 20. 7. 1899, † 14. 12. 1969 (Stuttgarter Kickers) 1920 SUI

66 **Höttges** Horst-Dieter, 10. 9. 1943 (Werder Bremen) 1965 ITA, CYP, ENG, SUI, BRA, SWE, AUT, CYP – 1966 NED, IRL, NIR, ROM, YUG, SUI, ARG, ESP, URU, ENG, TUN, NOR – 1967 MAR, BUL, ALB,

FRA, YUG, ALB – 1968 BEL, WAL, BRA, AUT, CYP – 1969 WAL, AUT, CYP, AUT, BUL, SCO – 1970 ROM, YUG, MAR, BUL, PER, ENG, HUN, TUR, YUG, GRE – 1971 POL – 1972 HUN, ENG, ENG, URS, BEL, URS, SUI – 1973 ARG, YUG, BUL, URS, AUT, FRA, SCO, ESP – 1974 ESP, ITA, DDR

2 **Höwedes** Benedikt, 29. 2. 1988 (FC Schalke 04) 2011 URU, AZE

1 **Hofer** Franz, 4. 9. 1918 (Rapid Wien) 1939 SVK

1 **Hoffmann** Rudolf, 11. 2. 1935 (Viktoria Aschaffenburg) 1955 IRL

18 **Hofmann** Ludwig, 9. 6. 1900, † 2. 10. 1935 (Bayern München) 1926 NED, SWE, SUI – 1927 NOR, NED – 1928 SUI, SUI, URU, DEN, SWE – 1929 SUI, ITA, SCO, SWE – 1930 ITA, HUN, ENG – 1931 FRA

25 **Hofmann** Richard, 8. 2. 1906, † 5. 5. 1983 (Meerane 07 6, Dresdner SC 19) 1927 DEN, NOR, NED – 1928 SUI, SUI, URU – 1929 SCO, SWE, FIN – 1930 SUI, ENG, DEN, HUN, NOR – 1931 FRA, NED, AUT, AUT, DEN – 1932 SUI, FIN, SWE, HUN, NED – 1933 FRA

2 **Hofmeister** Ludwig, 5. 12. 1887, † 26. 9. 1959 (Bayern München 1, Stuttgarter Kickers 1) 1912 NED – 1914 NED

1 **Hofstätter** Johann, 12. 1. 1913, 27. 7. 1996 (Rapid Wien) 1940 YUG

26 **Hohmann** Karl, 18. 6. 1908, † 31. 3. 1974 (VfL Benrath) 1930 DEN, NOR – 1931 AUT – 1933 BEL, SUI, NOR, POL – 1934 LUX, BEL, SWE, POL, DEN – 1935 NED, FRA, ESP, ROM, EST, ENG – 1936 POR, LUX, POL, IRL – 1937 NED, LUX, BEL, LVA

6 **Hollstein** Ernst, 9. 12. 1886, † 9. 8. 1950 (Karlsruher FV) 1910 NED – 1911 SUI, BEL – 1912 NED, AUT, HUN

2 **Holtby** Lewis, 18. 9. 1990 (1. FSV Mainz 05) 2010 SWE – 2011 AZE

1 **Holz** Friedel, 21. 2. 1920, † 9. 4. 1941 (TuS Duisburg 48/99) 1938 LUX

3 **Horn** Franz, 26. 8. 1904, † 22. 9. 1963 (Hamburger SV) 1928 DEN – 1929 SWE, FIN

5 **Hornauer** Josef, 14. 1. 1908, † 12. 12. 1985 (TSV München 1860 3, 1. FC Nürnberg 2) 1928 SUI, SUI, URU – 1929 ITA – 1931 AUT

7 **Hornig** Heinz, 28. 9. 1937 (1. FC Köln) 1965 ITA, CYP, ENG, CYP – 1966 ENG, IRL, ROM

21 **Hrubesch** Horst, 17. 4. 1951 (Hamburger SV) 1980 AUT, POL, NED, GRE, BEL, SUI, NED, FRA, BUL – 1981 ARG, ALB, BUL – 1982 POR, BRA, ARG, NOR, ALG, CHI, AUT, FRA, ITA

1 **Huber** Alfred, 29. 1. 1910, † 25. 1. 1986 (FC 04 Rastatt) 1930 SUI

1 **Huber** Lorenz, 24. 2. 1906, † 6. 10. 1989 (Karlsruher FV) 1932 HUN

7 **Hummels** Mats, 16. 12. 1988 (Borussia Dortmund) 2010 MLT, SWE – 2011 ITA, AUS, URU, AUT, AZE

8 **Hunder** Paul, 12. 1. 1884, † 9. 5. 1948 (Viktoria 89 Berlin) 1909 ENG, HUN – 1910 SUI – 1911 ENG, SWE, AUT, SWE, HUN

3 **Hundt** Eduard, 3. 8. 1909, † 22. 7. 2002 (Schwarz-Weiß Essen) 1933 BEL, NOR – 1934 LUX

2 **Hunt** Aaron, 4. 9. 1986 (Werder Bremen) 2009 CIV – 2010 DEN

19 **Huth** Robert, 18. 8. 1984 (FC Chelsea 17, FC Middlesbrough 2) 2004 AUT, BRA, IRN, CMR – 2005 SVN, NIR, AUS, TUN, ARG, BRA, MEX, NED, CHN, FRA – 2006 ITA, LUX, ECU – 2009 CHN, UAE

2 **Hutter** Willi, 3. 11. 1896, † 27. 6. 1936 (Waldhof Mannheim 1, Saar 05 Saarbrücken 1) 1921 FIN – 1922 SUI

54 **Illgner** Bodo, 7. 4. 1967 (1. FC Köln) 1987 DEN, SWE, ARG – 1988 FIN, URS, NED – 1989 BUL, NED, WAL, IRL, FIN, WAL – 1990 FRA, URU, CSV, YUG, UAE, COL, NED, CSV, ENG, ARG, POR, LUX, SUI – 1991 URS, BEL, WAL, ENG, WAL, BEL, LUX – 1992 ITA, NIR, URS, SCO, NED, SWE, DEN, BRA – 1993 ENG, TUN, BRA, USA, MEX – 1994 ITA, IRL, AUT, CAN, BOL, ESP, KOR, BEL, BUL

1 **Illmer** Eberhardt, 30. 1. 1888, † 26. 12. 1955 (FV Straßburg) 1909 SUI

19 **Immel** Eike, 27. 11. 1960 (Borussia Dortmund 4, VfB Stuttgart 15) 1980 NED – 1981 BRA, ALB – 1982 NOR – 1986 AUT – 1987 ISR, ITA, FRA, ENG, HUN, BRA – 1988 SWE, ARG, SUI, YUG, ITA, DEN, ESP, NED

2 **Immig** Franz, 10. 9. 1918, † 26. 12. 1955 (Karlsruher FV) 1939 LUX, SVK (+ 3 A für das Saarland)

1 **Islacker** Franz, 3. 2. 1926, † 1. 7. 1970 (Rot-Weiss Essen) 1954 FRA

18 **Jäger** Adolf, 31. 3. 1889, † 21. 11. 1944 (Altona 93) 1908 AUT – 1909 ENG – 1911 SWE – 1912 HUN, AUT, DEN, NED – 1913 ENG, DEN, BEL – 1914 NED – 1920 SUI, AUT, HUN – 1921 HUN – 1922 AUT, HUN – 1924 SUI

1 **Jäger** Günter, 21. 12. 1935 (Fortuna Düsseldorf) 1958 DEN

17 **Jahn** Helmut, 22. 10. 1917, † 18. 3. 1986 (Berliner SV 92) 1939 SVK – 1940 SVK, DEN – 1941 CRO, FIN, DEN, SVK – 1942 SUI, CRO, ESP, HUN, BUL, ROM, SWE, SUI, CRO, SVK

38 **Jakob** Hans, 16. 6. 1908, † 24. 3. 1994 (Jahn Regensburg) 1930 NOR – 1932 FIN, SWE, HUN – 1933 ITA, FRA, SUI, POL – 1934 AUT – 1935 FRA, BEL, CSV, NOR, FIN, POL, ENG – 1936 ESP, POR, NOR, CSV, SCO, IRL, ITA – 1937 NED, FRA, BEL, SUI, DEN, FIN, EST, NOR, SWE – 1938 HUN, POR, ENG, POL – 1939 IRL, HUN

20 **Jakobs** Ditmar, 28. 8. 1953 (Hamburger SV) 1980 POL – 1984 ARG, SWE, MLT – 1985 HUN, POR, BUL, CSV, ENG, MEX, SWE, POR – 1986 BRA, SUI, SCO, DEN, MAR, MEX, FRA, ARG

1 **Jakobs** Johannes, 1. 7. 1917, † 24. 8. 1944 (Hannover 96) 1939 EST

33 **Jancker** Carsten, 28. 8. 1974 (Bayern München 29, Udinese Calcio 4) 1998 MDA, NIR, FIN, SCO, NOR – 2000 CZE, LIE, ENG, POR, ESP, GRE, DEN – 2001 FRA, ALB, GRE, FIN, ALB, HUN, ENG, UKR, UKR – 2002 ISR, ARG, KUW, WAL, AUT, KSA, IRL, CMR, BUL, LTU, BIH, FRO

71 **Janes** Paul, 11. 3. 1912, † 12. 6. 1987 (Fortuna Düsseldorf) 1932 HUN – 1933 BEL, NOR, POL – 1934 LUX, BEL, AUT, POL, DEN – 1935 NED, FRA, IRL, ESP, CSV, NOR, SWE, FIN, ENG – 1936 ESP, POR, HUN, POL, SCO, ITA – 1937 NED, FRA, DEN, FIN, EST, NOR, SWE – 1938 SUI, POR, ENG, SUI, SUI, POL – 1939 YUG, ITA, IRL, NOR, DEN, EST, HUN, YUG, BUL, BOH, ITA – 1940 HUN, YUG, ITA, ROM, SVK, HUN, YUG, DEN – 1941 SUI, HUN, SUI, ROM, SWE, DEN, SVK – 1942 ESP, HUN, BUL, ROM, SWE, SUI, CRO, SVK

36 **Jansen** Marcell, 4. 11. 1985 (Borussia Mönchengladbach 16, Bayern München 12, Hamburger SV 8) 2005 SVK, RSA, TUR, FRA – 2006 LUX, JPN, COL, POR, SWE, IRL, SMR – 2007 SUI, CZE, DEN, SMR, SVK, WAL, ROM, IRL, CZE – 2008 SUI, SRB, POL, CRO, POR, TUR, ESP, BEL – 2009 LIE, AZE – 2010 HUN, GHA, ARG, ESP, URU, BEL

1 **Jelinek** Franz, 10. 7. 1922, † 20. 5. 1944 (Wiener SK) 1940 SVK

55 **Jeremies** Jens, 5. 3. 1974 (TSV München 1860 8, Bayern München 47) 1997 RSA – 1998 OMA, NGA, FIN, COL, USA, YUG, CRO, ROM, TUR, NED – 1999 USA, COL, NIR, FIN, SCO, MDA, FIN, NIR, TUN, NOR – 2000 NED, LIE, ROM, ENG – 2001 FRA, ALB, GRE – 2002 USA, ARG, KUW, WAL, AUT, KSA, IRL, CMR, PAR, USA, KOR, BRA, BUL, LTU, BIH, FRO, NED – 2003 ESP, SCO, FRO, ITA, FRA – 2004 BEL, ROM, MLT, SUI, CZE

3 **Jones** Jermaine, 3. 11. 1981 (FC Schalke 04) 2008 AUT, BLR, ENG

1 **Joppich** Karl, 6. 1. 1908, † 1940 (SV Hoyerswerda) 1932 HUN

1 **Jordan** (Langmeier) Ernst, 18. 5. 1883, † (Cricket-Victoria Magdeburg) 1908 SUI

6 **Jürissen** Willy, 13. 5. 1912, † 30. 10. 1990 (Rot-Weiß Oberhausen) 1935 LUX, LVA – 1936 LUX – 1937 LVA – 1938 SUI – 1939 SVK

1 **Jungtow** Otto, 29. 12. 1892, † 1961 (Hertha BSC) 1913 ENG

31 **Juskowiak** Erich, 7. 9. 1926, † 1. 7. 1983 (Rot-Weiß Oberhausen 1, Fortuna Düsseldorf 30) 1951 LUX – 1954 POR – 1955 ITA, URS, ITA – 1956 NED, ENG, NOR, SWE, URS, SUI, IRL, BEL – 1957 AUT, NED, SCO, HUN – 1958 BEL, ESP, CSV, ARG, CSV, NIR, YUG, SWE, DEN – 1959 SCO, POL, SUI, NED, HUN

1 **Kaburek** Matthias, 9. 2. 1911, † 17. 2. 1976 (Rapid Wien) 1939 SVK (+ 4 A für Österreich)

86 **Kahn** Oliver, 15. 6. 1969 (Bayern München) 1995 SUI, GEO – 1996 DEN, NIR, POL – 1997 ISR, ALB, RSA – 1998 NGA, FIN, MLT, ROM, TUR, MDA, NED – 1999 USA, COL, NIR, FIN, MDA, TUR – 2000 NED, CRO, CZE, ROM, ENG, POR, ESP, GRE, ENG, DEN – 2001 FRA, ALB, GRE, FIN, ALB, HUN, ENG, FIN, UKR, UKR – 2002 ISR, KUW, WAL, AUT, KSA, IRL, CMR, PAR, USA, KOR, BRA, LTU, BIH, FRO, NED – 2003 ESP, LTU, SCO, FRO, ITA, ISL, SCO, ISL, FRA – 2004 CRO, ROM, SUI, HUN, NED, LVA, CZE, AUT, BRA, JPN, KOR – 2005 SVN, RUS, AUS, MEX, NED, TUR, CHN – 2006 USA, LUX, POR

15 **Kalb** Hans, 3. 8. 1899, † 5. 4. 1945 (1. FC Nürnberg) 1920 SUI – 1921 FIN – 1922 AUT – 1923 NOR – 1924 AUT, NED, NOR, HUN, ITA, SUI – 1926 NED – 1927 NOR, NED – 1928 SUI, URU

69 **Kaltz** Manfred, 6. 1. 1953 (Hamburger SV) 1975 AUT, GRE – 1976 CSV – 1977 NIR, YUG, ARG, URU, BRA, MEX, FIN, ITA, SUI – 1978 URS, BRA, SWE, POL, MEX, TUN, ITA, NED, AUT, CSV, HUN, NED – 1979 MLT, TUN, WAL, IRL, ISL, ARG, WAL, URS, TUN – 1980 MLT, AUT, POL, CSV, NED, GRE, BEL, SUI, NED, FRA, BUL – 1981 ARG, BRA, ALB, AUT, BRA, FIN, POL, FIN, AUT, ALB, BUL – 1982 POR, BRA, ARG, CSV, ALG, CHI, AUT, ENG, ESP, FRA, ITA, ENG, NIR – 1983 POR

5 **Kapellmann** Hans-Josef, 19. 12. 1949 (1. FC Köln 2, Bayern München 3) 1973 BUL, BRA, AUT – 1974 SUI, GRE

1 **Kapitulski** Helmut, 29. 9. 1934 (FK Pirmasens) 1958 AUT

3 **Kargus** Rudolf, 15. 8. 1952 (Hamburger SV) 1975 TUR – 1976 WAL – 1977 YUG

5 **Kauer** Erich, 8. 1. 1908, † 30. 12. 1989 (Tennis Borussia Berlin) 1930 NOR – 1931 NED, SWE, NOR, AUT

1 **Kaufhold** Gerhard, 2. 12. 1928 (Kickers Offenbach) 1954 ENG

31 **Kehl** Sebastian, 13. 2. 1980 (SC Freiburg 3, Borussia Dortmund 28) 2001 SVK, HUN, ENG – 2002 ISR, ARG, KUW, WAL, AUT, PAR, USA, BUL, BIH, FRO, NED – 2003 SCG, CAN, SCO, FRO, ITA, ISL, SCO – 2004 ROM, MLT, SUI - 2006 USA, LUX, COL, CRC, SWE, ITA, POR

6 **Kelbassa** Alfred, 21. 4. 1925, † 11. 8. 1988 (Borussia Dortmund) 1956 BEL – 1957 SCO, SWE, HUN – 1958 BEL, FRA

1 **Keller** Ferdinand, 30. 7. 1946 (TSV München 1860) 1975 AUT

4 **Kelsch** Walter, 3. 9. 1955 (VfB Stuttgart) 1979 TUR, IRL, ISL – 1980 MLT

20 **Khedira** Sami, 4. 4. 1987 (VfB Stuttgart 12, Real Madrid 8) 2009 RSA – 2010 ARG, MLT, HUN, BIH, AUS, SRB, GHA, ENG, ARG, ESP, URU, BEL, AZE, TUR, KAZ, SWE – 2011 ITA, KAZ, AUT

2 **Kießling** Georg, 7. 3. 1903, † 24. 6. 1964 (SpVgg Fürth) 1927 DEN – 1928 NOR

6 **Kießling** Stefan, 25. 1. 1984 (Bayer Leverkusen) 2007 DEN – 2009 NOR, CIV – 2010 MLT, ENG, URU

18 **Kipp** Eugen, 26. 2. 1885, † 4. 11. 1931 (Sportfreunde Stuttgart 16, Stuttgarter Kickers 2) 1908 SUI, AUT – 1909 SUI – 1910 SUI, NED – 1911 SUI, ENG, SWE, AUT – 1912 HUN, SUI, AUT, DEN, NED – 1913 ENG, SUI, DEN, BEL

1 **Kirsei** Willi, 3. 12. 1902, † 20. 12. 1963 (Hertha BSC) 1924 SWE

51 **Kirsten** Ulf, 4. 12. 1965 (Bayer Leverkusen) 1992 MEX, AUT, URU – 1993 GHA, TUN, URU, BRA, ARG, MEX – 1994 UAE, ALB, MDA, ALB – 1995 ESP, BUL, ITA, GEO – 1996 POR – 1997 ISR, ALB, UKR, NIR, POR, ARM, RSA – 1998 OMA, KSA, BRA, NGA, FIN, COL, LUX, YUG, IRN, MEX, CRO, MLT, ROM, TUR, MDA, NED – 1999 FIN, SCO, MDA, FIN, NOR, – 2000 CRO, SUI, LIE, ENG, POR (+ 49 A für die DDR)

44 **Kitzinger** Albin, 1. 2. 1912, † 6. 8. 1970 (1. FC Schweinfurt 05) 1935 ROM – 1936 POR, HUN, POL, CSV, SCO, IRL, ITA – 1937 NED, FRA, BEL, SUI, DEN, FIN, NOR – 1938 HUN, POR, ENG, SUI, POL – 1939 YUG, ITA, IRL, NOR, DEN, HUN, YUG, BUL, ITA, SVK – 1940 HUN, ITA, ROM, FIN, HUN, YUG, DEN – 1941 SUI, HUN, SUI, ROM, SWE – 1942 ESP, HUN

1 **Klaas** Werner, 10. 5. 1914, † 26. 3. 1945 (Militär SV Koblenz) 1937 LUX

6 **Kleff** Wolfgang, 16. 11. 1946 (Borussia Mönchengladbach) 1971 NOR – 1972 URS – 1973 URS, AUT, FRA, SCO

1 **Kliemann** Uwe, 30. 6. 1949 (Hertha BSC) 1975 NED

1 **Kling** Eugen, 14. 2. 1899, † 21. 12. 1971 (TSV München 1860) 1927 DEN

5 **Klingler** August, 24. 2. 1918, † 23. 11. 1944 (FV Daxlanden) 1942 ROM, SWE, SUI, SLV, CRO

108 **Klinsmann** Jürgen, 30. 7. 1964 (VfB Stuttgart 12, Inter Mailand 29, AS Monaco 24, Tottenham Hotspur 17, Bayern München 23, Sampdoria Genua 3) 1987 BRA, ARG – 1988 ARG, SUI, YUG, ITA, DEN, ESP, NED, NED – 1989 NED, WAL, FIN, WAL – 1990 FRA, URU, CSV, DEN, YUG, UAE, COL, NED, CSV, ENG, ARG, POR, SWE, LUX, SUI – 1991 URS, BEL, WAL, ENG – 1992 ITA, CSV, TUR, URS, SCO, NED, SWE, DEN, DEN, MEX, AUT, BRA, URU – 1993 SCO, GHA, BRA, USA, ENG, URU, ARG, BRA, USA, MEX – 1994 ITA, IRL, AUT, CAN, BOL, ESP, KOR, BUL, BUL, RUS, HUN, ALB, MDA, ALB – 1995 ESP, GEO, WAL, BUL, GEO, MDA, WAL, BUL, RSA – 1996 POR, DEN, NED, NIR, FRA, LIE, RUS, ITA, CRO, CZE, POL, ARM, NIR, POR – 1997 ISR, ALB, UKR, UKR, NIR, POR, ARM – 1998 BRA, COL, LUX, USA, YUG, IRN, MEX, CRO

2 **Klöckner** Theo, 19. 10. 1934 (Schwarz-Weiß Essen) 1958 EGY – 1959 POL

19 **Klodt** Bernhard, 26. 10. 1926, † 23. 5. 1996 (FC Schalke 04) 1950 SUI – 1951 SUI – 1952 LUX, IRL, SUI – 1954 SUI, TUR, TUR, BEL, FRA, POR – 1956 NED, SWE – 1957 SWE – 1958 BEL, ESP, CSV, NIR – 1959 POL

17 **Klodt** Hans, 10. 6. 1914, † 7. 11. 1996 (FC Schalke 04) 1938 LUX – 1939 YUG, NOR, DEN, YUG, BUL – 1940 HUN, ITA, FIN, HUN, BUL, YUG – 1941 SUI, HUN, SUI, ROM, SWE

109 **Klose** Miroslav, 9. 6. 1978 (1.FC Kaiserslautern 40, Werder Bremen 29, Bayern München 40) 2001 ALB, GRE, SVK, FIN, HUN, ENG, FIN – 2002 ISR, ARG, KUW, WAL, AUT, KSA, IRL, CMR, PAR, USA, KOR, BRA, BUL, LTU, BIH, FRO, NED – 2003 ESP, LTU, SCG, SCO, FRO, ITA, ISL, SCO, ISL, FRA – 2004 CRO, MLT, SUI, HUN, LVA, CZE, BRA, IRN, CMR, JPN, KOR – 2005 SVN, NED, SVK, RSA, FRA – 2006 ITA, USA, LUX, JPN, COL, CRC, POL, ECU, SWE, ARG, ITA, POR, SWE, IRL, SMR, SVK, CYP – 2007 SMR, SVK, WAL, CYP, WAL – 2008 AUT, SUI, BLR, POL, CRO, AUT, POR, TUR, ESP, BEL, LIE, FIN, RUS, WAL, ENG – 2009 NOR, AZE, RSA, AZE, RUS, FIN – 2010 ARG, HUN, BIH, AUS, SRB, ENG, ARG, ESP, BEL, AZE, TUR, KAZ – 2011 ITA, KAZ, AUS, URU

2 **Kmetsch** Sven, 13. 8. 1970 (Hamburger SV) 1997 ARM – 1998 OMA

2 **Knesebeck** Willi, 31. 3. 1887, † 18. 9. 1956 (Viktoria 89 Berlin) 1911 HUN – 1912 DEN

23 **Knöpfle** Georg, 16. 5. 1904, † 14. 12. 1987 (SpVgg Fürth 3, FSV Frankfurt 20) 1928 SUI, SUI, URU, DEN, NOR, SWE – 1929 SUI, ITA, SWE – 1930 ITA – 1931 FRA, NED, AUT, SWE, NOR, AUT, DEN – 1932 SUI, FIN, SWE, HUN, NED – 1933 ITA

26 **Kobierski** Stanislaus, 15. 11. 1910, † 18. 11. 1972 (Fortuna Düsseldorf) 1931 DEN – 1932 SUI, FIN, SWE, HUN, NED – 1933 ITA, FRA, BEL, NOR, POL – 1934 LUX, BEL, SWE, CSV – 1935 SUI, NED, FRA, SWE – 1936 CSV, IRL – 1941 SUI, HUN, SUI, ROM, FRA

1 **Köchling** Willi, 30. 10. 1924, 29. 1. 2009 (Rot-Weiss Essen) 1956 BEL

2 **Kögl** Ludwig, 7. 3. 1966 (Bayern München) 1985 MEX, CSV

1 **Köhl** Georg, 19. 11. 1910, † 15. 1. 1944 (1. FC Nürnberg) 1937 LUX

5 **Köhler** Georg, 1. 2. 1900, † 27. 1. 1972 (Dresdner SC) 1925 SUI – 1926 NED, SWE, SUI – 1928 SWE

1 **Koenen** Theo, 11. 2. 1890, † 8. 9. 1964 (Bonner FV) 1911 HUN

59 **Köpke** Andreas, 12. 3. 1962 (1. FC Nürnberg 14, Eintracht Frankfurt 25, Olympique Marseille 20) 1990 DEN – 1992 CSV, TUR, DEN, MEX, AUT, URU – 1993 SCO, GHA, BRA, USA, URU, ARG – 1994 UAE, RUS, HUN, ALB, MDA, ALB – 1995 ESP, GEO, WAL, BUL, ITA, BEL, MDA, WAL, BUL, RSA – 1996 POR, DEN, NED, FRA, CSV, RUS, ITA, CRO, ENG, CSV, ARM, NIR, POR – 1997 ALB, UKR, UKR, NIR, POR, ARM – 1998 OMA, KSA, BRA, FIN, COL, LUX, USA, YUG, IRN, MEX, CRO

11 **Köppel** Horst, 17. 5. 1948 (VfB Stuttgart 7, Borussia Mönchengladbach 4) 1968 BEL, SUI, WAL – 1971 TUR, ALB, DEN, MEX, POL, POL – 1973 BUL, URS

1 **Köpplinger** Emil, 19. 12. 1897, † 29. 7. 1988 (1. FC Nürnberg) 1927 NOR

6 **Körbel** Karl-Heinz, 1. 12. 1954 (Eintracht Frankfurt) 1974 MLT – 1975 ENG, BUL, NED, AUT, GRE

1 **Kördell** Heinz, 8. 1. 1932 (FC Schalke 04) 1958 EGY

105 **Kohler** Jürgen, 6. 10. 1965 (Waldhof Mannheim 4, 1. FC Köln 20, Bayern München 12, Juventus Turin 38, Borussia Dortmund 31) 1986 DEN, ESP – 1987 ISR, ITA, FRA, ENG, DEN, SWE, HUN, BRA, ARG – 1988 SWE, ARG, SUI, YUG, ITA, AUT, ESP, NED, FIN, URS, NED – 1989 BUL, NED – 1990 URU, CSV, DEN, NED, CSV, ENG, ARG, POR, LUX, SUI – 1991 URS, WAL, ENG, WAL, BEL, LUX – 1992 TUR, NIR, URS, SCO, NED, SWE, DEN, AUT, BRA, URU – 1993 SCO, GHA, BRA, USA, TUN, URU, BRA, ARG, USA, MEX – 1994 ITA, UAE, IRL, AUT, CAN, BOL, ESP, KOR, BEL, BUL, RUS, HUN, ALB – 1995 GEO, BEL, GEO, BUL, RSA – 1996 POR, DEN, NED, NIR, LIE, CZE, POL, ARM, NIR, POR – 1997 ISR, ALB, UKR, UKR, NIR, POR, ALB – 1998 OMA, KSA, BRA, FIN, COL, LUX, USA, YUG, IRN, CRO

22 **Kohlmeyer** Werner, 19. 4. 1924, † 26. 3. 1974 (1. FC Kaiserslautern) 1951 TUR, AUT, IRL, TUR – 1952 IRL, SUI, YUG, ESP – 1953 AUT, NOR, NOR – 1954 SAA, SUI, TUR, HUN, YUG, AUT, HUN, BEL, FRA, ENG – 1955 ITA

9 **Konietzka** (Timo) Friedhelm, 2. 8. 1938 (Borussia Dortmund) 1962 YUG, FRA – 1963 BRA, TUR, MAR – 1964 ALG, FIN – 1965 ITA, CYP

2 **Konopka** Harald, 18. 11. 1952 (1. FC Köln) 1978 ITA – 1979 ISL

3 **Koslowski** Willi, 17. 2. 1937 (FC Schalke 04) 1962 URU, SUI, YUG

3 **Kostedde** Erwin, 21. 5. 1946 (Kickers Offenbach 2, Hertha BSC 1) 1974 MLT – 1975 ENG, GRE

13 **Krämer** Werner, 23. 1. 1940, † 12. 2. 2010 (MSV Duisburg) 1963 TUR, SWE, MAR – 1964 ALG – 1965 ENG, BRA, SWE, AUT, CYP – 1966 ENG, YUG, ESP – 1967 BUL

9 **Kraus** Engelbert, 30. 7. 1934 (Kickers Offenbach 8, TSV München 1860 1) 1955 YUG, NOR – 1957 AUT, NED – 1958 DEN – 1962 CHI, YUG, SUI – 1964 FIN

1 **Krause** Emil, 21. 1. 1908, † 2. 8. 1962 (Hertha BSC) 1933 POL

6 **Krause** Walter, 14. 3. 1896, † 28. 4. 1948 (Victoria Hamburg 1, Holstein Kiel 5) 1920 HUN – 1921 FIN – 1923 NED, FIN, NOR – 1924 NOR

2 **Krauß** Willy, 10. 2. 1886, † (Carl Zeiss Jena) 1911 SUI – 1912 HUN

15 **Kremers** Erwin, 24. 3. 1949 (FC Schalke 04) 1972 URS, BEL, URS, SUI – 1973 ARG, CSV, YUG, BUL, BRA, URS, AUT, FRA, SCO – 1974 HUN, SWE

8 **Kremers** Helmut, 24. 3. 1949 (FC Schalke 04) 1973 AUT, FRA – 1974 ESP, ITA, HUN, SUI, GRE – 1975 ENG

1 **Kreß** Anton, 8. 6. 1899, † 3. 1. 1957 (1. FC Pforzheim) 1921 HUN

9 **Kreß** Richard, 6. 3. 1925, † 30. 3. 1996 (Eintracht Frankfurt) 1954 POR – 1960 NIR, GRE, BUL – 1961 CHI, NIR, DEN, POL, GRE

16 **Kreß** Willibald, 13. 11. 1906, † 27. 1. 1989 (Rot-Weiss Frankfurt 12, Dresdner SC 4) 1929 SUI, SWE – 1930 SUI, ENG, HUN – 1931 FRA, NED, SWE, NOR, AUT, DEN – 1932 SUI – 1934 HUN, BEL, SWE, CSV

3 **Krogmann** Georg, 4. 9. 1886, † 9. 1. 1915 (Holstein Kiel) 1912 HUN, AUT, HUN

18 **Kroos** Toni, 4. 1. 1990 (Bayer Leverkusen 8, Bayern München 10) 2010 ARG, MAL, HUN, BIH, GHA, ARG, ESP, URU, DEN, BEL, TUR, KAZ, SWE – 2011 KAZ, AUS, URU, AUT, AZE

1 **Kroth** Thomas, 26. 8. 1959 (Eintracht Frankfurt) 1985 HUN

1 **Krüger** Kurt, 4. 10. 1920, † 19. 1. 2003 (Fortuna Düsseldorf) 1940 ROM

2 **Krumm** Franz, 16. 10. 1909, † 9. 3. 1943 (Bayern München) 1932 SWE – 1933 ITA

3 **Kubsch** Heinz, 20. 7. 1930, † 24. 10. 1993 (FK Pirmasens) 1954 SUI – 1955 IRL – 1956 SUI

1 **Kubus** Richard, 30. 3. 1914, † 1987 (Vorwärts-Rasensport Gleiwitz) 1939 SVK

2 **Kühnle** Paul, 10. 4. 1885, † 28. 12. 1970 (Stuttgarter Kickers) 1910 SUI – 1911 SUI

7 **Küppers** Hans, 24. 12. 1938 (TSV München 1860) 1962 SUI – 1965 ITA, SUI, BRA – 1966 TUR – 1967 YUG, ALB

7 **Kugler** Anton, 28. 3. 1898, † 2. 6. 1962 (1. FC Nürnberg) 1923 ITA – 1924 AUT, NED, NOR, ITA – 1927 NOR, NED

2 **Kugler** Paul, 24. 9. 1889, † 2. 2. 1962 (Viktoria 89 Berlin) 1911 SWE – 1913 SUI

1 **Kuhnt** Werner, 27. 10. 1893, † (Norden-Nordwest Berlin) 1924 SWE

2 **Kund** Willi, 11. 3. 1908, † 30. 8. 1967 (1. FC Nürnberg) 1930 DEN – 1931 AUT

25 **Kuntz** Stefan, 30.10.1962 (1. FC Kaiserslautern 11, Besiktas Istanbul 12, Arminia Bielefeld 2) 1993 USA, MEX – 1994 AUT, CAN, BEL, RUS, MDA, ALB – 1995 WAL, ITA, SUI, WAL, BUL, RSA – 1996 POR, NED, NIR, LIE, CZE, RUS, CRO, ENG, CSV, ARM – 1997 ALB

44 **Kupfer** Andreas, 7. 5. 1914, † 30. 4. 2001 (1. FC Schweinfurt 05) 1937 LUX, BEL, SUI, DEN, FIN, NOR, SWE – 1938 SUI, POR, ENG, SUI, SUI, POL – 1939 YUG, ITA, IRL, NOR, DEN, HUN, YUG, BUL, BOH, ITA – 1940 HUN, ITA, ROM, FIN, HUN, BUL, YUG, DEN – 1941 SUI, HUN, SUI, ROM, SWE, DEN – 1942 BUL, ROM, SWE, SUI, CRO, SVK – 1950 SUI

52 **Kuranyi** Kevin, 2. 3. 1982 (VfB Stuttgart 29, FC Schalke 04 23) 2003 LTU, SCG, CAN, ISL, SCO, ISL, FRA – 2004 CRO, BEL, ROM, MLT, SUI, NED, LVA, CZE, AUT, BRA, CMR, KOR, THA – 2005 ARG, SVN, NIR, RUS, AUS, TUN, ARG, BRA, MEX, NED, SVK, RSA, TUR, CHN, FRA – 2007 SUI, CZE, DEN, SMR, SVK, ENG, WAL, IRL, CZE – 2008 AUT, SUI, SRB, POL, CRO, ESP, BEL, LIE

5 **Kurbjuhn** Jürgen, 26. 7. 1940 (Hamburger SV) 1962 URU – 1963 SWE, MAR – 1964 ALG – 1966 IRL

8 **Kutterer** Emil, 11. 11. 1898, † 13. 7. 1974 (Bayern München) 1925 SWE, FIN, SUI – 1926 NED, SWE, NED, SUI – 1928 SUI

12 **Kuzorra** Ernst, 16. 10. 1905, † 1. 1. 1990 (FC Schalke 04) 1927 NED – 1928 NOR, SWE – 1930 SUI, ENG – 1931 AUT, DEN – 1932 SUI, FIN, NED – 1936 LUX – 1938 HUN

4 **Kwiatkowski** Heinrich, 16. 7. 1926, † 23. 5. 2008 (Borussia Dortmund) 1954 HUN – 1956 IRL, BEL – 1958 FRA

4 **Laband** Fritz, 1. 11. 1925, † 3. 1. 1982 (Hamburger SV) 1954 SUI, TUR, TUR, YUG

2 **Labbadia** Bruno, 8. 2. 1966 (Bayern München 1, 1. FC Köln 1) 1992 URU – 1995 BEL

8 **Lachner** Ludwig, 25. 7. 1910, † Mai 2003 (TSV München 1860) 1930 HUN, NOR – 1931 NED – 1932 HUN – 1933 FRA, SUI, POL – 1934 HUN

80 **Lahm** Philipp, 11. 11. 1983 (VfB Stuttgart 15, Bayern München 65) 2004 CRO, BEL, ROM, MLT, SUI, HUN, NED, LVA, CZE, AUT, BRA, IRN, CMR, KOR, THA – 2006 ITA, USA, COL, CRC, POL, ECU, SWE, ARG, ITA, POR, SWE, IRL, SMR, SVK, CYP – 2007 SUI, CZE, SMR, SVK, ENG, CYP, WAL – 2008 AUT, SUI, BLR, SRB, POL, CRO, AUT, POR, TUR, ESP, BEL, LIE, FIN, RUS, WAL – 2009 NOR, LIE, WAL, CHN, UAE, AZE, RSA, AZE, RUS, FIN, CIV – 2010 ARG, BIH, AUS, SRB, GHA, ENG, ARG, ESP, BEL, AZE, TUR, KAZ – 2011 ITA, KAZ, URU, AUT, AZE

10 **Lang** Hans, 8. 2. 1899, † 27. 4. 1943 (SpVgg Fürth 2, Hamburger SV 8) 1922 SUI – 1923 ITA – 1924 NOR, SWE, HUN – 1925 NED, SWE, FIN, SUI – 1926 NED

2 **Langenbein** Kurt, 4. 11. 1910, † 1978 (VfR Mannheim) 1932 SUI – 1935 LVA

2 **Laumen** Herbert, 11. 8. 1943 (Borussia Mönchengladbach) 1968 BEL, WAL

5 **Lauth** Benjamin, 4. 8. 1981 (TSV München 1860) 2003 ESP, SCG, CAN, ITA – 2004 CRO

61 **Lehmann** Jens, 10. 11. 1969 (FC Schalke 04 2, Borussia Dortmund 14, FC Arsenal 45) 1998 OMA, LUX – 1999 COL, SCO, BRA, NZL, USA, FIN, NIR, NOR – 2000 SUI, LIE – 2001 SVK – 2002 ARG, BUL, BIH – 2004 BEL, MLT, AUT, IRN, CMR – 2005 ARG, NIR, TUN, BRA, SVK, RSA, FRA – 2006 ITA, LUX, JPN, COL, CRC, POL, ECU, SWE, ARG, ITA, SWE, IRL, SMR, SVK – 2007 SUI, CZE, SMR, SVK, ENG, WAL, IRL, CYP, WAL – 2008 AUT, SUI, BLR, SRB, POL, CRO, AUT, POR, TUR, ESP

65 **Lehner** Ernst, 7. 11. 1912, † 10. 1 1986 (Schwaben Augsburg 55, Blau-Weiß 90 Berlin 10) 1933 SUI, POL – 1934 HUN, BEL, SWE, CSV, AUT, POL, DEN – 1935 SUI, NED, FRA, BEL, IRL, ESP, CSV, NOR, SWE, FIN, POL, BUL, ENG – 1936 ESP, POR, NOR, IRL – 1937 NED, FRA, BEL, SUI, DEN, FIN, EST, NOR, SWE – 1938 SUI, HUN, POR, ENG, SUI, SUI – 1939 BEL, ITA, IRL, NOR, EST, HUN, YUG, BUL, BOH, ITA, SVK – 1940 HUN, YUG, ITA, HUN, BUL, YUG, DEN – 1941 ROM, CRO, SWE – 1942 SWE, SUI, CRO

24 **Leinberger** Ludwig, 21. 5. 1903, † 3. 3. 1943 (SpVgg Fürth) 1927 DEN – 1928 SUI, SUI, URU, DEN, NOR – 1929 SUI, ITA, SWE – 1930 ITA, SUI, ENG, HUN – 1931 FRA, SWE, NOR, AUT, DEN – 1932 SUI, FIN, SWE, HUN, NED – 1933 ITA

3 **Leip** Rudolf, 8. 6. 1890, † 5. 3. 1947 (Guts Muths Dresden) 1923 FIN, NOR – 1924 SWE

14 **Lenz** August, 29. 11. 1910, † 5. 12. 1988 (Borussia Dortmund) 1935 BEL, IRL, CSV, NOR, ROM, POL, LVA – 1936 ESP, HUN, NOR, CSV – 1937 FRA, BEL – 1938 LUX

26 **Libuda** Reinhard, 10. 10. 1943, † 25. 8. 1996 (FC Schalke 04 24, Borussia Dortmund 2) 1963 TUR, SWE, MAR – 1964 ALG, CSV, SCO – 1965 BRA – 1967 FRA, ROM – 1969 WAL, CYP, AUT, SCO – 1970 ESP, YUG, BUL, PER, ENG, ITA, URU, HUN, TUR, YUG, GRE – 1971 MEX, POL

16 **Liebrich** Werner, 18. 1. 1927, † 20. 3. 1995 (1. FC Kaiserslautern) 1951 TUR – 1952 FRA – 1954 SAA, HUN, YUG, AUT, HUN, BEL, FRA, ENG, POR – 1955 URS, YUG, NOR, ITA – 1956 SUI

1 **Lindner** Willi, 27. 6. 1910, † 5. 3. 1944 (Eintracht Frankfurt) 1933 FRA

43 **Linke** Thomas, 26. 12. 1969 (FC Schalke 04 2, Bayern München 41) 1997 RSA – 1998 KSA, MLT – 1999 BRA, NZL, USA, FIN, NIR, TUR, NOR – 2000 NED, CRO, SUI, CZE, LIE, ROM, POR, ESP, GRE, ENG, DEN – 2001 FRA, FIN, ALB, HUN, ENG, UKR, UKR – 2002 ISR, USA, ARG, KUW, WAL, AUT, KSA, IRL, CMR, PAR, USA, KOR, BRA, LTU – 2004 AUT

73 **Littbarski** Pierre, 16. 4. 1960 (1. FC Köln 71, Racing Paris 2) 1981 AUT, ALB – 1982 POR, BRA, ARG, CSV, NOR, ALG, CHI, AUT, ENG, ESP, FRA, ITA, BEL, ENG, NIR – 1983 POR, ALB, TUR, AUT, HUN, TUR, NIR, ALB – 1984 FRA, ROM, ESP – 1985 HUN, POR, MLT, BUL, CSV, ENG, URS, SWE, POR, CSV – 1986 YUG, NED, URU, SCO, DEN, MAR, MEX – 1987 ITA, FRA, ENG, DEN, SWE, HUN – 1988 SWE, SUI, ITA, DEN, ESP, NED, FIN, URS – 1989 BUL, IRL, FIN, WAL – 1990 FRA, URU, CSV, DEN, YUG, UAE, COL, NED, CSV, ARG

4 **Löble** Otto, 27. 10. 1888, † 29. 5. 1967 (Stuttgarter Kickers) 1909 SUI – 1910 SUI – 1912 SUI – 1913 ENG

20 **Löhr** Johannes, 5. 7. 1942 (1. FC Köln) 1967 MAR, BUL, ALB, YUG, FRA, YUG, ROM, ALB – 1968 BEL, SUI, ENG – 1970 IRL, YUG, MAR, BUL, PER, ENG, ITA, URU, HUN

1 **Lohneis** Hans, 12. 4. 1895, † 1970 (MTV Fürth) 1920 AUT

3 **Lohrmann** Theodor, 7. 9. 1898, † 2. 9. 1971 (SpVgg Fürth) 1920 HUN – 1922 SUI, HUN

19 **Lorenz** Max, 19. 8. 1939 (Werder Bremen 17, Eintracht Braunschweig 2) 1965 CYP, ENG, SUI, BRA, AUT – 1966 ENG, NED – 1968 ENG, BRA, FRA, CYP, BRA, CHI, MEX – 1969 WAL, SCO, CYP – 1970 ROM, URU

1 **Ludewig** Heinz, 24. 12. 1889, † (Duisburger SV) 1914 NED

3 **Ludwig**, Johannes, 8. 6. 1903, † 7. 1. 1985 (Holstein Kiel) 1930 HUN – 1931 SWE, NOR

1 **Ludwig** Karl, 14. 5. 1886, † 3. 2. 1948 (Kölner SC 99) 1908 SUI

2 **Lüke** Josef, 13. 3. 1899, † 1948 (TuRU Düsseldorf) 1923 NED, FIN

12 **Lutz** Friedel, 21. 1. 1939 (Eintracht Frankfurt), 1960 ISL, GRE, BUL – 1961 BEL, CHI – 1964 ALG, FIN – 1966 ENG, IRL, NIR, ROM, URS

3 **Lux** Hermann, 20. 9. 1893, † 3. 1. 1962 (Tennis Borussia Berlin) 1924 SWE – 1925 NED, FIN

3 **Maas** Erich, 24. 12. 1940 (Eintracht Braunschweig) 1968 BEL – 1969 BUL – 1970 ROM

2 **Madlung** Alexander, 11. 7. 1982, (VfL Wolfsburg) 2006 GEO – 2007 DEN

5 **Männer** Ludwig, 11. 7. 1912, † 13. 1. 2003 (Hannover 96) 1937 LVA – 1939 LUX, EST, BOH – 1940 SVK

43 **Magath** Felix, 26. 7. 1953 (Hamburger SV) 1977 YUG, URU – 1980 POL, CSV, NED, SUI, NED, BUL – 1981 ARG, BRA, ALB, AUT, BRA, FIN, POL, FIN, AUT, ALB, BUL – 1982 NOR, ALG, CHI, AUT, FRA – 1984 ARG, SWE – 1985 HUN, POR, MLT, BUL, CSV, ENG, MEX, URS – 1986 ITA, BRA, SUI, URU, SCO, MAR, MEX, FRA, ARG

1 **Mahlmann** Carl-Heinz, 17. 9. 1907, † 7. 11. 1965 (Hamburger SV) 1932 NED

21 **Mai** Karl, 27. 7. 1928, † 15. 3. 1993 (SpVgg Fürth 18, Bayern München 3) 1953 SAA, NOR – 1954 SUI, TUR, TUR, YUG, AUT, HUN, BEL, FRA – 1955 ITA, IRL, ITA – 1956 ENG, NOR, SUI, IRL – 1957 SWE – 1958 BUL, EGY – 1959 POL

95 **Maier** Josef, 28. 2. 1944 (Bayern München) 1966 IRL, TUR, NOR – 1967 BUL, YUG, FRA, YUG – 1968 BEL, FRA, AUT, BRA, MEX – 1969 WAL, SCO, AUT, CYP, BUL, SCO – 1970 ROM, MAR, BUL, PER, ENG, ITA, HUN, TUR, YUG – 1971 ALB, TUR, ALB, SWE, DEN, MEX, POL, POL – 1972 HUN, ENG, ENG, URS, BEL, URS, SUI – 1973 ARG, YUG, BRA, SCO, ESP – 1974 ITA, SCO, SWE, CHI, AUS, DDR, YUG, SWE, POL, NED, SUI, GRE – 1975 ENG, BUL, NED, AUT, GRE, BUL – 1976 MLT, ESP, ESP, YUG, CSV, CSV – 1977 FRA, NIR, YUG, BRA, MEX, FIN, ITA, WAL – 1978 ENG, URS, BRA, SWE, POL, MEX, TUN, ITA, NED, AUT, CSV, HUN – 1979 MLT, WAL, IRL, ISL

5 **Malecki** Edmund, 1. 11. 1914, † 21. 4. 2001 (Hannover 96) 1935 ROM, EST – 1936 LUX – 1937 LUX – 1939 LUX

2 **Malik** Richard, 10. 12. 1909, † 20. 1. 1945 (SuSV Beuthen 09) 1932 HUN – 1933 ITA

1 **Maneval** Hellmut, 13. 11. 1898, † 19. 4. 1967 (Stuttgarter Kickers) 1923 NED

4 **Manglitz** Manfred, 8. 3. 1940 (MSV Duisburg 2, 1. FC Köln 2) 1965 ITA, CYP – 1970 ESP, YUG

5 **Mantel** Hugo, 14. 5. 1907, † 3. 2. 1942 (Dresdner SC 1, Eintracht Frankfurt 4) 1927 DEN – 1930 ITA, ENG, DEN – 1933 FRA

16 **Marin** Marko, 13. 3. 1989 (Borussia Mönchengladbach 6, Werder Bremen 10) 2008 BLR, BEL, LIE, ENG – 2009 NOR, LIE, RSA – 2010 HUN, BIH, AUS, SRB, DEN, AZE, TUR, KAZ, SWE

1 **Marischka** Otto, 31. 5. 1912, † 10. 01. 1991 (Admira Wien) 1939 SVK

1 **Marohn** Arthur, 14. 6. 1893, † (Viktoria 89 Berlin) 1921 HUN

13 **Marschall** Olaf, 19. 3. 1966 (1. FC Kaiserslautern) 1994 HUN – 1997 ALB, RSA – 1998 KSA, FIN, COL, LUX, CRO, MLT, NED – 1999 USA, BRA, NZL (+ 4 A für die DDR)

1 **Martin** Bernd, 10. 2. 1955 (VfB Stuttgart) 1979 WAL

1 **Martinek** Alexander, 25. 4. 1919, † 8. 7. 1944 (Wacker Wien) 1940 ROM

6 **Martwig** Otto, 24. 2. 1903, † (Tennis Borussia Berlin) 1925 SWE, FIN, SUI – 1926 SWE, NED – 1927 NOR

1 **Marx** Joseph, 20. 11. 1934, 24. 8. 2008 (SV Sodingen) 1960 ISL

1 **Massini** Erich, 13. 9. 1889, † 26. 7. 1915 (Preußen Berlin) 1909 ENG

150 **Matthäus** Lothar, 21. 3. 1961 (Borussia Mönchengladbach 26, Bayern München 90, Inter Mailand 28, New York/New Jersey MetroStars 6) 1980 NED – 1981 ALB – 1982 POR, BRA, ARG, CSV, NOR, CHI, AUT, BEL, ENG, NIR – 1983 POR, YUG, HUN, AUT, TUR, NIR, ALB – 1984 BEL, URS, FRA, ITA, POR, ROM, ESP, ARG, SWE, MLT – 1985 HUN, POR, BUL, CSV, ENG, MEX, URS – 1986, ITA, BRA, SUI, YUG, NED, URU, SCO, DEN, MAR, MEX, FRA, ARG, DEN, ESP, AUT – 1987 ISR, ITA, FRA, HUN, BRA, ARG – 1988 SWE, ARG, SUI, YUG, ITA, DEN, ESP, NED, FIN, NED – 1989 BUL, NED, FIN – 1990 FRA, URU, CSV, DEN, YUG, UAE, COL, NED, CSV, ENG, ARG, POR, SWE, LUX, SUI – 1991 URS, BEL, WAL, ENG, WAL, BEL, LUX – 1992 ITA, MEX, BRA, URU – 1993 SCO, GHA, BRA, USA, ENG, TUN, URU, BRA, ARG, USA, MEX – 1994 ITA, UAE, IRL, AUT, CAN, BOL, ESP, KOR, BUL, BUL, RUS, HUN, ALB, MDA, ALB – 1998 FIN, COL, LUX, YUG, IRN, MEX, CRO, NED – 1999 USA, COL, NIR, FIN, SCO, MDA, BRA, NZL, USA, FIN, NIR, TUR, NOR – 2000 NED, CRO, SUI, LIE, ROM, ENG, POR

2 **Mathies** Paul, 12. 1. 1911, † 1970 (Preußen Danzig) 1935 EST, LVA

1 **Matthes** Paul, 6. 3. 1879, † (Viktoria 96 Magdeburg) 1908 ENG

1 **Mauch** Paul, 8. 5. 1897, † 15. 7. 1924 (VfB Stuttgart) 1922 AUT

2 **Maul** Ronald, 13. 2. 1973 (Arminia Bielefeld) 1999 BRA, USA

1 **Mauritz** Matthias, 13. 11. 1924 (Fortuna Düsseldorf) 1959 POL

1 **Max** Martin 7. 8. 1968 (TSV München 1860) 2002 ARG

6 **Mebus** Paul, 9. 6. 1920, † 11. 12. 1993 (VfL Benrath 1, 1. FC Köln 5) 1951 SUI, AUT, IRL, TUR, LUX – 1954 HUN

2 **Mechling** Heinrich, 25. 2. 1892, † 27. 12. 1976 (Freiburger FC) 1912 SUI – 1913 SUI

2 **Mehl** Paul, 16. 4. 1912, † 6. 5. 1972 (Fortuna Düsseldorf) 1936 LUX, POL

16 **Meier** Norbert, 20. 9. 1958 (Werder Bremen) 1982 ENG – 1983 POR, ALB, YUG, HUN, AUT, TUR, NIR, ALB – 1984 BUL, URS, FRA, ROM, ESP – 1985 URS, POR

1 **Meißner** Kurt, 11. 12. 1897, † 1973 (VfR Mannheim) 1924 ITA

3 **Memering** Caspar, 1. 6. 1953 (Hamburger SV) 1979 IRL, ISL – 1980 GRE

1 **Mengel** Hans, 6. 2. 1917, † 8. 3. 1941 (TuRU Düsseldorf) 1938 HUN

1 **Merkel** Max, 7. 12. 1918, † 28. 11. 2006 (Wiener SC) 1939 SVK (+ 1 A für Österreich)

75 **Mertesacker** Per, 29. 9. 1984 (Hannover 96 29, Werder Bremen 46) 2004 IRN, CMR, JPN, THA – 2005 ARG, NIR, RUS, AUS, TUN, ARG, BRA, MEX, NED, SVK, RSA, TUR, CHN, FRA – 2006 ITA, USA, LUX, JPN, COL, CRC, POL, ECU, SWE, ARG, ITA – 2007 SUI, CZE, SMR, SVK, ENG, WAL, IRL, CZE, CYP, WAL – 2008 AUT, SUI, BLR, SRB, POL, CRO, AUT, POR, TUR, ESP, RUS, WAL, ENG – 2009 NOR, LIE, WAL, AZE, AZE, RUS, CIV – 2010 ARG, HUN, BIH, AUS, SRB, GHA, ENG, ARG, ESP, URU, BEL, AZE, TUR, KAZ – 2011 ITA, KAZ

47 **Metzelder** Christoph, 5. 11. 1980 (Borussia Dortmund 32, Real Madrid 15) 2001 HUN – 2002 ISR, ARG, KUW, WAL, AUT, KSA, IRL, CMR, PAR, USA, KOR, BRA, BUL, LTU – 2003 ESP – 2005 CHN – 2006 ITA, USA, LUX, JPN, COL, CRC, POL, SWE, ARG, ITA, POR – 2007 SUI, CZE, SMR, SVK, ENG, WAL, ROM, IRL, CZE, CYP, WAL – 2008 BLR, SRB, POL, CRO, AUT, POR, TUR, ESP

2 **Metzner** Karl-Heinz, 9. 1. 1923, † 25. 10. 1994 (Hessen Kassel) 1952 ESP – 1953 SAA

1 **Meyer** Peter, 18. 2. 1940 (Borussia Mönchengladbach) 1967 ALB

3 **Milewski** Jürgen, 19. 10. 1957 (Hamburger SV), 1981 ALB – 1982 BEL – 1984 URS

17 **Mill** Frank, 23. 7. 1958 (Borussia Mönchengladbach 9, Borussia Dortmund 8) 1982 BRA, ARG, CSV – 1984 ARG – 1985 HUN, ENG, MEX – 1986 BRA, NED – 1988 YUG, DEN, ESP, NED, NED – 1989 FIN – 1990 CSV, DEN

12 **Miller** Karl, 2. 10. 1913, † 18. 4. 1967 (FC St. Pauli) 1941 HUN, SUI, FIN, DEN, SVK – 1942 ESP, HUN, BUL, ROM, SWE, SUI, SVK

2 **Miltz** Jakob, 23. 9. 1928, † 18. 2. 1984 (TuS Neuendorf) 1954 POR – 1956 IRL

5 **Mock** Johann, 9. 12. 1906, † 22. 5. 1982 (Austria Wien) 1938 SUI, ROM – 1941 CRO – 1942 CRO, SUI (+ 12 A für Österreich)

85 **Möller** Andreas, 2. 9. 1967 (Borussia Dortmund 53, Eintracht Frankfurt 12, Juventus Turin 20) 1988 URS – 1989 BUL, NED, WAL, IRL, FIN, WAL – 1990 FRA, CSV, DEN, YUG, CSV, POR, SWE – 1991 URS, ENG, WAL, BEL, LUX – 1992 CSV, TUR, URS, SCO, NED, AUT, URU – 1993 GHA, BRA, USA, ENG, TUN, URU, BRA, ARG, USA, MEX – 1994 ITA, UAE, IRL, AUT, BOL, ESP, KOR, BUL, RUS, ALB, MDA, ALB – 1995 ESP, GEO, BUL, SUI, BUL, GEO, MDA, WAL, RSA – 1996 POR, NIR, FRA, LIE, CZE, RUS, ITA, CRO, ENG, POL, NIR, POR – 1997 ISR, ALB, NIR, ALB – 1998 OMA, KSA, BRA, NGA, COL, LUX, USA, YUG, MEX, NED – 1999 USA, COL

9 **Möller** Ernst, 19. 8. 1891, † 8. 11. 1916 (Holstein Kiel) 1911 ENG, SWE, AUT, SWE – 1912 HUN, DEN – 1913 ENG, DEN, BEL

5 **Mohns**, Arthur, 4. 2. 1896, † (Norden-Nordwest Berlin) 1920 AUT, HUN – 1921 AUT, FIN – 1922 HUN

4 **Montag** Otto, 12. 10. 1897, † 23. 12. 1973 (Norden-Nordwest Berlin) 1923 SUI, SWE – 1925 SWE, FIN

7 **Moog** Alfons, 14. 2. 1915, † 1999 (VfL Köln 99) 1939 EST – 1940 ROM, FIN, SVK, HUN, BUL, DEN
26 **Morlock** Max, 11. 5. 1925, † 10. 9. 1994 (1. FC Nürnberg) 1950 SUI – 1951 AUT, IRL, TUR – 1952 SUI, YUG, ESP – 1953 AUT, NOR, SAA, NOR – 1954 SAA, SUI, TUR, TUR, YUG, AUT, HUN, BEL – 1955 ITA, URS, YUG – 1956 ENG, IRL – 1958 BUL, EGY
12 **Müller** Dieter, 1. 4. 1954 (1. FC Köln) 1976 YUG, CSV, WAL – 1977 FRA, NIR, YUG, URU, MEX – 1978 MEX, TUN, NED, AUT
1 **Müller** Ernst, 13. 7. 1901, † (Hertha BSC) 1931 AUT
2 **Müller** Friedrich, 7. 2. 1907, † 15. 5. 1978 (Dresdner SC) 1931 NED, AUT
62 **Müller** Gerhard, 3. 11. 1945 (Bayern München) 1966 TUR – 1967 ALB, YUG, FRA, YUG – 1968 FRA, AUT, CYP – 1969 WAL, SCO, AUT, CYP, AUT, BUL, SCO – 1970 ESP, ROM, IRL, YUG, MAR, BUL, PER, ENG, ITA, URU, HUN, TUR – 1971 ALB, TUR, NOR, SWE, DEN, MEX, POL, POL – 1972 HUN, ENG, ENG, URS, BEL, URS, SUI – 1973 CSV, YUG, BUL, BRA, URS, AUT, FRA, ESP – 1974 ESP, ITA, SCO, HUN, SWE, CHI, AUS, DDR, YUG, SWE, POL, NED
42 **Müller** Hans, 27. 7. 1957 (VfB Stuttgart 36, Inter Mailand 6) 1978 BRA, SWE, POL, MEX, TUN, AUT, CSV – 1979 MLT, TUR, IRL, ARG, WAL, URS, TUR – 1980 MLT, AUT, POL, CSV, NED, GRE, BEL, SUI, NED, FRA, BUL – 1981 ARG, BRA, ALB, AUT, BRA, FIN, POL – 1982 BRA, ARG, ENG, ITA, BEL – 1983 ALB, TUN, AUT, YUG, HUN
9 **Müller** Henry, 12. 8. 1896, † 8. 9. 1982 (Victoria Hamburg) 1921 HUN – 1922 AUT, HUN – 1923 NED, SUI, SWE, FIN – 1924 ITA – 1928 NOR
12 **Müller** Josef, 6. 5. 1893, † 22. 3. 1984 (Phönix Ludwigshafen 1, SpVgg Fürth 10, FV Würzburg 04 1) 1921 FIN – 1922 SUI – 1923 ITA – 1924 AUT, NED, ITA, SUI – 1925 NED, SUI – 1926 NED, NED – 1928 SUI
6 **Müller** Ludwig, 25. 8. 1941 (1. FC Nürnberg 5, Borussia Mönchengladbach 1) 1968 ENG, BRA, FRA – 1969 WAL, CYP, BUL
18 **Müller** Thomas, 13. 9. 1989 (Bayern München) 2010 ARG, BIH, AUS, SRB, GHA, ENG, ARG, URU, BEL, AZE, TUR, KAZ – 2011 ITA, KAZ, AUS, URU, AUT, AZE
41 **Münzenberg** Reinhold, 25. 1. 1909, † 25. 6. 1986 (Alemannia Aachen) 1930 DEN, NOR – 1931 FRA, AUT – 1934 AUT, POL, DEN – 1935 NED, FRA, ESP, SWE, ROM, EST, BUL, ENG – 1936 ESP, POR, HUN, LUX, NOR, POL, CSV, SCO, IRL, ITA – 1937 NED, FRA, BEL, SUI, DEN, LVA, FIN, EST, NOR, SWE – 1938 SUI, HUN, POR, ENG, POL – 1939 LUX
8 **Munkert** Andreas, 7. 3. 1908, † 23. 4. 1982 (1. FC Nürnberg) 1935 BEL, FIN – 1936 ESP, HUN, CSV, SCO, IRL, ITA
1 **Nafziger** Rudolf, 11, 8. 1945, † 13. 7. 2008 (Bayern München) 1965 AUT
1 **Nagelschmitz** Ernst, 1. 5. 1902, † 23. 5. 1987 (Bayern München) 1926 NED
3 **Neiße** Hermann, 5. 12. 1889, † 20. 10. 1932 (Eimsbütteler TV) 1910 NED – 1911 ENG, BEL
6 **Nerlinger** Christian, 21. 3. 1973 (Borussia Dortmund) 1998 ROM, MDA – 1999 COL, USA, FIN, TUR
37 **Netzer** Günter, 14. 9. 1944 (Borussia Mönchengladbach 31, Real Madrid 6) 1965 AUT, CYP – 1966 ENG, TUR – 1967 BUL, ALB – 1968 BEL, SUI, WAL, FRA, AUT, BRA, CHI – 1970 ESP, YUG, GRE – 1971 ALB, TUR, ALB, NOR, SWE, DEN, MEX, POL – 1972 HUN, ENG, ENG, URS, BEL, URS, SUI – 1973 SCO – 1974 ITA, SWE, DDR – 1975 BUL, GRE
1 **Neubarth** Frank, 29. 7. 1962 (Werder Bremen) 1988 ARG
2 **Neuberger** Willi, 15. 4. 1946 (Borussia Dortmund) 1968 WAL, BRA
20 **Neuer** Manuel, 27. 3. 1986 (FC Schalke 04) 2009 UAE, CIV – 2010 MLT, HUN, BIH, AUS, SRB, GHA, ENG, ARG, ESP, BEL, AZE, TUR, KAZ – 2011 ITA, KAZ, URU, AUT, AZE
3 **Neumaier** Robert, 14. 4. 1885, † 22. 3. 1959 (Phönix Karlsruhe) 1909 SUI – 1910 BEL – 1912 SUI
1 **Neumann** Arno, 7. 2. 1885, † (Dresdner SC) 1908 ENG
1 **Neumann** Herbert, 14. 11. 1953 (1. FC Köln) 1978 ENG
1 **Neumer** Leopold, 8. 2. 1919, † 19. 3. 1990 (Austria Wien) 1938 SUI (+ 4 A für Österreich)
1 **Neuschäfer** Hans, 23. 11. 1931 (Fortuna Düsseldorf) 1956 SUI
69 **Neuville** Oliver, 1. 5. 1973 (Hansa Rostock 8, Bayer Leverkusen 40, Borussia Mönchengladbach 21) 1998 MLT, TUR, MDA – 1999 COL, NIR, FIN, SCO, MDA, BRA, NZL, USA, FIN, NIR, TUR, NOR – 2000 NED, SUI, ESP, DEN – 2001 FRA, ALB, GRE, SVK, FIN, ALB, HUN, ENG, FIN, UKR – 2002 USA, KSA, CMR, PAR, USA, KOR, BRA, LTU, FRO, NED – 2003 ESP, CAN, SCO, FRO, ITA, ISL, ISL – 2004 BEL, ROM – 2005 SVN, TUR, CHN – 2006 USA, LUX, JPN, COL, CRC, POL, ECU, SWE, ARG, ITA, POR, SWE, IRL, CYP – 2007 WAL – 2008 BLR, SRB, AUT
1 **Nickel** Bernd, 15. 3. 1949 (Eintracht Frankfurt) 1974 MLT
3 **Nickel** Harald, 21. 7. 1953 (Borussia Mönchengladbach) 1979 URS, TUR – 1980 MLT
1 **Nicodemus** Otto, 21. 6. 1886, † 2. 12. 1966 (SV Wiesbaden) 1909 SUI
1 **Niederbacher** Max, 22. 6. 1899, † Juni 1979 (Stuttgarter Kickers) 1925 SWE
1 **Niedermayer** Kurt, 25. 11. 1955 (Bayern München) 1980 NED

6 **Nigbur** Norbert, 8. 5. 1948 (FC Schalke 04) 1974 ESP, HUN, MLT – 1979 URS, TUR – 1980 AUT
3 **Noack** Rudolf, 30. 3. 1913, † 8. 1. 1948 (Hamburger SV) 1934 HUN, CSV – 1937 SUI
4 **Nogly** Peter, 14. 1. 1947 (Hamburger SV) 1977 FRA, NIR, URU, MEX
15 **Nowak** Hans, 9. 8. 1937 (FC Schalke 04) 1961 DEN, POL, GRE – 1962 ITA, SUI, CHI, YUG, SUI – 1963 BRA, TUR, SWE, MAR – 1964 CSV, SCO, SWE
48 **Nowotny** Jens, 11. 1. 1974 (Bayer Leverkusen 47, Dinamo Zagreb 1) 1997 UKR, NIR, POR, ARM – 1998 KSA, MLT, ROM, TUR, MDA, NED – 1999 NIR, FIN, SCO, MDA, FIN, NIR – 2000 CRO, CZE, LIE, ROM, ENG, POR, ESP, GRE, ENG, DEN – 2001 ALB, GRE, SVK, FIN, ALB, ENG, FIN, UKR, UKR – 2002 ISR, ARG – 2003 FRA – 2004 CRO, BEL, MLT, SUI, HUN, NED, CZE – 2006 JPN, POR, SWE
5 **Oberle** Emil, 16. 11. 1889, † 25. 12. 1955 (Phönix Karlsruhe) 1909 SUI – 1912 NED, SUI, RUS, HUN
16 **Odonkor** David, 21. 2. 1984 (Borussia Dortmund 6, Betis Sevilla 10) 2006 JPN, CRC, POL, ARG, ITA, SWE, SMR, GEO, SVK, CYP – 2007 ENG, ROM, CZE – 2008 BLR, SRB, CRO
3 **Oehm** Richard, 22. 6. 1909, † 20. 5. 1975 (1. FC Nürnberg) 1932 SWE – 1934 HUN, LUX
26 **Özil** Mesut, 15. 10. 1988 (Werder Bremen 17, Real Madrid 9) 2009 NOR, AZE, RSA, AZE, RUS, FIN, CIV – 2010 ARG, HUN, BIH, AUS, SRB, GHA, ENG, ARG, ESP, URU, BEL, AZE, TUR, KAZ – 2011 ITA, KAZ, URU, AUT, AZE
1 **Ohlhauser** Rainer, 6. 1. 1941 (Bayern München) 1968 CHI
1 **Olk** Werner, 18. 1. 1938 (Bayern München) 1961 POL
2 **Ordenewitz** Frank, 25. 3. 1965 (Werder Bremen) 1987 BRA, ARG
6 **Otten** Jonny, 31. 1. 1961 (Werder Bremen) 1983 POR, ALB, YUG, TUR, ALB – 1984 URS
81 **Overath** Wolfgang, 29. 9. 1943 (1. FC Köln) 1963 TUR, SWE, MAR – 1964 ALG, CSV, FIN, SWE – 1965 CYP, ENG, SUI, BRA – 1966 NED, IRL, NIR, ROM, YUG, SUI, ARG, ESP, URU, URS, ENG, TUR, NOR – 1967 MAR, BUL, ALB, YUG, FRA, YUG, ROM, ALB – 1968 WAL, ENG, BRA, FRA, CYP, BRA, CHI, MEX – 1969 SCO, AUT, CYP, AUT, BUL, SCO – 1970 ROM, IRL, YUG, MAR, BUL, PER, ENG, ITA, URU, TUR, YUG, GRE – 1971 ALB, ALB, NOR, SWE, DEN, POL – 1973 ARG, CSV, YUG, BUL, BRA, AUT, FRA, ESP – 1974 ESP, ITA, CHI, AUS, DDR, YUG, SWE, POL, NED
11 **Owomoyela** Patrick, 5. 11. 1979 (Arminia Bielefeld 6, Werder Bremen 5) 2004 JPN, KOR, THA – 2005 ARG, SVN, NIR, SVK, RSA, TUR, CHN – 2006 USA
2 **Pander** Christian, 28. 8. 1983 (FC Schalke 04) 2007 ENG, WAL
1 **Panse** Herbert, 6. 3. 1914, † 25. 8. 1980 (Eimsbütteler TV) 1935 LVA
4 **Paßlack** Stephan, 24. 8. 1970 (Borussia Mönchengladbach) 1996 ARG, NIR – 1998 MLT, ROM
24 **Patzke** Bernd, 14. 3. 1943 (TSV München 1860 18, Hertha BSC 6) 1965 ITA, CYP – 1967 MAR, BUL, ALB, YUG, FRA, YUG, ROM, ALB – 1968 CYP, BRA, CHI, MEX – 1969 WAL, SCO, AUT, CYP – 1970 IRL, PER, ITA, URU – 1971 ALB, TUR
6 **Paulsen** (Pömpner) Paul, 28. 12. 1892, † 17. 5. 1934 (VfB Leipzig) 1924 SWE, ITA, SUI – 1925 NED, SWE, FIN
1 **Pekarek** Josef, 2. 1. 1913, † 1992 (Wacker Wien) 1939 SVK (+ 5 A für Österreich)
12 **Pesser** Johann, 7. 11. 1911, † 12. 8. 1986 (Rapid Wien) 1938 ENG, SUI, POL, ROM – 1939 ITA, HUN, ITA – 1940 HUN, YUG, ITA, HUN, DEN (+ 8 A für Österreich)
1 **Peters** Wolfgang, 8. 1. 1929, † 22. 9. 2003 (Borussia Dortmund) 1957 SWE
7 **Pfaff** Alfred, 16. 7. 1926, † 27. 12. 2008 (Eintracht Frankfurt) 1953 NOR – 1954 HUN, POR – 1956 ENG, NOR, SWE, SUI
1 **Pfeiffer** Michael, 19. 7. 1925 (Alemannia Aachen) 1954 ENG
1 **Pflipsen** Karlheinz, 31. 10. 1970 (Borussia Mönchengladbach) 1993 USA
11 **Pflügler** Hans, 27. 3. 1960 (Bayern München) 1987 ISR, ITA, FRA, SWE, ARG – 1988 ARG, NED, URS – 1989 IRL – 1990 DEN, COL
2 **Philipp** Ludwig, 20. 12. 1889, † 14. 1. 1964 (1. FC Nürnberg) 1910 SUI, NED
1 **Picard** Alfred, 21. 3. 1913, † (SSV Ulm) 1939 LUX
6 **Piontek** Josef, 5. 3. 1940 (Werder Bremen) 1965 ITA, ENG, SUI, BRA, CYP – 1966 NIR
2 **Pirrung** Josef, 24. 7. 1949, † 11. 2. 2011 (1. FC Kaiserslautern) 1974 GRE, MLT
2 **Platzer** Peter, 29. 5. 1910, † 13. 12. 1959 (Admira Wien) 1939 BEL, ITA (+ 31 A für Österreich)
2 **Plener** Ernst, 21. 2. 1919, 16. 3. 2007 (Vorwärts Rasensport Gleiwitz) 1940 ROM, FIN
89 **Podolski** Lukas, 4. 6. 1985 (1. FC Köln 57, Bayern München 32) 2004 HUN, CZE, AUT, BRA, IRN, JPN, KOR, THA – 2005 SVN, NIR, RUS, AUS, TUN, BRA, MEX, SVK, RSA, TUR, CHN, FRA – 2006 ITA, USA, LUX, JPN, COL, CRC, POL, ECU, SWE, ARG, ITA, POR, SWE, IRL, SMR, GEO, SVK – 2007 CZE, WAL, ROM, IRL, CZE, CYP, WAL – 2008 AUT, SUI, BLR, SRB, POL, CRO, AUT, POR, TUR, ESP, BEL, LIE, FIN, RUS, WAL, ENG – 2009 LIE, WAL, CHN, UAE, RSA, AZE, RUS, FIN, CIV – 2010 ARG, MLT, HUN, BIH, AUS, SRB, GHA, ENG, ARG, ESP, BEL, AZE, TUR, KAZ – 2011 ITA, KAZ, AUS, URU, AUT, AZE
1 **Pöhler** Ludwig, 11. 1. 1916, † 26. 3. 1975 (Hannover 96) 1939 LUX

3 **Poertgen** Ernst, 25. 1. 1912, † 3. 11. 1986 (FC Schalke 04) 1935 BUL – 1936 LUX – 1937 LUX

3 **Poetsch** Ernst, 29. 6. 1883, † (Union 92 Berlin) 1908 AUT – 1909 HUN – 1910 NED

14 **Pöttinger** Josef, 16. 4. 1903, † 9. 9. 1970 (Bayern München) 1926 NED, SWE – 1927 NOR, NED – 1928 SUI, SUI, URU, DEN, SWE – 1929 SUI, ITA, SCO – 1930 ITA, ENG

2 **Pohl** Erich, 15. 1. 1894, † 8. 11. 1948 (Kölner SC 99) 1923 NED, FIN

2 **Pohl** Herbert, 18. 9. 1916, † 21. 11. 2010 (Dresdner SC), 1941 FIN, SVK

1 **Politz** Karl, 14. 8. 1903, † 5. 9. 1987 (Hamburger SV) 1934 HUN

5 **Popp** Luitpold, 7. 3. 1893, † 30. 8. 1968 (1. FC Nürnberg) 1920 HUN – 1921 AUT – 1923 SWE – 1924 HUN – 1926 SWE

1 **Poppe** Walter, 5. 3. 1886, † 24. 6. 1951 (Eintracht Braunschweig) 1908 ENG

1 **Porges** Ingo, 22. 8. 1938 (FC St. Pauli) 1960 IRL

32 **Posipal** Josef, 20. 6. 1927, † 21. 2. 1997 (Hamburger SV) 1951 TUR, AUT, IRL, TUR – 1952 LUX, IRL, FRA, SUI, YUG, ESP – 1953 AUT, NOR, SAA, NOR – 1954 SAA, SUI, TUR, HUN, TUR, AUT, HUN, BEL, FRA, ENG, POR – 1955 ITA, URS, YUG, NOR, ITA – 1956 NED, URS

3 **Pott** Fritz, 23. 4. 1939 (1. FC Köln) 1962 FRA – 1963 TUR – 1964 CSV

7 **Preetz** Michael, 17. 8. 1967 (Hertha BSC) 1999 USA, COL, NIR, BRA, NZI, USA – 2000 SUI

2 **Preißler** Alfred, 9. 4. 1921, † 15. 7. 2003 (Preußen Münster) 1951 AUT, IRL

1 **Pyka** Alfred, 28. 6. 1934 (Westfalia Herne) 1958 EGY

3 **Queck** Richard, 4. 11. 1888, † 20. 12. 1968 (Eintracht Braunschweig) 1909 HUN – 1910 NED – 1914 NED

6 **Raftl** Rudolf, 7. 2. 1911, † 5. 9. 1994 (Rapid Wien) 1938 SUI, SUI, ROM – 1939 BOH, ITA – 1940 YUG (+ 6 A für Österreich)

5 **Rahn** Christian, 15. 6. 1979 (FC St. Pauli 2, Hamburger SV 3) 2002 KUW, AUT – 2003 ISL, ISL – 2004 BEL

40 **Rahn** Helmut, 16. 8. 1929, † 14. 8. 2003 (Rot-Weiss Essen 34, 1. FC Köln 6) 1951 TUR, LUX – 1952 FRA, YUG, ESP – 1953 AUT, NOR, SAA, NOR – 1954 SAA, HUN, YUG, AUT, HUN, BEL – 1955 ITA, URS, ITA – 1956 IRL – 1957 AUT, NED, SCO – 1958 ARG, CSV, NIR, YUG, SWE, FRA, DEN, FRA, AUT, BUL, EGY – 1959 SCO, SUI, NED, HUN, YUG – 1960 CHI, POR

14 **Rahn** Uwe, 21. 5. 1962 (Borussia Mönchengladbach) 1984 SWE, MLT – 1985 MLT, BUL, CSV, ENG, MEX, URS, CSV – 1986 DEN, ESP – 1987 ISR, FRA, DEN

46 **Ramelow** Carsten, 20. 3. 1974 (Bayer Leverkusen) 1998 TUR, MDA, NED – 1999 USA, SCO, MDA – 2000 CRO, CZE, LIE, ESP, GRE, ENG, DEN – 2001 FRA, ALB, GRE, SVK, FIN, ALB, FIN, UKR, UKR – 2002 ISR, USA, ARG, KSA, IRL, CMR, KOR, BRA, BUL, LTU, BIH, FRO – 2003 ESP, LTU, SCG, CAN, SCO, FRO, ITA, ISL, SCO, ISL – 2004 CRO, ROM

9 **Rasselnberg** Josef, 18. 12. 1912, † 9. 2. 2005 (VfL Benrath) 1933 BEL, NOR, SUI, POL – 1934 LUX – 1935 ESP, ROM, EST, ENG

7 **Rau** Tobias, 31. 12. 1981 (VfL Wolfsburg 5, Bayern München 2) 2003 ESP, LTU, CAN, SCO, FRO, ITA, SCO

2 **Rebele** Hans, 26. 1. 1943 (TSV München 1860) 1965 SUI – 1969 WAL

1 **Reck** Oliver, 27. 2. 1965 (Werder Bremen) 1996 LIE

1 **Redder** Theo, 19. 11. 1941 (Borussia Dortmund) 1964 FIN

1 **Reese** Hans, 17. 9. 1891, † 23. 6. 1973 (Holstein Kiel) 1912 RUS

35 **Rehmer** Marko, 29. 4. 1972 (Hansa Rostock 7, Hertha BSC 28) 1998 MLT, ROM, TUR, MDA, NED – 1999 USA, COL – 2000 CRO, SUI, CZE, LIE, ROM, POR, ESP, GRE, ENG – 2001 FRA, ALB, GRE, SVK, FIN, ALB, HUN, ENG, FIN, UKR, UKR, PAR, BIH, NED – 2003 LTU, CAN, ITA, SCO, FRA

1 **Reich** Marco, 30. 12. 1977 (1. FC Kaiserslautern) 1999 COL

2 **Reichel** Peter, 30. 11. 1951 (Eintracht Frankfurt) 1975 TUR – 1976 ESP

1 **Reinartz** Stefan, 1. 1. 1989 (Bayer Leverkusen) 2010 MLT

4 **Reinders** Uwe, 19. 1. 1955 (Werder Bremen) 1982 NOR, CHI, ENG, ESP

4 **Reinhardt** Alois, 18. 11. 1961 (Bayer Leverkusen) 1989 WAL, IRL, WAL – 1990 FRA

7 **Reinhardt** Knut, 27. 4. 1968 (Bayer Leverkusen 4, Borussia Dortmund 3) 1988 URS – 1990 POR, SWE, LUX – 1992 MEX, AUT, BRA

4 **Reinmann** Baptist, 31. 10. 1903, † 2. 3. 1980 (1. FC Nürnberg) 1927 NOR, NED – 1928 DEN – 1929 SUI

9 **Reisch** Stefan, 29. 11. 1941 (1. FC Nürnberg) 1962 YUG, FRA, SUI – 1963 TUR, SWE, MAR – 1964 ALG, CSV, SCO

1 **Reiser** Otto, 24. 12. 1884, † 1961 (Phönix Karlsruhe) 1911 BEL

1 **Reislant** Otto, 31. 5. 1883, † 28. 1. 1968 (Wacker Leipzig) 1910 BEL

1 **Reißmann** Martin, 29. 9. 1900, † (Guts Muths Dresden) 1923 NOR

1 **Reitermaier** Ernst, 26. 12. 1918, † Mai 1993 (Wacker Wien) 1939 SVK

1 **Reitgaßl** Willy, 29. 2. 1936, † 23. 8. 1988 (Karlsruher SC) 1960 ISL

14 **Retter** Erich, 17. 2. 1925 (VfB Stuttgart) 1952 LUX, IRL, FRA, SUI, YUG, ESP – 1953 AUT, NOR, SAA, NOR – 1954 SAA, SUI – 1955 IRL – 1956 ENG

1 **Retter** Fritz, 2. 7. 1896, † 1. 1 1965 (Sportfreunde Stuttgart) 1922 SUI

69 **Reuter** Stefan, 16. 10. 1966 (1. FC Nürnberg 9, Bayern München 18, Juventus Turin 9, Borussia Dortmund 33) 1987 ITA, FRA, ENG, DEN, HUN, BRA, ARG – 1988 SWE, SUI, URS – 1989 NED, WAL, IRL, FIN, WAL – 1990 DEN, YUG, UAE, COL, NED, ENG, ARG, POR, SUI – 1991 URS, BEL, WAL, WAL, BEL, LUX – 1992 ITA, NIR, URS, SCO, SWE, DEN, DEN, AUT – 1994 HUN, ALB, MDA, ALB – 1995 GEO, WAL, BUL, ITA, SUI, BUL, RSA – 1996 DEN, NED, FRA, LIE, CSV, RUS, CRO, ENG, POL, ARM, NIR, POR – 1997 ALB, POR, ALB – 1998 OMA, NGA, COL, LUX, USA

1 **Richter** Leopold, 22. 5. 1885, † 3. 8. 1941 (VfB Leipzig) 1909 HUN

1 **Richter** Lothar, 9. 6. 1912, † (Chemnitzer BC) 1941 FIN

16 **Ricken** Lars, 10. 7. 1976 (Borussia Dortmund) 1997 ARM – 1998 OMA, TUR, MDA – 1999 USA, COL, BRA, NZL – 2001 SVK, FIN, ALB, HUN, UKR, UKR – 2002 ISR, ARG

42 **Riedle** Karlheinz, 16. 9. 1965 (Werder Bremen 10, Lazio Rom 23, Borussia Dortmund 9) 1988 FIN – 1989 BUL, NED, WAL – 1990 FRA, DEN, UAE, NED, CSV, ENG, POR, SWE, SUI – 1991 BEL, ENG, WAL, BEL, LUX – 1992 ITA, NIR, URS, SCO, NED, SWE, DEN, DEN, MEX, AUT – 1993 SCO, GHA, BRA, USA, ENG, TUN, URU, BRA – 1994 IRL, AUT, CAN, BOL, KOR, RUS

7 **Riegel** Carl, 6. 9. 1896, † 26. 11. 1970 (1. FC Nürnberg) 1920 SUI, AUT, HUN – 1921 AUT – 1922 AUT – 1923 SUI, SWE

2 **Riegler** Franz, 30. 8. 1915, † 19. 12. 1944 (Austria Wien) 1941 SVK – 1942 CRO (+ 3 A für Österreich)

2 **Riether** Sascha, 23. 3. 1983 (VfL Wolfsburg) 2010 DEN, AZE

1 **Ringel** Karl, 30. 9. 1932 (Borussia Neunkirchen) 1958 EGY (+ 2 A für das Saarland)

13 **Rink** Paulo Roberto, 21. 2. 1973 (Bayer Leverkusen 11, FC Santos 2) 1998 MLT, ROM – 1999 NZL, USA – 2000 CRO, SUI, CZE, LIE, ROM, ENG, POR, ESP, GRE

1 **Riso** II Hans, 16. 3. 1889, † (Wacker Leipzig) 1910 SUI

2 **Riso** I Heinrich, 30. 6. 1882, † (VfB Leipzig) 1908 AUT – 1909 HUN

8 **Risse** Walter, 2. 12. 1893, † 16. 6. 1969 (Düsseldorfer SC 99 5, Hamburger SV 3) 1923 NED, SUI, SWE, FIN, NOR – 1924 NOR, SWE – 1928 NOR

3 **Ritschel** Manfred, 7. 6. 1946 (Kickers Offenbach) 1975 ENG, BUL, NED

1 **Ritter** Oskar, 30. 9. 1901, † 5. 3. 1985 (Holstein Kiel) 1925 SWE

1 **Ritter** Thomas, 10. 10. 1967 (1. FC Kaiserslautern) 1993 URU

3 **Rodekamp** Walter, 13. 1. 1941, † Mai 1998 (Hannover 96) 1965 ENG, SUI, BRA

3 **Rodzinski** Josef, 29. 8. 1907, † Dezember 1984 (SV Hamborn 07) 1936 POL, CSV, IRL

12 **Röhrig** Josef, 28. 2. 1925 (1. FC Köln) 1950 SUI – 1951 SUI, TUR – 1952 IRL – 1953 AUT – 1954 SAA – 1955 IRL, URS, YUG, NOR, ITA – 1956 NED

25 **Rohde** Hans, 7. 12. 1914, † 3. 12. 1979 (Eimsbütteler TV) 1936 LUX – 1939 BEL, LUX, IRL, DEN, EST, ITA, SVK – 1940 HUN, ITA, YUG, DEN – 1941 SUI, HUN, SUI, ROM, SWE, DEN, SVK – 1942 ESP, HUN, SWE, SUI, CRO, SVK

4 **Rohr** Oskar, 24. 3. 1912, † 8. 11. 1988 (Bayern München) 1932 SUI, SWE – 1933 ITA, FRA

5 **Rohwedder** Otto, 3. 12. 1909, † 20. 6. 1969 (Eimsbütteler TV) 1934 DEN – 1935 SUI, NED, SWE – 1937 BEL

1 **Rokosch** Ernst, 26. 2. 1889, † (SpVgg Leipzig) 1914 NED

1 **Roleder** Helmut, 9. 10. 1953 (VfB Stuttgart) 1984 URS

22 **Rolfes** Simon, 21. 1. 1982 (Bayer Leverkusen) 2007 DEN, SVK, ENG, ROM, IRL, CZE, WAL – 2008 AUT, SUI, SRB, POR, TUR, BEL, LIE, FIN, RUS, ENG – 2009 LIE, WAL, RSA, RUS – 2011 URU

37 **Rolff** Wolfgang, 26. 12. 1959 (Hamburger SV 19, Bayer Leverkusen 18) 1983 POR, TUR, AUT, YUG, HUN, AUT, NIR – 1984 URS, FRA, ITA, POR, ESP – 1985 CSV – 1986 ITA, BRA, SUI, NED, DEN, FRA, DEN, ESP, AUT – 1987 ITA, FRA, DEN, HUN, ARG – 1988 SWE, ARG, SUI, YUG, DEN, ESP, NED, FIN, URS – 1989 NED

10 **Röpnack** Helmut, 23. 9. 1884, † 19. 8. 1935 (Viktoria 89 Berlin) 1909 ENG – 1911 AUT – 1912 NED, HUN, AUT, HUN, NED – 1913 SUI, DEN, BEL

1 **Roller** Gustav, 19. 2. 1895, † 1965 (1. FC Pforzheim) 1924 HUN

1 **Rose** Walter, 5. 11. 1912, † 27. 12. 1989 (SpVgg Leipzig) 1937 EST

4 **Rost** Frank, 30. 6. 1973 (Werder Bremen 1, FC Schalke 04 3) 2002 USA – 2003 SCG, CAN, FRO

4 **Roth** Franz, 27. 4. 1946 (Bayern München) 1967 YUG – 1970 ROM, YUG, GRE

3 **Ruch** Hans, 8. 9. 1898, † 8. 8. 1947 (Union 92 Berlin 2, Hertha BSC 1) 1925 SWE, FIN – 1929 SCO

1 **Ruchay** Fritz, 12. 12. 1909, † 6. 9. 2000 (Prussia Samland Königsberg) 1935 LVA

20 **Rüssmann** Rolf, 13. 10. 1950, † 3. 10. 2009 (FC Schalke 04) 1977 YUG, ARG, URU, BRA, MEX, FIN, ITA, SUI, WAL – 1978 ENG, URS, BRA, SWE, POL, MEX, TUN, ITA, NED, AUT, HUN

95 **Rummenigge** Karl-Heinz, 25. 9. 1955 (Bayern München 78, Inter Mailand 17) 1976 WAL, CSV – 1977 FRA, ARG, URU, BRA, FIN, ITA – 1978 ENG, URS, BRA, SWE, MEX, TUN, ITA, NED, AUT, CSV, HUN, NED – 1979 MLT, TUR, WAL, IRL, ARG, WAL, URS, TUR – 1980 MLT, AUT, POL, CSV, NED, GRE, BEL, SUI, NED, BUL – 1981 ARG, BRA, ALB, AUT, BRA, FIN, POL, FIN, AUT, ALB, BUL – 1982 POR, CSV, NOR, ALG, CHI, AUT, ENG, ESP, FRA, ITA, BEL, ENG, NIR – 1983 POR, ALB, TUR, AUT, YUG, AUT, TUR, NIR, ALB – 1984 BUL, BEL, FRA, ITA, POR, ROM, ESP, SWE, MLT – 1985 HUN, MLT, BUL, SWE, POR, CSV – 1986 ITA, BRA, URU, SCO, DEN, MAR, MEX, FRA, ARG

2 **Rummenigge** Michael, 3. 2. 1964 (Bayern München) 1983 TUR – 1986 AUT

1 **Rupp** Bernd, 24. 2. 1942 (Borussia Mönchengladbach) 1966 TUR

1 **Rutz** Willi, 7. 1. 1907, † 20. 11. 1993 (VfB Stuttgart) 1932 FIN

1 **Sabeditsch** Ernst, 6. 5. 1920, † März 1986 (First Vienna FC) 1939 SVK (+ 7 A für Österreich)

4 **Sackenheim** August, 5. 8. 1905, † 19. 4. 1979 (Guts Muths Dresden) 1929 FIN – 1930 SUI – 1931 SWE, NOR

51 **Sammer** Matthias, 5. 9. 1967 (VfB Stuttgart 11, Inter Mailand 2, Borussia Dortmund 38) 1990 SUI – 1991 URS, BEL, WAL – 1992 CSV, TUR, NIR, SCO, NED, SWE, DEN, BRA, URU – 1993 SCO, BRA, ENG, ARG, USA, MEX – 1994 ITA, UAE, IRL, AUT, CAN, BOL, ESP, KOR, BEL, ALB, MDA, ALB – 1995 BUL, ITA, SUI, MDA, WAL, BUL – 1996 POR, NED, FRA, LIE, CZE, RUS, ITA, CRO, ENG, CZE, POR – 1997 ISR, ALB, UKR (+ 23 A für die DDR)

10 **Sawitzki** Günter, 22. 11. 1932 (SV Sodingen 2, VfB Stuttgart 8) 1956 NOR, SWE – 1957 SWE – 1958 CSV, BUL – 1959 SCO, POL, YUG – 1960 IRL – 1963 SWE

3 **Schade** Horst, 10. 7. 1922, † 28. 2. 1968 (SpVgg Fürth 2, 1. FC Nürnberg 1) 1951 SUI, TUR – 1953 SAA

4 **Schädler** Erwin, 8. 4. 1917, † 1991 (Ulmer FV 94) 1937 LUX, LVA, EST – 1938 LUX

39 **Schäfer** Hans, 19. 10. 1927 (1. FC Köln) 1952 SUI – 1953 AUT, NOR, SAA – 1954 SAA, SUI, TUR, TUR, YUG, AUT, HUN – 1955 ITA, IRL, URS, YUG, ITA – 1956 NED, ENG, URS, SUI, IRL – 1957 AUT, SWE, HUN – 1958 BEL, ESP, CSV, ARG, CSV, NIR, YUG, SWE, FRA – 1959 SCO – 1962 URU, ITA, SUI, CHI, YUG

1 **Schäfer** Herbert, 16. 8. 1927, † 6. 5. 1991 (Sportfreunde Siegen) 1957 SWE

8 **Schäfer** Marcel, 7. 6. 1984 (VfL Wolfsburg) 2008 ENG – 2009 CHN, UAE, AZE, RSA, AZE, CIV – 2010 DEN

1 **Schäfer** Max, 17. 1. 1907, † 15. 9. 1990 (TSV München 1860) 1934 HUN

2 **Schaletzki** Reinhard, 21. 5. 1916, † 21. 3. 1995 (Vorwärts Rasensport Gleiwitz) 1939 NOR, EST

14 **Schanko** Erich, 4. 10. 1919, † 14. 11. 2005 (Borussia Dortmund) 1951 TUR, AUT, IRL, TUR, LUX – 1952 LUX, IRL, FRA, SUI, YUG, ESP – 1953 AUT, NOR – 1954 SAA

2 **Scherm** Karl, 8. 4. 1904, † 30. 6. 1977 (ASV Nürnberg) 1926 NED, SUI

2 **Schilling** Christian, 11. 10. 1879, † 14. 7. 1955 (Duisburger SV) 1910 BEL, NED

3 **Schlaudraff** Jan, 18. 7. 1983, (Alemannia Aachen) 2006 GEO – 2007 SUI, DEN

2 **Schlebrowski** Elwin, 31. 8. 1925, † 8. 2. 2000. (Borussia Dortmund) 1956 IRL, BEL

3 **Schlienz** Robert, 3. 2. 1924, † 18. 6. 1995 (VfB Stuttgart) 1955 IRL – 1956 NED, ENG

1 **Schlösser** Karl, 29. 1. 1912, † 1982 (Dresdner SC) 1931 NED

10 **Schmaus** Willibald, 16. 6. 1911, † 27. 4. 1979 (First Vienna FC) 1938 SUI, ROM – 1939 BEL, ITA, HUN, NOR – 1940 YUG – 1941 CRO – 1942 CRO, SUI (+ 15 A für Österreich)

4 **Schmelzer** Marcel, 22. 1. 1988 (Borussia Dortmund) 2010 SWE – 2011 AUS, URU, AUT

25 **Schmidt** Alfred, 5. 9. 1935 (Borussia Dortmund) 1957 NED, SCO, SWE, HUN – 1958 BEL, ESP, CSV, ARG, YUG, DEN, FRA, AUT – 1959 SCO, POL, SUI, NED, HUN, YUG – 1960 CHI, IRL – 1963 TUR, MAR – 1964 ALG, SCO, FIN

3 **Schmidt** Christian, 9. 6. 1888, † 19. 3. 1917 (Concordia 95 Berlin 1, Stuttgarter Kickers 2) 1910 NED – 1913 ENG, SUI

1 **Schmidt** Hans, 2. 11. 1887, † 9. 7. 1916 (Germania 88 Berlin) 1908 AUT

16 **Schmidt** Hans, 23. 12. 1893, † 31. 1. 1971 (SpVgg Fürth 1, TV Fürth 1860 1, 1. FC Nürnberg 14) 1913 SUI – 1920 SUI – 1922 HUN – 1923 ITA, SUI, NOR – 1924 AUT, NED, NOR, HUN, ITA, SUI – 1925 SUI – 1926 SWE, NED, SUI

9 **Schmidt** Karl, 5. 3. 1932 (1. FC Kaiserslautern) 1955 YUG, NOR, ITA – 1956 NED, URS, SUI – 1957 AUT, NED, SWE

2 **Schmitt** Josef, 21. 3. 1908, † 16. 4. 1980 (1. FC Nürnberg) 1928 DEN, NOR

81 **Schneider** Bernd, 17. 11. 1973 (Bayer Leverkusen) 1999 NZL, USA, FIN, NIR, TUR – 2001 UKR, UKR – 2002 ISR, USA, KSA, IRL, CMR, PAR, USA, KOR, BRA, BUL, LTU, BIH, FRO, NED – 2003 ESP, LTU, CAN, SCO, FRO, ITA, ISL, SCO, ISL, FRA – 2004 CRO, BEL, ROM, MLT, SUI, HUN, NED, LVA, CZE, BRA, IRN, CMR, JPN, KOR – 2005 ARG, NIR, RUS, AUS, TUN, ARG, BRA, MEX, NED, SVK, RSA, TUR, CHN, FRA – 2006 ITA, USA, LUX, JPN, COL, CRC, POL, ECU, SWE, ARG, ITA, POR, SWE, IRL, SMR, SVK – 2007 CZE, SMR, SVK, ENG, ROM – 2008 AUT

3 **Schneider** Georg, 22. 4. 1892, † 5. 1. 1961 (Bayern München) 1920 SUI, HUN – 1921 HUN
1 **Schneider** Helmut, 13. 7. 1913, † 13. 2. 1984 (Waldhof Mannheim) 1940 FIN
2 **Schneider** Johannes, 5. 8. 1887, † 8. 9. 1914 (VfB Leipzig) 1913 DEN, BEL
1 **Schneider** René, 1. 2. 1973 (Hansa Rostock) 1995 RSA
47 **Schnellinger** Karl-Heinz, 31. 3. 1939 (SG Düren 99 3, 1. FC Köln 24, AS Rom 1, AC Mailand 19) 1958 CSV, CSV, FRA, AUT, BUL, EGY – 1959 SCO, YUG – 1960 CHI, POR, ISL, NIR, GRE, BUL – 1961 BEL, NIR, DEN, GRE – 1962 URU, ITA, SUI, CHI, YUG, YUG, FRA, SUI – 1963 BRA – 1964 SWE – 1965 SWE – 1966 ROM, YUG, SUI, ARG, ESP, URU, URS, ENG – 1969 SCO – 1970 ESP, ROM, YUG, BUL, PER, ENG, ITA, URU – 1971 ALB
1 **Schnürle** Fritz, 23. 2. 1898, † 9. 11. 1937 (Germania 94 Frankfurt) 1921 HUN
16 **Schön** Helmut, 15. 9. 1915, † 23. 2. 1996 (Dresdner SC) 1937 SWE – 1938 POL, ROM – 1939 BEL, ITA, IRL, NOR, HUN, YUG, BOH, SVK – 1940 DEN – 1941 SUI, HUN, SUI, SWE
1 **Schönhöft** Theo, 9. 5. 1932, † 26. 7. 1976 (VfL Osnabrück) 1956 NOR
36 **Scholl** Mehmet, 16. 10. 1970 (Bayern München) 1995 WAL, SUI, BEL, MDA – 1996 DEN, NED, NIR, FRA, LIE, CRO, ENG, CZE, POL, ARM – 1997 UKR – 1999 MDA, BRA, NZL, FIN, NIR, TUR, NOR – 2000 NED, SUI, CZE, LIE, ROM, ENG, POR, ESP, GRE, ENG, DEN – 2001 FRA, ALB – 2002 ISR
1 **Scholz** Heiko, 7. 1. 1966 (Bayer Leverkusen) 1992 MEX (+ 7 A für die DDR)
1 **Schreier** Christian, 4. 2. 1959 (Bayer Leverkusen) 1984 ARG
1 **Schröder** Erich, 20. 11. 1898, † Dezember 1975 (VfR Köln) 1931 NED
1 **Schröder** Hans, 4. 9. 1906, † 6. 1. 1970 (Tennis Borussia Berlin) 1926 NED
12 **Schröder** Willi, 28. 12. 1928, † 20. 10. 1999 (ATSV Bremen 1860 2, Werder Bremen 10) 1951 LUX – 1952 LUX – 1955 URS, NOR – 1956 NOR, SWE, URS, BEL – 1957 AUT, NED, SCO, SWE
3 **Schubert** Helmut, 17. 2. 1916, † 24. 7. 1988 (Dresdner SC) 1941 FIN, DEN, SVK
5 **Schümmelfelder** Josef, 31. 10. 1891, † 12. 2. 1966 (Bonner FV) 1913 DEN, BEL – 1914 NED – 1921 AUT, HUN
5 **Schürrle** André, 6. 11. 1990 (1. FSV Mainz 05) 2010 SWE – 2011 AUS, URU, AUT, AZE
11 **Schütz** Franz, 6. 12. 1900, † 22.3. 1955 (Eintracht Frankfurt) 1929 SUI, SCO, SWE – 1930 SUI, ENG, HUN – 1931 FRA, DEN – 1932 SUI, FIN, NED
6 **Schütz** Jürgen, 1. 7. 1939, † 19. 3. 1995 (Borussia Dortmund) 1960 CHI, POR – 1962 YUG, FRA, SUI – 1963 BRA
2 **Schulz** Carl, 11. 8. 1901, † 9. 3. 1971 (Holstein Kiel) 1925 SWE, FIN
4 **Schulz** Christian, 1. 4. 1983 (Werder Bremen 3, Hannover 96 1) 2004 JPN, THA – 2005 ARG – 2010 DEN
1 **Schulz** Fritz, 9. 11. 1886, † 5. 3. 1918 (Hertha BSC) 1909 HUN
1 **Schulz** Karl, 10. 5. 1901, † (Viktoria 89 Berlin) 1929 FIN
7 **Schulz** Michael, 3. 9. 1961 (Borussia Dortmund) 1992 ITA, SCO – 1993 BRA, USA, ENG, TUN, MEX
4 **Schulz** Werner, 22. 6. 1913, † 1947 (Arminia Hannover) 1935 BEL, FIN, EST – 1938 LUX
66 **Schulz** Willi, 4. 10. 1938 (Union Günnigfeld 3, FC Schalke 04 22, Hamburger SV 41) 1959 YUG – 1960 POR, IRL, ISL – 1961 DEN, POL, GRE – 1962 URU, ITA, SUI, CHI, YUG, YUG, FRA – 1963 BRA, TUR, SWE, MAR – 1964 ALG, CSV, FIN – 1965 CYP, ENG, SUI, BRA, SWE – 1966 ENG, NED, IRL, NIR, YUG, SUI, ARG, ESP, URU, URS, ENG, TUR, NOR – 1967 MAR, BUL, ALB, YUG, FRA, YUG, ROM, ALB – 1968 BEL, SUI, FRA, AUT, CYP, BRA, CHI – 1969 WAL, SCO, AUT, CYP, AUT, BUL, SCO – 1970 ESP, IRL, MAR, ENG, ITA
76 **Schumacher** Harald, 6. 3. 1954 (1. FC Köln) 1979 ISL – 1980 AUT, POL, CSV, NED, GRE, BEL, SUI, NED, FRA, BUL – 1981 ARG, BRA, ALB, AUT, BRA, FIN, POL, FIN, AUT, BUL – 1982 POR, BRA, ARG, CSV, ALG, CHI, AUT, ENG, ESP, FRA, ITA, BEL, ENG, NIR – 1983 POR, ALB, TUR, AUT, HUN, AUT, TUR, NIR, ALB – 1984 BEL, URS, FRA, ITA, POR, ROM, ESP, ARG, SWE, MLT – 1985 HUN, POR, MLT, BUL, CSV, ENG, URS, SWE, POR, CSV – 1986 ITA, BRA, YUG, URU, SCO, DEN, MAR, MEX, FRA, ARG, DEN, ESP
1 **Schumann** Georg, 17. 8. 1898, † (Vorwärts Berlin) 1924 SWE
21 **Schuster** Bernd, 22. 12. 1959 (1. FC Köln 10, FC Barcelona 11) 1979 IRL, ISL, AUT, WAL, URS – 1980 AUT, POL, NED, BEL, SUI, FRA – 1981 ALB, AUT, BRA – 1982 NIR – 1983 TUR, AUT, YUG, AUT – 1984 BUL, BEL
3 **Schuster** Dirk, 29. 12. 1967 (Karlsruher SC) 1994 HUN, ALB – 1995 ESP (+ 4 A für die DDR)
4 **Schwabl** Manfred, 18. 4. 1966 (1. FC Nürnberg) 1987 DEN, BRA, ARG – 1988 SUI
2 **Schwartz** Hans, 1. 3. 1913, † 31. 5. 1991 (Victoria Hamburg) 1934 BEL, DEN
44 **Schwarzenbeck** Georg, 3. 4. 1948 (Bayern München) 1971 ALB, NOR, SWE, DEN, MEX, POL, POL – 1972 HUN, ENG, ENG, URS, BEL, URS, SUI – 1973 ARG, CSV, YUG, URS, ESP – 1974 ITA, SCO, HUN, SWE, CHI, AUS, DDR, YUG, SWE, POL, NED, SUI, GRE – 1975 BUL, AUT, BUL, TUR – 1976 MLT, ESP, ESP, YUG, CSV, WAL, CSV – 1978 ENG

1 **Schwedler** Willy, 4. 8. 1894, † 26. 3. 1945 (VfB Pankow) 1921 FIN
1 **Schweikert** Hermann, 14. 11. 1885, † 24. 8. 1962 (1. FC Pforzheim) 1909 SUI
87 **Schweinsteiger** Bastian, 1. 8. 1984 (Bayern München) 2004 HUN, NED, LVA, CZE, AUT, IRN, CMR, JPN, KOR, THA – 2005 ARG, SVN, NIR, RUS, AUS, TUN, ARG, MEX, SVK, RSA, TUR, CHN, FRA – 2006 ITA, USA, LUX, JPN, COL, CRC, POL, ECU, SWE, ARG, ITA, POR, SWE, IRL, SMR, GEO, SVK, CYP – 2007 SUI, CZE, WAL, ROM, IRL, CZE – 2008 AUT, SUI, BLR, SRB, POL, CRO, POR, TUR, ESP, BEL, LIE, FIN, RUS, WAL, ENG – 2009 NOR, LIE, WAL, CHN, UAE, AZE, RSA, AZE, RUS, CIV – 2010 ARG, BIH, AUS, SRB, GHA, ENG, ARG, ESP, URU, BEL, AZE, SWE – 2011 ITA, KAZ, AUS
1 **Sebescen** Zoltan, 1. 10. 1975 (VfL Wolfsburg) 2000 NED
6 **Seel** Wolfgang, 21. 6. 1948 (Fortuna Düsseldorf) 1974 SUI – 1975 BUL, NED, AUT – 1977 SUI, WAL
72 **Seeler** Uwe, 5. 11. 1936 (Hamburger SV) 1954 FRA, ENG – 1955 ITA – 1956 NED – 1958 ARG, CSV, NIR, YUG, SWE, DEN, FRA, AUT, BUL – 1959 SCO, SUI, NED, HUN, YUG – 1960 CHI, POR, ISL, NIR, GRE – 1961 BEL, CHI, NIR, DEN, POL, GRE – 1962 URU, ITA, SUI, CHI, YUG, FRA, SUI – 1963 BRA, TUR, SWE – 1964 CSV, SCO, SWE – 1965 SWE – 1966 NED, IRL, NIR, ROM, YUG, SUI, ARG, ESP, URU, URS, ENG, NOR – 1967 FRA, YUG, ROM – 1968 SUI – 1969 AUT, BUL, SCO – 1970 ESP, IRL, YUG, MAR, BUL, PER, ENG, ITA, URU, HUN
8 **Seiderer** Leonhard, 1. 11. 1895, † 3. 7. 1940 (SpVgg Fürth) 1920 SUI, AUT – 1921 AUT – 1922 SUI – 1923 ITA, SWE – 1924 AUT, NED
2 **Seliger** Rudolf, 20. 9. 1951 (MSV Duisburg) 1974 MLT – 1976 WAL
3 **Sesta** Karl, 18. 3. 1906, † 12. 7. 1974 (Austria Wien) 1941 CRO – 1942 CRO, SUI (+ 44 A für Österreich)
6 **Siedl** Gerhard, 22. 3. 1929, † Mai 1998 (Karlsruher SC 2, Bayern München 4) 1957 NED, SCO – 1959 SUI, NED, HUN, YUG (+ 16 A für das Saarland)
14 **Sieloff** Klaus-Dieter, 27. 2. 1942 (VfB Stuttgart 8, Borussia Mönchengladbach 6) 1964 FIN – 1965 ITA, CYP, ENG, SUI, BRA, SWE, AUT – 1970 ROM, HUN, TUR, GRE – 1971 ALB, NOR
3 **Siemensmeyer** Hans, 23. 9. 1940 (Hannover 96) 1967 FRA, YUG, ROM
1 **Sievert** Helmut, 12. 5. 1914, † 19. 5. 1945 (Hannover 96) 1936 LUX
31 **Siffling** Otto, 3. 8. 1912, † 20. 10. 1939 (Waldhof Mannheim) 1934 BEL, SWE, CSV, AUT, POL – 1935 SUI, FRA, BEL, IRL, CSV, NOR, SWE, FIN, POL, BUL – 1936 ESP, POR, NOR, CSV, SCO, IRL, ITA – 1937 FRA, DEN, LVA, FIN, NOR, SWE – 1938 SUI, HUN, POR
8 **Simetsreiter** Wilhelm, 16. 3. 1915, † 17. 7. 2001 (Bayern München) 1935 ROM, EST, BUL – 1936 POR, LUX, NOR – 1937, LVA, EST
9 **Sing** Albert, 7. 4. 1917, † 31. 8. 2008 (Stuttgarter Kickers) 1940 BUL – 1942 ESP, HUN, BUL, ROM, SWE, SUI, CRO, SVK
3 **Sinkiewicz** Lukas, 9. 10. 1985, (1. FC Köln) 2005 SVK, RSA, TUR
3 **Skoumal** Stefan, 29. 11. 1909, † 28. 11. 1983 (Rapid Wien) 1938 SUI, ROM – 1940 YUG (+ 3 A für Österreich)
10 **Sobeck** Johannes, 18. 3. 1900, † 17. 2. 1989 (Alemannia 90 Berlin 2, Hertha BSC 8) 1923 SUI – 1925 NED – 1928 SWE – 1929 SUI, SCO, SWE – 1930 DEN – 1931 AUT, SWE, NOR
12 **Sold** Wilhelm, 19. 4. 1911, † 1. 9. 1995 (FV Saarbrücken 6, 1. FC Nürnberg 3, Tennis Borussia Berlin 3) 1935 LUX – 1936 HUN – 1937 LUX, LVA – 1938 SUI, LUX – 1939 YUG, BUL, BOH – 1942 BUL, ROM, SWE
2 **Solz** Wolfgang, 12. 2. 1940 (Eintracht Frankfurt) 1962 FRA – 1964 CSV
2 **Sonnrein** Heinrich, 28. 3. 1911, † 23. 3. 1944 (FC Hanau 93) 1935 EST – 1936 HUN
1 **Sorkale** Walter, 17. 1. 1890, 18. 3. 1946 (Preußen Berlin) 1911 SWE
2 **Steffen** Bernhard, 1. 6. 1937 (Fortuna Düsseldorf) 1958 CSV – 1960 IRL
1 **Steffenhagen** Arno, 24. 9. 1949 (Hertha BSC) 1971 MEX
1 **Stein** Erwin, 10. 5. 1935 (SpVgg Griesheim 02) 1959 POL
6 **Stein** Ulrich, 23. 10. 1954 (Hamburger SV) 1983 YUG – 1985 HUN, BUL, MEX – 1986 SUI, NED
1 **Steiner** Paul, 23. 1. 1957 (1. FC Köln) 1990 DEN
1 **Steiner** Rudolf, 7. 4. 1937 (TSV München 1860) 1964 SCO
3 **Steinmann** Heinz, 1. 2. 1938 (Schwarz-Weiß Essen 1, Werder Bremen 2), 1962 FRA – 1965 ITA, ENG
1 **Stephan** Günter, 8. 10. 1912, † 15. 4. 1995 (Schwarz-Weiß Essen) 1935 LUX
42 **Stielike** Ulrich, 15. 11. 1954 (Borussia Mönchengladbach 6, Real Madrid 36), 1975 AUT, BUL, TUR – 1976 MLT, WAL – 1977 FRA – 1978 NED – 1979 TUR, WAL, TUR – 1980 CSV, NED, GRE, BEL, BUL – 1981 ALB, AUT, FIN, AUT, ALB – 1982 BRA, ARG, NOR, ALG, CHI, AUT, ENG, ESP, FRA, ITA, BEL, NIR – 1983 YUG, TUR, NIR – 1984 BUL, BEL, ITA, POR, ROM, ESP, ARG
1 **Stössel** Kurt, 26. 12. 1907, † (Dresdner SC) 1931 NED

23 **Stollenwerk** Georg, 19. 12. 1930 (SG Düren 99 4, 1. FC Köln 19) 1951 LUX – 1952 LUX, IRL, FRA – 1955 ITA – 1957 SCO, HUN – 1958 ESP, ARG, CSV, NIR, YUG, SWE, FRA, DEN, FRA, AUT, BUL – 1959 SUI, NED, HUN, YUG – 1960 CHI

10 **Strack** Gerhard, 1. 9. 1955 (1. FC Köln) 1982 ENG, NIR – 1983 ALB, TUR, AUT, HUN, AUT, TUR, NIR, ALB

2 **Straßburger** Wilhelm, 17. 12. 1907, † 21. 12. 1991 (Duisburger SV) 1930 DEN, NOR

4 **Strehl** Heinz, 20. 7. 1938, † 11. 8. 1986 (1. FC Nürnberg) 1962 YUG, FRA – 1963 BRA – 1965 CYP

15 **Streitle** Jakob, 11. 12. 1916, † 24. 6. 1982 (Bayern München) 1938 SUI – 1939 BEL, YUG, IRL, DEN – 1940 BUL, YUG – 1941 SUI – 1950 SUI – 1951 SUI, TUR, AUT, IRL, TUR – 1952 IRL

3 **Striebinger** Karl, 2. 9. 1913, † 2. 7. 1981 (VfR Mannheim) 1937 LUX, BEL – 1938 SUI

4 **Strobel** Wolfgang, 17. 10. 1896, † 19. 4. 1945 (1. FC Nürnberg) 1922 AUT,HUN – 1924 NOR, HUN

4 **Stroh** Josef, 5. 3. 1913, † 7. 1. 1991 (Austria Wien) 1938 SUI, POL, ROM – 1939 JUG (+ 17 A für Österreich)

41 **Strunz** Thomas, 25. 4. 1968 (Bayern München 21, VfB Stuttgart 20) 1990 SWE, LUX – 1992 DEN – 1993 BRA, USA, ENG, USA, MEX – 1994 ITA, UAE, IRL, AUT, CAN, BOL, ESP, BUL, RUS, HUN, ALB, MDA, ALB – 1995 BUL, BEL, GEO, BUL – 1996 NIR, LIE, CZE, RUS, ITA, ENG, CZE, POL, NIR, NED – 1999 NIR, FIN, SCO, MDA, FIN, NIR

10 **Stubb** Hans, 8. 10. 1906, † 19. 3. 1973 (Eintracht Frankfurt) 1930 SUI, ENG, DEN, NOR – 1931 DEN – 1932 SUI, FIN, SWE, NED – 1934 HUN

3 **Stührk** Erwin, 4. 7. 1910, † 13. 11. 1942 (Eimsbütteler TV) 1935 SUI, NED, LVA

2 **Stürmer** Klaus, 9. 8. 1935, † 1. 6. 1971 (Hamburger SV) 1954 FRA – 1961 NIR

21 **Stuhlfauth** Heinrich, 11. 1. 1896, † 12. 9. 1966 (1. FC Nürnberg) 1920 SUI, AUT – 1921 AUT, HUN – 1923 ITA, NOR – 1924 AUT, NED, NOR, HUN, ITA, SUI – 1926 SWE – 1927 NOR, NED – 1928 SUI, URU, NOR – 1929 ITA, SCO – 1930 ITA

3 **Sturm** Hans, 3. 9. 1935, † 20. 6. 2007 (1. FC Köln), 1958 CSV, FRA – 1962 ITA

1 **Sturm** Wilhelm, 8. 2. 1940, † 5. 11. 1996 (Borussia Dortmund) 1964 FIN

1 **Sukop** Albert, 24. 11. 1912, † 9. 5. 1993 (Eintracht Braunschweig) 1935 EST

1 **Sundermann** Hans-Jürgen, 25. 1. 1940 (Rot-Weiß Oberhausen) 1960 CHI

12 **Sutor** Hans, 28. 6. 1895, † 9. 3. 1976 (1. FC Nürnberg) 1920 AUT – 1921 AUT – 1922 AUT – 1923 ITA, SUI, SWE, FIN, NOR – 1924 AUT, NOR, HUN – 1925 SUI

34 **Szepan** Fritz, 2. 9. 1907, † 14. 12. 1974 (FC Schalke 04) 1929 FIN – 1930 ITA – 1931 DEN – 1934 LUX, BEL, SWE, CSV, AUT, POL, DEN – 1935 FIN, BUL, ENG – 1936 ESP, POR, HUN, SCO, IRL, ITA – 1937 NED, FRA, SUI, DEN, FIN, EST, NOR, SWE – 1938 SUI, POR, ENG, SUI – 1939 HUN, YUG, BUL

43 **Szymaniak** Horst, 29. 8. 1934, † 9. 10. 2009 (Wuppertaler SV 20, Karlsruher SC 12, CC Catania 5, Internazionale Mailand 1, FC Varese 1, Tasmania Berlin 4) 1956 SUI, BEL – 1957 AUT, NED, SCO, SWE, HUN – 1958 BEL, ESP, ARG, CSV, NIR, YUG, SWE, FRA, DEN, FRA, AUT – 1959 SCO, POL, SUI, NED, HUN, YUG – 1960 POR, ISL, NIR, GRE, BUL – 1961 BEL, CHI, NIR – 1962 URU, ITA, SUI, CHI, YUG – 1964 SCO, SWE – 1965 SWE, CYP – 1966 ENG, ROM

1 **Tänzer** Willy, 12. 12. 1889, † (Berliner SC) 1908 AUT

19 **Tarnat** Michael, 27. 10. 1969 (Karlsruher SC 4, Bayern München 15) 1996 ARM, NIR, POR – 1997 UKR, ARM, ALB, RSA – 1998 KSA, BRA, NGA, FIN, LUX, YUG, IRN, MEX, CRO, MLT, ROM, MDA

14 **Tasci** Serdar, 24. 4. 1987 (VfB Stuttgart) 2008 BEL, LIE, FIN, ENG – 2009 NOR, LIE, WAL, AZE, RSA – 2010 ARG, MLT, BIH, URU, DEN

3 **Tenhagen** Franz-Josef, 31. 10. 1952 (VfL Bochum) 1977 YUG, BRA, WAL

7 **Termath** Bernhard, 26. 8. 1928, † 19. 3. 2004 (Rot-Weiss Essen) 1951 TUR, LUX – 1952 IRL, FRA, YUG, ESP – 1954 FRA

6 **Tewes** Karl, 18. 8. 1886, † 7. 9. 1968 (Viktoria 89 Berlin) 1920 AUT, HUN – 1921 AUT, HUN, FIN – 1922 HUN

2 **Thiel** Otto, 23. 11. 1891, † 10. 7. 1913 (Preußen Berlin) 1911 HUN – 1912 RUS

2 **Thielen** Karl-Heinz, 2. 4. 1940 (1. FC Köln) 1964 CSV – 1965 ENG

10 **Thom** Andreas, 7. 9. 1965 (Bayer Leverkusen) 1990 SUI – 1992 CSV, TUR, NIR, DEN, DEN, BRA – 1993 ARG, USA – 1994 UAE (+ 51 A für die DDR)

52 **Thon** Olaf, 1. 5. 1966, (FC Schalke 04 40, Bayern München 12) 1984 MLT – 1985 HUN, MLT, BUL, CSV, ENG, CSV – 1986 BRA, SUI, YUG, DEN, AUT – 1987 ISR, ITA, ENG, DEN, SWE, HUN, BRA, ARG – 1988 SWE, ARG, SUI, YUG, ITA, DEN, ESP, NED, NED – 1989 IRL – 1990 URU, CSV, DEN, COL, ENG – 1992 DEN, MEX, URU – 1993 SCO, GHA – 1997 ARM, ALB – 1998 OMA, KSA, BRA, NGA, FIN, COL, LUX, USA, YUG, IRN

1 **Tibulski** Hans, 22. 2. 1909, † 25. 8. 1976 (FC Schalke 04) 1931 DEN

2 **Tibulski** Otto, 15. 12. 1912, † 25. 2. 1991 (FC Schalke 04) 1936 LUX – 1939 YUG

7 **Tiefel** Willi, 14. 7. 1911, † 23. 9. 1941 (Eintracht Frankfurt) 1935 IRL, CSV, NOR, SWE, EST, LVA – 1936 POR

39 **Tilkowski** Hans, 12. 7. 1935 (Westfalia Herne 18, Borussia Dortmund 21) 1957 NED, SCO – 1958 FRA, AUT, EGY – 1959 SUI, HUN – 1960 CHI, POR, ISL, NIR, GRE – 1961 BEL, CHI, NIR, DEN, POL, GRE – 1964 ALG, SCO, FIN, SWE – 1965 ITA, ENG, SUI, BRA, SWE, AUT, CYP – 1966 ENG, ROM, YUG, SUI, ARG, ESP, URU, URS, ENG – 1967 ALB

3 **Todt** Jens, 5. 1. 1970 (SC Freiburg) 1994 HUN – 1995 ESP, SUI

3 **Toppmöller** Klaus, 12. 8. 1951 (1. FC Kaiserslautern) 1976 ESP – 1979 MLT, TUR

6 **Träg** Heinrich, 3. 1. 1893, † 13. 10. 1976 (1. FC Nürnberg) 1921 AUT – 1922 AUT, HUN – 1923 ITA – 1924 NED – 1926 NED

7 **Träsch** Christian, 1. 9. 1987 (VfB Stuttgart) 2009 UAE – 2010 MLT, DEN, TUR, SWE – 2011 AUS, URU

1 **Trautmann** Wilhelm, 6. 12. 1888, † 24. 7. 1969 (Viktoria Mannheim) 1910 SUI

1 **Trimhold** Horst, 4. 2. 1941 (Schwarz-Weiß Essen) 1962 YUG

35 **Trochowski** Piotr, 22. 3. 1984 (Hamburger SV) 2006 GEO, SVK – 2007 DEN, SVK, ENG, WAL, ROM, IRL, CZE, CYP – 2008 SUI, BLR, BEL, LIE, FIN, RUS, WAL, ENG – 2009 NOR, WAL, CHN, UAE, AZE, RSA, AZE, RUS, FIN, CIV – 2010 MLT, HUN, BIH, GHA, ENG, ARG, ESP

20 **Turek**, Anton, 18. 1. 1919, † 11. 5. 1984 (Fortuna Düsseldorf) 1950 SUI – 1951 SUI, TUR, AUT, IRL – 1952 FRA, SUI, YUG, ESP – 1953 AUT, NOR, SAA, NOR – 1954 SAA, TUR, TUR, YUG, AUT, HUN, FRA

15 **Ugi** Camillo, 21. 12. 1884, † 18. 5. 1970 (VfB Leipzig 14, Sportfreunde Breslau 1) 1909 ENG, HUN – 1910 BEL, NED – 1911 ENG, BEL, SWE, SWE, HUN – 1912 HUN, SUI, RUS, HUN, DEN, NED

1 **Uhle** Karl, 16. 7. 1887, † 12. 10. 1969 (VfB Leipzig) 1912 RUS

10 **Ulsaß** Lothar, 9. 9. 1940, † 16. 6. 1999 (Eintracht Braunschweig) 1965 CYP, AUT – 1966 ROM, NOR – 1967 MAR, ALB – 1968 AUT, CHI, MEX – 1969 WAL

1 **Umbach** Josef, 8. 12. 1889, † (SC München-Gladbach) 1910 NED

1 **Unfried** Gustav, 24. 3. 1889, † 13. 9. 1917 (Preußen Berlin) 1910 NED

21 **Urban** Adolf, 9. 1. 1914, † 23. 5. 1943 (FC Schalke 04) 1935 LUX – 1936 HUN, LUX, NOR, SCO, ITA – 1937 FRA, SUI, DEN, FIN, NOR, SWE – 1938 SUI – 1939 YUG, NOR, YUG, BUL, BOH – 1940 ITA – 1942 SUI, CRO

1 **Urbanek** Hans, 10. 10. 1910, † (Admira Wien) 1941 CRO (+ 15 A für Österreich)

1 **Völker** Otto, 2. 3. 1893, † 6. 8. 1945 (Preußen Berlin) 1913 ENG

1 **Völker** Willi, 13. 10. 1906, † 6. 4. 1945 (Hertha BSC) 1929 FIN

1 **Völker** Willy, 20. 12. 1889, † (VfB Leipzig) 1914 NED

90 **Völler** Rudolf, 13. 4. 1960 (Werder Bremen 41, AS Rom 43, Olympique Marseille 6) 1982 NIR – 1983 POR, ALB, TUR, AUT, YUG, HUN, AUT, TUR, ALB – 1984 BUL, BEL, URS, FRA, ITA, POR, ROM, ESP, ARG, SWE, MLT – 1985 HUN, POR, MLT, BUL, CSV, MEX, URS, SWE – 1986 YUG, NED, URU, SCO, DEN, MAR, FRA, ARG, DEN, AUT – 1987 ISR, ITA, FRA, ENG, DEN, SWE – 1988 SWE, ARG, SUI, YUG, ITA, DEN, ESP, NED, FIN, NED – 1989 BUL, NED, WAL, FIN, WAL – 1990 URU, CSV, DEN, YUG, UAE, COL, NED, ENG, ARG, POR, SWE, LUX, SUI – 1991 URS, BEL, WAL, WAL, BEL, LUX – 1992 ITA, CSV, TUR, NIR, URS, MEX – 1994 IRL, CAN, ESP, BEL, BUL

96 **Vogts** Hans-Hubert, 30. 12. 1946 (Borussia Mönchengladbach) 1967 YUG, ROM – 1968 BEL, SUI, WAL, ENG, BRA, FRA, AUT, CYP, BRA, CHI, MEX – 1969 WAL, SCO, AUT, CYP, AUT, BUL, SCO – 1970 ESP, ROM, IRL, YUG, MAR, BUL, PER, ENG, ITA, URU, HUN, TUR, YUG, GRE – 1971 ALB, TUR, ALB, NOR, SWE, DEN, MEX – 1972 SUI – 1973 ARG, CSV, BRA, SCO, ESP – 1974 ESP, SCO, HUN, SWE, CHI, AUS, DDR, YUG, SWE, POL, NED, SUI, GRE, MLT – 1975 ENG, BUL, NED, AUT, GRE, BUL, TUR – 1976 MLT, ESP, ESP, YUG, CSV, WAL, CSV – 1977 FRA, NIR, YUG, ARG, URU, BRA, MEX, FIN, ITA, SUI, WAL – 1978 ENG, URS, BRA, SWE, POL, MEX, TUN, ITA, NED, AUT

12 **Volkert** Georg, 28. 11. 1945 (1. FC Nürnberg 6, Hamburger SV 6) 1968 BEL, SUI, ENG, BRA, MEX – 1969 AUT – 1977 ARG, URU, BRA, MEX, FIN, ITA

12 **Vollmar** Heinz, 26. 4. 1936, † 12. 10. 1987 (SV St. Ingbert 7, 1. FC Saarbrücken 5) 1956 SWE, URS, SUI, IRL, BEL – 1957 AUT, HUN – 1959 SUI, YUG – 1960 IRL, BUL – 1961 BEL (+ 4 A für das Saarland)

2 **Voß** Kurt, 8. 7. 1900, † (Holstein Kiel) 1925 NED, FIN

5 **Votava** Miroslav, 25. 4. 1956 (Borussia Dortmund) 1979 URS – 1980 GRE, FRA, BUL – 1981 BRA

11 **Waas** Herbert, 8. 9. 1963 (Bayer Leverkusen) 1983 YUG, HUN, AUT, NIR, ALB – 1985 ENG – 1986 DEN, ESP, AUT – 1987 ISR – 1988 URS

3 **Wagner** Franz, 23. 9. 1911, † Mai 1975 (Rapid Wien) 1938 ROM – 1942 CRO, SUI (+ 18 A für Österreich)

6 **Wagner** Martin, 24. 2. 1968 (1. FC Kaiserslautern) 1992 BRA – 1994 IRL, CAN, BEL, BUL, HUN

13 **Waldner** Erwin, 24. 1. 1933 (VfB Stuttgart) 1954 POR – 1955 ITA, IRL, YUG, NOR – 1956 NED, ESP, URS, BEL – 1957 AUT – 1958 BEL, CSV, BUL

61 **Walter** Fritz, 31. 10. 1920, † 17. 6. 2002 (1. FC Kaiserslautern) 1940 ROM, FIN, HUN, BUL, YUG, DEN – 1941 SUI, HUN, SUI, ROM, CRO, SWE, DEN, SVK – 1942 CRO, SUI, ESP, HUN, BUL, ROM, SWE, SUI, CRO, SVK – 1951 SUI, TUR, AUT, IRL, TUR, LUX – 1952 FRA, SUI, YUG, ESP – 1953 AUT, NOR, NOR – 1954 SAA, SUI, TUR, HUN, TUR, YUG, AUT, HUN – 1955 ITA, URS, YUG, NOR, ITA – 1956 NED, ENG, URS, SUI – 1958 ESP, CSV, ARG, CSV, NIR, YUG, SWE

21 **Walter** Ottmar, 6. 3. 1924 (1. FC Kaiserslautern) 1950 SUI – 1951 SUI – 1952 IRL, FRA, SUI, YUG, ESP – 1953 AUT, NOR, NOR – 1954 SAA, SUI, TUR, TUR, YUG, AUT, HUN, BEL, FRA – 1955 YUG – 1956 ENG

1 **Warnken** Heinz, 28. 12. 1912, † 1943 (Komet Bremen) 1935 BUL

3 **Weber** Albert, 21. 11. 1888, † (Vorwärts Berlin) 1912 SUI, AUT, DEN

12 **Weber** Heinrich, 21. 6. 1900, † 22. 1. 1977 (Kurhessen Kassel) 1928 SUI, URU, DEN, SWE – 1929 SUI, ITA, SWE – 1930 ITA, NOR – 1931 FRA, NED, AUT

1 **Weber** Josef, 18. 4. 1898, † 5. 3. 1970 (Wacker München) 1927 NED

9 **Weber** Ralf, 31. 5. 1969 (Eintracht Frankfurt), 1994 RUS, HUN, ALB, MDA, ALB – 1995 ESP, GEO, WAL, SUI

53 **Weber** Wolfgang, 26. 6. 1944 (1. FC Köln) 1964 CSV, SCO, FIN, SWE – 1965 ITA, AUT, CYP – 1966 ENG, NED, NIR, ROM, YUG, SUI, ARG, ESP, URU, URS, ENG, TUR, NOR – 1967 BUL, ALB, FRA, YUG, ROM, ALB – 1968 SUI, WAL, ENG, BRA, AUT, CYP, BRA – 1969 AUT – 1970 ESP, ROM, IRL, BUL, URU, HUN, TUR, YUG – 1971 ALB, TUR, SWE, DEN, MEX, POL – 1973 AUT, FRA, SCO, ESP – 1974 ESP

15 **Wegele** Karl, 27. 9. 1887, † 14. 11. 1960 (Phönix Karlsruhe) 1910 SUI, NED – 1911 HUN – 1912 NED, HUN, SUI, AUT, HUN, DEN, NED – 1913 ENG, SUI, DEN, BEL – 1914 NED

1 **Weilbächer** Hans, 23. 10. 1933 (Eintracht Frankfurt) 1955 IRL

1 **Weis** Tobias, 30. 7. 1985 (TSG 1899 Hoffenheim) 2009 UAE

1 **Weiß** Leonhard, 26. 7. 1907, † 18. 8. 1981 (1. FC Nürnberg) 1931 AUT

1 **Weißenbacher** Viktor, 15. 7. 1897, † 18. 12. 1956 (1. FC Pforzheim) 1922 AUT

1 **Welker** Hans, 21. 8. 1907, † 24. 7. 1968 (Bayern München) 1931 FRA

1 **Wellhöfer** Georg, 16. 3. 1893, † 13. 12. 1968 (SpVgg Fürth) 1922 SUI

1 **Welsch** Kurt, 21. 6. 1917, † 1981 (Borussia Neunkirchen) 1937 LVA

4 **Wenauer** Ferdinand, 26. 4. 1939, † 27. 7. 1992 (1. FC Nürnberg) 1960 IRL – 1961 DEN, POL – 1962 URU

5 **Wendl** Josef, 17. 12. 1906, † 2. 9. 1980 (TSV München 1860) 1930 NOR – 1932 HUN – 1933 ITA, FRA, SUI

2 **Wentorf** Hans, 6. 4. 1899, † 1. 1. 1970 (Altona 93) 1928 SUI, DEN

1 **Wenz** Ludwig, 27. 8. 1906, † 18. 4. 1968 (ASV Nürnberg) 1930 DEN

13 **Werner** Adolf, 19. 10. 1886, † 6. 9. 1975 (Holstein Kiel 9, Victoria Hamburg 4) 1909 ENG, HUN – 1910 NED – 1911 SUI, ENG, BEL, SWE, AUT, SWE – 1912 NED, HUN, RUS, HUN

2 **Werner** August, 6. 3. 1896, † 22. 10. 1968 (Holstein Kiel) 1925 SWE, FIN

1 **Werner** Heinz, 17. 8. 1910, † 6. 5. 1989 (1. SV Jena) 1935 ROM

4 **Werner** Jürgen, 15. 8. 1935, † 27. 5. 2002 (Hamburger SV) 1961 CHI, NIR – 1962 SUI – 1963 BRA

24 **Westermann** Heiko, 14. 8. 1983 (FC Schalke 04 19, Hamburger SV 5) 2008 AUT, SUI, SRB, BEL, LIE, FIN, RUS, WAL, ENG – 2009 NOR, WAL, UAE, RSA, AZE, RUS, FIN, CIV – 2010 MLT, HUN, BEL, AZE, TUR, KAZ, SWE

1 **Wetzel** Fritz, 12. 12. 1894, † (1. FC Pforzheim) 1922 AUT

12 **Wewers** Heinz, 27. 7. 1927, † 29. 8. 2008 (Rot Weiss Essen) 1951 LUX – 1956 ENG, NOR, SWE, IRL, BEL – 1957 AUT, NED, SCO, HUN – 1958 BEL, FRA

4 **Weymar** Hans, 1. 2. 1886, † 10. 7. 1959 (Victoria Hamburg) 1908 SUI, ENG, AUT – 1910 NED

2 **Widmayer** Werner, 17. 5. 1909, † 14. 6. 1942 (Holstein Kiel) 1931 SWE, NOR

6 **Wieder** Ludwig, 22. 3. 1900, † 2. 12. 1977 (1. FC Nürnberg) 1923 SUI, SWE, NOR – 1924 AUT, NOR – 1926 NED

2 **Wientjes** Clemens, 8. 2. 1920, † März 1998 (Rot-Weiss Essen) 1952 LUX, FRA

4 **Wiese** Tim, 17. 12. 1981 (Werder Bremen) 2008 ENG – 2009 CIV – 2010 DEN – 2011 AUS

1 **Wiggers** Hermann, 7. 4. 1880, † 1968 (Victoria Hamburg) 1911 SWE

4 **Wigold** Willi, 10. 12. 1909, † 28. 11. 1944 (Fortuna Düsseldorf) 1932 NED – 1933 BEL, NOR – 1934 LUX

15 **Wilden** Leo, 3. 7. 1936 (1. FC Köln) 1960 CHI, POR, NIR – 1961 BEL, CHI, NIR – 1962 YUG, FRA, SUI – 1963 BRA, TUN, SWE, MAR – 1964 ALG, CSV

8 **Willimowski** Ernst, 23. 6. 1916, † 30. 8. 1997 (PSV Chemnitz 4, TSV München 1860 4) 1941 ROM, CRO, FIN, DEN – 1942 ROM, SUI, CRO, SVK (+ 22 A für Polen)

36 **Wimmer** Herbert, 9. 11. 1944 (Borussia Mönchengladbach) 1968 CYP, BRA, CHI, MEX – 1971 TUR, ALB, NOR, SWE, DEN, POL, POL – 1972 HUN, ENG, ENG, URS, BEL, URS, SUI – 1973 ARG, SCO – 1974 ESP, SCO, HUN, AUS, YUG, GRE – 1975 ENG, NED, AUT, BUL, TUR – 1976 MLT, ESP, ESP, YUG, CSV

1 **Winkler** Paul, 22. 8. 1913, † 1996 (Schwarz-Weiß Essen) 1938 LUX

1 **Winkler** Willi, 24. 8. 1903, † 12. 5. 1967 (Wormatia Worms) 1928 NOR

66 **Wörns** Christian, 10. 5. 1972 (Bayer Leverkusen 22, Paris St. Germain 5, Borussia Dortmund 39) 1992 CZE, TUR, DEN, BRA – 1995 ESP, MDA, WAL, RSA – 1997 NIR, ARM, RSA – 1998 OMA, BRA, NGA, FIN, COL, LUX, USA, YUG, IRN, MEX, CRO, NED – 1999 COL, NIR, FIN, SCO, BRA, NZL, USA, NIR, NOR – 2000 SUI – 2001 FRA, ALB, GRE, ENG, FIN – 2002 ISR, BIH, FRO – 2003 ESP, LTU, SCG, CAN, SCO, FRO, ITA, ISL, SCO, ISL, FRA – 2004 CRO, BEL, SUI, HUN, NED, LVA, CZE, IRN, JPN, KOR, THA – 2005 ARG, NED, SVK

2 **Wohlfarth** Roland, 11. 1. 1963 (Bayern München) 1986 ESP – 1989 IRL

1 **Wolpers** Eduard, 24. 8. 1900, † 23. 11. 1976 (Hamburger SV) 1926 SUI

13 **Wolter** Horst, 8. 6. 1942 (Eintracht Braunschweig) 1967 MAR, ROM, ALB – 1968 SUI, WAL, ENG, BRA, CYP, CHI – 1969 SCO, AUT – 1970 IRL, URU

3 **Wolter** Karl, 2. 8. 1894, † 19. 4. 1959 (Vorwärts Berlin) 1912 DEN – 1920 SUI – 1921 FIN

1 **Wolter** Thomas, 4. 10. 1963 (Werder Bremen) 1992 BRA

7 **Worm** Ronald, 7. 10. 1953 (MSV Duisburg) 1975 TUR – 1976 MLT, ESP – 1978 ENG, BRA, SWE, CSV

9 **Worpitzky** Willi, 25. 8. 1886, † 30. 10. 1953 (Viktoria 89 Berlin) 1909 HUN – 1910 NED – 1911 ENG, SWE, AUT, HUN – 1912 HUN, AUT, DEN

17 **Wosz** Dariusz, 8. 6. 1969 (VfL Bochum 6, Hertha BSC 11) 1997 ISR, ALB, UKR, UKR, POR, ARM – 1998 MDA – 1999 BRA, NZL, USA, NOR – 2000 NED, CRO, SUI, CZE, LIE, DEN (+ 7 A für die DDR)

1 **Wunder** Klaus, 13. 9. 1950 (MSV Duisburg) 1973 URS

5 **Wunderlich** Georg, 31. 10. 1893, † 27. 5. 1963 (1860 Fürth 1, Helvetia Bockenheim 2, Stuttgarter Kickers 2) 1920 SUI, AUT – 1921 AUT – 1923 ITA, NED

4 **Wuttke** Wolfram, 17. 11. 1961 (1. FC Kaiserslautern) 1986 ESP – 1987 ISR, ENG – 1988 ESP

1 **Zaczyk** Klaus, 25. 5. 1945 (Karlsruher SC) 1967 MAR

1 **Zastrau** Walter, 30. 5. 1935 (Rot-Weiss Essen) 1958 EGY

1 **Zeitler** Hans, 30. 4. 1927 (VfB Bayreuth) 1952 LUX

1 **Zembski** Dieter, 6. 11. 1946 (Werder Bremen) 1971 MEX

4 **Zewe** Gerd, 13. 6. 1950 (Fortuna Düsseldorf) 1978 CSV, HUN, NED – 1979 MLT

12 **Zickler** Alexander, 28. 2. 1974 (Bayern München) 1998 NED – 1999 USA, COL – 2000 ESP, GRE, DEN – 2001 SVK, ALB, HUN, UKR, BUL, BIH

72 **Ziege** Christian, 1. 2. 1972 (Bayern München 31, AC Mailand 10, FC Middlesbrough 11, FC Liverpool 7, Tottenham Hotspur 13) 1993 BRA, USA, ENG, TUN, URU, USA, MEX – 1995 WAL, ITA, SUI, GEO, MDA, WAL – 1996 POR, DEN, NED, NIR, FRA, LIE, CSV, RUS, ITA, CRO, ENG, CZE, POL, POR – 1997 ISR, ALB, UKR, UKR, NIR, POR, RSA – 1998 BRA, COL, LUX, USA, YUG, IRN, MEX – 1999 FIN, NIR, TUR, NOR, – 2000 NED, CRO, SUI, CZE, LIE, ROM, ENG, ENG, DEN – 2001 FRA, GRE, SVK, FIN, ALB, HUN, FIN, UKR, UKR – 2002 USA, WAL, AUT, KSA, IRL, CMR, USA, BRA – 2004 MLT

15 **Zielinski** Paul, 20. 11. 1911, † 20. 2. 1966 (Union Hamborn) 1934 BEL, SWE, CSV, AUT, POL, DEN – 1935 NED, FRA, IRL, CSV, NOR, SWE, LUX, POL – 1936 LUX

1 **Zilgas** Karl, 2. 3. 1882, † 17. 6. 1917 (Victoria Hamburg) 1913 DEN

14 **Zimmermann** Herbert, 1. 7. 1954 (1. FC Köln) 1976 WAL – 1977 SUI – 1978 ENG, SWE, POL, ITA, NED – 1979 TUR, WAL, IRL, ISL, WAL, URS, TUR

4 **Zörner** Carl, 18. 6. 1897, † 8. 11. 1941 (SC 99 Köln), 1923 NED, SUI, SWE, FIN

1 **Zolper** Karl, 30. 4. 1901, † (CfR Köln) 1925 NED

7 **Zorc** Michael, 25. 8. 1962 (Borussia Dortmund) 1992 BRA, URU – 1993 SCO, GHA, BRA, ENG, URU

2 **Zwolanowski** Felix, 12. 7. 1912, † 26. 11. 1998 (Fortuna Düsseldorf) 1940 SVK, YUG

Rangliste der Nationalspieler

(mit 50 und mehr Länderspielen)

150	Lothar Matthäus	Borussia Mönchengladbach, Bayern München, Inter Mailand, New York/New Jersey MetroStars (1980-2000)
109	Miroslav Klose	1. FC Kaiserslautern, Werder Bremen, Bayern München (seit 2001)
108	Jürgen Klinsmann	VfB Stuttgart, Inter Mailand, AS Monaco, Tottenham, Bayern München, Sampdoria Genua (1987-1998)
105	Jürgen Kohler	Waldhof Mannheim, 1. FC Köln, Bayern München, Juventus Turin, Borussia Dortmund (1986-1998)
103	Franz Beckenbauer	Bayern München (1965-1977)
101	Thomas Häßler	1. FC Köln, Juventus Turin, AS Rom, Karlsruher SC, TSV München 1860 (1988-2000)
98	Michael Ballack	1. FC Kaiserslautern, Bayer Leverkusen, Bayern München, FC Chelsea (seit 1997)
96	Hans-Hubert Vogts	Borussia Mönchengladbach (1967-1978)
95	Josef Maier	Bayern München (1966-1979)
95	Karl-Heinz Rummenigge	Bayern München, Inter Mailand (1976-1986)
90	Rudolf Völler	Werder Bremen, AS Rom, Olympique Marseille (1982-1994)
89	Lukas Podolski	1. FC Köln, Bayern München (seit 2004)
87	Bastian Schweinsteiger	Bayern München (seit 2004)
86	Andreas Brehme	1. FC Kaiserslautern, Bayern München, Inter Mailand (1984-1994)
86	Oliver Kahn	Bayern München (1997-2006)
85	Andreas Möller	Borussia Dortmund, Eintracht Frankfurt, Juventus Turin (1988-1999)
82	Arne Friedrich	Hertha BSC, VfL Wolfsburg (seit 2002)
81	Karlheinz Förster	VfB Stuttgart (1978-1986)
81	Wolfgang Overath	1. FC Köln (1963-1974)
81	Bernd Schneider	Bayer Leverkusen (seit 1999)
80	Philipp Lahm	VfB Stuttgart, Bayern München (seit 2004)
79	Torsten Frings	Werder Bremen, Borussia Dortmund, Bayern München (seit 2001)
76	Guido Buchwald	VfB Stuttgart (1984-1994)
76	Harald Schumacher	1. FC Köln (1979-1986)
75	Per Mertesacker	Hannover 96, Werder Bremen (seit 2004)
73	Pierre Littbarski	1. FC Köln, Racing Paris (1981-1990)
72	Hans-Peter Briegel	1. FC Kaiserslautern, Hellas Verona (1979-1986)
72	Uwe Seeler	Hamburger SV (1954-1970)
72	Christian Ziege	Bayern München, AC Mailand, FC Middlesbrough, FC Liverpool, Tottenham Hotspur (1993-2004)
71	Paul Janes	Fortuna Düsseldorf (1932-1942)
70	Oliver Bierhoff	Udinese Calcio, AC Mailand, AS Monaco (1996-2002)
69	Manfred Kaltz	Hamburger SV (1975-1983)
69	Oliver Neuville	Hansa Rostock, Bayer Leverkusen, Borussia Mönchengladbach (1998-2008)
69	Stefan Reuter	1. FC Nürnberg, Bayern München, Juventus Turin, Borussia Dortmund (1987-1998)
68	Thomas Helmer	Borussia Dortmund, Bayern München (1990-1998)
66	Horst Höttges	Werder Bremen (1965-1974)
66	Willi Schulz	Union Günnigfeld, FC Schalke 04, Hamburger SV (1959-1970)
66	Christian Wörns	Bayer Leverkusen, Paris Saint-Germain, Borussia Dortmund (1992-2005)
65	Ernst Lehner	Schwaben Augsburg, Blau-Weiß Berlin (1933-1942)
62	Thomas Berthold	Eintracht Frankfurt, Hellas Verona, AS Rom, VfB Stuttgart (1985-1995)
62	Gerhard Müller	Bayern München (1966-1974)
61	Jens Lehmann	FC Schalke 04, Borussia Dortmund, FC Arsenal (seit 1998)
61	Fritz Walter	1. FC Kaiserslautern (1940-1958)
59	Dietmar Hamann	Bayern München, Newcastle United, FC Liverpool (1997-2005)
59	Andreas Köpke	1. FC Nürnberg, Eintracht Frankfurt, Olympique Marseille (1990-1998)
56	Klaus Allofs	Fort. Düsseldorf, 1. FC Köln, Olymp. Marseille (1978-1988)
55	Jens Jeremies	TSV München 1860, Bayern München (1997-2004)
54	Bodo Illgner	1. FC Köln (1987-1994)
53	Rainer Bonhof	Mönchengladbach, FC Valencia, 1. FC Köln (1972-1981)
53	Bernard Dietz	MSV Duisburg (1974-1981)
53	Wolfgang Weber	1. FC Köln (1964-1974)
52	Thomas Hitzlsperger	Aston Villa, VfB Stuttgart, West Ham United (seit 2004)
52	Kevin Kuranyi	VfB Stuttgart, FC Schalke 04 (2003-2008)
52	Olaf Thon	FC Schalke 04, Bayern München (1984-1998)
51	Markus Babbel	Bayern München (1995-2000)
51	Ulf Kirsten	Bayer Leverkusen (1992-2000) + 49 A-Länderspiele für die DDR
51	Matthias Sammer	VfB Stuttgart, Inter Mailand, Borussia Dortmund (1990-1997) + 23 A-Länderspiele für die DDR
50	Herbert Erhard	SpVgg Fürth, Bayern München (1953-1962)

Rangliste der Vereine
(mit mehr als 50 Berufungen)

Bayern München: 1746 Berufungen (82 Nationalspieler)

Beckenbauer 103, Maier 95, Matthäus 90, Schweinsteiger 87, Kahn 86, K.-H. Rummenigge 78, Lahm 65, G. Müller 62, Helmer 58, Babbel 51, Jeremies 47, Breitner 46, Schwarzenbeck 44, Ballack 42, Linke 41, Klose 40, Goldbrunner 39, Scholl 36, U. Hoeneß 35, Podolski 32, Ziege 31, Jancker 29, Augenthaler 27, Dremmler 27, Klinsmann 23, Gomez 21, Strunz 21, L. Hofmann 18, T. Müller 18, Reuter 18, Deisler 17, Streitle 15, Tarnat 15, Effenberg 14, Pöttinger 14, Badstuber 13, Brehme 12, Frings 12, Hamann 12, Jansen 12, Kohler 12, Thon 12, Zickler 12, Basler 11, Giesemann 11, Haringer 11, Pflügler 11, Kroos 10, Eder 9, Bergmaier 8, Heidkamp 8, Kutterer 8, Simetsreiter 8, Dorfner 7, Bauer 5, Aumann 4, Gablonsky 4, D. Hoeneß 4, Rohr 4, Roth 4, Siedl 4, Kapellmann 3, Mai 3, Schneider 3, Görlitz 2, Kögl 2, Krumm 2, Rau 2, M. Rummenigge 2, Wohlfarth 2, Brenninger 1, Butt 1, Erhard 1, Fürst 1, Hofmeister 1, Labbadia 1, Nafziger 1, Nagelschmitz 1, Niedermayer 1, Ohlhauser 1, Olk 1, Welker 1.

1. FC Köln: 792 Berufungen (45 Nationalspieler)

Overath 81, Schumacher 76, Littbarski 71, Podolski 57, Illgner 54, Weber 53, Cullmann 40, Flohe 39, Schäfer 39, Kl. Allofs 29, Schnellinger 24, Kohler 20, Löhr 20 Stollenwerk 19, Häßler 17, Fischer 15, Wilden 15, Zimmermann 14, D. Müller 12, Röhrig 12, Schuster 10, Strack 10, Engels 8, Hornig 7, Rahn 6, Helmes 5, Mebus 5, Ewert 4, Pott 3, Sinkiewicz 3, Sturm 3, Bonhof 2, Dörner 2, Görtz 2, Kapellmann 2, Konopka 2, Manglitz 2, Thielen 2, T. Allofs 1, Euler 1, Flink 1, Hense 1, Labbadia 1, Neumann 1, Steiner 1.

VfB Stuttgart: 601 Berufungen (43 Nationalspieler)

Kh. Förster 81, Buchwald 76, Hitzlsperger 42, H. Müller 36, B. Förster 33, Kuranyi 29, Gomez 25, Strunz 20, Bobic 19, Cacau 17, Hinkel 17, Immel 15, Lahm 15, Retter 14, Tasci 14, Berthold 13, Waldner 13, Khedira 12, Klinsmann 12, Sammer 11, Allgöwer 10, Hilbert 8, Sawitzki 8, Sieloff 8, Geiger 7, Köppel 7, Träsch 7, Hildebrand 5, Kelsch 4, Barufka 3, Frontzeck 3, Schlienz 3, Gerber 2, Haber 2, D. Hoeneß 2, Blum 1, Bögelein 1, Bökle 1, Gentner 1, Martin 1, Mauch 1, Roleder 1, Rutz 1.

Borussia Dortmund: 588 Berufungen (46 Nationalspieler)

Möller 53, Wörns 39, Sammer 38, Held 35, Reuter 33, Metzelder 32, Kohler 31, Kehl 28, Heinrich 25, A. Schmidt 25, Freund 21, Tilkowski 21, Frings 17, Ricken 16, Lehmann 14, Lenz 14, Schanko 14, Helmer 10, Konietzka 9, Riedle 9, Mill 8, Hummels 7, M. Schulz 7, Zorc 7, Götze 6, Kelbassa 6, Nerlinger 6, Odonkor 6, Schütz 6, Emmerich 5, Votava 5, Immel 4, Kwiatkowski 4, Schmelzer 4, Burgsmüller 3, Großkreutz 3, K. Reinhardt 3, Cieslarczyk 2, Herrlich 2, Libuda 2, Neuberger 2, Schlebrowski 2, S. Bender 1, Peters 1, Redder 1, W. Sturm 1.

Werder Bremen: 576 Berufungen (40 Nationalspieler)

Höttges 66, Frings 50, Mertesacker 46, Völler 41, Bode 40, Borowski 33, Eilts 31, Klose 29, F. Baumann 28, Fritz 22, Ernst 20, Basler 19, Lorenz 17, Özil 17, Meier 16, D. Burdenski 12, Marin 10, Riedle 10, W. Schröder 10, Borowka 6, Otten 6, Piontek 6, Owomoyela 5, Reinders 4, Wiese 4, G. Bernard 3, C. Schulz 3, H. Burdenski 2, Fahrenhorst 2, Ferner 2, Heidemann 2, Hermann 2, Hunt 2, Ordenewitz 2, Steinmann 2, Hobsch 1, Neubarth 1, Reck 1, Rost 1, Wolter 1, Zembski 1.

Hamburger SV: 515 Berufungen (49 Nationalspieler)

Uwe Seeler 72, Kaltz 69, Magath 43, W. Schulz 41, Trochowski 35, Posipal 32, Hrubesch 21, Jakobs 20, Rolff 19, Harder 15, Beier 11, G. Dörfel 11, J. Boateng 10, Jansen 8, Lang 8, Aogo 7, Stein 6, Volkert 6, Kurbjuhn 5, Westermann 5, B. Dörfel 4, Gründel 4, Laband 4, Nogly 4, J. Werner 4, Doll 3, Giesemann 3, Hieronymus 3, Horn 3, Kargus 3, Memering 3, Milewski 3, Noack 3, C. Rahn 3, Risse 3, Adamkiewicz 2, Albertz 2, Fr. Dörfel 2, Hartwig 2, Hertzsch 2, Kmetsch 2, Stürmer 2, Beiersdorfer 1, Blunk 1, Butt 1, Groh 1, Mahlmann 1, Politz 1, Wolpers 1.

FC Schalke 04: 506 Berufungen (40 Nationalspieler)

Asamoah 43, Thon 40, Szepan 34, Fischer 30, Libuda 24, Fichtel 23, Kuranyi 23, W. Schulz 22, Urban 21, Gellesch 20, Neuer 20, Rüßmann 20, Abramczik 19, B. Klodt 19, Westermann 19, H. Klodt 17, E. Kremers 15, Nowak 15, Kuzorra 12, Böhme 10, H. Kremers 8, Nigbur 6, Hanke 5, Bongartz 4, Ernst 4, H. Burdenski 3, Eppenhoff 3, Jones 3, Koslowski 3, Poertgen 3, Rost 3, Herrmann 2, Höwedes 2, Lehmann 2, Linke 2, Pander 2, O. Tibulski 2, Berg 1, Kördell 1, H. Tibulski 1.

Bayer Leverkusen: 450 Berufungen (30 Nationalspieler)
B. Schneider 81, Kirsten 51, Nowotny 47, Ramelow 46, Neuville 40, Ballack 27, Rolfes 22, Wörns 22, Rolff 18, Rink 11, Waas 11, R. Adler 10, Thom 10, Helmes 8, Kroos 8, Kießling 6, Castro 5, Beinlich 4, Hörster 4, A. Reinhardt 4, K. Reinhardt 4, Butt 2, Freier 2, M. Friedrich 2, Balitsch 1, Bierofka 1, Brdaric 1, Reinartz 1, Scholz 1, Schreier 1.

Borussia Mönchengladbach: 437 Berufungen (33 Nationalspieler)
Vogts 96, Bonhof 40, Heynckes 38, Wimmer 36, Netzer 31, Matthäus 26, Brülls 22, Neuville 21, Frontzeck 16, Jansen 16, Rahn 14, Mill 9, Hannes 8, Danner 6, Kleff 6, Marin 6, Sieloff 6, Stielike 6, Bruns 4, Köppel 4, Paßlack 4, Herrlich 3, Ditgens 3, H. Nickel 3, Bleidick 2, Del'Haye 2, Hochstätter 2, Laumen 2, Dietrich 1, Meyer 1, L. Müller 1, Pflipsen 1, Rupp 1.

1. FC Kaiserslautern: 343 Berufungen (22 Nationalspieler)
Fritz Walter 61, Briegel 53, Brehme 40, Klose 40, Eckel 32, Kohlmeyer 22, O. Walter 21, Liebrich 16, Marschall 13, Kuntz 11, K. Schmidt 9, Wagner 6, Wuttke 4, Engelhardt 3, Toppmöller 3, Foda 2, Pirrung 2, Th. Allofs 1, Ballack 1, Groh 1, Reich 1, Ritter 1.

Eintracht Frankfurt: 296 Berufungen (29 Nationalspieler)
Grabowski 44, Hölzenbein 40, Köpke 25, Gramlich 22, Berthold 21, Bein 17, Binz 14, Lutz 12, Möller 12, Schütz 11, Stubb 10, Kreß 9, R. Weber 9, Pfaff 7, Tiefel 7, Borchers 6, Körbel 6, Gaudino 5, Falkenmayer 4, Mantel 4, Reichel 2, Solz 2, Becker (für Kickers) 1, Bäumler 1,Heldt 1, Kroth 1, Lindner 1, B. Nickel 1, Weilbächer 1.

Fortuna Düsseldorf: 240 Berufungen (25 Nationalspieler)
Janes 71, Juskowiak 30, Kobierski 26, Kl. Allofs 21, Turek 20, Albrecht 17, Bender 9, Seel 6, Bommer 6, Herzog 5, Geye 4, Wigold 4, Zewe 4, Breuer 2, Derwall 2, Mehl 2, Steffen 2, Zwolanowski 2, Borkenhagen 1, Heibach 1, Jäger 1, Krüger 1, Mauritz 1, Neuschäfer 1, Bockenfeld 1.

1. FC Nürnberg: 239 Berufungen (37 Nationalspieler)
Morlock 26, Stuhlfauth 21, Kalb 15, H. Schmidt 14, Köpke 14, Sutor 12, Billmann 11, Reisch 9, Reuter 9, Munkert 8, Kugler 7, Riegel 7, Eckstein 7, Hochgesang 6, Träg 6, Wieder 6, Volkert 6, Popp 5, L. Müller 5, Geiger 4, Reinmann 4, Schwabl 4, Strehl 4, Strobel 4, Wenauer 4, Oehm 3, Sold 3, Hornauer 2, Kund 2, Philipp 2, J. Schmitt 2, Baumann 2, Friedel 1, Köhl 1, Köpplinger 1, Weiß 1, Schade 1.

Hertha BSC: 215 Berufungen (26 Nationalspieler)
A. Friedrich 79, Rehmer 28, Beer 24, Deisler 19, Bobic 11, Wosz 11, Sobeck 8, Preetz 7, Patzke 6, M. Hartmann 4, Fathi 2, Gehlhaar 2, Beinlich 1, Faeder 1, Groß 1, Hirth 1, Jungtow 1, Kirsei 1, Kliemann 1, Kostedde 1, Krause 1, E. Müller 1, Ruch 1, F. Schulz 1, Steffenhagen 1, Völker 1.

SpVgg Fürth: 175 Berufungen (22 Nationalspieler)
Erhard 49, Leinberger 24, Mai 18, Hagen 12, Burger 11, A. Franz 10, J. Müller 10, Seiderer 8, H. Fiederer 6, Frank 4, Auer 3, Knöpfle 3, Lohrmann 3, Hirsch 3, Kießling 2, Lang 2, Schade 2, Ascherl 1, L. Fiederer 1, H. Schmidt 1, Wellhöfer 1, Gottinger 1.

Inter Mailand: 117 Berufungen (7 Nationalspieler)
Brehme 34, Klinsmann 29, Matthäus 28, K.H. Rummenigge 17, H. Müller 6, Sammer 2, Szymaniak 1.

Karlsruher SC: 96 Berufungen (12 Nationalspieler)
Häßler 42, Wegele 15, Szymaniak 12, G. Herrmann 7, Oberle 5, Tarnat 4, Neumaier 3, Schuster 3, Siedl 2, Reiser 1, Reitgaßl 1, Zaczyk 1.

AS Rom: 95 Berufungen (4 Nationalspieler)
Völler 43, Häßler 33, Berthold 18, Schnellinger 1.

1. FC Schweinfurt 05: 90 Berufungen (3 Nationalspieler)
Kitzinger 44, A. Kupfer 44, G. Bernard 2.

TSV München 1860: 89 Berufungen (22 Nationalspieler)
Patzke 18, Heiß 8, Jeremies 8, Lachner 8, Küppers 7, Brunnenmeier 5, Lauth 5, Wendl 5, Häßler 4, Willimowski 4, Hornauer 3, Bierofka 2, Grosser 2, Rebele 2, Eiberle 1, Heldt 1, Keller 1, Kling 1, Kraus 1, Max 1, Schäfer 1, Steiner 1.

MSV Duisburg: 85 Berufungen (8 Nationalspieler)
Dietz 53, Krämer 13, Worm 7, Bella 4, Heidemann 3, Manglitz 2, Seliger 2, Wunder 1.

Rot-Weiss Essen: 79 Berufungen (8 Nationalspieler)
Rahn 34, Herkenrath 21, Wewers 12, Termath 7, Wientjes 2, Islacker 1, Köchling 1, Zastrau 1.

Juventus Turin: 78 Berufungen (5 Nationalspieler)
Kohler 38, A. Möller 20, Reuter 9, Haller 6, Häßler 5.

Real Madrid: 76 Berufungen (6 Nationalspieler)
Stielike 36, Metzelder 15, Özil 9, Khedira 8, Netzer 6, Breitner 2.

Hannover 96: 70 Berufungen (15 Nationalspieler)
Mertesacker 29, Enke 8, Bobic 7, Männer 5, Malecki 5, Brdaric 3, Rodekamp 3, Siemensmeyer 3, Deike 1, Hanke 1, Heynckes 1, J. Jakobs 1, Pöhler 1, C. Schulz 1, Sievert 1.

Dresdner SC: 62 Berufungen (15 Nationalspieler)
R. Hofmann 19, Schön 16, Köhler 5, W. Kreß 4, Dzur 3, Schubert 3, Gedlich 2, Müller 2, Pohl 2, Berthold 1, Haftmann 1, Mantel 1, Neumann 1, Schlösser 1, Stössel 1.

Eintracht Braunschweig: 60 Berufungen (13 Nationalspieler)
Wolter 13, B. Dörfel 11, Ulsaß 10, Franke 7, Gerwien 6, Queck 3, Maas 3, Lorenz 2, Bülte 1. Poppe 1, Sukop 1, Bäse 1, Gersdorff 1.

Schwaben Augsburg: 55 Berufungen (1 Nationalspieler)
Lehner 55.

AC Mailand: 55 Berufungen (3 Nationalspieler)
Bierhoff 26, Schnellinger 19, Ziege 10.

Torschützen der A-Länderspiele

(in alphabetischer Reihenfolge)

Abramczik	2	Effenberg	5	Hochgesang	4	Lorenz	1
Adamkiewicz	1	Elbern	2	Hölzenbein	5	Ludwig Joh.	2
Albrecht Ernst	4	Emmerich L.	2	Hoeneß D.	4	Magath	3
Allofs Kl.	17	Eppenhoff	3	Hoeneß U.	5	Mai	1
Arlt	2	Erhard	1	Höttges	1	Malecki	2
Asamoah	6	Ernst	1	Hofmann L.	4	Malik	1
Auer	2	Fath	7	Hofmann R.	24	Marin	1
Babbel	1	Fichtel	1	Hohmann	20	Marschall	3
Badstuber	1	Fick	1	Hornauer	3	Marx	1
Bäumler	1	Fiederer H.	3	Hrubesch	6	Matthäus	23
Ballack	42	Fischer Kl.	32	Huth	2	Mechling	1
Basler	2	Flohe	8	Jäger A.	11	Meier	2
Baumann, F.	2	Förderer	10	Jakobs D.	1	Mertesacker	1
Beck	1	Förster Kh.	2	Jancker	10	Möller A.	29
Beckenbauer	14	Frank	5	Janes	7	Möller E.	4
Becker Fr.	2	Franz	4	Jansen	3	Morlock	21
Beer	7	Freier	1	Jeremies	1	Müller Dieter	9
Bein	3	Friedrich A.	1	Juskowiak	4	Müller Gerh.	68
Bergmaier	1	Friedrich M.	1	Kalb Hans	2	Müller Hans	5
Berndt	2	Frings	10	Kaltz	8	Müller Thomas	7
Berthold Th.	1	Fritz	2	Kehl	2	Nerlinger	1
Biallas	1	Fuchs	14	Kelbassa	2	Netzer	6
Bierhoff	37	Gärtner	1	Kelsch	3	Neuschäfer	1
Bierofka	1	Gauchel	13	Khedira	1	Neuville	10
Biesinger	2	Gaudino	1	Kießling	1	Noack	1
Binder	10	Geiger R.	2	Kipp	10	Nowotny	1
Binz	1	Gellesch	1	Kirsten	20	Oberle	1
Bobic	10	Gerritzen	1	Kitzinger	2	Odonkor	1
Bode	9	Gerwien	1	Klingler	6	Özil	4
Böhme	1	Geye	1	Klinsmann	47	Overath	17
Bonhof	9	Gomez	19	Klodt B.	3	Pander	1
Borowski	2	Grabowski	5	Klose	61	Panse	1
Brdaric	1	Günther W.	2	Kobierski	9	Paßlack	1
Brehme	8	Hänel	1	Köppel	2	Paulsen	3
Breitner	10	Häßler	11	Kohler	2	Pesser	2
Breunig	1	Haferkamp	2	Konietzka	3	Pfaff	2
Briegel	4	Hahnemann	16	Koslowski	1	Plener	2
Brülls	9	Haller	13	Krämer W.	3	Podolski	42
Brunnenmeier	3	Hamann	5	Kraus E.	3	Poertgen	5
Buchwald	4	Hanke Mike	1	Kremers E.	3	Pöttinger	8
Burdenski Herb.	2	Hanke Walter	1	Kreß R.	2	Popp L.	1
Burger	1	Harder	14	Krumm	1	Posipal	1
Cacau	4	Hartmann K.	2	Küppers	2	Preetz	3
Cieslarczyk	3	Heidkamp	1	Kund	1	Queck	2
Claus-Oehler	1	Heinrich	2	Kuntz	6	Rahn Helmut	21
Conen	27	Heiß	2	Kupfer	1	Rahn Uwe	5
Cullmann	6	Held	5	Kuranyi	19	Ramelow	3
Damminger	5	Helmer	5	Kuzorra	7	Rasselnberg	8
Decker	7	Helmes	2	Lachner	4	Rau	1
Deisler	3	Herberger	2	Lahm	4	Rehmer	4
Doll	1	Herget	4	Langenbein	1	Reinders	1
Dörfel Bernd	2	Herrlich	1	Laumen	1	Reitgaßl	1
Dörfel Friedo	1	Herrmann G.	1	Lehner	31	Reuter	2
Dörfel Gert	7	Herrmann R.	1	Lenz	9	Ricken	1
Dorfner	1	Heynckes	14	Libuda	3	Riedle	16
Dremmler	3	Hiller III	1	Linke	1	Ritschel	1
Dumke	3	Hirsch	4	Littbarski	18	Rodekamp	1
Durek	2	Hitzlsperger	6	Löhr	5	Röhrig	2

Name	Tore
Rohr	5
Rohwedder	2
Rolfes	1
Ruch	2
Rüssmann	1
Rummenigge K.-H.	45
Rupp	1
Rutz	1
Sackenheim	2
Sammer M.	8
Schade	1
Schäfer Hans	15
Schaletzki	1
Scherm	1
Schlösser	1
Schmidt A.	8
Schmitt J.	1
Schneider, B.	4
Schnellinger	1
Schön	17
Schönhöft	1
Scholl	8
Schröder W.	3
Schürrle	2
Schütz J.	2
Schuster B.	4
Schweinsteiger	21
Seeler U.	43
Seiderer	5
Siedl	3
Sieloff	5
Siemensmeyer	2
Siffling	17
Simetsreiter	8
Sing	1
Sobeck	2
Stein E.	1
Steinmann	1
Stielike	3
Stollenwerk	2
Strack	1
Strehl	4
Striebinger	2
Stroh	1
Strunz	1
Stubb	1
Stürmer Kl.	1
Sutor	2
Szepan	8
Szymaniak	2
Termath	4
Thom	2
Thon	3
Toppmöller	1
Träg	1
Trochowski	2
Ugi	1
Ulsaß	8
Urban	11
Völler	47
Vogts	1
Volkert	2
Vollmar	3
Voß	2
Waas	1
Waldner	2
Walter F.	33
Walter O.	10
Weber Wolfg.	2
Wegele	2
Weißenbacher	1
Werner J.	2
Westermann	3
Wewers	1
Wieder	2
Wigold	3
Willimowski	13
Wimmer	4
Worm	5
Worpitzky	5
Wosz	1
Wuttke	1
Zaczyk	1
Zeitler	1
Zickler	2
Ziege	9
Zimmermann H.	2
Eigentore des Gegners	31

Nationalelf-Trainer und ihre Bilanzen

Datum des jeweils ersten und letzten Spiels.

Professor Dr. Otto Nerz: 31.10.1926–7.8.1936
70 – 42 – 10 – 18, 192:113 Tore

Josef Herberger: 13.9.1936–7.6.1964
167 – 94 – 27 –46, 435:250 Tore

Helmut Schön: 4.11.1964–21.6.1978
139 – 87 – 31 – 21, 292:107 Tore

Josef Derwall: 11.10.1978–20.6.1984
67 – 44 – 12 – 11, 144:60 Tore

Franz Beckenbauer: 12.9.1984–8.7.1990
66 – 34 – 20 – 12, 107:61 Tore

Hans-Hubert Vogts: 29. 8. 1990 – 5. 9. 1998
102 – 66 – 24 – 12, 206:86 Tore

Erich Ribbeck: 10. 10. 1998– 20. 6. 2000
24 – 10 – 6 – 8, 42:31 Tore

Rudolf Völler: 16. 8. 2000 – 24. 6. 2004
53 – 30 – 10 – 13, 109:57 Tore

Jürgen Klinsmann: 18. 8. 2004 – 08.07. 2006
34 – 20 – 8 – 6, 81:43 Tore

Joachim Löw: 16. 8. 2006 – heute
68 – 47 – 11 – 10, 163:50 Tore

Unentschiedene Spiele, die durch Elfmeterschießen entschieden wurden, sind als Unentschieden gewertet.

51 Jahre und 7 Monate

Der älteste und somit auch längste WM-Länderspiel-Rekord ging am 16. Oktober 1985, genau um 22.04 Uhr zu Ende. Bis zu diesem Tage und dieser Stunde hatte Deutschland seit dem 11. März 1934 kein einziges WM-Qualifikationsspiel verloren. Portugal beendete diese einmalige Serie mit dem 1:0-Sieg im Stuttgarter Neckarstadion nach 18 848 Tagen (= 51 Jahre, 7 Monate), die bis dahin so aussah: 36 Spiele, 32 Siege, 4 Unentschieden, 130:24 Tore (!) für Deutschland.

Meiste Tore in einem Spiel:

10 Fuchs, 1912 Russland 16:0
6 Hahnemann, 1940 Finnland 13:0
5 Siffling, 1937 Dänemark 8:0
4 Gerd Müller, 1967 Albanien 6:0, 1969 Zypern 12:0, 1972 Sowjetunion 4:1, 1972 Schweiz 5:1
4 Förderer, 1912 Russland 16:0
4 Hirsch, 1912 Niederlande 5:5
4 Frank, 1929 Schweiz 7:1
4 Rasselnberg, 1934 Luxemburg 9:1
4 Conen, 1940 Bulgarien 7:3
4 Conen, 1940 Finnland 13:0
4 Willimowski, 1942 Schweiz 5:3
4 Ballack, 2004 Malta 7:0
4 Podolski, 2006 San Marino 13:0
4 Gomez, 2009 Vereinigte Arabische Emirate 7:2

Schnellste Hattricks:

(drei Tore in einer Halbzeit, ohne dass ein Treffer der eigenen Mannschaft oder des Gegners dazwischenliegt)

1. Bierhoff, 1997 Nordirland 3:1 (73., 78., 79. = 7 Minuten)
2. Siffling, 1937 Dänemark 8:0 (33., 40., 44. = 12 Minuten)
3. Gerd Müller, 1972 Sowjetunion 4:1 (50., 51., 62. = 13 Minuten)
4. Conen, 1940 Bulgarien 7:3 (60., 63., 74. = 15 Minuten)
5. Uwe Seeler, 1963 Türkei 3:0 (52., 53., 68. = 17 Minuten)
6. Gerd Müller, 1970 Peru 3:1 (20., 26., 38. = 19 Minuten)
7. Conen, 1934 Belgien 5:2 (66., 69., 85. = 20 Minuten)
8. Kirsten, 1997 Albanien 3:2 (63., 80., 84. = 22 Minuten)
9. Ziege, 1999 Nordirland 4:0 (16., 33., 45. = 30 Minuten)
10. Ulsaß, 1965 Österreich 4:1 (46., 66., 82. = 37 Minuten)

Die Bilanz der 80 B/A2/Team 2006-Länderspiele

Gegner	Spiele	Siege	Unentsch.	Niederl.	Tore	Elfmetersch.
Belgien	1	1	–	–	2:1	
Bosnien-Herz.	1	–	1	–	0:0	
England	3	–	1	2	2:7	
Finnland „A“	1	1	–	–	6:0	
Frankreich	5	2	–	3	5:7	
Honduras	1	1	–	–	3:1	
Irland „A“	2	1	–	1	3:1	
Italien	3	2	–	1	3:2	
Jamaika	1	–	1	–	1:1	
Jugoslawien	1	–	–	1	0:8	
Luxemburg „A“	4	3	–	1	16:4	
Niederlande	5	2	2	1	8:7	
Norwegen „A“	1	1	–	–	3:0	
Österreich	7	5	1	1	17:6	
Polen	3	2	–	1	4:3	
Portugal	3	3	–	–	5:0	
Rumänien	3	2	1	–	5:2	
Russland	4	1	3	–	9:8	
Schottland	3	2	1	–	7:3	
Schweden	2	2	–	–	4:2	
Schweden, Olympiateam	1	1	–	–	3:0	
Schweiz	9	5	–	4	14:10	
Slowakei	1	–	–	1	1:4	
Sowjetunion	3	2	–	1	5:3	
Spanien	2	2	–	–	10:4	
Tschechoslowakei	2	1	–	1	2:2	
Türkei	3	–	2	1	2:3	
Ungarn	4	3	1	–	9:3	
USA	1	1	–	–	4:1	
Gesamt:	80	46	14	20	153:93	

Die Spiele der B-Nationalmannschaft von 1951 bis 1986

14. 4. 1951 gegen die **Schweiz** in Karlsruhe	0:0	
22. 9. 1951 gegen **Österreich** in Augsburg	1:1	(0:1)
14. 10. 1951 gegen die **Schweiz** in Basel	2:0	(0:0)
9. 11. 1952 gegen die **Schweiz** in Basel	2:0	(1:0)
22. 3. 1953 gegen **Österreich** in Wien	1:3	(1:3)
14. 6. 1953 gegen **Spanien** in Düsseldorf	5:2	(3:2)
24. 3. 1954 gegen **England** in Gelsenkirchen	0:4	(0:1)
24. 4. 1954 gegen die **Schweiz** in Offenburg	1:3	(0:0)
23. 3. 1955 gegen **England** in Sheffield	1:1	(0:1)
25. 9. 1955 gegen **Jugoslawien** in Ljubljana	0:8	(0:4)
21. 3. 1956 gegen die **Niederlande** in Enschede	0:1	(0:0)
31. 5. 1956 gegen **Spanien** in Barcelona	5:2	(2:0)
15. 9. 1956 gegen die **Sowjetunion** in Moskau	1:3	(0:1)
21. 11. 1956 gegen die **Schweiz** in Zürich	2:1	(1:0)
6. 3. 1957 gegen **Österreich** in München	4:0	(4:0)
27. 3. 1957 gegen die **Niederlande** in Essen	3:3	(2:0)
21. 12. 1957 gegen **Ungarn** in Budapest	2:2	(1:1)
1. 5. 1958 gegen **Luxemburg** in Luxemburg	1:4	(0:1)
22. 10. 1958 gegen **Österreich** in Karlsruhe	1:0	(0:0)
3. 10. 1959 gegen die **Schweiz** in Konstanz	0:1	(0:0)
8. 11. 1959 gegen **Ungarn** in Saarbrücken	2:1	(0:0)
10. 3. 1965 gegen die **Niederlande** in Hannover	1:1	(1:1)
1. 9. 1965 gegen die **Sowjetunion** in Köln	3:0	(2:0)
29. 3. 1972 gegen **Ungarn** in Tatabanya	2:0	(0:0)

14. 11. 1972 gegen die **Schweiz** in Winterthur 3:1 (3:1)
30. 4. 1974 gegen **Schweden** in Kiel 3:2 (2:1)
3. 9. 1974 gegen **Luxemburg A** in Luxemburg 5:0 (0:0)
11. 3. 1975 gegen **Irland A** in Dublin 0:1 (0:0)
25. 4. 1975 gegen **Finnland A** in Offenbach 6:0 (3:0)
2. 9. 1975 gegen **Österreich** in Augsburg 2:0 (1:0)
8. 10. 1975 gegen **Rumänien** in Duisburg 2:0 (0:0)
25. 2. 1976 gegen **Italien** in Essen 0:1 (0:0)
17. 11. 1976 gegen **Rumänien** in Timisoara 1:1 (0:0)
22. 2. 1977 gegen **Frankreich** in Orleans 0:1 (0:1)
26. 4. 1977 gegen **Belgien** in Aachen 2:1 (0:0)
5. 6. 1977 gegen die **USA** in Chicago 4:1 (2:0)
12. 6. 1977 gegen **Honduras** in Tegucigalpa 3:1 (1:1)
14. 6. 1977 gegen **Jamaika** in Kingston 1:1 (0:1)
7. 9. 1977 gegen die **Tschechoslowakei** in Nürnberg 1:0 (0:0)
7. 10. 1977 gegen **Italien** in Bremen 1:0 (0:0)
15. 11. 1977 gegen die **Schweiz** in Kaiserslautern 4:0 (3:0)
21. 2. 1978 gegen **England** in Augsburg 1:2 (0:0)
18. 4. 1978 gegen **Schweden** in Norrköping 1:0 (0:0)
10. 10. 1978 gegen die **Tschechoslowakei** in Pilsen 1:2 (1:2)
14. 11. 1978 gegen **Ungarn** in Karlsruhe 3:0 (0:0)
19. 12. 1978 gegen die **Niederlande** in Bochum 2:1 (1:1)
28. 3. 1979 gegen **Norwegen A** in Aachen 3:0 (3:0)
11. 9. 1979 gegen **Rumänien** in Kaiserslautern 2:1 (1:0)
16. 10. 1979 gegen **Luxemburg A** in Koblenz 9:0 (7:0)
19. 12. 1979 gegen **Italien** in Genua 2:1 (1:0)
1. 4. 1980 gegen **Österreich** in Bayreuth 3:0 (1:0)
14. 5. 1980 gegen **Polen** in Kassel 2:1 (1:0)
9. 9. 1980 gegen die **Schweiz** in Luzern 0:2 (0:0)
7. 10. 1980 gegen die **Niederlande** in Kerkrade 2:1 (2:1)
18. 11. 1980 gegen **Frankreich** in Braunschweig 1:0 (1:0)
31. 3. 1981 gegen die **Sowjetunion** in Kassel 1:0 (1:0)
28. 4. 1981 gegen **Portugal** in Coimbra 2:0 (1:0)
21. 5. 1981 gegen **Irland A** in Bremen 3:0 (0:0)
2. 9. 1981 gegen **Polen** in Tschenstochau 1:0 (1:0)
22. 9. 1981 gegen **Luxemburg A** in Luxemburg 1:0 (1:0)
16. 2. 1982 gegen **Portugal** in Mannheim 1:0 (1:0)
28. 10. 1986 gegen **Schweden** Olympiateam in Essen 3:0 (2:0)

Die Spiele der A2-Nationalmannschaft von 1999 bis 2001

2. 6. 1999 gegen **Frankreich** in Lens 1:2 (1:1)
1. 9. 1999 gegen **Frankreich** in Karlsruhe 1:3 (1:1)
6. 10. 1999 gegen **Russland** in Moskau 1:1 (1:0)
11. 11. 1999 gegen **Bosnien-Herzegowina A** in Sarajevo 0:0
28. 3. 2000 gegen **Russland A** in Offenbach 4:4 (0:1)
25. 4. 2000 gegen **Slowakei A** in Presov 1:4 (0:1)
15. 8. 2000 gegen **Portugal** in Marco de Canaveses 2:0 (1:0)
22. 3. 2001 gegen **Frankreich** in Mülhausen 2:1 (2:0)

Die Spiele des „Team 2006“ von 2002 bis 2005

6. 9. 2002 gegen die **Türkei A2** in Mönchengladbach 1:2 (0:1)
17. 12. 2002 gegen **Schottland** in Mainz 3:3 (1:1)
30. 4. 2003 gegen die **Türkei** in Ankara 0:0
4. 9. 2003 gegen **Russland** in Aalen 3:2 (1:1)
21. 10. 2003 gegen **Schottland** in Aberdeen 1:0 (0:0)
27. 4. 2004 gegen **Russland A2** in Ramenskoje 1:1 (0:1)
11. 10. 2004 gegen **Polen** in Ahlen 1:2 (0:0)
7. 12. 2004 gegen **Schottland** in Mannheim 3:0 (2:0)
6. 9. 2005 gegen die **Türkei** in Ankara 1:1 (1:0)
15. 11. 2005 gegen **Österreich** in Mattersburg 5:2 (2:1)

Alle Aufstellungen der B-Nationalmannschaften wurden letztmals im kicker-Almanach 2008 veröffentlicht.

Die häufigsten Berufungen in die B/A2/Team 2006-Mannschaft:

Worm	12	Lameck	9	Burgsmüller	8	Geye	7
Kargus	11	Seel	9	R. Gerber	8	Geyer	7
Körbel	10	Bongartz	9	Memering	8	Kelsch	7
Konopka	10	Burdenski	9	H. Schröder	8	Reichel	7
Groh	9	Jentzsch	9	Bittcher	7	W. Schröder	7
Martin	9	Augenthaler	8	Biesinger	7		

Alle Torschützen der B/A2/Team 2006-Länderspiele:

Allgöwer	1	Geye	2	Luttrop	1	Schäfer, H.	3
Allofs, Th.	1	Geyer	3	Madlung	1	Schmidt, A.	1
Auer	4	Gomez	1	Magath	2	Schneider, B.	1
Augenthaler	1	Grau	1	Martin	2	Schröder, H.	1
Bäumler	1	Groh	1	Marx	1	Schröder, W.	5
Böhme	1	Hannes	1	Matthäus	1	Schroth	2
Biesinger	3	Hartwig	2	Mauritz	1	Sebescen	1
Brdaric	1	Haun	1	Meier, A.	1	Seel	1
Briegel	1	Hitzfeld	1	Milewski	3	Siedl	1
Brunnenmeier	2	Hoeneß, D.	2	Miltz	2	Strack	1
Burgsmüller	8	Juskowiak	1	Müller, D.	6	Termath	1
Daun	1	Keller	1	Neuendorf	2	Vöge	2
Del'Haye	2	Kelsch	3	Nickel, B.	3	Voigt	1
Dietz	1	Ketelaer	1	Nickel, H.	3	Votava	1
Dürnberger	1	Kliemann	1	Ohlicher	2	Walter, O.	1
Dundee	1	Klodt, B.	2	Paßlack	1	Wenzel	1
Eggeling	1	Klotz	1	Pfaff	3	Worm	5
Elmer	1	Köppel	2	Pfeiffer, M.	2	Zimmermann, G.	1
Engelhardt	2	Korzynietz	2	Preißler	1		
Faeder	1	Krämer, W.	1	Rahn	2		
Feigenspan	1	Kraus, E.	1	Reichenberger	1		
Frank	3	Kremers, H.	1	Reimann	2		
Funkel	1	Kuntz	2	Reitgaßl	1	Selbsttore	
Fab. Gerber	1	Kuranyi	1	Ricken	1	des Gegners	2

Die erfolgreichsten Vereine (Berufungen/Spieler)

1. FC Köln	92 Berufungen/ 34 Spieler	Bor. M'gladbach	40 Berufungen/ 18 Spieler
VfB Stuttgart	82 Berufungen/ 35 Spieler	1. FC Kaiserslautern	38 Berufungen/ 17 Spieler
Hamburger SV	77 Berufungen/ 30 Spieler	Karlsruher SC	37 Berufungen/ 20 Spieler
Eintracht Frankfurt	68 Berufungen/ 31 Spieler	Arminia Bielefeld	35 Berufungen/ 14 Spieler
Werder Bremen	52 Berufungen/ 21 Spieler	TSV München 1860	35 Berufungen/ 20 Spieler
Borussia Dortmund	48 Berufungen/ 23 Spieler	MSV Duisburg	34 Berufungen/ 13 Spieler
FC Schalke 04	44 Berufungen/ 19 Spieler	Hertha BSC	32 Berufungen/ 15 Spieler
Bayern München	43 Berufungen/ 17 Spieler	Bayer Leverkusen	31 Berufungen/ 16 Spieler
VfL Bochum	40 Berufungen/ 18 Spieler	Fortuna Düsseldorf	29 Berufungen/ 11 Spieler

Die Bilanz der 287 Junioren-Länderspiele U 21

Gegner	Spiele	Siege	Unentsch.	Niederl.	Tore	11-m-Sch.
Albanien	8	6	2	–	22:3	
Algerien	1	–	1	–	0:0	
Armenien	3	3	–	–	11:1	
Aserbaidschan	2	2	–	–	4:0	
Bahrain	1	1	–	–	5:0	
Belgien	7	6	1	–	17:2	
Bosnien-Herz.	1	–	–	1	1:5	
Brasilien	1	–	1	–	2:2	
Bulgarien	11	6	1	4	21:7	
China	2	1	1	–	7:2	4:2
Dänemark	7	3	3	1	12:4	
Elfenbeinküste	1	–	1	–	0:0	
England	13	4	4	5	19:17	
Finnland	10	9	–	1	23:8	
Frankreich	10	2	3	5	5:15	3:4
Georgien	3	2	1	–	7:2	
Griechenland	8	1	3	4	6:10	
Iran	1	1	–	–	1:0	
Irland	6	2	4	–	16:7	
Island	7	3	3	1	12:9	
Israel	4	–	4	–	3:3	
Italien	7	4	3	–	9:4	
Japan	2	–	1	1	4:5	
Kamerun	2	1	1	–	2:1	
Prov. Kanton	1	1	–	–	1:0	
Katar	1	1	–	–	4:0	
Kroatien	1	–	–	1	0:2	
Kuwait	1	1	–	–	3:1	
Lettland	1	–	–	1	1:2	
Libanon	1	1	–	–	7:0	
Litauen	3	3	–	–	7:1	
Luxemburg	7	7	–	–	29:2	
Marokko	1	1	–	–	2:0	
Mexiko	1	1	–	–	1:0	
Moldawien	6	4	1	1	11:3	
Niederlande	13	5	4	4	19:18	
Nordirland	8	6	1	1	15:4	
Norwegen	2	–	1	1	2:5	
Österreich	8	7	1	–	21:4	
Oman	1	–	–	1	0:1	
Polen	4	1	2	1	4:3	
Portugal	9	3	2	4	15:15	
Rumänien	5	3	2	–	13:4	
Russland	4	1	–	3	5:9	
San Marino	2	2	–	–	17:0	
Schottland	9	3	2	4	12:12	
Schweden	6	4	–	2	9:7	
Schweiz	12	7	5	–	31:10	
Serbien & Montenegro	3	3	–	–	9:5	
Slowenien	1	1	–	–	3:0	
Sowjetunion	8	2	3	3	15:12	
Spanien	9	3	2	4	11:11	
Südafrika	1	–	1	–	1:1	
Südkorea A	1	–	1	–	0:0	
Thailand	1	1	–	–	4:1	
Tschechien	6	3	2	1	7:4	
Tschechoslowakei	5	1	4	–	7:5	
Türkei	9	4	2	3	16:8	
Tunesien	2	–	1	1	1:2	
Ukraine	4	3	1	–	9:2	
Ungarn	3	1	2	–	3:0	
USA	1	1	–	–	1:0	
Usbekistan	1	1	–	–	2:0	
Wales	4	4	–	–	14:1	
Weißrussland	1	–	1	–	1:1	
Zypern	2	2	–	–	6:3	
Gesamt:	**287**	**148**	**81**	**58**	**548:266**	

Die Nationalmannschaften der Junioren U 21

Nachdem der DFB seit 1974 keine Juniorenspiele „U 23“ mehr durchführt, wurden, wesentlich später als in anderen Ländern, 1979 erstmals Länderspiele der neugegründeten Junioren-National-Elf „U 21“ ausgetragen, die auch künftig an allen internationalen Wettbewerben teilnimmt.

1979: 2 Spiele: 2 Niederlagen

1 **Polen**, 10.10., Thorn, 0:1 verloren: Greiner – Kruse, Willkomm, Gorski, Otten – Th. Schneider, Dierssen (Klotz), Kempe – Th. Allofs (Löw), Littbarski, Völler (Dusend) – SR: Poczek (Tschechoslowakei).

2 **Sowjetunion**, 20.11., Tiflis, 1:2 verloren: Immel – Kruse, Willkomm (Schneider), Gruber, Otten – Matthäus, Löw, Th. Allofs – Littbarski, Klotz (1), Völler (Augustin) – SR: Laktso (Finnland).

1980: 10 Spiele: 5 Siege, 3 Unentschieden, 2 Niederlagen

3 **Schottland**, 26.2., Dortmund, 1:0 gewonnen: Immel – Kruse, Schuster, Gruber, Otten – Kroth (Gorski), Schneider, Löw (Kempe) – Littbarski, Klotz (1), Augustin (Völler) – SR: Jensen (Dänemark).

4 **Schweiz**, 2.4., St. Gallen, 3:3 unentschieden: Greiner – Kruse (Gebauer), Hieronymus, Gruber (1), Otten – Th. Schneider, Kempe (Geier), Löw (Remark), Kroth (1) – Littbarski (1), Klotz – SR: Fahnler (Österreich).

5 **Belgien**, 20.5., Lüttich, 4:0 gewonnen: Immel – Schreml, Hieronymus (1), Geier, Gorski (Rolff) – Kroth, Dittus, Lehmann (1) – Littbarski (1) (Th. Allofs), Schatzschneider (Klotz), Völler (1) – SR: Rion (Luxemburg).

6 **Provinz Kanton**, 10.6., Kanton, 1:0 gewonnen (Vom DFB-Spielausschuss als offizielles Länderspiel deklariert): Greiner – Schreml, Kroth, Freund (Th. Schneider), Saborowski – Littbarski (Dusend), Blau, Rolff – Klotz, Schatzschneider (1), Völler (Th. Allofs) – SR: Junichi (Japan).

7 **Mexiko**, 14.6., Kanton, 1:0 gewonnen: Fuhr – Saborowski, Kroth, Blau, Gebauer (Freund) – Rolff, Th. Schneider, Dusend – Augustin (Schatzschneider), Remark, Völler (1) (Littbarski) – SR: Pu Hung (China).

8 **Rumänien**, 17.6., Kanton, 6:2 gewonnen: Greiner – Schreml, Kroth, Th. Schneider, Saborowski – Rolff, Blau (1), Littbarski (2) – Th. Allofs (1) (Dusend (1)), Schatzschneider (Klotz), Völler (1) (Remark) – SR: Jin-Jian (China).

9 **China**, 21.6., Kanton, 2:2 unentschieden, Elfmeterschießen (4:2): Greiner – Schreml, Kroth, Th. Schneider, Saborowski – Rolff, Blau, Littbarski (2) – Klotz (Remark, Dusend), Th. Allofs, Völler (Schatzschneider) – Die Elfmetertore schossen: Allofs, Blau, Schatzschneider, Littbarski (zählen nicht in der Torübersicht) – SR: Garcia (Mexiko).

10 **Niederlande**, 8.10., Mönchengladbach, 0:0 unentschieden: Greiner – Schreml, Kroth (Geier), Gorski, Rolff – Matthäus, Dittus, Dierssen (Buchwald) – Littbarski, Dreher, Wuttke (Dusend) – SR: Peeters (Belgien).

11 **Frankreich**, 18.11., Sarrebourg, 0:1 verloren: Greiner (Fuhr) – Schreml, Brehme (Th. Allofs), Rolff, Matthäus (Löhr) – Th. Schneider, Blau, Dierssen – Littbarski, Mill (Hönnscheidt), Engels – SR: Baumann (Schweiz).

12 **Bulgarien**, 2.12., Plovdiv, 0:1 verloren (EM-Qualifikation): Greiner – Schreml (Dittus), Blau, Rolff, Th. Schneider – Matthäus, Th. Allofs (Völler), Engels, Dierssen – Littbarski, Mill – SR: Goksel (Türkei).

1981: 6 Spiele: 6 Siege

13 **Spanien**, 31.3., Koblenz, 3:1 gewonnen: Fuhr – Löhr, Hieronymus, Dickgießer, Otten – Matthäus (1), Dittus, Engels (Dierssen) – Littbarski (1), Schatzschneider (1), Völler (Wuttke) – SR: Delmer (Frankreich).

14 **Österreich**, 28.4., Kiel, 4:0 gewonnen (EM-Qualifikation): Greiner – Schäfer, Hieronymus, Dickgießer, Otten – Matthäus, Dittus, Th. Allofs – Littbarski (Kempe (1)), Engels (Steubing (1)), Völler (2) – SR: McGinlay (Schottland).

15 **Finnland**, 23.5., Lämpääle, 2:1 gewonnen (EM-Qualifikation): Fuhr – Rolff, Hieronymus, Dickgießer, Otten – Matthäus, Dittus: Th. Allofs – Littbarski (2), Schatzschneider (Steubing), Völler (Steininger) – SR: Johannssen (Schweden).

16 **Finnland**, 22.9., Arnsberg, 4:2 gewonnen (EM-Qualifikation): Greiner – Rolff, Hieronymus, Gruber, Otten – Brehme (Dierssen), Matthäus (1), Kempe – Littbarski (2), Patzke (1), Völler (Geiger) – SR: Maanson (Dänemark).

17 **Österreich**, 13.10., Krems, 1:0 gewonnen (EM-Qualifikation): Immel – Brehme, Strack, Gruber. Otten – Rolff, Hieronymus (von Heesen (1)), Matthäus – Th. Allofs, Kempe, Völler (Bittorf) – SR: Padar (Ungarn).

18 **Bulgarien**, 21.11., Koblenz, 4:1 gewonnen (EM-Qualifikation): Immel – Rolff, Strack (1), Bittorf, Otten – Matthäus (Geiger), Milewski, Engels (1) – Littbarski (1) (Kempe), Th. Allofs, Völler (1) – SR: Barbaresco (Italien).

1982: 8 Spiele: 4 Siege, 2 Unentschieden, 2 Niederlagen

19 **Spanien**, 24.2., Santa Cruz, 0:1 verloren (EM-Viertelfinale): Immel – Geiger, Strack, Dickgießer, Otten – Hieronymus, Matthäus, Dittus (Kempe) – Littbarski, Th Allofs, Engels – SR: Sostaric (Jugoslawien).

20 **Schweiz**, 23.3., Schwenningen, 1:1 unentschieden: Vollborn – Rolff, Loose, Reinhardt, Quaisser – Zorc (Opitz), Schön (Schäfer), Falkenmayer – Reichert, von Heesen, Mathy (1) (Wohlfarth) – SR: Delmer (Frankreich).

21 **Spanien**, 6.4., Augsburg, 2:0 gewonnen (EM-Viertelfinale): Immel – Geiger (Völler (1)), Strack, Gruber (Kempe), Otten – Rolff, Matthäus, Engels – Reinders, Th. Allofs, Littbarski (1) – SR: Van Langenhove (Belgien).

22 **Tschechoslowakei**, 14.4., Prag, 1:1 unentschieden: Vollborn (Zimmermann) – Borowka, Schäfer, Reinhardt, Falkenmayer – Opitz (Quaisser), Rahn, Brunner (Wohlfarth) – Wuttke, von Heesen (1), Brummer (Schön) – SR: Savo (Ungarn).

23 **Sowjetunion**, 21.4., Charkow, 4:3 gewonnen (EM-Halbfinale): Immel – Schäfer (Falkenmayer), Strack, Reinhardt, Otten – Rolff, Kroth, Dittus – Reinders, Th. Allofs (1), Völler (2), dazu ein Eigentor von Dumanski – SR: Eriksson (Schweden).

24 **Sowjetunion**, 30.4., Aachen, 5:0 gewonnen (EM-Halbfinale): Immel – Rolff, Strack (1), Gruber (1), Otten – Matthaus, Dittus, Kroth – Littbarski (2), Reinders (1), Völler (Kempe) – SR: Igna (Rumänien).

25 **England**, 21.9., Sheffield, 1:3 verloren (EM-Finale): Immel – Geils, Strack, Reinhardt, Otten – Rolff, Kempe (Kroth), Engels – Wuttke (Reichert), Th. Allofs, Völler (1) – SR: Schoetgers (Belgien).

26 **England**, 12.10., Bremen, 3:2 gewonnen (EM-Finale): Immel – Geils, Reinhardt, Otten – Geiger (Dittus), Möhlmann, Engels, Kroth (von Heesen) – Reichert, Th. Allofs, Littbarski (3) – SR: Casarin (Italien).

1983: 12 Spiele: 5 Siege, 7 Unentschieden

27 **Portugal**, 22.2., Setubal, 3:1 gewonnen: Zimmermann – Schäfer, Fach, Reinhardt, Winklhofer (1) – Quaisser, Dittus, Falkenmayer (Zorc) – Reichert (Neubarth), Mathy (1) (Schön), Waas (1) (Brummer) – SR: Perez (Spanien).

28 **Albanien**, 29.3., Shkodra, 1:1 unentschieden (EM-Qualifikation): Vollborn – Hönerbach, Reinhardt, Schäfer, Winklhofer – Quaisser, Wuttke, Trieb – Reichert (Herbst), Mathy (1), Waas (Schön) – SR: Szabo (Ungarn).

29 **Türkei**, 22.4., Izmir, 1:0 gewonnen (EM-Qualifikation): Vollborn – Schäfer, Reinhardt, Beierlorzer, Quaisser (Trieb) – Fach, Matthäus, Falkenmayer – Reichert, Herbst, Wuttke (1) – SR: Tzontchev (Bulgarien).

30 **Österreich**, 26.4., St. Pölten, 1:1 unentschieden (EM-Qualifikation): Zimmermann – Hönerbach (Quaisser), Beierlorzer, Reinhardt, Schäfer – Matthäus, Trieb, Falkenmayer – Wuttke, Herbst (1), Reichert – SR: Wurtz (Frankreich).

31 **Algerien**, 6.6., Toulon, 0:0 unentschieden (Turnier): Vollborn – Storck, Loose, Metschies, Plath – Brunner (Neubarth), Schön (Wohlfarth), Quaisser, Falkenmayer – Herbst, Brummer – SR: Wurtz (Frankreich).

32 **China**, 8.6., Toulon, 5:0 gewonnen (Turnier): Zimmermann – Storck, Loose, Schäfer, Falkenmayer – Quaisser, Schön (1) (Plath), Brunner (Brummer) – Reichert (3), Neubarth, Wohlfarth (1) – SR: Dante (Portugal).

33 **Brasilien**, 10.6., Toulon, 2:2 unentschieden (Turnier): Vollborn – Storck, Loose, Schäfer, Metschies (Wohlfarth) – Quaisser (1), Schön, Falkenmayer – Brunner, Reichert, Herbst (1) – SR: van Langenhove (Belgien).

34 **Frankreich**, 12.6., Toulon, 0:0 unentschieden, Elfmeterschießen 3:4 (Turnier, um Platz 3): Vollborn – Storck, Loose, Schäfer, Falkenmayer – Quaisser, Schön, Plath – Reichert, Neubarth (Herbst), Brunner (Wohlfarth) – SR: van Langenhove (Belgien) – Elfmetertore (zählen nicht in der Statistik): Schön, Quaisser, Reichert.

35 **Ungarn**, 6.9., Gyöngyös, 0:0 unentschieden: Grüner – Schäfer, Loose, Reinhardt, Falkenmayer – Quaisser, Schön, Brunner (Trieb) – Reichert, Mathy, Brummer (M. Rummenigge) – SR: Marko (CSSR).

36 **Österreich**, 4.10., Arnsberg, 2:1 gewonnen (EM-Qualifikation): Grüner – Storck, Herget (1), Schröder, Falkenmayer – Brunner, Schön, Rahn – Reichert, Mathy (Kuntz), M. Rummenigge (1) (Quaisser) – SR: Midgley (England).

37 **Türkei**, 25.10., Berlin, 7:0 gewonnen (EM-Qualifikation): Vollborn – Storck, Steiner (1), Herget (2), Schäfer – Brunner, Schön, Falkenmayer – Mathy (2), M. Rummenigge (Kuntz (1)), Waas (1) (Reichert) – SR: Hora (CSSR).

38 **Albanien**, 19.11., Trier, 1:1 unentschieden (EM-Qualifikation): Zimmermann – Schäfer, Herget, Steiner, Falkenmayer – Brunner, Schön (Storck), von Heesen – Reichert (Thiele), M. Rummenigge (1), Kuntz – SR: Quiniou (Frankreich).

1984: 5 Spiele: 2 Siege, 2 Unentschieden, 1 Niederlage

39 **Belgien**, 28.2., Koblenz, 1:0 gewonnen: Vollborn – Schäfer, Zietsch, Reinhardt, Grahammer (Kraaz) – Rahn, Falkenmayer, Frontzeck (Schön) – Mathy (1), Reichert, M. Rummenigge (Zechel) – SR: Bindels (Luxemburg).

40 **Sowjetunion**, 27.3., Osnabrück, 1:1 unentschieden: de Beer – Berthold, Schröder, Kraaz (Pomp), Frontzeck – Grahammer (Scheike), Schön, Zietsch – Müller, M. Rummenigge (1), Zechel (Wegmann) – SR: Constantin (Belgien).

41 **Griechenland**, 17.4., Aschaffenburg, 0:0 unentschieden: Reck – Scheike (Hoos), Schröder, Reinhardt (Klinsmann), Frontzeck – Berthold, Pomp, Zietsch – Lusch, Wegmann (Zechel), Müller – SR: Pernkopf (Österreich).

42 **Schottland**, 11.9., Edinburgh, 1:2 verloren: Immel – Moser, Schröder, Roth, Kraaz – Klinsmann (Thon), Pomp (Wegmann), Hochstätter, Kree (Bunte) – M. Rummenigge (1), Müller – SR: Richardson (England).

43 **Schweden**, 16.10., Münster, 1:0 gewonnen (EM-Qualifikation): Aumann – Roth, Schröder, Bunte, Kraaz – Thon (1), Berthold, Kroth, Kögl (Müller) – Waas, M. Rummenigge – SR: Petrovic (Jugoslawien).

1985: 8 Spiele: 3 Siege, 2 Unentschieden, 3 Niederlagen

44 **Portugal**, 23.2., Lissabon, 1:2 verloren (EM-Qualifikation): Aumann – Kohler, Schröder, Kraaz, Roth, Foda (1), von Heesen, Pomp (Kögl), Gielchen – Hochstätter (Wegmann), Waas – SR: Martinez (Spanien).

45 **Schweiz U 23**, 26.3., Schaffhausen, 0:0 Unentschieden: Gundelach (Reck) – Roth, W. Funkel, Schröder, Kree – Kohler, Dorfner, Hochstätter (Drehsen), Anderbrügge (Nitsche) – Krämer (Neun), Klinsmann (Ordenewitz) – SR: Frost (Israel).

46 **Bulgarien**, 16.4., Aichach, 2:0 gewonnen: Aumann – Roth, W. Funkel, Drehsen, Kree – Klinsmann (2), Hochstätter, Rolff, Haas (Moser) – Waas (Müller), Kögl – SR: Gregr (CSSR).

47 **Tschechoslowakei**, 30.4., Mladev Boleslav, 1:1 unentschieden (EM-Qualifikation): Aumann – Roth, W. Funkel (1), Kraaz, Kree – Drehsen, Hochstätter, Haas (Kohler), Anderbrügge – Klinsmann, Kögl (Müller) – SR: Mercier (Schweiz).

48 **Sowjetunion**, 27.8., Moskau, 1:2 verloren: Gundelach (Aumann) – W. Funkel – Kohler, Roth (Bunte) Kree – Dorfner (Anderbrügge), M. Rummenigge, Drehsen – Klinsmann (Hochstätter), Waas (Eckstein (1)), Kögl – SR: Natri (Finnland).

49 **Schweden**, 24.9., Eskilstuna, 1:2 verloren (EM-Qualifikation): Aumann – Zietsch – Roth, Kohler, Ruländer – Rolff, Dorfner, Reuter (Kögl) – Waas, M. Rummenigge (Hochstätter), Klinsmann (1) – SR: Smith (Schottland).

50 **Portugal**, 15.10., Karlsruhe, 2:0 gewonnen (EM-Qualifikation): Aumann – Theiss – Reuter, Kohler, Frontzeck – Hochstätter (Drehsen), Rolff, Thon (1) – Klinsmann (Eckstein (1)), Waas, Kögl – SR: Kohl (Österreich).

51 **Tschechoslowakei**, 16.11., Regensburg, 3:1 gewonnen (EM-Qualifikation): Illgner – W. Funkel – Schmidt, Kohler, Moser – Reuter, M. Heidenreich (Gaudino), Schwabl (Schupp), Neun – Eckstein (1), Kuntz (2) – SR: van Swieten (Niederlande).

1986: 6 Spiele: 2 Siege, 3 Unentschieden, 1 Niederlage

52 **Italien**, 4.2., Salerno, 1:1 unentschieden: Immel – W. Funkel – Berthold, Kohler, Frontzeck – Schupp (Drews), Schwabl (Trares), Reuter, Gaudino (1) – Waas, Eckstein (Geilenkirchen) – SR: Borg (Malta).

53 **Südkorea A**, 11.3., Koblenz, 0:0 unentschieden: Immel – W. Funkel – Berthold, Hannes, Frontzeck – Drews (Fuchs), Schwabl, Reuter, Falkenmayer – Geilenkirchen (Schupp), Waas – SR: Ponnet (Belgien).

54 **Schweiz**, 8.4., Kehl, 2:1 gewonnen: Illgner – Theiss, Reuter, Kuhlmey – Schwabl (Heidenreich), Gomminginger, Schupp, Moser – Simmes (Leifeld (1)), Eckstein (1), Kögl – SR: Gilson (Luxemburg).

55 **Schottland**, 9.9., Glasgow, 0:1 verloren: Illgner – Drews – Kutowski, Kohler – Zanter (Simmes), Moser, Reuter, Neun (Kreuzer), Gaudino – Leifeld (Trares), Kögl – SR: Hill (England).

56 **Dänemark**, 23.9., Kopenhagen, 0:0 unentschieden: Illgner (Kubik) – Fach – Zanter, Reuter, Kutowski – Drews (Schupp), Neun, Schwabl (Heidenreich) – Kohn (Riedle), Merkle, Kögl – SR: Halle (Norwegen).

57 **Bulgarien**, 29.10., Koblenz, 2:0 gewonnen (EM-Qualifikation): Illgner – Reuter (1) – Kleppinger, Kohler, Kutowski – Moser, Schwabl (Häßler), Neun – Leifeld (1), Eckstein, Kögl (Schupp) – SR: Presberg (Norwegen).

1987: 8 Spiele: 4 Siege, 4 Niederlagen

58 **Luxemburg**, 24.3., Koblenz, 4:1 gewonnen (EM-Qualifikation): Illgner – Drews – Moser, Conrad, Kutowski – Schwabl, Gaudino (1) (Schupp), Neun (1) – Kastl, Dickel (2), Kögl – SR: Sörensen (Dänemark).

59 **Niederlande**, 28.4., Venlo, 1:3 verloren (EM-Qualifikation): Illgner – Sauer – Moser (Gaudino), Kohler, Kutowski – Reuter, Schwabl, Borowka, Neun – Simmes, Schmöller (Kohn (1)) – SR: King (Wales).

60 **Frankreich**, 11.8., Trier, 0:2 verloren: Berg – Sauer – Beiersdorfer, Kutowski (Foda) – Moser, Drews, Schwabl, Neun, Gaudino (Labbadia) – Kastl, Riedle (Janßen) – SR: Crucke (Belgien).

61 **England**, 8.9., Lüdenscheid, 2:0 gewonnen: Reck – Sauer – Kutowski (Binz), Kreuzer, Zanter – Neun, Foda, Schwabl, Kögl – Riedle (1) (Kirchhoff), Labbadia (1) (Glesius) – SR: Nervik (Norwegen).

62 **Dänemark**, 22.9., Lübeck, 2:0 gewonnen: Reck – Sauer – Kreuzer, Foda, Zanter – Binz, Schwabl, Neun (Kutowski), Kögl – Labbadia, Glesius (2) (Schütterle) – SR: Ruokonen (Finnland).

63 **Luxemburg**, 28.10., Luxemburg, 4:1 gewonnen (EM-Qualifikation): Reck – Binz – Kutowski, Kreuzer – Reuter (1), Foda, Schwabl (1), Neun (Pförtner) – Leifeld (Kirchhoff), Labbadia (1), Glesius (1) – SR: Girard (Frankreich).

64 **Niederlande**, 17.11., Münster, 0:2 verloren (EM-Qualifikation): Reck – Binz (Pförtner) – Kreuzer, Kutowski, Schaaf, Schütterle, Foda, Neun, Kögl – Riedle, Labbadia (Glesius) – SR: Martin (England).

65 **Bulgarien**, 2.12., Sofia, 1:2 verloren (EM-Qualifikation): Reck – Binz – Schaaf, Kreuzer, Kutowski – Foda, Schwabl, Neun (Pförtner) – Schütterle (Baranowski), Labbadia (1), Kögl – SR: Petrovic (Jugoslawien).

1988: 3 Spiele: 3 Siege

66 **Schweiz**, 26.4., Kreuzlingen, 8:0 gewonnen: Rekers (Brunn) – Spyrka – Strehmel, Metz (Kober) – H. J. Heidenreich, M. Schneider (1) (Legat), Möller (1) (Klinkert), Dammeier, K. Reinhardt – Witeczek (2) (Epp (1)), Bierhoff (3) – SR Kaupe (Österreich).

67 **Finnland**, 30.8., Kouvola, 3:0 gewonnen (EM-Qualifikation): Reck – Binz – Luginger, Strehmel, Metz – Steffen, Dammeier (1) (Preetz), Möller (1), K. Reinhardt (1) – Witeczek, Bierhoff (Effenberg) – SR: Timoschenko (Sowjetunion).

68 **Niederlande**, 18.10., Augsburg, 2:0 gewonnen (EM-Qualifikation): Reck – Binz – Luginger, Strehmel, Metz – Steffen (Effenberg (1)), Möller, Dammeier, K. Reinhardt – Witeczek (Kober), Bierhoff (1) – SR: Negreira (Spanien).

1989: 8 Spiele: 3 Siege, 5 Unentschieden

69 **Bulgarien**, 21.3., Sofia, 0:0 unentschieden: Reck – A. Reinhardt – Metz, Luginger, Klinkert – Effenberg (M. Schneider), Wagner, Dammeier (Poschner), K. Reinhardt – Witeczek (Eichenauer), Feinbier – SR: Varga (Ungarn).

70 **Niederlande**, 25.4., Venlo, 1:0 gewonnen (EM-Qualifikation): Reck – Spyrka – A. Reinhardt, Klinkert – Metz, Steffen, Luginger, Poschner (Sturm), N. Schmäler – Witeczek (1), Banach (Kober) – SR: Spillang (Irland).

71 **Island**, 30.5., Reykjavik, 1:1 unentschieden (EM-Qualifikation): Reck – Spyrka – Kreuzer, Klinkert – Steffen, Effenberg, N. Schmäler (Bierhoff (1)), Luginger – Banach, Witeczek, Poschner (M. Schneider) – SR: Nielsen (Dänemark).

72 **Tschechoslowakei**, 5.9., Pribram, 1:1 unentschieden: Golz – Spyrka – Strehmel, Klinkert, Metz – Luginger (Steffen), Schneider, Dammeier (Wagner), K. Reinhardt – Bierhoff (1) (Sternkopf), Witeczek (Preetz) – SR: Orlovski (Polen).

73 **Finnland**, 3.10., Arnsberg, 2:0 gewonnen (EM-Qualifikation): Golz – Spyrka – Luginger, Klinkert, Metz – Sturm (Kober), Steffen, Dammeier, K. Reinhardt (1) – Witeczek (1) (M. Bode), Banach – SR: van den Wijngaert (Belgien).

74 **Island**, 25.10., Saarbrücken, 1:1 unentschieden (EM-Qualifikation): Brunn – Spyrka – Strehmel, Klinkert, N. Schmäler – Sturm (Sternkopf), Schneider, Weber (Luginger), K. Reinhardt – M. Bode (1), Bierhoff – SR: Girard (Frankreich).

75 **Kamerun „A"**, 20.12., Jaunde, 1:0 gewonnen: Golz – Klinkert – Heidenreich, Kober, Metz – Luginger, Poschner, Steffen, Schneider (Bierhoff), K. Reinhardt – M. Bode (1) (Dammeier) – SR: Pettcha (Kamerun).

76 **Kamerun „A"**, 23.12., Jaunde, 1:1 unentschieden: Brunn – Luginger – H. J. Heidenreich (Klinkert), Kober, Metz – Lasser (Steffen), Fink, Poschner, Dammeier (Schneider) – Bierhoff (1), M. Bode (K. K. Reinhardt) – SR: Aboh (Kamerun).

1990: 6 Spiele: 4 Siege, 1 Unentschieden, 1 Niederlage

77 **Frankreich**, 28.2., Ales, 1:0 gewonnen: Golz – Klinkert – Strehmel, Metz – Luginger (Kober), Steffen (Schneider), Strunz, (Th. Chmielewski), Poschner, K. Reinhardt – Bierhoff (Sturm), Sternkopf (1) – SR: Velasques (Spanien).

78 **Sowjetunion**, 14.3., Simferopol, 1:1 unentschieden (EM-Viertelfinale): Golz – Binz – Klinkert, Strehmel, Metz – Strunz, Luginger, Hochstätter, K. Reinhardt – Witeczek (Steffen), Sternkopf – Eigentor Bal – SR: Natri (Finnland).

79 **Sowjetunion**, 28.3., Augsburg, 1:2 n. V. verloren (EM-Viertelfinale): Golz – Binz – Metz (Bierhoff), Klinkert, Strehmel – Luginger, Hochstätter (1), Möller, Effenberg, K. Reinhardt – Sternkopf – SR: Halle (Norwegen).

80 **Schweden**, 9.10., Uppsala, 2:1 gewonnen: Lehmann – N. Schmäler – Wörns, Spanring, Paßlack – Lasser, Poschner (1), Franck (Pflipsen), Kranz – Sternkopf (1) (Haber), Klauß (Hubner) – SR Palsi (Finnland).

81 **Luxemburg**, 30.10., Diekirch, 3:0 gewonnen (EM-Qualifikation): Scheuer – N. Schmäler – Wörns, Spanring (Quallo) – Lasser, Haber, Poschner, Pflipsen, Kranz – Klauß (2), Sternkopf (Hubner (1)) – SR: Östergaard (Dänemark).

82 **Schweiz**, 18.12., Kirchheim/Teck, 4:1 gewonnen: Schulze – N. Schmäler (Franck) – Spanring (Stadler), Quallo (Heldt) – Kern, Haber, Paßlack (Gerlach), Pflipsen (Hubner), Poschner – Klauß (1), Herrlich (3) – SR: Pairetto (Italien).

1991: 7 Spiele: 5 Siege, 1 Unentschieden, 1 Niederlage

83 **Sowjetunion**, 26.3., Mannheim, 1:1 unentschieden: Lehmann – N. Schmäler – Stadler, Wörns – Paßlack, Pflipsen, Haber, Poschner (1), Kranz (Heldt) – Herrlich, Fuchs – SR: Werner (Polen).

84 **Belgien**, 30.4., Osnabrück, 3:1 gewonnen (EM-Qualifikation): Lehmann – N. Schmäler – Stadler, Wörns – Paßlack, Pflipsen (Kern), Haber, Poschner, Kranz – Herrlich (2), Ziege (1) – SR: Girard (Frankreich).

85 **Bulgarien**, 4.6., Koblenz, 2:0 gewonnen: Lehmann – N. Schmäler – Wörns, Stadler – Paßlack (Spanring), Pflipsen (Franck), Kern (Rath), Haber, Poschner (Scholl) – Herrlich (2), Ziege – SR: Piraux (Belgien).

86 **England**, 10.9., Scunthorpe, 1:2 verloren: Klos – N. Schmäler (H. Fuchs) – Wörns, Stadler (1) – Paßlack, Kranz, Pflipsen (U. Schneider), Poschner, Haber – Herrlich, Ziege – SR: Hope (England).

87 **Marokko**, 15.10., Donauwörth, 2:0 gewonnen: Klos (Lehmann) – Ziege – Wörns, Stadler – Paßlack (J. Bode), Kranz, Pflipsen (N. Schmäler), Poschner (1) (Heldt), Haber (U. Schneider) – Herrlich, Rath (1) (Kern) – SR: Wieser (Österreich).

88 **Belgien**, 19.11., Genk, 3:0 gewonnen (EM-Qualifikation): Klos – Ziege – Wörns, Stadler – Paßlack, Franck (1), Haber, Poschner (Fuchs), Kranz – Herrlich, Scholl (2) (N. Schmäler) – SR: Bouillet (Frankreich).

89 **Luxemburg**, 17.12., Aachen, 3:0 gewonnen (EM-Qualifikation): Lehmann – Ziege – Wörns, Paßlack (Stadler) – Franck, Haber, Poschner (1), Scholl, Kranz (Karl) – Herrlich (1), H. Fuchs (1) – SR: Olafsson (Island).

1992: 8 Spiele: 3 Siege, 2 Unentschieden, 3 Niederlagen

90 **Schottland**, 10.3., Bochum, 1:1 unentschieden (EM-Viertelfinale): Klos – N. Schmäler (1) – Stadler, Wörns – Paßlack, Haber, Franck, Poschner (Pflipsen), Kranz (Scholl) – Herrlich, Jähnig – SR: Pezzella (Italien).

91 **Schottland**, 24.3., Aberdeen, 3:4 verloren (EM-Viertelfinale): Klos – N. Schmäler – Wörns, Stadler – Paßlack, Haber, Franck (Baumann), Scholl (1), Poschner, Kranz (1) – Herrlich (1) – SR: Velasquez (Spanien).

92 **Tschechoslowakei**, 21.4., Pilsen, 1:1 unentschieden: Klos – Babbel – U. Schneider, Happe – Kienle (Hutwelker), Unger, Nerlinger (Otto), Haber, Münch – Wück, Herrlich (1) – SR: Galler (Schweiz).

93 **Niederlande**, 8.9., Bocholt, 0:1 verloren: Klos – Babbel – Baschetti, Münch – Unger (Kramny), Haber, Fellhauer (Happe), Ziege, Wolf – Herrlich (Kienle), Wück – SR: Philippi (Luxemburg).

94 **Türkei**, 13.10., Unterhaching, 4:0 gewonnen: Klos (Hoffmann) – Münch – Babbel – U. Schneider – Baschetti, Unger, Haber (Fellhauer), Lottner (Keuler), Wolf (Happe (1)) – Rydlewicz (2), Herrlich (1) (Wück, Wagner) – SR: Kapl (Österreich).

95 **Albanien**, 17.11., Tirana, 1:0 gewonnen (EM-Qualifikation): Klos – Münch – Baschetti, U. Schneider – Haber, Unger (1), Babbel, Ziege, Happe – Herrlich (Bäron), Rydlewicz (Kramny) – SR: Varga (Ungarn).

96 **Spanien**, 15.12., Osnabrück, 1:2 verloren (EM-Qualifikation): Klos – Münch – Baschetti, U. Schneider – Haber, Unger, Babbel, Ziege, Happe – Rydlewicz (Kramny), Herrlich (1) (Bäron) – SR: Beschin (Italien).

97 **Albanien**, 22.12., Bielefeld, 4:1 gewonnen (EM-Qualifikation): Klos – Münch (1) – Baschetti, U. Schneider (Kramny) – Haber (1), Unger, Babbel, Ziege, Lottner – Bäron (Rydlewicz), Herrlich (2) – SR: Micallef (Malta)

1993: 7 Spiele: 4 Siege, 1 Unentschieden, 2 Niederlagen

98 **Irland**, 9.3., Dublin, 1:0 gewonnen (EM-Qualifikation): Klos – Münch – Babbel, Wörns – Haber, Unger, Kramny, Ziege, Lottner – Herrlich (Bäron), Wück (1) – SR: Orrason (Island).

99 **Irland**, 23.3., Baunatal, 8:0 gewonnen (EM-Qualifikation): Klos – Münch (1), Babbel, Wörns (1) – Kramny (Nerlinger (1)), Frey, Unger, Haber (1), Lottner (1) – Herrlich (2), Wück (1) (Bäron) – SR: Hollung (Norwegen).

100 **Dänemark**, 13.4., Rönne, 4:1 gewonnen (EM-Qualifikation): Klos – Münch – Wörns, Babbel – Frey, Unger, Haber, Ziege (2), Lottner – Herrlich (1), Wück (1) – SR: Frisk (Schweden).

101 **Griechenland**, 21. 9., Ulm, 3:3 unentschieden: Klos – Münch – Happe, Babbel – Frey (Kramny), Unger, Haber, Nerlinger (1) (Wück), Lottner – Bäron (2), Herrlich (Däbritz) – SR: Philippi (Luxemburg).

102 **Dänemark**, 12.10., Celle, 0:1 verloren (EM-Qualifikation): Klos – Münch – Babbel (Happe), Wörns – Lottner, Haber, Unger (Kramny), Nerlinger, Frey – Wück, Bäron – SR: Jol (Niederlande).

103 **Luxemburg**, 16.11., Koblenz, 2:0 gewonnen: Gospodarek – Schwiderowski – Rasiejewski, Eberl – Rydlewicz (Wück), Ramelow, Nerlinger (Sobotzik), Hamann (1), Reis (Stark) – Bäron (Brdaric), Zickler (1) – SR: Berg (Konz).

104 **Spanien**, 14.12., Cordoba, 1:3 verloren (EM-Qualifikation): Klos – Münch – Wörns, Babbel – Keuler (Jancker), Happe, Frey, Nerlinger (1), Lottner – Zickler, Rydlewicz – SR: Ashby (England).

1994: 7 Spiele: 2 Siege, 2 Unentschieden, 3 Niederlagen

105 **Ungarn**, 8.3., Baunatal, 0:0 unentschieden: Gospodarek – Schwiderowski – Nowotny, Stark – Lieberknecht, Rasiejewski (Rydlewicz), Nerlinger, Ramelow, Eberl – Bäron (Feldhoff), Wück – SR: Ihring (Slowakei).

106 **Türkei**, 19.4., Istanbul, 0:1 verloren: Gospodarek – Schwiderowski (Hamann) – Stark, Burghartswieser – Hagner, Zickler (Wück), Lieberknecht, Nowotny (Ziegler), Nerlinger, Reis – Bäron – SR: Momirov (Bulgarien).

107 **Griechenland**, 10.5., Lamia, 0:1 verloren: Wache (Alter) – Nowotny – Stark, Beuchel – Lieberknecht, Reis (Hagner), Nerlinger, Ramelow, Hamann – Bäron (Jancker, Neuendorf), Wück – SR: Gefalidis (Griechenland).

108 **Russland**, 6.9., Moskau, 0:2 verloren: Gospodarek – Hengen – Eberl, Müller – Lieberknecht, Ramelow, Hamann, Burghartswieser (O. Schmidt), Hager – Bäron (Neuendorf), Wück (Zickler) – SR: Wojcik (Polen).

109 **Ungarn**, 12.10., Budapest, 3:0 gewonnen: Gospodarek – Hengen – Eberl, Müller (Hager) – Lieberknecht, Ramelow (O. Schmidt), Nerlinger (2), Hamann (Neuendorf), Beuchel – Zickler (1), Bäron (Feldhoff) – SR: Sedlacek (Österreich).

110 **Finnland**, 15.11., Mannheim, 2:1 gewonnen: Gospodarek – Hengen – Nowotny (O. Schmidt), Müller – Eberl (Rietpietsch), Ramelow, Hamann, Nerlinger, Hager – Zickler (Meissner), Feldhoff (1) (Neuendorf) – SR: Wiltgen (Luxemburg) – Dazu ein Eigentor des Finnen Nuorela.

111 **Moldawien**, 14.12., Kischinew, 1:1 unentschieden (EM-Qualifikation): Gospodarek – Hengen – Eberl, Nowotny – Lieberknecht, Ramelow, Hamann, Nerlinger, Beuchel – Zickler, Feldhoff (1) (Neuendorf) – SR: Michel (Slowakei).

1995: 9 Spiele: 7 Siege, 1 Unentschieden, 1 Niederlage

112 **Spanien**, 21.2., San Fernando, 0:0 unentschieden: Gospodarek – Hengen – R. Schneider, Eberl – Zickler (O. Schmidt), Ramelow, Müller, Nerlinger, Beuchel – Meißner (Wück), Feldhoff – SR: Batta (Frankreich).

113 **Georgien**, 28.3., Rustawi, 2:0 gewonnen (EM-Qualifikation): Fiedler – Nowotny (Beuchel) – Ehlers, R. Schneider – Eberl, Ramelow, Neuendorf (Rydlewicz), Nerlinger, O. Schmidt – Zickler (2), Feldhoff – SR: Ziober (Polen).

114 **Wales**, 25.4., Wuppertal, 1:0 gewonnen (EM-Qualifikation): Gospodarek – Nowotny – Beuchel, R. Schneider – Lieberknecht, Ramelow, Nerlinger, Ehlers, Neuendorf (Ricken (1)) – Breitenreiter, Zickler – SR: Pratas (Portugal).

115 **Bulgarien**, 6.6., Sofia, 0:2 verloren (EM-Qualifikation): Gospodarek – Nowotny – Beuchel, O. Schmidt – Lieberknecht, Ramelow, Breitenreiter, Nerlinger, Ehlers – Zickler (Ricken), Feldhoff (Dehoust) – SR: Bodenham (England).

116 **Belgien**, 22.8., Lüttich, 4:0 gewonnen: Gospodarek (Fiedler) – Hengen – Eberl (Rydlewicz), O. Schmidt – Lieberknecht (Reis), Ramelow, Nerlinger (1), Beuchel (Wedau) – Ricken (2) (A. Schmidt) – Feldhoff (1), Zickler (Hamann) – SR: Hamer (Luxemburg).

117 **Georgien**, 5.9., Regensburg, 3:0 gewonnen (EM-Qualifikation): Gospodarek – Hengen – O. Schmidt (Rydlewicz) – Eberl, Ramelow, R. Schneider, Ricken, Hamann, Reis – Feldhoff (Breitenreiter (1)), Zickler (1). Dazu ein Eigentor von Jeladse (Moldawien) – SR: Saar (Estland).

118 **Moldawien**, 7.10., Solingen, 3:1 gewonnen (EM-Qualifikation): Gospodarek – Hengen – Jeremies, O. Schmidt – Rydlewicz, Ramelow (Eberl), Ricken, (Beuchel), Nerlinger (3), Reis – Zickler, Feldhoff (Breitenreiter) – SR: Dubinskas (Litauen).

119 **Wales**, 10.10., Cardiff, 5:1 gewonnen (EM-Qualifikation): Gospodarek – Hengen – Jeremies (1), Beuchel (Cichon), O. Schmidt, R. Schneider (Eberl), Ramelow, Nerlinger – Rydlewicz (1), Zickler (1), Feldhoff (Ricken (2)) – SR: Beschi (Italien).

120 **Bulgarien**, 14.11., Frankfurt/Oder, 7:0 gewonnen (EM-Qualifikation): Gospodarek – Nowotny – O. Schmidt, R. Schneider (Reis), Jeremies – Ramelow (2), Hamann (1), Hengen – Rydlewicz (Neuendorf), Feldhoff (2), Zickler (1) (Hagner (1)) – SR: Nielsen (Dänemark).

1996: 9 Spiele: 4 Siege, 4 Unentschieden, 1 Niederlage

121 **Portugal**, 20.2., Felqueiras, 3:3 unentschieden: Gospodarek – Nowotny – O. Schmidt, R. Schneider (1), – Ehlers, Ricken (Neuendorf), Nerlinger, Hengen – Rydlewicz (Bäron (1)), Zickler (Hagner), Breitenreiter (1) – SR: Torres (Spanien).

122 **Frankreich**, 13. 3., Osnabrück, 0:0 unentschieden: (EM-Viertelfinale): Gospodarek – Nowotny – R. Schneider, Hengen, – St. Müller, Nerlinger, Ramelow, Rydlewicz, Ricken – Bäron, Breitenreiter (Neuendorf) – SR: Pedersen (Norwegen).

123 **Dänemark**, 26.3., Regensburg, 0:0 unentschieden: Fiedler – Ballack – Dogan (Flick), Reiter – Ernst, Cichon, Wedau (Büttner), Baumann, Gerster – Schroth (Eroglu), Brdaric (M. Rath) – SR: Garibian (Frankreich).

124 **Frankreich**, 26.3., Metz, 1:4 verloren: (EM-Viertelfinale): Gospodarek – Nowotny – Hengen, Beuchel, O. Schmidt (Ehlers) – Ramelow, Nerlinger (1), Ricken, Rydlewicz (Neuendorf), Bäron, Feldhoff (Hagner) – SR: Pairetto (Italien).

125 **Niederlande**, 23.4., Sittard, 2:0 gewonnen: Ziegler (Fiedler) – Ehlers – Reiter (Hahn), Dogan, Bochtler – Ernst, Wedau (1) (Riedl), Cichon (Gerster), Baumann – Schroth (Michalke), Brdaric (Müller (1)) – SR: Sandra (Belgien).

126 **Polen**, 4.9., Kattowitz, 0:0 unentschieden: Fiedler (Jentzsch) – Baumann – Reiter (Ballack), Dogan – Ernst (Riethmann), Cichon, Wedau (Gerster), Neuendorf, Bochtler – Schroth (Lars Müller), Michalke (Brdaric) – SR: Barber (England).

127 **Armenien**, 9.10., Abowian, 1:0 gewonnen (EM-Qualifikation): Fiedler – Cichon – Ernst, Dogan, Ballack, Reiter – Neuendorf (Gerster), Wedau – Ricken, Schroth (Lars Müller (1)), Michalke – SR: Reede (England).

128 **Bulgarien**, 8.11., Weiden, 3:0 gewonnen: Fiedler (Jentzsch) – Baumann – Reiter, Dogan – Ballack (Brdaric), Gerster (Wedau (1)), Ricken (1), Bochtler – Neuendorf (1) – Schroth (Lars Müller), Michalke – SR: Krula (Tschechien).

129 **Portugal**, 13.12., Leiria, 2:1 gewonnen (EM-Qualifikation): Jentzsch – Baumann – Reiter, Dogan – Cichon – Ernst, Ballack, Neuendorf (76. Ehlers, Hansa Rostock), Bochtler – Schroth, Michalke (2) (Rasiejewski) – SR: Toth (Ungarn).

1997: 11 Spiele: 5 Siege, 5 Unentschieden, 1 Niederlage

130 **Israel**, 25.2., Herzliya, 1:1 unentschieden: Jentzsch – Baumann – Ehlers, Dogan – Ballack (Ernst), Cichon (Gerster), Bochtler (Wiblishauser) – Ricken (1), Neuendorf – Schroth (Lars Müller), Villa – SR: Yucebiglic (Türkei).

131 **Albanien**, 1.4., Guadix/Spanien, 4:0 gewonnen (EM-Qualifikation): Jentzsch – Baumann – Reiter, Dogan (1), Ballack (1) – Ricken (1), Cichon (1), Bochtler (Ehlers) – Neuendorf (Gerster), Michalke, Schroth (Ernst) – SR: Redondo (Spanien).

132 **Ukraine**, 29.4., Meppen, 2:0 gewonnen (EM-Qualifikation): Fiedler Baumann Dogan, Reiter – Ernst, Cichon, Gerster (Ehlers) – Ballack (1), Wedau (Brdaric) – Schroth (1), Michalke (Lars Müller) – SR: van Dijk (Niederlande).

133 **Ukraine**, 6.6., Kiew, 1:1 unentschieden (EM-Qualifikation): Fiedler – Baumann – Dogan, Reiter – Ehlers – Ernst (Gerster), Cichon, Ballack, Neuendorf – Schroth (1), Michalke – SR: Garibian (Frankreich).

134 **Usbekistan**, 6.6., Taschkent, 2:0 gewonnen: Malessa – D. Schumann (Klitzpera), Hertzsch (Voigt), Vogt – Keidel, Weller (1) (R. Schumann), Kreuz (Enke), Wiblishauser – Reich (Villa), Siedschlag (Nehrbauer), Kanopka (Dabrowski (1)) – SR: Najafaliev (Usbekistan).

135 **Russland**, 19.8., Idar-Oberstein, 2:4 verloren: Fiedler (Jentzsch) – Baumann – Dogan, Ehlers (1) (Reich), Ernst (Wiblishauser), Ballack (Rasiejewski), Cichon (Wedau), Bochtler, Neuendorf – Schroth (1), Michalke (Reiter) – SR: Garibian (Frankreich).

136 **Portugal**, 5:9, Frankfurt/O., 1:1 unentschieden (EM-Qualifikation): Fiedler – Baumann – Dogan, Cichon – Ernst, Ballack (Ehlers), Bochtler – Ricken, Neuendorf – Schroth (1), Michalke (Reich) – SR: Fisker (Dänemark).

137 **Armenien**, 9.9., Solingen, 7:0 gewonnen (EM-Qualifikation): Fiedler – Baumann – Cichon, Dogan – Ernst (Ehlers), Wedau (1), Ballack (1), Neuendorf (Gerster (1)), Bochtler (1) (Rasiejewski) – Schroth, Michalke (2). Dazu ein Eigentor von R. Kachachtrijan – SR: Sarvan (Türkei).

138 **Albanien**, 10.10., Braunschweig, 2:0 gewonnen (EM-Qualifikation): Fiedler – Baumann (1) – Dogan, Reiter – Ernst, Ballack, Brdaric, Cichon (Gerster) – Schroth, Wedau (Frings), Michalke (1) (Rasiejewski) – SR: Loizon (Zypern).

139 **Schweiz**, 25.11., Freiburg, 2:2 unentschieden: Enke (Kampa) – Scherbe – Schumann (Klitzpera), Hertzsch (Sahin) – Ketelaer (1) (Kreuz), Nehrbauer, Leitl (Schümann), Dabrowski, Keidel (Voigt) – Villa, Kanopa (1) (Rösler) – SR: Plautz (Österreich).

140 **Belgien**, 9.12., Köln, 0:0 unentschieden: Enke – Scherbe – Schumann, Voigt (Sahin) – Keidel (Klitzpera), Dabrowski, Leitl, Hertzsch, Ketelaer – Reich (Kreuz), Kanopa (Graf) – SR: Temmink (Niederlande).

1998: 11 Spiele: 6 Siege, 3 Unentschieden, 2 Niederlagen

141 **Zypern**, 18.2., Larnaca, 2:0 gewonnen: Jentzsch (Fiedler) – Cichon – Fensch, Dogan – Frings (Wiblishauser), Ballack, Wedau (Gerster (1)), Ehlers (Fährmann) – Brdaric, Schroth (Lars Müller), Michalke (1) – SR: Kapitanis (Zypern).

142 **Zypern**, 22.2., Larnaca, 4:3 gewonnen: Fiedler (Jentzsch) – Ballack (1) – Reiter, Fensch (Wiblishauser) – Gerster, Ehlers (Dogan), Cichon, Frings (Schroth), Wedau (Michalke) – Brdaric (2), Lars Müller (Fährmann (1)) – SR: Kypriannidis (Zypern).

143 **Libanon „A"**, 24.3., Beirut, 7:0 gewonnen: Jentzsch (Fiedler) – Baumann – Reiter (Fensch), Wiblishauser (Reich) – Ehlers (2), Ballack (3), Cichon (Fährmann (1)) – Frings (Gerster), Neuendorf, Brdaric, Schroth (1) – SR: Dirar Al-Tamini (Jordanien).

144 **Griechenland**, 23.5., Bukarest, 0:1 verloren (EM-Viertelfinale): Jentzsch – Baumann, Dogan, Reiter (Bochtler) – Ehlers, Ballack, Cichon – Ricken, Neuendorf (Frings) – Schroth, Michalke – SR: Michel (Slowakei).

145 **Rumänien**, 26.5., Bukarest, 1:0 n. V. gewonnen (EM-Platzierungsspiel): Jentzsch – Baumann – Ehlers (Brdaric), Dogan – Fährmann (Bochtler), Ballack, Cichon, Schwarz (1) – Ricken – Schroth, Michalke – SR: Hamer (Luxemburg) – „Golden Goal" 101. Minute: Spiel damit beendet.

146 **Schweden**, 29.5., Bukaresu, 2:1 gewonnen (EM-Platz 5): Jentzsch – Baumann – Fährmann, Dogan, Cichon – Frings (1), Ballack, Schwarz – Ricken – Schroth (Brdaric (1)), Michalke (L. Müller) – SR: Radoman (Jugoslawien).

147 **Rumänien**, 1.9., Bukarest, 0:0 unentschieden: Enke – Klitzpera, F. Ernst, Hertzsch – Fahrenhorst (Frommer), Wiblishauser (Voigt) – Scherbe, Bäumer (Dabrowski), Kreuz, Ketelaer, Villa – SR: Dobrinov (Bulgarien).

148 **Schweiz**, 4.9., Basel, 1:1 unentschieden: Enke – Klitzpera, Scherbe, Hertzsch – Rost, Ernst, Blank (Bäumer) – Kreuz (Voigt), Ketelaer – Villa (1), Frommer (Dabrowski) – SR: Sedlacek (Österreich).

149 **Türkei**, 9.9., Kocaeli, 0:2 verloren (EM-Qualifikation): Enke – Klitzpera, Scherbe, Fahrenhorst – Cartus (Knoche), Nehrbauer, Ernst, Ketelaer (Kreuz), Wiblishauser (Bäumer) – Villa, Reich – SR: Pratas (Portugal).

150 **Moldawien**, 13.10., Kischinew, 2:0 gewonnen (EM-Qualifikation): Enke – Klitzpera, Scherbe, Wiblishauser – Reich, Rost, Ernst (Blank), Nehrbauer, Ketelaer (1) (Bäumer) – Villa (Voss), Frommer (1) – SR: Stahl (Schweden).

151 **Niederlande**, 17.11., Aachen, 2:2 unentschieden: Enke – Scherbe – Maltritz, Klitzpera, Blank (Schumann) – Ernst (Dabrowski) – Rost (Voss), Nehrbauer – Bugera (1), Frommer (Rösler (1)), Ketelaer – SR: De Bleeckere (Belgien).

1999: 14 Spiele, 10 Siege, 1 Unentschieden, 3 Niederlagen

152 **USA U23**, 6.2., Jacksonville, 1:0 gewonnen: Kampa (Borel) – Klitzpera (Schumann), Maltritz, Hertzsch – Rost, Nehrbauer, Ernst, Blank (Bäumer) – Bugera (1), Frommer (Keidel), Rösler (Kreuz) – SR: Grady (USA).

153 **Nordirland**, 26.3., Belfast, 0:1 verloren (EM-Qualifikation): Enke – Scherbe (Villa) – Schumann, Hertzsch – Rost, Ernst, Nehrbauer (Blank), Maltritz – Bugera, Rösler, Ketelaer (Deisler) – SR: van Egmond (Niederlande).

154 **Finnland**, 30.3., Weismain, 2:0 gewonnen (EM-Qualifikation): Enke – Klitzpera, Ernst, Hertzsch – Scherbe, Blank (1), Nehrbauer (1) (Schumann), Deisler (Ketelaer, Schindzielorz), Maltritz – Rösler, Reich – SR: Eyal Zur (Israel).

155 **Schottland**, 27.4., Meppen, 2:1 gewonnen: Enke (Borel) – Klitzpera (Voigt), Ernst, Hertzsch – Keidel (Dabrowski), Schindzielorz (Scherbe), Nehrbauer (1) (Rost), Maltritz – Reich (1), Rösler (Villa), Bugera (Frommer) – SR: Lajuks (Lettland).

156 **Moldawien**, 3.6., Wuppertal, 2:0 gewonnen (EM-Qualifikation): Enke – Ernst – Klitzpera, Hertzsch – Maltritz, Deisler, Scherbe (Bugera), Nehrbauer, Blank – Rösler (1), Reich (1) (Rost) – SR: Sammut (Malta).

157 **Finnland**, 3. 9., Lahti, 1:3 verloren: Enke – Ernst – Klitzpera, Hertzsch – Willi, Nehrbauer (Dabrowski), Maltritz (Bierofka), Blank (1) – Kreuz , Reich , Bugera (Timm) – SR: Busacca (Schweiz).

158 **Nordirland**, 7. 9., Lüdenscheid, 1:0 gewonnen: Enke – Ernst – Hertzsch, Maltritz – Schindzielorz, Dabrowski (Bierofka), Voigt (1), Blank – Kreuz (Nehrbauer) – Timm, Frommer – R: Orrason (Island).

159 **Kuwait**, 21. 9., Maskat, 3:1 gewonnen: Hildebrand – Lechner, Rosen, Rapp – Beer, Voss (1), Rothholz (Yilmaz), Engelhardt (Hammerl), Schäper – Kern (1), Bierofka (1) (Forkel) – SR: Al Sheedi (Oman).

160 **Katar**, 23. 9. 1999, Maskat, 4:0 gewonnen: Hildebrand – Lechner (Bierofka), Rosen, Rapp – Schäper, Zinnow, Voss, Kaul (1), Forkel – Kern (2), Yilmaz (1) (Rothholz) – SR: Al Muflah (Oman).

161 **Bahrain**, 25. 9., Maskat, 5:0 gewonnen: Weidenfeller – Hammerl, Rosen, Rapp (Yilmaz (1)) – Beer, Zinnow (1), Engelhardt, Rothholz, Voss (2) – Bierofka (1) (Lechner), Kern (Forkel) – SR: Fadhil (Oman).

162 **Oman**, 27. 9., Maskat, 0:1 verloren: Hildebrand – Hammerl (Rothholz), Rapp, Rosen – Lechner, Zinnow, Kaul, Forkel, Korzynietz – Bierofka, Kern – K.: Kern – SR: Al Mansuri (Katar).

163 **Thailand**, 29. 9., Maskat, 4:1 gewonnen: Weidenfeller – Beer, Rosen, Rapp – Zinnow, Korzynietz, Forkel, (Yilmaz), Voss (1), Schäper – Kern (2), Bierofka (1) (Rothholz) – SR: Al Sheedi (Oman).

164 **Türkei**, 8. 10., Augsburg, 1:1 unentschieden: Enke – Ernst – Klitzpera (Schumann), Hertzsch – Willi, Maltritz, Nehrbauer, Voigt – Ketelaer (1) (Schindzielorz), Rösler (Timm), Kern – SR: Stahl (Schweden).

165 **Österreich**, 23. 11., Burghausen, 3:0 gewonnen: Hildebrand – Borowski (Rosen), Ernst, Rapp (1) – Willi (Korzynietz), Voss (Forkel), Kehl, Schindzielorz, Engelhardt (Köhn) – Falk (1), Kern (1) (Bruns) – SR: Buchhart (Schrobenhausen/Deutschland).

2000: 10 Spiele: 3 Siege, 5 Unentschieden, 2 Niederlagen

166 **Tunesien**, 12. 1., Tunis, 1:2 verloren: Pröll (Hildebrand) – Kehl – Borowski, Engelhardt (Schäper), Rapp, Willi – Korzynietz, Voss, Falk (Zinnow) – Schindzielorz (1), Kern – SR: Yacoubi (Tunesien).

167 **Tunesien**, 15. 1., Bizerte, 0:0 unentschieden: Hildebrand (Pröll) – Ernst – Krösche (Werder Bremen), Rapp, Willi, Schäper – Korzynietz (Borowski), Voss, Kehl – Kern, Bierofka – SR: Boukthiar (Tunesien).

168 **Rumänien**, 22. 2., Koblenz, 1:1 unentschieden: Pröll – Ernst – Lechner, Rapp – Korzynietz (Yilmaz), Schindzielorz (Borowski), Voss (1), Kümmerle, Kehl (Freier) – Kern (Bierofka), Bruns – SR: Van

Hulten (Niederlande).

169 **Kroatien,** 28. 3., Varazdin, 0:2 verloren: Hildebrand – Lechner, Ernst, Rapp – Timm (Falk), Borowski, Schindzielorz (Bugri), Kehl (Freier), Schäper – Bierofka, Kern (Korzynietz) – SR: Ceferin (Slowenien).

170 **Schweiz,** 25. 4., Mainz, 3:0 gewonnen: Hildebrand – Ernst – Lechner, Rapp – Willi (Borowski), Korzynietz (Yilmaz), Schindzielorz (Benthin), Falk (Freier 1), Kümmerle (1) – Bruns (Bierofka), Timm (1) (Christ) – SR: Diederich (Luxemburg).

171 **Norwegen,** 31. 5., Aschaffenburg, 2:2 unentschieden: Pröll – Benthin, Ernst, Rapp – Willi (Borowski), Freier, Kümmerle (Alabi), Rahn – Korzynietz (Yilmaz), Bierofka (1), Bruns, (Köhler) – Dazu ein Eigentor von Kah – SR: Ertl (Günzburg).

172 **Spanien,** 15. 8., Celle, 3:1 gewonnen: Hildebrand – Benthin, Kehl (Müller), Rapp (Borowski) – Voss, Ernst (1), Schiendzielorz – Korzynietz (Yilmaz 1), Freier (Daun), Rahn (1) – Bierofka (Köhler) – SR: Van Hulten (Niederlande).

173 **Griechenland,** 1. 9., Lübeck, 2:1 gewonnen: Hildebrand – Benthin, Borowski, Metzelder – Willi, Schiendzielorz, Ernst, Rahn, Freier (1) (Voss) – Bierofka (1) (Korzynietz), Timm (Bruns) – SR: Gomes-Costa (Portugal).

174 **England,** 6. 10., Derby, 1:1 unentschieden: Wessels – Benthin, Kehl, Metzelder, Rahn – Willi (Korzynietz), Ernst (1), Voss (Freier), Schiendzielorz – Timm, Bierofka – SR: Coue (Frankreich).

175 **Dänemark,** 14. 11., Odense, 2:2 unentschieden: Pröll – Benthin, Müller, Friedrich – Voss (1), Ernst, Schiendzielorz, Rahn (Rosen) – Köhler (Yilmaz), Bruns, Bierofka (Daun (1)) – SR: Brugger (Österreich).

2001: 8 Spiele: 4 Siege, 4 Niederlagen

176 **Bulgarien,** 27. 2., Sofia, 0:1 verloren: Hildebrand (Pröll) – Metzelder, Kehl (Borowski), Benthin – Willi, Müller, Ernst, Rahn (Freier) – Timm, Bruns, Bierofka (Yilmaz) – SR: Piraux (Belgien).

177 **Albanien,** 23. 3., Köln, 8:0 gewonnen: Hildebrand – Metzelder, Kehl (Freier), Benthin – Müller (Korzynietz), Ernst (1), Schiendzielorz, Rahn (1) – Timm (3), Bruns (1), Bierofka (2) (Yilmaz) – SR: Benes (Tschechien).

178 **Griechenland,** 27. 3., Athen, 0:2 verloren: Hildebrand – Benthin (Friedrich/Yilmaz), Kehl, Metzelder, Rahn – Müller, Ernst, Schiendzielorz, Freier – Timm, Bierofka – SR: De Santis (Italien).

179 **Finnland,** 1. 6., Tampere, 3:1 gewonnen: Hildebrand – Benthin, Zepek, Metzelder – Willi, Ernst, Borowski, Rahn – Korzynietz (Daun), Bruns (2) (Zandi), Yilmaz (1) – SR: Trivkovic (Kroatien).

180 **Albanien,** 7. 6., Tirana, 1:0 gewonnen: Hildebrand – Benthin, Kehl, Metzelder – Willi, Borowski, Ernst (Friedrich), Rahn – Korzynietz (Dzaka), Bruns (1) (Daun), Yilmaz – SR: Ryszka (Polen).

181 **Norwegen,** 14. 8., Lilleström 0:3 verloren: Hildebrand (Weidenfeller) – Benthin, Borowski, Zepek – Willi (Yilmaz), Ernst, Freier, Zandi, Rahn – Bruns, Bierofka – SR: Hyytia (Finnland).

182 **England,** 31. 8., Freiburg, 1:2 verloren (EM-Qualifikation): Hildebrand – Friedrich, Zepek, Metzelder (1) – Willi (Daun), Borowski (Yilmaz), Ernst, Rahn – Korzynietz (Freier), Bruns, Bierofka – SR: Mikulski (Polen).

183 **Finnland,** 5. 10., Ahlen, 2:0 gewonnen (EM-Qualifikation): Hildebrand – Friedrich, Borowski (Schindzielorz), Zepek (Daun (2)), Metzelder – Willi, Freier, Ernst, Rahn – Bruns (Fritz), Bierofka – SR: Baskakow (Russland).

2002: 11 Spiele: 6 Siege, 4 Unentschieden, 1 Niederlage

184 **Nordirland,** 12. 2., Belfast, 1:0 gewonnen: Starke – Hinkel, Zepek, Franz, Rau – Preuß, Balitsch (Stark), Mikolajczak, Hitzlsperger (Marx) – Tiffert, Auer (1) – SR: McDonald (Schottland).

185 **Tschechien U20,** 26. 3., Chemnitz, 1:1 unentschieden: Starke – Stark, Franz, Lapaczinski, Rau (Feulner) – Preuß, Balitsch, Mikolajczak, Hitzlsperger (Marx) – Tiffert (Männer), Auer (1) – SR: Mikulski (Polen).

186 **Russland,** 16. 4., Hoffenheim, 2:1 gewonnen: Heimeroth – Stark, Zepek, Franz – Gemiti, Balitsch (Teber), Marx (Mikolajczak), Preuß – Hitzlsperger – Auer (2), Tiffert (Kuranyi) – SR: Gadosi (Slowakei).

187 **Südafrika U23,** 7. 5., Nîmes, 1:1 unentschieden: Starke – Franz (1), Zepek, Stark (Jungnickel) – Preuß, Balitsch (Teber), Hitzlsperger, Rau – Mikolajczak – Tiffert, Auer – SR: ???

188 **Japan,** 11. 5., Istres, 3:3 unentschieden: Starke – Franz, Zepek, Stark (Gemiti) Preuß, Balitsch (Marx), Hinkel, Rau (1) – Mikolajczak (Jungnickel (1)) Tiffert, Auer (1) – SR: ???

189 **Italien,** 13. 5., Frejus, 2:1 gewonnen: Starke – Hinkel, Zepek (1), Gemiti, Franz – Marx, Preuß (Balitsch), Rau (Mikolajczak), Teber – Auer (Jones (1)), Tiffert – SR: ???

190 **Irland,** 15. 5., La Seyne, 2:2 unentschieden: Heimeroth – Hinkel, Franz, Stark, Gemiti – Lauth (Auer (1)), Marx, Rau (Mikolajczak), Teber (Preuß) Tiffert (1), Jones – SR: ???

191 **Italien,** 20. 8., Grosseto, 2:0 gewonnen: Starke – Hinkel (Afriyie), Zepek, Franz, Rau (Schlicke) – Balitsch, Preuß (Marx), Gemiti (Mikolajczak) – Hitzlsperger (Feulner) – Kuranyi (Lauth), Auer (2) –

SR: Ledentu (Frankreich).

192 **Litauen,** 6. 9., Wilna, 4:1 gewonnen (EM-Qualifikation): Starke – Hinkel, Franz (Schlicke), Zepek (1), Rau – Gemiti (Mikolajczak), Balitsch (Vorbeck), Marx – Hitzlsperger – Auer, Jones – SR: Skjerven (Norwegen) – Dazu kommen 3 Eigentore der Litauer.

193 **Bosnien-Herzegowina,** 10. 10., Zenica, 1:5 verloren: Heimeroth – Hinkel, Zepek (Franz), Schlicke, Gemiti (Kling) – Lauth, Preuß (Tiffert), Marx (Afriyie), Mikolajczak – Jones (1), Kuranyi (Jungnickel) – SR: Kandare (Slowenien).

194 **Niederlande,** 19. 11., Aachen, 4:1 gewonnen: Starke – Preuß (Rolfes), Franz, Schlicke, Rau – Feulner (Jungnickel), Tiffert (Afriyie), Hitzlsperger (1), Gemiti (1) (Broich) – Auer, Kuranyi (2) (Vorbeck) – SR: Ersoy (Türkei).

2003: 11 Spiele: 5 Siege, 3 Unentschieden, 3 Niederlagen

195 **Spanien,** am 11. 2., Sa Pobla, 1:3 verloren: Starke (Heimeroth) – Afriyie (Hinkel), Franz (Preuß), Schlicke, Achenbach – Feulner (Broich), Tiffert, Hitzlsperger, Gemiti (Mikolajczak) – Auer (1), Kuranyi (Vorbeck) – SR: Douros (Griechenland).

196 **Litauen,** 28. 3., Fürth, 1:0 gewonnen (EM-Qualifikation): Wiese – Preuß (Westermann), Schlicke, Zepek, Achenbach – Marx, Balitsch, Hitzlsperger (Hanke (1)), Feulner (Broich) – Auer, Teber – SR: Ryszka (Polen).

197 **Serbien & Montenegro,** 29. 4., Wilhelmshaven, 3:2 gewonnen: Wiese – Preuß, Madlung (1) (Abel), Schlicke, Gemiti (Burkhardt) – Feulner, Lapaczinski (Männer), Balitsch (Marx), Hitzlsperger (Hanke 1) – Jones (1), Tiffert – SR: Allaerts (Belgien).

198 **Irland,** 2. 6., Cork, 2:2 unentschieden: Starke – Preuß, Lapaczinski (Madlung), Schlicke – Kringe (Burkhardt), Balitsch, Hitzlsperger (1) – Feulner (Gemiti), Tiffert, Azaouagh (Franz) – Auer (1) – SR: Eriksson (Schweden).

199 **Schottland,** 6. 6., Kilmarnock, 2:2 unentschieden (EM-Qualifikation):Starke – Preuß, Madlung, Lapaczinski, Gemiti – Feulner (Schlicke), Balitsch (1), Tiffert, Hitzlsperger (Azaouagh) – Auer (Kringe), Lauth (1) – SR: Cantalejo (Spanien).

200 **Russland,** 19. 8., Moskau, 1:2 verloren: Wiese – Schlicke (Franz), Madlung, Kling – Tiffert (Kuranyi), Balitsch (Görlitz), Hitzlsperger (Lapaczinski), Gemiti (Rathgeb) – Marx (Burkhardt), Jones, Hanke (1) – SR: Schmolik (Weißrussland).

201 **Island,** 5. 9., Akranes, 3:1 gewonnen (EM-Qualifikation): Wiese – Kringe, Franz, Madlung, Kling – Feulner (Gemiti), Tiffert, Marx, Azaouagh (Hanke 1) – Lauth, Auer (2) (Jones) – SR: Paraty da Silva (Portugal).

202 **Schottland,** 9. 9., Ahlen, 0:1 verloren (EM-Qualifikation): Wiese – Franz, Madlung, Kling – Riether, Azaouagh, Tiffert, Feulner (Marx), Gemiti (Kringe) – Auer (Jones), Hanke – SR: Douros (Griechenland).

203 **Island,** 10. 10., Lübeck, 1:0 gewonnen (EM-Qualifikation): Wiese – Volz (Balitsch), Schlicke, Madlung, Lahm – Feulner (Krontiris), Tiffert, Görlitz – Hanke, Lauth (1), Auer (Achenbach) – SR: Johnsdorf (Luxemburg).

204 **Türkei,** 14. 11., Leverkusen, 1:0 gewonnen (EM-Qualifikation): Wiese – Görlitz (Riether), Schlicke, Madlung, Lahm – Tiffert (Preuß), Balitsch (1), Broich, Hitzlsperger – Hanke (Auer), Lauth – SR: Duhamel (Frankreich).

205 **Türkei,** 18. 11., Istanbul, 1:1 unentschieden (EM-Qualifikation): Wiese – Görlitz, Schlicke (Preuß), Franz, Lahm – Balitsch, Tiffert, Broich, Hitzlsperger (Riether) – Hanke (Auer 1), Lauth – SR: Benes (Tschechien).

2004: 11 Spiele: 6 Siege, 2 Unentschieden, 3 Niederlagen

206 **Schweiz,** 17. 2., Bielefeld, 1:0 gewonnen: Wiese – Görlitz (Preuß), Madlung, Schlicke, Kling – Tiffert, Schweinsteiger (1) (Burkhardt), Balitsch, Hitzlsperger (Gemiti) – Hanke, Podolski (Broich) – SR: Lehner (Österreich).

207 **Georgien A,** 30. 3., Mannheim, 2:2 unentschieden: Wiese – Görlitz (Volz), Preuß (Fathi), Madlung, Kling, Gemiti (Hitzlsperger) – Broich (Krontiris), Schweinsteiger (Podolski), Tiffert, Feulner (1) – Hanke (1) – SR: Szabo (Ungarn).

208 **Griechenland,** 27. 4., Saloniki, 1:2 verloren: Starke – Volz, Franz (Gemiti), Fathi (Madlung), Kling – Tiffert (1), Balitsch, Hitzlsperger (Preuß) – Podolski (Schweinsteiger), Auer (Riether), Hanke – SR: Paparesta (Italien).

209 **Schweiz,** 28. 5., Mainz, 2:1 gewonnen (EM): Wiese – Preuß, Madlung, Fathi – Görlitz, Balitsch, Hitzlsperger (1) (Gemiti) – Tiffert (Riether), Schweinsteiger, Azaouagh (Odonkor) – Auer (1). SR: Layec (Frankreich) (EM-Vorrunde).

210 **Schweden,** 30. 5., Mannheim, 1:2 verloren (EM): Wiese – Volz (Görlitz), Huth, Franz, Gemiti – Odonkor (Schweinsteiger), Riether, Preuß, Feulner (Auer 1) – Podolski, Hanke – SR: Medina Cantalejo (Spanien) (EM-Vorrunde).

211 **Portugal**, 2. 6., Mainz, 1:2 verloren (EM): Wiese – Preuß (Hitzlsperger), Huth, Madlung, Görlitz (Azaouagh) – Riether, Balitsch (Hanke), Schweinsteiger (1), Tiffert – Podolski, Auer – SR: Gilewski (Polen) (EM-Vorrunde).

212 **Litauen**, 17. 8., Celle, 2:0 gewonnen: Rensing – Volz (Lell), Mertesacker, Fathi, Pander (Callsen-Bracker) – Riether (Lehmann), Schulz, Schlaudraff (Schied) – Odonkor (Matip), Hanke 1 (Patschinsky 1), Milchraum – SR: Messner (Österreich).

213 **Serbien & Montenegro**, 7. 9., Dessau, 5:3 gewonnen: Walke – Volz (Lell), Mertesacker (Sinkiewicz), Callsen-Bracker, Pander – Riether (Lehmann 1), Schulz, Odonkor (2) (Milchraum), Schweinsteiger, Ludwig (1) (Schlaudraff) – Hanke (1) (Krontiris) – SR: Sandmoen (Norwegen).

214 **Aserbaidschan**, 8. 10., Baku, 2:0 gewonnen: Rensing – Volz, Callsen-Bracker, Matip (1), Pander (Fathi) – Odonkor, Riether, Lehmann, Ludwig (Senesie), Trochowski (Dejagah) – Hanke (1) – SR: Supraha (Kroatien).

215 **Österreich**, 12. 10., Düsseldorf, 2:0 gewonnen: Rensing – Volz, Matip, Mertesacker, Pander – Riether, Schulz (1), Ludwig (Trochowski) – Odonkor, Hanke (1), Dejagah (Schlaudraff) – SR: Duhamel (Frankreich).

216 **Polen**, 16. 11., Cottbus, 1:1 unentschieden: Walke – Westermann, Callsen-Bracker, Matip, Pander – C. Müller (Ludwig), Lehmann, Schulz (1), Jansen (Senesie), Dejagah – Hanke – SR: Eriksson (Schweden).

2005: 9 Spiele: 7 Siege, 2 Unentschieden

217 **Wales**, 8. 2., Wrexham, 4:0 gewonnen (EM-Qualifikation): Rensing – Volz, Brzenska, Matip, Fathi – Riether (Hampel), Lehmann, Ludwig (1) (Helmes), Senesie (1) (Kießling), Jansen (1) – Hanke (1) – SR: Skomina (Slowenien).

218 **England**, 25. 3., Hull, 2:2 unentschieden (EM-Qualifikation): Rensing – Volz, Sinkiewicz, Matip, Pander – Lehmann, Senesie (Ludwig), Fathi (Brzenska) – Kießling 1 (Hilbert 1), Hanke, Jansen – SR: Jara (Tschechien).

219 **Polen**, 16. 8., Gdingen, 3:1 gewonnen (EM-Qualifikation): Rensing – Volz, Sinkiewicz, Matip, Schulz – Odonkor (1) (Helmes), Riether, Kießling (Trochowski), Lehmann (1) (Fischer), Jansen – Hanke (1) – SR: Papila (Türkei).

220 **Aserbaidschan**, 2. 9., Trier, 2:0 gewonnen (EM-Qualifikation): Adler – Ochs, Huth, Matip (Brzenska), Fathi – Riether, Schulz (1), Trochowski – Odonkor (Helmes), Hanke (1) (Rafael), Hilbert – SR: Moen (Norwegen).

221 **England**, 6. 9., Mainz, 1:1 unentschieden (EM-Qualifikation): Adler – Volz, Huth, Matip, Fathi – Odonkor, Riether, Kießling (1) (Rafael), Lehmann, Hunt (Trochowski) – Hanke – SR: Bebek (Kroatien).

222 **Wales**, 7. 10., Braunschweig, 4:0 gewonnen (EM-Qualifikation): Adler – Hilbert, Brzenska, Matip, Fathi (1) – Lehmann (Baier), Schulz – Odonkor (Polanski), Trochowski, Hunt (Masmanidis 1) – Rafael (2) – SR: Schmolik (Weißrussland).

223 **Österreich**, 11. 10., Sankt Veit, 3:0 gewonnen (EM-Qualifikation): Adler – Volz, Matip, Schulz, Fathi (Hilbert) – Riether, Lehmann (Brzenska 1) – Odonkor, Trochowski, Rafael (Gomez) – Hanke (2) – SR: Salomir (Rumänien).

224 **Tschechien**, 11. 11., Uherské Hradiste, 2:0 gewonnen (EM-Qualifikation, Play-Off): Rensing – Volz, Matip, Schulz (1), Fathi – Lehmann, Riether – Odonkor (Hunt), Kießling, Rafael (1) (Niemeyer) – Hanke (Trochowski) – SR: Szabo (Ungarn).

225 **Tschechien**, 15. 11., Leverkusen, 1:0 gewonnen (EM-Qualifikation, Play-Off): Rensing – Volz (Ochs), Matip, Schulz, Fathi – Riether (Niemeyer), Lehmann – Kießling, Trochowski, Rafael (1) – Hanke (Odonkor) – SR: Halsey (England).

2006: 11 Spiele: 4 Siege, 2 Unentschieden, 5 Niederlagen

226 **Lettland A**, 28. 2., Wolfsburg, 1:2 verloren: Rensing – Ochs, Brzenska (Matip), Sinkiewicz, Fathi (Schulz) – Niemeyer – Hilbert (Castro), Fischer (Helmes) – Polanski (Trochowski) – Masmanidis (Odonkor), Rafael (1) – SR: da Silva (Portugal).

227 **Armenien A**, 21. 3., Ahlen, 3:1 gewonnen: Rensing – Ochs (Volz), Brzenska (Matip), Sinkiewicz, Schulz (1) – Lehmann (Niemeyer), Castro (Polanski) – Odonkor, Trochowski (Fathi 1), Helmes – Kießling (1) – SR: Levi (Israel).

228 **Niederlande**, 17. 5., Doetinchem, 2:2 unentschieden: Rensing (Fromlowitz) – Volz (Ochs), Brzenska (Sinkiewicz), Matip, Fathi (Castro) – Riether (Hilbert 1), Schulz (Lehmann) – Trochowski (Meyer) – Rafael (Masmanidis), Kießling (Polanski), Helmes – Dazu ein Eigentor von Zomer – SR: Verbist (Belgien).

229 **Serbien & Montenegro**, 23. 5., Barcelos, 1:0 gewonnen (EM-Vorrunde): Rensing – Volz, Sinkiewicz, Matip, Fathi – Schulz, Lehmann – Polanski (1) (Castro) – Hilbert (Brzenska), Kießling, Rafael (Eigler) – SR: Gumienny (Belgien).

230 **Frankreich**, 25. 5., Guimaraes, 0:3 verloren (EM-Vorrunde): Rensing – Volz, Sinkiewicz, Matip, Fathi – Ochs (Rafael), Niemeyer (Castro), Riether, Schulz – Meier – Kießling (Helmes) – SR: Undiano (Spanien).

231 **Portugal**, 28. 5., Guimaraes, 0:1 verloren (EM-Vorrunde): Rensing (Fromlowitz) – Volz, Sinkiewicz (Brzenska), Matip, Schulz – Niemeyer (Castro), Lehmann – Polanski – Hilbert, Kießling, Rafael – SR: Yefet (Israel).

232 **Niederlande**, 15. 8., Meppen, 2:2 unentschieden: Tschauner (Neuer) – D. Reinhardt (Ottl), Brzenska, Schönheim (Callsen-Bracker), Bieler – Hilbert, Castro (Kruska), Trochowski (1), Hunt (Dum) – Kießling (1), Rafael (Gomez) – SR: Laursen (Dänemark).

233 **Nordirland**, 1. 9., Lurgan, 3:2 gewonnen (EM-Qualifikation): Rensing – D. Reinhardt, Brzenska, Matip, Schönheim – Hilbert (1), Ottl (Kruska), Castro, Trochowski (1) – Kießling (Rafael), Helmes (1) (Gomez) – SR: Rasmussen (Dänemark).

234 **Rumänien**, 5. 9., Wilhelmshaven, 5:1 gewonnen (EM-Qualifikation): Rensing – D. Reinhardt, Brzenska, Matip, Schönheim (Ottl) – Hilbert (Ochs), Polanski, Castro (1), Trochowski (Hunt 1) – Gomez (1), Helmes (2) – SR: Gumienny (Belgien).

235 **England**, 6. 10., Coventry, 0:1 verloren (EM-Qualifikation): Rensing – D. Reinhardt, Brzenska, Matip, Ochs – Boateng (Dum), Polanski (Ottl), Castro, Hunt – Kießling, Gomez – SR: Trefoloni (Italien).

236 **England**, 10. 10., Leverkusen, 0:2 verloren (EM-Qualifikation): Rensing – D. Reinhardt, Brzenska, Polanski, Ochs (Freis) – Hilbert (Dum), Boateng, Castro, Hunt – Kießling, Gomez – SR: Jara (Tschechien).

2007: 15 Spiele: 9 Siege, 4 Unentschieden, 2 Niederlagen

237 **Schottland**, 6. 2., Cumbernauld, 2:0 gewonnen: Neuer (Kirschbaum) – Castro, Tasci, R. Müller (Fleßers 1), Bieler (Boenisch) – Ebert, Polanski, Kruska (Judt), Ede – Heller (Rosenthal), Hunt (1) (Adlung) – SR: Courtney (Nordirland)

238 **Italien**, 22. 2., Reutlingen, 0:0 unentschieden: Fromlowitz (Kirschbaum) – Beck, R. Müller, Joneleit (Mavraj), Chaftar (Boenisch) – Rosenthal (Brinkmann), Bülow (Fleßers), Fürstner, S. Halfar – Nehrig, Heller (Hennings) – SR: Kever (Schweiz)

239 **Österreich**, 23. 3., Wiener Neustadt, 5:2 gewonnen: Kirschbaum – Beck, Fleßers (1), Aogo, Bieler (Boenisch) – Rosenthal (Khedira), Polanski (Judt), Kruska (1), Dum (Özbek) – Kucukovic (1) (Hennings 1), Heller (Calik 1) – SR: Morganti (Italien)

240 **Tschechien**, 27. 3., Düsseldorf, 1:0 gewonnen: Neuer – Boenisch, Fleßers (Aogo), Hummels, Bieler (Beck) – Özbek, Polanski, Rosenthal, Khedira (Dum) – Heller (1), Hennings (Kucukovic) – SR: Verbist (Belgien)

241 **Schweiz**, 25. 4., Aalen, 4:0 gewonnen: Fromlowitz – Beck, Bertram (Johnson), Hummels, S. Halfar – Özbek (Book) – Ebert (Ziegenbein), Ede (Heller 1) – Aogo (2) – Hennings (1), Calik (Reinert) – SR: Saccani (Italien)

242 **Japan**, 31. 5., Toulon, 1:2 verloren: Fromlowitz – Beck, Fleßers, Aogo, S. Halfar – Ebert (1), Özbek (Calik), Polanski, Grote (K. Boateng) – Dejagah, Heller (Hennings) – SR: Van der Velde (Belgien)

243 **Elfenbeinküste**, 2. 6., Hyères, 0:0 unentschieden: Kirschbaum – Bülow (Hennings), Bertram, D. Schulz, Bieler – Steinhöfer, Polanski (Özbek), K. Boateng, Ebert (Grote) – Calik, Dejagah – SR: Tan (China)

244 **Frankreich**, 4. 6., Aubagne, 1:4 verloren: Fromlowitz – Beck, Fleßers (Bertram), D. Schulz, S. Halfar – Ebert (Bülow), Aogo, K. Boateng, Grote – Calik, Hennings (Dejagah 1) – SR: Strömbergson (Schweden)

245 **Irland**, 21. 8., Fürth, 2:2 unentschieden: Neuer (Fromlowitz) – Beck (1), Boenisch (Marin), Schönheim (Fleßers), Schwaab – Judt (Bieler), Aogo, Kruska – Ede (Grote) – Dejagah (Fürstner), Hennings (1) – SR: Svilokos (Kroatien)

246 **Nordirland**, 7. 9., Lurgan, 3:0 gewonnen (EM-Qualifikation): Neuer – Castro, Schwaab, Schönheim, Boenisch – Kruska, Polanski – Rosenthal, Aogo (Özil 1), Ebert (Özbek) – Dejagah (Hennings 2) – SR: Tagliavento (Italien)

247 **Schweden**, 11. 9., Malmö, 2:1 gewonnen: Fromlowitz – Beck, Schwaab, Schönheim (Aogo), Grote – Özbek (1) (Dejagah), Polanski (Kruska) – Marin, Özil (Rosenthal), Ede – Hennings (1) (Boenisch) – SR: Kralovec (Tschechien)

248 **Israel**, 12. 10., Tel Aviv, 2:2 unentschieden (EM-Qualifikation): Neuer – Beck, Polanski, Schönheim, Aogo – Rosenthal (Özil/J. Boateng), Kruska – Özbek, Khedira, Ebert (Grote) – Hennings (2) – SR: Burrull (Spanien)

249 **Moldawien**, 16. 10., Pirmasens, 3:0 gewonnen (EM-Qualifikation): Neuer – Boateng (Beck), Schwaab, Schönheim, Aogo – Kruska, Rosenthal – Özbek (Ebert), Grote – Özil (2) (Marin) – Hennings (1) – SR: Whitby (Wales)

250 **Island**, 16. 11., Trier, 3:0 gewonnen: Neuer (Kirschbaum) – Beck (Schwaab), Fleßers (1), Höwedes, Bieler (Pezzoni) – Judt, Polanski (Kruska) – Rosenthal (Özbek), Marin (1) – Dejagah (Grote), Schindler (1) (Hennings) – SR: Toussaint (Luxemburg)

251 **Luxemburg**, 20. 11., Luxemburg, 7:0 gewonnen (EM-Qualifikation): Neuer – Schwaab, Hummels, Höwedes (Bieler), Beck – Kruska (1), Rosenthal (2) (Marin) – Özbek (1), Grote – Dejagah (1), Hennings (2) (Schindler) – SR: Jilek (Tschechien)

2008: 10 Spiele: 7 Siege, 2 Unentschieden, 1 Niederlage

252 **Belgien**, 5. 2., Koblenz, 2:1 gewonnen: Kirschbaum – Beck (Schwaab), Hummels, Höwedes, Aogo (1) (Bieler) – Rosenthal, Kruska – Ebert (Özbek), Özil (Schindler), Marin – Dejagah – Dazu ein Eigentor von Ciman – SR: Toussaint (Luxemburg)

253 **Luxemburg**, 25. 3., Wiesbaden, 6:0 gewonnen (EM-Qualifikation): Kirschbaum – Beck, Hummels, Höwedes (Bungert), J. Boateng (Hunt) – Özbek (1), Khedira (3) (Schönheim), Kruska, Grote – Özil (1) – Hennings (1) – SR: Edvartsen (Norwegen)

254 **Ukraine**, 23. 5., Wilhelmshaven, 4:0 gewonnen: Neuer – Beck, Hummels, Höwedes, Aogo (Bieler) – Rosenthal (Bungert), Khedira (2) – Özbek, Hunt – Hennings (D. Halfar 1), Heller (1) – SR: Nijhuis (Niederlande)

255 **Dänemark**, 28. 5., Lübeck, 4:0 gewonnen: Neuer – Beck, Hummels, Bungert, Bieler (Aogo) – Rosenthal, Khedira – Özbek (Bartels), Hunt (1) – Heller (Kruse 1), Hennings (1) (Schindler) – Dazu ein Eigentor von Lange – SR: Moen (Norwegen)

256 **Moldawien**, 19. 8., Tiraspol, 0:1 verloren (EM-Qualifikation): Fromlowitz – Beck, Hummels, Höwedes, Aogo – Khedira, Castro (Grote) – Dejagah (Sukuta-Pasu), Rosenthal – Özil (Özbek) – Hennings – SR: Strahonja (Kroatien)

257 **Nordirland**, 5. 9., Wuppertal, 3:0 gewonnen (EM-Qualifikation): Sippel – Beck (Steinhöfer), Schwaab, Hummels, Aogo (1) (Boenisch) – Kroos (1), Kruska, Khedira, Grote – Özil (Schindler) – Halfar (1) – SR: Koukoulakis (Griechenland)

258 **Israel**, 9. 9., Duisburg, 0:0 unentschieden (EM-Qualifikation): Fromlowitz – Beck, Höwedes, Hummels, Aogo – Kruska, Khedira – Rosenthal, Kroos, Grote – Hennings (Wagner) – SR: Tannerq (England)

259 **Frankreich**, 10. 10., Magdeburg, 1:1 unentschieden (EM-Qualifikation, Play-Off): Neuer – Beck, Schwaab, Höwedes, Boenisch – Kruska, Khedira – Marin (Kroos), Hunt (Schindler), Özil – Dejagah (1) – SR: Moen (Norwegen)

260 **Frankreich**, 15. 10., Metz, 1:0 gewonnen (EM-Qualifikation, Play-Off): Neuer – Beck, Schwaab, Höwedes (1), Boenisch – Polanski, Boateng (Castro) – Schindler (Hennings), Hunt (Kroos) – Özil – Dejagah – SR: Tagliavento (Italien)

261 **Italien**, 18. 11., Osnabrück, 1:0 gewonnen: Fährmann – Beck, Schwaab, Höwedes, Aogo – Castro, Boateng (Adlung) – Özil (Ede), Steinhöfer (Johnson) – Kroos (1) – Dejagah (Wagner) – SR: Collum (Schottland)

2009: 16 Spiele: 7 Siege, 6 Unentschieden, 3 Niederlagen

262 **Irland**, 10. 2., Cork, 1:1 unentschieden: Neuer – Schwaab, Jaissle (Adlung), J. Boateng, Aogo – K. Boateng (Hennings), Khedira (Johnson) – Ebert, Ben-Hatira (Grote) – Halfar (Heller), Wagner (1) – SR: Teixeira Vitienes (Spanien)

263 **Niederlande B**, 27. 3., Ahlen, 0:4 verloren: Neuer (Fromlowitz) – Schwaab, Höwedes, J. Boateng, Aogo – Kruska (Adlung), Özbek (Rosenthal) – Johnson (Heller), Ben-Hatira – Baumjohann – Wagner – SR: Buttimer (Irland)

264 **Weißrussland**, 31. 3., Paderborn, 1:1 unentschieden: Fromlowitz – Schwaab, J. Boateng, Mavraj, Aogo – Adlung (Özbek), Rosenthal (Kruska) – Ben-Hatira, Baumjohann, Schmelzer – Wagner (1) (Heller) – SR: Ennijmi (Frankreich)

265 **Spanien**, 15. 6., Göteborg, 0:0 unentschieden (EM-Vorrunde): Neuer – Beck, J. Boateng, Höwedes, Boenisch (Schmelzer) – Khedira, Aogo – Castro (Ebert), Marin (Ben-Hatira) – Dejagah, Özil – SR: Chapron (Frankreich)

266 **Finnland**, 18. 6., Halmstad, 2:0 gewonnen (EM-Vorrunde): Neuer – Beck, J. Boateng, Höwedes (1), Schmelzer – Khedira, Aogo (Ebert) – Castro, Marin (Ben-Hatira) – Dejagah (1), Özil (Wagner) – SR: Rasmussen (Dänemark)

267 **England**, 22. 6., Halmstad, 1:1 unentschieden (EM-Vorrunde): Neuer – Beck, J. Boateng, Höwedes, Schmelzer – Khedira, Ebert (Aogo) – Castro (1), Ben-Hatira (Marin) – Dejagah, Özil – SR: Rasmussen (Dänemark)

268 **Italien**, 26. 6., Helsingborg, 1:0 gewonnen (EM-Halbfinale): Neuer – Beck (1), J. Boateng, Höwedes, Boenisch – Castro, Aogo – Johnson, Marin (Ben-Hatira) – Dejagah (Wagner), Özil (Hummels) – SR: Proenca (Portugal)

269 **England**, 29.6., Malmö, 4:0 gewonnen (EM-Finale): Neuer – Beck, J. Boateng, Höwedes, Boenisch – Hummels (Aogo) – Johnson (Schwaab), Castro (1), Khedira, Özil (1) (Schmelzer) – Wagner (2) – SR: Kuipers (Niederlande)

270 **Türkei**, 11.8., Kiew, 1:3 verloren: Sippel – Schwaab (Celozzi), S. Langkamp, Hummels (Badstuber), Schmelzer (Bastians) – Bargfrede (Falkenberg), Stindl (Schindler 1) – Marin (Reus), T. Müller (D. Schmidt), Ben-Hatira (Holtby) – Petersen (Hegeler) – SR: Zadeh Hassan (Iran)

271 **Iran**, 12. 8., Kiew, 1:0 gewonnen: Ulreich – Falkenberg (Schmelzer), Badstuber (Hummels), Bastians (Bargfrede), Celozzi (Schwaab) – Reus (Sippel), Neustädter, Hegeler, Holtby (Ben-Hatira 1) – D. Schmidt (Petersen), Schindler (T. Müller) – SR: Tolga (Türkei)

272 **San Marino**, 4. 9., Aachen, 6:0 gewonnen (EM-Qualifikation): Sippel – Schwaab, Hummels (1), Höwedes (1), Bastians – J. Boateng (1), Reinartz (Rudy) – Gebhart, T. Kroos, Naki (1) (Nöthe) – Schieber (2) – SR: Spirkoski (Mazedonien)

273 **Tschechien**, 8.9., Wiesbaden, 1:2 verloren (EM-Qualifikation): Sippel – Schwaab (Sam), Hummels (1), Höwedes, Bastians – J. Boateng, Pezzoni (Schindler) – Celozzi, T. Kroos (Badstuber), Naki – Schieber – SR: Attwell (England)

274 **Slowenien**, 9. 10., Fürth, 3:0 gewonnen: Sippel – Schwaab, Höwedes (S. Langkamp), Badstuber (1), Schmelzer (Bastians) – Kroos (Schindler), Hummels, Hegeler, Sam (Rudy) – T. Müller (Choupo-Moting), Schieber (2) – SR: Drachta (Österreich)

275 **Israel**, 13.10., Frankfurt, 0:0 unentschieden: Ulreich – Schwaab (Schmelzer), Höwedes, Badstuber (S. Langkamp), Bastians – Reinartz, Hummels (Kroos) – Schindler, Rudy (Hegeler) – T. Müller (Sam), Schieber (Choupo-Moting) – SR: Gautier (Frankreich)

276 **Nordirland**, 13. 11., Belfast, 1:1 unentschieden (EM-Qualifikation): Sippel – Schmelzer, S. Langkamp (Choupo-Moting 1), Badstuber, Bastians – Reinartz, Hummels – Kroos, Sam (Schürrle) – T. Müller (Bargfrede), Schieber – SR: Pereira Gomes (Portugal)

277 **San Marino**, 17. 11., Serravalle, 11:0 gewonnen (EM-Qualifikation): Sippel – Schwaab (1), Hummels (3), Badstuber (1) (S. Langkamp), Bastians – Reinartz (Rudy) – Bargfrede (1), Sam (1) – T. Müller (1) – Choupo-Moting (1), Schürrle (1) (Sukuta-Pasu 1) – SR: Ishchenko (Ukraine)

2010: 6 Spiele: 3 Siege, 2 Unentschieden, 1 Niederlage

278 **Island**, 2. 3., Magdeburg, 2:2 unentschieden (EM-Qualifikation): Ulreich – Schwaab, Höwedes, Badstuber, Bastians – Reinartz – Gebhart (1), Rudy (Holtby), Sam – Schieber (1) (Choupo-Moting), Schürrle (Sukuta-Pasu) – SR: Koukoulakis (Griechenland)

279 **Island**, 11. 8., Hafnarfjördur, 1:4 verloren (EM-Qualifikation): Sippel – Diekmeier (Schwaab), Höwedes, Hummels, Schmelzer – Reinartz, Bargfrede (Sukuta-Pasu) – Gebhart, L. Bender (Sam), Großkreutz (1) – Schieber – SR: Berntsen (Norwegen)

280 **Tschechien**, 3. 9., Mlada Boleslav, 1:1 unentschieden (EM-Qualifikation): Baumann – Jung, Kirchhoff (1), Sobiech, Rausch – Moritz – Herrmann (Ekici), Rudy (Götze), Holtby, Mlapa (Funk) – Sukuta-Pasu – SR: De Marco (Italien)

281 **Nordirland**, 7. 9., Ingolstadt, 3:0 gewonnen (EM-Qualifikation): Trapp – Jantschke, Kirchhoff, Bell, Rausch – Ekici (Rudy), Moritz – Holtby (2) (Yalcin), Götze, Vukcevic (Herrmann 1) – Sukuta-Pasu – SR: Kaasik (Estland)

282 **Ukraine**, 11. 10., Unterhaching, 2:1 gewonnen: Baumann (Trapp) – Koch (S. Jung), Kirchhoff, Sobiech (Bell), Rausch (S. Neumann) – Holtby, Moritz (Perdedaj), Gündogan (Funk) – Schürrle (2), Mlapa (Ekici), Vukcevic (Ginczek) – SR: Turpin (Frankreich)

283 **England**, 16. 11., Wiesbaden, 2:0 gewonnen: Baumann – S. Jung, Kirchhoff, Bell (Hornschuh), Rausch (1) (Sobiech) – Rudy (Funk), Moritz, Gündogan (Ginczek) – Mlapa (Beister), Tosun (1), Vukcevic (Salger) – SR: Virant (Belgien)

2011: 4 Spiele: 1 Sieg, 2 Unentschieden, 1 Niederlage

284 **Griechenland**, 9. 2., Athen, 0:0 unentschieden: Trapp – S. Jung (Jantschke), Kirchhoff, Sobiech (Neumann), Rausch (Salger) – Rudy, Funk (Herrmann) – Mlapa (Didavi), Holtby – Sukuta-Pasu (F. Kroos), Tosun (Clemens) – SR: Tritsonis (Griechenland)

285 **Niederlande**, 25.3., Sittard, 3:1 gewonnen: Baumann – Jantschke, Kirchhoff, Neumann, Radjabali-Fardi (Ostrzolek) – Rudy (1) (Hornschuh), Vogt – Vukcevic (C. Schindler), Holtby (1) (S. Jung), Mlapa (Didavi) – Lasogga (1) (Sukuta-Pasu) – SR: Christoffersen (Niederlande)

286 **Italien**, 29. 3., Kassel, 2:2 unentschieden: Trapp – S. Jung, Kirchhoff, Neumann, Rausch – Vogt (Hornschuh) – Rudy (Didavi), Gündogan (Ostrzolek) – Mlapa (Vukcevic), Lasogga (Sukuta-Pasu), Holtby (2) (C. Schindler) – SR: Borski (Polen)

287 **Portugal**, 31. 5., Portimao, 2:4 verloren: Baumann (Trapp) – Jantschke (Perdedaj), Kirchhoff (1) (Funk), Sobiech, Rausch (Ostrzolek) – Hornschuh (C. Schindler) – Rudy (1), Holtby – Mlapa (Herrmann), Lasogga (Didavi), Sukuta-Pasu (Esswein) – SR: Duarte Gomes (Portugal)

Zu Juniorenspielen U 21 wurden berufen:

1 **Abel** Mathias, 22. 6. 1981 (1. FSV Mainz 05) 2003 SCG
3 **Achenbach** Timo, 3. 9. 1982 (Borussia Dortmund 2, VfB Lübeck 1) 2003 ESP, LTU, ISL
4 **Adler** René, 15. 1. 1985 (Bayer Leverkusen) 2005 AZE, ENG, WAL, AUT
5 **Adlung** Daniel, 1. 10. 1987 (SpVgg Greuther Fürth 1, VfL Wolfsburg 4) 2007 SCO – 2008 ITA – 2009 IRL, NED, BLR
4 **Afriyie** Kolia, 6. 4. 1981 (AC Horsens) 2002 ITA, BIH, NED – 2003 ESP
1 **Alabi** Daniel, 12. 9. 1980 (Arminia Bielefeld) 2000 NOR
17 **Allofs** Thomas, 17. 11. 1959 (Fortuna Düsseldorf 15, 1. FC Kaiserslautern 2) 1979 POL, URS – 1980 BEL, Prov. Kanton, ROM, CHN, FRA, BUL – 1981 AUT, FIN, AUT, BUL – 1982 ESP, ESP, URS, ENG, ENG
1 **Alter** André, 20. 8. 1973 (SG Wattenscheid 09) 1994 GRE
3 **Anderbrügge** Ingo, 2. 1. 1964 (Borussia Dortmund) 1985 SUI, CSV, URS
25 **Aogo** Dennis, 14. 1. 1987 (SC Freiburg 13, Hamburger SV 12) 2007 AUT, CZE, SUI, JAP, FRA, IRL, NIR, SWE, ISR, MDA – 2008 BEL, UKR, DEN, MDA, NIR, ISR, ITA – 2009 IRL, NED, BLR, ESP, FIN, ENG, ITA, ENG
23 **Auer** Benjamin, 11. 1. 1981 (Borussia Mönchengladbach 8, 1. FSV Mainz 05 15) 2002 NIR, CZE, RUS, RSA, JPN, ITA, IRL, ITA, LTU, NED – 2003 ESP, LTU, IRL, SCO, ISL, SCO, ISL, TUR, TUR – 2004 GRE, SUI, SWE, POR
3 **Augustin** Ralf, 27. 9. 1960 (Borussia Dortmund) 1979 URS – 1980 SCO, MEX
7 **Aumann** Raimond, 12. 10. 1963 (Bayern München) 1984 SWE – 1985 POR, BUL, CSV, URS, SWE, POR
6 **Azaouagh** Mimoun, 17. 11. 1982 (1. FSV Mainz 05) 2003 IRL, SCO, ISL, SCO – 2004 SUI, POR
12 **Babbel** Markus, 8. 9. 1972 (Bayern München 1, Hamburger SV 11) 1992 CSV, NED, TUR, ALB, ESP, ALB – 1993 IRL, IRL, DEN, GRE, DEN, ESP
8 **Badstuber** Holger, 13. 3. 1989 (Bayern München) 2009 TUR, IRN, CZE, SVN, ISR, NIR, SMR – 2010 ISL
16 **Bäron** Karsten, 24. 4. 1973 (Hamburger SV) 1992 ALB, ESP, ALB – 1993 IRL, IRL, GRE, DEN, LUX – 1994 HUN, TUR, GRE, RUS, HUN – 1996 POR, FRA, FRA
5 **Bäumer** Jens, 9. 8. 1978 (Karlsruher SC) 1998 ROM, SUI, TUR, MDA – 1999 USA
1 **Baier** Daniel, 18. 5. 1984 (TSV München) 2005 WAL
20 **Balitsch** Hanno, 2. 1. 1981 (1. FC Köln 6, Bayer Leverkusen 14) 2002 NIR, CZE, RUS, RSA, JPN, ITA, ITA, LTU – 2003 LTU, SCG, IRL, SCO, RUS, ISL, TUR, TUR – 2004 SUI, GRE, SUI, POR
19 **Ballack** Michael, 26. 9. 1976 (Chemnitzer FC 9, 1. FC Kaiserslautern 10) 1996 DEN, POL, ARM, BUL, POR – 1997 ISR, ALB, UKR, UKR, RUS, POR, ARM, ALB – 1998 CYP, CYP, LIB, GRE, ROM, SWE
3 **Banach** Maurice, 9. 11. 1967, † 17. 11. 1991 (SG Wattenscheid 09) 1989 NED, ISL, FIN
1 **Baranowski** Matthias, 8. 2. 1967 (1. FC Köln) 1987 BUL
5 **Bargfrede** Philipp, 3. 3. 1989 (Werder Bremen) 2009 TUR, IRN, NIR, SMR – 2010 ISL
1 **Bartels** Fin, 7. 2. 1987 (Hansa Rostock) 2008 DEN
5 **Baschetti** Mirko, 2. 12. 1971 (VfL Osnabrück) 1992 NED, TUR, ALB, ESP, ALB
9 **Bastians** Felix, 9. 5. 1988 (SC Freiburg) 2009 TUR, IRN, SMR, CZE, SVN, ISR, NIR, SMR – 2010 ISL
17 **Baumann** Frank, 29. 10. 1975 (1. FC Nürnberg) 1996 DEN, NED, POL, BUL, POR – 1997 ISR, ALB, UKR, UKR, RUS, POR, ARM, ALB – 1998 LIB, GRE, ROM, SWE
1 **Baumann** Karsten, 14. 10. 1969 (1. FC Köln) 1992 SCO
5 **Baumann** Oliver, 2. 6. 1990 (SC Freiburg) 2010 CZE, UKR, ENG – 2011 NED, POR
2 **Baumjohann** Alexander, 23. 1. 1987 (Borussia Mönchengladbach) 2009 NED, BLR
27 **Beck** Andreas, 13. 3. 1987 (VfB Stuttgart 16, TSG 1899 Hoffenheim 11) 2007 ITA, AUT, CZE, SUI, JAP, FRA, IRL, SWE, ISR, MDA, ISL, LUX – 2008 BEL, LUX, UKR, DEN, MDA, NIR, ISR, FRA, FRA, ITA – 2009 ESP, FIN, ENG, ITA, ENG
3 **Beer** Oliver, 14. 9. 1979 (Bayern München) 1999 KUW, BHR, THA
1 **de Beer** Wolfgang, 2. 1. 1964 (MSV Duisburg) 1984 URS
2 **Beierlorzer** Bertram, 31. 5. 1957 (Bayern München) 1983 TUR, AUT
1 **Beiersdorfer** Dietmar, 16. 11. 1963 (Hamburger SV) 1987 FRA
1 **Beister** Maximilian, 6. 9. 1990 (Fortuna Düsseldorf) 2010 ENG
3 **Bell** Stefan, 24. 8. 1991 (TSV München 1860) 2010 NIR, UKR, ENG
9 **Ben-Hatira** Änis, 18. 7. 1988 (MSV Duisburg 7, Hamburger SV 2) 2009 IRL, NED, BLR, ESP, FIN, ENG, ITA, TUR, IRN
1 **Bender** Lars, 27. 4. 1989 (Bayer Leverkusen) 2010 ISL
12 **Benthin** Manuel, 3. 7. 1979 (Tennis Borussia Berlin 2, Union Berlin 10) 2000 SUI, NOR, ESP, GRE, ENG, DEN – 2001 BUL, ALB, GRE, FIN, ALB, NOR
1 **Berg** Rainer, 21. 8. 1965 (SV Darmstadt 98) 1987 FRA

5 **Berthold** Thomas, 12. 11. 1964 (Eintracht Frankfurt) 1984 URS, GRE, SWE – 1986 ITA, KOR
3 **Bertram** Tom, 30. 3. 1987 (Rot-Weiß Erfurt) 2007 SUI, CIV, FRA
11 **Beuchel** René, 31. 7. 1973 (Dynamo Dresden 7, Eintracht Frankfurt 4) 1994 GRE, HUN, MDA – 1995 ESP, GEO, WAL, BUL, BEL, MDA, WAL – 1996 FRA
11 **Bieler** Pascal, 26. 2. 1986 (Rot-Weiss Essen 5, Hertha BSC 6) 2006 NED – 2007 SCO, AUT, CZE, CIV, IRL, ISL, LUX – 2008 BEL, UKR, DEN
10 **Bierhoff** Oliver, 1. 5. 1968 (Bayer Uerdingen 1, Hamburger SV 5, Borussia Mönchengladbach 4) 1988 SUI, FIN, NED – 1989 ISL, CSV, ISL, CMR, CMR – 1990 FRA, URS
22 **Bierofka** Daniel, 7. 2. 1979 (Bayern München 12, TSV München 1860 10) – 1999 FIN, NORI, KUW, QAT, BHR, OMA, THA – 2000 TUN, ROM, CRO, SUI, NOR, ESP, GRE, ENG, DEN – 2001 BUL, ALB, GRE, NOR, ENG, FIN
9 **Binz** Manfred, 22. 9. 1965 (Eintracht Frankfurt) 1987 ENG, DEN, LUX, NED, BUL – 1988 FIN, NED – 1990 URS, URS
2 **Bittorf** Ulrich, 2. 9. 1959 (VfL Bochum) 1981 AUT, BUL
9 **Blank** Stefan, 10. 3. 1977 (Hannover 96) 1998 SUI, MDA, NED – 1999 USA, NIR, FIN, MDA, FIN, NIR
6 **Blau** Rolf, 21. 5. 1952 (VfL Bochum) 1980 Prov. Kanton, MEX, ROM, CHN, FRA, BUL
15 **Boateng** Jerome, 3. 9. 1988 (Hamburger SV) 2007 ISR, MDA – 2008 LUX, FRA, ITA – 2009 IRL, NED, BLR, ESP, FIN, ENG, ITA, ENG, SMR, CZE
6 **Boateng** Kevin-Prince, 6. 3. 1987 (Hertha BSC 5, Borussia Dortmund 1) 2006 ENG, ENG – 2007 JAP, CIV, FRA – 2009 IRL
11 **Bochtler** Michael, 15. 10. 1975 (VfB Stuttgart 5, FC St. Pauli 4, Sturm Graz 2) 1996 NED, POL, BUL, POR – 1997 ISR, ALB, RUS, POR, ARM – 1998 GRE, ROM
1 **Bode** Jörg, 22. 8. 1969 (Hamburger SV) 1991 MAR
4 **Bode** Marco, 23. 7. 1969 (Werder Bremen) 1989 FIN, ISL, CMR, CMR
13 **Boenisch** Sebastian, 1. 2. 1987 (FC Schalke 04 5, Werder Bremen 8) 2007 SCO, ITA, AUT, CZE, IRL, NIR, SWE – 2008 NIR, FRA, FRA – 2009 ESP, ITA, ENG
1 **Book** Nils-Ole, 17. 2. 1986 (MSV Duisburg) 2007 SUI
2 **Borel** Pascal, 26. 9. 1978 (Werder Bremen) 1999 USA, SCO
2 **Borowka** Ulrich, 19. 5. 1962 (Borussia Mönchengladbach) 1982 CSV – 1987 NED
15 **Borowski** Tim. 2. 5. 1980 (Werder Bremen) 1999 AUT – 2000 TUN, TUN, ROM, CRO, SUI, NOR, ESP, GRE – 2001 BUL, FIN, ALB, NOR, ENG, FIN
12 **Brdaric** Thomas, 23. 1. 1975 (VfB Stuttgart 1, Fortuna Düsseldorf 2, Fortuna Köln 9) 1993 LUX – 1996 DEN, NED, POL, BUL – 1997 UKR, ALB – 1998 CYP, CYP, LIB, ROM, SWE
3 **Brehme** Andreas, 9. 11. 1960 (1. FC Saarbrücken 1, 1. FC Kaiserslautern 2) 1980 FRA – 1981 FIN, AUT
6 **Breitenreiter** André, 2. 10. 1973 (Hamburger SV) 1995 WAL, BUL, GEO, MDA – 1996 POR, FRA
1 **Brinkmann** Daniel, 29. 1. 1986 (SC Paderborn 07) 2007 ITA
7 **Broich** Thomas, 29. 1. 1981 (Wacker Burghausen 5, Borussia Mönchengladbach 2) 2002 NED – 2003 ESP, LTU, TUR, TUR – 2004 SUI, GEO
5 **Brummer** Axel, 25. 11. 1961 (1. FC Kaiserslautern) 1982 CSV – 1983 POR, ALG, CHN, HUN
3 **Brunn** Uwe, 20. 11. 1967 (1. FC Köln 1, Borussia Mönchengladbach 2) 1988 SUI – 1989 ISL, CMR
9 **Brunner** Thomas, 10. 8. 1962 (1. FC Nürnberg) 1982 CSV – 1983 ALG, CHN, BRA, FRA, HUN, AUT, TUR, ALB
13 **Bruns** Florian, 21. 8. 1979 (SC Freiburg) 1999 AUT – 2000 ROM, SUI, NOR, GRE, DEN – 2001 BUL, ALB, FIN, ALB, NOR, ENG, FIN
15 **Brzenska** Markus, 25. 5. 1984 (Borussia Dortmund) 2005 WAL, ENG, AZE, WAL, AUT – 2006 LVA, ARM, NED, SBM, POR, NED, NIR, ROM, ENG, ENG
1 **Buchwald** Guido, 24. 6. 1961 (Stuttgarter Kickers) 1980 NED
3 **Bülow** Kai, 31. 5. 1986 (Hansa Rostock) 2007 ITA, CIV, FRA
1 **Büttner** Tobias, 23. 8. 1976 (VfB Stuttgart) 1996 DEN
6 **Bugera** Alexander, 8. 8. 1978 (Bayern München 1, MSV Duisburg 5) 1998 NED – 1999 USA, NIR, SCO, MDA, FIN
1 **Bugri** Francis, 9. 11. 1980 (Borussia Dortmund) 2000 CRO
3 **Bungert** Niko, 24. 10. 1986 (Kickers Offenbach) 2008 LUX, UKR, DEN
3 **Bunte** Michael, 6. 2. 1964 (Fortuna Düsseldorf) 1984 SCO, SWE – 1985 URS
2 **Burghartswieser** Manfred, 23. 8. 1973 (Bayern München 1, TSV München 1860 1) 1994 TUR, RUS
4 **Burkhardt** Thorsten, 21. 5. 1981 (SpVgg Greuther Fürth) 2003 SCG, IRL, RUS – 2004 SUI
5 **Calik** Serkan, 15. 3. 1986 (Rot-Weiss Essen) 2007 AUT, SUI, JAP, CIV, FRA
5 **Callsen-Bracker** Jan-Ingwer, 23. 9. 1984 (Bayer Leverkusen) 2004 LTU, SCG, AZE, POL – 2006 NED
1 **Cartus** Daniel, 2. 9. 1978 (Fortuna Düsseldorf) 1998 TUR
21 **Castro** Gonzalo, 11. 6. 1987 (Bayer Leverkusen) 2006 LVA, ARM, NED, SBM, FRA, POR, NED, NIR, ROM, ENG, ENG – 2007 SCO, NIR – 2008 MDA, FRA, ITA – 2009 ESP, FIN, ENG, ITA, ENG
3 **Celozzi** Stefano, 2. 11. 1988 (VfB Stuttgart) 2009 TUR, IRN, CZE

1 **Chaftar** Mounir, 19. 1. 1986 (Eintracht Frankfurt) 2007 ITA
1 **Chmielewski** Thorsten, 21. 1. 1968 (Bayer Uerdingen) 1990 FRA
5 **Choupo-Moting** Eric-Maxim, 23. 3. 1989 (1. FC Nürnberg) 2009 SVN, ISR, NIR, SMR – 2010 ISL
1 **Christ** Marco, 6. 11. 1980 (1. FC Nürnberg) 2000 SUI
20 **Cichon** Thomas, 9. 7. 1976 (1. FC Köln) 1995 WAL – 1996 DEN, NED, POL, ARM, POR – 1997 ISR, ALB, UKR, UKR, RUS, POR, ARM, ALB – 1998 CYP, CYP, LIB, GRE, ROM, SWE
1 **Clemens** Christian, 4. 8. 1991 (1. FC Köln) 2011 GRE
1 **Conrad** Alexander, 15. 11. 1966 (Eintracht Frankfurt) 1987 LUX
9 **Dabrowski** Christoph, 1. 7. 1978 (Werder Bremen) 1997 UZB, SUI, BEL – 1998 ROM, SUI, NED – 1999 SCO, FIN, NIR
1 **Däbritz** Nico, 26. 8. 1971 (VfB Leipzig) 1993 GRE
8 **Dammeier** Detlev, 18. 10. 1968 (Hannover 96 4, Hamburger SV 4) 1988 SUI, FIN, NED – 1989 BUL, CSV, FIN, CMR, CMR
6 **Daun** Markus, 10. 9. 1980 (Bayer Leverkusen) 2000 ESP, DEN – 2001 FIN, ALB, ENG, FIN
1 **Dehoust** Matthias, 14. 12. 1973 (Waldhof Mannheim) 1995 BUL
3 **Deisler** Sebastian, 5. 1. 1980 (Borussia Mönchengladbach) 1999 NIR, FIN, MDA
20 **Dejagah** Ashkan, 5. 7. 1986 (Hertha BSC 6, VfL Wolfsburg 14) 2004 AZE, AUT, POL – 2007 JAP, CIV, FRA, IRL, NIR, SWE, ISL, LUX – 2008 BEL, MDA, FRA, FRA, ITA – 2009 ESP, FIN, ENG, ITA
1 **Dickel** Norbert, 27. 11. 1961 (Borussia Dortmund) 1987 LUX
4 **Dickgießer** Roland, 9. 11. 1960 (Waldhof Mannheim) 1981 ESP, AUT, FIN – 1982 ESP
4 **Didavi** Daniel, 21. 2. 1990 (VfB Stuttgart) 2011 GRE, NED, ITA, POR
1 **Diekmeier** Dennis, 20. 10. 1989 (Hamburger SV) 2010 ISL
6 **Dierßen** Bernd, 26. 8. 1959 (Arminia Hannover 1, Hannover 96) 1979 POL – 1980 NED, FRA, BUL – 1981 ESP, FIN
11 **Dittus** Uwe, 3. 8. 1959 (Karlsruher SC) 1980 BEL, NED, BUL – 1981 ESP, AUT, FIN – 1982 ESP, URS, URS, ENG – 1983 POR
19 **Dogan** Mustafa, 1. 1. 1976 (KFC Uerdingen 2, Fenerbahce Istanbul 17) 1996 DEN, NED, POL, ARM, BUL, POR – 1997 ISR, ALB, UKR, UKR, RUS, POR, ARM, ALB – 1998 CYP, CYP, GRE, ROM, SWE
3 **Dorfner** Hans, 3. 7. 1965 (1. FC Nürnberg) 1985 SUI, URS, SWE
1 **Dreher** Uwe, 13. 5. 1960 (Kickers Stuttgart) 1980 NED
5 **Dreßen** Hans-Georg, 30. 12. 1964 (Borussia Mönchengladbach) 1985 SUI, BUL, CSV, URS, POR
6 **Drews** Günter, 9. 7. 1967 (Bayer Leverkusen 5, Hannover 96 1) 1986 ITA, KOR, SCO, DEN – 1987 LUX, FRA
5 **Dum** Sascha, 3. 7. 1986 (Alemannia Aachen) 2006 NED, ENG, ENG – 2007 AUT, CZE
6 **Dusend** Ralf, 28. 9. 1959 (Fortuna Düsseldorf) 1979 POL – 1980 Prov. Kanton, MEX, ROM, CHN, NED
1 **Dzaka** Anel, 19. 9. 1980 (Bayer Leverkusen) 2001 ALB
12 **Eberl** Max, 21. 9. 1973 (Bayern München 1, VfL Bochum 11) 1993 LUX – 1994 HUN, RUS, HUN, FIN, MDA – 1995 ESP, GEO, BEL, GEO, MDA, WAL
13 **Ebert** Patrick, 17. 3. 1987 (Hertha BSC) 2007 SCO, SUI, JAP, CIV, FRA, NIR, ISR, MDA – 2008 BEL – 2009 IRL, ESP, FIN, ENG
6 **Eckstein** Dieter, 12. 3. 1964 (1. FC Nürnberg) 1985 URS, POR, CSV – 1986 ITA, SUI, BUL
5 **Ede** Chinedu, 5. 2. 1987, (Hertha BSC 4, MSV Duisburg 1) 2007 SCO, SUI, IRL, SWE – 2008 ITA
5 **Effenberg** Stefan, 2. 8. 1968 (Borussia Mönchengladbach) 1988 FIN, NED – 1989 BUL, ISL – 1990 URS
19 **Ehlers** Uwe, 8. 3. 1975 (Hansa Rostock) 1995 GEO, WAL, BUL – 1996 POR, FRA, NED, POR – 1997 ISR, ALB, UKR, UKR, RUS, POR, ARM – 1998 CYP, CYP, LIB, GRE, ROM
1 **Eichenauer** Henrik, 7. 7. 1968 (SV Darmstadt 98) 1989 BUL
1 **Eigler** Christian, 1. 1. 1984 (SpVgg Greuther Fürth) 2006 SBM
3 **Ekici** Mehmet, 25. 3. 1990 (1. FC Nürnberg) 2010 CZE, NIR, UKR
4 **Engelhardt** Marco, 1. 12. 1980 (Rot-Weiß Erfurt) 1999 KUW, BHR, AUT – 2000 TUN
9 **Engels** Stefan, 6. 9. 1960 (1. FC Köln) 1980 FRA, BUL – 1981 ESP, AUT, BUL – 1982 ESP, ESP, ENG, ENG
15 **Enke** Robert, 24. 8. 1977, † 10. 11. 2009 (Borussia Mönchengladbach) 1997 UZB, SUI, BEL – 1998 ROM, SUI, TUR, MDA, NED – 1999 NIR, FIN, SCO, MDA, FIN, NIR, TUR
1 **Epp** Thomas, 7. 4. 1968 (VfL Bochum) 1988 SUI
31 **Ernst** Fabian, 30. 5. 1979 (Hamburger SV 19, Werder Bremen 12) 1998 ROM, SUI, TUR, MDA, NED – 1999 USA, NIR, FIN, SCO, MDA, FIN, NIR TUR, AUT – 2000 TUN, ROM, CRO, SUI, NOR, ESP, GRE, ENG, DEN – 2001 BUL, ALB, GRE, FIN, ALB, NOR, ENG, FIN
13 **Ernst** Ronny, 7. 5. 1976 (Dynamo Dresden 2, TSV München 1860 10, SpVgg Greuther Fürth 1) 1996 DEN, NED, POL, ARM, POR – 1997 ISR, ALB, UKR, UKR, RUS, POR, ARM, ALB

1 **Eroglu** Timur, 22. 3. 1977 (Waldhof Mannheim) 1996 DEN
1 **Esswein** Alexander, 25. 3. 1990 (Dynamo Dresden) 2011 POR
3 **Fach** Holger, 8. 9. 1962 (Fortuna Düsseldorf) 1983 POR, TUR – 1986 DEN
5 **Fährmann** Christian, 5. 10. 1975 (Hertha BSC) 1998 CYP, CYP, LIB, ROM, SWE
1 **Fährmann** Ralf, 27. 9. 1988 (FC Schalke 04) 2008 ITA
2 **Fahrenhorst** Frank, 24. 9. 1977 (VfL Bochum) 1998 ROM, TUR
4 **Falk** Patrick, 8. 2. 1980 (Eintracht Frankfurt) 1999 AUT – 2000 TUN, CRO, SUI
2 **Falkenberg** Kim, 10. 4. 1988 (SpVgg Greuther Fürth) 2009 TUR, IRN
16 **Falkenmayer** Ralf, 11. 2. 1963 (Eintracht Frankfurt) 1982 SUI, CSV, URS – 1983 POR, TUR, AUT, ALG, CHN, BRA, FRA, HUN, AUT, TUR, ALB – 1984 BEL – 1986 KOR
18 **Fathi** Malik, 29. 10. 1983 (Hertha BSC) 2004 GEO, GRE, SUI, LTU, AZE – 2005 WAL, ENG, AZE, ENG, WAL, AUT, CZE, CZE – 2006 LVA, ARM, NED, SBM, FRA
1 **Feinbier** Markus, 30. 11. 1969 (Bayer Leverkusen) 1989 BUL
13 **Feldhoff** Markus, 29. 8. 1974 (Bayer Uerdingen 7, Bayer Leverkusen 6) 1994 HUN, HUN, FIN, MDA – 1995 ESP, GEO, BUL, BEL, GEO, MDA, WAL, BUL – 1996 FRA
2 **Fellhauer** Andreas, 16. 9. 1971 (Waldhof Mannheim) 1992 NED, TUR
3 **Fensch** Marcell, 23. 8. 1975 (1. FC Köln) 1998 CYP, CYP, LIB
13 **Feulner** Markus, 12. 2. 1982 (Bayern München 11, 1. FC Köln 2) 2002 CZE, ITA, NED – 2003 ESP, LTU, SCG, IRL, SCO, ISL, SCO, ISL – 2004 GEO, SWE
16 **Fiedler** Christian, 27. 3. 1975 (Hertha BSC) 1995 GEO, BEL – 1996 DEN, NED, POL, ARM, BUL – 1997 UKR, UKR, RUS, POR, ARM, ALB – 1998 CYP, CYP, LIB
1 **Fink** Thorsten, 29. 10. 1967 (SG Wattenscheid 09) 1989 CMR
2 **Fischer** Karsten, 27. 5. 1984 (VfL Wolfsburg) 2005 POL – 2006 LVA
8 **Fleßers** Robert, 11. 02. 1987 (Borussia Mönchengladbach) 2007 SCO, ITA, AUT, CZE, JAP, FRA, IRL, ISL
1 **Flick** Thorsten, 22. 8. 1976 (Eintracht Frankfurt) 1996 DEN
7 **Foda** Franco, 23. 4. 1966 (Arminia Bielefeld 1, 1. FC Kaiserslautern 6) 1985 POR – 1987 FRA, ENG, DEN, LUX, NED, BUL
6 **Forkel** Martin, 22. 7. 1979 (Borussia Fulda) 1999 KUW, QAT, BHR, OMA, ROM, AUT
7 **Franck** Thomas, 24. 2. 1971 (Borussia Dortmund) 1990 SWE, SUI – 1991 BUL, BEL, LUX – 1992 SCO, SCO
19 **Franz** Maik, 5. 8. 1981 (VfL Wolfsburg) 2002 NIR, CZE, RUS, RSA, JPN, ITA, IRL, ITA, LTU, BIH, NED – 2003 ESP, IRL, RUS, ISL, SCO, TUR – 2004 GRE, SWE
13 **Freier** Paul, 26. 7. 1979 (VfL Bochum) 2000 ROM, CRO, SUI, NOR, ESP, GRE, ENG – 2001 BUL, ALB, GRE, NOR, ENG, FIN
1 **Freis** Sebastian, 23. 4. 1985 (Karlsruher SC) 2006 ENG
2 **Freund** Horst, 28. 9. 1960 (Borussia Dortmund) 1980 Prov. Kanton, MEX
5 **Frey** Dieter, 31. 10. 1972 (Bayern München) 1993 IRL, DEN, GRE, DEN, ESP
5 **Friedrich** Arne, 29. 5. 1979 (Arminia Bielefeld) 2000 DEN – 2001 GRE, ALB, ENG, FIN
6 **Frings** Torsten, 22. 11. 1976 (Werder Bremen) 1997 ALB – 1998 CYP, CYP, LIB, GRE, SWE
1 **Fritz** Clemens, 7. 12. 1980 (Karlsruher SC) 2001 FIN
12 **Fromlowitz** Florian, 2. 7. 1986 (1. FC Kaiserslautern 8, Hannover 96 4) 2006 NED, POR – 2007 ITA, SUI, JAP, FRA, IRL, SWE – 2008 MDA, ISR – 2009 NED, BLR
7 **Frommer** Nico, 8. 4. 1978 (VfB Stuttgart 6, Borussia Mönchengladbach 1) 1998 ROM, SUI, MDA, NED – 1999 USA, SCO, NIR
6 **Frontzeck** Michael, 26. 3. 1964 (Borussia Mönchengladbach) 1984 BEL, URS, GRE – 1985 POR – 1986 ITA, KOR
4 **Fuchs** Henri, 23. 6. 1970 (Hansa Rostock 1, 1. FC Köln 3) 1991 URS, ENG, BEL, LUX
1 **Fuchs** Uwe, 23. 7. 1966 (FC Homburg) 1986 KOR
2 **Fürstner** Stephan, 11. 9. 1987 (Bayern München) 2007 ITA, IRL
4 **Fuhr** Bernd, 11. 4. 1960 (Kickers Offenbach) 1980 MEX, FRA – 1981 ESP, FIN
5 **Funk** Patrick, 11. 2. 1990 (VfB Stuttgart) 2010 CZE, UKR, ENG – 2011 GRE, POR
7 **Funkel** Wolfgang, 10. 8. 1958 (Bayer Uerdingen) 1985 SUI, BUL, CSV, URS, CSV – 1986 ITA, KOR
6 **Gaudino** Maurizio, 12. 12. 1966 (Waldhof Mannheim 5, VfB Stuttgart 1) 1985 CSV – 1986 ITA, SCO – 1987 LUX, NED, FRA
2 **Gebauer** Claus, 15. 9. 1960 (MSV Duisburg) 1980 SUI, MEX
3 **Gebhart** Timo, 12. 4. 1989 (VfB Stuttgart) 2009 SMR – 2010 ISL, ISL
3 **Geier** Winfried, 23. 8. 1960 (FC Schalke 04) 1980 SUI, BEL, NED
5 **Geiger** Michael, 27. 9. 1960 (Eintracht Braunschweig) 1981 FIN, BUL – 1982 ESP, ESP, ENG
2 **Geilenkirchen** Ralf, 26. 4. 1966 (1. FC Köln) 1986 ITA, KOR
2 **Geils** Karl-Heinz, 20. 5. 1955 (Arminia Bielefeld) 1982 ENG, ENG

20 **Gemiti** Giuseppe, 3. 5. 1981 (Eintracht Frankfurt 4, Udinese Calcio 11, Genoa 1893 5) 2002 RUS, JPN, ITA, IRL, ITA, LTU, BIH, NED – 2003 ESP, SCG, IRL, SCO, RUS, ISL, SCO – 2004 SUI, GEO, GRE, SUI, SWE

1 **Gerlach** Jens, 3. 7. 1970 (1. FC Magdeburg) 1990 SUI

14 **Gerster** Frank, 15. 4. 1976 (Bayern München) 1996 DEN, NED, POL, ARM, BUL – 1997 ISR, ALB, UKR, UKR, ARM, ALB – 1998 CYP, CYP, LIB

1 **Gielchen** Andreas, 27. 10. 1964 (1. FC Köln) 1985 POR

2 **Ginczek** Daniel, 13. 4. 1991 (Borussia Dortmund) 2010 UKR, ENG

4 **Glesius** Arno, 22. 9. 1965 (Karlsruher SC) 1987 ENG, DEN, LUX, NED

9 **Görlitz** Andreas, 31. 1. 1982 (TSV München 1860) 2003 RUS, ISL, TUR, TUR – 2004 SUI, GEO, SUI, SWE, POR

2 **Götze** Mario, 3. 6. 1992 (Borussia Dortmund) 2010 CZE, NIR

6 **Golz** Richard, 5. 6. 1968 (Hamburger SV) 1989 CSV, FIN, CMR – 1990 FRA, URS, URS

6 **Gomez** Mario, 10. 7. 1985 (VfB Stuttgart) 2005 AUT – 2006 NED, NIR, ROM, ENG, ENG

1 **Gomminginger** Thomas, 3. 3. 1966 (VfB Stuttgart) 1986 SUI

4 **Gorski** Bernd, 4. 10. 1959 (Hamburger SV 1, Hannover 96 3) 1979 POL – 1980 SCO, BEL, NED

18 **Gospodarek** Uwe, 6. 8. 1973 (Bayern München 10, VfL Bochum 8) 1993 LUX – 1994 HUN, TUR, RUS, HUN, FIN, MDA – 1995 ESP, WAL, BUL, BEL, GEO, MDA, WAL, BUL – 1996 POR, FRA, FRA

1 **Graf** Daniel, 3. 8. 1977 (1. FC Kaiserslautern) 1997 BEL

2 **Grahammer** Roland, 3. 11. 1963 (1. FC Nürnberg) 1984 BEL, URS

10 **Greiner** Uwe, 8. 8. 1959 (VfB Stuttgart 9, Bayer Leverkusen 1) 1979 POL – 1980 SUI, Prov. Kanton, ROM, CHN, NED, FRA, BUL – 1981 AUT, FIN

1 **Großkreutz** Kevin, 19. 7. 1988 (Borussia Dortmund) 2010 ISL

14 **Grote** Dennis, 9. 8. 1986 (VfL Bochum) 2007 JAP, CIV, FRA, IRL, SWE, ISR, MDA, ISL, LUX – 2008 LUX, MDA, NIR, ISR – 2009 IRL

7 **Gruber** Rigobert, 14. 5. 1961 (Eintracht Frankfurt 3, Werder Bremen 4) 1979 URS – 1980 SCO, SUI – 1981 AUT, FIN – 1982 ESP, URS

2 **Grüner** Roland, 11. 1. 1963 (1. FC Kaiserslautern) 1983 HUN, AUT

3 **Gündogan** Ilkay, 24. 10. 1990 (1. FC Nürnberg) 2010 UKR, ENG – 2011 ITA

2 **Gundelach** Hans-Jürgen, 29. 11. 1963 (Eintracht Frankfurt) 1985 SUI, URS

2 **Haas** Uwe, 26. 2. 1964 (1. FC Köln) 1985 BUL, CSV

23 **Haber** Marco, 21. 9. 1971 (1. FC Kaiserslautern) 1990 SWE, LUX, SUI – 1991 URS, BEL, BUL, ENG, MAR, BEL, LUX – 1992 SCO, SCO, CSV, NED, TUR, ALB, ESP, ALB – 1993 IRL, IRL, DEN, GRE, DEN

1 **Häßler** Thomas, 30. 5. 1966 (1. FC Köln) 1986 BUL

3 **Hager** Tobias, 13. 8. 1973 (Bayern München) 1994 RUS, HUN, FIN

5 **Hagner** Matthias, 15. 8. 1974 (Eintracht Frankfurt) 1994 TUR, GRE – 1995 BUL – 1996 POR, FRA

1 **Hahn** Sebastian, 18. 12. 1975 (KFC Uerdingen) 1996 NED

3 **Halfar** Daniel, 7. 1. 1988 (Arminia Bielefeld) 2008 UKR, NIR – 2009 IRL

4 **Halfar** Sören, 2. 1. 1987 (Hannover 96) 2007 ITA, SUI, JAP, FRA

10 **Hamann** Dietmar, 27. 8. 1973 (Bayern München) 1993 LUX – 1994 TUR, GRE, RUS, HUN, FIN, MDA – 1995 BEL, GEO, BUL

3 **Hammerl** René, 1. 1. 1979 (Sportfreunde Dorfmerkingen) 1999 KUW, BHR, OMA

1 **Hampel** Oliver, 2. 3. 1985 (Hamburger SV) 2005 WAL

26 **Hanke** Mike, 5. 11. 1983 (FC Schalke 04) 2003 LTU, SCG, RUS, ISL, SCO, ISL, TUR, TUR – 2004 SUI, GEO, GRE, SWE, POR, LTU, SCG, AZE, AUT, POL – 2005 WAL, ENG, POL, AZE, ENG, AUT, CZE, CZE

1 **Hannes** Wilfried, 17. 5. 1957 (Borussia Mönchengladbach) 1986 KOR

8 **Happe** Markus, 11. 2. 1972 (Bayer Leverkusen) 1992 CSV, NED, TUR, ALB, ESP – 1993 GRE, DEN, ESP

6 **von Heesen** Thomas, 1. 10. 1961 (Hamburger SV) 1981 AUT – 1982 SUI, CSV, ENG – 1983 ALB – 1985 POR

4 **Hegeler** Jens, 22. 1. 1988 (FC Augsburg) 2009 TUR, IRN, SVN, ISR

3 **Heidenreich** Hans-Jürgen, 17. 8. 1967 (1. FC Nürnberg 1, Hessen Kassel 2) 1988 SUI – 1989 CMR, CMR

3 **Heidenreich** Maximilian, 9. 5. 1967 (Hannover 96) 1985 CSV – 1986 SUI, DEN

4 **Heimeroth** Christofer, 1. 8. 1981 (FC Schalke 04) 2002 RUS, IRL, BIH – 2003 ESP

3 **Heldt** Horst, 9. 12. 1969 (1. FC Köln) 1990 SUI – 1991 URS, MAR

11 **Heller** Marcel, 12. 2. 1986 (Eintracht Frankfurt 8, MSV Duisburg 3) 2007 SCO, ITA, AUT, CZE, SUI, JAP – 2008 UKR, DEN – 2009 IRL, NED, BLR

9 **Helmes** Patrick, 1. 3. 1984 (Sportfreunde Siegen 1, 1. FC Köln 8) 2005 WAL, POL, AZE – 2006 LVA, ARM, NED, FRA, NIR, ROM

13 **Hengen** Thomas, 22. 9. 1974 (1. FC Kaiserslautern) 1994 RUS, HUN, FIN, MDA – 1995 ESP, BEL, GEO, MDA, WAL, BUL – 1996 POR, FRA, FRA

21 **Hennings** Rouwen, 28. 8. 1987 (Hamburger SV 7, VfL Osnabrück 10, FC St. Pauli 4) 2007 ITA, AUT, CZE, SUI, JAP, CIV, FRA, IRL, NIR, SWE, ISR, MDA, ISL, LUX – 2008 LUX, UKR, DEN, MDA, ISR, FRA – 2009 IRL

6 **Herbst** Thomas, 6. 10. 1962 (Eintracht Braunschweig) 1983 ALB, TUR, AUT, ALG, BRA, FRA

3 **Herget** Matthias, 14. 11. 1955 (Bayer Uerdingen) 1983 AUT, TUR, ALB

20 **Herrlich** Heiko, 3. 12. 1971 (Bayer Leverkusen 19, Borussia Mönchengladbach 1) 1990 SUI – 1991 URS, BEL, BUL, ENG, MAR, BEL, LUX – 1992 SCO, SCO, CSV, NED, TUR, ALB, ESP, ALB – 1993 IRL, IRL, DEN, GRE

4 **Herrmann** Patrick, 12. 2. 1991 (Borussia Mönchengladbach) 2010 CZE, NIR – 2011 GRE, POR

13 **Hertzsch** Ingo, 22. 7. 1977 (Chemnitzer FC 3, Hamburger SV 10) 1997 UZB, SUI, BEL – 1998 ROM, SUI – 1999 USA, NIR, FIN, SCO, MDA, FIN, NIR, TUR

8 **Hieronymus** Holger, 22. 2. 1959 (Hamburger SV) 1980 SUI, BEL – 1981 ESP, AUT, FIN, FIN, AUT – 1982 ESP

12 **Hilbert** Roberto, 16. 10. 1984 (SpVgg Greuther Fürth 8, VfB Stuttgart 4) 2005 ENG, AZE, WAL, AUT – 2006 LVA, NED, SBM, POR, NED, NIR, ROM, ENG

18 **Hildebrand** Timo, 5. 4. 1979 (VfB Stuttgart) 1999 KUW, QAT, OMA, AUT – 2000 TUN, TUN, CRO, SUI, ESP, GRE – 2001 BUL, ALB, GRE, FIN, ALB, NOR, ENG, FIN

8 **Hinkel** Andreas, 26. 3. 1982 (VfB Stuttgart) 2002 NIR, JPN, ITA, IRL, ITA, LTU, BIH – 2003 ESP

20 **Hitzelsperger** Thomas, 5. 4. 1982 (Aston Villa) 2002 NIR, CZE, RUS, RSA, ITA, LTU, NED – 2003 ESP, LTU, SCG, IRL, SCO, RUS, TUR, TUR – 2004 SUI, GEO, GRE, SUI, POR

10 **Hochstätter** Christian, 19. 10. 1963 (Borussia Mönchengladbach) 1984 SCO – 1985 POR, SUI, BUL, CSV, URS, SWE, POR – 1990 URS, URS

2 **Hönerbach** Mathias, 13. 4. 1962 (1. FC Köln) 1983 ALB, AUT

1 **Hönnscheidt** Norbert, 3. 11. 1960 (Eintracht Frankfurt) 1980 FRA

22 **Höwedes** Benedikt, 29. 2. 1988 (FC Schalke 04) 2007 ISL, LUX – 2008 BEL, LUX, UKR. MDA, ISR, FRA, FRA, ITA – 2009 NED, ESP, FIN, ENG, ITA, ENG, SMR, CZE, SVN, ISR – 2010 ISL, ISL

1 **Hoffmann** Daniel, 27. 10. 1971 (Hansa Rostock) 1992 TUR

10 **Holtby** Lewis, 18. 9. 1990 (FC Schalke 04 2, VfL Bochum 1, 1. FSV Mainz 05 7) 2009 TUR, IRN – 2010 ISL, CZE, NIR, UKR – 2011 GRE, NED, ITA, POR

1 **Hoos** Herbert, 18. 7. 1965 (1. FC Kaiserslautern) 1984 GRE

4 **Hornschuh** Marc, 2. 3. 1991 (Borussia Dortmund) 2010 ENG – 2011 NED, ITA, POR

3 **Hubner** Michael, 12. 8. 1969 (VfL Bochum) 1990 SWE, LUX, SUI

21 **Hummels** Mats, 16. 12. 1988 (Bayern München 3, Borussia Dortmund 18) 2007 CZE, SUI, LUX – 2008 BEL, LUX, UKR, DEN, MDA, NIR, ISR – 2009 ITA, ENG, TUR, IRN, SMR, CZE, SVN, ISR, NIR, SMR – 2010 ISL

13 **Hunt** Aaron, 4. 9. 1986 (Werder Bremen) 2005 ENG, WAL, CZE – 2006 NED, ROM, ENG, ENG – 2007 SCO – 2008 LUX, UKR, DEN, FRA, FRA

4 **Huth** Robert, 18. 8. 1984 (FC Chelsea) 2004 SWE, POR – 2005 AZE, ENG

1 **Hutwelker** Karsten, 27. 8. 1971 (Fortuna Düsseldorf) 1992 CSV

7 **Illgner** Bodo, 7. 4. 1967 (1. FC Köln) 1985 CSV – 1986 SUI, SCO, DEN, BUL – 1987 LUX, NED

14 **Immel** Eike, 27. 11. 1960 (Borussia Dortmund) 1979 URS – 1980 SCO, BEL – 1981 AUT, BUL – 1982 ESP, ESP, URS, URS, ENG, ENG – 1984 SCO – 1986 ITA, KOR

1 **Jähnig** Uwe, 26. 8. 1969 (Dynamo Dresden) 1992 SCO

1 **Jaissle** Matthias, 5. 4. 1988 (TSG 1899 Hoffenheim) 2009 Irl

2 **Jancker** Carsten, 28. 8. 1974 (1. FC Köln) 1993 ESP – 1994 GRE

4 **Jansen** Marcell, 4. 11. 1985 (Borussia Mönchengladbach) 2004 POL – 2005 WAL, ENG, POL

1 **Janßen** Olaf, 8. 10. 1966 (1. FC Köln) 1987 FRA

4 **Jantschke** Tony, 7. 4. 1990 (Borussia Mönchengladbach) 2010 NIR – 2011 GRE, NED, POR

12 **Jentzsch** Simon, 4. 5. 1976 (Karlsruher SC) 1996 POL, BUL, POR – 1997 ISR, ALB, RUS – 1998 CYP, CYP, LIB, GRE, ROM, SWE

3 **Jeremies** Jens, 5. 3. 1974 (TSV München 1860) 1995 MDA, WAL, BUL

6 **Johnson** Fabian, 11. 12. 1987 (TSV München 1860) 2007 SUI – 2008 ITA – 2009 IRL, NED, ITA, ENG

1 **Joneleit** Torben, 17. 5. 1987 (AS Monaco) 2007 ITA

8 **Jones** Jermaine, 3. 11. 1981 (Eintracht Frankfurt) 2002 ITA, IRL, LTU, BIH – 2003 SCG, RUS, ISL, SCO

4 **Judt** Juri, 24. 7. 1986 (SpVgg Greuther Fürth) 2007 SCO, AUT, IRL, ISL

6 **Jung** Sebastian, 22. 6. 1990 (Eintracht Frankfurt) 2010 CZE, UKR, ENG – GRE, NED, ITA

1 **Jungnickel** Lars, 31. 8. 1981 (Energie Cottbus) 2002 RSA, JPN, BIH, NED

2 **Kampa** Darius, 16. 1. 1977 (FC Augsburg 1, 1. FC Nürnberg 1) 1997 SUI – 1999 USA

3 **Kanopa** Mario, 18. 4. 1977 (Carl Zeiss Jena) 1997 UZB, SUI, BEL

1 **Karl** Steffen, 3. 2. 1970 (Borussia Dortmund) 1991 LUX

2 **Kastl** Manfred, 23. 9. 1965 (Hamburger SV) 1987 LUX, FRA
2 **Kaul** Sebastian, 17. 10. 1979 (KFC Uerdingen) 1999 QAT, OMA
11 **Kehl** Sebastian, 13. 2. 1980 (Hannover 96 5, SC Freiburg 6) 1999 AUT – 2000 TUN, TUN, ROM, CRO, ESP, ENG – 2001 BUL, ALB, GRE, ALB
5 **Keidel** Ralf, 6. 3. 1977 (1. FC Schweinfurt 05 1, Newcastle United 4) 1997 UZB, SUI, BEL – 1999 USA, SCO
11 **Kempe** Thomas, 17. 3. 1960 (MSV Duisburg 10, VfB Stuttgart 1) 1979 POL – 1980 SCO, SUI – 1981 AUT, FIN, AUT, BUL – 1982 ESP, ESP, URS, ENG
11 **Kern** Enrico, 12. 3. 1979 (Tennis Borussia Berlin) 1999 KUW, QAT, BHR, OMA, THA, TUR, AUT – 2000 TUN, TUN, ROM, CRO
4 **Kern** Mario, 16. 8. 1969 (Dynamo Dresden) 1990 SUI – 1991 BEL, BUL, MAR
10 **Ketelaer** Marcel, 3. 11. 1977 (Borussia Mönchengladbach) 1997 SUI, BEL – 1998 ROM, SUI, TUR, MDA, NED – 1999 NIR, FIN, TUR
2 **Keuler** Carsten, 30. 8. 1971 (1. FC Köln) 1992 TUR – 1993 ESP
15 **Khedira** Sami, 4. 4. 1987 (VfB Stuttgart) 2007 AUT, CZE, ISR – 2008 LUX, UKR, DEN, MDA, NIR, ISR, FRA – 2009 IRL, ESP, FIN, ENG, ENG
2 **Kienle** Marc, 22. 10. 1972 (VfB Stuttgart) 1992 CSV, NED
15 **Kießling** Stefan, 25. 1. 1984 (1. FC Nürnberg 11, Bayer Leverkusen 4) 2005 WAL, ENG, POL, ENG, CZE, CZE – 2006 ARM, NED, SBM, FRA, POR, NED, NIR, ENG, ENG
2 **Kirchhoff** Frank, 13. 10. 1965 (Bayer Uerdingen) 1987 ENG, LUX
8 **Kirchhoff** Jan, 1. 10. 1990 (1. FSV Mainz 05) 2010 CZE, NIR, UKR, ENG – 2011 GRE, NED, ITA, POR
7 **Kirschbaum** Thorsten, 20. 4. 1987 (TSG 1899 Hoffenheim) 2007 SCO, ITA, AUT, CIV, ISL – 2008 BEL, LUX
3 **Klauß** Michael, 15. 9. 1970 (Bayer Uerdingen) 1990 SWE, LUX, SUI
1 **Kleppinger** Gerhard, 1. 3. 1958 (FC Schalke 04) 1986 BUL
7 Kling Stephan, 22. 3. 1981 (Hamburger SV) 2002 BIH – 2003 RUS, ISL, SCO – 2004 SUI, GEO, GRE
12 **Klinkert** Michael, 7. 7. 1968 (FC Schalke 04 4, Borussia Mönchengladbach 8) 1988 SUI – 1989 BUL, NED, ISL, CSV, FIN, ISL, CMR, CMR – 1990 FRA, URS, URS
8 **Klinsmann** Jürgen, 30. 7. 1964 (Stuttgarter Kickers 1, VfB Stuttgart 7) 1984 GRE, SCO – 1985 SUI, BUL, CSV, URS, SWE, POR
14 **Klitzpera** Alexander, 19. 10. 1977 (Bayern München 12, Arminia Bielefeld 2) 1997 UZB, SUI, BEL – 1998 ROM, SUI, TUR, MDA, NED – 1999 USA, FIN, SCO, MDA, FIN, TUR
17 **Klos** Stefan, 16. 8. 1971 (Borussia Dortmund) 1991 ENG, MAR, BEL – 1992 SCO, SCO, CSV, NED, TUR, ALB, ESP, ALB – 1993 IRL, IRL, DEN, GRE, DEN, ESP
8 **Klotz** Bernd, 8. 9. 1958 (VfB Stuttgart) 1979 POL, URS – 1980 SCO, SUI, BEL, Prov. Kanton, ROM, CHN
1 **Knoche** Benjamin, 11. 10. 1978 (Borussia Dortmund) 1998 TUR
7 **Kober** Carsten, 11. 10. 1967 (Hamburger SV) 1988 SUI, NED – 1989 NED, FIN, CMR, CMR – 1990 FRA
1 **Koch** Julian, 11. 11. 1990 (MSV Duisburg) 2010 UKR
16 **Kögl** Ludwig, 7. 3. 1966 (Bayern München) 1984 SWE – 1985 POR, BUL, CSV, URS, SWE, POR – 1986 SUI, SCO, DEN, BUL – 1987 LUX, ENG, DEN, NED, BUL
3 **Köhler** Benjamin, 4. 8. 1980 (Hertha BSC) 2000 NOR, ESP, DEN
1 **Köhn** Daniel, 28. 3. 1979 (Hansa Rostock) 1999 AUT
11 **Kohler** Jürgen, 6. 10. 1965 (Waldhof Mannheim) 1985 POR, SUI, CSV, URS, SWE, POR, CSV – 1986 ITA, SCO, BUL – 1987 NED
2 **Kohn** Stefan, 9. 10. 1965 (Bayer Leverkusen) 1986 DEN – 1987 NED
16 **Korzynietz** Bernd, 8. 9. 1979 (Borussia Mönchengladbach) 1999 OMA, THA, AUT – 2000 TUN, TUN, ROM, CRO, SUI, NOR, ESP. GRE, ENG – 2001 ALB, FIN, ALB, ENG
6 **Kraaz** Armin, 3. 2. 1965 (Eintracht Frankfurt) 1984 BEL, URS, SCO, SWE – 1985 POR, CSV
1 **Krämer** Harald, 13. 2. 1964 (Eintracht Frankfurt) 1985 SUI
8 **Kramny** Jürgen, 18. 10. 1971 (1. FC Nürnberg) 1992 NED, ALB, ESP, ALB – 1993 IRL, IRL, GRE, DEN
10 **Kranz** Markus, 4. 8. 1969 (1. FC Kaiserslautern) 1990 SWE, LUX – 1991 URS, BEL, ENG, MAR, BEL, LUX – 1992 SCO, SCO
5 **Kree** Martin, 27. 1. 1965 (VfL Bochum) 1984 SCO – 1985 SUI, BUL, CSV, URS
9 **Kreuz** Markus, 29. 4. 1977 (1. FSV Mainz 05 1, Hannover 96 6) 1997 UZB, SUI, BEL – 1998 ROM, SUI, TUR – 1999 USA, FIN, NIR
7 **Kreuzer** Oliver, 13. 11. 1965 (Karlsruher SC) 1986 SCO – 1987 ENG, DEN, LUX, NED, BUL – 1989 ISL
4 **Kringe** Florian, 18. 8. 1982 (1. FC Köln) 2003 IRL, SCO, ISL, SCO
1 **Krösche** Markus, 17. 9. 1980 (Werder Bremen) 2000 TUN

3 **Krontiris** Emmanuel, 11. 2. 1983 (Alemannia Aachen 2, TSV München 1860 1) 2003 ISL – 2004 GEO, SCG
1 **Kroos** Felix, 12. 3. 1991 (Werder Bremen) 2011 GRE
10 **Kroos** Toni, 4. 1. 1990 (Bayern München 5, Bayer Leverkusen 5) 2008 NIR, ISR, FRA, FRA, ITA – 2009 SMR, CZE, SVN, ISR, NIR
13 **Kroth** Thomas, 26. 8. 1959 (1. FC Köln 12, Eintracht Frankfurt 1) 1980 SCO, SUI, BEL, Prov. Kanton, MEX, ROM, CHN, NED – 1982 URS, URS, ENG, ENG – 1984 SWE
1 **Kruse** Max, 19. 3. 1988 (Werder Bremen) 2008 DEN
4 **Kruse** Thomas, 7. 9. 1959 (FC Schalke 04) 1979 POL, URS – 1980 SCO, SUI
18 **Kruska** Marc André, 29. 6. 1987 (Borussia Dortmund 16, FC Brügge 2) 2006 NED, NIR – 2007 SCO, AUT, IRL, NIR, SWE, ISR, MDA, ISL, LUX – 2008 BEL, LUX, NIR, ISR, FRA – 2009 NED, BLR
1 **Kubik** Manfred, 25. 2. 1967 (Bayer Uerdingen) 1986 DEN
2 **Kucukovic** Mustafa, 5. 11. 1986 (SpVgg Greuther Fürth) 2007 AUT, CZE
3 **Kümmerle** Michael, 21. 4. 1979 (Stuttgarter Kickers) 2000 ROM, SUI, NOR
1 **Kuhlmey** Matthias, 28. 2. 1966 (Hannover 96) 1986 SUI
4 **Kuntz** Stefan, 30. 10. 1962 (VfL Bochum) 1983 AUT, TUR, ALB – 1985 CSV
6 **Kuranyi** Kevin 2. 3. 1982 (VfB Stuttgart) 2002 RUS, ITA, BIH, NED – 2003 ESP, RUS
11 **Kutowski** Günter, 2. 8. 1965 (Borussia Dortmund) 1986 SCO, DEN, BUL – 1987 LUX, NED, FRA, ENG, DEN, LUX, NED, BUL
6 **Labbadia** Bruno, 8. 2. 1966 (Hamburger SV) 1987 FRA, ENG, DEN, LUX, NED, BUL
3 **Lahm** Philipp, 11. 11. 1983 (VfB Stuttgart) 2003 ISL, TUR, TUR
5 **Langkamp** Sebastian, 15. 1. 1988 (Karlsruher SC) 2009 TUR, SVN, ISR, NIR, SMR
5 **Lapaczinski** Denis, 26. 9. 1981 (Hertha BSC) 2002 CZE – 2003 SCG, IRL, SCO, RUS
3 **Lasogga** Pierre-Michel, 15. 12. 1991 (Hertha BSC) 2011 NED, ITA, POR
3 **Lasser** Thomas, 25. 10. 1969 (Eintracht Frankfurt) 1989 CMR – 1990 SWE, LUX
8 **Lauth** Benjamin, 4. 8. 1981 (TSV München 1860) 2002 IRL, ITA, BIH – 2003 SCO, ISL, ISL, TUR, TUR
7 **Lechner** Thomas, 9. 1. 1979, † 24. 5. 2000 (1. FC Kaiserslautern) 1999 KUW, QAT, BHR, OMA – 2000 ROM, CRO, SUI
1 **Legat** Thorsten, 7. 11. 1968 (VfL Bochum) 1988 SUI
6 **Lehmann** Jens, 10. 11. 1969 (FC Schalke 04) 1990 SWE – 1991 URS, BEL, BUL, MAR, LUX
16 **Lehmann** Matthias, 28. 5. 1983 (TSV München 1860) 2004 LTU, SCG, AZE, POL – 2005 WAL, ENG, POL, ENG, WAL, AUT, CZE, CZE – 2006 ARM, NED, SBM, POR
1 **Lehmann** Ralf, 22. 5. 1960 (VfL Osnabrück) 1980 BEL
4 **Leifeld** Uwe, 24. 7. 1966 (VfL Bochum) 1986 SUI, SCO, BUL – 1987 LUX
2 **Leitl** Stefan, 29. 8. 1977 (Bayern München) 1997 SUI, BEL
2 **Lell** Christain, 29. 8. 1984 (1. FC Köln) 2004 LTU, SCG
9 **Lieberknecht** Thorsten, 1. 8. 1973 (1. FC Kaiserslautern 3, Waldhof Mannheim 5, 1. FSV Mainz 05 1) 1994 HUN, TUR, GRE, RUS, HUN, MDA – 1995 WAL, BUL, BEL
21 **Littbarski** Pierre, 16. 4. 1960 (1. FC Köln) 1979 POL, URS – 1980 SCO, SUI, BEL, Prov. Kanton, MEX, ROM, CHN, NED, FRA, BUL – 1981 ESP, AUT, FIN, FIN, BUL – 1982 ESP, ESP, URS, ENG
2 **Löhr** Peter, 1. 9. 1959 (VfR Bürstadt 1, Fortuna Düsseldorf 1) 1980 FRA – 1981 ESP
4 **Löw** Joachim, 3. 2. 1960 (SC Freiburg) 1979 POL, URS – 1980 SCO, SUI
6 **Loose** Ralf, 5. 1. 1963 (Borussia Dortmund) 1982 SUI – 1983 ALG, CHN, BRA, FRA, HUN
8 **Lottner** Dirk, 4. 3. 1972 (Fortuna Köln) 1992 TUR, ALB – 1993 IRL, IRL, DEN, GRE, DEN, ESP
6 **Ludwig** Alexander, 31. 1. 1984 (Hertha BSC) 2004 SCG, AZE, AUT, POL – 2005 WAL, ENG
13 **Luginger** Jürgen, 8. 12. 1967 (FC Schalke 04) 1988 FIN, NED – 1989 BUL, NED, ISL, CSV, FIN, ISL, CMR, CMR – 1990 FRA, URS, URS
1 **Lusch** Michael, 16. 6. 1964 (Borussia Dortmund) 1984 GRE
13 **Madlung** Alexander, 11. 7. 1982 (Hertha BSC) 2003 SCG, IRL, SCO, RUS, ISL, SCO, ISL, T – 2004 SUI, GEO, GRE, SUI, POR
2 **Männer** Jan, 27. 8. 1982 (SC Freiburg) 2002 CZE – 2003 SCG
1 **Malessa** Thorsten, 3. 9. 1977, (Hertha BSC) 1997 UZB
9 **Maltritz** Marcel, 2. 10. 1978 (1. FC Magdeburg 1, VfL Wolfsburg 8) 1998 NED – 1999 USA, NIR, FIN, SCO, MDA, FIN, NIR, TUR
12 **Marin** Marko, 13. 3. 1989 (Borussia Mönchengladbach 11, Werder Bremen 1) 2007 IRL, SWE, MDA, ISL, LUX – 2008 BEL, FRA – 2009 ESP, FIN, ENG, ITA, TUR
14 **Marx** Thorben, 1. 6. 1981 (Hertha BSC) 2002 NIR, CZE, RUS, JPN, ITA, IRL, ITA, LTU, BIH – 2003 LTU, SCG, RUS, ISL, SCO
3 **Masmanidis** Ioannis, 9. 3. 1983 (Karlsruher SC 1, Arminia Bielefeld 2) 2005 WAL – 2006 LVA, NED
7 **Mathy** Reinhold, 12. 4. 1962 (Bayern München) 1982 SUI – 1983 POR, ALB, HUN, AUT, TUR – 1984 BEL

22 **Matip** Marvin, 25. 9. 1985 (VfL Bochum 6, 1. FC Köln 16) 2004 LTU, AZE, AUT, POL – 2005 WAL, ENG, POL, AZE, ENG, WAL, AUT, CZE, CZE – 2006 LVA, ARM, NED, SBM, FRA, POR, NIR, ROM, ENG

15 **Matthäus** Lothar, 21. 3. 1961 (Borussia Mönchengladbach) 1979 URS – 1980 NED, BUL, FRA – 1981 ESP, AUT, FIN, FIN, AUT, BUL – 1982 ESP, ESP, URS – 1983 TUR, AUT

2 **Mavraj** Mergim, 9. 6. 1986 (SV Darmstadt 98 1, VfL Bochum 1) 2007 ITA – 2009 BLR

2 **Meier** Alexander, 17. 1. 1983 (Eintracht Frankfurt) 2006 NED, FRA

2 **Meissner** Stefan, 8. 3. 1973 (VfL Wolfsburg) 1994 FIN – 1995 ESP

1 **Merkle** Andreas, 17. 4. 1962 (VfB Stuttgart) 1986 DEN

3 **Mertesacker** Per, 29. 9. 1984 (Hannover 96) 2004 LTU, SCG, AUT

2 **Metschies** Ulf, 22. 9. 1963 (VfL Osnabrück) 1983 ALG, BRA

12 **Metz** Gunther, 8. 8. 1967 (Karlsruher SC) 1988 SUI, FIN, NED – 1989 BUL, NED, CSV, FIN, CMR, CMR – 1990 FRA, URS, URS

9 **Metzelder** Christoph, 5. 11. 1980 (Borussia Dortmund) 2000 GRE, ENG – 2001 BUL, ALB, GRE, FIN, ALB, ENG, FIN

17 **Michalke** Kai, 5. 4. 1976 (VfL Bochum) 1996 NED, POL, ARM, BUL, POR – 1997 ALB, UKR, UKR, RUS, POR, ARM, ALB – 1998 CYP, CYP, GRE, ROM, SWE

11 **Mikolajczak** Christian, 15. 5. 1981 (Hannover 96 7, LR Ahlen 4) 2002 NIR, CZE, RUS, RSA, JPN, ITA, IRL, ITA, LTU, BIH – 2003 ESP

2 **Milchraum** Patrick, 26. 5. 1984 (TSV München 1860) 2004 LTU, SCG

1 **Milewski** Jürgen, 19. 10. 1957 (Hamburger SV) 1981 BUL

2 **Mill** Frank 23. 7. 1958 (Rot-Weiss Essen) 1980 FRA, BUL

7 **Mlapa** Peniel, 20. 2. 1991 (TSG 1899 Hoffenheim) 2010 CZE, UKR, ENG – 2011 GRE, NED, ITA, POR

1 **Möhlmann** Benno, 1. 8. 1954 (Werder Bremen) 1982 ENG

4 **Möller** Andreas, 2. 9. 1967 (Borussia Dortmund) 1988 SUI, FIN, NED – 1990 URS

4 **Moritz** Christoph, 27. 1. 1990 (FC Schalke 04) 2010 CZE, NIR, UKR, ENG

9 **Moser** Hans-Werner, 24. 9. 1965 (1. FC Kaiserslautern) 1984 SCO – 1985 BUL, CSV – 1986 SUI, SCO, BUL – 1987 LUX, NED, FRA

1 **Müller** Christian, 28. 2. 1984 (Hertha BSC) 2004 POL

9 **Müller** Lars, 22. 3. 1976 (Borussia Dortmund 3, KFC Uerdingen 6) 1996 NED, POL, ARM, BUL – 1997 ISR, UKR – 1998 CYP, CYP, SWE

2 **Müller** Robert, 12. 11. 1986, (Hertha BSC) 2007 SCO, ITA

5 **Müller** Stefan, 8. 3. 1974 (SC Freiburg) 1994 RUS, HUN, FIN – 1995 ESP – 1996 FRA

5 **Müller** Sven, 4. 4. 1980 (VfL Wolfsburg) 2000 ESP, DEN – 2001 BUL, ALB, GRE

6 **Müller** Thomas, 13. 1. 1989 (Bayern München) 2009 TUR, IRN, SVN, ISR, NIR, SMR

6 **Müller** Uwe, 16. 10. 1963 (Eintracht Frankfurt) 1984 URS, GRE, SCO, SWE – 1985 BUL, CSV

12 **Münch** Markus, 7. 9. 1972 (Bayern München) 1992 CSV, NED, TUR, ALB, ESP, ALB – 1993 IRL, IRL, DEN, GRE, DEN, ESP

2 **Naki** Deniz, 9. 7. 1989 (FC St. Pauli) 2009 SMR, CZE

1 **Nehrig** Bernd, 28. 9. 1986 (SpVgg Unterhaching) 2007 ITA

13 **Nehrbauer** Thorsten, 12. 1. 1978 (Bayer Leverkusen 2, Fortuna Düsseldorf 8, Arminia Bielefeld 3) 1997 UZB, SUI – 1998 TUR, MDA, NED – 1999 USA, NIR, FIN, SCO, MDA, FIN, NIR, TUR

22 **Nerlinger** Christian, 21. 3. 1973 (Bayern München) 1992 CSV – 1993 IRL, GRE, DEN, LUX, ESP – 1994 HUN, TUR, GRE, HUN, FIN, MDA – 1995 ESP, GEO, WAL, BUL, BEL, MDA, WAL – 1996 POR, FRA, FRA

4 **Neubarth** Frank, 29. 7. 1962 (Werder Bremen) 1983 POR, ALG, CHN, FRA

23 **Neuendorf** Andreas, 9. 2. 1975 (Reinickendorfer Füchse 1, Bayer Leverkusen 20, Hertha BSC 2) 1994 GRE, RUS, HUN, FIN, MDA – 1995 GEO, WAL, BUL – 1996 POR, FRA, FRA, POL, ARM, BUL, POR – 1997 ISR, ALB, UKR, RUS, POR, ARM – 1998 LIB, GRE

20 **Neuer** Manuel, 27. 3. 1986 (FC Schalke 04) 2006 NED – 2007 SCO, CZE, IRL, NIR, ISR, MDA, ISL, LUX – 2008 UKR, DEN, FRA, FRA – 2009 IRL, NED, ESP, FIN, ENG, ITA, ENG

4 **Neumann** Sebastian, 18. 2. 1991 (Hertha BSC) 2010 UKR – 2011 GRE, NED, ITA

13 **Neun** Jörg, 7. 5. 1966 (Kickers Offenbach 1, 1. FC Nürnberg 1, Waldhof Mannheim 10, Borussia Mönchengladbach 1) 1985 SUI, CSV – 1986 SCO, DEN, BUL – 1987 LUX, NED, FRA, ENG, DEN, LUX, NED, BUL

1 **Neustädter** Roman, 18. 2. 1988 (Borussia Mönchengladbach) 2009 IRN

6 **Niemeyer** Peter, 22. 11. 1983 (Twente Enschede) 2005 CZE, CZE – 2006 LVA, ARM, FRA, POR

1 **Nitsche** Frank, 18. 3. 1964 (1. FC Nürnberg) 1985 SUI

1 **Nöthe** Christopher, 3. 1. 1988 (SpVgg Greuther Fürth) 2009 SMR

12 **Nowotny** Jens (Karlsruher SC) 1994 HUN, TUR, GRE, FIN, MDA – 1995 GEO, WAL, BUL, BUL – 1996 POR, FRA, FRA

9 **Ochs** Patrick, 14. 5. 1984 (Eintracht Frankfurt), 2005 AZE, CZE – 2006 LVA, ARM, NED, FRA, ROM, ENG, ENG

15 **Odonkor** David, 21. 2. 1984 (Borussia Dortmund) 2004 SUI, SWE, LTU, SCG, AZE, AUT – 2005 POL, AZE, ENG, WAL, AUT, CZE, CZE – 2006 LVA, ARM

18 **Özbek** Baris, 14. 9. 1986 (Rot-Weiss Essen 5, Galatasaray Istanbul 13) 2007 AUT, CZE, SUI, JAP, CIV, NIR, SWE, ISR, MDA, ISL, LUX – 2008 BEL, LUX, UKR, DEN, MDA – 2009 IRL, NED, BLR

16 **Özil** Mesut, 15. 10. 1988 (FC Schalke 04 4, Werder Bremen 12) 2007 NIR, SWE, ISR, MDA – 2008 BEL, LUX, MDA, NIR, FRA, FRA, ITA – 2009 ESP, FIN, ENG, ITA, ENG

2 **Opitz** Michael, 16. 7. 1962 (FC Schalke 04) 1982 SUI, CSV

1 **Ordenewitz** Frank, 25. 3. 1965 (Werder Bremen) 1985 SUI

3 **Ostrzolek** Matthias, 5. 6. 1990 (VfL Bochum) 2011 NED, ITA, POR

16 **Otten** Jonny, 31. 1. 1961 (Werder Bremen) 1979 POL, URS – 1980 SCO, SUI – 1981 ESP, AUT, FIN, FIN, AUT, BUL – 1982 ESP, ESP, URS, URS, ENG, ENG

4 **Ottl** Andreas, 1. 3. 1985 (Bayern München) 2006 NED, NIR, ROM, ENG

1 **Otto** Oliver, 21. 11. 1972 (VfB Stuttgart) 1992 CSV

6 **Pander** Christian, 28. 8. 1983 (FC Schalke 04) 2004 LTU, SCG, AZE, AUT, POL – 2005 ENG

11 **Paßlack** Stephan, 24. 8. 1970 (Bayer Uerdingen) 1990 SWE, SUI – 1991 URS, BEL, BUL, ENG, MAR, BEL, LUX – 1992 SCO, SCO

1 **Patschinsky** Denni, 26. 8. 1983 (Eintracht Braunschweig) 2004 LTU

1 **Patzke** Wolfgang, 24. 2. 1959 (VfL Bochum) 1981 FIN

2 **Perdedaj** Fanol, 16. 7. 1991 (Hertha BSC) 2010 UKR – 2011 POR

2 **Petersen** Nils, 6. 12. 1988 (Energie Cottbus) 2009 TUR, IRN

2 **Pezzoni** Kevin, 22. 3. 1989 (Blackburn Rovers 1, 1. FC Köln 1) 2007 ISL – 2009 CZE

9 **Pflipsen** Karlheinz, 31. 10. 1970 (Borussia Mönchengladbach) 1990 SWE, LUX, SUI – 1991 URS, BEL, BUL, ENG, MAR – 1992 SCO

3 **Pförtner** Christiaan, 3. 3. 1966 (Fortuna Köln) 1987 LUX, NED, BUL

3 **Plath** Manfred, 12. 12. 1961 (1. FC Kaiserslautern) 1983 ALG, FRA, CHN

5 **Podolski** Lukas, 4. 6. 1985 (1. FC Köln) 2004 SUI, GEO, GRE, SWE, POR

19 **Polanski** Eugen, 17. 3. 1986 (Borussia Mönchengladbach 18, FC Getafe 1) 2005 WAL – 2006 LVA, ARM, NED, SBM, POR, ROM, ENG, ENG – 2007 SCO, AUT, CZE, JAP, CIV, NIR, SWE, ISR, ISL – 2008 FRA

4 **Pomp** Manfred, 26. 10. 1964 (Bayer Leverkusen) 1984 URS, GRE, SCO – 1985 POR

18 **Poschner** Gerhard, 23. 9. 1969 (VfB Stuttgart 6, Borussia Dortmund 12) 1989 BUL, NED, ISL, CMR, CMR – 1990 FRA, SWE, LUX, SUI – 1991 URS, BEL, BUL, ENG, MAR, BEL, LUX – 1992 SCO, SCO

2 **Preetz** Michael, 17. 8. 1967 (Fortuna Düsseldorf) 1988 FIN – 1989 CSV

23 **Preuß** Christoph, 4. 7. 1981 (Eintracht Frankfurt 15, Bayer Leverkusen 8) 2002 NIR, CZE, RUS, RSA, JPN, ITA, IRL, ITA, BIH, NED – 2003 ESP, LTU, SCG, IRL, SCO, TUR, TUR – 2004 SUI, GEO, GRE, SUI, SWE, POR

6 **Pröll** Markus, 28. 8. 1979 (1. FC Köln) 2000 TUN, TUN, ROM, NOR, DEN – 2001 BUL

12 **Quaisser** Ulf, 12. 10. 1962 (Waldhof Mannheim) 1982 SUI, CSV – 1983 POR, ALB, TUR, AUT, ALG, CHN, BRA, FRA, HUN, AUT

2 **Quallo** Peter, 2. 10. 1971 (Borussia Dortmund) 1990 LUX, SUI

1 **Radjabali-Fardi** Shervin, 17. 5. 1991 (Alemannia Aachen) 2011 NED

13 **Rafael** Nando, 10. 1. 1984 (Hertha BSC 6, Borussia Mönchengladbach 7) 2005 AZE, ENG, WAL, AUT, CZE, CZE – 2006 LVA, NED, SBM, FRA, POR, NED, NIR

13 **Rahn** Christian, 15. 6. 1979 (FC St. Pauli) 2000 NOR, ESP, GRE, ENG, DEN – 2001 BUL, ALB, GRE, FIN, ALB, NOR, ENG, FIN

3 **Rahn** Uwe, 21. 5. 1962 (Borussia Mönchengladbach) 1982 CSV – 1983 AUT – 1984 BEL

18 **Ramelow** Carsten, 20. 3. 1974 (Hertha BSC 16, Bayer Leverkusen 2) 1993 LUX – 1994 HUN, GRE, RUS, HUN, FIN, MDA – 1995 ESP, GEO, WAL, BUL, BEL, GEO, MDA, WAL, BUL – 1996 FRA, FRA

13 **Rapp** Marcel, 16. 4. 1979 (Karlsruher SC 12, Rot-Weiß Oberhausen 1) 1999 KUW, QAT, BHR, OMA, THA, AUT – 2000 TUN, TUN, ROM, CRO, SUI, NOR, ESP

6 **Rasiejewski** Jens, 1. 1. 1975 (FSV Frankfurt 2, Hannover 96 4) 1993 LUX – 1994 HUN – 1996 POR – 1997 RUS, ARM, ALB

1 **Rath** Marcel, 3. 9. 1975 (Hertha BSC) 1996 DEN

2 **Rath** Thomas, 26. 7. 70 (Victoria Frankfurt/Oder 1, Hertha BSC 1) 1991 BUL, MAR

1 **Rathgeb** Tobias, 3. 5. 1982 (VfB Stuttgart) 2003 RUS

9 **Rau** Tobias, 31. 12. 1981 (VfL Wolfsburg) 2002 NIR, CZE, RSA, JPN, ITA, IRL, ITA, LTU, NED

7 **Rausch** Konstantin, 15. 3. 1990 (Hannover 96) 2010 CZE, NIR, UKR, ENG – 2011 GRE, ITA, POR

12 **Reck** Oliver, 27. 2. 1965 (Kickers Offenbach 2, Werder Bremen 10) 1984 GRE – 1985 SUI – 1987 ENG, DEN, LUX, NED, BUL – 1988 FIN, NED – 1989 BUL, NED, ISL

11 **Reich** Marco, 30. 12. 1977 (1. FC Kaiserslautern) 1997 UZB, RUS, POR, BEL – 1998 LIB, TUR, MDA – 1999 FIN, SCO, MDA, FIN

15 **Reichert** Peter, 4. 8. 1961 (VfB Stuttgart) 1982 SUI, ENG, ENG – 1983 POR, ALB, TUR, AUT, CHN, BRA, FRA, HUN, AUT, TUR, ALB – 1984 BEL

6 **Reinartz** Stefan, 1. 1. 1989 (Bayer Leverkusen) 2009 SMR, ISR, NIR, SMR – 2010 ISL, ISL

3 **Reinders** Uwe, 19. 1. 1955 (Werder Bremen) 1982 ESP, URS, URS

1 **Reinert** Sebastian, 20. 4. 1987 (1. FC Kaiserslautern) 2007 SUI

14 **Reinhardt** Alois, 18. 11. 1961 (1. FC Nürnberg 12, Bayer Leverkusen 2) 1982 SUI, CSV, URS, ENG, ENG – 1983 POR, ALB, TUR, AUT, HUN – 1984 BEL, GRE – 1989 BUL, NED

5 **Reinhardt** Dominik, 19. 12. 1984 (1. FC Nürnberg) 2006 NED, NIR, ROM, ENG, ENG

12 **Reinhardt** Knut, 27. 4. 1968 (Bayer Leverkusen) 1988 SUI, FIN, NED – 1989 BUL, CSV, FIN, ISL, CMR, CMR – 1990 FRA, URS, URS

7 **Reis** Thomas, 4. 10. 1973 (Eintracht Frankfurt 3, VfL Bochum 4) 1993 LUX – 1994 TUR, GRE – 1995 BEL, GEO, MDA, BUL

14 **Reiter** Markus, 10. 8. 1976 (MSV Duisburg) 1996 DEN, NED, POL, ARM, BUL, POR – 1997 ALB, UKR, UKR, RUS, ALB – 1998 CYP, LIB, GRE

1 **Rekers** Christof, 25. 8. 1967 (VfL Osnabrück) 1988 SUI

4 **Remark** Thomas, 5. 10. 1959 (Hertha BSC) 1980 SUI, MEX, ROM, CHN

18 **Rensing** Michael, 14. 5. 1984 (Bayern München) 2004 LTU, AZE, AUT – 2005 WAL, ENG, POL, CZE, CZE – 2006 LVA, ARM, NED, SBM, FRA, POR, NIR, ROM, ENG, ENG

2 **Reus** Marco, 31. 5. 1989 (Borussia Mönchengladbach) 2009 TUR, IRN

11 **Reuter** Stefan, 16. 10. 1966 (1. FC Nürnberg) 1985 SWE, POR, CSV – 1986 ITA, KOR, SUI, SCO, DEN, BUL – 1987 NED, LUX

17 **Ricken** Lars, 10. 7. 1976 (Borussia Dortmund) 1995 WAL, BUL, BEL, GEO, MDA, WAL – 1996 POR, FRA, FRA, ARM, BUL – 1997 ISR, ALB, POR – 1998 GRE, ROM, SWE

1 **Riedl** Thomas, 18. 6. 1976 (1. FC Kaiserslautern) 1996 NED

4 **Riedle** Karlheinz, 16. 9. 1965 (Blau-Weiß 90 Berlin 1, Werder Bremen 3) 1986 DEN – 1987 FRA, ENG, NED

20 **Riether** Sascha, 23. 3. 1983 (SC Freiburg) 2003 SCO, TUR, TUR – 2004 GRE, SUI, SWE, POR, LTU, SBM, AZE, AUT – 2005 WAL, POL, AZE, ENG, AUT, CZE, CZE – 2006 NED, FRA

1 **Riethmann** Frank, 9. 12. 1975 (Borussia Dortmund) 1996 POL

1 **Rietpietsch** Mike, 26. 3. 1974 (Bayer Leverkusen) 1994 FIN

8 **Rösler** Sascha, 28. 10. 1977 (SSV Ulm 1846) 1997 SUI – 1998 NED – 1999 USA, NIR, FIN, SCO, MDA, TUR

1 **Rolfes** Simon, 21. 1. 1982 (Werder Bremen) 2002 NED

20 **Rolff** Wolfgang, 26. 12. 1959 (OSC Bremerhaven 5, Fortuna Köln 11, Hamburger SV 4) 1980 BEL, Prov. Kanton, MEX, ROM, CHN, NED, FRA, BUL – 1981 FIN, FIN, AUT, BUL – 1982 SUI, ESP, URS, URS, ENG – 1985 BUL, SWE, POR

7 **Rosen** Alexander, 10. 4. 1979 (Eintracht Frankfurt 6, FC Augsburg 1) 1999 KUW, QAT, BHR, OMA, THA, AUT – 2000 DEN

17 **Rosenthal** Jan, 7. 4. 1986 (Hannover 96) 2007 SCO, ITA, AUT, CZE, NIR, SWE, ISR, MDA, ISL, LUX – 2008 BEL, UKR, DEN, MDA, ISR – 2009 NED, BLR

7 **Rost** Timo, 29. 8. 1978 (VfB Stuttgart) 1998 SUI, MDA, NED – 1999 USA, NIR, SCO, MDA

8 **Roth** Dietmar, 16. 9. 1963 (Karlsruher SC 6, FC Schalke 04 2) 1984 SCO, SWE – 1985 POR, SUI, BUL, CSV, URS, SWE

5 **Rothholz** Michael, 25. 8. 1979 (Borussia Dortmund) 1999 KUW, QAT, BHR, OMA, THA

12 **Rudy** Sebastian, 28. 2. 1990 (VfB Stuttgart 5, TSG 1899 Hoffenheim 7) 2009 SMR, SVN, ISR, SMR – 2010 ISL, CZE, NIR, ENG – 2011 GRE, NED, ITA, POR

1 **Ruländer** Matthias, 16. 8. 1964 (Werder Bremen) 1985 SWE

10 **Rummenigge** Michael, 3. 2. 1964 (Bayern München) 1983 HUN, AUT, TUR, ALB – 1984 BEL, URS, SCO, SWE – 1985 URS, SWE

16 **Rydlewicz** René, 18. 7. 1973 (Bayer Leverkusen 7, TSV München 1860 9) 1992 TUR, ALB, ESP, ALB – 1998 LUX, ESP – 1994 HUN – 1995 GEO, BEL, GEO, MDA, WAL, BUL – 1996 POR, FRA, FRA

4 **Saborowski** Frank, 14. 3. 1958 (MSV Duisburg) 1980 Prov. Kanton, MEX, ROM, CHN

2 **Sahin** Deniz, 8. 8. 1977 (Borussia Dortmund) 1997 SUI, BEL

2 **Salger** Stephan, 30. 1. 1990 (1. FC Köln) 2010 ENG – 2011 GRE

7 **Sam** Sidney, 31. 1. 1988 (1. FC Kaiserslautern 6, Bayer Leverkusen 1) 2009 CZE, SVN, ISR, NIR, SMR – 2010 ISL, ISL

4 **Sauer** Gunnar, 11. 6. 1964 (Werder Bremen) 1987 NED, FRA, ENG, DEN

2 **Schaaf** Thomas, 30. 4. 1961 (Werder Bremen) 1987 NED, BUL

15 **Schäfer** Günther, 9. 6. 1962 (VfB Stuttgart) 1981 AUT – 1982 SUI, CSV, URS – 1983 POR, ALB, TUR, AUT, CHN, BRA, FRA, HUN, TUR, ALB – 1984 BEL

6 **Schäper** Tobias, 24. 10. 1979 (Borussia Dortmund) 1999 KUW, QAT, THA – 2000 TUN, TUN, CRO

7 **Schatzschneider** Dieter, 26. 4. 1958 (Hannover 96) 1980 BEL, Prov. Kanton, MEX, ROM, CHN – 1981 ESP, FIN
2 **Scheike** Michael, 11. 9. 1963 (Eintracht Braunschweig) 1984 URS, GRE
11 **Scherbe** Jörg, 19. 10. 1977 (KFC Uerdingen) 1997 SUI, BEL – 1998 ROM, SUI, TUR, MDA, NED – 1999 NIR, FIN, SCO, MDA
1 **Scheuer** Sven, 19. 1. 1971 (Bayern München) 1990 LUX
7 **Schieber** Julian, 13. 2. 1989 (VfB Stuttgart 6, 1. FC Nürnberg 1) 2009 SMR, CZE, SVN, ISR, NIR – 2010 ISL, ISL
3 **Schindler** Christopher, 29. 4. 1990 (TSV München 1860) 2011 NED, ITA, POR
12 **Schindler** Kevin, 21. 5. 1988 (Werder Bremen 4, Hansa Rostock 3, FC Augsburg 5) 2007 ISL, LUX – 2008 BEL, DEN, NIR, FRA, FRA – 2009 TUR, IRN, CZE, SVN, ISR
16 **Schindzielorz** Sebastian, 21. 1. 1979 (VfL Bochum) 1999 FIN, SCO, NIR, TUR, AUT – 2000 TUN, ROM, CRO, SUI, ESP, GRE, ENG, DEN – 2001 ALB, GRE, FIN
3 **Schlaudraff** Jan, 18. 7. 1983 (Borussia Mönchengladbach) 2004 LTU, SCG, AUT
14 **Schlicke** Björn, 23. 6. 1981 (SpVgg Greuther Fürth 9, Hamburger SV 5) 2002 ITA, LTU, BIH, NED – 2003 ESP, LTU, SCG, IRL, SCO, RUS, ISL, TUR, TUR – 2004 SUI
14 **Schmäler** Nils, 10. 11. 1969 (VfB Stuttgart) 1989 NED, ISL, ISL – 1990 SWE, LUX, SUI – 1991 URS, BEL, BUL, ENG, MAR, BEL – 1992 SCO, SCO
11 **Schmelzer** Marcel, 22. 1. 1988 (Borussia Dortmund) 2009 BLR, ESP, FIN, ENG, ENG, TUR, IRN, SVN, ISR, NIR – 2010 ISL
1 **Schmidt** Andreas, 14. 9. 1973 (Hertha BSC) 1995 BEL
2 **Schmidt** Dennis, 18. 4. 1988 (VfL Osnabrück) 2009 TUR, IRN
1 **Schmidt** Lars, 13. 9. 1965 (Karlsruher SC) 1985 CSV
13 **Schmidt** Oliver, 14. 9. 1973 (Hertha BSC) 1994 RUS, HUN, FIN – 1995 ESP, GEO, BUL, BEL, GEO, MDA, WAL, BUL – 1996 POR, FRA
1 **Schmöller** Frank, 21. 8. 1966 (Hamburger SV) 1987 NED
8 **Schneider** Martin, 24. 11. 1968 (1. FC Nürnberg) 1988 SUI – 1989 BUL, ISL, CSV, ISL, CMR, CMR – 1990 FRA
8 **Schneider** René, 1. 2. 1973 (Hansa Rostock) 1995 ESP, GEO, WAL, GEO, WAL, BUL – 1996 POR, FRA
10 **Schneider** Theo, 23. 8. 1960 (Borussia Dortmund) 1979 POL, URS – 1980 SCO, SUI, Prov. Kanton, MEX, ROM, CHN, FRA, BUL
7 **Schneider** Uwe, 28. 8. 1971 (VfB Stuttgart) 1991 ENG, MAR – 1992 CSV, TUR, ALB, ESP, ALB
14 **Schön** Alfred, 13. 1. 1962 (Waldhof Mannheim) 1982 SUI, CSV – 1983 POR, ALB, ALG, CHN, BRA, FRA, HUN, AUT, TUR, ALB – 1984 BEL, URS
9 **Schönheim** Fabian, 14. 2. 1987 (1. FC Kaiserslautern) 2006 NED, NIR, ROM – 2007 IRL, NIR, SWE, ISR, MDA – 2008 LUX
5 **Scholl** Mehmet, 16. 10. 1970 (Karlsruher SC) 1991 BUL, BEL, LUX – 1992 SCO, SCO
7 **Schreml** Uwe, 7. 2. 1960 (SpVgg Bayreuth 4, TSV München 1860 3) 1980 BEL, Prov. Kanton, ROM, CHN, NED, FRA, BUL
7 **Schröder** Michael, 10. 11. 1959 (Hamburger SV) 1983 AUT – 1984 URS, GRE, SCO, SWE – 1985 POR, SUI
20 **Schroth** Markus, 25. 1. 1975 (Karlsruher SC) 1996 DEN, NED, POL, ARM, BUL, POR – 1997 ISR, ALB, UKR, UKR, RUS, POR, ARM, ALB – 1998 CYP, CYP, LIB, GRE, ROM, SWE
2 **Schümann** Rainer, 1. 10. 1977 (SG Wattenscheid 09) 1997 UZB, SUI
4 **Schürrle** André, 6. 11. 1990 (1. FSV Mainz 05) 2009 NIR, SMR – 2010 ISL, UKR
3 **Schütterle** Rainer, 21. 3. 1966 (VfB Stuttgart) 1987 DEN, NED, BUL
16 **Schulz** Christian, 1. 4. 1983 (Werder Bremen) 2004 LTU, SCG, AUT, POL – 2005 POL, AZE, WAL, AUT, CZE, CZE – 2006 LVA, ARM, NED, SBM, FRA, POR
2 **Schulz** Daniel, 21. 2. 1986 (1. FC Union Berlin) 2007 CIV, FRA
1 **Schulze** Frank, 31. 3. 1970 (Victoria Frankfurt/Oder) 1990 SUI
8 **Schumann** Daniel, 13. 2. 1977 (Bayer Leverkusen 1, SC Freiburg 7) 1997 UZB, SUI, BEL – 1998 NED – 1999 USA, NIR, FIN, TUR
7 **Schupp** Markus, 7. 1. 1966 (1. FC Kaiserslautern) 1985 CSV – 1986 ITA, KOR, SUI, DEN, BUL – 1987 LUX
1 **Schuster** Bernd, 22. 12. 1959 (1. FC Köln) 1980 SCO
24 **Schwaab** Daniel, 23. 8. 1988 (SC Freiburg 15, Bayer Leverkusen 9) 2007 IRL, NIR, SWE, MDA, ISL, LUX – 2008 BEL, NIR, FRA, FRA, ITA – 2009 IRL, NED, BLR, ENG, TUR, IRN, SMR, CZE, SVN, ISR, SMR – 2010 ISL, ISL
13 **Schwabl** Manfred, 18. 4. 1966 (Bayern München 4, 1. FC Nürnberg 9) 1985 CSV – 1986 ITA, KOR, SUI, DEN, BUL – 1987 LUX, NED, FRA, ENG, DEN, LUX, BUL
2 **Schwarz** Danny, 11. 5. 1975 (VfB Stuttgart) 1998 ROM, SWE
7 **Schweinsteiger** Bastian, 1. 8. 1984 (Bayern München) 2004 SUI, GEO, GRE, SUI, SWE, POR, SCG

3 **Schwiderowski** Markus, 12. 12. 1973 (FC Schalke 04) 1993 LUX – 1994 HUN, TUR
4 **Senesie** Sahr, 20. 6. 1985 (Borussia Dortmund 3, Grasshopper-Club Zürich 1) 2004 AZE, POL – 2005 WAL, ENG
1 **Siedschlag** Stefan, 8. 6. 1977 (VfB Lübeck) 1997 UZB
3 **Simmes** Daniel, 12. 8. 1966 (Borussia Dortmund) 1986 SUI, SCO – 1987 NED
9 **Sinkiewicz** Lukas, 9. 10. 1985 (1. FC Köln) 2004 SCG – 2005 ENG, POL – 2006 LVA, ARM, NED, SBM, FRA, POR
9 **Sippel** Tobias, 22. 3. 1988 (1. FC Kaiserslautern) 2008 NIR – 2009 TUR, IRN, SMR, CZE, SVN, NIR, SMR – 2010 ISL
5 **Sobiech** Lasse, 18. 1. 1991 (Borussia Dortmund) 2010 CZE, UKR, ENG – 2011 GRE, POR
1 **Sobotzik** Thomas, 16. 10. 1974 (Eintracht Frankfurt) 1993 LUX
4 **Spanring** Martin, 14. 10. 1969 (Fortuna Düsseldorf) 1990 SWE, LUX, SUI – 1991 BUL
6 **Spyrka** Adrian, 1. 8. 1967 (Borussia Dortmund 1, 1. FC Saarbrücken 5) 1988 SUI – 1989 NED, ISL, CSV, ISL, FIN
10 **Stadler** Joachim, 15. 1. 1970 (1. FC Kaiserslautern 4, Borussia Mönchengladbach 6) 1990 SUI – 1991 URS, BEL, BUL, ENG, MAR, BEL, LUX – 1992 SCO, SCO
6 **Stark** Marko, 9. 7. 1981 (1. FC Saarbrücken) 2002 NIR, CZE, RUS, RSA, JPN, ITA
4 **Stark** Mirko, 28. 9. 1973 (1. FC Köln) 1993 LUX – 1994 HUN, TUR, GRE
12 **Starke** Tom, 18. 3. 1981 (Bayer Leverkusen 11, Hamburger SV 1) 2002 NIR, CZE, RSA, JPN, ITA, ITA, LTU, NED – 2003 ESP, IRL, SCO – 2004 GRE
10 **Steffen** Horst, 3. 3. 1969 (Bayer Uerdingen) 1988 FIN, NED – 1989 NED, ISL, CSV, FIN, CMR, CMR – 1990 FRA, URS
2 **Steiner** Paul, 23. 1. 1957 (1. FC Köln) 1983 TUR, ALB
3 **Steinhöfer** Markus, 7. 3. 1986 (RB Salzburg 1, Eintracht Frankfurt 2) 2007 CIV – 2008 NIR, ITA
1 **Steininger** Franz-Josef, 9. 7. 1960 (MSV Duisburg) 1981 FIN
7 **Sternkopf** Michael, 21. 4. 1970 (Karlsruher SC 5, Bayern München 2) 1989 CSV, ISL – 1990 FRA, URS, URS, SWE, LUX
2 **Steubing** Waldemar, 30. 11. 1959 (Bayer Uerdingen) 1981 AUT, FIN
1 **Stindl** Lars, 26. 8. 1988 (Karlsruher SC) 2009 TUR
7 **Storck** Bernd, 25. 1. 1963 (VfL Bochum 4, Borussia Dortmund 3) 1983 ALG, CHN, BRA, FRA, AUT, TUR, ALB
7 **Strack** Gerhard, 1. 9. 1955 (1. FC Köln) 1981 AUT, BUL – 1982 ESP, ESP, URS, URS, ENG
8 **Strehmel** Alexander, 20. 3. 1968 (VfB Stuttgart) 1988 SUI, FIN, NED – 1989 CSV, ISL – 1990 FRA, URS, URS
2 **Strunz** Thomas, 25. 4. 1968 (Bayern München) 1990 FRA, URS
4 **Sturm** Ralf, 18. 10. 1968 (1. FC Köln) 1989 NED, FIN, ISL – 1990 FRA
10 **Sukuta-Pasu** Richard, 24. 6. 1990 (Bayer Leverkusen 2, FC St. Pauli 8) 2008 MDA – 2009 SMR – 2010 ISL, ISL, CZE, NIR – 2011 GRE, NED, ITA, POR
1 **Tasci** Serdar, 24. 4. 1987 (VfB Stuttgart) 2007 SCO
5 **Teber** Selim, 7. 3. 1981 (Waldhof Mannheim 4, 1. FC Kaiserslautern 1) 2002 RUS, RSA, ITA, IRL – 2003 LTU
2 **Theiss** Klaus, 9. 7. 1963 (Eintracht Frankfurt) 1985 POR – 1986 SUI
1 **Thiele** Günter, 7. 11. 1961 (Fortuna Düsseldorf) 1983 ALB
3 **Thon** Olaf, 1. 5. 1966 (FC Schalke 04) 1984 SCO, SWE – 1985 POR
24 **Tiffert** Christian, 18. 2. 1982 (VfB Stuttgart) 2002 NIR, CZE, RUS, RSA, JPN, ITA, IRL, BIH, NED – 2003 ESP, SCG, IRL, SCO, RUS, ISL, SCO, ISL, TUR, TUR – 2004 SUI, GEO, GRE, SUI, POR
10 **Timm** Christian, 27. 2. 1979 (1. FC Köln) 1999 FIN, NIR, TUR – 2000 CRO, SUI, GRE, ENG – 2001 BUL, ALB, GRE
2 **Tosun** Cenk, 7. 6. 1991 (Eintracht Frankfurt 1, Gaziantepspor 1) 2010 ENG – 2011 GRE
5 **Trapp** Kevin, 8. 7. 1990 (1. FC Kaiserslautern) 2010 NIR, UKR – 2011 GRE, ITA, POR
2 **Trares** Bernhard, 18. 8. 1965 (SV Darmstadt 98) 1986 ITA, SCO
4 **Trieb** Martin, 23. 9. 1961 (Eintracht Frankfurt) 1983 ALB, TUR, AUT, HUN
15 **Trochowski** Piotr, 22. 3. 1984 (Bayern München 2, Hamburger SV 13) 2004 AZE, AUT – 2005 POL, AZE, ENG, WAL, AUT, CZE, CZE – 2006 LVA, ARM, NED, NED, NIR, ROM
1 **Tschauner** Philipp, 3. 11. 1985 (TSV München 1860) 2006 NED
3 **Ulreich** Sven, 3. 8. 1988 (VfB Stuttgart) 2009 IRN, ISR – 2010 ISL
11 **Unger** Lars, 30. 9. 1972 (Werder Bremen) 1992 CSV, NED, TUR, ALB, ESP, ALB – 1993 IRL, IRL, DEN, GRE, DEN
9 **Villa** Marco, 18. 7. 1978 (Borussia Mönchengladbach) 1997 ISR, UZB, SUI – 1998 ROM, SUI, TUR, MDA – 1999 NIR, SCO
19 **Völler** Rudolf, 13. 4. 1960 (Kickers Offenbach 8, TSV München 1860 10, Werder Bremen 1) 1979 POL, URS – 1980 SCO, BEL, Prov. Kanton, MEX, ROM, CHN, BUL – 1981 ESP, AUT, FIN, FIN, AUT, BUL – 1982 ESP, URS, URS, ENG

1 **Vogt** Dennis, 20. 5. 1978 (Borussia Dortmund) 1997 UZB
2 **Vogt** Kevin, 23. 9. 1991 (VfL Bochum) 2011 NED, ITA
8 **Voigt** Alexander, 13.4.1978 (1. FC Köln) 1997 UZB, SUI, BEL – 1998 ROM, SUI – 1999 SCO, NIR, TUR
9 **Vollborn** Rüdiger, 12. 2. 1963 (Bayer Leverkusen) 1982 SUI, CSV – 1983 ALB, TUR, ALG, BRA, FRA, TUR – 1984 BEL
20 **Volz** Moritz, 21. 1. 1983 (FC Fulham) 2003 ISL – 2004 GEO, GRE, SWE, LTU, SCG, AZE, AUT – 2005 WAL, ENG, POL, ENG, AUT, CZE, CZE – 2006 ARM, NED, SBM, FRA, POR
3 **Vorbeck** Marco, 24. 6. 1981 (Hansa Rostock) 2002 LTU, NED – 2003 ESP
14 **Voss** Andreas, 27.2.1979 (Bayer Leverkusen) 1998 MDA, NED – 1999 KUW, QAT, BHR, THA, AUT – 2000 TUN, TUN, ROM, ESP, GRE, ENG, DEN
5 **Vukcevic** Boris, 16. 3. 1990 (TSG 1899 Hoffenheim) 2010 NIR, UKR, ENG – 2011 NED, ITA
11 **Waas** Herbert, 8. 9. 1963 (Bayer Leverkusen) 1983 POR, ALB, TUR – 1984 SWE – 1985 POR, BUL, URS, SWE, POR – 1986 ITA, KOR
1 **Wache** Dimo, 1. 11. 1973 (Borussia Mönchengladbach) 1994 GRE
1 **Wagner** David, 19. 10. 1971 (1. FSV Mainz 05) 1992 TUR
2 **Wagner** Martin, 24. 2. 1968 (1. FC Nürnberg) 1989 BUL, CSV
8 **Wagner** Sandro, 29. 11. 1987 (MSV Duisburg) 2008 ISR, ITA – 2009 IRL, NED, BLR, FIN, ITA, ENG
2 **Walke** Alexander, 6. 6. 1983 (Werder Bremen) 2004 SCG, POL
1 **Weber** Ralf, 31. 5. 1969 (Eintracht Frankfurt) 1989 ISL
12 **Wedau** Markus, 31. 12. 1975 (KFC Uerdingen) 1995 BEL – 1996 DEN, NED, POL, ARM, BUL – 1997 UKR, RUS, ARM, ALB – 1998 CYP, CYP
4 **Wegmann** Jürgen, 31. 3. 1964 (Borussia Dortmund) 1984 URS, GRE, SCO – 1985 POR
3 **Weidenfeller** Roman, 6. 8. 1980 (1. FC Kaiserslautern) 1999 BHR, THA – 2001 NOR
1 **Weller** Marco, 4. 8. 1977 (1. FC Köln) 1997 UZB
1 **Wessels** Stefan, 28. 2. 1979 (Bayern München) 2000 ENG
2 **Westermann** Heiko, 14. 8. 1983 (SpVgg Greuther Fürth) 2003 LTU – 2004 POL
9 **Wiblishauser** Frank, 18. 10. 1977 (Bayern München) 1997 ISR, UZB, RUS – 1998 CYP, CYP, LIB, ROM, TUR, MDA
13 **Wiese** Tim, 17. 12. 1981 (1. FC Kaiserslautern) 2003 LTU, SCG, RUS, ISL, SCO, ISL, TUR, TUR – 2004 SUI, GEO, SUI, SWE, POR
15 **Willi** Tobias, 14. 12. 1979 (SC Freiburg) 1999 FIN, TUR, AUT – 2000 TUN, TUN, SUI, NOR, GRE, ENG – 2001 BUL, FIN, ALB, NOR, ENG, FIN
2 **Willkomm** Jürgen, 7. 9. 1959 (1. FC Köln) 1979 POL, URS
2 **Winklhofer** Helmut, 27. 8. 1961 (Bayer Leverkusen) 1983 POR, ALB
9 **Witeczek** Marcel, 18. 10. 1968 (Bayer Uerdingen) 1988 SUI, FIN, NED – 1989 BUL, NED, ISL, CSV, FIN – 1990 URS
16 **Wörns** Christian, 10. 5. 1972 (Waldhof Mannheim 5, Bayer Leverkusen 11) 1990 SWE, LUX – 1991 URS, BEL, BUL, ENG, MAR, BEL, LUX – 1992 SCO, SCO – 1993 IRL, IRL, DEN, DEN, ESP
6 **Wohlfarth** Roland, 11. 1. 1963 (MSV Duisburg) 1982 SUI, CSV – 1983 ALG, CHN, BRA, FRA
2 **Wolf** Dirk, 4. 8. 1972 (Eintracht Frankfurt) 1992 NED, TUR
14 **Wück** Christian, 9. 6. 1973 (1. FC Nürnberg 12, Karlsruher SC 2) 1992 CSV, NED, TUR – 1993 IRL, IRL, DEN, GRE, DEN, LUX – 1994 HUN, TUR, GRE, RUS – 1995 ESP
7 **Wuttke** Wolfram, 17. 11. 1961 (FC Schalke 04 4, Borussia Mönchengladbach 3) 1980 NED – 1981 ESP – 1982 CSV, ENG – 1983 ALB, TUR, AUT
1 **Yalcin** Taner, 18. 2. 1990 (1. FC Köln) 2010 NIR
16 **Yilmaz** Mahmut, 6. 10. 1979 (Hamburger SV) 1999 KUW, QAT, BHR, THA – 2000 ROM, SUI, NOR, ESP, DEN – 2001 BUL, ALB, GRE, FIN, ALB, NOR, ENG
2 **Zandi** Ferydoon, 26. 4. 1979 (SC Freiburg) 2001 FIN, NOR
4 **Zanter** Peter, 11. 11. 1965 (Bayer Leverkusen) 1986 SCO, DEN – 1987 ENG, DEN
3 **Zechel** Thomas, 25. 1. 1965 (Bayer Leverkusen) 1984 BEL, URS, GRE
13 **Zepek** Michael, 19. 1. 1981 (Karlsruher SC 1, Bayer Leverkusen 8, LR Ahlen 4) 2001 FIN, NOR, ENG, FIN – 2002 NIR, RUS, RSA, JPN, ITA, ITA, LTU, BIH – 2003 LTU
17 **Zickler** Alexander, 28. 2. 1974 (Bayern München) 1993 LUX, ESP – 1994 TUR, RUS, HUN, FIN, MDA – 1995 ESP, GEO, WAL, BUL, BEL, GEO, MDA, WAL, BUL – 1996 POR
12 **Ziege** Christian, 1. 2. 1972 (Bayern München) 1991 BEL, BUL, ENG, MAR, BEL, LUX – 1992 NED, ALB, ESP, ALB – 1993 IRL, DEN
1 **Ziegler** Marc, 13. 6. 1976 (VfB Stuttgart) 1996 NED
1 **Ziegenbein** Björn, 30. 4. 1986 (TSV München 1860) 2007 SUI
1 **Ziegler** Marcus, 10. 8. 1973 (VfB Stuttgart) 1994 TUR
4 **Zietsch** Rainer, 21. 11. 1964 (VfB Stuttgart) 1984 BEL, URS, GRE – 1985 SWE
5 **Zimmermann** Uwe, 11. 2. 1962 (Waldhof Mannheim) 1982 CSV – 1983 POR, AUT, CHN, ALB
5 **Zinnow** Stefan, 6. 10. 1979 (Eintracht Frankfurt) 1999 QAT, BHR, OMA, THA – 2000 TUN
2 **Zorc** Michael, 25. 8. 1962 (Borussia Dortmund) 1982 SUI – 1983 POR

Alle Torschützen in den Junioren-Länderspielen U 21

Allofs Th.	2	Funkel W.	1	Kümmerle	1	Rummenigge M.	4
Aogo	4	Gaudino	2	Kuntz	3	Rydlewicz	3
Auer	15	Gebhart	1	Kuranyi	2	Sam	1
Badstuber	2	Gemiti	1	Labbadia	3	Schatzschneider	2
Bäron	3	Gerster	2	Lasogga	1	Schieber	5
Balitsch	2	Glesius	3	Lauth	2	Schindler	2
Ballack	7	Gomez	1	Lehmann M.	2	Schindzielorz	1
Bargfrede	1	Großkreutz	1	Lehmann R.	1	Schmäler N.	1
Baumann, F.	1	Gruber	2	Leifeld	2	Schneider M.	1
Beck	2	Haber	2	Littbarski	18	Schneider R.	1
Ben-Hatira	1	Hagner	1	Lottner	1	Schön	1
Bierhoff	7	Halfar, D.	2	Ludwig	2	Scholl	3
Bierofka	7	Hamann D.	2	Madlung	1	Schroth	5
Blank	2	Hanke	14	Marin	1	Schürrle	3
Blau	1	Happe	1	Masmanidis	1	Schulz, C.	5
Boateng, J.	1	Heesen von	2	Mathy	6	Schwaab	1
Bochtler	1	Heller	3	Matip	1	Schwabl	1
Bode, M.	2	Helmes	3	Matthäus	2	Schwarz	1
Brdaric	3	Hennings	13	Metzelder	1	Schweinsteiger	2
Breitenreiter	2	Herbst	2	Michalke	6	Senesie	1
Bruns	4	Herget	3	Möller A.	2	Stadler	1
Brzenska	1	Herrlich	17	Müller L.	2	Steiner	1
Bugera	2	Herrmann, P.	1	Müller T.	1	Sternkopf	2
Calik	1	Hieronymus	1	Münch	2	Steubing	1
Castro	3	Hilbert	3	Naki	1	Strack	2
Choupo-Moting	2	Hitzlsperger	3	Nehrbauer	2	Sukuta-Pasu	1
Cichon	1	Hochstätter	1	Nerlinger	10	Thon	2
Dabrowski	1	Höwedes	3	Neuendorf	1	Tiffert	2
Dammeier	1	Holtby	5	Neun	1	Timm	4
Daun	3	Hubner	1	Odonkor	3	Tosun	1
Dejagah	4	Hummels	5	Özbek	3	Trochowski	2
Dickel	2	Hunt	3	Özil	5	Unger	1
Dogan	1	Jansen	1	Patschinsky	1	Villa	1
Dusend	1	Jeremies	1	Patzke	1	Völler	10
Ebert	1	Jones	3	Polanski	1	Voigt	1
Eckstein	4	Jungnickel	1	Poschner	4	Voss	6
Effenberg	1	Kanopa	1	Quaisser	1	Waas	2
Ehlers	3	Kaul	1	Rafael	5	Wagner	4
Engels	1	Kempe	1	Rahn, C.	2	Wedau	3
Epp	1	Kern, E.	6	Ramelow	2	Woller	1
Ernst, F.	3	Ketelaer	3	Rapp	1	Winklhofer	1
Fährmann	2	Khedira	5	Rath, Th.	1	Witeczek	4
Falk	1	Kießling	4	Rau	1	Wörns	1
Fathi	2	Kirchhoff, J.	2	Rausch	1	Wohlfarth	1
Feldhoff	5	Klauß	3	Reich	2	Wück	3
Feulner	1	Klinsmann	3	Reichert	3	Wuttke	1
Fleßers	3	Klotz	2	Reinders	1	Yilmaz	4
Foda	1	Kohn S.	1	Reinhardt K.	2	Zepek	2
Franck	1	Kranz	1	Reuter	2	Zickler	7
Franz	1	Kroos	2	Ricken	8	Ziege	3
Freier	2	Kroth	1	Riedle	1	Zinnow	1
Frings	1	Kruse, M.	1	Rösler	2		
Frommer	1	Kruska	2	Rosenthal	2	Selbsttore des	
Fuchs H.	1	Kucukovic	1	Rudy	2	Gegners	12

Am häufigsten berufen wurden in die U 21

Ernst, F.	31	Cichon	20	Kruska	18	Otten	16
Beck, A.	27	Dejagah	20	Özbek	18	Rydlewicz	16
Hanke	26	Gemiti	20	Poschner	18	Schindzielorz	16
Aogo	25	Herrlich	20	Ramelow	18	C. Schulz	16
Schwaab	24	Hitzlsperger	20	Rensing	18	Wörns	16
Tiffert	24	Neuer	20	Allofs Th.	17	Yilmaz	16
Auer	23	Riether	20	Baumann, F.	17	Boateng, J.	15
Haber	23	Rolff	20	Klos	17	Borowski	15
Neuendorf	23	Schroth	20	Michalke	17	Brzenska	15
Preuß	23	Volz	20	Ricken	17	Enke	15
Bierofka	22	Ballack	19	Rosenthal	17	Khedira	15
Höwedes	22	Dogan	19	Zickler	17	Kießling	15
Matip	22	Ehlers	19	Bäron	16	Matthäus	15
Nerlinger	22	Franz	19	Falkenmayer	16	Odonkor	15
Castro	21	Polanski	19	Fiedler	16	Özbek	15
Hennings	21	Völler	19	Kögl	16	Reichert	15
Hummels	21	Fathi	18	Korzynietz	16	Schäfer	15
Littbarski	21	Gospodarek	18	M. Lehmann	16	Trochowski	15
Balitsch	20	Hildebrand	18	Özil	16	Willi	15

Die erfolgreichsten Vereine (Berufungen/Spieler)

Bayern München	265 Einsätze/38 Spieler	Eintracht Frankfurt	148 Einsätze/34 Spieler
Borussia Dortmund	258 Einsätze/43 Spieler	FC Schalke 04	133 Einsätze/21 Spieler
VfB Stuttgart	258 Einsätze/43 Spieler	1. FC Nürnberg	132 Einsätze/23 Spieler
Bayer Leverkusen	241 Einsätze/39 Spieler	VfL Bochum	129 Einsätze/23 Spieler
Bor. M'gladbach	207 Einsätze/36 Spieler	Karlsruher SC	124 Einsätze/20 Spieler
Hamburger SV	202 Einsätze/31 Spieler	SC Freiburg	116 Einsätze/13 Spieler
1. FC Köln	196 Einsätze/41 Spieler	TSV München 1860	96 Einsätze/18 Spieler
1. FC Kaiserslautern	175 Einsätze/28 Spieler	Hannover 96	92 Einsätze/17 Spieler
Werder Bremen	174 Einsätze/31 Spieler	KFC/Bayer Uerdingen	91 Einsätze/18 Spieler
Hertha BSC	171 Einsätze/27 Spieler	Waldhof Mannheim	79 Einsätze/13 Spieler

Die Bilanz der 43 Spiele der Olympia-Mannschaft

Gegner	Spiele	Siege	Unentsch.	Niederl.	Tore	11-m-Sch.
Brasilien	3	–	1	2	2:5	2:3
China	3	2	1	–	10:3	
Dänemark	2	1	1	–	2:1	
Frankreich	2	–	1	1	1:2	
Griechenland	2	2	–	–	5:0	
Israel	4	3	1	–	6:2	
Italien	1	1	–	–	3:0	
Jugoslawien	2	–	–	2	4:8	
Marokko	2	2	–	–	3:0	
Niederlande	2	–	2	–	1:1	
Nigeria	1	1	–	–	2:1	
Polen	4	2	2	–	9:4	
Portugal	4	1	1	2	5:5	
Rumänien	2	1	–	1	3:1	
Sambia	1	1	–	–	4:0	
Saudi-Arabien	1	1	–	–	6:0	
Schweden	1	–	–	1	1:2	
Schweiz	1	1	–	–	2:1	
Spanien	1	–	–	1	0:2	
Tschechoslowakei	3	–	–	3	0:5	
Tunesien	1	1	–	–	4:1	
Gesamt	**43**	**20**	**10**	**13**	**73:44**	

Die Spiele der Olympia-Mannschaft von 1982 bis 1998

16. 11. 1982 gegen die **Niederlande** in Emmen 0:0
29. 3. 1983 gegen **Polen** in Wuppertal 1:1 (0:1)
24. 4. 1983 gegen **Portugal** in Lissabon (Olympia-Qualifikation) 1:3 (0:1)
8. 6. 1983 gegen **Israel** in Wuppertal (Olympia-Qualifikation) 2:0 (1:0)
20. 9. 1983 gegen die **Tschechoslowakei** in Hof 0:1 (0:0)
4. 10. 1983 gegen **Portugal** in Osnabrück (Olympia-Qualifikation) 3:0 (1:0)
25. 10. 1983 gegen **Jugoslawien** in Maribor 2:3 (1:0)
20. 11. 1983 gegen **Israel** in Tel Aviv (Olympia-Qualifikation) 1:0 (1:0)
27. 3. 1984 gegen **Frankreich** in Paris (Olympia-Qualifikation) 1:1 (0:1)
17. 4. 1984 gegen **Frankreich** in Bochum (Olympia-Qualifikation) 0:1 (0:0)
17. 7. 1984 gegen **China** in Koblenz 6:2 (4:1)
30. 7. 1984 gegen **Marokko** in Palo Alto (Olympia-Gruppenspiel) 2:0 (1:0)
1. 8. 1984 gegen **Brasilien** in Palo Alto (Olympia-Gruppenspiel) 0:1 (0:0)
3. 8. 1984 gegen **Saudi-Arabien** in Palo Alto (Olympia-Gruppenspiel) 6:0 (4:0)
5. 8. 1984 gegen **Jugoslawien** in Pasadena (Olympia-Viertelfinale) 2:5 (2:2)
25. 3. 1987 gegen **Israel B** in Tel Aviv 2:1 (1:1)
18. 4. 1987 gegen **Rumänien** in Cluj-Napoca (Olympia-Qualifikation) 0:1 (0:1)
10. 8. 1987 gegen die **Tschechoslowakei** in Aschaffenburg 0:1 (0:0)
8. 9. 1987 gegen die **Niederlande** in Maastricht 1:1 (0:1)
22. 9. 1987 gegen **Griechenland** in Offenbach (Olympia-Qualifikation) 3:0 (1:0)
13. 10. 1987 gegen **Polen** in Osnabrück (Olympia-Qualifikation) 5:1 (4:1)
18. 11. 1987 gegen **Dänemark** in Aarhus (Olympia-Qualifikation) 1:0 (0:0)
12. 12. 1987 gegen **Griechenland** in Larissa (Olympia-Qualifikation) 2:0 (2:0)
30. 3. 1988 gegen **Dänemark** in Osnabrück (Olympia-Qualifikation) 1:1 (0:0)
27. 4. 1988 gegen **Polen** in Chorzow (Olympia-Qualifikation) 1:1 (0:0)
31. 5. 1988 gegen **Rumänien** in Dortmund (Olympia-Qualifikation) 3:0 (1:0)
30. 8. 1988 gegen **Nigeria** in Siegen 2:1 (2:1)

17.	9. 1988 gegen **China** in Busan (Olympia-Gruppenspiel	3:0 (1:0)
19.	9. 1988 gegen **Tunesien** in Busan (Olympia-Gruppenspiel)	4:1 (1:1)
21.	9. 1988 gegen **Schweden** in Daegu (Olympia-Gruppenspiel)	1:2 (0:0)
25.	9. 1988 gegen **Sambia** in Gwangju (Olympia-Viertelfinale)	4:0 (3:0)
27.	9. 1988 gegen **Brasilien** in Seoul (Olympia-Halbfinale)	n. V. 1:1 (1:1, 0:0), Elfmeterschießen 2:3
30.	9. 1988 gegen **Italien** in Seoul (Olympia, Spiel um Platz 3)	3:0 (2:0)
15.	5. 1990 gegen die **Schweiz** in Muri	2:1 (0:0)
18.	5. 1990 gegen die **Tschechoslowakei** in Würzburg	0:3 (0:2)
28.	8. 1990 gegen **Portugal** in Amadora	1:1 (0:1)
18.	2. 1992 gegen **Spanien** in Sabadell	0:2 (0:1)
25.	2. 1992 gegen **Polen** in Troisdorf	2:1 (1:1)
4.	3. 1998 gegen **Marokko** in Casablanca	1:0 (0:0)
14.	4. 1998 gegen **Israel** in Darmstadt	1:1 (0:0)
15.	5. 1998 gegen **China** in Toulon	1:1 (1:1)
17.	5. 1998 gegen **Brasilien** in Arles	1:3 (0:1)
19.	5. 1998 gegen **Portugal** in Mallemort	0:1 (0:1)

Alle Aufstellungen der Olympia-Mannschaft wurden letztmals im kicker-Almanach 2006 veröffentlicht.

Alle Torschützen der Olympia-Auswahl

(in alphabetischer Reihenfolge)

Bommer	5	Hertzsch	1	Nehrbauer	2
Brehme	2	Hochstätter	1	Poschner	1
Buchwald	1	Hubner	1	Rahn Uwe	4
Fach	1	Kleppinger	1	Schatzschneider	8
Franck	1	Klinsmann	8	Schreier	6
W. Funkel	2	Klitzpera	1	Waas	1
Görtz	1	Klotz	1	Walter	3
Grahammer	1	Kranz	2	Wuttke	6
Hartwig	1	Mill	10	Eigentore des Gegners	1

Die häufigsten Einsätze in der Olympia-Auswahl

Schreier	22	Groh	14	Häßler	11
Bommer	20	Klinsmann	14	Schatzschneider	11
Mill	20	Wehmeyer	13	Wuttke	11
W. Funkel	17	Franke	12	Brehme	10
Bast	14	Hörster	12		
Grahammer	14	Bockenfeld	11		

Die erfolgreichsten Vereine (Berufungen/Spieler)

Bayer Leverkusen	62 Berufungen/12 Spieler	1. FC Köln	38 Berufungen/10 Spieler
VfB Stuttgart	55 Berufungen/ 9 Spieler	1. FC Kaiserslautern	37 Berufungen/ 8 Spieler
Bayer Uerdingen	47 Berufungen/ 8 Spieler	Borussia Dortmund	37 Berufungen/13 Spieler
Hamburger SV	46 Berufungen/ 7 Spieler	1. FC Nürnberg	26 Berufungen/ 6 Spieler
Bor. M'gladbach	39 Berufungen/11 Spieler	Bayern München	26 Berufungen/ 9 Spieler

Deutscher Meister 2011. Mit herzerfrischendem Offensivfußball marschierte Borussia Dortmund durch die Saison 2010/11 und wurde zum siebten Mal in der Vereinsgeschichte Deutscher Meister. Stolz reckt Torwart Roman Weidenfeller die „Salatschüssel“ nach dem letzten Spieltag in die Höhe.

KAPITEL 3

DIE DEUTSCHE MEISTERSCHAFT

Ehrentafel

DER DEUTSCHEN MEISTER

1903	VfB Leipzig	1962	1. FC Köln
1905	Union 92 Berlin	1963	Borussia Dortmund
1906	VfB Leipzig	1964	1. FC Köln
1907	Freiburger FC	1965	Werder Bremen
1908	Viktoria Berlin	1966	TSV München 1860
1909	Phönix Karlsruhe	1967	Eintracht Braunschweig
1910	Karlsruher FV	1968	1. FC Nürnberg
1911	Viktoria Berlin	1969	Bayern München
1912	Holstein Kiel	1970	Borussia Mönchengladbach
1913	VfB Leipzig	1971	Borussia Mönchengladbach
1914	SpVgg Fürth	1972	Bayern München
1920	1. FC Nürnberg	1973	Bayern München
1921	1. FC Nürnberg	1974	Bayern München
1922	kein Meister	1975	Borussia Mönchengladbach
1923	Hamburger SV	1976	Borussia Mönchengladbach
1924	1. FC Nürnberg	1977	Borussia Mönchengladbach
1925	1. FC Nürnberg	1978	1. FC Köln
1926	SpVgg Fürth	1979	Hamburger SV
1927	1. FC Nürnberg	1980	Bayern München
1928	Hamburger SV	1981	Bayern München
1929	SpVgg Fürth	1982	Hamburger SV
1930	Hertha BSC Berlin	1983	Hamburger SV
1931	Hertha BSC Berlin	1984	VfB Stuttgart
1932	Bayern München	1985	Bayern München
1933	Fortuna Düsseldorf	1986	Bayern München
1934	FC Schalke 04	1987	Bayern München
1935	FC Schalke 04	1988	Werder Bremen
1936	1. FC Nürnberg	1989	Bayern München
1937	FC Schalke 04	1990	Bayern München
1938	Hannover 96	1991	1. FC Kaiserslautern
1939	FC Schalke 04	1992	VfB Stuttgart
1940	FC Schalke 04	1993	Werder Bremen
1941	Rapid Wien	1994	Bayern München
1942	FC Schalke 04	1995	Borussia Dortmund
1943	Dresdner SC	1996	Borussia Dortmund
1944	Dresdner SC	1997	Bayern München
1948	1. FC Nürnberg	1998	1. FC Kaiserslautern
1949	VfR Mannheim	1999	Bayern München
1950	VfB Stuttgart	2000	Bayern München
1951	1. FC Kaiserslautern	2001	Bayern München
1952	VfB Stuttgart	2002	Borussia Dortmund
1953	1. FC Kaiserslautern	2003	Bayern München
1954	Hannover 96	2004	Werder Bremen
1955	Rot-Weiss Essen	2005	Bayern München
1956	Borussia Dortmund	2006	Bayern München
1957	Borussia Dortmund	2007	VfB Stuttgart
1958	FC Schalke 04	2008	Bayern München
1959	Eintracht Frankfurt	2009	VfL Wolfsburg
1960	Hamburger SV	2010	Bayern München
1961	1. FC Nürnberg	2011	Borussia Dortmund

Die Meistermannschaften

1903: VfB Leipzig (gegen DFC Prag 7:2):
Dr. Raydt – E. Schmidt, Werner – Rößler, W. Friedrich, O. Braune – Steinbeck, Stanischewski, H. Riso, A. Friedrich, Aßmus – Tore: W. Friedrich, A. Friedrich, H. Riso 3, Stanischewski 2 (Meyer 2) – Hamburg, 31. 5. – Zuschauer: 2000 – SR: Behr (Altona).

1905: Union 92 Berlin (gegen Karlsruher FV 2:0):
Krüger – Köhne, A. Bock – Jurga, Heinrich, Reinecke – R. Bock, Wagenseil, Fröhde, Herzog, Pisarra – Tore: Wagenseil, Herzog – Köln, 21. 5. – Zuschauer: 3500 – SR: Dr. Westendarp (Hamburg).

1906: VfB Leipzig (gegen 1. FC Pforzheim 2:1):
J. Schneider – E. Schmidt, Werner – G. Steinbeck, Oppermann, C. Ugi – Uhle, H. Riso, E. Blüher, Lässig, A. Friedrich – Tore: Blüher, H. Riso (Stöhr) – Nürnberg, 27. 5. – Zuschauer: 1100 – SR: Eickhof (Hamburg).

1907: Freiburger FC (gegen Viktoria 89 Berlin 3:1):
von Goldberger – De Villiers, Falschlunger – Bodenweber, Mayer, Hunn – Haase, Sydler, Dr. Glaser, Hofherr, Burkhart – Tore: Dr. Glaser, Burkhart 2 (Röpnack) – Mannheim, 2. 6. – Zuschauer: 3000 – SR: Eickhof (Hamburg).

1908: Viktoria 89 Berlin (gegen Stuttgarter Kickers 3:0):
Skranowitz – Hahn, Fischer – Moek, Knesebeck, Hunder – Pause, Dumke, Worpitzky, Röpnack, R. Bock – Tore: Worpitzky 2, Röpnack (Ahorn) – Berlin, 7. 6. – Zuschauer 2000 – SR: Götzel (Hamburg).

1909: Phönix Karlsruhe (gegen Viktoria 89 Berlin 4:2):
Michaelis – Karth, Neumaier – Heger, Bayer, Schweinshaut – Wegele, O. Reiser, Leibold, Noe, Oberle – Tore: Bayer, Noe 2, Leipold (Worpitzky, Röpnack) – Breslau, 30. 5. – Zuschauer: 1500 – SR: Hinze (Duisburg).

1910: Karlsruher FV (gegen Holstein Kiel 1:0 n. Verl.):
Dell – Hüber, Hollstein – Ruzek, Breunig, Schwarze – Tscherter, Förderer, Fuchs, Hirsch, Bosch – Tor: Breunig – Köln, 15. 5. – Zuschauer: 5000 – SR: Grafe (Leipzig).

1911: Viktoria 89 Berlin (gegen VfB Leipzig 3:1):
Welkisch – Hahn, Röpnack – Graßmann, Knesebeck, Hunder – Krüger, Dumke, Worpitzky, Kugler, Gasse – Tore: Worpitzky 2, Kugler (Riso) – Dresden, 4. 6. – Zuschauer: 12 000 – SR: Schröder (Mönchengladbach).

1912: Holstein Kiel (gegen Karlsruher FV 1:0):
A. Werner – Homeister, Reese – Dehning, Zincke, Krogmann – E. Möller, W. Fick, Binder, H. Fick, Borck – Tor: E. Möller – Hamburg, 26. 5. – Zuschauer: 10 000 – SR: Schröder (Mönchengladbach).

1913: VfB Leipzig (gegen Duisburger SV 3:1):
J. Schneider – Dr. Völker, A. Herrmann – Michel, Edy (Pendorf), Hesse – Richter, Paulsen (Paul Pömpner), Völkers, Dolge, A. Friedrich – Tore: Edy, Paulsen, Eigentor Büschner (Fischer I) – München, 11. 5. – Zuschauer. 5000 – SR: Knab (Stuttgart).

1914: SpVgg Fürth (gegen VfB Leipzig 3:2 n. Verl.):
Polenski – Burger, Wellhöfer – Seidel, Riebe, Schmidt – Wunderlich, Franz, Weicz, Hirsch, Jacob – Tore: Franz 2, Weicz (Edy, Hesse) – Magdeburg, 31. 5. – Zuschauer: 6000 – SR: v. Pacquet (Berlin).

1920: 1. FC Nürnberg (gegen SpVgg Fürth 2:0):
Stuhlfauth – Bark, Dr. Steinlein – Kugler, Dr. Kalb, Riegel – Strobel, Popp, Böß, Träg, Szabo – Tore: Szabo, Popp – Frankfurt, 13. 6 – . Zuschauer: 35 000 – SR: Dr. Bauwens(Köln).

1921: 1. FC Nürnberg (gegen Vorwärts Berlin 5:0):
Stuhlfauth – Bark, Kugler – Grünerwald, Dr. Kalb, Riegel – Strobel, Popp, Böß, Träg, Sutor – Tore: Popp 3, Träg 2 – Düsseldorf, 12. 6. – Zuschauer: 22 000 – SR: Dr. Bauwens (Köln).

1922: kein Meister

18. 6. in Berlin: Hamburger SV – 1. FC Nürnberg n. V. 2:2 (nach 189 Minuten abgebrochen) – Hamburg: Martens – Beier, Schmerbach – Flohr, Halvorsen, Krohn – Kolzen, Breuel, Harder, Schneider, Rave – Nürnberg: Stuhlfauth – Bark, Grünerwald – Köpplinger, Kugler, Riegel – Strobel, Popp, Böß, Träg, Sutor – Tore: Rave, Flohr (Träg, Popp), – Zuschauer: 25 000 – SR: Dr. Bauwens (Köln).

6.8. in Leipzig: Hamburger SV – 1. FC Nürnberg n. V. 1:1 (nach 115 Minuten abgebrochen) – Hamburg: gleiche Mannschaft, nur Agte für Schmerbach – Nürnberg: gleiche Mannschaft, nur Reitzenstein für Grünerwald – Tore: Schneider (Träg) – Zuschauer: 50 000 – SR: Dr. Bauwens (Köln). Der DFB erklärte den HSV nach den beiden Spielen zunächst satzungsgemäß zum Meister. Nach Protest des 1. FC Nürnberg wurde das „Hildesheimer Urteil" wegen falscher Satzungsauslegung wieder aufgehoben und in der Revision in Würzburg beschlossen, dass für 1922 kein Meister ermittelt worden sei. Auf dem Bundestag in Jena im November 1922, auf dem die Meisterfrage nochmals anstand, verzichtete der HSV auf den Titel.

1923: Hamburger SV (gegen Union Oberschöneweide 3:0):

Martens – Beier, Speyer – Carlsson, Halvorsen, Krohn – Kolzen, Breuel, Harder, Schneider, Rave – Tore: Schneider, Harder, Breuel – Berlin, 10. 6. – Zuschauer: 64 000 – SR: Brucker (Stuttgart).

1924: 1. FC Nürnberg (gegen Hamburger SV 2:0):

Stuhlfauth – Bark, Kugler – Schmidt, Dr. Kalb, Riegel – Strobel, Hochgesang, Wieder, Träg, Sutor – Tore: Hochgesang, Strobel – Berlin, 8. 6. – Zuschauer: 35 000 – SR: Seiler (Chemnitz).

1925: 1. FC Nürnberg (gegen FSV Frankfurt 1:0 n. Verl.):

Stuhlfauth – Popp, Kugler – Schmidt, Dr. Kalb, Riegel – Strobel, Wieder, Hochgesang, Träg, Sutor – Tor: Wieder – Frankfurt, 7. 6. – Zuschauer: 50 000 – Schiedsrichter: Guyenz (Essen).

1926: SpVgg Fürth (gegen Hertha BSC Berlin 4:1):

Hörgreen – Müller, Hagen – Kleinlein, Leinberger, H. Krauß, Karl Auer, Franz, Seiderer, Ascherl, Kießling – Tore: Seiderer, Auer, Ascherl, Eigentor Domscheid (Sobek) – Frankfurt, 13. 6. – Zuschauer: 40 000 – SR: Spranger (Glauchau).

1927: 1. FC Nürnberg (gegen Hertha BSC Berlin 2:0):

Stuhlfauth – Popp, Winter – Köpplinger, Dr. Kalb, Schmidt – Reinmann, Hochgesang, Schmitt, Wieder, Träg – Tore: Kalb, Träg – Berlin, 12. 6. – Zuschauer: 50 000 – SR: Guyenz (Essen).

1928: Hamburger SV (gegen Hertha BSC Berlin 5:2):

Blunk – Beier, Risse – Lang, Halvorsen, Carlsson – Kolzen, Ziegenspeck, Harder, Horn, Rave – Tore: Kotzen 2, Harder, Horn, Rave (Kirsei, Grenzel) – Hamburg, 29. 7. – Zuschauer: 50 000 – SR: Maul (Nürnberg).

1929: SpVgg Fürth (gegen Hertha BSC Berlin 3:2):

Neger – Hagen, H. Krauß – Röschke, Leinberger, K. Krauß – Heinrich Auer, Rupprecht, Franz, Frank, Kießling – Tore: Auer, Frank, Rupprecht (Sobek 2) – Nürnberg, 28. 7. – Zuschauer: 50 000 – SR: Dr. Bauwens (Köln).

1930: Hertha BSC Berlin (gegen Holstein Kiel 5:4):

Gehlhaar – Völker, Wilhelm – Leuschner, Müller, Radecke – Ruch, Sobek, Lehmann, Kirsei, Hahn – Tore: Ruch 2, Sobek, Lehmann, Kirsei (Ritter 2, Ludwig, Widmaier) – Düsseldorf, 22. 6. – Zuschauer: 45 000 – SR: Guyenz (Essen).

1931: Hertha BSC Berlin (gegen SV München 1860 3:2):

Gehlhaar – Völker, Wilhelm – Appel, Müller, Stahr – Ruch, Sobek, Lehmann, Kirsei, Hahn – Tore: Sobek, Kirsei, Lehmann (Oeldenberger, Lachner) – Köln, 14. 6. – Zuschauer: 60 000 – SR: Fissenwerth (Köln).

1932: Bayern München (gegen Eintracht Frankfurt 2:0):

Lechler – Haringer, Heidkamp – Breindl, Goldbrunner, Nagelschmitz – Bergmaier, Krumm, Rohr, Schmid, Welker – Tore: Rohr, Krumm – Nürnberg, 12. 6. – Zuschauer: 55 000 – SR: Birlem (Berlin).

1933: Fortuna Düsseldorf (gegen FC Schalke 04 3:0):
Pesch – Trautwein, Bornefeld – Janes, Bender, Breuer – Mehl, Wigold, Hochgesang, Zwolanowski, Kobierski – Tore Zwolanowski, Mehl, Hochgesang – Köln, 11. 6. – Zuschauer: 60 000 – SR: Birlem (Berlin).

1934: FC Schalke 04 (gegen 1. FC Nürnberg 2:1):
Mellage – Bornemann, Zajons – Tibulski, Szepan, Valentin – Kalwitzki, Urban, Nattkemper, Kuzorra, Rothardt – Tore: Szepan, Kuzorra (Friedel) – Berlin, 24. 6. – Zuschauer: 45 000 – SR: Birlem (Berlin).

1935: FC Schalke 04 (gegen VfB Stuttgart 6:4):
Mellage – Bornemann, Nattkemper – Tibulski, Szepan, Valentin – Kalwitzki, Gellesch, Pörtgen, Kuzorra, Urban – Tore: Pörtgen 3, Urban, Gellesch, Kalwitzki (Bökle 2, Koch, Rutz) – Köln, 23. 6. – Zuschauer: 74 000 – SR: Best (Frankfurt/Main).

1936: 1. FC Nürnberg (gegen Fortuna Düsseldorf 2:1 n. Verl.):
Köhl – Billmann, Munkert – Uebelein I, Carolin, Oehm – Gußner, Eiberger, Friedel, Schmitt, Schwab – Tore: Eiberger, Gußner (Nachtigall) – Berlin, 21. 6. – Zuschauer: 45 000 – SR: Birlem (Berlin).

1937: FC Schalke 04 (gegen 1. FC Nürnberg 2:0):
Klodt – Bornemann, Schweißfurt – Gellesch, Tibulski, Berg – Kalwitzki, Szepan, Pörtgen, Kuzorra, Urban – Tore: Pörtgen, Kalwitzki – Berlin, 20. 6. – Zuschauer: 100 000 – SR: Birlem (Berlin).

1938: Hannover 96 (gegen FC Schalke 04 3:3 n. Verl. und 4:3 n. Verl.):
Pritzer – Sievert, Petzold – Jacobs, Ernst Deike, Männer – Malecki, Pöhler, Erich Meng, Lay, Richard Meng – Tore im 1. Spiel: R. Meng, E. Meng, Eigentor Gellesch (Pörtgen 2, Kalwitzki); im 2. Spiel:: Lay, R. Meng, Jacobs, E. Meng (Kuzorra 2, Szepan) – Berlin, 26. 6. und 3. 7. – Zuschauer. Zwei Mal 100 000 – SR im 1. Spiel: Peters (Berlin); im 2. Spiel: Grabler (Regensburg).

1939: FC Schalke 04 (gegen Admira Wien 9:0):
Klodt – Bornemann, Schweißfurt – Gellesch, Tibulski, Berg – Eppenhoff, Szepan, Kalwitzki, Kuzorra, Urban – Tore: Kalwitzki 5, Urban, Tibulski, Kuzorra, Szepan – Berlin, 18. 6. – Zuschauer: 100 000 – SR: Schulz (Dresden).

1940: FC Schalke 04 (gegen Dresdner SC 1:0):
Klodt – Bornemann, Hinz – Füller, Tibulski, Burdenski – Eppenhoff, Szepan, Kalwitzki, Kuzorra, Schuh – Tor: Kalwitzki – Berlin, 21. 7. – Zuschauer: 95 000 – SR: Stark (München).

1941: Rapid Wien (gegen FC Schalke 04 4:3):
Raftl – Wagner II, Sperner – Wagner I, Gernhardt, Skoumal – Fitz, Schors, Binder, Dvoracek, Pesser – Tore: Binder 3, Schors (Hinz 2, Eppenhoff) – Berlin, 22. 6. – Zuschauer: 95 000 – SR: Reinhardt (Stuttgart).

1942: FC Schalke 04 (gegen First Vienna FC 2:0):
Flotho – Hinz, Schweißfurt – Bornemann, Tibulski, Burdenski – Kalwitzki, Szepan, Eppenhoff, Kuzorra, Urban – Tore: Kalwitzki, Szepan – Berlin, 5. 7. – Zuschauer: 90 000 – SR: Boullion (Königsberg).

1943: Dresdner SC (gegen FV Saarbrücken 3:0):
Kreß – Pechan, Hempel – Pohl, Dzur, Schubert – Kugler, Schaffer, Hofmann, Schön, Erdl – Tore: Erdl, Schubert, Kugler – Berlin, 27. 6. – Zuschauer: 80 000 – SR: Raspel (Düsseldorf).

1944: Dresdner SC (gegen LSV Hamburg 4:0):
Kreß – Belger, Hempel – Pohl, Dzur, Schubert – Voigtmann, Schön, Machate, Hofmann, Schaffer – Tore: Schaffer 2, Voigtmann, Schön – Berlin, 18. 6. – Zuschauer: 70 000 – SR: Trompetter (Köln).

1948: 1. FC Nürnberg (gegen 1. FC Kaiserslautern 2:1):
Schaffer – Uebelein I, Knoll – Bergner, Kennemann, Gebhardt – Herbolsheimer, Morlock, Pöschl, Winterstein, Hagen – Tore: Winterstein, Pöschl (Eigentor Uebelein I) – Köln, 8. 8. – Zuschauer: 75 000 – SR: Burmeister (Hamburg) – Trainer: Josef Schmitt.

1949: VfR Mannheim (gegen Borussia Dortmund 3:2 n. Verl.):
Jöckel – Rößling, Henninger – Maier, Keuerleber, Müller – Bolleyer, Langlotz, Löttke, Stiefvater, de la Vigne – Tore: Löttke 2, Langlotz (Erdmann 2) – Stuttgart, 10. 7. – Zuschauer: 92 000 – SR: Zacher (Berlin) – Trainer: Hans Schmidt.

1950: VfB Stuttgart (gegen Kickers Offenbach 2:1):
Schmid – Retter, Steimle – Otterbach, Ledl, Barufka – Läpple, Schlienz, Bühler, Baitinger, Blessing – Tore: Läpple, Bühler (Buhtz) – Berlin, 25. 6. – Zuschauer: 86 000 – SR: Kormannshaus (Gohfeld) – Trainer: Georg Wurzer.

1951: 1. FC Kaiserslautern (gegen Preußen Münster 2:1):
Adam – Rasch, Kohlmeyer – E. Liebrich, W. Liebrich, Jergens – Eckel, F. Walter, O. Walter, Baßler, Fuchs – Tore: O. Walter 2, (Gerritzen) – Berlin, 30. 6. – Zuschauer: 85 000 – SR: Reinhardt (Stuttgart) – Trainer;: Richard Schneider

1952: VfB Stuttgart (gegen 1. FC Saarbrücken 3:2):
Bögelein – Krauß, Steimle – Schlienz, Retter, Barufka – Baitinger, L. Kronenbitter, Wehrle, Krieger, Blessing – Tore: Baitinger 2, Schlienz (Schreiner, Martin) – Ludwigshafen, 22. 6. – Zuschauer: 80 000 – SR: Nettekoven (Bonn) – Trainer: Georg Wurzer.

1953: 1. FC Kaiserslautern (gegen VfB Stuttgart 4:1):
Hölz – E. Liebrich, Kohlmeyer – Eckel, W. Liebrich, Render – Scheffler, F. Walter, O. Walter, Wenzel, Wanger – Tore: F. Walter, Wanger, Scheffler, Wenzel (L. Kronenbitter) – Berlin, 21. 6. – Zuschauer: 80 000 – SR: Ternieden (Oberhausen) – Trainer: Richard Schneider.

1954: Hannover 96 (gegen 1. FC Kaiserslautern 5:1):
Krämer – Geruschke, Kirk – Müller, Bothe, Gehrke – Wewetzer, Paetz, Tkotz, Zielinski, Kruhl – Tore: Tkotz, Wewetzer, Kruhl, Paetz, Eigentor Kohlmeyer (Eckel) – Hamburg, 23. 5. – Zuschauer: 76 000 – SR: Schmetzer (Mannheim) – Trainer: Helmut Kronsbein.

1955: Rot-Weiss Essen (gegen 1. FC Kaiserslautern 4:3):
Herkenrath – Jänisch, Köchling – Jahnel, Wewers, Grewer – Rahn, Islacker, Gottschalk, Röhrig, Termath – Tore: Islacker 3, Röhrig (Wenzel 2, Baßler) – Hannover, 26. 6. – Zuschauer: 76 000 – SR: Meißner (Nürnberg) – Trainer: Fritz Szepan.

1956: Borussia Dortmund (gegen Karlsruher SC 4:2):
Kwiatkowski – Burgsmüller, Sandmann – Schiebrowski, Michallek, Bracht – Peters, Preißler, Kelbassa, Niepieklo, Kapitulski – Tore: Niepieklo, Kelbassa, Preißler, Peters (Kunkel, Eigentor Burgsmüller) – Berlin, 24. 6. – Zuschauer: 75 000 – SR: Dusch (Kaiserslautern) – Trainer: Helmut Schneider.

1957: Borussia Dortmund (gegen Hamburger SV 4:1)
Kwiatkowski – Burgsmüller, Sandmann – Schlebrowski, Michallek, Bracht – Peters, Preißler, Kelbassa, Niepieklo, Kapitulski – Tore: Kelbassa 2, Niepieklo 2 (Krug) – Hannover, 23. 6. – Zuschauer: 76 000 – SR: Dusch (Kaiserslautern) – Trainer: Helmut Schneider.

1958: FC Schalke 04 (gegen Hamburger SV 3:0):
Orzessek – Sadlowski, Brocker – Borutta, O. Laszig, Karnhof – Koslowski, Kördell, Siebert, Kreuz, Klodt – Tore: Klodt 2, Kreuz – Hannover, 18. 5. – Zuschauer: 80 000 – SR: Dusch (Kaiserslautern) – Trainer Edmund Frühwirth.

1959: Eintracht Frankfurt (gegen Kickers Offenbach 5:3 n. Verl.):
Loy – Eigenbrodt, Höfer – Stinka, Lutz, Weilbächer – Kreß, Sztani, Feigenspan, Lindner, Pfaff – Tore: Feigenspan 3, Sztani 2 (Kraus, Preisendörfer, Gast) – Berlin, 28. 6. – Zuschauer: 75 000 – SR: Asmussen (Flensburg) – Trainer: Paul Oßwald.

1960: Hamburger SV (gegen 1. FC Köln 3:2):
Schnoor – Piechowiak, Krug – Werner, Meinke, D. Seeler – Neisner, Dehn, U. Seeler, Stürmer, Dörfel – Tore: U. Seeler 2, Dörfel (Breuer, Müller) – Frankfurt, 25. 6. – Zuschauer: 71 000 – SR: Kandlbinder (Regensburg) – Trainer: Günther Mahlmann.

1961: 1. FC Nürnberg (gegen Borussia Dortmund 3:0):
Wabra – Derbfuß, Hilpert – Zenger, Wenauer, Reisch – Flachenecker, Morlock, Strehl, Müller, Haseneder – Tore: Haseneder, Müller, Strehl – Hannover, 24. 6. – Zuschauer: 82 000 – SR: Schulenburg (Hamburg) – Trainer: Herbert Widmayer.

1962: 1. FC Köln (gegen 1. FC Nürnberg 4:0):
Ewert – Pott, Schnellinger – Hemmersbach, Wilden, Sturm – Thielen, Habig, Müller, Schäfer, Breuer – Tore: Habig 2, Schäfer, Pott – Berlin, 12. 5. – Zuschauer. 82 000 – SR: Dusch (Kaiserslautern) – Trainer: Zlatko Cajkovski.

1963: Borussia Dortmund (gegen 1. FC Köln 3:1):
Wessel – Burgsmüller, Geisler – Bracht, Paul, Kurrat – Wosab, Schmidt, Schütz, Konietzka, Cyliax – Tore: Kurrat, Wosab, Schmidt (Schnellinger) – Stuttgart, 29. 6. – Zuschauer. 75 000 – SR: Tschenscher (Mannheim) – Trainer: Hermann Eppenhoff.

1963 fand das letzte Endspiel um die Deutsche Meisterschaft statt. Ab 1963/64 wird der Meister in einer Bundesliga mit 16 Vereinen (ab 1965/66 mit 18 Vereinen) ermittelt. – Da es keine Endspielmannschaften mehr gibt, werden ab jetzt alle im Verlauf der Saison eingesetzten Spieler der Meisterklubs aufgeführt.

1964: 1. FC Köln
Ewert, Schumacher – Hemmersbach, Pott, Regh – Benthaus, Weber, Sturm, Wilden – Hornig, Müller, Overath, Ripkens, Schäfer, Thielen – Trainer: Georg Knöpfle.

1965: Werder Bremen
Bernard – Bordel, Höttges, Piontek – Jagielski, Lorenz, Schimeczek, Steinmann – Ferner, Hänel, Klöckner, Matischak, Schütz, Schulz, Soya, Thun, Zebrowski – Trainer: Willi Multhaup.

1966: TSV München 1860
Radenkovic – Patzke, Steiner, Wagner – Luttrop, Perusic, Reich, Zeiser – Brunnenmeier, Grosser, Heiß, Kohlars, Konietzka, Küppers, Rebele – Trainer: Max Merkel.

1967: Eintracht Braunschweig
Wolter, Jäcker – Brase, Meyer, Moll – Bäse, Kaack, Matz, Schmidt – Dulz, Gerwien, Grzyb, Krause, Maas, Saborowski, Ulsaß – Trainer: Helmut Johannsen.

1968: 1. FC Nürnberg
Wabra, Toth – Hilpert, Leupold, Popp – Ferschl, L. Müller, Wenauer – Brungs, Cebinac, H. Müller, Schöll, Starek, Strehl, Volkert – Max Merkel.

1969: Bayern München
Maier – Kupferschmidt, Pumm – Beckenbauer, Olk, Schmidt, Schwarzenbeck – Brenninger, Jung, G. Müller, Ohlhauser, Roth, Starek – Trainer: Branko Zebec.

1970: Borussia Mönchengladbach
Kleff, Danner – Bleidick, Vogts, Zimmermann – Dietrich, Kracke, L. Müller, Sieloff, Spinnler – Kaiser, Köppel, Laumen, Le Fevre, Meyer, Netzer, Schäfer, Wimmer – Trainer: Hennes Weisweiler.

1971: Borussia Mönchengladbach
Kleff – Bleidick, Vogts, Wittmann – L. Müller, Sieloff, Wimmer – Bonhof, Dietrich, Heynckes, Köppel, Laumen, Le Fevre, Netzer, Wloka – Trainer: Hennes Weisweiler.

1972: Bayern München
Maier, Seifert – Breitner, Hansen, Koppenhöfer, Rybarczyk – Beckenbauer, Roth, Schwarzenbeck – Gerber, U. Hoeneß, Hoffmann, Krauthausen, G. Müller, Schneider, Sühnholz, Zobel – Trainer: Udo Lattek.

1973: Bayern München
Maier – Breitner, Hansen, Rybarczyk, Zimmermann – Beckenbauer, Schwarzenbeck, Rohr, Roth – Dürnberger, U. Hoeneß, Hoffmann, Jörg, Krauthausen, G. Müller, Schneider, Zobel – Trainer: Udo Lattek.

1974: Bayern München
Maier – Breitner, Hansen, Jensen, Kapellmann, Rohr – Beckenbauer, Schwarzenbeck, Roth – Dürnberger, Gersdorff, Hadewicz, U. Hoeneß, Hoffmann, G. Müller, Schneider, Torstensson, Zimmermann, Zobel – Trainer: Udo Lattek.

1975: Borussia Mönchengladbach
Kleff – Klinkhammer, Surau, Schäffer, Vogts – Bonhof, Danner, Posner, Wittkamp – Del'Haye, Heynckes, Hilkes, Jensen, Köppel, Köstner, Kulik, Simonsen, Stielike, Wimmer – Trainer: Hennes Weisweiler.

1976: Borussia Mönchengladbach
Kleff – Klinkhammer, Surau, Vogts – Bonhof, Danner, Ringels, Schäffer, Wittkamp, Wohlers – Del'Haye, Hannes, Heynckes, Jensen, Köppel, Kulik, Simonsen, Stielike, Wimmer – Trainer: Udo Lattek.

1977: Borussia Mönchengladbach
Kneib – Klinkhammer, Ringels, Vogts – Bonhof, Danner, Kulik, Schäffer, Wittkamp – Del'Haye, Hannes, Heidenreich, Heynckes, Köppel, Nielsen, Simonsen, Stielike, Wimmer, Wohlers – Trainer: Udo Lattek.

1978: 1. FC Köln
Schumacher – Hein, Konopka, Nicot, Zimmermann – Cullmann, Gerber, Glowacz, Simmet, Strack – Flohe, Löhr, D. Müller, Neumann, Okudera, Prestin, Van Gool, Willmer – Trainer: Hennes Weisweiler.

1979: Hamburger SV
Kargus – Hidien, Kaltz, Ripp – Beginski, Bertl, Buljan, Memering, Nogly – Hartwig, Hrubesch, Keegan, Magath, Plücken, Reimann, Wehmeyer – Trainer: Branko Zebec.

1980: Bayern München
Junghans, M. Müller – Dremmler, Gruber, Horsmann, Weiner – Aas, Augenthaler, Breitner, Kraus, Niedermayer, Schwarzenbeck – Dürnberger, D. Hoeneß, Janzon, Oblak, Reisinger, K.-H. Rummenigge – Trainer: Pal Csernai.

1981: Bayern München
Junghans, M. Müller – Dremmler, Horsmann – Aas, Augenthaler, Breitner, Dürnberger, Güttler, Kraus, Niedermayer, Röber, Weiner – Del'Haye, D. Hoeneß, Janzon, Mathy, Rautiainen, K.-H. Rummenigge – Trainer: Pal Csernai.

1982: Hamburger SV
Stein – Beckenbauer, Hidien, Hieronymus, Jakobs, Kaltz, Wehmeyer – Djordjevic, Groh, Hartwig, Kramer, Magath, Memering, Milewski, Schröder – Bastrup, Dreßel, von Heesen, Hrubesch – Trainer: Ernst Happel.

1983: Hamburger SV
Stein – Hieronymus, Jakobs, Kaltz, Schröder, Wehmeyer – Groh, Hartwig, von Heesen, Magath, Rolff, Schmidt – Bastrup, Djordjevic, Hansen, Hrubesch, Milewski – Trainer: Ernst Happel.

1984: VfB Stuttgart
Roleder, Jäger – Buchwald, B. Förster, Kh. Förster, Makan, Schäfer – Allgöwer, Kempe, Ohlicher, Niedermayer, Sigurvinsson, Zietsch – Corneliusson, Glückler, Kelsch, Lorch, A. Müller, Reichert – Trainer: Helmut Benthaus.

1985: Bayern München
Pfaff, Aumann – Augenthaler, Beierlorzer, Eder, Dremmler, Dürnberger, Grobe, Martin, Pflügler, Willmer – Lerby, Mathy, Matthäus, Nachtweih – D. Hoeneß, Kögl, M. Rummenigge, Wohlfarth – Trainer: Udo Lattek.

1986: Bayern München
Pfaff, Aumann – Augenthaler, Beierlorzer, Dremmler, Eder, Nachtweih, Pflügler, Winklhofer – Flick, Lerby, Matthäus, Schwabl, Willmer – Mathy, Hartmann, D. Hoeneß, Kögl, M. Rummenigge, Wohlfarth – Trainer: Udo Lattek.

1987: Bayern München
Pfaff – Augenthaler, Bayerschmidt, Eder, Flick, Nachtweih, Pflügler, Willmer, Winklhofer – Brehme, Dorfner, Mathy, Matthäus, M. Rummenigge – Hartmann, D. Hoeneß, Kögl, Lunde, Wohlfarth – Trainer: Udo Lattek.

1988: Werder Bremen
Reck, Burdenski – Bratseth, Kutzop, Otten, Ruländer, Sauer, Schaaf – Borowka, Eilts, Hermann, Meier, Möhlmann, Votava, Wolter – Burgsmüller, Neubarth, Ordenewitz, Riedle – Trainer: Otto Rehhagel.

1989: Bayern München
Aumann – Augenthaler, Flick, Grahammer, Johnsen, Nachtweih, Pflügler, Reuter, Winklhofer – Dorfner, Eck, Kögl, Thon – Ekström, Wegmann, Wohlfarth – Trainer: Josef Heynckes.

1990: Bayern München
Aumann, Scheuer – Augenthaler, Kastenmaier, Kohler, Pflügler, Reuter – Dorfner, Flick, Grahammer, Johnsen, Kögl, Schwabl, Strunz, Thon – Bender, McInally, Mihajlovic, Wohlfarth – Trainer: Josef Heynckes.

1991: 1. FC Kaiserslautern
Ehrmann, Serr – Friedmann, Haber, Kadlec, Lutz, Stumpf – Dooley, Ernst, Goldbaek, Krämer, Kranz, Lelle, Richter, Roos, Scherr, Schupp, Stadler, Zimmermann – Hoffmann, Hotic, Kuntz, Labbadia, Winkler – Trainer: Karlheinz Feldkamp.

1992: VfB Stuttgart
Immel – Buchwald, Dubajic, Frontzeck, Schäfer, N. Schmäler, U. Schneider, Strehmel – Buck, Gaudino, Kögl, Kramny, Mayer, Sammer, Th. Schneider – Kastl, Kienle, Sverrisson, F. Walter – Trainer: Christoph Daum.

1993: Werder Bremen
Reck, Gundelach – Beiersdorfer, Borowka, Bratseth – Bockenfeld, Eilts, Harttgen, Hermann, Legat, Neubarth, Schaaf, Votava, Wolter – K. Allofs, Bode, Herzog, Hobsch, Krohn, van Lent, Rufer – Trainer: Otto Rehhagel.

1994: Bayern München
Aumann, Gospodarek – Helmer, Jorginho, Kreuzer, Matthäus, Münch, Thon, Wouters – Frey, Hamann, Nerlinger, Scholl, Schupp, Zickler, Ziege – Cerny, Labbadia, Mazinho, Sternkopf, Valencia, Witeczek – Trainer: Erich Ribbeck/Franz Beckenbauer.

1995: Borussia Dortmund
Klos – Cesar, Kree, Kutowski, Reuter, Sammer, Schmidt, Zelic – Arnold, Franck, Freund, Kurz, Mallam, Möller, Povlsen, K. Reinhardt, Riethmann, Tanko, Zorc – Chapuisat, Ricken, Riedle, Tretschok – Trainer: Ottmar Hitzfeld.

1996: Borussia Dortmund
Klos, de Beer, Schumacher – Cesar, Kohler, Kree, Kutowski, Sammer, Schmidt – Berger, Heinrich, Franck, Freund, Mallam, Möller, K. Reinhardt, Reuter, Ricken, Sosa, Tretschok, Wolters, Zorc – Chapuisat, Herrlich, L. Müller, Riedle, Tanko – Trainer: Ottmar Hitzfeld.

1997: Bayern München
Kahn, Scheuer – Babbel, Helmer, Kreuzer, Kuffour, Matthäus, Münch, Strunz – Basler, Gerster, Hamann, Nerlinger, Scholl, Ziege – Jancker, Klinsmann, Lakies, Rizzitelli, Witeczek, Zickler – Trainer: Giovanni Trapattoni.

1998: 1. FC Kaiserslautern
Reinke, Szücs – Hrutka, Kadlec, Koch, Lutz, Roos, Schjönberg, Schäfer – Ballack, Brehme, Buck, Greiner, Hristov, Ojigwe, Ratinho, Riedl, Sforza, Wagner – Ertl, Kuka, Marschall, Reich, Rische – Trainer: Otto Rehhagel.

1999: Bayern München
Kahn, Dreher, Scheuer – Babbel, Helmer, Johansson, Kuffour, Linke, Lizarazu, Matthäus, Tarnat – Basler, Effenberg, Fink, Jarolim, Jeremies, Scholl, Strunz – Bugera, Daei, Elber, Göktan, Jancker, Salihamidzic, Zickler – Trainer: Ottmar Hitzfeld.

2000: Bayern München
Kahn, Dreher, Wessels – Andersson, Babbel, Kuffour, Linke, Lizarazu, Matthäus – Basler, Effenberg, Fink, Jeremies, Scholl, Sergio, Strunz, Tarnat, Wiesinger – Elber, Jancker, Salihamidzic, Santa Cruz, Zickler – Trainer: Ottmar Hitzfeld.

2001: Bayern München
Kahn, Dreher, Wessels – Andersson, Kuffour, Linke, Sagnol, Sforza – Effenberg, Fink, Hargreaves, Jeremies, Lizarazu, Salihamidzic, Scholl, Strunz, Tarnat, Wiesinger – Elber, Göktan, Jancker, di Salvo, Santa Cruz, Sergio, Zickler – Trainer: Ottmar Hitzfeld.

2002: Borussia Dortmund
Lehmann, Laux – Kohler, Madouni, Metzelder, Reuter, Wörns – Bugri, Dede, Evanilson, Heinrich, Kehl, Oliseh, Ricken, Rosicky, Stevic – Addo, Amoroso, Bobic, Ewerthon, Herrlich, Koller, Odonkor, Reina, Sörensen– Trainer: Matthias Sammer.

2003: Bayern München
Kahn, Wessels – R. Kovac, Kuffour, Linke, Sagnol – Ballack, Deisler, Feulner, Fink, Hargreaves, Jeremies, N. Kovac, Lizarazu, Salihamidzic, Scholl, Schweinsteiger, Tarnat, Thiam, Zé Roberto – Elber, Misimovic, Pizarro, Santa Cruz, Trochowski, Zickler – Trainer: Ottmar Hitzfeld.

2004: Werder Bremen
Reinke, Borel – Baumann, Friedrich, Ismaël, Krstajic – Banovic, Borowski, Ernst, Lagerblom, Lisztes, Magnin, Micoud, Reich, Schulz, Skripnik, Stalteri, Ümit Davala, Wehlage – Ailton, Charisteas, Daun, Klasnic, Valdez – Trainer: Thomas Schaaf.

2005: Bayern München
Kahn, Rensing – Demichelis, R. Kovac, Kuffour, Linke, Lizarazu, Lucio, Rau, Sagnol – Ballack, Deisler, Frings, Görlitz, Hargreaves, Jeremies, Salihamidzic, Scholl, Schweinsteiger, Zé Roberto – Guerrero, Hashemian, Makaay, Pizarro, Santa Cruz, Zickler – Trainer: Felix Magath.

2006: Bayern München
Kahn, Dreher, Rensing – Demichelis, Lahm, Lizarazu, Lucio, Ottl, Sagnol – Ballack, Deisler, dos Santos, Hargreaves, Ismael, Jeremies, Karimi, Salihamidzic, Scholl, Schweinsteiger, Zé Roberto – Guerrero, Makaay, Pizarro, Santa Cruz – Trainer: Felix Magath.

2007: VfB Stuttgart
Hildebrand, Langer – Babbel, Beck, Boka, Delpierre, Fernando Meira, Magnin, Osorio, Tasci – Bierofka, da Silva, Farnerud, Gentner, Hilbert, Hitzlsperger, Khedira, Meißner, Pardo – Cacau, Gomez, Lauth, Nehrig, Streller, Tomasson – Trainer: Armin Veh.

2008: Bayern München
Kahn, Rensing – Breno, Demichelis, Jansen, Lahm, Lell, Lucio, Sagnol, Van Buyten – Hamit Altintop, Kroos, Ottl, Ribery, Schweinsteiger, Sosa, Van Bommel, Zé Roberto – Klose, Podolski, Schlaudraff, Toni, Wagner – Trainer: Ottmar Hitzfeld.

2009: VfL Wolfsburg
Benaglio, Lenz – Barzagli, Karimow, Madlung, Pekarik, Reiche, Ricardo Costa, Rodrigo Alvim, Schäfer, Simunek, Zaccardo – Dejagah, Gentner, Hasebe, Josué, Krzynowek, Misimovic, Riether, Santana, Schindzielorz – Caiuby, Dzeko, Esswein, Grafite, Okubo, Saglik – Trainer: Felix Magath.

2010: Bayern München
Butt, Rensing – Badstuber, Braafheid, Breno, Contento, Demichelis, Lahm, Van Buyten – Alaba, Hamit Altintop, Baumjohann, Ottl, Pranjic, Ribery, Robben, Schweinsteiger, Sosa, Tymoshchuk, Van Bommel – Gomez, Klose, Th. Müller, Olic, Toni – Trainer: Louis van Gaal.

2011: Borussia Dortmund
Langerak, Weidenfeller – Dede, Felipe Santana, Hummels, Owomoyela, Piszczek, Schmelzer, Subotic – S. Bender, Blaszczykowski, da Silva, Feulner, Götze, Großkreutz, Kagawa, Kehl, Sahin – Barrios, Lewandowski, Rangelov, Stiepermann, Zidan – Trainer: Jürgen Klopp.

Die Endrundenspiele von 1903 bis 1963

1903

Vorrunde: Altona 93 – Viktoria Magdeburg 8:1; DFC Prag – Karlsruher FV ausgef. (und fürs Halbfinale erneut angesetzt); Britannia Berlin – VfB Leipzig 1:3.
Halbfinale: VfB Leipzig – Altona 93 6:3; DFC Prag – Karlsruher FV (KFV nicht angetreten).
Endspiel: VfB Leipzig – DFC Prag 7:2.

1904

Vorrunde: Germania Hamburg – ASC Hannover 11:0; Britannia Berlin – Karlsruher FV 6:1; Duisburger SV – Kasseler FV 5:3; VfB Leipzig – Viktoria Magdeburg 1:0.
Halbfinale: Germania Hamburg – Britannia Berlin 1:3; VfB Leipzig – Duisburger SV n. V. 3:2.
Endspiel: VfB Leipzig – Britannia Berlin ausgefallen. Kein Meister!

Der DFB hatte in seiner Ausschreibung die Austragung der Spiele auf neutralen Plätzen angeordnet, sich aber selbst nicht daran gehalten. Dagegen protestierte der Karlsruher FV, der in der 1. Runde in Berlin gegen Britannia antreten musste. Der DFB, der seinen Bundestag anläßlich des Endspiels in Kassel abhielt, entschied am Vormittag, das Finale ausfallen zu lassen, und erklärte gleichzeitig alle vorangegangenen Endrundenspiele für ungültig.

1905

1. Vorrunde: Schlesien Breslau – Alemannia Cottbus 5:1; Eintracht Braunschweig – Hannover 96 3:2; Schlesien Breslau verzichtete gegen Viktoria Magdeburg.
2. Vorrunde: Eintracht Braunschweig – Viktoria Magdeburg n. V. 2:1.
Viertelfinale: VfB Leipzig verzichtete gegen Eintracht Braunschweig, dafür:Union 92 Berlin – Eintracht Braunschweig 4:1; Karlsruher FV – Duisburger FV 1:0; Dresdner SC – Victoria Hamburg 5:3.
Halbfinale: Union 92 Berlin – Dresdner SC 5:2; Freilos: Karlsruher FV.
Endspiel: Union 92 Berlin – Karlsruher FV 2:0.

1906

Vorrunde: VfB Leipzig – Norden-Nordwest Berlin 9:1; Victoria Hamburg – Union 92 Berlin 1:3; Hertha 92 Berlin – Schlesien Breslau 7:1; 1. FC Pforzheim – Kölner FC 99 n. V. 4:2.
Halbfinale: Hertha 92 Berlin – VfB Leipzig 2:3; 1. FC Pforzheim – Union 92 Berlin 4:0.
Endspiel: VfB Leipzig – 1. FC Pforzheim 2:1.

1907

Vorrunde: Viktoria 89 Berlin – Schlesien Breslau 2:1; Victoria Hamburg – Düsseldorfer FC 99 8:1, Freilose: Freiburger FC, VfB Leipzig.
Halbfinale: Victoria Hamburg – Viktoria 89 Berlin 1:4; Freiburger FC – VfB Leipzig 3:2.
Endspiel: Freiburger FC – Viktoria 89 Berlin 3:1.

1908

Vorrunde: Freiburger FC – Stuttgarter Kickers 1:0 vom DFB annulliert, Wiederholung: 1:5); VfB Königsberg – Viktoria 89 Berlin 0:7; Duisburger SV – Eintracht Braunschweig 1:0; VfR Breslau – Wacker Leipzig 1:3.
Halbfinale: Stuttgarter Kickers – Duisburger SV 5:1; Viktoria 89 Berlin – Wacker Leipzig 4:0.
Endspiel: Viktoria 89 Berlin – Stuttgarter Kickers 3:0.

1909

Vorrunde: Altona 93 – Tasmania Berlin-Rixdorf 4:3; SC Erfurt – Alemannia Cottbus n. V. 4:3; Phönix Karlsruhe – FC M.-Gladbach 5:0; VfB Königsberg – Viktoria 89 Berlin 1:12.
Halbfinale: Viktoria 89 Berlin – Altona 93 7:0; Phönix Karlsruhe – SC Erfurt 9:1.
Endspiel: Phönix Karlsruhe – Viktoria 89 Berlin 4:2.

1910

Qualifikation: Prussia-Samland Königsberg – Tasmania Berlin-Rixdorf 1:5.
Vorrunde: Karlsruher FV – Duisburger SpV 1:0; VfB Leipzig – Phönix Karlsruhe 1.2; Holstein Kiel – Preußen Berlin 4:1; Tasmania Berlin-Rixdorf – VfR Breslau 2:1.
Halbfinale: Holstein Kiel – Tasmania Berlin-Rixdorf 6:0; Karlsruher FV – Phönix Karlsruhe 2:1.
Endspiel: Karlsruher FV – Holstein Kiel n. V. 1:0.

1911

Vorrunde: Lituania Tilsit verzichtete gegen Viktoria 89 Berlin; Karlsruher FV – Tasmania Berlin-Rixdorf 4:0, Holstein Kiel – Duisburger SpV 3:1; VfB Leipzig – Askania Forst 3:2.
Halbfinale: VfB Leipzig – Karlsruher FV 2:0; Viktoria 89 Berlin – Holstein Kiel 4:0.
Endspiel: Viktoria 89 Berlin – VfB Leipzig 3:1.

1912

Vorrunde: SpVgg Leipzig – ATV Liegnitz 3:2; BuEV Danzig – Viktoria 89 Berlin 0:7; Holstein Kiel – Preußen Berlin 2:1; Karlsruher FV – Kölner BC 8:1.
Halbfinale: Karlsruher FV – SpVgg Leipzig 3:1, Viktoria 89 Berlin – Holstein Kiel n. V. 1:2.
Endspiel: Holstein Kiel – Karlsruher FV 1:0.

1913

Vorrunde: Viktoria 89 Berlin – Prussia Samland Königsberg 6:1; Duisburger SV – Stuttgarter Kickers 2:1; VfB Leipzig – Askania Forst 5:1; Eintracht Braunschweig konnte nicht teilnehmen, da der Nordmeister nicht rechtzeitig ermittelt worden war.
Halbfinale: Duisburger SV – Holstein Kiel 2:1; VfB Leipzig – Viktoria 89 Berlin 3:1.
Endspiel: VfB Leipzig – Duisburger SV 3:1.

1914

Vorrunde: Prussia-Samland Königsberg – VfB Leipzig 1:4; Duisburger SV – Altona 93 n. V. 4:1; Berliner BC – Askania Forst 4:0; SpVgg Leipzig – SpVgg Fürth 1:2.
Halbfinale: SpVgg Fürth – Berliner BC n. V. 4:3; VfB Leipzig – Duisburger SV 1:0.
Endspiel: SpVgg Fürth – VfB Leipzig n. V. 3:2.

Von 1915 bis 1919

wurden keine Spiele um die Deutsche Meisterschaft ausgetragen

1920

Vorrunde: Titania Stettin – Arminia Hannover n. V. 2:1; Spf. Breslau – Union Oberschöneweide Berlin 3:1; 1. FC Nürnberg – VfB Leipzig 2:0; SpVgg Fürth – VfTuR (Borussia) M.-Gladbach 7:0.
Halbfinale: SpVgg Fürth – Spfr. Breslau 4:0; 1. FC Nürnberg – Titania Stettin 3:0.
Endspiel: 1. FC Nürnberg – SpVgg Fürth 2:0.

1921

Vorrunde: Spfr. Breslau – Wacker Halle 1:2; Duisburger SV – Hamburger SV n. V. 2:1; Stettiner SC – Vorwärts Berlin 1:2; Freilos: 1. FC Nürnberg.
Halbfinale: Vorwärts Berlin – Duisburger SV n. V. 2:1; 1. FC Nürnberg – Wacker Halle 5:1.
Endspiel: 1. FC Nürnberg – Vorwärts Berlin 5:0.

1922

Vorrunde: Hamburger SV – Titania Stettin 5:0; Norden-Nordwest Berlin – Viktoria Forst 1:0; 1. FC Nürnberg – SpVgg Leipzig 3:0; Wacker München – Arminia Bielefeld 5:0.
Halbfinale: Hamburger SV – Wacker München 4:0; 1. FC Nürnberg – Norden-Nordwest Berlin 1:0.
Endspiel: Hamburger SV – 1. FC Nürnberg n. V. 2:2 und n. V. 1:1 – Der DFB erklärte den Hamburger SV zunächst zum Meister. Nach einem Nürnberger Protest verzichtete der HSV jedoch auf den Titel.

1923

Vorrunde: Arminia Bielefeld – Union Oberschöneweide n. V. 0:0 und n. V. 1:2; Hamburger SV – Guts Muths Dresden 2:0; SpVgg Fürth – Spfr. Breslau 4:0; Freilos: VfB Königsberg.
Halbfinale: Union Oberschöneweide – SpVgg Fürth 2:1; Hamburger SV – VfB Königsberg 3:2.
Endspiel: Hamburger SV – Union Oberschöneweide 3:0.

1924

Vorrunde: Alemannia Berlin – 1. FC Nürnberg 1:6; Spfr. Breslau – Hamburger SV 0:3; SpVgg Leipzig – VfB Königsberg 6:1; Freilos: Duisburger SV.
Halbfinale: 1. FC Nürnberg – Duisburger SV 3:1; Hamburger SV – SpVgg Leipzig 1:0.
Endspiel: 1. FC Nürnberg – Hamburger SV 2:0.

1925

Vorrunde: Alemannia Berlin – Duisburger SV 1:2; SC Breslau 08 – VfB Leipzig 2:1; Viktoria Forst – Schwarz-Weiß Essen 1:2; Hamburger SV – FSV Frankfurt n. V. 1:2; TuRU Düsseldorf – VfR Mannheim 4:1; VfB Königsberg – Hertha BSC Berlin n. V. 2:3; 1. FC Nürnberg – 1. SV Jena 2:0; Titania Stettin – Altona 93 2:4.
Viertelfinale: Hertha BSC Berlin – TuRU Düsseldorf 4:1; Schwarz-Weiß Essen – FSV Frankfurt 1:3; SC Breslau 08 – 1. FC Nürnberg 1:4; Altona 93 – Duisburger SV 0:2.
Halbfinale: Duisburger SV – 1. FC Nürnberg 0:3; FSV Frankfurt – Hertha BSC Berlin n. V. 1:0.
Endspiel: 1. FC Nürnberg – FSV Frankfurt n. V. 1:0.

1926

Vorrunde: Hertha BSC Berlin – VfB Königsberg 4:0; SC Breslau 08 – Dresdner SC 1:0; Duisburger SV – Hamburger SV 1:3; FSV Frankfurt – BV Altenessen 2:1; SpVgg Fürth – Viktoria Forst 5:0; Holstein Kiel – Stettiner SC 8:2; Fortuna Leipzig – Bayern München 2:0; VfR Köln – Norden-Nordwest Berlin 1:2.

Viertelfinale: Norden-Nordwest Berlin – Holstein Kiel 0:4; Hamburger SV – Fortuna Leipzig 6:2; SpVgg Fürth – SC Breslau 08 4:0; Hertha BSC Berlin – FSV Frankfurt 8:2
Halbfinale: Hertha BSC Berlin – Hamburger SV 4:2; SpVgg Fürth – Holstein Kiel 3:1.
Endspiel: SpVgg Fürth – Hertha BSC Berlin 4:1.

1927

Vorrunde: Kickers 1900 Berlin – Duisburger SV n. V. 5:4; Spfr. Breslau – SpVgg Fürth 1:3; FC Schalke 04 – SV München 1860 1:3; Fortuna Düsseldorf – Hamburger SV 1:4; 1. FC Nürnberg – Chemnitzer BC 5:1; Holstein Kiel – Titania Stettin 9:1; VfB Königsberg – Hertha BSC n. V. 1:2; VfB Leipzig – FV Breslau 06 3:0.
Viertelfinale: Hertha BSC Berlin – Holstein Kiel 4:2; Hamburger SV – 1. FC Nürnberg 1:2; SV München 1860 – VfB Leipzig 3:0; SpVgg Fürth – Kickers 1900 Berlin 9:0.
Halbfinale: Hertha BSC Berlin – SpVgg Fürth 2:1; 1. FC Nürnberg – SV München 1860 4:1.
Endspiel: 1. FC Nürnberg – Hertha BSC Berlin 2:0.

1928

Vorrunde: Wacker München – Dresdner SC n. V. 1:0; Wacker Halle – Bayern München 0:3; SpVgg Köln-Sülz 07 – Eintracht Frankfurt 3:1; Hertha BSC Berlin – Spfr. Breslau 7:0; Preußen Krefeld – Tennis Borussia Berlin 1:3; Hamburger SV – FC Schalke 04 4:2; SC Breslau 08 – VfB Königsberg 2:3; Preußen Stettin – Holstein Kiel 1:4.
Viertelfinale: VfB Königsberg – Hamburger SV 0:4; Holstein Kiel – Hertha BSC Berlin 0:4; Bayern München – SpVgg Köln-Sülz 07 5:2; Tennis Borussia Berlin – Wacker München 1:4.
Halbfinale: Hamburger SV – Bayern München 8:2; Hertha BSC Berlin – Wacker München 2:1.
Endspiel: Hamburger SV – Hertha BSC Berlin 5:2.

1929

Vorrunde: SpVgg Fürth – Fortuna Düsseldorf 5:1; Preußen Hindenburg – Hertha BSC Berlin 1:8; Holstein Kiel – 1. FC Nürnberg 1:6; VfB Königsberg – SC Breslau 08 1:2; Bayern München – Dresdner SC 3:0; Wacker Leipzig – FC Schalke 04 1:5; Tennis Borussia Berlin – Titania Stettin n. V. 3:2; Meidericher SV – Hamburger SV 2:3.
Viertelfinale: Hamburger SV – SpVgg Fürth 0:2; FC Schalke 04 – Hertha BSC Berlin 1:4; 1. FC Nürnberg – Tennis Borussia Berlin 3:1; SC Breslau 08 – Bayern München n. V. 4:3.
Halbfinale: SpVgg Fürth – SC Breslau 08 6:1; Hertha BSC – 1. FC Nürnberg n. V. 0:0 und 3:2.
Endspiel: SpVgg Fürth – Hertha BSC Berlin 3:2.

1930

Vorrunde: Eintracht Frankfurt – VfL Benrath 1:0; SpVgg Fürth – Tennis Borussia Berlin 4:1; Spfr. Breslau – 1. FC Nürnberg 0:7; Hertha BSC – SuSV Beuthen 09 3:2; FC Schalke 04 – Arminia Hannover 6:2; Dresdner SC – VfB Königsberg 8:1; Holstein Kiel – VfB Leipzig 4:3, Titania Stettin – SpVgg Köln-Sülz 07 4:2.
Viertelfinale: Holstein Kiel – Eintracht Frankfurt 4:2; SpVgg Köln-Sülz 07 – Hertha BSC Berlin n. V. 1:1 und 1:8; Dresdner SC – SpVgg Fürth n. V. 5:4; 1. FC Nürnberg – FC Schalke 04 6:2.
Halbfinale: Hertha BSC Berlin – 1. FC Nürnberg 6:3; Holstein Kiel – Dresdner SC 2:0.
Endspiel: Hertha BSC Berlin – Holstein Kiel 5:4.

1931

Vorrunde: VfB Bielefeld – Hertha BSC Berlin 2.5; SV München 1860 – Meidericher SV 4:1; SuSV Beuthen 09 – Hamburger SV 0:2; Holstein Kiel – Prussia-Samland Königsberg 3:2; SpVgg Fürth – SpVgg Leipzig 3:0; Tennis Borussia Berlin – VfB Liegnitz 6:1; VfB Königsberg – Dresdner SC 1:8; Fortuna Düsseldorf – Eintracht Frankfurt n. V. 2:3.
Viertelfinale: Hertha BSC Berlin – SpVgg Fürth 3:1; SV München 1860– Tennis Borussia Berlin 1:0; Dresdner SC – Holstein Kiel 3:4; Hamburger SV – Eintracht Frankfurt 2:0.
Halbfinale: Hertha BSC Berlin – Hamburger SV 3:2; SV München 1860 – Holstein Kiel 2:0.
Endspiel: Hertha BSC Berlin – SV München 1860 3:2.

1932

Vorrunde: Bayern München – Minerva 93 Berlin 4:2; 1. FC Nürnberg – Borussia Fulda 5:2; Hindenburg Allenstein – Eintracht Frankfurt 0:6; FC Schalke 04 – SuBC Plauen n. V. 5:4; Hamburger SV – VfL Benrath 3:1; Tennis Borussia Berlin – Viktoria Stolp 3:0; SC Breslau 08 – Holstein Kiel 1:4; Polizei Chemnitz – SuSV Beuthen 09 5:1.
Viertelfinale: Polizei Chemnitz – Bayern München 2:3; Holstein Kiel – 1. FC Nürnberg 0:4; Eintracht Frankfurt – Tennis Borussia Berlin 3:1; FC Schalke 04 – Hamburger SV 4:2.
Halbfinale: Bayern München – 1. FC Nürnberg 2:0; Eintracht Frankfurt – FC Schalke 04 2:1.
Endspiel: Bayern München – Eintracht Frankfurt 2:0.

1933

Vorrunde: VfL Benrath – SV München 1860 0:2; Hindenburg Allenstein – Hertha BSC Berlin 4:1; SuSV Beuthen 09 – Prussia Samland Königsberg 7:1; FSV Frankfurt – Polizei Chemnitz 6:1; Dresdner SC – Arminia Hannover n. V. 1:2; Hamburger SV – Eintracht Frankfurt 1:4; Fortuna Düsseldorf – Vorwärts-Rasensport Gleiwitz 9:0; FC Schalke 04 – Viktoria 89 Berlin 4:1.
Viertelfinale: Eintracht Frankfurt – Hindenburg Allenstein 12:2; FC Schalke 04 – FSV Frankfurt 1:0; Arminia Hannover – Fortuna Düsseldorf 0:3; SV München 1860 – SuSV Beuthen 09 3:0.
Halbfinale: Fortuna Düsseldorf – Eintracht Frankfurt 4:0; FC Schalke 04 – SV München 1860 4:0.
Endspiel: Fortuna Düsseldorf – FC Schalke 04 3:0.

1934

Gruppe I: Viktoria 89 Berlin – SuSV Beuthen 09 5:2 und 4:1; Viktoria 89 Berlin – Viktoria Stolp 4:2 und 3:2; Viktoria 89 Berlin – Preußen Danzig 5:2 und 3:0; SuSV Beuthen 09 – Viktoria Stolp 1:1 und 2:1; SuSV Beuthen 09 – Preußen Danzig 2:1 und 4:1; Viktoria Stolp – Preußen Danzig 3:1 und 1:1 – Gruppensieger: Viktoria 89 Berlin.
Gruppe II: FC Schalke 04 – VfL Benrath 0:1 und 2:0; FC Schalke 04 – Werder Bremen 3:0 und 5:2; FC Schalke 04 – Eimsbütteler TV 4:1 und 2:3; VfL Benrath – Werder Bremen 4:1 und 2:2; VfL Benrath – Eimsbütteler TV 4:1 und 1:5, Werder Bremen – Eimsbütteler TV 4:2 und 2:1 – Gruppensieger: FC Schalke 04.
Gruppe III: SV Waldhof – Mülheimer SV 6:1 und 1:1; SV Waldhof – Kickers Offenbach 0:0 und 2:2; SV Waldhof – Union Böckingen 6:0 und 4:2; Mülheimer SV – Kickers Offenbach 4.4 und 3:1; Mülheimer SV – Union Böckingen 2:0 und 2:6; Kickers Offenbach – Union Böckingen 4:1 und 3:6 – Gruppensieger: SV Waldhof.
Gruppe IV: 1. FC Nürnberg – Dresdner SC 1:2 und 1:0; 1. FC Nürnberg – Borussia Fulda 1:1 und 2:1; 1. FC Nürnberg – Wacker Halle 3:0 und 2:0; Dresdner SC – Borussia Fulda 3:1 und 0:0; Dresdner SC – Wacker Halle 7:2 und 4:2; Borussia Fulda – Wacker Halle 3:2 und 1:2 – Gruppensieger: 1. FC Nürnberg
Halbfinale: FC Schalke 04 – SV Waldhof 5:2; 1. FC Nürnberg – Viktoria 89 Berlin 2:1.
Endspiel: FC Schalke 04 – 1. FC Nürnberg 2:1.

1935

Gruppe I: Polizei Chemnitz – Hertha BSC Berlin 1:2 und 2:1; Polizei Chemnitz – Yorck Boyen Insterburg 6:1 und 8:1; Polizei Chemnitz – Vorwärts-Rasensport Gleiwitz 2:1 und 3:1; Hertha BSC Berlin – Yorck Boyen Insterburg 7:3 und 9:0; Hertha BSC Berlin – Vorwärts-Rasensport Gleiwitz 2:0 und 1:2; Yorck Boyen Insterburg – Vorwärts-Rasensport Gleiwitz 1:3 und 2:2 – Gruppensieger: Polizei Chemnitz.
Gruppe II: FC Schalke 04 – Eimsbütteler TV 4:0 und 1:2; FC Schalke 04 – Hannover 96 3:2 und 4:1; FC Schalke 04 – Stettiner SC 9:1 und 6:0; Eimsbütteler TV – Hannover 96 1:3 und 3:9; Eimsbütteler TV – Stettiner SC 3:1 und 2:2; Hannover 96 – Stettiner SC 5:0 und 4:1 – Gruppensieger: FC Schalke 04.
Gruppe III: VfL Benrath – VfR Mannheim 3:2 und 3:2; VfL Benrath – Phönix Ludwigshafen 0:0 und 2:1; VfL Benrath – VfR Köln 5:0 und 4:0; Phönix Ludwigshafen – VfR Mannheim 5:0 und 5:0; Phönix Ludwigshafen – VfR Köln 4:1 und 4:0; VfR Mannheim – VfR Köln 2:3 und 3:2 – Gruppensieger: VfL Benrath.
Gruppe IV: VfB Stuttgart – SpVgg Fürth 3:2 und 4:1; VfB Stuttgart – FC Hanau 93 2:1 und 0:3; VfB Stuttgart – 1. SV Jena 1:2 und 3:2; SpVgg Fürth – FC Hanau 93 0:1 und 5:1; SpVgg Fürth – 1. SV Jena 2:0 und 1:0; FC Hanau 93 – 1. SV Jena 0:1 und 2:0 – Gruppensieger: VfB Stuttgart.
Halbfinale: VfB Stuttgart – VfL Benrath 4:2; FC Schalke 04 – Polizei Chemnitz 3:2.
Endspiel: FC Schalke 04 – VfB Stuttgart 6:4.

1936

Gruppe I: FC Schalke 04 – Polizei Chemnitz 2:3 und 2:1; FC Schalke 04 – Berliner SV 92 4:0 und 3:2; FC Schalke 04 – Hindenburg Allenstein 7:0 und 4:1; Polizei Chemnitz – Berliner SV 92 4:1 und 4:1; Polizei Chemnitz – Hindenburg Allenstein 4:1 und 3:2; Berliner SV 92 – Hindenburg Allenstein 3:1 und 3:1 – Gruppensieger: FC Schalke 04.
Gruppe II: Vorwärts-Rasensport Gleiwitz – Werder Bremen 5:2 und 4:2; Vorwärts-Rasensport Gleiwitz – Eimsbütteler TV 4:1 und 0:3; Vorwärts-Rasensport Gleiwitz – Viktoria Stolp 5:0 und 3:1; Werder Bremen – Eimsbütteler TV 2:0 und 6:1; Werder Bremen – Viktoria Stolp 6:0 und 4:1; Eimsbütteler TV – Viktoria Stolp 2:1 und 0:1 – Gruppensieger: Vorwärts-Rasensport Gleiwitz.
Gruppe III: 1. FC Nürnberg – Wormatia Worms 2:1 und 2:2; 1. FC Nürnberg – 1. SV Jena 3:0 und 5:1; 1. FC Nürnberg – Stuttgarter Kickers 2:0 und 5:0; Wormatia Worms – 1. SV Jena 3:1 und 1:3; Wormatia Worms – Stuttgarter Kickers 6:2 und 2:3; 1. SV Jena – Stuttgarter Kickers 2:0 und 0:1 – Gruppensieger: 1. FC Nürnberg.

Gruppe IV: Fortuna Düsseldorf – FC Hanau 93 3:1 und 1:5; Fortuna Düsseldorf – SV Waldhof 3:1 und 4:0; Fortuna Düsseldorf – CfR Köln 3:0 und 2:0; FC Hanau 93 – SV Waldhof 0:0 und 0:1; FC Hanau 93 – CfR Köln 3:0 und 0:1; SV Waldhof – CfR Köln 2:0 und 2:3. – Gruppensieger: Fortuna Düsseldorf.
Halbfinale: 1. FC Nürnberg – FC Schalke 04 2:0; Fortuna Düsseldorf – Vorwärts Rasensport Gleiwitz 3:1.
Endspiel: 1. FC Nürnberg – Fortuna Düsseldorf n. V. 2:1.
Um den dritten Platz: FC Schalke 04 – Vorwärts-Rasensport Gleiwitz 8:1.

1937

Gruppe I: Hamburger SV – BC Hartha 3:0 und 3:0; Hamburger SV – Hindenburg Allenstein 6:1 und 5:2; Hamburger SV – SuSV Beuthen 09 6:0 und 4:1; BC Hartha – Hindenburg Allenstein 6:2 und 1:1; BC Hartha – SuSV Beuthen 09 2:6 und 4:2; Hindenburg Allenstein – SuSV Beuthen 09 2:1 und 2:2 – Gruppensieger: Hamburger SV.
Gruppe II: FC Schalke 04 – Werder Bremen 5:1 und 2:2; FC Schalke 04 – Hertha BSC Berlin 2:1 und 2:1; FC Schalke 04 – Viktoria Stolp 12:0 und 8:0; Werder Bremen – Hertha BSC Berlin 5:2 und 3:1; Werder Bremen – Viktoria Stolp 5:0 und 4:0; Hertha BSC Berlin – Viktoria Stolp 3;1 und 4:0 – Gruppensieger: FC Schalke 04.
Gruppe III: VfB Stuttgart – Wormatia Worms 0:0 und 1:0; VfB Stuttgart – SV Dessau 05 2:0 und 1:2; VfB Stuttgart – SV Kassel 3:0 und 5:1; Wormatia Worms – SV Dessau 05 1:0 und 4:0; Wormatia Worms – SV Kassel 3:1 und 3:1; SV Dessau 05 – SV Kassel 4:2 und 0:2 – Gruppensieger: VfB Stuttgart.
Gruppe IV: 1. FC Nürnberg – Fortuna Düsseldorf 0:0 und 3:1; 1. FC Nürnberg – SV Waldhof 7:1 und 4:1; 1. FC Nürnberg – VfR Köln 3:1 und 1:0; Fortuna Düsseldorf – SV Waldhof 2:1 und 1:1; Fortuna Düsseldorf – VfR Köln 0:2 und 5:1; SV Waldhof – VfR Köln 1:0 und 1:0 – Gruppensieger: 1. FC Nürnberg.
Halbfinale: FC Schalke 04 – VfB Stuttgart 4:2; 1. FC Nürnberg – Hamburger SV 3:2.
Endspiel: FC Schalke 04 – 1. FC Nürnberg 2:0.
Um den dritten Platz: VfB Stuttgart – Hamburger SV 1:0.

1938

Gruppe I: Hamburger SV – Eintracht Frankfurt 5:0 und 2:3; Hamburger SV – Stettiner SC 2:0 und 3:1; Hamurger SV – Yorck Boyen Insterburg 3:1 und 6:0; Eintracht Frankfurt – Stettiner SC 5:0 und 6:5; Eintracht Frankfurt – Yorck Boyen Insterburg 5:0 und 5:1; Stettiner SC – Yorck Boyen Insterburg 1:0 und 5:2 – Gruppensieger: Hamburger SV.
Gruppe II: FC Schalke 04 – VfR Mannheim 1:2 und 2:2; FC Schalke 04 – Berliner SV 92 3:0 und 1:1; FC Schalke 04 – SV Dessau 05 6:1 und 6:0; VfR Mannheim – Berliner SV 92 3:2 und 1:3; VfR Mannheim – SV Dessau 05 6:1 und 1:1; Berliner SV 92 – SV Dessau 05 2:3 und 0:0 – Gruppensieger: FC Schalke 04.
Gruppe III: Fortuna Düsseldorf – BC Hartha 2:2 und 1:1; Fortuna Düsseldorf – VfB Stuttgart 3:0 und 2:0; Fortuna Düsseldorf – Vorwärts-Rasensport Gleiwitz 3:1 und 3:0; BC Hartha – VfB Stuttgart 2:1 und 1:1; BC Hartha – Vorwärts-Rasensport Gleiwitz 2:2 und 0:5; VfB Stuttgart – Vorwärts-Rasensport Gleiwitz 7:1 und 5:0 – Gruppensieger: Fortuna Düsseldorf.
Gruppe IV: Hannover 96 – 1. FC Nürnberg 2:1 und 2:1; Hannover 96 – Alemannia Aachen 6:1 und 2:1; Hannover 96 – FC Hanau 93 1:0 und 3:1; 1. FC Nürnberg – Alemannia Aachen 4:2 und 3:1; 1. FC Nürnberg – FC Hanau 93 2:1 und 4:1; Alemannia Aachen – FC Hanau 93 2:0 und 4:2 – Gruppensieger: Hannover 96.
Halbfinale: Hannover 96 – Hamburger SV n. V. 3:2; FC Schalke 04 – Fortuna Düsseldorf 1:0.
Endspiel: Hannover 96 – FC Schalke 04 n. V. 3:3 und n. V. 4:3.
Um den dritten Platz: Fortuna Düsseldorf – Hamburger SV n. V. 0:0 und 4:2.

1939

Gruppe I: Hamburger SV – VfL Osnabrück 5:1 und 2:4; Hamburger SV – Hindenburg Allenstein 5:2 und 4:1; Hamburger SV – Blau-Weiß 90 Berlin 3:0 und 3:3; VfL Osnabrück – Hindenburg Allenstein 0:0 und 1:3; VfL Osnabrück – Blau Weiß 90 Berlin 1:1 und 3:1; Hindenburg Allenstein – Blau-Weiß 90 Berlin 1:2 und 3:0 – Gruppensieger: Hamburger SV.
Gruppe IIa: Fortuna Düsseldorf – SpVgg Köln-Sülz 07 3:2 und 3:1; Fortuna Düsseldorf – Viktoria Stolp 1:0 und 0:1; SpVgg Köln-Sülz – Viktoria Stolp 5:0 und 2:0
Gruppe IIb: Dresdner SC – FC Schweinfurt 05 1:0 und 0:1; Dresdner SC – Warnsdorfer FK 3:1 und 5;1; FC Schweinfurt 05 – Warnsdorfer FK 4:2 und 4:1.
Entscheidungsspiele: Dresdner SC – Fortuna Düsseldorf 4:1 und 3:3 – Gruppensieger: Dresdner SC.

Gruppe III: Admira Wien – Stuttgarter Kickers 6:2 und 1:1; Admira Wien – VfR Mannheim 8:3 und 0:3; Admira Wien – SV Dessau 05 5:1 und 0:1; Stuttgarter Kickers – VfR Mannheim 3:2 und 4:1; VfR Mannheim – SV Dessau 05 0:0 und 3:1 – Gruppensieger: Admira Wien.
Gruppe IV: FC Schalke 04 – Vorwärts-Rasensport Gleiwitz 4:0 und 2:1; FC Schalke 04 – Wormatia Worms 1:2 und 1:0; FC Schalke 04 – CSC 03 Kassel 6:1 und 3:1; Vorwärts-Rasensport Gleiwitz – Wormatia Worms 5:3 und 2:1; Vorwärts-Rasensport Gleiwitz – CSC 03 Kassel 2:0 und 2:1; Wormatia Worms – CSC 03 Kassel 3:1 und 3:0 – Gruppensieger: FC Schalke 04.
Halbfinale: FC Schalke 04 – Dresdner SC n. V. 3:3 und 2:0, Admira Wien – Hamburger SV 4:1.
Endspiel: FC Schalke 04 – Admira Wien 9:0.
Um den dritten Platz: Dresdner SC – Hamburger SV 3:2.

1940

Gruppe Ia: Union Oberschöneweide – VfB Königsberg 6:3 und 1:3; Union Oberschöneweide – VfL Stettin3:1 und 3:1; VfB Königsberg – VfL Stettin 5:2 und 2:1.
Gruppe Ib: Rapid Wien – Vorwärts-Rasensport Gleiwitz 3:1 und 2:2; Rapid Wien – NSTG Graslitz 7:0 und 7:1; Vorwärts-Rasensport Gleiwitz – NSTG Graslitz 4:2 und 4:4.
Entscheidungsspiele: Rapid Wien – Union Oberschöneweide 3:2 und 3:1 – Gruppensieger: Rapid Wien.
Gruppe II: Dresdner SC – Eimsbütteler TV 0:0 und 3:0; Dresdner SC – VfL Osnabrück 3:0 und 0:0; Dresdner SC – 1. SV Jena 1:0 und 2:0; Eimsbütteler TV – VfL Osnabrück 3:1 und 4:3; Eimsbütteler TV – 1. SV Jena 0:1 und 3:2; VfL Osnabrück – 1. SV Jena 5:2 und 2.2 – Gruppensieger: Dresdner SC.
Gruppe III: FC Schalke 04 – Fortuna Düsseldorf 0:0 und 1:1; FC Schalke 04 – Mülheimer SV 5:0 und 8:2; FC Schalke 04 – CSC 03 Kassel 16:0 und 5:2; Fortuna Düsseldorf – Mülheimer SV 7:1 und 1:2; Fortuna Düsseldorf – CSC 03 Kassel 7:0 und 5:0; Mülheimer SV – CSC 03 Kassel 4:5 und 5:3 – Gruppensieger: FC Schalke 04.
Gruppe IV: SV Waldhof – 1. FC Nürnberg 1:1 und 0:0; SV Waldhof – Stuttgarter Kickers 7:2 und 0:1; SV Waldhof – Kickers Offenbachs 4:0 und 0:1; 1. FC Nürnberg – Stuttgarter Kickers 1:0 und 0:2; 1. FC Nürnberg – Kickers Offenbach 8:0 und 0:1; Stuttgarter Kickers – Kickers Offenbach 4:0 und 0:1 – Gruppensieger SV Waldhof.
Halbfinale: FC Schalke 04 – SV Waldhof 3:1; Rapid Wien – Dresdner SC n. V. 1:2.
Endspiel: FC Schalke 04 – Dresdner SC 1:0.
Um den dritten Platz: Rapid Wien – SV Waldhof n. V. 4:4 und 5:2.

1941

Gruppe Ia: Vorwärts-Rasensport Gleiwitz – LSV Stettin 3:1 und 2:3; Vorwärts-Rasensport Gleiwitz – Preußen Danzig 4:1 und 0:0; LSV Stettin – Preußen Danzig 1:1 und 3:3.
Gruppe Ib: Dresdner SC – Tennis Borussia Berlin 5:2 und 1:0; Dresdner SC – NSTG Prag 4:2 und 1:0; Tennis Borussia Berlin – NSTG Prag 3:1 und 0:0.
Entscheidungsspiele: Dresdner SC – Vorwärts-Rasensport Gleiwitz 3:0 und 3:0. – Gruppensieger: Dresdner SC.
Gruppe IIa: Hamburger SV – 1. SV Jena 2:1 und 2:2; Hamburger SV – VfB Königsberg 3:1 und 2:1; 1. SV Jena – VfB Königsberg 2:4 und 4:0.
Gruppe IIb: FC Schalke 04 – Hannover 96 4:0 und 6:1; FC Schalke 04 – Borussia Fulda 4:0 und 2:1; Hannover 96 – Borussia Fulda 6:1 und 3:4.
Entscheidungsspiele: FC Schalke 04 – Hamburger SV 3:0 und 0:1 – Gruppensieger: FC Schalke 04.
Gruppe III: VfL Köln 99 – Kickers Offenbach 3:1 und 2:2; VfL Köln 99 – TuS Helene Altenessen 3:1 und 1:6; VfL Köln 99 – FC 93 Mülhausen 6:1 und 4:1; Kickers Offenbach – TuS Helene Altenessen 1:1 und 4:0; Kickers Offenbach – FC 93 Mülhausen 5:1 und 6:2; TuS Helene Altenessen – FC 93 Mülhausen 5:2 und 2:2 – Gruppensieger: VfL Köln 99.
Gruppe IV: Rapid Wien – TSV München 1860 2:0 und 1:2; Rapid Wien – Stuttgarter Kickers 1:1 und 5:1; Rapid Wien – VfL Neckarau 8:1 und 7:0; TSV München 1860 – Stuttgarter Kickers 2.1 und 3:3; TSV München 1860 – VfL Neckarau 6:2 und 1:2; Stuttgarter Kickers – VfL Neckarau 2:0 und 3:5 – Gruppensieger: Rapid Wien.
Halbfinale: Rapid Wien – Dresdner SC 2:1; FC Schalke 04 – VfL Köln 99 4:1.
Endspiel: Rapid Wien – FC Schalke 04 4:3.
Um den dritten Platz: Dresdner SC – VfL Köln 99 4:1.

1942

Qualifikation: 1. FC Kaiserslautern – SV Waldhof 7:1; SS Straßburg – Stuttgarter Kickers 2:0; Stadt Düdelingen – FC Schalke 04 0:2; Borussia Fulda – SV Dessau 05 0:2; LSV Olmütz – First Vienna FC 0:1; HUS Marienwerder – VfB Königsberg 1:7; SV Hamborn 07 – Werder Bremen n. V. 1:1 und 1:5; SC Planitz – LSV Boelcke Krakau 5:2; Blau-Weiß 90 Berlin – LSV Pütnitz 3:1; Freilose: SG Orpo Litzmannstadt, Germania Königshütte, SpVgg Breslau 02, Eimsbütteler TV, VfL Köln 99, Kickers Offenbach, FC Schweinfurt 05.
Vorrunde: VfB Königsberg – SG Orpo Litzmannstadt 8:1; SC Planitz – SpVgg Breslau 02 n. V. 2:1; SV Dessau 05 – Blau-Weiß 90 Berlin 0:3; Werder Bremen – Eimsbütteler TV 4:2; FC Schalke 04 – 1. FC Kaiserslautern 9:3; Kickers Offenbach – VfL Köln 99 3:1; SS Straßburg – FC Schweinfurt 05 2:1; First Vienna FC – Germania Königshütte 1:0.
Viertelfinale: Blau-Weiß 90 Berlin – VfB Königsberg 2:1; First Vienna FC – SC Planitz 3:2; FC Schalke 04 – SS Straßburg 6:0; Kickers Offenbach – Werder Bremen 4:3.
Halbfinale: FC Schalke 04 – Kickers Offenbach 6:0; Blau-Weiß Berlin – First Vienna FC 2:3.
Endspiel: FC Schalke 04 – First Vienna FC 2:0.
Um den dritten Platz: Blau-Weiß Berlin – Kickers Offenbach 4:0.

1943

Qualifikation: Holstein Kiel – TSG Rostock 4:0 und 1:1.
Vorrunde: VfB Stuttgart – TSV München 1860 0:3; 1. FC Nürnberg – VfR Mannheim 1:3; FV Saarbrücken – FC 93 Mülhausen 5:1; SV Kassel – FC Schalke 04 1:8; First Vienna FC – MSV Brünn 5:2; TuS Neuendorf – Victoria Köln 0:2; Germania Königshütte – LSV Reinecke Brieg n. V. 3:4; Eintracht Braunschweig – Victoria Hamburg 5:1; DWM Posen – SG Orpo Warschau 1:3; Berliner SV 92 – LSV Pütnitz n. V. 2:2 und 2:0; SV Dessau 05 – Dresdner SC 1:2; VfB Königsberg – SV Neufahrwasser 3:1, Freilose: Holstein Kiel, SpVgg Wilhelmshaven 05, Kickers Offenbach, Westende Hamborn.
Achtelfinale: FC Schalke 04 – SpVgg Wilhelmshaven 05 4:1; TSV München 1860 – Kickers Offenbach 2:0; Dresdner SC – Eintracht Braunschweig 4:0; VfR Mannheim – Westende Hamborn 8:1; Victoria Köln – Saarbrücken 0:5; LSV Reinecke Brieg – First Vienna FC 0:8; SG Orpo Warschau – VfB Königsberg 1:5 (wegen Mitwirkens eines nicht spielberechtigten Spielers wurde der VfB Königsberg ausgeschlossen; an seine Stelle rückte SV Neufahrwasser); Berliner SV 92 – Holstein Kiel 0:2.
Viertelfinale: FV Saarbrücken – VfR Mannheim 3:2; Holstein Kiel – FC Schalke 04 4:1; First Vienna FC – TSV München 1860 2:0; SV Neufahrwasser – Dresdner SC 0:4.
Halbfinale: Dresdner SC – Holstein Kiel 3:1; FV Saarbrücken – First Vienna FC 2:1.
Endspiel: Dresdner SC – FV Saarbrücken 3:0.
Um den dritten Platz: Holstein Kiel – First Vienna FC 4:1.

1944

Vorrunde: NSTG Brüx – 1. FC Nürnberg 0:8; Dresdner SC – Germania Königshütte 9:2; LSV Danzig – Hertha BSC Berlin n. V. 0:0 und 1:7; STG Hirschberg – SDW Posen 7:0; HSV Groß-Born – LSV Rerik 6:4; VfR Mannheim – Bayern München n. V. 2:1; FC Schalke 04 – TuS Neuendorf 5:0; LSV Hamburg – WSV Celle 4:0; SV Göppingen – KSG FV/Altenkessel Saarbrücken 3:5; KSG VfL 99/Sülz 07 – KSG SV/48/99 Duisburg 0:2; FC 93 Mülhausen – Kickers Offenbach 4:2; MSV Brünn – First Vienna FC 3:6; Eintracht Braunschweig – SpVgg Wilhelmshaven 05 n. V. 1:2; Holstein Kiel – SV Dessau 05 n. V. 3:2; LSV Mölders Krakau – VfB Königsberg 1:4, Freilos: Borussia Fulda.
Achtelfinale: SpVgg Wilhelmshaven 05 – LSV Hamburg n. V. 1:1 und 2:4; KSG SV/48/99 Duisburg – FC Schalke 04 2:1; 1. FC Nürnberg – VfR Mannheim 3:2; KSG FV/Altenkessel Saarbrücken – FC 93 Mülhausen 5:3; First Vienna FC – STC Hirschberg 5:0; Borussia Fulda – Dresdner SC 2:9; Hertha BSC Berlin – Holstein Kiel 4:2; VfB Königsberg – HSV Groß-Born 3:10.
Viertelfinale: LSV Hamburg – KSG SV/48/99 Duisburg 3:0; KSG FV/Altenkessel Saarbrücken – 1. FC Nürnberg 1:5; HSV Groß-Born – Hertha BSC Berlin 3:2; Dresdner SC – First Vienna FC 3:2.
Halbfinale: LSV Hamburg – HSV Groß-Born 3:2; Dresdner SC – 1. FC Nürnberg 3:1.
Endspiel: Dresdner SC – LSV Hamburg 4:0.
Um den dritten Platz: HSV Groß-Born verzichtete gegen den 1. FC Nürnberg.

Von 1945 bis 1947

wurden keine Spiele um die Deutsche Meisterschaft ausgetragen

1948

Vorrunde: 1. FC Nürnberg – SG Planitz (Planitz erhielt keine Reisegenehmigung); 1. FC Kaiserslautern – TSV München 1860 5:1; TuS Neuendorf – Hamburger SV 2.1; Union Oberschöneweide – FC St. Pauli 0:7.
Halbfinale: 1. FC Nürnberg – FC St. Pauli n. V. 3:2; 1. FC Kaiserslautern – TuS Neuendorf 5:1.
Endspiel: 1. FC Nürnberg – 1. FC Kaiserslautern 2:1.

1949

Qualifikation: FC St. Pauli – Rot-Weiss Essen 4:1; FC St. Pauli – Bayern München n. V. 1:1 und 2:0.
Vorrunde: Berliner SV 92 – Borussia Dortmund 0:5; Wormatia Worms – Kickers Offenbach n. V. 2:2 und 0:2; VfR Mannheim – Hamburger SV 5:0; FC St. Pauli – 1. FC Kaiserslautern n. V. 1:1 und 1:4.
Halbfinale: VfR Mannheim – Kickers Offenbach 2:1; 1. FC Kaiserslautern – Borussia Dortmund n. V. 0:0 und 1:4.
Endspiel: VfR Mannheim – Borussia Dortmund n. V. 3:2.
Um den dritten Platz: 1. FC Kaiserslautern – Kickers Offenbach n. V. 2:1.

1950

Vorrunde: Kickers Offenbach – Tennis Borussia Berlin 3:1; Hamburger SV – Union 06 Berlin 7:0; FC St. Pauli – TuS Neuendorf 4:0; SpVgg Fürth – STV Horst Emscher 3:2; Borussia Dortmund – VfR Mannheim 1:3; VfL Osnabrück – VfB Stuttgart 1:2; Preußen Dellbrück – SSV Reutlingen n. V. 1:0; 1. FC Kaiserslautern – Rot-Weiss Essen n. V. 2:2 und n. V. 3:2.
Zwischenrunde: Hamburger SV – Kickers Offenbach 2:3; FC St. Pauli – SpVgg Fürth 1:2; VfB Stuttgart – 1. FC Kaiserslautern 5.2, VfR Mannheim – Preußen Dellbrück 1:2.
Halbfinale: VfB Stuttgart – SpVgg Fürth 4:1; Kickers Offenbach – Preußen Dellbrück n. V. 0:0 und 3:0.
Endspiel: VfB Stuttgart – Kickers Offenbach 2:1.

1951

Gruppe I: 1. FC Kaiserslautern – FC Schalke 04 1:0 und 2:3; 1. FC Kaiserslautern – SpVgg Fürth 2:2 und 3:1; 1. FC Kaiserslautern – FC St. Pauli 2:0 und 4:2; FC Schalke 04 – SpVgg Fürth 2:1 und 0:0; FC Schalke 04 – FC St. Pauli 1:2 und 1:0; SpVgg Fürth – FC St. Pauli 4:1 und 0:1 – Gruppensieger: 1. FC Kaiserslautern.
Gruppe II: Preußen Münster – 1. FC Nürnberg 6:4 und 2:1; Preußen Münster – Hamburger SV 3:1 und 1:5; Preußen Münster – Tennis Borussia Berlin 2:3 und 8:2; 1. FC Nürnberg – Hamburger SV 4:1 und 2:1; 1. FC Nürnberg – Tennis Borussia Berlin 3:1 und 3:2; Hamburger SV – Tennis Borussia Berlin 3:2 und 1:0 – Gruppensieger Preußen Münster.
Endspiel: 1. FC Kaiserslautern – Preußen Münster 2:1.

1952

Gruppe I: 1. FC Saarbrücken – 1. FC Nürnberg 3:1 und 2:5; 1. FC Saarbrücken – Hamburger SV 3:0 und 1:4; 1. FC Saarbrücken – FC Schalke 04 4:1 und 4:2; 1. FC Nürnberg – Hamburger SV 4:0 und 2:4; 1. FC Nürnberg – FC Schalke 04 2:2 und 4:2; Hamburger SV – FC Schalke 04 8:2 und 0:3 – Gruppensieger: 1. FC Saarbrücken.
Gruppe II: VfB Stuttgart – Rot-Weiss Essen 5:3 und 2:3; VfB Stuttgart – VfL Osnabrück 3.1 und 0:0; VfB Stuttgart – Tennis Borussia Berlin 3:0 und 1:1; Rot-Weiss Essen – VfL Osnabrück 2:0 und 2:3; Rot-Weiss Essen – Tennis Borussia Berlin 2:4 und 2:1; VfL Osnabrück – Tennis Borussia Berlin 4:0 und 1:2 – Gruppensieger: VfB Stuttgart.
Endspiel: VfB Stuttgart – 1. FC Saarbrücken 3:2.

1953

Gruppe I: 1. FC Kaiserslautern – Eintracht Frankfurt 5:1 und 1:0; 1. FC Kaiserslautern – 1. FC Köln 2:2 und 2:1; 1. FC Kaiserslautern – Holstein Kiel 2:1 und 4:2; Eintracht Frankfurt – 1. FC Köln 2:0 und 0:0; Eintracht Frankfurt – Holstein Kiel 4:1 und 1:0; 1. FC Köln – Holstein Kiel 3:2 und 2:2 – Gruppensieger: 1. FC Kaiserslautern.
Gruppe II: VfB Stuttgart – Borussia Dortmund 2:1 und 1:2; VfB Stuttgart – Hamburger SV 2:1 und 2:1; VfB Stuttgart – Union 06 Berlin 6:0 und 3:1; Borussia Dortmund – Hamburger SV 4:1 und 4:3; Borussia Dortmund – Union 06 Berlin 4:0 und 2:0; Hamburger SV – Union 06 Berlin 3:1 und 2:2 – Gruppensieger: VfB Stuttgart.
Endspiel: 1. FC Kaiserslautern – VfB Stuttgart 4:1.

1954

Gruppe I: 1. FC Kaiserslautern – 1. FC Köln 4:3; 1. FC Kaiserslautern – Eintracht Frankfurt 1:0; 1. FC Köln – Eintracht Frankfurt 3:2 – Gruppensieger: 1. FC Kaiserslautern.

Gruppe II: Hannover 96 – VfB Stuttgart 3:1; Hannover 96 – Berliner SV 92 2:1; VfB Stuttgart – Berliner SV 92 3:0 – Gruppensieger: Hannover 96.
Endspiel: Hannover 96 – 1. FC Kaiserslautern 5:1.

1955

Qualifikation: SV Sodingen – SSV Reutlingen 3:0; TuS Bremerhaven 93 – Wormatia Worms n. V. 3:3 und 3:2; Wormatia Worms – SSV Reutlingen 2:1.
Gruppe I: 1. FC Kaiserslautern – Hamburger SV 2:2 und 2:1; 1. FC Kaiserslautern – SV Sodingen 2:2 und 2:2; 1. FC Kaiserslautern – Viktoria 89 Berlin 10:0 und 2:1; Hamburger SV – SV Sodingen 1:0 und 1:1; Hamburger SV – Viktoria 89 Berlin 1:0 und 2:0; SV Sodingen – Viktoria 89 Berlin 5:1 und 3:2 – Gruppensieger: 1. FC Kaiserslautern.
Gruppe II; Rot-Weiss Essen – TuS Bremerhaven 93 4:0 und 1:1; Rot-Weiss Essen – Kickers Offenbach 4:1 und 3:1; Rot-Weiss Essen – Wormatia Worms 1:1 und 3:1; TuS Bremerhaven 93 – Kickers Offenbach 2:0 und 0:4; TuS Bremerhaven 93 – Wormatia Worms 1:0 und 1:1; Kickers Offenbach – Wormatia Worms 5:2 und 0:1 – Gruppensieger: Rot-Weiss Essen.
Endspiel: Rot-Weiss Essen – 1. FC Kaiserslautern 4:3.

1956

Qualifikation: FC Schalke 04 – Hannover 96 n. V. 2:1; VfB Stuttgart – TuS Neuendorf 8:0; Hannover 96 – TuS Neuendorf n. V. 3:3 und 3:2.
Gruppe I: Karlsruher SC – FC Schalke 04 3:2 und 3:0; Karlsruher SC – 1. FC Kaiserslautern 0:1 und 1:0; Karlsruher SC – Hannover 96 0:0 und 0:2; FC Schalke 04 – 1. FC Kaiserslautern 3:1 und 4:4; FC Schalke 04 – Hannover 96 3:1 und 4:0; 1. FC Kaiserslautern – Hannover 96 5:3 und 5:2 – Gruppensieger: Karlsruher SC.
Gruppe II: Borussia Dortmund – Hamburger SV 5:0 und 1:2; Borussia Dortmund – VfB Stuttgart 4:1 und 2:0; Borussia Dortmund – Viktoria 89 Berlin 1:1 und 6:0; Hamburger SV – VfB Stuttgart 0:0 und 4:2; Hamburger SV – Viktoria 89 Berlin 5:1 und 3:1; VfB Stuttgart – Viktoria 89 Berlin 3:1 und 3:3 – Gruppensieger: Borussia Dortmund.
Endspiel: Borussia Dortmund – Karlsruher SC 4:2.

1957

Qualifikation: Kickers Offenbach – Holstein Kiel n. V. 3:2.
Gruppe I: Hamburger SV – Duisburger SV 1:1; Hamburger SV – 1. FC Nürnberg 2:1; Hamburger SV – 1. FC Saarbrücken 2:1; Duisburger SV – 1. FC Nürnberg 2:2; Duisburger SV – 1. FC Saarbrücken 3:1; 1. FC Nürnberg – 1. FC Saarbrücken 2:2 – Gruppensieger: Hamburger SV.
Gruppe II: Borussia Dortmund – Kickers Offenbach 2:1; Borussia Dortmund – 1. FC Kaiserslautern 3:2; Borussia Dortmund – Hertha BSC Berlin 2:1; Kickers Offenbach – 1. FC Kaiserslautern 4:1; Kickers Offenbach – Hertha BSC Berlin 3:1; 1. FC Kaiserslautern – Hertha BSC Berlin 14:1 – Gruppensieger: Borussia Dortmund.
Endspiel: Borussia Dortmund – Hamburger SV 4:1.

1958

Qualifikation: 1. FC Köln – 1. FC Kaiserslautern n. V. 3:3 und 3:0.
Gruppe I: Hamburger SV – 1. FC Nürnberg 3:1; Hamburger SV – FK Pirmasens 2:1; Hamburger SV – 1. FC Köln 3:1; 1. FC Nürnberg – FK Pirmasens 2:2; 1. FC Nürnberg – 1. FC Köln 4:3; FK Pirmasens – 1. FC Köln 1:1 – Gruppensieger: Hamburger SV.
Gruppe II: FC Schalke 04 – Karlsruher SC 3:0; FC Schalke 04 – Eintracht Braunschweig 4:1; FC Schalke 04 – Tennis Borussia Berlin 9:0; Karlsruher SC – Eintracht Braunschweig 2:1; Karlsruher SC – Tennis Borussia Berlin 1:0; Eintracht Braunschweig – Tennis Borussia Berlin 8:3 – Gruppensieger: FC Schalke 04.
Endspiel: FC Schalke 04 – Hamburger SV 3:0.

1959

Qualifikation: Werder Bremen – Borussia Neunkirchen 6:3.
Gruppe I: Eintracht Frankfurt – 1. FC Köln 2:1 und 4:2; Eintracht Frankfurt – FK Pirmasens 3:2 und 6:2; Eintracht Frankfurt – Werder Bremen 4:2 und 7:2; 1. FC Köln – FK Pirmasens 3:2 und 0:4; 1. FC Köln – Werder Bremen 2:2 und 2:0; FK Pirmasens – Werder Bremen 4:1 und 2:5 – Gruppensieger: Eintracht Frankfurt.
Gruppe II: Kickers Offenbach – Hamburger SV 3:2 und 0:1; Kickers Offenbach – Westfalia Herne 2:1 und 4:1; Kickers Offenbach – Tasmania 1900 Berlin 3:2 und 2:2; Hamburger SV – Westfalia Herne 4:2 und 1:3; Hamburger SV – Tasmania 1900 Berlin 3:0 und 2:0; Westfalia Herne – Tasmania 1900 Berlin 1:0 und 0:2 – Gruppensieger: Kickers Offenbach.
Endspiel: Eintracht Frankfurt – Kickers Offenbach n. V. 5:3.

1960

Qualifikation: Westfalia Herne – Kickers Offenbach 1:0.

Gruppe I: Hamburger SV – Karlsruher SC 3:3 und 3:4; Hamburger SV – Borussia Neunkirchen 6:0 und 4:0; Hamburger SV – Westfalia Herne 2:1 und 4:3; Karlsruher SC – Borussia Neunkirchen 2:4 und 2:2; Karlsruher SC – Westfalia Herne 5:4 und 2:2; Borussia Neunkirchen – Westfalia Herne 2:1 und 1:2 – Gruppensieger: Hamburger SV.

Gruppe II: 1. FC Köln – Werder Bremen 2:5 und 2:1; 1. FC Köln – Tasmania 1900 Berlin 3:0 und 2:1; 1. FC Köln – FK Pirmasens 4:0 und 1:1; Werder Bremen – Tasmania 1900 Berlin 2:1 und 1:2; Werder Bremen – FK Pirmasens 3:1 und 6:4; Tasmania 1900 Berlin – FK Pirmasens 5:2 und 2:1 – Gruppensieger: 1. FC Köln.

Endspiel: Hamburger SV – 1. FC Köln 3:2.

1961

Qualifikation: Eintracht Frankfurt – Borussia Neunkirchen 5:0.

Gruppe I: Borussia Dortmund – Eintracht Frankfurt 0:1 und 2:1; Borussia Dortmund – Hamburger SV 7:2 und 5:2; Borussia Dortmund – 1. FC Saarbrücken 2:2 und 3:4; Eintracht Frankfurt – Hamburger SV 4:2 und 1:2; Eintracht Frankfurt – 1. FC Saarbrücken 1:1 und 5:2; Hamburger SV – 1. FC Saarbrücken 3:0 und 3:2 – Gruppensieger: Borussia Dortmund.

Gruppe II: 1. FC Nürnberg – Werder Bremen 4:0 und 4:2; 1. FC Nürnberg – 1. FC Köln 3:3 und 2:1; 1. FC Nürnberg – Hertha BSC Berlin 3:3 und 2:0; Werder Bremen – 1. FC Köln 1:1 und 1:1; Werder Bremen – Hertha BSC Berlin 1:0 und 3:1; 1. FC Köln – Hertha BSC Berlin 3:4 und 2:1 – Gruppensieger: 1. FC Nürnberg.

Endspiel: 1. FC Nürnberg – Borussia Dortmund 3:0.

1962

Qualifikation: FC Schalke 04 – Werder Bremen n. V. 4:1.

Gruppe I: 1. FC Nürnberg – Tasmania 1900 Berlin 2:1; 1. FC Nürnberg – FC Schalke 04 3:1; 1. FC Nürnberg – Borussia Neunkirchen 3:2; Tasmania 1900 Berlin – FC Schalke 04 1:1; Tasmania 1900 Berlin – Borussia Neunkirchen 1:0; FC Schalke 04 – Borussia Neunkirchen 3:2 – Gruppensieger: 1. FC Nürnberg.

Gruppe II: 1. FC Köln – Eintracht Frankfurt 3:1; 1. FC Köln – Hamburger SV 1:0; 1. FC Köln – FK Pirmasens 10:0; Eintracht Frankfurt – Hamburger SV 2:1; Eintracht Frankfurt – FK Pirmasens 8:1; Hamburger SV – FK Pirmasens 6:3 – Gruppensieger: 1. FC Köln.

Endspiel: 1. FC Köln – 1. FC Nürnberg 4:0.

1963

Qualifikation: 1. FC Nürnberg – Werder Bremen 2:1.

Gruppe I: 1. FC Köln – 1. FC Nürnberg 6:2 und 3:3; 1. FC Köln – Hertha BSC Berlin 5:1 und 6:3; 1. FC Köln – 1. FC Kaiserslautern 8:2 und 1:1; 1. FC Nürnberg – Hertha BSC Berlin 5:0 und 2:0; 1. FC Nürnberg – 1. FC Kaiserslautern 5:1 und 2:2; Hertha BSC Berlin – 1. FC Kaiserslautern 3:0 und 1:1 – Gruppensieger: 1. FC Köln.

Gruppe II: Borussia Dortmund – TSV München 1860 4:0 und 2:3; Borussia Dortmund – Borussia Neunkirchen 0:0 und 5:2; Borussia Dortmund – Hamburger SV 3:2 und 1:0; TSV München 1860 – Borussia Neunkirchen 4:0 und 1:2; TSV München 1860 – Hamburger SV 2:1 und 0:3; Borussia Neunkirchen – Hamburger SV 3:0 und 1:1 – Gruppensieger: Borussia Dortmund.

Endspiel: Borussia Dortmund – 1. FC Köln 3:1.

1963 wurde die Deutsche Meisterschaft zum letzten Male in Endrunde und Endspiel ausgetragen. Ab 1963/64 an wurde der Deutsche Meister in einer Bundesliga mit 16, 18 bzw. 20 Vereinen ermittelt.

Deutscher Meister waren: Bayern München – 9 Mal: 1. FC Nürnberg – je 7 Mal: Borussia Dortmund, FC Schalke 04 – 6 Mal: Hamburger SV – je 5 Mal: Borussia Mönchengladbach, VfB Stuttgart – je 4 Mal: Werder Bremen, 1. FC Kaiserslautern – je 3 Mal: SpVgg Fürth, 1. FC Köln, VfB Leipzig – je 2 Mal: Hertha BSC Berlin, Viktoria 89 Berlin, Dresdner SC, Hannover 96 – je 1 Mal: Union 92 Berlin, Eintracht Braunschweig, Fortuna Düsseldorf, Rot-Weiss Essen, Eintracht Frankfurt, Freiburger FC, Karlsruher FV, Phönix Karlsruhe, Holstein Kiel, VfR Mannheim, TSV München 1860, Rapid Wien, VfL Wolfsburg.

Das Endspiel erreichten: 12 Mal: 1. FC Nürnberg – 10 Mal: FC Schalke 04 – 7 Mal: Hamburger SV – je 6 Mal: Hertha BSC Berlin, VfB Leipzig – je 5 Mal: Borussia Dortmund, 1. FC Kaiserslautern – je 4 Mal: Viktoria 89 Berlin, SpVgg Fürth, VfB Stuttgart – je 3 Mal: Dresdner SC, Karlsruher FV, Holstein Kiel,

1. FC Köln – je 2 Mal: Fortuna Düsseldorf, Eintracht Frankfurt, Hannover 96*, Kickers Offenbach, 1. FC (FV) Saarbrücken – je 1 Mal: Britannia Berlin, Union 92 Berlin*, Vorwärts Berlin, Duisburger SV, Rot-Weiss Essen*, FSV Frankfurt, Freiburger FC*, LSV Hamburg, Phönix Karlsruhe*, Karlsruher SC, VfR Mannheim*, Bayern München*, TSV München 1860, Preußen Münster, Union Oberschöneweide, 1. FC Pforzheim, DFC Prag, Stuttgarter Kickers, First Vienna FC, Admira Wien, Rapid Wien* – *) = ungeschlagen.

Das Halbfinale (bis 1950) erreichten: 14 Mal: 1. FC Nürnberg – 11 Mal: FC Schalke 04 – 9 Mal: Hamburger SV – je 8 Mal: Hertha BSC Berlin, Holstein Kiel – je 7 Mal: Viktoria 89 Berlin, Dresdner SC, Duisburger SV, SpVgg Fürth, VfB Leipzig – 5 Mal: Karlsruher FV – je 3 Mal: Fortuna Düsseldorf, TSV München 1860, Kickers Offenbach, VfB Stuttgart – je 2 Mal: Altonaer FC 93, Union 92 Berlin, Eintracht Frankfurt, 1. FC Kaiserslautern, Phönix Karlsruhe, SpVgg Leipzig, Waldhof Mannheim, Bayern München, Wacker München, First Vienna FC, Rapid Wien – je 1 Mal: VfL Benrath, Berliner BC, Blau-Weiß 90 Berlin, Britannia Berlin, Norden-Nordwest Berlin, Tasmania 1900 Berlin, Vorwärts Berlin, SC Breslau 08, Spfr. Breslau, Polizei Chemnitz, Preußen Dellbrück, Borussia Dortmund, SC Erfurt, FSV Frankfurt, Freiburger FC, Vorwärts-Rasensport Gleiwitz, HSV Groß-Born, Wacker Halle, Germania Hamburg, LSV Hamburg, Victoria Hamburg, Hannover 96, VfL 99 Köln, VfB Königsberg, Wacker Leipzig, VfR Mannheim, TuS Neuendorf, Union Oberschöneweide, 1. FC Pforzheim, DFC Prag, FV Saarbrücken, FC St. Pauli, Titania Stettin, Stuttgarter Kickers, Admira Wien.

Auch der Pokal blieb im Ruhrgebiet: Durch ein 5:0 über den Zweitligisten MSV Duisburg wurde der FC Schalke 04 zum fünften Mal DFB-Pokalsieger. Torhüter Manuel Neuer (mit Pokal) musste im gesamten Wettbewerb nur drei Gegentore kassieren.

KAPITEL 4

DIE DEUTSCHEN POKALWETTBEWERBE

Ehrentafel

DER VEREINS-POKALSIEGER

1935	1. FC Nürnberg	1978	1. FC Köln
1936	VfB Leipzig	1979	Fortuna Düsseldorf
1937	FC Schalke 04	1980	Fortuna Düsseldorf
1938	Rapid Wien	1981	Eintracht Frankfurt
1939	1. FC Nürnberg	1982	Bayern München
1940	Dresdner SC	1983	1. FC Köln
1941	Dresdner SC	1984	Bayern München
1942	TSV München 1860	1985	Bayer Uerdingen
1943	First Vienna FC	1986	Bayern München
1953	Rot-Weiss Essen	1987	Hamburger SV
1954	VfB Stuttgart	1988	Eintracht Frankfurt
1955	Karlsruher SC	1989	Borussia Dortmund
1956	Karlsruher SC	1990	1. FC Kaiserslautern
1957	Bayern München	1991	Werder Bremen
1958	VfB Stuttgart	1992	Hannover 96
1959	Schwarz-Weiß Essen	1993	Bayer Leverkusen
1960	Bor. Mönchengladbach	1994	Werder Bremen
1961	Werder Bremen	1995	Bor. Mönchengladbach
1962	1. FC Nürnberg	1996	1. FC Kaiserslautern
1963	Hamburger SV	1997	VfB Stuttgart
1964	TSV München 1860	1998	Bayern München
1965	Borussia Dortmund	1999	Werder Bremen
1966	Bayern München	2000	Bayern München
1967	Bayern München	2001	FC Schalke 04
1968	1. FC Köln	2002	FC Schalke 04
1969	Bayern München	2003	Bayern München
1970	Kickers Offenbach	2004	Werder Bremen
1971	Bayern München	2005	Bayern München
1972	FC Schalke 04	2006	Bayern München
1973	Bor. Mönchengladbach	2007	1. FC Nürnberg
1974	Eintracht Frankfurt	2008	Bayern München
1975	Eintracht Frankfurt	2009	Werder Bremen
1976	Hamburger SV	2010	Bayern München
1977	1. FC Köln	2011	FC Schalke 04

Die Pokalsieger

1935: 1. FC Nürnberg (gegen FC Schalke 04 2:0 gewonnen):
Köhl – Billmann, Munkert – Uebelein I, Carolin, Oehm – Gußner, Eiberger, Friedel, Schmitt, Spieß – Trainer: Schaffer – Tore: Friedel 2 – Düsseldorf, 8. 12. – Zuschauer: 55 000 – SR: Birlem (Berlin).

1936: VfB Leipzig (gegen FC Schalke 04 2:1 gewonnen):
Wöllner – Dobermann, Grosse – Richter, Thiele, Jähnig – Breidenbach, Schön, May, Reichmann, Gabriel – Trainer: Pfaff – Tore: May, Gabriel (Kalwitzki) – Berlin, 3. 1. 1937 – Zuschauer: 70 000 – SR: Zacher (Berlin).

1937: FC Schalke 04 (gegen Fortuna Düsseldorf 2:1 gewonnen):
Klodt – Sontow, Bornemann – Gellesch, Tibulski, Berg – Kalwitzki, Szepan, Pörtgen, Kuzorra, Urban – Trainer: Faist – Tore: Szepan, Kalwitzki (Janes) – Köln, 9. 1. 1938 – Zuschauer: 72 000 – SR: Grabler (Regensburg).

1938: Rapid Wien (gegen FSV Frankfurt 3:1 gewonnen):
Raftl – Sperner, Schlauf – Wagner I, Hofstätter, Skoumal – Hofer, Schors, Binder, Holec, Pesser. – Trainer: Nitsch – Tore: Schors, Hofstätter, Binder (Dosedzal) – Berlin, 8. 1. 1939 – Zuschauer: 40 000 – SR: Rühle (Merseburg).

1939: 1. FC Nürnberg (gegen SV Waldhof 2:0 gewonnen):
Köhl – Billmann, Uebelein I – Luber, Sold, Carolin – Gußner, Eiberger, Uebelein II, Pfänder, Kund – Trainer: Riemke – Tore: Eiberger 2 – Berlin, 28. 4. 1940 – Zuschauer: 60 000 – SR: Schütz (Düsseldorf).

1940: Dresdner SC (gegen 1. FC Nürnberg 2:1 n. Verl. gewonnen):
Kreß – Miller, Hempel – Pohl, Dzur, Schubert – Boczek, Schaffer, Machate, Schön, Carstens. – Trainer: Köhler – Tore: Schaffer, Machate (Gußner) – Berlin, 1. 12. – Zuschauer: 60 000 – SR: Pennig (Mannheim).

1941: Dresdner SC (gegen FC Schalke 04 2:1 gewonnen):
Kreß Miller, Hempel – Pohl, Dzur, Schubert – Kugler, Schaffer, Hofmann, Schön, Carstens – Trainer: Köhler – Tore: Kugler, Carstens (Kuzorra) – Berlin, 2. 11. – Zuschauer: 65 000 – SR: Fink (Frankfurt).

1942: TSV München 1860 (gegen FC Schalke 04 2:0 gewonnen):
Keis – Pledl, Schmeisser – Rockinger, Bayerer, Kanitz – Schiller, L. Janda, Krückeberg, Willimowski, Schmidhuber – Trainer: Schäfer – Tore: Willimowski, Schmidhuber – Berlin, 15. 11. – Zuschauer: 75 000 – SR: Multer (Landau).

1943: First Vienna FC (gegen LSV Hamburg 3:2 n. Verl. gewonnen):
Schwarzer – Kaller, Bortoli – Gröbel, Sabeditsch, R. Dörfel – Holoschefski, Decker, Fischer, R. Noack, Widhalm – Trainer: Gschweidl – Tore: Noack 2, Decker (Gornick, Heinrich) – Stuttgart, 31. 10. – Zuschauer: 45 000 – SR: Schmetzer (Mannheim).

1953: Rot-Weiss Essen (gegen Alemannia Aachen 2:1 gewonnen):
Herkenrath – Göbel, Köchling – Jahnel, Wewers, Wientjes – Rahn, Islacker, Gottschalk, Abromeit, Termath – Trainer: Hohmann – Tore: Rahn, Islacker (Derwall) – Düsseldorf, 1. 5. –Zuschauer. 40 000 – SR: Reinhardt (Stuttgart).

1954: VfB Stuttgart (gegen 1. FC Köln 1:0 n. Verl. gewonnen):
Bögelein – Retter, Steimle – Krieger, Schlienz, Barufka – Hinterstocker, Baitinger, Bühler, Blessing, Waldner – Trainer: Wurzer – Tor: Waldner – Ludwigshafen, 17 .4. – Zuschauer. 60 000 – SR: Dusch (Kaiserslautern).

1955: Karlsruher SC (gegen FC Schalke 04 3:2 gewonnen):
R. Fischer – M. Fischer, Baureis – Roth, Geesmann, Dannenmeier – Traub, Sommerlatt, Kohn, Kunkel, Strittmatter – Trainer: Patek – Tore: Traub, Kunkel, Sommerlatt (Sadlowski 2) – Braunschweig, 21. 5. – Zuschauer. 25 000 – SR: Treichel (Berlin).

1956: Karlsruher SC (gegen Hamburger SV 3:1 gewonnen):
R. Fischer – Hesse, Baureis – Ruppenstein, Geesmann, Siedl – Traub, Sommerlatt, Kohn, Beck, Termath – Trainer: Janda – Tore: Termath 2, Kohn (U. Seeler) – Karlsruhe, 5. 8. – Zuschauer: 25 000 – SR: Loser (Essen).

1957: Bayern München (gegen Fortuna Düsseldorf 1:0 gewonnen):
Fazekas – Knauer, Bauer – Mayer, Landerer, Manthey – Siedl, Sommerlatt, Velhorn, Jobst, Huber – Trainer: Hahn – Tor: Jobst – Augsburg, 29. 12. – Zuschauer: 42 000 – SR: Dusch (Kaiserslautern).

1958: VfB Stuttgart (gegen Fortuna Düsseldorf 4:3 n. Verl. gewonnen):
Sawitzki – Eisele, Seibold – Hartl, Hoffmann, Schlienz – Waldner, Geiger, Weise, Blessing, Praxl – Trainer: Wurzer – Tore: Praxl 2, Waldner, Weise (Hoffmann, Jansen, Wolffram) – Kassel, 16. 11. – Zuschauer: 25 000 – SR: Treichel (Berlin).

1959: Schwarz-Weiß Essen (gegen Borussia Neunkirchen 5:2 gewonnen):
Merchel – Mozin, Pips – Steinmann, Kasperski, Ingenbold – Trimhold, Schieth, Rummel, Küppers, Klöckner – Trainer: Wendtland – Tore: Rummel 2, Klöckner, Trimhold, Schieth (Emser, Dörrenbächer) – Kassel, 27. 12. – Zuschauer: 21 000 – SR: Schulenburg (Hamburg).

1960: Borussia Mönchengladbach (gegen Karlsruher SC 3:2 gewonnen):
G. Jansen – Pfeiffer, de Lange – A. Jansen, Göbbels, Frontzeck – Brungs, Brülls, Kohn, Mülhausen, Fendel – Trainer: Oles – Tore: Mülhausen, Kohn, Brülls (Herrmann, Schwarz) – Düsseldorf, 5. 10. – Zuschauer: 49 000 – SR: Dusch (Kaiserslautern).

1961: Werder Bremen (gegen 1. FC Kaiserslautern 2:0 gewonnen):
Kokartis – Piontek, Nachtwey – Schimeczek, Schütz, Jagielski – Wilmowius, Schröder, Barth, Soya, Hänel – Trainer: Knöpfle – Tore: Schröder, Jagielski – Gelsenkirchen, 13. 9. – Zuschauer. 18 000 – SR: Sparing (Kassel).

1962: 1. FC Nürnberg (gegen Fortuna Düsseldorf 2:1 n. Verl. gewonnen).
Wabra – Derbfuß, Hilpert – Flachenecker, Wenauer, Reisch – Dachlauer, Haseneder, Strehl, Wild, Albrecht – Trainer: Widmayer – Tore: Haseneder, Wild (Wolffram) – Hannover, 29. 8. – Zuschauer: 41 000 – SR: Seekamp (Bremen).

1963: Hamburger SV (gegen Borussia Dortmund 3:0 gewonnen):
Schnoor – Krug, Kurbjuhn – Giesemann, Stapelfeldt, D. Seeler – Boyens, Wulf, U. Seeler, Kreuz, Dörfel – Trainer: Wilke – Tore: U. Seeler 3 – Hannover, 14. 8. – Zuschauer: 70 000 – SR: Kreitlein (Stuttgart).

1964: TSV München 1860 (gegen Eintracht Frankfurt 2:0 gewonnen):
Radenkovic – Wagner, Steiner – Zeiser, Stemmer, Luttrop – Kraus, Kohlars, Brunnenmeier, Küppers, Heiß – Trainer: Merkel – Tore: Kohlars, Brunnenmeier – Stuttgart, 13. 6. – Zuschauer: 45 000 – SR: Malka (Herten).

1965: Borussia Dortmund (gegen Alemannia Aachen 2:0 gewonnen):
Tilkowski – Cyliax, Redder – Kurrat, Paul, Straschitz – Wosab, W. Sturm, Schmidt, Konietzka, Emmerich – Trainer: Eppenhoff – Tore: Schmidt, Emmerich – Hannover, 22. 5. – Zuschauer: 48 000 – SR: Jakobi (Sandhausen).

1966: Bayern München (gegen Meidericher SV 4:2 gewonnen):
Maier – Nowak, Olk – Rigotti, Beckenbauer, Kupferschmidt – Nafziger, G. Müller, Ohlhauser, Koulmann, Brenninger – Trainer: Cajkovski – Tore: Brenninger 2, Ohlhauser, Beckenbauer (Mielke, Heidemann) – Frankfurt, 4. 6. – Zuschauer: 60 000 – SR: Schulenburg (Hamburg).

1967: Bayern München (gegen Hamburger SV 4:0 gewonnen):
Maier – Kupferschmidt, Schwarzenbeck – Roth, Beckenbauer, Olk – Nafziger, Ohlhauser, G. Müller, Koulmann, Brenninger – Trainer: Cajkovski – Tore: G. Müller 2, Ohlhauser, Brenninger – Stuttgart, 10. 6. – Zuschauer: 68 000 – SR: Niemeyer (Bad Godesberg).

1968: 1. FC Köln (gegen VfL Bochum 4:1 gewonnen):
Soskic – Pott, Hemmersbach – Flohe, Weber, Thielen – Rühl, Simmet, Löhr, Overath, Hornig – Trainer: Multhaup – Tore: Rühl (2), Hornig, Löhr (Böttcher) – Ludwigshafen, 9. 6. – Zuschauer: 60 000 – SR: Riegg (Augsburg).

1969: Bayern München (gegen FC Schalke 04 2:1 gewonnen):
Maier – Olk, Pumm – Schwarzenbeck, Beckenbauer, Schmidt – Roth, Ohlhauser, G. Müller, Starek, Brenninger. – Trainer: Zebec – Tore: G. Müller 2 (Pohlschmidt) – Frankfurt, 14. 6. – Zuschauer: 64 000 – SR: H. Fritz (Oggersheim).

1970: Kickers Offenbach (gegen 1. FC Köln 2:1 gewonnen):
Volz – Weilbächer, H. Kremers – Weida, Reich, H. Schmidt – Gecks, Bechtold (Nerlinger), E. Schmitt, Schäfer, Winkler – Trainer: Schmidt – Tore: Winkler, Gecks (Löhr) – Hannover, 29. 8. – Zuschauer: 50 000 – SR: Schulenburg (Hamburg).

1971: Bayern München (gegen 1. FC Köln 2:1 n. Verl. gewonnen):
Maier – Koppenhöfer, Breitner – Roth (Schneider), Beckenbauer, Schwarzenbeck – Zobel, Mrosko, G. Müller, U. Hoeneß (Hansen), Brenninger – Trainer: Lattek – Tore: Beckenbauer, Schneider (Rupp) – Stuttgart, 19. 6. – Zuschauer: 71 000 – SR: Biwersi (Bliesransbach).

1972: FC Schalke 04 (gegen 1. FC Kaiserslautern 5:0 gewonnen):
Nigbur – Huhse, H. Kremers – Rüssmann, Fichtel, van Haaren – Libuda, Lütkebohmert, Fischer, Scheer, E. Kremers – Trainer: Horvat – Tore: H. Kremers 2, Scheer, Lütkebohmert, Fischer – Hannover, 1. 7. – Zuschauer: 61 000 – SR: Aldinger (Waiblingen).

1973: Borussia Mönchengladbach (gegen 1. FC Köln 2:1 n. Verl. gewonnen):
Kleff – Bonhof, Michallik – Vogts, Sieloff, Danner – Jensen, Wimmer, Rupp (Stielike), Kulik (Netzer), Heynckes – Trainer: Weisweiler – Tore: Wimmer, Netzer (H. Neumann) – Düsseldorf, 23. 6. – Zuschauer: 69 600 – SR: Tschenscher (Mannheim).

1974: Eintracht Frankfurt (gegen Hamburger SV 3:1 n. Verl. gewonnen):
Dr. Kunter – Reichel (Müller), Kalb – Trinklein, Körbel, Beverungen – Nickel, Weidle (Kraus), Hölzenbein, Grabowski, Rohrbach – Trainer: Weise – Tore: Trinklein, Hölzenbein, Kraus (Björnmose) – Düsseldorf, 17. 8. – Zuschauer: 52 800 – SR: Weyland (Oberhausen).

1975: Eintracht Frankfurt (gegen MSV Duisburg 1:0 gewonnen):
Wienhold – Reichel, Neuberger – Körbel, Trinklein, Weidle – Beverungen, Hölzenbein, Grabowski, Nickel, Lorenz. – Trainer: Weise – Tor: Körbel – Hannover, 21. 6. – Zuschauer: 43 000 – SR: Horstmann (Groß-Escherde).

1976: Hamburger SV (gegen 1. FC Kaiserslautern 2:0 gewonnen):
Kargus – Kaltz, Hidien – Blankenburg, Nogly, Memering – Reimann, Zaczyk (Sperlich), Björnmose, Eigl, Volkert – Trainer: Klötzer – Tore: Nogly, Björnmose – Frankfurt, 26. 6. – Zuschauer: 61 000 – SR: Eschweiler (Euskirchen).

1977: 1. FC Köln (gegen Hertha BSC Berlin 1:1 n. Verl. und 1:0 gewonnen):
Schumacher – Konopka, Zimmermann – Gerber, Strack, Simmet – van Gool, Flohe, D. Müller, Overath (Neumann, Cullmann), Löhr (Larsen) – Trainer: Weisweiler – Tore: Im 1. Spiel D. Müller (Horr), im 2. Spiel D. Müller – Hannover 28. und 30. 5. – Zuschauer: 57 000 und 35 000 – SR: Frickel (München) und Ohmsen (Hamburg).

1978: 1. FC Köln (gegen Fortuna Düsseldorf 2:0 gewonnen):
Schumacher – Konopka, Zimmermann – Strack, Gerber, Cullmann – van Gool, Neumann, D. Müller, Flohe, Okudera – Trainer: Weisweiler – Tore: Cullmann, van Gool – Gelsenkirchen, 15. 4. – Zuschauer: 70 000 – SR: Redelfs (Hannover).

1979: Fortuna Düsseldorf (gegen Hertha BSC Berlin 1:0 n. Verl. gewonnen):
Daniel – Weikl, Zewe, Fanz, Baltes – Köhnen, Schmitz, Bommer, T. Allofs (Dusend) – K. Allofs, Seel – Trainer: Tippenhauer – Tor: Seel – Hannover, 23. 6. – Zuschauer: 56 000 – SR: Linn (Altendiez).

1980: Fortuna Düsseldorf (gegen 1. FC Köln 2:1 gewonnen):
Daniel – Weikl, Zewe, Köhnen, Baltes – Wenzel (Bansemer), Wirtz, Bommer – T. Allofs, K. Allofs, Seel – Trainer: Rehhagel – Tore: Wenzel, T. Allofs (Cullmann) – Gelsenkirchen, 4. 6. – Zuschauer: 55 000 – SR: Aldinger (Waiblingen).

1981: Eintracht Frankfurt (gegen 1. FC Kaiserslautern 3:1 gewonnen):
Pahl – Sziedat, Pezzey, Körbel, Neuberger – Lorant, Nickel, Borchers, Nachtweih – Cha, Hölzenbein – Trainer: Buchmann – Tore: Neuberger, Borchers, Cha (Geye) – Stuttgart, 2. 5. – Zuschauer: 71 000 – SR: Joos (Stuttgart).

1982: Bayern München (gegen 1. FC Nürnberg 4:2 gewonnen):
Müller – Beierlorzer (Niedermayer), Weiner, Augenthaler, Horsmann – Dremmler, Kraus, Breitner, Dürnberger – D. Hoeneß, K.-H. Rummenigge – Trainer: Csernai – Tore: K.-H. Rummenigge, Kraus, Breitner, D. Hoeneß (Hintermaier, Dressel) – Frankfurt, 1. 5. – Zuschauer: 61 000 – SR: Hennig (Duisburg).

1983: 1. FC Köln (gegen Fortuna Köln 1:0 gewonnen):
Schumacher – Prestin, Strack, Steiner, Zimmermann – Konopka (Willmer), Neumann, Engels – Littbarski, Fischer, K. Allofs (Hartmann) – Trainer: Michels – Tor: Littbarski – Köln, 11. 6. – Zuschauer: 61 000 – SR: Engel (Reimsbach).

1984: Bayern München (gegen Borussia Mönchengladbach 1:1 n. Verl., Bayern 7:6-Sieger im Elfmeterschießen)
Pfaff – Martin, Augenthaler, Grobe – Dremmler, Kraus (Mathy), Lerby, Nachtweih, Dürnberger (D. Hoeneß) – M. Rummenigge, K.-H. Rummenigge – Trainer: Lattek – Tore: Dremmler (Mill) – Frankfurt, 31. 5. – Zuschauer: 61 000 – SR: Roth (Salzgitter).

1985: Bayer Uerdingen (gegen Bayern München 2:1 gewonnen):
Vollack – Wöhrlin, Herget, Brinkmann, L. van de Loo – W. Funkel, F. Funkel, Feilzer (Loontiens), Buttgereit – Schäfer, Gudmundsson (Thomas) – Trainer: Feldkamp – Tore: Feilzer, Schäfer (D. Hoeneß). – Berlin, 26. 5. – Zuschauer. 70 398 – SR: Föckler (Weisenheim).

1986: Bayern München (gegen VfB Stuttgart 5:2 gewonnen):
Pfaff – Augenthaler – Nachtweih, Eder, Pflügler – Matthäus, Lerby, M. Rummenigge (Willmer) – Wohlfarth (F. Hartmann), D. Hoeneß, Mathy – Trainer: Lattek – Tore: Wohlfarth 3, M. Rummenigge 2 (Buchwald, Klinsmann) – Berlin, 3. 5. – Zuschauer: 76 000 – SR: Pauly (Rheydt).

1987: Hamburger SV (gegen Stuttgarter Kickers 3:1 gewonnen):
Stein – Jakobs – Kaltz, Beiersdorfer, Homp – Jusufi (Schmöller), Lux, von Heesen, Kroth – Kastl, Okonski – Trainer: Happel – Tore: Beiersdorfer, Kaltz, Eigentor Schlotterbeck (Kurtenbach) – Berlin, 20. 6. – Zuschauer: 76 000 – SR: Gabor (Berlin).

1988: Eintracht Frankfurt (gegen VfL Bochum 1:0 gewonnen):
Stein – Binz – Schlindwein, Körbel – Kostner (Klepper), Sievers, Schulz, Detari, Roth – Friz (Turowski), Smolarek – Trainer: Feldkamp – Tor: Detari – Berlin, 28. 5. – Zuschauer: 76 000 – SR: Heitmann (Drentwede).

1989: Borussia Dortmund (gegen Werder Bremen 4:1 gewonnen):
De Beer – Kroth – Kutowski, McLeod, Helmer, Breitzke (Lusch) – Zorc, Möller, M. Rummenigge – Dickel (Storck), Mill – Trainer: Köppel – Tore: Dickel 2, Mill, Lusch (Riedle) – Berlin, 24. 6. – Zuschauer: 76 500 – SR: Tritschler (Freiburg).

1990: 1. FC Kaiserslautern (gegen Werder Bremen 3:2 gewonnen):
Ehrmann – Foda – Stumpf, Friedmann (Lutz) – Scherr, Schupp (Roos), Hotic, Dooley, Lelle – Labbadia, Kuntz. – Trainer: Feldkamp – Tore: Labbadia 2, Kuntz (Neubarth, Burgsmüller) – Berlin, 19. 5. – Zuschauer: 76 391 – SR: Neuner (Leimen).

1991: Werder Bremen (gegen 1. FC Köln 1:1 n. Verl., Bremen 4:3-Sieger im Elfmeterschießen:
Reck – Bratseth – Votava, Borowka – Wolter, Hermann (Sauer), Eilts, Neubarth (Harttgen), Bode – Rufer, Kl Allofs – Trainer: Rehhagel – Tore: Eilts (Banach) – Berlin, 22. 6. – Zuschauer: 73 000 – SR: Schmidhuber (Ottobrunn).

1992: Hannover 96 (gegen Borussia Mönchengladbach 0:0 n. Verl., Hannover 4:3-Sieger im Elfmeterschießen:
Sievers – Wojcicki – Klütz, Sundermann, Heemsoth (Kuhlmey) – Kretzschmar, Surmann, Freund, Schönberg – Koch (Jursch), Djelmas – Trainer: Lorkowski – Berlin, 23. 5. – Zuschauer: 76 200 – SR: Heynemann (Magdeburg).

1993: Bayer Leverkusen (gegen Hertha BSC Berlin Am. 1:0 gewonnen):
Vollborn – Foda – Wörns – Fischer, Lupescu, Kree, Happe – Scholz, Hapal – Thom, Kirsten – Trainer: Stepanovic – Tor: Kirsten – Berlin, 12. 6. – Zuschauer: 76 243 – SR: Merk (Kaiserslautern).

1994: Werder Bremen (gegen Rot-Weiss Essen 3:1 gewonnen):
Reck – Bratseth – Votava, Beiersdorfer – Wolter, Basler (Wiedener), Herzog (Borowka), Eilts, Bode – Hobsch, Rufer – Trainer: Rehhagel – Tore: Beiersdorfer, Herzog, Rufer (Bangoura). – Berlin, 14. 5. – Zuschauer: 76 391 – SR: Amerell (München).

1995: Borussia Mönchengladbach (gegen VfL Wolfsburg 3:0 gewonnen):
Kamps – Kastenmaier, Andersson, Klinkert, Neun – Wynhoff (Stadler), Pflipsen, Effenberg, Hochstätter (Fach) – Dahlin, Herrlich – Trainer: Krauss – Tore: Dahlin, Effenberg, Herrlich – Berlin, 24. 6. – Zuschauer: 75 717 – SR: Strigel (Horb).

1996: 1. FC Kaiserslautern (gegen Karlsruher SC 1:0 gewonnen):
Reinke – Kadlec – Schäfer, Koch – Greiner, Roos (Wegmann), Hengen, Brehme, Wagner – Marschall (Lutz), Kuka (Wollitz) – Trainer: Krautzun – Tor: Wagner – Berlin, 25. 5. – Zuschauer: 75 782 – SR: Krug (Gelsenkirchen).

1997: VfB Stuttgart (gegen Energie Cottbus 2:0 gewonnen):
Wohlfahrt – Verlaat – Haber, Berthold – Hagner (Schneider), Soldo, Poschner, Legat – Balakov – Bobic (Gilewicz), Elber (Schwarz) – Trainer: Löw – Tore: Elber 2 – Berlin, 14. 6. – Zuschauer: 76 436 – SR: Steinborn (Sinzig).

1998: Bayern München (gegen MSV Duisburg 2:1 gewonnen):
Kahn – Matthäus – Babbel, Helmer (Fink) – Basler, Hamann, Nerlinger, Tarnat, Lizarazu (Jancker) – Scholl (Strunz), Elber – Trainer: Trapattoni – Tore: Babbel, Basler (Salou) – Berlin, 16. 5. – Zuschauer: 76 000 – SR: Strampe (Handorf).

1999: Werder Bremen (gegen Bayern München 1:1 n. Verl., Bremen 5:4-Sieger im schießen):
Rost – Trares – Todt, Wicky – Eilts, Dabrowski (Bogdanovic), Maximow, Wiedener – Herzog (Wojtala) – Frings, Bode – Trainer: Schaaf – Tore: Maximow (Jancker) – Berlin, 12. 6. – Zuschauer: 75 841 – SR: Aust (Köln)

2000: Bayern München (gegen Werder Bremen 3:0 gewonnen):
Kahn – Babbel, Andersson, Kuffour, Tarnat – Jeremies, Effenberg (Fink), Salihamidzic, Sergio – Jancker (Santa Cruz), Elber (Scholl) – Trainer: Hitzfeld – Tore: Elber, Sergio, Scholl – Berlin, 6. 5.– Zuschauer: 75 841 – SR: Berg (Konz).

2001: FC Schalke 04 (gegen 1. FC Union Berlin 2:0 gewonnen):
Reck – Hajto, Nemec (Thon), Van Hoogdalem – Asamoah (Latal), Oude Kamphuis, Möller, Böhme, Van Kerckhoven (Büskens) – Sand, Mpenza – Trainer: Stevens – Tore: Böhme 2 – Berlin, 27. 5.– Zuschauer: 73 011 – SR: Albrecht (Kaufbeuren).

2002: FC Schalke 04 (gegen Bayer Leverkusen 4:2 gewonnen):
Reck – Hajto (Oude Kamphuis), Waldoch, Van Kerckhoven – Van Hoogdalem, Nemec – Möller (Wilmots – Asamoah (Vermant), Böhme – Sand, Agali – Trainer: Stevens – Tore: Böhme, Agali, Möller, Sand (Berbatow, Kirsten) – Berlin, 11. 5. – Zuschauer: 70 000 – SR: Dr. Wack (Biberbach)

2003: Bayern München (gegen 1. FC Kaiserslautern 3:1 gewonnen)
Kahn – Kuffour, Linke – Sagnol, Lizarazu (Tarnat) – Jeremies (Fink) – Hargreaves, Ballack, Zé Roberto (Scholl) – Pizarro, Elber – Trainer: Hitzfeld – Tore: Ballack 2, Pizarro (Klose) – Berlin, 31. 5. – Zuschauer: 70 490 – SR: Fröhlich (Berlin)

2004: Werder Bremen (gegen Alemannia Aachen 3:2 gewonnen)
Reinke – Stalteri, Ismaël, Krstajic, Schulz (Skripnik) – Baumann – Borowski (Charisteas), Ernst – Micoud – Ailton, Klasnic (Valdez) – Trainer: Schaaf – Tore: Borowski 2, Klasnic (Blank, Meijer) – Berlin, 29. 5. – Zuschauer: 71 682 – SR: Fandel (Kyllburg).

2005: Bayern München (gegen FC Schalke 04 2:1 gewonnen)
Kahn – Sagnol (Deisler), Lucio, R. Kovac, Lizarazu – Demichelis – Schweinsteiger (Salihamidzic), Zé Roberto (Frings) – Ballack – Pizarro, Makaay – Trainer: Magath – Tore: Makaay, Salihamidzic (Lincoln) – Berlin, 28. 5. – Zuschauer: 74 359 – SR: Meyer (Burgdorf).

2006: Bayern München (gegen Eintracht Frankfurt 1:0 gewonnen)
Kahn – Sagnol, Lucio, Ismael, Lahm – Demichelis – Salihamidzic (Zé Roberto), Hargreaves (Jeremies) – Ballack – Makaay (Scholl), Pizarro – Trainer: Magath – Tor: Pizarro – Berlin, 29. 4. – Zuschauer: 74 349 – SR: Fandel (Kyllburg).

2007: 1. FC Nürnberg (gegen VfB Stuttgart n. V. 3:2 gewonnen)
Schäfer – Reinhardt, Wolf, Nikl (Spiranovic), Pinola (Banovic) – Galasek – Engelhardt – Mintal (Polak) – Kristiansen, Saenko – Schroth – Trainer: Meyer – Tore: Mintal, Engelhardt, Kristiansen (Cacau, Pardo) – Berlin, 26. 5. – Zuschauer: 74 220 (ausverkauft) – SR: Weiner (Giesen).

2008: Bayern München (gegen Borussia Dortmund n. V. 2:1 gewonnen)
Kahn – Lell, Lucio, Demichelis, Lahm – Van Bommel, Zé Roberto (Ottl) – Schweinsteiger (Sagnol), Ribery – Klose (Podolski), Toni – Trainer: Hitzfeld – Tore: Toni 2 (Petric) – Berlin, 19. 4. – Zuschauer: 74 244 (ausverkauft) – SR: Kircher (Rottenburg).

2009: Werder Bremen (gegen Bayer Leverkusen 1:0 gewonnen)
Wiese – Fritz, Prödl, Naldo, Boenisch – Baumann (Niemeyer) – Frings, Özil (Tziolis) – Diego – Pizarro, Hugo Almeida (Rosenberg) – Trainer: Schaaf – Tor: Özil – Berlin, 30. 5. – Zuschauer: 74 244 (ausverkauft) – SR: Dr. Fleischer (Sigmertshausen).

2010: Bayern München (gegen Werder Bremen 4:0 gewonnen)
Butt – Lahm, Van Buyten, Demichelis, Badstuber – Van Bommel, Schweinsteiger – Robben (Hamit Altintop), Ribery – Th. Müller (Tymoshchuk) – Olic (Klose) – Trainer: Van Gaal – Tore: Robben, Olic, Ribery, Schweinsteiger – Berlin, 15. 5. – Zuschauer: 75 420 (ausverkauft) – SR: Kinhöfer (Herne).

2011: FC Schalke 04 (gegen MSV Duisburg 5:0 gewonnen)
Neuer – Höwedes, Papadopoulos, Metzelder, Sarpei (Escudero)- Kluge (Uchida), Jurado – Farfan, Draxler (Matip) – Raul – Huntelaar – Trainer: Rangnick – Tore: Draxler, Huntelaar 2, Höwedes, Jurado – Berlin, 21. 5. – Zuschauer: 75 708 (ausverkauft) – SR: Stark (Ergolding).

Die Schlussrunden um den Vereinspokal

1935

1. Runde: Masovia Lyck – SC Tilsit 7:3; VfL Bitterfeld – Hertha BSC Berlin 1:2; Stettiner SC – Minerva 93 Berlin 0:1; Vorwärts-Rasensport Gleiwitz – FV Breslau 06 9:1; Vorwärts Breslau – BC Hartha 3:1; Dresdner Spfr. – SV Klettendorf 6:1; SV Merseburg 99 – Polizei Chemnitz 2:4; BC Elsterberg – 1. SV Jena n. V. 4:4 und 2:4; VfB Leipzig – 1. FC Nürnberg 1:2; Hannover 96 – CfR Köln 4:3; Eintracht Braunschweig – Reichsbahn Berlin 6:3; SV Göttingen – FC Schalke 04 1:5; Werder Bremen – Hamburger SV 4:5; Eimsbütteler TV – HEBC Hamburg 7:3; Victoria Hamburg – Berolina LSC Berlin 1:2; Holstein Kiel – Nordring Stettin 7:1; Union Recklinghausen – VfL Benrath 0:5; SV Hamborn 07 – SpVgg Herten 1:2; Sport-Ring Gevelsberg 08 – VfR Köln 2:5; Fortuna Düsseldorf – VfL 99 Köln 5:0; SV Kassel – Phönix Ludwigshafen 2:1; Germania Fulda – SpVgg Fürth 1:5; FC Hanau 93 – Eintracht Windecken 5:1; Eintracht Bad Kreuznach – SV Waldhof 1:6; VfR Mannheim – FV Homburg/Saar 7:3; Wormatia Worms – FC Egelsbach 3:0; FV Bretten – Freiburger FC 1:3; Karlsruher FV – SV Feuerbach 0:1; VfB Stuttgart – BC Augsburg n. V. 3:4; FC Schweinfurt 05 – SV Steinach 08 4:0; Ulmer FV 94 – Bayern München 5:4; VfB Königsberg (Freilos).

2. Runde: VfB Königsberg – Masovia Lyck 0:1; Berolina LSC Berlin – Vorwärts-Rasensport Gleiwitz 3:2; Dresdner Spfr. – Hertha BSC Berlin 1:0; Vorwärts Breslau – Minerva 93 Berlin 2:4; Polizei Chemnitz – FC Schweinfurt 05 4:2; Eintracht Braunschweig – 1. SV Jena 7:0; Hannover 96 – Holstein Kiel 4:3; Hamburger SV – Fortuna Düsseldorf 1:4; FC Schalke 04 – SV Kassel 8:0; SpVgg Herten – FC Hanau 93 1:4; VfL Benrath – Eimsbütteler TV 5:3; VfR Köln – SpVgg Fürth 0:2; SV Waldhof – Wormatia Worms 5:1; Freiburger FC – SV Feuerbach 3:0; 1. FC Nürnberg – Ulmer FV 94 8:0; BC Augsburg – VfR Mannheim 1:4.
Achtelfinale: Hannover 96 – FC Schalke 04 2:6; VfR Mannheim – VfL Benrath 2:3; SpVgg Fürth – Freiburger FC 2:3; FC Hanau 93 – Berolina LSC Berlin 5:1; Fortuna Düsseldorf – SV Waldhof 0:3; Spfr. Dresdner Spfr. – Masovia Lyck 2:1; Minerva 93 Berlin – Eintracht Braunschweig 4:2; Polizei Chemnitz – 1. FC Nürnberg 1:3.
Viertelfinale: FC Schalke 04 – VfL Benrath 4:1; Freiburger FC – FC Hanau 93 2:1; SV Waldhof – Dresdner Spfr. 1:0; 1. FC Nürnberg – Minerva 93 Berlin 4:1.
Halbfinale: FC Schalke 04 – Freiburger FC 6:2; 1. FC Nürnberg – SV Waldhof 1:0.
Endspiel: 1. FC Nürnberg – FC Schalke 04 2:0 (0:0).

1936

1. Runde: SV Algermissen 1911 – Werder Bremen 1:4; VfB Peine – Hannover 96 2:0; Westmark Trier – FV Saarbrücken 3:1; CfR Köln – SSV Köln-Vingst 05 n. V. 0:0 und 3:8; Viktoria 89 Berlin – Wacker Leipzig 2:1; SV Feuerbach – Phönix Karlsruhe 5:2; Wacker Marktredwitz – VfB Stuttgart 0:1; MSV v. d. Goltz Tilsit – Hindenburg Allenstein 0:2; Viktoria Stolp – Preußen Danzig 6:0; Hertha BSC Berlin – Eimsbütteler TV 3:2; SuSV Beuthen 09 – Minerva 93 Berlin 3:2; Preußen Langenbielau – Vorwärts-Rasensport Gleiwitz 2:7; Cherusker Görlitz – Berliner SV 92 1:2; BC Hartha – Wacker Halle 8:0; VfB Leipzig – 1. SV Jena 5:0; CSC 03 Kassel – Polizei Chemnitz 1:6; Altonaer FC 93 – Wacker 04 Berlin 3:5; Victoria Hamburg – SV Dessau 05 6:1; Holstein Kiel – Polizei Lübeck n. V. 1:2; SpVgg Röhlinghausen – Arminia Bielefeld 2:1; VfvB Ruhrort – FC Schalke 04 2:5; Fortuna Düsseldorf – SV Klafeld 1:2; VfL Benrath – Rheydter SV 1:6; Rot-Weiß Oberhausen – ASA Atsch 7:0; SV Flörsheim – SV Waldhof 0:1; Wormatia Worms – VfB Friedberg 3:2; 1. FC Pforzheim – FK Pirmasens 7:0; Freiburger FC – Kickers Offenbach 2:0; Stuttgarter Kickers – TSV München 1860 0:1; Bayern München – SSV Ulm 3:4; FC Schweinfurt 05 – FC Hanau 93 4:0; 1. FC Nürnberg – SC Planitz 7:0.
2. Runde: Hindenburg Allenstein – Viktoria Stolp 2:1; Berliner SV 92 – SuSV Beuthen 09 4:1; Wacker 04 Berlin – Victoria Hamburg 5:4; Vorwärts-Rasensport Gleiwitz – VfB Leipzig n. V. 2:2 und 0:3; Polizei Chemnitz – Viktoria 89 Berlin 5:2; Polizei Lübeck – Hertha BSC Berlin 1:3; Werder Bremen – Rot-Weiß Oberhausen n. V. 3:2; VfB Peine – BC Hartha 1:0; FC Schalke 04 – SpVgg Röhlinghausen 2:0; Wormatia Worms – SSV Köln-Vingst 05 11:1; SSV Ulm – Freiburger FC 3:0; FC Schweinfurt 05 – SV Feuerbach 5:2; TSV München 1860 – 1. FC Pforzheim n. V. 3:3 und 0:2; Westmark Trier – VfB Stuttgart 0:1; VfL Benrath – 1. FC Nürnberg 3:2; SV Waldhof – SV Klafeld 6:0.
Achtelfinale: VfB Stuttgart – FC Schalke 04 n. V. 0:0 und 0:6; Wacker 04 Berlin – Werder Bremen 1:3; SSV Ulm – 1. FC Schweinfurt 05 2:4; Polizei Chemnitz – SV Waldhof 0:1; 1. FC Pforzheim – Wormatia Worms 1:2; Hertha BSC Berlin – VfL Benrath n. V. 1:1 und 2:8; Hindenburg Allenstein – VfB Peine 1:3; VfB Leipzig – Berliner SV 92 2:0.
Viertelfinale: Werder Bremen – FC Schalke 04 2:5; SV Waldhof – 1. FC Schweinfurt 05 1:2; Wormatia Worms – VfL Benrath n. V. 3:3 und 3:2; VfB Peine – VfB Leipzig 2:4.
Halbfinale: FC Schalke 04 – 1. FC Schweinfurt 05 3:2; VfB Leipzig – Wormatia Worms 5:1.
Endspiel: VfB Leipzig – FC Schalke 04 2:1 (2:1).

1937

1. Runde: BuEV Danzig – Hertha BSC Berlin n. V. 2:3; Wacker 04 Berlin – Hindenburg Allenstein 6:0; Minerva 93 Berlin – Victoria Hamburg n. V. 0:0 und 0:2; Schlesien Haynau – BC Hartha 0:10; SV Ratibor 03 – Polizei Chemnitz 2:4; SC Planitz – SuSV Beuthen 09 3:1; VfB Sömmerda – Eintracht Braunschweig 0:4; Rasensport Harburg – Werder Bremen 2:5; FC St. Pauli – Rot-Weiß Oberhausen 0:1; Polizei Lübeck – Berliner SV 92 0:1; Sperber Hamburg – Tennis Borussia Berlin 1:3; Borussia Dortmund – Hamburger SV 3:1; TuRU Düsseldorf – Hannover 96 4:7; Homberger SV – Holstein Kiel 0:1; Schwarz-Weiß Wuppertal – SV Dessau 05 5:1; Germania Bochum – VfR Köln 7:4; SpVgg Köln-Sülz 07 – Eintracht Frankfurt 2:0; Alemannia Plaidt – FV Duisburg 08 1:3; Tura Bonn – SV Kassel 4:2; Kickers Frankenthal – FC Schalke 04 1:3; VfR Mannheim – Kickers Offenbach 4:1; VfB Mühlburg – FSV Frankfurt 2:1; Freiburger FC – Wormatia Worms 1:3; FV Zuffenhausen – SpVgg Fürth 0:3; SSV Ulm – 1. FC Nürnberg 4:1; VfB Friedberg – SV Waldhof 0:2; Dunlop Hanau – Eimsbütteler TV 0:2; ASV Nürnberg – VfB Stuttgart n. V. 0:1; Bajuwaren München – Karlsruher FV 1:4; Freilose: Dresdner SC, Fortuna Düsseldorf, FV Breslau 06.
2. Runde: Tennis Borussia Berlin – Dresdner SC n. V. 3:4; Berliner SV 92 – Germania Bochum 3:0; BC Hartha – Wacker 04 Berlin 2:1; Polizei Chemnitz – VfR Mannheim 5:2; Eimsbütteler TV – SpVgg Köln-Sülz 07 2:0; Holstein Kiel – Hertha BSC Berlin 5:3; Werder Bremen – Borussia Dortmund n. V. 3:4;

Hannover 96 – Victoria Hamburg 3:2; Eintracht Braunschweig – Tura Bonn 2:0; FC Schalke 04 – Rot-Weiß Oberhausen 2:1; FV Duisburg 08 – VfB Mühlburg 1:0; SV Waldhof – Schwarz-Weiß Wuppertal 3:0; Wormatia Worms – SSV Ulm 4:1; Karlsruher FV – Fortuna Düsseldorf 0:2; VfB Stuttgart – SC Planitz 2:0; SpVgg Fürth – FV Breslau 06 7:1.
Achtelfinale: Eintracht Braunschweig – FC Schalke 04 n. V. 0:1; Berliner SV 92 – SpVgg Fürth 1:0; SV Waldhof – Polizei Chemnitz 2:0; Borussia Dortmund – FV Duisburg 08 n. V. 1:1 und 3:1; VfB Stuttgart – Hannover 96 2:1; Dresdner SC – Eimsbütteler TV 3:0; BC Hartha – Wormatia Worms 4:2; Fortuna Düsseldorf – Holstein Kiel 2:1.
Viertelfinale: FC Schalke 04 – Berliner SV 92 3:1; SV Waldhof – Borussia Dortmund 4:3; Dresdner SC – VfB Stuttgart 3:1; Fortuna Düsseldorf – BC Hartha 4:1.
Halbfinale: FC Schalke 04 – SV Waldhof 2:1; Dresdner SC – Fortuna Düsseldorf 2:5.
Endspiel: FC Schalke 04 – Fortuna Düsseldorf 2:1 (0:0).

1938

1. Runde: Hindenburg Allenstein –. Preußen Danzig 2:0; TSV Swinemünde – Blau-Weiß 90 Berlin 1:5; Spfr. Klausberg – BC Hartha 1:4 (in Hartha); Brandenburger SC 05 – MTV Pommerensdorf 3:0; Polizei Berlin – Vorwärts-Rasensport Gleiwitz 2:3; SuSV Beuthen 09 – Berliner SV 92 3:2; Stettiner SC – Yorck Boyen Insterburg n. V. 1:1 (Stettin verzichtetete auf die Wiederholung); Victoria Hamburg – FC Schalke 04 4:3; 1. SV Jena – Hertha BSC Berlin 1:2; Preußen Greppin – Dresdner SC 0:13; VfB Peine – Hamburger SV n. V. 2:1; Borussia Dortmund – Phönix Lübeck 1:2; SV Dessau 05 – Bewag Berlin 2:1; SpVgg Röhlinghausen – Werder Bremen 1:2; Westfalia Herne – Spfr. Katernberg 5:1; Arminia Bielefeld – Holstein Kiel 5:1; Polizei Lübeck – Fortuna Düsseldorf 2:4; Rot-Weiss Essen – FC St. Pauli 5:1; Opel Rüsselsheim – Alemannia Aachen 2:1; Blau-Weiß Köln – VfR Mannheim 1:7; SV Waldhof – Borussia Fulda 4:0; FC Hanau 93 – VfB Mühlburg 0:4; Freiburger FC – Hannover 96 3:1; VfB Stuttgart – Phönix Karlsruhe 7:1; Bayern München – Union Böckingen 7:0; SSV Ulm – SpVgg Fürth 3:2; Riesaer SV – Wacker 04 Berlin 2:1; CSC 03 Kassel – FSV Frankfurt 0:1; ASV Nürnberg – Stuttgarter Kickers 4:2; SV Kleinsteinheim – 1. FC Nürnberg n. V. 2:3; Grün-Weiß Eschweiler – SSVg Velbert 3:1; Eintracht Frankfurt – TSV München 1860 1:2.
2. Runde: TSV München 1860 – Freiburger FC 3:1; 1. FC Nürnberg – SSV Ulm 2:1; VfB Stuttgart – ASV Nürnberg 2:1; VfR Mannheim – Bayern München 2:1; FSV Frankfurt – BC Hartha 3:1; VfB Mühlberg – VfB Peine 6:1; Grün-Weiß Eschweiler – SV Waldhof 1:2; Fortuna Düsseldorf – Opel Rüsselsheim 7:1; Westfalia Herne – Victoria Hamburg 5:1; Werder Bremen – Rot-Weiss Essen 2:3; Phönix Lübeck – Arminia Bielefeld 3:2; Dresdner SC – SuSV Beuthen 09 10:1; Vorwärts-Rasensport Gleiwitz – SV Dessau 05 2:1; Blau-Weiß 90 Berlin – Riesaer SV 3:1; Hertha BSC Berlin – Hindenburg Allenstein (Allenstein verzichtete); Yorck Boyen Insterburg – Brandenburger SC 05 1:4.
Achtelfinale: FSV Frankfurt – Fortuna Düsseldorf 3:1; SV Waldhof – Westfalia Herne 6:0; VfB Mühlburg – VfB Stuttgart 2:1; TSV München 1860 – Dresdner SC. 3:0; Brandenburger SC 05 – Vorwärts-Rasensport Gleiwitz 0:1; 1. FC Nürnberg – VfR Mannheim 1:0; Rot-Weiss Essen – Hertha BSC Berlin 3:0; Blau-Weiß 90 Berlin – Phönix Lübeck 1:0.
Viertelfinale: SV Waldhof – Rot-Weiss Essen n. V. 3:2; Blau-Weiß 90 Berlin – TSV München 1860 1:2; FSV Frankfurt – VfB Mühlburg 3:1; Vorwärts-Rasensport Gleiwitz – 1. FC Nürnberg 2:4 – Ausscheidungsrunde der Ostmark: First Vienna FC – Admira Wien 6:0; Rapid Wien – Austro-Fiat Wien 5:1; Wiener SC – Wacker Wien 1:0; Grazer SK – Austria Wien 3:2.
2. Viertelfinale: 1. FC Nürnberg – First Vienna FC 3:1; SV Waldhof – Rapid Wien 2:3; TSV München 1860 – FSV Frankfurt n. V. 1:2; Wiener SC – Grazer SK 6:1.
Halbfinale: Rapid Wien – 1. FC Nürnberg 2:0; FSV Frankfurt – Wiener SC 3:2.
Endspiel: Rapid Wien – FSV Frankfurt 3:1 (0:1).

1939

1. Runde: Masovia Lyck – MSV v. d. Goltz Tilsit nicht ausgetragen; 1. SV Jena – SC Göttingen 05 3:4; NSTG Warnsdorf – Spfr. Leipzig 2:3; Polizei Danzig – Viktoria Stolp 2:3; Union Oberschöneweide – Blau-Weiß 90 Berlin 1:2; VfB Coburg – Rapid Wien 1:6; SpVgg Leipzig – Vorwärts-Rasensport Gleiwitz 1:2; Hertha BSC Berlin – SC Planitz 6:2; Phönix Karlsruhe – Stuttgarter Kickers 3:5; FC Singen 04 – 1. FC Nürnberg 1:3; First Vienna FC – BC Hartha n. V. 2:3; Borussia Neunkirchen – VfL Benrath 4:1; Vorwärts Hamburg – Fortuna Düsseldorf 1:3; FSV Frankfurt – Mülheimer SV 5:3; Concordia Plauen – Victoria Hamburg 5:3; SV Dessau 05 – Tennis Borussia Berlin 1:2; Kurhessen Kassel – SpVgg Köln-Sülz 07 0:5; VfR Mannheim – Westende Hamborn n. V. 2:3; ASV Blumenthal – Polzei Hamburg n. V. 3:4; SV Hamborn 07 – Hamburger SV 1:3; SV Beuel 06 – Eintracht Frankfurt 0:5; Admira Wien – SV Waldhof 0:1; VfB Alsum – FC Schalke 04 0:13; VfB Bielefeld – VfL Osnabrück 1:3; FC Schweinfurt 05 – Wacker Wien n. V. 2:3; VfB Mühlburg – SpVgg Bad Canstatt 2:0; VfL 99 Köln – Wormatia Worms 9:0; Eimsbütteler TV – Borussia Dortmund 2:3; Neumeyer Nürnberg – CSC 03 Kassel 7:3; VfL Halle 96 – Dresdner SC 0:3; Thüringen Weida – Berliner SV 92 1:2; SV Klettendorf – Minerva 93 Berlin 3:0.

2. Runde: VfL Osnabrück – FC Schalke 04 3:2; Berliner SV 92 – SV Klettendorf 6:1; Tennis Borussia Berlin – Concordia Plauen 4:1; Eintracht Frankfurt – SV Waldhof n. V. 0:1; Borussia Dortmund – VfL 99 Köln 1:6; Viktoria Stolp – Blau-Weiß 90 Berlin 1:3; 1. FC Nürnberg – Stuttgarter Kickers 2:1; Wacker Wien – VfB Mühlburg 4:2; Borussia Neunkirchen – BC Hartha n. V. 1:2; Hamburger SV – Polizei Hamburg 11:2; Dresdner SC – Neumeyer Nürnberg 1:2; Vorwärts-Rasensport Gleiwitz – Hertha BSC Berlin 5:2; Spfr. Leipzig – SC Göttingen 05 3:1; Fortuna Düsseldorf – FSV Frankfurt 4:0; SpVgg Köln-Sülz 07 – Westende Hamborn n. V. 1:2; Freilos: Rapid Wien.
Achtelfinale: Blau-Weiß 90 Berlin – Spfr. Leipzig 9:2; BC Hartha – 1. FC Nürnberg 0:1; Neumeyer Nürnberg – Berliner SV 92 2:1; Rapid Wien – Vorwärts-Rasensport Gleiwitz 6:1; VfL 99 Köln – Wacker Wien 1:3; Fortuna Düsseldorf – Tennis Borussia Berlin 8:1; Hamburger SV – Westende Hamborn 2:0; SV Waldhof – VfL Osnabrück 4:0.
Viertelfinale: Blau-Weiß 90 Berlin – Rapid Wien 1:7; 1. FC Nürnberg – Fortuna Düsseldorf 3:1; SV Waldhof – Hamburger SV 6:2; Wacker Wien – Neumeyer Nürnberg 7:4.
Halbfinale: Rapid Wien – 1. FC Nürnberg 0:1; SV Waldhof – Wacker Wien n. V. 1:1, n. V. 2:2 und n. V. 0:0 (Losentscheid für SV Waldhof).
Endspiel: 1. FC Nürnberg – SV Waldhof 2:0 (1:0).

1940

1. Runde: SV Hannover-Linden 07 – Union Oberschöneweide 2:3; Eimsbütteler TV – Spandauer SV 0:3; Blau-Weiß 90 Berlin – Werder Bremen 1:2; VfB Königsberg – Preußen Danzig n. V. 3:2; BuEV Danzig – LSV Stettin 6:2; Hamburger SV – ASV Blumenthal 1:3; NSTG Wittkowitz – Hertha Breslau 6:0; SV Dessau 05 – Kickers Offenbach n. V. 2.2 und 0:4; SV Hildesheim 07 – SG Barmbek n. V. 2:3; SV Steinach 08 – CSC 03 Kassel 4:2; Eintracht Frankfurt – Westfalia Herne 3:2; Germania Mudersbach – Schwarz-Weiß Essen 1:8; VfL Osnabrück – Gelsenguß Gelsenkirchen 2:5; Spfr. Halle – FC Schalke 04 0:7; BC Sport Kassel – TuS Duisburg 48/99 n. V. 4:5; Edelstahl Krefeld – Rot-Weiss Essen 3:4; TuS Neheim – SG Eschweiler 2:3; SV Waldhof – Rot-Weiß Frankfurt n. V. 2:3; 1. FC Kaiserslautern – Fortuna Düsseldorf 2:3; TuS Neuendorf – VfR Mannheim 1:2; Phönix Karlsruhe – FSV Frankfurt 4:2; SpVgg Bad Canstatt – Wacker Wien 0:7; SpVgg Fürth – VfB Stuttgart 3:0; Sturm Graz – 1. FC Nürnberg 1:6; Neumeyer Nürnberg – Rapid Wien n. V. 1.2; Bayern München – Wiener SC 0:1; VfR Schweinfurt – Mülheimer SV n. V. 2:1; 1. SV Jena – Tura Leipzig 0:1; SC Planitz – Vorwärts-Rasensport Gleiwitz 3:1; VfL Stettin – Polizei Chemnitz 3:2; NSTG Graslitz – Dresdner SC 0:4; VfB Waldshut – Stuttgarter Kickers 0:8.
2. Runde: 1. FC Nürnberg – Kickers Offenbach 3:2; FC Schalke 04 – Werder Bremen 5:0; Rapid Wien – VfR Schweinfurt 7:1; Fortuna Düsseldorf – VfR Mannheim 2:0; Wacker Wien – SC Planitz 6:2; Wiener SC – NSTG Wittkowitz 9:1; Dresdner SC – ASV Blumenthal 5:0; SG Barmbek – Schwarz-Weiß Essen 3:10; Rot-Weiss Essen – Eintracht Frankfurt 0:2; Rot-Weiß Frankfurt – Phönix Karlsruhe 1:0; Stuttgarter Kickers – Gelsenguß Gelsenkirchen 9:2; Tura Leipzig – SpVgg Fürth 1:2; VfL Stettin – BuEV Danzig n. V. 0:0 und 1:2; Spandauer SV – VfB Königsberg 3:5; Union Oberschöneweide – SV Steinach 08 5:1; SG Eschweiler – TuS Duisburg 48/99 3:1.
Achtelfinale: Union Oberschöneweide – 1. FC Nürnberg 0:1; SpVgg Fürth – FC Schalke 04 2:1; Stuttgarter Kickers – Rapid Wien 1:5; Eintracht Frankfurt – Fortuna Düsseldorf 2:3; Schwarz-Weiß Essen – SG Eschweiler 5:2; Wacker Wien – Wiener SC 5:6; Dresdner SC – Rot-Weiß Frankfurt 6:0; VfB Königsberg – BuEV Danzig 5:1.
Viertelfinale: 1. FC Nürnberg – Schwarz-Weiß Essen 2:1; Rapid Wien – SpVgg Fürth 6:1; Fortuna Düsseldorf – Wiener SC 2:1; VfB Königsberg – Dresdner SC 0:8.
Halbfinale: Dresdner SC – Rapid Wien 3:1; Fortuna Düsseldorf – 1. FC Nürnberg 0:1.
Endspiel: Dresdner SC – 1. FC Nürnberg 2:1 (1:1, 1:1) n. Verl.

1941

1. Runde: Prussia-Samland Königsberg – Königsberger STV 3:8; VfB Königsberg – Polizei Tilsit kampflos für Königsberg; Preußen Danzig – Viktoria Stolp 2:4; Hubertus Kolberg – LSV Kamp 2:3; LSV Stettin – Tennis Borussia Berlin 0:6; Hertha BSC Berlin – Blau-Weiß 90 Berlin 1:2; Vorwärts-Rasensport Gleiwitz – DTSG Krakau 7:2; SpVgg Breslau 02 – Germania Königshütte 3:2; Spfr. Dresden – Polizei Chemnitz 0:2; LSV Wurzen – Dresdner SC 1:4; LSV Nordhausen – 1. SV Jena 2:4; Eimsbütteler TV – Werder Bremen 1:2; Holstein Kiel – Hamburger SV 2:1; Eintracht Braunschweig – Hannover 96 1:3; SV Hannover-Linden 07 – FV Wilhelsburg 09 n. V. 6:5; Rot-Weiss Essen – FC Schalke 04 n. V. 1.2; Westende Hamborn – TuS Helene Essen n. V. 0:0 und 4:2; TuS Duisburg 48/99 – Schwarz-Weiß Essen 0:1; Victoria Köln – Fortuna Düsseldorf 1:0 abgebr. und 0:4; Rot-Weiß Frankfurt – VfL 99 Köln 1:1 abgebr. und 3:0; Kurhessen Kassel – BC Sport Kassel 0:4; Borussia Fulda – Kickers Offenbach 9:6; FC Rheinfelden – FC 93 Mülhausen 0:2; FV Metz – VfL Neckarau 4:0; SV Waldhof – SpVgg Sandhofen 2:1; Stuttgarter Kickers – VfB Knielingen 17:0; SpVgg Fürth – Stuttgarter SC 7:0; Schwaben Augsburg – 1. FC Nürnberg

0:7; Jahn Regensburg – TSV München 1860 2:6; Austria Wien – Wacker Wien 6:2; FC Wien – Rapid Wien 3:4; NSTG Prag – Admira Wien 1:2.

2. Runde: Königsberger STV – VfB Königsberg 0:8; Viktoria Stolp – LSV Kamp 0:3; Tennis Borussia Berlin – Blau-Weiß 90 Berlin 2:3; Vorwärts-Rasensport Gleiwitz – SpVgg Breslau 02 6:1; Polizei Chemnitz – Dresdner SC 0:3; 1. SV Jena – Borussia Fulda 5:3; Werder Bremen – Holstein Kiel 1:2; Hannover 96 – SV Hannover-Linden 07 5:1; FC Schalke 04 – Fortuna Düsseldorf 4:2; Westende Hamborn – Schwarz-Weiß Essen 1:2; BC Sport Kassel – SV Waldhof 0:3; FV Metz – Rot-Weiß Frankfurt n. V. 0:0 und 2:0; FC 93 Mülhausen – Stuttgarter Kickers 0:4; TSV München 1860 – Austria Wien 2:5; 1. FC Nürnberg – SpVgg Fürth 4:1; Rapid Wien – Admira Wien 3:5.

Achtelfinale: Holstein Kiel – Blau-Weiß 90 Berlin 4:0; LSV Kamp – VfB Königsberg 3:2; Dresdner SC – Hannover 96 9:2; Austria Wien – Vorwärts-Rasensport Gleiwitz 8:0; Stuttgarter Kickers – 1. FC Nürnberg 4:1; SV Waldhof – Admira Wien 0:1; Schwarz-Weiß Essen – FC Schalke 04 1:5; 1. SV Jena – FV Metz 3:0.

Viertelfinale: Holstein Kiel – 1. SV Jena 2:1; FC Schalke 04 – Austria Wien 4:1; Admira Wien – Stuttgarter Kickers 5:0; LSV Kamp – Dresdner SC 1:4.

Halbfinale: FC Schalke 04 – Holstein Kiel 6:0; Dresdner SC – Admira Wien 4:2.

Endspiel: Dresdner SC – FC Schalke 04 2:1 (1:0).

1942

1. Runde: VfB Königsberg – MTV Ponarth 6:0; SV Neufahrwasser – LSV Heiligenbeil n. V. 3:2; HUS Marienwerder – LSV Stettin 1:2; Stettiner SC – LSV Pütnitz 1:2; Blau-Weiß 90 Berlin – Lufthansa Berlin 3:0; Spfr. Halle – Minerva 93 Berlin 1:2; SpVgg Breslau 02 – LSV Görlitz 12:3; LSV Bölcke Krakau – TuS Lipine 2:5; LSV Reinecke Brieg – LSV Olmütz 3:1; Germania Königshütte – LSV Adler Deblin 3:5; NSTG Falkenau – SC Planitz 3:1; Döbelner SC – NSTG Prag 4:1; SV Dessau 05 – Eintracht Braunschweig 2:0; Werder Bremen – Victoria Hamburg 5:1; Hamburger SV – Eimsbütteler TV 6:0; Hannover 96 – Fortuna Leipzig n. V. 3:3 und 2:4; Borussia Fulda – Westende Hamborn 1:6; Schwarz-Weiß Esch – Stadt Düdelingen 2:5; Victoria Köln – SpVgg Köln-Sülz 07 2:3; SV Hamborn 07 – FC Schalke 04 0:2; Arminia Bielefeld – LSV Gütersloh 4:0; Rot-Weiss Essen – VfL 99 Köln 2:5; FC Hanau 93 – FC Schweinfurt 05 2:1; SV Waldhof – VfR Mannheim 3:1; 1. FC Kaiserslautern – Kickers Offenbach 2:3; Borussia Neunkirchen – SS Straßburg 4:5; VfB Stuttgart – TSG 61 Ludwigshafen 6:1; FC 93 Mülhausen – Rasensport Straßburg 2:1; SG Böblingen – Stuttgarter Kickers 2:3; Eintracht Frankfurt – SpVgg Fürth 4:1; TSV München 1860 – Rapid Wien 5:3; Wiener AC – First Vienna FC 1:2.

2. Runde: LSV Stettin – VfB Königsberg 4:1; LSV Pütnitz – SV Neufahrwasser 3:2; TuS Lipine – SpVgg Breslau 02 4:0; LSV Adler Deblin – LSV Reinecke Brieg 7:1; Westende Hamborn – Arminia Bielefeld 1:0; Stadt Düdelingen – SpVgg Köln-Sülz 07 2:0; VfL 99 Köln – Werder Bremen 1:2; FC Schalke 04 – Eintracht Frankfurt 6:0; Kickers Offenbach – FC Hanau 93 3:1; Stuttgarter Kickers – TSV München 1860 1:3; SS Straßburg – SV Waldhof n. V. 5:4; FC 93 Mülhausen – VfB Stuttgart 0:2; NSTG Falkenau – First Vienna FC 4:0; SV Dessau 05 – Döbelner SC 5:3; Hamburger SV – Minerva 93 Berlin 2:0; Fortuna Leipzig – Blau-Weiß 90 Berlin 0:3.

Achtelfinale: LSV Stettin – LSV Pütnitz 4:1; TuS Lipine – LSV Adler Deblin 4:1; Werder Bremen – Kickers Offenbach 6:1; FC Schalke 04 – Westende Hamborn 4:1; TSV München 1860 – SS Straßburg 15:1; VfB Stuttgart – Stadt Düdelingen 0:2; Hamburger SV – SV Dessau 05 3:4; Blau-Weiß 90 Berlin – NSTG Falkenau 4:1.

Viertelfinale: SV Dessau 05 – FC Schalke 04 0:4; Stadt Düdelingen – TSV München 1860 0:7; TuS Lipine – Blau-Weiß 90 Berlin 4:1; Werder Bremen – LSV Stettin 4:1.

Halbfinale: TSV München 1860 – TuS Lipine 6:0; FC Schalke 04 – Werder Bremen 2:0.

Endspiel: TSV München 1860 – FC Schalke 04 2:0 (0:0).

1943

1. Runde: Holstein Kiel – Eintracht Braunschweig 5:4; TSG Rostock – Hertha BSC Berlin 1:7; Viktoria Elbing – LSV Pütnitz 0:7; FK Niederkorn – Spfr. Katernberg 0:3; FV Saarbrücken – KSG Mülheimer SV/VfR Köln 8:0; FC 93 Mülhausen – VfR Mannheim 1:4; Dresdner SC – Borussia Fulda 13:1; FC Schweinfurt 05 – 1. FC Nürnberg 2:4; NSTG Brüx – First Vienna FC 0:14; Praga Warschau – MSV Brünn 1:3; SpVgg Breslau 02 – TuS Lipine 5:3; DWM Posen – VfB Königsberg 0:4; BC Augsburg – Bayern München 3:0; LSV Hamburg – SpVgg Wilhelmshaven 05 1:0; SpVgg Erfurt – FC Schalke 04 0:4; Stuttgarter Kickers – Kickers Offenbach 3:5.

Achtelfinale: FC Schalke 04 – Spfr. Katernberg 4:2; VfB Königsberg – Dresdner SC 0:5; First Vienna FC – SpVgg Breslau 02 6:5; Hertha BSC Berlin – Holstein Kiel 0:3; Kickers Offenbach – FV Saarbrücken 1:2; LSV Pütnitz – LSV Hamburg 2:3; MSV Brünn – 1. FC Nürnberg 1:5; VfR Mannheim – BC Augsburg 4:2.

Viertelfinale: Holstein Kiel – LSV Hamburg 2:4; FV Saarbrücken – FC Schalke 04 n. V. 1:2; 1. FC Nürnberg – First Vienna FC 2:3; Dresdner SC – VfR Mannheim 5:3.

Halbfinale: First Vienna FC – FC Schalke 04 6:2; LSV Hamburg – Dresdner SC 2:1.

Endspiel: First Vienna FC – LSV Hamburg 3:2 (2:2, 0:1) n. Verl.

1953

1. Runde: VfB Stuttgart – Kickers Offenbach 0:3; Rot-Weiss Essen – Jahn Regensburg 5:0; SV Waldhof – Eintracht Braunschweig 2:1; Eintracht Osnabrück – Preußen Dellbrück 1:2; 1. FC Saarbrücken – FC St. Pauli 1:2; Borussia Neunkirchen – FC Schalke 04 2:1; SpVgg Fürth – VfR Kaiserslautern 6:1; Wacker 04 Berlin – 1. FC Nürnberg 2:6; Concordia Hamburg – Borussia Dortmund 4:3; Hamburger SV – Victoria Hamburg 6:1; Blau-Weiß 90 Berlin – Eintracht Trier 0:1; VfB Mühlburg – Preußen Münster n. V. 5:3; Alemannia Aachen – SC Essen West 81 5:2; SSV Reutlingen – Wormatia Worms n. V. 4:5; SV Hamborn 07 – 1. SC Göttingen 05 n. V. 4:1; VfL Osnabrück – Phönix Ludwigshafen n. V. 2:2 und 2:0.

Achtelfinale: SV Waldhof – SpVgg Fürth 5:2; Concordia Hamburg – VfB Mühlburg 4:3; Preußen Dellbrück – Kickers Offenbach n. V. 2:3; Wormatia Worms – Eintracht Trier 4:1; 1. FC Nürnberg – Alemannia Aachen n. V. 3:3 und 0:2; Hamburger SV – Borussia Neunkirchen 2:0; SV Hamborn 07 – FC St. Pauli n. V. 1:1 und 4:3; Rot-Weiss Essen – VfL Osnabrück 2:0.

Viertelfinale: Rot-Weiss Essen – Hamburger SV 6:1; Kickers Offenbach – Wormatia Worms 1:2; SV Waldhof – Concordia Hamburg 2:1; Alemannia Aachen – SV Hamborn 07 3:1.

Halbfinale: Rot-Weiss Essen – SV Waldhof 3:2; Alemannia Aachen – Wormatia Worms 3:1.

Endspiel: Rot-Weiss Essen – Alemannia Aachen 2:1 (1:0).

1954

Viertelfinale (Die Regionalpokalsieger, die Endspielteilnehmer der Vertragsspieler und der Deutsche Amateurmeister nahmen teil): 1. FC Kaiserslautern – Hamburger SV 2:3; 1. FC Köln – Viktoria 89 Berlin 3:2; TuS Neuendorf – 1. FC Nürnberg 2:1; VfB Stuttgart – SV 09 Berg. Gladbach n. V. 1:1 und 6:0.

Halbfinale: Hamburger SV – 1. FC Köln n. V. 1:3; VfB Stuttgart – TuS Neuendorf n. V. 2:2 und 2:0.

Endspiel: VfB Stuttgart – 1. FC Köln 1:0 (0:0) n. Verl.

1955

1. Runde: FC Schalke 04 – Jahn Regensburg n. V. 1:1 und 6:3; Hamburger SV – Eintracht Trier n. V. 5:3; Kickers Offenbach – Hannover 96 6:3; 1. FC Nürnberg – TSV Marl-Hüls 2:0; Eintracht Frankfurt – FK Pirmasens 1:0; Karlsruher SC – FSV Frankfurt 5:1; TuS Bremerhaven 93 – SpVgg Erkenschwick 5:1; VfB Stuttgart – Arminia Hannover 4:2; SG Düren 99 – 1. FC Kaiserslautern 2:5; Altona 93 – 1. FC Saarbrücken 3:2; 1. FC Köln – STV Horst Emscher 2:1; Tennis Borussia Berlin – 1. FC Schweinfurt 05 2:4; Union Krefeld – Eintracht Braunschweig 4:0; Phönix Ludwigshafen – Alemannia Aachen n. V. 0:0 und 0:4; Tura Ludwigshafen – FC St. Pauli 0:1; Spandauer SV – VfB Lübeck 1:2.

Achtelfinale: FC Schalke 04 – 1. FC Schweinfurt 05 n. V. 1:1 und 1:0; VfB Stuttgart – VfB Lübeck 5:1; Altona 93 – Eintracht Frankfurt 2:1; Karlsruher SC – 1. FC Nürnberg 1:0; TuS Bremerhaven 93 – Hamburger SV 3:1; 1. FC Kaiserslautern – 1. FC Köln 7:0; Alemannia Aachen – Union Krefeld n. V. 4:2; Kickers Offenbach – FC St. Pauli 2:0.

Viertelfinale: Altona 93 – Alemannia Aachen 2:0; VfB Stuttgart – Karlsruher SC 2:5; Kickers Offenbach – 1. FC Kaiserslautern 4:1; FC Schalke 04 – TuS Bremerhaven 93 2:0.

Halbfinale: FC Schalke 04 – Kickers Offenbach 2:1; Altona 93 – Karlsruher SC n. V. 3:3 und 0:3.

Endspiel: Karlsruher SC – FC Schalke 04 3:2 (1:1).

1956

Qualifikation (Es nahmen nur die fünf regionalen Pokalsieger teil): Spandauer SV – FK Pirmasens 0:1.

Halbfinale: Fortuna Düsseldorf – Hamburger SV 1:2; FK Pirmasens – Karlsruher SC 1:5.

Endspiel: Karlsruher SC – Hamburger SV 3:1 (1:1).

1957

Qualifikation: Spandauer SV – Bayern München 1:4.

Halbfinale: Bayern München – 1. FC Saarbrücken n. V. 3:1; Fortuna Düsseldorf – Hamburger SV 1:0.

Endspiel: Bayern München – Fortuna Düsseldorf 1:0 (0:0).

1958

Qualifikation: Tasmania 1900 Berlin – VfL Osnabrück n. V. 1:1 und 3:1.

Halbfinale: Tasmania 1900 Berlin – Fortuna Düsseldorf 1:2; 1. FC Saarbrücken – VfB Stuttgart 1:4.

Endspiel: VfB Stuttgart – Fortuna Düsseldorf 4:3 (3:3, 1:0) n. Verl.

1959

Qualifikation: Hertha BSC Berlin – Schwarz-Weiß Essen 3:6.

Halbfinale: Borussia Neunkirchen – VfR Mannheim 2:1; Hamburger SV – Schwarz-Weiß Essen n. V. 1:2.
Endspiel: Schwarz-Weiß Essen – Borussia Neunkirchen 5:2 (1:0).

1960

Qualifikation: Hertha BSC Berlin – FK Pirmasens 0:1.
Halbfinale: Borussia Mönchengladbach – Hamburger SV 2:0; Karlsruher SC – FK Pirmasens 3:4, Wiederholung 2:0 (Pirmasens hatte einen nicht spielberechtigten Spieler eingesetzt).
Endspiel: Borussia Mönchengladbach – Karlsruher SC 3:2 (2:1).

1961

Achtelfinale: Eintracht Frankfurt – 1. FC Köln n. V. 2:3; VfV Hildesheim – VfB Stuttgart 1:2; Tasmania 1900 Berlin – Altona 93 4:1; 1. FC Saarbrücken – Werder Bremen 0:1; 1. FC Kaiserslautern – Heider SV 2:0; Spfr. Hamborn 07 – SV Waldhof 3:1; Karlsruher SC – Wuppertaler SV 7:2; FK Pirmasens – VfL Bochum 3:2.
Viertelfinale: VfB Stuttgart – Karlsruher SC 0:1; Werder Bremen – 1. FC Köln 3:2; 1. FC Kaiserslautern – Tasmania 1900 Berlin n. V. 2:1; Spfr. Hamborn 07 – FK Pirmasens n. V. 3:2.
Halbfinale: Spfr. Hamborn 07 – 1. FC Kaiserslautern 1:2; Werder Bremen – Karlsruher SC n. V. 3:2.
Endspiel: Werder Bremen – 1. FC Kaiserslautern 2:0.

1962

Achtelfinale: VfV Hildesheim – Westfalia Herne 3:2; Holstein Kiel – FC Schalke 04 3:4; 1. FSV Mainz 05 – 1. FC Köln 0:5; Fortuna Düsseldorf – Spfr. Lebenstedt 2:1; TSV München 1860 – Hessen Kassel 6:1; 1. FC Saarbrücken – Eintracht Braunschweig 4:1; Saar 05 Saarbrücken – 1. FC Nürnberg 0:3; Eintracht Frankfurt – Tasmania 1900 Berlin 1:0.
Viertelfinale: 1. FC Nürnberg – VfV Hildesheim 11:0; 1. FC Saarbrücken – Fortuna Düsseldorf n. V. 2:2 und 1:2; FC Schalke 04 – TSV München 1860 4:2; 1. FC Köln – Eintracht Frankfurt n. V. 1:2.
Halbfinale: 1. FC Nürnberg – Eintracht Frankfurt 4:2; Fortuna Düsseldorf – FC Schalke 04 3:2.
Endspiel: 1. FC Nürnberg – Fortuna Düsseldorf 2:1 (1:1, 0:0) n. Verl.

1963

Achtelfinale: Borussia Dortmund – Spfr. Saarbrücken 4:2; TSV München 1860 – FC Schalke 04 3:2; Bayern Hof – Hamburger SV 2:5; 1. FC Saarbrücken – VfL Wolfsburg 3:0; Hessen Kassel – Wuppertaler SV n. V. 2:2 und 0:3; 1. FC Nürnberg – Borussia Neunkirchen 1:2; Werder Bremen – VfB Lohberg 4:3; Concordia Hamburg – Tasmania 1900 Berlin 1:3.
Viertelfinale: Borussia Dortmund – TSV München 1860 3:1; Hamburger SV – 1. FC Saarbrücken 1:0; Wuppertaler SV – Borussia Neunkirchen 1:0; Werder Bremen – Tasmania 1900 Berlin 1:0.
Halbfinale: Borussia Dortmund – Werder Bremen 2:0; Wuppertaler SV – Hamburger SV 0:1.
Endspiel: Hamburger SV – Boussia Dortmund 3:0.

1964

1. Runde: Hamburger SV – SpVgg Fürth n. V. 1:1 und n. V. 1:2; Meidericher SV – Hertha BSC Berlin n. V. 1:2; VfL Wolfsburg – Eintracht Frankfurt 0:2; Wormatia Worms – Hessen Kassel 2:3; Stuttgarter Kickers – Phönix Ludwigshafen 0:3; Werder Bremen – FC Schalke 04 0:2; 1. FC Köln – 1. FC Nürnberg n. V. 3:2; Eintracht Trier – Hannover 96 n. V. 1:1 und 0:4; Altona 93 – Borussia Mönchengladbach 2:1; Eintracht Gelsenkirchen – Duisburger SV 0:2; Preußen Münster – Karlsruher SC 1:3; 1. FC Saarbrücken – Tennis Borussia Berlin 6:1; Eintracht Braunschweig – VfL Osnabrück 3:0; TSV München 1860 – Borussia Dortmund 2:0; 1. FC Kaiserslautern – Wuppertaler SV 2:0; VfB Stuttgart – SSV Reutlingen n. V. 2:2 und 4:0.
Achtelfinale: Eintracht Frankfurt – Hessen Kassel 6:1; Phönix Ludwigshafen – FC Schalke 04 1:2; Hertha BSC Berlin – SpVgg Fürth 4:3; 1. FC Köln – Hannover 96 n. V. 3:0; Altona 93 – Duisburger SV 2:1; 1. FC Saarbrücken – Eintracht Braunschweig n. V. 2:1; TSV München 1860 – 1. FC Kaiserslautern 4:2; Karlsruher SC – VfB Stuttgart 2:1.
Viertelfinale: Eintracht Frankfurt – FC Schalke 04 2:1; Hertha BSC Berlin – 1. FC Köln 4:2; Altona 93 – Karlsruher SC 2:1; 1. FC Saarbrücken – TSV München 1860 1:3.
Halbfinale: Eintracht Frankfurt – Hertha BSC Berlin 3:1; Altona 93 – TSV München 1860 n. V. 1:4.
Endspiel: TSV München 1860 – Eintracht Frankfurt 2:0 (1:0).

1965

1. Runde: 1. FC Nürnberg – 1. FC Köln 2:0; Rot-Weiß Oberhausen – Ulmer TSG 1846 5:0; 1. FC Kaiserslautern – Karlsruher SC 3:0; Westfalia Herne – Tennis Borussia Berlin n. V. 3:4.; VfR Frankenthal – VfB Stuttgart 0:5; Altona 93 – Hannover 96 0:5; Hertha BSC Berlin – Eintracht Braunschweig 1:5; VfL Wolfsburg – TSV München 1860 3:4; Preußen Münster – Borussia Dortmund 0:1; VfL Osnabrück – Alemannia Aachen 1:3; 1. FSV Mainz 05 – Werder Bremen 1:0; Hessen Kassel – Hamburger SV 0:2;

SuS Northeim – Meidericher SV n. V. 0:1; Schwaben Augsburg – FC Schalke 04 n. V. 5:7; Eintracht Frankfurt – Borussia Neunkirchen 2:1; Kickers Offenbach – Wormatia Worms 2:4.
Achtelfinale: Eintracht Frankfurt – FC Schalke 04 1:2; 1. FSV Mainz 05 – TSV München 1860 n. V. 2:2 und 2:1; Wormatia Worms – VfB Stuttgart 0:2; 1. FC Nürnberg – Hamburger SV 3:1; 1. FC Kaiserslautern – Hannover 96 1:3; Meidericher SV – Eintracht Braunschweig 0:1; Tennis Borussia Berlin – Borussia Dortmund 1:2; Rot-Weiß Oberhausen – Alemannia Aachen 0:1.
Viertelfinale: Eintracht Braunschweig – Borussia Dortmund 0:2; FC Schalke 04 – VfB Stuttgart 4:2; Alemannia Aachen – Hannover 96 2:1; 1. FSV Mainz 05 – 1. FC Nürnberg 0:3.
Halbfinale: Borussia Dortmund – 1. FC Nürnberg 4:2; Alemannia Aachen – FC Schalke 04 n. V. 4:3.
Endspiel: Borussia Dortmund – Alemannia Aachen 2:0.

1966

Qualifikation: Bayern München – Borussia Dortmund 2:0; Borussia Mönchengladbach – Opel Rüsselsheim 5:1.
1. Runde: Werder Bremen – TSV München 1860 4:0; Bayern München – Eintracht Braunschweig 1:0; 1. FC Köln – Tasmania 1900 Berlin n. V. 1:1 und 2:0; Hannover 96 – Hamburger SV 2:4; Meidericher SV – VfB Stuttgart 2:0; Borussia Mönchengladbach – Borussia Neunkirchen n. V. 0:1; Südwest Ludwigshafen – 1. FC Kaiserslautern 0:1; Eintracht Frankfurt – SV Alsenborn 2:1; FC Schalke 04 – Tennis Borussia Berlin n. V. 3:1; Karlsruher SC – Preußen Münster 3:0; Schwaben Augsburg – 1. FC Nürnberg 0:1; Fortuna Düsseldorf – Kickers Offenbach 1:2; FC St. Pauli – 1. FC Saarbrücken 4:2; Holstein Kiel – Arminia Bielefeld 3:1; Freiburger FC – Alemannia Aachen 4:3; TuS Haste – Concordia Hamburg 1:2.
Achtelfinale: Hamburger SV – Borussia Neunkirchen 4:0; Meidericher SV – FC Schalke 04 6:0; 1. FC Nürnberg – Eintracht Frankfurt 2:1; Freiburger FC – Karlsruher SC 1:3; 1. FC Kaiserslautern – Holstein Kiel 3:0; Werder Bremen – Concordia Hamburg 2:0; FC St. Pauli – Kickers Offenbach 3:1; Bayern München – 1. FC Köln 2:0.
Viertelfinale: Meidericher SV – Karlsruher SC 1:0; Hamburger SV – Bayern München 1:2; 1. FC Kaiserslautern – Werder Bremen 3:1; FC St. Pauli – 1. FC Nürnberg 0:1.
Halbfinale: 1. FC Nürnberg – Bayern München n. V. 1:2; Meidericher SV – 1. FC Kaiserslautern 4:3.
Endspiel: Bayern München – Meidericher SV 4:2.

1967

Qualifikation: Altona 93 – 1. FC Nürnberg 2:1; Hessen Kassel – Eintracht Frankfurt 6:2.
1. Runde: Borussia Dortmund – 1. FC Köln n. V. 2:2 und 0:1; Eintracht Braunschweig – MSV Duisburg n. V. 2:3; FC Schalke 04 – Borussia Mönchengladbach 4:2; Duisburger FV 08 – Schwarz-Weiß Essen 0:2; Alemannia Aachen – FK Pirmasens n. V. 1:1 und 1:0; Waldhof Mannheim – Fortuna Düsseldorf 1:3; Hessen Kassel – Werder Bremen n. V. 2:2 und n. V. 1:2; Hertha BSC Berlin – Bayern München n. V. 2:3; Altona 93 – Hamburger SV 0:6; Rot-Weiss Essen – Karlsruher SC 1:2; VfB Lübeck – Kickers Offenbach n. V. 0:1; Arminia Hannover – TSV München 1860 1:4; 1. FC Saarbrücken – VfB Stuttgart 2:4; SpVg Erkenschwick – Stuttgarter Kickers 1:0; Hannover 96 Am. – Borussia Neunkirchen n. V. 2:2 und 1:2; 1. FC Kaiserslautern – Hannover 96 2:1.
Achtelfinale: 1. FC Köln – Hamburger SV n. V. 0:0 und 0:2; Alemannia Aachen – Karlsruher SC 4:2; Bor. Neunkirchen – Werder Bremen n. V. 1:1 und 2:1; VfB Stuttgart – FC Schalke 04 0:1; 1. FC Kaiserslautern – Kickers Offenbach n. V. 0:0 und n. V. 0:1; Schwarz-Weiß Essen – Fortuna Düsseldorf n. V. 1:1 und 0:1; SpVgg Erkenschwick – Bayern München 1:3; TSV München 1860 – MSV Duisburg 1:0.
Viertelfinale: TSV München 1860 – Fortuna Düsseldorf 2:0; Kickers Offenbach – Hamburger SV n. V. 0:0 und 0:2; Alemannia Aachen – Borussia Neunkirchen 3:1; FC Schalke 04 – Bayern München 2:3.
Halbfinale: Hamburger SV – Alemannia Aachen 3:1; Bayern München – TSV München 1860 3:1.
Endspiel: Bayern München – Hamburger SV 4:0.

1968

1. Runde: Borussia Neunkirchen – Eintracht Braunschweig 2:3; Bayer Leverkusen – 1. FC Nürnberg 0:2; Röchling Völklingen – Werder Bremen 4:2; Hertha BSC Berlin – Hamburger SV n. V. 1:0; VfL Bochum – Karlsruher SC 3:2; Preußen Münster – Alemannia Aachen 2:1; FC Homburg/Saar – 1. FC Köln 1:4; Arminia Bielefeld – FC Schalke 04 0:1; Bayern Hof – Borussia Mönchengladbach 0:1; VfB Stuttgart – 1. FC Kaiserslautern 1:0; MSV Duisburg – Hannover 96 4:1; FC Schweinfurt 05 – Eintracht Frankfurt n. V. 1:2; VfB Lübeck – TSV München 1860 0:1; Jahn Regensburg – Bayern München n. V. 1:4; VfB Oldenburg – Borussia Dortmund 2:3; SSV Reutlingen – Itzehoer SV 7:1.
Achtelfinale: Bayern München – MSV Duisburg 3:1; VfL Bochum – VfB Stuttgart 2:1; SSV Reutlingen – Borussia Dortmund 1:3; FC Schalke 04 – Eintracht Braunschweig 2:3; 1. FC Nürnberg – Preußen Münster 4:0; Hertha BSC Berlin – Röchling Völklingen 2:1; TSV München 1860 – Borussia Mönchengladbach 2:4; 1. FC Köln – Eintracht Frankfurt n. V. 1:1 und 1:0.

Viertelfinale: Bayern München – 1. FC Nürnberg 2:1; Borussia Dortmund – Hertha BSC Berlin 2:1; Eintracht Braunschweig – 1. FC Köln n. V. 1:1 und 1:2; VfL Bochum – Borussia Mönchengladbach 2:0.
Halbfinale: 1. FC Köln – Borussia Dortmund 3:0; VfL Bochum – Bayern München 2:1.
Endspiel: 1. FC Köln – VfL Bochum 4:1.

1969

1. Runde: Wormatia Worms – Preußen Münster 2:3; TSV Langenhorn Hamburg – Sperber Hamburg 1:2; Borussia Mönchengladbach – Hertha BSC Berlin 5:2; Rot-Weiss Essen – Werder Bremen 1:2; SV Alsenborn – MSV Duisburg 2:1; Eintracht Trier – 1. FC Nürnberg 1:3; Rot-Weiß Oberhausen – FC Schalke 04 n. V. 2:3; VfL Wolfsburg – Hamburger SV 1:2; Jahn Regensburg – Alemannia Aachen 0:1; Freiburger FC – 1. FC Kaiserslautern 0:1; Arminia Hannover – FC Schweinfurt 05 4:0; VfB Stuttgart – 1. FC Köln 1:0; Eintracht Braunschweig – TSV München 1860 1:0; Bayern München – Kickers Offenbach n. V. 0:0 und 1:0; Eintracht Frankfurt – Borussia Dortmund 6:2; Wacker 04 Berlin – Hannover 96 1:4.
Achtelfinale: Hamburger SV – Borussia Mönchengladbach n. V. 2:0; Alemannia Aachen – Preußen Münster 2:0; Bayern München – Arminia Hannover 1:0; FC Schalke 04 – SV Alsenborn 3:1; 1. FC Kaiserslautern – Eintracht Frankfurt 1:0; Werder Bremen – Eintracht Braunschweig 5:0; Hannover 96 – VfB Stuttgart n. V. 2:2 und 1:0; Sperber Hamburg – 1. FC Nürnberg n. V. 0:0 und 0:7.
Viertelfinale: Hamburger SV – Bayern München 0:2; FC Schalke 04 – Alemannia Aachen 2:0; 1. FC Kaiserslautern – Werder Bremen 3:0; 1. FC Nürnberg – Hannover 96 1:0.
Halbfinale: Bayern München – 1. FC Nürnberg 2:0; 1. FC Kaiserslautern – FC Schalke 04 n. V. 1:1 und 1:3.
Endspiel: Bayern München – FC Schalke 04 2:1.

1970

1. Runde: Eintracht Gelsenkirchen – Borussia Mönchengladbach 1:3; 1. FC Nürnberg – VfB Stuttgart 1:0; Kickers Offenbach – TSV München 1860 4:1; Hannover 96 – Rot-Weiß Oberhausen 3:2; Jahn Regensburg – Eintracht Braunschweig 1:0; FC 08 Villingen – Hamburger SV 1:3; Rot-Weiss Essen – 1. FC Köln n. V. 3:3 und 1:5; SG Wattenscheid 09 – Bayern München 1:6; 1. SC Göttingen 05 – MSV Duisburg n. V. 0:1; Wuppertaler SV – 1. FC Kaiserslautern 1:0; VfL Osnabrück – Eintracht Frankfurt n. V. 1:2; SV Alsenborn – FC Schalke 04 1:5; FK Pirmasens – Hertha BSC Berlin 1:2; Schwarz-Weiß Essen – Borussia Dortmund 1:2; Tennis Borussia Berlin – Werder Bremen 0:2; Arminia Hannover – Alemannia Aachen 0:3.
Achtelfinale: Bayern München – Jahn Regensburg 4:0; Hannover 96 – Borussia Mönchengladbach 1:3; Eintracht Frankfurt – Hamburger SV 2:0; Wuppertaler SV – 1. FC Nürnberg 0:3; 1. FC Köln – MSV Duisburg 6:1; FC Schalke 04 – Hertha BSC Berlin n. V. 0:0 und 0:4; Alemannia Aachen – Werder Bremen n. V. 1:1 und n. V. 1:1, Los für Aachen; Kickers Offenbach – Borussia Dortmund n. V. 2:1.
Viertelfinale: Borussia Mönchengladbach – 1. FC Köln n. V. 2:3; 1. FC Nürnberg – Bayern München 2:1; Eintracht Frankfurt – Kickers Offenbach 0:3; Alemannia Aachen – Hertha BSC Berlin 1:0.
Halbfinale: Alemannia Aachen – 1. FC Köln 0:4; Kickers Offenbach – 1. FC Nürnberg n. V. 4:2.
Endspiel: Kickers Offenbach – 1. FC Köln 2:1.

1971

1. Runde: Hessen Kassel – Bayern München n. V. 2:2 und 0:3; TSV Westerland – Borussia Dortmund (in Leck) 0:4; SG Wattenscheid 09 – Hertha BSC Berlin 1:2; VfR Heilbronn – Kickers Offenbach 2:0; SV Alsenborn – Borussia Mönchengladbach n. V. 1:1 und 1:3; SSV Reutlingen – 1. FC Köln 2:5; Borussia Neunkirchen – 1. FC Kaiserslautern 0:1; Tasmania 1900 Berlin – Eintracht Braunschweig 1:0; Hannover 96 – Hamburger SV n. V. 2:3; Rot-Weiß Oberhausen – Rot-Weiss Essen 4:3; FC St. Pauli – Eintracht Frankfurt n. V. 2:3; VfL Wolfsburg – FC Schalke 04 n. V. 2:2 und n. V. 1:1, Elfmeterschießen 1:3; Fortuna Düsseldorf – Werder Bremen n. V. 3:1; FC Homburg/Saar – MSV Duisburg n. V. 1:1 und 0:4; Holstein Kiel – VfB Stuttgart 2:1; Wuppertaler SV – Arminia Bielefeld 5:0.
Achtelfinale: 1. FC Kaiserslautern – Bayern München n. V. 1:1 und 0:5; Eintracht Frankfurt – 1. FC Köln 1:4; Hamburger SV – Borussia Dortmund n. V. 3:1; Fortuna Düsseldorf – Wuppertaler SV 4:0; MSV Duisburg – Tasmania 1900 Berlin 2:0; Holstein Kiel – Rot-Weiß Oberhausen n. V. 2:5; Hertha BSC Berlin – Borussia Mönchengladbach 1:3; FC Schalke 04 – VfR Heilbronn 4:0.
Viertelfinale: Bayern München – MSV Duisburg 4:0; 1. FC Köln – Hamburger SV 2:0; Fortuna Düsseldorf – Borussia Mönchengladbach 3:1; FC Schalke 04 – Rot-Weiß Oberhausen 1:0.
Halbfinale: Fortuna Düsseldorf – Bayern München 0:1; FC Schalke 04 – 1. FC Köln 2:3.
Endspiel: Bayern München – 1. FC Köln n. V. 2:1.

1972

1972 und 1973 wurden bis auf das Endspiel alle Runden mit Hin- und Rückspielen ausgetragen.
1. Runde: FC St. Pauli – Rot-Weiß Oberhausen 1:1, 1:2; Bayer Leverkusen – Borussia Mönchengladbach 0:3, 2:4; SV Alsenborn – Fortuna Düsseldorf 0:0, 0:3; Tasmania 1900 Berlin – VfL Bochum 2:2, 0:2; VfR Heilbronn – VfB Stuttgart 1:1, 0:4; Kickers Offenbach – Borussia Dortmund 1:1, 3:0; FC Schalke

04 – Hertha BSC Berlin 3:1, 0:3 (wegen Einsatzes eines gesperrten Spielers für Hertha als verloren gewertet); Holstein Kiel – Hannover 96 5:4, 1:7; Freiburger FC – Hamburger SV 1:2, 2:2; Essener FV 1912 – 1. FC Köln 1:9, 0:5; Wuppertaler SV – 1. FC Kaiserslautern 2:1, n. V. 2:3, Elfmeterschießen 3:5; Fortuna Köln – Bayern München 2:1, 0:6; Arminia Bielefeld – MSV Duisburg 1:1, 1:3; SpVgg Bad Pyrmont – Werder Bremen 1:4, 0:6; Borussia Neunkirchen – Eintracht Braunschweig 2:4, 0:0; 1. FC Schweinfurt 05 – Eintracht Frankfurt 1:0, 1:6.
Achtelfinale: Borussia Mönchengladbach – Eintracht Frankfurt 4:2, 2:3; Hannover 96 – VfL Bochum 0:0, 4:2; Werder Bremen – Hamburger SV 4:2, 0:1; Fortuna Düsseldorf – FC Schalke 04 1:1, 1:2; VfB Stuttgart – 1. FC Kaiserslautern 4:3, 1:3; MSV Duisburg – Rot-Weiß Oberhausen 2:2, 0:1; Kickers Offenbach – 1. FC Köln 3:1, 0:4; Eintracht Braunschweig – Bayern München 0:0, n. V. 1:3.
Viertelfinale: Bayern München – 1. FC Köln 3:0, 1:5; Borussia Mönchengladbach – FC Schalke 04 2:2, 0:1; Rot-Weiß Oberhausen – 1. FC Kaiserslautern 3:1, n. V. 0:5; Hannover 96 – Werder Bremen 0:2, 1:2.
Halbfinale: 1. FC Kaiserslautern – Werder Bremen 2:1, 2:1; 1. FC Köln – FC Schalke 04 4:1, n. V. 2:5, Elfmeterschießen 5:6.
Endspiel: FC Schalke 04 – 1. FC Kaiserslautern 5:0.

1973

1. Runde: Hannover 96 – Eintracht Frankfurt 1:0, 2:4; VfL Wolfsburg – VfB Stuttgart 2:2, 2:3; OSV Hannover – Hertha BSC Berlin 0:6, 0:3; FK Pirmasens – Rot-Weiß Oberhausen 4:1, 0:4; Stuttgarter Kickers – Eintracht Braunschweig 1:1, 1:5; Wacker 04 Berlin – Werder Bremen 1:5, 0:4; Rot-Weiss Essen – Hamburger SV 5:3, n. V. 0:5; FC St. Pauli – Kickers Offenbach 3:1, 0:3; Wormatia Worms – VfL Bochum 4:4, 1:3; Südwest Ludwigshafen – FC Schalke 04 1:3, 1:3; Preußen Münster – MSV Duisburg 2:1, 0:3; HSV Barmbek-Uhlenhorst – Bayern München 1:4, 0:7; Freiburger FC – Borussia Mönchengladbach 3:1, 1:7; SpVgg Bayreuth – 1. FC Kaiserslautern 4:2, 0:4; Fortuna Köln – 1. FC Köln 2:1, n. V. 0:4; Wuppertaler SV – Fortuna Düsseldorf 3:0, 0:2.
Achtelfinale: Eintracht Braunschweig – Eintracht Frankfurt 1:0, 2:2; Wuppertaler SV – Kickers Offenbach 3:2, 0:3; MSV Duisburg – Hertha BSC Berlin 1:2, 2:4; FC Schalke 04 – Borussia Mönchengladbach 0:2, 1:1; Hamburger SV – 1. FC Köln 2:2, 1:4; Rot-Weiß Oberhausen – Bayern München 1:2, 1:3; VfL Bochum – Werder Bremen 4:4, 1:2; VfB Stuttgart – 1. FC Kaiserslautern 2:1, n. V. 0:2.
Viertelfinale: Eintracht Braunschweig – 1. FC Köln 0:5, 2:3; Kickers Offenbach – Bayern München 2:2, 4:2; Werder Bremen – Hertha BSC Berlin 2:0, 2:2; Borussia Mönchengladbach – 1. FC Kaiserslautern 2:1, 3:1.
Halbfinale: Werder Bremen – Bor. Mönchengladbach 1:3, 2:4; 1. FC Köln – Kickers Offenbach 5:0, 1:1.
Endspiel: Borussia Mönchengladbach – 1. FC Köln n. V. 2:1.

1974

1. Runde: TuS Neuendorf – Wuppertaler SV 0:2; FC Schalke 04 – SG Wattenscheid 09 1:2; Bayern München – MSV Duisburg 3:1; Arminia Bielefeld – Alemannia Aachen 2:1; 1. FC Köln – Eintracht Braunschweig 2:0; Tennis Borussia Berlin – Eintracht Frankfurt 1:8; 1. FC Nürnberg – 1. FSV Mainz 05 4:1; VfB Oldenburg – Borussia Mönchengladbach 0:6; Fortuna Köln – VfB Stuttgart n. V. 3:2; 1. FC Kaiserslautern – Rot-Weiss Essen n. V. 5:3; Hertha BSC Berlin – Fortuna Düsseldorf n. V. 2:2 und n. V. 1:1, Elfmeterschießen 4:1; Hamburger SV – SV Darmstadt 98 3:1; Borussia Dortmund – Hannover 96 1:4; Kickers Offenbach – VfR Heilbronn n. V. 2:2 und n. V. 3:2; Hessen Kassel – HSV Barmbek-Uhlenhorst 2:1; VfL Bochum – Werder Bremen n. V. 2:2 und 1:2.
Achtelfinale: 1. FC Köln – Wuppertaler SV 1:0; Werder Bremen – Bayern München 1:2; Arminia Bielefeld – 1. FC Kaiserslautern n. V. 1:1 und 0:3; Hessen Kassel – Eintracht Frankfurt 2:3; Kickers Offenbach – 1. FC Nürnberg 3:2; Fortuna Köln – Hannover 96 n. V. 0:0 und 0:2; Bor. Mönchengladbach – Hamburger SV n. V. 2:2 und n. V. 1:1, Elfmeterschießen 1:3; SG Wattenscheid 09 – Hertha BSC Berlin 1:0.
Viertelfinale: Bayern München – Hannover 96 3:2; SG Wattenscheid 09 – Hamburger SV n. V. 0:1.; Eintracht Frankfurt – 1. FC Köln n. V. 4:3; KickersOffenbach – 1. FC Kaiserslautern n. V. 2:2 und n. V. 3:2.
Halbfinale: Hamburger SV – Kickers Offenbach 1:0; Eintracht Frankfurt – Bayern München 3:2.
Endspiel: Eintracht Frankfurt – Hamburger SV n. V. 3:1.

1975

1. Runde: Eintracht Braunschweig – Hertha BSC Berlin n. V. 4:1; Bayern München – VfB Stuttgart 3:2; 1. FC Schweinfurt 05 – 1. FC Kaiserslautern 3:4; SpVgg Bayreuth – FC Schalke 04 1:2; Arminia Bielefeld – Eintracht Frankfurt 1:3; Preußen Münster – Hamburger SV 0:4; SV Darmstadt 98 – Wuppertaler SV 2:1; Werder Bremen – BSC Grünhöfe 11:1; TV Gültstein – Borussia Mönchengladbach 0:5; Blumenthaler SV – MSV Duisburg 1:3; Fortuna Düsseldorf – ASV Neumarkt 6:0; OSV Hannover – Rot-Weiss Essen 2:5; SC Herford – VfL Bochum 0:3; VfB Oldenburg – 1. FC Köln 2:6; Union Solingen – Kickers Offenbach 2:1; Rheydter SV – Tennis Borussia Berlin 1:2; VfL Osnabrück – Borussia Neunkirchen 0:2; 1. SC Göttingen 05 – Hannover 96 3:2; Karlsruher SC – Bayern Hof 0:1; Schwarz-Weiß Essen – SG

Wattenscheid 09 3:0; FC Augsburg – 1. FC Saarbrücken 2:1; Alemannia Aachen – SpVgg Erkenschwick 1:0; Wacker 04 Berlin – 1. FSV Mainz 05 n. V. 0:1; Borussia Dortmund – VfR Heilbronn 3:0; TSV München 1860 – Wormatia Worms n. V. 3:2; VfR Mannheim – Sperber Hamburg 8:0; TuS Bremerhaven 93 – VfL Wolfsburg 1:2; FK Pirmasens – VfR Neumünster 7:1; FV 09 Weinheim – Bayer Uerdingen n. V. 2:4.; FC Homburg/Saar – TuS Schwachhausen 3:0; FC St. Pauli – SC Bad Neuenahr 3:0; TSV Weißenburg – SpVgg Fürth 0:5; Viktoria Köln – Stuttgarter Kickers 4:0; 1. FC Nürnberg – Wacker München n. V. 2:2 und 5:2; SpVgg Ludwigsburg – 1. FC Mülheim-Styrum n. V. 2:2 und 1:3; Waldhof Mannheim – Heider SV 4:0; VfB Eppingen – Röchling Völklingen 2:1; HSV Barmbek-Uhlenhorst – Spfr. Siegen 1:2; Spfr. Hamborn 07 – Fortuna Köln 1:3; Olympia Wilhelmshaven – Eintracht Trier 4:1; Rot-Weiß Oberhausen – TuS Langerwehe n. V. 4:2; VfB Homberg – DJK Gütersloh 1:3; FV Lörrach – ASV Landau 1:2; SV Leiwen – 1. FC Pforzheim n. V. 2:2 und n. V. 0:0, Elfmeterschießen 3:5; Holstein Kiel – Rot-Weiß Frankfurt 6:1; FV Eppelborn – Spfr. Eisbachtal 4:2; FV Baden-Oos – Arminia Hannover 1:3; Rapide Wedding – TuS Mayen 3:0; TSV Klein-Linden – Rot-Weiß Lüdenscheid 1:2; SV Sandhausen – FC Wunstorf 3:1; Eintracht Kreuznach II – Bayer Leverkusen 1:3; SB Heidenheim – Hertha Zehlendorf n. V. 2:2 und 0:5; VfB Stuttgart Am. – FC 08 Villingen n. V. 8:4; TuS Ahlen – VfB Theley 1:2; TSV Ersen – VfB Dillingen n. V. 0:1; Eintracht Nordhorn – Westend 01 Berlin 5:1; SC Jülich 1910 – SV Göppingen 2:1; TSG Usingen – Teutonia Obernau 3:2; ASC Dudweiler – FC Emmendingen 2:1; Victoria Hamburg – Altona 93 n. V. 1:2; VfB Lübeck – Bayern München Am. 3:1; Spandauer SV – Hamburger SV Am. 2:0; Eintracht Kreuznach I – Westfalia Herne 2:0; FC Rodalben – TSV Bleidenstadt n. V. 0:1.
2. Runde: Borussia Mönchengladbach – 1. FC Köln 3:5; MSV Duisburg – 1. FC Nürnberg 3:0; Rot-Weiss Essen – DJK Gütersloh 6:2; Bayern München – Rot-Weiß Oberhausen 2:0; Bayern Hof – VfL Bochum n. V. 2:2 und 0:5; VfL Wolfsburg – Werder Bremen 1:4; Fortuna Düsseldorf – FV Eppelborn 4:1; 1. FC Kaiserslautern – Spandauer SV 7:1; FC Schalke 04 – Hertha Zehlendorf 6:0; Tennis Borussia Berlin – Rapide Wedding 4:0; Rot-Weiß Lüdenscheid – Eintracht Braunschweig 3:5; VfB Eppingen – Hamburger SV 2:1; Union Solingen – Eintracht Frankfurt n. V. 1:2; Alemannia Aachen – Borussia Neunkirchen 2:1; FC St. Pauli – 1. FSV Mainz 05 8:3; SpVgg Fürth – Borussia Dortmund n. V. 1:1 und 0:1; Fortuna Köln – Olympia Wilhelmshaven 7:2; 1. FC Mülheim-Styrum – VfR Mannheim 2:0; Schwarz-Weiß Essen – SV Darmstadt 98 2:0; FK Pirmasens – VfB Lübeck 6:0; Waldhof Mannheim – SV Sandhausen 0:1; Holstein Kiel – Bayer Uerdingen 0:1; ASV Landau – FC Augsburg 0:1; TSV Bleidenstadt – FC Homburg/Saar n. V. 0:0 und n. V. 0:0, Elfmeterschießen 2:0; Eintracht Bad Kreuznach – TSV München 1860 2:4; Spfr. Siegen – 1. SC Göttingen 05 1:0; Viktoria Köln – TSG Usingen n. V. 6:1; VfB Theley – Altona 93 n. V. 2:4; Bayer Leverkusen – Eintracht Nordhorn 2:0; Arminia Hannover – ASC Dudweiler 5:0; VfB Dillingen – SC Jülich 1910 n. V. 2:2 und 0:4; VfB Stuttgart Am. – 1. FC Pforzheim 2:0.
3. Runde: Fortuna Düsseldorf – 1. FC Kaiserslautern n. V. 3:2; Bayern München – MSV Duisburg 2:3; Fortuna Köln – FC Schalke 04 2:0; Bayer Uerdingen – VfL Bochum 0:2; Werder Bremen – FC Augsburg n. V. 2:2 und 2:1; 1. FC Köln – FC St. Pauli 4:1; 1. FC Mülheim-Styrum – Eintracht Frankfurt 0:3; Tennis Borussia Berlin – Alemannia Aachen 1:0; Schwarz-Weiß Essen – Rot-Weiss Essen 1:2; Eintracht Braunschweig – Viktoria Köln 1:2; FK Pirmasens – TSV München 1860 4:2; Borussia Dortmund – Spfr. Siegen 2:1; SV Sandhausen – VfB Eppingen 1:2; VfB Stuttgart Am. – Bayer Leverkusen 2:0; SC Jülich 1910 – TSV Bleidenstadt 4:2; Altona 93 – Arminia Hannover 2:0.
Achtelfinale: Eintracht Frankfurt – VfL Bochum 1:0; Fortuna Düsseldorf – 1. FC Köln 5:2; Rot-Weiss Essen – FK Pirmasens 6:0; MSV Duisburg – Altona 93 7:0; VfB Stuttgart Am. – Tennis Borussia Berlin 2:1; VfB Eppingen – Werder Bremen 0:2; Fortuna. Köln – SC Jülich 1910 n. V. 0:0 und 1:0; Viktoria Köln – Borussia Dortmund n. V. 0:0 und 0:3.
Viertelfinale: Werder Bremen – MSV Duisburg 0:2; Rot-Weiss Essen – Fortuna Düsseldorf 1:0; Eintracht Frankfurt – Fortuna Köln 4:2; VfB Stuttgart Am. – Borussia Dortmund 0:4.
Halbfinale: MSV Duisburg – Bor. Dortmund n. V. 2:1; Eintracht Frankfurt – Rot-Weiss Essen n. V. 3:1.
Endspiel: Eintracht Frankfurt – MSV Duisburg 1:0.

1976

1. Runde: Werder Bremen – Borussia Mönchengladbach 0:3; Bayern München – 1. FC Saarbrücken 3:1; Karlsruher SC – SpVgg Bayreuth 4:2; 1. FC Nürnberg – Rot-Weiss Essen 2:1; FC Augsburg – Fortuna Düsseldorf 0:1; SpVgg Erkenschwick – VfL Bochum 2:3; Schwarz-Weiß Essen – Bayer Uerdingen n. V. 2:1; ASV Landau – Hannover 96 1:7; VfB Oldenburg – FC Schalke 04 0:6; Borussia Neunkirchen – Kickers Offenbach 2:0; Hamburger SV – 1. FC Köln Am. 4:0; 1. FC Köln – Olympia Wilhelmshaven 2:0; Eintracht Frankfurt – Viktoria Köln 6:0; FV 09 Weinheim – Hertha BSC Berlin 1:7; 1. FC Kaiserslautern – VfR Mannheim 2:0; MTV Fürth – MSV Duisburg 2:10; SpVgg Freudenstadt – Eintracht Braunschweig 0:7; TSV München 1860 – 1. SC Göttingen 05 2:1; FC St. Pauli – FK Pirmasens n. V. 1:1 und. 2:5; Tennis Borussia Berlin – 1. FC Schweinfurt 05 2:0; FSV Frankfurt – SpVgg Fürth n. V. 1:1 und 0:1; FC Homburg/Saar – Union Solingen 4:0; Wuppertaler SV – Schwarz-Weiß Essen Am. 3:0; Rapide Wedding – VfB Stuttgart 2:9; VfR Bürstadt – Bayern Hof 1:2; SV Darmstadt 98 – VfB Eppingen 4:1; SpVgg Andernach – DJK Gütersloh 0:2;

Fortuna Köln – ASV Bergedorf 85 6:1; Waldhof Mannheim – SV Cuxhaven 2:1; SpVgg Ludwigsburg – Borussia Dortmund 0:6; SG Wattenscheid 09 – Condor Hamburg 4:0; SC Jülich 1910 – Wacker 04 Berlin 3:0; Stuttgarter Kickers – Holstein Kiel n.V. 1:1 und 2:1; Röchling Völklingen – Wacker München 5:1; Arminia Bielefeld – SV St. Georg Hamburg 4:0; Westfalia Herne – Freiburger FC 3:1; TSG Thannhausen – Bayer Leverkusen 0:6; Spandauer SV – Rot-Weiß Oberhausen 2:1; 1. FSV Mainz 05 – TSV Osterholz-Tenever 7:2; Preußen Münster – SC Siemensstadt Berlin 7:1; 1. FC Mülheim – SpVgg 06/07 Sterkrade 4:2; VfL Osnabrück – VfL Wolfsburg 3:2; Hessen Kassel – Alemannia Aachen 1:0; SV Hasborn – VfL Neuwied 3:1; VfL Trier – TSV Kücknitz n. V. 3:6; SV Auersmacher – VfB Gaggenau 6:0; FK Clausen – Wormatia Worms 0:2; SpVgg Lindau – Itzehoer SV 3:0; Hassia Bingen – Frisia Husum 7:0; ASV Idar-Oberstein – SG Frankfurt-Höchst 3:2; Spfr. Salzgitter – SV Weiskirchen 0:1; Offenburger FV – FSV Cappel 2:0; SC Freiburg – Victoria Hamburg 2:1; Spfr. Siegen – ATS Kulmbach 4:2; SGO Bremen – 1. FC Herzogenaurach 5:1; TuS Xanten – TS Woltmershausen 0:2; Spfr. Schwäb. Hall – TuS Mayen 5:1; Eintracht Höhr-Grenzhausen – SV Spielberg 4:3; Union Salzgitter – TSV Abbehausen 5:0; VfR Heilbronn – Rot-Weiß Lüdenscheid n. V. 3:2; VfB Stuttgart Am. – HSV Barmbek-Uhlenhorst 1:3; SC Herford – SC Friedrichsthal 3:1; Bünder SV 08/09 – VfR Pforzheim n. V. 2:2 und 2:1; Hertha Zehlendorf – Blumenthaler SV n. V. 0:1.
2. Runde: MSV Duisburg – Karlsruher SC 4:0; Bayer Leverkusen – VfL Bochum 0:2; FC Schalke 04 – Borussia Dortmund 2:1; Hannover 96 – FC Homburg/Saar 1:2; Hertha BSC Berlin – VfB Stuttgart 4:2; 1. FC Köln – SC Freiburg 8:2; Borussia Mönchengladbach – SV Hasborn 3:0; Hamburger SV – Union Salzgitter 4:0; Bünder SV 08/09 – Bayern München 0:3; Wormatia Worms – Eintracht Braunschweig 0:3; Offenburger FV – Eintracht Frankfurt 1:5; Hessen Kassel – Fortuna Düsseldorf 2:3; Blumenthaler SV – 1. FC Kaiserslautern 1:5; Preußen Münster – Wuppertaler SV 1:0; 1. FC Nürnberg – Fortuna Köln n. V. 1:0; Waldhof Mannheim – TSV München 1860 4:1; 1. FSV Mainz 05 – Röchling Völklingen 1:2; FK Pirmasens – Spandauer SV 7:1; 1. FC Mülheim – Bayern Hof n. V. 1:3; Arminia Bielefeld – Eintracht Höhr-Grenzhausen 5:1; Schwarz-Weiß Essen – SGO Bremen 3:0; SV Darmstadt 98 – VfR Heilbronn 4:0; Spfr. Schwäb. Hall – Stuttgarter Kickers 0:5; TSV Kücknitz – DJK Gütersloh 0:1; Spfr. Siegen – Tennis Borussia Berlin 1:2; VfL Osnabrück – Bor. Neunkirchen 3:2; SpVgg Fürth – TS Woltmershausen 7:1; SG Wattenscheid 09 – SC Herford 4:0; Westfalia Herne – ASV Idar-Oberstein 4:0; SV Weiskirchen – SV Auersmacher 4:1; SC Jülich 1910 – SpVgg Lindau 5:1; HSV Barmbek-Uhlenhorst – Hassia Bingen n. V. 2:3.
3. Runde: MSV Duisburg – Borussia Mönchengladbach 0:1; FC Schalke 04 – Eintracht Braunschweig 1:2; Fortuna Düsseldorf – VfL Bochum n. V. 4:4 und n. V. 3:1; 1. FC Köln – SpVgg Fürth 3:1; Bayern München – Tennis Borussia. Berlin 3:0; Stuttgarter Kickers – Hertha BSC Berlin 1:3; Eintracht Frankfurt – VfL Osnabrück 3:0; Westfalia Herne – 1. FC Kaiserslautern 1:3; Hamburger SV – SC Jülich 1910 4:0; Arminia Bielefeld – DJK Gütersloh 3:2; Preußen Münster – Schwarz-Weiß Essen n. V. 2:2 und 2:3; SV Darmstadt 98 – 1. FC Nürnberg n. V. 3:1; FC Homburg/Saar – Waldhof Mannheim 1:0; SG Wattenscheid 09 – Bayern Hof 2:3; SV Weiskirchen – FK Pirmasens 0:1; Röchling Völklingen – Hassia Bingen 4:1.
Achtelfinale: Bayern Hof – Hamburger SV 0:2; Schwarz-Weiß Essen – 1. FC Köln n. V. 1:1 und n. V. 0:1; FC Homburg/Saar – SV Darmstadt 98 3:0; 1. FC Kaiserslautern – Eintracht Braunschweig 2:0; Fortuna Düsseldorf – Borussia Mönchengladbach 3:2; Hertha BSC Berlin – Eintracht Frankfurt n. V. 1:0; FK Pirmasens – Bayern München 0:2; Röchling Völklingen – Arminia Bielefeld 1:0.
Viertelfinale: 1. FC Köln – Bayern München 2:5; FC Homburg/Saar – Hamburger SV 1:2; Hertha BSC Berlin – Röchling Völklingen n. V. 1:1 und 2:1; 1. FC Kaiserslautern – Fortuna Düsseldorf 3:0.
Halbfinale: Hamburger SV – Bayern München n. V. 2:2 und 1:0; 1. FC Kaiserslautern – Hertha BSC Berlin 4:2.
Endspiel: Hamburger SV – 1. FC Kaiserslautern 2:0.

1977

1. Runde: Borussia Mönchengladbach – Eintracht Braunschweig 0:2; Hannover 96 – MSV Duisburg 0:1; Hamburger SV – Schwarz-Weiß Essen 4:1; Fortuna Düsseldorf – Eintracht Trier 3:1; SV Wiesbaden – FC Schalke 04 1:3; 1. FC Kaiserslautern – VfR Mannheim 1:0; Werder Bremen – Südwest Ludwigshafen 4:0; Karlsruher SC – 1. FC Bocholt 2:0; Preußen Hameln – 1. FC Saarbrücken 0:5; Hertha BSC Berlin – TuS Langerwehe 7:3; Borussia Dortmund – Concordia Haaren 10:0; SpVgg Steinhagen – VfL Bochum 0:3; Saar 05 Saarbrücken – Eintracht Frankfurt 1:6; Tennis Borussia Berlin – Sparta Bremerhaven 5:0; SV Meppen – Rot-Weiss Essen n. V. 2:3; Itzehoer SV – 1. FC Köln 0:7; Hannover 96 Am. – Bayern München 0:10; Fortuna Köln – Westfalia Herne 4:1; Kickers Offenbach – SpVgg Bayreuth n. V. 4:4 und 1:4; TSV München 1860 – Wuppertaler SV n. V. 1:0; VfB Stuttgart – SpVgg Fürth 3:0; FK Pirmasens – Preußen Münster 5:1; Bayer Uerdingen – VfB Weidenau 6:0; Bayern Hof – VfB Oldenburg 3:2; VfL Pinneberg – FC Augsburg 0:4; Waldhof Mannheim – Bremer SV 6:0; 1. FC Köln Am. – Röchling Völklingen 1:2; FC Konstanz – Alemannia Aachen 0:2; SG Wattenscheid 09 – Tura Harksheide 5:1; FC Homburg/Saar – SpVgg Erkenschwick 2:1; Arminia Bielefeld – 1. FC Passau n. V. 6:2; Bayer Leverkusen – IF Tönning 4:0; Werder Bremen Am. – 1. FC Nürnberg 0:3; SC Freiburg – Stuttgarter Kickers 1:6; Jahn Regensburg – VfR Heilbronn 3:1; VfL Osnabrück – Union 06 Berlin 12:1; Wacker 04 Berlin – FC 08 Villingen 1:0; Urania

Hamburg – FC St. Pauli 1:6; Union Solingen – VfR Frankenthal n. V. 1:1 und n. V. 1:0; SVA Gütersloh – SV Darmstadt 98 n. V. 2:3; Wormatia Worms – SC Göttingen 05 2:1; FV Faurndau – FC Hanau 93 1:4; SSV Dillenburg – Bayern München Am. 1:3; 1. FC Schweinfurt 05 – Hassia Bingen 2:3; Hertha BSC Berlin Am. – DJK Gütersloh 0:2; FC Niederembt – Spandauer SV 1:3; VfB Theley – BFC Preußen Berlin 2:0; VfR Pforzheim – Olympia Bocholt 2:3; SV Neckargerach – SSV Ulm 1846 3:1; SpVgg Andernach – 1. FSV Mainz 05 n. V. 1:1 und 0:3; Phönix Lübeck – Eintracht Bad Kreuznach 0:2; Spfr. Salzgitter – Hülser SC 1920 2:1; Lüner SV – SG Ellingen-Bonefeld n. V. 0:1; SVO Germaringen – VfR Laboe 9:0; Hertha Zehlendorf – TuS Mayen 1:0; Victoria Hamburg – FC Ensdorf 1:0; TuS Feuchtwangen – SV Weiskirchen n. V. 4:3; 1. FC Mülheim – SG Egelsbach 0:3; TV Unterboihingen – SG Dielheim 8:2; Spfr. Eisbachtal – TSG Leihgestern n. V. 1:1 und 2:0; VfR Achern – BV Bad Lippspringe 2:0; TSV Güntersleben – SSV Reutlingen n. V. 1:2; TuS Bremerhaven 93 – VfR Neuss 3:0; FSV Frankfurt – SpVgg Freudenstadt 5:0.
2. Runde: Bayern München – Hamburger SV 5:1; Fortuna Düsseldorf – 1. FC Köln n. V. 2:4; 1. FC Saarbrücken – Rot-Weiss Essen 0:3; Hertha BSC Berlin – Bayern Hof 3:1; Stuttgarter Kickers – 1. FC Kaiserslautern n. V. 1:1 und 1:3; Werder Bremen – SG Wattenscheid 09 4:1; Alemannia Aachen – Borussia Dortmund n. V. 0:0 und 0:2; Röchling Völklingen – Eintr. Braunschweig 2:1; FC Homburg/Saar – Karlsruher SC 0:2 (annulliert) und 1:0; Eintracht Frankfurt – Hertha Zehlendorf 10:2; FC Schalke 04 – SG Ellingen-Bonefeld 6:1; VfB Theley – MSV Duisburg 0:4; Tennis Borussia Berlin – Olympia Bocholt n. V. 4:4 und n. V. 1:1, Elfmeterschießen 3:1; Jahn Regensburg – Fortuna Köln n. V. 1:2; TuS Bremerhaven 93 – VfL Bochum 1:3; Bayer Leverkusen – FC St. Pauli n. V. 3:1; VfB Stuttgart – Union Solingen 2:0; Wacker 04 Berlin – 1. FC Nürnberg 0:5; FSV Frankfurt – Eintracht Bad Kreuznach n. V. 2:1; SG Egelsbach – VfL Osnabrück 0:2; Arminia Bielefeld – SVO Germaringen 6:0; FC Hanau 93 – TSV München 1860 1:6; Victoria Hamburg – Waldhof Mannheim 2:5; SV Neckargerach – FK Pirmasens 2:3; SpVgg Bayreuth – SSV Reutlingen 2:1; Spandauer SV – SV Darmstadt 98 2:3; Spfr. Salzgitter – Bayern München Am. 1:2; TuS Feuchtwangen – DJK Gütersloh n. V. 2:3; Spfr. Eisbachtal – Hassia Bingen 0:4; VfR Achern – TV Unterboihingen 1:2; Bayer Uerdingen – Mainz 05 3:0; Wormatia Worms – FC Augsburg 1:2.
3. Runde: Rot-Weiss Essen – VfL Bochum 5:1; 1. FC Köln – Tennis Borussia Berlin 5:1; Bayer Uerdingen – 1. FC Kaiserslautern 3:1; Werder Bremen – Bayer Leverkusen 3:0; SV Darmstadt 98 – Hertha BSC Berlin n. V. 0:1; Röchling Völklingen – Eintracht Frankfurt 2:3; FC Schalke 04 – FSV Frankfurt 1:0; VfL Osnabrück – Borussia Dortmund n. V. 3:1; Bayern München – TV Unterboihingen 10:1; FC Augsburg – TSV München 1860 2:1; FK Pirmasens – Arminia Bielefeld 3:4; 1. FC Nürnberg – Waldhof Mannheim 3:2; DJK Gütersloh – FC Homburg/Saar 0:6; Bayern München Am. – VfB Stuttgart 2:1; SpVgg Bayreuth – Hassia Bingen 2:1; MSV Duisburg – Fortuna Köln 4:0.
Achtelfinale: MSV Duisburg – Hertha BSC Berlin 1:2; FC Schalke 04 – Eintracht Frankfurt n. V. 2:2 und 3:4; 1. FC Köln – FC Homburg/Saar 7:2; Rot-Weiss Essen – Arminia Bielefeld 2:0; Bayer Uerdingen – Werder Bremen 2:0; Bayern München – Bayern München Am. 5:3; 1. FC Nürnberg – VfL Osnabrück 1:0; SpVgg Bayreuth – FC Augsburg 2:0.
Viertelfinale: Hertha BSC Berlin – Bayern München n. V. 4:2; 1. FC Köln – 1. FC Nürnberg 4:2; Bayer Uerdingen – Eintracht Frankfurt n. V. 6:3; SpVgg Bayreuth – Rot-Weiss Essen 1:2.
Halbfinale: Bayer Uerdingen – Hertha BSC Berlin 0:1; 1. FC Köln – Rot-Weiss Essen 4:0.
Endspiele: 1. FC Köln – Hertha BSC Berlin n. V. 1:1 und 1:0.

1978

1. Runde: 1. FC Saarbrücken – Bayern München 1:2; TSV München 1860 – Arminia Bielefeld 4:2; Kickers Offenbach – 1. FC Köln 0:4; 1. SC Göttingen 05 – FC Schalke 04 0:2; TSV Ofterdingen – Hamburger SV 0:5; Eintracht Braunschweig – Eintracht Nordhorn 10:1; VfB Stuttgart – Eintracht Bremen 10:0; RSV Rehburg – Hertha BSC Berlin 1:6; FC Konstanz – Eintracht Frankfurt 1:6; FC St. Wendel – Fortuna Düsseldorf 1:6; Blumenthaler SV – Werder Bremen 1:5; SG Ellingen-Bonefeld – FC St. Pauli 1:6; 1. FC Viersen – Borussia Mönchengladbach 0:8; FSV Oggersheim – 1. FC Kaiserslautern 0:3; TuS Sulzbach-Rosenberg – MSV Duisburg 1:11; VfB Oldenburg – VfL Bochum 0:2; TSV Ottobrunn – Borussia Dortmund 0:9; Rot-Weiss Essen – VfR Bürstadt 3:2; Wuppertaler SV – SC Herford n. V. 2:2 und 0:3; OSC Bremerhaven – Preußen Münster 3:2; KSV Baunatal – Alemannia Aachen 2:3; Karlsruher SC – 1. FC Nürnberg 2:1; Union Solingen – Schwarz-Weiß Essen n. V. 2:2 und 0:2; FC Villingen 08 – SpVgg Bayreuth 0:1; SB Heidenheim – FK Pirmasens 1:2; Waldhof Mannheim – Lüssumer TV 12:0; SG Wattenscheid 09 – TSV Bleidenstadt n. V. 1:2; Bayer Leverkusen – FSV Salmrohr 5:0; FV Würzburg 04 – Jahn Regensburg 1:0; Rendsburger TSV – VfL Osnabrück 0:2; Normannia Gmünd – Fortuna Köln 2:0; Eintracht Trier – Blau-Weiß Wulfen 3:0; Arminia Hannover – FC Augsburg Am. 0:1; Südwest Nürnberg – SV Darmstadt 98 1:3; Hassia Bingen – Stuttgarter Kickers 0:1; BV 08 Lüttringhausen – Freiburger FC 1:2; Concordia Hamburg – Bayern Hof 2:0; OSV Hannover – FSV Frankfurt 2:5; Westfalia Herne – BC Efferen 1920 6:1; SpVgg Bad Homburg – FC Homburg/Saar 1:2; Olympia Kirrlach – Bayer Uerdingen 0:6; Hummelsbütteler SV – TuS Schloß Neuhaus 0:2; BV 04 Düsseldorf – VfL Bad Schwartau 3:0; SV Schleswig 06 – Röchling Völklingen 0:1; VfV Hildesheim – TV Unterboihingen n. V. 4:1; Itzehoer SV – Borussia Brand 2:1; VfL

Wolfsburg – FSV Bad Orb 3:1; Saar 05 Saarbrücken – Wacker 04 Berlin n. V. 0:0 und n. V. 1:1, Elfmeterschießen 4:5; Tura Harksheide – SV Ottweiler n. V. 1:1 und 1:2; Horner TV – Alemannia Eggenstein 2:1 (nach Protest vom DFB-Bundesgericht annulliert), 0:8; 1. FSV Mainz 05 – Hertha Zehlendorf 7:1; Viktoria Köln – Eintracht Bad Kreuznach 0:2; SC Gladenbach – SuS Elpe 2:1; Eintracht Glas/Chemie Wirges – DSC Wanne-Eickel 2:3; Viktoria 89 Berlin – BSV Schwenningen n. V. 2:3; FC Tailfingen – SpVgg Neckargemünd 3:2; Bonner SC – Spfr. Eisbachtal 5:1; SV Sandhausen – Traber FC Berlin 3:1; FC Rastatt – TuS Struck 2:1; Lichterfelder SU – Alemannia Plaidt n. V. 2:2 und 1:3; Warendorfer SU – FSV Hemmersdorf 3:1; TuS Langerwehe – VfB Coburg 3:0, FC Augsburg – SpVgg Fürth 1:0, Hannover 96 – Tennis Borussia Berlin 0:2.

2. Runde: Fortuna Düsseldorf – Borussia Dortmund 3:1; MSV Duisburg – VfB Stuttgart 3:0; FC St. Pauli – VfL Bochum 0:3; Waldhof Mannheim – Hertha BSC Berlin 1:3; Eintracht Braunschweig – Stuttgarter Kickers 3:1; Bayern München – Eintracht Trier 3:1; 1. FC Kaiserslautern – Wacker 04 Berlin 4:1; BV 04 Düsseldorf – Borussia Mönchengladbach 1:4; TuS Schloß Neuhaus – Eintracht Frankfurt n. V. 2:2 und 0:4; 1. FC Köln – Eintracht Bad Kreuznach 3:1; 1. FSV Mainz 05 – Hamburger SV 1:4; Röchling Völklingen – Werder Bremen 0:4; Karlsruher SC – FK Pirmasens n. V. 4:3; Bayer Uerdingen – FSV Frankfurt 0:3; Tennis Borussia Berlin – Westfalia Herne 1:3; VfL Osnabrück – SV Darmstadt 98 2:1; FC Homburg/Saar – SC Herford 3:0; OSC Bremerhaven – FC Augsburg 0:1; FC Tailfingen – Rot-Weiss Essen 1:2; Bayer Leverkusen – FC Rastatt 3:1; Schwarz-Weiß Essen – Concordia Hamburg 2:0; Warendorfer SU – Freiburger FC 1:4; TuS Langerwehe – FV Würzburg 04 n. V. 1:0; VfV Hildesheim – Alemannia Aachen 3:0; Itzehoer SV – SpVgg Bayreuth 1:6; Normannia Gmünd – FC Augsburg Am. 1:2; SC Gladenbach – SV Sandhausen 1:5; DSC Wanne-Eickel – VfL Wolfsburg 3:1; Alemannia Plaidt – Bonner SC 1:2; BSV Schwenningen – SV Ottweiler 4:0; FC Schalke 04 – TSV Bleidenstadt 8:1; TSV München 1860 – Horner TV 15:0 (nach Urteil des DFB-Bundesgerichts annulliert, neues Spiel gegen Alemannia Eggenstein 7:1).

3. Runde: MSV Duisburg – 1. FC Kaiserslautern 2:1; FC Schalke 04 – Eintracht Frankfurt 1:0; FC Homburg/Saar – Bayern München 3:1; TSV München 1860 – FC Augsburg 3:0; Fortuna Düsseldorf – Rot-Weiss Essen 4:1; Freiburger FC – VfL Bochum 2:6; FSV Frankfurt – 1. FC Köln 0:3; FC Augsburg Am. – Hertha BSC Berlin 0:4; SV Sandhausen – Eintracht Braunschweig 0:4; DSC Wanne-Eickel – Werder Bremen 0:2; Hamburger SV – VfV Hildesheim 6:0; Borussia Mönchengladbach – Bonner SC 3:0; Bayer Leverkusen – Westfalia Herne 1:5; Karlsruher SC – SpVgg Bayreuth 2:0; TuS Langerwehe – VfL Osnabrück 2:0; Schwarz-Weiß Essen – BSV Schwenningen n. V. 2:1.

Achtelfinale: FC Schalke 04 – Hamburger SV 4:2; Werder Bremen – TSV München 1860 2:1; 1. FC Köln – Karlsruher SC 4:0; TuS Langerwehe – MSV Duisburg 1:3; Borussia Mönchengladbach – VfL Bochum 3:0; Fortuna Düsseldorf – Eintracht Braunschweig 3:1; FC Homburg/Saar – Hertha BSC Berlin n. V. 1:1 und n. V. 1:4; Schwarz-Weiß Essen – Westfalia Herne n. V. 0:0 und 1:0.

Viertelfinale: 1. FC Köln – Schwarz-Weiß Essen 9:0; MSV Duisburg – Hertha BSC Berlin 1:0; Werder Bremen – Borussia Mönchengladbach 2:1; FC Schalke 04 – Fortuna Düsseldorf n. V. 1:1 und 0:1.

Halbfinale: 1. FC Köln – Werder Bremen 1:0; Fortuna Düsseldorf – MSV Duisburg 4:1.

Endspiel: 1. FC Köln – Fortuna Düsseldorf 2:0.

1979

1. Runde: Arminia Bielefeld – Hamburger SV n. V. 2:1; MSV Duisburg – SG Wattenscheid 09 4:3; Fortuna Düsseldorf – Stuttgarter Kickers 7:2; FV Würzburg 04 – Hertha BSC Berlin n. V. 0:2; Borussia Mönchengladbach – Wuppertaler SV 4:2; TSV München 1860 – FC Schalke 04 0:5; Rot-Weiß Lüdenscheid – 1. FC Köln 1:4; Bayern München – SSV Glött 5:0; Eintracht Braunschweig – Schwarz-Weiß Essen 2:0; VfB Stuttgart – Spandauer SV 12:0; SV Darmstadt 98 – DJK Abenberg 4:1; Werder Bremen – SV Holzwickede 5:0; 1. FC Kaiserslautern – BFC Preußen Berlin 7:0; VfL Bochum – Bünder SV 4:0; SpVgg Bad Pyrmont – Eintracht Frankfurt 1:2; Borussia Dortmund – BSV Schwenningen 14:1; 1. FC Nürnberg – ASV Neumarkt 4:0; 1. FC Saarbrücken – SpVgg Fürth n. V. 1:0; Tennis Borussia Berlin – Union Solingen n. V. 2:0; Fortuna Köln – FC Hanau 93 2:0; SC Freiburg – Rot-Weiss Essen 3:1; Freiburger FC – SpVgg Neckarelz 6:1; Eintracht Trier – SG Fuchsmühl 3:1; DSC Wanne-Eickel – VfR Mannheim 2:1; SC Pfullendorf – FC Homburg/Saar 0:3; Preußen Münster – SV Leiwen 6:0; SSV Dillenburg – FSV Frankfurt 2:4; Waldhof Mannheim – SV Börnsen 5:0; SC Jülich 1910 – Kickers Offenbach 1:10; VfB Schrecksbach – Arminia Hannover 3:5; Karlsruher SC – Eintracht Bad Kreuznach 3:1; FC Augsburg – Offenburger FV 4:2; TSV Nord-Harrislee – Borussia Neunkirchen 0:6; Holstein Kiel – Saar 05 Saarbrücken 5:0; Viktoria Sindlingen – Bayer Leverkusen 0:3; Wormatia Worms – VfB Remscheid 4:2; Union Böckingen – Bayer Uerdingen 2:8; Alemannia Aachen – FC Eislingen 4:1; FC St. Pauli – Bayern Hof n. V. 3:0; KSV Baunatal – Union Essen-Frintrop 5:0; SV Haidlfing – SpVgg Bayreuth 0:5; TuS Hess.-Oldendorf – Westfalia Herne 0:4; TuS Iserlohn – VfL Osnabrück 0:2; OSC Bremerhaven – Hannover 96 0:3; ASV Burglengenfeld – Viktoria Köln 1:4; ESV Ingolstadt – Viktoria Klein-Gladbach 4:0; FC Tailfingen – SV Sandhausen 4:3; Südwest Ludwigshafen – Concordia Hamburg 2:0; SV Memmelsdorf – 1. FC Bocholt 1:8; SVO Germaringen – VfR Bürstadt 1:7; Rot-Weiß Oberhausen – ETSV Landshut n. V. 5:1; SG Bad Soden-Salmünster – VfL Neustadt/W. 1:3;

SG Ellingen-Bonefeld – VfB Lübeck 3:1; SC Göttingen 05 – FC Epe 2:0; SC Herford – Kickers Würzburg 2:1; OSV Hannover – TSV Helmstedt 5:1; FC Gütersloh – Eintracht Nordhorn 4:1; 1. FC Kirchheim – Eintracht Glas/Chemie Wirges 1:2; SV Bliesen – FV Melsungen 2:3; Werder Bremen Am. – TuS Neuendorf n. V. 1:1 und 2:5; MTV Gifhorn – FK Pirmasens 0:3; Victoria Hamburg – SSV Ulm 1846 0:6; VfR Heilbronn – TuS Langerwehe 1:0; Blumenthaler SV – Fortuna Düsseldorf Am. n. V. 1:2.

2. Runde: MSV Duisburg – Arminia Bielefeld 3:1; FC Schalke 04 – VfB Stuttgart 3:2; Werder Bremen – Eintracht Frankfurt 2:3; VfL Bochum – DSC Wanne-Eickel n. V. 4:2; Bayern München – VfL Osnabrück 4:5; Borussia Mönchengladbach – Arminia Hannover 6:1; Eintracht Trier – 1. FC Kaiserslautern 0:1; SV Darmstadt 98 – Preußen Münster 2:1; FC Augsburg – 1. FC Nürnberg 1:3; Borussia Neunkirchen – Borussia Dortmund n. V. 0:0 und 0:2; Wormatia Worms – Hertha BSC Berlin n. V. 1:1 und 0:2; Westfalia Herne – 1. FC Köln 2:3; Eintracht Braunschweig – SG Ellingen-Bonefeld 1:0; Fortuna Düsseldorf – VfR Heilbronn 3:0; 1. FC Saarbrücken – Bayer Uerdingen 2:3; Hannover 96 – Alemannia Aachen 1:3; Tennis Borussia Berlin – VfR Bürstadt n. V. 3:3 und n. V. 0:0, Elfmeterschießen 4:3; Südwest Ludwigshafen – Viktoria Köln 4:2; SSV Ulm 1846 – FSV Frankfurt 4:2; Kickers Offenbach – ESV Ingolstadt 3:0; SC Herford – Holstein Kiel 0:3; Waldhof Mannheim – VfL Neustadt/W. 7:0; KSV Baunatal – SC Göttingen 05 3:0; FC Homburg/Saar – FK Pirmasens 4:2; SC Freiburg – FC Tailfingen 2:0; OSV Hannover – Bayer Leverkusen 0:3; SpVgg Bayreuth – FV Melsungen 6:0; Eintracht Glas/Chemie Wirges – Fortuna Köln 1:7; FC Gütersloh – Karlsruher SC n. V. 1:1 und 0:3; Rot-Weiß Oberhausen – Fortuna Düsseldorf Am. 3:2, FC St. Pauli – TuS Neuendorf 1:2, Freiburger FC – 1. FC Bocholt n. V. 2:2 und n. V. 2:3.

3. Runde: 1. FC Köln – Eintracht Braunschweig n. V. 3:2; Hertha BSC Berlin – Borussia Mönchengladbach 2:0; Tennis Borussia Berlin – 1. FC Nürnberg 0:2; Fortuna Düsseldorf – Alemannia Aachen 2:1; FC Homburg/Saar – VfL Bochum n. V. 0:0 und 0:1; MSV Duisburg – Waldhof Mannheim 2:1; Borussia Dortmund – Kickers Offenbach 6:1; Eintracht Frankfurt – KSV Baunatal 4:1; Bayer Uerdingen – FC Schalke 04 2:1; SV Darmstadt 98 – SSV Ulm 1846 1:5; Südwest Ludwigshafen – 1. FC Kaiserslautern 2:1; Holstein Kiel – Karlsruher SC 5:2; VfL Osnabrück – Fortuna Köln 2:1; Bayer Leverkusen – SpVgg Bayreuth 1:0; Rot-Weiß Oberhausen – SC Freiburg n. V. 1:1 und n. V. 0:0, Elfmeterschießen 3:2; TuS Neuendorf – 1. FC Bocholt n. V. 3:1.

Achtelfinale: MSV Duisburg – Fortuna Düsseldorf 0:1; Hertha BSC Berlin – 1. FC Köln n. V. 2:0; Borussia Dortmund – Eintracht Frankfurt 1:3; Südwest Ludwigshafen – SSV Ulm 46 n. V. 1:1 und 1:0; 1. FC Nürnberg – Holstein Kiel 7:1; Bayer Uerdingen – VfL Bochum 4:2; Rot-Weiß Oberhausen – VfL Osnabrück 1:0; TuS Neuendorf – Bayer Leverkusen 1:4.

Viertelfinale: 1. FC Nürnberg – Südwest Ludwigshafen 2:0; Hertha BSC Berlin – Bayer Uerdingen 6:1; Fortuna Düsseldorf – Bayer Leverkusen 2:1; Eintracht Frankfurt – Rot-Weiß Oberhausen 2:1.

Halbfinale: Fortuna Düsseldorf – 1. FC Nürnberg n. V. 4:1; Hertha BSC Berlin – Eintracht Frankfurt 2:1.

Endspiel: Fortuna Düsseldorf – Hertha BSC Berlin n. V. 1:0.

1980

1. Runde: 1. FC Kaiserslautern – MSV Duisburg 2:0; Alemannia Aachen – Werder Bremen 0:1; Eintracht Braunschweig – Preußen Münster 1:0; SB Heidenheim – Hertha BSC Berlin 0:4; Hamburger SV – FC Villingen 08 6:0; Eintracht Frankfurt – BSK Neugablonz 6:1; Borussia Mönchengladbach – FV Biberach 2:1; Borussia Dortmund – Bremer SV 7:0; 1. FC Köln – 1. FSV Mainz 05 5:1; Borussia Neunkirchen – Fortuna Düsseldorf 0:4; TSV München 1860 – FC St. Pauli 5:0; TSV Buxtehude – Bayer Uerdingen 0:6; FV Weingarten – VfL Bochum 2:7; MTV Gifhorn – Bayer Leverkusen 1:4; VfL Wolfsburg – VfB Stuttgart 0:3; Spfr. Eisbachtal – FC Schalke 04 0:1; FC Östringen – Bayern München 1:10; Karlsruher SC – SC Freiburg 5:1; Freiburger FC – 1. FC Saarbrücken 2:1; Kickers Offenbach – Hannover 96 3:1; Wuppertaler SV – Wormatia Worms 1:4; Holstein Kiel – OSV Hannover 3:2; Viktoria Köln – Tennis Borussia Berlin 1:0; SG Wattenscheid 09 – MTV Ingolstadt 2:1; VfL Osnabrück – Rot-Weiß Lüdenscheid n. V. 3:2; SpVgg Fürth – BSV Weißenthurm 3:1; Eintracht Trier – Wuppertaler SV Am. 4:2; SpVgg Bayreuth – Preußen Hameln 5:0; Arminia Bielefeld – BFC Preußen Berlin 1:0; Rot-Weiss Essen – 1. FC Köln Am. 2:1; 1. FC Nürnberg – Eintacht. Braunschweig Am. 3:0; FC Vilshofen – FV Würzburg 04 n. V. 2:3, VfB Gießen – FC Homburg/Saar 2:4; Stuttgarter Kickers – TSV Ofterdingen 3:0; SV Geinsheim – DSC Wanne-Eickel 2:4; Union Solingen – VfR Aalen 3:1; SV Heng – Fortuna Köln 0:4; Westfalia Weitmar – SV Darmstadt 98 1:2; TuS Chlodwig Zülpich – ESV Ingolstadt 2:6; FSV Frankfurt – Viktoria Aschaffenburg 2:0; TuS Xanten – Arminia Hannover 2:1; Waldhof Mannheim – TBV Lemgo 5:1; FC Hanau 93 – Wacker 04 Berlin n. V. 2:2 und 1:4; FC Augsburg – FC Wipfeld 7:0; TSV Ampfing – Bramfelder SV n. V. 1:2; FT Geestemünde – SV Zeitlarn 4:1; TSV Battenberg – SV Auersmacher 5:4 n. V.; TuS Schloß Neuhaus – 1. FC Nürnberg Am. 3:2; BV 08 Lüttringhausen – SpVgg Erkenschwick 3:2; VfB Gaggenau – SpVgg Au n. V. 2:2 und 0:5; SV Göppingen – TuS Neuendorf 3:1; SG Ohetal – KSV Baunatal 0:2; Reinickendorfer Füchse – VfB Lübeck 4:2; SV 07 Elversberg – Heider SV 5:2 n. V.; TuS Langerwehe – SV Hasborn 4:2; 1. FC Kaiserslautern Am. – SV Meppen 3:1; Altona 93 – Viktoria Sindlingen 1:0; Westfalia Herne – SG Hagen-Vorhalle 4:0; Union Neumünster – Spfr./DJK Freiburg

0:2; Bonner SC – Salamander Türkheim 4:0; VfB Oldenburg – SC Verl 1:2; 1. FC Bocholt – SV Speicher 8:0; VfL Frohnlach – Alemannia Haibach n. V. 8:4; 1. FC Pforzheim – Phönix Düdelsheim 10:2.

2. Runde: Werder Bremen – Hertha BSC Berlin 0:2; Borussia Mönchengladbach – Rot-Weiss Essen 4:0; 1. FC Nürnberg – Bayer Leverkusen 5:2; VfB Stuttgart – SG Wattenscheid 09 10:2; FSV Frankfurt – Bor.ussia Dortmund n. V. 1:3; Eintracht Braunschweig –Holstein Kiel 3:1; Viktoria Köln – Bayern München 1:3; SV Darmstadt 98 – 1. FC Kaiserslautern 4:0; Freiburger FC – Eintracht Frankfurt 1:4; Wormatia Worms – Hamburger SV 0:3; VfL Bochum – SpVgg Fürth 2:1; TSV München 1860 – 1. FC Pforzheim 6:1; Bayer Uerdingen – Reinickendorfer Füchse 5:0; FC Schalke 04 – KSV Baunatal 3:0; Fortuna Düsseldorf – Wacker 04 Berlin 2:0; 1. FC Köln – Altona 93 10:0; DSC Wanne-Eickel – Kickers Offenbach 3:5; FC Homburg/Saar – FV Würzburg 04 5:0; Union Solingen – ESV Ingolstadt 3:0; FC Augsburg – Karlsruher SC n. V. 1:1 und 0:3; SpVgg Bayreuth – SpVgg Au 6:0; Waldhof Mannheim – Spfr./DJK Freiburg 7:2; TuS Xanten – Arminia Bielefeld 1:8; 1. FC Bocholt – VfL Osnabrück n. V. 1:1 und 2:3; Stuttgarter Kickers – VfL Frohnlach 9:0; Eintracht Trier – TuS Langerwehe 0:2; TuS Schloß Neuhaus – Fortuna Köln n. V. 1:2; TSV Battenberg – Bramfelder SV n. V. 2:0; SC Verl – SV 07 Elversberg 3:1; SV Göppingen – FT Geestemünde 3:1; 1. FC Kaiserslautern Am. – Bonner SC n. V. 2:3; Westfalia Herne – BV Lüttringhausen 1:4.

3. Runde: Eintracht Braunschweig – VfB Stuttgart n. V. 2:3; VfL Bochum – 1. FC Köln n. V. 3:3 und 1:2; Eintracht Frankfurt – Waldhof Mannheim 2:0; Borussia Dortmund – Arminia Bielefeld n. V. 3:1; SpVgg Bayreuth – Bayern München 1:0; Karlsruher SC – Borussia Mönchengladbach 1:0 n. V.; Bayer Uerdingen – Union Solingen 2:0; Kickers Offenbach – Hamburger SV 2:0; SV Göppingen – Fortuna Düsseldorf 1:4; Hertha BSC – TuS Langerwehe n. V. 0:0 und 1:2; TSV München 1860 – BV 08 Lüttringhausen 3:0; FC Schalke 04 – Bonner SC 3:1; 1. FC Nürnberg – FC Homburg/Saar 1:2; Darmstadt 98 – Fortuna Köln 7:2; SC Verl – Stuttgarter Kickers 1:7; VfL Osnabrück – TSV Battenberg 4:0.

Achtelfinale: Karlsruher SC – Fortuna Düsseldorf 3:5; VfB Stuttgart – Eintracht Frankfurt 3:2; Borussia Dortmund – Bayer Uerdingen 2:1; FC Homburg/Saar – TSV München 1860 1:0; Stuttgarter Kickers – Kickers Offenbach 2:5; SpVgg Bayreuth – TuS Langerwehe n. V. 5:2; FC Schalke 04 – VfL Osnabrück 2:0; 1. FC Köln – SV Darmstadt 98 3:1.

Viertelfinale: Borussia Dortmund – VfB Stuttgart 3:1; FC Homburg/Saar – 1. FC Köln 1:4; FC Schalke 04 – SpVgg Bayreuth 3:1; Kickers Offenbach – Fortuna Düsseldorf n. V. 2:5.

Halbfinale: FC Schalke 04 – 1. FC Köln 0:2; Fortuna Düsseldorf – Borussia Dortmund 3:1.

Endspiel: Fortuna Düsseldorf – 1. FC Köln 2:1.

1981

1. Runde: Bayern München – Arminia Bielefeld 2:0; VfB Stuttgart Am. – Borussia Dortmund n. V. 2:5; Hannover 96 – Borussia Hannover 8:1; MSV Duisburg – Wacker 04 Berlin 9:0; Concordia Hamburg – Hammer SpVgg n. V. 2:2. und 2:3; SV Darmstadt 98 – FSV Hemmersdorf 10:0; FV Lauda – VfB Oldenburg n. V. 1:2; RSV Würges – FC Ottering 2:0; FC Schalke 04 – Bayer Uerdingen 2:5; Hamburger SV – Wormatia Worms 11:1; VfB Stuttgart – Fortuna Köln 4:0; Borussia Mönchengladbach – OSV Hannover 7:3; VfB Gaggenau – Eintracht Frankfurt 0:3; SpVgg Emsdetten – 1. FC Köln 0:6; Bramfelder SV – Bayer Leverkusen 2:8; VfL Bochum – SV Wilhelmshaven 4:1; Eintracht Trier – Fortuna Düsseldorf 0:1; Hertha BSC Berlin – Holstein Kiel 3:1; Werder Bremen – Viktoria Köln n. V. 6:3; Alemannia Aachen – VfB Eppingen 3:0; Rot-Weiss Essen – VfR Neuß 7:2; Blau-Weiß Niederembt – Preußen Münster n. V. 1:4; FSV Frankfurt – Röchling Völklingen 3:1; SC Herford – Eintracht Nordhorn 3:0; Eintracht Braunschweig – SC Fürstenfeldbruck 4:1; SC Freiburg – Bremer SV 4:2; FC Homburg/Saar – SG Limburgerhof 3:0; TuS Neuendorf – SG Egelsbach n. V. 3:4; VfL Klafeld-Geisweid – Rot-Weiß Frankfurt 1:2; Rot-Weiß Niebüll – Eintracht Braunschweig Am. 3:2; Bünder SV – Südwest Ludwigshafen 2:0; TuS Langerwehe – SV Stuttgart-Rot 5:0; SpVgg Ansbach – FSV Pfaffenhofen 1:0; TSV Gersthofen – OSC Bremerhaven 0:1; SG Pirmasens – TSV München 1860 0:8; Borussia Neunkirchen – SpVgg Bayreuth n. V. 1:1 und 1:2; TSV Plön – 1. FC Saarbrücken 0:3; Arminia Hannover – SpVgg Erkenschwick 2:1; Moselfeuer Lehmen – Kickers Offenbach 1:15; Spfr. Eisbachtal – SG Wattenscheid 09 1:3; Buchonia Flieden – ESV Ingolstadt 1:4; VfB Bielefeld – VfB Friedrichshafen 1:3; VfR Heilbronn – 1. FC Kaiserslautern 0:3; TSV Pliezhausen – SSV Ulm 46 0:3; DSC Wanne-Eickel – SpVgg Frechen 1:3; Kickers Würzburg – TSV Hirschaid n. V. 2:1; Waldhof Mannheim – FSV Harburg 8:0; FC Augsburg – Wuppertaler SV 2:0; 1. FC Viersen – Karlsruher SC n. V. 2:2 und 1:2; SpVgg Fürth – 1. FC Nürnberg n. V. 1:1 und 0:3; Schwarz-Weiß Essen – FC Neureut 6:0; ASV Burglengenfeld – VfB Wissen 2:3; Rot-Weiß Oberhausen – Offenburger FV 1:0; TSV Röttenbach – Hessen Kassel 2:4; Freiburger FC – VfB Bottrop 3:1; ASC Dudweiler – FV Würzburg 04 0:1; Blumenthaler SV – SC Pfullendorf 0:2; Atlas Delmenhorst – Blau-Weiß Wesselburen 6:2; SV Siegburg 04 – BFC Preußen Berlin 2:1; VfL Osnabrück – Tennis Borussia Berlin n. V. 2:0; Stuttgarter Kickers – Rot-Weiß Lüdenscheid 2:0; 1. FSV Mainz 05 – MTV Ingolstadt 3:2; VfR Bürstadt – SSV Dillenburg n. V. 4:1; TuS Celle – Union Solingen n. V. 0:0 und 0:5.

2. Runde: Bayer Uerdingen – SG Wattenscheid 09 4:1; Hannover 96 – Werder Bremen n. V. 5:5 und 0:1; Eintracht Braunschweig – Preußen Münster 3:1; Hertha BSC Berlin – FV Würzburg 04 4:1; VfL Bochum – Rot-Weiss Essen 5:1; Kickers Offenbach – Bayer Leverkusen 5:2; Rot-Weiß Niebüll – Schwarz-Weiß Essen 0:4; SpVgg Bayreuth – VfB Stuttgart 1:3; Kickers Würzburg – Fortuna Düsseldorf 0:2; TuS Langerwehe – Borussia Mönchengladbach 1:7; FC Homburg/Saar – VfB Oldenburg 0:1; SV Darmstadt 98 – VfR Bürstadt n. V. 4:1; SSV Ulm 46 – SC Herford 1:0; OSC Bremerhaven – RSV Würges 0:2; Bünder SV – SpVgg Frechen 3:1; Borussia Dortmund – TSV München 1860 3:1; 1. FC Köln –SC Freiburg n. V. 1:1 und 1:3; Bayern München – Waldhof Mannheim 4:2; Karlsruher SC – Alemannia Aachen n. V. 1:1 und 0:1; Eintracht Frankfurt – VfB Friedrichshafen 6:0; Stuttgarter Kickers – SpVgg Ansbach 13:0; Union Solingen – Rot-Weiß Frankfurt 1:2; FC Augsburg – 1. FSV Mainz 05 2:0; VfB Wissen – VfL Osnabrück 1:7; SC Pfullendorf – SV Siegburg 04 0:1; Hessen Kassel – Hammer SpVgg 4:0; ESV Ingolstadt – 1. FC Nürnberg 1:3; 1. FC Saarbrücken – Freiburger FC n. V. 2:2 und 1:3; FSV Frankfurt –MSV Duisburg 2:0; Arminia Hannover –Hamburger SV 3:7; SG Egelsbach – 1. FC Kaiserslautern 1:3; Atlas Delmenhorst – Rot-Weiß Oberhausen 1:0.
3. Runde: 1. FC Kaiserslautern – Bayern München 2:1; VfB Stuttgart – 1. FC Nürnberg 2:0; Fortuna Düsseldorf – Borussia Dortmund 3:0; Eintracht Frankfurt – SSV Ulm 46 3:0; Schwarz-Weiß Essen – Bayer Uerdingen 1:2; Bünder SV – Borussia Mönchengladbach 1:7; Hamburger SV – Rot-Weiß Frankfurt 11:0; SC Freiburg – Hessen Kassel n. V. 2:1; Eintracht Braunschweig – Stuttgarter Kickers 3:2; Hertha BSC Berlin – SV Darmstadt 98 4:1; Alemannia Aachen – Freiburger FC 5:2; FC Augsburg – Werder Bremen 1:3; SV Siegburg 04 – VfB Oldenburg n. V. 1:2; RSV Würges – VfL Osnabrück 0:1; Kickers Offenbach – Atlas Delmenhorst n. V. 1:1 und 1:2; FSV Frankfurt – VfL Bochum 1:2.
Achtelfinale: Hamburger SV – VfL Bochum 4:1; Fortuna Düsseldorf – Werder Bremen 2:0; VfL Osnabrück – VfB Stuttgart 1:3; VfB Oldenburg – Eintracht Frankfurt 4:5; Borussia Mönchengladbach – Atlas Delmenhorst 6:1; 1. FC Kaiserslautern – Alemannia Aachen 3:0; Hertha BSC Berlin – Bayer Uerdingen 5:1; Eintracht Braunschweig – SC Freiburg 1:0.
Viertelfinale: Eintracht Braunschweig – Hamburger SV n. V. 4:3; Hertha BSC Berlin – Fortuna Düsseldorf 2:1; 1. FC Kaiserslautern – Borussia Mönchengladbach 3:1; Eintracht Frankfurt – VfB Stuttgart 2:1.
Halbfinale: Eintracht Frankfurt – Hertha BSC Berlin 1:0; 1. FC Kaiserslautern – Eintr. Braunschweig 3:2.
Endspiel: Eintracht Frankfurt – 1. FC Kaiserslautern 3:1.

1982

1. Runde: Hertha BSC Berlin – Bayer Leverkusen Am. 5:1; VfB Stuttgart – FC Rastatt 5:0; VfL Osnabrück – VfB Bottrop 5:0; Bayern München – SC Jülich 1910 8:0; SV Sandhausen – Arminia Bielefeld 3:6; SpVgg Landshut – Hassia Bingen 2:3; TSV Nördlingen – VfB Oldenburg 0:3; SV Leiwen – SC Herford n. V. 3:2; BFC Preußen Berlin – Schwarz-Weiß Essen 2:0; MSV Duisburg – 1. FC Köln 2:1; Werder Bremen – 1. FC Kaiserslautern 1:0; Stuttgarter Kickers – Hamburger SV 1:5; Karlsruher SC – Union Solingen 3:0; FC Grone 1910 – Borussia Dortmund 0:4; VfL Bochum – 1. FC Paderborn 3:2; Eintracht Frankfurt – BSC Brunsbüttel 6:1; SSV Dillenburg – Borussia Mönchengladbach 2:7; Fortuna Düsseldorf – SSV Überherrn 10:1; FC Eislingen – SV Darmstadt 98 0:3; 1. FC Haßfurt – 1. FC Nürnberg 0:2; Wuppertaler SV – Eintracht Braunschweig 1:0; Hannover 96 – Kickers Offenbach 5:1; SpVgg Bayreuth – Bayer Uerdingen 3:1; Bayern Hof – Waldhof Mannheim 0:2; TuS Lörrach-Stetten – Wormatia Worms 1:2; Freiburger FC – TS Woltmershausen 4:0; Rot-Weiss Essen – OSV Hannover 2:0; 1. FC Saarbrücken – Alemannia Aachen n. V. 0:0 und 1:2; Rasensport Osnabrück – Fortuna Köln 1:2; FC Tailfingen – SV Ruchheim 3:1; ASC Dudweiler – FSV Salmrohr n. V. 0:0 und 1:3; SV Neckargerach – Kickers Würzburg 4:2; FV 09 Weinheim – SpVgg Ludwigsburg n. V. 2:1; Urania Hamburg – VfL Hamm n. V. 6:4; FC Homburg/Saar – 1. FC Kaiserslautern Am. 1:4; Eintracht Trier – FSV Frankfurt II 2:1; FC St. Pauli – 1. FC Bocholt n. V. 1:2; Rendsburger TSV – Viktoria Köln n. V. 1:1 und 0:3; SSV Ulm 46 – 1. FC Nürnberg Am. n. V. 1:1 und 3:1; Union Salzgitter – FC Augsburg 2:0; Borussia Neunkirchen – Preußen Münster 1:0; TuS Oberwinter – FC Rhade 2:0; Holstein Kiel – Hermannia Kassel n. V. 3:2; Offenburger FV – Reinickendorfer Füchse 3:0; TSV Röttenbach – SV 07 Elversberg 1:3; SV Siegburg 04 – FK Pirmasens 0:1; TSV München 1860 – SpVgg Fürth 2:0; TSV Marktl – SC Freiburg 0:4; VfB Eppingen – Hannover 96 Am. 3:1; Tennis Borussia Berlin – Post SV Regensburg 4:3; SpVgg Erkenschwick – Bayer Leverkusen 0:3; SG Wattenscheid 09 – TuS Iserlohn n. V. 2:0; TuS Xanten – 1. SC Göttingen 05 0:1; Viktoria Griesheim – Hamburger SV Am. 8:2; FC Gohfeld – FVgg. Kastel 2:1; Rot-Weiß Oberhausen – Tuspo Ziegenhain 5:3; FSV Frankfurt – VfL Witten 07 2:0; TuS Celle – ESV Ingolstadt 4:2; Rot-Weiß Lüdenscheid – VfL Wolfsburg 1:2; 1. FC Köln Am. – OSC Bremerhaven n. V. 3:2; VfB Stuttgart Am. – VfL Klafeld-Geisweid 4:0; Hessen Kassel – FC Schalke 04 4:1; SC Geislingen – VfR Bürstadt n. V. 1:1 und 0:4; Arminia Hannover – TSV Kappeln 6:1.
2. Runde: Bayern München – SV Neckargerach 5:1; MSV Duisburg – FK Pirmasens 3:0; Alemannia Aachen – SC Freiburg 2:1; Rot-Weiss Essen – SV Leiwen 4:1; Fortuna Düsseldorf – Eintracht Frankfurt 3:1; Arminia Bielefeld – 1. FC Nürnberg 0:1; SV Darmstadt 98 – Hassia Bingen 4:1; FSV Salmrohr – Werder Bremen 0:3; Hamburger SV – Eintracht Trier 2:1; Borussia Mönchengladbach – Arminia

Hannover 3:1; Karlsruher SC – Wuppertaler SV 3:0; VfB Stuttgart – TuS Oberwinter 10:1; VfL Bochum – FC Tailfingen 3:1; SV 07 Elversberg – Borussia Dortmund 1:4; SG Wattenscheid 09 – Hannover 96 n. V. 2:2 und 0:6; Hessen Kassel – Fortuna Köln n. V. 1:0; TSV München 1860 – Waldhof Mannheim n. V. 0:1; Freiburger FC – TuS Celle 5:1; FV 09 Weinheim – VfL Osnabrück 1:3; Hertha BSC Berlin – Viktoria Griesheim 6:2; Borussia Neunkirchen – Wormatia Worms 1:2; SC Göttingen 05 – Rot-Weiß Oberhausen n. V. 1:0; VfB Eppingen – BFC Preußen Berlin 2:0; FSV Frankfurt – FC Gohfeld 2:0; SSV Ulm 1846 – VfL Wolfsburg 2:1; 1. FC Kaiserslautern Am. – Urania Hamburg 1:3; Viktoria Köln – VfR Bürstadt n. V. 1:1 und n. V. 0:1; VfB Stuttgart Am. – SpVgg Bayreuth 1:2; Tennis Borussia Berlin – VfB Oldenburg 1:2; 1. FC Bocholt – Offenburger FV 2:1; Holstein Kiel – Union Salzgitter 3:2; 1. FC Köln Am. – Bayer Leverkusen n. V. 3:3 und 0:5.

3. Runde: Alemannia Aachen – Hamburger SV 0:3; Hannover 96 – VfL Osnabrück 2:0; Hertha BSC Berlin – SSV Ulm 1846 1:2; MSV Duisburg – Karlsruher SC n. V. 1:2; VfB Stuttgart – Borussia Mönchengladbach 0:2; Bayern München – Borussia Dortmund 4:0; SV Darmstadt 98 – Werder Bremen 1:3; Hessen Kassel – VfL Bochum 1:2; Waldhof Mannheim – VfB Eppingen 3:1; Freiburger FC – Holstein Kiel 2:0; Urania Hamburg – SC Göttingen 05 1:3; 1. FC Bocholt – VfR Bürstadt 3:1; Rot-Weiss Essen – Bayer Leverkusen 4:1; 1. FC Nürnberg – Fortuna Düsseldorf 2:0; Wormatia Worms – FSV Frankfurt 0:2; SpVgg Bayreuth – VfB Oldenburg n. V. 2:0.

Achtelfinale: Hannover 96 – 1. FC Nürnberg 1:3; Rot-Weiss Essen – Borussia Mönchengladbach 0:4; Werder Bremen – SpVgg Bayreuth 2:0; Waldhof Mannheim – VfL Bochum n. V. 1:1 und 1:3; 1. FC Bocholt – 1. SC Göttingen 05 n. V. 3:3 und 2:3; SSV Ulm 1846 – FSV Frankfurt 1:0; Freiburger FC – Bayern München 0:3; Hamburger SV – Karlsruher SC 6:1.

Viertelfinale: 1. SC Göttingen 05 – Hamburger SV 2:4; 1. FC Nürnberg – Borussia Mönchengladbach 3:1; Werder Bremen – Bayern München n. V. 1:2; VfL Bochum – SSV Ulm 1846 n. V. 3:1.

Halbfinale: 1. FC Nürnberg – Hamburger SV 2:0; VfL Bochum – Bayern München 1:2.

Endspiel: Bayern München – 1. FC Nürnberg 4:2.

1983

1. Runde: Kickers Offenbach – Fortuna Düsseldorf n. V. 1:3; SG Wattenscheid 09 – Eintracht Braunschweig 0:3; Hannover 96 Am. – Bayer Leverkusen n. V. 2:3; Fortuna Köln – SC Freiburg 2:0; VfL Bochum – Karlsruher SC 3:1; FSV Frankfurt – 1. FC Kaiserslautern 3:2; Waldhof Mannheim – Eintracht Frankfurt 2:0; 1. FC Köln – Bayer Uerdingen 3:1; FC Schalke 04 – Hessen Kassel 1:0; Rot-Weiss Essen – Borussia Dortmund 1:3; VfL Osnabrück – VfB Stuttgart 0:2; VfB Wissen – Borussia Mönchengladbach 0:4; Germania Walsrode – 1. FC Nürnberg 0:3; Hertha Zehlendorf – Hertha BSC Berlin n. V. 2:4; Offenburger FV – Werder Bremen 1:4; ASV Bergedorf 85 – Bayern München n. V. 1:5; Bayern Hof – Arminia Bielefeld 0:5; SpVgg Bayreuth – SpVgg Fürth 3:1; FC Ensdorf – Union Solingen 1:3; SSV Ulm 1846 – TuS Schloß Neuhaus 3:1; Wormatia Worms – Alemannia Aachen n. V. 3:1; VfB Stuttgart Am. – Stuttgarter Kickers 1:5; Arminia Hannover – Eintracht Trier n. V. 0:2; Bayern München Am. – Werder Bremen Amat. n. V. 5:3; Freiburger FC – Rot-Weiß Lüdenscheid n. V. 1:1 und 1:2; MSV Duisburg – Hamburger SV n. V. 1:1 und 0:5; Hannover 96 – SV Darmstadt 98 0:4; Bayer Uerdingen Am. – KSV Baunatal 0:3; SVO Germaringen – Hammer SpVgg 1:2; 1. FC Köln Am. – 1. FSV Mainz 05 1:3; SV Sandhausen – Rot-Weiß Oberhausen 1:3; Heider SV – TSV München 1860 n. V. 1:1 und 1:2.

2. Runde: Rot-Weiß Lüdenscheid – SV Darmstadt 98 1:3; 1. FC Köln – Bayer Leverkusen 3:1; Fortuna Düsseldorf – VfB Stuttgart 0:2; Hamburger SV – Werder Bremen 3:2; Arminia Bielefeld – 1. FC Nürnberg 2:0; Eintracht Braunschweig – Bayern München 2:0; Union Solingen – Borussia Mönchengladbach 0:2; 1. FSV Mainz 05 – FC Schalke 04 n. V. 3:6; SpVgg Bayreuth – Hertha BSC Berlin 0:1; Rot-Weiß Oberhausen – Borussia Dortmund 0:1; Waldhof Mannheim – FSV Frankfurt 2:0; Eintracht Trier – Stuttgarter Kickers 1:2; Wormatia Worms – KSV Baunatal 2:0; TSV München 1860 – Bayern München Am. 1:0; Hammer SpVgg – VfL Bochum n. V. 1:1 und 1:6; SSV Ulm 1846 – Fortuna Köln n. V. 0:0 und 0:3.

Achtelfinale: Eintracht Braunschweig – Fortuna Köln 1:2; Borussia Dortmund – SV Darmstadt 98 4:2; Borussia Mönchengladbach – Waldhof Mannheim 1:0; Hertha BSC Berlin – Hamburger SV 2:1; Wormatia Worms – VfB Stuttgart 0:4; TSV München 1860 – VfL Bochum 1:3; 1. FC Köln – Stuttgarter Kickers 5:1; FC Schalke 04 – Arminia Bielefeld n. V. 2:2 und 1:0.

Viertelfinale: Borussia Mönchengladbach – Fortuna Köln n. V. 2:2 und 1:2; VfB Stuttgart – Hertha BSC Berlin 2:0; 1. FC Köln – FC Schalke 04 5:0; Borussia Dortmund – VfL Bochum n. V. 3:1.

Halbfinale: 1. FC Köln – VfB Stuttgart n. V. 3:2; Fortuna Köln – Borussia Dortmund 5:0.

Endspiel: 1. FC Köln – Fortuna Köln 1:0

1984

1. Runde: 1. FSV Mainz 05 – VfB Stuttgart 0:1; VfL Osnabrück – 1. FC Nürnberg 3:1; Alemannia Aachen – VfL Bochum 1:0; FC Schalke 04 – Fortuna Düsseldorf 3:0; SV Heidingsfeld – SV Göppingen 5:1; Hamburger SV – Borussia Dortmund 4:1; Waldhof Mannheim – Bayer Leverkusen 3:1; Hessen Kassel – Bayern München 0:3; Fortuna Köln – Borussia Mönchengladbach 2:3; MSV Duisburg – 1. FC Kaiserslautern n. V. 1:2; Werder Bremen – SV Darmstadt 98 5:0; SV Sandhausen – Bayer Uerdingen n. V. 0:0 und 0:2; VfR Forst – 1. FC Köln 1:6; SC Pfullendorf – Eintracht Braunschweig 0:7; Rot-Weiss Essen – Hannover 96 3:4; SC Charlottenburg – SG Wattenscheid 09 2:1; SC Freiburg – Union Solingen 3:2; Werder Bremen Am. – Stuttgarter Kickers 1:3; Rot-Weiß Lüdenscheid – SSV Ulm 1846 3:2; FC Homburg/Saar – Hertha BSC Berlin 0:6; SC Herford – Karlsruher SC 0:3; 1. FC Köln Am. – FC Gohfeld 2:1; SpVgg Fürth – TuS Lingen n. V. 2:1; ASV Burglengenfeld – KSV Baunatal n. V. 2:1; Arminia Hannover – SpVgg Neu-Isenburg 1:2; SG Ellingen-Bonefeld – Holstein Kiel 2:3; FC Augsburg – SpVgg Bayreuth n. V. 2:1; Hummelsbüttler SV – Kickers Offenbach 1:6; FSV Frankfurt – Arminia Bielefeld 1:3; 1. SC Göttingen 05 – Eintracht Frankfurt 4:2; TuS Schloß Neuhaus – BV 08 Lüttringhausen 2:0; Hassia Bingen – 1. FC Bocholt n. V. 4:4 und 2:3.

2. Runde: FC Augsburg – Bayern München 0:6; Eintracht Braunschweig – VfL Osnabrück 2:1; Alemannia Aachen – Waldhof Mannheim 1:0; SC Charlottenburg – FC Schalke 04 0:3; SV Heidingsfeld – Hannover 96 1:3; Borussia Mönchengladbach – Arminia Bielefeld 3:0; 1. FC Köln – Kickers Offenbach 6:2; SC Freiburg – Hamburger SV 1:4; Karlsruher SC – 1. FC Kaiserslautern n. V. 5:4; ASV Burglengenfeld – Werder Bremen 0:3; Holstein Kiel – Bayer Uerdingen 1:2; 1. FC Bocholt – Stuttgarter Kickers 3:1; TuS Schloß Neuhaus – Hertha BSC Berlin 0:2; SpVgg Fürth – Rot-Weiß Lüdenscheid 1:0; SpVgg Neu-Isenburg – SC Göttingen 05 0:1; 1. FC Köln Am. – VfB Stuttgart 1:8.

Achtelfinale: SpVgg Fürth – Borussia Mönchengladbach 0:6; Hannover 96 – 1. FC Köln 3:2; FC Schalke 04 – Karlsruher SC 2:1; SC Göttingen 05 – Hertha BSC Berlin 0:1; 1. FC Bocholt – Eintracht Braunschweig n. V. 3:1; VfB Stuttgart – Hamburger SV n. V. 1:1 und n. V 4:3; Bayer Uerdingen – Bayern München n. V. 0:0 und 0:1; Alemannia Aachen – Werder Bremen n. V. 0:1.

Viertelfinale: Hannover 96 – Borussia Mönchengladbach 0:1; 1. FC Bocholt – Bayern München 1:2; Werder Bremen – VfB Stuttgart 1:0; Hertha BSC Berlin – FC Schalke 04 n. V. 3:3 und 0:2.

Halbfinale: Borussia Mönchengladbach – Werder Bremen n. V. 5:4; FC Schalke 04 – Bayern München n. V. 6:6 und 2:3.

Endspiel: Bayern München – Borussia Mönchengladbach n. V. 1:1; Bayern 7:6-Sieger im Elfmeterschießen.

1985

1. Runde: FV 08 Duisburg – Waldhof Mannheim 1:4; VfB Stuttgart – Rot-Weiß Oberhausen 5:4; VfL Osnabrück – Friesen Hänigsen n. V. 2:5; TSV Havelse – VfL Bochum n. V. 2:2 und 0:4; Altona 93 – Eintracht Trier 2:1; Bayer Leverkusen – 1. FC Kaiserslautern 5:0; 1. FC Paderborn – Hannover 96 1:4; 1. FC Köln – Stuttgarter Kickers 8:0; Borussia Mönchengladbach – Blau-Weiß 90 Berlin 4:1; TSV Ofterdingen – VfL Bochum Am. 0:1; Rot-Weiss Essen – 1. FC Saarbrücken 1:2; Olympia Bocholt – FC Schalke 04 1:3; Eintracht Braunschweig – Eintracht Frankfurt 1:3; SpVgg Bayreuth – SV Mettlach 7:0; 1. FC Nürnberg Am. – Südwest Ludwigshafen 1:0; Hertha BSC Berlin – Hessen Kassel 1:0; VfL Kellinghusen – Union Solingen 1:4; ASC Dudweiler – Borussia Dortmund 1:5; SV Darmstadt 98 – SC Freiburg 3:0; Arminia Bielefeld – 1. FC Nürnberg n. V. 1:3; SC Geislingen – Hamburger SV 2:0; SC Jülich 1910 – FC Rastatt 04 2:1; VfB Oldenburg – Bayer 05 Uerdingen 1:6; BV 08 Lüttringhausen – Bayern München 0:1; SC Herford – Kickers Offenbach 2:3; SV Schwetzingen – Alemannia Aachen 1:2; Fortuna Köln – MSV Duisburg n. V. 2:2 und n. V. 2:2, Elfmeterschießen 5:3; Eintracht Haiger – CSC 03 Kassel n. V. 2:1; SC Charlottenburg – Karlsruher SC n. V. 1:3; Bayern München Am. – SG Wattenscheid 09 3:5; OSC Bremerhaven – Werder Bremen 0:4; Fortuna Düsseldorf – SSV Ulm 46 2:0.

2. Runde: Borussia Dortmund – FC Schalke 04 n. V. 1:1 und 2:3; Bayer Uerdingen – Fortuna Düsseldorf 2:1; VfL Bochum Am. – VfB Stuttgart 1:2; SpVgg Bayreuth – Union Solingen 1:2; Friesen Hänigsen – Bayern München 0:8; 1. FC Nürnberg Am. – SC Jülich 1910 0:3; SC Geislingen – Kickers Offenbach 4:2; Altona 93 – Bayer Leverkusen 0:3; Eintracht Haiger – Karlsruher SC n. V. 1:0; Hertha BSC Berlin – Fortuna Köln n. V. 4:3; SG Wattenscheid 09 – Waldhof Mannheim 0:4; Werder Bremen – SV Darmstadt 98 5:0; 1. FC Saarbrücken – 1. FC Nürnberg 4:1; Borussia Mönchengladbach – Eintracht Frankfurt n. V. 4:2; Alemannia Aachen – VfL Bochum 3:0; Hannover 96 – 1. FC Köln 2:1.

Achtelfinale: Bayern München – Waldhof Mannheim 1:0; SC Jülich 1910 – Werder Bremen 2:4; SC Geislingen – Bayer Uerdingen 0:2; Eintracht Haiger – Union Solingen 0:8; Hannover 96 – FC Schalke 04 1:0; Alemannia Aachen – Borussia Mönchengladbach 0:2; VfB Stuttgart – 1. FC Saarbrücken n. V. 0:0 und n. V. 2:2, Elfmeterschießen 0:3; Hertha BSC Berlin – Bayer Leverkusen 0:4.

Viertelfinale: Union Solingen – Borussia Mönchengladbach 1:2; Bayer Leverkusen – Bayern München 1:3; Bayer Uerdingen – Werder Bremen 2:1; 1. FC Saarbrücken – Hannover 96 1:0.

Halbfinale: 1. FC Saarbrücken – Bayer Uerdingen 0:1; Bayern München – Borussia Mönchengladbach n. V. 1:0.
Endspiel: Bayer Uerdingen – Bayern München 2:1.

1986

1. Runde: 1. FC Kaiserslautern – Eintracht Frankfurt 3:1; VfL Bochum – Hamburger SV 3:2; VfB Stuttgart – Eintracht Braunschweig 6:3; Hannover 96 – SC Freiburg 3:1; Hertha BSC Berlin – Bayer Leverkusen 2:5; SG Wattenscheid 09 – Borussia Mönchengladbach 2:5; Kickers Offenbach – Bayern München 1:3; SV Weil – Werder Bremen 0:7; SpVgg Ansbach – Waldhof Mannheim 0:3; TSV München 1860 – 1. Köln 2:4; VfR Bürstadt – Bayer Uerdingen 1:3; Altona 93 – Fortuna Düsseldorf n. V. 2:3; Spfr. Eisbachtal – FC Schalke 04 1:2; SC Neukirchen – Borussia Dortmund 2:9; 1. SC Göttingen 05 – 1. FC Saarbrücken 1:6; FV Ebingen – 1. FC Nürnberg 2:7; Blau-Weiß 90 Berlin – Fortuna Köln 3:0; Alemannia Aachen – Tennis Borussia Berlin 1:0; Eintracht Trier – Karlsruher SC 3:0;1. FC Achterberg – VfL Osnabrück 0:2; Wuppertaler SV – Hessen Kassel 2:3; Borussia Neunkirchen – Rot-Weiß Oberhausen 3:2; Bremer SV – MSV Duisburg 1:3; SV Sandhausen – Union Solingen 1:0; FC Wangen – SV Darmstadt 98 2:1; FC St. Pauli – Arminia Bielefeld n. V. 2:0; SpVgg Plattling – Itzehoer SV 2:0; VfR Langelsheim – DSC Wanne-Eickel 2:5; TuS Paderborn-Neuhaus – 1. FC Köln Am. 5:3; VfL Erp – SSV Ulm 1846 1:2; FC Erbach – SC Birkenfeld 2:1; Stuttgarter Kickers – FC Homburg/Saar n. V. 3:3 und 1:4.
2. Runde: 1. FC Nürnberg – VfB Stuttgart 0:1; FC Schalke 04 – Borussia Mönchengladbach 3:1; 1. FC Kaiserslautern – 1. FC Köln n. V. 4:1; 1. FC Saarbrücken – Bayern München 1:3; Waldhof Mannheim – VfL Osnabrück 4:1; Hannover 96 – Hessen Kassel 2:1; SpVgg Plattling – Bayer Leverkusen 0:2; TuS Paderborn-Neuhaus – Borussia Dortmund 2:4; DSC Wanne-Eickel – Werder Bremen 0:4; Alemannia Aachen – MSV Duisburg n. V. 4:3; FC Erbach – Blau-Weiß 90 Berlin 0:1; Borussia Neunkirchen – FC Homburg/Saar 1:3; SSV Ulm 1846 – FC St. Pauli 5:2; SV Sandhausen – FC Wangen 4:1; Eintracht Trier – Bayer Uerdingen n. V. 0:0 und 3:0; Fortuna Düsseldorf –VfL Bochum n. V. 1:1 und n. V. 2:2, Elfmeterschießen 1:3.
Achtelfinale: Waldhof Mannheim – Hannover 96 5:1; VfB Stuttgart – Werder Bremen 2:0; VfL Bochum – Bayern München n. V. 1:1 und 0:2; FC Homburg – Borussia Dortmund n. V. 1:3; Alemannia Aachen – FC Schalke 04 n. V. 1:2; SSV Ulm 1846 – 1. FC Kaiserslautern n. V. 3:4; Eintracht Trier – Bayer Leverkusen n. V. 1:3; SV Sandhausen – Blau-Weiß 90 Berlin 3:2.
Viertelfinale: Bayer Leverkusen – Waldhof Mannheim 0:1; SV Sandhausen – Borussia Dortmund 1:3; VfB Stuttgart – FC Schalke 04 6:2; 1. FC Kaiserslautern – Bayern München 0:3.
Halbfinale: Waldhof Mannheim – Bayern München 0:2; VfB Stuttgart – Borussia Dortmund 4:1.
Endspiel: Bayern München – VfB Stuttgart 5:2.

1987

1. Runde: SC Charlottenburg – SV Darmstadt 98 0:3; TSG Giengen – Hannover 96 1:3; Werder Bremen – Alemannia Aachen n. V. 0:0 und n. V. 0:0., Elfmeterschießen 6:7; Eintracht Frankfurt – Eintracht Braunschweig 3:1; Hamburger SV – Union Solingen 3:0; Rot-Weiß Lüdenscheid – 1. FC Saarbrücken n. V. 2:4; Tennis Borussia Berlin – Stuttgarter Kickers 0:5; Blau-Weiß Friedrichstadt – Hassia Bingen 1:0; VfL Wolfsburg – Karlsruher SC n. V. 2:2 und 1:4; Hertha BSC Berlin – Bayern München 1:2; DSC Wanne-Eickel – Blau-Weiß 90 Berlin 2:4; SV Sandhausen – Fortuna Köln 0:1; Viktoria Köln – SC Freiburg 2:5; Viktoria Goch – FC Homburg/Saar 0:3; 1. FC Amberg – Borussia Mönchengladbach 0:7; VfR Aalen – Fortuna Düsseldorf 0:2; 1. FSV Mainz 05 – FC Schalke 04 1:0; TSV Stelingen – Arminia Bielefeld 1:5; Bayer Uerdingen – VfB Stuttgart n. V. 6:4; SKV Mörfelden – Borussia Neunkirchen 1:3; SV Meppen – MSV Duisburg 1:2; SpVgg Bayreuth – SG Wattenscheid 09 n. V. 0:3; Rot-Weiß Oberhausen – Borussia Dortmund 1:3; FC Emmendingen – 1. FC Köln 0:4; Bayer Leverkusen – VfL Osnabrück 6:0; VfL Hamm – FC Gütersloh n. V. 1:1 und n. V. 2:2, Elfmeterschießen 4:5; TSV München 1860 – FC Augsburg n. V. 1:5; Viktoria Aschaffenburg – Waldhof Mannheim 1:2; VfL Bochum – FC St. Pauli 1:2; Bremer SV – Hessen Kassel n. V. 2:2 und n. V. 1:1, Elfmeterschießen 5:4; BVL 08 Remscheid – 1. FC Kaiserslautern 3:0; FSV Frankfurt – 1. FC Nürnberg 2:8.
2. Runde: FC Augsburg – Hamburger SV 1:2; MSV Duisburg – SG Wattenscheid 09 n. V. 1:1 und 1:2; Fortuna Köln – SC Freiburg n. V. 1:1 und 2:1; Arminia Bielefeld – Karlsruher SC 0:2; Alemannia Aachen – 1. FC Saarbrücken 4:0; Bayer Uerdingen – 1. FC Nürnberg 3:2; FC Homburg/Saar – Bayern München 1:3; FC Gütersloh – Blau-Weiß 90 Berlin 0:5; Fortuna Düsseldorf – Bayer Leverkusen n. V. 2:1; 1. FC Köln – Waldhof Mannheim 3:1; Bremer SV – FC St. Pauli 0:3; Blau-Weiß Friedrichstadt – SV Darmstadt 98 1:2; Borussia Neunkirchen – Stuttgarter Kickers 2:3; 1. FSV Mainz 05 – Eintracht Frankfurt n. V. 0:1; Bor. Mönchengladbach – Borussia Dortmund 6:1; BVL 08 Remscheid – Hannover 96 n. V. 3:3 und 1:2.

Achtelfinale: Fortuna Düsseldorf – Bayern München 3:0; SG Wattenscheid 09 – Eintracht Frankfurt 1:3; Stuttgarter Kickers – Hannover 96 2:0; Hamburger SV – FC St. Pauli 6:0; Blau-Weiß 90 Berlin – Karlsruher SC 1:2; Fortuna Köln – SV Darmstadt 98 n. V. 0:2; Alemannia Aachen – Borussia Mönchengladbach n. V. 0:2; Bayer Uerdingen – 1. FC Köln 3:1.
Viertelfinale: SV Darmstadt 98 – Hamburger SV 0:1; Fortuna Düsseldorf – Karlsruher SC 1:0; Borussia Mönchengladbach – Bayer Uerdingen 9:2; Stuttgarter Kickers – Eintracht Frankfurt 3:1.
Halbfinale: Hamburger SV – Bor. Mönchengladbach 1:0; Stuttgarter Kickers – Fortuna Düsseldorf 3:0.
Endspiel: Hamburger SV – Stuttgarter Kickers 3:1.

1988

1. Runde: Südwest Ludwigshafen – Fortuna Köln 1:6; FC St. Pauli – Blau-Weiß 90 Berlin n. V. 0:3; 1. FC Pforzheim – 1. FC Saarbrücken 3:2; TSV Verden – Werder Bremen 0:4; Eintracht Frankfurt – FC Schalke 04 3:2; VfB Oldenburg – VfL Bochum n. V. 0:0 und 1.4, VfL Wolfsburg – Hannover 96 3:0; 1. FC Kaiserslautern – Waldhof Mannheim n. V. 3:1; Hamburger SV – FC Homburg/Saar 3:0; Borussia Mönchengladbach – Bayer Leverkusen n. V. 2:1; 1. FC Köln – VfB Stuttgart 3:0; Rot-Weiss Essen – Bayern München 1:3; VfR Aachen-Forst – Karlsruher SC 0:5; SV Heidingsfeld – Bayer Uerdingen 1:2; Arminia Bielefeld – SC Freiburg n. V. 1:4; TuS Paderborn-Neuhaus – Stuttgarter Kickers 0:5; RSV Würges – Fortuna Düsseldorf 0:3; TSV Vestenbergsgreuth – SV Darmstadt 98 0:4; SV St. Ingbert – Union Solingen 0:2; Viktoria Aschaffenburg – SG Wattenscheid 09 4:0; VfR Aalen – Alemannia Aachen 1:2; FSV Salmrohr – VfL Osnabrück 2:0; VfL Hamm – Hessen Kassel 2:7; VfB Dillingen – TSG Giengen 0:1; Werder Bremen Am. – MTV Ingolstadt 5:1; Eintracht Braunschweig – 1. FC Nürnberg 2:3; KSV Baunatal – SSV Ulm 1846 n. V. 1:1 und 1:2; Offenburger FV – Borussia Dortmund n. V. 3:3 und 0:5; Viktoria Köln – Hertha BSC Berlin 1:3; VfB Lübeck – Schwarz-Weiß Essen 1:2; Concordia Hamburg – SpVgg Erkenschwick n. V. 3:0; Preußen Münster – Rot-Weiß Oberhausen n. V. 1:1 und 2:0.
2. Runde: 1. FC Kaiserslautern – Blau-Weiß 90 Berlin 4:3; Werder Bremen Am. – Hamburger SV 1:3; Preußen Münster – Alemannia Aachen n. V. 2:2 und 1:0; TSG Giengen – VfL Bochum n. V. 1:2; Hertha BSC Berlin – Bayer Uerdingen 1:2; 1. FC Pforzheim – Concordia Hamburg 2:0; Viktoria Aschaffenburg – 1. FC Köln 1:0; Eintracht Frankfurt – SSV Ulm 1846 3:0; Hessen Kassel – Stuttgarter Kickers 3:1; Karlsruher SC – 1. FC Nürnberg n. V. 1:1 und 1:2; Fortuna Köln – SC Freiburg 1:0; Union Solingen – Fortuna Düsseldorf 1:2; FSV Salmrohr – Borussia Dortmund 0:1; Schwarz-Weiß Essen – SV Darmstadt 98 1:0; Borussia Mönchengladbach – Bayern München n. V. 2:2 und n. V. 2:3; VfL Wolfsburg – Werder Bremen n. V. 4:5.
Achtelfinale: Fortuna Düsseldorf – Eintracht Frankfurt 0:1; Preußen Münster – Fortuna Köln 2:3; Bayer Uerdingen – Borussia Dortmund n. V. 3:3 und 2:1; 1. FC Pforzheim – Werder Bremen n. V. 1:1 und 1:3; Hessen Kassel – Viktoria Aschaffenburg 0:1; 1. FC Kaiserslautern – Hamburger SV 1:2; Bayern München – 1. FC Nürnberg 3:1; Schwarz-Weiß Essen – VfL Bochum 0:1.
Viertelfinale: Hamburger SV – Bayern München 2:1; Viktoria Aschaffenburg – Werder Bremen 1:3; Eintracht Frankfurt – Bayer Uerdingen 4:2; VfL Bochum – Fortuna Köln 4:1.
Halbfinale: VfL Bochum – Hamburger SV 2:0; Werder Bremen – Eintracht Frankfurt 0:1.
Endspiel: Eintracht Frankfurt – VfL Bochum 1:0.

1989

1. Runde: 1. FC Kaiserslautern – FC St. Pauli 2:1; Werder Bremen – Hannover 96 4:1; Karlsruher SC – Stuttgarter Kickers 2:1; Borussia Dortmund – Eintracht Braunschweig 6:0; 1. FC Köln – SV Darmstadt 98 6:1; Bayern München – Blau-Weiß 90 Berlin 11:2; FC Schalke 04 – Borussia Mönchengladbach n. V. 1:1 und 2:1; SV Meppen – Bayer Uerdingen 1:2; SSV Ulm 1846 – 1. FC Nürnberg 1:4; VfL Wolfsburg – Eintracht Frankfurt n. V. 1:1 und 1:6; SKG Heidelberg – Waldhof Mannheim 1:3; Arminia Bielefeld – VfL Bochum n. V. 0:0 und n. V. 1:4; SV Ottfingen – VfB Stuttgart 0:5; BSC Erlangen – Bayer Leverkusen 0:5; MSV Duisburg – Hamburger SV n. V. 3:5; SG Wattenscheid 09 – VfL Osnabrück n. V. 1:1 und 1:2; Fortuna Köln – Fortuna Düsseldorf 1:0; TSV Verden – Rot-Weiss Essen 1:2; FC Augsburg – Alemannia Aachen 1:4; Germania Dörnigheim – SpVgg Bayreuth 0:5; SG Düren 99 – Kickers Offenbach 1:3; TBV Lemgo – FC Homburg/Saar 0:4; FSV Salmrohr – SC Freiburg 2:0; STV Horst Emscher – Union Solingen n. V. 0:0 und 1:5; Wormatia Worms – 1. FC Saarbrücken 1:3; VfL Kirchheim/Teck – SV Wehen 1:2; TuS Hoisdorf – Rot-Weiß Oberhausen 3:0; SSV Reutlingen – Spfr. Hamborn 07 2:1; Türkiyemspor Berlin – FC Emmendingen 0:2; Meiendorfer SV Hamburg – TSV Osterholz-Tenever 0:1; BVL 08 Remscheid – SpVgg Landshut 2:3; FC Bitburg – Saar 05 Saarbrücken 1:3.

2. Runde: 1. FC Köln – Waldhof Mannheim 1:2;1. FC Nürnberg – Karlsruher SC n. V. 1:1 und 0:1; VfB Stuttgart – VfL Bochum n. V. 3:2; Bayer Uerdingen – Eintracht Frankfurt n. V. 5:4; VfL Osnabrück – Hamburger SV 0:1; Werder Bremen – SpVgg Bayreuth 6:1; 1. FC Kaiserslautern – Kickers Offenbach 5:0; Borussia Dortmund – FC Homburg/Saar 2:1; TuS Hoisdorf – Bayern München 0:4; TSV Osterholz-Tenever – Bayer Leverkusen 0:6; Union Solingen – Fortuna Köln n. V. 2:2 und 2:5; Saar 05 Saarbrücken – FC Schalke 04 n. V. 3:3 und 1:7; SSV Reutlingen – Rot-Weiss Essen n. V. 1:1 und 1:3; SpVgg Landshut – Alemannia Aachen 1:2; FSV Salmrohr – 1. FC Saarbrücken n. V. 0:1; FC Emmendingen – SV Wehen 1:3.
Achtelfinale: FC Schalke 04 – Borussia Dortmund 2:3; Bayer Leverkusen – Waldhof Mannheim 5:2; SV Wehen – 1. FC Kaiserslautern 2:3; Bayern München – Karlsruher SC 3:4; Alemannia Aachen – Bayer Uerdingen 1:4; Werder Bremen – Fortuna Köln n. V. 3:1; Hamburger SV – Rot-Weiss Essen 3:1; VfB Stuttgart – 1. FC Saarbrücken n. V. 2:0.
Viertelfinale: Borussia Dortmund – Karlsruher SC 1:0; Bayer Leverkusen – Bayer Uerdingen 2:0; VfB Stuttgart – 1. FC Kaiserslautern 4:0; Hamburger SV – Werder Bremen 0:1.
Halbfinale: Borussia Dortmund – VfB Stuttgart 2:0; Bayer Leverkusen – Werder Bremen 1:2.
Endspiel: Borussia Dortmund – Werder Bremen 4:1.

1990

1. Runde: VfL Bückeburg – Eintracht Braunschweig 0:2; Rot-Weiß Frankfurt – Waldhof Mannheim 0:1; Arminia Hannover – FC Homburg/Saar 2:1; FC St. Pauli – Werder Bremen 1:2; Kickers Offenbach – Bayer Uerdingen 2:1; VfR Sölde – 1. FC Köln (in Holzwickede) 0:3; Eintracht Frankfurt – Bayern München 0:1; Hamburger SV – MSV Duisburg 2:4; Hannover 96 – Borussia Mönchengladbach 0:3; VfL Wolfsburg – VfB Stuttgart 1:3; Bayer Leverkusen Am. – 1. FC Kaiserslautern 0:1; Hertha Zehlendorf – 1. FC Nürnberg 0:4; SpVgg Plattling – Fortuna Düsseldorf n. V. 1:2; 1. FC Saarbrücken – SV Meppen 3:1; Rot-Weiss Essen – SG Wattenscheid 09 1:2; VfL Osnabrück – FC Schalke 04 n. V. 3:1; SV Langenau – Stuttgarter Kickers 0:6; SC Jülich 1910 – Blau-Weiß 90 Berlin n. V. 2:2 und 0:1; FC Wangen – SV Darmstadt 98 0:3; 1. FC Pforzheim – SpVgg Bayreuth 4:1; 1. FC Schweinfurt 05 – Altona 93 1:0; TSG Pfeddersheim – VfB Gaggenau 2:0; SC Geislingen – TSV München 1860 0:3; SV Edenkoben – Saar 05 Saarbrücken 1:0; Borussia Dortmund – Fortuna Köln 3:0; SV Wiesbaden – VfL Bochum 0:2; Werder Bremen Am. – Bayer Leverkusen 1:4; Union Solingen – SC Freiburg n. V. 1:3; FC Gütersloh – Hertha BSC Berlin n. V. 1:1 und 1:0; FSV Salmrohr – TuS Hoisdorf 1:3; Viktoria Aschaffenburg – Karlsruher SC 2:6; 1. FSV Mainz 05 – Alemannia Aachen 2:0.
2. Runde: Borussia Mönchengladbach – 1. FC Nürnberg 4:1; Bayern München – Waldhof Mannheim 2:0; SC Freiburg – Karlsruher SC 1:2; SV Darmstadt 98 – Bayer Leverkusen 1:0; Stuttgarter Kickers – Werder Bremen 2:3; Borussia Dortmund – Eintracht Braunschweig 2:3; Fortuna Düsseldorf – 1. FC Saarbrücken 4:0; 1. FC Pforzheim – VfL Bochum 1:0; Arminia Hannover – 1. FC Köln 2:4; 1. FSV Mainz 05 – 1. FC Kaiserslautern 1:3; FC Gütersloh – VfB Stuttgart n. V. 0:2; SG Wattenscheid 09 – VfL Osnabrück 0:2; SV Edenkoben – MSV Duisburg n. V. 1:2; 1. FC Schweinfurt 05 – Blau-Weiß 90 Berlin 4:2; TSG Pfeddersheim – Kickers Offenbach 1:3; TuS Hoisdorf – TSV München 1860 0:2.
Achtelfinale: TSV München 1860 – Werder Bremen 1:2; 1. FC Kaiserslautern – 1. FC Köln 2:1; VfB Stuttgart – Bayern München 3:0; Kickers Offenbach – Borussia Mönchengladbach n. V. 1:0; 1. FC Schweinfurt 05 – Eintracht Braunschweig 0:2; 1. FC Pforzheim – Fortuna Düsseldorf 1:3; MSV Duisburg – Darmstadt 98 4:1; VfL Osnabrück – Karlsruher SC 3:2.
Viertelfinale: Werder Bremen – VfB Stuttgart 3:0; 1. FC Kaiserslautern – Fortuna Düsseldorf 3:1; Eintracht Braunschweig – VfL Osnabrück 3:2; Kickers Offenbach – MSV Duisburg n. V. 1:1 und 1:0.
Halbfinale: Werder Bremen – Eintr. Braunschweig 2:0; Kickers Offenbach – 1. FC Kaiserslautern 0:1.
Endspiel: 1. FC Kaiserslautern – Werder Bremen 3:2.

1991

1. Runde: Waldhof Mannheim – VfL Bochum 3:2; Alemannia Aachen – Bayer Uerdingen n. V. 0:1; FV 09 Weinheim – Bayern München 1:0; Eintracht Haiger – Borussia Mönchengladbach 1:2; Kilia Kiel – FC St. Pauli 1:4; VfL Wolfsburg – 1. FC Köln 1:6; Eintracht Trier – VfB Stuttgart 0:1; ASC Schöppingen – Eintracht Frankfurt 1:2; DSC Wanne-Eickel – Hertha BSC Berlin 1:3; Werder Bremen Am. – SG Wattenscheid 09 1:3; SpVgg Fürth – Borussia Dortmund 3:1; SpVgg Weiden – Werder Bremen 1:2; Borussia Neunkirchen – Fortuna Düsseldorf n. V. 2:3; Victoria Hamburg – Bayer Leverkusen 0:5; 1. SC Göttingen 05 – Hamburger SV 0:4; SSV Reutlingen – Karlsruher SC n. V. 3:6; Südwest Ludwigshafen – 1. FC Kaiserslautern 1:7; FC Miltach – 1. FC Nürnberg 1:3; Stuttgarter Kickers – SV Darmstadt 98 4:0; SpVgg Unterhaching – FC Schalke 04 0:1; Hessen Kassel – FC Homburg/Saar 1:0; FC Wangen – Rot-Weiss Essen 1:2; FSV Frankfurt – Preußen Münster 3:4 n. V.; Teutonia Waltrop – Eintracht Braunschweig 0:1; Türkiyemspor Berlin – 1. FC Saarbrücken 2:6; SC Pfullendorf – MSV Duisburg 0:2; Viktoria Köln – VfL Osnabrück 2:4; SpVgg

Bayreuth – Blau-Weiß 90 Berlin 0:3; SV Hilden-Nord – SC Freiburg n. V. 2:1; TuS Bersenbrück – Hannover 96 0:4; SV Ludweiler – SV Meppen 0:3; FC Remscheid – Fortuna Köln n. V. 3:2.
2. Runde: Werder Bremen – FC St. Pauli 2:0; SpVgg Fürth – 1. FC Saarbrücken 0:1; SV Hilden-Nord – Preußen Münster 0:4; FC Schalke 04 – Eintracht Braunschweig 4:0; Bayer Leverkusen – Bayer Uerdingen 0:1; Eintracht Frankfurt – 1. FC Nürnberg n. V. 0:0 und n. V. 2:0; Karlsruher SC – VfB Stuttgart 0:2; 1. FC Kaiserslautern – 1. FC Köln 1:2; Fortuna Düsseldorf – Blau-Weiß 90 Berlin n. V. 0:0 und 0:1; Hertha BSC Berlin – MSV Duisburg 1:2; Hannover 96 – Hamburger SV n. V. 0:0 und 1:2; FV 09 Weinheim – Rot-Weiss Essen 1:3; FC Remscheid – Borussia Mönchengladbach 1:0; Hessen Kassel – Stuttgarter Kickers 3:2; SV Meppen – Waldhof Mannheim 2:0; VfL Osnabrück – SG Wattenscheid 09 n. V. 1:2.
Achtelfinale: Preußen Münster – VfB Stuttgart 0:1; Werder Bremen – FC Schalke 04 3:1; Bayer Uerdingen – Rot-Weiss Essen n. V. 4:2; 1. FC Köln – SV Meppen 1:0; MSV Duisburg – Blau-Weiß 90 Berlin n. V. 3:2; 1. FC Saarbrücken – Eintracht Frankfurt n. V. 0:0 und n. V. 2:3; Hamburger SV – SG Wattenscheid 09 1:2; FC Remscheid – Hessen Kassel n. V. 2:3.
Viertelfinale: Bayer Uerdingen – MSV Duisburg 1:4; Eintracht Frankfurt – SG Wattenscheid 09 3:1; Hessen Kassel – Werder Bremen 0:2;1. FC Köln – VfB Stuttgart n. V. 1:0.
Halbfinale: MSV Duisburg – 1. FC Köln n. V. 0:0 und 0:3; Eintracht Frankfurt – Werder Bremen n. V. 2:2 und 3:6.
Endspiel: Werder Bremen – 1. FC Köln n. V. 1:1, Elfmeterschießen 4:3.

1992

Qualifikation Nordost, 1. Runde: Motor Eberswalde – Stahl Hennigsdorf 5:1; Rot-Weiß Prenzlau – Bergmann-Borsig Berlin 2:8; Victoria Frankfurt/O. – Rotation Berlin 4:2; Aktivist Schwarze Pumpe – Lok/Altmark Stendal 2:1; Greifswalder SC – Post Neubrandenburg 3:1; Stahl Riesa – Anhalt Dessau 5:1; Wismut Aue – 1. FC Markkleeberg 3:0; Soemtron Sömmerda – Wismut Gera 1:2; Kali-Werra Tiefenort – Motor Weimar 1:6; BSV Borna – Stahl Thale 1:4; Energie Cottbus – Wacker Nordhausen 0:2; Fortschritt Bischofswerda (gegen Hafen Rostock), Chemnitzer SV 51 (bei Germania Ilmenau), 1. Suhler SV 06 (bei TSG Meißen) kampflos weiter, da die Gegner nicht antraten; Glückauf Brieske-Senftenberg Freilos, TSV 1860 Stralsund zog zurück.
2. Runde: Bergmann-Borsig Berlin – Wismut Gera 3:1; Motor Eberswalde – Aktivist Schwarze Pumpe n. V. 1:1, Elfmeterschießen 3:4; Stahl Thale – Greifswalder SC n. V. 2:2, Elfmeterschießen 4:5; Wismut Aue – Glückauf Brieske-Senftenberg 2:1; Chemie Guben – Fortschritt Bischofswerda 4:3; Chemnitzer SV 51 – 1. Suhler SV 06 0:1; Stahl Riesa – Motor Weimar 3:1; Wacker Nordhausen kampflos weiter, da Victoria Frankfurt/O. nicht antrat.
3. Runde: Wismut Aue – Aktivist Schwarze Pumpe 4:2; Wacker Nordhausen – Bergmann-Borsig Berlin 2:3; Chemie Guben – 1. Suhler SV 06 2:4; Greifswalder SC – Stahl Riesa n. V. 3:3, Elfmeterschießen 5:3 – Die vier Sieger sind für die 1. Runde qualifiziert.
1. Runde (Freilos: 20 Bundesligisten und 20 Amateurklubs): Viktoria Herxheim – FC St. Pauli n. V. 2:3; Wismut Aue – VfB Leipzig n. V. 2:4; ESV Lok Cottbus – VfB Oldenburg 0:3; 1. FC Schweinfurt 05 – Waldhof Mannheim 1:6; SC Jülich 1910 – Hertha BSC Berlin 2:1; Arminia Bielefeld – 1. FSV Mainz 05 1:0; Karlsruher SC Am. – SV Meppen 1:0; SpVgg Fürth – Carl Zeiss Jena 1:0; Greifswalder SC – Stahl Brandenburg n. V. 2:2, Elfmeterschießen 3:2; SV 1910 Kahla – Rot-Weiß Erfurt 1:4; SpVgg Weiden – SV Darmstadt 98 n. V. 1:2; SpVgg Unterhaching – Bayer Uerdingen n. V. 0:0, Elfmeterschießen 1:3; Marathon 02 Berlin – Hannover 96 0:7; SC Neukirchen – Hallescher FC 1:3; Freiburger FC – Chemnitzer FC 3:1; FC Berlin – SC Freiburg 0:2; Eintracht Glas/Chemie Wirges – FC Homburg/Saar 1:6; Blau-Weiß Parchim – Eisenhüttenstädter FC Stahl 1:0; Türkiyemspor Berlin – Blau-Weiß 90 Berlin 2:1; Bremer SV – Fortuna Köln 0:7; Preußen Münster – VfL Osnabrück 1:2; Borussia Dortmund Am. – 1. FC Saarbrücken 2:5; SpVgg Ludwigsburg – Eintr. Braunschweig n. V. 3:2; SpVgg Zschopau – Rot-Weiß Hasborn n. V. 2:3.
2. Runde: Borussia Mönchengladbach – SG Wattenscheid 09 2:0; Greifswalder SC – Dynamo Dresden 0:2; Werder Bremen Am. – VfB Stuttgart 1:5; MSV Duisburg – 1. FC Kaiserslautern n. V. 0:2; Werder Bremen – Hamburger SV 3:1; Bayern München – FC Homburg/Saar n. V. 2:4; Hansa Rostock – SV Darmstadt 98 3:1; Fortuna Düsseldorf – FC St. Pauli 2:1; VfL Bochum – Hannover 96 2:3; Rot-Weiß Erfurt – FC Schalke 04 2:1; Arminia Bielefeld – Borussia Dortmund 0:2; TSV Havelse – 1. FC Nürnberg n. V. 1:1, Elfmeterschießen 4:2; SpVgg Ludwigsburg – Eintracht Frankfurt 1:6; Blau-Gelb Berlin – VfB Leipzig 0:5; Holstein Kiel – Bayer Uerdingen 1:2; Bergmann-Borsig Berlin – SC Freiburg 2:1; SpVgg Brakel – Fortuna Köln 0:3; SpVgg Fürth – Waldhof Mannheim 0:3; Rot-Weiß Hasborn – VfL Osnabrück n. V. 1:1, Elfmeterschießen 5:4; TSG Backnang – 1. Suhler SV 06 1:3; VfL Wolfsburg – Viktoria Aschaffenburg n. V. 4:3; Viktoria Köln – Blau-Weiß Parchim 2:0; Rot-Weiß Wernigerode – 1. FC Köln 0:4; Freiburger FC – Karlsruher SC Am. 3:2; SSV Reutlingen – TSV Krähenwinkel 4:1; Rot-Weiss Essen – Karlsruher SC 0:2;

Türkiyemspor Berlin – Stuttgarter Kickers 0:4; Eintracht Trier – Bayer Leverkusen 0:2; FC Remscheid – VfB Oldenburg 2:0; Hamburger SV Am. – Hallescher FC 1:0; SC 08 Bamberg – 1. FC Saarbrücken 4:1; Arminia Hannover – SC Jülich 1910 1:5.
3. Runde: Fortuna Düsseldorf – Werder Bremen 1:3; Bayer Leverkusen – 1. FC Köln 2:0; Eintracht Frankfurt – Karlsruher SC 0:1; Stuttgarter Kickers – VfB Leipzig n. V. 3:1; Borussia Dortmund – Hannover 96 2:3; FC Homburg/Saar – 1. FC Kaiserslautern n. V. 0:0, Elfmeterschießen1:3; Fortuna Köln – Hansa Rostock n. V. 5:3; 1. Suhler SV 06 – Dynamo Dresden 0:5; VfL Wolfsburg – VfB Stuttgart 1:3; SC Jülich 1910 – Bor. Mönchengladbach 0:1; FC Remscheid – Bayer Uerdingen 1:3; SSV Reutlingen – Rot-Weiß Erfurt 3:1; Freiburger FC – Rot-Weiß Hasborn 1:0; Hamburger SV Am. – Bergmann-Borsig Berlin n. V. 2:2, Elfmeterschießen 6:5; SC 08 Bamberg – TSV Havelse 4:0; Viktoria Köln – Waldhof Mannheim 1:0.
Achtelfinale: SSV Reutlingen – Bayer Leverkusen n. V. 2:3; Werder Bremen – Dynamo Dresden 4:1; Borussia Mönchengladbach – Fortuna Köln 2:0; Hannover 96 – Bayer Uerdingen 1:0; Freiburger FC – VfB Stuttgart 1:6; SC 08 Bamberg – 1. FC Kaiserslautern 0:1; Viktoria Köln – Stuttgarter Kickers n. V. 1:2; Hamburger SV Am. – Karlsruher SC 0:1.
Viertelfinale: Borussia Mönchengladbach – Stuttgarter Kickers 2:0; Bayer Leverkusen – VfB Stuttgart n. V. 1:0; Hannover 96 – Karlsruher SC 1:0; Werder Bremen – 1. FC Kaiserslautern 2:0.
Halbfinale: Hannover 96 – Werder Bremen n. V. 1:1, Elfmeterschießen 6:5; Borussia Mönchengladbach – Bayer Leverkusen n. V. 2:2, Elfmeterschießen 2:0.
Endspiel: Hannover 96 – Borussia Mönchengladbach n. V. 0:0, Elfmeterschießen 4:3.

1993

1. Runde (Freilos: 23 Amateurvereine und 22 Zweitligisten)**:** Stahl Brandenburg – 1. FC Kaiserslautern 0:2; Wacker Nordhausen – 1. FC Köln 0:8; FC Gundelfingen – Bayer Uerdingen 0:1; TSV München 1860 – Dynamo Dresden 1:2; Bayer Leverkusen Am. – Hamburger SV n. V. 2:2, Elfmeterschießen 7:8; OT Bremen – 1. FC Nürnberg 1:7; SV Wehen – Eintracht Frankfurt 2:3 (in Wiesbaden); Kickers Emden – 1. FC Saarbrücken 1:5; Fortuna Düsseldorf Am. – Borussia Mönchengladbach 1:2; Jahn Regensburg – VfB Lübeck 2:1; Hallescher FC – Borussia Dortmund 1:4; SpVgg Fürth – VfL Bochum 0:2; Lüneburger SK – Karlsruher SC 0:3; SC Göttingen 05 – FC Schalke 04 1:3; FSV Salmrohr – SG Wattenscheid 09 2:0; SC Jülich 1910 – Werder Bremen n. V. 1:5; Spfr. Siegen – VfB Stuttgart 0:6; ASV Bergedorf 85 – Bayer Leverkusen 1:3; Borussia Neunkirchen – Bayern München 0:6
2. Runde: Viktoria Aschaffenburg – VfL Osnabrück 0:6; MSV Duisburg – 1. FC Köln n. V. 0:0, Elfmeterschießen 4:3; Karlsruher SC – Hamburger SV 4:2; VfL Bochum – Hannover 96 1:2; Fortuna Köln – SV Meppen 0:1; Bischofswerdaer FV 08 – VfB Oldenburg 3:0; Rot-Weiß Erfurt – Bayer Uerdingen n. V. 0:0, Elfmeterschießen 2:4; SC 08 Bamberg – Eintracht Frankfurt 1:3; Spfr. Ricklingen – SC Verl n. V. 5:4; Freiburger FC – 1. FSV Mainz 05 0:3; Stuttgarter Kickers – Chemnitzer FC 1:2; Wormatia Worms – Fortuna Düsseldorf 2:4; FC St. Pauli – 1. FC Nürnberg n. V. 2:3; Bayer Leverkusen – 1. FC Kaiserslautern 1:0; Werder Bremen Am. – Borussia Mönchengladbach 1:2; Carl Zeiss Jena – 1. FC Saarbrücken 2:1; FC Remscheid – SV Darmstadt 98 2:1; SSV Ulm 1846 – Post Neubrandenburg 2:1; SpVgg Plattling – Jahn Regensburg 2:1; Eisenhüttenstädter FC Stahl – Wuppertaler SV n. V. 1:1, Elfmeterschießen 5:4; SpVgg Beckum – Werder Bremen 0:7; SpVgg Bad Homburg – Eintracht Braunschweig 1:5; Hansa Rostock – VfB Stuttgart n. V. 2:0; TuS Hoppstädten – VfR Heilbronn 0:3; VfR Aalen – FC Homburg/Saar 1:2; Dynamo Dresden – VfB Leipzig, 2:3; Hertha BSC Berlin Am. – SGK Heidelberg 3:0; Lok/Altmark Stendal – FSV Salmrohr 0:1; Bor. Dortmund – Bayern München n. V. 2:2, Elfmeterrschießen 5:4; Rot-Weiss Essen – FC Schalke 04 2:0; SC Freiburg – Hertha BSC Berlin 2:4; Rot-Weiß Frankfurt – Waldhof Mannheim 3:4.
3. Runde: 1. FC Nürnberg – FC Remscheid n. V. 5:2; VfL Osnabrück – Borussia Mönchengladbach 4:1; Bayer Uerdingen – Hannover 96 0:1; Eintracht Frankfurt – Waldhof Mannheim n. V. 4:1; Werder Bremen – FSV Mainz 05 3:1; SSV Ulm 1846 – Borussia Dortmund 1:3; Bischofswerdaer FV 08 – Karlsruher SC n. V. 0:1; VfR Heilbronn – Bayer Leverkusen 0:2; MSV Duisburg – Eintracht Braunschweig 3:1; Fortuna Düsseldorf – Hansa Rostock n. V. 2:2, Elfmeterschießen 3:0; SV Meppen – Hertha BSC Berlin n. V. 2:4; Spfr. Ricklingen – Chemnitzer FC 0:2; SpVgg Plattling – Carl Zeiss Jena 1:3; FSV Salmrohr – FC Homburg/Saar 0:1; Hertha BSC Berlin Am. – VfB Leipzig 4:2; Rot-Weiss Essen – Eisenhüttenstädter FC Stahl 3:2.
Achtelfinale: Carl Zeiss Jena – MSV Duisburg n. V. 3:2, FC Homburg/Saar – 1. FC Nürnberg n. V. 0:0, Elfmeterschießen 2:4; Hertha BSC Berlin Am. – Hannover 96 4:3; Bayer Leverkusen – Hertha BSC Berlin 1:0; Fortuna Düsseldorf – Karlsruher SC 0:1; Eintracht Frankfurt – VfL Osnabrück 3:1; Rot-Weiss Essen – Chemnitzer FC 0:1; Werder Bremen – Borussia Dortmund 2:0.
Viertelfinale: Hertha BSC Berlin Am. – 1. FC Nürnberg 2:1; Chemnitzer FC – Werder Bremen n. V. 2:1; Carl Zeiss Jena – Bayer Leverkusen 0:2; Karlsruher SC – Eintr. Frankfurt n. V. 1:1, Elfmeterschießen3:5.
Halbfinale: Eintracht Frankfurt – Bayer Leverkusen 0:3; Hertha BSC Berlin Am. – Chemnitzer FC 2:1.
Endspiel: Bayer Leverkusen – Hertha BSC Berlin Am. 1:0.

1994

1. Runde (Freilos: 11 Bundesligisten, 14 Zweitligisten, 27 Amateurvereine): Werder Bremen Am. – Bayern München 1:5; SV Sandhausen – Karlsruher SC 1:4; SpVgg Plattling – 1. FSV Mainz 05 4:3; Kilia Kiel – SC Freiburg 0:8; SV Ludweiler – Borussia Dortmund 1:4; Bayern München Am. – FC Homburg/Saar n. V. 2:1; 1. FC Pforzheim – 1. FC Kaiserslautern 0:4; FC Remscheid – Hertha BSC Berlin 2:3; SV Böblingen – MSV Duisburg 0:5; FSV Salmrohr – 1. FC Saarbrücken 1:3; VfL Osnabrück – Hannover 96 0:4; SpVgg Erkenschwick – Borussia Mönchengladbach 0:2.
2. Runde: TSV Havelse – Karlsruher SC 0:3; FC Schalke 04 – VfL Bochum n. V. 1:0; TSF Ditzingen – Hansa Rostock 0:2; 1. FC Magdeburg – Wuppertaler SV n. V. 3:3, Elfmeterschießen 5:4; FC Oberneuland – Chemnitzer FC 1:8; ASV Neumarkt – Tennis Borussia Berlin 0:4; SpVgg Plattling – Borussia Mönchengladbach 0:3; Spfr. Ricklingen – MSV Duisburg 0:1; FC Augsburg – Rot-Weiß Lüdenscheid 2:0; SV Darmstadt 98 – Bayern München Am. n. V. 1:2; SC Freiburg – Fortuna Köln 4:1; 1. FC Köln – Waldhof Mannheim 4:1; Hertha BSC Berlin – Hamburger SV n. V. 3:5; Alemannia Aachen – 1. FC Saarbrücken 0:3; Borussia Dortmund – Carl Zeiss Jena 0:1; Bayer Uerdingen – VfB Leipzig 1:0; Eisenhüttenstädter FC Stahl – SpVgg Unterhaching 0:2; SV Mettlach – SG Wattenscheid 09 0:2; Sachsen Leipzig – FC St. Pauli n. V. 2:2, Elfmeterschießen 3:4; VfB Gaggenau – Hannover 96 n. V. 1:3; SpVgg Marl – Borussia Fulda 3:2; Greifswalder SC – TSG Pfeddersheim 0:2; Eintracht Haiger – FTSV Elmshorn 3:1; 1. FC Bocholt – Rot-Weiss Essen 2:3; Kickers Offenbach – SV Meppen n. V. 4:2; Werder Bremen – Stuttgarter Kickers n. V. 2:1; Dynamo Dresden – VfL Wolfsburg n. V. 0:0, Elfmeterschießen 4:2; Fortuna Düsseldorf – Eintracht Frankfurt 0:2; Eintracht Braunschweig – VfB Oldenburg 4:3; Bayer Leverkusen – 1. FC Nürnberg 3:0; Carl Zeiss Jena Am. – Bayern München 0:2; VfB Stuttgart – 1. FC Kaiserslautern n. V. 2:6.
3. Runde: Borussia Mönchengladbach – Karlsruher SC n. V. 5:3 (annulliert, da KSC-Torhüter Kahn durch einen Kastanienwurf am Kopf getroffen wurde, Wiederholung in Düsseldorf: 1:0); SC Freiburg – Eintracht Frankfurt n. V. 5:3; FC Schalke 04 – Bayern München n. V. 2:3; Hannover 96 – Dynamo Dresden 2:3; 1. FC Saarbrücken – Hamburger SV 2:4; Chemnitzer FC – SG Wattenscheid 09 n. V. 1:2; 1. FC Magdeburg – Bayer Leverkusen 1:5; Eintracht Haiger – 1. FC Kaiserslautern n. V. 1:3; Bayern München Am. – 1. FC Köln n. V. 0:0, Elfmeterschießen 5:4; TSG Pfeddersheim – MSV Duisburg n. V. 1:3; Kickers Offenbach – Werder Bremen n. V. 1:1, Elfmeterschießen 3:5; Rot-Weiss Essen – FC St. Pauli n. V. 3:2; Bayer Uerdingen – Carl Zeiss Jena 2:3; SpVgg Unterhaching – Hansa Rostock 1:2; Eintracht Braunschweig – Tennis Borussia Berlin 0:1; FC Augsburg – SpVgg Marl 3:0.
Achtelfinale: SC Freiburg – Hansa Rostock 3:0; FC Augsburg – Bayer Leverkusen n. V. 0:0, Elfmeterschießen 3:4; Carl Zeiss Jena – SG Wattenscheid 09 1:0; Werder Bremen – Hamburger SV 4:2; Rot-Weiss Essen – MSV Duisburg 4:2; Bayern München Am. – Tennis Borussia Berlin n. V. 3:3, Elfmeterschießen 4:5; Dynamo Dresden – Bayern München 2:1; Borussia Mönchengladbach – 1. FC Kaiserslautern 2:3.
Viertelfinale: Carl Zeiss Jena – Rot-Weiss Essen n. V. 0:0, Elfmeterschießen 5:6; SC Freiburg – Tennis Borussia Berlin 0:1; Dynamo Dresden – Bayer Leverkusen n. V. 1:1, Elfmeterschießen 5:4; Werder Bremen – 1. FC Kaiserslautern n. V. 2:2, Elfmeterschießen 4:3.
Halbfinale: Rot-Weiss Essen – Tennis Borussia Berlin 2:0; Dynamo Dresden – Werder Bremen 0:2.
Endspiel: Werder Bremen – Rot-Weiss Essen 3:1.

1995

1. Runde: FSV Salmrohr – VfB Leipzig 2:1; SSV Ulm 1846 – 1. FC Nürnberg n. V. 1:0; Spfr. Oesede Georgsmarienhütte – Karlsruher SC 1:6; Hallescher FC – Bayer Uerdingen 1:4; Kickers Offenbach – Hertha BSC Berlin 3:1; BSV Brandenburg – Bayer Leverkusen 0:11; Altona 93 – Borussia Dortmund 0:2; 1. FC Union Berlin – FC St. Pauli 2:3; SC Großrosseln – Hamburger SV 1:5; Stuttgarter Kickers – SC Freiburg 3:1; SV Linx – FC Schalke 04 1:2; Bayern München Am. – Werder Bremen 2:1; Sachsen Leipzig – TSV München 1860 n. V. 0:0, Elfmeterschießen 3:4; Rot-Weiß Erfurt – MSV Duisburg n. V. 0:2; Greifswalder SC – Borussia Mönchengladbach 1:4; SG Egelsbach – 1. FC Kaiserslautern 0:2; 1. SC Göttingen 05 – Eintracht Frankfurt 0:6; Alemannia Aachen – FC Homburg/Saar 0:2; Wuppertaler SV – Fortuna Köln 1:2; FC Schalke 04 Am. – VfL Wolfsburg 0:2; Holstein Kiel – 1. FC Saarbrücken 0:2; SV Edenkoben – Waldhof Mannheim 1:2; SV Meppen – Dynamo Dresden 0:1; FC Remscheid – 1. FC Köln 0:7; Carl Zeiss Jena – VfB Stuttgart 0:2; Tennis Borussia Berlin – Hansa Rostock 2:1; TuS Paderborn-Neuhaus – Chemnitzer FC n. V. 2:2, Elfmeterschießen 4:5; Preußen Münster – Hannover 96 0:5; Werder Bremen Am. – 1. FSV Mainz 05 0:1; Rot-Weiss Essen – VfL Bochum n. V. 0:2; Karlsruher SC Am. – SG Wattenscheid 09 1:3; TSV Vestenbergsgreuth – Bayern München (in Nürnberg) 1:0.
2. Runde: SG Wattenscheid 09 – 1. FC Köln 1:3; TSV München 1860 – Bayer Leverkusen n. V. 1:1, Elfmeterschießen 4:1; Eintracht Frankfurt – VfL Wolfsburg n. V. 0:0, Elfmeterschießen 3:4; SSV Ulm 1846 – VfB Stuttgart 0:1; FC Schalke 04 – Hamburger SV 3:2; Stuttgarter Kickers – FSV Salmrohr 4:0; TSV Vestenbergsgreuth – FC Homburg/Saar 5:1; Tennis Borussia Berlin – FC St. Pauli 3:4; Dynamo Dresden

– Bayer Uerdingen 1:0; Fortuna Köln – VfL Bochum n. V. 2:1; Karlsruher SC – Waldhof Mannheim n. V. 1:1, Elfmeterschießen 3:2; Kickers Offenbach – Borussia Mönchengladbach 0:1; Hannover 96 – 1. FC Saarbrücken 0:2; Bayern München Am. – Chemnitzer FC n. V. 2:2, Elfmeterschießen 4:1; MSV Duisburg – FSV Mainz 0:2; 1. FC Kaiserslautern – Borussia Dortmund n. V. 6:3.
Achtelfinale: Borussia Mönchengladbach – FSV Mainz 05 6:4; 1. FC Saarbrücken – FC St. Pauli 1:4; 1. FC Köln – Dynamo Dresden 2:1; TSV München 1860 – FC Schalke 04 n. V. 1:2; TSV Vestenbergsgreuth – VfL Wolfsburg n. V. 1:1, Elfmeterschießen 3:4; Stuttgarter Kickers – Karlsruher SC 0:2; 1. FC Kaiserslautern – Fortuna Köln 7:3; Bayern München Am. – VfB Stuttgart n. V. 2:2, Elfmeterschießen 7:6.
Viertelfinale: 1. FC Kaiserslautern – FC St. Pauli 4:2; Bayern München Am. – VfL Wolfsburg 1:2; 1. FC Köln – Karlsruher SC 2:1; Borussia Mönchengladbach – FC Schalke 04 3:2.
Halbfinale: 1. FC Köln – VfL Wolfsburg 0:1; Bor. Mönchengladbach – 1. FC Kaiserslautern n. V. 1:0.
Endspiel: Borussia Mönchengladbach – VfL Wolfsburg 3:0.

1996

1. Runde: TSG Pfeddersheim – Borussia Dortmund n. V. 1:1, Elfmeterschießen 3:4; Fortuna Köln – 1. FC Kaiserslautern n. V. 3:4; SSV Ulm 1846 – Chemnitzer FC n. V. 2:3; FV Zeulenroda – FSV Zwickau 0:1; Werder Bremen Am. – SpVgg Unterhaching 0:2; SV Mettlach – Hertha BSC Berlin 0:4; FC Homburg/Saar – FC St. Pauli n. V. 2:1; 1. FC Nürnberg – Hansa Rostock 2:1; Dynamo Dresden – Fortuna Düsseldorf 1:3; VfL Osnabrück – Waldhof Mannheim n. V. 0:1; FSV Frankfurt – Carl Zeiss Jena 1:3; SpVgg Beckum – 1. FC Köln n. V. 0:0, Elfmeterschießen 4:3; Greifswalder SC – VfB Lübeck 4:1; Heider SV – SC Freiburg 1:6; SSV Vorsfelde – FC Schalke 04 0:5; Rot-Weiss Essen – Hannover 96 2:0; 1. FC Nürnberg Am. – Borussia Mönchengladbach 0:3; SC Neukirchen – 1. FSV Mainz 05 n. V. 2:2, Elfmeterschießen 5:6; 1. SC Norderstedt – SG Wattenscheid 09 0:1; VfB Gaggenau – TSV München 1860 1:6; FSV Salmrohr – VfB Leipzig 0:2; Sachsen Leipzig – VfL Bochum 2:1; Bayern München Am. – Werder Bremen 0:1; Energie Cottbus – SV Meppen 1:2; Tennis Borussia Berlin – Karlsruher SC 1:2; Arminia Bielefeld – Hamburger SV 2:1; MSV Duisburg – Bayer Leverkusen 0:2; 1. FC Saarbrücken – Eintracht Frankfurt n. V. 1:2; Lok/Altmark Stendal – VfL Wolfsburg 1:1 (wegen Dunkelheit abgebrochen), Wiederholung: n. V. 0:0, Elfmeterschießen 4:3; SV Sandhausen – VfB Stuttgart n. V. 2:2, Elfmeterschießen 13:12; 1. FC Köln Am. – KFC Uerdingen 05 0:2; Stuttgarter Kickers – Bayern München 0:1.
2. Runde: Fortuna Düsseldorf – Bayern München 3:1; VfB Leipzig – FC Schalke 04 0:1; SpVgg Beckum – SpVgg Unterhaching 2:3; Borussia Dortmund – KFC Uerdingen 05 3:0; 1. FC Kaiserslautern – SG Wattenscheid 09 3:0; SC Freiburg – Arminia Bielefeld 1:0; 1. FC Nürnberg – SV Meppen 2:1;TSV München 1860 – Eintracht Frankfurt 5:1; Lok/Altmark Stendal – Hertha BSC Berlin n. V. 3:2; Greifswalder SC – Rot-Weiss Essen 1:4; Sachsen Leipzig – Karlsruher SC 0:2; SV Sandhausen – FC Homburg/Saar 1:2; Carl Zeiss Jena – Chemnitzer FC 2:5; Bayer Leverkusen – Borussia Mönchengladbach 2:0; FSV Mainz 05 – Werder Bremen 2:3; Waldhof Mannheim – FSV Zwickau 2:0.
Achtelfinale: 1. FC Kaiserslautern – FC Schalke 04 1:0; SC Freiburg – Borussia Dortmund n. V. 0:1; 1. FC Nürnberg – Werder Bremen 3:2; SpVgg Unterhaching – Karlsruher SC 2:3; Fortuna Düsseldorf – Chemnitzer FC 3:1; FC Homburg/Saar – TSV München 1860 2:1; Rot-Weiss Essen – Bayer Leverkusen n. V. 4:4, Elfmeterschießen 1:4; Lok/Altmark Stendal – Waldhof Mannheim n. V. 2:2, Elfmeterschießen 5:4.
Viertelfinale: Lok/Altmark Stendal – Bayer Leverkusen n. V. 0:0, Elfmeterschießen 4:5; Fortuna Düsseldorf – 1. FC Nürnberg 1:0; FC Homburg/Saar – 1. FC Kaiserslautern n. V. 3:4; Borussia Dortmund – Karlsruher SC 1:3.
Halbfinale: 1. FC Kaiserslautern – Bayer Leverkusen 1:0; Karlsruher SC – Fortuna Düsseldorf 2:0.
Endspiel: 1. FC Kaiserslautern – Karlsruher SC 1:0.

1997

1. Runde: 1. FC Nürnberg – 1. FSV Mainz 05 1:0; Hamburger SV Am. – Arminia Bielefeld 1:3; FC Bremerhaven – Karlsruher SC 2:3; 1. FC Schweinfurt 05 – Hansa Rostock 2:5; SV Bonlanden – VfL Bochum n. V. 2:4; Rot-Weiß Oberhausen – FC St. Pauli 1:4; Tennis Borussia Berlin – Bayern München 0:3; FV Donaueschingen – 1. FC Köln 1:3; Bayer Leverkusen Am. – MSV Duisburg n. V. 1:3; SpVgg Greuther Fürth – 1. FC Kaiserslautern 1:0; Kickers Emden – Fortuna Düsseldorf 1:3; VfR Mannheim – Borussia Mönchengladbach 0:2; VfB Stuttgart – Fortuna Köln n. V. 0:0, Elfmeterschießen 4:1; KFC Uerdingen 05 – SC Freiburg 0:2; Greifswalder SC – SpVgg Unterhaching 0:3; Borussia Neunkirchen – VfB Leipzig n. V. 1:1, Elfmeterschießen 5:4; Wacker Nordhausen – TSV München 1860 1:5; Lok/Altmark Stendal – Hertha BSC Berlin 1:5; SSV Ulm 1846 – FC Schalke 04 0:2; SG Wattenscheid 09 – Borussia Dortmund n. V. 4:3; TuS Paderborn-Neuhaus – Hamburger SV 1:3; Chemnitzer FC – Waldhof Mannheim 0:1; FSV Salmrohr – VfB Oldenburg 1:3; Hannover 96 – FC Gütersloh 1:0; SV Wehen – VfB Lübeck 1:2; VfB Leipzig Am. – VfL Wolfsburg 0:4; Karlsruher SC Am. – Carl Zeiss Jena 2:0; Holstein Kiel – Eintracht Frankfurt 2:4; TSG Pfeddersheim – FSV Zwickau 1:2;

Werder Bremen – Bayer Leverkusen n. V. 1:1, Elfmeterschießen 5:3; TSV Pansdorf – Energie Cottbus 1:4; Reinickendorfer Füchse – SV Meppen 0:2.

2. Runde: Karlsruher SC – Hansa Rostock 2:0; MSV Duisburg – VfB Lübeck n. V. 1:0; Borussia Neunkirchen – FC St. Pauli 1:3; SV Meppen – Eintracht Frankfurt 6:1; Energie Cottbus – VfL Wolfsburg 1:0; SpVgg Greuther Fürth – 1. FC Nürnberg 2:1; FSV Zwickau – 1. FC Köln n. V. 3:1; SG Wattenscheid 09 – Karlsruher SC Am. n. V. 0:0, Elfmeterschießen 2:4; VfB Oldenburg – Werder Bremen 1:2; Arminia Bielefeld – SpVgg Unterhaching 0:1; Fortuna Düsseldorf – Hamburger SV 1:4; FC Schalke 04 – VfL Bochum 2:3; Waldhof Mannheim – SC Freiburg 0:1; Hannover 96 – TSV München 1860 2:4; Hertha BSC Berlin – VfB Stuttgart n. V. 1:1, Elfmeterschießen 4:5; Bor. Mönchengladbach – Bayern München 1:2.

Achtelfinale: TSV München 1860 – Hamburger SV 1:2; FC St. Pauli – SpVgg Unterhaching 1:0; SC Freiburg – SV Meppen 2:1; Karlsruher SC Am. – VfL Bochum 0:1; Energie Cottbus – MSV Duisburg n. V. 2:2, Elfmeterschießen 5:4; SpVgg Greuther Fürth – Karlsruher SC (in Nürnberg) 1:3; VfB Stuttgart – FSV Zwickau 2:0; Bayern München – Werder Bremen 3:1.

Viertelfinale: Energie Cottbus – FC St. Pauli n. V. 0:0, Elfmeterschießen 5:4; Hamburger SV – VfL Bochum 2:1; SC Freiburg – VfB Stuttgart n. V. 1:1, Elfmeterschießen 2:4; Karlsruher SC – Bayern München 1:0.

Halbfinale: Energie Cottbus – Karlsruher SC 3:0; VfB Stuttgart – Hamburger SV 2:1.

Endspiel: VfB Stuttgart – Energie Cottbus 2:0.

1998

1. Runde: Hansa Rostock – Bayer Leverkusen 0:2; FSV Zwickau – FC Schalke 04 0:1; Chemnitzer FC – Karlsruher SC 1:3; SV Warnemünde – Borussia Dortmund 0:8; Rot-Weiß Oberhausen – Werder Bremen 0:2; SSV Ulm 1846 – 1. FC Köln 3:1; DJK Waldberg – Bayern München (in Nürnberg) 1:16; Rot-Weiss Essen – MSV Duisburg 1:2; Hamburger SV Am. – VfL Bochum 2:3; Borussia Mönchengladbach Am. – VfB Stuttgart 0:1; Hannover 96 – Borussia Mönchengladbach n. V. 1:1, Elfmeterschießen 5:3; Wacker Nordhausen – Hamburger SV 1:3; 1. FC Kaiserslautern Am. – 1. FC Kaiserslautern 0:5; Werder Bremen Am. – VfL Wolfsburg n. V. 2:3; TuS Celle – TSV München 1860 0:2; SSV Reutlingen – Arminia Bielefeld 0:3; Eisenhüttenstdter FC Stahl – Hertha BSC Berlin 0:4; VfB Leipzig – FC Gütersloh 2:1; Carl Zeiss Jena – FC St. Pauli n. V. 1:1, Elfmeterschießen 4:2; Waldhof Mannheim – SG Wattenscheid 09 2:2 n. V., Elfmeterschießen 4:3; TSV Pansdorf – Energie Cottbus 1:4; 1. FC Saarbrücken – SC Freiburg 1:0; Alemannia Aachen – 1. FC Nürnberg n. V. 0:0, Elfmeterschießen 4:3; VfR Mannheim – Fortuna Köln 6:2; Reinickendorfer Füchse – SV Meppen 0:2; VfB Lübeck – Fortuna Düsseldorf 2:1; FC Singen 04 – SpVgg Greuther Fürth 0:2; Preußen Münster – 1. FSV Mainz 05 n. V. 2:2, Elfmeterschießen 6:7; SC Neukirchen – KFC Uerdingen 05 0:2; VfL Halle 96 – Eintracht Frankfurt 0:4; Eintracht Trier – SpVgg Unterhaching 2:1; VfB Oldenburg – Stuttgarter Kickers 2:4.

2. Runde: Eintracht Trier – FC Schalke 04 1:0; Waldhof Mannheim – Energie Cottbus 4:3; Eintracht Frankfurt – Werder Bremen 3:0; Alemannia Aachen – VfB Leipzig n. V. 2:1; MSV Duisburg – VfL Bochum 1:0; VfL Wolfsburg – Bayern München n. V. 3:3, Elfmeterschießen 3:4; Karlsruher SC – Arminia Bielefeld n. V. 2:2, Elfmeterschießen 2:4; Hannover 96 – TSV München 1860 1:0; SSV Ulm 1846 – 1. FSV Mainz 05 4:1; VfB Stuttgart – Hertha BSC Berlin 2:0; SV Meppen – Stuttgarter Kickers 4:1; SpVgg Greuther Fürth – Borussia Dortmund (in Nürnberg) 2:4; 1. FC Saarbrücken – 1. FC Kaiserslautern 0:4; VfR Mannheim – Carl Zeiss Jena n. V. 1:1, Elfmeterschießen 3:4; Bayer Leverkusen – Hamburger SV n. V. 2:1; VfB Lübeck – KFC Uerdingen 05 1:4.

Achtelfinale: Eintracht Trier – Borussia Dortmund 2:1; 1. FC Kaiserslautern – Bayern München 1:2; Bayer Leverkusen – Arminia Bielefeld n. V. 1:1, Elfmeterschießen 4:3; MSV Duisburg – Eintracht Frankfurt 1:0; SSV Ulm 1846 – VfB Stuttgart 1:3; SV Meppen – KFC Uerdingen 05 0:2; Hannover 96 – Carl Zeiss Jena n. V. 1:1, Elfmeterschießen 2:4; Alemannia Aachen – Waldhof Mannheim n. V. 1:1, Elfmeterschießen 4:5.

Viertelfinale: KFC Uerdingen 05 – VfB Stuttgart 0:4; Carl Zeiss Jena – MSV Duisburg 1:2; Eintracht Trier – Waldhof Mannheim 1:0; Bayern München – Bayer Leverkusen 2:0.

Halbfinale: Bayern München – VfB Stuttgart 3:0; Eintracht Trier – MSV Duisburg n. V. 1:1, Elfmeterschießen 9:10.

Endspiel: Bayern München – MSV Duisburg 2:1.

1999

1. Runde: Karlsruher SC – VfL Wolfsburg 3:4; 1. FC Köln – Hansa Rostock 0:1; Fortuna Köln – 1. FC Kaiserslautern 1:3; 1. FC Saarbrücken – Borussia Dortmund n. V. 1:1, Elfmeterschießen 1:3; FC St. Paul Am. – Bayer Leverkusen 0:5; Hansa Rostock Am. – MSV Duisburg 0:3; Chemnitzer FC – SC Freiburg 1:2; Bayer Leverkusen Am. – Werder Bremen n. V. 1:2; VfB Lübeck – VfB Stuttgart 1:2; VfB Leipzig – TSV München 1860 n. V. 2:4; FC Denzlingen – Hamburger SV 0:3; Waldhof Mannheim – Borussia Mönchengladbach 1:5;

VfB Lichterfelde – FC Schalke 04 0:6; VfL Osnabrück – 1. FC Nürnberg 0:2; FSV Zwickau – VfL Bochum 2:5; Post/Süd Regensburg – Hertha BSC Berlin 0:2; Rot-Weiß Erfurt – Eintracht Frankfurt 1:6; LR Ahlen – Bayern München 0:5; Tennis Borussia Berlin – Hannover 96 1:0; SV Schalding-Heining – SpVgg Unterhaching 0:1; Spfr. Eisbachtal – FC Gütersloh n. V. 1:0; Kickers Offenbach – SG Wattenscheid 09 0:1; Energie Cottbus Am. – SpVgg Greuther Fürth 0:1; Werder Bremen Am. – Rot-Weiß Oberhausen 0:1; Spfr. Dorfmerkingen – Stuttgarter Kickers 0:3; SG Hoechst – Energie Cottbus 1:2; SV Straelen – Fortuna Düsseldorf 4:7; Spfr. Siegen – 1. FSV Mainz 05 n. V. 3:1; Carl Zeiss Jena – SSV Ulm 1846 1:0; SC Idar-Oberstein – Arminia Bielefeld 0:1; 1. FC Magdeburg – KFC Uerdingen 05 1:2; SV Meppen – FC St. Pauli 0:1.
2. Runde: Hamburger SV – SpVgg Unterhaching 4:0; Energie Cottbus – Borussia Mönchengladbach 2:4; Werder Bremen – Hansa Rostock 3:2; 1. FC Kaiserslautern – VfL Bochum n. V. 1:1, Elfmeterschießen 4:5; Bayer Leverkusen – Hertha BSC Berlin n. V. 1:1, Elfmeterschießen 3:4; VfB Stuttgart – Eintracht Frankfurt 3:2; VfL Wolfsburg – 1. FC Nürnberg n. V. 3:0; Borussia Dortmund – FC Schalke 04 n. V. 1:0; Fortuna Düsseldorf – TSV München 1860 2:2; SpVgg Greuther Fürth – Bayern München n. V. 0:0, Elfmeterschießen 3:4; Spfr. Siegen – SC Freiburg 1:0; Carl Zeiss Jena – MSV Duisburg 1:2; Tennis Borussia Berlin – Stuttgarter Kickers 4:2; Arminia Bielefeld – SG Wattenscheid 09 2:1; KFC Uerdingen 05 – FC St. Pauli n. V. 1:1, Elfmeterschießen 5:4; Spfr. Eisbachtal – Rot-Weiß Oberhausen 1:4.
Achtelfinale: Rot-Weiß Oberhausen – Hamburger SV n. V. 3:3, Elfmeterschießen 4:3; VfL Bochum – Borussia Mönchengladbach 0:1; VfB Stuttgart – Borussia Dortmund 3:1; VfL Wolfsburg – Arminia Bielefeld 3:1; Werder Bremen – Fortuna Düsseldorf 3:2; Tennis Borussia Berlin – Hertha BSC Berlin 4:2; MSV Duisburg – Bayern München 2:4; Spfr. Siegen – KFC Uerdingen 05 1:0.
Viertelfinale: Bayern München – VfB Stuttgart 3:0; Spfr. Siegen – VfL Wolfsburg 1:3; Rot-Weiß Oberhausen – Borussia Mönchengladbach 2:0; Werder Bremen – Tennis Borussia Berlin n. V. 2:1.
Halbfinale: Rot-Weiß Oberhausen – Bayern München 1:3 (in Gelsenkirchen), VfL Wolfsburg – Werder Bremen 0:1.
Endspiel: Werder Bremen – Bayern München n. V. 1:1, Elfmeterschießen 5:4.

2000

1. Runde (Freilos: alle 18 Bundesligisten, 9 Zweitligisten, 19 Amateurvereine): SC Verl – Borussia Mönchengladbach n. V. 0:0, Elfmeterschießen 6:5; SV Darmstadt 98 – Chemnitzer FC 2:4; Carl Zeiss Jena – SpVgg Greuther Fürth 1:2; VFC Plauen – Alemannia Aachen 1:0; VfL Osnabrück – Energie Cottbus 0:1; VfL Hamm – Stuttgarter Kickers 0:4; FC Singen 04 – Rot-Weiß Oberhausen 3:2; Fortuna Düsseldorf – 1. FC Nürnberg 2:0; Wuppertaler SV – Kickers Offenbach 1:2.
2. Runde (Freilos: die 9 Bundesligisten, die sich für einen internationalen Wettbewerb qualifiziert hatten): SV Babelsberg 03 – SpVgg Unterhaching 1:0; FK Pirmasens – TSV München 1860 0:3; SpVgg Landshut – Hansa Rostock 0:2; Fortuna Düsseldorf – SSV Ulm 1846 0:2; 1. FC Saarbrücken – FC Schalke 04 0:1; 1. FC Pforzheim – SC Freiburg 0:2; SC Verl – Eintracht Frankfurt 0:4; Berliner FC Dynamo – Arminia Bielefeld 0:2; 1. SC Norderstedt – VfB Stuttgart 0:3; Werder Bremen Am. – Fortuna Köln 3:1; Eintracht Trier – Karlsruher SC n. V. 1:1, Elfmeterschießen 5:4; SG Wattenscheid 09 – 1. FC Köln 1:7; KFC Uerdingen 05 – Tennis Borussia Berlin 0:4; FC Gütersloh – Energie Cottbus 0:1; SSV Reutlingen – VfL Bochum 2:3; SV Meppen – Kickers Offenbach 2:1; TSV 1860 Rosenheim – FC St. Pauli 1:2; VFC Plauen – Stuttgarter Kickers 1:2; TuS Langerwehe – Chemnitzer FC 0:6; FC Singen 04 – SpVgg Greuther Fürth 1:3; VfB Lübeck – Hannover 96 0:1; VfL Halle 96 – 1. FSV Mainz 05 1:2; FC Schönberg – Waldhof Mannheim 0:3.
3. Runde: Werder Bremen – 1. FC Kaiserslautern n. V. 2:2, Elfmeterschießen 4:3; Chemnitzer FC – VfL Wolfsburg 2:3; VfL Bochum – MSV Duisburg n. V. 1:1, Elfmeterschießen 6:5; 1. FSV Mainz 05 – Hamburger SV 2:0; Hannover 96 – Arminia Bielefeld 1:2; FC St. Pauli – SSV Ulm 1846 0:2; SpVgg Greuther Fürth – Hansa Rostock 1:3; 1. FC Köln – Eintracht Frankfurt 2:1; Waldhof Mannheim – Bayer Leverkusen n. V. 3:2; Energie Cottbus – FC Schalke 04 n. V. 2:2, Elfmeterschießen 5:4; Stuttgarter Kickers – Borussia Dortmund 3:1; Tennis Borussia Berlin – Hertha BSC Berlin n. V. 2:3; SV Babelsberg 03 – SC Freiburg n. V. 2:4, Werder Bremen Am. – VfB Stuttgart 0:1; SV Meppen – Bayern München 1:4; Eintracht Trier – TSV München 1860 2:1.
Achtelfinale: Werder Bremen – SSV Ulm 1846 2:1; Waldhof Mannheim – Bayern München 0:3; SC Freiburg – Energie Cottbus 2:0; 1. FSV Mainz 05 – Hertha BSC Berlin n. V. 2:1; VfB Stuttgart – 1. FC Köln 4:0; Stuttgarter Kickers – Arminia Bielefeld n. V. 3:2; VfL Bochum – VfL Wolfsburg 5:4; Eintracht Trier – Hansa Rostock 0:4.
Viertelfinale: Hansa Rostock – VfB Stuttgart 2:1; VfL Bochum – Werder Bremen 1:2; Stuttgarter Kickers – SC Freiburg 1:0; Bayern München – 1. FSV Mainz 05 3:0.
Halbfinale: Werder Bremen – Stuttgarter Kickers n. V. 2:1; Bayern München – Hansa Rostock 3:2.
Endspiel: Bayern München – Werder Bremen 3:0.

2001

1. Runde: SSV Reutlingen – Hertha BSC Berlin n. V. 2:3; TuS Dassendorf – SpVgg Unterhaching 0:5; VfB Stuttgart Am. – Eintracht Frankfurt 6:1; Tennis Borussia Berlin II – Werder Bremen 0:2; FC Ismaning – Borussia Dortmund 0:4; FC Schönberg – Bayern München 0:4; Wuppertaler SV – VfB Stuttgart 1:3; Werder Bremen Am. – VfL Wolfsburg 0:1; SV Babelsberg 03 – VfL Bochum 1:6; 1. FC Magdeburg – 1. FC Köln 5:2; TSV Rain/Lech – FC Schalke 04 0:7; VfL Hamm – Energie Cottbus 0:6; Fortuna Köln – Bayer Leverkusen 0:4; TSG Pfeddersheim – TSV München 1860 0:7; SC Pfullendorf – SC Freiburg 1:3; Erzgebirge Aue – Hamburger SV 0:3; SC Paderborn 07 – Hansa Rostock 1:2; Kickers Offenbach – 1. FC Kaiserslautern 0:4; VfL Osnabrück – Hannover 96 0:1; LR Ahlen – Borussia Mönchengladbach 1:2; 1. FC Saarbrücken – SpVgg Greuther Fürth 0:1; Rot–Weiß Erfurt – SSV Ulm 1846 0:2; Karlsruher SC – Chemnitzer FC 2:1; Bayer Leverkusen Am. – FC St. Pauli 1:2; SC Halberg Brebach – 1. FC Nürnberg 0:5; Tennis Borussia Berlin – Arminia Bielefeld 1:3; Kickers Emden – 1. FSV Mainz 05 0:1; Karlsruher SC II – Alemannia Aachen 0:2; SV Wehen – Stuttgarter Kickers 2:1; FC Teningen – MSV Duisburg 0:3; 1. FC Union Berlin – Rot-Weiß Oberhausen 2:0; VfB Lübeck – Waldhof Mannheim 2:2, Elfmeterschießen 3:2.

2. Runde: SC Freiburg – Werder Bremen 1:0; SpVgg Unterhaching – TSV München 1860 n. V. 1:2; VfL Wolfsburg – Hertha BSC Berlin 3:1; Arminia Bielefeld – VfL Bochum 0:4; Alemannia Aachen – Bayer Leverkusen 1:2; SSV Ulm 1846 – Energie Cottbus 2:0; Hannover 96 – Hansa Rostock 2:1; Borussia Mönchengladbach – 1. FC Kaiserslautern 5:1; FC St. Pauli – FC Schalke 04 n. V. 1:3; Karlsruher SC – Hamburger SV 1:0; SV Wehen – Boussia Dortmund n. V. 0:1 (in Mainz); VfB Stuttgart Am. – VfB Stuttgart 0:3; 1. FC Magdeburg – Bayern München 1:1, Elfmeterschießen 4:2; 1. FC Nürnberg – 1. FSV Mainz 05 4:0; 1. FC Union Berlin – SpVgg Greuther Fürth 1:0; VfB Lübeck – MSV Duisburg 1:1, Elfmeterschießen 3:5.

Achtelfinale: SC Freiburg – Bayer Leverkusen 3:2; TSV München 1860 – VfL Bochum 0:5; FC Schalke 04 – Borussia Dortmund 2:1; VfL Wolfsburg – MSV Duisburg n. V. 1:1, Elfmeterschießen 3:4; VfB Stuttgart – Hannover 96 2:1; Borussia Mönchengladbach – 1. FC Nürnberg 1:0; 1. FC Union Berlin – SSV Ulm 1846 4:2; 1. FC Magdeburg – Karlsruher SC n. V. 5:3.

Viertelfinale: VfB Stuttgart – SC Freiburg n. V. 2:1; 1. FC Union Berlin – VfL Bochum 1:0; 1. FC Magdeburg – FC Schalke 04 0:1; MSV Duisburg – Borussia Mönchengladbach 0:1.

Halbfinale: 1. FC Union Berlin – Borussia Mönchengladbach n. V. 2:2, Elfmeterschießen 4:2; VfB Stuttgart – FC Schalke 04 0:3.

Endspiel: FC Schalke 04 – 1. FC Union Berlin 2:0.

2002

1. Runde: Rot-Weiß Erfurt – LR Ahlen n. V. 2:2, Elfmeterschießen 9:8; VfB Stuttgart Am. – SpVgg Greuther Fürth 0:1; VfR Mannheim – Hannover 96 1:3; SV Yesilyurt Berlin – SC Freiburg 2:4; SV Babelsberg 03 – Hertha BSC Berlin 1:2; FC 08 Homburg – Hamburger SV 2:5; FC St. Pauli Am. – Eintracht Frankfurt n. V. 0:1; KFC Uerdingen 05 – Energie Cottbus 1:0; Würzburger FV – TSV München 1860 0:10; VfR Aalen – Rot-Weiß Oberhausen 0:2; Erzgebirge Aue – 1. FSV Mainz 05 n. V. 1:2; Blau-Weiß Brühl – 1. FC Kaiserslautern 1:4; VfL Osnabrück – Hansa Rostock 2:1; VfB Lübeck – Werder Bremen 2:3; Eintracht Trier – Alemannia Aachen n. V. 2:4; Stuttgarter Kickers – SpVgg Unterhaching 1:5; Karlsruher SC – Waldhof Mannheim 2:5; VfL Wolfsburg Am. – Borussia Dortmund 1:0; SV Darmstadt 98 – FC St. Pauli 3:1; Werder Bremen Am. – 1. FC Saarbrücken 5:0; Energie Cottbus Am. – Arminia Bielefeld 0:4; FC Schüttorf 09 – SSV Reutlingen 1:4; FC Schalke 04 Am. – VfL Bochum 0:1; FC Schönberg – VfB Stuttgart 2:4; Jahn Regensburg – Bayer Leverkusen 0:3; Chemnitzer FC – 1. FC Köln 2:5; 1. FSV Mainz 05 Am. – Borussia Mönchengladbach n.V. 0:0, Elfmeterschießen 2:4; SC Freiburg Am. – FC Schalke 04 0:1; 1. FC Magdeburg – VfL Wolfsburg 1:5; 1. FC Union Berlin – MSV Duisburg 1:0; SSV Ulm 1846 – 1. FC Nürnberg 2:1; SC Paderborn 07 – Bayern München 1:5.

2. Runde: Rot-Weiß Erfurt – Hertha BSC Berlin n. V. 1:2; KFC Uerdingen 05 – Werder Bremen n. V. 1:1, Elfmeterschießen 4:3; Arminia Bielefeld – FC Schalke 04 1:2; Hamburger SV – VfB Stuttgart 0:2; 1. FSV Mainz 05 – SpVgg Greuther Fürth 3:2; VfL Wolfsburg – SpVgg Unterhaching 3:0; SV Darmstadt 98 – SC Freiburg n. V. 3:3, Elfmeterschießen 3:1; VfL Wolfsburg Am. – Hannover 96 0:4, SSV Ulm 1846 – 1. FC Union Berlin 0:3, Werder Bremen Am. – Eintracht Frankfurt n. V. 3:3, Elfmeterschießen 2:4; Waldhof Mannheim – 1. FC Kaiserslautern 2:3; Alemannia Aachen – 1. FC Köln 1:2; TSV München 1860 – Borussia Mönchengladbach 4:3; SSV Reutlingen – Rot-Weiß Oberhausen n. V. 2:2, Elfmeterschießen 3:4; VfL Bochum – Bayer Leverkusen 2:3; VfL Osnabrück – Bayern München 0:2.

Achtelfinale: VfB Stuttgart – TSV München 1860 n. V. 2:2, Elfmeterschießen 2:4; 1. FC Union Berlin – Rot-Weiß Oberhausen 1:2; 1. FSV Mainz 05 – 1. FC Kaiserslautern 2:3; Eintracht Frankfurt – Hertha BSC Berlin n. V. 1:2; KFC Uerdingen 05 – 1. FC Köln n. V. 1:1, Elfmeterschießen 3:5; SV Darmstadt 98 – FC Schalke 04 n. V. 0:1; Bayern München – VfL Wolfsburg 2:1; Hannover 96 – Bayer Leverkusen 1:2.

Viertelfinale: Hertha BSC Berlin – 1. FC Köln n. V. 1:2; FC Schalke 04 – Rot-Weiß Oberhausen 2:0; Bayer Leverkusen – TSV München 1860 3:0; 1. FC Kaiserslautern – Bayern München n. V. 0:0, Elfmeterschießen 3:5.
Halbfinale: Bayer Leverkusen – 1. FC Köln n. V. 3:1, Schalke 04 – Bayern München n. V. 2:0.
Endspiel: FC Schalke 04 – Bayer Leverkusen 4:2.

2003

1. Runde: Eintracht Trier – 1. FC Nürnberg 0:2; Wacker Burghausen – Energie Cottbus 0:2; SC Paderborn 07 – VfB Stuttgart 1:4; Erzgebirge Aue – VfL Bochum 1:3; Werder Bremen Am. – Bayern München 0:3; Eisenhüttenstädter FC Stahl – Werder Bremen 0:1; Concordia Ihrhove – Borussia Dortmund 0:3; FC Schönberg 95 – Hamburger SV 0:6; VfR Aalen – Hannover 96 n.V. 2:3; Bayern München Am. – FC Schalke 04 1:2; Holstein Kiel – Hertha BSC Berlin n. V. 0:0, Elfmeterschießen 3:0; Alemannia Aachen Am. – TSV München 1860 0:7; 1. FC Saarbrücken II – Arminia Bielefeld 0:5; USC Paloma Hamburg – 1. FC Kaiserslautern 0:5; 1. FSV Mainz 05 Am. – Hansa Rostock 0:2; SV Babelsberg 03 – Borussia Mönchengladbach 0:1; FSV Salmrohr – VfL Wolfsburg 0:2; Rot-Weiss Essen – Bayer Leverkusen 0:1; VfB Lübeck – MSV Duisburg n.V. 2:3; Eintracht Braunschweig – SSV Reutlingen 1:2; Tennis Borussia Berlin – FC St. Pauli 1:2; 1. FC Saarbrücken – Waldhof Mannheim n. V 1:1, Elfmeterschießen 3:4; SpVgg Unterhaching – 1. FSV Mainz 05 n. V. 1:1, Elfmeterschießen 4:2; 1. 1. FC Schweinfurt 05 – 1. FC Union Berlin n.V. 1:2; TSG Hoffenheim – SpVgg Greuther Fürth 4:1; Jahn Regensburg – LR Ahlen 1:2; VfL Wolfsburg Am. – 1. FC Köln 1:3; Bahlinger SC – Alemannia Aachen 1:0; Kickers Offenbach – Karlsruher SC n.V. 3:1; Hallescher FC – SC Freiburg 1:3; Sportfreunde Siegen – Rot-Weiß Oberhausen n.V. 0:1; Rot-Weiß Erfurt – Eintracht Frankfurt n.V. 2:3.
2. Runde: TSV München 1860 – VfL Wolfsburg n. V. 2:2, Elfmeterschießen 8:7; Bayern München – Hannover 96 2:1; Energie Cottbus – 1. FC Kaiserslautern 0:1; Bayer Leverkusen – VfB Stuttgart 3:0; FC Schalke 04 – Borussia Mönchengladbach 5:0; Hansa Rostock – Eintracht Frankfurt 1:0; Hamburger SV – MSV Duisburg 2:0; SC Freiburg – Borussia Dortmund 3:0; Rot-Weiß Oberhausen – Arminia Bielefeld 1:0; FC St. Pauli – Werder Bremen 0:3; Holstein Kiel – VfL Bochum 1:2; Kickers Offenbach – 1. FC Nürnberg n.V. 2:3; LR Ahlen – SSV Reutlingen 3:1; SpVgg Unterhaching – 1. FC Union Berlin 1:0; TSG Hoffenheim – 1. FC Köln 1:5; Bahlinger SC – Waldhof Mannheim 1:2.
Achtelfinale: Hamburger SV – VfL Bochum 0:1; Bayern München – FC Schalke 04 n. V. 0:0, Elfmeterschießen 5:4; TSV München 1860 – Rot-Weiß Oberhausen 2:1; Bayer Leverkusen – Waldhof Mannheim 2:1; 1. FC Kaiserslautern – SC Freiburg 2:0; 1. FC Nürnberg – 1. FC Köln 0:2; LR Ahlen – Werder Bremen 1:2; SpVgg Unterhaching – Hansa Rostock 3:2.
Viertelfinale: VfL Bochum – 1. FC Kaiserslautern n. V. 2:2, Elfmeterschießen 3:4, TSV München 1860 – Werder Bremen n.V. 1:4; Bayern München – 1. FC Köln 8:0; SpVgg Unterhaching – Bayer Leverkusen n. V. 2:2, Elfmeterschießen 4:5.
Halbfinale: 1. FC Kaiserslautern – Werder Bremen 3:0; Bayern München – Bayer Leverkusen 3:1.
Endspiel: Bayern München – 1. FC Kaiserslautern 3:1.

2004

1. Runde: TSG Hoffenheim – Eintracht Trier n. V. 4:3; VfL Wolfsburg Am. – Energie Cottbus 2:0; Rot-Weiß Erfurt – Alemannia Aachen n. V. 1:1, Elfmeterschießen 3:4; Waldhof Mannheim – 1. FC Union Berlin 0:4; SSV Reutlingen – Hertha BSC Berlin 1:6; TSV Gerbrunn – Wacker Burghausen 0:14; 1. FSV Mainz 05 Am. – Karlsruher SC n. V. 1.1, Elfmeterschießen 3:4; Holstein Kiel – Bayer Leverkusen 1:3; Jahn Regensburg – VfL Bochum 2:1; Bayer Leverkusen Am. – VfB Stuttgart 0:4; SpVgg Unterhaching – Rot-Weiß Oberhausen 6:2; Ludwigsfelder FC – Werder Bremen 1:9; Erzgebirge Aue – SpVgg Greuther Fürth 0:3; ASV Bergedorf 85 – VfL Wolfsburg 1:6; FC Emmendingen – SC Freiburg 1:4; TSV Aindling – FC Schalke 04 0:3; Borussia Neunkirchen – Bayern München 0:5; Eintracht Braunschweig – 1. FC Kaiserslautern 4:1; FC Oberneuland – 1. FC Köln n. V. 2:5; VfL Kirchheim/Teck – Hannover 96 0:3; Sportfreunde Siegen – LR Ahlen n. V. 1:2 (Wertung 2:0, da Ahlen verbotenerweise vier Nicht-UEFA-Ausländer gleichzeitig eingesetzt hatte); VfL Osnabrück – Hansa Rostock n. V. 0:0, Elfmeterschießen 4:5; Reinickendorfer Füchse – 1. FC Nürnberg 0:2; BSV Rehden – TSV München 1860 1:5; SSVg Velbert – 1. FSV Mainz 05 n. V. 0:0, Elfmeterschießen 5:3; 1. FC Magdeburg – MSV Duisburg n. V. 0:0, Elfmeterschießen 3:4; Eintracht Glas/Chemie Wirges – Borussia Dortmund 0:3; Eintracht Rheine – VfB Lübeck n. V. 0:2; FC Schönberg – Borussia Mönchengladbach 0:3; Kickers Offenbach – Eintracht Frankfurt n. V. 1.1, Elfmeterschießen 3:4; FC St. Pauli – Arminia Bielefeld n. V. 0:0, Elfmeterschießen 4:3; Dynamo Dresden – Hamburger SV 0:1.
2. Runde: VfL Wolfsburg Am. – 1. FC Köln 2:3; Wacker Burghausen – VfB Stuttgart 0:1; Hansa Rostock – Hertha BSC Berlin n. V. 2:2, Elfmeterschießen 3:4; Bayern München – 1. FC Nürnberg n. V. 1:1, Elfmeterschießen 7:6; FC St. Pauli – VfB Lübeck n. V. 2:3; Werder Bremen – VfL Wolfsburg n. V. 3:1; SSVg Velbert – Jahn Regensburg n. V. 1:2, Eintracht Frankfurt – MSV Duisburg n. V. 1:2; SC Freiburg – FC Schalke 04

n. V. 7:3; 1. FC Union Berlin – Bayer Leverkusen 0:5; Alemannia Aachen – TSV München 1860 n. V. 1.1, Elfmeterschießen 5:4; SpVgg Unterhaching – Hamburger SV 2:4; TSG Hoffenheim – Karlsruher SC 4:0; Sportfreunde Siegen – SpVgg Greuther Fürth n. V. 1:2; Eintracht Braunschweig – Hannover 96 2:0; Borussia Mönchengladbach – Borussia Dortmund 2:1.

Achtelfinale: Eintracht Braunschweig – Alemannia Aachen 0:5; TSG Hoffenheim – Bayer Leverkusen 3:2; Jahn Regensburg – MSV Duisburg n. V. 3:3, Elfmeterschießen 2:4; Borussia Mönchengladbach – VfB Stuttgart 4:2; 1. FC Köln – SpVgg Greuther Fürth n. V. 1:1, Elfmeterschießen 1:3; VfB Lübeck – SC Freiburg 1:0; Werder Bremen – Hertha BSC Berlin 6:1; Bayern München – Hamburger SV 3:0.

Viertelfinale: SpVgg Greuther Fürth – Werder Bremen 2:3; TSG Hoffenheim – VfB Lübeck 0:1; Borussia Mönchengladbach – MSV Duisburg n. V. 2:2, Elfmeterschießen 4:3; Alemannia Aachen – Bayern München 2:1.

Halbfinale: Werder Bremen – VfB Lübeck n. V. 3:2, Alemannia Aachen – Borussia Mönchengladbach 1:0.

Endspiel: Werder Bremen – Alemannia Aachen 3:2.

2005

1. Runde: Werder Bremen Am. – MSV Duisburg 1:2; FC Teningen – 1. FC Nürnberg 1:2; FC St. Pauli – Energie Cottbus 1:3; Jahn Regensburg II – SpVgg Unterhaching 1:3; Kickers Offenbach – LR Ahlen 1:2; Eintracht Braunschweig – Wacker Burghausen 1:0; 1. FC Saarbrücken – 1. FC Köln 1:4; SC Paderborn 07 – Hamburger SV 4:2; VfL Osnabrück – Erzgebirge Aue 3:2; FC Schönberg – 1. FC Kaiserslautern 0:15; Jahn Regensburg – Werder Bremen 0:2; Hannover 96 Am. – Rot-Weiß Oberhausen 0:3; 1. FC Union Berlin – SC Freiburg 0:4; VfB Lübeck – Borussia Dortmund 0:1; Fortuna Düsseldorf – VfL Bochum 1:3; Rot-Weiß Erfurt – Eintracht Frankfurt 0:1; TSV Völpke – Bayern München 0:6; TuS Mayen – VfB Stuttgart 0:6; Hertha BSC Berlin Am. – FC Schalke 04 0:2; TSG Hoffenheim – Hansa Rostock 1:2; 1. FSV Mainz 05 Am. – Bayer Leverkusen 1:3; Carl Zeiss Jena – SpVgg Greuther Fürth n. V. 1:2; Dynamo Dresden – Karlsruher SC 1:2; 1. FC Köln Am. – VfL Wolfsburg 0:3 (Wertung 2:0, da Wolfsburg einen gesperrten Spieler eingesetzt hatte); Germania Schöneiche – TSV München 1860 1:2; Bayern München Am. – Borussia Mönchengladbach n. V. 1:1, Elfmeterschießen 7:6; TSV Aindling – Hertha BSC Berlin 0:1; VfR Neumünster – Hannover 96 0:3; SG Wattenscheid 09 – Eintracht Trier 1:3; Rot-Weiss Essen – Alemannia Aachen 0:2; VfR Aalen – 1. FSV Mainz 05 2:5; VFC Plauen – Arminia Bielefeld 1:2.

2. Runde: SC Paderborn 07 – MSV Duisburg 2:1; TSV München 1860 – Eintracht Trier n. V. 0:0, Elfmeterschießen 3:4; 1. FC Nürnberg – LR Ahlen n. V. 2:3; SC Freiburg – VfL Bochum n. V. 3:2; Karlsruher SC – 1. FSV Mainz 05 n. V. 0:0, Elfmeterschießen 3:0; 1. FC Köln Am. – Arminia Bielefeld 2:4; VfL Osnabrück – Bayern München 2:3; Bayern München Am. – Alemannia Aachen 2:1; Eintracht Braunschweig – Hertha BSC Berlin 3:2; 1. FC Kaiserslautern – FC Schalke 04 n. V. 4:4, Elfmeterschießen 3:4; Rot-Weiß Oberhausen – VfB Stuttgart 0:2; Energie Cottbus – Hannover 96 n. V. 2:2, Elfmeterschießen 4:5; Eintracht Frankfurt – SpVgg Greuther Fürth n. V. 4:2; 1. FC Köln – Hansa Rostock n. V. 3:3, Elfmeterschießen 2:4; Borussia Dortmund – SpVgg Unterhaching 3:1; Werder Bremen – Bayer Leverkusen 3:2.

Achtelfinale: Werder Bremen – Eintracht Trier n. V. 3:1; Bayern München Am. – Eintracht Braunschweig 3:2; Arminia Bielefeld – Karlsruher SC 4:0; Hannover 96 – Borussia Dortmund 1:0; SC Paderborn 07 – SC Freiburg n. V. 2:2, Elfmeterschießen 1:4; LR Ahlen – Hansa Rostock n. V. 2:3; Eintracht Frankfurt – FC Schalke 04 0:2; Bayern München – VfB Stuttgart 3:0.

Viertelfinale: Arminia Bielefeld – Hansa Rostock 1:0; Bayern München Am. – Werder Bremen 0:3; FC Schalke 04 – Hannover 96 3:1; SC Freiburg – Bayern München 0:7.

Halbfinale: FC Schalke 04 – Werder Bremen n. V. 2:2, Elfmeterschießen 5:4; Arminia Bielefeld – Bayern München 0:2.

Endspiel: Bayern München – FC Schalke 04 2:1

2006

1. Runde: Wuppertaler SV Borussia – TSV München 1860 1:2; Rot-Weiß Oberhausen – Eintracht Frankfurt 1:2; Holstein Kiel – SpVgg Unterhaching 0:2; Rot-Weiss Essen – Energie Cottbus n. V. 2:2, Elfmeterschießen 4:5; 1. FC Köln II – Hannover 96 0:4; VfL Bochum II – Erzgebirge Aue 2:3; 1. 1. FSV Mainz 05 II – Karlsruher SC 0:3; Rot-Weiß Erfurt – LR Ahlen n. V. 2:1; FC St. Pauli – Wacker Burghausen n. V. 3:2; Jahn Regensburg – Alemannia Aachen n. V. 1:3; FC Ingolstadt 04 – 1. FC Saarbrücken n. V. 1:1, Elfmeterschießen 4:5; Kickers Offenbach – 1. FC Köln 3:1; Tennis Borussia Berlin – VfL Bochum 0:6; Stuttgarter Kickers – Hamburger SV 1:5; Eintracht Trier – 1. FC Kaiserslautern 0:3; SC Paderborn 07 – VfL Wolfsburg 0:2; SG Wattenscheid 09 – Werder Bremen 1:3; FC 08 Villingen – Hansa Rostock n. V.

2:5; Rot-Weiß Erfurt II – Bayer Leverkusen 0:8; FC Bremerhaven – FC Schalke 04 0:3; TuS Koblenz – Hertha BSC Berlin n. V. 2:3; Sachsen Leipzig – Dynamo Dresden n. V. 1:1, Elfmeterschießen 3:5; TSG Hoffenheim – VfB Stuttgart n. V. 3:4; VfL Osnabrück – SpVgg Greuther Fürth n. V. 2:2, Elfmeterschießen 10:9; Spfr. Siegen – SC Freiburg 0:1; 1. FC Eschborn – 1. FC Nürnberg 0:4 (in Wiesbaden); FC Kutzhof – Borussia Mönchengladbach 0:3; VfL Wolfsburg II – MSV Duisburg 0:1; MSV Neuruppin – Bayern München 0:4 (in Berlin); Hansa Rostock II – 1. 1. FSV Mainz 05 0:3; Preußen Magdeburg – Arminia Bielefeld 0:3; Eintracht Braunschweig – Borussia Dortmund 2:1.

2. Runde: FC St. Pauli – VfL Bochum 4:0; Rot-Weiß Erfurt – 1. FC Kaiserslautern 2:4; SpVgg Unterhaching – 1. FC Saarbrücken n. V. 2:1; Werder Bremen – VfL Wolfsburg n. V. 2:2, Elfmeterschießen 5:4; Eintracht Frankfurt – FC Schalke 04 6:0; 1. FC Nürnberg – Dynamo Dresden 3:0; Alemannia Aachen – Hannover 96 1:2; SC Freiburg – Eintracht Braunschweig 4:1; VfL Osnabrück – 1. 1. FSV Mainz 05 n. V. 2:2, Elfmeterschießen 2:4; Hamburger SV – Bayer Leverkusen 3:2; TSV München 1860 – MSV Duisburg 3:2; Arminia Bielefeld – Energie Cottbus 2:1; Hansa Rostock – VfB Stuttgart 3:2; Kickers Offenbach – Karlsruher SC 2:1; Hertha BSC Berlin – Borussia Mönchengladbach 3:0; Erzgebirge Aue – Bayern München 0:1.

Achtelfinale: Arminia Bielefeld – SpVgg Unterhaching 2:0; SC Freiburg – TSV München 1860 n. V. 1:3; 1. FC Kaiserslautern – 1. 1. FSV Mainz 05 n. V. 1:1, Elfmeterschießen 3:4; Eintracht Frankfurt – 1. FC Nürnberg n. V. 1:1, Elfmeterschießen 4:1; Hannover 96 – Werder Bremen 1:4; FC St. Pauli – Hertha BSC Berlin n. V. 4:3; Hansa Rostock – Kickers Offenbach n. V. 1:1, Elfmeterschießen 3:4; Bayern München – Hamburger SV n. V. 1:0.

Viertelfinale: Bayern München – 1. 1. FSV Mainz 05 n. V. 3:2; Arminia Bielefeld – Kickers Offenbach n. V. 1.1, Elfmeterschießen 4:2; TSV München 1860 – Eintracht Frankfurt 1:3; FC St. Pauli – Werder Bremen 3:1.

Halbfinale: Eintracht Frankfurt – Arminia Bielefeld 1:0; FC St. Pauli – Bayern München 0:3.

Endspiel: Bayern München – Eintracht Frankfurt 1:0.

2007

1. Runde: SV Sandhausen – SpVgg Greuther Fürth 0:2; VfL Osnabrück – Eintracht Braunschweig 3:1; Westfalia Herne – Erzgebirge Aue 1:2; 1. FC Magdeburg – SC Paderborn 07 n. V. 1:1, Elfmeterschießen 6:7; SpVgg Bayreuth – Kickers Offenbach 0:2; Tennis Borussia Berlin – Karlsruher SC 1:3; Dynamo Dresden – Hannover 96 2:3; Delbrücker SC – SC Freiburg 2:4; Hansa Rostock II – FC Schalke 04 1:9; TSG Thannhausen – Borussia Dortmund 0:3; FK Pirmasens – Werder Bremen n. V. 1:1, Elfmeterschießen 4:2; BV Cloppenburg – 1. FC Nürnberg 0:1; 1. FC Gera – 1. FC Kaiserslautern 0:2; Rot-Weiss Essen – Energie Cottbus 1:0; Stuttgarter Kickers – Hamburger SV n. V. 4:3; TuS Koblenz – Bayer Leverkusen n. V. 2:2; Elfmeterschießen 1:3; FC Augsburg – Wacker Burghausen n. V. 3:4; Alemannia Aachen II – VfB Stuttgart 0:4; Spfr. Siegen – Eintracht Frankfurt 0:2; FC Homburg – VfL Bochum 1:2; FC St. Pauli – Bayern München n. V. 1:2; SSVg Velbert – SpVgg Unterhaching 0:3; SV Roßbach/Wied – Borussia Mönchengladbach 1:4; Rot-Weiss Ahlen – MSV Duisburg 1:2; SV Babelsberg 03 – Hansa Rostock 2:1; Carl Zeiss Jena – 1. FC Köln 1:2; VfB Lübeck – TSV München 1860 1:0; FC Bremerhaven – VfL Wolfsburg 1:3; 1. FC Saarbrücken – 1. FSV Mainz 05 1:0; Chemnitzer FC – Alemannia Aachen 0:2; SV Darmstadt 98 – Hertha BSC Berlin n. V. 0:1; SC Pfullendorf – Arminia Bielefeld 2:1.

2. Runde: SV Babelsberg 03 – VfB Stuttgart 2:4; 1. FC Saarbrücken – SpVgg Greuther Fürth 0:2; FK Pirmasens – SpVgg Unterhaching 0:3; VfB Lübeck – Wacker Burghausen n. V. 0:0, Elfmeterschießen 4:5; VfL Bochum – Karlsruher SC 3:2; VfL Wolfsburg – SC Freiburg 1:0; Borussia Dortmund – Hannover 96 0:1; 1. FC Köln – FC Schalke 04 n. V. 4:2; Alemannia Aachen – Erzgebirge Aue n. V. 4:2; SC Pfullendorf – Kickers Offenbach 0:2; VfL Osnabrück – Borussia Mönchengladbach 2:1; SC Paderborn 07 – 1. FC Nürnberg n. V. 1:2; Rot-Weiss Essen – Eintracht Frankfurt 1:2; MSV Duisburg – Bayer Leverkusen n. V. 3:2; Stuttgarter Kickers – Hertha BSC Berlin 0:2 (nach 81 Minuten abgebrochen, Wertung nach Spielstand); Bayern München – 1. FC Kaiserslautern 1:0.

Achtelfinale: VfL Osnabrück – Hertha BSC Berlin 0:3; VfL Bochum – VfB Stuttgart 1:4; Eintracht Frankfurt – 1. FC Köln n. V. 3:1; 1. FC Nürnberg – SpVgg Unterhaching n. V. 0:0, Elfmeterschießen 2:1; Kickers Offenbach – Wacker Burghausen 2:1; SpVgg Greuther Fürth – VfL Wolfsburg 1:3; Hannover 96 – MSV Duisburg 1:0; Alemannia Aachen – Bayern München 4:2.

Viertelfinale: 1. FC Nürnberg – Hannover 96 n. V. 0:0, Elfmeterschießen 4:2; VfL Wolfsburg – Alemannia Aachen 2:0; Kickers Offenbach – Eintracht Frankfurt 0:3; VfB Stuttgart – Hertha BSC Berlin 2:0.

Halbfinale: 1. FC Nürnberg – Eintracht Frankfurt 4:0; VfL Wolfsburg – VfB Stuttgart 0:1.

Endspiel: 1. FC Nürnberg – VfB Stuttgart n. V. 3:2.

2008

1. Runde: TSG 1899 Hoffenheim – FC Augsburg n. V. 4:2; SV Sandhausen – Kickers Offenbach 0:4; VfL Osnabrück – Borussia Mönchengladbach 0:1; SC Verl – TSV München 1860 0:3; FC St. Pauli – Bayer Leverkusen 1:0; 1. FC Magdeburg – Borussia Dortmund 1:4; SpVgg Unterhaching – Hertha BSC Berlin 0:3; Eintracht Braunschweig – Werder Bremen 0:1; Rot-Weiss Ahlen – Hannover 96 1:3; Rot-Weiss Essen – Energie Cottbus n. V. 2:2, Elfmeterschießen 6:5; SV Wilhelmshaven – 1. FC Kaiserslautern 0:4; Rot-Weiß Hasborn-Dautweiler – Hansa Rostock 0:8; SV Wehen Wiesbaden – VfB Stuttgart 1:2; 1. FC Gera 03 – Carl Zeiss Jena 0:3; Wuppertaler SV Borussia – Erzgebirge Aue n. V. 1:1, Elfmeterschießen 4:3; FC 08 Villingen – SC Freiburg 1:3; Victoria Hamburg – 1. FC Nürnberg 0:6; Holstein Kiel – Hamburger SV 0:5; Werder Bremen II – 1. FC Köln n. V. 4:2; 1. FC Union Berlin – Eintracht Frankfurt 1:4; SV Babelsberg 03 – MSV Duisburg 0:4; Bayer Leverkusen II – SC Paderborn 07 0:1; Normannia Gmünd – Alemannia Aachen 0:3; TSG Neustrelitz – Karlsruher SC n. V. 0:2; TSV Havelse – TuS Koblenz 0:3; Dynamo Dresden – VfL Bochum 0:1; SV Seligenporten – Arminia Bielefeld 0:2; Würzburger FV – VfL Wolfsburg 0:4; Eintracht Trier – FC Schalke 04 0:9; Wormatia Worms – 1. FSV Mainz 05 1:6; SV Darmstadt 98 – SpVgg Greuther Fürth 1:3; Wacker Burghausen – Bayern München n. V. 1:1, Elfmeterschießen 4:5.
2. Runde: Werder Bremen II – FC St. Pauli n. V. 2.2, Elfmeterschießen 4:2; Wuppertaler SV Borussia – Hertha BSC Berlin 2:0; Alemannia Aachen – VfL Bochum 3:2; Hansa Rostock – Kickers Offenbach 6:0; TSV München 1860 – 1. FSV Mainz 05 2:1; Karlsruher SC – VfL Wolfsburg 0:1; TSG 1899 Hoffenheim – SpVgg Greuther Fürth 2:1; FC Schalke 04 – Hannover 96 n. V. 2:0; Rot-Weiss Essen – 1. FC Kaiserslautern 2:1; VfB Stuttgart – SC Paderborn 07 n. V. 3:2; Hamburger SV – SC Freiburg 3:1; Werder Bremen – MSV Duisburg 4:0; Borussia Dortmund – Eintracht Frankfurt 2:1; TuS Koblenz – Arminia Bielefeld n. V. 1:2; Carl Zeiss Jena – 1. FC Nürnberg n. V. 2:2, Elfmeterschießen 5:4; Bayern München – Borussia Mönchengladbach 3:1.
Achtelfinale: TSG 1899 Hoffenheim – Hansa Rostock 2:1; Alemannia Aachen – TSV München 1860 2:3; Wuppertaler SV Borussia – Bayern München 2:5 (in Gelsenkirchen); Borussia Dortmund – Werder Bremen 2:1; Rot-Weiss Essen – Hamburger SV 0:3; Carl Zeiss Jena – Arminia Bielefeld n. V. 2:1; Werder Bremen II – VfB Stuttgart 2:3; VfL Wolfsburg – FC Schalke 04 n. V. 1:1, Elfmeterschießen 5:3.
Viertelfinale: Borussia Dortmund – TSG 1899 Hoffenheim 3:1; VfB Stuttgart – Carl Zeiss Jena n. V. 2:2, Elfmeterschießen 4:5; VfL Wolfsburg – Hamburger SV n. V. 2:1; Bayern München – TSV München 1860 n. V. 1:0.
Halbfinale: Borussia Dortmund – Carl Zeiss Jena 3:0; Bayern München – VfL Wolfsburg 2:0.
Endspiel: Bayern München – Borussia Dortmund n. V. 2:1.

2009

1. Runde: SV Niederauerbach – 1. FC Köln 1:5 (in Pirmasens); SpVgg Unterhaching – SC Freiburg 0:2; Preußen Münster – VfL Bochum n. V. 0:0, Elfmeterschießen 5:6; Erzgebirge Aue – FC St. Pauli n. V. 0:0, Elfmeterschießen 5:4; Kickers Offenbach – SpVgg Greuther Fürth 1:0; FSV Frankfurt – VfL Osnabrück 2:0; Eintracht Trier – Hertha BSC Berlin 1:3; Eintracht Nordhorn – Werder Bremen 3:9; Holstein Kiel – Hansa Rostock 0:2; SV Babelsberg 03 – 1. FSV Mainz 05 n. V. 1:2; Rot-Weiss Essen – Borussia Dortmund 1:3; Hallescher FC – Hannover 96 0:5; VfB Fichte Bielefeld – Borussia Mönchengladbach 1:8; FC Wegberg-Beeck – Alemannia Aachen 1:4 (in Mönchengladbach); FC Ingolstadt 04 – Hamburger SV 1:3; FC 08 Homburg – FC Schalke 04 0:3; SC Pfullendorf – Eintracht Frankfurt 0:3; Tennis Borussia Berlin – Energie Cottbus 0:3; Carl Zeiss Jena – 1. FC Kaiserslautern 2:1; SC Paderborn 07 – FC Augsburg n. V. 1:1, Elfmeterschießen 1:3; SpVgg Ansbach – Karlsruher SC 0:5; ASV Bergedorf 85 – MSV Duisburg 1:5; TSG Neustrelitz – TSV München 1860 0:2; 1. FC Heidenheim – VfL Wolfsburg 0:3; FC Oberneuland – TuS Koblenz n. V. 1:1, Elfmeterschießen 5:4; ASV Durlach – Arminia Bielefeld 1:2; SV Darmstadt 98 – SV Wehen Wiesbaden 0:2; Rot-Weiß Oberhausen – Bayer Leverkusen n. V. 2:3; Chemnitzer FC – TSG 1899 Hoffenheim 0:1; Hansa Lüneburg – VfB Stuttgart 0:5; Rot-Weiss Ahlen – 1. FC Nürnberg n. V. 0:0, Elfmeterschießen 3:4; Rot-Weiß Erfurt – Bayern München 3:4.
2. Runde: Erzgebirge Aue – Werder Bremen 1:2; Energie Cottbus – Borussia Mönchengladbach 3:0; 1. FSV Mainz 05 – 1. FC Köln 3:1; Eintracht Frankfurt – Hansa Rostock n. V. 1:2; FC Schalke 04 – Hannover 96 2:0; TSV München 1860 – MSV Duisburg n. V. 0:0, Elfmeterschießen 5:4; FC Augsburg – Bayer Leverkusen 0:2; Kickers Offenbach – Karlsruher SC 0:2; FC Oberneuland – VfL Wolfsburg 0:7; SV Wehen Wiesbaden – Alemannia Aachen 1:0; Hamburger SV – VfL Bochum 2:0; Carl Zeiss Jena – FSV Frankfurt 1:0; VfB Stuttgart – Arminia Bielefeld 2:0; Bayern München – 1. FC Nürnberg 2:0; SC Freiburg – TSG 1899 Hoffenheim 3:1; Borussia Dortmund – Herta BSC n. V. 2:1.
Achtelfinale: Hamburger SV – TSV München 1860 3:1; Carl Zeiss Jena – FC Schalke 04 1:4; SC Freiburg – 1. FSV Mainz 05 1:3; VfB Stuttgart – Bayern München 1:5; Bayer Leverkusen – Energie Cottbus 3:1 (in Düsseldorf); Borussia Dortmund – Werder Bremen 1:2; Karlsruher SC – SV Wehen Wiesbaden 0:1; VfL Wolfsburg – Hansa Rostock 5:1.

Viertelfinale: 1. FSV Mainz 05 – FC Schalke 04 1:0; VfL Wolfsburg – Werder Bremen 2:5; Hamburger SV – SV Wehen Wiesbaden 2:1; Bayer Leverkusen – Bayern München 4:2 (in Düsseldorf).
Halbfinale: Bayer Leverkusen – 1. FSV Mainz 05 n. V. 4:1 (in Düsseldorf); Hamburger SV – Werder Bremen n. V. 1:1, Elfmeterschießen 1:3.
Endspiel: Werder Bremen – Bayer Leverkusen 1:0.

2010

1. Runde: VfL Osnabrück – Hansa Rostock 2:1; SV Babelsberg 03 – Bayer Leverkusen 0:1; VfB Lübeck – 1. FSV Mainz 05 n. V. 2:1; FC Ingolstadt 04 – FC Augsburg 1:2; Eintracht Braunschweig – 1. FC Kaiserslautern 0:1; SV Wehen Wiesbaden – VfL Wolfsburg 1:4; Dynamo Dresden – 1. FC Nürnberg 0:3; SG Sonnenhof Großaspach – VfB Stuttgart 1:4 (in Heilbronn); SC Paderborn 07 – TSV München 1860 0:1; SpVgg Weiden – Borussia Dortmund 1:3; SV Elversberg – SC Freiburg 0:2; FSV Frankfurt – Borussia Mönchengladbach 1:2; SpVgg Unterhaching – Arminia Bielefeld 0:3; Kickers Emden – 1. FC Köln 0:3; Germania Windeck – FC Schalke 04 0:4 (in Köln); 1. FC Magdeburg – Energie Cottbus 1:3; Tennis Borussia Berlin – Karlsruher SC 0:2; Wacker Burghausen – Rot Weiss Ahlen n. V. 1:1, Elfmeterschießen 4:5; Preußen Münster – Hertha BSC n. V. 1:3; 1. FC Union Berlin – Werder Bremen 0:5; FC Oberneuland – TSG 1899 Hoffenheim 0:2; FC 08 Villingen – FC St. Pauli n. V. 0:2; Concordia Hamburg – TuS Koblenz 0:4; VfB Speldorf – Rot-Weiß Oberhausen 0:3 (in Duisburg); Rot-Weiß Erfurt – MSV Duisburg 1:2; Wormatia Worms – SpVgg Greuther Fürth n. V. 0:1; Greif Torgelow – Alemannia Aachen 1:4; Eintracht Trier – Hannover 96 3:1; SpVgg Neckarelz – Bayern München 1:3; Kickers Offenbach – Eintracht Frankfurt 0:3; Sportfreunde Lotte – VfL Bochum 0:1; Fortuna Düsseldorf – Hamburger SV n. V. 3:3, Elfmeterschießen 1:4.
2. Runde: Eintracht Trier – Arminia Bielefeld n. V. 4:2; 1. FC Nürnberg – TSG 1899 Hoffenheim 0:1; Bayern München – Rot-Weiß Oberhausen 5:0; Borussia Mönchengladbach – MSV Duisburg 0:1; Rot Weiss Ahlen – SpVgg Greuther Fürth n. V. 2:3; Karlsruher SC – Borussia Dortmund 0:3; VfL Bochum – FC Schalke 04 0:3; TuS Koblenz – Energie Cottbus n. V. 4:2; TSV München 1860 – Hertha BSC n. V. 2:2, Elfmeterschießen 4:1; FC Augsburg – SC Freiburg 1:0; Werder Bremen – FC St. Pauli 2:1; Eintracht Frankfurt – Alemannia Aachen 6:4; VfL Osnabrück – Hamburger SV n. V. 3:3, Elfmeterschießen 4:2; VfB Lübeck – VfB Stuttgart n. V. 1:3; 1. FC Kaiserslautern – Bayer Leverkusen 2:1; 1. FC Köln – VfL Wolfsburg 3:2.
Achtelfinale: SpVgg Greuther Fürth – VfB Stuttgart 1:0; Eintracht Trier – 1. FC Köln 0:3; VfL Osnabrück – Borussia Dortmund 3:2; FC Augsburg – MSV Duisburg 5:0; TSV München 1860 – FC Schalke 04 0:3; Werder Bremen – 1. FC Kaiserslautern 3:0; TSG 1899 Hoffenheim – TuS Koblenz 4:0; Eintracht Frankfurt – Bayern München 0:4.
Viertelfinale: Werder Bremen – TSG 1899 Hoffenheim 2:1; Bayern München – SpVgg Greuther Fürth 6:2; FC Augsburg – 1. FC Köln 2:0; VfL Osnabrück – FC Schalke 04 0:1.
Halbfinale: Werder Bremen – FC Augsburg 2:0; FC Schalke 04 – Bayern München n. V. 0:1.
Endspiel: Bayern München – Werder Bremen 4:0.

2011

1. Runde: SV Wilhelmshaven – Eintracht Frankfurt 0:4; FC Ingolstadt 04 – Karlsruher SC 2:0; VfB Lübeck – MSV Duisburg 0:2; FSV Frankfurt – SC Paderborn 07 2:0; VfL Osnabrück – 1. FC Kaiserslautern n. V. 2:3; Jahn Regensburg – Arminia Bielefeld n. V. 1:1, Elfmeterschießen 5:6; FK Pirmasens – Bayer Leverkusen 1:11; Wacker Burghausen – Borussia Dortmund 0:3; SV Babelsberg 03 – VfB Stuttgart 1:2; FC Oberneuland – SC Freiburg 0:1; SC Pfullendorf – Hertha BSC 0:2; Rot Weiss Ahlen – Werder Bremen 0:4; SC Verl – TSV München 1860 1:2; Hansa Rostock – TSG 1899 Hoffenheim 0:4; Chemnitzer FC – FC St. Pauli 1:0; SV Sandhausen – FC Augsburg n. V. 4:4, Elfmeterschießen 1:3 (in Mannheim); SV Elversberg – Hannover 96 n. V. 0:0, Elfmeterschießen 5:4; Eintracht Braunschweig – SpVgg Greuther Fürth n. V. 1:2; Erzgebirge Aue – Borussia Mönchengladbach 1:3; Schwarz-Weiß Essen – Alemannia Aachen 1:2; TuS Koblenz – Fortuna Düsseldorf 1:0; Victoria Hamburg – Rot-Weiß Oberhausen 1:0; ZFC Meuselwitz – 1. FC Köln 0:2; TuS Heeslingen – Energie Cottbus 1:2; Eintracht Trier – 1. FC Nürnberg 0:2; Berliner AK 07 – 1. FSV Mainz 05 1:2; Hallescher FC – 1. FC Union Berlin 1:0 (in Leipzig); Torgelower SV Greif – Hamburger SV 1:5; Preußen Münster – VfL Wolfsburg 1:2; Kickers Offenbach – VfL Bochum 3:0; Germania Windeck – Bayern München 0:4 (in Köln); VfR Aalen – FC Schalke 04 1:2.
2. Runde: TuS Koblenz – Hertha BSC 2:1; Victoria Hamburg – VfL Wolfsburg 1:3; 1. FC Köln – TSV München 1860 3:0; SpVgg Greuther Fürth – FC Augsburg n. V. 2:4; Energie Cottbus – SC Freiburg 2:1; FSV Frankfurt – FC Schalke 04 0:1; Bayern München – Werder Bremen 2:1; 1. FC Kaiserslautern – Arminia Bielefeld 3:0; Hallescher FC – MSV Duisburg 0:3 (in Leipzig); Eintracht Frankfurt – Hamburger SV 5:2; TSG 1899 Hoffenheim – FC Ingolstadt 04 1:0; Alemannia Aachen – 1. FSV Mainz 05 2:1; Kickers Offenbach – Borussia Dortmund n. V. 0:0, Elfmeterschießen 4:2; SV Elversberg – 1. FC Nürnberg 0:3; Chemnitzer FC – VfB Stuttgart n. V. 1:3; Borussia Mönchengladbach – Bayer Leverkusen n. V. 1:1, Elfmeterschießen 5:4.

Achtelfinale: FC Augsburg – FC Schalke 04 0:1; TSG 1899 Hoffenheim – Borussia Mönchengladbach 2:0; VfL Wolfsburg – Energie Cottbus 1:3; 1. FC Köln – MSV Duisburg 1:2; VfB Stuttgart – Bayern München 3:6; Alemannia Aachen – Eintracht Frankfurt n. V. 1:1, Elfmeterschießen 5:3; Kickers Offenbach – 1. FC Nürnberg 0:2; TuS Koblenz – 1. FC Kaiserslautern 1:4.
Viertelfinale: FC Schalke 04 – 1. FC Nürnberg n. V. 3:2; Energie Cottbus – TSG 1899 Hoffenheim 1:0; MSV Duisburg – 1. FC Kaiserslautern 2:0; Alemannia Aachen – Bayern München 0:4.
Halbfinale: MSV Duisburg – Energie Cottbus 2:1; Bayern München – FC Schalke 04 0:1.
Endspiel: FC Schalke 04 – MSV Duisburg 5:0.

* * * * *

Den DFB-Pokal gewannen: 15 Mal: Bayern München – 6 Mal: Werder Bremen – 5 Mal: FC Schalke 04 – je 4 Mal: Eintracht Frankfurt, 1. FC Köln, 1. FC Nürnberg – je 3 Mal: Hamburger SV, Borussia Mönchengladbach, VfB Stuttgart – je 2 Mal: Borussia Dortmund, Dresdner SC, Fortuna Düsseldorf, 1. FC Kaiserslautern, Karlsruher SC, TSV München 1860 – je 1 Mal: Rot-Weiss Essen, Schwarz-Weiß Essen, Hannover 96, VfB Leipzig, Bayer Leverkusen, Kickers Offenbach, Bayer Uerdingen, First Vienna FC, Rapid Wien.

Das Endspiel erreichten: 17 Mal: Bayern München – 12 Mal: FC Schalke 04 – je 10 Mal: Werder Bremen, 1. FC Köln – je 7 Mal: Fortuna Düsseldorf, 1. FC Kaiserslautern – je 6 Mal: Eintracht Frankfurt, Hamburger SV, 1. FC Nürnberg – je 5 Mal: Borussia Mönchengladbach, VfB Stuttgart – je 4 Mal: Borussia Dortmund, MSV Duisburg, Karlsruher SC – je 3 Mal: Alemannia Aachen, Bayer Leverkusen – je 2 Mal: Hertha BSC Berlin, VfL Bochum, Dresdner SC*, Rot-Weiss Essen, TSV München 1860* – je 1 Mal: Hertha BSC Berlin Amateure, 1. FC Union Berlin, Energie Cottbus, Schwarz-Weiß Essen*, FSV Frankfurt, LSV Hamburg, Hannover 96*, Fortuna Köln, VfB Leipzig*, Waldhof Mannheim, Borussia Neunkirchen, Kickers Offenbach*, Stuttgarter Kickers, Bayer Uerdingen*, First Vienna FC*, Rapid Wien*, VfL Wolfsburg – *) = ungeschlagen.

Das Halbfinale erreichten: 22 Mal: Bayern München – 20 Mal: Werder Bremen – 19 Mal: FC Schalke 04 – 14 Mal: Hamburger SV – 13 Mal: 1. FC Köln – je 12 Mal: Fortuna Düsseldorf, 1. FC Nürnberg – 11 Mal: Eintracht Frankfurt – 10 Mal: 1. FC Kaiserslautern – je 9 Mal: Borussia Dortmund, Borussia Mönchengladbach, VfB Stuttgart – 7 Mal: Bayer Leverkusen – je 6 Mal: MSV Duisburg, Karlsruher SC – je 5 Mal: Alemannia Aachen, Hertha BSC Berlin, Waldhof Mannheim, Kickers Offenbach – je 4 Mal: Dresdner SC, Rot-Weiss Essen, VfL Wolfsburg – je 3 Mal: VfL Bochum, TSV München 1860, 1. FC Saarbrücken, Rapid Wien – je 2 Mal: Altona 93, Arminia Bielefeld, Eintracht Braunschweig, Energie Cottbus, FK Pirmasens, Stuttgarter Kickers, Bayer Uerdingen, Wormatia Worms – je 1 Mal: FC Augsburg, Hertha BSC Berlin Amateure, Tasmania 1900 Berlin, Tennis Borussia Berlin, 1. FC Union Berlin, Chemnitzer FC, Dynamo Dresden, Schwarz-Weiß Essen, FSV Frankfurt, Freiburger FC, SV Hamborn 07, Hannover 96, LSV Hamburg, Carl Zeiss Jena, Holstein Kiel, Fortuna Köln, VfB Leipzig, TuS Lipine, VfB Lübeck, 1. FSV Mainz 05, VfR Mannheim, TuS Neuendorf, Borussia Neunkirchen, Rot-Weiß Oberhausen, Hansa Rostock, FC St. Pauli, 1. FC Schweinfurt 05, Eintracht Trier, First Vienna FC, Admira Wien, Wiener SC, Wacker Wien, Wuppertaler SV.

Die Pokal-Endspiele der DDR

(bis 1990 „FDGB-Pokal“, 1990/91 NOFV-Pokal)

1949 **BSG Waggonbau Dessau** (– BSG Gera-Süd 1:0) – 1950 **BSG EHW Thale** (– BSG KWU Erfurt 4:0) – 1951 nicht ausgetragen – 1952 **SG Volkspolizei Dresden** (– BSG Einheit Pankow 3:0) – 1953 nicht ausgetragen – 1954 **ZSK Vorwärts Berlin** (– BSG Motor Zwickau 2:1) – 1955 **SC Wismut Karl-Marx-Stadt** (– SC Empor Rostock 3:2 n. V.) – 1956 **SC Chemie Halle-Leuna** (– ASK Vorwärts Berlin 2:1) – 1957 **SC Lok Leipzig** (– SC Empor Rostock 2:1 n. V.) – 1958 **SC Einheit Dresden** (– SC Lok Leipzig 2:1 n. V.) – 1959 **SC Dynamo Berlin** (– SC Wismut Karl-Marx-Stadt 0:0 n. V. und 3:2) – 1960 **SC Motor Jena** (– SC Empor Rostock 3:2 n. V.) – 1961 nicht ausgetragen – 1962 **SC Chemie Halle** (– SC Dynamo Berlin 3:1) – 1963 **BSG Motor Zwickau** (– BSG Chemie Zeitz 3:0) – 1964 **SC Aufbau Magdeburg** (– SC Leipzig 3:2) – 1965 **SC Aufbau Magdeburg** (– SC Motor Jena 2:1) – 1966 **BSG Chemie Leipzig** (– BSG Lok Stendal 1:0) – 1967 **BSG Motor Zwickau** (– FC Hansa Rostock 3:0) – 1968 **1. FC Union Berlin** (– FC Carl Zeiss Jena 2:1) – 1969 **1. FC Magdeburg** (– FC Karl-Marx-Stadt

4:0) – 1970 **FC Vorwärts Berlin** (– 1. FC Lok Leipzig 4:2) – 1971 **Dynamo Dresden** (– Berliner FC Dynamo 2:1 n. V.) – 1972 **FC Carl Zeiss Jena** (– Dynamo Dresden 2:1) – 1973 **1. FC Magdeburg** (– 1. FC Lok Leipzig 3.2) – 1974 **FC Carl Zeiss Jena** (– Dynamo Dresden 3:1 n. V.) – 1975 **BSG Sachsenring Zwickau** (– Dynamo Dresden 2:2 n. V., Elfmeterschießen 4:3) – 1976 **1. FC Lok Leipzig** (– FC Vorwärts Frankfurt/Oder 3:0) – 1977 **Dynamo Dresden** (– 1. FC Lok Leipzig 3:2) – 1978 **1. FC Magdeburg** (– Dynamo Dresden 1:0) – 1979 **1. FC Magdeburg** (– Berliner FC Dynamo 1:0 n. V.) – 1980 **FC Carl Zeiss Jena** (– FC Rot-Weiß Erfurt 3:1 n. V.) – 1981 **1. FC Lok Leipzig** (– FC Vorwärts Frankfurt/Oder 4:1) – 1982 **Dynamo Dresden** (– Berliner FC Dynamo 1:1 n. V., Elfmeterschießen 5:4) – 1983 **1. FC Magdeburg** (– FC Karl-Marx-Stadt 4:0) – 1984 **Dynamo Dresden** (– Berliner FC Dynamo 2:1) – 1985 **Dynamo Dresden** (– Berliner FC Dynamo 3:2) – 1986 **1. FC Lok Leipzig** (– 1. FC Union Berlin 5:1) – 1987 **1. FC Lok Leipzig** (– FC Hansa Rostock 4:1) – 1988 **Berliner FC Dynamo** (– FC Carl Zeiss Jena 2:0) – 1989 **Berliner FC Dynamo** (– FC Karl-Marx-Stadt 1:0) – 1990 **1. FC Dynamo Dresden** (– PSV Schwerin 2:1) – 1991 **FC Hansa Rostock** (– Eisenhüttenstädter FC Stahl 1:0).

Deutscher Supercup

1977, 1983 sowie 2008 und 2009 private Absprachen zwischen den Klubs; 1987 bis 1996 und wieder seit 2010 offizieller DFB-Wettbewerb.

Die Sieger:

1977 Borussia Mönchengladbach – 1983, 1987 Bayern München – 1988 Werder Bremen – 1989 Borussia Dortmund – 1990 Bayern München – 1991 1. FC Kaiserslautern – 1992 VfB Stuttgart – 1993, 1994 Werder Bremen – 1995, 1996, 2008 Borussia Dortmund – 2009 Werder Bremen – 2010 Bayern München – 2011 FC Schalke 04.

1977: Borussia Mönchengladbach

Am 8. 1. 1977 in Hamburg: Borussia Mönchengladbach – Hamburger SV 3:2 (2:0)
Mönchengladbach: Kneib (Kleff) – Bonhof, Wohlers, Schäffer, Klinkhammer – Kulik, Wimmer (Heidenreich), Köppel, Stielike – Simonsen, Hannes – Trainer: Lattek.

1983: Bayern München

Am 2. 4. 1983 in München: Bayern München – Hamburger SV 1:1 (1:0), Elfmeterschießen 4:2
FC Bayern: Müller – Martin, Beierlorzer, Grobe, Horsmann – Kraus (Nachtweih), Pflügler, Dremmler – Del'Haye, D. Hoeneß, K.-H. Rummenigge (M. Rummenigge) – Trainer: Csernai.

1987: Bayern München

Am 28. 7. 1987 in Frankfurt: Bayern München – Hamburger SV 2:1 (0:1)
FC Bayern: Aumann – Nachtweih – Winklhofer, Eder, Pflügler – Brehme (Flick), Matthäus, Dorfner, M. Rummenigge – Wohlfarth, Wegmann – Trainer: Heynckes.

1988: Werder Bremen

Am 20. 7. 1988 in Frankfurt: Werder Bremen – Eintracht Frankfurt 2:0 (1:0)
Bremen: Reck – Sauer – Borowka, Kutzop, Otten (Meier) – Schaaf, Votava, Hermann, Neubarth – Riedle, Ordenewitz (Burgsmüller) – Trainer: Rehhagel.

1989: Borussia Dortmund

Am 25. 7. 1989 in Kaiserslautern: Borussia Dortmund – Bayern München 4:3 (1:2)
Dortmund: de Beer (Meyer) – Kroth – Helmer, Schulz – Breitzke, Zorc, Möller, McLeod (Kutowski), M. Rummenigge – Wegmann, Driller – Trainer: Köppel.

1990: Bayern München

Am 31. 7. 1990 in Karlsruhe: Bayern München – 1. FC Kaiserslautern 4:1 (4:0)
FC Bayern: Aumann – Augenthaler – Grahammer, Kohler, Pflügler – Reuter, Strunz, Bender (Sternkopf), Effenberg – Laudrup (Wohlfarth), Mihajlovic – Trainer: Heynckes.

1991: 1. FC Kaiserslautern

Halbfinale: Hansa Rostock – 1. FC Kaiserslautern 1:2, Eisenüttenstädter FC Stahl – Werder Bremen 0:1 (in Osnabrück)

Endspiel am 6. 8. 1991 in Hannover: 1. FC Kaiserslautern – Werder Bremen 3:1 (1:0)

Kaiserslautern: Serr – Kuntz – Roos, Schäfer – Lelle, Dooley (W. Funkel), Haber, Hoffmann, Goldbaek (Lutz) – Degen, Winkler – Trainer: Feldkamp.

1992: VfB Stuttgart

Am 11. 8. 1992 in Hannover: VfB Stuttgart – Hannover 96 3:1 (2:1)

Stuttgart: Immel – Dubajic – Schäfer (Schneider), Frontzeck – Strunz, Buchwald, Buck, Gaudino, Kögl – Golke, Walter (Knup) – Trainer: Daum.

1993: Werder Bremen

Am 1. 8. 1993 in Leverkusen: Werder Bremen – Bayer Leverkusen n. V. (2:2 (1:1, 0:0), Elfm. 7:6

Bremen: Reck – Neubarth – Beiersdorfer (Basler), Borowka – Wolter, Bode (Wiedener), Votava, Herzog, Eilts – Hobsch, Rufer – Trainer: Rehhagel.

1994: Werder Bremen

Am 7. 8. 1994 in München: Werder Bremen – Bayern München n. V. 3:1 (1:1, 0:1)

Bremen : Reck – Ramzy – Beiersdorfer, Schulz – Votava, Borowka (Wolter), Eilts – Basler, Herzog, Bode – Bestschastnich (Rufer) – Trainer: Rehhagel.

1995: Borussia Dortmund

Am 5. 8. 1995 in Düsseldorf: Borussia Dortmund – Borussia Mönchengladbach 1:0 (0:0)

Dortmund: Klos – Reuter, Kohler (Schmidt), Cesar, Kree – Freund, Sammer, Berger, Reinhardt (Kurz) – Ricken (Tretschok), Möller – Trainer: Hitzfeld.

1996: Borussia Dortmund

Am 3. 8. 1996 in Mannheim: Borussia Dortmund – 1. FC Kaiserslautern n. V. 1:1 (1:1, 0:0), Elfm. 4:3

Dortmund: Klos – Sammer (Vogt) – Kohler (Kutowski), Heinrich – Wolters, Reuter, Zorc, Möller, Weiland – Chapuisat, Ricken (But) – Trainer: Hitzfeld.

Von 1997 bis 2007 wurde der Ligapokal ausgespielt.

2008: Borussia Dortmund

Am 23.7. 2008 in Dortmund: Borussia Dortmund – Bayern München 2:1 (2:0)

Dortmund: Weidenfeller – Rukavina, Subotic, Hummels, Dede – Hajnal (Federico), Kehl – Blasczykowski (Kruska), Buckley (Kringe) – Valdez (Klimowicz), Petric (Sadrijaj) – Trainer: Klopp.

2009: Werder Bremen

Am 20. 7. 2009 in Wolfsburg: Werder Bremen – VfL Wolfsburg 2:1 (2:0)

Bremen: Wiese – Fritz, Mertesacker, Naldo (Pasanen), Tosic (Boenisch) – Frings, Niemeyer (Harnik) – Bargfrede (Vranjes), Hunt (Özil) – Sanogo, Marcelo Moreno (Futacs) – Trainer: Schaaf.

2010: Bayern München

Am 7. 8. 2010 in Augsburg: Bayern München – FC Schalke 04 2:0 (0:0)

FC Bayern: Kraft – Lahm, Demichelis (Sosa), Badstuber, Contento – Schweinsteiger (Ottl), Pranjic – Olic, Hamit Altintop (Tymoshchuk), T. Müller – Klose – Trainer: Van Gaal.

2011: FC Schalke 04

Am 23. 7. 2011 in Gelsenkirchen: FC Schalke 04 – Borussia Dortmund n. V. 0:0, Elfm. 4:3

Schalke: Fährmann – Höger, Höwedes, Papadopoulos, Fuchs – Matip, Holtby – Baumjohann (89. Edu), Draxler (46. Jurado) – Raul – Huntelaar (69. Moravek) – Trainer: Rangnick.

Dortmund: Weidenfeller – Piszczek, Felipe Santana, Hummels, Löwe (77. Leitner) – Kehl (75. S. Bender), Gündogan – M. Götze (75. Perisic), Kagawa, Großkreutz – Lewandowski – Trainer: Klopp.

Elfmeterschießen: 0:1 Gündogan, 1:1 Holtby, 1:2 Hummels, 2:2 Edu, Fährmann hält gegen Großkreutz, 3:2 Höwedes, 3:3 Leitner, 4:3 Jurado, Fährmann hält gegen Perisic – SR: Kircher (Rottenburg) – Zuschauer: 61 673 (ausverkauft).

Deutscher Ligapokal

Die bisherigen Sieger:

1973 Hamburger SV – 1997, 1998, 1999, 2000 Bayern München – 2001, 2002 Hertha BSC Berlin – 2003 Hamburger SV – 2004 Bayern München – 2005 FC Schalke 04 – 2006 Werder Bremen – 2007 Bayern München – seitdem nicht mehr ausgetragen.

1973: Hamburger SV

Vorrunde 1972 zur Überbrückung der Olympischen Spiele in München ausgepielt.

Vorrundensieger (8 Gruppen je 4 Vereine): Eintracht Braunschweig, Hamburger SV, Arminia Bielefeld, FC Schalke 04, Borussia Mönchengladbach, Fortuna Köln, Eintracht Frankfurt, Bayern Hof.

Viertelfinale: Arminia Bielefeld – Borussia Mönchengladbach 0:3 und 3:9; Fortuna Köln – Eintracht Frankfurt 2:3 und 3:3; Eintracht Braunschweig – Hamburger SV 2:1 und 0:2; Bayern Hof – FC Schalke 04 1:1 und 2:7.

Halbfinale: Borussia Mönchengladbach – Eintracht Frankfurt 3:1 und 0:1; FC Schalke 04 – Hamburger SV 1:0 und n. V. 1:4.

Endspiel am 6. 6. 1973 in Hamburg: Hamburger SV – Borussia Mönchengladbach 4:0 (3:0)

Hamburg: Kargus – Kaltz, Nogly, W. Schulz, Hidien (Krobbach) – Zaczyk, Björnmose, Hönig – Memering (Winkler), Heese, Volkert – Trainer: Ochs.

1997: Bayern München

Meister und Pokalsieger automatisch qualifiziert; dazu die vier bestplazierten Klubs der Bundesliga.

Vorrunde: Bayer Leverkusen – Karlsruher SC 2:2, Elfmeterschießen 5:6 (in Aue); Borussia Dortmund – VfL Bochum 1:0 (in Koblenz).

Halbfinale: VfB Stuttgart – Karlsruher SC 3:0 (in Osnabrück), Bayern München – Borussia Dortmund 2:0 (in Augsburg).

Endspiel am 26. 7. 1997 in Leverkusen: Bayern München – VfB Stuttgart 2:0 (0:0)

FC Bayern: Kahn – Matthäus, Babbel, Helmer – D. Hamann (Fink), Strunz, Basler (Scholl), Nerlinger, Lizarazu – Elber, Rizzitelli (Jancker) – Trainer: Trapattoni.

1998: Bayern München

Vorrunde: VfB Stuttgart – FC Schalke 04 2:1 (in Koblenz), Bayer Leverkusen – MSV Duisburg 3:0 (in Lüdenscheid).

Halbfinale: Bayer Leverkusen – Bayern München 0:1 (in Aue), 1. FC Kaiserslautern – VfB Stuttgart 2:3 (in Ludwigshafen).

Endspiel am 8. 8. 1998 in Leverkusen: Bayern München – VfB Stuttgart 4:0 (3:0)

FC Bayern: Kahn – Babbel, Matthäus (Jeremies), Helmer – Strunz, Fink, Effenberg, Tarnat – Basler (Zickler), Salihamidzic – Elber (Jancker) – Trainer: Hitzfeld.

1999: Bayern München

Vorrunde: Bayer Leverkusen – 1. FC Kaiserslautern 3:1 (in Jena), Hertha BSC Berlin – Borussia Dortmund 1:2 (in Osnabrück).

Halbfinale: Werder Bremen – Bayer Leverkusen 2:1 (in Aue), Bayern München – Borussia Dortmund 1:0 (in Augsburg).

Endspiel am 17. 7. 1999 in Leverkusen: Bayern München – Werder Bremen 2:1 (2:0)

FC Bayern: Dreher – Andersson, Linke – Babbel, Matthäus (Jarolim), Tarnat – Scholl, Fink – Zickler (Salihamidzic), Jancker, Sergio – Trainer: Hitzfeld.

2000: Bayern München

Vorrunde: Hamburger SV – Hertha BSC Berlin 1:3 (in Lübeck), TSV München 1860 – 1. FC Kaiserslautern 0:2 (in Ludwigshafen).

Halbfinale: Bayer Leverkusen – Hertha BSC Berlin 1:1, Elfmeterschießen 4:5 (in Dessau), Bayern München – 1. FC Kaiserslautern 4:1 (in Augsburg).

Endspiel am 1. 8. 2000 in Leverkusen: Bayern München – Hertha BSC Berlin 5:1 (0:0)

FC Bayern: Kahn – Tarnat (Hargreaves), Linke, Andersson, Salihamidzic – Fink, Wojciechowski, Wiesinger (Scholl), Sforza – Santa Cruz (Jancker), Zickler – Trainer: Hitzfeld.

2001: Hertha BSC Berlin

Vorrunde: Borussia Dortmund – SC Freiburg 1:1, Elfmeterschießen 3:1 (in Hoffenheim), Bayer Leverkusen – Hertha BSC Berlin 1:2 (in Dessau).

Halbfinale: FC Schalke 04 – Borussia Dortmund 2:1 (in Lüdenscheid), Bayern München – Hertha BSC Berlin 0:1 (in Augsburg).

Endspiel am 21. Juli 2001 in Mannheim: Hertha BSC Berlin – FC Schalke 04 4:1 (2:1)

Hertha: Kiraly – Rehmer, Konstantinidis, Simunic – Hartmann (Marx), Deisler (Dardai), Beinlich, Marcelinho, Neuendorf – Alex Alves (Goor), Preetz – Trainer: Röber.

2002: Hertha BSC Berlin

Vorrunde: Bayer Leverkusen – Werder Bremen 1:0 (in Lübeck), Bayern München – Hertha BSC Berlin 2:2, Elfmeterschießen 3:4 (in Aue).

Halbfinale: FC Schalke 04 – Bayer Leverkusen 2:0 (in Meppen); Borussia Dortmund – Hertha BSC Berlin 1:2 (in Jena).

Endspiel am 1. August 2002 in Bochum: Hertha BSC Berlin – FC Schalke 04 4:1 (2:0)

Hertha: Kiraly – Schmidt (Marx), Friedrich, Simunic, Hartmann – Maas, Neuendorf (Tretschok) – Karwan (Pinto), Marcelinho, Goor – Alex Alves – Trainer: Stevens.

2003: Hamburger SV

Vorrunde: Borussia Dortmund – VfL Bochum 2:1 (in Wattenscheid), Hamburger SV – Hertha BSC Berlin 2:1 (in Dessau).

Halbfinale: VfB Stuttgart – Borussia Dortmund 0:1 (in Aalen); Bayern München – Hamburger SV 3:3, Elfmeterschießen 1:4 (in Jena).

Endspiel am 28. Juli 2003 in Mainz: Hamburger SV – Borussia Dortmund 4:2 (3:1)

Hamburg: Pieckenhagen – Jacobsen, Hoogma, Ujfalusi, Rahn – Maltritz, Beinlich (Schlicke) – Cardoso (Wicky) – Mahdavikia, Takahara, Barbarez (Kling) – Trainer: Jara.

2004: Bayern München

Vorrunde: Bayer Leverkusen – Hansa Rostock 1:1, Elfmeterschießen 4:3 (in Jena), VfB Stuttgart – VfL Bochum 3:0 (in Aalen).

Halbfinale: Bayern München – Bayer Leverkusen 3:0 (in Wattenscheid), Werder Bremen – VfB Stuttgart 2:0 (in Meppen).

Endspiel am 2. August 2004 in Mainz: Bayern München – Werder Bremen 3:2 (2:0)

FC Bayern: Kahn – Görlitz, Linke, Demichelis – Salihamidzic, Frings, Ballack, Deisler (Jeremies), Zé Roberto (Lucio) – Makaay (Hashemian), Santa Cruz – Trainer: Magath.

2005: FC Schalke 04

Vorrunde: Werder Bremen – Bayer Leverkusen 1:0 (in Düsseldorf), Hertha BSC Berlin – VfB Stuttgart 0:0, Elfmeterschießen 3:4 (in Düsseldorf).

Halbfinale: Bayern München – VfB Stuttgart 1:2 (in München), FC Schalke 04 – Werder Bremen 2:1 (in Gelsenkirchen).

Endspiel am 2. August 2005 in Leipzig: FC Schalke 04 – VfB Stuttgart 1:0 (1:0)

Schalke: Rost – Altintop, Bordon, Krstajic, Kobiashvili – Poulsen – Ernst, Bajramovic – Lincoln – Sand (Asamoah), Kuranyi – Trainer: Rangnick.

2006: Werder Bremen

Vorrunde: Hamburger SV – Hertha BSC Berlin 1:0 (in Düsseldorf), FC Schalke 04 – Bayer Leverkusen 1:1, Elfmeterschießen 9:8 (in Düsseldorf).

Halbfinale: Werder Bremen – Hamburger SV 2:1 (in Bremen), Bayern München – FC Schalke 04 0:0, Elfmeterschießen 4:1 (in München).

Endspiel am 5. August 2006 in Leipzig: Werder Bremen – Bayern München 2:0 (1:0)

Bremen: Wiese – Owomoyela, Fahrenhorst, Naldo, Womé – Frings – D. Jensen (Andreasen), Schulz (Vranjes) – Diego – Klasnic, Klose (Hunt) - Trainer: Schaaf.

2007: Bayern München

Vorrunde: FC Schalke 04 – Karlsruher SC 1:0 (in Düsseldorf), Werder Bremen – Bayern München 1:4 (in Düsseldorf).

Halbfinale: 1. FC Nürnberg – FC Schalke 04 2:4 (in Nürnberg), VfB Stuttgart – Bayern München 0:2 (in Stuttgart).

Endspiel am 28. Juli 2007 in Leipzig: Bayern München – FC Schalke 04 1:0 (1:0)

FC Bayern: Kahn – Lahm, Lucio, Demichelis, Jansen – Zé Roberto, Ottl – Lell (Dos Santos), Hamit Altintop, Sosa – Klose (Wagner) – Trainer: Hitzfeld.

Der Länderpokal der Amateure

Die Sieger:

1909–18 Kronprinzenpokal: 1909 Mitteldeutschland – 1910 Süddeutschland – 1911 Norddeutschland – 1912 Süd – 1913 Westdeutschland – 1914, 1917 Nord – 1918 Brandenburg.

1919–35 Bundespokal: 1919 Nord – 1920 West – 1921 Mittel – 1922, 1923, 1924 Süd – 1925 Nord – 1926 Süd – 1927 Mittel – 1928 Südostdeutschland – 1929 Brandenburg – 1930 Nord – 1931 Süd – 1932 Nord – 1933 Süd – 1934 nicht ausgetragen – 1935 Gau Mitte – Außerdem wurde alle vier Jahre der sog. „Kampfspielpokal“ ausgetragen. Die Sieger: 1922, 1926 Süd – 1930 Brandenburg – 1934 Gau Südwest.

1936–42 Reichsbundpokal (Gaue): 1936 Sachsen – 1937 Niederrhein – 1938 Nordmark – 1939 Schlesien – 1940 Bayern – 1941 Sachsen – 1942 Niederrhein – Außerdem wurden nach der nationalsozialistischen Machtergreifung zwei weitere Wettbewerbe für Gau-Auswahlmannschaften ausgetragen: 1933 „Adolf-Hitler-Pokal“ (Sieger: Bayern) – 1938 „Deutsches Turn- und Sportfest“ in Breslau (Sieger: Ostmark).

1950 Länderpokal: Bayern – **1951–96 Amateur-Länderpokal:** 1951 Niederrhein – 1952, 1953, 1954, 1955 Bayern – 1956 Hessen – 1957 Niedersachsen – 1958 Niederrhein – 1959 Hamburg – 1960 Mittelrhein – 1961 Hamburg – 1962 Westfalen – 1963 Bayern – 1964 Mittelrhein – 1965 Bayern – 1966 Westfalen – 1967 Nordbaden – 1968 Bayern – 1969 Baden – 1970, 1971 Bayern – 1972, 1973 Baden – 1974 Mittelrhein – 1975 Südwest – 1976 Niedersachsen – 1977 Bayern – 1978 Westfalen – 1979 Württemberg – 1980 Bayern – 1981, 1982 Südwest – 1983 Hessen – 1984 Bremen – 1985 Rheinland – 1986 Westfalen – 1987 Niedersachsen – 1988 Württemberg – 1989, 1990 Bayern – 1991 Niederrhein – 1992 Hessen – 1993, 1994 Westfalen – 1995 Niederrhein – 1996 Baden – **1997 bis 2001 für U-19-Mannschaften:** 1997, 1998 Westfalen – 1999 Schleswig-Holstein – 2000 Bayern – 2001 Württemberg – 2002 bis 2004 für U-20-Mannschaften: 2002 Mittelrhein – 2003 Südwest – 2004 Mittelrhein – **seit 2005 für U-21-Mannschaften:** 2005 Sachsen – 2006, 2007 Niederrhein – 2008 Südwest – 2009 Württemberg.

2010: Mittelrhein

Turnier vom 8. bis 12. Oktober 20100 in Duisburg: Mittelrhein – Berlin 4:0, – Bayern 2:0, – Bremen 2:1, – Niederrhein 1:1.
Aufgebot: Akbari, Dabanli, Grummel, Hector, Jörzig, Juvhel Tsoumou, Lanwer, Lekesicz, Mager, Musculus, Riedel, Sanchez del Villar, Schulte, Siefkes, Weiler, Wernscheid – Trainer: Jungheim.

KAPITEL 5

DER DEUTSCHE LIGAFUSSBALL

Die Bundesliga

1963/64

1.	1. FC Köln	30	78:40	45–15
2.	Meidericher SV	30	60:36	39–21
3.	Eintracht Frankfurt	30	65:41	39–21
4.	Borussia Dortmund (M)	30	73:57	33–27
5.	VfB Stuttgart	30	48:40	33–27
6.	Hamburger SV (P)	30	69:60	32–28
7.	TSV München 1860	30	66:50	31–29
8.	FC Schalke 04	30	51:53	29–31
9.	1. FC Nürnberg	30	45:56	29–31
10.	Werder Bremen	30	53:62	28–32
11.	Eintr. Braunschweig	30	36:49	28–32
12.	1. FC Kaiserslautern	30	48:69	26–34
13.	Karlsruher SC	30	42:55	24–36
14.	Hertha BSC Berlin	30	45:65	24–36
15.	Preußen Münster	30	34:52	23–37
16.	1. FC Saarbrücken	30	44:72	17–43

1964/65

1.	Werder Bremen	30	54:29	41–19
2.	1. FC Köln (M)	30	66:45	38–22
3.	Borussia Dortmund	30	67:48	36–24
4.	TSV München 1860 (P)	30	70:50	35–25
5.	Hannover 96 (N)	30	48:42	33–27
6.	1. FC Nürnberg	30	44:38	32–28
7.	Meidericher SV	30	46:48	32–28
8.	Eintracht Frankfurt	30	50:58	29–31
9.	Eintr. Braunschweig	30	42:47	28–32
10.	Borussia Neunkirchen (N)	30	44:48	27–33
11.	Hamburger SV	30	46:56	27–33
12.	VfB Stuttgart	30	46:50	26–34
13.	1. FC Kaiserslautern	30	41:53	25–35
14.	Hertha BSC Berlin	30	40:62	25–35
15.	Karlsruher SC	30	47:62	24–36
16.	FC Schalke 04	30	45:60	22–38

Hertha BSC wurde die Lizenz entzogen. Tasmania 1900 nahm aus „Berlin-politischen" Gründen Herthas Platz ein.

1965/66

1.	TSV München 1860	34	80:40	50–18
2.	Borussia Dortmund (P)	34	70:36	47–21
3.	Bayern München (N)	34	71:38	47–21
4.	Werder Bremen (M)	34	76:40	45–23
5.	1. FC Köln	34	74:41	44–24
6.	1. FC Nürnberg	34	54:43	39–29
7.	Eintracht Frankfurt	34	64:46	38–30
8.	Meidericher SV	34	70:48	36–32
9.	Hamburger SV	34	64:52	34–34
10.	Eintr. Braunschweig	34	49:49	34–34
11.	VfB Stuttgart	34	42:48	32–36
12.	Hannover 96	34	59:57	30–38
13.	Bor. M'gladbach (N)	34	57:68	29–39
14.	FC Schalke 04	34	33:55	27–41
15.	1. FC Kaiserslautern	34	42:65	26–42
16.	Karlsruher SC	34	35:71	24–44
17.	Borussia Neunkirchen	34	32:82	22–46
18.	Tasmania 1900 Berlin (N)	34	15:108	8–60

1966/67

1.	Eintr. Braunschweig	34	49:27	43–25
2.	TSV München 1860 (M)	34	60:47	41–27
3.	Borussia Dortmund	34	70:41	39–29
4.	Eintracht Frankfurt	34	66:49	39–29
5.	1. FC Kaiserslautern	34	43:42	38–30
6.	Bayern München (P)	34	62:47	37–31
7.	1. FC Köln	34	48:48	37–31
8.	Bor. Mönchengladbach	34	70:49	34–34
9.	Hannover 96	34	40:46	34–34
10.	1. FC Nürnberg	34	43:50	34–34
11.	MSV Duisburg	34	40:42	33–35
12.	VfB Stuttgart	34	48:54	33–35
13.	Karlsruher SC	34	54:62	31–37
14.	Hamburger SV	34	37:53	30–38
15.	FC Schalke 04	34	37:63	30–38
16.	Werder Bremen	34	49:56	29–39
17.	Fortuna Düsseldorf (N)	34	44:66	25–43
18.	Rot-Weiss Essen (N)	34	35:53	25–43

1967/68

1.	1. FC Nürnberg	34	71:37	47–21
2.	Werder Bremen	34	68:51	44–24
3.	Bor. Mönchengladbach	34	77:45	42–26
4.	1. FC Köln	34	68:52	38–30
5.	Bayern München (P)	34	68:58	38–30
6.	Eintracht Frankfurt	34	58:51	38–30
7.	MSV Duisburg	34	69:58	36–32
8.	VfB Stuttgart	34	65:54	35–33
9.	Eintr. Braunschweig (M)	34	37:39	35–33
10.	Hannover 96	34	48:52	34–34
11.	Alemannia Aachen (N)	34	52:66	34–34
12.	TSV München 1860	34	55:39	33–35
13.	Hamburger SV	34	51:54	33–35
14.	Borussia Dortmund	34	60:59	31–37
15.	FC Schalke 04	34	42:48	30–38
16.	1. FC Kaiserslautern	34	39:67	28–40
17.	Borussia Neunkirchen (N)	34	33:93	19–49
18.	Karlsruher SC	34	32:70	17–51

1968/69

1.	Bayern München	34	61:31	46–22
2.	Alemannia Aachen	34	57:51	38–30
3.	Bor. Mönchengladbach	34	61:46	37–31
4.	Eintr. Braunschweig	34	46:43	37–31
5.	VfB Stuttgart	34	60:54	36–32
6.	Hamburger SV	34	55:55	36–32
7.	FC Schalke 04	34	45:40	35–33
8.	Eintracht Frankfurt	34	46:43	34–34
9.	Werder Bremen	34	59:59	34–34
10.	TSV München 1860	34	44:59	34–34
11.	Hannover 96	34	47:45	32–36
12.	MSV Duisburg	34	33:37	32–36
13.	1. FC Köln (P)	34	47:56	32–36
14.	Hertha BSC Berlin (N)	34	31:39	32–36
15.	1. FC Kaiserslautern	34	45:47	30–38
16.	Borussia Dortmund	34	49:54	30–38
17.	1. FC Nürnberg (M)	34	45:55	29–39
18.	Kickers Offenbach (N)	34	42:59	28–40

1969/70

1.	Bor. Mönchengladbach	34	71:29	51–17
2.	Bayern München (M, P)	34	88:37	47–21
3.	Hertha BSC Berlin	34	67:41	45–23
4.	1. FC Köln	34	83:38	43–25
5.	Borussia Dortmund	34	60:67	36–32
6.	Hamburger SV	34	57:54	35–33
7.	VfB Stuttgart	34	59:62	35–33
8.	Eintracht Frankfurt	34	54:54	34–34
9.	FC Schalke 04	34	43:54	34–34
10.	1. FC Kaiserslautern	34	44:55	32–36
11.	Werder Bremen	34	38:47	31–37
12.	Rot-Weiss Essen (N)	34	41:54	31–37
13.	Hannover 96	34	49:61	30–38
14.	Rot-Weiß Oberhausen (N)	34	50:62	29–39
15.	MSV Duisburg	34	35:48	29–39
16.	Eintr. Braunschweig	34	40:49	28–40
17.	TSV München 1860	34	41:56	25–43
18.	Alemannia Aachen	34	31:83	17–51

1970/71

1.	Bor. M'gladbach (M)	34	77:35	50–18
2.	Bayern München	34	74:36	48–20
3.	Hertha BSC Berlin	34	61:43	41–27
4.	Eintr. Braunschweig	34	52:40	39–29
5.	Hamburger SV	34	54:63	37–31
6.	FC Schalke 04	34	44:40	36–32
7.	MSV Duisburg	34	43:47	35–33
8.	1. FC Kaiserslautern	34	54:57	34–34
9.	Hannover 96	34	53:49	33–35
10.	Werder Bremen	34	41:40	33–35
11.	1. FC Köln	34	46:56	33–35
12.	VfB Stuttgart	34	49:49	30–38
13.	Borussia Dortmund	34	54:60	29–39
14.	Arminia Bielefeld (N)	34	34:53	29–39
15.	Eintracht Frankfurt	34	39:56	28–40
16.	Rot-Weiß Oberhausen	34	54:69	27–41
17.	Kickers Offenbach (N, P)	34	49:65	27–41
18.	Rot-Weiss Essen	34	48:68	23–45

1971/72

1.	Bayern München (P)	34	101:38	55–13
2.	FC Schalke 04	34	76:35	52–16
3.	Bor. M'gladbach (M)	34	82:40	43–25
4.	1. FC Köln	34	64:44	43–25
5.	Eintracht Frankfurt	34	71:61	39–29
6.	Hertha BSC Berlin	34	46:55	37–31
7.	1. FC Kaiserslautern	34	59:53	35–33
8.	VfB Stuttgart	34	52:56	35–33
9.	VfL Bochum (N)	34	59:69	34–34
10.	Hamburger SV	34	52:52	33–35
11.	Werder Bremen	34	63:58	31–37
12.	Eintr. Braunschweig	34	43:48	31–37
13.	Fortuna Düsseldorf (N)	34	40:53	30–38
14.	MSV Duisburg	34	36:51	27–41
15.	Rot-Weiß Oberhausen	34	33:66	25–43
16.	Hannover 96	34	54:69	23–45
17.	Borussia Dortmund	34	34:83	20–48
18.	Arminia Bielefeld	34	0:0	0–0
		(34	41:75	19–49)

Arminia Bielefeld wurde die Lizenz entzogen. Alle Spiele für den Verein nicht gewertet.

1972/73

1.	Bayern München (M)	34	93:29	54–14
2.	1. FC Köln	34	66:51	43–25
3.	Fortuna Düsseldorf	34	62:45	42–26
4.	Wuppertaler SV (N)	34	62:49	40–28
5.	Bor. Mönchengladbach	34	82:61	39–29
6.	VfB Stuttgart	34	71:65	37–31
7.	Kickers Offenbach (N)	34	61:60	35–33
8.	Eintracht Frankfurt	34	58:54	34–34
9.	1. FC Kaiserslautern	34	58:68	34–34
10.	MSV Duisburg	34	53:54	33–35
11.	Werder Bremen	34	50:52	31–37
12.	VfL Bochum	34	50:68	31–37
13.	Hertha BSC Berlin	34	53:64	30–38
14.	Hamburger SV	34	53:59	28–40
15.	FC Schalke 04 (P)	34	46:61	28–40
16.	Hannover 96	34	49:65	26–42
17.	Eintr. Braunschweig	34	33:56	25–43
18.	Rot-Weiß Oberhausen	34	45:84	22–46

1973/74

1.	Bayern München (M)	34	95:53	49–19
2.	Bor. M'gladbach (P)	34	93:52	48–20
3.	Fortuna Düsseldorf	34	61:47	41–27
4.	Eintracht Frankfurt	34	63:50	41–27
5.	1. FC Köln	34	69:56	39–29
6.	1. FC Kaiserslautern	34	80:69	38–30
7.	FC Schalke 04	34	72:68	37–31
8.	Hertha BSC Berlin	34	56:60	33–35
9.	VfB Stuttgart	34	58:57	31–37
10.	Kickers Offenbach	34	56:62	31–37
11.	Werder Bremen	34	48:56	31–37
12.	Hamburger SV	34	53:62	31–37
13.	Rot-Weiss Essen (N)	34	56:70	31–37
14.	VfL Bochum	34	45:57	30–38
15.	MSV Duisburg	34	42:56	29–39
16.	Wuppertaler SV	34	42:65	25–43
17.	Fortuna Köln (N)	34	46:79	25–43
18.	Hannover 96	34	50:66	22–46

1974/75

1.	Bor. Mönchengladbach	34	86:40	50–18
2.	Hertha BSC Berlin	34	61:43	44–24
3.	Eintracht Frankfurt (P)	34	89:49	43–25
4.	Hamburger SV	34	55:38	43–25
5.	1. FC Köln	34	77:51	41–27
6.	Fortuna Düsseldorf	34	66:55	41–27
7.	FC Schalke 04	34	52:37	39–29
8.	Kickers Offenbach	34	72:62	38–30
9.	Eintr. Braunschweig (N)	34	52:42	36–32
10.	Bayern München (M)	34	57:63	34–34
11.	VfL Bochum	34	53:53	33–35
12.	Rot-Weiss Essen	34	56:68	32–36
13.	1. FC Kaiserslautern	34	56:55	31–37
14.	MSV Duisburg	34	59:77	30–38
15.	Werder Bremen	34	45:69	25–43
16.	VfB Stuttgart	34	50:79	24–44
17.	Tennis Bor. Berlin (N)	34	38:89	16–52
18.	Wuppertaler SV	34	32:86	12–56

1975/76

1.	Bor. M'gladbach (M)	34	66:37	45–23
2.	Hamburger SV	34	59:32	41–27
3.	Bayern München	34	72:50	40–28
4.	1. FC Köln	34	62:45	39–29
5.	Eintr. Braunschweig	34	52:48	39–29
6.	FC Schalke 04	34	76:55	37–31
7.	1. FC Kaiserslautern	34	66:60	37–31
8.	Rot-Weiss Essen	34	61:67	37–31
9.	Eintracht Frankfurt (P)	34	79:58	36–32
10.	MSV Duisburg	34	55:62	33–35
11.	Hertha BSC Berlin	34	59:61	32–36
12.	Fortuna Düsseldorf	34	47:57	30–38
13.	Werder Bremen	34	44:55	30–38
14.	VfL Bochum	34	49:62	30–38
15.	Karlsruher SC (N)	34	46:59	30–38
16.	Hannover 96 (N)	34	48:60	27–41
17.	Kickers Offenbach	34	40:72	27–41
18.	Bayer Uerdingen (N)	34	28:69	22–46

1976/77

1.	Bor. M'gladbach (M)	34	58:34	44–24
2.	FC Schalke 04	34	77:52	43–25
3.	Eintr. Braunschweig	34	56:38	43–25
4.	Eintracht Frankfurt	34	86:57	42–26
5.	1. FC Köln	34	83:61	40–28
6.	Hamburger SV (P)	34	67:56	38–30
7.	Bayern München	34	74:65	37–31
8.	Borussia Dortmund (N)	34	73:64	34–34
9.	MSV Duisburg	34	60:51	34–34
10.	Hertha BSC Berlin	34	55:54	34–34
11.	Werder Bremen	34	51:59	33–35
12.	Fortuna Düsseldorf	34	52:54	31–37
13.	1. FC Kaiserslautern	34	53:59	29–39
14.	1. FC Saarbrücken (N)	34	43:55	29–39
15.	VfL Bochum	34	47:62	29–39
16.	Karlsruher SC	34	53:75	28–40
17.	Tennis Bor. Berlin (N)	34	47:85	22–46
18.	Rot-Weiss Essen	34	49:103	22–46

1977/78

1.	1. FC Köln (P)	34	86:41	48–20
2.	Bor. M'gladbach (M)	34	86:44	48–20
3.	Hertha BSC Berlin	34	59:48	40–28
4.	VfB Stuttgart (N)	34	58:40	39–29
5.	Fortuna Düsseldorf	34	49:36	39–29
6.	MSV Duisburg	34	62:59	37–31
7.	Eintracht Frankfurt	34	59:52	36–32
8.	1. FC Kaiserslautern	34	64:63	36–32
9.	FC Schalke 04	34	47:52	34–34
10.	Hamburger SV	34	61:67	34–34
11.	Borussia Dortmund	34	57:71	33–35
12.	Bayern München	34	62:64	32–36
13.	Eintr. Braunschweig	34	43:53	32–36
14.	VfL Bochum	34	49:51	31–37
15.	Werder Bremen	34	48:57	31–37
16.	TSV München 1860 (N)	34	41:60	22–46
17.	1. FC Saarbrücken	34	39:70	22–46
18.	FC St. Pauli (N)	34	44:86	18–50

1978/79

1.	Hamburger SV	34	78:32	49–19
2.	VfB Stuttgart	34	73:34	48–20
3.	1. FC Kaiserslautern	34	62:47	43–25
4.	Bayern München	34	69:46	40–28
5.	Eintracht Frankfurt	34	50:49	39–29
6.	1. FC Köln (M, P)	34	55:47	38–30
7.	Fortuna Düsseldorf	34	70:59	37–31
8.	VfL Bochum	34	47:46	33–35
9.	Eintr. Braunschweig	34	50:55	33–35
10.	Bor. Mönchengladbach	34	50:53	32–36
11.	Werder Bremen	34	48:60	31–37
12.	Borussia Dortmund	34	54:70	31–37
13.	MSV Duisburg	34	43:56	30–38
14.	Hertha BSC Berlin	34	40:50	29–39
15.	FC Schalke 04	34	55:61	28–40
16.	Arminia Bielefeld (N)	34	43:56	26–42
17.	1. FC Nürnberg (N)	34	36:67	24–44
18.	SV Darmstadt 98 (N)	34	40:75	21–47

1979/80

1.	Bayern München	34	84:33	50–18
2.	Hamburger SV (M)	34	86:35	48–20
3.	VfB Stuttgart	34	75:53	41–27
3.	1. FC Kaiserslautern	34	75:53	41–27
5.	1. FC Köln	34	72:55	37–31
6.	Borussia Dortmund	34	64:56	36–32
7.	Bor. Mönchengladbach	34	61:60	36–32
8.	FC Schalke 04	34	40:51	33–35
9.	Eintracht Frankfurt	34	65:61	32–36
10.	VfL Bochum	34	41:44	32–36
11.	Fortuna Düsseldorf (P)	34	62:72	32–36
12.	Bayer Leverkusen (N)	34	45:61	32–36
13.	TSV München 1860 (N)	34	42:53	30–38
14.	MSV Duisburg	34	43:57	29–39
15.	Bayer Uerdingen (N)	34	43:61	29–39
16.	Hertha BSC Berlin	34	41:61	29–39
17.	Werder Bremen	34	52:93	25–43
18.	Eintr. Braunschweig	34	32:64	20–48

1980/81

1.	Bayern München (M)	34	89:41	53–15
2.	Hamburger SV	34	73:43	49–19
3.	VfB Stuttgart	34	70:44	46–22
4.	1. FC Kaiserslautern	34	60:37	44–24
5.	Eintracht Frankfurt	34	61:57	38–30
6.	Bor. Mönchengladbach	34	68:64	37–31
7.	Borussia Dortmund	34	69:59	35–33
8.	1. FC Köln	34	54:55	34–44
9.	VfL Bochum	34	53:45	33–35
10.	Karlsruher SC (N)	34	56:63	32–36
11.	Bayer Leverkusen	34	52:53	30–38
12.	MSV Duisburg	34	45:58	29–39
13.	Fortuna Düsseldorf (P)	34	57:64	28–40
14.	1. FC Nürnberg (N)	34	47:57	28–40
15.	Arminia Bielefeld (N)	34	46:65	26–42
16.	TSV München 1860	34	49:67	25–43
17.	FC Schalke 04	34	43:88	23–45
18.	Bayer Uerdingen	34	47:79	22–46

1981/82

1.	Hamburger SV	34	95:45	48–20
2.	1. FC Köln	34	72:38	45–23
3.	Bayern München (M)	34	77:56	43–25
4.	1. FC Kaiserslautern	34	70:61	42–26
5.	Werder Bremen (N)	34	61:52	42–26
6.	Borussia Dortmund	34	59:40	41–27
7.	Bor. Mönchengladbach	34	61:51	40–28
8.	Eintracht Frankfurt (P)	34	83:72	37–31
9.	VfB Stuttgart	34	62:55	35–33
10.	VfL Bochum	34	52:51	32–36
11.	Eintr. Braunschweig (N)	34	61:66	32–36
12.	Arminia Bielefeld	34	46:50	30–38
13.	1. FC Nürnberg	34	53:72	28–40
14.	Karlsruher SC	34	50:68	27–41
15.	Fortuna Düsseldorf	34	48:73	25–43
16.	Bayer Leverkusen	34	45:72	25–43
17.	SV Darmstadt 98 (N)	34	46:82	21–47
18.	MSV Duisburg	34	40:77	19–49

1982/83

1.	Hamburger SV (M)	34	79:33	52–16
2.	Werder Bremen	34	76:38	52–16
3.	VfB Stuttgart	34	80:47	48–20
4.	Bayern München (P)	34	74:33	44–24
5.	1. FC Köln	34	69:42	43–25
6.	1. FC Kaiserslautern	34	57:44	41–27
7.	Borussia Dortmund	34	78:62	39–29
8.	Arminia Bielefeld	34	46:71	31–37
9.	Fortuna Düsseldorf	34	63:75	30–38
10.	Eintracht Frankfurt	34	48:57	29–39
11.	Bayer Leverkusen	34	43:66	29–39
12.	Bor. Mönchengladbach	34	64:63	28–40
13.	VfL Bochum	34	43:49	28–40
14.	1. FC Nürnberg	34	44:70	28–40
15.	Eintr. Braunschweig	34	42:65	27–41
16.	FC Schalke 04 (N)	34	48:68	22–46
17.	Karlsruher SC	34	39:86	21–47
18.	Hertha BSC Berlin (N)	34	43:67	20–48

1983/84

1.	VfB Stuttgart	34	79:33	48–20
2.	Hamburger SV (M)	34	75:36	48–20
3.	Bor. Mönchengladbach	34	81:48	48–20
4.	Bayern München	34	84:41	47–21
5.	Werder Bremen	34	79:46	45–23
6.	1. FC Köln (P)	34	70:57	38–30
7.	Bayer Leverkusen	34	50:50	34–34
8.	Arminia Bielefeld	34	40:49	33–35
9.	Eintr. Braunschweig	34	54:69	32–36
10.	Bayer Uerdingen (N)	34	66:79	31–37
11.	Waldhof Mannheim (N)	34	45:58	31–37
12.	1. FC Kaiserslautern	34	68:69	30–38
13.	Borussia Dortmund	34	54:65	30–38
14.	Fortuna Düsseldorf	34	63:75	29–39
15.	VfL Bochum	34	58:70	28–40
16.	Eintracht Frankfurt	34	45:61	27–41
17.	Kickers Offenbach (N)	34	48:106	19–49
18.	1. FC Nürnberg	34	38:85	14–54

1984/85

1.	Bayern München (P)	34	79:38	50–18
2.	Werder Bremen	34	87:51	46–22
3.	1. FC Köln	34	69:66	40–28
4.	Bor. Mönchengladbach	34	77:53	39–29
5.	Hamburger SV	34	58:49	37–31
6.	Waldhof Mannheim	34	47:50	37–31
7.	Bayer Uerdingen	34	57:52	36–62
8.	FC Schalke 04 (N)	34	63:62	34–34
9.	VfL Bochum	34	52:54	34–34
10.	VfB Stuttgart (M)	34	79:59	33–35
11.	1. FC Kaiserslautern	34	56:60	33–35
12.	Eintracht Frankfurt	34	62:67	32–36
13.	Bayer Leverkusen	34	52:54	31–37
14.	Borussia Dortmund	34	51:65	30–38
15.	Fortuna Düsseldorf	34	53:66	29–39
16.	Arminia Bielefeld	34	46:61	29–39
17.	Karlsruher SC (N)	34	47:88	22–46
18.	Eintr. Braunschweig	34	39:79	20–48

1985/86

1.	Bayern München (M)	34	82:31	49–19
2.	Werder Bremen	34	83:41	49–19
3.	Bayer Uerdingen (P)	34	63:60	45–23
4.	Bor. Mönchengladbach	34	65:51	42–26
5.	VfB Stuttgart	34	69:45	41–21
6.	Bayer Leverkusen	34	63:51	40–28
7.	Hamburger SV	34	52:35	39–29
8.	Waldhof Mannheim	34	41:44	33–35
9.	VfL Bochum	34	55:57	32–36
10.	FC Schalke 04	34	53:58	30–38
11.	1. FC Kaiserslautern	34	49:54	30–38
12.	1. FC Nürnberg (N)	34	51:54	29–39
13.	1. FC Köln	34	46:59	29–39
14.	Fortuna Düsseldorf	34	54:78	29–39
15.	Eintracht Frankfurt	34	35:49	28–40
16.	Borussia Dortmund	34	49:65	28–40
17.	1. FC Saarbrücken (N)	34	39:68	21–47
18.	Hannover 96 (N)	34	43:92	18–50

1986/87

1.	Bayern München (M, P)	34	67:31	53–15
2.	Hamburger SV	34	69:37	47–21
3.	Bor. Mönchengladbach	34	74:44	43–25
4.	Borussia Dortmund	34	70:50	40–28
5.	Werder Bremen	34	65:54	40–28
6.	Bayer Leverkusen	34	56:38	39–29
7.	1. FC Kaiserslautern	34	64:51	37–31
8.	Bayer Uerdingen	34	51:49	35–33
9.	1. FC Nürnberg	34	62:62	35–33
10.	1. FC Köln	34	50:53	35–33
11.	VfL Bochum	34	52:44	32–36
12.	VfB Stuttgart	34	55:49	32–36
13.	FC Schalke 04	34	50:58	32–36
14.	Waldhof Mannheim	34	52:71	28–40
15.	Eintracht Frankfurt	34	42:53	25–43
16.	FC Homburg/Saar (N)	34	33:79	21–47
17.	Fortuna Düsseldorf	34	42:91	20–48
18.	Blau-Weiß 90 Berlin (N)	34	36:76	18–50

1987/88

1.	Werder Bremen	34	61:22	52–16
2.	Bayern München (M)	34	83:45	48–20
3.	1. FC Köln	34	57:28	48–20
4.	VfB Stuttgart	34	69:49	40–28
5.	1. FC Nürnberg	34	44:40	37–31
6.	Hamburger SV (P)	34	63:68	37–31
7.	Bor. Mönchengladbach	34	55:53	33–35
8.	Bayer Leverkusen	34	53:60	32–36
9.	Eintracht Frankfurt	34	51:50	31–37
10.	Hannover 96 (N)	34	59:60	31–37
11.	Bayer Uerdingen	34	59:61	31–37
12.	VfL Bochum	34	47:51	30–38
13.	Borussia Dortmund	34	51:54	29–39
14.	1. FC Kaiserslautern	34	53:62	29–39
15.	Karlsruher SC (N)	34	37:55	29–39
16.	Waldhof Mannheim	34	35:50	28–40
17.	FC Homburg/Saar	34	37:70	24–44
18.	FC Schalke 04	34	48:84	23–45

1988/89

1.	Bayern München	34	67:26	50–18
2.	1. FC Köln	34	58:30	45–23
3.	Werder Bremen (M)	34	55:32	44–24
4.	Hamburger SV	34	60:36	43–25
5.	VfB Stuttgart	34	58:49	39–29
6.	Bor. Mönchengladbach	34	44:43	38–30
7.	Borussia Dortmund	34	56:40	37–31
8.	Bayer Leverkusen	34	45:44	34–34
9.	1. FC Kaiserslautern	34	47:44	33–35
10.	FC St. Pauli (N)	34	41:42	32–36
11.	Karlsruher SC	34	48:51	32–36
12.	Waldhof Mannheim	34	43:52	31–37
13.	Bayer Uerdingen	34	50:60	31–37
14.	1. FC Nürnberg	34	36:54	26–42
15.	VfL Bochum	34	37:57	26–42
16.	Eintracht Frankfurt (P)	34	30:53	26–42
17.	Stuttgarter Kickers (N)	34	41:68	26–42
18.	Hannover 96	34	36:71	19–49

1989/90

1.	Bayern München (M)	34	64:28	49–19
2.	1. FC Köln	34	54:44	43–25
3.	Eintracht Frankfurt	34	61:40	41–27
4.	Borussia Dortmund (P)	34	51:35	41–27
5.	Bayer Leverkusen	34	40:32	39–29
6.	VfB Stuttgart	34	53:47	36–32
7.	Werder Bremen	34	49:41	34–34
8.	1. FC Nürnberg	34	42:46	33–35
9.	Fortuna Düsseldorf (N)	34	41:41	32–36
10.	Karlsruher SC	34	32:39	32–36
11.	Hamburger SV	34	39:46	31–37
12.	1. FC Kaiserslautern	34	42:55	31–37
13.	FC St. Pauli	34	31:46	31–37
14.	Bayer Uerdingen	34	41:48	30–38
15.	Bor. Mönchengladbach	34	37:45	30–38
16.	VfL Bochum	34	44:53	29–39
17.	Waldhof Mannheim	34	36:53	26–42
18.	FC Homburg/Saar (N)	34	33:51	24–44

1990/91

1.	1. FC Kaiserslautern (P)	34	72:45	48–20
2.	Bayern München (M)	34	74:41	45–23
3.	Werder Bremen	34	46:29	42–26
4.	Eintracht Frankfurt	34	63:40	40–28
5.	Hamburger SV	34	60:38	40–28
6.	VfB Stuttgart	34	57:44	38–30
7.	1. FC Köln	34	50:43	37–31
8.	Bayer Leverkusen	34	47:46	35–33
9.	Bor. Mönchengladbach	34	49:54	35–33
10.	Borussia Dortmund	34	46:57	34–34
11.	SG Wattenscheid 09 (N)	34	42:51	33–35
12.	Fortuna Düsseldorf	34	40:49	32–36
13.	Karlsruher SC	34	46:52	31–37
14.	VfL Bochum	34	50:52	29–39
15.	1. FC Nürnberg	34	40:54	29–39
16.	FC St. Pauli	34	33:53	27–41
17.	Bayer Uerdingen	34	34:54	23–45
18.	Hertha BSC Berlin (N)	34	37:84	14–54

1991/92

1.	VfB Stuttgart	38	62:32	52–24
2.	Borussia Dortmund	38	66:47	52–24
3.	Eintracht Frankfurt	38	76:41	50–26
4.	1. FC Köln	38	58:41	44–32
5.	1. FC Kaiserslautern (M)	38	58:42	44–32
6.	Bayer Leverkusen	38	53:39	43–33
7.	1. FC Nürnberg	38	54:51	43–33
8.	Karlsruher SC	38	48:50	41–35
9.	Werder Bremen (P)	38	44:45	38–38
10.	Bayern München	38	59:61	36–40
11.	FC Schalke 04 (N)	38	45:45	34–42
12.	Hamburger SV	38	32:43	34–42
13.	Bor. Mönchengladbach	38	37:49	34–42
14.	Dynamo Dresden (N)	38	34:50	34–42
15.	VfL Bochum	38	38:55	33–43
16.	SG Wattenscheid 09	38	50:60	32–44
17.	Stuttgarter Kickers (N)	38	53:64	31–45
18.	Hansa Rostock (N)	38	43:55	31–45
19.	MSV Duisburg (N)	38	43:55	30–46
20.	Fortuna Düsseldorf	38	41:69	24–52

1992/93

1.	Werder Bremen	34	63:30	48–20
2.	Bayern München	34	74:45	47–21
3.	Eintracht Frankfurt	34	56:39	42–26
4.	Borussia Dortmund	34	61:43	41–27
5.	Bayer Leverkusen	34	64:45	40–28
6.	Karlsruher SC	34	60:54	39–29
7.	VfB Stuttgart (M)	34	56:50	36–32
8.	1. FC Kaiserslautern	34	50:40	35–33
9.	Bor. Mönchengladbach	34	59:59	35–33
10.	FC Schalke 04	34	42:43	34–34
11.	Hamburger SV	34	42:44	31–37
12.	1. FC Köln	34	41:51	28–40
13.	1. FC Nürnberg	34	30:47	28–40
14.	SG Wattenscheid 09	34	46:67	28–40
15.	Dynamo Dresden	34	32:49	27–41
16.	VfL Bochum	34	45:52	26–42
17.	Bayer Uerdingen (N)	34	35:64	24–44
18.	1. FC Saarbrücken (N)	34	37:71	23–45

1993/94

1.	Bayern München	34	68:37	44–24
2.	1. FC Kaiserslautern	34	64:36	43–25
3.	Bayer Leverkusen (P)	34	60:47	39–29
4.	Borussia Dortmund	34	49:45	39–29
5.	Eintracht Frankfurt	34	57:41	38–30
6.	Karlsruher SC	34	46:43	38–30
7.	VfB Stuttgart	34	51:43	37–31
8.	Werder Bremen (M)	34	51:44	36–32
9.	MSV Duisburg (N)	34	41:52	36–32
10.	Bor. Mönchengladbach	34	65:59	35–33
11.	1. FC Köln	34	49:51	34–34
12.	Hamburger SV	34	48:52	34–34
13.	Dynamo Dresden*	34	33:44	30–34
14.	FC Schalke 04	34	38:50	29–39
15.	SC Freiburg (N)	34	54:57	28–40
16.	1. FC Nürnberg	34	41:55	28–40
17.	SG Wattenscheid 09	34	48:70	23–45
18.	VfB Leipzig (N)	34	32:69	17–51

*) Dynamo Dresden wurden vier Punkte abgezogen.

1994/95

1.	Borussia Dortmund	34	67:33	49–19
2.	Werder Bremen (P)	34	70:39	48–20
3.	SC Freiburg	34	66:44	46–22
4.	1. FC Kaiserslautern	34	58:41	46–22
5.	Bor. Mönchengladbach	34	66:41	43–25
6.	Bayern München (M)	34	55:41	43–25
7.	Bayer Leverkusen	34	62:51	36–32
8.	Karlsruher SC	34	51:47	36–32
9.	Eintracht Frankfurt	34	41:49	33–35
10.	1. FC Köln	34	54:54	32–36
11.	FC Schalke 04	34	48:54	31–37
12.	VfB Stuttgart	34	52:66	30–38
13.	Hamburger SV	34	43:50	29–39
14.	TSV München 1860 (N)	34	41:57	27–41
15.	Bayer Uerdingen (N)	34	37:52	25–43
16.	VfL Bochum (N)	34	43:67	22–46
17.	MSV Duisburg	34	31:64	20–48
18.	Dynamo Dresden	34	33:68	16–52

1995/96

1.	Borussia Dortmund (M)	34	76:38	68
2.	Bayern München	34	66:46	62
3.	FC Schalke 04	34	45:36	56
4.	Bor. M'gladbach (P)	34	52:51	53
5.	Hamburger SV	34	52:47	50
6.	Hansa Rostock (N)	34	47:43	49
7.	Karlsruher SC	34	53:47	48
8.	TSV München 1860	34	52:46	45
9.	Werder Bremen	34	39:42	44
10.	VfB Stuttgart	34	59:62	43
11.	SC Freiburg	34	30:41	42
12.	1. FC Köln	34	33:35	40
13.	Fortuna Düsseldorf (N)	34	40:47	40
14.	Bayer Leverkusen	34	37:38	38
15.	FC St. Pauli (N)	34	43:51	38
16.	1. FC Kaiserslautern	34	31:37	36
17.	Eintracht Frankfurt	34	43:68	32
18.	KFC Uerdingen 05	34	33:56	26

1996/97

1.	Bayern München	34	68:34	71
2.	Bayer Leverkusen	34	69:41	69
3.	Borussia Dortmund (M)	34	63:41	63
4.	VfB Stuttgart	34	78:40	61
5.	VfL Bochum (N)	34	54:51	53
6.	Karlsruher SC	34	55:44	49
7.	TSV München 1860	34	56:56	49
8.	Werder Bremen	34	53:52	48
9.	MSV Duisburg (N)	34	44:49	45
10.	1. FC Köln	34	62:62	44
11.	Bor. Mönchengladbach	34	46:48	43
12.	FC Schalke 04	34	35:40	43
13.	Hamburger SV	34	46:60	41
14.	Arminia Bielefeld (N)	34	46:54	40
15.	Hansa Rostock	34	35:46	40
16.	Fortuna Düsseldorf	34	26:57	33
17.	SC Freiburg	34	43:67	29
18.	FC St. Pauli	34	32:69	27

1997/98

1.	1. FC Kaiserslautern (N)	34	63:39	68
2.	Bayern München (M)	34	69:37	66
3.	Bayer Leverkusen	34	66:39	55
4.	VfB Stuttgart (P)	34	55:49	52
5.	FC Schalke 04	34	38:32	52
6.	Hansa Rostock	34	54:46	51
7.	Werder Bremen	34	43:47	50
8.	MSV Duisburg	34	43:44	44
9.	Hamburger SV	34	38:46	44
10.	Borussia Dortmund	34	57:55	43
11.	Hertha BSC Berlin (N)	34	41:53	43
12.	VfL Bochum	34	41:49	41
13.	TSV München 1860	34	43:54	41
14.	VfL Wolfsburg (N)	34	38:54	39
15.	Bor. Mönchengladbach	34	54:59	38
16.	Karlsruher SC	34	48:60	38
17.	1. FC Köln	34	49:64	36
18.	Arminia Bielefeld	34	43:56	32

1998/99

1.	Bayern München (P)	34	76:28	78
2.	Bayer Leverkusen	34	61:30	63
3.	Hertha BSC Berlin	34	59:32	62
4.	Borussia Dortmund	34	48:34	57
5.	1. FC Kaiserslautern (M)	34	51:47	57
6.	VfL Wolfsburg	34	54:49	55
7.	Hamburger SV	34	47:46	50
8.	MSV Duisburg	34	48:45	49
9.	TSV 1860 München	34	49:56	41
10.	Schalke 04	34	41:54	41
11.	VfB Stuttgart	34	41:48	39
12.	SC Freiburg (N)	34	36:44	39
13.	Werder Bremen	34	41:47	38
14.	Hansa Rostock	34	49:58	38
15.	Eintracht Frankfurt (N)	34	44:54	37
16.	1. FC Nürnberg (N)	34	40:50	37
17.	VfL Bochum	34	40:65	29
18.	Bor. Mönchengladbach	34	41:79	21

1999/2000

1. Bayern München (M)	34	73:28	73
2. Bayer Leverkusen	34	74:36	73
3. Hamburger SV	34	63:39	59
4. TSV München 1860	34	55:48	53
5. 1. FC Kaiserslautern	34	54:59	50
6. Hertha BSC Berlin	34	39:46	50
7. VfL Wolfsburg	34	51:58	49
8. VfB Stuttgart	34	44:47	48
9. Werder Bremen (P)	34	65:52	47
10. SpVgg Unterhaching (N)	34	40:42	44
11. Borussia Dortmund	34	41:38	40
12. SC Freiburg	34	45:50	40
13. FC Schalke 04	34	42:44	39
14. Eintracht Frankfurt*	34	42:44	39
15. Hansa Rostock	34	44:60	38
16. SSV Ulm 1846 (N)	34	36:62	35
17. Arminia Bielefeld (N)	34	40:61	30
18. MSV Duisburg	34	37:71	22

*) Eintracht Frankfurt wurden zwei Punkte abgezogen.

2000/01

1. Bayern München (M, P)	34	62:37	63
2. FC Schalke 04	34	65:35	62
3. Borussia Dortmund	34	62:42	58
4. Bayer Leverkusen	34	54:40	57
5. Hertha BSC Berlin	34	58:52	56
6. SC Freiburg	34	54:37	55
7. Werder Bremen	34	53:48	53
8. 1. FC Kaiserslautern	34	49:54	50
9. VfL Wolfsburg	34	60:45	47
10. 1. FC Köln (N)	34	59:52	46
11. TSV München 1860	34	43:55	44
12. Hansa Rostock	34	34:47	43
13. Hamburger SV	34	58:58	41
14. Energie Cottbus (N)	34	38:52	39
15. VfB Stuttgart	34	42:49	38
16. SpVgg Unterhaching	34	35:59	35
17. Eintracht Frankfurt	34	41:68	35
18. VfL Bochum (N)	34	30:67	27

2001/02

1. Borussia Dortmund	34	62:33	70
2. Bayer Leverkusen	34	77:38	69
3. Bayern München (M)	34	65:25	68
4. Hertha BSC Berlin	34	61:38	61
5. FC Schalke 04 (P)	34	52:36	61
6. Werder Bremen	34	54:43	56
7. 1.FC Kaiserslautern	34	62:53	56
8. VfB Stuttgart	34	47:43	50
9. TSV München 1860	34	59:59	50
10. VfL Wolfsburg	34	57:49	46
11. Hamburger SV	34	51:57	40
12. Bor. M'gladbach (N)	34	41:53	39
13. Energie Cottbus	34	36:60	35
14. Hansa Rostock	34	35:54	34
15. 1.FC Nürnberg (N)	34	34:57	34
16. SC Freiburg	34	37:64	30
17. 1.FC Köln	34	26:61	29
18. FC St. Pauli (N)	34	37:70	22

2002/03

1. Bayern München	34	70:25	75
2. VfB Stuttgart	34	53:39	59
3. Borussia Dortmund (M)	34	51:27	58
4. Hamburger SV	34	46:36	56
5. Hertha BSC Berlin	34	52:43	54
6. Werder Bremen	34	51:50	52
7. FC Schalke 04 (P)	34	46:40	49
8. VfL Wolfsburg	34	39:42	46
9. VfL Bochum (N)	34	55:56	45
10. TSV München 1860	34	44:52	45
11. Hannover 96 (N)	34	47:57	43
12. Bor. Mönchengladbach	34	43:45	42
13. Hansa Rostock	34	35:41	41
14. 1. FC Kaiserslautern	34	40:42	40
15. Bayer Leverkusen	34	47:56	40
16. Arminia Bielefeld (N)	34	35:46	36
17. 1. FC Nürnberg	34	33:60	30
18. Energie Cottbus	34	34:64	30

2003/04

1. Werder Bremen	34	79:38	74
2. Bayern München (M, P)	34	70:39	68
3. Bayer Leverkusen	34	73:39	65
4. VfB Stuttgart	34	52:24	64
5. VfL Bochum	34	57:39	56
6. Borussia Dortmund	34	59:48	55
7. FC Schalke 04	34	49:42	50
8. Hamburger SV	34	47:60	49
9. Hansa Rostock	34	55:54	44
10. VfL Wolfsburg	34	56:61	42
11. Bor. Mönchengladbach	34	40:49	39
12. Hertha BSC Berlin	34	42:59	39
13. SC Freiburg (N)	34	42:67	38
14. Hannover 96	34	49:63	37
15. 1. FC Kaiserslautern *	34	39:62	36
16. Eintracht Frankfurt (N)	34	36:53	32
17. TSV München 1860	34	32:55	32
18. 1. FC Köln (N)	34	32:57	23

*) Dem 1. FC Kaiserslautern wurden drei Punkte abgezogen.

2004/05

1. Bayern München	34	75:33	77
2. FC Schalke 04	34	56:46	63
3. Werder Bremen (M, P)	34	68:37	59
4. Hertha BSC Berlin	34	59:31	58
5. VfB Stuttgart	34	54:40	58
6. Bayer Leverkusen	34	65:44	57
7. Borussia Dortmund	34	47:44	55
8. Hamburger SV	34	55:50	51
9. VfL Wolfsburg	34	49:51	48
10. Hannover 96	34	34:36	45
11. 1. FSV Mainz 05 (N)	34	50:55	43
12. 1. FC Kaiserslautern	34	43:52	42
13. Arminia Bielefeld (N)	34	37:49	40
14. 1. FC Nürnberg (N)	34	55:63	38
15. Bor. Mönchengladbach	34	35:51	36
16. VfL Bochum	34	47:68	35
17. Hansa Rostock	34	31:65	30
18. SC Freiburg	34	30:75	18

2005/06

1. Bayern München (M, P)	34	67:32	75
2. Werder Bremen	34	79:37	70
3. Hamburger SV	34	53:30	68
4. FC Schalke 04	34	47:31	61
5. Bayer Leverkusen	34	64:49	52
6. Hertha BSC	34	52:48	48
7. Borussia Dortmund	34	45:42	46
8. 1. FC Nürnberg	34	49:51	44
9. VfB Stuttgart	34	37:39	43
10. Bor. Mönchengladbach	34	42:50	42
11. 1. FSV Mainz 05	34	46:47	38
12. Hannover 96	34	43:47	38
13. Arminia Bielefeld	34	32:47	37
14. Eintracht Frankfurt (N)	34	42:51	36
15. VfL Wolfsburg	34	33:55	34
16. 1. FC Kaiserslautern	34	47:71	33
17. 1. FC Köln (N)	34	49:71	30
18. MSV Duisburg (N)	34	34:63	27

2006/07

1. VfB Stuttgart	34	61:37	70
2. FC Schalke 04	34	53:32	68
3. Werder Bremen	34	76:40	66
4. Bayern München (M, P)	34	55:40	60
5. Bayer Leverkusen	34	54:49	51
6. 1. FC Nürnberg	34	43:32	48
7. Hamburger SV	34	43:37	45
8. VfL Bochum (N)	34	49:50	45
9. Borussia Dortmund	34	41:43	44
10. Hertha BSC	34	50:55	44
11. Hannover 96	34	41:50	44
12. Arminia Bielefeld	34	47:49	42
13. Energie Cottbus (N)	34	38:49	41
14. Eintracht Frankfurt	34	46:58	40
15. VfL Wolfsburg	34	37:45	37
16. 1. FSV Mainz 05	34	34:57	34
17. Alemannia Aachen (N)	34	46:70	34
18. Bor. Möchengladbach	34	23:44	26

2007/08

1. Bayern München	34	68:21	76
2. Werder Bremen	34	75:45	66
3. FC Schalke 04	34	55:32	64
4. Hamburger SV	34	47:26	54
5. VfL Wolfsburg	34	58:46	54
6. VfB Stuttgart (M)	34	57:57	52
7. Bayer Leverkusen	34	57:40	51
8. Hannover 96	34	54:56	49
9. Eintracht Frankfurt	34	43:50	46
10. Hertha BSC	34	39:44	44
11. Karlsruher SC (N)	34	38:53	43
12. VfL Bochum	34	48:54	41
13. Borussia Dortmund	34	50:62	40
14. Energie Cottbus	34	35:56	36
15. Arminia Bielefeld	34	35:60	34
16. 1. FC Nürnberg (P)	34	35:51	31
17. Hansa Rostock (N)	34	30:52	30
18. MSV Duisburg (N)	34	36:55	29

2008/09

1. VfL Wolfsburg	34	80:41	69
2. Bayern München (M, P)	34	71:42	67
3. VfB Stuttgart	34	63:43	64
4. Hertha BSC	34	48:41	63
5. Hamburger SV	34	49:47	61
6. Borussia Dortmund	34	60:37	59
7. TSG 1899 Hoffenheim (N)	34	63:49	55
8. FC Schalke 04	34	47:35	50
9. Bayer Leverkusen	34	59:46	49
10. Werder Bremen	34	64:50	45
11. Hannover 96	34	49:69	40
12. 1. FC Köln (N)	34	35:50	39
13. Eintracht Frankfurt	34	39:60	33
14. VfL Bochum	34	39:55	32
15. Bor. M'gladbach (N)	34	39:62	31
16. Energie Cottbus	34	30:57	30
17. Karlsruher SC	34	30:54	29
18. Arminia Bielefeld	34	29:56	28

2009/10

1. Bayern München	34	72:31	70
2. FC Schalke 04	34	53:31	65
3. Werder Bremen (P)	34	71:40	61
4. Bayer Leverkusen	34	65:38	59
5. Borussia Dortmund	34	54:42	57
6. VfB Stuttgart	34	51:41	55
7. Hamburger SV	34	56:41	52
8. VfL Wolfsburg (M)	34	64:58	50
9. 1. FSV Mainz 05 (N)	34	36:42	47
10. Eintracht Frankfurt	34	47:54	46
11. TSG 1899 Hoffenheim	34	44:42	42
12. Bor. Mönchengladbach	34	43:60	39
13. 1. FC Köln	34	33:42	38
14. SC Freiburg (N)	34	35:59	35
15. Hannover 96	34	43:67	33
16. 1. FC Nürnberg (N)	34	32:58	31
17. VfL Bochum	34	33:64	28
18. Hertha BSC	34	34:56	24

2010/11

1. Borussia Dortmund	34	67:22	75
2. Bayer Leverkusen	34	64:44	68
3. Bayern München (M, P)	34	81:40	65
4. Hannover 96	34	49:45	60
5. 1. FSV Mainz 05	34	52:39	58
6. 1. FC Nürnberg	34	47:45	47
7. 1. FC Kaiserslautern (N)	34	48:51	46
8. Hamburger SV	34	46:52	45
9. SC Freiburg	34	41:50	44
10. 1. FC Köln	34	47:62	44
11. TSG 1899 Hoffenheim	34	50:50	43
12. VfB Stuttgart	34	60:59	42
13. Werder Bremen	34	47:61	41
14. FC Schalke 04	34	38:44	40
15. VfL Wolfsburg	34	43:48	38
16. Bor. Mönchengladbach	34	48:65	36
17. Eintracht Frankfurt	34	31:49	34
18. FC St. Pauli (N)	34	35:68	29

Zwei aus einer Stadt

München: TSV 1860 und der FC Bayern 1965/66, 66/67, 67/68, 68/69, 69/70, 77/78, 79/80, 80/81, 94/95, 95/96, 96/97, 97/98, 98/99, 1999/2000, 2000/01, 01/02, 02/03, 03/04.
Köln: 1. FC und Fortuna 1973/74.
Berlin: Hertha BSC und Tennis Borussia 1974/75, 76/77 – Mit Tasmania 1900 1965/66 und Blau-Weiß 90 1986/87 kamen aus Berlin aber vier Bundesligaklubs.
Hamburg: HSV und FC St. Pauli 1977/78, 88/89, 89/90, 90/91, 95/96, 96/97, 2001/02, 2010/2011.
Stuttgart: VfB und Kickers 1988/89, 91/92.
Bochum: VfL und Wattenscheid 09 1990/91, 91/92, 92/93.

Bundesligisten ohne Heimniederlage

Bayern München: 1970/71, 71/72, 72/73, 73/74, 80/81, 83/84, 88/89, 96/97, 98/99, 2001/02, 2007/08.
Werder Bremen: 1964/65, 82/83, 84/85, 85/86, 92/93.
Hamburger SV: 1963/64, 81/82, 82/83, 95/96.
1. FC Kaiserslautern: 1981/82, 91/92, 94/95.
Eintracht Frankfurt: 1971/72, 73/74.
Hertha BSC Berlin: 1974/75, 77/78.
1. FC Köln: 1972/73, 87/88.
Borussia Dortmund: 1991/92; 08/09.
TSV München 1860: 1965/66.
Rot-Weiss Essen: 1969/70.
MSV Duisburg: 1970/71.
FC Schalke 04: 1971/72.
Eintracht Braunschweig: 1975/76.
Borussia Mönchengladbach: 1983/84.
Karlsruher SC: 1992/93.
Bayer Leverkusen: 1999/2000.
VfL Wolfsburg: 2008/09.

Nur ein einziges Mal blieb ein Verein auswärts ohne Niederlage:
Bayern München 1986/87.

Bundesliga-Torschützenkönige

1964 Uwe Seeler (Hamburger SV) 30 – 1965 Rudi Brunnenmeier (TSV München 1860) 24 – 1966 Lothar Emmerich (Borussia Dortmund) 31 – 1967 Lothar Emmerich (Borussia Dortmund) und Gerd Müller (Bayern München) je 28 – 1968 Johannes Löhr (1. FC Köln) 27 – 1969 Gerd Müller (Bayern München) 30 – 1970 Gerd Müller (Bayern München) 38 – 1971 Lothar Kobluhn (Rot-Weiß Oberhausen) 24 – 1972 Gerd Müller (Bayern München) 40 – 1973 Gerd Müller (Bayern München) 36 – 1974 Gerd Müller (Bayern München) und Jupp Heynckes (Borussia Mönchengladbach) je 30 – 1975 Jupp Heynckes (Borussia Mönchengladbach) 27 – 1976 Klaus Fischer (FC Schalke 04) 29 – 1977 Dieter Müller (1. FC Köln) 34 – 1978 Dieter Müller (1. FC Köln) und Gerd Müller (Bayern München) je 24 – 1979 Klaus Allofs (Fortuna Düsseldorf) 22 – 1980 Karl-Heinz Rummenigge (Bayern München) 26 – 1981 Karl-Heinz Rummenigge (Bayern München) 29 – 1982 Horst Hrubesch (Hamburger SV) 27 – 1983 Rudi Völler (Werder Bremen) 23 – 1984 Karl-Heinz Rummenigge (Bayern München) 26 – 1985 Klaus Allofs (1. FC Köln) 26 – 1986 Stefan Kuntz (VfL Bochum) 22 – 1987 Uwe Rahn (Borussia Mönchengladbach) 24 – 1988 Jürgen Klinsmann (VfB Stuttgart) 19 – 1989 Thomas Allofs (1. FC Köln) und Roland Wohlfarth (Bayern München) je 17 – 1990 Jörn Andersen (Eintracht Frankfurt) 18 – 1991 Roland Wohlfarth (Bayern München) 21 – 1992 Fritz Walter (VfB Stuttgart) 22 – 1993 Anthony Yeboah (Eintracht Frankfurt) und Ulf Kirsten (Bayer Leverkusen) je 20 – 1994 Anthony Yeboah (Eintracht Frankfurt) und Stefan Kuntz (1. FC Kaiserslautern) je 18 – 1995 Heiko Herrlich (Borussia Mönchengladbach) und Mario Basler (Werder Bremen) je 20 – 1996 Fredi Bobic (VfB Stuttgart) 17 – 1997 Ulf Kirsten (Bayer Leverkusen) 22 – 1998 Ulf Kirsten (Bayer Leverkusen) 22 – 1999 Michael Preetz (Hertha BSC) 23 – 2000 Martin Max (TSV München 1860) 19 – 2001 Sergej Barbarez (Hamburger SV) und Ebbe Sand (FC Schalke 04) je 22 – 2002 Marcio Amoroso (Borussia Dortmund) und Martin Max (TSV München 1860) je 18 – 2003 Thomas Christiansen (VfL Bochum) und Giovane Elber (Bayern München) je 21 – 2004 Ailton (Werder Bremen) 28 – 2005 Marek Mintal (1. FC Nürnberg) 24 – 2006 Miroslav Klose (Werder Bremen) 25 – 2007 Theofanis Gekas (VfL Bochum) 20 – 2008 Luca Toni (Bayern München) 24 – 2009 Grafite (VfL Wolfsburg) 28 – 2010 Edin Dzeko (VfL Wolfsburg) 22 – 2011 Mario Gomez (Bayern München) 28.

Der Aufstieg zur Bundesliga

1964

Qualifikation: Wuppertaler SV – FK Pirmasens 0:2 und 1:2.
Gruppe I: Borussia Neunkirchen – Bayern München 0:1 und 2:0; Borussia Neunkirchen – Tasmania 1900 Berlin 1:5 und 1:0; Borussia Neunkirchen – FC St. Pauli 4:1 und 1:0; Bayern München – Tasmania 1900 Berlin 1:1 und 0:3; Bayern München – FC St. Pauli 6:1 und 4:0; Tasmania 1900 Berlin – FC St. Pauli 3:3 und 0:3. – Gruppensieger und Aufsteiger: Borussia Neunkirchen.
Gruppe II: Hannover 96– Hessen Kassel 3:1 und 2:1; Hannover 96– Alemannia Aachen 2:1 und 2:3; Hannover 96– FK Pirmasens 2:0 und 4:0; Hessen Kassel – Alemannia Aachen 2:0 und 2:1; Hessen Kassel – FK Pirmasens 1:4 und 4:2; Alemannia Aachen – FK Pirmasens 5:1 und 0:3. – Gruppensieger und Aufsteiger: Hannover 96.

1965

Qualifikation: FC St. Pauli – SSV Reutlingen 1:0 und 1:4 n. Verl.
Gruppe I: Borussia Mönchengladbach – SSV Reutlingen 7:0 und 1:1; Borussia Mönchengladbach – Holstein Kiel 1:0 und 2:4; Borussia Mönchengladbach – Wormatia Worms 1:1 und 5:1; SSV Reutlingen – Holstein Kiel 1:1 und 1:1; SSV Reutlingen – Wormatia Worms 3:0 und 2:1; Holstein Kiel – Wormatia Worms 3:4 und 3:0. – Gruppensieger und Aufsteiger: Borussia Mönchengladbach.
Gruppe II: Bayern München -1. FC Saarbrücken 5:0 und 0:1; Bayern München – Alemannia Aachen 2:1 und 1:1; Bayern München – Tennis Borussia Berlin 2:0 und 8:0; 1. FC Saarbrücken – Alemannia Aachen 3:1 und 1:2; 1. FC Saarbrücken – Tennis Borussia 5:0 und 2:5; Alemannia Aachen – Tennis Borussia 5:4 und 1:1. – Gruppensieger und Aufsteiger: Bayern München.

1966

Qualifikation: 1. FC Saarbrücken – 1. SC Göttingen 05 4:0 und 3:0.
Gruppe I: Fortuna Düsseldorf – FK Pirmasens 2:0 und 2:3; Fortuna Düsseldorf – Hertha BSC Berlin 4:1 und 2:3; Fortuna Düsseldorf – Kickers Offenbach 2:0 und 5:1; FK Pirmasens – Hertha BSC Berlin 2:1 und 1:1; FK Pirmasens – Kickers Offenbach 2:0 und 2:2; Hertha BSC Berlin – Kickers Offenbach 2:1 und 0:1. – Gruppensieger und Aufsteiger: Fortuna Düsseldorf.
Gruppe II: Rot-Weiss Essen – FC St. Pauli 0:1 und 0:1; Rot-Weiss Essen – 1. FC Saarbrücken 3:2 und 2:1; Rot-Weiss Essen – 1. FC Schweinfurt 05 3:0 und 2:1; FC St. Pauli – 1. FC Saarbrücken 3:2 und 1:3; FC St. Pauli – 1. FC Schweinfurt 05 3:1 und 1:2; 1. FC Saarbrücken – 1. FC Schweinfurt 05 4:2 und 0:0. – Gruppensieger und Aufsteiger: Rot-Weiss Essen.

1967

Gruppe I: Borussia Neunkirchen – Schwarz-Weiß Essen 2:0 und 1:1; Borussia Neunkirchen – Arminia Hannover 2:1 und 4:3; Borussia Neunkirchen – Bayern Hof 4:0 und 2:5; Borussia Neunkirchen – Hertha BSC Berlin 0:1 und 2:1; Schwarz-Weiß Essen – Arminia Hannover 2:1 und 4:0; Schwarz-Weiß Essen – Bayern Hof 2:3 und 0:0; Schwarz-Weiß Essen – Hertha BSC 3:2 und 1:0; Arminia Hannover – Bayern Hof 3:0 und 2:1; Arminia Hannover – Hertha BSC 1:1 und 3:0; Bayern Hof – Hertha BSC 2:1 und 0:2. – Gruppensieger und Aufsteiger: Borussia Neunkirchen.
Gruppe II: Alemannia Aachen – Kickers Offenbach 2:1 und 2:3; Alemannia Aachen – 1. FC Saarbrücken 3:0 und 0:3; Alemannia Aachen – 1. SC Göttingen 05 3:1 und 2:1; Alemannia Aachen – Tennis Borussia Berlin 7:2 und 4:3; Kickers Offenbach – 1. FC Saarbrücken 3:4 und 0:0; Kickers Offenbach – 1. SC Göttingen 05 2:0 und 2:2; Kickers Offenbach – Tennis Borussia Berlin 2:0 und 2:0; 1. FC Saarbrücken – 1. SC Göttingen 05 2:2 und 1:1; 1. FC Saarbrücken – Tennis Borussia Berlin 2:4 und 2:2; 1. SC Göttingen 05 – Tennis Borussia Berlin 1:0 und 1:1. – Gruppensieger und Aufsteiger: Alemannia Aachen.

1968

Gruppe I: Kickers Offenbach – Bayer Leverkusen 2:1 und 1:1; Kickers Offenbach – TuS Neuendorf 0:0 und 2:0; Kickers Offenbach – Tennis Borussia Berlin 4:1 und 4:1; Kickers Offenbach – Arminia Hannover 1:0 und 2:3; Bayer Leverkusen – TuS Neuendorf 1:1 und 1:1; Bayer Leverkusen – Tennis Borussia Berlin 4:2 und 4:1; Bayer Leverkusen – Arminia Hannover 1:1 und 4:1; TuS Neuendorf – Tennis Borussia Berlin 1:2 und 1:1; TuS Neuendorf – Arminia Hannover 1:0 und 1:1; Tennis Borussia Berlin – Arminia Hannover 1:0 und 2:1. – Gruppensieger und Aufsteiger: Kickers Offenbach.
Gruppe II: Hertha BSC Berlin – Rot-Weiss Essen 2:2 und 2:0; Hertha BSC – SV Alsenborn 1:2 und 1:1; Hertha BSC – 1. SC Göttingen 05 1:0 und 0:0; Hertha BSC – Bayern Hof 2:0 und 3:2; Rot-Weiss Essen – SV Alsenborn 1:1 und 3:2; Rot-Weiss Essen – 1. SC Göttingen 05 1:0 und 0:1; Rot-Weiss Essen – Bayern Hof 1:0 und 1:1; SV Alsenborn – 1. SC Göttingen 05 0:3 und 3:2; SV Alsenborn – Bayern Hof 1:2 und 2:1; 1. SC Göttingen 05 – Bayern Hof 3:1 und 1:5. – Gruppensieger und Aufsteiger: Hertha BSC Berlin.

1969

Gruppe I: Rot-Weiß Oberhausen – Freiburger FC 0:0 und 1:3; Rot-Weiß Oberhausen – SV Alsenborn 4:1 und 4:1; Rot-Weiß Oberhausen – Hertha Zehlendorf 1:0 und 2:3; Rot-Weiß Oberhausen – VfB Lübeck 1:0 und 4:1; Freiburger FC – SV Alsenborn 2:3 und 0:2; Freiburger FC – Hertha Zehlendorf 1:0 und 3:2; Freiburger FC – VfB Lübeck 5:1 und 2:1; SV Alsenborn – Hertha Zehlendorf 4:0 und 0:3; SV Alsenborn – VfL Lübeck 6:2 und 3:0; Hertha Zehlendorf – VfB Lübeck 3:1 und 4:4. – Gruppensieger und Aufsteiger: Rot-Weiß Oberhausen.

Gruppe II: Rot-Weiss Essen – VfL Osnabrück 3:1 und 3:3; Rot-Weiss Essen – Karlsruher SC 5:0 und 2:2; Rot-Weiss Essen – Tasmania 1900 Berlin 3:1 und 3:0; Rot-Weiss Essen – TuS Neuendorf 4:2 und 5:0; VfL Osnabrück – Karlsruher SC 2:1 und 1:1; VfL Osnabrück – Tasmania 1900 Berlin 2:0 und 2:0; VfL Osnabrück – TuS Neuendorf 2:0 und 0:0; Karlsruher SC – Tasmania 1900 Berlin 5:0 und 1:0; Karlsruher SC – TuS Neuendorf 2:4 und 2:1; Tasmania 1900 Berlin – TuS Neuendorf 2:0 und 2:1. – Gruppensieger und Aufsteiger: Rot-Weiss Essen.

1970

Gruppe I: Arminia Bielefeld – Karlsruher SC 3:1 und 0:1; Arminia Bielefeld – SV Alsenborn 3:0 und 1:0; Arminia Bielefeld – Tennis Borussia Berlin 1:1 und 2:0; Arminia Bielefeld – VfL Osnabrück 3:0 und 0:0; Karlsruher SC – SV Alsenborn 2:0 und 3:2; Karlsruher SC – Tennis Borussia Berlin 0:0 und 2:1; Karlsruher SC – VfL Osnabrück 6:0 und 1:2; SV Alsenborn – Tennis Borussia Berlin 5:1 und 1:0; SV Alsenborn – VfL Osnabrück 3:2 und 1:0; Tennis Borussia Berlin – VfL Osnabrück 1:1 und 3:1. – Gruppensieger und Aufsteiger: Arminia Bielefeld.

Gruppe II: Kickers Offenbach – VfL Bochum 2:1 und 1:1; Kickers Offenbach – Hertha Zehlendorf 3:0 und 1:2; Kickers Offenbach – VfL Wolfsburg 2:1 und 3:1; Kickers Offenbach – FK Pirmasens 4:1 und 1:1; VfL Bochum – Hertha Zehlendorf 3:0 und 0:2; VfL Bochum – VfL Wolfsburg 4:0 und 0:1; VfL Bochum – FK Pirmasens 3:1 und 2:0; Hertha Zehlendorf – VfL Wolfsburg 5:1 und 1:3; Hertha Zehlendorf – FK Pirmasens 7:2 und 0:1; VfL Wolfsburg – FK Pirmasens 2:2 und 4:4. – Gruppensieger und Aufsteiger: Kickers Offenbach.

1971

Gruppe I: VfL Bochum – VfL Osnabrück 3:1 und 4:2; VfL Bochum – FK Pirmasens 5:2 und 0:1; VfL Bochum – Karlsruher SC 1:0 und 2:1; VfL Bochum – Tasmania 1900 Berlin 4:2 und 4:2; VfL Osnabrück – FK Pirmasens 1:3 und 1:0; VfL Osnabrück – Karlsruher SC 1:1 und 3:0; VfL Osnabrück – Tasmania 1900 Berlin 1:0 und 1:2; FK Pirmasens – Karlsruher SC 3:1 und 0:1; FK Pirmasens – Tasmania 1900 Berlin 2:2 und 0:3; Karlsruher SC – Tasmania 1900 Berlin 2:1 und 3:1. – Gruppensieger und Aufsteiger: VfL Bochum.

Gruppe II: Fortuna Düsseldorf – Borussia Neunkirchen 2:0 und 2:2; Fortuna Düsseldorf – FC St. Pauli 3:1 und 1:1; Fortuna Düsseldorf – 1. FC Nürnberg 2:1 und 2:0; Fortuna Düsseldorf – Wacker 04 Berlin 3:0 und 4:2; Borussia Neunkirchen – FC St. Pauli 3:0 und 1:2; Borussia Neunkirchen – 1. FC Nürnberg 1:0 und 0:2; Borussia Neunkirchen – Wacker 04 Berlin 2:1 und 2:0; FC St. Pauli – 1. FC Nürnberg 1:1 und 1:5; FC St. Pauli – Wacker 04 Berlin 3:0 und 1:0; 1. FC Nürnberg – Wacker 04 Berlin 3:0 und 2:3. – Gruppensieger und Aufsteiger: Fortuna Düsseldorf.

1972

Gruppe I: Wuppertaler SV – VfL Osnabrück 5:0 und 4:0; Wuppertaler SV – Borussia Neunkirchen 3:2 und 2:0; Wuppertaler SV – Bayern Hof 2:0 und 2:1; Wuppertaler SV – Tasmania 1900 Berlin 5:2 und 3:0; VfL Osnabrück – Borussia Neunkirchen 2:0 und 0:2; VfL Osnabrück – Bayern Hof 4:3 und 1:1; VfL Osnabrück – Tasmania 1900 Berlin 1:0 und 0:0; Borussia Neunkirchen – Bayern Hof 4:3 und 1:3; Borussia Neunkirchen – Tasmania 1900 Berlin 10:0 und 1:3; Bayern Hof – Tasmania 1900 Berlin 6:0 und 1:3. – Gruppensieger und Aufsteiger: Wuppertaler SV (ohne Verlustpunkt!).

Gruppe II: Kickers Offenbach – Rot-Weiss Essen 2:2 und 1:1; Kickers Offenbach – FC St. Pauli 6:0 und 0:0; Kickers Offenbach – Wacker 04 Berlin 4:1 und 6:0; Kickers Offenbach – Röchling Völklingen 7:2 und 3:1; Rot-Weiss Essen – FC St. Pauli 6:1 und 0:0; Rot-Weiss Essen – Wacker 04 Berlin 5:0 und 4:0; Rot-Weiss Essen – Röchling Völklingen 2:1 und 2:1; FC St. Pauli – Wacker 04 Berlin 1:2 und 1:1; FC St. Pauli – Röchling Völklingen 1:0 und 3:1; Wacker 04 Berlin – Röchling Völklingen 1:6 und 3:2. – Gruppensieger und Aufsteiger: Kickers Offenbach.

1973

Gruppe I: Fortuna Köln – FC St. Pauli 2:3 und 2:1; Fortuna Köln – 1. FSV Mainz 05 3:0 und 0:0; Fortuna Köln – Karlsruher SC 6:0 und 2:1; Fortuna Köln – Blau-Weiß 90 Berlin 7:0 und 3:0; FC St. Pauli – 1. FSV Mainz 05 2:2 und 0:3; FC St. Pauli – Karlsruher SC 2:2 und 5:4; FC St. Pauli – Blau-Weiß 90 Berlin 4:1 und 6:2; 1. FSV Mainz 05 – Karlsruher SC 4:1 und 1:1; 1. FSV Mainz 05 – Blau-Weiß 90 Berlin 5:1 und 2:3; Karlsruher SC – Blau-Weiß 90 Berlin 5:1 und 3:2. – Gruppensieger und Aufsteiger: Fortuna Köln

Gruppe II: Rot-Weiss Essen – SV Darmstadt 98 3:1 und 2:2; Rot-Weiss Essen – Röchling Völklingen 3:1 und 4:0; Rot-Weiss Essen – VfL Osnabrück 4:1 und 2:1; Rot-Weiss Essen – Wacker 04 Berlin 3:0 und 2:2; SV Darmstadt 98 – Röchling Völklingen 5:0 und 1:1; SV Darmstadt 98 – VfL Osnabrück 5:3 und 1:2; SV Darmstadt 98– Wacker 04 Berlin 2:2 und 1:1; Röchling Völklingen – VfL Osnabrück 2:0 und 2:1; Röchling Völklingen – Wacker 04 Berlin 3:1 und 1:2; VfL Osnabrück – Wacker 04 Berlin 2:1 und 2:0. – Gruppensieger und Aufsteiger: Rot-Weiss Essen.

1974

Gruppe I: Eintracht Braunschweig – 1. FC Nürnberg 2:0 und 0:1; Eintracht Braunschweig – SG Wattenscheid 09 2:3 und 0:0; Eintracht Braunschweig – Wacker 04 Berlin 2:1 und 3:1; Eintracht Braunschweig – 1. FC Saarbrücken 3:0 und 1:0; 1. FC Nürnberg – SG Wattenscheid 09 1:0 und 2:1; 1. FC Nürnberg – Wacker 04 Berlin 9:1 und 0:5; 1. FC Nürnberg – 1. FC Saarbrücken 3:1 und 2:2; SG Wattenscheid 09 –Wacker 04 Berlin 1:1 und 2:3; SG Wattenscheid 09 –1. FC Saarbrücken 2:1 und 2:1; Wacker 04 Berlin – 1. FC Saarbrücken 0:1 und 1:0. – Gruppensieger und Aufsteiger: Eintracht Braunschweig.
Gruppe II: Tennis Borussia Berlin – FC Augsburg 2:2 und 2:2; Tennis Borussia – Rot-Weiß Oberhausen 3:1 und 0:4; Tennis Borussia – Borussia Neunkirchen 0:0 und 1:1; Tennis Borussia – FC St. Pauli 3:1 und 2:0; FC Augsburg – Rot-Weiß Oberhausen 2:2 und 2:3; FC Augsburg – Borussia Neunkirchen 2:1 und 1:1; FC Augsburg – FC St. Pauli 4:4 und 3:2; Rot-Weiß Oberhausen – Borussia Neunkirchen 1:2 und 1:0; Rot-Weiß Oberhausen – FC St. Pauli 2:1 und 0:3; Borussia Neunkirchen – FC St. Pauli 2:5 und 1:0. – Gruppensieger und Aufsteiger: Tennis Borussia Berlin.

1975

Nach Einführung der 2. Liga stiegen die Sieger der beiden Gruppen Nord und Süd direkt in die Bundesliga auf. Den dritten Aufsteiger ermittelten die beiden Zweiten der Gruppen Nord und Süd.
Meister 2. Liga Nord: Hannover 96, Meister 2. Liga Süd: Karlsruher SC.
Entscheidungsspiele der Gruppenzweiten: FK Pirmasens – Bayer Uerdingen 4:4 und 0:6.

1976

Meister 2. Liga Nord: Tennis Borussia Berlin, Meister 2. Liga Süd: 1. FC Saarbrücken.
1. FC Nürnberg – Borussia Dortmund 0:1 und 2:3.

1977

Meister 2. Liga Nord: FC St. Pauli, Meister 2. Liga Süd: VfB Stuttgart.
Arminia Bielefeld – TSV München 1860 4:0, 0:4, 0:2 (in Frankfurt).

1978

Meister 2. Liga Nord: Arminia Bielefeld, Meister 2. Liga Süd: SV Darmstadt 98.
1. FC Nürnberg – Rot-Weiss Essen 1:0 und 2:2.

1979

Meister 2. Liga Nord: Bayer Leverkusen, Meister 2. Liga Süd: TSV München 1860.
SpVgg Bayreuth – Bayer Uerdingen 1:1 und 1:2.

1980

Meister 2. Liga Nord: Arminia Bielefeld, Meister 2. Liga Süd: 1. FC Nürnberg.
Karlsruher SC – Rot-Weiss Essen 5:1 und 1:3.

1981

Meister 2. Liga Nord: Werder Bremen, Meister 2. Liga Süd: SV Darmstadt 98.
Kickers Offenbach – Eintracht Braunschweig 1:0 und 0:2.

1982

Neuer Modus nach Einführung der eingleisigen 2. Bundesliga. Automatisch stiegen auf: der Meister (FC Schalke 04) und Zweite (Hertha BSC Berlin). Der Dritte spielte gegen den 16. der Bundesliga um Aufstieg bzw. Verbleib in der obersten Spielklasse (Relegation):
Kickers Offenbach – Bayer Leverkusen 0:1 und 1:2.

1983

Direktaufsteiger: SV Waldhof Mannheim (Meister) und Kickers Offenbach (Zweiter).
Relegation: Bayer Uerdingen – FC Schalke 04 3:1 und 1:1.

1984

Direktaufsteiger: Karlsruher SC (Meister) und Schalke 04 (Zweiter).
Relegation: MSV Duisburg – Eintracht Frankfurt 0:5 und 1:1.

1985

Direktaufsteiger: 1. FC Nürnberg (Meister) und Hannover 96 (Zweiter).
Relegation: 1. FC Saarbrücken – Arminia Bielefeld 2:0 und 1:1.

1986

Direktaufsteiger: FC Homburg 08 (Meister) und Blau-Weiß 90 Berlin (Zweiter).
Relegation: Fortuna Köln – Borussia Dortmund 2:0, 1:3 und 0:8 (in Düsseldorf).

1987

Direktaufsteiger: Hannover 96 (Meister) und Karlsruher SC (Zweiter).
Relegation: FC Homburg – FC St. Pauli 3:1 und 1:2.

1988

Direktaufsteiger: Stuttgarter Kickers (Meister) und FC St. Pauli Hamburg (Zweiter).
Relegation: SV Darmstadt 98 – SV Waldhof Mannheim 3:2, 1:2 und n. V. 0:0/4:5 im Elfmeterschießen (in Saarbrücken).

1989

Direktaufsteiger: Fortuna Düsseldorf (Meister) und FC 08 Homburg (Zweiter).
Relegation: Eintracht Frankfurt – 1. FC Saarbrücken 2:0 und 1:2.

1990

Direktaufsteiger: Hertha BSC Berlin (Meister) und SG Wattenscheid 09 (Zweiter).
Relegation: 1. FC Saarbrücken – VfL Bochum 0:1 und 1:1.

1991

Direktaufsteiger: FC Schalke 04 (Meister) und MSV Duisburg (Zweiter).
Relegation: FC St. Pauli – Stuttgarter Kickers 1:1, 1:1 und 1:3 (in Gelsenkirchen).
Dazu kommen aus der ehem. DDR Hansa Rostock und Dynamo Dresden (1991/92 Bundesliga mit 20 Vereinen).

1992

Direktaufsteiger: Bayer Uerdingen (Meister 2. Bundesliga Nord) und 1. FC Saarbrücken (Meister 2. Bundesliga Süd).
Durch Reduzierung der Bundesliga auf 18 Vereine steigen vier Klubs direkt ab.

1993 bis 2008

Drei feste Absteiger aus und drei feste Aufsteiger in die Bundesliga.

2009

Wie schon zwischen 1982 und 1991 steigen der Meister und Zweite der 2. Bundesliga (SC Freiburg und 1. FSV Mainz 05) direkt auf. Der Dritte der 2. Bundesliga bestreitet Relegationsspiele gegen den Drittletzten der Bundesliga:
Energie Cottbus – 1. FC Nürnberg 0:3 und 0:2.

2010

Direktaufsteiger: 1. FC Kaiserslautern (Meister) und FC St. Pauli (Zweiter).
Relegation: 1. FC Nürnberg – FC Augsburg 1:0 und 2:0.

2011

Direktaufsteiger: Hertha BSC (Meister) und FC Augsburg (Zweiter).
Relegation: Borussia Mönchengladbach – VfL Bochum 1:0 und 1:1.

Bundesliga-Aufstiege:

Je 7: Arminia Bielefeld, 1. FC Nürnberg – **6:** VfL Bochum – **je 5:** Hertha BSC, MSV Duisburg, Hannover 96, Karlsruher SC, FC St. Pauli, Bayer Uerdingen – **je 4:** Fortuna Düsseldorf, SC Freiburg, 1. FC Köln, Kickers Offenbach – **je 3:** Rot-Weiss Essen, Eintracht Frankfurt, Borussia Mönchengladbach, TSV München 1860, Hansa Rostock, 1. FC Saarbrücken, FC Schalke 04 – **je 2:** Alemannia Aachen, Tennis Borussia Berlin, Eintracht Braunschweig, Energie Cottbus, SV Darmstadt 98, FC 08 Homburg, 1. FC Kaiserslautern, 1. FSV Mainz 05, Borussia Neunkirchen, Stuttgarter Kickers – **je 1:** FC Augsburg, Blau-Weiß 90 Berlin, Tasmania 1900 Berlin (am grünen Tisch), Werder Bremen, Borussia Dortmund, Dynamo Dresden, TSG 1899 Hoffenheim *, Fortuna Köln, VfB Leipzig, Bayer Leverkusen *, SV Waldhof Mannheim, Bayern München *, Rot-Weiß Oberhausen, VfB Stuttgart, SSV Ulm 1846, SpVgg Unterhaching, SG Wattenscheid 09, VfL Wolfsburg *, Wuppertaler SV.

*) = noch nie abgestiegen.

Bundesliga-Abstiege:

Je 7: Arminia Bielefeld, 1. FC Nürnberg – **je 6:** VfL Bochum, MSV Duisburg, Karlsruher SC – **je 5:** Hertha BSC (davon einmal am grünen Tisch), FC St. Pauli, Bayer/KFC Uerdingen – **je 4:** Fortuna Düsseldorf, Eintracht Frankfurt, Hannover 96, 1. FC Köln, TSV München 1860, Kickers Offenbach, 1. FC Saarbrücken, – **je 3:** Eintracht Braunschweig, Rot-Weiss Essen, SC Freiburg, Hansa Rostock, FC Schalke 04 – **je 2:** Alemannia Aachen, Tennis Borussia Berlin, Energie Cottbus, SV Darmstadt 98, FC 08 Homburg, 1. FC Kaiserslautern, Borussia Mönchengladbach, Borussia Neunkirchen, Stuttgarter Kickers – **je 1:** Blau-Weiß 90 Berlin, Tasmania 1900 Berlin, Werder Bremen, Borussia Dortmund, Dynamo Dresden, Fortuna Köln, VfB Leipzig, 1. FSV Mainz 05, SV Waldhof Mannheim, Preußen Münster, Rot-Weiß Oberhausen, VfB Stuttgart, SSV Ulm 1846, SpVgg Unterhaching, SG Wattenscheid 09, Wuppertaler SV – 1965 waren der Karlsruher SC und der FC Schalke 04 sportliche Absteiger, bleiben aber nach dem Ausschluss von Hertha BSC und der Aufstockung auf 18 Vereine in der Bundesliga.

Die 2. Bundesliga

Die Meister der zweigleisigen 2. Liga 1974–1981 und 1992*):

Gruppe Süd:

1975 Karlsruher SC – 1976 1. FC Saarbrücken – 1977 VfB Stuttgart – 1978 SV Darmstadt 98 – 1979 TSV München 1860 – 1980 1. FC Nürnberg – 1981 SV Darmstadt 98 – 1992 1. FC Saarbrücken.

Gruppe Nord:

1975 Hannover 96 – 1976 Tennis Borussia Berlin – 1977 FC St. Pauli – 1978 Arminia Bielefeld – 1979 Bayer Leverkusen – 1980 Arminia Bielefeld – 1981 Werder Bremen – 1992 Bayer Uerdingen.

*) Zweigeteilte 2. Bundesliga als Übergangsrunde nach Eingliederung der Vereine der ehemaligen DDR.

Alle Tabellen der zweigeteilten 2. Ligen erschienen letztmals im Almanach 2008.

Die Meister der eingleisigen 2. Bundesliga seit 1982:

1982 FC Schalke 04 – 1983 SV Waldhof Mannheim – 1984 Karlsruher SC – 1985 1. FC Nürnberg – 1986 FC Homburg/Saar – 1987 Hannover 96 – 1988 Stuttgarter Kickers – 1989 Fortuna Düsseldorf – 1990 Hertha BSC Berlin – 1991 FC Schalke 04 – 1992 zweigleisig – 1993 SC Freiburg – 1994 VfL Bochum – 1995 Hansa Rostock – 1996 VfL Bochum – 1997 1. FC Kaiserslautern – 1998 Eintracht Frankfurt – 1999 Arminia Bielefeld – 2000 1. FC Köln – 2001 1. FC Nürnberg – 2002 Hannover 96 – 2003 SC Freiburg – 2004 1. FC Nürnberg – 2005 1. FC Köln – 2006 VfL Bochum – 2007 Karlsruher SC – 2008 Borussia Mönchengladbach – 2009 SC Freiburg – 2010 1. FC Kaiserslautern – 2011 Hertha BSC.

1981/82

1.	FC Schalke 04 (A)	38	70:35	51–25
2.	Hertha BSC Berlin	38	84:47	48–28
3.	Kickers Offenbach	38	70:61	46–30
4.	TSV München 1860 (A)*	38	87:56	45–31
5.	Hannover 96	38	72:52	45–31
6.	SV Waldhof Mannheim	38	51:44	44–32
7.	Stuttgarter Kickers	38	76:55	43–33
8.	Hessen Kassel	38	56:46	43–33
9.	Alemannia Aachen	38	47:39	41–35
10.	Fortuna Köln	38	70:72	39–37
11.	Rot-Weiss Essen	38	60:62	38–38
12.	Bayer Uerdingen (A)	38	47:57	38–38
13.	VfL Osnabrück	38	49:59	37–39
14.	SpVgg Fürth	38	61:60	35–41
15.	SC Freiburg	38	49:54	34–42
16.	Union Solingen	38	51:62	33–43
17.	SG Wattenscheid 09	38	41:62	31–45
18.	Wormatia Worms	38	34:74	24–52
19.	Freiburger FC	38	52:88	23–53
20.	SpVgg Bayreuth	38	40:76	22–54

*) TSV München 1860 erhielt für 1982/83 keine Lizenz.

1982/83

1.	SV Waldhof Mannheim	38	83:38	52–24
2.	Kickers Offenbach	38	77:45	50–26
3.	Bayer Uerdingen	38	65:44	48–28
4.	Hessen Kassel	38	69:54	45–31
5.	Stuttgarter Kickers	38	78:51	44–32
6.	Fortuna Köln	38	76:50	43–33
7.	SV Darmstadt 98 (A)	38	77:61	42–34
8.	SC Freiburg	38	50:45	42–34
9.	Alemannia Aachen	38	49:53	40–36
10.	VfL Osnabrück	38	66:65	38–38
11.	MSV Duisburg (A)	38	55:57	37–39
12.	Hannover 96	38	70:72	36–40
13.	BV 08 Lüttringhausen (N)	38	53:76	34–42
14.	Rot-Weiss Essen	38	56:60	33–43
15.	SG Wattenscheid 09	38	59:65	33–43
16.	Union Solingen	38	56:76	32–44
17.	FC Augsburg (N)	38	32:54	32–44
18.	SpVgg Fürth	38	55:75	31–45
19.	FSV Frankfurt (N)	38	50:86	26–50
20.	TuS Schloß Neuhaus (N)	38	43:92	22–54

1983/84

1.	Karlsruher SC (A)	38	94:45	57–19
2.	FC Schalke 04 (A)	38	95:45	55–21
3.	MSV Duisburg	38	69:41	50–26
4.	Hessen Kassel	38	68:39	48–28
5.	Union Solingen	38	70:54	44–32
6.	Alemannia Aachen	38	49:43	44–32
7.	SC Freiburg	38	50:49	43–33
8.	Stuttgarter Kickers	38	54:52	39–37
9.	Fortuna Köln	38	66:65	38–38
10.	1. FC Saarbrücken (N)	38	61:69	38–38
11.	Hertha BSC Berlin (A)	38	64:57	37–39
12.	SV Darmstadt 98	38	48:72	35–41
13.	SSV Ulm 1846 (N)	38	58:68	32–44
14.	Hannover 96	38	54:69	32–44
15.	SG Wattenscheid 09	38	58:74	32–44
16.	Rot-Weiß Oberhausen (N)	38	51:62	31–45
17.	Rot-Weiss Essen	38	48:63	29–47
18.	SC Charlottenburg (N)	38	49:68	29–47
19.	VfL Osnabrück	38	46:66	29–47
20.	BV 08 Lüttringhausen	38	36:87	18–58

1984/85

1.	1. FC Nürnberg (A)	38	71:45	50–26
2.	Hannover 96	38	79:58	50–26

3. 1. FC Saarbrücken	38	70:41	49–27
4. Hessen Kassel	38	72:48	49–27
5. Alemannia Aachen	38	60:46	43–33
6. Union Solingen	38	64:70	41–35
7. Blau-Weiß 90 Berlin (N)	38	66:56	39–37
8. SC Freiburg	38	45:49	38–38
9. Stuttgarter Kickers	38	51:49	37–39
10. SG Wattenscheid 09	38	61:68	36–40
11. Fortuna Köln	38	58:67	36–40
12. Rot-Weiß Oberhausen	38	64:70	35–41
13. MSV Duisburg	38	56:63	35–41
14. Hertha BSC Berlin	38	50:59	35–41
15. SV Darmstadt 98	38	52:64	35–41
16. FC Homburg (N)	38	57:58	34–42
17. FC St. Pauli (N)	38	48:59	33–43
18. VfR Bürstadt (N)	38	48:56	31–45
19. Kickers Offenbach (A)*	38	43:56	30–44
20. SSV Ulm 1846	38	48:81	22–54

*) Kickers Offenbach wurden zwei Punkte abgezogen.

1985/86

1. FC Homburg	38	75:42	49–27
2. Blau-Weiß 90 Berlin	38	76:48	47–29
3. Fortuna Köln	38	64:52	46–30
4. Arminia Bielefeld (A)	38	60:47	45–31
5. Hessen Kassel	38	58:47	44–32
6. Stuttgarter Kickers	38	73:55	43–33
7. Karlsruher SC (A)	38	64:50	43–33
8. Alemannia Aachen	38	56:45	43–33
9. SG Wattenscheid 09	38	63:56	43–33
10. SV Darmstadt 98	38	63:57	41–35
11. Rot-Weiß Oberhausen	38	61:60	37–39
12. Eintr. Braunschweig (A)	38	65:62	36–40
13. Vikt. Aschaffenburg (N)	38	57:59	35–41
14. VfL Osnabrück (N)	38	48:57	36–41
15. Union Solingen	38	48:64	34–42
16. SC Freiburg	38	54:62	33–44
17. Hertha BSC Berlin	38	50:62	31–45
18. SpVgg Bayreuth (N)	38	40:73	31–45
19. Tennis Bor. Berlin (N)	38	48:73	29–47
20. MSV Duisburg	38	34:86	15–61

1986/87

1. Hannover 96 (A)	38	86:48	56–20
2. Karlsruher SC	38	79:49	52–24
3. FC St. Pauli (N)	38	63:45	49–27
4. SV Darmstadt 98	38	72:48	47–29
5. Alemannia Aachen	38	55:36	46–30
6. VfL Osnabrück	38	69:66	44–32
7. Stuttgarter Kickers	38	72:55	42–34
8. SC Freiburg	38	59:56	39–37
9. Arminia Bielefeld	38	58:55	38–38
10. Rot-Weiss Essen (N)	38	70:69	38–38
11. SG Wattenscheid 09	38	59:66	38–38
12. Union Solingen	38	61:65	35–41
13. SSV Ulm 1846 (N)	38	55:63	35–41
14. Fortuna Köln	38	51:66	35–41
15. 1. FC Saarbrücken (A)	38	53:71	34–42
16. Rot-Weiß Oberhausen	38	52:55	33–43
17. Eintr. Braunschweig	38	52:47	32–44
18. Viktoria Aschaffenburg	38	47:72	24–52
19. Hessen Kassel	38	40:75	22–54
20. FSV Salmrohr (N)	38	48:94	21–55

1987/88

1. Stuttgarter Kickers	38	89:49	51–25
2. FC St. Pauli	38	65:38	49–27
3. SV Darmstadt 98	38	48:32	47–29
4. SG Wattenscheid 09	38	62:48	47–29
5. Fortuna Düsseldorf (A)	38	63:38	46–30
6. Alemannia Aachen	38	60:45	46–30
7. Blau-Weiß 90 Berlin (A)	38	65:48	43–33
8. Kickers Offenbach (N)	38	56:49	39–37
9. VfL Osnabrück	38	47:47	38–38
10. SC Freiburg	38	61:63	38–38
11. Rot-Weiss Essen	38	53:60	34–42
12. Fortuna Köln	38	58:67	34–42
13. 1. FC Saarbrücken	38	57:67	34–42
14. SV Meppen (N)	38	55:72	34–42
15. Union Solingen	38	48:65	34–42
16. Rot-Weiß Oberhausen *	38	48:54	33–43
17. SpVgg Bayreuth (N)	38	55:66	33–43
18. BVL 08 Remscheid (N)	38	54:74	29–47
19. SSV Ulm 46	38	51:75	29–47
20. Arminia Bielefeld	38	29:67	22–54

*) Rot-Weiß Oberhausen erhielt für 1988/89 keine Lizenz.

1988/89

1. Fortuna Düsseldorf	38	85:52	49–27
2. FC Homburg (A)	38	55:36	47–29
3. 1. FC Saarbrücken	38	53:43	46–30
4. Fortuna Köln	38	80:57	45–31
5. SC Freiburg	38	66:52	42–34
6. SG Wattenscheid 09	38	68:58	42–34
7. Alemannia Aachen	38	58:55	41–35
8. Blau-Weiß 90 Berlin	38	56:54	41–35
9. Eintr. Braunschweig (N)	38	43:43	38–38
10. SV Meppen	38	55:54	37–39
11. SV Darmstadt 98	38	56:57	37–39
12. FC Schalke 04 (A)	38	58:51	36–40
13. Hertha BSC Berlin (N)	38	45:44	36–40
14. VfL Osnabrück	38	58:66	36–40
15. Kickers Offenbach *	38	51:53	35–41
16. Rot-Weiss Essen	38	54:60	35–41
17. SpVgg Bayreuth	38	52:60	34–42
18. Vikt. Aschaffenburg (N)	38	47:60	34–42
19. 1. FSV Mainz 05 (N)	38	44:76	29–47
20. Union Solingen	38	24:77	20–56

*) Kickers Offenbach erhielt für 1989/90 keine Lizenz.

1989/90

1. Hertha BSC Berlin	38	65:39	53–23
2. SG Wattenscheid 09	38	70:35	51–25
3. 1. FC Saarbrücken	38	58:33	46–30
4. Stuttgarter Kickers (A)	38	68:48	45–31
5. FC Schalke 04	38	69:51	43–33
6. Rot-Weiss Essen	38	49:46	42–34
7. Eintr. Braunschweig	38	55:51	39–37
8. Hannover 96 (A)	38	53:43	38–38
9. Blau-Weiß 90 Berlin	38	46:52	37–39
10. MSV Duisburg (N)	38	50:58	37–39
11. SV Meppen	38	47:57	36–40
12. Preußen Münster (N)	38	45:65	36–40

13. SC Freiburg	38	53:52	34–42
14. Fortuna Köln	38	48:60	34–42
15. VfL Osnabrück	38	58:69	33–43
16. SV Darmstadt 98	38	43:55	33–43
17. Hessen Kassel (N)	38	35:64	33–43
18. SpVgg Bayreuth	38	54:59	31–45
19. Alemannia Aachen	38	52:63	30–46
20. SpVgg Unterhaching (N)	38	43:61	29–47

1990/91

1. FC Schalke 04	38	64:29	57–19
2. MSV Duisburg	38	70:34	53–23
3. Stuttgarter Kickers	38	63:32	51–25
4. FC Homburg (A)	38	42:37	45–31
5. 1. FC Saarbrücken	38	47:30	44–32
6. Blau-Weiß 90 Berlin	38	55:42	44–32
7. Waldhof Mannheim (A)	38	60:47	42–34
8. 1. FSV Mainz 05 (N)	38	45:52	41–35
9. SC Freiburg	38	54:48	40–36
10. Hannover 96	38	49:49	38–38
11. Fortuna Köln	38	51:53	37–39
12. VfB Oldenburg (N)	38	58:53	36–40
13. Eintr. Braunschweig	38	53:52	35–41
14. VfL Osnabrück	38	51:55	35–41
15. Rot-Weiss Essen *	38	49:52	34–42
16. SV Meppen	38	35:42	34–42
17. SV Darmstadt 98	38	46:54	33–43
18. Preußen Münster	38	35:59	29–47
19. TSV Havelse (N)	38	44:82	19–57
20. 1. FC Schweinfurt 05 (N)	38	26:95	13–63

*) Rot-Weiss Essen erhielt für 1991/92 keine Lizenz.

1991/92

Übergangsweise zweigeteilte 2. Bundesliga zur Eingliederung der Vereine aus der ehem. DDR.

2. Bundesliga Nord

Meisterrunde

1. Bayer Uerdingen (A)	32	47:29	39–25
2. VfB Oldenburg	32	56:39	38–26
3. Hertha BSC Berlin (A)	32	46:41	35–29
4. FC St. Pauli (A)	32	40:38	35–29
5. Hannover 96	32	34:37	34–30
6. SV Meppen	32	36:37	30–34

Abstiegsrunde

1. Eintr. Braunschweig	32	54:48	33–31
2. FC Remscheid (N)	32	39:38	31–33
3. VfL Osnabrück	32	45:54	31–33
4. Blau-Weiß 90 Berlin *	32	41:50	30–34
5. Fortuna Köln	32	39:50	25–39
6. Stahl Brandenburg (N)	32	37:53	23–41

*) Blau-Weiß 90 Berlin erhielt für 1992/93 keine Lizenz.

2. Bundesliga Süd

Meisterrunde

1. 1. FC Saarbrücken	32	52:30	42–22
2. Waldhof Mannheim	32	44:31	38–26
3. SC Freiburg	32	52:41	37–27
4. Chemnitzer FC (N)	32	35:30	36–28
5. Carl Zeiss Jena (N)	32	39:36	33–31
6. FC Homburg	32	41:36	32–32

Abstiegsrunde

1. VfB Leipzig (N)	32	42:42	31–33
2. SV Darmstadt 98	32	41:49	31–33
3. 1. FSV Mainz 05	32	39:38	30–34
4. TSV München 1860 (N)	32	31:32	30–34
5. Hallescher FC (N)	32	35:47	27–37
6. Rot-Weiß Erfurt (N)	32	36:75	17–47

1992/93

1. SC Freiburg	46	102:57	65–27
2. MSV Duisburg (A)	46	65:40	60–32
3. VfB Leipzig	46	66:45	58–34
4. Waldhof Mannheim	46	66:53	55–37
5. Hertha BSC Berlin	46	82:55	53–39
6. Fortuna Köln	46	56:44	50–42
7. Chemnitzer FC	46	64:56	50–42
8. Carl Zeiss Jena	46	66:59	50–42
9. Hannover 96 (P)	46	60:60	48–44
10. SV Meppen	46	41:43	47–45
11. Hansa Rostock (A)	46	54:52	46–46
12. 1. FSV Mainz 05	46	54:58	46–46
13. Wuppertaler SV (N)	46	55:50	45–47
14. VfL Wolfsburg (N)	46	65:69	45–47
15. Stuttgarter Kickers (A)	46	60:59	43–49
16. FC Homburg	46	50:53	43–49
17. FC St. Pauli	46	47:52	43–49
18. SpVgg Unterhaching (N)	46	58:67	42–50
19. Eintr. Braunschweig	46	65:73	41–51
20. VfL Osnabrück	46	63:72	41–51
21. Fortuna Düsseldorf (A)	46	45:65	34–58
22. VfB Oldenburg	46	57:90	34–58
23. FC Remscheid	46	50:83	33–59
24. SV Darmstadt 98	46	43:79	32–60

1993/94

1. VfL Bochum (A)	38	56:34	48–28
2. Bayer Uerdingen (A)	38	49:30	47–29
3. TSV München 1860 (N)	38	55:38	47–29
4. FC St. Pauli	38	47:39	45–31
5. VfL Wolfsburg	38	47:45	40–36
6. Waldhof Mannheim	38	45:45	40–36
7. SV Meppen	38	48:52	39–37
8. Hansa Rostock	38	51:56	39–37
9. Chemnitzer FC	38	34:44	39–37
10. FC Homburg	38	53:46	37–39
11. Hertha BSC Berlin	38	48:42	37–39
12. Hannover 96	38	49:46	37–39
13. 1. FSV Mainz 05	38	46:51	37–39
14. 1. FC Saarbrücken (A)	38	58:69	37–39
15. Fortuna Köln	38	53:49	36–40
16. Stuttgarter Kickers	38	42:50	35–41
17. Carl Zeiss Jena	38	38:41	34–42
18. Wuppertaler SV	38	44:52	31–45
19. Tennis Borussia Berlin (N)	38	42:60	26–50
20. Rot-Weiss Essen (N) *	0	0:0	0:0
	(38	44:60	29:47)

*) Rot-Weiss Essen wurde die Lizenz entzogen; alle Spiele werden nur für den Gegner gewertet.

1994/95

1.	Hansa Rostock	34	66:30	46–22
2.	FC St. Pauli	34	58:33	44–24
3.	Fortuna Düsseldorf (N)	34	51:35	43–25
4.	VfL Wolfsburg	34	51:40	43–25
5.	Waldhof Mannheim	34	48:35	42–26
6.	SV Meppen	34	54:38	41–27
7.	1. FC Saarbrücken *	34	45:43	35–33
8.	Fortuna Köln	34	55:49	34–34
9.	Chemnitzer FC	34	47:50	34–34
10.	SG Wattenscheid 09 (A)	34	50:52	33–35
11.	Hertha BSC Berlin	34	41:45	32–36
12.	Hannover 96	34	52:50	31–37
13.	VfB Leipzig (A)	34	44:44	30–38
14.	1. FSV Mainz 05	34	50:55	30–38
15.	1. FC Nürnberg (A)	34	38:47	30–38
16.	FSV Zwickau (N)	34	32:50	29–39
17.	FC Homburg	34	41:63	23–45
18.	FSV Frankfurt (N)	34	39:103	12–56

*) Bundesliga-Absteiger Dynamo Dresden und der 1. FC Saarbrücken erhielten für 1995/96 keine Lizenz.

1995/96

1.	VfL Bochum (A)	34	68:30	69
2.	Arminia Bielefeld (N)	34	55:45	57
3.	MSV Duisburg (A)	34	55:37	56
4.	SpVgg Unterhaching (N)	34	52:38	52
5.	FSV Zwickau	34	39:48	49
6.	Carl Zeiss Jena (N)	34	49:54	48
7.	Waldhof Mannheim	34	49:47	46
8.	Fortuna Köln	34	37:37	46
9.	VfB Leipzig	34	35:49	45
10.	SV Meppen	34	45:43	44
11.	1. FSV Mainz 05	34	37:41	44
12.	VfL Wolfsburg	34	41:46	44
13.	VfB Lübeck (N)	34	40:45	44
14.	Hertha BSC Berlin *)	34	37:35	42
15.	Chemnitzer FC	34	43:51	42
16.	Hannover 96	34	38:48	37
17.	1. FC Nürnberg *)	34	33:40	33
18.	SG Wattenscheid 09	34	38:57	31

*) Dem 1. FC Nürnberg wurden sechs, Hertha BSC Berlin drei Punkte abgezogen.

1996/97

1.	1. FC Kaiserslautern (A, P)	34	74:28	68
2.	VfL Wolfsburg	34	52:29	58
3.	Hertha BSC Berlin	34	57:38	58
4.	1. FSV Mainz 05	34	50:34	54
5.	Stuttgarter Kickers (N)	34	38:27	53
6.	SpVgg Unterhaching	34	35:29	49
7.	Eintracht Frankfurt (A)	34	43:46	48
8.	VfB Leipzig	34	53:54	46
9.	KFC Uerdingen 05 (A)	34	46:44	44
10.	SV Meppen	34	44:48	44
11.	Fortuna Köln	34	52:47	42
12.	Carl Zeiss Jena	34	44:49	42
13.	FC Gütersloh (N)*	34	43:51	42
14.	FSV Zwickau	34	34:48	42
15.	Waldhof Mannheim	34	45:56	40
16.	VfB Lübeck	34	32:53	36
17.	Rot-Weiss Essen (N)	34	47:74	29
18.	VfB Oldenburg (N)	34	33:67	27

*) Dem FC Gütersloh wurden drei Punkte abgezogen.

1997/98

1.	Eintracht Frankfurt	34	50:32	64
2.	SC Freiburg (A)	34	57:36	61
3.	1. FC Nürnberg (N)	34	52:35	59
4.	FC St. Pauli (A)	34	43:31	56
5.	FC Gütersloh	34	43:26	55
6.	Fortuna Köln	34	53:53	46
7.	Fortuna Düsseldorf (A)	34	52:54	46
8.	Energie Cottbus (N)	34	38:36	45
9.	SpVgg Greuther Fürth (N)	34	32:32	45
10.	1. FSV Mainz 05	34	55:48	44
11.	SpVgg Unterhaching	34	41:35	44
12.	Stuttgarter Kickers	34	44:47	44
13.	KFC Uerdingen 05	34	36:40	43
14.	SG Wattenscheid 09 (N)	34	41:41	40
15.	VfB Leipzig	34	31:51	39
16.	Carl Zeiss Jena	34	39:61	33
17.	FSV Zwickau	34	32:55	28
18.	SV Meppen	34	35:61	27

1998/99

1.	Arminia Bielefeld (A)	34	62:32	67
2.	SpVgg Unterhaching	34	47:30	63
3.	SSV Ulm 1846 (N)	34	63:51	58
4.	Hannover 96 (N)	34	52:36	57
5.	Karlsruher SC (A)	34	54:43	56
6.	Tennis Bor. Berlin (N)	34	47:39	54
7.	1. FSV Mainz 05	34	48:44	50
8.	SpVgg Greuther Fürth	34	40:31	49
9.	FC St. Pauli	34	49:46	45
10.	1. FC Köln (A)	34	46:53	45
11.	Energie Cottbus	34	48:42	41
12.	Rot-Weiß Oberhausen (N)	34	40:47	41
13.	Stuttgarter Kickers	34	38:53	41
14.	Fortuna Köln	34	49:55	40
15.	FC Gütersloh	34	39:58	37
16.	KFC Uerdingen 05	34	34:57	31
17.	SG Wattenscheid 09	34	31:46	30
18.	Fortuna Düsseldorf	34	35:59	28

1999/2000

1.	1. FC Köln	34	68:39	65
2.	VfL Bochum (A)	34	67:48	61
3.	Energie Cottbus	34	62:42	58
4.	1. FC Nürnberg (A)	34	54:46	55
5.	Bor. M'gladbach (A)	34	60:43	54
6.	Rot-Weiß Oberhausen	34	43:34	49
7.	SpVgg Greuther Fürth	34	40:39	46
8.	Alemannia Aachen (N)	34	46:54	46
9.	1. FSV Mainz 05	34	41:42	45
10.	Hannover 96	34	56:56	44
11.	Chemnitzer FC (N)	34	42:49	43
12.	Waldhof Mannheim (N)	34	50:56	42
13.	Tennis Borussia Berlin *	34	42:50	40
14.	FC St. Pauli	34	37:45	39
15.	Stuttgarter Kickers	34	49:58	39
16.	Fortuna Köln	34	38:50	35

17. Kickers Offenbach (N)	34	35:58	35
18. Karlsruher SC	34	35:56	27

*) Tennis Borussia Berlin erhielt für 2000/01 keine Lizenz.

2000/01

1. 1. FC Nürnberg	34	58:35	65
2. Borussia M'gladbach	34	62:31	62
3. FC St. Pauli	34	70:52	60
4. Waldhof Mannheim	34	57:42	59
5. SpVgg Greuther Fürth	34	55:38	54
6. LR Ahlen (N)	34	61:53	54
7. SSV Reutlingen (N)	34	64:52	53
8. 1. FC Saarbrücken (N)	34	48:59	50
9. Hannover 96	34	52:45	46
10. Alemannia Aachen	34	42:60	46
11. MSV Duisburg (A)	34	46:40	45
12. Rot-Weiß Oberhausen	34	45:50	45
13. Arminia Bielefeld (A)	34	53:46	41
14. 1. FSV Mainz 05	34	37:45	40
15. VfL Osnabrück (N)	34	40:52	37
16. SSV Ulm 1846 (A)	34	42:58	34
17. Stuttgarter Kickers	34	31:51	34
18. Chemnitzer FC	34	24:78	16

2001/02

1. Hannover 96	34	93:37	75
2. Arminia Bielefeld	34	68:38	65
3. VfL Bochum (A)	34	69:49	65
4. 1. FSV Mainz 05	34	66:38	64
5. SpVgg Greuther Fürth	34	62:41	59
6. 1. FC Union Berlin (N)	34	61:41	56
7. Eintracht Frankfurt (A)	34	52:44	54
8. LR Ahlen	34	60:70	48
9. Waldhof Mannheim	34	42:48	45
10. SSV Reutlingen	34	53:57	44
11. MSV Duisburg	34	56:57	43
12. Rot-Weiß Oberhausen	34	55:49	42
13. Karlsruher SC (N)	34	45:51	41
14. Alemannia Aachen	34	41:67	40
15. SpVgg Unterhaching (A)	34	40:49	38
16. 1. FC Saarbrücken	34	30:74	25
17. 1. FC Schweinfurt 05 (N)	34	30:70	24
18. SV Babelsberg 03 (N)	34	39:82	18

2002/03

1. SC Freiburg (A)	34	58:32	67
2. 1. FC Köln (A)	34	63:45	65
3. Eintracht Frankfurt	34	59:33	62
4. 1. FSV Mainz 05	34	64:39	62
5. SpVgg Greuther Fürth	34	55:35	57
6. Alemannia Aachen	34	57:48	51
7. Eintracht Trier (N)	34	53:46	48
8. MSV Duisburg	34	42:47	46
9. 1. FC Union Berlin	34	36:48	45
10. Wacker Burghausen (N)	34	48:41	44
11. VfB Lübeck (N)	34	51:50	44
12. LR Ahlen	34	48:60	40
13. Karlsruher SC	34	35:47	39
14. Rot-Weiß Oberhausen	34	38:48	37
15. Eintr. Braunschweig (N)	34	33:53	34
16. SSV Reutlingen *	34	43:53	33
17. FC St. Pauli (A)	34	48:67	31
18. Waldhof Mannheim	34	32:71	25

*) Dem SSV Reutlingen wurden sechs Punkte abgezogen.

2003/04

1. 1. FC Nürnberg (A)	34	68:45	61
2. Arminia Bielefeld (A)	34	50:37	56
3. 1. FSV Mainz 05	34	49:34	54
4. Energie Cottbus (A)	34	52:44	54
5. Rot-Weiß Oberhausen	34	52:48	53
6. Alemannia Aachen	34	51:51	53
7. MSV Duisburg	34	52:46	48
8. Erzgebirge Aue (N)	34	47:45	48
9. SpVgg Greuther Fürth	34	58:51	45
10. Wacker Burghausen	34	40:39	45
11. Eintracht Trier	34	46:51	45
12. LR Ahlen	34	36:45	44
13. SpVgg Unterhaching (N)	34	41:46	43
14. Karlsruher SC	34	38:44	43
15. VfB Lübeck	34	47:57	39
16. Jahn Regensburg (N)	34	37:51	39
17. 1. FC Union Berlin	34	43:53	33
18. VfL Osnabrück (N)	34	35:55	28

2004/05

1. 1. FC Köln (A)	34	62:33	67
2. MSV Duisburg	34	50:37	62
3. Eintracht Frankfurt (A)	34	65:39	61
4. TSV München 1860 (A)	34	52:39	57
5. SpVgg Greuther Fürth	34	51:42	56
6. Alemannia Aachen	34	60:40	54
7. Erzgebirge Aue	34	49:40	51
8. Dynamo Dresden (N)	34	48:53	49
9. Wacker Burghausen	34	48:55	48
10. SpVgg Unterhaching	34	40:43	45
11. Karlsruher SC	34	46:47	43
12. 1. FC Saarbrücken (N)	34	44:50	40
13. LR Ahlen	34	43:49	39
14. Energie Cottbus	34	35:48	39
15. Eintracht Trier	34	39:53	39
16. Rot-Weiß Oberhausen	34	40:62	34
17. Rot-Weiss Essen (N)	34	35:51	33
18. Rot-Weiß Erfurt (N)	34	34:60	30

2005/06

1. VfL Bochum (A)	34	55:26	66
2. Alemannia Aachen	34	61:36	65
3. Energie Cottbus	34	49:33	58
4. SC Freiburg (A)	34	41:33	56
5. SpVgg Greuther Fürth	34	51:42	54
6. Karlsruher SC	34	55:45	53
7. Erzgebirge Aue	34	38:36	48
8. Wacker Burghausen	34	45:49	47
9. SC Paderborn 07 (N)	34	46:40	46
10. Hansa Rostock (A)	34	44:49	43
11. Kickers Offenbach (N)	34	42:53	43
12. Eintr. Braunschweig (N)	34	37:48	43
13. TSV München 1860	34	41:44	42
14. SpVgg Unterhaching	34	42:48	42
15. Dynamo Dresden	34	39:45	41
16. 1. FC Saarbrücken	34	37:63	38
17. LR Ahlen	34	36:50	35
18. Sportfreunde Siegen (N)	34	35:54	31

2006/07

	Sp.	Tore	Pkt.
1. Karlsruher SC	34	69:41	70
2. Hansa Rostock	34	49:30	62
3. MSV Duisburg (A)	34	66:40	60
4. SC Freiburg	34	55:39	60
5. SpVgg Greuther Fürth	34	53:40	54
6. 1. FC Kaiserslautern (A)	34	48:34	53
7. FC Augsburg (N)	34	43:32	52
8. TSV München 1860	34	47:49	48
9. 1. FC Köln (A)	34	49:50	46
10. Erzgebirge Aue	34	46:48	45
11. SC Paderborn 07	34	32:41	42
12. TuS Koblenz (N)	34	36:45	41
13. Carl Zeiss Jena (N)	34	40:56	38
14. Kickers Offenbach	34	42:59	36
15. Rot-Weiss Essen (N)	34	34:40	35
16. SpVgg Unterhaching	34	33:49	35
17. Wacker Burghausen	34	42:63	32
18. Eintr. Braunschweig	34	20:48	23

2007/08

	Sp.	Tore	Pkt.
1. Bor. M'gladbach (A)	34	71:38	66
2. TSG 1899 Hoffenheim (N)	34	60:40	60
3. 1. FC Köln	34	62:44	60
4. 1. FSV Mainz 05 (A)	34	62:36	58
5. SC Freiburg	34	49:44	55
6. SpVgg Greuther Fürth	34	53:47	52
7. Alemannia Aachen (A)	34	49:44	51
8. SV Wehen Wiesbaden (N)	34	47:53	44
9. FC St. Pauli (N)	34	47:53	42
10. TuS Koblenz *	34	46:47	41
11. TSV München 1860	34	42:45	41
12. VfL Osnabrück (N)	34	43:54	40
13. 1. FC Kaiserslautern	34	37:37	39
14. FC Augsburg	34	39:51	38
15. Kickers Offenbach	34	38:60	38
16. Erzgebirge Aue	34	49:57	32
17. SC Paderborn 07	34	33:54	31
18. Carl Zeiss Jena	34	45:68	29

*) TuS Koblenz wurden sechs Punkte abgezogen.

2008/09

	Sp.	Tore	Pkt.
1. 1 SC Freiburg	34	60:36	68
2. 1. FSV Mainz 05	34	62:37	63
3. 1. FC Nürnberg (A)	34	51:29	60
4. Alemannia Aachen	34	58:38	56
5. SpVgg Greuther Fürth	34	60:46	56
6. MSV Duisburg (A)	34	56:36	55
7. 1. FC Kaiserslautern	34	53:48	52
8. FC St. Pauli	34	52:59	48
9. Rot-Weiß Oberhausen (N)	34	35:54	42
10. Rot Weiss Ahlen (N)	34	38:57	41
11. FC Augsburg	34	43:46	40
12. TSV München 1860	34	44:46	39
13. Hansa Rostock (A)	34	52:53	38
14. TuS Koblenz *	34	47:57	38
15. FSV Frankfurt (N)	34	34:47	38
16. VfL Osnabrück	34	41:60	36
17. FC Ingolstadt 04 (N)	34	38:54	31
18. SV Wehen Wiesbaden	34	28:49	27

*) TuS Koblenz wurden drei Punkte abgezogen.

2009/10

	Sp.	Tore	Pkt.
1. 1. FC Kaiserslautern	34	56:28	67
2. FC St. Pauli	34	72:37	64
3. FC Augsburg	34	60:40	62
4. Fortuna Düsseldorf (N)	34	48:31	59
5. SC Paderborn 07 (N)	34	49:49	51
6. MSV Duisburg	34	51:46	50
7. Arminia Bielefeld (A) *	34	48:41	49
8. TSV München 1860	34	43:45	48
9. Energie Cottbus (A)	34	55:49	47
10. Karlsruher SC (A)	34	43:45	46
11. SpVgg Greuther Fürth	34	51:50	44
12. 1. FC Union Berlin (N)	34	42:45	44
13. Alemannia Aachen	34	37:41	43
14. Rot-Weiß Oberhausen	34	38:52	41
15. FSV Frankfurt	34	29:50	38
16. Hansa Rostock	34	33:45	36
17. TuS Koblenz	34	35:60	31
18. Rot Weiss Ahlen	34	19:55	22

*) Arminia Bielefeld wurden vier Punkte abgezogen.

2010/11

	Sp.	Tore	Pkt.
1. Hertha BSC (A)	34	69:28	74
2. FC Augsburg	34	58:27	65
3. VfL Bochum (A)	34	49:35	65
4. SpVgg Greuther Fürth	34	47:27	61
5. Erzgebirge Aue (N)	34	40:37	56
6. Energie Cottbus	34	65:52	55
7. Fortuna Düsseldorf	34	49:39	53
8. MSV Duisburg	34	53:38	52
9. TSV München 1860	34	50:36	50
10. Alemannia Aachen	34	58:60	48
11. 1. FC Union Berlin	34	39:45	42
12. SC Paderborn 07	34	32:47	39
13. FSV Frankfurt	34	42:54	38
14. FC Ingolstadt 04 (N)	34	40:46	37
15. Karlsruher SC	34	46:72	33
16. VfL Osnabrück (N)	34	40:62	31
17. Rot-Weiß Oberhausen	34	30:65	28
18. Arminia Bielefeld	34	28:65	17

*) TSV München 1860 wurden zwei, Arminia Bielefeld drei Punkte abgezogen.

Torschützenkönige der 2. Bundesliga

2. Liga Nord:
1975 Volker Graul (Arminia Bielefeld) 30 – 1976 Norbert Stolzenburg (Tennis Borussia Berlin) 27 – 1977 Franz Gerber (FC St. Pauli) 27 – 1978 Horst Hrubesch (Rot-Weiss Essen) 41 – 1979 Karl-Heinz Mödrath (Fortuna Köln) 28 – 1980 Christian Sackewitz (Arminia Bielefeld) 35 – 1981 Frank Mill (Rot-Weiss Essen) 40 – 1992 Radek Drulak (VfB Oldenburg) 21.

2. Liga Süd:
1975 Bernd Hoffmann (Karlsruher SC) 25 – 1976 Karl-Heinz Granitza (Röchling Völklingen) 29 – 1977 Lothar Emmerich (1. Würzburger FV 04) 24 – 1978 Emanuel Günther (Karlsruher SC) 27 – 1979 Eduard Kirschner (SpVgg Fürth) 33 – 1980 Emanuel Günther (Karlsruher SC) 29 – 1981 Horst Neumann (SV Darmstadt 98) 27 – 1992 Michael Preetz (1. FC Saarbrücken) 17.

2. Bundesliga:
1982 Rudi Völler (TSV München 1860) 37 – 1983 Dieter Schatzschneider (Fortuna Köln) 31 – 1984 Roland Wohlfarth (MSV Duisburg) und Emanuel Günther (Karlsruher SC) je 30 – 1985 Manfred Burgsmüller (Rot-Weiß Oberhausen) 29 – 1986 Leo Bunk (Blau-Weiß 90 Berlin) 26 – 1987 Siegfried Reich (Hannover 96) 26 – 1988 Souleyman Sane (SC Freiburg) 21 – 1989 Sven Demandt (Fortuna Düsseldorf) 35 – 1990 Maurice Banach (SG Wattenscheid 09) 22 – 1991 Michael Tönnies (MSV Duisburg) 29 – 1992 zweigleisig – 1993 Siegfried Reich (VfL Wolfsburg) 27 – 1994 Uwe Wegmann (VfL Bochum) 22 – 1995 Jürgen Rische (VfB Leipzig) 17 – 1996 Fritz Walter (Arminia Bielefeld) 21 – 1997 Angelo Vier (Rot-Weiss Essen) 18 – 1998 Angelo Vier (FC Gütersloh) 18 – 1999 Bruno Labbadia (Arminia Bielefeld) 28 – 2000 Tomislav Maric (Stuttgarter Kickers) 21 – 2001 Olivier Djappa (SSV Reutlingen) und Artur Wichniarek (Arminia Bielefeld) je 18 – 2002 Artur Wichniarek (Arminia Bielefeld) 20 – 2003 Andrey Voronin (1. FSV Mainz 05) 20 – 2004 Marek Mintal (1. FC Nürnberg) und Francisco Copado (SpVgg Unterhaching) je 18 – 2005 Lukas Podolski (1. FC Köln) 24 – 2006 Christian Eigler (SpVgg Greuther Fürth) 18 – 2007 Giovanni Federico (Karlsruher SC) – 2008 Milivoje Novakovic (1. FC Köln) 20 – 2009 Benjamin Auer (Alemannia Aachen), Cederick Makiadi (MSV Duisburg) und Marek Mintal (1. FC Nürnberg) je 16 – 2010 Michael Thurk (FC Augsburg) 23 – 2011 Nils Petersen (Energie Cottbus) 25.

Der Aufstieg in die 2. Bundesliga

Nach Einführung der 2. Liga 1974 stiegen in der Regel je vier Klubs in die Gruppen Nord und Süd auf. Bis zur flächendeckenden Einführung der Amateur-Oberligen 1978/79 stiegen nur der Bayern- und Hessenmeister direkt auf. Die übrigen sechs Aufsteiger wurden in Aufstiegsrunden ermittelt.

1975

Nord, Gruppe A: Bayer Leverkusen und Union Solingen vor Arminia Hannover – **Nord, Gruppe B:** Westfalia Herne und Spandauer SV vor VfB Oldenburg.
Baden-Württemberg: SSV Reutlingen vor VfR Aalen, Offenburger FV und VfB Eppingen – **Südwest:** Eintracht Bad Kreuznach vor Eintracht Trier und ASC Dudweiler – Jahn Regensburg (Bayern) und FSV Frankfurt (Hessen) Direktaufsteiger.

1976

Nord, Gruppe A: VfL Wolfsburg und Bonner SC vor 1. FC Bocholt – **Nord, Gruppe B:** Arminia Hannover und SC Herford vor Union 06 Berlin.
Baden-Württemberg: BSV Schwenningen vor SpVgg Ludwigsburg, VfR Mannheim und FC 08 Villingen – **Südwest:** Eintracht Trier vor Wormatia Worms und Borussia Neunkirchen – 1. Würzburger FV 04 (nach Verzicht von Bayernmeister Wacker München) und KSV Baunatal (Hessen) Direktaufsteiger.

1977

Nord, Gruppe A: Rot-Weiß Lüdenscheid vor SV Siegburg 04, Union Salzgitter und Holstein Kiel – **Nord, Gruppe B:** TuS Bremerhaven 93 vor dem 1. FC Bocholt, Spandauer SV und SVA Gütersloh – Entscheidungsspiele der Gruppenzweiten: 1. FC Bocholt – SV Siegburg 04 1:0, 1:0.
Baden-Württemberg: Freiburger FC vor dem SSV Reutlingen, SSV Ulm 1846 und SV Neckargerach – **Südwest:** Wormatia Worms vor Borussia Neunkirchen und TuS Neuendorf – Würzburger Kickers (Bayern) und VfR Oli Bürstadt (Hessen) Direktaufsteiger.

1978

Nord, Qualifikation: Holstein Kiel – 1. FC Paderborn 2:2, 2:2, n. V. 1:1, Elfmeterschießen 4:2 – **Nord, Gruppe A:** Viktoria Köln und DSC Wanne-Eickel vor VfL Wolfsburg und 1. SC Göttingen 05 – **Nord, Gruppe B:** Wacker 04 Berlin und Holstein Kiel vor OSV Hannover und Olympia Bocholt.
Baden-Württemberg: SC Freiburg vor SSV Ulm 1846, SSV Reutlingen und FV 09 Weinheim – **Südwest:** Borussia Neunkirchen vor TuS Neuendorf und 1. FSV Mainz 05 – MTV Ingolstadt (Bayern) und FC Hanau 93 (Hessen) Direktaufsteiger.

1979

Direktaufsteiger: OSV Hannover (Nord), Rot-Weiß Oberhausen (Nordrhein), SC Herford (Westfalen), ESV Ingolstadt (Bayern), SSV Ulm 1846 (Baden-Württemberg), VfR Oli Bürstadt (Hessen), Röchling Völklingen (Südwest). **Qualifikation des Nord-Zweiten mit dem Berliner Meister:** Hertha Zehlendorf – OSC Bremerhaven 5:4, 0:1 (Bremerhaven Aufsteiger).

1980

Direktaufsteiger: VfB Oldenburg (Nord), 1. FC Bocholt (Nordrhein), SpVgg Erkenschwick (Westfalen), FC Augsburg (Bayern), VfB Eppingen (Baden-Württemberg), Hessen Kassel (Hessen), Borussia Neunkirchen (Südwest). **Qualifikation des Nord-Zweiten mit dem Berliner Meister:** 1. SC Göttingen 05 – Berliner FC Preußen 1:0, 1:1.

1981

Wegen Einführung der eingleisigen 2. Bundesliga gab es keinen Aufstieg aus dem Amateurbereich in den bezahlten Fußball.

1982

Die acht Oberliga-Meister (ab 1984 auch der Nord-Zweite) ermittelten in zwei Gruppen je zwei Aufsteiger in die 2. Bundesliga.
Gruppe Nord: BV Lüttringhausen und TuS Schloß Neuhaus vor Arminia Hannover und Tennis Borussia Berlin – **Gruppe Süd:** FSV Frankfurt und FC Augsburg vor SSV Ulm 1846 und FC 08 Homburg.

1983

Gruppe Nord: Rot-Weiß Oberhausen und SC Charlottenburg vor SC Eintracht Hamm und FC St. Pauli – **Gruppe Süd:** SSV Ulm 1846 und 1. FC Saarbrücken vor VfR Bürstadt und SpVgg Unterhaching.

1984

Gruppe Nord: Blau-Weiß 90 Berlin und FC St. Pauli vor 1. FC Bocholt, FC Gütersloh und SV Lurup – **Gruppe Süd:** FC 08 Homburg und VfR Bürstadt vor Freiburger FC und TSV München 1860.

1985

Gruppe Nord: VfL Osnabrück und Tennis Borussia Berlin vor Rot-Weiss Essen, SC Eintracht Hamm und Hummelsbütteler SV – **Gruppe Süd:** SpVgg Bayreuth und Viktoria Aschaffenburg vor FSV Salmrohr und SV Sandhausen.

1986

Gruppe Nord: FC St. Pauli und Rot-Weiß Essen vor SC Charlottenburg, VfB Oldenburg und ASC Schöppingen – **Gruppe Süd:** SSV Ulm 1846 und FSV Salmrohr vor Kickers Offenbach und TSV München 1860.

1987

Gruppe Nord: BVL Remscheid und SV Meppen vor Hertha BSC, SpVgg Erkenschwick und Arminia Hannover – **Gruppe Süd:** Kickers Offenbach und SpVgg Bayreuth vor Eintracht Trier und SV Sandhausen.

1988

Gruppe Nord: Hertha BSC und Eintracht Braunschweig vor MSV Duisburg, Preußen Münster und VfL Wolfsburg – **Gruppe Süd:** 1. FSV Mainz 05 und Viktoria Aschaffenburg vor SpVgg Unterhaching und FV 09 Weinheim.

1989

Gruppe Nord: MSV Duisburg und Preußen Münster vor 1. SC Göttingen 05, Reinickendorfer Füchse und TSV Havelse – **Gruppe Süd:** Hessen Kassel und SpVgg Unterhaching vor SSV Reutlingen und SV Edenkoben.

1990

Gruppe Nord: VfB Oldenburg und TSV Havelse vor Arminia Bielefeld, Wuppertaler SV und Reinickendorfer Füchse – **Gruppe Süd:** 1. FSV Mainz 05 und 1. FC Schweinfurt 05 vor SSV Reutlingen und Rot-Weiss Frankfurt.

1991

Gruppe Nord: FC Remscheid vor VfL Wolfsburg, 1. SC Göttingen 05, SC Verl und Tennis Borussia Berlin – **Gruppe Süd:** TSV München 1860 vor Hessen Kassel, 1. FC Pforzheim und Borussia Neunkirchen – Außerdem qualifizierten sich aus der Oberliga Nordost (ehem. DDR) die Klubs auf den Plätzen 3 bis 6 direkt für die 2. Bundesliga (Rot-Weiß Erfurt, Hallescher FC Chemie, Chemnitzer FC und Carl Zeiss Jena). Die Klubs auf den Plätzen 7 bis 12 sowie die Meister der beiden Liga-Stafeln ermittelten in zwei Gruppen zwei weitere Aufsteiger. **Gruppe 1:** Stahl Brandenburg vor FC Berlin, 1. FC Union Berlin und 1. FC Magdeburg; **Gruppe 2:** 1. FC Lokomotive Leipzig vor Stahl Eisenhüttenstadt, FSV Zwickau und Sachsen Leipzig.

1992

Die zehn Oberliga-Meister spielten in drei Gruppen je einen Aufsteiger aus. **Gruppe 1:** VfL Wolfsburg vor FSV Zwickau, FC Berlin und 1. FC Union Berlin; **Gruppe 2:** Wuppertaler SV vor FSV Salmrohr und Preußen Münster, **Gruppe 3:** SpVgg Unterhaching vor SSV Reutlingen und Viktoria Aschaffenburg. Außerdem gab es eine Relegationsrunde zwischen den beiden Drittletzten der 2. Bundesliga Nord und Süd und dem Zweiten der Oberliga Nord: Fortuna Köln vor TSV München 1860 und TSV Havelse.

1993

Gruppe 1: 1. FC Union Berlin vor Tennis Borussia Berlin und Bischofswerdaer FV 08 (Da Union die Lizenz verweigert wurde, stieg TeBe auf) – **Gruppe 2:** Rot-Weiss Essen vor Preußen Münster, Eintracht Trier und VfL Herzlake – **Gruppe 3:** TSV München 1860 vor SSV Ulm 1846, Kickers Offenbach und 1. SC Norderstedt.

1994

Gruppe 1: FSV Zwickau vor BSV Brandenburg und Energie Cottbus – **Gruppe 2:** FSV Frankfurt vor SSV Ulm 1846, Eintracht Trier und Kickers Emden – **Gruppe 3:** Fortuna Düsseldorf vor Eintracht Braunschweig, TuS Paderborn-Neuhaus und FC Augsburg.

1995

Nach Wiedereinführung der Regionalliga 1994 stiegen zunächst alle vier Meister direkt auf. Da es sich aber nach offizieller DFB-Lesart und eine dreigleisige Regionalliga in vier Gruppen (West/Südwest, Süd sowie Nord und Nordost) handelte, wurden ab 1996 Qualifikationsspiele notwendig. **Direktaufsteiger 1995:** VfB Lübeck (Nord), Carl Zeiss Jena (Nordost), Arminia Bielefeld (West/Südwest) und SpVgg Unterhaching (Süd).

1996

Direktaufsteiger: FC Gütersloh, Rot-Weiss Essen (West/Südwest), Stuttgarter Kickers (Süd). Qualifikation zwischen dem Nord- und Nordost-Meister: Tennis Borussia Berlin – VfB Oldenburg 1:1 und n. V. 1:2.

1997

Direktaufsteiger: SG Wattenscheid 09 (West/Südwest), 1. FC Nürnberg und SpVgg Greuther Fürth (Süd). Qualifikation zwischen dem Nord- und Nordost-Meister: Hannover 96 – Energie Cottbus 0:0 und 1:3.

1998

Direktaufsteiger: Rot-Weiß Oberhausen (West/Südwest), SSV Ulm 1846 (Süd). Qualifikation zwischen dem Nord- und Nordost-Meister: Tennis Borussia Berlin – Hannover 96 2:0 und n. V. 0:2, Elfmeterschießen 1:3 – Tennis Borussia Berlin setzte sich anschließend in der Deutschen Amateur-Meisterschaft gegen Sportfreunde Siegen und Kickers Offenbach durch und stieg als vierter Klub auf.

1999

Direktaufsteiger: Alemannia Aachen (West/Südwest), SV Waldhof Mannheim (Süd). Qualifikation zwischen dem Nord- und Nordost-Meister: VfL Osnabrück – Chemnitzer FC 1:0 und 0:2. Anschließend setzte sich Kickers Offenbach gegen VfL Osnabrück und Eintracht Trier durch und stieg als vierter Klub auf.

2000

Direktaufsteiger: 1. FC Saarbrücken (West/Südwest), SSV Reutlingen (Süd). Qualifikation zwischen dem Nord- und Nordost-Meister: 1. FC Union Berlin – VfL Osnabrück 1:1 und n. V. 1:1, Elfmeterschießen 7:8. Anschließend setzte sich LR Ahlen gegen 1. FC Union Berlin und SC Pfullendorf durch und stieg als vierter Klub auf.

2001 bis 2008

Nach Reduzierung der Regionalliga auf zwei Gruppen Nord und Süd stiegen die beiden Meister und Zweitplatzierten direkt auf. Amateur-/2. Mannschaften von Bundes- und Zweitligisten hatten kein Aufstiegsrecht.

2009

Nach Einführung der 3. Liga steigen der Meister und Zweitplatzierte (1. FC Union Berlin und Fortuna Düsseldorf) direkt auf. Der Dritte der 3. Liga bestreitet Relegationsspiele gegen den Drittletzten der 2. Bundesliga: SC Paderborn 07 – VfL Osnabrück 1:0 und 1:0.

2010

Direktaufsteiger: VfL Osnabrück (Meister) und Erzgebirge Aue (Zweiter).
Relegation: FC Ingolstadt 04 – Hansa Rostock 1:0 und 2:0.

2011

Direktaufsteiger: Eintracht Braunschweig (Meister) und Hansa Rostock (Zweiter).
Relegation: Dynamo Dresden – VfL Osnabrück 1:1 und n. V. 3:1.

Die 3. Liga

2008/09

1. 1. FC Union Berlin	38	59:23	78
2. Fortuna Düsseldorf	38	54:33	69
3. SC Paderborn 07 (A)	38	68:38	68
4. SpVgg Unterhaching	38	57:46	67
5. Bayern München II	38	54:38	59
6. Kickers Emden	38	45:44	59
7. Kickers Offenbach (A)	38	40:35	52
8. SV Sandhausen	38	58:52	50
9. Dynamo Dresden	38	46:46	50
10. Rot-Weiß Erfurt	38	46:48	50
11. VfB Stuttgart II	38	61:50	49
12. Erzgebirge Aue (A)	38	43:43	48
13. Eintracht Braunschweig	38	46:51	45
14. Wuppertaler SV Borussia	38	36:45	45
15. Jahn Regensburg	38	37:51	45
16. Carl Zeiss Jena (A)	38	41:59	41
17. Werder Bremen II	38	49:58	40
18. Wacker Burghausen	38	40:65	40
19. VfR Aalen	38	38:60	39
20. Stuttgarter Kickers *	38	38:71	29

*) Den Stuttgarter Kickers wurden drei Punkte abgezogen.

2009/10

1. VfL Osnabrück (A)	38	55:37	69
2. Erzgebirge Aue	38	57:41	68
3. FC Ingolstadt 04 (A)	38	72:46	64
4. Eintracht Braunschweig	38	55:37	62
5. Carl Zeiss Jena	38	54:44	60
6. 1. FC Heidenheim (N)	38	66:56	59
7. Kickers Offenbach	38	55:35	57
8. Bayern München II	38	55:65	54
9. Rot-Weiß Erfurt	38	41:41	53
10. VfB Stuttgart II	38	53:50	52
11. SpVgg Unterhaching	38	52:52	50
12. Dynamo Dresden	38	39:46	50
13. Werder Bremen II	38	49:54	47
14. SV Sandhausen	38	54:63	47
15. SV Wehen Wiesbaden (A)	38	52:64	47
16. Jahn Regensburg	38	43:48	46
17. Wacker Burghausen	38	45:64	46
18. Borussia Dortmund II (N)	38	43:58	39
19. Holstein Kiel (N)	38	43:61	38
20. Wuppertaler SV Borussia	38	40:61	38

2010/11

1. Eintracht Braunschweig	38	81:22	85
2. Hansa Rostock (A)	38	70:36	78
3. Dynamo Dresden	38	55:37	65
4. SV Wehen Wiesbaden	38	55:39	64
5. Rot-Weiß Erfurt	38	63:45	61
6. 1. FC Saarbrücken (N)	38	61:51	59
7. Kickers Offenbach	38	52:45	57
8. Jahn Regensburg	38	35:41	52
9. 1. FC Heidenheim	38	59:58	51
10. VfB Stuttgart II	38	48:48	51
11. TuS Koblenz (A)	38	38:46	49
12. SV Sandhausen	38	43:46	46
13. SV Babelsberg 03 (N)	38	39:47	46
14. SpVgg Unterhaching	38	39:55	45
15. Carl Zeiss Jena	38	43:62	44
16. VfR Aalen (N)	38	40:52	41
17. Wacker Burghausen	38	46:66	37
18. Werder Bremen II	38	33:56	36
19. Bayern München II	38	30:54	30
20. Rot Weiss Ahlen (A)	38	45:69	39

TuS Koblenz stellte für 2011/12 keinen Lizenzantrag für die 3. Liga. Rot Weiss Ahlen wurden drei Punkte abgezogen. Außerdem wurde der Klub nach Saisonende wegen Eröffnung des Insolvenzverfahren auf den letzten Platz zurückgestuft.

Torschützenkönige der 3. Liga

2009 Anton Fink (SpVgg Unterhaching) 21 – 2010 Regis Dorn (SV Sandhausen) 22 – 2011 Dominick Kumbela (Eintracht Braunschweig) und Patrick Mayer (1. FC Heidenheim) je 19.

Der Aufstieg in die 3. Liga

Die Meister der Regionalligen Nord, West und Süd steigen auf.

Die Regionalliga

(Nach Einführung der Bundesliga 1963 bis 1973/74 die zweithöchste deutsche Spielklasse; 1994 Wiedereinführung als dritthöchste Spielklasse, ab 2000/01 nur noch in zwei Gruppen Nord und Süd; nach Einführung der 3. Liga 2008 vierthöchste Spielklasse in drei Gruppen Nord, West und Süd.)

Die Meister der Regionalligen

Nord:

1964 FC St. Pauli – 1965 Holstein Kiel – 1966 FC St. Pauli – 1967, 1968 Arminia Hannover – 1969, 1970, 1971 VfL Osnabrück – 1972, 1973 FC St. Pauli – 1974 Eintracht Braunschweig – 1995 VfB Lübeck – 1996 VfB Oldenburg – 1997, 1998 Hannover 96 – 1999, 2000 VfL Osnabrück – 2001 1. FC Union Berlin – 2002 VfB Lübeck – 2003 Erzgebirge Aue – 2004 Rot-Weiss Essen – 2005 Eintracht Braunschweig – 2006 Rot-Weiss Essen – 2007 FC St. Pauli – 2008 Rot Weiss Ahlen – 2009 Holstein Kiel – 2010 SV Babelsberg 03 – 2011 Chemnitzer FC.

West:

1964 Alemannia Aachen – 1965 Borussia Mönchengladbach – 1966 Fortuna Düsseldorf – 1967 Alemannia Aachen – 1968 Bayer Leverkusen – 1969 Rot-Weiß Oberhausen – 1970, 1971 VfL Bochum – 1972 Wuppertaler SV – 1973 Rot-Weiss Essen – 1974 SG Wattenscheid 09 – 2009 Borussia Dortmund II – 2010 1. FC Saarbrücken – 2011 Preußen Münster.

Süd:

1964 Hessen Kassel – 1965 Bayern München – 1966 1. FC Schweinfurt 05 – 1967 Kickers Offenbach – 1968 Bayern Hof – 1969 Karlsruher SC – 1970 Kickers Offenbach – 1971 1. FC Nürnberg – 1972 Kickers Offenbach – 1973 SV Darmstadt 98 – 1974 FC Augsburg – 1995 SpVgg Unterhaching – 1996 Stuttgarter Kickers – 1997 1. FC Nürnberg – 1998 SSV Ulm 1846 – 1999 SV Waldhof Mannheim – 2000 SSV Reutlingen – 2001 Karlsruher SC – 2002 Wacker Burghausen – 2003 SpVgg Unterhaching – 2004 Bayern München Am. – 2005 Kickers Offenbach – 2006 FC Augsburg – 2007 SV Wehen – 2008 FSV Frankfurt – 2009 1. FC Heidenheim – 2010 VfR Aalen – 2011 SV Darmstadt 98.

Südwest:

1964 Borussia Neunkirchen – 1965 1. FC Saarbrücken – 1966 FK Pirmasens – 1967 Borussia Neunkirchen – 1968, 1969, 1970 SV Alsenborn – 1971, 1972 Borussia Neunkirchen – 1973 1. FSV Mainz 05 – 1974 Borussia Neunkirchen.

West/Südwest:

1995 Arminia Bielefeld – 1996 FC Gütersloh – 1997 SG Wattenscheid 09 – 1998 Rot-Weiß Oberhausen – 1999 Alemannia Aachen – 2000 1. FC Saarbrücken.

Berlin:

1964 SC Tasmania 1900 – 1965 Tennis Borussia – 1966, 1967, 1968 Hertha BSC – 1969, 1970 Hertha Zehlendorf – 1971 SC Tasmania 1900 – 1972 SC Wacker 04 – 1973 SV Blau-Weiß 90 – 1974 Tennis Borussia.

Nordost:

1995 Carl Zeiss Jena – 1996 Tennis Borussia Berlin – 1997 Energie Cottbus – 1998 Tennis Borussia Berlin – 1999 Chemnitzer FC – 2000 1. FC Union Berlin.

Torschützenkönige der Regionalligen

Nord:

1964 Haecks (FC St. Pauli) 36 – 1965 Saborowski (Holstein Kiel) 34 – 1966 Haecks (FC St. Pauli) 26 – 1967 Pröpper (VfL Osnabrück) 25 – 1968 Kemmer (VfL Wolfsburg) 19 – 1969 Kaniber (VfL Osnabrück) 30 – 1970 Kemmer (VfL Wolfsburg) 25 – 1971 Schulz (Holstein Kiel) 21 – 1972 Hußner (FC St. Pauli) 23 – 1973 Segler (VfL Osnabrück) 24 – 1974 Gersdorff (Eintracht Braunschweig) 35 – 1995 C. Claaßen (SV Wilhelmshaven) 26 – 1996 Cengiz (Atlas Delmenhorst) 21 – 1997 Cengiz (VfL Herzlake) 28 – 1998 Erdmann (Arminia Hannover) 34 – 1999 Bärwolf (VfB Lübeck) 26 – 2000 Bärwolf (VfB Lübeck) und Bester (Lüneburger SK) je 25 – 2001 Teixeira (KFC Uerdingen 05/1. FC Union Berlin) 32 – 2002 Teixeira (Eintracht Braunschweig) und Gerov (SC Paderborn 07) je 19 – 2003 Guscinas (Holstein Kiel) 23 – 2004 Feldhoff (KFC Uerdingen 05) 22 – 2005 Kuru (Eintracht Braunschweig) 24 – 2006 Reichenberger (VfL Osnabrück) 17 – 2007 Cannizzaro (Hamburger SV II) und Reichenberger (VfL Osnabrück) je 17 – 2008 Saglik (Wuppertaler SV Borussia) 27 – 2009 Pollok (SV Wilhelmshaven) 22 – 2010 Frahn (SV Babelsberg 03) 29 – 2011 Förster (Chemnitzer FC) 25.

West:
1964 Martinelli (Alemannia Aachen) 33 – 1965 Meyer (Fortuna Düsseldorf) und Rupp (Borussia Mönchengladbach) je 25 – 1966 Glenski (Alemannia Aachen) 26 – 1967 Kuster (Arminia Bielefeld) 23 – 1968 Kuster (Arminia Bielefeld) 28 – 1969 Kuster (Arminia Bielefeld) und Lippens (Rot-Weiss Essen) je 23 – 1970 Walitza (VfL Bochum) 31 – 1971 Walitza (VfL Bochum) 28 – 1972 Pröpper (Wuppertaler SV) 52 – 1973 Burgsmüller (Bayer Uerdingen) 29 – 1974 Burgsmüller (Bayer Uerdingen) 29 – 2009 Mölders (Rot-Weiss Essen) 28 – 2010 Aydogmus (Bonner SC) und Knappmann (SC Verl) je 16 – 2011 Mainka (SC Wiedenbrück 2000) 18.

Süd:
1964 Jendrosch (Hessen Kassel) 34 – 1965 Ohlhauser (Bayern München) 42 – 1966 Mikulasch (ESV Ingolstadt) 29 – 1967 Windhausen (SpVgg Fürth) 32 – 1968 Breuer (Bayern Hof) und Schäffner (VfR Mannheim) je 27 – 1969 Klier (FC 08 Villingen) 23 – 1970 Klier (FC 08 Villingen) 22 – 1971 Bründl (Stuttgarter Kickers) 21 – 1972 Kostedde (Kickers Offenbach) 27 – 1973 Keller (TSV München 1860) 26 – 1974 Obermeier (FC Augsburg) 25 – 1995 Akpoborie (Stuttgarter Kickers) 37 – 1996 Trkulja (SSV Ulm 1846) 25 – 1997 Türr (SpVgg Greuther Fürth) 25 – 1998 Eckstein (FC Augsburg) 21 – 1999 M. Maric (SSV Reutlingen) 23 – 2000 Djappa (SSV Reutlingen) 36 – 2001 Barlecaj (SC Pfullendorf) 18 – 2002 Ben Neticha (SV Wehen) 18 – 2003 Copado (SpVgg Unterhaching) 24 – 2004 Guerrero und Misimovic (beide Bayern München Am.) je 21 – 2005 Helmes (Spfr. Siegen) 21 – 2006 Okpala (FC Augsburg) und Nicu (SV Wehen) je 16 – 2007 Jäger (1. FC Saarbrücken) und Mesic (Stuttgarter Kickers/TSG Hoffenheim) je 17 – 2008 Bauer (Hessen Kassel) 19 – 2009 Bauer (Hessen Kassel) 32 – 2010 Krasniqi (SG Sonnenhof Großaspach) und Tunjic (Stuttgarter Kickers) je 19 – 2011 Herdling (TSG 1899 Hoffenheim II) 19.

Südwest:
1964 Löhr (Spfr. Saarbrücken) 33 – 1965 Poklitar (1. FC Saarbrücken) 27 – 1966 Poklitar (1. FC Saarbrücken) 30 – 1967 Brecht (SpVgg Weisenau) 26 – 1968 Schieck (SV Alsenborn) 30 – 1969 Weinkauf (FK Pirmasens) 26 – 1970 Weinkauf (FK Pirmasens) 22 – 1971 Lenz (SV Alsenborn) 25 – 1972 Lenz 28 (SV Alsenborn) – 1973 Dier (Wormatia Worms), Ludwig (SV Alsenborn) und Klier (1. FSV Mainz 05) je 19 – 1974 Klier (1. FSV Mainz 05) 28.

West/Südwest:
1995 Beyel (SCB Preussen Köln) 21 – 1996 van der Ven (FC Gütersloh) 21 – 1997 Deffke (LR Ahlen) und Feinbier (Alemannia Aachen) je 24 – 1998 Zibert (1. FC Saarbrücken) 20 – 1999 Graf (1. FC Kaiserslautern Am.) 19 – 2000 Ebbers (SG Wattenscheid 09) 23.

Berlin:
1964 Fischer (Tasmania 1900) 24 – 1965 Fischer (Tasmania 1900) 25 – 1966 Tylinski (Tennis Borussia) 36 – 1967 Krampitz (Hertha BSC) 25 – 1968 Lunenburg (Tennis Borussia) 30 – 1969 Rendant (1. FC Neukölln) 25 – 1970 Faeder (Hertha Zehlendorf) 26 – 1971 Kipp (SC Wacker 04) 38 – 1972 John (Blau-Weiß 90) 39 – 1973 Stolzenburg (Hertha Zehlendorf) 33 – 1974 Stolzenburg (Tennis Borussia) 33.

Nordost:
1995 Adler (Tennis Borussia Berlin) und Markov (1. FC Union Berlin) je 20 – 1996 Irrgang (Energie Cottbus) 24 – 1997 Weißhaupt (Rot-Weiß Erfurt) 22 – 1998 Wiedemann (Altmark Stendal) 25 – 1999 Wiedemann (Altmark Stendal) 19 – 2000 Lau (SV Babelsberg 03) 16.

Die (Amateur-)Oberliga

Die Meister der deutschen Amateur-Oberligen

(Ab 1978/79 – im Norden ab 1974/75 – dritthöchste, ab 1994/95 vierthöchste, ab 2008/09 fünfthöchste deutsche Spielklasse)

Nord:
1975 VfB Oldenburg – 1976 Arminia Hannover – 1977 OSC Bremerhaven – 1978, 1979 OSV Hannover – 1980 VfB Oldenburg – 1981 FC St. Pauli – 1982 Werder Bremen Am. – 1983 FC St. Pauli – 1984 Werder Bremen Am. – 1985 VfL Osnabrück – 1986 FC St. Pauli – 1987 SV Meppen – 1988 Eintracht Braunschweig – 1989 TSV Havelse – 1990 VfB Oldenburg – 1991, 1992 VfL Wolfsburg – 1993 VfL Herzlake – 1994 Kickers Emden – 1995 bis 2004 siehe Hamburg/Schleswig-Holstein und Niedersachsen/Bremen – 2005 Kickers Emden – 2006 SV Wilhelmshaven – 2007 VfL Wolfsburg II – 2008 Holstein Kiel – 2008

Auflösung der Oberliga Nord. Die Verbandsligen Niedersachsen West und Ost, Hamburg, Schleswig-Holstein und Bremen bilden fortan die fünfthöchste Spielklasse.

Hamburg/Schleswig-Holstein:
1995 FC St. Pauli Am. – 1996 Altona 93 – 1997 VfL 93 Hamburg – 1998 Holstein Kiel – 1999 FC St. Pauli Am. – 2000 TuS Felde – 2001 Holstein Kiel – 2002 Hamburger SV Am. – 2003 FC St. Pauli Am. – 2004 Holstein Kiel II.

Niedersachsen/Bremen:
1995 BV Cloppenburg – 1996 Spfr. Ricklingen – 1997 Eintracht Nordhorn – 1998 Lüneburger SK – 1999 SC Göttingen 05 – 2000 Kickers Emden – 2001 1. SC Göttingen 05 – 2002 VfB Oldenburg – 2003 Kickers Emden – 2004 VfL Wolfsburg Am.

Niedersachsen:
2009 West: VfB Oldenburg, Ost: Goslarer SC 08 (Meister) – 2010 West: TSV Havelse, Ost: Eintracht Braunschweig II (Meister) – 2011 SV Meppen.

Schleswig-Holstein:
2009, 2010 Holstein Kiel II – 2011 VfR Neumünster.

Hamburg:
2009, 2010 SC Victoria – 2011 FC St. Pauli II.

Bremen:
2009 Brinkumer SV – 2010, 2011 Werder Bremen III.

Berlin:
1979 Hertha Zehlendorf – 1980, 1981 BFC Preußen – 1982 Tennis Borussia – 1983 SC Charlottenburg – 1984 SV Blau-Weiß 90 – 1985 Tennis Borussia – 1986 SC Charlottenburg – 1987, 1988 Hertha BSC – 1989, 1990 Reinickendorfer Füchse – 1991 Tennis Borussia – ab 1991/92 zu Oberliga Nordost.

Nordost:
1992 Nord: FC Berlin, Mitte: 1. FC Union Berlin, Süd: FSV Zwickau – 1993 Nord: Tennis Borussia Berlin, Mitte: 1. FC Union Berlin, Süd: Sachsen Leipzig – 1994 Nord: BSV Brandenburg, Mitte: 1. FC Union Berlin, Süd: FSV Zwickau – 1995 Nord: FSV Velten, Süd: Wacker Nordhausen – 1996 Nord: SC Charlottenburg, Süd: VFC Plauen – 1997 Nord: SV Babelsberg 03, Süd: 1. FC Magdeburg – 1998 Nord: SD Croatia Berlin, Süd: Dresdner SC – 1999 Nord: Hertha BSC Berlin Am., Süd: VfL Halle 96 – 2000 Nord: Hansa Rostock Am., Süd: FSV Hoyerswerda – 2001 Nord: Berliner FC Dynamo, Süd: 1.FC Magdeburg – 2002 Nord: Hertha BSC Berlin Am., Süd: Dynamo Dresden – 2003 Nord: FC Schönberg 95, Süd: Sachsen Leipzig – 2004 Nord: Hertha BSC Berlin Am., Süd: VFC Plauen – 2005 Hansa Rostock Am., Süd: Carl Zeiss Jena – 2006 Nord: 1. FC Union Berlin, Süd: 1. FC Magdeburg – 2007 Nord: SV Babelsberg 03, Süd: Energie Cottbus II – 2008 Nord: Hertha BSC Berlin II, Süd: Hallescher FC – 2009 Nord: Tennis Borussia Berlin, Süd: ZFC Meuselwitz– 2010 Nord: Energie Cottbus II, Süd: RB Leipzig – 2011 Nord: Torgelower SV Greif, Süd: Germania Halberstadt.

Nordrhein:
1979 Rot-Weiß Oberhausen – 1980 1. FC Bocholt – 1981 1. FC Köln Am. – 1982 BV 08 Lüttringhausen – 1983 Rot-Weiß Oberhausen – 1984 1. FC Bocholt – 1985, 1986 Rot-Weiss Essen – 1987 BVL 08 Remscheid – 1988, 1989 MSV Duisburg – 1990 Wuppertaler SV – 1991 FC Remscheid – 1992 Wuppertaler SV – 1993 Rot-Weiss Essen – 1994 Fortuna Düsseldorf – 1995 Rot-Weiß Oberhausen – 1996 Germania Teveren – 1997 Bonner SC – 1998 Bayer Leverkusen Am. – 1999 Rot-Weiss Essen – 2000 Wuppertaler SV – 2001 Bayer Leverkusen Am. – 2002 1. FC Köln Am. – 2003 Wuppertaler SV – 2004 SSVg Velbert – 2005 Bayer Leverkusen Am. – 2006 Borussia Mönchengladbach II – 2007 Rot-Weiß Oberhausen – 2008 Borussia Mönchengladbach II – 2008 Zusammenlegung der Oberligen Nordrhein und Westfalen zur NRW-Liga.

Westfalen:
1979 SC Herford – 1980 SpVgg Erkenschwick – 1981 1. FC Paderborn – 1982 TuS Schloß Neuhaus – 1983 SC Eintracht Hamm – 1984 FC Gütersloh – 1985 SC Eintracht Hamm – 1986 ASC Schöppingen – 1987 SpVgg Erkenschwick – 1988, 1989 Preußen Münster – 1990 Arminia Bielefeld – 1991 SC Verl – 1992, 1993 Preußen Münster – 1994 TuS Paderborn-Neuhaus – 1995 FC Gütersloh – 1996 TuS Ahlen – 1997 Spfr. Siegen – 1998 Borussia Dortmund Am. – 1999 VfL Bochum Am. – 2000 VfB Hüls – 2001 SC Paderborn 07 – 2002 Borussia Dortmund Am. – 2003 FC Schalke 04 Am. – 2004 Arminia Bielefeld Am. – 2005 SG Wattenscheid 09 – 2006 Borussia Dortmund II – 2007 SC Verl – 2008 Preußen Münster – 2008 Zusammenlegung der Oberligen Westfalen und Nordrhein zur NRW-Liga.

NRW-Liga:
2009 Bonner SC – 2010 SC Wiedenbrück 2000 – 2011 Germania Windeck.

Südwest:
1979 Röchling Völklingen – 1980 Borussia Neunkirchen – 1981 1. FSV Mainz 05 – 1982 FC Homburg – 1983 1. FC Saarbrücken – 1984 FC Homburg – 1985 FSV Salmrohr – 1986 Wormatia Worms – 1987 Eintracht Trier – 1988 1. FSV Mainz 05 – 1989 SV Edenkoben – 1990 1. FSV Mainz 05 – 1991 Borussia Neunkirchen – 1992 FSV Salmrohr – 1993, 1994 Eintracht Trier – 1995 1. FC Kaiserslautern Am. – 1996 SV Elversberg – 1997 1. FC Kaiserslautern Am. – 1998 SV Elversberg – 1999 FK Pirmasens – 2000 Borussia Neunkirchen – 2001 1. FC Kaiserslautern Am. – 2002 Borussia Neunkirchen – 2003 1. FSV Mainz 05 Am. – 2004 TuS Koblenz – 2005 Borussia Neunkirchen – 2006 FK Pirmasens – 2007 FSV Oggersheim – 2008 1. FSV Mainz 05 II – 2009 1. FC Saarbrücken – 2010 FC Homburg – 2011 SC Idar-Oberstein.

Hessen:
1979 VfR Bürstadt – 1980 Hessen Kassel – 1981 Viktoria Griesheim – 1982 FSV Frankfurt – 1983, 1984 VfR Bürstadt – 1985 Viktoria Aschaffenburg – 1986, 1987 Kickers Offenbach – 1988 Viktoria Aschaffenburg – 1989 Hessen Kassel – 1990 Rot-Weiss Frankfurt – 1991 Hessen Kassel – 1992 Viktoria Aschaffenburg – 1993 Kickers Offenbach – 1994 FSV Frankfurt – 1995 SC Neukirchen – 1996 Borussia Fulda – 1997 SV Wehen – 1998 FSV Frankfurt – 1999 SV Darmstadt 98 – 2000 KSV Klein-Karben – 2001 Borussia Fulda – 2002 Eintracht Frankfurt Am. – 2003 1. FC Eschborn – 2004 SV Darmstadt 98 – 2005 1. FC Eschborn – 2006 Hessen Kassel – 2007 FSV Frankfurt – 2008 SV Darmstadt 98 – 2009 SC Waldgirmes – 2010 FSV Frankfurt II – 2011 Bayern Alzenau.

Baden-Württemberg:
1979 SSV Ulm 1846 – 1980 VfB Stuttgart Am. – 1981 SV Sandhausen – 1982, 1983 SSV Ulm 1846 – 1984 Freiburger FC – 1985 SV Sandhausen – 1986 SSV Ulm 1846 – 1987 SV Sandhausen – 1988 FV 09 Weinheim – 1989 SSV Reutlingen – 1990 Karlsruher SC Am. – 1991 1. FC Pforzheim – 1992 SSV Reutlingen – 1993, 1994 SSV Ulm 1846 – 1995 SV Sandhausen – 1996 Karlsruher SC Am. – 1997 VfL Kirchheim/Teck – 1998 VfB Stuttgart Am. – 1999 VfR Aalen – 2000 SV Sandhausen – 2001 TSG Hoffenheim – 2002 SC Pfullendorf – 2003 VfB Stuttgart Am. – 2004 FC Nöttingen – 2005 Karlsruher SC Am. – 2006 SSV Reutlingen – 2007 SV Sandhausen – 2008 SC Freiburg II – 2009 SG Sonnenhof Großaspach – 2010 TSG 1899 Hoffenheim II – 2011 SV Waldhof Mannheim.

Bayern:
1979 ESV Ingolstadt – 1980 FC Augsburg – 1981 MTV Ingolstadt – 1982 FC Augsburg – 1983 SpVgg Unterhaching – 1984 TSV München 1860 – 1985 SpVgg Bayreuth – 1986 SpVgg Landshut – 1987 SpVgg Bayreuth – 1988, 1989 SpVgg Unterhaching – 1990 1. FC Schweinfurt 05 – 1991 TSV München 1860 – 1992 SpVgg Unterhaching – 1993 TSV München 1860 – 1994 FC Augsburg – 1995 Wacker Burghausen – 1996 SC Weismain – 1997 TSV München 1860 Am. – 1998 1. FC Schweinfurt 05 – 1999 SV Lohhof – 2000 Jahn Regensburg – 2001 SpVgg Ansbach – 2002 FC Augsburg – 2003 1. SC Feucht – 2004 TSV München 1860 Am. – 2005 SpVgg Bayreuth – 2006 FC Ingolstadt 04 – 2007 Jahn Regensburg – 2008 SpVgg Bayreuth – 2009 SpVgg Weiden – 2010 FC Memmingen – 2011 FC Ismaning.

Die Landes- und Verbandsligameister nach 1945

Die komplette Liste erschien zuletzt im Almanach 2009. Die aktuellen Meister der sechsthöchsten Ligen finden Sie im Kapitel 1 bei den Abschlusstabellen der fünfthöchsten deutschen Spielklassen 2010/11.

Die deutschen Regionalmeister vor 1963

Die Meister der Landes- bzw. Regional-Verbände

(Bis zur Einführung der Bundesliga 1963)

Süddeutschland:
1899 Freiburger FC – 1900 Straßburger FV – 1901, 1902, 1903, 1904, 1905 Karlsruher FV – 1906 1. FC Pforzheim – 1907 Freiburger FC – 1908 Stuttgarter Kickers – 1909 Phönix Karlsruhe – 1910, 1911, 1912 Karlsruher FV – 1913 Stuttgarter Kickers – 1914 SpVgg Fürth – 1916 1. FC Nürnberg – 1917 Stuttgarter Kickers – 1918 1. FC Nürnberg – 1920, 1921 1. FC Nürnberg – 1922 Wacker München – 1923 SpVgg Fürth – 1924 1. FC Nürnberg – 1925 VfR Mannheim – 1926 Bayern München – 1927 1. FC Nürnberg – 1928 Bayern München – 1929 1. FC Nürnberg – 1930 Eintracht Frankfurt – 1931 SpVgg Fürth – 1932 Eintracht Frankfurt – 1933 FSV Frankfurt – (ab 1945/46 Oberliga Süd) – 1946 VfB Stuttgart – 1947, 1948

1. FC Nürnberg – 1949 Kickers Offenbach – 1950 SpVgg Fürth – 1951 1. FC Nürnberg – 1952 VfB Stuttgart – 1953 Eintracht Frankfurt – 1954 VfB Stuttgart – 1955 Kickers Offenbach – 1956 Karlsruher SC – 1957 1. FC Nürnberg – 1958 Karlsruher SC – 1959 Eintracht Frankfurt – 1960 Karlsruher SC – 1961, 1962 1. FC Nürnberg – 1963 TSV München 1860.

Westdeutschland:
1903 SC Köln 99 – 1904, 1905 Duisburger SV – 1906 SC Köln 99 – 1907 Düsseldorfer SC 99 – 1908 Duisburger SV – 1909 FC M.-Gladbach – 1910, 1911 Duisburger SV – 1912 Kölner BC – 1913, 1914 Duisburger SV – 1920 Borussia M.-Gladbach – 1921 Duisburger SV – 1922 Arminia Bielefeld (Vertreter) – 1923 Arminia Bielefeld – 1924 Duisburger SV – 1925 Duisburger SV (ernannt) – 1926 VfR Köln – 1927 Duisburger SV – 1928 SpVgg Köln-Sülz 07 – 1929, 1930 FC Schalke 04 – 1931 Fortuna Düsseldorf – 1932, 1933 FC Schalke 04 – (ab 1947/48 Oberliga West) – 1948, 1949, 1950 Borussia Dortmund – 1951 FC Schalke 04 – 1952 Rot-Weiss Essen – 1953 Borussia Dortmund – 1954 1. FC Köln – 1955 Rot-Weiss Essen – 1956, 1957 Borussia Dortmund – 1958 FC Schalke 04 – 1959 Westfalia Herne – 1960, 1961, 1962, 1963 1. FC Köln.

Norddeutschland:
1906, 1907 Victoria Hamburg – 1908 Eintracht Braunschweig – 1909 Altona 93 – 1910, 1911, 1912 Holstein Kiel – 1913 Eintracht Braunschweig – 1914 Altona 93 – 1917 Borussia Harburg – 1919 Kriegsgem. Victoria/Hamburger FC 88 – 1920 Arminia Hannover – 1921, 1922, 1923, 1924, 1925 Hamburger SV – 1926, 1927 Holstein Kiel – 1928, 1929 Hamburger SV – 1930 Holstein Kiel – 1931, 1932, 1933 Hamburger SV – (ab 1947/48 Oberliga Nord) – 1948, 1949, 1950, 1951, 1952, 1953 Hamburger SV – 1954 Hannover 96 – 1955, 1956, 1957, 1958, 1959, 1960, 1961, 1962, 1963 Hamburger SV.

Mitteldeutschland:
1902 Wacker Leipzig – 1903, 1904 VfB Leipzig – 1905 Dresdner SC – 1906, 1907 VfB Leipzig – 1908 Wacker Leipzig – 1909 SC Erfurt – 1910, 1911 VfB Leipzig – 1912 SpVgg Leipzig – 1913 VfB Leipzig – 1914 SpVgg Leipzig – 1916 Eintracht Leipzig – 1917 VfL Halle 96 – 1918 VfB Leipzig – 1919 VfL Halle 96 – 1920 VfB Leipzig – 1921 Wacker Halle – 1922 SpVgg Leipzig – 1923 Guts Muths Dresden – 1924 SpVgg Leipzig – 1925 VfB Leipzig – 1926 Dresdner SC – 1927 VfB Leipzig – 1928 Wacker Halle – 1929, 1930, 1931 Dresdner SC – 1932 Polizei Chemnitz – 1933 Dresdner SC.

Brandenburg:
1898 TuFC Britannia – 1899, 1900, 1901 BFC Preußen – 1902 TuFC Viktoria 89 – 1903, 1904 TuFC Britannia – 1905 TuFC Union 92 – 1906 BFC Hertha 92 – 1907, 1908, 1909 TuFC Viktoria 89 – 1910 BFC Preußen – 1911 TuFC Viktoria 89 – 1912 BFC Preußen – 1913 TuFC Viktoria 89 – 1914 Berliner BC – 1915 BFC Hertha 92 – 1916 TuFC Viktoria 89 – 1917, 1918 BFC Hertha 92 – 1919 TuFC Viktoria 89 – 1920 Union Oberschöneweide – 1921 BFC Vorwärts 90 – 1922 FC Norden-Nordwest – 1923 Union Oberschöneweide – 1924 TuFC Alemannia 90 – 1925, 1926, 1927, 1928, 1929, 1930, 1931 Hertha BSC – 1932 Tennis Borussia – 1933 Hertha BSC.

Märkischer Fußball-Verband:
1903 BFC Vorwärts 90 – 1904 FC Weißensee 1900 – 1905 TuFC Alemannia 90 – 1906 SV Norden-Nordwest – 1907 TuFC Alemannia 90 – 1908 FC Norden-Nordwest – 1909, 1910, 1911 SC Tasmania 1900.

Berlin:
(Bis 1950 mit den Vereinen des Ostsektors, ab 1951 nur Westberliner Klubs) – 1946 Wilmersdorf (Berliner SV 92) – 1947 Charlottenburg (Tennis Borussia) – 1948 Union Oberschöneweide – 1949 Berliner SV 92 – 1950, 1951, 1952 Tennis Borussia – 1953 SC Union 06 – 1954 Berliner SV 92 – 1955, 1956 BFC Viktoria 89 – 1957 Hertha BSC – 1958 Tennis Borussia – 1959, 1960 SC Tasmania 1900 – 1961 Hertha BSC – 1962 SC Tasmania 1990 – 1963 Hertha BSC.

Erläuterungen zu den Vereinen:
Britannia jetzt Berliner SV 92; Union 92 und Vorwärts 90 fusionierten zu Blau-Weiß 90; Hertha BSC war eine Fusion von Hertha 92 und Berliner SC (1923–30). Nach der Trennung wurde der Name „Hertha BSC" beibehalten.

Südwestdeutschland:
1946 1. FC Saarbrücken – 1947, 1948, 1949, 1950, 1951 1. FC Kaiserslautern – 1952 1. FC Saarbrücken – 1953, 1954, 1955, 1956, 1957 1. FC Kaiserslautern – 1958, 1959, 1960 FK Pirmasens – 1961 1. FC Saarbrücken – 1962 Borussia Neunkirchen – 1963 1. FC Kaiserslautern.

Baltenverband:[*)]
1908, 1909 VfB Königsberg – 1910 Prussia Samland Königsberg – 1911 Lituania Tilsit – 1912 VfL Danzig – 1913, 1914 Prussia Samland Königsberg – 1920 Titania Stettin – 1921, 1922, 1923, 1924, 1925, 1926

VfB Königsberg – 1927 Titania Stettin – 1928, 1929, 1930 VfB Königsberg – 1931 Prussia Samland Königsberg – 1932 Hindenburg Allenstein – 1933 Prussia Samland Königsberg.

Pommern:
1931 Polizei Stettin – 1932 Viktoria Stolp – 1933 Stettiner SC.

*) Von 1914 bis 1930 mit Einschluss Pommerns, ab 1931 Pommernmeister getrennt.

Südostdeutschland:
1906, 1907 Schlesien Breslau – 1908 VfR Breslau – 1909 Alemannia Cottbus – 1910 VfR Breslau – 1911 Askania Forst – 1912 ATV Liegnitz – 1913, 1914 Askania Forst – 1920, 1921, 1922, 1923, 1924 Spfr. Breslau – 1925 Viktoria Forst – 1926 SC Breslau 08 – 1927 Spfr. Breslau – 1928 SC Breslau 08 – 1929 Preußen Hindenburg – 1930, 1931, 1932, 1933 SuSV Beuthen 09.

Die Gaumeister von 1934–1945

Ostpreußen
1934 Preußen Danzig – 1935 Yorck Boyen Insterburg – 1936, 1937 Hindenburg Allenstein – 1938 Yorck Boyen Insterburg – 1939 Hindenburg Allenstein – 1940, 1941, 1942, 1943, 1944 VfB Königsberg – 1945 nicht beendet.

Danzig-Westpreußen (ab 1940/41)
1941 Preußen Danzig – 1942 HUS Marienwerder – 1943 SV Neufahrwasser – 1944 LSV Danzig – 1945 nicht beendet.

Wartheland (ab 1941/42)
1942 Polizei Litzmannstadt – 1943 DMW Posen – 1944 SDW Posen – 1945 nicht beendet.

Generalgouvernement (ab 1941/42)
1942 LSV Boelcke Krakau – 1943 Adler Deblin (Vertreter bei der DM: SG Warschau) – 1944 LSV Mölders Krakau – 1945 nicht beendet.

Pommern
1934 Viktoria Stolp – 1935 Stettiner SC – 1936, 1937 Viktoria Stolp – 1938 Stettiner SC – 1939 Viktoria Stolp – 1940 VfL Stettin – 1941 LSV Stettin – 1942, 1943 LSV Pütnitz – 1944 HSV Groß-Born – 1945 nicht beendet.

Brandenburg
1934 BFC Viktoria 89 – 1935 Hertha BSC – 1936 Berliner SV 92 – 1937 Hertha BSC – 1938 Berliner SV 92 – 1939 SV Blau-Weiß 90 – 1940 Union Oberschöneweide – 1941 Tennis Borussia – 1942 SV Blau-Weiß 90 – 1943 Berliner SV 92 – 1944 Hertha BSC – 1945 nicht beendet.

Schlesien
1934 SuSV Beuthen 09 – 1935, 1936 Vorwärts-Rasensport Gleiwitz – 1937 SuSV Beuthen 09 – 1938, 1939, 1940, 1941 Vorwärts-Rasensport Gleiwitz – danach in die Gaue Ober- und Niederschlesien unterteilt.

Oberschlesien (ab 1941/42)
1942, 1943, 1944 Germania Königshütte – 1945 nicht beendet.

Niederschlesien (ab 1941/42)
1942 SpVgg Breslau 02 – 1943 Reinecke Brieg – 1944 STC Hirschberg – 1945 nicht beendet.

Mitte
1934 Wacker Halle – 1935, 1936 1. SV Jena – 1937, 1938, 1939 SV Dessau 05 – 1940, 1941 1. SV Jena – 1942, 1943, 1944 SV Dessau 05 – 1945 nicht beendet.

Sachsen
1934 Dresdner SC – 1935, 1936 PSV Chemnitz – 1937, 1938 BC Hartha – 1939, 1940, 1941 Dresdner SC – 1942 SC Planitz – 1943, 1944 Dresdner SC – 1945 nicht beendet.

Nordmark
1934, 1935, 1936 Elmsbütteler TV – 1937, 1938, 1939 Hamburger SV – 1940 Elmsbütteler TV – 1941 Hamburger SV – 1942 Elmsbütteler TV – danach in die Gaue Hamburg, Mecklenburg und Schleswig-Holstein unterteilt.

Hamburg (ab 1942/43)
1943 SC Victoria – 1944 LSV Hamburg – 1945 Hamburger SV.

Mecklenburg (ab 1942/43)
1943 TSG Rostock – 1944 LSV Rerick – 1945 nicht beendet.

Schleswig-Holstein (ab 1942/43)
1943, 1944 Holstein Kiel – 1945 nicht beendet.

Niedersachsen
1934 Werder Bremen – 1935 Hannover 96 – 1936, 1937 Werder Bremen – 1938 Hannover 96 – 1939, 1940 VfL Osnabrück – 1941 Hannover 96 – 1942 Werder Bremen – danach in die Gaue Weser-Ems, Südhannover-Braunschweig und Osthannover (ab 1943/44) unterteilt.

Weser-Ems (ab 1942/43)
1943, 1944 SpVgg Wilhelmshaven 05 – 1945 nicht beendet.

Südhannover-Braunschweig (ab 1942/43)
1943, 1944 Eintracht Braunschweig – 1945 nicht beendet.

Osthannover (ab 1943/44)
1944 WSV Celle – 1945 nicht beendet.

Westfalen
1934, 1935, 1936, 1937, 1938, 1939, 1940, 1941, 1942, 1943, 1944 FC Schalke 04 – 1945 nicht beendet.

Niederrhein
1934, 1935 VfL Benrath – 1936, 1937, 1938, 1939, 1940 Fortuna Düsseldorf – 1941 TuS Helene Essen – 1942 SV Hamborn 07 – 1943 Westende Hamborn – 1944 KSG Duisburg – 1945 nicht beendet.

Mittelrhein
1934 Mülheimer SV – 1935 VfR Köln – 1936 CfR Köln – 1937 VfR Köln – 1938 SV Beuel 06*) – 1939 SpVgg Köln-Sülz 07 – 1940 Mülheimer SV – 1941, 1942 VfL 99 Köln – danach in Köln-Aachen umbenannt, ein Teil des Spielgebietes wurde dem Gau Moselland zugeteilt.
*) Nachdem ein Protest von Alemannia Aachen verworfen worden war. Da inzwischen aber die Endrunde um die Deutsche Meisterschaft begonnen hatte, nahm Aachen als Mittelrhein-Teilnehmer daran teil.

Köln-Aachen (ab 1942/43)
1943 Victoria Köln – 1944 VfL 99/Sülz 07 Köln – 1945 nicht beendet.

Moselland (ab 1941/42)
1942 Stade Düdelingen – 1943, 1944 TuS Neuendorf – 1945 nicht beendet.

Hessen
1934 Borussia Fulda – 1935, 1936 FC Hanau 93 – 1937 SV Kassel – 1938 FC Hanau 93 – 1939, 1940 CSC 03 Kassel – 1941 Borussia Fulda – danach in Kurhessen umbenannt, ein Teil des Spielgebietes wurde dem Gau Hessen-Nassau zugeteilt.

Kurhessen (ab 1941/42)
1942 Borussia Fulda – 1943 SV Kassel – 1944 Borussia Fulda – 1945 nicht beendet.

Südwest
1934 Kickers Offenbach – 1935 Phönix Ludwigshafen – 1936, 1937 Wormatia Worms – 1938 Eintracht Frankfurt – 1939 Wormatia Worms – 1940, 1941 Kickers Offenbach – danach aufgeteilt in die Gaue Hessen-Nassau und Westmark.

Hessen-Nassau (ab 1941/42)
1942, 1943, 1944 Kickers Offenbach – 1945 nicht beendet.

Westmark (ab 1941/42)
1942 1. FC Kaiserslautern – 1943 FV Saarbrücken – 1944 KSG Saarbrücken – 1945 nicht beendet.

Baden
1934 SV Waldhof – 1935 VfR Mannheim – 1936, 1937 SV Waldhof – 1938, 1939 VfR Mannheim – 1940 SV Waldhof – 1941 VfL Neckarau 1942 SV Waldhof – 1943, 1944 VfR Mannheim – 1945 SV Waldhof.

Elsaß (ab 1940/41)
1941 FC 93 Mülhausen – 1942 SS Straßburg – 1943, 1944 FC 93 Mülhausen – 1945 nicht beendet.

Württemberg
1934 Union Böckingen – 1935 VfB Stuttgart – 1936 Stuttgarter Kickers – 1937, 1938 VfB Stuttgart – 1939, 1940, 1941, 1942 Stuttgarter Kickers – 1943 VfB Stuttgart und Kickers punkt- und torgleich, beide als Meister anerkannt; VfB Vertreter bei der Deutschen Meisterschaft – 1944 SV Göppingen – 1945 nicht beendet.

Bayern
1934 1. FC Nürnberg – 1935 SpVgg Fürth – 1936, 1937, 1938 1. FC Nürnberg – 1939 1. FC Schweinfurt 05 – 1940 1. FC Nürnberg – 1941 TSV München 1860 – 1942 1. FC Schweinfurt 05 – danach in die Gaue Nord- und Südbayern unterteilt.

Nordbayern (ab 1942/43)
1943, 1944 1. FC Nürnberg – 1945 nicht beendet.

Südbayern (ab 1942/43)
1943 TSV München 1860 – 1944, 1945 Bayern München.

Ostmark (ab 1938/39)
1939 Admira Wien – 1940, 1941 Rapid Wien – 1942, 1943, 1944 First Vienna FC – 1945 nicht beendet.

Sudetenland (ab 1938/39)
1939 FK Warnsdorf – 1940 NSTG Graslitz – 1941 NSTG Prag – 1942 LSV Olmütz – 1943 MSV Brünn – 1944 NSTG Brüx – 1945 nicht beendet.

Böhmen-Mähren (ab 1943/44)
1944 MSV Brünn – 1945 nicht beendet.

Die Meister der „alten" 2. Ligen

(Bis zur Einführung der Bundesliga 1963 die zweite deutsche Vertragsspielerklasse. Im Norden und Berlin gab es keine 2. Ligen, dort folgte unterhalb der Oberliga gleich die 1. Amateurliga.)

West:
1950 Gr. 1: Rheydter SV, Gr. 2: Spfr. Katernberg – 1951 Gr. 1: Meidericher SV, Gr. 2: Bayer Leverkusen – 1952 Gr. 1. SV Sodingen, Gr. 2: Borussia Mönchengladbach – 1953 VfL Bochum – 1954 Duisburger SV – 1955 Wuppertaler SV – 1956 VfL Bochum – 1957 Spfr. Hamborn 07 – 1958 STV Horst-Emscher – 1959 Spfr. Hamborn 07 – 1960 SV Sodingen – 1961 Schwarz-Weiß Essen – 1962 Bayer Leverkusen – 1963 VfB Bottrop.

Süd:
1951 Stuttgarter Kickers – 1952 TSG Ulm 1846 – 1953 Jahn Regensburg – 1954 Schwaben Augsburg – 1955 TSV München 1860 – 1956 Freiburger FC – 1957 TSV München 1860 – 1958 SV Waldhof – 1959 Stuttgarter Kickers – 1960 SV Waldhof – 1961 BC Augsburg – 1962 Hessen Kassel – 1963 FSV Frankfurt.

Südwest:
1952 VfR Kirn – 1953 ASV Landau – 1954 Spfr. Saarbrücken – 1955 SpVgg Andernach – 1956 Spfr. Saarbrücken – 1957 SV St. Ingbert – 1958 SpVgg Weisenau – 1959 VfR Kaiserslautern – 1960 SV Niederlahnstein – 1961 VfR Kaiserslautern – 1962 SV Niederlahnstein – 1963 Phönix Ludwigshafen.

DDR-Fußball

Die Meister der DDR

(1948 und 1949 Ostzonenmeisterschaft, ab 1949/50 Oberliga, 1990/91 NOFV-Meisterschaft)

1948 SG Planitz – 1949 ZSG Union Halle – 1950 Horch Zwickau – 1951 Chemie Leipzig – 1952 Turbine Halle – 1953 Dynamo Dresden – 1954 Turbine Erfurt – 1955 SC Turbine Erfurt (Übergangsrunde wegen Umstellung auf Kalenderjahr: SC Wismut Wismut Karl-Marx-Stadt) – 1956, 1957 SC Wismut Karl-Marx-Stadt – 1958 ASK Vorwärts Berlin – 1959 SC Wismut Karl-Marx-Stadt – 1960, 1962 (Dreifachrunde wegen Rückkehr zum Herbst-Frühjahr-Modus) ASK Vorwärts Berlin – 1963 SC Motor Jena – 1964 Chemie Leipzig – 1965 ASK Vorwärts Berlin – 1966 FC Vorwärts Berlin – 1967 FC Karl-Marx-Stadt – 1968 FC Carl Zeiss Jena – 1969 FC Vorwärts Berlin – 1970 FC Carl Zeiss Jena – 1971 Dynamo Dresden – 1972 1. FC Magdeburg – 1973 Dynamo Dresden – 1974, 1975 1. FC Magdeburg – 1976, 1977, 1978 Dynamo Dresden – 1979, 1980, 1981, 1982, 1983, 1984, 1985, 1986, 1987, 1988 Berliner FC Dynamo – 1989 Dynamo Dresden – 1990 1. FC Dynamo Dresden – 1991 FC Hansa Rostock

Die Meister der DDR-„Liga“

(Von 1950/51 bis 1990/91 zweithöchste Spielklasse der DDR)

1951 Staffel Nord: Volkspolizei Potsdam, Staffel Süd: Zentrag Wismut Aue – 1952 Staffel 1: Empor Lauter, Staffel 2: Motor Jena – 1953 St. 1: Fortschritt Meerane, St. 2: Einheit-Ost Leipzig – 1954 St. 1: Chemie Karl-Marx-Stadt, St. 2: ZSK Vorwärts Berlin – 1955 St. 1: Lokomotive Stendal, St. 2: Fortschritt Weißenfels, St. 3: Motor Dessau (Übergangsrunde wegen Umstellung auf Kalenderjahr: Fortschritt Meerane) – 1956 SC Motor Jena – 1957 SC Dynamo Berlin – 1958 Chemie Zeitz – 1959 SC Chemie Halle – 1960 SC Turbine Erfurt – 1962 (Dreifachrunde wegen Rückkehr zum Herbst-Frühjahr-Modus) Dynamo Dresden – 1963 St. Nord: Lokomotive Stendal, St. Süd: Motor Steinach – 1964 Nord: SC Neubrandenburg, Süd: Dynamo Dresden – 1965 Nord: SC Chemie Halle, Süd: SC Turbine Erfurt – 1966 Nord: 1. FC Union Berlin, Süd: Wismut Gera – 1967: Nord: 1. FC Magdeburg, Süd: FC Rot-Weiß Erfurt – 1968 Nord: Berliner FC Dynamo, Süd: Stahl Riesa – 1969 Nord: Stahl Eisenhüttenstadt, Süd: Dynamo Dresden – 1970 Nord: 1. FC Union Berlin, Süd: 1. FC Lok Leipzig – 1971 Nord: Vorwärts Stralsund, Süd: FC Karl-Marx-Stadt – 1972 St. A: TSG Wismar, St. B: Berliner FC Dynamo II, St. C: Chemie Leipzig, St. D: Motor Werdau, St. E: FC Rot-Weiß Erfurt – 1973 St. A: Vorwärts Stralsund, St. B: Berliner FC Dynamo II, St. C: Vorwärts Leipzig, St. D: Dynamo Dresden II, St. E: Chemie Zeitz – 1974 St. A: Vorwärts Stralsund, St. B: 1. FC Union Berlin, St. C: Hallescher FC Chemie, St. D: Chemie Böhlen, St. E: Wismut Gera – 1975 St. A: Dynamo Schwerin, St. B: 1. FC Union Berlin, St. C: Chemie Leipzig, St. D: Energie Cottbus, St. E: Wismut Gera – 1976 St. A: FC Hansa Rostock, St. B: 1. FC Union Berlin, St. C: Hallescher FC Chemie II, St. D: Motor Werdau, St. E: FC Carl Zeiss Jena II – 1977 St. A: Vorwärts Stralsund, St. B: Stahl Hennigsdorf, St. C: Chemie Leipzig, St. D: Chemie Böhlen, St. E: Wismut Gera – 1978 St. A: FC Hansa Rostock, St. B: Vorwärts Neubrandenburg, St. C: Chemie Leipzig, St. D: FSV Lok Dresden, St. E: Stahl Riesa – 1979 St. A: TSG Bau Rostock, St. B: FC Vorwärts Frankfurt/Oder, St. C: Chemie Leipzig, St. D: Energie Cottbus, St. E: Motor Suhl – 1980 St. A: FC Hansa Rostock, St. B: Dynamo Fürstenwalde, St. C: Chemie Böhlen, St. D: Energie Cottbus, St. E: Wismut Gera – 1981 St. A: Schiffahrt/Hafen Rostock, St. B: 1. FC Union Berlin, St. C: Chemie Buna Schkopau, St. D: Energie Cottbus, St. E: Motor Suhl – 1982 St. A: Vorwärts Stralsund, St. B: 1. FC Union Berlin, St. C: Chemie Böhlen, St. D: Stahl Riesa, St. E: Motor Nordhausen – 1983 St. A: Schiffahrt/Hafen Rostock, St. B: Stahl Brandenburg, St. C: Chemie Leipzig, St. D: Stahl Riesa, St. E: Wismut Gera – 1984 St. A: Vorwärts Neubrandenburg, St. B: Stahl Brandenburg, St. C: Vorwärts Dessau, St. D: Sachsenring Zwickau, St. E: Motor Suhl – 1985 St. A: 1. FC Union Berlin, St. B: Sachsenring Zwickau – 1986 St. A: Berliner FC Dynamo II, St. B: Fortschritt Bischofswerda – 1987 St. A: FC Hansa Rostock, St. B: Hallescher FC Chemie – 1988 St. A: Energie Cottbus, St. B: Sachsenring Zwickau – 1989 St. A: Stahl Eisenhüttenstadt, St. B: Fortschritt Bischofswerda – 1990 St. A: FC Vorwärts Frankfurt/Oder, St. B: Chemie Böhlen – 1991 St. A: 1. FC Union Berlin, St. B: FSV Zwickau.

Bunt gemischt

Fußballer des Jahres

1960 Uwe Seeler (Hamburger SV) – 1961 Max Morlock (1. FC Nürnberg) – 1962 Karl-Heinz Schnellinger (1. FC Köln) – 1963 Hans Schäfer (1. FC Köln) – 1964 Uwe Seeler (Hamburger SV) – 1965 Hans Tilkowski (Borussia Dortmund) – 1966 Franz Beckenbauer (Bayern München) – 1967 Gerd Müller (Bayern München) – 1968 Franz Beckenbauer (Bayern München) – 1969 Gerd Müller (Bayern München) – 1970 Uwe Seeler (Hamburger SV) – 1971 Hans-Hubert Vogts (Borussia Mönchengladbach) – 1972 Günter Netzer (Borussia Mönchengladbach) – 1973 Günter Netzer (Borussia Mönchengladbach) – 1974 Franz Beckenbauer (Bayern München) – 1975 Josef Maier (Bayern München) – 1976 Franz Beckenbauer (Bayern München) – 1977, 1978 Josef Maier (Bayern München) – 1979 Hans-Hubert Vogts (Borussia Mönchengladbach) – 1980 Karl-Heinz Rummenigge (Bayern München) – 1981 Paul Breitner (Bayern München) – 1982 Karlheinz Förster (VfB Stuttgart) – 1983 Rudolf Völler (Werder Bremen) – 1984 Harald Schumacher (1. FC Köln) – 1985 Hans-Peter Briegel (Hellas Verona) – 1986 Harald Schumacher (1. FC Köln) – 1987 Uwe Rahn (Borussia Mönchengladbach) – 1988 Jürgen Klinsmann (VfB Stuttgart) – 1989 Thomas Häßler (1. FC Köln) – 1990 Lothar Matthäus (Inter Mailand) – 1991 Stefan Kuntz (1. FC Kaiserslautern) – 1992 Thomas Häßler (AS Rom) – 1993 Andreas Köpke (1. FC Nürnberg) – 1994 Jürgen Klinsmann (AS Monaco) – 1995, 1996 Matthias Sammer (Borussia Dortmund) – 1997 Jürgen Kohler (Borussia Dortmund) – 1998 Oliver Bierhoff (Udinese Calcio) – 1999 Lothar Matthäus (Bayern München) – 2000, 2001 Oliver Kahn (Bayern München) – 2002 Michael Ballack (Bayer Leverkusen) – 2003 Michael Ballack (Bayern München) – 2004 Ailton (Werder Bremen) – 2005 Michael Ballack (Bayern München) – 2006 Miroslav Klose (Werder Bremen) – 2007 Mario Gomez (VfB Stuttgart) – 2008 Franck Ribery (Bayern München) – 2009 Grafite (VfL Wolfsburg) – 2010 Arjen Robben (Bayern München) – 2011 Manuel Neuer (FC Schalke 04).

Die Fußballer des Jahres der DDR

1963 Manfred Kaiser (SC Wismut Karl-Marx-Stadt) - 1964 Klaus Urbanczyk (SC Chemie Halle) - 1965 Horst Weigang (SC Leipzig) - 1966 Jürgen Nöldner (FC Vorwärts Berlin) - 1967 Dieter Erler (FC Karl-Marx-Stadt) - 1968 Bernd Bransch (Hallescher FC Chemie) - 1969 Eberhard Vogel (FC Karl-Marx-Stadt) - 1970 Roland Ducke (FC Carl Zeiss Jena) - 1971 Peter Ducke (FC Carl Zeiss Jena) - 1972 Jürgen Croy (Sachsenring Zwickau) - 1973 Hans-Jürgen Kreische (Dynamo Dresden) - 1974 Bernd Bransch (FC Carl Zeiss Jena) - 1975 Jürgen Pommerenke (1. FC Magdeburg) - 1976 Jürgen Croy (Sachsenring Zwickau) - 1977 Hans-Jürgen Dörner (Dynamo Dresden) - 1978 Jürgen Croy (Sachsenring Zwickau) - 1979 Joachim Streich (1. FC Magdeburg) – 1980, 1981 Hans-Ulrich Grapenthin (FC Carl Zeiss Jena) - 1981 Hans-Ulrich Grapenthin (Carl Zeiss Jena) - 1982 Rüdiger Schnuphase (FC Carl Zeiss Jena) - 1983 Joachim Streich (1. FC Magdeburg) – 1984, 1985 Hans-Jürgen Dörner (Dynamo Dresden) – 1986, 1987 René Müller (1. FC Lokomotive Leipzig) - 1988 Andreas Thom (Berliner FC Dynamo) - 1989 Andreas Trautmann (Dynamo Dresden) - 1990 Ulf Kirsten (Dynamo Dresden) - 1991 Torsten Gütschow (Dynamo Dresden).

Schiedsrichter des Jahres

1975 Heinz Aldinger (Waiblingen) – 1976 Ferdinand Biwersi (Bliesransbach) – 1977 Walter Eschweiler (Euskirchen) – 1978 Rudolf Frickel (München) – 1979 Jan Redelfs (Hannover) – 1980 Volker Roth (Salzgitter) – 1981 Klaus Ohmsen (Hamburg) – 1982 Walter Horstmann (Hildesheim) – 1983 Franz-Josef Hontheim (Trier) – 1984 Wolf-Dieter Ahlenfelder (Oberhausen) – 1985 Dieter Pauly (Rheydt) – 1986 Volker Roth (Salzgitter) – 1987 Aron Schmidhuber (Ottobrunn) – 1988 Dieter Pauly (Rheydt) – 1989 Karl-Heinz Tritschler (Gundelfingen) – 1990 Dieter Pauly (Rheydt) – 1991, 1992 Aron Schmidhuber (Ottobrunn) – 1993 Karl-Josef Assenmacher (Hürth) – 1994 Hellmut Krug (Gelsenkirchen) – 1995, 1996 Dr. Markus Merk (Kaiserslautern) – 1997 Alfons Berg (Konz) – 1998 Bernd Heynemann (Magdeburg) – 1999 Hellmut Krug (Gelsenkirchen) – 2000 Dr. Markus Merk (Kaiserslautern) – 2001 Herbert Fandel (Kyllburg) – 2002 Hellmut Krug (Gelsenkirchen) – 2003 Hellmut Krug (Gelsenkirchen) und Dr. Markus Merk (Otterbach) – 2004 Dr. Markus Merk (Otterbach) und Christine Frai (Bremen) – 2005 Herbert Fandel (Kyllburg) und Elke Günthner (Bamberg) – 2006 Dr. Markus Merk (Otterbach) und Christine Beck (Magstadt) – 2007 Herbert Fandel (Kyllburg) und Bibiana Steinhaus (Hannover) – 2008 Dr. Markus Merk (Otterbach), Herbert Fandel (Kyllburg), Christine Beck (Magstadt) und Bibiana Steinhaus (Hannover) – 2009 Florian Meyer (Burgdorf) und Bibiana Steinhaus (Hannover) – 2010 Wolfgang Stark (Landshut) und Bibiana Steinhaus (Hannover) – 2010 Wolfgang Stark (Landshut) und Bibiana Steinhaus (Hannover) – 2011 Manuel Gräfe (Berlin) und Bibiana Steinhaus (Hannover).

Trainer des Jahres

2002 Klaus Toppmöller (Bayer Leverkusen) – 2003 Felix Magath (VfB Stuttgart) – 2004 Thomas Schaaf (Werder Bremen) – 2005 Felix Magath (Bayern München) – 2006 Jürgen Klinsmann (Bundestrainer) – 2007 Armin Veh (VfB Stuttgart) – 2008 Ottmar Hitzfeld (Bayern München) – 2009 Felix Magath (VfL Wolfsburg) – 2010 Louis van Gaal (Bayern München) – 2011 Jürgen Klopp (Borussia Dortmund).

Bundesliga-Nachwuchsrunde (Adi-Dassler-Pokal) und Reserverunde

1979 **1. FC Kaiserslautern** (– VfB Stuttgart 2:0) – 1980 **1. FC Kaiserslautern** (– MSV Duisburg 2:1) – 1981 **Bayer Leverkusen** (– Karlsruher SC 3:2) – 1982 **SV Waldhof Mannheim** (– Borussia Mönchengladbach 2:0) – 1983 **Borussia Mönchengladbach** (– Eintracht Frankfurt 5:2) – 1984 nicht ausgespielt – ab 1984/85 Adi-Daßler-Pokal – 1985 **Borussia Mönchengladbach** (– Borussia Dortmund 1:0) – 1986 **Borussia Dortmund** (– VfB Stuttgart 4:3 n. V.) – seitdem nicht mehr ausgespielt. – ab 1994/95 Bundesliga-Reserverunde – 1995 **Bayer Leverkusen** (– Dynamo Dresden 6:1) – 1996 Gruppensieger Nord: FC St. Pauli, Süd: SC Freiburg, Südwest: Fortuna Düsseldorf, West: Borussia Dortmund; Gewinner nicht ausgespielt.

Hallen-Masters/DFB-Hallenpokal

1987 (inoffiziell) in Stuttgart: **Hamburger SV** (– VfB Stuttgart 3:1) – 1988 (ab jetzt offiziell unter DFB-Regie) in Frankfurt: **Bayer Uerdingen** (– Eintracht Frankfurt 5:3) – 1989 in Dortmund: **Werder Bremen** (– VfB Stuttgart 6:3) – 1990 in Dortmund: **Borussia Dortmund** (– Bayer Uerdingen 5:3) – 1991 in Dortmund: **Borussia Dortmund** (– Werder Bremen 4:4/4:3 im Neunmeterschießern) – 1992 in München: **Borussia Dortmund** (– VfL Bochum 2:1) – 1993 in München: **1. FC Köln** (– VfB Stuttgart 2:1) – 1994 in Dortmund: **Bayer Leverkusen** (– 1. FC Köln 5:1) – 1995 in München: **Karlsruher SC** (– Bayer Leverkusen 6:3) – 1996 in Dortmund: **TSV München 1860** (– Hamburger SV 6:3) – 1997 in München: **1. FC Kaiserslautern** (– Bayern München 3:1) – 1998 in München: **Hansa Rostock** (– FC Schalke 04

4:3) – 1999 in Dortmund: **Borussia Dortmund** (– VfL Wolfsburg 2:1) – 2000 in München: **SpVgg Greuther Fürth** (– Borussia Mönchengladbach 2:3; 2:0 für Fürth gewertet, weil der Spieler Lanzaat (Mönchengladbach) des Dopings überführt wurde) – 2001 in Dortmund: **SpVgg Unterhaching** (– Werder Bremen 1:1/5:4 im Neunmeterschießen) – seitdem nicht mehr ausgespielt.

DFB-Futsal-Cup

2006 UFC Münster – 2007 FV Eppelborn – 2008 UFC Münster – 2009 Futsal Panthers Köln – 2010, 2011 SD Croatia Berlin..

Auch sie waren einmal Deutsche Meister

Deutsche Akademiker-Meisterschaft
1911 VfB Marburg – 1912 Holstein Kiel – 1913 VfB Leipzig.

Arbeiter-Turn- und Sport-Bund
1920 TuSpo Fürth – 1921, 1922, 1923 VfL Südost Leipzig Stötteritz – 1924, 1925, 1926, 1927 Dresdner SV 1910 – 1928 Pankower SC Adler 08 Berlin – 1929 SC Lorbeer 06 Hamburg – 1930 TuS Nürnberg-Ost – 1931 SC Lorbeer 06 Hamburg – 1932 TuS Nürnberg-Ost.

Deutsche Jugendkraft
1921, 1924 DJK Essen-Katernberg – 1927, 1932 DJK Sparta Nürnberg.

Deutsche Turnerschaft
1925, 1926 MTV Fürth – 1927 TV 61 Forst – 1928 Harburger TB – 1929 TV 1846 Mannheim – 1930 Kruppsche TG Essen.

KG für Rote Sporteinheit
1931 Dresdner SV 1910 – 1932 FT Jeßnitz.

Fußballmeister des Deutschen Makkabi-Kreises
1934 Bar Kochba-Hakoah Berlin – 1935 vermutlich nicht ausgetragen – 1936, 1937 Bar Kochba Frankfurt – 1938 Bar Kochba-Hakoah Berlin.

Reichsmeister des Sportbundes Schild
1934 JSG 33 Berlin – 1935, 1936 TSV Schild Frankfurt – 1937 TSV Schild Stuttgart – 1938 TSV Schild Bochum – Nach der nationalsozialistischen Machtergreifung und dem zwangsweisen Ausschluss jüdischer Sportler aus den Vereinen trugen die beiden jüdischen Sportverbände »Makkabi« und »Schild« bis 1938 eigene Deutsche Meisterschaften aus.

Deutsche Amateur-Meisterschaft
1951 ATSV Bremen 1860 – 1952 VfR Schwenningen – 1953 SV Berg. Gladbach 09 – 1954 TSV Marl-Hüls – 1955 Sportfreunde Siegen – 1956 SpVgg Neu-Isenburg – 1957 VfL Benrath – 1958 FV Hombruch 09 – 1959 FC Singen 04 – 1960 Hannover 96 Am. – 1961 Holstein Kiel Am. – 1962 SC Tegel – 1963 VfB Stuttgart Am. – 1964, 1965 Hannover 96 Am. – 1966 Werder Bremen Am. – 1967 STV Horst-Emscher – 1968 Marathon Remscheid – 1969, 1970, 1971 SC Jülich 1910 – 1972 FSV Frankfurt – 1973 SpVgg Bad Homburg – 1974 SSV Reutlingen – 1975 VfR Oli Bürstadt – 1976 SV Holzwickede – 1977 Fortuna Düsseldorf Am. – 1978 SV Sandhausen – 1979 ESV Ingolstadt – 1980 VfB Stuttgart Am. – 1981 1. FC Köln Am. – 1982 1. FSV Mainz 05 – 1983 FC 08 Homburg/Saar – 1984 Offenburger FV – 1985 Werder Bremen Am. – 1986 BVL 08 Remscheid – 1987 MSV Duisburg – 1988, 1989 Eintracht Trier – 1990 FSV Salmrohr – 1991 Werder Bremen Am. – 1992 Rot-Weiss Essen – 1993 SV Sandhausen – 1994 Preußen Münster – 1995 VfL Osnabrück – 1996 SSV Ulm 1846 – 1997 SSV Reutlingen – 1998 Tennis Borussia Berlin – (Die kompletten Ergebnisse der Deutschen Amateur-Meisterschaft erschienen letztmalig im kicker-Almanach 2001.)

Der Trainer des Jahres. Jürgen Klopp vom Deutschen Meister Borussia Dortmund wurde von den deutschen Sportjournalisten mit überwältigender Mehrheit zum besten Trainer der Saison 2010/11 gekürt.

KAPITEL 6

DIE 1. BUNDESLIGA

Borussia Dortmund

Gegründet: 19. Dezember 1909 (seit 28. November 1999 Borussia Dortmund GmbH und Co. KGaA) – Anschrift: Rheinlanddamm 207-209, 44137 Dortmund, Telefon: (02 31) 90 20 0, Telefax: (02 31) 90 20 105, Internet: www.bvb.de
Deutscher Meister: 1956, 1957, 1963, 1995, 1996, 2002, 2011 – Deutscher Pokalsieger: 1965, 1989 – Europapokalsieger (Champions League): 1997 – Europapokalsieger (Pokalsieger): 1966 – Weltpokalsieger: 1997 – Deutscher Superpokalsieger: 1989, 1995, 1996, 2008
Vorsitzender der Geschäftsführung der KGaA: Hans-Joachim Watzke; Geschäftsführer: Thomas Treß (Finanzen); Präsident des e.V.: Dr. Reinhard Rauball; Schatzmeister: Dr. Reinhold Lunow; 2. Vorsitzender: Gerd Pieper; Teammanager: Fritz Lünschermann; Direktoren: Michael Zorc (Sport), Dr. Christian Hockenjos (Organisation und Verwaltung), Marcus Knipping (Finanzen), Josef Schneck (Kommunikation); Mannschaftsarzt: Dr. Markus Braun; Physiotherapeuten: Peter Kuhnt, Thomas Zetzmann, Thorben Voeste; Zeugwart: Frank Gräfen; Reha-Trainer: Dr. Andreas Schlumberger; Fitness- und Athletik-Trainer: Oliver Bartlett, Florian Wangler; Co-Trainer: Zeljko Buvac, Peter Krawietz; Torwarttrainer: Wolfgang de Beer – Vereinsfarben: Schwarz-Gelb – Mitglieder: 50 000 – Angestellte der KGaA: 135 – Stadion: Signal-Iduna-Park, 80 720 überdachte Plätze, davon 53 361 Sitz- (3662 Business-Seats) und 27 359 Stehplätze.
Trainer: Jürgen Klopp, geb. am 16. 6. 1967, seit 1. 7. 2008 Cheftrainer bei Borussia Dortmund.

TORHÜTER

41 Johannes Focher, 20 Mitchell Langerak, 1 Roman Weidenfeller

ABWEHR

27 Felipe Santana, 28 Marc Hornschuh, 15 Mats Hummels, 2 Julian Koch, 24 Chris Löwe, 25 Patrick Owomoyela, 26 Lukasz Piszczek, 29 Marcel Schmelzer, 4 Neven Subotic

MITTELFELD

31 Marvin Bakalorz, 22 Sven Bender, 16 Jakub Blaszczykowski, 8 Antonio da Silva, 11 Mario Götze, 19 Kevin Großkreutz, 21 Ilkay Gündogan, 23 Shinji Kagawa, 5 Sebastian Kehl, 6 Florian Kringe, 13 Damien Le Tallec, 7 Moritz Leitner, 14 Ivan Perisic

ANGRIFF

18 Lucas Barrios, 9 Robert Lewandowski, 10 Mohamed Zidan

Bayer 04 Leverkusen

Gegründet: 1. Juli 1904 (seit 1. April 1999 Bayer 04 Leverkusen Fußball GmbH) – Anschrift: Bismarckstraße 122-124, 51373 Leverkusen, Telefon: (02 14) 8 66 00, Telefax: (02 14) 8 66 05 12, Internet: www.bayer04.de
Deutscher Pokalsieger: 1993 – Europapokalsieger (UEFA-Cup): 1988
Geschäftsführer: Wolfgang Holzhäuser; Vorsitzender des Gesellschafterausschusses: Werner Wenning; Sportchef: Rudi Völler; Manager: Michael Reschke; Assistent des Sportchefs und Leiter Scouting: Jonas Boldt; Teamorganisation: Hans-Peter Lehnhoff; Kommunikationschef: Meinolf Sprink; Pressesprecher: Dirk Mesch, Petra Braun-Hahn (Service); Mannschaftsärzte: Dr. Karl-Heinrich Dittmar (Leitung), Gregor Hencke; Physiotherapeuten: Sven Elsinger, Till Rothweiler, Bodo Kuczmann; Betreuer: Matthias Valentin, Klaus Zöller, Hans Blum, Dieter Schick, Harald Wohner; Leistungsdiagnostiker: Dr. Holger Broich; Reha-Trainer: Hans-Jörg Schneider; Co-Trainer: Damir Buric, Marco Langner; Torwarttrainer: Rüdiger Vollborn – Vereinsfarben: Rot-Weiß-Schwarz – Angestellte der GmbH: ca. 180 – Stadion: Bay-Arena, 30 210 überdachte Sitzplätze.
Trainer: Robin Dutt, geb. am 24. 1. 1965, seit 1. 7. 2011 Cheftrainer bei Bayer Leverkusen.

TORHÜTER
1 René Adler, 36 Fabian Giefer, 22 David Yelldell

ABWEHR
27 Gonzalo Castro, 20 Danny da Costa, 5 Manuel Friedrich, 24 Michal Kadlec, 4 Bastian Oczipka, 3 Stefan Reinartz, 2 Daniel Schwaab, 21 Ömer Toprak

MITTELFELD
14 Hanno Balitsch, 13 Michael Ballack, 7 Tranquillo Barnetta, 38 Karim Bellarabi, 8 Lars Bender, 10 Renato Augusto, 6 Simon Rolfes, 18 Sidney Sam

ANGRIFF
19 Eren Derdiyok, 31 Nicolai Jörgensen, 11 Stefan Kießling, 9 André Schürrle

FC Bayern München

Gegründet: 27. Februar 1900 (seit 6. März 2002 FC Bayern München AG) – Anschrift: Säbener Straße 51-57, 81547 München, Telefon: (0 89) 69 93 10, Telefax: (0 89) 64 41 65, Internet: www.fcbayern.de
Deutscher Meister: 1932, 1969, 1972, 1973, 1974, 1980, 1981, 1985, 1986, 1987, 1989, 1990, 1994, 1997, 1999, 2000, 2001, 2003, 2005, 2006, 2008, 2010 – Deutscher Pokalsieger: 1957, 1966, 1967, 1969, 1971, 1982, 1984, 1986, 1998, 2000, 2003, 2005, 2006, 2008, 2010 – Europapokalsieger (Champions League): 2001 – Europapokalsieger (Landesmeister): 1974, 1975, 1976 – Europapokalsieger (Pokalsieger): 1967 – Europapokalsieger (UEFA-Cup): 1996 – Weltpokalsieger: 1976, 2001 – Deutscher Superpokalsieger: 1983, 1987, 1990, 2010 – Ligapokalsieger: 1997, 1998, 1999, 2000, 2004, 2007
Präsident: Uli Hoeneß; Vorstand: Karl-Heinz Rummenigge (Vorsitzender), Karl Hopfner; Aufsichtsratsvorsitzender: Uli Hoeneß; Sportdirektor: Christian Nerlinger; Mediendirektor: Markus Hörwick; Presse: Hans-Peter Renner, Max Breitner; Vereinsärzte: Dr. Hans-Wilhelm Müller-Wohlfahrt (Leitung), Dr. Lutz Hänsel, Dr. Peter Ueblacker; Physiotherapeuten: Alfred Binder, Gerhard Hoffmann, Stephan Weickert, Giovanni Bianchi; Video- und Leistungsanalyst: Michael Niemeyer; Sportpsychologe: Philipp Laux; Fitness- und Reha- Trainer: Thomas Wilhelmi, Marcelo Martins, Andreas Kornmayer; Co-Trainer: Hermann Gerland, Peter Hermann; Torwarttrainer: Toni Tapalovic – Vereinsfarben: Rot-Weiß – Mitglieder: 168 184 – Stadion: Allianz-Arena, 69 000 überdachte Sitzplätze, darunter 106 Logen.
Trainer: Jupp Heynckes, geb. am 9. 5. 1945, seit 1. 7. 2011 Cheftrainer bei Bayern München.

TORHÜTER
22 Jörg Butt, 1 Manuel Neuer, 24 Maximilian Riedmüller, 32 Rouven Sattelmaier

ABWEHR
28 Holger Badstuber, 17 Jerome Boateng, 2 Breno, 26 Diego Contento, 21 Philipp Lahm, 13 Rafinha, 5 Daniel van Buyten

MITTELFELD
27 David Alaba, 39 Toni Kroos, 30 Luiz Gustavo, 25 Thomas Müller, 23 Danijel Pranjic, 7 Franck Ribery, 10 Arjen Robben, 31 Bastian Schweinsteiger, 44 Anatoliy Tymoshchuk, 14 Takashi Usami

ANGRIFF
33 Mario Gomez, 11 Ivica Olic, 9 Nils Petersen

Hannover 96

Gegründet: 12. April 1896 (seit 20. Dezember 1999 Hannover 96 GmbH und Co. KGaA) – Anschrift: Robert-Enke-Straße 1, 30169 Hannover, Telefon: (05 11) 96 90 0 96, Telefax: (05 11) 96 90 0 796, Internet: www.hannover96.de
Deutscher Meister: 1938, 1954 – Deutscher Pokalsieger: 1992 – Amateurmeister: 1960, 1964, 1965
Geschäftsführer GmbH und Vorstandsvorsitzender: Martin Kind; Aufsichtsratsvorsitzende: Valentin Schmidt (Gesamtverein), Rainer Feuerhake (GmbH); Geschäftsführer Sport: Jörg Schmadtke; Leiter Verwaltung: Björn Bremer; Sportkoordinator: Valerien Ismael; Marketing-Chef: Thorsten Meier; Leiter Kommunikation: Alex Jacob; Medienbeauftragter: Dirk Köster; Koordinator Training und Therapie: Prof. Dr. Jürgen Freiwald; Vereinsärzte: Dr. Axel Partenheimer, Marcus Schönaich, Sascha Haschemi-Fard; Physiotherapeuten: Ralf Blume, Carlos Hernandez, Steffen Hartmann; Teambetreuer: Thomas Westphal; Zeugwart: Michael Gorgas; Leistungsdiagnostiker: Ingo Geisler; Konditions- und Reha-Trainer: Edward Kowalczuk; Co-Trainer: Norbert Düwel, Nestor el Maestro; Torwarttrainer: Jörg Sievers – Vereinsfarben: Schwarz-Weiß-Grün – Mitglieder: 13 100 – Stadion: AWD-Arena, 49 000 überdachte Plätze, davon 41 000 Sitz- (310 Logenplätze, 1241 Business-Seats) und 8000 Stehplätze.
Trainer: Mirko Slomka, geb. am 12. 9. 1967, seit 19. 1. 2010 Cheftrainer bei Hannover 96.

TORHÜTER
14 Markus Miller, 21 Samuel Radlinger, 1 Ron-Robert Zieler

ABWEHR
27 Erdal Akdari, 35 Christopher Avevor, 6 Steven Cherundolo, 5 Mario Eggimann, 3 Karim Haggui, 24 Christian Pander, 31 Jannis Pläschke, 4 Emanuel Pogatetz, 19 Christian Schulz

MITTELFELD
2 Leon Andreasen, 26 Deniz Aycicek, 20 Carlitos, 23 Sofian Chahed, 15 Henning Hauger, 8 Altin Lala, 7 Sergio Pinto, 34 Konstantin Rausch, 33 Manuel Schmiedebach, 28 Lars Stindl, 17 Moritz Stoppelkamp

ANGRIFF
25 Mohammed Abdellaoue, 13 Jan Schlaudraff, 9 Artur Sobiech, 11 Didier Ya Konan

1. FSV Mainz 05

Gegründet: 16. März 1905 – Anschrift: Dr.-Martin-Luther-King-Weg 20, 55122 Mainz, Telefon: (0 61 31) 37 55 00, Telefax: (0 61 31) 37 55 033, Internet: www.mainz05.de
Amateurmeister: 1982
Präsident: Harald Strutz; Vizepräsidenten: Peter Arens, Karl-Heinz Elsäßer, Jürgen Doetz; Vorstand: Friedhelm Andres, Hubert Friedrich, Christian Heidel (Manager), Manfred Thöne; Geschäftsführer: Michael Kammerer (Organisation und Verwaltung), Christopher Blümlein (Finanzen/Controlling), Dag Heydecker (Marketing, Vertrieb und unternehmerische Sozialverantwortung), Tobias Sparwasser (Medien/PR); Teammanager: Axel Schuster; Pressesprecher: Tobias Sparwasser; Vereinsärzte: Dr. Klaus Gerlach, Dr. Stefan Rimoldi; Physiotherapeuten: Uli Märten, Christopher Rohrbeck, Stefan Stüwe; Zeugwart: Walter Notter; Reha-Trainer: Axel Busenkell; Athletiktrainer: Rainer Schrey; Co-Trainer: Arno Michels; Torwarttrainer: Stephan Kuhnert – Vereinsfarben: Rot-Weiß – Mitglieder: 13 300 – Stadion: Coface-Arena, 33 500 überdachte Plätze, davon 19 700 Sitz- und 13 800 Stehplätze.
Trainer: Thomas Tuchel, geb. am 29. 8. 1973, seit 3.8.2009 Cheftrainer beim 1. FSV Mainz 05.

TORHÜTER
33 Heinz Müller, 29 Christian Wetklo

ABWEHR
26 Niko Bungert, 18 Malik Fathi, 5 Eugen Gopko, 15 Jan Kirchhoff, 4 Nikolce Noveski, 3 Zdenek Pospech, 34 Fabian Schönheim, 2 Bo Svensson, 8 Radoslav Zabavnik

MITTELFELD
14 Julian Baumgartlinger, 6 Marco Caligiuri, 16 Florian Heller, 25 Andreas Ivanschitz, 11 Yunus Malli, 27 Nicolai Müller, 7 Eugen Polanski, 23 Marcel Risse, 17 Zoltan Stieber, 19 Elkin Soto

ANGRIFF
9 Sami Allagui, 10 Eric Maxim Choupo-Moting, 31 Shawn Parker, 35 Petar Sliskovic, 28 Adam Szalai, 13 Anthony Ujah, 30 Deniz Yilmaz

1. FC Nürnberg

Gegründet: 4. Mai 1900 – Anschrift: Valznerweiherstraße 200, 90480 Nürnberg, Telefon: (09 11) 94 07 90, Telefax: (09 11) 94 07 977, Internet: www.fcn.de
Deutscher Meister: 1920, 1921, 1924, 1925, 1927, 1936, 1948, 1961, 1968 – Deutscher Pokalsieger: 1935, 1939, 1962, 2007
Aufsichtsratsvorsitzender: Klaus Schramm; Vorstand: Martin Bader (Sport und Öffentlichkeitsarbeit), Ralf Woy (Finanzen und Verwaltung); Teammanager: Boban Pribanovic; PR/Öffentlichkeitsarbeit: Katharina Wildermuth; Stadion- und Spielbetrieb: Daniel Kirchner; Mannschaftsärzte: Dr. Matthias Brem, Prof. Dr. Friedrich F. Hennig; Physiotherapeuten: Sven Brechetsbauer, Günter Jonczyk, Sascha Rurainski; Zeugwarte: Günter Vogt, Udo Rauh; Kraft- und Athletiktrainer: Andreas Beck; Co-Trainer: Dirk Bremser, Armin Reutershahn; Torwarttrainer: Adam
Matysek – Vereinsfarben: Rot-Weiß – Mitglieder: 9714 – Stadion: Easy-Credit-Stadion, 48 548 überdachte Plätze, davon 37 967 Sitz- und 10 581 Stehplätze.
Trainer: Dieter Hecking, geb. am 12. 9. 1964, seit 22. 12. 2009 Cheftrainer beim 1. FC Nürnberg.

TORHÜTER
22 Patrick Rakovsky, 1 Raphael Schäfer, 30 Alexander Stephan

ABWEHR
26 Timothy Chandler, 16 Juri Judt, 15 Timm Klose, 6 Dominic Maroh, 3 Per Nilsson, 25 Horacio Javier Pinola, 21 Marvin Plattenhardt, 38 Philipp Wollscheid

MITTELFELD
18 Almog Cohen, 20 Daniel Didavi, 7 Markus Feulner, 17 Mike Frantz, 13 Jens Hegeler, 24 Wilson Kamavuaka, 32 Philipp Klement, 14 Robert Mak, 27 Markus Mendler, 2 Timmy Simons, 31 Julian Wießmeier, 28 Manuel Zeitz

ANGRIFF
10 Albert Bunjaku, 8 Christian Eigler, 33 Alexander Esswein, 29 Rubin Okotie, 9 Tomas Pekhart

1. FC Kaiserslautern

Gegründet: 2. Juni 1900 – Anschrift: Fritz-Walter-Straße 1, 67663 Kaiserslautern, Telefon: 0 18 05 – 31 88 00, Telefax: (06 31) 31 88 29 0, Internet: www.fck.de
Deutscher Meister: 1951, 1953, 1991, 1998 – Deutscher Pokalsieger: 1990, 1996 – Deutscher Superpokalsieger: 1991
Vorstandsvorsitzender: Stefan Kuntz; Vorstand: Fritz Grünewalt (Finanzen und Unternehmensentwicklung); Aufsichtsratsvorsitzender: Prof. Dr. Dr. hc Dieter Rombach; Teammanager: Roger Lutz, Marco

Haber; Leiter Merchandising: Jens Bräunig; Pressesprecher, Leiter PR: Christian Gruber; Leiter Nachwuchsleistungszentrum: Frank Lelle; Vereinsärzte: Dr. Markus Pahl, Dr. Claudia Thaler; Physiotherapeuten: Frank Sänger, Erik Schön; Masseur: Heinz Bossert; Zeugwart: Wolfgang Wittich; Fitnesstrainer: Oliver Schäfer; Co-Trainer: Günther Gorenzel; Torwarttrainer: Gerald Ehrmann – Vereinsfarben: Rot-Weiß – Mitglieder: 16 200 – Stadion: Fritz-Walter-Stadion, 49 780 überdachte Plätze, davon 34 354 Sitz- und 15 426 Stehplätze.
Trainer: Marco Kurz, geb. am 16. 5. 1969, seit 1. 7. 2009 Cheftrainer beim 1. FC Kaiserslautern.

TORHÜTER
27 Marco Knaller, 1 Tobias Sippel, 29 Kevin Trapp

ABWEHR
6 Mathias Abel, 5 Martin Amedick, 17 Alexander Bugera, 23 Florian Dick, 3 Leon Jessen, 24 Lucas, 34 Willi Orban, 20 Rodnei, 2 Jan Simunek

MITTELFELD
18 Chadli Amri, 19 Jiri Bilek, 21 Pierre De Wit, 28 Konstantinos Fortounis, 22 Ivo Ilicevic, 7 Oliver Kirch, 13 Thanos Petsos, 25 Stiven Rivic, 10 Olcay Sahan, 4 Bastian Schulz, 8 Christian Tiffert, 14 Gil Vermouth, 15 Clemens Walch

ANGRIFF
35 Julian Derstroff, 30 Dorge Rostand Kouemaha, 11 Ilijan Micanski, 32 Adam Nemec, 9 Itay Shechter, 16 Richard Sukuta-Pasu, 26 Steven Zellner

Hamburger SV

Gegründet: 29. September 1887 – Anschrift: Sylvesterallee 7, 22525 Hamburg, Telefon: 0 18 05 – 47 84 78, Telefax: (0 40) 41 55 12 34, Internet: www.hsv.de
Deutscher Meister: 1923, 1928, 1960, 1979, 1982, 1983 – Deutscher Meister (verzichtet): 1922 – Deutscher Pokalsieger: 1963, 1976, 1987 – Europapokalsieger (Landesmeister): 1983 – Europapokalsieger (Pokalsieger): 1977 – Ligapokalsieger: 1973, 2003
Vorstand: Carl-Edgar Jarchow (Vorsitzender), Frank Arnesen (Sport), Joachim Hilke (Marketing), Oliver Scheel (Mitglieder); Aufsichtsratsvorsitzender: Ernst-Otto Rieckhoff; Finanzdirektor: Cay Dingwort; Klubmanager: Bernd Wehmeyer; Teammanager: Marinus Bester; Technischer Direktor: Lee Congerton; Mediendirektor: Jörn Wolf; Vereinsärzte: Dr. Werner Siekmann, Dr. Tim Niedergassel; Physiotherapeuten: Stefan Kliche, Lisa Parada, Benjamin Ehrhorn; Masseur: Lukas Ditczyk; Zeugwarte: Mario Mosa, Miroslav Zadach; Konditionstrainer: Günter Kern; Athletiktrainer: Markus Günther; Co-Trainer: Frank Heinemann; Torwarttrainer: Ronny Teuber – Vereinsfarben: Blau-Weiß-Schwarz – Mitglieder: 71 800 – Stadion: Imtech-Arena, 57 000 überdachte Plätze, davon 47 000 Sitz- (3400 Business-Seats) und 10 000 Stehplätze.
Trainer: Michael Oenning, geb. am 27. 9. 1965, seit 13. 3. 2011 Cheftrainer beim Hamburger SV.

TORHÜTER
1 Jaroslav Drobny, 30 Wolfgang Hesl, 29 Tom Mickel

ABWEHR
6 Dennis Aogo, 34 Muhamed Besic, 5 Jeffrey Bruma, 20 Guy Demel, 2 Dennis Diekmeier, 26 Robert Labus, 3 Michael Mancienne, 19 Lennard Sowah, 33 Miroslav Stepanek, 37 Janek Sternberg, 4 Heiko Westermann

MITTELFELD
28 Tolgay Arslan, 35 Hanno Behrens, 32 Änis Ben-Hatira, 27 Sören Bertram, 18 Romeo Castelen, 11 Eljero Elia, 36 Kevin Ingreso, 7 Marcell Jansen, 14 David Jarolim, 44 Gojko Kacar, 31 Daniel Nagy, 8 Tomas Rincon, 22 Jacopo Sala, 25 Per Ciljan Skjelbred, 42 Mickael Tavares, 13 Robert Tesche, 17 Gökhan Töre

ANGRIFF
16 Marcus Berg, 9 José Paolo Guerrero, 10 Mladen Petric, 15 Heung-Min Son

SC Freiburg

Gegründet: 30. Mai 1904 – Anschrift: Schwarzwaldstraße 193, 79117 Freiburg im Breisgau, Telefon: (07 61) 38 55 10, Telefax: (07 61) 38 55 15 0, Internet: www.scfreiburg.com
1. Vorsitzender: Fritz Keller; Stellvertretender Vorsitzender: Martin Weimer; Stellvertretender Vorsitzender und Schatzmeister: Dr. Heinrich Breit; Verwaltungsdirektor: Detlef Romeiko; Sportdirektor: Dirk Dufner; Team-Koordinator: Torsten Bauer; Pressesprecher: Rudi Raschke; Vereinsarzt: Dr. Andreas Aust; Physiotherapeuten: Uwe Vetter, Markus Behrens, Torge Schwarz; Athletiktrainer: Simon Ickert; Co-Trainer: Christian Streich, Patrick Baier; Torwarttrainer: Andreas Kronenberg – Vereinsfarben: Rot-Weiß – Mitglieder: 3500 – Stadion: Badenova-Stadion, 24 000 überdachte Plätze, davon 14 000 Sitz- und 10 000 Stehplätze.
Trainer: Marcus Sorg, geb. am 24. 12. 1965, seit 1. 7. 2011 Cheftrainer beim SC Freiburg.

TORHÜTER

19 Daniel Batz, 37 Oliver Baumann, 21 Manuel Salz

ABWEHR

15 Oliver Barth, 3 Felix Bastians, 5 Heiko Butscher, 4 Beg Ferati, 2 Pavel Krmas, 24 Mensur Mujdza

MITTELFELD

6 Yacine Abdessadki, 20 Ivica Banovic, 29 Christian Bickel, 40 Daniel Caligiuri, 18 Johannes Flum, 7 Cedrick Makiadi, 10 Maximilian Nicu, 14 Anton Putsila, 8 Jan Rosenthal, 17 Jonathan Schmid, 23 Julian Schuster, 28 Daniel Williams

ANGRIFF

33 Simon Brandstetter, 9 Papiss Demba Cissé, 39 Garra Dembelé, 26 Erik Jendrisek, 27 Stefan Reisinger, 22 Kisho Yano

1. FC Köln

Gegründet: 13. Februar 1948 (Fusion aus Kölner BC 01, Sülz 07; seit März 2002 1. FC Köln GmbH und Co. KGaA) – Anschrift: 1. FC Köln, Geißbockheim, Rhein-Energie-Sportpark, Franz-Kremer-Allee 1-3, 50937 Köln, Telefon: (02 21) 71 61 63 00, Telefax: (02 21) 71 61 63 99, Internet: www.fc-koeln.de
Deutscher Meister: 1962, 1964, 1978 – Deutscher Pokalsieger: 1968, 1977, 1978, 1983 – Amateurmeister: 1981
Präsident: Wolfgang Overath; Vizepräsidenten: Friedrich Neukirch, Jürgen Glowacz; Geschäftsführer: Claus Horstmann (Strategie, Marketing/Sponsoring, Medien/ Kommunikation und Facility Management), Oliver Leki (Finanzen/Finanzierung, Organisation, Personal und Geschäftsentwicklung); Verwaltungsratsvorsitzender: Dr. Rolf Martin Schmitz; Gesellschafterversammlung: Wolfgang Overath, Friedrich Neukirch, Jürgen Glowacz, Dr. Rolf Martin Schmitz, Fritz Schramma; Sportdirektor: Volker Finke; Leiter Leistungszentrum: Stephan Engels (Sport), Christoph Henkel (Verwaltung); Pressesprecher: Tobias Schmidt (kommissarisch); Vereinsärzte: Dr. Peter Schäferhoff, Jürgen Böhle, Dr. Paul Klein; Physiotherapeuten: Klaus Maierstein, Sven Rinke, Michael Schumacher; Teambetreuer: Marcus Rauert; Zeugwarte: Kresimir Ban, Frank Almstedt; Analytiker und Chefscout: Boris Notzon; Co-Trainer: Bard Wiggen, Ibrahim Tanko, Patrick Weiser; Torwarttrainer: Alexander Bade – Vereinsfarben: Rot-Weiß – Mitglieder: 53 987 – Stadion: Rhein-Energie-Stadion, 50 000 überdachte Plätze, davon 41 825 Sitz- und 8175 Stehplätze.
Trainer: Stale Solbakken, geb. am 27. 2. 1968, seit 1. 7. 2011 Cheftrainer beim 1. FC Köln.

TORHÜTER

26 Timo Horn, 1 Michael Rensing, 24 Daniel Schwabke, 22 Miro Varvodic

ABWEHR

12 Andrezinho, 2 Miso Brecko, 4 Christian Eichner, 21 Geromel, 18 Tomoaki Makino, 23 Kevin McKenna, 3 Youssef Mohamad, 16 Christopher Schorch, 35 Alexander Vaaßen

MITTELFELD
29 Christopher Buchtmann, 27 Christian Clemens, 19 Mato Jajalo, 13 Martin Lanig, 25 Adam Matuschyk, 15 Slawomir Peszko, 8 Petit, 6 Kevin Pezzoni, 5 Sascha Riether, 28 Odise Roshi, 30 Wilfried Sanou

ANGRIFF
20 Adil Chihi, 7 Sebastian Freis, 38 Thiemo-Jerome Kialka, 14 Alexandru Ionita, 10 Lukas Podolski, 11 Milivoje Novakovic, 31 Mark Uth, Manasseh Ishiaku

TSG 1899 Hoffenheim

Gegründet: 1. Juli 1899 (seit 1. Januar 2005 TSG 1899 Hoffenheim Fußball-Spielbetriebs GmbH) – Anschrift: TSG 1899 Hoffenheim, Fußball-Spielbetriebs GmbH, Dietmar-Hopp-Sportpark, Horrenberger Straße 58, 74939 Zuzenhausen, Telefon: (0 72 61) 94 93 0, Telefax: (0 72 61) 94 93 102, Internet: www.achtzehn99.de
1. Vorsitzender: Peter Hofmann; Geschäftsführer: Frank Briel (Finanzen und Organisation), Jochen A. Rotthaus (Marketing und Vertrieb), Ernst Tanner (Sport); Manager: Ernst Tanner; Direktor Sport- und Nachwuchsförderung: Bernhard Peters; Teammanager: Dirk Rittmüller; Leiter Marketing und Vertrieb: Adham Srouji; Leiter Medien und Kommunikation: Markus Sieger; Leiter Nachwuchsleistungszentrum: Alexander Rosen; Vereinsärzte: Dr. Henning Ott, Dr. Thomas Frölich; Physiotherapeuten: Peter Geigle, Thomas Schuster, Christian Neitzert; Betreuer: Heinz Seyfert, Christian Seyfert, Matthias Bauer; Athletiktrainer: Christof Elser, Yannick Obenauer; Co-Trainer: André Trulsen, Klaus-Peter Nemet; Torwarttrainer: Zsolt Petry – Vereinsfarben: Blau-Weiß – Mitglieder: 5516 – Stadion: Wirsol Rhein-Neckar-Arena, 30 150 überdachte Plätze, davon 21 000 Sitz- und 9150 Stehplätze.

TORHÜTER
30 Koen Casteels, 1 Daniel Haas, 33 Tom Starke

ABWEHR
2 Andreas Beck, 28 Edson Braafheid, 5 Marvin Compper, 37 Manuel Gulde, 3 Matthias Jaissle, 16 Fabian Johnson, 26 Andreas Ibertsberger, 41 Philipp Klingmann, 14 Josip Simunic, 29 Jannik Vestergaard, 25 Isaac Vorsah

MITTELFELD
21 Dominik Kaiser, 22 Roberto Firmino, 6 Sebastian Rudy, 23 Sejad Salihovic, 11 Gylfi Thor Sigurdsson, 7 Boris Vukcevic, 17 Tobias Weis, 36 Franco Zuculini

ANGRIFF
10 Ryan Babel, 19 Vedad Ibisevic, 15 Peniel Mlapa, Knowledge Musona, 20 Chinedu Obasi, 9 Sven Schipplock, 18 Prince Tagoe, 34 Denis Thomalla

VfB Stuttgart

Gegründet: 9. September 1893 – Anschrift: Mercedesstraße 109, 70372 Stuttgart, Telefon: 01 80 5 – 8 32 54 63, Telefax: (07 11) 55 00 71 96, Internet: www.vfb.de
Deutscher Meister: 1950, 1952, 1984, 1992, 2007 – Deutscher Pokalsieger: 1954, 1958, 1997 – Deutscher Superpokalsieger: 1992 – Amateurmeister: 1963, 1980
Präsident: Gerd Mäuser; Vorstand: Ulrich Ruf (Finanzen, Verwaltung); Aufsichtsratsvorsitzender: Dr. Dieter Hundt; Sportdirektoren: Fredi Bobic, Jochen Schneider; Mediendirektor: Oliver Schraft; Vereinsärzte: Dr. Raymond Best, Prof. Dr. Dr. Heiko Striegel; Physiotherapeuten: Gerhard Wörn, Detlef Müller, Michael Eyrainer; Teambetreuer: Ralph Herkommer; Zeugwarte: Michael Meusch, Kostas Papandrafil-

lis; Konditions- und Reha-Trainer: Dr. Christos Papadopoulos; Co-Trainer: Eddy Sözer; Torwarttrainer: Andreas Menger – Vereinsfarben: Weiß-Rot – Mitglieder: 46 800 – Stadion: Mercedes-Benz-Arena, 60 300 überdachte Plätze, davon 49 300 Sitz- und 11 000 Stehplätze.
Trainer: Bruno Labbadia, geb. am 8. 2. 1966, seit 12. 12. 2010 Cheftrainer beim VfB Stuttgart.

TORHÜTER
30 Bernd Leno, 1 Sven Ulreich, 22 Marc Ziegler

ABWEHR
38 Ermin Bicakcic, 15 Arthur Boka, 21 Khalid Boulahrouz, 27 Stefano Celozzi, 17 Matthieu Delpierre, 14 Maza, 3 Cristian Molinaro, 6 Georg Niedermeier, 5 Serdar Tasci

MITTELFELD
11 Johan Audel, 24 Mamadou Bah, 13 Timo Gebhart, 20 Christian Gentner, 28 Tamas Hajnal, 8 Zdravko Kuzmanovic, 4 William Kvist, 16 Ibrahima Traore

ANGRIFF
18 Cacau, 7 Martin Harnik, 31 Shinji Okazaki, 29 Pavel Pogrebnyak, 23 Julian Schieber

Werder Bremen

Gegründet: 4. Februar 1899 (seit 1. Juli 2003 Werder Bremen GmbH und Co. KGaA) – Anschrift: Franz-Böhmert-Str. 1 c, 28205 Bremen, Telefon: 0 18 05 – 93 73 37, Telefax: (04 21) 49 35 55, Internet: www.werder.de
Deutscher Meister: 1965, 1988, 1993, 2004 – Deutscher Pokalsieger: 1961, 1991, 1994, 1999, 2004, 2009 – Europapokalsieger (Pokalsieger): 1992 – Deutscher Superpokalsieger: 1988, 1993, 1994, 2009 – Ligapokalsieger: 2006 – Amateurmeister: 1966, 1985, 1991
Geschäftsführung: Klaus Allofs (Vorsitzender der Geschäftsführung, Geschäftsführer Profifußball und Öffentlichkeitsarbeit), Klaus-Dieter Fischer (Geschäftsführer Leistungszentrum, Frauenfußball, andere Sportarten, Sozialmanagement), Klaus Filbry (Geschäftsführer Marketing, Management und Finanzen); Aufsichtsratsvorsitzender: Willi Lemke; Mediendirektor: Tino Polster; Vereinsarzt: Dr. Götz Dimanski; Physiotherapeuten: Holger Berger, Florian Lauerer, Jürgen Tölle; Zeugwarte: Uwe Behrens, Fritz Munder; Fitnesstrainer: Yann-Benjamin Kugel; Co-Trainer: Matthias Hönerbach, Wolfgang Rolff; Torwarttrainer: Michael Kraft – Vereinsfarben: Grün-Weiß – Mitglieder: 40 000 – Stadion: Weserstadion, 42 000 Plätze, davon 31 400 Sitz- und 10 600 Stehplätze.
Trainer: Thomas Schaaf, geb. am 30. 4. 1961, seit 10. 5. 1999 Cheftrainer bei Werder Bremen.

TORHÜTER
21 Sebastian Mielitz, 33 Christian Vander, 1 Tim Wiese

ABWEHR
37 Leon Balogun, 2 Sebastian Boenisch, 8 Clemens Fritz, 29 Per Mertesacker, 4 Naldo, 23 Sokratis Papastathopoulos, 15 Sebastian Prödl, 13 Lukas Schmitz, 16 Mikael Silvestre, 23 Andreas Wolf

MITTELFELD
44 Philipp Bargfrede, 6 Tim Borowski, 20 Mehmet Ekici, 14 Aaron Hunt, 18 Felix Kroos, 10 Marko Marin, 34 Aleksandar Stevanovic, 31 Predrag Stevanovic, 35 Florian Trinks, 25 Tom Trybull, 5 Wesley, 32 Özkan Yildirim

ANGRIFF
7 Marko Arnautovic, 9 Denni Avdic, 46 Onur Ayik, 24 Claudio Pizarro, 11 Markus Rosenberg, 28 Kevin Schindler, 36 Lennart Thy, 19 Sandro Wagner, Marko Futacs

FC Schalke 04

Gegründet: 4. Mai 1904 – Anschrift: Ernst-Kuzorra-Weg 1, 45891 Gelsenkirchen, Telefon: (02 09) 36 18 0, Telefax: (02 09) 36 18 109, Internet: www.schalke04.de
Deutscher Meister: 1934, 1935, 1937, 1939, 1940, 1942, 1958 – Deutscher Pokalsieger: 1937, 1972, 2001, 2002, 2011 – Europapokalsieger (UEFA-Cup): 1997 – Deutscher Superpokalsieger: 1989 – Ligapokalsieger: 2005
Vorstand: Horst Heldt (Sport und Kommunikation), Peter Peters (Finanzen und Verwaltung), ab 1. 9. 2011 Alexander Jobst (Marketing und Merchandising); Leiter Presseabteilung: Thomas Spiegel; Vereinsarzt: Dr. Thorsten Rarreck; Physiotherapeuten: Egil Eliassen, Holger Genius, Matthias Fischer; Teambetreuer: Reiner Kübler; Zeugwart: Enrico Heil; Konditions- und Reha-Trainer: Markus Zetlmeisl; Fitness- und Athletik-Trainer: Ruwen Faller; Co-Trainer: Markus Gisdol, Seppo Eichkorn; Torwarttrainer: Bernd Dreher – Vereinsfarben: Blau-Weiß – Mitglieder: 98 500 – Stadion: Veltins-Arena, 61 673 überdachte Plätze, davon 45 364 Sitz- und 16 309 Stehplätze.
Trainer: Ralf Rangnick, geb. am 29. 6. 1958, seit 21. 3. 2011 Cheftrainer beim FC Schalke 04.

TORHÜTER
1 Ralf Fährmann, 33 Mathias Schober, 36 Lars Unnerstall

ABWEHR
3 Sergio Escudero, 23 Christian Fuchs, 6 Tim Hoogland, 4 Benedikt Höwedes, 21 Christoph Metzelder, 14 Kyriakos Papadopoulos, 2 Hans Sarpei, 22 Atsuto Uchida

MITTELFELD
40 Anthony Annan, 11 Alexander Baumjohann, 31 Julian Draxler, 12 Marco Höger, 10 Lewis Holtby, 13 Jermaine Jones, 18 José Manuel Jurado, 30 Levan Kenia, 24 Peer Kluge, 32 Joel Matip, 16 Jan Moravek, 28 Christoph Moritz, Albert Streit

ANGRIFF
9 Edu, 17 Jefferson Farfan, 19 Mario Gavranovic, 25 Klaas Jan Huntelaar, 8 Ciprian Marica, 7 Raul, 26 Andreas Wiegel

VfL Wolfsburg

Gegründet: 12. September 1945 (seit 23. Mai 2001 VfL Wolfsburg-Fußball GmbH) – Anschrift: In den Allerwiesen 1, 38446 Wolfsburg, Telefon: (0 53 61) 89 03 0, Telefax: (0 53 61) 89 03 15 0, Internet: www.vfl-wolfsburg.de
Deutscher Meister: 2009
Geschäftsführer: Felix Magath (Sport), Wolfgang Hotze (Finanzen, Controlling), Thomas Röttgermann (Marketing, Organisation); Assistent des Geschäftsführers Sport: Ronny Gersch; Aufsichtsratsvorsitzender: Dr. Francisco Javier Garcia Sanz; Leiter Sport: Jochen Sauer; Leiter Medien und Kommunikation: Gerd Voss; Vereinsarzt: Dr. Günter Pfeiler; Physiotherapeut: Michele Putaro; Masseure: Jörg Drill, Manfred Kroß; Zeugwart: Heribert Rüttger; Reha-Trainer: Oliver Mutschler; Konditionstrainer: Werner Leuthard; Co-Trainer: Bernd Hollerbach, Pierre Littbarski; Torwarttrainer: Andreas Hilfiker – Vereinsfarben: Grün-Weiß – Mitglieder: 16 100 – Angestellte der GmbH: 95 – Stadion: Volkswagen-Arena, 30 000 überdachte Plätze, davon 22 000 feste Sitz- (1300 Business-Seats) und 8000 Stehplätze (umwandelbar in 4000 Sitzplätze).
Trainer: Felix Magath, geb. am 26. 7. 1953, seit 17. 3. 2011 Cheftrainer beim VfL Wolfsburg.

TORHÜTER
1 Diego Benaglio, 35 Marwin Hitz, 12 André Lenz

ABWEHR
3 Arne Friedrich, 34 Simon Kjaer, 42 Julian Klamt, 17 Alexander Madlung, 19 Peter Pekarik, 23 Marco Russ, 4 Marcel Schäfer, 39 Michael Schulze

MITTELFELD
14 Tolga Cigerci, 24 Ashkan Dejagah, 28 Diego, 13 Makoto Hasebe, 7 Josué, 8 Thomas Kahlenberg, 22 Mateusz Klich, 5 Ja-Cheol Koo, 38 Philipp Kreuels, 2 Patrick Ochs, 30 Yohandry Orozco, 29 Jan Polak, 11 Hasan Salihamidzic, 32 Sebastian Schindzielorz, 15 Christian Träsch, 6 Tuncay

ANGRIFF
33 Patrick Helmes, 9 Srdjan Lakic, 18 Mario Mandzukic, 40 Sebastian Polter, 21 Kevin Scheidhauer

Borussia Mönchengladbach

Gegründet: 1. August 1900 (seit 1. Januar 2003 Borussia VfL 1900 Mönchengladbach GmbH) – Anschrift: Hennes-Weisweiler-Allee 1, 41179 Mönchengladbach, Telefon: (0 21 61) 92 93 0, Telefax: (0 21 61) 92 93 10 09, Internet: www.borussia.de
Deutscher Meister: 1970, 1971, 1975, 1976, 1977 – Deutscher Pokalsieger: 1960, 1973, 1995 – Europapokalsieger (UEFA-Cup): 1975, 1979 – Deutscher Superpokalsieger: 1977
Präsident: Rolf Königs; Vizepräsidenten: Rainer Bonhof, Siegfried Söllner; Präsidiumsmitglied: Hans Meyer; Geschäftsführer: Stephan Schippers; Sportdirektor: Max Eberl; Teammanager: Steffen Korell; Marketingleiter: Guido Uhle; Mediensprecher: Markus Aretz; Mannschaftsärzte: Dr. Stefan Hertl, Dr. Heribert Ditzel, Dr. Stefan Porten; Physiotherapeuten: Dirk Müller, Andreas Bluhm, Adam Szordykowski; Betreuer: Marcus Breuer, Rolf Hülswitt; Athletiktrainer: Chris Weigl; Co-Trainer: Frank Geideck, Manfred Stefes; Torwarttrainer: Uwe Kamps – Vereinsfarben: Schwarz-Weiß-Grün – Mitglieder: 44 650 – Stadion: Stadion im Borussia-Park, 54 057 überdachte Plätze, davon 37 912 Sitz- und 16 145 Stehplätze.
Trainer: Lucien Favre, geb. am 2. 11. 1957, seit 14. 2. 2011 Cheftrainer bei Borussia Mönchengladbach.

TORHÜTER
21 Janis Blaswich, 33 Christofer Heimeroth, 1 Marc-André ter Stegen

ABWEHR
4 Roel Brouwers, 3 Filip Daems, 31 Dante, 24 Tony Jantschke, 22 Tobias Levels, 39 Martin Stranzl, 17 Oscar Wendt, 2 Matthias Zimmermann

MITTELFELD
18 Juan Arango, 26 Michael Bradley, 7 Patrick Herrmann, 27 Julian Korb, 14 Thorben Marx, 13 Roman Neustädter, 16 Havard Nordtveit, 23 Yuki Otsu, 11 Marco Reus, 8 Lukas Rupp

ANGRIFF
9 Raul Bobadilla, 10 Igor de Camargo, 19 Mike Hanke, 25 Mohamadou Idrissou, 28 Elias Kachunga, 15 Joshua King, 20 Mathew Leckie

Hertha BSC

Gegründet: 25. Juli 1892 (seit 23. Mai 2002 Hertha BSC KG mbH aA) – Anschrift: Hanns-Braun-Straße, Friesenhaus II, 14053 Berlin, Telefon: (0 30) 30 09 28 0, Telefax: (0 30) 30 09 28 99, Internet: www.herthabsc.de
Deutscher Meister: 1930, 1931 – Ligapokalsieger: 2001, 2002
Präsident: Werner Gegenbauer; Vizepräsident: Jörg Thomas; Geschäftsführer Sport der KGaA: Michael Preetz; Geschäftsführer Finanzen der KGaA: Ingo Schiller; Mitglied der Geschäftsleitung: Thomas E. Herrich; Aufsichtsratsvorsitzender: Bernd Schiphorst; Leiter Medien und Pressesprecher: Peter Bohmbach; Leiter der Fußballakademie: Hans-Peter Jakob; Teamleiter: Nello di Martino; Vereinsarzt:

Dr. Ulrich Schleicher; Physiotherapeuten: Reinhard Mörz, David de Mel, Jörg Blüthmann; Zeugwarte: Hendrik Herzog, Robert Abramczyk; Fitnesstrainer: Henrik Kuchno; Co-Trainer: Rainer Widmayer; Torwarttrainer: Christian Fiedler – Vereinsfarben: Blau-Weiß – Mitglieder: 25 000 – Stadion: Olympiastadion, 74 244 überdachte Sitzplätze.
Trainer: Markus Babbel, geb. am 8. 9. 1972, seit 1. 7. 2010 Cheftrainer bei Hertha BSC.

TORHÜTER
1 Maikel Aerts, 21 Sascha Burchert, 35 Thomas Kraft

ABWEHR
24 John Anthony Brooks, 7 Maik Franz, 4 Roman Hubnik, 6 Christoph Janker, 3 Levan Kobiashvili, 2 Christian Lell, 5 Andre Mijatovic, 27 Alfredo Morales, 14 Sebastian Neumann, Kaka

MITTELFELD
20 Patrick Ebert, 28 Fabian Lustenberger, 18 Peter Niemeyer, 8 Andreas Ottl, 23 Fanol Perdedaj, 10 Raffael, 12 Ronny, 13 Nikita Rukavytsya, 26 Nico Schulz

ANGRIFF
25 Marco Djuricin, 16 Rob Friend, 33 Abu Bakarr Kargbo, 19 Pierre-Michel Lasogga, 9 Adrian Ramos, 11 Tunay Torun

FC Augsburg

Gegründet: 8. August 1907 (als FC Alemannia Augsburg; seit 1. April 2006 FC Augsburg 1907 GmbH und Co. KGaA) – Anschrift: Donauwörther Str. 170, 86154 Augsburg, Telefon: (08 21) 45 54 77 0, Telefax: (08 21) 45 54 77 70, Internet: www.fcaugsburg.de
Geschäftsführung: Andreas Rettig; Vorstandsvorsitzender: Walther Seinsch; Aufsichtsratsvorsitzender: Peter Bircks; Pressesprecher: Dominik Schmitz; Vereinsärzte: Dr. Peter Stiller jun., Dr. Andreas Weigel; Physiotherapeuten: Markus Zeyer, James Morgan; Betreuer: Salvatore Belardo; Co-Trainer: Markus Gellhaus, Rob Reekers; Torwarttrainer: Zdenko Miletic – Vereinsfarben: Rot-Grün-Weiß – Mitglieder: 8000 – Stadion: SGL-Arena, 30 660 überdachte Plätze, davon 19 060 Sitz- und 11 034 Stehplätze. Dazu 520 Logenplätze und 46 Plätze für Rollstuhlfahrer.
Trainer: Jos Luhukay, geb. am 13. 6. 1963, seit 14. 4. 2009 Cheftrainer beim FC Augsburg.

TORHÜTER
30 Mohamed Amsif, 37 Ioannis Gelios, 1 Simon Jentzsch

ABWEHR
8 Axel Bellinghausen, 17 Marcel de Jong, 6 Jonas de Roeck, 15 Sebastian Langkamp, 5 Uwe Möhrle, 4 Dominik Reinhardt, 3 Gibril Sankoh, 2 Paul Verhaegh

MITTELFELD
10 Daniel Baier, 24 Daniel Brinkmann, 18 Jan-Ingwer Callsen-Bracker, 26 Lorenzo Davids, 28 Akaki Gogia, 7 Hajime Hosogai, 20 Marcel Ndjeng, 29 Moritz Nebel, 21 Dominic Peitz, 23 Andrew Sinkala, 13 Tobias Werner

ANGRIFF
36 Stephan Hain, 22 Edmond Kapllani, 19 Patrick Mayer, 33 Sascha Mölders, 9 Torsten Oehrl, 11 Nando Rafael, 27 Michael Thurk

Die Bundesligaspieler von Abdellaoue bis Zuculini im Porträt

Bereits zum vierten Mal präsentiert der Almanach die Porträts aller aktuellen Bundesligaspieler. So können Sie die Karriere jeden Spielers mit Einsätzen und Toren Jahr für Jahr mit zurückverfolgen. Der Aufbau ist recht einfach. In der ersten Spalte ist die Saison angegeben, in der zweiten der oder die Vereine, für den oder die der betreffende Akteur in dieser Saison aktiv war. In der dritten Spalte ist die Spielklasse angegeben, in der vierten die Anzahl der bestrittenen Spiele, in der fünften die Anzahl der erzielten Tore. Bei den deutschen Spielklassen haben wir folgende Abkürzungen verwendet: BL = Bundesliga, 2. BL = 2. Bundesliga, 3. L = 3. Liga, RL = Regionalliga, OL = Oberliga, VL = Verbandsliga, LL = Landesliga, BezOL = Bezirksoberliga, BezL = Bezirksliga, A-KL = A-Klasse. Internationale Spielklassen sind durch das Länderkürzel zu erkennen. Eine „1" dahinter bedeutet oberste Spielklasse, eine „2" zweithöchste Spielklasse usw. Da in Brasilien vor der nationalen Meisterschaft noch Regionalmeisterschaften ausgetragen werden, wurde auch diesen Rechnung getragen. „BRA 1" ist demnach die landesweite oberste Spielklasse, „BRA-R1" die oberste Spielklasse der Meisterschaft eines Bundesstaates. Bei der Schweiz kann es außer-dem noch zum Kürzel „SUI-AR" kommen. Damit ist die Auf- und Abstiegsrunde gemeint, die es bis zur Einführung der „Swiss Super League" 2003 gab. Einsätze in Play-off- oder Play-out-Runden sowie in Entscheidungsspielen sind nicht berücksichtigt. Einsätze und Tore wurden sehr sorgfältig recherchiert. Trotzdem kann es vorkommen, dass manchmal Einsatz- und/oder Torzahlen fehlen, besonders in unteren Spielklassen oder im Ausland. Wenn Sie darüber gesicherte Informationen haben, schicken Sie uns eine Mail mit Ihrer Quelle an almanach@kicker.de, damit wir die Spielerprofile vervollständigen können. Stichtag für alle Vereinszugehörigkeiten sowie für Einsätze und Tore in Länderspielen war der 31. Juli.

ABDELLAOUE, Mohammed
23. 10. 1985, Oslo/NOR
Angriff, 1,82 m, 82 kg
Bis 2000 Hasle/Lören IL, ab 2001 Skeid Oslo

2003	Skeid Oslo	NOR 2	6	5
2004	Skeid Oslo	NOR 2	22	11
2005	Skeid Oslo	NOR 2	20	5
2006	Skeid Oslo	NOR 3	21	11
2007	Skeid Oslo	NOR 2	20	9
2008	Valerenga Oslo	NOR 1	23	9
2009	Valerenga Oslo	NOR 1	24	6
2010	Valerenga Oslo	NOR 1	20	15
Aug 10	Hannover 96	BL	26	10
11/12	Hannover 96	BL		

14 A (2 Tore) für Norwegen

ABDESSADKI, Yacine
1. 1. 1981, Nizza/FRA
Mittelfeld, 1,75 m, 70 kg, FRA/MAR
Bis 1998 SC Toulon

98/99	Racing Straßburg II	FRA 4	10	2
99/00	Racing Straßburg II	FRA 4	17	1
00/01	Racing Straßburg	FRA 1	4	0
	Racing Straßburg II	FRA 4	20	6
01/02	Racing Straßburg	FRA 2	7	0
	Racing Straßburg II	FRA 4	23	2
02/03	Racing Straßburg II	FRA 4	8	0
Jan 03	Grenoble Foot	FRA 2	18	1
03/04	Racing Straßburg	FRA 1	22	0
	Racing Straßburg II	FRA 4	9	0
04/05	Racing Straßburg	FRA 1	35	6
05/06	Toulouse FC	FRA 1	9	0
	Toulouse FC II	FRA 4	3	0
Jan 06	Racing Straßburg	FRA 1	13	3
06/07	Racing Straßburg	FRA 2	31	3
	Racing Straßburg II	FRA 4	1	0
07/08	Racing Straßburg	FRA 1	23	0
	Racing Straßburg II	FRA 4	2	0
08/09	SC Freiburg	2. BL	32	3
09/10	SC Freiburg	BL	23	2
10/11	SC Freiburg	BL	21	0
11/12	SC Freiburg	BL		

8 A (1 Tor) für Marokko

ABEL, Mathias
22. 6. 1981, Kaiserslautern/D
Abwehr, 1,88 m, 82 kg
1985-1990 SV Wiesenthalerhof, 1990-1998 1. FC Kaiserslautern, ab 1998 Eintracht Bad Kreuznach

99/00	Eintracht Bad Kreuznach	VL		
00/01	Eintracht Bad Kreuznach	OL	23	3
Jan 01	Borussia Dortmund Am.	RL	12	0
01/02	Borussia Dortmund Am.	OL	23	2
02/03	1. FSV Mainz 05	2. BL	23	1
	1. FSV Mainz 05 Am.	OL	1	0
03/04	1. FSV Mainz 05	2. BL	18	0
04/05	1. FSV Mainz 05	BL	24	3
05/06	1. FSV Mainz 05	BL	20	0
06/07	FC Schalke 04	BL	1	0
Jan 07	Hamburger SV	BL	7	0
	Hamburger SV II	RL	2	0
07/08	FC Schalke 04	BL	0	0
08/09	1. FC Kaiserslautern II	RL	4	0
09/10	1. FC Kaiserslautern II	RL	16	2
10/11	1. FC Kaiserslautern	BL	19	2
11/12	1. FC Kaiserslautern	BL		

ADLER, René
15. 1. 1985, Leipzig/D
Torhüter, 1,90 m, 85 kg

Bis 2000 VfB Leipzig, seit 2000 Bayer Leverkusen

02/03	Bayer Leverkusen Am.	RL	8	0
03/04	Bayer Leverkusen Am.	OL	12	0
04/05	Bayer Leverkusen Am.	OL	9	0
05/06	Bayer Leverkusen II	RL	19	0
06/07	Bayer Leverkusen	BL	11	0
	Bayer Leverkusen II	RL	1	0
07/08	Bayer Leverkusen	BL	33	0
08/09	Bayer Leverkusen	BL	31	0
09/10	Bayer Leverkusen	BL	31	0
10/11	Bayer Leverkusen	BL	32	0
11/12	Bayer Leverkusen	BL		

10 A (kein Tor für Deutschland)

AERTS, Maikel
26. 06. 1976, Eindhovern/NED
Torhüter, 1,96 m, 91 kg

Bis 1994 Wilhelmina Boys Best und PSV Eindhoven

94/95	FC Den Bosch	NED 2	10	0
95/96	FC Den Bosch	NED 2	0	0
96/97	FC Den Bosch	NED 2	1	0
97/98	FC Den Bosch	NED 2	0	0
98/99	FC Den Bosch	NED 2	32	0
99/00	FC Den Bosch	NED 1	34	0
00/01	FC Den Bosch	NED 2	30	0
01/02	FC Den Bosch	NED 1	0	0
Okt 01	GB Antwerpen	BEL 1	9	0
02/03	RBC Roosendaal	NED 1	17	0
03/04	RBC Roosendaal	NED 1	34	0
04/05	RBC Roosendaal	NED 1	21	0
05/06	Feyenoord Rotterdam	NED 1	8	0
06/07	Feyenoord Rotterdam	NED 1	0	0
Jan 07	Willem II Tilburg	NED 1	7	0
07/08	Willem II Tilburg	NED 1	19	0
08/09	Willem II Tilburg	NED 1	34	0
09/10	Willem II Tilburg	NED 1	28	0
10/11	Hertha BSC	2. BL	24	0
11/12	Hertha BSC	BL		

AKDARI, Erdal
5. 6. 1993, Batman/TUR
Abwehr, 1,83 m, 72 kg

Bis 2009 MTV Treubund Lüneburg, seit 2009 Hannover 96

11/12	Hannover 96	BL		

ALABA, David
24. 6. 1992, Wien/AUT
Mittelfeld, 1,75 m, 72 kg

1998-2002 SV Aspern, ab 2002 Austria Wien

07/08	Austria Wien Am.	AUT 2	5	0
08/09	Bayern München Jug.			
09/10	Bayern München	BL	3	0
	Bayern München II	3. L	23	1
10/11	Bayern München	BL	2	0
	Bayern München II	3. L	10	0
Jan 11	TSG 1899 Hoffenheim	BL	17	2
11/12	Bayern München	BL		

10 A (kein Tor) für Österreich

ALLAGUI, Sami
28. 5. 1986, Düsseldorf/D
Angriff, 1,84 m, 77 kg, TUN/D

1993-1999 BV Büderich, 1999-2002 Fortuna Düsseldorf, 2002-2005 Alemannia Aachen

05/06	RSC Anderlecht	BEL 1	1	0
06/07	RSC Anderlecht	BEL 1	0	0
Jan 07	SV Roeselare	BEL 1	15	3
07/08	Carl Zeiss Jena	2. BL	15	3
08/09	SpVgg Greuther Fürth	2. BL	34	15
09/10	SpVgg Greuther Fürth	2. BL	32	12
10/11	1. FSV Mainz 05	BL	28	10
11/12	1. FSV Mainz 05	BL		

10 A (3 Tore) für Tunesien

AMEDICK, Martin
6. 9. 1982, Paderborn/D
Abwehr, 1,94 m, 85 kg

1987-1995 Delbrücker SC, 1995-1998 SC Paderborn 07, ab 1998 Arminia Bielefeld

01/02	Arminia Bielefeld Am.	VL		
02/03	Arminia Bielefeld Am.	OL	19	0
03/04	Arminia Bielefeld	2. BL	1	0
	Arminia Bielefeld Am.	OL	27	3
04/05	Eintracht Braunschweig	RL	35	1
05/06	Eintracht Braunschweig	2. BL	27	1
06/07	Borussia Dortmund	BL	18	2
	Borussia Dortmund II	RL	4	0
07/08	Borussia Dortmund	BL	16	0
	Borussia Dortmund II	RL	10	1
08/09	1. FC Kaiserslautern	2. BL	31	4
09/10	1. FC Kaiserslautern	2. BL	34	4
10/11	1. FC Kaiserslautern	BL	26	2
11/12	1. FC Kaiserslautern	BL		

AMRI, Chadli
14. 12. 1984, Saint Avold/FRA
Mittelfeld, 1,78 m, 72 kg, ALG/FRA

Ab 1991 FC Folschviller

02/03	FC Metz II	FRA 4	1	0
03/04	ASC Lascabas	FRA 5		
04/05	1. FC Saarbrücken Am.	OL	18	5
05/06	1. FC Saarbrücken	2. BL	25	6
	1. FC Saarbrücken II	OL	6	4
06/07	1. FSV Mainz 05	BL	15	1
	1. FSV Mainz 05 II	OL	1	1
07/08	1. FSV Mainz 05	2. BL	26	3
08/09	1. FSV Mainz 05	2. BL	18	2
	1. FSV Mainz 05 II	RL	2	0
09/10	1. FSV Mainz 05	BL	19	1
	1. FSV Mainz 05 II	RL	1	0
10/11	1. FC Kaiserslautern	BL	6	0
	1. FC Kaiserslautern II	RL	4	2
11/12	1. FC Kaiserslautern	BL		

10 A (kein Tor) für Algerien

AMSIF, Mohamed
7. 2. 1989, Düsseldorf/D
Torhüter, 1,87 m, 90 kg

1995-2001 TuRU Düsseldorf, 2001-2003 Düsseldorfer SV 04 Lierenfeld, 2003-2005 Wuppertaler SV Borussia, ab 2005 FC Schalke 04

08/09	FC Schalke 04 II	RL	12	0
09/10	FC Schalke 04 II	RL	11	0

10/11 FC Augsburg 2. BL 2 0
FC Augsburg II LL 1 0
11/12 FC Augsburg BL

ANDREASEN, Leon
23. 4. 1983, Aidt Thorso/DEN
Mittelfeld, 1,88 m, 81 kg
Bis 1999 Hammel GF, ab 1999 Aarhus GF

01/02	Aarhus GF	DEN 1	17	3
02/03	Aarhus GF	DEN 1	32	8
03/04	Aarhus GF	DEN 1	25	3
04/05	Aarhus GF	DEN 1	31	3
05/06	Werder Bremen	BL	18	0
06/07	Werder Bremen	BL	4	0
Jan 07	1. FSV Mainz 05	BL	15	4
07/08	Werder Bremen	BL	10	2
Jan 08	FC Fulham	ENG 1	13	0
08/09	FC Fulham	ENG 1	6	0
Jan 09	Hannover 96	BL	11	2
09/10	Hannover 96	BL	7	1
10/11	Hannover 96	BL	0	0
11/12	Hannover 96	BL		

15 A (2 Tore) für Dänemark

ANDREZINHO
André Ricardo Soares
9. 10. 1981, Mineiro/BRA
Abwehr, 1,73 m, 67 kg

2000	Mineiros EC	BRA-AM		
2001	Mineiros EC	BRA-AM		
2002	Mineiros EC	BRA-AM		
2003	Sao Raimundo EC	BRA-R1		
	Sao Raimundo EC	BRA 2	0	0
2004	Vila Nova FC Goiania	BRA-R1		
	Vila Nova FC Goiania	BRA 2	0	0
2005	Mineiros EC	BRA-R1		5
Jun 05	Goias EC Goiania	BRA 1	0	0
2006	Coritiba FC	BRA-R1		0
	Coritiba FC	BRA 2	19	0
2007	Vila Nova FC Goiania	BRA-R1		
	Vila Nova FC Goiania	BRA 3		
Aug 07	Vitoria Guimaraes	POR 1	29	1
08/09	Vitoria Guimaraes	POR 1	22	0
09/10	Vitoria Guimaraes	POR 1	25	5
10/11	1. FC Köln	BL	8	0
11/12	1. FC Köln	BL		

ANNAN, Anthony
21. 7. 1986, Accra/GHA
Mittelfeld, 1,75 m, 64 kg
1998 bis 1999 Super Rainbow Stars Cape Coast, 2000 bis 2001 Venomous Vipers Cape Coast, 2002 SC Adelaide Tema, Januar bis Juni 2003 Eleven Wise Sekondi, ab Juli 2003 Hasaacas Sekondi-Takoradi

2004	Hasaacas Sek.-Takoradi	GHA 1		
2005	Hearts of Oak Accra	GHA 1		
06/07	Hearts of Oak Accra	GHA 1		
Jan 07	Start Kristiansand	NOR 1	11	0
2008	Stabaek IF	NOR 1	12	0
Sep 08	Rosenborg Trondheim	NOR 1	6	0
2009	Rosenborg Trondheim	NOR 1	25	0
2010	Rosenborg Trondheim	NOR 1	26	0
Jan 11	FC Schalke 04	BL	9	0
11/12	FC Schalke 04	BL		

45 A (1 Tor) für Ghana

AOGO, Dennis
14. 1. 1987, Karlsruhe/D
Abwehr, 1,84 m, 85 kg
1991-1993 FV Grünwinkel, 1993/94 Bulacher SC, 1994-2000 Karlsruher SC, 2000-2002 Waldhof Mannheim, ab 2002 SC Freiburg

04/05	SC Freiburg	BL	15	1
	SC Freiburg Am.	OL	13	3
05/06	SC Freiburg	2. BL	27	6
	SC Freiburg II	OL	1	0
06/07	SC Freiburg	2. BL	19	0
	SC Freiburg II	OL	1	0
07/08	SC Freiburg	2. BL	33	4
08/09	Hamburger SV	BL	23	0
09/10	Hamburger SV	BL	31	0
10/11	Hamburger SV	BL	20	0
11/12	Hamburger SV	BL		

7 A (kein Tor) für Deutschland

ARANGO, Juan
Juan Fernando Arango Saenz
17. 5. 1980, Maracay/VEN
Mittelfeld, 1,80 m, 76 kg
1987-1997 UCV Aragua

97/98	Nueva Cadiz			
	FC Cumana	VEN 2		
98/99	Nueva Cadiz			
	FC Cumana	VEN 1		
99/00	Caracas FC	VEN 1		
Jan 00	CD Saltillo	MEX 2		
00/01	CF Monterrey	MEX 1	32	5
01/02	CF Monterrey	MEX 1	13	1
Jan 02	Pachuca CF	MEX 1	15	5
02/03	Pachuca CF	MEX 1	37	11
03/04	Puebla FC	MEX 1	36	8
04/05	RCD Mallorca	ESP 1	34	6
05/06	RCD Mallorca	ESP 1	37	11
06/07	RCD Mallorca	ESP 1	37	9
07/08	RCD Mallorca	ESP 1	38	12
08/09	RCD Mallorca	ESP 1	37	8
09/10	Bor. Mönchengladbach	BL	34	2
10/11	Bor. Mönchengladbach	BL	25	4
11/12	Bor. Mönchengladbach	BL		

99 A (19 Tore) für Venezuela

ARNAUTOVIC, Marko
19. 4. 1989, Wien/AUT
Angriff, 1,92 m, 83 kg
1995-1998 Floridsdorfer AC, 1998-2001 Austria Wien, 2001/02 First Vienna FC, 2002/03 Austria Wien, 2003/04 Rapid Wien, 2004-2006 Floridsdorfer AC

06/07	FC Twente Enschede	NED 1	2	0
07/08	FC Twente Enschede	NED 1	14	0
08/09	FC Twente Enschede	NED 1	28	12
09/10	Inter Mailand	ITA 1	3	0
10/11	Werder Bremen	BL	25	4
11/12	Werder Bremen	BL		

11 A (4 Tore) für Österreich

ARSLAN, Tolgay
16. 8. 1990, Paderborn/D
Mittelfeld, 1,80 m, 77 kg, D/TUR
1996-2003 Grün-Weiß Paderborn, 2003-2009 Borussia Dortmund

09/10	Hamburger SV	BL	5	0
	Hamburger SV II	RL	11	2
10/11	Alemannia Aachen	2. BL	31	6
11/12	Hamburger SV	BL		

AUDEL, Johan
12. 12. 1983, Nizza/FRA
Mittelfeld, 1,80 m, 75 kg
Bis 1994 La Trinité SFC, ab 1994 OGC Nizza

00/01	OGC Nizza II	FRA 4	3	0
01/02	OGC Nizza II	FRA 4	27	6
02/03	OGC Nizza II	FRA 4	23	7
03/04	OGC Nizza II	FRA 4	19	4
04/05	Lille OSC	FRA 1	15	2
	Lille OSC II	FRA 4	7	1
05/06	FC Lorient	FRA 2	30	8
06/07	Lille OSC	FRA 1	4	1
	Lille OSC II	FRA 4	7	1
07/08	Valenciennes FC	FRA 1	23	9
	Valenciennes FC II	FRA 4	3	2
08/09	Valenciennes FC	FRA 1	28	7
09/10	Valenciennes FC	FRA 1	26	7
10/11	VfB Stuttgart	BL	3	0
11/12	VfB Stuttgart	BL		

AVDIC, DENNI
5. 9. 1988, Huskvarna/SWE
Angriff, 1,92 m, 94 kg
Januar 1993 bis Juli 2004 Husqvarna FF, 2004-2006 Bröndby IF, ab Juli 2006 Elfsborg Boras

2007	Elfsborg Boras	SWE 1	19	0
2008	Elfsborg Boras	SWE 1	25	4
2009	Elfsborg Boras	SWE 1	29	3
2010	Elfsborg Boras	SWE 1	29	19
Jan 11	Werder Bremen	BL	7	0
	Werder Bremen II	3. L	1	0
11/12	Werder Bremen	BL		

1 A (kein Tor) für Schweden

AVEVOR, Christopher
11. 2. 1992, Kiel/D
Abwehr, 1,84 m, 85 kg
Bis 2004 Eckernförder IF, 2004-2006 Eckernförder SV, 2006-2008 Holstein Kiel, seit 2008 Hannover 96

10/11	Hannover 96	BL	5	0
	Hannover 96 II	RL	8	0
11/12	Hannover 96	BL		

AYCICEK, Deniz
5. 6. 1990, Neustadt am Rübenberge/D
Mittelfeld, 1,77 m, 74 kg
Bis 2002 RSV Rehburg und TSV Loccum, seit 2002 Hannover 96

09/10	Hannover 96 II	RL	25	0
10/11	Hannover 96 II	RL	20	2
11/12	Hannover 96	BL		

AYIK, Onur
28. 1. 1990, Walsrode/D
Angriff, 1,83 m, 77 kg, D/TUR
1995-2004 Viktoria Rethem, seit 2004 Werder Bremen

08/09	Werder Bremen II	3. L	8	0
09/10	Werder Bremen	BL	1	0
	Werder Bremen II	3. L	30	11
10/11	Werder Bremen	BL	1	0
	Werder Bremen II	3. L	18	0
11/12	Werder Bremen	BL		

BABEL, Ryan
19. 12. 1986, Amsterdam/NED
Angriff, 1,85 m, 85 kg
Bis 1994 SV Diemen, 1994-1998 Fortius Amsterdam, ab 1998 Ajax Amsterdam

03/04	Ajax Amsterdam	NED 1	1	0
04/05	Ajax Amsterdam	NED 1	20	7
05/06	Ajax Amsterdam	NED 1	25	2
06/07	Ajax Amsterdam	NED 1	27	5
07/08	FC Liverpool	ENG 1	30	4
08/09	FC Liverpool	ENG 1	27	3
09/10	FC Liverpool	ENG 1	25	4
10/11	FC Liverpool	ENG 1	9	1
Jan 11	TSG 1899 Hoffenheim	BL	15	1
11/12	TSG 1899 Hoffenheim	BL		

40 A (5 Tore) für die Niederlande

BADSTUBER, Holger
13. 3. 1989, Memmingen/D
Abwehr, 1,89 m, 80 kg
1994-2000 TSV Rot, 2000-2002 VfB Stuttgart, seit 2002 Bayern München

07/08	Bayern München II	RL	23	4
08/09	Bayern München II	3. L	32	3
09/10	Bayern München	BL	33	1
10/11	Bayern München	BL	23	0
11/12	Bayern München	BL		

13 A (1 Tor) für Deutschland

BAH, Mamadou
25. 4. 1988, Conakry/GUI
Mittelfeld, 1,82 m, 75 kg
Bis November 2005 Friguiagbé FC Kindia, ab Januar 2006 Racing Straßburg

06/07	Racing Straßburg II	FRA 4	2	0
07/08	Racing Straßburg	FRA 1	5	0
	Racing Straßburg II	FRA 4	16	3
08/09	Racing Straßburg	FRA 2	27	2
09/10	Racing Straßburg	FRA 2	28	2
10/11	Racing Straßburg	FRA 3	1	0
Aug 10	VfB Stuttgart	BL	2	0
11/12	VfB Stuttgart	BL		

18 A (2 Tore) für Guinea

BAIER, Daniel
18. 5. 1984, Köln/D
Mittelfeld, 1,75 m, 73 kg
1988-1992 Teutonia Obernau, 1992-1998 TSV Mainaschaff, 1998/99 Viktoria Aschaffenburg, ab 1999 TSV München 1860

02/03	TSV München 1860 Am.	OL	4	0
03/04	TSV München 1860	BL	12	0

	TSV München 1860 Am.	OL	8	3
04/05	TSV München 1860	2. BL	30	1
05/06	TSV München 1860	2. BL	31	0
06/07	TSV München 1860	2. BL	34	2
07/08	VfL Wolfsburg	BL	15	0
08/09	VfL Wolfsburg II	RL	1	1
Aug 08	FC Augsburg	2. BL	23	1
09/10	VfL Wolfsburg	BL	1	0
Jan 10	FC Augsburg	2. BL	10	0
10/11	FC Augsburg	2. BL	17	1
11/12	FC Augsburg	BL		

BAKALORZ, Marvin

13. 9. 1989, Offenbach/D

Mittelfeld, 1,80 m, 76 kg

Bis 2006 Westfalia Gemen, ab 2006 Preußen Münster

08/09	Preußen Münster	RL	18	0
09/10	Preußen Münster	RL	16	1
10/11	Borussia Dortmund II	RL	29	4
11/12	Borussia Dortmund	BL		

BALITSCH, Hanno

2. 1. 1981, Darmstadt/D

Mittelfeld, 1,81 m, 81 kg

1986-1998 FC Alsbach, ab 1998 Waldhof Mannheim

99/00	Waldhof Mannheim	2. BL	7	1
00/01	Waldhof Mannheim	2. BL	25	0
01/02	1. FC Köln	BL	24	0
02/03	Bayer Leverkusen	BL	30	3
03/04	Bayer Leverkusen	BL	26	0
04/05	Bayer Leverkusen	BL	8	0
	Bayer Leverkusen Am.	OL	4	2
Jan 05	1. FSV Mainz 05	BL	14	0
05/06	Hannover 96	BL	31	1
06/07	Hannover 96	BL	33	2
07/08	Hannover 96	BL	29	4
08/09	Hannover 96	BL	30	3
09/10	Hannover 96	BL	27	2
10/11	Bayer Leverkusen	BL	24	3
11/12	Bayer Leverkusen	BL		

1 A (kein Tor) für Deutschland

BALLACK, Michael

26. 9. 1976, Görlitz/D

Mittelfeld, 1,89 m, 80 kg

1983-1986 Motor FH Karl-Marx-Stadt, ab 1986 FC Karl-Marx-Stadt

94/95	Chemnitzer FC Am.	OL	7	2
95/96	Chemnitzer FC	2. BL	15	0
	Chemnitzer FC Am.	OL	11	3
96/97	Chemnitzer FC	RL	34	10
97/98	1. FC Kaiserslautern	BL	16	0
	1. FC Kaiserslautern Am.	RL	17	8
98/99	1. FC Kaiserslautern	BL	30	4
99/00	Bayer Leverkusen	BL	23	3
00/01	Bayer Leverkusen	BL	27	7
01/02	Bayer Leverkusen	BL	29	17
02/03	Bayern München	BL	26	10
03/04	Bayern München	BL	28	7
04/05	Bayern München	BL	27	13
05/06	Bayern München	BL	26	14
06/07	FC Chelsea	ENG 1	26	5
07/08	FC Chelsea	ENG 1	18	7
08/09	FC Chelsea	ENG 1	29	1
09/10	FC Chelsea	ENG 1	32	4
10/11	Bayer Leverkusen	BL	17	0
11/12	Bayer Leverkusen	BL		

98 A (42 Tore) für Deutschland

BALOGUN, Leon

28. 6. 1988, Berlin/D

Abwehr, 1,90 m, 81 kg, D/NGA

Hertha BSC

06/07	Hertha Zehlendorf	VL	7	0
07/08	Türkiyemspor Berlin	OL	29	4
08/09	Hannover 96	BL	1	0
	Hannover 96 II	RL	20	1
09/10	Hannover 96	BL	2	0
	Hannover 96 II	RL	16	0
10/11	Werder Bremen	BL	3	0
	Werder Bremen II	3. L	29	1
11/12	Werder Bremen	BL		

BANOVIC, Ivica

2. 8. 1980, Zagreb/YUG

Mittelfeld, 1,86 m, 80 kg, CRO

97/98	NK Zagreb	CRO 1	11	0
98/99	NK Zagreb	CRO 1	24	1
99/00	NK Zagreb	CRO 1	29	8
00/01	Werder Bremen	BL	17	0
01/02	Werder Bremen	BL	17	1
02/03	Werder Bremen	BL	15	1
03/04	Werder Bremen	BL	3	0
	Werder Bremen Am.	RL	5	5
04/05	1. FC Nürnberg	BL	22	3
05/06	1. FC Nürnberg	BL	23	2
06/07	1. FC Nürnberg	BL	25	5
07/08	SC Freiburg	2. BL	33	1
08/09	SC Freiburg	2. BL	22	2
09/10	SC Freiburg	BL	25	4
10/11	SC Freiburg	BL	2	0
Jan 11	MSV Duisburg	2. BL	16	1
11/12	SC Freiburg	BL		

2 A (kein Tor) für Kroatien

BARGFREDE, Philipp

3. 3. 1989, Zeven/D

Mittelfeld, 1,74 m, 71 kg

1995-2004 TuS Heeslingen, seit 2004 Werder Bremen

07/08	Werder Bremen II	RL	4	0
08/09	Werder Bremen II	3. L	15	1
09/10	Werder Bremen	BL	23	0
10/11	Werder Bremen	BL	28	0
11/12	Werder Bremen	BL		

BARNETTA, Tranquillo

22. 5. 1985, St. Gallen/SUI

Mittelfeld, 1,78 m, 70 kg

1991-1996 FC Rotmonten, ab 1996 FC St. Gallen

02/03	FC St. Gallen	SUI 1	20	4
	FC St. Gallen	SUI-AR	10	1
03/04	FC St. Gallen	SUI 1	30	7
04/05	Hannover 96	BL	7	2
05/06	Bayer Leverkusen	BL	31	6

06/07	Bayer Leverkusen	BL	30	1
07/08	Bayer Leverkusen	BL	32	6
08/09	Bayer Leverkusen	BL	31	4
09/10	Bayer Leverkusen	BL	32	4
10/11	Bayer Leverkusen	BL	24	2
11/12	Bayer Leverkusen	BL		

59 A (8 Tore) für die Schweiz

BARRIOS, Lucas Ramon
13. 11. 1984, San Fernando/ARG
Angriff, 1,87 m, 83 kg, PAR/ARG

Club Mitre, Juventud de Liniers, Al Pacifico Junin, Huracan Buenos Aires

03/04	Argentinos Juniors	ARG 2	15	5
Jan 04	CA Tigre Victoria	ARG 3	16	0
04/05	Argentinos Juniors	ARG 1	2	0
Jan 05	CD Temuco	CHI 1	28	12
Aug 05	Tiro Federal Rosario	ARG 1	12	1
Jan 06	Cobreloa Calama	CHI 1	21	12
2007	Cobreloa Calama	CHI 1	18	14
Aug 08	Atlas de Guadalajara	MEX 1	14	1
Jan 08	Colo Colo Santiago	CHI 1	38	37
2009	Colo Colo Santiago	CHI 1	15	12
09/10	Borussia Dortmund	BL	33	19
10/11	Borussia Dortmund	BL	32	16
11/12	Borussia Dortmund	BL		

21 A (6 Tore) für Paraguay

BARTH, Oliver
6. 10. 1979, Bad Cannstatt/D
Abwehr, 1,88 m, 80 kg

TSV Schmiden, VfB Stuttgart

98/99	SV Fellbach	VL	24	5
99/00	SV Fellbach	VL	26	5
00/01	SV Fellbach	VL	28	1
01/02	Stuttgarter Kickers	RL	17	1
	Stuttgarter Kickers II	OL	9	2
02/03	Stuttgarter Kickers	RL	24	1
03/04	Stuttgarter Kickers	RL	33	0
04/05	Stuttgarter Kickers	RL	32	2
05/06	Fortuna Düsseldorf	RL	26	1
06/07	Fortuna Düsseldorf	RL	18	0
07/08	SC Freiburg	2. BL	12	0
	SC Freiburg II	OL	2	0
08/09	SC Freiburg	2. BL	14	0
	SC Freiburg II	RL	5	0
09/10	SC Freiburg	BL	16	0
10/11	SC Freiburg	BL	29	1
11/12	SC Freiburg	BL		

BASTIANS, Felix
9. 5. 1988, Bochum/D
Abwehr, 1,88 m, 83 kg

Bis 2004 SG Wattenscheid 09, VfL Bochum, Borussia Dortmund, ab 2004 Nottingham Forest

05/06	Nottingham Forest	ENG 3	11	0
06/07	Nottingham Forest	ENG 3	0	0
Nov 06	Northwich Victoria	ENG 5	4	1
Jan 07	Halifax Town	ENG 5	9	4
Mar 07	FC Gillingham	ENG 3	5	1
Apr 07	Nottingham Forest	ENG 3	2	0
07/08	Nottingham Forest	ENG 3	1	0
Okt 07	FC Chesterfield	ENG 4	12	1
Jan 08	Notts County	ENG 4	5	0
Feb 08	Milton Keynes Dons	ENG 4	0	0
Mar 08	Nottingham Forest	ENG 3	0	0
08/09	Young Boys Bern	SUI 1	21	2
09/10	SC Freiburg	BL	34	1
10/11	SC Freiburg	BL	29	0
11/12	SC Freiburg	BL		

BATZ, Daniel
12. 1. 1991, Erlangen/D
Torhüter, 1,89 m, 84 kg

Bis 2003 SC Adelsdorf, 2003-2005 SpVgg Greuther Fürth, ab 2005 1. FC Nürnberg

08/09	1. FC Nürnberg II	RL	13	0
09/10	1. FC Nürnberg II	RL	13	0
10/11	1. FC Nürnberg II	RL	3	0
11/12	SC Freiburg	BL		

BAUMANN, Oliver
2. 6. 1990, Breisach/D
Torhüter, 1,87 m, 80 kg

Bis 2000 FC Bad Krozingen, seit 2000 SC Freiburg

09/10	SC Freiburg	BL	1	0
	SC Freiburg II	RL	20	0
10/11	SC Freiburg	BL	30	0
	SC Freiburg II	RL	2	0
11/12	SC Freiburg	BL		

BAUMGARTLINGER, Julian
2. 1. 1988, Salzburg/AUT
Mittelfeld, 1,83 m, 82 kg

1995-2001 USC Mattsee, ab 2001 TSV München 1860

06/07	TSV München 1860 II	RL	10	1
07/08	TSV München 1860	2. BL	5	0
	TSV München 1860 II	RL	17	0
08/09	TSV München 1860	2. BL	8	0
	TSV München 1860 II	RL	10	0
09/10	Austria Wien	AUT 1	30	0
10/11	Austria Wien	AUT 1	31	1
11/12	1. FSV Mainz 05	BL		

13 A (kein Tor) für Österreich

BAUMJOHANN, Alexander
23. 1. 1987, Waltrop/D
Mittelfeld, 1,78 m, 75 kg

1991-2000 Teutonia Waltrop, ab 2000 FC Schalke 04

05/06	FC Schalke 04	BL	1	0
	FC Schalke 04 II	OL	16	1
06/07	FC Schalke 04	BL	1	0
	FC Schalke 04 II	OL	13	4
Jan 07	Bor. Mönchengladbach	BL	3	0
	Bor. Mönchengladbach II	RL	2	0
07/08	Bor. Mönchengladbach	2. BL	1	0
	Bor. Mönchengladbach II	OL	4	1
08/09	Bor. Mönchengladbach	BL	28	3
	Bor. Mönchengladbach II	RL	2	1
09/10	Bayern München	BL	3	0
Jan 10	FC Schalke 04	BL	11	0
10/11	FC Schalke 04	BL	9	0
	FC Schalke 04 II	RL	4	0
11/12	FC Schalke 04	BL		

BECK, Andreas
13. 3. 1987, Kemerovo/URS
Abwehr, 1,80 m, 74 kg, D

Bis 2000 DJK-SG Wasseralfingen, SVH Königsbronn, ab 2000 VfB Stuttgart

05/06	VfB Stuttgart	BL	5	0
	VfB Stuttgart II	RL	12	1
06/07	VfB Stuttgart	BL	4	0
	VfB Stuttgart II	RL	11	0
07/08	VfB Stuttgart	BL	18	1
08/09	TSG 1899 Hoffenheim	BL	30	0
09/10	TSG 1899 Hoffenheim	BL	25	0
10/11	TSG 1899 Hoffenheim	BL	33	0
11/12	TSG 1899 Hoffenheim	BL		

9 A (kein Tor) für Deutschland

BEHRENS, Hanno
26. 3. 1990, Elmshorn/D
Mittelfeld, 1,88 m, 76 kg

Bis 2005 Rasensport Elmshorn, seit 2005 Hamburger SV

08/09	Hamburger SV II	RL	18	2
09/10	Hamburger SV II	RL	25	4
10/11	Hamburger SV II	RL	21	1
11/12	Hamburger SV	BL		

BELLARABI, Karim
8. 4. 1990, Berlin/D
Mittelfeld, 1,83 m, 76 kg, D/MAR

Bis 2001 FC Huchting, 2001-2007 Werder Bremen

07/08	FC Oberneuland	OL	9	3
08/09	Eintracht Braunschweig	3. L	1	0
	Eintracht Braunschweig II	OL	3	1
09/10	Eintracht Braunschweig	3. L	2	0
	Eintracht Braunschweig II	OL	19	10
10/11	Eintracht Braunschweig	3. L	35	8
11/12	Bayer Leverkusen	BL		

BELLINGHAUSEN, Axel
17. 5. 1983, Siegburg/D
Abwehr, 1,82 m, 77 kg

1988-1993 TuS Oberpleis, 1993-1998 Bayer Leverkusen, ab 1998 Fortuna Düsseldorf

01/02	Fortuna Düsseldorf	RL	7	0
02/03	Fortuna Düsseldorf	OL	27	3
03/04	Fortuna Düsseldorf	OL	26	4
04/05	Fortuna Düsseldorf	RL	28	1
05/06	1. FC Kaiserslautern	BL	20	0
	1. FC Kaiserslautern II	RL	12	1
06/07	1. FC Kaiserslautern	2. BL	26	2
07/08	1. FC Kaiserslautern	2. BL	28	4
	1. FC Kaiserslautern II	OL	1	0
08/09	1. FC Kaiserslautern	2. BL	22	1
	1. FC Kaiserslautern II	RL	1	0
09/10	FC Augsburg	2. BL	19	0
10/11	FC Augsburg	2. BL	30	2
11/12	FC Augsburg	BL		

BENAGLIO, Diego
8. 9. 1983, Zürich/SUI
Torhüter, 1,94 m, 89 kg, SUI/ITA

1993-1997 FC Spreitenbach, 1997-1999 FC Baden, 1999-2002 Grasshopper-Club Zürich

02/03	VfB Stuttgart Am.	OL	17	0
03/04	VfB Stuttgart Am.	RL	12	0
04/05	VfB Stuttgart Am.	RL	25	0
05/06	Nacional Funchal	POR 1	23	0
06/07	Nacional Funchal	POR 1	30	0
07/08	Nacional Funchal	POR 1	16	0
Jan 08	VfL Wolfsburg	BL	17	0
08/09	VfL Wolfsburg	BL	31	0
09/10	VfL Wolfsburg	BL	22	0
10/11	VfL Wolfsburg	BL	28	0
11/12	VfL Wolfsburg	BL		

35 A (kein Tor) für die Schweiz

BENDER, Lars
27. 4. 1989, Rosenheim/D
Mittelfeld, 1,83 m, 75 kg

1993-1999 TSV Brannenburg, 1999-2002 SpVgg Unterhaching, ab 2002 TSV München 1860

06/07	TSV München 1860	2. BL	13	0
	TSV München 1860 II	RL	9	2
07/08	TSV München 1860	2. BL	28	1
08/09	TSV München 1860	2. BL	15	3
09/10	TSV München 1860	2. BL	2	0
Aug 09	Bayer Leverkusen	BL	20	1
	Bayer Leverkusen II	RL	2	0
10/11	Bayer Leverkusen	BL	27	3
	Bayer Leverkusen II	RL	1	0
11/12	Bayer Leverkusen	BL		

BENDER, Sven
27. 4. 1989, Rosenheim/D
Mittelfeld, 1,85 m, 72 kg

1993-1999 TSV Brannenburg, 1999-2002 SpVgg Unterhaching, ab 2002 TSV München 1860

06/07	TSV München 1860	2. BL	13	0
	TSV München 1860 II	RL	15	1
07/08	TSV München 1860	2. BL	27	1
	TSV München 1860 II	RL	1	0
08/09	TSV München 1860	2. BL	25	0
09/10	Borussia Dortmund	BL	19	0
	Borussia Dortmund II	3. L	3	0
10/11	Borussia Dortmund	BL	31	1
11/12	Borussia Dortmund	BL		

1 A (kein Tor) für Deutschland

BEN-HATIRA, Änis
18. 7. 1988, Berlin/D
Mittelfeld, 1,81 m, 82 kg, D/TUN

Bis 1995 Reinickendorfer Füchse, 1995-2003 Hertha BSC, 2003 bis Dezember 2005 Tennis Borussia Berlin

Jan 06	Hamburger SV II	RL	14	2
06/07	Hamburger SV	BL	5	0
	Hamburger SV II	RL	11	5
07/08	Hamburger SV	BL	3	0
	Hamburger SV II	RL	13	2

08/09 Hamburger SV BL 2 0
Hamburger SV II RL 1 0
Feb 09 MSV Duisburg 2. BL 13 2
09/10 Hamburger SV BL 0 0
Aug 09 MSV Duisburg 2. BL 16 1
10/11 Hamburger SV BL 18 3
Hamburger SV II RL 12 7
11/12 Hamburger SV BL

BERG, Marcus
17. 8. 1986, Torsby/SWE
Angriff, 1,84 m, 77 kg
Bis 2002 Torsby IF, IFK Velen, ab 2003 IFK Göteborg

2005	IFK Göteborg	SWE 1	14	3
2006	IFK Göteborg	SWE 1	22	4
2007	IFK Göteborg	SWE 1	17	14
Aug 07	FC Groningen	NED 1	25	15
08/09	FC Groningen	NED 1	31	17
09/10	Hamburger SV	BL	30	4
10/11	PSV Eindhoven	NED 1	25	8
11/12	Hamburger SV	BL		

19 A (5 Tore) für Schweden

BERTRAM, Sören
5. 6. 1991, Uelzen/D
Mittelfeld, 1,83 m, 80 kg
1995-2002 Teutonia Uelzen, 2002-2005 FC St. Pauli, ab 2005 Hamburger SV

09/10	Hamburger SV II	RL	15	1
	Hamburger SV	BL	2	0
10/11	Hamburger SV II	RL	1	1
Aug 10	FC Augsburg	2. BL	17	1
	FC Augsburg II	LL	4	2
11/12	Hamburger SV	BL		

BESIC, Muhamed
10. 9. 1992, Berlin/D
Abwehr, 1,80 m, 80 kg, BIH
Bis 2007 SpVgg Tiergarten und Reinickendorfer Füchse, 2007-2009 Tennis Borussia Berlin, seit 2009 Hamburger SV

10/11	Hamburger SV	BL	3	0
	Hamburger SV II	RL	23	0
11/12	Hamburger SV	BL		

3 A (kein Tor) für Bosnien-Herzegowina

BICAKCIC, Ermin
24. 1. 1990, Zvornik/YUG
Abwehr, 1,85 m, 81 kg, D/BIH
1995 bis Dezember 2004 SpVgg Mockmühl, Januar 2005 bis 2006 FC Heilbronn, seit 2006 VfB Stuttgart

09/10	VfB Stuttgart II	3. L	12	0
10/11	VfB Stuttgart	BL	1	0
	VfB Stuttgart II	3. L	10	0
11/12	VfB Stuttgart	BL		

BICKEL, Christian
27. 1. 1991, Bad Langensalza/D
Mittelfeld, 1,78 m, 70 kg
Bis Dezember 2008 Fortuna Gräfentonna, Wacker 03 Gotha und Rot-Weiß Erfurt, seit Januar 2009 SC Freiburg

09/10	SC Freiburg II	RL	1	0
10/11	SC Freiburg II	RL	31	17
11/12	SC Freiburg	BL		

BILEK, Jiri
4. 11. 1983, Prag/CSV
Mittelfeld, 1,83 m, 73 kg, CZE
1990-2001 Sparta Prag

01/02	Spolana Neratovice	CZE 2	11	0
02/03	Spolana Neratovice	CZE 2	23	1
03/04	Chmel Blsany	CZE 1	23	0
04/05	Chmel Blsany	CZE 1	28	0
05/06	Chmel Blsany	CZE 1	15	1
Jan 06	Slovan Liberec	CZE 1	12	1
	Slovan Liberec B	CZE 3	4	1
06/07	Slovan Liberec	CZE 1	30	1
07/08	Slovan Liberec	CZE 1	28	2
08/09	Slovan Liberec	CZE 1	16	0
Jan 09	1. FC Kaiserslautern	2. BL	4	0
	1. FC Kaiserslautern II	RL	8	0
09/10	1. FC Kaiserslautern	2. BL	28	0
10/11	1. FC Kaiserslautern	BL	15	0
11/12	1. FC Kaiserslautern	BL		

BLASWICH, Janis Jonathan
2. 5. 1991, Mehrhoog/D
Torwart, 1,93 m, 83 kg
Bis 2005 VfR Mehrhoog, seit 2005 Borussia Mönchengladbach

08/09	Bor. Mönchengladbach II	RL	1	0
09/10	Bor. Mönchengladbach II	RL	9	0
10/11	Bor. Mönchengladbach II	RL	19	0
11/12	Bor. Mönchengladbach	BL		

BLASZCZYKOWSKI, Jakub
14. 12. 1985, Czestochowa/POL
Mittelfeld, 1,75 m, 71 kg
1993-2002 Rakow Czestochowa, Juli bis Dezember 1992 Gornik Zabrze, ab Januar 2003 KS Czestochowa

04/05	KS Czestochowa	POL 4		
Jan 05	Wisla Krakow	POL 1	11	1
05/06	Wisla Krakow	POL 1	17	0
06/07	Wisla Krakow	POL 1	23	2
07/08	Borussia Dortmund	BL	24	1
08/09	Borussia Dortmund	BL	27	3
09/10	Borussia Dortmund	BL	32	1
10/11	Borussia Dortmund	BL	29	3
11/12	Borussia Dortmund	BL		

41 A (4 Tore) für Polen

BOATENG, Jerome
3. 9. 1988, Berlin/D
Abwehr, 1,92 m, 79 kg
Bis 2002 Tennis Borussia Berlin, ab 2002 Hertha BSC

05/06	Hertha BSC II	RL	9	1
06/07	Hertha BSC	BL	10	0
	Hertha BSC II	RL	15	0
07/08	Hertha BSC	BL	0	0
Aug 07	Hamburger SV	BL	27	0
08/09	Hamburger SV	BL	21	0
09/10	Hamburger SV	BL	27	0

10/11	Manchester City	ENG 1	16	0
11/12	Bayern München	BL		

13 A (kein Tor) für Deutschland

BOBADILLA, Raul Marcelo

18. 6. 1987, Formosa/ARG

Angriff, 1,80 m, 82 kg

Bis 2006 Chacarita Juniors, CA Tigre Belgrano, Boca Juniors Buenos Aires, Defensores de Belgrano und River Plate Buenos Aires

06/07	Concordia Basel	SUI 2	28	18
07/08	Grasshopper-Club Zürich	SUI 1	33	18
08/09	Grasshopper-Club Zürich	SUI 1	14	8
09/10	Bor. Mönchengladbach	BL	30	4
10/11	Bor. Mönchengladbach	BL	14	3
Jan 11	Aris Saloniki	GRE 1	7	2
11/12	Bor. Mönchengladbach	BL		

BOENISCH, Sebastian

1. 2. 1987, Gliwice/POL

Abwehr, 1,91 m, 86 kg, POL/D

1992-2000 SSVg Heiligenhaus, 2000/01 Borussia Velbert, 2001-2003 Rot-Weiß Oberhausen, ab 2003 FC Schalke 04

04/05	FC Schalke 04 Am.	OL	1	0
05/06	FC Schalke 04	BL	1	0
	FC Schalke 04 II	OL	3	0
06/07	FC Schalke 04	BL	8	0
	FC Schalke 04 II	OL	10	0
07/08	FC Schalke 04	BL	0	0
Aug 07	Werder Bremen	BL	9	1
08/09	Werder Bremen	BL	24	0
09/10	Werder Bremen	BL	17	0
10/11	Werder Bremen	BL	1	0
11/12	Werder Bremen	BL		

2 A (kein Tor) für Polen

BOKA, Arthur

2. 4. 1983, Abidjan/CIV

Abwehr, 1,66 m, 67 kg

2001	ASEC Mimosas Abidjan	CIV 1		
2002	ASEC Mimosas Abidjan	CIV 1		
02/03	SK Beveren	BEL 1	32	4
03/04	SK Beveren	BEL 1	29	1
04/05	Racing Straßburg	FRA 1	34	0
05/06	Racing Straßburg	FRA 1	27	0
06/07	Racing Straßburg	FRA 2	5	2
Aug 06	VfB Stuttgart	BL	19	1
07/08	VfB Stuttgart	BL	17	0
08/09	VfB Stuttgart	BL	18	0
09/10	VfB Stuttgart	BL	14	0
10/11	VfB Stuttgart	BL	23	2
11/12	VfB Stuttgart	BL		

59 A für die Elfenbeinküste

BOROWSKI, Tim

2. 5. 1980, Neubrandenburg/D

Mittelfeld, 1,94 m, 85 kg

1985-1993 Post Neubrandenburg, 1993-1996 FC Neubrandenburg, ab 1996 Werder Bremen

99/00	Werder Bremen Am.	RL	29	6
00/01	Werder Bremen Am.	RL	27	5
01/02	Werder Bremen	BL	26	1
	Werder Bremen Am.	RL	2	1
02/03	Werder Bremen	BL	18	0
03/04	Werder Bremen	BL	25	1
04/05	Werder Bremen	BL	31	7
05/06	Werder Bremen	BL	31	10
06/07	Werder Bremen	BL	17	2
07/08	Werder Bremen	BL	21	2
08/09	Bayern München	BL	26	5
09/10	Werder Bremen	BL	28	4
10/11	Werder Bremen	BL	12	0
11/12	Werder Bremen	BL		

33 A (2 Tore) für Deutschland

BOULAHROUZ, Khalid

28. 12. 1981, Maassluis/NED

Abwehr, 1,83 m, 82 kg

Excelsior Maassluis, DSOV Vijfhuizen, Ajax Amsterdam, HFC Haarlem

01/02	RKC Waalwijk	NED 1	1	0
02/03	RKC Waalwijk	NED 1	31	0
03/04	RKC Waalwik	NED 1	29	4
04/05	RKC Waalwijk	NED 1	3	0
Sep 04	Hamburger SV	BL	24	1
05/06	Hamburger SV	BL	28	0
06/07	Hamburger SV	BL	0	0
Aug 06	FC Chelsea	ENG 1	13	0
07/08	FC Sevilla	ESP 1	6	0
08/09	VfB Stuttgart	BL	21	0
09/10	VfB Stuttgart	BL	6	0
10/11	VfB Stuttgart	BL	16	0
11/12	VfB Stuttgart	BL		

33 A (kein Tor) für die Niederlande

BRAAFHEID, Edson

8. 4. 1983, Paramaribo/SUR

Abwehr, 1,80 m, 76 kg, NED/SUR

FC Abcoude, FC Amstelland, JOS Amsterdam

01/02	FC Utrecht II			
02/03	FC Utrecht II			
03/04	FC Utrecht	NED 1	14	0
04/05	FC Utrecht	NED 1	23	0
05/06	FC Utrecht	NED 1	31	2
06/07	FC Utrecht	NED 1	13	0
Jan 07	Twente Enschede	NED 1	11	0
07/08	Twente Enschede	NED 1	32	0
08/09	Twente Enschede	NED 1	33	1
09/10	Bayern München	BL	9	0
Feb 10	Celtic Glasgow	SCO 1	10	0
10/11	Bayern München	BL	3	0
Jan 11	TSG 1899 Hoffenheim	BL	10	0
11/12	TSG 1899 Hoffenheim	BL		

8 A (kein Tor) für die Niederlande

BRADLEY, Michael

31. 7. 1987, Princeton/USA

Mittelfeld, 1,86 m, 84 kg

Bis 2003 Bradenton Soccer Academy

2004	New York/NJ MetroStars	USA 1	0	0
2005	New York/NJ MetroStars	USA 1	32	1
Jan 06	SC Heerenveen	NED 1	1	0
06/07	SC Heerenveen	NED 1	21	0
07/08	SC Heerenveen	NED 1	33	15
08/09	SC Heerenveen	NED 1	0	0
Aug 08	Bor. Mönchengladbach	BL	28	5
09/10	Bor. Mönchengladbach	BL	29	2

10/11 Bor. Mönchengladbach BL 19 3
Jan 11 Aston Villa ENG 1 3 0
11/12 Bor. Mönchengladbach BL
59 A (9 Tore) für die USA

BRANDSTETTER, Simon
2. 5. 1990, Esslingen/D
Angriff, 1,87 m, 82 kg
Bis 2006 TSV Oberensingen, VfB Stuttgart, VfL Kirchheim/Teck, 2006-2009 Stuttgarter Kickers
09/10 SC Freiburg II RL 29 5
10/11 SC Freiburg II RL 29 18
11/12 SC Freiburg BL

BRECKO, Miso
1. 5. 1984, Trbovlje/SVN
Abwehr, 1,78 m, 68 kg
02/03 Factor Ljubljana SVN 3
03/04 NK Smartno SVN 1 19 0
04/05 Hamburger SV BL 7 0
Hamburger SV Am. RL 5 0
05/06 Hamburger SV BL 0 0
Aug 05 Hansa Rostock 2. BL 24 1
06/07 Erzgebirge Aue 2. BL 14 1
07/08 Hamburger SV BL 14 0
Hamburger SV II RL 1 0
08/09 1. FC Köln BL 33 2
09/10 1. FC Köln BL 32 0
10/11 1. FC Köln BL 29 0
11/12 1. FC Köln BL
44 A (kein Tor) für Slowenien

BRENO
Breno Vinicius Rodrigues Borges
13. 10. 1989, Cruzeiro/BRA
Abwehr, 1,87 m, 90 kg, BRA/ITA
Ab 2003 Sao Paulo FC
2007 Sao Paulo FC BRA-R1 3 0
Sao Paulo FC BRA 1 30 3
Jan 08 Bayern München BL 1 0
08/09 Bayern München BL 4 0
09/10 Bayern München BL 3 0
Jan 10 1. FC Nürnberg BL 7 0
10/11 Bayern München BL 13 0
11/12 Bayern München BL

BRINKMANN, Daniel
29. 1. 1986, Horn-Bad Meinberg/D
Mittelfeld, 1,93 m, 89 kg
1992-1995 TuS Horn-Bad Meinberg, 1995 bis Dezember 1997 TuS Eichholz-Remmighausen, Januar bis Juni 1998 SV Diestelbruch-Mosebeck, 1998-2000 SC Paderborn 07, 2000-2002 BV Bad Lippspringe, ab 2002 SC Paderborn 07
04/05 SC Paderborn 07 RL 2 0
05/06 SC Paderborn 07 2. BL 27 1
SC Paderborn 07 II VL 4 0
06/07 SC Paderborn 07 2. BL 24 0
SC Paderborn 07 II VL 1 3
07/08 SC Paderborn 07 2. BL 3 0
SC Paderborn 07 II VL 2 0
Jan 08 Alemannia Aachen 2. BL 12 3
Alemannia Aachen II OL 2 0
08/09 Alemannia Aachen 2. BL 20 2
Alemannia Aachen II OL 3 0
09/10 FC Augsburg 2. BL 29 3
10/11 FC Augsburg 2. BL 22 0
11/12 FC Augsburg BL

BROOKS, John Anthony
28. 1. 1993, Berlin/D
Abwehr, 1,93 m, 78 kg, D/USA
1998-2000 Blau Weiss Berlin, 2000-2003 Lichtenrader BC, 2003-2007 Hertha 03 Zehlendorf, seit 2007 Hertha BSC
10/11 Hertha BSC II RL 16 0
11/12 Hertha BSC BL

BROUWERS, Roel
28. 11. 1981, Heerlen/NED
Abwehr, 1,92 m, 81 kg
00/01 Weltania Heerlen NED 7
01/02 Roda JC Kerkrade NED 1 1 0
02/03 Roda JC Kerkrade NED 1 14 0
03/04 Roda JC Kerkrade NED 1 20 0
04/05 Roda JC Kerkrade NED 1 14 1
05/06 SC Paderborn 07 2. BL 26 3
06/07 SC Paderborn 07 2. BL 33 4
07/08 Bor. Mönchengladbach 2. BL 28 2
08/09 Bor. Mönchengladbach BL 25 2
09/10 Bor. Mönchengladbach BL 34 8
10/11 Bor. Mönchengladbach BL 15 1
11/12 Bor. Mönchengladbach BL

BRUMA, Jeffrey
Jeffrey van Homoet Bruma
13. 11. 1991, Rotterdam/NED
Abwehr, 1,85 m, 87 kg
Bis 2007 Feyenoord Rotterdam, ab 2007 FC Chelsea
09/10 FC Chelsea ENG 1 2 0
10/11 FC Chelsea ENG 1 2 0
Feb 11 Leicester City ENG 2 11 2
11/12 Hamburger SV BL
2 A (kein Tor) für die Niederlande

BUCHTMANN, Christopher
25. 4. 1992, Hameln/D
Mittelfeld, 1,75 m, 72 kg
Bis 2005 TSV Groß Berkel und Hannover 96, 2005 bis Dezember 2007 Borussia Dortmund, Januar bis Juni 2008 HSC Blau-Weiß Schwalbe Tündern, 2008 bis Dezember 2009 FC Liverpool, Januar bis Juni 2010 FC Fulham
10/11 1. FC Köln II RL 19 1
11/12 1. FC Köln BL

BUGERA, Alexander
8. 8. 1978, Amberg/D
Abwehr, 1,80 m, 75 kg
Bis 1986 Inter Bergsteig Amberg, 1986 bis Dezember 1995 FC Amberg, ab Januar 1996 Bayern München
97/98 Bayern München Am. RL 27 10
Bayern München BL 1 0
98/99 Bayern München Am. RL 16 11
Bayern München BL 2 0

Jan 99	MSV Duisburg	BL	13	1
99/00	MSV Duisburg	BL	12	1
00/01	SpVgg Unterhaching	BL	7	0
01/02	SpVgg Unterhaching	2. BL	25	4
02/03	Bayern München Am.	RL	12	3
03/04	MSV Duisburg	2. BL	33	9
04/05	MSV Duisburg	2. BL	33	3
05/06	MSV Duisburg	BL	23	1
06/07	MSV Duisburg	2. BL	34	0
07/08	1. FC Kaiserslautern	2. BL	11	0
08/09	1. FC Kaiserslautern	2. BL	21	0
	1. FC Kaiserslautern II	RL	5	0
09/10	1. FC Kaiserslautern	2. BL	33	1
10/11	1. FC Kaiserslautern	BL	12	0
	1. FC Kaiserslautern II	RL	1	0
11/12	1. FC Kaiserslautern	BL		

BUNGERT, Niko

24. 10. 1986, Bochum/D

Abwehr, 1,88 m, 75 kg

1989-1996 VfB Günnigfeld, 1996-2004 SG Wattenscheid 09

04/05	FC Schalke 04 Am.	OL	1	0
05/06	FC Schalke 04 II	OL	24	4
06/07	Kickers Offenbach	2. BL	20	1
	Kickers Offenbach II	LL	6	2
07/08	Kickers Offenbach	2. BL	32	0
08/09	1. FSV Mainz 05	2. BL	32	1
09/10	1. FSV Mainz 05	BL	27	1
	1. FSV Mainz 05 II	RL	1	1
10/11	1. FSV Mainz 05	BL	28	1
11/12	1. FSV Mainz 05	BL		

BUNJAKU, Albert

29. 11. 1983, Gnjilane/YUG

Angriff, 1,78 m, 77 kg, SUI

1996-1998 FC Schlieren, 1998-2000 Grasshopper-Club Zürich, ab 2000 Young Fellows Juventus Zürich

01/02	YF Juventus Zürich	SUI 3		
02/03	YF Juventus Zürich	SUI 3		
03/04	FC Schaffhausen	SUI 2	29	10
04/05	FC Schaffhausen	SUI 1	24	2
05/06	FC Schaffhausen	SUI 1	15	1
Jan 06	SC Paderborn 07	2. BL	10	1
	SC Paderborn 07 II	VL	1	2
06/07	Rot-Weiß Erfurt	RL	28	9
07/08	Rot-Weiß Erfurt	RL	28	16
08/09	Rot-Weiß Erfurt	3. L	18	9
Feb 09	1. FC Nürnberg	2. BL	7	1
09/10	1. FC Nürnberg	BL	28	12
10/11	1. FC Nürnberg	BL	3	0
	1. FC Nürnberg II	RL	1	0
11/12	1. FC Nürnberg	BL		

6 A (kein Tor) für die Schweiz

BURCHERT, Sascha

30. 10. 1989, Berlin/D

Torhüter, 1,88 m, 78 kg

Bis 2002 Wartenberger SV, seit 2002 Hertha BSC

08/09	Hertha BSC II	RL	8	0
09/10	Hertha BSC	BL	3	0
	Hertha BSC II	RL	13	0
10/11	Hertha BSC	2. BL	3	0
	Hertha BSC II	RL	18	0
11/12	Hertha BSC	BL		

BUTSCHER, Heiko

28. 7. 1980, Bad Wurzach/D

Abwehr, 1,89 m, 86 kg

Bis 1999 SV Ellwangen, SV Aichstetten, SV Dietmanns und FC Wangen

99/00	Karlsruher SC Am.	RL	32	3
00/01	Karlsruher SC	RL	2	0
	Karlsruher SC Am.	OL	32	10
01/02	Karlsruher SC Am.	OL	32	8
02/03	SV Sandhausen	OL	24	7
03/04	VfB Stuttgart Am.	RL	29	3
04/05	VfB Stuttgart Am.	RL	33	6
05/06	VfL Bochum	2. BL	24	1
06/07	VfL Bochum	BL	20	1
07/08	SC Freiburg	2. BL	32	4
08/09	SC Freiburg	2. BL	31	3
09/10	SC Freiburg	BL	29	1
10/11	SC Freiburg	BL	25	1
11/12	SC Freiburg	BL		

BUTT, Jörg

28. 5. 1974, Oldenburg/D

Torhüter, 1,91 m, 91 kg

1980-1991 TSV Großenkneten, ab 1991 VfB Oldenburg

92/93	VfB Oldenburg II	LL		
93/94	VfB Oldenburg	AOL	2	0
94/95	VfB Oldenburg	RL	33	0
95/96	VfB Oldenburg	RL	34	4
96/97	VfB Oldenburg	2. BL	20	1
97/98	Hamburger SV	BL	33	0
98/99	Hamburger SV	BL	34	7
99/00	Hamburger SV	BL	34	9
00/01	Hamburger SV	BL	32	3
01/02	Bayer Leverkusen	BL	34	2
02/03	Bayer Leverkusen	BL	33	1
03/04	Bayer Leverkusen	BL	34	1
04/05	Bayer Leverkusen	BL	34	2
05/06	Bayer Leverkusen	BL	34	1
06/07	Bayer Leverkusen	BL	22	0
07/08	Benfica Lissabon	POR 1	1	0
08/09	Bayern München	BL	8	0
	Bayern München II	3. L	4	1
09/10	Bayern München	BL	31	0
10/11	Bayern München	BL	23	0
11/12	Bayern München	BL		

4 A (kein Tor) für Deutschland

CACAU

Claudemir Jeronimo Barreto

27. 3. 1981, Santo André/BRA

Angriff, 1,79 m, 74 kg, D/BRA

1999	Nacional Sao Paulo	BRA-R3	0	0
2000	ohne Verein			
00/01	Türk Gücü München	LL		
01/02	1. FC Nürnberg	BL	17	6
	1. FC Nürnberg Am.	OL	18	9
02/03	1. FC Nürnberg	BL	27	2
03/04	VfB Stuttgart	BL	16	4
04/05	VfB Stuttgart	BL	32	12

05/06	VfB Stuttgart	BL	20	4
06/07	VfB Stuttgart	BL	32	13
07/08	VfB Stuttgart	BL	27	9
08/09	VfB Stuttgart	BL	25	7
09/10	VfB Stuttgart	BL	25	13
10/11	VfB Stuttgart	BL	27	8
11/12	VfB Stuttgart	BL		

17 A (4 Tore) für Deutschland

CALIGIURI, Daniel

15. 1. 1988, Villingen-Schwenningen/D
Mittelfeld, 1,82 m, 79 kg, D/ITA

Bis 2005 BSV Schwenningen und SV Zimmern, seit 2005 SC Freiburg

06/07	SC Freiburg II	OL	4	0
07/08	SC Freiburg II	OL	13	2
08/09	SC Freiburg II	RL	32	7
09/10	SC Freiburg	BL	16	0
	SC Freiburg II	RL	19	13
10/11	SC Freiburg	BL	23	0
	SC Freiburg II	RL	1	0
11/12	SC Freiburg	BL		

CALIGIURI, Marco

14. 4. 1984, Villingen-Schwenningen/D
Mittelfeld, 1,80 m, 75 kg

Oktober 1988 bis 2000 BSV Schwenningen, ab 2000 VfB Stuttgart

03/04	VfB Stuttgart Am.	RL	17	0
04/05	VfB Stuttgart Am.	RL	27	2
05/06	VfB Stuttgart II	RL	19	3
Jan 06	MSV Duisburg	BL	14	2
06/07	MSV Duisburg	2. BL	17	2
	MSV Duisburg II	OL	4	0
07/08	SpVgg Greuther Fürth	2. BL	7	0
08/09	SpVgg Greuther Fürth	2. BL	1	0
	SpVgg Greuther Fürth II	RL	2	0
09/10	SpVgg Greuther Fürth	2. BL	29	0
10/11	1. FSV Mainz 05	BL	23	0
	1. FSV Mainz 05 II	RL	1	0
11/12	1. FSV Mainz 05	BL		

CALLSEN-BRACKER, Jan-Ingwer

23. 9. 1984, Schleswig/D
Mittelfeld, 1,87 m, 78 kg

Bis 1998 TSV Bollingstedt, SV Beuel 06, ab 1998 Bayer Leverkusen

02/03	Bayer Leverkusen Am.	RL	9	0
03/04	Bayer Leverkusen	BL	1	0
	Bayer Leverkusen Am.	OL	16	1
04/05	Bayer Leverkusen	BL	9	1
	Bayer Leverkusen Am.	OL	12	0
05/06	Bayer Leverkusen	BL	1	0
	Bayer Leverkusen II	RL	14	1
06/07	Bayer Leverkusen	BL	15	1
	Bayer Leverkusen II	RL	16	0
07/08	Bayer Leverkusen	BL	10	0
	Bayer Leverkusen II	OL	2	0
08/09	Bor. Mönchengladbach	BL	7	0
	Bor. Mönchengladbach II	RL	4	0
09/10	Bor. Mönchengladbach II	RL	8	0
10/11	Bor. Mönchengladbach	BL	4	0
	Bor. Mönchengladbach II	RL	9	0

Jan 11	FC Augsburg	2. BL	15	2
11/12	FC Augsburg	BL		

CARLITOS

Carlos Alberto Alves Garcia
6. 9. 1982, Lissabon/POR
Mittelfeld, 1,76 m, 72 kg

01/02	Amora FC	POR 3	34	5
02/03	Estoril Praia	POR 3	38	3
03/04	Estoril Praia	POR 2	34	10
04/05	Benfica Lissabon	POR 1	10	0
05/06	Benfica Lissabon	POR 1	1	0
Jan 06	Vitoria Setubal	POR 1	15	4
06/07	FC Sion	SUI 1	26	8
	FC Sion II	SUI 3	1	0
07/08	FC Basel	SUI 1	32	7
08/09	FC Basel	SUI 1	22	3
09/10	FC Basel	SUI 1	22	1
10/11	Hannover 96	BL	6	0
	Hannover 96 II	RL	2	0
11/12	Hannover 96	BL		

CASTEELS, KOEN

25. 6. 1992, Bonheiden/BEL
Torhüter, 1,96 m, 81 kg

1996-2008 KAC Betekom, 2008-2011 KRC Genk

11/12	TSG 1899 Hoffenheim	BL		

CASTELEN, Romeo

3. 5. 1983, Paramaribo/SUR
Mittelfeld, 1,70 m, 68 kg, NED

1993-1997 De Volewijckers Amsterdam, 1997/98 Sparta Rotterdam, ab 1998 ADO Den Haag

00/01	ADO Den Haag	NED 2	3	0
01/02	ADO Den Haag	NED 2	28	7
02/03	ADO Den Haag	NED 2	24	9
03/04	ADO Den Haag	NED 1	28	4
04/05	Feyenoord Rotterdam	NED 1	30	10
05/06	Feyenoord Rotterdam	NED 1	23	9
06/07	Feyenoord Rotterdam	NED 1	12	1
07/08	Hamburger SV	BL	13	0
08/09	Hamburger SV	BL	0	0
09/10	Hamburger SV	BL	2	1
	Hamburger SV II	RL	1	0
10/11	Hamburger SV	BL	0	0
11/12	Hamburger SV	BL		

10 A (1 Tor) für die Niederlande

CASTRO, Gonzalo

11. 6. 1987, Wuppertal/D
Abwehr, 1,71 m, 72 kg

Bis 1999 Post SV Wuppertal, Viktoria Rott, Bayer Wuppertal, seit 1999 Bayer Leverkusen

04/05	Bayer Leverkusen	BL	13	0
	Bayer Leverkusen Am.	OL	1	1
05/06	Bayer Leverkusen	BL	21	0
	Bayer Leverkusen II	RL	10	3
06/07	Bayer Leverkusen	BL	26	3
07/08	Bayer Leverkusen	BL	33	1
08/09	Bayer Leverkusen	BL	27	2
09/10	Bayer Leverkusen	BL	29	0
10/11	Bayer Leverkusen	BL	23	3

11/12	Bayer Leverkusen	BL		

5 A (kein Tor) für Deutschland

CELOZZI, Stefano
2. 11. 1988, Günzburg/D
Abwehr 1,71 m, 65 kg
Bis 2005 SC Bubesheim, TSV Wasserburg, SSV Ulm 1846

05/06	Bayern München II	RL	32	0
06/07	Bayern München II	RL	18	1
07/08	Bayern München II	RL	31	2
08/09	Karlsruher SC	BL	27	0
	Karlsruher SC II	RL	1	0
09/10	VfB Stuttgart	BL	21	0
10/11	VfB Stuttgart	BL	7	0
	VfB Stuttgart II	3. L	1	0
11/12	VfB Stuttgart	BL		

CHAHED, Sofian
18. 4. 1983, Berlin/D
Mittelfeld, 1,78 m, 73 kg, D/TUN
Bis 1999 FV Wannsee, Hertha 03 Zehlendorf, ab 1999 Hertha BSC

01/02	Hertha BSC Am.	OL	13	2
02/03	Hertha BSC Am.	OL	32	7
03/04	Hertha BSC	BL	8	0
	Hertha BSC Am.	OL	15	0
04/05	Hertha BSC Am.	RL	28	1
05/06	Hertha BSC	BL	15	0
	Hertha BSC II	RL	13	1
06/07	Hertha BSC	BL	20	0
07/08	Hertha BSC	BL	33	4
08/09	Hertha BSC	BL	13	0
	Hertha BSC II	RL	2	0
09/10	Hannover 96	BL	16	2
	Hannover 96 II	RL	2	0
10/11	Hannover 96	BL	18	0
11/12	Hannover 96	BL		

2 A (kein Tor) für Tunesien

CHANDLER, Timothy
29. 3. 1990, Frankfurt/D
Abwehr, 1,86 m, 81 kg, D/USA
Bis 2001 Sportfreunde Oberau, ab 2001 Eintracht Frankfurt

07/08	Eintracht Frankfurt II	OL	3	0
08/09	Eintracht Frankfurt II	RL	19	2
09/10	Eintracht Frankfurt II	RL	28	6
10/11	1. FC Nürnberg II	RL	14	1
	1. FC Nürnberg	BL	17	4
11/12	1. FC Nürnberg	BL		

2 A (kein Tor) für die USA

CHERUNDOLO, Steven
19. 2. 1979, Rockford/USA
Abwehr, 1,72 m, 69 kg
Januar 1989 bis Dezemberg 1996 San Diego Nomads, ab Januar 1997 University of Portland

1998	University of Portland	NCAA	16	1
Jan 99	Hannover 96	2. BL	8	0
99/00	Hannover 96	2. BL	12	0
	Hannover 96 Am.	VL	4	1
00/01	Hannover 96	2. BL	18	0
	Hannover 96 Am.	OL	2	0
01/02	Hannover 96	2. BL	30	1
02/03	Hannover 96	BL	33	0
03/04	Hannover 96	BL	29	0
04/05	Hannover 96	BL	32	2
05/06	Hannover 96	BL	22	1
06/07	Hannover 96	BL	33	2
07/08	Hannover 96	BL	33	0
08/09	Hannover 96	BL	17	0
09/10	Hannover 96	BL	26	1
10/11	Hannover 96	BL	33	0
11/12	Hannover 96	BL		

72 A (2 Tore) für die USA

CHIHI, Adil
21. 2. 1988, Düsseldorf/D
Angriff, 1,83 m, 78 kg, MAR/D
1993-1995 FC Tannenhof, 1995-2000 Düsseldorfer SV 04, 2000-2004 Fortuna Düsseldorf, seit 2004 1. FC Köln

05/06	1. FC Köln II	RL	14	2
06/07	1. FC Köln	2. BL	33	4
07/08	1. FC Köln	2. BL	21	4
08/09	1. FC Köln	BL	19	1
09/10	1. FC Köln	BL	15	3
10/11	1. FC Köln	BL	11	1
	1. FC Köln II	RL	3	0
11/12	1. FC Köln	BL		

1 A (kein Tor) für Marokko

CHOUPO-MOTING, Eric Maxim
23. 3. 1989, Hamburg/D
Angriff, 1,90 m, 84 kg, D/CMR
Bis 2001 Teutonia 05 Hamburg, 2001-2004 Altona 93, ab 2004 Hamburger SV

06/07	Hamburger SV II	RL	12	1
07/08	Hamburger SV	BL	13	0
	Hamburger SV II	RL	8	0
08/09	Hamburger SV II	RL	2	0
09/10	Hamburger SV II	RL	2	0
Aug 09	1. FC Nürnberg	BL	25	5
10/11	Hamburger SV	BL	10	2
	Hamburger SV II	RL	7	0
11/12	1. FSV Mainz 05	BL		

10 A (2 Tore) für Kamerun

CIGERCI, Tolga
23. 3. 1992, Nordenham/D
Mittelfeld, 1,85 m, 75 kg
1998-2000 SV Phiesewarden, 2000-2005 Arminia Vöhrum, seit 2005 VfL Wolfsburg

10/11	VfL Wolfsburg	BL	6	0
	VfL Wolfsburg II	RL	9	1
11/12	VfL Wolfsburg	BL		

CISSÉ, Papiss Demba
3. 6. 1985, Dakar/SEN
Angriff, 1,83 m, 73 kg

03/04	AS Douanes Dakar	SEN 1		
04/05	FC Metz II	FRA 4	12	3
05/06	FC Metz II	FRA 4	3	0
	FC Metz	FRA 1	1	0
Sep 05	AS Cherbourg	FRA 3	28	11
06/07	FC Metz	FRA 2	32	12

07/08	FC Metz	FRA 1	9	0
	FC Metz II	FRA 4	2	3
Jan 08	LB Chateauroux	FRA 2	15	4
08/09	FC Metz	FRA 2	37	15
09/10	FC Metz	FRA 2	16	8
Jan 10	SC Freiburg	BL	16	6
10/11	SC Freiburg	BL	32	22
11/12	SC Freiburg	BL		

11 A (8 Tore) für den Senegal

CLEMENS, Christan
4. 8. 1991, Köln/D
Sturm, 1,81 m, 78 kg

Bis 2001 SC Weiler-Volkhoven, seit 2001 1. FC Köln

09/10	1. FC Köln II	RL	10	0
10/11	1. FC Köln	BL	27	2
	1. FC Köln II	RL	1	0
11/12	1. FC Köln	BL		

COHEN, Almog
1. 9. 1988, Beer Sheva/ISR
Mittelfeld, 1,69 m, 68 kg

1999-2006 Beitar Nes Tubruk Netanya

06/07	Maccabi Netanya	ISR 1	8	0
07/08	Maccabi Netanya	ISR 1	28	0
08/09	Maccabi Netanya	ISR 1	23	1
09/10	Maccabi Netanya	ISR 1	31	7
10/11	1. FC Nürnberg	BL	25	2
11/12	1. FC Nürnberg	BL		

8 A (kein Tor) für Israel

COMPPER, Marvin
14. 6. 1985, Tübingen/D
Abwehr, 1,85 m, 80 kg, D/FRA

Bis Dezember 2002 SV Bühl, SV Tübingen 03, VfB Stuttgart, ab Januar 2003 Borussia Mönchengladbach

03/04	Bor. Mönchengladbach Am.	OL	2	0
04/05	Bor. Mönchengladbach Am.	OL	18	1
05/06	Bor. Mönchengladbach	BL	5	0
	Bor. Mönchengladbach II	OL	25	4
06/07	Bor. Mönchengladbach	BL	23	0
	Bor. Mönchengladbach II	RL	4	0
07/08	Bor. Mönchengladbach	2. BL	3	0
	Bor. Mönchengladbach II	OL	2	0
Jan 08	TSG 1899 Hoffenheim	2. BL	17	0
08/09	TSG 1899 Hoffenheim	BL	30	1
09/10	TSG 1899 Hoffenheim	BL	32	1
10/11	TSG 1899 Hoffenheim	BL	32	2
11/12	TSG 1899 Hoffenheim	BL		

1 A (kein Tor) für Deutschland

CONTENTO, Diego
1. 5. 1990, München/D
Abwehr, 1,77 m, 74 kg

Seit 1995 Bayern München

08/09	Bayern München II	3. L	12	2
09/10	Bayern München	BL	9	0
	Bayern München II	3. L	16	0
10/11	Bayern München	BL	14	0
	Bayern München II	3. L	8	0
11/12	Bayern München	BL		

DA COSTA, Danny
13. 7. 1993, Neuss/D
Abwehr, 1,85 m, 85 kg

Bis 2001 Winfriedia Mülheim, seit 2001 Bayer Leverkusen

11/12	Bayer Leverkusen	BL		

DAEMS, Filip
31. 10. 1978, Turnhout/BEL
Abwehr, 1,81 m, 79 kg

1986-1989 FCV Alberta Geel, ab 1989 Verbroedering Geel

95/96	Verbroedering Geel	BEL 2	3	0
96/97	Verbroedering Geel	BEL 2	14	0
97/98	Verbroedering Geel	BEL 2	32	1
98/99	Lierse SK	BEL 1	27	1
99/00	Lierse SK	BEL 1	27	1
00/01	Lierse SK	BEL 1	30	1
01/02	Genclerbirligi Ankara	TUR 1	27	2
02/03	Genclerbirligi Ankara	TUR 1	27	7
03/04	Genclerbirligi Ankara	TUR 1	29	2
04/05	Genclerbirligi Ankara	TUR 1	15	2
Jan 05	Bor. Mönchengladbach	BL	11	0
05/06	Bor. Mönchengladbach	BL	22	0
06/07	Bor. Mönchengladbach	BL	0	0
07/08	Bor. Mönchengladbach	2. BL	27	1
08/09	Bor. Mönchengladbach	BL	33	2
09/10	Bor. Mönchengladbach	BL	18	1
10/11	Bor. Mönchengladbach	BL	34	4
11/12	Bor. Mönchengladbach	BL		

7 A (kein Tor) für Belgien

DANTE
Dante Bonfim Costa Santos
18. 10. 1983, Salvador/BRA
Abwehr, 1,88 m, 85 kg

Bis 1997 AE Catuense, 1998-1999 Galicia EC Salvador, 2000-2001 Capivariano FC, ab 2002 Juventude Caxias do Sul

2003	Juventude Caxias do SulBRA-R1			
	Juventude Caxias do Sul	BRA 1	22	1
Jan 04	OSC Lille	FRA 1	9	0
	OSC Lille II	FRA 4	3	0
04/05	OSC Lille	FRA 1	2	0
	OSC Lille II	FRA 4	12	1
05/06	OSC Lille	FRA 1	1	0
	OSC Lille II	FRA 4	11	1
Jan 06	Charleroi SC	BEL 1	12	1
06/07	Charleroi SC	BEL 1	12	1
Jan 07	Standard Lüttich	BEL 1	15	0
07/08	Standard Lüttich	BEL 1	33	1
08/09	Standard Lüttich	BEL 1	15	1
Jan 09	Bor. Mönchengladbach	BL	10	3
09/10	Bor. Mönchengladbach	BL	32	3
10/11	Bor. Mönchengladbach	BL	18	2
11/12	Bor. Mönchengladbach	BL		

DA SILVA, Antonio

13. 6. 1978, Rio de Janeiro/BRA

Mittelfeld ,1,78 m, 76 kg

Bis Dezember 1991 Flamengo Rio de Janeiro, Januar bis Juni 1992 TSC Pfalzel, 1992-1994 Eintracht Trier, Juli 1994 bis Juni 1995 Flamengo Rio de Janeiro, ab 1995 Eisbachtaler Sportfreunde

96/97	Eisbachtaler Sportfreunde	OL		
97/98	Eintracht Frankfurt Am.	OL	14	4
98/99	Eintracht Frankfurt Am.	OL	12	4
99/00	SV Wehen	RL	22	5
	SV Wehen II	LL	1	0
00/01	SV Wehen	RL	28	6
01/02	SV Wehen	RL	23	5
02/03	SV Wehen	RL	35	11
03/04	1. FSV Mainz 05	2. BL	25	5
	1. FSV Mainz 05 Am.	RL	1	0
04/05	1. FSV Mainz 05	BL	32	5
05/06	1. FSV Mainz 05	BL	33	3
06/07	VfB Stuttgart	BL	28	0
07/08	VfB Stuttgart	BL	20	3
08/09	Karlsruher SC	BL	28	2
09/10	FC Basel	SUI 1	25	2
10/11	Borussia Dortmund	BL	22	1
	Borussia Dortmund II	RL	1	0
11/12	Borussia Dortmund	BL		

DAVIDS, Lorenzo

4. 9. 1986, Paramaribo/SUR

Mittelfeld, 1,80 m, 74 kg, NED

Bis 2004 SC Voorland Amsterdam, ASC Waterwijk Almere, FC Omniworld Almere, FC Utrecht, ab 2004 Feyenoord Rotterdam

05/06	Feyenoord Rotterdam	NED 1	0	0
06/07	Feyenoord Rotterdam	NED 1	0	0
Jan 07	NEC Nijmegen	NED 1	9	0
07/08	NEC Nijmegen	NED 1	29	2
08/09	NEC Nijmegen	NED 1	34	0
09/10	NEC Nijmegen	NED 1	31	1
10/11	NEC Nijmegen	NED 1	29	2
11/12	FC Augsburg	BL		

DE CAMARGO, Igor

12. 5. 1983, Porto Feliz/BRA

Angriff, 1,87 m, 83 kg, BRA/BEL

Bis Juli 2000 Estrela FC Porto Feliz, ab August 2000 Racing Genk

01/02	Racing Genk	BEL 1	3	1
02/03	Racing Genk	BEL 1	6	0
03/04	Heusden-Zolder SK	BEL 1	33	10
04/05	Racing Genk	BEL 1	15	1
Jan 05	FC Brüssel	BEL 1	13	5
05/06	FC Brüssel	BEL 1	15	9
Jan 06	Standard Lüttich	BEL 1	4	1
06/07	Standard Lüttich	BEL 1	24	9
07/08	Standard Lüttich	BEL 1	32	8
08/09	Standard Lüttich	BEL 1	27	8
09/10	Standard Lüttich	BEL 1	23	4
10/11	Bor. Mönchengladbach	BL	19	7
11/12	Bor. Mönchengladbach	BL		

4 A (kein Tor) für Belgien

DEJAGAH, Ashkan

5. 7. 1986, Teheran/IRN

Mittelfeld, 1,81 m, 80 kg, D/IRN

Bis 2000 Reinickendorfer Füchse, Tennis Borussia Berlin, ab 2000 Hertha BSC

03/04	Hertha BSC Am.	OL	16	2
04/05	Hertha BSC	BL	1	0
	Hertha BSC Am.	RL	22	6
05/06	Hertha BSC	BL	3	0
	Hertha BSC II	RL	23	12
06/07	Hertha BSC	BL	22	1
	Hertha BSC II	RL	11	3
07/08	VfL Wolfsburg	BL	31	8
08/09	VfL Wolfsburg	BL	27	3
09/10	VfL Wolfsburg	BL	24	1
10/11	VfL Wolfsburg	BL	23	3
11/12	VfL Wolfsburg	BL		

DE JONG, Marcel

15. 10. 1986, Newmarket/CAN

Abwehr, 1,74 m, 73 kg, CAN/NED

Bis 2004 VV De Valk und PSV Eindhoven

04/05	Helmond Sport	NED 2	14	1
05/06	Helmond Sport	NED 2	36	5
06/07	Roda JC Kerkrade	NED 1	27	0
07/08	Roda JC Kerkrade	NED 1	25	0
08/09	Roda JC Kerkrade	NED 1	32	1
09/10	Roda JC Kerkrade	NED 1	31	2
10/11	FC Augsburg	2. BL	27	3
	FC Augsburg II	LL	2	1
11/12	FC Augsburg	BL		

17 A (1 Tor) für Kanada

DELPIERRE, Matthieu

26. 4. 1981, Nancy/FRA

Abwehr, 1,93 m, 86 kg

Ab 1996 OSC Lille

98/99	OSC Lille II	FRA 4	1	0
99/00	OSC Lille	FRA 1	2	0
	OSC Lille II	FRA 4	16	0
00/01	OSC Lille	FRA 1	8	0
	OSC Lille II	FRA 4	17	0
01/02	OSC Lille	FRA 1	25	0
	OSC Lille II	FRA 4	3	0
02/03	OSC Lille	FRA 1	31	3
03/04	OSC Lille	FRA 1	17	0
	OSC Lille II	FRA 4	5	0
04/05	VfB Stuttgart	BL	10	1
05/06	VfB Stuttgart	BL	29	0
06/07	VfB Stuttgart	BL	33	0
07/08	VfB Stuttgart	BL	22	0
	VfB Stuttgart II	RL	1	0
08/09	VfB Stuttgart	BL	22	1
09/10	VfB Stuttgart	BL	27	0
10/11	VfB Stuttgart	BL	18	1
11/12	VfB Stuttgart	BL		

DEMBÉLÉ, Garra

21. 2. 1986, Gennevilliers/FRA

Angriff, 1,87 m, 79 kg, MLI

Bis 1996 CSM Puteaux, 1996-2001 INF Clairefontaine, ab 2001 AJ Auxerre

03/04	AJ Auxerre II	FRA 4	3	0
04/05	AJ Auxerre II	FRA 4	18	8

05/06	AJ Auxerre II	FRA 4	20	5
06/07	AJ Auxerre II	FRA 4	0	0
Jan 07	FC Istres	FRA 2	12	3
07/08	Aarhus GF	DEN 1	3	0
Okt 07	ohne Verein			
08/09	Pierikos Katerini	GRE 2	23	4
09/10	Pierikos Katerini	GRE 2	9	2
Jan 10	Lokomotive Plovdiv	BUL 1	14	5
10/11	Levski Sofia	BUL 1	24	26
11/12	SC Freiburg	BL		

1 A (kein Tor) für Mali

DEMEL, Guy

13. 6. 1981, Paris/FRA

Abwehr, 1,88 m, 88 kg, CIV/FRA

Olympique Marseille

99/00	Olympique Nimes	FRA 2	1	0
00/01	FC Arsenal Res.			
01/02	Borussia Dortmund Am.	OL	16	3
02/03	Borussia Dortmund	BL	4	0
	Borussia Dortmund Am.	RL	24	6
03/04	Borussia Dortmund	BL	13	0
	Borussia Dortmund Am.	RL	1	0
04/05	Borussia Dortmund	BL	16	0
	Borussia Dortmund Am.	RL	2	0
05/06	Hamburger SV	BL	22	1
06/07	Hamburger SV	BL	8	0
	Hamburger SV II	RL	1	0
07/08	Hamburger SV	BL	26	0
08/09	Hamburger SV	BL	28	0
09/10	Hamburger SV	BL	26	1
10/11	Hamburger SV	BL	21	0
11/12	Hamburger SV	BL		

32 A für die Elfenbeinküste

DERDIYOK, Eren

12. 6. 1988, Basel/SUI

Angriff, 1,91 m, 83 kg, SUI/TUR

Ab 1994 Old Boys Basel

05/06	Old Boys Basel	SUI 4	18	10
06/07	FC Basel	SUI 1	12	1
	FC Basel II	SUI 3	17	10
07/08	FC Basel	SUI 1	27	7
	FC Basel II	SUI 3	1	0
08/09	FC Basel	SUI 1	24	9
09/10	Bayer Leverkusen	BL	33	12
10/11	Bayer Leverkusen	BL	32	6
11/12	Bayer Leverkusen	BL		

32 A (2 Tore) für die Schweiz

DE ROECK, Jonas

20. 12. 1979, Barcelona/ESP

Abwehr, 1,87 m, 80 kg, BEL

1986/87 Rochus Deurne, 1987-1991 Park Sharon Tornados, 1991/92 Cobham FC, ab 1992 FC Antwerpen

97/98	FC Antwerpen	BEL 1	2	0
98/99	FC Antwerpen	BEL 2	10	0
99/00	FC Antwerpen	BEL 2	24	2
00/01	FC Antwerpen	BEL 1	31	1
01/02	Lierse SK	BEL 1	30	3
02/03	Lierse SK	BEL 1	32	2
03/04	Lierse SK	BEL 1	23	2
04/05	Lierse SK	BEL 1	20	1
05/06	GB Antwerpen	BEL 1	23	3
06/07	GB Antwerpen	BEL 1	17	1
07/08	AA Gent	BEL 1	18	0
08/09	AA Gent	BEL 1	25	1
09/10	FC Augsburg	2. BL	25	1
10/11	FC Augsburg	2. BL	9	0
11/12	FC Augsburg	BL		

DERSTROFF, Julian

5. 1. 1992, Zweibrücken/D

Angriff, 1,80 m, 71 kg

Bis 2002 SV Ixheim, seit 2002 1. FC Kaiserslautern

11/12	1. FC Kaiserslautern	BL		

DE WIT, Pierre

26. 9. 1987, Köln/D

Mittelfeld, 1,72 m, 72 kg

Bis 1999 SC Weiler-Volkhoven, ab 1999 Bayer Leverkusen

04/05	Bayer Leverkusen Am.	OL	4	0
05/06	Bayer Leverkusen II	RL	25	6
06/07	Bayer Leverkusen	BL	4	0
	Bayer Leverkusen II	RL	25	4
07/08	VfL Osnabrück	2. BL	14	2
08/09	VfL Osnabrück	2. BL	33	3
09/10	Bayer Leverkusen	BL	0	0
Jan 10	1. FC Kaiserslautern	2. BL	3	0
10/11	1. FC Kaiserslautern	BL	13	0
	1. FC Kaiserslautern II	RL	4	0
11/12	1. FC Kaiserslautern	BL		

DICK, Florian

9. 11. 1984, Bruchsal/D

Abwehr, 1,84 m, 83 kg

Bis 1993 FV Hambrücken, ab 1993 Karlsruher SC

02/03	Karlsruher SC Am.	OL	30	2
03/04	Karlsruher SC	2. BL	29	1
	Karlsruher SC Am.	OL	1	0
04/05	Karlsruher SC	2. BL	27	0
	Karlsruher SC Am.	OL	2	1
05/06	Karlsruher SC	2. BL	8	0
	Karlsruher SC II	RL	12	2
06/07	Karlsruher SC	2. BL	18	0
	Karlsruher SC II	RL	2	0
07/08	Karlsruher SC	BL	3	0
	Karlsruher SC II	RL	14	0
08/09	1. FC Kaiserslautern	2. BL	31	3
09/10	1. FC Kaiserslautern	2. BL	33	0
10/11	1. FC Kaiserslautern	BL	27	1
11/12	1. FC Kaiserslautern	BL		

DIDAVI, Daniel

21. 2. 1990, Nürtingen/D

Mittelfeld, 1,79 m, 78 kg

Bis 1998 SPV 05 Nürtingen, 1998-2002 VfB Stuttgart, 2002/03 SPV 05 Nürtingen, ab 2003 VfB Stuttgart

08/09	VfB Stuttgart II	3. L	30	5
09/10	VfB Stuttgart II	3. L	28	5
10/11	VfB Stuttgart	BL	8	0
	VfB Stuttgart II	3. L	2	0
11/12	1. FC Nürnberg	BL		

DIEGO

Diego Ribas da Cunha

28. 2. 1985, Ribeirão Preto/BRA

Mittelfeld, 1,73 m, 73 kg, BRA/ITA

1991-1993 Comercial FC Ribeirão Preto, 1994-1995 Paulistinha São Carlos, ab 1996 Santos FC

2002	Santos FC	Rio-SP	11	2
	Santos FC	BRA 1	28	10
2003	Santos FC	BRA-R1	6	1
	Santos FC	BRA 1	33	9
2004	Santos FC	BRA-R1	10	0
	Santos FC	BRA 1	9	4
04/05	FC Porto	POR 1	30	3
05/06	FC Porto	POR 1	19	1
06/07	Werder Bremen	BL	33	13
07/08	Werder Bremen	BL	30	13
08/09	Werder Bremen	BL	21	12
09/10	Juventus Turin	ITA 1	33	5
10/11	Juventus Turin	ITA 1	0	0
Aug 10	VfL Wolfsburg	BL	30	6
11/12	VfL Wolfsburg	BL		

33 A (4 Tore) für Brasilien

DIEKMEIER, Dennis

20. 10. 1989, Thedinghausen/D

Abwehr, 1,88 m, 79 kg

1995-2001 TSV Bierden, 2001-2003 TSV Verden, ab 2003 Werder Bremen

07/08	Werder Bremen II	RL	4	0
08/09	Werder Bremen II	3. L	15	0
Jan 09	1. FC Nürnberg	2. BL	17	0
09/10	1. FC Nürnberg	BL	30	0
10/11	Hamburger SV	BL	8	0
	Hamburger SV II	RL	4	1
11/12	Hamburger SV	BL		

DJURICIN, Marco

12. 12. 1992, Wien/AUT

Angriff, 1,81 m, 72 kg

Mai 1999 bis Dezember 2003 SV Donau, Januar 2004 bis 2005 Rapid Wien, 2005/06 Austria Wien, 2006 bis Februar 2008 Rapid Wien, März bis Juni 2008 FC Stadlau, seit 2008 Hertha BSC

10/11	Hertha BSC	2. BL	9	2
	Hertha BSC II	RL	7	3
11/12	Hertha BSC	BL		

DRAXLER, Julian

20. 9. 1993, Gladbeck/D

Mittelfeld, 1,85 m, 70 kg

1998-2000 BV Rentfort, 2000/01 SSV Buer 07/28, seit 2001 FC Schalke 04

10/11	FC Schalke 04	BL	15	1
11/12	FC Schalke 04	BL		

DROBNY, Jaroslav

18. 10. 1979, Pocatky/CSV

Torhüter, 1,92 m, 91 kg, CZE

1985-1993 Slavoj Zirovnice, 1993-Dezember 1997 SK Ceske Budejovice

Jan 98	SK Chrudim	CZE 2	9	0
98/99	FC Vitkovice	CZE 2	7	0
Jan 99	SK Ceske Budejovice	CZE 2	3	0
99/00	SK Ceske Budejovice	CZE 1	28	0
00/01	SK Ceske Budejovice	CZE 1	18	0
01/02	Panionios Athen	GRE 1	21	0
02/03	Panionios Athen	GRE 1	30	0
03/04	Panionios Athen	GRE 1	28	0
04/05	Panionios Athen	GRE 1	22	0
05/06	FC Fulham	ENG 1	0	0
Jan 06	ADO Den Haag	NED 1	12	0
06/07	FC Fulham	ENG 1	0	0
Aug 06	Ipswich Town	ENG 2	0	0
Jan 07	VfL Bochum	BL	17	0
07/08	Hertha BSC	BL	34	0
08/09	Hertha BSC	BL	33	0
09/10	Hertha BSC	BL	30	0
10/11	Hamburger SV	BL	5	0
11/12	Hamburger SV	BL		

4 A (kein Tor) für Tschechien

EBERT, Patrick

17. 3. 1987, Potsdam/D

Mittelfeld, 1,76 m, 76 kg

Bis 1998 TSV Russee, TuS Gaarden, seit 1998 Hertha BSC

04/05	Hertha BSC Am.	RL	2	0
05/06	Hertha BSC II	RL	30	6
06/07	Hertha BSC	BL	19	2
	Hertha BSC II	RL	7	1
07/08	Hertha BSC	BL	27	1
08/09	Hertha BSC	BL	21	3
	Hertha BSC II	RL	3	0
09/10	Hertha BSC	BL	16	1
	Hertha BSC II	RL	1	0
10/11	Hertha BSC	2. BL	12	1
11/12	Hertha BSC	BL		

EDU

Eduardo Goncalves de Oliveira

30. 11. 1981, Sao Paulo/D

Angriff, 1,85 m, 80 kg

1996-1999 Guarani FC Campinas

2000	Santos FC Jun.			
2001	Sao Paulo FC Jun.			
2002	Clube Nautico Capibaribe	BRA-R1		
	Clube Nautico Capibaribe	BRA 2		
2003	CRAC Catalão	BRA-R2		
Aug 03	VfL Bochum	BL	13	0
04/05	VfL Bochum	BL	17	4
05/06	VfL Bochum	2. BL	33	12
06/07	1. FSV Mainz 05	BL	14	1
Jan 07	Suwon Blue Wings	KOR 1	22	6
2008	Suwon Blue Wings	KOR 1	25	12
2009	Suwon Blue Wings	KOR 1	23	7
Jan 10	FC Schalke 04	BL	13	2
10/11	FC Schalke 04	BL	28	3
11/12	FC Schalke 04	BL		

EGGIMANN, Mario

24. 1. 1981, Brugg/SUI

Abwehr, 1,89 m, 84 kg

Bis 1997 FC Küttingen, ab 1997 FC Aarau

98/99	FC Aarau	SUI 1	2	0
	FC Aarau	SUI-AR	4	0
99/00	FC Aarau	SUI 1	1	0
	FC Aarau	SUI-AR	3	0

00/01	FC Aarau	SUI 1	18	0
	FC Aarau	SUI-AR	12	0
01/02	FC Aarau	SUI 1	21	1
	FC Aarau	SUI-AR	14	1
02/03	Karlsruher SC	2. BL	24	4
03/04	Karlsruher SC	2. BL	31	3
04/05	Karlsruher SC	2. BL	25	1
05/06	Karlsruher SC	2. BL	31	2
06/07	Karlsruher SC	2. BL	32	3
07/08	Karlsruher SC	BL	33	5
08/09	Hannover 96	BL	24	1
09/10	Hannover 96	BL	19	0
10/11	Hannover 96	BL	12	0
	Hannover 96 II	RL	1	0
11/12	Hannover 96	BL		

10 A (kein Tor) für die Schweiz

EICHNER, Christian

24. 11. 1982, Sinsheim/D
Abwehr, 1,83 m, 76 kg

Bis 1996 Sportfreunde Sulzfeld, ab 1996 Karlsruher SC

01/02	Karlsruher SC Am.	OL	15	0
02/03	Karlsruher SC Am.	OL	28	0
03/04	Karlsruher SC Am.	OL	32	1
04/05	Karlsruher SC Am.	OL	34	2
05/06	Karlsruher SC	2. BL	34	0
06/07	Karlsruher SC	2. BL	30	0
07/08	Karlsruher SC	BL	33	2
08/09	Karlsruher SC	BL	31	1
09/10	TSG 1899 Hoffenheim	BL	25	1
10/11	TSG 1899 Hoffenheim	BL	4	0
Jan 11	1. FC Köln	BL	17	0
11/12	1. FC Köln	BL		

EIGLER, Christian

1. 1. 1984, Schwabach/D
Angriff, 1,85 m, 85 kg

Bis 1993 SV Unterreichenbach, 1993-1999 1. FC Nürnberg, Januar 2000-2002 SV Unterreichenbach, ab 2002 SpVgg Greuther Fürth

02/03	SpVgg Greuther Fürth	2. BL	7	3
03/04	SpVgg Greuther Fürth	2. BL	28	4
	SpVgg Greuther Fürth II	OL	3	3
04/05	SpVgg Greuther Fürth	2. BL	21	2
	SpVgg Greuther Fürth II	OL	12	13
05/06	SpVgg Greuther Fürth	2. BL	33	18
06/07	Arminia Bielefeld	BL	27	6
07/08	Arminia Bielefeld	BL	29	6
08/09	1. FC Nürnberg	2. BL	32	8
09/10	1. FC Nürnberg	BL	24	3
10/11	1. FC Nürnberg	BL	32	8
11/12	1. FC Nürnberg	BL		

EKICI, Mehmet

25. 3. 1990, München/D
Mittelfeld, 1,80 m, 76 kg, TUR/D

1995-1997 SpVgg Unterhaching, ab 1997 Bayern München

07/08	Bayern München II	RL	9	0
08/09	Bayern München II	3. L	32	6
09/10	Bayern München II	3. L	29	12
10/11	1. FC Nürnberg	BL	32	3
11/12	Werder Bremen	BL		

4 A (kein Tor) für die Türkei

ELIA, Eljero

13. 2. 1987, Voorburg/NED
Mittelfeld, 1,76 m, 78 kg

Bis 1996 SV Voorburg, Forum Sport Voorburg und TONEGIDO Voorburg, 1996-2000 ADO Den Haag, 2000-2002 Ajax Amsterdam, ab 2002 ADO Den Haag

04/05	ADO Den Haag	NED 1	4	1
05/06	ADO Den Haag	NED 1	30	2
06/07	ADO Den Haag	NED 1	25	3
07/08	FC Twente Enschede	NED 1	30	2
08/09	FC Twente Enschede	NED 1	34	9
09/10	Hamburger SV	BL	24	5
10/11	Hamburger SV	BL	24	2
11/12	Hamburger SV	BL		

22 A (2 Tore) für die Niederlande

ESCUDERO, Sergio

2. 9. 1989, Valladolid/ESP
Abwehr, 1,76 m, 65 kg

1998-2004 CD Michelin, 2004/05 Real Valladolid, 2005/06 Atletico Parquesol, 2006/07 Betis Valladolid, ab 2007 Real Murcia

08/09	Real Murcia B	ESP 3	24	1
	Real Murcia	ESP 2	1	0
09/10	Real Murcia	ESP 2	25	0
10/11	FC Schalke 04	BL	6	0
	FC Schalke 04 II	RL	5	1
11/12	FC Schalke 04	BL		

ESSWEIN, Alexander

25. 3. 1990, Worms/D
Angriff, 1,83 m, 85 kg

Bis 1998 TSV Neuleiningen, 1998-2002 Waldhof Mannheim, ab 2002 1. FC Kaiserslautern

07/08	1. FC Kaiserslautern	2. BL	1	0
08/09	VfL Wolfsburg	BL	4	0
	VfL Wolfsburg II	RL	21	0
09/10	VfL Wolfsburg	BL	4	0
	VfL Wolfsburg II	RL	20	4
10/11	VfL Wolfsburg	BL	0	0
Aug 10	Dynamo Dresden	3. L	31	17
11/12	1. FC Nürnberg	BL		

FÄHRMANN, Ralf

27. 9. 1988, Chemnitz/D
Torhüter, 1,94 m, 89 kg

1995-1998 VfB Chemnitz, 1998-2003 Chemnitzer FC, ab 2003 FC Schalke 04

07/08	FC Schalke 04 II	OL	28	0
08/09	FC Schalke 04	BL	3	0
	FC Schalke 04 II	RL	11	0
09/10	Eintracht Frankfurt	BL	3	0
	Eintracht Frankfurt II	RL	6	0
10/11	Eintracht Frankfurt	BL	15	0
11/12	FC Schalke 04	BL		

FARFAN, Jefferson

26. 10. 1984, Lima/PER
Angriff, 1,78 m, 84 kg

1993-1998 Deportivo Municipal Lima, ab 1999 Alianza Lima

2001	Alianza Lima	PER 1	1	0
2002	Alianza Lima	PER 1	24	2

2003	Alianza Lima	PER 1	33	12
2004	Alianza Lima	PER 1	19	14
04/05	PSV Eindhoven	NED 1	28	8
05/06	PSV Eindhoven	NED 1	31	21
06/07	PSV Eindhoven	NED 1	30	21
07/08	PSV Eindhoven	NED 1	29	7
08/09	FC Schalke 04	BL	31	9
09/10	FC Schalke 04	BL	33	8
10/11	FC Schalke 04	BL	28	3
11/12	FC Schalke 04	BL		

47 A (12 Tore) für Peru

FATHI, Malik
29. 10. 1983, Berlin/D
Abwehr, 1,86 m, 86 kg

1993-2000 Hertha 03 Zehlendorf, 2000/01 Tennis Borussia Berlin, ab 2001 Hertha BSC

01/02	Hertha BSC Am.	OL	1	0
02/03	Hertha BSC Am.	OL	25	0
03/04	Hertha BSC	BL	14	0
	Hertha BSC Am.	OL	15	1
04/05	Hertha BSC	BL	30	0
	Hertha BSC Am.	RL	1	0
05/06	Hertha BSC	BL	26	0
06/07	Hertha BSC	BL	31	1
	Hertha BSC II	RL	2	0
07/08	Hertha BSC	BL	22	1
Mär 08	Spartak Moskau	RUS 1	21	3
2009	Spartak Moskau	RUS 1	16	3
Feb 10	1. FSV Mainz 05	BL	14	1
Jul 10	Spartak Moskau	RUS 1	0	0
Aug 10	1. FSV Mainz 05	BL	19	0
	1. FSV Mainz 05 II	RL	2	0
11/12	1. FSV Mainz 05	BL		

2 A (kein Tor) für Deutschland

FELIPE SANTANA
Felipe Augusto Santana
17. 3. 1986, Rio Claro/BRA
Abwehr, 1,94 m, 80 kg

2006	Figueirense FC	BRA-R1	3	0
	Figueirense FC	BRA 1	2	0
2007	Figueirense FC	BRA-R1	10	0
	Figueirense FC	BRA 1	34	3
2008	Figueirense FC	BRA-R1	19	1
	Figueirense FC	BRA 1	1	2
08/09	Borussia Dortmund	BL	23	4
09/10	Borussia Dortmund	BL	25	0
10/11	Borussia Dortmund	BL	13	0
11/12	Borussia Dortmund	BL		

FERATI, Beg
10. 11. 1986, Basel/SUI
Abwehr, 1,88 m, 81 kg

1996-2001 FC Pratteln, 2001-2005 Concordia Basel

05/06	FC Basel B	SUI 3	28	0
06/07	Concordia Basel	SUI 2	31	1
07/08	Concordia Basel	SUI 2	14	1
Jan 08	FC Basel	SUI 1	5	0
08/09	FC Basel	SUI 1	18	0
	FC Basel B	SUI 3	2	0
09/10	FC Basel	SUI 1	17	0
10/11	FC Basel	SUI 1	16	0
11/12	SC Freiburg	BL		

FEULNER, Markus
12. 2. 1982, Scheßlitz/D
Mittelfeld, 1,81 m, 82 kg

1988-1992 SV Pettstadt, 1992-1997 1. FC Bamberg, ab 1997 Bayern München

00/01	Bayern München Am.	RL	8	0
01/02	Bayern München	BL	1	0
	Bayern München Am.	RL	21	4
02/03	Bayern München	BL	10	0
	Bayern München Am.	RL	18	4
03/04	Bayern München	BL	2	0
	Bayern München Am.	RL	6	1
Jan 04	1. FC Köln	BL	12	1
04/05	1. FC Köln	2. BL	13	1
	1. FC Köln Am.	RL	9	1
05/06	1. FC Köln	BL	13	3
	1. FC Köln II	RL	3	0
06/07	1. FSV Mainz 05	BL	30	2
07/08	1. FSV Mainz 05	2. BL	27	6
08/09	1. FSV Mainz 05	2. BL	30	7
09/10	Borussia Dortmund	BL	9	0
	Borussia Dortmund II	3. L	2	0
10/11	Borussia Dortmund	BL	6	0
11/12	1. FC Nürnberg	BL		

FLUM, Johannes
14. 12. 1987, Waldshut/D
Mittelfeld, 1,90 m, 80 kg

1993-2001 TuS Weilheim und SV Laufenburg, 2001-2006 SC Freiburg

06/07	SC Pfullendorf	RL	16	0
	SC Pfullendorf II	VL		
07/08	SC Pfullendorf	RL	33	2
08/09	SC Freiburg	2. BL	30	0
09/10	SC Freiburg	BL	25	1
	SC Freiburg II	RL	1	0
10/11	SC Freiburg	BL	12	2
	SC Freiburg II	RL	2	1
11/12	SC Freiburg	BL		

FOCHER, Johannes
20. 1. 1990, Berchtesgaden/D
Torhüter, 1,97 m, 95 kg

Bis 2006 Hammer SpVgg, seit 2006 Borussia Dortmund

08/09	Borussia Dortmund II	RL	15	0
09/10	Borussia Dortmund II	3. L	5	0
10/11	Borussia Dortmund II	RL	29	0
11/12	Borussia Dortmund	BL		

FORTOUNIS, Konstantinos
16. 10. 1992, Trikala/GRE
Mittelfeld, 1,83 m, 70 kg

Bis 2008 Olympiakos Piräus

08/09	Dimitra Trikala			
09/10	AO Trikala	GRE 3	13	0
10/11	Asteras Tripolis	GRE 1	24	1
11/12	1. FC Kaiserslautern	BL		

FRANTZ, Mike
14.10. 1986, Saarbrücken/D
Mittelfeld, 1,80 m, 79 kg

DJK Folsterhöhe, AFC Saarbrücken

04/05	Borussia Neunkirchen	OL	10	2
	Borussia Neunkirchen II	LL	1	2

05/06	Borussia Neunkirchen	OL	29	6
	Borussia Neunkirchen II	LL	1	3
06/07	1. FC Saarbrücken	RL	14	2
	1. FC Saarbrücken II	OL	12	4
07/08	1. FC Saarbrücken	OL	27	12
08/09	1. FC Nürnberg	2. BL	16	2
	1. FC Nürnberg II	RL	3	0
09/10	1. FC Nürnberg	BL	24	3
10/11	1. FC Nürnberg	BL	14	2
11/12	1. FC Nürnberg	BL		

FRANZ, Maik

5. 8. 1981, Merseburg/D

Abwehr, 1,90 m, 89 kg

1987-1997 SV Langenstein, 1997/98 Germania Halberstadt, ab 1998 1. FC Magdeburg

99/00	1. FC Magdeburg	RL	4	0
00/01	1. FC Magdeburg	OL	25	3
01/02	VfL Wolfsburg	BL	23	0
	VfL Wolfsburg Am.	OL	5	0
02/03	VfL Wolfsburg	BL	13	0
	VfL Wolfsburg Am.	OL	4	0
03/04	VfL Wolfsburg	BL	23	2
	VfL Wolfsburg Am.	OL	2	0
04/05	VfL Wolfsburg	BL	16	0
	VfL Wolfsburg Am.	RL	4	0
05/06	VfL Wolfsburg	BL	16	0
	VfL Wolfsburg II	OL	2	2
06/07	Karlsruher SC	2. BL	31	2
07/08	Karlsruher SC	BL	29	2
08/09	Karlsruher SC	BL	15	2
09/10	Eintracht Frankfurt	BL	27	6
10/11	Eintracht Frankfurt	BL	23	0
11/12	Hertha BSC	BL		

FREIS, Sebastian

23. 4. 1985, Karlsruhe/D

Angriff, 1,83 m, 78 kg

1992-1999 SC Wettersbach, ab 1999 Karlsruher SC

03/04	Karlsruher SC Am.	OL	9	6
04/05	Karlsruher SC	2. BL	23	8
	Karlsruher SC Am.	OL	12	6
05/06	Karlsruher SC	2. BL	26	7
	Karlsruher SC II	RL	5	1
06/07	Karlsruher SC	2. BL	29	7
07/08	Karlsruher SC	BL	31	8
08/09	Karlsruher SC	BL	34	9
09/10	1. FC Köln	BL	31	3
10/11	1. FC Köln	BL	13	1
11/12	1. FC Köln	BL		

FRIEDRICH, ARNE

29. 5. 1979, Bad Oeynhausen/D

Abwehr, 1,85 m, 82 kg

1984-1987 FC Bad Oeynhausen, 1987-1992 TuS Lohe, 1992-1995 SC Herford, ab 1995 FC Gütersloh

97/98	FC Gütersloh Am.	BezL		
98/99	FC Gütersloh Am.	BezL		
99/00	SC Verl	RL	31	0
00/01	Arminia Bielefeld	2. BL	25	1
01/02	Arminia Bielefeld	2. BL	22	0
02/03	Hertha BSC	BL	33	5
03/04	Hertha BSC	BL	30	2
04/05	Hertha BSC	BL	25	3
05/06	Hertha BSC	BL	31	1
06/07	Hertha BSC	BL	26	2
07/08	Hertha BSC	BL	30	0
08/09	Hertha BSC	BL	25	0
09/10	Hertha BSC	BL	31	1
10/11	VfL Wolfsburg	BL	15	0
11/12	VfL Wolfsburg	BL		

82 A (1 Tor) für Deutschland

FRIEDRICH, Manuel

13. 9. 1979, Bad Kreuznach/D

Abwehr, 1,89 m, 83 kg

Bis 1995 SG Guldental 07, ab 1995 1. FSV Mainz 05

98/99	1. FSV Mainz 05 Am.	VL		
99/00	1. FSV Mainz 05 Am.	OL	25	3
	1. FSV Mainz 05	2. BL	5	0
00/01	1. FSV Mainz 05	2. BL	27	0
01/02	1. FSV Mainz 05	2. BL	31	8
02/03	Werder Bremen	BL	0	0
03/04	Werder Bremen	BL	1	0
	Werder Bremen Am.	RL	13	2
Jan 04	1. FSV Mainz 05	2. BL	17	4
04/05	1. FSV Mainz 05	BL	33	1
05/06	1. FSV Mainz 05	BL	34	3
06/07	1. FSV Mainz 05	BL	32	0
07/08	Bayer Leverkusen	BL	32	4
08/09	Bayer Leverkusen	BL	30	3
09/10	Bayer Leverkusen	BL	31	3
10/11	Bayer Leverkusen	BL	19	0
11/12	Bayer Leverkusen	BL		

9 A (1 Tor) für Deutschland

FRIEND, Rob

23. 1. 1981, Rosetown/CAN

Angriff, 1,95 m, 94 kg

1999	Western Michigan Univ.			
2000	Western Michigan Univ.			
2001	Santa Barbara Univ.	NCAA	18	11
2002	Santa Barbara Univ.	NCAA	22	20
2003	FK Moss	NOR 2	25	8
2004	FK Moss	NOR 2	16	8
Aug 04	Molde FK	NOR 1	6	2
2005	Molde FK	NOR 1	25	10
2006	Molde FK	NOR 1	9	2
06/07	SC Heerenveen	NED 1	19	5
Jan 07	Heracles Almelo	NED 1	12	3
07/08	Bor. Mönchengladbach	2. BL	33	18
08/09	Bor. Mönchengladbach	BL	24	7
09/10	Bor. Mönchengladbach	BL	26	3
10/11	Hertha BSC	2. BL	25	5
11/12	Hertha BSC	BL		

32 A (2 Tore) für Kanada

FRITZ, Clemens

7. 12. 1980, Erfurt/D

Abwehr, 1,83 m, 81 kg

1988-1997 Rot-Weiß Erfurt, ab 1997 VfB Leipzig

98/99	VfB Leipzig	RL	6	0
99/00	Rot-Weiß Erfurt	RL	25	4
00/01	Rot-Weiß Erfurt	RL	32	10

01/02 Karlsruher SC 2. BL 31 5
02/03 Karlsruher SC 2. BL 30 2
03/04 Bayer Leverkusen BL 14 1
Bayer Leverkusen Am. OL 10 2
04/05 Bayer Leverkusen Am. OL 5 1
05/06 Bayer Leverkusen BL 29 1
Bayer Leverkusen II RL 4 0
06/07 Werder Bremen BL 32 1
07/08 Werder Bremen BL 23 1
08/09 Werder Bremen BL 24 0
09/10 Werder Bremen BL 30 1
10/11 Werder Bremen BL 29 0
11/12 Werder Bremen BL
22 A (2 Tore) für Deutschland

FUCHS, Christian
7. 4. 1986, Neunkirchen/AUT
Abwehr, 1,86 m, 82 kg
1992-2000 SVG Pitten, 2000-03 1. Wiener Neustädter SC
03/04 SV Mattersburg AUT 1 13 0
04/05 SV Mattersburg AUT 1 24 2
05/06 SV Mattersburg AUT 1 35 1
06/07 SV Mattersburg AUT 1 35 6
07/08 SV Mattersburg AUT 1 33 3
08/09 VfL Bochum BL 22 2
09/10 VfL Bochum BL 31 4
10/11 1. FSV Mainz 05 BL 31 0
11/12 FC Schalke 04 BL
41 A (1 Tor) für Österreich

FUTACS, Marko
22. 2. 1990, Budapest/HUN
Angriff, 1,96 m, 90 kg
Bis 2006 Ferencvaros Budapest, ab 2006 AS Nancy
07/08 AS Nancy II FRA 4 17 1
08/09 AS Nancy II FRA 4 12 3
Jan 09 Werder Bremen BL 0 0
09/10 Werder Bremen 3. L 13 3
10/11 FC Ingolstadt 04 2. BL 23 2
11/12 Werder Bremen BL

GAVRANOVIC, Mario
24. 11. 1989, Lugano/SUI
Angriff, 1,75 m, 74 kg, SUI/CRO
1994-1999 Vedeggio Calcio, 1999-2006 Team Ticino
06/07 AC Lugano SUI 2 2 0
07/08 AC Lugano SUI 2 21 8
08/09 Yverdon-Sport FC SUI 2 20 8
09/10 Neuchatel Xamax SUI 1 17 8
Jan 10 FC Schalke 04 BL 2 0
FC Schalke 04 II RL 3 1
10/11 FC Schalke 04 BL 8 0
FC Schalke 04 II RL 2 1
11/12 FC Schalke 04 BL
1 A (kein Tor) für die Schweiz

GEBHART, Timo
12. 4. 1989, Memmingen/D
Mittelfeld, 1,82 m, 78 kg
Bis 2001 BSC Memmingen, 2001-2004 FC Memmingen, ab 2004 TSV München 1860
06/07 TSV München 1860 II RL 4 1
07/08 TSV München 1860 2. BL 21 0
TSV München 1860 II RL 1 0
08/09 TSV München 1860 2. BL 16 5
Jan 09 VfB Stuttgart BL 11 0
09/10 VfB Stuttgart BL 28 2
10/11 VfB Stuttgart BL 25 2
11/12 VfB Stuttgart BL

GELIOS, Ioannis
24. 4. 1992, Augsburg/D
Torwart, 1,90 m, 76 kg, D/GRE
Bis Dezember 2000 MBB-SG Augsburg, seit Januar 2001 FC Augsburg
11/12 FC Augsburg BL

GENTNER, Christian
14. 8. 1985, Nürtingen/D
Mittelfeld, 1,89 m, 81 kg
Bis 1997 TSV Beuren, 1997-1999 VfL Kirchheim/Teck, ab 1999 VfB Stuttgart
04/05 VfB Stuttgart BL 1 0
VfB Stuttgart Am. RL 28 6
05/06 VfB Stuttgart BL 23 1
06/07 VfB Stuttgart BL 15 0
VfB Stuttgart II RL 2 0
07/08 VfL Wolfsburg BL 31 3
08/09 VfL Wolfsburg BL 34 4
09/10 VfL Wolfsburg BL 34 4
10/11 VfB Stuttgart BL 31 5
11/12 VfB Stuttgart
5 A (kein Tor) für Deutschland

GEROMEL
Pedro Tonon Geromel
21. 9. 1985, São Paulo/BRA
Abwehr, 1,90 m, 84 kg, BRA/ITA
Bis 2003 Palmeiras São Paulo, ab 2003 GD Chaves
04/05 GD Chaves POR 2 15 0
05/06 Vitória Guimarães POR 1 17 0
06/07 Vitória Guimarães POR 2 21 0
07/08 Vitória Guimarães POR 1 29 1
08/09 1. FC Köln BL 32 1
09/10 1. FC Köln BL 29 1
10/11 1. FC Köln BL 27 2
11/12 1. FC Köln BL

GIEFER, Fabian
17. 5. 1990, Adenau/D
Torwart, 1,96 m, 86 kg
1996-1999 1. FC Oberahr, 1999-2003 TuRa Lommersdorf, seit 2003 Bayer Leverkusen
07/08 Bayer Leverkusen II OL 1 0
08/09 Bayer Leverkusen II RL 10 0
09/10 Bayer Leverkusen BL 3 0
Bayer Leverkusen II RL 13 0
10/11 Bayer Leverkusen BL 2 0
Bayer Leverkusen II RL 10 0
11/12 Bayer Leverkusen BL

GÖTZE, Mario

3. 6. 1992, Memmingen/D

Mittelfeld, 1,76 m, 64 kg

1997-1998 SC Ronsberg, 1998-2001 Eintracht Hombruch, seit 2001 Borussia Dortmund

09/10	Borussia Dortmund	BL	5	0
10/11	Borussia Dortmund	BL	33	6
11/12	Borussia Dortmund	BL		

6 A (kein Tor) für Deutschland

GOGIA, Akaki

18. 1. 1992, Rustawi/GEO

Mittelfeld, 1,78 m, 72 kg, D

1998-2004 Hannover 96, ab 2004 VfL Wolfsburg

09/10	VfL Wolfsburg II	RL	4	0
10/11	VfL Wolfsburg II	RL	5	0
11/12	FC Augsburg	BL		

GOMEZ, Mario

10. 7. 1985, Riedlingen/D

Angriff, 1,89 m, 88 kg, D/ESP

Bis Dezember 2000 SV Unlingen, FV Saulgau, SSV Ulm 1846, ab Januar 2001 VfB Stuttgart

03/04	VfB Stuttgart	BL	1	0
	VfB Stuttgart Am.	RL	19	6
04/05	VfB Stuttgart	BL	8	0
	VfB Stuttgart Am.	RL	24	15
05/06	VfB Stuttgart	BL	30	6
06/07	VfB Stuttgart	BL	25	14
07/08	VfB Stuttgart	BL	25	19
08/09	VfB Stuttgart	BL	32	24
09/10	Bayern München	BL	29	10
10/11	Bayern München	BL	32	28
11/12	Bayern München	BL		

46 A (19 Tore) für Deutschland

GOPKO, Eugen

5. 1. 1991, Kiew/URS

Abwehr, 1,68 m, 65 kg, D

Bis Dezember 2004 FK Mukachevo, Januar bis Juni 2005 FSV Osthofen, 2005/06 TuS Neuhausen, seit 2006 1. FSV Mainz 05

09/10	1. FSV Mainz 05	BL	1	0
	1. FSV Mainz 05 II	RL	7	1
10/11	1. FSV Mainz 05	BL	1	0
	1. FSV Mainz 05 II	RL	21	2
11/12	1. FSV Mainz 05	BL		

GROßKREUTZ, Kevin

19. 7. 1988, Dortmund/D

Mittelfeld, 1,86 m, 72 kg

Bis 2002 VfL Kemminghausen, Merkur Dortmund und Borussia Dortmund, ab 2002 LR Ahlen

05/06	LR Ahlen II	OL	9	4
06/07	Rot-Weiss Ahlen	RL	27	5
	Rot-Weiss Ahlen II	OL	2	2
07/08	Rot-Weiss Ahlen	RL	35	12
08/09	Rot-Weiss Ahlen	2. BL	33	6
	Rot-Weiss Ahlen II	VL	1	0
09/10	Borussia Dortmund	BL	32	5
10/11	Borussia Dortmund	BL	34	8
11/12	Borussia Dortmund	BL		

3 A (kein Tor) für Deutschland

GÜNDOGAN, Ilkay

24. 10. 1990, Gelsenkirchen/D

Mittelfeld, 1,80 m, 79 kg

1993-1998 SV Heßler 06, 1998/99 FC Schalke04, 1999-2004 SV Heßler 06, 2004/05 SSV Buer 07/28, ab 2005 VfL Bochum

08/09	VfL Bochum II	RL	2	1
Feb 09	1. FC Nürnberg	2. BL	1	0
09/10	1. FC Nürnberg	BL	22	1
10/11	1. FC Nürnberg	BL	25	5
11/12	Borussia Dortmund	BL		

GUERRERO, Paolo

José Paolo Guerrero Gonzalez

1. 1. 1984, Lima/PER

Angriff, 1,85 m, 82 kg

1992 bis August 2002 Alianza Lima

Aug 02	Bayern München Am.	RL	18	8
03/04	Bayern München Am.	RL	24	21
04/05	Bayern München	BL	13	6
	Bayern München Am.	RL	11	7
05/06	Bayern München	BL	14	4
	Bayern München II	RL	13	9
06/07	Hamburger SV	BL	20	5
07/08	Hamburger SV	BL	29	9
08/09	Hamburger SV	BL	31	9
09/10	Hamburger SV	BL	6	4
10/11	Hamburger SV	BL	25	4
11/12	Hamburger SV	BL		

34 A (14 Tore) für Peru

GULDE, Manuel

12. 2. 1991, Mannheim/D

Abwehr, 1,83 m, 77 kg

Bis 2007 SC Pfingstberg-Hochstätt und VfL Neckarau, seit 2007 TSG 1899 Hoffenheim

09/10	TSG 1899 Hoffenheim	BL	6	0
	TSG 1899 Hoffenheim II	OL	1	0
10/11	TSG 1899 Hoffenheim	BL	1	0
	TSG 1899 Hoffenheim II	RL	7	0
11/12	TSG 1899 Hoffenheim	BL		

HAAS, Daniel

1. 8. 1983, Erlenbach/D

Torhüter, 1,88 m, 82 kg

1987-1996 BSC Elsenfeld, ab 1996 Eintracht Frankfurt

01/02	Eintracht Frankfurt Am.	OL	14	0
02/03	Hannover 96 Am.	VL	21	0
03/04	Hannover 96	BL	1	0
	Hannover 96 Am.	OL	18	0
04/05	Hannover 96 Am.	OL	30	0
05/06	TSG 1899 Hoffenheim	RL	12	0
	TSG 1899 Hoffenheim II	OL	6	0
06/07	TSG 1899 Hoffenheim	RL	23	0
07/08	TSG 1899 Hoffenheim	2. BL	17	0
08/09	TSG 1899 Hoffenheim	BL	18	0
09/10	TSG 1899 Hoffenheim	BL	6	0
10/11	TSG 1899 Hoffenheim	BL	9	0
11/12	TSG 1899 Hoffenheim	BL		

HAGGUI, Karim

20. 1. 1984, Kasserine/TUN
Abwehr, 1,90 m, 86 kg, TUN

1998-2000 ES Kasserine, ab 2000 ES Sahel Sousse

02/03	ES Sahel Sousse	TUN 1		
03/04	ES Sahel Sousse	TUN 1		
04/05	Racing Straßburg	FRA 1	20	0
	Racing Straßburg II	FRA 4	2	0
05/06	Racing Straßburg	FRA 1	23	2
06/07	Bayer Leverkusen	BL	24	0
07/08	Bayer Leverkusen	BL	24	2
08/09	Bayer Leverkusen	BL	11	1
09/10	Hannover 96	BL	30	2
10/11	Hannover 96	BL	25	1
11/12	Hannover 96	BL		

69 A (5 Tore) für Tunesien

HAIN, Stephan

7. 2. 1989, Zwiesel/D
Angriff, 1,78 m, 72 kg

Bis 2003 SV Ziesel und TSV Lindberg, ab 2003 SpVgg Ruhmannsfelden

06/07	SpVgg Ruhmannsfelden	BezOL		2
07/08	FC Augsburg	2. BL	1	0
	FC Augsburg II	LL		31
08/09	FC Augsburg	2. BL	9	1
	FC Augsburg II	LL		7
09/10	FC Augsburg	2. BL	16	3
	FC Augsburg II	LL		3
10/11	FC Augsburg	2. BL	25	10
11/12	FC Augsburg	BL		

HAJNAL, Tamas

15. 3. 1981, Esztergom/HUN
Mittelfeld, 1,68 m, 67 kg

1985-1993 Zoltek SE Nyergesujfalu, ab 1993 Ferencvaros Budapest

96/97	Ferencvaros Budapest	HUN 1	2	0
97/98	FC Vac	Jug.		
Jan 98	FC Schalke 04	Jug.		
98/99	FC Schalke 04	Jug.		
99/00	FC Schalke 04	BL	8	0
	FC Schalke 04 Am.	OL	18	9
00/01	FC Schalke 04	OL	28	9
01/02	FC Schalke 04	OL	29	11
02/03	FC Schalke 04	OL	32	13
03/04	FC Schalke 04	RL	15	8
04/05	Sint-Truidense VV	BEL 1	30	6
05/06	Sint-Truidense VV	BEL 1	20	5
06/07	1. FC Kaiserslautern	2. BL	32	7
07/08	Karlsruher SC	BL	32	8
08/09	Borussia Dortmund	BL	30	5
09/10	Borussia Dortmund	BL	21	0
	Borussia Dortmund II	3. L	1	0
10/11	Borussia Dortmund II	RL	1	0
Jan 11	VfB Stuttgart	BL	12	3
11/12	VfB Stuttgart	BL		

40 A (5 Tore) für Ungarn

HANKE, Mike

5. 11. 1983, Hamm/D
Angriff, 1,85 m, 83 kg

1989-1996 TuS Wiescherhöfen, 1996-1999 Hammer SpVgg, 1999/00 VfL Bochum, ab 2000 FC Schalke 04

01/02	FC Schalke 04	BL	1	0
	FC Schalke 04 Am.	OL	2	3
02/03	FC Schalke 04	BL	9	0
	FC Schalke 04 Am.	OL	18	17
03/04	FC Schalke 04	BL	23	2
	FC Schalke 04 Am.	RL	4	2
04/05	FC Schalke 04	BL	25	5
	FC Schalke 04 Am.	OL	1	0
05/06	VfL Wolfsburg	BL	31	8
06/07	VfL Wolfsburg	BL	22	8
07/08	Hannover 96	BL	31	10
08/09	Hannover 96	BL	25	4
09/10	Hannover 96	BL	18	2
10/11	Hannover 96	BL	7	3
	Hannover 96 II	RL	1	2
Jan 11	Bor. Mönchengladbach	BL	14	1
11/12	Bor. Mönchengladbach	BL		

12 A (1 Tor) für Deutschland

HARNIK, Martin

10. 6. 1987, Hamburg/D
Angriff, 1,85 m, 75 kg, AUT/D

Ab 1992 SC Vier- und Marschlande

04/05	SC Vier- und Marschlande	LL	1	1
05/06	SC Vier- und Marschlande	LL	9	13
Jan 06	Werder Bremen II	RL	13	2
06/07	Werder Bremen II	RL	21	7
07/08	Werder Bremen	BL	9	1
	Werder Bremen II	RL	12	3
08/09	Werder Bremen	BL	8	0
	Werder Bremen	3. L	8	1
09/10	Werder Bremen	BL	0	0
Aug 09	Fortuna Düsseldorf	2. BL	30	13
10/11	VfB Stuttgart	BL	32	9
11/12	VfB Stuttgart	BL		

24 A (5 Tore) für Österreich

HASEBE, Makoto

18. 1. 1984, Fujieda/JPN
Mittelfeld, 1,80 m, 72 kg

Bis 2002 Fujieda Higashi High School

2003	Urawa Red Diamonds	JPN 1	28	2
2004	Urawa Red Diamonds	JPN 1	27	5
2005	Urawa Red Diamonds	JPN 1	31	2
2006	Urawa Red Diamonds	JPN 1	32	2
2007	Urawa Red Diamonds	JPN 1	31	1
Jan 08	VfL Wolfsburg	BL	16	1
08/09	VfL Wolfsburg	BL	25	0
09/10	VfL Wolfsburg	BL	24	1
10/11	VfL Wolfsburg	BL	23	0
11/12	VfL Wolfsburg	BL		

45 A (2 Tore) für Japan

HAUGER, Henning

17. 7. 1985, Baerum/NOR
Mittelfeld, 1,79 m, 76 kg

2003	Stabaek IF	NOR 1	2	0
2004	Stabaek IF	NOR 1	16	2

2005	Stabaek IF	NOR 2	30	1
2006	Stabaek IF	NOR 1	19	1
2007	Stabaek IF	NOR 1	26	3
2008	Stabaek IF	NOR 1	18	0
2009	Stabaek IF	NOR 1	29	0
	Stabaek IF II	NOR 3	1	1
2010	Stabaek IF	NOR 1	30	0
2011	Stabaek IF	NOR 1	14	0
11/12	Hannover 96	BL		

21 A (kein Tor) für Norwegen

HEGELER, Jens

22. 1. 1988, Bergisch Gladbach/D
Mittelfeld, 1,93 m, 86 kg

1993-1995 SV Westhoven, 1995-1998 SpVgg Porz, 1998-2004 1. FC Köln, 2004/05 Yurdumspor Köln, 2005/06 VfL Leverkusen

06/07	Bayer Leverkusen II	RL	1	0
07/08	Bayer Leverkusen	BL	1	0
	Bayer Leverkusen II	OL	31	3
08/09	Bayer Leverkusen	BL	2	0
	Bayer Leverkusen II	RL	6	2
Jan 09	FC Augsburg	2. BL	11	0
09/10	FC Augsburg	2. BL	24	1
10/11	1. FC Nürnberg	BL	34	3
11/12	1. FC Nürnberg	BL		

HEIMEROTH, Christofer

1. 8. 1981, Unna/D
Torhüter, 1,94 m, 91 kg

1989-1995 SG Massen, 1995/96 BSV Menden, 1996/97 Borussia Dortmund, 1997-1999 Sportfreunde Oestrich, ab 1999 FC Schalke 04

00/01	FC Schalke 04 Am.	OL	14	0
01/02	FC Schalke 04 Am.	OL	32	0
02/03	FC Schalke 04 Am.	OL	24	0
03/04	FC Schalke 04	BL	3	0
	FC Schalke 04 Am.	RL	11	0
04/05	FC Schalke 04	BL	3	0
	FC Schalke 04 Am.	OL	5	0
05/06	FC Schalke 04	BL	2	0
06/07	Bor. Mönchengladbach	BL	7	0
	Bor. Mönchengladbach II	RL	4	0
07/08	Bor. Mönchengladbach	2. BL	33	0
08/09	Bor. Mönchengladbach	BL	9	0
09/10	Bor. Mönchengladbach	BL	5	0
10/11	Bor. Mönchengladbach	BL	13	0
11/12	Bor. Mönchengladbach	BL		

HELLER, Florian

10. 3. 1982, Rosenheim/D
Mittelfeld, 1,79 m, 75 kg

1986-1992 SV Pang, 1992-1998 TSV 1860 Rosenheim, ab 1998 Bayern München

00/01	Bayern München Am.	RL	9	2
01/02	Bayern München Am.	RL	28	3
02/03	Bayern München Am.	RL	21	0
03/04	SpVgg Greuther Fürth	2. BL	28	1
	SpVgg Greuther Fürth Am.	OL	1	0
04/05	SpVgg Greuther Fürth	2. BL	15	0
	SpVgg Greuther Fürth Am.	OL	5	3
05/06	Erzgebirge Aue	2. BL	25	2
06/07	Erzgebirge Aue	2. BL	25	5
07/08	Erzgebirge Aue	2. BL	26	5
08/09	1. FSV Mainz 05	2. BL	30	2
09/10	1. FSV Mainz 05	BL	30	0
10/11	1. FSV Mainz 05	BL	19	1
11/12	1. FSV Mainz 05	BL		

HELMES, Patrick

1. 3. 1984, Köln/D
Angriff, 1,83 m, 81 kg

1989-1991 TuS Alchen, 1991/92 SpVgg Bürbach, 1992-1997 Sportfreunde Siegen, 1997-2000 1. FC Köln, ab 2000 Sportfreunde Siegen

02/03	Sportfreunde Siegen II	OL	3	0
03/04	Sportfreunde Siegen	RL	17	1
	Sportfreunde Siegen II	OL	28	18
04/05	Sportfreunde Siegen	RL	34	21
05/06	1. FC Köln	BL	13	4
	1. FC Köln II	RL	7	4
06/07	1. FC Köln	2. BL	19	14
07/08	1. FC Köln	2. BL	33	17
08/09	Bayer Leverkusen	BL	34	21
09/10	Bayer Leverkusen	BL	12	2
10/11	Bayer Leverkusen	BL	11	5
Jan 11	VfL Wolfsburg	BL	8	1
11/12	VfL Wolfsburg	BL		

13 A (2 Tore) für Deutschland

HERRMANN, Patrick

12. 2. 1991, Uchtelfangen/D
Mittelfeld, 1,79 m, 68 kg

Bis 2004 FC Uchtelfangen, 2004-2008 1. FC Saarbrücken, seit 2008 Borussia Mönchengladbach

09/10	Bor. Mönchengladbach	BL	13	1
	Bor. Mönchengladbach II	RL	11	0
10/11	Bor. Mönchengladbach	BL	24	3
	Bor. Mönchengladbach II	RL	2	0
11/12	Bor. Mönchengladbach	BL		

HESL, Wolfgang

13. 1. 1986, Altfalter/D
Torhüter, 1,86 m, 88 kg

Bis Dezember 2003 bei SV Altfalter, 1. FC Schwarzenfeld, 1. FC Amberg, seit Januar 2004 Hamburger SV

04/05	Hamburger SV Am.	RL	7	0
05/06	Hamburger SV II	RL	31	0
06/07	Hamburger SV II	RL	32	0
07/08	Hamburger SV	BL	1	0
	Hamburger SV II	RL	4	0
08/09	Hamburger SV II	RL	8	0
09/10	Hamburger SV	BL	1	0
	Hamburger SV II	RL	2	0
10/11	Hamburger SV II	RL	1	0
Aug 10	SV Ried	AUT 1	20	0
11/12	Hamburger SV	BL		

HITZ, Marwin

18. 9. 1987, St. Gallen/SUI
Torwart, 1,92 m, 89 kg

05/06	FC St. Gallen II	SUI 3	26	0
06/07	FC St. Gallen II	SUI 3	17	0
07/08	Yverdon-Sport FC	SUI 2	0	0
Jan 08	FC Winterthur	SUI 2	10	0
	FC Winterthur II	SUI 3	2	0
08/09	FC Winterthur	SUI 2	5	0

Sep 08	VfL Wolfsburg II	RL	6	0
09/10	VfL Wolfsburg	BL	5	0
	VfL Wolfsburg II	RL	29	0
10/11	VfL Wolfsburg	BL	6	0
	VfL Wolfsburg II	RL	10	0
11/12	VfL Wolfsburg	BL		

HÖGER, Marco
16. 9. 1989, Köln/D
Mittelfeld, 1,86 m, 78 kg

1994-2001 Tus Höhenhaus, 2001-2005 Bayer Leverkusen, ab 2005 Alemannia Aachen

08/09	Alemannia Aachen II	OL	21	3
09/10	Alemannia Aachen	2. BL	10	0
	Alemannia Aachen II	OL	18	4
10/11	Alemannia Aachen	2. BL	33	7
11/12	FC Schalke 04	BL		

HÖWEDES, Benedikt
29. 2. 1988, Haltern/D
Abwehr, 1,87 m, 80 kg

1994-2000 TuS Haltern, 2000/01 SG Herten-Langenbochum, seit 2001 FC Schalke 04

06/07	FC Schalke 04 II	OL	1	0
07/08	FC Schalke 04	BL	6	0
	FC Schalke 04 II	OL	13	0
08/09	FC Schalke 04	BL	24	2
	FC Schalke 04 II	RL	1	0
09/10	FC Schalke 04	BL	33	3
10/11	FC Schalke 04	BL	30	1
11/12	FC Schalke 04	BL		

2 A (kein Tor) für Deutschland

HOLTBY, Lewis
18. 9. 1990, Erkelenz/D
Mittelfeld, 1,76 m, 72 kg, D/ENG

1994-2001 Grün-Weiss Sparta Gerderath, 2001-2004 Borussia Mönchengladbach, ab 2004 Alemannia Aachen

07/08	Alemannia Aachen	2. BL	2	0
	Alemannia Aachen II	OL	10	5
08/09	Alemannia Aachen	2. BL	31	8
09/10	FC Schalke 04	BL	9	0
Jan 10	VfL Bochum	BL	14	2
10/11	1. FSV Mainz 05	BL	30	4
11/12	FC Schalke 04	BL		

2 A (kein Tor) für Deutschland

HOOGLAND, Tim
11. 6. 1985, Marl/D
Abwehr, 1,83 m, 81 kg

1990-1996 VfB Hüls, 1996-1998 TSV Marl-Hüls, ab 1998 FC Schalke 04

03/04	FC Schalke 04 Am.	RL	6	0
04/05	FC Schalke 04	BL	3	0
	FC Schalke 04 Am.	OL	16	3
05/06	FC Schalke 04 II	OL	11	0
06/07	FC Schalke 04	BL	9	0
	FC Schalke 04 II	OL	10	5
07/08	1. FSV Mainz 05	2. BL	30	5
08/09	1. FSV Mainz 05	2. BL	33	3
09/10	1. FSV Mainz 05	BL	21	6
10/11	FC Schalke 04	BL	0	0
11/12	FC Schalke 04	BL		

HORN, Timo
12. 5. 1993, Köln/D
Torhüter, 1,92 m, 83 kg

Bis 2002 SC Rondorf, seit 2002 1. FC Köln

10/11	1. FC Köln II	RL	15	0
11/12	1. FC Köln	BL		

HORNSCHUH, Marc
2. 3. 1991, Dortmund/D
Abwehr, 1,88 m, 75 kg

1994-2002 DJK TuS Körne, seit 2002 Borussia Dortmund

08/09	Borussia Dortmund II	RL	1	0
09/10	Borussia Dortmund II	3. L	1	0
10/11	Borussia Dortmund II	RL	15	0
11/12	Borussia Dortmund	BL		

HOSOGAI, Hajime
10. 6. 1986, Maebashi/JPN
Mittelfeld, 1,76 m, 68 kg

2001-2004 Maebashi Ikuei Highschool

2005	Urawa Red Diamonds	JPN 1	3	0
2006	Urawa Red Diamonds	JPN 1	2	0
2007	Urawa Red Diamonds	JPN 1	8	0
2008	Urawa Red Diamonds	JPN 1	26	2
2009	Urawa Red Diamonds	JPN 1	31	2
2010	Urawa Red Diamonds	JPN 1	28	1
Jan 11	FC Augsburg	2. BL	7	0
11/12	FC Augsburg	BL		

6 A (1 Tor) für Japan

HUBNIK, Roman
6. 6. 1984, Vsetin/CSV
Abwehr, 1,92 m, 84 kg, CZE

1990-1996 TJ Halenkov, 1996/97 FC Vsetin, 1997/98 FC Zlin, ab 1998 Sigma Olomouc

01/02	Sigma Olomouc B	CZE 2	4	0
02/03	Sigma Olomouc	CZE 1	16	0
	Sigma Olomouc B	CZE 2	10	1
03/04	Sigma Olomouc	CZE 1	19	1
	Sigma Olomouc B	CZE 2	2	0
04/05	Sigma Olomouc	CZE 1	26	1
05/06	Sigma Olomouc	CZE 1	27	2
	Sigma Olomouc B	CZE 2	2	0
06/07	Sigma Olomouc	CZE 1	16	0
Jan 07	FK Moskau	RUS 1	5	0
2008	FK Moskau	RUS 1	4	0
Jan 09	Sparta Prag	CZE 1	14	4
09/10	Sparta Prag	CZE 1	15	1
Jan 10	Hertha BSC	BL	7	0
10/11	Hertha BSC	2. BL	31	3
11/12	Hertha BSC	BL		

16 A (2 Tore) für Tschechien

HUMMELS, Mats
16. 12. 1988, Bensberg/D
Abwehr, 1,92 m, 90 kg

Ab Oktober 1995 Bayern München

05/06	Bayern München II	RL	1	0
06/07	Bayern München	BL	1	0
	Bayern München II	RL	31	2
07/08	Bayern München II	RL	10	3
Jan 08	Borussia Dortmund	BL	13	0
08/09	Borussia Dortmund	BL	12	1

09/10	Borussia Dortmund	BL	30	5
10/11	Borussia Dortmund	BL	32	5
11/12	Borussia Dortmund	BL		

7 A (kein Tor) für Deutschland

HUNT, Aaron
4. 9. 1986, Goslar/D
Mittelfeld, 1,83 m, 73 kg

1993-1997 VfL Oker, 1997-2001 Goslarer SC 08, seit 2001 Werder Bremen

03/04	Werder Bremen Am.	RL	7	2
04/05	Werder Bremen	BL	10	1
	Werder Bremen Am.	RL	22	6
05/06	Werder Bremen	BL	7	0
	Werder Bremen II	RL	6	1
06/07	Werder Bremen	BL	28	9
	Werder Bremen II	RL	2	0
07/08	Werder Bremen	BL	14	1
08/09	Werder Bremen	BL	18	2
09/10	Werder Bremen	BL	32	9
10/11	Werder Bremen	BL	29	3
11/12	Werder Bremen	BL		

2 A (kein Tor) für Deutschland

HUNTELAAR, Klaas Jan
12. 8. 1983, Voor-Drempt/NED
Angriff, 1,86 m, 78 kg

1988-1994 VV Hummelo en Keppel, 1994-2000 De Graafschap Doetinchem, ab 2000 PSV Eindhoven

02/03	PSV Eindhoven	NED 1	1	0
Jan 03	De Graafschap	NED 1	9	0
03/04	AGOVV Apeldoorn	NED 2	35	26
04/05	SC Heerenveen	NED 1	31	16
05/06	SC Heerenveen	NED 1	15	17
Jan 06	Ajax Amsterdam	NED 1	16	16
06/07	Ajax Amsterdam	NED 1	32	21
07/08	Ajax Amsterdam	NED 1	34	33
08/09	Ajax Amsterdam	NED 1	10	6
Jan 09	Real Madrid	ESP 1	20	8
09/10	AC Mailand	ITA 1	25	7
10/11	AC Mailand	ITA 1	0	0
Aug 10	FC Schalke 04	BL	24	8
11/12	FC Schalke 04	BL		

44 A (26 Tore) für die Niederlande

IBERTSBERGER, Andreas
27. 7. 1982, Salzburg/AUT
Abwehr, 1,78 m, 77 kg

1989-1997 SV Seekirchen, 1997-2000 BNZ Salzburg, ab 2000 Austria Salzburg

00/01	Austria Salzburg	AUT 1	1	0
01/02	Austria Salzburg	AUT 1	4	0
02/03	Austria Salzburg	AUT 1	24	1
03/04	Austria Salzburg	AUT 1	34	1
04/05	Austria Salzburg	AUT 1	21	2
Jan 05	SC Freiburg	BL	13	0
05/06	SC Freiburg	2. BL	32	1
06/07	SC Freiburg	2. BL	27	0
07/08	SC Freiburg	2. BL	10	0
Jan 08	TSG 1899 Hoffenheim	2. BL	15	0
08/09	TSG 1899 Hoffenheim	BL	24	0
09/10	TSG 1899 Hoffenheim	BL	23	1
10/11	TSG 1899 Hoffenheim	BL	20	0
11/12	TSG 1899 Hoffenheim	BL		

14 A (1 Tor) für Österreich

IBISEVIC, Vedad
6. 8. 1984, Tuzla/YUG
Angriff, 1,88 m, 82 kg, BIH

2003	University of St. Louis	USA	22	18
2004	University of St. Louis	USA		
04/05	Paris St. Germain	FRA 1	4	0
	Paris St. Germain II	FRA 4	7	3
Jan 05	Dijon Football	FRA 2	12	4
05/06	Dijon Football	FRA 2	21	6
06/07	Alemannia Aachen	BL	24	6
07/08	TSG 1899 Hoffenheim	2. BL	31	5
08/09	TSG 1899 Hoffenheim	BL	17	18
09/10	TSG 1899 Hoffenheim	BL	34	12
10/11	TSG 1899 Hoffenheim	BL	31	8
11/12	TSG 1899 Hoffenheim	BL		

32 A (8 Tore) für Bosnien-Herzegowina

IDRISSOU, Mohamadou
8. 3. 1980, Yaoundé/CMR
Angriff, 1,91 m, 85 kg

1998	Coton Sport de Garoua	CMR 1		
1999		CMR 1		
2000	Racing Bafoussam	CMR 1		
00/01	FSV Frankfurt	OL	18	15
01/02	SV Wehen	RL	31	13
	SV Wehen II	LL	1	2
02/03	Hannover 96	BL	30	9
03/04	Hannover 96	BL	26	4
04/05	Hannover 96	BL	4	0
Feb 06	SM Caen	FRA 1	0	0
05/06	Hannover 96	BL	4	0
Jan 06	ohne Verein			
06/07	MSV Duisburg	2. BL	33	8
07/08	MSV Duisburg	BL	12	0
Jan 08	SC Freiburg	2. BL	13	3
08/09	SC Freiburg	2. BL	31	13
09/10	SC Freiburg	BL	30	9
10/11	Bor. Mönchengladbach	BL	33	5
11/12	Bor. Mönchengladbach	BL		

34 A für Kamerun (6 Tore)

ILICEVIC, Ivo
14. 11. 1986, Aschaffenburg/D
Mittelfeld, 1,74 m, 65 kg, CRO/D

1994-1996 1. FC Südring Aschaffenburg, ab 1996 Viktoria Aschaffenburg

04/05	Viktoria Aschaffenburg	OL	1	0
Jan 05	SV Darmstadt 98	RL	14	2
05/06	SV Darmstadt 98	RL	30	6
06/07	VfL Bochum	BL	19	2
	VfL Bochum II	OL	8	5
07/08	VfL Bochum	BL	6	0
	VfL Bochum II	OL	4	2
Jan 08	SpVgg Greuther Fürth	2. BL	11	0
08/09	SpVgg Greuther Fürth	2. BL	27	4
09/10	1. FC Kaiserslautern	2. BL	30	4
10/11	1. FC Kaiserslautern	BL	21	5
11/12	1. FC Kaiserslautern	BL		

3 A (1 Tor) für Kroatien

INGRESO, Kevin
10. 2. 1993, Hamburg/D
Mittelfeld, 1,78 m, 69 kg, D/PHI

Bis 2007 TSV Wandsetal, Concordia Hamburg und FC St. Pauli, seit 2007 Hamburger SV

10/11	Hamburger SV II	RL	1	1
11/12	Hamburger SV	BL		

IONITA, Alexandru
5. 8. 1989, Bukarest/ROM
Angriff, 1,85 m, 85 kg

1999-2005 Viscofil Bukarest, 2005/06 Rocar Bukarest

06/07	Rapid Bukarest II	ROM 3	23	14
07/08	Rocar Bukarest	ROM 3	9	4
08/09	Rapid Bukarest	ROM 1	1	0
09/10	Rapid Bukarest	ROM 1	27	10
10/11	1. FC Köln	BL	8	0
11/12	1. FC Köln	BL		

ISHIAKU, Manasseh
9. 1. 1983, Port Harcourt/NGA
Angriff, 1,84 m, 82 kg

Bis Juni 1999 Shooting Stars Ibadan, Juli 1999 bis Dezember 2000 Nigerdock Lagos

Jan 01	SV Roeselare	BEL 2	10	3
01/02	SV Roeselare	BEL 2	24	4
02/03	AA La Louviere	BEL 1	29	6
03/04	AA La Louviere	BEL 1	25	3
04/05	AA La Louviere	BEL 1	17	8
Jan 05	FC Brügge	BEL 1	13	1
05/06	FC Brügge	BEL 1	17	3
06/07	FC Brügge	BEL 1	22	8
07/08	MSV Duisburg	BL	25	10
08/09	1. FC Köln	BL	13	1
09/10	1. FC Köln	BL	15	0
10/11	1. FC Köln	BL	0	0
Jan 11	St. Truidense VV	BEL 1	5	0
11/12	1. FC Köln	BL		

4 A (1 Tor) für Nigera

IVANSCHITZ, Andreas
15. 10. 1983, Eisenstadt/AUT
Mittelfeld, 1,84 m, 82 kg

1989-1998 ASK Baumgarten, ab 1998 Rapid Wien

99/00	Rapid Wien	AUT 1	1	0
00/01	Rapid Wien	AUT 1	14	2
01/02	Rapid Wien	AUT 1	24	1
02/03	Rapid Wien	AUT 1	36	5
03/04	Rapid Wien	AUT 1	25	7
04/05	Rapid Wien	AUT 1	29	5
05/06	Rapid Wien	AUT 1	18	5
Jan 06	RB Salzburg	AUT 1	12	1
06/07	RB Salzburg	AUT 1	1	0
Aug 06	Panathinaikos Athen	GRE 1	26	4
07/08	Panathinaikos Athen	GRE 1	24	3
08/09	Panathinaikos Athen	GRE 1	17	3
09/10	1. FSV Mainz 05	BL	27	6
10/11	1. FSV Mainz 05	BL	20	3
11/12	1. FSV Mainz 05	BL		

49 A (7 Tore) für Österreich

JAISSLE, Matthias
5. 4. 1988, Nürtingen/D
Abwehr, 1,86 m, 83 kg

1992-2001 TSV Neckartailfingen, 2001 bis Dezember 2002 VfB Stuttgart, seit Januar 2003 TSG 1899 Hoffenheim

06/07	TSG 1899 Hoffenheim	RL	7	0
	TSG 1899 Hoffenheim II	OL	1	1
07/08	TSG 1899 Hoffenheim	2. BL	22	2
	TSG 1899 Hoffenheim II	OL	1	0
08/09	TSG 1899 Hoffenheim	BL	22	0
	TSG 1899 Hoffenheim II	OL	1	0
09/10	TSG 1899 Hoffenheim II	OL	1	0
10/11	TSG 1899 Hoffenheim	BL	9	0
	TSG 1899 Hoffenheim II	RL	4	0
11/12	TSG 1899 Hoffenheim	BL		

JAJALO, Mato
24. 5. 1988, Jajce/YUG
Mittelfeld, 1,82 m, 77 kg, CRO

1993-1999 Kickers Offenbach, ab 1999 Slaven Belupo Koprivnica

07/08	Slav. Belupo Koprivnica	CRO 1	31	4
08/09	Slav. Belupo Koprivnica	CRO 1	32	4
09/10	AC Siena	ITA 1	25	0
10/11	1. FC Köln	BL	30	2
11/12	1. FC Köln	BL		

JANKER, Christoph
14. 2. 1985, Cham/D
Abwehr, 1,85 m, 78 kg

1990-1997 DJK Vilzing, 1997-2001 ASV Cham, ab 2001 TSV München 1860

03/04	TSV München 1860 Am.	OL	17	0
04/05	TSV München 1860 Am.	RL	33	0
05/06	TSV München 1860	2. BL	4	0
	TSV München 1860 II	RL	28	0
06/07	TSV München 1860 II	RL	3	0
Aug 06	TSG 1899 Hoffenheim	RL	31	2
07/08	TSG 1899 Hoffenheim	2. BL	20	0
08/09	TSG 1899 Hoffenheim	BL	17	0
09/10	Hertha BSC	BL	15	0
	Hertha BSC II	RL	2	0
10/11	Hertha BSC	2. BL	4	0
	Hertha BSC II	RL	7	0
11/12	Hertha BSC	BL		

JANSEN, Marcell
4. 11. 1985, Mönchengladbach/D
Mittelfeld, 1,91 m, 89 kg

1990-1993 SV Mönchengladbach 1910, ab 1993 Borussia Mönchengladbach

03/04	Bor. Mönchengladbach Am.	OL	1	0
04/05	Bor. Mönchengladbach	BL	18	1
	Bor. Mönchengladbach Am.	OL	14	4
05/06	Bor. Mönchengladbach	BL	32	3
06/07	Bor. Mönchengladbach	BL	23	1
07/08	Bayern München	BL	17	0
08/09	Bayern München	BL	0	0
Aug 08	Hamburger SV	BL	25	3
09/10	Hamburger SV	BL	18	6
	Hamburger SV II	RL	1	0
10/11	Hamburger SV	BL	16	2
11/12	Hamburger SV	BL		

36 A (3 Tore) für Deutschland

JANTSCHKE, Tony
7. 4. 1990, Hoyerswerda/D
Abwehr, 1,77 m, 74 kg

1996-2001 Hoyerswerdaer SV Einheit, 2001-2006 FV Dresden-Nord, seit 2006 Borussia Mönchengladbach

08/09	Bor. Mönchengladbach	BL	4	1
	Bor. Mönchengladbach II	RL	6	1
09/10	Bor. Mönchengladbach	BL	6	0
	Bor. Mönchengladbach II	RL	12	1
10/11	Bor. Mönchengladbach	BL	11	0
	Bor. Mönchengladbach II	RL	4	0
11/12	Bor. Mönchengladbach	BL		

JAROLIM, David
17. 5. 1979, Caslav/CSV
Mittelfeld, 1,74 m, 72 kg, CZE

1987-1991 FC Rouen, 1991-1995 Slavia Prag, ab 1995 Bayern München

96/97	Bayern München Am.	RL	1	0
97/98	Bayern München Am.	RL	14	0
98/99	Bayern München	BL	1	0
	Bayern München Am.	RL	20	2
99/00	Bayern München Am.	RL	28	10
00/01	1. FC Nürnberg	2. BL	9	1
01/02	1. FC Nürnberg	BL	28	0
02/03	1. FC Nürnberg	BL	32	3
03/04	1. FC Nürnberg	2. BL	4	0
Aug 03	Hamburger SV	BL	26	1
	Hamburger SV II	RL	1	0
04/05	Hamburger SV	BL	32	4
05/06	Hamburger SV	BL	31	2
06/07	Hamburger SV	BL	30	2
07/08	Hamburger SV	BL	28	2
08/09	Hamburger SV	BL	31	2
09/10	Hamburger SV	BL	33	1
10/11	Hamburger SV	BL	24	0
11/12	Hamburger SV	BL		

29 A (1 Tor) für Tschechien

JENDRISEK, Erik
26. 10. 1986, Trstená/CSV
Angriff, 1,76 m, 74 kg, SVK

TJ Druzstevnik Dlha nad Oravou

03/04	SCP Ruzomberok	SVK 1	3	1
04/05	MFK Ruzomberok	SVK 1	17	8
05/06	MFK Ruzomberok	SVK 1	34	21
06/07	MFK Ruzomberok	SVK 1	2	0
Aug 06	Hannover 96	BL	9	0
07/08	1. FC Kaiserslautern	2. BL	26	5
	1. FC Kaiserslautern II	OL	4	4
08/09	1. FC Kaiserslautern	2. BL	33	14
09/10	1. FC Kaiserslautern	2. BL	31	15
10/11	FC Schalke 04	BL	3	0
Jan 11	SC Freiburg	BL	8	0
11/12	SC Freiburg	BL		

26 A (3 Tore) für die Slowakei

JENTZSCH, Simon
4. 5. 1976, Düsseldorf/D
Torhüter, 1,96 m, 97 kg

1982-1991 SC Waldniel, 1991-1993 1. FC Mönchengladbach, ab 1993 Bayer Uerdingen

94/95	Bayer Uerdingen Am.	VL		
95/96	Karlsruher SC Am.	OL	27	0
96/97	Karlsruher SC	BL	6	0
	Karlsruher SC Am.	RL	24	0
97/98	Karlsruher SC Am.	OL	19	0
98/99	Karlsruher SC	2. BL	32	0
99/00	Karlsruher SC	2. BL	31	0
00/01	TSV München 1860	BL	27	0
01/02	TSV München 1860	BL	34	0
02/03	TSV München 1860	BL	32	0
03/04	VfL Wolfsburg	BL	26	0
04/05	VfL Wolfsburg	BL	33	0
05/06	VfL Wolfsburg	BL	34	0
06/07	VfL Wolfsburg	BL	34	0
07/08	VfL Wolfsburg	BL	15	0
08/09	VfL Wolfsburg	BL	0	0
09/10	FC Augsburg	2. BL	32	0
10/11	FC Augsburg	2. BL	33	0
11/12	FC Augsburg	BL		

JESSEN, Leon
11. 6. 1986, Brande/DEN
Abwehr, 1,82 m, 75 kg

Bis 1999 Brande IF und Ikast FS, ab 1999 FC MIdtjylland

03/04	FC Midtjylland	DEN 1	1	1
04/05	FC Midtjylland	DEN 1	11	0
05/06	FC Midtjylland	DEN 1	14	0
06/07	FC Midtjylland	DEN 1	25	1
07/08	FC Midtjylland	DEN 1	12	1
08/09	FC Midtjylland	DEN 1	8	0
09/10	FC Midtjylland	DEN 1	28	0
10/11	1. FC Kaiserslautern	BL	27	0
11/12	1. FC Kaiserslautern	BL		

4 A (kein Tor) für Dänemark

JÖRGENSEN, Nicolai
15. 1. 1991, Fredericia/DEN
Angriff, 1,90 m, 83 kg

Bis 2001 Skovlunde IF, 2001-2006 Akademisk BK, 2006 bis Dezember 2006 Bröndby IF, ab Januar 2007 Akademisk BK

08/09	Akademisk BK	DEN 2	8	0
09/10	Akademisk BK	DEN 2	23	6
10/11	Bayer Leverkusen	BL	9	0
	Bayer Leverkusen II	RL	1	0
11/12	Bayer Leverkusen	BL		

JOHNSON, Fabian
11. 12. 1987, München/D
Abwehr, 1,83 m, 74 kg

1991-1996 Sportfreunde München, ab 1996 TSV München 1860

04/05	TSV München 1860 Am.	RL	11	0
05/06	TSV München 1860 II	RL	24	0
	TSV München 1860	2. BL	4	0
06/07	TSV München 1860	2. BL	25	0
	TSV München 1860 II	RL	7	0
07/08	TSV München 1860	2. BL	28	2
	TSV München 1860 II	RL	1	0
08/09	TSV München 1860	2. BL	33	2
09/10	VfL Wolfsburg	BL	10	1
10/11	VfL Wolfsburg	BL	6	0
11/12	TSG 1899 Hoffenheim	BL		

JONES, Jermaine
3. 11. 1981, Frankfurt/D
Mittelfeld, 1,84 m, 78 kg, D/USA

1988-1994 SV Bonames, 1994/95 FV Bad Vilbel, ab 1995 Eintracht Frankfurt

99/00	Eintracht Frankfurt Am.	OL	3	0
00/01	Eintracht Frankfurt	BL	2	0
	Eintracht Frankfurt Am.	OL	24	8
01/02	Eintracht Frankfurt	2. BL	22	1
	Eintracht Frankfurt Am.	OL	1	0
02/03	Eintracht Frankfurt	2. BL	17	6
03/04	Eintracht Frankfurt	BL	5	0
	Eintracht Frankfurt Am.	OL	3	1
Jan 04	Bayer Leverkusen	BL	0	0
	Bayer Leverkusen Am.	OL	10	3
04/05	Bayer Leverkusen	BL	5	0
	Bayer Leverkusen Am.	OL	5	2
Jan 05	Eintracht Frankfurt	2. BL	14	3
05/06	Eintracht Frankfurt	BL	20	2
06/07	Eintracht Frankfurt	BL	4	0
07/08	FC Schalke 04	BL	30	1
08/09	FC Schalke 04	BL	30	3
09/10	FC Schalke 04	BL	0	0
10/11	FC Schalke 04	BL	10	1
Jan 11	Blackburn Rovers	ENG 1	15	0
11/12	FC Schalke 04	BL		

3 A (kein Tor) für Deutschland, 11 A (1 Tor) für die USA

JOSUÉ
Josué Anunciado de Oliveira
19. 7. 1979, Vitoria de Santo Antão/BRA
Mittelfeld, 1,70 m, 66 kg

Bis 1995 CA Porto Caruaru, ab 1996 Goias EC Goiania

1997	Goias EC Goiania	BRA-R1		
	Goias EC Goiania	BRA 1	4	0
1998	Goias EC Goiania	BRA-R1		
	Goias EC Goiania	BRA 1	21	0
1999	Goias EC Goiania	BRA-R1		
	Goias EC Goiania	BRA 2		
2000	Goias EC Goiania	BRA-R1		
	Goias EC Goiania	BRA 1	24	2
2001	Goias EC Goiania	BRA-R1		
	Goias EC Goiania	BRA 1	21	0
2002	Goias EC Goiania	BRA-R1		
	Goias EC Goiania	BRA 1	23	1
2003	Goias EC Goiania	BRA-R1		
	Goias EC Goiania	BRA 1	42	1
2004	Goias EC Goiania	BRA-R1		
	Goias EC Goiania	BRA 1	41	1
2005	Sao Paulo FC	BRA-R1	14	4
	Sao Paulo FC	BRA 1	31	1
2006	Sao Paulo FC	BRA-R1	17	1
	Sao Paulo FC	BRA 1	30	0
2007	Sao Paulo FC	BRA-R1	15	1
	Sao Paulo FC	BRA 1	11	0
Aug 07	VfL Wolfsburg	BL	30	1
08/09	VfL Wolfsburg	BL	33	0
09/10	VfL Wolfsburg	BL	31	1
10/11	VfL Wolfsburg	BL	26	0
11/12	VfL Wolfsburg	BL		

28 A (1 Tor) für Brasilien

JUDT, Juri
24. 7. 1986, Karaganda/URS
Abwehr, 1,73 m, 72 kg, D

Bis März 1999 Bayern Kickers Nürnberg, ab April 1999 SpVgg Greuther Fürth

04/05	SpVgg Greuther Fürth Am.	OL	2	0
05/06	SpVgg Greuther Fürth	2. BL	26	0
	SpVgg Greuther Fürth II	OL	7	0
06/07	SpVgg Greuther Fürth	2. BL	30	0
07/08	SpVgg Greuther Fürth	2. BL	20	0
08/09	1. FC Nürnberg	2. BL	21	0
	1. FC Nürnberg II	RL	1	0
09/10	1. FC Nürnberg	BL	18	0
10/11	1. FC Nürnberg	BL	24	0
11/12	1. FC Nürnberg	BL		

JURADO, José Manuel
29. 6. 1986, Sanlucar de Barrameda/ESP
Mittelfeld, 1,76 m, 72 kg

1998 bis Dezember 1999 Atletico Sanluqueno, ab Januar 2000 Real Madrid

02/03	Real Madrid B	ESP 3	1	0
03/04	Real Madrid B	ESP 3	35	4
04/05	Real Madrid B	ESP 3	23	4
05/06	Real Madrid	ESP 1	3	0
	Real Madrid B	ESP 3	36	5
06/07	Atletico Madrid	ESP 1	33	0
07/08	Atletico Madrid	ESP 1	16	2
08/09	RCD Mallorca	ESP 1	35	9
09/10	Atletico Madrid	ESP 1	38	7
10/11	Atletico Madrid	ESP 1	1	1
Aug 10	FC Schalke 04	BL	28	3
11/12	FC Schalke 04	BL		

KACAR, Gojko
26. 1. 1987, Novi Sad/YUG
Mittelfeld, 1,85 m, 87 kg, SRB

03/04	Vojvodina Novi Sad	SCG 1	1	0
04/05	Vojvodina Novi Sad	SCG 1	12	2
05/06	Vojvodina Novi Sad	SCG 1	26	2
06/07	Vojvodina Novi Sad	SRB 1	22	1
07/08	Vojvodina Novi Sad	SRB 1	17	10
Jan 08	Hertha BSC	BL	17	1
08/09	Hertha BSC	BL	25	6
09/10	Hertha BSC	BL	22	3
10/11	Hamburger SV	BL	23	2
11/12	Hamburger SV	BL		

22 A (kein Tor) für Serbien

KACHUNGA, Elias
22. 4. 1992, Haan/D
Angriff, 1,77 m, 68 kg

2000-2004 SSVg Haan, 2004/05 VfB Hilden, seit 2005 Borussia Mönchengladbach

09/10	Bor. Mönchengladbach II	RL	5	0
10/11	Bor. Mönchengladbach	BL	2	0
	Bor. Mönchengladbach II	RL	24	1
11/12	Bor. Mönchengladbach	BL		

KADLEC, Michal
13. 12. 1984, Vyskov/CSV
Abwehr, 1,85 m, 75 kg, CZE

1991-1993 SV Alsenborn, 1993-1998 1. FC Kaiserslautern, 1998-2000 Slovacká Slavia Uherské Hradiste, ab 2000 1. FC Synot

01/02	1. FC Synot	CZE 1	1	0
02/03	1. FC Synot	CZE 1	3	0
03/04	1. FC Synot	CZE 1	15	1
04/05	1. FC Slovacko	CZE 1	15	0
Jan 05	Sparta Prag	CZE 1	10	1
05/06	Sparta Prag	CZE 1	29	0
06/07	Sparta Prag	CZE 1	23	0
07/08	Sparta Prag	CZE 1	29	3
08/09	Sparta Prag	CZE 1	4	3
Aug 08	Bayer Leverkusen	BL	30	3
09/10	Bayer Leverkusen	BL	23	1
10/11	Bayer Leverkusen	BL	32	2
11/12	Bayer Leverkusen	BL		

25 A (2 Tore) für Tschechien

KAGAWA, Shinji
17. 3. 1989, Kobe/JPN
Mittelfeld, 1,72 m, 63 kg

Bis 2005 Marino FC Kobe, Kobe NK und FC Miyagi Barcelona, ab 2006 Cerezo Osaka

2007	Cerezo Osaka	JPN 2	35	5
2008	Cerezo Osaka	JPN 2	35	16
2009	Cerezo Osaka	JPN 2	44	27
2010	Cerezo Osaka	JPN 1	11	7
10/11	Borussia Dortmund	BL	18	8
11/12	Borussia Dortmund	BL		

22 A (5 Tore) für Japan

KAHLENBERG, Thomas
20. 3. 1983, Hvidovre/DEN
Mittelfeld, 1,83 m, 72 kg

Bis 1998 Hvidovre IF, ab 1998 Bröndby IF

01/02	Bröndby IF	DEN 1	2	0
02/03	Bröndby IF	DEN 1	32	4
03/04	Bröndby IF	DEN 1	30	11
04/05	Bröndby IF	DEN 1	33	13
05/06	AJ Auxerre	FRA 1	38	8
06/07	AJ Auxerre	FRA 1	29	4
07/08	AJ Auxerre	FRA 1	29	2
08/09	AJ Auxerre	FRA 1	34	5
09/10	VfL Wolfsburg	BL	12	0
10/11	VfL Wolfsburg	BL	14	1
11/12	VfL Wolfsburg	BL		

36 A (4 Tore) für Dänemark

KAISER, Dominik
16. 9. 1988, Mutlangen/D
Mittelfeld, 1,71 m, 67 kg

Bis 2004 TSGV Waldstetten und Normannia Gmünd, ab 2004 VfL Kirchheim/Teck

06/07	VfL Kirchheim/Teck	VL	4	0
07/08	Normannia Gmünd	OL	28	3
08/09	Normannia Gmünd	OL	34	4
09/10	TSG 1899 Hoffenheim II	OL	32	5
10/11	TSG 1899 Hoffenheim	BL	1	0
	TSG 1899 Hoffenheim II	RL	22	1
11/12	TSG 1899 Hoffenheim	BL		

KAKÁ
Claudiano Bezerra da Silva
16. 5. 1981, Sao José do Belmonte/BRA
Abwehr, 1,86 m, 74 kg

2002	Uniao Bandeirante	BRA-R1		
2003	AD Sao Caetano	BRA-R1	0	0
Jul 03	Ituiutaba EC	BRA 3		
2004	Luverdense EC	BRA-R1		
2005	Luverdense EC	BRA-R1		
	Luverdense EC	BRA 3		
2006	GE Jaciara	BRA-R1		
Aug 06	Académica Coimbra	POR 1	22	0
07/08	Académica Coimbra	POR 1	30	1
08/09	Hertha BSC	BL	12	0
09/10	Hertha BSC	BL	2	0
Jan 10	Omonia Nikosia	CYP 1	7	0
10/11	Hertha BSC	2. BL	1	0
Jan 11	Sporting Braga	POR 1	12	0
11/12	Hertha BSC	BL		

KAMAVUAKA, Wilson
29. 3. 1990, Düren/D
Abwehr, 1,88 m, 80 kg, COD/D

Bis 2007 Sportfreunde Düren, 2007-2009 Alemannia Aachen

09/10	TSG 1899 Hoffenheim II	OL	22	3
10/11	TSG 1899 Hoffenheim II	RL	21	1
11/12	1. FC Nürnberg	BL		

3 A (kein Tor) für DR Kongo

KAPLLANI, Edmond
31. 7. 1982, Durres/ALB
Angriff, 1,85 m, 84 kg

1990 bis Dezember 1998 Teuta Durres, Januar bis Juni 1999 Orijent Rijeka

99/00	Partizan Tirana	ALB 1	13	2
00/01	Partizan Tirana	ALB 2		
01/02	Partizan Tirana	ALB 1	7	3
02/03	Partizan Tirana	ALB 1	18	5
03/04	Besa Kavaje	ALB 1	35	12
04/05	Karlsruher SC	2. BL	15	1
05/06	Karlsruher SC	2. BL	25	6
06/07	Karlsruher SC	2. BL	30	17
07/08	Karlsruher SC	BL	28	2
08/09	Karlsruher SC	BL	20	0
09/10	FC Augsburg	2. BL	2	0
Jan 10	TuS Koblenz	2. BL	17	5
10/11	FC Augsburg	2. BL	0	0
Aug 10	SC Paderborn 07	2. BL	23	8
11/12	FC Augsburg	BL		

32 A (6 Tore) für Albanien

KARGBO, Abu Bakarr
21. 12. 1992, Bo Town/SLE
Angriff, 1,79 m, 81 kg, D

Bis 2004 TSV Rudow, 2004/05 Sportfreunde Neukölln, seit 2005 Hertha BSC

09/10	Hertha BSC II	RL	9	0
10/11	Hertha BSC II	RL	26	2
11/12	Hertha BSC	BL		

KEHL, Sebastian

13. 2. 1980, Fulda/D

Mittelfeld, 1,88 m, 80 kg

Bis 1994 SV Lahrbach, 1994-1997 Borussia Fulda, ab 1997 Hannover 96

98/99	Hannover 96	2. BL	8	1
99/00	Hannover 96	2. BL	24	1
00/01	SC Freiburg	BL	25	2
01/02	SC Freiburg	BL	15	2
Jan 02	Borussia Dortmund	BL	15	1
02/03	Borussia Dortmund	BL	28	0
03/04	Borussia Dortmund	BL	23	1
	Borussia Dortmund Am.	RL	1	1
04/05	Borussia Dortmund	BL	32	4
05/06	Borussia Dortmund	BL	29	1
06/07	Borussia Dortmund	BL	6	0
	Borussia Dortmund II	RL	1	0
07/08	Borussia Dortmund	BL	14	3
	Borussia Dortmund II	RL	2	0
08/09	Borussia Dortmund	BL	28	5
09/10	Borussia Dortmund	BL	6	1
	Borussia Dortmund II	3. L	1	0
10/11	Borussia Dortmund	BL	6	0
	Borussia Dortmund II	RL	2	0
11/12	Borussia Dortmund	BL		

31 A (2 Tore) für Deutschland

KENIA, Levan

18. 10. 1990, Tiflis/GEO

Mittelfeld, 1,76 m, 70 kg

Bis 2005 Dinamo Tiflis

05/06	Lokomotivi Tiflis	GEO 1	4	0
06/07	Lokomotivi Tiflis	GEO 1	11	3
07/08	Lokomotivi Tiflis	GEO 1	4	1
Jan 08	FC Schalke 04	BL	0	0
08/09	FC Schalke 04	BL	1	0
	FC Schalke 04 II	RL	2	0
09/10	FC Schalke 04	BL	10	0
10/11	FC Schalke 04	BL	0	0
11/12	FC Schalke 04	BL		

18 A (3 Tore) für Georgien

KIALKA, Thiemo-Jerome

12. 1. 1989, Hamburg/D

Angriff, 1,80 m, 78 kg

1994-2002 TSV Eppendorf/Groß-Borstel, ab 2002 VfL 93 Hamburg

06/07	VfL 93 Hamburg	OL	17	4
07/08	1. FC Köln Jug.			
08/09	1. FC Köln II	RL	21	4
09/10	1. FC Köln II	RL	22	8
10/11	1. FC Köln II	RL	19	8
11/12	1. FC Köln	BL		

KIEßLING, STEFAN

25. 1. 1984, Lichtenfels/D

Angriff, 1,91 m, 78 kg

1988-2001 Eintracht Bamberg, ab 2001 1. FC Nürnberg

02/03	1. FC Nürnberg	BL	1	0
	1. FC Nürnberg Am.	OL	1	1
03/04	1. FC Nürnberg	2. BL	14	2
	1. FC Nürnberg Am.	OL	13	9
04/05	1. FC Nürnberg	BL	27	3
	1. FC Nürnberg Am.	OL	6	3
05/06	1. FC Nürnberg	BL	31	10
	1. FC Nürnberg II	OL	1	0
06/07	Bayer Leverkusen	BL	32	8
07/08	Bayer Leverkusen	BL	31	9
08/09	Bayer Leverkusen	BL	34	12
09/10	Bayer Leverkusen	BL	33	21
10/11	Bayer Leverkusen	BL	22	7
11/12	Bayer Leverkusen	BL		

6 A (kein Tor) für Deutschland

KING, Joshua

15. 1. 1992, Oslo/NOR

Angriff, 1,80 m, 73 kg, GAM/NOR

1998-2005 Romsas IL, 2006-2007 Valerenga Oslo, ab Januar 2008 Manchester United

Aug 10	Preston North End	ENG 2	8	0
Jan 11	Manchester United	ENG 1	0	0
11/12	Bor. Mönchengladbach	BL		

KIRCH, Oliver

21. 8. 1982, Soest/D

Mittelfeld, 1,81 m, 74 kg

00/01	SpVgg Vreden	VL	7	0
01/02	SpVgg Vreden	VL	28	5
02/03	SC Verl	RL	32	3
03/04	Bor. Mönchengladbach	BL	8	0
	Bor. Mönchengladbach Am.	OL	9	2
04/05	Bor. Mönchengladbach Am.	OL	10	1
05/06	Bor. Mönchengladbach II	OL	7	1
06/07	Bor. Mönchengladbach	BL	14	0
	Bor. Mönchengladbach II	RL	5	0
07/08	Arminia Bielefeld	BL	25	3
	Arminia Bielefeld II	OL	4	0
08/09	Arminia Bielefeld	BL	26	0
09/10	Arminia Bielefeld	2. BL	20	4
10/11	1. FC Kaiserslautern	BL	29	0
11/12	1. FC Kaiserslautern	BL		

KIRCHHOFF, Jan

1. 10. 1990, Frankfurt/D

Abwehr, 1,95 m, 88 kg

Bis 2007 SpVgg Kickers Frankfurt und Eintracht Frankfurt, seit 2007 1. FSV Mainz 05

07/08	1. FSV Mainz 05 II	OL	1	0
08/09	1. FSV Mainz 05	2. BL	1	0
	1. FSV Mainz 05 II	RL	6	1
09/10	1. FSV Mainz 05	BL	0	0
10/11	1. FSV Mainz 05	BL	10	0
	1. FSV Mainz 05 II	RL	12	1
11/12	1. FSV Mainz 05	BL		

KJAER, Simon

26. 3. 1989, Horsens/DEN

Abwehr, 1,90 m, 82 kg

1996-2003 Lund IF, 2003-2005 AC Horsens, ab 2005 FC Midtjylland

07/08	FC Midtjylland	DEN 1	19	0
08/09	US Palermo	ITA 1	27	3
09/10	US Palermo	ITA 1	35	2
10/11	VfL Wolfsburg	BL	32	1
11/12	VfL Wolfsburg	BL		

17 A (kein Tor) für Dänemark

KLAMT, Julian
22. 8. 1989, Wolfsburg/D
Abwehr, 1,84 m. 78 kg

Bis 2001 SC Weyhausen, seit 2001 VfL Wolfsburg

07/08	VfL Wolfsburg II	RL	3	0
08/09	VfL Wolfsburg II	RL	33	1
09/10	VfL Wolfsburg II	RL	21	0
10/11	VfL Wolfsburg II	RL	33	0
11/12	VfL Wolfsburg	BL		

KLEMENT, Philipp
9. 9. 1992, Ludwigshafen/D
Mittelfeld, 1,76 m, 70 kg

Bis 2004 TuS Wachenheim, 2004-2011 1. FC Kaiserslautern

11/12	1. FC Nürnberg	BL		

KLICH, Mateusz
13. 6. 1990, Tarnow/POL
Mittelfeld, 1,83 m, 68 kg

1999-2003 Tarnovia Tarnow, ab 2003 Cracovia Krakow

08/09	Cracovia Krakow	POL 1	8	0
09/10	Cracovia Krakow	POL 1	21	1
10/11	Cracovia Krakow	POL 1	27	4
11/12	VfL Wolfsburg	BL		

1 A (kein Tor) für Polen

KLINGMANN, Philipp
22. 4. 1988, Heidelberg/D
Abwehr, 1,80 m, 79 kg

Bis 2001 Germania Mönchzell, seit 2001 TSG 1899 Hoffenheim

06/07	TSG 1899 Hoffenheim II	OL	2	2
07/08	TSG 1899 Hoffenheim II	OL	21	2
08/09	TSG 1899 Hoffenheim II	OL	32	4
09/10	TSG 1899 Hoffenheim II	OL	23	3
10/11	TSG 1899 Hoffenheim II	RL	31	4
11/12	TSG 1899 Hoffenheim	BL		

KLOSE, Timm
9. 5. 1988, Frankfurt/D
Abwehr, 1,93 m, 87 kg, SUI/D

1995-2003 Old Boys Basel, 2003/04 FC Basel, ab 2004 Old Boys Basel

06/07	Old Boys Basel	SUI 4		
07/08	FC Basel B	SUI 3	20	1
08/09	FC Basel B	SUI 3	27	2
09/10	FC Thun	SUI 2	29	1
10/11	FC Thun	SUI 1	30	3
11/12	1. FC Nürnberg	BL		

KLUGE, Peer
22. 11. 1980, Frankenberg/D
Mittelfeld, 1,79 m, 72 kg

Ab 1987 Chemnitzer FC

99/00	Chemnitzer FC	2. BL	11	0
	Chemnitzer FC Am.	LL	13	3
00/01	Chemnitzer FC	2. BL	31	1
01/02	Bor. Mönchengladbach	BL	10	0
	Bor. Mönchengladbach Am.	OL	16	2
02/03	Bor. Mönchengladbach	BL	24	2
03/04	Bor. Mönchengladbach	BL	22	0
	Bor. Mönchengladbach Am.	OL	1	0
04/05	Bor. Mönchengladbach	BL	32	2
	Bor. Mönchengladbach Am.	OL	1	0
05/06	Bor. Mönchengladbach	BL	28	3
06/07	Bor. Mönchengladbach	BL	25	2
	Bor. Mönchengladbach II	RL	1	0
07/08	1. FC Nürnberg	BL	22	3
08/09	1. FC Nürnberg	2. BL	28	4
09/10	1. FC Nürnberg	BL	17	2
Jan 10	FC Schalke 04	BL	13	0
10/11	FC Schalke 04	BL	22	1
11/12	FC Schalke 04	BL		

KNALLER, Marco
26. 3. 1987, Villach/AUT
Torhüter, 1,92 m, 85 kg

Austria Wien

04/05	Admira Wacker Mödling II	AUT 3	2	0
05/06	Admira Wacker Mödling II	AUT 3	20	0
06/07	Admira Wacker Mödling	AUT 2	33	0
Okt 07	FC Lustenau	AUT 2	5	0
08/09	ohne Verein			
09/10	1. FC Kaiserslautern II	RL	19	0
10/11	1. FC Kaiserslautern II	RL	27	0
11/12	1. FC Kaiserslautern	BL		

KOBIASHVILI, Levan
10. 7. 1977, Tiflis/GEO
Abwehr, 1,83 m, 79 kg

Ab 1983 Avaza Tiflis

93/94	Avaza Tiflis	GEO 3	3	0
Jan 94	Metalurg Rustawi	GEO 1	23	0
94/95	Metalurg Rustawi	GEO 1	25	0
95/96	Dinamo Tiflis	GEO 1	27	0
96/97	Dinamo Tiflis	GEO 1	7	3
1997	Alania Wladikawkas	RUS 1	21	5
Nov 97	SC Freiburg	2. BL	15	1
98/99	Dinamo Tiflis	GEO 1	2	0
Sep 98	SC Freiburg	BL	26	3
99/00	SC Freiburg	BL	33	6
00/01	SC Freiburg	BL	31	7
01/02	SC Freiburg	BL	31	4
02/03	SC Freiburg	2. BL	28	10
03/04	FC Schalke 04	BL	29	0
04/05	FC Schalke 04	BL	32	3
05/06	FC Schalke 04	BL	32	1
06/07	FC Schalke 04	BL	29	3
07/08	FC Schalke 04	BL	13	1
08/09	FC Schalke 04	BL	29	0
09/10	FC Schalke 04	BL	4	1
Jan 10	Hertha BSC	BL	16	0
10/11	Hertha BSC	2. BL	32	3
11/12	Hertha BSC	BL		

KOCH, Julian
11. 11. 1990, Schwerte/D
Abwehr, 1,84 m, 78 kg

Bis 2001 VfL Hörde, ab 2001 Borussia Dortmund

08/09	Borussia Dortmund II	RL	30	1
09/10	Borussia Dortmund	BL	2	0
	Borussia Dortmund II	3. L	24	1
10/11	MSV Duisburg	2. BL	22	2
11/12	Borussia Dortmund	BL		

KOO, Ja-Cheol
27. 2. 1989, Chungju/KOR
Mittelfeld, 1,83 m, 75 kg

2007	Jeju United	KOR 1	10	1
2008	Jeju United	KOR 1	9	0
2009	Jeju United	KOR 1	22	1
2010	Jeju United	KOR 1	26	5
Jan 11	VfL Wolfsburg	BL	10	0
11/12	VfL Wolfsburg	BL		

19 A (8 Tore) für Südkorea

KORB, Julian
21. 3. 1992, Essen/D
Mittelfeld, 1,77 m, 68 kg
Bis 2006 Tus Preußen Vluyn, Hülser SV, VfL Tönisberg und MSV Duisburg, seit 2006 Borussia Mönchengladbach

09/10	Bor. Mönchengladbach II	RL	6	0
10/11	Bor. Mönchengladbach II	RL	27	2
11/12	Bor. Mönchengladbach	BL		

KOUEMAHA, Dorge Rostand
5. 6. 1993, Bafang/CMR
Angriff, 1,88 m, 86 kg

1997-2000	Lumiere Banka			
2001	Diap Banja			
2002	Diap Banja			
2003	Victoria United Limbé	CMR 1		
2004	Victoria United Limbé	CMR 1		
Jan 05	Aris Saloniki	GRE 1	12	0
05/06	Tatabanya FC	HUN 1	8	2
06/07	Tatabanya FC	HUN 1	25	12
07/08	Debreceni VSC	HUN 1	27	14
08/09	MSV Duisburg	2. BL	31	14
09/10	MSV Duisburg	2. BL	3	1
Sep 09	FC Brügge	BEL 1	33	16
10/11	FC Brügge	BEL 1	34	3
11/12	1. FC Kaiserslautern	BL		

5 A (kein Tor) für Kamerun

KRAFT, Thomas
22. 7. 1988, Kirchen/D
Torhüter, 1,87 m, 84 kg
1998-2000 Sportfreunde Daaden, 2000-2002 VfB Wissen, 2002-2004 SG Betzdorf, ab 2004 Bayern München

06/07	Bayern München II	RL	13	0
07/08	Bayern München II	RL	33	0
08/09	Bayern München II	3. L	24	0
09/10	Bayern München II	3. L	27	0
10/11	Bayern München	BL	12	0
	Bayern München II	3. L	6	0
11/12	Hertha BSC	BL		

KREUELS, Philipp
11. 1. 1985, Düsseldorf/D
Mittelfeld, 1,82 m, 76 kg
Bis 2003 Polizei SV Düsseldorf, Fortuna Düsseldorf, ab 2003 Rot-Weiss Essen

03/04	Rot-Weiss Essen Am.	LL		
04/05	Rot-Weiss Essen Am.	LL		
05/06	VfL Wolfsburg II	OL	25	6
06/07	VfL Wolfsburg II	OL	30	17
07/08	VfL Wolfsburg II	RL	23	2
08/09	VfL Wolfsburg II	RL	23	8
09/10	VfL Wolfsburg II	RL	14	3
10/11	VfL Wolfsburg II	RL	24	2
11/12	VfL Wolfsburg	BL		

KRINGE, Florian
18. 8. 1982, Siegen/D
Mittelfeld, 1,87 m, 83 kg
Bis 1991 TSV Weißtal, 1991-1994 Sportfreunde Siegen, ab 1994 Borussia Dortmund

00/01	Borussia Dortmund Am.	RL	23	4
01/02	Borussia Dortmund Am.	OL	34	11
02/03	1. FC Köln	2. BL	33	7
03/04	1. FC Köln	BL	29	1
	1. FC Köln Am.	RL	1	0
04/05	Borussia Dortmund	BL	30	1
	Borussia Dortmund Am.	RL	1	1
05/06	Borussia Dortmund	BL	30	5
06/07	Borussia Dortmund	BL	34	2
07/08	Borussia Dortmund	BL	27	5
08/09	Borussia Dortmund	BL	29	4
09/10	Borussia Dortmund	BL	0	0
Aug 09	Hertha BSC	BL	12	0
	Hertha BSC II	RL	1	0
10/11	Borussia Dortmund II	RL	2	0
11/12	Borussia Dortmund	BL		

KRMAS, Pavel
3. 3. 1980, Broumov/CSV
Abwehr, 1,93 m, 86 kg, CZE
1986-1991 Slovan Broumov, 1991-1994 TJ Nachod, 1994 bis Dez. 1998 SK Hradec Králové

Jan 99	Admira/Slavoj Prag	CZE 3		1
99/00	Admira/Slavoj Prag	CZE 3		2
00/01	Admira/Slavoj Prag	CZE 3		7
01/02	Sparta Prag B	CZE 3		5
02/03	SK Hradec Králové	CZE 1	28	5
03/04	SK Hradec Králové	CZE 2	1	0
Sep 03	Sparta Prag	CZE 1	3	0
	Sparta Prag B	CZE 2	7	2
Jan 04	FK Teplice	CZE 1	9	0
04/05	FK Teplice	CZE 1	28	0
05/06	FK Teplice	CZE 1	29	3
06/07	FK Teplice	CZE 1	20	1
07/08	FK Teplice	CZE 1	1	0
Sep 07	SC Freiburg	2. BL	31	3
08/09	SC Freiburg	2. BL	26	1
09/10	SC Freiburg	BL	17	0
10/11	SC Freiburg	BL	6	0
11/12	SC Freiburg	BL		

KROOS, Felix
12. 3. 1991, Greifswald/D
Mittelfeld, 1,84 m, 70 kg
1997-2002 Greifswalder SC, ab 2002 Hansa Rostock

08/09	Hansa Rostock	2. BL	16	0
	Hansa Rostock II	RL	8	1
09/10	Hansa Rostock	2. BL	11	0
	Hansa Rostock II	RL	18	3
10/11	Werder Bremen	BL	5	0
	Werder Bremen II	3. L	21	6
11/12	Werder Bremen	BL		

KROOS, Toni

4. 1. 1990, Greifswald/D
Mittelfeld, 1,82 m, 77 kg

1997-2002 Greifswalder SC, 2002-2006 Hansa Rostock, ab 2006 Bayern München

07/08	Bayern München	BL	12	0
	Bayern München II	RL	12	3
08/09	Bayern München	BL	7	0
	Bayern München II	3. L	1	1
Jan 09	Bayer Leverkusen	BL	10	1
09/10	Bayer Leverkusen	BL	33	9
10/11	Bayern München	BL	27	1
11/12	Bayern München	BL		

18 A (kein Tor) für Deutschland

KUZMANOVIC, Zdravko

22. 9. 1987, Thun/SUI
Mittelfeld, 1,85 m, 83 kg, SRB/SUI

1994-2001 FC Dürrenast, 2001-2003 Young Boys Bern, ab 2003 FC Basel

04/05	FC Basel II	SUI 3	22	1
05/06	FC Basel	SUI 1	17	1
	FC Basel II	SUI 3	12	2
06/07	FC Basel	SUI 1	17	3
Jan 07	AC Florenz	ITA 1	4	0
07/08	AC Florenz	ITA 1	34	1
08/09	AC Florenz	ITA 1	32	2
09/10	AC Florenz	ITA 1	0	0
Aug 09	VfB Stuttgart	BL	26	3
10/11	VfB Stuttgart	BL	32	9
11/12	VfB Stuttgart	BL		

38 A (4 Tore) für Serbien

KVIST, William

24. 2. 1985, Rönde/DEN
Mittelfeld, 1,84 m, 75 kg

1990-1992 Thorsager Rönde IF, 1992-2004 KB Kopenhagen

04/05	FC Kopenhagen	DEN 1	1	0
05/06	FC Kopenhagen	DEN 1	21	0
	FC Kopenhagen II	DEN 3		1
06/07	FC Kopenhagen	DEN 1	32	2
07/08	FC Kopenhagen	DEN 1	32	0
08/09	FC Kopenhagen	DEN 1	29	4
09/10	FC Kopenhagen	DEN 1	33	2
10/11	FC Kopenhagen	DEN 1	33	0
11/12	VfB Stuttgart	BL		

21 A (kein Tor) für Dänemark

LABUS, Robert

10. 10. 1992, Hamburg/D
Abwehr, 1,81 m, 64 kg

1998-2007 FC St. Pauli, seit 2007 Hamburger SV

10/11	Hamburger SV II	RL	21	1
11/12	Hamburger SV	BL		

LAHM, Philipp

11. 11. 1983, München/D
Abwehr, 1,70 m, 65 kg

Bis 1995 FT Gern München, ab 1995 Bayern München

01/02	Bayern München Am.	RL	27	2
02/03	Bayern München Am.	RL	34	1
03/04	VfB Stuttgart	BL	31	1
04/05	VfB Stuttgart	BL	22	1
05/06	Bayern München	BL	20	0
	Bayern München II	RL	2	0
06/07	Bayern München	BL	34	1
07/08	Bayern München	BL	22	0
08/09	Bayern München	BL	28	3
09/10	Bayern München	BL	34	0
10/11	Bayern München	BL	34	3
11/12	Bayern München	BL		

80 A (4 Tore) für Deutschland

LAKIC, Srdjan

2. 10. 1983, Dubrovnik/YUG
Angriff, 1,86 m, 81 kg, CRO

02/03	Hajduk Split II			
03/04	GOSK Dubrovnik	CRO 2	27	13
04/05	Hrv. Dragovoljac Zagreb	CRO 2	28	24
05/06	Kamen Ingrad Velika	CRO 1	30	13
06/07	Hertha BSC	BL	11	0
07/08	Hertha BSC	BL	1	0
Aug 07	Heracles Almelo	NED 1	28	7
08/09	1. FC Kaiserslautern	2. BL	25	12
09/10	1. FC Kaiserslautern	2. BL	24	7
10/11	1. FC Kaiserslautern	BL	31	16
11/12	VfL Wolfsburg	BL		

LALA, Altin

18. 11. 1975, Kavaje/ALB
Mittelfeld, 1,72 m, 65 kg

1984 bis November 1991 Dinamo Tirana

Jan 94	Borussia Fulda	AOL	2	0
94/95	Borussia Fulda	OL	8	0
95/96	Borussia Fulda	OL	24	1
96/97	Borussia Fulda	RL	23	2
97/98	Borussia Fulda	RL	33	4
98/99	Hannover 96	2. BL	24	3
99/00	Hannover 96	2. BL	29	2
00/01	Hannover 96	2. BL	31	3
01/02	Hannover 96	2. BL	31	1
02/03	Hannover 96	BL	32	0
03/04	Hannover 96	BL	12	0
04/05	Hannover 96	BL	32	0
05/06	Hannover 96	BL	29	0
06/07	Hannover 96	BL	17	1
07/08	Hannover 96	BL	27	0
08/09	Hannover 96	BL	12	0
	Hannover 96 II	RL	3	1
09/10	Hannover 96	BL	4	0
10/11	Hannover 96	BL	10	0
	Hannover 96 II	RL	2	0
11/12	Hannover 96	BL		

74 A (3 Tore) für Albanien

LANGERAK, Mitchell

22. 8. 1988, Emerald/AUS
Torhüter, 1,92 m, 81 kg

1996-2002 Tieri Tigers, 2003-2005 Bundaberg Waves, 2006 bis Februar 2007 AIS Canberra

Mar 07	Melbourne Victory	AUS 1	0	0
Jun 07	South Melbourne FC	AUS 2	14	0
Okt 07	Melbourne Victory	AUS 1	1	0
08/09	Melbourne Victory	AUS 1	4	0
09/10	Melbourne Victory	AUS 1	13	0

10/11	Borussia Dortmund	BL	1	0
	Borussia Dortmund II	RL	3	0
11/12	Borussia Dortmund	BL		

LANGKAMP, Sebastian

15. 1. 1988, Speyer/D

Abwehr 1,90 m, 85 kg

Bis 2005 DJK-VfL Billerbeck, Sportfreunde Merfeld und Preußen Münster, ab 2005 Bayern München

06/07	Bayern München II	RL	6	0
07/08	Hamburger SV II	RL	8	1
Jan 08	Karlsruher SC II	RL	13	2
08/09	Karlsruher SC	BL	10	1
	Karlsruher SC II	RL	16	1
09/10	Karlsruher SC	2. BL	29	2
10/11	Karlsruher SC	2. BL	22	1
11/12	FC Augsburg	BL		

LANIG, Martin

11. 7. 1984, Bad Mergentheim/D

Mittelfeld, 1,90 m, 79 kg

Bis 1999 SV Königshofen, TSV Tauberbischofsheim,1999 bis Dezember 2001 1. FC Nürnberg

Jan 02	FV Lauda	OL	12	5
02/03	FV Lauda	OL	31	3
03/04	TSG 1899 Hoffenheim	RL	7	0
	TSG 1899 Hoffenheim II	OL	19	5
04/05	TSG 1899 Hoffenheim	RL	28	2
	TSG 1899 Hoffenheim II	OL	1	0
05/06	TSG 1899 Hoffenheim	RL	31	3
06/07	SpVgg Greuther Fürth	2. BL	26	1
07/08	SpVgg Greuther Fürth	2. BL	28	10
08/09	VfB Stuttgart	BL	26	4
09/10	VfB Stuttgart	BL	1	0
	VfB Stuttgart II	3. L	3	0
10/11	1. FC Köln	BL	28	2
11/12	1. FC Köln	BL		

LASOGGA, Pierre-Michel

15. 12. 1991, Gladbeck/D

Angriff, 1,89 m, 88 kg

1996-1999 FC Gladbeck, 1999-2006 FC Schalke 04, 2006/07 Rot-Weiss Essen, Juli bis Dezember 2007 SG Wattenscheid 09, Januar 2008 bis 2009 VfL Wolfsburg

09/10	Bayer Leverkusen II	RL	5	0
10/11	Hertha BSC	2. BL	25	13
	Hertha BSC II	RL	5	3
11/12	Hertha BSC	BL		

LECKIE, Mathew

4. 2. 1991, Melbourne/AUS

Angriff, 1,80 m, 78 kg

2008	Bull. Royals Melb.	AUS-R2		1
2009	Bulleen Lions Melb.	AUS-R2		14
Sep 09	Adelaide United	AUS 1	20	3
10/11	Adelaide United	AUS 1	15	5
11/12	Bor. Mönchengladbach	BL		

LEITNER, Moritz

8. 12. 1992, München/D

Mittelfeld, 1,76 m, 66 kg, D/AUT

1997/98 FC Unterföhring, ab 1998 TSV München 1860

10/11	TSV München 1860	2. BL	16	0
Jan 11	FC Augsburg	2. BL	9	0
11/12	Borussia Dortmund	BL		

LELL, Christian

29. 08. 1984, München/D

Abwehr, 1,83 m, 80 kg

Bis 1993 Alemannia München, ab 1993 Bayern München

01/02	Bayern München Am.	RL	10	0
02/03	Bayern München Am.	RL	31	0
03/04	Bayern München	BL	4	0
	Bayern München Am.	RL	20	0
04/05	1. FC Köln	2. BL	16	1
	1. FC Köln Am.	RL	8	0
05/06	1. FC Köln	BL	26	0
06/07	Bayern München	BL	12	0
	Bayern München II	RL	8	2
07/08	Bayern München	BL	29	1
08/09	Bayern München	BL	20	0
09/10	Bayern München II	3. L	1	0
10/11	Hertha BSC	2. BL	33	0
11/12	Hertha BSC	BL		

LENO, Bernd

4. 3. 1992, Bietigheim-Bissingen/D

Torwart, 1,90 m, 79 kg

Bis 2003 Germania Bietigheim, seit 2003 VfB Stuttgart

09/10	VfB Stuttgart II	3. L	17	0
10/11	VfB Stuttgart II	3. L	37	0
11/12	VfB Stuttgart	BL		

LENZ, André

19. 11. 1973, Mülheim an der Ruhr/D

Torhüter, 1,91 m, 93 kg

1979-1989 TV Asberg, 1989/90 Bayer Uerdingen, ab 1990 Wuppertaler SV

92/93	Wuppertaler SV Am.	BezL		
93/94	Wuppertaler SV	2. BL	0	0
94/95	Wuppertaler SV	RL	5	0
95/96	Wuppertaler SV	RL	34	0
96/97	ohne Verein			
97/98	Alemannia Aachen	RL	15	0
98/99	Alemannia Aachen	RL	22	0
99/00	Alemannia Aachen	2. BL	29	0
00/01	Alemannia Aachen	2. BL	33	0
01/02	Energie Cottbus	BL	3	0
02/03	Energie Cottbus	BL	23	0
03/04	TSV München 1860	BL	3	0
	TSV München 1860 Am.	OL	1	0
04/05	VfL Wolfsburg	BL	1	0
	VfL Wolfsburg Am.	RL	1	0
05/06	VfL Wolfsburg II	OL	2	0
06/07	VfL Wolfsburg II	OL	2	0
07/08	VfL Wolfsburg	BL	3	0
	VfL Wolfsburg II	RL	1	0
08/09	VfL Wolfsburg	BL	5	0
09/10	VfL Wolfsburg	BL	8	0
10/11	VfL Wolfsburg	BL	1	0
11/12	VfL Wolfsburg	BL		

LE TALLEC, Damien
19. 4. 1990, Poissy/FRA
Mittelfeld, 1,85 m, 77 kg

1995-2005 AC Le Havre, ab 2005 Stade Rennes

07/08	Stade Rennes II	FRA 4	15	0
08/09	Stade Rennes II	FRA 4	20	4
09/10	Borussia Dortmund	BL	4	0
	Borussia Dortmund II	3. L	8	2
10/11	Borussia Dortmund II	RL	24	11
11/12	Borussia Dortmund	BL		

LEVELS, Tobias
22. 11. 1986, Sankt Tönis/D
Abwehr, 1,86 m, 81 kg

Bis 1999 SV St. Tönis, KFC Uerdingen 05, seit 1999 Borussia Mönchengladbach

05/06	Bor. Mönchengladbach II	OL	30	1
06/07	Bor. Mönchengladbach	BL	12	0
	Bor. Mönchengladbach II	RL	15	1
07/08	Bor. Mönchengladbach	2. BL	27	0
	Bor. Mönchengladbach II	OL	1	0
08/09	Bor. Mönchengladbach	BL	17	1
	Bor. Mönchengladbach II	RL	1	0
09/10	Bor. Mönchengladbach	BL	32	0
10/11	Bor. Mönchengladbach	BL	22	0
11/12	Bor. Mönchengladbach	BL		

LEWANDOWSKI, Robert
21. 8. 1988, Warschau/POL
Angriff, 1,84 m, 78 kg

Bis Dezember 2004 Partyzant Leszno und Varsovia Warschau

Jan 05	Delta Warschau	POL 4	10	4
05/06	Legia Warschau II	POL 3	6	2
06/07	Znicz Pruszkow	POL 3	27	15
07/08	Znicz Pruszkow	POL 2	32	21
08/09	Lech Poznan	POL 1	30	14
09/10	Lech Poznan	POL 1	28	18
10/11	Borussia Dortmund	BL	33	8
11/12	Borussia Dortmund	BL		

33 A (10 Tore) für Polen

LÖWE, Chris
16. 4. 1989, Plauen/D
Abwehr, 1,75 m, 65 kg

Bis 2002 Wacker Plauen, ab 2002 Chemnitzer FC

07/08	Chemnitzer FC	OL	2	0
	Chemnitzer FC II	BezL	2	1
08/09	Chemnitzer FC	RL	17	1
	Chemnitzer FC II	BezL	14	3
09/10	Chemnitzer FC	RL	34	4
10/11	Chemnitzer FC	RL	34	4
11/12	Borussia Dortmund	BL		

LUCAS
Lucas dos Santos Rocha da Silva
14. 7. 1991, Sao Paulo/BRA
Abwehr, 1,94 m, 82 kg

2010	Portuguesa Sao Paulo Jun.			
Jan 11	1. FC Kaiserslautern	BL	0	0
11/12	1. FC Kaiserslautern	BL		

LUIZ GUSTAVO
Luiz Gustavo Dias
23. 7. 1987, Pindamonhangaba/BRA
Mittelfeld, 1,87 m, 80 kg

2006	Universal Rio Largo	BRA-R2		0
2007	Corinthians Alagoano	BRA-R1		3
Mai 07	CRB Maceio	BRA 2	14	1
Aug 07	TSG 1899 Hoffenheim	2. BL	27	0
08/09	TSG 1899 Hoffenheim	BL	28	0
09/10	TSG 1899 Hoffenheim	BL	27	0
10/11	TSG 1899 Hoffenheim	BL	17	2
Jan 11	Bayern München	BL	14	1
11/12	Bayern München	BL		

LUSTENBERGER, Fabian
2. 5. 1988, Neuchâtel/SUI
Mittelfeld, 1,80 m, 70 kg

1995-2000 SC Nebikon, ab 2000 FC Luzern

05/06	FC Luzern	SUI 2	1	0
	FC Luzern II	SUI 3	14	1
06/07	FC Luzern	SUI 1	30	0
07/08	FC Luzern	SUI 1	3	0
Aug 07	Hertha BSC	BL	24	1
	Hertha BSC II	OL	2	0
08/09	Hertha BSC	BL	14	1
	Hertha BSC II	RL	6	0
09/10	Hertha BSC	BL	23	0
	Hertha BSC II	RL	3	1
10/11	Hertha BSC	2. BL	18	1
	Hertha BSC II	RL	4	0
11/12	Hertha BSC	BL		

MADLUNG, Alexander
11. 7. 1982, Braunschweig/D
Abwehr, 1,93 m, 93 kg

Bis 2000 Sportfreunde Ölper, VfL Wolfsburg, Eintracht Braunschweig, ab 2000 Hertha BSC

00/01	Hertha BSC Am.	OL	17	5
01/02	Hertha BSC Am.	OL	28	4
02/03	Hertha BSC	BL	9	0
	Hertha BSC Am.	OL	21	7
03/04	Hertha BSC	BL	25	3
	Hertha BSC Am.	OL	4	0
04/05	Hertha BSC	BL	25	4
	Hertha BSC Am.	RL	5	1
05/06	Hertha BSC	BL	22	4
	Hertha BSC II	RL	2	0
06/07	VfL Wolfsburg	BL	29	4
07/08	VfL Wolfsburg	BL	27	1
08/09	VfL Wolfsburg	BL	24	3
09/10	VfL Wolfsburg	BL	28	1
10/11	VfL Wolfsburg	BL	20	0
11/12	VfL Wolfsburg	BL		

2 A (kein Tor) für Deutschland

MAK, Robert
8. 3. 1991, Bratislava/CSV
Mittelfeld, 1,79 m, 75 kg, SVK
1997-2006 Slovan Bratislava, 2006-2010 Manchester City

10/11	1. FC Nürnberg	BL	22	3
11/12	1. FC Nürnberg	BL		

MAKIADI, Cedrick
23. 2. 1984, Kinshasa/COD
Mittelfeld, 1,77 m, 77 kg, COD/D
1993-1997 Post SV Lübeck, 1997/98 Eichholzer SV, 1998-2002 VfB Lübeck

02/03	VfL Wolfsburg Am.	OL	2	0
03/04	VfL Wolfsburg Am.	OL	34	10
04/05	VfL Wolfsburg	BL	8	0
	VfL Wolfsburg Am.	RL	28	7
05/06	VfL Wolfsburg	BL	10	1
	VfL Wolfsburg II	OL	16	3
06/07	VfL Wolfsburg	BL	30	3
07/08	VfL Wolfsburg II	RL	8	1
08/09	MSV Duisburg	2. BL	33	16
09/10	SC Freiburg	BL	33	3
10/11	SC Freiburg	BL	34	0
11/12	SC Freiburg	BL		

8 A (1 Tor) für DR Kongo

MAKINO, Tomoaki
11. 5. 1987, Hiroshima/JPN
Abwehr, 1,82 m, 76 kg
Seit 2000 Sanfrecce Hiroshima

2006	Sanfrecce Hiroshima	JPN 1	1	0
2007	Sanfrecce Hiroshima	JPN 1	18	1
2008	Sanfrecce Hiroshima	JPN 2	41	7
2009	Sanfrecce Hiroshima	JPN 1	33	8
2010	Sanfrecce Hiroshima	JPN 1	34	4
Jan 11	1. FC Köln	BL	5	0
11/12	1. FC Köln	BL		

5 A (kein Tor) für Japan

MALLI, Yunus
24. 2. 1992, Kassel/D
Mittelfeld, 1,79 m, 70 kg
Bis 2003 Sportfreunde Fasanenhof, 2003-2007 VfL Kassel, ab 2007 Borussia Mönchengladbach

10/11	Bor. Mönchengladbach II	RL	11	2
11/12	1. FSV Mainz 05	BL		

MANCIENNE, Michael
8. 1. 1988, Isleworth/ENG
Abwehr, 1,84 m, 80 kg
Ab 1996 FC Chelsea

06/07	FC Chelsea	ENG 1	0	0
Okt 06	Queens Park Rangers	ENG 2	28	0
07/08	Queens Park Rangers	ENG 2	30	0
08/09	FC Chelsea	ENG 1	0	0
Okt 08	Wolverhampton Wanderers	ENG 2	10	0
Jan 09	FC Chelsea	ENG 1	4	0
09/10	FC Chelsea	ENG 1	0	0
Aug 09	Wolverhampton Wanderers	ENG 1	30	0
10/11	FC Chelsea	ENG 1	0	0
Aug 10	Wolverhampton Wanderers	ENG 1	16	0
11/12	Hamburger SV	BL		

MANDZUKIC, Mario
21. 5. 1986, Slavonski Brod/YUG
Angriff, 1,86 m, 76 kg, CRO
1992-1996 TSF Ditzingen, 1996-2003 Marsonia Slavonski Brod, 2003/04 Zeljeznicar Sarajevo

04/05	Marsonia Slavonski Brod	CRO 2	23	14
05/06	NK Zagreb	CRO 1	28	3
06/07	NK Zagreb	CRO 1	23	11
07/08	Dinamo Zagreb	CRO 1	29	12
08/09	Dinamo Zagreb	CRO 1	28	16
09/10	Dinamo Zagreb	CRO 1	24	14
10/11	Dinamo Zagreb	CRO 1	0	0
Jul 10	VfL Wolfsburg	BL	24	8
11/12	VfL Wolfsburg	BL		

19 A (3 Tore) für Kroatien

MARICA, Ciprian
2. 10. 1985, Bukarest/ROM
Angriff, 1,85 m, 80 kg
Ab 1996 Dinamo Bukarest

01/02	Dinamo Bukarest	ROM 1	2	0
02/03	Dinamo Bukarest	ROM 1	10	1
03/04	Dinamo Bukarest	ROM 1	10	3
Jan 04	Schachtar Donezk	UKR 1	12	4
04/05	Schachtar Donezk	UKR 1	16	2
05/06	Schachtar Donezk	UKR 1	22	5
06/07	Schachtar Donezk	UKR 1	23	6
07/08	Schachtar Donezk	UKR 1	1	0
Jul 08	VfB Stuttgart	BL	28	2
08/09	VfB Stuttgart	BL	27	4
09/10	VfB Stuttgart	BL	25	10
10/11	VfB Stuttgart	BL	13	3
11/12	FC Schalke 04	BL		

49 A (16 Tore) für Rumänien

MARIN, Marko
13. 3. 1989, Gradiska/YUG
Mittelfeld, 1,70 m, 64 kg, D
Bis 1996 SG Hoechst, 1996-2005 Eintracht Frankfurt, ab 2005 Borussia Mönchengladbach

06/07	Bor. Mönchengladbach	BL	4	0
	Bor. Mönchengladbach II	RL	16	3
07/08	Bor. Mönchengladbach	2. BL	31	4
08/09	Bor. Mönchengladbach	BL	33	4
09/10	Werder Bremen	BL	32	4
10/11	Werder Bremen	BL	34	3
11/12	Werder Bremen	BL		

16 A (1 Tor) für Deutschland

MAROH, Dominic
4. 3. 1987, Nürtingen/D
Abwehr, 1,86 m, 84 kg, SVN/D
Bis 2000 TSV Neckartailfingen, ab 2000 SSV Reutlingen

05/06	SSV Reutlingen II	KL		
06/07	SSV Reutlingen	RL	2	0
	SSV Reutlingen II	KL		12
07/08	SSV Reutlingen	RL	11	1
	SSV Reutlingen II	KL		

08/09	1. FC Nürnberg	2. BL	20	1
	1. FC Nürnberg II	RL	8	0
09/10	1. FC Nürnberg	BL	27	1
10/11	1. FC Nürnberg	BL	8	0
11/12	1. FC Nürnberg	BL		

MARX, Thorben

1. 6. 1981, Berlin/D

Mittelfeld, 1,84 m, 83 kg

Bis 1998 Stern Marienfelde, Hertha Zehlendorf, ab 1998 Hertha BSC

99/00	Hertha BSC Am.	RL	8	2
00/01	Hertha BSC	BL	1	0
	Hertha BSC Am.	OL	30	9
01/02	Hertha BSC	BL	13	1
	Hertha BSC Am.	OL	14	2
02/03	Hertha BSC	BL	26	2
03/04	Hertha BSC	BL	5	0
	Hertha BSC Am.	OL	5	0
04/05	Hertha BSC	BL	26	3
	Hertha BSC Am.	RL	4	1
05/06	Hertha BSC	BL	8	0
	Hertha BSC II	RL	6	0
06/07	Arminia Bielefeld	BL	26	0
07/08	Arminia Bielefeld	BL	24	1
	Arminia Bielefeld II	OL	5	3
08/09	Arminia Bielefeld	BL	27	1
09/10	Bor. Mönchengladbach	BL	28	0
10/11	Bor. Mönchengladbach	BL	27	1
11/12	Bor. Mönchengladbach	BL		

MATIP, Joel

8. 8. 1991, Bochum/D

Mittelfeld, 1,93 m, 89 kg, CMR/D

1995-1998 SC Weitmar 45, 1998-2000 VfL Bochum, seit 2000 FC Schalke 04

09/10	FC Schalke 04	BL	20	3
	FC Schalke 04 II	RL	3	1
10/11	FC Schalke 04	BL	26	0
	FC Schalke 04 II	RL	1	0
11/12	FC Schalke 04	BL		

7 A (kein Tor) für Kamerun

MATUSCHYK, Adam

14. 2. 1989, Gliwice/POL

Mittelfeld, 1,83 m, 73 kg, D/POL

1998-2000 SpVgg Merzig, 2000-2003 VfB Dillingen, seit 2003 1. FC Köln

08/09	1. FC Köln II	RL	25	3
09/10	1. FC Köln	BL	9	2
	1. FC Köln II	RL	11	1
10/11	1. FC Köln	BL	24	2
11/12	1. FC Köln	BL		

10 A (1 Tor) für Polen

MAYER, Patrick

28. 3. 1988, Wangen/D

Angriff, 1,79 m, 74 kg

Bis 2003 SV Beuren und FC Wangen, ab 2003 VfB Stuttgart

06/07	VfB Stuttgart II	RL	4	2
07/08	VfB Stuttgart II	RL	11	0
Jan 08	SSV Reutlingen	RL	13	4
08/09	Eintracht Frankfurt II	RL	17	10
09/10	1. FC Heidenheim	3. L	34	11
10/11	1. FC Heidenheim	3. L	30	19
11/12	FC Augsburg	BL		

MAZA

Fernando Javier Rodriguez Pinedo

20. 10. 1981, Mazatlan/MEX

Abwehr, 1,91 m, 84 kg

00/01	CD Tapatio	MEX 3		
01/02	CD Tapatio	MEX 3		
02/03	CD Tapatio	MEX 2	35	4
	CD Guadalajara	MEX 1	2	0
03/04	CD Guadalajara	MEX 1	32	0
04/05	CD Guadalajara	MEX 1	30	0
05/06	CD Guadalajara	MEX 1	26	0
06/07	CD Guadalajara	MEX 1	44	4
07/08	CD Guadalajara	MEX 1	37	0
08/09	PSV Eindhoven	NED 1	9	1
09/10	PSV Eindhoven	NED 1	29	1
10/11	PSV Eindhoven	NED 1	22	2
11/12	VfB Stuttgart	BL		

61 A (1 Tor) für Mexiko

McKENNA, Kevin

21. 1. 1980, Calgary/CAN

Abwehr, 1,90 m, 85 kg, CAN/SCO

1995-1998 Calgary Dinos

98/99	Energie Cottbus	2. BL	2	0
	Energie Cottbus Am.	OL	13	1
99/00	Energie Cottbus	2. BL	1	0
	Energie Cottbus Am.	OL	11	4
00/01	Energie Cottbus	BL	2	0
	Energie Cottbus Am.	OL	12	2
Mär 01	Heart of Midlothian	SCO 1	8	0
01/02	Heart of Midlothian	SCO 1	33	9
02/03	Heart of Midlothian	SCO 1	36	5
03/04	Heart of Midlothian	SCO 1	32	5
04/05	Heart of Midlothian	SCO 1	13	2
05/06	Energie Cottbus	2. BL	34	10
06/07	Energie Cottbus	2. BL	29	0
07/08	1. FC Köln	2. BL	30	2
08/09	1. FC Köln	BL	24	1
09/10	1. FC Köln	BL	25	1
10/11	1. FC Köln	BL	7	1
11/12	1. FC Köln	BL		

53 A (10 Tore) für Kanada

MENDLER, Markus

7. 1. 1993, Memmingen/D

Mittelfeld, 1,73 m, 70 kg

Bis 2008 TSV Legau und FC Memmingen, seit 2008 1. FC Nürnberg

10/11	1. FC Nürnberg	BL	6	0
11/12	1. FC Nürnberg	BL		

MERTESACKER, Per

29. 9. 1984, Hannover/D

Abwehr, 1,98 m, 90 kg

1988-1995 TSV Pattensen, ab 1995 Hannover 96

03/04	Hannover 96	BL	13	1
	Hannover 96 Am.	OL	16	1
04/05	Hannover 96	BL	31	2
05/06	Hannover 96	BL	30	5

06/07	Werder Bremen	BL	25	2
07/08	Werder Bremen	BL	32	1
08/09	Werder Bremen	BL	23	2
09/10	Werder Bremen	BL	33	5
10/11	Werder Bremen	BL	30	2
11/12	Werder Bremen	BL		

75 A (1 Tor) für Deutschland

METZELDER, Christoph
5. 11. 1980, Haltern/D
Abwehr, 1,94 m, 92 kg

1986-1995 TuS Haltern, 1995/96 FC Schalke 04, ab 1996 Preußen Münster

99/00	Preußen Münster	RL	32	4
00/01	Borussia Dortmund	BL	19	0
01/02	Borussia Dortmund	BL	25	0
02/03	Borussia Dortmund	BL	24	0
03/04	Borussia Dortmund	BL	0	0
04/05	Borussia Dortmund	BL	16	0
	Borussia Dortmund Am.	RL	1	0
05/06	Borussia Dortmund	BL	23	2
06/07	Borussia Dortmund	BL	19	0
07/08	Real Madrid	ESP 1	9	0
08/09	Real Madrid	ESP 1	12	0
09/10	Real Madrid	ESP 1	2	0
10/11	FC Schalke 04	BL	32	1
11/12	FC Schalke 04			

47 A (kein Tor) für Deutschland

MICANSKI, Ilijan
20. 12. 1985, Blagojewgrad/BUL
Angriff, 1,82 m, 77 kg

03/04	Makedonska Slava Simitli	BUL 1	9	0
04/05	Pirin 1922 Blagojevgrad	BUL 2	29	21
05/06	Amica Wronki	POL 1	17	6
06/07	Lech Poznan	POL 1	3	0
Sep 06	Korona Kielce	POL 1	5	0
Jan 07	Lech Poznan	POL 1	7	0
07/08	Lech Poznan	POL 1	2	0
Jan 08	Odra Wodzislaw Slaski	POL 1	13	5
08/09	Zaglebie Lubin	POL 2	31	26
09/10	Zaglebie Lubin	POL 1	28	14
10/11	1. FC Kaiserslautern	BL	10	1
	1. FC Kaiserslautern II	RL	6	2
11/12	1. FC Kaiserslautern	BL		

1 A (kein Tor) für Bulgarien

MICKEL, Tom
19. 4. 1989, Hoyerswerda/D
Torwart, 1,86 m, 81 kg

Bis 2003 FC Lausitz Hoyerswerda, ab 2003 Energie Cottbus

06/07	Energie Cottbus II	OL	2	0
07/08	Energie Cottbus II	RL	2	0
08/09	Energie Cottbus II	RL	4	0
09/10	Hamburger SV II	RL	31	0
10/11	Hamburger SV II	RL	21	0
11/12	Hamburger SV	BL		

MIELITZ, Sebastian
18. 7. 1989, Zehdenick/D
Torwart, 1,88 m, 73 kg

2000-2002 Eintracht Oranienburg, 2002/03 MSV Neuruppin, 2003-2005 Energie Cottbus, seit 2005 Werder Bremen

07/08	Werder Bremen II	RL	15	0
08/09	Werder Bremen II	3. L	19	0
09/10	Werder Bremen	BL	2	0
	Werder Bremen II	3. L	19	0
10/11	Werder Bremen	BL	6	0
	Werder Bremen II	3. L	2	0
11/12	Werder Bremen	BL		

MIJATOVIC, Andre
3. 12. 1979, Rijeka/YUG
Abwehr, 1,91 m, 80 kg, CRO

98/99	NK Rijeka	CRO 1	28	1
99/00	NK Rijeka	CRO 1	21	2
00/01	NK Rijeka	CRO 1	28	1
01/02	NK Rijeka	CRO 1	26	5
02/03	NK Rijeka	CRO 1	20	3
03/04	Dinamo Zagreb	CRO 1	30	0
04/05	Dinamo Zagreb	CRO 1	21	1
05/06	SpVgg Greuther Fürth	2. BL	30	3
06/07	SpVgg Greuther Fürth	2. BL	30	4
07/08	Arminia Bielefeld	BL	24	3
08/09	Arminia Bielefeld	BL	19	1
09/10	Arminia Bielefeld	2. BL	31	4
10/11	Hertha BSC	2. BL	26	1
11/12	Hertha BSC	BL		

MILLER, Markus
8. 4. 1982, Lindenberg/D
Torhüter, 1,89 m, 92 kg

Bis 2000 FC Lindenberg und FC Wangen

00/01	VfB Stuttgart Am.	RL	15	0
01/02	VfB Stuttgart Am.	RL	29	0
02/03	FC Augsburg	RL	18	0
03/04	FC Augsburg	RL	0	0
Aug 03	Karlsruher SC Am.	OL	24	0
04/05	Karlsruher SC	2. BL	30	0
05/06	Karlsruher SC	2. BL	34	0
06/07	Karlsruher SC	2. BL	30	0
07/08	Karlsruher SC	BL	28	0
08/09	Karlsruher SC	BL	33	0
09/10	Karlsruher SC	2. BL	28	0
	Karlsruher SC II	RL	1	0
10/11	Hannover 96 II	RL	7	0
11/12	Hannover 96	BL		

MLAPA, Peniel Kokou
20. 2. 1991, Lomé/TOG
Angriff, 1,93 m, 87 kg, D/TOG

Bis 1999 FC Unterföhring, ab 1999 TSV München 1860

08/09	TSV München 1860	2. BL	2	0
	TSV München 1860 II	RL	3	0
09/10	TSV München 1860	2. BL	21	6
	TSV München 1860 II	RL	10	5
10/11	TSG 1899 Hoffenheim	BL	30	4
11/12	TSG 1899 Hoffenheim	BL		

MÖHRLE, Uwe
3. 12. 1979, Überlingen/D
Abwehr, 1,88 m, 81 kg

1985/86 SV Großschönach, ab 1986 SC Pfullendorf

98/99	SC Pfullendorf II	LL		
99/00	SC Pfullendorf	RL	1	0
	SC Pfullendorf II	VL		
00/01	SC Pfullendorf	RL	9	0
01/02	SC Pfullendorf	OL	34	1
02/03	Hansa Rostock	BL	2	0
	Hansa Rostock Am.	OL	30	2
03/04	Hansa Rostock	BL	25	1
	Hansa Rostock Am.	OL	8	0
04/05	Hansa Rostock	BL	33	1
05/06	MSV Duisburg	BL	31	4
06/07	VfL Wolfsburg	BL	22	0
07/08	VfL Wolfsburg	BL	1	0
Aug 07	FC Augsburg	2. BL	28	4
08/09	FC Augsburg	2. BL	33	3
09/10	FC Augsburg	2. BL	31	0
10/11	FC Augsburg	2. BL	30	1
11/12	FC Augsburg	BL		

MÖLDERS, Sascha
20. 3. 1985, Essen/D
Angriff, 1,87 m, 79 kg

Bis 2000 Vogelheimer SV, Atletico Esssen und SG Essen-Schönebeck, 2000-2003 Schwarz-Weiß Essen

03/04	Wacker Bergeborbeck	BezL		32
04/05	Schwarz-Weiß Essen	OL	20	7
05/06	Schwarz-Weiß Essen	OL	20	2
06/07	MSV Duisburg II	OL	30	24
07/08	MSV Duisburg	BL	11	0
	MSV Duisburg II	OL	19	15
08/09	Rot-Weiss Essen	RL	34	28
09/10	Rot-Weiss Essen	RL	18	14
Jan 10	FSV Frankfurt	2. BL	13	3
10/11	FSV Frankfurt	2. BL	34	15
11/12	FC Augsburg	BL		

MOHAMAD, Youssef
1. 7. 1980, Beirut/LIB
Abwehr, 1,82 m, 80 kg

98/99	Al-Safa Beirut	LIB 1		0
99/00	Al-Safa Beirut	LIB 1		1
00/01	Al-Safa Beirut	LIB 1		2
01/02	Al-Safa Beirut	LIB 1		1
02/03	Olympic Beirut	LIB 1		0
03/04	Olympic Beirut	LIB 1		4
04/05	SC Freiburg	BL	29	0
05/06	SC Freiburg	2. BL	27	1
06/07	SC Freiburg	2. BL	31	8
07/08	1. FC Köln	2. BL	31	5
08/09	1. FC Köln	BL	30	1
09/10	1. FC Köln	BL	31	2
10/11	1. FC Köln	BL	28	2
11/12	1. FC Köln	BL		

33 A für den Libanon

MOLINARO, Cristian
30. 7. 1983, Pellare/ITA
Abwehr, 1,82 m, 82 kg

02/03	Salernitana Sport	ITA 2	5	0
03/04	Salernitana Sport	ITA 2	33	0
04/05	Salernitana Sport	ITA 2	39	1
05/06	AC Siena	ITA 1	20	0
06/07	AC Siena	ITA 1	36	0
07/08	Juventus Turin	ITA 1	31	0
08/09	Juventus Turin	ITA 1	29	0
09/10	Juventus Turin	ITA 1	5	0
Jan 10	VfB Stuttgart	BL	17	0
10/11	VfB Stuttgart	BL	27	0
11/12	VfB Stuttgart	BL		

2 A (kein Tor) für Italien

MORALES, Alfredo
12. 5. 1990, Berlin/D
Abwehr, 1,83 m, 74 kg, D/USA

1994-1997 BSC Reinickendorf, 1997-1999 Borussia Pankow, 1999/00 Concordia Wilhelmsruh, seit 2000 Hertha BSC

08/09	Hertha BSC II	RL	3	0
09/10	Hertha BSC II	RL	26	4
10/11	Hertha BSC	2. BL	3	0
	Hertha BSC II	RL	26	3
11/12	Hertha BSC	BL		

MORAVEK, Jan
1. 11. 1989, Prag/CSV
Mittelfeld, 1,80 m, 75 kg, CZE

1995-2005 Bohemians Prag, ab 2005 Bohemians 1905 Prag

06/07	Bohemians 1905 Prag	CZE 2	1	1
07/08	Bohemians 1905 Prag	CZE 1	16	3
08/09	Bohemians 1905 Prag	CZE 2	25	8
09/10	FC Schalke 04	BL	7	2
10/11	1. FC Kaiserslautern	BL	29	5
11/12	FC Schalke 04	BL		

3 A (kein Tor) für Tschechien

MORITZ, Christoph
27. 1. 1990, Düren/D
Mittelfeld, 1,86 m, 81 kg

1994-2006 Viktoria Arnoldsweiler, ab 2006 Alemannia Aachen

08/09	Alemannia Aachen II	OL	2	0
09/10	FC Schalke 04	BL	28	1
10/11	FC Schalke 04	BL	12	0
11/12	FC Schalke 04	BL		

MÜLLER, Heinz
30. 5. 1978, Frankfurt/D
Torwart, 1,96 m, 94 kg

Bis 1996 FSV Frankfurt

96/97	SpVgg Bad Homburg	LL		
97/98	Hannover 96	RL	1	0
	Hannover 96 Am.	VL		
98/99	Hannover 96	2. BL	3	0
	Hannover 96 Am.	VL		
99/00	Hannover 96	2. BL	1	0
00/01	Hannover 96	2. BL	4	0
01/02	Arminia Bielefeld	2. BL	1	0
02/03	Arminia Bielefeld	BL	0	0

Jan 03	FC St. Pauli	2. BL	16	0
03/04	Jahn Regensburg	2. BL	4	0
Jul 04	Odd Grenland Skien	NOR 1	7	0
2005	Lilleström SK	NOR 1	5	0
2006	Lilleström SK	NOR 1	24	0
2007	Lilleström SK	NOR 1	13	0
Aug 07	FC Barnsley	ENG 2	28	0
08/09	FC Barnsley	ENG 2	36	0
09/10	1. FSV Mainz 05	BL	30	0
10/11	1. FSV Mainz 05	BL	10	0
	1. FSV Mainz 05 II	RL	2	0
11/12	1. FSV Mainz 05	BL		

MÜLLER, Nicolai

25. 9. 1987, Lohr am Main/D
Mittelfeld, 1,73 m, 66 kg

Bis 1998 TSV Wernfeld, 1998-2003 Eintracht Frankfurt, ab 2003 SpVgg Greuther Fürth

05/06	SpVgg Greuther Fürth II	OL	1	0
06/07	SpVgg Greuther Fürth	2. BL	2	0
	SpVgg Greuther Fürth II	OL	35	10
07/08	SpVgg Greuther Fürth	2. BL	5	0
	SpVgg Greuther Fürth II	OL	11	4
08/09	SpVgg Greuther Fürth II	RL	17	0
Jan 09	SV Sandhausen	3. L	18	5
09/10	SpVgg Greuther Fürth	2. BL	29	6
	SpVgg Greuther Fürth II	RL	2	2
10/11	SpVgg Greuther Fürth	2. BL	33	7
11/12	1. FSV Mainz 05	BL		

MÜLLER, Thomas

13. 9. 1989, Weilheim/D
Mittelfeld, 1,86 m, 74 kg

Bis 2000 TSV Pähl, seit 2000 Bayern München

07/08	Bayern München II	RL	3	1
08/09	Bayern München	BL	4	0
	Bayern München II	3. L	32	15
09/10	Bayern München	BL	34	13
10/11	Bayern München	BL	34	12
11/12	Bayern München	BL		

18 A (7 Tore) für Deutschland

MUJDZA, Mensur

28. 3. 1984, Zagreb/YUG
Abwehr, 1,85 m, 77 kg, CRO/BIH

03/04	NK Zagreb	CRO 1	21	0
04/05	NK Zagreb	CRO 1	16	1
05/06	NK Zagreb	CRO 1	17	0
06/07	NK Zagreb	CRO 1	30	0
07/08	NK Zagreb	CRO 1	30	3
08/09	NK Zagreb	CRO 1	21	1
09/10	SC Freiburg	BL	14	0
10/11	SC Freiburg	BL	32	0
11/12	SC Freiburg	BL		

8 A (kein Tor) für Bosnien-Herzegowina

MUSONA, Knowledge

21. 6. 1990, Norton/ZIM
Angriff, 1,74 m

Bis 2009 Aces Academy Harare, Haka United, Manyama FC

09/10	Kaizer Chiefs	RSA 1	21	5
10/11	Kaizer Chiefs	RSA 1	28	15
11/12	TSG 1899 Hoffenheim	BL		

7 A (4 Tore) für Simbabwe

NAGY, Daniel

15. 3. 1991, Kerepestarcsa/HUN
Mittelfeld, 1,81 m, 80 kg

Bis 2007 Ujpest Budapest, seit 2007 Hamburger SV

08/09	Hamburger SV II	RL	6	0
09/10	Hamburger SV Jug.			
10/11	Hamburger SV II	RL	28	3
11/12	Hamburger SV	BL		

NALDO

Ronaldo Aparecido Rodrigues
10. 9. 1982, Londrina/BRA

Abwehr, 1,98 m, 89 kg

2001	RSFC Alvorada	BRA-AM		
2002	RSFC Alvorada	BRA-R3	13	1
2003	RSFC Alvorada	BRA-R2	17	2
2004	RSFC Alvorada	BRA-R2	0	0
Mai 04	Juventude Caxias	BRA 1	25	4
2005	Juventude Caxias	BRA-R1	15	2
	Juventude Caxias	BRA 1	11	4
05/06	Werder Bremen	BL	32	2
06/07	Werder Bremen	BL	32	6
07/08	Werder Bremen	BL	32	3
08/09	Werder Bremen	BL	28	3
09/10	Werder Bremen	BL	31	5
10/11	Werder Bremen	BL	0	0
11/12	Werder Bremen	BL		

4 A (kein Tor) für Brasilien

NDJENG, Marcel

6. 5. 1982, Bonn/D
Mittelfeld, 1,79 m, 72 kg, CMR/D

1988-1995 Fortuna Bonn, 1995/96 Bonner SC, ab 1996 1. FC Köln

01/02	1. FC Köln Am.	OL	17	4
02/03	1. FC Köln Am.	RL	24	1
03/04	1. FC Köln Am.	RL	24	7
04/05	Fortuna Düsseldorf	RL	34	3
05/06	SC Paderborn 07	2. BL	34	9
06/07	Arminia Bielefeld	BL	10	2
	Arminia Bielefeld II	OL	6	1
07/08	Bor. Mönchengladbach	2. BL	30	4
08/09	Bor. Mönchengladbach	BL	9	0
	Bor. Mönchengladbach II	RL	1	0
Jan 09	Hamburger SV	BL	2	0
	Hamburger SV II	RL	5	3
09/10	FC Augsburg	2. BL	31	5
10/11	FC Augsburg	2. BL	11	0
11/12	FC Augsburg	BL		

5 A (kein Tor) für Kamerun

NEBEL, Moritz

25. 9. 1991, Erlangen/D
Mittelfeld, 1,78 m, 63 kg

Bis 2002 VfL Kaufering, seit 2002 FC Augsburg

09/10	FC Augsburg	2. BL	3	0
10/11	FC Augsburg II	LL	15	0
	FC Augsburg	2. BL	2	0
11/12	FC Augsburg	BL		

NEMEC, Adam
2. 9. 1985, Banska Bystrica/CSV
Abgriff, 1,90 m, 84 kg, SVK
Bis 2001 SK Zarnovica, ab 2001 ZTS Dubnica

02/03	ZTS Dubnica	SVK 1	2	0
03/04	ZTS Dubnica	SVK 1	17	8
04/05	MSK Zilina	SVK 1	26	3
05/06	MSK Zilina	SVK 1	13	0
06/07	MSK Zilina	SVK 1	34	14
07/08	MSK Zilina	SVK 1	2	1
Aug 07	Erzgebirge Aue	2. BL	29	10
08/09	RC Genk	BEL 1	21	4
09/10	1. FC Kaiserslautern	2. BL	33	5
10/11	1. FC Kaiserslautern	BL	24	3
11/12	1. FC Kaiserslautern	BL		

2 A (kein Tor) für die Slowakei

NEUER, Manuel
27. 3. 1986, Gelsenkirchen/D
Torhüter, 1,93 m, 90 kg
Ab März 1991 FC Schalke 04

03/04	FC Schalke 04 Am.	RL	1	0
04/05	FC Schalke 04 Am.	OL	1	0
05/06	FC Schalke 04 II	OL	20	0
06/07	FC Schalke 04	BL	27	0
	FC Schalke 04 II	OL	3	0
07/08	FC Schalke 04	BL	34	0
08/09	FC Schalke 04	BL	27	0
	FC Schalke 04 II	RL	1	0
09/10	FC Schalke 04	BL	34	0
10/11	FC Schalke 04	BL	34	0
11/12	Bayern München	BL		

20 A (kein Tor) für Deutschland

NEUMANN, Sebastian
18. 2. 1991, Berlin/D
Abwehr, 1,88 m, 79 kg
Ab 1995 FC Internationale, bis 2001 Eintracht Südring, seit 2001 Hertha BSC

09/10	Hertha BSC II	RL	25	1
10/11	Hertha BSC	2. BL	11	0
	Hertha BSC II	RL	6	0
11/12	Hertha BSC	BL		

NEUSTÄDTER, Roman
18. 2. 1988, Dnjepropetrowsk/URS
Mittelfeld, 1,90 m, 83 kg, D
Ab 1994 1. FSV Mainz 05

05/06	1. FSV Mainz 05 II	OL	2	0
06/07	1. FSV Mainz 05 II	OL	31	1
07/08	1. FSV Mainz 05 II	OL	25	5
08/09	1. FSV Mainz 05	2. BL	16	0
	1. FSV Mainz 05 II	RL	10	3
09/10	Bor. Mönchengladbach	BL	2	0
	Bor. Mönchengladbach II	RL	23	3
10/11	Bor. Mönchengladbach	BL	24	1
11/12	Bor. Mönchengladbach	BL		

NICU, Maximilian
25. 11. 1982, Prien/D
Mittelfeld, 1,85 m, 75 kg, ROM/D
1988-1994 TuS Prien, 1994-1997 TSV 1860 Rosenheim, ab 1997 SpVgg Unterhaching

01/02	SpVgg Unterhaching Am.	OL	23	2
02/03	SpVgg Unterhaching	RL	24	2
	SpVgg Unterhaching Am.	OL	10	3
03/04	SpVgg Unterhaching Am.	OL	21	4
Jan 04	Rot-Weiß Erfurt	RL	13	0
04/05	ohne Verein			
Jan 05	SV Wehen	RL	14	4
05/06	SV Wehen	RL	34	16
06/07	Wacker Burghausen	2. BL	31	4
07/08	SV Wehen Wiesbaden	2. BL	32	6
08/09	Hertha BSC	BL	28	2
09/10	Hertha BSC	BL	15	1
	Hertha BSC II	RL	1	0
10/11	SC Freiburg	BL	23	0
11/12	SC Freiburg	BL		

3 A (kein Tor) für Rumänien

NIEDERMEIER, Georg
26. 2. 1986, München/D
Abwehr, 1,89 m, 77 kg
Bis 1995 SC Bogenhausen, ab 1995 Bayern München

03/04	Bayern München Am.	RL	1	0
04/05	Bayern München Am.	RL	4	0
05/06	Bayern München II	RL	28	0
06/07	Bayern München II	RL	15	0
07/08	Bayern München II	RL	20	0
08/09	Bayern München II	3. L	18	0
Jan 09	VfB Stuttgart	BL	5	0
09/10	VfB Stuttgart	BL	12	1
10/11	VfB Stuttgart	BL	29	5
11/12	VfB Stuttgart	BL		

NIEMEYER, Peter
22. 11. 1983, Hörstel-Riesenbeck/D
Mittelfeld, 1,91 m, 83 kg
Bis 1996 Teuto Riesenbeck, 1996-2000 Borussia Emsdetten, ab 2000 FC Twente Enschede

02/03	FC Twente Enschede	NED 1	3	0
03/04	FC Twente Enschede	NED 1	31	1
04/05	FC Twente Enschede	NED 1	27	1
05/06	FC Twente Enschede	NED 1	30	2
06/07	FC Twente Enschede	NED 1	15	0
Jan 07	Werder Bremen	BL	3	0
	Werder Bremen II	RL	3	0
07/08	Werder Bremen	BL	3	1
	Werder Bremen II	RL	6	0
08/09	Werder Bremen	BL	15	0
	Werder Bremen II	3. L	3	1
09/10	Werder Bremen	BL	11	1
10/11	Werder Bremen	BL	0	0
Aug 10	Hertha BSC	2. BL	28	3
11/12	Hertha BSC	BL		

NILSSON, Per
15. 9. 1982, Sundsvall/SWE
Abwehr, 1,90 m, 87 kg
1988-1991 Stigsjö IK, ab 1992 IFK Timra

1998	IFK Timra	SWE 5	10	6
1999	GIF Sundsvall	SWE 2	1	0
2000	GIF Sundsvall	SWE 1	24	1
2001	GIF Sundsvall	SWE 1	16	0
Sep 01	AIK Solna	SWE 1	7	0
2002	AIK Solna	SWE 1	23	1
2003	AIK Solna	SWE 1	21	0
2004	AIK Solna	SWE 1	15	2
2005	Odd Grenland	NOR 1	22	1

2006	Odd Grenland	NOR 1	24	5
2007	Odd Grenland	NOR 1	12	1
07/08	TSG 1899 Hoffenheim	2. BL	22	0
08/09	TSG 1899 Hoffenheim	BL	15	0
09/10	TSG 1899 Hoffenheim	BL	8	0
10/11	1. FC Nürnberg	BL	19	1
11/12	1. FC Nürnberg	BL		

5 A (kein Tor) für Schweden

NORDTVEIT, Havard
21. 6. 1990, Vats/NOR
Mittelfeld, 1,88 m, 83 kg

Bis August 2006 SK Vats 94 und Skjold IL

Aug 06	FK Haugesund	NOR 2	1	0
2007	FK Haugesund	NOR 2	9	0
Jul 07	FC Arsenal Jug.			
Aug 08	UD Salamanca	ESP 2	3	0
Okt 08	FC Arsenal	ENG 1	0	0
Mär 09	Lilleström SK	NOR 1	17	0
09/10	1. FC Nürnberg	BL	19	0
10/11	FC Arsenal	ENG 1	0	0
Jan 11	Bor. Mönchengladbach	BL	16	1
11/12	Bor. Mönchengladbach	BL		

1 A (kein Tor) für Norwegen

NOVAKOVIC, Milivoje
18. 5. 1979, Ljubljana/YUG
Angriff, 1,92 m, 85 kg, SVN

Bis 1998 Olimpija Ljubljana, ab 1998 DSG Klopeinersee

99/00	DSG Klopeinersee	AUT 5		
00/01	SAK Klagenfurt	AUT 4		
01/02	SAK Klagenfurt	AUT 4		
Jan 02	ASK Voitsberg	AUT 3		
02/03	ASK Voitsberg	AUT 3		
03/04	ASK Voitsberg	AUT 3		
Jan 04	SV Mattersburg	AUT 1	6	2
04/05	LASK Linz	AUT 2	21	8
05/06	Litex Lovetsch	BUL 1	23	15
06/07	Litex Lovetsch	BUL 1	3	3
Aug 06	1. FC Köln	2. BL	25	10
07/08	1. FC Köln	2. BL	33	20
08/09	1. FC Köln	BL	30	16
09/10	1. FC Köln	BL	30	6
10/11	1. FC Köln	BL	28	17
11/12	1. FC Köln	BL		

51 A (19 Tore) für Slowenien

NOVESKI, Nikolce
28. 4. 1979, Bitolj/YUG
Abwehr, 1,90 m, 87 kg, MKD

Ab 1992 Pelister Bitola

96/97	Pelister Bitola	MKD 1		
97/98	Pelister Bitola	MKD 1		
98/99	Hansa Rostock Am.	OL	22	4
	Hansa Rostock	BL	1	0
99/00	Hansa Rostock Am.	OL	29	6
00/01	Hansa Rostock Am.	OL	28	6
01/02	Erzgebirge Aue	RL	28	1
02/03	Erzgebirge Aue	RL	32	6
03/04	Erzgebirge Aue	2. BL	33	3
04/05	1. FSV Mainz 05	BL	27	2
	1. FSV Mainz 05 Am.	RL	4	1
05/06	1. FSV Mainz 05	BL	33	2
06/07	1. FSV Mainz 05	BL	31	0
07/08	1. FSV Mainz 05	2. BL	29	0
08/09	1. FSV Mainz 05	2. BL	31	4
09/10	1. FSV Mainz 05	BL	33	0
10/11	1. FSV Mainz 05	BL	32	2
11/12	1. FSV Mainz 05	BL		

45 A (2 Tore) für Mazedonien

OBASI, Chinedu Ogbuke
1. 6. 1986, Enugu/NGA
Angriff, 1,88 m, 79 kg

Bis Dezember 2004 River Lane Enugu

2005	Lyn Oslo	NOR 1	5	1
2006	Lyn Oslo	NOR 1	13	8
2007	Lyn Oslo	NOR 1	11	5
Aug 07	TSG 1899 Hoffenheim	2. BL	27	12
08/09	TSG 1899 Hoffenheim	BL	24	6
09/10	TSG 1899 Hoffenheim	BL	23	7
10/11	TSG 1899 Hoffenheim	BL	5	0
11/12	TSG 1899 Hoffenheim			

16 A für Nigeria

OCHS, Patrick
14. 5. 1984, Frankfurt/D
Mittelfeld, 1,79 m, 71 kg

1989-1991 Germania Enkheim, 1991-2002 Eintracht Frankfurt, ab 2002 Bayern München

03/04	Bayern München Am.	RL	25	1
04/05	Eintracht Frankfurt	2. BL	28	1
	Eintracht Frankfurt Am.	OL	1	0
05/06	Eintracht Frankfurt	BL	28	0
06/07	Eintracht Frankfurt	BL	30	1
07/08	Eintracht Frankfurt	BL	29	0
08/09	Eintracht Frankfurt	BL	30	0
09/10	Eintracht Frankfurt	BL	28	1
	Eintracht Frankfurt II	RL	1	0
10/11	Eintracht Frankfurt	BL	29	2
11/12	VfL Wolfsburg	BL		

OCZIPKA, Bastian
12. 1. 1989, Bergisch Gladbach/D
Abwehr, 1,84 m, 83 kg

1994-1997 Blau-Weiß Hand, 1997-1999 SSG Bergisch Gladbach, ab 1999 Bayer Leverkusen

08/09	Bayer Leverkusen II	RL	2	0
Aug 08	Hansa Rostock	2. BL	29	0
	Hansa Rostock II	RL	1	0
09/10	Hansa Rostock	2. BL	13	0
Jan 10	FC St. Pauli	2. BL	16	1
10/11	FC St. Pauli	BL	20	0
11/12	Bayer Leverkusen	BL		

OEHRL, Torsten
7. 1. 1986, Lichtenfels/D
Angriff, 1,91 m, 84 kg

1993-1996 SV Memmelsdorf/Ufr., 1996-2001 SV Hallstadt, 2001-2003 Eintracht Bamberg, ab 2003 SpVgg Greuther Fürth

05/06	SpVgg Greuther Fürth	2. BL	5	0
	SpVgg Greuther Fürth II	OL	16	7
06/07	SpVgg Greuther Fürth	2. BL	4	1
	SpVgg Greuther Fürth II	OL	6	2
Jan 07	Kickers Offenbach	2. BL	12	2
07/08	Eintracht Braunschweig	RL	32	8

08/09	Werder Bremen	BL	1	0
	Werder Bremen II	3. L	36	17
09/10	Werder Bremen II	3. L	17	6
Jan 10	Fortuna Düsseldorf	2. BL	15	2
10/11	FC Augsburg	2. BL	29	7
11/12	FC Augsburg	BL		

OKAZAKI, Shinji
16. 4. 1986, Takarazuka/JPN
Angriff, 1,74 m, 76 kg
2002-2004 Takigawa Daini High School

2005	Shimizu S-Pulse	JPN 1	0	0
2006	Shimizu S-Pulse	JPN 1	7	0
2007	Shimizu S-Pulse	JPN 1	21	5
2008	Shimizu S-Pulse	JPN 1	27	10
2009	Shimizu S-Pulse	JPN 1	34	14
2010	Shimizu S-Pulse	JPN 1	31	13
Jan 11	VfB Stuttgart	BL	12	2
11/12	VfB Stuttgart	BL		

43 A (21 Tore) für Japan

OKOTIE, Rubin Rafael
6. 6. 1987, Karatschi/PAK
Angriff, 1,88 m, 87 kg, AUT
1994-1998 SC Wiener Viktoria, 1998-2001 Rapid Wien, ab 2001 Austria Wien

05/06	Austria Wien Am.	AUT 2	19	6
06/07	Austria Wien Am.	AUT 2	27	7
07/08	Austria Wien	AUT 1	19	3
	Austria Wien Am.	AUT 2	9	6
08/09	Austria Wien	AUT 1	34	14
09/10	Austria Wien	AUT 1	4	4
10/11	1. FC Nürnberg	BL	4	0
	1. FC Nürnberg II	RL	7	1
11/12	1. FC Nürnberg	BL		

4 A (kein Tor) für Österreich

OLIC, Ivica
14. 9. 1979, Slavonski Brod/YUG
Angriff, 1,82 m, 85 kg, CRO

96/97	Marsonia Slav. Brod	CRO 1	9	0
97/98	Marsonia Slav. Brod	CRO 2	24	9
98/99	Marsonia Slav. Brod	CRO 3	9	8
Jan 99	Hertha BSC	BL	2	0
	Hertha BSC Am.	OL	15	9
99/00	Hertha BSC Am.	RL	15	1
Jan 00	Marsonia Slav. Brod	CRO 2	13	4
00/01	Marsonia Slav. Brod	CRO 1	29	16
01/02	NK Zagreb	CRO 1	29	21
02/03	Dinamo Zagreb	CRO 1	27	16
Jul 03	ZSKA Moskau	RUS 1	10	7
2004	ZSKA Moskau	RUS 1	24	9
2005	ZSKA Moskau	RUS 1	20	10
2006	ZSKA Moskau	RUS 1	24	9
Jan 07	Hamburger SV	BL	15	5
07/08	Hamburger SV	BL	32	14
08/09	Hamburger SV	BL	31	10
09/10	Bayern München	BL	29	11
10/11	Bayern München	BL	6	0
11/12	Bayern München	BL		

73 A (14 Tore) für Kroatien

ORBAN, Willi
3. 11. 1992, Kaiserslautern/D
Abwehr, 1,85 m, 80 kg
Seit 1997 1. FC Kaiserslautern

11/12	1. FC Kaiserslautern	BL		

OROZCO, Yohandry
19. 3. 1991, Maracaibo/VEN
Mittelfeld, 1,64 m, 55 kg

07/08	UA Maracaibo	VEN 1	15	1
08/09	UA Maracaibo	VEN 1	8	1
09/10	Zulia FC	VEN 1	26	3
10/11	Zulia FC	VEN 1	15	8
Jan 11	VfL Wolfsburg	BL	0	0
11/12	VfL Wolfsburg	BL		

15 A (1 Tor) für Venezuela

OTSU, Yuki
24. 3. 1990, Mito/JPN
Mittelfeld, 1,80 m, 73 kg
Bis 2007 Kashima Antlers und Seiritsu Gakuen High School

2008	Kashiwa Reysol	JPN 1	14	0
2009	Kashiwa Reysol	JPN 1	33	6
2010	Kashiwa Reysol	JPN 2	9	1
2011	Kashiwa Reysol	JPN 1	10	0
11/12	Bor. Mönchengladbach	BL		

OTTL, Andreas
1. 3. 1985, München/D
Mittelfeld, 1,86 m, 82 kg
1991-1996 SV Nord Lerchenau, ab 1996 Bayern München

03/04	Bayern München Am.	RL	25	1
04/05	Bayern München Am.	RL	34	5
05/06	Bayern München	BL	8	1
	Bayern München II	RL	18	2
06/07	Bayern München	BL	24	1
	Bayern München II	RL	1	1
07/08	Bayern München	BL	19	3
08/09	Bayern München	BL	22	0
09/10	Bayern München	BL	4	0
Jan 10	1. FC Nürnberg	BL	17	1
10/11	Bayern München	BL	15	0
11/12	Hertha BSC	BL		

OWOMOYELA, Patrick
5. 11. 1979, Hamburg/D
Abwehr, 1,87 m, 87 kg
1984-1992 Grün-Weiß Eimsbüttel, ab 1992 TSV Stellingen 88

97/98	TSV Stellingen 88	KL		
98/99	Lüneburger SK	RL	8	0
99/00	Lüneburger SK	RL	33	4
00/01	Lüneburger SK	RL	34	3
01/02	VfL Osnabrück	RL	33	1
02/03	SC Paderborn 07	RL	23	4
03/04	Arminia Bielefeld	2. BL	33	3
04/05	Arminia Bielefeld	BL	30	5
05/06	Werder Bremen	BL	32	0
06/07	Werder Bremen	BL	9	0
	Werder Bremen II	RL	1	0
07/08	Werder Bremen	BL	9	0
08/09	Borussia Dortmund	BL	26	1
09/10	Borussia Dortmund	BL	33	1

10/11 Borussia Dortmund BL 6 0
Borussia Dortmund II RL 3 0
11/12 Borussia Dortmund BL
11 A (kein Tor) für Deutschland

PANDER, Christian
28. 8. 1983, Münster/D
Abwehr, 1,86 m, 80 kg

1992/93 SC Nienberge, 1993-1996 1. FC Gievenbeck, 1996/97 SC Greven 09, 1997-2001 Preußen Münster, ab 2001 FC Schalke 04

02/03 FC Schalke 04 Am. OL 5 2
03/04 FC Schalke 04 Am. RL 31 2
04/05 FC Schalke 04 BL 24 1
05/06 FC Schalke 04 BL 0 0
06/07 FC Schalke 04 BL 16 2
07/08 FC Schalke 04 BL 17 1
08/09 FC Schalke 04 BL 17 1
FC Schalke 04 II RL 1 0
09/10 FC Schalke 04 II RL 1 1
10/11 FC Schalke 04 BL 4 0
FC Schalke 04 II RL 2 0
11/12 Hannover 96 BL
2 A (1 Tor) für Deutschland

PAPADOPOULOS, Kyriakos
23. 2. 1992, Katerini/GRE
Abwehr, 1,83 m, 85 kg

Bis 2007 Svoronou Katerini
07/08 Olympiakos Piräus GRE 1 3 0
08/09 Olympiakos Piräus GRE 1 3 0
09/10 Olympiakos Piräus GRE 1 3 0
10/11 FC Schalke 04 BL 18 0
FC Schalke 04 II RL 1 0
11/12 FC Schalke 04 BL
2 A (1 Tor) für Griechenland

PAPASTATHOPOULOS, Sokratis
5. 6. 1993, Kalamata/GRE
Abwehr, 1,83 m, 72 kg

04/05 Apollon Petalidiou GRE 4
05/06 AEK Athen GRE 1 0 0
Jan 06 Niki Volou GRE 2 11 0
06/07 AEK Athen GRE 1 14 0
07/08 AEK Athen GRE 1 24 1
08/09 CFC Genoa 1893 ITA 1 21 2
09/10 CFC Genoa 1893 ITA 1 30 0
10/11 AC Mailand ITA 1 5 0
11/12 Werder Bremen BL
19 A (kein Tor) für Griechenland

PARKER, Shawn
7. 3. 1993, Wiesbaden/D
Angriff, 1,79 m, 76 kg

Bis 2005 SV Wiesbaden, FC Bierstadt und SV Wehen, seit 2005 1. FSV Mainz 05
11/12 1. FSV Mainz 05 BL

PEITZ, Dominic
11. 9. 1984, Geseke/D
Mittelfeld, 1,96 m, 91 kg

1989-2000 Blau-Weiß Geseke, ab 2000 SC Paderborn 07
03/04 SC Paderborn 07 RL 2 0
SC Paderborn 07 II VL
04/05 SC Paderborn 07 RL 16 2
SC Paderborn 07 II VL 20 7
05/06 Werder Bremen II RL 30 3
06/07 Werder Bremen II RL 31 3
07/08 Werder Bremen II RL 28 4
08/09 VfL Osnabrück 2. BL 31 3
09/10 1. FC Union Berlin 2. BL 18 2
1. FC Union Berlin II VL 2 1
10/11 1. FC Union Berlin 2. BL 29 3
11/12 FC Augsburg BL

PEKARIK, Peter
30. 10. 1986, Zilina/CSV
Abwehr, 1,76 m, 72 kg, SVK

Bis 2004 MSK Zilina
04/05 ZTS Dubnica SVK 1 27 0
05/06 MSK Zilina SVK 1 27 2
06/07 MSK Zilina SVK 1 35 0
07/08 MSK Zilina SVK 1 31 0
08/09 MSK Zilina SVK 1 18 3
Jan 09 VfL Wolfsburg BL 16 0
09/10 VfL Wolfsburg BL 16 0
10/11 VfL Wolfsburg BL 23 0
11/12 VfL Wolfsburg BL
31 A (1 Tor) für die Slowakei

PEKHART, Tomas
26. 5. 1989, Susice/CSV
Angriff, 1,94 m, 80 kg, CZE

1995-2002 TJ Susice, 2002/03 TJ Klatovy, ab 2003 Slavia Prag
05/06 Slavia Prag B CZE 3 8 3
06/07 Tottenham Hotspur Jug.
07/08 Tottenham Hotspur Jug.
08/09 FC Southampton ENG 2 9 1
Jan 09 Slavia Prag CZE 1 13 2
09/10 Slavia Prag CZE 1 0 0
Jan 10 FK Jablonec CZE 1 14 4
10/11 FK Jablonec CZE 1 15 11
Jan 11 Sparta Prag CZE 1 9 7
11/12 1. FC Nürnberg BL
1 A (kein Tor) für Tschechien

PERDEDAJ, Fanol
16. 7. 1991, Djakovica/YUG
Mittelfeld, 1,72 m, 69 kg, D/ALB

Bis 2002 TSV Lichtenberg und 1. FC Wilmersdorf, seit 2002 Hertha BSC
09/10 Hertha BSC II RL 19 1
10/11 Hertha BSC 2. BL 16 0
Hertha BSC II RL 4 0
11/12 Hertha BSC BL

PERISIC, Ivan
2. 2. 1989, Split/CRO
Mittelfeld, 1,87 m, 80 kg

Bis Dezember 2006 Hajduk Split
Jan 07 FC Sochaux II FRA 4 7 0
07/08 FC Sochaux II FRA 4 21 6
08/09 FC Sochaux II FRA 4 13 2
Jan 09 SV Roeselare BEL 1 17 5
09/10 FC Sochaux II FRA 4 1 0
Aug 09 FC Brügge BEL 1 33 9
10/11 FC Brügge BEL 1 37 22
11/12 Borussia Dortmund BL
3 A (kein Tor) für Kroatien

PESZKO, Slawomir
19. 2. 1985, Jedlicze/POL
Mittelfeld, 1,73 m, 69 kg
Bis 2001 Nafta Jedlicze, 2001/02 Orlen Plock

02/03	Wisla Plock	POL 1	4	0
03/04	Wisla Plock	POL 1	20	1
04/05	Wisla Plock	POL 1	20	1
05/06	Wisla Plock	POL 1	21	1
06/07	Wisla Plock	POL 1	21	2
07/08	Wisla Plock	POL 2	26	16
08/09	Lech Poznan	POL 1	25	0
09/10	Lech Poznan	POL 1	28	8
10/11	Lech Poznan	POL 1	15	3
Jan 11	1. FC Köln	BL	11	0
11/12	1. FC Köln	BL		

17 A (kein Tor) für Polen

PETERSEN, Nils
6. 12. 1988, Wernigerode/D
Angriff, 1,88 m, 79 kg
1993/94 Einheit 90 Wernigerode, 1994-2000 1. FC Wernigerode, 2000/01 Einheit Wernigerode, 2001 bis Dezember 2004 Germania Halberstadt, ab Januar 2005 Carl Zeiss Jena

06/07	Carl Zeiss Jena	2. BL	3	0
	Carl Zeiss Jena II	OL	5	1
07/08	Carl Zeiss Jena	2. BL	20	4
	Carl Zeiss Jena II	OL	12	5
08/09	Carl Zeiss Jena	3. L	18	0
	Carl Zeiss Jena II	OL	8	6
Jan 09	Energie Cottbus	BL	1	0
	Energie Cottbus II	RL	13	5
09/10	Energie Cottbus	2. BL	22	10
	Energie Cottbus II	OL	3	3
10/11	Energie Cottbus	2. BL	33	25
11/12	Bayern München	BL		

PETIT
Armando Gonçalves Teixeira
25. 9. 1976, Straßburg/FRA
Mittelfeld, 1,76 m, 72 kg, POR
Bis 1995 Boavista Porto

95/96	AD Esposende	POR 3	26	1
96/97	Gondomar SC	POR 3	13	2
97/98	Uniao Lamas	POR 2	31	3
98/99	AD Esposende	POR 2	30	3
99/00	Gil Vicente FC	POR 1	30	4
00/01	Boavista Porto	POR 1	26	3
01/02	Boavista Porto	POR 1	25	4
02/03	Benfica Lissabon	POR 1	25	2
03/04	Benfica Lissabon	POR 1	23	0
04/05	Benfica Lissabon	POR 1	29	2
05/06	Benfica Lissabon	POR 1	30	3
06/07	Benfica Lissabon	POR 1	24	4
07/08	Benfica Lissabon	POR 1	17	1
08/09	1. FC Köln	BL	31	3
09/10	1. FC Köln	BL	32	1
10/11	1. FC Köln	BL	24	1
11/12	1. FC Köln	BL		

57 A (4 Tore) für Portugal

PETRIC, Mladen
1. 1. 1981, Dubrave Brcko/YUG
Angriff, 1,84 m, 81 kg, CRO/SUI
1988-1996 FC Neuenhof, ab 1996 FC Baden

98/99	FC Baden	SUI 2	22	4
99/00	Grasshoppers Zürich	SUI 1	2	0
00/01	Grasshoppers Zürich	SUI 1	27	5
01/02	Grasshoppers Zürich	SUI 1	27	7
02/03	Grasshoppers Zürich	SUI 1	30	13
03/04	Grasshoppers Zürich	SUI 1	28	6
04/05	FC Basel	SUI 1	16	5
05/06	FC Basel	SUI 1	31	14
06/07	FC Basel	SUI 1	25	19
07/08	Borussia Dortmund	BL	29	13
08/09	Borussia Dortmund	BL	0	0
Aug 08	Hamburger SV	BL	25	12
09/10	Hamburger SV	BL	26	8
10/11	Hamburger SV	BL	22	11
11/12	Hamburger SV	BL		

44 A (12 Tore) für Kroatien

PETSOS, Thanos
5. 6. 1991, Düsseldorf/D
Mittelfeld, 1,84 m, 80 kg
1999-2001 Düsseldorfer SC 99, seit 2001 Bayer Leverkusen

09/10	Bayer Leverkusen	BL	1	0
	Bayer Leverkusen II	RL	8	0
10/11	Bayer Leverkusen	BL	0	0
Aug 10	1. FC Kaiserslautern	BL	20	0
	1. FC Kaiserslautern II	RL	7	1
11/12	1. FC Kaiserslautern	BL		

PEZZONI, Kevin
22. 3. 1989, Frankfurt/D
Mittelfeld, 1,93 m, 91 kg
Bis 1999 Rot-Weiß Walldorf, 1999-2001 SV Darmstadt 98, 2001-2003 Eintracht Frankfurt, ab 2003 Blackburn Rovers

07/08	Blackburn Rovers	ENG 1	0	0
Jan 08	1. FC Köln	2. BL	8	1
	1. FC Köln II	OL	4	0
08/09	1. FC Köln	BL	27	0
09/10	1. FC Köln	BL	21	1
10/11	1. FC Köln	BL	20	0
11/12	1. FC Köln	BL		

PINOLA, Horacio Javier
24. 2. 1983, Buenos Aires/ARG
Abwehr, 1,80 m, 80 kg, ARG/ITA

00/01	Chacarita Juniors	ARG 1	13	0
01/02	Chacarita Juniors	ARG 1	32	1
02/03	Atletico Madrid B	ESP 3	13	0
03/04	Atletico Madrid	ESP 1	2	0
Jan 04	Rac. Club Avellaneda	ARG 1	18	0
04/05	Rac. Club Avellaneda	ARG 1	32	1
05/06	1. FC Nürnberg	BL	25	1
	1. FC Nürnberg II	OL	1	0
06/07	1. FC Nürnberg	BL	32	1
07/08	1. FC Nürnberg	BL	19	1
08/09	1. FC Nürnberg	2. BL	33	1
09/10	1. FC Nürnberg	BL	33	0
10/11	1. FC Nürnberg	BL	28	2
11/12	1. FC Nürnberg	BL		

1 A (kein Tor) für Argentinien

PINTO, Sergio

16. 10. 1980, Vila Nove de Gaia/POR
Mittelfeld, 1,76 m, 72 kg, D

1989-1994 FC Porto, 1994/95 TuS Haltern, ab 1995 FC Schalke 04

98/99	FC Schalke 04 Am.	OL	2	2
99/00	FC Schalke 04	BL	2	0
	FC Schalke 04 Am.	OL	18	7
00/01	FC Schalke 04 Am.	OL	34	8
01/02	FC Schalke 04 Am.	OL	21	11
02/03	FC Schalke 04	BL	8	0
	FC Schalke 04 Am.	OL	21	14
03/04	FC Schalke 04	BL	13	0
	FC Schalke 04 Am.	RL	11	2
04/05	Alemannia Aachen	2. BL	27	4
05/06	Alemannia Aachen	2. BL	31	4
	Alemannia Aachen II	OL	1	1
06/07	Alemannia Aachen	BL	29	2
07/08	Hannover 96	BL	20	3
08/09	Hannover 96	BL	23	4
09/10	Hannover 96	BL	26	4
10/11	Hannover 96	BL	31	5
11/12	Hannover 96	BL		

PISZCZEK, Lukasz

3. 6. 1985, Czechowice-Dziedzice/POL
Abwehr, 1,84 m, 78 kg

Bis 2001 LKS Goczalkowice, ab 2001 Gwarek Zabrze

03/04	Gwarek Zabrze	POL 7		
04/05	Zaglebie Lubin	POL 1	11	2
05/06	Zaglebie Lubin	POL 1	28	1
06/07	Zaglebie Lubin	POL 1	30	11
07/08	Hertha BSC	BL	24	1
08/09	Hertha BSC	BL	13	0
	Hertha BSC II	RL	3	5
09/10	Hertha BSC	BL	31	2
10/11	Borussia Dortmund	BL	33	0
11/12	Borussia Dortmund	BL		

18 A (kein Tor) für Polen

PIZARRO, Claudio Miguel

3. 10. 1978, Lima/PER
Angriff, 1,86 m, 84 kg, PER/ITA

1996	D. Pesquero Chimbote	PER 1	17	3
1997	D. Pesquero Chimbote	PER 1	25	8
1998	Alianza Lima	PER 1	22	7
1999	Alianza Lima	PER 1	22	18
99/00	Werder Bremen	BL	25	10
00/01	Werder Bremen	BL	31	19
01/02	Bayern München	BL	30	15
02/03	Bayern München	BL	31	15
03/04	Bayern München	BL	31	11
04/05	Bayern München	BL	23	11
05/06	Bayern München	BL	26	11
06/07	Bayern München	BL	33	8
07/08	FC Chelsea	ENG 1	21	2
08/09	FC Chelsea	ENG 1	0	0
Aug 08	Werder Bremen	BL	26	17
09/10	FC Chelsea	ENG 1	0	0
Aug 09	Werder Bremen	BL	26	16
10/11	Werder Bremen	BL	22	9
11/12	Werder Bremen	BL		

56 A (13 Tore) für Peru

PLÄSCHKE, Jannis

6. 2. 1993, Herzberg/D
Abwehr, 1,76 m, 67 kg

Bis 2007 TuS Clausthal-Zellerfeld, FC Zellerfeld, VfR Osterode und Eintracht Braunschweig, seit 2007 Hannover 96

11/12	Hannover 96	BL		

PLATTENHARDT, Marvin

26. 1. 1992, Filderstadt/D
Abwehr, 1,81 m, 76 kg

Bis 2008 1. FC Frickenhausen, FV Nürtingen und SSV Reutlingen, seit 2008 1. FC Nürnberg

09/10	1. FC Nürnberg II	RL	9	0
10/11	1. FC Nürnberg	BL	9	0
	1. FC Nürnberg II	RL	21	0
11/12	1. FC Nürnberg	BL		

PODOLSKI, Lukas

4. 6. 1985, Gliwice/POL
Angriff, 1,82 m, 83 kg, D

1991-1995 Jugend 07 Bergheim, ab 1995 1. FC Köln

02/03	1. FC Köln Am.	RL	1	0
03/04	1. FC Köln	BL	19	10
	1. FC Köln Am.	RL	1	0
04/05	1. FC Köln	2. BL	30	24
05/06	1. FC Köln	BL	32	12
06/07	Bayern München	BL	22	4
07/08	Bayern München	BL	25	5
	Bayern München II	RL	2	0
08/09	Bayern München	BL	24	6
09/10	1. FC Köln	BL	27	2
10/11	1. FC Köln	BL	32	13
11/12	1. FC Köln	BL		

89 A (42 Tore) für Deutschland

POGATETZ, Emanuel

16. 1. 1983, Graz/AUT
Abwehr, 1,91 m, 90 kg

1989-2000 Sturm Graz

00/01	FC Kärnten	AUT 2	33	0
01/02	Bayer Leverkusen Am.	RL	23	0
02/03	Bayer Leverkusen Am.	RL	3	0
Aug 02	FC Aarau	SUI 1	11	0
	FC Aarau	SUI-AR	10	3
03/04	Grazer AK	AUT 1	31	1
04/05	Grazer AK	AUT 1	22	1
Mar 05	Spartak Moskau	RUS 1	11	0
05/06	FC Middlesbrough	ENG 1	24	1
06/07	FC Middlesbrough	ENG 1	35	2
07/08	FC Middlesbrough	ENG 1	24	0
08/09	FC Middlesbrough	ENG 1	27	1
09/10	FC Middlesbrough	ENG 2	13	0
10/11	Hannover 96	BL	28	0
11/12	Hannover 96	BL		

43 A (2 Tore) für Österreich

POGREBNYAK, Pavel

8. 11. 1983, Moskau/URS
Angriff, 1,88 m, 91 kg, RUS

2001	Spartak Moskau II	RUS 4	23	8
2002	Spartak Moskau	RUS 1	2	0
2003	Baltika Kaliningrad	RUS 2	40	15
2004	Spartak Moskau	RUS 1	16	2
Sep 04	FK Khimki	RUS 2	12	6
2005	Shinnik Jaroslavl	RUS 1	23	4
2006	Tom Tomsk	RUS 1	26	13
2007	Zenit St. Petersburg	RUS 1	24	11
2008	Zenit St. Petersburg	RUS 1	20	7
2009	Zenit St. Petersburg	RUS 1	15	5
Aug 09	VfB Stuttgart	BL	28	6
10/11	VfB Stuttgart	BL	26	8
11/12	VfB Stuttgart	BL		

27 A (7 Tore) für Russland

POLAK, Jan

14. 3. 1981, Brno/CSV
Mittelfeld, 1,81 m, 77 kg, CZE
1987-1991 Tatran Bohunice, ab 1991 Boby Brno

96/97	Boby Brno II	CZE 3		0
97/98	Boby Brno	CZE 1	5	0
	Boby Brno II	CZE 3		0
98/99	Boby Brno	CZE 1	20	0
99/00	Boby Brno	CZE 1	29	1
00/01	Stavo Artikel Brno	CZE 1	26	3
01/02	Stavo Artikel Brno	CZE 1	14	0
02/03	1. FC Brno	CZE 1	3	0
Sep 02	Slovan Liberec	CZE 1	16	2
03/04	Slovan Liberec	CZE 1	21	2
04/05	Slovan Liberec	CZE 1	29	1
05/06	1. FC Nürnberg	BL	32	1
06/07	1. FC Nürnberg	BL	30	3
07/08	RSC Anderlecht	BEL 1	29	2
08/09	RSC Anderlecht	BEL 1	26	2
09/10	RSC Anderlecht	BEL 1	7	0
10/11	RSC Anderlecht	BEL 1	15	1
Jan 11	VfL Wolfsburg	BL	12	1
11/12	VfL Wolfsburg	BL		

57 A (7 Tore) für Tschechien

POLANSKI, Eugen

17. 3. 1986, Sosnowiec/POL
Mittelfeld, 1,83 m, 73 kg, D/POL
1992-1994 Concordia Viersen, ab 1994 Borussia Mönchengladbach

04/05	Bor. Mönchengladbach	BL	1	0
	Bor. Mönchengladbach Am.	OL	17	1
05/06	Bor. Mönchengladbach	BL	21	1
	Bor. Mönchengladbach II	OL	7	6
06/07	Bor. Mönchengladbach	BL	22	0
07/08	Bor. Mönchengladbach	2. BL	9	0
08/09	FC Getafe	ESP 1	26	0
09/10	1. FSV Mainz 05	BL	21	1
10/11	1. FSV Mainz 05	BL	28	0
11/12	1. FSV Mainz 05	BL		

POLTER, Sebastian

1. 4. 1991, Wilhelmshaven/D
Angriff, 1,92 m, 83 kg
Ab 1996 Heidmühler FC, bis 2004 SV Wilhelmshaven, 2004/05 Werder Bremen, 2005/06 SV Wilhelmshaven, 2006/07 Eintracht Braunschweig, seit 2007 VfL Wolfsburg

08/09	VfL Wolfsburg II	RL	10	0
09/10	VfL Wolfsburg II	RL	15	3
10/11	VfL Wolfsburg II	RL	25	11
11/12	VfL Wolfsburg	BL		

POSPECH, Zdenek

14. 12. 1978, Opava/CSV
Abwehr, 1,74 m, 72 kg, CZE
1985-1991 Sokol Kylesovice, 1991-1997 Kaucuk Opava

97/98	Dukla Hranice	CZE 3		
98/99	SFC Opava	CZE 1	3	0
Jan 99	Zelezarny Trinec	CZE 2	20	2
99/00	SFC Opava	CZE 1	7	0
Jan 00	Nova Hut Ostrava	CZE 2	15	1
00/01	SFC Opava	CZE 2	24	3
01/02	Banik Ostrava	CZE 1	29	1
02/03	Banik Ostrava	CZE 1	30	4
03/04	Banik Ostrava	CZE 1	26	9
04/05	Banik Ostrava	CZE 1	29	6
05/06	Sparta Prag	CZE 1	29	4
06/07	Sparta Prag	CZE 1	27	1
07/08	Sparta Prag	CZE 1	16	1
Jan 08	FC Kopenhagen	DEN 1	15	2
08/09	FC Kopenhagen	DEN 1	29	2
09/10	FC Kopenhagen	DEN 1	31	6
10/11	FC Kopenhagen	DEN 1	33	4
11/12	1. FSV Mainz 05	BL		

26 A (2 Tore) für Tschechien

PRANJIC, Danijel

2. 12. 1981, Nasice/YUG
Mittelfeld, 1,71 m, 70 kg, CRO
Bis 2000 NASK Nasice

00/01	Papuk Orahovica	CRO 3		
01/02	NK Belisce	CRO 2	28	7
02/03	NK Osijek	CRO 1	30	1
03/04	NK Osijek	CRO 1	23	2
04/05	Dinamo Zagreb	CRO 1	29	2
05/06	SC Heerenveen	NED 1	32	5
06/07	SC Heerenveen	NED 1	34	2
07/08	SC Heerenveen	NED 1	33	9
08/09	SC Heerenveen	NED 1	30	16
09/10	Bayern München	BL	20	1
10/11	Bayern München	BL	28	0
11/12	Bayern München	BL		

39 A (kein Tor) für Kroatien

PRÖDL, Sebastian

21. 6. 1987, Graz/AUT
Abwehr, 1,94 m, 85 kg
1993-1997 SV Kirchberg/Raab, 1997-2002 SV Feldbach, ab 2002 Sturm Graz

03/04	Sturm Graz Am.	AUT 3		
04/05	Sturm Graz Am.	AUT 3		
05/06	Sturm Graz Am.	AUT 3		3

06/07	Sturm Graz	AUT 1	16	1
	Sturm Graz Am.	AUT 3		1
07/08	Sturm Graz	AUT 1	27	3
08/09	Werder Bremen	BL	22	0
09/10	Werder Bremen	BL	9	1
	Werder Bremen II	3. L	1	0
10/11	Werder Bremen	BL	25	1
11/12	Werder Bremen	BL		

29 A (3 Tore) für Österreich

PUTSILA, Anton
10. 6. 1987, Orscha/BLR
Mittelfeld, 1,80 m, 74 kg

Bis 2003 RUOR Minsk, ab 2004 Dinamo Minsk

2004	Dinamo Minsk	BLR 1	3	0
2005	Dinamo Minsk	BLR 1	15	0
2006	Dinamo Minsk	BLR 1	9	1
2007	Dinamo Minsk	BLR 1	21	1
Jan 08	Hamburger SV	BL	3	0
08/09	Hamburger SV	BL	0	0
2009	Dinamo Minsk	BLR 1	22	3
2010	Dinamo Minsk	BLR 1	19	6
Aug 10	SC Freiburg	BL	25	0
11/12	SC Freiburg	BL		

21 A (4 Tore) für Weißrussland

RADLINGER, Samuel
7. 11. 1992, Ried/AUT
Torwart, 1,97 m, 91 kg

November 2001 bis 2010 SV Ried

10/11	Union St. Florian	AUT 3	25	0
11/12	Hannover 96	BL		

RAFAEL, Nando
10. 1. 1984, Luanda/ANG
Angriff, 1,80 m, 80 kg

1995 bis August 2002 Ajax Amsterdam

Aug 02	Hertha BSC	BL	6	2
	Hertha BSC II	OL	16	13
03/04	Hertha BSC	BL	24	5
	Hertha BSC II	OL	10	5
04/05	Hertha BSC	BL	28	6
05/06	Hertha BSC	BL	12	3
Jan 06	Bor. Mönchengladbach	BL	14	3
06/07	Bor. Mönchengladbach	BL	19	3
	Bor. Mönchengladbach II	RL	2	0
07/08	Bor. Mönchengladbach	2. BL	12	3
	Bor. Mönchengladbach II	OL	1	0
08/09	Aarhus GF	DEN 1	17	5
09/10	Aarhus GF	DEN 1	16	5
Jan 10	FC Augsburg	2. BL	10	4
10/11	FC Augsburg	2. BL	27	14
11/12	FC Augsburg	BL		

RAFFAEL
Rafael Caetano de Araujo
28. 3. 1985, Fortaleza/BRA
Mittelfeld, 1,74 m, 69 kg

1997-2000 Vitoria Bahia, 2001-2003 Juventus Sao Paulo

03/04	FC Chiasso	SUI 2	29	15
04/05	FC Chiasso	SUI 2	32	15
05/06	FC Zürich	SUI 1	31	14
06/07	FC Zürich	SUI 1	31	13
07/08	FC Zürich	SUI 1	15	12
Jan 08	Hertha BSC	BL	15	4
08/09	Hertha BSC	BL	33	6
09/10	Hertha BSC	BL	31	7
10/11	Hertha BSC	2. BL	30	10
11/12	Hertha BSC	BL		

RAFINHA
Marcio Rafael Ferreira de Souza
7. 9. 1985, Londrina/BRA
Abwehr, 1,71 m, 66 kg

1992-1996 Gremio Londrinense, 1997-2000 Parana Soccer Technical Center, 2001 Londrina EC, ab 2002 Coritiba FC

2004	Coritiba FC	BRA 1	24	0
2005	Coritiba FC	BRA-R1	11	2
	Coritiba FC	BRA 1	13	3
Aug 05	FC Schalke 04	BL	29	0
06/07	FC Schalke 04	BL	31	2
07/08	FC Schalke 04	BL	32	2
08/09	FC Schalke 04	BL	30	2
09/10	FC Schalke 04	BL	31	1
10/11	CFC Genoa 1893	ITA 1	34	2
11/12	Bayern München			

1 A (kein Tor) für Brasilien

RAKOVSKY, Patrick
2. 6. 1993, Olpe/D
Torwart, 1,87 m, 85 kg

1999/00 Dukla Prag, 2000-2003 Sparta Prag, 2003/04 Slavia Prag, 2004-2007 Sparta Prag, 2007-2011 FC Schalke 04

11/12	1. FC Nürnberg	BL		

RAMOS, Adrian
Gustavo Adrian Ramos Vazquez
22. 1. 1986, Santander di Quilichao/COL
Angriff, 1,85 m, 74 kg

2004	America Cali	COL 1	7	1
2005	Trujillanos FC Valera	VEN 1		8
Jun 05	America Cali	COL 1	9	4
2006	America Cali	COL 1	16	3
Jul 06	Independiente Santa Fé	COL 1	15	4
2007	Independiente Santa Fé	COL 1	17	2
Jul 07	America Cali	COL 1	10	3
2008	America Cali	COL 1	44	21
2009	America Cali	COL 1	19	12
Aug 09	Hertha BSC	BL	29	10
10/11	Hertha BSC	2. BL	33	15
11/12	Hertha BSC	BL		

20 A (2 Tore) für Kolumbien

RAUL
Raul Gonzalez Blanco
27. 6. 1977, Madrid/ESP
Angriff, 1,80 m, 68 kg

Bis 1990 CD San Cristobal Los Angeles, 1990-1992 Atletico Madrid, ab 1992 Real Madrid

94/95	Real Madrid C	ESP 3	7	16
	Real Madrid B	ESP 2	1	0
	Real Madrid	ESP 1	28	9
95/96	Real Madrid	ESP 1	40	19
96/97	Real Madrid	ESP 1	42	21
97/98	Real Madrid	ESP 1	35	10

98/99	Real Madrid	ESP 1	37	25
99/00	Real Madrid	ESP 1	34	17
00/01	Real Madrid	ESP 1	36	24
01/02	Real Madrid	ESP 1	35	14
02/03	Real Madrid	ESP 1	31	16
03/04	Real Madrid	ESP 1	35	11
04/05	Real Madrid	ESP 1	32	9
05/06	Real Madrid	ESP 1	26	5
06/07	Real Madrid	ESP 1	35	7
07/08	Real Madrid	ESP 1	37	18
08/09	Real Madrid	ESP 1	37	18
09/10	Real Madrid	ESP 1	30	5
10/11	FC Schalke 04	BL	34	13
11/12	FC Schalke 04	BL		

102 A (44 Tore) für Spanien

RAUSCH, Konstantin

15. 3. 1990, Kozhevnikovo/URS
Mittelfeld, 1,82 m, 78 kg, D

1996-2002 TuS Lachendorf, 2002-2004 SV Nienhagen, seit 2004 Hannover 96

07/08	Hannover 96	BL	2	0
	Hannover 96 II	OL	11	0
08/09	Hannover 96	BL	25	0
	Hannover 96 II	RL	4	0
09/10	Hannover 96	BL	26	0
10/11	Hannover 96	BL	34	5
11/12	Hannover 96	BL		

REINARTZ, Stefan

1. 1. 1989, Engelskirchen/D
Abwehr, 1,89 m, 84 kg

1993-1998 SSVg 09/12 Heiligenhaus, 1998/99 SSG 09 Bergisch Gladbach, ab 1999 Bayer Leverkusen

06/07	Bayer Leverkusen II	RL	13	0
07/08	Bayer Leverkusen II	OL	9	0
08/09	Bayer Leverkusen II	RL	12	0
Jan 09	1. FC Nürnberg	2. BL	16	0
09/10	Bayer Leverkusen	BL	27	2
	Bayer Leverkusen II	RL	1	0
10/11	Bayer Leverkusen	BL	31	2
11/12	Bayer Leverkusen	BL		

1 A (kein Tor) für Deutschland

REINHARDT, Dominik

19. 12. 1984, Leverkusen/D
Abwehr, 1,88 m, 81 kg

Bis Dezember 1991 Bayer Leverkusen, Januar 1992 bis 1994 Bayern München, 1994-1999 TSV Höchstadt, ab 1999 1. FC Nürnberg

02/03	1. FC Nürnberg	BL	1	0
	1. FC Nürnberg Am.	OL	1	0
03/04	1. FC Nürnberg	2. BL	10	0
	1. FC Nürnberg Am.	OL	20	4
04/05	1. FC Nürnberg	BL	13	0
	1. FC Nürnberg Am.	OL	6	1
05/06	1. FC Nürnberg	BL	24	1
	1. FC Nürnberg II	OL	10	0
06/07	1. FC Nürnberg	BL	30	0
07/08	1. FC Nürnberg	BL	25	0
08/09	1. FC Nürnberg	2. BL	18	0
09/10	FC Augsburg	2. BL	30	0
10/11	FC Augsburg	2. BL	1	0
	FC Augsburg II	LL	3	0
11/12	FC Augsburg	BL		

REISINGER, Stefan

14. 9. 1981, Landshut/D
Angriff, 1,85 m, 82 kg

1986-1993 SV Essenbach, ab 1993 SpVgg Landshut

00/01	SpVgg Landshut	LL	33	24
01/02	SpVgg Greuther Fürth	2. BL	9	0
	SpVgg Greuther Fürth Am.	OL	31	20
02/03	SpVgg Greuther Fürth	2. BL	5	1
	SpVgg Greuther Fürth Am.	OL	31	26
03/04	Wacker Burghausen	2. BL	31	9
04/05	Wacker Burghausen	2. BL	33	15
05/06	TSV München 1860	2. BL	25	0
	TSV München 1860 II	RL	4	1
06/07	SpVgg Greuther Fürth	2. BL	28	3
07/08	SpVgg Greuther Fürth	2. BL	34	12
08/09	SpVgg Greuther Fürth	2. BL	29	12
09/10	SC Freiburg	BL	25	3
10/11	SC Freiburg	BL	22	4
11/12	SC Freiburg	BL		

RENATO AUGUSTO

Renato Soares de Oliveira Augusto
8. 2. 1988, Rio de Janeiro/BRA
Mittelfeld, 1,86 m, 86 kg

Ab Januar 2001 Flamengo Rio de Janeiro

2005	Flamengo Rio	BRA 1	2	0
2006	Flamengo Rio	BRA 1	24	0
2007	Flamengo Rio	BRA-R1	13	3
	Flamengo Rio	BRA 1	23	2
2008	Flamengo Rio	BRA-R1	8	1
	Flamengo Rio	BRA 1	6	0
08/09	Bayer Leverkusen	BL	33	2
09/10	Bayer Leverkusen	BL	17	0
10/11	Bayer Leverkusen	BL	27	6
11/12	Bayer Leverkusen	BL		

2 A (kein Tor) für Brasilien

RENSING, Michael

14. 5. 1984, Lingen/D
Torhüter, 1,90 m, 92 kg

1988-2000 TuS Lingen, ab 2000 Bayern München

01/02	Bayern München Am.	RL	2	0
02/03	Bayern München Am.	RL	34	0
03/04	Bayern München	BL	2	0
	Bayern München Am.	RL	15	0
04/05	Bayern München	BL	4	0
	Bayern München Am.	RL	18	0
05/06	Bayern München	BL	6	0
	Bayern München II	RL	22	0
06/07	Bayern München	BL	1	0
	Bayern München II	RL	20	0
07/08	Bayern München	BL	10	0
08/09	Bayern München	BL	26	0
09/10	Bayern München	BL	4	0
	Bayern München II	3. L	3	0
10/11	ohne Verein			
Jan 11	1. FC Köln	BL	17	0
11/12	1. FC Köln	BL		

REUS, Marco
31. 5. 1989, Dortmund/D
Mittelfeld, 1,80 m, 70 kg

Bis 2006 Post SV Dortmund und Borussia Dortmund

06/07	Rot-Weiss Ahlen II	OL	5	2
07/08	Rot-Weiss Ahlen	RL	16	1
	Rot-Weiss Ahlen II	OL	1	1
08/09	Rot-Weiss Ahlen	2. BL	27	4
09/10	Bor. Mönchengladbach	BL	33	8
10/11	Bor. Mönchengladbach	BL	32	10
11/12	Bor. Mönchengladbach	BL		

RIBÉRY, Franck
7. 4. 1983, Boulogne-sur-Mer/FRA
Mittelfeld, 1,70 m, 72 kg

Bis 1996 Conti Boulogne, 1996-1999 Lille OSC, ab 1999 US Boulogne-sur-Mer

00/01	US Boulogne-sur-Mer	FRA 4	4	1
01/02	US Boulogne-sur-Mer	FRA 3	20	5
02/03	Olympique Ales	FRA 3	19	2
03/04	Stade Brest	FRA 3	35	3
04/05	FC Metz	FRA 1	20	1
Feb 05	Galatasaray Istanbul	TUR 1	14	0
05/06	Olympique Marseille	FRA 1	35	6
06/07	Olympique Marseille	FRA 1	25	5
07/08	Bayern München	BL	28	11
08/09	Bayern München	BL	25	9
09/10	Bayern München	BL	19	4
10/11	Bayern München	BL	25	7
11/12	Bayern München	BL		

52 A (7 Tore) für Frankreich

RIEDMÜLLER, Maximilian
4. 1. 1988, München/D
Torwart, 1,86 m, 81 kg

Bis 2007 Hansa Neuhausen und TSV Forstenried

07/08	SV Heimstetten	OL	26	0
08/09	Bayern München II	3. L	8	0
09/10	Bayern München II	3. L	6	0
10/11	Bayern München II	3. L	20	0
11/12	Bayern München	BL		

RIETHER, Sascha
23. 3. 1983, Lahr/D
Mittelfeld, 1,74 m, 70 kg

1987-1995 FV Kuhbach, 1995-1998 Offenburger FV, ab 1998 SC Freiburg

01/02	SC Freiburg Am.	OL	13	1
02/03	SC Freiburg	2. BL	23	0
03/04	SC Freiburg	BL	33	3
04/05	SC Freiburg	BL	25	1
05/06	SC Freiburg	2. BL	29	0
06/07	SC Freiburg	2. BL	29	0
07/08	VfL Wolfsburg	BL	27	1
08/09	VfL Wolfsburg	BL	28	2
09/10	VfL Wolfsburg	BL	33	1
10/11	VfL Wolfsburg	BL	28	2
11/12	1. FC Köln	BL		

2 A (kein Tor) für Deutschland

RINCON, Tomas
Tomas Eduardo Rincon Hernandez
13. 1. 1988, San Cristobal/VEN
Mittelfeld, 1,75 m, 75 kg

05/06	Union Atletico Maracaibo	VEN 1		0
06/07	Union Atletico Maracaibo	VEN 1		0
Jan 07	Zamora FC Barinas	VEN 1		0
07/08	Zamora FC Barinas	VEN 1	33	1
08/09	Deportivo Tachira	VEN 1	19	0
Jan 09	Hamburger SV	BL	1	0
09/10	Hamburger SV	BL	17	0
10/11	Hamburger SV	BL	19	0
11/12	Hamburger SV	BL		

40 A (kein Tor) für Venezuela

RISSE, Marcel
17. 12. 1989, Köln/D
Mittelfeld, 1,83 m, 75 kg

1995-1997 TuS Höhenhaus, ab 1997 Bayer Leverkusen

06/07	Bayer Leverkusen II	RL	1	0
07/08	Bayer Leverkusen	BL	3	0
08/09	Bayer Leverkusen II	RL	5	1
Jan 09	1. FC Nürnberg	2. BL	12	0
09/10	1. FC Nürnberg	BL	20	0
10/11	Bayer Leverkusen	BL	0	0
Aug 10	1. FSV Mainz 05	BL	25	2
	1. FSV Mainz 05 II	RL	1	0
11/12	1. FSV Mainz 05	BL		

RIVIC, Stiven
9. 8. 1985, Pula/YUG
Mittelfeld, 1,81 m, 79 kg, CRO

1991-2003 Istra 1961 Pula, 2003/04 FC Schalke 04

04/05	St. Truidense VV	BEL 1	6	0
05/06	NK Pula 1856	CRO 1	28	12
06/07	Energie Cottbus	BL	7	0
	Energie Cottbus II	OL	12	5
07/08	Energie Cottbus	BL	28	2
08/09	Energie Cottbus	BL	15	1
09/10	Energie Cottbus	2. BL	23	5
10/11	1. FC Kaiserslautern	BL	12	2
11/12	1. FC Kaiserslautern	BL		

ROBBEN, Arjen
23. 1. 1984, Bedum/NED
Mittelfeld, 1,81 m, 75 kg

1989-1996 VV Vedum, ab 1996 FC Groningen

00/01	FC Groningen	NED 1	18	2
01/02	FC Groningen	NED 1	28	6
02/03	PSV Eindhoven	NED 1	33	12
03/04	PSV Eindhoven	NED 1	23	5
04/05	FC Chelsea	ENG 1	18	7
05/06	FC Chelsea	ENG 1	28	6
06/07	FC Chelsea	ENG 1	21	2
07/08	FC Chelsea	ENG 1	0	0
Aug 07	Real Madrid	ESP 1	21	4
08/09	Real Madrid	ESP 1	29	7
09/10	Real Madrid	ESP 1	0	0
Aug 09	Bayern München	BL	24	16
10/11	Bayern München	BL	14	12
11/12	Bayern München	BL		

53 A (15 Tore) für die Niederlande

ROBERTO FIRMINO
Roberto Firmino Barbosa de Oliveira
2. 10. 1991, Maceio/BRA
Mittelfeld, 1,80 m, 76 kg
Bis April 2008 CRB Maceio, ab Mai 2008 Figueirense FC Florianopolis

2009	Figueirense FC Jug.			
	Figueirense FC	BRA 2	2	0
2010	Figueirense FC	BRA-R1	15	4
	Figueirense FC	BRA 2	36	8
Jan 11	TSG 1899 Hoffenheim	BL	11	3
11/12	TSG 1899 Hoffenheim	BL		

RODNEI
Rodnei Francisco de Lima
11. 9. 1985, Sao Paulo/BRA
Abwehr, 1,90 m, 90 kg

2006	Juventus Sao Paulo	BRA-R1	0	0
Apr 06	FC Vilnius	LTU 1	25	5
2007	FC Vilnius	LTU 1	21	2
Aug 07	Jagiellonia Bialystok	POL 1	11	0
Jan 08	ohne Verein			
08/09	Hertha BSC	BL	9	0
09/10	1. FC Kaiserslautern	2. BL	34	5
10/11	1. FC Kaiserslautern	BL	26	2
11/12	1. FC Kaiserslautern	BL		

ROLFES, Simon
21. 1. 1982, Ibbenbüren/D
Mittelfeld, 1,91 m, 83 kg
1986-1999 TuS Recke, ab 1999 Werder Bremen

00/01	Werder Bremen Am.	RL	26	5
01/02	Werder Bremen Am.	RL	31	7
02/03	Werder Bremen Am.	RL	17	2
Jan 03	SSV Reutlingen	2. BL	13	0
03/04	Werder Bremen Am.	RL	26	4
04/05	Alemannia Aachen	2. BL	28	3
05/06	Bayer Leverkusen	BL	32	7
06/07	Bayer Leverkusen	BL	34	3
07/08	Bayer Leverkusen	BL	34	8
08/09	Bayer Leverkusen	BL	33	3
09/10	Bayer Leverkusen	BL	11	4
10/11	Bayer Leverkusen	BL	28	5
	Bayer Leverkusen II	RL	1	0
11/12	Bayer Leverkusen	BL		

22 A (1 Tor) für Deutschland

RONNY
Ronny Heberson Furtado de Araujo
11. 5. 1986, Fortaleza/BRA
Mittelfeld, 1,75 m, 74 kg

2005	Corinthians Sao Paulo Jun.			
	Corinthians Sao Paulo	BRA 1	6	1
Aug 05	Sporting Lissabon	POR 1	0	0
06/07	Sporting Lissabon	POR 1	12	1
07/08	Sporting Lissabon	POR 1	20	0
08/09	Sporting Lissabon	POR 1	6	0
09/10	Uniao Leiria	POR 1	17	3
10/11	Hertha BSC	2. BL	22	2
11/12	Hertha BSC	BL		

ROSENBERG, Markus
27. 9. 1982, Malmö/SWE
Angriff, 1,85 m, 80 kg
Ab 1989 Malmö FF

2001	Malmö FF	SWE 1	13	1
2002	Malmö FF	SWE 1	11	0
2003	Malmö FF	SWE 1	16	3
2004	Halmstads BK	SWE 1	26	14
2005	Malmö FF	SWE 1	12	4
05/06	Ajax Amsterdam	NED 1	31	12
06/07	Ajax Amsterdam	NED 1	9	0
Jan 07	Werder Bremen	BL	14	8
	Werder Bremen II	RL	2	0
07/08	Werder Bremen	BL	30	14
08/09	Werder Bremen	BL	29	7
09/10	Werder Bremen	BL	17	1
10/11	Werder Bremen	BL	0	0
Aug 10	Racing Santander	ESP 1	33	9
11/12	Werder Bremen	BL		

30 A (6 Tore) für Schweden

ROSENTHAL, Jan
7. 4. 1986, Sulingen/D
Mittelfeld, 1,86 m, 76 kg
1992-2000 SV Staffhorst, seit 2000 Hannover 96

03/04	Hannover 96 Am.	OL	13	1
04/05	Hannover 96 Am.	OL	4	0
05/06	Hannover 96 II	OL	17	1
06/07	Hannover 96	BL	29	6
	Hannover 96 II	OL	3	0
07/08	Hannover 96	BL	23	4
	Hannover 96 II	OL	5	1
08/09	Hannover 96	BL	12	0
09/10	Hannover 96	BL	16	1
	Hannover 96 II	RL	1	0
10/11	SC Freiburg	BL	22	5
11/12	SC Freiburg	BL		

ROSHI, Odise
22. 5. 1991, Fier/ALB
Mittelfeld, 1,87 m, 78 kg
Ab 1998 Apolonia Fier

06/07	Apolonia Fier	ALB 1	5	0
07/08	Apolonia Fier	ALB 2		5
08/09	Apolonia Fier	ALB 1	17	0
09/10	Flamurtari Vlore	ALB 1	29	3
10/11	Flamurtari Vlore	ALB 1	22	5
11/12	1. FC Köln	BL		

RUDY, Sebastian
28. 2. 1990, Villingen-Schwenningen/D
Mittelfeld, 1,79 m, 74 kg
Bis 2001 FC Dietingen, 2001-2003 SV Zimmern, seit 2003 VfB Stuttgart

07/08	VfB Stuttgart II	RL	15	4
08/09	VfB Stuttgart	BL	2	0
	VfB Stuttgart II	3. L	16	7
09/10	VfB Stuttgart	BL	13	0
	VfB Stuttgart II	3. L	6	1
10/11	VfB Stuttgart	BL	0	0
Aug 10	TSG 1899 Hoffenheim	BL	32	1
11/12	TSG 1899 Hoffenheim	BL		

RUKAVYTSYA, Nikita
22. 6. 1987, Nikolajew/URS
Angriff, 1,83 m, 74 kg, UKR/AUS

Bis 2001 Torpedo Mykolajiw, 2001-2003 Inglewood United Perth, 2003 bis Dezember 2004 Perth SC, Januar 2005 bis 2006 AIS Canberra

06/07	Perth Glory	AUS 1	3	0
07/08	Perth Glory	AUS 1	20	6
08/09	Perth Glory	AUS 1	19	10
Feb 09	FC Twente Enschede	NED 1	3	0
09/10	FC Twente Enschede	NED 1	2	0
Jan 10	SV Roeselare	BEL 1	9	4
10/11	Hertha BSC	2. BL	31	4
11/12	Hertha BSC	BL		

7 A (kein Tor) für Australien

RUPP, Lukas
8. 1. 1991, Heidelberg/D
Mittelfeld, 1,78 m, 64 kg

Bis 2005 TSG Weinheim, ab 2005 Karlsruher SC

08/09	Karlsruher SC II	RL	4	1
09/10	Karlsruher SC	2. BL	2	0
	Karlsruher SC II	RL	17	4
10/11	Karlsruher SC	2. BL	24	3
11/12	Bor. Mönchengladbach	BL		

RUSS, Marco
4. 8. 1985, Hanau/D
Abwehr, 1,90 m, 75 kg

1989-1996 VfB Großauheim, ab 1996 Eintracht Frankfurt

03/04	Eintracht Frankfurt Am.	OL	5	0
04/05	Eintracht Frankfurt	2. BL	3	0
	Eintracht Frankfurt Am.	OL	25	2
05/06	Eintracht Frankfurt	BL	9	0
	Eintracht Frankfurt II	OL	14	0
06/07	Eintracht Frankfurt	BL	27	1
07/08	Eintracht Frankfurt	BL	29	3
08/09	Eintracht Frankfurt	BL	33	4
09/10	Eintracht Frankfurt	BL	30	4
10/11	Eintracht Frankfurt	BL	31	1
11/12	Eintracht Frankfurt	2. BL	1	0
Jul 11	VfL Wolfsburg	BL		

SAHAN, Olcay
26. 5. 1987, Düsseldorf/D
Mittelfeld, 1,79 m, 67 kg, D/TUR

Bis 2004 Fortuna Düsseldorf, ab 2004 Borussia Mönchengladbach

05/06	Bor. Mönchengladbach II	OL	9	3
06/07	Bor. Mönchengladbach II	RL	32	1
07/08	Bor. Mönchengladbach II	OL	34	12
08/09	MSV Duisburg	2. BL	16	2
	MSV Duisburg II	OL	8	5
09/10	MSV Duisburg	2. BL	23	2
	MSV Duisburg II	OL	6	7
10/11	MSV Duisburg	2. BL	34	7
11/12	1. FC Kaiserslautern	BL		

SALA, Jacopo
5. 12. 1991, Bergamo/ITA
Mittelfeld, 1,83 m, 80 kg

Bis 2007 Atalanta Bergamo, ab 2007 FC Chelsea

08/09	FC Chelsea Res.		3	0
09/10	FC Chelsea Res.		6	0
10/11	FC Chelsea Res.		12	0
11/12	Hamburger SV	BL		

SALIHAMIDZIC, Hasan
1. 1. 1977, Jablanica/YUG
Mittelfeld, 1,76 m, 71 kg, BIH

1987-1991 Turbina Jablanica, 1991 bis Dezember 1992 Velez Mostar, ab Dezember 1992 Hamburger SV

94/95	Hamburger SV Am.	RL	32	0
95/96	Hamburger SV	BL	9	2
	Hamburger SV Am.	RL	25	4
96/97	Hamburger SV	BL	32	7
	Hamburger SV Am.	RL	3	2
97/98	Hamburger SV	BL	31	10
98/99	Bayern München	BL	30	3
99/00	Bayern München	BL	30	4
00/01	Bayern München	BL	31	4
01/02	Bayern München	BL	19	5
02/03	Bayern München	BL	12	2
03/04	Bayern München	BL	33	4
04/05	Bayern München	BL	29	2
05/06	Bayern München	BL	21	2
06/07	Bayern München	BL	29	4
07/08	Juventus Turin	ITA 1	26	4
08/09	Juventus Turin	ITA 1	11	1
09/10	Juventus Turin	ITA 1	14	2
10/11	Juventus Turin	ITA 1	10	0
11/12	VfL Wolfsburg	BL		

42 A (6 Tore) für Bosnien-Herzegowina

SALIHOVIC, Sejad
8. 10. 1984, Vlasenica/YUG
Mittelfeld, 1,82 m, 79 kg, BIH

1995-1998 Minerva 93 Berlin, 1998-2000 Hertha Zehlendorf, ab 2000 Hertha BSC

03/04	Hertha BSC Am.	OL	31	13
04/05	Hertha BSC	BL	5	0
	Hertha BSC II	RL	27	14
05/06	Hertha BSC II	RL	30	8
06/07	TSG 1899 Hoffenheim	RL	30	10
	TSG 1899 Hoffenheim II	OL	1	0
07/08	TSG 1899 Hoffenheim	2. BL	27	6
08/09	TSG 1899 Hoffenheim	BL	29	8
09/10	TSG 1899 Hoffenheim	BL	32	4
10/11	TSG 1899 Hoffenheim	BL	26	5
11/12	TSG 1899 Hoffenheim	BL		

22 A (3 Tore) für Bosnien-Herzegowina

SALZ, Manuel
6. 8. 1985, Böblingen/D
Torhüter, 1,85 m, 79 kg

Bis 2003 SV Hohenwart und VfR Pforzheim, ab 2003 Stuttgarter Kickers

04/05	Stuttgarter Kickers II	OL	13	0
05/06	Stuttgarter Kickers II	OL	27	0
06/07	Stuttgarter Kickers II	OL	27	0

07/08	Stuttgarter Kickers II	OL	25	0
08/09	Stuttgarter Kickers	3. L	38	0
09/10	SC Freiburg	BL	3	0
	SC Freiburg II	RL	5	0
10/11	SC Freiburg II	RL	12	0
11/12	SC Freiburg	BL		

SAM, Sidney
31. 1. 1988, Kiel/D
Mittelfeld, 1,74 m, 70 kg

1992-2002 TuS Mettenhof und Kilia Kiel, 2002-2004 Holstein Kiel, ab 2004 Hamburger SV

05/06	Hamburger SV II	RL	2	1
06/07	Hamburger SV II	RL	23	4
07/08	Hamburger SV	BL	4	0
	Hamburger SV II	RL	21	3
08/09	Hamburger SV II	RL	1	0
Aug 08	1. FC Kaiserslautern	2. BL	26	4
09/10	1. FC Kaiserslautern	2. BL	33	10
10/11	Bayer Leverkusen	BL	30	7
11/12	Bayer Leverkusen	BL		

SANKOH, Gibril
15. 5. 1983, Freetown/SLE
Abwehr, 1,87 m, 82 kg, SLE/NED

Bis 1999 Royal Stars Freetown, ab 2000 De Kennemers Beverwijk

01/02	De Kennemers Beverwijk	NED 4		
02/03	De Kennemers Beverwijk	NED 4		
03/04	De Kennemers Beverwijk	NED 4		
04/05	Stormvogels Telstar	NED 2	17	0
Jan 05	FC Groningen	NED 1	8	0
05/06	FC Groningen	NED 1	25	0
06/07	FC Groningen	NED 1	26	0
07/08	FC Groningen	NED 1	29	0
08/09	FC Groningen	NED 1	30	0
09/10	FC Groningen	NED 1	26	0
10/11	FC Augsburg	2. BL	31	0
11/12	FC Augsburg	BL		

SANOU, Wilfried
16. 3. 1984, Bobo Dioulasso/BFA
Mittelfeld, 1,65 m, 64 kg

Bis 2001 Planete Champions Ouagadougou

01/02	WSG Wattens	AUT 3		
Jan 02	FC Tirol Innsbruck	AUT 1	5	0
02/03	FC Sion	SUI 2	15	9
	FC Sion	SUI-AR	12	1
03/04	SC Freiburg	BL	24	3
04/05	SC Freiburg	BL	22	2
05/06	SC Freiburg	2. BL	21	2
06/07	SC Freiburg	2. BL	24	2
07/08	SC Freiburg	2. BL	6	0
08/09	1. FC Köln	BL	15	1
09/10	1. FC Köln	BL	6	1
Jan 10	Urawa Red Diamonds	JPN 1	26	2
Jan 11	1. FC Köln	BL	3	0
11/12	1. FC Köln	BL		

19 A für Burkina Faso

SARPEI, Hans
28. 6. 1976, Tema/GHA
Abwehr, 1,78 m, 73 kg, GHA/D

Ab 1982 SV Chorweiler, CfB Ford-Niehl Köln, SCB Preußen Köln, Winfriedia Mülheim

94/95	Winfriedia Mülheim	OL		
95/96	Winfriedia Mülheim	VL		
96/97	Winfriedia Mülheim	VL		
97/98	Winfriedia Mülheim	VL		
98/99	Fortuna Köln	2. BL	12	0
	Fortuna Köln Am.	LL		
99/00	Fortuna Köln	2. BL	32	0
00/01	MSV Duisburg	2. BL	20	1
01/02	VfL Wolfsburg	BL	15	0
02/03	VfL Wolfsburg	BL	21	1
	VfL Wolfsburg Am.	OL	3	0
03/04	VfL Wolfsburg	BL	30	1
04/05	VfL Wolfsburg	BL	21	0
	VfL Wolfsburg Am.	RL	1	0
05/06	VfL Wolfsburg	BL	28	0
06/07	VfL Wolfsburg	BL	24	0
07/08	Bayer Leverkusen	BL	27	0
08/09	Bayer Leverkusen	BL	3	0
	Bayer Leverkusen II	RL	2	0
09/10	Bayer Leverkusen	BL	12	0
	Bayer Leverkusen II	RL	1	0
10/11	Bayer Leverkusen	BL	0	0
Aug 10	FC Schalke 04	BL	9	0
11/12	FC Schalke 04	BL		

36 A für Ghana

SATTELMAIER, Rouven
7. 8. 1987, Ludwigsburg/D
Tor, 1,86 m, 83 kg

1993-1995 TSV Affalterbach, 1995-1999 VfB Stuttgart, 1999-2003 SGV Freiberg, 2003-2005 Stuttgarter Kickers

05/06	Jahn Regensburg II	OL	2	0
06/07	Jahn Regensburg	OL	0	0
07/08	Jahn Regensburg	RL	1	0
08/09	Jahn Regensburg	3. L	27	0
09/10	Jahn Regensburg	3. L	37	0
10/11	Bayern München II	3. L	10	0
11/12	Bayern München	BL		

SCHÄFER, Marcel
7. 6. 1984, Aschaffenburg/D
Abwehr, 1,84 m, 76 kg

1990-1996 Eintracht Straßbessenbach, 1996-2000 Viktoria Aschaffenburg, ab 2000 TSV München 1860

03/04	TSV München 1860	BL	1	0
	TSV München 1860 Am.	OL	27	1
04/05	TSV München 1860	2. BL	27	2
	TSV München 1860 Am.	RL	7	3
05/06	TSV München 1860	2. BL	32	1
06/07	TSV München 1860	2. BL	31	0
07/08	VfL Wolfsburg	BL	29	6
08/09	VfL Wolfsburg	BL	34	0
09/10	VfL Wolfsburg	BL	32	0
10/11	VfL Wolfsburg	BL	34	0
11/12	VfL Wolfsburg	BL		

8 A (kein Tor) für Deutschland

SCHÄFER, Raphael
30. 1. 1979, Kedzierzyn-Kozle/POL
Torhüter, 1,90 m, 92 kg, D

1987-1991 SC Drispenstedt, ab 1991 Hannover 96

96/97	Hannover 96 II	OL	13	0
97/98	Hannover 96	RL	1	0
	Hannover 96 II	VL		
98/99	VfB Lübeck	RL	7	0
99/00	VfB Lübeck	RL	33	0
00/01	VfB Lübeck	RL	35	0
01/02	1. FC Nürnberg	BL	2	0
02/03	1. FC Nürnberg	BL	1	0
03/04	1. FC Nürnberg	2. BL	33	0
04/05	1. FC Nürnberg	BL	26	0
05/06	1. FC Nürnberg	BL	34	0
06/07	1. FC Nürnberg	BL	34	0
07/08	VfB Stuttgart	BL	23	0
08/09	1. FC Nürnberg	2. BL	34	0
09/10	1. FC Nürnberg	BL	30	0
10/11	1. FC Nürnberg	BL	34	0
11/12	1. FC Nürnberg	BL		

SCHEIDHAUER, Kevin
13. 3. 1992, Deggendorf/D
Angriff, 1,90 m, 90 kg

1999/00 SV Brehmer Leipzig, 2000-2004 VfB Leipzig, 2004-2008 1. FC Lokomotive Leipzig, ab 2008 VfL Wolfsburg

10/11	VfL Wolfsburg II	RL	11	1
11/12	VfL Wolfsburg	BL		

SCHIEBER, Julian
13. 2. 1989, Backnang/D
Angriff, 1,86 m, 83 kg

1994-2005 SV Unterweissach, 2005/06 TSG Backnang, ab 2006 VfB Stuttgart

08/09	VfB Stuttgart	BL	12	0
	VfB Stuttgart II	3. L	18	9
09/10	VfB Stuttgart	BL	19	3
	VfB Stuttgart II	3. L	5	4
10/11	1. FC Nürnberg	BL	29	7
11/12	VfB Stuttgart	BL		

SCHINDLER, Kevin
21. 5. 1988, Delmenhorst/D
Angriff, 1,91 m, 79 kg

1993-1999 DTB Delmenhorst, ab 1999 Werder Bremen

06/07	Werder Bremen	BL	1	0
	Werder Bremen II	RL	13	3
07/08	Werder Bremen	BL	4	0
	Werder Bremen II	RL	25	7
08/09	Hansa Rostock	2. BL	32	5
09/10	FC Augsburg	2. BL	5	0
Jan 10	MSV Duisburg	2. BL	3	0
10/11	Werder Bremen II	3. L	10	1
11/12	Werder Bremen	BL		

SCHINDZIELORZ, Sebastian
21. 1. 1979, Krapkowice/POL
Mittelfeld, 1,80 m, 74 kg, D

Ab 1988 VfL Bochum

97/98	VfL Bochum Am.	OL	27	5
98/99	VfL Bochum	BL	28	3
	VfL Bochum Am.	OL	3	2
99/00	VfL Bochum	2. BL	29	2
00/01	VfL Bochum	BL	30	2
01/02	VfL Bochum	2. BL	25	1
02/03	VfL Bochum	BL	24	2
03/04	1. FC Köln	BL	3	0
04/05	1. FC Köln	2. BL	31	0
	1. FC Köln Am.	RL	1	0
05/06	1. FC Köln	BL	16	0
	1. FC Köln II	RL	1	0
Jul 06	Start Kristiansand	NOR 1	5	0
Jan 07	ohne Verein			
07/08	APO Levadiakos	GRE 1	22	0
08/09	VfL Wolfsburg	BL	6	0
	VfL Wolfsburg II	RL	22	3
09/10	VfL Wolfsburg	BL	2	0
	VfL Wolfsburg II	RL	19	1
10/11	VfL Wolfsburg II	RL	22	0
11/12	VfL Wolfsburg	BL		

SCHIPPLOCK, Sven
8. 11. 1988, Reutlingen/D
Angriff, 1,86 m, 82 kg

Bis 2005 FC Engstingen, SSV Reutlingen 05 und TSV Sondelfingen, 2005/06 VfL Pfullingen, ab 2006 SSV Reutlingen 05

07/08	SSV Reutlingen 05	RL	19	8
Jan 08	VfB Stuttgart II	RL	12	3
08/09	VfB Stuttgart II	3. L	31	4
09/10	VfB Stuttgart II	3. L	32	14
10/11	VfB Stuttgart	BL	12	1
	VfB Stuttgart II	3. L	14	10
11/12	TSG 1899 Hoffenheim	BL		

SCHLAUDRAFF, Jan
18. 7. 1983, Waldbröl/D
Angriff, 1,80 m, 72 kg

1992-1996 JSG Wissen, ab 1996 Hassia Bingen

01/02	Hassia Bingen	VL	16	10
02/03	Bor. Mönchengladbach	BL	4	0
	Bor. Mönchengladbach Am.	OL	29	14
03/04	Bor. Mönchengladbach Am.	OL	21	8
04/05	Bor. Mönchengladbach	BL	6	0
	Bor. Mönchengladbach Am.	OL	11	3
Jan 05	Alemannia Aachen	2. BL	15	0
05/06	Alemannia Aachen	2. BL	29	11
06/07	Alemannia Aachen	BL	28	8
07/08	Bayern München	BL	8	0
	Bayern München II	RL	5	1
08/09	Hannover 96	BL	22	5
09/10	Hannover 96	BL	10	2
	Hannover 96 II	RL	2	2
10/11	Hannover 96	BL	21	4
11/12	Hannover 96			

3 A (kein Tor) für Deutschland

SCHMELZER, Marcel
22. 1. 1988, Magdeburg/D
Abwehr, 1,81 m, 74 kg

1997-2001 Fortuna Magdeburg, 2001-2005 1. FC Magdeburg, seit 2005 Borussia Dortmund

05/06	Borussia Dortmund II	OL	1	0
06/07	Borussia Dortmund Jug.			
07/08	Borussia Dortmund II	RL	26	0
08/09	Borussia Dortmund	BL	12	0
	Borussia Dortmund II	RL	10	0
09/10	Borussia Dortmund	BL	28	0
	Borussia Dortmund II	3. L	1	0
10/11	Borussia Dortmund	BL	34	0
11/12	Borussia Dortmund	BL		

4 A (kein Tor) für Deutschland

SCHMID, Jonathan
22. 6. 1990, Straßburg/FRA
Mittelfeld, 1,79 m, 77 kg

Bis Dezember 2007 Mars Bischheim, Januar bis Juni 2008 Offenburger FV, seit 2008 SC Freiburg

09/10	SC Freiburg II	RL	18	0
10/11	SC Freiburg	BL	1	0
	SC Freiburg II	RL	31	8
11/12	SC Freiburg	BL		

SCHMIEDEBACH, Manuel
5. 12. 1988, Berlin/D
Mittelfeld, 1,70 m, 70 kg

Bis 2003 Schwarz-Weiß Spandau, Spandauer SV, SC Staaken, Nordberliner SC, ab 2003 Hertha BSC

06/07	Hertha BSC II	RL	20	0
07/08	Hertha BSC II	OL	17	6
08/09	Hannover 96 II	RL	30	5
09/10	Hannover 96	BL	14	0
	Hannover 96 II	RL	14	4
10/11	Hannover 96	BL	32	0
11/12	Hannover 96	BL		

SCHMITZ, Lukas
13. 10. 1988, Hattingen/D
Abwehr, 1,84 m, 80 kg

1991-1993 DJK Märkisch Hattingen, 1993-1995 TuS Bredenscheid, 1995-2000 TSG Sprockhövel, 2000/01 VfL Bochum, ab 2001 TSG Sprockhövel

06/07	TSG Sprockhövel	VL	23	11
07/08	VfL Bochum II	OL	12	2
08/09	VfL Bochum II	RL	24	2
09/10	FC Schalke 04	BL	29	2
	FC Schalke 04 II	RL	6	1
10/11	FC Schalke 04	BL	23	0
11/12	Werder Bremen	BL		

SCHOBER, Mathias
8. 4. 1976, Marl/D
Torhüter, 1,91 m, 94 kg

1984-1986 Germania Lenkerbeck, 1986-1988 TuS 05 Sinsen, 1988-1990 SpVgg Marl, ab 1990 FC Schalke 04

93/94	FC Schalke 04 Am.	AOL	1	0
94/95	FC Schalke 04 Am.	OL		
95/96	FC Schalke 04 Am.	VL		
96/97	FC Schalke 04	BL	1	0
97/98	FC Schalke 04	BL	0	0
98/99	FC Schalke 04	BL	14	0
99/00	FC Schalke 04	BL	10	0
00/01	Hamburger SV	BL	3	0
01/02	Hansa Rostock	BL	22	0
02/03	Hansa Rostock	BL	34	0
03/04	Hansa Rostock	BL	33	0
04/05	Hansa Rostock	BL	34	0
05/06	Hansa Rostock	2. BL	34	0
06/07	Hansa Rostock	2. BL	34	0
07/08	FC Schalke 04	BL	0	0
08/09	FC Schalke 04	BL	4	0
09/10	FC Schalke 04	BL	0	0
10/11	FC Schalke 04	BL	0	0
11/12	FC Schalke 04	BL		

SCHÖNHEIM, Fabian
14. 2. 1987, Kirn/D
Abwehr, 1,91 m, 83 kg

1993-1997 FSV Rehborn, 1997/98 SG Desloch-Jeckenbach, 1998-2001 FSV Rehborn, ab 2001 1. FC Kaiserslautern

05/06	1. FC Kaiserslautern	BL	18	1
	1. FC Kaiserslautern II	RL	9	0
06/07	1. FC Kaiserslautern	2. BL	7	0
	1. FC Kaiserslautern II	RL	1	1
07/08	1. FC Kaiserslautern	2. BL	19	1
	1. FC Kaiserslautern II	OL	7	0
08/09	1. FC Kaiserslautern II	RL	3	0
Jan 09	SV Wehen Wiesbaden	2. BL	10	1
09/10	SV Wehen Wiesbaden	3. L	29	1
10/11	SV Wehen Wiesbaden	3. L	35	2
	SV Wehen Wiesbaden II	RL	1	0
11/12	1. FSV Mainz 05	BL		

SCHORCH, Christopher
30. 1. 1989, Halle/D
Abwehr, 1,90 m, 86 kg

Bis 2004 Nietlebener SV Askania, Hallescher FC, ab 2004 Hertha BSC

06/07	Hertha BSC II	RL	18	0
	Hertha BSC	BL	2	0
07/08	Real Madrid B	ESP 3	10	0
08/09	Real Madrid B	ESP 3	15	0
09/10	1. FC Köln	BL	17	1
10/11	1. FC Köln	BL	4	0
	1. FC Köln II	RL	3	0
11/12	1. FC Köln	BL		

SCHÜRRLE, Andre
6. 11. 1990, Ludwigshafen/D
Angriff, 1,83 m, 76 kg

Bis 2006 Ludwigshafener SC, ab 2006 1. FSV Mainz 05

09/10	1. FSV Mainz 05	BL	33	5
10/11	1. FSV Mainz 05	BL	33	15
11/12	Bayer Leverkusen	BL		

5 A (2 Tore) für Deutschland

SCHULZ, Bastian
10. 7. 1985, Hannover/D
Mittelfeld, 1,83 m, 76 kg

Bis 1997 TuS Altwarmbüchen, seit 1997 Hannover 96

04/05	Hannover 96 Am.	OL	31	3
05/06	Hannover 96 II	OL	31	6
06/07	Hannover 96 II	OL	30	5
07/08	Hannover 96	BL	2	0
	Hannover 96 II	OL	33	3
08/09	Hannover 96	BL	21	1
09/10	1. FC Kaiserslautern	2. BL	16	1
	1. FC Kaiserslautern II	RL	1	0
10/11	1. FC Kaiserslautern	BL	3	0
11/12	1. FC Kaiserslautern	BL		

SCHULZ, Christian
1. 4. 1983, Bassum/D
Abwehr, 1,85 m, 80 kg

1989-1995 TSV Bassum, ab 1995 Werder Bremen

01/02	Werder Bremen Am.	RL	19	2
02/03	Werder Bremen	BL	11	0
	Werder Bremen Am.	RL	13	0
03/04	Werder Bremen	BL	17	0
	Werder Bremen Am.	RL	7	0
04/05	Werder Bremen	BL	23	2
	Werder Bremen Am.	RL	4	1
05/06	Werder Bremen	BL	30	0
06/07	Werder Bremen	BL	19	2
07/08	Werder Bremen	BL	3	0
Aug 07	Hannover 96	BL	29	4
08/09	Hannover 96	BL	31	3
09/10	Hannover 96	BL	33	2
10/11	Hannover 96	BL	33	4
11/12	Hannover 96	BL		

4 A (kein Tor) für Deutschland

SCHULZ, Nico
1. 4. 1993, Berlin/D
Mittelfeld, 1,80 m, 78 kg

Bis 2000 BSC Rehberge, seit 2000 Hertha BSC

10/11	Hertha BSC	2. BL	20	0
	Hertha BSC II	RL	8	0
11/12	Hertha BSC	BL		

SCHULZE, Michael
13. 1. 1989, Göttingen/D
Abwehr, 1,85 m, 78 kg

Bis 2001 SSV Vorsfelde, seit 2001 VfL Wolfsburg

07/08	VfL Wolfsburg II	RL	8	0
08/09	VfL Wolfsburg II	RL	21	1
09/10	VfL Wolfsburg II	RL	16	0
10/11	VfL Wolfsburg II	RL	29	4
11/12	VfL Wolfsburg	BL		

SCHUSTER, Julian
15. 4. 1985, Bietigheim-Bissingen/D
Mittelfeld, 1,90 m, 78 kg

Ab 1990 FV Löchgau

03/04	FV Löchgau	A-KL		
04/05	FV Löchgau	BezL		
Jan 05	VfB Stuttgart Am.	RL	7	0
05/06	VfB Stuttgart II	RL	13	0
06/07	VfB Stuttgart II	RL	17	3
07/08	VfB Stuttgart	BL	2	0
	VfB Stuttgart II	RL	17	0
08/09	SC Freiburg	2. BL	26	6
	SC Freiburg II	RL	2	0
09/10	SC Freiburg	BL	28	2
10/11	SC Freiburg	BL	26	3
11/12	SC Freiburg	BL		

SCHWAAB, Daniel
23. 8. 1988, Waldkirch/D
Abwehr, 1,86 m, 75 kg

Bis 2000 SV Waldkirch, ab 2000 SC Freiburg

06/07	SC Freiburg	2. BL	27	0
	SC Freiburg II	OL	3	0
07/08	SC Freiburg	2. BL	31	1
08/09	SC Freiburg	2. BL	33	5
09/10	Bayer Leverkusen	BL	27	0
	Bayer Leverkusen II	RL	1	0
10/11	Bayer Leverkusen	BL	30	0
11/12	Bayer Leverkusen	BL		

SCHWABKE, Daniel
19. 7. 1989, Haldensleben/D
Torhüter, 1,92 m, 78 kg

Bis 2007 1. FC Magdeburg, seit 2007 1. FC Köln

08/09	1. FC Köln II	RL	1	0
09/10	1. FC Köln II	RL	4	0
10/11	1. FC Köln II	RL	17	0
11/12	1. FC Köln	BL		

SCHWEINSTEIGER, Bastian
1. 8. 1984, Kolbermoor/D
Mittelfeld, 1,83 m, 79 kg

1987-1992 FV Oberaudorf, 1992-1998 TSV 1860 Rosenheim, seit 1998 Bayern München

01/02	Bayern München Am.	RL	4	0
02/03	Bayern München	BL	14	0
	Bayern München Am.	RL	23	2
03/04	Bayern München	BL	26	4
	Bayern München Am.	RL	4	0
04/05	Bayern München	BL	26	3
	Bayern München Am.	RL	3	0
05/06	Bayern München	BL	30	3
06/07	Bayern München	BL	27	4
07/08	Bayern München	BL	30	1
08/09	Bayern München	BL	31	5
09/10	Bayern München	BL	33	2
10/11	Bayern München	BL	32	4
11/12	Bayern München	BL		

87 A (21 Tore) für Deutschland

SHECHTER, Itay
22. 2. 1987, Ramat Yishai/ISR
Angriff, 1,80 m, 77 kg

Bis 2001 Hapoel Haifa, ab 2001 Hapoel Nazareth Illit

05/06	Hapoel Nazareth Illit	ISR 1	26	3
06/07	Maccabi Netanya	ISR 1	30	6
07/08	Maccabi Netanya	ISR 1	24	7
08/09	Maccabi Netanya	ISR 1	29	7
09/10	Hapoel Tel Aviv	ISR 1	34	22
10/11	Hapoel Tel Aviv	ISR 1	11	4

11/12 1. FC Kaiserslautern BL
8 A (1 Tor) für Israel

SIGURDSSON, Gylfi Thor
8. 9. 1989, Reykjavik/ISL
Mittelfeld, 1,86 m, 79 kg
Bis 2002 FH Hafnarfjördur, 2003 bis September 2005 Breidablik Kopavogur, ab Oktober 2005 FC Reading

08/09	FC Reading	ENG 2	0	0
Okt 08	Shrewsbury Town	ENG 4	5	1
Nov 08	FC Reading	ENG 2	0	0
Feb 09	Crewe Alexandra	ENG 3	15	3
09/10	FC Reading	ENG 2	38	16
10/11	FC Reading	ENG 2	4	2
Aug 10	TSG 1899 Hoffenheim	BL	29	9
11/12	TSG 1899 Hoffenheim	BL		

5 A (kein Tor) für Island

SILVESTRE, Mikael
9. 8. 1977, Chambrey-lès-Tours/FRA
Abwehr, 1,84 m, 85 kg
1984-1991 US Saint-Pierre-des-Corps, 1991-1993 FC Tours, ab 1993 Stade Rennes

95/96	Stade Rennes	FRA 1	1	0
	Stade Rennes II	FRA 4	18	0
96/97	Stade Rennes	FRA 1	16	0
	Stade Rennes II	FRA 4	14	0
97/98	Stade Rennes	FRA 1	32	0
98/99	Inter Mailand	ITA 1	18	1
99/00	Inter Mailand	ITA 1	0	0
Sep 99	Manchester United	ENG 1	31	0
00/01	Manchester United	ENG 1	30	1
01/02	Manchester United	ENG 1	35	0
02/03	Manchester United	ENG 1	34	1
03/04	Manchester United	ENG 1	34	0
04/05	Manchester United	ENG 1	35	2
05/06	Manchester United	ENG 1	33	1
06/07	Manchester United	ENG 1	14	1
07/08	Manchester United	ENG 1	3	0
08/09	Manchester United	ENG 1	0	0
Aug 08	FC Arsenal	ENG 1	14	2
09/10	FC Arsenal	ENG 1	12	1
10/11	Werder Bremen	BL	26	1
11/12	Werder Bremen	BL		

40 A (2 Tore) für Frankreich

SIMONS, Timmy
11. 12. 1976, Diest/BEL
Mittelfeld, 1,86 m, 78 kg
Bis 1988 Rillaar Sport, ab 1988 KTH Diest

94/95	KTH Diest	BEL 2	3	0
95/96	KTH Diest	BEL 2	20	0
96/97	KTH Diest	BEL 3	29	2
97/98	KTH Diest	BEL 3	30	0
98/99	Lommelse SK	BEL 1	32	1
99/00	Lommelse SK	BEL 1	32	4
00/01	FC Brügge	BEL 1	34	2
01/02	FC Brügge	BEL 1	34	3
02/03	FC Brügge	BEL 1	33	7
03/04	FC Brügge	BEL 1	33	4
04/05	FC Brügge	BEL 1	29	7
05/06	PSV Eindhoven	NED 1	32	2
06/07	PSV Eindhoven	NED 1	34	5
07/08	PSV Eindhoven	NED 1	33	4
08/09	PSV Eindhoven	NED 1	34	4
09/10	PSV Eindhoven	NED 1	25	0
10/11	1. FC Nürnberg	BL	34	2
11/12	1. FC Nürnberg	BL		

83 A (4 Tore) für Belgien

SIMUNEK, Jan
20. 2. 1987, Prag/CSV
Abwehr, 1,89 m, 79 kg, CZE
1991-1993 FC Chatel Saint Denis, 1993/94 FC Monthey, 1994-1996 Hellas Winterthur, 1996-1999 Bohemians Prag, ab 1999 Sparta Prag

04/05	Sparta Prag	CZE 1	1	0
	Sparta Prag B	CZE 2	4	0
05/06	Sparta Prag B	CZE 2	24	0
06/07	SK Kladno	CZE 1	29	0
07/08	Sparta Prag	CZE 1	1	0
Aug 07	VfL Wolfsburg	BL	30	0
08/09	VfL Wolfsburg	BL	17	0
	VfL Wolfsburg II	RL	8	1
09/10	VfL Wolfsburg	BL	5	0
	VfL Wolfsburg II	RL	3	0
10/11	1. FC Kaiserslautern	BL	0	0
11/12	1. FC Kaiserslautern	BL		

4 A (kein Tor) für Tschechien

SIMUNIC, Josip
18. 2. 1978, Canberra/AUS
Abwehr, 1,95 m, 95 kg, CRO/AUS
1993-1995 Australian Iinstitute of Sport Canberra

95/96	Melbourne Knights	AUS 1	16	0
96/97	Melbourne Knights	AUS 1	14	3
97/98	Carlton SC	AUS 1	0	0
Nov 97	Hamburger SV	BL	2	0
	Hamburger SV Am.	RL	4	0
98/99	Hamburger SV Am.	RL	2	0
99/00	Hamburger SV	BL	6	0
Jan 00	Hertha BSC	BL	0	0
00/01	Hertha BSC	BL	14	0
01/02	Hertha BSC	BL	27	0
02/03	Hertha BSC	BL	22	1
03/04	Hertha BSC	BL	28	0
04/05	Hertha BSC	BL	30	0
05/06	Hertha BSC	BL	18	0
06/07	Hertha BSC	BL	25	1
07/08	Hertha BSC	BL	29	0
08/09	Hertha BSC	BL	29	1
09/10	TSG 1899 Hoffenheim	BL	31	1
10/11	TSG 1899 Hoffenheim	BL	10	0
11/12	TSG 1899 Hoffenheim	BL		

86 A (3 Tore) für Kroatien

SINKALA, Andrew Mutambo
18. 6. 1979, Chingola/ZAM
Mittelfeld, 1,75 m, 75 kg

1997	Nchanga Rangers	ZAM 1		
1998	Nchanga Rangers	ZAM 1		
1999	Nchanga Rangers	ZAM 1		
99/00	Bayern München	BL	1	0
	Bayern München Am.	RL	30	6
00/01	Bayern München Am.	RL	10	1

Jan 01	1. FC Köln	BL	6	0
	1. FC Köln Am.	OL	1	0
01/02	1. FC Köln	BL	8	2
	1. FC Köln Am.	OL	3	0
02/03	1. FC Köln	2. BL	21	0
	1. FC Köln Am.	RL	1	0
03/04	1. FC Köln	BL	13	1
	1. FC Köln Am.	RL	3	1
04/05	1. FC Köln	2. BL	27	1
	1. FC Köln Am.	RL	2	0
05/06	1. FC Köln	BL	9	0
	1. FC Köln II	RL	2	0
06/07	SC Paderborn 07	2. BL	23	0
07/08	SC Paderborn 07	2. BL	11	1
08/09	FC Augsburg	2. BL	32	2
09/10	FC Augsburg	2. BL	21	1
10/11	FC Augsburg	2. BL	7	0
11/12	FC Augsburg	BL		

22 A (1 Tor) für Sambia

SIPPEL, Tobias
22. 3. 1988, Bad Dürkheim/D
Torhüter, 1,80 m, 79 kg

1993-1998 SV Bad Dürkheim, seit 1998 1. FC Kaiserslautern

05/06	1. FC Kaiserslautern II	RL	5	0
06/07	1. FC Kaiserslautern II	RL	3	0
07/08	1. FC Kaiserslautern	2. BL	25	0
	1. FC Kaiserslautern II	OL	9	0
08/09	1. FC Kaiserslautern	2. BL	15	0
09/10	1. FC Kaiserslautern	2. BL	33	0
10/11	1. FC Kaiserslautern	BL	25	0
	1. FC Kaiserslautern II	RL	1	0
11/12	1. FC Kaiserslautern	BL		

SLISKOVIC, Petar
21. 2. 1991, Sarajevo/YUG
Angriff, 1,93 m, 88 kg, CRO

Bis 2007 NK Kiseljak und Schwarz-Weiß Griesheim, 2007/08 FSV Frankfurt, seit 2008 1. FSV Mainz 05

09/10	1. FSV Mainz 05 II	RL	5	2
10/11	1. FSV Mainz 05	BL	9	2
	1. FSV Mainz 05 II	RL	17	12
11/12	1. FSV Mainz 05	BL		

SKJELBRED, Per Ciljan
16. 6. 1987, Trondheim/NOR
Mittelfeld, 1,75 m, 62 kg

Bis 2002 Trygg/Lade SK, ab 2003 Rosenborg Trondheim

2004	Rosenborg Trondheim	NOR 1	1	0
2005	Rosenborg Trondheim	NOR 1	12	3
2006	Rosenborg Trondheim	NOR 1	20	0
2007	Rosenborg Trondheim	NOR 1	25	2
2008	Rosenborg Trondheim	NOR 1	25	1
2009	Rosenborg Trondheim	NOR 1	27	1
2010	Rosenborg Trondheim	NOR 1	29	1
2011	Rosenborg Trondheim	NOR 1	15	1
Aug 11	Hamburger SV	BL		

16 A (kein Tor) für Norwegen

SOBIECH, Artur
12. 6. 1990, Ruda Slaska/POL
Angriff, 1,85 m, 81 kg

1998-2006 Grunwald Ruda Slaska, ab 2006 Ruch Chorzow

08/09	Ruch Chorzow	POL 1	19	2
09/10	Ruch Chorzow	POL 1	28	10
10/11	Polonia Warschau	POL 1	23	9
11/12	Hannover 96	BL		

3 A (kein Tor) für Polen

SON, Heung-Min
8. 7. 1992, Chuncheon/KOR
Angriff, 1,83 m, 76 kg

Bis Juli 2008 FC Seoul, seit August 2008 Hamburger SV

Jan 10	Hamburger SV II	RL	6	1
10/11	Hamburger SV	BL	13	3
11/12	Hamburger SV	BL		

5 A (1 Tor) für Südkorea

SOTO, Elkin
4. 8. 1980, Manizales/COL
Mittelfeld, 1,78 m, 71 kg

Bis 1998 Atletico Nacional Medellin

1999	Once Caldas Manizales	COL 1	3	0
2000	Once Caldas Manizales	COL 1	20	2
2001	Once Caldas Manizales	COL 1	31	4
2002	Once Caldas Manizales	COL 1	31	3
2003	Once Caldas Manizales	COL 1	42	5
2004	Once Caldas Manizales	COL 1	34	5
2005	Once Caldas Manizales	COL 1	33	6
2006	Barcelona SC Guayaquil	ECU 1	44	7
Jan 07	1. FSV Mainz 05	BL	8	0
07/08	1. FSV Mainz 05	2. BL	7	1
08/09	1. FSV Mainz 05	2. BL	24	2
09/10	1. FSV Mainz 05	BL	30	1
10/11	1. FSV Mainz 05	BL	26	4
11/12	1. FSV Mainz 05	BL		

21 A (6 Tore) für Kolumbien

SOWAH, Lennard Adjetey
23. 8. 1992, Hamburg/D
Abwehr, 1,85 m, 80 kg

Bis 2006 Urania Hamburg, 2006/07 FC St. Pauli, 2007/08 FC Arsenal, ab 2008 FC Portsmouth

09/10	FC Portsmouth	ENG 1	5	0
10/11	Hamburger SV II	RL	14	0
11/12	Hamburger SV	BL		

STARKE, Tom
18. 3. 1981, Freital/D
Torhüter, 1,95 m, 97 kg

1988-1989 Stahl Freital, 1989-1999 Dynamo Dresden

99/00	Bayer Leverkusen Am.	RL	1	0
00/01	Bayer Leverkusen Am.	OL	22	0
01/02	Bayer Leverkusen Am.	RL	20	0
02/03	Bayer Leverkusen Am.	RL	22	0
03/04	Bayer Leverkusen Am.	OL	7	0
Jan 04	Hamburger SV	BL	2	0
	Hamburger SV Am.	RL	2	0
04/05	Bayer Leverkusen Am.	OL	19	0
05/06	Bayer Leverkusen II	RL	5	0

Jan 06	SC Paderborn 07	2. BL	17	0
06/07	SC Paderborn 07	2. BL	30	0
07/08	MSV Duisburg	BL	31	0
08/09	MSV Duisburg	2. BL	24	0
09/10	MSV Duisburg	2. BL	31	0
10/11	TSG 1899 Hoffenheim	BL	25	0
11/12	TSG 1899 Hoffenheim	BL		

STEPANEK, Miroslav
15. 1. 1990, Olomouc/CSV
Abwehr, 1,92 m, 83 kg, CZE

Bis 2006 Sigma Olomouc, ab 2006 Hamburger SV

07/08	Hamburger SV II	RL	2	0
08/09	Hamburger SV	BL	0	0
Aug 08	Kapfenberger SV	AUT 1	11	0
09/10	Hamburger SV	BL	0	0
10/11	Hamburger SV	BL	0	0
11/12	Hamburger SV	BL		

STEPHAN, Alexander
15. 9. 1986, Erlangen/D
Torhüter, 1,89 m, 84 kg

Bis 1996 ASV Niederndorf, seit 1996 1. FC Nürnberg

05/06	1. FC Nürnberg II	OL	10	0
06/07	1. FC Nürnberg II	OL	33	0
07/08	1. FC Nürnberg II	OL	19	0
08/09	1. FC Nürnberg II	RL	12	0
09/10	1. FC Nürnberg	BL	5	0
	1. FC Nürnberg II	RL	5	0
10/11	1. FC Nürnberg	BL	1	0
	1. FC Nürnberg II	RL	9	0
11/12	1. FC Nürnberg	BL		

STERNBERG, Janek
10. 10. 1992, Bad Segeberg/D
Abwehr, 1,81 m, 78 kg

Bis 2009 Leezener SC und SV Eichede, seit 2009 Hamburger SV

10/11	Hamburger SV II	RL	14	0
11/12	Hamburger SV	BL		

STEVANOVIC, Aleksandar
16. 2. 1992, Essen/D
Mittelfeld, 1,75 m, 65 kg, D/SRB

Bis 2009 TuS Essen-West und Rot-Weiss Essen, 2009-2011 FC Schalke 04

11/12	Werder Bremen	BL		

STEVANOVIC, Predrag
3. 3. 1991, Essen/D
Mittelfeld, 1,78 m, 63 kg, SRB

1996-1998 TuS Essen-West, 1998-2002 Rot-Weiss Essen, seit 2002 FC Schalke 04

09/10	FC Schalke 04	BL	0	0
10/11	FC Schalke 04 II	RL	8	0
Jan 11	Werder Bremen	BL	3	0
	Werder Bremen II	3. L	10	3
11/12	Werder Bremen	BL		

STIEBER, Zoltan
16. 10. 1988, Budapest/HUN
Mittelfeld, 1,75 m, 67 kg

1999-2004 Goldball '94 Budapest, 2004/05 Ujpest Budapest, ab 2005 Aston Villa

07/08	Aston Villa	ENG 1	0	0
Nov 07	Yeovil Town	ENG 3	15	1
Apr 08	Aston Villa	ENG 1	0	0
08/09	Aston Villa	ENG 1	0	0
Jan 09	TuS Koblenz	2. BL	17	5
09/10	TuS Koblenz	2. BL	21	0
10/11	Alemannia Aachen	2. BL	34	10
11/12	1. FSV Mainz 05	BL		

STINDL, Lars
26. 8. 1988, Speyer/D
Mittelfeld, 1,80 m, 78 kg

Bis 2000 TSV Wiesental, ab 2000 Karlsruher SC

06/07	Karlsruher SC II	RL	12	2
07/08	Karlsruher SC	BL	2	0
	Karlsruher SC II	RL	26	4
08/09	Karlsruher SC	BL	21	4
	Karlsruher SC II	RL	10	5
09/10	Karlsruher SC	2. BL	33	9
	Karlsruher SC II	RL	1	0
10/11	Hannover 96	BL	33	2
11/12	Hannover 96	BL		

STOPPELKAMP, Moritz
11. 12. 1986, Duisburg/D
Mittelfeld, 1,80 m, 77 kg

Bis 2002 Viktoria Buchholz und MSV Duisburg, 2002-2004 Fortuna Düsseldorf, ab 2004 Rot-Weiss Essen

05/06	Rot-Weiss Essen	RL	15	0
06/07	Rot-Weiss Essen	2. BL	0	0
Aug 06	Rot-Weiß Erfurt	RL	21	0
	Rot-Weiß Erfurt II	OL	4	1
07/08	Rot-Weiss Essen	RL	11	2
	Rot-Weiss Essen II	VL	6	3
08/09	Rot-Weiß Oberhausen	2. BL	15	0
	Rot-Weiß Oberhausen II	LL		6
09/10	Rot-Weiß Oberhausen	2. BL	31	9
10/11	Hannover 96	BL	23	0
11/12	Hannover 96	BL		

STRANZL, Martin
16. 6. 1980, Güssing/AUT
Abwehr, 1,90 m, 85 kg

1986 bis Januar 1997 SV Güssing, ab Februar 1997 TSV München 1860

98/99	TSV München 1860	BL	3	0
	TSV München 1860 Am.	RL	12	0
99/00	TSV München 1860	BL	22	0
	TSV München 1860 Am.	RL	9	0
00/01	TSV München 1860	BL	22	1
01/02	TSV München 1860	BL	7	1
02/03	TSV München 1860	BL	19	2
	TSV München 1860 Am.	OL	5	4
03/04	TSV München 1860	BL	23	0
	TSV München 1860 Am.	OL	2	0
04/05	VfB Stuttgart	BL	29	1
05/06	VfB Stuttgart	BL	15	0

Mär 06	Spartak Moskau	RUS 1	25	0
2007	Spartak Moskau	RUS 1	19	2
2008	Spartak Moskau	RUS 1	17	0
2009	Spartak Moskau	RUS 1	19	1
2010	Spartak Moskau	RUS 1	15	0
Jan 11	Bor. Mönchengladbach	BL	17	1
11/12	Bor. Mönchengladbach	BL		

56 A (3 Tore) für Österreich

STREIT, Albert

28. 3. 1980, Bukarest/ROM
Mittelfeld, 1,80 m, 79 kg, D

1986-1989 FV Zuffenhausen, 1989-1997 VfB Stuttgart, ab 1997 Eintracht Frankfurt

99/00	Eintracht Frankfurt Am.	OL	24	6
00/01	Eintracht Frankfurt	BL	4	0
	Eintracht Frankfurt Am.	OL	27	9
01/02	Eintracht Frankfurt	2. BL	17	1
	Eintracht Frankfurt Am.	OL	5	1
02/03	Eintracht Frankfurt	2. BL	32	1
03/04	VfL Wolfsburg	BL	5	1
	VfL Wolfsburg Am.	OL	5	1
Jan 04	1. FC Köln	BL	15	0
04/05	1. FC Köln	2. BL	33	2
05/06	1. FC Köln	BL	30	6
06/07	Eintracht Frankfurt	BL	29	4
07/08	Eintracht Frankfurt	BL	11	0
Jan 08	FC Schalke 04	BL	10	0
08/09	FC Schalke 04	BL	4	0
	FC Schalke 04 II	RL	2	0
Feb 09	Hamburger SV	BL	10	0
	Hamburger SV II	RL	2	0
09/10	FC Schalke 04 II	RL	11	0
10/11	FC Schalke 04 II	RL	13	2
11/12	FC Schalke 04	BL		

SUBOTIC, Neven

10. 12. 1988, Banja Luka/YUG
Abwehr, 1,93 m, 88 kg, SRB/USA

1998/99 TSV Schwarzenberg, ab 2004 University of South Florida

2006	Univ. of South Florida	NCAA		
06/07	1. FSV Mainz 05	BL	1	0
	1. FSV Mainz 05 II	OL	23	3
07/08	1. FSV Mainz 05	2. BL	33	4
08/09	Borussia Dortmund	BL	33	6
09/10	Borussia Dortmund	BL	34	3
10/11	Borussia Dortmund	BL	31	1
11/12	Borussia Dortmund	BL		

24 A (1 Tor) für Serbien

SUKUTA-PASU, Richard

24. 6. 1990, Wuppertal/D
Angriff, 1,90 m, 89 kg

1998-2000 Grün-Weiß Wuppertal, ab 2000 Bayer Leverkusen

08/09	Bayer Leverkusen	BL	4	0
	Bayer Leverkusen II	RL	18	7
09/10	Bayer Leverkusen II	RL	9	4
Jan 10	FC St. Pauli	2. BL	13	1
	FC St. Pauli II	RL	3	1
10/11	FC St. Pauli	BL	9	1
11/12	1. FC Kaiserslautern	BL		

SVENSSON, Bo

4. 8. 1979, Aalborg/DEN
Abwehr, 1,90 m, 85 kg

Bis 1992 KB Kopenhagen, ab 1992 FC Kopenhagen

98/99	FC Kopenhagen	DEN 1	0	0
99/00	FC Kopenhagen	DEN 1	20	0
00/01	FC Kopenhagen	DEN 1	8	0
01/02	FC Kopenhagen	DEN 1	17	0
02/03	FC Kopenhagen	DEN 1	30	2
03/04	FC Kopenhagen	DEN 1	30	1
04/05	FC Kopenhagen	DEN 1	27	1
05/06	FC Kopenhagen	DEN 1	18	0
Jan 06	Bor. Mönchengladbach	BL	13	1
06/07	Bor. Mönchengladbach	BL	19	1
07/08	1. FSV Mainz 05	2. BL	9	0
	1. FSV Mainz 05 II	OL	1	0
08/09	1. FSV Mainz 05	2. BL	10	0
	1. FSV Mainz 05 II	RL	1	0
09/10	1. FSV Mainz 05	BL	26	1
10/11	1. FSV Mainz 05	BL	19	0
	1. FSV Mainz 05 II	RL	1	0
11/12	1. FSV Mainz 05	BL		

3 A (kein Tor) für Dänemark

SZALAI, Adam

9. 12. 1987, Budapest/HUN
Angriff, 1,93 m, 87 kg

1994-2003 Honved Budapest, 2003/04 Ujpest Budapest, ab 2004 VfB Stuttgart

06/07	VfB Stuttgart II	RL	33	5
07/08	VfB Stuttgart II	RL	0	0
Aug 08	Real Madrid B	ESP 3	27	4
08/09	Real Madrid B	ESP 3	37	16
09/10	Real Madrid B	ESP 3	13	3
Jan 10	1. FSV Mainz 05	BL	15	1
10/11	1. FSV Mainz 05	BL	20	4
11/12	1. FSV Mainz 05	BL		

6 A (4 Tore) für Ungarn

TAGOE, Prince

9. 11. 1986, Accra/GHA
Sturm, 1,88 m, 83 kg

2001 SC Adelaide Tema, 2002 Medina Field Masters, 2003-2004 FCM Maamobi

2005	Hearts of Oak Accra	GHA 1		18
Jan 06	Al-Ittihad Jeddah	KSA 1		8
06/07	Al-Shabab Dubai	UAE 1		10
07/08	Al-Ittifaq Dammam	KSA 1		10
08/09	Al-Ittifaq Dammam	KSA 1		4
09/10	TSG 1899 Hoffenheim	BL	12	2
10/11	TSG 1899 Hoffenheim	BL	6	0
Jan 11	Partizan Belgrad	SRB 1	15	9
11/12	TSG 1899 Hoffenheim	BL		

27 A (6 Tore) für Ghana

TASCI, Serdar

24. 4. 1987, Esslingen/D
Abwehr, 1,86 m, 80 kg, D/TUR

Bis 1999 SC Altbach, Stuttgarter Kickers, seit 1999 VfB Stuttgart

05/06	VfB Stuttgart II	RL	30	2
06/07	VfB Stuttgart	BL	26	2
07/08	VfB Stuttgart	BL	21	1

08/09	VfB Stuttgart	BL	27	1
09/10	VfB Stuttgart	BL	27	2
10/11	VfB Stuttgart	BL	26	0
11/12	VfB Stuttgart	BL		

14 A (kein Tor) für Deutschland

TAVARES, Mickael
25. 10. 1982, Paris/FRA
Mittelfeld, 1,85 m, 78 kg, SEN/CPV/FRA

Bis 2000 FC Epinay-sur-Seine, US Creteil, ab 2000 FC Alverca

01/02	FC Alverca B	POR 5		
02/03	SC Abbeville	FRA 5		1
03/04	FC Nantes II	FRA 4	27	1
04/05	FC Nantes II	FRA 4	22	1
05/06	Tours FC	FRA 3	22	4
06/07	Tours FC	FRA 2	5	0
07/08	Slavia Prag	CZE 1	22	2
08/09	Slavia Prag	CZE 1	14	1
Jan 09	Hamburger SV	BL	12	0
09/10	Hamburger SV	BL	3	0
Jan 10	1. FC Nürnberg	BL	11	1
10/11	Hamburger SV	BL	0	0
Aug 10	FC Middlesbrough	ENG 2	13	0
11/12	Hamburger SV	BL		

9 A (kein Tor) für den Senegal

TER STEGEN, Marc-André
30. 4. 1992, Mönchengladbach/D
Torhüter, 1,89 m, 84 kg

Seit 1996 Borussia Mönchengladbach

09/10	Bor. Mönchengladbach II	RL	3	0
10/11	Bor. Mönchengladbach	BL	6	0
	Bor. Mönchengladbach II	RL	15	0
11/12	Bor. Mönchengladbach	BL		

TESCHE, Robert
27. 5. 1987, Wismar/D
Mittelfeld, 1,82 m, 78 kg

1993-2001 VfL Mennighüffen, ab 2001 Arminia Bielefeld

05/06	Arminia Bielefeld II	OL	1	0
06/07	Arminia Bielefeld	BL	7	0
	Arminia Bielefeld II	OL	21	4
07/08	Arminia Bielefeld	BL	15	1
	Arminia Bielefeld II	OL	8	2
08/09	Arminia Bielefeld	BL	26	2
09/10	Hamburger SV	BL	16	2
	Hamburger SV II	RL	1	0
10/11	Hamburger SV	BL	11	0
11/12	Hamburger SV	BL		

THOMALLA, Denis
16. 8. 1992, Pforzheim/D
Angriff, 1,86 m, 70 kg

Bis Januar 2010 SV Büchenbronn und Karlsruher SC

Feb 10	TSG 1899 Hoffenheim II	OL	10	3
10/11	TSG 1899 Hoffenheim	BL	4	0
	TSG 1899 Hoffenheim II	RL	13	2
11/12	TSG 1899 Hoffenheim	BL		

THURK, Michael
28. 5. 1976, Frankfurt/D
Angriff, 1,78 m, 68 kg

Ab 1982 Sportfreunde 04 Frankfurt

94/95	Sportfreunde 04 Frankfurt	BezL		
95/96	SpVgg Oberrad	LL		
96/97	SpVgg Oberrad	BezOL		
97/98	SV Jügesheim	LL		
98/99	SV Jügesheim	OL	23	11
99/00	1. FSV Mainz 05	2. BL	17	0
	1. FSV Mainz 05 Am.	OL	10	2
00/01	1. FSV Mainz 05	2. BL	29	9
01/02	1. FSV Mainz 05	2. BL	31	12
02/03	1. FSV Mainz 05	2. BL	31	8
03/04	1. FSV Mainz 05	2. BL	31	13
04/05	Energie Cottbus	2. BL	8	3
Jan 05	1. FSV Mainz 05	BL	13	6
05/06	1. FSV Mainz 05	BL	32	12
06/07	Eintracht Frankfurt	BL	24	3
07/08	Eintracht Frankfurt	BL	12	1
Jan 08	FC Augsburg	2. BL	16	5
08/09	FC Augsburg	2. BL	32	14
09/10	FC Augsburg	2. BL	30	23
10/11	FC Augsburg	2. BL	26	9
11/12	FC Augsburg	BL		

THY, Lennart
25. 2. 1992, Frechen/D
Angriff, 1,84 m, 75 kg

1998/99 DJK Viktoria Frechen, 1999-2003 FC Norden, 2003-2005 PSV Norden, 2005-2007 JFV Norden, seit 2007 Werder Bremen

09/10	Werder Bremen II	3. L	13	2
10/11	Werder Bremen	BL	2	0
	Werder Bremen II	3. L	35	5
11/12	Werder Bremen	BL		

TIFFERT, Christian
18. 2. 1982, Halle/D
Mittelfeld, 1,83 m, 79 kg

1988 bis Dezember 1997 Hallescher FC, ab Januar 1998 Tennis Borussia Berlin

99/00	Tennis Borussia Berlin	2. BL	8	2
00/01	VfB Stuttgart	BL	6	0
	VfB Stuttgart Am.	RL	14	3
01/02	VfB Stuttgart	BL	27	3
02/03	VfB Stuttgart	BL	18	0
03/04	VfB Stuttgart	BL	27	2
	VfB Stuttgart Am.	RL	1	1
04/05	VfB Stuttgart	BL	30	1
	VfB Stuttgart Am.	RL	2	1
05/06	VfB Stuttgart	BL	28	3
06/07	RB Salzburg	AUT 1	18	1
07/08	MSV Duisburg	BL	25	0
08/09	MSV Duisburg	2. BL	18	1
	MSV Duisburg II	OL	4	0
09/10	MSV Duisburg	2. BL	32	4
	MSV Duisburg II	OL	1	0
10/11	1. FC Kaiserslautern	BL	33	2
11/12	1. FC Kaiserslautern	BL		

TÖRE, Gökhan
20. 1. 1992, Köln/D
Angriff, 1,76 m, 80 kg, TUR

Bis 1999 Adler Dellbrück, 1999 bis Dezember 2008 Bayer Leverkusen, ab Januar 2009 FC Chelsea

09/10	FC Chelsea Res.		6	0
10/11	FC Chelsea Res.		16	4
11/12	Hamburger SV	BL		

TOPRAK, Ömer
21. 7. 1989, Ravensburg/D
Abwehr, 1,86 m, 81 kg, D/TUR

Bis 2005 TSB Ravensburg und FV Ravensburg, ab 2005 SC Freiburg

06/07	SC Freiburg II	OL	2	0
07/08	SC Freiburg II	OL	22	0
08/09	SC Freiburg	2. BL	30	4
	SC Freiburg II	RL	1	0
09/10	SC Freiburg	BL	14	0
10/11	SC Freiburg	BL	24	0
11/12	Bayer Leverkusen	BL		

TORUN, Tunay
21. 4. 1990, Hamburg/D
Angriff, 1,79 m, 72 kg, TUR

1996-2006 FC St. Pauli, ab 2006 Hamburger SV

07/08	Hamburger SV II	RL	20	2
08/09	Hamburger SV	BL	3	0
	Hamburger SV II	RL	17	7
09/10	Hamburger SV	BL	19	2
	Hamburger SV II	RL	5	3
10/11	Hamburger SV	BL	5	0
	Hamburger SV II	RL	5	3
11/12	Hertha BSC	BL		

1 A (kein Tor) für die Türkei

TRÄSCH, Christian
1. 9. 1987, Ingolstadt/D
Mittelfeld, 1,80 m, 74 kg

1992-2000 TV 1861 Ingolstadt, 2000-2003 MTV Ingolstadt, ab 2003 TSV München 1860

05/06	TSV München 1860 II	RL	15	2
06/07	TSV München 1860 II	RL	24	0
07/08	VfB Stuttgart	BL	1	0
	VfB Stuttgart II	RL	32	0
08/09	VfB Stuttgart	BL	19	1
	VfB Stuttgart II	3. L	7	1
09/10	VfB Stuttgart	BL	29	3
10/11	VfB Stuttgart	BL	34	1
11/12	VfL Wolfsburg	BL		

7 A (kein Tor) für Deutschland

TRAORE, Ibrahima
21. 4. 1988, Villepinte/FRA
Mittelfeld, 1,70 m, 61 kg, FRA/GUI

CAP Charenton

06/07	Levallois SC	FRA 4	3	0
Jan 07	Hertha BSC II	RL	15	2
07/08	Hertha BSC	BL	1	0
	Hertha BSC II	OL	19	3
08/09	Hertha BSC II	RL	28	7
09/10	FC Augsburg	2. BL	30	7
10/11	FC Augsburg	2. BL	15	1
11/12	VfB Stuttgart	BL		

5 A (kein Tor) für Guinea

TRAPP, Kevin
8. 7. 1990, Merzig/D
Torhüter, 1,89 m, 83 kg

1997-2000 FC Brotdorf, 2000-2003 SSV Bachem, 2003-2005 SV Mettlach, seit 2005 1. FC Kaiserslautern

07/08	1. FC Kaiserslautern II	OL	12	0
08/09	1. FC Kaiserslautern II	RL	19	0
09/10	1. FC Kaiserslautern II	RL	15	0
10/11	1. FC Kaiserslautern	BL	9	0
	1. FC Kaiserslautern II	RL	4	0
11/12	1. FC Kaiserslautern	BL		

TRINKS, Florian
11. 3. 1992, Gera/D
Mittelfeld, 1,83 m, 73 kg

2001-2004 1. SV Gera, 2004-2006 Carl Zeiss Jena, seit 2006 Werder Bremen

09/10	Werder Bremen II	3. L	1	0
10/11	Werder Bremen	BL	8	0
	Werder Bremen II	3. L	6	0
11/12	Werder Bremen	BL		

TRYBULL, Tom
9. 3. 1993, Berlin/D
Mittelfeld, 1,81 m, 72 kg

Bis 2002 Berliner FC Dynamo und SV Lichtenberg 47, 2002-2008 1. FC Union Berlin, ab 2008 Hansa Rostock

10/11	Hansa Rostock	3. L	18	0
11/12	Werder Bremen	BL		

TUNCAY Sanli
16. 1. 1982, Adapazan/TUR
Mittelfeld, 1,82 m, 70 kg

Bis 1999 Sakarya Tekspor, ab 1999 Sakaryaspor

00/01	Sakaryaspor	TUR 2	31	16
01/02	Sakaryaspor	TUR 2	35	16
02/03	Fenerbahce Istanbul	TUR 1	29	9
03/04	Fenerbahce Istanbul	TUR 1	31	19
04/05	Fenerbahce Istanbul	TUR 1	31	7
05/06	Fenerbahce Istanbul	TUR 1	30	15
06/07	Fenerbahce Istanbul	TUR 1	33	9
07/08	FC Middlesbrough	ENG 1	34	8
08/09	FC Middlesbrough	ENG 1	33	7
09/10	FC Middlesbrough	ENG 2	3	2
Aug 09	Stoke City	ENG 1	30	4
10/11	Stoke City	ENG 1	14	1
Jan 11	VfL Wolfsburg	BL	4	0
11/12	VfL Wolfsburg	BL		

80 A (22 Tore) für die Türkei

TYMOSHCHUK, Anatoliy
30. 3. 1979, Luzk/URS
Mittelfeld, 1,81 m, 74 kg, UKR

95/96	Wolyn Luzk	UKR 1	10	1
96/97	Wolyn Luzk	UKR 2	38	6
97/98	Wolyn Luzk	UKR 2	14	1

Feb 98	Schachtar Donezk	UKR 1	9	3
	Schachtar Donezk II	UKR 3	6	4
98/99	Schachtar Donezk	UKR 1	18	2
	Schachtar Donezk II	UKR 2	14	5
99/00	Schachtar Donezk	UKR 1	23	0
	Schachtar Donezk II	UKR 2	4	0
00/01	Schachtar Donezk	UKR 1	25	4
	Schachtar Donezk II	UKR 2	1	0
01/02	Schachtar Donezk	UKR 1	26	3
02/03	Schachtar Donezk	UKR 1	30	4
03/04	Schachtar Donezk	UKR 1	29	6
04/05	Schachtar Donezk	UKR 1	25	5
05/06	Schachtar Donezk	UKR 1	27	5
06/07	Schachtar Donezk	UKR 1	15	1
Jan 07	Zenit St. Petersburg	RUS 1	29	4
2008	Zenit St. Petersburg	RUS 1	27	6
2009	Zenit St. Petersburg	RUS 1	11	0
09/10	Bayern München	BL	21	0
10/11	Bayern München	BL	26	3
11/12	Bayern München	BL		

106 A (4 Tore) für die Ukraine

UCHIDA, Atsuto
27. 3. 1988, Kannami/JPN
Abwehr, 1,76 m, 62 kg

Bis 2005 Shimizu Higashi High School

2006	Kashima Antlers	JPN 1	27	2
2007	Kashima Antlers	JPN 1	31	0
2008	Kashima Antlers	JPN 1	25	1
2009	Kashima Antlers	JPN 1	31	0
2010	Kashima Antlers	JPN 1	9	0
10/11	FC Schalke 04	BL	26	0
11/12	FC Schalke 04	BL		

40 A (1 Tor) für Japan

UJAH, Anthony
14. 10. 1990, Ugbokolo/NGA
Angriff, 1,83 m, 82 kg

Bis 2008 Abuja FC

08/09	Warri Wolves	NGA 1		
09/10	Warri Wolves	NGA 1		
Feb 10	Lilleström SK	NOR 1	24	14
2011	Lilleström SK	NOR 1	12	13
11/12	1. FSV Mainz 05	BL		

ULREICH, Sven
3. 8. 1988, Schorndorf/D
Torhüter, 1,92 m, 84 kg

Bis 1998 TSV Lichtenwald, TSV Schorndorf, seit 1998 VfB Stuttgart

06/07	VfB Stuttgart II	RL	10	0
07/08	VfB Stuttgart	BL	11	0
	VfB Stuttgart II	RL	19	0
08/09	VfB Stuttgart II	3. L	36	0
09/10	VfB Stuttgart	BL	4	0
	VfB Stuttgart II	3. L	8	0
10/11	VfB Stuttgart	BL	34	0
11/12	VfB Stuttgart	BL		

UNNERSTALL, Lars
20. 7. 1990, Ibbenbüren/D
Torhüter, 1,98 m, 100 kg

Bis 2002 SV Uffeln, 2002-2005 Grün-Weiß Steinbeck, 2005-2008 Preußen Münster, seit 2008 FC Schalke 04

08/09	FC Schalke 04 II	RL	1	0
09/10	FC Schalke 04 II	RL	23	0
10/11	FC Schalke 04 II	RL	27	0
11/12	FC Schalke 04	BL		

USAMI, Takashi
6. 5. 1992, Nagaokakyo/JPN
Mittelfeld, 1,78 m, 68 kg

1997-2004 Nagaokakyo SC, ab 2005 Gamba Osaka

2009	Gamba Osaka	JPN 1	3	0
2010	Gamba Osaka	JPN 1	26	7
2011	Gamba Osaka	JPN 1	14	4
11/12	Bayern München	BL		

UTH, Mark
24. 8. 1991, Köln/D
Angriff, 1,84 m, 73 kg

Bis 2004 TuS Langel, 2004-2007 1. FC Köln, 2007-2009 SCB Viktoria Köln

09/10	1. FC Köln II	RL	3	0
10/11	1. FC Köln II	RL	23	7
11/12	1. FC Köln	BL		

VAAßEN, Alexander
9. 12. 1991, Düren/D
Abwehr, 1,82 m, 68 kg

Bis 1998 Viktoria Thorr, seit 1998 1. FC Köln

09/10	1. FC Köln II	RL	2	0
10/11	1. FC Köln II	RL	12	1
11/12	1. FC Köln	BL		

VAN BUYTEN, Daniel
7. 2. 1978, Chimay/BEL
Abwehr, 1,97 m, 95 kg

1986-1991 JS Froidchapelle, 1991-1993 Olympic Charleroi, 1993/94 UBS Auvelais, ab 1994 Somzee FC

96/97	Somzee FC	BEL 6		
97/98	Charleroi SC	BEL 1	0	0
98/99	Charleroi SC	BEL 1	19	1
99/00	Standard Lüttich	BEL 1	28	3
00/01	Standard Lüttich	BEL 1	29	4
01/02	Olympique Marseille	FRA 1	23	2
02/03	Olympique Marseille	FRA 1	35	8
03/04	Olympique Marseille	FRA 1	18	2
Jan 04	Manchester City	ENG 1	5	0
04/05	Hamburger SV	BL	34	5
05/06	Hamburger SV	BL	27	2
06/07	Bayern München	BL	31	3
07/08	Bayern München	BL	19	1
08/09	Bayern München	BL	18	3
09/10	Bayern München	BL	31	6
10/11	Bayern München	BL	21	2
	Bayern München II	3. L	1	0
11/12	Bayern München	BL		

62 A (9 Tore) für Belgien

VANDER, Christian
24. 10. 1980, Willich/D
Torhüter, 1,95 m, 90 kg
Bis 1996 Borussia Mönchengladbach, ab 1996 KFC Uerdingen 05

98/99	KFC Uerdingen 05	2. BL	5	0
99/00	KFC Uerdingen 05	RL	29	0
00/01	VfL Bochum	BL	2	0
01/02	VfL Bochum	2. BL	5	0
	VfL Bochum Am.	OL	1	0
02/03	VfL Bochum	BL	7	0
	VfL Bochum Am.	OL	1	0
03/04	VfL Bochum Am.	OL	4	0
04/05	VfL Bochum	BL	10	0
	VfL Bochum Am.	OL	4	0
05/06	Werder Bremen	BL	1	0
	Werder Bremen II	RL	5	0
06/07	Werder Bremen II	RL	13	0
07/08	Werder Bremen	BL	3	0
	Werder Bremen II	RL	1	0
08/09	Werder Bremen	BL	5	0
	Werder Bremen II	3. L	1	0
09/10	Werder Bremen	BL	2	0
10/11	Werder Bremen II	3. L	7	0
11/12	Werder Bremen	BL		

VARVODIC, Miro
15. 5. 1989, Split/YUG
Torhüter, 1,91 m, 84 kg, CRO
Bis 2007 Hajduk Split

07/08	Mosor Zrnovnica	CRO 2	16	0
Jan 08	Hajduk Split	CRO 1	11	0
Aug 08	1. FC Köln	BL	0	0
09/10	1. FC Köln	BL	0	0
10/11	1. FC Köln	BL	5	0
11/12	1. FC Köln	BL		

VERHAEGH, Paul
1. 9. 1983, Kronenberg/NED
Abwehr, 1,78 m, 74 kg
SV Kronenberg, Venlose VV

02/03	PSV Eindhoven	NED 1	0	0
03/04	AGOVV Apeldoorn	NED 2	33	1
04/05	FC Den Bosch	NED 1	32	0
05/06	FC Den Bosch	NED 2	24	4
Jan 06	Vitesse Arnhem	NED 1	12	0
06/07	Vitesse Arnhem	NED 1	32	2
07/08	Vitesse Arnhem	NED 1	33	0
08/09	Vitesse Arnhem	NED 1	31	2
09/10	Vitesse Arnhem	NED 1	30	2
10/11	FC Augsburg	2. BL	30	1
11/12	FC Augsburg	BL		

VERMOUTH, Gil
5. 8. 1985, Kiryat Yam/ISR
Mittelfeld, 1,74 m, 71 kg

04/05	Hapoel Haifa	ISR 1	31	5
05/06	Hapoel Tel Aviv	ISR 1	27	1
06/07	Hapoel Tel Aviv	ISR 1	31	4
07/08	AA Gent	BEL 1	21	1
08/09	Hapoel Tel Aviv	ISR 1	31	2
09/10	Hapoel Tel Aviv	ISR 1	34	9
10/11	Hapoel Tel Aviv	ISR 1	32	5
11/12	1. FC Kaiserslautern	BL		

14 A (kein Tor) für Israel

VESTERGAARD, Jannik
3. 8. 1992, Kopenhagen/DEN
Abwehr, 1,99 m, 96 kg
Bis 2008 Vestia BK, BK Frem Kopenhagen, KB Kopenhagen, 2008-2010 Bröndby IF

10/11	TSG 1899 Hoffenheim	BL	1	0
	TSG 1899 Hoffenheim II	RL	19	3
11/12	TSG 1899 Hoffenheim	BL		

VORSAH, Isaac
21. 6. 1988, Accra/GHA
Abwehr, 1,92 m, 91 kg
Bis Januar 2007 Oscar FC Kpando, FCM Maamobi, Gamba All Blacks, Januar-Juni 2007 Asante Kotoko Kumasi

07/08	TSG 1899 Hoffenheim	2. BL	17	1
08/09	TSG 1899 Hoffenheim	BL	26	0
09/10	TSG 1899 Hoffenheim	BL	16	0
10/11	TSG 1899 Hoffenheim	BL	30	3
11/12	TSG 1899 Hoffenheim	BL		

23 A (1 Tor) für Ghana

VUKCEVIC, Boris
16. 3. 1990, Osijek/YUG
Mittelfeld, 1,83 m, 79 kg, D
Bis 2006 SV Staufenberg, VfL Sindelfingen und SV Böblingen, 2006-2008 VfB Stuttgart

08/09	TSG 1899 Hoffenheim	BL	1	0
	TSG 1899 Hoffenheim II	OL	15	1
09/10	TSG 1899 Hoffenheim	BL	28	1
	TSG 1899 Hoffenheim II	OL	1	0
10/11	TSG 1899 Hoffenheim	BL	26	2
11/12	TSG 1899 Hoffenheim	BL		

WAGNER, Sandro
29. 11. 1987, München/D
Angriff, 1,94 m, 90 kg
Bis 1997 Hertha München, ab 1997 Bayern München

05/06	Bayern München II	RL	1	0
06/07	Bayern München II	RL	30	2
07/08	Bayern München	BL	4	0
	Bayern München II	RL	13	0
08/09	MSV Duisburg	2. BL	30	7
	MSV Duisburg II	OL	1	0
09/10	MSV Duisburg	2. BL	6	5
Jan 10	Werder Bremen II	3. L	7	3
10/11	Werder Bremen	BL	23	5
	Werder Bremen II	3. L	2	1
11/12	Werder Bremen	BL		

WALCH, Clemens
10. 7. 1987, Rum/AUT
Mittelfeld, 1,80 m, 74 kg
Bis 2006 SU Inzing und BNZ Tirol

06/07	RB Salzburg Am.	AUT 3	7	2
07/08	RB Salzburg Am.	AUT 2	24	4
08/09	VfB Stuttgart II	3. L	20	4
09/10	VfB Stuttgart II	3. L	29	4
	VfB Stuttgart	BL	2	0
10/11	VfB Stuttgart	BL	0	0
Aug 10	1. FC Kaiserslautern	BL	12	0
	1. FC Kaiserslautern II	RL	9	0
11/12	1. FC Kaiserslautern	BL		

WEIDENFELLER, Roman
6. 8. 1980, Diez/D
Torhüter, 1,88 m, 85 kg
Bis 1996 Eisbachtaler Sportfreunde, ab 1996 1. FC Kaiserslautern

98/99	1. FC Kaiserslautern Am.	RL	4	0
99/00	1. FC Kaiserslautern Am.	RL	36	0
00/01	1. FC Kaiserslautern	BL	3	0
	1. FC Kaiserslautern Am.	OL	24	0
01/02	1. FC Kaiserslautern	BL	3	0
	1. FC Kaiserslautern Am.	RL	12	0
02/03	Borussia Dortmund	BL	11	0
	Borussia Dortmund Am.	RL	7	0
03/04	Borussia Dortmund	BL	17	0
	Borussia Dortmund Am.	RL	4	0
04/05	Borussia Dortmund	BL	26	0
	Borussia Dortmund Am.	RL	2	0
05/06	Borussia Dortmund	BL	24	0
06/07	Borussia Dortmund	BL	34	0
07/08	Borussia Dortmund	BL	14	0
08/09	Borussia Dortmund	BL	32	0
09/10	Borussia Dortmund	BL	30	0
10/11	Borussia Dortmund	BL	33	0
11/12	Borussia Dortmund	BL		

WEIS, Tobias
30. 7. 1985, Schwäbisch Hall/D
Mittelfeld, 1,70 m, 67 kg
1990-1993 SC Bibersfeld, 1993-1996 Sportfreunde Schwäbisch Hall, ab 1996 VfB Stuttgart

03/04	VfB Stuttgart Am.	RL	6	0
04/05	VfB Stuttgart Am.	RL	15	4
05/06	VfB Stuttgart II	RL	27	1
06/07	VfB Stuttgart II	RL	27	4
07/08	TSG 1899 Hoffenheim	2. BL	15	1
	TSG 1899 Hoffenheim II	OL	2	0
08/09	TSG 1899 Hoffenheim	BL	31	0
09/10	TSG 1899 Hoffenheim	BL	15	0
10/11	TSG 1899 Hoffenheim	BL	17	0
11/12	TSG 1899 Hoffenheim	BL		

1 A (kein Tor) für Deutschland

WENDT, Oscar
24. 10. 1985, Skövde/SWE
Abwehr, 1,81 m, 83 kg
Bis 2002 IFK Skövde

2003	IFK Göteborg	SWE 1	3	0
2004	IFK Göteborg	SWE 1	3	0
2005	IFK Göteborg	SWE 1	21	1
2006	IFK Göteborg	SWE 1	9	0
06/07	FC Kopenhagen	DEN 1	21	0
07/08	FC Kopenhagen	DEN 1	24	0
08/09	FC Kopenhagen	DEN 1	31	2
09/10	FC Kopenhagen	DEN 1	33	2
10/11	FC Kopenhagen	DEN 1	29	1
11/12	Bor. Mönchengladbach	BL		

16 A (kein Tor) für Schweden

WERNER, Tobias
19. 7. 1985, Gera/D
Mittelfeld, 1,77 m, 67 kg
Bis 1998 1. SV Gera, ab 1998 Carl Zeiss Jena

03/04	Carl Zeiss Jena	OL	7	2
04/05	Carl Zeiss Jena	OL	26	4
05/06	Carl Zeiss Jena	RL	32	1
06/07	Carl Zeiss Jena	2. BL	27	3
	Carl Zeiss Jena II	OL	3	0
07/08	Carl Zeiss Jena	2. BL	31	8
08/09	FC Augsburg	2. BL	32	6
09/10	FC Augsburg	2. BL	7	1
	FC Augsburg II	LL		1
10/11	FC Augsburg	2. BL	21	5
11/12	FC Augsburg	BL		

WESLEY
Wesley Lopes Beltrame
24. 6. 1987, Catanduva/BRA
Mittelfeld, 1,77 m, 67 kg

2006	Santos FC Jun.			
2007	Santos FC Jun.			
	Santos FC	BRA 1	4	0
2008	Santos FC	BRA-R1	11	1
	Santos FC	BRA 1	20	0
2009	Santos FC	BRA-R1	1	0
Mär 09	Atletico Paranaense	BRA-R1	4	1
	Atletico Paranaense	BRA 1	33	2
2010	Santos FC	BRA-R1	19	6
	Santos FC	BRA 1	11	1
Aug 10	Werder Bremen	BL	20	1
11/12	Werder Bremen	BL		

2 A (kein Tor für Brasilien)

WESTERMANN, Heiko
14. 8. 1983, Alzenau/D
Abwehr, 1,90 m, 88 kg
Bis 1994 SG Schimborn, 1994-1998 1. FC Hösbach, 1998-November 2000 Bayern Alzenau

Dez 00	SpVgg Greuther Fürth Am.	LL	6	0
01/02	SpVgg Greuther Fürth Am.	OL	19	1
02/03	SpVgg Greuther Fürth	2. BL	16	0
	SpVgg Greuther Fürth Am.	OL	10	0
03/04	SpVgg Greuther Fürth	2. BL	34	0
04/05	SpVgg Greuther Fürth	2. BL	33	2
05/06	Arminia Bielefeld	BL	34	2
06/07	Arminia Bielefeld	BL	33	3
07/08	FC Schalke 04	BL	32	4
08/09	FC Schalke 04	BL	33	6
09/10	FC Schalke 04	BL	27	2
10/11	Hamburger SV	BL	34	2
11/12	Hamburger SV	BL		

24 A (3 Tore) für Deutschland

WETKLO, Christian
11. 1. 1980, Marl/D
Torwart, 1,90 m, 90 kg
Bis 1995 SC Buer-Hassel, 1995-Dezember 1998 FC Schalke 04, ab Januar 1999 Rot-Weiss Essen

99/00	Rot-Weiss Essen II	LL		
00/01	1. FSV Mainz 05 Am.	OL	27	0
01/02	1. FSV Mainz 05 Am.	OL	30	0
02/03	1. FSV Mainz 05 Am.	OL	19	0
03/04	1. FSV Mainz 05 Am.	RL	22	0
04/05	1. FSV Mainz 05	BL	7	0
	1. FSV Mainz 05 Am.	RL	10	0
05/06	1. FSV Mainz 05	BL	15	0
	1. FSV Mainz 05 II	OL	5	0
06/07	1. FSV Mainz 05	BL	8	0
	1. FSV Mainz 05 II	OL	2	0

07/08	1. FSV Mainz 05	2. BL	9	0
	1. FSV Mainz 05 II	OL	1	0
08/09	1. FSV Mainz 05	2. BL	1	0
	1. FSV Mainz 05 II	RL	4	0
09/10	1. FSV Mainz 05	BL	5	0
	1. FSV Mainz 05 II	RL	3	0
10/11	1. FSV Mainz 05	BL	24	0
11/12	1. FSV Mainz 05	BL		

WIEGEL, Andreas

21. 7. 1991, Paderborn/D
Angriff, 1,79 m, 67 kg

1995-1998 SC Borchen, 1998-2004 Fortuna Schlangen, 2004-2006 SC Paderborn 07, seit 2006 FC Schalke 04

09/10	FC Schalke 04 II	RL	6	0
10/11	FC Schalke 04 II	RL	15	0
11/12	FC Schalke 04	BL		

WIESE, Tim

17. 12. 1981, Bergisch Gladbach/D
Torhüter, 1,93 m, 88 kg

1987-1991 DJK Dürscheid, 1991-1999 Bayer Leverkusen, ab 1999 Fortuna Köln

00/01	Fortuna Köln	RL	2	0
01/02	Fortuna Köln	RL	21	0
Jan 02	1. FC Kaiserslautern Am.	RL	11	0
02/03	1. FC Kaiserslautern	BL	21	0
	1. FC Kaiserslautern Am.	RL	4	0
03/04	1. FC Kaiserslautern	BL	30	0
04/05	1. FC Kaiserslautern	BL	14	0
05/06	Werder Bremen	BL	15	0
06/07	Werder Bremen	BL	31	0
07/08	Werder Bremen	BL	31	0
08/09	Werder Bremen	BL	29	0
09/10	Werder Bremen	BL	31	0
10/11	Werder Bremen	BL	29	0
11/12	Werder Bremen	BL		

4 A (kein Tor) für Deutschland

WIEßMEIER, Julian

4. 11. 1992, Nürnberg/D
Mittelfeld, 1,71 m, 66 kg

Bis 2004 VfR Moorenbrunn und SV 1873 Nürnberg Süd, seit 2004 1. FC Nürnberg

10/11	1. FC Nürnberg	BL	1	1
	1. FC Nürnberg II	RL	5	1
11/12	1. FC Nürnberg	BL		

WILLIAMS, Daniel

8. 3. 1989, Karlsruhe/D
Mittelfeld, 1,82 m, 79 kg

1994-2004 Karlsruher SC, seit 2004 SC Freiburg

08/09	SC Freiburg II	RL	33	2
09/10	SC Freiburg	BL	6	0
	SC Freiburg II	RL	21	2
10/11	SC Freiburg	BL	7	0
	SC Freiburg II	RL	6	0
11/12	SC Freiburg	BL		

WOLF, Andreas

12. 6. 1982, Leninabad/URS
Abwehr, 1,82 m, 82 kg, D

Bis Dezember 1992 SV Pfeil Burk, ESV Ansbach-Ayb, Januar 1993-1997 SpVgg Ansbach, ab 1997 1. FC Nürnberg

00/01	1. FC Nürnberg Am.	OL	12	4
01/02	1. FC Nürnberg	BL	4	0
	1. FC Nürnberg Am.	OL	22	1
02/03	1. FC Nürnberg	BL	14	0
	1. FC Nürnberg Am.	OL	8	0
03/04	1. FC Nürnberg	2. BL	31	1
04/05	1. FC Nürnberg	BL	16	0
	1. FC Nürnberg Am.	OL	1	0
05/06	1. FC Nürnberg	BL	20	0
	1. FC Nürnberg II	OL	5	0
06/07	1. FC Nürnberg	BL	32	1
07/08	1. FC Nürnberg	BL	30	2
08/09	1. FC Nürnberg	2. BL	7	0
09/10	1. FC Nürnberg	BL	29	0
10/11	1. FC Nürnberg	BL	30	3
11/12	Werder Bremen	BL		

WOLLSCHEID, Philipp

6. 3. 1989, Wadern/D
Abwehr, 1,94 m, 87 kg

1994-1998 SV Morscholz, 1998-2002 SV Wadrill, 2002-2004 VfL Primstal, 2004-2006 SV Morscholz

06/07	SG Noswendel-Wadern	LL	8	2
07/08	RW Hasborn/Dautweiler	OL	18	0
Jan 08	1. FC Saarbrücken	OL	7	1
	1. FC Saarbrücken II	VL	4	0
08/09	1. FC Saarbrücken	OL	23	2
	1. FC Saarbrücken II	VL	10	2
09/10	1. FC Nürnberg II	RL	26	1
10/11	1. FC Nürnberg	BL	19	3
	1. FC Nürnberg II	RL	14	0
11/12	1. FC Nürnberg	BL		

YA KONAN, Didier

22. 5. 1984, Abidjan/CIV
Angriff, 1,74 m, 74 kg

2002	Olympic Sport Abobo			
2003	ASEC Mimosas Abidjan	CIV 1	3	0
2004	ASEC Mimosas Abidjan	CIV 1	17	3
2005	ASEC Mimosas Abidjan	CIV 1	23	3
2006	ASEC Mimosas Abidjan	CIV 1	22	1
2007	Rosenborg Trondheim	NOR 1	20	6
2008	Rosenborg Trondheim	NOR 1	22	6
2009	Rosenborg Trondheim	NOR 1	8	1
Aug 09	Hannover 96	BL	25	9
10/11	Hannover 96	BL	28	14
11/12	Hannover 96	BL		

5 A (2 Tore) für die Elfenbeinküste

YANO, Kisho

5. 4. 1984, Hamamatsu/JPN
Angriff, 1,85 m, 76 kg

1997-1999 Jubilo Iwata, 2000-2002 Hamana Highschool

2003	Kashiwa Reysol	JPN 1	18	2
2004	Kashiwa Reysol	JPN 1	2	0
2005	Kashiwa Reysol	JPN 1	19	2

2006	Albirex Niigata	JPN 1	33	6
2007	Albirex Niigata	JPN 1	33	7
2008	Albirex Niigata	JPN 1	33	6
2009	Albirex Niigata	JPN 1	33	8
2010	Albirex Niigata	JPN 1	20	3
Aug 10	SC Freiburg	BL	15	0
11/12	SC Freiburg	BL		

18 A (2 Tore) für Japan

YELLDELL, David
1. 10. 1981, Stuttgart/D
Torwart, 1,94 m, 88 kg, USA/D

VfL Waiblingen, SpVgg Rommelshausen

00/01	TSG Backnang	LL		
01/02	TSG Backnang	LL		
02/03	Stuttgarter Kickers II	OL	24	0
03/04	Blackburn Rovers	ENG 1	0	0
04/05	Blackburn Rovers	ENG 1	0	0
Jan 05	Brighton & Hove Albion	ENG 2	3	0
05/06	Stuttgarter Kickers	RL	32	0
06/07	Stuttgarter Kickers	RL	34	0
07/08	Stuttgarter Kickers	RL	34	0
08/09	TuS Koblenz	2. BL	30	0
09/10	TuS Koblenz	2. BL	21	0
10/11	MSV Duisburg	2. BL	34	0
11/12	Bayer Leverkusen	BL		

1 A (kein Tor) für die USA

YILDIRIM, Özkan
10. 4. 1993, Sulingen/D
Mittelfeld, 1,72 m, 76 kg

Bis Dezember 2002 TuS Sulingen, seit Januar 2003 Werder Bremen

10/11	Werder Bremen II	3. L	1	0
11/12	Werder Bremen	BL		

YILMAZ, Deniz
26. 2. 1988, Neu-Ulm/D
Angriff, 1,82 m, 78 kg, TUR/D

Bis 2005 TV Wiblingen und SSV Ulm 1846

05/06	Bayern München II	RL	5	0
06/07	Bayern München Jug.			
07/08	Bayern München II	RL	22	7
08/09	Bayern München II	3. L	32	7
09/10	Bayern München II	3. L	29	13
10/11	Bayern München II	3. L	27	6
11/12	1. FSV Mainz 05	BL		

ZABAVNIK, Radoslav
16. 9. 1980, Kosice/CSV
Abwehr, 1,80 m, 78 kg, SVK

Ab 1988 TJ Kosice

98/99	1. FC Kosice	SVK 1	1	0
99/00	1. FC Kosice	SVK 1	6	0
00/01	1. FC Kosice	SVK 1	32	3
01/02	1. FC Kosice	SVK 1	29	6
02/03	MSK Zilina	SVK 1	32	4
03/04	MSK Zilina	SVK 1	33	5
04/05	ZSKA Sofia	BUL 1	29	6
05/06	ZSKA Sofia	BUL 1	12	1
Jan 06	Sparta Prag	CZE 1	14	1
06/07	Sparta Prag	CZE 1	23	0
	Sparta Prag B	CZE 3	1	0
07/08	Sparta Prag	CZE 1	4	0
	Sparta Prag B	CZE 3	2	0
Jan 08	Terek Grosny	RUS 1	25	1
2009	Terek Grosny	RUS 1	26	0
Feb 10	1. FSV Mainz 05	BL	12	0
10/11	1. FSV Mainz 05	BL	20	0
11/12	1. FSV Mainz 05	BL		

53 A (1 Tor) für die Slowakei

ZEITZ, Manuel
1. 8. 1990, Völklingen/D
Mittelfeld, 1,80 m, 75 kg

1994-2004 SC Großrosseln, ab 2004 1. FC Saarbrücken

08/09	1. FC Saarbrücken	OL	27	8
09/10	1. FC Saarbrücken	RL	32	11
10/11	1. FC Saarbrücken	3. L	31	6
11/12	1. FC Nürnberg	BL		

ZELLNER, Steven
14. 3. 1991, Wadern/D
Angriff, 1,86 m, 87kg

Bis 2006 VfL Primstal, seit 2006 1. FC Kaiserslautern

09/10	1. FC Kaiserslautern II	RL	20	3
10/11	1. FC Kaiserslautern II	RL	29	0
11/12	1. FC Kaiserslautern	BL		

ZIDAN
Mohamed Abdullah
11. 12. 1981, Port Said/EGY

Angriff, 1,72 m, 71 kg, EGY/D

1989 bis Dezember 1999 Al-Masry Port Said, ab Januar 2000 AB Kopenhagen

00/01	AB Kopenhagen	DEN 1	5	0
01/02	AB Kopenhagen	DEN 1	17	1
02/03	AB Kopenhagen	DEN 1	29	11
03/04	FC Midtjylland	DEN 1	30	19
04/05	FC Midtjylland	DEN 1	17	11
Jan 05	Werder Bremen	BL	10	2
05/06	Werder Bremen	BL	0	0
Aug 05	1. FSV Mainz 05	BL	26	9
06/07	Werder Bremen	BL	5	1
Jan 07	1. FSV Mainz 05	BL	15	13
07/08	Hamburger SV	BL	21	2
08/09	Hamburger SV	BL	0	0
Aug 08	Borussia Dortmund	BL	29	7
09/10	Borussia Dortmund	BL	27	6
10/11	Borussia Dortmund	BL	8	0
11/12	Borussia Dortmund	BL		

37 A (9 Tore) für Ägypten

ZIEGLER, Marc
13. 6. 1976, Blieskastel/D
Torhüter, 1,93 m, 92 kg

Bis 1988 SV Webenheim, 1988-1992 FC 08 Homburg, 1992/93 1. FC Saarbrücken

93/94	VfB Stuttgart Am.	AOL	1	0
94/95	VfB Stuttgart Am.	OL	22	0
95/96	VfB Stuttgart	BL	29	0
96/97	VfB Stuttgart	BL	1	0
97/98	VfB Stuttgart	BL	2	0
	VfB Stuttgart Am.	OL	16	0
98/99	VfB Stuttgart	BL	9	0
	VfB Stuttgart Am.	RL	5	0
99/00	Arminia Bielefeld	BL	5	0
00/01	Bursaspor	TUR 1	6	0

Jan 01	FC Tirol Innsbruck	AUT 1	14	0
01/02	FC Tirol Innsbruck	AUT 1	20	0
Jan 02	Austria Wien	AUT 1	5	0
02/03	Austria Wien	AUT 1	1	0
03/04	Hannover 96	BL	30	0
04/05	Austria Wien	AUT 1	0	0
05/06	1. FC Saarbrücken	2. BL	11	0
06/07	Arminia Bielefeld	BL	4	0
07/08	Borussia Dortmund	BL	15	0
08/09	Borussia Dortmund	BL	3	0
	Borussia Dortmund II	RL	1	0
09/10	Borussia Dortmund	BL	5	0
10/11	VfB Stuttgart	BL	0	0
11/12	VfB Stuttgart	BL		

ZIELER, Ron-Robert
12. 2. 1989, Köln/D
Torhüter, 1,88 m, 83 kg

1994-1999 SCB Viktoria Köln, 1999-2005 1. FC Köln, ab 2005 Manchester United

08/09	Manchester United	ENG 1	0	0
Nov 08	Northampton Town	ENG 3	2	0
Feb 09	Manchester United	ENG 1	0	0
09/10	Manchester United	ENG 1	0	0
10/11	Hannover 96	BL	15	0
	Hannover 96 II	RL	15	0
11/12	Hannover 96	BL		

ZIMMERMANN, Matthias
16. 6. 1992, Pforzheim/D
Abwehr, 1,76 m, 73 kg

1998-2002 VfB Grötzingen, ab 2002 Karlsruher SC

09/10	Karlsruher SC	2. BL	17	0
	Karlsruher SC II	RL	10	1
10/11	Karlsruher SC	2. BL	33	1
11/12	Bor. Mönchengladbach	BL		

ZUCULINI, Franco
5. 9. 1990, La Rioja/ARG
Mittelfeld, 1,76 m, 74 kg

07/08	RC de Avellaneda	ARG 1	9	0
08/09	RC de Avellaneda	ARG 1	29	2
09/10	TSG 1899 Hoffenheim	BL	7	1
10/11	CFC Genoa 1893	ITA 1	4	0
Jan 11	RC de Avellaneda	ARG 1	15	0
11/12	TSG 1899 Hoffenheim	BL		

1 A (kein Tor) für Argentinien

Willkommen zurück. Hertha BSC konnte den Betriebsunfall Abstieg korrigieren und schaffte den direkten Wiederaufstieg ins deutsche Fußball-Oberhaus. Stolz präsentiert Kapitän Andre Mijatovic die Meisterschale der 2. Bundesliga.

KAPITEL 7

DIE 2. BUNDESLIGA

Eintracht Frankfurt

Gegründet: 8. März 1899 (seit 1. Juli 2000 Eintracht Frankfurt Fußball AG) – Anschrift: Mörfelder Landstraße 362, 60528 Frankfurt/Main, Telefon: (0 69) 95 50 30, Telefax: (0 69) 95 50 31 10, Internet: www.eintracht.de
Deutscher Meister: 1959 – Deutscher Pokalsieger: 1974, 1975, 1981, 1988 – Europapokalsieger (UEFA-Cup): 1980
Vorstandsvorsitzender: Heribert Bruchhagen; Vorstand: Dr. Thomas Pröckl (Stv. Vorsitzender), Klaus Lötzbeier; Aufsichtsratsvorsitzender: Prof. Dr. Wilhelm Bender; Sportdirektor: Bruno Hübner; Leiter der Lizenzspielerabteilung: Rainer Falkenhain; Pressesprecher: Carsten Knoop; Vereinsarzt: Dr. Matthias Feld; Physiotherapeuten: Thomas Kühn, Ralf Ochs; Zeugwarte: Franco Lionti, Igor Simonov; Reha-Trainer: Michael Fabacher; Konditionstrainer: Christian Kolodziej; Co-Trainer: Reiner Geyer; Torwarttrainer: Manfred Petz – Vereinsfarben: Rot-Schwarz-Weiß – Mitglieder: 16 000 – Stadion: Commerzbank-Arena, 51 500 überdachte Plätze, davon 43234 Sitzplätze und 8266 Stehplätze.
Trainer: Armin Veh, geb. am 1. 2. 1961, seit 1. 7. 2011 Cheftrainer bei Eintracht Frankfurt.

TORHÜTER
22 Kessler, Thomas, 20.01.1986, D, 31/– BL, 6/– 2. BL
1 Nikolov, Oka, 25.05.1974, MKD/D, 221/– BL, 119/– 2. BL, 5 A für Mazedonien
32 Özer, Aykut, 01.01.1993, D

ABWEHR
23 Anderson, 10.01.1988, BRA, 13/– BL, 44/3 2. BL
5 Bell, Stefan, 24.08.1991, D, 24/2 2. BL
19 Bellaid, Habib, 28.03.1986, ALG/FRA, 22/– BL, 1 A für Algerien
15 Djakpa, Constant, 17.10.1986, CIV, 47/– BL, 2 A für Elfenbeinküste
39 Dudda, Julian, 08.04.1993, D, 1/– BL
33 Hien, Alexander, 03.04.1993, D
24 Jung, Sebastian, 22.06.1990, D, 53/1 BL
3 Petkovic, Nikola, 28.03.1986, SRB, 9/– BL
4 Schildenfeld, Gordon, 18.03.1985, CRO, 4/– 2. BL, 7 A für Kroatien
6 Schmidt, Dominik, 01.07.1987, D, 12/– BL
31 Tzavellas, Georgios, 26.11.1987, GRE, 25/1 BL, 5 A für Griechenland
34 Wille, Erik, 28.03.1993, D

MITTELFELD
30 Caio, 29.05.1986, BRA, 80/8 BL
13 Clark, Ricardo, 10.02.1983, USA, 14/– BL, 31 A für USA
28 Kittel, Sonny, 06.01.1993, D, 8/– BL
7 Köhler, Benjamin, 04.08.1980, D, 163/16 BL, 51/8 2. BL
11 Korkmaz, Ümit, 17.09.1985, AUT, 37/3 BL, 12/3 2. BL, 10 A für Österreich
8 Lehmann, Matthias, 28.05.1983, D, 80/9 BL, 166/28 2. BL
21 Matmour, Karim, 25.06.1985, ALG/FRA, 77/4 BL, 79/10 2. BL, 27 A für Algerien
14 Meier, Alexander, 17.01.1983, D, 156/32 BL, 57/16 2. BL
20 Rode, Sebastian, 11.10.1990, D, 11/2 BL
27 Schwegler, Pirmin, 09.03.1987, SUI, 103/4 BL, 11 A für Schweiz
36 Titsch-Rivero, Marcel, 02.11.1989, D, 2/– BL

ANGRIFF
25 Alvarez, Marcos, 30.09.1991, D, 1/– BL
17 Fenin, Martin, 16.04.1987, CZE, 89/14 BL, 16 A für Tschechien
9 Gekas, Theofanis, 23.05.1980, GRE, 133/55 BL, 52 A für Griechenland
10 Hoffer, Erwin, 14.04.1987, AUT, 24/5 BL, 24 A für Österreich

FC St. Pauli

Gegründet: 15. Mai 1910 – Anschrift: Heiligengeistfeld 1, 20359 Hamburg, Telefon: (0 40) 31 78 74 21, Telefax: (0 40) 31 78 74 29, Internet: www.fcstpauli.com
Präsident: Stefan Orth; Vizepräsidenten: Dr. Bernd-Georg Spies, Dr. Gernot Stenger, Tjark Woydt, Jens Duve; Geschäftsführer: Michael Meeske; Aufsichtsratsvorsitzender: Dr. Christoph Kröger; Sportchef: Helmut Schulte; Teammanager und Pressesprecher: Christian Bönig; Teammanager: Timo Schultz; Vereinsärzte: Dr. Carsten Lütten, Dr. Johannes Holz; Physiotherapeut: Peter Ott; Mas-

seur: Ronald Wollmann; Betreuer: Sigfried Dous; Zeugwart: Siegmar Krahl; Athletiktrainer: Dr. Pedro Gonzalez; Co-Trainer: Jan-Moritz Lichte, Thomas Meggle; Torwarttrainer: Mathias Hain – Vereinsfarben: Braun-Weiß – Mitglieder: 14 716 – Stadion: Millerntor-Stadion, 24 487 Plätze, davon 11 792 überdachte Sitzplätze und 12 695 Stehplätze (davon 3240 überdacht).
Trainer: Andre Schubert, geb. am 24. 7. 1971, seit 1. 7. 2011 Cheftrainer beim FC St. Pauli.

TORHÜTER
1 Pliquett, Benedikt, 20.12.1984, D, 5/– BL, 11/– 2. BL
34 Schenk, Arvid, 28.07.1989, D
33 Springer, Ole, 29.11.1991, D
13 Tschauner, Philipp, 03.11.1985, D, 1/– BL, 49/– 2. BL

ABWEHR
32 Drobo-Ampem, Davidson, 26.03.1988, D, 1/– BL, 15/– 2. BL
11 Gunesch, Ralph, 02.09.1983, D, 29/– BL, 76/1 2. BL
27 Kalla, Jan-Philipp, 06.08.1986, D, 5/– BL, 25/1 2. BL
4 Morena, Fabio, 19.03.1980, D, 7/– BL, 80/1 2. BL
24 Rothenbach, Carsten, 03.09.1980, D, 13/– BL, 185/10 2. BL
20 Schachten, Sebastian, 06.11.1984, D, 14/– BL, 32/1 2. BL
3 Sobiech, Lasse, 18.01.1991, D
16 Thorandt, Markus, 01.04.1981, D, 29/1 BL, 90/5 2. BL
2 Volz, Moritz, 21.01.1983, D, 9/– BL
5 Zambrano, Carlos, 10.07.1989, PER, 36/1 BL, 15 A für Peru

MITTELFELD
22 Bartels, Fin, 07.02.1987, D, 50/6 BL, 58/10 2. BL
17 Boll, Fabian, 16.06.1979, D, 28/3 BL, 82/5 2. BL
8 Bruns, Florian, 21.08.1979, D, 74/5 BL, 162/22 2. BL
30 Daube, Dennis, 11.07.1989, D, 13/– BL, 12/– 2. BL
35 Filipovic, Petar, 14.09.1990, D, 1/– BL
6 Funk, Patrick, 11.02.1990, D, 9/1 BL
31 Herber, Deniz, 05.03.1992, TUR/D
18 Kruse, Max, 19.03.1988, D, 34/2 BL, 29/7 2. BL
23 Naki, Deniz, 09.07.1989, D, 20/1 BL, 41/11 2. BL
10 Takyi, Charles, 12.11.1984, D, 25/4 BL, 87/16 2. BL

ANGRIFF
9 Ebbers, Marius, 04.01.1978, D, 77/6 BL, 224/89 2. BL
7 Hennings, Rouwen, 28.08.1987, D, 16/1 BL, 79/13 2. BL
19 Saglik, Mahir, 18.01.1983, TUR, 15/1 BL, 55/18 2. BL

VfL Bochum

Gegründet: 15. April 1938 (Fusion aus TV 1848, TuS 08 und Germania Bochum) – Anschrift: Castroper Straße 145, 44791 Bochum, Telefon: (02 34) 95 18 48, Telefax: (02 34) 95 18 95, Internet: www.vfl-bochum.de
Vorstand: Jens Todt (Sport, Medien), Ansgar Schwenken (Finanzen, Organisation); Aufsichtsratsvorsitzender: Ernst-Otto Stüber; Öffentlichkeitsarbeit: Yvonne Oleszak; Pressesprecher: Christian Schönhals; Nachwuchsabteilung: Timo Saviano (Geschäftsführer), Alexander Richter (Sportlicher Leiter); Vereinsarzt: Dr. Karl-Heinz Bauer; Physiotherapeuten: Jürgen Dolls, Sascha Zivanovic, Frank Zöllner; Zeugwarte: Andreas Pahl, Benedikt Dreßelhaus; Fitnesstrainer: Stefan Bienioßek; Co-Trainer: Christoph John; Torwarttrainer: Peter Greiber – Vereinsfarben: Blau-Weiß – Mitglieder: 4000 – Stadion: Rewirpower-Stadion, 29 448 überdachte Plätze, davon 15 789 Sitzplätze und 13 659 Stehplätze.
Trainer: Friedhelm Funkel, geb. am 10. 12. 1953, seit 1. 7. 2010 Cheftrainer beim VfL Bochum.

TORHÜTER
34 Ermes, Jonas, 02.04.1992, D
31 Esser, Michael, 22.11.1987, D
29 Heerwagen, Philipp, 13.04.1983, D, 33/– BL, 127/– 2. BL
1 Luthe, Andreas, 10.03.1987, D, 3/– BL, 30/– 2. BL

ABWEHR
26 Acquistapace, Jonas, 18.06.1989, D, 1/– 2. BL
24 Bönig, Philipp, 20.03.1980, D, 140/– BL, 91/2 2. BL
28 Concha, Matias, 31.03.1980, SWE, 54/– BL, 10/– 2. BL, 8 A für Schweden

15 Eyjolfsson, Holmar Örn, 06.08.1990, ISL
3 Fabian, Patrick, 11.10.1987, D, 6/– BL, 6/– 2. BL
2 Kopplin, Björn, 07.01.1989, D, 34/– 2. BL
4 Maltritz, Marcel, 02.10.1978, D, 258/9 BL, 61/5 2. BL
19 Ostrzolek, Matthias, 05.06.1990, D, 17/– 2. BL
6 Sinkiewicz, Lukas, 09.10.1985, D, 76/2 BL, 49/2 2. BL, 3 A für Deutschland

MITTELFELD
10 Azaouagh, Mimoun, 17.11.1982, D, 105/10 BL, 61/6 2. BL
14 Berger, Denis, 14.04.1983, AUT
5 Dabrowski, Christoph, 01.07.1978, D, 273/22 BL, 59/8 2. BL
18 Federico, Giovanni, 04.10.1980, ITA/D, 59/6 BL, 133/52 2. BL
7 Freier, Paul, 26.07.1979, D, 249/29 BL, 54/9 2. BL, 19 A für Deutschland
11 Inui, Takashi, 02.06.1988, JPN, 3 A für Japan
8 Johansson, Andreas, 10.03.1982, SWE, 16/– BL, 26/– 2. BL, 1 A für Schweden
17 Kefkir, Oguzhan, 27.08.1991, D, 1/– BL, 1/– 2. BL
23 Kramer, Christoph, 19.02.1991, D
33 Semlits, Philipp, 09.11.1990, D
20 Toski, Faton, 17.02.1987, D, 27/3 BL, 17/– 2. BL
32 Uzun, Enes, 25.01.1992, TUR/D
16 Vogt, Kevin, 23.09.1991, D, 1/– BL, 21/– 2. BL

ANGRIFF
22 Aydin, Mirkan, 08.07.1987, D, 1/– BL, 15/8 2. BL
9 Chong Tese, 02.03.1984, PRK/KOR/JPN, 25/10 2. BL, 30 A für Nordkorea
27 Dedic, Zlatko, 05.10.1984, SVN, 27/5 BL, 22/3 2. BL, 36 A für Slowenien
21 Ginczek, Daniel, 13.04.1991, D

SpVgg Greuther Fürth

Gegründet: 23. September 1903 (SpVgg Fürth, nach Beitritt der Fußballabteilung des TSV Vestenbergsgreuth ab 1996 SpVgg Greuther Fürth, seit August 2003 SpVgg Greuther Fürth GmbH und Co. KGaA) – Anschrift: Laubenweg 60, 90765 Fürth, Telefon: (09 11) 97 67 68 0, Telefax: (09 11) 97 67 68 15, Internet: www.greuther-fuerth.de
Deutscher Meister: 1914, 1926, 1929
Präsident: Helmut Hack (auch Geschäftsführer); Geschäftsleitung: Dirk Weißert (Finanzen und Controlling), Holger Schwiewagner (Marketing, Merchandising, Sponsoring, Unternehmenskommunikation); Manager: Rachid Azzouzi; Mannschaftsarzt: Dr. Harald Hauer; Physiotherapeuten: Uwe Schellhammer, Axel Käßner; Zeugwart: Joseph Gran; Sportpsychologischer Coach: Martin Meichelbeck; Athletiktrainer: Axel Dörrfuß; Co-Trainer: Mirko Reichel; Torwarttrainer: Günther Reichold – Vereinsfarben: Weiß-Grün – Mitglieder: 2500 – Stadion: Trolli-Arena, 15 000 Plätze, davon 9200 Sitzplätze (davon 4500 überdacht) und 5800 Stehplätze (davon 4500 überdacht).
Trainer: Mike Büskens, geb. am 19. 3. 1968, seit 27. 12. 2009 Cheftrainer bei der SpVgg Greuther Fürth.

TORHÜTER
16 Fejzic, Jasmin, 15.05.1986, BIH, 1/– 2. BL
24 Flückiger, Franco, 01.03.1991, D
26 Grün, Max, 05.04.1987, D, 30/– 2. BL

ABWEHR
27 Baumgärtel, Fabian, 07.07.1989, D
18 Dorda, Christian, 06.12.1988, D, 7/– BL
3 Karaslavov, Asen, 08.06.1980, BUL, 80/4 2. BL, 10 A für Bulgarien
19 Kleine, Thomas, 28.12.1977, D, 41/2 BL, 173/16 2. BL
4 Kraus, Kevin, 12.08.1992, D, 1/– BL
5 Mavraj, Mergim, 09.06.1986, D, 52/1 BL, 26/– 2. BL
15 Rahn, Christian, 15.06.1979, D, 117/14 BL, 131/8 2. BL, 5 A für Deutschland
17 Schröck, Stephan, 21.08.1986, PHI/D, 154/4 2. BL, 3 A für Philippinen

MITTELFELD
8 Fürstner, Stephan, 11.09.1987, D, 1/– BL, 48/2 2. BL
30 Geis, Johannes, 17.08.1993, D, 6/– 2. BL
36 Klaus, Felix, 13.09.1992, D, 18/2 2. BL
7 Nehrig, Bernd, 28.09.1986, D, 1/– BL, 119/21 2. BL
13 Pekovic, Milorad, 05.08.1977, MNE, 64/– BL, 184/12 2. BL, 24 A für Montenegro
34 Pektürk, Tayfun, 13.05.1988, D, 38/3 2. BL
14 Prib, Edgar, 15.12.1989, D, 44/3 2. BL
6 Schmidtgal, Heinrich, 20.11.1985, KAZ/D, 51/5 2. BL, 4 A für Kasachstan
10 Tyrala, Sebastian, 22.02.1988, POL/D, 7/– BL, 31/4 2. BL, 1 A für Polen
21 Zillner, Robert, 04.08.1985, D

ANGRIFF

29 Kolb, Stefan, 22.01.1991, D
9 Nöthe, Christopher, 03.01.1988, D, 3/– BL, 59/22 2. BL
25 Occean, Olivier, 23.10.1981, CAN, 19 A für Kanada
20 Onuegbu, Kingsley, 05.03.1986, NGA, 20/6 2. BL
23 Sararer, Sercan, 27.11.1989, ESP, 52/10 2. BL
22 Schahin, Dani, 09.07.1989, D, 20/1 2. BL
28 Vogler, Stefan, 13.08.1990, D, 3/– 2. BL

Erzgebirge Aue

Gegründet: 4. März 1946 (als SG Aue, später BSG Pneumatik Aue, Zentra Wismut Aue, SC Wismut Karl-Marx-Stadt, BSG Wismut Aue, FC Wismut Aue, seit 1992 FC Erzgebirge Aue) – Anschrift: Lößnitzer Straße 95, 08280 Aue, Telefon: (0 37 71) 59 82 0, Telefax: (0 37 71) 59 82 29, Internet: www.fc-erzgebirge.de
DDR-Meister: 1956, 1957, 1959 – DDR-Pokalsieger: 1955
Präsident: Bernd Keller; Vizepräsident: Jens Stopp; Geschäftsführender Vorstand: Michael Voigt (Finanzen); Vorstand: Gerd Kuttner; Aufsichtsratsvorsitzender: Frank Vogel; Teammanager: Günther Boroczinski; Mannschaftsverantwortlicher: Bernd Zimmermann; Marketingleiter: Enrico Barth; Pressesprecher: Peter Höhne; Vereinsärzte: Dipl.-Med. Torsten Seltmann, Dr. Gunter Leichsenring; Physiotherapeut: Friedrich Ramminger; Masseur: Jens Borchert; Betreuer: Günter Flache; Co-Trainer: Marco Kämpfe; Torwarttrainer: Russi Petkov – Vereinsfarben: Lila-Weiß – Mitglieder: 2267 – Stadion: Sparkassen-Erzgebirgsstadion, 15 700 Plätze, davon 9400 überdachte Sitzplätze und 6300 unüberdachte Stehplätze.
Trainer: Rico Schmitt, geb. am 27. 9. 1968, seit 1. 7. 2009 Cheftrainer bei Erzgebirge Aue.

TORHÜTER

24 Arnold, Michael, 14.05.1989, D
26 Flauder, Stephan, 30.05.1986, D, 2/– 2. BL
1 Männel, Martin, 16.03.1988, D, 33/– 2. BL

ABWEHR

15 Klingbeil, René, 02.04.1981, D, 51/– BL, 32/3 2. BL
5 Lachheb, Adli, 22.06.1987, TUN, 32/2 2. BL
2 le Beau, Pierre, 08.03.1986, D, 29/1 2. BL
4 Paulus, Thomas, 14.03.1982, D, 32/1 BL, 59/7 2. BL
21 Rau, Dominic, 29.11.1990, D, 1/– 2. BL

MITTELFELD

14 Curri, Skerdilaid, 06.10.1975, ALB/D, 170/19 2. BL
22 Hensel, Marc, 17.04.1986, D, 34/9 2. BL
17 Hochscheidt, Jan, 04.10.1987, D, 31/5 2. BL
23 Höfler, Nicolas, 09.03.1990, D
27 Kempe, Tobias, 27.06.1989, D, 32/2 2. BL
30 Müller, Fabian, 06.11.1986, D, 58/1 2. BL
6 Schlitte, Kevin, 04.11.1981, D, 133/8 2. BL
20 Schröder, Oliver, 11.06.1980, D, 115/3 BL, 60/2 2. BL

ANGRIFF

9 Cappek, Christian, 25.07.1990, D
18 Kern, Enrico, 12.03.1979, D, 32/7 BL, 167/45 2. BL
25 Kocer, Guido, 15.09.1988, D, 4/– 2. BL
7 König, Ronny, 02.06.1983, D, 122/29 2. BL
8 Könnecke, Mike, 23.08.1988, D
28 Ramaj, Alban, 08.11.1985, ALB, 15/1 2. BL
19 Sonntag, Patrick, 29.06.1989, D
13 Stephan, Kevin, 23.07.1990, D, 5/– 2. BL
11 Strauß, Robert, 07.10.1986, D, 78/2 2. BL

Energie Cottbus

Gegründet: 31. Januar 1966 (als BSG Energie Cottbus, am 1.7.1990 umbenannt in FC Energie Cottbus) – Anschrift: Am Eliaspark 1, 03042 Cottbus, Telefon: (03 55) 75 69 50, Telefax: (03 55) 75 69 514, Internet: www.fcenergie.de
Präsident: Ulrich Lepsch; Vizepräsidenten: Prof. Dr. Ing. Gundolf Pahn, Wolfgang Neubert; Geschäftsführer: Normen Kothe; Verwaltungsratsvorsitzender: Friedhelm Wiegelmann; Leiter Sport: Stephan Hildebrandt; Mannschaftsleiter: André Rohbock; Marketingleiter: Ralf Lempke; Presse- und Öffentlichkeitsarbeit: Lars Töffling; Nachwuchskoordinator: Steffen Ziffert; Vereinsärzte: Dr. Hartmut

Thamke, Dr. Andreas Koch; Physiotherapeuten: Philip Gerzymisch, Oliver Krautz; Fitnesstrainer: Matthias Grahé; Co-Trainer: Markus Feldhoff; Torwarttrainer: Ronny Zeiß – Vereinsfarben: Rot-Weiß – Mitglieder: 1711 – Stadion: Stadion der Freundschaft, 22 528 Plätze, davon 10 949 überdachte Sitzplätze und 11 425 Stehplätze (davon 7795 überdacht), sowie 154 Plätze im Rollstuhl- und Handicapbereich.
Trainer: Claus-Dieter Wollitz, geb. am 19. 7. 1965, seit 1. 7. 2009 Cheftrainer bei Energie Cottbus.

TORHÜTER
30 Gladrow, Marvin, 10.04.1990, D
1 Kirschbaum, Thorsten, 20.04.1987, D, 33/– 2. BL
31 Latendresse, Julien, 27.02.1991, CAN/FRA
12 Renno, René, 19.02.1979, D, 11/– BL, 37/– 2. BL

ABWEHR
15 Bittroff, Alexander, 19.09.1988, D, 49/2 2. BL
25 Brzenska, Markus, 25.05.1984, D, 86/6 BL, 94/3 2. BL
20 Engel, Konstantin, 27.07.1988, D, 43/1 2. BL
21 Hünemeier, Uwe, 09.01.1986, D, 5/– BL, 30/9 2. BL
4 Straith, Adam, 11.09.1990, CAN, 30/1 2. BL, 6 A für Kanada
17 Ziebig, Daniel, 21.01.1983, D, 78/1 BL, 49/1 2. BL

MITTELFELD
10 Adlung, Daniel, 01.10.1987, D, 127/10 2. BL
32 Bittencourt, Leonardo, 19.12.1993, D, 3/– 2. BL
13 Börner, Julian, 21.01.1991, D, 1/– 2. BL
28 Fandrich, Clemens, 10.01.1991, D, 17/1 2. BL
24 Kronaveter, Rok, 07.12.1986, SVN, 14/1 2. BL
18 Kruska, Marc Andre, 29.06.1987, D, 98/ 2 BL, 60/7 2. BL
16 Kurth, Marco, 18.08.1978, D, 8/– BL, 188/7 2. BL
11 Ludwig, Alexander, 31.01.1984, D, 4/– BL, 122/22 2. BL
37 Müller, Christian, 28.02.1984, D, 17/2 BL, 33/2 2. BL
34 Reimerink, Jules, 30.09.1989, NED, 30/1 2. BL
5 Roger, 10.08.1985, BRA, 36/1 2. BL
29 Sörensen, Dennis, 24.05.1981, DEN, 62/8 BL, 21/1 2. BL, 5 A für Dänemark

ANGRIFF
7 Adi, 15.12.1985, BRA, 1/– BL
33 Kobylanski, Martin, 08.03.1994, D/POL
9 Kucukovic, Mustafa, 05.11.1986, D, 14/1 BL, 50/6 2. BL
6 Nwaogu, Charles, 22.07.1990, NGA
8 Rangelov, Dimitar, 09.02.1983, BUL, 60/16 BL, 16/5 2. BL, 22 A für Bulgarien
19 Steffen, Tobias, 03.06.1992, D

Fortuna Düsseldorf

Gegründet: 5. Mai 1895 – Anschrift: Flinger Broich 87, 40235 Düsseldorf, Telefon: (02 11) 23 80 10, Telefax: (02 11) 23 27 71, Internet: www.fortuna-duesseldorf.de
Deutscher Meister: 1933 – Deutscher Pokalsieger: 1979, 1980 – Amateurmeister: 1977
Vorstandsvorsitzender: Peter Frymuth; Vorstand: Thomas Allofs, Paul Jäger (Geschäftsführer Finanzen), Sven Mühlenbeck, Wolf Werner (Geschäftsführer Sport); Aufsichtsratsvorsitzender: Dr. Dirk Kall; Manager: Wolf Werner; Medien- und Öffentlichkeitsarbeit: Tom Koster; Mannschaftsärzte: Dr. Ulf Blecker, Dr. Ulrich Keil, Dr. Alois Teuber; Physiotherapeuten: Bernd Restle, Thomas Gucek, Jan Speckenbach; Betreuer: Aleksandar Spengler, Marita Spengler; Mentaltrainer: Axel Zehle; Fitnesstrainer: Dirk Schauenberg; Co-Trainer: Uwe Klein; Torwarttrainer: Manfred Gloger – Vereinsfarben: Rot-Weiß – Mitglieder: 6100 – Stadion: Esprit-Arena, 54 400 überdachte Plätze, davon 44 483 Sitzplätze und 9917 Stehplätze.
Trainer: Norbert Meier, geb. am 20. 9. 1958, seit 1. 1. 2008 Cheftrainer bei Fortuna Düsseldorf.

TORHÜTER
1 Almer, Robert, 20.03.1984, AUT
33 Krauss, Markus, 16.09.1987, D
22 Ratajczak, Michael, 16.04.1982, D, 56/– 2. BL

ABWEHR
24 Hazaimeh, Jeron, 13.02.1992, D
3 Juanan, 27.04.1987, ESP
6 Langeneke, Jens, 29.03.1977, D, 208/15 2. BL

5 Lukimya, Assani, 25.01.1986, COD/D, 7/– BL, 35/– 2. BL, 3 A für DR Kongo
31 Schwertfeger, Kai, 08.09.1988, D, 28/– 2. BL
21 van den Bergh, Johannes, 21.11.1986, D, 8/1 BL, 72/– 2. BL
2 Weber, Christian, 15.09.1983, D, 11/– BL, 225/3 2. BL

MITTELFELD

4 Aouadhi, Karim, 02.05.1986, TUN
11 Beister, Maximilian, 06.09.1990, D, 2/– BL, 26/7 2. BL
13 Bodzek, Adam, 07.09.1985, D, 16/1 BL, 95/4 2. BL
8 Dum, Sascha, 03.07.1986, D, 65/2 BL, 48/– 2. BL
25 Erat, Tugrul , 17.06.1992, TUR
7 Fink, Oliver, 06.06.1982, D, 148/9 2. BL
17 Lambertz, Andreas, 15.10.1984, D, 54/7 2. BL
26 Schwadorf, Jules, 19.10.1992, D

ANGRIFF

18 Bröker, Thomas, 22.01.1985, D, 108/12 2. BL
20 Grimaldi, Adriano, 05.04.1991, D, 6/– BL
10 Ilsö, Ken, 02.12.1986, DEN, 16/7 2. BL
9 Jovanovic, Ranisav, 05.11.1980, SRB, 44/2 BL, 70/10 2. BL
15 Königs, Marco, 25.01.1990, D
23 Kruse, Robbie, 05.10.1988, AUS, 7 A für Australien
30 Rösler, Sascha, 28.10.1977, D, 60/5 BL, 277/73 2. BL
14 Torghelle, Sandor, 05.05.1982, HUN, 91/23 2. BL, 42 A für Ungarn

MSV Duisburg

Gegründet: 17. September 1902 (seit 14. August 2001 MSV Duisburg GmbH und Co. KGaA) – Anschrift: Margaretenstraße 5-7, 47055 Duisburg, Telefon: (02 03) 93 10 0, Telefax: (02 03) 93 10 19 02, Internet: www.msv-duisburg.de
Amateurmeister: 1987
Vorstandsvorsitzender: Dieter Steffen; Vorstand: Dr. Stephan Bock, Thomas Kretschmer; Geschäftsführer: Roland Kentsch; Aufsichtsratsvorsitzender: David Karpathy; Teammanager: Ivica Grlic, Michael Meier, Tobias Willi; Pressesprecher: Martin Haltermann; Vereinsärzte: Dr. Folker Franzen, Dr. Bernd Brexendorf; Physiotherapeuten: Jens Vergers, Andreas Bühnen; Zeugwarte: Manfred Piwonski, Peter Lindner, Benjamin Hauptmann; Konditionstrainer: Karim Rashwan; Co-Trainer: Fuat Kilic, Mario Baric; Torwarttrainer: Oliver Reck – Vereinsfarben: Blau-Weiß – Mitglieder: 3230 – Stadion: Schauinsland-Reisen-Arena, 31 500 überdachte Plätze, davon 24 500 Sitz- und 7000 Stehplätze.
Trainer: Milan Sasic, geb. am 18. 10. 1958, seit 2. 11. 2009 Cheftrainer beim MSV Duisburg.

TORHÜTER

23 Fromlowitz, Florian, 02.07.1986, D, 70/– BL, 10/– 2. BL
30 Lenz, Marcel, 03.05.1991, D
1 Müller, Roland, 02.03.1988, D
18 Wiedwald, Felix, 15.03.1990, D

ABWEHR

25 Bajic, Branimir, 19.10.1979, BIH, 87/2 2. BL, 21 A für Bosnien-Herzegowina
4 Berberovic, Dzemal, 05.11.1981, BIH, 13/– 2. BL, 33 A für Bosnien-Herzegowina
3 Bollmann, Markus, 06.01.1981, D, 63/2 BL, 76/3 2. BL
14 Bruno Soares, 21.08.1988, BRA, 36/2 2. BL
21 Hoffmann, André, 28.02.1993, D
13 Karimow, Sergej, 21.12.1986, KAZ/D, 5/– BL, 1 A für Kasachstan
6 Kern, Benjamin, 05.11.1983, D, 119/2 2. BL
5 Reiche, Daniel, 14.03.1988, D, 1/– BL, 17/– 2. BL

MITTELFELD

28 Beichler, Daniel, 13.10.1988, AUT, 5 A für Österreich
7 Brosinski, Daniel, 17.07.1988, D, 18/1 BL
10 Gjasula, Jürgen, 05.12.1985, D, 7/– BL, 60/9 2. BL
20 Grlic, Ivica, 06.08.1975, BIH/D, 43/6 BL, 300/44 2. BL, 16 A für Bosnien-Herzegowina
29 Kunt, Burakcan, 15.05.1992, TUR/D, 7/– 2. BL
26 Öztürk, Tanju, 26.07.1989, D
19 Pamic, Zvonko, 04.02.1991, CRO, 2/– BL
2 Pliatsikas, Vasilios, 14.04.1988, GRE, 9/– BL, 4 A für Griechenland
33 Shao, Jiayi, 10.04.1980, CHN, 67/4 BL, 91/19 2. BL, 47 A für China
15 Sukalo, Goran, 24.08.1981, SVN, 191/32 2. BL, 34 A für Slowenien
17 Wolze, Kevin, 09.03.1990, D

ANGRIFF
11 Baljak, Srdjan, 25.11.1978, SRB, 4/– BL, 96/32 2. BL
9 Domovchiyski, Valeri, 05.10.1986, BUL, 45/4 BL, 20/5 2. BL, 11 A für Bulgarien
8 Exslager, Maurice , 12.02.1991, D, 23/3 2. BL
27 Jula, Emil, 03.01.1980, ROM, 27/4 BL, 63/22 2. BL
32 Kastrati, Flamur, 14.11.1991, NOR, 16/4 2. BL

TSV München 1860

Gegründet: 17. Mai 1860 (Fußballabteilung: 25. April 1899; seit 1. Juli 2002 TSV München von 1860 GmbH und Co. KGaA) – Anschrift: Grünwalder Straße 114, 81547 München, Telefon: 0 18 05 – 60 18 60, Telefax: (0 89) 64 27 85 22 9, Internet: www.tsv1860.de
Deutscher Meister: 1966 – Deutscher Pokalsieger: 1942, 1964
Präsident: Dieter Schneider; Vizepräsident: Franz Maget; Geschäftsführer: Robert Schäfer; Aufsichtsratsvorsitzender:
Otto Steiner (GmbH und Co. KGaA); Sportkoordinator: Florian Hinterberger; Pressesprecher: Lil Zercher; Leiter Nachwuchs-Leistungszentrum: Jürgen Jung, Sebastian Weber (Organisation); Jugendleiter: Roy Matthes; Vereinsärzte: Dr. Willi Widenmayer, Dr. Alois Engelhard; Physiotherapeuten: Stephan Rainer, Tobias Adams; Betreuer: Martin Bernhard; Zeugwart: Wolfgang Fendt; Co-Trainer: Alexander Schmidt, Wolfgang Schellenberg, Denis Bushuev; Torwarttrainer: Jürgen Wittmann – Vereinsfarben: Grün-Gold. Abteilungsfarben: Weiß-Blau – Mitglieder: 19 089 – Stadion: Allianz-Arena, 69 000 überdachte Sitzplätze.
Trainer: Reiner Maurer, geb. am 16. 2. 1960, seit 1. 7. 2010 Cheftrainer beim TSV München 1860.

TORHÜTER
30 Eicher, Vitus, 05.11.1990, D
1 Kiraly, Gabor, 01.04.1976, HUN, 198/– BL, 66/– 2. BL, 81 A für Ungarn
22 Ochs, Timo, 17.10.1981, D, 2/– BL, 72/– 2. BL

ABWEHR
13 Aygün, Necat, 26.02.1980, D, 8/– BL, 68/9 2. BL
17 Buck, Stefan, 03.09.1980, D, 19/2 BL, 111/14 2. BL
4 Bülow, Kai, 31.05.1986, D, 29/2 BL, 130/9 2. BL
27 Feick, Arne, 01.04.1988, D, 2/– BL, 50/2 2. BL
34 Hofstetter, Daniel, 04.07.1992, D
21 Kaiser, Sandro, 21.09.1989, D, 35/– 2. BL
5 Malura, Dennis, 20.06.1984, D
2 Rukavina, Antonio, 26.01.1984, SRB, 19/– BL, 81/1 2. BL, 22 A für Serbien
24 Schilk, Tobias, 24.03.1992, D
26 Schindler, Christopher, 29.04.1990, D, 16/1 2. BL
23 Schwarz, Benjamin, 10.07.1986, D, 28/– 2. BL
36 Steinhart, Phillipp, 07.07.1992, D

MITTELFELD
15 Aigner, Stefan, 20.08.1987, D, 5/– BL, 94/17 2. BL
20 Benjamin, Collin, 03.08.1978, NAM, 146/13 BL, 39 A für Namibia
7 Bierofka, Daniel, 07.02.1979, D, 146/19 BL, 68/11 2. BL, 3 A für Deutschland
28 Halfar, Daniel, 07.01.1988, D, 62/4 BL, 63/2 2. BL
32 Kappelmaier, Marcel, 14.04.1991, D
25 Kotzke, Jonatan, 18.03.1990, D
19 Maier, Sebastian, 18.09.1993, D
6 Stahl, Dominik, 20.08.1988, D, 35/3 2. BL
Uzoma, Eke, 11.08.1989, NGA, 4/– BL, 68/2 2. BL

ANGRIFF
16 Jais, Daniel, 24.02.1993, D
11 Lauth, Benjamin, 04.08.1981, D, 140/33 BL, 97/37 2. BL, 5 A für Deutschland
9 Rakic, Djordje, 31.10.1985, SRB, 41/8 2. BL
18 Schäffler, Manuel, 06.02.1989, D, 64/8 2. BL
31 Volland, Kevin, 30.07.1992, D, 24/6 2. BL
33 Vollmann, Korbinian, 27.10.1993, D
14 Wood, Bobby, 15.11.1992, USA, 5/– 2. BL
29 Ziereis, Markus, 26.08.1992, D

Alemannia Aachen

Gegründet: 16. Dezember 1900 (seit 1. Januar 2006 Alemannia Aachen GmbH) – Anschrift: Krefelder Straße 205, 52070 Aachen, Telefon: 0 18 05 – 01 80 11, Telefax: (02 41) 93 84 02 19, Internet: www.alemannia-aachen.de
Präsident: Dr. Alfred Nachtsheim; Vorstand: Klaus Dieter Wolf (Vizepräsident), Dr. Karl-Theo Strepp (Schatzmeister), Dr. Christoph Terbrack, Michael Leers; Geschäftsführer der GmbH: Frithjof Kraemer; Aufsichtsratsvorsitzender: Dr. Meino Heyen; Geschäftsführer Sport: Erik Meijer; Leiter Marketing und Services: Thomas Korr; Leiterin Marketing: Ilka Boge; Pressesprecher: Thorsten Pracht; Stadion- und Spielbetrieb: Christian Martin; Mannschaftsärzte: Dr. Heinz Mangels, Dr. Alexander Mauckner; Physiotherapeuten: Oliver Dipper, Julian Holtz; Betreuer: Herbert Becker; Zeugwarte: Michael Förster, Mohammed Hadidi; Co-Trainer: Eric van der Luer; Torwarttrainer: Hans Spillmann – Vereinsfarben: Schwarz-Gelb – Mitglieder: 9300 – Stadion: Tivoli, 32 960 überdachte Plätze, davon 21 279 Sitzplätze und 11 681 Stehplätze.
Trainer: Peter Hyballa, geb. am 5. 12. 1975, seit 1. 7. 2010 Cheftrainer bei Alemannia Aachen.

TORHÜTER
1 Hohs, David, 16.03.1988, D, 36/– 2. BL
21 Krumpen, Tim, 28.11.1988, D, 2/– 2. BL
12 Waterman, Boy, 24.01.1984, NED

ABWEHR
32 Achenbach, Timo, 03.09.1982, D, 204/8 2. BL
28 Casper, Mirko, 01.03.1982, D, 7/– BL, 91/2 2. BL
Demai, Aimen, 10.12.1982, TUN/FRA, 171/14 2. BL, 2 A für Tunesien
14 Erb, Mario, 16.06.1990, D
2 Falkenberg, Kim, 10.04.1988, D, 70/1 2. BL
5 Feisthammel, Tobias, 22.02.1988, D, 31/1 2. BL
3 Korte, Andreas, 23.03.1989, D, 2/– 2. BL
19 Olajengbesi, Seyi, 17.11.1980, NGA, 12/– BL, 141/4 2. BL, 8 A für Nigeria
27 Radjabali-Fardi, Shervin, 17.05.1991, D, 14/2 2. BL
17 Stehle, Thomas, 26.10.1980, D, 48/3 BL, 121/11 2. BL
18 Strifler, Jonas, 30.01.1990, D

MITTELFELD
23 Cubukcu, Bilal, 16.05.1987, TUR, 9/– 2. BL
10 Hadouir, Anouar, 14.09.1982, NED
22 Hartmann, Lennart, 03.04.1991, D, 3/– BL
25 Junglas, Manuel, 31.01.1989, D, 1/– BL, 48/3 2. BL
15 Kratz, Kevin, 21.01.1987, D, 48/3 2. BL
4 Maek, Kevin, 04.11.1988, D
16 Müller, Florian, 30.12.1986, D, 41/2 2. BL
6 Sibum, Bas, 26.12.1982, NED
8 Uludag, Alper, 11.12.1990, TUR/BEL, 36/2 2. BL
20 Yabo, Reinhold, 10.02.1992, D, 5/– BL

ANGRIFF
9 Auer, Benjamin, 11.01.1981, D, 87/21 BL, 188/68 2. BL
11 Bäcker, Fabian, 28.05.1990, D, 2/1 BL
29 Radu, Sergiu Marian, 10.08.1977, ROM, 69/18 BL, 76/16 2. BL, 1 A für Rumänien
7 Stiepermann, Marco, 09.02.1991, D, 7/1 BL
Tsoumou, Juvhel, 27.12.1990, D, 10/1 BL, 6/– 2. BL

1. FC Union Berlin

Gegründet: 20. Januar 1966 – Anschrift: An der Wuhlheide 263, 12555 Berlin, Telefon: (0 30) 65 66 88 0, Telefax: (0 30) 65 66 88 66, Internet: www.fc-union-berlin.de
DDR-Pokalsieger: 1968
Präsident: Dirk Zingler; Vizepräsident: Jörg Hinze; Geschäftsführer: Oskar Kosche; Kaufmännischorganisatorischer Leiter: Nico Schäfer; Mannschaftsleiter: Detlef Schneeweiß; Medienbeauftragter: Christian Arbeit; Mannschaftsarzt: Dr. Tankred Haase; Physiotherapeuten: Frank Placzek, Hendrik Schreiber; Masseur: Thomas Riedel; Betreuerin: Elvira Henschke; Videoanalyse: Daniel Stenz; Athletiktrainer: Dirk Keller; Co-Trainer: André Hofschneider; Torwarttrainer: Holger Bahra – Vereinsfarben: Rot-Weiß – Mitglieder: 7000 – Stadion: Stadion An der Alten Försterei, 18 432 überdachte Plätze, davon 3018 Sitzplätze und 15 414 Stehplätze.
Trainer: Uwe Neuhaus, geb. am 26. 11. 1959, seit 1. 7. 2007 Cheftrainer beim 1. FC Union Berlin.

TORHÜTER
1 Glinker, Jan, 18.01.1984, D, 56/– 2. BL
40 Höttecke, Marcel, 25.04.1987, D, 5/– BL, 15/– 2. BL
28 Pruschke, Kilian, 08.09.1992, D

ABWEHR
26 Fritsche, Fabian, 28.09.1991, D
15 Göhlert, Daniel, 25.09.1980, D, 70/– 2. BL
7 Kohlmann, Patrick, 25.02.1983, IRL/D, 1/– BL, 58/1 2. BL
4 Madouni, Ahmed, 04.10.1980, ALG/FRA, 85/6 BL, 19/1 2. BL, 2 A für Algerien
16 Menz, Christoph, 22.12.1988, D, 39/– 2. BL
6 Pfertzel, Marc, 21.05.1981, FRA, 73/2 BL, 3/– 2. BL
20 Polenz, Jerome, 07.11.1986, D, 3/– BL, 57/– 2. BL
5 Stuff, Christian, 11.08.1982, D, 75/3 2. BL
18 Trapp, Maurice, 31.12.1991, D, 1/– 2. BL
27 Uaferro, Boné, 04.01.1992, D, 2/– 2. BL

MITTELFELD
19 Ede, Chinedu, 05.02.1987, D, 19/1 BL, 73/5 2. BL
12 Hofmann, Oliver, 19.08.1992, D
8 Karl, Markus, 14.02.1986, D, 5/– BL, 60/4 2. BL
25 Malinowski, Philip, 15.10.1991, D
17 Mattuschka, Torsten, 04.10.1980, D, 4/– BL, 73/15 2. BL
29 Parensen, Michael, 24.06.1986, D, 38/– 2. BL
2 Quiring, Christopher, 23.11.1990, D, 11/1 2. BL
14 Zoundi, Patrick, 19.07.1982, BFA, 42/2 2. BL, 15 A für Burkina Faso

ANGRIFF
9 Mosquera, John Jairo, 15.01.1988, COL, 3/1 BL, 85/16 2. BL
21 Savran, Halil, 20.06.1985, D, 24/2 2. BL
23 Silvio, 01.02.1985, BRA
24 Skrzybski, Steven, 18.11.1992, D, 4/– 2. BL
11 Terodde, Simon, 02.03.1988, D, 5/– BL, 2/– 2. BL

SC Paderborn 07

Gegründet: 1. Juli 1985 (Fusion von TuS Schloß Neuhaus und 1. FC Paderborn zum TuS Paderborn-Neuhaus, Umbenennung in SC Paderborn 07 im Juni 1997) – Anschrift: Paderborner Straße 89, 33104 Paderborn, Telefon: (0 52 51) 87 71 90 7, Telefax: (0 52 51) 87 71 99 9, Internet: www.scpaderborn07.de
Präsident: Wilfried Finke; Geschäftsführender Vizepräsident: Martin Hornberger; Vizepräsident: Josef Ellebracht; Aufsichtsratsvorsitzender: Elmar Volkmann; Leiter Finanzen und Controlling: Gerrit Meinke; Leiter Organisation: Michael Rickers; Sportmanager: Michael Born; Veranstaltungsmanager: Jürgen Lutter; Pressesprecher: Matthias Hack; Leiter Nachwuchsleistungszentrum: Michael Bauer; Vereinsärzte: Dr. Hans-Walter Hemmen, Dr. Matthias Porsch, Dr. Thomas Teßarek; Physiotherapeuten: Henrik Lange, Jörg Liebeck; Betreuer: Michael Heppner; Athletiktrainer: Tobias Stock; Co-Trainer: Asif Saric; Torwarttrainer: Frederik Gößling – Vereinsfarben: Blau-Schwarz – Mitglieder: 1884 – Stadion: Energieteam-Arena, 15 000 überdachte Plätze, davon 5800 Sitzplätze und 9200 Stehplätze.
Trainer: Roger Schmidt, geb. am 13. 3. 1967, seit 1. 7. 2011 Cheftrainer beim SC Paderborn 07.

TORHÜTER
19 Burchert, Nico, 24.06.1987, D
24 Grahl, Jens, 22.09.1988, D
1 Kruse, Lukas, 09.07.1983, D, 44/– 2. BL

ABWEHR
26 Gonther, Sören, 15.12.1986, D, 76/2 2. BL
6 Mohr, Florian, 25.08.1984, D, 53/4 2. BL
23 Palionis, Markus, 12.05.1987, LTU, 41/1 2. BL, 1 A für Litauen
28 Schmik, Sergej, 27.11.1989, D, 1/– 2. BL
13 Strohdiek, Christian, 22.01.1988, D, 33/– 2. BL
7 Wemmer, Jens, 31.10.1985, D, 44/2 2. BL
30 Wissing, Jens, 02.01.1988, D, 3/– BL

MITTELFELD
5 Alushi, Enis, 22.12.1985, D, 73/3 2. BL
21 Brückner, Daniel, 14.02.1981, D, 69/10 2. BL
22 Erlbeck, Niclas, 10.01.1993, D
15 Guié-Mien, Rolf-Christel, 28.10.1977, CGO, 81/9 BL, 166/19 2. BL, 26 A für Kongo
10 Kara, Mehmet, 21.11.1983, TUR
16 Klotz, Nico, 20.09.1986, D, 11/1 2. BL
18 Krösche, Markus, 17.09.1980, D, 128/7 2. BL
17 Meha, Alban, 26.04.1986, ALB

ANGRIFF
14 Bertels, Thomas, 05.11.1986, D
12 Brandy, Sören, 06.05.1985, D, 55/13 2. BL
33 Jansen, David, 04.12.1987, D, 13/1 2. BL
32 Kocatepe, Yasin, 08.09.1991, D
31 Krause, Sven, 19.01.1986, D, 17/4 2. BL
11 Mosquera, Jorge, 22.04.1990, COL, 9/1 2. BL
9 Proschwitz, Nick, 28.11.1986, D
8 Taylor, Matthew, 17.10.1981, USA, 31/7 2. BL

FSV Frankfurt

Gegründet: 20. August 1899 (seit 1. 1. 2009 Fußball GmbH) – Anschrift: Richard-Herrmann-Platz 1, 60386 Frankfurt/Main, Telefon: (0 69) 42 08 98 0, Telefax: (0 69) 42 08 98 29, Internet: www.fsv-frankfurt.de
Amateurmeister: 1972
Präsident des e. V.: Julius Rosenthal; Vizepräsidenten: Ludwig von Natzmer, Walter Schimmel, Wolfgang Kurka, Willi Hebbel; Geschäftsführer: Clemens Krüger (Finanzen), Jens-Uwe Münker (Organisation), Uwe Stöver (Sport); Teammanager: Mikayil Kabaca; Spielbetriebsleiter: Tobias C. Auer; Merchandising: Jochen Dewitz; Event-Marketing: Bernd Winter (Leitung FFH-Fußballschule); Pressesprecher: Matthias Gast; Leiter Nachwuchsleistungszentrum: Nicolas Michaty; Vereinsärzte: Dr. Thomas Heddäus, Dr. Wolfgang Raussen; Physiotherapeuten: Thomas Stubner, Danny Schleuning; Zeugwart: Mohamed Azaouagh; Athletik-, Konditions-, Reha-Trainer: Bastian Kliem; Co-Trainer: Gerhard Kleppinger; Torwarttrainer: Norbert Lorz – Vereinsfarben: Schwarz-Blau – Mitglieder: 1000 – Stadion: Frankfurter Volksbank-Stadion, 10 826 Plätze, davon 4466 überdachte Sitzplätze und 6360 unüberdachte Stehplätze.
Trainer: Hans-Jürgen Boysen, geb. am 30. 5. 1957, seit 7. 10. 2009 Cheftrainer beim FSV Frankfurt.

TORHÜTER
1 Klandt, Patric, 29.09.1983, D, 95/– 2. BL
24 Kleinheider, Pierre, 07.11.1989, D
25 Langer, Michael, 06.01.1985, AUT, 1/– BL, 19/– 2. BL

ABWEHR
18 Dahlén, Andreas, 11.12.1982, SWE, 31/2 2. BL
28 Gledson, 04.09.1979, BRA, 10/– BL, 167/9 2. BL
16 Heitmeier, Marc, 18.03.1985, D, 22/– 2. BL
27 Henneböle, Tobias, 19.05.1992, D
15 Huber, Alexander, 25.02.1985, D, 3/– BL, 24/– 2. BL
5 Konrad, Manuel, 14.04.1988, D, 25/– 2. BL
3 Schlicke, Björn, 23.06.1981, D, 88/6 BL, 161/9 2. BL
2 Stein, Marc, 07.07.1985, D, 71/1 BL, 54/3 2. BL
4 Teixeira, Nils, 10.07.1990, D
29 Theodosiadis, Alexandros, 19.12.1988, GRE/D
13 Ujma, Alexander, 24.07.1992, D

MITTELFELD
22 Cinaz, Samil, 08.03.1986, D, 32/1 2. BL
11 Fillinger, Mario, 10.10.1984, D, 12/– BL, 80/13 2. BL
21 Gallego, Marc, 13.08.1985, D, 23/– 2. BL
6 Gordon, Daniel, 16.01.1985, D, 8/– BL, 48/7 2. BL
14 Hofmeier, Markus, 07.10.1993, D
23 Müller, Sven, 04.04.1980, D, 100/6 BL, 107/4 2. BL
26 Stark, Yannick, 28.10.1990, D
31 Tayebi, Behnam, 30.11.1984, D
7 Tosunoglu, Tufan, 22.07.1988, TUR, 2/– 2. BL
37 Yelen, Zafer, 30.08.1986, TUR/D, 20/– BL, 28/5 2. BL
17 Yun, Ju-Tae, 22.06.1990, KOR

ANGRIFF
9 Benyamina, Karim, 18.12.1981, ALG/D, 58/13 2. BL, 1 A für Algerien
33 Chrisantus, Macauley, 20.08.1990, NGA, 47/11 2. BL
19 Gaus, Marcel, 02.08.1989, D, 36/5 2. BL
10 Gueye, Babacar, 02.03.1986, SEN, 45/4 2. BL, 22 A für Senegal
20 N'Diaye, Momar, 13.07.1987, SEN, 30/6 2. BL, 2 A für Senegal

FC Ingolstadt 04

Gegründet: 5. Februar 2004 (Fusion aus den Fußballabteilungen von MTV und ESV Ingolstadt) – Anschrift: Am Sportpark 1, 85053 Ingolstadt, Telefon: (08 41) 88 55 70, Telefax: (08 41) 88 55 71 26, Internet: www.fcingolstadt.de

Vorstandsvorsitzender: Peter Jackwerth; Stellvertretender Vorstandsvorsitzender: Dr. Andreas Schleef; Geschäftsführer: Harald Gärtner (Sportdirektor), Franz Spitzauer (Finanzen); Teammanager: Horst Fuchs; Leiter Merchandising: Thorsten Brieger; Pressesprecher: Oliver Samwald; Mannschaftsärzte: Dr. Florian Pfab (Leitung), Dr. Thomas Buchhorn, Dr. Johannes Scherr; Physiotherapeuten: Christian Haser, Hermann Eikam, Benjamin Sommer; Betreuer: Erwin Kick; Zeugwart: Matthias Zinner; Fitnesstrainer: Jörg Mikoleit; Co-Trainer: Sven Kmetsch; Torwarttrainer: Brano Arsenovic – Vereinsfarben: Schwarz-Rot – Mitglieder: 1000 – Stadion: Audi-Sportpark, 15 445 überdachte Plätze, davon 9621 Sitzplätze und 5824 Stehplätze.

Trainer: Benno Möhlmann, geb. am 1. 8. 1954, seit 7. 11. 2010 Cheftrainer beim FC Ingolstadt 04.

TORHÜTER

1 Kirschstein, Sascha, 09.06.1980, D, 23/– BL, 108/– 2. BL
21 Özcan, Ramazan, 28.06.1984, AUT, 8/– BL, 17/– 2. BL, 1 A für Österreich
27 Sommerer, Christopher, 05.03.1991, D

ABWEHR

33 Biliskov, Marino, 17.03.1976, CRO, 138/8 BL, 114/5 2. BL
15 Fink, Tobias, 11.12.1983, D, 44/– 2. BL
25 Gercaliu, Ronald, 12.02.1986, AUT, 14 A für Österreich
37 Görlitz, Andreas, 31.01.1982, D, 104/1 BL, 27/– 2. BL, 2 A für Deutschland
34 Matip, Marvin, 25.09.1985, D, 46/1 BL, 85/3 2. BL
4 Pisot, David, 06.07.1987, D, 1/– BL, 27/– 2. BL
3 Schäfer, Andreas, 05.02.1983, D, 125/1 2. BL

MITTELFELD

20 Andersen, Kristoffer, 09.12.1985, BEL, 47/3 2. BL
18 Bambara, Moise, 10.11.1984, D, 25/– 2. BL
16 Buchner, Andreas, 15.05.1985, D, 32/5 2. BL
31 Caiuby, 14.07.1988, BRA, 9/1 BL, 45/10 2. BL
14 Dedola, Romain, 02.01.1989, FRA, 14/– 2. BL
10 Gerber, Fabian, 28.11.1979, D, 93/8 BL, 103/18 2. BL
8 Haas, Leonhard, 09.01.1982, D, 102/16 2. BL
5 Hartmann, Manuel, 26.03.1984, D, 100/7 2. BL
13 Ikeng, José Alex, 30.01.1988, D
19 Metzelder, Malte, 19.05.1982, D, 9/– BL, 42/2 2. BL

ANGRIFF

23 Buddle, Edson, 21.05.1981, USA, 14/3 2. BL, 6 A für USA
9 Hartmann, Moritz, 20.06.1986, D, 33/3 2. BL
6 Leitl, Stefan, 29.08.1977, D, 5/– BL, 130/18 2. BL

Karlsruher SC

Gegründet: 6. Juni 1894 – Anschrift: Adenauerring 17, 76131 Karlsruhe, Telefon: (07 21) 9 64 34 50, Telefax: (07 21) 9 64 34 69, Internet: www.ksc.de

Deutscher Meister: 1909 – Deutscher Pokalsieger: 1955, 1956

Präsident: Ingo Wellenreuther; Vizepräsidenten: Günter Pilarsky, Georg Schattling; Verwaltungsratsvorsitzender: Thomas Munz; Sportlicher Leiter: Oliver Kreuzer; Pressesprecher: Jörg Bock; Vereinsarzt: Dr. Marcus Schweizer; Physiotherapeuten: Clemens Vogt, Steffen Wiemann, Jean-Marc Gobin; Zeugwart: Hüseyin Cayoglu; Athletiktrainer: Markus Zidek; Co-Trainer: Ralf Friedberger; Torwarttrainer: Peter Gadinger – Vereinsfarben: Blau-Weiß – Mitglieder: 5100 – Stadion: Wildparkstadion, 29 699 Plätze, davon 15 157 Sitzplätze (8940 überdacht) und 14 462 Stehplätze (4462 überdacht).

Trainer: Rainer Scharinger, geb. am 4. 3. 1967, seit 2. 3. 2011 Cheftrainer beim Karlsruher SC.

TORHÜTER
1 Orlishausen, Dirk, 15.08.1982, D
24 Robles, Luis, 11.05.1984, USA, 44/– 2. BL, 1 A für USA

ABWEHR
16 Aquaro, Giuseppe, 21.05.1983, ITA
4 Hoheneder, Niklas, 17.08.1986, AUT
5 Kempe, Dennis, 24.06.1986, D
25 Konrad, Thomas, 05.11.1989, D, 3/– 2. BL
2 Lechner, Florian, 03.03.1981, D, 10/– BL, 24/– 2. BL
26 Milchraum, Patrick, 26.05.1984, D, 148/17 2. BL
3 Müller, Stefan, 09.11.1988, D, 26/2 2. BL
22 Schiek, Sebastian, 20.03.1990, D
19 Stadler, Thorben, 08.02.1990, D, 5/1 2. BL

MITTELFELD
10 Buckley, Delron, 07.12.1977, RSA/D, 201/26 BL, 95/13 2. BL, 72 A für Südafrika
15 Cuntz, Matthias, 04.05.1990, D, 4/– 2. BL
6 Groß, Pascal, 15.06.1991, D, 5/– BL, 3/1 2. BL
13 Haas, Steffen, 18.03.1988, D, 9/– 2. BL
9 Iashvili, Alexander, 23.10.1977, GEO, 198/32 BL, 181/38 2. BL, 64 A für Georgien
27 Kern, Timo, 16.01.1990, D, 1/– 2. BL
21 Krebs, Gaetan, 18.11.1985, FRA, 20/– BL, 37/4 2. BL
7 Piossek, Marcus, 21.07.1989, POL/D
17 Staffeldt, Timo, 09.02.1984, D, 24/– BL, 99/7 2. BL
11 Terrazzino, Marco, 15.04.1991, D, 19/– BL, 11/1 2. BL

ANGRIFF
20 Cristea, Andrei, 15.05.1984, ROM, 11/6 2. BL, 9 A für Rumänien
14 Fink, Anton, 31.07.1987, D, 45/11 2. BL
8 Lamidi, Moses, 05.01.1988, D, 12/– BL, 19/6 2. BL
30 Lavric, Klemen, 12.06.1981, SVN, 40/8 BL, 60/29 2. BL, 25 A für Slowenien
23 Müller, Bogdan, 12.06.1988, D
Timm, Christian, 27.02.1979, D, 134/14 BL, 126/30 2. BL
18 Zoller, Simon, 26.06.1991, D, 7/– 2. BL

Eintracht Braunschweig

Gegründet: 15. Dezember 1895 (seit 8.4.2008 Eintracht Braunschweig GmbH und Co. KG) – Anschrift: Hamburger Straße 210, 38112 Braunschweig, Telefon: (05 31) 23 23 00, Telefax: (05 31) 23 23 030, Internet: www.eintracht.com
Deutscher Meister: 1967
Präsident: Sebastian Ebel; Vizepräsident: Rainer Ottinger; weitere Präsidiumsmitglieder: Rainer Cech (Finanzen), Andreas Becker (Fußball), Wolfgang Krake (Amateurabteilungen); Geschäftsführer: Soeren Oliver Voigt (auch der Eintracht-Marketing GmbH); Aufsichtsratsvorsitzender: Sebastian Ebel; Sportlicher Leiter: Marc Arnold; Teammanager: Holm Stelzer; Presse- und Öffentlichkeitsarbeit: Miriam Herzberg (Leitung); Stadion- und Spielbetrieb: Bastian Böhm; Mannschaftsarzt: Dr. Frank Maier; Physiotherapeuten: Sascha Weiß, Caroline Schweibs; Zeugwart: Christian Skolik; Athletik- und Reha-Trainer: Jürgen Rische; Co-Trainer: Darius Scholtysik; Torwarttrainer: Alexander Kunze – Vereinsfarben: Blau-Gelb – Mitglieder: 3163 – Stadion: Eintracht-Stadion, 24 000 überdachte Plätze, davon 12 950 Sitzplätze und 11 050 Stehplätze.
Trainer: Torsten Lieberknecht, geb. am 1. 8. 1973, seit 12. 5. 2008 Cheftrainer bei Eintracht Braunschweig.

TORHÜTER
26 Davari, Daniel, 06.01.1988, D
1 Petkovic, Marjan, 22.05.1979, D, 2/– 2. BL

ABWEHR
25 Correia, Marcel, 16.05.1989, POR
8 Dogan, Deniz, 20.10.1979, TUR, 14/– 2. BL
7 Fuchs, Benjamin, 20.10.1983, AUT, 9/– 2. BL
4 Henn, Matthias, 28.04.1985, D, 1/– BL, 1/– 2. BL
5 Kessel, Benjamin, 01.10.1987, D
19 Reichel, Ken, 19.12.1986, D
16 Turan, Emre, 16.11.1990, TUR
14 Washausen, Jan, 12.10.1988, D

MITTELFELD
11 Bohl, Steffen, 28.12.1983, D, 2/– BL, 46/9 2. BL
10 Boland, Mirko, 23.04.1987, D
24 Gos, Pascal, 15.08.1991, D
13 Korte, Raffael, 29.08.1990, D
32 Kruppke, Dennis, 01.04.1980, D, 54/2 BL, 60/7 2. BL
18 Petersch, Oliver, 26.04.1989, D, 57/2 2. BL
31 Pfitzner, Marc, 28.08.1984, D
23 Reinhardt, Julius, 29.03.1988, D
15 Theuerkauf, Norman, 24.01.1987, D
17 Unger, Markus, 18.11.1981, D
6 Vrancic, Damir, 04.10.1985, BIH, 6/– BL, 17/2 2. BL
20 Zimmermann, Nico, 02.09.1985, D, 1/– 2. BL

ANGRIFF
9 Fetsch, Mathias, 30.09.1988, D, 2/– 2. BL
27 Korte, Gianluca, 29.08.1990, D
12 Kumbela, Dominick, 20.04.1984, CGO/D, 6/– 2. BL
21 Merkel, Pierre, 25.05.1989, D

Hansa Rostock

Gegründet: 28. Dezember 1965 – Anschrift: Trotzenburger Weg 14, 18057 Rostock, Telefon: (03 81) 49 99 91 0, Telefax: (03 81) 49 99 97 0, Internet: www.fc-hansa.de
Meister OL Nordost: 1991 – NOFV-Pokalsieger: 1991
Präsident: Bernd Hofmann; Sportdirektor: Stefan Beinlich; Teammanager: René Chaberny; PR/Öffentlichkeitsarbeit: Lorenz Kubitz; Stadion- und Spielbetrieb: Rainer Friedrich; Vereinsärzte: Dr. Frank Bartel, Dr. Holger Strubelt; Physiotherapeuten: Frank Scheller, Steffen Rische; Zeugwart: Andreas Thiem; Co-Trainer: Michael Hartmann; Torwarttrainer: Alexander Ogrinc – Vereinsfarben: Weiß-Blau – Mitglieder: 6429 – Stadion: DKB-Arena, 29 000 überdachte Plätze, davon 20 000 Sitzplätze und 9000 Stehplätze.
Trainer: Peter Vollmann, geb. am 22. 12. 1957, seit 1. 7. 2010 bei Hansa Rostock.

TORHÜTER
35 Brinkies, Johannes, 20.06.1993, D
1 Hahnel, Jörg, 11.01.1982, D, 6/– BL, 70/– 2. BL
19 Müller, Kevin, 15.03.1991, D

ABWEHR
13 Gusche, Stephan, 13.02.1990, D, 3/– 2. BL
3 Holst, Matthias, 19.06.1982, D, 25/– 2. BL
30 Jensen, Pelle, 24.05.1992, D
2 Kostal, Pavel, 17.09.1980, CZE
16 Langen, Dexter, 16.12.1980, D, 25/– BL, 111/4 2. BL
25 Pelzer, Sebastian, 24.09.1980, D, 106/1 2. BL
20 Schyrba, Peter, 17.10.1980, D, 1/– BL, 4/– 2. BL
6 Wiemann, Michael, 09.02.1987, D, 50/1 2. BL

MITTELFELD
21 Blum, Michael, 25.12.1988, D, 15/2 2. BL
29 Jänicke, Tobias, 16.03.1989, D, 30/4 2. BL
7 Lartey, Mohammed, 04.12.1986, D, 19/1 2. BL
4 Müller, Robert, 12.11.1986, D, 1/– BL, 27/2 2. BL
8 Pannewitz, Kevin, 16.10.1991, D, 16/– 2. BL
17 Perthel, Timo, 11.02.1989, D, 1/– BL
14 Weilandt, Tom, 27.04.1992, D
27 Ziegenbein, Björn, 30.04.1986, D, 40/2 2. BL

ANGRIFF
9 Albrecht, Lucas, 09.01.1991, D
11 Mintal, Marek, 02.09.1977, SVK, 121/32 BL, 59/34 2. BL, 45 A für Slowakei
28 Schied, Marcel, 28.07.1983, D, 4/– BL, 157/35 2. BL
33 Semmer, Tino, 25.09.1985, D
10 Vujanovic, Radovan, 18.02.1982, SRB, 4/– 2. BL

Dynamo Dresden

Gegründet: 28. Juli 1950 (als SG Deutsche Volkspolizei, 12. 4. 1953 bis 30. 6. 1990 SG Dynamo, 1. 7. 1990 bis 30. 6. 2007 1. FC Dynamo, seit 1. 7. 2007 wieder SG Dynamo) – Anschrift: Lennéstraße 12, 01069 Dresden, Telefon: (03 51) 4 39 43 0, Telefax: (03 51) 4 39 43 13, Internet: www.dynamo-dresden.de
DDR-Meister: 1953, 1971, 1973, 1976, 1977, 1978, 1989, 1990 – DDR-Pokalsieger: 1952, 1971, 1977, 1982, 1984, 1985, 1990
Präsident: Andreas Ritter; Geschäftsführung: Dr. Volker Oppitz; Aufsichtsratsvorsitzender: Thomas Bohn; Sportlicher Leiter: Steffen Menze; Leiter Nachwuchsleistungszentrum: Volker Piekarski; Mannschaftsärzte: Dr. Tino Lorenz, Dr. André Juschten; Physiotherapeuten: Arndt Pröhl, Tobias Lange; Teambetreuer: René Beuchel; Zeugwart: Olaf Adler; Co-Trainer: Nico Däbritz; Torwarttrainer: Thomas Köhler – Vereinsfarben: Schwarz-Gelb – Mitglieder: 9000 – Stadion: Glücksgas-Stadion, 32 066 überdachte Plätze, davon 19 502 Sitzplätze und 11 055 Stehplätze, hinzu kommen 1170 VIP-, 212 Logen- sowie 71 Presseplätze und 56 Plätze für Rollstuhlfahrer.
Trainer: Ralf Loose, geb. am 5. 1. 1963, seit 12. 4. 2011 Cheftrainer bei Dynamo Dresden.

TORHÜTER
1 Eilhoff, Dennis, 31.07.1982, D, 36/– BL, 113/– 2. BL
13 Kirsten, Benjamin, 02.06.1987, D

ABWEHR
5 Bregerie, Romain, 09.08.1986, FRA
6 Jungwirth, Florian, 27.01.1989, D
37 Leistner, Toni, 19.08.1990, D
33 Möckel, Jens, 21.02.1988, D
3 Schnetzler, Alexander, 17.04.1979, D, 45/3 2. BL
16 Stoll, Martin, 09.02.1983, D, 18/– BL, 93/3 2. BL

MITTELFELD
40 Fiel, Cristian, 12.03.1980, ESP/D, 36/2 BL, 224/19 2. BL
28 Franke, Marcel, 05.04.1993, D
7 Heller, Marcel, 12.02.1986, D, 34/2 BL, 18/1 2. BL
17 Jungnickel, Lars, 31.08.1981, D, 27/2 BL, 53/5 2. BL
14 Kegel, Maik, 08.12.1989, D
20 Knoll, Marvin, 05.12.1990, D, 2/– 2. BL
11 Müller, Gerrit, 26.04.1984, D
38 Pfeffer, Sascha, 19.10.1986, D
27 Schuppan, Sebastian, 18.07.1986, D, 27/– 2. BL
24 Solga, David, 16.10.1982, D
8 Trojan, Filip, 21.02.1983, CZE, 61/– BL, 102/13 2. BL

ANGRIFF
9 Fort, Pavel, 26.06.1983, CZE, 30/10 2. BL
25 Koch, Robert, 26.02.1986, D

KAPITEL 8

DIE 3. LIGA

VfL Osnabrück

Gegründet: 17. 4. 1899 – Anschrift: Scharnhorststraße 50, 49084 Osnabrück, Telefon: (05 41) 77 08 70, www.vfl.de
Stadion: Osnatel-Arena (16 667 Plätze)
Deutscher Amateurmeister 1995
Trainer: Uwe Fuchs, geb. am 23. 7. 1966, seit 1. 7. 2011 Cheftrainer beim VfL Osnabrück

TORHÜTER
1 Riemann, Manuel, 09.09.1988, D, 1/– 2. BL, 51/– 3. L
20 Zumbeel, Nils, 19.01.1990, D

ABWEHR
14 Beermann, Timo, 10.12.1990, D
17 Fischer, Nils, 14.02.1987, D, 6/– BL, 29/1 2. BL, 13/1 3. L
15 Hudec, Martin, 15.04.1982, CZE, 7/– 2. BL
5 Mauersberger, Jan, 17.06.1985, D, 94/2 2. BL
21 Neppe, Marco, 14.06.1986, D, 65/2 3. L
2 Riedel, Florian, 09.04.1990, D
6 Salger, Stephan, 30.01.1990, D, 5/– BL
26 Tauer, Jan, 26.08.1983, D, 65/– 2. BL, 17/1 3. L

MITTELFELD
4 Costa, Claus, 15.06.1984, D, 55/– 2. BL, 25/2 3. L
22 Gardawski, Michael, 25.09.1990, D, 42/4 3. L
10 Glockner, Andreas, 25.02.1988, D, 2/– BL, 39/4 2. BL, 19/– 3. L
30 Hansen, Niels, 25.07.1983, D, 87/6 2. BL, 57/7 3. L
8 Kampl, Kevin, 09.10.1990, SVN, 1/– 2. BL
25 Latkowski, Daniel, 11.11.1991, D
23 Porcello, Massimilian, 23.06.1980, D, 79/10 BL, 107/12 2. BL
16 Twyrdy, Robin, 24.06.1991, D
3 von der Bracke, Daniel, 28.01.1992, D

ANGRIFF
9 Idabdelhay, Fouad, 02.05.1988, NED
19 John, Paddy, 23.02.1990, NED
7 Pauli, Christian, 30.01.1992, AUT/D, 5/1 2. BL
13 Wegkamp, Gerrit, 13.04.1993, D

Rot Weiß Oberhausen

Gegründet: 18. 12. 1904 – Anschrift: Rechenacker 62, 46049 Oberhausen, Telefon: (02 08) 97 09 70, www.rwo-online.de
Stadion: Niederrheinstadion (21 318 Plätze)
Trainer: Theo Schneider, geb. am 23. 8. 1960, seit 23. 2. 2011 Cheftrainer bei Rot-Weiß Oberhausen

TORHÜTER
22 Hartmann, Niklas, 09.12.1989, D, 1/– 2. BL
1 Melka, Michael, 09.07.1978, D, 8/– BL, 20/– 2. BL, 38/– 3. L

ABWEHR
17 Corvers, Kevin, 17.08.1987, D, 1/– 2. BL
15 Gataric, Danijel, 18.05.1986, D, 2/– 2. BL
4 Pappas, Dimitrios, 25.02.1980, GRE, 88/1 2. BL
8 Reichert, Benjamin, 17.05.1983, D, 65/1 2. BL
23 Schiller, Felix, 06.12.1989, D, 48/– 3. L
24 Willers, Tobias, 21.04.1987, D, 27/1 3. L

MITTELFELD
20 Abel, Florian, 14.08.1989, D, 1/– 2. BL
5 Bahcecioglu, Yohannes, 26.02.1988, D, 6/1 2. BL
26 Brown Forbes, Felicio, 28.08.1991, D, 15/3 3. L
11 Duran, Fatih, 28.02.1987, D
30 Göcer, Serkan, 26.06.1993, D
18 Gyasi, Jeff, 04.01.1989, NGA
7 Hasanbegovic, Nedim, 22.04.1988, BIH, 18/– 3. L
6 Klinger, Mario, 27.12.1986, D, 26/1 2. BL
21 Kunert, Timo, 12.03.1987, D, 1/– BL
14 Razic, Esad, 27.07.1982, SWE, 6/– 2. BL

ANGRIFF
19 Ellmann, Marvin, 21.09.1987, D, 2/– 2. BL
9 Kullmann, Christopher, 19.09.1986, D, 7/– BL, 30/– 3. L
16 Schliesing, Jannis, 05.01.1992, D
10 Terranova, Mike, 17.11.1976, ITA, 102/14 2. BL
25 Torunarigha, Junior, 18.04.1990, NGA

Arminia Bielefeld

Gegründet: 3. 5. 1905 – Anschrift: Melanchthonstraße 31 a, 33615 Bielefeld, Telefon: (05 21) 96 61 10, www.arminia-bielefeld.de
Stadion: Schüco-Arena (27 300 Plätze)
Trainer: Markus von Ahlen, geb. am 1. 1. 1971, seit 1. 7. 2011 Cheftrainer bei Arminia Bielefeld

TORHÜTER
24 Ortega, Stefan, 06.11.1992, D
1 Platins, Patrick, 19.04.1983, D, 7/– 2. BL
27 Schmidt, Tom, 06.04.1991, D

ABWEHR
18 Ahlschwede, Maximilian, 10.02.1990, D
4 Appiah, Marcel, 26.03.1988, D, 20/1 2. BL
19 Burmeister, Felix, 09.03.1990, D
14 Hornig, Manuel, 18.12.1982, D, 27/3 2. BL, 21/3 3. L
5 Hübener, Thomas, 25.06.1982, D, 86/2 3. L
3 Riemer, Dennis, 23.02.1988, D, 33/1 3. L
2 Schuler, Markus, 01.08.1977, D, 182/– BL, 128/3 2. BL

MITTELFELD
22 Demme, Diego, 21.11.1991, D, 10/– 2. BL
25 Hammann, Nico, 16.03.1988, D
7 Hernandez, Onel, 01.02.1993, D, 10/– 2. BL
8 Jerat, Tim, 05.03.1982, D, 75/6 3. L
17 Langemann, Stefan, 11.07.1990, D
13 Rahn, Johannes, 16.01.1986, D, 40/2 2. BL, 59/11 3. L
10 Rzatkowski, Marc, 02.03.1990, D, 4/1 2. BL
6 Schütz, Tom, 20.01.1988, D, 101/2 3. L
23 Selmani, Sevdail, 10.01.1989, MKD

ANGRIFF
28 Agyemang, Eric, 11.01.1980, GHA, 77/30 3. L
9 Klos, Fabian, 02.12.1987, D
11 Köse, Bahattin, 26.08.1990, TUR, 7/– 2. BL
20 Marzullo, Gianluca, 04.02.1991, D
21 Schönfeld, Patrick, 21.06.1989, D, 45/– 2. BL

SV Wehen Wiesbaden

Gegründet: 1. 1. 1926 als (als SV Wehen 1926) – Anschrift: Berliner Straße 9, 65189 Wiesbaden, Telefon: (06 11) 50 40 10, www.svwehen-wiesbaden.de
Stadion: Brita-Arena (12 250 Plätze)
Trainer: Gino Lettieri, geb. am 27. 12. 1966, seit 9. 2. 2010 Cheftrainer beim SV Wehen Wiesbaden

TORHÜTER
1 Gurski, Michael, 21.03.1979, D, 20/– 2. BL, 90/– 3. L
25 Kolke, Markus, 18.08.1990, D
21 Marinovic, Stefan, 07.10.1991, NZL, 2/– 3. L

ABWEHR
3 Barg, Thorsten, 25.08.1986, D, 5/– 2. BL, 25/4 3. L
22 Bieler, Pascal, 26.02.1986, D, 13/– BL, 47/1 2. BL
16 Döringer, Daniel, 26.02.1991, D
2 Herzig, Nico, 10.12.1983, D, 46/2 BL, 114/7 2. BL
6 Hübner, Benjamin, 04.07.1989, D, 18/– 2. BL, 58/1 3. L
4 Lanzaat, Quido, 30.09.1979, NED, 1/– BL, 95/4 2. BL, 56/1 3. L
8 Mann, Marcus, 14.03.1984, D, 2/– 2. BL, 66/4 3. L
19 Nagy, Timo, 20.04.1983, D, 26/1 2. BL, 62/2 3. L
27 Schimmel, Sven, 30.07.1989, D, 46/– 3. L

MITTELFELD
26 Abraham, Martin, 20.09.1978, CZE, 25/4 3. L
24 Burkhardt, Thorsten, 21.05.1981, D, 229/22 2. BL
7 Christ, Marco, 06.11.1980, D, 59/2 2. BL, 32/11 3. L
15 Janjic, Zlatko, 07.05.1986, BIH, 13/1 BL, 29/2 2. BL, 38/12 3. L
5 Ledgerwood, Nikolas, 16.01.1985, CAN, 69/3 2. BL, 25/– 3. L, 11 A für Kanada
23 Mintzel, Alf, 21.12.1981, D, 35/– 2. BL, 87/9 3. L

11 Roth, Nico, 28.08.1990, D
20 Salem, Milad, 03.03.1988, AFG/D, 16/1 3. L

ANGRIFF
9 Bouhaddouz, Aziz, 30.03.1987, MAR/D, 36/1 2. BL, 9/1 3. L
13 Menga, Addy-Waku, 28.09.1983, COD/D, 12/1 BL, 16/2 2. BL, 72/14 3. L
18 Sailer, Marco, 16.11.1985, D, 16/– 2. BL, 61/17 3. L
10 Smeekes, Orlando, 28.12.1981, ANT/NED, 94/24 3. L, 4 A für Niederländische Antillen
17 Triadis, Panagiotis, 09.09.1992, GRE
14 Wohlfarth, Steffen, 14.09.1983, D, 38/4 2. BL, 48/11 3. L

Rot-Weiß Erfurt

Gegründet: 26. 1. 1966, vorher SC und BSG Turbine, KWU und Fortuna Erfurt – Anschrift: Arnstädter Straße 55, 99096 Erfurt, Telefon: (03 61) 34 76 60, www.rot-weiss-erfurt.de
Stadion: Steigerwaldstadion (17 500 Zuschauer)
Erfolge: DDR-Meister 1954 (als BSG Turbine) und 1955 (als SC Turbine)
Trainer: Stefan Emmerling, geb. am 10. 2. 1966 seit 30. 3. 2010 Cheftrainer bei Rot-Weiß Erfurt

TORHÜTER
20 Rickert, Marcus, 18.02.1984, D, 5/– 2. BL
1 Sponsel, Andreas, 03.03.1986, D, 7/– 3. L

ABWEHR
38 Bertram, Tom, 30.03.1987, D, 7/– 2. BL, 22/– 3. L
7 Jovanovic, Igor, 03.05.1989, D, 18/– 3. L
17 Ofosu-Ayeh, Phil, 15.09.1991, GHA/D
5 Oumari, Joan, 19.08.1988, D, 27/1 3. L
14 Rahn, Mathias, 17.05.1990, D
4 Rauw, Bernd, 08.01.1980, BEL, 26/– BL, 136/2 2. BL, 35/4 3. L
26 Ströhl, Thomas, 10.10.1988, D, 54/1 3. L

MITTELFELD
30 Caillas, Olivier, 02.12.1977, D, 183/17 2. BL, 61/5 3. L
13 Humbert, Julien, 23.06.1984, FRA, 26/1 3. L
21 Paradies, Fabian, 19.01.1992, D
22 Pfingsten-Reddig, Nils, 23.05.1982, D, 106/15 3. L
6 Weidlich, Denis, 08.07.1986, D, 33/5 3. L
2 Zedi, Rudolf, 31.08.1974, D, 53/1 2. BL, 74/14 3. L

ANGRIFF
16 Drexler, Dominick, 26.05.1990, D, 19/4 3. L
27 El Haj Ali, Fikri, 17.11.1985, D, 6/– 2. BL, 42/6 3. L
37 Hauck, Sebastian, 20.12.1988, D, 2/– 3. L
9 Manno, Gaetano, 26.07.1982, D/ITA, 2/– BL, 63/9 2. BL
8 Morabit, Smail, 05.07.1988, FRA, 48/2 3. L
10 Reichwein, Marcel, 21.02.1986, D, 14/2 2. BL, 91/24 3. L
11 Yohoua, Serge, 22.03.1989, CIV/D

1. FC Saarbrücken

Gegründet: 18. 4. 1903 – Anschrift: Berliner Promenade 12, 66111 Saarbrücken, Telefon: (06 81) 97 14 40, www.fc-saarbruecken.de
Stadion: Ludwigspark (35 303 Plätze)
Trainer: Jürgen Luginger, geb. am 8. 12. 1967, seit 1. 7. 2010 Cheftrainer beim 1. FC Saarbrücken

TORHÜTER
26 Böhmann, Maximilian, 24.06.1989, D
24 Hubert, Andreas, 29.12.1990, D, 7/– 3. L
1 Marina, Enver, 27.01.1977, ALB, 31/– 3. L

ABWEHR
23 Bach, Yannick, 21.05.1991, D
6 Eggert, Christian, 16.01.1986, D, 1/– BL, 1/– 2. BL, 12/– 3. L
5 Forkel, Martin, 22.07.1979, D, 164/1 2. BL, 33/1 3. L
4 Gehring, Kai, 12.02.1988, D, 39/1 3. L
3 Kohler, Lukas, 24.05.1987, D, 27/2 3. L
19 Lerandy, Mark, 25.11.1981, D, 37/1 3. L
17 Otto, Alexander, 28.01.1988, D, 15/1 3. L

MITTELFELD
20 Kizmaz, Abdul, 10.05.1992, D, 4/– 3. L

8 Kruse, Tim, 10.01.1983, D, 55/4 2. BL
10 Laux, Marius, 07.02.1986, D, 41/3 3. L
13 Özbek, Ufuk, 01.09.1992, TUR/D, 28/5 3. L
15 Pazurek, Markus, 18.12.1988, D, 15/2 3. L
18 Sieger, Stephan, 03.12.1979, D, 105/12 2. BL, 69/8 3. L
7 Sökler, Sven, 09.11.1984, D
22 Stiefler, Manuel, 25.07.1988, D, 32/4 3. L

ANGRIFF
11 Fuchs, Markus, 24.02.1980, D, 2/– 2. BL, 27/7 3. L
9 Pisano, Giuseppe, 26.04.1988, D, 27/8 3. L
14 Wurtz, Johannes, 19.06.1992, D
38 Ziemer, Marcel, 03.08.1985, D, 2/2 BL, 64/10 2. BL, 66/13 3. L

Kickers Offenbach

Gegründet: 27. 5. 1901 – Anschrift: Bieberer Straße 282, 63071 Offenbach, Telefon: (0 69) 98 19 01 0, www.ofc.de
Stadion: Sparda-Bank-Hessen-Stadion am Bieberer Berg (während der Umbauphase ca. 13 000 Plätze)
Erfolge: Deutscher Pokalsieger 1970
Trainer: Arie van Lent, geb. am 31. 8. 1970, seit 1. 7. 2011 Cheftrainer bei Kickers Offenbach

TORHÜTER
16 Endres, Daniel, 16.05.1986, D, 15/– 2. BL, 2/– 3. L
25 Paul, Maurice, 03.02.1992, D
1 Wolf, Tobias, 06.08.1988, D, 4/– 3. L
28 Wulnikowski, Robert, 11.07.1977, D, 56/– 2. BL, 111/– 3. L

ABWEHR
17 Cincotta, Stefano, 28.02.1991, D, 9/– 3. L
6 Hickl, Stefan, 11.04.1988, D, 33/– 2. BL
4 Husterer, Markus, 16.06.1983, D, 2/– BL, 86/2 2. BL, 25/1 3. L
5 Kleineheismann, Stefan, 08.02.1988, D
13 Lamprecht, Christopher, 22.04.1985, D, 24/3 BL, 12/– 2. BL, 60/3 3. L
23 Stadel, Marcel, 16.02.1987, D, 20/– 3. L
21 Telch, Christian, 09.01.1988, D, 16/– 3. L

MITTELFELD
14 Bender, Lars, 08.01.1988, D, 13/– 2. BL, 34/3 3. L
10 da Costa, Elton, 15.12.1979, BRA, 128/13 2. BL, 18/5 3. L
19 Feldhahn, Nicolas, 14.08.1986, D, 40/5 2. BL, 98/10 3. L
27 Gunkel, Daniel, 07.06.1980, D, 31/3 BL, 97/15 2. BL, 14/– 3. L
11 Hayer, Markus, 18.08.1985, D, 6/1 3. L
18 Henrich, Daniel, 29.09.1991, D, 3/– 3. L
8 Mehic, Sead, 08.04.1975, BIH, 72/3 2. BL, 34/1 3. L
22 Odabas, Baris, 21.02.1991, D, 1/– 3. L
20 Sommer, Jannik, 13.09.1991, D, 3/– 3. L

ANGRIFF
15 Hahn, André, 13.08.1990, D, 16/2 3. L
26 Hesse, Kai, 20.06.1985, D, 28/2 2. BL, 26/6 3. L
9 Rathgeber, Thomas, 30.04.1985, D, 1/– BL, 18/3 2. BL, 87/24 3. L
7 Testroet, Pascal, 26.09.1990, D, 59/15 3. L

SSV Jahn Regensburg

Gegründet: 4. 10. 1907 – Anschrift: Prüfeninger Straße 57 a, 93049 Regensburg, Telefon: (09 41) 69 83 10 0, www.ssv-jahn.de
Stadion: Jahnstadion (10 724 Plätze)
Trainer: Markus Weinzierl, geb. am 28. 12. 1974, seit 25. 11. 2008 Cheftrainer bei Jahn Regensburg

TORHÜTER
1 Hofmann, Michael, 03.11.1972, D, 82/– BL, 80/– 2. BL, 38/– 3. L
33 Wiegers, Patrick, 19.04.1990, D, 2/– 3. L

ABWEHR
2 Binder, Stefan, 12.10.1978, D, 18/2 2. BL, 93/1 3. L
6 Laurito, André, 24.11.1983, D, 17/1 3. L
28 Nachreiner, Sebastian, 23.11.1988, D, 22/– 3. L

3 Philp, Ronny, 28.01.1989, D
5 Selimbegovic, Mersad, 29.04.1982, BIH, 42/– 3. L
38 Ziereis, Philipp, 14.03.1993, D

MITTELFELD
12 Alibaz, Selcuk, 03.12.1989, TUR, 12/1 3. L
17 Hein, Oliver, 22.03.1990, D, 26/1 3. L
4 Kasal, Yusuf Emre, 20.05.1988, D
8 Schlauderer, Tobias, 12.02.1984, D, 77/5 3. L
10 Temür, Mahmut, 08.10.1989, D, 35/2 3. L
23 Zurawsky, Martin, 12.08.1990, D, 2/– 3. L

ANGRIFF
9 Hofmann, Sebastian, 12.09.1983, D, 14/3 2. BL, 37/7 3. L
11 Klauß, Michael, 20.04.1987, D, 77/5 3. L
21 Kurz, Thomas, 03.04.1988, D, 66/8 3. L
13 Müller, Jim-Patrick, 04.08.1989, D
36 Schmid, Jürgen, 11.02.1982, D, 79/10 3. L
7 Schweinsteiger, Tobias, 12.03.1982, D, 20/3 2. BL, 100/26 3. L

1. FC Heidenheim

Gegründet: 1. 1. 2007 (Abspaltung der Fußballabteilung vom Heidenheimer Sportbund 1846) – Anschrift: Schlosshaustraße 162, 89522 Heidenheim, Telefon: (0 73 21) 9 47 18 00, www.fc-heidenheim.de
Stadion: Voith-Arena (10 000 Plätze)
Trainer: Frank Schmidt, geb. am 3. 1. 1974, seit 18. 9. 2007 Cheftrainer beim 1. FC Heidenheim

TORHÜTER
23 Baum, Denis, 13.04.1987, D, 14/– 3. L
34 Lehmann, Frank, 29.04.1989, D, 1/– 2. BL, 5/– 3. L
1 Sabanov, Erol, 16.05.1974, D, 2/– 2. BL, 53/– 3. L

ABWEHR
3 Aupperle, Fabian, 16.02.1986, D, 30/2 3. L
2 Feistle, Ingo, 14.12.1981, D, 73/1 3. L
16 Göhlert, Tim, 15.09.1984, D, 44/4 3. L
15 Krebs, Florian, 15.11.1988, D, 48/– 3. L
8 Sirigu, Sandro, 07.10.1988, D, 32/1 3. L
24 Tausendpfund, Florian, 05.01.1987, D, 29/1 3. L
5 Wittek, Mathias, 30.03.1989, D, 9/– 2. BL, 7/– 3. L

MITTELFELD
20 Bagceci, Alper, 16.04.1984, D, 62/5 3. L
9 Essig, Christian, 24.01.1986, D, 35/4 3. L
19 Klarer, Martin, 19.04.1982, D, 53/2 3. L
31 Ludwig, Andreas, 11.09.1990, D, 1/– BL
27 Sauter, Christian, 11.02.1988, D, 13/– 3. L
6 Schittenhelm, David, 13.03.1987, D, 30/– 3. L
7 Schnatterer, Marc, 18.11.1985, D, 74/17 3. L
17 Weil, Richard, 06.02.1988, D, 65/12 3. L

ANGRIFF
22 Bektasi, Scipon, 14.09.1990, ALB, 2/– BL
18 Heidenfelder, Bastian, 08.01.1986, D, 48/11 3. L
11 Jabiri, Adam, 03.06.1984, D, 1/– BL, 1/– 3. L
14 Jarosch, Dieter, 14.09.1980, D, 47/3 3. L
25 Lehanka, Kevin, 05.09.1990, D
21 Rühle, Tobias, 07.02.1991, D, 40/2 3. L
10 Spann, Andreas, 17.05.1984, D, 1/– BL, 70/26 3. L

VfB Stuttgart II

Gegründet: 9. 9. 1893 – Anschrift: Mercedesstraße 109, 70372 Stuttgart, Telefon: 0 18 05 – 8 32 54 63, www.vfb.de
Stadion: Gazi-Stadion auf der Waldau (10 100 Plätze)
Erfolge: Deutscher Amateurmeister 1963 und 1980
Trainer: Jürgen Kramny, geb. am 18. 10. 1971, seit 1. 7. 2011 Cheftrainer beim VfB Stuttgart II

TORHÜTER
1 Leno, Bernd, 04.03.1992, D, 54/– 3. L
32 Stolz, Alexander, 13.10.1983, D, 8/– 3. L
33 Weis, André, 30.09.1989, D, 9/– 3. L
12 Wieszt, Jonas, 03.08.1992, D

ABWEHR
15 Bauer, Patrick, 28.10.1992, D, 2/– 3. L
23 Enderle, Sebastian, 29.05.1989, D, 55/– 3. L
26 Frank, Simon, 22.05.1991, D
6 Geyer, Thomas, 06.03.1991, D, 30/– 3. L
13 Hegen, Manuel, 23.11.1992, D, 4/– 3. L
3 Hertner, Sebastian, 02.05.1991, D, 42/– 3. L
22 Lang, Steffen, 14.08.1993, D, 5/– 3. L
25 Maurer, Patrick, 05.01.1992, D
4 Röcker, Benedikt, 19.11.1989, D, 12/– 3. L
31 Rüdiger, Antonio, 03.03.1993, D
2 Vecchione, Felice, 22.01.1991, ITA, 32/1 3. L
5 Vier, Daniel, 16.05.1982, D, 59/10 3. L

MITTELFELD
34 Afsarli, Berkan, 01.03.1991, D
16 Holzhauser, Raphael, 16.02.1993, AUT, 31/5 3. L
24 Janzer, Manuel, 07.03.1992, D, 1/1 3. L
21 Karatas, Öztürk, 15.02.1991, TUR, 9/1 3. L
14 Kuhn, Moritz, 01.08.1991, D
20 Müller, David, 01.11.1991, D, 5/1 3. L
7 Rapp, Marco, 05.06.1991, D, 14/– 3. L
17 Rathgeb, Tobias, 03.05.1982, D, 30/1 BL, 29/1 2. BL, 48/9 3. L
19 Stöger, Kevin, 27.08.1993, AUT, 6/– 3. L

ANGRIFF
8 Aschauer, Alexander, 14.03.1992, AUT, 17/2 3. L
9 Benyamina, Soufian, 02.03.1990, D, 53/10 3. L
11 Breier, Pascal, 02.02.1992, D, 9/1 3. L
18 Hemlein, Christoph, 16.12.1990, D
27 Riemann, Alexander, 12.04.1992, D, 20/1 3. L

SV Sandhausen

Gegründet: 1. 8. 1916 – Anschrift: Jahnstraße 1, 69207 Sandhausen, Telefon: (0 62 24) 82 79 00 40, www.svs1916.de
Stadion: Hardtwaldstadion (10 231 Plätze)
Erfolge: Deutscher Amateurmeister 1978 und 1993
Trainer: Gerd Dais, geb. am 11. 8. 1963, seit 14. 2. 2011 Cheftrainer beim SV Sandhausen

TORHÜTER
16 Böttger, Julian, 06.10.1988, D
30 Ischdonat, Daniel, 09.06.1976, D, 59/– 2. BL, 17/– 3. L
28 Kühn, Phillipp, 02.09.1992, D, 15/– 3. L

ABWEHR
2 Busch, Marcel, 02.02.1982, D, 61/3 2. BL, 32/1 3. L
6 Halfar, Sören, 02.01.1987, D, 17/– BL, 23/– 2. BL, 50/4 3. L
21 Kandziora, Marcel, 04.02.1990, D, 16/2 3. L
15 Pischorn, Marco, 01.01.1986, D, 4/– BL, 85/7 3. L
22 Rubink, Tim, 12.01.1988, D, 1/– BL, 4/– 3. L
3 Schick, Michael, 29.02.1988, D, 10/1 2. BL, 15/– 3. L
5 Schulz, Daniel, 21.02.1986, D, 5/– 2. BL, 49/1 3. L
23 Sievers, Jan-André, 05.08.1987, D, 75/– 3. L

MITTELFELD
7 Blacha, David, 22.10.1990, POL/D, 9/– 2. BL, 29/– 3. L
25 Blum, Danny, 07.01.1991, D, 37/– 3. L
13 Danneberg, Tim, 23.04.1986, D, 7/– BL, 98/10 3. L

14 Fießer, Jan, 02.01.1987, D, 67/4 3. L
4 Glibo, Kristjan, 01.04.1982, D, 2/– BL, 45/2 2. BL, 27/2 3. L
8 Pinto, Roberto, 22.08.1978, POR, 129/6 BL, 86/16 3. L
31 Prokop, Peter, 23.07.1989, D
26 Rohracker, Dominik, 09.01.1989, D, 40/2 3. L
11 Schauerte, Julian, 02.04.1988, D, 68/1 3. L
10 Ulm, David, 30.06.1984, FRA, 16/1 2. BL, 65/9 3. L

ANGRIFF
18 Dorn, Regis, 22.12.1979, FRA, 52/7 BL, 72/20 2. BL, 65/28 3. L
20 Imbs, Yannick, 05.07.1985, FRA
9 Löning, Frank, 28.08.1981, D, 28/3 2. BL, 71/27 3. L
27 Öztürk, Aykut, 07.11.1987, TUR, 11/1 2. BL, 49/11 3. L

SV Babelsberg 03

Gegründet: 10. 12. 1991 – Anschrift: Karl-Liebknecht-Straße 90, 14482 Potsdam, Telefon: (03 31) 70 49 80, www.babelsberg03.de
Stadion: Karl-Liebknecht-Stadion (10 786 Plätze)
Trainer: Dietmar Demuth, geb. am 14. 1. 1955, seit 7. 10. 2007 beim SV Babelsberg 03

TORHÜTER
13 Rauch, Sebastian, 20.09.1981, D, 1/– 3. L
1 Unger, Marian, 17.11.1983, D, 38/– 3. L
23 Zacher, Daniel, 04.11.1988, D

ABWEHR
22 Grossert, Florian, 06.03.1985, D, 1/– 2. BL, 11/1 3. L
19 Kauffmann, Benjamin, 14.07.1988, D, 1/– 2. BL
2 Kühne, Matthias, 27.09.1987, D
16 Nelson, Mickael, 02.02.1990, FRA
7 Rudolph, Matthias, 06.09.1982, D, 20/– 3. L
3 Surma, Ronny, 17.04.1988, D, 19/– 3. L

MITTELFELD
25 Civa, Almedin, 27.04.1972, BIH, 71/1 2. BL, 29/1 3. L
8 Groß, Christian, 08.02.1989, D
21 Hollwitz, David, 20.03.1989, D, 4/– 3. L
5 Igwe, Amaechi, 20.05.1988, USA
18 Makarenko, Anton, 22.08.1988, UKR, 5/– 2. BL, 32/6 3. L
17 Prochnow, Julian, 01.07.1986, D, 27/2 3. L
10 Stroh-Engel, Dominik, 27.11.1985, D, 3/– BL, 16/2 2. BL, 49/11 3. L
6 Szczur, Mateusz, 26.02.1990, POL

ANGRIFF
11 Bolivard, Malick, 17.06.1987, FRA, 2/– 2. BL, 11/– 3. L
31 Hebisch, Nicolas, 26.03.1990, D, 24/4 3. L
9 Müller, Markus, 22.05.1988, D, 2/– 2. BL, 3/– 3. L
14 Scheinig, Daniel, 13.01.1988, D
20 Schulz, Kofi, 21.07.1989, GHA

SpVgg Unterhaching

Gegründet: 1. 1. 1925 – Anschrift: Am Sportpark 1, 82008 Unterhaching, Telefon: (0 89) 61 55 91 60, www.spvgg-unterhaching.de
Stadion: Stadion am Sportpark (15 053 Plätze)
Trainer: Heiko Herrlich, geb. am 3. 12. 1971, seit 1. 7. 2011 Cheftrainer bei der SpVgg Unterhaching

TORHÜTER
12 Riederer, Stefan, 26.12.1985, D, 5/– 3. L
33 Wolf, Sebastian, 01.03.1993, D

ABWEHR
26 Hefele, Michael, 01.09.1990, D, 27/– 3. L
17 Hummels, Jonas, 05.08.1990, D
24 Krstic, Filip, 24.09.1988, SRB/D
3 Stegmayer, Michael, 12.01.1985, D, 11/– BL, 30/– 2. BL, 55/2 3. L
27 Vitzthum, Michael, 20.06.1992, D, 20/1 3. L
4 Ziegler, Patrick, 09.02.1990, D, 25/– 3. L

MITTELFELD
10 Amrhein, Patrick, 20.10.1989, D, 8/– 2. BL, 37/3 3. L
20 Avdic, Marcel, 28.02.1991, D, 14/– 3. L
30 Bigalke, Sascha, 08.01.1990, D, 1/– BL
8 Minorelli, Daniel Pedro, 31.07.1984, POR, 6/– 3. L

2 Sari, Deniz Ömer, 29.07.1985, TUR
23 Schwabl, Markus, 26.08.1990, D, 22/1 3. L
16 Stemmer, Felix, 02.03.1993, D
6 Thee, Stephan, 26.07.1988, D, 22/2 3. L
5 Yilmaz, Yasin, 19.02.1989, TUR, 14/– 3. L

ANGRIFF
7 Amachaibou, Abdenour, 22.01.1987, D, 32/9 3. L
31 Hasenbeck, Lennart, 26.12.1988, D
13 Kadrijaj, Valonis, 23.03.1992, SRB, 18/2 3. L
28 Kanca, Ömer, 24.12.1989, TUR, 20/2 3. L
11 Niederlechner, Florian, 24.10.1990, D
21 Sternisko, Roland, 10.04.1988, D
15 Thiel, Yannic, 22.10.1989, D
9 Tunjic, Mijo, 24.02.1988, NED, 33/8 3. L

FC Carl Zeiss Jena

Gegründet: 13. 5. 1903, Neugründung am 20. 1. 1966 (davor SC Motor Jena) – Anschrift: Oberaue 3, 07745 Jena, Telefon: (0 36 41) 76 51 00, www.fc-carlzeiss-jena.de
Stadion: Ernst-Abbe-Sportfeld (12 990 Plätze)
Erfolge: DDR-Meister 1963, 1968 und 1970, DDR-Pokalsieger 1960, 1972, 1974 und 1980
Trainer: Heiko Weber, geb. am 26. 6. 1965, seit 20. 4. 2011 Cheftrainer bei Carl Zeiss Jena

TORHÜTER
30 Berbig, Tino, 07.10.1980, D, 62/– 2. BL, 38/– 3. L
25 Braunsdorf, Steven, 24.01.1992, D
12 Moritz, Alexander, 30.03.1982, D
1 Siefkes, Patrick, 12.01.1990, D, 4/– 3. L

ABWEHR
18 Maul, Alexander, 24.09.1976, D, 57/1 2. BL, 92/1 3. L
8 Schmidt, Ralf, 09.10.1985, D, 8/– BL, 14/– 2. BL, 87/– 3. L
4 Schulz, Kai-Fabian, 12.03.1990, D, 2/– 2. BL
3 Voigt, Alexander, 13.04.1978, D, 79/1 BL, 209/15 2. BL, 32/1 3. L
5 Zickert, Robert, 23.03.1990, D
13 Zolinski, Ben, 03.05.1992, D

MITTELFELD
21 Doro, Sebastian, 07.07.1992, D
9 Eckardt, René, 22.02.1990, D, 47/4 3. L
6 Krause, Marlon, 01.09.1990, D
7 Landeka, Josip, 28.04.1987, CRO, 65/5 3. L
14 Lemke, Dennis, 08.03.1989, D, 1/– 3. L
22 Miatke, Nils, 30.01.1990, D, 14/– 2. BL
20 Ronneburg, Stefan, 07.02.1989, D, 73/3 3. L
10 Siefkes, Christoph, 20.02.1991, D
19 Simak, Jan, 13.10.1978, CZE, 59/8 BL, 85/34 2. BL, 1 A für Tschechien

ANGRIFF
27 Brinkmann, Yves, 10.07.1992, D
26 Fries, Sebastian, 24.01.1993, D, 3/– 3. L
28 Grob, Kevin, 24.06.1992, D, 1/– 3. L
17 Grüneberg, Philipp, 21.05.1992, D
11 Hähnge, Sebastian, 11.03.1978, D, 18/4 BL, 18/3 2. BL, 103/26 3. L
24 Jovanovic, Velimir, 25.08.1987, SRB, 8/1 2. BL
29 Pichinot, Nils, 29.08.1989, D, 1/1 2. BL, 10/1 3. L
23 Ullmann, Martin, 11.12.1986, D, 25/3 3. L

VfR Aalen

Gegründet: 8. 3. 1921 – Anschrift: Stadionweg 5/1, 73430 Aalen, Telefon: (0 73 61) 52 48 80, www.vfr-aalen.de
Stadion: Scholz-Arena (11 169 Plätze)
Trainer: Ralph Hasenhüttl, geb. am 9. 8. 1967, seit 3. 1. 2011 Cheftrainer beim VfR Aalen

TORHÜTER
1 Bernhardt, Daniel, 21.08.1985, D, 38/– 3. L
30 Reus, Timo, 02.05.1974, D, 14/– BL, 44/– 2. BL
24 Wehr, Marcel, 15.07.1990, D

ABWEHR
8 Barg, Benjamin, 15.09.1984, D, 1/– 2. BL, 56/1 3. L
4 Gorka, Benjamin, 15.04.1984, D, 5/– 2. BL, 31/4 3. L

6 Herröder, Sascha, 18.04.1988, D, 9/1 3. L
14 Kister, Tim, 30.12.1986, D, 21/1 3. L
13 Klefenz, Marcel, 20.04.1986, D, 4/– 3. L
5 Mössmer, Jürgen, 11.06.1989, D, 15/– 3. L
27 Schmidt, Felix, 03.05.1992, D
21 Schulz, Thorsten, 05.12.1984, D, 76/2 3. L
11 Valentini, Enrico, 20.02.1989, ITA, 19/– 3. L

MITTELFELD
2 Dausch, Martin, 04.03.1986, D, 46/10 3. L
7 Haller, Marco, 30.06.1984, D, 93/10 3. L
23 Hofmann, Andreas, 13.04.1986, D, 53/– 3. L
3 Leandro, 24.10.1980, ARG/ITA, 10/1 2. BL, 103/8 3. L
25 Ruiz, Kevin, 29.06.1991, D
17 Traut, Sascha, 21.05.1985, D, 13/– 2. BL, 95/3 3. L
28 Weiß, Fabian, 23.02.1992, D, 1/– 3. L

ANGRIFF
10 Calamita, Marco, 22.03.1983, ITA, 89/22 3. L
9 Lechleiter, Robert, 01.07.1980, D, 92/14 2. BL, 50/12 3. L
15 Sauter, Christoph, 03.08.1991, D

SV Wacker Burghausen

Gegründet: 13. 11. 1930 – Anschrift: Elisabethstraße 1, 84489 Burghausen, Telefon: (0 86 77) 87 58 70, fussball.sv-wacker.de
Stadion: Wacker-Arena (10 000 Plätze)
Trainer: Rudolf Bommer, geb. am 19. 8. 1957, seit 1. 7. 2011 Cheftrainer bei Wacker Burghausen

TORHÜTER
28 Schönhuber, Manuel, 25.10.1991, D, 1/– 3. L
1 Vollath, René, 20.03.1990, D, 36/– 3. L

ABWEHR
2 Chaftar, Mounir, 29.01.1986, D, 9/– BL, 5/– 2. BL, 31/– 3. L
5 Cinar, Josef, 22.01.1984, D
6 Eberlein, Alexander, 14.01.1988, D, 9/– 2. BL, 76/7 3. L
22 Holz, Marco, 31.01.1990, D, 42/– 3. L
16 Omodiagbe, Darlington, 02.07.1978, NGA, 212/12 2. BL, 26/4 3. L
21 Thiel, Maximilian, 03.02.1993, D, 8/– 3. L

MITTELFELD
27 Bonimeier, Harald, 06.09.1990, D, 1/– 3. L
20 Brucia, Christian, 02.02.1988, D, 51/1 3. L
14 Burkhard, Christoph, 09.11.1984, D, 14/– 2. BL, 71/5 3. L
15 Grübl, Markus, 31.08.1989, D, 71/3 3. L
24 Heidrich, Matthias, 10.12.1977, D, 10/– BL, 154/15 2. BL, 30/5 3. L
7 Holzer, Christian, 20.01.1979, D, 14/1 2. BL, 75/6 3. L
25 Huber, Tobias, 29.08.1992, D
23 Leberfinger, Thomas, 05.01.1990, D, 24/– 3. L
10 Mokhtari, Youssef, 05.03.1979, MAR/D, 20/1 BL, 152/36 2. BL, 23 A für Marokko
29 Mrowca, Patryk, 28.09.1992, D
3 Schmidt, Ronald, 28.04.1977, D, 121/16 2. BL, 65/6 3. L
17 Schwarz, Heiko, 23.08.1989, D, 5/– 2. BL

ANGRIFF
9 Adler, Nicky, 23.05.1985, D, 13/– BL, 106/18 2. BL
26 Behr, Christoph, 21.03.1989, D, 15/– 3. L
8 Glasner, Sebastian, 06.05.1985, D, 24/– 2. BL, 60/12 3. L
13 Olumide, Joseph, 10.10.1987, NGA, 2/– 2. BL, 11/– 3. L

Werder Bremen II

Gegründet: 4. 2. 1899 – Anschrift: Franz-Böhmert-Straße 1 c, 28205 Bremen, Telefon: 0 18 05 – 93 73 37, www.werder.de
Stadion: Weserstadion, Platz 11 (5500 Plätze)
Erfolge: Deutscher Amateurmeister 1966, 1985 und 1991
Trainer: Thomas Wolter, geb. am 4. 10. 1963, seit 15. 1. 2002 Cheftrainer bei Werder Bremen II

TORHÜTER
22 Duffner, Tobias, 05.12.1983, D, 5/– 3. L
39 Düker, Bernd, 01.04.1992, D
1 Reisacher, Jerome, 26.01.1991, FRA

ABWEHR
37 Balogun, Leon, 28.06.1988, NGA, 6/– BL, 29/1 3. L
45 Hyde, Aljoscha Lartey, 30.04.1992, D
38 Schoppenhauer, Clemens, 23.02.1992, D, 14/– 3. L
14 Stallbaum, Sandro, 14.09.1981, D, 109/1 3. L

MITTELFELD
23 Beermann, Malte, 31.03.1992, D
20 Grashoff, Malte, 03.02.1992, D
29 Grieneisen, Henning, 09.09.1984, D, 1/– BL, 46/2 2. BL, 33/1 3. L
5 Hahn, Alexander, 20.01.1993, D
13 Henze, Leon, 09.03.1992, D
6 Krisch, Kevin, 20.08.1991, AUT, 20/1 3. L
18 Kroos, Felix, 12.03.1991, D, 5/– BL, 27/– 2. BL, 21/6 3. L
43 Mlynikowski, Marcus, 06.07.1992, D, 2/– 3. L
10 Nagel, Florian, 13.03.1992, D, 18/– 3. L
47 Schmude, Jonathan, 31.05.1992, D
8 Schön, Andreas, 09.08.1989, D, 22/1 3. L
34 Stevanovic, Aleksandar, 16.02.1992, D
31 Stevanovic, Predrag, 03.03.1991, SRB, 3/– BL, 10/3 3. L
35 Trinks, Florian, 11.03.1992, D, 8/— BL, 7/– 3. L
25 Trybull, Tom, 09.03.1993, D, 18/– 3. L
32 Yildirim, Özkan, 10.04.1993, D, 1/– 3. L

ANGRIFF
46 Ayik, Onur, 28.01.1990, D, 2/– BL, 56/11 3. L
16 Boyce, Liam, 08.04.1991, NIR, 3/– 3. L, 4 A für Nordirland
9 Füllkrug, Niclas, 09.02.1993, D
7 Hörber, Niklas, 14.05.1991, D
28 Schindler, Kevin, 21.05.1988, D, 5/– BL, 40/5 2. BL, 10/1 3. L
36 Thy, Lennart, 25.02.1992, D, 2/– BL, 48/7 3. L
11 Wegner, Max, 24.03.1989, D

Chemnitzer FC

Gegründet: 15. 1. 1966, zuvor SC Karl-Marx-Stadt, bis 1990 FC Karl-Marx-Stadt – Anschrift: Reichenhainer Str. 154, 09125 Chemnitz, Telefon: (03 71) 56 15 80, www.chemnitzerfc.de
Stadion: Stadion an der Gellertstraße (18 700 Plätze)
Erfolge: DDR-Meister 1967
Trainer: Gerd Schädlich, geb. am 30. 12. 1952, seit 1. 7. 2008 Cheftrainer beim Chemnitzer FC

TORHÜTER
31 Ebersbach, Maik, 07.03.1990, D
1 Pentke, Philipp, 01.05.1985, D
30 Schmidt, Stefan, 08.03.1989, D

ABWEHR
3 Bankert, Silvio, 13.06.1985, D
14 Birk, Thomas, 05.07.1988, D, 9/– 2. BL, 13/– 3. L
4 Hörnig, Florian, 06.08.1986, D, 7/– 2. BL, 69/2 3. L
28 Richter, Andreas, 15.09.1977, D, 90/5 2. BL
25 Schaschko, Raphael, 07.06.1985, D, 14/– 2. BL, 34/– 3. L
8 Sträßer, Carsten, 05.07.1980, D, 127/5 2. BL, 66/1 3. L
27 Trehkopf, René, 08.04.1980, D, 116/6 2. BL, 14/– 3. L
5 Wachsmuth, Toni, 15.11.1986, D, 34/3 2. BL, 18/1 3. L

MITTELFELD
7 Garbuschewski, Ronny, 23.02.1986, D
6 Gewelke, René, 05.09.1989, D
17 Peßolat, Matthias, 26.03.1985, D, 27/– 3. L
23 Schlosser, Marcel, 08.08.1987, D
24 Tüting, Simon, 07.09.1986, D, 1/– BL, 5/– 2. BL
21 Wilke, Marcel, 26.06.1989, D

ANGRIFF
11 Aydemir, Selim, 26.10.1990, D, 4/– 3. L
33 Dobry, Pavel, 01.02.1976, CZE, 66/14 3. L
10 Förster, Benjamin, 14.11.1989, D
18 Henning, Bastian, 27.05.1983, D

SC Preußen Münster

Gegründet: 30. 4. 1906 – Anschrift: Fiffi-Gerritzen-Weg 1, 48153 Münster, Telefon: (02 51) 98 72 70, www.scpreussen-muenster.de
Stadion: Preußenstadion (15 050 Plätze)
Erfolge: Deutscher Amateurmeister 1994
Trainer: Marc Fascher, geb. am 4. 8. 1968, seit 21. 3. 2010 Cheftrainer bei Preußen Münster

TORHÜTER
1 Buchholz, David, 05.08.1984, D
25 Masuch, Daniel, 24.04.1977, D, 60/– 2. BL, 37/– 3. L

ABWEHR
6 Duah, Jürgen, 19.12.1985, D
17 Halet, Clement, 21.05.1984, FRA, 21/– 2. BL, 25/– 3. L
7 Heise, Philip, 20.06.1991, D
22 Huckle, Patrick, 04.11.1983, D
5 Kirsch, Patrick, 01.01.1981, D, 47/1 3. L
24 Ndjeng, Dominique, 04.11.1980, CMR/D, 56/– 2. BL
4 Riemer, Marco, 24.02.1988, D, 3/– 2. BL, 79/5 3. L
16 Westermann, Julian, 19.04.1991, D

MITTELFELD
11 Bourgault, Jonathan, 27.09.1988, CAN, 7/– 2. BL, 4 A für Kanada
31 Kluft, Björn, 11.01.1990, D, 22/2 3. L
8 Kühne, Stefan, 15.08.1980, D, 38/– 2. BL, 23/– 3. L
14 Loose, Julian, 17.05.1985, D
23 Ornatelli, Massimo, 17.01.1986, D/ITA
18 Schmider, Rico, 24.06.1991, D
30 Siegert, Benjamin, 07.07.1981, D, 1/– BL, 150/9 2. BL, 36/3 3. L
21 Truckenbrod, Jens, 18.02.1980, D, 96/6 3. L
13 Vunguidica, José Pierre, 03.01.1990, ANG, 1/– BL, 16/2 3. L, 3 A für Angola

ANGRIFF
9 Chitsulo, Daniel, 07.03.1983, MWI, 24/1 2. BL, 25 A für Malawi
80 Güvenisik, Sercan, 01.03.1980, TUR, 6/– BL, 93/12 2. BL, 30/17 3. L
19 N'Diaye, Babacar, 12.12.1973, SEN/D, 5/1 BL, 174/28 2. BL
20 Pollok, Wojciech, 25.06.1982, D

SV Darmstadt 98

Gegründet: 22. 5. 1898 – Anschrift: Nieder-Ramstädter Straße 170, 64285 Darmstadt,
Telefon: (0 61 51) 66 66 98, www.sv98.de
Stadion: Stadion am Böllenfalltor (19 600 Plätze)
Trainer: Kosta Runjaic, geb. am 4. 6. 1971, seit 23. 3. 2010 Cheftrainer beim SV Darmstadt 98

TORHÜTER
28 Salfeld, David, 02.11.1990, D
21 Samaké, Joel, 15.08.1986, D
1 Zimmermann, Jan, 19.04.1985, D, 5/– BL

ABWEHR
6 Beisel, Christian, 08.12.1982, D, 10/– 2. BL, 71/2 3. L
4 Brighache, Fouad, 10.05.1982, D, 14/– 3. L
16 Brüdigam, Markus, 07.04.1986, D
5 Gaebler, Andreas, 17.04.1984, D
8 Grüter, Jonas, 01.02.1986, D
53 Islamoglu, Cem, 04.09.1980, TUR, 11/– 2. BL
2 Ratei, Julian, 12.07.1988, D

MITTELFELD
22 Amstätter, Sascha, 08.11.1977, D, 2/– BL, 33/– 2. BL, 4/– 3. L
23 Baier, Benjamin, 23.07.1988, D, 12/– 2. BL, 21/2 3. L
61 Bilgin, Burak, 19.07.1992, D
17 Heckenberger, Matthias, 09.11.1982, D
14 Hesse, Uwe, 16.12.1987, D
19 Hübner, Christopher, 15.11.1986, D
18 Latza, Danny, 07.12.1989, D, 3/– BL
25 Mladenovic, Nikola, 16.06.1992, D
20 Onwuzuruike, Henry, 26.12.1979, NGA, 31/1 2. BL
10 Toch, Daniele, 13.11.1987, D
7 Zimmerman, Preston, 21.11.1988, USA

ANGRIFF
43 Heil, Oliver, 19.06.1988, D
13 Hübner, Rudolf, 15.06.1986, D
9 Steegmann, Marcus, 04.02.1981, D, 5/– BL, 90/18 3. L

KAPITEL 9

DIE FUSSBALL-WELTMEISTERSCHAFT

DIE FUSSBALL-WELTMEISTER

1930	URUGUAY	1978	ARGENTINIEN
1934	ITALIEN	1982	ITALIEN
1938	ITALIEN	1986	ARGENTINIEN
1950	URUGUAY	1990	DEUTSCHLAND
1954	DEUTSCHLAND	1994	BRASILIEN
1958	BRASILIEN	1998	FRANKREICH
1962	BRASILIEN	2002	BRASILIEN
1966	ENGLAND	2006	ITALIEN
1970	BRASILIEN	2010	SPANIEN
1974	DEUTSCHLAND		

1930: Uruguay (Trainer: Suppici)

Endrunde vom 13. bis 30. Juli 1930 in Montevideo/Uruguay

Gruppe I: Argentinien. Frankreich – Mexiko 4:1, Argentinien – Chile 3:1, Frankreich – Chile 0:1, Mexiko – Argentinien 3:6, Frankreich – Argentinien 0:1, Mexiko – Chile 0:3.
Gruppe II: Jugoslawien. Jugoslawien – Brasilien 2:1, Jugoslawien – Bolivien 4:0, Brasilien – Bolivien 4:0.
Gruppe III: Uruguay. Rumänien – Peru 3:1, Uruguay – Peru 1:0, Uruguay – Rumänien 4:0.
Gruppe IV: USA. USA – Belgien 3:0, USA – Paraguay 3:0, Paraguay – Belgien 1:0.
Halbfinale: Argentinien – USA 6:1, Uruguay – Jugoslawien 6:1.

Endspiel am 30. Juli 1930 in Montevideo: Uruguay – Argentinien 4:2 (1:2)
Uruguay: Ballesteros; Mascheroni, Nasazzi; Andrade, Fernandez, Gestido, Dorado, Scarone, Castro, Cea, Iriarte.
Argentinien: Botasso; Della Torre, Paternoster; Je Evaristo, Monti, Suarez, Peucelle, Varallo, Stabile, Ferreira, M. Evaristo.
Tore: Dorado, Cea, Iriarte, Castro (Peucelle, Stabile) – Zuschauer: 80 000 – SR.: Langenus (Belgien).

1934: Italien (Trainer: Pozzo)

Qualifikation (Titelverteidiger Uruguay nahm nicht teil. Veranstalter Italien musste in die Qualifikation):

Gruppe I: Schweden. Schweden – Estland 6:2, Litauen – Schweden 0:2.
Gruppe II: Spanien. Spanien – Portugal 9:0, 2:1.
Gruppe III: Italien. Italien – Griechenland 4:0, Griechenland verzichtete auf das zweite Spiel.
Gruppe IV: Ungarn und Österreich. Bulgarien – Ungarn 1:4, 1:4; Österreich – Bulgarien 6:1.
Gruppe V: Tschechoslowakei. Polen – Tschechoslowakei 1:2, 0:2 (Wertung, Polen trat nicht an).
Gruppe VI: Rumänien und Schweiz. Jugoslawien – Schweiz 2:2, Schweiz – Rumänien 2:2 (für Schweiz mit 2:0 als gewonnen gewertet), Rumänien – Jugoslawien 2:1.
Gruppe VII: Niederlande und Belgien. Irland – Belgien 4:4, Niederlande – Irland 5:2, Belgien – Niederlande 2:4.
Gruppe VIII: Deutschland und Frankreich. Luxemburg – Deutschland 1:9, Luxemburg – Frankreich 1:6.
Gruppe IX: Brasilien. Peru trat nicht an.
Gruppe X: Argentinien. Chile trat nicht an.
Gruppe XI: Mexiko. Haiti – Kuba 1:3, 1:1, 0:6; Mexiko – Kuba 3:2, 5:0, 4:1.
Gruppe XII: Ägypten. Ägypten – Palästina 7:1, 4:1; die Türkei verzichtete.

Endrunde vom 27. Mai bis 10. Juni 1934 in Italien

Qualifikationsspiel in Rom (24.5.1934): USA – Mexiko 4:2.

Achtelfinale: Österreich – Frankreich n. V. 3:2 (Turin), Ungarn – Ägypten 4:2 (Neapel), Brasilien – Spanien 1:3 (Genua), Italien – USA 7:1 (Rom), Deutschland – Belgien 5:2 (Florenz), Argentinien – Schweden 2:3 (Bologna), Niederlande – Schweiz 2:3 (Mailand), Tschechoslowakei – Rumänien 2:1 (Triest).
Viertelfinale: Österreich – Ungarn 2:1 (Bologna), Spanien – Italien 1:1 n. V. und 0:1 (Florenz), Deutschland – Schweden 2:1 (Mailand), Schweiz – Tschechoslowakei 2:3 (Turin).
Halbfinale: Österreich – Italien 0:1 (Mailand), Deutschland – Tschechoslowakei 1:3 (Rom).
Um den dritten Platz: Deutschland – Österreich 3:2 (Neapel).

Endspiel am 10. Juni 1934 in Rom: Italien – Tschechoslowakei 2:1 (1:1, 0:0) n. V.
Italien: Combi, Monzeglio, Allemandi; Ferraris IV, Monti, Bertolini; Guaita, Meazza, Schiavio, Ferrari, Orsi.
Tschechoslowakei: Planicka; Zenicek, Ctyroky; Kostalek, Cambal, Krcil; Junek, Svoboda, Sobotka, Nejedly, Puc.
Tore: Orsi, Schiavio (Puc) – Zuschauer: 40 000 – SR.: Eklind (Schweden).

1938: Italien (Trainer: Pozzo)

Qualifikation:

Gruppe I: Deutschland und Schweden. Deutschland – Schweden 5:0, Deutschland – Estland 4:1, Finnland – Deutschland 0:2, Schweden – Estland 7:2, Schweden – Finnland 4:0, Finnland – Estland 0:1.
Gruppe II: Norwegen. Norwegen – Irland 3:2, 3:3.
Gruppe III: Polen. Polen – Jugoslawien 4:0, 0:1.
Gruppe IV: Rumänien. Ägypten trat nicht an.
Gruppe V: Schweiz. Schweiz – Portugal 2:1 in Mailand.
Gruppe VI: Ungarn. Palästina – Griechenland 1:3, 0:1; Ungarn – Griechenland 11:1.
Gruppe VII: Tschechoslowakei. Bulgarien – Tschechoslowakei 1:1, 0:6.
Gruppe VIII: Österreich. Lettland – Litauen 4:2, 5:1; Österreich – Lettland 2:1 (nach dem Anschluss Österreichs ans Deutsche Reich blieb der Startplatz unbesetzt).
Gruppe IX: Niederlande und Belgien. Belgien – Niederlande 1:1, Niederlande – Luxemburg 4:0, Luxemburg – Belgien 2:3.
Gruppe X: Brasilien. Argentinien trat nicht an (Bolivien und Uruguay verzichteten noch vor der Gruppeneinteilung ebenso wie in Europa Spanien wegen des Bürgerkriegs).
Gruppe XI: Kuba. USA, Kolumbien, Costa Rica, Mexiko, El Salvador und Niederländisch Guayana traten nicht an.
Gruppe XII: Niederländisch-Indien. Japan trat nicht an.
Frankreich als Veranstalter und Italien als Weltmeister direkt qualifiziert.

Endrunde vom 4. bis 19. Juni 1938 in Frankreich

Achtelfinale: Italien – Norwegen n. V. 2:1 (Marseille), Frankreich – Belgien 3:1 (Paris), Brasilien – Polen n. V. 6:5 (Straßburg), Tschechoslowakei – Niederlande n. V. 3:0 (Le Havre), Deutschland – Schweiz n. V. 1:1 und 2:4 (Paris), Ungarn – Niederländisch-Indien 6:0 (Reims), Kuba – Rumänien n. V. 3:3 und 2:1 (Toulouse), Österreich – Schweden fand wegen des „Anschlusses" nicht statt.
Viertelfinale: Frankreich – Italien 1:3 (Paris), Brasilien – Tschechoslowakei n. V. 1:1 und 2:1 (Bordeaux), Schweiz – Ungarn 0:2 (Lille), Schweden – Kuba 8:0 (Antibes).
Halbfinale: Italien – Brasilien 2:1 (Marseille), Ungarn – Schweden 5:1 (Paris).
Um den dritten Platz: Brasilien – Schweden 4:2 (Bordeaux).

Endspiel am 19. Juni 1938 in Paris: Italien – Ungarn 4:2 (3:1).
Italien: Olivieri; Foni, Rava; Serantoni, Andreolo, Locatelli; Biavati, Meazza, Piola, Ferrari, Colaussi.
Ungarn: Szabo, Polgar, Biro, Szalay, Szücs, Lazar; Sas, Vincze. Dr. Sarosi, Zsengeller, Titkos.
Tore: Colaussi 2, Piola 2 (Titkos, Dr. Sarosi) – Zuschauer: 60 000 – SR: Capdeville (Frankreich).

1950: Uruguay (Trainer: Lopez)

Qualifikation:

Gruppe I: England. Schottland – England 0:1, England – Nordirland 9:2, Wales – England 1:4, Nordirland – Schottland 2:8, Schottland – Wales 2:0, Wales – Nordirland 0:0. Schottland und das daraufhin genannte Frankreich verzichteten.
Gruppe II: Kein Teilnehmer: Türkei – Syrien 7:0; Österreich trat nicht gegen die Türkei an. Als auch die Türkei verzichtete, erhielt Portugal die Chance, in Brasilien zu spielen. Es lehnte ebenfalls ab.
Gruppe III: Jugoslawien. Jugoslawien – Israel 6:0, 5:2; Frankreich – Jugoslawien 1:1, 1:1, 2:3 n. V (in Florenz).

Gruppe IV: Schweiz. Schweiz – Luxemburg 5:2, 3:2. Belgien verzichtete gegen die Schweiz.
Gruppe V: Schweden. Irland – Finnland 3:0, 1:1; Schweden – Irland 3:1, 3:1; Schweden – Finnland 8:1. Finnland verzichtete auf das Rückspiel und wurde von der FIFA aus der Wertung genommen.
Gruppe VI: Spanien. Spanien – Portugal 5:1, 2:2.
Gruppe VII: Chile und Bolivien. Argentinien trat nicht an.
Gruppe VIII: Uruguay und Paraguay. Ecuador und Peru traten nicht an.
Gruppe IX: USA und Mexiko. Mexiko – USA 6:0, 6:2, Mexiko – Kuba 3:0, 2:0, USA – Kuba 1:1, 5:2. (Turnier in Mexico City).
Gruppe X: Burma und Philippinen verzichteten gegen Indien; Indien verzichtete später ebenfalls. Brasilien als Veranstalter und Italien als Weltmeister direkt qualifiziert.

Endrunde vom 24. Juni bis 16. Juli 1950 in Brasilien

Gruppe 1: Brasilien. Brasilien – Mexiko 4:0 (Rio de Janeiro), Jugoslawien – Schweiz 3:0 (Belo Horizonte), Brasilien – Schweiz 2:2 (Sao Paulo), Mexiko – Jugoslawien 1:4 (Porto Alegre), Brasilien – Jugoslawien 2:0 (Rio de Janeiro), Mexiko – Schweiz 1:2 (Porto Alegre).
Gruppe 2: Spanien. Chile – England 0:2 (Rio de Janeiro), USA – Spanien 1:3 (Curitiba), USA – England 1:0 (Belo Horizonte), Chile – Spanien 0:2 (Rio de Janeiro), England – Spanien 0:1 (Rio de Janeiro), Chile – USA 5:2 (Recife).
Gruppe 3: Schweden. Schweden – Italien 3:2 (Sao Paulo), Paraguay – Schweden 2:2 (Curitiba), Paraguay – Italien 0:2 (Sao Paulo).
Gruppe 4: Uruguay. Uruguay – Bolivien 8:0 (Belo Horizonte).
Endrunde der Gruppensieger: Brasilien – Schweden 7:1 (Rio de Janeiro), Uruguay – Spanien 2:2 (Sao Paulo), Brasilien – Spanien 6:1 (Rio de Janeiro), Uruguay – Schweden 3:2 (Sao Paulo), Schweden – Spanien 3:1 (Sao Paulo), Brasilien – Uruguay 1:2 (Rio de Janeiro).
Uruguay: Maspoli; M. Gonzales, Tejera; Gambetta, Varela, Andrade; Ghiggia, Perez, Miguez, Schiaffino, Moran.
Brasilien: Barbosa; Augusto, Juvenal; Bauer, Danilo, Bigode; Friaca, Zizinho, Ademir, Jair, Chico.
Schweden: K. Svensson; Samuelsson, Nilsson; Andersson, Johansson, Gaerd; Jonsson, Mellberg, Jepsson, Palmer, Sundqvist.
Spanien: Ramallets; Alonso, J. Gonzalvo; M. Gonzalvo, Parra, Puchades; Basora, Igos, Zarra, Panizo, Gainza.

1954: Deutschland (Trainer: Herberger)

Qualifikation:

Gruppe I: Deutschland: Deutschland – Saarland 3:0, 3:1; Deutschland – Norwegen 5:1, 1:1; Saarland – Norwegen 0:0, 3:2.
Gruppe II: Belgien. Belgien – Schweden 2:0, 3:2; Belgien – Finnland 2:2, 4:2; Schweden – Finnland 4:0, 3:3.
Gruppe III: England und Schottland. Nordirland – Schottland 1:3, Wales – England 1:4, Schottland – Wales 3:3, England – Nordirland 3:1, Wales – Nordirland 1:2, Schottland – England 2:4.
Gruppe IV: Frankreich. Frankreich – Irland 1:0, 5:3; Frankreich – Luxemburg 8:0, 6:1, Irland – Luxemburg 4:0, 1:0.
Gruppe V: Österreich. Österreich – Portugal 9:1; 0:0.
Gruppe VI: Türkei. Türkei – Spanien 1:0, 1:4, 2:2 n. V. (in Rom), Losentscheid zugunsten der Türkei.
Gruppe VII: Ungarn. Polen trat nicht an.
Gruppe VIII: Tschechoslowakei. Tschechoslowakei – Rumänien 2:0, 1:0, Tschechoslowakei – Bulgarien 0:0, 2:1; Rumänien – Bulgarien 3:1, 2:1.
Gruppe IX: Italien. Italien – Ägypten 5:1, 2:1.
Gruppe X: Jugoslawien. Jugoslawien – Griechenland 1:0, 1:0; Jugoslawien – Israel 1:0, 1:0; Griechenland – Israel 1:0, 2:0.
Gruppe XI: Brasilien. Brasilien – Paraguay 4:1, 1:0; Brasilien – Chile 1:0, 2:0; Paraguay – Chile 4:0, 3:1.
Gruppe XII: Mexiko. Mexiko – USA 3:1, 4:0 (beide Spiele in Mexico City); Mexiko – Haiti 8:0, 4:0; USA – Haiti 3:2, 3:0 (beide Spiele in Port-au-Prince).
Gruppe XIII: Südkorea. Japan – Südkorea 1:5, 2:2 (beide Spiele in Tokio). Taiwan verzichtete. Schweiz als Veranstalter und Uruguay als Weltmeister direkt qualifiziert.

Endrunde vom 16. Juni bis 4. Juli 1954 in der Schweiz

Gruppe 1: Brasilien und Jugoslawien. Jugoslawien – Frankreich 1:0 (Lausanne), Brasilien – Mexiko 5:0 (Genf), Frankreich – Mexiko 3:2 (Genf), Brasilien – Jugoslawien n. V. 1:1 (Lausanne).

Gruppe 2: Ungarn und Deutschland. Ungarn – Südkorea 9:0 (Zürich), Deutschland – Türkei 4:1 (Bern), Ungarn – Deutschland 8:3 (Basel), Türkei – Südkorea 7:0 (Genf) – Entscheidungsspiel: Deutschland – Türkei 7:2 (Zürich).
Gruppe 3: Uruguay und Österreich. Uruguay – Tschechoslowakei 2:0 (Bern), Österreich – Schottland 1:0 (Zürich), Uruguay – Schottland 7:0 (Basel), Österreich – Tschechoslowakei 5:0 (Zürich).
Gruppe 4: England und Schweiz. England – Belgien n. V. 4:4 (Basel), Schweiz – Italien 2:1 (Lausanne), Schweiz – England 0:2 (Bern), Italien – Belgien 4:1 (Lugano) – Entscheidungsspiel: Schweiz – Italien 4:1 (Basel).
Viertelfinale: Uruguay – England 4:2 (Basel), Schweiz – Österreich 5:7 (Lausanne), Deutschland – Jugoslawien 2:0 (Genf), Ungarn – Brasilien 4:2 (Bern).
Halbfinale: Deutschland – Österreich 6:1 (Basel), Ungarn – Uruguay n. V. 4:2 (Lausanne).
Um den dritten Platz: Österreich – Uruguay 3:1 (Zürich).

Endspiel am 4. Juli 1954 in Bern: Deutschland – Ungarn 3:2 (2:2)
Deutschland: Turek – Posipal, Kohlmeyer – Eckel, Liebrich, Mai – Rahn, Morlock, O. Walter, F. Walter, Schäfer.
Ungarn: Grosics – Buzansky, Lantos – Bozsik, Lorant, Zakarias – Czibor, Kocsis, Hidegkuti, Puskas, M. Toth.
Tore: Morlock, Rahn 2 (Puskas, Czibor) – Zuschauer: 65 000 – SR: Ling (England).

1958: Brasilien (Trainer: Feola)

Qualifikationsspiele:

Europa I: England. England – Irland 5:1, 1:1; England – Dänemark 5:2, 4:1; Irland – Dänemark 2:1, 2:0.
Europa II: Frankreich. Frankreich – Belgien 6:3, 0:0; Frankreich – Island 8:0, 5:1; Belgien – Island 8:3, 5:2.
Europa III: Ungarn. Ungarn – Bulgarien 4:1, 2:1; Ungarn – Norwegen 5:0, 1:2; Bulgarien – Norwegen 7:0, 2:1.
Europa IV: Tschechoslowakei. Tschechoslowakei – Wales 2:0, 0:1; Tschechoslowakei – DDR 3:1, 4:1; Wales – DDR 4:1, 1:2.
Europa V: Österreich. Österreich – Niederlande 3:2, 1:1; Österreich – Luxemburg 7:0, 3:0; Niederlande – Luxemburg 4:1, 5:2 (beide Spele in Rotterdam).
Europa VI: Sowjetunion. Sowjetunion – Polen 3:0, 1:2; Sowjetunion – Finnland 2:1, 10:0; Polen – Finnland 4:0, 3:1; Entscheidungsspiel: Sowjetunion – Polen 2:0 (in Leipzig).
Europa VII: Jugoslawien. Jugoslawien – Rumänien 2:0, 1:1; Jugoslawien – Griechenland 4:1, 0:0; Griechenland – Rumänien 1:2, 0:3.
Europa VIII: Nordirland. Nordirland – Italien 2:1, 0:1; Nordirland – Portugal 3:0, 1:1; Italien – Portugal 3:0, 0:3.
Europa IX: Schottland. Schottland – Spanien 4:2, 1:4; Schottland – Schweiz 3:2, 2:1; Schweiz – Spanien 1:4, 2:2.
Südamerika I: Brasilien. Brasilien – Peru 1:0, 1:1. Venezuela verzichtete.
Südamerika II: Argentinien. Argentinien – Bolivien 4:0, 0:2; Argentinien – Chile 4:0, 2:0; Bolivien – Chile 1:2, 3:0.
Südamerika III: Paraguay. Paraguay – Uruguay 5:0, 0:2; Paraguay – Kolumbien 3:0, 3:2; Uruguay – Kolumbien 1:0, 1:1.
Mittel- und Nordamerika I: Costa Rica – Niederländische Antillen 4:0, 2:1; Costa Rica – Guatemala 3:1 abgebrochen (Wertung nach Spielstand), 6:2; Guatemala – Niederländische Antillen 1:3, Guatemala trat zum Rückspiel nicht an.
Mittel- und Nordamerika II: Mexiko – Kanada 3:0,2:0 (beide Spiele in Mexiko); Mexiko – USA 6:0, 7:2; Kanada – USA 5:1, 3:2.
Entscheidungsspiele der Gruppensieger: Mexiko. Mexiko – Costa Rica 2:0, 1:1.

Asien/Afrika: Wales (nach Entscheidungsspielen gegen Israel)
Vorrunde, Gruppe 1: Taiwan verzichtete gegen Indonesien. Indonesien – China 2:0, 3:4, 0:0 n. V. (in Rangoon); Indonesien durch besseres Torverhältnis Gruppensieger.
Vorrunde, Gruppe 2: Türkei trat gegen Israel nicht an.
Vorrunde, Gruppe 3: Zypern erhielt von den britischen Behörden keine Reiseerlaubnis für die Spiele gegen Ägypten.
Vorrunde, Gruppe 4: Sudan – Syrien 1:0, 1:1.
2. Runde: Indonesien trat gegen Israel, Ägypten gegen den Sudan nicht an.
Endrunde: Sudan trat gegen Israel nicht an.

Entscheidungsspiele: Israel – Wales (durch Los aus den europäischen Gruppenzweiten ermittelt) 0:2, 0:2.
Schweden als Veranstalter und Deutschland als Weltmeister direkt qualifiziert.

Endrunden vom 8. bis 29. Juni in Schweden

Gruppe 1: Deutschland und Nordirland. Deutschland – Argentinien 3:1 (Malmö), Deutschland – Tschechoslowakei 2:2 (Helsingborg), Deutschland – Nordirland 2:2 (Malmö), Nordirland – Tschechoslowakei 1:0 (Halmstad), Nordirland – Argentinien 1:3 (Halmstad), Tschechoslowakei – Argentinien 6:1 (Helsingborg) – Entscheidungsspiel: Nordirland – Tschechoslowakei n. V. 2:1 (Malmö).
Gruppe 2: Frankreich und Jugoslawien. Frankreich – Jugoslawien 2:3 (Västeras), Frankreich – Paraguay 7:3 (Norrköping), Frankreich – Schottland 2:1 (Örebro), Jugoslawien – Paraguay 3:3 (Eskilstuna), Jugoslawien – Schottland 1:1 (Västeras), Paraguay – Schottland 3:2 (Norrköping).
Gruppe 3: Schweden und Wales. Schweden – Wales 0:0 (Stockholm), Schweden – Ungarn 2:1 (Stockholm), Schweden – Mexiko 3:0 (Stockholm), Wales – Ungarn 1:1 (Sandviken), Wales – Mexiko 1:1 (Stockholm), Ungarn – Mexiko 4:0 (Sandviken) – Entscheidungsspiel: Wales – Ungarn 2:1 (Stockholm).
Gruppe 4: Brasilien und Sowjetunion. Brasilien – Sowjetunion 2:0 (Göteborg), Brasilien – England 0:0 (Göteborg), Brasilien – Österreich 3:0 (Uddevalla), Sowjetunion – England 2:2 (Göteborg), Sowjetunion – Österreich 2:0 (Boras), England – Österreich 2:2 (Boras) – Entscheidungsspiel: Sowjetunion – England 1:0 (Göteborg).
Viertelfinale: Deutschland – Jugoslawien 1:0 (Malmö), Schweden – Sowjetunion 2:0 (Stockholm), Frankreich – Nordirland 4:0 (Norrköping), Brasilien – Wales 1:0 (Göteborg).
Halbfinale: Schweden – Deutschland 3:1 (Göteborg), Brasilien – Frankreich 5:2 (Stockholm).
Um den dritten Platz: Frankreich – Deutschland 6:3 (Göteborg).

Endspiel am 29. Juni 1958 in Stockholm: Brasilien – Schweden 5:2 (2:1)
Brasilien: Gilmar – D. Santos, N. Santos – Zito, Bellini, Orlando – Garrincha, Didi, Vava, Pele, Zagalo.
Schweden: K. Svensson – Bergmark, Axbom – Börjesson, Gustavsson, Parling – Hamrin, Gren, Simonsson, Liedholm, Skoglund.
Tore: Vava 2, Pelé 2, Zagalo (Liedholm, Simonsson) – Zuschauer: 50 000 – SR: Guigue (Frankreich).

1962: Brasilien (Trainer: Moreira)

Qualifikation:

Europa I: Schweiz. Schweden – Schweiz 4:0, 2:3; Schweden – Belgien 2:0, 2:0; Schweiz – Belgien 2:1, 4:2, Entscheidungsspiel: Schweiz – Schweden (in Berlin) 2:1.
Europa II: Bulgarien. Bulgarien – Frankreich 1:0, 0:3; Bulgarien – Finnland 3:1, 2:0; Frankreich – Finnland 5:1, 2:1, Entscheidungsspiel: Bulgarien – Frankreich (in Mailand) 1:0.
Europa III: Deutschland. Deutschland – Nordirland 2:1, 4:3; Deutschland – Griechenland 2:1, 3:0; Nordirland – Griechenland 2:0, 1:2.
Europa IV: Ungarn. Ungarn – Niederlande 3:3, 3:0; Ungarn – DDR 2:0, 3:2; DDR – Niederlande 1:1, das Rückspiel fiel wegen Visumschwierigkeiten aus.
Europa V: Sowjetunion. Sowjetunion – Türkei 1:0, 2:1; Sowjetunion – Norwegen 5:2, 3:0; Türkei – Norwegen 2:1, 1:0.
Europa VI: England. England – Portugal 2:0; 1:1; England – Luxemburg 4:1, 9:0; Portugal – Luxemburg 6:0, 2:4.
Europa VII/Naher Osten: Italien. Rumänien trat gegen Italien nicht an. Zypern – Israel 1:1, 1:6, Israel – Äthiopien 1:0, 3:2 (beide Spiele in Israel). Israel – Italien 2:4, 0:6.
Europa VIII: Tschechoslowakei. Tschechoslowakei – Schottland 4:0, 2:3; Tschechoslowakei – Irland 7:1, 3:1; Schottland – Irland 4:1, 3:0. Entscheidungsspiel: Tschechoslowakei – Schottland (in Brüssel) 4:2 n. V.
Europa IX/Afrika: Spanien. Wales – Spanien 1:2, 1:1; Marokko – Spanien 0:1, 2:3.
Europa X/Asien: Jugoslawien. Jugoslawien – Polen 2:1, 1:1; Jugoslawien – Südkorea 5:1, 3:1.
Südamerika I: Argentinien. Argentinien – Ecuador 5:0, 6:3.
Südamerika II: Uruguay. Uruguay – Bolivien 2:1, 1:1.
Südamerika III: Kolumbien. Kolumbien – Peru 1:0, 1:1.
Südamerika IV: Mexiko. Mexiko – Paraguay 1:0, 0:0.
Nord- und Mittelamerika, Gruppe 1: USA – Mexiko 3.3, 0:3. Kanada verzichtete.
Nord- und Mittelamerika, Gruppe 2: Costa Rica – Honduras 5:0, 1:2; Costa Rica – Guatemala 3:2, 4:4, Honduras – Guatemala 1:1, 2:0 (abgebrochen); Entscheidungsspiel in Guatemala: Costa Rica – Honduras 1:0.

Nord- und Mittelamerika, Gruppe 3: Surinam – Niederländische Antillen 1:2, 0:0.
Nord- und Mittelamerika, Endrunde: Mexiko – Costa Rica 4:1, 0.1; Mexiko – Niederländische Antillen 7:0, 0:0; Costa Rica – Niederländische Antillen 6:0, 0:2. Mexiko mußte als Sieger noch gegen Paraguay antreten.
Afrika, Gruppe 1: Sudan und Ägypten zogen ihre Meldungen zurück.
Afrika, Gruppe 2: Marokko – Tunesien 2:1, 1:2, 1:1 n. V. (in Palermo). Los für Marokko.
Afrika, Gruppe 3: Ghana – Nigeria 4:1, 2:2.
Afrika, Endrunde: Ghana – Marokko 0:0, 0:1. Marokko mußte als Sieger noch gegen Spanien antreten.
Asien: Südkorea – Japan 2:1, 2:0. Indonesien verzichtete. Südkorea mußte als Sieger noch gegen Jugoslawien antreten.
Chile als Veranstalter und Brasilien als Weltmeister direkt qualifiziert.

Endrunde vom 30. Mai bis 17. Juni 1962 in Chile

Gruppe A (in Arica): Sowjetunion und Jugoslawien. Uruguay – Kolumbien 2:1, Sowjetunion – Jugoslawien 2:0, Uruguay – Jugoslawien 1:3, Kolumbien – Sowjetunion 4:4, Uruguay – Sowjetunion 1:2, Kolumbien – Jugoslawien 0:5.
Gruppe B (in Santiago): Deutschland und Chile. Chile – Schweiz 3:1, Deutschland – Italien 0:0, Chile – Italien 2:0, Deutschland – Schweiz 2:1, Deutschland – Chile 2:0, Schweiz – Italien 0:3.
Gruppe C (in Vina del Mar): Brasilien und Tschechoslowakei. Brasilien – Mexiko 2:0, Spanien – Tschechoslowakei 0:1, Brasilien – Tschechoslowakei 0:0, Mexiko – Spanien 0:1, Brasilien – Spanien 2:1, Mexiko – Tschechoslowakei 3:1.
Gruppe D (in Rancagua): Ungarn und England. Argentinien – Bulgarien 1:0, Ungarn – England 2:1, Argentinien – England 1:3, Bulgarien – Ungarn 1:6, Argentinien – Ungarn 0:0, Bulgarien – England 0:0.
Viertelfinale: Chile – Sowjetunion 2:1 (Arica), Deutschland – Jugoslawien 0:1 (Santiago), Brasilien – England 3:1 (Vina del Mar), Ungarn – Tschechoslowakei 0:1 (Rancagua).
Halbfinale: Chile – Brasilien 2:4 (Santiago), Tschechoslowakei – Jugoslawien 3:1 (Vina del Mar).
Um den dritten Platz: Chile – Jugoslawien 1:0 (Santiago).

Endspiel am 17. Juni 1962 in Santiago de Chile: Brasilien – Tschechoslowakei 3:1 (1:1)
Brasilien: Gilmar – Djalma Santos, Nilton Santos – Zito, Mauro, Zozimo – Garrincha, Didi, Vava, Amarildo, Zagalo.
Tschechoslowakei: Schrojf – Tichy, Novak – Masopust, Popluhar, Pluskal – Pospichal, Scherer, Kadraba, Kvasnak, Jelinek.
Tore: Amarildo, Zito, Vava (Masopust) – Zuschauer: 68 679 – SR: Latyschew (Sowjetunion).

1966: England (Trainer: Ramsey)

Qualifikation:

Europa I: Bulgarien. Belgien – Bulgarien 5:0, 0:3; Belgien – Israel 1:0, 5:0; Bulgarien – Israel 4:0, 2:1; Entscheidungsspiel in Florenz: Bulgarien – Belgien 2:1.
Europa II: Deutschland. Deutschland – Schweden 1:1, 2:1; Deutschland – Zypern 5:0, 6:0; Schweden – Zypern 3:0, 5:0.
Europa III: Frankreich. Frankreich – Norwegen 1:0, 1:0; Frankreich – Jugoslawien 1:0, 0:1; Frankreich – Luxemburg 4:1, 2:0; Norwegen – Jugoslawien 3:0, 1:1; Norwegen – Luxemburg 4:2, 2:0; Jugoslawien – Luxemburg 3:1, 5:2.
Europa IV: Portugal. Portugal – Tschechoslowakei 0:0, 1:0; Portugal – Rumänien 2:1, 0:2; Portugal – Türkei 5:1, 1:0, Tschechoslowakei – Rumänien 3:1, 0:1; Tschechoslowakei – Türkei 3:1, 6:0; Rumänien – Türkei 3:0, 1:2.
Europa V: Schweiz. Schweiz – Nordirland 2:1, 0:1; Schweiz – Niederlande 2:1, 0:0; Schweiz – Albanien 1:0, 2:0; Nordirland – Niederlande 2:1, 0:0; Nordirland – Albanien 4:1, 1:1; Niederlande – Albanien 2:0, 2:0.
Europa VI: Ungarn. Ungarn – DDR 3:2, 1:1; Ungarn – Österreich 3:0, 1:0; DDR – Österreich 1:0, 1:1.
Europa VII: Sowjetunion. Sowjetunion – Wales 2:1, 1:2; Sowjetunion – Griechenland 3:1, 4:1; Sowjetunion – Dänemark 6:0, 3:1; Wales – Griechenland 4:1, 0:2; Wales – Dänemark 4:2, 0:1, Griechenland – Dänemark 4:2, 1:1.
Europa VIII: Italien. Italien – Schottland 3:0, 0:1; Italien – Polen 6:1, 0:0; Italien – Finnland 6:1, 2:0; Schottland – Polen 1:2, 1:1; Schottland – Finnland 3:1, 2:1; Polen – Finnland 7:0, 0:2.
Europa IX: Spanien. Irland – Spanien 1:0, Spanien – Irland 4:1; Entscheidungsspiel in Paris: Spanien – Irland 1:0. (Syrien trat nicht an).
Südamerika I: Uruguay. Uruguay – Peru 2:1, 1:0; Uruguay – Venezuela 5:0, 3:1; Peru – Venezuela 1:0, 6:3.

Südamerika II: Chile. Chile – Ecuador 3:1, 2:2; Chile – Kolumbien 7:2, 0:2; Ecuador – Kolumbien 2:0, 1:0; Entscheidungsspiel in Lima: Chile – Ecuador 2:1.
Südamerika III: Argentinien. Argentinien – Paraguay 3:0, 0:0; Argentinien – Bolivien 4:1, 2:1; Paraguay – Bolivien 2:0, 1:2.
Nord- und Mittelamerika:
Gruppe 1: Jamaica – Niederländische Antillen 2:0, 0:0 (in Havanna); Jamaica – Kuba 2:0, 1:2; Niederländische Antillen – Kuba 1:1 (in Kingston), 1:0.
Gruppe 2: Costa Rica – Surinam 1:0, 3:1; Costa Rica – Trinidad 4:0, 1:0; Surinam – Trinidad 6:1, 1:4.
Gruppe 3: Mexiko – USA 2:0, 2:2; Mexiko – Honduras 3:0, 1:0; USA – Honduras 1:1 (in Tegucigalpa), 1:0.
Nord- und Mittelamerika, Endrunde: Mexiko. Mexiko – Costa Rica 1:0, 0:0; Mexiko – Jamaica 8:0, 3:2, Costa Rica – Jamaica 7:0, 1:1.
Asien/Afrika: Nordkorea
Siebzehn Verbände zogen ihre Meldungen zurück, Südafrika wurde von der FIFA suspendiert.
Die beiden verbliebenen Länder, Nordkorea und Australien, ermittelten in zwei Spielen auf neutralem Boden in Pnom Penh (Kambodscha) den Vertreter der Gruppe Asien/Afrika. Nordkorea gewann beide Spiele mit 6:1 und 3:1.
England als Veranstalter und Brasilien als Weltmeister direkt qualifiziert.

Endrunde vom 11 bis 30. Juli 1966 in England

Gruppe A: England und Uruguay. England – Uruguay 0:0 (London Wembley), Frankreich – Mexiko 1:1 (Wembley), Uruguay – Frankreich 2:1 (London White City), England – Mexiko 2:0 (Wembley), Mexiko – Uruguay 0:0 (Wembley), England – Frankreich 2:0 (Wembley).
Gruppe B: Deutschland und Argentinien. Deutschland – Schweiz 5:0 (Sheffield), Argentinien – Spanien 2:1 (Birmingham), Spanien – Schweiz 2:1 (Sheffield), Argentinien – Deutschland 0:0 (Birmingham), Argentinien – Schweiz 2:0 (Sheffield), Deutschland – Spanien 2:1 (Birmingham).
Gruppe C: Portugal und Ungarn. Brasilien – Bulgarien 2:0 (Liverpool), Portugal – Ungarn 3:1 (Manchester), Ungarn – Brasilien 3:1 (Liverpool), Portugal – Bulgarien 3:0 (Manchester), Portugal – Brasilien 3:1 (Liverpool), Ungarn – Bulgarien 3:1 (Manchester).
Gruppe D: Sowjetunion und Nordkorea. Sowjetunion – Nordkorea 3:0 (Middlesbrough), Italien – Chile 2:0 (Sunderland), Nordkorea – Chile 1:1 (Middlesbrough), Sowjetunion – Italien 1:0 (Sunderland), Nordkorea – Italien 1:0 (Middlesbrough), Sowjetunion – Chile 2:1 (Sunderland).
Viertelfinale: England – Argentinien 1:0 (Wembley), Deutschland – Uruguay 4:0 (Sheffield), Portugal – Nordkorea 5:3 (Liverpool), Sowjetunion – Ungarn 2:1 (Sunderland).
Halbfinale: Deutschland – Sowjetunion 2:1 (Liverpool), England – Portugal 2:1 (Wembley).
Um den dritten Platz: Portugal – Sowjetunion 2:1 (Wembley).

Endspiel am 30. Juli 1966 in London: England – Deutschland 4:2 (2:2, 1:1) n. V.
England: Banks – Cohen, J. Charlton, Moore, Wilson – Stiles, R. Charlton, Peters – Ball, Hunt, Hurst.
Deutschland: Tilkowski – Höttges, Schulz, Weber, Schnellinger – Beckenbauer, Overath – Haller, Seeler, Held, Emmerich.
Tore: Hurst 3, Peters (Haller, Weber) – Zuschauer: 97 000 – SR: Dienst (Schweiz).

1970: Brasilien (Trainer: Zagalo)

Qualifikation:

Europa I: Rumänien. Rumänien – Griechenland 1:1, 2:2; Rumänien – Schweiz 2:0, 1:0; Rumänien – Portugal 1:0, 0:3; Griechenland – Schweiz 4:1, 0:1; Griechenland – Portugal 4:2, 2:2; Schweiz – Portugal 1:1, 2:0.
Europa II: Tschechoslowakei. Tschechoslowakei – Ungarn3:3, 0:2; Tschechoslowakei – Dänemark 1:0, 3:0; Tschechoslowakei – Irland 3:0, 2:1; Ungarn – Dänemark 3:0, 2:3; Ungarn – Irland 4:0, 2:1; Dänemark – Irland 2:0, 1:1 – Entscheidungsspiel in Marseille: Tschechoslowakei – Ungarn 4:1.
Europa III: Italien. Italien – DDR 3:0, 2:2; Italien – Wales 4:1, 1:0; DDR – Wales 2:1, 3:1.
Europa IV: Sowjetunion. Sowjetunion – Nordirland 2:0, 0:0; Sowjetunion – Türkei 3:0, 3:1; Nordirland – Türkei 4:1, 3:0.
Europa V: Schweden. Schweden – Frankreich 2:0, 0:3; Schweden – Norwegen 5:0, 5:2; Frankreich – Norwegen 0:1, 3:1.
Europa VI: Belgien. Belgien – Jugoslawien 3:0, 0:4; Belgien – Spanien 2:1, 1:1; Belgien – Finnland 6:1, 2:1; Jugoslawien – Spanien 0:0, 1:2; Jugoslawien – Finnland 9:1, 5:1; Spanien – Finnland 6:0, 0:2.
Europa VII: Deutschland. Deutschland – Schottland 3:2, 1:1; Deutschland – Österreich 1:0, 2:0; Deutschland – Zypern 12:0, 1:0; Schottland – Österreich 2:1, 0:2; Schottland – Zypern 8:0, 5:0; Österreich – Zypern 7:1, 2:1.

Europa VIII: Bulgarien. Bulgarien – Polen 4:1, 0:3; Bulgarien – Niederlande 2:0, 1:1; Bulgarien – Luxemburg 2:1, 3:1; Polen – Niederlande 2:1, 0:1; Polen – Luxemburg 8:1, 5:1; Niederlande – Luxemburg 4:0, 2:0 (in Rotterdam).
Südamerika I: Peru. Peru – Bolivien 3:0, 1:2; Peru – Argentinien 1:0, 2:2; Bolivien – Argentinien 3:1, 0:1.
Südamerika II: Brasilien. Brasilien – Paraguay 1:0, 3:0; Brasilien – Kolumbien 6:2, 2:0; Brasilien – Venezuela 6:0, 5:0; Paraguay – Kolumbien 2:1, 1:0; Paraguay – Venezuela 1:0, 2:0; Kolumbien – Venezuela 3:0, 1:1.
Südamerika III: Uruguay. Uruguay – Chile 2:0, 0:0; Uruguay – Ecuador 1:0, 2:0; Chile – Ecuador 4:1, 1:1.

Zentral – und Nordamerika: El Salvador
Untergruppe A: Honduras. Honduras – Costa Rica 1:0, 1:1; Honduras – Jamaika 3:1, 2:0 (in Tegucigalpa); Costa Rica – Jamaika 3:0, 3:1 (in San José).
Untergruppe B: Haiti. Haiti – Guatemala 2:0, 1:1; Haiti – Trinidad & Tobago 2:4, 4:0 (in Port-au-Prince); Guatemala – Trinidad & Tobago 4:0, 0:0 (in Guatemala City).
Untergruppe C: El Salvador. El Salvador – Surinam 6:0, 1:4; El Salvador – Niederl. Antillen 1:0, 2:1 (beide Spiele in El Salvador); Surinam – Niederl. Antillen 6:0, 0:2.
Untergruppe D: USA. USA – Kanada 1:0, 2:4; USA – Bermuda 6:2, 2:0; Kanada – Bermuda 4:0, 0:0.
Halbfinale: Haiti – USA 2:0, 1:0; Honduras – El Salvador 1:0, 0:3, Entscheidungsspiel in Mexiko City: El Salvador – Honduras n. V. 3:2.
Endspiele: Haiti – El Salvador 1:2, 3:0; Entscheidungsspiel in Kingston/Jamaika: El Salvador – Haiti n. V. 1:0.

Asien und Ozeanien: Israel
Turnier in Seoul: Australien.Australien – Südkorea 2:1, 1:1; Australien – Japan 3:1, 1:1; Südkorea – Japan 2:2, 2:0.
Qualifikation in Laurenco Marques: Australien – Rhodesien 1:1, 0:0 , 3:1.
Turnier in Tel Aviv: Israel. Israel – Neuseeland 4:0, 2:0; Nordkorea gegen Israel nicht angetreten.
Endspiele: Israel – Australien 1:0, 1:1.

Afrika: Marokko
1. Runde: Algerien – Tunesien 1:2, 0:0; Marokko – Senegal 1:0, 1:2, Entscheidungsspiel in Las Palmas (weil der Schiedsrichter entgegen dem Reglement das zweite Spiel nicht verlängern ließ): Marokko – Senegal 2:0; Libyen – Äthiopien 2:0, 1:5; Sambia – Sudan 4:2 und n. V. 2:4 (Sudan qualifiziert, weil es im zweiten Spiel mehr Tore erzielte); Nigeria – Kamerun 1:1, 3:2; Ghana (Freilos).
Halbfinale: Tunesien – Marokko 0:0, 0:0, Entscheidungsspiel in Marseille: n. V. 2:2, Los für Marokko; Äthiopien – Sudan 1:1, 1:3; Nigeria – Ghana 2:1, 1:1.
Endrunde: Marokko. Marokko – Nigeria 2:1, 0:2; Marokko – Sudan 3:0, 0:0; Nigeria – Sudan 2:2, 3:3.
Mexiko als Veranstalter und England als Weltmeister direkt qualifiziert.

Endrunde vom 31. Mai bis 21. Juni in Mexiko

Gruppe I: UdSSR und Mexiko. UdSSR – Mexiko 0:0, Belgien – El Salvador 3:0, UdSSR – Belgien 4:1, Mexiko – El Salvador 4:0, UdSSR – El Salvador 2:0, Mexiko – Belgien 1:0 (alle Spiele in Mexiko City).
Gruppe II: Italien und Uruguay. Uruguay – Israel 2:0 (Puebla), Italien – Schweden 1:0 (Toluca), Uruguay – Italien 0:0 (Puebla), Schweden – Israel 1:1 (Toluca), Uruguay – Schweden 0:1 (Puebla), Italien – Israel 0:0 (Toluca).
Gruppe III: Brasilien und England. Rumänien – England 0:1, CSSR – Brasilien 1:4, Rumänien – CSSR 2:1, England – Brasilien 0:1, Rumänien – Brasilien 2:3, England – CSSR 1:0 (alle Spiele in Guadalajara).
Gruppe IV: Deutschland und Peru. Peru – Bulgarien 3:2, Marokko – Deutschland 1:2, Peru – Marokko 3:0, Bulgarien – Deutschland 2:5, Peru – Deutschland 1:3, Bulgarien – Marokko 1:1 (alle Spiele in Leon).
Viertelfinale: Sowjetunion – Uruguay n. V. 0:1 (Mexiko City), Italien – Mexiko 4:1 (Toluca), Brasilien – Peru 4:2 (Guadalajara), Deutschland – England n. V. 3:2 (Leon).
Halbfinale: Deutschland – Italien n. V. 3:4 (Mexiko City), Brasilien – Uruguay 3:1 (Guadalajara).
Um den dritten Platz: Deutschland – Uruguay 1:0 (Mexiko City).

Endspiel am 21. Juni 1970 in Mexiko City: Brasilien – Italien 4:1 (1:1)
Brasilien: Felix – Carlos Alberto, Brito, Piazza, Everaldo – Clodoaldo, Gerson – Jairzinho, Tostao, Pele, Rivelino.
Italien: Albertosi – Burgnich, Cera, Bertini (Juliano), Rosato, Facchetti – Domenghini, De Sisti, Mazzola – Boninsegna (Rivera), Riva.
Tore: Pele, Gerson, Jairzinho, Carlos Alberto (Boninsegna) – Zuschauer: 107 000 – SR: Glöckner (DDR).

1974: Deutschland (Trainer: Schön)

Qualifikation:

Europa I: Schweden. Schweden – Österreich 3:2, 0:2; Schweden – Ungarn 0:0, 3:3; Schweden – Malta 7:0, 2:1; Österreich – Ungarn 2:2, 2:2; Österreich – Malta 4:0, 2:0; Ungarn – Malta 3:0, 2:0 – Entscheidungsspiel in Gelsenkirchen: Schweden – Österreich 2:1.
Europa II: Italien. Italien – Türkei 0:0, 1:0; Italien – Schweiz 2:0, 0:0; Italien – Luxemburg 5:0, 4:0; Türkei – Schweiz 2:0, 0:0; Türkei – Luxemburg 3:0, 0:2; Schweiz – Luxemburg 1:0, 1:0.
Europa III: Niederlande. Niederlande – Belgien 0:0, 0:0; Niederlande – Norwegen 9:0, 2:1; Niederlande – Island 8:1, 5:0 (in Amsterdam); Belgien – Norwegen 2:0, 2:0; Belgien – Island 4:0, 4:0 (in Brügge); Norwegen – Island 4:1, 4:0.
Europa IV: DDR. DDR – Rumänien 2:0, 0:1; DDR – Finnland 5:0, 5:1; DDR – Albanien 2:0, 4:1; Rumänien – Finnland 9:0, 1:1; Rumänien – Albanien 2:0, 4:1; Finnland – Albanien 1:0, 0:1.
Europa V: Polen. Polen – England 2:0, 1:1; Polen – Wales 3:0, 0:2; England – Wales 1:1, 1:0.
Europa VI: Bulgarien. Bulgarien – Portugal 2:1, 2:2; Bulgarien – Nordirland 3:0, 0:0 (in Sheffield); Bulgarien – Zypern 2:0, 4:0; Portugal – Nordirland 1:1, 1:1 (in Coventry); Nordirland – Zypern 3:0 (in London), 0:1.
Europa VII: Jugoslawien. Jugoslawien – Spanien 0:0, 2:2; Jugoslawien – Griechenland 1:0, 4:2; Spanien – Griechenland 3:1, 3:2 – Entscheidungsspiel in Frankfurt: Jugoslawien – Spanien 1:0.
Europa VIII: Schottland. Schottland – Tschechoslowakei 2:1, 0:1; Schottland – Dänemark 2:0, 4:1; Tschechoslowakei – Dänemark 6:0, 1:1.
Europa IX: Sowjetunion. Sowjetunion – Irland 1:0, 2:1; Sowjetunion – Frankreich 2:0, 0:1; Irland – Frankreich 2:1, 1:1.
Entscheidungsspiele Europa IX – Südamerika III. Sowjetunion – Chile 0:0,zum Rückspiel in Santiago trat die Sowjetunion nicht an, daher Chile für die Endrunde qualifiziert).

Südamerika I: Uruguay. Uruguay – Kolumbien 0:1, 0:0; Uruguay – Ecuador 4:0, 2:1; Kolumbien – Ecuador 1:1, 1:1.
Südamerika II: Argentinien. Argentinien – Paraguay 3:1, 1:1; Argentinien – Bolivien 4:0, 1:0; Paraguay – Bolivien 4:0, 2:1.
Südamerika III: Chile. Chile – Peru 2:0, 0:2 – Entscheidungsspiel in Montevideo: Chile – Peru 2:1. Venezuela verzichtete.

Zentral – und Nordamerika: Haiti
Untergruppe 1: Mexiko. Mexiko – Kanada 2:1, 1:0; Mexiko – USA 3:1, 2:1; Kanada – USA 3:2, 2:2.
Untergruppe 2: Guatemala. Guatemala – El Salvador 1:0, 1:0.
Untergruppe 3: Honduras. Honduras – Costa Rica 2:1, 3:3.
Untergruppe 4: Niederländische Antillen. (Jamaika verzichtete.)
Untergruppe 5: Haiti. Haiti – Puerto Rico 7:0, 5:0.
Untergruppe 6: Trinidad & Tobago. Trinidad & Tobago –Surinam 1:1, 2:1 (in Paramaibo), Trinidad & Tobago – Antigua 11:1, 2:1 (in Port of Spain); Surinam – Antigua 3:1 (in St. John's), 6:0.
Endrunde in Port-au-Prince/Haiti: Haiti. Honduras – Trinidad& Tobago 2:1, Mexiko – Guatemala 0:0, Haiti – Niederländisch Antillen 3:0, Honduras – Mexiko 1:1, Haiti – Trinidad & Tobago 2:1, Niederländisch Antillen – Guatemala 2:2, Haiti – Honduras 1:0, Mexiko – Niederländisch Antillen 8:0, Trinidad & Tobago– Guatemala 1:0, Honduras – Niederländisch Antillen 2:2, Haiti – Guatemala 2:1, Trinidad & Tobago – Mexiko 4:0, Honduras – Guatemala 1:1, Trinidad & Tobago – Niederländisch Antillen 4:0, Haiti – Mexiko 0:1.

Asien und Ozeanien: Australien
Vorrundenturnier in Seoul: Südvietnam – Thailand 1:0, Israel – Japan 2:1, Hongkong – Malaysia 1:0. Südkorea Freilos, die Philippinen verzichteten.
Untergruppe A/1: Hongkong und Japan. Turnier in Seoul: Japan – Südvietnam 4:0, Hongkong – Japan 1:0, Hongkong – Südvietnam 1:0.
Untergruppe A/2: Israel und Südkorea. Turnier in Seoul: Südkorea – Thailand 4:0, Israel – Malaysia 3:0, Südkorea – Malaysia 0:0, Israel – Thailand 6:0, Südkorea – Israel 0:0, Malaysia – Thailand 2:0.
Halbfinale: Südkorea – Hongkong 3:1, Israel – Japan n. V. 1:0 (in Seoul).
Endspiel Untergruppe A: Südkorea – Israel n. V. 1:0.
Untergruppe B/1: Australien. Australien – Irak 3:1, 0:0 (in Melbourne); Australien – Indonesien 2:1, 6:0 (in Sydney); Australien – Neuseeland 3:3, 1:1; Irak – Indonesien 1:1, 3:2 (beide Spiele in Sydney), Irak – Neuseeland 2:0, 4:0 (beide Spiele in Sydney); Indonesien – Neuseeland 1:1, 1:0 (beide Spiele in Sydney). Sri Lanka verzichtete.

Untergruppe B/2: Iran. Turnier in Teheran: Iran – Syrien 1:0, 0:1; Iran – Nordkorea 0:0, 2:1; Iran – Kuwait 2:1, 2:0; Syrien – Nordkorea 1:1, 0:3; Syrien – Kuwait 2:1, 2:0; Nordkorea – Kuwait 0:0, 0:2. Indien verzichtete.
Endspiele Untergruppe B: Australien – Iran 3:0, 0:2.
Endspiele: Australien – Südkorea 0:0, 2:2, Entscheidungsspiel in Hongkong: Australien – Südkorea 1:0.

Afrika: Zaire
Vorrunde: Marokko – Senegal 0:0, 2:1; Algerien – Guinea 1:0, 1:5; Ägypten – Tunesien 2:1, 0:2; Sierra Leone – Elfenbeinküste 0:1, 0:2; Kenia – Sudan 2:0, 0:1; Madagaskar verzichtete gegen Mauritius; Äthiopien – Tansania 0:0, 1:1, 3:0 (in Addis Abeba); Lesotho – Sambia 0:0, 1:6; Nigeria – Kongo 2:1, 1:1; Dahomey – Ghana 0:5, 1:5; Togo – Zaire 0:0, 0:4; Gabun verzichtete gegen Kamerun.
Zwischenrunde: Guinea – Marokko 1:1, 0:2; Tunesien – Elfenbeinküste 1:1, 1:2; Mauritius – Kenia 1:3, 2:2; Äthiopien – Sambia 0:0, 2:4; Nigeria – Ghana 2:3 abgebrochen (Wertung 2:0 für Ghana), 0:0; Kamerun – Zaire 0:1, 1:0, 0:2 (in Kinshasa).
Halbfinale: Elfenbeinküste – Marokko 1:1, 1:4; Sambia – Kenia 2:0, 2:2; Ghana – Zaire 1:0, 1:4.
Endrunde: Zaire. Zaire – Sambia 2:1, 2:0; Zaire – Marokko 3:0, Rückspiel nicht ausgetragen (´Wertung 2:0 für Zaire); Sambia – Marokko 4:0, 0:2.

Deutschland als Veranstalter und Brasilien als Weltmeister direkt qualifiziert.

Endrunde vom 13. Juni bis 7. Juli 1974 in Deutschland

1. Finalrunde:
Gruppe I: DDR und Deutschland. Deutschland – Chile 1:0 (Berlin), DDR – Australien 2:0 (Hamburg), Chile – DDR 1:1 (Berlin), Australien – Deutschland 0:3 (Hamburg), Australien – Chile 0:0 (Berlin), DDR – Deutschland 1:0 (Hamburg).
Gruppe II: Jugoslawien und Brasilien. Brasilien – Jugoslawien 0:0 (Frankfurt), Zaire – Schottland 0:2 (Dortmund), Jugoslawien – Zaire 9:0 (Gelsenkirchen), Schottland – Brasilien 0:0 (Frankfurt), Zaire – Brasilien 0:3 (Gelsenkirchen), Schottland – Jugoslawien 1:1 (Frankfurt).
Gruppe III: Niederlande und Schweden. Schweden – Bulgarien 0:0 (Düsseldorf), Uruguay – Niederlande 0:2 (Hannover), Niederlande – Schweden 0:0 (Dortmund), Bulgarien – Uruguay 1:1 (Hannover), Bulgarien – Niederlande 1:4 (Dortmund), Schweden – Uruguay 3:0 (Düsseldorf).
Gruppe IV: Polen und Argentinien. Italien – Haiti 3:1 (München), Polen – Argentinien 3:2 (Stuttgart), Haiti – Polen 0:7 (München), Argentinien – Italien 1:1 (Stuttgart), Argentinien – Haiti 4:1 (München), Polen – Italien 2:1 (Stuttgart).

2. Finalrunde:
Gruppe A: Niederlande. Niederlande – Argentinien 4:0 (Gelsenkirchen), Brasilien – DDR 1:0 (Hannover), DDR – Niederlande 0:2 (Gelsenkirchen), Argentinien – Brasilien 1:2 (Hannover), Niederlande – Brasilien 2:0 (Dortmund), Argentinien – DDR 1:1 (Gelsenkirchen).
Gruppe B: Deutschland. Jugoslawien – Deutschland 0:2 (Düsseldorf), Schweden – Polen 0:1 (Stuttgart), Polen – Jugoslawien 2:1 (Frankfurt), Deutschland – Schweden 4:2 (Düsseldorf), Polen – Deutschland 0:1 (Frankfurt), Schweden – Jugoslawien 2:1 (Düsseldorf).

Um den dritten Platz: Polen – Brasilien 1:0 (München).

Endspiel am 7. Juli 1974 in München: Deutschland – Niederlande 2:1 (2:1)
Deutschland: Maier – Vogts, Beckenbauer, Schwarzenbeck, Breitner – Hoeneß, Bonhof, Overath – Grabowski, Müller, Hölzenbein.
Niederlande: Jongbloed – Suurbier, Rijsbergen (de Jong), Haan, Krol – Jansen, Neeskens, van Hanegem – Rep, Cruyff, Rensenbrink (René van de Kerkhof).
Tore: Breitner, Müller (Neeskens) – Zuschauer 80 000 – SR: Taylor (England).

1978: Argentinien (Trainer: Menotti)

Qualifikation:
Europa I: Polen. Polen – Portugal 1:1, 2:0; Polen – Dänemark 4:1, 2:1; Polen – Zypern 5:0, 3:1; Portugal – Dänemark 1:0, 4:2; Portugal – Zypern 4:0, 2:1; Dänemark – Zypern 5:0, 5:1.
Europa II: Italien. Italien – England 2:0, 0:2; Italien – Finnland 6:1, 3:0; Italien – Luxemburg 3:0, 4:1; England – Finnland 2:1, 4:1; England – Luxemburg 5:0, 2:0; Finnland – Luxemburg 7:1, 1:0.
Europa III: Österreich. Österreich – DDR 1:1, 1:1; Österreich – Türkei 1:0, 1:0; Österreich – Malta 9:0, 1:0; DDR – Türkei 1:1, 2:1; DDR – Malta 9:0, 1:0; Türkei – Malta 4:0, 3:0.

Europa IV: Niederlande. Niederlande – Belgien 1:0, 2:0; Niederlande – Nordirland 2:2, 1:0; Niederlande – Island 4:1, 1:0; Belgien – Nordirland 2:0, 0:3; Belgien – Island 4:0, 1:0; Nordirland – Island 2:0, 0:1.
Europa V: Frankreich. Frankreich – Bulgarien 3:1, 2:2; Frankreich – Irland 2:0, 0:1, Bulgarien – Irland 2:1, 0:0.
Europa VI: Schweden. Schweden – Norwegen 2:0, 1:2; Schweden – Schweiz 2:1, 2:1; Norwegen – Schweiz 1:0, 0:1.
Europa VII: Schottland. Schottland – Tschechoslowakei 3:1, 0:2; Schottland – Wales 1:0, 2:0 (in Liverpool); Tschechoslowakei – Wales 1:0, 0:3.
Europa VIII: Spanien. Spanien – Jugoslawien 1:0, 1:0; Spanien – Rumänien 2:0, 0:1, Jugoslawien – Rumänien 0:2, 6:4.
Europa IX: Ungarn. Ungarn – Sowjetunion 2:1, 0:2; Ungarn – Griechenland 3:0, 1:1; Sowjetunion – Griechenland 2:0, 0:1.
Entscheidungsspiele Europa IX – Dritter Südamerika: Ungarn – Bolivien 6:0, 3:2.
Südamerika I: Brasilien. Brasilien – Paraguay 1:1, 1:0; Brasilien – Kolumbien 6:0, 0:0; Paraguay – Kolumbien 1:1, 1:0.
Südamerika II: Bolivien. Bolivien – Uruguay 1:0; 2:2; Bolivien – Venezuela 2:0, 3.1; Uruguay – Venezuela 2:0, 1:1.
Südamerika III: Peru. Peru – Chile 2:0, 1:1; Peru – Ecuador 4:0, 1:1; Chile – Ecuador 3:0,1:0.
Südamerika, Endrunde in Cali/Kolumbien: Brasilien und Peru. Brasilien – Peru 1:0, Brasilien – Bolivien 8:0, Peru – Bolivien 5:0.

Nord-/Zentralamerika/Karibik: Mexiko
Gruppe 1 (Nordamerika): Mexiko und Kanada. Mexiko – USA 3:0, 0:0; Mexiko – Kanada 0:0, 0:1; USA – Kanada 2:0, 1:1 – Entscheidungsspiel um Platz 2 in Haiti: Kanada – USA 3:0.
Gruppe 2 (Zentralamerika): Guatemala und El Salvador. Guatemala – El Salvador 3:1, 0:2; Guatemala – Costa Rica 1:1, 0:0; Guatemala – Panama 7:0, 4:2; El Salvador – Costa Rica 1:1, 1:1; El Salvador – Panama 4:1, 1:1; Costa Rica – Panama 3:0, 2:3. Honduras verzichtete.
Gruppe 3 (Karibik): Haiti und Surinam
Vorrunde: Dominikanische Republik – Haiti 0:3, 0:3.
1. Runde: Guyana – Surinam 2:0, 0:3; Barbados – Trinidad & Tobago 2:1, 0:1, 1:3 (in Port of Spain); Niederl. Antillen – Haiti 1:2, 0:7; Jamaika – Kuba 1:3, 0:2.
2. Runde: Surinam – Trinidad 1:1, 2:2, n. V. 3:2 (in Cayenne); Kuba – Haiti 1:1, 1:1, 0:2 (in Panama.)
Endrunde in Mexiko: Mexiko. Guatemala – Surinam 3:2, El Salvador – Kanada 2:1, Mexiko – Haiti 4:1, Mexiko – El Salvador 3:1, Kanada – Surinam 2:1, Haiti – Guatemala 2:1, Mexiko – Surinam 8:1, Haiti – El Salvador 1:0, Kanada – Guatemala 2:1, Mexiko – Guatemala 2:1, El Salvador – Surinam 3:2, Kanada – Haiti 1:1, Mexiko – Kanada 3:1, Haiti – Surinam 1:0, Guatemala – El Salvador 2:2.

Asien und Ozeanien: Iran
Asien, Gruppe 1: Hongkong. Turnier in Singapur: Singapur – Thailand 2:0, Hongkong – Indonesien 4:1, Malaysia – Thailand 6:4, Singapur – Hongkong 2:2, Indonesien – Malaysia 0:0, Hongkong – Thailand 2:1, Singapur – Malaysia 1:0, Thailand – Indonesien 3:2, Hongkong – Malaysia 1:1, Singapur – Indonesien 0:4 – Entscheidungsspiel Erster – Zweiter: Hongkong – Singapur 1:0. Sri Lanka verzichtete.
Asien, Gruppe 2: Südkorea. Südkorea – Israel 3:1, 0:0; Südkorea – Japan 1:0, 0:0; Israel – Japan 2:0, 2:0 (in Tel Aviv). Nordkorea verzichtete.
Asien, Gruppe 3: Iran. Iran – Saudi-Arabien 2:0, 3:0; Iran – Syrien (Wertung 2:0,; Syrien nicht angetreten), 1:0; Saudi-Arabien – Syrien 2:0, 1:2. Irak verzichtete.
Asien, Gruppe 4 Kuwait. Turnier in Katar: Kuwait – Katar 2:0, 4:1; Kuwait – Bahrain 2:0, 2:1; Katar – Bahrain 2:0, 0:3. Die Vereinigten Arabischen Emirate verzichteten.
Ozeanien: Australien. Australien – Neuseeland 3:1, 1:1; Australien – Taiwan 3:0, 2:1 (beide Spiele in Suva/Fidschi); Neuseeland – Taiwan 6:0, 6:0 (beide Spiele in Wellington).
Endrunde: Iran. Iran – Südkora 2:2, 0:0; Iran – Kuwait 1:0, 2:1; Iran – Australien 1:0, 1:0; Iran – Hongkong 3:0, 2:0; Südkorea – Kuwait 1:0, 2:2; Südkorea – Australien 0:0, 1:2; Südkorea – Hongkong 5:2, 1:0; Kuwait – Australien 1:0, 2:1; Kuwait – Hongkong 4:0, 3:1; Australien – Hongkong 3:0, 5:2.

Afrika: Tunesien
Vorrunde: Sierra Leone – Niger 5:1, 1:2; Obervolta – Mauretanien 1:1, 2:0.
1. Runde: Algerien – Libyen 1:0, 0:0; Marokko – Tunesien 1:1, n. V. 1:1/Elfmeterschießen 2:4; Togo – Senegal 1:0, 1:1; Ghana – Guinea 2:1, 1:2, 0:2 (in Lome); Zentralafrikanische Republik verzichtete gegen Zaire; Sierra Leone – Nigeria 0:0, 2:6; Kongo – Kamerun 2:2, 2:1 abgebrochen (Wertung 2:0 für Kongo); Obervolta – Elfenbeinküste 1:1, 0:2; Ägypten – Äthiopien 3:0, 2:1; Sudan verzichtete gegen Kenia; Tansania verzichtete gegen Uganda; Sambia – Malawi 4:0, 1:0.

2. Runde: Tunesien – Algerien 2:0, 1:1; Togo – Guinea 0:2, 1:2; Zaire verzichtete gegen Nigeria; Elfenbeinküste – Kongo 3:2, 3:1; Kenia – Ägypten 0:0, 0:1; Uganda – Sambia 1:0, n. V. 2:4.
3. Runde: Guinea – Tunesien 1:0, 1:3; Nigeria – Elfenbeinküste 4:0, 2:2; Ägypten – Sambia 2:0, 0:0.
Endrunde: Tunesien. Tunesien – Ägypten 4:1, 2:3; Tunesien – Nigeria 0:0, 1:0; Ägypten – Nigeria 3:1, 0:4.
Argentinien als Veranstalter und Deutschland als Weltmeister direkt qualifiziert.

Endrunde vom 1. bis 25. Juni 1978 in Argentinien

1. Finalrunde:

Gruppe I: Italien und Argentinien. Italien – Frankreich 2:1 (Mar del Plata), Argentinien – Ungarn 2:1 (Buenos Aires), Italien – Ungarn 3:1 (Mar del Plata), Argentinien – Frankreich 2:1 (Buenos Aires), Frankreich – Ungarn 3:1 (Mar del Plata), Argentinien – Italien 0:1 (Buenos Aires).
Gruppe II: Polen und Deutschland. Deutschland – Polen 0:0 (Buenos Aires), Tunesien – Mexiko 3:1 (Rosario), Polen – Tunesien 1:0 (Rosario), Deutschland – Mexiko 6:0 (Cordoba), Polen – Mexiko 3:1 (Rosario), Deutschland – Tunesien 0:0 (Cordoba).
Gruppe III: Österreich und Brasilien. Österreich – Spanien 2:1 (Buenos Aires), Brasilien – Schweden 1:1 (Mar del Plata), Österreich – Schweden 1:0 (Buenos Aires), Brasilien – Spanien 0:0 (Mar del Plata), Spanien – Schweden 1:0 (Buenos Aires), Brasilien – Österreich 1:0 (Mar del Plata).
Gruppe IV: Peru und Niederlande. Peru – Schottland 3:1 (Cordoba), Niederlande – Iran 3:0 (Mendoza), Schottland – Iran 1:1 (Cordoba), Peru – Niederlande 0:0 (Mendoza), Peru – Iran 4:1 (Cordoba), Schottland – Niederlande 3:2 (Mendoza).

2. Finalrunde:

Gruppe A: Niederlande. Deutschland – Italien 0:0 (Buenos Aires), Niederlande – Österreich 5:1 (Cordoba), Deutschland – Niederlande 2:2 (Cordoba), Italien – Österreich 1:0 (Buenos Aires), Niederlande – Italien 2:1 (Buenos Aires), Österreich – Deutschland 3:2 (Cordoba).
Gruppe B: Argentinien. Brasilien – Peru 3:0 (Mendoza), Argentinien – Polen 2:0 (Rosario), Polen – Peru 1:0 (Mendoza), Argentinien – Brasilien 0:0 (Rosario), Brasilien – Polen 3:1 (Mendoza), Argentinien – Peru 6:0 (Rosario).

Um den dritten Platz: Brasilien – Italien 2:1 (Buenos Aires).

Endspiel am 25. Juni 1978 in Buenos Aires: Argentinien – Niederlande 3:1 (1:1, 1:0) n. Verl.
Argentinien: Fillol – Olguin, Luis Galvan, Passarella, Tarantini – Ardiles (Larossa), Gallego, Kempes – Bertoni, Luque, Ortis (Houseman).
Niederlande: Jongbloed – Poortvliet, Krol, Brandts, Jansen (Suurbier) – Neeskens, Haan, Willy van de Kerkhof – Rene van de Kerkhof, Rep (Nanninga), Rensenbrink.
Tore: Kempes (2), Bertoni (Nanninga) – Zuschauer 78 000 – SR: Gonella (Italien)

1982: Italien (Trainer: Bearzot)

Qualifikation:

Europa I: Deutschland und Österreich. Deutschland – Österreich 2:0, 3:1; Deutschland – Bulgarien 4:0, 3:1; Deutschland – Albanien 8:0, 2:0; Deutschland – Finnland 7:1, 4:0; Österreich – Bulgarien 2:0, 0:0; Österreich – Albanien 5:0, 1:0; Österreich – Finnland 5:1, 2:0; Bulgarien – Albanien 2:1, 2:0; Bulgarien – Finnland 4:0, 2:0; Albanien – Finnland 2:0, 1:2.
Europa II: Belgien und Frankreich. Belgien – Frankreich 2:0, 2:3; Belgien – Irland 1:0, 1:1; Belgien – Niederlande 1:0, 0:3; Belgien – Zypern 3:2, 2:0; Frankreich – Irland 2:0, 2:3; Frankreich – Niederlande 2:0, 0:1; Frankreich – Zypern 4:0, 7:0; Irland – Niederlande 2:1, 2:2; Irland – Zypern 6:0, 3:2; Niederlande – Zypern 3:0, 1:0.
Europa III: Sowjetunion und Tschechoslowakei. Sowjetunion – Tschechoslowakei 2:0, 1:1; Sowjetunion – Wales 3:0, 0:0; Sowjetunion – Island 5:0, 2:1; Sowjetunion – Türkei 4:0, 3:0; Tschechoslowakei – Wales 2:0, 0:1; Tschechoslowakei – Island 6:1, 1:1; Tschechoslowakei – Türkei 2:0, 3:0; Wales – Island 2:2, 4:0; Wales – Türkei 4:0, 1:0; Island – Türkei 2:0, 3:1.
Europa IV: Ungarn und England. Ungarn – England 1:3, 0:1, Ungarn – Rumänien 1:0, 0:0; Ungarn – Schweiz 3:0, 2:2; Ungarn – Norwegen 4:1, 2:1; England – Rumänien 0:0, 1:2; England – Schweiz 2:1, 1:2; England – Norwegen 4:0, 1:2; Rumänien – Schweiz 1:2, 0:0; Rumänien – Norwegen 1:0, 1:1; Schweiz – Norwegen 1:2, 1:1.
Europa V: Jugoslawien und Italien. Jugoslawien – Italien 1:1, 0:2; Jugoslawien – Dänemark 2:1, 2:1; Jugoslawien – Griechenland 5:1, 2:1; Jugoslawien – Luxemburg 5:0, 5:0; Italien – Dänemark 2:0, 1:3; Italien – Griechenland 1:1, 2:0; Italien – Luxemburg 1:0, 2:0; Dänemark – Griechenland 0:1, 3:2; Dänemark – Luxemburg 4:0, 2:1; Griechenland – Luxemburg 2:0, 2:0.

Europa VI: Schottland und Nordirland. Schottland – Nordirland 1:1, 0:0; Schottland – Schweden 2:0, 1:0; Schottland – Portugal 0:0, 1:2; Schottland – Israel 3:1, 1:0; Nordirland Schweden 3:0, 0:1; Nordirland – Portugal 1:0, 0:1; Nordirland – Israel 1:0, 0:0; Schweden – Portugal 3:0, 2:1; Schweden – Israel 1:1, 0:0; Portugal – Israel 3:0, 1:4.
Europa VII: Polen. Polen – DDR 1:0, 3:2; Polen – Malta 6:0, 2:0 abgebrochen (Wertung 2:0); DDR – Malta 5:1, 2:1.

Spanien als Veranstalterland automatisch qualifiziert.

Südamerika I: Brasilien. Brasilien – Bolivien 3:1, 2:1; Brasilien – Venezuela 5:0, 1:0; Bolivien – Venezuela 3:0, 0:1.
Südamerika II: Peru. Kolumbien – Peru 1:1, Uruguay – Kolumbien 3:2, Peru – Kolumbien 2:0, Uruguay – Peru 1:2, Peru – Uruguay 0:0, Kolumbien – Uruguay 1:1.
Südamerika III: Chile. Chile – Ecuador 2:0, 0:0, Chile – Paraguay 3:0, 1:0; Ecuador – Paraguay 1:0, 1:3.
Argentinien als Weltmeister automatisch qualifiziert.

Nord-/Mittelamerika: Honduras und El Salvador:
Zone Nord: Kanada und Mexiko. Kanada – Mexiko 1:1, 1:1; Kanada – USA 2:1, 0:0; Mexiko – USA 5:1, 1:2.
Karibikzone: Kuba und Haiti
Vorrunde: Guyana – Grenada 5:2 , 3:2.
Gruppe A: Kuba. Kuba – Surinam 3:0, 0:0; Kuba – Guyana 1:0, 3:0; Surinam – Guyana 4:0, 1:0.
Gruppe B: Haiti. Haiti – Trinidad & Tobago 2:0, 0:1; Haiti – Niederl. Antillen 1:0, 1:1; Trinidad & Tobago – Niederl. Antillen 0:0, 0:0.
Zentralzone: Honduras und El Salvador. Honduras – El Salvador 2:0, 1:2; Honduras – Guatemala 0:0, 1:0; Honduras – Costa Rica 1:1, 3:2; Honduras – Panama 5:0, 2:0; El Salvador – Guatemala 1:0, 0:0; El Salvador – Costa Rica 2:0 (Wertung, Costa Rica nicht angetreten), 0:0; El Salvador – Panama 4:1, 3:1; Guatemala – Costa Rica 0:0, 3:0; Guatemala – Panama 5:0, 2:0; Costa Rica – Panama 2:0, 1:1.
Endrunde: Honduras und El Salvador. Turnier in Tegucigalpa/Honduras: Honduras – El Salvador 0:0, Honduras – Mexiko 0:0, Honduras – Kanada 2:1, Honduras – Kuba 2:0, Honduras – Haiti 4:0, El Salvador – Mexiko 1:0, El Salvador – Kanada 0:1, El Salvador – Kuba 0:0, El Salvador – Haiti 1:0, Mexiko – Kanada 1:1, Mexiko – Kuba 4:0, Mexiko – Haiti 1:1, Kanada – Kuba 2:2, Kanada – Haiti 1:1, Kuba – Haiti 2:0.

Afrika: Algerien und Kamerun
1. Runde: Libyen – Gambia 2:1, 0:0; Äthiopien – Sambia 0:0, 0:4; Sierra Leone – Algerien 2:2, 1:3; Senegal – Marokko 0:1, 0:0; Guinea – Lesotho 3:1, 1:1; Kamerun – Malawi 3:0, 1:1; Tunesien – Nigeria 2:0, n. V. 0:2/Elfmeterschießen 3:4; Kenia – Tansania 3:1, 0:5; Zaire – Mosambik 5:2, 2:1; Niger – Somalia 0:0, 1:1; Ghana verzichtete gegen Ägypten; Uganda verzichtete gegen Madagaskar; Freilose: Sudan, Liberia, Togo und Zimbabwe, Zentralafrikanische Republik verzichtete.
2. Runde: Kamerun – Zimbabwe 2:0, 0:1; Marokko – Sambia 2:0, 0:2/Elfmeterschießen 5:4; Madagaskar – Zaire 1:1, 2:3; Nigeria – Tansania 1:1, 2:0; Liberia – Guinea 0:0, 0:1; Algerien – Sudan 2:0, 1:1; Niger – Togo 0:1, 2:1; Libyen verzichtete gegen Ägypten.
3. Runde: Algerien – Niger 4:0, 0:1; Guinea – Nigeria 1:1, 0:1; Marokko – Ägypten 1:0, 0:0; Zaire – Kamerun 1:0, 1:6.
Endspiele: Nigeria – Algerien 0:2, 1:2; Marokko – Kamerun 0:2, 1:2.
Asien/Ozeanien: Kuwait, Neuseeland
Gruppe 1: Neuseeland. Neuseeland – Australien 3:3, 2:0; Neuseeland – Indonesien 5:0, 2:0; Neuseeland – Taiwan 2:0, 0:0; Neuseeland – Fidschi 13:0, 4:0; Australien – Fidschi 10:0, 4:1; Australien – Taiwan 3:2, 0:0; Australien – Indonesien 2:0, 0:1; Indonesien – Taiwan 1:0, 0:2; Indonesien – Fidschi 3:3, 0:0; Taiwan – Fidschi 0:0, 1:2.
Gruppe 2: Saudi-Arabien. Turnier in Saudi-Arabien: Katar – Irak 0:1, Syrien – Bahrain 0:1, Irak – Saudi-Arabien 0:1, Katar – Bahrain 3:0, Syrien – Saudi-Arabien 0:2, Irak – Bahrain 2:0, Katar – Syrien 2:1, Bahrain – Saudi-Arabien 0:1, Irak – Syrien 2:1, Katar – Saudi-Arabien 0:1.
Gruppe 3: Kuwait. Turnier in Kuwait: Malaysia – Südkorea 1:2, Kuwait – Thailand 6:0, Südkorea – Thailand 5:1, Kuwait – Malaysia 4:0, Malaysia – Thailand 2:2, Kuwait – Südkorea 2:0. Iran verzichtete.
Gruppe 4: China. Turnier in Hongkong: **Qualifikation:** Hongkong – China 0:1, Nordkorea – Macao 3:0, Singapur – Japan 0:1 – **Gruppe A:** China – Macao 3:0, China – Japan 1:0, Japan – Macao 3:0 – **Gruppe B:** Hongkong – Singapur 1:1, Hongkong – Nordkorea 2:2, Nordkorea – Singapur 1:0 – **Halbfinale:** China – Hongkong n. V. 0:0/Elfmeterschießen 5:4, Nordkorea – Japan n. V. 1:0 – **Endspiel:** China – Nordkorea n. V. 4:2.

Endrunde: Kuwait und Neuseeland. Kuwait – Neuseeland 2:2, 2:1; Kuwait – China 1:0, 0:3; Kuwait – Saudi-Arabien 2:0, 1:0; Neuseeland – China 1:0, 0:0; Neuseeland – Saudi-Arabien 2:2, 5:0; China – Saudi-Arabien 2:0, 4:2 (beide Spiele in Kuala Lumpur) – Entscheidungsspiel in Singapur: Neuseeland – China 2:1.

Endrunde vom 13. Juni bis 11. Juli 1982 in Spanien

1. Finalrunde:

Gruppe 1: Polen und Italien. Italien – Polen 0:0 (Vigo), Peru – Kamerun 0:0 (La Coruna), Polen – Kamerun 0:0 (La Coruna), Italien – Peru 1:1 (Vigo), Polen – Peru 5:1 (La Coruna), Italien – Kamerun 1:1 (Vigo).

Gruppe 2: Deutschland und Österreich. Deutschland – Algerien 1:2 (Gijon), Chile – Österreich 0:1 (Oviedo), Deutschland – Chile 4:1 (Gijon), Algerien – Österreich 0:2 (Oviedo), Algerien – Chile 3:2 (Oviedo), Deutschland – Österreich 1:0 (Gijon).

Gruppe 3: Belgien und Argentinien. Argentinien – Belgien 0:1 (Barcelona), Ungarn – El Salvador 10:1 (Elche), Argentinien – Ungarn 4:1 (Alicante), Belgien – El Salvador 1:0 (Elche), Belgien – Ungarn 1:1 (Elche), Argentinien – El Salvador 2:0 (Alicante).

Gruppe 4: England und Frankreich. England – Frankreich 3:1 (Bilbao), Tschechoslowakei – Kuwait 1:1 (Valladolid), England – Tschechoslowakei 2:0 (Bilbao), Frankreich – Kuwait 4:1 (Valladolid), Frankreich – Tschechoslowakei 1:1 (Valladolid), England – Kuwait 1:0 (Bilbao).

Gruppe 5: Nordirland und Spanien. Spanien – Honduras 1:1 (Valencia), Jugoslawien – Nordirland 0:0 (Saragossa), Spanien – Jugoslawien 2:1 (Valencia), Honduras – Nordirland 1:1 (Saragossa), Honduras – Jugoslawien 0:1 (Saragossa), Spanien – Nordirland 0:1 (Valencia).

Gruppe 6: Brasilien und Sowjetunion. Brasilien – Sowjetunion 2:1 (Sevilla), Schottland – Neuseeland 5:2 (Malaga), Brasilien – Schottland 4:1 (Sevilla), Sowjetunion – Neuseeland 3:0 (Malaga), Sowjetunion – Schottland 2:2 (Malaga), Brasilien – Neuseeland 4:0 (Sevilla).

2. Finalrunde:

Gruppe A: Polen. Polen – Belgien 3:0, Belgien – Sowjetunion 0:1, Polen – Sowjetunion 0:0 (alle Spiele im Estadio Nou Camp, Barcelona).

Gruppe B: Deutschland. Deutschland – England 0:0, Deutschland – Spanien 2:1, England – Spanien 0:0 (alle Spiele im Estadio Bernabeu, Madrid).

Gruppe C: Italien. Italien – Argentinien 2:1, Brasilien – Argentinien 3:1, Italien – Brasilien 3:2 (alle Spiele im Estadio Sarria, Barcelona).

Gruppe D: Frankreich. Österreich – Frankreich 0:1, Nordirland – Österreich 2:2, Nordirland – Frankreich 1:4 (alle Spiele im Estadio Vicente Calderon, Madrid).

Halbfinale: Polen – Italien 0:2 (Barcelona), Deutschland – Frankreich n. V. 3:3/Elfmeterschießen 5:4 (Sevilla).

Um den dritten Platz: Polen – Frankreich 3:2 (Alicante).

Endspiel am 11. Juli 1982 in Madrid: Italien – Deutschland 3:1 (0:0)

Italien: Zoff – Gentile, Scirea, Collovati, Bergomi – Cabrini, Oriali, Tardelli, Conti – Graziani (Altobelli, Causio), Rossi.
Deutschland: Schumacher – Kaltz, Stielike, Kh. Förster, B. Förster – Dremmler (Hrubesch), Breitner, Rummenigge (H. Müller), Briegel – Littbarski, Fischer.
Tore: Rossi, Tardelli, Altobelli (Breitner) – Zuschauer 90 000 – SR: Coelho (Brasilien).

1986: Argentinien (Trainer: Dr. Bilardo)

Qualifikation:

Europa I: Polen und Belgien. Polen – Belgien 0:0, 0:2; Polen – Albanien 2:2, 1:0; Polen – Griechenland 3:1, 4:1; Belgien – Albanien 3:1, 0:2; Belgien – Griechenland 2:0, 0:0; Albanien – Griechenland 1:1, 0:2.

Europa II: Deutschland und Portugal. Deutschland – Portugal 0:1, 2:1; Deutschland – Schweden 2:0, 2:2; Deutschland – Tschechoslowakei 2:2, 5:1; Deutschland – Malta 6:0, 3:2; Portugal – Schweden 1:3, 1:0; Portugal – Tschechoslowakei 2:1, 0:1; Portugal – Malta 3:2, 3:1; Schweden – Tschechoslowakei 2:0, 1:2; Schweden – Malta 4:0, 2:1; Tschechoslowakei – Malta 4:0, 0:0.

Europa III: England und Nordirland. England – Nordirland 0:0, 1:0; England – Rumänien 1:1, 0:0; England – Finnland 5:0, 1:1; England – Türkei 5:0, 8:0; Nordirland – Rumänien 3:2, 1:0; Nordirland – Finnland 2:1, 0:1; Nordirland – Türkei 2:0, 0:0; Rumänien – Finnland 2:0, 1:1; Rumänien – Türkei 3:0, 3:1; Finnland – Türkei 1:0, 2:1.

Europa IV: Frankreich und Bulgarien. Frankreich – Bulgarien 1:0, 0:2; Frankreich – DDR 2:0, 0:2; Frankreich – Jugoslawien 2:0, 0:0; Frankreich – Luxemburg 6:0, 4:0; Bulgarien – DDR 1:0, 1:2; Bulgarien – Jugoslawien 2:1, 0:0; Bulgarien – Luxemburg 4:0, 3:1 DDR Jugoslawien 2:3, 2:1; DDR – Luxemburg 3:1, 5:0; Jugoslawien – Luxemburg 1:0, 1:0.

Europa V: Ungarn. Ungarn – Niederlande 0:1, 2:1; Ungarn – Österreich 3:1, 3:0; Ungarn – Zypern 2:0, 2:1; Niederlande – Österreich 1:1, 0:1; Niederlande – Zypern 7:1, 1:0; Österreich – Zypern 4:0, 2:1.

Europa VI: Dänemark und Sowjetunion. Dänemark – Sowjetunion 4:2, 0:1; Dänemark – Schweiz 0:0, 0:1; Dänemark – Irland 3:0, 4:1; Dänemark – Norwegen 1:0, 5:1; Sowjetunion – Schweiz 4:0, 2:2; Sowjetunion – Irland 2:0, 0:1; Sowjetunion – Norwegen 1:0, 1:1; Schweiz – Irland 0:0, 0:3; Schweiz – Norwegen 1:1, 1:0; Irland Norwegen 0:0, 0:1.

Europa VII: Spanien und Schottland. Spanien – Schottland 1:0, 1:3; Spanien – Wales 3:0, 0:3; Spanien – Island 2:1, 2:1; Schottland – Wales 0:1, 1:1; Schottland – Island 3:0, 1:0; Wales – Island 2:1, 0:1.

Zusatz-Qualifikation: Belgien (Zweiter Europa I) – Niederlande (Zweiter Europa V) 1:0, 1:2; Schottland (Zweiter Europa VII) – Australien (Sieger Ozeanien) 2:0, 0:0.

Italien als Weltmeister ist automatisch qualifiziert.

Ozeanien: Australien. Australien – Israel 1:1, 2:1; Australien – Neuseeland 2:0, 0:0; Australien – Taiwan 7:0, 8:0; Israel – Neuseeland 3:0, 1:3; Israel – Taiwan 6:0, 5:0; Neuseeland – Taiwan 5:1, 5:0 – Taiwan verzichtete auf sein Heimrecht und spielte beim jeweiligen Gegner.

Südamerika I: Argentinien. Argentinien – Peru 2:2, 0:1; Argentinien – Kolumbien 1:0, 3:1; Argentinien – Venezuela 3:0, 3:2; Peru – Kolumbien 0:0, 0:1; Peru – Venezuela 4:1, 1:0; Kolumbien – Venezuela 2:0, 2:2.

Südamerika II: Uruguay. Uruguay – Chile 2:1, 0:2; Uruguay – Ecuador 2:1, 2:0; Chile – Ecuador 6:2, 1:1.

Südamerika III: Brasilien. Brasilien – Paraguay 1:1, 2:0; Brasilien – Bolivien 1:1, 2:0 Paraguay – Bolivien 3:0, 1:1.

Zusatz-Qualifikation: Paraguay. Paraguay – Kolumbien 3:0, 1:2; Chile – Peru 4:2, 1:0; Endspiele: Paraguay – Chile 3:0, 2:2.

Nord-/Mittelamerika: Kanada und Mexiko (als Veranstalter direkt qualifiziert)

1. Runde: El Salvador – Puerto Rico 5:0, 3:0; USA – Niederl. Antillen 4:0, 0:0; Honduras – Panama 1:0, 3:0; Haiti – Antigua 1:2, 4:0 (beide Spiele in Port-au-Prince); Surinam – Guyana 1:0, 1:1; Jamaika verzichtete gegen Kanada; Grenada verzichtete gegen Trinidad & Tobago; Barbados verzichtete gegen Costa Rica; Guatemala (Freilos).

2. Runde:

Gruppe 1: Honduras. Honduras – El Salvador 0:0, 2:1; Honduras – Surinam 2:1, 1:1 (beide Spiele in Tegucigalpa); El Salvador – Surinam 3:0, 3:0 (beide Spiele in San Salvador).

Gruppe 2: Kanada. Kanada – Guatemala 2:1, 1:1; Kanada – Haiti 2:0, 2:0; Guatemala – Haiti 4:0, 1:0.

Gruppe 3: Costa Rica. Costa Rica – USA 1:1, 1:0; Costa Rica – Trinidad & Tobago 1:1, 3:0 (beide Spiele in San José); USA – Trinidad & Tobago 1:0, 2:1 (in St. Louis).

Endrunde: Kanada. Kanada – Honduras 2:1.1:0; Kanada – Costa Rica 1:1, 0:0; Honduras – Costa Rica 3:1, 2:2.

Afrika: Marokko und Algerien

1. Runde: Ägypten – Simbabwe 1:0, 1:1; Kenia – Äthiopien 2:1, 3:3; Mauritius – Malawi 0:1, 0:4; Sambia – Uganda 3:0, 0:1; Tansania – Sudan 1:1, 0:0; Sierra Leone – Marokko 0:1, 0:4; Benin – Tunesien 0:2, 0:4; Elfenbeinküste – Gambia 4:0, 2:3; Nigeria – Liberia 3:0, 1:0; Angola – Senegal 1:0, n.V. 0:1/Elfmeterschießen 4:3; Lesotho verzichtete gegen Madagaskar; Niger verzichtete gegen Libyen; Togo verzichtete gegen Guinea; Freilose: Algerien, Kamerun, Ghana.

2. Runde: Sambia – Kamerun 4:1, 1:1; Marokko – Malawi 2:0, 0:0; Angola – Algerien 0:0, 2:3; Kenia – Nigeria 0:3, 1:3; Ägypten – Madagaskar 1:0, n. V. 0:1/Elfmeterschießen 4:2; Guinea – Tunesien 1:0, 0:2; Sudan – Libyen 0:0, 0:4; Elfenbeinküste – Ghana 0:0, 0:2.

3. Runde: Algerien – Sambia 2:0, 1:0; Nigeria – Tunesien 1:0, 0:2; Ghana – Libyen 0:0, 0:2; Ägypten – Marokko 0:0, 0:2.

Endspiele: Tunesien – Algerien 1:4, 0:3; Marokko – Libyen 3:0, 0:1.

Asien: Südkorea und Irak

1. Runde:

Untergruppe 1A: Vereinigte Arabische Emirate. Saudi-Arabien – Vereinigte Arabische Emirate 0:0, 0:1; Oman verzichtete.

Untergruppe 1B: Irak. Irak – Katar 2:1 (in Kalkutta), 0:3; Irak – Jordanien 2:0 (in Kuwait), 3:2; Katar – Jordanien 2:0, 0:1; Libanon zog nach 0:6, 0:6 gegen Irak und 0:8, 0:7 gegen Katar zurück.
Untergruppe 2A: Syrien. Syrien – Kuwait 1:0, 0:0; Syrien – Nordjemen 3:0, 1:0; Kuwait – Nordjemen 5:0,3:1.
Untergruppe 2B: Bahrain. Südjemen – Bahrain 1:4, 3:3. Iran wurde wegen der Weigerung, seine Heimspiele auf neutralen Plätzen auszutragen, disqualifiziert.
Untergruppe 3A: Südkorea. Südkorea – Malaysia 2:0, 0:1; Südkorea – Nepal 4:0, 2:0; Malaysia – Nepal 5:0, 0:0.
Untergruppe 3B: Indonesien. Indonesien – Indien 2:1, 1:1; Indonesien – Thailand 1:0, 1:0; Indonesien – Bangladesch 2:0, 1:2; Indien – Thailand 1:1, 0:0; Indien – Bangladesch 2:1, 2:1; Thailand – Bangladesch 3:0, 0:1.
Untergruppe 4A: Hongkong. Hongkong – China 0:0, 2:1; Hongkong – Macao 2:0, 2:0; Hongkong – Brunei 8:0, 5:1; China – Macao 6:0, 4:0; China – Brunei 8:0 (in Macao), 4:0 (in Hongkong); Macao – Brunei 2:0, 2:1.
Untergruppe 4B: Japan. Japan – Nordkorea 1:0, 0:0; Japan – Singapur 5:0, 3:1; Nordkorea – Singapur 2:0, 1:1.
2. Runde: Vereinigte Arabische Emirate – Irak 2:3, 2:1 (in Taif); Bahrain – Syrien 1:1, 0:1; Südkorea – Indonesien 2:0, 4:1; Japan – Hongkong 3:0, 2:1.
Endspiele: Syrien – Irak 0:0, 1:3 (in Taif); Japan – Südkorea 1:2, 0:1.

Endrunde vom 31. Mai bis 29. Juni in Mexiko

1. Finalrunde:

Es qualifizierten sich die beiden Gruppenersten sowie die vier besten Gruppen-Dritten.
Gruppe A: Argentinien, Italien, Bulgarien. Bulgarien – Italien 1:1 (in Mexiko City), Argentinien – Südkorea 3:1 (in Mexiko City), Italien – Argentinien 1:1 (Puebla), Südkorea – Bulgarien 1:1 (Mexiko City), Südkorea – Italien 2:3 (Puebla), Argentinien Bulgarien 2:0 (Mexiko City).
Gruppe B: Mexiko, Paraguay, Belgien. Belgien – Mexiko 1:2 (Mexiko City), Paraguay – Irak 1:0 (Toluca), Mexiko – Paraguay 1:1 (Mexiko City), Irak – Belgien 1:2 (Toluca), Irak – Mexiko 0:1 (Mexiko City), Paraguay – Belgien 2:2 (Toluca).
Gruppe C: Sowjetunion, Frankreich. Kanada – Frankreich 0:1 (Leon), Sowjetunion – Ungarn 6:0 (Irapuato), Frankreich – Sowjetunion 1:1 (Leon), Ungarn – Kanada 2:0 (Irapuato), Ungarn – Frankreich 0:3 (Leon), Sowjetunion – Kanada 2:0 (Irapuato).
Gruppe D: Brasilien, Spanien. Spanien – Brasilien 0:1 (Guadalajara), Algerien – Nordirland 1:1 (Guadalajara), Brasilien – Algerien 1:0 (Guadalajara), Nordirland – Spanien 1:2 (Guadalajara), Nordirland – Brasilien 0:3 (Guadalajara), Algerien – Spanien 0:3 (Monterrey).
Gruppe E: Dänemark, Deutschland, Uruguay. Uruguay – Deutschland 1:1 (Queretaro), Schottland – Dänemark 0:1 (Nezahualcoyotl), Deutschland – Schottland 2:1 (Queretaro), Dänemark – Uruguay 6:1 (Nezahualcoyotl), Dänemark – Deutschland 2:0 (Queretaro), Schottland – Uruguay 0:0 (Nezahualcoyotl).
Gruppe F: Marokko, England, Polen. Marokko – Polen 0:0 (Monterrey), Portugal – England 1:0 (Monterrey), England – Marokko 0:0 (Monterrey), Polen – Portugal 1:0 (Monterrey), Portugal – Marokko 1:3 (Guadalajara), England – Polen 3:0 (Monterrey).

Achtelfinale: Mexiko – Bulgarien 2:0 (Mexiko City), Sowjetunion – Belgien n. V. 3:4 (Leon), Brasilien – Polen 4:0 (Guadalajara), Argentinien – Uruguay 1:0 (Puebla), Italien – Frankreich 0:2 (Mexiko City), Marokko – Deutschland 0:1 (Monterrey), England – Paraguay 3:0 (Mexiko City), Dänemark – Spanien 1:5 (Queretaro).

Viertelfinale: Brasilien – Frankreich n. V. 1:1/Elfmeterschießen 3:4 (Guadalajara), Deutschland – Mexiko n. V. 0:0/Elfmeterschießen 4:1 (Monterrey), Argentinien – England 2:1 (Mexiko City), Spanien – Belgien n. V. 1:1/Elfmeterschießen 4:5 (Puebla).

Halbfinale: Frankreich – Deutschland 0:2 (Guadalajara), Argentinien – Belgien 2:0 (Mexiko City).

Um den dritten Platz: Frankreich – Belgien n. V. 4:2 (Puebla).

Endspiel am 29. Juni 1986 in Mexiko City: Argentinien – Deutschland 3:2 (1:0)

Argentinien: Pumpido – Brown – Cuciuffo, Ruggeri, Olarticoechea – Giusti, Batista, Maradona, Enrique – Burruchaga (Trobbiani), Valdano.
Deutschland: Schumacher – Jakobs – Berthold, Kh. Förster, Briegel – Matthäus, Brehme, Magath (D. Hoeneß), Eder – K. H. Rummenigge, Kl. Allofs (Völler).
Tore: Brown, Valdano, Burruchaga (K. H. Rummenigge, Völler) – Zuschauer: 114 800 – SR: Arppi Filho (Brasilien).

1990: Deutschland (Trainer: Beckenbauer)

Qualifikation:

Europa I: Rumänien. Rumänien – Dänemark 3:1, 0:3; Rumänien – Griechenland 3:0, 0:0; Rumänien – Bulgarien 1:0, 3:1; Dänemark – Griechenland 7:1, 1:1; Dänemark – Bulgarien 1:1, 2:0; Griechenland – Bulgarien 1:0, 0:4.

Europa II: Schweden und England. Schweden – England 0:0, 0:0; Schweden – Polen 2:1, 2:0; Schweden – Albanien 3:1, 2:1; England – Polen 3:0, 0:0; England – Albanien 5:0, 2:0; Polen – Albanien 1:0, 2:1.

Europa III: Sowjetunion und Österreich. Sowjetunion – Österreich 2:0, 0:0; Sowjetunion – Türkei 2:0, 1:0; Sowjetunion – DDR 3:0, 1:2; Sowjetunion – Island 1:1, 1:1; Österreich – Türkei 3:2, 0:3; Österreich – DDR 3:0, 1:1; Österreich – Island 2:1, 0:0; Türkei – DDR 3:1, 2:0; Türkei – Island 1:1, 1:2; DDR – Island 2:0, 3:0.

Europa IV: Niederlande und Deutschland. Niederlande – Deutschland 1:1, 0:0; Niederlande – Finnland 3:0, 1:0; Niederlande – Wales 1:0, 2:1; Deutschland – Finnland 6:1, 4:0; Deutschland – Wales 2:1, 0:0; Finnland – Wales 1:0, 2:2.

Europa V: Jugoslawien und Schottland. Jugoslawien – Schottland 3:1, 1:1; Jugoslawien – Frankreich 3:2, 0:0; Jugoslawien – Norwegen 1:0, 2:1; Jugoslawien – Zypern 4:0, 2:1 (in Athen); Schottland – Frankreich 2:0, 0.3~ Schottland – Norwegen 1:1, 2:1; Schottland – Zypern 2:1, 3:2; Frankreich – Norwegen 1:0, 1:1; Frankreich – Zypern 2:0, 1:1; Norwegen – Zypern 3:1, 3:0.

Europa VI. Spanien und Irland. Spanien – Irland 2:0, 0:1; Spanien – Ungarn 4:0, 2:2; Spanien – Nordirland 4:0, 2:0; Spanien – Malta 4:0, 2:0; Irland – Ungarn 2:0, 0:0; Irland – Nordirland 3:0, 0:0; Irland – Malta 2:0, 2:0; Ungarn – Nordirland 1:0, 2:1; Ungarn – Malta 1:1, 2:2; Nordirland – Malta 3:0, 2:0.

Europa VII: Belgien, Tschechoslowakei. Belgien – Tschechoslowakei 2:1, 0:0; Belgien – Portugal 3:0, 1:1; Belgien – Schweiz 1:0, 2:2; Belgien – Luxemburg 1:1, 5:0 (in Lille); Tschechoslowakei – Portugal 2:1, 0:0; Tschechoslowakei – Schweiz 3:0, 1:0; Tschechoslowakei – Luxemburg 4:0, 2:0; Portugal – Schweiz 3:1, 2:1; Portugal – Luxemburg 1:0, 3:0 (in Saarbrücken); Schweiz – Luxemburg 2:1, 4:1.

Italien als Veranstalter automatisch qualifiziert.

Südamerika I: Uruguay. Uruguay – Bolivien 2:0, 1:2; Uruguay – Peru 2:0, 2:0; Bolivien – Peru 2:1, 2:1.

Südamerika II: Kolumbien. Kolumbien – Paraguay 2:1, 1:2; Kolumbien – Ecuador 2:0, 0:0; Paraguay – Ecuador 2:1, 1:3.

Südamerika III: Brasilien. Brasilien – Chile 1:0 abgebrochen, Wertung 2:0, 1:1 Brasilien – Venezuela 6:0, 4:0, Chile – Venezuela 5:0 (in Mendoza), 3:1.

Argentinien als Weltmeister direkt qualifiziert.

Zusatz-Qualifikation: Kolumbien – Israel (Sieger Ozeanien) 1:0, 0:0.

Ozeanien: 1. Runde: Neuseeland – Taiwan 4:1, 4:0 (beide Spiele in Neuseeland). Australien – Fidschi 5:1, 0:1; Israel Freilos.

Endrunde: Israel – Australien 1:1, 1:1; Israel – Neuseeland 1:0, 2:2; Australien – Neuseeland 4:1, 0:2.

Nord-/Mittelamerika: Costa Rica und USA

1. Runde: Guyana – Trinidad & Tobago 0:4, 0:1; Kuba – Guatemala 0:1, 1:1; Jamaika – Puerto Rico 1:0, 2:1; Antigua – Niederl. Antillen 0:1, n. V. 1:0, Elfmeterschießen 1:3; Costa Rica – Panama 1:1, 2:0 – Freilose: Kanada, Honduras, El Salvador, USA. Mexiko von der FIFA ausgeschlossen.

2. Runde: Jamaika – USA 0:0, 1:5; Guatemala – Kanada 1:0, 2:3; Niederl. Antillen – El Salvador 0:1, 0:5; Trinidad & Tobago – Honduras 0:0, 1:1; Freilos: Costa Rica.

Endrunde: Costa Rica – USA 1:0, 0:1; Costa Rica – Trinidad & Tobago 1:0, 1:1; Costa Rica – Guatemala 2:1, 0:1; Costa Rica – El Salvador 1:0, 4:2 abgebrochen (Wertung nach Spielstand); USA – Trinidad & Tobago 1:1, 1:0; USA – Guatemala 2:1, 0:0; USA – El Salvador 0:0, 1:0 (in Tegucigalpa); Trinidad & Tobago – Guatemala 2:1, 1:0; Trinidad & Tobago – El Salvador 2:0, 0:0 (in Tegucigalpa); Guatemala – El Salvador nicht mehr gespielt worden.

Afrika: Ägypten und Kamerun

1. Runde: Angola – Sudan 0:0, 2:1; Lesotho verzichtete gegen Zimbabwe; Ruanda verzichtete gegen Sambia; Malawi – Uganda 3:1, 0:1; Libyen – Burkina Faso 3:0, 0:2; Liberia – Ghana 2:0, 0:0; Tunesien – Guinea 5:0, 0:3; Togo verzichtete gegen Gabun. Freilose: Algerien, Kamerun, Ägypten, Kenia, Marokko, Elfenbeinküste, Nigeria, Zaire.

2. Runde (Gruppe A): Algerien. Algerien – Elfenbeinküste 1:0, 0:0; Algerien – Zimbabwe 3:0, 2:1; Elfenbeinküste – Zimbabwe 5:0, 0:0; Libyen zog nach einem 0:1 bei der Elfenbeinküste zurück.

2. Runde (Gruppe B): Ägypten. Ägypten – Liberia 2:0, 0:1; Ägypten – Malawi 1:0, 1:1; Ägypten – Kenia 2:0, 0:0; Liberia – Malawi 1:0, 0:0; Liberia – Kenia 0:0, 0:1; Malawi – Kenia 1:0, 1:1.
2. Runde (Gruppe C): Kamerun. Kamerun – Nigeria 1:0, 0:2; Kamerun – Angola 1:1, 2:1; Kamerun – Gabun 2:1, 3:1; Nigeria – Angola 1:0, 2:2; Nigeria – Gabun 1:0, 1:2; Angola – Gabun 2:0, 0:1.
2. Runde (Gruppe D): Tunesien. Tunesien – Sambia 1:0, 0:1; Tunesien – Zaire 1:0, 1:3; Tunesien – Marokko 2:1, 0:0; Sambia – Zaire 4:2, 0:1; Sambia – Marokko 2:1, 0:1; Zaire – Marokko 0:0, 1:1.
Endrunde: Ägypten – Algerien 1:0, 0:0; Kamerun – Tunesien 2:0, 1:0.

Asien: Südkorea und Vereinigte Arabische Emirate
Gruppe 1: Katar. Katar – Irak 1:0, 2:2; Katar – Jordanien 1:0, 1:1; Katar – Oman 3:0, 0:0; Irak – Jordanien 4:0, 1:0; Irak – Oman 3:1, 1:1; Jordanien – Oman 2:0, 2:0.
Gruppe 2: Saudi-Arabien. Saudi-Arabien – Syrien 5:4, 0:0; Saudi-Arabien – Nordjemen 1:0, 1:0; Syrien – Nordjemen 2:0, 1:0. Bahrain verzichtete.
Gruppe 3: Vereinigte Arabische Emirate. Vereinigte Arabische Emirate – Kuwait 1:0, 2:3; Vereinigte Arabische Emirate – Pakistan 5:0, 4:1; Kuwait – Pakistan 2:0, 1:0; VR Jemen verzichtete.
Gruppe 4: Südkorea. Südkorea – Malaysia 3:0, 3:0; Südkorea – Singapur 3:0, 3:0; Südkorea – Nepal 9:0, 4:0; Malaysia – Singapur 1:0, 2:2; Malaysia – Nepal 2:0, 3:0; Singapur – Nepal 3:0, 7:0. Das jeweils zuerst genannte Resultat wurde bei einem Turnier in Südkorea gespielt, das zweite bei einem Turnier in Singapur. Indien verzichtete.
Gruppe 5: China. China – Iran 2:0, 2:3; China – Bangladesch 2:0, 2:0; China – Thailand 2:0, 3:0; Iran – Bangladesch 1:0, 2:1; Iran – Thailand 3:0, 3:0; Bangladesch – Thailand 3:1, 0:1.
Gruppe 6: Nordkorea. Nordkorea – Japan 2:0, 1:2; Nordkorea – Indonesien 2:1, 0:0; Nordkorea – Hongkong 4:1, 2:1; Japan – Indonesien 5:0, 0:0; Japan – Hongkong 0:0, 0:0; Indonesien – Hongkong 3:2, 1:1.
Endrunde: Südkorea und Vereinigte Arabische Emirate. Turnier in Singapur: Südkorea – Vereinigte Arabische Emirate 1:1 (in Kuala Lumpur); Südkorea – Katar 0:0; Südkorea – China 1:0; Südkorea – Saudi-Arabien 2:0; Südkorea – Nordkorea 1:0; Vereinigte Arabische Emirate – Katar 1:1; Vereinigte Arabische Emirate – China 2:1; Vereinigte Arabische Emirate – Saudi-Arabien 0:0; Vereinigte Arabische Emirate – Nordkorea 0:0; Katar – China 2:1; Katar – Saudi-Arabien 1:1; Katar – Nordkorea 0:2; China – Saudi-Arabien 2:1; China – Nordkorea 1:0; Saudi-Arabien – Nordkorea 2:0 (in Kuantan).

Endrunde vom 8. Juni bis 8. Juli 1990 in Italien

1. Finalrunde:

Es qualifizierten sich die beiden Gruppenersten sowie die vier besten Gruppen-Dritten.
Gruppe A: Italien, Tschechoslowakei. USA – Tschechoslowakei 1:5 (Florenz), Italien – Österreich 1:0 (Rom), Italien – USA 1:0 (Rom), Österreich – Tschechoslowakei 0:1 (Florenz), Italien – Tschechoslowakei 2:0 (Rom), Österreich – USA 2:1 (Florenz).
Gruppe B: Kamerun, Rumänien, Argentinien. Argentinien – Kamerun 0:1 (Mailand), Sowjetunion – Rumänien 0:2 (Bari), Argentinien – Sowjetunion 2:0 (Neapel), Kamerun – Rumänien 2:1 (Bari), Argentinien – Rumänien 1:1 (Neapel), Kamerun – Sowjetunion 0:4 (Bari).
Gruppe C: Brasilien, Costa Rica. Brasilien – Schweden 2:1 (Turin), Costa Rica – Schottland 1:0 (Genua), Brasilien – Costa Rica 1:0 (Turin), Schweden – Schottland 1:2 (Genua), Brasilien – Schottland 1:0 (Turin), Schweden – Costa Rica 1:2 (Genua).
Gruppe D: Deutschland, Jugoslawien, Kolumbien. Vereinigte Arabische Emirate – Kolumbien 0:2 (Bologna), Deutschland – Jugoslawien 4:1 (Mailand), Jugoslawien – Kolumbien 1:0 (Bologna), Deutschland – Vereinigte Arabische Emirate 5:1 (Mailand), Deutschland – Kolumbien 1:1 (Mailand), Jugoslawien – Vereinigte Arabische Emirate 4:1 (Bologna).
Gruppe E: Spanien, Belgien, Uruguay. Belgien – Südkorea 2:0 (Verona), Uruguay – Spanien 0:0 (Udine), Belgien – Uruguay 3:1 (Verona), Südkorea – Spanien 1:3 (Udine), Belgien – Spanien 1:2 (Verona), Südkorea – Uruguay 0:1 (Udine).
Gruppe F: England, Irland, Niederlande. England – Irland 1:1 (Cagliari), Niederlande – Ägypten 1:1 (Palermo), England – Niederlande 0:0 (Cagliari), Irland – Ägypten 0:0 (Palermo), Irland – Niederlande 1:1 (Palermo), England – Ägypten 1:0 (Cagliari). Irland durch Losentschied Gruppenzweiter.

Achtelfinale: Kamerun – Kolumbien n. V. 2:1 (Neapel), Tschechoslowakei – Costa Rica 4:1 (Bari), Brasilien – Argentinien 0:1 (Turin), Deutschland – Niederlande 2:1 (Mailand), Irland – Rumänien n. V. 0:0/Elfmeterschießen 5:4 (Genua), Italien – Uruguay 2:0 (Rom), Spanien – Jugoslawien n. V. 1:2 (Verona), England – Belgien n. V. 1:0 (Bologna).
Viertelfinale: Tschechoslowakei – Deutschland 0:1 (Mailand), Kamerun – England n. V. 2:3 (Neapel), Irland – Italien 0:1 (Rom), Argentinien – Jugoslawien n. V. 0:0/Elfmeterschießen 3:2 (Florenz).

Halbfinale: Deutschland – England n. V. 1:1/Elfmeterschießen 4:3 (Turin), Argentinien – Italien n. V. 1:1/Elfmeterschießen 4:3 (Neapel).
Um den dritten Platz: Italien – England 2:1 (Bari).

Endspiel am 8. Juli 1990 in Rom: Deutschland – Argentinien 1:0 (0:0)
Deutschland: Illgner – Augenthaler – Berthold (Reuter), Kohler, Buchwald, Brehme – Häßler, Matthäus, Littbarski – Klinsmann, Völler.
Argentinien: Goycoechea – Simon – Serrizuela, Ruggeri (Monzon) – Troglio, Sensini, Burruchaga (Calderon), Basualdo, Lorenzo – Dezotti, Maradona,
Tor: Brehme – Zuschauer: 73 607 – SR: Codesal Mendez (Mexiko).

1994: Brasilien (Trainer: Parreira)

Qualifikation:

Europa I: Italien und Schweiz. Italien – Schweiz 2:2, 0:1; Italien – Portugal 1:0, 3:1; Italien – Schottland 3:1, 0:0; Italien – Malta 6:1, 2:1; Italien – Estland 2:0, 3:0; Schweiz – Portugal 1:1, 0:1; Schweiz – Schottland 3:1, 1:1; Schweiz – Malta 3:0, 2:0; Schweiz – Estland 4:0, 6:0; Portugal – Schottland 5:0, 0:0; Portugal – Malta 4 0, 1:0; Portugal – Estland 3:0, 2:0; Schottland – Malta 3:0, 2:0; Schottland – Estland 3:1, 3:0, Malta – Estland 0:0, 1:0.
Europa II: Norwegen und Niederlande. Norwegen – Niederlande 2:1, 0:0 Norwegen – England 2:0, 1:1; Norwegen – Polen 1:0, 3:0; Norwegen – Türkei 3:1, 1:2; Norwegen – San Marino 10:0, 2:0; Niederlande – England 2:0, 2:2; Niederlande – Polen 2:2, 3:1; Niederlande – Türkei 3:1, 3:1; Niederlande – San Marino 6:0, 7:0; England – Polen 3:0, 1:1; England – Türkei 4:0, 2:0; England – San Marino 6:0, 7:1; Polen – Türkei 1:0, 1:2; Polen – San Marino 1:0, 3:0; Türkei – San Marino 4:1, 0:0.
Europa III: Spanien und Irland. Spanien – Irland 0:0, 3:1; Spanien – Dänemark 1:0, 0:1; Spanien – Nordirland 3:1, 0:0; Spanien – Litauen 5:0, 2:0; Spanien – Lettland 5:0, 0:0; Spanien – Albanien 3:0, 5:1; Irland – Dänemark 1:1, 0:0; Irland – Nordirland 3:0, 1:1; Irland – Litauen 2:0, 1:0; Irland – Lettland 4:0, 2:0; Irland – Albanien 2:0, 2:1; Dänemark – Nordirland 1:0, 1:0; Dänemark – Litauen 4:0, 0:0; Dänemark – Lettland 2:0, 0:0; Dänemark – Albanien 4:0, 1:0; Nordirland – Litauen 2:2, 1:0; Nordirland – Lettland 2:0, 2:1; Nordirland – Albanien 3:0, 2:1; Litauen – Lettland 1:1, 2:1; Litauen – Albanien 3:1, 0:1; Lettland – Albanien 0:0, 1:1.
Europa IV: Rumänien und Belgien. Rumänien – Belgien 2:1, 0:1; Rumänien – RCS (Representation of Czechs and Slovaks) 1:1, 2:5; Rumänien – Wales 5:1, 2:1; Rumänien – Zypern 2:1, 4:1; Rumänien – Färöer 7:0, 4:0; Belgien – RCS 0:0, 2:1; Belgien – Wales 2:0, 0:2, Belgien – Zypern 1:0, 3:0; Belgien – Färöer 3:0, 3:0; RCS – Wales 1:1, 2:2; RCS – Zypern 3:0, 1:1; RCS – Färöer 4:0, 3:0; Wales – Zypern 2:0, 1:0; Wales – Färöer 6:0, 3:0; Zypern – Färöer 3:1, 2:0.
Europa V: Griechenland und Russland. Griechenland – Russland 1:0, 1:1; Griechenland – Island 1:0, 1:0; Griechenland – Ungarn 0:0, 1:0; Griechenland – Luxemburg 2:0, 3:1; Russland – Island 1:0, 1:1; Russland – Ungarn 3:0, 3:1; Russland – Luxemburg 2:0, 4:0; Island – Ungarn 2:0, 2:1; Island – Luxemburg 1:0, 1:1 Ungarn – Luxemburg 1:0, 3:0; Jugoslawien wurde ausgeschlossen.
Europa VI: Schweden und Bulgarien. Schweden – Bulgarien 2:0, 1:1; Schweden – Frankreich 1:1, 1:2; Schweden – Österreich 1:0, 1:1; Schweden – Finnland 3:2, 1:0; Schweden – Israel 5:0, 3:1; Bulgarien – Frankreich 2:0, 2:1; Bulgarien – Österreich 4:1, 1:3; Bulgarien – Finnland 2:0, 3:0; Bulgarien – Israel 2:2, 2:0; Frankreich – Österreich 2:0, 1:0; Frankreich – Finnland 2:1, 2:0; Frankreich – Israel 2:3, 4:0; Österreich – Finnland 3:0, 1:3; Österreich – Israel 5:2, 1:1; Finnland – Israel 0:0, 3:1.
Deutschland als Weltmeister automatisch qualifiziert.
Südamerika I: Kolumbien und Argentinien. Kolumbien – Argentinien 2:1, 5:0; Kolumbien – Paraguay 0:0, 1:1; Kolumbien – Peru 4:0, 1:0; Argentinien – Paraguay 0:0, 3:1; Argentinien – Peru 2:1, 1:0; Paraguay – Peru 2:1, 2:2. Chile von der FIFA gesperrt.
Südamerika II: Brasilien und Bolivien. Brasilien – Bolivien 6:0, 0:2; Brasilien – Uruguay 2:0, 1:1; Brasilien – Ecuador 2:0, 0:0; Brasilien – Venezuela 4:0, 5:1; Bolivien – Uruguay 3:1, 1:2; Bolivien – Ecuador 1:0, 1:1; Bolivien – Venezuela 7:0, 7:1; Uruguay – Ecuador 0:0, 1:0; Uruguay – Venezuela 4:0, 1:0; Ecuador – Venezuela 5:0, 1:2.
Entscheidungsspiel: Argentinien (Zweiter Südamerika I) – Australien (Sieger Ausscheidung Ozeanien/Zweiter Nord-/Zentralamerika) 1:0, 1:1.

Ozeanien: Gruppe 1: Australien – Tahiti 2:0, 3:0; Australien – Solomonen 6:1, 2:1; Tahiti – Solomonen 4:2, 1:1; Westsamoa verzichtete.
Gruppe 2: Neuseeland – Fidschi 3:0, 0:0; Neuseeland – Vanuatu 8:0, 4:1; Fidschi – Vanuatu 3:0, 3:0.
Endspiele: Neuseeland – Australien 0:1, 0:3.

Zusatzqualifikation: Kanada (Zweiter Nord-/Mittelamerika) – Australien 2:1, n. V. 1:2/Elfmeterschießen 1:4.

Nord-/Mittelamerika: Mexiko
Vorqualifikation: Santa Lucia – St. Vincent 1:0, 1:3; Dominikanische Republik – Puerto Rico 1:2, 1:1.
Vorrunde: Bermuda – Haiti 1:0, 1:2; Jamaika – Puerto Rico 2:1, 1:0; Niederl. Antillen – Antigua 1:1, 0:3; Guyana – Surinam 1:2, 1:1; Barbados – Trinidad & Tobago 1:2, 0:3; Kuba verzichtete gegen St. Vincent.
1. Runde, Zentral-Zone: Guatemala – Honduras 0:0, 0:2; Panama – Costa Rica 1:0, 1:5; Nicaragua – El Salvador 0:5, 1:5 – **Karibik-Zone:** Surinam – St. Vincent 0:0, 1:2; Antigua – Bermuda 0:3, 1:2; Trinidad & Tobago – Jamaika 1:2, 1:1. Freilose: Mexiko, Kanada.
2. Runde, Gruppe A: Mexiko. Mexiko – Honduras 2:0, 1:1; Mexiko – Costa Rica 4:0, 0:2; Mexiko – St. Vincent 11:0, 4:0; Honduras – Costa Rica 2:1, 3:2; Honduras – St. Vincent 4:0, 4:0; Costa Rica – St. Vincent 5:0, 1:0.
2. Runde, Gruppe B: El Salvador: El Salvador – Kanada 1:1, 3:2; El Salvador – Jamaika 2:1, 2:0; El Salvador – Bermuda 4:1, 0:1; Kanada – Jamaika 1:0, 1:1; Kanada – Bermuda 4:2, 0:0; Jamaika – Bermuda 3:2, 1:1.
Endrunde: Mexiko. Mexiko – Kanada 4:0, 2:1; Mexiko – El Salvador 3:1, 1:2; Mexiko – Honduras 3:0, 4:1; Kanada – El Salvador 2:0, 2:1; Kanada – Honduras 3:1, 2:2; El Salvador – Honduras 2:1, 0:2.
Zusatzqualifikation: Kanada – Australien (Sieger Ozeanien) 2:1, n. V. 1:2/Elfmeterschießen 1:4.
USA als Veranstalter automatisch qualifiziert.

Afrika: Nigeria, Marokko und Kamerun
Gruppe A: Algerien. Algerien – Ghana 2:1, 0:2; Algerien – Burundi 3:1, 0:0; Ghana – Burundi 1:0, 0:1. Uganda verzichtete.
Gruppe B: Kamerun. Kamerun – Swasiland 5:0, 0:0; Kamerun – Zaire 0:0, 2:1; Swasiland – Zaire 1:0 (2. Spiel nicht ausgetragen); Liberia nach 2:4 in Zaire zurückgezogen.
Gruppe C: Zimbabwe. Zimbabwe – Ägypten 2:1, 1:2 (wegen Zuschauerausschreitungen annulliert; Wiederholung in Lyon 0:0); Zimbabwe – Angola 2:1, 1:1; Zimbabwe – Togo 1:0, 2:1; Ägypten – Angola 1:0, 0:0; Ägypten – Togo 3:0, 4:1; Angola – Togo (nicht ausgetragen), 1:0. Sierra Leone verzichtete.
Gruppe D: Nigeria. Nigeria – Südafrika 4:0, 0:0; Nigeria – Kongo 2:0, 1:0; Südafrika – Kongo 1:0, 1:0. Libyen und Sao Tome e Prinzipe verzichteten, dafür Südafrika nachgemeldet.
Gruppe E: Elfenbeinküste. Elfenbeinküste – Niger 1:0, 0:0; Elfenbeinküste – Botswana 6:0, 0:0; Niger – Botswana 2:1, 1:0; Sudan verzichtete.
Gruppe F: Marokko. Marokko – Tunesien 0:0, 1:1; Marokko – Äthiopien 5:0 abgebrochen (Wertung nach Spielstand), 1:0; Marokko – Benin 5:0, 1:0; Tunesien – Äthiopien 3:0, 0:0; Tunesien – Benin 5:1, 5:0; Äthiopien – Benin 3:1, 0:1. Malawi verzichtete. Benin nachgemeldet.
Gruppe G: Senegal. Senegal – Gabun 1:0, 2:3; Senegal – Mosambik 6:1, 1:0; Gabun – Mosambik 3:1, 1:1; Mauretanien verzichtete.
Gruppe H: Sambia. Sambia – Madagaskar 3:1, 0:2; Sambia – Namibia 4:0, 4:0; Madagaskar – Namibia 3:0, 1:0; Tansania zog sich nach vier Spielen zurück. Burkina Faso verzichtete. Namibia nachgemeldet.
Gruppe I: Guinea. Guinea – Kenia 4:0, 0:2; Gambia und Mali verzichteten.
Endrunde, Gruppe A: Nigeria. Nigeria – Elfenbeinküste 4:1, 1:2; Nigeria– Algerien 4:1, 1:1; Elfenbeinküste – Algerien 1:0, 1:1.
Endrunde, Gruppe B: Marokko. Marokko – Sambia 1:0, 1:2; Marokko – Senegal 1:0, 3:1; Sambia – Senegal 4:0, 0:0 (in Abidjan/Elfenbeinküste).
Endrunde, Gruppe C: Kamerun. Kamerun – Zimbabwe 3:1, 0:1; Kamerun – Guinea 3:1, 1:0; Zimbabwe – Guinea 1:0, 0:3.

Asien: Saudi-Arabien und Südkorea
Gruppe A: Irak. Turniere in Jordanien und China: Irak – China 1:0, 1:2; Irak – Jemen 6:1, 3:0; Irak – Jordanien 1:1, 4:0; Irak – Pakistan 8:0, 4:0; Jemen – China 1:0, 0:1; Jemen – Jordanien 1:1, 1:1; Jemen – Pakistan 5:1, 3:0; China – Jordanien 3:0, 4:1; China – Pakistan 5:0, 3:0; Jordanien – Pakistan 3:1, 5:0.
Gruppe B: Iran. Turniere im Iran und Syrien: Iran – Syrien 1:1, 1:1; Iran – Oman 0:0, 1:0; Iran – Taiwan 6:0, 6:0; Syrien – Oman 0:0, 2:1; Syrien – Taiwan 2:0, 8:1; Oman – Taiwan 2:1, 7:1. Burma verzichtete.
Gruppe C: Nordkorea. Turniere in Katar und Singapur: Nordkorea – Katar 2:1, 2:2; Nordkorea – Singapur 2:1, 3:1; Nordkorea – Indonesien 4:0, 2:1; Nordkorea – Vietnam 3:0, 1:0; Katar – Singapur 4:1, 0:1; Katar – Indonesien 3:1, 4:1; Katar – Vietnam 4:0, 4:0; Singapur – Indonesien 2:0, 2:1; Singapur – Vietnam 3:2, 1:0; Indonesien – Vietnam 0:1, 2:1.
Gruppe D: Südkorea. Turniere im Libanon und Südkorea: Südkorea – Bahrain 0:0, 3:0; Südkorea – Libanon 1:0, 2:0; Südkorea – Hongkong 3:0, 4:1; Südkorea – Indien 3:0, 7:0; Bahrain – Libanon 0:0, 0:0; Bahrain – Hongkong 1:2, 3:0; Bahrain – Indien 2:1, 3:0; Libanon – Hongkong 2:2, 2:1; Libanon – Indien 2:2, 2:1; Hongkong – Indien 2:1, 1:3.
Gruppe E: Saudi-Arabien. Turniere in Malaysia und Saudi-Arabien: Saudi-Arabien – Kuwait 0:0, 2:0; Saudi-Arabien – Malaysia 1:1, 3:0; Saudi-Arabien – Macao 6:0, 8:0; Kuwait – Malaysia 1:1, 2:0; Kuwait – Macao 10:1, 8:0; Malaysia – Macao 9:0, 5:0.

Gruppe F: Japan. Turniere in Japan und den Vereinigten Arabischen Emirate: Japan – Vereinigte Arabische Emirate 2:0, 1:1; Japan – Thailand 1:0, 1:0; Japan – Bangladesch 8:0, 4:1; Japan – Sri Lanka 5:0, 6:0; Vereinigte Arabische Emirate – Thailand 1:0, 2:1; Vereinigte Arabische Emirate – Bangladesch 1:0, 7:0; Vereinigte Arabische Emirate – Sri Lanka 4:0, 3:0; Thailand – Bangladesch 4:1, 4:1 Thailand – Sri Lanka 1:0, 3:0; Bangladesch – Sri Lanka 1:0, 3:0.
Endrunde: Saudi-Arabien und Südkorea. Turnier in Katar: Saudi-Arabien – Südkorea 1:1; Saudi-Arabien – Japan 0:0; Saudi-Arabien – Irak 1:1; Saudi-Arabien – Iran 4:3; Saudi-Arabien – Nordkorea 2:1; Südkorea – Japan 0:1; Südkorea – Irak 2:2; Südkorea – Iran 3:0; Südkorea – Nordkorea 3:0; Japan – Irak 2:2; Japan – Iran 1:2; Japan – Nordkorea 3:0; Irak – Iran 2:1; Irak – Nordkorea 2:3; Iran – Nordkorea 2:1.

Endrunde vom 17. Juni bis 17. Juli 1994 in den USA

1. Finalrunde:
Es qualifizierten sich die beiden Gruppenersten sowie die vier besten Gruppendritten.
Gruppe A: Rumänien, Schweiz, USA. USA – Schweiz 1:1 (Detroit), Kolumbien – Rumänien 1:3 (Los Angeles), Rumänien – Schweiz 1:4 (Detroit), USA – Kolumbien 2:1 (Los Angeles), USA – Rumänien 0:1 (Los Angeles), Schweiz – Kolumbien 0:2 (San Francisco).
Gruppe B: Brasilien, Schweden. Kamerun – Schweden 2:2 (Los Angeles), Brasilien – Russland 2:0 (San Francisco), Brasilien – Kamerun 3:0 (San Francisco), Schweden – Russland 3:1 (Detroit), Russland – Kamerun 6:1 (San Francisco), Brasilien – Schweden 1:1 (Detroit).
Gruppe C: Deutschland, Spanien: Deutschland – Bolivien 1:0 (Chicago), Spanien – Südkorea 2:2 (Dallas), Deutschland – Spanien 1:1 (Chicago), Südkorea – Bolivien 0:0 (Boston), Bolivien – Spanien 1:3 (Chicago), Deutschland – Südkorea 3:2 (Dallas).
Gruppe D: Nigeria, Bulgarien, Argentinien. Argentinien – Griechenland 4:0 (Boston), Nigeria – Bulgarien 3:0 (Dallas), Argentinien – Nigeria 2:1 (Boston), Bulgarien – Griechenland 4:0 (Chicago), Griechenland – Nigeria 0:2 (Boston), Argentinien – Bulgarien 0:2 (Dallas).
Gruppe E: Mexiko, Irland, Italien. Italien – Irland 0:1 (New York), Norwegen – Mexiko 1:0 (Washington), Italien – Norwegen 1:0 (New York), Mexiko – Irland 2:1 (Orlando), Irland – Norwegen 0:0 (New York), Italien – Mexiko 1:1 (Washington).
Gruppe F: Niederlande, Saudi-Arabien, Belgien. Belgien – Marokko 1:0 (Orlando), Niederlande – Saudi-Arabien 2:1 (Washington), Belgien – Niederlande 1:0 (Orlando), Saudi-Arabien – Marokko 2:1 (New York), Marokko – Niederlande 1:2 (Orlando), Belgien – Saudi-Arabien 0:1 (Washington).

Achtelfinale: Deutschland – Belgien 3:2 (Chicago). Schweiz – Spanien 0:3 (Washington), Saudi-Arabien – Schweden 1:3 (Dallas), Rumänien – Argentinien 3:2 (Los Angeles), Niederlande – Irland 2:0 (Orlando), Brasilien – USA 1:0 (San Francisco), Nigeria – Italien n. V. 1:2 (Boston), Mexiko – Bulgarien n. V. 1:1/Elfmeterschießen 1:3 (New York).
Viertelfinale: Italien – Spanien 2:1 (Boston), Niederlande – Brasilien 2:3 (Dallas), Bulgarien – Deutschland 2:1 (New York), Rumänien – Schweden n. V. 2:2/Elfmeterschießen 4:5 (San Francisco).
Halbfinale: Bulgarien – Italien 1:2 (New York), Schweden – Brasilien 0:1 (Los Angeles).
Um den dritten Platz: Schweden – Bulgarien 4:0 (Los Angeles).

Endspiel am 17. Juli 1994 in Los Angeles: Brasilien – Italien n. V. 0:0/Elfmeterschießen 3.2
Brasilien: Taffarel – Aldair, Marcio Santos, Mauro Silva – Jorginho (Cafu), Dunga, Branco, Mazinho, Zinho (Viola) – Bebeto, Romario.
Italien: Pagliuca – Mussi (Apolloni), Maldini, Baresi, Benarrivo – Donadoni, Albertini, Dino Baggio (Evani), Berti – Roberto Baggio, Massaro.
Elfmeterschießen: Baresi (verschossen), Marcio Santos (gehalten), Albertini 0:1, Romario 1.1, Evani 1:2, Branco 2:2, Massaro (gehalten), Dunga 3:2, R. Baggio (verschossen) – Zuschauer: 94 949 – SR: Puhl (Ungarn).

1998: Frankreich (Trainer: Jacquet)

Qualifikation:
Europa I: Dänemark und Kroatien. Dänemark – Kroatien 3:1, 1:1; Dänemark – Griechenland 2:1, 0:0; Dänemark – Bosnien-Herzegowina 2:0, 0:3; Dänemark – Slowenien 4:0, 2:0; Kroatien – Griechenland 1:1, 1:0; Kroatien – Bosnien-Herzegowina 3:2, 4:1 (in Bologna); Kroatien – Slowenien 3:3, 3:1; Griechenland – Bosnien-Herzegowina 3:0, 1:0; Griechenland – Slowenien 2:0, 3:0; Bosnien-Herzegowina – Slowenien 1:0, 2:1.
Europa II: England und Italien. England – Italien 0:1, 0:0; England – Polen 2:1, 2:0; England – Georgien 2:0, 2:0; England – Moldawien 4:0, 3:0; Italien – Polen 3:0, 0:0; Italien – Georgien 1:0, 0:0; Italien – Moldawien 3:0, 3:1; Polen – Georgien 4:1, 0:3; Polen – Moldawien 2:1, 3:0; Georgien – Moldawien 2:0, 1:0.

Europa III: Norwegen. Norwegen – Ungarn 3:0, 1:1; Norwegen – Finnland 1:1, 4:0; Norwegen – Schweiz 5:0, 1:0; Norwegen – Aserbaidschan 5:0, 1:0; Ungarn – Finnland 1:0, 1:1, Ungarn – Schweiz 1:1, 0:1; Ungarn – Aserbaidschan 3:1, 3:0; Finnland – Schweiz 2:3, 2:1; Finnland – Aserbaidschan 3:0, 2:1; Schweiz – Aserbaidschan 5:0, 0:1.

Europa IV: Österreich und Schottland. Österreich – Schottland 0:0, 0:2; Österreich – Schweden 1:0, 1:0; Österreich – Lettland 2:1, 3:1; Österreich – Estland 2:0, 3:0; Österreich – Weißrussland 4:0, 1:0; Schottland – Schweden 1:0, 1:2; Schottland – Lettland 2:0, 2:0; Schottland – Estland 2:0, 0:0 (in Monaco); Schottland – Weißrussland 4:1, 1:0; Schweden – Lettland 1:0, 2:1; Schweden – Estland 1:0, 3:2; Schweden – Weißrussland 5:1, 2:1; Lettland – Estland 1:0, 3:1; Lettland – Weißrussland 2:0, 1:1; Estland – Weißrussland 1:0, 0:1.

Europa V: Bulgarien. Bulgarien – Russland 1:0, 2:4; Bulgarien – Israel 1:0, 1:2; Bulgarien – Zypern 4:1, 3:1; Bulgarien – Luxemburg 4:0; 2:1; Russland – Israel 2:0, 1:1; Russland – Zypern 4:0, 1:1; Russland – Luxemburg 3:0, 4:0; Israel – Zypern 2:0, 0:2; Israel – Luxemburg 1:0, 3:0; Zypern – Luxemburg 2:0, 3:1.

Europa VI: Spanien und Jugoslawien. Spanien – Jugoslawien 2:0, 1:1; Spanien – Tschechien 1:0, 0:0; Spanien – Slowakei 4:1, 2:1; Spanien – Färöer 3:1, 6:2; Spanien – Malta 4:0, 3:0; Jugoslawien – Tschechien 1:0, 2:1; Jugoslawien – Slowakei 2:0, 1:1; Jugoslawien – Färöer 3:1, 8:1; Jugoslawien – Malta 6:0, 5:0; Slowakei – Tschechien 2:1, 0:3; Slowakei – Färöer 3:0, 2:1; Slowakei – Malta 6:0, 2:0; Tschechien – Färöer 2:0, 2:0; Tschechien – Malta 6:0, 1:0; Färöer – Malta 2:1, 2:1.

Europa VII: Niederlande und Belgien. Niederlande – Belgien 3:1, 3:0; Niederlande – Türkei 0:0, 0:1; Niederlande – Wales 7:1, 3:1; Niederlande – San Marino 4:0, 6:0, Belgien – Türkei 2:1, 3:1; Belgien – Wales 3:2, 2:1; Belgien – San Marino 6:0, 3:0; Türkei – Wales 6:4, 0:0; Türkei – San Marino 7:0, 5:0; Wales – San Marino 6:0, 5:0.

Europa VIII: Rumänien. Rumänien – Irland 1:0, 1:1; Rumänien – Litauen 3:0, 1:0; Rumänien – Mazedonien 4:2, 3:0; Rumänien – Island 4:0, 4:0; Rumänien – Liechtenstein 8:0, 8:1; Irland – Litauen 0:0, 2:1; Irland – Mazedonien 3:0, 2:3; Irland – Island 0:0, 4:2; Irland – Liechtenstein 5:0, 5:0; Litauen – Mazedonien 2:0, 2:1; Litauen – Island 2:0, 0:0; Litauen – Liechtenstein 2:1, 2:0; Mazedonien – Island 1:0, 1:1, Mazedonien – Liechtenstein 3:0, 11:1; Island – Liechtenstein 4:0, 4:0.

Europa IX: Deutschland. Deutschland – Ukraine 2:0, 0:0; Deutschland – Portugal 1:1, 0:0; Deutschland – Armenien 4:0, 5:1; Deutschland – Nordirland 1:1, 3:1; Deutschland – Albanien 4:3, 3:2 (in Granada); Ukraine – Portugal 2:1, 0:1; Ukraine – Armenien 1:1, 2:0; Ukraine – Nordirland 2:1, 1:0; Ukraine – Albanien 1:0, 1:0 (in Granada); Portugal – Armenien 3:1, 0:0; Portugal – Nordirland 1:0, 0:0; Portugal – Albanien 2:0, 3:0, Armenien – Nordirland 0:0, 1:1; Armenien – Albanien 3:0, 1:1; Nordirland – Albanien 2:0, 0:1 (in Zürich).

Europa: Qualifikation der Gruppenzweiten. Schottland als bester Gruppenzweiter direkt qualifiziert. Kroatien – Ukraine 2:0, 1:1; Russland – Italien 1:1, 0:1; Ungarn – Jugoslawien 1:7, 0:5; Irland – Belgien 1:1, 1:2.

Frankreich als Veranstalter automatisch qualifiziert.

Südamerika: Argentinien, Paraguay, Kolumbien und Chile. Argentinien – Paraguay 1:1, 2:1; Argentinien – Kolumbien 1:1, 1:0; Argentinien – Chile 1:1, 2:1; Argentinien – Peru 2:0, 0:0; Argentinien – Ecuador 2:1, 0:2; Argentinien – Uruguay 0:0, 0:0; Argentinien – Bolivien 3:1, 1:2; Argentinien – Venezuela 2:0, 5:2; Paraguay – Kolumbien 2:1, 0:1; Paraguay – Chile 2:1, 1:2; Paraguay – Peru 2:1, 0:1; Paraguay – Ecuador 1:0, 1:2; Paraguay – Uruguay 3:1, 2:0; Paraguay – Bolivien 2:1, 0:0; Paraguay – Venezuela 1:0, 2:0; Kolumbien – Chile 4:1, 1:4; Kolumbien – Peru 0:1, 1:1; Kolumbien – Ecuador 1:0, 1:0; Kolumbien – Uruguay 3:1, 1:1; Kolumbien – Bolivien 3:0, 2:2; Kolumbien – Venezuela 1:0, 2:0; Chile – Peru 4:0, 1:2; Chile – Ecuador 4:1, 1:1; Chile – Uruguay 1:0, 0:1; Chile – Bolivien 3:0, 1:1; Chile – Venezuela 6:0, 1:1; Peru – Ecuador 1:1, 1:4; Peru – Uruguay 2:1, 0:2; Peru – Bolivien 2:1, 0:0; Peru – Venezuela 4:1, 3:0; Ecuador – Uruguay 4:0, 3:5; Ecuador – Bolivien 1:0, 0:2; Ecuador – Venezuela 1:0, 1:1; Uruguay – Bolivien 1:0, 0:1; Uruguay – Venezuela 3:1, 2:0; Bolivien – Venezuela 6:1, 1:1.

Brasilien als Weltmeister automatisch qualifiziert.

Nord – und Mittelamerika: Mexiko, USA und Jamaika

Karibik, 1. Runde: Dominica – Antigua 3:3, 3:1; Dominikanische Republik – Aruba 3:2, 3:1; Guyana – Grenada 1:2, 0:6; Bahamas verzichteten gegen St. Kitts-Nevis.

Karibik, 2. Runde: Surinam – Jamaika 0:1, 0:1; Puerto Rico – St. Vincent and the Grenadines 1:2, 0:7; Dominikanische Republik – Niederl. Antillen 2:1, 0:0; St. Kitts-Nevis – St. Lucia 5:1, 1:0; Cayman Islands – Kuba 0:1, 0:5 (beide Spiele auf den Cayman Islands); Haiti – Grenada 6:1, 1:0; Dominica – Barbados 0:1, 0:1; Bermuda verzichtete gegen Trinidad & Tobago.

Karibik, 3. Runde: Kuba – Haiti 6:1 (in Trinidad), 1:1; Dominikanische Republik – Trinidad & Tobago 1:4, 0:8; St. Kitts-Nevis – St. Vincent and the Grenadines 2:2. 0:0; Barbados – Jamaika 0:1, 0:2.

Zentral-Zone: Nicaragua – Guatemala 0:1, 1:2; Belize – Panama 1:2, 1:4.

Halbfinale, Gruppe 1: USA und Costa Rica. USA – Costa Rica 2:1, 1:2; USA – Guatemala 2:0, 2:2 (in El Salvador); USA – Trinidad & Tobago 2:0, 1:0; Costa Rica – Guatemala 3:0, 0:1 (in den USA); Costa Rica – Trinidad & Tobago 2:1, 1:0; Guatemala – Trinidad & Tobago 2:1 (in den USA), 1:1.
Halbfinale, Gruppe 2: Kanada und El Salvador. Kanada – El Salvador 1:0, 2:0; Kanada – Panama 3:1, 0:0; Kanada – Kuba 2:0, 2:0; El Salvador – Panama 3:2, 1:1; El Salvador – Kuba 3:0, 5:0; Panama – Kuba 3:1, 1:3. Kuba trug alle Heimspiele im Land des Gegners aus.
Halbfinale, Gruppe 3: Jamaika, Mexiko. Jamaika – Mexiko 1:0, 1:2; Jamaika – Honduras 3:0, 0:0; Jamaika – St. Vincent and the Grenadines 5:0, 2:1; Mexiko – Honduras 3:1, 1:2; Mexiko – St. Vincent and the Grenadines 5:1, 3:0; Honduras – St. Vincent and the Grenadines 11:3, 4:1.
Endrunde: Mexiko, USA, Jamaika: Mexiko – USA 0:0, 2:2; Mexiko – Jamaika 6:0, 0:0; Mexiko – El Salvador 5:0, 1:0; Mexiko – Costa Rica 3:3, 0:0; Mexiko – Kanada 4:0, 2:2; USA – Jamaika 1:1, 0:0; USA – El Salvador 4:2, 1:1; USA – Costa Rica 1:0, 2:3; USA – Kanada 3:0, 3:0; Jamaika – El Salvador 1:0, 2:2; Jamaika – Costa Rica 1:0, 1:3; Jamaika – Kanada 1:0, 0:0; El Salvador – Costa Rica 2:1, 0:0; El Salvador – Kanada 4:1, 0:0; Costa Rica – Kanada 3:1, 0:1.

Afrika: Nigeria, Tunesien, Südafrika, Kamerun, Marokko
1. Runde: Mauretanien – Burkina Faso 0:0, 0:2; Gambia – Liberia 2:1, 0:4 (in Ghana); Malawi – Südafrika 0:1, 0:3; Uganda – Angola 0:2, 1:3; Guinea Bissau – Guinea 3:2, 1:3; Namibia – Mosambik 2:0, 1:1; Burundi – Sierra Leone 1:0, 1:0 (Burundi verzichtete anschließend wegen des Bürgerkriegs im Land zugunsten von Sierra Leone); Kongo – Elfenbeinküste 2:0, 1:1; Kenia – Algerien 3:1, 0:1; Madagaskar – Zimbabwe 1:2, 2:2; Mauritius – Zaire 1:5, 0:2; Ruanda – Tunesien 1:3, 0:2; Sudan – Sambia 2:0, 0:3; Swasiland – Gabun 0:1, 0:2; Togo – Senegal 2:1, 1:1; Tansania – Ghana 0:0, 1:2. Freilose: Nigeria, Kamerun, Marokko, Ägypten.
Endrunde, Gruppe 1: Nigeria. Nigeria – Guinea 2:1, 0:1; Nigeria – Kenia 3:0, 1:1; Nigeria – Burkina Faso 2:0, 2:1; Guinea – Kenia 3:1, 0:1; Guinea – Burkina Faso 3:1, 2:0; Kenia – Burkina Faso 4:3, 4:2.
Endrunde, Gruppe 2: Tunesien. Tunesien – Ägypten 1:0, 0:0; Tunesien – Liberia 2:0, 1:0 (in Ghana); Tunesien – Namibia 4:0, 2:1; Ägypten – Liberia 5:0, 0:1 (in Ghana); Ägypten – Namibia 7:1, 3:2; Liberia – Namibia 1:2 (in Ghana), 0:0.
Endrunde, Gruppe 3: Südafrika. Südafrika – Kongo 1:0, 0:2; Südafrika – Sambia 3:0, 0:0; Südafrika – DR Kongo 1:0, 2:1 (in Togo); Kongo – Sambia 1:0, 0:3; Kongo – DR Kongo 1:0, 1:1; Sambia – DR Kongo 2:0, 2:2 (in Zimbabwe). (DR Kongo hieß bis Mai 1997 Zaire.)
Endrunde, Gruppe 4: Kamerun. Kamerun – Angola 0:0, 1:1; Kamerun – Zimbabwe 1:0, 2:1; Kamerun – Togo 2:0, 4:2; Angola – Zimbabwe 2:1, 0:0; Angola – Togo 3:1, 1:1; Zimbabwe – Togo 3:0, 1:2.
Endrunde, Gruppe 5: Marokko. Marokko – Ghana 1:0, 2:2; Marokko – Sierra Leone 4:0, 1:0; Marokko – Gabun 2:0, 4:0; Ghana – Sierra Leone 0:2, 1:1; Ghana – Gabun 3:0, 1:1; Sierra Leone – Gabun 1:0, Rückspiel nicht mehr ausgetragen.

Asien: Saudi-Arabien, Südkorea, Japan und Iran
Gruppe 1: Saudi-Arabien. Turniere in Malaysia und Saudi-Arabien: Saudi-Arabien – Malaysia 0:0, 3:0; Saudi-Arabien – Taiwan 2:0, 6:0; Saudi-Arabien – Bangladesch 4:1, 3:0; Malaysia – Taiwan 2:0, 0:0; Malaysia – Bangladesch 2:0, 1:0; Taiwan – Bangladesch 3:1, 1:2.
Gruppe 2: Iran. Turniere in Syrien und Iran: Iran – Kirgistan 7:0, 3:1; Iran – Syrien 1:0, 2:2; Iran – Malediven 17:0, 9:0; Kirgistan – Syrien erstes Spiel nicht ausgetragen; 2:1; Kirgistan – Malediven 3:0, 6:0; Syrien – Malediven 12:0, 12:0.
Gruppe 3: Vereinigte Arabische Emirate. Turnier in Bahrain und den Vereinigten Arabischen Emiraten: Vereinigte Arabische Emirate – Jordanien 0:0, 2:0; Vereinigte Arabische Emirate – Bahrain 2:1, 3:0; Jordanien – Bahrain 0:1, 4:1.
Gruppe 4: Japan. Turniere in Oman und Japan: Japan – Oman 1:0, 1:1; Japan – Macao 10:0, 10:0; Japan – Nepal 6:0, 3:0; Oman – Macao 4:0, 2:0; Oman – Nepal 1:0, 6:0; Macao – Nepal 1:1, 2:1.
Gruppe 5: Usbekistan. Usbekistan – Jemen 5:1, 1:0; Usbekistan – Indonesien 3:0, 1:1; Usbekistan – Kambodscha 6:0, 4:1; Jemen – Indonesien 1:1, 0:0; Jemen – Kambodscha 7:0, 1:0; Indonesien – Kambodscha 8:0, 1:1.
Gruppe 6: Hongkong. Südkorea – Thailand 0:0, 3:1; Südkorea – Hongkong 4:0, 2:0; Thailand – Hongkong 2:0, 2:3.
Gruppe 7: Kuwait. Kuwait – Libanon 2:0, 3:1; Kuwait – Singapur 4:0, 1:0; Libanon – Singapur 1:1, 2:1.
Gruppe 8. China. China – Tadschikistan 0:0, 1:0; China – Turkmenistan 1:0, 4:1; China – Vietnam 4:0, 3:1; Tadschikistan – Turkmenistan 5:0, 2:1; Tadschikistan – Vietnam 4:0, 4:0; Turkmenistan – Vietnam 2:1, 4:0.
Gruppe 9: Ksachstan. Kasachstan – Irak 3:1, 2:1; Kasachstan – Pakistan 3:0, 7:0; Irak – Pakistan 6:1, 6:2.
Gruppe 10: Katar. Turnier in Katar: Katar – Sri Lanka 3:0; Katar – Indien 6:0; Katar – Philippinen 5:0; Sri Lanka – Indien 1:1; Sri Lanka – Philippinen 3:0; Indien – Philippinen 2:0.
Endrunde, Gruppe A: Saudi-Arabien. Saudi-Arabien – Iran 1:0, 1:1; Saudi-Arabien – China 1:1, 0:1; Saudi-Arabien – Katar 1:0, 1:0; Saudi-Arabien – Kuwait 2:1, 1:2; Iran – China 4:1, 4:2; Iran – Katar 3:0, 0:2; Iran – Kuwait 0:0, 1:1; China – Katar 2:3, 1:1; China – Kuwait 1:0, 2:1; Katar – Kuwait 0:2, 1:0.

Endrunde, Gruppe B: Südkorea. Südkorea – Japan 0:2, 2:1; Südkorea – Vereinigte Arabische Emirate 3:0, 3:1; Südkorea – Usbekistan 2:1, 5:1; Südkorea – Kasachstan 3:0, 1:1; Japan – Vereinigte Arabische Emirate 1:1, 0:0; Japan – Usbekistan 6:3, 1:1; Japan – Kasachstan 5:1, 1:1; Vereinigte Arabische Emirate – Usbekistan 0:0, 3:2; Vereinigte Arabische Emirate – Kasachstan 4:0, 0:3; Usbekistan – Kasachstan 4:0, 1:1.
Entscheidungsspiel der Gruppenzweiten: Japan – Iran i. V. 3:2 („Golden Goal") (in Malaysia).

Ozeanien:
1. Runde, Gruppe Melanesien: Papua-Neuguinea. Turnier in Papua-Neuguinea: Papua-Neuguinea – Solomonen 1:1; Solomonen – Vanuatu 1:1; Papua-Neuguinea – Vanuatu 2:1.
1. Runde, Gruppe Polynesien: Tonga. Turnier in Tonga: Tonga – Cook Islands 2:0; Westsamoa – Cook Islands 2:1; Tonga – Westsamoa 1:0.
Entscheidungsspiele: Tonga – Solomonen 0:4, 0:9.
2. Runde, Gruppe 1: Australien. Turnier in Australien: Australien – Solomonen 13:0, 6:2; Australien – Tahiti 5:0, 2:0; Solomonen – Tahiti 4:1, 1:1.
2. Runde, Gruppe 2: Neuseeland. Neuseeland – Fidschi 5:0, 1:0; Neuseeland – Papua-Neuguinea 7:0, 0:1; Fidschi – Papua-Neuguinea 3:1, 1:0.
Endspiele: Neuseeland – Australien 0:3, 0:2.
Entscheidungsspiele gegen den Asien-Vierten: Iran – Australien 1:1, 2:2.

Endrunde vom 10. Juni bis 12. Juli 1998 in Frankreich

1. Finalrunde: (Es qualifizierten sich die Gruppenersten und -zweiten).
Gruppe A: Brasilien und Norwegen. Brasilien – Schottland 2:1 (Paris St. Denis), Marokko – Norwegen 2:2 (Montpellier), Schottland – Norwegen 1:1 (Bordeaux), Brasilien – Marokko 3:0 (Nantes), Schottland – Marokko 0:3 (St. Etienne), Brasilien – Norwegen 1:2 (Marseille).
Gruppe B: Italien und Chile. Italien – Chile 2:2 (Bordeaux), Kamerun – Österreich 1:1 (Toulouse), Chile – Österreich 1:1 (St. Etienne), Italien – Kamerun 3:0 (Montpellier), Italien – Österreich 2:1 (St. Denis), Chile – Kamerun 1:1 (Nantes).
Gruppe C: Frankreich und Dänemark. Saudi-Arabien – Dänemark 0:1 (Lens), Frankreich – Südafrika 3:0 (Marseille), Südafrika – Dänemark 1:1 (Toulouse), Frankreich – Saudi-Arabien 4:0 (St. Denis), Frankreich – Dänemark 2:1 (Lyon), Südafrika – Saudi-Arabien 2:2 (Bordeaux).
Gruppe D: Nigeria und Paraguay. Paraguay – Bulgarien 0:0 (Montpellier), Spanien – Nigeria 2:3 (Nantes), Nigeria – Bulgarien 1:0 (Paris Prinzenpark), Spanien – Paraguay 0:0 (St. Etienne), Spanien – Bulgarien 6:1 (Lens), Nigeria – Paraguay 1:3 (Toulouse).
Gruppe E: Niederlande und Mexiko. Südkorea – Mexiko 1:3 (Lyon), Niederlande – Belgien 0:0 (St. Denis), Belgien – Mexiko 2:2 (Bordeaux), Niederlande – Südkorea 5:0 (Marseille), Belgien – Südkorea 1:1 (Prinzenpark), Niederlande – Mexiko 2:2 (St. Etienne).
Gruppe F: Deutschland und Jugoslawien. Jugoslawien – Iran 1:0 (St. Etienne), Deutschland – USA 2:0 (Prinzenpark), Deutschland – Jugoslawien 2:2 (Lens), USA – Iran 1:2 (Lyon), Deutschland – Iran 2:0 (Montpellier), USA – Jugoslawien 0:1 (Nantes).
Gruppe G: Rumänien und England. England – Tunesien 2:0 (Marseille), Rumänien – Kolumbien 1:0 (Lyon), Kolumbien – Tunesien 1:0 (Montpellier), Rumänien – England 2:1 (Toulouse), Rumänien – Tunesien 1:1 (St. Denis), Kolumbien – England 0:2 (Lens).
Gruppe H: Argentinien und Kroatien. Argentinien – Japan 1:0 (Toulouse), Jamaika – Kroatien 1:3 (Lens), Japan – Kroatien 0:1 (Nantes), Argentinien – Jamaika 5:0 (Prinzenpark), Japan – Jamaika 1:2 (Lyon), Argentinien – Kroatien 1:0 (Bordeaux).

Achtelfinale: Deutschland – Mexiko 2:1 (Montpellier), Niederlande – Jugoslawien 2:1 (Toulouse), Rumänien – Kroatien 0:1 (Bordeaux), Italien – Norwegen 1:0 (Marseille), Brasilien – Chile 4:1 (Prinzenpark), Frankreich – Paraguay i. V. 1:0 („Golden Goal") (Lens), Nigeria – Dänemark 1:4 (St. Denis), Argentinien – England n. V. 2:2/Elfmeterschießen 4:3 (St. Etienne).
Viertelfinale: Deutschland – Kroatien 0:3 (Lyon), Niederlande – Argentinien 2:1 (Marseille), Brasilien – Dänemark 3:2 (Nantes), Italien – Frankreich n. V. 0:0/Elfmeterschießen 3:4 (St. Denis).
Halbfinale: Brasilien – Niederlande n. V. 1:1/Elfmeterschießen 4:2 (Marseille), Frankreich – Kroatien 2:1 (St. Denis).
Um den dritten Platz: Kroatien – Niederlande 2:1 (Paris Prinzenpark).

Endspiel am 12. Juli 1998 in Paris St. Denis: Frankreich – Brasilien 3:0 (2:0)
Frankreich: Barthez – Thuram, Desailly, Leboeuf, Lizarazu – Karembeu (Boghossian), Deschamps, Petit – Zidane, Djorkaeff (Vieira) – Guivarc'h (Dugarry).
Brasilien: Taffarei – Cafu, Aldair, Balano, Roberto Carlos – Sampaio (Edmundo), Dunga, Leonardo (Denilson), Rivaldo – Bebeto, Ronaldo.
Tore: Zidane 2, Petit – Zuschauer: 80 000 – SR: Belqola (Marokko)

2002: Brasilien (Trainer: Scolari)

Qualifikationsspiele:

Europa, Gruppe 1: Russland und Slowenien

Russland – Slowenien 1:1, 1:2; Russland – Jugoslawien 1:1, 1:0; Russland – Schweiz 4:0, 1:0; Russland – Färöer 1:0, 3:0; Russland – Luxemburg 3:0, 2:1; Slowenien – Jugoslawien 1:1, 1:1; Slowenien – Schweiz 2:2, 1:0; Slowenien – Färöer 3:0, 2:2; Slowenien – Luxemburg 2:0, 2:1; Jugoslawien – Schweiz 1:1, 2:1; Jugoslawien – Färöer 2:0, 6:0, Jugoslawien – Luxemburg 6:2, 2:0; Schweiz – Färöer 5:1, 1:0; Schweiz – Luxemburg 5:0, 3:0; Färöer – Luxemburg 1:0, 2:0.

Gruppe 2: Portugal und Irland

Portugal – Irland 1:1, 1:1; Portugal – Niederlande 2:2, 2:0; Portugal – Estland 5:0, 3:1; Portugal – Zypern 6:0, 3:1; Portugal – Andorra 3:0, 7:1 (in Lleida); Irland – Niederlande 1:0, 2:2; Irland – Estland 2:0, 2:0; Irland – Zypern 4:0, 4:0; Irland – Andorra 3:1, 3:0 (in Barcelona); Niederlande – Estland 5:0, 4:2; Niederlande – Zypern 4:0, 4:0; Niederlande – Andorra 4:0, 5:0 (in Barcelona); Estland – Zypern 2:2, 2:2; Estland – Andorra 1:0, 2:1; Zypern – Andorra 5:0, 3:2.

Gruppe 3: Dänemark und Tschechien

Dänemark – Tschechien 2:1, 0:0; Dänemark – Bulgarien 1:1, 2:0; Dänemark – Island 6:0, 2:1; Dänemark – Nordirland 1:1, 1:1; Dänemark – Malta 2:1, 5:0; Tschechien – Bulgarien 6:0, 1:0; Tschechien – Island 4:0, 1:3; Tschechien – Nordirland 3:1, 1:0; Tschechien – Malta 3:2, 0:0; Bulgarien – Island 2:1, 1:1; Bulgarien – Nordirland 4:3, 1:0; Bulgarien – Malta 3:0, 2:0; Island – Nordirland 1:0, 0:3; Island – Malta 3:0, 4:1; Nordirland – Malta 1:0, 1:0.

Gruppe 4: Schweden und Türkei

Schweden – Türkei 1:1, 2:1; Schweden – Slowakei 2:0, 0:0; Schweden – Mazedonien 1:0, 2:1; Schweden – Moldawien 6:0, 2:0; Schweden – Aserbaidschan 3:0, 1:0; Türkei – Slowakei 1:1, 1:0; Türkei – Mazedonien 3:3, 2:1; Türkei – Moldawien 2:0, 3:0; Türkei – Aserbaidschan 3:0, 1:0; Slowakei – Mazedonien 2:0, 5:0; Slowakei – Moldawien 4:2, 1:0; Slowakei – Aserbaidschan 3:1, 0:2; Mazedonien – Moldawien 2:2, 0:0; Mazedonien – Aserbaidschan 3:0, 1:1; Moldawien – Aserbaidschan 2:0, 0:0.

Gruppe 5: Polen und Ukraine

Polen – Ukraine 1:1, 3:1; Polen – Weißrussland 3:1, 1:4; Polen – Norwegen 3:0, 3:2; Polen – Wales 0:0, 2:1; Polen – Armenien 4:0, 1:1; Ukraine – Weißrussland 0:0, 2:0; Ukraine – Norwegen 0:0, 1:0; Ukraine – Wales 1:1, 1:1; Ukraine – Armenien 3:0, 3:2; ; Weißrussland – Norwegen 2:1, 1:1; Weißrussland – Wales 2:1, 0:1; Weißrussland – Armenien 2:1, 0:0; Norwegen – Wales 3:2, 1:1; Norwegen – Armenien 0:0; 4:1; Wales – Armenien 0:0, 2:2.

Gruppe 6: Kroatien und Belgien

Kroatien – Belgien 1:0, 0:0; Kroatien – Schottland 1:1, 0:0; Kroatien – Lettland 4:1, 1:0; Kroatien – San Marino 4:0, 4:0; Belgien – Schottland 2:0, 2:2; Belgien – Lettland 3:1, 4:0; Belgien – San Marino 10:1, 4:1; Schottland – Lettland 2:1, 1:0; Schottland – San Marino 4:0, 2:0; Lettland – San Marino 1:1, 1:0.

Gruppe 7: Spanien und Österreich

Spanien – Österreich 4:0, 1:1; Spanien – Israel 2:0, 1:1; Spanien – Bosnien-Herzegowina 4:1, 2:1; Spanien – Liechtenstein 5:0, 2:0; Österreich – Israel 2:1, 1:1; Österreich – Bosnien-Herzegowina 2:0, 1:1; Österreich – Liechtenstein 2:0, 1:0; Israel – Bosnien-Herzegowina 3:1, 0:0; Israel – Liechtenstein 2:0, 3:0; Bosnien-Herzegowina – Liechtenstein 5:0, 3:0.

Gruppe 8: Italien und Rumänien

Italien – Rumänien 3:0, 2:0; Italien – Georgien 2:0, 2:1; Italien – Ungarn 1:0, 2:2; Italien – Litauen 4:0, 0:0; Rumänien – Georgien 1:1, 2:0; Rumänien – Ungarn 2:0, 2:0; Rumänien – Litauen 1:0, 2:1; Georgien – Ungarn 3:1, 1:4; Georgien – Litauen 2:0, 4:0; Ungarn – Litauen 1:1, 6:1.

Gruppe 9: England und Deutschland

England – Deutschland 0:1, 5:1; England – Finnland 2:1, 0:0; England – Griechenland 2:2, 2:0; England – Albanien 2:0, 3:1; Deutschland – Finnland 0:0, 2:2; Deutschland – Griechenland 2:0, 4:2; Deutschland – Albanien 2:1, 2:0; Finnland – Griechenland 5:1, 0:1; Finnland – Albanien 2:1, 2:0; Griechenland – Albanien 1:0, 0:2.

Europa: Qualifikation der Gruppenzweiten

Ukraine – Deutschland 1:1, 1:4; Slowenien – Rumänien 2:1; 1:1; Belgien – Tschechien 1:0, 1:0; Österreich – Türkei 0:1, 0:5; Irland – Iran 2:0, 0:1.

Frankreich als Weltmeister automatisch qualifiziert.

Asien: Japan und Südkorea als Veranstalter direkt qualifiziert;

1. Runde, Gruppe 1: Oman. Oman – Syrien 2:0, 3:3; Oman – Laos 12:0, 7:0 (beide Spiele in Oman); Oman – Philippinen 7:0, 2:0 (beide Spiele in Oman); Syrien – Laos 11:0, 9:0 (beide Spiele in Syrien); Syrien – Philippinen 12:0, 5:1 (beide Spiele in Syrien); Laos – Philippinen 2:0, 1:1.

Gruppe 2: Iran. Turnier im Iran. Iran – Tadschikistan 2:0; Iran – Guam 19:0; Tadschikistan – Guam 16:0; Myanmar hat zurückgezogen.

Gruppe 3: Katar. Turniere in Hongkong und Katar: Katar – Palästina 2:1, 2:1; Katar – Malaysia 5:1, 0:0; Katar – Hongkong 2:0, 3:0; Palästina – Malaysia 1:0, 3:4; Palästina – Hongkong 1:1, 1:0; Malaysia – Hongkong 2:0, 1:2.
Gruppe 4: Bahrain. Turniere in Singapur und Kuwait: Bahrain – Kuwait 1:2, 1:0; Bahrain – Kirgistan 1:0, 2:1; Bahrain – Singapur 2:1, 2:0; Kuwait – Kirgistan 3:0, 2:0; Kuwait – Singapur 1:1, 1:0; Kirgistan – Singapur 1:0, 1:1.
Gruppe 5: Thailand. Turniere in Libanon und Thailand: Thailand – Libanon 2:1, 2:2; Thailand – Sri Lanka 4:2, 3:0; Thailand – Pakistan 3:0, 6:0; Libanon – Sri Lanka 4:0, 5:0; Libanon – Pakistan 6:0, 8:1; Sri Lanka – Pakistan 3:3, 3:1.
Gruppe 6: Irak. Turniere in Irak und Kasachstan: Irak – Kasachstan 1:1, 1:1; Irak – Nepal 9:1, 4:2; Irak – Macao 8:0, 5:0; Kasachstan – Nepal 6:0, 4:0; Kasachstan – Macao 3:0, 5:0; Nepal – Macao 4:1, 6:1.
Gruppe 7: Usbekistan. Turniere in Usbekistan und Jordanien: Usbekistan – Turkmenistan 1:0, 5:2; Usbekistan – Jordanien 2:2, 1:1; Usbekistan – Taiwan 7:0, 4:0; Turkmenistan – Jordanien 2:0, 2:1; Turkmenistan – Taiwan 5:0, 1:0; Jordanien – Taiwan 2:0, 6:0.
Gruppe 8: Vereinigte Arabische Emirate. Vereinigte Arabische Emirate – Jemen 3:2, 1:2; Vereinigte Arabische Emirate – Indien 1:0, 0:1; Vereinigte Arabische Emirate – Brunei 4:0, 12:0; Jemen – Indien 3:3, 1:1; Jemen – Brunei 1:0, 5:0; Indien – Brunei 5:0, 1:0.
Gruppe 9: China. China – Indonesien 5:1, 2:0; China – Malediven 10:1, 1:0; China – Kambodscha 3:1, 4:0; Indonesien – Malediven 5:0, 2:0; Indonesien – Kambodscha 6:0, 2:0; Malediven – Kambodscha 6:0, 1:1.
Gruppe 10: Saudi-Arabien. Turnier in Saudi-Arabien: Saudi-Arabien – Vietnam 5:0, 4:0; Saudi-Arabien – Bangladesch 6:0, 3:0; Saudi-Arabien – Mongolei 6:0, 6:0; Vietnam – Bangladesch 0:0, 4:0; Vietnam – Mongolei 4:0, 1:0; Bangladesch – Mongolei 2:2, 3:0.
2. Runde, Gruppe A: Saudi-Arabien.
Saudi-Arabien – Iran 2:2, 0:2; Saudi-Arabien – Bahrain 1:1, 4:0; Saudi-Arabien – Irak 1:0 (in Bahrain), 2:1 (in Jordanien); Saudi-Arabien – Thailand 4:1, 3:1; Iran – Bahrain 0:0, 1:3; Iran – Irak 2:1, 2:1; Iran – Thailand 1:0, 0:0; Bahrain – Irak 2:0, 0:1; Bahrain – Thailand 1:1, 1:1; Irak – Thailand 4:0, 1:1.
2. Runde, Gruppe B: China.
China – Vereinigte Arabische Emirate 3:0, 1:0; China – Usbekistan 2:0, 0:1; China – Katar 3:0, 1:1; China – Oman 1:0, 2:0; Vereinigte Arabische Emirate – Usbekistan 4:1, 1:0; Vereinigte Arabische Emirate – Katar 0:2, 2:1; Vereinigte Arabische Emirate – Oman 2:2, 1:1; Usbekistan – Katar 2:1, 2:2; Usbekistan – Oman 5:0, 2:4; Katar – Oman 0:0, 3:0.
Asien: Qualifikation der Gruppenzweiten
Iran – Vereinigte Arabische Emirate 1:0, 3:0. Play-off Irland – Iran siehe Europa.

Südamerika: Argentinien, Ecuador, Brasilien, Paraguay, Uruguay.
Argentinien – Ecuador 2:0, 2:0; Argentinien – Brasilien 2:1, 1:3; Argentinien – Paraguay 1:1, 2:2; Argentinien – Uruguay 2:1, 1:1; Argentinien – Kolumbien 3:0, 3:1; Argentinien – Bolivien 1:0, 3:3; Argentinien – Peru 2:0, 2:1; Argentinien – Venezuela 5:0, 4:0; Argentinien – Chile 4:1, 2:0; Ecuador – Brasilien 1:0, 2:3; Ecuador – Paraguay 2:1, 1:3; Ecuador – Uruguay 1:1, 0:4; Ecuador – Kolumbien 0:0, 0:0; Ecuador – Bolivien 2:0, 5:1; Ecuador – Peru 2:1, 2:1; Ecuador – Venezuela 2:0, 2:1; Ecuador – Chile 1:0, 0:0; Brasilien – Paraguay 2:0, 1:2; Brasilien – Uruguay 1:1, 0:1; Brasilien – Kolumbien 1:0, 0:0; Brasilien – Bolivien 5:0, 1:3; Brasilien – Peru 1:1, 1:0; Brasilien – Venezuela 3:0, 6:0; Brasilien – Chile 2:0, 0:3; Paraguay – Uruguay 1:0, 1:0; Paraguay – Kolumbien 0:4, 2:0; Paraguay – Bolivien 5:1, 0:0; Paraguay – Peru 5:1, 0:2; Paraguay – Venezuela 3:0, 1:3; Paraguay – Chile 1:0, 1:3; Uruguay – Kolumbien 1:1, 0:1; Uruguay – Bolivien 1:0, 0:0; Uruguay – Peru 0:0, 2:0; Uruguay – Venezuela 3:1, 0:2; Uruguay – Chile 2:1, 1:0; Kolumbien – Bolivien 2:0, 1:1; Kolumbien – Peru 0:1, 1:0; Kolumbien – Venezuela 3:0, 2:2; Kolumbien – Chile 3:1, 1:0; Bolivien – Peru 1:0, 1:1; Bolivien – Venezuela 5:0, 2:4; Bolivien – Chile 1:0, 2:2; Peru – Venezuela 1:0, 0:3; Peru – Chile 3:1, 1:1; Venezuela – Chile 0:2, 2:0.
Ozeanien: Australien
Gruppe 1: Turnier in Australien: Australien – Fidschi 2:0, Australien – Tonga 22:0, Australien – Westsamoa 11:0, Australien – Amerikanisch Samoa 31:0; Fidschi – Tonga 8:1, Fidschi – Westsamoa 6:1, Fidschi – Amerikanisch Samoa 13:0, Tonga – Westsamoa 1:0, Tonga – Amerikanisch Samoa 5:0, Westsamoa – Amerikanisch Samoa 8:0.
Gruppe 2: Turnier in Neuseeland: Neuseeland – Tahiti 5:0, Neuseeland – Salomonen 5:1, Neusseland – Vanuatu 7:0, Neuseeland – Cook Inseln 2:0, Tahiti – Salomonen 2:0, Tahiti – Vanuatu 6:1, Tahiti – Cook Inseln 6:0, Salomonen – Vanuatu 7:2, Salomonen – Cook Inseln 9:1, Vanuatu – Cook Inseln 8:1.
Endspiele: Australien – Neuseeland 4:1, 2:0.
Qualifikation Ozeanien/Südamerika 5: Australien – Uruguay 1:0, 0:3.

Nord- und Mittelamerika:
Zentral-Zone:
Gruppe A: El Salvador. El Salvador – Guatemala 1:1, 1:0; El Salvador – Belize 5:0, 3:1; Guatemala – Belize 0:0, 2:1 (beide Spiele in Honduras).

Gruppe B: Panama. Panama – Honduras 1:0, 1:3; Panama – Nicaragua 4:0, 2:0; Honduras – Nicaragua 3:0, 1:0.

Karibik-Zone:

Gruppe 1: Barbados. Kuba – Cayman Islands 4:0, 0:0; St. Lucia – Surinam 1:0, n. V. 0:1 (Surinam 3:1-Sieger im Elfmeterschießen); Barbados – Grenada 2:2, n. V. 3:2; Aruba – Puerto Rico 4:2, 2:2; Aruba – Barbados 1:3, 0:4; Kuba – Surinam 1:0, 0:0; Kuba – Barbados 1:1, n. V. 1:1 (Barbados 5:4-Sieger im Elfmeterschießen).

Gruppe 2: St. Vincent. St. Vincent – US Jungfern-Inseln 9:0, 5:1; Britische Jungfern-Inseln – Bermuda 1:5, 0:9; St. Kitts/Nevis – Turks & Caicos Inseln 8:0, 6:0; Guyana – Antigua/Barbuda (Guyana von der FIFA suspendiert); St. Vincent – St. Kitts/Nevis 1:0, 2:1; Antigua/Barburda – Bermuda 0:0, 1:1; Antigua/Barbuda – St. Vincent 2:1, 0:4.

Gruppe 3: Trinidad/Tobago. Trinidad/Tobago – Niederländische Antillen 5:0, 1:1; Dominikanische Republik – Montserrat 3:0, 3:1; Anguilla – Bahamas 1:3, 1:2; Haiti – Dominica 4:0, 3:1; Trinidad/Tobago – Dominikanische Republik 3:0, 1:0; Haiti – Bahamas 9:0, 4:0; Trinidad/Tobago – Haiti 3:1, 1:1.

Interzonen-Qualifikation: Honduras – Haiti 4:0, 3:1; Kuba – Kanada 0:1, 0:0; Antigua/Barbuda – Guatemala 0:1, 1:8.

Halbfinale:

Gruppe C: Trinidad/Tobago und Mexiko. Trinidad/Tobago – Mexiko 1:0, 0:7; Trinidad/Tobago – Kanada 4:0, 2:0; Trinidad/Tobago – Panama 6:0, 1:0; Mexiko – Kanada 2:0, 0:0; Mexiko – Panama 7:1, 1:0; Kanada – Panama 1:0, 0:0.

Gruppe D: Honduras und Jamaika. Honduras – Jamaika 1:0, 1:3; Honduras – El Salvador 5:0, 5:2; Honduras – St. Vincent 6:0, 7:0; Jamaika – El Salvador 1:0, 0:2; Jamaika – St. Vincent 2:0, 1:0; El Salvador – St. Vincent 7:1, 2:1.

Gruppe E: USA und Costa Rica. USA – Costa Rica 0:0, 1:2; USA – Guatemala 1:0, 1:1; USA – Barbados 7:0, 4:0; Costa Rica – Guatemala 2:1, 1:2; Costa Rica – Barbados 3:0, 1:2; Guatemala – Barbados 2:0, 3:1 – Entscheidungsspiel in Miami/USA: Costa Rica – Guatemala 5:2.

Endrunde: Costa Rica, Mexiko und USA. Costa Rica – Mexiko 0:0, 2:1; Costa Rica – USA 2:0, 0:1; Costa Rica – Honduras 2:2, 3:2; Costa Rica – Jamaika 2:1, 1:0; Costa Rica – Trinidad/Tobago 3:0, 2:0; Mexiko – USA 1:0, 0:2; Mexiko – Honduras 3:0, 1:3; Mexiko – Jamaika 4:0, 2:1; Mexiko – Trinidad/Tobago 3:0, 1:1; USA – Honduras 2:3, 2:1; USA – Jamaika 2:1, 0:0; USA – Trinidad/Tobago 2:0, 0:0; Honduras – Jamaika 1:0, 1:1; Honduras – Trinidad/Tobago 0:1, 4:2; Jamaika – Trinidad/Tobago 1:0, 2:1.

Afrika: Kamerun, Nigeria, Senegal, Tunesien, Südafrika.

1. Runde: Mauretanien – Tunesien 1:2, 0:3; Guinea-Bissau – Togo 0:0, 0:3; Benin – Senegal 1:1, 0:1; Gambia – Marokko 0:1, 0:2; Kap Verde – Algerien 0:0, 0:2; Botswana – Sambia 0:1, 0:1; Madagaskar – Gabun 2:0, 0:1; Sudan – Mosambik 1:0, 1:2; Lesotho – Südafrika 0:2, 0:1; Swasiland – Angola 0:1, 1:7; Sao Tomé – Sierra Leone 2:0, 0:4; Ruanda – Elfenbeinküste 2:2, 0:2; Libyen – Mali 3:0, 1:3; Zentralafrikanische Republik – Simbabwe 0:1, 1:3; Äquatorial-Guinea – Kongo 1:3, 1:2; Dschibuti – Demokratische Republik Kongo 1:1, 1:9; Seychellen – Namibia 1:1, 0:3; Eritrea – Nigeria 0:0, 0:4; Somalia – Kamerun 0:3, 0:3 (beide Spele in Kamerun); Mauritius – Ägypten 0:2, 2:4 (beide Spiele in Ägypten); Malawi – Kenia 2:0, 0:0; Tansania – Ghana 0:1, 2:3; Uganda – Guinea 4:4, 0:3; Tschad – Liberia 0:1, 0:0; Äthiopien – Burkina Faso 2:1, 0:3.

2. Runde Gruppe A: Kamerun. Kamerun – Angola 3:0, 0:2; Kamerun – Sambia 1:0, 2:2; Kamerun – Togo 2:0, 2:0; Kamerun – Libyen 1:0, 3:0; Angola – Sambia 2:1, 1:1; Angola – Togo 1:1, 1:1; Angola – Libyen 3:1, 1:1; Sambia – Togo 2:0, 2:3; Sambia – Libyen 2:0, 4:2; Togo – Libyen 2:0, 3:3.

Gruppe B: Nigeria. Nigeria – Liberia 2:0, 1:2; Nigeria – Sudan 3:0, 4:0; Nigeria – Ghana 3:0, 0:0; Nigeria – Sierra Leone 2:0, 0:1; Liberia – Sudan 2:0, 0:2; Liberia – Ghana 1:2, 3:1; Liberia – Sierra Leone 1:0, 1:0; Sudan – Ghana 1:0, 0:1; Sudan – Sierra Leone 3:0, 2:0; Ghana – Sierra Leone 5:0, 1:1.

Gruppe C: Senegal. Senegal – Marokko 1:0, 0:0; Senegal – Ägypten 0:0, 0:1; Senegal – Algerien 3:0, 1:1; Senegal – Namibia 4:0, 5:0; Marokko – Ägypten 1:0, 0:0; Marokko – Algerien 2:1, 2:1; Marokko – Namibia 3:0, 0:0; Ägypten – Algerien 5:2, 1:1; Ägypten – Namibia 8:2, 1:1; Algerien – Namibia 1:0, 4:0.

Gruppe D: Tunesien. Tunesien – Elfenbeinküste 1:1, 2:2; Tunesien – Demokratische Republik Kongo 6:0, 3:0; Tunesien – Republik Kongo 6:0, 2:1; Tunesien – Madagaskar 1:0, 2:0; Elfenbeinküste – Demokratische Republik Kongo 1:2, 2:1; Elfenbeinküste – Republik Kongo 2:0, 1:1; Elfenbeinküste – Madagaskar 6:0, 3:1; Demokratische Republik Kongo – Republik Kongo 2:0, 1:1; Demokratische Republik Kongo – Madagaskar 1:0, 0:3; Republik Kongo – Madagaskar 2:0, 0:1.

Gruppe E: Südafrika. Südafrika – Simbabwe 2:1, 2:0 abgebrochen (Wertung nach Spielstand); Südafrika – Burkina Faso 1:0, 1:1; Südafrika – Malawi 2:0, 2:1; Simbabwe – Burkina Faso 1:0, 2:1; Simbabwe – Malawi 2:0, 1:0; Burkina Faso – Malawi 4:2, 1:1. Guinea wurde nach drei Spielen von der FIFA ausgeschlossen.

Endrunde vom 31. Mai bis 30. Juni in Korea (Gruppen A bis D) und Japan (Gruppen E bis H)

1. Finalrunde: Es qualifizierten sich die Gruppenersten und -zweiten.

Gruppe A: Dänemark, Senegal

Frankreich – Senegal 0:1 (Seoul), Uruguay – Dänemark 1:2 (Ulsan), Frankreich – Uruguay 0:0 (Busan), Dänemark – Senegal 1:1 (Daegu), Dänemark – Frankreich 2:0 (Incheon), Senegal – Uruguay 3:3 (Suwon).

Gruppe B: Spanien, Paraguay

Paraguay – Südafrika 2:2 (Busan), Spanien – Slowenien 3:1 (Gwangju), Spanien – Paraguay 3:1 (Jeonju), Südafrika – Slowenien 1:0 (Daegu), Südafrika – Spanien 2:3 (Daejeon), Slowenien – Paraguay 1:3 (Seogwipo).

Gruppe C: Brasilien, Türkei

Brasilien – Türkei 2:1 (Ulsan), China – Costa Rica 0:2 (Gwangju), Brasilien – China 4:0 (Seogwipo), Costa Rica – Türkei 1:1 (Incheon), Costa Rica – Brasilien 2:5 (Suwon), Türkei – China 3:0 (Seoul).

Gruppe D: Südkorea, USA

Südkorea – Polen 2:0 (Busan), USA – Portugal 3:2 (Suwon), Südkorea – USA 1:1 (Daegu), Portugal – Polen 4:0 (Jeonju), Portugal – Südkorea 0:1 (Incheon), Polen – USA 3:1 (Daejeon).

Gruppe E: Deutschland, Irland

Irland – Kamerun 1:1 (Niigata), Deutschland – Saudi-Arabien 8:0 (Sapporo), Deutschland – Irland 1:1 (Ibaraki), Kamerun – Saudi Arabien 1:0 (Saitama), Kamerun – Deutschland 0:2 (Shizuoka), Saudi Arabien – Irland 0:3 (Yokohama).

Gruppe F: Schweden, England

England – Schweden 1:1 (Saitama), Argentinien – Nigeria 1:0 (Ibaraki), Schweden – Nigeria 2:1 (Kobe), Argentinien – England 0:1 (Sapporo), Schweden – Argentinien 1:1 (Miyagi), Nigeria – England 0:0 (Osaka).

Gruppe G: Mexiko, Italien

Kroatien – Mexiko 0:1 (Niigata), Italien – Ekuador 2:0 (Sapporo), Italien – Kroatien 1:2 (Ibaraki), Mexiko – Ekuador 2:1 (Miyagi), Mexiko – Italien 1:1 (Oita), Ekuador – Kroatien 1:0 (Yokohama).

Gruppe H: Japan, Belgien

Japan – Belgien 2:2 (Saitama), Russland – Tunesien 2:0 (Kobe), Japan – Russland 1:0 (Yokohama), Tunesien – Belgien 1:1 (Oita), Tunesien – Japan 0:2 (Osaka), Belgien – Russland 3:2 (Shizuoka).

Achtelfinale: Deutschland – Paraguay 1:0 (Seogwipo), Dänemark – England 0:3 (Niigata), Schweden – Senegal i.V. 1:2 (Oita), Spanien – Irland n. V. 1:1/Elfmeterschießen 3:2 (Suwon), Mexiko – USA 0:2 (Jeonju), Brasilien – Belgien 2:0 (Kobe), Japan – Türkei 0:1 (Miyagi), Südkorea – Italien i. V. 2:1 (Daejeon).

Viertelfinale: Deutschland – USA 1:0 (Ulsan), England – Brasilien 1:2 (Shizuoka), Spanien – Südkorea n. V. 0:0/Elfmeterschießen 3:5 (Gwangju), Senegal – Türkei i. V. 0:1 (Osaka).

Halbfinale: Deutschland – Südkorea 1:0 (Seoul), Brasilien – Türkei 1:0 (Saitama)

Um den dritten Platz: Türkei – Südkorea 3:2 (Daegu)

Endspiel am 30. Juni 2002 in Yokohama: Brasilien – Deutschland 2:0 (0:0)

Brasilien: Marcos – Lucio, Edmilson, Roque Junior – Cafu, Gilberto Silva, Kleberson, Roberto Carlos – Ronaldinho (Juninho Paulista), Ronaldo (Denilson), Rivaldo.

Deutschland: Kahn – Frings, Linke, Ramelow, Metzelder – Schneider, Jeremies (Asamoah), Hamann, Bode (Ziege) – Neuville, Klose (Bierhoff)

Tore: Ronaldo 2 – Zuschauer: 70 564 – SR: Collina (Italien)

2006: Italien (Trainer: Lippi)

Qualifikation:

Europa, Gruppe 1: Niederlande und Tschechien

Niederlande – Tschechien 2:0, 2:0; Niederlande – Rumänien 2:0, 2:0; Niederlande – Finnland 3:1, 4:0; Niederlande – Mazedonien 0:0, 2:2; Niederlande – Armenien 2:0, 1:0; Niederlande – Andorra 4:0, 3:0 (in Spanien); Tschechien – Rumänien 1:0, 0:2; Tschechien – Finnland 4:3, 3:0; Tschechien – Mazedonien 6:1, 2:0; Tschechien – Armenien 4:1, 3:0; Tschechien – Andorra 8:1, 4:0; Rumänien – Finnland 2:1, 1:0; Rumänien – Mazedonien 2:1, 2.1; Rumänien – Armenien 3:0, 1:1; Rumänien – Andorra 2:0, 5:1; Finnland – Mazedonien 5:1, 3:0; Finnland – Armenien 3:1, 2:0; Finnland – Andorra 3:0, 0:0; Mazedonien – Armenien 3:0, 2:1; Mazedonien – Andorra 0:0, 0:1; Armenien – Andorra 2:1, 3:0.

Europa, Gruppe 2: Ukraine und Türkei

Ukraine – Türkei 0:1, 3:0; Ukraine – Dänemark 1:0, 1:1; Ukraine – Griechenland 1:1, 1:0; Ukraine – Albanien 2:2, 2:0; Ukraine – Georgien 2:0, 1:1; Ukraine – Kasachstan 2:0, 2:1; Türkei – Dänemark 2:2, 1:1; Türkei – Griechenland 0:0, 0:0; Türkei – Albanien 2:0, 1:0; Türkei – Georgien 1:1, 5:2; Türkei – Kasachstan 4:0, 6:0; Dänemark – Griechenland 1:0, 1:2; Dänemark – Albanien 3:1, 2:0; Dänemark – Georgien 6:1, 2:2; Dänemark – Kasachstan 3:0, 2:1; Griechenland – Albanien 2:0, 1:2; Griechenland –

Georgien 1:0, 3:1; Griechenland – Kasachstan 3:1, 2:1; Albanien – Georgien 3:2, 0:2; Albanien – Kasachstan 2:1, 1:0; Georgien – Kasachstan 0:0, 2:1.

Europa, Gruppe 3: Portugal und Slowakei

Portugal – Slowakei 2:0, 1:1; Portugal – Russland 7:1, 0:0; Portugal – Estland 4:0, 1:0; Portugal – Lettland 3:0, 2:0; Portugal – Liechtenstein 2:1, 2:2; Portugal – Luxemburg 6:0, 5:0; Slowakei – Russland 0:0, 1:1; Slowakei – Estland 1:0, 2:1; Slowakei – Lettland 4:1, 1:1; Slowakei – Liechtenstein 7:0, 0:0; Slowakei – Luxemburg 3:1, 4:0; Russland – Estland 4:0, 1:1; Russland – Lettland 2:0, 1:1; Russland – Liechtenstein 2:0, 2:1; Russland – Luxemburg 5:1, 4:0; Estland – Lettland 2:1, 2:2; Estland – Liechtenstein 2:0, 2:1; Estland – Luxemburg 4:0, 2:0; Lettland – Liechtenstein 1:0, 3:1; Lettland – Luxemburg 4:0, 4:3; Liechtenstein – Luxemburg 3:0, 4:0.

Europa, Gruppe 4: Frankreich und Schweiz

Frankreich – Schweiz 0:0, 1:1; Frankreich – Israel 0:0, 1:1; Frankreich – Irland 0:0, 1:0; Frankreich – Zypern 4:0, 2:0; Frankreich – Färöer 3:0, 2:0; Schweiz – Israel 1:1, 2:2; Schweiz – Irland 1:1, 0:0; Schweiz – Zypern 1:0, 3:1; Schweiz – Färöer 6:0, 3:1; Israel – Irland 1:1, 2:2; Israel – Zypern 2:1, 2:1; Israel – Färöer 2:1, 2:0; Irland – Zypern 3:0, 1:0; Irland – Färöer 2:0, 2:0; Zypern – Färöer 2:2, 3:0.

Europa, Gruppe 5: Italien und Norwegen

Italien – Norwegen 2:1, 0:0; Italien – Schottland 2:0, 1:1; Italien – Slowenien 1:0, 0:1; Italien – Weißrussland 4:3, 4:1; Italien – Moldawien 2:1, 1:0; Norwegen – Schottland 1:2; 1:0; Norwegen – Slowenien 3:0, 3:2; Norwegen – Weißrussland 1:1, 1:0; Norwegen – Moldawien 1:0, 0:0; Schottland – Slowenien 0:0, 3:0; Schottland – Weißrussland 0:1, 0:0; Schottland – Moldawien 2:0, 1:1; Slowenien – Weißrussland 1:1, 1:1; Slowenien – Moldawien 3:0, 2:1; Weißrussland – Moldawien 4:0, 0:2.

Europa, Gruppe 6: England und Polen

England – Polen 2:1, 2:1; England – Österreich 1:0, 2:2; England – Nordirland 4:0, 0:1; England – Wales 2:0, 1:0; England – Aserbaidschan 2:0, 1:0; Polen – Österreich 3:2, 3:1; Polen – Nordirland 1:0, 3:0; Polen – Wales 1:0, 3:2; Polen – Aserbaidschan 8:0, 3:0; Österreich – Nordirland 2:0, 3:3; Österreich – Wales 1:0, 2:0; Österreich – Aserbaidschan 2:0, 0:0; Nordirland – Wales 2:3, 2:2; Nordirland – Aserbaidschan 2:0, 0:0; Wales – Aserbaidschan 2:0, 1:1.

Europa, Gruppe 7: Serbien & Montenegro und Spanien

Serbien & Montenegro – Spanien 0:0, 1:1; Serbien & Montenegro – Bosnien-Herzegowina 1:0, 0:0; Serbien & Montenegro – Belgien 0:0, 2:0; Serbien & Montenegro – Litauen 2:0, 2:0; Serbien & Montenegro – San Marino 5:0, 3:0; Spanien – Bosnien-Herzegowina 1:1, 1:1; Spanien – Belgien 2:0, 2:0; Spanien – Litauen 1:0, 0:0; Spanien – San Marino 5:0, 6:0; Bosnien-Herzegowina – Belgien 1:0, 1:4; Bosnien-Herzegowina – Litauen 1:1, 1:0; Bosnien-Herzegowina – San Marino 3:0, 3:1; Belgien – Litauen 1:1, 1:1; Belgien – San Marino 8:0, 2:1; Litauen – San Marino 4:0, 1:0.

Europa, Gruppe 8: Kroatien und Schweden

Kroatien – Schweden 1:0, 1:0; Kroatien – Bulgarien 2:2, 3:1; Kroatien – Ungarn 3:0, 0:0; Kroatien – Island 4:0, 3:1; Kroatien – Malta 3:0, 1:1; Schweden – Bulgarien 3:0, 3:0; Schweden – Ungarn 3:0, 1:0; Schweden – Island 3:1, 4:1; Schweden – Malta 6:0, 7:0; Bulgarien – Ungarn 2:0, 1:1; Bulgarien – Island 3:2, 3:1; Bulgarien – Malta 4:1, 1:1; Ungarn – Island 3:2, 3:2; Ungarn – Malta 4:0, 2:0; Island – Malta 4:1, 0:0.

Europa, Qualifikation der Gruppenzweiten: Schweden und Polen als beste Gruppenzweite direkt qualifiziert. Norwegen – Tschechien 0:1, 0:1; Schweiz – Türkei 2:0, 2:4; Spanien – Slowakei 5:1, 1:1.

Deutschland als Veranstalter automatisch qualifiziert.

Afrika: Togo, Ghana, Elfenbeinküste, Angola und Tunesien

Vorrunde: Guinea-Bissau – Mali 1:2, 0:2; Niger – Algerien 0:1, 0:6; Tansania – Kenia 0:0, 0:3; Seychellen – Sambia 0:4, 1:1; Uganda – Mauritius 3:0, i. V. 1:3; Madagaskar – Benin 1:1, 2:3; Äquatorial-Guinea – Togo 1:0, 0:2; Sao Tome e Principe – Libyen 0:1, 0:8; Botswana – Lesotho 4:1, 0:0; Simbabwe – Mauretanien 3:0, 1:2; Äthiopien – Malawi 1:3, 0:0; Burundi – Gabun 0:0, 1:4; Ruanda – Namibia 3:0, 1:1; Kongo – Sierra Leone 1:0, 1:1; Gambia – Liberia 2:0, 0:3; Sudan – Eritrea 3:0, 0:0; Tschad – Angola 3:1, 0:2; Guinea – Mosambik 1:0, 4:3; Swasiland – Kap Verde 1:1, 0:3; Somalia – Ghana 0:5, 0:2 (beide Spiele in Ghana); Die Zentralafrikanische Republik verzichtete gegen Burkina Faso; Freilose: Ägypten, Elfenbeinküste, Kamerun, DR Kongo, Marokko, Nigeria, Senegal, Südafrika, Tunesien.

Gruppe 1: Togo

Togo – Senegal 3:1, 2:2; Togo – Sambia 4:1, 0:1; Togo – Kongo 2:0, 3:2; Togo – Mali 1:0, 2:1; Togo – Liberia 3:0, 0:0; Senegal – Sambia 1:0, 1:0; Senegal – Kongo 2:0, 0:0; Senegal – Mali 3:0, 2:2; Senegal – Liberia 6:1, 3:0; Sambia – Kongo 2:0, 3:2; Sambia – Mali 2:1, 1:1; Sambia – Liberia 1:0, 5.0; Kongo – Mali 1:0, 0:2; Kongo – Liberia 3:0, 2:0; Mali – Liberia 4:1, 0:1.

Gruppe 2: Ghana

Ghana – DR Kongo 0:0, 1:1; Ghana – Südafrika 3:0, 2:0; Ghana – Burkina Faso 2:1, 0:1; Ghana – Kap Verde 2:0, 4:0; Ghana – Uganda 2:0, 1:1; DR Kongo – Südafrika 1:0, 2:2; DR Kongo – Burkina Faso 3:2, 0:2; DR Kongo – Kap Verde 2:1, 1:1; DR Kongo – Uganda 4:0, 0:1; Südafrika – Burkina Faso 2:0, 1:3;

Südafrika – Kap Verde 2:1, 2:1; Südafrika – Uganda 2:1, 1:0; Burkina Faso – Kap Verde 1:2, 0:1; Burkina Faso – Uganda 2:0, 2:2; Kap Verde – Uganda 1:0, 0:1.

Gruppe 3: Elfenbeinküste

Elfenbeinküste – Kamerun 2:3, 0:2; Elfenbeinküste – Ägypten 2:0, 2:1; Elfenbeinküste – Libyen 2:0, 0:0; Elfenbeinküste – Sudan 5:0, 3:1; Elfenbeinküste – Benin 3:0, 1:0; Kamerun – Ägypten 1:1, 2:3; Kamerun – Libyen 1:0, 0:0; Kamerun – Sudan 2:1, 1:1; Kamerun – Benin 2:1, 4:1; Ägypten – Libyen 4:1, 1:2; Ägypten – Sudan 6:1, 3:0; Ägypten – Benin 4:1, 3:3, Libyen – Sudan 0:0, 1:0; Libyen – Benin 4:1, 0:1; Sudan – Benin 1:0, 1:1.

Gruppe 4: Angola

Angola – Nigeria 1:0, 1:1; Angola – Simbabwe 1:0, 0:2; Angola – Gabun 3:0, 2:2; Angola – Algerien 2:1, 0:0; Angola – Ruanda 1:0, 1:0; Nigeria – Simbabwe 5:1, 3:0; Nigeria – Gabun 2:0, 1:1; Nigeria – Algerien 1:0, 5:2; Nigeria – Ruanda 2:0, 1:1; Simbabwe – Gabun 1:0, 1:1, Simbabwe – Algerien 1:1, 2:2; Simbabwe – Ruanda 3:1, 2:0; Gabun – Algerien 0:0, 3:0; Gabun – Ruanda 3:0, 1:3; Algerien – Ruanda 1:0, 1:1.

Gruppe 5: Tunesien

Tunesien – Marokko 2:2, 1:1; Tunesien – Guinea 2:0, 1:2; Tunesien – Kenia 1:0, 2:0; Tunesien – Botswana 4:1, 3:1; Tunesien – Malawi 7:0, 2:2; Marokko – Guinea 1:0, 1:1; Marokko – Kenia 5:1, 0:0; Marokko – Botswana 1:0, 1:0; Marokko – Malawi 4:1, 1:1; Guinea – Kenia 1:0, 1:2; Guinea – Botswana 4:0, 2:1; Guinea – Malawi 3:1, 1:1; Kenia – Botswana 1:0, 1:2; Kenia – Malawi 3:2, 0:3; Botswana – Malawi 2:0, 3:1.

Südamerika: Brasilien (der Titelverteidiger ist nicht mehr länger automatisch qualifiziert), Argentinien, Ecuador, Paraguay und Uruguay

Brasilien – Argentinien 3:1, 1:3; Brasilien – Ecuador 1:0, 0:1; Brasilien – Paraguay 4:1, 0:0; Brasilien – Uruguay 3:3, 1:1; Brasilien – Kolumbien 0:0, 2:1; Brasilien – Chile 5:0, 1:1; Brasilien – Venezuela 3:0, 5:2; Brasilien – Peru 1:0, 1:1; Brasilien – Bolivien 3:1, 1:1; Argentinien – Ecuador 1:0, 0:2; Argentinien – Paraguay 0:0, 0:1; Argentinien – Uruguay 4:2, 0:1; Argentinien – Kolumbien 1:0, 1:1; Argentinien – Chile 2:2, 0:0; Argentinien – Venezuela 3:2, 3:0; Argentinien – Peru 2:0, 3:1; Argentinien – Bolivien 3:0, 2:1; Ecuador – Uruguay 0:0, 0:1; Ecuador – Paraguay 5:2, 1:2; Ecuador – Kolumbien 2:1, 0:3; Ecuador – Chile 2:0, 0:0; Ecuador – Venezuela 2:0, 1:3; Ecuador – Peru 0:0, 2:2; Ecuador – Bolivien 3:2, 2:1; Paraguay – Uruguay 4:1, 0:1; Paraguay – Kolumbien 0:1, 1:1; Paraguay – Chile 2:1, 1:0; Paraguay – Venezuela 1:0, 1:0; Paraguay – Peru 1:1, 1:4; Paraguay – Bolivien 4:1, 1:2; Uruguay – Kolumbien 3:2, 0:5; Uruguay – Chile 2:1, 1:1; Uruguay – Venezuela 0:3, 1:1; Uruguay – Peru 1:3, 0:0; Uruguay – Bolivien 5:0, 0:0; Kolumbien – Chile 1:1, 0:0; Kolumbien – Venezuela 0:1, 0:0; Kolumbien – Peru 5:0, 2:0; Kolumbien – Bolivien 1:0, 0:4; Chile – Peru 2:1, 1:2; Chile – Venezuela 2:1, 1:0; Chile – Bolivien 3:1, 2:0; Venezuela – Peru 4:1, 0:0; Venezuela – Bolivien 2:1, 1:3; Peru – Bolivien 4:1, 0:1.

Entscheidungsspiele gegen den Ozeanien-Sieger: Uruguay – Australien 1:0, n. V. 0:1 (Elfmeterschießen 2:4).

Ozeanien: Australien

1. Runde, Gruppe 1 (Turnier auf den Salomonen): Salomonen und Tahiti. Salomonen – Tahiti 1:1; Salomonen – Neukaledonien 2:0; Salomonen – Tonga 6:0; Salomonen – Cook-Inseln 5:0; Tahiti – Neukaledonien 0:0; Tahiti – Tonga 2:0; Tahiti – Cook-Inseln 2:0; Neukaledonien – Tonga 8:0; Neukaledonien – Cook-Inseln 8:0; Tonga – Cook-Inseln 2:1.

1. Runde, Gruppe 2 (Turnier auf Samoa): Vanuatu und Fidschi. Vanuatu – Fidschi 3:0; Vanuatu – Papua-Neuguinea 1:1; Vanuatu – Samoa 3:0; Vanuatu – Amerikanisch-Samoa 9:1; Fidschi – Papua-Neuguinea 4:2; Fidschi – Samoa 4:0; Fidschi – Amerikanisch-Samoa 11:0; Papua-Neuguinea – Samoa 4:1; Papua-Neuguinea – Amerikanisch-Samoa 10:0; Samoa – Amerikanisch-Samoa 4:0.

Australien und Neuseeland hatten in der 1. Runde ein Freilos.

2. Runde (Turnier in Australien): Australien und Salomonen. Australien – Salomonen 2:2; Australien – Neuseeland 1:0; Australien – Fidschi 6:1; Australien – Tahiti 9:0; Australien – Vanuatu 3:0; Salomonen – Neuseeland 0:3; Salomonen – Fidschi 2:1; Salomonen – Tahiti 4:0; Salomonen – Vanuatu 1:0; Neuseeland – Fidschi 2:0; Neuseeland – Tahiti 10:0; Neuseeland – Vanuatu 2:4; Fidschi – Tahiti 0:0; Fidschi – Vanuatu 1:0; Tahiti – Vanuatu 2:1.

Endspiele: Australien – Salomonen 7:0, 2:1.

Entscheidungsspiele gegen den Südamerika-Fünften: Uruguay – Australien 1:0, n. V. 0:1 (Elfmeterschießen 2:4).

Nord- und Mittelamerika: USA, Mexiko, Costa Rica und Trinidad & Tobago

1. Runde, Gruppe 1: USA. Grenada – Guyana 5:0, 3:1; USA – Grenada 3:0, 3:2.

1. Runde, Gruppe 2: El Salvador. Bermuda – Montserrat 13:0, 7:0; El Salvador – Bermuda 2:1, 2:2.

1. Runde, Gruppe 3: Jamaika. Haiti – Turks & Caicos-Inseln 5:0, 2:0 (beide Spiele in den USA); Haiti – Jamaika 1:1 (in den USA), 0:3.

1. Runde, Gruppe 4: Panama. Brit. Jungfern-Inseln – St. Lucia 0:1, 0:9; Panama – St. Lucia 4:0, 3:0.

1. Runde, Gruppe 5: Costa Rica. Cayman-Inseln – Kuba 1:2, 0:3; Kuba – Costa Rica 2:2, 1:1.

1. Runde, Gruppe 6: Guatemala. Aruba – Surinam 1:2, 1:8; Surinam – Guatemala 1:1, 1:3.

1. Runde, Gruppe 7: Honduras. Antigua & Barbuda – Niederl. Antillen 2:0, 0:3; Niederl. Antillen – Honduras 1:2, 0:4.

1. Runde, Gruppe 8: Kanada. Kanada – Belize 4:0, 4:0 (beide Spiele in Kanada).

1. Runde, Gruppe 9: Mexiko. Dominica – Bahamas 1:1, 3:1 (beide Spiele auf den Bahamas); Dominica – Mexiko 0:10 (in den USA), 0:8.

1. Runde, Gruppe 10: St. Kitts & Nevis. US-Jungfern-Inseln – St. Kitts & Nevis 0:4, 0:7; Barbados – St. Kitts & Nevis 0:2, 2:3..

1. Runde, Gruppe 11: Trinidad & Tobago. Dominikanische Rep. – Anguilla 0:0, 6:0 (beide Spiele in der Dominikanischen Rep.); Dominikanische Rep. – Trinidad & Tobago 0:2, 0:4.

1. Runde, Gruppe 12: St.Vincent and the Grenadines. Nicaragua – St. Vincent and the Grenadines 2:2, 1:4.

2. Runde, Gruppe A: USA und Panama. USA – Panama 6:0, 1:1; USA – Jamaika 1:1, 1:1; USA – El Salvador 2:0, 2:0; Panama – Jamaika 1:1, 2:1; Panama – El Salvador 3:0, 1:2; Jamaika – El Salvador 0:0, 3:0.

2. Runde, Gruppe B: Costa Rica und Guatemala. Costa Rica – Honduras 2:5, 0:0; Costa Rica – Guatemala 5:0, 1:2; Costa Rica – Kanada 1:0, 3:1; Guatemala – Honduras 1:0, 2:2; Guatemala – Kanada 0:1, 2:0; Honduras – Kanada 1:1, 1:1.

2. Runde, Gruppe C: Mexiko und Trinidad & Tobago. Mexiko – Trinidad & Tobago 3:0, 3:1; Mexiko – St. Vincent and the Grenadines 7:0, 1:0; Mexiko – St. Kitts & Nevis 8:0, 5:0 (in den USA); Trinidad & Tobago – St. Vincent and the Grenadines 2:1, 2:0; Trinidad & Tobago – St. Kitts & Nevis 5:1, 2:1; St. Vincent and the Grenadines – St. Kitts & Nevis 1:0, 3:0.

Endrunde: USA, Mexiko, Costa Rica und Trinidad & Tobago
USA – Mexiko 2:0, 1:2; USA – Costa Rica 3:0, 0:3; USA – Trinidad & Tobago 1:0, 2:1; USA – Guatemala 2:0, 0:0; USA – Panama 2:0, 3:0; Mexiko – Costa Rica 2:0, 2:1; Mexiko – Trinidad & Tobago 2:0, 1:2; Mexiko – Guatemala 5:2, 2:0; Mexiko – Panama 5:0, 1:1; Costa Rica – Trinidad & Tobago 2:0, 0:0; Costa Rica – Guatemala 3:2, 1:3; Costa Rica – Panama 2:1, 3:1; Trinidad & Tobago – Guatemala 3:2, 1:5; Trinidad & Tobago – Panama 2:0, 1:0; Guatemala – Panama 2:1, 0:0.

Entscheidungsspiele gegen den Asien-Fünften: Trinidad & Tobago – Bahrain 1:1, 1:0.

Asien: Saudi-Arabien, Südkorea, Japan und Iran

Vorrunde: Turkmenistan – Afghanistan 11:0, 2:0, Taiwan – Macao 3:0, 3:1; Bangladesch – Tadschikistan 0:2, 0:2; Laos – Sri Lanka 0:0, 0:3; Mongolei – Malediven 0:1, 0:12; Pakistan – Kirgistan 0:2, 0:4; da Nepal und Guam zurückzogen, kam Laos als „Lucky Loser" in die 1. Runde.

1. Runde, Gruppe 1: Iran. Iran – Jordanien 0:1, 2:0; Iran – Katar 3:1, 3:2; Iran – Laos 7:0, 7:0; Jordanien – Katar 1:0, 0:2; Jordanien – Laos 5:0, 3:2; Katar – Laos 5:0, 6:1.

1. Runde, Gruppe 2: Usbekistan. Usbekistan – Irak 1:1, 2:1 (in Jordanien); Usbekistan – Palästina 3:0, 3:0 (in Katar); Usbekistan – Taiwan 6:1, 1:0; Irak – Palästina 4:1, 1:1 (beide Spiele in Katar); Irak – Taiwan 6:1 (in Jordanien), 4:1; Palästina – Taiwan 8:0 (in Katar), 1:0.

1. Runde, Gruppe 3: Japan. Japan – Oman 1:0, 1:0; Japan – Indien 7:0, 4:0; Japan – Singapur 1:0, 2:1; Oman – Indien 0:0, 5:1; Oman – Singapur 7:0, 2:0; Indien – Singapur 1:0, 0:2.

1. Runde, Gruppe 4: Kuwait. Kuwait – China 1:0, 0:1; Kuwait – Hongkong 4:0, 2:0; Kuwait – Malaysia 6:1, 2:0; China – Hongkong 7:0, 1:0; China – Malaysia 4:0, 1:0; Hongkong – Malaysia 2:0, 3:1.

1. Runde, Gruppe 5: Nordkorea. Nordkorea – Vereinigte Arabische Emirate 0:0, 0:1; Nordkorea – Thailand 4:1, 4:1; Nordkorea – Jemen 2:1, 1:1; Vereinigte Arabische Emirate – Thailand 1:0, 0:3; Vereinigte Arabische Emirate – Jemen 3:0, 1:3; Thailand – Jemen 1:1, 3:0.

1. Runde, Gruppe 6: Bahrain. Bahrain – Syrien 2:1, 2:2; Bahrain – Tadschikistan 4:0, 0:0; Bahrain – Kirgistan 5:0, 2:1; Syrien – Tadschikistan 2:1, 1:0; Syrien – Kirgistan 0:1, 1:1; Tadschikistan – Kirgistan 2:1, 2:1.

1. Runde, Gruppe 7: Südkorea. Südkorea – Libanon 2:0, 1:1; Südkorea – Vietnam 2:0, 2:1; Südkorea – Malediven 2:0, 0:0; Libanon – Vietnam 0:0, 2:0; Libanon – Malediven 3:0, 5:2; Vietnam – Malediven 4:0, 0:3.

1. Runde, Gruppe 8: Saudi-Arabien. Saudi-Arabien – Turkmenistan 3:0, 1:0; Saudi-Arabien – Indonesien 3:0, 3:1; Saudi-Arabien – Sri Lanka 3:0, 1:0; Turkmenistan – Indonesien 3:1, 1:3; Turkmenistan – Sri Lanka 2:0, 2:2; Indonesien – Sri Lanka 1:0, 2:2.

2. Runde, Gruppe A: Saudi-Arabien, Südkorea und Usbekistan
Saudi-Arabien – Südkorea 2:0, 1:0; Saudi-Arabien – Usbekistan 3:0, 1:1; Saudi-Arabien – Kuwait 3:0, 0:0; Südkorea – Usbekistan 2:1, 1:1; Südkorea – Kuwait 2:0, 4:0; Usbekistan – Kuwait 3:2, 1:2.

2. Runde, Gruppe B: Japan, Iran und Bahrain
Japan – Iran 2:1, 1:2; Japan – Bahrain 1:0, 1:0; Japan – Nordkorea 2:1, 2:0 (in Thailand); Iran – Bahrain 1:0, 0:0; Iran – Nordkorea 1:0, 2:0; Bahrain – Nordkorea 2:3, 2:1.
Entscheidungsspiele der Gruppendritten: Usbekistan – Bahrain 1:0 (nach einem Regelverstoß des Schiedsrichters annulliert, Wiederholung 1:1), 0:0.
Entscheidungsspiele gegen den Nord- und Mittelamerika-Vierten: Trinidad & Tobago – Bahrain 1:1, 1:0.

Endrunde vom 9. Juni bis 9. Juli in Deutschland

1. Finalrunde: Es qualifizierten sich die Gruppenersten und -zweiten.
Gruppe A: Deutschland, Ecuador
Deutschland – Costa Rica 4:2 (München), Polen – Ecuador 0:2 (Gelsenkirchen), Deutschland – Polen 1:0 (Dortmund), Ecuador – Costa Rica 3:0 (Hamburg), Ecuador – Deutschland 0:3 (Berlin), Costa Rica – Polen 1:2 (Hannover).
Gruppe B: England, Schweden
England – Paraguay 1:0 (Frankfurt), Trinidad & Tobago – Schweden 0:0 (Dortmund), England – Trinidad & Tobago 2:0 (Nürnberg), Schweden – Paraguay 1:0 (Berlin), Schweden – England 2:2 (Köln), Paraguay – Trinidad & Tobago 2:0 (Kaiserslautern).
Gruppe C: Argentinien, Niederlande
Argentinien – Elfenbeinküste 2:1 (Hamburg), Serbien & Montenegro – Niederlande 0:1 (Leipzig), Argentinien – Serbien & Montenegro 6:0 (Gelsenkirchen), Niederlande – Elfenbeinküste 2:1 (Stuttgart), Niederlande – Argentinien 0:0 (Frankfurt), Elfenbeinküste – Serbien & Montenegro 3:2 (München).
Gruppe D: Portugal, Mexiko
Mexiko – Iran 3:1 (Nürnberg), Angola – Portugal 0:1 (Köln), Mexiko – Angola 0:0 (Hannover), Portugal – Iran 2:0 (Frankfurt), Portugal – Mexiko 2:1 (Gelsenkirchen), Iran – Angola 1:1 (Leipzig).
Gruppe E: Italien, Ghana
USA – Tschechien 0:3 (Gelsenkirchen), Italien – Ghana 2:0 (Hannover), Tschechien – Ghana 0:2 (Köln), Italien – USA 1:1 (Kaiserslautern), Tschechien – Italien 0:2 (Hamburg), Ghana – USA 2:1 (Nürnberg).
Gruppe F: Brasilien, Australien
Australien – Japan 3:1 (Kaiserslautern), Brasilien – Kroatien 1:0 (Berlin), Japan – Kroatien 0:0 (Nürnberg), Brasilien – Australien 2:0 (München), Japan – Brasilien 1:4 (Dortmund), Kroatien – Australien 2:2 (Stuttgart).
Gruppe G: Schweiz, Frankreich
Südkorea – Togo 2:1 (Frankfurt), Frankreich – Schweiz 0:0 (Stuttgart), Frankreich – Südkorea 1:1 (Leipzig), Togo – Schweiz 0:2 (Dortmund), Togo – Frankreich 0:2 (Köln), Schweiz – Südkorea 2:0 (Hannover).
Gruppe H: Spanien, Ukraine
Spanien – Ukraine 4:0 (Leipzig), Tunesien – Saudi-Arabien 2:2 (München), Saudi-Arabien – Ukraine 0:4 (Hamburg), Spanien – Tunesien 3:1 (Stuttgart), Saudi-Arabien – Spanien 0:1 (Kaiserslautern), Ukraine – Tunesien 1:0 (Berlin).
Achtelfinale: Deutschland – Schweden 2:0 (München), Argentinien – Mexiko n. V. 2:1 (Leipzig), Italien – Australien 1:0 (Kaiserslautern), Schweiz – Ukraine n. V. 0:0/Elfmeterschießen 0:3 (Köln), England – Ecuador 1:0 (Stuttgart), Portugal – Niederlande 1:0 (Nürnberg), Brasilien – Ghana 3:0 (Dortmund), Spanien – Frankreich 1:3 (Hannover).
Viertelfinale: Deutschland – Argentinien n. V. 1:1/Elfmeterschießen 4:2 (Berlin), Italien – Ukraine 3:0 (Hamburg), England – Portugal n. V. 0:0/Elfmeterschießen 1:3 (Gelsenkirchen), Brasilien – Frankreich 0:1 (Frankfurt).
Halbfinale: Deutschland – Italien n. V. 0:2 (Dortmund), Portugal – Frankreich 0:1 (München).
Um den dritten Platz: Deutschland – Portugal 3:1 (Stuttgart).

Endspiel am 9. Juli 2006 in Berlin: Italien – Frankreich n. V. 1:1 (1:1, 1:1)/ Elfmeterschießen 5:3
Italien: Buffon – Zambrotta, Cannavaro, Materazzi, Grosso – Camoranesi (Del Piero), Gattuso, Pirlo, Perrotta (Iaquinta) – Totti (De Rossi) – Toni.
Frankreich: Barthez – Sagnol, Thuram, Gallas, Abidal – Makelele, Vieira (Diarra) – Ribéry (Trezeguet), Zidane, Malouda – Henry (Wiltord).
Tore: Materazzi (Zidane) – Elfmeterschießen: Pirlo 1:0, Wiltord 1:1, Materazzi 2:1, Trezeguet (Latte), De Rossi 3:1, Abidal 3:2, Del Piero 4:2, Sagnol 4:3, Grosso 5:3 – Zuschauer: 69 000 – SR: Elizondo (Argentinien).

2010: Spanien (Trainer: Del Bosque)

Qualifikation:

Europa, Gruppe 1: Dänemark und Portugal
Dänemark – Portugal 1:1, 3:2; Dänemark – Schweden 1:0, 1:0; Dänemark – Ungarn 0:1, 0:0; Dänemark – Albanien 3:0, 1:1; Dänemark – Malta 3:0, 3:0; Portugal – Schweden 0:0, 0:0; Portugal – Ungarn 3:0, 1:0; Portugal – Albanien 0:0, 2:1; Portugal – Malta 4:0, 4:0; Schweden – Ungarn 2:1, 2:1; Schweden – Albanien 4:1, 0:0; Schweden – Malta 4:0, 1:0; Ungarn – Albanien 2:0, 1.0; Ungarn – Malta 3:0, 1:0; Albanien – Malta 3:0, 0:0.

Europa, Gruppe 2: Schweiz und Griechenland
Schweiz – Griechenland 2:0, 2:1; Schweiz – Lettland 2:1, 2:2; Schweiz – Israel 0:0, 2:2; Schweiz – Luxemburg 1:2, 3:0; Schweiz – Moldawien 2:0, 2:0; Griechenland – Lettland 5:2, 2:0; Griechenland – Israel 2:1, 1:1; Griechenland – Luxemburg 2:1, 3:0; Griechenland – Moldawien 3:0, 1:1; Lettland – Israel 1:1, 1:0; Lettland – Luxemburg 2:0, 4:0; Lettland – Moldawien 3:2, 2:1; Israel – Luxemburg 7:0, 3:1; Israel – Moldawien 3:1, 2:1; Luxemburg – Moldawien 0:0, 0:0.

Europa, Gruppe 3: Slowakei und Slowenien
Slowakei – Slowenien 0:2, 1:2; Slowakei – Tschechien 2:2, 2:1; Slowakei – Nordirland 2:1, 2:0; Slowakei – Polen 2:1, 1:0; Slowakei – San Marino 7:0, 3:1; Slowenien – Tschechien 0:0, 0:1; Slowenien – Nordirland 2:0, 0:1; Slowenien – Polen 3:0, 1:1; Slowenien – San Marino 5:0, 3:0; Tschechien – Nordirland 0:0, 0:0; Tschechien – Polen 2:0, 1:2; Tschechien – San Marino 7:0, 3:0; Nordirland – Polen 3:2, 1:1; Nordirland – San Marino 4:0, 3:0; Polen – San Marino 10:0, 2:0.

Europa, Gruppe 4: Deutschland und Russland
Deutschland – Russland 2:1, 1:0; Deutschland – Finnland 1:1, 3:3; Deutschland – Wales 1:0, 2:0; Deutschland – Aserbaidschan 4:0, 2:0; Deutschland – Liechtenstein 4:0, 6:0; Russland – Finnland 3:0, 3:0; Russland – Wales 2:1, 3:1; Russland – Aserbaidschan 2:0, 1:1; Russland – Liechtenstein 3:0, 1:0; Finnland – Wales 2:1, 2:0; Finnland – Aserbaidschan 1:0, 2:1; Finnland – Liechtenstein 2:1, 1:1; Wales – Aserbaidschan 1:0, 1:0; Wales – Liechtenstein 2:0, 2:0; Aserbaidschan – Liechtenstein 0:0, 2:0.

Europa, Gruppe 5: Spanien und Bosnien-Herzegowina
Spanien – Bosnien-Herzegowina 1:0, 5:2; Spanien – Türkei 1:0, 2:1; Spanien – Belgien 5:0, 2:1; Spanien – Estland 3:0, 3:0; Spanien – Armenien 4:0, 2:1; Bosnien-Herzegowina – Türkei 1:1, 1:2; Bosnien-Herzegowina – Belgien 2:1, 4:2; Bosnien-Herzegowina – Estland 7:0, 2:0; Bosnien-Herzegowina – Armenien 4:1, 2:0; Türkei – Belgien 1:1, 0:2; Türkei – Estland 4:2, 0:0; Türkei – Armenien 2:0, 2:0; Belgien – Estland 3:2, 0:2; Belgien – Armenien 2:0, 1:2; Estland – Armenien 1:0, 2:2.

Europa, Gruppe 6: England und Ukraine
England – Ukraine 2:1, 0:1; England – Kroatien 5:1, 4:1; England – Weißrussland 3:0, 3:1; England – Kasachstan 5:1, 4:0; England – Andorra 6:0, 2:0 (in Barcelona); Ukraine – Kroatien 0:0, 2:2; Ukraine – Weißrussland 1:0, 0:0; Ukraine – Kasachstan 2:1, 3:1; Ukraine – Andorra 5:0, 6:0; Kroatien – Weißrussland 1:0, 3:1; Kroatien – Kasachstan 3:0, 2:1; Kroatien – Andorra 4:0, 2:0; Weißrussland – Kasachstan 4:0, 5:1; Weißrussland – Andorra 5:1, 3:1; Kasachstan – Andorra 3:0, 3:1.

Europa, Gruppe 7: Serbien und Frankreich
Serbien – Frankreich 1:1, 1:2; Serbien – Österreich 1:0, 3:1; Serbien – Litauen 3:0, 1:2; Serbien – Rumänien 5:0, 3:2; Serbien – Färöer 2:0, 2:0; Frankreich – Österreich 3:1, 1:3; Frankreich – Litauen 1:0, 1:0; Frankreich – Rumänien 1:1, 2:2; Frankreich – Färöer 5:0, 1:0; Österreich – Litauen 2:1, 0:2; Österreich – Rumänien 2:1, 1:1; Österreich – Färöer 3:1, 1:1; Litauen – Rumänien 0:1, 3:0; Litauen – Färöer 1:0, 1:2; Rumänien – Färöer 3:1, 1:0.

Europa, Gruppe 8: Italien und Irland
Italien – Irland 1:1, 2:2; Italien – Bulgarien 2:0, 0:0; Italien – Zypern 3:2, 2:1; Italien – Montenegro 2:1, 2:0; Italien – Georgien 2:0, 2:0; Irland – Bulgarien 1:1, 1:1; Irland – Zypern 1:0, 2:1; Irland – Montenegro 0:0, 0:0; Irland – Georgien 2:1, 2:1; Bulgarien – Zypern 2:0, 1:4; Bulgarien – Montenegro 4:1, 2:2; Bulgarien – Georgien 6:2, 0:0; Zypern – Montenegro 2:2, 1:1; Zypern – Georgien 2:1, 1:1; Montenegro – Georgien 2:1, 0:0.

Europa, Gruppe 9: Niederlande und Norwegen
Niederlande – Norwegen 2:0, 1:0; Niederlande – Schottland 3:0, 1:0; Niederlande – Mazedonien 4:0, 2:1; Niederlande – Island 2:0, 2:1; Norwegen – Schottland 4:0, 0:0; Norwegen – Mazedonien 2:1, 0:0; Norwegen – Island 2:2, 1:1; Schottland – Mazedonien 2:0, 0:1; Schottland – Island 2:1, 2:1; Mazedonien – Island 2:0, 0:1.

Europa, Qualifikation der Gruppenzweiten: Norwegen als schlechtester Gruppenzweiter ausgeschieden. Russland – Slowenien 2:1, 0:1; Griechenland – Ukraine 0:0, 1:0; Irland – Frankreich 0:1, n. V. 1:1; Portugal – Bosnien-Herzegowina 1:0, 1:0.

Afrika: Kamerun, Nigeria, Algerien, Ghana und Elfenbeinküste
Vorrunde: Madagaskar – Komoren 6:2, 4:0; Sierra Leone – Guinea-Bissau 1:0, 0:0; Dschibuti – Somalia 1:0 (nur ein Spiel).
2. Runde, Gruppe 1: Kamerun. Kamerun – Kap Verde 2:0, 2:1; Kamerun – Tansania 2:1, 0:0; Kamerun – Mauritius 5:0, 3:0; Kap Verde – Tansania 1:0, 1:3; Kap Verde – Mauritius 3:1, 1:0; Tansania – Mauritius 1:1, 4:1.
2. Runde, Gruppe 2: Guinea und Kenia. Guinea – Kenia 3:2, 0:2; Guinea – Simbabwe 0:0, 0:0; Guinea – Namibia 4:0, 2:1; Kenia – Simbabwe 2:0, 0:0; Kenia – Namibia 1:0, 1:2; Simbabwe – Namibia 2:0, 2:4.
2. Runde, Gruppe 3: Benin. Benin – Angola 3:2, 0:3; Benin – Uganda 4:1, 1:2; Benin – Niger 2:0, 2:0; Angola – Uganda 0:0, 1:3; Angola – Niger 3:1, 2:1; Uganda – Niger 1:0, 1:3.
2, Runde, Gruppe 4: Nigeria. Nigeria – Südafrika 2:0, 1:0; Nigeria – Sierra Leone 4:1, 1:0; Nigeria – Äquatorial-Guinea 2:0, 1:0; Südafrika – Sierra Leone 0:0, 0:1; Südafrika – Äquatorial-Guinea 4:1, 1:0: Sierra Leone – Äquatorial-Guinea 2:1, 0:2 (Da die WM-Qualifikation gleichzeitig auch als Qualifikation für die Afrika-Meisterschaft 2010 in Angola zählte, nahm auch WM-Gastgeber Südafrika daran teil.).
2. Runde, Gruppe 5: Ghana und Gabun. Ghana – Gabun 2:0, 0:2; Ghana – Libyen 3:0, 0:1; Ghana – Lesotho 3:0, 3:2; Gabun – Libyen 1:0, 0:1; Gabun – Lesotho 2:0, 3:0; Libyen – Lesotho 4:0, 1:0.
2. Runde, Gruppe 6: Algerien. Algerien – Gambia 1:0, 0:1; Algerien – Senegal 3:2, 0:1; Algerien – Liberia 3:0, 0:0; Gambia – Senegal 0:0, 1:1; Gambia – Liberia 3:0, 1:1; Senegal – Liberia 3:1, 2:2.
2. Runde, Gruppe 7: Elfenbeinküste und Mosambik. Elfenbeinküste – Mosambik 1:0, 1:1; Elfenbeinküste – Madagaskar 3:0, 0:0; Elfenbeinküste – Botsuana 4:0, 1:1; Mosambik – Madagaskar 3:0, 1:1; Mosambik – Botsuana 1:2, 1:0; Madagaskar – Botsuana 1:0, 0:0.
2. Runde, Gruppe 8: Marokko und Ruanda. Marokko – Ruanda2:0, 1:3; Marokko – Mauretanien 4:1, 4:1; Ruanda – Mauretanien 3:0, 1:0. Äthiopien wurde im September 2008 von der FIFA aus der Qualifikation ausgeschlossen. Die bereits ausgetragenen Spiele in Marokko (0:3), gegen Ruanda (1:2) und Mauretanien (6:1, 1:0) wurden aus der Wertung genommen.
2. Runde, Gruppe 9: Burkina Faso und Tunesien. Burkina Faso – Tunesien 0:0, 2:1; Burkina Faso – Burundi 2:0, 3:1; Burkina Faso – Seychellen 4:1, 3:2; Tunesien – Burundi 2:1, 1:0; Tunesien – Seychellen 5:0, 2:0; Burundi – Seychellen 1:0, 2:1.
2. Runde, Gruppe 10: Mali und Sudan. Mali – Sudan 3:0, 2:3; Mali – Kongo 4:2, 0:1; Mali – Tschad 2:1, 2:1; Sudan – Kongo 2:0, 0:1; Sudan – Tschad 1:2, 3:1 (beide Spiele in Ägypten); Kongo – Tschad 2:0, 1:2.
2. Runde, Gruppe 11: Sambia und Togo. Sambia – Togo 1:0, 0:1; Sambia – Swasiland 1:0, 0:0; Togo – Swasiland 6:0, 1:2. Eritrea zog vor Beginn der Gruppenspiele zurück.
2. Runde, Gruppe 12: Ägypten und Malawi. Ägypten – Malawi 2:0, 0:1; Ägypten – DR Kongo 2:1, 1:0; Ägypten – Dschibuti 4:0, 4:0; Malawi – DR Kongo 2:1, 0:1; Malawi – Dschibuti 8:1, 3:0; DR Kongo – Dschibuti 5:1, 6:0.
3. Runde, Gruppe A: Kamerun
Kamerun – Gabun 2:1, 2:0; Kamerun – Togo 3:0, 0:1 (in Ghana); Kamerun – Marokko 0:0, 2:0; Gabun – Togo 3:0, 0:1; Gabun – Marokko 3:1, 2:1; Togo – Marokko 1:1, 0:0.
3. Runde, Gruppe B: Nigeria
Nigeria – Tunesien 2:2, 0:0; Nigeria – Mosambik 1:0, 0:0; Nigeria – Kenia 3:0, 3:2; Tunesien – Mosambik 2:0, 0:1; Tunesien – Kenia 1:0, 2:1; Mosambik – Kenia 1:0, 1:2.
3. Runde, Gruppe C: Algerien
Algerien – Ägypten 3:1, 0:2; Algerien Sambia 1:0, 2:0; Algerien – Ruanda 3:1, 0:0; Ägypten – Sambia 1:1, 1:0; Ägypten – Ruanda 3:0, 1:0; Sambia – Ruanda 1:0, 0:0 – Entscheidungsspiel im Sudan: Algerien – Ägypten 1:0.
3. Runde, Gruppe D: Ghana
Ghana – Benin 1:0, 0:1; Ghana – Mali 2:2, 2:0; Ghana – Sudan 2:0, 2:0; Benin – Mali 1:1, 1:3; Benin – Sudan 1:0, 2:1; Mali – Sudan 1:0, 1:1.
3. Runde, Gruppe E: Elfenbeinküste
Elfenbeinküste – Burkina Faso 5:0, 3:2; Elfenbeinküste – Malawi 5:0, 1:1; Elfenbeinküste – Guinea 3:0, 2:1; Burkina Faso – Malawi 1:0, 1:0; Burkina Faso – Guinea 4:2, 2:1 (in Ghana); Malawi – Guinea 2:1, 1:2.

Südamerika: Brasilien, Chile, Paraguay, Argentinien Uruguay
Brasilien – Chile 4:2, 3:0; Brasilien – Paraguay 2:1, 0:2; Brasilien – Argentinien 0:0, 3:1, Brasilien – Uruguay 2:1, 4:0; Brasilien – Ecuador 5:0, 1:1; Brasilien – Kolumbien 0:0, 0:0; Brasilien – Venezuela 0:0, 4:0; Brasilien – Bolivien 0:0, 1:2; Brasilien – Peru 3:0, 1:1; Chile – Paraguay 0:3, 2:0; Chile – Argentinien 1:0, 0:2; Chile – Uruguay 0:0, 2:2; Chile – Ecuador 1:0, 0:1; Chile – Kolumbien 4:0, 4:2; Chile –

Venezuela 2:2, 3:2; Chile – Bolivien 4:0, 2:0; Chile – Peru 2:0, 3:1; Paraguay – Argentinien 1:0, 1:1; Paraguay – Uruguay 1:0, 0;2; Paraguay – Ecuador 5:1, 1:1; Paraguay – Kolumbien 0:2, 1:0; Paraguay – Venezuela 2:0, 2:1; Paraguay – Bolivien 1:0, 2:4; Paraguay – Peru 1:0, 0:0; Argentinien – Uruguay 2:1, 1:0; Argentinien – Ecuador 1:1, 0:2; Argentinien – Kolumbien 1:0, 1:2; Argentinien – Venezuela 4:0, 2:0; Argentinien – Bolivien 3:0, 1:6; Argentinien – Peru 2:1, 1:1; Uruguay – Ecuador 0:0, 2:1; Uruguay – Kolumbien 3:1, 1:0; Uruguay – Venezuela 1:1, 2:2; Uruguay – Bolivien 5:0, 2:2; Uruguay – Peru 6:0, 0:1; Ecuador – Kolumbien 0:0, 0:2, Ecuador – Venezuela 0:1, 1:3; Ecuador – Bolivien 3:1, 3:1; Ecuador – Peru 5:1, 2:1; Kolumbien – Venezuela 1:0, 0:2; Kolumbien – Bolivien 2:0, 0:0; Kolumbien – Peru 1:0, 1:1; Venezuela – Bolivien 5:3, 1:0; Venezuela – Peru 3:1, 0:1; Bolivien – Peru 3:0, 0:1.
Entscheidungsspiele gegen den Nord-/Mittelamerika-Vierten: Costa Rica – Uruguay 0:1, 1:1.

Nord- und Mittelamerika: USA, Mexiko, und Honduras
1. Runde, Gruppe 1A: USA. Dominica – Barbados 1:1, 0:1; USA – Barbados 8:0, 1:0.
1. Runde, Gruppe 1B: Guatemala. Turks- & Caicos-Inseln – St. Lucia 2:1, 0:2; Guatemala – St. Lucia 6:0, 3:1 (in den USA).
1. Runde, Gruppe 1C: Trinidad & Tobago. Bermuda – Cayman-Inseln 1:1, 3:1; Trinidad & Tobago – Bermuda 1:2, 2:0.
1. Runde, Gruppe 1D: Kuba. Aruba – Antigua und Barbuda 0:3, 0:1; Antigua und Barbuda – Kuba 3:4, 0:4.
1. Runde, Gruppe 2A: Mexiko. Belize – St. Kitts und Nevis 3:1, 1:1; Belize – Mexiko 0:2, 0:7.
1. Runde, Gruppe 2B: Jamaika. Bahamas – Brit. Jungferninseln 1:1, 2:2 (beide Spiele auf den Bahamas); Jamaika – Bahamas 7:0, 6:0.
1. Runde, Gruppe 2C: Honduras. Puerto Rico – Dominikanische Republik n. V. 1:0; Honduras – Puerto Rico 4:0, 2:2.
1. Runde, Gruppe 2D: Kanada. St. Vincent & the Grenadines – Kanada 0:3, 1:4.
1. Runde, Gruppe 3A: Costa Rica. Grenada – US-Jungferninseln 10:0; Grenada – Costa Rica 2:2, 0:3.
1. Runde, Gruppe 3B: Surinam. Montserrat – Surina, 1:7; Surinam – Guyana 1:0, 2:1.
1. Runde, Gruppe 3C: El Salvador. El Salvador – Anguilla 12:0, 4:0 (in den USA); Panama – El Salvador 1:0, 1:3.
1. Runde, Gruppe 3D: Haiti. Nicaragua – Niederländische Antillen 0:1, 0:2; Haiti – Niederländische Antillen 0:0, 1:0.
2. Runde, Gruppe A: USA und Tinidad & Tobago. USA – Trinidad & Tobago 3:0, 1:2; USA – Guatemala 2:0, 1:0; USA – Kuba 6:1, 1:0; Trinidad & Tobago – Guatemala 1:1, 0:0; Trinidad & Tobago – Kuba 3:0, 3:1; Guatemala – Kuba 4:1, 1:2.
2. Runde, Gruppe B: Honduras und Mexiko. Honduras – Mexiko 1:0, 1:2; Honduras – Jamaika 2:0, 0:1; Honduras – Kanada 3:1, 2:1; Mexiko – Jamaika 3:0, 0:1; Mexiko – Kanada 2:1, 2:2; Jamaika – Kanada 3:0, 1:1.
2. Runde, Gruppe C: Costa Rica und El Salvador. Costa Rica – El Salvador 1:0, 3:1; Costa Rica – Haiti 2:0, 3:1; Costa Rica – Surinam 7:0, 4:1; El Salvador – Haiti 5:0, 0:0; El Salvador – Surinam 3:0, 2:0; Haiti – Surinam 2:2, 1:1.
Endrunde: USA, Mexiko und Honduras
USA – Mexiko 2:0, 1:2; USA – Honduras 2:1, 3:2; USA – Costa Rica 2:2, 1:3; USA – El Salvador 2:1, 2:2; USA – Trinidad & Tobago 3:0, 1:0; Mexiko – Honduras 1:0, 1:3; Mexiko – Costa Rica 2:0, 3:0; Mexiko – El Salvador 4:1, 1:2; Mexiko – Trinidad & Tobago 2:1, 2:2; Honduras – Costa Rica 4:0, 0:2; Honduras – El Salvador 1:0, 1:0; Honduras – Trinidad & Tobago 4:1, 1:1; Costa Rica – El Salvador 1:0, 0:1; Costa Rica – Trinidad & Tobago 4:0, 3:2; El Salvador – Trinidad & Tobago 2:2, 0:1.
Entscheidungsspiele gegen den Südamerika-Fünften: Costa Rica – Uruguay 0:1, 1:1.

Asien: Australien, Japan, Südkorea und Nordkorea
1. Runde: Bangladesch – Tadschikistan 1:1, 0:5; Thailand – Macau 6:1, 7:1; Libanon – Indien 4:1, 2:2; Vietnam – Vereinigte Arabische Emirate 0:1, 0:5; Syrien – Afghanistan 3:0, 2:1 (in Tadschikistan); Palästina – Singapur 0:4 (in Katar), 0:3 Wertung (Palästina nicht angetreten); Oman – Nepal 2:0, 2:0; Jemen – Malediven 3:0, 0:2; Kambodscha – Turkmenistan 0:1, 1:4; Usbekistan – Taiwan 9:0, 2:0; Kirgistan – Jordanien 2:0, n. V. 0:2, Elfmeterschießen 6:5; Mongolei – Nordkorea 1:4, 1:5; Ost-Timor – Hongkong 2:3 (in Indonesien), 1:8; Sri Lanka – Katar 0:1, 0:5; Bahrain – Malaysia 4:1, 0:0; China – Myanmar 7:0, 4:0 (in Malaysia); Pakistan – Irak 0:7, 0:0 (in Syrien); Bhutan verzichtete gegen Kuwait, Guam gegen Indonesien.
2. Runde: Jemen – Thailand 1:1, 0:1; Singapur – Tadschikistan 2:0, 1:1; Indonesien – Syrien 1:4, 0:7; Hongkong – Turkmenistan 0:0, 0:3 – Freilose: Bahrain, China, Irak, Jordanien, Katar, Libanon, Nordkorea, Oman, Usbekistan, Vereinigte Arabische Emirate. Die WM-Teilnehmer 2006 Australien, Iran, Japan, Saudi-Arabien und Südkorea hatten bis zur 3. Runde ein Freilos.

3. Runde, Gruppe 1: Australien und Katar. Australien – Katar 3:0, 3:1; Australien – Irak 1:0, 0:1; Australien – China 0:1, 0;0; Katar – Irak 2:0, 1:0; Katar – China 0:0, 1:0; Irak – China 1:1, 2:1 (Der Irak trug seine Heimspiele in den Vereinigten Arabischen Emiraten aus.).
3. Runde, Gruppe 2: Japan und Bahrain. Japan – Bahrain 1:0, 0:1; Japan – Oman 3:0, 1:1; Japan – Thailand 4:1, 3:0; Bahrain – Oman 1:1, 1:0; Bahrain – Thailand 1:1, 3:2; Oman – Thailand 2:1, 1:0.
3. Runde, Gruppe 3: Südkorea und Nordkorea. Südkorea – Nordkorea 0:0, 0:0 (in China); Südkorea – Jordanien 2:2, 1:0; Südkorea – Turkmenistan 4:0, 3:1; Nordkorea – Jordanien 2:0, 1:0; Nordkorea – Turkmenistan 1:0, 0:0; Jordanien – Turkmenistan 2:0, 2:0.
3. Runde, Gruppe 4: Saudi-Arabien und Usbekistan. Saudi-Arabien – Usbekistan 4:0, 0:3; Saudi-Arabien – Singapur 2:0, 2:0; Saudi-Arabien – Libanon 4:1, 2:1; Usbekistan – Singapur 1:0, 7:3; Usbekistan – Libanon 3:0, 1:0.
3. Runde, Gruppe 5: Iran und Vereinigte Arabische Emirate: Iran – Vereinigte Arabische Emirate 0:0, 1:0; Iran – Syrien 0:0, 2:0; Iran – Kuwait 2:0, 2:2; Vereinigte Arabische Emirate – Syrien 1:3, 1:1; Vereinigte Arabische Emirate – Kuwait 2:0, 3:2; Syrien – Kuwait 1:0, 2:4.
Endrunde, Gruppe A: Australien, Japan und Bahrain. Australien – Japan 2:1, 0:0; Australien – Bahrain 2:0, 1:0; Australien – Katar 4:0, 0:0; Australien – Usbekistan 2:0, 1:0; Japan – Bahrain 1:0, 3:2; Japan – Katar 1:1, 3:0; Japan – Usbekistan 1:1, 1:0; Bahrain – Katar 1:0, 1:1; Bahrain – Usbekistan 1:0, 1:0; Katar – Usbekistan 3:0, 0:4.
Endrunde, Gruppe B: Südkorea, Nordkorea und Saudi-Arabien. Südkorea – Nordkorea 1:0, 1:1 (in China); Südkorea – Saudi-Arabien 0:0, 2:0; Südkorea – Iran 1:1, 1:1; Südkorea – Vereinigte Arabische Emirate 4:1, 2:0; Nordkorea – Saudi-Arabien 1:0, 0:0; Nordkorea – Iran 0:0, 1:2; Nordkorea – Vereinigte Arabische Emirate 2:0, 2:1; Saudi-Arabien – Iran 1:1, 2:1; Saudi-Arabien – Vereinigte Arabische Emirate 3:2, 2:1; Iran – Vereinigte Arabische Emirate 1:0, 1:1.
Entscheidungsspiele der Gruppendritten: Bahrain – Saudi-Arabien 0:0, 2:2.
Entscheidungsspiele gegen den Ozeanien-Sieger: Bahrain – Neuseeland 0:0, 0:1.

Ozeanien: Neuseeland
1. Runde im Rahmen der Südpazifik-Meisterschaft auf Samoa
Gruppe A: Fidschi und Neukaledonien. Fidschi – Neukaledonien 1:1; Fidschi – Tahiti 4:0; Fidschi – Cook-Inseln 4:0; Fidschi – Tuvalu 16:0; Neukaledonien – Tahiti 1:0, Neukaledonien – Cook-Inseln 3:0; Neukaledonien – Tuvalu 1:0; Tahiti – Cook-Inseln 1:0; Tahiti – Tuvalu 1:1; Cook-Inseln – Tuvalu 4:1.
Gruppe B: Salomonen und Vanuatu. Salomonen – Vanuatu 2:0; Salomonen – Samoa 3:0; Salomonen – Tonga 4:0; Salomonen – Amerikanisch-Samoa 12:1; Vanuatu – Samoa 4:0; Vanuatu – Tonga 4:1; Vanuatu – Amerikanisch-Samoa 15:0; Samoa – Tonga 2:1; Samoa – Amerikanisch-Samoa 7:0; Tonga – Amerikanisch-Samoa 4:0.
Halbfinale: Fidschi – Vanuatu 3:0, Salomonen – Neukaledonien 2:3.
Spiel um den 3. Platz: Vanuatu – Salomonen 2:0.
Endspiel: Neukaledonien – Fidschi 1:0.
Endrunde im Rahmen der Ozeanien-Meisterschaft (Neuseeland gesetzt): Neuseeland. Neuseeland – Neukaledonien 3:0, 3:1; Neuseeland – Fidschi 0:2, 2:0 (beide Spiele auf Fidschi); Neuseeland – Vanuatu 4:1, 2:1; Neukaledonien – Fidschi 4:0, 3:3; Neukaledonien – Vanuatu 3:0, 1:1.
Entscheidungsspiele gegen den Asien-Fünften: Bahrain – Neuseeland 0:0, 0:1.

Endrunde vom 11. Juni bis 11. Juli in Südafrika
1. Finalrunde: Es qualifizierten sich die Gruppenersten und –zweiten.
Gruppe A: Uruguay, Mexiko
Südafrika – Mexiko 1:1 (Johannesburg Soccer City), Uruguay – Frankreich 0:0 (Kapstadt), Südafrika – Uruguay 0:3 (Tshwane/Pretoria), Frankreich – Mexiko 0:2 (Polokwane), Mexiko – Uruguay 0:1 (Rustenburg), Frankreich – Südafrika 1:2 (Mangaung/Bloemfontein).
Gruppe B: Argentinien, Südkorea
Südkorea – Griechenland 2:0 (Port Elizabeth), Argentinien – Nigeria 1:0 (Johannesburg Ellis Park), Argentinien – Südkorea 4:1 (Johannesburg Soccer City), Griechenland – Nigeria 2:1 (Mangaung/Bloemfontein), Griechenland – Argentinien 0:2 (Polokwane), Nigeria – Südkorea 2:2 (Durban).
Gruppe C: USA, England
England – USA 1:1 (Rustenburg), Algerien – Slowenien 0:1 (Polokwane), Slowenien – USA 2:2 (Johannesburg Ellis Park), England – Algerien 0:0 (Kapstadt), Slowenien – England 0:1 (Port Elizabeth), USA – Algerien 1:0 (Tshwane/Pretoria).
Gruppe D: Deutschland, Ghana
Serbien – Ghana 0:1 (Tshwane/Pretoria), Deutschland – Australien 4:0 (Durban), Deutschland – Serbien 0:1 (Port Elizabeth), Ghana – Australien 1:1 (Rustenburg), Ghana – Deutschland 0:1 (Johannesburg Soccer City), Australien – Serbien 2:1 (Nelspruit).

Gruppe E: Niederlande, Japan
Niederlande – Dänemark 2:0 (Johannesburg Soccer City), Japan – Kamerun 1:0 (Mangaung/Bloemfontein), Niederlande – Japan 1:0 (Durban), Kamerun – Dänemark 1:2 (Tshwane/Pretoria), Dänemark – Japan 1:3 (Rustenburg), Kamerun – Niederlande 1:2 (Kapstadt).
Gruppe F: Paraguay, Slowakei
Italien – Paraguay 1:1 (Kapstadt), Neuseeland – Slowakei 1:1 (Rustenburg), Slowakei – Paraguay 0:2 (Mangaung/Bloemfontein), Italien – Neuseeland 1:1 (Nelspruit), Slowakei – Italien 3:2 (Johannesburg Ellis Park), Paraguay – Neuseeland 0:0 (Polokwane).
Gruppe G: Brasilien, Portugal
Elfenbeinküste – Portugal 0:0 (Port Elizabeth), Brasilien – Nordkorea 2:1 (Johannesburg Ellis Park), Brasilien – Elfenbeinküste 3:1 (Johannesburg Soccer City), Portugal – Nordkorea 7:0 (Kapstadt), Portugal – Brasilien 0:0 (Durban), Nordkorea – Elfenbeinküste 0:3 (Nelspruit).
Gruppe H: Spanie, Chile
Honduras – Chile 0:1 (Nelspruit), Spanien – Schweiz 0:1 (Durban), Chile – Schweiz 1:0 (Port Elizabeth), Spanien – Honduras 2:0 (Johannesburg Ellis Park), Chile – Spanien 1:2 (Tshwane/Pretoria), Schweiz – Honduras 0:0 (Mangaung/Bloemfontein).
Achtelfinale: Uruguay – Südkorea 2:1 (Port Elizabeth), USA – Ghana n. V. 1:2 (Rustenburg), Deutschland – England 4:1 (Mangaung/Bloemfontein), Argentinien – Mexiko 3:1 (Johannesburg Soccer City), Niederlande – Slowakei 2:1 (Durban), Brasilien – Chile 3:0 (Johannesburg Ellis Park), Paraguay – Japan n. V. 0:0/Elfmeterschießen 5:3 (Tshwane/Pretoria), Spanien – Portugal 1:0 (Kapstadt).
Viertelfinale: Niederlande – Brasilien 2:1 (Port Elizabeth), Uruguay – Ghana n. V. 1:1/Elfmeterschießen 4:2 (Johannesburg Soccer City), Argentinien – Deutschland 0:4 (Kapstadt), Paraguay – Spanien 0:1 (Johannesburg Ellis park).
Halbfinale: Uruguay – Niederlande 2:3 (Kapstadt), Deutschland – Spanien 0:1 (Durban).
Um den dritten Platz: Deutschland – Uruguay 3:2 (Port Elizabeth).

Endspiel am 11. Juli 2010 in Johannesburg Soccer City: Spanien – Niederlande n. V. 1:0 (0:0, 0:0)
Spanien: Casillas – Sergio Ramos, Piqué, Puyol, Capdevila – Busquets, Xabi Alonso (Fabregas) – Xavi, Iniesta – Pedro (Jesus Navas) – Villa (Fernando Torres).
Niederlande: Stekelenburg – Van der Wiel, Heitinga, Mathijsen, Van Bronckhorst (Braafheid) – Van Bommel, De Jong (Van der Vaart) – Robben, Sneijder, Kuijt (Elia) – Van Persie.
Tor: Iniesta – Zuschauer: 84 490 – SR: Webb (England).

WM-Torschützenkönige

1930	Stabile (Argentinien)	8
1934	Nejedly (Tschechoslowakei)	5
1938	Leonidas (Brasilien)	8
1950	Ademir (Brasilien)	9
1954	Kocsis (Ungarn)	11
1958	Fontaine (Frankreich)	13
1962	Garrincha, Vava (Brasilien), Sanchez (Chile), Iwanow (UdSSR), Albert (Ungarn), Jerkovic (Jugoslawien)	je 4
1966	Eusebio (Portugal)	9
1970	Gerd Müller (Deutschland)	10
1974	Lato (Polen)	7
1978	Kempes (Argentinien)	6
1982	Rossi (Italien)	6
1986	Lineker (England)	6
1990	Schillaci (Italien)	6
1994	Salenko (Rußland), Stoitchkov (Bulgarien)	je 6
1998	Suker (Kroatien)	6
2002	Ronaldo (Brasilien)	8
2006	Klose (Deutschland)	5
2010	Thomas Müller (Deutschland) (auf Grund weniger gespielten Minuten und mehr Vorlagen gegenüber Forlan (Uruguay), Sneijder (Niederlande) und Villa (Spanien).	5

Die deutschen Weltmeisterschafts-Aufgebote (alphabetisch)

1934: Eingesetzt: Bender, Busch, Conen, Gramlich, Haringer, Heidemann, Hohmann, Jakob, Janes, Kobierski, Kreß, Lehner, Münzenberg, Noack, Schwartz, Siffling, Szepan, Zielinski – Nicht eingesetzt: Albrecht – Auf Abruf: Buchloh, Dienert, Streb.
1938: Eingesetzt: Gauchel, Gellesch, Goldbrunner, Hahnemann, Janes, Kitzinger, Kupfer, Lehner, Mock, Neumer, Pesser, Raftl, Schmaus, Skoumal, Streitle, Stroh, Szepan – Nicht eingesetzt: Buchloh, Jakob, Münzenberg, Siffling, Wagner.
1954: Eingesetzt: Bauer, Eckel, R. Herrmann, B. Klodt, Kohlmeyer, Kwiatkowski, Laband, Liebrich, Mai, Mebus, Morlock, Pfaff, Posipal, Rahn, Schäfer, Turek, F. Walter, O. Walter – Nicht eingesetzt: Biesinger, Erhardt, Kubsch, Metzner.

1958: Eingesetzt: Cieslarczyk, Eckel, Erhardt, Herkenrath, Juskowiak, Kelbassa, B. Klodt, Kwiatkowski, Rahn, Schäfer, A. Schmidt, Schnellinger, Uwe Seeler, Stollenwerk, Sturm, Szymaniak, F. Walter, Wewers – Auf Abruf: R. Hoffmann, Nuber, Peters, Sawitzki.
1962: Eingesetzt: Brülls, Erhardt, Fahrian, Giesemann, Haller, Kraus, Koslowski, Nowak, Schäfer, Schnellinger, W. Schulz, Uwe Seeler, Sturm, Szymaniak – Nicht eingesetzt: G. Herrmann, Kurbjuhn, Sawitzki, Strehl, Tilkowski, Vollmar, Werner, Wilden.
1966: Eingesetzt: Beckenbauer, Brülls, Emmerich, Haller, Held, Höttges, Krämer, Lutz, Overath, Schnellinger, W. Schulz, Uwe Seeler, Tilkowski, Weber – Nicht eingesetzt: Bernard, Grabowski, Hornig, Lorenz, Maier, Patzke, Paul, Sieloff.
1970: Eingesetzt: Beckenbauer, Fichtel, Grabowski, Haller, Held, Höttges, Libuda, Löhr, Lorenz, Maier, G. Müller, Overath, Patzke, Schnellinger, W. Schulz, Uwe Seeler, Vogts, Weber, Wolter – Nicht eingesetzt: Dietrich, Manglitz, Sieloff.
1974: Eingesetzt: Beckenbauer, Bonhof, Breitner, Cullmann, Flohe, Grabowski, Herzog, Heynckes, U. Hoeneß, Hölzenbein, Höttges, Maier, G. Müller, Netzer, Overath, Schwarzenbeck, Vogts, Wimmer – Nicht eingesetzt: Kapellmann, Kleff, H. Kremers, Nigbur.
1978: Eingesetzt: Abramczik, Beer, Bonhof, Dietz, Fischer, Flohe, Hölzenbein, Kaltz, Konopka, Maier, Dieter Müller, Hans Müller, K. H. Rummenigge, Rüßmann, Vogts, Herbert Zimmermann – Nicht eingesetzt: Burdenski, Cullmann, Kargus, Schwarzenbeck, Worm, Zewe.
1982: Eingesetzt: Breitner, Briegel, Dremmler, Fischer, B. Förster, Kh. Förster, Hrubesch, Kaltz, Littbarski, Magath, Matthäus, Hans Müller, Reinders, K. H. Rummenigge, Schumacher, Stielike – Nicht eingesetzt: Franke, Hannes, Immel – Auf Abruf: T. Allofs, Engels, Hieronymus.
1986: Eingesetzt: Kl. Allofs, Augenthaler, Berthold, Brehme, Briegel, Eder, Kh. Förster, Herget, D. Hoeneß, Jakobs, Littbarski, Magath, Matthäus, Rolff, K. H. Rummenigge, Schumacher, Völler – Nicht eingesetzt: Allgöwer, Immel, Rahn, Stein, Thon.
1990: Eingesetzt: Augenthaler. Bein, Berthold, Brehme, Buchwald, Häßler, Illgner, Klinsmann, Kohler, Littbarski, Matthäus, Möller, Pflügler, Reuter, Riedle, Thon, Völler – Nicht eingesetzt: Aumann, Hermann, Köpke, Mill, Steiner.
1994: Eingesetzt: Basler, Berthold, Brehme, Buchwald, Effenberg, Häßler, Helmer, Illgner, Klinsmann, Kohler, Kuntz, Matthäus, Möller, Riedle, Sammer, Strunz, Völler, Wagner – Nicht eingesetzt: Gaudino, Kahn, Kirsten, Köpke.
1998: Eingesetzt: Babbel, Bierhoff, Hamann, Häßler, Helmer, Heinrich, Jeremies, Kirsten, Klinsmann, Kohler, Köpke, Marschall, Matthäus, Möller, Reuter, Tarnat, Thon, Wörns, Ziege – Nicht eingesetzt: Freund, Kahn, Lehmann.
2002: Eingesetzt:Asamoah, Ballack, Baumann, Bierhoff, Bode, Frings, Hamann, Jancker, Jeremies, Kahn, Kehl, Klose, Linke, Metzelder, Neuville, Ramelow, Rehmer, Schneider, Ziege, – Nicht eingesetzt: Lehmann, Butt, Böhme, Ricken.
2006: Eingesetzt: Asamoah, Ballack, Borowski, Friedrich, Frings, Hanke, Hitzlsperger, Huth, Jansen, Kahn, Kehl, Klose, Lahm, Lehmann, Mertesacker, Metzelder, Neuville, Nowotny, Odonkor, Podolski, Schneider, Schweinsteiger – Nicht eingesetzt: Hildebrand.
2010: Eingesetzt: Aogo, Badstuber, Boateng, Butt, Cacau, Friedrich, Gomez, Jansen, Khedira, Kießling, Klose, Kroos, Lahm, Marin, Mertesacker, Thomas Müller, Neuer, Özil, Podolski, Schweinsteiger, Tasci, Trochowski – Nicht eingesetzt: Wiese.

FIFA Confederations Cup

Die bisherigen Sieger (1992 und 1995 „King Fahd Trophy", seit 1997 unter FIFA-Regie):

1992 Argentinien – 1995 Dänemark – 1997 Brasilien – 1999 Mexiko – 2001, 2003 Frankreich – 2005, 2009 Brasilien

1992: Argentinien (Trainer: Basile)

Turnier vom 15. bis 20. Oktober in Riad/Saudi-Arabien

Teilnehmer: Saudi-Arabien (Veranstalter und Asienmeister 1988), Argentinien (Südamerikameister 1991), Elfenbeinküste (Afrikameister 1992), USA (Sieger CONCACAF Gold Cup 1991).

Halbfinale: Argentinien – Elfenbeinküste 4:0; Saudi-Arabien – USA 3:0.

Um den 3. Platz: USA – Elfenbeinküste 5:2.

Endspiel am 20. Oktober 1992 in Riad: Argentinien – Saudi-Arabien 3:1 (2:0)
Argentinien: Goycochea – Vazquez, Altamirano, Basualdo, Ruggeri, Redondo, Villareal (Cagna), Simeone, Rodriguez (Acosta), Caniggia, Batistuta.
Tore: Rodriguez, Caniggia, Simeone (Owairan) – Zuschauer: 75 000 – SR: Chong (Mauritius).

1995: Dänemark (Trainer: Möller-Nielsen)

Turnier vom 6. bis 13. Januar in Riad/Saudi-Arabien

Teilnehmer: Saudi-Arabien (Veranstalter), Argentinien (Titelverteidiger und Südamerikameister 1993), Dänemark (Europameister 1992), Japan (Asienmeister 1992), Mexiko (Sieger CONCACAF Gold Cup 1993), Nigeria (Afrikameister 1994).

Gruppe A: Dänemark. Saudi-Arabien – Mexiko 0:2; Saudi-Arabien – Dänemark 0:2; Mexiko – Dänemark 1:1, Elfmeterschießen 2:4.
Gruppe B: Argentinien. Japan – Nigeria 0:3; Japan – Argentinien 1:5; Argentinien – Nigeria 0:0.

Um den 3. Platz: Mexiko – Nigeria 1:1, Elfmeterschießen 5:4.

Endspiel am 13. Januar 1995 in Riad: Dänemark – Argentinien 2:0 (1:0)
Dänemark: Krogh – Hansen, Rieper, Jes Hogh, Schjonberg – Steen Nielsen, M. Laudrup (Wieghorst), B. Laudrup – Laursen (Risager), Kristensen, Rasmussen.
Tore: M. Laudrup, Rasmussen – Zuschauer: 35 000 – SR: Bujsaim (Vereinigte Arabische Emirate).

1997: Brasilien (Trainer: Zagalo)

Turnier vom 12. bis 21. Dezember in Riad/Saudi-Arabien

Teilnehmer: Saudi-Arabien (Veranstalter und Asienmeister 1996), Australien (Ozeanienmeister 1996), Brasilien (Weltmeister 1994), Mexiko (Sieger CONCACAF Gold Cup 1996), Südafrika (Afrikameister 1996), Tschechien (Zweiter der EM 1996, Europameister Deutschland verzichtete), Uruguay (Südamerikameister 1995), Vereinigte Arabische Emirate (Zweiter der Asienmeisterschaft 1996).

Gruppe A: Brasilien und Australien. Saudi-Arabien – Brasilien 0:3; Australien – Mexiko 3:1; Saudi-Arabien – Mexiko 0:5; Brasilien – Australien 0:0; Saudi-Arabien – Australien 1:0; Mexiko – Brasilien 2:3.
Gruppe B: Uruguay und Tschechien. Vereinigte Arabische Emirate – Uruguay 0:2; Tschechien – Südafrika 2:2; Vereinigte Arabische Emirate – Südafrika 1:0; Uruguay – Tschechien 2:1; Vereinigte Arabische Emirate – Tschechien 1:6; Südafrika – Uruguay 3:4.

Halbfinale: Brasilien – Tschechien 2:0; Uruguay – Australien i. V. 0:1 („Golden Goal").
Um den 3. Platz: Tschechien – Uruguay 1:0.

Endspiel am 21. Dezember 1997 in Riad: Brasilien – Australien 6:0 (3:0)
Brasilien: Dida – Cafu, Junior Baiano, Aldair, Roberto Carlos – Dunga, Cesar Sampaio, Juninho Paulista, Denilson – Ronaldo, Romario.
Tore: Ronaldo 3, Romario 3 – Zuschauer: 45 000 – SR: Praset (Thailand).

1999: Mexiko (Trainer: Lapuente)

Turnier vom 24. Juli bis 4. August 1999 in Mexiko

Teilnehmer: Mexiko (Veranstalter und Sieger CONCACAF Gold Cup 1998), Ägypten (Afrikameister 1998), Bolivien (Zweiter der Südamerikameisterschaft 1997), Brasilien (Titelverteidiger und Südamerikameister 1997), Deutschland (Europameister 1996, Weltmeister Frankreich verzichtete), Neuseeland (Ozeanienmeister 1998), Saudi-Arabien (Asienmeister 1996), USA (Zweiter CONCACAF Gold Cup 1998).

Gruppe A (in Mexiko City): Mexiko und Saudi-Arabien. Mexiko – Saudi-Arabien 5:1; Bolivien – Ägypten 2:2; Saudi-Arabien – Bolivien 0:0; Mexiko – Ägypten 2:2; Ägypten – Saudi-Arabien 1:5; Bolivien – Mexiko 0:1.
Gruppe B (in Guadalajara): Brasilien und USA. Brasilien – Deutschland 4:0; Neuseeland – USA 1:2; Deutschland – Neuseeland 2:0; Brasilien – USA 1:0; USA – Deutschland 2:0; Neuseeland – Brasilien 0:2.

Halbfinale: Brasilien – Saudi-Arabien 8:2 (Guadalajara); Mexiko – USA i. V. 1:0 („Golden Goal"/Mexiko City).

Um den 3. Platz: USA – Saudi-Arabien 2:0 (Guadalajara)

Endspiel am 4. August 1999 in Mexiko City: Mexiko – Brasilien 4:3 (2:1)
Mexiko: Jorge Campos – Carmona, Suarez, Marquez, Villa – Pardo, Palencia (Terrazas), Zepeda (Arellano), Ramirez – Abundis, Blanco.
Tore: Zepeda 2, Abundis, Blanco (Serginho, Roni, Ze Roberto) – Zuschauer: 110 000 – SR: Frisk (Schweden).
Das deutsche Aufgebot: Ballack, Dogan, Gerber, Heinrich, Heldt, Lehmann, Linke, Marschall, Matthäus, Maul, Neuville, Preetz, Ricken, Rink, Schneider, Scholl, Wörns, Wosz – Nicht eingesetzt: Baumann, Enke.

2001: Frankreich (Trainer: Lemerre)

Turnier vom 30. Mai bis 10. Juni 2001 in Südkorea (Gruppe A) und Japan (Gruppe B)

Teilnehmer: Japan (Veranstalter und Asienmeister 2001), Südkorea (Veranstalter), Australien (Ozeanienmeister 2000), Brasilien (Südamerikameister 1999), Frankreich (Weltmeister 1998 und Europameister 2000), Kamerun (Afrikameister 2000), Kanada (Sieger CONCACAF Gold Cup 2000), Mexiko (Titelverteidiger).

Gruppe A: Frankreich und Australien. Frankreich – Südkorea 5:0 (Taegu); Mexiko – Australien 0:2 (Suwon); Australien – Frankreich 1:0 (Taegu); Südkorea – Mexiko 2:1 (Ulsan); Frankreich – Mexiko 4:0 (Ulsan); Südkorea – Australien 1:0 (Suwon).
Gruppe B: Japan und Brasilien. Brasilien – Kamerun 2:0 (Ibaraki); Japan – Kanada 3:0 (Niigata); Kanada – Brasilien 0:0 (Ibaraki); Kamerun – Japan 0:2 (Niigata); Brasilien – Japan 0:0 (Ibraki); Kamerun – Kanada 2:0 (Niigata).

Halbfinale: Japan – Australien 1:0 (Yokohama); Frankreich – Brasilien 2:1 (Suwon).
Um den 3. Platz: Australien – Brasilien 1:0 (Ulsan).

Endspiel am 10. Juni 2001 in Yokohama: Frankreich – Japan 1:0 (1:0)
Frankreich: Rame – Karembeu, Desailly, Leboeuf, Lizarazu – Vieira, Pires, Wiltord, Djorkaeff (Carriere) – Marlet (Robert), Anelka.
Tor: Vieira – Zuschauer: 65 335 – SR: Bujsaim (Vereinigte Arabische Emirate).

2003: Frankreich (Trainer: Santini)

Turnier vom 18. bis 29. Juni 2003 in Frankreich

Teilnehmer: Frankreich (Veranstalter, Europameister 2000, Titelverteidiger), Brasilien (Weltmeister 2002), Japan (Asienmeister 2000), Kamerun (Afrikameister 2002), Kolumbien (Südamerikameister 2001), Neuseeland (Ozeanienmeister 2002), Türkei (Dritter der WM 2002, Deutschland/WM-Zweiter 2002, Italien/EM-Zweiter 2000 und Spanien/Zweitplatzierter der FIFA-Weltrangliste verzichteten), USA (Sieger CONCACAF Gold Cup 2002).

Gruppe A: Frankreich und Kolumbien. Neuseeland – Japan 0:3 (St. Etienne); Frankreich – Kolumbien 1:0 (Lyon); Kolumbien – Neuseeland 3:1 (Lyon); Frankreich – Japan 2:1 (St. Etienne); Frankreich – Neuseeland 5:0 (Paris St. Denis); Japan – Kolumbien 0:1 (St. Etienne).
Gruppe B: Kamerun und Türkei. Türkei – USA 2:1 (St. Etienne); Brasilien – Kamerun 0:1 (Paris St. Denis); Kamerun – Türkei 1:0 (Paris St. Denis); Brasilien – USA 1:0 (Lyon); Brasilien – Türkei 2:2 (St. Etienne); USA – Kamerun 0:0 (Lyon).

Halbfinale: Kamerun – Kolumbien 1:0 (Lyon); Frankreich – Türkei 3:2 (Paris St. Denis).
Um den 3. Platz: Türkei – Kolumbien 2:1 (St. Etienne).

Endspiel am 29. Juni 2003 in Paris St. Denis: Frankreich – Kamerun i. V. 1:0 (0:0, 0:0) („Golden Goal")
Frankreich: Barthez – Sagnol (Thuram), Desailly, Gallas, Lizarazu – Giuly, Pedretti, Dacourt (Kapo), Wiltord (Pires) – Cisse, Henry.
Tor: Henry – Zuschauer: 51 985 – SR: Ivanov (Russland).

2005: Brasilien (Trainer: Parreira)

Turnier vom 15. bis 29. Juni 2005 in Deutschland

Teilnehmer: Deutschland (Veranstalter), Argentinien (Zweiter der Südamerikameisterschaft 2004), Australien (Ozeanienmeister 2004), Brasilien (Weltmeister 2002 und Südamerikameister 2004), Griechenland (Europameister 2004), Japan (Asienmeister 2004), Mexiko (Sieger CONCACAF Gold Cup 2003), Tunesien (Afrikameister 2004).

Gruppe A: Deutschland und Argentinien. Argentinien – Tunesien 2:1 (Köln); Deutschland – Australien 4:3 (Frankfurt); Tunesien – Deutschland 0:3 (Köln); Australien – Argentinien 2:4 (Nürnberg); Australien – Tunesien 0:2 (Leipzig); Argentinien – Deutschland 2:2 (Nürnberg).
Gruppe B: Mexiko und Brasilien. Japan – Mexiko 1:2 (Hannover); Brasilien – Griechenland 3:0 (Leipzig); Griechenland – Japan 0:1 (Frankfurt); Mexiko – Brasilien 1:0 (Hannover); Griechenland – Mexiko 0:0 (Frankfurt); Japan – Brasilien 2:2 (Köln).

Halbfinale: Deutschland – Brasilien 2:3 (Nürnberg); Mexiko – Argentinien n. V. 1:1, Elfmeterschießen 5:6 (Hannover).
Um den 3. Platz: Deutschland – Mexiko n. V. 4:3 (Leipzig).

Endspiel am 29. Juni 2005 in Frankfurt: Brasilien – Argentinien 4:1 (2:0)
Brasilien: Dida – Cicinho (Maicon), Lucio, Roque Junior, Gilberto – Emerson, Zé Roberto – Kaka (Renato), Ronaldinho – Robinho (Juninho), Adriano.
Tore: Adriano 2, Kaka, Ronaldinho (Aimar) – Zuschauer: 45 591 – SR: Michel (Slowakei).

Das deutsche Aufgebot: Asamoah, Ballack, Borowski, Deisler, Engelhardt, Ernst, A. Friedrich, Frings, Hanke, Hildebrand, Hinkel, Hitzlsperger, Huth, Kahn, Kuranyi, Lehmann, Mertesacker, Podolski, Schneider, Schweinsteiger – Nicht eingesetzt: Brdaric, Owomoyela.

2009: Brasilien (Trainer: Dunga)

Turnier vom 14. bis 28. Juni 2009 in Südafrika

Teilnehmer: Südafrika (Veranstalter), Ägypten (Afrikameister 2008), Brasilien (Südamerikameister 2007 und Titelverteidiger), Irak (Asienmeister 2007), Italien (Weltmeister 2006), Neuseeland (Ozeanienmeister 2008), Spanien (Europameister 2008), USA (Sieger CONCACAF Gold Cup 2007).

Gruppe A: Spanien und Südafrika. Südafrika – Irak 0:0 (Johannesburg); Neuseeland – Spanien 0:5 (Rustenburg); Spanien – Irak 1:0 (Mangaung/Bloemfontein); Südafrika – Neuseeland 2:0 (Rustenburg); Irak – Neuseeland 0:0 (Johannesburg); Spanien – Südafrika 2:0 (Mangaung/Bloemfontein).
Gruppe B: Brasilien und USA. Brasilien – Ägypten 4:3 (Mangaung/Bloemfontein); USA – Italien 1:3 (Tshwane/Pretoria); USA – Brasilien 0:3 (Tshwane/Pretoria); Ägypten – Italien 1:0 (Johannesburg); Italien – Brasilien 0:3 (Tshwane/Pretoria); Ägypten – USA 0:3 (Rustenburg).

Halbfinale: Spanien – USA 0:2 (Mangaung/Bloemfontein); Brasilien – Südafrika 1:0 (Johannesburg).
Um den 3. Platz: Spanien – Südafrika n. V. 3:2 (Rustenburg).

Endspiel am 28. Juni 2009 in Johannesburg: Brasilien – USA 3:2 (0:2)
Brasilien: Julio Cesar – Maicon – Lucio, Luisao, Andre Santos (Daniel Alves) – Gilberto Silva, Felipe Melo – Ramires (Elano), Kaka – Robinho, Luis Fabiano.
Tore: Luis Fabiano 2, Lucio (Dempsey, Donovan) – Zuschauer: 52 291 – SR: Hansson (Schweden).

Die Torschützenkönige des Confederation Cups

Jahr	Spieler	Tore
1992	Batistuta (Argentinien), Murray (USA)	je 2
1995	Garcia (Mexiko)	3
1997	Romario (Brasilien)	7
1999	Al-Otaibi (Saudi-Arabien), Blanco (Mexiko), Ronaldinho (Brasilien)	je 6
2001	Carriere, Pires, Vieira, Wiltord (Frankreich), Hwang (Südkorea), Murphy (Australien), Suzuki (Japan)	je 2
2003	Henry (Frankreich)	4
2005	Adriano (Brasilien)	5
2009	Luis Fabiano (Brasilien)	5

Junioren-Weltmeisterschaft U 20

Die bisherigen Sieger (bis 1979 unter der Bezeichnung „Jugend-Weltturnier"):

1977 Sowjetunion – 1979 Argentinien – 1981 Deutschland – 1983, 1985 Brasilien – 1987 Jugoslawien – 1989, 1991 Portugal – 1993 Brasilien – 1995, 1997 Argentinien – 1999 Spanien – 2001 Argentinien – 2003 Brasilien – 2005, 2007 Argentinien – 2009 Ghana.

1977: Sowjetunion

Vom 27. Juni bis 10. Juli 1977 in Tunesien

Gruppe A: Mexiko. Frankreich – Spanien 1:2, Mexiko – Tunesien 6:0, Spanien – Mexiko 1:1, Tunesien – Frankreich 0:1, Frankreich – Mexiko 1:1, Spanien – Tunesien 0:1.
Gruppe B: Uruguay. Marokko – Honduras 0:1, Uruguay – Ungarn 2:1, Honduras – Uruguay 0:1, Ungarn – Marokko 2:0, Ungarn – Honduras 0:2, Uruguay – Marokko 3:0.
Gruppe C: Brasilien. Italien – Elfenbeinküste 1:1, Brasilien – Iran 5:1, Iran – Italien 0:0, Elfenbeinküste – Brasilien 1:1, Iran – Elfenbeinküste, 3:0, Brasilien – Italien 2:0.
Gruppe D: Sowjetunion. Sowjetunion – Irak 3:1, Paraguay – Österreich 1:0, Irak – Österreich 5:1, Paraguay – Sowjetunion 1:2, Paraguay – Irak 4:0, Österreich – Sowjetunion 0:0.

Halbfinale: Mexiko – Brasilien 1:1/Elfmeterschießen 5:3, Uruguay – Sowjetunion 0:0/Elfmeterschießen 3:4.
Um den dritten Platz: Brasilien – Uruguay 4:0.

Endspiel am 10. Juli 1977 in Tunis: Sowjetunion – Mexiko n. V. 2:2 (2.2, 0:0)/Elfmeterschießen 7:6
Sowjetunion: Nowikow – Kriachka, Baltacha, Kaplun, Iljim – Bal, Bessonow, Khidiatullin – Bychkow, Bodrow, Sopko – Tore: Iljim, Bessonow (Garduno, Manzo) – Zuschauer: 22 000 – SR.: Vautrot (Frankreich).

1979: Argentinien

Vom 25. August bis 7. September 1979 in Japan

Gruppe A: Spanien und Algerien. Japan – Spanien 0:1, Mexiko – Algerien 1:1, Spanien – Mexiko 2:1, Algerien – Japan 0:0, Japan – Mexiko 1:1, Spanien – Algerien 0:1.
Gruppe B: Argentinien und Polen. Polen – Jugoslawien 2:0, Argentinien – Indonesien 5:0, Jugoslawien – Argentinien 0:1, Indonesien – Polen 0:6, Polen – Argentinien 1:4, Jugoslawien – Indonesien 5:0.
Gruppe C: Paraguay und Portugal. Kanada – Portugal 2:1, Paraguay – Südkorea 3:0, Portugal – Paraguay 1:0, Südkorea – Kanada 1:0, Kanada – Paraguay 0:3, Portugal – Südkorea 0:0.
Gruppe D: Uruguay und Sowjetunion. Ungarn – Uruguay 0:2, Guinea – Sowjetunion 0:3, Sowjetunion – Ungarn 5:1, Uruguay – Guinea 5:0, Sowjetunion – Uruguay 0:1, Ungarn – Guinea 2:0.
Viertelfinale: Argentinien – Algerien 5:0, Uruguay – Portugal n. V. 1:0, Polen – Spanien n. V. 0:0/Elfmeterschießen 4:3, Sowjetunion – Paraguay n. V. 2:2/Elfmeterschießen 4:3.
Halbfinale: Argentinien – Uruguay 2:0, Sowjetunion – Polen 1:0.
Um den dritten Platz: Uruguay – Polen n. V. 1:1/Elfmeterschießen 5:3.

Endspiel am 7. September 1979 in Tokio: Argentinien – Sowjetunion 3:1 (0:0)
Argentinien: Garcia – Simon, Carabelli, Rossi, Alves – Barbas, Rinaldi (Mezza), Maradona – Escudero, Diaz, Calderon – Tore: Alves, Diaz, Maradona (Ponomarew) – Zuschauer: 52 000 – SR.: Wright (Brasilien).

1981: Deutschland

Vom 3. bis 18. Oktober 1981 in Australien

Gruppe A: Uruguay und Katar. Polen – Katar 0:1, USA – Uruguay 0:3, USA – Katar 1:1, Uruguay – Polen 1:0, Katar – Uruguay 0:1, USA – Polen 0:4.
Gruppe B: Brasilien und Rumänien. Italien – Südkorea 1:4, Rumänien – Brasilien 1:1, Italien – Brasilien 0:1, Südkorea – Rumänien 0:1, Südkorea – Brasilien 0:3, Italien – Rumänien 0:1.
Gruppe C: Deutschland und Ägypten. Deutschland – Mexiko 1:0, Spanien – Ägypten 2:2, Deutschland – Ägypten 1:2, Spanien – Mexiko 1:1, Deutschland – Spanien 4:2, Mexiko – Ägypten 3:3.
Gruppe D: England und Australien. England – Kamerun 2:0, Australien – Argentinien 2:1, Australien – Kamerun 3:3, England – Argentinien 1:1, Kamerun – Argentinien 0:1, England – Australien 1:1.
Viertelfinale: Deutschland – Australien 1:0, Uruguay – Rumänien 1:2, Brasilien – Katar 2:3, England – Ägypten 4:2.

Halbfinale: Deutschland – Rumänien n. V. 1:0, Katar – England 2:1.
Um den dritten Platz: Rumänien – England 1:0.
Endspiel am 18. Oktober 1981 in Sydney: Deutschland – Katar 4:0 (2:0)
Deutschland: Vollborn – Winklhofer, Zorc, Schmidkunz, Trieb – Sievers (Brunner). Schön, Loose – Anthes, Wohlfarth, Brummer (Herbst) – Im Verlauf des Turniers noch eingesetzt: Hermann, Nushöhr – Tore: Loose 2, Wohlfarth, Anthes – Zuschauer: 18 500 – SR: Coelho (Brasilien).

1983: Brasilien

Vom 5. bis 19. Juni 1983 in Mexiko

Gruppe A: Schottland und Südkorea. Mexiko – Australien 1:1, Schottland – Südkorea 2:0, Mexiko – Südkorea 1:2, Australien – Schottland 2:1, Mexiko – Schottland 0:1, Australien – Südkorea 1:2.
Gruppe B: Uruguay und Polen. Uruguay – USA 3:2, Polen – Elfenbeinküste 7:2, USA – Elfenbeinküste 1:0, Uruguay – Polen 3:1, USA – Polen 0:2, Uruguay – Elfenbeinküste 0:0.
Gruppe C: Argentinien und Tschechoslowakei. Tschechoslowakei – Österreich 4:0, Argentinien – China 5:0, Argentinien – Österreich 3:0, Tschechoslowakei – China 3:2, Argentinien – Tschechoslowakei 2.0, China – Österreich 3:0.
Gruppe D: Brasilien und Niederlande. Brasilien – Niederlande 1:1, Nigeria – Sowjetunion 1:0, Brasilien – Nigeria 3:0, Niederlande – Sowjetunion 3:2, Brasilien – Sowjetunion 2:1, Niederlande – Nigeria 0:0.

Viertelfinale: Schottland – Polen 0:1, Uruguay – Südkorea n. V. 1:2, Argentinien – Niederlande 2:1, Brasilien – Tschechoslowakei4:1.
Halbfinale: Brasilien – Südkorea 2:1, Argentinien – Polen 1:0.
Um den dritten Platz: Polen – Südkorea n. V. 2:1.

Endspiel am 19. Juni 1983 in Mexiko City: Brasilien – Argentinien 1:0 (1:0)
Brasilien: Hugo – Heitor, Guto, Boni, Jorginho – Dunga, Gillmar (Demetrio), Geovani – Maurizinho, Marinho (Bebeto), Paulinho – Tor: Geovani – Zuschauer: 100 000 – SR.: Biguet (Frankreich).

1985: Brasilien

Vom 24. August bis 7. September 1985 in der Sowjetunion

Gruppe A: Bulgarien und Kolumbien (durch Los). Ungarn – Kolumbien 2:2, Tunesien – Bulgarien 0:2, Ungarn Tunesien 2:1, Kolumbien – Bulgarien 1:1, Ungarn – Bulgarien 1:1, Kolumbien – Tunesien 2:1.
Gruppe B: Brasilien und Spanien. Irland – Brasilien 1:2, Saudi-Arabien – Spanien 0:0, Irland – Saudi-Arabien 0:1, Brasilien – Spanien 2:0, Irland – Spanien 2:4, Brasilien – Saudi-Arabien 1:0.
Gruppe C: Sowjetunion und Nigeria. Sowjetunion – Australien 0:0, Nigeria – Kanada 2:0, Sowjetunion – Nigeria 2:1, Australien – Kanada 0:0, Sowjetunion – Kanada 5:0, Australien – Nigeria 2:3.
Gruppe D: Mexiko und China. England – Paraguay 2:2, China – Mexiko 1:3, England – China 0:2, Paraguay – Mexiko 0:2, England – Mexiko 0:1, Paraguay – China 1:2.

Viertelfinale: Bulgarien – Spanien 1:2, Brasilien – Kolumbien 6:0, Sowjetunion – China 1:0, Mexiko – Nigeria 1:2.
Halbfinale: Sowjetunion – Spanien n. V. 2:2/Elfmeterschießen 3:4, Brasilien – Nigeria 2:0.
Um den dritten Platz: Nigeria – Sowjetunion n. V. 0:0/Elfmeterschießen 3:1.

Endspiel am 7. September 1985 in Moskau: Brasilien – Spanien n. V. 1:0 (0:0, 0:0)
Brasilien: Taffarel – Luciano, Luis Carlos, Joao, Henrique – Dida, Silas (Marcal), Tosin, Gerson (Antonio Carlos) – Müller, Balalo – Tor: Henrique – Zuschauer: 41 000 – SR: Syme (Schottland).

1987: Jugoslawien

Vom 10. bis 25. Oktober 1987 in Chile

Gruppe A: Jugoslawien und Chile. Chile – Jugoslawien 2:4, Togo – Australien 0:2, Chile – Togo 3:0, Jugoslawien – Australien 4:0, Chile – Australien 2:0, Jugoslawien – Togo 4:1.
Gruppe B: Italien und Brasilien. Brasilien – Nigeria 4:0, Italien – Kanada 2:2, Brasilien – Italien 0:1, Nigeria – Kanada 2:0, Brasilien – Kanada 1:0, Nigeria – Italien 0:2.
Gruppe C: DDR und Schottland. DDR – Schottland 1:2, Kolumbien – Bahrein 1:0, DDR – Kolumbien 3:1, Schottland – Bahrein 1:1, DDR – Bahrein 2:0, Schottland – Kolumbien 2:2.
Gruppe D: Deutschland und Bulgarien. USA – Bulgarien 0:1, Deutschland – Saudi-Arabien 3:0, USA – Saudi-Arabien 1:0, Deutschland – Bulgarien 3:0, Deutschland – USA 2:1, Bulgarien – Saudi-Arabien 2:0.

Viertelfinale: Jugoslawien – Brasilien 2:1, Italien – Chile 0:1, DDR – Bulgarien 2:0, Deutschland – Schottland n. V. 1:1/Elfmeterschießen 4:3.
Halbfinale: Jugoslawien – DDR 2:1, Chile – Deutschland 0:4.
Um den dritten Platz: DDR – Chile n. V. 1:1/Elfmeterschießen 3:1.
Endspiel am 25. Oktober 1987 in Santiago: Jugoslawien – Deutschland n. V. 1:1 (1:1, 0:0)/Elfm. 5:4
Jugoslawien: Levkovic – Jankovic – Brnovic, Jarni – Boban, Pavlicic, Pavlovic (Zirojevic), Petric, Skoric – Mijucic, Suker.
Deutschland: Brunn – Luginger – Strehmel, Metz – Dammeier (H. J. Heidenreich), Spyrka, Möller, Schneider, K. Reinhardt – Eichenauer (Epp), Witeczek (im weiteren Turnierverlauf eingesetzt: Clauss, Würzburger, Praetz, Klinkert, Claasen).
Tore: Boban (Witeczek) – Elfmeterschießen: Pavlicic, Suker, Brnovic, Zirojevic, Boban (Witeczek verschossen, Metz, Luginger, Spyrka, K. Reinhardt) – Zuschauer: 65 000 – SR: Loustau (Argentinien).

1989: Portugal

Vom 17. Februar bis 3. März 1989 in Saudi-Arabien

Gruppe A: Portugal und Nigeria. Nigeria – Saudi-Arabien 2:1, Portugal – Tschechoslowakei 1:0, Tschechoslowakei – Saudi-Arabien 1:0, Portugal – Nigeria 1:0, Saudi-Arabien – Portugal 3:0, Nigeria – Tschechoslowakei 1:1.
Gruppe B: Sowjetunion und Kolumbien. Costa Rica – Kolumbien 1:0, Sowjetunion – Syrien 3:1, Sowjetunion – Costa Rica 1:0, Kolumbien – Syrien 2:0, Costa Rica – Syrien 1:3, Kolumbien – Sowjetunion 1:3.
Gruppe C: Brasilien und USA. Brasilien – DDR 2:0, USA – Mali 1:1, Brasilien – Mali 5:0, DDR – USA 0:2, Brasilien – USA 3:1, DDR – Mali 3:0.
Gruppe D: Irak und Argentinien. Irak – Norwegen 1:0, Spanien – Argentinien 2:1, Argentinien – Norwegen 2:0, Spanien – Irak 0:2, Norwegen – Spanien 4:2, Irak – Argentinien 1:0.

Viertelfinale: Portugal – Kolumbien 1:0, Nigeria – Sowjetunion n. V. 4:4/Elfmeterschießen 5:4, USA – Irak 2:1, Brasilien – Argentinien 1:0.
Halbfinale: Brasilien – Portugal 0:1, Nigeria – USA 2:1.
Um den dritten Platz: Brasilien – USA 2:0.
Endspiel am 3. März 1989 in Riad: Portugal – Nigeria 2:0 (1:0)
Portugal: Bizarro – Valido – Silva-Abel, Paulo Madeira, Morgado – Helio, Tozé, Filipe, Jorge Couto – Amarai (Paulo Alves), Joao Pinto (Folha) – Tore: Silva, Couto – Zuschauer: 70 000 – SR: Schmidhuber (Deutschland).

1991: Portugal

Vom 14. bis 30, August 1991 in Portugal

Gruppe A: Portugal und Korea: Portugal – Irland 2:0, Korea – Argentinien 1:0, Irland – Korea 1:1, Portugal – Argentinien 3:0, Irland – Argentinien 2:2, Portugal – Korea 1:0. (Korea trat mit einer gemeinsamen Mannschaft aus Nord- und Südkorea an.)
Gruppe B: Brasilien und Mexiko. Mexiko – Schweden 3:0, Brasilien – Elfenbeinküste 2:1, Brasilien – Mexiko 2:2, Schweden – Elfenbeinküste 4:1, Elfenbeinküste – Mexiko 1:1, Brasilien – Schweden 2:0.
Gruppe C: Australien und Sowjetunion. Australien – Trinidad & Tobago 2:0, Sowjetunion – Ägypten 1:0, Ägypten – Trinidad & Tobago 6:0, Australien – Sowjetunion 1:0, Australien – Ägypten 1:0, Sowjetunion – Trinidad & Tobago 4:0.
Gruppe D: Spanien und Syrien. Spanien – England 1:0, Syrien – Uruguay 1:0, Spanien – Uruguay 6:0, England – Syrien 3:3, Spanien – Syrien 0:0, England – Uruguay 0:0.

Viertelfinale: Portugal – Mexiko n. V. 2:1, Brasilien – Korea 5:1, Australien – Syrien n. V. 1:1/Elfmeterschießen 5:4, Spanien – Sowjetunion 1:3.
Halbfinale: Brasilien – Sowjetunion 3:0, Portugal – Australien 1:0.
Um den 3. Platz: Sowjetunion – Australien n. V. 1:1/Elfmeterschießen 5:4

Endspiel am 30. August 1991 in Lissabon: Portugal – Brasilien n. V. 0:0/Elfmeterschießen 4:2
Portugal: Brassard – Nelson (Tulipa, Capucho), Jorge Costa, Rui Bento, Paulo Torres – Peixe, Rui Costa, Figo, Joao Pinto I – Gil, Toni – Zuschauer: 120 000 – SR: Lamolina (Argentinien).

1993: Brasilien

Vom 5. bis 20. März 1993 in Australien

Gruppe A: Russland und Australien. Australien – Kolumbien 2:1, Russland – Kamerun 2:0, Kolumbien – Kamerun 3:2, Australien – Russland 3:1, Kolumbien – Russland 1:3, Australien – Kamerun 0:2.
Gruppe B: Uruguay und Ghana. Portugal – Deutschland 0:1, Uruguay – Ghana 1:1, Deutschland – Ghana 2:2, Portugal – Uruguay 1:2, Deutschland – Uruguay 1:2, Portugal – Ghana 0:2.
Gruppe C: England und USA. Südkorea – England 1:1, Türkei – USA 0:6, England – USA 1:0, Südkorea – Türkei 1:1 England – Türkei 1:0, Südkorea – USA 2:2.
Gruppe D: Brasilien und Mexiko. Mexiko – Norwegen 3:0, Brasilien – Saudi-Arabien 0:0, Norwegen – Saudi-Arabien 0:0, Mexiko – Brasilien 1:2, Norwegen – Brasilien 0:2, Mexiko – Saudi-Arabien 2:1.
Viertelfinale: Australien – Uruguay n. V. 2:1, Ghana – Russland 3:0, England – Mexiko n. V. 0:0/Elfmeterschießen 4:3, Brasilien – USA 3:0.
Halbfinale: Australien – Brasilien 0:2, England – Ghana 1:2
Um den dritten Platz: England – Australien 2:1.

Endspiel am 20. März 1993 in Sydney: Brasilien – Ghana 2:1 (0:1)
Brasilien: Dida – Bruno, Gelson, Juarez, Marcelinho – Cate, Pereira (Caico), Gian, Adriano (Argel) – Yan, Hermes – Tore: Yan, Gian (Duah) – Zuschauer: 40 000 – SR.: Cakar (Türkei).

1995: Argentinien

Vom 13. bis 28. April 1995 in Katar

Gruppe A: Brasilien und Russland: Katar – Rußland 1:1, Syrien – Brasilien 0:6, Katar – Syrien 0:1, Rußland – Brasilien 0:0, Katar – Brasilien 0:2, Rußland – Syrien 2:0.
Gruppe B: Spanien und Japan. Burundi – Spanien 1:5, Chile – Japan 2:2, Burundi – Chile 1:1, Spanien – Japan 2:1, Japan – Burundi 2:0, Spanien – Chile 6:3.
Gruppe C: Portugal und Argentinien. Niederlande – Argentinien 0:1, Honduras – Portugal 2:3, Niederlande – Honduras 7:1, Argentinien – Portugal 0:1, Portugal – Niederlande 3:0, Argentinien – Honduras 4:2.
Gruppe D: Kamerun und Australien. Australien – Costa Rica 2:0, Kamerun – Deutschland 1:1, Australien – Kamerun 2:3, Costa Rica – Deutschland 2:1, Deutschland – Australien 1:1, Costa Rica – Kamerun 1:3.

Viertelfinale: Brasilien – Japan 2:1, Spanien – Russland 4:1, Portugal – Australien n. V. 2:1, Kamerun – Argentinien 0:2.
Halbfinale: Brasilien – Portugal 1:0, Argentinien – Spanien 3:0.
Um den dritten Platz: Portugal – Spanien 3:2.
Endspiel am 28. April 1995 in Doha: Argentinien – Brasilien 2:0 (1:0)
Argentinien: Irigoytia (Pezutti) – Pena, Dominquez, Lombardi, Juan, Sorin, Larossa, Ibagaza, Biagini (Guerrero), Coyette, Chaparro (Arangio) – Tore: Biagini, Guerrero – Zuschauer: 49 000 – SR.: Gallagher (England).

1997: Argentinien

Vom 16. Juni bis 5. Juli 1997 in Malaysia

Gruppe A: Uruguay, Marokko und Belgien. Malaysia – Marokko 1 3, Uruguay – Belgien 3:0, Malaysia – Uruguay 1:3, Marokko – Belgien 1:1, Malaysia – Belgien 0:3, Marokko – Uruguay 0:0.
Gruppe B: Brasilien und Frankreich. Südkorea – Südafrika 0:0, Brasilien – Frankreich 3:0, Frankreich – Südkorea 4:2, Brasilien – Südafrika 2:0, Brasilien – Südkorea 10:3, Frankreich – Südafrika 4:2.
Gruppe C: Ghana, Irland und USA. Ghana – Irland 2:1, USA – China 1:0, Ghana – China 1:1, Irland – USA 2:1, Ghana – USA 1:0, Irland – China 1:1.
Gruppe D: Spanien und Japan. Spanien – Japan 2:1, Costa Rica – Paraguay 1:1, Japan – Costa Rica 6:2, Spanien – Paraguay 2:1, Spanien – Costa Rica 4:0, Paraguay – Japan 3:3.
Gruppe E: Australien, Argentinien und Kanada. Argentinien – Ungarn 3:0, Australien – Kanada 0:0, Australien – Ungarn 1:0, Argentinien – Kanada 2:1, Argentinien – Australien 3:4, Ungarn – Kanada 1:2.
Gruppe F: England, Mexiko und Vereinigte Arabische Emirate. Mexiko – Vereinigte Arabische Emirate 5:0, England – Elfenbeinküste 2:1, Mexiko – Elfenbeinküste 1:1, England – Vereinigte Arabische Emirate 5:0, England – Mexiko 1:0, Vereinigte Arabische Emirate – Elfenbeinküste 2:0.

Achtelfinale: Uruguay – USA 3:0, Irland – Marokko n. V. 2:1, Brasilien – Belgien 10:0, Mexiko – Frankreich 0:1, Ghana – Vereinigte Arabische Emirate 3:0, Spanien – Kanada 2:0, Japan – Australien 1:0, Argentinien – England 2:1.
Viertelfinale: Uruguay – Frankreich n. V. 1:1/Elfmeterschießen 7:6, Spanien – Irland 0:1, Argentinien – Brasilien 2:0, Ghana – Japan n. V. 2:1.

Halbfinale: Uruguay – Ghana n. V. 3:2, Irland – Argentinien 0:1.
Um den dritten Platz: Irland – Ghana 2:1.

Endspiel am 5. Juli 1997 in Sah Alam: Argentinien – Uruguay 2:1 (2:1)
Argentinien: Franco – Cufre, Samuel, Serrizuela, Cambiasso – Romeo, Scaloni (Rodriguez), Quintana (Almar), Riquelme (Perezlindo) – Cubero, Placente – Tore: Cambiasso, Quintana (Garcia Perez) – Zuschauer: 62 000 – SR: Manei (Kuwait).

1999: Spanien

Vom 4. bis 24. April 1999 in Nigeria

Gruppe A: Paraguay, Nigeria und Costa Rica. Nigeria – Costa Rica 1:1, Deutschland – Paraguay 4:0, Nigeria – Deutschland 2:0, Costa Rica – Paraguay 1:3, Nigeria – Paraguay 1:2, Costa Rica – Deutschland 2:1.
Gruppe B: Ghana, Kroatien und Argentinien. Ghana – Kroatien 1:1, Argentinien – Kasachstan 1:0, Ghana – Argentinien 1:0, Kroatien – Kasachstan 5:1, Ghana – Kasachstan 3:0, Kroatien – Argentinien 0:0.
Gruppe C: Mexiko und Irland. Australien – Saudi-Arabien 3:1, Mexiko – Irland 1:0, Australien – Mexiko 1:3, Saudi-Arabien – Irland 0:2, Australien – Irland 0:4, Saudi-Arabien – Mexiko 1:1.
Gruppe D: Mali, Portugal und Uruguay. Uruguay – Mali 1:2, Südkorea – Portugal 1:3, Uruguay – Südkorea 1:0, Mali – Portugal 2:1, Mali – Südkorea 2:4, Uruguay – Portugal 0:0.
Gruppe E: Japan, USA und Kamerun. Kamerun – Japan 2:1, England – USA 0:1, Kamerun – England 1:0, Japan – USA 3:1, Kamerun – USA 1:3, Japan – England 2:0.
Gruppe F: Spanien und Brasilien. Sambia – Honduras 4:3, Spanien – Brasilien 2:0, Sambia – Spanien 0:0, Honduras – Brasilien 0:3, Sambia – Brasilien 1:5, Honduras – Spanien 1:3.
Achtelfinale: Irland – Nigeria n. V. 1:1/Elfmeterschießen 3:5, Ghana – Costa Rica 2:0, Paraguay – Uruguay n. V. 2:2/Elfmeterschießen 9:10, Brasilien – Kroatien 4:0, Japan – Portugal n. V. 1:1/Elfmeterschießen 5:4, Spanien – USA 3:2, Mexiko – Argentinien 4:1, Mali – Kamerun n. V. 5:4
Viertelfinale: Uruguay – Brasilien 2:1, Mali – Nigeria 3:1, Japan – Mexiko 2:0, Spanien – Ghana n. V. 1:1/Elfmeterschießen 8:7.
Halbfinale: Mali – Spanien 1:3, Uruguay – Japan 1:2.
Um den dritten Platz: Mali – Uruguay 1:0.

Endspiel am 24. April 1999 in Lagos: Spanien – Japan 4:0 (1:0)
Spanien: Aranzubia – Coira, Bermudo, Jusue, Orbaiz, Marchena, Gabri (Colsa), Xavi, Pablo, Varela (Ruben), Barkero (Aganzo) – Tore: Pablo 2, Barkero, Gabri – Zuschauer: 38 000 – SR: Sanchez (Argentinien).

2001: Argentinien

Vom 17. Juni bis 8. Juli 2001 in Argentinien

Gruppe A: Argentinien und Ägypten. Argentinien – Finnland 2:0, Ägypten – Jamaika 0:0, Jamaika – Finnland 0:1, Ägypten – Argentinien 1:7, Argentinien – Jamaika 5:1, Finnland – Ägypten 1:2.
Gruppe B: Brasilien und Deutschland. Brasilien – Deutschland 2:0, Irak – Kanada 3:0, Kanada – Deutschland 0:4, Irak – Brasilien 1:6, Brasilien – kanada 2:0, Deutschland – Irak 3:1.
Gruppe C: Ukraine, USA und China. USA – China 0:1, Chile – Ukraine 2:4, Ukraine – China 0:0, Chile – USA 1:4, USA – Ukraine 1:1, China – Chile 0:1.
Gruppe D: Angola, Tschechien und Australien. Angola – Tschechien 0:0, Japan – Australien 0:2, Australien – Tschechien 0:3, Japan – Angola 1:2, Angola – Australien 1:1, Tschechien – Japan 0:3.
Gruppe E: Costa Rica, Ecuador und Niederlande. Ecuador – Äthiopien 2:1, Niederlande – Costa Rica 1:3, Costa Rica – Äthiopien 3:1, Niederlande – Ecuador 1:1, Ecuador – Costa Rica 0:1, Äthiopien – Niederlande 2:3.
Gruppe F: Ghana, Frankreich und Paraguay. Ghana – Paraguay 2:1, Iran – Frankreich 0:5, Frankreich – Paraguay 2:2, Iran – Ghana 0:1, Ghana – Frankreich 0:0, Paraguay – Iran 2:0.
Achtelfinale: USA – Ägypten 0:2, Argentinien – China 2:1, Frankreich – Deutschland 3:2, Brasilien – Australien 4:0, Ukraine – Paraguay 1:2, Angola – Niederlande 0:2, Costa Rica – Tschechien 1:2, Ghana – Ecuador 1:0.
Viertelfinale: Argentinien – Frankreich 3:1, Ghana – Brasilien n. V. 2:1,Tschechien – Paraguay 0:1, Niederlande – Ägypten 1:2.
Halbfinale: Ägypten – Ghana 0:2, Argentinien – Paraguay 5:0.
Um den dritten Platz: Ägypten – Paraguay 1:0.

Endspiel am 8. Juli 2001 in Buenos Aires: Argentinien – Ghana 3:0 (2:0)
Argentinien: Caballero – Burdisso, Arca, Cetto, Medina (Seltzer), Saviola, Romagnoli (Rosales), Rodriguez, Colotto,Ponzio, D'Alessandro (Herrera) – Tore: Colotto, Saviola, Rodriguez – Zuschauer: 32 000 – SR: Mejuto Gonzalez (Spanien)

2003: Brasilien

Vom 27. November bis 19. Dezember 2003 in den Vereinigten Arabischen Emiraten

Gruppe A: Burkina Faso, Slowakei und Vereinigte Arabische Emirate. Vereinigte Arabische Emirate – Slowakei 1:4, Panama – Burkina Faso 0:1, Burkina Faso – Slowakei 1:0, Panama – Vereinigte Arabische Emirate 1:2, Vereinigte Arabische Emirate – Burkina Faso 0:0, Slowakei – Panama 1:0.
Gruppe B: Argentinien und Spanien. Argentinien – Spanien 2:1, Usbekistan – Mali 2:3, Mali – Spanien 0:2, Usbekistan – Argentinien 1:2, Argentinien – Mali 3:1, Spanien – Usbekistan 1:0.
Gruppe C: Australien, Brasilien und Kanada. Brasilien – Kanada 2:0, Tschechien – Australien 1:1, Australien – Kanada 2:1, Tschechien – Brasilien 1:1, Brasilien – Australien 2:3, Kanada – Tschechien 1:0.
Gruppe D: Japan, Kolumbien und Ägypten. Kolumbien – Ägypten 0:0, Japan – England 1:0, England – Ägypten 0:1, Japan – Kolumbien 1:4, Kolumbien – England 0:0, Ägypten – Japan 0:1.
Gruppe E: Irland und Elfenbeinküste. Saudi-Arabien – Irland 1:2, Mexiko – Elfenbeinküste 1:2, Elfenbeinküste – Irland 2:2, Mexiko – Saudi-Arabien 1:1, Saudi-Arabien – Elfenbeinküste 0:0, Irland – Mexiko 2:0.
Gruppe F: USA, Paraguay und Südkorea. Paraguay – USA 1:3, Südkorea – Deutschland 2:0, Deutschland – USA 3:1, Südkorea – Paraguay 0:1, Paraguay – Deutschland 2:0, USA – Südkorea 2:0.

Achtelfinale: Japan – Südkorea i. V. 2:1, Burkina Faso – Kanada 0:1, Argentinien – Ägypten i. V. 2:1, USA – Elfenbeinküste 2:0, Brasilien – Slowakei i. V. 2:1, Australien – Vereinigte Arabische Emirate 0:1, Paraguay – Spanien 0:1, Irland – Kolumbien i. V. 2:3.
Viertelfinale: Kanada – Spanien i. V. 1:2, USA – Argentinien i. V. 1:2, Kolumbien – Vereinigte Arabische Emirate 1:0, Japan – Brasilien 1:5.
Halbfinale: Brasilien – Argentinien 1:0, Spanien – Kolumbien 1:0.
Um den dritten Platz: Kolumbien – Argentinien 2:1.

Endspiel am 19. Dezember 2003 in Abu Dhabi: Brasilien – Spanien 1:0 (0:0)
Brasilien: Jefferson – Daniel, Alcides, Adailton, Adriano; Jardel, Dudu Cearense, Juninho (Fernandinho); Daniel Carvalho (Andrezinho), Nilmar (Dagoberto), Kleber.
Tor: Fernandinho – Zuschauer: 60 000 – SR: Rosetti (Italien).

2005: Argentinien

Vom 10. Juni bis 2. Juli 2005 in den Niederlanden

Gruppe A: Niederlande und Japan. Benin – Australien 1:1; Niederlande – Japan 2:1; Japan – Benin 1:1; Australien – Niederlande 0:3; Japan – Australien 1:1; Niederlande – Benin 1:0.
Gruppe B: China, Ukraine und Türkei. Türkei – China 1:2; Ukraine – Panama 3:1; China – Ukraine 3:2; Panama – Türkei 0:1; Türkei – Ukraine 2:2; China – Panama 4:1.
Gruppe C: Spanien, Marokko und Chile. Spanien – Marokko 3:1; Honduras – Chile 0:7; Marokko – Honduras 5:0; Chile – Spanien 0:7; Spanien – Honduras 3:0; Marokko – Chile 1:0.
Gruppe D: USA, Argentinien und Deutschland. Argentinien – USA 0:1; Deutschland – Ägypten 2:0; Ägypten – Argentinien 0:2; USA – Deutschland 0:0; Argentinien – Deutschland 1:0; USA – Ägypten 1:0.
Gruppe E: Kolumbien, Syrien und Italien. Kolumbien – Italien 2:0; Syrien – Kanada 1:1; Kanada – Kolumbien 0:2; Italien – Syrien 1:2; Italien – Kanada 4:1; Kolumbien – Syrien 2:0.
Gruppe F: Brasilien und Nigeria. Brasilien – Nigeria 0:0; Südkorea – Schweiz 1:2; Schweiz – Brasilien 0:1; Nigeria – Südkorea 1:2; Brasilien – Südkorea 2:0; Nigeria – Schweiz 3:0.

Achtelfinale: USA – Italien 1:3; Marokko – Japan 1:0; Brasilien – Syrien 1:0; China – Deutschland 2:3; Nigeria – Ukraine 1:0; Niederlande – Chile 3:0; Kolumbien – Argentinien 1:2; Spanien – Türkei 3:0.
Viertelfinale: Marokko – Italien n. V 2:2, Elfmeterschießen 4:2; Deutschland – Brasilien n. V. 1:2; Nigeria – Niederlande n. V. 1:1, Elfmeterschießen 10:9; Argentinien – Spanien 3:1.
Halbfinale: Brasilien – Argentinien 1:2; Marokko – Nigeria 0:3.
Um den dritten Platz: Brasilien – Marokko 2:1.

Endspiel am 2. Juli 2005 in Utrecht: Argentinien – Nigeria 2:1 (1:0)
Argentinien: Ustari – Barroso, Garay, Paletta, Formica – Torres – Zabaleta, Gago (Biglia), Archubi (Armenteros) – Oberman (Aguero), Messi.
Tore: Messi 2 (Ogbuke) – Zuschauer: 24 500 – SR: Hauge (Norwegen).

2007: Argentinien

Vom 30. Juni bis 22. Juli 2007 in Kanada

Gruppe A: Chile, Österreich und Kongo. Kanada – Chile 0:3; Kongo – Österreich 1:1; Österreich – Kanada 1:0; Chile – Kongo 3:0; Kanada – Kongo 0:2; Chile – Österreich 0:0.
Gruppe B: Spanien, Sambia und Uruguay. Jordanien – Sambia 1:1; Spanien – Uruguay 2:2; Uruguay – Jordanien 1:0; Sambia – Spanien 1:2; Spanien – Jordanien 4:2; Uruguay – Sambia 0:2.
Gruppe C: Mexiko, Gambia und Portugal. Portugal – Neuseeland 2:0 ; Gambia – Mexiko 0:3; Neuseeland – Gambia 0:1; Mexiko – Portugal 2:1; Portugal – Gambia 1:2; Neuseeland – Mexiko 1:2.
Gruppe D: USA, Polen und Brasilien. Polen – Brasilien 1:0; Südkorea – USA 1:1; USA – Polen 6:1; Brasilien – Südkorea 3:2; Polen – Südkorea 1:1; Brasilien – USA 1:2.
Gruppe E: Argentinien und Tschechien. Nordkorea – Panama 0:0; Argentinien – Tschechien 0:0; Tschechien – Nordkorea 2:2; Panama – Argentinien 0:6; Argentinien – Nordkorea 1:0; Tschechien – Panama 2:1.
Gruppe F: Japan und Nigeria. Japan – Schottland 3:1; Nigeria – Costa Rica 1:0; Costa Rica – Japan 0:1; Schottland – Nigeria 0:2; Japan – Nigeria 0:0; Schottland – Costa Rica 1:2.

Achtelfinale: Österreich – Gambia 2:1; USA – Uruguay n. V. 2:1; Japan – Tschechien n. V. 2:2, Elfmeterschießen 3:4; Spanien – Brasilien n. V. 4:2; Argentinien – Polen 3:1; Sambia – Nigeria 1:2; Chile – Portugal 1:0; Mexiko – Kongo 3:0.
Viertelfinale: Österreich – USA n. V. 2:1; Spanien – Tschechien n. V. 1:1, Elfmeterschießen 3:4; Chile – Nigeria n. V. 4:0; Argentinien – Mexiko 1:0.
Halbfinale: Österreich – Tschechien 0:2; Chile – Argentinien 0:3.
Um den dritten Platz: Chile – Österreich 1:0.

Endspiel am 22. Juli 2007 in Toronto: Argentinien – Tschechien 2:1 (0:0)
Argentinien: Romero – Sigali, Fazio, Mercado, Insua – Sanchez, Banega, Piatti (Acosta), Moralez (Cabral) – Aguero, Zarate.
Tore: Aguero, Zarate (Fenin) – Zuschauer: 19 526 – SR: Undiano Mallenco (Spanien).

2009: Ghana

Vom 24. September bis 16. Oktober 2009 in Ägypten

Gruppe A: Ägypten, Paraguay, Italien. Ägypten – Trinidad & Tobago 4:1; Paraguay – Italien 0:0; Italien – Trinidad & Tobago 2:1; Ägypten – Paraguay 1:2; Trinidad & Tobago – Paraguay 0:0; Italien – Ägypten 2:4.
Gruppe B: Spanien, Venezuela, Nigeria. Nigeria – Venezuela 0:1; Spanien – Tahiti 8:0; Nigeria – Spanien 0:2; Tahiti – Venezuela 0:8; Venezuela – Spa-nien 0:3; Tahiti – Nigeria 0:5.
Gruppe C: Deutschland, Südkorea. USA – Deutschland 0:3; Kamerun – Südkorea 2:0; Südkorea – Deutschland 1:1; USA – Kamerun 4:1; Deutschland – Kamerun 3:0; Südkorea – USA 3:0.
Gruppe D: Ghana, Uruguay. Ghana – Usbekistan 2:1; England – Uruguay 0:1; Uruguay – Usbekistan 3:0; Ghana – England 4:0; Usbekistan – England 1:1.
Gruppe E: Brasilien, Tschechien, Costa Rica. Brasilien – Costa Rica 5:0; Tschechien – Australien 2:1; Australien – Costa Rica 0:3; Brasilien – Tschechien 0:0; Costa Rica – Tschechien 2:3; Australien – Brasilien 1:3.
Gruppe F: Ungarn, Vereinigte Arabische Emirate, Südafrika. Vereinigte Ara-bische Emirate – Südafrika 2:2; Honduras – Ungarn 3:0; Ungarn – Südafrika 4:0; Vereinigte Arabische Emirate – Honduras 1:0; Südafrika – Honduras 2:0; Ungarn – Vereinigte Arabische Emirate 2:0.

Achtelfinale: Spanien – Italien 1:3; Paraguay – Südkorea 0:3; Ghana – Süd-afrika n. V. 2:1; Ägypten – Costa Rica 0:2; Ungarn – Tschechien n. V. 2:2, Elfmeterschießen 4:3; Brasilien – Uruguay 3:1; Venezuela – Vereinigte Ara-bische Emirate 1:2; Deutschland – Nigeria 3:2.
Viertelfinale: Südkorea – Ghana 2:3; Italien – Ungarn n. V. 2:3; Brasilien – Deutschland n. V. 2:1; Vereinigte Arabische Emirate – Costa Rica n. V. 1:2.
Halbfinale: Ghana – Ungarn 3:2; Brasilien – Costa Rica 1:0.
Um den dritten Platz: Ungarn – Costa Rica n. V. 1:1, Elfmeterschießen 2:0.

Endspiel am 16. Oktober 2009 in Kairo: Ghana – Brasilien n. V. 0:0, Elfmeterschießen 4:3
Ghana: Agyei – Inkoom, Addy, Mensah, D. Addo – Agyemang-Badu, Quansah (Opo-ku Agyemang), Rabiu (Addae) – Adiyiah, R. Osei (Ghandi), Ayew.
Tore im Elfmeterschießen: Ayew, Inkoom, Adiyiah, Agyemang-Badu (Kardec, Giuliano, Douglas Costa) – Zuschauer: 67 814 – SR: De Bleeckere (Belgien).

Junioren-Weltmeisterschaft U 17

Die bisherigen Sieger (Bis 1989 „Weltturnier U16-Junioren"):
1985 Nigeria – 1987 Sowjetunion – 1989 Saudi-Arabien – 1991 Ghana – 1993 Nigeria – 1995 Ghana – 1997, 1999 Brasilien – 2001 Frankreich – 2003 Brasilien – 2005 Mexiko – 2007 Nigeria – 2009 Schweiz – 2011 Mexiko.

1985: Nigeria

Vom 31. Juli bis 11. August 1985 in China

Gruppe A: China und Guinea. China – Bolivien 1:1, Guinea – USA 1:0, China – Guinea 2:1, USA – Bolivien 2:1, China – USA 3:1, Guinea – Bolivien 3:0.
Gruppe B: Australien und Deutschland. Deutschland – Kongo 4:1, Australien – Argentinien 1:0, Deutschland – Argentinien 1:1, Australien – Kongo 2:1, Deutschland – Australien 0:1, Argentinien – Kongo 4:2.
Gruppe C: Saudi-Arabien und Nigeria. Saudi-Arabien – Costa Rica 4:1, Nigeria – Italien 1:0, Saudi-Arabien – Nigeria 0:0, Italien – Costa Rica 1:0, Saudi-Arabien – Italien 3:1, Nigeria – Costa Rica 3:0.
Gruppe D: Ungarn und Brasilien. Brasilien – Katar 2:1, Ungarn – Mexiko 0:0, Brasilien – Ungarn 0:0, Mexiko – Katar 3:1, Ungarn – Katar 3:0, Brasilien – Mexiko, 2:0.

Viertelfinale: China – Deutschland 2:4, Brasilien – Saudi-Arabien 2:1, Nigeria – Ungarn 3:1, Guinea – Australien n. V. 0:0/Elfmeterschießen 4:2.
Halbfinale: Deutschland – Brasilien 4:3, Nigeria – Guinea 5:3.
Um den dritten Platz: Brasilien – Guinea 4:1.

Endspiel am 11. August 1985 in Peking: Nigeria – Deutschland 2:0 (1:0)
Nigeria: Agbonsevafe – Duere, Ugbade, Atere, Numa – Aikhionbore, Babatunde, Adamu – Akpoborie (Nakade), Igbinoba, Momoh.
Deutschland: Ogrinc – Lewe, Schneider, Konerding, Gabriel – Gartmann, Jester, Dammeier – Schlichting (Mirwald), Witeczek, Radojewski (Simon).
Tore: Akpoborie, Igbinoba – Zuschauer: 65 000 – SR: Bambridge (Australien).

1987: Sowjetunion

Vom 12. bis 25. Juli 1987 in Kanada

Gruppe A: Italien und Katar. Italien – Kanada 3:0, Katar – Ägypten 1:0, Italien – Katar 1:1. Ägypten – Kanada 3:0, Italien – Ägypten 1:0, Katar – Kanada 2:1.
Gruppe B: Elfenbeinküste und Südkorea. Elfenbeinküste – Südkorea 1:1, USA – Ecuador 1:0, Elfenbeinküste – USA 1:0, Ecuador – Südkorea 1:0, Elfenbeinküste – Ecuador 1:0, Südkorea – USA 4:2.
Gruppe C: Australien und Frankreich. Frankreich – Brasilien 0:0, Australien – Saudi-Arabien 1:0, Frankreich – Australien 4:1, Saudi-Arabien – Brasilien 0:0, Australien – Brasilien 1:0, Saudi-Arabien – Frankreich 2:0.
Gruppe D: Sowjetunion und Nigeria. Sowjetunion – Nigeria 1:1, Mexiko – Bolivien 2:2, Sowjetunion – Mexiko 7:0, Nigeria – Bolivien 3:2, Sowjetunion – Bolivien 4:2, Mexiko – Nigeria 1:0

Viertelfinale: Sowjetunion – Frankreich 3:2, Elfenbeinküste – Katar 3:0, Nigeria – Australien 1:0, Italien – Südkorea 2:0.
Halbfinale: Sowjetunion – Elfenbeinküste 5:1, Nigeria – Italien 1:0.
Um den dritten Platz: Elfenbeinküste – Italien 2:1.

Endspiel am 25. Juli 1987 in Toronto: Sowjetunion – Nigeria n. V. 1:1 (1:1, 1:1)/Elfm. 3:1
Sowjetunion: Okroschidse – Assadow, Mokrizki, Bejenar, Moros – Wisokos (Kadirow), Matwejew, Muschinka, Kasimow – Nikiforow, Arutunjan (Russin).
Tore: Nikiforow (Osundo) – Zuschauer: 15 000 – SR: Ramiz Wright (Brasilien).

1989: Saudi-Arabien

Vom 10. bis 24. Juni 1989 in Schottland

Gruppe A: Bahrain und Schottland. Schottland – Ghana 0:0, Kuba – Bahrain 0:3, Schottland – Kuba 3:0, Ghana – Bahrain 0:1, Schottland – Bahrain 1:1, Ghana – Kuba 2:2.
Gruppe B: DDR und Brasilien. DDR – Australien 1:0, USA – Brasilien 1:0, DDR – USA 5:2, Australien – Brasilien 1:3, Brasilien – DDR 2:1, Australien – USA 2:2.

Gruppe C: Nigeria und Argentinien. Argentinien – China 0:0, Nigeria – Kanada 4:0, Argentinien – Nigeria 0:0, China – Kanada 1:0, Argentinien – Kanada 4:1, Nigeria – China 3:0.
Gruppe D: Portugal und Saudi-Arabien. Guinea – Kolumbien 1:1, Saudi-Arabien – Portugal 2:2, Guinea – Saudi-Arabien 2:2, Kolumbien – Portugal 2:3, Guinea – Portugal 1:1, Saudi-Arabien – Kolumbien 1:0.

Viertelfinale: Bahrain – Brasilien n.V. 0:0/Elfmeterschießen 4:1), DDR – Schottland 0:1, Nigeria – Saudi-Arabien n. V. 0:0/Elfmeterschießen 0:2, Portugal – Argentinien 2:1.
Halbfinale: Bahrain – Saudi-Arabien 0:1, Schottland – Portugal 1:0.
Um den dritten Platz: Portugal – Bahrain 3:0.

Endspiel am 24. Juni 1989 in Glasgow: Saudi-Arabien – Schottland n. V. 2:2 (2:2, 0:2)/Elfm. 5:4
Saudi-Arabien: Al-Deayea – Al-Reshoudi, Abdulshkor, Al-Rushd, Al-Hambi, Al-Roaihi (Al-Mosa), Al-Hammali, Al-Shamrani, Al-Tereir, Al-Alwi, Al-Theneyan.
Tore: Al-Reshoudi, Al-Tereir (Downie, Dickov) – Zuschauer: 51 674 – SR: Escobar (Guatemala).

1991: Ghana

Vom 16. bis 31. August 1991 in Italien

Gruppe A: USA und Argentinien. Italien – USA 0:1, China – Argentinien 1:2, Italien – China 2:2, USA – Argentinien 1:0, USA – China 3:1, Italien – Argentinien 0:0.
Gruppe B: Australien und Katar. Kongo – Katar 0:0, Australien – Mexiko 4:3, Kongo – Australien 0:2, Katar – Mexiko 0:1, Kongo – Mexiko 2:1, Katar – Australien 1:0.
Gruppe C: Brasilien und Deutschland. Sudan – Vereinigte Arabische Emirate 4:1, Deutschland – Brasilien 0:2, Deutschland – Sudan 3:1, Vereinigte Arabische Emirate – Brasilien 0:4, Sudan – Brasilien 0:1, Deutschland – Vereinigte Arabische Emirate 2:2.
Gruppe D: Spanien und Ghana. Ghana – Kuba 2:1, Uruguay – Spanien 0:1, Ghana – Uruguay 2:0, Kuba – Spanien 2:7, Ghana – Spanien 1:1, Kuba – Uruguay 0:1.

Viertelfinale: Spanien – Deutschland 3:1, Katar – USA n. V. 1:1/Elfmeterschießen 4:3, Argentinien – Australien 2:1, Brasilien – Ghana 1:2.
Halbfinale: Katar – Ghana n. V. 0:0/Elfmeterschießen 2:4, Argentinien – Spanien 0:1.
Um den dritten Platz: Argentinien – Katar n. V. 1:1/Elfmeterschießen 4:1.

Endspiel am 31. August 1991 in Florenz: Ghana – Spanien 1:0 (0.0)
Ghana: Owu – Nimo – Barnes, Asara, Kuffour – Addo, Gargo, Opoku, Duah – Lamptey, Preko (Brown).
Tor: Duah – Zuschauer: 8000 – SR: Sundell (Schweden).

1993: Nigeria

Vom 21. August bis 4. September 1993 in Japan

Gruppe A: Ghana und Japan. Japan – Ghana 0:1, Italien – Mexiko 1:2, Ghana – Mexiko 4:1, Japan – Italien 0:0, Ghana – Italien 4:0, Japan – Mexiko 2:1.
Gruppe B: Nigeria und Australien. Australien – Kanada 5:0, Argentinien – Nigeria 0:4, Australien – Argentinien 2:2, Kanada – Nigeria 0:8, Australien – Nigeria 0:2, Argentinien – Kanada 5:0.
Gruppe C: RCS und USA. Kolumbien – Katar 0:2, USA – RCS (Tschechien und Slowakei) 2:2, Katar – RCS 0:2, Kolumbien – USA 2:1, Kolumbien – RCS 1:3, Katar – USA 1:5.
Gruppe D: Polen und Chile. Chile – China 2:2, Tunesien – Polen 1:3, Chile – Tunesien 2:0, China – Polen 0:2, Chile – Polen 3:3, China – Tunesien 0:1.

Viertelfinale: Ghana – Australien 1:0, Nigeria – Japan 2:1, RCS – Chile 1:4, Polen – USA 3:0.
Halbfinale: Ghana – Chile 3:0, Nigeria – Polen 2:1.
Um den dritten Platz: Chile – Polen 1:1/Elfmeterschießen 4:2.

Endspiel am 4. September 1993 in Tokio: Nigeria – Ghana 2:1 (1:0)
Nigeria: Okhenoboh – Oparaku, Babayaro, Okonedo, Anyanwu – Ojlgwe, Oruma – Kanu, Odini (Ogbebor), Chojl (Okougha), Anosike.
Tore: Oruma, Anosike (Fameyeh) – Zuschauer: 25 000 – SR: Castrilli (Argentinien).

1995: Ghana

Vom 3. August bis 20. August 1995 in Ecuador

Gruppe A: Ghana und Ecuador. Ghana – Japan 1:0, Ecuador – USA 2:0, USA – Japan 1:2, Ecuador – Ghana 1:2, USA – Ghana 0:2, Ecuador – Japan 0:0.

Gruppe B: Argentinien und Portugal. Argentinien – Portugal 3:0, Costa Rica – Guinea 2:0, Guinea – Portugal 3:2, Argentinien – Costa Rica 2:0, Portugal – Costa Rica 3:0, Argentinien – Guinea 2:0.
Gruppe C: Nigeria und Australien. Nigeria – Australien 2:0, Spanien – Katar 1:0, Nigeria – Katar 1:1, Australien – Spanien 2:2, Nigeria – Spanien 2:1, Katar – Australien 0:3.
Gruppe D: Brasilien und Oman. Brasilien – Deutschland 3:0, Oman – Kanada 2:1, Deutschland – Kanada 3:0, Brasilien – Oman 0:0, Brasilien – Kanada 2:0, Deutschland – Oman 0:3.

Viertelfinale: Ghana – Portugal 2:0, Oman – Nigeria 2:1, Argentinien – Ecuador 3:1, Brasilien – Australien 3:1.
Halbfinale: Ghana – Oman 3:1, Argentinien – Brasilien 0:3.
Um den dritten Platz: Argentinien – Oman 2:0.

Endspiel am 20. August 1995 in Guayaquil: Ghana – Brasilien 3:2 (2:0)
Ghana: Abu – Allotey, Amanianpong, Camara, Ansah, Idrisu, Bentil, Amoako, Issaka, Gyan, Sule
Tore: Bentile 2, Idrisu (Marco Antonio, Juan Santos) – Zuschauer: 27 000 – SR: Irvine (Nordirland).

1997: Brasilien

Vom 4. bis 21. September 1997 in Ägypten

Gruppe A: Deutschland und Ägypten. Ägypten – Thailand 3:2, Chile – Deutschland 0:1, Ägypten – Chile 1:1, Thailand – Deutschland 0:3, Ägypten – Deutschland 1:1, Thailand – Chile 2:6.
Gruppe B: Spanien und Mali. Neuseeland – Mali 0:4, Mexiko – Spanien 0:3, Mali – Spanien 0:1, Neuseeland – Mexiko 0:5, Neuseeland – Spanien 0:13, Mali – Mexiko 3:1.
Gruppe C: Brasilien und Oman. Oman – USA 4:0, Österreich – Brasilien 0:7, USA – Brasilien 0:3, Oman Österreich 3:1, Oman – Brasilien 1:3, USA – Österreich 4:0.
Gruppe D: Ghana und Argentinien. Argentinien – Ghana 0:0, Costa Rica – Bahrein 1:3, Ghana – Bahrein 5:1, Argentinien – Costa Rica 1:0, Argentinien – Bahrein 2:0, Ghana – Costa Rica 2:0.

Viertelfinale: Brasilien – Argentinien 2:0, Deutschland – Mali n. V. 0:0/Elfmeterschießen 4:3, Ghana – Oman 4:1, Spanien – Ägypten 2:1.
Halbfinale: Brasilien – Deutschland 4:0, Ghana – Spanien 2:1.
Um den dritten Platz: Spanien – Deutschland 2:1.

Endspiel am 21. September 1997 in Kairo: Brasilien – Ghana 2:1 (0:1)
Brasilien: Fabio – Andrey (Henrique), Fernando, Gaviao, Abel, Jorginho, Diogo (Geovanni), Ferrugem, Fabio Pinto, Ronaldo, Matuzalem (Rogerio).
Tore: Matuzalem, Andrey (Afriyie) – Zuschauer: 35 000 – SR: Hauge (Norwegen).

1999: Brasilien

Vom 10. bis 27. September 1999 in Neuseeland

Gruppe A: USA und Uruguay. Neuseeland – USA 1:2, Uruguay – Polen 1:1, Neuseeland – Uruguay 0:5, USA – Polen 1:1, Polen – Neuseeland 1:2. USA – Uruguay 1:0.
Gruppe B: Ghana und Mexiko. Ghana – Spanien 1:1, Mexiko – Thailand 4:0, Spanien – Thailand 6:0, Ghana – Mexiko 4:0, Thailand – Ghana 1:7, Spanien – Mexiko 0:1.
Gruppe C: Australien und Brasilien. Brasilien – Australien 2:1, Mali – Deutschland 0:0, Australien – Deutschland 2:1, Brasilien – Mali 0:0, Deutschland – Brasilien 0:0, Australien – Mali 1:0.
Gruppe D: Paraguay und Katar. Jamaika – Burkina Faso 0:1, Paraguay – Katar 2:0, Burkina Faso – Katar 1:2, Jamaika – Paraguay 0:5, Katar – Jamaika 4:0, Burkina Faso – Paraguay 2:2.
Viertelfinale: USA – Mexiko 3:2, Ghana – Uruguay n. V. 3:2, Australien – Katar 1:0, Paraguay – Brasilien 1:4.
Halbfinale: USA – Australien n. V. 2:2/Elfmeterschießen 6:7, Ghana – Brasilien n. V. 2:2/Elfmeterschießen 2:4 .
Um den dritten Platz: Ghana – USA 2:0.

Endspiel am 27. September 1999 in Auckland: Brasilien – Australien n. V. 0:0/Elfm. 8:7
Brasilien: Rubinho – Bruno Leite, Marquinhos, Ricardo, Eduardo – Anderson, Leo, Walker – Caca (Wellington), Leonardo, Adriano (Souza).
Zuschauer: 22 859 – SR: Vassaras (Griechenland).

2001: Frankreich

Vom 13. bis 30. September 2001 in Trinidad & Tobago

Gruppe A: Brasilien und Australien. Trinidad & Tobago – Kroatien 1:2, Australien – Brasilien 0:1, Trinidad & Tobago – Australien 0:1, Kroatien – Brasilien 1:3, Brasilien – Trinidad & Tobago 6:1, Kroatien – Australien 0:4.
Gruppe B: Nigeria und Frankreich. USA – Japan 0:1, Frankreich – Nigeria 1:2, Japan – Nigeria 0:4, USA – Frankreich 3:5, Nigeria – USA 2:0, Japan – Frankreich 1:5.
Gruppe C: Argentinien und Burkina Faso. Oman – Spanien 1:2, Argentinien – Burkina Faso 2:2, Spanien – Burkina Faso 0:1, Oman – Argentinien 0:3, Burkina Faso – Oman 1:1, Spanien – Argentinien 2:4.
Gruppe D: Costa Rica und Mali. Mali – Paraguay 1:2, Iran – Costa Rica 0:2, Paraguay – Costa Rica 0:3, Mali – Iran 1:0, Costa Rica – Mali 0:2, Paraguay – Iran 3:2.

Viertelfinale: Brasilien – Frankreich 1:2, Nigeria – Australien 5:1, Argentinien – Mali n. V. 2:1, Costa Rica – Burkina Faso 0:2.
Halbfinale: Frankreich – Argentinien 2:1, Nigeria – Burkina Faso 1:0.
Spiel um den dritten Platz: Burkina Faso – Argentinien 2:0.

Endspiel am 30. September in Port of Spain: Frankreich – Nigeria 3:0 (1:0)
Frankreich: Chaigneau – Colombo, Faty, Berthod – Drouin (Debris), Yebda, Fae, Jacmot – Meghni (Pietre) – Sinama-Pongolle, Le Tallec (Mohellebi).
Tore: Sinama-Pongolle, Le Tallec, Pietre – Zuschauer: 20 790 – SR: Cardoso Cortez Batista (Portugal).

2003: Brasilien

Vom 13. bis 30. August 2003 in Finnland

Gruppe A: Kolumbien und Mexiko. Finnland – China 2:1, Mexiko – Kolumbien 0:0, China – Kolumbien 1:2, Finnland – Mexiko 0:2, China – Mexiko 3:3, Kolumbien – Finnland 9:1.
Gruppe B: Argentinien und Costa Rica. Argentinien – Australien 2:0, Costa Rica – Nigeria 1:1, Australien – Nigeria 1:2, Argentinien – Costa Rica 2:0, Nigeria – Argentinien 0:1, Australien – Costa Rica 0:2.
Gruppe C: Brasilien und Portugal. Jemen – Portugal 3:4, Kamerun – Brasilien 1:1, Portugal – Brasilien 0:5, Jemen – Kamerun 1:1, Brasilien – Jemen 3:0, Portugal – Kamerun 5:5.
Gruppe D: Spanien und USA. Südkorea – USA 1:6, Spanien – Sierra Leone 3:3, USA – Sierra Leone 2:1, Südkorea – Spanien 2:3, Sierra Leone – Südkorea 2:3, USA – Spanien 0:2.

Viertelfinale: Kolumbien – Costa Rica 2:0, Argentinien – Mexiko 2:0, Brasilien – USA 3:0, Spanien – Portugal 5:2.
Halbfinale: Kolumbien – Brasilien 0:2, Argentinien – Spanien i. V. 2:3.
Um den dritten Platz: Argentinien – Kolumbien 1:1, Elfmeterschießen 5:4.

Endspiel am 30. August 2003 in Helsinki: Brasilien – Spanien 1:0 (1:0)
Brasilien: Bruno – Leo, Joao, Leonardo, Sandro – Junior, Jonathan, Arouca, Ederson (Juliano) – Evandro (Felipe), Abuda (Hugo).
Tor: Leonardo – Zuschauer: 10 452 – SR: Braamhaar (Niederlande).

2005: Mexiko

Vom 16. September bis 2. Oktober 2005 in Peru

Gruppe A: Costa Rica und China. China – Costa Rica 1:1; Peru – Ghana 1:1; Ghana – Costa Rica 1:1; Peru – China 0:1; Costa Rica – Peru 2:0; Ghana – China 1:1.
Gruppe B: Türkei und Mexiko. Uruguay – Mexiko 0:2; Türkei – Australien 1:0; Mexiko – Australien 3:0; Uruguay – Türkei 2:3; Australien – Uruguay 2:1; Mexiko – Türkei 1:2.
Gruppe C: USA und Nordkorea. Elfenbeinküste – Italien 3:4; Nordkorea – USA 2:3; Italien – USA 1:3; Elfenbeinküste – Nordkorea 0:3; USA – Elfenbeinküste 1:1; Italien – Nordkorea 1:1.
Gruppe D: Brasilien und Niederlande. Niederlande – Katar 5:3; Brasilien – Gambia 1:3; Katar – Gambia 1:3; Niederlande – Brasilien 1:2; Gambia – Niederlande 0:2; Katar – Brasilien 0:6.

Viertelfinale: Costa Rica – Mexiko n. V. 1:3; Türkei – China 5:1; USA – Niederlande 0:2; Brasilien – Nordkorea n. V. 3:1.
Halbfinale: Mexiko – Niederlande 4:0; Türkei – Brasilien 3:4.
Um den dritten Platz: Niederlande – Türkei 2:1.

Endspiel am 2. Oktober 2005 in Lima: Mexiko – Brasilien 3:0 (2:0)
Mexiko: Arias – Araujo, Valdez, Sanchez, Moreno (Valverde) – Esparza, Hernandez, Aldrete, Villaluz – Dos Santos (Guzman), Vela (Silva).
Tore: Vela, Esparza, Guzman – Zuschauer: 40 000 – SR: De Bleeckere (Belgien).

2007: Nigeria

Vom 18. August bis 9. September 2007 in Südkorea

Gruppe A: Peru, Costa Rica und Südkorea. Costa Rica – Togo 1:1; Südkorea – Peru 0:1; Togo – Peru 0:0; Costa Rica – Südkorea 2:0; Südkorea – Togo 2:1; Peru – Costa Rica 1:0.
Gruppe B: England, Brasilien und Nordkorea. Nordkorea – England 1:1; Brasilien – Neuseeland 7:0; Neuseeland – England 0:5; Brasilien – Nordkorea 6:1; Nordkorea – Neuseeland 1:0; England – Brasilien.2:1.
Gruppe C: Spanien, Argentinien und Syrien. Honduras – Spanien 2:4; Argentinien – Syrien 0:0; Syrien – Spanien 1:2; Argentinien – Honduras 4:1; Honduras – Syrien 0:2; Spanien – Argentinien 1:1.
Gruppe D: Nigeria und Frankreich. Nigeria – Frankreich 2:1; Japan – Haiti 3:1; Haiti – Frankreich 1:1; Japan – Nigeria 0:3; Nigeria – Haiti 4:1; Frankreich – Japan 2:1.
Gruppe E: Tunesien, USA und Tadschikistan. Belgien – Tunesien 2:4; Tadschikistan – USA 4:3; USA – Tunesien 1:3; Tadschikistan – Belgien 0:1; Belgien – USA 0:2; Tunesien – Tadschikistan 1:0.
Gruppe F: Deutschland, Ghana und Kolumbien. Kolumbien – Deutschland 3:3; Trinidad & Tobago – Ghana 1:4; Ghana – Deutschland 2:3; Trinidad & Tobago – Kolumbien 0:5; Kolumbien – Ghana 1:2; Deutschland – Trinidad & Tobago 5:0.

Achtelfinale: Spanien – Nordkorea 3:0; Tunesien – Frankreich n. V. 1:3; Peru – Tadschikistan n. V. 1:1, Elfmeterschießen 5:4; Ghana – Brasilien 1:0; Argentinien – Costa Rica 2:0; Nigeria – Kolumbien 2:1; England – Syrien 3:1; Deutschland – USA 2:1.
Viertelfinale: Frankreich – Spanien n. V. 1:1, Elfmeterschießen 4:5; Ghana – Peru 2:0; Argentinien – Nigeria 0:2; England – Deutschland 1:4.
Halbfinale: Spanien – Ghana n. V. 2:1; Nigeria – Deutschland 3:1.
Um den dritten Platz: Deutschland – Ghana 2:1.

Endspiel am 9. September 2007 in Seoul: Nigeria – Spanien n. V. 0:0, Elfmeterschießen 3:0
Nigeria: Ajiboye – M. Ibrahim, Udoh, Alfa (Abdulkarim), Edile – Rafeal (Isa), Joshua, R. Ibrahim, Osanga (Akinsola), Chrisantus, Oseni.
Tore im Elfmeterschießen: Edile, Joshua, Oseni – Zuschauer: 36 125 – SR: Nishimura (Japan).

2009: Schweiz

Vom 24. Oktober bis 15. November 2009 in Nigeria

Gruppe A: Nigeria, Argentinien, Deutschland. Honduras – Argentinien 0:1; Nigeria – Deutschland 3:3; Argentinien – Deutschland 2:1; Nigeria – Hondu-ras 1:0; Deutschland – Honduras 3:1.
Gruppe B: Schweiz, Mexiko. Mexiko – Schweiz 0:2; Brasilien – Japan 3:2; Schweiz – Japan 4:3; Brasilien – Mexiko 0:1; Schweiz – Brasilien 1:0; Japan – Mexiko 0:2.
Gruppe C: Iran, Kolumbien. Iran – Gambia 2:0; Kolumbien – Niederlande 2:1; Niederlande – Gambia 2:1; Iran – Kolumbien 0:0; Gambia – Kolumbien 2:2; Niederlande – Iran 0:1.
Gruppe D: Türkei, Burkina Faso, Neuseeland. Türkei – Burkina Faso 1:0; Co-sta Rica – Neuseeland 1:1; Neuseeland – Burkina Faso 1:1; Türkei – Costa Rica 4:1; Burkina Faso – Costa Rica 4:1; Neuseeland – Türkei.
Gruppe E: Türkei, Burkina Faso, USA. Vereinigte Arabische Emirate – Malawi 2:0; Spanien – USA 2:1; USA – Malawi 1:0; Vereinigte Arabische Emirate – Spanien 1:3; Malawi – Spanien 1:4; USA – Vereinigte Arabische Emirate 1:0.
Gruppe F: Italien, Südkorea, Uruguay. Uruguay – Südkorea 1:3; Algerien – Italien 0:1; Italien – Südkorea 2:1; Uruguay – Algerien 2:0; Italien – Uruguay 0:0; Südkorea – Algerien.

Achtelfinale: Argentinien – Kolumbien 2:3; Italien – USA 2:1; Türkei – Vereinigte Arabische Emirate 2:0; Schweiz – Deutschland n. V. 4:3; Spanien – Burkina Faso 4:1; Mexiko – Südkorea n. V. 1:1, Elfmeterschießen 3:5; Iran – Uruguay n. V. 1:2; Nigeria – Neuseeland 5:0.

Viertelfinale: Kolumbien – Türkei n. V. 1:1, Elfmeterschießen 5:3; Schweiz – Italien 2:1; Spanien – Uruguay n. V. 3:3, Elfmeterschießen 4:2; Südkorea – Nigeria 1:3.

Halbfinale: Kolumbien – Schweiz 0:4; Spanien – Nigeria 1:3.

Um den dritten Platz: Spanien – Kolumbien 1:0.

Endspiel am 15. November 2009 in Abuja: Schweiz – Nigeria 1:0 (0:0)

Schweiz: Siegrist – Martignoni (Goncalves), Chappuis, Veseli (Hajrovic), Rodriguez – Xhaka (Nimeley), Buff, Kasami, Kamber – Ben Khalifa, Seferovic.

Tor: Seferovic – Zuschauer: 60 000 – SR: Vazquez Martin (Uruguay).

2011: Mexiko

Vom 18. Juni bis 10. Juli 2011 in Mexiko

Gruppe A: Mexiko, Kongo. Kongo – Niederlande 1:0; Mexiko – Nordkorea 3:1; Nordkorea – Niederlande 1:1; Mexiko – Kongo 2:1; Nordkorea – Kongo 1:1; Mexiko – Niederlande 3:2.

Gruppe B: Japan, Frankreich, Argentinien. Frankreich – Argentinien 3:0; Ja-pan – Jamaika 1:0; Japan – Frankreich 1:1; Jamaika – Argentinien 1:2; Japan – Argentinien 3:1; Jamaika - Frankreich 1:1.

Gruppe C: England, Uruguay. Ruanda – England 0:2; Uruguay – Kanada 3:0; Uruguay – Ruanda 1:0; Kanada – England 2:2; Uruguay – England 0:2; Kanada - Ruanda 0:0.

Gruppe D: Usbekistan, USA, Neuseeland. Usbekistan – Neuseeland 1:4; USA – Tschechien 3:0; USA – Usbekistan 1:2; Tschechien – Neuseeland 1:0; USA – Neuseeland 0:0; Tschechien - Usbekistan 1:2.

Gruppe E: Deutschland, Ecuador, Panama. Deutschland – Ecuador 6:1; Burkina Faso – Panama 0:1; Burkina Faso – Deutschland 0:3; Panama – Ecuador 1:2; Burkina Faso – Ecuador 0:2; Panama – Deutschland 0:2.

Gruppe F: Brasilien, Elfenbeinküste, Australien. Brasilien – Dänemark 3:0; Australien – Elfenbeinküste 2:1; Australien – Brasilien 0:1; Elfenbeinküste – Dänemark 4:2; Australien – Dänemark 1:1; Elfenbeinküste – Brasilien 3:3.

Achtelfinale: Usbekistan – Australien 4:0; Brasilien – Ecuador 2:0; Kongo – Uruguay 1:2; Japan – Neuseeland 6:0; Deutschland – USA 4:0; England – Ar-gentinien n. V. 1:1, Elfmeterschießen 4:2; Frankreich – Elfenbeinküste 3:2; Mexiko – Panama 2:0.

Viertelfinale: Uruguay – Usbekistan 2:0; Japan – Brasilien 2:3; Deutschland – England 3:2; Frankreich – Mexiko 1:2.

Halbfinale: Uruguay – Brasilien 3:0; Deutschland – Mexiko 2:3.

Um den dritten Platz: Deutschland – Brasilien 4:3.

Endspiel am 10. Juli 2011 in Mexiko City: Mexiko - Uruguay 2:0 (1:0)

Mexiko: Sanchez – Flores, Guzman, Briseno, Caballero – Escamilla, Esperi-cueta, Tostado (Gomez), Gonzales – Bueno (Gracia), Fierro (Casillas).

Tore: Briseno, Casillas – Zuschauer: 98 943 – SR: Moen (Norwegen).

„Futsal"-Weltmeisterschaft

Die bisherigen Sieger:

1989 **Brasilien** (2:1 gegen die Niederlande) – 1992 **Brasilien** (4:1 gegen die USA) – 1996 **Brasilien** (6:4 gegen Spanien) – 2000 **Spanien** (4:3 gegen Brasilien) – 2004 **Spanien** (2:1 gegen Italien) – 2008 **Brasilien** (n. V. 2:2, Penaltyschießen 4:3 gegen Spanien)

Beach-Soccer-Weltmeisterschaft

Die bisherigen Sieger:

2005 **Frankreich** (3:3, Penaltyschießen 1:0 gegen Portugal) – 2006 **Brasilien** (4:1 gegen Uruguay) – 2007 **Brasilien** (8:2 gegen Mexiko) – 2008 **Brasilien** (5:3 gegen Italien) – 2009 **Brasilien** (10:5 gegen die Schweiz).

KAPITEL 10

DIE EUROPAMEISTERSCHAFT

DIE FUSSBALL-EUROPAMEISTER

1960	SOWJETUNION	1988	NIEDERLANDE
1964	SPANIEN	1992	DÄNEMARK
1968	ITALIEN	1996	DEUTSCHLAND
1972	DEUTSCHLAND	2000	FRANKREICH
1976	TSCHECHOSLOWAKEI	2004	GRIECHENLAND
1980	DEUTSCHLAND	2008	SPANIEN
1984	FRANKREICH		

Dieser Wettbewerb wurde zunächst 1958/60 und 1962/64 unter der Bezeichnung „Europapokal der Länder" durchgeführt. Ab 1967/68 trägt er auch offiziell den Namen „Europameisterschaft".

1959/60: Sowjetunion (Trainer: Katschin)

Qualifikation: Irland – Tschechoslowakei 2:0, 0:4.
Achtelfinale: Sowjetunion – Ungarn 3:1, 1:0; Spanien – Polen 4:2, 3:0; Rumänien – Türkei 3:0, 0:2; Tschechoslowakei – Dänemark 2:2, 5:1; Portugal – DDR 2:0, 3:2; Jugoslawien – Bulgarien 2:0, 1:1; Frankreich – Griechenland 7:1, 1:1; Österreich – Norwegen 1:0, 5:2.
Viertelfinale: Tschechoslowakei – Rumänien 2:0, 3:0; Jugoslawien – Portugal 1:2, 5:1; Frankreich – Österreich 5:2, 4:2; Spanien verzichtete gegen die Sowjetunion.

Endrunde vom 6. bis 10. Juli 1960 in Frankreich
Halbfinale: Sowjetunion – Tschechoslowakei 3:0 (Marseille); Jugoslawien – Frankreich 5:4 (Paris).
Um den dritten Platz: Tschechoslowakei – Frankreich 2:0 (Marseille).

Endspiel am 10. Juli 1960 in Paris: Sowjetunion – Jugoslawien n. V. 2:1 (1:1, 0:1)
Sowjetunion: Jaschin – Tschocheli, Krutikow – Woinow, Masljonkin, Netto – Metreweli, Iwanow, Ponedjelnik, Bubukin, Mes'chi.
Tore: Metreweli, Ponedjelnik (Galic) – Zuschauer: 18 000 – SR: Ellis (England) .

1963/64: Spanien (Trainer: Villalonga/Munoz)

Vorrunde: Norwegen – Schweden 0:2, 1:1; Dänemark – Malta 6:1, 3:1; Irland – Island 4:2, 1:1; England – Frankreich 1:1, 2:5; Polen – Nordirland 0:2, 0:2; Spanien – Rumänien 6:0, 1:3; Jugoslawien – Belgien 3:2, 1:0; Ungarn – Wales 3:1, 1:1; Bulgarien – Portugal 3:1, 1:3, 1:0 (in Rom); Niederlande – Schweiz 3:1, 1:1; DDR – Tschechoslowakei 2:1, 1:1; Italien – Türkei 6:0, 1:0; Griechenland gegen Albanien nicht angetreten.
Achtelfinale: Spanien – Nordirland 1:1, 1:0; Jugoslawien – Schweden 0:0, 2:3; Dänemark – Albanien 4:0, 0:1; Österreich – Irland 0:0 2:3; Luxemburg – Niederlande 1:1, 2:1 (beide Spiele in den Niederlanden); Bulgarien – Frankreich 1:0, 1:3; Sowjetunion – Italien 2:0, 1:1; DDR – Ungarn 1:2, 3:3.
Viertelfinale: Luxemburg – Dänemark 3:3, 2:2, 0:1 (in Amsterdam); Spanien – Irland 5:1, 2:0; Frankreich – Ungarn 1:3, 1:2; Schweden – Sowjetunion 1:1, 1:3.

Endrunde vom 17. bis 21. Juni in Spanien
Halbfinale: Spanien – Ungarn n. V. 2:1 (Madrid); Sowjetunion – Dänemark 3:0 (Barcelona).
Um den dritten Platz: Ungarn – Dänemark n. V. 3:1 (Barcelona).

Endspiel am 21. Juni 1964 in Madrid): Spanien – Sowjetunion 2:1 (1:1)
Spanien: Iribar – Rivilla, Calleja – Zocco, Olivella, Fuste – Amancio, Pereda, Marcelino, Suarez, Lapetra.
Tore: Pereda, Marcelino (Chusainow) – Zuschauer: 105 000 – SR: Holland (England).

1966/68: Italien (Trainer: Valcareggi)

Gruppe I: Spanien. Spanien – Tschechoslowakei 2:1, 0:1; Spanien – Irland 2:0, 0:0; Spanien – Türkei 2:0, 0:0; Tschechoslowakei – Irland 2:0, 1:2; Tschechoslowakei – Türkei – 3:0, 0:0; Irland – Türkei 2:1, 1:2.
Gruppe II: Bulgarien. Bulgarien – Portugal 1:0, 0:0; Bulgarien – Schweden 3:0, 2:0; Bulgarien – Norwegen 4:2, 0:0; Portugal – Schweden 1:2, 1:1; Portugal – Norwegen 2:1, 2:1; Schweden – Norwegen 5:2, 1:3.

Gruppe III: Sowjetunion. Sowjetunion – Griechenland 4:0, 1:0; Sowjetunion – Österreich 4:3, 0:1; Sowjetunion – Finnland 2:0, 5:2; Griechenland – Österreich 4:1, 1:1 abgebrochen (nicht gewertet); Griechenland – Finnland 2:1, 1:1 Österreich – Finnland 2:1, 0:0.
Gruppe IV: Jugoslawien. Jugoslawien – Deutschland 1:0, 1:3; Jugoslawien – Albanien 4:0, 2:0; Deutschland – Albanien 6:0, 0:0.
Gruppe V: Ungarn. Ungarn – DDR 3:1, 0:1; Ungarn – Niederlande 2:1, 2:2; Ungarn – Dänemark 6:0, 2:0; DDR – Niederlande 4:3, 0:1; DDR – Dänemark 3:2, 1:1; Niederlande – Dänemark 2:0, 2:3.
Gruppe VI: Italien. Italien – Rumänien 3:1, 1:0; Italien – Schweiz 4:0, 2:2; Italien – Zypern 5:0, 2:0; Rumänien – Schweiz 4:2, 1:7; Rumänien – Zypern 7:0, 5:1; Schweiz – Zypern 5:0, 1:2.
Gruppe VII: Frankreich. Frankreich – Belgien 1:1, 1:2; Frankreich – Polen 2:1, 4:1; Frankreich – Luxemburg 3:1, 3:0; Belgien – Polen 2:4, 1:3; Belgien – Luxemburg 3:0, 5:0; Polen – Luxemburg 4:0, 0:0.
Gruppe VIII: England. England – Schottland 2:3, 1:1; England – Wales 5:1, 3:0; England – Nordirland 2:0, 2:0; Schottland – Wales 3:2, 1:1; Schottland – Nordirland 2:1, 0:1; Wales – Nordirland 2:0, 0:0.
Viertelfinale: Frankreich – Jugoslawien 1:1, 1:5; Bulgarien – Italien 3:2, 0:2; Ungarn – Sowjetunion 2:0, 0:3; England – Spanien 1:0, 2:1.

Endrunde vom 5. bis 10. Juni in Italien
Halbfinale: Italien – Sowjetunion n. V. 0:0, Los für Italien (Neapel); Jugoslawien – England 1:0 (Florenz).
Spiel um den dritten Platz: England – Sowjetunion 2:0 (Rom).

Endspiel am 6. Juni 1968 in Rom: Italien – Jugoslawien n. V. 1:1 (1:1, 0:1)
Italien: Zoff – Burgnich, Guarneri, Castano, Facchetti – Ferrini, Juliano, Lodetti – Domenghini, Anastasi, Riva – **Jugoslawien:** Pantelic – Fazlagic, Paunovic, Holcer, Damjanovic – Pavlovic, Acimovic, Trivic – Petkovic, Musemic, Dzajic.
Tore: Domenghini (Dzajic) – Zuschauer: 80 000 – SR: Dienst (Schweiz) .

Endspiel-Wiederholung am 10. Juni1968 in Rom: Italien – Jugoslawien 2:0 (2:0)
Italien: Zoff – Burgnich, Guarneri, Rosato, Facchetti – De Sisti, Mazzola, Salvadore – Domenghini, Anastasi, Riva.
Tore: Riva, Anastasi – Zuschauer: 55 000 – SR: De Mendibil (Spanien).

1970/72: Deutschland (Trainer: Schön)
Gruppe 1: Rumänien. Rumänien – Tschechoslowakei 2:1, 0:1; Rumänien – Wales 2:0, 0:0; Rumänien – Finnland 3:0, 4:0; Tschechoslowakei – Wales 1:0, 3:1; Tschechoslowakei – Finnland 1:1, 4:0; Wales – Finnland 3:0, 1:0.
Gruppe 2: Ungarn. Ungarn – Bulgarien 2:0, 0:3; Ungarn – Frankreich 1:1, 2:0; Ungarn – Norwegen 4:0, 3:1; Bulgarien – Frankreich 2:1, 1:2; Bulgarien – Norwegen 1:1, 4:1; Frankreich – Norwegen 3:1, 3:1.
Gruppe 3: England. England – Schweiz 1:1, 3:2; England – Griechenland 3:0, 2:0; England – Malta 5:0, 1:0; Schweiz – Griechenland 1:0, 1:0; Schweiz – Malta 5:0, 2:1; Griechenland – Malta 2:0, 1:1.
Gruppe 4: Sowjetunion. Sowjetunion – Spanien 2:1, 0:0; Sowjetunion – Nordirland 1:0, 1:1; Sowjetunion – Zypern 6:1, 3:1; Spanien – Nordirland 3:0, 1:1; Spanien – Zypern 7:0, 2:0; Nordirland – Zypern 5:0, 3:0.
Gruppe 5: Belgien. Belgien – Portugal 3:0, 1:1; Belgien – Schottland 3:0, 0:1; Belgien – Dänemark 2:0, 2:1; Portugal – Schottland 2:0, 1:2; Portugal – Dänemark 5:0, 1:0; Schottland – Dänemark 1:0, 0:1.
Gruppe 6: Italien. Italien – Österreich 2:2, 2:1; Italien – Schweden 3:0, 0:0; Italien – Irland 3:0, 2:1; Österreich – Schweden 1:0, 0:1; Österreich – Irland 6:0, 4:1; Schweden – Irland 1:0, 1:1.
Gruppe 7: Jugoslawien. Jugoslawien – Niederlande 2:0, 1:1; Jugoslawien – DDR 0:0, 2:1; Jugoslawien – Luxemburg 0:0, 2:0; Niederlande – DDR 3:2, 0:1; Niederlande – Luxemburg 6:0, 8:0; DDR – Luxemburg 2:1, 5:0.
Gruppe 8: Deutschland. Deutschland – Polen 0:0, 3:1; Deutschland – Türkei 1:1, 3:0; Deutschland – Albanien 2:0, 1:0; Polen – Türkei 5:1, 0:1; Polen – Albanien 3:0, 1:1; Türkei – Albanien 2:1, 0:3.
Viertelfinale: England – Deutschland 1:3, 0:0; Italien – Belgien 0:0, 1:2; Jugoslawien – Sowjetunion 0:0, 0:3; Ungarn – Rumänien 1:1, 2:2, 2:1 (in Belgrad).

Endrunde vom 14. bis 18. Juni in Belgien
Halbfinale: Sowjetunion – Ungarn 1:0 (Brüssel); Belgien – Deutschland 1:2 (Antwerpen).
Spiel um den dritten Platz: Belgien – Ungarn 2:1 (Lüttich).

Endspiel am 18. Juni 1972 in Brüssel: Deutschland – Sowjetunion 3:0 (1:0)
Deutschland: Maier – Höttges, Schwarzenbeck, Beckenbauer, Breitner – Hoeneß, Netzer, Wimmer – Heynckes, G. Müller, E. Kremers.
Tore: G. Müller 2, Wimmer – Zuschauer: 40 000 – SR: Marschall (Österreich).

1974/76: Tschechoslowakei (Trainer: Jezek)

Gruppe 1: Tschechoslowakei. Tschechoslowakei – England 2:1, 0:3; Tschechoslowakei – Portugal 5:0, 1:1; Tschechoslowakei – Zypern 4:0, 3:0; England – Portugal 0:0, 1:1; England – Zypern 5:0, 1:0; Portugal – Zypern 1:0, 2:0.
Gruppe 2: Wales. Wales – Ungarn 2:0, 2:1; Wales – Österreich 1:0, 1:2; Wales – Luxemburg 5:0, 3:1; Ungarn – Österreich 2:1, 0:0; Ungarn – Luxemburg 8:1, 4:2; Österreich – Luxemburg 6:2, 2:1.
Gruppe 3: Jugoslawien. Jugoslawien – Nordirland 1:0, 0:1; Jugoslawien – Schweden 3:0, 2:1; Jugoslawien – Norwegen 3:1, 3:1; Nordirland – Schweden 1:2, 2:0; Nordirland – Norwegen 3:0, 1:2; Schweden – Norwegen 3:1, 2:0.
Gruppe 4: Spanien. Spanien – Rumänien 1:1, 2:2; Spanien – Schottland 1:1, 2:1; Spanien – Dänemark 2:0, 2:1; Rumänien – Schottland 1:1, 1:1; Rumänien – Dänemark 6:1, 0:0; Schottland – Dänemark 3:1, 1:0.
Gruppe 5: Niederlande. Niederlande – Polen 3:0, 1:4; Niederlande – Italien 3:1, 0:1; Niederlande – Finnland 4:1, 3:1; Polen – Italien 0:0, 0:0; Polen – Finnland 3:0, 2:1; Italien – Finnland 0:0, 1:0.
Gruppe 6: Sowjetunion. Sowjetunion – Irland 2:1, 0:3; Sowjetunion – Türkei 3:0, 0:1; Sowjetunion – Schweiz 4:1, 1:0; Irland – Türkei 4:0, 1:1; Irland – Schweiz 2:1, 0:1; Türkei – Schweiz 2:1, 1:1.
Gruppe 7: Belgien. Belgien – DDR 1:2, 0:0; Belgien – Frankreich 2:1, 0:0; Belgien – Island 1:0, 2:0; DDR – Frankreich 2:1, 2:2, DDR – Island 1:1, 1:2; Frankreich – Island 3:0, 0:0.
Gruppe 8: Deutschland. Deutschland – Griechenland 1:1, 2:2; Deutschland – Bulgarien 1:0, 1:1; Deutschland – Malta 8:0, 1:0; Griechenland – Bulgarien 2:1, 3:3; Griechenland – Malta 4:0, 0:2; Bulgarien – Malta 5:0, 2:0.
Viertelfinale: Spanien – Deutschland 1:1, 0:2; Niederlande – Belgien 5:0, 2:1; Jugoslawien – Wales 2:0, 1:1; Tschechoslowakei – Sowjetunion 2:0, 2:2.

Endrunde vom 16. bis 20. Juni in Jugoslawien
Halbfinale: Tschechoslowakei – Niederlande n. V. 3:1 (Zagreb); Jugoslawien – Deutschland n. V. 2:4 (Belgrad)
Spiel um den dritten Platz: Niederlande – Jugoslawien n. V. 3:2 (Zagreb).

Endspiel am 20. Juni 1976 in Belgrad: Tschechoslowakei – Deutschland n. V. 2:2 (2:2, 2:1), Elfm. 5:3
Tschechoslowakei: Viktor – Pivarnik, Ondrus, Capkovic, Gögh – Dobias (Vesely), Panenka, Modr – Masny, Svehlik (Jurkemik), Nehoda.
Deutschland: Maier – Vogts, Beckenbauer, Schwarzenbeck, Dietz – Wimmer (Flohe), Bonhof, Beer (Bongartz) – Hoeneß, D. Müller, Hölzenbein.
Tore: Svehlik, Dobias (D. Müller, Hölzenbein) – Elfmeterschießen: 1:0 Masny, 1:1 Bonhof, 2:1 Nehoda, 2:2 Flohe, 3:2 Ondrus, 3:3 Bongartz, 4:3 Jurkemik, Hoeneß verschossen, 5:3 Panenka – Zuschauer: 35 000 – SR: Gonella (Italien).

1978/80: Deutschland (Trainer: Derwall)

Gruppe 1: England. England – Nordirland 4:0, 5:1; England – Irland 2:0, 1:1; England – Bulgarien 2:0, 3:0; England – Dänemark 1:0, 4:3; Nordirland – Irland 1:0, 0:0; Nordirland – Bulgarien 2:0, 2:0; Nordirland – Dänemark 2:1, 0:4; Irland – Bulgarien 3:0, 0:1; Irland – Dänemark 2:0, 3:3; Bulgarien – Dänemark 3:0, 2:2.
Gruppe 2: Belgien. Belgien – Österreich 1:1, 0:0; Belgien – Portugal 2:0, 1:1; Belgien – Schottland 2:0, 3:1; Belgien – Norwegen 1:1, 2:1; Österreich – Portugal 1:2, 2:1; Österreich – Schottland 3:2, 1:1; Österreich – Norwegen 4:0, 2:0; Portugal – Schottland 1:0, 1:4; Portugal – Norwegen 3:1, 1:0; Schottland – Norwegen 3:2, 4:0.
Gruppe 3: Spanien. Spanien – Jugoslawien 0:1, 2:1; Spanien – Rumänien 1:0, 2:2; Spanien – Zypern 5:0, 3:1; Jugoslawien – Rumänien 2:1, 2:3; Jugoslawien – Zypern 5:0, 3:0; Rumänien – Zypern 2:0, 1:1.
Gruppe 4: Niederlande. Niederlande – Polen 1:1, 0:2; Niederlande – DDR 3:0, 3:2; Niederlande – Schweiz 3:0, 3:1; Niederlande – Island 3:0, 4:0; Polen – DDR 1:1, 1:2; Polen –Schweiz 2:0, 2:0; Polen – Island 2:0, 2:0; DDR – Schweiz 5:2, 2:0; DDR – Island 3:1, 3:0; Schweiz – Island 2:0, 2:1.
Gruppe 5: Tschechoslowakei. Tschechoslowakei – Frankreich 2:0, 1:2; Tschechoslowakei – Schweden 4:1, 3:1; Tschechoslowakei – Luxemburg 4:0, 3:0; Frankreich – Schweden 2:2, 3:1; Schweden – Luxemburg 3:0, 1:1; Frankreich – Luxemburg 3:0, 3:1.
Gruppe 6: Griechenland. Griechenland – Ungarn 4:1, 0:0; Griechenland – Finnland 8:1, 0:3; Griechenland – Sowjetunion 1:0, 0:2; Ungarn – Finnland 3:1, 1:2; Ungarn – Sowjetunion 2:0, 2:2; Finnland – UdSSR 1:1, 2:2.
Gruppe 7: Deutschland. Deutschland – Türkei 2:0, 0:0; Deutschland – Wales 5:1, 2:0; Deutschland – Malta 8:0, 0:0; Türkei – Wales 1:0, 0:1; Türkei – Malta 2:1, 2:1; Wales – Malta 7:0, 2:0.
Italien als Veranstalter automatisch qualifiziert.

Endrunde vom 11. bis 22. Juni 1980 in Italien
Gruppe 1: Deutschland. Deutschland – Tschechoslowakei 1:0 (Rom), Griechenland – Niederlande 0:1 (Neapel), Deutschland – Niederlande 3:2 (Neapel), Tschechoslowakei – Griechenland 3:1 (Rom), Deutschland – Griechenland 0:0 (Turin), Tschechoslowakei – Niederlande 1:1 (Mailand).
Gruppe 2: Belgien. Belgien – England 1:1 (Turin), Spanien – Italien 0:0 (Mailand), Spanien – Belgien 1:2 (Mailand), Italien – England 1:0 (Turin), Spanien – England 1:2 (Neapel), Italien – Belgien 0:0 (Rom).
Spiel um den dritten Platz: Tschechoslowakei – Italien n. V. 1:1, Elfmeterschießen 9:8.

Endspiel am 22. Juni 1980 in Rom: Deutschland – Belgien 2:1 (1:0)
Deutschland: Schumacher – Kaltz, Stielike, Kh. Förster, Dietz – Schuster, Briegel (Cullmann), H. Müller – Rummenigge, Hrubesch, Kl. Allofs.
Tore: Hrubesch 2 (Vandereycken) – Zuschauer: 47 800 – SR: Rainea (Rumänien).

1982/84: Frankreich (Trainer: Hidalgo)

Gruppe 1: Belgien. Belgien – Schweiz 3:0, 1:3; Belgien – DDR 2:1, 2:1; Belgien – Schottland 3:2, 1:1; Schweiz – DDR 0:0, 0:3; Schweiz – Schottland 2:0, 2:2; DDR – Schottland 2:1, 0:2.
Gruppe 2: Portugal. Portugal – Sowjetunion 1:0, 0:5; Portugal – Polen 2:1, 1:0; Portugal – Finnland 5:0, 2:0; Sowjetunion – Finnland 2:0, 1:0; Sowjetunion – Polen 2:0, 1:1; Polen – Finnland 1:1, 3:2.
Gruppe 3: Dänemark. Dänemark – England 2:2, 1:0; Dänemark – Griechenland 1:0, 2:0; Dänemark – Ungarn 3:1, 0:1; Dänemark – Luxemburg 6:0, 2:1; England – Griechenland 0:0, 3:0; England – Ungarn 2:0, 3:0; England – Luxemburg 9:0, 4:0; Griechenland – Ungarn 2:2, 3:2; Griechenland – Luxemburg 1:0, 2:0 ; Ungarn – Luxemburg 6:2, 6:2.
Gruppe 4: Jugoslawien. Jugoslawien – Wales 4:4, 1:1; Jugoslawien – Bulgarien 3:2, 1:0; Jugoslawien – Norwegen 2:1, 1:3; Wales – Bulgarien 1:0, 0:1; Wales – Norwegen 1:0, 0:0; Bulgarien – Norwegen 2:2, 2:1.
Gruppe 5: Rumänien. Rumänien – Schweden 2:0, 1:0; Rumänien – Tschechoslowakei 0:1, 1:1; Rumänien – Italien 1:0, 0:0; Rumänien – Zypern 3:1, 1:0; Schweden – Tschechoslowakei 1:0, 2:2; Schweden – Italien 2:0, 3:0; Schweden – Zypern 5:0, 1:0; Tschechoslowakei – Italien 2:0, 2:2; Tschechoslowakei – Zypern 6:0, 1:1; Italien – Zypern 3:1, 1:1.
Gruppe 6: Deutschland. Deutschland – Nordirland 0:1, 0:1; Deutschland – Österreich 3:0, 0:0; Deutschland – Türkei 5:1, 3:0; Deutschland – Albanien 2:1, 2:1; Nordirland – Österreich 3:1, 0:2; Nordirland – Türkei 2:1, 0:1; Nordirland – Albanien 1:0, 0:0; Österreich – Türkei 4:0, 1:3; Österreich – Albanien 5:0, 2:1; Türkei – Albanien 1:0, 1:1.
Gruppe 7: Spanien. Spanien – Niederlande 1:0, 1:2; Spanien – Irland 2:0, 3:3; Spanien – Island 1:0, 1:0; Spanien – Malta 12:1, 3:2; Niederlande – Irland 2:1, 3:2; Niederlande – Island 3:0, 1:1; Niederlande – Malta 5:0, 6:0; Irland – Island 2:0, 3:0; Irland – Malta 8:0, 1:0; Island – Malta 1:0, 1:2.
Frankreich als Veranstalter automatisch qualifiziert.

Endrunde vom 12. bis 27. Juni 1984 in Frankreich
Gruppe 1: Frankreich und Dänemark. Frankreich – Dänemark 1:0 (Paris); Belgien – Jugoslawien 2:0 (Lens); Frankreich – Belgien 5:0 (Nantes), Dänemark – Jugoslawien 5:0 (Lyon), Frankreich – Jugoslawien 3:2 (St. Etienne), Dänemark – Belgien 3:2 (Straßburg).
Gruppe 2: Spanien und Portugal. Deutschland – Portugal 0:0 (Straßburg), Rumänien – Spanien 1:1 (St. Etienne), Deutschland – Rumänien 2:1 (Lens), Portugal – Spanien 1:1 (Marseille), Deutschland – Spanien 0:1 (Paris), Portugal – Rumänien 1:0 (Nantes).
Halbfinale: Frankreich – Portugal n. V. 3:2 (Marseille), Spanien – Dänemark n. V. 1:1, Elfmeterschießen 5:4 (Lyon).

Endspiel am 27. Juni 1984 in Paris: Frankreich – Spanien 2:0 (0:0)
Frankreich: Bats – Battiston (Amoros), Bossis, Le Roux, Domergue – Tigana, Giresse, Platini, Fernandez – Lacombe (Ghengini), Bellone.
Tore: Platini, Bellone – Zuschauer: 47 368 – SR: Christov (Tschechoslowakei).

1986/88: Niederlande (Trainer: Michels)

Gruppe 1: Spanien. Spanien – Rumänien 1:0, 1:3; Spanien – Österreich 2:0, 3:2; Spanien – Albanien 5:0, 2:1; Rumänien – Österreich 4:0, 0:0; Rumänien – Albanien 5:1, 1:0; Österreich – Albanien 3:0, 1:0.
Gruppe 2: Italien. Italien – Schweden 2:1, 0:1; Italien – Portugal 3:0, 1:0; Italien – Schweiz 3:2, 0:0; Italien – Malta 5:0, 2:0; Schweden – Portugal 0:1, 1:1; Schweden – Schweiz 2:0, 1:1; Schweden – Malta 1:0, 5:0; Portugal – Schweiz 0:0, 1:1; Portugal – Malta 2:2, 1:0; Schweiz – Malta 4:1, 1:1; .
Gruppe 3: Sowjetunion. Sowjetunion – DDR 2:0, 1:1; Sowjetunion – Frankreich 1:1, 2:0; Sowjetunion – Island 2:0, 1:1; Sowjetunion – Norwegen 4:0, 1:0; DDR – Frankreich 0:0, 1:0; DDR – Island 2:0, 6:0;

DDR – Norwegen 3:1, 0:0; Frankreich – Island 2:0, 0:0; Frankreich – Norwegen 1:1, 0:2; Island – Norwegen 2:1, 1:0.
Gruppe 4: England. England – Jugoslawien – 2:0, 4:1; England – Nordirland 2:0, 3:0; England – Türkei 8:0, 0:0; Jugoslawien – Nordirland 3:0, 2:1; Jugoslawien – Türkei 4:0, 3:2; Nordirland – Türkei 1:0, 0:0.
Gruppe 5: Niederlande. Niederlande – Griechenland 1:1, 3:0; Niederlande – Ungarn 2:0, 1:0; Niederlande – Polen 0:0, 2:0; Niederlande – Zypern 4:0 (8:0 wegen Zuschauerausschreitungen annulliert), 2:0; Griechenland – Ungarn 2:1, 0:3; Griechenland – Polen 1:0, 1:2; Griechenland – Zypern 3:1, 4:2; Ungarn – Polen 5:3, 2:3; Ungarn – Zypern 1:0, 1:0; Polen – Zypern 0:0, 1:0.
Gruppe 6: Dänemark. Dänemark – Tschechoslowakei 1:1, 0:0; Dänemark – Wales 1:0, 0:1; Dänemark – Finnland 1:0, 1:0; Tschechoslowakei – Wales 2:0, 1:1; Tschechoslowakei – Finnland 3:0, 0:3; Wales – Finnland 4:0, 1:1.
Gruppe 7: Irland. Irland – Bulgarien 2:0, 1:2; Irland – Belgien 0:0, 2:2; Irland – Schottland 0:0, 1:0; Irland – Luxemburg 2:1, 2:0; Bulgarien – Belgien 2:0, 1:1; Bulgarien – Schottland 0:1, 0:0; Bulgarien – Luxemburg 3:0, 4:1; Belgien – Schottland 4:1, 0:2; Belgien – Luxemburg 3:0, 6:0; Schottland – Luxemburg 3:0, 0:0.
Deutschland als Veranstalter automatisch qualifiziert.

Endrunde vom 10. bis 25. Juni 1988 in Deutschland
Gruppe 1: Deutschland und Italien. Deutschland – Italien 1:1 (Düsseldorf), Dänemark – Spanien 2:3 (Hannover), Deutschland – Dänemark 2:0 (Gelsenkirchen), Italien – Spanien 1:0 (Frankfurt), Deutschland – Spanien 2:0 (München), Italien – Dänemark 2:0 (Köln).
Gruppe 2: Sowjetunion und Niederlande. England – Irland 0:1 (Stuttgart), Niederlande – Sowjetunion 0:1 (Köln), England – Niederlande 1:3 (Düsseldorf), Irland – Sowjetunion 1:1 (Hannover), England – Sowjetunion 1:3 (Frankfurt), Irland – Niederlande 0:1 (Gelsenkirchen).
Halbfinale: Deutschland – Niederlande 1:2, Sowjetunion – Italien 2:0 (Stuttgart).

Endspiel am 25. Juni 1988 in München: Niederlande – Sowjetunion 2:0 (1:0)
Niederlande: Van Breukelen – Van Aerle, R. Koeman, Rijkaard, Van Tiggelen – Wouters, Gullit, A. Mühren, E. Koeman – Vanenburg, Van Basten.
Tore: Gullit, Van Basten – Zuschauer: 77 000 – SR: Vautrot (Frankreich).

1990/92: Dänemark (Trainer: Möller-Nielsen)
Gruppe 1: Frankreich. Frankreich – Tschechoslowakei 2:1, 2:1; Frankreich – Spanien 3:1, 2:1; Frankreich – Island 3:1, 2:1; Frankreich – Albanien 5:0, 1:0; Tschechoslowakei – Spanien 3:2, 1:2; Tschechoslowakei – Island 1:0, 1:0; Tschechoslowakei – Albanien 2:1, 2:0; Spanien – Island 2:1, 0:2; Spanien – Albanien 9:0, Rückspiel nicht ausgetragen; Island – Albanien 2:0, 0:1.
Gruppe 2: Schottland. Schottland – Schweiz 2:1, 2:2; Schottland – Rumänien 2:1, 0:1; Schottland – Bulgarien 1:1, 1:1; Schottland – San Marino 4:0, 2:0; Schweiz – Rumänien 0:0, 0:1; Schweiz – Bulgarien 2:0, 3:2; Schweiz – San Marino 7:0, 4:0; Rumänien – Bulgarien 0:3, 1:1; Rumänien – San Marino 6:0, 3:1; Bulgarien – San Marino – 4:0, 3:0.
Gruppe 3: Sowjetunion *). Sowjetunion – Italien 0:0, 0:0; Sowjetunion – Norwegen 2:0, 1:0; Sowjetunion – Ungarn 2:2, 1:0; Sowjetunion – Zypern 4:0, 3:0; Italien – Norwegen 1:1, 1:2; Italien – Ungarn 3:1, 1:1; Italien – Zypern 2:0, 4:0; Norwegen – Ungarn 0:0, 0:0; Norwegen – Zypern 3:0, 3:0; Ungarn – Zypern 4:2, 2:0 – *) = Nach der Auflösung der Sowjetunion Ende 1991 trat die Mannschaft bei der Endrunde unter der Bezeichnung „GUS“ (Gemeinschaft Unabhängiger Staaten) an.
Gruppe 4: Jugoslawien *). Jugoslawien – Dänemark 1:2, 2:0; Jugoslawien – Nordirland 4:1, 2:0; Jugoslawien – Österreich 4:1, 2:0; Jugoslawien – Färöer 7:0, 2:0; Dänemark – Nordirland 2:1, 1:1; Dänemark – Österreich 2:1, 3:0 ; Dänemark – Färöer 4:1, 4:0; Nordirland – Österreich 2:1, 0:0 ; Nordirland – Färöer 1:1, 5:0; Österreich – Färöer 3:0, 0:1 (Färöer bestritt sämtliche Heimspiele im schwedischen Landskrona) – *) = Wegen des Bosnien-Krieges und der daraufhin verhängten UN-Sanktionen wurde Jugoslawien von der EM ausgeschlossen. Dafür rückte der Gruppenzweite Dänemark nach.
Gruppe 5: Deutschland. Deutschland – Wales 4:1, 0:1; Deutschland – Belgien 1:0, 1:0; Deutschland – Luxemburg 4:0, 3:2; Wales – Belgien 3:1, 1:1; Wales – Luxemburg 1:0, 1:0; Belgien – Luxemburg 3:0, 2:0.
Gruppe 6: Niederlande. Niederlande – Portugal 1:0, 0:1; Niederlande – Griechenland 2:0, 2:0; Niederlande – Finnland 2:0, 1:1; Niederlande – Malta 1:0, 8:0; Portugal – Griechenland 1:0, 2:3; Portugal – Finnland 1:0, 0:0; Portugal – Malta 5:0, 1:0; Griechenland – Finnland 2:0, 1:1; Griechenland – Malta 4:0, 1:1; Finnland – Malta 2:0, 1:1.
Gruppe 7: England. England – Irland 1:1, 1:1; England – Polen 2:0, 1:1; England – Türkei 1:0, 1:0; Irland – Polen 0:0, 3:3; Irland – Türkei 5:0, 3:1; Polen – Türkei 3:0, 1:0.
Schweden als Veranstalter automatisch qualifiziert.

Endrunde vom 10. bis 26. Juni 1992 in Schweden
Gruppe 1: Schweden und Dänemark. Schweden – Frankreich 1:1 (Stockholm), Dänemark – England 0:0 (Malmö), Frankreich – England 0:0 (Malmö), Schweden – Dänemark 1:0 (Stockholm), Schweden – England 2:1 (Stockholm), Frankreich – Dänemark 1:2 (Malmö).
Gruppe 2: Niederlande und Deutschland. GUS – Deutschland 1:1 (Norrköping), Niederlande – Schottland 1:0 (Göteborg), Schottland – Deutschland 0:2 (Norrköping), Niederlande – GUS 0:0 (Göteborg), Niederlande – Deutschland 3:1 (Göteborg), Schottland – GUS 3:0 (Norrköping).
Halbfinale: Schweden – Deutschland 2:3 (Stockholm); Dänemark – Niederlande n. V. 2:2, Elfmeterschießen 5:4.

Endspiel am 26. Juni 1992 in Göteborg: Dänemark – Deutschland 2:0 (1:0)
Dänemark: Schmeichel – Lars Olsen – Piechnik, K. Nielsen – Sivebaek (Christiansen), Vilfort, Jensen, Christoffe, H. Larsen – Povlsen, B. Laudrup.
Deutschland: Illgner – Helmer – Kohler, Buchwald – Reuter, Häßler, Effenberg (Thom), Sammer (Doll), Brehme – Klinsmann, Riedle.
Tore: Jensen, Vilfort – Zuschauer: 37 725 – SR: Galler (Schweiz).

1994/96: Deutschland (Trainer: Vogts)

Gruppe 1: Rumänien und Frankreich. Rumänien – Frankreich 1:3, 0:0; Rumänien – Slowakei 3:2, 2:0; Rumänien – Polen 2:1, 0:0; Rumänien – Israel 2:1, 1:1; Rumänien – Aserbaidschan 3:0, 4:1; Frankreich – Slowakei 4:0, 0:0; Frankreich – Polen 1:1, 0:0; Frankreich – Israel 2:0, 0:0; Frankreich – Aserbaidschan 10:0, 2:0; Slowakei – Polen 4:1, 0:5; Slowakei – Israel 1:0, 2:2; Slowakei – Aserbaidschan 4:1, 1:0; Polen – Israel 4:3, 1:2; Polen – Aserbaidschan 1:0, 0:0; Israel – Aserbaidschan 2:0, 2:0 (Aserbaidschan bestritt sämtliche Heimspiele im türkischen Trabzon).
Gruppe 2: Spanien und Dänemark. Spanien – Dänemark 3:0, 1:1; Spanien – Belgien 1:1, 4:1; Spanien – Mazedonien 3:0, 2:0; Spanien – Zypern 6:0, 2:1; Spanien – Armenien 1:0, 2:0; Dänemark – Belgien 3:1, 3:1; Dänemark – Mazedonien 1:0, 1:1; Dänemark – Zypern 4:0, 1:1; Dänemark – Armenien 3:1, 2:0; Belgien – Mazedonien 1:1, 5:0; Belgien – Zypern 2:0, 1:1; Belgien – Armenien 2:0, 2:0; Mazedonien – Zypern 3:0, 1:1; Mazedonien – Armenien 1:2, 2:2; Zypern – Armenien 2:0, 0:0.
Gruppe 3: Schweiz und Türkei. Schweiz – Türkei 1:2, 2:1; Schweiz – Schweden 4:2, 0:0; Schweiz – Ungarn 3:0, 2:2; Schweiz – Island 1:0, 2:0; Türkei – Schweden 2:1, 2:2; Türkei – Ungarn 2:0, 2:2; Türkei – Island 5:0, 0:0; Schweden – Ungarn 2:0, 0:1; Schweden – Island 1:1, 1:0; Ungarn – Island 1:0, 1:2.
Gruppe 4: Kroatien und Italien. Kroatien – Italien 1:1, 2:1; Kroatien – Litauen 2:0, 0:0; Kroatien – Ukraine 4:0, 0:1; Kroatien – Slowenien 2:0, 2:1; Kroatien – Estland 7:1, 2:0; Italien – Litauen 4:0, 1:0; Italien – Ukraine 3:1, 2:0; Italien – Slowenien 1:0, 1:1; Italien – Estland 4:1, 2:0; Litauen – Ukraine 1:3, 2:0; Litauen – Slowenien 2:1, 2:1; Litauen – Estland 5:0, 1:0; Ukraine – Slowenien 0:0, 2:3; Ukraine – Estland 3:0, 1:0; Slowenien – Estland 3:0, 3:1.
Gruppe 5: Tschechien und Niederlande. Tschechien – Niederlande 3:1, 0:0; Tschechien – Norwegen 2:0, 1:1; Tschechien – Weißrussland 4:2, 2:0; Tschechien – Luxemburg 3:0, 0:1; Tschechien – Malta 6:1, 0:0; Niederlande – Norwegen 3:0, 1:1; Niederlande – Weißrussland 1:0, 0:1; Niederlande – Luxemburg 5:0, 4:0; Niederlande – Malta 4:0, 4:0; Norwegen – Weißrussland 1:0, 4:0; Norwegen – Luxemburg 5:0, 2:0; Norwegen – Malta 2:0, 1:0; Weißrussland – Luxemburg 2:0, 0:0; Weißrussland – Malta 1:1, 2:0;Luxemburg – Malta 1:0, 1:0.
Gruppe 6: Portugal. Portugal – Irland 3:0, 0:1; Portugal – Nordirland 1:1, 2:1; Portugal – Österreich 1:0, 1:1; Portugal – Lettland 3:2, 3:1; Portugal – Liechtenstein 8:0, 7:0; Irland – Nordirland 1:1, 4:0; Irland – Österreich 1:3, 1:3; Irland – Lettland 2:1, 3:0; Irland – Liechtenstein 4:0, 0:0; Nordirland – Österreich 5:3, 2:1; Nordirland – Lettland 1:2, 1:0; Nordirland – Liechtenstein 4:1, 4:0; Österreich – Lettland 5:0, 2:3; Österreich – Liechtenstein 7:0, 4:0; Lettland – Liechtenstein 1:0, 1:0.
Gruppe 7: Deutschland und Bulgarien. Deutschland – Bulgarien 3:1, 2:3; Deutschland – Georgien 4:1, 2:0; Deutschland – Moldawien 6:1, 3:0; Deutschland – Wales 1:1, 2:1; Deutschland – Albanien 2:1, 2:1; Bulgarien – Georgien 2:0, 1:2; Bulgarien – Moldawien 4:1, 3:0; Bulgarien – Wales 3:1, 3:0; Bulgarien – Albanien 3:0, 1:1; Georgien – Moldawien 0:1, 2:3; Georgien – Wales 5:0, 1:0; Georgien – Albanien 2:0, 1:0; Moldawien – Wales 3:2, 0:1; Moldawien – Albanien 2:3, 0:3; Wales – Albanien 2:0, 1:1.
Gruppe 8: Russland und Schottland. Russland – Schottland 0:0, 1:1; Russland – Griechenland 2:1, 3:0; Russland – Finnland 3:1, 6:0; Russland – Färöer 3:0, 5:2; Russland – San Marino 4:0, 7:0; Schottland – Griechenland 1:0, 0:1; Schottland – Finnland 1:0, 2:0; Schottland – Färöer 5:1, 2:0; Schottland – San Marino 5:0, 2:0; Griechenland – Finnland 4:0, 1:2; Griechenland – Färöer 5:0, 5:1; Griechenland – San Marino 2:0, 4:0; Finnland – Färöer 5:0, 4:0; Finnland – San Marino 4:1, 2:0; Färöer – San Marino 3:0, 3:1.
Entscheidungsspiel der schlechtesten Gruppenzweiten: Niederlande – Irland 2:0 (in Liverpool).
England als Veranstalter automatisch qualifiziert.

Endrunde vom 8. bis 30. Juni 1996 in England

Gruppe A: England und Niederlande. England – Schweiz 1:1 (London), Niederlande – Schottland 0:0 (Birmingham), Schweiz – Niederlande 0:2 (Birmingham), Schottland – England 0:2 (London), Schottland – Schweiz 1:0 (Birmingham), Niederlande – England 1:4 (London).

Gruppe B: Frankreich und Spanien. Spanien – Bulgarien 1:1 (Leeds), Rumänien – Frankreich 0:1 (Newcastle), Bulgarien – Rumänien 1:0 (Newcastle), Frankreich – Spanien 1:1 (Leeds), Frankreich – Bulgarien 3:1 (Newcastle), Rumänien – Spanien 1:2 (Leeds).

Gruppe C: Deutschland und Tschechien. Italien – Russland 2:1 (Liverpool), Deutschland – Tschechien 2:0 (Manchester), Tschechien – Italien 2:1 (Liverpool), Russland – Deutschland 0:3 (Manchester), Russland – Tschechien 3:3 (Liverpool), Italien – Deutschland 0:0 (Manchester).

Gruppe D: Portugal und Kroatien. Dänemark – Portugal 1:1 (Sheffield), Türkei – Kroatien 0:1 (Nottingham), Portugal – Türkei 1:0 (Nottingham), Kroatien – Dänemark 3:0 (Sheffield), Kroatien – Portugal 0:3 (Nottingham), Türkei – Dänemark 0:3 (Sheffield).

Viertelfinale: Frankreich – Niederlande n. V. 0:0, Elfmeterschießen 5:4 (Liverpool), Spanien – England n. V. 0:0, Elfmeterschießen 2:4 (London), Deutschland – Kroatien 2:1 (Manchester), Tschechien – Portugal 1:0 (Birmingham).

Halbfinale: Deutschland – England n. V. 1:1, Elfmeterschießen 6:5 (London), Tschechien – Frankreich n. V. 0:0, Elfmeterschießen 6:5 (Manchester).

Endspiel am 30. Juni 1996 in London: Deutschland – Tschechien i. V. („Golden Goal") 2:1 (1:1, 0:0)

Deutschland: Köpke – Sammer – Strunz, Babbel, Helmer, Ziege – Eilts (Bode), Scholl (Bierhoff), Häßler – Klinsmann, Kuntz.

Tore: Bierhoff 2 (Berger) – Zuschauer: 76 000 – SR: Pairetto (Italien).

1998/2000: Frankreich (Trainer: Lemerre)

Gruppe 1: Italien und Dänemark. Italien – Dänemark 2:3, 2:1; Italien – Schweiz 2:0, 0:0; Italien – Wales 4:0, 2:0; Italien – Weißrussland 1:1, 0:0; Dänemark – Schweiz 2:1, 1:1; Dänemark – Wales 1:2, 2:0 (in Liverpool); Dänemark – Weißrussland 1:0, 0:0; Schweiz – Wales 2:0, 2:0; Schweiz – Weißrussland 2:0, 1:0; Wales – Weißrussland 3:2, 2:1.

Gruppe 2: Norwegen und Slowenien. Norwegen – Slowenien 4:0, 2:1; Norwegen – Griechenland 1:0, 2:0; Norwegen – Lettland 1:3, 2:1; Norwegen – Albanien 2:2, 2:1; Norwegen – Georgien 1:0, 4:1; Slowenien – Griechenland 0:3, 2:2; Slowenien – Lettland 1:0, 2:1; Slowenien – Albanien 2:0, 1:0; Slowenien – Georgien 2:1, 1:1; Griechenland – Lettland 1:2, 0:0; Griechenland – Albanien 2:0, 0:0; Griechenland – Georgien 3:0, 2:1; Lettland – Albanien 0:0, 3:3; Lettland – Georgien 1:0, 2:2; Albanien – Georgien 2:1, 0:1.

Gruppe 3: Deutschland und Türkei. Deutschland – Türkei 0:0, 0:1; Deutschland – Finnland 2:0, 2:1; Deutschland – Nordirland 4:0, 3:0; Deutschland – Moldawien 6:1, 3:1; Türkei – Finnland 1:3, 4:2; Türkei – Nordirland 3:0, 3:0; Türkei – Moldawien 2:0, 1:1; Finnland – Nordirland 4:1, 0:1; Finnland – Moldawien 3:2, 0:0; Nordirland – Moldawien 2:2, 0:0.

Gruppe 4: Frankreich. Frankreich – Ukraine 0:0, 0:0; Frankreich – Russland 2:3, 3:2; Frankreich – Island 3:2, 1:1; Frankreich – Armenien 2:0, 3:2; Frankreich – Andorra 2:0, 1:0 (in Barcelona); Ukraine – Russland 3:2, 1:1; Ukraine – Island 1:1, 1:0; Ukraine – Armenien 2:0, 0:0; Ukraine – Andorra 4:0, 2:0; Russland – Island 1:0, 0:1; Russland – Armenien 2:0, 3:0; Russland – Andorra 6:1, 2:1; Island – Armenien 2:0, 0:0; Island – Andorra 3:0, 2:0; Armenien – Andorra 3:1, 3:0.

Gruppe 5: Schweden und England. Schweden – England 2:1, 0:0; Schweden – Polen 2:0, 1:0; Schweden – Bulgarien 1:0, 1:0; Schweden – Luxemburg 2:0, 1:0; England – Polen 3:1, 0:0; England – Bulgarien 0:0, 1:1; England – Luxemburg 6:0, 3:0; Polen – Bulgarien 2:0, 3:0; Polen – Luxemburg 3:0, 3:2; Bulgarien – Luxemburg 3:0, 2:0.

Gruppe 6: Spanien. Spanien – Israel 3:0, 2:1; Spanien – Österreich 9:0, 3:1; Spanien – Zypern 8:0, 2:3; Spanien – San Marino 9:0, 6:0; Israel – Österreich 5:0, 1:1; Israel – Zypern 3:0, 2:3; Israel – San Marino8:0, 5:0; Österreich – Zypern 3:1, 3:0; Österreich – San Marino 7:0, 4:1; Zypern – San Marino 4:0, 1:0.

Gruppe 7: Rumänien und Portugal. Rumänien – Portugal 1:1, 1:0; Rumänien – Slowakei 0:0, 5:1; Rumänien – Ungarn 2:0, 1:1; Rumänien – Aserbaidschan 4:0, 1:0; Rumänien – Liechtenstein 7:0, 3:0; Portugal – Slowakei 1:0, 3:0; Portugal – Ungarn 3:0, 3:1; Portugal – Aserbaidschan 7:0, 1:1; Portugal – Liechtenstein 8:0, 5:0; Slowakei – Ungarn 0:0, 1:0; Slowakei – Aserbaidschan 3:0, 1:0; Slowakei – Liechtenstein 2:0, 4:0; Ungarn – Aserbaidschan 3:0, 4:0; Ungarn – Liechtenstein 5:0, 0:0; Aserbaidschan – Liechtenstein 4:0, 1:2.

Gruppe 8: Jugoslawien. Jugoslawien – Irland 1:0, 1:2; Jugoslawien – Kroatien 0:0, 2:2; Jugoslawien – Mazedonien 3:1, 4:2; Jugoslawien – Malta 4:1 (in Saloniki), 3:0; Irland – Kroatien 2:0, 0:1; Irland – Mazedonien 1:0, 1:1; Irland – Malta 5:0, 3:2; Kroatien – Mazedonien 3:2, 1:1; Kroatien – Malta 2:1, 4:1; Mazedonien – Malta 4:0, 2:1.

Gruppe 9: Tschechien. Tschechien – Schottland 3:2, 2:1; Tschechien – Bosnien-Herzegowina 3:0, 3:1; Tschechien – Litauen 2:0, 4:0; Tschechien – Estland 4:1, 2:0; Tschechien – Färöer 2:0, 1:0; Schottland – Bosnien-Herzegowina 1:0, 2:1; Schottland – Litauen 3:0, 0:0; Schottland – Estland 3:2, 0:0; Schottland – Färöer 2:1, 1:1; Bosnien-Herzegowina – Litauen 2:0, 2:4; Bosnien-Herzegowina – Estland 1:1, 4:1; Bosnien-Herzegowina – Färöer 1:0, 2:2; Litauen – Estland 1:2, 2:1; Litauen – Färöer 0:0, 1:0; Estland – Färöer 5:0, 2:0.

Entscheidungsspiele der Gruppenzweiten: Irland – Türkei 1:1, 0:0; Israel – Dänemark 0:5, 0:3; Schottland – England 0:2, 1:0; Slowenien – Ukraine 2:1, 1:1, Portugal als bester Gruppenzweiter direkt qualifiziert.

Niederlande und **Belgien** als Veranstalter automatisch qualifiziert.

Endrunde vom 10. Juni bis 2. Juli 2000 in den Niederlanden und Belgien

Gruppe A: Portugal und Rumänien. Deutschland – Rumänien 1:1 (Lüttich), Portugal – England 3:2 (Eindhoven), Rumänien – Portugal 0:1 (Arnheim), England – Deutschland 1:0 (Charleroi), Portugal – Deutschland 3:0 (Rotterdam), England – Rumänien 2:3 (Charleroi).

Gruppe B: Italien und Türkei. Belgien – Schweden 2:1 (Brüssel), Türkei – Italien 1:2 (Arnheim), Italien – Belgien 2:0 (Brüssel), Schweden – Türkei 0:0 (Eindhoven), Türkei – Belgien 2:0 (Brüssel), Italien – Schweden 2:1 (Eindhoven).

Gruppe C: Spanien und Jugoslawien. Spanien – Norwegen 0:1 (Rotterdam), Jugoslawien – Slowenien 3:3 (Charleroi), Slowenien – Spanien 1:2 (Amsterdam), Norwegen – Jugoslawien 0:1 (Lüttich), Slowenien – Norwegen 0:0 (Arnheim), Jugoslawien – Spanien 3:4 (Brügge).

Gruppe D: Niederlande und Frankreich. Frankreich – Dänemark 3:0 (Brügge), Niederlande – Tschechien 1:0 (Amsterdam), Tschechien – Frankreich 1:2 (Brügge), Dänemark – Niederlande 0:3 (Rotterdam), Dänemark – Tschechien 0:2 (Lüttich), Frankreich – Niederlande 2:3 (Amsterdam).

Viertelfinale: Türkei – Portugal 0:2 (Amsterdam) , Italien – Rumänien 2:0 (Brüssel); Niederlande – Jugoslawien 6:1 (Rotterdam) , Spanien – Frankreich 1:2 (Brügge).

Halbfinale: Frankreich – Portugal i. V. 2:1 (Brüssel); Italien – Niederlande n. V. 0:0, Elfmeterschießen 3:1 (Amsterdam) .

Endspiel am 2. Juli 2000 in Rotterdam: Frankreich – Italien i. V. („Golden Goal") 2:1 (1:1, 0:0)

Frankreich: Barthez – Thuram, Blanc, Desailly, Lizarazu (Pires) – Vieira, Deschamps – Djorkaeff (Trezeguet), Zidane, Dugarry (Wiltord) – Henry.

Tore: Wiltord, Trezeguet (Delvecchio) – Zuschauer: 48 200 – SR: Frisk (Schweden).

2002/04: Griechenland (Trainer: Rehhagel)

Gruppe 1: Frankreich. Frankreich – Slowenien 5:0, 2:0; Frankreich – Israel 3:0, 2:1 (in Palermo); Frankreich – Zypern 5:0, 2:1; Frankreich – Malta 6:0, 4:0; Slowenien – Israel 3:1, 0:0 (in Antalya); Slowenien – Zypern 4:1, 2:2; Slowenien – Malta 3:0, 3:1; Israel – Zypern 2:0 (in Palermo), 1:1; Israel – Malta 2:2 (in Antalya), 2:0; Zypern – Malta 2:1, 2:1.

Gruppe 2: Dänemark. Dänemark – Norwegen 1:0, 2:2; Dänemark – Rumänien 2:2, 5:2; Dänemark – Bosnien-Herzegowina 0:2, 1:1; Dänemark – Luxemburg 2:0, 2:0; Norwegen – Rumänien 1:1, 1:0; Norwegen – Bosnien-Herzegowina 2:0, 0:1; Norwegen – Luxemburg 1:0, 2:0; Rumänien – Bosnien-Herzegowina 2:0, 3:0; Rumänien – Luxemburg 4:0, 7:0; Bosnien-Herzegowina – Luxemburg 2:0, 1:0.

Gruppe 3: Tschechien und Niederlande. Tschechien – Niederlande 3:1, 1:1; Tschechien – Österreich 4:0, 3:2; Tschechien – Moldawien 5:0, 2:0; Tschechien – Weißrussland 2:0, 3:1; Niederlande – Österreich 3:1, 3:0; Niederlande – Moldawien 5:0, 2:1; Niederlande – Weißrussland 3:0, 2:0; Österreich – Moldawien 2:0, 0:1; Österreich – Weißrussland 5:0, 2:0, Moldawien – Weißrussland 2:1, 1:2.

Gruppe 4: Schweden und Lettland. Schweden – Lettland 0:1, 0:0; Schweden – Polen 3:0, 2:0; Schweden – Ungarn 1:1, 2.1; Schweden – San Marino 5:0, 6:0; Lettland – Polen 0:2, 1:0; Lettland – Ungarn 3:1, 1:3; Lettland – San Marino 3:0, 1:0; Polen – Ungarn 0:0, 2:1; Polen – San Marino 5:0, 2:0; Ungarn – San Marino 3:0, 5:0.

Gruppe 5: Deutschland. Deutschland – Schottland 2:1, 1:1; Deutschland – Island 3:0, 0:0; Deutschland – Litauen 1:1, 2:0; Deutschland – Färöer 2:1, 2:0; Schottland – Island 2:1, 2:0; Schottland – Litauen 1:0, 0:1; Schottland – Färöer 3:1, 2:2; Island – Litauen 3:0, 3:0; Island – Färöer 2:1, 2:1; Litauen – Färöer 2:0, 3:1.

Gruppe 6: Griechenland und Spanien. Griechenland – Spanien 0:2, 1:0; Griechenland – Ukraine 1:0, 0:2; Griechenland – Armenien 2:0, 1:0; Griechenland – Nordirland 1:0, 2:0; Spanien – Ukraine 2:1, 2:2; Spanien – Armenien 3:0, 4:0; Spanien – Nordirland 3:0, 0:0; Ukraine – Armenien 4:3, 2:2; Ukraine – Nordirland 0:0, 0:0; Armenien – Nordirland 1:0, 1:0.

Gruppe 7: England. England – Türkei 2:0, 0:0; England – Slowakei 2:1, 2.1; England – Mazedonien 2:2, 2.1; England – Liechtenstein 2:0, 2:0; Türkei – Slowakei 3:0, 1:0; Türkei – Mazedonien 3:2, 2.1; Türkei – Liechtenstein 5:0, 3:0; Slowakei – Mazedonien 1:1, 2:0; Slowakei – Liechtenstein 4:0, 2:0; Mazedonien – Liechtenstein 3:1, 1:1.
Gruppe 8: Bulgarien und Kroatien. Bulgarien – Kroatien 2:0, 0:1; Bulgarien – Belgien 2.2, 2:0; Bulgarien – Estland 2:0, 0:0, Bulgarien – Andorra 2.1, 3:0; Kroatien – Belgien 4:0, 1:2; Kroatien – Estland 0:0, 1:0; Kroatien – Andorra 2:0, 3:0; Belgien – Estland 2:0, 1:0; Belgien – Andorra 3:0, 1:0; Estland – Andorra 2:0, 2:0.
Gruppe 9: Italien. Italien – Wales 4:0, 1:2; Italien – Serbien und Montenegro (bis Februar 2003 Jugoslawien) 1:1, 1:1; Italien – Finnland 2:0, 2:0; Italien – Aserbaidschan 4:0, 2:0; Wales – Serbien und Montenegro 2:3, 0:1; Wales – Finnland 1.1, 2:0; Wales – Aserbaidschan 4:0, 2:0; Serbien und Montenegro – Finnland 2:0, 0:3; Serbien und Montenegro – Aserbaidschan 2.2, 1.2; Finnland – Aserbaidschan 3:0, 2:1.
Gruppe 10: Schweiz und Russland. Schweiz – Russland 2:2, 1:4; Schweiz – Irland 2:0, 2:1; Schweiz – Albanien 3:2, 1:1; Schweiz – Georgien 4:1, 0:0; Russland – Irland 4:2, 1:1; Russland – Albanien 4:1, 1:3; Russland – Georgien 3:1, 0:1; Irland – Albanien 2;1, 0:0; Irland – Georgien 2:0, 2:1; Albanien – Georgien 3:1, 0:3.
Entscheidungsspiele der Gruppenzweiten: Lettland – Türkei 1:0, 2:2; Schottland – Niederlande 1:0, 0:6; Kroatien – Slowenien 1:1, 1:0; Russland – Wales 0:0, 1:0; Spanien – Norwegen 2.1, 3:0.

Portugal als Veranstalter automatisch qualifiziert.

Endrunde vom 12. Juni bis 4. Juli 2004 in Portugal
Gruppe A: Portugal und Griechenland. Portugal – Griechenland 1:2 (Porto); Spanien – Russland 1:0 (Faro/Loulé); Griechenland – Spanien 1:1 (Porto); Russland – Portugal 0:2 (Lissabon); Spanien – Portugal 0:1 (Lissabon); Russland – Griechenland 2:1 (Faro/Loulé).
Gruppe B: Frankreich und England. Schweiz – Kroatien 0:0 (Leiria); Frankreich – England 2:1 (Lissabon); England – Schweiz 3:0 (Coimbra); Kroatien – Frankreich 2:2 (Leiria); Schweiz – Frankreich 1:3 (Coimbra); Kroatien – England 2:4 (Lissabon).
Gruppe C: Schweden und Dänemark. Dänemark – Italien 0:0 (Guimarães); Schweden – Bulgarien 5:0 (Lissabon); Bulgarien – Dänemark 0:2 (Braga); Italien – Schweden 1:1 (Porto); Italien – Bulgarien 2:1 (Guimarães); Dänemark – Schweden 2:2 (Porto).
Gruppe D: Tschechien und Niederlande. Tschechien – Lettland 2:1 (Aveiro); Deutschland – Niederlande 1:1 (Porto); Lettland – Deutschland 0:0 (Porto); Niederlande – Tschechien 2:3 (Aveiro); Niederlande – Lettland 3:0 (Braga); Deutschland – Tschechien 1:2 (Lissabon).
Viertelfinale: Portugal – England n. V. 2:2, Elfmeterschießen 6:5 (Lissabon); Frankreich – Griechenland 0:1 (Lissabon); Schweden – Niederlande n. V. 0:0, Elfmeterschießen 4:5 (Faro/Loulé); Tschechien – Dänemark 3:0 (Porto).
Halbfinale : Portugal – Niederlande 2:1 (Lissabon); Griechenland – Tschechien i. V. 1:0 (Porto).

Endspiel am 4. Juli 2004 in Lissabon: Griechenland – Portugal 1:0 (0:0)
Griechenland: Nikopolidis – Dellas – Seitaridis, Kapsis, Fyssas – Katsouranis – Zagorakis, Basinas – Charisteas, Giannakopulos (Venetidis) – Vryzas (Papadopoulos).
Tor: Charisteas – Zuschauer: 62 865 – SR: Dr. Merk (Deutschland).

2006/08: Spanien (Trainer: Aragones)
Gruppe A: Polen und Portugal. Polen – Portugal 2:1, 2 :2; Polen – Serbien 1:1, 2.2; Polen – Finnland 1:3, 0:0; Polen – Belgien 2:0, 1:0; Polen – Kasachstan 3:1, 1:0; Polen – Armenien 1:0, 0:1; Polen – Aserbaidschan 5:0, 3:1; Portugal – Serbien 1:1, 1:1; Portugal – Finnland 0:0, 1:1; Portugal – Belgien 4:0, 2:1; Portugal – Kasachstan 3:0, 2:1; Portugal – Armenien 1:0, 1:1; Portugal – Aserbaidschan 3:0, 2:0; Serbien – Finnland 0:0, 2:0; Serbien – Belgien 1:0. 2:3; Serbien – Kasachstan 1:0, 1:2; Serbien – Armenien 3:0, 0:0; Serbien – Aserbaidschan 1:0, 6:1; Finnland – Belgien 2:0, 0:0; Finnland – Kasachstan 2:1, 2:0; Finnland – Armenien 1:0, 0:0; Finnland – Aserbaidschan 2:1, 0:1; Belgien – Kasachstan 0:0, 2:2; Belgien – Armenien 3:0, 1:0; Belgien – Aserbaidschan 3:0, 1:0; Kasachstan – Armenien 1:2, 1:0; Kasachstan – Aserbaidschan 1:1, 1:1; die Spiele zwischen Armenien und Aserbaidschan wurden aus politischen Gründen nicht ausgetragen.
Gruppe B: Italien und Frankreich. Italien – Frankreich 0:0, 1:3; Italien – Schottland 2:0, 2:1; Italien – Ukraine 2:0, 2:1; Italien – Litauen 1:1, 2:0; Italien – Georgien 2:0, 3:1; Italien – Färöer 3:1, 2:1; Frankreich – Schottland 0:1, 0:1; Frankreich – Ukraine 2:0, 2:2; Frankreich – Litauen 2:0, 1:0; Frankreich – Georgien 1:0, 3:0; Frankreich – Färöer 5:0, 6:0; Schottland – Ukraine 3:1, 0:2; Schottland – Litauen 3:1, 2:1;

Schottland – Georgien 2:1, 0:2; Schottland – Färöer 6:0, 2:0; Ukraine – Georgien 3:2, 1:1; Ukraine – Litauen 1:0, 0:2; Ukraine – Färöer 5:0, 2:0; Litauen – Georgien 1:0, 2:0; Litauen – Färöer 2:1, 1:0; Georgien – Färöer 3:1, 6:0.

Gruppe C: Griechenland und Türkei. Griechenland – Türkei 1:4, 1:0; Griechenland – Norwegen 1:0, 2:2; Griechenland – Bosnien-Herzegowina 3:2, 4:0; Griechenland – Moldawien 2:1, 1:0; Griechenland – Ungarn 2:0, 2:1; Griechenland – Malta 5:0, 1:0; Türkei – Norwegen 2:2 (in Frankfurt), 2:1; Türkei – Bosnien-Herzegowina 1:0, 2:3; Türkei – Moldawien 5:0 (in Frankfurt), 1:1; Türkei – Ungarn 3:0, 1:0; Türkei – Malta 2:0, 2:2; Norwegen – Bosnien-Herzegowina 1:2, 2:0; Norwegen – Moldawien 2:0, 1:0; Norwegen – Ungarn 4:0, 4:1; Norwegen – Malta 4:0, 4:1; Bosnien-Herzegowina – Moldawien 0:1, 2:2; Bosnien-Herzegowina – Ungarn 1:3, 0:1; Bosnien-Herzegowina – Malta 1:0, 5:2; Moldawien – Ungarn 3:0, 0:2; Moldawien – Malta 1:1, 3:2; Ungarn – Malta 2:0, 1:2.

Gruppe D: Tschechien und Deutschland. Tschechien – Deutschland 1:2, 3:0; Tschechien – Irland 1:0, 1:1; Tschechien – Slowakei 3:1, 3:0; Tschechien – Wales 2:1, 0:0; Tschechien – Zypern 1:0, 2:0; Tschechien – San Marino 7:0, 3:0; Deutschland – Irland 1:0, 0:0; Deutschland – Slowakei 2:1, 4:1; Deutschland – Wales 0:0, 2:0; Deutschland – Zypern 4:0, 1:1; Deutschland – San Marino 6:0, 13:0; Irland – Slowakei 1:0, 2:2; Irland – Wales 1:0, 2:2; Irland – Zypern 1:1, 2:5; Irland – San Marino 5:0, 2:1; Slowakei – Wales 2:5, 5:1; Slowakei – Zypern 6:1, 3:1; Slowakei – San Marino 7:0, 5:0; Wales – Zypern 3:1, 1:3; Wales – San Marino 3:0, 2:1; Zypern – San Marino 3:0, 1:0.

Gruppe E: Kroatien und Russland. Kroatien – Russland 0:0, 0:0; Kroatien – England 2:0, 3:2; Kroatien – Israel 1:0, 4:3; Kroatien – Mazedonien 2:1, 0:2; Kroatien – Estland 2:0, 1:0; Kroatien – Andorra 7:0, 6:0; Russland – England 2:1, 0:3; Russland – Israel 1:1, 1:2; Russland – Mazedonien 3:0, 2:0; Russland – Estland 2:0, 2:0; Russland – Andorra 4:0, 1:0; England – Israel 3:0, 0:0; England – Mazedonien 0:0, 1:0; England – Estland 3:0, 3:0; England – Andorra 5:0, 3:0 (in Barcelona); Israel – Mazedonien 1:0, 2:1; Israel – Estland 4:0, 1:0; Israel – Andorra 4:1 (in Nimwegen), 2:0; Mazedonien – Estland 1:1, 1:0; Mazedonien – Andorra 3:0, 3:0; Estland – Andorra 2:1, 2:0.

Gruppe F: Spanien und Schweden. Spanien – Schweden 3:0, 0:2; Spanien – Nordirland 1:0, 2:3; Spanien – Dänemark 2:1, 3:1; Spanien – Lettland 2:0, 2:0; Spanien – Island 1:0, 1:1; Spanien – Liechtenstein 4:0, 2:0; Schweden – Nordirland 1:1, 1:2; Schweden – Dänemark 0:0, 3:0 (Wertung, nachdem das Spiel beim Stand von 3:3 wegen eines tätlichen Angriffs eines Zuschauer auf der Schiedsrichter in der 89. Minute abgebrochen wurde); Schweden – Lettland 2:1, 1:0; Schweden – Island 5:0, 2:1; Schweden – Liechtenstein 3:1, 3:0; Nordirland – Dänemark 2:1, 0:0; Nordirland – Lettland 1:0, 0:1; Nordirland – Island 0:3, 1:2; Nordirland – Liechtenstein 3:1, 4:1; Dänemark – Lettland 3:1, 2:0; Dänemark – Island 3:0, 2:0; Dänemark – Liechtenstein 4:0, 4:0; Lettland – Island 4:0, 4:2; Lettland – Liechtenstein 4:1, 0:1; Island – Liechtenstein 1:1, 0:3.

Gruppe G: Rumänien und Niederlande. Rumänien – Niederlande 1:0, 0:0; Rumänien – Bulgarien 2:2, 0:1; Rumänien – Weißrussland 3:1, 3:1; Rumänien – Albanien 6:1, 2:0; Rumänien – Slowenien 2:0, 2:1; Rumänien – Luxemburg 3:0, 2:0; Niederlande – Bulgarien 2:0, 1:1; Niederlande – Weißrussland 3:0, 1:2; Niederlande – Albanien 2:1, 1:0; Niederlande – Slowenien 2:0, 1:0; Niederlande – Luxemburg 1:0, 1:0; Bulgarien – Weißrussland 2:1, 2:0; Bulgarien – Albanien 0:0, 1:1; Bulgarien – Slowenien 3:0, 2:0; Bulgarien – Luxemburg 3:0, 1:0; Weißrussland – Albanien 2:2, 4:2; Weißrussland – Slowenien 4:2, 0:1; Weißrussland – Luxemburg 0:1, 2:1; Albanien – Slowenien 0:0, 0:0; Albanien – Luxemburg 2:0, 3:0; Slowenien – Luxemburg 2:0, 3:0.

Österreich und die **Schweiz** als Veranstalter automatisch qualifiziert.

Endrunde vom 7. bis 29. Juni 2008 in Österreich und der Schweiz

Gruppe A: Portugal und Türkei. Schweiz – Tschechien 0:1 (Basel); Portugal – Türkei 2:0 (Genf); Tschechien – Portugal 1:3 (Genf); Schweiz – Türkei 1:2 (Basel); Schweiz – Portugal 2:0 (Basel); Türkei – Tschechien 3:2 (Genf).

Gruppe B: Kroatien und Deutschland. Österreich – Kroatien 0:1 (Wien); Deutschland – Polen 2:0 (Klagenfurt); Kroatien – Deutschland 2:1 (Klagenfurt); Österreich – Polen 1:1 (Wien); Österreich – Deutschland 0:1 (Wien); Polen – Kroatien 0:1 (Klagenfurt).

Gruppe C: Niederlande und Italien. Rumänien – Frankreich 0:0 (Zürich); Niederlande – Italien 3:0 (Bern); Italien – Rumänien 1:1 (Zürich); Niederlande – Frankreich 4:1 (Bern); Frankreich – Italien 0:2 (Zürich); Niederlande – Rumänien 2:0 (Bern).

Gruppe D: Spanien und Russland. Spanien – Russland 4:1 (Innsbruck); Griechenland – Schweden 0:2 (Salzburg); Schweden – Spanien 1:2 (Innsbruck); Griechenland – Russland 0:1 (Salzburg); Griechenland – Spanien 1:2 (Salzburg); Russland – Schweden 2:0 (Innsbruck).

Viertelfinale: Portugal – Deutschland 2:3 (Basel); Kroatien – Türkei n. V. 1:1, Elfmeterschießen 1:3 (Wien); Niederlande – Russland n. V. 1:3 (Basel); Spanien – Italien n. V. 0:0, Elfmeterschießen 4:2 (Wien).

Halbfinale: Deutschland – Türkei 3:2 (Basel); Russland – Spanien 0:3 (Wien).

Endspiel am 29. Juni 2008 in Wien: Spanien – Deutschland 1:0 (1:0)
Spanien: Casillas – Sergio Ramos, Puyol, Marchena, Capdevila – Marcos Senna – Silva (Santi Cazorla), Xavi, Iniesta – Fabregas (Xabi Alonso) – Fernando Torres (Guiza).
Deutschland: Lehmann – A. Friedrich, Mertesacker, Metzelder, Lahm (Jansen) – Frings, Hitzlsperger (Kuranyi) – Schweinsteiger, Ballack, Podolski – Klose (Gomez).
Tor: Fernando Torres – Zuschauer: 51 428 – SR: Rosetti (Italien).

EM-Torschützenkönige (nur Endturniere)

1960	Iwanow, Ponedjelnik (beide UdSSR), Heutte (Frankreich), Jerkovic, Galic (beide Jugoslawien)	je 2
1964	Pereda (Spanien), Novak (Ungarn)	je 2
1968	Dzajic (Jugoslawien)	2
1972	G. Müller (Deutschland)	4
1976	D. Müller (Deutschland)	4
1980	K. Allofs (Deutschland)	3
1984	Platini (Frankreich)	9
1988	Van Basten (Niederlande)	5
1992	Riedle (Deutschland), Brolin (Schweden), Larsen (Dänemark), Bergkamp (Niederlande)	je 3
1996	Shearer (England)	5
2000	Kluivert (Niederlande), Milosevic (Jugoslawien)	je 5
2004	Baros (Tschechien)	5
2008	Villa (Spanien)	4

Die deutschen EM-Aufgebote

1972: Maier, Höttges, Beckenbauer, Schwarzenbeck, Breitner, U. Hoeneß, Netzer, Wimmer, Heynckes, G. Müller, E. Kremers, Grabowski. – Nicht eingesetzt: Kleff, Bella, Köppel, Löhr, Bonhof, Vogts.
1976: Maier, Beckenbauer, Schwarzenbeck, U. Hoeneß, Wimmer, Vogts, Bonhof, Dietz, Beer, Danner, Hölzenbein, Flohe, D. Müller, Bongartz. – Nicht eingesetzt: Kargus, Kaltz, Nogly, Worm.
1980: Schumacher, Kaltz, Dietz, Cullmann, Kh. Förster, B. Förster, Briegel, Schuster, H. Müller, Stielike, Magath, Matthäus, Memering, Votava, Rummenigge, Kl. Allofs, Hrubesch, Del'Haye. – Nicht eingesetzt: Junghans, Immel, H. Zimmermann, Bonhof fuhr wegen Verletzung nicht mit.
1984: Schumacher, Briegel, B. Förster, Kh. Förster, Stielike, Brehme, Buchwald, Matthäus, Meier, Rolff, Allofs, Bommer, Littbarski, Rummenigge, Völler. – Nicht eingesetzt: Burdenski, Roleder, Bruns, Strack, Falkenmayer.
1988: Immel, Herget, Kohler, Buchwald, Berthold, Matthäus, Littbarski, Brehme, Borowka, Thon, Klinsmann, Völler, Eckstein, Rolff, Mill, Wuttke, Pflügler. – Nicht eingesetzt: Illgner, Dorfner, Sauer.
1992: Illgner, Binz, Helmer, Reuter, Kohler, Buchwald, Brehme, Frontzeck, Schulz, Häßler, Effenberg, Sammer, Möller, Doll, Klinsmann, Völler, Riedle, Thom. – Nicht eingesetzt: Köpke, Wörns.
1996: Köpke, Babbel, Helmer, Kohler, Reuter, Sammer, Bode, Eilts, Freund, Häßler, Möller, Scholl, Strunz, Ziege, Klinsmann, Kuntz, Bierhoff, Bobic. – Nicht eingesetzt: Basler, Kahn, Reck, Schneider. – Nachnominiert: Todt. – Auf Abruf: Albertz, Bäron, Beinlich, Eigenrauch, Heinrich, Lehmann, Riedle, Wörns, Zickler.
2000: Kahn, Babbel, Linke, Matthäus, Nowotny, Rehmer, Ballack, Deisler, Hamann, Häßler, Jeremies, Scholl, Ziege, Bierhoff, Bode, Jancker, Kirsten, Rink. – Nicht eingesetzt: Butt, Lehmann, Ramelow, Wosz.
2004: Kahn, Baumann, Friedrich, Lahm, Nowotny, Wörns, Ballack, Ernst, Frings, Hamann, Jeremies, Schneider, Schweinsteiger, Bobic, Brdaric, Klose, Kuranyi, Podolski – Nicht eingesetzt: Hildebrand, Lehmann, Hinkel, Ziege, Kehl.
2008: Lehmann, A. Friedrich, Fritz, Jansen, Lahm, Mertesacker, Metzelder, Ballack, Borowski, Frings, Hitzlsperger, Odonkor, Rolfes, Schweinsteiger, Gomez, Klose, Kuranyi, Neuville, Podolski – Nicht eingesetzt: Adler, Enke, Westermann, Trochowski.

Junioren-Europameisterschaft U 21/U 23

Die bisherigen Sieger (bis 1976 als „U23"-Wettbewerb):
1972 Tschechoslowakei – 1974 Ungarn – 1976 Sowjetunion – 1978 Jugoslawien – 1980 Sowjetunion – 1982, 1984 England – 1986 Spanien – 1988 Frankreich – 1990 Sowjetunion – 1992, 1994, 1996 Italien – 1998 Spanien – 2000 Italien – 2002 Tschechien – 2004 Italien – 2006, 2007 Niederlande – 2009 Deutschland – 2011 Spanien.

1970/72: Tschechoslowakei

Qualifikation: Deutschland qualifizierte sich gegen Polen (1:0, 1:1), Albanien (2:0, 2:0) und die Türkei (3:0, 2:0); die DDR scheiterte gegen die Niederlande (3:1, 1:2) und Jugoslawien (0:1, 1:3).
Viertelfinale: Dänemark – Griechenland 2:0, 0:5; Bulgarien – Niederlande 2:2, 0:0, 2:0; Schweden – Tschechoslowakei 0:1, 1:3; Sowjetunion – Deutschland 3:1, 0:0.
Halbfinale: Tschechoslowakei – Griechenland 2:0, 2:1; Sowjetunion – Bulgarien 4:0, 3:3.

1. Endspiel am 22. 6. 1972 in Moskau: Sowjetunion – Tschechoslowakei 2:2 (0:0)
2. Endspiel am 30. 6. 1972 in Ostrau: Tschechoslowakei – Sowjetunion 3:1 (2:0)
Tschechoslowakei: Keketi (Stovcik) – Suchanek, Samek, Dvorak, Koubek, Melichar, Bicovsky, Gajdusek, Masima, Nehoda (Pekarik), Albrecht (Herda).

1972/74: Ungarn

Qualifikation: Deutschland scheiterte gegen Polen (2:3, 0:0) und Dänemark (3:0, 2:0); die DDR qualifizierte sich gegen Rumänien (2:1, 2:1) und Albanien (6:0, 0:1).
Viertelfinale: Ungarn – Holland 3:1, 1:2; DDR – Italien 2:1, 1:0; Polen – Bulgarien 0:0, 2:1; Sowjetunion – Tschechoslowakei 6:0, 1:2.
Halbfinale: Sowjetunion – Ungarn 2:0, n. V. 0:2, Elfmeterschießen 3:4; DDR – Polen 0:0, 2:2.

1. Endspiel am 15. 5. 1974 in Dresden: DDR – Ungarn 3:2 (1:2)
2. Endspiel am 28. 5. 1974 in Budapest: Ungarn – DDR 4:0 (1:0)
Ungarn: Meszaros – Harsany, Török, Horvath, Kantor, Toth (Kunszt), Ede Dunai, Laszlo Nagy, Fekete, Kiss, Becsei (Varadi).
DDR: Boden – Dörner, Kische (Enge, Krebs), Helm (J. Müller), Sekora, Häfner, Terletzki, Moldt (Decker), Riedel, Richter (Kotte), Heidler.

1974/76: Sowjetunion

Qualifikation: Deutschland nahm nicht teil. Die DDR scheiterte gegen Frankreich (1:1, 2:1), und Belgien (1:2, 0:0).
Viertelfinale: Ungarn – England 3:0, 1:3; Niederlande – Schottland 2:0, n. V. 0:2, Elfmeterschießen 4:3; Bulgarien – Jugoslawien 2:3, 1:2; Frankreich – Sowjetunion 2:1, n. V. 1:2, Elfmeterschießen 2:4.
Halbfinale: Ungarn – Jugoslawien 3:2, 1:1; Sowjetunion – Niederlande 3:0, 0:1.

1. Endspiel am 19. 6. 1976 in Budapest: Ungarn – Sowjetunion 1:1 (1:0)
2. Endspiel am 22. 6. 1976 in Moskau: Sowjetunion – Ungarn 2:1 (2:0)
Sowjetunion: Radajew – Kruglow, Swistsow, Gorbunow, Wisokin – An, Adzhem, Minajew – (Schwezow) – Gusajew, Kiplani, Slobodian (Fedorow, Pentrenko).

1976/78: Jugoslawien

Qualifikation: Deutschland nahm nicht teil. Die DDR qualifizierte sich gegen die Türkei (4:0, 1:1) und Österreich (2:1, 6:1).
Viertelfinale: Tschechoslowakei – DDR 3:1, 2:5; Jugoslawien – Ungarn 0:1, 2:0; Dänemark – Bulgarien 4:1, 0:3; England – Italien 2:1, 0:0.
Halbfinale: Bulgarien – DDR 2:1, 1:3; Jugoslawien – England 2:1, 1:1.

1. Endspiel am 17. 5. 1978 in Halle: DDR – Jugoslawien 0:1 (0:0)
2. Endspiel am 31. 5. 1978 in Mostar: Jugoslawien – DDR 4:4 (3:4)
Jugoslawien: Stojanovic – Vujkov, Hrstic, Krmpotic (Obradovic), Zajec, Stojkovic, Bogdan, Bosnjak (Savic), Halilhodzic, Klincarski, Senica (Sliskovic, Starcevic, Verlasevic).
DDR: Heyne – Hause (Pingel), Brauer, Uhlig, Roth, Weber, Terletzki (Schnuphase), Eigendorf (Mischinger, Töpfer), Riediger, Kotte, Kühn.

1978/80 Sowjetunion

Qualifikation: Deutschland nahm nicht teil. Die DDR qualifizierte sich gegen die Niederlande (2:0, 1:1) und Polen (4:1, 1:1).
Viertelfinale: Tschechoslowakei – Jugoslawien 1:1, 1:2; Sowjetunion – Italien 3:1, 0:0; England – Schottland 2:1, 0:0; Ungarn – DDR 2:0, 0:3.
Halbfinale: Sowjetunion – Jugoslawien 3:0, 1:0; England – DDR 1:2, 0:1.

1. Endspiel am 7. 5. 1980 in Rostock: DDR – Sowjetunion 0:0
2. Endspiel am 20. 5. 1980 in Moskau: Sowjetunion – DDR 1:0 (0:0)
Sowjetunion: Tschanow (Nowikow) – Kaplun, Baltatscha, Shurawijow, Demjanenko – Darasseljia (Dumanski), Chatschatrjan, Susloparow, Bal – Chapsalis (Petrakow), Schengelija (Prudikow, Gassajew).
DDR: R. Müller – Uteß, Dennstedt, A. Ullrich, Troppa, Sträßer, Kurbjuweit, Kreer (Stahmann), B. Schulz (Pastor, Riediger), Töpfer.

1980/82: England

Qualifikation: Deutschland qualifizierte sich Bulgarien (4:1, 0:1), Österreich (4:0, 1:0) und Finnland (4:2, 2:1); die DDR scheiterte gegen Polen (2:3, 1:3) und Norwegen (0:4, 1:1).
Viertelfinale: Frankreich – Sowjetunion 0:0, 2:4; Spanien – Deutschland 1:0, 0:2; Polen – England 1:2, 2:2; Italien – Schottland 0:1, 0:0.
Halbfinale: Sowjetunion – Deutschland 3:4, 0:5; Schottland – England 0:1, 1:1.

1. Endspiel am 21. 9. 1982 in Sheffield: England – Deutschland 3:1 (1:0)
2. Endspiel am 12. 10. 1982 in Bremen: Deutschland – England 3:2 (0:0)
England: Hesford – Thomas, Caton, Duxbury, Fenwick – Lee, Owen, McCall (Heath) – Goddard, Hodgson (Fashanu), Shaw (Ranson).
Deutschland: Immel – Geils, Strack (Möhlmann), Reinhardt, Otten – Rolff (Geiger, Dittus), Kempe (Kroth, von Heesen), Engels – Wuttke, Th. Allofs (Reichert), Völler (Littbarski).

1982/84: England

Qualifikation: Deutschland scheiterte gegen Albanien (1:1, 1:1), die Türkei (7:0, 1:0) und Österreich (2:1, 1:1); die DDR scheiterte gegen Schottland (1:1, 0:2), Belgien (2:1, 2:4) und die Schweiz (2:1, 6:5).
Viertelfinale: England – Frankreich 6:1, 1:0; Schottland – Jugoslawien 2:1, n. V. 1:3; Albanien – Italien 0:1, 0:1; Polen – Spanien 2:2, 1:4.
Halbfinale: England – Italien 3:1, 0:1; Jugoslawien – Spanien 0:1, 0:2.

1. Endspiel am 18. 5. 1984 in Sevilla: Spanien – England 0:1 (0:0)
2. Endspiel am 24. 5. 1984 in Sheffield: England – Spanien 2:0 (0:0)
England: Hucker (Bailey) – Sterland Bracewell, Watson, Thomas, Stevens, Gayle, Hodge, Chamberlain – Hateley (D'Avray), Brock (Mountfield, Pickering, Callaghan).

1984/86: Spanien

Qualifikation: Deutschland scheiterte gegen Schweden (1:0, 1:2), die Tschechoslowakei (3:1, 1:1) und Portugal (2:0, 1:2); die DDR scheiterte gegen Frankreich (1:1, 1:1), Bulgarien (1:1, 2:3) und Jugoslawien (1:1, 3:2).
Viertelfinale: Schweden – Italien 1:1, 1:2; Dänemark – England 0:1, 1:1; Polen – Ungarn 1:0, 0:5; Spanien – Frankreich 3:1, 3:1.
Halbfinale: Italien – England 2:0, 1:1; Ungarn – Spanien 3:1, 1:4.

1. Endspiel am 15. 10. 1986 in Rom. Italien – Spanien 2:1 (0:1)
2. Endspiel am 29. 10. 1986 in Valladolid: Spanien – Italien n. V. 2:1 (2:1, 1:1), Elfmeterschießen 3:0
Spanien: Ablanedo – Solana, Quique – Sanchis, Andriuna, Calderé – Llorente, Eusebio, Pineda (Pardeza), Roberto, Bustingorri (im 2. Spiel noch Eloy, Gallego, Gabino, Ramon Vaquez, J. Carlos).

1986/88: Frankreich

Qualifikation: Deutschland scheiterte gegen die Niederlande (0:2, 1:3), Bulgarien (2:0, 1:2) und Luxemburg (4:1, 4:1); die DDR scheiterte an Frankreich (1:0, 2:2), der UdSSR (5:1, 1:2) und Norwegen (1:1, 0:0).
Viertelfinale: Frankreich – Italien 2:1, 2:2; Griechenland – Tschechoslowakei 1:1, 2:2; Spanien – Niederlande 0:1, n. V. 1:2, Schottland – England 0:1, 0:1.
Halbfinale: Frankreich – England 4:2, 2:2; Griechenland – Niederlande 5:0, 0:2.

1. Endspiel am 25. 5. 1988 in Athen: Griechenland – Frankreich 0:0
2. Endspiel am 12. 10. 1988 in Besancon: Frankreich – Griechenland 3:0 (0:0)
Frankreich: Martini – Reuzeau, Silvestre, Roche (F. Passi), Galtier – Blanc, Dogon, Sauzée, Guérin – Paille, Lada (Zitelli). Im ersten Spiel noch eingesetzt: Barrabe, Buisine, Despayroux, Cantona.

1988/90: Sowjetunion

Qualifikation: Deutschland qualifizierte sich gegen Island (1:1), die Niederlande (2:0, 1:0) und Finnland (2:0, 3:0); die DDR scheiterte gegen die UdSSR (3:2, 0:1), Österreich (2:0, 1:0) und die Türkei (0:0, 2:3).

Viertelfinale: Jugoslawien – Bulgarien 2:0, 1:0; Sowjetunion – Deutschland 1:1, n. V. 2:1; Tschechoslowakei – Schweden 1:2, 0:4; Italien – Spanien 3:1, 0:1.
Halbfinale: Italien – Jugoslawien 0:0, 2:2; Sowjetunion – Schweden 1:1, 2:0.

1. Endspiel am 5. 9. 1990 in Sarajevo: Jugoslawien – Sowjetunion 2:4 (1:2)
2. Endspiel am 17. 10. 1990 in Simferopol: Sowjetunion – Jugoslawien 3:1 (1:0)
Sowjetunion: Eriomin – Mostowoi, Sidelnikow – Smatowalenko, Pozdneikow (Juran), Cernischew – Koncelenis, Schalimow, Kobelew, Dobrowolski, Koliwanow.

1990/92: Italien

Qualifikation: Deutschland qualifizierte sich gegen Belgien (3:1, 3:0) und Luxemburg (3:0, 3:0).
Viertelfinale: Dänemark – Polen 5:0, 1:1; Niederlande – Schweden 2:1, 0:1; Deutschland – Schottland 1:1, 3:4; Tschechoslowakei – Italien 1:2, 0:2.
Halbfinale: Schweden – Schottland 1:0, 0:0; Dänemark – Italien 0:1, 0:2.

1. Endspiel am 28. 5. 1992 in Ferrara: Italien – Schweden 2:0 (0:0)
2. Endspiel am 3. 6. 1992 ib Växjö: Schweden – Italien 1:0 (0:0)
Italien: Antonioli – Bonomi, Favalli (Rossini) – D. Baggio (Taccola), Matrecano, Verga (Albertini) – Melli (Muzzi), Marcolin, Buso, Corini, Sordo.

1992/94: Italien

Qualifikation: Deutschland scheiterte gegen Spanien (1:2, 1:3), Irland (8:0, 1:0) und Dänemark (0:1, 4:1).
Viertelfinale: Spanien – Griechenland 0:0, 4:2; Polen – Portugal 1:3, 0:2; Frankreich – Russland 2:0, 1:0; Italien – RCS 3:0, 0:1.

Endrunde vom 15. bis 20. 4. 1994 in Frankreich
Halbfinale: Frankreich – Italien n. V. 0:0, Elfmeterschießen 3:5, Portugal – Spanien 2:0.
Um den dritten Platz: Spanien – Frankreich 2:1.

Endspiel am 20. April 1994 in Montpellier: Italien – Portugal n. V. 1:0 (0.0, 0:0)
Italien: Toldo – Cannavaro, Colonnete, Panucci, Berretta, Cherubini, Inzaghi (83. Orlandini), Marcolin, Starchilli, Carbone, Muzzi.
Tor: Orlandini – Zuschauer: 8000 – SR: Muhmenthaler (Schweiz) .

1994/96: Italien

Qualifikation: Deutschland qualifizierte sich gegen Bulgarien (7:0, 0:2), Wales (1:0, 5:1), Georgien (3:0, 2:0) und Moldawien (3:1, 1:1).
Viertelfinale: Deutschland – Frankreich 0:0, 1:4; Portugal – Italien 1:0, 0:2; Ungarn – Schottland 0:1, 1:3; Spanien – Tschechien 2:1 2:1.

Endrunde vom 28. bis 31. Mai 1996 in Barcelona
Halbfinale: Spanien – Schottland 2:1, Italien – Frankreich 1:0.
Um den 3. Platz: Frankreich – Schottland 1:0.

Endspiel am 31. Mai in Barcelona: Italien – Spanien n. V. 1:1 (1:1, 1:1), Elfmeterschießen 4:2
Italien: Pagotto – Panucci, Cannavaro, Fresi, Galante (Pistone), Nesta – Ametrano, Tommasi (Tacchinardi), Brambilla – Amoruso, Totti (Morfeo).
Tore: Eigentor Idiakez (Raul) – Zuschauer: 25 000 – SR: Benko (Österreich).

1996/98: Spanien

Qualifikation: Deutschland qualifizierte sich gegen Armenien (1:0, 7:0), Portugal (2:1, 1:1), Albanien (4:0, 2:0) und die Ukraine (2:0, 1:1).

Endrunde vom 23. bis 31. Mai 1998 in Rumänien:
Viertelfinale: Deutschland – Griechenland 0:1, Niederlande – Rumänien 2:1, Spanien – Russland 1:0, Norwegen – Schweden 1:0.
Platzierungsspiele: Rumänien – Deutschland i. V. 0:1 („Golden Goal“), Russland – Schweden 0:2.
Um den 5. Platz: Deutschland – Schweden 2:1
Um den 7. Platz: Russland – Rumänien 2:1.
Halbfinale: Niederlande – Griechenland 0:3, Norwegen – Spanien n. V. 0:1.
Um den 3. Platz: Norwegen – Niederlande 2:0.

Endspiel am 31. Mai 1998 in Bukarest: Spanien – Griechenland 1:0 (0:0)
Spanien: Arnau – Lopez Rekarte, Guerrero, Garcia Calvo, Roger (Guti) – Vales, Felipe, Ito, Benjamin (Angub) – Valeron (Victor), Ivan Perez.
Tor: Ivan Perez – Zuschauer: 10 000 – SR: Michel (Slowakei).

1998/2000: Italien

Qualifikation: Deutschland scheiterte gegen die Türkei (1:1, 0:2), Finnland (2:0, 1:3), Nordirland (1:0, 0:1) und Moldawien (2:0, 2:0).
Achtelfinale: Polen – Türkei 2:1, 0:1; Norwegen – Spanien 1:3, 0:4; Russland – Slowakei 0:1, 1:3; Tschechien – Griechenland 3:0, 0:1; Niederlande – Belgien 2:2, 2:0; Portugal – Kroatien 2:0, n. V. 0:3; Frankreich – Italien 1:1, n. V. 1:2; England – Jugoslawien 3:0 (nur ein Spiel in Barcelona).

Endrunde vom 27. 5. bis 4. 6. 2000 in der Slowakei
Gruppe A: Tschechien. Spanien – Tschechien 1:1; Kroatien – Niederlande 1:2; Spanien – Kroatien 0:0; Tschechien – Niederlande 3:1; Niederlande – Spanien 0:1; Tschechien – Kroatien 4:3.
Gruppe B: Italien. Italien – England 2:0; Slowakei – Türkei 2:1; Italien – Slowakei 1:1; England – Türkei 6:0; Türkei – Italien 1:3; England – Slowakei 0:2.
Um den 3. Platz: Spanien – Slowakei 1:0

Endspiel am 4. Juni 2000 in Bratislava: Italien – Tschechien 2:1 (1:0)
Italien: Abbiati – Grandoni, Zanchi, Gattuso – Comandini (Ventola), Baronio, Pirlo, Coco – Cirillo, Zanetti (Firmani), Spinesi (Vanucchi)
Tore: Pirlo 2 (Dosek) – Zuschauer: 9170 – SR: Nilsson (Schweden).

2000/02: Tschechien

Qualifikation: Deutschland scheiterte gegen England (1:2, 1:1), Griechenland (2:1, 0:2), Albanien (8:0, 1:0) und Finnland (2:0, 3:1).
Achtelfinale: Polen – Italien 2:5, 0:0; Kroatien – Tschechien 1:1, 0:0; Schweden – Belgien 3:2, 0:2; Griechenland – Türkei 3:0, 1:2; Rumänien – Frankreich 0:1, 0:4; Niederlande – England 2:2, 0:1; Spanien – Portugal 2:1, 0:1; Ukraine – Schweiz 1:2, 1:2.

Endrunde vom 16. bis 28. 5. 2002 in der Schweiz
Gruppe A: Italien und Schweiz. England – Schweiz 2:1, Italien – Portugal 1:1, Portugal – Schweiz 0:2, Italien – England 2:1, Schweiz – Italien 0:0, Portugal – England 3:1.
Gruppe B: Frankreich und Tschechien. Frankreich – Tschechien 2:0, Griechenland – Belgien 1:2, Belgien – Tschechien 0:1, Griechenland – Frankreich 1:3, Tschechien – Griechenland 1:1, Belgien – Frankreich 0:2.
Halbfinale: Frankreich – Schweiz 2:0, Tschechien – Italien 3:2.

Endspiel am 28. Mai 2002 in Basel: Tschechien – Frankreich n. V. 0:0, Elfmeterschießen 3:1
Tschechien: Cech – Hübschmann, Jiranek (Kovac), Rozehnal, Grygera – Zelenka (Polak), Vorisek – Pitak, Skacel – Baros (Pospisil), Vachousek
Zuschauer: 20 400 – SR: Ovrebo (Norwegen).

2002/04: Italien

Qualifikation: Deutschland qualifizierte sich gegen Schottland (0:1, 2:2), Litauen (1:0, 4:1) und Island (1:0, 3:1).
Achtelfinale: Deutschland – Türkei 1:0, 1:1; Serbien-Montenegro – Norwegen 5:1, 0:3; Portugal – Frankreich 1:2, n. V. 2:1, Elfmeterschießen 4:1; Dänemark – Italien 1:1, 0:0; Schweden – Spanien 2:0, 1:1, Schweiz – Tschechien 1:2, n. V. 2:1, Elfmeterschießen 4:3; Kroatien – Schottland 2:0, 0:1.
Endrunde vom 27. Mai bis 8. Juni 2004 in Deutschland
Gruppe A: Italien und Serbien-Montenegro. Italien – Weißrussland 1:2; Serbien und Montenegro – Kroatien 3:2; Weißrussland – Kroatien 1:1; Italien – Serbien und Montenegro 2:1; Italien – Kroatien 1:0; Weißrussland – Serbien und Montenegro 1:2.
Gruppe B: Schweden und Portugal. Schweden – Portugal 3:1; Deutschland – Schweiz 2:1; Schweiz – Portugal 2:2; Deutschland – Schweden 1:2; Schweiz – Schweden 1:3; Deutschland – Portugal 1:2.
Halbfinale: Schweden – Serbien und Montenegro n. V. 1:1, Elfmeterschießen 5:6; Italien – Portugal 3:1.
Spiel um den 3. Platz: Portugal – Schweden n. V. 3:2.

Endspiel am 8. Juni 2004 in Bochum: Italien – Serbien und Montenegro 3:0 (1:0)
Italien: Amelia – Bonera (Zaccardo), Barzagli, Bovo, Moretti – Mesto, De Rossi, Donadel (Brighi), Palombo – Gilardino, Sculli (Del Nero).
Tore: De Rossi, Bovo, Gilardino – Zuschauer: 15 000 – SR: Medina Cantalejo (Spanien).

2004/06: Niederlande

Qualifikation: Deutschland qualifizierte sich gegen England (1:1, 2:2), Polen (1:1, 3:1), Österreich (2:0, 3:0), Wales (4:0, 4:0) und Aserbaidschan (2:0, 2:0).
Achtelfinale: Tschechien – Deutschland 0:2, 0:1; Ungarn – Italien 1:1, 0:1; England – Frankreich 1:1, 1:2; Serbien & Montenegro – Kroatien 3:1, 2:1; Ukraine – Belgien 2:3, 2:1; Russland – Dänemark 0:1, 1:3; Schweiz – Portugal 1:1, 1:2; Slowenien – Niederlande 0:0, 0:2.

Endrunde vom 23. Mai bis 4. Juni 2006 in Portugal
Gruppe A: Frankreich und Serbien & Montenegro. Serbien & Montenegro – Deutschland 0:1, Portugal – Frankreich 0:1, Frankreich – Deutschland 3:0, Portugal – Serbien & Montenegro 0:2, Deutschland – Portugal 0:1, Frankreich – Serbien & Montenegro 2:0.
Gruppe B: Ukraine und Niederlande. Ukraine – Niederlande 2:1, Italien – Dänemark 3:3, Dänemark – Niederlande 1:1, Italien – Ukraine 1:0, Niederlande – Italien 1:0, Dänemark – Ukraine 1.2.
Halbfinale: Frankreich – Niederlande n. V. 2:3; Ukraine – Serbien & Montenegro n. V. 0:0, Elfmeterschießen 5:4.

Endspiel am 4. Juni 2006 in Porto: Niederlande – Ukraine 3:0 (2:0)
Niederlande: Vermeer – Tiendalli, Vlaar, Luirink, Emanuelson – Aissati (Zomer), De Zeeuw, Schaars – Hofs, Huntelaar, Castelen (De Ridder).
Tore: Huntelaar 2, Hofs – Zuschauer: 22 146 – SR: Hansson (Schweden).

2006/07: Niederlande

Qualifikation: Deutschland qualifizierte sich gegen Nordirland (3:2) und Rumänien (5:1).
Achtelfinale: Serbien – Schweden 0:3, 5:0; Tschechien – Bosnien-Herzegowina 2:1, 1:1; Russland – Portugal 4:1, 0:3; England – Deutschland 1:0, 2:0; Italien – Spanien 0:0, 2:1; Belgien – Bulgarien 1:1, 4:1; Frankreich – Israel 1:1, 0:1.

Endrunde vom 10. bis 23. Juni 2007 in den Niederlanden
Gruppe A: Niederlande und Belgien. Niederlande – Israel 1:0; Portugal – Belgien 0:0; Niederlande – Portugal 2:1; Israel – Belgien 0:1; Belgien – Niederlande 2:2; Israel – Portugal 0:4.
Gruppe B: Serbien und England. Tschechien – England 0:0; Serbien – Italien 1:0; Tschechien – Serbien 0:1; England – Italien 2:2; Italien – Tschechien 3:1; England – Serbien 2:0.
Halbfinale: Niederlande – England n. V. 1:1, Elfmeterschießen 13:12; Serbien – Belgien 2:0.
Um den 5. Platz: Italien – Portugal n. V. 0:0, Elfmeterschießen 4:3 (Italien für Olympia 2008 qualifiziert).

Endspiel am 23. Juni 2007 in Groningen: Niederlande – Serbien 4:1 (1:0)
Niederlande: Waterman – Zuiverloon, Donk, Kruiswijk, Pieters (Jong-A-Pin) – De Ridder, Maduro, Bakkal, Drenthe (Beerens) – Babel, Rigters (Bruins).
Tore: Bakkal, Babel, Rigters, Bruins, (Mrdja) – Zuschauer: 19 814 – SR: Skomina (Slowenien).

2007/09: Deutschland

Qualifikation: Deutschland qualifizierte sich gegen Israel (0:0, 2:2), Nordirland (3:0, 3:0), Moldawien (3:0, 0:1) und Luxemburg (6:0, 7:0).
Achtelfinale: Österreich – Finnland 2:1, n. V. 1:2, Elfmeterschießen 2:4; Türkei – Weißrussland 1:0, 0:2; Deutschland – Frankreich 1:1, 1:0; Wales – England 2:3, 2:2; Italien – Israel 0:0, 3:1; Dänemark – Serbien 0:1, 0:1; Schweiz – Spanien 2:1, n. V. 1:3.

Endrunde vom 15. bis 29. Juni 2009 in Schweden
Gruppe A: Italien und Schweden. Schweden – Weißrussland 5:1; Italien – Serbien 0:0; Schweden – Italien 1:2; Weißrussland – Serbien 0:0; Serbien – Schweden 1:3; Weißrussland – Italien 1:2.
Gruppe B: England und Deutschland. England – Finnland 2:1; Spanien – Deutschland 0:0; Deutschland – Finnland 2:0; Spanien – England 0:2; Finnland – Spanien 0:2; Deutschland – England 1:1.
Halbfinale: England – Schweden n. V. 3:3, Elfmeterschießen 5:4; Italien – Deutschland 0:1.

Endspiel am 29. Juni 2009 in Malmö: Deutschland – England 4:0 (1:0)
Deutschland: Neuer – Beck, J. Boateng, Höwedes, Boenisch – Hummels (Aogo) – Johnson (Schwaab), Castro, Khedira, Özil (Schmelzer) – Wagner.
Tore: Castro, Özil, Wagner 2 – Zuschauer: 20 000 – SR: Kuipers (Niederlande).

2009/11: Spanien

Qualifikation: Deutschland scheiterte an Tschechien (1:2, 1:1), Island (2:2, 1:4), Nordirland (3:0, 1:1) und San Marino (6:0, 11:0).
Achtelfinale: Island – Schottland 2:1, 2:1; Schweiz – Schweden 4:1, 1:1; Tschechien – Griechenland 3:0, 2:0; England – Rumänien 2:1, 0:0; Italien – Weißrussland 2:0, n. V. 0:3; Neiederlande – Ukraine 1:3, 2:0; Spanien – Kroatien 2:1, 3:0.

Endrunde vom 11. bis 25. Juni 2011 in Dänemark
Gruppe A: Schweiz und Weißrussland. Weißrussland – Island 2:0; Dänemark – Schweiz 0:1; Schweiz – Island 2:0; Dänemark – Weißrussland 2:1; Island – Dänemark 3:1; Schweiz – Weißrussland 3:0.
Gruppe B: Spanien und Tschechien. Tschechien – Ukraine 2:1; Spanien – England 1:1; Tschechien – Spanien 0:2; Ukraine – England 0:0; England – Tschechien 1:2; Ukraine – Spanien 0:3.
Halbfinale: Spain – Weißrussland 3:1; Schweiz – Tschechien 1:0.
Spiel um den 3. Platz (Olympia-Qualifikation): Weißrussland – Tschechien 1:0.

Endspiel am 25. Juni 2011 in Aarhus: Spanien – Schweiz 2:0 (1:0)
Spanien: De Gea – Montoya, Botia, Alvaro Dominguez, Didac – Javi Martinez, Thiago Alcantara – Ander (Capel), Mata, Iker Muniain (Parejo) – Adrian (Jeffren).
Tore: Ander, Thiago Alcantara – Zuschauer: 16 100 – SR: Tagliavento (Italien).

Junioren-Europameisterschaft U 18/U 19

Seit 1948 führte die FIFA bzw. ab 1955 die UEFA ein internationales Turnier für Junioren durch. Teilnahmeberechtigt sind Spieler bis zum vollendeten 18. Lebensjahr. 1981 erhielt das bisherige UEFA-Juniorenturnier die Bezeichnung „Junioren-Europameisterschaft"; ab 2001/02 als „U19 EM".

Die Sieger der FIFA/UEFA-Juniorenturniere:
1948 England – 1949 Frankreich – 1950 Österreich – 1951 Jugoslawien – 1952 Spanien – 1953 Ungarn – 1954 Spanien – 1955, 1956 nur Gruppensieger ermittelt – 1957 Österreich – 1958 Italien – 1959 Bulgarien – 1960 Ungarn – 1961 Portugal – 1962 Rumänien – 1963, 1964 England – 1965 DDR – 1966 Sowjetunion/Italien gemeinsam – 1967 Sowjetunion – 1968 Tschechoslowakei – 1969 Bulgarien – 1970 DDR – 1971, 1972, 1973 England – 1974 Bulgarien – 1975 England – 1976 Sowjetunion – 1977 Belgien – 1978 Sowjetunion – 1979 Jugoslawien – 1980 England.

Die bisherigen Europameister:
1981 Deutschland – 1982 Schottland – 1983 Frankreich – 1984 Ungarn – 1986 DDR – 1988, 1990 Sowjetunion – 1992 Türkei – 1993 England – 1994 Portugal – 1995 Spanien – 1996, 1997 Frankreich – 1998 Irland – 1999 Portugal – 2000 Frankreich – 2001 Polen – 2002 Spanien – 2003 Italien – 2004 Spanien – 2005 Frankreich – 2006, 2007 Spanien – 2008 Deutschland – 2009 Ukraine – 2010 Frankreich – 2011 Spanien.

1981: Deutschland

Qualifikation: Deutschland als Ausrichter automatisch qualifiziert; die DDR scheiterte gegen Polen (1:2, 0:2).

Endrunde vom 25. 5. bis 3. 6. 1981 in Deutschland:
Gruppe A: Deutschland. Deutschland – Wales 5:0, Belgien – Griechenland 2:0, Deutschland – Belgien 3:2, Griechenland – Wales 0:1, Deutschland – Griechenland 1:0, Belgien – Wales 0:3.
Gruppe B: Polen. Polen – Schweden 1:1, Rumänien – Tschechoslowakei 3:2, Polen – Rumänien 3:1, Schweden – Tschechoslowakei 1:1, Polen –Tschechoslowakei 3:1, Schweden – Rumänien 1:1.
Gruppe C: Frankreich. Italien – Frankreich 0:0, Bulgarien – Dänemark 2:2, Italien – Bulgarien 1:0, Frankreich – Dänemark 2:1, Italien – Dänemark 1:2, Frankreich – Bulgarien 3:0.
Gruppe D: Spanien. Österreich – Schottland 0:1, Spanien – England 2:1, Österreich – Spanien 0:3, Schottland – England 1:0, Österreich – England 0:7, Schottland – Spanien 1:1.
Halbfinale: Deutschland – Frankreich 1:1, Elfmeterschießen 4:3, Polen – Spanien 0:0, Elfmeterschießen 6:5.
Um den 3. Platz: Frankreich – Spanien 1:1, Elfmeterschießen 2:0.

Endspiel am 3. Juni 1981 in Düsseldorf: Deutschland – Polen 1:0 (0:0)
Deutschland: Vollborn – Quaisser (Goldstein), Theiss, Schmidkunz, Falkenmayer – Aulbach, Brunner, Loose – Anthes, Herbst, Wohlfarth.
Tor: Anthes – Zuschauer: 56 000 – SR: Mathias (Österreich).

1982: Schottland

Qualifikation: Deutschland qualifizierte sich gegen Luxemburg (3:0, 5:0) und Frankreich (2:0, 1:0); die DDR nahm nicht teil.

Endrunde vom 21. bis 30. 5. 1982 in Finnland:
Gruppe A: Sowjetunion. Österreich – Sowjetunion 1:4, Deutschland – Irland 1:0, Österreich – Deutschland 4:1, Sowjetunion – Irland 2:0, Irland – Österreich 2:4, Sowjetunion – Deutschland 1:0.
Gruppe B: Polen. Spanien – Bulgarien 1:2, Polen – Belgien 1:0, Spanien – Polen 0:1, Bulgarien – Belgien 0:1, Spanien – Belgien 1:3, Bulgarien – Polen 0:0.
Gruppe C: Tschechoslowakei. Portugal – Ungarn 2:1, Tschechoslowakei – Finnland 2:1, Ungarn – Finnland 2:3, Portugal – Tschechoslowakei 1:1, Portugal – Finnland 1:1, Ungarn – Tschechoslowakei 0:2.
Gruppe D: Schottland. Schottland – Albanien 3:0, Türkei – Niederlande 1:3, Schottland – Türkei 2:0, Albanien – Niederlande 1:3, Schottland – Niederlande 1:1, Albanien – Türkei 1:1.
Halbfinale: Sowjetunion – Tschechoslowakei 0:1, Polen – Schottland 0:2.
Um den 3. Platz: Sowjetunion – Polen 3:1.

Endspiel am 30. 5. 1982 in Helsinki: Schottland – Tschechoslowakei 3:1 (1:0)
Schottland: Rase – Beaumont, Bowman, Dick, McGinnis, McStay, Mackay, Nevinx, Philliben, Rennie, Rica.
Tore: Philliben, Nevinx, Mackay (Kula) – Zuschauer: 2500 – SR: Tritschler (Deutschland).

1983: Frankreich

Qualifikation: Deutschland qualifizierte sich gegen die Schweiz (2:0, 1:1); die DDR scheiterte gegen die Tschechoslowakei (0:1, 1:2).

Endrunde vom 13. bis 22. Mai 1983 in England:
Gruppe A: Tschechoslowakei. Tschechoslowakei – Deutschland 3:1, Bulgarien – Schweden 1:0, Tschechoslowakei – Bulgarien 0:0, Deutschland – Schweden 1:0, Tschechoslowakei – Schweden 1:1, Deutschland – Bulgarien 3:1.
Gruppe B: Italien. Jugoslawien – Rumänien 2:0, Italien – Türkei 1:1, Jugoslawien – Italien 0:2, Rumänien – Türkei 6:0, Jugoslawien – Türkei 3:1, Rumänien – Italien 0:2.
Gruppe C: England. England – Spanien 1:0, Schottland – Sowjetunion 3:0, England – Schottland 4:2, Spanien – Sowjetunion 1:0, England – Sowjetunion 0:2, Spanien – Schottland 1:1.
Gruppe D: Frankreich. Finnland – Frankreich 1:3, Irland – Belgien 1:0, Finnland – Irland 0:0, Frankreich – Belgien 3:1, Finnland – Belgien 4:0, Frankreich – Irland 1:1.
Halbfinale: Tschechoslowakei – England 1:1, Elfmeterschießen 4:2; Italien – Frankreich 0:1.
Um den 3. Platz: England – Italien 1:1, Elfmeterschießen 4:2.

Endspiel am 22. Mai 1983 in London: Frankreich – Tschechoslowakei 1:0 (1:0)
Frankreich: Sabonniere – Reuzeau, Prisette, Degrave, Hely – Ribar, Fournier, Frechet (Fernier), Thomas – Paille, Guion (Fourrier).
Tor: Reuzeau – Zuschauer: 4593 – SR: Petrovic (Jugoslawien).

1984: Ungarn

Qualifikation: Deutschland scheiterte gegen Italien (0:3, 0:0) und Österreich (1:1, 1:0); die DDR qualifizierte sich gegen Schweden (3:1, 2:1).

Endrunde vom 25.5. bis 3.6.1984 in der Sowjetunion:
Gruppe A: Irland. Irland – Schottland 3:0, Portugal – Griechenland 3:1, Irland – Griechenland 1:1, Schottland – Portugal 3:1, Griechenland – Schottland 1:1, Irland – Portugal 3:2.
Gruppe B: Polen. Bulgarien – Dänemark 2:2, Polen – Italien 1:0, Italien – Dänemark 3:0, Polen – Bulgarien 1:0, Bulgarien – Italien 1:0, Polen – Dänemark 1:0.
Gruppe C: Sowjetunion. Sowjetunion – Luxemburg 5:0, DDR – England 1:1, Sowjetunion – England 1:1, DDR – Luxemburg 4:0, Sowjetunion – DDR 1:0, England – Luxemburg 2:0.
Gruppe D: Ungarn. Ungarn – Tschechoslowakei 3:0, Spanien – Schweiz 2:1, Tschechoslowakei – Schweiz 2:1, Ungarn – Spanien 2:1, Spanien – Tschechoslowakei 1:1, Ungarn – Schweiz 1:0.

Halbfinale: Sowjetunion – Irland 2:1; Ungarn – Polen 2:0.
Um den 3. Platz: Polen – Irland 2:1.

Endspiel am 3. Juni 1984 in Moskau: Ungarn – Sowjetunion n. V. 0:0, Elfmeterschießen 3:2
Ungarn: Petry – Pinter, Haaz, Szelpal, Keller – Deak, E. Kovacs, Oravecz (Zsivoczky) – Vincze, K. Kovacs, Zsinka.
Tore aus dem Elfmeterschießen: Pinter, Zsivoczky, E. Kovacs (Chudoshilow, Iwanauskas) – Zuschauer: 75 000 – SR: Dos Santos (Portugal).

• Ab 1984 wird die U18-EM über zwei Jahre ausgetragen.

1984/86: DDR

Qualifikation: Deutschland qualifizierte sich gegen die Schweiz (2:0, 2:0), Dänemark (3:1, 3:1) und Polen (3:0, 2:0); die DDR qualifizierte sich gegen Norwegen (1:0, 1:1), Schweden (2:1, 0:0) und Finnland (2:0, 1:0).

Endrunde vom 9. bis 16. Oktober 1986 in Jugoslawien:
Viertelfinale: Deutschland – Rumänien 3:0; DDR – Jugoslawien 2:0; Italien – Belgien 2:1; Schottland – Bulgarien 1:0.
Halbfinale: Deutschland – DDR 0:1; Italien – Schottland 1:0.
Qualifikation für die U20-WM: Jugoslawien – Rumänien 5:0; Bulgarien – Belgien 1:0
Um den 3. Platz: Deutschland – Schottland 1:0.

Endspiel am 15. Oktober 1986 in Subotica: DDR – Italien 3:1 (2:1):
DDR: Hiemann – Neitzel – Barylla, Ritter – Schuster, Prasse (Herzog), Steinmann, Köller, Minkwitz – Sammer, Kruse (Jähnig).
Tore: Kruse, Sammer, Köller (Impallomeni) – Zuschauer: 1000 – SR: Nemeth (Ungarn) .

Für die U20-WM 1987 in Chile qualifiziert: DDR, Italien, Deutschland, Schottland, Jugoslawien, Bulgarien.

1986/88: Sowjetunion

Qualifikation: Deutschland scheiterte gegen Portugal (3:3, 0:0), Frankreich (1:0, 1:2) und der Schweiz (3:0, 3:1); die DDR qualifizierte sich gegen Schweden (4:1, 2:2), Finnland (0:0, 3:0) und Irland (4:0, 0:0).

Endrunde vom 22. bis 27. Juli 1988 in der Tschechoslowakei:
Viertelfinale: Tschechoslowakei – Spanien 0:1; Sowjetunion – Norwegen 4:2; DDR – Dänemark 2:0; Niederlande – Portugal 0:3.
Halbfinale: Spanien – Portugal 0:2; DDR – Sowjetunion 0:3.
Qualifikation für die U20-WM: Norwegen – Dänemark 1:1, Elfmeterschießen 5:4; Tschechoslowakei – Niederlande 1:0.
Um den 3. Platz: DDR – Spanien 2:0.

Endspiel am 27. Juli 1988 in Frydek-Mistek: Sowjetunion – Portugal n. V. 3:1 (1:1, 0:0)
Sowjetunion: Stautsche – Bejenar, Benko, Tabunow, Asadow, Muschtschinka (Teiradse), Popowitsch, Kassimow, Timoschenko, Salenko, Kirijakow (Nikiforow).
Tore: Timoschenko, Nikiforow, Salenko (Joao Pinto) – Zuschauer: 5000 – SR: Libich (Polen).

Für die U20-WM 1989 in Saudi-Arabien qualifiziert: Sowjetunion, Portugal, DDR, Spanien, Norwegen, Tschechoslowakei.

1988/90: Sowjetunion

Qualifikation: Deutschland scheiterte gegen Schweden (2:1, 0:4), Polen (0:0, 0:1) und Schottland (1:0, 2:1); die DDR scheiterte gegen Belgien (0:2, 1:1), Jugoslawien (0:1, 2:1) und Wales (0:0, 1:1).

Endrunde vom 24. bis 29. Juli 1990 in Ungarn:
Viertelfinale: Schweden – Sowjetunion 0:3; Irland – Spanien 0:3; Belgien – England n. V. 1:1, Elfmeterschießen 4:5; Portugal – Ungarn n. V. 1:1, Elfmeterschießen 3:1.
Halbfinale: Sowjetunion – England 3:1; Spanien – Portugal 1:2.
Qualifikation für die U20-WM: Irland – Ungarn 1:0; Schweden – Belgien 6:0.
Um den 3. Platz: Spanien – England 1:0.

Endspiel am 29. Juli 1990 in Bekescsaba: Sowjetunion – Portugal n. V. 0:0, Elfmeterschießen 4:2
Sowjetunion: Pomazun – Krbasjan, Busmanow, Minko, Mamcsur – Guscsin (Pohlabejew), Grisin, Csaran – Mandreko (Kandurow), Lukin, Scherbakow
Zuschauer: 1500 – SR: Kapl (Österreich).

Für die U20-WM in Portugal qualifiziert: Sowjetunion, Portugal, Spanien, England, Irland, Schweden.

1990/92: Türkei

Qualifikation: Deutschland qualifizierte sich gegen Malta (4:0, 1:0), Spanien (3:0, 3:1) und Italien (0:0, 2:2).

Endrunde vom 19.–28. Juli 1992 in Deutschland:
Viertelfinale: Deutschland – Portugal 0:4; England – Polen 3:1; Türkei – Ungarn 3:0; GUS – Norwegen n. V. 4:4, Elfmeterschießen 1:3.
Halbfinale: Portugal – England 1:1, Elfmeterschießen 12:11; Türkei – Norwegen 2:1.
Qualifikation für die U20-WM: Deutschland – Polen 3:2, GUS – Ungarn 3:1.
Um den 3. Platz: Norwegen – England 1:1, Elfmeterschießen 8:7.

Endspiel am 25. Juli 1992 in Bayreuth: Türkei – Portugal i. V. („Golden Goal") 2:1 (1:1, 1:1)
Türkei: Yetkin – Kapacu Bülent – Emre, Sinan – Yakup, Ilhami, Turan (Tarkan), Seyfettin – Yilmaz Bülent (Aygün), Oktay, Mustafa.
Tore: Y. Bülent, Tarkan (Cardoso) – Zuschauer: 6000 – SR: Craciunescu (Rumänien) .

Für die U20-WM 1993 in Australien qualifiziert: Türkei, Portugal, Norwegen, England, Deutschland, GUS.

• Die U18-EM wird künftig wieder jährlich ausgetragen.

1993: England

Qualifikation: Deutschland qualifizierte sich gegen Norwegen (1:1, 3:2).

Zwischenrunde: Niederlande – Dänemark 2:1, 3:1; Portugal – Russland 2:1, 0:0; Italien – Ungarn 0:2, 1:0; Türkei – Schweiz 2:1, 1:0; Finnland – Frankreich 3:4, 2:2; Rumänien – Island 0:0, 1:0; Deutschland – Spanien 0:0, 2:5 – England als Veranstalter automatisch qualifiziert.

Endrunde vom 18. bis 26. Juli 1993 in England:
Gruppe A: Türkei vor Portugal. Portugal – Rumänien 0:0, Ungarn – Türkei 1:1, Portugal – Ungarn 2:0, Türkei – Rumänien 3:0, Türkei – Portugal 2:0, Ungarn – Rumänien 1:0.
Gruppe B: England vor Spanien. England – Frankreich 2:0, Spanien – Niederlande 3:2, England – Niederlande 4:1, Spanien – Frankreich 4:1, England – Spanien 5:1, Frankreich – Niederlande 1:1.
Um den 3. Platz: Spanien – Portugal 2:1.

Endspiel am 25. Juli 1993 in Nottingham: England – Türkei 1:0 (0:0)
England: Day – G. Neville, Caskey, Casper, Sharp, Campbell, Tinkler, Gallen (Whelan), Scholes, Fowler, Joachim.
Tor: Caskey – Zuschauer: 23 381 – SR: Olsen (Norwegen).

1994: Portugal

Qualifikation: Deutschland qualifizierte sich gegen Griechenland (4:2, 2:2).
Zwischenrunde: Island – Portugal 0:7, 1:3; Russland – Italien 2:0, 1:0; Ungarn – Weißrussland 1:2, 0:0; Schweden – Schweiz 0:0, 2:1; Deutschland – Belgien 0:0, 0:0, Elfmeterschießen 4:2.); Ukraine – Niederlande 2:2, 0:0; Kroatien – Frankreich 0:0, 0:3 – Spanien als Veranstalter automatisch qualifiziert.
Endrunde vom 24. bis 31. Juli 1994 in Spanien:
Gruppe A: Portugal vor Niederlande und Frankreich: Frankreich – Portugal 1:3, Niederlande – Schweden 1:1, Portugal – Schweden 2:0, Frankreich – Niederlande 2:3, Schweden – Frankreich 1:3, Portugal – Niederlande 1:0.
Gruppe B: Deutschland vor Spanien und Russland. Spanien – Russland 4:2, Deutschland – Weißrussland 3:0, Deutschland – Russland 1:2, Spanien – Weißrussland 4:1, Deutschland – Spanien 3:1, Rußland – Weißrussland 3:2.
Um den 5. Platz: Russland – Frankreich 2:0.
Um den 3. Platz: Spanien – Niederlande 5:2.

Endspiel am 31. Juli 1994 in Merida: Portugal – Deutschland n. V. 1:1 (1:1, 1:0), Elfmeterschießen 4:1
Portugal: Silva Sampao – Madureira, Viana, Cruz (Magalhaes), Mendonca, D'Aqua (Lopes), Boia Lopes, Teixeira, Ferreira, Soares, Deus.
Deutschland: Jentzsch – Hahn – Dogan, Fensch – Wedau, Hinz, Gerster, Bochtler – Ricken – Küntzel (Schuster), Michalke (Regenbogen).
Tore: Viana (Gerster) – Zuschauer: 6000 – SR: Vad (Ungarn).

Für die U20-WM 1995 in Katar qualifiziert: Portugal, Deutschland, Spanien, Niederlande, Russland.

1995: Spanien

Qualifikation: Deutschland scheiterte gegen Nordirland (0:1) und Färöer (8:0).

Zwischenrunde: Spanien (vor Ukraine und Rumänien), Nordirland – Norwegen 0:5, 0:1; Türkei – Russland 3:1, 1:0; Dänemark – Slowakei 1:3, 3:4; Ungarn – England 0:1, 2:0; Frankreich – Niederlande 0:1, 2:2; Bulgarien – Italien 1:1, 0–1 – Griechenland als Veranstalter automatisch qualifiziert.

Endrunde vom 15. bis 22. Juli 1995 in Griechenland:
Gruppe A: Italien vor Griechenland. Griechenland – Italien 1:4, Slowakei – Norwegen 1:3, Griechenland – Slowakei 5:1, Italien – Norwegen 2:1, Norwegen – Griechenland 1:1, Italien – Slowakei 0:1.
Gruppe B: Spanien vor Niederlande. Spanien – Ungarn 2:1, Türkei – Niederlande 1:4, Spanien – Türkei 3:0, Ungarn – Niederlande 3:5, Spanien – Niederlande 2:1, Ungarn – Türkei 2:1.
Um den 3. Platz: Griechenland – Niederlande 5:0.

Endspiel am 22. Juli 1995 in Katerini: Spanien – Italien 4:1 (2:0)
Spanien: Criado (Eneko) – Rodriquez, Domingo, Redondo, Moreno, Curro, Ismael, Carlos (Roa), Ribera, Gutierrez, Rufete.
Tore: Carlos 3, Gutierrez (Totti) – Zuschauer: 1100 – SR: Ouzounov (Bulgarien).

1996: Frankreich

Qualifikation: Deutschland qualifizierte sich gegen Rumänien (1:0) und Kroatien (1:1, Elfmeterschießen 3:1).

Zwischenrunde: Italien (vor Griechenland und Österreich); Russland – Ungarn 2:4, 0:1; Deutschland – Belgien 0:0, 1:2; Portugal – Niederlande 4:1, 0:2; Spanien – Norwegen 3:1, 4:0; Schottland – England 0:3, 0:3; Irland – Island 2:1, 1:1 – Frankreich als Veranstalter automatisch qualifiziert.

Endrunde vom 23. bis 30. Juli 1996 in Frankreich:
Gruppe A: Frankreich vor Belgien und Ungarn. Frankreich – Ungarn 2:1, Belgien – Portugal 2:2, Portugal – Frankreich 0:1, Belgien – Ungarn 2:1, Frankreich – Belgien 1:1, Ungarn – Portugal 3:0.
Gruppe B: Spanien vor England und Irland. England – Spanien 0:0, Italien – Irland 1:1, Italien – England 1:1, Irland – Spanien 0:0, Spanien – Italien 3:0, England – Irland 1:0.
Um den 3. Platz: England – Belgien n. V. 3:2.

Endspiel am 30. Juli 1996 in Besancon: Frankreich – Spanien 1:0 (1:0)
Frankreich: Maqua – Bigné, Gallas, Silvestre, Jaurès – Javary, Leroy – Moret (Gonzales), Agboh, Henry (Enoyers) – Trézeguét.
Tor: Henry – Zuschauer: 7200 – SR: Temmink (Niederlande) .

Für die U20-WM 1997 in Malaysia qualifiziert: Frankreich, Spanien, England, Belgien, Ungarn, Irland.

1997: Frankreich

Qualifikation: Deutschland scheiterte gegen Portugal (2:1, 1:5), Belgien (2:1, 4:1) und die Türkei (2:4, 2:0).

Zwischenrunde: Niederlande – Frankreich 0:3, 0:3; Norwegen – Irland 1:2, 0:3; England – Portugal 2:1, 0:3; Kroatien – Schweiz 0:1, 0:0; Tschechien – Spanien 1:2, 0:0; Jugoslawien – Israel 3:2, 0:2; Ungarn – Bulgarien 1:0, 3:1 – Island als Veranstalter automatisch qualifiziert.

Endrunde vom 21. Juli bis 1. August 1997 in Island:
Gruppe A: Portugal vor Spanien. Portugal – Island 1:0, Spanien – Ungarn 2:1, Island – Spanien 1:1, Portugal – Ungarn 2:0, Ungarn – Island 2:2, Portugal – Spanien 2:0.
Gruppe B: Frankreich vor Irland. Irland – Schweiz 1:0, Frankreich – Israel 2:0, Schweiz – Israel 3:0, Frankreich – Irland 3:2, Irland – Israel 1:1, Frankreich – Schweiz 1:0.
Um den 3. Platz: Spanien – Irland 2:1.

Endspiel am 31. Juli 1997 in Reykjavik: Frankreich – Portugal i. V. („Golden Goal") 1:0 (0:0, 0:0)
Frankreich: Hiaumet – Kelban, Christanval, Rodriguez, Bertrand – Mauel, Piocelle, Proment – Touré, Saha, Hellebuyck – Tor: Saha – SR: Treossi (Italien) – Zuschauer 500.

1998: Irland

Qualifikation: Deutschland qualifizierte sich gegen Estland (4:1) und Färöer (7:0).

Zwischenrunde: Polen – Deutschland 2:1, 0:1; Portugal – Armenien 2:1, 2:0; Griechenland – Irland 0:1, 0:2; England – Frankreich 3:0, 0:1; Schweiz – Kroatien 0:0, 0:2; Israel – Spanien 0:2, 2:1; Litauen – Türkei 3:0, 0:2 – Zypern als Veranstalter automatisch qualifiziert.

Endrunde vom 19. bis 26. Juli 1998 in Zypern:
Gruppe A: Deutschland vor Portugal und Spanien. Portugal – Spanien 1:2, Litauen – Deutschland 1:7, Portugal – Litauen 2:0, Spanien – Deutschland 1:4, Deutschland – Portugal 0:2, Spanien – Litauen 2:1.
Gruppe B: Irland vor Kroatien und England. Kroatien – Irland 2:5, Zypern – England 1:2, Kroatien – Zypern 3:0, Irland – England 0:1, England – Kroatien 0:3, Irland – Zypern 3:0.
Um den 3. Platz: Kroatien – Portugal n. V. 0:0, Elfmeterschießen 5:4.

Endspiel am 26. Juli 1998 in Larnaca: Irland – Deutschland n. V. 1:1 (1:1, 0:0), Elfmeterschießen 4:3
Irland: O'Reilly – Heary, Doyle, Dunne, Gavin – McPhail (Donnolly), Barry Quinn, Crosslay (Alan Quinn) – George, Keane, Partridge (Casey).
Deutschland: Hildebrand – Ernst – Rapp, Lechner – Timm, Voss, Deisler (Schäper), Schramm, Kehl – Gensler, Kern (Majunke).
Tore: Alan Quinn (Gensler) – Tore im Elfmeterschießen: Casey, Donnolly, Barry Quinn, George (Timm, Majunke, Schramm) – Zuschauer: 4000 – SR: Romain (Belgien).

Für die U20-WM 1999 in Nigeria qualifiziert: Irland, Deutschland, Kroatien, Portugal, Spanien, England.

1999: Portugal

Qualifikation: Deutschland scheiterte gegen Norwegen (2:3) und Estland (3:0).
Zwischenrunde: Spanien – Norwegen 0:0, 1:1; Nordirland – Irland 1:2, 1:2; Niederlande – Italien 0:1, n. V. 1:0, Elfmeterschießen 4:5; Kroatien – Frankreich 0:4, 2:1; Portugal – Bosnien-Herzegowina 2:1, 4:1; Tschechien – Georgien 2:2, 1:2; Schottland – Griechenland 0:0, 0:1 – Schweden als Veranstalter automatisch qualifiziert.

Endrunde vom 18. bis 26. Juli 1999 in Schweden:
Gruppe A: Portugal vor Griechenland. Portugal – Griechenland 0:0, Schweden – Frankreich 0:0, Frankreich – Griechenland 1:1, Schweden – Portugal 1:3, Frankreich – Portugal 0:1, Schweden – Griechenland 1:1.
Gruppe B: Italien vor Irland. Italien – Georgien 2:0, Spanien – Irland 0:1, Irland – Georgien 3:3, Spanien – Italien 3:3, Georgien – Spanien 1:4, Irland – Italien 0:2.
Um den 3. Platz: Irland – Griechenland 1:0.

Endspiel am 26. Juli 1999 in Norrköping: Portugal – Italien 1:0 (1:0)
Portugal: Albergaria – Costa Pedro, Costa Ricardo (Cruz), Teixeira Vasco – Ribeiro (Brunhoso), Valente, Teixeira Filipe, Semedo, Mota – Filipe, Moreira.
Tor: Ribeiro – Zuschauer: 4000 – SR: Kapitanis Costa (Zypern).

2000: Frankreich

Qualifikation: Deutschland als Ausrichter automatisch qualifiziert.
Zwischenrunde: Ukraine – Nordirland 1:0, 2:2; Spanien – Russland 0:0, 1:2; Slowakei – Finnland 2:1; 1:2, Elfmeterschießen 4:5; Tschechien – Italien 2:1, 1:0; Österreich – Kroatien 1:2, 0:2; Norwegen – Holland 0:1, 2:2; Frankreich – Irland 0:0, 2:0 – Deutschland als Veranstalter automatisch qualifiziert.

Endrunde vom 17. bis 24. Juli in Deutschland
Gruppe A: Ukraine vor Deutschland und Niederlande. Deutschland – Ukraine 0:1, Niederlande – Kroatien 3:0, Deutschland – Niederlande 3:0, Ukraine – Kroatien 2:1, Kroatien – Deutschland 2:3, Niederlande – Ukraine 0:0.
Gruppe B: Frankreich vor Tschechien und Finnland. Tschechien – Russland 1:1, Frankreich – Finnland 1:2, Tschechien – Frankreich 0:1, Russland – Finnland 1:1, Finnland – Tschechien 2:3, Russland – Frankreich 0:2.
Um den 3. Platz: Deutschland – Tschechien 3:1.

Endspiel am 24. Juli 2000 in Nürnberg: Frankreich – Ukraine 1:0 (1:0)
Frankreich: Penneteau – Vignal, Givet, Cheyrou – Ahamada, Mathis, Mendy, Pele – Danic (Roudet), Dorothee, Cisse (Bugnet).
Tor: Buguet – Zuschauer: 32 000 – SR: Erdemir (Türkei).

Für die U20-WM 2001 in Argentinien qualifiziert: Frankreich, Ukraine, Deutschland, Tschechien, Niederlande, Finnland.

2001: Polen

Qualifikation: Deutschland scheiterte gegen die Niederlande (2:4, 1:0), und Frankreich (3:1, 2:4).
Achtelfinale: Griechenland – Ukraine 1:1, 0:1; Belgien – Israel 4:1, 0:2; England – Polen 0:1, 0:0; Österreich – Tschechien 0:2, 0:2; Niederlande – Dänemark 1:1, 2:3; Slowakei – Jugoslawien 1:1, 1:4; Spanien – Portugal 0:0, 3:1– Finnland als Veranstalter automatisch qualifiziert.

Endrunde vom 21. bis 29. Juli 2001 in Finnland
Gruppe A: Tschechien vor Jugoslawien: Finnland – Ukraine 1:1, Tschechien – Jugoslawien 1:0, Finnland – Tschechien 1:4, Ukraine – Jugoslawien 1:2, Jugoslawien – Finnland 8:4, Ukraine – Tschechien 2:3.
Gruppe B: Polen vor Spanien: Polen – Spanien 4:1, Belgien – Dänemark 2:0, Polen – Belgien 1:1, Spanien – Dänemark 1:0, Dänemark – Polen 2:3, Spanien – Belgien 3:1.
Um den 3. Platz: Spanien – Jugoslawien 6:2.

Endspiel am 29. Juli 2001 in Helsinki: Polen – Tschechien 3:1 (1:1)
Polen: Kapsa – Napierala, Golanski, Mila, Sierant, Zawadzki, Madej, Mierzejewski (Lobodzinski), Grzelak (Kazmierczak), Brozek, Nawotczynski.
Tore: Nawotczynski, Madej, Lobodzinski (Trojan) – Zuschauer: 1870 – SR: Poulat (Frankreich).

2002: Spanien

Qualifikation: Deutschland qualifizierte sich gegen die Türkei (2:1, 2:2) und Schweden (3:1, 4:0).
Achtelfinale: Deutschland – Polen 0:0, 2:2; Litauen – England 1:1, 1:2; Mazedonien – Spanien 1:3, 0:4; Tschechien – Bulgarien 1:1, 3:1; Slowakei – Portugal 1:1, 1:0; Belgien – Griechenland 4:1, 2:1; Niederlande – Irland 1:2, 0:0 – Norwegen als Veranstalter automatisch qualifiziert.

Endrunde vom 21. bis 28. Juli 2002 in Norwegen
Gruppe A: Spanien vor der Slowakei und Tschechien: Norwegen – Slowakei 1:5, Spanien – Tschechien 1:1, Norwegen – Spanien 0:3, Slowakei – Tschechien 5:2, Tschechien – Norwegen 1:0, Slowakei – Spanien 1:3.
Gruppe B: Deutschland vor Irland und England: England – Deutschland 3:3, Belgien – Irland 1:2, England – Belgien 1:1, Deutschland – Irland 3:0, Irland – England 3:2, Deutschland – Belgien 2:1.
Um den 3. Platz: Slowakei – Irland 2:1.

Endspiel am 28. Juli 2002 in Oslo: Spanien – Deutschland 1:0 (0:0)
Spanien: Moya – Pena, Murillo, Jarque, Zubiaurre – Solabarrieta, Iniesta (Melli), Sergio (Jonan), Reyes (Carmelo) – Pina, Fernado Torres.
Deutschland: Haas – Volz (Odonkor), Crone (Lahm), Fathi, Meyer – Riether, Lehmann, Wingerter – Trochowski, Masmanidis (Schied) – Hanke.
Tor: Fernando Torres – Zuschauer: 20 000 – SR: Ceferin (Slowenien).

Für die U20-WM 2003 in den Vereinigten Arabischen Emiraten qualifiziert: Spanien, Deutschland, Slowakei, Irland, Tschechien, England.

2003: Italien

Qualifikation: Deutschland setzte sich in der 1. Runde gegen Israel (4:1), San Marino (10:0) und Aserbaidschan (7:0) durch, scheiterte in der 2. Runde gegen Tschechien (1:2), Belgien (2:2) und die Slowakei (8:4).

Endrunde vom 16. bis 26. Juli 2003 in Liechtenstein
Gruppe A: Italien und Portugal. Liechtenstein – Portugal 0:5, Norwegen – Italien 0:1, Liechtenstein – Norwegen 1:2, Portugal – Italien 1:1, Italien – Liechtenstein 5:1, Portugal – Norwegen 2:2.
Gruppe B: Österreich und Tschechien. Frankreich – Tschechien 3:3, England – Österreich 1:2, Frankreich – England 0:2, Tschechien – Österreich 1:4, Österreich – Frankreich 1:1, Tschechien – England 3:0.
Halbfinale: Italien – Tschechien 1:0, Österreich – Portugal n. V. 3:6.

Endspiel am 26. Juli 2003 in Vaduz: Italien – Portugal 2:0 (2:0)
Italien: Paoloni – Ferrnetti, Mantovani, Belotti, Chiellini – D'Astolfo (Stefani), Aquilani, Padoin, Pazzini – Potenza, Della Rocca.
Tore: Della Rocca, Pazzini – Zuschauer: 4500 – SR: Dereli (Türkei).

2004: Spanien

Qualifikation: Deutschland setzte sich in der 1. Runde gegen Dänemark (2:2), Malta (9:1) und Luxemburg (6:1) durch, in der 2. Runde gegen die Slowakei (2:1), Portugal (1:0) und Armenien (5:0).

Endrunde vom 13. bis 24. Juli 2004 in der Schweiz:
Gruppe A: Schweiz vor der Ukraine und Italien. Belgien – Ukraine 0:0; Schweiz – Italien 1:1; Italien – Ukraine 0:1; Schweiz – Belgien 2:0; Ukraine – Schweiz 0:0; Italien – Belgien 4:0.
Gruppe B: Spanien vor der Türkei und Deutschland. Deutschland – Spanien 0:3; Polen – Türkei 3:4; Deutschland – Polen 3:1; Spanien – Türkei 3:2; Türkei – Deutschland 1:1; Spanien – Polen 4:1.
Halbfinale: Schweiz – Türkei n. V. 2:3; Spanien – Ukraine n. V. 2:2, Elfmeterschießen 4:1

Endspiel am 24. Juli 2004 in Nyon: Spanien – Türkei 1:0 (0:0)
Spanien: Ribas – Sergio Ramos, Alexis, Robusté, Garrido – Markel, Albiol – Juanfran (Joan Tomás), Víctor (Borja), Silva (Gavilán) – Soldado
Tor: Borja – Zuschauer: 4000 – SR: Proenca (Portugal).

Für die U20-WM 2005 in den Niederlanden qualifiziert: Niederlande (Veranstalter), Spanien, Türkei, Schweiz, Ukraine, Deutschland, Italien.

2005: Frankreich

Qualifikation: Deutschland setzte sich in der 1. Runde gegen Serbien-Montenegro (1:1), Slowenien (3:0) und Lettland (1:1) durch, in der 2. Runde gegen Tschechien (2:1), die Niederlande (2:0) und Kroatien (3:0).

Endrunde vom 18. bis 29. Juli 2005 in Nordirland:
Gruppe A: Serbien-Montenegro und Deutschland. Serbien-Montenegro – Deutschland 4:2; Nordirland – Griechenland 0:1; Griechenland – Deutschland 0:3; Nordirland – Serbien-Montenegro 0:1; Griechenland – Serbien-Montenegro 0:3; Deutschland – Nordirland 2:1.
Gruppe B: Frankreich und England. Frankreich – England 1:1; Norwegen – Armenien 2:0; Armenien – England 1:1; Norwegen – Frankreich 1:3; Armenien – Frankreich 0:1; England – Norwegen 3:2.
Halbfinale: Serbien-Montenegro – England 1:3; Frankreich – Deutschland 3:2.

Endspiel am 29. Juli 2005 in Belfast: Frankreich – England 3:1 (0:1)
Frankreich: Lloris – Moutaouakil, Kaboul, Marange – Gourcuff, Digard (Abdoun), Cabaye, Diaby – Dja Djedje (Gouffran), Baldé.
Tore: Chakouri, Baldé, Gouffran (Holmes) – Zuschauer: 5000 – SR: Vink (Niederlande).

2006: Spanien

Qualifikation: Deutschland setzte sich in der 1. Runde gegen Weißrussland (6:2), Griechenland (3:2) und die Niederlande (2:2) durch, scheiterte in der 2. Runde gegen Spanien (1:3), Schweden (2:1) und Zypern (6:0).

Endrunde vom 16. bis 29. Juli in Polen
Gruppe A: Tschechien, Österreich und Polen. Belgien – Tschechien 4:2, Polen – Österreich 0:1, Österreich – Tschechien 1:3, Polen – Belgien 4:1, Tschechien – Polen 2:0, Österreich – Belgien 4:1.
Gruppe B: Spanien, Schottland und Portugal. Spanien – Türkei 5:3, Schottland – Portugal 2:2, Schottland – Spanien 0:4, Portugal – Türkei 4:4, Portugal – Spanien 1:1, Türkei – Schottland 2:3.
Halbfinale: Tschechien – Schottland 0:1, Spanien – Österreich 5:0.

Endspiel am 29. Juli 2006 in Posen: Spanien – Schottland 2:1 (0:0)
Spanien: Adan – Barragan, Marc Valente, Pique, Canella – Javi Garcia, Mario Suarez, Toni (Jeffren), Capel (Granero) – Mata, Bueno.
Tore: Bueno 2 (Dorrans – Zuschauer: 5000 – SR: Jakobsson (Island).

Für die U20-WM 2007 in Kanada qualifiziert: Spanien, Schottland, Tschechien, Österreich, Polen und Portugal.

2007: Spanien

Qualifikation: Deutschland setzte sich in der 1. Runde gegen Schottland (0:1), Estland (7:2) und Bosnien-Herzegowina (5:0) durch, in der 2. Runde gegen Irland (1:0), Ungarn (0:0) und Bulgarien (2:0).

Endrunde vom 16. bis 27. Juli in Österreich
Gruppe A: Spanien und Griechenland. Griechenland – Portugal 1:0; Österreich – Spanien 0:2; Spanien – Portugal 1:1; Österreich – Griechenland 1:1; Spanien – Griechenland 0:0; Portugal – Österreich 2:0.
Gruppe B: Deutschland und Frankreich. Frankreich – Serbien 5:2; Deutschland – Russland 3:2; Russland – Serbien 2:6; Deutschland – Frankreich 1:1; Deutschland – Serbien 3:2; Russland – Frankreich 0:0.
Halbfinale: Spanien – Frankreich n. V. 0:0, Elfmeterschießen 4:2; Deutschland – Griechenland 2:3.

Endspiel am 27. Juli 2007 in Linz: Spanien – Griechenland 1:0 (1:0)
Spanien: Sergio Asenjo – Diaz, Echaide, Pablo Gil, Cantero – Coto (Zamora), Azpilicueta, Sanjoseé, Parejo (Berrocal) – Aaron, Emilio Nsue (Carletes).
Tor: Parejo – Zuschauer: 7200 – SR: Circhetta (Schweiz).

2008: Deutschland

Qualifikation: Deutschland setzte sich in der 1. Runde gegen Russland (2:3), Bosnien-Herzegowina (8:1) und Estland (5:1) durch, in der 2. Runde gegen Kroatien (2:2), die Slowakei (5:2) und Albanien (2:0).

Endrunde vom 14. bis 26. Juli in Tschechien
Gruppe A: Deutschland und Ungarn. Bulgarien – Ungarn 0:1; Deutschland – Spanien 2:1; Spanien – Ungarn 0:1; Deutschland – Bulgarien 3:0; Ungarn – Deutschland 1:2; Spanien – Bulgarien 4:0.
Gruppe B: Italien und Tschechien. Tschechien – England 2:0; Griechenland – Italien 1:1; Tschechien – Griechenland 0:0; England – Italien 0:0; Italien – Tschechien 4:3; England – Griechenland 3:0.
Halbfinale: Italien – Ungarn 1:0; Deutschland – Tschechien n. V. 2:1.

Endspiel am 26. Juli 2008 in Jablonec: Deutschland – Italien 3:1 (1:0)
Deutschland: Zieler – Diekmeier, Jungwirth, Reinartz, Kopplin – Risse (Latza), S. Bender, L. Bender (Toprak), Naki (Oczipka) – Gebhart, Sukuta-Pasu – Gelb-Rote Karte: Jungwirth.
Tore: L. Bender, Sukuta-Pasu, Gebhart (Raggio Garibaldi) – Zuschauer: 2000 – SR: Collum (Schottland).

Für die U20-WM 2009 in Ägypten qualifiziert: Deutschland, Italien, Ungarn, Tschechien, Spanien und England.

2009: Ukraine

Qualifikation: Deutschland setzte sich in der 1. Runde gegen die Niederlande (2:1), Litauen (5:0) und Luxemburg (3:0) durch, scheiterte in der 2. Runde gegen Spanien (0:1), Tschechien (1:0) und Estland (5:0).

Endrunde vom 21. Juli bis 2. August in der Ukraine
Gruppe A: England und Ukraine. Ukraine – Slowenien 0:0; England – Schweiz 1:1; Ukraine – England 2:2; Slowenien – Schweiz 1:2; Schweiz – Ukraine 0:1; Slowenien – England 1:7.
Gruppe B: Serbien und Frankreich. Frankreich – Serbien 1:1; Türkei – Spanien 1:2; Frankreich – Türkei 1:1; Serbien – Spanien 2:1; Spanien – Frankreich 0:1; Serbien – Türkei 1:0.
Halbfinale: England – Frankreich n. V. 3:1, Serbien – Ukraine 1:3.

Endspiel am 2. August 2009 in Donezk: Ukraine – England 2:0 (1:0)
Ukraine: Levchenko – Chaykovskiy, Partsvaniya, Kryvtsov, Kushnirov – Petrov (Yeremenko), Rybalka, Shakhov, Korkishko – Kaverin (Shevchuk), Garmash.
Tore: Garmash, Korkishko – Zuschauer: 25 100 – SR: Jech (Tschechien).

2010: Frankreich

Qualifikation: Deutschland setzte sich in der 1. Runde gegen die Türkei (1:2), Moldawien (5:0) und Luxemburg (3:0) durch, scheiterte in der 2. Runde gegen die Niederlande (0:3), die Slowakei (1:2) und Polen (4:1).

Endrunde vom 18. bis 30. Juli in Frankreich
Gruppe A: Frankreich und England. Österreich – England 2:3; Frankreich – Niederlande 4:1; Niederlande – England 1:0; Frankreich – Österreich 5:0; England – Frankreich 1:1; Niederlande – Österreich 0:1.
Gruppe B: Spanien und Kroatien. Kroatien – Spanien 1:2; Italien – Portugal 0:2; Spanien – Portugal 2:1; Kroatien – Italien 0:0; Spanien – Italien 3:0; Portugal – Kroatien 0:5.
Halbfinale: Spanien – England 3:1; Frankreich – Kroatien 2:1.

Endspiel am 30. Juli in Caen: Frankreich – Spanien 2:1 (0:1)
Frankreich: Diallo – Nego, Faure, Mavinga, Kolodzeiejczak – Fofana, Coquelin – Sunu (Lacazette), Kakuta, Griezmann (Tafer) – Bakambu.
Tore: Sunu, Lacazette (Rodrigo) – Zuschauer: 20 000 – SR: Studer (Schweiz).

Für die U20-WM 2011 in Kolumbien qualifiziert: Frankreich, Spanien, England, Kroatien, Österreich und Portugal.

2011: Spanien

Qualifikation: Deutschland setzte sich in der 1. Runde gegen die Schweiz (2:2), Nordirland (2:1) und Andorra (10:0) durch, scheiterte in der 2. Runde an der Türkei (0:1), Ungarn (3:0) und Mazedonien (5:0).

Endrunde vom 20. Juli bis 1. August in Rumänien
Gruppe A: Tschechien und Irland. Rumänien – Tschechien 1:3; Griechenland Irland 1:2; Tschechien – Irland 2:1; Rumänien – Griechenland 0:1; Irland – Rumänien 0:0; Tschechien – Griechenland 1:0.
Gruppe A: Spanien und Serbien. Serbien – Türkei 2:0; Spanien – Belgien 4:1; Türkei – Belgien 1:1; Serbien – Spanien 0:4; Belgien – Serbien 1:1; Türkei – Spanien 3:0.
Halbfinale: Tschechien – Serbien 4:2; Spanien – Irland 5:0.

Endspiel am 1. August in Chiajna: Spanien – Tschechien n. V. 3:2 (1:1, 0:0)
Spanien: Badaa – Blazquez, Miquel, Sergi Gomez, Aurtenetxe – Álex Fernandez (Campana), Ruben Pardo, Deulofeu, Sarabia (Muniz), Juanmi (Alcácer) – Morata.
Tore: Aurtenetxe, Alcácer 2 (Krejci, Lacha) – Zuschauer: 5000 – SR: Attwell (England).

Junioren-Europameisterschaft U 16/U 17

Die bisherigen Gewinner (bis 1998 UEFA-Wettbewerb U 16, ab 1999 offiziell als Europameisterschaft, ab 2002 als U17-EM): 1982 Italien – 1984 Deutschland – 1985 Sowjetunion – 1986 Spanien – 1987 Titel vakant – 1988 Spanien – 1989 Portugal – 1990 Tschechoslowakei – 1991 Spanien – 1992 Deutschland – 1993 Polen – 1994 Türkei – 1995, 1996 Portugal – 1997 Spanien – 1998 Irland – 1999 Spanien – 2000 Portugal – 2001 Spanien – 2002 Schweiz – 2003 Portugal – 2004 Frankreich – 2005 Türkei – 2006 Russland – 2007, 2008 Spanien – 2009 Deutschland – 2010 England – 2011 Niederlande.

1980/82: Italien

Qualifikation: Deutschland qualifizierte sich gegen Luxemburg (7:0, 5:0), Belgien (3:0, 0:0) und die Niederlande (3:0, 4:1); die DDR qualifizierte sich gegen Österreich (0:0, 1:0), die Tschechoslowakei (2:1, 1:1) und Polen (1:0, 1:1).
Viertelfinale: DDR – Deutschland 1:1, 2:3; Frankreich – Italien 2:2, 0:3; Sowjetunion – Jugoslawien 2:0, 0:2, Elfmeterschießen 2:4; Finnland – Schottland 1:2, 2:0.

Endrunde vom 5. bis 7. Mai 1982 in Italien
Halbfinale: Finnland – Italien 1:1, Elfmeterschießen 2:4; Deutschland – Jugoslawien 2:1.
Spiel um den 3. Platz: Jugoslawien – Finnland 0:0, Elfmeterschießen 4:2.

Endspiel am 7.5.1982 in Falconara: Italien – Deutschland 1:0 (1:0)
Italien: Rosin – Galbagini, Carannante, Lucci, Olmi, Righetti, Monti, Giannini, Macina (Freggia), Simonetta (Pampaloni), Zagaria.
Deutschland: Nagel – Karp, Drehsen, Zietsch, Schröder – Wöber, Pomp, Klepper (Kurtenbach) – Koy, Glaß, Zechel (Wolff).
Tor: Macina – Zuschauer: 7500 – SR: Nyffenegger (Schweiz).

1982/84: Deutschland

Qualifikation: Deutschland qualifizierte sich gegen die DDR (5:0, 1:0), Schweden (2:0, 1:0) und Norwegen (4:3, 2:0); die DDR spielte gegen Schweden 0:0, 0:1 und gegen Norwegen 5:1, 2:2.
Viertelfinale: Niederlande – Deutschland 0:4, 2:2; England – Frankreich 4:0, 1:1; Italien – Jugoslawien 1:1, 0:1; Bulgarien – Sowjetunion 1:0, 0:3.

Endrunde vom 1. bis 6. Mai 1984 in Deutschland
Halbfinale: Deutschland – Jugoslawien 5:1; Sowjetunion – England 2:0.
Spiel um den 3. Platz: England – Jugoslawien 1:0.

Endspiel am 6. Mai1984 in Ulm: Deutschland – Sowjetunion 2:0 (1:0)
Deutschland: Illgner – Eichin, Strich, Hahn, Hafner – Fritz (Reuter), Knäbel, Drews – Simmes, Janßen, Ostermann (Krümpelmann).
Tore: Simmes, Janßen – Zuschauer: 10 000 – SR: Nemeth (Ungarn).

• Die U16-EM wird künftig jährlich ausgetragen.

1985: Sowjetunion

Qualifikation: Deutschland qualifizierte sich gegen Schweden (5:1, 0:0) und Polen (5:0, 6:0); die DDR qualifizierte sich gegen Österreich (2:1, 2:1).

Endrunde vom 15. bis 27. Mai 1985 in Ungarn:
Gruppe A: Spanien. Ungarn – Sowjetunion 0:2, Deutschland – Portugal 1:1, Deutschland – Sowjetunion 1:2, Ungarn – Portugal 2:0, Sowjetunion – Portugal 2:0, Ungarn – Deutschland 0:1.
Gruppe B: Spanien. Italien – Jugoslawien 0:1, Spanien – Schweden 4:0, Italien – Spanien 0:0, Jugoslawien – Schweden 1:3, Italien – Schweden 2:5, Jugoslawien – Spanien 0:0.
Gruppe C: DDR. Bulgarien – Norwegen 0:1, DDR – Niederlande 1:1, Bulgarien – DDR 0:1, Norwegen – Niederlande 0:0, Bulgarien – Niederlande 4:2, Norwegen – DDR 0:0.
Gruppe D: Griechenland. Island – Schottland 0:2, Frankreich – Griechenland 0:2, Island – Frankreich 0:4, Schottland – Griechenland 1:2, Island – Griechenland 0:4, Schottland – Frankreich 0:3.
Halbfinale: Spanien – Griechenland 0:0, Elfmeterschießen 3:4; Sowjetunion – DDR 5:3.
Um den 3. Platz: Spanien – DDR 1:0.

Endspiel am 26. Mai 1985 in Budapest: Sowjetunion – Griechenland 4:0 (2:0)
Sowjetunion: Harin – Kaszumow, Baltuskinas, Bednij (Piszkunow), Kulumbekow – Litvinyenko, Kobeljow, Mjaszyikow, Revisvili (Markoszjan) – Mikashavidze, Pancsulija.
Tore: Pancsulija 2, Kobeljow, Kaszumow – Zuschauer: 500 – SR: Illjevski (Jugoslawien).

1986: Spanien

Qualifikation: Deutschland scheiterte gegen Italien (1:4, 3:1); die DDR qualifizierte sich gegen Ungarn (1:0, 1:0) und die Tschechoslowakei (2:0, 2:1).

Endrunde vom 28. April bis 12. Mai1986 in Griechenland:
Gruppe A: Italien. Schottland – Portugal 5:1, Italien – Griechenland 3:0, Italien – Schottland 1:0, Portugal – Griechenland 3:0, Italien – Portugal 0:0, Schottland – Griechenland 1:0.
Gruppe B: Spanien. Bulgarien – Schweden 1:0, Spanien – Norwegen 2:0, Bulgarien – Spanien 0:0, Schweden – Norwegen 0:0, Spanien – Schweden 3:0, Norwegen – Bulgarien 1:1.
Gruppe C: DDR. DDR – Österreich 1:1, Dänemark – Tschechoslowakei 1:1, Dänemark – DDR 1:2, Österreich – Tschechoslowakei 0:4, DDR – Tschechoslowakei 2:0, Dänemark – Österreich 2:0.
Gruppe D: Sowjetunion. Sowjetunion – Niederlande 3:1, Frankreich – Rumänien 2:1, Niederlande – Frankreich 1:0, Sowjetunion – Rumänien 3:1, Frankreich – Sowjetunion 1:4, Rumänien – Niederlande 1:0.
Halbfinale: Italien – DDR 2:2, Elfmeterschießen 4:2; Spanien – Sowjetunion 2:1.
Um den 3. Platz: Sowjetunion – DDR 1:1, Elfmeterschießen 8:7.

Endspiel am 10. Mai 1986 in Athen: Spanien – Italien 2:1 (1:0)
Die Spanien: Ruiz – Lopez Mateo, Zaballos – Biazquez, Machero, Baeza – Criado (Vidal Nova), Prieto, Herrera, Ballester Menguez, Salvador (Caseres Benito).
Tore: Menguez, Eigentor Flamigni (Cappellini) – Zuschauer: 600 – SR: Karlsson (Schweden).

1987: Titel vakant*)

Qualifikation: Deutschland qualifizierte sich gegen Spanien (2:0, 2:2); die DDR qualifizierte sich gegen Island (1:1, 2:1).

Endrunde vom 25. Mai bis 3. Juni 1987 in Frankreich:
Gruppe A: Türkei. Israel – Dänemark 1:1, Türkei – Griechenland 0:0, Türkei – Israel 1:0, Griechenland – Dänemark 1:1, Türkei – Dänemark 1:0, Griechenland – Israel 0:0.
Gruppe B: Frankreich. Frankreich – Portugal 2:1, Schottland – DDR 2:2, Frankreich – Schottland 1:1, Portugal – DDR 1:0, Schottland – Portugal 1:3, DDR – Frankreich 0:3.
Gruppe C: Italien (durch Losentschied vor Deutschland). Deutschland – Nordirland 2:1, Italien – Tschechoslowakei 2:1, Tschechoslowakei – Deutschland 1:1, Italien – Nordirland 1:1, Nordirland – Tschechoslowakei 0:0, Deutschland – Italien 2:2.
Gruppe D: Sowjetunion. Sowjetunion – Jugoslawien 4:0, Norwegen – Österreich 0:0, Sowjetunion – Österreich 1:0, Norwegen – Jugoslawien 2:0, Jugoslawien – Österreich 1:1, Sowjetunion – Norwegen 4:1.

Halbfinale: Italien – Türkei 1:0; Sowjetunion – Frankreich n. V. 0:0, Elfmeterschießen 3:0.
Um den 3. Platz: Frankreich – Türkei 3:0.

Endspiel am 3. Juni 1987 in Paris: Italien – Sowjetunion 1:0 (1:0) *
Die Siegermannschaft: Lafuenti – Di Rocco, Gasparini – Secci, Stafico, Melli – Brunetti, Pessotto, Gallo, Bianchi, Cappellini.
Tor: Gallo – Zuschauer: 10 000 – SR: Ziller (DDR).

*) Wegen nichtberechtigten Mitwirkens des Spielers Secci wurde Italien der Titel aberkannt. Zur WM in Kanada durfte Italien lt. FIFA-Beschluss trotzdem fahren.

1988: Spanien

Qualifikation: Deutschland qualifizierte sich gegen Schottland (1:1, 1:0); die DDR qualifizierte sich gegen Zypern (3:0, 0:1).

Endrunde vom 9. bis 22. Mai 1988 in Spanien:
Gruppe A: Deutschland. Finnland – Österreich 1:0, Deutschland – Norwegen 1:1, Norwegen – Finnland 2:0, Deutschland – Österreich 3:0, Deutschland – Finnland 2:1, Österreich – Norwegen 1:0.
Gruppe B: DDR. DDR – Rumänien 1:1, Schweden – Jugoslawien 1:0, Rumänien – Schweden 1:1, DDR – Jugoslawien 1:0, DDR – Schweden 1:1, Elfmeterschießen 5:4, Rumänien – Jugoslawien 1:1.
Gruppe C: Spanien. Spanien – Ungarn 0:0, Frankreich – Türkei 1:0, Ungarn – Türkei 1:0, Spanien – Frankreich 1:0, Spanien – Türkei 4:2, Ungarn – Frankreich 1:1.
Gruppe D: Portugal. Irland – Portugal 0:0, Belgien – Schweiz 2:1, Irland – Schweiz 2:2, Portugal – Belgien 1:0, Irland – Belgien 1:0, Portugal – Schweiz 1:0.
Halbfinale: Spanien – Deutschland 3:0; Portugal – DDR 4:0.
Um den 3. Platz: DDR – Deutschland n. V. 0:0, Elfmeterschießen 5:4.

Endspiel am 21. Juni 1988 in Madrid: Spanien – Portugal n. V. 0:0, Elfmeterschießen 4:2
Spanien: Iglesias – Martinez, Elizondo, Dadie, Gallardo, Calvo, Cuellar (Porro), Torre (Lopez), Urzaiz, Lasa, Delgado.
Zuschauer: 15 000 – SR: Girard (Frankreich).

1989: Portugal

Qualifikation: Deutschland scheiterte gegen die UdSSR (0:1, 0:2); die DDR qualifizierte sich gegen Nordirland (3:0, 0:0).

Endrunde vom 4. bis 14. Mai 1989 in Dänemark:
Gruppe A: Portugal. Portugal – Schweiz 2:0, Norwegen – Rumänien 0:1, Portugal – Norwegen 3:0, Schweiz – Rumänien 0:0, Portugal – Rumänien 4:0, Schweiz – Norwegen 4:1.
Gruppe B: Frankreich. Frankreich – Jugoslawien 0:0, Österreich – Dänemark 3:9, Frankreich – Österreich 3:2, Jugoslawien – Dänemark 2:0, Frankreich – Dänemark 3:1, Jugoslawien – Österreich 1:0.
Gruppe C: Spanien. Bulgarien – Griechenland 1:1, Spanien – Niederlande 2:0, Bulgarien – Spanien 0:2, Griechenland – Niederlande 3:3, Bulgarien – Niederlande 0:1, Griechenland – Spanien 0:1.
Gruppe D: DDR. Schottland – Sowjetunion 1:2, DDR – Italien 1:0, Schottland – DDR 2:2, Sowjetunion – Italien 1:1, Schottland – Italien 1:1, Sowjetunion – DDR 1:1, Elfmeterschießen 5:6.
Halbfinale: Portugal – Spanien 2:1; Frankreich – DDR 0:3.
Um den 3. Platz: Frankreich – Spanien 3:2.

Endspiel am 14. Mai in Velle: Portugal – DDR 4:1 (1:0)
Portugal: Santos (Fonseca) – Cruz, Figo, Peixe, Xavier, Simao, Sousa, Lemos (Lourenco), Macaes, Gregorio, Gomes.
Tore: Figo, Simao, Lemos, Gomes (Kampf) – Zuschauer: 1000 – SR: Uilenberg (Niederlande).

1990: Tschechoslowakei

Qualifikation: Deutschland qualifizierte sich gegen Luxemburg (3:0, 5:1); die DDR war als Ausrichter automatisch qualifiziert.

Endrunde vom 15. bis 27. Mai 1990 in der DDR:
Gruppe A: Portugal. Nordirland – Portugal 1:2, Dänemark – Türkei 3:0, Nordirland – Dänemark 0:6, Portugal – Türkei 2:2, Nordirland – Türkei 2:0, Portugal – Dänemark 3:1..
Gruppe B: Polen. Polen – Zypern 3:0, Schweden – Ungarn 2:2, Polen – Schweden 1:1, Zypern – Ungarn 2:0, Polen – Ungarn 2:0, Zypern – Schweden 0:3.

Gruppe C: Tschechoslowakei. Tschechoslowakei – Deutschland 0:0, Frankreich – Schottland 1:1, Tschechoslowakei – Frankreich 2:0, Deutschland – Schottland 5:1, Tschechoslowakei – Schottland 3:0, Deutschland – Frankreich 1:1.
Gruppe D: Jugoslawien. Spanien – DDR 3:1, Belgien – Jugoslawien 0:2, Spanien – Belgien 1:0, DDR – Jugoslawien 0:1, Spanien – Jugoslawien 0:1, DDR – Belgien 1:1.
Halbfinale: Jugoslawien – Polen 4:1, Tschechoslowakei – Portugal n. V. 0:0, Elfmeterschießen 5:3.
Um den 3. Platz: Polen – Portugal 3:2.

Endspiel am 27. Mai in Erfurt: Tschechoslowakei – Jugoslawien n. V. 3:2 (2:2, 0:1)
Tschechoslowakei: Hyll – Kowar, Sulek, Repka, Cieslar, Vomacka (Roub), Votava, Berger, Cizek, Penska, Matejka (Ungvölgyi).
Tore: Penksa, Berger, Ckzek (Pantelic, Stanojevic) – Zuschauer: 500 – SR: Varga (Ungarn).

1991: Spanien

Qualifikation: Deutschland qualifizierte sich gegen Nordirland (3:0, 1:0).

Endrunde vom 6. bis 19. Mai 1991 in der Schweiz:
Gruppe A: Deutschland. Deutschland – Österreich 1:3, Bulgarien – Schweden 0:1, Deutschland – Schweden 1:0, Bulgarien – Österreich 0:1, Deutschland – Bulgarien 5:0, Schweden – Österreich 1:0.
Gruppe B: Griechenland. Portugal – Schweiz 2:0, Griechenland – Polen 1:0, Portugal – Griechenland 1:1, Schweiz – Polen 1:1, Schweiz – Griechenland 0:4, Portugal – Polen 1:0.
Gruppe C: Frankreich. Rumänien – Dänemark 1:1, Frankreich – Finnland 0:0, Frankreich – Rumänien 3:0, Finnland – Dänemark 1:1, Finnland – Rumänien 1:2, Frankreich – Dänemark 4:1.
Gruppe D: Spanien: Jugoslawien – Island 1:2, Sowjetunion – Spanien 1:4, Jugoslawien – Sowjetunion 1:2, Island – Spanien 1:2, Jugoslawien – Spanien 3:2, Island – Sowjetunion 0:2.
Halbfinale: Deutschland – Frankreich 1:1, Elfmeterschießen 5:4; Spanien – Griechenland 1:0.
Um den 3. Platz: Griechenland – Frankreich 1:1, Elfmeterschießen 5:4.

Endspiel am 18. Mai 1991 in Bern: Spanien – Deutschland 2:0 (2:0)
Spanien: Javier (Redomdo) – Palacios – Castao, Exposito, Medina – Gerardo, Fontenas, Sandro, Emilio – Murqui (Daniel), Robaina.
Deutschland: Fiedler – Schenk – Schiersand, Rasijewski – Bähr, Günther, Lutz (Licht), Schwab (Carl) – Sarna, Jancker, Babatz.
Tore: Robaina (2) – Zuschauer: 2000 – SR: Frisk (Schweden).

1992: Deutschland

Qualifikation: Deutschland qualifizierte sich gegen Albanien (8:1, Rückspiel wegen politischer Unruhen nicht ausgetragen).

Endrunde vom 7. bis 17. Mai 1992 in Zypern:
Gruppe A: Italien. Dänemark – Finnland 1:0, Italien – Jugoslawien 4:0, Italien – Dänemark 2:0, Jugoslawien – Finnland 2:0, Italien – Finnland 1:2, Dänemark – Jugoslawien 1:2.
Gruppe B: Spanien. Spanien – Rumänien 3:1, Niederlande – Irland 2:0, Spanien – Niederlande 2:0, Rumänien – Niederlande 0:4, Spanien – Irland 1:1, Rumänien – Niederlande 0:0.
Gruppe C: Deutschland. Deutschland – Nordirland 3:1, Schottland – Zypern 3:0, Deutschland – Schottland 1:0, Nordirland – Zypern 0:0, Deutschland – Zypern 2:1, Schottland – Nordirland 3:1.
Gruppe D: Portugal. Israel – Ungarn 3:2, Portugal – Frankreich 2:1, Portugal – Ungarn 1:1, Frankreich – Israel 0:0, Portugal – Israel 1:0, Frankreich – Ungarn 0:1.
Halbfinale: Deutschland – Italien 0:0, Elfmeterschießen 6:5; Spanien – Portugal 3:1.
Um den 3. Platz: Italien – Portugal 1:0.

Endspiel am 17. Mai 1992 in Nicosia: Deutschland – Spanien 2:1 (1:1)
Deutschland: Wieland – Hahn – Fensch, Dawitschek – Bochtler, Lehmann, Hinz, Ratkowski, Ricken – Michalke (Gehring), Bettenstaedt (Wedau).
Tore: Bettenstaedt, Hinz (Munoz) – Zuschauer: 1500 – SR: Mottram (Schottland).

1993: Polen

Qualifikation: Deutschland scheiterte gegen Spanien (1:0, 1:3).

Endrunde vom 1. bis 8. Mai 1993 in der Türkei:
Gruppe A: Polen und Schweiz. Polen – Schweiz 1:1, Island – Nordirland 6:2, Polen – Island 2:0, Schweiz – Nordirland 1:1, Polen – Nordirland 1:0, Schweiz – Island 1:0.
Gruppe B: Ungarn und Spanien. Ungarn – Griechenland 2:0, Türkei – Spanien 0:1, Ungarn – Türkei 0:1, Griechenland – Spanien 0:1, Ungarn – Spanien 2:1, Griechenland – Türkei 2:2.

Gruppe C: RCS und Belgien. Belgien – England 1:1, RCS – Irland 2:1, Belgien – RCS 0:0, England – Irland 1:0, Belgien – Irland 2:1, England – RCS 0:2.

Gruppe D: Italien und Frankreich. Frankreich – Rußland 1:1, Portugal – Italien 1:2, Frankreich – Portugal 3:1, Rußland – Italien 1:2, Frankreich – Italien 1:1, Rußland – Portugal 1:1.

Viertelfinale: Polen – Belgien n. V. 0:0, Elfmeterschießen 2:0; Ungarn – Frankreich 0:3; RCS – Schweiz 3:0; Italien – Spanien n. V. 0:0, Elfmeterschießen 6:5.

Halbfinale: Italien – RCS n. V. 0:0, Elfmeterschießen 5:4; Frankreich – Polen n. V. 1:2.

Um den 3. Platz: RCS – Frankreich 2:1.

Endspiel am 8. Mai 1993 in Istanbul: Polen – Italien 1:0 (1:0)

Polen: Bladzewski – Kukielka, Drajer – Magiera, Kowalczyck (Janouski), Szulik – Rajtar, Terlecki, Andrujczack, Wyczalkouski, Koistounuski (Bielak).

Tor: Szulik – Zuschauer: 750 – SR: Kelly (Irland).

1994: Türkei

Qualifikation: Deutschland qualifizierte sich gegen Zypern (6:2, 0:1).

Endrunde vom 26. April bis 8. Mai1994 in Irland:

Gruppe A: Österreich und Weißrussland. Österreich – Albanien 1:0, Spanien – Weißrussland 0:1, Spanien – Österreich 1:1, Weißrussland – Albanien 1:1, Albanien – Spanien 0:4, Weißrussland – Österreich 1:1, Elfmeterschießen 4:3.

Gruppe B: England und Portugal. RCS – Irland 1:0, Portugal – England 0:1, England – Irland 1:1, Portugal – RCS 2:0, England – RCS 2:1, Irland – Portugal 0:3.

Gruppe C: Russland und Dänemark. Deutschland – Russland 0:2, Schweiz – Dänemark 3:4, Dänemark – Russland 3:2, Schweiz – Deutschland 1:5, Dänemark – Deutschland 3:4, Russland – Schweiz 5:1.

Gruppe D: Türkei und Ukraine. Türkei – Island 2:1, Ukraine – Belgien 2:1, Island – Belgien 1:2, Türkei – Ukraine 1:1, Belgien – Türkei 0:4, Island – Ukraine 1:2.

Viertelfinale: Weißrussland – Dänemark 1:3; Russland – Österreich 0:2; England – Ukraine 2:2, Elfmeterschießen 6:7; Türkei – Portugal 0:0, Elfmeterschießen 5:3.

Halbfinale: Dänemark – Ukraine 2:2, Elfmeterschießen 5:3; Österreich – Türkei 0:1.

Um den 3. Platz: Ukraine – Österreich 2:0.

Endspiel am 8. Mai 1994 in Dublin: Türkei – Dänemark 1:0 (0:0)

Türkei: Tuncay – Caliskan, Seletli, Özke, Habiboglu, Terke, Bayhan, Meric, Önür, Saglam, Aydin.

Tor: Meric – Zuschauer: 2500 – SR: Albrecht (Deutschland).

1995: Portugal

Qualifikation: Deutschland qualifizierte sich gegen die Ukraine (4:2) und Israel (3:1).

Endrunde vom 12. April bis 7. Mai 1995 in Belgien:

Gruppe A: Tschechien und Schweden. Italien – Schweden 1:1, Tschechien – Polen 2:1, Polen – Schweden 0:1, Tschechien – Italien 1:0, Italien – Polen 0:0, Tschechien – Schweden 4:1.

Gruppe B: Belgien und Frankreich. Belgien – Frankreich 4:1, Österreich – Norwegen 1:0, Belgien – Norwegen 3:0, Frankreich – Österreich 1:0, Österreich – Belgien 0:0, Frankreich – Norwegen 4:0.

Gruppe C: Spanien und Deutschland. Spanien – Deutschland 3:0, Türkei – Slowenien 2:0, Deutschland – Slowenien 3:0, Türkei – Spanien 0:2, Spanien – Slowenien 3:1, Türkei – Deutschland 1:4.

Gruppe D: England und Portugal. Portugal – Slowakei 4:0, England – Schottland 1:1, England – Slowakei 2:1, Schottland – Portugal 1:3, Slowakei – Schottland 2:1, England – Portugal 3:1.

Viertelfinale: Deutschland – Tschechien 2:0; Belgien – Portugal 0:1; England – Frankreich n. V. 0:1, Spanien – Schweden 1:0.

Halbfinale: Deutschland – Portugal 1:3; Spanien – Frankreich 2:0.

Um den 3. Platz: Deutschland – Frankreich n. V. 2:1.

Endspiel am 6. Mai 1995 in Brüssel: Portugal – Spanien 2:0 (0:0)

Portugal: Santos – Aires, da Costa, Caneira, M. Costa, Leal, Cordeiro, Hipolito, Vieira (Rodrigues) – Soares, Vargas (Silva).

Tore: Soares, Pereira – Zuschauer: 2500 – SR: Meese (Belgien).

1996: Portugal

Qualifikation: Deutschland qualifizierte sich gegen die Niederlande (3:0, 3:3) und Zypern (3:2, 2:2).

Endrunde vom 29. April bis 11. Mai 1996 in Österreich:
Gruppe A: Portugal und Irland. Irland – Österreich 1:0, Portugal – Polen 3:0, Österreich – Polen 0:0, Irland – Portugal 0:2, Polen – Irland 0:1, Österreich – Portugal 2:2.
Gruppe B: Griechenland und Deutschland. Rumänien – Ukraine 0:1, Griechenland – Deutschland 2:1, Rumänien – Griechenland 0:1, Ukraine – Deutschland 1:6, Deutschland – Rumänien 4:1, Ukraine – Griechenland 1:1.
Gruppe C: Frankreich und Kroatien. Frankreich – Kroatien 2:0, Spanien – Schweiz 4:1, Frankreich – Spanien 3:0, Kroatien – Schweiz 2:1, Schweiz – Frankreich 0:1, Kroatien – Spanien 1:0.
Gruppe D: Israel und England. England – Slowakei 2:0, Türkei – Israel 3:0, England – Türkei 2:1, Slowakei – Israel 0:2, Israel – England 2:1, Slowakei – Türkei 2:0.
Viertelfinale: Portugal – Kroatien 5:1; Griechenland – England 1:0; Israel – Deutschland n. V. 3:2; Frankreich – Irland n. V. 0:0, Elfmeterschießen 5:4.
Halbfinale: Portugal – Griechenland 3:0; Frankreich – Israel 1:0.
Um den 3. Platz: Israel – Griechenland 3:2.

Endspiel am 11. Mai 1996 in Wien: Portugal – Frankreich 1:0 (0:0)
Portugal: Sergio – Valenta, Nuno Gomes, Flores, Fredy – Leal (Esteves), Ednilson, Celso Lopes – Paulo Costa (Cruz), Simao, Petit (Edgar).
Tor: Petit – Zuschauer: 5000 – SR: Plautz (Österreich).

1997: Spanien

Qualifikation: Deutschland als Ausrichter automatisch qualifiziert.

Endrunde vom 28. April bis 10. Mai 1997 in Deutschland:
Gruppe A: Deutschland und Schweiz. Deutschland – Israel 3:0, Schweiz 2:0, Nordirland 1:0, Schweiz – Nordirland 2:1, Israel 3:2, Israel – Nordirland 1:2.
Gruppe B: Spanien und Österreich. Polen – Österreich 0:4, Spanien 1:2, Ukraine 3:2, Spanien – Ukraine 6:1, Österreich 2:0, Österreich – Ukraine 0:2.
Gruppe C: Belgien und Ungarn. Ungarn – Georgien 6:3, Belgien 0:1, Italien 2:1, Belgien – Italien 1:0, Georgien 5:1, Georgien – Italien 3:5.
Gruppe D: Türkei und Slowakei. Türkei – Slowenien 2:0, Island 4:0, Slowakei 1:0, Slowakei – Island 1:0, Slowenien 2:2, Slowenien – Island 0:2.
Viertelfinale: Deutschland – Ungarn 3:1; Belgien – Schweiz n. V. 0:0, Elfmeterschießen 4:5; Spanien – Slowakei 3:1; Türkei – Österreich 0:3.
Halbfinale: Deutschland – Spanien 1:2; Österreich – Schweiz n. V. 0:0, Elfmeterschießen 6:5.
Um den 3. Platz: Deutschland – Schweiz 3:1.

Endspiel am 10. Mai in Celle: Spanien – Österreich n. V. 0:0, Elfmeterschießen 5:4
Spanien: Casillas – Aranceta, Gurruchaga, Sanchez – Blas (Lopez), Garcia, Guillen, Mateos (Garro), Camacho – Rodriguez-Fraile, Cuartero (Sanchez).
Zuschauer: 4000 – SR: Corpodean (Rumänien).

1998: Irland

Qualifikation: Deutschland scheiterte gegen Israel (0:1), die Schweiz (1:0) und Moldawien (7:0).

Endrunde vom 26. April bis 8. Mai 1998 in Schottland:
Gruppe A: Griechenland und Dänemark. Dänemark – Schweden 1:1, Griechenland – Island 2:0, Dänemark – Griechenland 0:0, Schweden – Island 1:1, Island – Dänemark 0:1, Schweden – Griechenland 0:2.
Gruppe B: Italien und Portugal. Liechtenstein – Norwegen 0:5, Portugal – Italien 1:1, Liechtenstein – Portugal 0:1, Norwegen – Italien 1:4, Italien – Liechtenstein 2:0, Norwegen – Portugal 1:2.
Gruppe C: Irland und Spanien. Schottland – Irland 0:0, Spanien – Finnland 1:0, Schottland – Spanien 1:1, Irland – Finnland 2:0, Finnland – Schottland 2:0, Irland – Spanien 1:0.
Gruppe D: Israel und Kroatien. Russland – Israel 1:1, Kroatien – Ukraine 2:0, Russland – Kroatien 2:0, Israel – Ukraine 1:1, Ukraine – Russland 2:1, Israel – Kroatien 2:0.
Viertelfinale: Italien – Kroatien 1:0; Spanien – Griechenland 2:1; Portugal – Israel 4:1; Irland – Dänemark 2:0.
Halbfinale: Italien – Spanien 2:1; Irland – Portugal 2:0
Um den 3. Platz: Spanien – Portugal 2:1.

Endspiel am 8. Mai 1998 in Perth: Irland – Italien 2:1 (1:0)
Irland: Murphy – Thompson, O'Shea, Goodwin, Foy – McGill, Miller, Barrett, Byrne, Reid – McMahon.
Tore: Foy, McMahon (Pelanti) – Zuschauer: 2000 – SR: McCurry (Schottland).

1999: Spanien

Qualifikation: Deutschland qualifizierte sich gegen die Ukraine (1:1, 2:0) und Jugoslawien (2:0, 1:1).

Endrunde vom 23. April bis 7. Mai 1999 in Tschechien
Gruppe A: Portugal und Israel. Israel – Finnland 3:2, Portugal – Schweiz 2:2, Finnland – Schweiz 1:4, Israel – Portugal 1:2, Finnland – Portugal 2:3, Schweiz – Israel 1:3.
Gruppe B: England und Slowakei. Ungarn – England 1:1, Slowakei – Schweden 2:0, Ungarn – Slowakei 1:2, England – Schweden 2:1, England – Slowakei 3:1, Schweden – Ungarn 2:1.
Gruppe C: Spanien und Polen. Russland – Polen 1:2, Spanien – Kroatien 2:0, Kroatien – Polen 1:1, Spanien – Russland 1:0, Kroatien – Russland 0:1, Polen – Spanien 0:3.
Gruppe D: Deutschland und Tschechien. Dänemark – Griechenland 0:1, Tschechien – Deutschland 0:1, Deutschland – Griechenland 2:0, Tschechien – Dänemark 1:0, Griechenland – Tschechien 0:2, Deutschland – Dänemark 0:2.
Viertelfinale: Spanien – Israel 5:1; Portugal – Polen 1:2; England – Tschechien 0:1; Deutschland – Slowakei 6:0.
Halbfinale: Polen – Tschechien 3:2; Spanien – Deutschland 4:0.
Um den 3. Platz: Deutschland – Tschechien 2:1 (0:0).

Endspiel am 7. Mai 1999 in Olmütz: Spanien – Polen 4:1 (1:1)
Spanien: Reina – Duque, Corrales, Arteta, Alvarez, Gonzales, Macedo (Molina), Aspas (Crusat), Parri, Perona (Sancet), Gomez Aitor.
Tore: Perona, Alvarez, Molina, Gomez, Sanchez (Grzelak) – Zuschauer: 4100 – SR: Poulat (Frankreich).

2000: Portugal

Qualifikation: Deutschland qualifizierte sich gegen Bosnien-Herzegowina (3:0), Moldawien (2:0) und Italien (0:0).

Endrunde vom 1. bis 14. Mai 2000 in Israel
Gruppe A: Russland und Portugal. England – Russland 2:3, Portugal – Irland 1:0, England – Portugal 1:2, Russland – Irland 3:0, Irland – England 2:1, Russland – Portugal 2:1.
Gruppe B: Tschechien und Slowakei. Tschechien – Dänemark 3:1, Slowakei – Finnland 2:2, Tschechien – Slowakei 2:2, Dänemark – Finnland 5:2, Dänemark – Slowakei 1:2, Finnland – Tschechien 3:7.
Gruppe C: Deutschland und Niederlande. Ungarn – Deutschland 1:4, Israel – Niederlande 0:2, Israel – Ungarn 1:3, Niederlande – Deutschland 0:1, Deutschland – Israel 2:2, Niederlande – Ungarn 2:0.
Gruppe D: Griechenland und Spanien. Rumänien – Griechenland 0:1, Spanien – Polen 7:2, Polen – Griechenland 3:3, Spanien – Rumänien 1:0, Griechenland – Spanien 2:1, Polen – Rumänien 3:0.
Viertelfinale: Russland – Niederlande 0:3; Deutschland – Portugal n. V. 1:1, Elfmeterschießen 5:6; Tschechien – Spanien 2:0; Griechenland – Slowakei 2:2, Elfmeterschießen 4:2.
Halbfinale: Niederlande – Tschechien 1:2; Portugal – Griechenland 2:1.
Um den 3. Platz: Niederlande – Griechenland 5:0.
Endspiel am 14. Mai 2000 in Tel Aviv: Portugal – Tschechien n. V. 2:1 (1:1, 0:1)
Portugal: Vale – Batista, Ribeiro, Cardoso, Meireles – Castro (Afonso), Paiva (Silva), Viana – Marques, Nunes, Bernardo.
Tore: Bernardo 2 (Jun) – Zuschauer: 500 – SR: Ishchenko (Ukraine).

2001: Spanien

Qualifikation: Deutschland qualifizierte sich gegen gegen Armenien (2:1), Moldawien (3:1) und Israel (1:3).

Endrunde vom 22. April bis 6. Mai 2001 in England
Gruppe A: Spanien und Deutschland. Rumänien – Spanien 0:3; Deutschland – Belgien 1:2, Rumänien – Deutschland 2:8, Spanien – Belgien 5:0, Belgien – Rumänien 2:0, Spanien – Deutschland 0:2.
Gruppe B: Türkei und Russland. Niederlande – Türkei 0:1, Polen – Russland 0:0, Niederlande – Polen 2:0, Türkei – Russland 0:1, Russland – Niederlande 0:0, Türkei – Polen 2:1.
Gruppe C: England und Italien. Schweiz – Ungarn 2:1, England – Italien 1.3, England – Schweiz 2:0, Italien – Ungarn 3:4, Ungarn – England 0:1, Italien – Schweiz 1:1.

Gruppe D: Frankreich und Kroatien. Frankreich – Schottland 3:0, Kroatien – Finnland 2:0, Frankreich – Kroatien 3:0, Schottland – Finnland 3:1, Finnland – Frankreich 0:5, Schottland – Kroatien 0:1.
Viertelfinale: Spanien – Italien 1:1, Elfmeterschießen 4:3; England – Deutschland 1:1, Elfmeterschießen 5:3; Türkei – Kroatien 0:2; Frankreich – Russland 2:0.
Halbfinale: Spanien – Kroatien 3:0; England – Frankreich 0:4.
Um Platz 3: Kroatien – England 4:1.

Endspiel am 6. Mai 2001 in Sunderland: Spanien – Frankreich 1:0 (0:0)
Spanien: Moya – Jesus, Carlos, Flano, Tarantino – Diego Leon (Berto), Melli, Busy (Pepe) Gavilan – F. Torres, S. Torres.
Tor: F. Torres – Zuschauer: 29 100 – SR: D'Urso (England).

2002: Schweiz

Qualifikation: Deutschland qualifizierte sich gegen Russland (2:1, 5:1) und Nordirland (2:1, 2:0).

Endrunde vom 27. April bis 10. Mai 2002 in Dänemark
Gruppe A: England und Dänemark. Dänemark – Niederlande 4:4, Finnland – England 2:3, Niederlande – England 0:2, Dänemark – Finnland 6:0, England – Dänemark 0:0, Niederlande – Finnland 6:1.
Gruppe B: Schweiz und Frankreich. Portugal – Frankreich 0:2, Schweiz – Ukraine 3:1, Schweiz – Portugal 1:0, Ukraine – Frankreich 0:0, Frankreich – Schweiz 1:2, Ukraine – Portugal 1:2.
Gruppe C: Spanien und Jugoslawien. Spanien – Tschechien 4:1, Moldawien – Jugoslawien 3:6, Spanien – Moldawien 4:2, Tschechien – Jugoslawien 1:3, Tschechien – Moldawien 3:2, Jugoslawien – Spanien 1:5.
Gruppe D: Deutschland und Georgien. Deutschland – Georgien 1:1, Ungarn – Polen 1:3, Georgien – Polen 1:1, Deutschland – Ungarn 6:2, Georgien – Ungarn 2:1, Polen – Deutschland 0:1.
Viertelfinale: England – Jugoslawien 1:0; Spanien – Dänemark 2:2, Elfmeterschießen 4:3; Schweiz – Georgien 3:0; Deutschland – Frankreich 1:1, Elfmeterschießen 2:4.
Halbfinale: England – Schweiz 0:3; Spanien – Frankreich 1:1, Elfmeterschießen 3:4.
Um Platz 3: England – Spanien 4:1.

Endspiel am 10. Mai 2002 in Farum: Schweiz – Frankreich 0:0, Elfmeterschießen 4:2
Schweiz: König – Barnetta, Siqueira, Senderos, Bühler – Milosavac (Ziegler), Bürki, Iten, Schlauri, Maksimovic (Preisig) – Schneuwly (Antic).
Zuschauer: 1214 – SR: Rosetti (Italien).

2003: Portugal

Qualifikation: Deutschland setzte sich in der 1. Runde gegen Frankreich (0:0), Slowenien (3:1) und Irland (3:0) durch, scheiterte in der 2. Runde gegen Italien (1:1), Belgien (1:2) und Aserbaidschan (3:0).

Endrunde vom 7. bis 17. Mai 2003 in Portugal
Gruppe A: Portugal und Österreich. Portugal – Dänemark 3:2, Österreich – Ungarn 1:0, Portugal – Österreich 1:0, Dänemark – Ungarn 2:0, Dänemark – Österreich 0:2, Ungarn – Portugal 0:2.
Gruppe B: Spanien und England. Israel – England 1:2, Spanien – Italien 2:0, Israel – Spanien 0:3, England – Italien 0:0, England – Spanien 2:2, Italien – Israel 4:0.
Halbfinale: Portugal – England n. V. 2:2, Elfmeterschießen 3:2; Spanien – Österreich 5:2.
Um Platz 3: Österreich – England 1:0.

Endspiel am 17. Mai 2003 in Viseu: Portugal – Spanien 2:1 (1:0)
Portugal: Felgueiras – Dias, Gomes, Paulo Ricardo, Veloso – Coimbra (Curto), Vinha, Marcio Sousa (Moutinho), Machado – Joao Pedro (Gama), Saleiro.
Tore: Marcio Sousa 2 (David) – Zuschauer: 14 300 – SR: Panic (Bosnien-Herzegowina).

2004: Frankreich

Qualifikation: Deutschland setzte sich in der 1. Runde gegen Portugal (0:2), Slowenien (3:0) und Schweden (1:0) durch, scheiterte in der 2. Runde gegen die Ukraine (0:2), Dänemark (3:0) und die Slowakei (2:1).

Endrunde vom 1. bis 31. Mai 2004 in Frankreich:
Gruppe A: Frankreich und Spanien. Spanien – Türkei 1:0; Frankreich – Nordirland 3:0; Nordirland – Türkei 2:5; Frankreich – Spanien 1:0; Türkei – Frankreich 1:2; Nordirland – Spanien 1:4.
Gruppe B: England und Portugal. Ukraine – England 0:2; Österreich – Portugal 0:0; Ukraine – Österreich 1:2; England – Portugal 3:1; Portugal – Ukraine 4:0; England – Österreich 1:0.
Halbfinale: Frankreich – Portugal 3:1; England – Spanien 1:2.
Um Platz 3: Portugal – England n. V. 4 :4, Elfmeterschießen 3 :2.

Endspiel am 15. Mai 2004 in Chateauroux: Frankreich – Spanien 2:1 (1:0)
Frankreich: Costil – Mangani, El-Mourabet, Thicot, Akakpo – Yahiaoui, Ducasse, Constant (Songo'o) – Nasri, Ben Arfa, Menez.
Tore: Constant, Nasri (Piqué Bernabeu) – Zuschauer: 12 000 – SR: Zografos (Griechenland).

2005: Türkei

Qualifikation: Deutschland setzte sich in der 1. Runde gegen Irland (1:1), Island (1:0) und Litauen (4:0) durch, scheiterte in der 2. Runde gegen die Niederlande (2:3), Tschechien (2:1) und Lettland (4:0).

Endrunde vom 3. bis 14. Mai 2005 in Italien:
Gruppe A: Türkei und Italien. Weißrussland – England 0:4; Italien – Türkei 1:0; Italien – Weißrussland 0:1; Türkei – England 3:2; England – Italien 0:1; Türkei – Weißrussland 5:1.
Gruppe B: Kroatien und Niederlande. Israel – Schweiz 0:3; Kroatien – Niederlande 2:2; Schweiz – Niederlande 0:0; Israel – Kroatien 2:4; Niederlande – Israel 2:1; Schweiz – Kroatien 2:5.
Halbfinale: Italien – Niederlande n. V. 0:1; Kroatien – Türkei 1:3.
Um Platz 3: Italien – Kroatien n. V. 2:1.

Endspiel am 14. Mai 2005 in Pontedera: Türkei – Niederlande 2:0 (0:0)
Türkei: Babacan – Kesci, Ferin, Mehmet Yilmaz, Karadas – Bikmaz, Erkin (Tasdemir), Sahin – Özcan, Köse (Duruer), Deniz Yilmaz (Ali Atam).
Tore: Deniz Yilmaz, Köse – Zuschauer: 2000 – SR: Gonzales Vazquez (Spanien).

2006: Russland

Qualifikation: Deutschland setzte sich in der 1. Runde gegen Portugal (2:0), Färöer (4:0) und San Marino (10:0) durch, in der 2. Runde gegen die Niederlande (1:1), Nordirland (4:0) und Finnland (4:0).

Endrunde vom 3. bis 14. Mai 2006 in Luxemburg
Gruppe A: Spanien und Russland. Ungarn – Russland 0:1, Luxemburg – Spanien 1:7, Spanien – Russland 3:0, Luxemburg – Ungarn 0:4, Russland – Luxemburg 2:0, Spanien – Ungarn 2:0.
Gruppe B: Deutschland und Tschechien. Belgien – Deutschland 0:4, Serbien & Montenegro – Tschechien 1:2, Belgien – Serbien & Montenegro 1:1, Deutschland – Tschechien 0:0, Deutschland – Serbien & Montenegro 4:0, Tschechien – Belgien 3:1.
Halbfinale: Deutschland – Russland 0:1, Spanien – Tschechien 0:2.
Um Platz 3: Spanien – Deutschland n. V. 1:1, Elfmeterschießen 3:2.

Endspiel am 14. Mai 2006 in Luxemburg: Russland – Tschechien n. V. 2:2 (1:1, 0:0)/Elfmeterschießen 5:3
Russland: Pomazan – Samsonov, Bobrovskij, Morozov, Amirhanov – Gaglojev, Mochalin, Kasev (Korotajev), Gorbatenko (Scerbak) – Ryzov (Marenich), Prudnikov.
Tore: Prudnikov, Marenich (Pekhart, Necid) – Tore im Elfmeterschießen: Scerbak 1:0, Vacha 1:1, Gaglojev 2:1, Wojnar gehalten, Prudnikov 3:1, Holek 3:2, Amirhanov 4:2, Necid 4:3, Korotajev 5:3 – Zuschauer: 2750 – SR: Kuipers (Niederlande).

2007: Spanien

Qualifikation: Deutschland setzte sich in der 1. Runde gegen Russland (3:1), Georgien (1:0) und Mazedonien (7:1) durch, in der 2. Runde gegen Irland (3:0), Schottland (4:1) und Griechenland (4:1).

Endrunde vom 2. bis 13. Mai 2007 in Belgien
Gruppe A: Spanien, Frankreich und Deutschland. Frankreich – Spanien 0:2; Deutschland – Ukraine 2:0; Spanien – Ukraine 3:1; Frankreich – Deutschland 2:1; Ukraine – Frankreich 2:2; Spanien – Deutschland 0:0.
Gruppe B: England, Belgien und die Niederlande. Island – England 0:2; Niederlande – Belgien 2:2; Belgien – England 1:1; Niederlande – Island 3:0; England – Niederlande 4:2; Belgien – Island 5:1.
Halbfinale: Spanien – Belgien n. V. 1:1, Elfmeterschießen 7:6; England – Frankreich 1:0.
Um Platz 5 (Qualifikation für die U-17-WM): Deutschland – Niederlande 3:2.

Endspiel am 13. Mai 2007 in Tournai: Spanien – England 1:0 (0:0)
Spanien: De Gea – Moises, Sergio Rodriguez, Rochela, Morgado – Camacho, Ximo (David Gonzalez) – Lucas Porcar, Fran Merida, Iago Falque (Isma) – Krkic.
Tor: Krkic – Zuschauer: 1100 – SR: Filipovic (Serbien).

2008: Spanien

Qualifikation: Deutschland setzte sich in der 1. Runde gegen Rumänien (1:1), Schweden (1:1) und Färöer (8:0) durch, scheiterte in der 2. Runde gegen Irland (1:1), Portugal (0:2) und Griechenland (2:0).

Endrunde vom 4. bis 16. Mai 2008 in der Türkei
Gruppe A: Türkei und Niederlande. Schottland – Serbien 0:2; Türkei – Niederlande 3:0; Türkei – Schottland 1: 0; Niederlande – Serbien 1:0; Serbien – Türkei 0:0; Niederlande – Schottland 2:0.
Gruppe B: Spanien und Frankreich. Frankreich – Irland 2:1; Spanien – Schweiz 2:0; Irland – Schweiz 0:1; Frankreich – Spanien 3:3; Schweiz – Frankreich 0:2; Irland – Spanien 1:3.
Halbfinale: Spanien – Niederlande n. V. 2:1; Türkei – Frankreich n. V. 1:1, Elfmeterschießen 3:4.
Endspiel am 16. Mai 2008 in Antalya: Spanien – Frankreich 4:0 (1:0)
Spanien: Alex – Montoya, Pulido, Gaztanaga, Planas – Sielva, Alvaro – Keko, Thiago (Canales), Carmona (Gavilan) – Sergi (Rochina).
Tore: Gontan, Garcia, Alcantara, Gavilan – Zuschauer: 500 – SR: Kovarik (Tschechien).

2009: Deutschland

Qualifikation: Deutschland als Ausrichter automatisch qualifiziert1.

Endrunde vom 6. bis 18. Mai 2009 in Deutschland
Gruppe A: Schweiz und Italien. Spanien – Italien 0:0; Frankreich – Schweiz 1:1; Spanien – Frankreich 0:0; Italien – Schweiz 1:3; Schweiz – Spanien 0:0; Italien – Frankreich 2:1.
Gruppe B: Deutschland und Niederlande. England – Niederlande 1:1; Deutschland – Türkei 3:1; Deutschland – England 4:0; Türkei – Niederlande 1:2; Niederlande – Deutschland 0:2; Türkei – England 1:0.
Halbfinale: Schweiz – Niederlande 1:2; Deutschland – Italien 2:0.

Endspiel am 18. Mai 2009 in Magdeburg: Deutschland – Niederlande n. V. 2:1 (1:1, 0:1)
Deutschland: ter Stegen – Basala-Mazana, Mustafi, Labus, Plattenhardt – Zimmermann, Yabo, Buchtmann (Janzer) – Götze, Thy (Nauber), Scheidhauer (Trinks).
Tore: Thy, Trinks (Castaignos) – Zuschauer: 24 000 – SR: Besborodow (Russland).

2010: England

Qualifikation: Deutschland setzte sich in der 1. Runde gegen die Türkei (2:1), Finnland (0:1) und Mazedonien (2:0) durch, scheiterte in der 2. Runde gegen die Schweiz (0:1), Serbien (4:1) und Ungarn (1:0).

Endrunde vom 18. bis 30. Mai 2010 in Liechtenstein
Gruppe A: Spanien und Frankreich. Frankreich – Spanien 1:2; Portugal – Schweiz 3:0; Spanien – Schweiz 4:0; Frankreich – Portugal 1:0; Schweiz – Frankreich 1:3, Spanien – Portugal 2:0.
Gruppe B: England und Türkei. Griechenland – Türkei 1:3; England – Tsche-chien 3:1; Türkei – Tschechien 1:1; Griechenland – England 0:1; Tschechien – Griechenland 0:0; Türkei – England 1:2.
Halbfinale: England – Frankreich 2:1; Spanien – Türkei 3:1.
Endspiel am 30. Mai 2010 in Vaduz: England – Spanien 2:1 (1:1)
England: Butland – Chalobah, Garbutt, Pilatos, Wisdom – Coady, Keane (Thorne), McEachran (Thorpe), Barkley – Afobe (Hall), Wickham.
Tore: Wisdom, Wickham (Gerard) – Zuschauer: 3990 – SR: Munukka (Finnland).

2011: Niederlande

Qualifikation: Deutschland setzte sich in der 1. Runde gegen Österreich (2:1), Bosnien-Herzegowina (6:1) und Estland (5:0) durch, in der 2. Runde gegen die Türkei (2:0), die Schweiz (2:0) und die Ukraine (2:0).

Endrunde vom 3. bis 15. Mai 2011 in Serbien
Gruppe A: Dänemark und England. Serbien – Dänemark 2:3; Frankreich – England 2:2; Serbien – Frankreich 1:1; Dänemark – England 2:0; England – Serbien 3:0; Dänemark – Frankreich 1:0.
Gruppe B: Niederlande und Deutschland. Deutschland – Niederlande 0:2; Tschechien – Rumänien 1:1; Deutschland – Tschechien 1:1; Niederlande – Rumänien 1:0; Rumänien – Deutschland 0:1; Niederlande – Tschechien 0:0.
Halbfinale: Niederlande – England 1:0; Dänemark – Deutschland 0:2.
Endspiel am 15. Mai 2011 in Novi Sad: Niederlande – Deutschland 5:2 (2:2)
Niederlande: De Jong – Disveld, Kongolo, Rekik, Willems – Ebecilio, Ayoub – Trindade de Vilhena – Depay (Gravenberch), Achahbar, De Bondt (Aké).
Tore: Trinidade de Vilhena 2, Depay, Kongolo, Ebecilio (Yesil, Aydin) – Zuschauer: 6000 – SR: Tohver (Estland).

Amateur-Wettbewerbe der UEFA

Die Sieger der Amateur-Europameisterschaft:
1967 **Österreich** (2:1 gegen Schottland) – 1970 **Spanien** (n. V. 1:1, Elfmeterschießen 2:1 gegen Niederlande) – 1974 **Deutschland** und **Jugoslawien** gemeinsam (das Endspiel wurde wegen Unbespielbarkeit des Platzes nicht ausgetragen) – 1978 **Jugoslawien** (2:1 gegen Griechenland).

Die Sieger des „UEFA Regions Cup":
1999 **Venetien/ITA** (3:2 gegen Madrid/ESP) – 2001 **Zentral-Mähren/CZE** (n. V. 2:2, Elfmeterschießen 4:2 gegen Braga/POR) – 2003 **Piemont-Valle d'Aosta/ITA** (2:1 gegen Maine/FRA) – 2005 **Baskenland/ESP** (1:0 gegen Südwest-Sofia/BUL) – 2007 **Dolnoslaski/POL** (n. V. 2:1 gegen Südost-Region/BUL) – 2009 **Kastilien-Leon/ESP** (2:1 gegen Oltenien/ROM) – 2011 **Braga/POR** (2:1 gegen Leinster & Munster/IRL).

„Futsal"-Europameisterschaft

Die bisherigen Sieger:
1996 **Spanien** (5:3 gegen Russland/inoffiziell) – 1999 **Russland** (n. V. 3:3, Penaltyschießen 4:2 gegen Spanien) – 2001 **Spanien** (2:1 gegen die Ukraine) – 2003 **Italien** (1:0 gegen die Ukraine) – 2005 **Spanien** (2:1 gegen Russland) – 2007 **Spanien** (3:1 gegen Italien) – 2010 **Spanien** (4:2 gegen Portugal).

2010: Spanien

Endrunde vom 19. bis 30. Januar 2010 in Ungarn
Gruppe A: Aserbaidschan und Tschechien. Ungarn – Aserbaidschan 1:3; Aser-baidschan – Tschechien 6:1; Tschechien – Ungarn 6:5.
Gruppe B: Italien und Ukraine. Italien – Belgien 4:0; Belgien – Ukraine 2:4; Ukraine – Italien 2:4.
Gruppe C: Serbien und Russland. Russland – Slownien 5:1; Slowenien – Serbien 0:2; Serbien – Russland 4:3.
Gruppe D: Spanien und Portugal. Spanien – Weißrussland 9:1; Weißrussland – Portugal 5:5; Portugal – Spanien 1:6.
Viertelfinale: Tschechien – Italien 3:3, Sechsmeterschießen 3:1; Aserbaidschan – Ukraine 3:3, Sechsmeterschießen 4:2; Russland – Spanien 0:0, Sechsmeterschießen 6:7; Serbien – Portugal 1:5.
Halbfinale: Aserbaidschan – Portugal 3:3, Sechsmeterschießen 3:5; Tschechien – Spanien 1:8.
Spiel um Platz 3: Tschechien – Aserbaidschan 5:3.
Endspiel am 30. Januar 2010 in Debrecen: Spanien – Portugal 4:2
Spanien: Luis Armando, Juanjo – Alvaro, Borja, Daniel, Fernandao, Javi Rodríguez, Juanra, Kike, Lin, Ortiz, Torras.

U 21-„Futsal"-Europameisterschaft

Die bisherigen Sieger:
2009 Russland (5:4 gegen Italien).

UEFA „Futsal" Cup

Die bisherigen Sieger:
2002 **Playas Castellon/ESP** (5:1 gegen Action 21 Charleroi/BEL) – 2003 **Playas Castellon/ESP** (6:4, 1:1 gegen Action 21 Charleroi/BEL) – 2004 **Boomerang Interviu Madrid/ESP** (4:1, 3:4 gegen Benfica Lissabon/POR) – 2005 **Action 21 Charleroi/BEL** (4:3, n. V. 6:6 gegen Dynamo Moskau) – 2006 **Boomerang Interviu Madrid/ESP** (6:3, 3:4 gegen Dynamo Moskau/RUS) – 2007 **Dynamo Moskau/RUS** (2:1 gegen Boomerang Interviu Madrid/ESP) – 2008 **MFK Viz-Sinara Ekaterinburg/RUS** (n. V. 4:4, Penaltyschießen 3:2 gegen El Pozo Murcia/ESP) – 2009 **Inter Movistar (Interviu FS) Madrid/ESP** (5:1 gegen MFK Viz-Sinara Ekaterinburg/RUS) – 2010 **Benfica Lissabon/POR** (n. V. 3:2 gegen Inter Movistar (Interviu FS) Madrid/ESP) – 2011 **ASD Citta di Montesilvano/ITA** (5:2 gegen Sporting Lissabon/POR).

2011: ASD Citta di Montesilvano

Der deutsche Titelträger SD Croatia Berlin scheiterte in der Vorrunde gegen Ararat Nikosia/CYP (1:3), Levski Sofia West/BUL (6:4) und Anschi Tallinn/EST (7:3).

Endturnier vom 29. April bis 1. Mai 2011 in Almaty
Halbfinale: Halbfinale: Sporting Lissabon/POR – Kairat Almaty/KAZ 3:2; Benfica Lissabon/POR – ASC Citta di Montesilvano/ITA 0:3.
Um den 3. Platz: Kairat Almaty – Benfica Lissabon 3:3, Sechsmeterschießen 5:3.
Endspiel: ASD Citta di Montesilvano – Sporting Lissabon 5:2.

KAPITEL 11

DIE EUROPAPOKALE

EUROPAPOKAL DER MEISTER/CHAMPIONS LEAGUE

1956	REAL MADRID	1984	FC LIVERPOOL
1957	REAL MADRID	1985	JUVENTUS TURIN
1958	REAL MADRID	1986	STEAUA BUKAREST
1959	REAL MADRID	1987	FC PORTO
1960	REAL MADRID	1988	PSV EINDHOVEN
1961	BENFICA LISSABON	1989	AC MAILAND
1962	BENFICA LISSABON	1990	AC MAILAND
1963	AC MAILAND	1991	ROTER STERN BELGRAD
1964	INTER MAILAND	1992	FC BARCELONA
1965	INTER MAILAND	1993	OLYMPIQUE MARSEILLE
1966	REAL MADRID	1994	AC MAILAND
1967	CELTIC GLASGOW	1995	AJAX AMSTERDAM
1968	MANCHESTER UNITED	1996	JUVENTUS TURIN
1969	AC MAILAND	1997	BORUSSIA DORTMUND
1970	FEYENOORD ROTTERDAM	1998	REAL MADRID
1971	AJAX AMSTERDAM	1999	MANCHESTER UNITED
1972	AJAX AMSTERDAM	2000	REAL MADRID
1973	AJAX AMSTERDAM	2001	BAYERN MÜNCHEN
1974	BAYERN MÜNCHEN	2002	REAL MADRID
1975	BAYERN MÜNCHEN	2003	AC MAILAND
1976	BAYERN MÜNCHEN	2004	FC PORTO
1977	FC LIVERPOOL	2005	FC LIVERPOOL
1978	FC LIVERPOOL	2006	FC BARCELONA
1979	NOTTINGHAM FOREST	2007	AC MAILAND
1980	NOTTINGHAM FOREST	2008	MANCHESTER UNITED
1981	FC LIVERPOOL	2009	FC BARCELONA
1982	ASTON VILLA	2010	INTER MAILAND
1983	HAMBURGER SV	2011	FC BARCELONA

Nachdem der Europapokal der Landesmeister bis 1991 ein reiner K.-o.-Wettbewerb war, wurden 1991/92 nach dem Achtelfinale erstmals zwei Vierergruppen gebildet, in denen die beiden Finalisten ausgespielt wurden. Seit der Saison 1992/93 heißt der Wettbewerb offiziell „Champions League". Seit 1997/98 nehmen an dem Wettbewerb auch nicht mehr ausschließlich Landesmeister, sondern bis zu drei weitere Teams je Land teil.

1955/56: Real Madrid

Achtelfinale: Rot-Weiss Essen – Hibernian Edinburgh 0:4,1:1; Sporting Lissabon – Partizan Belgrad 3:3, 2:5; MTK (Vörös Lobogo) Budapest – Anderlecht Brüssel 6:3, 4:1; Servette Genf – Real Madrid 0:2, 0:5; Aarhus GF – Stade de Reims 0:2, 2:2; Rapid Wien – PSV Eindhoven 6:1, 0:1; Djurgarden Stockholm – Gwardia Warschau 0:0,4:1; AC Mailand – 1. FC Saarbrücken 3:4, 4:1.
Viertelfinale: Djurgarden Stockholm – Hibernian Edinburgh 1:3, 0:1; Stade de Reims – MTK (Vörös Lobogo) Budapest 4:2, 4:4; Real Madrid – Partizan Belgrad 4:0, 0:3; Rapid Wien – AC Mailand 1:1, 2:7.
Halbfinale: Stade de Reims – Hibernian Edinburgh 2:0, 1:0; Real Madrid – AC Mailand 4:2, 1:2.

Endspiel am 13.6.1956 in Paris:

Real Madrid – Stade Reims 4:3 (2:2)

Real Madrid: Alonso – Atienza, Marquitos, Lesmes – Munoz, Zarraga – Joseito, Marchal, Di Stefano, Rial, Gento.

Tore: Rial (2), Di Stefano, Marquitos (Leblond, Templin, Hidalgo für Reims); SR: Ellis (England). – Zuschauer: 38 000.

1956/57: Real Madrid

1. Runde: Borussia Dortmund – Spora Luxemburg 4:3, 1:2, 7:0; Dinamo Bukarest – Galatasaray Istanbul 3:1, 1:2; Slovan Bratislava – CWKS (Legia) Warschau 4:0, 0:2; RSC Anderlecht – Manchester United 0:2, 0:10; Aarhus GF – OGC Nizza 1:1, 1:5; FC Porto – Atletico Bilbao 1:2, 2:3.

Achtelfinale: Manchester United – Borussia Dortmund 3:2, 0:0; CDNA Sofia – Dinamo Bukarest 8:1, 2:3; Slovan Bratislava – Grasshoppers Zürich 1:0, 0:2; Glasgow Rangers – OGC Nizza 2:1, 1:2, 1:3; Real Madrid – Rapid Wien 4:2, 1:3, 2:0; Rapid JC Heerlen – Roter Stern Belgrad 3:4, 0:2; AC Florenz – IFK Norrköping 1:1, 1:0; Atletico Bilbao – Honved Budapest 3:2, 3:3.

Viertelfinale: Atletico Bilbao – Manchester United 5:3, 0:3; AC Florenz – Grasshoppers Zürich 3:1, 2:2; Roter Stern Belgrad – CDNA Sofia 3:1, 1:2; Real Madrid – OGC Nizza 3:0, 3:2.

Halbfinale: Roter Stern Belgrad – AC Florenz 0:1, 0:0; Real Madrid – Manchester United 3:1, 2:2.

Endspiel am 30. Mai 1957 in Madrid:

Real Madrid – AC Florenz 2:0 (0:0)

Real Madrid: Alonso – Torres, Marquitos, Lesmes – Munoz, Zarraga – Kopa, Mateos, Di Stefano, Rial, Gento.

Tore: Di Stefano, Gento – SR: Horn (Holland). – Zuschauer: 125 000.

1957/58: Real Madrid

1. Runde: Gwardia Warschau – Wismut Karl-Marx-Stadt 3:1, 1:3 (in Aue), 1:1 n. V. (in Berlin,Los für Karl-Marx-Stadt); CDNA Sofia – Vasas Budapest 2:1, 1:6; Glasgow Rangers – AS Saint-Etienne 3:1, 1:2; Stade Düdelingen – Roter Stern Belgrad 0:5, 1:9; Aarhus GF – FC Glenavon Belfast 0:0; 3:0; FC Sevilla – Benfica Lissabon 3:1, 0:0; Shamrock Rovers – Manchester United 0:6, 2:3; AC Mailand – Rapid Wien 4:1, 2:5, 4:2 (in Zürich). – Freilose für: Borussia Dortmund, Real Madrid, FC Antwerpen, Ajax Amsterdam, Young Boys Bern, Dukla Prag, IFK Norrköping und CCA Bukarest.

Achtelfinale: Borussia Dortmund – Armeeklub Bukarest 4:2, 1:3, 3:1 (in Bologna); Wismut Karl-Marx-Stadt – Ajax Amsterdam 1:3 (in Aue), 0:1; FC Antwerpen – Real Madrid 1:2, 0:6; IFK Norrköping – Roter Stern Belgrad 2:2, 1:2; Manchester United – Dukla Prag 3:0, 0:1; Young Boys Bern – Vasas Budapest 1:1 (in Genf), 1:2; Glasgow Rangers – AC Mailand 1:4, 0:2; FC Sevilla – Aarhus GF 4:0, 0:2.

Viertelfinale: Borussia Dortmund – AC Mailand 1:1, 1:4; Manchester United – Roter Stern Belgrad 2:1, 3:3; Real Madrid – FC Sevilla 8:0, 2:2; Ajax Amsterdam – Vasas Budapest 2:2, 0:4.

Halbfinale: Real Madrid – Vasas Budapest 4:0, 0:2; Manchester United – AC Mailand 2:1, 0:4.

Endspiel am 29. Mai 1958 in Brüssel:

Real Madrid – AC Mailand 3:2 nach Verl. (2:2, 0:0)

Real Madrid: Alonso – Atienza, Santamaria, Lesmes – Santisteban, Zarraga – Kopa, Joseito, Di Stefano, Rial, Gento.

Tore: Di Stefano, Rial, Gento (Schiaffino, Grillo für Mailand). – SR: Alsteen (Belgien). – Zuschauer: 67 000.

1958/59: Real Madrid

1. Runde: KB Kopenhagen – FC Schalke 04 3:0, 2:5, 1:3 (in Enschede); Wismut Karl-Marx-Stadt – Petrolul Ploesti 4:2 (in Aue), 0:2, 4:0 (in Kiew); Standard Lüttich – Heart of Midlothian Edinburgh 5:1 1:2; Jeunesse Esch – IFK Göteborg 1:2, 1:0, 1:5 (in Göteborg); Atletico Madrid – Drumcondra Dublin 8:0, 5:1; FC Ards Newtonards – Stade Reims 1:4, 2:6; Polonia Beuthen – MTK Budapest 0:3, 0:3; Juventus Turin – Wiener Sport-Club 3:1, 0:7; Dinamo Zagreb – Dukla Prag 2:2, 1:2; DOS Utrecht – Sporting Lissabon 3:4, 1:2; Olympiakos Piräus verzichtete gegen Besiktas Istanbul, Manchester United verzichtete gegen Young Boys Bern. – Freilose für: Real Madrid, Wolverhampton Wanderers, CDNA Sofia und HPS Helsinki.

Achtelfinale: Wolverhampton Wanderers – FC Schalke 04 2:2, 1:2; IFK Göteborg – Wismut Karl-Marx-Stadt 2:2, 0:4 (in Aue); Sporting Lissabon – Standard Lüttich 2:3, 0:3; Atletico Madrid – CDNA Sofia 2:1,

0:1, 3:1 n. V. (in Genf); MTK Budapest – Young Boys Bern 1:2, 1:4; Wiener Sport-Club – Dukla Prag 3:1, 0:1; Stade Reims – HPS Helsinki 4:0, 3:0 (in Rouen); Real Madrid – Besiktas Istanbul 2:0, 1:1.
Viertelfinale: Atletico Madrid – Schalke 04 3:0, 1:1; Young Boys Bern – Wismut Karl-Marx-Stadt 2:2, 0:0 (in Aue), 2:1 (in Amsterdam), Standard Lüttich – Stade Reims 2:0, 0:3; Wiener Sport-Club – Real Madrid 0:0, 1:7.
Halbfinale: Young Boys Bern – Stade de Reims 1:0, 0:3 (in Paris); Real Madrid – Atletico Madrid 2:1, 0:1, 2:1 (in Saragossa).

Endspiel am 3. Juni 1959 in Stuttgart:

Real Madrid – Stade Reims 2:0 (1:0)

Real Madrid: Dominguez – Marquitos, Santamaria, Zarraga – Santisteban, Ruiz – Kopa, Mateos, Di Stefano, Rial, Gento.
Tore: Mateos, Di Stefano. – SR: Dusch (Deutschland). – Zuschauer: 80 000.

1959/60: Real Madrid

1. Runde: ASK Vorwärts Berlin – Wolverhampton Wanderers 2:1, 0:2; OGC Nizza – Shamrock Rovers 3:2, 1:1; CDNA Sofia – FC Barcelona 2:2, 2:6; Wiener Sport-Club – Petrolul Ploesti 0:0, 2:1; Jeunesse Esch – LKS Lodz 5:0, 1:2; FC Linfield Belfast – IFK Göteborg 2:1, 1:6; Roter Stern Bratislava – FC Porto 2:1, 2:0; Olympiakos Piräus – AC Mailand 2:2, 1:3; Fenerbahce Istanbul – SC Csepel 1:1, 3:2; Glasgow Rangers – RSC Anderlecht 5:2, 2:0; Kuopio PS verzichtete gegen Eintracht Frankfurt. – Freilose für: Real Madrid, Roter Stern Belgrad, Sparta Rotterdam, B 1909 Odense und Young Boys Bern.
Achtelfinale: Young Boys Bern – Eintracht Frankfurt 1:4, 1:1; B 1909 Odense – Wiener Sport-Club 0:3, 2:2; Real Madrid – Jeunesse Esch 7:0, 5:2; Sparta Rotterdam – Göteborg IFK 3:1, 1:3, 3:1 (in Bremen); AC Mailand – FC Barcelona 0:2, 1:5; Roter Stern Belgrad – Wolverhampton Wanderers 1:1, 0:3; Glasgow Rangers – Roter Stern Bratislava 4:3, 1:1; Fenerbahce Istanbul – OGC Nizza 2:1, 1:2, 1:5 (in Genf).
Viertelfinale: Eintracht Frankfurt – Wiener Sport-Club 2:1, 1:1; OGC Nizza – Real Madrid 3:2, 0:4; FC Barcelona – Wolverhampton Wanderers 4:0, 5:2; Sparta Rotterdam – Glasgow Rangers 2:3, 1:0, 2:3 (in London).
Halbfinale: Eintracht Frankfurt – Glasgow Rangers 6:1, 6:3; Real Madrid – FC Barcelona 3:1, 3:1.

Endspiel am 18. Mai 1960 in Glasgow:

Real Madrid – Eintracht Frankfurt 7:3 (3:1)

Real Madrid: Dominguez – Marquitos, Santamaria, Pachin – Vidal, Zarraga – Canario, Del Sol, Di Stefano, Puskas, Gento.
Eintracht Frankfurt: Loy – Lutz, Eigenbrodt, Höfer – Weilbächer, Stinka – Kreß, Lindner, Stein, Pfaff, Meier.
Tore: Puskas (4), Di Stefano (3) – Stein (2), Kreß. – SR: Mowatt (Schottland) – Zuschauer: 135 000.

1960/61: Benfica Lissabon

1. Runde: FC Limerick – Young Boys Bern 0:5, 2:4; Fredrikstad FK – Ajax Amsterdam 4:3, 0:0; HIFK Helsinki – IFK Malmö 1:3, 1:2; Stade Reims – Jeneusse Esch 6:1, 5:0; Rapid Wien – Besiktas Istanbul 4:0, 0:1; Aarhus GF – Legia Warschau 3:0, 0:1; FC Barcelona – Lierse SK 2:0, 3:0; Roter Stern Belgrad – Ujpest Budapest 1:2, 0:3; Heart of Midlothian Edinburgh – Benfica Lissabon 1:2, 0:3; Juventus Turin – CDNA Sofia 2:0, 1:4; CCA Bukarest verzichtete gegen Spartak Hradec Kralove und Glenavon Belfast verzichtete gegen Wismut Karl-Marx-Stadt. Freilose für: Hamburger SV, FC Burnley, Panathinaikos Athen und Real Madrid.
Achtelfinale: Young Boys Bern – Hamburger SV 0:5, 3:3 Rapid Wien – Wismut Karl-Marx-Stadt 3:1, 0:2, 1:0 (in Basel); Aarhus GF – Fredrikstad FK 3:0, 1:0 (in Oslo); IFK Malmö – CDNA Sofia 1:0, 1:1; Spartak Hradec Kralove – Panathinaikos Athen 1:0, 0:0; Benfica Lissabon – Ujpest Budapest 6:2, 1:2; Real Madrid – FC Barcelona 2:2, 1:2; FC Burnley – Stade Reims 2:0, 2:3 (in Paris).
Viertelfinale: FC Burnley – Hamburger SV 3:1, 1:4; FC Barcelona – Spartak Hradec Kralove 4:0, 1:1; Benfica Lissabon – Aarhus GF 3:1, 4:1; Rapid Wien – IFK Malmö 2:0, 2:0.
Halbfinale: FC Barcelona – Hamburger SV 1:0, 1:2, 1:0 (in Brüssel); Benfica Lissabon – Rapid Wien 3:0, 1:1 (abgebrochen).

Endspiel am 31. Mai 1961 in Bern:

Benfica Lissabon – FC Barcelona 3:2 (2:1)

Benfica Lissabon: Costa Pereira – Joao, Germano, Angelo – Neto, Cruz – Augusto, Santana, Aguas, Coluna, Cavem.
Tore: Aguas, Coluna (Kocsis, Czibor für Barcelona, dazu ein Eigentor von Ramallets). – SR: Dienst (Schweiz). – Zuschauer: 28 000.

1961/62: Benfica Lissabon

1. Runde: 1. FC Nürnberg – Drumcondra Dublin 5:0, 4:1; ASK Vorwärts Berlin – FC Linfield Belfast 3:0, Linfield verzichtete auf Rückspiel; AS Monaco – Glasgow Rangers 2:3, 2:3; IFK Göteborg – Feyenoord Rotterdam 0:3, 2:8; CDNA Sofia – Dukla Prag 4:4, 1:2; Vasas Budapest – Real Madrid 0:2, 1:3; Servette Genf – Hibernians Paola 5:0, 2:1; Standard Lüttich – Fredrikstad FK 2:1, 2:0 (in Oslo); Spora Luxemburg – B 1913 Odense 0:6, 2:9; Gornik Zabrze – Tottenham Hotspur 4:2 (in Chorzow), 1:8; Sporting Lissabon – Partizan Belgrad 1:1, 0:2; Panathinaikos Athen – Juventus Turin 1:1, 1:2; CCA Bukarest – Austria Wien 0:0, 0:2. Freilose für: Benfica Lissabon, Fenerbahce Istanbul und Haka Valkeakoski.

Achtelfinale: Fenerbahce Istanbul – 1. FC Nürnberg 1:2, 0:1; ASK Vorwärts Berlin – Glasgow Rangers 1:2, 1:4 (in Malmö); B 1913 Odense – Real Madrid 0:3, 0:9; Standard Lüttich – Haka Valkeakoski 5:1, 2:0; Austria Wien – Benfica Lissabon 1:1, 1:5; Feyenoord Rotterdam – Tottenham Hotspur 1:3, 1:1; Servette Genf – Dukla Prag 4:3, 0:2; Partizan Belgrad – Juventus Turin 1:2, 0:5.

Viertelfinale: 1. FC Nürnberg – Benfica Lissabon 3:1, 0:6; Standard Lüttich – Glasgow Rangers 4:1, 0:2; Dukla Prag – Tottenham Hotspur 1:0, 1:4; Juventus Turin – Real Madrid 0:1, 1:0, 1:3 (in Paris).

Halbfinale: Benfica Lissabon – Tottenham Hotspur 3:1, 1:2; Real Madrid – Standard Lüttich 4:0, 2:0.

Endspiel am 2. Mai 1962 in Amsterdam:

Benfica Lissabon – Real Madrid 5:3 (2:3)

Benfica Lissabon: Costa Pereira – Joao, Germano, Angelo – Cavem, Cruz – Jose Augusto, Eusebio, Aguas, Coluna, Simoes.

Tore: Eusebio (2), Aguas, Cavem, Coluna (Puskas (3) für Madrid). – SR: Horn (Holland). – Zuschauer: 65 000.

1962/63: AC Mailand

1. Runde: FC Dundee – 1. FC Köln 8:1, 0:4; ASK Vorwärts Berlin – Dukla Prag 0:3, 0:1; IFK Norrköping – Partizani Tirana 2:0, 1:1; Fredrikstad FK – Vasas Budapest 1:4, 0:7; FC Linfield Belfast – Esbjerg FB 1:2, 0:0; Austria Wien – HIFK Helsinki 5:3, 2:0; Real Madrid – RSC Anderlecht 3:3, 0:1; Dinamo Bukarest – Galatasaray Istanbul 1:1, 0:3; AC Mailand – Union Luxemburg 8:0, 6:0; Polonia Beuthen – Panathinaikos Athen 2:1 (in Chorzow), 4:1; Servette Genf – Feyenoord Rotterdam 1:3, 3:1, 1:3 n. V. (in Düsseldorf); FC Floriana – Ipswich Town 1#

:4, 0:10; CDNA Sofia – Partizan Belgrad 2:1, 4:1; FC Shelbourne – Sporting Lissabon 0:2, 1:5. – Freilose für: Stade Reims und Benfica Lissabon.

Achtelfinale: Austria Wien – Stade Reims 3:2, 0:5 (in Paris); CDNA Sofia – RSC Anderlecht 2:2, 0:2; Sporting Lissabon – FC Dundee 1:0, 1:4; IFK Norrköping – Benfica Lissabon 1:1, 1:5; Galatasaray Istanbul – Polonia Beuthen 4:1, 0:1 (in Chorzow); Esbjerg FB – Dukla Prag 0:0 (in Vejle), 0:5; Feyenoord Rotterdam – Vasas Budapest 1:1, 2:2, 1:0 (in Antwerpen); AC Mailand – Ipswich Town 3:0, 1:2.

Viertelfinale: Galatasaray Istanbul – AC Mailand 1:3, 0:5; RSC Anderlecht – FC Dundee 1:4, 1:2; Benfica Lissabon – Dukla Prag 2:1, 0:0; Stade Reims – Feyenoord Rotterdam 0:1, 1:1.

Halbfinale: Feyenoord Rotterdam – Benfica Lissabon 0:0, 1:3; AC Mailand – FC Dundee 5:1, 0:1.

Endspiel am 22. Mai 1963 in London:

AC Mailand – Benfica Lissabon 2:1 (0:1)

AC Mailand: Ghezzi – David, Maldini, Trebbi – Benitez, Trapattoni – Pivatelli, Sani, Altafini, Rivera, Mora.

Tore: Altafini (2), (Eusebio für Benfica). – SR: Holland (England). – Zuschauer: 45 000.

1963/64: Internazionale Mailand

1. Runde: Lyn Oslo – Borussia Dortmund 2:4, 1:3; Dinamo Bukarest – SC Motor Jena 2:0, 1:0; FC Dundalk – FC Zürich 0:3, 2:1; Partizan Belgrad – Anorthosis Famagusta 3:0, 3:1; Partizani Tirana – Spartak Plovdiv 1:0, 1:3; Galatasaray Istanbul – Ferencvaros Budapest 4:0, 0:2; Dukla Prag – FC Valetta 6:0, 2:0; FC Everton – Internazionale Mailand 0:0, 0:1; Gornik Zabrze – Austria Wien 1:0 (in Chorzow), 0:1, 2:1 (in Wien); AS Monaco – AEK Athen 7:2 (in Nizza), 1:1; Distillery Belfast – Benfica Lissabon 3:3, 0:5:, Standard Lüttich – IFK Norrköping 1:0, 0:2; Haka Valkeakoski – Jeunesse Esch 4:1, 0:4; Esbjerg FB – PSV Eindhoven 3:4, 1:7; Glasgow Rangers – Real Madrid 0:1, 0:6. _ Freilos für: AC Mailand.

Achtelfinale: Benfica Lissabon – Borussia Dortmund 2:1, 0:5; Dinamo Bukarest – Real Madrid 1:3, 3:5; Gornik Zabrze – Dukla Prag 2:0 (in Chorzow), 1:4; Spartak Plovdiv – PSV Eindhoven 0:1, 0:0; FC Zürich – Galatasaray Istanbul 2:0, 0:2, 2:2 n. Verl. (in Rom, Los für Zürich); Jeunesse Esch – Partizan Belgrad 2:1, 2:6; Internazionale Mailand – AS Monaco 1:0, 3:1 (in Marseille); IFK Norrköping – AC Mailand 1:1, 2:5.

Viertelfinale: Real Madrid – AC Mailand 4:1, 0:2; Partizan Belgrad – Internazionale Mailand 0:2, 1:2; PSV – FC Zürich 1:0, 1:3; Dukla Prag – Borussia Dortmund 0:4, 3:1.
Halbfinale: Borussia Dortmund – Internazionale Mailand 2:2, 0:2; FC Zürich – Real Madrid 1:2, 0:6.

Endspiel am 27. Mai 1964 in Wien:

Internazionale Mailand – Real Madrid 3:1 (1:0)

Mailand: Sarti – Burgnich, Guarneri, Facchetti – Tagnin, Picchi – Jair, Mazzola, Milani, Suarez, Corso.
Tore: Mazzola (2), Milani (Felo für Real). – SR: Stoll (Österreich). – Zuschauer: 72 000.

1964/65: Internazionale Mailand

1. Runde: Partizani Tirana – 1. FC Köln 0:0, 0:2; Chemie Leipzig – ETO Györ 0:2, 2:4; Glentoran Belfast – Panathinaikos Athen 2:2, 2:3; KR Reykjavik – FC Liverpool 0:5, 1:6; RSC Anderlecht – FC Bologna 1:0, 1:2, 0:0 n. Verl. (in Barcelona, Los für Anderlecht); Sliema Wanderers – Dinamo Bukarest 0:2, 0:5; Rapid Wien – Shamrock Rovers 3:0, 2:0; Glasgow Rangers – Roter Stern Belgrad 3:1, 2:4, 3:1 (in London); AS Saint-Etienne – FC La Chaux-de-Fonds 2:2, 1:2; Aris Bonneweg – Benfica Lissabon 1:5, 1:5; B 1909 Odense – Real Madrid 2:5, 0:4; Dukla Prag – Gornik Zabrze 4:1, 0:3, 0:0 n. V. (in Duisburg, Los für Prag); Lokomotive Sofia – Malmö FF 8:3, 0:2; DWS Amsterdam – Fenerbahce Istanbul 3:1, 1:0; Reipas Lahti – Lyn Oslo 2:1, 0:3. – Freilos für: Internazionale Mailand
Achtelfinale: Panathinaikos Athen – 1. FC Köln 1:1, 1:2; FC Liverpool – RSC Anderlecht 3:0, 1:0; Internazionale Mailand – Dinamo Bukarest 6:0, 1:0; Glasgow Rangers – Rapid Wien 1:0, 2:0; FC La Chaux-de-Fonds – Benfica Lissabon 1:1, 0:5; Real Madrid – Dukla Prag 4:0, 2:2; ETO Györ – Lokomotive Sofia 5:3, 3:4; DWS Amsterdam – Lyn Oslo 5:0, 3:1.
Viertelfinale: 1. FC Köln – FC Liverpool 0:0, 0:0, 2:2 n. Verl. (in Rotterdam, Los für Liverpool); Internazionale Mailand – Glasgow Rangers 3:1, 0:1; Benfica Lissabon – Real Madrid 5:1, 1:2; DWS Amsterdam – ETO Györ 1:1, 0:1.
Halbfinale: FC Liverpool – Internazionale Mailand 3:1, 0:3; ETO Györ – Benfica Lissabon 0:1 (in Budapest), 0:4.

Endspiel am 27. Mai 1965 in Mailand:

Internazionale Mailand – Benfica Lissabon 1:0 (1:0)

Internazionale Mailand: Sarti – Burgnich, Guarneri, Facchetti – Bedin, Picchi – Jair, Mazzola, Peiro, Suarez, Corso.
Tor: Jair – SR: Dienst (Schweiz) – Zuschauer: 85 000.

1965/66: Real Madrid

1. Runde: APOEL Nikosia – Werder Bremen 0:5 (in Hamburg), 0:5; Drumcondra Dublin – ASK Vorwärts Berlin 1:0, 0:3; Feyenoord Rotterdam – Real Madrid 2:1, 0:5; 17 Nentori Tirana – FC Kilmarnock 0:0, 0:1; Fenerbahce Istanbul – RSC Anderlecht 0:0, 1:5; Lyn Oslo – Derry City 5:3, 1:5; Dinamo Bukarest – B 1909 Odense 4:0, 3:2; IB Keflavik – Ferencvaros Budapest 1:4, 1:9; Panathinaikos Athen – Sliema Wanderers 4:1, 0:1; Partizan Belgrad – FC Nantes 2:0, 2:2; Lausanne-Sports – Sparta Prag 0:0, 0:4; Linzer ASK – Gornik Zabrze 1:3, 1:2; HJK Helsinki – Manchester United 2:3, 0:6; Stade Düdelingen – Benfica Lissabon 0:8, 0:10; Djurgarden Stockholm – Levski Sofia 2:1, 0:6; Freilos für: Internazionale Mailand.
Achtelfinale: Partizan Belgrad – Werder Bremen 3:0, 0:1; ASK Vorwärts Berlin – Manchester United 0:2, 1:3; FC Kilmarnock – Real Madrid 2:2, 1:5; RSC Anderlecht – Derry City 9:0 (Derry City verzichtete auf 2. Spiel); Dinamo Bukarest – Internazionale Mailand 2:1, 0:2; Ferencvaros Budapest – Panathinaikos Athen 0:0, 3:1; Sparta Prag – Gornik Zabrze 3:0, 2:1 (in Chorzow); Levski Sofia – Benfica Lissabon 2:2, 2:3.
Viertelfinale: RSC Anderlecht – Real Madrid 1:0, 2:4; Internazionale Mailand – Ferencvaros Budapest 4:0, 1:1; Sparta Prag – Partizan Belgrad 4:1, 0:5; Manchester United – Benfica Lissabon 3:2, 5:1.
Halbfinale: Real Madrid – Internazionale Mailand 1:0, 1:1; Partizan Belgrad – Manchester United 2:0, 0:1.

Endspiel am 11. Mai 1966 in Brüssel:

Real Madrid – Partizan Belgrad 2:1 (0:0)

Real Madrid: Araquistain – Pachin, De Felipe, Zoco – Sanchis – Pirri, Velazquez – Serena, Amancio, Grosso, Gento.
Tore: Amancio, Serena (Vasovic für Belgrad). – SR: Kreitlein (Deutschland). – Zuschauer: 55 000.

1966/67: Celtic Glasgow

Qualifikation: FC Waterford – ASK Vorwärts Berlin 1:6, 0:6; Sliema Wanderers – ZSKA Sofia 1:2, 0:4.
1. Runde: TSV München 1860 – Omonia Nikosia 8:0, 2:1 (in Pocking); Haka Valkeakoski – RSC Anderlecht 1:10, 0:2; Admira Wien – Vojvodina Novi Sad 0:1, 0:0; Aris Bonneweg – FC Linfield Belfast 3:3,

1:6; KR Reykjavik – FC Nantes 2:3, 2:5; Celtic Glasgow – FC Zürich 2:0, 3:0; Ajax Amsterdam – Besiktas Istanbul 2:0, 2:1; ZSKA Sofia – Olympiakos Piräus 3:1, 0:1; Esbjerg FB – Dukla Prag 0:2, 0:4; Vasas Budapest – Sporting Lissabon 5:0, 2:0; Internazionale Mailand – Torpedo Moskau 1:0, 0:0; Malmö FF – Atletico Madrid 0:2, 1:3; FC Liverpool – Petrolul Ploesti 2:0, 1:3, 2:0 (in Brüssel); Gornik Zabrze – ASK Vorwärts Berlin 2:1, 1:2, 3:1 (in Budapest);17 Nentori Tirana verzichtete gegen Valerengen Oslo. Freilos für: Real Madrid.

Achtelfinale: TSV München 1860 – Real Madrid 1:0, 1:3; FC Nantes – Celtic Glasgow 1:3, 1:3; Dukla Prag – RSC Anderlecht 4:1, 2:1; Internazionale Mailand – Vasas Budapest 2:1, 2:0; Valerengen Oslo – FC Linfield Belfast 1:4, 1:1; ZSKA Sofia – Gornik Zabrze 4:0, 0:3; Ajax Amsterdam – FC Liverpool 5:1, 2:2; Vojvodina Novi Sad – Atletico Madrid 3:1, 0:2, n. V. 3:2 (in Madrid).

Viertelfinale: Internazionale Mailand – Real Madrid 1:0, 2:0; FC Linfield – ZSKA Sofia 2:2, 0:1; Vojvodina Novi Sad – Celtic Glasgow 1:0, 0:2; Ajax Amsterdam – Dukla Prag 1:1, 1:2.

Halbfinale: Celtic Glasgow – Dukla Prag 3:1, 0:0; Internazionale Mailand – ZSKA Sofia 1:1, 1:1, 1:0 (in Bologna).

Endspiel am 25. Mai 1967 in Lissabon:

Celtic Glasgow – Internazionale Mailand 2:1 (0:1)

Celtic Glasgow: Simpson – Craig, McNeill, Gemmell – Murdoch,Clark, – Auld, Johnstone, Wallace, Chalmers, Lennox.

Tore: Gemmell, Chalmers (Mazzola für Mailand). – SR: Tschenscher (Deutschland). – Zuschauer: 54 000.

1967/68: Manchester United

1. Runde: Manchester United – Hibernians Paola 4:0, 0:0; Olympiakos Nikosia – FK Sarajewo 2:2, 1:3; Gornik Zabrze – Djurgarden Stockholm 3:0, 1:0; Celtic Glasgow – Dynamo Kiew 1:2, 1:1; Skeid Oslo – Sparta Prag 0:1, 1:1; FC Karl-Marx-Stadt – RSC Anderlecht 1:3, 1:2; Ajax Amsterdam – Real Madrid 1:1, 1:2 n. V.; FC Basel – Hvidovre Kopenhagen 1:2, 3:3; Glentoran Belfast – Benfica Lissabon 1:1, 0:0; Valur Reykjavik – Jeunesse Esch 1:1, 3:3 n. V. (Los für Reykjavik); FC Dundalk – Vasas Budapest 0:1, 1:8; AS Saint-Etienne – Kuopio PS 2:0, 3:0; Besiktas Istanbul – Rapid Wien 0:1, 0:3; Olympiakos Piräus – Juventus Turin 0:0, 0:2; Trakia Plovdiv – Rapid Bukarest 2:0, 0:3 n. V. – Dinamo Tirana verzichtete gegen Eintracht Braunschweig.

Achtelfinale: Rapid Wien – Eintracht Braunschweig 1:0, 0:2; FK Sarajewo – Manchester United 0:0, 1:2; Dynamo Kiew – Gornik Zabrze 1:2, 1:1 (in Chorzow); Sparta Prag – RSC Anderlecht 3:2, 3:3; Hvidovre Kopenhagen – Real Madrid 2:2, 1:4; Vasas Budapest – Valur Reykjavik 6:0, 5:1 (in Varpalota), Benfica Lissabon – AS Saint-Etienne 2:0, 0:1; Juventus Turin – Rapid Bukarest 1:0, 0:0.

Viertelfinale: Manchester United – Gornik Zabrze 2:0, 0:1; Real Madrid – Sparta Prag 3:0, 1:2; Vasas Budapest – Benfica Lissabon 0:0, 0:3; Eintracht Braunschweig – Juventus Turin 3:2, 0:1, 0:1 (in Bern).

Halbfinale: Manchester United – Real Madrid 1:0, 3:3; Benfica Lissabon – Juventus Turin 2:0, 1:0.

Endspiel am 29. Mai 1968 in London:

Manchester United – Benfica Lissabon 4:1 n. Verl. (1:1, 0:0)

Manchester United: Stepney – Brennan, Foulkes, Stiles, Dunne – Crerand, B. Charlton, Sadler – Best, Kidd, Aston.

Tore: Charlton (2), Best, Kidd (Graca für Lissabon). – SR: Lo Bello (Italien). – Zuschauer: 100 000.

1968/69: AC Mailand

1. Runde: 1. FC Nürnberg – Ajax Amsterdam 1:1, 0:4; Malmö FF – AC Mailand 2:1, 1:4; FC Zürich – Akademisk BK Kopenhagen 1:3, 2:1; RSC Anderlecht – Glentoran Belfast 3:0, 2:2; AS Saint-Etienne – Celtic Glasgow 2:0, 0:4; AEK Athen – Jeunesse Esch 3:0, 2:3; AFC Waterford – Manchester United 1:3 (in Dublin), 1:7; Rosenborg Trondheim – Rapid Wien 1:3, 3:3; FC Floriana – Reipas Lahti 1:1 (in Gzira), 0:2 (in Helsinki); Valur Reykjavik – Benfica Lissabon 0:0, 1:8; Real Madrid – AEL Limassol 6:0, 6:0 (beide Spiele in Madrid), Manchester City – Fenerbahce Istanbul 0:0, 1:2; Steaua Bukarest – Spartak Trnava 3:1, 0:4; FC Carl Zeiss Jena verzichtete gegen Roter Stern Belgrad; Levski Sofia, Ferencvaros Budapest, Dynamo Kiew und Ruch Chorzow verzichteten.

Achtelfinale: Ajax Amsterdam – Fenerbahce Istanbul 2:0, 2:0; Manchester United – RSC Anderlecht 3:0, 1:3; Celtic Glasgow – Roter Stern Belgrad 5:1, 1:1; AEK Athen – Akademisk BK Kopenhagen 0:0, 2:0; Rapid Wien – Real Madrid 1:0, 1:2; Reipas Lahti – Spartak Trnava 1:9 (in Wien), 1:7; Freilose für: AC Mailand und Benfica Lissabon.

Viertelfinale: AC Mailand – Celtic Glasgow 0:0, 1:0; Ajax Amsterdam – Benfica Lissabon 1:3, 3:1, 3:0 n. V. (in Paris); Manchester United – Rapid Wien 3:0, 0:0; Spartak Trnava – AEK Athen 2:1, 1:1.

Halbfinale: AC Mailand – Manchester United 2:0, 0:1; Ajax Amsterdam – Spartak Trnava 3:0, 0:2.

Endspiel am 28. Mai 1969 in Madrid:

AC Mailand – Ajax Amsterdam 4:1 (2:0)

AC Mailand: Cudicini – Anquiletti, Schnellinger – Rosato, Malatrasi, Trapattoni – Lodetti, Rivera – Hamrin, Sormani, Prati.

Tore: Prati (3), Sormani (Vasovic für Amsterdam). – SR: de Mendibil (Spanien). – Zuschauer: 32 000.

1969/70: Feyenoord Rotterdam

Qualifikation: Turku PS – KB Kopenhagen 0:1, 0:4.

1. Runde: FC Bayern München – AS Saint-Etienne 2:0, 0:3; ASK Vorwärts Berlin – Panathinaikos Athen 2:0, 1:1; Austria Wien – Dynamo Kiew 1:2, 1:3; FC Basel – Celtic Glasgow 0:0, 0:2; Feyenoord Rotterdam – KR Reykjavik 12:2, 4:0 (beide Spiele in Rotterdam); Hibernians Paola – Spartak Trnava 2:2 (in Gzira), 0:4; Benfica Lissabon – KB Kopenhagen 2:0, 3:2; ZSKA Sofia – Ferencvaros Budapest 2:1, 1:4; AC Florenz – Östers IF Växjö 1:0, 2:1; Standard Lüttich – 17 Nentori Tirana 3:0, 1:1; Real Madrid – Olympiakos Nikosia 8:0, 6:1 (beide Spiele in Madrid); AC Mailand – Avenir Beggen 5:0, 3:0 (in Luxemburg); Leeds United – Lyn Oslo 10:0, 6:0; Roter Stern Belgrad – FC Linfield Belfast 8:0, 4:2; UT Arad – Legia Warschau 1:2, 0:8; Galatasaray Istanbul – AFC Waterford 2:0, 3:2.

Achtelfinale: ASK Vorwärts Berlin – Roter Stern Belgrad 2:1, 2:3; Dynamo Kiew – AC Florenz 1:2, 0:0; Leeds United – Ferencvaros Budapest 3:0, 3:0; AC Mailand – Feyenoord Rotterdam 1:0, 0:2; Spartak Trnava – Galatasaray Istanbul 1:0, 0:1 n. Verl., Los für Istanbul; Celtic Glasgow – Benfica Lissabon 3:0, 0:3 n. Verl., Los für Glasgow; Legia Warschau – AS Saint-Etienne 2:1, 1:0; Standard Lüttich – Real Madrid 1:0, 3:2.

Viertelfinale: ASK Vorwärts Berlin – Feyenoord Rotterdam 1:0, 0:2; Standard Lüttich – Leeds United 0:1, 0:1; Celtic Glasgow – AC Florenz 3:0, 0:1; Galatasaray Istanbul – Legia Warschau 1:1, 0:2.

Halbfinale: Leeds United – Celtic Glasgow 0:1, 1:2; Legia Warschau – Feyenoord Rotterdam 0:0, 0:2.

Endspiel am 6. Mai 1970 in Mailand:

Feyenoord Rotterdam – Celtic Glasgow 2:1 (1:1, 1:1) n. Verl.

Feyenoord: Pieters Graafland – Romeijn (Haak), Laseroms, Israel, Van Duivenbode – Jansen, Hasil – Van Hanegem, Wery, Kindvall, Moulijn.

Tore: Israel, Kindvall (Gemmel für Glasgow). – SR: Lo Bello (Italien). – Zuschauer: 54 000.

1970/71: Ajax Amsterdam

Qualifikation: Levski/Spartak Sofia – Austria Wien 3:1, 0:3.

1. Runde: EPA Larnaka – Borussia Mönchengladbach 0:6 (in Augsburg), 0:10; Fenerbahce Istanbul – FC Carl Zeiss Jena 0:4, 0:1; 17 Nentori Tirana – Ajax Amsterdam 2:2, 0:2; Jeunesse Esch – Panathinaikos Athen 1:2, 0:5; Spartak Moskau – FC Basel 3:2, 1:2; Atletico Madrid – Austria Wien 2:0, 2:1; Rosenborg Trondheim – Standard Lüttich 0:2, 0:5; Sporting Lissabon – FC Floriana 5:0, 4:0; Slovan Bratislava – BK 1903 Kopenhagen 2:1, 2:2; Feyenoord Rotterdam – UT Arad 1:1, 0:0; FC Everton – IB Keflavik 6:2, 3:0 (in Reykjavik); IFK Göteborg – Legia Warschau 0:4, 1:2; Ujpest Budapest – Roter Stern Belgrad 2:0, 0:4; Cagliari Calcio – AS Saint-Etienne 3:0, 0:1; Celtic Glasgow – Kokkola PV 9:0, 5:0; Glentoran Belfast – AFC Waterford 1:3, 0:1.

Achtelfinale: FC Carl Zeiss Jena – Sporting Lissabon 2:1, 2:1; Borussia Mönchengladbach – FC Everton 1:1, 1:1 n. Verl. (Everton 4:3-Sieger nach Elfmeterschießen); Ajax Amsterdam – FC Basel 3:0, 2:1; Panathinaikos Athen – Slovan Bratislava 3:0, 1:2; Roter Stern Belgrad – UT Arad 3:0, 3:1; AFC Waterford – Celtic Glasgow 0:7, 2:3; Standard Lüttich – Legia Warschau 1:0, 0:2; Cagliari Calcio – Atletico Madrid 2:1, 0:3.

Viertelfinale: Ajax Amsterdam – Celtic Glasgow 3:0, 0:1; FC Everton – Panathinaikos Athen 1:1, 0:0; FC Carl Zeiss Jena – Roter Stern Belgrad 3:2, 0:4; Atletico Madrid – Legia Warschau 1:0, 1:2.

Halbfinale: Atletico Madrid – Ajax Amsterdam 1:0, 0:3; Roter Stern Belgrad – Panathinaikos Athen 4:1, 0:3.

Endspiel am 2. Juni 1971 in London:

Ajax Amsterdam – Panathinaikos Athen 2:0 (1:0)

Ajax: Stuy – Neeskens, Hulshoff, Vasovic, Suurbier – Rijnders (Blankenburg), Mühren – Swart (Haan), Cruyff, Van Dijk, Keizer.

Tore: van Dijk, Haan. – SR: Taylor (England). – Zuschauer: 84 000.

1971/72: Ajax Amsterdam

Qualifikation: FC Valencia – Union Luxemburg 3:1; 1:0.

1. Runde: Cork Hibernians – Borussia Mönchengladbach 0:5, 1:2; Ajax Amsterdam – Dynamo Dresden 2:0, 0:0; Wacker Innsbruck – Benfica Lissabon 0:4, 1:3; Reipas Lahti – Grasshoppers Zürich 1:1, 0:8; Galatasaray Istanbul – ZSKA Moskau 1:1, 0:3; Standard Lüttich – FC Linfield Belfast 2:0, 3:2; B 1903 Kopenhagen – Celtic Glasgow 2:1, 0:3; Feyenoord Rotterdam – Olympiakos Nikosia 8:0, 9:0 (beide

Spiele in Rotterdam); Dinamo Bukarest – Spartak Trnava 0:0, 2:2; Inter Mailand – AEK Athen 4:1, 2:3; Ujpest Budapest – Malmö FF 4:0, 0:1; Olympique Marseille – Gornik Zabrze 2:1, 1:1 (in Kattowitz); ZSKA Sofia – Partisani Tirana 3:0, 1:0; FC Valencia – Hajduk Split 0:0, 1:1; IA Akranes – Sliema Wanderers 0:4, 0:0 (beide Spiele in Malta); Strömsgodset Drammen – FC Arsenal 1:3 (in Oslo), 0:4.

Achtelfinale: Borussia Mönchengladbach – Inter Mailand 7:1 (annulliert wegen eines Büchsenwurfs gegen einen Interspieler), 2:4, 0:0 (in Berlin); Grasshoppers Zürich – Arsenal London 0:2, 0:3; Olympique Marseille – Ajax Amsterdam 1:2, 1:4; Dinamo Bukarest – Feyenoord Rotterdam 0:3, 0:2; Celtic Glasgow – Sliema Wanderers 5:0, 2:1; ZSKA Moskau – Standard Lüttich 1:0, 0:2; FC Valencia – Ujpest Budapest 0:1, 1:2; Benfica Lissabon – ZSKA 2:1, 0:0.

Viertelfinale: Ujpest Budapest – Celtic Glasgow 1:2, 1:1; Feyenoord Rotterdam – Benfica Lissabon 1:0, 1:5; Ajax Amsterdam – FC Arsenal 2:1, 1:0; Inter Mailand – Standard Lüttich 1:0, 1:2.

Halbfinale: Inter Mailand – Celtic Glasgow 0:0, 0:0 n. Verl. (Inter 5:4-Sieger nach Elfmeterschießen); Ajax Amsterdam – Benfica Lissabon 1:0, 0:0.

Endspiel am 31. Mai 1972 in Rotterdam:

Ajax Amsterdam – Inter Mailand 2:0 (0:0)

Ajax: Stuy – Suurbier, Hulshoff, Blankenburg, Krol – Neeskens, G. Mühren, Haan – Swart, Crujff, Keizer.
Tore: Cruyff (2). – SR: Helies (Frankreich). – Zuschauer: 62 000.

1972/73: Ajax Amsterdam

1. Runde: Galatasaray Istanbul – Bayern München 1:1, 0:6; 1. FC Magdeburg – Turku PS 6:0, 3:1; Real Madrid – IB Keflavik 3:0, 1:0 (in Reykjavik); RSC Anderlecht – Vejle BK 4:2, 3:0; Ujpest Budapest – FC Basel 2:0, 2:3; Celtic Glasgow – Rosenborg Trondheim 2:1, 3:1; Olympique Marseille – Juventus Turin 1:0 (in Lyon), 0:3; Malmö FF – Benfica Lissabon 1:0, 1:4; Wacker Innsbruck – Dynamo Kiew 0:1, 0:2; Sliema Wanderers – Gornik Zabrze 0:5, 0:5; Aris Bonneweg – FC Arges Pitesti 0:2 (in Luxemburg) 0:4; Derby County – Zeljeznicar Sarajewo 2:0, 2:1; AFC Waterford – Omonia Nikosia 2:1, 0:2; ZSKA Sofia – Panathinaikos Athen 2:1, 2:0. – Freilose für: Ajax Amsterdam und Spartak Trnava.

Achtelfinale: Bayern München – Omonia Nikosia 9:0, 4:0 (in Augsburg); Juventus Turin – 1. FC Magdeburg 1:0, 1:0; Spartak Trnava – RSC Anderlecht 1:0, 1:0; Derby County – Benfica Lissabon 3:0, 0:0; Celtic Glasgow – Ujpest Budapest 2:1, 0:3; Dynamo Kiew – Gornik Zabrze 2:0, 1:2; FC Arges Pitesti – Real Madrid 2:1, 1:3; ZSKA Sofia – Ajax Amsterdam 1:3, 0:3.

Viertelfinale: Ajax Amsterdam – Bayern München 4:0, 1:2; Juventus Turin – Ujpest Budapest 0:0, 2:2; Dynamo Kiew – Real Madrid 0:0 (in Odessa), 0:3; Spartak Trnava – Derby County 1:0, 0:2.

Halbfinale: Ajax Amsterdam – Real Madrid 2:1, 1:0; Juventus Turin – Derby County 3:1, 0:0.

Endspiel am 30. Mai 1973 in Belgrad:

Ajax Amsterdam – Juventus Turin 1:0 (1:0)

Ajax: Stuy – Suurbier, Hulshoff, Blankenburg, Krol – Neeskens, Mühren, Haan – Rep, Cruyff, Keizer.
Tor: Rep. – SR: Gugulovic (Jugoslawien). – Zuschauer: 90 000.

1973/74: Bayern München

1. Runde: Bayern München – Atvidabergs FF 3:1, 1:3 n. V. (Bayern 4:3-Sieger nach Elfmeterschießen), Dynamo Dresden – Juventus Turin 2:0, 2:3; ZSKA – Wacker Innsbruck 3:0, 1:0 (in Olten); FC Basel – Fram Reykjavik 5:0, 6:2 (in Olten), Jeunesse Esch – FC Liverpool 1:1, 0:2; Viking Stavanger – Spartak Trnava 1:2, 0:1; AFC Waterford – Ujpest Budapest 2:3, 0:3; Benfica Lissabon – Olympiakos Piräus 1:0, 1:0; Turku PS – Celtic Glasgow 1:6, 0:3; Zarja Woroschilowgrad – APOEL Nikosia 2:0, 1:0; Roter Stern Belgrad – Stal Mielec 2:1, 1:0 (in Krakau); FC Brügge – FC Floriana 8:0, 2:0; Atletico Madrid – Galatasaray Istanbul 0:0, 1:0 n. V.; Vejle BK – FC Nantes 2:2, 1:0; Crusaders Belfast – Dinamo Bukarest 0:1, 0:11. – Freilos für: Ajax Amsterdam.

Achtelfinale: Bayern München – Dynamo Dresden 4:3, 3:3; FC Brügge – FC Basel 2:1, 4:6; Ajax Amsterdam – ZSKA Sofia 1:0, 0:2 n. V.; Roter Stern Belgrad – FC Liverpool 2:1, 2:1; Spartak Trnava – Zarja Woroschilowgrad 0:0, 1:0; Dinamo Bukarest – Atletico Madrid 0:2, 2:2; Celtic Glasgow – Vejle BK 0:0, 1:0; Benfica Lissabon – Ujpest Budapest 1:1, 0:2.

Viertelfinale: Bayern München – ZSKA Sofia 4:1, 1:2; FC Basel – Celtic Glasgow 3:2, 2:4 n. V.; Roter Stern Belgrad – Atletico Madrid 0:2, 0:0; Spartak Trnava – Ujpest Budapest 1:1, 1:1 n. V. (Budapest 4:3-Sieger nach Elfmeterschießen).

Halbfinale: Ujpest Budapest – Bayern München 1:1, 0:3; Celtic Glasgow – Atletico Madrid 0:0, 0:2.

Endspiele am 15. Mai in Brüssel und 17. Mai in Brüssel:

Bayern München – Atletico Madrid n. V. 1:1 (0:0) und 4:0 (1:0)

Bayern München: Maier – Hansen, Schwarzenbeck, Beckenbauer, Breitner – Roth, Hoeneß, Zobel – Kapellmann, Müller, Torstensson (Dürnberger).

Tore im ersten Spiel: Luis/Schwarzenbeck. – SR: Loraux (Belgien). – Zuschauer: 49 000.

Tore im zweiten Spiel: Hoeneß (2), Müller (2). – SR: Delcourt (Belgien). – Zuschauer: 24 000.

1974/75: Bayern München

1. Runde: Levski/Spartak Sofia – Ujpest Budapest 0:3, 1:4; Hajduk Split – IB Keflavik 7:1, 2:0 (beide Spiele in Split); Feyenoord Rotterdam – FC Coleraine 7:0, 4:1; Viking Stavanger – Ararat Erewan 0:2, 2:4; Hvidovre Kopenhagen – Ruch Chorzow 0:0, 1:2; Celtic Glasgow – Olympiakos Piräus 1:1, 0:2; AS Saint-Etienne – Sporting Lissabon 2:0, 1:1; Leeds United – FC Zürich 4:1, 1:2; Slovan Bratislava – RSC Anderlecht 4:2, 1:3; FC Valetta – HJK Helsinki 1:0, 1:4; Universitatea Craiova – Atvidabergs FF 2:1, 1:3; Jeunesse Esch – Fenerbahce Istanbul 2:3, 0:2; VÖEST Linz – FC Barcelona 0:0, 0:5; Omonia Nikosia verzichtete gegen Cork Celtic. – Freilose für: Bayern München und 1. FC Magdeburg. Aufgrund der Ausschreitungen im Spiel Lazios gegen Ipswich im UEFA-Pokal der 2. Runde im Herbst 1973 wurde Lazio als Italienmeister '74 für ein Jahr gesperrt.

Achtelfinale: Bayern München – 1. FC Magdeburg 3:2, 2:1; Feyenoord Rotterdam – FC Barcelona 0:0 0:3; RSC Anderlecht – Olympiakos Piräus 5:1, 0:3 (in Patras); Ruch Chorzow – Fenerbahce Istanbul 2:1, 2:0; Ujpest Budapest – Leeds United 1:2, 0:3; HJK Helsinki – Atvidabergs FF 0:3, 0:1; Hajduk Split – AS Saint-Etienne 4:1, 1:5 n. V.; Cork Celtic – Ararat Erewan 1:2, 0:5.

Viertelfinale: Bayern München – Ararat Erewan 2:0, 0:1; Ruch Chorzow – AS Saint-Etienne 3:2, 0:2; Leeds United – RSC Anderlecht 3:0, 1:0; FC Barcelona – Atvidabergs FF 2:0, 3:0 (beide Spiele in Barcelona).

Halbfinale: AS Saint-Etienne – Bayern München 0:0, 0:2; Leeds United – FC Barcelona 2:1, 1:1.

Endspiel am 28. Mai 1975 in Paris:

Bayern München – Leeds United 2:0 (0:0)

Bayern München: Maier – Beckenbauer, Schwarzenbeck, Dürnberger, Andersson (Josef Weiß) – Zobel, Roth, Kapellmann – Hoeneß (Wunder), Müller, Torstensson.

Tore: Roth, Müller. – SR: Kitabdjan (Frankreich). – Zuschauer: 50 000.

1975/76: Bayern München

1. Runde: Jeunesse Esch – Bayern München 0:5 (in Luxemburg), 1:3; Borussia Mönchengladbach – Wacker Innsbruck 1:1, 6:1; Malmö FF – 1. FC Magdeburg 2:1, 1:2 n. V. (Malmö 2:1-Sieger nach Elfmeterschießen); Real Madrid – Dinamo Bukarest 4:1, 0:1; RWD Molenbeek – Viking Stavanger 3:2, 1:0; FC Floriana – Hajduk Split 0:5 (in Gzira), 0:3; Ujpest Budapest – FC Zürich 4:0, 1:5; FC Linfield Belfast – PSV Eindhoven 1:2, 0:8; ZSKA Sofia– Juventus Turin 2:1, 0:2; Ruch Chorzow – Kuopio PS 5:0, 2:2 (in Mikkeli); KB Kopenhagen – AS Saint-Etienne 0:2, 1:3; Olympiakos Piräus – Dynamo Kiew 2:2 (in Saloniki), 0:1; Glasgow Rangers – Bohemians Dublin 4:1, 1:1; Slovan Bratislava – Derby County 1:0, 0:3; Benfica Lissabon – Fenerbahce Istanbul 7:0, 0:1 (in Izmir); Omonia Nikosia – IA Akranes 2:1, 0:4 (in Reykjavik).

Achtelfinale: Malmö FF – Bayern München 1:0, 0:2; Borussia Mönchengladbach – Juventus Turin 2:0, 2:2; Dynamo Kiew – IA Akranes 3:0, 2:0; Ruch Chorzow – PSV Eindhoven 1:3, 0:4; Hajduk Split – RWD Molenbeek 4:0, 3:2; Derby County – Real Madrid 4:1, 1:5 n. V.; AS Saint-Etienne – Glasgow Rangers 2:0, 2:1; Benfica Lissabon – Ujpest Budapest 5:2, 1:3.

Viertelfinale: Benfica Lissabon – Bayern München 0:0, 1:5; Borussia Mönchengladbach – Real Madrid 2:2 (in Düsseldorf), 1:1; Dynamo Kiew – AS Saint-Etienne 2:0 (in Simferopol), 0:3 n. V., Hajduk Split – PSV Eindhoven 2:0, 0:3 n. V.

Halbfinale: Real Madrid – Bayern München 1:1, 0:2; AS Saint-Etienne – PSV Eindhoven 1:0, 0:0.

Endspiel am 12. Mai in Glasgow:

Bayern München – AS Saint-Etienne 1:0 (0:0)

Bayern München: Maier – Hansen, Beckenbauer, Schwarzenbeck, Horsmann – Roth, Dürnberger, Kapellmann – Hoeneß, Müller, Rummenigge.

Tor: Roth. – SR: Palotai (Ungarn). – Zuschauer: 54 864.

1976/77: FC Liverpool

1. Runde: Köge BK – Bayern München 0:5 (in Kopenhagen), 1:2; Austria/WAC Wien – Borussia Mönchengladbach 1:0, 0:3; Dynamo Dresden – Benfica Lissabon 2:0, 0:0; FC Liverpool – Crusaders

Belfast 2:0, 5:0; Sliema Wanderers – Turku PS 2:1 (in Gzira), 0:1; Ferencvaros Budapest – Jeunesse Esch 5:1, 6:2; ZSKA Sofia – AS Saint-Etienne 0:0, 0:1; FC Dundalk – PSV Eindhoven 1:1, 0:6; Stal Mielec – Real Madrid 1:2, 0:1 (in Valencia); Dynamo Kiew – Partizan Belgrad 3:0, 2:0; Glasgow Rangers – FC Zürich 1:1, 0:1; FC Brügge – Steaua Bukarest 2:1, 1:1; Omonia Nikosia – PAOK Saloniki 0:2, 1:1; AC Turin – Malmö FF 2:1, 1:1; IA Akranes – Trabzonspor 1:3 (in Reykjavik), 2:3; Viking Stavanger – Banik Ostrava 2:1, 0:2.

Achtelfinale: Banik Ostrava – Bayern München 2:1, 0:5; AC Turin – Borussia Mönchengladbach 1:2, 0:0 (in Düsseldorf); Ferencvaros Budapest – Dynamo Dresden 1:0, 0:4; Real Madrid – FC Brügge 0:0 (in Malaga), 0:2; Trabzonspor – FC Liverpool 1:0, 0:3; AS Saint-Etienne – PSV Eindhoven 1:0, 0:0; Dynamo Kiew – PAOK Saloniki 4:0, 2:0; FC Zürich – Turku PS 2:0, 1:0.

Viertelfinale: Bayern München – Dynamo Kiew 1:0, 0:2; Borussia Mönchengladbach – FC Brügge 2:2 (in Düsseldorf), 1:0; AS Saint Etienne – FC Liverpool 1:0, 1:3; FC Zürich – Dynamo Dresden 2:1, 2:3.

Halbfinale: Dynamo Kiew – Borussia Mönchengladbach 1:0, 0:2 (in Düsseldorf); FC Zürich – FC Liverpool 1:3, 0:3.

Endspiel am 25. Mai in Rom:

FC Liverpool – Borussia Mönchengladbach 3:1 (1:0)

FC Liverpool: Clemence – Neal, Smith, Hughes, Jones – Case, McDermott, Kennedy – Keegan, Callaghan, Heighway.

Gladbach: Kneib – Vogts, Wittkamp, Schäffer, Klinkhammer – Bonhof, Wohlers (Hannes), Stielike, Wimmer (Kulik) – Simonsen, Heynckes.

Tore: McDermott, Smith, Neal (Simonsen für Mönchengladbach). – SR: Wurtz (Frankreich). – Zuschauer: 57 000.

1977/78: FC Liverpool

1. Runde: Vasas Budapest – Borussia Mönchengladbach 0:3, 1:1; Dynamo Dresden – Halmstads BK 2:0, 1:2; FC Basel – Wacker Innsbruck 1:3, 1:0 (in Salzburg); Omonia Nikosia – Juventus Turin 0:3, 0:2; Kuopio PS – FC Brügge 0:4, 2:5; Celtic Glasgow – Jeunesse Esch 5:0, 6:1; Roter Stern Belgrad – Sligo Rovers 3:0, 3:0; Dinamo Bukarest – Atletico Madrid 2:1, 0:2; Lilleström SK – Ajax Amsterdam 2:0 (in Oslo), 0:4; Trabzonspor – B 1903 Kopenhagen 1:0, 0:2; Dukla Prag – FC Nantes 1:1, 0:0; Levski/Spartak Sofia – Slask Wroclaw 3:0, 2:2; FC Floriana – Panathinaikos Athen 1:1 (in Gzira), 0:4; Benfica Lissabon – Torpedo Moskau 0:0, 0:0 n. V. (Benfica 4:1-Sieger nach Elfmeterschießen); Valur Reykjavik – Glentoran Belfast 1:0, 0:2. – Freilos für: FC Liverpool.

Achtelfinale: Roter Stern Belgrad – Borussia Mönchengladbach 0:3, 1:5; Celtic Glasgow – Wacker Innsbruck 2:1, 0:3 (in Salzburg); FC Liverpool – Dynamo Dresden 5:1, 1:2; Levski/Spartak Sofia – Ajax Amsterdam 1:2, 1:2; FC Brügge – Panathinaikos Athen 2:0, 0:1; Benfica Lissabon – B 1903 Kopenhagen 1:0, 1:0; Glentoran Belfast – Juventus Turin 0:1, 0:5; FC Nantes – Atletico Madrid 1:1, 1:2.

Viertelfinale: Wacker Innsbruck – Borussia Mönchengladbach 3:1, 0:2; Ajax Amsterdam – Juventus Turin 1:1, 1:1 n. V. (Juventus 3:0-Sieger nach Elfmeterschießen); FC Brügge – Atletico Madrid 2:0, 2:3; Benfica Lissabon – FC Liverpool 1:2, 1:4.

Halbfinale: Borussia Mönchengladbach – FC Liverpool 2:1 (in Düsseldorf), 0:3; Juventus Turin – FC Brügge 1:0, 0:2 n. V.

Endspiel am 10. Mai 1978 in London:

FC Liverpool – FC Brügge 1:0 (0:0)

FC Liverpool: Clemence – Neal, Thompson, Hansen, Hughes – Case (Heighway), McDermott, Souness, Kennedy – Dalglish, Fairclough.

Tor: Dalglish. – SR: Corver (Holland). – Zuschauer: 92 500.

1978/79: Nottingham Forest

Qualifikation: AS Monaco – Steaua Bukarest 3:0, 0:2.

1. Runde: 1. FC Köln – IA Akranes 4:1, 1:1 (in Reykjavik); Partizan Belgrad – Dynamo Dresden 2:0, 0:2 n. V. (Dresden 5:4-Sieger nach Elfmeterschießen); Vllaznia Shkoder – Austria Wien 2:0, 1:4; Grasshoppers Zürich – FC Valetta 8:0, 5:3; FC Brügge – Wisla Krakau 2:1, 1:3; Fenerbahce Istanbul – PSV Eindhoven 2:1, 1:6; Real Madrid – Progres Niederkorn 5:0, 7:0 (in Differdingen); Juventus Turin – Glasgow Rangers 1:0, 0:2; Zbrojovka Brünn – Ujpest Budapest 2:2, 2:0; Nottingham Forest – FC Liverpool 2:0, 0:0; Haka Valkeakoski – Dynamo Kiew 0:1 (in Tampere), 1:3 (in Charkow); FC Linfield Belfast – Lilleström SK 0:0, 0:1 (in Oslo); Odense BK – Lokomotive Sofia 2:2, 1:2; Omonia Nikosia – Bohemians Dublin 2:1, 0:1 (in Cork); Malmö FF – AS Monaco 0:0, 1:0; AEK Athen – FC Porto 6:1, 1:4.

Achtelfinale: Lokomotive Sofia – 1. FC Köln 0:1, 0:4; AEK Athen – Nottingham Forest 1:2, 1:5; Glasgow Rangers – PSV Eindhoven 0:0, 3:2; Dynamo Kiew – Malmö FF 0:0 (in Charkow), 0:2; Real Madrid –

Grasshoppers Zürich 3:1, 0:2; Bohemians Dublin – Dynamo Dresden 0:0 (in Dundalk), 0:6; Zbrojovka Brünn – Wisla Krakau 2:2, 1:1; Austria Wien – Lilleström SK 4:1, 0:0 (in Oslo).

Viertelfinale: 1. FC Köln – Glasgow Rangers 1:0, 1:1; Austria Wien – Dynamo Dresden 3:1, 0:1, Wisla Krakau – Malmö FF 2:1, 1:4; Nottingham Forest – Grasshoppers Zürich 4:1, 1:1.

Halbfinale: Nottingham Forest – 1. FC Köln 3:3, 1:0; Austria Wien – Malmö FF 0:0, 0:1.

Endspiel am 30. Mai in München:

Nottingham Forest – Malmö FF 1:0 (1:0)

Nottingham: Shilton – Anderson, Burns, Lloyd, Clark – McGovern, Bowyer, Francis – Birtles, Woodcock, Robertson.

Tor: Francis. – SR: Linemayr (Österreich). – Zuschauer: 57 000.

1979/80: Nottingham Forest

Qualifikation: FC Dundalk – FC Linfield 1:1, 2:0 (in Haarlem).

1. Runde: Valur Reykjavik – Hamburger SV 0:3, 1:2; Dynamo Berlin – Ruch Chorzow 4:1, 0:0; FC Liverpool – Dynamo Tiflis 2:1, 0:3; Arges Pitesti – AEK Athen 3:0, 0:2; Servette Genf – SK Beveren 3:1, 1:1; Levski/Spartak Sofia – Real Madrid 0:1, 0:2; Vejle BK – Austria Wien 3:2, 1:1; Nottingham Forest – Östers Växjö 2:0, 1:1; FC Porto – AC Mailand 0:0, 1:0; Red Boys Differdingen – Omonia Nikosia 2:1, 1:6; Hajduk Split – Trabzonspor 1:0, 1:0; FC Dundalk – Hibernians Paola 2:0, 0:1; Start Kristiansand – Racing Straßburg 1:2, 0:4; Partizani Tirana – Celtic Glasgow 1:0, 1:4; HJK Helsinki – Ajax Amsterdam 1:8, 1:8; Ujpest Budapest – Dukla Prag 3:2, 0:2.

Achtelfinale: Hamburger SV – Dynamo Tiflis 3:1, 3:2; Dynamo Berlin – Servette Genf 2:1, 2:2; Celtic Glasgow – FC Dundalk 3:2, 0:0; FC Porto – Real Madrid 2:1, 0:1; Vejle BK – Hajduk Split 0:3, 2:1; Ajax Amsterdam – Omonia Nikosia 10:0, 0:4; Dukla Prag – Racing Straßburg 1:0, 0:2 n. V.; Nottingham Forest – Arges Pitesti 2:0, 2:1.

Viertelfinale: Hamburger SV – Hajduk Split 1:0, 2:3; Nottingham Forest – Dynamo Berlin 0:1, 3:1; Racing Straßburg – Ajax Amsterdam 0:0, 0:4; Celtic Glasgow – Real Madrid 2:0, 0:3.

Halbfinale: Real Madrid – Hamburger SV 2:0, 1:5; Nottingham Forest – Ajax Amsterdam 2:0, 0:1.

Endspiel am 28. Mai in Madrid:

Nottingham Forest – Hamburger SV 1:0 (1:0)

Nottingham: Shilton – Anderson, Burns, Lloyd, Gray (Gunn) – McGovern, O'Neill, Bowyer, Mills (O'Hare) – Robertson, Birtles.

HSV: Kargus – Kaltz, Nogly, Buljan, Jakobs – Hieronymus (Hrubesch), Magath, Memering – Keegan, Reimann, Milewski.

Tor: Robertson. – SR: Garrido (Portugal). – Zuschauer: 50 000.

1980/81: FC Liverpool

Qualifikation: Honved Budapest – FC Valetta 8:0, 3:0.

1. Runde: Olympiakos Piräus – Bayern München 2:4, 0:3; Dynamo Berlin – APOEL Nikosia 3:0, 1:2; FC Linfield Belfast – FC Nantes 0:1 (in Haarlem), 0:2; FC Aberdeen – Austria Wien 1:0, 0:0; IB Vestmannaeyar – Banik Ostrau 1:1, 0:1; Dinamo Tirana – Ajax Amsterdam 0:2, 0:1; FC Brügge – FC Basel 0:1, 1:4; ZSKA Sofia – Nottingham Forest 1:0, 1:0; Oulu PS – FC Liverpool 1:1, 1:10; Viking Stavanger – Roter Stern Belgrad 2:3, 1:4; Limerick United – Real Madrid 1:2, 1:5; Halmstads BK – Esbjerg FB 0:0, 2:3; Trabzonspor – Szombierki Beuthen 2:1, 0:3; Jeunesse Esch – Spartak Moskau 0:5, 0:4; Inter Mailand – Universitatea Craiova 2:0, 1:1; Sporting Lissabon – Honved Budapest 0:2, 0:1.

Achtelfinale: Bayern München – Ajax Amsterdam 5:1, 1:2; Banik Ostrau – Dynamo Berlin 0:0, 1:1; FC Basel – Roter Stern Belgrad 1:0, 0:2; FC Aberdeen – FC Liverpool 0:1, 0:4; ZSKA Sofia – Szombierki Beuthen 4:0, 1:0; FC Nantes – Inter Mailand 1:2, 1:1; Spartak Moskau – Esbjerg FB 3:0, 0:2; Real Madrid – Honved Budapest 1:0, 2:0.

Viertelfinale: Bayern München – Banik Ostrau 2:0, 4:2; Spartak Moskau – Real Madrid 0:0 (in Tiflis), 0:2; FC Liverpool – ZSKA Sofia 5:1, 1:0; Inter Mailand – Roter Stern Belgrad 1:1, 1:0.

Halbfinale: FC Liverpool – Bayern München 0:0, 1:1; Real Madrid – Inter Mailand 2:0, 0:1.

Endspiel am 27. Mai in Paris:

FC Liverpool – Real Madrid 1:0 (0:0)

Liverpool: Clemence – Neal, Hansen, Thompson, A. Kennedy – McDermott, Souness, Lee, R. Kennedy – Johnson, Dalglish (Case).

Tor: A. Kennedy. – SR: Palotai (Ungarn). – Zuschauer: 48 360.

1981/82: Aston Villa

Qualifikation: AS Saint-Etienne – Dynamo Berlin 1:1, 0:2.

1. Runde: Östers Växjö – Bayern München 0:1, 0:5; Dynamo Berlin – FC Zürich 2:0, 1:3; Austria Wien – Partizani Tirana 3:1, 0:1; Start Kristiansand – AZ 67 Alkmaar 1:3, 0:1; Widzew Lodz – RSC Anderlecht 1:4, 1:2; Progres Niederkorn – Glentoran Belfast 1:1, 0:4; Hibernians Paola – Roter Stern Belgrad 1:2, 1:8; Dynamo Kiew – Trabzonspor 1:0, 1:1; Ferencvaros Budapest – Banik Ostrau 3:2, 0:3; KB Kopenhagen – Athlone Town 1:1, 2:2; ZSKA Sofia – Real San Sebastian 1:0, 0:0; Universitatea Craiova – Olympiakos Piräus 3:0, 0:2; Oulu PS – FC Liverpool 0:1, 0:7; Celtic Glasgow – Juventus Turin 1:0, 0:2; Aston Villa – Valur Reykjavik 5:0, 2:0; Benfica Lissabon – Omonia Nikosia 3:0, 1:0.

Achtelfinale: Benfica Lissabon – Bayern München 0:0, 1:4; Dynamo Berlin – Aston Villa 1:2, 1:0; Austria Wien – Dynamo Kiew 0:1, 1:1; RSC Anderlecht – Juventus Turin 3:1, 1:1; Banik Ostrau – Roter Stern Belgrad 3:1, 0:3; AZ 67 Alkmaar – FC Liverpool 2:2, 2:3; ZSKA Sofia – Glentoran Belfast 2:0, 1:2 n. V.; KB Kopenhagen – Universitatea Craiova 1:0, 1:4.

Viertelfinale: Universitatea. Craiova – Bayern München 0:2, 1:1; Dynamo Kiew – Aston Villa 0:0 (in Simferopol), 0:2; FC Liverpool – ZSKA Sofia 1:0, 0:2 n. V.; RSC Anderlecht – Roter Stern Belgrad 2:1, 2:1.

Halbfinale: ZSKA Sofia – Bayern München 4:3, 0:4; Aston Villa – RSC Anderlecht 1:0, 0:0.

Endspiel am 26. Mai in Rotterdam:

Aston Villa – Bayern München 1:0 (0:0)

Aston Villa: Rimmer (Spink) – Swain, Evans, McNaught, Williams – Bremner, Mortimer, Cowans – Shaw, Withe, Morley.

Bayern: Müller – Dremmler, Weiner, Augenthaler, Horsmann – Mathy (Güttler), Kraus (Niedermayer), Breitner, Dürnberger – D. Hoeneß, Rummenigge.

Tor: Withe. – SR: Konrath (Frankreich). – Zuschauer: 45 000.

1982/83: Hamburger SV

Qualifikation: Dinamo Bukarest – Valerengen Oslo 3:1, 1:2.

1. Runde: Dynamo Berlin – Hamburger SV 1:1, 0:2; Standard Lüttich – Raba ETO Györ 5:0, 0:3; Grasshoppers Zürich – Dynamo Kiew 0:1, 0:3; FC Dundalk – FC Liverpool 1:4, 0:1; AS Monaco – ZSKA Sofia 0:0 (in Nizza), 0:2 n. V.; Aston Villa – Besiktas Istanbul 3:1, 0:0; Omonia Nikosia – HJK Helsinki 2:0, 0:3; Hvidovre Kopenhagen – Juventus Turin 1:4, 3:3; Vikingur Reykjavik – Real Sociedad San Sebastian 0:1, 2:3; Avenir Beggen – Rapid Wien 0:5, 0:8; Hibernians Paola – Widzew Lodz 1:4, 1:3; 17 Nentori Tirana – FC Linfield Belfast 1:0, 1:2; Olympiakos Piräus – Östers Växjö 2:0, 0:1; Dinamo Zagreb – Sporting Lissabon 1:0, 0:3; Celtic Glasgow – Ajax Amsterdam 2:2, 2:1; Dinamo Bukarest – Dukla Prag 2:0, 1:2 n. V.

Achtelfinale: Standard Lüttich – Juventus Turin 1:1, 0:2; HJK Helsinki – FC Liverpool 1:0, 0:5; Dinamo Bukarest – Aston Villa 0:2, 2:4; Real Sociedad San Sebastian – Celtic Glasgow 2:0, 1:2; Hamburger SV – Olympiakos Piräus 1:0, 4:0; Rapid Wien – Widzew Lodz 2:1, 3:5; ZSKA Sofia – Sporting Lissabon 2:2, 0:0; 17 Nentori Tirana verzichtete gegen Dynamo Kiew.

Viertelfinale: Dynamo Kiew – Hamburger SV 0:3 (in Tiflis), 2:1; Widzew Lodz – FC Liverpool 2:0, 2:3; Aston Villa – Juventus Turin 1:2, 1:3; Sporting Lissabon – Real Sociedad San Sebastian 1:0, 0:2.

Halbfinale: Real Sociedad San Sebastian – Hamburger SV 1:1, 1:2; Juventus Turin – Widzew Lodz 2:0, 2:2.

Endspiel am 25. Mai in Athen:

Hamburger SV – Juventus Turin 1:0 (1:0)

Hamburger SV: Stein – Kaltz, Hieronymus, Jakobs, Wehmeyer – Rolff, Groh, Magath, Milewski – Hrubesch, Bastrup (von Heesen).

Tor: Magath. – SR: Rainea (Rumänien). – Zuschauer. 75 000.

1983/84: FC Liverpool

1. Runde: Dynamo Berlin – Jeunesse Esch 4:1, 2:0; Partizan Belgrad – Viking Stavanger 5:1, 0:0; Kuusysi Lahti – Dinamo Bukarest 0:1, 0:3; Dynamo Minsk – Grasshoppers Zürich 1:0, 2:2; Raba ETO Györ – Vikingur Reykjavik 2:1, 2:0; Lech Posen – Athletic Bilbao 2:0, 0:4; Fenerbahce Istanbul – Bohemians Prag 0:1, 0:4; Rapid Wien – FC Nantes 3:0, 1:3; ZSKA Sofia – Omonia Nikosia 3:0, 1:4; Odense BK – FC Liverpool 0:1, 0:5; Benfica Lissabon – FC Linfield Belfast 3:0, 3:2; Hamrun Spartans – Dundee United 0:3, 0:3; AS Rom – IFK Göteborg 3:0, 1:2; Athlone Town – Standard Lüttich 2:3, 2:8; Ajax Amsterdam – Olympiakos Piräus 0:0, 0:2 n. V.; Vllaznia Shkoder verzichtete gegen Hamburger SV.

Achtelfinale: Dinamo Bukarest – Hamburger SV 3:0, 2:3; Dynamo Berlin – Partizan Belgrad 2:0, 0:1; Bohemians Prag – Rapid Wien 2:1, 0:1; ZSKA Sofia – AS Rom 0:1, 0:1; FC Liverpool – Athletic Bilbao

0:0, 1:0; Raba ETO Györ – Dynamo Minsk 3:6, 1:3; Standard Lüttich – Dundee United 0:0, 0:4; Olympiakos Piräus – Benfica Lissabon 1:0, 0:3.

Viertelfinale: Rapid Wien – Dundee United 2:1, 0:1; Dynamo Minsk – Dinamo Bukarest 1:1 (in Tiflis), 0:1; AS Rom – Dynamo Berlin 3:0, 1:2; FC Liverpool – Benfica Lissabon 1:0, 4:1.

Halbfinale: Dundee United – AS Rom 2:0, 0:3; FC Liverpool – Dinamo Bukarest 1:0, 2:1.

Endspiel am 30. Mai in Rom:

AS Rom – FC Liverpool 1:1 (1:1, 1:1) n. V./2:4 Elfmeterschießen.

Liverpool: Grobbelaar – Neal, Hansen, Lawrenson, A. Kennedy – Lee, Johnston (Nicol), Souness, Whelan – Rush, Dalglish (Robinson).

Tore: Neal (Pruzzo für Rom). – SR: Fredriksson (Schweden). – Zuschauer: 69 693.

Tore aus dem Elfmeterschießen: Neal, Souness, Rush, Kennedy für Liverpool (Nicol vergab); Di Bartolomei, Righetti für Rom (Conti, Graziani vergaben).

1984/85: Juventus Turin

1. Runde: Levski/Spartak Sofia – VfB Stuttgart 1:1, 2:2; FC Aberdeen – Dynamo Berlin 2:1, 1:2 n. V., 4:5 nach Elfmeterschießen; Austria Wien – FC Valetta 4:0, 4:0; Avenir Beggen – IFK Göteborg 0:8 (in Luxemburg), 0:9; Lech Posen – FC Liverpool 0:1, 0:4; Dinamo Bukarest – Omonia Nikosia 4:1, 1:2; Ilves Tampere – Juventus Turin 0:4, 1:2; Roter Stern Belgrad – Benfica Lissabon 3:2, 0:2; Valerengen Oslo – Sparta Prag 3:3, 0:2; Trabzonspor – Dnjepr Dnjepropetrowsk 1:0, 0:3 (in Krivoj Rog); IA Akranes – SK Beveren 2:2 (in Reykjavik), 0:5; Labinoti Elbasan – Lyngby BK 0:3, 0:3; Grasshopper Zürich – Honved Budapest 3:1, 1:2; Feyenoord Rotterdam – Panathinaikos Athen 0:0, 1:2; Girondins Bordeaux – Athletic Bilbao 3:2, 0:0; FC Linfield Belfast – Shamrock Rovers 0:0, 1:1.

Achtelfinale: Dynamo Berlin – Austria Wien 3:3, 1:2; Levski/Spartak Sofia – Dnjepr Dnjepropetrowsk 3:1, 0:2 (in Krivoj Rog); Panathinaikos Athen – FC Linfield Belfast 2:1, 3:3; Sparta Prag – Lyngby BK 0:0, 2:1; FC Liverpool – Benfica Lissabon 3:1, 0:1; Girondins Bordeaux – Dinamo Bukarest 1:0, 1:1 n. V.; IFK Göteborg – SK Beveren 1:0, 1:2 n. V.; Juventus Turin – Grasshopper Zürich 2:0, 4:2.

Viertelfinale: Austria Wien – FC Liverpool 1:1, 1:4; Juventus Turin – Sparta Prag 3:0, 0:1; Girondins Bordeaux – Dnjepr Dnjepropetrowsk 1:1, 1:1 n. V./5:3 nach Elfmeterschießen (in Krivoj Rog); IFK Göteborg – Panathinaikos Athen 0:1, 2:2.

Halbfinale: FC Liverpool – Panathinaikos Athen 4:0, 1:0; Juventus Turin – Girondins Bordeaux 3:0, 0:2.

Endspiel am 29. Mai in Brüssel:

FC Liverpool – Juventus Turin 0:1 (0:0)

Juventus: Tacconi – Favero, Scirea, Brio, Cabrini – Bonini, Platini, Tardelli, Boniek – Rossi (Vignola), Briaschi (Prandelli).

Tor: Platini. – SR: Daina (Schweiz). – Zuschauer: 60 000.

1985/86: Steaua Bukarest

1. Runde: Gornik Zabrze – Bayern München 1:2 (in Chorzow), 1:4;Dynamo Berlin – Austria Wien 0:2, 1:2; IFK Göteborg – Trakia Plovdiv 3:2, 2:1; Girondins Bordeaux – Fenerbahce Istanbul 2:3, 0:0; FC Porto – Ajax Amsterdam 2:0, 0:0; Sparta Prag – FC Barcelona 1:2, 1:0; Jeunesse Esch – Juventus Turin 0:5 (in Luxemburg), 1:4; IA Akranes – FC Aberdeen 1:3 (in Reykjavik), 1:4; FC Linfield Belfast – Servette Genf 2:2, 1:2; Zenit Leningrad – Valerengen Oslo 2:0, 2:0; Vejle BK – Steaua Bukarest 1:1, 1:4; Rabat Ajax – Omonia Nikosia 0:5 (in Valetta), 0:5; Kuusysi Lahti – FK Sarajevo 2:1, 2:1; Honved Budapest – Shamrock Rovers 2:0, 3:1; Hellas Verona – PAOK Saloniki 3:1, 2:1; Freilos für: RSC Anderlecht.

Achtelfinale: Bayern München – Austria Wien 4:2, 3:3; RSC Anderlecht – Omonia Nikosia 1:0, 3:1; FC Barcelona – FC Porto 2:0, 1:3; Honved Budapest – Steaua Bukarest 1:0, 1:4; IFK Göteborg – Fenerbahce Istanbul 4:0, 1:2; Hellas Verona – Juventus Turin 0:0, 0:2; Zenit Leningrad – Kuusysi Lahti 2:1, 1:3 n. V.; Servette Genf – FC Aberdeen 0:0, 0:1.

Viertelfinale: Bayern München – RSC Anderlecht 2:1, 0:2; Steaua Bukarest – Kuusysi Lahti 0:0, 1:0 (in Helsinki); FC Aberdeen – IFK Göteborg 2:2, 0:0; FC Barcelona – Juventus Turin 1:0, 1:1.

Halbfinale: IFK Göteborg – FC Barcelona 3:0, 0:3 n. V./4:5 nach Elfmeterschießen; RSC Anderlecht – Steaua Bukarest 1:0, 0:3.

Endspiel am 7. Mai in Sevilla:

Steaua Bukarest – FC Barcelona 0:0 n. V./ 2:0 nach Elfmeterschießen

Steaua: Duckadam – Belodedici – Iovan, Bumbescu, Barbulescu – Balint, Balan (Iordanescu), Majearu, Bölöni – Lacatus, Piturca (Radu).

SR: Vautrot (Frankreich). – Zuschauer: 70 000.

Tore aus dem Elfmeterschießen: Alexanco, Majaru, Pedraza, Bölöni, Alonso (alle gehalten), Lacatus 1:0, Marcos (gehalten), Balint 2:0.

1986/87: FC Porto

1. Runde: PSV Eindhoven – Bayern München 0:2, 0:0, Örgryte Göteborg – Dynamo Berlin 2:3, 1:4; Avenir Beggen – Austria Wien 0:3 (in Luxemburg), 0:3 (in Salzburg); FC Porto – Rabat Ajax 9:0, 1:0; Juventus Turin – Valur Reykjavik 7:0, 4:0; Roter Stern Belgrad – Panathinaikos Athen 3:0, 1:2; Beroe Stara Zagora – Dynamo Kiew 1:1, 0:2; Young Boys Bern – Real Madrid 1:0, 0:5; RSC Anderlecht – Gornik Zabrze 2:0, 1:1; Bröndby Kopenhagen – Honved Budapest 4:1, 2:2; Besiktas Istanbul – Dinamo Tirana 2:0, 1:0; APOEL Nikosia – HJK Helsinki 1:0, 2:3; Rosenborg Trondheim – FC Linfield Belfast 1:0, 1:1; Shamrock Rovers – Celtic Glasgow 0:1, 0:2; Paris Saint-Germain – TJ Vitkovice 2:2, 0:1; Freilos für: Steaua Bukarest.

Achtelfinale: Bayern München – Austria Wien 2:0, 1:1; Bröndby Kopenhagen – Dynamo Berlin 2:1, 1:1; Real Madrid – Juventus Turin 1:0, 0:1 n. V., 3:1 nach Elfmeterschießen; TJ Vitkovice – FC Porto 1:0, 0:3; Rosenborg Trondheim – Roter Stern Belgrad 0:3, 1:4; RSC Anderlecht – Steaua Bukarest 3:0, 0:1; Celtic Glasgow – Dynamo Kiew 1:1, 1:3; APOEL Nikosia verzichtete gegen Besiktas Istanbul.

Viertelfinale: Bayern München – RSC Anderlecht 5:0, 2:2; Roter Stern Belgrad – Real Madrid 4:2, 0:2; FC Porto – Bröndby Kopenhagen 1:0, 1:1; Besiktas Istanbul – Dynamo Kiew 0:5 (in Izmir), 0:2.

Halbfinale: Bayern München – Real Madrid 4:1, 0:1; FC Porto – Dynamo Kiew 2:1, 2:1.

Endspiel am 27. Mai in Wien

FC Porto – Bayern München 2:1 (0:1)

FC Porto: Mlynarczyk – Joao Pinto, Eduardo Luis, Celso, Inacio (Frasco) – Andre, Magalhaes, Quim (Juary), Sousa – Futre, Madjer.

Bayern München: Pfaff – Nachtweih – Winklhofer, Eder, Pflügler – Flick (Lunde), Matthäus, Brehme, M. Rummenigge – D. Hoeneß, Kögl.

Tore: Madjer, Juary (Kögl für München). – SR: Ponnet (Belgien). – Zuschauer: 58 000.

1987/88: PSV Eindhoven

1. Runde: Bayern München – ZFKA Sredez Sofia 4:0, 1:0; Girondins Bordeaux – Dynamo Berlin 2:0, 2:0; Real Madrid – SSC Neapel 2:0, 1:1; Dynamo Kiew – Glasgow Rangers 1:0, 0:2; FC Porto – Vardar Skopje 3:0, 3:0; Rapid Wien – Hamrun Spartans 6:0, 1:0; Benfica Lissabon – Partizan Tirana 4:0, Partizan wegen tätlicher Angriffe auf den SR. disqualifiziert; Steaua Bukarest – MTK/VM Budapest 4:0, 0:2; Malmö FF – RSC Anderlecht 0:1, 1:1; Neuchatel Xamax – Kuusysi Lahti 5:0, 1:2; PSV Eindhoven – Galatasaray Istanbul 3:0, 0:2; Fram Reykjavik – Sparta Prag 0:2, 0:8; Olympiakos Piräus – Gornik Zabrze 1:1, 1:2; Shamrock Rovers – Omonia Nikosia 0:1, 0:0; Aarhus GF – Jeunesse Esch 4:1, 0:1; Lilleström SK – FC Linfield Belfast 1:1, 4:2.

Achtelfinale: Neuchatel Xamax – Bayern München 2:1, 0:2; Real Madrid – FC Porto 2:1 (in Valencia), 2:1; Lilleström SK – Girondins Bordeaux 0:0, 0:1; Aarhus GF – Benfica Lissabon 0:0, 0:1; Glasgow Rangers – Gornik Zabzre 3:1, 1:1; Sparta Prag – RSC Anderlecht 1:2, 0:1; Rapid Wien – PSV Eindhoven 1:2, 0:2; Steaua Bukarest – Omonia Nikosia 3:1, 2:0.

Viertelfinale: Bayern München – Real Madrid 3:2, 0:2; Girondins Bordeaux – PSV Eindhoven 1:1, 0:0; Steaua Bukarest – Glasgow Rangers 2:0, 1:2; Benfica Lissabon – RSC Anderlecht 2:0, 0:1.

Halbfinale: Real Madrid – PSV Eindhoven 1:1, 0:0; Steaua Bukarest – Benfica Lissabon 0:0, 0:2.

Endspiel am 25. Mai in Stuttgart

PSV Eindhoven – Benfica Lissabon 0:0 n. V./ 6:5 nach Elfmeterschießen

PSV Eindhoven: van Breukelen – R. Koeman – Gerets, Nielsen, Heintze – Vanenburg, Linskens, Lerby, van Aerle – Gillhaus (Janssen), Kieft.

SR: Agnolin (Italien). – Zuschauer: 70 000.

Elfmeterschießen: 1:0 Koeman, 1:1 Elzo, 2:1 Kieft, 2:2 Dito, 3:2 Nielsen, 3:3 Hajiri, 4:3 Vanenburg, 4:4 Pacheco, 5:4 Lerby, 5:5 Moser, 6:5 Janssen, Veloso gehalten.

1988/89: AC Mailand

1. Runde: Dynamo Berlin – Werder Bremen 3:0, 0:5; Valur Reykjavik – AS Monaco 1:0, 0:2; Pezoporikos Larnaka – IFK Göteborg 1:2, 1:5; FC Larissa – Neuchatel Xamax 2:1, 1:2 n. V./0:3im Elfmeterschießen; Hamrun Spartans – 17 Nentori Tirana 2:1, 0:2; Sparta Prag – Steaua Bukarest 1:5, 2:2; Spartak Moskau – FC Glentoran 2:0, 1:1; Gornik Zabrze – Jeunesse Esch 3:0, 4:1; Honved Budapest – Celtic Glasgow 1:0, 0:4; Rapid Wien – Galatasaray Istanbul 2:1, 0:2; Vitoscha Sofia – AC Mailand 0:2, 2:5; FC Brügge – Bröndby IF 1:0, 1:2; FC Dundalk – Roter Stern Belgrad 0:5, 0:3; Real Madrid – Moss FK 3:0, 1:0; FC Porto – HJK Helsinki 3:0, 0:2; Freilos für: PSV Eindhoven.

Achtelfinale: Celtic Glasgow – Werder Bremen 0:1, 0:0; AC Mailand – Roter Stern Belgrad 1:1, 1:1 n. V./4:2 nach Elfmeterschießen; Neuchatel Xamax – Galatasaray Istanbul 3:0, 0:5; PSV Eindhoven – FC Porto 5:0, 0:2; Steaua Bukarest – Spartak Moskau 3:0, 2:1; 17 Nentori Tirana – IFK Göteborg 0:3, 0:1; FC Brügge – AS Monaco 1:0, 1:6; Gornik Zabrze – Real Madrid 0:1, 2:3.

Viertelfinale: Werder Bremen – AC Mailand 0:0, 0:1; IFK Göteborg – Steaua Bukarest 1:0, 1:5; PSV Eindhoven – Real Madrid 1:1, 1:2 n. V.; AS Monaco – Galatasaray Istanbul 0:1, 1:1.

Halbfinale: Steaua Bukarest – Galatasaray Istanbul 4:0, 1:1 (in Izmir); Real Madrid – AC Mailand 1:1, 0:5.

Endspiel am 24. Mai in Barcelona:

AC Mailand – Steaua Bukarest 4:0 (3:0)

Mailand: G. Galli – Baresi – Tassotti, Costacurta (F. Galli), Maldini – Colombo, Rijkaard, Ancelotti, Donadoni – van Basten, Gullit (Virdis).

Tore: Gullit (2), van Basten (2). – SR: Tritschler (Deutschland). – Zuschauer: 97 000.

1989/90: AC Mailand

1. Runde: Glasgow Rangers – Bayern München 1:3, 0:0; Dynamo Dresden – AEK Athen 1:0, 3:5; Spora Luxemburg – Real Madrid 0:3 (in Saarbrücken), 0:6; Steaua Bukarest – Fram Reykjavik 4:0, 1:0; Ruch Chorzow – ZSKA Sofia 1:1, 1:5; PSV Eindhoven – FC Luzern 3:0, 2:0; Derry City – Benfica Lissabon 1:2, 0:4; Malmö FF – Inter Mailand 1:0, 1:1; Rosenborg Trondheim – KV Mechelen 0:0, 0:5; AC Mailand – HJK Helsinki 4:0, 1:0; FC Tirol – Omonia Nikosia 6:0, 3:2; Olympique Marseille – Bröndby Kopenhagen 3:0, 1:1; Sparta Prag – Fenerbahce Istanbul 3:1, 2:1; FC Linfield Belfast – Dnjepr Dnjepropetrowsk 1:2 (in Wrexham), 0:1; Sliema Wanderers – 17 Nentori Tirana 1:0, 0:5; Honved Budapest – Vojvodina Novi Sad 1:0, 1:2.

Achtelfinale: Bayern München – 17 Nentori Tirana 3:1, 3:0; Dnjepr Dnjepropetrowsk – FC Tirol 2:0, 2:2; Malmö FF – KV Mechelen 0:0, 1:4; Olympique Marseille – AEK Athen 2:0, 1:1; Sparta Prag – ZSKA Sofia 2:2 (in Trnava), 0:3; AC Mailand – Real Madrid 2:0, 0:1; Steaua Bukarest – PSV Eindhoven 1:0, 1:5; Honved Budapest – Benfica Lissabon 0:2, 0:7.

Viertelfinale: Bayern München – PSV Eindhoven 2:1, 1:0; KV Mechelen – AC Mailand 0:0 (in Brüssel), 0:2 n. V.; Benfica Lissabon – Dnjepr Dnjepropetrowsk 1:0, 3:0; ZSKA Sofia – Olympique Marseille 0:1, 1:3.

Halbfinale: AC Mailand – Bayern München 1:0, 1:2 n. V., Olympique Marseille – Benfica Lissabon 2:1, 0:1.

Endspiel am 23. Mai in Wien:

AC Mailand – Benfica Lissabon 1:0 (0:0)

Mailand: G. Galli – Baresi – Tassotti, Costacurta, Maldini – Ancelotti (Massaro), Colombo (F. Galli), Rijkaard, Evani – van Basten, Gullit.

Tor: Rijkaard. – SR: Kohl (Österreich). – Zuschauer: 57 500.

1990/91: Roter Stern Belgrad

1. Runde: APOEL Nikosia – Bayern München 2:3, 0:4; Union Luxemburg – Dynamo Dresden 1:3, 0:3; Roter Stern Belgrad – Grasshoppers Zürich 1:1, 4:1; Olympique Marseille – Dinamo Tirana 5:1, 0:0; FC Tirol Innsbruck – Kuusysi Lahti 5:0, 2:1; Lilleström SK – FC Brügge 1:1, 0:2; Sparta Prag – Spartak Moskau 0:2, 0:2; SSC Neapel – Ujpest Budapest 3:0, 2:0; Malmö FF – Besiktas Istanbul 3:2, 2:2; Dinamo Bukarest – St. Patrick's Athletic 4:0, 1:1; FC Porto – FC Portadown 5:0 (in Setubal), 8:1; Odense BK – Real Madrid 1:4, 0:6; Lech Posen – Panathinaikos Athen 3:0, 2:1; FC Valetta – Glasgow Rangers 0:4, 0:6; KA Akureyri – ZSKA Sofia 1:0, 0:3; Freilos für: AC Mailand.

Achtelfinale: Bayern München – ZSKA Sofia 4:0, 3:0; Dynamo Dresden – Malmö FF 1:1, 1:1 n. V./5:4 nach Elfmeterschießen; Roter Stern Belgrad – Glasgow Rangers 3:0, 1:1; Dinamo Bukarest – FC Porto 0:0, 0:4; Real Madrid – FC Tirol Innsbruck 9:1, 2:2; Lech Posen – Olympique Marseille 3:2, 1:6; SSC Neapel – Spartak Moskau 0:0, 0:0 n. V./3:5 nach Elfmeterschießen; AC Mailand – FC Brügge 0:0, 1:0.

Viertelfinale: Bayern München – FC Porto 1:1, 2:0; Roter Stern Belgrad – Dynamo Dresden 3:0, 2:1 abgebrochen (mit 3:0 gewertet); AC Mailand – Olympique Marseille 1:1, 0:1 abgebrochen (mit 0:3 gewertet); Spartak Moskau – Real Madrid 0:0, 3:1.

Halbfinale: Bayern München – Roter Stern Belgrad 1:2, 2:2; Spartak Moskau – Olympique Marseille 1:3, 1:2.

Endspiel am 29. Mai in Bari:

Roter Stern Belgrad – Olympique Marseille 0:0 n. V./5:3 nach Elfmeterschießen

Roter Stern: Stojanovic – Belodedici – Marovic, Najdoski – Sabanadzovic, Savicevic (Stosic), Jugovic, Prosinecki, Mihajlovic – Binic, Pancev.

SR: Lanese (Italien). – Zuschauer: 51 000.

Tore aus dem Elfmeterschießen: Prosinecki, Binic, Belodedic, Mihajlovic, Pancev – Casoni, Papin, Mozer (Amoros verschoss).

1991/92: FC Barcelona

1. Runde: 1. FC Kaiserslautern – Etar Veliko Tarnovo 2:0, 1:1; FC Barcelona – Hansa Rostock 3:0, 0:1; Roter Stern Belgrad – FC Portadown 4:0 (in Szeged), 4:0; Hamrun Spartans – Benfica Lissabon 0:6, 0:4; Universitatea Craiova – Apollon Limassol 2:0, 0:3; Fram Reykjavik – Panathinaikos Athen 2:2, 0:0; Besiktas Istanbul – PSV Eindhoven 1:1, 1:2; Bröndby Kopenhagen – Zaglebie Lubin 3:0, 1:2; Kispest-Honved Budapest – FC Dundalk 1:1, 2:0; IFK Göteborg – Flamurtari Vlora 0:0, 1:1; Sparta Prag – Glasgow Rangers 1:0, 1:2 n. V.; HJK Helsinki – Dynamo Kiew 0:1, 0:3; RSC Anderlecht – Grasshoppers Zürich 1:1, 3:0 (in Bern); FC Arsenal – Austria Wien 6:1, 0:1; Union Luxemburg – Olympique Marseille 0:5, 0:5; Sampdoria Genua – Rosenborg Trondheim 5:0, 2:1.

Achtelfinale: FC Barcelona – 1. FC Kaiserslautern 2:0, 1:3; Roter Stern Belgrad – Apollon Limassol 3:1 (in Szeged), 2:0; Panathinaikos Athen – IFK Göteborg 2:0, 2:2; PSV Eindhoven – RSC Anderlecht 0:0, 0:2; Kispest–Honved Budapest – Sampdoria Genua 2:1, 1:3; Dynamo Kiew – Bröndby Kopenhagen 1:1, 1:0; Olympique Marseille – Sparta Prag 3:2, 1:2; Benfica Lissabon – Arsenal London 1:1, 3:1 n. V.

Finalrunde

Gruppe 1: Sampdoria Genua – Roter Stern Belgrad 2:0, 3:1 (in Sofia), Sampdoria Genua – RSC Anderlecht 2:0, 2:3; Sampdoria Genua – Panathinaikos Athen 1:1, 0:0; Roter Stern Belgrad – RSC Anderlecht 3:2 (in Budapest), 2:3; Roter Stern Belgrad – Panathinaikos Athen 2:0, 1:0 (in Sofia); RSC Anderlecht – Panathinaikos Athen 0:0, 0:0. – 1. Sampdoria Genua 10:5, 8–4; 2. Roter Stern Belgrad 9:10, 6–6; 3. RSC Anderlecht 8:9, 6–6; 4. Panathinaikos Athen 1:4, 4–8.

Gruppe 2: FC Barcelona – Sparta Prag 3:2, 0:1; FC Barcelona – Benfica Lissabon 2:1, 0:0; FC Barcelona – Dynamo Kiew 3:0, 2:0; Sparta Prag – Benfica Lissabon 1:1, 1:1; Sparta Prag – Dynamo Kiew 2:1, 0:1; Benfica Lissabon – Dynamo Kiew 5:0, 0:1. – 1. FC Barcelona 10:4, 9–3; 2. Sparta Prag 7:7, 6–6; 3. Benfica Lissabon 8:5, 5–7; 4. Dynamo Kiew 3:12, 4–8.

Endspiel am 20. Mai in London:

FC Barcelona – Sampdoria Genua 1:0 n. V.

Barcelona: Zubizarreta – R. Koeman – Ferrer, Nando – Eusebio, Guardiola (Alexanco), Juan Carlos – M. Laudrup, Baquero – Salinas (Goicoechea), Stoitschkow.

Tor: Koeman. – SR: Schmidhuber (Deutschland). – Zuschauer: 70 827.

1992/93: Olympique Marseille

Qualifikation: FC Shelbourne – Tavria Simferopol 0:0, 1:2; FC Valetta – Maccabi Tel Aviv 1:2, 0:1; KI Klaksvik – Skonto Riga 1:3, 0:3; Olimpija Ljubljana – Norma Tallinn 3:0, 2:0.

1. Runde: VfB Stuttgart – Leeds United 3:0, 1:4 (gewertet 0:3), 1:2 (in Barcelona); Slovan Bratislava – Ferencvaros Budapest 4:1, 0:0; Maccabi Tel Aviv – FC Brügge 0:1, 0:3; IFK Göteborg – Besiktas Istanbul 2:0, 1:2; Lech Posen – Skonto Riga 2:0, 0:0; Kuusysi Lahti – Dinamo Bukarest 1:0, 0:2 n. V.; Austria Wien – ZSKA Sofia 3:1, 2:3; FC Sion – Tavria Simferopol 4:1, 3:1; PSV Eindhoven – Zalgiris Wilna 6:0, 2:0; AEK Athen – APOEL Nikosia 1:1, 2:2; Vikingur Reykjavik – ZSKA Moskau 0:1, 2:4; Union Luxemburg – FC Porto 1:4, 0:5; FC Glentoran – Olympique Marseille 0:5, 0:3; Glasgow Rangers – Lyngby BK 2:0, 1:0; AC Mailand – Olimpija Ljubljana 4:0, 3:0; FC Barcelona – Viking Stavanger 1:0, 0:0.

Achtelfinale: Glasgow Rangers – Leeds United 2:1, 2:1; IFK Göteborg – Lech Posen 1:0, 3:0; Slovan Bratislava – AC Mailand 0:1, 0:4; Dinamo Bukarest – Olympique Marseille 0:0, 0:2; AEK Athen – PSV Eindhoven 1:0, 0:3; ZSKA Moskau – FC Barcelona 1:1, 3:2; FC Brügge – Austria Wien 2:0, 1:3; FC Sion – FC Porto 2:2, 0:4.

Champions League

Gruppe 1: Olympique Marseille – Glasgow Rangers 1:1, 2:2; Olympique Marseille – FC Brügge 3:0, 1:0; Olympique Marseille – ZSKA Moskau 6:0 (in Berlin), 1:1; Glasgow Rangers – FC Brügge 2:1, 1:1; Glasgow Rangers – ZSKA Moskau 0:0, 1:0 (in Bochum); FC Brügge – ZSKA Moskau 1:0, 2:1 (in Berlin) – 1. Olympique Marseille 14:4, 9–3; 2. Glasgow Rangers 7:5, 8–4; 3. FC Brügge 5:8, 5–7; 4. ZSKA Moskau 2:11, 2–10.

Gruppe 2: AC Mailand – IFK Göteborg 4:0, 1:0, AC Mailand – FC Porto 1:0, 1:0; AC Mailand – PSV Eindhoven 2:0, 2:1; IFK Göteborg – FC Porto 1:0, 0:2; IFK Göteborg – PSV Eindhoven 3:0, 3:1; FC Porto

– PSV Eindhoven 2:2, 1:0. – 1. AC Mailand 11:1, 12–0; 2. IFK Göteborg 7:8, 6–6; 3. FC Porto 5:5, 5–7; 4. PSV Eindhoven 4:13, 1–11.

Endspiel am 26. Mai in München:

Olympique Marseille – AC Mailand 1:0 (1:0)

Marseille: Barthez – Angloma (Durand), Boli, Desailly – Eydelie, Di Meco – Pelè, Sauzee, Deschamps – Boksic, Völler (Thomas).

Tor: Boli. – SR: Röthlisberger (Schweiz). – Zuschauer: 64 400.

1993/94: AC Mailand

Qualifikation: HJK Helsinki – Norma Tallinn 1:1, 1:0; Ekranas Panevezys – FC Floriana 0:1, 0:1; B68 Toftir – Croatia Zagreb 0:5, 0:6; Skonto Riga – Olimpija Ljubljana 0:1, 1:0 n. V./11:10 nach Elfmeterschießen; Cwmbran Town – Cork City 3:2, 1:2; Dynamo Tiflis – FC Linfield Belfast 2:1, 1:1, Dynamo Tiflis wurde disqualifiziert; Avenir Beggen – Rosenborg Trondheim 0:2, 0:1; Partizani Tirana – IA Akranes 0:0, 0:3; Omonia Nikosia – FC Aarau 2:1, 0:2; Zimbru Chisinau – Beitar Jerusalem 1:1, 0:2.

1. Runde: Werder Bremen – Dynamo Minsk 5:2, 1:1; Galatasaray Istanbul – Cork City 2:1, 1:0; Dynamo Kiew – FC Barcelona 3:1, 1:4; AS Monaco – AEK Athen 1:0, 1:1; Kispest-Honved Budapest – Manchester United 2:3, 1:2; Glasgow Rangers – Levski Sofia 3:2, 1:2; AIK Stockholm – Sparta Prag 1:0, 0:2; FC Linfield Belfast – FC Kopenhagen 3:0, n. V. 0:4; HJK Helsinki – RSC Anderlecht 0:3, 0:3; IA Akranes – Feyenoord Rotterdam 1:0, 0:3; Steaua Bukarest – Croatia Zagreb 1:2, 3:2 (in Ljubljana); Rosenborg Trondheim – Austria Wien 3:1, 1:4; FC Porto – FC Floriana 2:0, 0:0; Skonto Riga – Spartak Moskau 0:5, 0:4; FC Aarau – AC Mailand 0:1, 0:0; Lech Posen – Beitar Jerusalem 3:0, 4:2.

Achtelfinale: Levski Sofia – Werder Bremen 2:2, 0:1; Sparta Prag – RSC Anderlecht 0:1, 2:4; Lech Posen – Spartak Moskau 1:5, 1:2; Manchester United – Galatasaray Istanbul 3:3, 0:0; FC Kopenhagen – AC Mailand 0:6, 0:1; AS Monaco – Steaua Bukarest 4:1, 0:1; FC Barcelona – Austria Wien 3:0, 2:1; FC Porto – Feyenoord Rotterdam 1:0, 0:0.

Champions League

Gruppe A: FC Barcelona – AS Monaco 2:0, 1:0; FC Barcelona – Spartak Moskau 5:1, 2:2; FC Barcelona – Galatasaray Istanbul 3:0, 0:0; AS Monaco – Spartak Moskau 4:1, 0:0; AS Monaco – Galatasaray Istanbul 3:0, 2:0; Spartak Moskau – Galatasaray Istanbul 0:0, 2:1. – 1. FC Barcelona 13:3, 10–2; 2. AS Monaco 9:4, 7–5; 3. Spartak Moskau 6:12, 5–7; 4. Galatasaray Istanbul 1:10, 2–10.

Gruppe B: AC Mailand – FC Porto 3:0, 0:0; AC Mailand – Werder Bremen 2:1, 1:1; AC Mailand – RSC Anderlecht 0:0, 0:0; FC Porto – Werder Bremen 3:2, 5:0; FC Porto – RSC Anderlecht 2:0, 0:1; Werder Bremen – RSC Anderlecht 5:3, 2:1. – 1. AC Mailand 6:2, 8–4; 2. FC Porto 10:6, 7–5; 3. Werder Bremen 11:15, 5–7; 4. RSC Anderlecht 5:9, 4–8.

Halbfinale: FC Barcelona – FC Porto 3:0; AC Mailand – AS Monaco 3:0.

Endspiel am 18. Mai in Athen:

AC Mailand – FC Barcelona 4:0 (2:0)

AC Mailand: Rossi – Tassotti, Maldini (Nava), Galli, Panucci – Boban, Desailly, Albertini, Donadoni – Massaro, Savicevic.

Tore: Massaro (2), Savicevic, Desailly. – SR: Don (England). – Zuschauer: 65 000.

1994/95: Ajax Amsterdam

Qualifikation: Maccabi Haifa – Austria Salzburg 1:2, 1:3; Sparta Prag – IFK Göteborg 1:0 (in Jablonec), 0:2; Steaua Bukarest – Servette Genf 4:1, 1:1; AEK Athen – Glasgow Rangers 2:0, 1:0; Silkeborg IF – Dynamo Kiew 0:0, 1:3; Legia Warschau – Hajduk Split 0:1, 0:4; Paris Saint-Germain – FC Vac 3:0, 2:1 (in Budapest); Avenir Beggen – Galatasaray Istanbul 1:5, 0:4 (in Izmir).

Champions League

Gruppe A: IFK Göteborg – FC Barcelona 2:1, 1:1; IFK Göteborg – Manchester United 3:1, 2:4; IFK Göteborg – Galatasaray Istanbul 1:0, 1:0; FC Barcelona – Manchester United 4:0, 2:2; FC Barcelona – Galatasaray Istanbul 2:1, 1:2; Manchester United – Galatasaray Istanbul 4:0, 0:0. – 1. IFK Göteborg 10:7, 9–3; 2. FC Barcelona 11:8, 6–6; 3. Manchester United 11:11, 6–6; 4. Galatasaray Istanbul 3:9, 3–9.

Gruppe B: Paris Saint-Germain – Bayern München 2:0, 1:0; Paris Saint-Germain – Spartak Moskau 4:1, 2:1; Paris Saint-Germain – Dynamo Kiew 1:0, 2:1; Bayern München – Spartak Moskau 2:2, 1:1; Bayern München – Dynamo Kiew 1:0, 4:1; Spartak Moskau – Dynamo Kiew 1:0, 2:3. – 1. Paris Saint-Germain 12:3, 12–0; 2. Bayern München 8:7, 6–6; 3. Spartak Moskau 8:12, 4–8, 4. Dynamo Kiew 5:11, 2–10.

Gruppe C: Benfica Lissabon – Hajduk Split 2:1, 0:0; Benfica Lissabon – Steaua Bukarest 2:1, 1:1; Benfica Lissabon – RSC Anderlecht 3:1, 1:1; Hajduk Split – Steaua Bukarest 1:4, 1:0; Hajduk Split –

RSC Anderlecht 2:1, 0:0; Steaua Bukarest – RSC Anderlecht 1:1, 0:0. – 1. Benfica Lissabon 9:5, 9:3; 2. Hajduk Split 5:7, 6–6; 3. Steaua Bukarest 7:6, 5–7; 4. RSC Anderlecht 4:7, 4–8.

Gruppe D: Ajax Amsterdam – AC Mailand 2:0, 2:0 (in Triest); Ajax Amsterdam – Austria Salzburg; 1:1, 0:0 (in Wien); Ajax Amsterdam – AEK Athen 2:0, 2:1; AC Mailand – Austria Salzburg 3:0, 1:0 (in Wien); AC Mailand – AEK Athen 2:1 (in Triest), 0:0; Austria Salzburg – AEK Athen 0:0 (in Wien), 3:1. – 1. Ajax Amsterdam 9:2, 10–2; 2. AC Mailand 6:6, 5–5*; 3. Austria Salzburg 4:6, 5–7; 4. AEK Athen 3:9, 2–10.

*AC Mailand wurden zwei Punkte abgezogen.

Viertelfinale: Bayern München – IFK Göteborg 0:0, 2:2; Hajduk Split – Ajax Amsterdam 0:0, 0:3; AC Mailand – Benfica Lissabon 2:0, 0:0; FC Barcelona – Paris Saint-Germain 1:1, 1:2.

Halbfinale: Bayern München – Ajax Amsterdam 0:0, 2:5; Paris Saint-Germain – AC Mailand 0:1, 0:2.

Endspiel am 24. Mai in Wien:

Ajax Amsterdam – AC Mailand 1:0 (0:0)

Ajax: Van der Sar – Reiziger, Blind, F. de Boer, Rijkaard – Seedorf (Kanu), Davids – Litmanen (Kluivert) – Finidi, R. de Boer, Overmars.

Tor: Kluivert. – Schiedsrichter Craciunescu (Rumänien). – Zuschauer. 49 730.

1995/96: Juventus Turin

Vorrunde: Grasshoppers Zürich – Maccabi Tel Aviv 1:1, 1:0; Glasgow Rangers – Anorthosis Famagusta 1:0, 0:0; Legia Warschau – IFK Göteborg 1:0, 2:1; Austria Salzburg – Steaua Bukarest 0:0, 0:1; Dynamo Kiew – Aalborg BK 1:0, 3:1*; Rosenborg Trondheim – Besiktas Istanbul 3:0, 1:3; RSC Anderlecht – Ferencvaros Budapest 0:1, 1:1 (in Szeged); Panathinaikos Athen – Hajduk Split 0:0, 1:1 (in Rijeka).

*) Dynamo Kiew wurde nach dem 1. Spiel der Champions League gegen Panathinaikos Athen (1:0) wegen versuchter Schiedsrichterbestechung disqualifiziert. Aalborg BK nimmt als Verlierer des Vorrundenspiels den Platz von Kiew in der Champions League ein.

Champions League

Gruppe A: Panathinaikos Athen– FC Nantes 3:1, 0:0; Panathinaikos Athen – FC Porto 0:0, 1:0; Panathinaikos Athen – Aalborg BK 2:0, 1:2; FC Nantes – FC Porto 0:0, 2:2; FC Nantes – Aalborg BK 3:1, 2:0; FC Porto – Aalborg BK 2:0, 2:2. – 1. Panathinaikos Athen 7:3, 11; 2. FC Nantes 8:6, 9; 3. FC Porto 6:5, 7; 4. Aalborg BK 5:12, 4.

Gruppe B: Spartak Moskau – Legia Warschau 2:1, 1:0; Spartak Moskau – Rosenborg Trondheim 4:1, 4:2; Spartak Moskau – Blackburn Rovers 3:0, 1:0; Legia Warschau – Rosenborg Trondheim 3:1, 0:4; Legia Warschau – Blackburn Rovers 1:0, 0:0; Rosenborg Trondheim – Blackburn Rovers 2:1, 1:4. – 1. Spartak Moskau 15:4, 18; 2. Legia Warschau 5:8, 7; 3. Rosenborg Trondheim 11:16, 6; 4. Blackburn Rovers 5:8, 4.

Gruppe C: Juventus Turin – Borussia Dortmund 1:2, 3:1; Juventus Turin – Steaua Bukarest 3:0, 0:0; Juventus Turin – Glasgow Rangers 4:1, 4:0; Borussia Dortmund – Steaua Bukarest 1:0, 0:0; Borussia Dortmund – Glasgow Rangers 2:2, 2:2; Steaua Bukarest – Glasgow Rangers 1:0, 1:1. – 1. Juventus Turin 15:4, 13; 2. Borussia Dortmund 8:8, 9; 3. Steaua Bukarest 2:5, 6; 4. Glasgow Rangers 6:14, 3.

Gruppe D: Ajax Amsterdam – Real Madrid 1:0, 2:0, Ajax Amsterdam – Ferencvaros Budapest 4:0, 5:1; Ajax Amsterdam – Grasshoppers Zürich 3:0, 0:0; Real Madrid – Ferencvaros Budapest 6:1, 1:1; Real Madrid – Grasshoppers Zürich 2:0, 2:0; Ferencvaros Budapest – Grasshoppers Zürich 3:3, 3:0. – 1. Ajax Amsterdam 15:1, 16; 2. Real Madrid 11:5, 10; 3. Ferencvaros Budapest 9:19, 5; 4. Grasshoppers Zürich 3:13, 2.

Viertelfinale: Borussia Dortmund – Ajax Amsterdam 0:2, 0:1; Legia Warschau – Panathinaikos Athen 0:0, 0:3; FC Nantes – Spartak Moskau 2:0, 2:2; Real Madrid – Juventus Turin 1:0, 0:2.

Halbfinale: Juventus Turin – FC Nantes 2:0, 2:3 Ajax Amsterdam – Panathinaikos Athen 0:1, 3:0.

Endspiel am 22. Mai in Rom:

Juventus Turin – Ajax Amsterdam 1:1 n. V. (1:1, 1:1)/4:2 nach Elfmeterschießen

Juventus: Peruzzi – Torricelli, Ferrara, Vierchowod, Pessotto – Conte (Jugovic), Paulo Sousa (Di Livio), Deschamps – Ravanelli (Padovano), Vialli, Del Piero.

Tore: Ravanelli (Litmanen für Amsterdam). – SR: Diaz Vega (Spanien). – Zuschauer: 80 000.

Tore aus dem Elfmeterschießen: Ferrara, Pessotto, Padovano, Jugovic. – Litmanen, Scholten (Davids und Silooy gehalten).

1996/97: Borussia Dortmund

Vorrunde: Grasshoppers Zürich – Slavia Prag 5:0, 1:0; Maccabi Tel Aviv – Fenerbahce Istanbul 0:1, 1:1; IFK Göteborg – Ferencvaros Budapest 3:0, 1:1; Widzew Lodz – Bröndby Kopenhagen 2:1, 2:3; Panathinaikos Athen – Rosenborg Trondheim 1:0, 0:3 n. V.; Rapid Wien – Dynamo Kiew 2:0, 4:2; Glasgow Rangers – Alania Wladikawkas 3:1, 7:2; FC Brügge – Steaua Bukarest 2:2, 0:3.

Champions League

Gruppe A: AJ Auxerre – Ajax Amsterdam 0:1, 2:1; AJ Auxerre – Grasshoppers Zürich 1:0, 1:3; AJ Auxerre – Glasgow Rangers 2:1, 2:1; Ajax Amsterdam – Grasshoppers Zürich 0:1, 1:0; Ajax Amsterdam – Glasgow Rangers 4:1, 1:0; Grasshoppers Zürich – Glasgow Rangers 3:0, 1:2. – 1. AJ Auxerre 8:7, 12; 2. Ajax Amsterdam 8:4, 12; 3. Grasshoppers Zürich 8:5, 9; 4. Glasgow Rangers 5:13, 3.

Gruppe B: Atletico Madrid – Borussia Dortmund 0:1, 2:1; Atletico Madrid – Widzew Lodz 1:0, 4:1; Atletico Madrid – Steaua Bukarest 4:0, 1:1; Borussia Dortmund – Widzew Lodz 2:1, 2:2; Borussia Dortmund – Steaua Bukarest 5:3, 3:0; Widzew Lodz – Steaua Bukarest 2:0, 0:1. – 1. Atletico Madrid 12:4, 13; 2. Borussia Dortmund 14:8, 13; 3. Widzew Lodz 6:10, 4; 4. Steaua Bukarest 5:15, 4.

Gruppe C: Juventus Turin – Manchester United 1:0, 1:0; Juventus Turin – Fenerbahce Istanbul 2:0, 1:0; Juventus Turin – Rapid Wien 5:0, 1:1; Manchester United – Fenerbahce Istanbul 0:1, 2:0; Manchester United – Rapid Wien 2:0, 2:0; Fenerbahce Istanbul – Rapid Wien 1:0, 1:1. – 1. Juventus Turin 11:1, 16; 2. Manchester United 6:3, 9; 3. Fenerbahce Istanbul 3:6, 7; 4. Rapid Wien 2:12, 2.

Gruppe D: FC Porto – Rosenborg Trondheim 3:0, 1:0; FC Porto – AC Mailand 1:1, 3:2; FC Porto – IFK Göteborg 2:1, 2:0; Rosenborg Trondheim – AC Mailand 1:4, 2:1; Rosenborg Trondheim – IFK Göteborg 1:0 3:2; AC Mailand – IFK Göteborg 4:2, 1:2. – 1. FC Porto 12:4, 16; 2. Rosenborg Trondheim 7:11, 9; 3. AC Mailand 13:11, 7; 4. IFK Göteborg 7:13, 3.

Viertelfinale: Borussia Dortmund – AJ Auxerre 3:1, 1:0; Manchester United – FC Porto 4:0, 0:0; Ajax Amsterdam – Atletico Madrid 1:1, 3:2 n. V.; Rosenborg Trondheim – Juventus Turin 1:1, 0:2.

Halbfinale: Borussia Dortmund – Manchester United 1:0, 1:0; Ajax Amsterdam – Juventus Turin 1:2, 1:4.

Endspiel am 28. Mai in München:

Borussia Dortmund – Juventus Turin 3:1 (2:0)

Dortmund: Klos – Kohler, Sammer, Kree – Reuter, Lambert, Paulo Sousa, Heinrich – Riedle (Herrlich), Möller (Zorc), Chapuisat (Ricken).

Tore: Riedle (2), Ricken (Del Piero für Turin). – SR: Sandor Puhl (Ungarn). – Zuschauer: 58 000.

1997/98: Real Madrid

Qualifikation, 1. Runde: Derry City – Maribor Teatanic 0:2, 0:1; 1. FC Kosice – IA Akranes 3:0, 1:0; Partizan Belgrad – Croatia Zagreb 1:0, 0:5; FC Valetta – Skonto Riga 1:0, 0:2; Piounik Erewan – MTK Budapest 0:2, 3:4; Crusaders Belfast – Dynamo Tiflis 1:3, 1:5; Sileks Kratovo – Beitar Jerusalem 1:0, 0:3; Steaua Bukarest – ZSKA Sofia 3:3, 2:0; Constructorul Chisinau – MPKZ Mozyr 1:1, 2:3; Lantana Tallinn – FC Jazz Pori 0:2, 0:1; GI Götu – Glasgow Rangers 0:5, 0:6; Neftschi Baku – Widzew Lodz 0:2, 0:8; Dynamo Kiew – AFC Barry Town 2:0, 4:0; FC Sion – Jeunesse Esch 4:0, 1:0; Anorthosis Famagusta – Kareda Siauliai 3:0, 1:1.

Qualifikation, 2. Runde: Bayer Leverkusen – Dynamo Tiflis 6:1, 0:1; 1. FC Kosice – Spartak Moskau 2:1, 0:0; MTK Budapest – Rosenborg Trondheim 0:1, 1:3; Besiktas Istanbul – Maribor Teatanic 0:0, 3:1; FC Sion – Galatasaray Istanbul 1:4, 1:4; Olympiakos Piräus – MPKZ Mozyr 5:0, 2:2; Austria Salzburg – Sparta Prag 0:0, 0:3; IFK Göteborg – Glasgow Rangers 3:0, 1:1; FC Barcelona – Skonto Riga 3:2, 1:0; Bröndby Kopenhagen – Dynamo Kiew 2:4, 1:0; Newcastle United – Croatia Zagreb 2:1, 2:2 n. V.; Feyenoord Rotterdam – FC Jazz Pori 6:2, 2:1; Steaua Bukarest – Paris Saint-Germain 3:2 (3:0 gewertet wegen Einsatz eines gesperrten Spielers von Paris), 0:5; Widzew Lodz – AC Parma 1:3, 0:4; Beitar Jerusalem – Sporting Lissabon 0:0, 0:3; Anorthosis Famagusta – Lierse SK 2:0, 0:3.

Gruppe A: Borussia Dortmund – AC Parma 2:0, 0:1; Borussia Dortmund – Sparta Prag 4:1, 3:0; Borussia Dortmund – Galatasaray Istanbul 4:1, 1:0; AC Parma – Sparta Prag 2:2, 0:0; AC Parma – Galatasaray Istanbul 2:0, 1:1; Sparta Prag – Galatasaray Istanbul 3:0, 0:2. – 1. Borussia Dortmund 14:3, 15; 2. AC Parma 6:5, 9; 3. Sparta Prag 6:11, 5; 4. Galatasaray Istanbul 4:11, 4.

Gruppe B: Manchester United – Juventus Turin 3:2, 0:1; Manchester United – Feyenoord Rotterdam 2:1, 3:1; Manchester United – 1. FC Kosice 3:0, 3:0; Juventus Turin – Feyenoord Rotterdam 5:1, 0:2; Juventus Turin – 1. FC Kosice 3:2, 1:0; Feyenoord Rotterdam – 1. FC Kosice 2:0, 1:0. – 1. Manchester United 14:5, 15; 2. Juventus Turin 12:8, 12; 3. Feyenoord Rotterdam 8:10, 9; 4. 1. FC Kosice 2:13, 0.

Gruppe C: Dynamo Kiew – PSV Eindhoven 1:1, 3:1; Dynamo Kiew – Newcastle United 2:2, 0:2; Dynamo Kiew – FC Barcelona 3:0, 4:0; PSV Eindhoven – Newcastle United 1:0, 2:0; PSV Eindhoven – Barcelona 2:2, 2:2; Newcastle United – Barcelona 3:2, 0:1. – 1. Dynamo Kiew 13:6, 11; 2. PSV Eindhoven 9:8, 9; 3. Newcastle United 7:8, 7; 4. FC Barcelona 7:14, 5.

Gruppe D: Real Madrid – Rosenborg Trondheim 4:1, 0:2; Real Madrid – Olympiakos Piräus 5:1, 0:0; Real Madrid – FC Porto 4:0, 2:0; Rosenborg Trondheim – Olympiakos Piräus 5:1, 2:2; Rosenborg Trondheim – FC Porto 2:0, 1:1; Olympiakos Piräus – FC Porto 1:0, 1:2. – 1. Real Madrid 15:4, 13, 2. Rosenborg Trondheim 13:8, 11; 3. Olympiakos Piräus 6:14, 5, 4. FC Porto 3:11, 4.

Gruppe E: Bayern München – Paris Saint-Germain 5:1, 1:3; Bayern München – Besiktas Istanbul 2:0, 2:0; Bayern München – IFK Göteborg 0:1, 3:1; Paris Saint-Germain – Besiktas Istanbul 2:1, 1:3; Paris

Saint-Germain – IFK Göteborg 3:0, 1:0; Besiktas Istanbul – IFK Göteborg 1:0, 1:2. – 1. Bayern München 13:6, 12; 2. Paris Saint-Germain 11:10, 12; 3. Besiktas Istanbul 6:9, 6; 4. IFK Göteborg 4:9, 6.

Gruppe F: AS Monaco – Bayer Leverkusen 4:0, 2:2; AS Monaco – Sporting Lissabon 3:2, 0:3; AS Monaco – Lierse SK 5:1, 1:0; Bayer Leverkusen – Sporting Lissabon 4:1, 2:0; Bayer Leverkusen – Lierse SK 1:0, 2:0; Sporting Lissabon – Lierse SK 2:1, 1:1. – 1. AS Monaco 15:8, 13; 2. Bayer Leverkusen 11:7, 13; 3. Sporting Lissabon 9:11, 7; 4. Lierse SK 3:12, 1.

Viertelfinale: Bayern München – Borussia Dortmund 0:0, 0:1 n. V.; Bayer Leverkusen – Real Madrid 1:1, 0:3; Juventus Turin – Dynamo Kiew 1:1, 4:1; AS Monaco – Manchester United 0:0, 1:1.

Halbfinale: Real Madrid – Borussia Dortmund 2:0, 0:0; Juventus Turin – AS Monaco 4:1, 2:3.

Endspiel am 20. Mai in Amsterdam:

Real Madrid – Juventus Turin 1:0 (0:0)

Real: Illgner – Panucci, Hierro, Sanchis, Roberto Carlos – Seedorf, Karambeu, Redondo – Raúl (Amavisca) – Mijatovic (Suker), Morientes (Jaime).

Tor: 1:0 Mijatovic. – SR: Krug (Deutschland). – Zuschauer: 50 000.

1998/99: Manchester United

Qualifikation, 1. Runde: Celtic Glasgow – St. Patrick's Athletic 0:0, 2:0; Obilic Belgrad – IB Vestmannaeyjar 2:0, 2:1; HJK Helsinki – FK Erewan 2:0, 3:0; Liteks Lovetsch – Halmstads BK 2:0, 1:2; Steaua Bukarest – Flora Tallinn 4:1, 1:3; LKS Lodz – Kapaz Ganja 4:1, 3:1; Kareda Siauliai – Maribor Teatanic 0:3, 0:1; Dynamo Tiflis – Vllaznia Shkoder 3:0, 1:3; FC Valetta – Anorthosis Famagusta 0:2, 0:6; Zimbru Chisinau – Ujpest Budapest 1:0, 1:3; Grasshoppers Zürich – Jeunesse Esch 6:0, 2:0; Dynamo Kiew – AFC Barry Town 8:0, 2:1; Sileks Kratovo – FC Brügge 0:0, 1:2; Beitar Jerusalem – B36 Torshavn 4:1, 1:0; FC Cliftonville – 1. FC Kosice 1:5, 0:8; Skonto Riga – Dynamo Minsk 0:0, 2:1.

Qualifikation, 2. Runde: Bayern München – Obilic 4:0, 1:1; Rosenborg Trondheim – FC Brügge 2:0, 2:4; Manchester United – LKS Lodz 2:0, 0:0; Liteks Lovetsch – Spartak Moskau 0:5, 2:6; Galatasaray Istanbul – Grasshopper Zürich 2:1, 3:2; Celtic Glasgow – Croatia Zagreb 1:0, 0:3; Maribor Teatanic – PSV Eindhoven 2:1, n. V. 1:4; Dynamo Kiew – Sparta Prag 0:1, n. V. 1:0/ 3:1 nach Elfmeterschießen); 1. FC Kosice – Bröndby IF 0:2, 1:0; Inter Mailand – Skonto Riga 4:0, 3:1; Olympiakos Piräus – Anorthosis Famagusta 2:1, 4:2; Benfica Lissabon – Beitar Jerusalem 6:0, 2:4; Dynamo Tiflis – Athletic Bilbao 2:1, 0:1; HJK Helsinki – FC Metz 1:0, 1:1; Sturm Graz – Ujpest Budapest 4:0, 3:2; Steaua Bukarest – Panathinaikos Athen 2:2, 3:6.

Gruppe A: Olympiakos Piräus – Croatia Zagreb 2:0, 1:1; Olympiakos Piräus – FC Porto 2:1, 2:2; Olympiakos Piräus – Ajax Amsterdam 1:0, 0:2; Croatia Zagreb – FC Porto 3:1, 0:3; Croatia Zagreb – Ajax Amsterdam 0:0, 1:0; FC Porto – Ajax Amsterdam 3:0, 1:2 – 1. Olympiakos Piräus 8:6, 11; 2. Croatia Zagreb 5:7, 8; 3. FC Porto 11:9, 7; 4. Ajax Amsterdam 4:6, 7.

Gruppe B: Juventus Turin – Galatasaray Istanbul 2:2, 1:1; Juventus Turin – Rosenborg Trondheim 2:0, 1:1; Juventus Turin – Athletic Bilbao 1:1, 0:0; Galatasaray Istanbul – Rosenborg; Trondheim 3:0, 0:3; Galatasaray Istanbul – Athletic Bilbao 2:1, 0:1; Rosenborg Trondheim – Athletic Bilbao 2:1, 1:1. – 1. Juventus Turin 7:5, 8; 2. Galatasaray Istanbul 8:8, 8; 3. Rosenborg Trondheim 7:8, 8; 4. Athletic Bilbao 5:6, 6.

Gruppe C: Inter Mailand – Real Madrid 3:1, 0:2 (in Sevilla); Inter Mailand – Spartak Moskau 2:1, 1:1; Inter Mailand – Sturm Graz 1:0, 2:0; Real Madrid – Spartak Moskau 2:1, 1:2; Real Madrid – Sturm Graz 6:1, 5:1; Spartak Moskau – Sturm Graz 0:0, 2:0. – 1. Inter Mailand 9:5, 13; 2. Real Madrid 17:8, 12; 3. Spartak Moskau 7:6, 8; 4. Sturm Graz 2:16, 1.

Gruppe D: Bayern München – Manchester United 2:2, 1:1; Bayern München – FC Barcelona 1:0, 2:1; Bayern München – Bröndby IF 2:0, 1:2; Manchester United – FC Barcelona 3:3, 3:3; Manchester United – Bröndby IF 5:0, 6:2; FC Barcelona – Bröndby IF 2:0, 2:0. – 1. Bayern München 9:6, 11; 2. Manchester United 20:11, 10; 3. FC Barcelona 11:9, 8; 4. Bröndby IF 4:18, 3.

Gruppe E: Dynamo Kiew – RC Lens 1:1, 3:1; DynamoKiew – FC Arsenal 3:1, 1:1; Dynamo Kiew – Panathinaikos Athen 2:1, 1:2; RC Lens – FC Arsenal 1:1, 1:0; RC Lens – Panathinaikos Athen 1:0, 0:1; FC Arsenal – Panathinaikos Athen 2:1, 3:1. – 1. Dynamo Kiew 11:7, 11; 2. RC Lens 5:6, 8; 3. FC Arsenal 8:8, 8; 4. Panathinaikos Athen 6:9, 6.

Gruppe F: 1. FC Kaiserslautern – Benfica Lissabon 1:0, 1:2; 1. FC Kaiserslautern – PSV Eindhoven 3:1, 2:1; 1. FC Kaiserslautern – HJK Helsinki 5:2, 0:0; Benfica Lissabon – PSV Eindhoven 2:1, 2:2; Benfica Lissabon – HJK Helsinki 2:2, 0:2; PSV Eindhoven – HJK Helsinki 2:1, 3:1. – 1. 1. FC Kaiserslautern 12:6, 13; 2. Benfica Lissabon 8:9, 8; 3. PSV Eindhoven 10:11, 7; 4. HJK Helsinki 8:12, 5.

Viertelfinale: Bayern München – 1. FC Kaiserslautern 2:0, 4:0; Real Madrid – Dynamo Kiew 1:1, 0:2; Manchester United – Inter Mailand 2:0, 1:1; Juventus Turin – Olympiakos Piräus 2:1, 1:1.

Halbfinale: Dynamo Kiew – Bayern München 3:3, 0:1; Manchester United – Juventus Turin 1:1, 3:2.

Endspiel am 26. Mai 1999 in Barcelona:

Bayern München – Manchester United 1:2 (1:0)

Manchester: Schmeichel – G. Neville, Stam, Johnsen, Irwin – Giggs, Beckham, Butt, Blomqvist (Sheringham) – Cole (Solskjaer), Yorke.

Bayern: Kahn – Matthäus (Fink) – Kuffour, Linke – Babbel, Jeremies, Effenberg, Tarnat – Basler (Salihamidzic), Jancker, Zickler (Scholl).

Tore: Sheringham, Solskjaer (Basler für München). – SR: Collina (Italien). – Zuschauer: 90 000.

1999/2000: Real Madrid

Qualifikation, 1. Runde: Sloga Skopje – Kapaz Ganja 1:0, 1:2; St. Patrick's Athletic – Zimbru Chisinau 0:5, 0:5; Jeunesse Esch – Skonto Riga 0:2, 0:8; AFC Barry Town – FC Valletta 0:0, 2:3; Partizan Belgrad – Flora Tallinn 6:0, 4:1; HB Torshavn – Haka Valkeakoski 1:1, 0:6; FK Lovetsch – Glentoran Belfast 3:0, 2:0; Zalgiris Wilna – Zement Ararat 2:0, 3:0; IB Vestmannaeyjar – SK Tirana 1:0, 2:1.

Qualifikation, 2. Runde: Besiktas Istanbul – Hapoel Haifa 1:1, 0:0; Rapid Wien – FC Valetta 3:0, 2:0; ZSKA Moskau – Molde FK 2:0, 0:4; NK Maribor – RC Genk 5:1, 0:3 (in Lüttich); Dynamo Kiew – Zalgiris Wilna 2:0, 1:0; Dynamo Tiflis – Zimbru Chisinau 2:1, 0:2; Haka Valkeakoski – Glasgow Rangers 1:4, 0:3; Anorthosis Famagusta – Slovan Bratislava 2:1, 1:1; Dnjepr Mogilew – AIK Stockholm 0:1, 0:2; Rapid Bukarest – Skonto Riga 3:3, 1:2; FK Lovetsch – Widzew Lodz 4:1, n. V. 1:4/2:3 nach Elfmeterschießen); Partizan Belgrad – NK Rijeka 3:1, 3:0; Sloga Skopje – Bröndby Kopenhagen 0:1, 0:1; IB Vestmannaeyjar – MTK Budapest 0:2, 1:3.

Qualifikation, 3. Runde: Hertha BSC Berlin – Anorthosis Famagusta 2:0, 0:0; FK Teplitz – Borussia Dortmund 0:1, 0:1; FC Chelsea – Skonto Riga 3:0, 0:0; Rapid Wien – Galatasaray Istanbul 0:3, 0:1; AC Florenz – Widzew Lodz 3:1, 2:0; Aalborg BK – Dynamo Kiew 1:2, 2:2; Molde FK – RCD Mallorca 0:0, 1:1; Olympique Lyon – NK Maribor 0:1, 0:2; Croatia Zagreb – MTK Budapest 0:0, 2:0; Glasgow Rangers – AC Parma 2:0, 0:1; Bröndby Kopenhagen – Boavista Porto 1:2, n. V., 2:4; AEK Athen – AIK Stockholm 0:0, 0:1; Hapoel Haifa – FC Valencia 0:2, 0:2; Zimbru Chisinau – PSV Eindhoven 0:0, 0:2; Spartak Moskau – Partizan Belgrad 2:0, 3:1; Sturm Graz – Servette Genf 2:1, 2:2.

Vorrunde Gruppe A: Lazio Rom – Dynamo Kiew 2:1, 1:0; Lazio Rom – Bayer Leverkusen 1:1, 1:1; Lazio Rom – NK Maribor 4:0, 4:0; Dynamo Kiew – Bayer Leverkusen 4:2, 1:1; Dynamo Kiew – NK Maribor 0:1, 2:1; Bayer Leverkusen – NK Maribor 2:0, 0:0. – 1. Lazio Rom 13:3, 14; 2. Dynamo Kiew 8:8, 7; 3. Bayer Leverkusen 7:7, 7; 4. NK Maribor 2:12, 4.

Gruppe B: FC Barcelona – AC Florenz 4:2, 3:3; FC Barcelona – Arsenal London 1:1, 4:2; FC Barcelona – AIK Stockholm 5:0, 2:1; AC Florenz – Arsenal London 0:0, 1:0; AC Florenz – AIK Stockholm 3:0, 0:0; Arsenal London – AIK Stockholm 3:1, 3:2. – 1. FC Barcelona 19:9, 14; 2. AC Florenz 9:7, 9; 3. Arsenal London 9:9, 8; 4. AIK Stockholm 4:16, 1.

Gruppe C: Rosenborg Trondheim – Feyenoord Rotterdam 2:2, 0:1; Rosenborg Trondheim – Borussia Dortmund 2:2, 3:0; Rosenborg Trondheim – Boavista Porto 2:0, 3:0; Feyenoord Rotterdam – Borussia Dortmund 1:1, 1:1; Feyenoord Rotterdam – Boavista Porto 1:1, 1:1; Borussia Dortmund – Boavista Porto 3:1, 0:1. – 1. Rosenborg Trondheim 12:5, 11; 2. Feyenoord Rotterdam 7:6, 8; 3. Borussia Dortmund 7:9, 6; 4. Boavista Porto 4:10, 5.

Gruppe D: Manchester United – Olympique Marseille 2:1, 0:1; Manchester United – Sturm Graz 2:1, 3:0; Manchester United – Croatia Zagreb 0:0, 2:1; Olympique Marseille – Sturm Graz 2:0, 2:3; Olympique Marseille – Croatia Zagreb 2:2, 2:1; Sturm Graz – Croatia Zagreb 1:0, 0:3. – 1. Manchester United 9:4, 13; 2. Olympique Marseille 10:8, 10; 3. Sturm Graz 5:12, 6; 4. Croatia Zagreb 7:7, 5.

Gruppe E: Real Madrid – FC Porto 3:1, 1:2; Real Madrid – Olympiakos Piräus 3:0, 3:3; Real Madrid – Molde FK 4:1, 1:0; FC Porto – Olympiakos Piräus 2:0, 0:1; FC Porto – Molde FK 3:1, 1:0; Olympiakos Piräus – Molde FK 3:1, 2:3 – 1. Real Madrid 15:7, 13; 2. FC Porto 9:6, 12; 3. Olympiakos Piräus 9:12, 7; 4. Molde FK 6:14, 3.

Gruppe F: FC Valencia – Bayern München 1:1, 1:1; FC Valencia – Glasgow Rangers 2:0, 2:1; FC Valencia – PSV Eindhoven 1:0, 1:1; Bayern München – Glasgow Rangers 1:0, 1:1; Bayern München – PSV Eindhoven 2:1, 1:2; Glasgow Rangers – PSV Eindhoven 4:1, 1:0. – 1. FC Valencia 8:4, 12; 2. Bayern München 7:6, 9; 3. Glasgow Rangers 7:7, 7; 4. PSV Eindhoven 5:10, 4.

Gruppe G: Sparta Prag – Girondins Bordeaux 0:0, 0:0; Sparta Prag – Spartak Moskau 5:2, 1:1; Sparta Prag – Willem II Tilburg 4:0, 4:3; Girondins Bordeaux – Spartak Moskau 2:1, 2:1; Girondins Bordeaux – Willem II Tilburg 3:2, 0:0; Spartak Moskau – Willem II Tilburg 1:1, 3:1. – 1. Sparta Prag 14:6, 12; 2. Girondins Bordeaux 7:4, 12; 3. Spartak Moskau 9:12, 5; 4. Willem II Tilburg 7:15, 2.

Gruppe H: FC Chelsea – Hertha BSC Berlin 2:0, 1:2; FC Chelsea – Galatasaray Istanbul 1:0, 5:0; FC Chelsea – AC Mailand 0:0, 1:1; Hertha BSC Berlin – Galatasaray Istanbul 1:4, 2:2; Hertha BSC Berlin – AC Mailand 1:0, 1:1; Galatasaray Istanbul – AC Mailand 3:2, 1:2. – 1. FC Chelsea 10:3, 11; 2. Hertha BSC Berlin 7:10, 8; 3. Galatasaray Istanbul 10:13, 7; 4. AC Mailand 6:7, 6.

Zwischenrunde – Gruppe A: FC Barcelona – FC Porto 4:2, 2:0; FC Barcelona – Sparta Prag 5:0, 2:1; FC Barcelona – Hertha BSC Berlin 3:1, 1:1; FC Porto – Sparta Prag 2:2, 2:0; FC Porto – Hertha BSC Berlin 1:0, 1:0; Sparta Prag – Hertha BSC Berlin 1:0, 1:1 – 1. FC Barcelona 17:5, 16; 2. FC Porto 8:8, 10; 3. Sparta Prag 5:12, 5; 4. Hertha BSC Berlin 3:8, 2.

Gruppe B: Manchester United – FC Valencia 3:0, 0:0; Manchester United – AC Florenz 3:1, 0:2; Manchester United – Girondins Bordeaux 2:0, 2:1; FC Valencia – AC Florenz 2:0, 0:1; FC Valencia – Girondins Bordeaux 3:0, 4:1; AC Florenz – Girondins Bordeaux 3:3, 0:0; – 1. Manchester United 10:4, 13; 2. FC Valencia 9:5, 10; 3. AC Florenz 7:8, 8; 4. Girondins Bordeaux 5:14, 2.

Gruppe C: Bayern München – Real Madrid 4:1, 4:2; Bayern München – Dynamo Kiew 2:1, 0:2; Bayern München – Rosenborg Trondheim 2:1, 1:1; Real Madrid – Dynamo Kiew 2:2, 2:1; Real Madrid – Rosenborg Trondheim 3:1, 1:0; Dynamo Kiew – Rosenborg Trondheim 2:1, 2:1 – 1. Bayern München 13:8, 13; 2. Real Madrid 11:12, 10; 3. Dynamo Kiew 10:8, 10; 4. Rosenborg Trondheim 5:11, 1.

Gruppe D: Lazio Rom – FC Chelsea 0:0, 2:1; Lazio Rom – Feyenoord Rotterdam 1:2, 0:0; Lazio Rom – Olympique Marseille 5:1, 2:0; FC Chelsea – Feyenoord Rotterdam 3:1, 3:1; FC Chelsea – Olympique Marseille 1:0, 0:1; Feyenoord Rotterdam – Olympique Marseille 3:0, 0:0; – 1. Lazio Rom 10:4, 11; 2. FC Chelsea 8:5, 10; 3. Feyenoord Rotterdam 7:7, 8; 4. Olympique Marseille 2:11, 4.

Viertelfinale: FC Porto – Bayern München 1:1, 1:2; Real Madrid – Manchester United 0:0, 3:2; FC Valencia – Lazio Rom 5:2, 0:1; FC Chelsea – FC Barcelona 3:1, n. V. 1:5.

Halbfinale: Real Madrid – Bayern München 2:0, 1:2; FC Valencia – FC Barcelona 4:1, 1:2.

Endspiel am 24. Mai in Paris:

Real Madrid – FC Valencia 3:0 (1:0)

Real Madrid: Casillas – Salgado (Hierro), Karanka, Campo, Roberto Carlos – Helguera, Redondo, – McManaman, Raul – Morientes (Savio), Anelka (Sanchis).

Tore: Morientes, McManaman, Raúl. – SR: Braschi (Italien). – Zuschauer: 73 000.

2000/01: Bayern München

Qualifikation, 1. Runde: FC Birkirkara – KR Reykjavik 1:2 (in Ta' Qali), 1:4; F 91 Düdelingen – Levski Sofia 0:4 (in Luxemburg), 0:2; Haka Valkeakoski – FC Linfield 1:0, 1:2; KI Klaksvik – Roter Stern Belgrad 0:3 (in Toftir), 0:2; FC Llansantffraid – FC Levadia Maardu 2:2 (in Wrexham), 0:4 (in Tallinn); Shirak Gyumri – BATE Borisov 1:1, 1:2; Skonto Riga – FK Shamkir 2:1, 1:4 n. V. (in Baku); Sloga Skopje – FC Shelbourne 0:1, 1:1; SK Tirana – Zimbru Chisinau 2:3, 2:3 in (Speia); Zalgiris Kaunas – Brotnjo Citluk 4:0, 0:3.

Qualifikation, 2. Runde: RSC Anderlecht – Anorthosis Famagusta 4:2, 0:0 (in Nikosia); Besiktas Istanbul – Levski Sofia 1:0, 1:1; Bröndby Kopenhagen – KR Reykjavìk 3:1, 0:0; Dinamo Bukarest – Polonia Warschau 3:4, 1:3 (in Plock); Glasgow Rangers – Zalgiris Kaunas 4:1, 0:0; Haka Valkeakoski – Inter Bratislava 0:0, 0:1 n. V.; Helsingborg IF – BATE Borisov 0:0, 3:0 (in Minsk); Roter Stern Belgrad – Torpedo Kutaissi 4:0, 0:2; Schachtjor Donezk – FC Levadia Maardu 4:1, 5:1 (in Tallinn); Slavia Prag – FK Shamkir – 1:0, 4:1 (in Baku); FC Shelbourne – Rosenborg Trondheim 1:3, 1:1; Sturm Graz – Hapoel Tel Aviv 3:0, 2:1; Zimbru Chisinau – NK Maribor 2:0 (in Speia), 0:1; Hajduk Split – Dunaferr Dunaujvaros 0:2, 2:2 (in Györ).

Qualifikation, 3. Runde: Leeds United – TSV München 1860 2:1, 1:0; Bröndby Kopenhagen – Hamburger SV 0:2, 0:0; FC Tirol Innsbruck – FC Valencia 0:0, 1:4; Zimbru Chisinau – Sparta Prag 0:1 (in Speia), 0:1; Helsingborg IF – Inter Mailand 1:0, 0:0; Besiktas Istanbul – Lokomotive Moskau 3:0, 3:1; Inter Bratislava – Olympique Lyon 1:2, 1:2; RSC Anderlecht – FC Porto 1:0, 0:0; Herfölge BK – Glasgow Rangers 0:3, 0:3; Dynamo Kiew – Roter Stern Belgrad 0:0, 1:1; Polonia Warschau – Panathinaikos Athen 2:2 (in Plock), 1:2; Sturm Graz – Feyenoord Rotterdam 2:1, 1:1; Dunaferr Dunaujvaros – Rosenborg Trondheim 2:2 (in Györ), 1:2; FC St. Gallen – Galatasaray Istanbul 1:2 (in Zürich), 2:2; AC Mailand – Dinamo Zagreb 3:1, 3:0; Schachtjor Donezk – Slavia Praha 0:1, 2:0 n. V.

Vorrunde – Gruppe A: Real Madrid – Spartak Moskau 1:0, 0:1; Real Madrid – Bayer Leverkusen 5:3, 3:2; Real Madrid – Sporting Lissabon 4:0, 2:2; Spartak Moskau – Bayer Leverkusen 2:0, 0:1; Spartak Moskau – Sporting Lissabon 3:1, 3:0; Bayer Leverkusen – Sporting Lissabon 3:2, 0:0. – 1. Real Madrid 15:8, 13; 2. Spartak Moskau 9:3, 12; 3. Bayer Leverkusen 9:12, 7; 4. Sporting Lissabon 5:15, 2.

Gruppe B: FC Arsenal – Lazio Rom 2:0, 1:1; FC Arsenal – Schachtjor Donezk 3:2, 0:3; FC Arsenal – Sparta Prag 4:2, 1:0; Lazio Rom – Schachtjor Donezk 5:1, 3:0; Lazio Rom – Sparta Prag 3:0, 1:0; Schachtjor Donezk – Sparta Prag 2:1, 2:3. – 1. FC Arsenal 11:8, 13; 2. Lazio Rom 13:4, 13; 3. Schachtjor Donezk 10:15, 6; 4. Sparta Prag 6:13, 3.

Gruppe C: FC Valencia – Olympique Lyon 1:0, 2:1; FC Valencia – Olympiakos Piräus 2:1, 0:1; FC Valencia – SC Heerenveen 1:1, 1:0; Olympique Lyon – Olympiakos Piräus 1:0, 1:2; Olympique Lyon – SC Heerenveen 3:1, 2:0; Olympiakos Piräus – SC Heerenveen 2:0, 0:1. – 1. FC Valencia 7:4, 13; Olympique Lyon 8:6, 9; 3. Olympiakos Piräus 6:5, 9; 4. SC Heerenveen 3:9, 4.

Gruppe D: Sturm Graz – Galatasaray Istanbul 3:0, 2:2; Sturm Graz – Glasgow Rangers 2:0, 0:5; Sturm Graz – AS Monaco 2:0, 0:5; Galatasaray Istanbul – Glasgow Rangers 3:2, 0:0; Galatasaray Istanbul – AS Monaco 3:2, 2:4; Glasgow Rangers – AS Monaco 2:2, 1:0. – 1. Sturm Graz 9:12, 10; 2. Galatasaray Istanbul 10:13, 8; 3. Glasgow Rangers 10:7, 8; 4. AS Monaco 13:10, 7.

Gruppe E: Deportivo La Coruna – Panathinaikos Athen 1:0, 1:1; Deportivo La Coruna – Hamburger SV 2:1, 1:1; Deportivo La Coruna – Juventus Turin 1:1, 0:0; Panathinaikos Athen – Hamburger SV 0:0, 1:0; Panathinaikos Athen – Juventus Turin 3:1, 1:2; Hamburger SV – Juventus Turin 4:4; 3:1. – 1. Deportivo La Coruna 6:4, 10; 2. Panathinaikos Athen 6:5, 8; 3. Hamburger SV 9:9, 6; 4. Juventus Turin 9:12, 6.

Gruppe F: Bayern München – Paris Saint-Germain 2:0, 0:1; Bayern München – Rosenborg Trondheim 3:1, 1:1; Bayern München – Helsingborg IF 0:0, 3:1; Paris Saint-Germain – Rosenborg Trondheim 7:2, 1:3; Paris Saint-Germain – Helsingborg IF 4:1, 1:1; Rosenborg Trondheim – Helsingborg IF 6:1, 0:2. – 1. Bayern München 9:4, 11; Paris Saint-Germain 14:9,10; 3. Rosenborg Trondheim 13:15, 7; 4. Helsingborg IF 6:14, 5.

Gruppe G: RSC Anderlecht – Manchester United 2:1, 1:5; RSC Anderlecht – PSV Eindhoven 1:0, 3:2; RSC Anderlecht – Dynamo Kiew 4:2, 0:4; Manchester United – PSV Eindhoven 3:1, 1:3; Manchester United – Dynamo Kiew 1:0, 0:0; PSV Eindhoven – Dynamo Kiew 2:1, 1:0. – 1. RSC Anderlecht 11:14, 12; 2. Manchester United 11:7, 10; 3. PSV Eindhoven 9:9, 9; 4. Dynamo Kiew 7:8, 4.

Gruppe H: AC Mailand – Leeds United 1:1, 0:1; AC Mailand – FC Barcelona 3:3, 2:0; AC Mailand – Besiktas Istanbul 4:1, 2:0; Leeds United – FC Barcelona 1:1, 0:4; Leeds United – Besiktas Istanbul 6:0, 0:0; FC Barcelona – Besiktas Istanbul 5:0, 0:3. – 1. AC Mailand 12:6, 11; 2. Leeds United 9:6, 9; 3. FC Barcelona 13:9, 8; 4. Besiktas Istanbul 4:17, 4.

Zwischenrunde – Gruppe A: FC Valencia – Manchester United 0:0, 1:1; FC Valencia – Sturm Graz 2:0, 5:0; FC Valencia – Panathinaikos Athen 2:1, 0:0; Manchester United – Sturm Graz 3:0, 2:0; Manchester United – Panathinaikos Athen 3:1, 1:1; Sturm Graz – Panathinaikos Athen 2:0, 2:1. – 1. FC Valencia 10:2, 12; 2. Manchester United 10:3, 12; 3. Sturm Graz 4:13, 6; 4. Panathinaikos Athen 4:10, 2.

Gruppe B: Deportivo La Coruna – Galatasaray Istanbul 2:0, 0:1; Deportivo La Coruna – AC Mailand 0:1, 1:1; Deportivo La Coruna – Paris Saint-Germain 4:3, 3:1; Galatasaray Istanbul – AC Mailand 2:0, 2:2; Galatasaray Istanbul – Paris Saint-Germain 1:0, 0:2; AC Mailand – Paris Saint-Germain 1:1, 1:1. – 1. Deportivo La Coruna 10:7, 10; 2. Galatasaray Istanbul 6:6, 10; 3. AC Mailand 6:7, 7; 4. Paris Saint-Germain 8:10, 5.

Gruppe C: Bayern München – FC Arsenal 1:0, 2:2; Bayern München – Olympique Lyon 1:0, 0:3; Bayern München – Spartak Moskau 1:0, 3:0; FC Arsenal – Olympique Lyon 1:1, 1:0; FC Arsenal – Spartak Moskau 1:0, 1:4; Olympique Lyon – Spartak Moskau 3:0, 1:1. – 1. Bayern München 8:5, 13; 2. FC Arsenal 6:8, 8; 3. Olympique Lyon 8:4, 8; 4. Spartak Moskau 5:10, 4.

Gruppe D: Real Madrid – Leeds United 3:2, 2:0; Real Madrid – RSC Anderlecht 4:1, 0:2; Real Madrid – Lazio Rom 3:2, 2:2; Leeds United – RSC Anderlecht 2:1, 4:1; Leeds United – Lazio Rom 3:3, 1:0; RSC Anderlecht – Lazio Rom 1:0, 1:2. – 1. Real Madrid 14:9, 13; 2. Leeds United 12:10, 10; 3. RSC Anderlecht 7:12, 6; 4. Lazio Rom 9:11, 5.

Viertelfinale: Manchester United – Bayern München 0:1, 1:2; Galatasaray Istanbul – Real Madrid 3:2, 0:3; FC Arsenal – FC Valencia 2:1, 0:1; Leeds United – Deportivo La Coruna 3:0, 0:2.

Halbfinale: Real Madrid – Bayern München 0:1, 1:2; Leeds United – FC Valencia 0:0; 0:3.

Endspiel am 23. 5. in Mailand:

Bayern München – FC Valencia n. V. 1:1 (1:1, 0:1)/5:4 nach Elfmeterschießen

Bayern München: Kahn – Kuffour, Andersson, Linke – Sagnol (Jancker), Lizarazu, Hargreaves, Effenberg – Scholl (Sergio), Salihamidzic, Elber (Zickler).

Tore: Effenberg (Mendieta für Valencia). – SR: Jol (Niederlande). – Zuschauer: 74 500.

Tore aus dem Elfmeterschießen: Salihamidzic, Zickler, Effenberg, Lizarazu, Linke (Sergio verschießt, Andersson gehalten). – Mendieta, Carew, Baraja, Kily Gonzalez (Zahovic, Carboni und Pellegrino gehalten).

2001/02: Real Madrid

Qualifikation, 1. Runde: Levski Sofia – Zeljeznicar Sarajevo 4:0, 0:0; FC Linfield – Torpedo Kutaissi 0:0, 0:1; KR Reykjavik – Vllaznia Shkoder 2:1, 0:1; Sloga Skopje – FBK Kaunas 0:0, 1:1; VB Vagur – Slavia Mozyr 0:0, 0:5; Bohemians Dublin – Levadia Maardu 3:0, 0:0; AFC Barry Town – FK Shamkir 2:0, 1:0; FC Valletta – Haka Valkeakoski 0:0, 0:5; F '91 Düdelingen – Skonto Riga 1:6, 1:0; Araks Ararat – Serif Tiraspol 0:1, 0:2.

Qualifikation, 2. Runde: RSC Anderlecht – Serif Tiraspol 4:0, 2:1; Schachtjor Donezk – FC Lugano 3:0, 1:2; Ferencvaros Budapest – Hajduk Split 0:0, 0:0 (Split 5:4-Sieger im Elfmeterschießen); Bohemians Dublin – Halmstads BK 1:2, 0:2; Torpedo Kutaissi – FC Kopenhagen 1:1, 1:3; Omonia Nikosia – Roter Stern Belgrad 1:1, 1:2; Haka Valkeakoski – Maccabi Haifa 0:1, 0:4 (3:0 gewertet wegen des Einsatzes eines gesperrten Spielers); Levski Sofia – Brann Bergen 0:0, 1:1; Galatasaray Istanbul –

Vllaznia Shkoder 2:0, 4:1; FC Porto – AFC Barry Town 8:0, 1:3; Steaua Bukarest – Sloga Skopje 3:0, 2:1; Skonto Riga – Wisla Krakow 1:2, 0:1; Slavia Mozyr – Inter Bratislava 0:1, 0:1; NK Maribor – Glasgow Rangers 0:3, 1:3.

Qualifikation, 3. Runde: Shachtjor Donezk – Borussia Dortmund 0:2, 1:3; Roter Stern Belgrad – Bayer Leverkusen 0:0, 0:3; Galatasaray Istanbul – Levski Sofia 2:1, 1:1; Ajax Amsterdam – Celtic Glasgow 1:3, 1:0; Wisla Krakow – FC Barcelona 3:4, 0:1; Halmstads BK – RSC Anderlecht 2:3, 1:1; FC Porto – Grasshoppers Zürich 2:2, 3:2; Lokomotive Moskau – FC Tirol Innsbruck 3:1, 1:0 (Wiederholungsspiel 0:1); Glasgow Rangers – Fenerbahce Istanbul 0:0, 1:2; Inter Bratislava – Rosenborg Trondheim 3:3, 0:4; Slavia Prag – Panathinaikos Athen 1:2, 0:1; AC Parma – OSC Lille 0:2, 1:0; Steaua Bukarest – Dynamo Kiew 2:4, 1:1; FC Kopenhagen – Lazio Rom 2:1, 1:4; Haka Valkeakoski – FC Liverpool 0:5, 1:4; Hajduk Split – RCD Mallorca 1:0, n. V. 0:2.

Vorrunde – Gruppe A: Real Madrid – AS Rom 1:1, 2:1; Real Madrid – Lokomotive Moskau 4:0, 0:2; Real Madrid – RSC Anderlecht 4:1, 2:0; AS Rom – Lokomotive Moskau 2:1, 1:0; AS Rom – RSC Anderlecht 1:1, 0:0; Lokomotive Moskau – RSC Anderlecht 1:1; 5:1. – 1. Real Madrid 13:5, 13; 2. AS Rom 6:5, 9; 3. Lokomotive Moskau 9:9, 7; 4. RSC Anderlecht 4:13, 3.

Gruppe B: FC Liverpool – Boavista Porto 1:1, 1:1; FC Liverpool – Borussia Dortmund 2:0, 0:0; FC Liverpool – Dynamo Kiew 1:0, 2:1; Boavista Porto – Borussia Dortmund 2:1, 1:2; Boavista Porto – Dynamo Kiew 3:1, 0:1; Borussia Dortmund – Dynamo Kiew 1:0, 2:2. – 1. FC Liverpool 7:3, 12; 2. Boavista Porto 8:7, 8; 3. Borussia Dortmund 6:7, 8; 4. Dynamo Kiew 5:9, 4.

Gruppe C: Panathinaikos Athen – FC Arsenal 1:0, 1:2; Panathinaikos Athen – RCD Mallorca 2:0, 0:1; Panathinaikos Athen – FC Schalke 04 2:0, 2:0; FC Arsenal – RCD Mallorca 3:1, 0:1; FC Arsenal – FC Schalke 04 3:2, 1:3; RCD Mallorca – FC Schalke 04 0:4, 1:0. – 1. Panathinaikos Athen 8:3, 12; 2. FC Arsenal 9:9; 9; 3. RCD Mallorca 4:9, 9; 4. FC Schalke 04 9:9, 6.

Gruppe D: FC Nantes – Galatasaray Istanbul 0:1, 0:0; FC Nantes – PSV Eindhoven 4:1, 0:0; FC Nantes – Lazio Rom 1:0, 3:1; Galatasaray Istanbul – PSV Eindhoven 2:0, 1:3; Galatasaray Istanbul – Lazio Rom 1:0, 0:1; PSV Eindhoven – Lazio Rom 1:0, 1:2. – 1. FC Nantes 8:3, 11; 2. Galatasaray Istanbul 5:4, 10; 3. PSV Eindhoven 6:9, 7; 4. Lazio Rom 4:7, 6.

Gruppe E: Juventus Turin – FC Porto 3:1, 0:0; Juventus Turin – Celtic Glasgow 3:2, 3:4; Juventus Turin – Rosenborg Trondheim 1:0, 1:1; FC Porto – Celtic Glasgow 3:0, 0:1; FC Porto – Rosenborg Trondheim 1:0, 2:1; Celtic Glasgow – Rosenborg Trondheim 1:0, 0:2. – 1. Juventus Turin 11:8, 11; 2. FC Porto 7:5, 10; 3. Celtic Glasgow 8:11, 9; 4. Rosenborg Trondheim 4:6, 4.

Gruppe F: FC Barcelona – Bayer Leverkusen 2:1, 1:2; FC Barcelona – Olympique Lyon 2:0, 3:2; FC Barcelona – Fenerbahce Istanbul 1:0, 3:0; Bayer Leverkusen – Olympique Lyon 2:4, 1:0; Bayer Leverkusen – Fenerbahce Istanbul 2:1, 2:1; Olympique Lyon – Fenerbahce Istanbul 3:1, 1:0. – 1. FC Barcelona 12:5, 15; 2. Bayer Leverkusen 10:9, 12; 3. Olympique Lyon 10:9, 9; 4. Fenerbahce Istanbul 3:12, 0.

Gruppe G: Deportivo La Coruna – Manchester United 2:1, 3:2; Deportivo La Coruna – OSC Lille 1:1, 1:1; Deportivo La Coruna – Olympiakos Piräus 2:2, 1:1; Manchester United – OSC Lille 1:0, 1:1; Manchester United – Olympiakos Piräus 3:0, 2:0; OSC Lille – Olympiakos Piräus 3:1; 1:2. – 1. Deportivo La Coruna 10:8, 10; 2. Manchester United 10:6, 10; 3. OSC Lille 7:7, 6; 4. Olympiakos Piräus 6:12, 5.

Gruppe H: Bayern München – Sparta Prag 0:0, 1:0; Bayern München – Feyenoord Rotterdam 3:1, 2:2; Bayern München – Spartak Moskau 5:1, 3:1; Sparta Prag – Feyenoord Rotterdam 4:0, 2:0; Sparta Prag – Spartak Moskau 2:0; 2:2; Feyenoord Rotterdam – Spartak Moskau 2:1, 2:2. – 1. Bayern München 14:5, 14; 2. Sparta Prag 10:3, 11; 3. Feyenoord Rotterdam 7:14, 5; 4. Spartak Moskau 7:16, 2.

Zwischenrunde – Gruppe A: Manchester United – Bayern München 0:0, 1:1; Manchester United – Boavista Porto 3:0, 3:0; Manchester United – FC Nantes 5:1, 1:1; Bayern München – Boavista Porto 1:0, 0:0; Bayern München – FC Nantes 2:1, 1:0; Boavista Porto – FC Nantes 1:0, 1:1. – 1. Manchester United 13:3, 12; 2. Bayern München 5:2, 12; 3. Boavista Porto 2:8, 5; 4. FC Nantes 4:11, 2.

Gruppe B: FC Barcelona – FC Liverpool 0:0, 3:1; FC Barcelona – AS Rom 1:1, 0:3; FC Barcelona – Galatasaray Istanbul 2:2, 1:0; FC Liverpool – AS Rom 2:0, 0:0; FC Liverpool – Galatasaray Istanbul 0:0, 1:1; AS Rom – Galatasaray Istanbul 1:1, 1:1. – 1. FC Barcelona 7:7, 9; 2. FC Liverpool 4:4, 7; 3. AS Rom 6:5, 7; 4. Galatasaray Istanbul 5:6, 5.

Gruppe C: Real Madrid – Panathinaikos Athen 3:0, 2:2; Real Madrid – Sparta Prag 3:0, 3:2; Real Madrid – FC Porto 1:0, 2:1; Panathinaikos Athen – Sparta Prag 2:1, 2:0; Panathinaikos Athen – FC Porto 0:0, 1:2; Sparta Prag – FC Porto 2:0, 1:0. – 1. Real Madrid 14:5, 16; 2. Panathinaikos Athen 7:8, 8; 3. Sparta Prag 6:10, 6; 4. FC Porto 3:7, 4.

Gruppe D: Bayer Leverkusen – Deportivo La Coruna 3:0, 3:1; Bayer Leverkusen – FC Arsenal 1:1, 1:4; Bayer Leverkusen – Juventus Turin 3:1, 0:4; Deportivo La Coruna – FC Arsenal 2:0, 2:0; Deportivo La Coruna – Juventus Turin 2:0, 0:0; FC Arsenal – Juventus Turin 3:1, 0:1. – 1. Bayer Leverkusen 11:11, 10; 2. Deportivo La Coruna 7:6, 10; 3. FC Arsenal 8:8, 7; 4. Juventus Turin 7:8, 7.

Viertelfinale: FC Liverpool – Bayer Leverkusen 1:0, 2:4; Bayern München – Real Madrid 2:1, 0:2; Deportivo La Coruna – Manchester United 0:2, 2:3; Panathinaikos Athen – FC Barcelona 1:0, 1:3.

Halbfinale: Manchester United – Bayer Leverkusen 2:2, 1:1; FC Barcelona – Real Madrid 0:2, 1:1.

Endspiel am 15. 5. in Glasgow:

Bayer Leverkusen – Real Madrid 1:2 (1:2)

Leverkusen: Butt – Zivkovic, Lucio (Babic) – Sebescen (Kirsten), Placente – Ramelow – Schneider, Ballack – Bastürk – Brdaric (Berbatov), Neuville.

Madrid: Cesar (Casillas) – Salgado, Hierro, Helguera, Roberto Carlos – Makelele (Flavio Conceicao), Solari – Luis Figo (McManaman), Zidane – Raul, Morientes.

Tore: Raul, Zidane (Lucio für Leverkusen) – SR: Meier (Schweiz) – Zuschauer: 51 567.

2002/03: AC Mailand

Qualifikation, 1. Runde: Tampere United – Piunik Erewan 0:4, 0:2; Skonto Riga – AFC Barry Town 5:0, 1:0; FC Portadown – Belshina Bobruisk 0:0, 2:3 (in Borissow); F'91 Düdelingen – Vardar Skopje 1:1 (in Luxemburg), 0:3; FBK Kaunas – Dinamo Tirana 2:3, 0:0; Flora Tallinn – APOEL Nikosia 0:0, 0:1; Zeljeznicar Sarajevo – IA Akranes 3:0, 1:0; Hibernians Paola – FC Shelbourne 2:2, 1:0; Torpedo Kutaissi – B 36 Tórshavn 5:2, 1:0; Serif Tiraspol – Zhenis Astana 2:1, 2:3.

Qualifikation, 2. Runde: TE Zalaegerszeg – NK Zagreb 1:0 (in Budapest), 1:2; FC Brügge – Dinamo Bukarest 3:1, 1:0; MSK Zilina – FC Basel 1:1, 0:3; Skonto Riga – Levski Sofia 0:0, 0:2; Dynamo Kiew – Piunik Erewan 4:0, 2:2; Bröndby IF – Dinamo Tirana 1:0, 4:0; NK Maribor – APOEL Nikosia 2:1, 2:4; Vardar Skopje – Legia Warschau 1:3, 1:1; Boavista Porto – Hibernians Paola 4:0, 3:3; Maccabi Haifa – Belshina Bobruisk 4:0 (in Nikosia), 1:0 (in Borissow); Lilleström SK – Zeljeznicar Sarajevo 0:1, 0:1; Hammarby IF – Partizan Belgrad 1:1 (in Solna), 0:4; Sparta Prag – Torpedo Kutaissi 3:0, 2:1; Serif Tiraspol Grazer AK 1:4, 0:2.

Qualifikation, 3. Runde: Partizan Belgrad – Bayern München 0:3, 1:3; Sporting Lissabon – Inter Mailand 0:0, 0:2; AC Mailand – Slovan Liberec 1:0, 1:2; Rosenborg Trondheim – Bröndby IF 1:0, 3:2; Schachtjor Donezk – FC Brügge 1:1, n. V. 1:1 (Brügge 4:1-Sieger im Elfmeterschießen); APOEL Nikosia – AEK Athen 2:3, 0:1; FC Barcelona – Legia Warschau 3:0, 1:0; Levski Sofia – Dynamo Kiew 0:1, 0:1; Zeljeznicar Sarajevo – Newcastle United 0:1, 0:4; RC Genk – Sparta Prag 2:0, 2:4; Maccabi Haifa – Sturm Graz 2:0, 3:3; Celtic Glasgow – FC Basel 3:1, 0:2; Feyenoord Rotterdam – Fenerbahce Istanbul 1:0, 2:0; TE Zalaegerszeg – Manchester United 1:0 (in Budapest), 0:5; Boavista Porto – AJ Auxerre 0:1, 0:0; Grazer AK – Lokomotive Moskau 0:2, 3:3.

Vorrunde – Gruppe A: FC Arsenal – Borussia Dortmund 2:0, 1:2; FC Arsenal – AJ Auxerre 1:2, 1:0; FC Arsenal – PSV Eindhoven 4:0, 0:0; Borussia Dortmund – AJ Auxerre 2:1, 0:1; Borussia Dortmund – PSV Eindhoven 1:1, 3:1; PSV Eindhoven – AJ Auxerre 3:0, 0:0. – 1. FC Arsenal 9:4, 10; 2. Borussia Dortmund 8:7, 10; 3. AJ Auxerre 4:7, 7; 4. PSV Eindhoven 5:8, 6.

Gruppe B: FC Valencia – FC Basel 6:2, 2:2; FC Valencia – FC Liverpool 2:0, 1:0; FC Valencia – Spartak Moskau 3:0, 3:0; FC Basel – FC Liverpool 3:3, 1:1; FC Basel – Spartak Moskau 2:0, 2:0; FC Liverpool – Spartak Moskau 5:0, 3:1. – 1. FC Valencia 17:4, 16; 2. FC Basel 12:12, 9; 3. FC Liverpool 12:8, 8; 4. Spartak Moskau 1:18; 0.

Gruppe C: Real Madrid – AS Rom 0:1, 3:0; Real Madrid – AEK Athen 2:2, 3:3; Real Madrid – KRC Genk 6:0, 1:1; AS Rom – AEK Athen 1:1, 0:0; AS Rom – KRC Genk 0:0, 1:0; AEK Athen – KRC Genk 1:1, 0:0. – 1. Real Madrid 15:7, 9; 2. AS Rom 3:4, 9; 3. AEK Athen 7:7, 6; 4. KRC Genk 2:9, 4.

Gruppe D: Inter Mailand – Ajax Amsterdam 1:0, 2:1; Inter Mailand – Olympique Lyon 1:2, 3:3; Inter Mailand – Rosenborg Trondheim 3:0, 2:2; Ajax Amsterdam – Olympique Lyon 2:1, 2:0; Ajax Amsterdam – Rosenborg Trondheim 1:1, 0:0; Olympique Lyon – Rosenborg Trondheim 5:0, 1:1. – 1. Inter Mailand 12:8, 11; 2. Ajax Amsterdam 6:5, 8; 3. Olympique Lyon 12:9, 8; 4. Rosenborg Trondheim 4:12, 4.

Gruppe E: Juventus Turin – Newcastle United 2:0, 0:1; Juventus Turin – Dynamo Kiew 5:0, 2:1; Juventus Turin – Feyenoord Rotterdam 2:0, 1:1; Newcastle United – Dynamo Kiew 2:1, 0:2; Newcastle United – Feyenoord Rotterdam 0:1, 3:2; Dynamo Kiew – Feyenoord Rotterdam 2:0, 0:0. – 1. Juventus Turin 12:3, 13; 2. Newcastle United 6:8, 9; 3. Dynamo Kiew 6:9, 7; 4. Feyenoord Rotterdam 4:8, 5.

Gruppe F: Manchester United – Bayer Leverkusen 2:0, 2:1; Manchester United – Maccabi Haifa 5:2, 0:3; Manchester United – Olympiakos Piräus 4:0, 3:2, Bayer Leverkusen – Maccabi Haifa 2:1, 2:0; Bayer Leverkusen – Olympiakos Piräus 2:0, 2:6; Maccabi Haifa – Olympiakos Piräus 3:0, 3:3. – 1. Manchester United 16:8, 15; 2. Bayer Leverkusen 9:11, 9; 3. Maccabi Haifa 12:12, 7; 4. Olympiakos Piräus 11:17, 4.

Gruppe G: AC Mailand – Deportivo La Coruña 1:2, 4:0; AC Mailand – RC Lens 2:1, 1:2; AC Mailand – Bayern München 2:1, 2:1; Deportivo La Coruña – RC Lens 3:1, 1:3; Deportivo La Coruña – Bayern München 2:1, 3:2; RC Lens – Bayern München 1:1, 3:3. – 1. AC Mailand 12:7, 12; 2. Deportivo La Coruña 11:12, 12; 3. RC Lens 11:11, 8; 4. Bayern München 9:13, 2.

Gruppe H: FC Barcelona – Lokomotive Moskau 1:0, 3:1; FC Barcelona – FC Brügge 3:2, 1:0; FC Barcelona – Galatasaray Istanbul 3:1, 2:0; Lokomotive Moskau – FC Brügge 2:0, 0:0; Lokomotive Moskau – Galatasaray Istanbul 0:2, 2:1; FC Brügge – Galatasaray Istanbul 3:1, 0:0. – 1. FC Barcelona 13:4, 18; 2. Lokomotive Moskau 5:7, 7; 3. FC Brügge 5:7, 5; 4. Galatasaray Istanbul 5:10, 4.

Zwischenrunde – Gruppe A: FC Barcelona – Inter Mailand 3:0, 0:0; FC Barcelona – Newcastle United 3:1, 2:0; FC Barcelona – Bayer Leverkusen 2:0, 2:1; Inter Mailand – Newcastle United 2:2, 4:1; Inter Mailand – Bayer Leverkusen 3:2, 2:0; Newcastle United – Bayer Leverkusen 3:1, 3:1. – 1. FC Barcelona 12:2, 16; 2. Inter Mailand 11:8, 11; 3. Newcastle United 10:13, 7; 4. Bayer Leverkusen 5:15, 0.

Gruppe B: Valencia – Ajax Amsterdam 1:1, 1:1; FC Valencia – FC Arsenal 2:1, 0:0; FC Valencia – AS Rom 0:3, 1:0; Ajax Amsterdam – FC Arsenal 0:0, 1:1; Ajax Amsterdam – AS Rom 2:1, 1:1, Arsenal – AS Rom 1:1, 3:1. – 1. FC Valencia 5:6, 9; 2. Ajax Amsterdam 6:5, 8; 3. FC Arsenal 6:5, 7; 4. AS Rom 7:8, 5.

Gruppe C: AC Mailand – Real Madrid 1:0, 1:3; AC Mailand – Borussia Dortmund 0:1, 1:0; AC Mailand – Lokomotive Moskau 1:0, 1:0; Real Madrid – Borussia Dortmund 2:1, 1:1, Real Madrid – Lokomotive Moskau 2:2, 1:0; Borussia Dortmund – Lokomotive Moskau 3:0, 2:1. – 1. AC Mailand 5:4, 12; 2. Real Madrid 9:6, 11; 3. Borussia Dortmund 8:5, 10; 4. Lokomotive Moskau 3:10, 1.

Gruppe D: Manchester United – Juventus Turin 2:1, 3:0; Manchester United – FC Basel 1:1, 3:1; Manchester United – Deportivo La Coruña 2:0, 0:2; Juventus Turin – FC Basel 4:0, 1:2; Juventus Turin – Deportivo La Coruña 3:2, 2:2, FC Basel – Deportivo La Coruña 1:0, 0:1. – 1. Manchester United 11:5, 13; 2. Juventus Turin 11:11, 7; 3. FC Basel 5:10, 7; 4. Deportivo La Coruña 7:8, 7.

Viertelfinale: Ajax Amsterdam – AC Mailand 0:0, 2:3; Real Madrid – Manchester United 3:1, 3:4; Inter Mailand – FC Valencia 1:0, 1:2; Juventus Turin – FC Barcelona 1:1, n. V. 2:1.

Halbfinale: AC Mailand – Inter Mailand 0:0, 1:1; Real Madrid – Juventus Turin 2:1, 1:3.

Endspiel am 28. 5. in Manchester:

Juventus Turin – AC Mailand n. V. 0:0, 2:3 im Elfmeterschießen

Mailand: Dida – Costacurta (Roque Junior), Nesta, Maldini, Kaladze – Gattuso, Pirlo (Serginho), Seedorf – Rui Costa (Ambrosini) – Schewtschenko, Inzaghi.

Tore im Elfmeterschießen: Serginho, Nesta, Schewtschenko (Seedorf, Kaladze gehalten) – Birindelli, Del Piero (Trezeguet, Zalayeta, Montero gehalten). – SR: Merk (Deutschland) – Zuschauer: 63 215.

2003/04: FC Porto

Qualifikation, 1. Runde: Pyunik Erevan – KR Reykjavík 1:0, 1:1; Sheriff Tiraspol – Flora Tallinn 1:0, 1:1; HB Tórshavn – FBK Kaunas 0:1, 1:4; BATE Borissow -Bohemians Dublin 1:0, 0:3; Vardar Skopje - AFC Barry Town 3:0, 1:2; CS Grevenmacher -Leotar Trebinje 0:0, 0:2; FC Glentoran – HJK Helsinki 0:0, 0:1; Sliema Wanderers – Skonto Riga 2:0, 1:3; Omonia Nikosia -Irtysh Pavlodar 0:0, 2:1; Dynamo Tbilisi – SK Tirana 3:0, 0:3 (Tirana 4:2-Sieger im Elfmeterschießen).

Qualifikation, 2. Runde: MTK Budapest – HJK Helsinki 3:1, 0:1; Pyunik Erevan – ZSKA Sofia 0:2, 0:1; FBK Kaunas – Celtic Glasgow 0:4, 0:1; Leotar Trebinje – Slavia Prag 1:2, 0:2; Sheriff Tiraspol – Schachtjor Donezk 0:0, 0:2; MSK Zilina – Maccabi Tel Aviv 1:0, 1:1; Bohemians Dublin – Rosenborg Trondheim 0:1, 0:4; NK Maribor – Dinamo Zagreb 1:1, 1:2; ZSKA Moskau – Vardar Skopje 1:2, 1:1; Rapid Bukarest – RSC Anderlecht 0:0, 2:3; Partizan Belgrad – Djurgårdens IF 1:1, 2:2; Wisla Kraków – Omonia Nikosia 5:2, 2:2; FC Kopenhagen – Sliema Wanderers 4:1, 6:0; SK Tirana – Grazer AK 1:5, 1:2.

Qualifikation, 3. Runde: FC Brügge – Borussia Dortmund 2:1, 1:2 (Brügge 4:2-Sieger im Elfmeterschießen); Dynamo Kiew – Dinamo Zagreb 3:1, 2:0; Celta Vigo – Slavia Prag 3:0, 0:2; Grazer AK – Ajax Amsterdam 1:1, i. V. 1:2; MSK Zilina – FC Chelsea 0:2, 0:3; RSC Anderlecht – Wisla Kraków 3:1, 1:0; Rosenborg Trondheim – Deportivo La Coruña 0:0, 0:1; Vardar Skopje – Sparta Prag 2:3, 2:2; MTK Budapest – Celtic Glasgow 0:4, 0:1; Glasgow Rangers – FC Kopenhagen 1:1, 2:1; Austria Wien – Olympique Marseille 0:1, 0:0; Schachtjor Donezk – Lokomotive Moskau 1:0, 1:3; Lazio Rom – Benfica Lissabon 3:1, 1:0; Grasshoppers Zürich – AEK Athen 1:0, 1:3; Partizan Belgrad – Newcastle United 0:1, 1:0 (Belgrad 4:3-Sieger im Elfmeterschießen); Galatasaray Istanbul – ZSKA Sofia 3:0, 3:0.

Gruppenphase, Gruppe A: Olympique Lyon – Bayern München 1:1, 2:1; Olympique Lyon – Celtic Glasgow 3:2, 0:2; Olympique Lyon – RSC Anderlecht 1:0, 0:1; Bayern München – Celtic Glasgow 2:1, 0:0; Bayern München – RSC Anderlecht 1:0, 1:1; Celtic Glasgow – RSC Anderlecht 3:1, 0:1. – 1. Olympique Lyon 7:7, 10; 2. Bayern München 6:5, 9; 3. Celtic Glasgow 8:7, 7; 4. RSC Anderlecht 4:6, 7.

Gruppe B: FC Arsenal – Lokomotive Moskau 2:0, 0:0; FC Arsenal – Inter Mailand 0:3, 5:1; FC Arsenal – Dynamo Kiew 1:0, 1:2; Lokomotive Moskau – Inter Mailand 3:0, 1:1; Lokomotive Moskau – Dynamo Kiew 3:2, 0:2; Inter Mailand – Dynamo Kiew 2:1, 1:1. – 1. FC Arsenal 9:6, 10; 2. Lokomotive Moskau 7:7, 8; 3. Inter Mailand 8:11, 8; 4. Dynamo Kiew 8:8, 7.

Gruppe C: AS Monaco – Deportivo La Coruña 8:3, 0:1; AS Monaco – PSV Eindhoven 1:1, 2:1; AS Monaco – AEK Athen 4:0, 0:0; Deportivo La Coruña – PSV Eindhoven 2:0, 2:3; Deportivo La Coruña – AEK Athen 3:0, 1:1; PSV Eindhoven – AEK Athen 2:0, 1:0. – 1. AS Monaco 15:6, 11; 2. Deportivo La Coruña 12:12, 10; 3. PSV Eindhoven 8:7, 10; 4. AEK Athen 1:11, 2.

Gruppe D: Juventus Turin – Real Sociedad San Sebastian 4:2, 0:0; Juventus Turin – Galatasaray Istanbul 2:1, 0:2 (in Dortmund); Juventus Turin – Olympiakos Piräus 7:0; 2:1; Real Sociedad San Sebastian – Galatasaray Istanbul 1:1, 2:1; Real Sociedad San Sebastian – Olympiakos Piräus 1:0, 2:2; Galatasaray Istanbul – Olympiakos Piräus 1:0, 0:3. – 1. Juventus Turin 15:6, 13; 2. Real Sociedad San Sebastian 8:8, 9; 3. Galatasaray Istanbul 6:8, 7; 4. Olympiakos Piräus 6:13, 4.

Gruppe E: Manchester United – VfB Stuttgart 2:0, 1:2; Manchester United – Panathinaikos Athen 5:0, 1:0; Manchester United – Glasgow Rangers 3:0, 1:0; VfB Stuttgart – Panathinaikos Athen 2:0, 3:1; VfB Stuttgart – Glasgow Rangers 1:0, 1:2; Panathinaikos Athen – Glasgow Rangers 1:1, 3:1. – 1. Manchester United 13:2, 15; 2. VfB Stuttgart 9:6, 12; 3. Panathinaikos Athen 5:13, 4; 4. Glasgow Rangers 4:10, 4.

Gruppe F: Real Madrid – FC Porto 1:1, 3:1; Real Madrid – Olympique Marseille 4:2, 2:1; Real Madrid – Partizan Belgrad 1:0, 0:0; FC Porto – Olympique Marseille 1:0, 3:2; FC Porto – Partizan Belgrad 2:1, 1:1; Olympique Marseille – Partizan Belgrad 3:0, 1:1. – 1. Real Madrid 11:5, 14; 2. FC Porto 9:8, 11; 3. Olympique Marseille 9:11, 4; 4. Partizan Belgrad 3:8; 3.

Gruppe G: FC Chelsea – Sparta Prag 0:0, 1:0; FC Chelsea – Besiktas Istanbul 0:2, 2:0 (in Gelsenkirchen); FC Chelsea – Lazio Rom 2:1, 4:0; Sparta Prag – Besiktas Istanbul 2:1, 0:1; Sparta Prag – Lazio Rom 1:0, 2:2; Besiktas Istanbul – Lazio Rom 0:2, 1:1. – 1. FC Chelsea 9:3, 13; 2. Sparta Prag 5:5, 8; 3. Besiktas Istanbul 5:7, 7; 4. Lazio Rom 6:10, 5.

Gruppe H: AC Mailand – Celta Vigo 1:2; 0:0; AC Mailand – FC Brügge 0:1, 1:0; AC Mailand – Ajax Amsterdam 1:0, 1:0; Celta Vigo – FC Brügge 1:1, 1:1; Celta Vigo – Ajax Amsterdam 3:2, 0:1; FC Brügge – Ajax Amsterdam 2:1, 0:2. – 1. AC Mailand 4:3, 10; 2. Celta Vigo 7:6, 9; 3. FC Brügge 5:6, 8; 4. Ajax Amsterdam 6:7, 6.

Achtelfinale: VfB Stuttgart – FC Chelsea 0:1, 0:0; Bayern München – Real Madrid 1:1, 0:1; FC Porto – Manchester United 2:1, 1:1; Real Sociedad San Sebastian – Olympique Lyon 0:1, 0:1; Celta Vigo – FC Arsenal 2:3, 0:2; Sparta Prag – AC Mailand 0:0, 1:4; Deportivo La Coruña – Juventus Turin 1:0, 1:0; Lokomotive Moskau – AS Monaco 2:1, 0:1.

Viertelfinale: AC Mailand – Deportivo La Coruña 4:1, 0:4; FC Porto – Olympique Lyon 2:0, 2:2; FC Chelsea – FC Arsenal 1:1, 2:1; Real Madrid – AS Monaco 4:2, 1:3.

Halbfinale: AS Monaco – FC Chelsea 3:1, 2:2; FC Porto – Deportivo La Coruña 0:0, 1:0.

Endspiel am 26. 5. in Gelsenkirchen:

AS Monaco – FC Porto 0:3 (0:1)

Porto: Vitor Baia – Paulo Ferreira, Jorge Costa, Ricardo Carvalho, Nuno Valente – Costinha – Pedro Mendes, Maniche – Deco (Pedro Emanuel) – Derlei (McCarthy), Carlos Alberto (Alenichev).

Tore: Carlos Alberto, Deco, Alenichev. – SR: Nielsen (Dänemark) – Zuschauer: 53 000

2004/05: FC Liverpool

Qualifikation, 1. Runde: KR Reykjavík – FC Shelbourne 2:2, 0:0; Skonto Riga – Rhyl FC 4:0, 3:1; Flora Tallinn – ND Gorica 2:4, 1:3; FC Linfield – HJK Helsinki 0:1, 0:1; Pobeda Prilep – Piunik Erewan 1:3, 1:1; Serif Tiraspol – Jeunesse Esch 2:0, 0:1; WIT Georgia Tiflis – HB Torshavn 5:0, 0:3; Sliema Wanderers – FBK Kaunas 0:2, 1:4; Siroki Brijeg – Neftschi Baku 2:1, 0:1; FK Gomel – SK Tirana 0:2, 1:0.

Qualifikation, 2. Runde: Piunik Erewan – Schachtjor Donezk 1:3, 0:1; APOEL Nicosia – Sparta Prag 2:2, 1:2; Rosenborg Trondheim – Serif Tiraspol 2:1, 2:0; Young Boys Bern – Roter Stern Belgrad 2:2, 0:3; ND Gorica – FC Kopenhagen 1:2, 5:0; Neftschi Baku – ZSKA Moskau 0:0, 0:2; MSK Zilina – Dinamo Bukarest 0:1, 0:1; HJK Helsinki – Maccabi Tel Aviv 0:0, 0:1; Skonto Riga – Trabzonspor 1:1, 0:3; FC Brügge – Lokomotive Plovdiv 2:0, 4:0; SK Tirana – Ferencvaros Budapest 2:3, 1:0; Hajduk Split – FC Shelbourne 3:2, 0:2; Djurgardens IF – FBK Kaunas 0:0, 2:0; WIT Georgia Tiflis – Wisla Krakau 2:8, 0:3.

Qualifikation, 3. Runde: Bayer Leverkusen – Banik Ostrau 5:0, 1:2; Grazer AK – FC Liverpool 0:2, 1:0; Juventus Turin – Djurgardens IF 2:2, 4:1; Ferencvaros Budapest – Sparta Prag 1:0, n. V. 0:2; Rosenborg Trondheim – Maccabi Haifa 2:1, n. V. 3:2; ZSKA Moskau – Glasgow Rangers 2:1, 1:1; Schachtjor Donezk – FC Brügge 4:1, 2:2; Dynamo Kiew – Trabzonspor 1:2, 2:0; Roter Stern Belgrad – PSV Eindhoven 3:2, 0:5; Dinamo Bukarest – Manchester United 1:2, 0:3; FC Basel – Inter Mailand 1:1, 1:4; Benfica Lissabon

– RSC Anderlecht 1:0, 0:3; FC Shelbourne – Deportivo La Coruna 0:0, 0:3; PAOK Saloniki – Maccabi Tel Aviv 1:2 (Wertung 0:3), 0:1; ND Gorica – AS Monaco 0:3, 0:6; Wisla Krakau – Real Madrid 0:2, 1:3.

Gruppenphase, Gruppe A: AS Monaco – FC Liverpool 1:0, 0:2; AS Monaco – Olympiakos Piräus 2:1, 0:1; AS Monaco – Deportivo La Coruna 2:0, 5:0; FC Liverpool – Olympiakos Piräus 3:1, 0:1; FC Liverpool – Deportivo La Coruna 0:0, 1:0; Olympiakos Piräus – Deportivo La Coruna 1:0, 0:0 – 1. AS Monaco 10:4, 12; 2. FC Liverpool 6:3, 10; 3. Olympiakos Piräus 5:5, 10; 4. Deportivo La Coruna 0:9, 2.

Gruppe B: Bayer Leverkusen – Real Madrid 3:0, 1:1; Bayer Leverkusen – Dynamo Kiew 3:0, 2:4; Bayer Leverkusen – AS Rom 3:1, 1:1; Real Madrid – Dynamo Kiew 1:0, 2:2; Real Madrid – AS Rom 4:2, 3:0; Dynamo Kiew – AS Rom 2:0, 0:0 abgebr. (Wertung 3:0) – 1. Bayer Leverkusen 13:7, 11; 2. Real Madrid 11:8, 11; 3. Dynamo Kiew 11:8, 10; 4. AS Rom 4:16, 1.

Gruppe C: Juventus Turin – Bayern München 1:0, 1:0; Juventus Turin – Ajax Amsterdam 1:0, 1:0; Juventus Turin – Maccabi Tel Aviv 1:0, 1:1; Bayern München – Ajax Amsterdam 4:0, 2:2; Bayern München – Maccabi Tel Aviv 5:1, 1:0; Ajax Amsterdam – Maccabi Tel Aviv 3:0, 1:2 – 1. Juventus Turin 6:1, 16; 2. Bayern München 12:5, 10; 3. Ajax Amsterdam 6:10, 4; 4. Maccabi Tel Aviv 4:12, 4.

Gruppe D: Olympique Lyon – Manchester United 2:2, 1:2; Olympique Lyon – Fenerbahce Istanbul 4:2, 3:1; Olympique Lyon – Sparta Prag 5:0, 2:1; Manchester United – Fenerbahce Istanbul 6:2, 0:3; Manchester United – Sparta Prag 4:1, 0:0; Fenerbahce Istanbul – Sparta Prag 1:0, 1:0 – 1. Olympique Lyon 17:8, 13; 2. Manchester United 14:9, 11; 3. Fenerbahce Istanbul 10:13, 9; 4. Sparta Prag 2:13, 1.

Gruppe E: FC Arsenal – PSV Eindhoven 1:0, 1:1; FC Arsenal – Panathinaikos Athen 1:1, 2:2; FC Arsenal – Rosenborg Trondheim 5:1, 1:1; PSV Eindhoven – Panathinaikos Athen 1:0, 1:4; PSV Eindhoven – Rosenborg Trondheim 1:0, 2:1; Panathinaikos Athen – Rosenborg Trondheim 2:1, 2:2 – 1. FC Arsenal 11:6, 10; 2. PSV Eindhoven 6:7, 10; 3. Panathinaikos Athen 11:8, 9; 4. Rosenborg Trondheim 6:13, 2.

Gruppe F: AC Mailand – FC Barcelona 1:0, 1:2; AC Mailand – Schachtjor Donezk 4:0, 1:0; AC Mailand – Celtic Glasgow 3:1, 0:0; FC Barcelona – Schachtjor Donezk 3:0, 0:2; FC Barcelona – Celtic Glasgow 1:1, 3:1; Schachtjor Donezk – Celtic Glasgow 3:0, 0:1 – 1. AC Mailand 10:3, 13; 2. FC Barcelona 9:6, 10; 3. Schachtjor Donezk 5:9, 6; 4. Celtic Glasgow 4:10; 5.

Gruppe G: Inter Mailand – Werder Bremen 2:0, 1:1; Inter Mailand – FC Valencia 0:0, 5:1; Inter Mailand – RSC Anderlecht 3:0, 3:1; Werder Bremen – FC Valencia 2:1, 2:0; Werder Bremen – RSC Anderlecht 5:1, 2:1; FC Valencia – RSC Anderlecht 2:0, 2:1 – 1. Inter Mailand 14:3, 14; 2. Werder Bremen 12:6, 13; 3. FC Valencia 6:10, 7; 4. RSC Anderlecht 4:17, 0.

Gruppe H: FC Chelsea – FC Porto 3:1, 1:2; FC Chelsea – ZSKA Moskau 2:0, 1:0; FC Chelsea – Paris St. Germain 0:0, 3:0; FC Porto – ZSKA Moskau 0:0, 1:0; FC Porto – Paris St. Germain 0:0, 0:2; ZSKA Moskau – Paris St. Germain 2:0, 3:1 – 1. FC Chelsea 10:3, 13; 2. FC Porto 4:6, 8; 3. ZSKA Moskau 5:5, 7; 4. Paris St. Germain 3:8, 5.

Achtelfinale: Real Madrid – Juventus Turin 1:0, n. V. 0:2; FC Liverpool – Bayer Leverkusen 3:1, 3:1; PSV Eindhoven – AS Monaco 1:0, 2:0; Bayern München – FC Arsenal 3:1, 0:1; FC Barcelona – FC Chelsea 2:1, 2:4; Werder Bremen – Olympique Lyon 0:3, 2:7; Manchester United – AC Mailand 0:1, 0:1; FC Porto – Inter Mailand 1:1, 1:3.

Viertelfinale: FC Liverpool – Juventus Turin 2:1, 0:0; Olympique Lyon – PSV Eindhoven 1:1, n. V. 1:1, Elfmeterschießen 2:4; AC Mailand – Inter Mailand 2:0, Wertung 3:0; FC Chelsea – Bayern München 4:2, 2:3.

Halbfinale: FC Chelsea – FC Liverpool 0:0, 0:1; AC Mailand – PSV Eindhoven 2:0, 1:3.

Endspiel am 25. 5. in Istanbul:

AC Mailand – FC Liverpool n. V. 3:3 (3:0), 2:3 im Elfmeterschießen

Liverpool: Dudek – Finnan (Hamann), Carragher, Hyypiä, Traore – Gerrard – Luis Garcia, Xabi Alonso, Riise – Baros (Cissé), Kewell (Smicer).

Tore: Gerrard, Smicer, Xabi Alonso (Maldini, Crespo 2) – Tore im Elfmeterschießen: Hamann, Cissé, Smicer (Riise gehalten) – Tomasson, Kaka (Serginho verschieß, Pirlo und Shevchenko gehalten). – SR: Mejuto Gonzalez (Spanien) – Zuschauer: 69 000.

2005/06: FC Barcelona

Qualifikation, 1. Runde: Dynamo Minsk – Anorthosis Famagusta 1:1, 0:1; Kairat Almaty – Artmedia Bratislava 2:0, n. V. 1:4; Levadia Tallinn – Dinamo Tiflis 1:0, 0:2; Neftchi Baku – FH Hafnarfjördur 2:0, 2:1; Rabotnicki Skopje – Skonto Riga 6:0, 0:1; Sliema Wanderers – Sheriff Tiraspol 1:4, 0:2; F91 Düdelingen – Zrinjski Mostar 0:1, n. V. 4:0; FC Glentoran – FC Shelbourne 1:2, 1:4; FC Liverpool – TNS Llansantffraid 3:0, 3:0; Haka Valkeakoski – Pyunik Eriwan 1:0, 2:2; HB Torshavn – FBK Kaunas 2:4, 0:4; ND Gorica – SK Tirana 2:0, 0:3.

Qualifikation, 2. Runde: Anorthosis Famagusta – Trabzonspor 3:1, 0:1; Dinamo Tiflis – Bröndby IF 0:2, 1:3; Dynamo Kiew – FC Thun 2:2, 0:1; FBK Kaunas – FC Liverpool 1:3, 0:2; RSC Anderlecht – Neftchi Baku 5:0, 0:1; Valerenga IF – Haka Valkeakoski 1:0, 4:1; Artmedia Bratislava – Celtic Glasgow 5:0, 0:4; F91 Düdelingen – Rapid Wien 1:6, 2:3; FC Shelbourne – Steaua Bukarest 0:0, 1:4; SK Tirana – ZSKA Sofia 0:2, 0:2; Malmö FF – Maccabi Haifa 3:2, 2:2; Partizan Belgrad – Sheriff Tiraspol 1:0, 1:0; Rabotnicki Skopje – Lokomotive Moskau 1:1, 0:2; Debreceni VSC – Hajduk Split 3:0, 5:0.
Qualifikation, 3. Runde: Anorthosis Famagusta – Glasgow Rangers 1:2, 0:2; FC Everton – FC Villarreal 1:2, 1:2; Manchester United – Debreceni VSC 3:0, 3:0; Real Betis Sevilla – AS Monaco 1:0, 2:2; Valerenga IF – FC Brügge 1:0, n. V. 0:1, Elfmeterschiessen 3:4; Wisla Krakow – Panathinaikos Athen 3:1, n. V. 1:4; Artmedia Bratislava – Partizan Belgrad 0:0, n. V. 0:0, Elfmeterschiessen 4:3; Bröndby IF – Ajax Amsterdam 2:2, 1:3; FC Basel – Werder Bremen 2:1, 0:3; Malmö FF – FC Thun 0:1, 0:3; Rapid Wien – Lokomotive Moskau 1:1, 1:0; RSC Anderlecht – Slavia Prag 2:1, 2:0; Schachtjor Donezk – Inter Mailand 0:2, 1:1, Sporting Lissabon – Udinese Calcio 0:1, 2:3; Steaua Bukarest – Rosenborg Trondheim 1:1, 2:3; ZSKA Sofia – FC Liverpool 1:3, 1:0.
Gruppenphase, Gruppe A: Juventus Turin – Bayern München 2:1, 1:2; Juventus Turin – FC Brügge 1:0, 2:1; Juventus Turin – Rapid Wien 3:0, 3:1; Bayern München – FC Brügge 1:0, 1:1; Bayern München – Rapid Wien 4:0, 1:0; FC Brügge – Rapid Wien 3:2, 1:0 – 1. Juventus Turin 12:5, 15; 2. Bayern München 10:4, 13; 3. FC Brügge 6:7, 7; 4. Rapid Wien 3:15, 0.
Gruppe B: FC Arsenal – Ajax Amsterdam 0:0, 2:1; FC Arsenal – FC Thun 2:1, 1:0; FC Arsenal – Sparta Prag 3:0, 2:0; Ajax Amsterdam – FC Thun 2:0, 4:2; Ajax Amsterdam – Sparta Prag 2:1, 1:1; FC Thun – Sparta Prag 1:0, 0:0 – 1. FC Arsenal 10:2, 16; 2. Ajax Amsterdam 10:6, 11; 3. FC Thun 4:9, 4; 4. Sparta Prag 2:9, 2.
Gruppe C: FC Barcelona – Werder Bremen 3:1, 2:0; FC Barcelona – Udinese Calcio 4:1, 2:0; FC Barcelona – Panathinaikos Athen 5:0, 0:0; Werder Bremen – Udinese Calcio 4:3, 1:1; Werder Bremen – Panathinaikos Athen 5:1, 1:2; Udinese Calcio – Panathinaikos Athen 3:0, 2:1 – 1. FC Barcelona 16:2, 16; 2. Werder Bremen 12:12, 7; 3. Udinese Calcio 10:12, 7; 4. Panathinaikos Athen 4:16, 4.
Gruppe D: FC Villarreal – Benfica Lissabon 1:1, 1:0; FC Villarreal – OSC Lille 1:0, 0:0; FC Villarreal – Manchester United 0:0, 0:0; Benfica Lissabon – OSC Lille 1:0, 0:0; Benfica Lissabon – Manchester Utd. 2:1, 1:2; OSC Lille – Manchester United 1:0, 0:0 – 1. FC Villarreal 3:1, 10; 2. Benfica Lissabon 5:5, 8; 3. OSC Lille 1:2, 6; 4. Manchester United 3:4, 6.
Gruppe E: AC Mailand – PSV Eindhoven 0:0, 0:1; AC Mailand – FC Schalke 04 3:2, 2:2; AC Mailand – Fenerbahce Istanbul 3:1, 4:0; PSV Eindhoven – FC Schalke 04 1:0, 0:3; PSV Eindhoven – Fenerbahce Istanbul 2:0, 0:3; FC Schalke 04 – Fenerbahce Istanbul 2:0, 3:3 – 1. AC Mailand 12:6, 11; 2. PSV Eindhoven 4:6, 10; 3. FC Schalke 04 12:9, 8; 4. Fenerbahce Istanbul 7:14, 4.
Gruppe F: Olympique Lyon – Real Madrid 3:0, 1:1; Olympique Lyon – Rosenborg Trondheim 2:1, 1:0; Olympique Lyon – Olympiakos Piräus 2:1, 4:1; Real Madrid – Rosenborg Trondheim 4:1, 2:0; Real Madrid – Olympiakos Piräus 2:1, 1:2; Rosenborg Trondheim – Olympiakos Piräus 1:1, 3:1 – 1. Olympique Lyon 13:4, 16; 2. Real Madrid 10:8, 10; 3. Rosenborg Trondheim 6:11, 4; 4. Olympiakos Piräus 7:13; 4.
Gruppe G: FC Liverpool – FC Chelsea 0:0, 0:0; FC Liverpool – Real Betis Sevilla 0:0, 2:1; FC Liverpool – RSC Anderlecht 3:0, 1:0; FC Chelsea – Real Betis Sevilla 4:0, 0:1; FC Chelsea – RSC Anderlecht 1:0, 2:0; Real Betis Sevilla – RSC Anderlecht 0:1, 1:0 – 1. FC Liverpool 6:1, 12; 2. FC Chelsea 7:1, 11; 3. Real Betis Sevilla 3:7, 7; 4. RSC Anderlecht 1:8, 3.
Gruppe H: Inter Mailand – Glasgow Rangers 1:0, 1:1; Inter Mailand – Artmedia Bratislava 4:0, 1:0; Inter Mailand – FC Porto 2:1, 0:2; Glasgow Rangers – Artmedia Bratislava 0:0, 2:2; Glasgow Rangers – FC Porto 3:2, 1:1; Artmedia Bratislava – FC Porto 0:0, 3:2 – 1. Inter Mailand 9:4, 13; 2. Glasgow Rangers 7:7, 7; 3. Artmedia Bratislava 5:9, 6; 4. FC Porto 8:9, 5.
Achtelfinale: Bayern München – AC Mailand 1:1, 1:4; Werder Bremen – Juventus Turin 3:2, 1:2; Benfica Lissabon – FC Liverpool 1:0, 2:0; Real Madrid – FC Arsenal 0:1, 0:0; PSV Eindhoven – Olympique Lyon 0:1, 0:4; FC Chelsea – FC Barcelona 1:2, 1:1; Glasgow Rangers – FC Villarreal 2:2, 1:1; Ajax Amsterdam – Inter Mailand 2:2, 0:1.
Viertelfinale: FC Arsenal – Juventus Turin 2:0, 0:0; Benfica Lissabon – FC Barcelona 0:0, 0:2; Olympique Lyon – AC Mailand 0:0, 1:3; Inter Mailand – FC Villarreal 2:1, 0:1.
Halbfinale: AC Mailand – FC Barcelona 0:1, 0:0; FC Arsenal – FC Villarreal 1:0, 0:0.

Endspiel am 17.5. in Paris:
FC Barcelona – FC Arsenal 2:1 (0:1)
Barcelona: Victor Valdes – Oleguer (Belletti), Marquez, Puyol, Van Bronckhorst – Edmilson (Iniesta) – Deco, Van Bommel (Larsson) – Giuly, Eto'o – Ronaldinho.
Tore: Eto'o, Belletti (Campbell) – Rote Karte: Lehmann (19.) – SR: Hauge (Norwegen) – Zuschauer: 77 000.

2006/07: AC Mailand

Qualifikation, 1. Runde: Pyunik Erewan – Sheriff Tiraspol 0:0, 0:2; Sioni Bolnissi – FK Baku 2:0, 0:1; Tallinna VMK – FH Hafnarfjördur 2:3, 1:1; KS Elbasani – Ekranas Panevezys 1:0, 0:3; FC Birkirkara – B36 Torshavn 0:3, 2:2; F91 Düdelingen – Rabotnicki Skopje 0:1, 0:0; FC Linfield – ND Gorica 1:3, 2:2; MyPa Anjalankoski – TNS Llansantffraid 1:0, 1:0; Metalurgs Liepaja – FK Aktobe-Lento 1:0, 1:1; Schachtjor Saligorsk – Siroki Brijeg 0:1, 0:1; Cork City – Apollon Limassol 1:0, 1:1.

Qualifikation, 2. Runde: Ekranas Panevezys – Dinamo Zagreb 1:4, 2:5; Metalurgs Liepaja – Dynamo Kiew 1:4, 0:4; Sheriff Tiraspol – Spartak Moskau 1:1, 0:0; Levski Sofia – Sioni Bolnissi 2:0, 2:0; Djurgardens IF – MFK Ruzomberok 1:0, 1:3; Fenerbahce Istanbul – B36 Torshavn 4:0, 5:0; FC Zürich – RB Salzburg 2:1, 0:2; FH Hafnarfjördur – Legia Warschau 0:1, 0:2; Cork City – Roter Stern Belgrad 0:1, 0:3; FC Kopenhagen – MyPa Anjalankoski 2:0, 2:2; FK Mlada Boleslav – Valerenga IF 3:1, 2:2; Heart of Midlothian – Siroki Brijeg 3:0, 0:0; Debreceni VSC – Rabotnicki Skopje 1:1, 1:4; ND Gorica – Steaua Bukarest 0:2, 0:3.

Qualifikation, 3. Runde: Austria Wien – Benfica Lissabon 1:1, 0:3; Dinamo Zagreb – FC Arsenal 0:3, 1:2; Dynamo Kiew – Fenerbahce Istanbul 3:1, 2:2; OSC Lille – Rabotnicki Skopje 3:0, 1:0; ZSKA Moskau – MFK Ruzomberok 3:0, 2:0; Schachtjor Donezk – Legia Warschau 1:0, 3:2; Galatasaray Istanbul – FK Mlada Boleslav 5:2, 1:1; Levski Sofia – AC Chievo Verona 2:0, 2:2; Slovan Liberec – Spartak Moskau 0:0, 1:2; FC Kopenhagen – Ajax Amsterdam 1:2, 2:0; Hamburger SV – CA Osasuna 0:0, 1:1; Standard Lüttich – Steaua Bukarest 2:2, 1:2; AC Mailand – Roter Stern Belgrad 1:0, 2:1; Heart of Midlothian – AEK Athen 1:2, 0:3; RB Salzburg – FC Valencia 1:0, 0:3; FC Liverpool – Maccabi Haifa 2:1, 1:1.

Gruppenphase, Gruppe A: FC Chelsea – FC Barcelona 1:0, 2:2; FC Chelsea – Werder Bremen 2:0, 0:1; FC Chelsea – Levski Sofia 2:0, 3:1; FC Barcelona – Werder Bremen 2:0, 1:1; FC Barcelona – Levski Sofia 5:0, 2:0; Werder Bremen – Levski Sofia 2:0, 3:0 – 1. FC Chelsea 10:4, 13; 2. FC Barcelona 12:4, 11; 3. Werder Bremen 7:5, 10; 4. Levski Sofia 1:17, 0.

Gruppe B: Bayern München – Inter Mailand 1:1, 2:0; Bayern München – Spartak Moskau 4:0, 2:2; Bayern München – Sporting Lissabon 0:0, 1:0; Inter Mailand – Spartak Moskau 2:1, 1:0; Inter Mailand – Sporting Lissabon 1:0, 0:1; Spartak Moskau – Sporting Lissabon 1:1, 3:1 – 1. Bayern München 10:3, 12; 2. Inter Mailand 5:5, 10; 3. Spartak Moskau 7:11, 5; 4. Sporting Lissabon 3:6, 5.

Gruppe C: FC Liverpool – PSV Eindhoven 2:0, 0:0; FC Liverpool – Girondins Bordeaux 3:0, 1:0; FC Liverpool – Galatasaray Istanbul 3:2, 2:3; PSV Eindhoven – Girondins Bordeaux 1:3, 1:0; PSV Eindhoven – Galatasaray Istanbul 2:0, 2:1; Girondins Bordeaux – Galatasaray Istanbul 3:1, 0:0 – 1. FC Liverpool 11:5, 13; 2. PSV Eindhoven 6:6, 10; 3. Girondins Bordeaux 6:7, 7; 4. Galatasaray Istanbul 7:12, 4.

Gruppe D: FC Valencia – AS Rom 2:1, 0:1; FC Valencia – Schachtjor Donezk 2:0, 2:2; FC Valencia – Olympiakos Piräus 2:0, 4:2; AS Rom – Schachtjor Donezk 4:0, 0:1; AS Rom – Olympiakos Piräus 1:1, 1:0; Schachtjor Donezk – Olympiakos Piräus 2:2, 1:1 – 1. FC Valencia 12:6, 13; 2. AS Rom 8:4, 10; 3. Schachtjor Donezk 6:11, 6; 4. Olympiakos Piräus 6:11, 3.

Gruppe E: Olympique Lyon – Real Madrid 2:0, 2:2; Olympique Lyon – Steaua Bukarest 1:1, 3:0; Olympique Lyon – Dynamo Kiew 1:0, 3:0; Real Madrid – Steaua Bukarest 1:0, 4:1; Real Madrid – Dynamo Kiew 5:1, 2:2; Steaua Bukarest – Dynamo Kiew 1:1, 4:1 – 1. Olympique Lyon 12:3 14; 2. Real Madrid 14:8, 11; 3. Steaua Bukarest 7:11, 5; 4. Dynamo Kiew 5:16, 2.

Gruppe F: Manchester United – Celtic Glasgow 3:2, 0:1; Manchester United – Benfica Lissabon 3:1, 1:0; Manchester United – FC Kopenhagen 3:0, 0:1; Celtic Glasgow – Benfica Lissabon 3:0, 0:3; Celtic Glasgow – FC Kopenhagen 1:0, 1:3; Benfica Lissabon – FC Kopenhagen 3:1, 0:0 – 1. Manchester United 10:5, 12; 2. Celtic Glasgow 8:9, 9; 3. Benfica Lissabon 7:8, 7; 4. FC Kopenhagen 5:8; 7.

Gruppe G: FC Arsenal – FC Porto 2:0, 0:0; FC Arsenal – ZSKA Moskau 0:0, 0:1; FC Arsenal – Hamburger SV 3:1, 2:1; FC Porto – ZSKA Moskau 0:0, 2:0; FC Porto – Hamburger SV 4:1, 3:1; ZSKA Moskau – Hamburger SV 1:0, 2:3 – 1. FC Arsenal 7:3, 11; 2. FC Porto 9:4, 11; 3. ZSKA Moskau 4:5, 8; 4. Hamburger SV 7:15, 3.

Gruppe H: AC Mailand – Lille OSC 0:2, 0:0; AC Mailand – AEK Athen 3:0, 0:1; AC Mailand – RSC Anderlecht 4:1, 1:0; Lille OSC – AEK Athen 3:1, 0:1; Lille OSC – RSC Anderlecht 2:2, 1:1; AEK Athen – RSC Anderlecht 1:1, 2:2 – 1. AC Mailand 8:4, 10; 2. Lille OSC 8:5, 9; 3. AEK Athen 6:9, 8; 4. RSC Anderlecht 7:11, 4.

Achtelfinale: Real Madrid – Bayern München 3:2, 1:2; Celtic Glasgow – AC Mailand 0:0, n. V. 0:1; PSV Eindhoven – FC Arsenal 1:0, 1:1; Lille OSC – Manchester United 0:1, 0:1; AS Rom – Olympique Lyon 0:0, 2:0; FC Barcelona – FC Liverpool 1:2, 1:0; Inter Mailand – FC Valencia 2:2, 0:0; FC Porto – FC Chelsea 1:1, 1:2.

Viertelfinale: AC Mailand – Bayern München 2:2, 2:0; PSV Eindhoven – FC Liverpool 0:3, 0:1; AS Rom – Manchester United 2:1, 1:7; FC Chelsea – FC Valencia 1:1, 2:1.

Halbfinale: Manchester United – AC Mailand 3:2, 0:3; FC Chelsea – FC Liverpool 1:0, n. V. 0:1 (Elfmeterschießen 1:4).

Endspiel am 23. Mai in Athen:

AC Mailand – FC Liverpool 2:1 (1:0)

Mailand: Dida – Oddo, Nesta, Maldini, Jankulovski (Kaladze) – Gattuso, Pirlo, Ambrosini, Seedorf (Favalli) – Kaka – Inzaghi (Gilardino).

Tore: Inzaghi 2 (Kuyt) – SR: Fandel (Deutschland) – Zuschauer: 63 000.

2007/08: Manchester United

Qualifikation, 1. Runde: Olimpi Rustavi – Zhenis Astana 0:0, 0:3; Khazar Lankaran – Dinamo Zagreb 1:1, n. V. 1:3; APOEL Nikosia – BATE Borissow 2:0, n. V. 0:3; TNS Llansantffraid – FK Ventspils 3:2, 1:2; Zeta Golubovci – FBK Kaunas 3:1, 2:3; FC Linfield – IF Elfsborg Boras 0:0, 0:1; SS Murata – Tampere United 1:2, 0:2; Pobeda Prilep – Levadia Tallinn 0:1, 0:0; Sheriff Tiraspol – Ranger's Venecia 2:0, 3:0; F91 Düdelingen – MSK Zilina 1:2, 4:5; FC Marsaxlokk – FK Sarajevo 0:6, 1:3; NK Domzale – KF Tirana 1:0, 2:1; Derry City – Piunik Erewan 0:0, 0:2; FH Hafnarfjördur – HB Torshavn 4:1, 0:0.

Qualifikation, 2. Runde: Piunik Erewan – Schachtjor Donezk 0:2, 1:2; Tampere United – Levski Sofia 1:0, 1:0; FC Kopenhagen – Beitar Jerusalem 1:0, n. V. 1:1; KRC Genk – FK Sarajevo 1:2, 1:0; Debreceni VSC – IF Elfsborg Boras 0:1, 0:0; Zaglebie Lubin – Steaua Bukarest 0:1, 1:2; Glasgow Rangers – Zeta Golubovci 2:0, 1:0; Zhenis Astana – Rosenborg Trondheim 1:3, 1:7; FK Ventspils – RB Salzburg 0:3, 0:4; MSK Zilina – Slavia Prag 0:0, n. V. 0:0, Elfmeterschießen 3:4; Besiktas Istanbul – Sheriff Tiraspol 1:0, 3:0; Roter Stern Belgrad – Levadia Tallinn 1:0, 1:2; NK Domzale – Dinamo Zagreb 1:2, 1:3; FH Hafnarfjördur – BATE Borissow 1:3, 1:1.

Qualifikation, 3. Runde: Werder Bremen – Dinamo Zagreb 2:1, 3:2; Lazio Rom – Dinamo Bukarest 1:1, 3:1; Glasgow Rangers – Roter Stern Belgrad 1:0, 0:0; Benfica Lissabon – FC Kopenhagen 2:1, 1:0; FC Valencia – IF Elfsborg Boras 3:0, 2:1; FC Toulouse – FC Liverpool 0:1, 0:4; Tampere United – Rosenborg Trondheim 0:3, 0:2; Spartak Moskau – Celtic Glasgow 1:1, n. V. 1:1, Elfmeterschießen 3:4; BATE Borissow – Steaua Bukarest 2:2, 0:2; FK Sarajevo – Dynamo Kiew 0:1, 0:3; Fenerbahce Istanbul – RSC Anderlecht 1:0, 2:0; FC Zürich – Besiktas Istanbul 1:1, 0:2; RB Salzburg – Schachtjor Donezk 1:0, 1:3; Ajax Amsterdam – Slavia Prag 0:1, 1:2; Sparta Prag – FC Arsenal 0:2, 0:3; FC Sevilla – AEK Athen 2:0, 4:1.

Gruppenphase, Gruppe A: FC Porto – FC Liverpool 1:1, 1:4; FC Porto – Olympique Marseille 2:1, 1:1; FC Porto – Besiktas Istanbul 2:0, 1:0; FC Liverpool – Olympique Marseille 0:1, 4:0; FC Liverpool – Besiktas Istanbul 8:0, 1:2; Olympique Marseille – Besiktas Istanbul 2:0, 1:2 – 1. FC Porto 8:7, 11; 2. FC Liverpool 18:5, 10; 3. Olympique Marseille 6:9, 7; 4. Besiktas Istanbul 4:15, 6.

Gruppe B: FC Chelsea – FC Schalke 04 2:0, 0:0; FC Chelsea – Rosenborg Trondheim 1:1, 4:0; FC Chelsea – FC Valencia 0:0, 2:1; FC Schalke 04 – Rosenborg Trondheim 3:1, 2:0; FC Schalke 04 – FC Valencia 0:1, 0:0; Rosenborg Trondheim – FC Valencia 2:0, 2:0 – 1. FC Chelsea 9:2, 12; 2. FC Schalke 04 5:4, 8; 3. Rosenborg Trondheim 6:10, 7; 4. FC Valencia 2:6, 5.

Gruppe C: Real Madrid – Olympiakos Piräus 4:2, 0:0; Real Madrid – Werder Bremen 2:1, 2:3; Real Madrid – Lazio Rom 3:1, 2:2; Olympiakos Piräus – Werder Bremen 3:0, 3:1; Olympiakos Piräus – Lazio Rom 1:1, 2:1; Werder Bremen – Lazio Rom 2:1, 1:2 – 1. Real Madrid 13:9, 11; 2. Olympiakos Piräus 11:7, 11; 3. Werder Bremen 8:13, 6; 4. Lazio Rom 8:11, 5.

Gruppe D: AC Mailand – Celtic Glasgow 1:0, 1:2; AC Mailand – Benfica Lissabon 2:1, 1:1; AC Mailand – Schachtjor Donezk 4:1, 3:0; Celtic Glasgow – Benfica Lissabon 1:0, 0:1; Celtic Glasgow – Schachtjor Donezk 2:1, 0:2; Benfica Lissabon – Schachtjor Donezk 0:1, 2:1 – 1. AC Mailand 12:5, 13; 2. Celtic Glasgow 5:6, 9; 3. Benfica Lissabon 5:6, 7; 4. Schachtjor Donezk 6:11, 6.

Gruppe E: FC Barcelona – Olympique Lyon 3:0, 2:2; FC Barcelona – Glasgow Rangers 2:0, 0:0; FC Barcelona – VfB Stuttgart 3:1, 2:0; Olympique Lyon – Glasgow Rangers 0:3, 3:0; Olympique Lyon – VfB Stuttgart 4:2, 2:0; Glasgow Rangers – VfB Stuttgart 2:1, 2:3 – 1. FC Barcelona 12:3 14; 2. Olympique Lyon 11:10, 10; 3. Glasgow Rangers 7:9, 7; 4. VfB Stuttgart 7:15, 3.

Gruppe F: Manchester United – AS Rom 1:0, 1:1; Manchester United – Sporting Lissabon 2:1, 1:0; Manchester United – Dynamo Kiew 4:0, 4:2; AS Rom – Sporting Lissabon 2:1, 2:2; AS Rom – Dynamo Kiew 2:0, 4:1; Sporting Lissabon – Dynamo Kiew 3:0, 2:1 – 1. Manchester United 13:4, 16; 2. AS Rom 11:6, 11; 3. Sporting Lissabon 7:8, 7; 4. Dynamo Kiew 4:19; 0.

Gruppe G: Inter Mailand – Fenerbahce Istanbul 3:0, 0:1; Inter Mailand – PSV Eindhoven 2:0, 1:0; Inter Mailand – ZSKA Moskau 4:2, 2:1; Fenerbahce Istanbul – PSV Eindhoven 2:0, 0:0; Fenerbahce Istanbul – ZSKA Moskau 3:1, 2:2; PSV Eindhoven – ZSKA Moskau 2:1, 1:0 – 1. Inter Mailand 12:4, 15; 2. Fenerbahce Istanbul 8:6, 11; 3. PSV Eindhoven 3:6, 7; 4. ZSKA Moskau 7:14, 1.

Gruppe H: FC Sevilla – FC Arsenal 3:1, 0:3; FC Sevilla – Slavia Prag 4:2, 3:0; FC Sevilla – Steaua Bukarest 2:1, 2:0; FC Arsenal – Slavia Prag 7:0, 0:0; FC Arsenal – Steaua Bukarest 2:1, 1:0; Slavia Prag –

Steaua Bukarest 2:1, 1:1 – 1. FC Sevilla 14:7, 15; 2. FC Arsenal 14:4, 13; 3. Slavia Prag 5:16, 5; 4. Steaua Bukarest 4:10, 1.

Achtelfinale: FC Schalke 04 – FC Porto 1:0, n. V. 0:1, Elfmeterschießen 4:1; FC Liverpool – Inter Mailand 2:0, 1:0; AS Rom – Real Madrid 2:1, 2:1; Olympiakos Piräus – FC Chelsea 0:0, 0:3; Celtic Glasgow – FC Barcelona 2:3, 0:1; Olympique Lyon – Manchester United 1:1, 0:1; FC Arsenal – AC Mailand 0:0, 2:0; Fenerbahce Istanbul – FC Sevilla 3:2, n. V. 2:3, Elfmeter-schießen 3:2.

Viertelfinale: FC Schalke 04 – FC Barcelona 0:1, 0:1; AS Rom – Manchester United 0:2, 0:1; FC Arsenal – FC Liverpool 1:1, 2:4; Fenerbahce Istanbul – FC Chelsea 2:1, 0:2.

Halbfinale: FC Liverpool – FC Chelsea 1:1, n. V. 2:3; FC Barcelona – Manchester United 0:0, 0:1.

Endspiel am 21. Mai in Moskau:

Manchester United – FC Chelsea n. V. 1:1 (1:1, 1:1), 6:5 im Elfmeterschießen

Manchester: Van der Sar – Brown (Anderson), Ferdinand, Vidic, Evra – Carrick, Scholes (Giggs) – Hargreaves, Cristiano Ronaldo – Rooney (Nani), Tevez.

Tore: Cristiano Ronaldo (Lampard) – Tore im Elfmeterschießen: Tevez, Carrick, Hargreaves, Nani, Anderson, Giggs (Cristiano Ronaldo gehalten) – Ballack, Belletti, Lampard, A. Cole, Kalou (Terry Pfosten, Anelka gehalten) – SR: Michel (Slowakei) – Rote Karte: Drogba – Zuschauer: 69 500.

2008/09: FC Barcelona

Qualifikation, 1. Runde: Inter Baku – Rabotnicki Skopje 0:0, 1:1; Tampere United – Buducnost Podgorica 2:1, 1:1; BATE Borissow – Valur Reykjavik 2:0, 1:0; Anorthosis Famagusta – Piunik Erewan 1:0, 2:0; F91 Düdelingen – NK Domzale 0:1, 0:2; Llanelli AFC – FK Ventspils 1:0, 0:4; FC Valletta – Artmedia Petrzalka 0:2, 0:1; Dinamo Tirana – Modrica Maksima 0:2, 1:2; Santa Coloma – FBK Kaunas 1:4, 1:3; SS Murata – IFK Göteborg 0:5, 0:4; Dinamo Tiflis – NSI Runavik 3:0, 0:1; FK Aktobe – Sheriff Tiraspol 1:0, 0:4; FC Linfield – Dinamo Zagreb 0:2, 1:1; Drogheda United – Levadia Tallinn 2:1, 1:0.

Qualifikation, 2. Runde: Inter Baku – Partizan Belgrad 1:1, 0:2; Brann Bergen – FK Ventspils 1:0, 1:2; Drogheda United – Dynamo Kiew 1:2, 2:2; Tampere United – Artmedia Petrzalka 1:3, 2:4; Sheriff Tiraspol – Sparta Prag 0:1, 0:2; Aalborg BK – Modrica Maksima 5:0, 2:1; Beitar Jerusalem – Wisla Krakau 2:1, 0:5; Fenerbahce Istanbul – MTK Budapest 2:0, 5:0; IFK Göteborg – FC Basel 1:1, 2:4; Anorthosis Famagusta – Rapid Wien 3:0, 1:3; RSC Anderlecht – BATE Borissow 1:2, 2:2; Glasgow Rangers – FBK Kaunas 0:0, 1:2; NK Domzale – Dinamo Zagreb 0:3, 2:3; Panathinaikos Athen – Dinamo Tiflis 3:0, 0:0.

Qualifikation, 3. Runde: FC Schalke 04 – Atletico Madrid 1:0, 0:4; AC Florenz – Slavia Prag 2:0, 0:0; Spartak Moskau – Dynamo Kiew 1:4, 1:4; Schachtjor Donezk – Dinamo Zagreb 2:0, 3:1; Levski Sofia – BATE Borissow 0:1, 1:1; Anorthosis Famagusta – Olympiakos Piräus 3:0, 0:1; Aalborg BK – FBK Kaunas 2:0, 2:0; Galatasaray Istanbul – Steaua Bukarest 2:2, 0:1; FC Twente Enschede – FC Arsenal 0:2, 0:4; Juventus Turin – Artmedia Petrzalka 4:0, 1:1; Brann Bergen – Olympique Marseille 0:1, 1:2; Sparta Prag – Panathinaikos Athen 1:2, 0:1; Partizan Belgrad – Fenerbahce Istanbul 2:2, 1:2; Standard Lüttich – FC Liverpool 0:0, n. V. 0:1; Vitoria Guimaraes – FC Basel 0:0, 1:2; FC Barcelona – Wisla Krakau 4:0, 0:1.

Gruppenphase, Gruppe A: FC Chelsea – AS Rom 1:0, 1:3; Girondins Bordeaux – AS Rom 1:3, 0:2; AS Rom – CFR Cluj 1:2, 3:1; FC Chelsea – Girondins Bordeaux 4:0, 1:1; CFR Cluj – FC Chelsea 0:0, 2:1; Girondins Bordeaux – CFR Cluj 1:0, 2:1 – 1. AS Rom 12:6, 12; 2. FC Chelsea 9:5, 11; 3. Girondins Bordeaux 5:11, 7; 4. CFR Cluj 5:9, 4.

Gruppe B: Panathinaikos Athen – Inter Mailand 0:2, 1:0; Panathinaikos Athen – Werder Bremen 2:2, 3:0; Anorthosis Famagusta – Panathinaikos Athen 3:1, 0:1; Inter Mailand – Werder Bremen 1:1, 1:2; Inter Mailand – Anorthosis Famagusta 1:0, 3:3; Werder Bremen – Anorthosis Famagusta 0:0, 2:2 – 1. Panathinaikos Athen 8:7, 10; 2. Inter Mailand 8:7, 8; 3. Werder Bremen 7:9, 7; 4. Anorthosis Famagusta 8:8, 6.

Gruppe C: FC Barcelona – Sporting Lissabon 3:1, 5:2; Schachtjor Donezk – FC Barcelona 1:2, 3:2; FC Basel – FC Barcelona 0:5, 1:1; Schachtjor Donezk – Sporting Lissabon 0:1, 0:1; Sporting Lissabon – FC Basel 2:0, 1:0; FC Basel – Schachtjor Donezk 1:2, 0:5 – 1. FC Barcelona 18:8, 13; 2. Sporting Lissabon 8:8, 12; 3. Schachtjor Donezk 11:7, 9; 4. FC Basel 2:16, 1.

Gruppe D: Atletico Madrid – FC Liverpool 1:1, 1:1; Olympique Marseille – FC Liverpool 1:2, 0:1; FC Liverpool – PSV Eindhoven 3:1, 3:1; Atletico Madrid – Olympique Marseille 2:1, 0:0; PSV Eindhoven – Atletico Madrid 0:3, 1:2; PSV Eindhoven – Olympique Marseille 2:0, 0:3 – 1. FC Liverpool 11:5, 14; 2. Atletico Madrid 9:4, 12; 3. Olympique Marseille 5:7, 4; 4. PSV Eindhoven 5:14, 3.

Gruppe E: Manchester United – FC Villarreal 0:0, 0:0; Aalborg BK – Manchester United 0:3, 2:2; Manchester United – Celtic Glasgow 3:0, 1:1; FC Villarreal – Aalborg BK 6:3, 2:2; FC Villarreal – Celtic Glasgow 1:0, 0:2; Celtic Glasgow – Aalborg BK 0:0, 1:2 – 1. Manchester United 9:3 10; 2. FC Villarreal 9:7, 9; 3. Aalborg BK 9:14, 6; 4. Celtic Glasgow 4:7, 5.

Gruppe F: Bayern München – Olympique Lyon 1:1, 3:2; Bayern München – AC Florenz 3:0, 1:1; Steaua Bukarest – Bayern München 0:1, 0:3; Olympique Lyon – AC Florenz 2:2, 2:1; Steaua Bukarest – Olympique Lyon 3:5, 0:2; AC Florenz – Steaua Bukarest 0:0, 1:0 – 1. Bayern München 12:4, 14; 2. Olympique Lyon 14:10, 11; 3. AC Florenz 5:8, 6; 4. Steaua Bukarest 3:12, 1.

Gruppe G: FC Arsenal – FC Porto 4:0, 0:2; FC Porto – Dynamo Kiew 0:1, 2:1; FC Porto – Fenerbahce Istanbul 3:1, 2:1; Dynamo Kiew – FC Arsenal 1:1, 0:1; Fenerbahce Istanbul – FC Arsenal 2:5, 0:0; Fenerbahce Istanbul – Dynamo Kiew 0:0, 0:1 – 1. FC Porto 9:8, 12; 2. FC Arsenal 11:5, 11; 3. Dynamo Kiew 4:4, 8; 4. Fenerbahçe Istanbul 4:11, 2.

Gruppe H: Juventus Turin – Real Madrid 2:1, 2:0; Juventus Turin – Zenit St. Petersburg 1:0, 0:0; BATE Borissow – Juventus Turin 2:2, 0:0; Zenit St. Petersburg – Real Madrid 1:2, 0:3; Real Madrid – BATE Borissow 2:0, 1:0; Zenit St. Petersburg – BATE Borissow 1:1, 2:0 – 1. Juventus Turin 7:3, 12; 2. Real Madrid 9:5, 12; 3. Zenit St. Petersburg 4:7, 5; 4. BATE Borissow 3:8, 3.

Achtelfinale: Sporting Lissabon – Bayern München 0:5, 1:7; Atletico Madrid – FC Porto 2:2, 0:0; Olympique Lyon – FC Barcelona 1:1 2:5; FC Arsenal – AS Rom 1:0, n. V. 0:1, Elfmeterschießen 7:6; Inter Mailand – Manchester United 0:0, 0:2; FC Villarreal – Panathinaikos Athen 1:1, 2:1; Real Madrid – FC Liverpool 0:1, 0:4; FC Chelsea – Juventus Turin 1:0, 2:2.

Viertelfinale: FC Barcelona – Bayern München 4:0, 1:1; FC Liverpool – FC Chelsea 1:3, 4:4; Manchester United – FC Porto 2:2, 1:0; FC Villarreal – FC Arsenal 1:1, 0:3.

Halbfinale: FC Barcelona – FC Chelsea 0:0, 1:1; Manchester United – FC Arsenal 1:0, 3:1.

Endspiel am 27. Mai in Rom:

FC Barcelona – Manchester United 2:0 (1:0)

Barcelona: Victor Valdes – Puyol, Pique, Y. Touré, Sylvinho – Sergi Busquets – Xavi, Iniesta (Pedro) – Eto'o, Messi, Henry (S. Keita).

Tore: Eto'o, Messi – SR: Busacca (Schweiz) – Zuschauer: 62 467.

2009/10: Inter Mailand

Qualifikation, 1. Runde: Hibernians Paola – Mogren Budva 0:2, 0:4; Tre Fiori Fiorentino – UE Sant Julia 1:1, n. V. 1:1, Elfmeterschießen 4:5.

Qualifikation, 2. Runde: Makedonija Skopje – BATE Borissow 0:2, 0:2; Piunik Erewan – Dinamo Zagreb 0:0, 0:3; EB/Streymur Eidi – APOEL Nikosia 0:2, 0:3; Ekranas Panevezys – FK Baku 2:2, 2:4; Rhyl FC – Partizan Belgrad 0:4, 0:8; FK Ventspils – F91 Düdelingen 3:0, 3:1; Inter Turku – Sheriff Tiraspol 0:1, 0:1; WIT Georgia Tiflis – NK Maribor 0:0, 1:3; Levski Sofia – UE Sant Julia 4:0, 5:0; Maccabi Haifa – FC Glentoran 6:0, 4:0; KF Tirana – Stabaek IF 1:1, 0:4; Debreceni VSC – Kalmar FF 2:0, 1:3; FC Kopenhagen – Mogren Budva 6:0, 6:0; RB Salzburg – Bohemian FC 1:1, 1:0; Zrinjski Mostar – Slovan Bratislava 1:0, 0:4; Wisla Krakau – Levadia Tallinn 1:1, 0:1; FH Hafnarfjördur – FK Aktobe 0:4, 0:2.

Qualifikation, 3. Runde (Meister): FK Baku – Levski Sofia 0:0, 0:2; FK Aktobe – Maccabi Haifa 0:0, 3:4: FK Ventspils – BATE Borissow 1:0, 1:2; Levadia Tallinn – Debreceni VSC 0:1, 0:1; APOEL Nikosia – Partizan Belgrad 2:0, 0:1; Sheriff Tiraspol – Slavia Prag 0:0, 1:1; Slovan Bratislava – Olympiakos Piräus 0:2, 0:2; FC Zürich – NK Maribor 2:3, 3:0; FC Kopenhagen – Stabaek IF 3:1, 0:0; RB Salzburg – Dinamo Zagreb 1:1, 2:1 – (Bestplatzierte): Sparta Prag – Panathinaikos Athen 3:1, 0:3; Schachtjor Donezk – FC Timisoara 2:2, 0:0; Sporting Lissabon – FC Twente Enschede 0:0, 1:1; Celtic Glasgow – Dynamo Moskau 0:1, 2:0; RSC Anderlecht – Sivasspor 5:0, 1:3.

Play-offs (Meister): RB Salzburg – Maccabi Haifa 1:2, 0:3; FK Ventspils – FC Zürich 0:3, 1:2; Levski Sofia – Debreceni VSC 1:2, 0:2; Sheriff Tiraspol – Olympiakos Piräus 0:2, 0:1; FC Kopenhagen – APOEL Nikosia 1:0, 1:3 – (Bestplatzierte): Olympique Lyon – RSC Anderlecht 5:1, 3:1; Panathinaikos Athen – Atletico Madrid 2:3, 0:2; FC Timisoara – VfB Stuttgart 0:2, 0:0; Celtic Glasgow – FC Arsenal 0:2, 1:3; Sporting Lissabon – AC Florenz 2:2, 1:1.

Gruppenphase, Gruppe A: Girondins Bordeaux – Bayern München 2:1, 2:0; Juventus Turin – Girondins Bordeaux 1:1, 0:2; Girondins Bordeaux – Maccabi Haifa 1:0, 1:0; Bayern München – Juventus Turin 0:0, 4:1; Maccabi Haifa – Bayern München 0:3, 0:1; Juventus Turin – Maccabi Haifa 1:0, 1:0 – 1. Girondins Bordeaux 9:2, 16; 2. Bayern München 9:5, 10; 3. Juventus Turin 4:7, 8; 4. Maccabi Haifa 0:8, 0.

Gruppe B: ZSKA Moskau – Manchester United 0:1, 3:3; Manchester United – VfL Wolfsburg 2:1, 3:1; Besiktas Istanbul – Manchester United 0:1, 1:0; VfL Wolfsburg – ZSKA Moskau 3:1, 1:2; ZSKA Moskau – Besiktas Istanbul 2:1, 2:1; VfL Wolfsburg – Besiktas Istanbul 0:0, 3:0 – 1. Manchester United 10:6, 13; 2. ZSKA Moskau 10:10, 10; 3. VfL Wolfsburg 9:8, 7; 4. Besiktas Istanbul 3:8, 4.

Gruppe C: Real Madrid – AC Mailand 2:3, 1:1; Real Madrid – Olympique Marseille 3:0, 3:1; FC Zürich – Real Madrid 2:5, 0:1; Olympique Marseille – AC Mailand 1:2, 1:1; AC Mailand – FC Zürich 0:1, 1:1; FC

Zürich – Olympique Marseille 0:1, 1:6 – 1. Real Madrid 15:7, 13; 2. AC Mailand 8:7, 9; 3. Olympique Marseille 10:10, 7; 4. FC Zürich 5:14, 4.

Gruppe D: FC Chelsea – FC Porto 1:0, 1:0; FC Chelsea – Atletico Madrid 4:0, 2:2; APOEL Nikosia – FC Chelsea 0:1, 2:2; FC Porto – Atletico Madrid 2:0, 3:0; FC Porto – APOEL Nikosia 2:1, 1:0; Atletico Madrid – APOEL Nikosia 0:0, 1:1 – 1. FC Chelsea 11:4, 14; 2. FC Porto 8:3, 12; 3. Atletico Madrid 3:12, 3; 4. APOEL Nikosia 4:7, 3.

Gruppe E: Olympique Lyon – AC Florenz 1:0, 0:1; AC Florenz – FC Liverpool 2:0, 2:1; Debreceni VSC – AC Florenz 3:4, 2:5; FC Liverpool – Olympique Lyon 1:2, 1:1; Debreceni VSC – Olympique Lyon 0:4, 0:4; FC Liverpool – Debreceni VSC 1:0, 1:0 – 1. AC Florenz 14:7, 15; 2. Olympique Lyon 12:3, 13; 3. FC Liverpool 5:7, 7; 4. Debreceni VSC 5:19, 0.

Gruppe F: Inter Mailand – FC Barcelona 0:0, 0:2; FC Barcelona – Rubin Kasan 1:2, 0:0; FC Barcelona – Dynamo Kiew 2:0, 2:1; Rubin Kasan – Inter Mailand 1:1, 0:2; Inter Mailand – Dynamo Kiew 2:2, 2:1; Dynamo Kiew – Rubin Kasan 3:1, 0:0 – 1. FC Barcelona 7:3, 11; 2. Inter Mailand 7:6, 9; 3. Rubin Kasan 4:7, 6; 4. Dynamo Kiew 7:9, 5.

Gruppe G: VfB Stuttgart – FC Sevilla 1:3, 1:1; FC Sevilla – Unirea Urziceni 2:0, 0:1; Glasgow Rangers – FC Sevilla 1:4, 0:1; Unirea Urziceni – VfB Stuttgart 1:1, 1:3; VfB Stuttgart – Glasgow Rangers 1:1, 2:0; Glasgow Rangers – Unirea Urziceni 1:4, 1:1 – 1. FC Sevilla 11:4, 13; 2. VfB Stuttgart 9:7, 9; 3. Unirea Urziceni 8:8, 8; 4. Glasgow Rangers 4:13, 2.

Gruppe H: FC Arsenal – Olympiakos Piräus 2:0, 0:1; Standard Lüttich – FC Arsenal 2:3, 0:2; AZ Alkmaar – FC Arsenal 1:1, 1:4; Olympiakos Piräus – Standard Lüttich 2:1, 0:2; Olympiakos Piräus – AZ Alkmaar 1:0, 0:0; AZ Alkmaar – Standard Lüttich 1:1, 1:1 – 1. FC Arsenal 12:5, 13; 2. Olympiakos Piräus 4:5, 10; 3. Standard Lüttich 7:9, 5; 4. AZ Alkmaar 4:8, 4.

Achtelfinale: VfB Stuttgart – FC Barcelona 1:1, 0:4; Bayern München – AC Florenz 2:1, 2:3; Olympique Lyon – Real Madrid 1:0, 1:1; FC Porto – FC Arsenal 2:1, 0:5; AC Mailand – Manchester United 2:3, 0:4; Olympiakos Piräus – Girondins Bordeaux 0:1, 1:2; Inter Mailand – FC Chelsea 2:1, 1:0; ZSKA Moskau – FC Sevilla 1:1, 2:1.

Viertelfinale: Bayern München – Manchester United 2:1, 2:3; Olympique Lyon – Girondins Bordeaux 3:1, 0:1; FC Arsenal – FC Barcelona 2:2, 1:4; Inter Mailand – ZSKA Moskau 2:1, 1:0.

Halbfinale: Bayern München – Olympique Lyon 1:0, 3:0; Inter Mailand – FC Barcelona 3:1, 0:1.

Endspiel am 22. Mai in Madrid:

Inter Mailand – Bayern München 2:0 (1:0)

Inter: Julio Cesar – Maicon, Lucio, Samuel, Chivu (Stankovic) – Zanetti, Cambiasso – Snejder – Eto'o, Pandev (Muntari) – Milito (Materazzi).

Tore: Milito (2) – SR: Webb (England) – Zuschauer: 74 954.

2010/11: FC Barcelona

Qualifikation, 1. Runde: Santa Coloma – Birkirkara FC 0:3, 3:4; Tre Fiori Fiorentino – Rudar Pljevlja 0:3, 1:4.

Qualifikation, 2. Runde: Inter Baku – Lech Posen 0:1, n. V. 1:0, Elfmeterschiessen 8:9; Metalurgs Liepaja – Sparta Prag 0:3, 0:2; Levadia Tallinn – Debreceni VSC 1:1, 2:3; Birkirkara FC – MSK Zilina 1:0, 0:3; RB Salzburg – HB Torshavn 5:0, 0:1; Litex Lovetsch – Rudar Pljevlja 1:0, 4:0; Omonia Nikosia – Renova Dzepciste 3:0, 2:0; AIK Solna – Jeunesse Esch 1:0, 0:0; Hapoel Tel Aviv – Zeljeznicar Sarajevo 5:0, 1:0; Dinamo Zagreb – FC Koper 5:1, 0:3; Bohemian FC – The New Saints 1:0, 0:4; FK Aqtöbe – Olimpi Rustawi 2:0, 1:1; BATE Baryssau – FH Hafnarfjördur 5:1, 1:0; Ekranas Panevezys – HJK Helsinki 1:0, n. V. 0:2; Sheriff Tiraspol – Dinamo Tirana 3:1, 0:1; Partizan Belgrad – Piunik Erewan 3:1, 1:0; FC Linfield – Rosenborg Trondheim 0:0, 0:2.

Qualifikation, 3. Runde (Meister): Omonia Nikosia – RB Salzburg 1:1, 1:4;
Litex Lovetsch – MSK Zilina 1:1, 1:3; Sparta Prag – Lech Posen 1:0, 1:0; The New Saints – RSC Anderlecht 1:3, 0:3; FK Aqtöbe – Hapoel Tel Aviv 1:0, 1:3; BATE Baryssau – FC Kopenhagen 0:0, 2:3; Sheriff Tiraspol – Dinamo Zagreb 1:1, n. V. 1:1, Elfmeterschiessen 6:5; Debreceni VSC – FC Basel 0:2, 1:3; AIK Solna – Rosenborg Trondheim 0:1, 0:3; Partizan Belgrad – HJK Helsinki 3:0, 2:1.
(Bestplatzierte): Dynamo Kiew – KAA Gent 3:0, 3:1; Unirea Urziceni – Zenit St. Petersburg 0:0, 0:1; Young Boys Bern – Fenerbahce Istanbul 2:2, 1:0; Ajax Amsterdam – PAOK Saloniki 1:1, 3:3; Sporting Braga – Celtic Glasgow 3:0, 1:2.

Play-offs (Meister): Rosenborg Trondheim – FC Kopenhagen 2:1, 0:1; Sparta Prag – MSK Zilina 0:2, 0:1; RB Salzburg – Hapoel Tel Aviv 2:3, 1:1; FC Basel – Sheriff Tiraspol 1:0, 3:0; Partizan Belgrad – RSC Anderlecht 2:2, n. V. 2:2, Elfmeterschiessen 3:2.
(Bestplatzierte): Werder Bremen – Sampdoria Genua 3:1, n. V. 2:3; Young Boys Bern – Tottenham Hotspur 3:2, 0:4; Zenit St. Petersburg – AJ Auxerre 1:0, 0:2; Dynamo Kiew – Ajax Amsterdam 1:1, 1:2; Sporting Braga – FC Sevilla 1:0, 4:3.

Gruppenphase, Gruppe A: Inter Mailand – Tottenham Hotspur 4:3, 1:3; Tottenham Hotspur – Twente Enschede 4:1, 3:3; Werder Bremen – Tottenham Hotspur 2:2, 0:3; Twente Enschede – Inter Mailand 2:2, 0:1; Inter Mailand – Werder Bremen 4:0, 0:3; Twente Enschede – Werder Bremen 1:1, 2:0 – 1. Tottenham Hotspur 18:11, 11; 2. Inter Mailand 12:11, 10; 3. Twente Enschede 9:11, 6; 4. Werder Bremen 6:12, 5.
Gruppe B: Olympique Lyon – FC Schalke 04 1:0, 0:3; FC Schalke 04 – Benfica Lissabon 2:0, 2:1; FC Schalke 04 – Hapoel Tel Aviv 3:1, 0:0; Olympique Lyon – Benfica Lissabon 2:0, 3:4; Hapoel Tel Aviv – Olympique Lyon 1:3, 2:2; Benfica Lissabon – Hapoel Tel Aviv 2:0, 0:3 – 1. FC Schalke 04 10:3, 13; 2. Olympique Lyon 11:10, 10; 3. Benfica Lissabon 7:12, 6; 4. Hapoel Tel Aviv 7:10, 5.
Gruppe C: FC Valencia – Manchester United 0:1, 1:1; Manchester United – Glasgow Rangers 0:0, 1:0; Manchester United – Bursaspor 1:0, 3:0; Glasgow Rangers – FC Valencia 1:1, 0:3; Bursaspor – FC Valencia 0:4, 1:6; Glasgow Rangers – Bursaspor 1:0, 1:1 – 1. Manchester United 7:1, 14; 2. FC Valencia 15:4, 11; 3. Glasgow Rangers 3:6, 6; 4. Bursaspor 2:16, 1.
Gruppe D: FC Barcelona – FC Kopenhagen 2:0, 1:1; Rubin Kasan – FC Barcelona 1:1, 0:2; FC Barcelona – Panathinaikos Athen 5:1, 3:0; FC Kopenhagen – Rubin Kasan 1:0, 0:1; Panathinaikos Athen – FC Kopenhagen 0:2, 1:3; Panathinaikos Athen – Rubin Kasan 0:0, 0:0 – 1. FC Barcelona 14:3, 14; 2. FC Kopenhagen 7:5, 10; 3. Rubin Kasan 2:4, 6; 4. Panathinaikos Athen 2:13, 2.
Gruppe E: Bayern München – AS Rom 2:0, 2:3; FC Basel – Bayern München 1:2, 0:3; Bayern München – CFR Cluj 3:2, 4:0; AS Rom – FC Basel 1:3, 3:2; AS Rom – CFR Cluj 2:1, 1:1; CFR Cluj – FC Basel 2:1, 0:1 – 1. Bayern München 16:6, 15; 2. AS Rom 10:11, 10; 3. FC Basel 8:11, 6; 4. CFR Cluj 6:12, 4.
Gruppe F: FC Chelsea – Olympique Marseille 2:0, 0:1; Spartak Moskau – FC Chelsea 0:2, 1:4; MSK Zilina – FC Chelsea 1:4, 1:2; Olympique Marseille – Spartak Moskau 0:1, 3:0; Olympique Marseille – MSK Zilina 1:0, 7:0; Spartak Moskau – MSK Zilina 3:0, 2:1 – 1. FC Chelsea 14:4, 15; 2. Olympique Marseille 12:3, 12; 3. Spartak Moskau 7:10, 9; 4. MSK Zilina 3:19, 0.
Gruppe G: Real Madrid – AC Mailand 2:0, 2:2; Real Madrid – Ajax Amsterdam 2:0, 4:0; AJ Auxerre – Real Madrid 0:1, 0:4; Ajax Amsterdam – AC Mailand 1:1, 2:0; AC Mailand – AJ Auxerre 2:0, 2:0; Ajax Amsterdam – AJ Auxerre 2:1, 1:2 – 1. Real Madrid 15:2, 16; 2. AC Mailand 7:7, 8; 3. Ajax Amsterdam 6:10, 7; 4. AJ Auxerre 3:12, 3.
Gruppe H: FC Arsenal – Schachtar Donezk 5:1, 1:2; Sporting Braga – Schachtar Donezk 0:3, 0:2; Schachtar Donezk – Partizan Belgrad 1:0, 3:0; FC Arsenal – Sporting Braga 6:0, 0:2; Partizan Belgrad – FC Arsenal 1:3, 1:3; Sporting Braga – Partizan Belgrad 2:0, 1:0 – 1. Schachtar Donezk 12:6, 15; 2. FC Arsenal 18:7, 12; 3. Sporting Braga 5:11, 9; 4. Partizan Belgrad 2:13, 0.
Achtelfinale: FC Valencia – FC Schalke 04 1:1, 1:3; Inter Mailand – Bayern München 0:1, 3:2; AS Rom – Schachtar Donezk 2:3, 0:3; AC Mailand – Tottenham Hotspur 0:1, 0:0; Olympique Lyon – Real Madrid 1:1, 0:3; FC Arsenal – FC Barcelona 2:1, 1:3; Olympique Marseille – Manchester United 0:0, 1:2; FC Kopenhagen – FC Chelsea 0:2, 0:0.
Viertelfinale: Inter Mailand – FC Schalke 04 2:5, 1:2; Real Madrid – Tottenham Hotspur 4:0, 1:0; FC Chelsea – Manchester United 0:1, 1:2; FC Barcelona – Schachtar Donezk 5:1, 1:0.
Halbfinale: FC Schalke 04 – Manchester United 0:2, 1:4; Real Madrid – FC Barcelona 0:2, 1:1.

Endspiel am 28. Mai in London:
FC Barcelona – Manchester United 3:1 (1:1)
Barcelona: Victor Valdes – Dani Alves (Puyol), Mascherano, Pique, Abidal – Busquets – Xavi, Iniesta – Villa (Keita), Messi, Pedro (Afellay).
Tore: Pedro, Messi, Villa (Rooney) – SR: Kassai (Ungarn) – Zuschauer: 87 695.

EUROPAPOKAL DER POKALSIEGER

1961	AC FLORENZ	1981	DYNAMO TIFLIS
1962	ATLETICO MADRID	1982	FC BARCELONA
1963	TOTTENHAM HOTSPUR	1983	FC ABERDEEN
1964	SPORTING LISSABON	1984	JUVENTUS TURIN
1965	WEST HAM UNITED	1985	FC EVERTON
1966	BORUSSIA DORTMUND	1986	DYNAMO KIEW
1967	BAYERN MÜNCHEN	1987	AJAX AMSTERDAM
1968	AC MAILAND	1988	KV MECHELEN
1969	SLOVAN BRATISLAVA	1989	FC BARCELONA
1970	MANCHESTER CITY	1990	SAMPDORIA GENUA
1971	FC CHELSEA	1991	MANCHESTER UNITED
1972	GLASGOW RANGERS	1992	WERDER BREMEN
1973	AC MAILAND	1993	AC PARMA
1974	1. FC MAGDEBURG	1994	FC ARSENAL
1975	DYNAMO KIEW	1995	REAL SARAGOSSA
1976	RSC ANDERLECHT	1996	PARIS ST. GERMAIN FC
1977	HAMBURGER SV	1997	FC BARCELONA
1978	RSC ANDERLECHT	1998	FC CHELSEA
1979	FC BARCELONA	1999	LAZIO ROM
1980	FC VALENCIA		

1960/61: AC Florenz

Endspiele am 11. Mai in Glasgow und 27. Mai 1961 in Florenz:

AC Florenz – Glasgow Rangers 2:0 und 2:1

AC Florenz: Albertosi – Robotti, Castelletti – Gonfiantini, Orzan, Rimbaldo – Hamrin, Micheli, Da Costa, Milani, Petris.

Tore: im ersten Spiel Milan (2). – SR: Steiner (Österreich), Tore im zweiten Spiel: Milan, Hamrin (Scott für Glasgow). – SR: Hernadi (Ungarn). – Zuschauer: 1. Spiel 80 000; 2. Spiel 50 000.

1961/62: Atletico Madrid

Endspiele am 10. Mai in Glasgow und 5. September 1962 in Stuttgart

Atletico Madrid – AC Florenz 1:1 n. V. und 3:0.

Atletico Madrid: Madinabeytia – Rivilla, Calleja – Ramirez, Griffa, Glaria – Jones, Adelardo, Mendonca, Peiro, Collar.

Tore im ersten Spiel: Peiro (Hamrin für Florenz). – SR: Wharton (Schottland).

Tore im zweiten Spiel: Jones, Mendonca, Peiro. – SR: Tschenscher (Deutschland). – Zuschauer: 1. Spiel 27 000; 2. Spiel 39 000.

1962/63: Tottenham Hotspur

Endspiel am 15. Mai 1963 in Rotterdam:

Tottenham Hotspur – Atletico Madrid 5:1 (2:0)

Tottenham: Brown – Baker, Norman, Hendry – Blanchflower, Marchi – Jones, White, Smith, Greaves, Dyson.

Tore: Greaves (2), Dyson (2), White (Collar für Madrid). – SR: van Leuwen (Holland). – Zuschauer: 50 000.

1963/64: Sporting Lissabon

Endspiele am 13. Mai in Brüssel und 15. Mai 1964 in Antwerpen:

Sporting Lissabon – MTK Budapest 3:3 n. V. (3:3, 1:1) und 1:0 (1:0)

Sporting Lissabon: Carvalho – Gomes, Carlos – Peridis, Baptista, Mendes – Osvaldo – Mascarenhas, Figueiredo, Geo, Morais (Geraldo, Bocaleri).
Tore im ersten Spiel: Figueiredo (2), Mascaranhas (Kuti 2, Sandor für Budapest)
Tore im zweiten Spiel: Morais – 1. Spiel: SR: van Nuffel (Belgien), Zuschauer: 4000 – 2. Spiel: SR: Versyp (Belgien), Zuschauer: 19 000.

1964/65: West Ham United

Endspiel am 19. Mai 1965 in London:

West Ham United – TSV München 1860 2:0 (0:0)

West Ham United: Standen – Kirkup, Burkett, Moore – Peters, Brown – Sealey, Boyce, Hurst, Dear, Sissons.
München 1860: Radenkovic – Wagner, Reich, Kohlars – Bena, Luttrop – Grosser, Heiß, Küppers, Brunnenmeier, Rebele.
Tore: Sealey (2). – SR: Zsolt (Ungarn). – Zuschauer: 98 000.

1965/66: Borussia Dortmund

Endspiel am 5. Mai 1966 in Glasgow:

Borussia Dortmund – FC Liverpool 2:1 n. V. (1:1, 0:0)

Borussia Dortmund: Tilkowski – Cyliax, Paul, Redder – Kurrat, Assauer – Libuda, Schmidt, Held, Sturm, Emmerich.
Tore: Held, Libuda (Hunt für Liverpool). – SR: Schwinte (Frankreich). – Zuschauer: 42 000.

1966/67: Bayern München

Endspiel am 31. Mai 1967 in Nürnberg:

Bayern München – Glasgow Rangers 1:0 n. V.

Bayern München: Maier – Nowak, Beckenbauer, Olk, Kupferschmidt – Roth, Koulmann – Nafziger, Ohlhauser, Müller, Brenninger.
Tor: Roth. – SR: Lo Bello (Italien). – Zuschauer: 70 000.

1967/68: AC Mailand

Endspiel am 23. Mai 1968 in Rotterdam:

AC Mailand – Hamburger SV 2:0 (2:0)

AC Mailand: Cudicini – Anquiletti, Schnellinger, Rosato, Scala – Trapattoni, Lodetti – Rivera, Hamrin, Sormani, Prati.
Hamburger SV: Özcan – Sandmann, W. Schulz, Horst, Kurbjuhn – Dieckmann, Krämer – B. Dörfel, Seeler, Hönig, G. Dörfel.
Tore: Hamrin (2). – SR: De Mendibil (Spanien). – Zuschauer: 53 000.

1968/69: Slovan Bratislava

Endspiel am 21. Mai 1969 in Basel:

Slovan Bratislava – FC Barcelona 3:2 (3:1)

Slovan Bratislava: Vencel – Filo, Hrivnak, Horvath – Zlocha, Hrdlicka, Joszef Capkovic – Cvetler, Moder (Hatar), Jokl, Jan Capkovic.
Tore: Cvetler, Hrivnak, Jan Capkovic (Zaldua, Rexach für Barcelona). – SR: Van Ravens (Holland). – Zuschauer: 19 478.

1969/70: Manchester City

Endspiel am 29. April 1970 in Wien:

Manchester City – Gornik Zabrze 2:1 (2:0)

Manchester City: Corrigan – Book, Booth, Heslop, Pardoe – Doyle (Bowyer), Towers, Oakes – Bell, Lee, Young.
Tore: Young, Lee (Oslizlo für Zabrze). – SR: Schiller (Österreich). – Zuschauer: 10 000.

1970/71: FC Chelsea

Endspiele am 19. Mai und 21. Mai 1971 in Athen:

FC Chelsea – Real Madrid 1:1 n.V. (1:1, 0:1) und 2:1 (2:0)

Chelsea: Bonetti – Boyle, Dempsey, Webb, Harris – Hollins (Mulligan), Weller – Hudson, Osgood (Baldwin/2. Spiel Smethurst), Cooke, Houseman.

Tore: 1. Spiel Osgood (Zoco für Madrid), 2. Spiel Dempsey, Osgood (Fleitas für Madrid). – SR: Scheurer (Schweiz) im ersten, Bucheli (Schweiz) im zweiten Spiel. – Zuschauer: 42 000 (1. Spiel), 35 000 (2. Spiel).

1971/72: Glasgow Rangers

Endspiel am 24. Mai 1972 in Barcelona:

Glasgow Rangers – Dynamo Moskau 3:2 (2:0)

Glasgow Rangers: McCloy – Jardine, D. Smith, Johnstone, Mathieson – Greig, McDonald, Conn – McLean, Stein, Johnston.

Tore: Stein, Johnston (2), (Estrekow, Machowikow für Moskau). – SR: de Mendibil (Spanien). – Zuschauer: 35 000.

1972/73: AC Mailand

Endspiel am 16. Mai 1973 in Saloniki:

AC Mailand – Leeds United 1:0 (1:0)

AC Mailand: Vecchi – Sabadini, Anquiletti, Turone, Zignoli – Rosato (Dolci), Benetti, Rivera – Sogliano, Bigon, Chiarugi.

Tor: Chiarugi. – SR: Michas (Griechenland). – Zuschauer: 45 000.

1973/74: 1. FC Magdeburg

Endspiel am 8. Mai in Rotterdam:

1. FC Magdeburg – AC Mailand 2:0 (1:0)

1. FC Magdeburg: Schulze, – Enge, Zapf, Abraham, Tyll – Gaube, Pommerenke, Seguin, – Raugust, Sparwasser, Hoffmann.

Tore: Lanzi (Eigentor), Seguin. – SR: van Gemert (Holland). – Zuschauer: 4000.

1974/75: Dynamo Kiew

Endspiel am 14. Mai in Basel:

Dynamo Kiew – Ferencvaros Budapest 3:0 (2:0)

Dynamo Kiew: Rudakow – Troschkin, Fomenko, Reschko, Matwienko – Konkow, Muntian, Burjak – Onischtschenko, Kolotow, Blochin.

Tore: Onischtschenko (2), Blochin. – SR: Davidson (Schottland) – Zuschauer: 12 000.

1975/76: RSC Anderlecht

Endspiel am 5. Mai in Brüssel:

RSC Anderlecht – West Ham United 4:2 (1:1)

Anderlecht: Ruiter – Lomme, Van Binst, Broos, Thissen – Dockx, Van der Elst, Haan – Ressel, Coeck (Vercauteren), Rensenbrink.

Tore: Rensenbrink (2), Van der Elst (2), (Holland, Robson für West Ham). – SR: Wurtz (Frankreich). – Zuschauer: 58 000.

1976/77: Hamburger SV

Endspiel am 11. Mai in Amsterdam:

Hamburger SV – RSC Anderlecht 2:0 (0:0)

HSV: Kargus – Kaltz, Ripp, Nogly, Hidien – Memering, Magath – Steffenhagen, Reimann, Keller, Volkert.

Tore: Volkert, Magath. – SR: Partridge (England). – Zuschauer: 66 000.

1977/78: RSC Anderlecht

Endspiel am 3. Mai in Paris:

RSC Anderlecht – Austria Wien 4:0 (3:0)

RSC Anderlecht: de Bree – van Binst, Bross, Dusbaba, Thissen – Haan, Coeck, Vercauteren (Dockx) – Nielsen, van der Elst, Rensenbrink.

Tore: Rensenbrink (2), van Binst (2). – SR: Aldinger (Deutschland). – Zuschauer: 48 679.

1978/79: FC Barcelona

Endspiel am 16. Mai in Basel:

FC Barcelona – Fortuna Düsseldorf 4:3 (2:2, 2:2) n. V.

Barcelona: Artola – Zuviria, Costas (Martinez), Migueli, Albaladejo (de la Cruz) – Neeskens, Asensi, Sanchez – Rexach, Krankl, Carrasco.

Fortuna Düsseldorf: Daniel – Baltes, Zewe, Zimmermann (Lund), Köhnen – Brei (Weikl), Schmitz, Bommer, Th. Allofs – Kl. Allofs, Seel.

Tore: Sanchez, Rexach, Krankl, Asensi, (Seel (2), Th. Allofs für Düsseldorf). – SR: Palotai (Ungarn). – Zuschauer: 58 000.

1979/80: FC Valencia

Endspiel am 14. Mai in Brüssel:

FC Valencia – FC Arsenal 0:0 n. V.; 5:4 nach Elfmeterschießen

Valencia: Pereira – Carrette, Arias, Tendillo, Botubot – Solsona, Bonhof, Subirates (Castellanos) – Saura, Kempes, Pablo.

Tore aus dem Elfmeterschießen: Solsona, Stapleton, Pablo, Sunderland, Castellanos, Talbot, Bonhof, Hollins, Arias (Pereira hielt Elfmeter von Brady und Rix, Jennings von Kempes). – SR: Christov (CSSR). – Zuschauer: 36 000.

1980/81: Dynamo Tiflis

Endspiel am 13. Mai in Düsseldorf:

Dynamo Tiflis – Carl Zeiss Jena 2:1 (0:0)

Tiflis: Gabelija – Kostawa, Tschiwadse, Chisanischwili, Tawadse – Darasselija, Swanadse (Kakilaschwili), Sulakwelidse – Guzajew, Kipiani, Schengelija.

Jena: Grapenthin – Brauer, Schnuphase, Krause, Schilling – Kurbjuweit, Hoppe (Oevermann), Lindemann – Bielau (Töpfer), Raab, Vogel.

Tore: Guzajew, Darasselija (Hoppe für Jena). – SR: Lattanzi (Italien) – Zuschauer: 9000.

1981/82: FC Barcelona

Endspiel am 12. Mai in Barcelona:

FC Barcelona – Standard Lüttich 2:1 (1:1)

FC Barcelona: Urruti – Gerardo, Alesanco, Migueli, Manolo – Sanchez, Esteban, Moratalla – Simonsen, Quini, Carrasco.

Tore: Simonsen, Quini (Vandersmissen). – SR: Eschweiler (Deutschland). – Zuschauer: 100 000.

1982/83: FC Aberdeen

Endspiel am 11. Mai in Göteborg:

Real Madrid – FC Aberdeen 1:2 (1:1, 1:1) n. V.

FC Aberdeen: Leighton – Rougvie, Miller, McLeish, McMaster – Cooper, Simpson, Strachan – McGhee, Black (Hewitt), Weir.

Tore: Black, Hewitt (Juanito für Madrid). – SR: Menegalli (Italien). – Zuschauer: 17 804.

1983/84: Juventus Turin

Endspiel am 16. Mai in Basel:

Juventus Turin – FC Porto 2:1 (2:1)

Juventus: Tacconi – Gentile, Scirea, Brio, Cabrini – Bonini, Tardelli, Platini, Vignola (Caricola) – Rossi, Boniek.

Tore: Vignola, Boniek (Sousa für Porto). – SR: Prokop (DDR). – Zuschauer: 60 000.

1984/85: FC Everton

Endspiel am 15. Mai in Rotterdam:

FC Everton – Rapid Wien 3:1 (0:0)

Everton: Southall – Stevens, Mountfield, Ratcliffe – van den Hauwe, Reid, Steven, Bracewell, Sheedy – Gray, Sharp.

Tore: Gray, Steven, Sheedy (Krankl für Wien). – SR: Casarin (Italien). – Zuschauer: 5 0 000.

1985/86: Dynamo Kiew

Endspiel am 2. Mai in Lyon:

Dynamo Kiew – Atletico Madrid 3:0 (1:0)

Dynamo: Tschanow – Bessonow – Baltatscha (Bal), Kusnezow – Demjanenko, Jaremtschuk, Raz, Jakowenko, Sawarow (Jewtuschenko) – Belanow, Blochin.

Tore: Sawarow, Blochin, Jewtuschenko. – SR: Wöhrer (Österreich). – Zuschauer: 39 000.

1986/87: Ajax Amsterdam

Endspiel am 13. Mai in Athen:

Ajax Amsterdam – Lokomotive Leipzig 1:0 (1:0)

Ajax: Menzo – Silooy, Verlaat, Boeve – Wouters, Winter, Rijkaard, A. Mühren (Scholten) – van't Schip, van Basten, Witschge (Bergkamp).

Lokomotive: Müller – Kreer, Baum, Lindner, Zötsche – Scholz, Liebers (Kühn), Bredow, Marschall – Richter, Edmond (Leitzke).

Tor: Van Basten. – SR: Agnolin (Italien). – Zuschauer: 35 000.

1987/88: KV Mechelen

Endspiel am 11. Mai in Straßburg:

KV Mechelen – Ajax Amsterdam 1:0 (0:0)

KV Mechelen: Preud'homme – Clijsters – Sanders, Rutjes, Deferm – Emmers, E. Koeman, De Wilde (Demesmaeker), Hofkens (Theunis) – Ohana, den Boer.

Tor: den Boer. – SR: Pauly (Deutschland). – Zuschauer: 39 440.

1988/89: FC Barcelona

Endspiel am 10. Mai in Bern:

FC Barcelona – Sampdoria Genua 2:0 (1:0)

FC Barcelona: Zubizarreta – Aloisio, Alesanco, Urbano – Milla (Soler), Amor, Eusebio, Roberto – Lineker, Salinas, Beguiristain (Lopez-Rekarte).

Tore: Salinas, Lopez-Rekarte. – SR: Courtney (England). – Zuschauer: 45 000.

1989/90: Sampdoria Genua

Endspiel am 9. Mai in Göteborg:

Sampdoria Genua – RSC Anderlecht 2:0 (0:0, 0:0) n. V.

Sampdoria: Pagliuca – Pellegrini – Mannini, Vierchowod, Carboni – Invernizzi (Lombardo), Pari, Katanec (Salsano), Dossena – Vialli, Mancini.

Tore: Vialli (2). – Schiedsrichter Galler (Schweiz). – Zuschauer: 20 103.

1990/91: Manchester United

Endspiel am 15. Mai in Rotterdam:

Manchester United – FC Barcelona 2:1 (0:0)

Manchester: Sealey – Irwin, Bruce, Pallister, Blackmore – Phelan, Robson, Ince, McClair – Hughes, Sharpe.

Tore: Hughes (2) (Koeman für Barcelona). – SR: Karlsson (Schweden). – Zuschauer: 45 000.

1991/92: Werder Bremen

Endspiel am 6. Mai in Lissabon:

Werder Bremen – AS Monaco 2:0 (1:0)

Werder Bremen: Rollmann – Bratseth – Wolter (Schaaf), Borowka – Bockenfeld, Votava, Eilts, Neubarth (Kohn), Bode – Rufer, Allofs.

Tore: Allofs, Rufer. – SR: Pietro D'Elia (Italien). – Zuschauer: 15 000.

1992/93: AC Parma

Endspiel am 12. Mai in London:

AC Parma – FC Antwerpen 3:1 (2:1)

AC Parma: Ballotta – Minotti – Benarrivo, Apolloni, Di Chiara – Zoratto (Pin), Grün, Cuoghi, Brolin – Melli, Osio (Pizzi).

Tore: Minotti, Melli, Cuoghi (Severeyns für Antwerpen). – SR: Assenmacher (Deutschland). – Zuschauer: 37 393.

1993/94: FC Arsenal

Endspiel am 4. Mai in Kopenhagen:

FC Arsenal – AC Parma 1:0 (1:0)

Arsenal: Seaman – Dixon, Bould, Adams, Davis – Morrow, Campbell, Merson (McGoldrick), Winterburn – Smith, Selley.

Tor: Smith. – SR: Krondl (Tschechien). – Zuschauer: 34 000.

1994/95: Real Saragossa

Endspiel am 10. Mai in Paris:

Real Saragossa – FC Arsenal 2:1 (0:0, 1:1) n. V.

Saragossa: Cedrun – Belsue, Caceres, Aguado, Solana – Nayim, Pardeza, Aragon, Higuera (Sanjuan, Geli), Poyet – Esnaider.

Tore: Esnaider, Nayim (Hartson für Arsenal). – SR: Ceccarini (Italien). – Zuschauer: 42 424.

1995/96: Paris Saint-Germain

Endspiel am 8. Mai in Brüssel:

Paris Saint-Germain – Rapid Wien 1:0 (1:0)

Paris: Lama – Le Guen – N'Gotty, Roche – Fournier (Llacer), Bravo, Guerin, Djorkaeff, Colleter – Rai (Dely Valdez), Loko.

Tor: N'Gotty. – SR: Pairetto (Italien). – Zuschauer: 37 500.

1996/97: FC Barcelona

Endspiel am 14. Mai in Rotterdam:

FC Barcelona – Paris Saint-Germain 1:0 (1:0)

Barcelona: Vitor Baia – Ferrer, Fernando Couto, Abelardo, Sergi – Popescu (Amor), Guardiola – Figo, De la Pena (Stoitchkov), Luis Enrique (Pizzi) – Ronaldo.

Tor: Ronaldo. – SR: Dr. Merk (Deutschland). – Zuschauer: 51 000.

1997/98: FC Chelsea

Endspiel am 13. Mai in Stockholm:

FC Chelsea – VfB Stuttgart 1:0 (0:0)

Chelsea: De Goey – Clarke, Dubbery, Lebœuf, Granville – Petrescu, Wise, Di Matteo, Poyet (Newton) – Flo (Zola) – Vialli.

VfB Stuttgart: Wohlfahrt – Schneider (Endreß), Yakin, Berthold – Haber (Djordjevic), Soldo, Poschner, Hagner (Ristic) – Balakov – Bobic, Akpoborie.

Tor: Zola. – SR: Braschi (Italien). – Zuschauer: 30 216.

1998/99: Lazio Rom

Endspiel am 19. Mai in Birmingham:

RCD Mallorca – Lazio Rom 1:2 (1:1)

Lazio: Marchegiani – Pancaro, Mihajlovic, Nesta, Favalli – Stankovic (Sergio Conceicao), Almeyda, Mancini (Couto), Nedved (Lombardo) – Vieri, Salas.

Tore: Vieri, Nedved (Dani für Mallorca). – SR: Benkö (Österreich). – Zuschauer: 33 021.

Die Ergebnisse des Europapokals der Pokalsieger erschienen zum letzten mal im Almanach 2004

MESSEPOKAL/UEFA-POKAL/EUROPA LEAGUE

1958	FC BARCELONA	1986	REAL MADRID
1960	FC BARCELONA	1987	IFK GÖTEBORG
1961	AS ROM	1988	BAYER LEVERKUSEN
1962	FC VALENCIA	1989	SSC NEAPEL
1963	FC VALENCIA	1990	JUVENTUS TURIN
1964	REAL SARAGOSSA	1991	INTER MAILAND
1965	FERENCVAROS BUDAPEST	1992	AJAX AMSTERDAM
1966	FC BARCELONA	1993	JUVENTUS TURIN
1967	DINAMO ZAGREB	1994	INTER MAILAND
1968	LEEDS UNITED	1995	AC PARMA
1969	NEWCASTLE UNITED	1996	BAYERN MÜNCHEN
1970	FC ARSENAL	1997	FC SCHALKE 04
1971	LEEDS UNITED	1998	INTER MAILAND
1972	TOTTENHAM HOTSPUR	1999	AC PARMA
1973	FC LIVERPOOL	2000	GALATASARAY ISTANBUL
1974	FEYENOORD ROTTERDAM	2001	FC LIVERPOOL
1975	BORUSSIA M'GLADBACH	2002	FEYENOORD ROTTERDAM
1976	FC LIVERPOOL	2003	FC PORTO
1977	JUVENTUS TURIN	2004	FC VALENCIA
1978	PSV EINDHOVEN	2005	ZSKA MOSKAU
1979	BORUSSIA M'GLADBACH	2006	FC SEVILLA
1980	EINTRACHT FRANKFURT	2007	FC SEVILLA
1981	IPSWICH TOWN	2008	ZENIT ST. PETERSBURG
1982	IFK GÖTEBORG	2009	SCHACHTJOR DONEZK
1983	RSC ANDERLECHT	2010	ATLETICO MADRID
1984	TOTTENHAM HOTSPUR	2011	FC PORTO
1985	REAL MADRID		

Ein 1955 begründeter Wettbewerb, der ursprünglich den europäischen Stadtmannschaften der „klassischen" europäischen Messestädte vorbehalten war. Aber noch im ersten Wettbewerb 1955/56 übernahmen verschiedene Klubmannschaften die Vertretung ihrer Städte. Ab 1963 nahmen nur noch Klubmannschaften teil. Ursprünglich erstreckte sich jeder Wettbewerb über drei Jahre, ab 1960 wurde der Messepokal alljährlich ausgespielt und der Teilnehmerkreis vergrößert. Ab 1971/72 steht der Wettbewerb unter Leitung der UEFA und hieß bis 2008/09 UEFA-Pokal, ab 2009/10 Europa League.

1955/58: FC Barcelona

Gruppe 1: FC Barcelona – Kopenhagen 6:2, 1:1; Wien verzichtete; **Gruppe 2:** Internazionale Mailand – Birmingham City 0:0, 1:2; Zagreb – Birmingham City 0:1, 0:3; Zagreb – Internazionale Mailand 0:1, 0:4; **Gruppe 3:** Leipzig – Lausanne-Sports 6:3, 3:7; **Gruppe 4:** Basel – London 0:5, 0:1; London – Frankfurt 3:2, 0:1; Frankfurt – Basel 5:1, 2:6; .
Halbfinale: Lausanne-Sports – London 2:1, 0:2; Birmingham City – FC Barcelona 4:3, 0:1, 1:2 (in Basel).

Endspiele: London – FC Barcelona 2:2 und 0:6.

Barcelona: Estrems (Ramallets); Olivella, Segarra; Gensana, Gracia, (Verges), Ribelles (Brugue); Basora, Evaristo, Martinez, Villaverde (Suarez), Tejada.
Tore: Greaves, Langley/Tejada, Martinez (1. Spiel), Suarez 2, Evaristo 2, Martinez, Verges (2. Spiel). – SR: Dusch (Deutschland, beide Spiele) – Zuschauer: 45 000/60 000 – 5.3. und 1.5.

1958/60: FC Barcelona

Gruppe 1: Basel – FC Barcelona – Basel 1:2, 2:5; Inter Mailand – Olympique Lyon 7:0, 1:1; Belgrad – Lausanne Sports 6:1, 5:3; Frem Kopenhagen – FC Chelsea 1:3, 1:4.
Gruppe 2: Union St. Gilloise Brüssel – Leipzig 6:1, 0:1; Hannover 96 – AS Rom 1:3, 1:1; Zagreb – Ujpest Budapest 4:2, 0:1; Köln – Birmingham City 2:2, 0:2.
Viertelfinale: FC Barcelona – Inter Mailand 4:0, 4:2; Chelsea London – Belgrad 1:0, 1:4; Union St. Gilloise Brüssel – AS Rom 2:0, 1:1; Birmingham City – Zagreb 1:0, 3:3.
Halbfinale: Belgrad – FC Barcelona 1:1, 1:3; Union St. Gilloise Brüssel – Birmingham City 2:4, 2:4.

Endspiele: Birmingham City – FC Barcelona 0:0 und 1:4.

Barcelona: Ramallets; Olivella; Garcia; Gensana (Verges), Rodri, Segarra; Coll, Ribelles, Martinez (Kubala, Czibor), Kocsis.
Tore: Czibor 2, Martinez, Coll (Hooper für Birmingham) – SR: Van Nuffel (Belgien, beide) – Zuschauer: 41 000/70 000 – 29.3. und 4.5.

1960/61: AS Rom

Gruppe 1: Dinamo Zagreb – FC Barcelona 1:1, 3:4; Olympique Lyon – Köln 1:3, 2:1; Union St. Gilloise Brüssel – AS Rom 0:0, 1:4; Lausanne-Sports – Hibernian Edinburgh 0:2 (gewertet), Lausanne verzichtete auf Rückspiel.
Gruppe 2: KB Kopenhagen – Basel 8:1, 3:3; Birmingham City – Ujpest Budapest 3:2, 2:1; Internazionale Mailand – Hannover 96 8:2, 6:1; Leipzig – Belgrad 5:2, 1:4; 0:2 (in Budapest).
Viertelfinale: Köln – AS Rom 0:2, 2:0, 1:4 (in Rom); FC Barcelona – Hibernian Edinburgh 4:4, 2:3; Internazionale Mailand – Belgrad 5:0, 0:1; KB Kopenhagen – Birmingham City 4:4, 0:5.
Halbfinale: Hibernian Edinburgh – AS Rom 2:2, 3:3,0:6 (in Rom), Internazionale Mailand – Birmingham City 1:2, 1:2.

Endspiele: Birmingham City – AS Rom 2:2, 0:2.

AS Rom: Cudicini; Fontana, Corsini; Guiliano (Pestrin), Losi, Carpanesi; Orlando, Da Costa (Lojacono), Manfredini, Angelillo, Menichelli.
Tore: (Hellawell, Oritt für Birmingham im 1. Spiel), Manfredini 2; Pestrin, Farmer (Eigentor) im 2. Spiel – SR: Davidson (Schottland)/Schwinte (Frankreich) – Zuschauer: 21 000/60 000 – 27.9. und 11.10.

1961/62: FC Valencia

Gruppe 1: Spartak KPS Brünn – Leipzig 2:2, 1:4; Racing Straßburg – MTK Budapest 1:3, 2:10; AC Mailand – Novi Sad 0:0, 0:2. Freilos für: Iraklis Saloniki.
Gruppe 2: Kopenhagen – Dinamo Zagreb 2:7, 2:2; Berlin (West) – FC Barcelona 1:0, 0:3; Olympique Lyon – Sheffield Wednesday 4:2, 2:5. Freilos für: AS Rom.
Gruppe 3: Hannover 96 – Espanol Barcelona 0:1, 0:2; Basel – Roter Stern Belgrad 1:1, 1:4; Hibernian Edinburgh – Belenenses Lissabon 3:3, 3:1. Freilos für: Birmingham City.
Gruppe 4: Union St. Gilloise Brüssel – Heart of Midlothian 1:3, 0:2; 1. FC Köln – Internazionale Mailand 4:2, 0:2, 3:5 (in Mailand); FC Valencia – Nottingham Forest 2:0, 5:1. Freilos für: Lausanne-Sports.
Achtelfinale: MTK Budapest – Leipzig 3:0, 0:3, 2:0 (in Bratislava); Iraklis Saloniki – Novi Sad 2:1, 1:9; FC Barcelona – Dinamo Zagreb 5:1, 2:2; Sheffield Wednesday – AS Rom 4:0, 0:1; Roter Stern Belgrad – Hibernian Edinburgh 4:0, 1:0; Espanol Barcelona – Birmingham City 5:2, 0:1; Heart of Midlothian Edinburgh – Internazionale Mailand 0:1, 0:4; FC Valencia – Lausanne-Sports 4:3 (nur ein Spiel).
Viertelfinale: Novi Sad – MTK Budapest 1:4, 1:2; Sheffield Wednesday – FC Barcelona 3:2, 0:2, Roter Espanol Barcelona – Stern Belgrad 2:1, 0:5; FC Valencia – Internazionale Mailand 2:0, 3:3.
Halbfinale: FC Valencia – MTK Budapest 3:0, 7:3; Roter Stern Belgrad – FC Barcelona 0:2, 1:4.

Endspiele: FC Valencia – FC Barcelona 6:2, 1:1.

FC Valencia: Zamora; Piquer, Mestre; Sastre, Quincoces, Chicao; Nunez, Ribelles (Urtiaga), Waldo, Guillot, Yosu.
Tore: Yosu 2, Gullot 3, Nunez (Kocsis 2 für Barcelona) im 1. Spiel; Guillot, (Kocsis für Barcelona) im 2. Spiel – SR: Barberan (Frankreich)/Campanati (Italien) – Zuschauer: 65 000/60 000 – 8.9. und 12.9.

1962/63: FC Valencia

Gruppe 1: Utrecht – Tasmania 1900 Berlin 3:2, 2:1; Hibernian Edinburgh – Kopenhagen 4:0, 3:2.
Gruppe 2: Belenenses Lissabon – FC Barcelona 1:1, 1:1, 2:3; Rapid Wien – Roter Stern Belgrad 1:1, 0:1.
Gruppe 3: FC Basel – Bayern München 0:3 (nur ein Spiel); Drumcondra Dublin – Odense 4:1, 2:4.
Gruppe 4: Altay Izmir – AS Rom 2:3 (in Izmir), 1:10; Glentoran Belfast – Real Saragossa 0:2, 2:6.

Gruppe 5: Viktoria Köln – Ferencvaros Budapest 4:3, 1:4; Sampdoria Genua – Aris Bonneweg 1:0, 2:0.
Gruppe 6: FC Porto – Dinamo Zagreb 1:2, 0:0; Olympique Marseille – Union St. Gilloise Brüssel 1:0, 2:4.
Gruppe 7: FC Everton – Dunfermline 1:0, 0:2; FC Valencia – Celtic Glasgow 4:2, 2:2.
Gruppe 8: Vojvodina Novi Sad – Leipzig 1:0, 0:2; Petrolul Ploesti – Spartak Brünn 4:0, 1:0.
Achtelfinale: Utrecht – Hibernian Edinburgh 0:1, 1:2; Roter Stern Belgrad – FC Barcelona 3:2, 0:1, 1:0 (in Nizza); Bayern München – Drumcondra Dublin 6:0, 0:1; Real Saragossa – AS Rom 2:4, 2:1; Sampdoria Genua – Ferencvaros Budapest 1:0, 0:6; Dinamo Zagreb – Union St. Gilloise Brüssel 2:1, 0:1, 3:2 (in Linz); FC Valencia – Dunfermline 4:0, 2:6, 1:0 (in Lissabon); Petrolul Ploesti – Leipzig 1:0, 0:1 1:0 (in Budapest).
Viertelfinale: Bayern München – Dinamo Zagreb 1:4, 0:0; Ferencvaros Budapest – Petrolul Ploesti 2:0, 0:1; AS Rom – Roter Stern Belgrad 3:0, 0:2; FC Valencia – Hibernian Edinburgh 5:0, 1:2.
Halbfinale: FC Valencia – AS Rom 3:0, 0:1; Ferencvaros Budapest – Dinamo Zagreb 1:2, 0:1.

Endspiele: Dinamo Zagreb – FC Valencia 1:2, 0:2.

FC Valencia: Zamora; Piquer, Chiaco; Paquito, Quincoces, Sastre; Mano, Sanchez-Lage, Waldo, Ribelles, Urtiaga (Nunez).
Tore: Waldo, Urtiaga (Zambata für Zagreb im 1. Spiel; Mano, Nunez im 2. Spiel – SR: Adami (Italien)/Howley (England) – Zuschauer: 40 000/55 000 – 12. und 26.6.

1963/64: Real Saragossa

Gruppe 1: 1. FC Köln – AA Gent 3:1, 1:1; DOS Utrecht – Sheffield Wednesday 1:4, 1:4.
Gruppe 2: Spartak Brünn – Servette Genf 5:0, 2:1; Glentoran Belfast – Partick Thistle 1:4, 0:3.
Gruppe 3: Kopenhagen – FC Arsenal 1:7, 3:2; Aris Bonneweg – FC Lüttich 0:2, 0:0.
Gruppe 4: Lausanne-Sports – Heart of Midlothian Edinburgh 2:2, 2:2, 3:2 n. V. (in Lausanne); Iraklis Saloniki – Real Saragossa 0:3, 1:6.
Gruppe 5: Atletico Madrid – FC Porto 2:1, 0:0; Juventus Turin – OFK Belgrad 2:1, 1:2, 1:0 (in Triest).
Gruppe 6: Shamrock Rovers – FC Valencia 0:1, 2:2; Rapid Wien – Racing Paris 1:0, 3:2.
Gruppe 7: Hertha BSC Berlin – AS Rom 1:3, 0:2; Tresnjevka Zagreb – Belenenses Lissabon 0:2, 1:2.
Gruppe 8: SC Leipzig – Ujpest Budapest 0:0, 2:3; Steagul Rosu Brasov – Lokomotive Plovdiv 1:3, 1:2.
Achtelfinale: 1. FC Köln – Sheffield Wednesday 3:2, 2:1; Partick Thistle – Spartak Brünn 3:2, 0:4; FC Arsenal London – FC Lüttich 1:1, 1:3; Lausanne Sports – Real Saragossa 1:2, 0:3; Juventus Turin – Atletico Madrid 1:0, 2:1; Rapid Wien – FC Valencia 0:0, 2:3; AS Rom – Belenenses Lissabon 2:1, 1:0; Ujpest Budapest – Lokomotive Plovdiv 0:0, 3:1.
Viertelfinale: AS Rom – 1. FC Köln 3:1, 0:4; FC Valencia – Ujpest Budapest 5:2, 1:3; Real Saragossa – Juventus Turin 3:2, 0:0; FC Lüttich – Spartak Brünn 2:0, 0:2, 1:0 (in Lüttich).
Halbfinale: FC Valencia – 1. FC Köln 4:1, 0:2; FC Lüttich – Real Saragossa 1:0, 1:2, 0:2 (in Saragossa).

Endspiel: Real Saragossa – FC Valencia 2:1 in Barcelona.

Real Saragossa: Yarza; Cortizo, Reija, Isasi; Santamaria, Pais; Canario, Duca, Marcelino, Villa, Lapetra.
Tore: Villa, Marcelino (Urtiaga für Valencia) – SR: Campos (Portugal) – Zuschauer: 50 000 – 25.6.

1964/65: Ferencvaros Budapest

Gruppe 1: Eintracht Frankfurt – FC Kilmarnock 3:0, 1:5; Valerengen Oslo – FC Everton 2:5, 2:4; FC Kilmarnock – FC Everton 0:2, 1:4.
Gruppe 2: Borussia Dortmund – Girondins Bordeaux 4:1, 0:2; Djurgarden Stockholm – Manchester United 1:1, 1:6; Borussia Dortmund – Manchester United 1:6, 0:4.
Gruppe 3: Leixoes Porto – Celtic Glasgow 1:1, 0:3; FC Barcelona – AC Florenz 0:1, 2:0; FC Barcelona – Celtic Glasgow 3:1, 0:0.
Gruppe 4: Racing Straßburg – AC Mailand 2:0, 0:1; FC Basel – Spora Luxemburg 2:0, 0:1; FC Basel – Racing Straßburg 0:1, 2:5.
Gruppe 5: Ferencvaros Budapest – Spartak Brünn 2:0, 0:1; Wiener Sport Klub – SC Leipzig 2:1, 1:0; Wiener Sport Klub – Ferencvaros Budapest 1:0, 1:2, 0:2 (in Budapest).
Gruppe 6: Belenenses Lissabon – Shelbourne Dublin 1:1, 0:0, 1:2 (in Dublin); Servette Genf – Atletico Madrid 2:2, 1:6; Shelbourne Dublin – Atletico Madrid 0:1, 0:1.
Gruppe 7: Vojvodina Novi Sad – Lokomotive Plovdiv 1:1, 1:1, 0:2 (in Sofia); Göztepe Izmir – Petrolul Ploesti 0:1, 1:2; Petrolul Ploesti – Lokomotive Plovdiv 1:0, 0:2.
Gruppe 8: KB Kopenhagen – DOS Utrecht 3:4, 1:2; FC Valencia – FC Lüttich 1:1, 1:3; DOS Utrecht – FC Lüttich 0:2, 0:2.
Gruppe 9: B 1913 Odense – VfB Stuttgart 1:3, 0:1; Dunfermline Athletic – Örgryte Göteborg 4:2, 0:0; Dunfermline Athletic – VfB Stuttgart 1:0, 0:0.

Gruppe 10: Atletico Bilbao – OFK Belgrad 2:2, 2:0; Hertha BSC Berlin – FC Antwerpen 2:1, 0:2; Atletico Bilbao – FC Antwerpen 2:0, 1:0.
Gruppe 11: Betis Sevilla – Stade Français Paris 1:1, 0:2; Union St. Gilloise Brüssel – Juventus Turin 0:1, 0:1; Stade Français Paris – Juventus Turin 0:0, 0:1.
Gruppe 12: Aris Saloniki – AS Rom 0:0, 0:3; NK Zagreb – Grazer AK 3:2, 6:0; NK Zagreb – AS Rom 1:1, 0:1.
Achtelfinale: AS Rom – Ferencvaros Budapest 1:2, 0:1; Atletico Bilbao – Dunfermline 1:0, 0:1, 2:1 (in Bilbao); Manchester United – FC Everton 1:1, 2:1; Racing Straßburg – FC Barcelona 0:0, 2:2, 0:0 n. V., Los für Straßburg (in Barcelona); Juventus Turin – Lokomotive Plovdiv 1:1, 1:1, 2:1 (in Turin); FC Lüttich – Atletico Madrid 1:0, 0:2.
Viertelfinale: Racing Straßburg – Manchester United 0:5, 0:0; Ferencvaros Budapest – Atletico Bilbao 1:0, 1:2, 3:0 (in Budapest); Freilose für: Atletico Madrid und Juventus Turin.
Halbfinale: Atletico Madrid – Juventus Turin 3:1, 1:3, 1:3 (in Turin); Manchester United – Ferencvaros Budapest 3:2, 0:1, 1:2 (in Budapest).

Endspiel: Ferencvaros Budapest – Juventus Turin 1:0 (in Turin).

Ferencvaros Budapest: Geczi; Novak, Matrai; Horvath, Juhasz, Orosz; Karaba, Varga, Albert, Rakosi, Fenyvesi.
Tor: Fenyvesi – SR: Dienst (Schweiz) – Zuschauer: 25 000 – 23.6.

1965/66: FC Barcelona

1. Runde: 1. FC Nürnberg – FC Everton 1:1, 0:1; US Luxemburg – 1. FC Köln 0:4, 0:13; DOS Utrecht – FC Barcelona 0:0, 1:7; FC Lüttich – NK Zagreb 1:0, 0:2; AC Mailand – Racing Straßburg 1:0, 1:2, n. V. 1:1 Los für Mailand, (in Mailand); FC Chelsea – AS Rom 4:1, 0:0; Hibernian Edinburgh – FC Valencia 2:0, 0:2, 0:3 (in Valencia); Stade Francais Paris – FC Porto 0:0, 0:1; Daring Club Brüssel – AIK Stockholm 1:3, 0:0; Malmö FF – TSV München 1860 0:3, 0:4; Leeds United – AC Turin 2:1, 0:0; PAOK Saloniki – Wiener SC 2:1, 0:6; Spartak Brünn – Lokomotive Plovdiv 2:0, 0:1; Girondins Bordeaux – Sporting Lissabon 0:4, 1:6; Roter Stern Belgrad – AC Florenz 0:4, 1:3; FC Antwerpen – FC Glentoran 1:0, 3:3. Freilose für: Hannover 96, Espanol Barcelona, Steagul Rosu Brasov, Göztepe Izmir, Servette Genf, CUF Barreiro, SC Leipzig, FC Basel, Aris Saloniki, Ujpest Budapest, Dunfermline Athletic, B 1903 Kopenhagen, Heart of Midlothian, Valerengen Oslo, Shamrock Rovers und Real Saragossa.
2. Runde: SC Leipzig – Leeds United 1:2, 0:0; Aris Saloniki – 1. FC Köln 2:1, 0:2; Göztepe Izmir – TSV München 1860 2:1, 1:9; Hannover 96 – FC Porto 5:0, 1:2; CUF Barreiro – AC Mailand 2:0, 0:2, 0:1 (in Mailand); Wiener SC – FC Chelsea 1:0, 0:2; Sporting Lissabon – Espanol Barcelona 2:1, 3:4, 1:2 (in Barcelona); Ujpest Budapest – FC Everton 3:0, 1:2; Heart of Midlothian – Valerengen Oslo 1:0, 3:1; FC Antwerpen – FC Barcelona 2:1, 0:2; Dunfermline Athletic – B 1903 Kopenhagen 5:0, 4:2; FC Basel – FC Valencia 1:3, 1:5; NK Zagreb – Steagul Rosu Brasov 2:2, 0:1; AIK Stockholm – Servette Genf 2:1, 1:4; AC Florenz – Spartak Brünn 2:0, 0:4; Shamrock Rovers – Real Saragossa 1:1, 1:2.
Achtelfinale: 1. FC Köln – Ujpest Budapest 3:2, 0:4; Servette Genf – TSV München 1860 1:1, 1:4; Hannover 96 – FC Barcelona 2:1, 0:1, n. V. 1:1, Los für Barcelona (in Hannover); AC Mailand – FC Chelsea 2:1, 1:2, n. V. 1:1, Los für Chelsea (in Mailand); Dunfermline Athletic – Spartak Brünn 2:0, 0:0; Espanol Barcelona – Steagul Rosu Brasov 3:1, 2:4, 1:0 (in Brasov); Leeds United – FC Valencia 1:1, 1:0; Heart of Midlothian – Real Saragossa 3:3, 2:2, 0:1 (in Saragossa).
Viertelfinale: TSV München 1860 – FC Chelsea 2:2, 0:1; Leeds United – Ujpest Budapest 4:1, 1:1; FC Barcelona – Espanol Barcelona 1:0, 1:0; Dunfermline Athletic – Real Saragossa 1:0, n. V. 2:4.
Halbfinale: FC Barcelona – FC Chelsea 2:0, 0:2, 5:0 (in Barcelona); Real Saragossa – Leeds United 1:0, 1:2, 3:1 (in Saragossa).

Endspiele: FC Barcelona – Real Saragossa 0:1, n. V. 4:2

FC Barcelona: Sadurni – Benitez (Foncho), Eladio – Montesinos, Gallego, Torres –Zaballa, Muller (Mas), Zaldua, Fuste, Vidal (Pujol).
Tore: (Canario für Saragossa im 1. Spiel); Pujol 2, Zaballa, Torres (Villa, Marcelino für Saragossa) im 2. Spiel) – SR: Zsolt (Ungarn)/Lo Bello (Italien) – Zuschauer: 70 000/35 000 – 14. 9. und 21. 9.

1966/67: Dinamo Zagreb

1. Runde: Drumcondra Dublin – Eintracht Frankfurt 0:2, 1:6; 1. FC Nürnberg – FC Valencia 1:2, 0:2; VfB Stuttgart – FC Burnley 1:1, 0:2; Djurgarden Stockholm – 1. FC Lok Leipzig 1:3, 1:2; Frigg Oslo – Dunfermline Athletic 1:3, 1:3; DOS Utrecht – FC Basel 2:1, 2:2; Roter Stern Belgrad – Atletico Bilbao 5:0, 0:2; US Luxemburg – FC Antwerpen 0:1, 0:1; OGC Nizza – Örgryte Göteborg 2:2, 1:2; Olimpija Ljubljana – Ferencvaros Budapest 3:3, 0:3; Spartak Brünn – Dinamo Zagreb 2:0, 0:2 (Los für Zagreb); Wiener SC

– SSC Neapel 1:2, 1:3; Dinamo Pitesti – FC Sevilla 2:0, 2:2; Aris Saloniki – Juventus Turin 0:2, 0:5; Göztepe Izmir – FC Bologna 1:2, 1:3; FC Porto – Girondins Bordeaux 2:1, 1:2 (Los für Bordeaux). Freilose für: FC Toulouse, Dundee United, FC Barcelona, Vitoria Setubal, B 1909 Odense, Lausanne-Sports, Hvidovre Kopenhagen, AA Gent, FC Kilmarnock, Spartak Plovdiv, Benfica Lissabon, FC Lüttich, Sparta Prag, West Bromwich Albion, DWS Amsterdam und Leeds United.

2. Runde: Eintracht Frankfurt – Hvidovre Kopenhagen 5:1, 2:2; 1. FC Lok Leipzig – FC Lüttich 0:0, 2:1; DWS Amsterdam – Leeds United 1:3, 1:5; FC Antwerpen – FC Kilmarnock 0:1, 2:7; AA Gent – Girondins Bordeaux 1:0, 0:0; DOS Utrecht – West Bromwich Albion 1:1, 2:5; FC Barcelona – Dundee United 1:2, 0:2; FC Toulouse – Dinamo Pitesti 3:0, 1:5; FC Valencia – Roter Stern Belgrad 1:0, 2:1; B 1909 Odense – SSC Neapel 1:4, 1:2; Lausanne-Sports – FC Burnley 1:3, 0:5; Sparta Prag – FC Bologna 2:2, 1:2; Dunfermline Athletic – Dinamo Zagreb 4:2, 0:2; Juventus Turin – Vitoria Setubal 3:1, 2:0; Örgryte Göteborg – Ferencvaros Budapest 0:0, 1:7; Spartak Plovdiv – Benfica Lissabon 1:1, 0:3.

Achtelfinale: Eintracht Frankfurt – Ferencvaros Budapest 4:1, 1:2, 1. FC Lok Leipzig – Benfica Lissabon 3:1, 1:2; Juventus Turin – Dundee United 3:0, 0:1; Leeds United – FC Valencia 1:1, 2:0; FC Burnley – SSC Neapel 3:0, 0:0; FC Bologna – West Bromwich Albion 3:0, 3:1; FC Kilmarnock – AA Gent 1:0, n. V. 2:1; Dinamo Pitesti – Dinamo Zagreb 0:1, 0:0.

Viertelfinale: Eintracht Frankfurt – FC Burnley 1:1, 2:1; 1. FC Lok Leipzig – FC Kilmarnock 1:0, 0:2; Juventus Turin – Dinamo Zagreb 2:2, 0:3; FC Bologna – Leeds United 1:0, n. V. 0:1 (Los für Leeds).

Halbfinale: Eintracht Frankfurt – Dinamo Zagreb 3:0, n. V. 0:4; Leeds United – FC Kilmarnock 4:2, 0:0.

Endspiele: Dinamo Zagreb – Leeds United 2:0, 0:0.

Dinamo Zagreb: Skoric – Gracanin, Brncic, Belin, Ramljak – Blaskovic, Cercek – Piric, Zambata, Gucmirtl, Rora.

Tore: Cercek, Rora – SR: Perales (Spanien)/Sbardella(Italien) – Zuschauer: 40 000/35 000 – 30. 8. und 7. 9.

1967/68: Leeds United

1. Runde: Eintracht Frankfurt – Nottingham Forest 0:1, 0:4; Servette Genf – TSV München 1860 2:2, 0:4; SSC Neapel – Hannover 96 4:0, 1:1; 1. FC Köln – Slavia Prag 2:0, 2:2; Dynamo Dresden – Glasgow Rangers 1:1, 1:2; 1. FC Lok Leipzig – FC Linfield 5:1, 0:1; Malmö FF – FC Liverpool 0:2, 1:2; FC Bologna – Lyn Oslo 2:0, 0:0; OGC Nizza – AC Florenz 0:1, 0:4 ; Hibernian Edinburgh – FC Porto 3:0, 1:3; FC Brügge – Sporting Lissabon 0:0, 1:2; St. Patrick's Athletic – Girondins Bordeaux 1:3, 3:6; Spora Luxemburg – Leeds United 0:9, 0:7; Wiener SC – Atletico Madrid 2:5, 1:2; Vojvodina Novi Sad – CUF Barreiro 1:0, 3:1; Frem Kopenhagen – Atletico Bilbao 0:1, 2:3; DWS Amsterdam – FC Dundee 2:1, 0:3; FC Zürich – FC Barcelona 3:1, 0:1; PAOK Saloniki – FC Lüttich 0:2, 2:3; Dinamo Zagreb – Petrolul Ploesti 5:0, 0:2; FC Antwerpen – Göztepe Izmir 1:2, 0:0; DOS Utrecht – Real Saragossa 3:2, 1:3; Dinamo Pitesti – Ferencvaros Budapest 3:1, 0:4; Partizan Belgrad – Lokomotive Plovdiv 5:1, 1:1.

2. Runde: FC Liverpool – TSV München 1860 8:0, 1:2; Glasgow Rangers – 1. FC Köln 3:0, n. V. 1:3; Vojvodina Novi Sad – 1. FC Lok Leipzig 0:0, 2:0; Nottingham Forest – FC Zürich 2:1, 0:1; SSC Neapel – Hibernian Edinburgh 4:1, 0:5; FC Dundee – FC Lüttich 3:1, 4:1; FC Bologna – Dinamo Zagreb 0:0, 2:1; Real Saragossa – Ferencvaros Budapest 2:1, 0:3; Sporting Lissabon – AC Florenz 2:1, 1:1; Girondins Bordeaux – Atletico Bilbao 1:3, 0:1; Partizan Belgrad – Leeds United 1:2, 1:1; Atletico Madrid – Göztepe Izmir 2:0, 0:3.

Achtelfinale: Ferencvaros Budapest – FC Liverpool 1:0, 1:0; FC Zürich – Sporting Lissabon 3:0, 0:1; Leeds United – Hibernian Edinburgh 1:0, 1:1; Vojvodina Novi Sad – Göztepe Izmir 1:0, 1:0; Freilose für: FC Dundee, Atletico Bilbao, Glasgow Rangers und FC Bologna.

Viertelfinale: Glasgow Rangers – Leeds United 0:0, 0:2; Ferencvaros Budapest – Atletico Bilbao 2:1, 2:1; FC Bologna – Vojvodina Novi Sad 0:0, 2:0; FC Dundee – FC Zürich 1:0, 1:0.

Halbfinale: Ferencvaros Budapest – FC Bologna 3:2, 2:2; FC Dundee – Leeds United 1:1, 0:1.

Endspiele: Leeds United – Ferencvaros Budapest 1:0, 0:0

Leeds United: Sprake – Reaney. Cooper, J. Charlton, Lorimer – Bremner, Hunter – Madeley, Jones (Belfitt), Giles (Greenhoff), Gray (Hibbit, Bates).

Tor: Jones – SR: Scheurer (Schweiz)/Schulenburg (Deutschland) – Zuschauer: 26 000/76 000 – 7. 8. und 11. 9.

1968/69: Newcastle United

1. Runde: Hannover 96 – B 1909 Odense 3:2, 1:0; FC Metz – Hamburger SV 1:4, 2:3; Wacker Innsbruck – Eintracht Frankfurt 2:2, 0:3; Legia Warschau – TSV München 1860 6:0, 3:2; Hansa Rostock – OGC Nizza 3:0, 1:2; Atletico Bilbao – FC Liverpool 2:1, n. V. 1:2 (Los für Bilbao); Daring Brüssel – Panathinaikos Athen 2:1, 0:2; Slavia Sofia – FC Aberdeen 0:0, 0:2; Sporting Lissabon – FC Valencia 4:0, 1:4; Standard Lüttich – Leeds United 0:0, 2:3; Trakia Plovdiv – Real Saragossa 3:1, 0:2; Aris Saloniki – Hibernians Paola

1:0, 6:0; FC Bologna – FC Basel 4:1, 2:1; Dinamo Zagreb – AC Florenz 1:1, 1:2; SSC Neapel – Grasshoppers Zürich 3:1, 0:1; Lausanne-Sports – Juventus Turin 0:2, 0:2; FC Chelsea – Greenock Morton 5:0, 4:3; DOS Utrecht – FC Dundalk 1:1, n. V. 1:2; Skeid Oslo – AIK Stockholm 1:1, 1:2; Atletico Madrid – SV Waregem 2:1, 0:1; Leixoes Porto – Arges Pitesti 1:1, 0:0; Beerschot VAV – DWS Amsterdam 1:1, 1:2; Olimpija Ljubljana – Hibernian Edinburgh 0:3, 1:2; Vitoria Setubal – FC Linfield 3:0, 3:1; Newcastle United – Feyenoord Rotterdam 4:0, 0:2; Rapid Bukarest – OFK Belgrad 3:1, n. V. 1:6; Göztepe Izmir – Olympique Marseille 2:0, n.V 0:2 (Los für Göztepe); Wiener SC – Slavia Prag 1:0, 0:5; Glasgow Rangers – Vojvodina Novi Sad 2:0, 0:1; Olympique Lyon – Academica Coimbra 1:0, n. V. 0:1 (Los für Lyon); KB Kopenhagen und US Luxemburg verzichteten gegen 1. FC Lok Leipzig und Ujpest Budapest.

2. Runde: AIK Stockholm – Hannover 96 4:2, 2:5; Hamburger SV – Slavia Prag 4:1, 1:3; Juventus Turin – Eintracht Frankfurt 0:0, n. V. 0:1; Hibernian Edinburgh – 1. FC Lok Leipzig 3:1, 1:0; Hansa Rostock – AC Florenz 3:2, 1:2; OFK Belgrad – FC Bologna 1:0, 1:1; Leeds United – SSC Neapel 2:0, n. V. 0:2 (Los für Leeds); FC Aberdeen – Real Saragossa 2:1, 0:3; FC Chelsea – DWS Amsterdam 0:0, n. V. 0:0 (Los für Amsterdam); Göztepe Izmir – Arges Pitesti 3:0, 2:3; Vitoria Setubal – Olympique Lyon 5:0, 2:1; Glasgow Rangers – FC Dundalk 6:1, 3:0; Sporting Lissabon – Newcastle United 1:1, 0:1; Aris Saloniki – Ujpest Budapest 1:2, 1:9; SV Waregem – Legia Warschau 1:0, 0:2; Panathinaikos Athen – Atletico Bilbao 0:0, 0:1.

Achtelfinale: Hamburger SV – Hibernian Edinburgh 1:0, 1:2; Leeds United – Hannover 96 5:1, 2:1; Atletico Bilbao – Eintracht Frankfurt 1:0, 1:1; Vitoria Setubal – AC Florenz 3:0, 1:2; Real Saragossa – Newcastle United 3:2, 1:2; DWS Amsterdam – Glasgow Rangers 0:2, 1:2; OFK Belgrad – Göztepe Izmir 3:1, 0:2; Legia Warschau – Ujpest Budapest 0:1, 2:2.

Viertelfinale: Leeds United – Ujpest Budapest 0:1, 0:2; Newcastle United – Vitoria Setubal 5:1, 1:3 (in Lissabon); Glasgow Rangers – Atletico Bilbao 4:1, 0:2; Hamburger SV verzichtete gegen Göztepe Izmir.

Halbfinale: Göztepe Izmir – Ujpest Budapest 1:4, 0:4; Glasgow Rangers – Newcastle United 0:0, 0:2.

Endspiele: Newcastle United – Ujpest Budapest 3:0, 3:2

Newcastle United: McFaul – Craig, Clark, Gibb, Burton, Moncur – Scott (Foggon) – Robson, Davies, Arentoft, Sinclair.

Tore: Moncur 2, Scott im 1. Spiel; Moncur, Arentoft, Scott (Bene, Göröcs für Budapest) im 2. Spiel – SR: Hannot (Frankreich)/Heymann (Schweiz) – Zuschauer: 60 000/37 000 – 29. 5. und 11. 6.

1969/70: FC Arsenal

1. Runde: VfB Stuttgart – Malmö FF 3:0, 1:1; UD Las Palmas – Hertha BSC Berlin 0:0, 0:1; TSV München 1860 – Skeid Oslo 2:2, 1:2; Hannover 96 – Ajax Amsterdam 2:1, 0:3; Carl Zeiss Jena – Altay Izmir 1:0, 0:0; Hansa Rostock – Panionios Athen 3:0, 0:2; Wiener SC – Ruch Chorzow 4:2, 1:4; Sporting Lissabon – Linzer ASK 4:0, 2:2; Lausanne-Sports – Raba ETO Györ 1:2, 1:2; FC Zürich – FC Kilmarnock 3:2, 1:3; FC Rouen – Twente Enschede 2:0, 0:1; FC Metz – SSC Neapel 1:1, 1:2; Jeunesse Esch – FC Coleraine 3:2, 0:4; SC Charleroi – NK Zagreb 2:1, 3:1; FC Liverpool – FC Dundalk 10:0, 4:0; Hvidovre Kopenhagen – FC Porto 1:2, 0:2; FC Arsenal – FC Glentoran 3:0, 0:1; RSC Anderlecht – Valur Reykjavik 6:0, 2:0 (in Gent); Dunfermline Athletic – Girondins Bordeaux 4:0, 0:2; FC Barcelona – B 1913 Odense 4:0, 2:0; Rosenborg Trondheim – FC Southampton 1:0, 0:2; CE Sabadell – FC Brügge 2:0, 1:5; Dinamo Bacau – FC Floriana 6:0, 1:0; Partizan Belgrad – Ujpest Budapest 2:1, 0:2; Vitoria Setubal – Rapid Bukarest 3:1, 4:1; Dundee United – Newcastle United 1:2, 0:1; Inter Mailand – Sparta Prag 3:0, 1:0; Juventus Turin – Lokomotive Plovdiv 3:1, 2:1; Vojvodina Novi Sad – Gwardia Warschau 1:1, 0:1; Aris Saloniki – US Cagliari 1:1, 0:3 (abgebrochen); Vitoria Guimaraes – Banik Ostrau 1:0, 1:1; Slavia Sofia – FC Valencia 2:0, 1:1.

2.Runde: Hertha BSC Berlin – Juventus Turin 3:1, 0:0; VfB Stuttgart – SSC Neapel 0:0, 0:1; Carl Zeiss Jena – US Carliari 2:0, 1:0; Hansa Rostock – Inter Mailand 2:1, 0:3; Ajax Amsterdam – Ruch Chorzow 7:0, 2:1; RSC Anderlecht – FC Coleraine 6:1, 7:3; Sporting Lissabon – FC Arsenal 0:0, 0:3; Skeid Oslo – Dinamo Bacau 0:0, 0:2; Vitoria Setubal – FC Liverpool 1:0, 2:3; SC Charleroi – FC Rouen 3:1, 0:2; FC Porto – Newcastle United 0:0, 0:1; FC Brügge – Ujpest Budapest 5:2, 0:3; Dunfermline Athletic – Gwardia Warschau 2:1, 1:0; Vitoria Guimaraes – FC Southampton 3:3, 1:5; FC Kilmarnock – Slavia Sofia 4:1, 0:2; Raba ETO Györ – FC Barcelona 2:3, 0:2.

Achtelfinale: Vitoria Setubal – Hertha BSC Berlin 1:1, 0:1; Carl Zeiss Jena – Ujpest Budapest 1:0, 3:0; FC Kilmarnock – Dinamo Bacau 1:1, 0:2; FC Rouen – FC Arsanal 0:0, 0:1; SSC Neapel – Ajax Amsterdam 1:0, n. V. 0:4; RSC Anderlecht – Dunfermline Athletic 1:0, 2:3; Newcastle United – FC Southampton 0:0, 1:1; FC Barcelona – Inter Mailand 1:2, 1:1.

Viertelfinale: Hertha BSC Berlin – Inter Mailand 1:0, 0:2; Carl Zeiss Jena – Ajax Amsterdam 3:1, 1:5; RSC Anderlecht – Newcastle United 2:0, 1:3; Dinamo Bacau – FC Arsenal 0:2, 1:7.

Halbfinale: FC Arsenal – Ajax Amsterdam 3:0, 0:1; RSC Anderlecht – Inter Mailand 0:1, 2:0.

Endspiele: RSC Anderlecht – FC Arsenal 3:1, 0:3

FC Arsenal: Wilson – Storey, McLintock, McNab, Simpson – Kelly, Sammels, Graham – Armstrong, Radford, George (Kennedy).
Tore: (Mulder 2, Devrindt für Anderlecht), Kennedy im 1. Spiel; Kelly, Radford, Sammels im 2. Spiel – SR: Scheurer (Schweiz)/Kunze (DDR) – Zuschauer: 37 000/51 612 – 22. 4. und 28. 4.

1970/71: Leeds United

1. Runde: AA Gent – Hamburger SV 0:1, 1:7; 1. FC Köln – CS Sedan 5:1, 0:1; Bayern München – Glasgow Rangers 1:0, 1:1; B 1901 Nyköbing – Hertha BSC Berlin 2:4, 1:4; Partizan Belgrad – Dynamo Dresden 0:0, 0:6; Sarpsborg FK – Leeds United 0:1, 0:5; GKS Kattowitz – FC Barcelona 0:1, 2:3; FC Sevilla – Eskisehirspor 1:0, 1:3; AEK Athen – Twente Enschede 0:1, 0:3; Zeljeznicar Sarajevo – RSC Anderlecht 3:4, 4:5; Lausanne-Sports – Vitoria Setubal 0:2, 1:2; FC Liverpool – Ferencvaros Budapest 1:0, 1:1; FC Coleraine – FC Kilmarnock 1:1, 3:2; Akademisk Kopenhagen – Sliema Wanderers 7:0, 3:2; Wiener SC – SK Beveren 0:2, 0:3; FC Barreirense – Dinamo Zagreb 2:0, 1:6; Spartak Trnava – Olympique Marseille 2:0, n. V. 0:2 (Trnava 4:3-Sieger nach Elfmeterschießen); Hibernian Edinburgh – Malmö FF 6:0, 3:2; Ilves-Kissat Tampere – Sturm Graz 4:2, 0:3; Trakia Plovdiv – Coventry City 1:4, 0:2; Universitatea Craiova – Pecsi Dozsa 2:1, 0:3; Lazio Rom – FC Arsenal 2:2, 0:2; Juventus Turin – US Rümelingen 7:0, 4:0; Dinamo Bukarest – PAOK Saloniki 5:0, 0:1; Hajduk Split – Slavia Sofia 3:0, 0:1; Cork Hibernians – FC Valencia 0:3, 1:3; Dundee United – Grasshoppers Zürich 3:2, 0:0; Sparta Rotterdam – IA Akranes 6:0, 9:0 (in Den Haag); Inter Mailand – Newcastle United 1:1, 0:2; Sparta Prag – Atletico Bilbao 2:0, 1:1; Vitoria Guimaraes – AS Angoulême 3:0, 1:3; Ruch Chorzow – AC Florenz 1:1, 0:2.
2. Runde: Dinamo Zagreb – Hamburger SV 4:0, 0:1; AC Florenz – 1. FC Köln 1:2, 0:1; Bayern München – Coventry City 6:1, 1:2; Hertha BSC Berlin – Spartak Trnava 1:0, 1:3; Leeds United – Dynamo Dresden 1:0, 1:2; FC Barcelona – Juventus Turin 1:2, 1:2; Sparta Prag – Dundee United 3:1, 0:1; Hibernian Edinburgh – Vitoria Guimaraes 2:0, 1:2; Sparta Rotterdam – FC Coleraine 2:0, 2:1; Vitoria Setubal – Hajduk Split 2:0, 1:2; Sturm Graz – FC Arsenal 1:0, 0:2; FC Liverpool – Dinamo Bukarest 3:0, 1:1; Akademisk Kopenhagen – RSC Anderlecht 1:3, 0:4; Newcastle United – Pecsi Dozsa 2:0, n. V. 0:2 (Pecs 5:3-Sieger nach Elfmeterschießen); FC Valencia – SK Beveren 0:1, 1:1; Eskisehirspor – Twente Enschede 3:2, 1:6.
Achtelfinale: Bayern München – Sparta Rotterdam 2:1, 3:1; Spartak Trnava – 1. FC Köln 0:1, 0:3; Leeds United – Sparta Prag 6:0, 3:2; Pecsi Dozsa – Juventus Turin 0:1, 0:2; FC Arsenal – SK Beveren 4:0, 0:0; Dinamo Zagreb – Twente Enschede 2:2, 0:1; RSC Anderlecht – Vitoria Setubal 2:1, n. V. 1:3; Hibernian Edinburgh – FC Liverpool 0:1, 0:2.
Viertelfinale: FC Arsenal – 1. FC Köln 2:1, 0:1; FC Liverpool – Bayern München 3:0, 1:1, Leeds United – Vitoria Setubal 2:1, 1:1; Juventus Turin – Twente Enschede 2:0, n. V. 2:2.
Halbfinale: FC Liverpool – Leeds United 0:1, 0:0; 1. FC Köln – Juventus Turin 1:1, 0:2.

Endspiele: Juventus Turin – Leeds United 2:2, 1:1.

Leeds United: Sprake – Reaney, Cooper, Bremner, J. Charlton, Hunter, Lorimer, Clarke, Jones (Bates), Giles, Madeley.
Tore: (Bettega, Capello für Turin), Madeley, Bates im 1. Spiel; (Anastasi für Turin), Clarke im 2. Spiel – SR: van Ravens (Holland)/Glöckner (DDR) – Zuschauer: 65 000/42 483 – 28. 5. und 3. 6.

1971/72: Tottenham Hotspur

1. Runde: Hertha BSC Berlin – Elfsborg Boras 3:1, 4:1; Hamburger SV – FC St. Johnstone 2:1, 0:3; AS Saint-Etienne – 1. FC Köln 1:1, 1:2; FC Glentoran – Eintracht Braunschweig 0:1, 1:6; Carl Zeiss Jena – Lokomotive Plovdiv 3:0, 1:3; Chemie Halle – PSV Eindhoven 0:0, (Halle verzichtet auf Rückspiel wegen Brandkatastrophe); Lierse SK – Leeds United 0:2, 4:0; Rosenborg Trondheim – HIFK Helsinki 3:0, 1:0; Vasas Budapest – FC Shelbourne 1:0, 1:1; IB Keflavik – Tottenham Hotspur 1:6 (in Reykjavik), 0:9; Celta Vigo – FC Aberdeen 0:2, 0:1; FC Den Haag – Aris Bonneweg 5:0, 2:2; Wolverhampton Wanderers – Academica Coimbra 3:0, 4:1; FC Lugano – Legia Warschau 1:3, 0:0; FC Porto – FC Nantes 0:2, 1:1; FC Southampton – Athletic Bilbao 2:1, 0:2; SSC Neapel – Rapid Bukarest 1:0, 0:2; FC Bologna – RSC Anderlecht 1:1, 2:0; Vitoria Setubal – Olympique Nimes 1:0, 1:2; Atletico Madrid – Panionios Athen 2:1, 0:1; FC Basel – Real Madrid 1:2, 1:2; FC Marsa – Juventus Turin 0:6, 0:5; Dinamo Zagreb – Botev Vratza 6:1, 2:1; UT Arad – Austria Salzburg 4:1, 1:3; Fenerbahce Istanbul – Ferencvaros Budapest 1:1, 1:3; AC Mailand – Digenis Akritas Morphou 4:0 3:0; Spartak Moskau – VSS Kosice 2:0, 1:2; OFK Belgrad – Djurgarden Stockholm 4:1, 2:2; Zeljeznicar Sarajevo – FC Brügge 3:0, 1:3; Zaglebie Walbrzych – Union Teplice 1:0, 3:2; FC Dundee – Akademisk BK Kopenhagen 4:2, 1:0; Vllaznija Shkoder verzichtete gegen Rapid Wien.
2. Runde: 1. FC Köln – FC Dundee 2:1, 2:4; Eintracht Braunschweig – Athletic Bilbao 2:1, 2:2; AC Mailand – Hertha BSC Berlin 4:2, 1:2; OFK Belgrad – Carl Zeiss Jena 1:1, 0:4; FC Den Haag – Wolver-

hampton Wanderers 1:3, 0:4; Real Madrid – PSV Eindhoven 3:1, 0:2 (in Den Bosch); Spartak Moskau – Vitoria Setubal 0:0, 0:4; Zaglebie Walbrzych – UT Arad 1:1, 1:2; Rosenborg Trondheim – Lierse SK 4:1, 0:3; FC St. Johnstone – Vasas Budapest 2:0, 0:1; Juventus Turin – FC Aberdeen 2:0, 1:1; Rapid Bukarest – Legia Warschau 4:0, 0:2; Zeljeznicar Sarajevo – FC Bologna 1:1, 2:2; FC Nantes – Tottenham Hotspur 0:0, 0:1; Ferencvaros Budapest – Panionios Athen 6:0, (Athen wegen unsportlichen Auftretens ausgeschlossen); Dinamo Zagreb – Rapid Wien 2:2, 0:0.
Achtelfinale: Eintracht Braunschweig – Ferencvaros Budapest 1:1, 2:5; Carl Zeiss Jena – Wolverhampton Wanderers 0:1, 0:3; AC Mailand – FC Dundee 3:0, 0:2; FC St. Johnstone – Zeljeznicar Sarajevo 1:0, 1:5; UT Arad – Vitoria Setubal 3:0, 0:1; Rapid Wien – Juventus Turin 0:1, 1:4; PSV Eindhoven – Lierse SK 1:0, 0:4; Tottenham Hotspur – Rapid Bukarest 3:0, 2:0.
Viertelfinale: AC Mailand – Lierse SK 2:0, 1:1; Juventus Turin – Wolverhampton Wanderers 1:1, 1:2; UT Arad – Tottenham Hotspur 0:2, 1:1; Ferencvaros Budapest – Zeljeznicar Sarajevo 1:2, n. V. 2:1 (Ferencvaros 5:4-Sieger nach Elfmeterschießen).
Halbfinale: Tottenham Hotspur – AC Mailand 2:1, 1:1; Ferencvaros Budapest – Wolverhampton Wanderers 2:2, 1:2.

Endspiele: Wolverhampton Wanderers – Tottenham Hotspur 1:2, 1:1.

Tottenham Hotspur: Jennings – Kinnear, England, Beal, Knowles – Mullery, Perryman, Coates (Pratt), Peters, Gilzean, Chivers.
Tore: (McCalliog für Wolverhampton), Chivers 2 im 1. Spiel; (Wagstaffe für Wolverhampton), Mullery im 2. Spiel – SR: Bachramow (UdSSR)/van Ravens (Holland) – Zuschauer: 45 000/54 303 – 3. 5. und 17. 5.

1972/73: FC Liverpool

1. Runde: FC Aberdeen – Borussia Mönchengladbach 2:3, 3:6 (in Nürnberg); 1. FC Köln – Bohemians Dublin 2:1, 3:0; Stoke City – 1. FC Kaiserslautern 3:1, 0:4; FC Liverpool – Eintracht Frankfurt 2:0, 0:0; Dynamo Dresden – VÖEST Linz 2:0, 2:2; SCO Angers – Dynamo Berlin 1:1, 1:2; Atvidabergs FF – FC Brügge 3:5, 2:1; Lyn Oslo – Tottenham Hotspur 3:6, 0:6; Manchester City – FC Valencia 2:2, 1:2; Honved Budapest – Patrick Thistle 1:0, 3:0; Viking Stavanger – IB Vestmannaejar 1:0, 0:0 (in Reykjavik); Feyenoord Rotterdam – US Rümelingen 9:0, 12:0; Olympique Nimes – Grasshoppers Zürich 1:2, 1:2; Vitoria Setubal – Zaglebie Sosnowitz 6:1, 0:1; Racing White Brüssel – CUF Barreiro 0:1, 0:2; Turin Calcio – UD Las Palmas 2:0, 0:4; FC Sochaux – Frem Kopenhagen 1:3, 1:2; Olympiakos Piräus – US Cagliari 2:1, 1:0; FC Porto – FC Barcelona 3:1, 1:0; Universitatea Cluj – Levski/Spartak Sofia 4:1, 1:5; Roter Stern Belgrad – Lausanne-Sports 5:1, 2:3; Inter Mailand – FC Valletta 6:1, 1:0; Beroe Stara Zagora – Austria Wien 7:0, 3:1; UT Arad – IFK Norrköping 1:2, 0:2; EPA Larnaca – Ararat Erewan 0:1, 0:1; AEK Athen – BTC Salgotarjan 3:1, 1:1; Eskisehirspor – AC Florenz 1:2 , 0:3; Dukla Prag – OFK Belgrad 2:2, 1:3; Slovan Bratislava – Vojvodina Novi Sad 6:0, 2:1; Dynamo Tiflis – Twente Enschede 3:2, 0:2; Ruch Chorzow – Fenerbahce Istanbul 3:0, 0:1; HIFK Helsinki verzichtete gegen Hvidovre Kopenhagen.
2. Runde: Borussia Mönchengladbach – Hvidovre Kopenhagen 3:0 (in Nürnberg), 3:1; Viking Stavanger – 1. FC Köln 1:0, 1:9; CUF Barreiro – 1. FC Kaiserslautern 1:3, 1:0; Dynamo Berlin – Levski/Spartak Sofia 3:0, 0:2; Ruch Chorzow – Dynamo Dresden 0:1, 0:3; FC Porto – FC Brügge 3:0, 2:3; Roter Stern Belgrad – FC Valencia 3:1, 1:0; Inter Mailand – IFK Norrköping 2:2, 2:0; Beroe Stara Zagora – Honved Budapest 3:0, 0:1; Feyenoord Rotterdam – OFK Belgrad 4:3, 1:2; FC Liverpool – AEK Athen 3:0, 3:1; Vitoria Setubal – AC Florenz 1:0, 1:2; Grasshoppers Zürich – Ararat Erewan 1:3, 2:4; UD Las Palmas – Slovan Bratislava 2:2, 1:0; Frem Kopenhagen – Twente Enschede 0:5, 0:4; Tottenham Hotspur – Olympiakos Piräus 4:0, 0:1.
Achtelfinale: 1. FC Köln – Borussia Mönchengladbach 0:0, 0:5; Ararat Erewan – 1. FC Kaiserslautern 2:0, n. V. 0:2 (Kaiserslautern 5:4-Sieger nach Elfmeterschießen); FC Porto – Dynamo Dresden 1:2, 0:1; Dynamo Berlin – FC Liverpool 0:0, 1:3; Tottenham Hotspur – Roter Stern Belgrad 2:0, 0:1; Twente Enschede – Union Las Palmas 3:0, 1:2; OFK Belgrad – Beroe Stara Zagora 0:0, 3:1; Vitoria Setubal – Inter Mailand 2:0, 0:1.
Viertelfinale: 1. FC Kaiserslautern – Borussia Mönchengladbach 1:2, 1:7; FC Liverpool – Dynamo Dresden 2:0, 1:0; OKF Belgrad – Twente Enschede 3:2, 0:2; Tottenham Hotspur – Vitoria Setubal 1:0, 1:2.
Halbfinale: Borussia Mönchengladbach – Twente Enschede 3:0, 2:1; FC Liverpool – Tottenham Hotspur 1:0, 1:2.

Endspiele: FC Liverpool – Borussia Mönchengladbach 3:0, 0:2.

FC Liverpool: Clemence – Lawler, Smith, Lloyd, Lindsay – Hughes, Cormack, Callaghan – Keegan, Toshack, Heighway (Hall, Boersma).
Borussia Mönchengladbach: Kleff – Michallik (Surau), Netzer, Bonhof, Vogts – Wimmer, Danner, Kulik – Jensen, Rupp (Simonsen), Heynckes.
Tore: Keegan 2, Lloyd im 1. Spiel; (Heynckes 2 für Mönchengladbach) im 2. Spiel – SR: Linemayr (Österreich)/Kasakow (UdSSR) – Zuschauer: 41 169/35 000 – 10. 5. und 23. 5.

1973/74: Feyenoord Rotterdam

1. Runde: VfB Stuttgart – Olympiakos Nikosia 9:0, 4:0 (in Biberach); Fortuna Düsseldorf – Naestved IF 1:0, 2:2; Eskisehirspor – 1. FC Köln 0:0, 0:2; Ruch Chorzow – Wuppertaler SV 4:1 (in Kattowitz), 4:5; Turin Calcio – 1. FC Lok Leipzig 1:2, 1:2; Carl Zeiss Jena – Mikkeli MP 3:0, 3:0; FC Admira/Wacker – Inter Mailand 1:0, n. V. 1:2; Panachaiki Patras – Grazer AK 2:1, 1:0; Grasshoppers Zürich – Tottenham Hotspur 1:5, 1:4; Lazio Rom – FC Sion 3:0, 1:3; Union Luxemburg – Olympique Marseille 0:5, 1:7; Östers Växjö – Feyenoord Rotterdam 1:3, 1:2; FC Dundee – Twente Enschede 1:3, 2:4; FC Ards Newtownards – Standard Lüttich 3:2, 1:6; Espanol Barcelona – RWD Molenbeek 0:3, 2:1; Tatran Presov – Velez Mostar 4:2, 1:1; VSS Kosice – Honved Budapest 1:0, 2:5; OGC Nizza – FC Barcelona 3:0, 0:2; Vitoria Setubal – VAV Beerschot 2:0, 2:0; FC Aberdeen – Finn Harps 4:1, 3:1; Hibernian Edinburgh – IB Keflavik 2:0, 1:1 (in Reykjavik); Belenenses Lissabon – Wolverhampton Wanderers 0:2, 1:2; Ipswich Town – Real Madrid 1:0, 0:0; Strömsgodset Drammen – Leeds United 1:1, 1:6; B 1903 Kopenhagen – AIK Stockholm 2:1, 1:1; Sliema Wanderers – Lokomotive Plovdiv 0:2, 0:1; AC Florenz – Universitatea Craiova 0:0, 0:1; Ferencvaros Budapest – Gwardia Warschau 0:1, 1:2; Dynamo Tiflis – Slavia Sofia 4:1, 0:2; Panathinaikos Athen – OFK Belgrad 1:2, 1:0; Fenerbahce Istanbul – Arges Pitesti 5:1, 1:1; FK Fredikstad – Dynamo Kiew 0:1, 0:4.

2. Runde: Olympique Marseille – 1. FC Köln 2:0, 0:6; VfB Stuttgart – Tatran Presov 3:1, n. V. 5:3; FC Admira/Wacker – Fortuna Düsseldorf 2:1, 0:3; 1. FC Lok Leipzig – Wolverhampton Wanderers 3:0, 1:4; Ruch Chorzow – Carl Zeiss Jena 3:0, 0:1; Vitoria Setubal – RWD Molenbeek 1:0, 1:2; Panachaiki Patras – Twente Enschede 1:1, 0:7; Ipswich Town – Lazio Rom 4:0, 2:4; Dynamo Kiew – B 1903 Kopenhagen 1:0, 2:1; Lokomotive Plovdiv – Honved Budapest 3:4, 2:3; Leeds United – Hibernian Edinburgh 0:0, n. V. 0:0 (Leeds 5:4-Sieger nach Elfmeterschießen); Feyenoord Rotterdam – Gwardia Warschau 3:1, 0:1; Standard Lüttich – Universitatea Craiova 2:0, 1:1; FC Aberdeen – Tottenham Hotspur 1:1, 1:4; Dynamo Tiflis – OFK Belgrad 3:0, 5:1; OGC Nizza – Fenerbahce Istanbul 4:0, 0:2.

Achtelfinale: Fortuna Düsseldorf – 1. FC Lok Leipzig 2:1, 0:3; OGC Nizza – 1. FC Köln 1:0, 0:4; Dynamo Kiew – VfB Stuttgart 2:0, 0:3; Standard Lüttich – Feyenoord Rotterdam 3:1, 0:2; Honved Budapest – Ruch Chorzow 2:0, 0:5; Dynamo Tiflis – Tottenham Hotspur 1:1, 1:5; Ipswich Town – Twente Enschede 1:0, 2:1; Leeds United – Vitoria Setubal 1:0, 1:3.

Viertelfinale: VfB Stuttgart – Vitoria Setubal 1:0, 2:2; 1. FC Köln – Tottenham Hotspur 1:2, 0:3; Ipswich Town – 1. FC Lok Leipzig 1:0, n. V. 0:1 (Leipzig 4:3-Sieger nach Elfmeterschießen); Ruch Chorzow – Feyenoord Rotterdam 1:1, n. V. 1:3.

Halbfinale: Feyenoord Rotterdam – VfB Stuttgart 2:1, 2:2; 1. FC Lok Leipzig – Tottenham Hotspur 1:2, 0:2.

Endspiele: Tottenham Hotspur – Feyenoord Rotterdam 2:2, 0:2.

Feyenoord Rotterdam: Treytel – Rijsbergen, Israel, van Daele, Vos – Jansen, de Jong, van Hanegem (Ramljak), Ressel – Schoemaker, Kristensen (Wery, Boskamp).

Tore: (England, van Daele (Eigentor) für Tottenham), van Hanegem, de Jong im 1. Spiel; Rijsbergen, Ressel im 2. Spiel) – SR: Scheurer (Schweiz)/Lo Bello (Italien) – Zuschauer: 46 281/59 000 – 21.5. und 29. 5.

1974/75: Borussia Mönchengladbach

1. Runde: 1. FC Köln – Kokkola PV 5:1, 4:1; Hamburger SV – Bohemians Dublin 3:0, 1:0; Wacker Innsbruck – Borussia Mönchengladbach 2:1, 0:3; Turin Calcio – Fortuna Düsseldorf 1:1, 1:3; Randers Freja – Dynamo Dresden 1:1, 0:0; Vorwärts Frankfurt/Oder – Juventus Turin 2:1, 0:3; Rapid Wien – Aris Saloniki 3:1, 0:1; Sturm Graz – FC Antwerpen 2:1, 0:1; Derby County – Servette Genf 4:1, 2:1; Ipswich Town – Twente Enschede 2:2, 1:1; Stoke City – Ajax Amsterdam 1:1, 0:0; FC Nantes – Legia Warschau 2:2, 1:0; Östers Växjö – Dynamo Moskau 3:2, 1:2; RWD Molenbeek – FC Dundee 1:0, 4:2; Valur Reykjavik – FC Portadown 0:0, 1:2; Start Kristiansand – Djurgarden Stockholm 1:2, 0:5; KB Kopenhagen – Atletico Madrid 3:2, 0:4; Rosenborg Trondheim – Hibernian Edinburgh 2:3, 1:9; Olympique Lyon – Red Boys Differdingen 7:0, 4:1; Vitoria Setubal – Real Saragossa 1:1, 0:4; FC Porto – Wolverhampton Wanderers 4:1, 1:3; Etar Veliko Tarnovo – Inter Mailand 0:0, 0:3; FC Amsterdam – Hibernians Paola 5:0, 7:0 (in Amsterdam); Real Sociedad San Sebastian – Banik Ostrau 0:1, 0:4; Lokomotive Plovdiv – Raba ETO Györ 3:1, n. V. 1:3 (Györ 5:4-Sieger nach Elfmeterschießen); Gornik Zabrze – Partizan Belgrad 2:2, 0:3; Besiktas Istanbul – Steagul Rosu Brasov 2:0, 0:3; Spartak Moskau – Velez Mostar 3:1, 0:2; SSC Neapell – Videoton Szekesfehervar 2:0, 1:1; Grasshoppers Zürich – Panathinaikos Athen 2:0, 1:2; Boluspor – Dinamo Bukarest 0:1, 0:3; Pezoporikos Larnaca verzichtete gegen Dukla Prag.

2. Runde : Borussia Mönchengladbach – Olympique Lyon 1:0, 5:2; Hamburger SV – Steagul Rosu Brasov 8:0, 2:1; Dinamo Bukarest – 1. FC Köln 1:1, 2:3; Raba ETO Györ – Fortuna Düsseldorf 2:0, 0:3; Dynamo Dresden – Dynamo Moskau 1:0, n. V. 0:1 (Dresden 4:3-Sieger nach Elfmeterschießen); Inter Mailand – FC Amsterdam 1:2, 0:0; FC Nantes – Banik Ostrau 1:0, n. V. 0:2; Djurgarden Stockholm – Dukla Prag 0:2, 1:3; Partizan Belgrad – FC Portadown 5:0, 1:1; Twente Enschede – RWD Molenbeek 2:1, 1:0; Rapid Wien – Velez Mostar 1:1, 0:1; Derby County – Atletico Madrid 2:2, n. V. 2:2 (Derby 7:6-

Sieger nach Elfmeterschießen); Hibernian Edinburgh – Juventus Turin 2:4, 0:4; SSC Neapel – FC Porto 1:0, 1:0; Grasshoppers Zürich – Real Saragossa 2:1, 0:5; Ajax Amsterdam – FC Antwerpen 1:0, 1:2.
Achtelfinale: Hamburger SV – Dynamo Dresden 4:1, 2:2; Borussia Mönchengladbach – Real Saragossa 5:0, 4:2; Partizan Belgrad – 1. FC Köln 1:0, 1:5; FC Amsterdam – Fortuna Düsseldorf 3:0, 2:1; Dukla Prag – Twente Enschede 3:1, 0:5; SSC Neapel – Banik Ostrau 0:2, 1:1; Derby County – Velez Mostar 3:1, 1:4; Juventus Turin – Ajax Amsterdam 1:0, 1:2.
Viertelfinale: Banik Ostrau – Borussia Mönchengladbach 0:1, 1:3; 1. FC Köln – FC Amsterdam 5:1, 3:2; Juventus Turin – Hamburger SV 2:0, 0:0; Velez Mostar – Twente Enschede 1:0, 0:2.
Halbfinale: 1. FC Köln – Borussia Mönchengladbach 1:3, 0:1; Twente Enschede – Juventus Turin 3:1, 1:0.

Endspiele: Borussia Mönchengladbach – Twente Enschede 0:0 (in Düsseldorf), 5:1.

Borussia Mönchengladbach: Kleff – Vogts, Stielike (Klinkhammer), Wittkamp, Surau (Schäffer), – Bonhof, Wimmer (Köppel), Danner (Del'Haye), Kulik – Simonsen, Jensen (Heynckes).
Tore: Heynckes 3, Simonsen 2, (Drost für Enschede) – SR: Palotai (Ungarn)/Schiller(Österreich) – Zuschauer: 42 000/21 000 – 7. 5. und 21. 5.

1975/76: FC Liverpool

1. Runde: MSV Duisburg – EN Paralimni 7:1, 3:2 (in Oberhausen); Hertha BSC Berlin – HJK Helsinki 4:1, 2:1; 1. FC Köln – B 1903 Kopenhagen 2:0, n. V. 3:2; Young Boys Bern – Hamburger SV 0:0, 2:4; Carl Zeiss Jena – Olympique Marseille 3:0, 1:0; FC Glentoran – Ajax Amsterdam 1:6, 0:8; Grasshoppers Zürich – Real Sociedad San Sebatian 3:3, 1:1; PAOK Saloniki – FC Barcelona 1:0, 1:6; ASA Tirgu Mures – Dynamo Dresden 2:2, 1:4; Molde FK – Östers Växjö 1:0, 0:6; Universitatea Craiova – Roter Stern Belgrad 1:3, 1:1; Bohemians Prag – Honved Budapest 1:2, 1:1; Tschernomorez Odessa – Lazio Rom 1:0, 0:3; Torpedo Moskau – SSC Neapel 4:1, 1:1; Vojvodina Novi Sad – AEK Athen 0:0, 1:3; AIK Stockholm – Spartak Moskau 1:1, 0:1; GAIS Göteborg – Slask Breslau 2:1, 2:4; VÖEST Linz – Vasas Budapest 2:0, 0:4; Holbaek B&IF – Stal Mielec 0:1, 1:2; Rapid Wien – Galatasaray Istanbul 1:0, 1:3; AS Rom – Dunav Russe 2:0, 0:1; Hibernian Edinburgh – FC Liverpool 1:0, 1:3; FC Everton – AC Mailand 0:0, 0:1; FC Antwerpen – Aston Villa 4:1, 1:0; Olympique Lyon – FC Brügge 4:3, 0:3; FC Porto – Avenir Beggen 7:0, 3:0; Feyenoord Rotterdam – Ipswich Town 1:2, 0:2; Levski/Spartak Sofia – Eskisehirspor 3:0, 4:1; Athlone Town – Valerengen Oslo 3:1, 1:1; Inter Bratislava – Real Saragossa 5:0, 3:2; IB Keflavik – Dundee United 0:2 (in Reykjavik), 0:4; Sliema Wanderers – Sporting Lissabon 1:2, 1:3.
2. Runde: MSV Duisburg – Levski/Spartak Sofia 3:2, 1:2; Hertha BSC Berlin – Ajax Amsterdam 1:0, 1:4; Roter Stern Belgrad – Hamburger SV 1:1, 0:4; Spartak Moskau – 1. FC Köln 2:0, 1:0; Carl Zeiss Jena – Stal Mielec 1:0, n. V. 0:1 (Mielec 3:2-Sieger nach Elfmeterschießen); Honved Budapest – Dynamo Dresden 2:2, 0:1; Athlone Town – AC Mailand 0:0, 0:3; Lazio Rom – FC Barcelona 0:3 (gewertet), 0:4; Inter Bratislava – AEK Athen 2:0, 1:3; Slask Breslau – FC Antwerpen 1:1, 2:1; Östers Växjö – AS Rom 1:0, 0:2; Vasas Budapest – Sporting Lissabon 3:1, 1:2; Galatasaray Istanbul – Torpedo Moskau 2:4, 0:3; Ipswich Town – FC Brügge 3:0, 0:4; Dundee United – FC Porto 1:2, 1:1; Real Sociedad San Sebastian – FC Liverpool 1:3, 0:6.
Achtelfinale: Hamburger SV – FC Porto 2:0, 1:2; Dynamo Dresden – Torpedo Moskau 3:0, 1:3 (in Simferopol); Slask Breslau – FC Liverpool 1:2, 0:3; Inter Bratislava – Stal Mielec 1:0, 0:2; AC Mailand – Spartak Moskau 4:0, 0:2 (in Sotschi); FC Barcelona – Vasas Budapest 3:1, 1:0; FC Brügge – AS Rom 1:0, 1:0; Ajax Amsterdam – Levski/Spartak Sofia 2:1, n. V. 1:2 (Sofia 5:3-Sieger nach Elfmeterschießen).
Viertelfinale: Hamburger SV – Stal Mielec 1:1, 1:0; Dynamo Dresden – FC Liverpool 0:0, 1:2; FC Brügge – AC Mailand 2:0, 1:2; FC Barcelona – Levski/Spartak Sofia 4:0, 4:5.
Halbfinale: Hamburger SV – FC Brügge 1:1, 0:1; FC Barcelona – FC Liverpool 0:1, 1:1.

Endspiele: FC Liverpool – FC Brügge 3:2, 1:1

FC Liverpool: Clemence – Smith, Thompson, Hughes, Neal – Callaghan, Kennedy, Keegan – Fairclough (Case), Toshack, Heighway.
Tore: Keegan, Kennedy, Case, (Lambert, Cools für Brügge) im 1. Spiel; Keegan (Lambert für Brügge) im 2. Spiel – SR: Biwersi (Deutschland)/Glöckner (DDR) – Zuschauer: 56 000/32 000 – 28. 4. und 19. 5.

1976/77: Juventus Turin

1. Runde: FC Porto – FC Schalke 04 2:2 (in Lissabon), 2:3; 1. FC Köln – GKS Tychy 2:0, 1:1 (in Kattowitz); EN Paralimni – 1. FC Kaiserslautern 1:3, 0:8; Eintracht Braunschweig – Holbaek B&IF 7:0, 0:1; Schachtjor Donezk – Dynamo Berlin 3:0, 1:1; 1. FC Magdeburg – AC Cesena 3:0, 1:3; FC Glentoran – FC Basel 3:2, 0:3; Fram Reykjavik – Slovan Bratislava 0:3, 0:5; Queen's Park Rangers – Brann Bergen 4:0, 7:0; Naestved IF – RWD Molenbeek 0:3, 0:4; Kuopio PS – Östers Växjö 3:2, 0:2; Feyenoord

Rotterdam – Djurgarden Stockholm 3:0, 1:2; Celtic Glasgow – Wisla Krakau 2:2, 0:2; Derby County – Finn Harps 12:0, 4:1; Wacker Innsbruck – Start Kristiansand 2:1, 5:0; Ajax Amsterdam – Manchester United 1:0, 0:2; Belenenses Lissabon – FC Barcelona 2:2, 2:3; Hibernian Edinburgh – FC Sochaux 1:0, 0:0; Red Boys Differdingen – SC Lokeren 0:3, 1:3; Manchester City – Juventus Turin 1:0, 0:2; Espanol Barcelona – OGC Nizza 3:1, 1:2; Grasshoppers Zürich – Hibernians Paola 7:0, 2:0; Ujpest Budapest – Athletic Bilbao 1:0, 0:5; Dinamo Bukarest – AC Mailand 0:0, 1:2; Slavia Prag – Akademik Sofia 2:0, n. V. 0:3; AEK Athen – Dynamo Moskau 2:0, n. V. 1:2; Fenerbahce Istanbul – Videoton Szekesfehervar 2:1, 0:4; ASA Tirgu Mures – Dinamo Zagreb 0:1, 0:3; Inter Mailand – Honved Budapest 0:1, 1:1; Austria Salzburg – Adanaspor 5:0, 0:2; Sportul Studentesc Bukarest – Olympiakos Piräus 3:0, 1:2; Lokomotive Plovdiv – Roter Stern Belgrad 2:1, 1:4.

2. Runde: 1. FC Köln – Grasshoppers Zürich 2:0, 3:2; 1. FC Kaiserslautern – Feyenoord Rotterdam 2:2, 0:5; Eintracht Braunschweig – Espanol Barcelona 2:1, 0:2; Sportul Studentesc Bukarest – FC Schalke 04 0:1, 0:4; 1. FC Magdeburg – Dinamo Zagreb 2:0, 2:2; Schachtjor Donezk – Honved Budapest 3:0, 3:2; Wisla Krakau – RWD Molenbeek 1:1, n. V. 1:1 (Molenbeek 5:4-Sieger nach Elfmeterschießen); Hibernian Edinburgh – Östers Växjö 2:0, 1:4; Akademik Sofia – AC Mailand 4:3, 0:2; Slovan Bratislava – Queen's Park Rangers 3:3, 2:5; FC Basel – Athletic Bilbao 1:1, 1:3; AEK Athen – Derby County 2:0, 3:2; Wacker Innsbruck – Videoton Szekesfehervar 1:1, 0:1; Austria Salzburg – Roter Stern Belgrad 2:1, 0:1; FC Barcelona – SC Lokeren 2:0, 1:2; Manchester United – Juventus Turin 1:0, 0:3.

Achtelfinale: RWD Molenbeek – FC Schalke 04 1:0, 1:1; Queen's Park Rangers – 1. FC Köln 3:0, 1:4; 1. FC Magdeburg – Videoton Szekesfehervar 5:0, 0:1; AEK Athen – Roter Stern Belgrad 2:0, 1:3; Östers Växjö – FC Barcelona 0:3, 1:5; Espanol Barcelona – Feyenoord Rotterdam 0:1, 0:2; Athletic Bilbao – AC Mailand 4:1, 1:3; Juventus Turin – Schachtjor Donezk 3:0, 0:1.

Viertelfinale: 1. FC Magdeburg – Juventus Turin 1:3, 0:1; Feyenoord Rotterdam – RWD Molenbeek 0:0, 1:2; Athletic Bilbao – FC Barcelona 2:1, 2:2; Queen's Park Rangers – AEK Athen 3:0, n. V. 0:3 (AEK 7:6-Sieger nach Elfmeterschießen).

Halbfinale: RWD Molenbeek – Athletic Bilbao 1:1, 0:0; Juventus Turin – AEK Athen 4:1, 1:0.

Endspiele: Juventus Turin – Athletic Bilbao 1:0, 1:2

Juventus Turin: Zoff – Cuccureddu, Gentile, Scirea, Morini – Tardelli, Furino, Benetti – Causio, Boninsegna (Spinosi, Gori), Bettega.

Tore: Tardelli im 1. Spiel; Bettega, (Irureta, Carlos Ruiz für Bilbao) im 2. Spiel – SR: Corver (Holland)/ Linemayr (Österreich) – Zuschauer: 75 000/43 000 – 4. 5. und 18. 5.

1977/78: PSV Eindhoven

1. Runde: AC Florenz – FC Schalke 04 0:0 (mit 0:3 gewertet), 1:2; Eintracht Frankfurt – Sliema Wanderers 5:0, 0:0 (in Gzira); Dynamo Kiew – Eintracht Braunschweig 1:1, 0:0; Bayern München – Mjöndalen IF 8:0, 4:0 (in Oslo); Odra Oppeln – 1. FC Magdeburg 1:2, 1:1; Carl Zeiss Jena – Altay Izmir 5:1, 1:4; Rapid Wien – Inter Bratislava 1:0, 0:3; Servette Genf – Athletic Bilbao 1:0, 0:2; Frem Kopenhagen – Grasshoppers Zürich 0:2, 1:6; FC Zürich – ZSKA Sofia 1:0, n. V. 1:1; SEC Bastia – Sporting Lissabon 3:2, 2:1; Bohemians Dublin – Newcastle United 0:0, 0:4; AZ '67 Alkmaar – Red Boys Differdingen 11:1, 5:0; FC Barcelona – Steaua Bukarest 5:1, 3:1; Marek Stanke Dimitrov – Ferenvcaros Budapest 3:0, 0:2; Boavista Porto – Lazio Rom 1:0, 0:5; UD Las Palmas – Sloboda Tuzla 5:0, 3:4; Aston Villa – Fenerbahce Istanbul 4:0, 2:0; Dundee United – KB Kopenhagen 1:0, 0:3; Gornik Zabrze – Haka Valkeakoski 5:3, 0:0; RC Lens – Malmö FF 4:1, 0:2; RWD Molenbeek – FC Aberdeen 0:0, 2:1; Manchester City – Widzew Lodz 2:2, 0:0; FC Glenavon – PSV Eindhoven 2:6, 0:5; Landskrona BoIS – Ipswich Town 0:1, 0:5; Start Kristiansand – Fram Reykjavik 6:0, 2:0; ASA Tirgu Mures – AEK Athen 1:0, 0:3; Turin Calcio – APOEL Nikosia 3:0, 1:1; Standard Lüttich – Slavia Prag 1:0, 2:3; Inter Mailand – Dynamo Tiflis 0:1, 0:0; Olympiakos Piräus – Dinamo Zagreb 3:1, 1:5; Linzer ASK – Ujpest Dosza 3:2, 0:7.

2. Runde: FC Zürich – Eintracht Frankfurt 0:3, 3:4; 1. FC Magdeburg – FC Schalke 04 4:2, 3:1; Start Kristiansand – Eintracht Braunschweig 1:0, 0:4; Bayern München – Marek Stanke Dimitrov 3:0, 0:2; RWD Molenbeek – Carl Zeiss Jena 1:1, n. V. 1:1 (Jena 6:5-Sieger nach Elfmeterschießen); Widzew Lodz – PSV Eindhoven 3:5, 0:1; Inter Bratislava – Grasshoppers Zürich 1:0, 1:5; AEK Athen – Standard Lüttich 2:2, 1:4; Turin Calcio – Dinamo Zagreb 3:1, 0:1; SEC Bastia – Newcastle United 2:1, 3:1; KB Kopenhagen – Dynamo Tiflis 1:4, 1:2; Aston Villa – Gornik Zabrze 2:0, 1:1; Lazio Rom – RC Lens 2:0, n. V. 0:6; Ipswich Town – UD Las Palmas 1:0, 3:3; Ujpest Budapest – Athletic Bilbao 2:0, n. V. 0:3; AZ '67 Alkmaar – FC Barcelona 1:1, n. V. 1:1 (Barcelona 5:4-Sieger nach Elfmeterschießen).

Achtelfinale: Eintracht Frankfurt – Bayern München 4:0, 2:1; PSV Eindhoven – Eintracht Braunschweig 2:0, 2:1; 1. FC Magdeburg – RC Lens 4:0, 0:2; Carl Zeiss Jena – Standard Lüttich 2:0, 2:1; Dynamo Tiflis – Grasshoppers Zürich 1:0, 0:4; SEC Bastia – Turin Calcio 2:1, 3:2; Aston Villa – Athletic Bilbao 2:0, 1:1; Ipswich Town – FC Barcelona 3:0, n. V. 0:3 (Barcelona 3:1-Sieger nach Elfmeterschießen).

Viertelfinale: Eintracht Frankfurt – Grasshoppers Zürich 3:2, 0:1; 1. FC Magdeburg – PSV Eindhoven 1:0, 2:4; SEC Bastia – Carl Zeiss Jena 7:2, 2:4; Aston Villa – FC Barcelona 2:2, 1:2.
Halbfinale: Grasshoppers Zürich – SEC Bastia 3:2, 0:1; PSV Eindhoven – FC Barcelona 3:0, 1:3

Endspiele: SEC Bastia – PSV Eindhoven 0:0, 0:3

PSV Eindhoven: van Beveren – Krijgh, van Kraay (Deacy), Brandts, Stevens – W. van de Kerkhof, van der Kuylen, Poortvliet – R. van de Kerkhof, Deijkers, Lubse.
Tore: W. van de Kerkhof, Deijkers, van der Kuylen im 2. Spiel – SR: Maksimovic (Jugoslavien)/Rainea (Rumänien) – Zuschauer: 15 000/27 000 – 26. 4. und 9. 5.

1978/79: Borussia Mönchengladbach

1. Runde: Hertha BSC Berlin – Trakia Plovdiv 0:0, 2:1; MSV Duisburg – Lech Posen 5:0, 5:2; Borussia Mönchengladbach – Sturm Graz 5:1, 2:1; FC Basel – VfB Stuttgart 2:3, 1:4; Dynamo Berlin – Roter Stern Belgrad 5:2, 1:4; Carl Zeiss Jena – Lierse SK 1:0, 2:2; FC Arsenal – 1. FC Lok Leipzig 3:0, 4:1; Hajduk Split – Rapid Wien 2:0, 1:2; Jeunesse Esch – Lausanne-Sports 0:0, 0:2; Standard Lüttich – Dundee United 1:0 (in Gent), 0:0; Twente Enschede – Manchester City 1:1, 2:3; Dynamo Tiflis – SSC Neapel 2:0, 1:1; Honved Budapest – Adanaspor 6:0, 2:2; Dukla Prag – Lanerossi Vicenza 1:0, 1:1; Arges Pitesti – Panathinaikos Athen 3:0, 2:1; ZSKA Sofia – FC Valencia 2:1, 1:4; Athletic Bilbao – Ajax Amsterdam 2:0, 0:3; Finn Harps – FC Everton 0:5, 0:5; FC Nantes – Benfica Lissabon 0:2, 0:0; Sporting Gijon – Turin Calcio 3:0, 0:1; Sporting Braga – Hibernians Paola 5:0,2:3; Galatasaray Istanbul – West Bromwich Albion 1:3 (in Izmir), 1:3; Hibernian Edinburgh – IFK Norrköping 3:2, 0:0; Politehnica Timisoara – MTK/VM Budapest 2:0, 1:2; Pezoporikos Larnaca – Slask Breslau 2:2, 1:5; Olympiakos Piräus – Levski/Spartak Sofia 2:1, n. V. 1:3; AC Mailand – Lokomotive Kosice 1:0, n. V. 0:1 (Mailand 8:7-Sieger nach Elfmeterschießen); Kuopio PS – B 1903 Kopenhagen 2:1, 4:4; Torpedo Moskau – Molde FK 4:0, 3:3; Elfsborg Boras – Racing Straßburg 2:0, 1:4; Start Kristiansand – Esbjerg FB 0:0, 0:1; IB Vestmannaeyjar – FC Glentoran 0:0 (in Reykjavik), 1:1.
2. Runde: Carl Zeiss Jena – MSV Duisburg 0:0, n. V. 0:3; Torpedo Moskau – VfB Stuttgart 2:1, 0:2; Hertha BSC Berlin – Dynamo Tiflis 2:0, 0:1; Benfica Lissabon – Borussia Mönchengladbach 0:0, n. V. 0:2; Honved Budapest – Politehnica Timisoara 4:0, 0:2; FC Everton – Dukla Prag 2:1, 0:1; Arges Pitesti – FC Valencia 2:1, 2:5; Ajax Amsterdam – Lausanne-Sports 1:0, 4:0; Sporting Braga – West Bromwich Albion 0:2, 0:1; Racing Straßburg – Hibernian Edinburgh 2:0, 0:1; Sporting Gijon – Roter Stern Belgrad 0:1, 1:1; Kuopio PS – Esbjerg FB 0:2 (in Mikkeli), 1:4; IB Vestmannaeyjar – Slask Breslau 0:2 (in Reykjavik), 1:2; Manchester City – Standard Lüttich 4:0, 0:2; Hajduk Split – FC Arsenal 2:1, 0:1; Levski/Spartak Sofia – AC Mailand 1:1, 0:3.
Achtelfinale: Esbjerg FB – Hertha BSC Berlin 2:1, 0:4; Borussia Mönchengladbach – Slask Breslau 1:1, 4:2; VfB Stuttgart – Dukla Prag 4:1, 0:4; Racing Straßburg – MSV Duisburg 0:0, 0:4; Honved Budapest – Ajax Amsterdam 4:1, 0:2; AC Mailand – Manchester City 2:2, 0:3; FC Valencia – West Bromwich Albion 1:1, 0:2; Roter Stern Belgrad – FC Arsenal 1:0, 1:1.
Viertelfinale: Hertha BSC Berlin – Dukla Prag 1:1, 2:1; Honved Budapest – MSV Duisburg 2:3, 2:1; Manchester City – Borussia Mönchengladbach 1:1, 1:3; Roter Stern Belgrad – West Bromwich Albion 1:0, 1:1.
Halbfinale: MSV Duisburg – Borussia Mönchengladbach 2:2, 1:4; Roter Stern Belgrad – Hertha BSC Berlin 1:0, 1:2.

Endspiele: Roter Stern Belgrad – Borussia Mönchengladbach 1:1, 0:1 (in Düsseldorf)

Borussia Mönchengladbach: Kneib – Ringels, Vogts, Schäffer, Hannes – Wohlers (Gores), Kulik (Köppel), Schäfer, Nielsen (Danner) – Simonsen, Lienen.
Tore: (Sestic für Belgrad), Jurisic (Eigentor) im 1. Spiel; Simonsen im 2. Spiel) – SR: Foote (Schottland)/Michelotti (Italien) – Zuschauer: 87 500/45 000 – 9. 5. und 23. 5.

1979/80: Eintracht Frankfurt

1. Runde: Borussia Mönchengladbach – Viking Stavanger 3:0, 1:1; FC Aberdeen – Eintracht Frankfurt 1:1, 0:1; VfB Stuttgart – Turin Calcio 1:0, n. V. 1:2; FC Zürich – 1. FC Kaiserslautern 1:3, 1:5; Bohemians Prag – Bayern München 0:2, 2:2; Atletico Madrid – Dynamo Dresden 1:2, 0:3; Carl Zeiss Jena – West Bromwich Albion 2:0, 2:1; Sporting Gijon – PSV Eindhoven 0:0, 0:1; Sporting Lissabon – Bohemians Dublin 2:0, 0:0; Zbrojovka Brünn – Esbjerg FB 6:0, 1:1; Galatasaray Istanbul – Roter Stern Belgrad 0:0, 1:3; Rapid Wien – VTK Diosgyör 0:1, 2:3; Inter Mailand – Real Sociedad San Sebastian 3:0, 0:2; Aris Saloniki – Benfica Lissabon 3:1, 1:2; Widzew Lodz – AS Saint Etienne 2:1, 0:3; Skeid Oslo – Ipswich Town 1:3, 0:7; Kalmar FF – IB Keflavik 2:1, 0:1 (in Reykjavik); Dundee United – RSC Anderlecht 0:0, 1:1; Aarhus GF – Stal Mielec 1:1, 1:0; Kuopio PT – Malmö FF 1:2, 0:2; Feyenoord Rotterdam – FC Everton

1:0, 1:0; FC Glenavon Lurgan – Standard Lüttich 0:1, 0:1; Lokomotive Sofia – Ferencvaros Budapest 3:0, 0:2; SSC Neapel – Olympiakos Piräus 2:0, 0:1; Schachtjor Donezk – AS Monaco 2:1, 0:2; Dinamo Bukarest – Alki Larnaca 3:0, 9:0; Dynamo Kiew – ZSKA Sofia 2:1, 1:1; AC Perugia – Dinamo Zagreb 1:0, 0:0; Orduspor – Banik Ostrau 2:0, 0:6; FC Valletta – Leeds United 0:4, 0:3; Wiener SC – Universitatea Craiova 0:0, 1:3; Progres Niederkorn – Grasshoppers Zürich 0:2, 0:4.

2. Runde: Borussia Mönchengladbach – Inter Mailand 1:1, n. V. 3:2; Aarhus GF – Bayern München 1:2, 1:3; Sporting Lissabon – 1. FC Kaiserslautern 1:1, 0:2; Dinamo Bukarest – Eintracht Frankfurt 2:0, n. V. 0:3; Dynamo Dresden – VfB Stuttgart 1:1, 0:0; Roter Stern Belgrad – Carl Zeiss Jena 3:2, 3:2; Grasshoppers Zürich – Ipswich Town 0:0, 1:1; Dundee United – VTK Diosgyör 0:1, 1:3; Zbrojovka Brünn – IB Keflavik 3:1, 2:1 (in Reykjavik); PSV Eindhoven – AS Saint Etienne 2:0, 0:6; Aris Saloniki – AC Perugia 1:1, 3:0; Universitatea Craiova – Leeds United 2:0, 2:0; Banik Ostrau – Dynamo Kiew 1:0, 0:2; Lokomotive Sofia – AS Monaco 4:2, 1:2; Standard Lüttich – SSC Neapel 2:1, 1:1; Feyenoord Rotterdam – Malmö FF 4:0, 1:1.

Achtelfinale: VTK Diosgyör – 1. FC Kaiserslautern 0:2, 1:6; Grasshoppers Zürich – VfB Stuttgart 0:2, 0:3; Borussia Mönchengladbach – Universitatea Craiova 2:0, 0:1; Eintracht Frankfurt – Feyenoord Rotterdam 4:1, 0:1; Bayern München – Roter Stern Belgrad 2:0, 2:3; Lokomotive Sofia – Dynamo Kiew 1:0, 1:2; AS Saint-Etienne – Aris Saloniki 4:1, 3:3; Standard Lüttich – Zbrojovka Brünn 1:2, 2:3.

Viertelfinale: AS Saint-Etienne – Borussia Mönchengladbach 1:4, 0:2; 1. FC Kaiserslautern – Bayern München 1:0, 1:4; VfB Stuttgart – Lokomotive Sofia 3:1, 1:0; Eintracht Frankfurt – Zbrojovka Brünn 4:1, 2:3.

Halbfinale: VfB Stuttgart – Borussia Mönchengladbach 2:1, 0:2; Bayern München – Eintracht Frankfurt 2:0, n. V. 1:5.

Endspiele: Borussia Mönchengladbach – Eintracht Frankfurt 3:2, 0:1

Eintracht Frankfurt: Pahl – Neuberger, Pezzey, Körbel, Ehrmanntraut – Lorant, Borchers, B. Nickel, Hölzenbein (Nachtweih) – Karger (Trapp), Cha (Schaub).

Borussia Mönchengladbach: Kneib – Bödeker (Schäffer), Hannes, Schäfer, Ringels – Matthäus (Thychosen), Fleer, Kulik, Nielsen (Del'Haye) – H. Nickel, Lienen.

Tore: (Kulik 2, Matthäus für Mönchengladbach); Karger, Hölzenbein im 1. Spiel; Schaub im 2. Spiel – SR: Guruceta (Spanien)/Ponnet (Belgien) – Zuschauer: 25 000/59 000 – 7. 5. und 21. 5.

1980/81: Ipswich Town

1. Runde: Hamburger SV – FK Sarajevo 4:2, 3:3; IA Akranes – 1. FC Köln 0:4 (in Reykjavik), 0:6; 1. FC Kaiserslautern – RSC Anderlecht 1:0, 2:3; VfB Stuttgart – Pezoporikos Larnaca 6:0, 4:1; Schachtjor Donezk – Eintracht Frankfurt 1:0, 0:3; Ballymena United – Vorwärts Frankfurt/Oder 2:1, 0:3; 1. FC Magdeburg – Moss FK 2:1, 3:2; Dynamo Dresden – Napredak Krusevac 1:0, 1:0; RWD Molenbeek – Turin Calcio 1:2, n. V. 2:2; Ujpest Budapest – Real Sociedad San Sebastian 1:1, 0:1; Zbrojovka Brünn -VÖEST Linz 3:1, 2:0; Grasshoppers Zürich – KB Kopenhagen 3:1, 5:2; AZ '67 Alkmaar – Red Boys Differdingen 6:0, 4:0; Bohemians Prag – Sporting Gijon 3:1, 1:2; FC Porto – FC Dundalk 1:0, 0:0; Juventus Turin – Panathinaikos Athen 4:0, 2:4; Sliema Wanderers – FC Barcelona 0:2, 0:1; Vasas Budapest – Boavista Porto 0:2, 1:0; Twente Enschede – IFK Göteborg 5:1, 0:2; Manchester United – Widzew Lodz 1:1, 0:0; FC Sochaux – Servette Genf 2:0, 1:2; SC Lokeren – Dynamo Moskau 1:1, 1:0; PSV Eindhoven – Wolverhampton Wanderers 3:1, 0:1; Slask Breslau – Dundee United 0:0, 2:7; Fenerbahce Istanbul – Beroe Stara Zagora 0:1, 1:2; Arges Pitesti – FC Utrecht 0:0, 0:2; Linzer ASK – Radnicki Nisch 1:2, 1:4; Elfsborg Boras – FC St. Mirren 1:2, 0:0; Dynamo Kiew – Levski/Spartak Sofia 1:1, 0:0; Standard Lüttich – Steaua Bukarest 1:1, 2:1; Ipswich Town – Aris Saloniki 5:1, 1:3; Kuopio PS – AS Saint-Etienne 0:7, 0:7.

2. Runde: PSV Eindhoven – Hamburger SV 1:1, 1:2; 1. FC Köln – FC Barcelona 0:1, 4:0, 1. FC Kaiserslautern – Standard Lüttich 1:2, 1:2; FC Utrecht – Eintracht Frankfurt 2:1, 1:3; VfB Stuttgart – Vorwärts Frankfurt/Oder 5:1, 2:1; Turin Calcio – 1. FC Magdeburg 3:1, 0:1; Twente Enschede – Dynamo Dresden 1:1, 0:0; Dundee United – SC Lokeren 1:1, 0:0; Zbrojovka Brünn – Real Sociedad San Sebastian 1:1, 1:2; FC Sochaux – Boavista Porto 2:2, 1:0; Widzew Lodz – Juventus Turin 3:1, n. V. 1:3 (Lodz 4:1-Sieger nach Elfmeterschießen); FC Porto – Grasshoppers Zürich 2:0, n. V. 0:3; Ipswich Town – Bohemians Prag 3:0, 0:2; Levski/Spartak Sofia – AZ '67 Alkmaar 1:1, 0:5; Beroe Stara Zagora – Radnicki Nisch 0:1, 1:2; FC St. Mirren – AS Saint-Etienne 0:0, 0:2.

Achtelfinale: Hamburger SV – AS Saint Etienne 0:5, 0:1; Eintracht Frankfurt – FC Sochaux 4:2, 0:2; VfB Stuttgart – 1. FC Köln 3:1, n. V. 1:4; Ipswich Town – Widzew Lodz 5:0, 0:1; Standard Lüttich – Dynamo Dresden 1:1, 4:1; SC Lokeren – Real Sociedad San Sebastian 1:0, 2:2; Radnicki Nisch – AZ '67 Alkmaar 2:2, 0:5; Grasshoppers Zürich – Turin Calcio 2:1, n. V. 1:2 (Grasshoppers 4:3-Sieger nach Elfmeterschießen).

Viertelfinale: Standard Lüttich – 1. FC Köln 0:0, 2:3; Grasshoppers Zürich – FC Sochaux 0:0, 1:2; AS Saint-Etienne – Ipswich Town 1:4, 1:3; AZ '67 Alkmaar – SC Lokeren 2:0, 0:1.
Halbfinale: Ipswich Town – 1. FC Köln 1:0, 1:0; FC Sochaux – AZ '67 Alkmaar 1:1, 2:3.

Endspiele: Ipswich Town – AZ '67 Alkmaar 3:0, 2:4 (in Amsterdam)

Ipswich Town: Cooper – Mills, Osman, Butcher, McCall – Thijssen, A. Mühren, Wark – Gates, Mariner, Brazil.
Tore: Wark, Mariner, Thijssen im 1. Spiel; (Welzl, Metgod, Tol, Jonker für Alkmaar), Thijssen, Wark im 2. Spiel – SR: Prokop (DDR)/Eschweiler (Deutschland) – Zuschauer: 27 532/28 500 – 6. 5. und 20. 5.

1981/82: IFK Göteborg

1. Runde: Hamburger SV – FC Utrecht 0:1, 6:3 (in Arnheim); Hajduk Split – VfB Stuttgart 3:1, 2:2; 1. FC Kaiserslautern – Akademik Sofia 1:0, 2:1; 1. FC Magdeburg – Borussia Mönchengladbach 3:1, 0:2; Dinamo Tirana – Carl Zeiss Jena 1:0, 0:4; Zenit Leningrad – Dynamo Dresden 1:2, 1:4; Rapid Wien – Videoton Szekesfehervar 2:2, 2:0; Sturm Graz – ZSKA Moskau 1:0, 1:2; Neuchâtel Xamax – Sparta Prag 4:0, 2:3; Grasshoppers Zürich – West Bromwich Albion 1:0, 3:1; Bohemians Prag – FC Valencia 0:1, 0:1; FC Nantes – SC Lokeren 1:1, 2:4; PSV Eindhoven – Naestved IF 7:0, 1:2; Boavista Porto – Atletico Madrid 4:1, 1:3; SSC Neapel – Radnicki Nisch 2:2, 0:0; Banyasz Tatabanya – Real Madrid 2:1, 0:1; Aris Saloniki – Sliema Wanderers 4:0, 4:2; Malmö FF – Wisla Krakau 2:0, 3:1; Feyenoord Rotterdam – Szombierki Beuthen 2:0, 1:1; Ipswich Town – FC Aberdeen 1:1, 1:3; SK Beveren – FC Linfield 3:0, 5:0; AS Monaco – Dundee United 2:5, 2:1; Panathinaikos Athen – FC Arsenal 0:2, 0:1; Spartak Moskau – FC Brügge 3:1, 3:1; APOEL Nikosia – Arges Pitesti 1:1, 0:4; Adanaspor – Inter Mailand 1:3, 1:4; Dinamo Bukarest – Levski/Spartak Sofia 3:0, 1:2; Limerick United – FC Southampton 0:3, 1:1; Sporting Lissabon – Red Boys Differdingen 4:0, 7:0; Bryne IL – FC Winterslag 0:2, 2:1; Haka Valkeakoski – IFK Göteborg 2:3, 0:4; Vikingur Reykjavik – Girondins Bordeaux 0:4, 0:4.
2. Runde: Girondins Bordeaux – Hamburger SV 2:1, 0:2; Spartak Moskau – 1. FC Kaiserslautern 2:1, 0:4; Borussia Mönchengladbach – Dundee United 2:0, 0:5; Real Madrid – Carl Zeiss Jena 3:2, 0:0; Feyenoord Rotterdam – Dynamo Dresden 2:1, 1:1; Rapid Wien – PSV Eindhoven 1:0, 1:2; Sturm Graz – IFK Göteborg 2:2, 2:3; Grasshoppers Zürich – Radnicki Nisch 2:0, n. V. 0:2 (Nisch 3:0-Sieger nach Elfmeterschießen); Malmö FF – Neuchâtel Xamax 0:1, 0:1; FC Winterslag – FC Arsenal 1:0, 1:2; SK Beveren – Hajduk Split 2:3, 2:1; Aris Saloniki – SC Lokeren 1:1, 0:4; FC Southampton – Sporting Lissabon 2:4, 0:0; FC Valencia – Boavista Porto 2:0, 0:1; FC Aberdeen – Arges Pitesti 3:0, 2:2; Inter Mailand – Dinamo Bukarest 1:1, n. V. 2:3.
Achtelfinale: FC Aberdeen – Hamburger SV 3:2, 1:3; SC Lokeren – 1. FC Kaiserslautern 1:0, 1:4; Radnicki Nisch – Feyenoord Rotterdam 2:0, 0:1; Rapid Wien – Real Madrid 0:1, 0:0; IFK Göteborg – Dinamo Bukarest 3:1, 1:0; Sporting Lissabon – Neuchâtel Xamax 0:0, 0:1; FC Valencia – Hajduk Split 5:1, 1:4; FC Winterslag – Dundee United 0:0, 0:5.
Viertelfinale: Real Madrid – 1. FC Kaiserslautern 3:1, 0:5; Hamburger SV – Neuchâtel Xamax 3:2, 0:0, FC Valencia – IFK Göteborg 2:2, 0:2; Dundee United – Radnicki Nisch 2:0, 0:3.
Halbfinale: 1. FC Kaiserslautern – IFK Göteborg 1:1, n. V. 1:2; Radnicki Nisch – Hamburger SV 2:1, 1:5.

Endspiele: IFK Göteborg – Hamburger SV 1:0, 3:0

IFK Göteborg: Wernersson – Svensson, Hysen, C. Karlsson, Frederiksson – Tord Holmgren, Strömberg, J. Karlsson – Corneliusson, Nilsson (Sandberg), Tommy Holmgren (Schiller).
Hamburger SV: Stein – Kaltz (Hidien), Hieronymus, Jakobs, Groh – Wehmeyer, Hartwig, Magath, von Heesen (Memering) – Hrubesch, Bastrup.
Tore: Tord Holmgren im 1. Spiel; Corneliusson, Nilsson, Frederiksson im 2. Spiel – SR: Carpenter (Irland)/Courtney (England) – Zuschauer: 42 548/60 000 – 5. 5. und 19. 5.

1982/83: RSC Anderlecht

1. Runde: AEK Athen – 1. FC Köln 0:1, 0:5; Borussia Dortmund – Glasgow Rangers 0:0, 0:2; 1. FC Kaiserslautern – Trabzonspor 3:0, 3:0; Vorwärts Frankfurt/Oder – Werder Bremen 1:3, 2:0; Viking Stavanger – 1. FC Lok Leipzig 1:0, 2:3; Carl Zeiss Jena – Girondins Bordeaux 3:1, 0:5; Manchester United – FC Valencia 0:0, 1:2; FC Glentoran – Banik Ostrau 1:3, 0:1; FC Utrecht – FC Porto 0:1 (in Groningen), 0:2 (in Lissabon); Progres Niederkorn – Servette Genf 0:1, 0:3; Benfica Lissabon – Real Betis Sevilla 2:1, 2:1; FC Haarlem – AA Gent 2:1, 3:3; AS Saint-Etienne – Banyasz Tababanya 4:1, 0:0; Bohemians Prag – Admira/Wacker Wien 5:0, 2:1; AS Rom – Ipswich Town 3:0, 1:3; Ferencvaros Budapest – Athletic Bilbao 2:1, 1:1; FC Zurrieq – Hajduk Split 1:4, 0:4; RSC Anderlecht – Kuopio PT 3:0, 3:1; Slask Breslau – Dynamo Moskau 2:2, 1:0; Lyngby BK – Brage IK Borlänge 1:2, 2:2; Dundee United – PSV Eindhoven 1:1, 2:0; Spartak Moskau – FC Arsenal 3:2, 5:2; Stal Mielec – SC Lokeren 1:1, 0:0; Fram Reykjavik – Shamrock Rovers 0:3, 0:4; FC Southampton – IFK Norrköping 2:2, 0:0; PAOK Saloniki – FC Sochaux

1:0, n. V. 1:2; Universitatea Craiova – AC Florenz 3:1, 0:1; FC Sevilla – Levski/Spartak Sofia 3:1, 3:0; Pezoporikos Larnaca – FC Zürich 2:2, 0:1; Dynamo Tiflis – SSC Neapel 2:1, 0:1; Slavia Sofia – FK Sarajevo 2:2, 2:4; Grazer AK – Corvinul Hunedoara 1:1, 0:3.

2. Runde: Werder Bremen – Brage IK Borlänge 2:0, 6:2; Glasgow Rangers – 1. FC Köln 2:1, 0:5; SSC Neapel – 1. FC Kaiserslautern 1:2, 0:2; Slask Breslau – Servette Genf 0:2, 1:5; RSC Anderlecht – FC Porto 4:0, 2:3; FC Valencia – Banik Ostrau 1:0, 0:0; Spartak Moskau – FC Haarlem 2:0, 3:1; Benfica Lissabon – SC Lokeren 2:0, 2:1; AS Saint-Etienne – Bohemians Prag 0:0, 0:4; AS Rom – IFK Norrköping 1:0, n. V. 0:1 (Rom 4:2-Sieger nach Elfmeterschießen); Hajduk Split – Girondins Bordeaux 4:1, 0:4; Shamrock Rovers – Universitatea Craiova 0:2, 0:3; Ferencvaros Budapest – FC Zürich 1:1, 0:1; PAOK Saloniki – FC Sevilla 2:0, 0:4; Corvinul Hunedoara – FK Sarajevo 4:4, 0:4; Viking Stavanger – Dundee United 1:3, 0:0.

Achtelfinale: FC Sevilla – 1. FC Kaiserslautern 1:0, 0:4; 1. FC Köln – AS Rom 1:0, 0:2; Dundee United – Werder Bremen 2:1, 1:1; Servette Genf – Bohemians Prag 2:2, 1:2; RSC Anderlecht – FK Sarajevo 6:1, 0:1; FC Zürich – Benfica Lissabon 1:1, 0:4; Girondins Bordeaux – Universitatea Craiova 1:0, n. V. 0:2; Spartak Moskau – FC Valencia 0:0, 0:2.

Viertelfinale: 1. FC Kaiserslautern – Universitatea Craiova 3:2, 0:1; Bohemians Prag – Dundee United 1:0, 0:0; AS Rom – Benfica Lissabon 1:2, 1:1; FC Valencia – RSC Anderlecht 1:2, 1:3.

Halbfinale: Bohemians Prag – RSC Anderlecht 0:1, 1:3; Benfica Lissabon – Universitatea Craiova 0:0, 1:1.

Endspiele: RSC Anderlecht – Benfica Lissabon 1:0, 1:1

RSC Anderlecht: Munaron – Hofkens, Olsen, Peruzovic, De Groote – Frimann, Coeck, Vercauteren, Lozano – Vandenbergh (Czerniatynski), Brylle (De Greef, Broos).

Tore: Brylle im 1. Spiel; Lozano (Sheu für Lissabon) im 2. Spiel – SR: Dotschev (Bulgarien)/Corver (Holland) – Zuschauer: 55 000/80 000 – 4. 5. und 18. 5.

1983/84: Tottenham Hotspur

1. Runde: 1. FC Kaiserslautern – FC Watford 3:1, 0:3; Anorthosis Famagusta – Bayern München 0:1 (in Limassol), 0:10; VfB Stuttgart – Levski/Spartak Sofia 1:1, 0:1; Werder Bremen – Malmö FF 1:1, 2:1; IB Vestmannaeyjar – Carl Zeiss Jena 0:0, 0:3; Nottingham Forest – Vorwärts Frankfurt/Oder 2:0, 1:0; Girondins Bordeaux – 1. FC Lok Leipzig 2:3, 0:4; Vitoria Guimaraes – Aston Villa 1:0, 0:5; Sparta Prag – Real Madrid 3:2, 1:1; FC Zürich – FC Antwerpen 1:4, 2:4; Sparta Rotterdam – FC Coleraine 4:0, 1:1; Banik Ostrau – B 1903 Kopenhagen 5:0, 1:1; Aris Bonneweg – Austria Wien 0:5, 0:10; FC Sevilla – Sporting Lissabon 1:1, 2:3; PSV Eindhoven – Ferencvaros Budapest 4:2, 2:0; Hellas Verona – Roter Stern Belgrad 1:0, 3:2; Atletico Madrid – FC Groningen 2:1, 0:3; FC Larissa – Honved Budapest 2:0, n. V. 0:3; Widzew Lodz – Elfsborg Boras 0:0 (in Bialystok), 2:2; Spartak Moskau – HJK Helsinki 2:0, 5:0; AA Gent – RC Lens 1:1, n. V. 1:2; Bryne IL – RSC Anderlecht 0:3, 1:1; Celtic Glasgow – Aarhus GF 1:0, 4:1; Dynamo Kiew – Stade Laval 0:0, 0:1; Drogheda United – Tottenham Hotspur 0:6, 0:8; FC St. Mirren – Feyenoord Rotterdam 0:1, 0:2; Radnicki Nisch – FC St. Gallen 3:0, 2:1; Sportul Studentesc Bukarest – Sturm Graz 1:2, 0:0; Lokomotive Plovdiv – PAOK Saloniki 1:2, 1:3; Universitatea Craiova – Hajduk Split 1:0 n. V. 0:1 (Split 3:1-Sieger nach Elfmeterschießen); Trabzonspor – Inter Mailand 1:0, 0:2 (in Cesena); Rabat Ajax – Inter Bratislava 0:10, 0:6.

2. Runde: 1. FC Lok Leipzig – Werder Bremen 1:0, 1:1; PAOK Saloniki – Bayern München 0:0, n. V. 0:0 (München 9:8-Sieger nach Elfmeterschießen); Sparta Rotterdam – Carl Zeiss Jena 3:2, 1:1; Austria Wien – Stade Laval 2:0, 3:3; Hellas Verona – Sturm Graz 2:2, 0:0; Widzew Lodz – Sparta Prag 1:0 (in Bialystok), 0:3; RSC Anderlecht – Banik Ostrau 2:0, 2:2; RC Lens – FC Antwerpen 2:2, 3:2; PSV Eindhoven – Nottingham Forest 1:2, 0:1; Sporting Lissabon – Celtic Glasgow 2:0, 0:5; Honved Budapest – Hajduk Split 3:2, 0:3; Tottenham Hotspur – Feyenoord Rotterdam 4:2, 2:0; FC Watford – Levski/Spartak Sofia 1:1, n. V. 3:1; FC Groningen – Inter Mailand 2:0, 1:5 (in Bari); Spartak Moskau – Aston Villa 2:2, 2:1; Radnicki Nisch – Inter Bratislava 4:0, 2:3.

Achtelfinale: Bayern München – Tottenham Hotspur 1:0, 0:2; Sturm Graz – 1. FC Lok Leipzig 2:0, 0:1; Radnicki Nisch – Hajduk Split 0:2, 0:2; Austria Wien – Inter Mailand 2:1, 1:1; Sparta Rotterdam – Spartak Moskau 1:1, 0:2; RC Lens – RSC Anderlecht 1:1, 0:1; FC Watford – Sparta Prag 2:3, 0:4; Nottingham Forest – Celtic Glasgow 0:0, 2:1.

Viertelfinale: Sparta Prag – Hajduk Split 1:0, n. V. 0:2; RSC Anderlecht – Spartak Moskau 4:2, 0:1; Tottenham Hotspur – Austria Wien 2:0, 2:2; Nottingham Forest – Sturm Graz 1:0, n. V. 1:1.

Halbfinale: Hajduk Split – Tottenham Hotspur 2:1, 0:1; Nottingham Forest – RSC Anderlecht 2:0, 0:3.

Endspiele: RSC Anderlecht – Tottenham Hotspur 1:1, n. V. 1:1 (Tottenham 4:3-Sieger nach Elfmeterschießen)

Tottenham Hotspur: Parks – Thomas, Miller (Ardiles), Hughton, Roberts – Perryman, Stevens (Marbutt, Dick), Hazard, Galvin – Archibald, Falco.

Tore: Miller (Olsen für Anderlecht) im 1. Spiel; Roberts (Czerniatynski für Anderlecht) im 2. Spiel – Tore aus dem Elfmeterschießen: Roberts, Falco, Stevens, Archibald (Thomas verschoss)/Brylle, Scifo, Vercauteren (Olsen, Gudjohnsen verschossen) – SR: Galler (Schweiz)/ Roth (Deutschland) – Zuschauer: 40 000/46 205 – 9. 5. und 23. 5.

1984/85: Real Madrid

1. Runde: Dukla Banska Bystrica – Borussia Mönchengladbach 2:3, 1:4; RSC Anderlecht – Werder Bremen 1:0, 1:2; 1. FC Köln- Pogon Stettin 2:1, 1:0; FC Southampton – Hamburger SV 0:0, 0:2; 1. FC Lok Leipzig – Lilleström SK 7:0, 0:3; Vorwärts Frankfurt/Oder – PSV Eindhoven 2:0, 0:3; Östers Växjö – Linzer ASK 0:1, 0:1; Real Madrid – Wacker Innsbruck 5:0, 0:2; FC Sion – Atletico Madrid 1:0, 3:2; Olympiakos Piräus – Neuchâtel Xamax 1:0 (in Athen), 2:2; Nottingham Forest – FC Brügge 0:0, 0:1; Odense BK – Spartak Moskau 1:5, 1:2; Bohemians Dublin – Glasgow Rangers 3:2, 0:2; FC Sliven – Zeljeznicar Sarajevo 1:0, 1:5; Real Betis Sevilla – Universitatea Craiova 1:0, n. V. 0:1 (Craiova 5:3-Sieger nach Elfmeterschießen); Bohemians Prag – Apollon Limassol 6:1, 2:2; AS Monaco – ZSKA Sofia 2:2, 1:2; Fenerbahce Istanbul – AC Florenz 0:1, 0:2; Rabat Ajax – Partizan Belgrad 0:2, 0:2; Sporting Braga – Tottenham Hotspur 0:3, 0:6; FC Glentoran – Standard Lüttich 1:1, 0:2; Red Boys Differdingen – Ajax Amsterdam 0:0, 0:14; Videoton Szekesfehervar – Dukla Prag 1:0, 0:0; Sporting Lissabon – AJ Auxerre 2:0, n. V. 2:2; Manchester United – Raba ETO Györ 3:0, 2:2; Real Valladolid – NK Rijeka 1:0, 1:4; Paris Saint-Germain – Heart of Midlothian 4:0, 2:2; AIK Stockholm – Dundee United 1:0, 0:3; KR Reykjavik – Queen's Park Rangers 0:3, 0:4; Dynamo Minsk – HJK Helsinki 4:0, 6:0; Widzew Lodz – Aarhus GF 2:0, 0:1; Sportul Studentesc Bukarest – Inter Mailand 1:0, 0:2.
2. Runde: Standard Lüttich – 1. FC Köln 0:2, 1:2; Borussia Mönchengladbach – Widzew Lodz 3:2, 0:1; Hamburger SV – ZSKA Sofia 4:0, 2:1; 1. FC Lok Leipzig – Spartak Moskau 1:1, 0:2; Queen's Park Rangers – Partizan Belgrad 6:2, 0:4; Inter Mailand – Glasgow Rangers 3:0, 1:3; Paris Saint-Germain – Videoton Szekesfehervar 2:4, 0:1; Linzer ASK – Dundee United 1:2, 1:5; PSV Eindhoven – Manchester United 0:0, n. V. 0:1; Zeljeznicar Sarajevo – FC Sion 2:1, 1:1; Universitatea Craiova – Olympiakos Piräus 1:0, 1:0; AC Florenz – RSC Anderlecht 1:1, 2:6; FC Brügge – Tottenham Hotspur 2:1, 0:3; Sporting Lissabon – Dinamo Minsk 2:0, n. V. 0:2 (Minsk 5:3-Sieger nach Elfmeterschießen); Ajax Amsterdam – Bohemians Prag 1:0, n. V. 0:1 (Prag 4:2-Sieger nach Elfmeterschießen); NK Rijeka – Real Madrid 3:1, 0:3.
Achtelfinale: Spartak Moskau – 1. FC Köln1:0 (in Tiflis), 0:2; Hamburger SV – Inter Mailand 2:1, 0:1; RSC Anderlecht – Real Madrid 3:0, 1:6; Universitatea Craiova – Zeljeznicar Sarajevo 2:0, 0:4; Widzew Lodz – Dynamo Minsk 0:2, 1:0 (in Tiflis); Tottenham Hotspur – Bohemians Prag 2:0, 1:1; Manchester United – Dundee United 2:2, 3:2; Videoton Szekesfehervar – Partizan Belgrad 5:0, 0:2.
Viertelfinale: Inter Mailand – 1. FC Köln1:0, 3:1; Tottenham Hotspur – Real Madrid 0:1, 0:0; Manchester United – Videoton Szekesfehervar 1:0, n. V. 0:1 (Videoton 5:4-Sieger nach Elfmeterschießen); Zeljeznicar Sarajevo – Dynamo Minsk 2:0, 1:1.
Halbfinale: Inter Mailand – Real Madrid 2:0, 0:3; Videoton Szekesfehervar – Zeljeznicar Sarajevo 3:1, 1:2.

Endspiele: Videoton Szekesfehervar – Real Madrid 0:3, 1:0

Real Madrid: Miguel Angel – Chendo, Stielike, Sanchis, Camacho – San José, Gallego, Michel – Butragueno (Juanito), Santillana (Salguero), Valdano.
Tore: Michel, Santillana, Valdano im 1. Spiel; (Majer für Szekesfehervar) im 2. Spiel – SR: Vautrot (Frankreich)/Ponnet (Belgien) – Zuschauer: 30 000/90 000 – 8. 5. und 22. 5.

1985/86: Real Madrid

1. Runde: 1. FC Köln- Sporting Gijon 0:0, 2:1; Tschernomoretz Odessa – Werder Bremen 2:1, 2:3; Borussia Mönchengladbach – Lech Posen 1:1, 2:0; Sparta Rotterdam – Hamburger SV 2:0, n. V. 0:2 (Rotterdam 4:3-Sieger nach Elfmeterschießen); Wismut Aue – Dnjepr Dnjepropetrowsk 1:3, 1:2 (in Krivoj Rog); FC Coleraine – 1. FC Lok Leipzig 1:1, 0:5; Sporting Lissabon – Feyenoord Rotterdam 3:1, 1:2; Glasgow Rangers – Atletico Osasuna 1:0, 0:2; Valur Reykjavik – FC Nantes 2:1, 0:3; Raba ETO Györ – Bohemians Prag 3:1, n. V. 1:4 (in Bratislava); Boavista Porto – FC Brügge 4:3, 1:3; Avenir Beggen – PSV Eindhoven 0:2, 0:4; Videoton Szekesfehervar – Malmö FF 1:0, 2:3; AJ Auxerre – AC Mailand 3:1, 0:3; Slavia Prag – FC St. Mirren 1:0, n. V. 0:3; Spartak Moskau – Turku PS 1:0, 3:1; Bohemians Dublin – Dundee United 2:5, 2:2; Pirin Blagoevgrad – Hammarby IF 1:3, 0:4; Legia Warschau – Viking Stavanger 3:0, 1:1; SV Waregem – Aarhus GF 5:2, 1:0; Inter Mailand – FC St. Gallen 5:1, 0:0; AEK Athen – Real Madrid 1:0, 0:5; Dinamo Tirana – Hamrun Spartans 1:0, 0:0; SC Portimonense – Partizan Belgrad 1:0, 0:4; Dinamo Bukarest – Vardar Skoplje 2:1, 0:1; Turin Calcio – Panathinaikos Athen 2:1, 1:1; APOEL Nikosia – Lokomotive Sofia 2:2, n. V. 2:4; Linzer ASK – Banik Ostrau 2:0, 1:0; Hajduk Split – FC Metz 5:1, 2:2; Neuchâtel Xamax – Sportul Studentesc Bukarest 3:0, 4:4; Athletic Bilbao – Besiktas Istanbul 4:1, 1:0; FC Lüttich – Wacker Innsbruck 1:0, 3:1.

2. Runde: 1. FC Köln- Bohemians Prag 4:0, 4:2; Sparta Rotterdam – Borussia Mönchengladbach 1:1, 1:5; AC Mailand – 1. FC Lok Leipzig 2:0, 1:3; PSV Eindhoven – Dnjepr Dnjepropetrowsk 2:2, 0:1 (in Krivoj Rog); SV Waregem – Atletico Osasuna 2:0, 1:2; Partizan Belgrad – FC Nantes 1:1, 0:4; Dundee United – Vardar Skoplje 2:0, 1:1; Linzer ASK – Inter Mailand 1:0, 0:4; Spartak Moskau – FC Brügge 1:0, 3:1; Videoton Szekesfehervar – Legia Warschau 0:1, 1:1; Hammarby IF – FC St. Mirren 3:3, 2:1; Lokomotive Sofia – Neuchâtel Xamax 1:1, 0:0; FC Lüttich – Athletic Bilbao 0:1, 1:3; Turin Calcio – Hajduk Split 1:1, 1:3; Dinamo Tirana – Sporting Lissabon 0:0, 0:1; Real Madrid – Tschernomoretz Odessa 2:1, 0:0.
Achtelfinale: Hammarby IF – 1. FC Köln2:1, 1:3; Borussia Mönchengladbach – Real Madrid 5:1 (in Düsseldorf), 0:4; Athletic Bilbao – Sporting Lissabon 2:1, 0:3; Dundee United – Neuchâtel Xamax 2:1, n. V. 1:3; Inter Mailand – Legia Warschau 0:0, n. V. 1:0; Spartak Moskau – FC Nantes 0:1 (in Tiflis), 1:1; Dnjepr Dnjepropetrowsk – Hajduk Split 0:1 (in Krivoj Rog), 0:2; SV Waregem – AC Mailand 1:1, 2:1.
Viertelfinale: Sporting Lissabon – 1. FC Köln1:1, 0:2; Real Madrid – Neuchâtel Xamax 3:0, 0:2; Hajduk Split – SV Waregem 1:0, n. V. 0:1 (Waregem 5:4-Sieger nach Elfmeterschießen); Inter Mailand – FC Nantes 3:0, 3:3.
Halbfinale: 1. FC Köln- SV Waregem 4:0, 3:3; Inter Mailand – Real Madrid 3:1, n. V. 1:5.

Endspiele: Real Madrid – 1. FC Köln 5:1, 0:2 (in Berlin)

Real Madrid: Agustin – Salguero (Maceda) – Solana, Camacho – Vasquez (Chendo), Michel, Juanito (Gallego), Gordillo – Butragueno, Sanchez (Santillana), Valdano.
1. FC Köln: Schumacher – Gielchen – Steiner, Prestin, Geils (Schmitz) – Geilenkirchen, Hönerbach, Bein (Häßler), Janssen (Pisanti) – Littbarski (Dickel), Kl. Allofs.
Tore: Valdano 2, Sanchez, Gordillo, Santillana (Kl. Allofs für Köln) im 1. Spiel; (Bein, Geilenkirchen) im 2. Spiel – SR: Courtney (England)/Valentine (Schottland) – Zuschauer: 85 000/21 185 – 30. 4. und 6. 5.

1986/87: IFK Göteborg

1. Runde: Atletico Madrid – Werder Bremen 2:0, n. V. 1:2; Kalmar FF – Bayer Leverkusen 1:4, 0:3; Bayer Uerdingen – Carl Zeiss Jena 3:0, 4:0; Borussia Mönchengladbach – Partizan Belgrad 1:0, 3:1; Athletic Bilbao – 1. FC Magdeburg 2:0, 0:1; FC Coleraine – Stahl Brandenburg 1:1, 0:1; RC Lens – Dundee United 1:0, 0:2; FC Groningen – Galway United 5:1, 3:1; IA Akranes – Sporting Lissabon 0:9 (in Reykjavik), 0:6; Jeunesse Esch – AA Gent 1:2, 1:1; MSC Pecs – Feyenoord Rotterdam 1:0, 0:2; Sparta Prag – Vitoria Guimaraes 1:1, 1:2; Heart of Midlothian – Dukla Prag 3:2, 0:1; FC Nantes – Turin Calcio 0:4, 1:1; Dynamo Minsk – Raba ETO Györ 2:4, 1:0; Sigma Ölmütz – IFK Göteborg 1:1, 0:4; Glasgow Rangers – Ilves Tampere 4:0, 0:2; Legia Warschau – Dnjepr Dnjepropetrowsk 0:0, 1:0 (in Krivoj Rog); Linzer ASK – Widzew Lodz 1:1, 0:1; Neuchâtel Xamax – Lyngby BK 2:0, 3:1; SK Beveren – Valerengen Oslo 1:0, 0:0; OFI Kreta – Hajduk Split 1:0, 0:4; Flamurtari Vlora – FC Barcelona 1:1, 0:0; AC Florenz – Boavista Porto 1:0, n. V. 0:1 (Porto 3:1-Sieger nach Elfmeterschießen); Hibernians Paola – Trakia Plovdiv 0:2, 0:8; FC Tirol – Sredec Sofia 3:0, 0:2; Inter Mailand – AEK Athen 2:0, 1:0; Sportul Studentesc Bukarest – Omonia Nikosia 1:0, 1:1; NK Rijeka – Standard Lüttich 0:1, 1:1; Universitatea Craiova – Galatasaray Istanbul 2:0, 1:2; SSC Neapel – FC Toulouse 1:0, n. V. 0:1 (Toulouse 4:3-Sieger nach Elfmeterschießen); Spartak Moskau – FC Luzern 0:0, 1:0.
2. Runde: Widzew Lodz – Bayer Uerdingen 0:0, 0:2; Borussia Mönchengladbach – Feyenoord Rotterdam 5:1, 2:0; Dukla Prag – Bayer Leverkusen 0:0, 1:1; IFK Göteborg – Stahl Brandenburg 2:0, 1:1; FC Groningen – Neuchâtel Xamax 0:0, 1:1; SK Beveren – Athletic Bilbao 3:1, 1:2; Glasgow Rangers – Boavista Porto 2:1, 1:0; Legia Warschau – Inter Mailand 3:2, 0:1; Vitoria Guimaraes – Atletico Madrid 2:0, 0:1; Sportul Studentesc Bukarest – AA Gent 0:3, 1:1; Turin Calcio – Raba ETO Györ 4:0, 1:1; FC Barcelona – Sporting Lissabon 1:0, 1:2; Hajduk Split – Trakia Plovdiv 3:1, 2:2; FC Tirol Innsbruck – Standard Lüttich 2:1, 2:3; FC Toulouse – Spartak Moskau 3:1, 1:5; Dundee United – Universitatea Craiova 3:0, 0:1.
Achtelfinale: Bayer Uerdingen – FC Barcelona 0:2, 0:2; Glasgow Rangers – Borussia Mönchengladbach 1:1, 0:0; Spartak Moskau – FC Tirol Innsbruck 1:0 (in Simferopol), 0:2; Dundee United – Hajduk Split 2:0, 0:0; AA Gent – IFK Göteborg 0:1, 0:4; FC Groningen – Vitoria Guimaraes 1:0, 0:3; Dukla Prag – Inter Mailand 0:1, 0:0; Turin Calcio – SK Beveren 2:1, 1:0.
Viertelfinale: Borussia Mönchengladbach – Vitoria Guimaraes 3:0, 2:2; Turin Calcio – FC Tirol Innsbruck 0:0, 1:2; Dundee United – FC Barcelona 1:0, 2:1; IFK Göteborg – Inter Mailand 0:0, 1:1.
Halbfinale: Dundee United – Borussia Mönchengladbach 0:0, 2:0; IFK Göteborg – FC Tirol Innsbruck 4:1, 1:0.

Endspiele: IFK Göteborg – Dundee United 1:0, 1:1

IFK Göteborg: Wernersson – Larsson – Carlsson, Hysen, Frederiksson – Johansson (R. Nilsson), Tord Holmgren (Zetterlund), Andersson, Tommy Holmgren (Mordt), Petersson, L. Nilsson.
Tore: Petersson im 1. Spiel; L. Nilssson (Clark für Dundee im 2. Spiel – SR: Kirschen (DDR)/Igna (Rumänien) – Zuschauer: 50 023/20 911 – 6. 5. und 20. 5.

1987/88: Bayer Leverkusen

1. Runde: Borussia Mönchengladbach – Espanol Barcelona 0:1, 1:4; Celtic Glasgow – Borussia Dortmund 2:1, 0:2; Mjöndalen IF – Werder Bremen 0:5, 1:0; Austria Wien – Bayer Leverkusen 0:0, 1:5; Spartak Moskau – Dynamo Dresden 3:0, 0:1; Wismut Aue – Valur Reykjavik 0:0, 1:1; SK Beveren – Bohemians Prag 2:0, 0:1; Feyenoord Rotterdam – Spora Luxemburg 5:0, 5:2; Banyasz Tatabanya – Vitoria Guimaraes 1:1, 0:1; Grasshoppers Zürich – Dynamo Moskau 0:4, 0:1; Pogon Stettin – Hellas Verona 1:1, 1:3; Honved Budapest – SC Lokeren 1:0, 0:0; Bröndby IF Kopenhagen – IFK Göteborg 2:1, 0:0; Zenit Leningrad – FC Brügge 2:0, 0:5; Sportul Studentesc Bukarest – GKS Kattowitz 1:0, 2:1 (in Chorzow); Panathinaikos Athen – AJ Auxerre 2:0, 2:3; EPA Larnaca – Victoria Bukarest 0:1, 0:3; Flamurtari Vlora – Partizan Belgrad 2:0, 1:2; Sporting Gijon – AC Mailand 1:0, 0:3 (in Lecce); FC Coleraine – Dundee United 0:1, 1:3; TJ Vitkovice – AIK Stockholm 1:1 (in Ostrau), 2:0; Besiktas Istanbul – Inter Mailand 0:0, 1:3; Turku PS – FC Admira/Wacker 0:1, 2:0; Lokomotive Sofia – Dynamo Tiflis 3:1, 0:3; Velez Mostar – FC Sion 5:0, 0:3; Bohemians Dublin – FC Aberdeen 0:0, 0:1; FC Barcelona – Belenenses Lissabon 2:0, 0:1; Linzer ASK – FC Utrecht 0:0, 0:2; FC Valetta – Juventus Turin 0:4, 0:3; Universitatea Craiova – GD Chaves 3:2, 1:2; Roter Stern Belgrad – Trakia Plovdiv 3:0, 2:2; FC Toulouse – Panionios Athen 5:1, 1:0.

2. Runde: Borussia Dortmund – Velez Mostar 2:0, 1:2; Spartak Moskau – Werder Bremen 4:1, n. V. 2:6; FC Toulouse – Bayer Leverkusen 1:1, 0:1; Wismut Aue – Flamurtari Vlora 1:0, 0:2; Vitoria Guimaraes – SK Beveren 1:0, n. V. 0:1 (Guimaraes 5:4-Sieger nach Elfmeterschießen); AC Mailand – Espanol Barcelona 0:2 (in Lecce), 0:0; FC Aberdeen – Feyenoord Rotterdam 2:1, 0:1; GD Chaves – Honved Budapest 1:2, 1:3; FC Utrecht – Hellas Verona 1:1, 1:2; FC Barcelona – Dynamo Moskau 2:0, 0:0; Dundee United – TJ Vitkovice 1:2, 1:1 (in Ostrau); Bröndby IF Kopenhagen – Sportul Studentesc Bukarest 3:0, n. V. 0:3 (Bukarest 3:0-Sieger nach Elfmeterschießen); Inter Mailand – Turku PS 0:1, 2:0; Panathinaikos Athen – Juventus Turin 1:0, 2:3; Roter Stern Belgrad – FC Brügge 3:1, 0:4; Victoria Bukarest – Dynamo Tiflis 1:2, 0:0.

Achtelfinale: Feyenoord Rotterdam – Bayer Leverkusen 2:2, 0:1 (in Köln); Werder Bremen – Dynamo Tiflis 2:1, 1:1; Borussia Dortmund – FC Brügge 3:0, n. V. 0:5; Honved Budapest – Panathinaikos Athen 5:2, 1:5; FC Barcelona – Flamurtari Vlora 4:1, 0:1; Vitoria Guimaraes – TJ Vitkovice 2:0, n. V. 0:2 (Vitkovice 5:4-Sieger nach Elfmeterschießen); Inter Mailand – Espanol Barcelona 1:1, 0:1; Hellas Verona – Sportul Studentesc Bukarest 3:1, 1:0.

Viertelfinale: Bayer Leverkusen – FC Barcelona 0:0 (in Köln), 1:0; Hellas Verona – Werder Bremen 0:1, 1:1; Panathinaikos Athen – FC Brügge 2:2, 0:1; Espanol Barcelona – TJ Vitkovice 2:0, 0:0.

Halbfinale: Bayer Leverkusen – Werder Bremen 1:0, 0:0; FC Brügge – Espanol Barcelona 2:0, n. V. 0:3.

Endspiele: Espanol Barcelona – Bayer Leverkusen 3:0, n. V. 0:3 (Leverkusen 3:2-Sieger nach Elfmeterschießen)

Bayer Leverkusen: Vollborn – Rolff – de Kayser (Seckler), A. Reinhardt, Hinterberger, (Schreier) – Cha (Götz), Tita, Buncol, Falkenmayer, (K. Reinhardt) – Waas, Täuber.

Tore: (Losada 2, Soler) im 1. Spiel; Tita, Götz, Cha im 2. Spiel – Tore nach Elfmeterschießen: 0:1 Alonso, Falkenmayer (N'Kono hält), 0:2 Job, 1:2 Rolff, Urkiaga (Lattenschuß), 2:2 Waas, Zusillaga (Vollborn hält), 3:2 Täuber, Losado (über das Tor) – SR: Krchnak (Tschechoslowakei)/Keizer (Holland) – Zuschauer: 42 000/22 000 – 4. 5. und 18. 5.

1988/89: SSC Neapel

1. Runde: FC Antwerpen – 1. FC Köln 2:4, 1:2; AS Rom – 1. FC Nürnberg 1:2, n. V. 3:1; Bayer Leverkusen – Belenenses Lissabon 0:1, 0:1; VfB Stuttgart – Banyasz Tatabanya 2:0, 1:2; Bayern München – Legia Warschau 3:1, 7:3; FC Aarau – 1. FC Lok Leipzig 0:3, 0:4; FC Aberdeen – Dynamo Dresden 0:0, 0:2; Sliema Wanderers – Victoria Bukarest 0:2, 1:6; US Luxemburg – FC Lüttich 1:7, 0:4; Vienna Wien – Ikast FS 1:0, 1:2; Besiktas Istanbul – Dinamo Zagreb 1:0, 0:2; Otelul Galati – Juventus Turin 1:0, 0:5; Trakia Plovdiv – Dynamo Minsk 1:2, 0:0; Zalgiris Wilna – Austria Wien 2:0, 2:5; Dnjepr Dnjepropetrowsk – Girondins Bordeaux 1:1, 1:2; Turku PS – FC Linfield 0:0, 1:1 (in Wrexham); Molde FK – SV Waregem 0:0, 1:5; Partizan Belgrad – Slavia Sofia 5:0, 5:0; Östers Växjö – DAC Dunajska Streda 2:0, 0:6; Malmö FF – Torpedo Moskau 2:0, n. V. 1:2; FC Groningen – Atletico Madrid 1:0, 1:2; St. Patrick's Athletic – Heart of Midlothian 0:2, 0:2; Velez Mostar – APOEL Nikosia 1:0, 5:2; AEK Athen – Athletic Bilbao 1:0, 0:2; Servette Genf – Sturm Graz 1:0, 0:0; Real Sociedad San Sebastian – Dukla Prag 2:1, 2:3; Inter Mailand – Brage IK Borlänge 2:1, 2:1; Glasgow Rangers – GKS Kattowitz 1:0, 4:2; SC Montpellier – Benfica Lissabon 0:3, 1:3; SSC Neapel – PAOK Saloniki 1:0, 1:1; Sporting Lissabon – Ajax Amsterdam 4:2, 2:1; IA Akranes – Ujpest Budapest 0:0 (in Reykjavik), 1:2.

2. Runde: Bayern München – DAC Dunajska Streda 3:1, 2:0; Dinamo Zagreb – VfB Stuttgart 1:3, 1:1; 1. FC Köln – Glasgow Rangers 2:0, 1:1; 1. FC Lok Leipzig – SSC Neapel 1:1, 0:2; Dynamo Dresden – SV Waregem 4:1, 1:2; Partizan Belgrad – AS Rom 4:2, 0:2; Velez Mostar – Belenenses Lissabon 0:0, n.

V. 0:0 (Mostar 4:3-Sieger nach Elfmeterschießen); Sporting Lissabon – Real Sociedad San Sebastian 1:2, 0:0; Heart of Midlothian – Austria Wien 0:0, 1:0; Ujpest Budapest – Girondins Bordeaux 0:1, 0:1; Juventus Turin – Athletic Bilbao 5:1, 2:3; Vienna Wien – Turku PS 2:1, 0:1; Malmö FF – Inter Mailand 0:1, 1:1; FC Lüttich – Benfica Lissabon 2:1, 1:1; FC Groningen – Servette Genf 2:0, 1:1; Dynamo Minsk – Victoria Bukarest 2:1, 0:1.

Achtelfinale: Real Sociedad San Sebastian – 1. FC Köln 1:0, 2:2; Bayern München – Inter Mailand 0:2, 3:1; FC Groningen – VfB Stuttgart 1:3, 0:2; Dynamo Dresden – AS Rom 2:0, 2:0; Girondins Bordeaux – SSC Neapel 0:1, 0:0; Heart of Midlothian – Velez Mostar 3:0, 1:2; Victoria Bukarest – Turku PS 1:0, 2:3; FC Lüttich – Juventus Turin 0:1, 0:1.

Viertelfinale: VfB Stuttgart – Real Sociedad San Sebastian 1:0, n. V. 0:1 (Stuttgart 4:2-Sieger nach Elfmeterschießen); Heart of Midlothian – Bayern München 1:0, 0:2; Victoria Bukarest – Dynamo Dresden 1:1, 0:4; Juventus Turin – SSC Neapel 2:0, n. V. 0:3.

Halbfinale: SSC Neapel – Bayern München 2:0, 2:2; VfB Stuttgart – Dynamo Dresden 1:0, 1:1.

Endspiele: SSC Neapel – VfB Stuttgart 2:1, 3:3

SSC Neapel: Giuliani – Renica – Ferrara, Corradini (Crippa) – de Napoli, Alemao (Carranante), Fusi, Francini – Careca (Bigliardi), Maradona, Carnevale.

VfB Stuttgart: Immel – Allgöwer – N. Schmäler, Hartmann, Buchwald – Schäfer, Katanec, Sigurvinsson, Schröder – Gaudino, Walter (Zietsch, O. Schmäler, Klinsmann).

Tore: Maradona, Careca (Gaudino für Stuttgart) im 1. Spiel; Alemao, Ferrara, Careca (Klinsmann, Eigentor De Napoli, O. Schmäler für Stuttgart) im 2. Spiel – SR: Germanakos (Griechenland)/Sanchez (Spanien) – Zuschauer: 81 093/66 800 – 3. 5. und 17. 5.

1989/90: Juventus Turin

Qualifikation: AJ Auxerre – Dinamo Zagreb 0:1, 3:1.

1. Runde: VfB Stuttgart – Feyenoord Rotterdam 2:0, 1:2; 1. FC Köln – Plastika Nitra 4:1, 1:0; Örgryte Göteborg – Hamburger SV 1:2, 1:5; Lilleström SK – Werder Bremen 1:3, 0:2; FC Karl-Marx-Stadt – Boavista Porto 1:0, n. V. 2:2; Hansa Rostock – Banik Ostrau 2:3, 0:4; FC Aberdeen – Rapid Wien 2:1, 0:1; Dynamo Kiew – MTK/VM Budapest 4:0, 2:1; FC Wettingen – FC Dundalk 3:0, 2:0; Twente Enschede – FC Brügge 0:0, 1:4; FC Sochaux – Jeunesse Esch 7:0, 5:0; Gornik Zabrze – Juventus Turin 0:1, 2:4; Hibernian Edinburgh – Videoton Szekesfehervar 1:0, 3:0; IA Akranes – FC Lüttich 0:2, 1:4; Zalgiris Wilna – IFK Göteborg 2:0, 0:1; FC Glentoran – Dundee United 1:3, 0:2; Kuusysi Lahti – Paris Saint-Germain 0:0, 2:3; Austria Wien – Ajax Amsterdam 1:0, 1:1 in Verl. abgebrochen (Wertung 3:0); Rovaniemi PS – GKS Kattowitz 1:1, 1:0; Zenit Leningrad – Naestved IF 3:1, 0:0; Apollon Limassol – Real Saragossa 0:3, 1:1; Atalanta Bergamo – Spartak Moskau 0:0, 0:2; FK Rad Belgrad – Olympiakos Piräus 2:1, 0:2; Vitoscha Sofia – FC Antwerpen 0:0, 3:4; FC Porto – Flacara Moreni 2:0, 2:1; Atletico Madrid – AC Florenz 1:0, n. V. 0:1 (Florenz 3:1-Sieger nach Elfmeterschießen, in Perugia); Iraklis Saloniki – FC Sion 1:0, 0:2; AJ Auxerre – Apolonia Fier 5:0, 3:0 (in Vlora); Sporting Lissabon – SSC Neapel 0:0, n. V. 0:0 (Neapel 4:3-Sieger nach Elfmeterschießen); Galatasaray Istanbul – Roter Stern Belgrad 1:1, 0:2; FC Valencia – Victoria Bukarest 3:1, 1:1; FC Valetta – Vienna Wien 1:4 (in Solo), 0:3.

2. Runde: 1. FC Köln – Spartak Moskau 3:1, 0:0; Zenit Leningrad – VfB Stuttgart 0:1, 0:5; Real Saragossa – Hamburger SV 1:0, n. V. 0:2; Werder Bremen – Austria Wien 5:0, 0:2; FC Sion – FC Karl-Marx-Stadt 2:1, 1:4; FC Brügge – Rapid Wien 1:2, 3:4; AC Florenz – FC Sochaux 0:0 (in Perugia), 1:1; Paris Saint-Germain – Juventus Turin 0:1, 1:2; Roter Stern Belgrad – Zalgiris Wilna 4:1, 1:0; Hibernian Edinburgh – FC Lüttich 0:0, n. V. 0:1; FC Antwerpen – Dundee United 4:0, 2:3; Dynamo Kiew – Banik Ostrau 3:0, 1:1; Rovaniemi PS – AJ Auxerre 0:5, 0:3; FC Wettingen – SSC Neapel 0:0 (in Zürich), 1:2; FC Porto – FC Valencia 3:1, 2:3; Vienna Wien – Olympiakos Piräus 2:2, 1:1.

Achtelfinale: Roter Stern Belgrad – 1. FC Köln 2:0, 0:3; FC Antwerpen – VfB Stuttgart 1:0, 1:1; SSC Neapel – Werder Bremen 2:3, 1:5; Hamburger SV – FC Porto 1:0, 1:2; Juventus Turin – FC Karl-Marx-Stadt 2:1, 1:0; Rapid Wien – FC Lüttich 1:0, 1:3; Olympiakos Piräus – AJ Auxerre 1:1, 0:0; AC Florenz – Dynamo Kiew 1:0 (in Perugia), 0:0.

Viertelfinale: 1. FC Köln – FC Antwerpen 2:0, 0:0; FC Lüttich – Werder Bremen 1:4, 2:0; Hamburger SV – Juventus Turin 0:2, 2:1; AC Florenz – AJ Auxerre 1:0 (in Perugia), 1:0.

Halbfinale: Juventus Turin – 1. FC Köln 3:2, 0:0; Werder Bremen – AC Florenz 1:1, 0:0 (in Perugia).

Endspiele: Juventus Turin – AC Florenz 3:1, 0:0 (in Avellino)

Juventus Turin: Tacconi – Bonetti – Napoli (Alessio), De Agostini – Galia, Aleijnikow, Rui Barros, Marocchi – Casiraghi, Schillaci (Rosa, Avallone), Bruno.

Tore: Galia, Casiraghi, De Agostini (Buso für Florenz) – SR: Aladren (Spanien)/Schmidhuber (Deutschland) – Zuschauer: 46 000/32 000 – 2. 5. und 16. 5.

1990/91: Inter Mailand

1. Runde: Bröndby IF Kopenhagen – Eintracht Frankfurt 5:0, 1:4; Borussia Dortmund – Chemnitzer FC 2:0, 2:0; IFK Norrköping – 1. FC Köln 0:0, 1:3; Bayer Leverkusen – Twente Enschede 1:0, n. V. 1:1; 1. FC Magdeburg – Rovaniemi PS 0:0, 1:0; Dnjepr Dnjepropetrowsk – Heart of Midlothian 1:1, 1:3; Derry City – Vitesse Arnheim 0:1, 0:0; MTK/VM Budapest – FC Luzern 1:1, 1:2; Sporting Lissabon – KV Mechelen 1:0, 2:2; Lausanne-Sports – Real Sociedad San Sebastian 3:2, 0:1; Avenir Beggen – Inter Bratislava 2:1, 0:5; FH Hafnarfjördur – Dundee United 1:3, 2:2; FC Antwerpen – Ferencvaros Budapest 0:0, n. V. 1:3 (in Zalaegerszeg); Zaglebie Lubin – FC Bologna 0:1, 0:1; FC Glenavon Lurgan– Girondins Bordeaux 0:0, 0:2; Torpedo Moskau – GAIS Göteborg 4:1, 1:1; Aston Villa – Banik Ostrau 3:1, 2:1; Vejle BK – Admira/Wacker Wien 0:1, 0:3; Tschernomoretz Odessa – Rosenborg Trondheim 3:1, 1:2; GKS Kattowitz – Turku PS 3:0, 1:0; Iraklis Saloniki – FC Valencia 0:0, n. V. 0:2; RSC Anderlecht – Petrolul Ploiesti 2:0, 2:0; Atalanta Bergamo – Dinamo Zagreb 0:0, 1:1; Slavia Sofia – Omonia Nikosia 2:1, n. V. 2:4; AS Rom – Benfica Lissabon 1:0, 1:0; Roda JC Kerkrade – AS Monaco 1:3, 1:3; Partizani Tirana – Universitatea Craiova 0:1, 0:1; FC Sevilla – PAOK Saloniki 0:0, n. V. 0:0 (Sevilla 4:3-Sieger nach Elfmeterschießen); Politehnica Timisoara – Atletico Madrid 2:0, 0:1; Rapid Wien – Inter Mailand 2:1, n. V. 1:3 (in Verona); Fenerbahce Istanbul – Vitoria Guimaraes 3:0, 3:2; Hibernians Paola – Partizan Belgrad 0:3, 0:2.

2. Runde: GKS Kattowitz – Bayer Leverkusen 1:2, 0:4; 1. FC Köln – Inter Bratislava 0:1, 2:0; Universitatea Craiova – Borussia Dortmund 0:3, 0:1; 1. FC Magdeburg – Girondins Bordeaux 0:1, 0:1; FC Luzern – Admira/Wacker Wien0:1, 1:1; Bröndby IF Kopenhagen – Ferencvaros Budapest 3:0, 1:0; Heart of Midlothian – FC Bologna 3:1, 0:3; Fenerbahce Istanbul – Atalanta Bergamo 0:1, 1:4; Sporting Lissabon – Politehnica Timisoara 7:0, 0:2; Real Sociedad San Sebastian – Partizan Belgrad 1:0, n. V. 0:1 (Belgrad 5:4-Sieger nach Elfmeterschießen); FC Valencia – AS Rom 1:1, 1:2; Tschernomoretz Odessa – AS Monaco 0:0, 0:1; Omonia Nikosia – RSC Anderlecht 1:1, 0:3; Vitesse Arnheim – Dundee United 1:0, 4:0; Aston Villa – Inter Mailand 2:0, 0:3; Torpedo Moskau – FC Sevilla 3:1, 1:2.

Achtelfinale: Bröndby IF Kopenhagen – Bayer Leverkusen 3:0, 0:0; RSC Anderlecht – Borussia Dortmund 1:0, 1:2; 1. FC Köln – Atalanta Bergamo 1:1, 0:1; Inter Mailand – Partizan Belgrad 3:0, 1:1; AS Rom – Girondins Bordeaux 5:0, 2:0; Admira/Wacker Wien– FC Bologna 3:0, n. V. 0:3 (Bologna 6:5-Sieger nach Elfmeterschießen); Vitesse Arnheim – Sporting Lissabon 0:2, 1:2; Torpedo Moskau – AS Monaco 2:1, 2:1.

Viertelfinale: FC Bologna – Sporting Lissabon 1:1, 0:2; Bröndby IF Kopenhagen – Torpedo Moskau 1:0, n. V. 0:1 (Bröndby 4:2-Sieger nach Elfmeterschießen); Atalanta Bergamo – Inter Mailand 0:0, 0:2; AS Rom – RSC Anderlecht 3:0, 3:2.

Halbfinale: Bröndby IF Kopenhagen – AS Rom 0:0, 1:2; Sporting Lissabon – Inter Mailand 0:0, 0:2.

Endspiele: Inter Mailand – AS Rom 2:0, 0:1

Inter Mailand: Zenga – Bergomi – Paganin (Baresi), Ferri – Bianchi, Battistini, Matthäus, Berti, Brehme – Serena (Pizzi, Mandorlini), Klinsmann.

Tore: Matthäus, Berti im 1. Spiel; (Rizzitelli für Rom) im 2. Spiel – SR: Spirin (UdSSR)/Quiniou (Frankreich) – Zuschauer: 68 887/70 901 – 8. 5. und 22. 5.

1991/92: Ajax Amsterdam

1. Runde: Hamburger SV – Gornik Zabrze 1:1, 3:0; Cork City – Bayern München 1:1, 0:2; Eintracht Frankfurt – Spora Luxemburg 6:1, 5:0; VfB Stuttgart – MSC Pecs 4:1, 2:2; Hallescher FC – Torpedo Moskau 2:1, 0:3; FC Groningen – Rot-Weiß Erfurt 0:1, 0:1; Gradjanski Zagreb – Trabzonspor 2:3 (in Klagenfurt), 1:1; Ikast FS – AJ Auxerre 0:1, 1:5; AA Gent – Lausanne-Sports 0:1, n. V. 1:0 (Gent 4:1-Sieger nach Elfmeterschießen); Anorthosis Famagusta – Steaua Bukarest 1:2, n. V. 2:2; Neuchâtel Xamax – FC Floriana 2:0, 0:0; Slavia Sofia – Atletico Osasuna 1:0, 0:4; MTE Izzo Vac – Dynamo Moskau 1:0, 1:4; Vllaznia Shkoder – AEK Athen 0:1, 0:2; FC Bangor – Sigma Olmütz 0:3, 0:3; Slovan Bratislava – Real Madrid 1:2, 1:1; Mikkeli MP – Spartak Moskau 0:2, 1:3; FC Aberdeen – B 1903 Kopenhagen 0:1, 0:2; Sturm Graz – FC Utrecht 0:1, 1:3; Celtic Glasgow – Germinal Ekeren 2:0, 1:1; FC Tirol Innsbruck – Tromsö IL 2:1, 1:1; Olympique Lyon – Östers Växjö 1:0, 1:1; Ajax Amsterdam – Örebro SK 3:0 (in Düsseldorf), 1:0; FC Liverpool – Kuusysi Lahti 6:1, 0:1; PAOK Saloniki – KV Mechelen 1:1, 1:0; Sporting Gijon – Partizan Belgrad 2:0, n. V. 0:2 (Gijon 3:2-Sieger nach Elfmeterschießen, in Istanbul); Sporting Lissabon – Dinamo Bukarest 1:0, n. V. 0:2; Boavista Porto – Inter Mailand 2:1, 0:0; ZSKA Sofia – AC Parma 0:0, 1:1; SC Salgueiros – AS Cannes 1:0, n. V. 0:1 (Cannes 4:2-Sieger nach Elfmeterschießen); KR Reykjavik – Turin Calcio 0:2, 1:6; Real Oviedo – FC Genua '93 1:0, 1:3.

2. Runde: B 1903 Kopenhagen – Bayern München 6:2, 0:1; AA Gent – Eintracht Frankfurt 0:0, 1:0; Hamburger SV – ZSKA Sofia 2:0, 4:1; Atletico Osasuna – VfB Stuttgart 0:0, 3:2; Rot-Weiß Erfurt – Ajax Amsterdam 1:2, 0:3 (in Düsseldorf); Neuchâtel Xamax – Celtic Glasgow 5:1, 0:1; AS Cannes – Dynamo Moskau 0:1, 1:1; FC Utrecht – Real Madrid 1:3, 0:1; PAOK Saloniki – FC Tirol Innsbruck 0:2, 0:2; AJ

Auxerre – FC Liverpool 2:0, 0:3; Sigma Olmütz – Torpedo Moskau 2:0, 0:0; Spartak Moskau – AEK Athen 0:0, 1:2; FC Genua '93 – Dinamo Bukarest 3:1, 2:2; Olympique Lyon – Trabzonspor 3:4, 1:4; Sporting Gijon – Steaua Bukarest 2:2, 0:1; Turin Calcio – Boavista Porto 2:0, 0:0.

Achtelfinale: Hamburger SV – Sigma Olmütz 1:2, 1:4; B 1903 Kopenhagen – Trabzonspor 1:0, 1:1; FC Tirol Innsbruck – FC Liverpool 0:2, 0:4; AA Gent – Dynamo Moskau 2:0, 0:0 (in Simferopol); Steaua Bukarest – FC Genua '93 0:1, 0:1; AEK Athen – Turin Calcio 2:2, 0:1; Neuchâtel Xamax – Real Madrid 1:0, 0:4; Atletico Osasuna – Ajax Amsterdam 0:1, 0:1 (in Düsseldorf).

Viertelfinale: B 1903 Kopenhagen – Turin Calcio 0:2, 0:1; Sigma Olmütz – Real Madrid 1:1, 0:1; AA Gent – Ajax Amsterdam 0:0, 0:3; FC Genua '93 – FC Liverpool 2:0, 2:1.

Halbfinale: FC Genua '93 – Ajax Amsterdam 2:3, 1:1; Real Madrid – Turin Calcio 2:1, 0:2.

Endspiele: Turin Calcio – Ajax Amsterdam 2:2, 0:0

Ajax Amsterdam: Menzo – Blind – Silooy, Jonk, De Boer – Van 't Schip, Winter (Alflen), Kreek (Vink), Bergkamp – Petersson, Roy (Van Loen, Groenendijk).

Tore: Jonk, Petersson (Casagrande 2 für Turin) – SR: Worrall (England)/Petrovic (Jugoslawien) – Zuschauer: 65 377/42 000 – 29. 4. und 13. 5.

1992/93: Juventus Turin

1. Runde: Fram Reykjavik – 1. FC Kaiserslautern 0:3, 0:4; FC Floriana – Borussia Dortmund 0:1, 2:7; 1. FC Köln – Celtic Glasgow 2:0, 0:3; Widzew Lodz – Eintracht Frankfurt 2:2, 0:9; Hibernian Edinburgh – RSC Anderlecht 2:2, 1:1; Neuchâtel Xamax – Frem Kopenhagen 2:2, 1:4; SM Caen – Real Saragossa 3:2, 0:2; FC Vac – FC Groningen 1:0, 1:1; Fenerbahce Istanbul – Botev Plovdiv 3:1, 2:2; Electroputere Craiova – Panathinaikos Athen 0:6, 0:4; Lokomotive Plovdiv – AJ Auxerre 2:2, 1:7; Politehnica Timisoara – Real Madrid 1:1, 0:4; Slavia Prag – Heart of Midlothian 1:0, 2:4; IFK Norrköping – Turin Calcio 1:0, 0:3; Juventus Turin – Anorthosis Famagusta 6:1, 4:0; Dynamo Moskau – Rosenborg Trondheim 5:1, 0:2; Dynamo Kiew – Rapid Wien 1:0, 2:3; Austria Salzburg – Ajax Amsterdam 0:3, 1:3; KV Mechelen – Örebro SK 2:1, 0:0; FC Kopenhagen – Mikkeli MP 5:0, 5:1; Grasshoppers Zürich – Sporting Lissabon 1:2, n. V. 3:1; GKS Kattowitz – Galatasaray Istanbul 0:0, 1:2; Vitesse Arnheim – Derry City 3:0, 2:1; Standard Lüttich – FC Portadown 5:0, 0:0; Wacker Innsbruck – AS Rom 1:4, 0:1; Sheffield Wednesday – Spora Luxemburg 8:1, 2:1; Manchester United – Torpedo Moskau 0:0, n. V. 0:0 (Moskau 4:3-Sieger nach Elfmeterschießen); Benfica Lissabon – Belvedur Izola 3:0, 5:0; FC Valencia – SSC Neapel 1:5, 0:1; Paris Saint-Germain – PAOK Saloniki 2:0, 2:0 abgebrochen (Wertung 3:0); Vitoria Guimaraes – Real Sociedad San Sebastian 3:0, 0:2; Sigma Olmütz – Universitatea Craiova 1:0, 2:1.

2. Runde: Borussia Dortmund – Celtic Glasgow 1:0, 2:1; 1. FC Kaiserslautern – Sheffield Wednesday 3:1, 2:2; Eintracht Frankfurt – Galatasaray Istanbul 0:0, 0:1; Panathinaikos Athen – Juventus Turin 0:1, 0:0; AS Rom – Grasshoppers Zürich 3:0, 3:4; Fenerbahce Istanbul – Sigma Olmütz 1:0, 1:7; Vitesse Arnheim – KV Mechelen 1:0, 1:0; RSC Anderlecht – Dynamo Kiew 4:2, 3:0; Vitoria Guimaraes – Ajax Amsterdam 0:3, 1:2; SSC Neapel – Paris Saint-Germain 0:2, 0:0; Heart of Midlothian – Standard Lüttich 0:1, 0:1; AJ Auxerre – FC Kopenhagen 5:0, 2:0; Real Madrid – Torpedo Moskau 5:2, 2:3; Benfica Lissabon – FC Vac 5:1, 1:0; Frem Kopenhagen – Real Saragossa 0:1, 1:5; Turin Calcio – Dynamo Moskau 1:2, 0:0.

Achtelfinale: Ajax Amsterdam – 1. FC Kaiserslautern 2:0, 1:0; Borussia Dortmund – Real Saragossa 3:1, 1:2; Paris Saint-Germain – RSC Anderlecht 0:0, 1:1; Standard Lüttich – AJ Auxerre 2:2, 1:2; Sigma Olmütz – Juventus Turin 1:2, 0:5; Dynamo Moskau – Benfica Lissabon 2:2, 0:2; AS Rom – Galatasaray Istanbul 3:1, 2:3; Vitesse Arnheim – Real Madrid 0:1, 0:1.

Viertelfinale: AS Rom – Borussia Dortmund 1:0, 0:2; Real Madrid – Paris Saint-Germain 3:1, 1:4; AJ Auxerre – Ajax Amsterdam 4:2, 0:1; Benfica Lissabon – Juventus Turin 2:1, 0:3.

Halbfinale: Borussia Dortmund – AJ Auxerre 2:0, n. V. 0:2 (Dortmund 6:5-Sieger nach Elfmeterschießen); Juventus Turin – Paris Saint-Germain 2:1, 1:0.

Endspiele: Borussia Dortmund – Juventus Turin 1:3, 0:3.

Juventus Turin: Peruzzi – Julio Cesar – Carrera, Kohler, De Marchi – Conte (Toricelli), D. Baggio, R. Baggio, (Di Canio), Marocchi – Möller, (Galia), Vialli, (Ravanelli).

Borussia Dortmund: Klos – Grauer – Schmidt, Reuter – Lusch, Zorc (Karl), Franck (Mill), Poschner, Reinhardt – Rummenigge, Chapuisat (Sippel).

Tore: (Rummenigge) D. Baggio, R. Baggio 2 im 1. Spiel; D. Baggio 2, Möller im 2. Spiel – SR: Puhl (Ungarn)/Blankenstein (Holland) – Zuschauer: 37 000/62 781 – 5. 5. und 19. 5.

1993/94: Inter Mailand

1. Runde: Twente Enschede – Bayern München 3:4, 0:3; Karlsruher SC – PSV Eindhoven 2:1, 0:0; Dynamo Moskau – Eintracht Frankfurt 0:6, 2:1; Borussia Dortmund – Spartak Wladikawkas 0:0, 1:0;

Bohemians Dublin – Girondins Bordeaux 0:1, 0:5; Young Boys Bern – Celtic Glasgow 0:0, n. V. 0:1; Aalborg BK – Deportivo La Coruna 1:0, 0:5; Norwich City – Vitesse Arnheim 3:0, 0:0; Heart of Midlothian – Atletico Madrid 2:1, 0:3; Slavia Prag – OFI Kreta 1:1, 0:1; US Luxemburg – Boavista Porto 0:1, 0:4; IFK Norrköping – KV Mechelen 0:1, n. V. 1:1; FC Nantes – FC Valencia 1:1, n. V. 1:3; KR Reykjavik – MTK Budapest 1:2, 0:0; Kuusysi Lahti – SV Waregem 4:0, 2:1; Crusaders Belfast – Servette Genf 0:0, 0:4; Bröndby IF Kopenhagen – Dundee United 2:0, n. V. 1:3; Slovan Bratislava – Aston Villa 0:0, 1:2; Lazio Rom – Lokomotive Plovdiv 2:0, 2:0; Östers Växjö – Kongsvinger IL 1:3, 1:4; Dnjepr Dnjepropetrowsk – Admira/Wacker Wien 1:0, 3:2; Inter Mailand – Rapid Bukarest 3:1, 2:0; Botev Plovdiv – Olympiakos Piräus 2:3, 1:5; FC Vac – Apollon Limassol 2:0, n. V. 0:4; Kocaelispor – Sporting Lissabon 0:0, 0:2; Juventus Turin – Lokomotive Moskau 3:0, 1:0; Austria Salzburg – DAC Dunajska Streda 2:0, 2:0; Gloria Bistrita – Branik Maribor 0:0, 0:2; CD Teneriffa – AJ Auxerre 2:2, 1:0; FC Antwerpen – Maritimo Funchal 2:0, 2:2; Trabzonspor – FC Valletta 3:1, 3:1; Dinamo Bukarest – Cagliari Calcio 3:2, 0:2.

2. Runde: Eintracht Frankfurt – Dnjepr Dnjepropetrowsk 2:0, 0:1; Bayern München – Norwich City 1:2, 1:1; Branik Maribor – Borussia Dortmund 0:0, 1:2; FC Valencia – Karlsruher SC 3:1, 0:7; Austria Salzburg – FC Antwerpen 1:0, 1:0; Kuusysi Lahti – Bröndby IF Kopenhagen 1:4, 1:3; Atletico Madrid – OFI Kreta 1:0, 0:2; Girondins Bordeaux – Servette Genf 2:1, 1:0; CD Teneriffa – Olympiakos Piräus 2:1, 3:4; Deportivo La Coruna – Aston Villa 1:1, 1:0; Trabzonspor – Cagliari Calcio 1:1, 0:0; Celtic Glasgow – Sporting Lissabon 1:0, 0:2; Kongsvinger IL – Juventus Turin 1:1, 0:2; KV Mechelen – MTK Budapest 5:0, 1:1; Lazio Rom – Boavista Porto 1:0, 0:2; Inter Mailand – Apollon Limassol 1:0, 3:3.

Achtelfinale: Eintracht Frankfurt – Deportivo La Coruna 1:0, 1:0; Girondins Bordeaux – Karlsruher SC 1:0, 0:3; Bröndby IF Kopenhagen – Borussia Dortmund 1:1, 0:1; OFI Kreta – Boavista Porto 1:4, 0:2; Sporting Lissabon – Austria Salzburg 2:0, n. V. 0:3; Norwich City – Inter Mailand 0:1, 0:1; Juventus Turin – CD Teneriffa 3:0, 1:2; KV Mechelen – Cagliari Calcio 1:3, 0:2.

Viertelfinale: Borussia Dortmund – Inter Mailand 1:3, 2:1; Boavista Porto – Karlsruher SC 1:1, 0:1; Austria Salzburg – Eintracht Frankfurt 1:0 (in Wien), n. V. 0:1 (Salzburg 5:4-Sieger nach Elfmeterschießen); Cagliari Calcio – Juventus Turin 1:0, 2:1.

Halbfinale: Austria Salzburg – Karlsruher SC 0:0 (in Wien), 1:1; Cagliari Calcio – Inter Mailand 3:2, 0:3.

Endspiele: Austria Salzburg – Inter Mailand 0:1, 0:1

Inter Mailabd: Zenga – Battistini – Bergomi, A. Paganin – Bianchi, Manicone, Fontolan (Ferri), Jonk, Berti, Orlando – Bergkamp (Dell' Anno, M. Paganin), Sosa.

Tore: Berti im 1. Spiel; Jonk im 2. Spiel – SR: Milton-Nielsen (Dänemark)/McCluskey (Schottland) – Zuschauer: 48 000/80 350 – 26. 4. und 11. 5.

1994/95: AC Parma

Qualifikation: Teuta Durres – Apollon Limassol 1:4, 2:4; Slavia Prag – Cork City 2:0, 4:0; Dynamo Minsk – Hibernians Paola 3:1, n. V. 3:4; Skonto Riga – FC Aberdeen 0:0, 1:1; ROMAR Mazeikiai – AIK Stockholm 0:2, 0:2; Dynamo Tiflis – Universitatea Craiova 2:0, 2:1; Inter Bratislava – MyPa Anjalankoski 0:3, 1:0; Gornik Zabrze – Shamrock Rovers 7:0, 1:0; ZSKA Sofia – Ararat Erewan 3:0, 0:0; Odense BK – Flora Tallin 3:0, 3:0; Vardar Skopje – EFC Bekescsaba 1:1, 0:1; CS Grevenmacher – Rosenborg Trondheim 1:2, 0:6; Lilleström SK – Schachtjor Donezk 4:1, 0:2; FC Kopenhagen – FC Jazz Pori 0:1, 4:0; Fenerbahce Istanbul – Turan Tauz 5:0, 2:0; Kispest-Honved Budapest – Zimbru Chisinau 4:1, 1:0; FC Valletta – Rapid Bukarest 2:6, 1:1; FC Motherwell – HB Torshavn 3:0, 4:1; Bangor City – IA Akranes 1:2, 0:2; FC Aarau – Mura Murska Sobota 1:0, 1:0; FH Hafnarfjördur – FC Linfield 1:0, 1:3; Aris Saloniki – Hapoel Beer Sheva 3:1, 2:1; GI Götu – Trelleborgs FF 0:1, 2:3; Olimpija Ljubljana – Levski Sofia 3:2, 2:1; FC Portadown – Slovan Bratislava 0:2, 0:3; Inter Cardiff – GKS Kattowitz 0:2, 0:6; Anorthosis Famagusta – FC Schumen 2:0, 2:1.

1. Runde: IA Akranes – 1. FC Kaiserslautern 0:4 (in Reykjavik) 1:4; Bayer Leverkusen – PSV Eindhoven 5:4, 0:0; Borussia Dortmund – FC Motherwell 1:0, 2:0; Olimpija Ljubljana – Eintracht Frankfurt 1:1, 0:2; Anorthosis Famagusta – Athletic Bilbao 2:0, 0:3; ZSKA Sofia – Juventus Turin 3:2 (0:3) gewertet, 1:5; GKS Kattowitz – Aris Saloniki 1:0, n. V. 0:1 (Kattowitz 4:3-Sieger nach Elfmeterschießen); FC Aarau – Maritimo Funchal 0:0, 0:1; Olympiakos Piräus – Olympique Marseille 1:2, 0:3; Rosenborg Trondheim – Deportivo La Coruna 1:0, n. V. 1:4; Apollon Limassol – FC Sion 1:3, n. V. 3:2; Twente Enschede – Kispest-Honved Budapest 1:4, 3:1; FC Antwerpen – Newcastle United 0:5, 2:5; FC Linfield – Odense BK 1:1, 0:5; Inter Mailand – Aston Villa 1:0, n. V. 0:1 (Aston Villa 4:3-Sieger nach Elfmeterschießen); FC Seraing – Dynamo Moskau 3:4, 1:0; AIK Stockholm – Slavia Prag 0:0, 2:2; Vitesse Arnheim – AC Parma 1:0, 0:2; Dynamo Minsk – Lazio Rom 0:0, 1:4, Boavista Porto – MyPa Anjalankoski 2:1, 1:1; Admira/Wacker Wien – Gornik Zabrze 5:2, 1:1; SSC Neapel – Skonto Riga 2:0, 1:0; Slovan Bratislava – FC Kopenhagen 1:0, 1:1; Trabzonspor – Dinamo Bukarest 2:1, 3:3; Real Madrid – Sporting Lissabon 1:0, 1:2; AS Cannes – Fenerbahce Istanbul 4:0, 5:1; Rapid Bukarest – SC Charleroi 2:0, 1:2; Dynamo Tiflis – FC Tirol Innsbruck 1:0, 1:5; Rotor Wolgograd – FC Nantes 3:2, 0:3;

Girondins Bordeaux – Lilleström SK 3:1, 2:0; Blackburn Rovers – Trelleborgs FF 0:1, 2:2; Textilschik Kamyschin – EFC Bekescsaba 6:1 (in Moskau), 0:1.

2. Runde: Kispest-Honved Budapest – Bayer Leverkusen 0:2, 0:5; 1. FC Kaiserslautern – Odense BK 1:1, 0:0; Rapid Bukarest – Eintracht Frankfurt 2:1, 0:5; Slovan Bratislava – Borussia Dortmund 2:1, 0:3; FC Nantes – Textilschik Kamyschin 2:0, 2:1 (in Moskau); FC Tirol Innsbruck – Deportivo La Coruna 2:0, 0:4; Boavista Porto – SSC Neapel 1:1, 1:2; AIK Stockholm – AC Parma 0:1, 0:2; Admira/Wacker Wien – AS Cannes 1:1, 4:2; Dynamo Moskau – Real Madrid 2:2, 0:4; Trabzonspor – Aston Villa 1:0, 1:2; Trelleborgs FF – Lazio Rom 0:0, 0:1; FC Sion – Olympique Marseille 2:0, 1:3, Newcastle United – Athletic Bilbao 3:2, 0:1; GKS Kattowitz – Girondins Bordeaux 1:0, 1:1; Maritimo Funchal – Juventus Turin 0:1, 1:2.

Achtelfinale: GKS Kattowitz – Bayer Leverkusen 1:4, 0:4; Deportivo La Coruna – Borussia Dortmund 1:0, n. V. 1:3; Eintracht Frankfurt – SSC Neapel 1:0, 1:0, Trabzonspor – Lazio Rom 1:2, 1:2; Admira/Wacker Wien – Juventus Turin 1:3, 1:2; FC Nantes – FC Sion 4:0, 2:2; Odense BK – Real Madrid 2:3, 2:0; Athletic Bilbao – AC Parma 1:0, 2:4.

Viertelfinale: Eintracht Frankfurt – Juventus Turin 1:1, 0:3; Lazio Rom – Borussia Dortmund 1:0, 0:2; Bayer Leverkusen – FC Nantes 5:1, 0:0; AC Parma – Odense BK 1:0, 0:0.

Halbfinale: Bayer Leverkusen – AC Parma 1:2, 0:3; Juventus Turin – Borussia Dortmund 2:2 (in Mailand), 2:1.

Endspiele: AC Parma – Juventus Turin 1:0, 1:1

AC Parma: Bucci – Minotti – Benarrivo (Mussi), Apolloni (Susic), Fernando Couto, Di Chiara (Castellini) – Pin, D. Baggio, Sensini (Crippa) – Zola (Fiore), Asprilla.

Tore: D. Baggio im 1. Spiel; D. Baggio (Vialli für Turin) im 2. Spiel – SR: Lopez-Nieto (Spanien)/Van den Wijngaert (Belgien) – Zuschauer: 22 062/80 754 – 3. 5. und 17. 5.

1995/96: Bayern München

Vorrunde: Karlsruher SC – Girondins Bordeaux 0:2, 2:2; FC Tirol Innsbruck – Racing Straßburg 1:1, 1:6 (beide Begegnungen UI-Cup-Finalspiele) – Örebro SK – Avenir Beggen 0:0, 1:1 (0:3 gewertet); Tampere PV – Viking Stavanger 0:4, 1:3; Bangor City – Widzew Lodz 0:4, 0:1; FC Shelbourne – IA Akranes 0:3, 0:3; FC Glenavon Lurgan – FH Hafnarfjördur 0:0, 1:0; Bröndby IF Kopenhagen – Inkaras-Grifas Kaunas 3:0, 3:0; Lilleström SK – Flora Tallinn 4:0, 0:1; FC Motherwell – MyPa Anjalankoski 1:3, 2:0; Skonto Riga – Maribor Branik 1:0, 0:2; Sturm Graz – Slavia Prag 0:1, 1:1; Jeunesse Esch – FC Lugano 0:0, 0:4; Slovan Bratislava – NK Osijek 4:0, 2:0 (in Zagreb); FC Dundalk – Malmö FF 0:2 (in Drogheda), 0:2; Crusaders Belfast – Silkeborg IF 1:2, 0:4; Afan Lido – RAF Jelgava 1:2, 0:0; Raith Rovers – GI Götu 4:0, 2:2; Slavia Sofia – Olympiakos Piräus 0:2, 0:1; Zimbru Chisinau – Hapoel Tel Aviv 2:0, 0:0; Sparta Prag – Galatasaray Istanbul 3:1, 1:1; Omonia Nicosia – Sliema Wanderers 3:0, 2:1; 1. FC Kosice – Ujpest Budapest 0:1, 1:2; Universitatea Craiova – Dynamo Minsk 0:0, n. V. 0:0 (Minsk 3:1-Sieger nach Elfmeterschießen); Fenerbahce Istanbul – Partizani Tirana 2:0, 4:0; Vardar Skopje – FC Samtredia 1:0, 2:0; Botev Plovdiv – Dynamo Tiflis 1:0, 1:0; Apollon Athen – Olimpija Ljubljana 1:0, 1:3; Roter Stern Belgrad – Neuchâtel Xamax 0:1, 0:0; Hibernians Paola – Tschernomoretz Odessa 2:5, 0:2; Kapaz Ganya – Austria Wien 0:4, 1:5; FK Tirana – Hapoel Beer Sheva 0:1, 0:2; Dinamo Bukarest – Levski Sofia 0:1, n. V. 1:1; Zaglebie Lubin – Shirak Giumri 0:0, 1:0.

1. Runde: Bayern München – Lokomotive Moskau 0:1, 5:0; SC Freiburg – Slavia Prag 1:2, 0:0; Slovan Bratislava – 1. FC Kaiserslautern 2:1, 0:3; FC Glenavon Lurgan – Werder Bremen 0:2, 0:5; Olympiakos Piräus – Branik Maribor 2:0, 3:1; Hapoel Beer Sheva – FC Barcelona 0:7, 0:5; Lazio Rom – Omonia Nicosia 5:0, 2:1; Racing Straßburg – Ujpest Budapest 3:0, 2:0; AC Mailand – Zaglebie Lubin 4:0, 4:1; Vardar Skopje – Girondins Bordeaux 0:2, 1:1; Vitoria Guimaraes – Standard Lüttich 3:1, 0:0; Fenerbahce Istanbul – Real Betis Sevilla 1:2, 0:2; Rotor Wolgograd – Manchester United 0:0, 2:2; MyPa Anjalankoski – PSV Eindhoven 1:1 (in Lahti), 1:7; RC Lens – Avenir Beggen 6:0, 7:0; Sparta Prag – Silkeborg IF 0:1, 2:1; Lierse SK – Benfica Lissabon 1:3, 1:2; Neuchâtel Xamax – AS Rom 1:1, 0:4; FC Sevilla – Botev Plovdiv 2:0, 1:1; Roda JC Kerkrade – Olimpija Ljubljana 5:0, 0:2; Austria Wien – Dynamo Minsk 1:2, 0:1; Malmö FF – Nottingham Forest 2:1, 0:1; Tschernomoretz Odessa – Widzew Lodz 1:0, n. V. 0:1 (Odessa 6:5-Sieger nach Elfmeterschießen); AS Monaco – Leeds United 0:3, 1:0; Bröndby IF Kopenhagen – Lilleström SK 3:0, 0:0; Raith Rovers – IA Akranes 3:1, 0:1; FC Lugano – Inter Mailand 1:1, 1:0; SC Farense – Olympique Lyon 0:1, 0:1; Levski Sofia – Eendracht Aalst 1:2, 0:1; Viking Stavanger – AJ Auxerre 1:1, 0:1; Spartak-Alania Wladikawkas – FC Liverpool 1:2, 0:0; Zimbru Chisinau – RAF Jelgava 1:0, 2:1.

2. Runde: Raith Rovers – Bayern München 0:2 (in Edinburgh), 1:2; 1. FC Kaiserslautern – Real Betis Sevilla 1:3, 0:1; Werder Bremen – Dynamo Minsk 5:0, 1:2; AJ Auxerre – Nottingham Forest 0:1, 0:0; FC Barcelona – Vitoria Guimaraes 3:0, 4:0; AS Rom – Eendracht Aalst 4:0, 0:0; FC Lugano – Slavia Prag 1:2, 0:1; Tschernomoretz Odessa – RC Lens 0:0, 0:4; Bröndby IF Kopenhagen – FC Liverpool 0:0, 1:0;

Benfica Lissabon – Roda JC Kerkrade 1:0, 2:2; Sparta Prag – Zimbru Chisinau 4:3, 2:0; Girondins Bordeaux – Rotor Wolgograd 2:1, 1:0; Leeds United – PSV Eindhoven 3:5, 0:3; FC Sevilla – Olympiakos Piräus 1:0, n. V. 1:2; Olympique Lyon – Lazio Rom 2:1, 2:0; Racing Straßburg – AC Mailand 0:1, 1:2.
Achtelfinale: PSV Eindhoven – Werder Bremen 2:1, 0:0; Bayern München – Benfica Lissabon 4:1, 3:1; Slavia Prag – RC Lens 0:0, n. V. 1:0; Girondins Bordeaux – Real Betis Sevilla 2:0, 1:2; Bröndby IF Kopenhagen – AS Rom 2:1, 1:3; Nottingham Forest – Olympique Lyon 1:0, 0:0; FC Sevilla – FC Barcelona 1:1, 1:3; AC Mailand – Sparta Prag 2:0, 0:0.
Viertelfinale: Bayern München – Nottingham Forest 2:1, 5:1; AC Mailand – Girondins Bordeaux 2:0, 0:3; FC Barcelona – PSV Eindhoven 2:2, 3:2; Slavia Prag – AS Rom 2:0, n. V. 1:3.
Halbfinale: Bayern München – FC Barcelona 2:2, 2:1; Slavia Prag – Girondins Bordeaux 0:1, 0:1.

Endspiele: Bayern München – Girondins Bordeaux 2:0, 3:1
Bayern München: Kahn – Matthäus (Frey/Zickler) – Kreuzer (Strunz), Helmer – Babbel, Hamann, Sforza, Ziege – Scholl – Papin (Witeczek), Klinsmann (Kostadinov).
Tore: Helmer, Scholl im 1. Spiel; Scholl, Kostadinov, Klinsmann (Dutuel für Bordeaux) im 2. Spiel – SR: Muhmenthaler (Schweiz)/Zhuk (Weißrussland) – Zuschauer: 63 000/36 000 – 1. 5. und 15. 5.

1996/97: FC Schalke 04

Vorrunde: Lierse SK – Karlsruher SC 2:3, 0:3; Segesta Sisak – Örebro SK 4:0, 1:4; Linzer ASK – Rotor Wolgograd 2:2, 0:5; Kamas-Nabereschnije Tschelny – EA Guingamp 2:0, n. V. 0:4; Standard Lüttich – FC Nantes 2:1; 1:0; Uralmasch Ekaterinburg – Silkeborg IF 1:2, 1:0; (alle Begegnungen UI-Cup-Halbfinalspiele) – Jeunesse Esch – Legia Warschau 2:4, 0:3; Lantana Tallinn – IB Vestmannaeyjar 2:1, 0:0; FK Becej – Mura Murska Sobota 0:0, 0:2; Zalgiris Vilnius – Crusaders Belfast 2:0, 1:2; AFC Newtown – Skonto Riga 1:4, 0:3; Dynamo-93 Minsk – Tiligul Tiraspol 3:1, 1:1; Hutnik Krakau – Chazri Buzovna 9:0, 2:2; FC Portadown – Vojvodina Novi Sad 0:1, 1:4; FC Jazz Pori – GI Götu 3:1, 1:0; IA Akranes – Sileks Kratovo 2:0, 0:1; Bohemians Dublin – Dynamo Minsk 1:1, 0:0; Haka Valkeakoski – Flora Tallinn 2:2, 1:0; AFC Barry Town – Dinaburg Daugavpils 0:0, 2:1; Dynamo Tiflis – CS Grevenmacher 4:0, 2:2; Maccabi Haifa – Partizan Belgrad 0:1, 1:3; HIT Nova Gorica – Vardar Skopje 0:1, 1:2; Croatia Zagreb – FK Tirana 4:0, 6:2; Beitar Jerusalem – FC Floriana 3:1, 5:1; Piounik Erewan – HJK Helsinki 3:1, n. V. 2:5; B71 Sandur – APOEL Nicosia 1:5, 2:4; Neftschi Baku – Lokomotive Sofia 2:1, 0:6; Zimbru Chisinau – Hajduk Split 0:4, 1:2; Anorthosis Famagusta – Schirak Giumri 4:0, 2:2; Sliema Wanderers – Margweti Sestaponi 1:3, 3:0; Slavia Sofia – Inkaras-Grifas Kaunas 4:3, 1:1; St. Patrick's Athletic – Slovan Bratislava 3:4, 0:1; Teuta Durres – 1. FC Kosice 1:4, 1:2.
Qualifikation: Standard Lüttich – Karlsruher SC 1:0, 1:3; Rotor Wolgograd – EA Guingamp 2:1, 0:1; Segesta Sisak – Silkeborg IF 1:2, 1:0 (alle Begegnungen UI-Cup-Finalspiele) – 1. FC Kosice – Celtic Glasgow 0:0, 0:1; Legia Warschau – Haka Valkeakoski 3:0, 1:1; Rapid Bukarest – Lokomotive Sofia 1:0, 1:0; Sliema Wanderers – Odense BK 0:2, 1:7; Iraklis Saloniki – APOEL Nicosia 0:1, 1:2; Croatia Zagreb – Spartak Moskau 3:1, 0:2; Partizan Belgrad – National Bukarest 0:0, 0:1; Dynamo Tiflis – Molde FK 2:1, 0:0; Lyngby FC – Mura Murska Sobota 0:0, 2:0; Halmstad BK – Vardar Skopje 0:0, 1:0; Dynamo Moskau – FC Jazz Pori 1:1, 3:1; Zalgiris Vilnius – FC Aberdeen 1:4, 3:1; BVSC Budapest – AFC Barry Town 3:1, n. V. 1:3 (Barry 4:2-Sieger nach Elfmeterschießen); Helsingborg IF – Dynamo-93 Minsk 1:1, 3:0; Hajduk Split – Torpedo Moskau 1:0, 0:2; FC Aarau – Lantana Tallinn 4:0, 0:2; Dynamo Minsk – Besiktas Istanbul 2:1 (in Molodeschno), 0:2; HJK Helsinki – Tschernomoretz Odessa 2:2, 0:2; Grazer AK – Vojvodina Novi Sad 2:0 (in Kapfenberg), 5:1; Anorthosis Famagusta – Neuchâtel Xamax 1:2, 0:4; Sigma Olmütz – Hutnik Krakau 1:0, 1:3; IA Akranes – ZSKA Moskau 0:2, 1:4; Slavia Sofia – FC Tirol Innsbruck 1:1, 1:4; Slovan Bratislava – Trabzonspor 2:1, 1:4; Skonto Riga – Malmö FF 0:3, 1:1; Beitar Jerusalem – FK Bodö/Glimt 1:5, 1:2.
1. Runde: FC Valencia – Bayern München 3:0, 0:1; Rapid Bukarest – Karlsruher SC 1:0, 1:4; FC Arsenal – Borussia Mönchengladbach 2:3, 2:3 (in Köln); Celtic Glasgow – Hamburger SV 0:2, 0:2; FC Schalke 04 – Roda JC Kerkrade 3:0, 2:2; AC Parma – Vitoria Guimaraes 2:1, 0:2; Alania Wladikawskas – RSC Anderlecht 2:1, 0:4; FC Tirol Innsbruck – FC Metz 0:0, 0:1; SC Montpellier – Sporting Lissabon 1:1, 0:1; Dynamo Kiew – Neuchâtel Xamax 0:0, 1:2; RWD Molenbeek – Besiktas Istanbul 0:0, 0:3; RC Lens – Lazio Rom 0:1, 1:1; Spartak Moskau – Silkeborg IF 3:2, 2:1; Malmö FF – Slavia Prag 1:2, 1:3; Germinal Ekeren – Grazer AK 3:1, 0:2 (in Kapfenberg); FK Bodö/Glimt – Trabzonspor 1:2, 1:3; FC Brügge – Lyngby FC 1:1, 2:0; Aston Villa – Helsingborg IF 1:1, 0:0; Panathinaikos Athen – Legia Warschau 4:2, 0:2; Tschernomoretz Odessa – National Bukarest 0:0, 0 :2; Torpedo Moskau – Dynamo Tiflis 0:1, 1:1; Hutnik Krakau – AS Monaco 0:1, 1:3; AS Rom – Dynamo Moskau 3:0, 3:1; CD Teneriffa – Maccabi Tel Aviv 3:2, 1:1; Odense BK – Boavista Porto 2:3, 2:1 (in Lissabon); Ferencvaros Budapest – Olympiakos Piräus 3:1, 2:2; Newcastle United – Halmstad BK 4:0, 1:2; FC Aberdeen – AFC Barry Town 3:1, 3:3; Bröndby IF Kopenhagen – FC Aarau 5:0, 2:0; ZSKA Moskau – Feyenoord Rotterdam 0:1, 1:1; APOEL Nicosia – Espanyol Barcelona 2:2, 0:1; EA Guingamp – Inter Mailand 0:3, 1:1.

2. Runde: Hamburger SV – Spartak Moskau 3:0, 2:2; Karlsruher SC – AS Rom 3:0, 1:2; Borussia Mönchengladbach – AS Monaco 2:4, 1:0; FC Schalke 04 – Trabzonspor 1:0, 3:3; Dynamo Tiflis – Boavista Porto 1:0, 0:5; Legia Warschau – Besiktas Istanbul 1:1, 1:2; Slavia Prag – FC Valencia 0:1, 0:0; Vitoria Guimaraes – RSC Anderlecht 1:1, 0:0; Helsingborg IF – Neuchâtel Xamax 2:0, 1:1; Espanyol Barcelona – Feyenoord Rotterdam 0:3, 1:0; FC Brügge – National Bukarest 2:0, 1:1; Inter Mailand – Grazer AK 1:0, n. V. 0:1 (Mailand 5:4-Sieger nach Elfmeterschießen, in Kapfenberg); FC Aberdeen – Bröndby IF Kopenhagen 0:2, 0:0; FC Metz – Sporting Lissabon 2:0, 1:2; Ferencvaros Budapest – Newcastle United 3:2, 0:4; Lazio Rom – CD Teneriffa 1:0, 3:5.
Achtelfinale: AS Monaco – Hamburger SV 3:0, 2:0; Bröndby IF Kopenhagen – Karlsruher SC 1:3, 5:0; FC Brügge – FC Schalke 04 2:1, 0:2; CD Teneriffa – Feyenoord Rotterdam 0:0, 4:2; Helsingborg IF – RSC Anderlecht 0:0, 0:1; FC Metz – Newcastle United 1:1, 0:2; Inter Mailand – Boavista Porto 5:1, 2:0; FC Valencia – Besiktas Istanbul 3:1, 2:2.
Viertelfinale: FC Schalke 04 – FC Valencia 2:0, 1:1; CD Teneriffa – Bröndby IF Kopenhagen 0:1, n. V. 2:0; RSC Anderlecht – Inter Mailand 1:1, 1:2; Newcastle United – AS Monaco 0:1, 0:3.
Halbfinale: CD Teneriffa – FC Schalke 04 1:0, n. V. 0:2; Inter Mailand – AS Monaco 3:1, 0:1.

Endspiele: FC Schalke 04 – Inter Mailand 1:0, n. V. 0:1 (Schalke 4:1-Sieger nach Elfmeterschießen)
FC Schalke 04: Lehmann – Thon – De Kock, Linke – Eigenrauch, Müller, Büskens – Nemec, Anderbrügge – Latal (Held), Wilmots (Max).
Tore: Wilmots im 1. Spiel; (Zamorano für Mailand im 2. Spiel) – Tore aus dem Elfmeterschießen: 1:0 Anderbrügge, Zamorano (Lehmann hält), 2:0 Thon, 2:1 Djorkaeff, 3:1 Max, Winter (verschossen), 4:1 Wilmots – SR: Batta (Frankreich)/Garcia Aranda (Spanien) – Zuschauer: 56 824/ 81 875 – 7. 5. und 21. 5.

1997/98: Inter Mailand

Vorrunde: 1. FC Köln – SC Montpellier 2:1, 0:1; Hamburger SV – SC Bastia 0:1, n. V. 1:1; Dynamo Moskau – MSV Duisburg 2:2, 1:3; AJ Auxerre – Torpedo Moskau 3:0, 1:4; Lokomptive Nischni-Novgorod – Halmstads BK 0:0, 0:1; Istanbulspor – Olympique Lyon 2:1, 0:2 (alle Spiele UI-Cup Halbfinal-Begegnungen) – Dynamo Minsk – Kolcheti Poti 1:0, 1:2; Hapoel Petach Tikva – Flora Tallinn 1:0, 2:1; Dnjepr Dnjepropetrowsk – FC Erevan 6:1, 2:0; Inkaras-Grifas Kaunas FC – Boby Brünn 3:1,1:6; MyPa Anjalankoski – Apollon Limassol 1:1, 0:3; Inter Cardiff – Celtic Glasgow 0:3,0:5; Neuchâtel Xamax – Tiligul Tiraspol 7:0, 3:1; CS Grevenmacher – Hajduk Split 1:4, 0:2; Grasshoppers Zürich – FC Coleraine 3:0, 7:1; Vojvodina Novi Sad – Viking Stavanger 0:2, n. V. 2:0 (Stavanger 5:4-Sieger nach Elfmeterschießen); KR Reykjavik – Dinamo Bukarest 2:0, 2:1; Bohemians Dublin – Ferencvaros Budapest 0:1, 0:5; FK Jablonec – Karabach Agdam 5:0, 3:0; FC Birkirkara – Spartak Trnava 0:1, 1:3; Odra Wodzislaw – Pobeda Prilep 3:0,1:2; Daugava Riga – Vorskla Poltava 1:3,1:2; Brann Bergen – Neftochimik Burgas 2:1, 2:3; CE Principat – Dundee United 0:8, 0:9; HIT Nova Gorica – Otelul Galati 2:0, 2:4; Ujpesti Budapest – KI Klaksvik 6:0, 3:2.
Qualifikation: MSV Duisburg – AJ Auxerre 0:0, 0:2; Halmstads BK – SC Bastia 0:1, n. V. 1:1; SC Montpellier – Olympique Lyon 0:1, 2:3 (alle Spiele UI-Cup Final-Begegnungen) – Hajduk Split – Malmö FF 3:2, 2:0; RSC Anderlecht – Vorskla Poltava 2:0, 2:0; Neuchâtel Xamax – Viking Stavanger 3:0, 1:2; Rotor Wolgograd – Odra Wodzislaw 2:0, 4:3; Trabzonspor – Dundee United 1:0, 1:1; Rapid Wien – Boby Brünn 6:1, 0:2; Tirol Innsbruck – Celtic Glasgow 2:1, 3:6; Helsingborg IF – Ferencvaros Budapest 0:1, n. V. 1:0 (Budapest 4:3-Sieger nach Elfmeterschießen); Vejle BK – Hapoel Petach Tikva 0:0, 0:1; Grasshoppers Zürich – Brann Bergen 3:0, 0:2; HIT Nova Gorica – FC Brügge 3:5, 0:3; PAOK Saloniki – Spartak Trnava 5:3, 1:0; KR Reykjavik – OFI Kreta 0:0, 1:3; FK Jablonec – Örebrö SK 1:1, 0:0; Apollon Limassol – Excelsior Mouscron 0:0, 0:3 (in Villeneuve d'Ascq, Frankreich); Dynamo Minsk – Lilleström SK – 0:2, 0:1; Ujpesti Budapest -Aarhus GF 0:0, 2:3; Alania Wladikawkas – Dnjepr Dnjepropetrowsk 2:1, 4:1.
1. Runde: Karlsruher SC – Anorthosis Famagusta 2:1,1:1; Jazz Pori – TSV München 1860 0:1,1:6; FC Schalke 04 – Hajduk Split 2:0, 3:2; Trabzonspor – VfL Bochum 2:1, 3:5; Deportivo La Coruna – AJ Auxerre 1:2, 0:0; Austria Salzburg – RSC Anderlecht 4:3, 2:4; PAOK Saloniki – FC Arsenal 1:0, 1:1; Widzew Lodz – Udinese Calcio 1:0, 0:3; Maribor Branik – Ajax Amsterdam 1:1, 1:9; Olympique Lyon – Bröndby IF Kopenhagen 4:1, 3:2; MPKZ Mozyr – Dynamo Tiflis 1:1, 0:1; Real Valladolid – Skonto Riga 2:0, 0:1; Vitoria Guimaraes – Lazio Rom 0:4, 1:2; Racing Straßburg – Glasgow Rangers 2:1, 2:1; MTK Budapest – Alania Wladikawkas 3:0, 1:1; SC Bastia – Benfica Lissabon 1:0, 0:0; FC Sion – Spartak Moskau 0:1, (2:2, annuliert), 1:5; OFI Kreta – Ferencvaros Budapest 3:0, 1:2; Sampdoria Genua – Athletic Bilbao 1:2, 0:2; Girondins Bordeaux – Aston Villa 0:0, n. V. 0:1; Steaua Bukarest – Fenerbahce Istanbul 0:0, 2:1; Rotor Wolgograd – Örebro SK 2:0, 4:1; Croatia Zagreb – Grasshoppers Zürich 4:4, 5:0; Vitesse Arnheim – Sporting Braga 2:1, 0:2; Rapid Wien – Hapoel Petach Tikva 1:0, 1:1; Inter Mailand – Neuchâtel Xamax 2:0, 2:0; Celtic Glasgow – FC Liverpool 2:2, 0:0; Excelsior Mouscron – FC Metz – 0:2, 1:4; Twente

Enschede – Lilleström SK 0:1, 2:1; Beitar Jerusalem – FC Brügge 2:1, 0:3; Atletico Madrid – Leicester City 2:1, 2:0; Aarhus GF – FC Nantes 2:2, 1:0.

2. Runde: FC Schalke 04 – RSC Anderlecht 1:0, 2:1; FC Brügge – – VfL Bochum 1:0,1:4; FC Metz – Karlsruher SC 0:2, 1:1; Rapid Wien -TSV München 1860 3:0, 1:2; Spartak Moskau – Real Valladolid 2:0, 2:1; Rotor Wolgograd – Lazio Rom 0:0, 0:3; Sporting Braga – Dynamo Tiflis 4:0, 1:0 (in Moskau); Ajax Amsterdam – Udinese Calcio 1:0, 1:2; Racing Straßburg – FC Liverpool 3:0, 0:2; Inter Mailand – Olympique Lyon 1:2, 3:1; MTK Budapest – Croatia Zagreb 1:0, 0:2; Aarhus GF – Twente Enschede 1:1, 0:0; Athletic Bilbao – Aston Villa 0:0, 1:2; AJ Auxerre – OFI Kreta 3:1, 2:3; Steaua Bukarest – SC Bastia 1:0, 2:3; Atletico Madrid – PAOK Saloniki 5:2, 4:4.

Achtelfinale: Karlsruher SC – Spartak Moskau 0:0, n. V. 0:1; Ajax Amsterdam – VfL Bochum 4:2, 2:2; Sporting Braga – FC Schalke 04 0:0, 0:2; Rapid Wien – Lazio Rom 0:2, 0:1; Twente Enschede – AJ Auxerre 0:1, 0:2; Croatia Zagreb – Atletico Madrid 1:1, 0:1; Racing Straßburg – Inter Mailand 2:0, 0:3; Steaua Bukarest – Aston Villa 2:1, 0:2.

Viertelfinale: Inter Mailand – FC Schalke 04 1:0, n. V. 1:1; Ajax Amsterdam – Spartak Moskau 1:3, 0:1; Lazio Rom – AJ Auxerre 1:0, 2:2; Atletico Madrid – Aston Villa 1:0, 1:2.

Halbfinale: Atletico Madrid – Lazio Rom 0:1, 0:0; Inter Mailand – Spartak Moskau 2:1, 2:1.

Endspiel am 6. Mai in Paris: Inter Mailand – Lazio Rom 3:0 (1:0)

Inter Mailand: Pagliuca – Fresi – Colonnese, West, Zanetti – Winter (Cauet), Zé Elias, Simone – Djorkaeff (Moriero) – Ronaldo, Zamorano (Sartor).

Tore: Zamorano, Zanetti, Ronaldo. – SR: Lopez-Nieto (Spanien). – Zuschauer: 45 000.

1998/99: AC Parma

Vorrunde: Werder Bremen – Samsunspor 3:0 (in Oldenburg), 3:0; SEC Bastia – Vojvodina Novi Sad 2:0, 0:4; FC Bologna – Sampdoria Genua 3:1, 0:1; Fortuna Sittard – Austria Salzburg 2:1, 1:3; Ruch Chorzow – VSC Debrecen 1:0, 3:0; Espanyol Barcelona- FC Valencia 0:1, 0:2; (alle Spiele UI-Cup Halbfinal-Begegnungen) – Arges Pitesti – Dinamo Baku 5:1, 2:0; Belshina Bobruisk – ZSKA Sofia 0:0,1:3; Omonia Nicosia – FC Linfield 5:1, 3:5; Schachtjor Donezk – FC Birkirkara 2:1, 4:0; Kolcheti Poti – Roter Stern Belgrad 0:4, 0:7; Inter Bratislava – FK Tirana 2:0, 2:0; Sadam Tallinn – Polonia Warschau 0:2, 1:3; HB Torshavn – Vaasa PS 2:0, 0:4; Zeljeznicar Sarajevo – FC Kilmarnock 1:1, 0:1; Mura Murska Sobota – Daugava Riga 6:1, 2:1; IA Akranes – Zalgiris Vilnius 3:2, 0:1; Hapoel Tel Aviv – FinnPa Helsinki 3:1, 3:1; Schirak Giumri – Malmö FF 0:2, 0:5; Germinal Ekeren – FC Sarajevo 4:1, 0:0; FC Shelbourne – Glasgow Rangers 3:5 (in Birkenhead, England), 0:2; Otelul Galati – Sloga Skopje 3:0, 1:1; US Luxembourg – IFK Göteborg 0:3, 0:4, Ferencvaros Budapest – CE Principat 6:0, 8:1; Tiligul Tiraspol – RSC Anderlecht 0:1, 0:5; AFC Newtown – Wisla Krakau 0:0, 0:7.

Qualifikation: Werder Bremen – Vojvodina Novi Sad 1:0,1:1; Austria Salzburg – FC Valencia 0:2, 1:2; FC Bologna – Ruch Chorzow 1:0, 2:0 (Alle Spiele UI-Cup Final-Begegnungen) – Roter Stern Belgrad – Rotor Wolgograd 2:1,2:1; Ferencvaros Budapest – AEK Athen 4:2, 0:4; Germinal Ekeren – Servette Genf 1:4, 2:1; Arges Pitesti – Istanbulspor 2:0, 2:4; Molde FK – ZSKA Sofia 0:0, 0:2; IFK Göteborg – Fenerbahce Istanbul 2:1, 0:1; Mura Murska Sobota – Silkeborg IF 0:0, 0:2; Glasgow Rangers – PAOK Saloniki 2:0, 0:0; Slavia Prag – Inter Bratislava 4:0, 0:2; FC Zürich – Schachtjor Donezk 4:0, 2:3; Brann Bergen – Zalgiris Vilnius 1:0, 0:0; Wisla Krakau – Trabzonspor 5:1, 2:1; Vejle BK – Otelul Galati 3:0, 3:0; Hapoel Tel Aviv – Strömsgodset Drammen 1:0, 0:1 (Drammen 4:2-Sieger nach Elfmeterschießen);NK Osijek – RSC Anderlecht 3:1, 0:2; Omonia Nicosia – Rapid Wien 3:1, 0:2; Vaasa PS – Grazer AK 0:0, 0:3; Polonia Warschau – Dynamo Moskau 0:1, 0:1; Hajduk Split – Malmö FF – 1:1, 2:1; Sigma Olmütz – FC Kilmarnock 2:0, 2:0.

1. Runde: VfB Stuttgart – Feyenoord Rotterdam 1:3, 3:0; Udinese Calcio – Bayer Leverkusen 1:1, 0:1; Brann Bergen – Werder Bremen 2:0, n. V. 0:4; FC Schalke 04 – Slavia Prag 1:0, n. V. 0:1 (Prag 5:4-Sieger nach Elfmeterschießen); Sparta Prag – Real Sociedad San Sebastian 2:4, 0:1; Fenerbahce Istanbul – AC Parma 1:0, 1:3; Blackburn Rovers – Olympique Lyon 0:1, 2:2; Dynamo Moskau – Skonto Riga 2:2, 3:2; Vitoria Guimaraes – Celtic Glasgow 1:2, 1:2; Arges Pitesti – Celta Vigo 0:1, 0:7; Silkeborg IF – AS Rom 0:2, 0:1; LKS Lodz – AS Monaco 1:3, 0:0; Liteks Lovetsch – Grazer AK 1:1 (in Burgas), 0:2; RSC Anderlecht – Grasshoppers Zürich 0:2, 0:0; AC Florenz – Hajduk Split 2:1 (in Bari), 0:0; Aston Villa – Strömsgodset Drammen 3:2, 3:0; Servette Genf – ZSKA Sofia 2:1, 0:1; Roter Stern Belgrad – FC Metz 2:1, n. V. 1:2 (Belgrad 4:3-Sieger nach Elfmeterschießen); 1. FC Kosice – FC Liverpool 0:3, 0:5; Sporting Lissabon – FC Bologna 0:2, 1:2; Maribor Teatanic – Wisla Krakau 0:2, 0:3; Vejle BK – Betis Sevilla 1:0 (in Odense), 0:5; Girondins Bordeaux – Rapid Wien 1:1, 2:1; Atletico Madrid – FK Obilic Belgrad 2:0, 1:0; Beitar Jerusalem – Glasgow Rangers 1:1, 2:4; Leeds United – Maritimo Funchal 1:0, n. V. 0:1 (Leeds 4:1-Sieger nach Elfmeterschießen); Steaua Bukarest – FC Valencia 3:4, 0:3; Willem II Tilburg – Dynamo Tiflis 3:0, 3:0; FC Zürich – Anorthosis Famagusta 4:0, 3:2; Ujpesti Budapest – FC Brügge 0:5, 2:2; Vitesse Arnheim – AEK Athen 3:0, 3:3; Sigma Olmütz – Olympique Marseille 2:2, 0:4.

2. Runde: Werder Bremen – Olympique Marseille 1:1, 2:3; Bayer Leverkusen – Glasgow Rangers 1:2, 1:1; VfB Stuttgart – FC Brügge 1:1, n. V. 2:3; Dynamo Moskau – Real Sociedad San Sebastian 2:3, 0:3; AS Rom – Leeds United 1:0, 0:0; FC Liverpool – FC Valencia 0:0, 2:2; Celta Vigo – Aston Villa 0:1, 3:1; Celtic Glasgow – FC Zürich 1:1, 2:4; Vitesse Arnheim – Girondins Bordeaux 0:1, 1:2; Grasshoppers Zürich – AC Florenz 0:2, 1:2 (zweites Spiel in Salerno beim Stande von 1:2 zur Halbzeit wegen Verletzung des Schiedsrichters durch Feuerwerkskörper abgebrochen; AC Florenz vom Turnier ausgeschlossen); Roter Stern Belgrad – Olympique Lyon 1:2 (in Bukarest), 2:3; FC Bologna – Slavia Prag 2:1, 2:0; Wisla Krakau – AC Parma 1:1, 1:2; Grazer AK – AS Monaco 3:3, 0:4; Willem II Tilburg – Real Betis Sevilla 1:1, 0:3; ZSKA Sofia – Atletico Madrid 2:4, 0:1.
Achtelfinale: AS Roma – FC Zürich 1:0, 2:2; AS Monaco – Olympique Marseille 2:2, 0:1; Grasshoppers Zürich – Girondins Bordeaux 3:3, 0:0; Real Sociedad San Sebastian – Atletico Madrid 2:1, n. V. 1:4; Olympique Lyon – FC Brügge 1:0, 4:3; Glasgow Rangers – AC Parma 1:1, 1:3; Celta Vigo – FC Liverpool 3:1, 1:0; FC Bologna – Real Betis Sevilla 4:1, 0:1.
Viertelfinale: Olympique Marseille – Celta Vigo 2:1, 0:0; FC Bologna – Olympique Lyon 3:0, 0:2; Girondins Bordeaux – AC Parma 2:1, 0:6; Atletico Madrid – AS Rom 2:1, 2:1.
Halbfinale: Olympique Marseille – FC Bologna 0:0, 1:1; Atletico Madrid – AC Parma 1:3,1:2.

Endspiel am 12. Mai in Moskau: AC Parma – Olympique Marseille 3:0 (2:0)

AC Parma: Buffon – Thuram, Sensini, Cannavaro – Vanoli, Boghossian, D. Baggio, Fuser – Veron (Fiore) – Chiesa (Balbo), Crespo (Asprilla).
Tore: Crespo, Vanoli, Chiesa. – SR: Dallas (Schottland). – Zuschauer: 61 000.

1999/2000: Galatasaray Istanbul

Qualifikation: Schachtjor Donezk – Sileks Kratovo 3:1, 1:2; HJK Helsinki – Schirak Giumri 2:0, 0:1; Lokomotive Tiflis – FC Linfield 1:0, 1:1; Serif Tiraspol – Sigma Olmütz 1:1, 0:0; FK Erewan – Hapoel Tel Aviv 0:2, 1:2; Neftchi Baku – Roter Stern Belgrad 2:3, 0:1; Vllaznia Shkoder – Spartak Trnava 1:1, 0:2; BATE Borisow – Lokomotive Moskau 1:7, 0:5; Lantana Tallinn – Torpedo Kutaisi 0:5, 2:4; Metalurgs Liepaja – Lech Posen 3:2, 1:3; HIT Nova Gorica – Inter Cardiff 2:0, 0:1; Vojvodina Novi Sad – Ujpest Budapest 4:0, 1:1; Tulevik Viljandi – FC Brügge 0:3, 0:2; Belshina Bobruisk – Omonia Nicosia 1:5, 0:3; Krivbas Krivoj Rog – FC Shamkir 3:0, 2:0; KI Klaksvik – Grazer AK 0:5, 0:4; FK Riga – Helsingborgs IF 0:0, 0:5; Vaasa PS – FC St. Johnstone 1:1, 0:2; Inter Bratislava – Bylis Balish 3:1, 2:0; FK Bodö/Glimt – FC Vaduz 1:0, 2:1; Viking Stavanger – CE Principat 7:0; 11:0; Maccabi Tel Aviv – FBK Kaunus 3:1, 1:2; Steaua Bukarest – Levadia Maardu 3:0, 4:1; Lyngby FC – FC Birkirkara 7:0, 0:0; Ankaragücü – B 36 Torshavn 1:0, 1:0; Sliema Wanderers – FC Zürich 0:3, 0:1; Grasshoppers Zürich – Bray Wanderers 4:0, 4:0; IFK Göteborg – Cork City 3:0, 0:1; FC Monnerich – Dynamo Bukarest 2:6, 0:7; Vardar Skopje – Legia Warschau 0:5, 0:4; APOEL Nicosia – Levski Sofia 0:0, 0:2; RSC Anderlecht – Leiftur Olafsfjördur 6:1, 3:0; Olimpija Ljubljana – Kareda Siauliai 1:1, 2:2; Hajduk Split – F '91 Düdelingen 5:0, 1:1; Cwmbran Town – Celtic Glasgow 0:6, 0:4; FC Portadown – ZSKA Sofia 0:3, 0:5; Ferencvaros Budapest – Constructorul Chisinau 3:1, 1:1; KR Reykjavik – FC Kilmarnock 1:0, n. V. 0:2.
1. Runde: 1. FC Kaiserslautern – FC Kilmarnock 3:0, 2:0; FK Bodö/Glimt – Werder Bremen 0:5 (in Trondheim), 1:1; VfL Wolfsburg – Debreceni VSC 2:0,1:2; Roter Stern Belgrad – SC Montpellier 0:1, 2:2; Partizan Belgrad – Leeds United 1:3, 0:1 (in Heerenveen); Udinese Calcio – Aalborg BK 1:0, 2:1; Stabaek IF – Deportivo La Coruna 1:0, 0:2; Steaua Bukarest – LASK Linz 2:0, 3:2; HJK Helsinki – Olympique Lyon 0:1, 1:5; Vojvodina Novi Sad – Slavia Prag 0:0, 2:3; Maccabi Tel Aviv – Racing Lens 2:2, 1:2; HIT Nova Gorica – Panathinaikos Athen 0:1, 0:2; Sigma Olmütz – RCD Mallorca 1:3, 0:0; Torpedo Kutaisi – AEK Athen 0:1, 1:6; Hajduk Split – Levski Sofia 0:0, 0:3; Skonto Riga – Widzew Lodz 1:0, 0:2; Inter Bratislava – Rapid Wien 1:0, 2:1; Lyngby FC – Lokomotive Moskau 1:2, 0:3; Roda JC Kerkrade – Schachtjor Donezk 2:0, 3:1; Helsingborgs IF – Karpaty Lwow 1:1, n. V. 1:1 (Helsingborg 4:2-Sieger nach Elfmeterschießen); Lokomotivie Tiflis – PAOK Saloniki 0:7, 0:2; Lech Posen – IFK Göteborg 1:2, 0:0; AC Parma – Krivbas Krivoj Rog 3:2, 3:0; FK Teplitz – Ferencvaros Budapest 3:1, 1:1; Celtic Glasgow – Hapoel Tel Aviv 2:0, 1:0; Viking Stavanger – Sporting Lissabon 3:0, 0:1; West Ham United – NK Osijek 3:0, 3:1; FC Zürich – Lierse SK 1:0, 4:3; RSC Anderlecht – Olimpija Ljubljana 3:1, 3:0; Tottenham Hotspur – Zimbru Chisinau 3:0, 0:0; Zenit Sankt Petersburg – FC Bologna 0:3, 2:2; Anorthosis Famagusta – Legia Warschau 1:0, 0:2; Lausanne-Sports – Celta Vigo 3:2, 0:4; Hapoel Haifa – FC Brügge 3:1, 2:4; Ajax Amsterdam – Dukla Banska Bystrica 6:1, 3:1; MTK Budapest – Fenerbahce Istanbul 0:0, 2:0; Akademisk BK Kopenhagen – Grasshoppers Zürich 0:2, 1:1; Ionikos Nikea – FC Nantes 1:3, 0:1; SC Beira Mar – Vitesse Arnheim 1:2, 0:0; Grazer AK – Spartak Trnava 3:0, 1:2; AS Monaco – FC Saint Johnstone 3:0, 3:3; ZSKA Sofia – Newcastle United 0:2, 2:2; Amica Wronki – Bröndby IF Kopenhagen 2:0, 3:4; Omonia Nicosia – Juventus Turin 2:5, 0:5 (in Palermo); Aris Saloniki – Servette Genf 1:1, 2:1; Benfica Lissabon – Dynamo Bukarest 0:1, 2:0; Atletico Madrid – Ankaragücü 3:0, 0:1; AS Rom – Vitoria Setubal 7:0, 0:1.

2. Runde: Tottenham Hotspur – 1. FC Kaiserslautern 1:0, 0:2; Werder Bremen – Viking Stavanger 0:0, 2:2; Roda JC Kerkrade – VfL Wolfsburg 0:0, 0:1; Deportivo La Coruna – SC Montpellier 3:1, 2:0; Aris Saloniki – Celta Vigo 2:2, 0:2; Udinese Calcio – Legia Warschau 1:0, 1:1; Steaua Bukarest – West Ham United 2:0, 0:0; MTK Budapest – AEK Athen 2:1, 0:1; Levski Sofia – Juventus Turin 1:3, 1:1; Leeds United – Lokomotive Moskau 4:1, 3:0; Hapoel Haifa – Ajax Amsterdam 0:3, 1:0; AC Parma – Helsingborgs IF 1:0, 3:1; Inter Bratislava – FC Nantes 0:3, 0:4; FC Zürich – Newcastle United 1:2, 1:3; Grazer AK – Panathinaikos Athen 2:1, 0:1; Atletico Madrid – Amica Wronki 1:0, 4:1; RSC Anderlecht – FC Bologna 2:1, 0:3; Slavia Prag – Grasshoppers Zürich 3:1, 0:1; PAOK Saloniki – Benfica Lissabon 1:2, n. V. 2:1 (Lissabon 4:1-Sieger nach Elfmeterschießen); Widzew Lodz – AS Monaco 1:1, 0:2; IFK Göteborg – AS Rom 0:2, 0:1; FK Teplitz – RCD Mallorca 1:2, 0:3; Olympique Lyon – Celtic Glasgow 1:0, 1:0; RC Lens – Vitesse Arnheim 4:1, 1:1.

3. Runde: VfL Wolfsburg – Atletico Madrid 2:3, 1:2; RC Lens – 1. FC Kaiserslautern 1:2, 4:1; Glasgow Rangers – Borussia Dortmund 2:0, n. V. 0:2 (Dortmund 3:1-Sieger nach Elfmeterschießen); Udinese Calcio – Bayer Leverkusen 0:1, 2:1; Olympique Lyon – Werder Bremen 3:0, 0:4; AC Parma – Sturm Graz 2:1, n. V. 3:3; Deportivo La Coruna – Panathinaikos Athen 4:2, 1:1; FC Bologna – Galatasaray Istanbul 1:1, 1:2; Spartak Moskau – Leeds United 2:1 (in Sofia) ,0:1; Ajax Amsterdam – RCD Mallorca 0:1, 0:2; AS Rom – Newcastle United 1:0, 0:0; AEK Athen – AS Monaco 2:2, 0:1; Celta Vigo – Benfica Lissabon 7:0,1:1; Olympiakos Piräus – Juventus Turin 1:3, 2:1 (in Palermo); FC Arsenal – FC Nantes 3:0, 3:3; Slavia Prag – Steaua Bukarest 4:1, 1:1.

Achtelfinale: Borussia Dortmund – Galatasaray Istanbul 0:2, 0:0; AC Parma – Werder Bremen 1:0, 1:3; Slavia Prag – Udinese Calcio 1:0,1:2; Juventus Turin – Celta Vigo 1:0, 0:4; AS Rom – Leeds United 0:0, 0:1; RCD Mallorca – AS Monaco 4:1, 0:1; Atletico Madrid – RC Lens 2:2, 2:4; FC Arsenal – Deportivo La Coruna 5:1, 1:2.

Viertelfinale: FC Arsenal – Werder Bremen 2:0, 4:2; RCD Mallorca – Galatasaray Istanbul 1:4, 1:2; Celta Vigo – RC Lens 0:0, 1:2; Leeds United – Slavia Prag 3:0,1:2.

Halbfinale: Galatasaray Istanbul – Leeds United 2:0, 2:2; FC Arsenal – RC Lens 1:0, 2:1.

Endspiel am 17. Mai in Kopenhagen: Galatasaray Istanbul – FC Arsenal n. V. 0:0, i. E. 4:1

Galatasaray Istanbul: Taffarel – Capone, Popescu, Bülent – Ergün, Ümit, Hagi, Suat (Ahmet Yildirim), Okan (Hakan Ünsal) – Hakan Sükür, Arif (Hasan Sas).

Tore im Elfmeterschießen: Ergün, Hakan Sükür, Ümit, Popescu (Parlour für Arsenal) – SR: Lopez Nieto (Spanien) – Zuschauer: 38 000.

2000/01: FC Liverpool

Qualifikation: Universitatea Craiova – Pobeda Prilep 1:1, 0:1; Folgore Falciano – FC Basel 1:5 (in Serravalle), 0:7 (in Zürich); Neftchi Baku – HIT Nova Gorica 1:0, 1:3; Rapid Wien – Teuta Durres 2:0, 4:0 (in Tirana); FC Brügge – Flora Tallinn 4:1, 2:0; IBV Vestmannaeyjar – Heart of Midlothian 0:2, 0:3; Akademisk BK Kopenhagen – B36 Torshavn 8:0, 1:0; FC Coleraine – Örgryte IS Göteborg 1:2, 0:1; Ararat Erewan – 1. FC Kosice 2:3 (in Giumri), 1:1 (in Bratislava); Napredak Krusevac – Tulevik Viljandi 5:1, 1:1 (in Valga); MTK Budapest – Jokerit Helsinki 1:0, 4:2; Vorskla Poltava – Rabotnicki Skopje 2:0, 2:0; IA Akranes – AA Gent 0:3 (in Reykjavik), 2:3; Bangor City – Halmstad BK 0:7 (in Wrexham), 0:4; FK Ventspils – Vasas Budapest 2:1, 1:3 n. V.; Jeunesse Esch – Celtic Glasgow 0:4 (in Luxemburg), 0:7; FK Drnovice – Buducnost Banovici 3:0, 1:0; Tomori Berat – APOEL Nikosia 2:3 (in Tirana), 0:2; Rapid Bukarest – MIKA Ashtarak 3:0, 0:1 (in Giumri); WIT Georgia Tiflis – Beitar Jerusalem 0:3, 1:1; Omonia Nikosia – Neftochimik Burgas 0:0, 1:2; Zeljeznicar Sarajevo – Wisla Krakau 0:0, 1:3; Serif Tiraspol – Olimpija Ljubljana 0:0, 0:3; Kapaz Ganja – Antalyaspor 0:2 (in Baku), 0:5; Zalgiris Vilnius – Ruch Chorzow 2:1, 0:6; FC Aberdeen – Bohemians Dublin 1:2, 1:0; GI Götu – IFK Norrköping 0:2 (in Torshavn), 1:2; Metalurgs Liepaja – Brann Bergen 1:1, 0:1; Slavia Mozyr – Maccabi Haifa 1:1, 0:0; Slovan Bratislava – Lokomotivi Tiflis 2:0, 2:0; Sliema Wanderers – Partizan Belgrad 2:1 (in Ta' Qali), 1:4; Constructorul Chisinau – ZSKA Sofia 2:3 (in Speia), 0:8; AIK Stockholm – FK Gomel 1:0, 2:0 (in Minsk); HJK Helsinki – CS Grevenmacher 4:1 (in Vantaa), 0:2 (in Luxemburg); Glentoran Belfast – Lilleström SK 0:3, 0:1; Ekranas Panevezys – Lierse SK 0:3, 0:4 (in Westerlo); Boavista Porto – AFC Barry Town 2:0, 3:0; Constel-lacio Esportiva – Rayo Vallecano 0:10, 0:6; Lausanne-Sports – Cork City 1:0, 1:0; NK Rijeka – FC Valletta 3:2, 5:4 n. V. (in Ta' Qali); Amica Wronki – FC Vaduz 3:0, 3:3.

1. Runde: Bohemians Dublin – 1. FC Kaiserslautern 1:3, 1:0; FK Drnovice – TSV München 1860 0:0, 0:1; Zimbru Chisinau – Hertha BSC Berlin 1:2, 0:2; Antalyaspor – Werder Bremen 2:0; 0:6; VfB Stuttgart – Heart of Midlothian 1:0, 2:3; 1. FC Kosice – Grazer AK 2:3, 0:0; IFK Norrköping – Slovan Liberec 2:2, 1:2; Rapid Wien – Örgryte IS Göteborg 3:0, 1:1; FC Basel – Brann Bergen 3:2 (in Zürich), 4:4; AA Gent – Ajax Amsterdam 0:6, 0:3; Lierse SK – Girondins Bordeaux 0:0, 1:5; Vasas Budapest – AEK Athen 2:2, 0:2; HIT Nova Gorica – AS Rom 1:4, 0:7; Alania Wladikawkas – Amica Wronki 0:3, 0:2; Napredak

Krusevac – OFI Kreta 0:0, 0:6; Lokomotive Moskau – Neftochimik Burgas 4:2, 0:0; Lilleström SK – Dynamo Moskau 3:1, 1:2; Olimpija Ljubljana – Espanyol Barcelona 2:1, 0:2; Vorskla Poltava – Boavista Porto 1:2, 1:2; ZSKA Moskau – Viborg FF 0:0, n. V. 0:1 (in Silkeborg); FC Gueugnon – Iraklis Saloniki 0:0, 0:1; Slovan Bratislava – Dinamo Zagreb 0:3, 1:1; ZSKA Sofia – MTK Budapest 1:2, 1:0; Roda JC Kerkrade – Inter Bratislava 0:2, 1:2; Lausanne-Sports – Torpedo Moskau 3:2, 2:0; Polonia Warschau – Udinese Calcio 0:1 (in Plock), 0:2; AIK Stockholm – Herfölge BK 0:1, n. V. 1:1; Vitesse Arnheim – Maccabi Haifa 3:0, 1:2; FC Zürich – RC Genk 1:2, 0:2; Molde FK – Rayo Vallecano 0:1, 1:1; FC Brügge – APOEL Nikosia 2:0, 1:0; Krivbas Kriwoj Rog – FC Nantes 0:1, 0:5; PAOK Saloniki – Beitar Jerusalem 3:1, 3:3; Pobeda Prilep – AC Parma 0:2 (in Skopje), 0:4; Halmstad BK – Benfica Lissabon 2:1, 2:2; Rapid Bukarest – FC Liverpool 0:1, 0:0; Bröndby IF Kopenhagen – NK Osijek 1:2, 0:0; FC Tirol Innsbruck – AC Florenz 3:1, 2:2; CD Alaves – Gaziantepspor 0:0, 4:3; Partizan Belgrad – FC Porto 1:1, 0:1; Leicester City – Roter Stern Belgrad 1:1, 1:3 (in Wien); FC Chelsea – FC St. Gallen 1:0, 0:2 (in Zürich); Dunaferr Dunaujvaros – Feyenoord Rotterdam 0:1 (in Györ), 1:3; Slavia Prag – Akademisk BK Kopenhagen 3:0, 2:0; Celtic Glasgow – HJK Helsinki 2:0, 1:2 n. V.; Ruch Chorzow – Inter Mailand 0:3, 1:4; Celta Vigo – NK Rijeka 0:0, n. V. 1:0; Real Saragossa – Wisla Krakau 4:1, n. V. 1:4 (Krakau 4:3-Sieger nach Elfmeterschießen).
2. Runde: Iraklis Saloniki – 1. FC Kaiserslautern 1:3, 3:2; Werder Bremen – RC Genk 4:1, 5:2; FC Tirol Innsbruck – VfB Stuttgart 1:0, 1:3; Hertha BSC Berlin – Amica Wronki 3:1, 1:1; Halmstad BK – TSV München 1860 3:2, 1:3; Udinese Calcio – PAOK Saloniki 1:0, n. V. 0:3; NK Osijek – Rapid Wien 2:1, 2:0; Wisla Krakau – FC Porto 0:0, 0:3; Lokomotive Moskau – Inter Bratislava 1:0, 2:1; Lilleström SK – CD Alaves 1:3, 2:2; FC Nantes – MTK Budapest 2:1, 1:0; Lausanne-Sports – Ajax Amsterdam 1:0, 2:2; AC Parma – Dinamo Zagreb 2:0, 0:1; AEK Athen – Herfölge BK 5:0, 1:2; OFI Kreta – Slavia Prag 2:2, 1:4; FC Brügge – FC St. Gallen 2:1, 1:1; Roter Stern Belgrad – Celta Vigo 1:0, 5:3 (0:3 gewertet, weil Belgrad zwei gesperrte Spieler eingesetzt hatte); Girondins Bordeaux – Celtic Glasgow 1:1, n. V. 2:1; Inter Mailand – Vitesse Arnheim 0:0, 1:1; Rayo Vallecano – Viborg FF 1:0, 1:2; FC Liverpool – Slovan Liberec 1:0, 3:2; FC Basel – Feyenoord Rotterdam 1:2, 0:1; Espanyol Barcelona – Grazer AK 4:0, 0:1; Boavista Porto – AS Rom 0:1, 1:1.
3. Runde: Hertha BSC Berelin – Inter Mailand 0:0, 1:2; Glasgow Rangers – 1. FC Kaiserslautern 1:0, 0:3; AC Parma – TSV München 1860 2:2, 2:0; Bayer Leverkusen – AEK Athen 4:4, 0:2; Feyenoord Rotterdam – VfB Stuttgart 2:2, 1:2; AS Rom – Hamburger SV 1:0, 3:0; Girondins Bordeaux – Werder Bremen 4:1, 0:0; Lokomotive Moskau – Rayo Vallecano 0:0, 0:2; NK Osijek – Slavia Prag 2:0, 1:5; Schachtjor Donezk – Celta Vigo 0:0, 0:1; FC Nantes – Lausanne-Sports 4:3, 3:1; PSV Eindhoven – PAOK Saloniki 3:0, 1:0; Olympiakos Piräus – FC Liverpool 2:2, 0:2; CD Alaves – Rosenborg Trondheim 1:1, 3:1; FC Brügge – FC Barcelona 0:2, 1:1; Espanyol Barcelona – FC Porto 0:2, 0:0.
Achtelfinale: Slavia Prag – 1. FC Kaiserslautern 0:0, 0:1; VfB Stuttgart – Celta Vigo 0:0, 1:2; CD Alaves – Inter Mailand 3:3, 2:0; PSV Eindhoven – AC Parma 2:1, 2:3; AEK Athen – FC Barcelona 0:1, 0:5; Rayo Vallecano – Girondins Bordeaux 4:1, 2:1; AS Rom – FC Liverpool 0:2, 1:0; FC Porto – FC Nantes 3:1, 1:2.
Viertelfinale: 1. FC Kaiserslautern – PSV Eindhoven 1:0, 1:0; FC Barcelona – Celta Vigo 2:1, 2:3; CD Alaves – Rayo Vallecano 3:0, 1:2; FC Porto – FC Liverpool 0:0, 0:2.
Halbfinale: CD Alaves – 1. FC Kaiserslautern 5:1, 4:1; FC Barcelona – FC Liverpool 0:0, 0:1.

Endspiel am 16. Mai in Dortmund: FC Liverpool – CD Alaves i. V. 5:4 (3:1, 4:4)

FC Liverpool: Westerveld – Babbel, Henchoz (Smicer), Hyypiä, Carragher – Gerrard, Hamann, McAllister, Murphy – Heskey (Fowler), Owen (Berger).
Tore: Babbel, Gerrard, McAllister, Fowler, dazu ein Eigentor von Geli (Ivan, Moreno (2), Cruyff für Alaves) – SR: Veissière (Frankreich). – Zuschauer: 50 000.

2001/02: Feyenoord Rotterdam

Qualifikation: Cosmos Falciano – Rapid Wien 0:1, 0:2; Pelister Bitola – FC St. Gallen 0:2, 3:2; Dinamo Bukarest – Dinamo Tirana 1:0, 3:1; Olimpija Ljubljana – Schafa Baku 4:0, 3:0; FC Midtjylland – Glentoran Belfast 1:1, 4:0; Trans Narva – Elfsborg Boras 1:3 (3:0 gewertet wegen des Einsatzes eines nicht spielberechtigten Spielers), 0:5; FC Brügge – IA Akranes 4:0, 6:1; Obilic Belgrad – GI Götu 4:0, 1:1; FC Brasov – MIKA Ashtarak 5:1, 2:0; Viking Stavanger – Brotnjo Citluk 1:0, 1:1; ZSKA Kiew – Jokerit Helsinki 2:0, 2:0; Vardar Skopje – Standard Lüttich 0:3, 1:3; HJK Helsinki – FK Ventspils 2:1, 1:0; Cwmbran Town – Slovan Bratislava 0:4, 0:1; Maritimo Funchal – FK Sarajevo 1:0, 1:0; Fylkir Reykjavík – Pogon Stettin 2:1, 1:1; Dinamo Zagreb – Flora Tallinn 1:0, 1:0; FC Glenavon – FC Kilmarnock 0:1, 0:1; SK Tirana – Apollon Limassol 3:2, 1:3; Ararat Erewan – Hapoel Tel Aviv 0:2, 0:3; Etzella Ettelbrück – Legia Warschau 0:4, 1:2; Zimbru Chisinau – Gaziantepspor 0:0, 1:4; Dinaburg Daugavpils – NK Osijek 2:1, 0:1; Neftchi Baku – HIT Nova Gorica 0:0, 0:1; HB Torshavn – Grazer AK 2:2, 0:4; Atlantas Klaipeda – Rapid Bukarest 0:4, 0:8; Matador Puchov – Sliema Wanderers 3:0, 1:2; Longford Town – Litex Lovetsch 1:1, 0:2; Bröndby IF – FC Shelbourne 2:0, 3:0; FC Santa Coloma – Partizan Belgrad 0:1, 1:7; Maccabi Tel Aviv – Zalgiris Wilna 6:0, 1:0; Schachtyor Soligorsk – ZSKA Sofia 1:2, 1:3; MyPa Anjalankoski – Helsingborgs IF 1:3,

1:2; Dynamo Tiflis – BATE Borisow 2:1, 0:4; Debreceni VSC – Nistru Otaci 3:0, 0:1; Polonia Warschau – TNS Llansantffraid 4:0, 2:0; FC Birkirkara – Lokomotive Tiflis 0:0, 1:1; AEK Athen – CS Grevenmacher 6:0, 2:0; SCP Ruzomberok – Belshina Bobruisk 3:1, 0:0; Olympiakos Nikosia – Dunaferr SE 2:2, 4:2; FC Vaduz – Varteks Varazdin 3:3, 1:6.

1. Runde: VC Westerlo – Hertha BSC Berlin 0:2, 0:1; FC Haka Valkeakoski – 1. FC Union Berlin 1:1, 0:3; Matador Puchov – SC Freiburg 0:0, 1:2; Viktoria Zizkov – FC Tirol Innsbruck 0:0, 0:1; HIT Nova Gorica – NK Osijek 1:2, 0:1; ES Troyes – SCP Ruzomberok 6:1, 0:1; Roda JC Kerkrade – Fylkir Reykjavik 3:0, 3:1; Paris St. Germain – Rapid Bukarest 0:0, 3:0 (gewertet); Tschernomorez Novorossisk – FC Valencia 0:1, 0:5; Legia Warschau – Elfsborg Boras 4:1, 6:1; Marila Príbram – CS Sedan 4:0, 1:3; Dinamo Bukarest – Grasshoppers Zürich 1:3, 1:3; BATE Borisow – AC Mailand 0:2, 0:4; Slovan Liberec – Slovan Bratislava 2:0, 0:1; Dinamo Zagreb – Maccabi Tel Aviv 2:2, 1:1; Partizan Belgrad – Rapid Wien 1:0, 1:5; Polonia Warschau – Twente Enschede 1:2, 0:2; Inter Bratislava – Litex Lovetsch 1:0, 0:3; AC Parma – HJK Helsinki 1:0, 2:0; FC Midtjylland – Sporting Lissabon 0:3, 2:3; ZSKA Kiew – Roter Stern Belgrad 3:2, 0:0; ZSKA Sofia – Schachtjor Donezk 3:0, 1:2; Genclerbirligi Ankara – Halmstads BK 1:1, 0:1; Aston Villa – Varteks Varazdin 2:3, 1:0; FC Kilmarnock – Viking Stavanger 1:1, 0:2; FC Chelsea – Levski Sofia 3:0, 2:0; Dynamo Moskau – FC Birkirkara 1:0, 0:0; Odd Grenland – Helsingborgs IF 2:2, 1:1; Olimpija Ljubljana – Bröndby IF 2:4, 0:0; Olympiakos Nikosia – FC Brügge 2:2, 1:7; FC St. Gallen – Steaua Bukarest 2:1, 1:1; Standard Lüttich – Racing Strasbourg 2:0, 2:2; Ipswich Town – Torpedo Moskau 1:1, 2:1; Servette Genf – Slavia Prag 1:0, 1:1; FC Utrecht – Grazer AK 3:0, 3:3; Dnjepr Dnjepropetrovsk – AC Florenz 0:0, 1:2; Hajduk Split – Wisla Krakau 2:2, 0:1; PAOK Saloniki – FC Kärnten 0:0, 4:0; Ajax Amsterdam – Apollon Limassol 2:0, 3:0; FC Kopenhagen – FK Obilic Belgrad 2:0, 2:2; Girondins Bordeaux – Debreceni VSC 5:1, 1:3; Hapoel Tel Aviv – Gaziantepspor 1:0, 1:1; Inter Mailand – FC Brasov 3:0, 3:0; Real Saragossa – Silkeborg IF 3:0, 2:1; AEK Athen – Hibernian Edinburgh 2:0, n. V. 2:3; Celta Vigo – Sigma Olomouc 4:0, 3:4; Maritimo Funchal – Leeds United 1:0, 0:3; Anji Machatschkala – Glasgow Rangers 0:1 (nur ein Spiel, in Warschau).

2. Runde: Viking Stavanger – Hertha BSC Berlin 0:1, 0:2; SC Freiburg – FC St. Gallen 0:1, 4:1; 1. FC Union Berlin – Litex Lovetsch 0:2, 0:0; Roda JC Kerkrade – Maccabi Tel Aviv 4:1, 1:2; NK Osijek – AEK Athen 1:2 2:3; FC Kopenhagen – Ajax Amsterdam 0:0, 1:0; ZSKA Kiew – FC Brügge 0:2, 0:5; Girondins Bordeaux – Standard Lüttich 2:0, 2:0; Legia Warschau – FC Valencia 1:1, 1:6; Grasshoppers Zürich – FC Twente Enschede 4:1, 2:4; Halmstads BK – Sporting Lissabon 0:1, 1:6; Leeds United – ES Troyes 4:2, 2:3; Glasgow Rangers – Dynamo Moskau 3:1, 4:1; Ipswich Town – Helsingborgs IF 0:0, 3:1; Hapoel Tel Aviv – FC Chelsea 2:0, 1:1; AC Florenz – FC Tirol Innsbruck 2:0, 2:2; AC Mailand – ZSKA Sofia 2:0, 1:0; FC Utrecht – AC Parma 1:3, 0:0; Varteks Varazdin – Bröndby IF 3:1, 0:5; Inter Mailand – Wisla Krakow 2:0, 0:1; PAOK Saloniki – Marila Príbram 6:1, 2:2; Paris St. Germain – Rapid Wien 4:0, 2:2; Real Saragossa – Servette Genf 0:0, 0:1; Celta Vigo – Slovan Liberec 3:1, 0:3.

3. Runde: FC Kopenhagen – Borussia Dortmund 0:1, 0:1; Feyenoord Rotterdam – SC Freiburg 1:0, 2:2; Servette Genf – Hertha BSC Berlin 0:0, 3:0; PAOK Saloniki – PSV Eindhoven 3:2, 1:4; AC Florenz – OSC Lille 0:1, 0:2; FC Valencia – Celtic Glasgow 1:0, n. V. 0:1 (Valencia 5:4-Sieger im Elfmeterschießen); Ipswich Town – Inter Mailand 1:0, 1:4; Glasgow Rangers – Paris St. Germain 0:0, n. V. 0:0 (Glasgow 4:3-Sieger im Elfmeterschießen); AEK Athen – Litex Lovetsch 3:2, 1:1; Grasshoppers Zürich – Leeds United 1:2, 2:2; AC Parma – Bröndby IF 1:1, 3:0; Girondins Bordeaux – Roda JC Kerkrade 1:0, 0:2; Slovan Liberec – RCD Mallorca 3:1, 2:1; Hapoel Tel Aviv – Lokomotive Moskau 2:1, 1:0; AC Mailand – Sporting Lissabon 2:0, 1:1; FC Brügge – Olympique Lyon 4:1, 0:3.

Achtelfinale: OSC Lille – Borussia Dortmund 1:1, 0:0; FC Valencia – Servette Genf 3:0, 2:2; Roda JC Kerkrade – AC Mailand 0:1, n. V. 1:0 (Mailand 3:2-Sieger im Elfmeterschießen); Hapoel Tel Aviv – AC Parma 0:0, 2:1; PSV Eindhoven – Leeds United 0:0, 1:0; Olympique Lyon – Slovan Liberec 1:1, 1:4; Inter Mailand – AEK Athen 3:1, 2:2; Glasgow Rangers – Feyenoord Rotterdam 1:1, 2:3.

Viertelfinale: Slovan Liberec – Borussia Dortmund 0:0, 0:4; Hapoel Tel Aviv – AC Mailand 1:0, 0:2; PSV Eindhoven – Feyenoord Rotterdam 1:1, n. V. 1:1 (Rotterdam 5:4-Sieger im Elfmeterschießen); Inter Mailand – FC Valencia 1:1, 1:0.

Halbfinale: Borussia Dortmund – AC Mailand 4:0, 1:3; Inter Mailand – Feyenoord Rotterdam 0:1, 2:2.

Endspiel am 8. Mai in Rotterdam: Feyenoord Rotterdam – Borussia Dortmund 3:2 (2:0)

Rotterdam: Zoetebier – Gyan, Van Wonderen, Paauwe, Rzasa – Bosvelt, Ono (De Haan) – Tomasson – Kalou (Elmander), van Persie (Leonardo) – van Hooijdonk.

Dortmund: Lehmann – Wörns, Kohler – Evanilson, Dede – Ricken (Heinrich), Reuter – Rosicky – Ewerthon (Addo), Amoroso – Koller.

Tore: van Hooijdonk 2, Tomasson (Amoroso, Koller für Dortmund). – SR: Melo Pereira (Portugal) – Zuschauer: 46 000.

2002/03: FC Porto

Qualifikation: Litex Lovetsch – Atlantas Klaipeda 5:0, 3:1; FC Encamp Dicoansa – Zenit St. Petersburg 0:5 (in Andorra La Vella), 0:8; FK Atyrau – Matador Puchov 0:0, 0:2; FC Glentoran – Wisla Krakow 0:2, 0:4; Pobeda Prilep – FC Midtjylland 2:0, n. V. 0:3; Primorje Ajdovscina – Zvartnots Erewan 6:1, 0:2; FK Ventspils – FC Lugano 3:0, 0:1; Hapoel Tel Aviv – Partizani Tirana 1:0 (in Sofia), 4:1; Ferencváros Budapest – AEL Limassol 4:0, 1:2; Hajduk Split – GI Götu 3:0, 8:0 (in Tórshavn); Brann Bergen – Suduva Marijampole 2:3, 2:3; Amica Wronki – TNS Llansantffraid 5:0, 7:2 (in Newtown); FC Kopenhagen – Lokomotivi Tbilisi 3:1, 4:1; Metalurgs Liepaja – FC Kärnten 0:2, 2:4; FC Vaduz – FC Livingston 1:1, 0:0; Sliema Wanderers – Polonia Warschau 1:3, 0:2; Anorthosis Famagusta – CS Grevenmacher 3:0, 0:2; Levadia Tallinn – Maccabi Tel Aviv 0:2, 0:2 (in Sofia); Leixões Porto – Belasica Strumica 2:2, 2:1; Stabæk IF – FC Linfield 4:0, 1:1; Sigma Olomouc – FK Sarajevo 2:1, n. V. 1:2 (Sarajevo 5:3-Sieger im Elfmeterschießen); Zimbru Chisinau – IFK Göteborg 3:1, 2:2; KI Klaksvík – Újpest Budapest 2:2 (in Töftir), 0:1; MyPa Anjalankoski – Odense BK 1:0, 0:2; Dynamo Minsk – ZSKA Sofia 1:4, 0:1; Dinamo Tbilisi – Tallinna VMK 4:1, 1:0; Spartak Erewan – Servette Genf 0:2, 0:3; Shamrock Rovers – Djurgardens IF 1:3, 0:2 (in Solna); Varteks Varazdin – FC Dundalk 5:0, 4:0 (in Dublin); FK Gomel – HJK Helsinki 1:0 (in Mozyr), 4:0; FC Aberdeen – Nistru Otaci 1:0, 0:0 (in Chisinau); AIK Solna – IB Vestmannaeyjar 2:0, 3:1; Rapid Bukarest – HIT Nova Gorica 2:0, 3:1; SP Domagnano – Viktoria Zizkov 0:2, 0:3; Kairat Almaty – Roter Stern Belgrad 0:2, 0:3; Metalurg Saporoschje – FC Birkirkara 3:0 (in Dnjepropetrowsk), 0:0; Bangor City – Sartid Smederevo 1:0 (in Wrexham), 0:2; KOBA Senec – Siroki Brijeg 1:2, 0:3 (in Bratislava); SK Tirana – National Bukarest 0:1, 2:2; Avenir Beggen – Ipswich Town 0:1, 1:8; Fylkir Reykjavik – Excelsior Mouscron 1:1, 1:3.

1. Runde: FK Gomel – FC Schalke 04 1:4 (in Minsk), 0:4; Metalurg Donezk – Werder Bremen 2:2, 0:8; VfB Stuttgart – FK Ventspils 4:1, 4:1; FC Aberdeen – Hertha BSC Berlin 0:0, 0:1; Paris St. Germain – Ujpest Budapest 3:0, 1:0; Sporting Lissabon – Partizan Belgrad 1:3, n. V. 3:3; Legia Warschau – FC Utrecht 4:1, 3:1; Zimbru Chisinau – Betis Sevilla 0:2, 1:2; Besiktas Istanbul – FK Sarajevo 2:2, 5:0; ZSKA Moskau – AC Parma 1:1 (in Ramenskoje), 2:3; Levski Sofia – Bröndby IF 4:1, 1:1; RSC Anderlecht – Stabaek IF 0:1, 2:1; National Bukarest – SC Heerenveen 3:0, 0:2; Lazio Rom – Skoda Xanthi 4:0, 0:0; Ipswich Town – Sartid Smederevo 1:1, 1:0; Maccabi Tel Aviv – Boavista Porto 1:0 (in Sofia), 1:4; AIK Solna – Fenerbahce Istanbul 3:3, 1:3; Sparta Prag – Siroki Brijeg 3:0, 1:0; Austria Wien – Schachtjor Donezk 5:1, 0:1; Denizlispor – FC Lorient 2:0, 1:3; FC Chelsea – Viking Stavanger 2:1, 2:4; FC Kärnten – Hapoel Tel Aviv 0:4, 1:0; Dinamo Zagreb – TE Zalaegerszeg 6:0, 3:1; FC Kopenhagen – Djurgardens IF 0:0, 1:3; Viktoria Zizkov – Glasgow Rangers 2:0, n. V. 1:3; Vitesse Arnheim – Rapid Bukarest 1:1, 1:0; Leeds United – Metalurg Saporoschje 1:0, 1:1; Servette Genf – Amica Wronki 2:3, 2:1; Sturm Graz – FC Livingston 5:2, 3:4; Ferencvaros Budapest – Kocaelispor 4:0, 1:0; Zeljeznicar Sarajevo – FC Málaga 0:0; 0:1; Girondins Bordeaux – Matador Puchov 6:0, 4:1; Slovan Liberec – Dinamo Tbilisi 3:2, 1:0; Leixões Porto – PAOK Saloniki 2:1, 1:4; Litex Lovetsch – Panathinaikos Athen 0:1, n. V. 1:2; Roter Stern Belgrad – AC Chievo 0:0, 2:0; Hajduk Split – FC Fulham 0:1, 2:2; Primorje Ajdovscina – Wisla Krakow 0:2, 1:6; APOEL Nikosia – Grazer AK 2:0, 1:1; Celta Vigo – Odense BK 2:0, 0:1; Celtic Glasgow – Suduva Marijampole 8:1, 2:0; FC Porto – Polonia Warschau 6:0, 0:2; Grasshoppers Zürich – Zenit St. Petersburg 3:1, 1:2; MKE Ankaragücü – CD Alavés 1:2, 0:3; Iraklis Saloniki – Anorthosis Famagusta 4:2, 1:3; FC Midtjylland – Varteks Varazdin 1:0 (in Silkeborg), 1:1; Blackburn Rovers – ZSKA Sofia 1:1, 3:3; Excelsior Mouscron – Slavia Prag 2:2, 1:5.

2. Runde: APOEL Nikosia – Hertha BSC Berlin 0:1, 0:4; Ferencvaros Budapest – VfB Stuttgart 0:0, 0:2; Legia Warschau – FC Schalke 04 2:3, 0:0; Vitesse Arnheim – Werder Bremen 2:1; 3:3; Fenerbahce Istanbul – Panathinaikos Athen 1:1, 1:4; FC Málaga – Amica Wronki 2:1, 2:1; Lazio Rom – Roter Stern Belgrad 1:0, 1:1; Ipswich Town – Slovan Liberec 1:0, n. V. 0:1 (Liberec 4:2-Sieger im Elfmeterschießen); Boavista Porto – Anorthosis Famagusta 2:1, 1:0; Dinamo Zagreb – FC Fulham 0:3, 1:2; AC Parma – Wisla Krakow 2:1, n. V. 1:4; RSC Anderlecht – FC Midtjylland 3:1, 3:0 (in Silkeborg); Partizan Belgrad – Slavia Prag 3:1, n. V. 1:5; CD Alaves – Besiktas Istanbul 1:1, 0:1; Sturm Graz – Levski Sofia 1:0, n. V. 0:1 (Graz 8:7-Sieger im Elfmeterschießen); PAOK Saloniki – Grasshoppers Zürich 2:1, 1:1; Djurgardens IF – Girondins Bordeaux 0:1 (in Solna), 1:2; Viktoria Zizkov – Betis Sevilla 0:1, 0:3; Leeds United – Hapoel Tel Aviv 1:0, 4:1 (in Florenz); Austria Wien – FC Porto 0:1, 0:2; Sparta Prag – Denizlispor 1:0, 0:2; National Bukarest – Paris St. Germain 0:2, 0:1; Celtic Glasgow – Blackburn Rovers 1:0, 2:0; Celta Vigo – Viking Stavanger 3:0, 1:1.

3. Runde: FC Brügge – VfB Stuttgart 1:2, 0:1; Hertha BSC Berlin – FC Fulham 2:1, 0:0; Wisla Krakow – FC Schalke 04 1:1, 4:1; Sturm Graz – Lazio Rom 1:3, 1:0; Betis Sevilla – AJ Auxerre 1:0, 0:2; Besiktas Istanbul – Dynamo Kiew 3:1, 0:0; Paris St. Germain – Boavista Porto 2:1, 0:1; Vitesse Arnheim – FC Liverpool 0:1, 0:1; Slovan Liberec – Panathinaikos Athen 2:2, 0:1; Denizlispor – Olympique Lyon 0:0, 1:0; Girondins Bordeaux – RSC Anderlecht 0:2, 2:2; FC Málaga – Leeds United 0:0, 2:1; PAOK Saloniki – Slavia Prag 1:0, 0:4; AEK Athen – Maccabi Haifa 4:0, 4:1 (in Nikosia); FC Porto – RC Lens 3:0, 0:1; Celtic Glasgow – Celta Vigo 1:0, 1:2.

Achtelfinale: Hertha BSC Berlin – Boavista Porto 3:2, 0:1; Celtic Glasgow – VfB Stuttgart 3:1, 2:3; Slavia Prag – Besiktas Istanbul 1:0, 2:4; FC Málaga – AEK Athen 0:0, 1:0; Lazio Rom – Wisla Krakow

3:3, 2:1; Panathinaikos Athen – RSC Anderlecht 3:0, 0:2; FC Porto – Denizlispor 6:1, 2:2; AJ Auxerre – FC Liverpool 0:1, 0:2.

Viertelfinale: Lazio Rom – Besiktas Istanbul 1:0, 2:1; Celtic Glasgow – FC Liverpool 1:1, 2:0; FC Malaga – Boavista Porto 1:0, n. V. 0:1 (Porto 4:1-Sieger im Elfmeterschießen); FC Porto – Panathinaikos Athen 0:1, n. V. 2:0

Halbfinale: Celtic Glasgow – Boavista Porto 1:1, 1:0; FC Porto – Lazio Rom 4:1, 0:0.

Endspiel am 21. Mai in Sevilla: Celtic Glasgow – FC Porto n. V. 2:3 (2:2, 0:1)

Porto: Vitor Baia – Paulo Ferreira, Jorge Costa, Ricardo Carvalho, Nuno Valente – Costinha, Maniche – Capucho, Alejnitschew, Deco – Derlei.

Tore: Derlei 2, Alejnitschew (Larsson 2 für Celtic) – SR: Michel (Slowakei) – Gelb-Rote Karten: Balde – Nuno Valente – Zuschauer: 52 972.

2003/04 FC Valencia

Qualifikation: FK Sarajevo – Sartid Smederevo 1:1, 0:3; Haka Valkeakoski – Hajduk Split 2:1, 0:1; FC Valletta – Neuchâtel Xamax 0:2, 0:2; FK Ventspils – Wisla Płock 1:1, 2:2; Viktoria Zizkov – Zhenis Astana 3:0, 3:1; Groclin Grodzisk – Atlantas Klaipeda 2:0, 4:1; Dinamo Tirana – SC Lokeren 0:4, 1:3; Cwmbran Town – Maccabi Haifa 0:3, 0:3; Publikum Celje – Belasica Strumica 7:2, 5:0; Cementarnica Skopje – GKS Katowice 0:0, 1:1; Matador Púchov – Sioni Bolnissi 3:0, 3:0; Roter Stern Belgrad – Nistru Otaci 5:0, 3:2; Ekranas Panevezys – Debreceni VSC 1:1, 1:2; FC Birkirkara – Ferencváros Budapest 0:5, 0:1; Torpedo Moskau – SP Domagnano 5:0, 4:0; FK Atyrau – Levski Sofia 1:4, 0:2; Olimpija Ljubljana – FC Shelbourne 1:0, 3:2; RC Lens – Torpedo Kutaissi 3:0, 2:0; FC Nordsjælland – Shirak Giumri 4:0, 2:0; Artmedia Petrzalka – F'91 Düdelingen 1:0, 1:0; NSÍ Runavík – Lyn Oslo 1:3, 0:6; APOEL Nikosia – Derry City 2:1, 3:0; Litex Lovech – Zimbru Chisinau 0:0, 0:2; Neman Grodno – Steaua Bukarest 1:1, 0:0; Etzella Ettelbrück – Kamen Ingrad Velika 1:2, 0:7; Manchester City – TNS Llansantfraid 5:0, 2:0; Molde FK – KÍ Klaksvík 2:0, 4:0; Odense BK – TVMK Tallinn 1:1, 3:0; AIK Solna – Fylkir Reykjavík 1:0, 0:0; Vllaznia Skhoder – FC Dundee 0:2, 0:4; Levadia Maardu – Varteks Varazdin 1:3, 2:3; Esbjerg fB – FC Santa Coloma 5:0, 4:1; Zeljeznicar Sarajevo – Anorthosis Famagusta 1:0, 3:1; Hapoel Tel Aviv – Banants Erevan 1:1, 2:1; Brøndby IF – Dynamo Minsk 3:0, 2:0; Malmö FF – FC Portadown 4:0, 2:0; Dinamo Bukarest – Metalurgs Liepaja 5:2, 1:1; FC Kärnten – UMF Grindavík 2:1, 1:1; MyPa Anjalankoski – Young Boys Bern 3:2, 2:2; FC Vaduz – Dnjepr Dnjepropetrovsk 0:1, 0:1; FC Coleraine – União Leiria 2:1, 0:5.

1. Runde: Kamen Ingrad Velika – FC Schalke 04 0:0, 0:1; Austria Wien – Borussia Dortmund 1:2 0:1; Hamburger SV – Dnjepr Dnjepropetrovsk 2:1, 0:3;Hertha BSC Berlin – Groclin Grodzisk 0:0, 0:1; 1. FC Kaiserslautern – FK Teplice 1:2, 0:1; AIK Solna – FC Valencia 0:1, 0:1; Dinamo Bukarest – Schachtjor Donezk 2:0, 3:2; Maccabi Haifa – Publikum Celje 2:1 (in Izmir), 2:2; ZSKA Sofia – Torpedo Moskau 1:1, 1:1 (Moskau 3:2-Sieger im Elfmeterschießen); FC Dundee – AC Perugia 1:2, 0:1; Cementarnica 55 Skopje – RC Lens 0:1, 0:5; Newcastle United – NAC Breda 5:0, 1:0; AA La Louvière – Benfica Lissabon 1:1 (in Charleroi), 0:1;Panionios Athen – FC Nordsjælland 2:1, 1:0; Heart of Midlothian – Zeljeznicar Sarajevo 2:0, 0:0; Austria Salzburg – Udinese Calcio 0:1 (in Linz), 2:1; Gençlerbirligi Ankara – Blackburn Rovers 3:1, 1:1; Matador Púchov – FC Barcelona 1:1 (in Trnava), 0:8; Dinamo Zagreb – MTK Budapest 3:1, 0:0; Hapoel Ramat Gan – Levski Sofia 0:1 (in Dunajská Streda), 0:4; Sartid Smederovo – Slavia Prag 1:2, 1:2; FC Villarreal – Trabzonspor 0:0, 3:2; Grasshoppers Zürich – Hajduk Split 1:1, 0:0; Olimpija Ljubljana – FC Liverpool 1:1, 0:3; Vålerenga Oslo – Grazer AK 0:0, 1:1; Zimbru Chisinau – Aris Saloniki – 1:1, 1:2; Ferencváros Budapest – FC Kopenhagen 1:1, 1:1 (Kopenhagen 3:2-Sieger im Elfmeterschießen); Varteks Varazdin – Debreceni VSC 1:3, 2:3; Girondins Bordeaux – Artmedia Petrzalka 2:1, 1:1; AS Rom – Vardar Skopje 4:0, 1:1; Manchester City – SC Lokeren 3:2, 1:0; Spartak Moskau – Esbjerg fB 2:0, 1:1 (in Aarhus); Wisla Kraków – NEC Nijmegen 2:1, 2:1; União Leiria – Molde FK 1:0 (in Marinha Grande), 1:3; AJ Auxerre – Neuchâtel Xamax 1:0, 1:0; FK Ventspils – Rosenborg Trondheim 1:4 (in Liepaja), 0:6; Gaziantepspor – Hapoel Tel Aviv 1:0, 0:0 (in Rotterdam); Odense BK – Roter Stern Belgrad 2:2, 3:4; Sporting Lissabon – Malmö FF 2:0, 1:0; FC Utrecht – MSK Zilina 2:0, 4:0; Metalurg Donezk – AC Parma 1:1, 0:3; MyPa Anjalankoski – FC Sochaux 0:1, 0:2; APOEL Nikosia – RCD Mallorca 1:2, 2:4; FC Southampton – Steaua Bukarest 1:1, 0:1; Feyenoord Rotterdam – FC Kärnten 2:1, 1:0; PAOK Saloniki – Lyn Oslo 0:1, 3:0; Malatyaspor – FC Basel 0:2, i. V. 2:1; Brøndby IF – Viktoria Zizkov 1:0, 1:0.

2. Runde: Borussia Dortmund – FC Sochaux 2:2, 0:4; FC Schalke 04 – Brøndby IF 2:1, 1:2 (Brøndby 3:1-Sieger im Elfmeterschießen);Dinamo Zagreb – Dnjepr Dnjepropetrovsk 0:2, 1:1; Manchester City – Groclin Grodzisk 1:1, 0:0; Panionios Athen – FC Barcelona 0:3, 0:2; Benfica Lissabon – Molde FK 3:1, 2:0; Slavia Prag – Levski Sofia 2:2, 0:0; Rosenborg Trondheim – Roter Stern Belgrad 0:0, 1:0; FC Valencia – Maccabi Haifa 0:0, 4:0 (in Rotterdam); Spartak Moskau – Dinamo Bukarest 4:0, 1:3; Gaziantepspor – RC Lens 3:0, 3:1; AC Perugia – Aris Saloniki 2:0, 1:1; FC Utrecht – AJ Auxerre 0:0, 0:4; Steaua Bukarest

– FC Liverpool 1:1, 0:1; Vålerenga Oslo – Wisla Kraków 0:0, 0:0 (Oslo 4:3-Sieger im Elfmeterschießen); PAOK Saloniki – Debreceni VSC 1:1, 0:0; FC Kopenhagen – RCD Mallorca 1:2, 1:1; Austria Salzburg – AC Parma 0:4 (in Linz), 0:5; FC Basel – Newcastle United 2:3, 0:1; AS Rom – Hajduk Split 1:0, 1:1; Gençlerbirligi Ankara – Sporting Lissabon 1:1, 3:0; FC Villarreal – Torpedo Moskau 2:0, 0:1; Feyenoord Rotterdam – FK Teplice 0:2, 1:1; Girondins Bordeaux – Heart of Midlothian 0:1, 2:0.

3. Runde: Brøndby IF – FC Barcelona 0:1, 1:2; AC Parma – Gençlerbirligi Ankara 0:1, 0:3; Benfica Lissabon – Rosenborg Trondheim 1:0, 1:2; Olympique Marseille – Dnjepr Dnjepropetrovsk 1:0, 0:0; Celtic Glasgow – FK Teplice 3:0, 0:1; AC Perugia – PSV Eindhoven 0:0, 1:3; Groclin Grodzisk – Girondins Bordeaux 0:1, 1:4; FC Valencia – Besiktas Istanbul 3:2, 2:0; Galatasaray Istanbul – FC Villarreal 2:2, 0:3; FC Brügge – Debreceni VSC 1:0, 0:0; FC Sochaux – Inter Mailand 2:2, 0:0; FC Liverpool – Levski Sofia 2:0, 4:2; Spartak Moskau – RCD Mallorca 0:3, 1:0; Gaziantepspor – AS Rom 1:0, 0:2; AJ Auxerre – Panathinaikos Athen 0:0, 1:0; Vålerenga Oslo – Newcastle United 1:1, 1:3.

Achtelfinale: Girondins Bordeaux – FC Brügge 3:1, 1:0; Genclerbirligi Ankara – FC Valencia 1:0, n.V. 0:2; AJ Auxerre – PSV Eindhoven 1:1, 0:3; Newcastle United – RCD Mallorca 4:1, 3:0; Benfica Lissabon – Inter Mailand 0:0, 3:4; Celtic Glasgow – FC Barcelona 1:0, 0:0; FC Liverpool – Olympique Marseille 1:1, 1:2; FC Villarreal – AS Rom 2:0, 1:2.

Viertelfinale: Girondins Bordeaux – FC Valencia 1:2, 1:2; PSV Eindhoven – Newcastle United 1:1, 1:2; Olympique Marseille – Inter Mailand 1:0, 1:0; Celtic Glasgow – FC Villarreal 1:1, 0:2.

Halbfinale:
Newcastle United – Olympique Marseille 0:0, 0:2; FC Villarreal – FC Valencia 0:0, 0:1.

Endspiel am 19. Mai in Göteborg: FC Valencia – Olympique Marseille 2:0 (1:0)

Valencia: Canizares – Curro Torres, Ayala, Marchena (Pellegrino), Carboni – Albelda, Baraja, Vicente, Angulo (Sissoko), Rufete (Aimar) – Mista.

Tore: 1:0 Vicente (45./+2., Foulelfmeter), 2:0 Mista (58.) – SR: Collina (Italien) – Rote Karte: Barthez – Zuschauer: 43 000

2004/05 ZSKA Moskau

Qualifikation, 1. Runde: MIKA Ashtarak – Honved Budapest 0:1, 1:1; Shirak Giumri – FC Tiraspol 1:2, 0:2; FC Tiflis – FK Shamkir 1:0. 4:1; Dukla Banska Bystrica – Karabach Agdam 3:0, 1:0; Ekranas Panevezys – F91 Düdelingen 1:0, 2:1; BATE Borisov – Dinamo Tiflis 2:3, 0:1; Partizani Tirana – FC Birkirkara 4:2, 1:2; Nistru-Unisport Otaci – Schachtjor Soligorsk 1:1, 2:1; Levadia Tallinn – Bohemians Dublin 0:0, 3:1; Haka Valkeakoski – Etzella Ettelbrück 2:1, 3:1; Ilyichivets Mariupol – Banants Erevan 2:0, 2:0; Otelul Galati – Dinamo Tirana 4:0, 4:1; Omonia Nicosia – Sloga Jugomagnat Skopje 4:0, 4:1; Östers IF Växjö – TNS Llansantffraid 2:0, 2:1; FC Santa Coloma – Modrica Maxima 0:1, 0:3; FC Vaduz – Longford Town 1:0, 3:2; Sileks Kratovo – NK Maribor 0:1, 1:1; FC Marsaxlokk – Primorje Ajdovscina 0:1, 0:2; FC Portadown – Zalgiris Vilnius 2:2, 0:2; B68 Töftir – FK Ventspils 0:3, 0:8; B36 Torshavn – Metalurgs Liepaja 1:3, 1:8; Haverfordwest County – FH Hafnarfjördur 0:1, 1:3; SS Pennarossa – Zeljeznicar Sarajevo 1:5, 0:4; FC Glentoran – AC Allianssi 2:2, 2:1; IA Akranes – Tallinna VMK 4:2, 2:1.

Qualifikation, 2. Runde: SV Pasching – Zenit St. Petersburg 3:1, 0:2; Omonia Nicosia – ZSKA Sofia 1:1, n. V. 1:3; Buducnost Banatski Dvor – NK Maribor 1:2, 1:0; FH Hafnarfjördur – Dunfermline Athletic 2:2, 2:1; Hammarby IF – IA Akranes 2:0, 2:1; Rapid Wien – Rubin Kasan 0:2, 3:0; Zalgiris Vilnius – Aalborg BK 1:3, 0:0; SK Beveren – FC Vaduz 3:1, 2:1; FC Glentoran – Elfsborg Boras 0:1, 1:2; Amica Wronki – Honved Budapest 1:0, n. V. 0:1, Elfmeterschießen 5:4; Ujpest Budapest – Servette Genf 3:1, 2:0; FK Bodö/Glimt – Levadia Tallinn 2:1, n. V. 1:2, Elfmeterschießen 8:7; Hapoel Bnei Sachnin – Partizani Tirana 3:0, 3:1; Genclerbirligi Ankara – NK Rijeka 1:0, 1:2; Odd Grenland – Ekranas Panevezys 3:1, 1:2; AEK Larnaka – Maccabi Petah Tikva 3:0, 0:4; Otelul Galati – Partizan Belgrad 0:0, 0:1; Slavia Prag – Dinamo Tiflis 3:1, 0:2; Levski Sofia – Modrica Maxima 5:0, 3:0; Dinamo Zagreb – Primorje Ajdovscina 4:0, 0:2; Östers IF Växjö – Metalurgs Liepaja 2:2, 1:1; Stabaek IF – Haka Valkeakoski 3:1, 3:1; FK Ventspils – Bröndby IF 0:0, 1:1; Metalurg Donezk – FC Tiraspol 3:0, 2:1; Terek Grozny – Lech Posen 1:0, 1:0; Ilyichivets Mariupol – Austria Wien 0:0, 0:3; Artmedia Bratislava – Dnjepr Dnjepropetrovsk 0:3, 1:1; Zeljeznicar Sarajevo – Liteks Lovech 1:2, 0:7; Dukla Banska Bystrica – FC Wil 3:1, 1:1; Nistru-Unisport Otaci – Sigma Olmütz 1:2, 0:4; FC Tiflis – Legia Warschau 0:1, 0:6; Zeleznik Belgrad – Steaua Bukarest 2:4, 2:1.

1. Runde: FH Hafnarfjördur – Alemannia Aachen 1:5, 0:0 (in Köln); Standard Lüttich – VfL Bochum 0:0, 1:1; FC Schalke 04 – Metalurgs Liepaja 5:1, 4:0; Ujpest Budapest – VfB Stuttgart 1:3, 0:4; Aalborg BK – AJ Auxerre 1:1, 0:2; FC Parma – NK Maribor 3:2, 0:0; Austria Wien – Legia Warschau 1:0, 3:1; FK Bodö/Glimt – Besiktas Istanbul 1:1, 0:1; Dinamo Zagreb – Elfsborg Boras 2:0, 0:0; Dukla Banska Bystrica – Benfica Lissabon 0:3, 0:2; Aigaleo Athen – Genclerbirligi Ankara 1:0, 1:1; FC Brügge – LB Chateauroux 4:0, 2:1; Lazio Rom – Metalurg Donezk 0:3, 0:3; FC Middlesbrough – Banik Ostrava 3:0, 1:1; FC Millwall – Ferencvaros Budapest 1:1, 1:3; FC Sevilla – Nacional Funchal 2:0, 2:1; FC Sochaux – Stabaek

IF 4:0, 5:0; FC Utrecht – Djurgardens IF 4:0, 0:3; Zenit St. Petersburg – Roter Stern Belgrad 4:0, 2:1; FK Ventspils – Amica Wronki 1:1, 0:1; Grazer AK – Liteks Lovech 5:0, 0:1; Hammarby IF – FC Villarreal 1:2, 0:3; Heart of Midlothian – Sporting Braga 3:1, 2:2; ND Gorica – AEK Athen 1:1, 0:1; Levski Sofia – SK Beveren 1:1, 0:1; Maccabi Haifa – Dnjepr Dnjepropetrovsk 1:0, 0:2; Glasgow Rangers – Marítimo Funchal 1:0, n. V. 0:1, Elfmeterschießen 4:2; Newcastle United – Hapoel Bnei Sachnin 2:0, 5:1; Odd Grenland – Feyenoord Rotterdam 0:1, 1:4; Panionios Athen – Udinese Calcio 3:1, 0:1; PAOK Saloniki – AZ Alkmaar 2:3, 1:2; Partizan Belgrad – Dinamo Bukarest 3:1, 0:0; Real Saragossa – Sigma Olmütz 1:0, 3:2; FC Shelbourne – OSC Lille 2:2, 0:2; Sporting Lissabon – Rapid Wien 2:0, 0:0; Steaua Bukarest – ZSKA Sofia 2:1, 2:2; Terek Grozny – FC Basel 1:1, 0:2; Trabzonspor – Athletic Bilbao 3:2, 0:2; Wisla Krakow – Dinamo Tiflis 4:3, 1:2; SC Heerenveen – Maccabi Petah Tikva 5:0 (nur ein Spiel).
2. Runde (Gruppenphase): **Gruppe A**: Feyenoord Rotterdam – FC Schalke 04 2:1; FC Basel – Feyenoord Rotterdam 1:0; Ferencvaros Budapest – Feyenoord Rotterdam 1:1; Feyenoord Rotterdam – Heart of Midlothian 3:0; FC Schalke 04 – FC Basel 1:1; FC Schalke 04 – Ferencvaros Budapest 2:0; Heart of Midlothian – FC Schalke 04 0:1; Ferencvaros Budapest – FC Basel 1:2; FC Basel – Heart of Midlothian 1:2; Heart of Midlothian – Ferencvaros Budapest 0:1 – 1. Feyenoord Rotterdam 6:3, 7; 2. FC Schalke 04 5:3, 7; 3. FC Basel 5:4, 7; 4. Ferencvaros Budapest 3:5, 4; 5. Heart of Midlothian 2:6, 3.
Gruppe B: Athletic Bilbao – Steaua Bukarest 1:0; Athletic Bilbao – FC Parma 2:0; Besiktas Istanbul – Athletic Bilbao 3:1; Standard Lüttich – Athletic Bilbao 1:7; FC Parma – Steaua Bukarest 1:0; Steaua Bukarest – Besiktas Istanbul 2:1; Steaua Bukarest – Standard Lüttich 2:0; FC Parma – Besiktas Istanbul 3:2; Standard Lüttich – FC Parma 2:1; Besiktas Istanbul – Standard Lüttich 1:1 – 1. Athletic Bilbao 11:4, 9; 2. Steaua Bukarest 4:3, 6; 3. FC Parma 5:6, 6; 4. Besiktas Istanbul 7:7, 4; 5. Standard Lüttich 4:11, 4.
Gruppe C: Real Saragossa – Dnjepr Dnjepropetrovsk 2:1; Dnjepr Dnjepropetrovsk – Austria Wien 1:0; Dnjepr Dnjepropetrovsk – FC Brügge 3:2; FC Utrecht – Dnjepr Dnjepropetrovsk 1:2; Austria Wien – Real Saragossa 1:0; FC Brügge – Real Saragossa 1:1; Real Saragossa – FC Utrecht 2:0; Austria Wien – FC Brügge 1:1; FC Utrecht – Austria Wien 1:2; FC Brügge – FC Utrecht 1:0 – 1. Dnjepr Dnjepropetrovsk 7:5, 9; 2. Real Saragossa 5:3, 7; 3. Austria Wien 4:3, 7; 4. FC Brügge 5:5, 5; 5. FC Utrecht 2:7, 0.
Gruppe D: FC Sochaux – Newcastle United 0:4; Newcastle United – Sporting Lissabon 1:1; Panionios Athen – Newcastle United 0:1; Newcastle United – Dinamo Tiflis 2:0; Sporting Lissabon – FC Sochaux 0:1; FC Sochaux – Panionios Athen 1:0; Dinamo Tiflis – FC Sochaux 0:2; Sporting Lissabon – Panionios Athen 4:1; Dinamo Tiflis – Sporting Lissabon 0:4; Panionios Athen – Dinamo Tiflis 5:2 – 1. Newcastle United 8:1, 10; 2. FC Sochaux 4:4, 9; 3. Sporting Lissabon 9:3, 7; 4. Panionios Athen 6:8, 3; 5. Dinamo Tiflis 2:13, 0.
Gruppe E: FC Villarreal – FC Middlesbrough 2:0; FC Middlesbrough – Partizan Belgrad 3:0; FC Middlesbrough – Lazio Rom 2:0; Aigaleo Athen – FC Middlesbrough 0:1; Partizan Belgrad – FC Villarreal 1:1; Lazio Rom – FC Villarreal 1:1; FC Villarreal – Aigaleo Athen 4:0; Lazio Rom – Partizan Belgrad 2:2; Partizan Belgrad – Aigaleo Athen 4:0; Aigaleo Athen – Lazio Rom 2:2 – 1. FC Middlesbrough 6:2, 9; 2. FC Villarreal 8:2, 8; 3. Partizan Belgrad 7:6, 5; 4. Lazio Rom 5:7, 3; 5. Aigaleo Athen 2:11, 1.
Gruppe F: AZ Alkmaar – AJ Auxerre 2:0; Grazer AK – AZ Alkmaar 2:0; AZ Alkmaar – Glasgow Rangers 1:0; Amica Wronki – AZ Alkmaar 1:3; AJ Auxerre – Grazer AK 0:0; Glasgow Rangers – AJ Auxerre 0:2; AJ Auxerre – Amica Wronki 5:1; Glasgow Rangers – Grazer AK 3:0; Grazer AK – Amica Wronki 3:1; Amica Wronki – Glasgow Rangers 0:5 – 1. AZ Alkmaar 6:3, 9; 2. AJ Auxerre 7:3, 7; 3. Grazer AK 5:4, 7; 4. Glasgow Rangers 8:3, 6; 5. Amica Wronki 3:16, 0.
Gruppe G: VfB Stuttgart – Benfica Lissabon 3:0; SC Heerenveen – VfB Stuttgart 1:0; VfB Stuttgart – Dinamo Zagreb 2:1; SK Beveren – VfB Stuttgart 1:5; Benfica Lissabon – SC Heerenveen 4:2; Benfica Lissabon – Dinamo Zagreb 2:0; SK Beveren – Benfica Lissabon 0:3; Dinamo Zagreb – SC Heerenveen 2:2; SC Heerenveen – SK Beveren 1:0; Dinamo Zagreb – SK Beveren 6:1 – 1. VfB Stuttgart 10:3, 9; 2. Benfica Lissabon 9:5, 9; 3. SC Heerenveen 6:6, 7; 4. Dinamo Zagreb 9:7, 4; 5. SK Beveren 2:15, 0.
Gruppe H: OSC Lille – FC Sevilla 1:0; Alemannia Aachen – OSC Lille 1:0; OSC Lille – Zenit St. Petersburg 2:1; AEK Athen – OSC Lille 1:2; FC Sevilla – Alemannia Aachen 2:0; Zenit St. Petersburg – FC Sevilla 1:1; FC Sevilla – AEK Athen 3:2; Alemannia Aachen – Zenit St. Petersburg 2:2; AEK Athen – Alemannia Aachen 0:2; Zenit St. Petersburg – AEK Athen 5:1 – 1. OSC Lille 5:3, 9; 2. FC Sevilla 6:4, 7; 3. Alemannia Aachen 5:4, 7; 4. Zenit St. Petersburg 9:6, 5; 5. AEK Athen 4:12, 0.
Zwischenrunde: FC Parma – VfB Stuttgart 0:0, n. V. 2:0; Schachtjor Donezk – FC Schalke 04 1:1, 1:0; Alemannia Aachen – AZ Alkmaar 0:0, 1:2; Grazer AK – FC Middlesbrough 2:2, 1:2; SC Heerenveen – Newcastle United 1:2, 1:2; FC Basel – OSC Lille 0:0, 0:2; Sporting Lissabon – Feyenoord Rotterdam 2:1, 2:1; Austria Wien – Athletic Bilbao 0:0, 2:1; Partizan Belgrad – Dnjepr Dnjepropetrovsk 2:2, 1:0; FC Valencia – Steaua Bukarest 2:0, n. V. 0:2, Elfmeterschießen 3:4; Ajax Amsterdam – AJ Auxerre 1:0, 1:3; ZSKA Moskau – Benfica Lissabon 2:0, 1:1; Fenerbahçe Istanbul – Real Saragossa 0:1, 1:2; Panathinaikos Athen – FC Sevilla 1:0, 0:2; Olympiakos Piräus – FC Sochaux 1:0, 1:0; Dynamo Kiew – FC Villarreal 0:0, 0:2.
Achtelfinale: FC Middlesbrough – Sporting Lissabon 2:3, 0:1; FC Sevilla – FC Parma 0:0, 0:1; Steaua Bukarest – FC Villarreal 0:0, 0:2; OSC Lille – AJ Auxerre 0:1, 0:0; Olympiakos Piräus – Newcastle United

1:3, 0:4; Schachtjor Donezk – AZ Alkmaar 1:3, 1:2; Partizan Belgrad – ZSKA Moskau 1:1, 0:2; Austria Wien – Real Saragossa 1:1, 2:2.

Viertelfinale: FC Villarreal – AZ Alkmaar 1:2, 1:1; ZSKA Moskau – AJ Auxerre 4:0, 0:2; Newcastle United – Sporting Lissabon 1:0, 1:4; Austria Wien – FC Parma 1:1, 0:0.

Halbfinale: FC Parma – ZSKA Moskau 0:0, 0:3; Sporting Lissabon – AZ Alkmaar 2:1, n. V. 2:3.

Endspiel am 18. Mai in Lissabon: Sporting Lissabon – ZSKA Moskau 1:3 (0:1)

ZSKA: Akinfeev – V. Berezutskiy, Ignashevich, A. Berezutskiy – Odiah, Aldonin (Gusev), Rahimic, Zhirkov – Daniel Carvalho (Semberas) – Olic (Krasic), Vagner Love.

Tore: A. Berezutskiy, Zhirkov, Vagner Love (Rogerio) – SR: Poll (England) – Zuschauer: 48 000.

2005/06 FC Sevilla

Qualifikation, 1. Runde: 1. FSV Mainz 05 – Mika Aschtarak 4:0, 0:0; AC Allianssi Vantaa – CS Pétange 3:0, 1:1; Banants Eriwan – Lokomotiwi Tiflis 2:3, 2:0; Bashkimi Kumanovo – NK Zepce 3:0, 1:1; Birkirkara FC – APOEL Nikosia 0:2, 0:4; Ekranas Panevezys – Cork City 0:2, 1:0; Esbjerg fB – Flora Tallinn 1:2, 6:0; Etzella Ettelbrück – IB Keflavik 0:4, 0:2; FC Linfield – FK Ventspils 1:0, 1:2; FC Portadown – Viking Stavanger 1:2, 0:1; FC Vaduz – Dacia Chisinau 2:0, 0:1; Ferencvaros Budapest – MTZ-Ripo Minsk 0:2, 2:1; FK Baku – MSK Zilina 1:0, 1:3; IB Vestmannaeyjar – B36 Torshavn 1:1, 1:2; KS Elbasani – Vardar Skopje 1:1, 0:0; Longford Town – Carmarthen Town 2:0, 1:5; Nistru Otaci – Hazar Lankaran 3:1, 2:1; NSI Runavik – Metalurgs Liepaja 0:3, 0:3; Omonia Nikosia – Hibernians FC Paola 3:0, 3:0; Rhyl FC – Atlantas Klaipeda 2:1, 2:3; SP Domagnano – NK Domzale 0:5, 0:3; Teuta Durres – Siroki Brijeg 3:1, 0:3; Torpedo Kutaisi – BATE Borisov 0:1, 0:5; TVMK Tallinn – MyPa Anjalankoski 1:1, 0:1; UE Sant Julia – Rapid Bukarest 0:5, 0:5.

Qualifikation, 2. Runde: 1. FSV Mainz 05 – IB Keflavik 2:0, 2:0; APOEL Nikosia – Maccabi Tel Aviv 1:0, n. V. 2:2, Banants Eriwan – Dnjepr Dnjepropetrovsk 2:4, 0:4; Bashkimi Kumanovo – Maccabi Petah Tikva 0:5, 0:6; Brann Bergen – AC Allianssi Vantaa 0:0, 2:0; Dinamo Bukarest – Omonia Nikosia 3:1, 1:2; Djurgardens IF – Cork City 1:1, 0:0; Esbjerg fB – Tromsö IL 0:1, n. V. 1:0, Elfmeterschiessen 2:3; FC Kopenhagen – Carmarthen Town FC 2:0, 2:0; FC Midtjylland – B36 Torshavn 2:1, 2:2; FC Sopron – Metalurg Donezk 0:3, 1:2; FC Vaduz – Besiktas Istanbul 0:1, 1:5; Grasshopper-Club Zürich – Wisla Plock 1:0, 2:3; Groclin Dyskobolia Grodzisk – Dukla Banska Bystrica 4:1, 0:0; Halmstads BK – FC Linfield 1:1, 4:2; Inter Zapresic – Roter Stern Belgrad 1:3, 0:4; Krylia Sowjetow Samara – BATE Borisov 2:0, 2:0; Legia Warschau – FC Zürich 0:1, 1:4; Litex Lovech – NK Rijeka 1:0, 1:2; Metalurgs Liepaja – KRC Genk 2:3, 0:3; MSK Zilina – Austria Wien 1:2, 2:2; MTZ-Ripo Minsk – FK Teplice 1:1, 1:2; MyPa Anjalankoski – Dundee United 0:0, 2:2; Nistru Otaci – Grazer AK 0:2, 0:1; OFK Belgrad – Lokomotive Plovdiv 2:1, 0:1; Pasching – Zenit St. Petersburg 2:2, 1:1; Publikum Celje – Levski Sofia 1:0, 0:3; Rapid Bukarest – Vardar Skopje 3:0, 1:1; Rhyl FC – Viking Stavanger 0:1, 1:2; SC Ashdod – NK Domzale 2:2, 1:1; Zeta Golubovci – Siroki Brijeg 0:1, 2:4.

1. Runde: Hamburger SV – FC Kopenhagen 1:1, 1:0; Bayer Leverkusen – ZSKA Sofia 0:1, 0:1; FC Sevilla – 1. FSV Mainz 05 0:0, 2:0; VfB Stuttgart – NK Domzale 2:0, 0:1; APOEL Nicosia – Hertha BSC 0:1, 1:3; AJ Auxerre – Levski Sofia 2:1, 0:1; Slavia Prag – Cork City 2:0, 2:1; PAOK Saloniki – Metalurg Donezk 1:1, 2:2; Dinamo Bukarest – FC Everton 5:1, 0:1; Grasshopper-Club Zürich – MyPa Anjalankoski 1:1, 3:0; Roter Stern Belgrad – Sporting Braga 0:0, 1:1; GB Antwerpen – Olympique Marseille 0:0, n.V. 0:0, Elfmeterschießen 1:4; ZSKA Moskau – FC Midtjylland 3:1, 3:1; Vitoria Setubal – Sampdoria Genua 1:1, 0:1; FC Basel – Siroki Brijeg 5:0, 1:0; Feyenoord Rotterdam – Rapid Bukarest 1:1, 0:1; Hibernian Edinburgh – Dnjepr Dnjepropetrowsk 0:0, 1:5; Stade Rennes – CA Osasuna 3:1, 0:0; Vitoria Guimaraes – Wisla Krakau 3:0, 1:0; Krylia Sowjetow Samara – AZ Alkmaar 5:3, 1:3; Valerenga IF – Steaua Bukarest 0:3, 1:3; Grazer AK – Racing Straßburg 0:2, 0:5; Brann Bergen – Lokomotive Moskau 1:2, 2:3; US Citta di Palermo – Anorthosis Famagusta 2:1, 4:0; Halmstads BK – Sporting Lissabon 1:2, n.V. 3:2; FC Middlesbrough – Skoda Xanthi 2:0, 0:0; Maccabi Petah Tikva – Partizan Belgrad 0:2, 5:2; AS Rom – Aris Saloniki 5:1, 0:0; Besiktas Istanbul – Malmö FF 0:1, 4:1; Litex Lovetsch – KRC Genk 2:2, 1:0; Banik Ostrau – SC Heerenveen 2:0, 0:5; FK Teplice – Espanyol Barcelona 1:1, 0:2; AS Monaco – Willem II Tilburg 2:0, 3:1; Viking Stavanger – Austria Wien 1:0, 1:2; Bröndby IF – FC Zürich 2:0, 1:2; RC Lens – Groclin Dyskobolia Grodzisk 1:1, 4:2; Tromsö IL – Galatasaray Istanbul 1:0, 1:1; Bolton Wanderers – Lokomotive Plovdiv 2:1, 2:1; Schachtjor Donezk – Debreceni VSC 4:1, 2:0; Zenit St. Petersburg – AEK Athen 0:0, 1:0.

2. Runde (Gruppenphase): **Gruppe A**: AS Monaco – Hamburger SV 2:0; Slavia Prag – AS Monaco 0:2; Viking Stavanger – AS Monaco 1:0; AS Monaco – ZSKA Sofia 2:1; Hamburger SV – Slavia Prag 2:0; Hamburger SV – Viking Stavanger 2:0; ZSKA Sofia – Hamburger SV 0:1; Viking Stavanger – Slavia Prag 2:2; Slavia Prag – ZSKA Sofia 4:2; ZSKA Sofia – Viking Stavanger 2:0 – 1. AS Monaco 6:2, 9; 2. Hamburger SV 5:2, 9; 3. Slavia Prag 6:8, 4; 4. Viking Stavanger 3:6, 4; 5. ZSKA Sofia 5:7, 3.

Gruppe B: Espanyol Barcelona – US Citta di Palermo 1:1; US Citta di Palermo – Lokomotive Moskau 0:0; US Citta di Palermo – Bröndby IF 3:0; Maccabi Petah Tikva – US Citta di Palermo 1:2; Lokomotive Moskau – Espanyol Barcelona 0:1; Bröndby IF – Espanyol Barcelona 1:1; Espanyol Barcelona – Maccabi Petah Tikva 1:0; Lokomotive Moskau – Bröndby IF 4:2; Maccabi Petah Tikva – Lokomotive Moskau 0:4; Bröndby IF – Maccabi Petah Tikva 2:0 – 1. US Citta di Palermo 6:2, 8; 2. Espanyol Barcelona 4:2, 8; 3. Lokomotive Moskau 8:3, 7; 4. Bröndby IF 5:8, 4; 5. Maccabi Petah Tikva 1:9, 0.

Gruppe C: Steaua Bukarest – RC Lens 4:0; Hertha BSC – Steaua Bukarest 0:0; Sampdoria Genua – Steaua Bukarest 0:0; Steaua Bukarest – Halmstads BK 3:0; Hertha BSC – RC Lens 0:0; RC Lens – Sampdoria Genua 2:1; RC Lens – Halmstads BK 5:0; Sampdoria Genua – Hertha BSC 0:0; Halmstads BK – Hertha BSC 0:1; Halmstads BK – Sampdoria Genua 1:3 – 1. Steaua Bukarest 7:0, 8; 2. RC Lens 7:5, 7; 3. Hertha BSC 1:0, 6; 4. Sampdoria Genua 4:3, 5; 5. Halmstads BK 1:12, 0.

Gruppe D: AZ Alkmaar – FC Middlesbrough 0:0; FC Middlesbrough – Litex Lovetsch 2:0; FC Middlesbrough – Dnjepr Dnjepropetrowsk 3:0; Grasshopper-Club Zürich – FC Middlesbrough 0:1; Litex Lovetsch – AZ Alkmaar 0:2; Dnjepr Dnjepropetrowsk – AZ Alkmaar 1:2; AZ Alkmaar – Grasshopper-Club Zürich 1:0; Dnjepr Dnjepropetrowsk – Litex Lovetsch 0:2; Litex Lovetsch – Grasshopper-Club Zürich 2:1; Grasshopper-Club Zürich – Dnjepr Dnjepropetrowsk 2:3 – 1. FC Middlesbrough 6:0, 10; 2. AZ Alkmaar 5:1, 10; 3. Litex Lovetsch 4:5, 6; 4. Dnjepr Dnjepropetrowsk 4:9, 3; 5. Grasshopper-Club Zürich 3:7, 0.

Gruppe E: AS Rom – Racing Straßburg 1:1; FC Basel – Racing Straßburg 0:2; Racing Straßburg – Roter Stern Belgrad 2:2; Racing Straßburg – Tromsö IL 2:0; AS Rom – FC Basel 3:1; Roter Stern Belgrad – AS Rom 3:1; Tromsö IL – AS Rom 1:2; Roter Stern Belgrad – FC Basel 1:2; FC Basel – Tromsö IL 4:3; Tromsö IL – Roter Stern Belgrad 3:1 – 1. Racing Straßburg 7:3, 8; 2. AS Rom 7:6, 7; 3. FC Basel 7:9, 6; 4. Roter Stern Belgrad 7:8, 4; 5. Tromsö IL 7:9, 3.

Gruppe F: Levski Sofia – Olympique Marseille 1:0; Olympique Marseille – SC Heerenveen 1:0; ZSKA Moskau – Olympique Marseille 1:2; Olympique Marseille – Dinamo Bukarest 2:1; SC Heerenveen – Levski Sofia 2:1; ZSKA Moskau – Levski Sofia 2:1; Levski Sofia – Dinamo Bukarest 1:0; SC Heerenveen – ZSKA Moskau 0:0; Dinamo Bukarest – SC Heerenveen 0:0; Dinamo Bukarest – ZSKA Moskau 1:0 – 1. Olympique Marseille 5:3, 9; 2. Levski Sofia 4:4, 6; 3. SC Heerenveen 2:2, 5; 4. ZSKA Moskau 3:4, 4; 5. Dinamo Bukarest 2:3, 4.

Gruppe G: Schachtjor Donezk – Rapid Bukarest 0:1; VfB Stuttgart – Rapid Bukarest 2:1; Rapid Bukarest – PAOK Saloniki 1:0; Rapid Bukarest – Stade Rennes 2:0; VfB Stuttgart – Schachtjor Donezk 0:2; Schachtjor Donezk – PAOK Saloniki 1:0; Stade Rennes – Schachtjor Donezk 0:1; PAOK Saloniki – VfB Stuttgart 1:2; Stade Rennes – VfB Stuttgart 0:2; PAOK Saloniki – Stade Rennes 5:1 – 1. Rapid Bukarest 5:2, 9; 2. Schachtjor Donezk 4:1, 9; 3. VfB Stuttgart 6:4, 9; 4. PAOK Saloniki 6:5, 3; 5. Stade Rennes 1:10, 0.

Gruppe H: Zenit St. Petersburg – FC Sevilla 2:1; Bolton Wanderers – FC Sevilla 1:1; FC Sevilla – Besiktas Istanbul 3:0; FC Sevilla – Vitoria Guimaraes 3:1; Bolton Wanderers – Zenit St. Petersburg 1:0; Besiktas Istanbul – Zenit St. Petersburg 1:1; Zenit St. Petersburg – Vitoria Guimaraes 2:1; Besiktas Istanbul – Bolton Wanderers 1:1; Vitoria Guimaraes – Bolton Wanderers 1:1; Vitoria Guimaraes – Besiktas Istanbul 1:3 – 1. FC Sevilla 8:4, 7; 2. Zenit St. Petersburg 5:4, 7; 3. Bolton Wanderers 4:3, 6; 4. Besiktas Istanbul 5:6, 5; 5. Vitoria Guimaraes 4:9, 1.

Zwischenrunde: Hertha BSC – Rapid Bukarest 0:1, 0:2; FC Schalke 04 – Espanyol Barcelona 2:1, 3:0; FC Thun – Hamburger SV 1:0, 0:2; VfB Stuttgart – FC Middlesbrough 1:2, 1:0; Litex Lovetsch – Racing Straßburg 0:2, 0:0; Lokomotive Moskau – FC Sevilla 0:1, 0:2; Artmedia Bratislava – Levski Sofia 0:1, 0:2; FC Basel – AS Monaco 1:0, 1:1; OSC Lille – Schachtjor Donezk 3:2, 0:0; SC Heerenveen – Steaua Bukarest 1:3, 1:0; Rosenborg Trondheim – Zenit St. Petersburg 0:2, 1:2; Udinese Calcio – RC Lens 3:0, 0:1; Bolton Wanderers – Olympique Marseille 0:0, 1:2; FC Brügge – AS Rom 1:2, 1:2; Real Betis Sevilla – AZ Alkmaar 2:0, n. V. 1:2; Slavia Prag – US Citta di Palermo 2:1, 0:1.

Achtelfinale: Rapid Bukarest – Hamburger SV 2:0, 1:3; US Citta di Palermo – FC Schalke 04 1:0, 0:3; FC Basel – Racing Straßburg 2:0, 2:2; FC Middlesbrough – AS Rom 1:0, 1:2; Steaua Bukarest – Real Betis Sevilla 0:0, 3:0; Olympique Marseille – Zenit St. Petersburg 0:1, 1:1; Udinese Calcio – Levski Sofia 0:0, 1:2; OSC Lille – FC Sevilla 1:0, 0:2.

Viertelfinale: Levski Sofia – FC Schalke 04 1:3, 1:1; FC Basel – FC Middlesbrough 2:0, 1:4; Rapid Bukarest – Steaua Bukarest 1:1, 0:0; FC Sevilla – Zenit St. Petersburg 4:1, 1:1.

Halbfinale: FC Schalke 04 – FC Sevilla 0:0, n. V. 0:1; Steaua Bukarest – FC Middlesbrough 1:0, 2:4.

Endspiel am 10. Mai in Eindhoven: FC Middlesbrough – FC Sevilla 0:4 (0:1)

Sevilla: Palop – Daniel Alves, Javi Navarro, Escudé, David – Jesus Navas, Marti, Maresca, Adriano (Puerta) – Saviola (Kanouté), Luis Fabiano (Renato).

Tore: Luis Fabiano, Maresca 2, Kanouté – SR: Fandel (Deutschland) – Zuschauer: 31 000.

2006/07 FC Sevilla

Qualifikation, 1. Runde: Karvan Evlakh – Spartak Trnava 1:0, 1:0; NK Orasje – NK Domzale 0:2, 0:5; MIKA Aschtarak – Young Boys Bern 1:3, 0:1; Dinamo Tirana – ZSKA Sofia 0:1, 1:4; FK Ventspils – GI Götu 2:1, 2:0; Levadia Tallinn – Haka Valkeakoski 2:0, 0:1; Zaglebie Lubin – Dynamo Minsk 1:1, 0:0; Ameri Tiflis – Banants Erewan 0:1, 2:1; Artmedia Bratislava – WIT Georgia Tiflis 2:0, 1:2; BATE Borissow – Nistru Otaci 2:0, 1:0; FK Sarajevo – FC Ranger's 3:0, 2:0; HJK Helsinki – Drogheda United 1:1, n. V. 1:3; Jeunesse Esch – Skonto Riga 0:2, 0:3; Vardar Skopje – SV Roeselare 1:2, 1:5; Varteks Varazdin – KF Tirana 1:1, 0:2; APOEL Nikosia – SS Murata 3:1, 4:0; Gefle IF – AFC Llanelli 1:2, 0:0; IFK Göteborg – Derry City 0:1, 0:1; Lyn Oslo – Flora Tallinn 1:1, 0:0; Randers FC – IA Akranes 1:0, 1:2; Ujpest Budapest – FC Vaduz 0:4, 1:0; Zimbru Chisinau – Karabakh Agdam 1:1, n. V. 2:1; Lokomotive Sofia – Makedonija Skopje 2:0, 1:1; Rapid Bukarest – Sliema Wanderers 5:0, 1:0; Atvidabergs FF – Etzella Ettelbrück 4:0, 3:0; FC Basel – Tobol Kostanai 3:1, 0:0; FC Fehervar – Kairat Almaty 1:0, 1:2; NK Koper – Litex Lovetsch 0:1, 0:5; Skala IF – Start Kristiansand 0:1, 0:3; FC Glentoran – Brann Bergen 0:1, 0:1; FC Portadown – FBK Kaunas 1:3, 0:1; FC Rhyl – Suduva Marijampole 0:0, 1:2; Bröndby IF – Valur Reykjavik 3:1, 0:0; NK Rijeka – Omonia Nikosia 2:2, 1:2; Hibernians Paola – Dinamo Bukarest 0:4, 1:5.

Qualifikation, 2. Runde: OFK Belgrad – AJ Auxerre 1:0, 1:5; Omonia Nikosia – Litex Lovetsch 0:0, 1:2; Tschernomorez Odessa – Wisla Plock 0:0, 1:1; Karvan Evlakh – Slavia Prag 0:2, 0:0; Rubin Kasan – BATE Borissow 3:0, 2:0; Artmedia Bratislava – Dynamo Minsk 2:1, 3:2; KF Tirana – Kayserispor 0:2, 1:3; Bnei Yehuda Tel Aviv – Lokomotive Sofia 0:2, 0:4; SV Roeselare – Ethnikos Achnas 2:1, 0:5; SV Ried – FC Sion 0:0, 0:1; ZSKA Sofia – Hajduk Kula 0:0, 1:1; Brann Bergen – Atvidabergs FF 3:3, 1:1; Hapoel Tel Aviv – NK Domzale 1:2, 3:0; Hertha BSC – Ameri Tiflis 1:0, 2:2; Molde FK – Skonto Riga 0:0, 2:1; Odense BK – AFC Llanelli 1:0, 5:1; Randers FC – FBK Kaunas 3:1, 0:1; Start Kristiansand – Drogheda United 1:0, n. V. 0:1 (Elfmeterschießen 11:10); Zimbru Chisinau – Metalurg Saporoschje 0:0, 0:3; FC Twente Enschede – Levadia Tallinn 1:1, 0:1; Young Boys Bern – Olympique Marseille 3:3, 0:0; FK Ventspils – Newcastle United 0:1, 0:0; APOEL Nikosia – Trabzonspor 1:1, 0:1; Dinamo Bukarest – Beitar Jerusalem 1:0, 1:1; FC Basel – FC Vaduz 1:0, 1:2; FC Fehervar – Grasshopper-Club Zürich 1:1, 0:2; FK Sarajevo – Rapid Bukarest 1:0, 0:2; Flora Tallinn – Bröndby IF 0:0, 0:4; Partizan Belgrad – NK Maribor 2:1, 1:1; Suduva Marijampole – FC Brügge 0:2, 2:5; FC Gretna – Derry City 1:5, 2:2; SV Mattersburg – Wisla Krakau 1:1, 0:1.

1. Runde: Hertha BSC – Odense BK 2:2, 0:1; FC Schalke 04 – AS Nancy 1:0, 1:3; Eintracht Frankfurt – Bröndby IF 4:0, 2:2; FC Sion – Bayer Leverkusen 0:0, 1:3; Tschernomorez Odessa – Hapoel Tel Aviv 0:1, 1:3; Sporting Braga – AC Chievo Verona 2:0, n. V. 1:2; Levadia Tallinn – Newcastle United 0:1, 1:2; Molde FK – Glasgow Rangers 0:0, 0:2; Standard Lüttich – Celta Vigo 0:1, 0:3; Maccabi Haifa – Litex Lovetsch 1:1, 3:1; Derry City – Paris St. Germain 0:0, 0:2; Legia Warschau – Austria Wien 1:1, 0:1; Panathinaikos Athen – Metalurg Saporoschje 1:1, 1:0; Lokomotive Moskau – SV Zulte-Waregem 2:1, 0:2; Heart of Midlothian – Sparta Prag 0:2, 0:0; Fenerbahce Istanbul – Randers FC 2:1, 3:0; RB Salzburg – Blackburn Rovers 2:2, 0:2; Ethnikos Achnas – RC Lens 0:0, 1:3; Slovan Liberec – Roter Stern Belgrad 2:0, 2:1; AZ Alkmaar – Kayserispor 3:2, 1:1; Rubin Kasan – FC Parma 0:1, 0:1; Atromitos Chalkidona – FC Sevilla 1:2, 0:4; Besiktas Istanbul – ZSKA Sofia 2:0, n. V. 2:2; Vitoria Setubal – SC Heerenveen 0:3, 0:0; Olympique Marseille – FK Mlada Boleslav 1:0, 2:4; Atvidabergs FF – Grasshopper-Club Zürich 0:3, 0:5; Rapid Bukarest – Nacional Funchal 1:0, n. V. 2:1; Trabzonspor – CA Osasuna 2:2, 0:0; FC Basel – Rabotnicki Skopje 6:2, 1:0; West Ham United – US Palermo 0:1, 0:3; Lokomotive Sofia – Feyenoord Rotterdam 2:2, 0:0; MFK Ruzomberok – FC Brügge 0:1, 1:1; Partizan Belgrad – FC Groningen 4:2, 0:1; Skoda Xanthi – Dinamo Bukarest 3:4, 1:4; Slavia Prag – Tottenham Hotspur 0:1, 0:1; Start Kristiansand – Ajax Amsterdam 2:5, 0:4; Artmedia Bratislava – Espanyol Barcelona 2:2, 1:3; Wisla Krakau – Iraklis Saloniki 0:1, n. V. 2:0; AS Livorno – FCS Pasching 2:0, 1:0; Dinamo Zagreb – AJ Auxerre 1:2, 1:3.

2. Runde (Gruppenphase): **Gruppe A**: Glasgow Rangers – Maccabi Haifa 2:0; AS Livorno – Glasgow Rangers 2:3; AJ Auxerre – Glasgow Rangers 2:2; Glasgow Rangers – Partizan Belgrad 1:0; AS Livorno – Maccabi Haifa 1:1; Maccabi Haifa – AJ Auxerre 3:1; Maccabi Haifa – Partizan Belgrad 1:0; AJ Auxerre – AS Livorno 0:1; Partizan Belgrad – AS Livorno 1:1; Partizan Belgrad – AJ Auxerre 1:4 – 1. Glasgow Rangers 8:4, 10; 2. Maccabi Haifa 5:4, 7; 3. AS Livorno 5:5, 5; 4. AJ Auxerre 7:7, 4; 5. Partizan Belgrad 2:7, 1.

Gruppe B: Tottenham Hotspur – Dinamo Bukarest 3:1; Bayer Leverkusen – Tottenham Hotspur 0:1; Besiktas Istanbul – Tottenham Hotspur 0:2; Tottenham Hotspur – FC Brügge 3:1; Dinamo Bukarest – Bayer Leverkusen 2:1; Dinamo Bukarest – Besiktas Istanbul 2:1; FC Brügge – Dinamo Bukarest 1:1; Bayer Leverkusen – Besiktas Istanbul 2:1; FC Brügge – Bayer Leverkusen 1:1; Besiktas Istanbul – FC Brügge 2:1 – 1. Tottenham Hotspur 9:2, 12; 2. Dinamo Bukarest 6:6, 7; 3. Bayer Leverkusen 4:5, 4; 4. Besiktas Istanbul 4:7, 3; 5. FC Brügge 4:7, 2.

Gruppe C: FC Sevilla – AZ Alkmaar 1:2; AZ Alkmaar – Sporting Braga 3:0; AZ Alkmaar – Slovan Liberec 2:2; Grasshoppper-Club Zürich – AZ Alkmaar 2:5; FC Sevilla – Sporting Braga 2:0; Slovan Liberec – FC Sevilla 0:0; Grasshoppper-Club Zürich – FC Sevilla 0:4; Sporting Braga – Slovan Liberec 4:0; Sporting Braga – Grasshoppper-Club Zürich 2:0; Slovan Liberec – Grasshoppper-Club Zürich 4:1 – 1. AZ Alkmaar 12:5, 10; 2. FC Sevilla 7:2, 7; 3. Sporting Braga 6:5, 6; 4. Slovan Liberec 6:7, 5; 5. Grasshoppper-Club Zürich 3:15, 0.

Gruppe D: FC Parma – CA Osasuna 0:3; RC Lens – FC Parma 1:2; Odense BK – FC Parma 1:2; FC Parma – SC Heerenveen 2:1; RC Lens – CA Osasuna 3:1; CA Osasuna – Odense BK 3:1; CA Osasuna – SC Heerenveen 0:0; Odense BK – RC Lens 1:1; SC Heerenveen – RC Lens 1:0; SC Heerenveen – Odense BK 0:2 – 1. FC Parma 6:6, 9; 2. CA Osasuna 7:4, 7; 3. RC Lens 5:5, 4; 4. Odense BK 5:6, 4; 5. SC Heerenveen 2:4, 4.

Gruppe E: Blackburn Rovers – AS Nancy 1:0; Feyenoord Rotterdam – Blackburn Rovers 0:0; Wisla Krakau – Blackburn Rovers 1:2; Blackburn Rovers – FC Basel 3:0; AS Nancy – Feyenoord Rotterdam 3:0; AS Nancy – Wisla Krakau 2:1; FC Basel – AS Nancy 2:2; Feyenoord Rotterdam – Wisla Krakau 3:1; FC Basel – Feyenoord Rotterdam 1:1; Wisla Krakau – FC Basel 3:1 – 1. Blackburn Rovers 6:1, 10; 2. AS Nancy 7:4, 7; 3. Feyenoord Rotterdam 4:5, 5; 4. Wisla Krakau 6:8, 3; 5. FC Basel 4:9, 2.

Gruppe F: Ajax Amsterdam – Espanyol Barcelona 0:2; Espanyol Barcelona – SV Zulte-Waregem 6:2; Sparta Prag – Espanyol Barcelona 0:2; Espanyol Barcelona – Austria Wien 1:0; SV Zulte-Waregem – Ajax Amsterdam 0:3; Sparta Prag – Ajax Amsterdam 0:0; Ajax Amsterdam – Austria Wien 3:0; SV Zulte-Waregem – Sparta Prag 3:1; Austria Wien – SV Zulte-Waregem 1:4; Austria Wien – Sparta Prag 0:1 – 1. Espanyol Barcelona 11:2, 12; 2. Ajax Amsterdam 6:2, 7; 3. SV Zulte-Waregem 9:11, 6; 4. Sparta Prag 2:5, 4; 5. Austria Wien 1:9, 0.

Gruppe G: Paris St. Germain – Panathinaikos Athen 4:0; Panathinaikos Athen – Hapoel Tel Aviv 2:0; Panathinaikos Athen – Rapid Bukarest 0:0; FK Mlada Boleslav – Panathinaikos Athen 0:1; Paris St. Germain – Hapoel Tel Aviv 2:4; Rapid Bukarest – Paris St. Germain 0:0; FK Mlada Boleslav – Paris St. Germain 0:0; Hapoel Tel Aviv – Rapid Bukarest 2:2; Hapoel Tel Aviv – FK Mlada Boleslav 1:1; Rapid Bukarest – FK Mlada Boleslav 1:1 – 1. Panathinaikos Athen 3:4, 7; 2. Paris St. Germain 6:4, 5; 3. Hapoel Tel Aviv 7:7, 5; 4. Rapid Bukarest 3:3, 4; 5. FK Mlada Boleslav 2:3, 3.

Gruppe H: Newcastle United – Celta Vigo 2:1; Newcastle United – Fenerbahce Istanbul 1:0; US Palermo – Newcastle United 0:1; Eintracht Frankfurt – Newcastle United 0:0; Celta Vigo – Fenerbahçe Istanbul 1:0; US Palermo – Celta Vigo 1:1; Celta Vigo – Eintracht Frankfurt 1:1; Fenerbahce Istanbul – US Palermo 3:0; Fenerbahce Istanbul – Eintracht Frankfurt 2:2; Eintracht Frankfurt – US Palermo 1:2 – 1. Newcastle United 4:1, 10; 2. Celta Vigo 4:4, 5; 3. Fenerbahce Istanbul 5:4, 4; 4. US Palermo 3:6, 4; 5. Eintracht Frankfurt 4:5, 3.

Zwischenrunde: Werder Bremen – Ajax Amsterdam 3:0, 1:3; Bayer Leverkusen – Blackburn Rovers 3:2, 0:0; SV Zulte-Waregem – Newcastle United 1:3, 0:1; Sporting Braga – FC Parma 1:0, 1:0; RC Lens – Panathinaikos Athen 3:1, 0:0; Hapoel Tel Aviv – Glasgow Rangers 2:1, 0:4; AS Livorno – Espanyol Barcelona 1:2, 0:2; Fenerbahce Istanbul – AZ Alkmaar 3:3, 2:2; Spartak Moskau – Celta Vigo 1:1, 1:2; ZSKA Moskau – Maccabi Haifa 0:0, 0:1; AEK Athen – Paris St. Germain 0:2, 0:2; Benfica Lissabon – Dinamo Bukarest 1:0, 2:1; Steaua Bukarest – FC Sevilla 0:2, 0:1; Schachtjor Donezk – AS Nancy 1:1, 1:0; Girondins Bordeaux – CA Osasuna 0:0, n. V. 0:1; Tottenham Hotspur (Freilos, da Feyenoord Rotterdam wegen Zuschauerausschreitungen aus dem Wettbewerb ausgeschlossen wurde).

Achtelfinale: RC Lens – Bayer Leverkusen 2:1, 0:3; Celta Vigo – Werder Bremen 0:1, 0:2; Newcastle United – AZ Alkmaar 4:2, 0:2; Maccabi Haifa – Espanyol Barcelona 0:0, 0:4; Glasgow Rangers – CA Osasuna 1:1, 0:1; Sporting Braga – Tottenham Hotspur 2:3, 2:3; FC Sevilla – Schachtjor Donezk 2:2, n. V. 3:2; Paris St. Germain – Benfica Lissabon 2:1, 1:3.

Viertelfinale: AZ Alkmaar – Werder Bremen 0:0, 1:4; Bayer Leverkusen – CA Osasuna 0:3, 0:1; FC Sevilla – Tottenham Hotspur 2:1, 2:2; Espanyol Barcelona – Benfica Lissabon 3:2, 0:0.

Halbfinale: Espanyol Barcelona – Werder Bremen 3:0, 2:1; CA Osasuna – FC Sevilla 1:0, 0:2.

Endspiel am 16. Mai in Glasgow: Espanyol Barcelona – FC Sevilla n. V. 2:2 (2:2, 1:1), i. E. 1:3

Sevilla: Palop – Daniel Alves, Javi Navarro, Dragutinovic, Puerta – Poulsen – Marti, Maresca (Jesus Navas), Adriano (Renato) – Kanouté, Luis Fabiano (Kerschakow).

Tore: Adriano, Kanouté (Riera, Jonatas) – **Tore im Elfmeterschiessen**: Kanouté, Dragutinovic, Puerta (Pandiani für Espanyol) – SR: Busacca (Schweiz) – Zuschauer: 48 000.

2007/08 Zenit St. Petersburg

Qualifikation, 1. Runde: Banants Erewan – Young Boys Bern 1:1, 0:4; Dinamo Tiflis – FC Vaduz 2:0, 0:0; MKT Araz Imishli – Dyskobolia Groclin Grodzisk 0:0, 0:1; FC Santa Coloma – Maccabi Tel Aviv 1:0, 0:4; FC Zlate Moravce – FK Almaty 3:1, 1:1; Vojvodina Novi Sad – Hibernians Paola 5:1, 2:0; Slaven Belupo Koprivnica – Teuta Durres 6:2, 2:2; Flora Tallinn – Valerenga Oslo 0:1, 0:1; FK Bezanija – Besa Kavaje 2:2, 0:0; Nistru Otaci – Honved Budapest 1:1, n. V. 1:1, Elfmeterschießen 4:5; MyPa Anjalankoski –

EB/Streymur Eidi 1:0, 1:1; HJK Helsinki – Etzella Ettelbrück 2:0, 1:0; FK Aktobe-Lento – SV Mattersburg 1:0, 2:4; Metalurgs Liepaja – Dinamo Brest 1:1, 2:1; Skonto Riga – Dinamo Minsk 1:1, 0:2; Omonia Nikosia – Rudar Pljevlja 2:0, 2:0; B36 Torshavn – Ekranas Panevezys 1:3, 2:3; Lilleström SK – UN Käerjeng 2:1, 0:1; Helsingborgs IF – JK Trans Narva 6:0, 3:0; Sliema Wanderers – Litex Lovetsch 0:3, 0:4; ND Gorica – Rabotnicki Skopje 1:2, 1:2; Artmedia Petrzalka – Zimbru Chisinau 1:1, 2:2; Carmarthen Town – Brann Bergen 0:8, 3:6; BK Häcken Göteborg – KR Reykjavik 1:1, 1:0; Vardar Skopje – Anorthosis Famagusta 0:1, 0:1; Zrinjski Mostar – Partizan Belgrad 1:6, 0:5; Buducnost Podgorica – Hajduk Split 1:1, 0:1; MTK Budapest – MIKA Ashtarak 2:1, 0:1; SV Ried – Neftchi Baku 3:1, 1:2; Rhyl FC – Haka Valkeakoski 3:1, 0:2; GKS Belchatow – Ameri Tiflis 2:0, n. V. 0:2, Elfmeterschießen 4:2; Dungannon Swifts – Suduva Marijampole 1:0, 0:4; St. Patrick's Athletic – Odense BK 0:0, 0:5; FC Glentoran – AIK Solna 0:5, 0:4; Siroki Brijeg – FC Koper 3:1, 3:2; Libertas Borgo Maggiore – Drogheda United 1:1, 0:3; IB Keflavik – FC Midtjylland 3:2, 1:2.

Qualifikation, 2. Runde: Honved Budapest – Hamburger SV 0:0, 0:4; Tobol Kostanai – Dyskobolia Groclin Grodzisk 0:1, 0:2; MIKA Ashtarak – Artmedia Petrzalka 2:1, 0:2; Dinamo Tiflis – Rapid Wien 0:3, 0:5; MyPa Anjalankoski – Blackburn Rovers 0:1, 0:2; Besa Kavaje – Litex Lovetsch 0:3, 0:3; FC Zlate Moravce – Zenit St. Petersburg 0:2, 0:3; Ekranas Panevezys – Valerenga Oslo 1:1, 0:6; SV Ried – FC Sion 1:1, 0:3; HJK Helsinki – Aalborg BK 2:1, 0:3; Haka Valkeakoski – FC Midtjylland 1:2, 2:5; Dinamo Minsk – Odense BK 1:1, 0:4; Slaven Belupo Koprivnica – Galatasaray Istanbul 1:2, 1:2; Maccabi Tel Aviv – Kayseri Erciyesspor 1:1, 1:3; Metalurgs Liepaja – AIK Solna 3:2, 0:2; Omonia Nikosia – ZSKA Sofia 1:1, 1:2; Brann Bergen – Suduva Marijampole 2:1, 4:3; Dnjepr Dnjepropetrowsk – GKS Belchatow 1:1, 4:2; Lokomotive Sofia – Otelul Galati 3:1, 0:0; CFR Cluj – Anorthosis Famagusta 1:3, 0:0; Young Boys Bern – RC Lens 1:1, 1:5; Rabotnicki Skopje – Zrinjski Mostar 0:0, 2:1; Siroki Brijeg – Hapoel Tel Aviv 0:3, 0:3; UN Käerjeng – Standard Lüttich 0:3, 0:1; Hammarby IF – Fredrikstad FK 2:1, 1:1; FC Basel – SV Mattersburg 2:1, 4:0; Austria Wien – FK Jablonec 4:3, 1:1; Uniao Leiria – Maccabi Netanja 0:0, 1:0; Hajduk Split – Sampdoria Genua 0:1, 1:1; Drogheda United – Helsingborgs IF 1:1, 0:3; Dunfermline Athletic – BK Häcken Göteborg 1:1, 0:1; Atletico Madrid – Vojvodina Novi Sad 3:0, 2:1.

1. Runde: 1. FC Nürnberg – Rapid Bukarest 0:0, 2:2; Bayer Leverkusen – Uniao Leiria 3:1, 2:3; Bayern München – Belenenses Lissabon 1:0, 2:0; Litex Lovetsch – Hamburger SV 0:1, 1:3; FC Midtjylland – Lokomotive Moskau 1:3, 0:2; FC Groningen – AC Florenz 1:1, n. V. 1:1, Elfmeterschießen 3:4; Rabotnicki Skopje – Bolton Wanderers 1:1, 0:1; AEK Athen – RB Salzburg 3:0, 0:1; FC Everton – Metalist Charkow 1:1, 3:2; Zenit St. Petersburg – Standard Lüttich 3:0, 1:1; FC Villarreal – BATE Borissow 4:1, 2:0; FC Sion – Galatasaray Istanbul 3:2, 1:5; Atletico Madrid – Kayseri Erciyesspor 4:0, 5:0; Tampere United – Girondins Bordeaux 2:3, 1:1; Artmedia Petrzalka – Panathinaikos Athen 1:2, 0:3; Sparta Prag – Odense BK 0:0, n. V. 0:0, Elfmeterschießen 4:3; FC Empoli – FC Zürich 2:1, 0:3; FC Sochaux – Panionios Athen 0:2, 1:0; RSC Anderlecht – Rapid Wien 1:1, 1:0; FC Pacos de Ferreira – AZ Alkmaar 0:1, 0:0; Sampdoria Genua – Aalborg BK 2:2, 0:0; Spartak Moskau – BK Häcken Göteborg 5:0, 3:1; Hammarby IF – Sporting Braga 2:1, 0:4; AE Larisa – Blackburn Rovers 2:0, 1:2; FK Mlada Boleslav – US Palermo 0:1, n. V. 1:0, Elfmeterschießen 4:2; Dinamo Zagreb – Ajax Amsterdam 0:1, n. V. 3:2; Lokomotive Sofia – Stade Rennes 1:3, 2:1; Brann Bergen – FC Brügge 0:1, 2:1; FC Aberdeen – Dnjepr Dnjepropetrowsk 0:0, 1:1; SC Heerenveen – Helsingborgs IF 5:3, 1:5; FC Toulouse – ZSKA Sofia 0:0, 1:1; FK Sarajevo – FC Basel 1:2, 0:6; Austria Wien – Valerenga Oslo 2:0, 2:2; Hapoel Tel Aviv – AIK Solna 0:0, 1:0; Aris Saloniki – Real Saragossa 1:0, 1:2; Dinamo Bukarest – IF Elfsborg Boras 1:2, 1:0; Tottenham Hotspur – Anorthosis Famagusta 6:1, 1:1; RC Lens – FC Kopenhagen 1:1, n. V. 1:2; FC Getafe – FC Twente Enschede 1:0, n. V. 2:3; Dyskobolia Groclin Grodzisk – Roter Stern Belgrad 0:1, 0:1.

2. Runde (Gruppenphase): **Gruppe A**: 1. FC Nürnberg – FC Everton 0:2; FC Everton – Zenit St. Petersburg 1:0; AZ Alkmaar – FC Everton 2:3; FC Everton – AE Larisa 3:1; Zenit St. Petersburg – 1. FC Nürnberg 2:2; 1. FC Nürnberg – AZ Alkmaar 2:1; AE Larisa – 1. FC Nürnberg 1:3; Zenit St. Petersburg – AZ Alkmaar 1:1; AE Larisa – Zenit St. Petersburg 2:3; AZ Alkmaar – AE Larisa 1:0 – 1. FC Everton 9:3, 12; 2. 1. FC Nürnberg 7:6, 7; 3. Zenit St. Petersburg 6:6, 5; 4. AZ Alkmaar 5:6, 4; 5. AE Larisa 4:10, 0.

Gruppe B: Atletico Madrid – Panathinaikos Athen 2:1; Atletico Madrid – FC Aberdeen 2:0; FC Kopenhagen – Atletico Madrid 0:2; Lokomotive Moskau – Atletico Madrid 3:3; Panathinaikos Athen – FC Aberdeen 3:0; FC Kopenhagen – Panathinaikos Athen 0:1; Panathinaikos Athen – Lokomotive Moskau 2:0; FC Aberdeen – FC Kopenhagen 4:0; FC Aberdeen – Lokomotive Moskau 1:1; Lokomotive Moskau – FC Kopenhagen 0:1 – 1. Atletico Madrid 9:4, 10; 2. Panathinaikos Athen 7:2, 9; 3. FC Aberdeen 5:6, 4; 4. FC Kopenhagen 1:7, 3; 5. Lokomotive Moskau 4:7, 2.

Gruppe C: FC Villarreal – AC Florenz 1:1; AEK Athen – FC Villarreal 1:2; FK Mlada Boleslav – FC Villarreal 1:2; FC Villarreal – IF Elfsborg Boras 2:0; AEK Athen – AC Florenz 1:1; AC Florenz – FK Mlada Boleslav 2:1; AC Florenz – IF Elfsborg Boras 6:1; FK Mlada Boleslav – AEK Athen 0:1; IF Elfsborg Boras – AEK Athen 1:1; IF Elfsborg Boras – FK Mlada Boleslav 1:3 – 1. FC Villarreal 7:3, 10; 2. AC Florenz 10:4, 8; 3. AEK Athen 4:4, 5; 4. FK Mlada Boleslav 5:6, 3; 5. IF Elfsborg Boras 3:12, 1.

Gruppe D: Hamburger SV – FC Basel 1:1; Brann Bergen – Hamburger SV 0:1; Dinamo Zagreb – Hamburger SV 0:2; Hamburger SV – Stade Rennes 3:0; FC Basel – Brann Bergen 1:0; Dinamo Zagreb – FC Basel 0:0; FC Basel – Stade Rennes 1:0; Brann Bergen – Dinamo Zagreb 2:1; Stade Rennes – Brann Bergen 1:1; Stade Rennes – Dinamo Zagreb 1:1 – 1. Hamburger SV 7:1, 10; 2. FC Basel 3:1, 8; 3. Brann Bergen 3:4, 4; 4. Dinamo Zagreb 2:5, 2; 5. Stade Rennes 2:6, 2.
Gruppe E: Spartak Moskau – Bayer Leverkusen 2:1; FC Zürich – Bayer Leverkusen 0:5; Bayer Leverkusen – Sparta Prag 1:0; Bayer Leverkusen – FC Toulouse 1:0; Spartak Moskau – FC Zürich 1:0; Sparta Prag – Spartak Moskau 0:0; FC Toulouse – Spartak Moskau 2:1; Sparta Prag – FC Zürich 1:2; FC Zürich – FC Toulouse 2:0; FC Toulouse – Sparta Prag 2:3 – 1. Bayer Leverkusen 8:2, 9; 2. Spartak Moskau 4:3, 7; 3. FC Zürich 4:7, 6; 4. Sparta Prag 4:5, 4; 5. FC Toulouse 4:7, 3.
Gruppe F: Sporting Braga – Bayern München 1:1; Bayern München – Bolton Wanderers 2:2; Bayern München – Aris Saloniki 6:0; Roter Stern Belgrad – Bayern München 2:3; Bolton Wanderers – Sporting Braga 1:1; Aris Saloniki – Sporting Braga 1:1; Sporting Braga – Roter Stern Belgrad 2:0; Bolton Wanderers – Aris Saloniki 1:1; Roter Stern Belgrad – Bolton Wanderers 0:1; Aris Saloniki – Roter Stern Belgrad 3:0 – 1. Bayern München 12:5, 8; 2. Sporting Braga 5:3, 6; 3. Bolton Wanderers 5:4, 6; 4. Aris Saloniki 5:8, 5; 5. Roter Stern Belgrad 2:9, 0.
Gruppe G: Tottenham Hotspur – FC Getafe 1:2; FC Getafe – RSC Anderlecht 2:1; Aalborg BK – FC Getafe 1:2; FC Getafe – Hapoel Tel Aviv 1:2; RSC Anderlecht – Tottenham Hotspur 1:1; Tottenham Hotspur – Aalborg BK 3:2; Hapoel Tel Aviv – Tottenham Hotspur 0:2; Aalborg BK – RSC Anderlecht 1:1; RSC Anderlecht – Hapoel Tel Aviv 2:0; Hapoel Tel Aviv – Aalborg BK 1:3 – 1. FC Getafe 7:5, 9; 2. Tottenham Hotspur 7:5, 7; 3. RSC Anderlecht 5:4, 5; 4. Aalborg BK 7:7, 4; 5. Hapoel Tel Aviv 3:8, 3.
Gruppe H: Girondins Bordeaux – Helsingborgs IF 2:1; Girondins Bordeaux – Galatasaray Istanbul 2:1; Panionios Athen – Girondins Bordeaux 2:3; Austria Wien – Girondins Bordeaux 1:2; Galatasaray Istanbul – Helsingborgs IF 2:3; Helsingborgs IF – Panionios Athen 1:1; Helsingborgs IF – Austria Wien 3:0; Panionios Athen – Galatasaray Istanbul 0:3; Galatasaray Istanbul – Austria 0:0; Austria Wien – Panionios Athen 0:1 – 1. Girondins Bordeaux 9:5, 12; 2. Helsingborgs IF 8:5, 7; 3. Galatasaray Istanbul 6:5, 4; 4. Panionios Athen 4:7, 4; 5. Austria Wien 1:6, 1.
Zwischenrunde: FC Aberdeen – Bayern München 2:2, 1:5; Galatasaray Istanbul – Bayer Leverkusen 0:0, 1:5; FC Zürich – Hamburger SV 1:3, 0:0; Werder Bremen – Sporting Braga 3:0, 1:0; Benfica Lissabon – 1. FC Nürnberg 1:0, 2:2; AEK Athen – FC Getafe 1:1, 0:3; Bolton Wanderers – Atletico Madrid 1:0, 0:0; Zenit St. Petersburg – FC Villarreal 1:0, 1:2; RSC Anderlecht – Girondins Bordeaux 2:1, 1:1; Brann Bergen – FC Everton 0:2, 1:6; Glasgow Rangers – Panathinaikos Athen 0:0, 1:1; PSV Eindhoven – Helsingborgs IF 2:0, 2:1; Slavia Prag – Tottenham Hotspur 1:2, 1:1; Rosenborg Trondheim – AC Florenz 0:1, 1:2; Sporting Lissabon – FC Basel 2:0, 3:0; Olympique Marseille – Spartak Moskau 3:0, 0:2.
Achtelfinale: RSC Anderlecht – Bayern München 0:5, 2:1; Glasgow Rangers – Werder Bremen 2:0, 0:1; Bayer Leverkusen – Hamburger SV 1:0, 2:3; Bolton Wanderers – Sporting Lissabon 1:1, 0:1; Benfica Lissabon – FC Getafe 1:2, 0:1; AC Florenz – FC Everton 2:0, n. V. 0:2, Elfmeterschießen 4:2; Tottenham Hotspur – PSV Eindhoven 0:1, n. V. 1:0, Elfmeterschießen 5:6; Olympique Marseille – Zenit St. Petersburg 3:1, 0:2.
Viertelfinale: Bayer Leverkusen – Zenit St. Petersburg 1:4, 1:0; Bayern München – FC Getafe 1:1, n. V. 3:3; Glasgow Rangers – Sporting Lissabon 0:0, 2:0; AC Florenz – PSV Eindhoven 1:1, 2:0.
Halbfinale: Bayern München – Zenit St. Petersburg 1:1, 0:4; Glasgow Rangers – AC Florenz 0:0, n. V. 0:0, Elfmeterschießen 4:2.

Endspiel am 14. Mai in Manchester: Zenit St. Petersburg – Glasgow Rangers 2:0 (0:0)
St. Petersburg: Malafeev – Anyukov, Krizanac, Shirokov, Sirl – Denisov, Tymoshchuk, Zyryanov – Fayzulin (Kim), Arshavin – Tekke.
Tore: Denisov, Zyryanov – SR: Fröjdfeldt (Schweden) – Zuschauer: 47 726.

2008/09 Schachtjor Donezk

Qualifikation, 1. Runde: Hertha BSC – Nistru Otaci 8:1, 0:0; Schachtjor Karaganda – Debreceni VSC 1:1, 0:1; Ararat Erewan – AC Bellinzona 0:1, 1:3; Tobol Kostanai – Austria Wien 1:0, 0:2; Olimps Riga – St. Patrick's Athletic 0:1, 0:2; MTZ-RIPO Minsk – MSK Zilina 2:2, 0:1; Honka Espoo – IA Akranes 3:0, 1:2; Tallinna VMK – FC Nordsjaelland 0:3, 0:5; Pelister Bitola – APOEL Nikosia 0:0, 0:1; Hapoel Ironi Kiryat Shmona – Mogren Budva 1:1, 3:0; Hapoel Tel Aviv – AC Juvenes/Dogana 3:0, 2:0; Vetra Vilnius – Viking Stavanger 1:0, 0:2; Suduva Marijampole – TNS Llansantffraid 1:0, 1:0; Vojvodina Novi Sad – Olimpik Baku 1:0, 1:1; Hazar Lenkoran – Lech Posen 0:1, 1:4; Omonia Nikosia – Milano Kumanovo 2:0, 2:1; Djurgardens IF – Flora Tallinn 0:0, 2:2; Dacia Chisinau – Borac Cacak 1:1, 1:3; Tscherno More Varna – UE Sant Julia 4:0, 5:0; RFC Union Luxemburg – Kalmar FF 0:3, 1:7; FC Vaduz – Zrinjski Mostar 1:2, 0:3; FC Marsaxlokk – Slaven Belupo Koprivnica 0:4, 0:4; Bröndby IF – B36 Torshavn 1:0, 2:0; EB/Streymur

Eidi – Manchester City 0:2, 0:2; FC ETO Györ – FK Zestafoni 1:1, 2:1; NK Siroki Brijeg – Partizani Tirana 0:0, 3:1; Spartak Trnava – WIT Georgia Tiflis 2:2, 0:1; FC Koper – Vllaznia Shkoder 1:2, 0:0; Zeta Golubovci – Interblock Ljubljana 1:1, 0:1; Bangor City – FC Midtjylland 1:6, 0:4; RB Salzburg – Banants Erewan 7:0, 3:0; FC Glentoran – Metalurgs Liepaja 1:1, 0:2; FC Cliftonville – FC Kopenhagen 0:4, 0:7; Cork City – Haka Valkeakoski 2:2, 0:4; Legia Warschau – FK Gomel 0:0, 4:1; Hajduk Split – FC Birkirkara 4:0, 3:0; FH Hafnarfjördur – CS Grevenmacher 3:2, 5:1.

Qualifikation, 2. Runde: VfB Stuttgart – FC ETO Györ 2:1, 4:1; Interblock Ljubljana – Hertha BSC 0:2, 0:1; Metalurgs Liepaja – FC Vaslui 0:2, 1:3; Borac Cacak – Lokomotive Sofia 1:0, 1:1; Vojvodina Novi Sad – Hapoel Tel Aviv 0:0, 0:3; Honka Espoo – Viking Stavanger 0:0, 2:1; Legia Warschau – FK Moskau 1:2, 0:2; Haka Valkeakoski – Bröndby IF 0:4, 0:2; Litex Lovetsch – Hapoel Ironi Kiryat Shmona 0:0, 2:1; APOEL Nikosia – Roter Stern Belgrad 2:2, n. V. 3:3; Suduva Marijampole – RB Salzburg 1:4, 1:0; Djurgardens IF – Rosenborg Trondheim 2:1, 0:5; Stabaek IF – Stade Rennes 2:1, 0:2; IF Elfsborg – St. Patrick's Athletic 2:2, 1:2; Young Boys Bern – Debreceni VSC 4:1, 3:2; Aris Saloniki – Slaven Belupo Koprivnica 1:0, 0:2; Slovan Liberec – MSK Zilina 1:2, 1:2; Dnjepr Dnjepropetrowsk – AC Bellinzona 3:2, 1:2; KAA Gent – Kalmar FF 2:1, 0:4; FC Kopenhagen – Lilleström SK 3:1, 4:2; FH Hafnarfjördur – Aston Villa 1:4, 1:1; Maccabi Netanja – Tscherno More Varna 1:1, 0:2; FC Zürich – Sturm Graz 1:1, n. V. 1:1 Elfmeterschießen 4:2; NK Siroki Brijeg – Besiktas Istanbul 1:2, 0:4; Vllaznia Shkoder – SSC Neapel 0:3, 0:5; AEK Athen – Omonia Nikosia 0:1, 2:2; Sporting Braga – Zrinjski Mostar 1:0, 2:0; Lech Posen – Grasshopper-Club Zürich 6:0, 0:0; Queen of the South – FC Nordsjaelland 1:2, 1:2; Manchester City – FC Midtjylland 0:1, n. V. 1:0, Elfmeterschießen 4:2; Deportivo La Coruna – Hajduk Split 0:0, 2:0; WIT Georgia Tiflis – Austria Wien 0:2 (wegen der politischen Situation in Georgien wurde nur das Rückspiel in Wien ausgetragen).

1. Runde: Hertha BSC – St. Patrick's Athletic 2:0, 0:0; APOEL Nikosia – FC Schalke 04 1:4, 1:1; Tscherno More Varna – VfB Stuttgart 1:2, 2:2; VfL Wolfsburg – Rapid Bukarest 1:0, 1:1; Hamburger SV – Unirea Urziceni 0:0, 2:0; Borussia Dortmund – Udinese Calcio 0:2, n. V. 2:0, Elfmeterschießen 3:4; FC Nordsjaelland – Olympiakos Piräus 0:2, 0:5; FK Moskau – FC Kopenhagen 1:2, 1:1; Litex Lovetsch – Aston Villa 1:3, 1:1; Slaven Belupo Koprivnica – ZSKA Moskau 1:2, 0:1; Hapoel Tel Aviv – AS St. Etienne 1:2, 1:2; Banik Ostrau – Spartak Moskau 0:1, 1:1; FC Portsmouth – Vitoria Guimaraes 2:0, n. V. 2:2; Omonia Nikosia – Manchester City 1:2, 1:2; AS Nancy – FC Motherwell 1:0, 2:0; Brann Bergen – Deportivo La Coruna 2:0, n. V. 0:2, Elfmeterschießen 2:3; Feyenoord Rotterdam – Kalmar FF 0:1, 2:1; Slavia Prag – FC Vaslui 0:0, 1:1; Besiktas Istanbul – Metalist Charkow 1:0, 1:4; Austria Wien – Lech Posen 2:1, n. V. 2:4; MSK Zilina – Levski Sofia 1:1, 1:0; FC Timisoara – Partizan Belgrad 1:2, 0:1; NEC Nijmegen – Dinamo Bukarest 1:0, 0:0; Kayserispor – Paris Saint-Germain 1:2, 0:0; Young Boys Bern – FC Brügge 2:2, 0:2; AC Bellinzona – Galatasaray Istanbul 3:4, 1:2; Racing Santander – Honka Espoo 1:0, 1:0; AC Mailand – FC Zürich 3:1, 1:0; FC Sevilla – RB Salzburg 2:0, 2:0; Sampdoria Genua – FBK Kaunas 5:0, 2:1; Dinamo Zagreb – Sparta Prag 0:0, 3:3; Bröndby IF – Rosenborg Trondheim 1:2, 2:3; Stade Rennes – FC Twente Enschede 2:1, 0:1; SSC Neapel – Benfica Lissabon 3:2, 0:2; Borac Cacak – Ajax Amsterdam 1:4, 0:2; FC Everton – Standard Lüttich 2:2, 1:2; Tottenham Hotspur – Wisla Krakau 2:1, 1:1; Sporting Braga – Artmedia Petrzalka 4:0, 2:0; Maritimo Funchal – FC Valencia 0:1, 1:2; Vitoria Setubal – SC Heerenveen 1:1, 2:5.

2. Runde (Gruppenphase): **Gruppe A**: Manchester City – FC Twente Enschede 3:2; Manchester City – Paris St. Germain 0:0; Racing Santander – Manchester City 3:1; FC Schalke 04 – Manchester City 0:2; Paris St. Germain – FC Twente Enschede 4:0; FC Twente Enschede – Racing Santander 1:0; FC Twente Enschede – FC Schalke 04 2:1; Paris St. Germain – Racing Santander 2:2; FC Schalke 04 – Paris St. Germain 3:1; Racing Santander – FC Schalke 04 1:1 – 1. Manchester City 6:5, 7; 2. FC Twente Enschede 5:8, 6; 3. Paris St. Germain 7:5, 5; 4. Racing Santander 6:5, 5; 5. FC Schalke 04 5:6, 4.

Gruppe B: Galatasaray Istanbul – Metalist Charkow 0:1; Metalist Charkow – Olympiakos Piräus 1:0; Metalist Charkow – Hertha BSC 0:0; Benfica Lissabon – Metalist Charkow 0:1; Galatasaray Istanbul – Olympiakos Piräus 1:0; Hertha BSC – Galatasaray Istanbul 0:1; Benfica Lissabon – Galatasaray Istanbul 0:2; Olympiakos Piräus – Hertha BSC 4:0; Olympiakos Piräus – Benfica Lissabon 5:1; Hertha BSC – Benfica Lissabon 1:1 – 1. Metalist Charkow 3:0, 10; 2. Galatasaray Istanbul 4:1, 9; 3. Olympiakos Piräus 9:3, 6; 4. Hertha BSC 1:6, 2; 5. Benfica Lissabon 2:9, 1.

Gruppe C: VfB Stuttgart – Standard Lüttich 3:0; Standard Lüttich – Sampdoria Genua 3:0; Standard Lüttich – FC Sevilla 1:0; Partizan Belgrad – Standard Lüttich 0:1; Sampdoria Genua – VfB Stuttgart 1:1; FC Sevilla – VfB Stuttgart 2:0; VfB Stuttgart – Partizan Belgrad 2:0; Sampdoria Genua – FC Sevilla 1:0; Partizan Belgrad – Sampdoria Genua 1:2; FC Sevilla – Partizan Belgrad 3:0 – 1. Standard Lüttich 5:3, 9; 2. VfB Stuttgart 6:3, 7; 3. Sampdoria Genua 4:5, 7; 4. FC Sevilla 5:2, 6; 5. Partizan Belgrad 1:8, 0.

Gruppe D: Udinese Calcio – Tottenham Hotspur 2:0; NEC Nijmegen – Udinese Calcio 2:0; Spartak Moskau – Udinese Calcio 1:2; Udinese Calcio – Dinamo Zagreb 2:1; NEC Nijmegen – Tottenham Hotspur 0:1; Tottenham Hotspur – Spartak Moskau 2:2; Tottenham Hotspur – Dinamo Zagreb 4:0; Spartak Moskau – NEC Nijmegen 1:2; Dinamo Zagreb – NEC Nijmegen 3:2; Dinamo Zagreb – Spartak Moskau 0:1

– 1. Udinese Calcio 6:4, 9; 2. Tottenham Hotspur 7:4, 7; 3. NEC Nijmegen 6:5, 6; 4. Spartak Moskau 5:6, 4; 5. Dinamo Zagreb 4:9, 3.
Gruppe E: AC Mailand – VfL Wolfsburg 2:2; Sporting Braga – VfL Wolfsburg 2:3; VfL Wolfsburg – FC Portsmouth 3:2; VfL Wolfsburg – SC Heerenveen 5:1; AC Mailand – Sporting Braga 1:0; FC Portsmouth – AC Mailand 2:2; SC Heerenveen – AC Mailand 1:3; Sporting Braga – FC Portsmouth 3:0; SC Heerenveen – Sporting Braga 1:2; FC Portsmouth – SC Heerenveen 3:0 – 1. VfL Wolfsburg 13:7, 10; 2. AC Mailand 8:5, 8; 3. Sporting Braga 7:5, 6; 4. FC Portsmouth 7:8, 4; 5. SC Heerenveen 3:13, 0.
Gruppe F: Hamburger SV – Ajax Amsterdam 0:1; Hamburger SV – Aston Villa 3:1; MSK Zilina – Hamburger SV 1:2; Slavia Prag – Hamburger SV 0:2; Aston Villa – Ajax Amsterdam 2:1; Ajax Amsterdam – MSK Zilina 1:0; Ajax Amsterdam – Slavia Prag 2:2; Aston Villa – MSK Zilina 1:2; Slavia Prag – Aston Villa 0:1; MSK Zilina – Slavia Prag 0:0 – 1. Hamburger SV 7:3, 9; 2. Ajax Amsterdam 5:4, 7; 3. Aston Villa 5:6, 6; 4. MSK Zilina 3:4, 4; 5. Slavia Prag 2:5, 2.
Gruppe G: AS St. Etienne – FC Valencia 2:2; FC Kopenhagen – AS St. Etienne 1:3; FC Brügge – AS St. Etienne 1:1; AS St. Etienne – Rosenborg Trondheim 3:0; FC Valencia – FC Kopenhagen 1:1; FC Valencia – FC Brügge 1:1; Rosenborg Trondheim – FC Valencia 0:4; FC Brügge – FC Kopenhagen 0:1; FC Kopenhagen – Rosenborg Trondheim 1:1; Rosenborg Trondheim – FC Brügge 0:0 – 1. AS St. Etienne 9:4, 8; 2. FC Valencia 8:4, 6; 3. FC Kopenhagen 4:5, 5; 4. FC Brügge 2:3, 3; 5. Rosenborg Trondheim 1:8, 2.
Gruppe H: ZSKA Moskau – Deportivo La Coruna 3:0; ZSKA Moskau – Lech Posen 2:1; AS Nancy – ZSKA Moskau 3:4; Feyenoord Rotterdam – ZSKA Moskau 1:3; Lech Posen – Deportivo La Coruna 1:1; Deportivo La Coruna – AS Nancy 1:0; Deportivo La Coruna – Feyenoord Rotterdam 3:0; Lech Posen – AS Nancy 2:2; Feyenoord Rotterdam – Lech Posen 0:1; AS Nancy – Feyenoord Rotterdam 3:0 – 1. ZSKA Moskau 12:5, 12; 2. Deportivo La Coruna 5:4, 7; 3. Lech Posen 5:5, 5; 4. AS Nancy 8:7, 4; 5. Feyenoord Rotterdam 1:10, 0.
Zwischenrunde: Paris St. Germain – VfL Wolfsburg 2:0, 3:1; NEC Nijmegen – Hamburger SV 0:3, 0:1; Werder Bremen – AC Mailand 1:1, 2:2; Zenit St. Petersburg – VfB Stuttgart 2:1, 2:1; FC Kopenhagen – Manchester City 2:2, 1:2; Sampdoria Genua – Metalist Charkow 0:1, 0:2; Sporting Braga – Standard Lüttich 3:0, 1:1; Aston Villa – ZSKA Moskau 1:1, 0:2; Lech Posen – Udinese Calcio 2:2, 1:2; Olympiakos Piräus – AS St. Etienne 1:3, 1:2; AC Florenz – Ajax Amsterdam 0:1, 1:1; Aalborg BK – Deportivo La Coruna 3:0, 3:1; Girondins Bordeaux – Galatasaray Istanbul 0:0, 3:4; Dynamo Kiew – FC Valencia 1:1, 2:2; Olympique Marseille – FC Twente Enschede 0:1, n. V. 1:0, Elfmeterschießen 7:6; Schachtjor Donezk – Tottenham Hotspur 2:0, 1:1.
Achtelfinale: Werder Bremen – AS St. Etienne 1:0, 2:2; Hamburger SV – Galatasaray Istanbul 1:1, 3:2; ZSKA Moskau – Schachtjor Donezk 1:0, 0:2; Udinese Calcio – Zenit St. Petersburg 2:0, 0:1; Paris St. Germain – Sporting Braga 0:0, 1:0; Dynamo Kiew – Metalist Charkow 1:0, 2:3; Manchester City – Aalborg BK 2:0, n. V. 0:2, Elfmeterschießen 4:3; Olympique Marseille – Ajax Amsterdam 2:1, n. V. 2:2.
Viertelfinale: Hamburger SV – Manchester City 3:1, 1:2; Werder Bremen – Udinese Calcio 3:1, 3:3; Paris St. Germain – Dynamo Kiew 0:0, 0:3; Schachtjor Donezk – Olympique Marseille 2:0, 2:1.
Halbfinale: Werder Bremen – Hamburger SV 0:1, 3:2; Dynamo Kiew – Schachtjor Donezk 1:1, 1:2.

Endspiel am 20. Mai in Istanbul: Schachtjor Donezk – Werder Bremen n. V. 2:1 (1:1, 1:1)
Donezk: Pyatov – Srna, Kucher, Chygrynskyy, Rat – Fernandinho, Lewandowski – Ilsinho (Gai), Jadson (Duljaj), Willian – Luiz Adriano (Gladkyy).
Bremen: Wiese – Fritz (Pasanen), Prödl, Naldo, Boenisch – Niemeyer (Tziolis), Baumann – Frings, Özil – Rosenberg (Hunt), Pizarro.
Tore: Luiz Adriano, Jadson (Naldo) – SR: Cantalejo (Spanien) – Zuschauer: 37 357.

2009/10 Atletico Madrid
Qualifikation, 1. Runde: Olimpi Rustavi – B36 Torshavn 2:0, 2:0; Dinaburg Daugavpils – JK Nõmme Kalju 2:1, 0:0; Banants Erewan – NK Siroki Brijeg 0:2, 1:0; Simurk Zakatala – Bnei Yehuda Tel Aviv 0:1, 0:3; Sutjeska Niksic – MTZ-RIPO Minsk 1:1, n. V. 1:2; FC Lahti – Dinamo Tirana 4:1, 0:2; FC Valletta – IB Keflavik 3:0, 2:2; Zimbru Chisinau – Oqjetpes Kokschetau 1:2, 2:0; JK Trans Narva – Rudar Velenje 0:3, 1:3; Dinamo Minsk – Renova Cepciste 2:1, 1:1; CS Grevenmacher – Vetra Vilnius 0:3, 0:3; Haladas Szombathely – Irtysch Pawlodar 1:0, 1:2; Anorthosis Famagusta – UN Käerjeng 5:0, 2:1; Slaven Belupo Koprivnica – FC Birkirkara 1:0, 0:0; Spartak Trnava – Inter Baku 2:1, 3:1; Randers FC – FC Linfield 4:0, 3:0; NSI Runavik – Rosenborg Trondheim 0:3, 1:3; Sligo Rovers – Vllaznia Shkoder 1:2, 1:1; Buducnost Podgorica – Polonia Warschau 0:2, 1:0; Lisburn Distillery – FK Zestafoni 1:5, 0:6; Helsingborgs IF – MIKA Ashtarak 3:1, 1:1; Fram Reykjavik – TNS Llansantffraid 2:1, 2:1; FC Motherwell – Llanelli AFC 0:1, 3:0.
Qualifikation, 2. Runde: Sliema Wanderers – Maccabi Netanja 0:0, 0:3; FC Crusaders – Rabotnicki Skopje 1:1, 2:4; FK Zestafoni – Helsingborgs IF 1:2, n. V. 2:2; Naftan Novopolozk – KAA Gent 2:1, 0:1;

Milano Kumanovo – Slaven Belupo Koprivnica 0:4, 2:8; MSK Zilina – Dacia Chisinau 2:0, 1:0; Flamurtari Vlore – FC Motherwell 1:0, 1:8; Honka Espoo – Bangor City 2:0, 1:0; Metalurgs Liepaja – Dinamo Tiflis 2:1, 1:3; Dinamo Minsk – Tromsö IL 0:0, 1:4; Metalurg Donezk – MTZ-RIPO Minsk 3:0, 2:1; FK Sevojno – FBK Kaunas 0:0, 1:1; Zimbru Chisinau – Pacos de Ferreira 0:0, 0:1; Tobol Kostanai – Galatasaray Istanbul 1:1, 0:2; Skonto Riga – Derry City 1:1, 0:1; Rosenborg Trondheim – Karabakh Agdam 0:0, 0:1; Anorthosis Famagusta – OFK Petrovac 2:1, n. V. 1:3; Sigma Olomouc – Fram Reykjavik 1:1, 2:0; Elfsborg Boras – Haladas Szombathely 3:0, 0:0; Suduva Marijampole – Randers FC 0:1, 1:1; Vetra Vilnius – HJK Helsinki 0:1, 3:1; Bnei Yehuda Tel Aviv – Dinaburg Daugavpils 4:0, 1:0; Tscherno More Varna – Iskra-Stali Ribnita 1:0, 3:0; Sturm Graz – NK Siroki Brijeg 2:1, 1:1; Rapid Wien – Vllaznia Shkoder 5:0, 3:0; FC Basel – Santa Coloma 3:0, 4:1; Omonia Nikosia – HB Torshavn 4:0, 4:1; Aalborg BK – Slavija Sarajevo 0:0, 1:3; Steaua Bukarest – Ujpest Budapest 2:0, 2:1 ND Gorica – FC Lahti 1:0, 0:2; Legia Warschau – Olimpi Rustavi 3:0, 1:0; FC Differdingen 03 – NK Rijeka 1:0, 0:3; Rudar Velenje – Roter Stern Belgrad 0:1, 0:4; Bröndby IF – Flora Tallinn 0:1, 4:1; FK Sarajevo – Spartak Trnava 1:0, 1:1; Juvenes/Dogana – Polonia Warschau 0:1, 0:4; FC Falkirk – FC Vaduz 1:0, n. V. 0:2; St. Patrick's Athletic – FC Valletta 1:1, 1:0; NAC Breda – Gandzasar Kapan 6:0, 2:0; KR Reykjavik – AE Larisa 2:0, 1:1.

Qualifikation, 3. Runde: Randers FC – Hamburger SV 0:4, 1:0; Bnei Yehuda Tel Aviv – Pacos de Ferreira 1:0, 1:0; Dinamo Tiflis – Roter Stern Belgrad 2:0, 2:5; Rabotnicki Skopje – Odense BK 3:4, 0:3; OFK Petrovac – Sturm Graz 1:2, 0:5; Honka Espoo – Karabakh Agdam 0:1, 1:2; Maccabi Netanja – Galatasaray Istanbul 1:4, 0:6; Fredrikstad FK – Lech Posen 1:6, 2:1; IFK Göteborg – Hapoel Tel Aviv 1:3, 1:1; Metalurg Donezk – Interblock Ljubljana 2:0, 3:0; Valerenga Oslo – PAOK Saloniki 1:2, 1:0; Tromsö IL – Slaven Belupo Koprivnica 2:1, 2:0; Bröndby IF – Legia Warschau 1:1, 2:2; ZSKA Sofia – Derry City 1:0, 1:1; Vetra Vilnius – FC Fulham 0:3, 0:3; Rapid Wien – APOP Kinyras 2:1, n. V. 2:2; Vojvodina Novi Sad – Austria Wien 1:1, 2:4; FC Vaduz – Slovan Liberec 0:1, 0:2; MSK Zilina – Hajduk Split 1:1, 1:0; Steaua Bukarest – FC Motherwell 3:0, 3:1; FC Vaslui – Omonia Nikosia 2:0, 1:1; Polonia Warschau – NAC Breda 0:1, 1:3; Slavija Sarajevo – MFK Kosice 0:2, 1:3; FC Brügge – FC Lahti 3:2, 1:1; Helsingborgs IF – FK Sarajevo 2:1, n. V. 1:2, Elfmeterschießen 4:5; AS Rom – AA Gent 3:1, 7:1; PSV Eindhoven – Tscherno More Varna 1:0, 1:0: St. Patrick's Athletic – Krylia Sowjetow Samara 1:0, 2:3; FC Aberdeen – Sigma Olomouc 1:5, 0:3; FK Sevojno – OSC Lille 0:2, 0:2; Fenerbahce Istanbul – Honved Budapest 5:1, 1:1; NK Rijeka – Metalist Charkow 1:2, 0:2; KR Reykjavik – FC Basel 2:2, 1:3; Athletic Bilbao – Young Boys Bern 0:1, 2:1; Sporting Braga – Elfsborg Boras 1:2, 0:2.

Play-offs: Bröndby IF – Hertha BSC 2:1, 1:3; Werder Bremen – FK Aktobe 6:3, 2:0; EA Guingamp – Hamburger SV 1:5, 1:3; MFK Kosice – AS Rom 3:3, 1:7; FK Baku – FC Basel 1:3, 1:5; BATE Borissow – Litex Lovetsch 0:1, n. V. 4:0; FK Teplice – Hapoel Tel Aviv 1:2, 1:1; Bnei Yehuda Tel Aviv – PSV Eindhoven 0:1, 0:1; Trabzonspor – FC Toulouse 1:3, 1:0; PAOK Saloniki – SC Heerenveen 1:1, 0:0; NAC Breda – FC Villarreal 1:3, 1:6; ZSKA Sofia – Dynamo Moskau 0:0, 2:1; Metalurg Donezk – Austria Wien 2:2, n. V. 2:3; Rapid Wien – Aston Villa 1:0, 1:2; Sturm Graz – Metalist Charkow 1:1, 1:0; Steaua Bukarest – St. Patrick's Athletic 3:0, 2:1; Dinamo Bukarest – Slovan Liberec 0:3, n. V. 3:0, Elfmeterschießen 9:8; FC Twente Enschede – Karabakh Agdam 3:1, 0:0; Sivasspor – Schachtjor Donezk 0:3, 0:2; Slavia Prag – Roter Stern Belgrad 3:0, 1:2; FC Vaslui – AEK Athen 2:1, 0:3; Partizan Belgrad – MSK Zilina 1:1, 2:0; FK Sarajevo – CFR Cluj 1:1, 1:2; Lech Posen – FC Brügge 1:0, n. V. 0:1, Elfmeterschießen 3:4; FC Sion – Fenerbahce Istanbul 0:2, 2:2; Galatasaray Istanbul – Levadia Tallinn 5:0, 1:1; KRC Genk – OSC Lille 1:2, 2:4; Lazio Rom – Elfsborg Boras 3:0, 0:1; Ajax Amsterdam – Slovan Bratislava 5:0, 2:1; NK Maribor – Sparta Prag 0:2, 0:1; CFC Genua 1893 – Odense BK 3:1, 1:1; Benfica Lissabon – Worskla Poltawa 4:0, 1:2; Dinamo Zagreb – Heart of Midlothian 4:0, 0:2; FC Everton – Sigma Olomouc 4:0, 1:1; FC Fulham – Amkar Perm 3:1, 0:1; Stabaek IF – FC Valencia 0:3, 1:4; Nacional Funchal – Zenit St. Petersburg 4:3, 1:1; Athletic Bilbao – Tromsö IL 3:2, 1:1.

Gruppenphase, Gruppe A: RSC Anderlecht – Ajax Amsterdam 1:1, 3:1; Dinamo Zagreb – RSC Anderlecht 0:2, 1:0; FC Timisoara – RSC Anderlecht 0:0, 1:3; Ajax Amsterdam – Dinamo Zagreb 2:1, 2:0; Ajax Amsterdam – FC Timisoara 0:0, 2:1; FC Timisoara – Dinamo Zagreb 0:3, 2:1 – 1. RSC Anderlecht 9:4, 11; 2. Ajax Amsterdam 8:6, 11; 3. Dinamo Zagreb 6:8, 6; 4. FC Timisoara 4:9, 5.

Gruppe B: OSC Lille – FC Valencia 1:1, 1:3; FC Valencia – CFC Genua 1893 3:2, 2:1; FC Valencia – Slavia Prag 1:1, 2:2; OSC Lille – CFC Genua 1893 3:0, 2:3; Slavia Prag – OSC Lille 1:5, 1:3; CFC Genua 1893 – Slavia Prag 2:0, 0:0 – 1. FC Valencia 12:8,12; 2. OSC Lille 15:9, 10; 3. CFC Genua 1893 8:10, 7; 4. Slavia Prag 5:13, 3.

Gruppe C: Hamburger SV – Hapoel Tel Aviv 4:2, 0:1; Hapoel Tel Aviv – Celtic Glasgow 2:1, 0:2; Hapoel Tel Aviv – Rapid Wien 5:1, 3:0; Celtic Glasgow – Hamburger SV 0:1, 0:0; Rapid Wien – Hamburger SV 3:0, 0:2; Celtic Glasgow – Rapid Wien 1:1, 3:3 – 1. Hapoel Tel Aviv 13:8, 12; 2. Hamburger SV 7:6, 10; 3. Celtic Glasgow 7:7, 6; 4. Rapid Wien 8:14, 5.

Gruppe D: Sporting Lissabon – Hertha BSC 1:0, 0:1; SC Heerenveen – Sporting Lissabon 2:3, 1:1; FK Ventspils – Sporting Lissabon 1:2, 1:1; Hertha BSC – SC Heerenveen 0:1, 3:2; Hertha BSC – FK Ventspils

1:1, 1:0; FK Ventspils – SC Heerenveen 0:0, 0:5 – 1. Sporting Lissabon 8:6, 11; 2. Hertha BSC 6:5, 10; 3. SC Heerenveen 11:7, 8; 4. FK Ventspils 3:10, 3.

Gruppe E: FC Fulham – AS Rom 1:1, 1:2; FC Basel – AS Rom 2:0, 1:2; AS Rom – ZSKA Sofia 2:0, 3:0; FC Fulham – FC Basel 1:0, 3:2; ZSKA Sofia – FC Fulham 1:1, 0:1; ZSKA Sofia – FC Basel 0:2, 1:3 – 1. AS Rom 10:5, 13; 2. FC Fulham 8:6, 11; 3. FC Basel 10:7, 9; 4. ZSKA Sofia 2:12, 1.

Gruppe F: Panathinaikos Athen – Galatasaray Istanbul 1:3, 0:1; Galatasaray Istanbul – Dinamo Bukarest 4:1, 3:0; Galatasaray Istanbul – Sturm Graz 1:1, 0:1; Dinamo Bukarest – Panathinaikos Athen 0:1, 0:3; Panathinaikos Athen – Sturm Graz 1:0, 1:0; Sturm Graz – Dinamo Bukarest 0:1, 1:2 – 1. Galatasaray Istanbul 12:4, 13; 2. Panathinaikos Athen 7:4, 12; 3. Dinamo Bukarest 4:12, 6; 4. Sturm Graz 3:6, 4.

Gruppe G: RB Salzburg – FC Villarreal 2:0, 1:0; Lazio Rom – RB Salzburg 1:2, 1:2; RB Salzburg – Levski Sofia 1:0, 1:0; Lazio Rom – FC Villarreal 2:1, 1:4; FC Villarreal – Levski Sofia 1:0, 2:0; Levski Sofia – Lazio Rom 0:4, 1:0 – 1. RB Salzburg 9:2, 18; 2. Lazio Rom 8:6, 9; 3. FC Villarreal 9:10, 6; 4. Levski Sofia 1:9, 3.

Gruppe H: Fenerbahce Istanbul – FC Twente Enschede 1:2, 1:0; Sheriff Tiraspol – Fenerbahce Istanbul 0:1, 0:1; Steaua Bukarest – Fenerbahce Istanbul 0:1, 1:3; Sheriff Tiraspol – FC Twente Enschede 2:0, 1:2; FC Twente Enschede – Steaua Bukarest 0:0, 1:1; Steaua Bukarest – Sheriff Tiraspol 0:0, 1:1 – 1. Fenerbahce Istanbul 8:3, 15; 2. FC Twente Enschede 5:6, 8; 3. Sheriff Tiraspol 4:5, 5; 4. Steaua Bukarest 3:6, 4.

Gruppe I: Benfica Lissabon – FC Everton 5:0, 2:0; Benfica Lissabon – BATE Borissow 2:0, 2:1; AEK Athen – Benfica Lissabon 1:0, 1:2; BATE Borissow – FC Everton 1:2, 1:0; FC Everton – AEK Athen 4:0, 1:0; BATE Borissow – AEK Athen 2:1, 2:2 – 1. Benfica Lissabon 13:3, 15; 2. FC Everton 7:9, 9; 3. BATE Borissow 7:9, 7; 4. AEK Athen 5:11, 4.

Gruppe J: FC Brügge – Schachtjor Donezk 1:4, 0:0; Schachtjor Donezk – FC Toulouse 4:0, 2:0; Schachtjor Donezk – Partizan Belgrad 4:1, 0:1; FC Toulouse – FC Brügge 2:2, 0:1; FC Brügge – Partizan Belgrad 2:0, 4:2; Partizan Belgrad – FC Toulouse 2:3, 0:1 – 1. Schachtjor Donezk 14:3, 13; 2. FC Brügge 10:8, 11; 3. FC Toulouse 6:11, 7; 4. Partizan Belgrad 6:14, 3.

Gruppe K: PSV Eindhoven – FC Kopenhagen 1:0, 1:1; Sparta Prag – PSV Eindhoven 2:2, 0:1; PSV Eindhoven – CFR Cluj 1:0, 2:0; FC Kopenhagen – Sparta Prag 1:0, 3:0; CFR Cluj – FC Kopenhagen 2:0, 0:2; Sparta Prag – CFR Cluj 2:0, 3:2 – 1. PSV Eindhoven 8:3, 14; 2. FC Kopenhagen 7:4, 10; 3. Sparta Prag 7:9, 7; 4. CFR Cluj 4:10, 3.

Gruppe L: Werder Bremen – Athletic Bilbao 3:1, 3:0; Nacional Funchal – Werder Bremen 2:3, 1:4; Austria Wien – Werder Bremen 2:2, 0:2; Athletic Bilbao – Nacional Funchal 2:1, 1:1; Athletic Bilbao – Austria Wien 3:0, 3:0; Austria Wien – Nacional Funchal 1:1, 1:5 – 1. Werder Bremen 17:6, 16; 2. Athletic Bilbao 10:8, 10; 3. Nacional Funchal 11:12, 5; 4. Austria Wien 4:16, 2.

Zwischenrunde: Hamburger SV – PSV Eindhoven 1:0, 2:3; FC Villarreal – VfL Wolfsburg 2:2, 1:4; FC Twente Enschede – Werder Bremen 1:0, 1:4; Hertha BSC – Benfica Lissabon 1:1, 0:4; Rubin Kasan – Hapoel Tel Aviv 3:0, 0:0; Athletic Bilbao – RSC Anderlecht 1:1, 0:4; FC Kopenhagen – Olympique Marseille 1:3, 1:3; Panathinaikos Athen – AS Rom 3:2, 3:2; Atletico Madrid – Galatasaray Istanbul 1:1, 2:1; Ajax Amsterdam – Juventus Turin 1:2, 0:0; FC Brügge – FC Valencia 1:0, n. V. 0:3; FC Fulham – Schachtjor Donezk 2:1, 1:1; FC Liverpool – Unirea Urziceni 1:0, 3:1; Standard Lüttich – RB Salzburg 3:2, 0:0; OSC Lille – Fenerbahce Istanbul 2:1, 1:1; FC Everton – Sporting Lissabon 2:1, 0:3.

Achtelfinale: Rubin Kasan – VfL Wolfsburg 1:1, n. V. 1:2; FC Valencia – Werder Bremen 1:1, 4:4; Hamburger SV – RSC Anderlecht 3:1, 3:4; Benfica Lissabon – Olympique Marseille 1:1, 2:1; Atletico Madrid – Sporting Lissabon 0:0, 2:2; Panathinaikos Athen – Standard Lüttich 1:3, 0:1; OSC Lille – FC Liverpool 1:0, 0:3; Juventus Turin – FC Fulham 3:1, 1:4.

Viertelfinale: FC Fulham – VfL Wolfsburg 2:1, 1:0; Hamburger SV – Standard Lüttich 2:1, 3:1; FC Valencia – Atletico Madrid 2:2, 0:0; Benfica Lissabon – FC Liverpool 2:1, 1:4.

Halbfinale: Hamburger SV – FC Fulham 0:0, 1:2; Atletico Madrid – FC Liverpool 1:0, n. V. 1:2.

Endspiel am 12. Mai in Hamburg: Atletico Madrid – FC Fulham n. V. 2:1 (1:1, 1:1))

Madrid: De Gea – Ujfalusi, Perea, Alvaro Dominguez, Antonio Lopez – Paulo Assuncao, Raul Garcia – Reyes (Salvio), Simao (Jurado) – Forlan, Aguero (Valera).

Tore: Forlan 2 (S. Davies) – SR: Rizzoli (Italien) – Zuschauer: 49 000.

2010/11 FC Porto

Qualifikation, 1. Runde: Tobol Qostanai – Zrinjski Mostar 1:2, 1:2; Ulisses Erewan – Bnei Yehuda Tel Aviv 0:0, 0:1; Dinamo Tiflis – Flora Tallinn 2:1, 0:0; KF Laci – Dnjapro Mahiljou 1:1, 1:7; Rabotnicki Skopje – FC Lusitans 5:0, 6:0; Schachtjor Karaganda – Ruch Chorzow 1:2, 0:1; JK Trans Narva – MyPa Anjalankoski 0:2, 0:5; KF Tirana – Zalaegerszegi TE 0:0, n. V. 1:0; Torpedo Schodsina – Fylkir Reykjavik 3:0, 3:1; Zeta Golubovci – Dacia Chisinau 1:1, 0:0; Olimpia Balti – Xäzär Länkäran 0:0, 1:1; FC Sestaponi – SC Faetano 5:0, 0:0; Turku PS – Port Talbot Town 3:1, 4:0; FC Nitra – Györi ETO FC 2:2, 1:3; Qarabag Agdam

– Metalurg Skopje 4:1, 1:1; NK Sibenik – Sliema Wanderers FC 0:0, 3:0; Anorthosis Famagusta – Banants Erewan 3:0, 1:0; UE Escale Santa Coloma – Mogren Budva 0:3, 0:2; Randers FC – F91 Düdelingen 6:1, 1:2; FC Portadown – Skonto Riga 1:1, 1:0; CS Grevenmacher – FC Dundalk 3:3, 1:2; NSI Runavik – Gefle IF 0:2, 1:2; Llanelli AFC – Tauras Taurage 2:2, n. V. 2:3; Olimpija Ljubljana – NK Siroki Brijeg 0:2, 0:3; Kalmar FF – EB/Streymur Eidi 1:0, 3:0; KR Reykjavik – FC Glentoran 3:0, 2:2.
Qualifikation, 2. Runde: WIT Georgia Tiflis – Banik Ostrava 0:6, 0:0; FK Atyrau – Györi ETO FC 0:3, 0:2; Tauras Taurage – APOEL Nikosia 0:3, 1:3 Valletta FC – Ruch Chorzow 1:1, 0:0; Rabotnicki Skopje – Mika Ashtarak 1:0, 0:0; OFK Belgrad – Torpedo Schodsina 2:2, 1:0; FK Ventspils – Teteks Tetovo 0:0, 1:3; Honka Espoo – Bangor City 1:1, 1:2; FK Baku – Buducnost Podgorica 0:3, 2:1; Austria Wien – NK Siroki Brijeg 2:2, 1:0; ND Gorica – Randers FC 0:3, 1:1; Olimpia Balti – Dinamo Bukarest 0:2, 1:5; MyPa Anjalankoski – UE Sant Julia 3:0, 5:0; Elfsborg Boras – Iskra-Stal Ribnita 2:1, 1:0; Dinamo Minsk – JK Kalev Sillamäe 5:1, 5:0; FC Sestaponi – Dukla Banska Bystrica 3:0, 0:1; Stabaek IF – Dnjapro Mahiljou 2:2, 1:1; Anorthosis Famagusta – NK Sibenik 0:2, n. V. 3:0; Gefle IF – Dinamo Tiflis 1:2, 1:2; Molde FK – FK Jelgava 1:0, 1:2; Kalmar FF – Dacia Chisinau 0:0, 2:0; FC Differdingen 03 – Spartak Zlatibor Voda Subotica 3:3, 0:2; Lausanne-Sport – Borac Banja Luka 1:0, 1:1; Cercle Brügge – Turku PS 0:1, 2:1; Levski Sofia – FC Dundalk 6:0, 2:0; Bröndby IF – FC Vaduz 3:0, 0:0; Maccabi Tel Aviv – Mogren Budva 2:0, 1:2; FC Utrecht – KF Tirana 4:0, 1:1; Zrinjski Mostar – Tre Penne Galazzano 4:1, 9:2; Besiktas Istanbul – Vikingur Göta 3:0, 4:0; KFK Siauliai – Wisla Krakau 0:2, 0:5; Suduva Marijampole – Rapid Wien 0:2, 2:4; Videoton FC Szekesfehervar – NK Maribor 1:1, 0:2; Besa Kavaje – Olympiakos Piräus 0:5, 1:6; FC Portadown – Qarabag Agdam 1:2, 1:1; FC Motherwell – UMF Breidablik Kopavogur 1:0, 1:0; Maritimo Funchal – Sporting Fingal 3:2, 3:2; FC Cliftonville – Cibalia Vinkovci 1:0, 0:0; Shamrock Rovers – Bnei Yehuda Tel Aviv 1:1, 1:0; KR Reykjavik – Karpaty Lwiw 0:3, 2:3.
Qualifikation, 3. Runde: Molde FK – VfB Stuttgart 2:3, 2:2; ZSKA Sofia – FC Cliftonville 3:0, 2:1; Sibir Nowosibirsk – Apollon Limassol 1:0, 1:2; Spartak Zlatibor Voda Subotica – Dnipro Dnipropetrowsk 2:1, 0:2; Dnjapro Mahiljou – Banik Ostrava 1:0, 2:1; Beroe Stara Zagora – Rapid Wien 1:1, 0:3; MyPa Anjalankoski – FC Timisoara 1:2, 3:3; Inter Turku – KRC Genk 1:5, 2:3; Ruch Chorzow – Austria Wien 1:3, 0:3; Karpaty Lwiw – FC Sestaponi 1:0, 1:0; Elfsborg Boras – Teteks Tetovo 5:0, 2:1; FC Utrecht – FC Luzern 1:0, 3:1; Randers FC – Lausanne-Sport 2:3, 1:1; Aalesunds FK – FC Motherwell 1:1, 0:3; APOEL Nikosia – FK Jablonec 1:0, 3:1; Odense BK – Zrinjski Mostar 5:3, 0:0; Kalmar FF – Levski Sofia 1:1, 2:5; Maccabi Haifa – Dinamo Minsk 1:0, 1:3; Wisla Krakau – Qarabag Agdam 0:1, 2:3; Cercle Brügge – Anorthosis Famagusta 1:0, 1:3; Dinamo Bukarest – Hajduk Split 3:1, 0:3; Galatasaray Istanbul – OFK Belgrad 2:2, 5:1; FC Nordsjaelland – Sporting Lissabon 0:1, 1:2; NK Maribor – Hibernian Edinburgh 3:0, 3:2; Roter Stern Belgrad – Slovan Bratislava 1:2, 1:1; Viktoria Plzen – Besiktas Istanbul 1:1, 0:3; Olympiakos Piräus – Maccabi Tel Aviv 2:1, 0:1; Sturm Graz – Dinamo Tiflis 2:0, 1:1; Györi ETO FC – SC Montpellier 0:1, n. V. 1:0, Elfmeterschiessen 4:3; Rabotnicki Skopje – FC Liverpool 0:2, 0:2; Maritimo Funchal – Bangor City 8:2, 2:1; Shamrock Rovers – Juventus Turin 0:2, 0:1; AZ Alkmaar – IFK Göteborg 2:0, 0:1; Jagiellonia Bialystok – Aris Saloniki 1:2, 2:2; Buducnost Podgorica – Bröndby IF 1:2, 0:1.
Play-offs: Bayer Leverkusen – Tawrija Simferopol 3:0, 3:1; Borussia Dortmund – Qarabag Agdam 4:0, 1:0; Slovan Bratislava – VfB Stuttgart 0:1, 2:2; Paris Saint-Germain – Maccabi Tel Aviv 2:0, 3:4; ZSKA Moskau – Anorthosis Famagusta 4:0, 2:1; Hajduk Split – Unirea Urziceni 4:1, 1:1; Feyenoord Rotterdam – KAA Gent 1:0, 0:2; KRC Genk – FC Porto 0:3, 2:4; Debreceni VSC – Litex Lovetsch 2:0, 2:1; Aris Saloniki – Austria Wien 1:0, 1:1; Galatasaray Istanbul – Karpaty Lwiw 2:2, 1:1; US Palermo – NK Maribor 3:0, 2:3; FC Brügge – Dinamo Minsk 2:1, 3:2; Omonia Nikosia – Metalist Charkiw 0:1, 2:2; FC Vaslui – OSC Lille 0:0, 0:2; SSC Neapel – IF Elfsborg 1:0, 2:0; Sporting Lissabon – Bröndby IF 0:2, 3:0; Steaua Bukarest – Grasshopper-Club Zürich 1:0, n. V. 0:1, Elfmeterschiessen 4:3; FC Liverpool – Trabzonspor 1:0, 2:1; Celtic Glasgow – FC Utrecht 2:0, 0:4; AIK Solna – Levski Sofia 0:0, 1:2; Sturm Graz – Juventus Turin 1:2, 0:1; FC Getafe – APOEL Nikosia 1:0, n. V. 1:1; Dundee United – AEK Athen 0:1, 1:1; AZ Alkmaar – FK Aqtöbe 2:0, 1:2; Dnipro Dnipropetrowsk – Lech Posen 0:1, 0:0; Rapid Wien – Aston Villa 1:1, 3:2; ZSKA Sofia – The New Saints 3:0, 2:2; Besiktas Istanbul – HJK Helsinki 2:0, 4:0; Sibir Nowosibirsk – PSV Eindhoven 1:0, 0:5; BATE Baryssau – Maritimo Funchal 3:0, 2:1; Lausanne-Sport – Lokomotive Moskau 1:1, n. V. 1:1, Elfmeterschiessen 4:3; Györi ETO FC – Dinamo Zagreb 0:2, 1:2; Odense BK – FC Motherwell 2:1, 1:0; PAOK Saloniki – Fenerbahce Istanbul 1:0, n. V. 1:1; FC Villarreal – Dnjapro Mahiljou 5:0, 2:1; FC Timisoara – Manchester City 0:1, 0:2.
Gruppenphase, Gruppe A: Manchester City – Lech Posen 3:1, 1:3; Manchester City – Juventus Turin 1:1, 1:1; RB Salzburg – Manchester City 0:2, 0:3; Juventus Turin – Lech Posen 3:3, 1:1; Lech Posen – RB Salzburg 2:0, 1:0; RB Salzburg – Juventus Turin 1:1, 0:0 – 1. Manchester City 11:6, 11; 2. Lech Posen 11:8, 11; 3. Juventus Turin 7:7, 6; 4. RB Salzburg 1:9, 2.
Gruppe B: Aris Saloniki – Bayer Leverkusen 0:0, 0:1; Atletico Madrid – Bayer Leverkusen 1:1, 1:1; Bayer Leverkusen – Rosenborg Trondheim 4:0, 1:0; Aris Saloniki – Atletico Madrid 1:0, 3:2; Rosenborg Trondheim – Aris Saloniki 2:1, 0:2; Atletico Madrid – Rosenborg Trondheim 3:0, 2:1 – 1. Bayer Leverkusen 8:2, 12; 2. Aris Saloniki 7:5, 10; 3. Atletico Madrid 9:7, 8; 4. Rosenborg Trondheim 3:13, 3.

Gruppe C: Lille OSC – Sporting Lissabon 1:2, 0:1; Sporting Lissabon – KAA Gent 5:1, 1:3; Sporting Lissabon – Levski Sofia 5:0, 0:1; KAA Gent – Lille OSC 1:1, 0:3; Lille OSC – Levski Sofia 1:0, 2:2; Levski Sofia – KAA Gent 3:2, 0:1 – 1. Sporting Lissabon 14:6, 12; 2. Lille OSC 8:6, 8; 3. KAA Gent 8:13, 7; 4. Levski Sofia 6:11, 7.

Gruppe D: FC Villarreal – PAOK Saloniki 1:0, 0:1; Dinamo Zagreb – FC Villarreal 2:0, 0:3; FC Villarreal – FC Brügge 2:1, 2:1; PAOK Saloniki – Dinamo Zagreb 1:0, 1:0; FC Brügge – PAOK Saloniki 1:1, 1:1; Dinamo Zagreb – FC Brügge 0:0, 2:0 – 1. FC Villarreal 8:5, 12; 2. PAOK Saloniki 5:3, 11; 3. Dinamo Zagreb 4:5, 7; 4. FC Brügge 4:8, 3.

Gruppe E: Dynamo Kiew – BATE Baryssau 2:2, 4:1; AZ Alkmaar – Dynamo Kiew 1:2, 0:2; Sheriff Tiraspol – Dynamo Kiew 2:0, 0:0; BATE Baryssau – AZ Alkmaar 4:1, 0:3; Sheriff Tiraspol – BATE Baryssau 0:1, 1:3; AZ Alkmaar – Sheriff Tiraspol 2:1, 1:1 – 1. Dynamo Kiew 10:6, 11; 2. BATE Baryssau 11:11, 10; 3. AZ Alkmaar 8:10, 7; 4. Sheriff Tiraspol 5:7, 5.

Gruppe F: ZSKA Moskau – Sparta Prag 3:0, 1:1; US Palermo – ZSKA Moskau 0:3, 1:3; Lausanne-Sport – ZSKA Moskau 0:3, 1:5; Sparta Prag – US Palermo 3:2, 2:2; Sparta Prag – Lausanne-Sport 3:3, 3:1; US Palermo – Lausanne-Sport 1:0, 1:0 – 1. ZSKA Moskau 18:3, 16; 2. Sparta Prag 12:12, 9; 3. US Palermo 7:11, 7; 4. Lausanne-Sport 5:16, 1.

Gruppe G: RSC Anderlecht – Zenit St. Petersburg 1:3, 1:3; Zenit St. Petersburg – AEK Athen 4:2, 3:0; Zenit St. Petersburg – Hajduk Split 2:0, 3:2; RSC Anderlecht – AEK Athen 3:0, 1:1; Hajduk Split – RSC Anderlecht 1:0, 0:2; AEK Athen – Hajduk Split 3:1, 3:1 – 1. Zenit St. Petersburg 18:6, 18; 2. RSC Anderlecht 8:8, 7; 3. AEK Athen 9:13, 7; 4. Hajduk Split 5:13, 3.

Gruppe H: VfB Stuttgart – Young Boys Bern 3:0, 2:4; VfB Stuttgart – FC Getafe 1:0, 3:0; Odense BK – VfB Stuttgart 1:2, 1:5; Young Boys Bern – FC Getafe 2:0, 0:1; Young Boys Bern – Odense BK 4:2, 0:2; FC Getafe – Odense BK 2:1, 1:1 – 1. VfB Stuttgart 16:6, 15; 2. Young Boys Bern 10:10, 9; 3. FC Getafe 4:8, 7; 4. Odense BK 8:14, 4.

Gruppe I: Metalist Charkiw – PSV Eindhoven 0:2, 0:0; PSV Eindhoven – Sampdoria Genua 1:1, 2:1; Debreceni VSC – PSV Eindhoven 1:2, 0:3; Metalist Charkiw – Sampdoria Genua 2:1, 0:0; Debreceni VSC – Metalist Charkiw 0:5, 1:2; Sampdoria Genua – Debreceni VSC 1:0, 0:2 – 1. PSV Eindhoven 10:3, 14; 2. Metalist Charkiw 9:4, 11; 3. Sampdoria Genua 4:7, 5; 4. Debreceni VSC 4:13, 3.

Gruppe J: FC Sevilla – Paris Saint-Germain 0:1, 2:4; Borussia Dortmund – Paris Saint-Germain 1:1, 0:0; Paris Saint-Germain – Karpaty Lwiw 2:0, 1:1; Borussia Dortmund – FC Sevilla 0:1, 2:2; Karpaty Lwiw – FC Sevilla 0:1, 0:4; Karpaty Lwiw – Borussia Dortmund 3:4, 0:3 – 1. Paris Saint-Germain 9:4, 12; 2. FC Sevilla 10:7, 10; 3. Borussia Dortmund 10:7, 9; 4. Karpaty Lwiw 4:15, 1.

Gruppe K: SSC Neapel – FC Liverpool 0:0, 1:3; FC Liverpool – Steaua Bukarest 4:1, 1:1; FC Utrecht – FC Liverpool 0:0, 0:0; Steaua Bukarest – SSC Neapel 3:3, 0:1; SSC Neapel – FC Utrecht 0:0, 3:3; FC Utrecht – Steaua Bukarest 1:1, 1:3 – 1. FC Liverpool 8:3, 10; 2. SSC Neapel 8:9, 7; 3. Steaua Bukarest 9:11, 6; 4. FC Utrecht 5:7, 5.

Gruppe L: Besiktas Istanbul – FC Porto 1:3, 1:1; FC Porto – Rapid Wien 3:0, 3:1; ZSKA Sofia – FC Porto 0:1, 1:3; Rapid Wien – Besiktas Istanbul 1:2, 0:2; Besiktas Istanbul – ZSKA Sofia 1:0, 2:1; ZSKA Sofia – Rapid Wien 0:2, 2:1 – 1. FC Porto 14:4, 16; 2. Besiktas Istanbul 9:6, 13; 3. Rapid Wien 5:12, 3; 4. ZSKA Sofia 4:10, 3.

Zwischenrunde: Benfica Lissabon – VfB Stuttgart 2:1, 2:0; Metalist Charkiw – Bayer Leverkusen 0:4, 0:2; Aris Saloniki – Manchester City 0:0, 0:3; SSC Neapel – FC Villarreal 0:0, 1:2; Glasgow Rangers – Sporting Lissabon 1:1, 2:2; Sparta Prag – FC Liverpool 0:0, 0:1; RSC Anderlecht – Ajax Amsterdam 0:3, 0:2; Lech Posen – Sporting Braga 1:0, 0:2; Besiktas Istanbul – Dynamo Kiew 1:4, 0:4; FC Basel – Spartak Moskau 2:3, 1:1; Young Boys Bern – Zenit St. Petersburg 2:1, 1:3; PAOK Saloniki – ZSKA Moskau 0:1, 1:1; FC Sevilla – FC Porto 1:2, 1:0; Rubin Kasan – Twente Enschede 0:2, 2:2; Lille OSC – PSV Eindhoven 2:2, 1:3; BATE Baryssau – Paris Saint-Germain 2:2, 0:0.

Achtelfinale: Bayer Leverkusen – FC Villarreal 2:3, 1:2; Benfica Lissabon – Paris Saint-Germain 2:1, 1:1; Dynamo Kiew – Manchester City 2:0, 0:1; Twente Enschede – Zenit St. Petersburg 3:0, 0:2; ZSKA Moskau – FC Porto 0:1, 1:2; PSV Eindhoven – Glasgow Rangers 0:0, 1:0; Ajax Amsterdam – Spartak Moskau 0:1, 0:3; Sporting Braga – FC Liverpool 1:0, 0:0.

Viertelfinale: FC Porto – Spartak Moskau 5:1, 5:2; Benfica Lissabon – PSV Eindhoven 4:1, 2:2; FC Villarreal – Twente Enschede 5:1, 3:1; Dynamo Kiew – Sporting Braga 1:1, 0:0.

Halbfinale: Benfica Lissabon – Sporting Braga 2:1, 0:1; FC Porto – FC Villarreal 5:1, 2:3.

Endspiel am 18. Mai in Dublin: FC Porto – Sporting Braga 1:0 (1:0)

Porto: Helton – Sapunaru, Rolando, Otamendi, Alvaro Pereira – Fernando – Guarin (Belluschi), Joao Moutinho – Hulk, Varela (Rodriguez) – Falcao.

Tor: Falcao – SR: Velasco Carballo (Spanien) – Zuschauer: 45 391.

Rangliste der Sieger in den europäischen Pokalwettbewerben

Verein	EC 1	EC 2	EC 3	ges. (im Finale)
Real Madrid	9	–	2	11 (16x)
FC Barcelona	4	4	3	11 (17x)
AC Mailand	7	2	–	9 (14x)
FC Liverpool	5	–	3	8 (11x)
Ajax Amsterdam	4	1	1	6 (9x)
Bayern München	4	1	1	6 (10x)
Inter Mailand	3	–	3	6 (9x)
Juventus Turin	2	1	3	6 (14x)
Manchester United	3	1	–	4 (6x)
FC Porto	2	–	2	4 (5x)
FC Valencia	–	1	3	4 (7x)
Feyenoord Rotterdam	1	–	2	3 (3x)
RSC Anderlecht	–	2	1	3 (7x)
Tottenham Hotspur	–	1	2	3 (4x)
AC Parma	–	1	2	3 (4x)
Benfica Lissabon	2	–	–	2 (8x)
Nottingham Forest	2	–	–	2 (2x)
Borussia Dortmund	1	1	–	2 (4x)
Hamburger SV	1	1	–	2 (5x)
PSV Eindhoven	1	–	1	2 (2x)
FC Chelsea	–	2	–	2 (3x)
Dynamo Kiew	–	2	–	2 (2x)
FC Arsenal	–	1	1	2 (6x)
Atlético Madrid	–	1	1	2 (5x)
Real Saragossa	–	1	1	2 (3x)
IFK Göteborg	–	–	2	2 (2x)
Leeds United	–	–	2	2 (5x)
Borussia Mönchengladbach	–	–	2	2 (5x)
FC Sevilla	–	–	2	2 (2x)
Aston Villa	1	–	–	1 (1x)
Roter Stern Belgrad	1	–	–	1 (2x)
Werder Bremen	–	1	–	1 (2x)
Steaua Bukarest	1	–	–	1 (2x)
Celtic Glasgow	1	–	–	1 (3x)
Olympique Marseille	1	–	–	1 (4x)
FC Aberdeen	–	1	–	1 (1x)
Slovan Bratislava	–	1	–	1 (1x)
FC Everton	–	1	–	1 (1x)
AC Florenz	–	1	–	1 (4x)
Glasgow Rangers	–	1	–	1 (4x)
Sampdoria Genua	–	1	–	1 (3x)
Sporting Lissabon	–	1	–	1 (2x)
1. FC Magdeburg	–	1	–	1 (1X)
Manchester City	–	1	–	1 (1x)
KV Mechelen	–	1	–	1 (1x)
Paris St. Germain	–	1	–	1 (2x)
Lazio Rom	–	1	–	1 (2x)
Dynamo Tiflis	–	1	–	1 (1x)
West Ham United	–	1	–	1 (2x)
Ferencváros Budapest	–	–	1	1 (3x)
AS Rom	–	–	1	1 (3x)
Eintracht Frankfurt	–	–	1	1 (2x)
Bayer Leverkusen	–	–	1	1 (2x)
Dinamo Zagreb	–	–	1	1 (2x)
Ipswich Town	–	–	1	1 (1x)
Galatasaray Istanbul	–	–	1	1 (1x)

Verein	EC 1	EC 2	EC 3	ges. (im Finale)
ZSKA Moskau	–	–	1	1 (1x)
SSC Neapel	–	–	1	1 (1x)
Newcastle United	–	–	1	1 (1x)
FC Schalke 04	–	–	1	1 (1x)
Zenit St. Petersburg	–	–	1	1 (1x)
Schachtjor Donezk	–	–	1	1 (1x)
Espanyol Barcelona	–	–	–	– (2x)
Birmingham City	–	–	–	– (2x)
FC Brügge	–	–	–	– (2x)
AS Monaco	–	–	–	– (2x)
Stade Reims	–	–	–	– (2x)
VfB Stuttgart	–	–	–	– (2x)
Rapid Wien	–	–	–	– (2x)
CD Alavés	–	–	–	– (1x)
AZ 67 Alkmaar	–	–	–	– (1x)
FC Antwerpen	–	–	–	– (1x)
Panathinaikos Athen	–	–	–	– (1x)
SEC Bastia	–	–	–	– (1x)
Partizan Belgrad	–	–	–	– (1x)
Athletic Bilbao	–	–	–	– (1x)
Girondins Bordeaux	–	–	–	– (1x)
Sporting Braga	–	–	–	– (1x)
MTK Budapest	–	–	–	– (1x)
Újpest Dózsa Budapest	–	–	–	– (1x)
Fortuna Düsseldorf	–	–	–	– (1x)
Dundee United	–	–	–	– (1x)
FC Twente Enschede	–	–	–	– (1x)
FC Fulham	–	–	–	– (1x)
FC Carl Zeiss Jena	–	–	–	– (1x)
1. FC Köln	–	–	–	– (1x)
1. FC Lok Leipzig	–	–	–	– (1x)
Stadtmannschaft London	–	–	–	– (1x)
Standard Lüttich	–	–	–	– (1x)
RCD Mallorca	–	–	–	– (1x)
Malmö FF	–	–	–	– (1x)
FC Middlesbrough	–	–	–	– (1x)
Dynamo Moskau	–	–	–	– (1x)
TSV München 1860	–	–	–	– (1x)
AS St. Etienne	–	–	–	– (1x)
Austria Salzburg	–	–	–	– (1x)
Videoton Székesfehérvár	–	–	–	– (1x)
AC Turin	–	–	–	– (1x)
Austria Wien	–	–	–	– (1x)
Wolverhampton Wanderers	–	–	–	– (1x)
Górnik Zabrze	–	–	–	– (1x)

Nationenwertung nach Anzahl der Titel und Finalteilnahmen

	EC 1	EC 2	EC 3	ges. (im Finale)
Spanien	13	7	12	32 (55x)
Italien	12	7	10	29 (55x)
England	11	8	10	29 (50x)
Deutschland	6	4	6	16 (36x)
Niederlande	6	1	4	11 (16x)
Portugal	4	1	2	7 (16x)
Russland (UdSSR)	–	3	2	5 (6x)
Belgien	–	3	1	4 (12x)
Schottland	1	2	–	3 (9x)
Frankreich	1	1	–	2 (13x)
Jugoslawien	1	–	1	2 (5X)
Schweden	–	–	2	2 (3x)
Rumänien	1	–	–	1 (2x)
DDR	–	1	–	1 (3x)
Tschechoslowakei	–	1	–	1 (1x)
Ungarn	–	–	1	1 (6x)
Türkei	–	–	1	1 (1x)
Ukraine	–	–	1	1 (1x)
Österreich	–	–	–	– (4x)
Griechenland	–	–	–	– (1x)
Polen	–	–	–	– (1x)

Juventus Turin, Ajax Amsterdam, FC Barcelona und Bayern München sind bisher die einzigen Vereine, die alle drei Pokalwettbewerbe gewonnen haben. Als erster deutscher Verein hatte zuvor der HSV in allen drei Endspielen gestanden, aber nur zweimal (E1, E2) gesiegt.

Europapokal-Bilanzen der deutschen Klubs und Städte

	Spiele	S	U	N	Tore	Punkte
Bayern München	367	198	89	80	708:382	683
Hamburger SV	211	113	36	62	385:241	375
Werder Bremen	186	84	41	61	348:252	293
Borussia Dortmund	167	85	32	50	266:187	287
1. FC Köln	160	84	29	47	310:186	281
VfB Stuttgart	168	82	35	51	290:197	281
Borussia Mönchengladbach	125	75	26	24	283:139	251
Bayer Leverkusen	149	64	36	49	243:186	228
FC Schalke 04	123	60	26	37	189:133	206
Eintracht Frankfurt	111	56	22	33	216:126	190
Hertha BSC	102	46	27	29	126: 99	165
1. FC Kaiserslautern	94	48	9	37	164:120	153
Dynamo Dresden	98	42	25	31	155:122	151
Carl Zeiss Jena	87	39	17	31	139:114	134
1. FC Magdeburg	72	32	15	25	115: 86	111
1. FC Lok Leipzig	77	31	16	30	107: 91	109
Berliner FC Dynamo	60	23	18	19	87: 80	87
TSV München 1860	42	20	8	14	88: 58	68
Vorwärts Frankfurt/Oder	42	16	3	23	54: 63	51
1. FC Nürnberg	28	12	7	9	44: 38	43
Fortuna Düsseldorf	29	11	8	10	45: 36	41
VfL Wolfsburg	26	10	6	10	42: 36	36
Karlsruher SC	24	9	8	7	35: 25	35
MSV Duisburg	16	8	4	4	39: 25	28
Eintracht Braunschweig	21	8	4	9	34: 25	28
Wismut Aue/Karl-Marx-Stadt	22	6	6	10	30: 31	24
Hannover 96	23	7	3	13	33: 54	24
Bayer Uerdingen	14	7	2	5	33: 14	23
Sachsenring Zwickau	12	4	3	5	6: 10	15
Hansa Rostock	12	5	0	7	16: 22	15
Alemannia Aachen	8	3	3	2	11: 7	12
1. FSV Mainz 05	6	3	2	1	8: 2	11
VfL Bochum	8	2	3	3	15: 14	9
SC Freiburg	8	2	3	3	9: 8	9
Chemie Leipzig	6	2	1	3	9: 10	7
Chemnitzer FC	10	2	1	7	11: 17	7
Rot-Weiß Erfurt	4	2	0	2	3: 5	6
1. FC Union Berlin	4	1	2	1	4: 3	5
Stahl Brandenburg	4	1	2	1	3: 4	5
Hallescher FC	5	1	2	2	5: 9	5
Kickers Offenbach	2	1	0	1	2: 3	3
Wuppertaler SV	2	1	0	1	6: 8	3
1. FC Saarbrücken	2	1	0	1	5: 7	3
Viktoria Köln	2	1	0	1	5: 7	3
PSV Schwerin	2	0	1	1	0: 2	1
Rot-Weiss Essen	2	0	1	1	1: 5	1
Tasmania 1900 Berlin	2	0	0	2	3: 5	0
Eisenhüttenstädter FC Stahl	2	0	0	2	1: 5	0
als Stadtmannschaften						
Auswahl Leipzig	17	7	1	9	29: 35	22
Auswahl Köln	7	2	1	4	9: 13	7
Auswahl Frankfurt/Main	4	2	0	2	10: 10	6
Auswahl Berlin	2	1	0	1	1: 3	3

Anmerkung: Alle Ergebnisse wurden nach der heute gültigen 3-Punkte-Regel umgerechnet.

UEFA INTERTOTO-CUP

Der Intertoto-Cup wurde ursprünglich ins Leben gerufen, um in der fußballlosen Sommerzeit Spiele für die nationalen Toto-Gesellschaften anbieten zu können. Die Idee hierzu stammte von Karl Rappan (geboren am 26. September 1905 in Wien), dem österreichischen Nationalspieler, der selbst für Wacker, Rapid und Austria Wien gespielt hatte. Nach dem Ende seiner Karriere in der Schweiz betreute er die schweizerische Nationalmannschaft. Er gilt als Erfinder des sogenannten „Schweizer Riegels", besser bekannt in der italienischen Version des „Catenaccio" mit einem freien Verteidiger („Libero") hinter einer Reihe von Abwehrspielern.
Rappans Traum von der Einrichtung einer gesamteuropäischen Liga fehlte ein Finanzgeber. Als Rappan im Jahre 1937 die schweizerische Nationalmannschaft als Nationaltrainer übernahm, war Ernst Thommen Schatzmeister des Schweizerischen Fussballverbands. Letzterer wurde dann in den fünfziger Jahren Manager der Schweizerischen Totogesellschaft. Für ihn bestand kein ökonomisches Problem, vielmehr befürchtete er, von der UEFA keine Zulassung für den geplanten Wettbewerb zu erhalten. Mit dieser Einschätzung sollte Thommen Recht behalten, denn die UEFA verweigerte der Intertoto-Runde zuerst die Anerkennung; deshalb wurden die ersten Wettbewerbe nur gespielt, um Totowetten platzieren zu können.
Erst im Jahre 1961 erhielt der Wettbewerb die Zustimmung von der UEFA. Von 1961/62 bis 1966/67 spielten die Gruppensieger einen Turniersieger aus. Ab 1967 wurde der Wettbewerb, der sich vorher über die gesamte Saison erstreckte, wegen fehlender Termine auf die Gruppenphase verkürzt und fand nur noch im Sommer statt. Von 1995 bis 2008 war der Intertoto-Cup ein offizieller UEFA-Wettbewerb, über den man sich für den UEFA-Pokal qualifizieren konnte. Ab 2006 war die Mannschaft Sieger des Wettbewerbs, die im UEFA-Pokal am weitesten kam.

Die Sieger: 1962 Ajax Amsterdam – 1963, 1964 Slovnaft Bratislava – 1965 Polonia Beuthen – 1966 1. FC Lokomotive Leipig – 1967 Eintracht Frankfurt – 1968 bis 1994 nur Gruppenspiele – 1995 Racing Straßburg, Girondins Bordeaux – 1996 Karlsruher SC, EA Guingamp, Silkeborg IF – 1997 SC Bastia, Olympique Lyon, AJ Auxerre – 1998 Werder Bremen, FC Valencia, FC Bologna – 1999 SC Montpellier, Juventus Turin, West Ham United – 2000 Udinese Calcio, Celta Vigo, VfB Stuttgart – 2001 Aston Villa, Paris St. Germain, ES Troyes AC – 2002 VfB Stuttgart, FC Malaga, FC Fulham – 2003 AC Perugia, FC Schalke 04, FC Villarreal – 2004 FC Schalke 04, OSC Lille, FC Villarreal – 2005 Hamburger SV, RC Lens, Olympique Marseille – 2006 Newcastle United – 2007 Hamburger SV – 2008 Sporting Braga.

In die Intertoto-Cup-Siegerliste trugen sich 36 verschiedene Klubs ein, darunter je zweimal Slovnaft Bratislava, der Hamburger SV, der FC Schalke 04, der VfB Stuttgart und der FC Villarreal. Erfolgreichte Nationen ist Frankreich mit zwölf Siegen, gefolgt von Deutschland (neun), Spanien (fünf), England und Italien (je vie<r), der Tschechoslowakei (zwei) sowie der DDR, Dänemark, Niederlande, Polen und Portugal (je ein Erfolg).

KAPITEL 12

DER JUGENDFUSSBALL

Die Bilanz der 143 Junioren-Länderspiele U 19/U 20

Gegner	Spiele	Siege	Unentsch.	Niederl.	Tore	11-m-Sch.
Ägypten	3	2	–	1	4:2	
Argentinien	2	–	–	2	0:2	
Australien	2	1	1	–	2:1	
Brasilien	5	1	–	4	6:10	
Bulgarien	1	1	–	–	3:0	
Chile	3	2	–	1	8:3	
China	2	1	1	–	5:4	
Costa Rica	2	–	–	2	2:4	
Dänemark	2	–	1	1	2:3	
DDR	1	–	–	1	0:1	
England	3	–	1	2	4:6	
Finnland	1	1	–	–	2:1	
Frankreich	2	–	1	1	4:5	
Ghana	2	–	2	–	3:3	
Irak	1	1	–	–	3:1	
Italien	20	11	3	6	32:21	
Japan	1	–	–	1	0:4	
Jugoslawien	1	–	1	–	1:1	4:5
Kamerun	2	1	1	–	4:1	
Kanada	2	2	–	–	5:0	
Kasachstan	1	1	–	–	8:0	
Katar	2	2	–	–	6:1	
Litauen	1	1	–	–	3:0	
Mexiko	3	1	1	1	3:3	
Niederlande	2	1	–	1	3:3	
Nigeria	3	1	1	1	5:6	
Österreich	12	7	2	3	22:14	
Paraguay	2	1	–	1	4:2	
Polen	4	3	1	0	8:2	
Portugal	5	2	1	2	5:6	5:3
Rumänien	2	2	–	–	4:0	
Russland	1	–	1	–	1 :1	
Saudi-Arabien	3	2	1	–	5:1	
Schottland	3	2	1	–	5:3	4:3
Schweiz	20	9	6	5	37:28	
Slowakei	1	–	1	–	2:2	
Spanien	7	1	1	5	9:14	
Südafrika	1	1	–	–	6:1	
Südkorea	2	–	1	1	1:3	
Thailand	1	1	–	–	6:0	
Tschechien	2	1	–	1	4:4	
Türkei	2	–	2	–	3:3	
Uruguay	1	–	–	1	1:2	
USA	4	3	1	–	8:2	
Gesamt:	143	66	33	44	249:174	

Die Nationalmannschaften der Junioren U 19/U 20

1981: 6 Spiele: 5 Siege, 1 Niederlage

1 **Mexiko**, 3. 10., Adelaide, 1:0 gewonnen (U20-WM-Gruppenspiel): Vollborn – Winklhofer, Zorc, Schmidkunz – Sievers, Brunner, Loose (1), Schön – Anthes, Herbst, Wohlfarth (Hermann) – Kapitän: Loose – Schiedsrichter: Valentine (Schottland).

2 **Ägypten**, 6. 10., Adelaide, 1:2 verloren (U20-WM-Gruppenspiel): Vollborn – Winklhofer, Zorc, Schmidkunz, Nushöhr (Trieb) – Sievers, Brunner, Loose (1) – Anthes, Herbst, Wohlfahrth (Brummer) – K.: Loose – SR: Mendez (Guatemala).

3 **Spanien**, 8. 10., Canberra, 4:2 gewonnen (U20-WM-Gruppenspiel): Vollborn – Winklhofer, Zorc, Schmidkunz – Trieb (1), Sievers, Loose, Schön (Brunner) – Anthes (1) (Brummer), Herbst, Wohlfarth (2) – K.: Loose – SR: Coelho (Brasilien).

4 **Australien**, 11. 10., Canberra, 1:0 gewonnen (U20-WM-Viertelfinale): Vollborn – Winklhofer, Zorc, Schmidkunz – Trieb, Sievers, Loose (Brunner), Schön – Anthes, Herbst, Wohlfarth (1) – K.: Loose/Brunner – SR: Sörensen (Dänemark).

5 **Rumänien**, 14. 10., Melbourne, 1:0 n.V. gewonnen (U20-WM-Halbfinale): Vollborn – Winklhofer, Zorc, Schmidkunz, Trieb – Schön (1), Sievers, Loose – Anthes (Brunner), Herbst (Brummer), Wohlfarth – K.: Loose – SR: Valentine (Schottland).

6 **Katar**, 18.10., Sydney, 4:0 gewonnen (U20-WM-Enspiel): Vollborn – Winklhofer, Zorc, Schmidkunz, Trieb – Sievers (Brunner), Schön, Loose (2) – Anthes (1), Wohlfarth (1), Brummer (Herbst) – K.: Loose – SR: Coelho (Brasilien).

1986: 4 Spiele: 3 Siege, 1 Niederlage

7 **Schottland**, 9. 9., Paisley, 3:2 gewonnen: Brunn – Luginger – Strehmel, Claasen (K. Reinhardt), Prus (1) – Metz (Witeczek), Spyrka, Wörsdorfer, Möller (1) – Banach (Patzschke), Bierhoff (1) – K.: Luginger – SR: Gunn (England).

8 **Rumänien**, 11.10., Kula, 3:0 gewonnen (EM-Viertelfinale U18): Brunn – Luginger – Metz, Strehmel, Haun – Heidenreich (1), Wörsdorfer (Schneider), Spyrka, Dammeier – Bierhoff (1), Eichenauer (1) – K.: Luginger – SR: van den Wijngaert (Belgien).

9 **DDR**, 13. 10., Sombor, 0:1 verloren (EM-Halbfinale U18): Brunn – Luginger – Metz (Wörsdorfer, Banach), Strehmel, Haun – Heidenreich, Spyrka, Schneider, Laubinger – Bierhoff, Eichenauer – K.: Luginger – SR: Hope (Schottland).

10 **Schottland**, 15. 10., Subotica, 1:0 gewonnen (um den 3. Platz EM U18): Brunn – Luginger – Strehmel, Wichterich – Heidenreich, Haun, Schneider, Spyrka (Bierhoff) – Dammeier (1), Laubinger, Banach (Eichenauer) – K.: Luginger – SR: Kohl (Österreich).

Die Spiele zur U18-EM wurden bereits von der Juniorenauswahl U19 bestritten, weil die Endrunde in den Herbst gelegt wurde. In den Statistiken werden Spiele und Spieler daher der U19 hinzugerechnet.

1987: 9 Spiele: 6 Siege, 3 Unentschieden

11 **Chile**, 6. 5., Solingen, 2:0 gewonnen: Ernst – Spyrka – H. J. Heidenreich, Metz, Gabriel (Strehmel) – Haun (Kostner (1)), K. Reinhardt (Walz), Legat, Luginger – Banach, Eichenauer (1) (Preetz) – K.: Luginger – SR: Ahlenfelder (Deutschland).

12 **Dänemark**, 19. 8., Einbeck, 1:1 unentschieden: Brunn – Klinkert (1), Spyrka (Schneider) – Metz – H. J. Heidenreich, Luginger, Möller, K. Reinhardt (Eichenauer), Vorholt (Haun) – Banach (Witeczek), Epp (Preetz). – K.: Luginger. – SR.: Wiesel (Deutschland).

13 **Kanada**, 16. 9., Neuss, 1:0 gewonnen: Brunn (Rekers) – Klinkert, Spyrka, Strehmel (Prus) – Schneider, Hägele, Steffen (Würzburger), Vorholt – Dammeier, Epp (1), Eichenauer (Witeczek) – K.: Spyrka – SR: Assenmacher (Deutschland).

14 **Saudi-Arabien**, 12. 10., Antofagasta, 3:0 gewonnen (U20-WM-Gruppenspiel): Brunn – Luginger – H. J. Heidenreich, Strehmel (1), Metz – Spyrka, Möller, Schneider, Dammeier (1) – Witeczek (1) (Preetz), Epp (1) (Eichenauer) – K.: Luginger – SR: Longhi (Italien).

15 **Bulgarien**, 15. 10., Antofagasta, 3:0 gewonnen (U20-WM-Gruppenspiel): Clauss – Strehmel – Klinkert, Metz – Luginger, Spyrka, Schneider, Möller (H. J. Heidenreich), Dammeier (K. Reinhardt (1)) – Witeczek (2), Epp – K: Luginger – SR: Marin (Chile).

16 **USA**, 17. 10., Antofagasta, 2:1 gewonnen (U20-WM-Gruppenspiel): Brunn – Spyrka – Claasen, Strehmel, H. J. Heidenreich – Möller (1), Schneider, K. Reinhardt – Würzburger (Dammeier), Preetz (Eichenauer), Witeczek (1) – K.: Möller – SR: Sano (Japan).

17 **Schottland**, 21. 10., Antofagasta, 1:1 n. V., Elfmeterschießen 4:3 (U20-WM-Viertelfinale): Brunn – Luginger – Strehmel, Metz, H. J. Heidenreich – Spyrka, Schneider, Möller, K. Reinhardt (1) – Epp (Dammeier), Witeczek – K.: Luginger – SR: Loustau (Argentinien) – Tore im Elfmeterschießen: Witeczek, Metz, Luginger, Spyrka.

18 **Chile**, 23. 10., Concepcion, 4:0 gewonnen (U20-WM-Halbfinale): Brunn – Luginger – Strehmel, Metz – Dammeier (1), Spyrka, Möller (Preetz), Schneider, K. Reinhardt – Eichenauer (1), Witeczek (2) – K.: Luginger – SR: Bouillet (Frankreich).

19 **Jugoslawien**, 25. 10., Santiago, 1:1 n. V., Elfmeterschießen 4:5 (U20-WM-Finale): Brunn – Luginger – Strehmel, Metz – Dammeier (H. J. Heidenreich), Spyrka, Möller, Schneider, K. Reinhardt – Eichenauer (Epp), Witeczek (1) – K.: Luginger – SR: Loustau (Argentinien) – Tore im Elfmeterschießen: Metz, Luginger, Spyrka, K. Reinhardt.

1990: 3 Spiele: 1 Sieg, 2 Unentschieden

20 **Brasilien**, 11. 2., Maspalomas, 2:0 gewonnen: Heinen – Haber – Ewen, Wörns, Strube – Schneider, Becker (Kramny), Zetzmann, Franck (1) – Herrlich (1), Klauß – K.: Klauß – SR: Carmello (Spanien).

21 **Spanien**, 14. 2. Maspalomas, 1:1 unentschieden: Heinen – Wörns (1), Schneider, Haber, Strube – Oßwald (Kramny), Ewen, Franck (Spieler), Zetzmann – Herrlich, Klauß – K.: Klauß – SR: Gonzales (Spanien).

22 **Frankreich**, 16. 2. Maspalomas, 2:2 unentschieden: Heinen – Oßwald (Kramny), Wörns (1), Haber, Strube – Zetzmann, Schneider (Spieler), Franck, Ewen – Weiland (1), Klauß – K.: Klauß – SR: Saavedre (Spanien).

1991: 2 Spiele: 1 Sieg, 1 Niederlage

23 **Portugal**, 29. 1., Maspalomas, 3:0 gewonnen: Klos – Th. Schneider – Frey, Babbel, Witossek – Münch, Unger (1), Haber – Peschel, Herrlich (2), Hutwelker – K.: Haber – SR: Moreno (Spanien).

24 **Spanien**, 1. 2., Las Palmas, 1:2 verloren: Klos – Th. Schneider – Frey (Trenner (1)), Babbel, Witossek – Münch, Unger, Haber – Peschel, Herrlich, Hutwelker – K.: Haber – SR: Gonzalez (Spanien).

1992: 2 Spiele: 1 Unentschieden, 1 Niederlage

25 **Mexiko**, 20. 10., Rheydt, 1:1 unentschieden: Wache (Gospodarek) – Schwiderowski – Lieberknecht, Nowotny, Meißner (Thiele) – Ramelow, Protzel, Eberl, Lenhart (Hager) – Breitenreiter (Parrotta), Dengel (1) – K.: Nowotny – SR: Weber (Deutschland).

26 **Dänemark**, 8. 12., Krefeld, 1:2 verloren: Gospodarek (Wache) – Schwiderowski – Lieberknecht, Protzel – Eberl, Thiele (Elbracht), Nowotny (Burghartswieser), Jörres (Lenhart), Hager (Reis) – Dengel, Breitenreiter (1) – K.: Nowotny/Schwiderowsky – SR: Aust (Deutschland).

1993: 7 Spiele: 2 Siege, 4 Unentschieden, 1 Niederlage

27 **Türkei**, 13. 1., Isparta, 2:2 unentschieden: Gospodarek – Schwiderowski – Stark, Meißner, Eberl, Jörres, Lenhart (Burghartswieser), Reis, Hamann (1), – Jancker, Baich (Parrotta) – Eigentor Türkei – K.: Schwiderowski – SR: Buyukaelci (Türkei).

28 **Türkei**, 16. 1., Antalya, 1:1 unentschieden: Wache – Schwiderowski – Stark, Meißner – Eberl (Burghartswieser), Jörres, Protzel (1), Reis (Lenhart), Hamann – Jancker, Baich (Parotta) – K.: Schwiderowski – SR: Kaplan (Türkei).

29 **Saudi-Arabien**, 7. 2., Riad, 2:1 gewonnen: Wache – Schwiderowski – Stark, Meißner – Eberl, Protzel, Ramelow, Burghartswieser (Neumann), Reis – Jancker (2) (Baich), Lenhart – K.: Schwiderowski – SR: Al Novel (Saudi Arabien).

30 **Saudi-Arabien**, 9. 2., Riad, 0:0 unentschieden: Wache – Schwiderowski – Stark, Meißner (Baich) – Protzel, Eberl, Neumann, Ramelow, Reis – Jancker (Parrotta), Lenhart – K.: Schwiderowski – SR: Al Hamdan (Saudi Arabien).

31 **Portugal**, 6. 3., Brisbane, 1:0 gewonnen (U 20-WM-Gruppenspiel): Wache – Schwiderowski – Stark, Eberl – Burghartswieser, Meißner, Hamann, Jörres (Ramelow), Protzel – Breitenreiter, Jancker (1) (Schmidt) – K.: Schwiderowski – SR: Harrel (Frankreich).

32 **Ghana**, 9. 3., Brisbane, 2:2 unentschieden (U20-WM-Gruppenspiel): Wache – Schwiderowski – Stark, Eberl – Protzel, Ramelow, Meißner, Hamann, Burghartswieser – Breitenreiter (1), Jancker (1) (Schmidt) – K.: Schwiderowski – SR: Kathiriraveloo (Malaysia).

33 **Uruguay**, 11. 3., Brisbane, 1:2 verloren (U 20-WM-Gruppenspiel): Wache – Schwiderowski – Stark, Meißner – Lieberknecht, Ramelow, Hamann, Burghartswieser, Protzel (Lenhart) – Breitenreiter (1), Schmidt – K.: Schwiderowski – SR: Cakar (Türkei).

1994: 1 Spiel: 1 Unentschieden

34 **Nigeria**, 13. 12., Leipzig, 2:2 unentschieden: Jentzsch – Seb. Hahn – Dogen, Egler – Wedau, Hinz, Ricken (1), Gerster (Küntzel), Sumelka – Rath, Michalke (1) – K.: Hinz – SR: Müller (Dresden).

1995: 5 Spiele: 2 Unentschieden, 3 Niederlagen

35 **Portugal**, 23. 1., Maspalomas, 1:3 verloren: Wieland – Seb. Hahn – Fensch, Dogan – Ratkowski, Hinz, Gerster (Frey (1)), Sumelka – Wedau – Küntzel, Rath – K.: Hinz – SR: Carvalho (Portugal).

36 **Spanien**, 25. 1., Maspalomas, 1:3 verloren: Ischdonat – Seb. Hahn – Fensch, Dogan – Riethmann, Hinz, Gerster, Sumelka – Egler (Riedl) – Wedau, Rath (Frey (1)) – K.: Hinz – SR: Martel (Spanien).

37 **Kamerun**, 14. 4., Doha, 1:1 unentschieden (U20-WM-Gruppenspiel): Jentzsch – Hinz (1) – Dogan, Egler – Riethmann, Büttner, Gerster (Fischer), Fährmann (Küntzel), Chylla – Helbig (Sumelka), Rath – K.: Hinz – SR: Castrilli (Argentinien).

38 **Costa Rica**, 17. 4., Doha, 1:2 verloren (U20-WM-Gruppenspiel): Jentzsch – Hinz – Sumelka (Walle (1)), Dogan – Riethmann (Bettenstaedt), Büttner, Gerster, Chylla, Helbig – Küntzel, Fischer – K.: Hinz – SR: Sars (Frankreich).

39 **Australien**, 20. 4., Doha, 1:1 unentschieden (U20-WM-Gruppenspiel): Jentzsch – Hinz – Büttner, Dogan – Riethmann, Stern (Bettenstaedt), Gerster, Walle, Chylla (Sumelka) – Küntzel, Rath (1) – K.: Hinz – SR: Freitas (Brasilien).

1998: 1 Spiel: 1 Sieg

40 **Polen**, 25. 11., Leipzig, 2:0 gewonnen: Hildebrand – Schramm – Lechner, Rapp – Pätz (Fritsche), Voss, Schindzielorz (Korzynietz), Schäper (1) – Timm (1), Kern (Lüring), Majunke (Benthin) – K.: Schramm – SR: Weber (Eisenach).

1999: 8 Spiele: 3 Siege, 1 Unentschieden, 4 Niederlagen

41 **Portugal**, 26. 1., Maspalomas, n. V. 0:0 unentschieden, Elfmeterschießen 5:3: Wessels – Rosen – Lechner (Benthin), Schramm, Rapp – Korzynietz, Rothholz (Rodrigues), Schäper, Schröter (Forkel) – Gerber (Lühring), Kern – Tore im Elfmeterschießen: Rosen, Forkel, Kern, Lühring, Schramm – K.: Schramm – SR: Suarez (Spanien).

42 **Spanien**, 28. 1., Vencindario, 1:2 n. V. verloren: Hildebrand – Benthin, Schramm (Lechner), Rosen, Rapp – Korzynietz, Schäper (1), Rodrigues (Pätz), Gerber (Yilmaz), Lühring (Schröter), Kern – K.: Schramm/Rapp/Kern – SR: Perez (Spanien).

43 **England**, 24. 2., Stoke, 2:2 unentschieden: Hildebrand – Rosen – Schramm, Lechner – Stuckmann (1), Voss (Rothholz), Schäper (Kaul), Kehl – Timm (Kern), Yilmaz (1), Schröter – K.: Schramm – SR.: Matnigson (Schottland).

44 **Kasachstan**, 23. 3., Leverkusen, 8:0 gewonnen: Hildebrand – Rosen (Lechner) – Schramm, Rapp – Korzynietz (Stuckmann), Voss (Kaul (1)), Rothholz (Forkel), Schäper – Falk (1) – Kern (3), Timm (2) (Gensler (1)) – K.: Schramm – SR: Gettke (Deutschland).

45 **Mexiko**, 29. 3., Heusenstamm, 1:2 verloren: Wessels – Schramm – Lechner, Rapp – Korzynietz (Kaul), Voss (Stuckmann), Rothholz (Yilmaz), Schäper (Forkel), Falk – Timm (Gensler (1)), Kern – K.: Schramm – SR: Hufgard (Deutschland).

46 **Paraguay**, 4. 4., Lagos, 4:0 gewonnen (U20-WM-Gruppenspiel): Hildebrand – Schramm – Rapp, Lechner – Rosen, Voss (Forkel), Rothholz (Stuckmann), Schäper – Falk (1) – Kern (3), Timm (Yilmaz) – K.: Schramm – SR: Guezzaz (Marokko).

47 **Nigeria**, 7. 4., Lagos, 0:2 verloren (U20-WM-Gruppenspiel): Hildebrand – Schramm – Rapp, Lechner (Stuckmann), Rosen – Voss, Falk (Mutzel), Rothholz, Schäper – Yilmaz (Gensler), Timm – K.: Schramm – SR: Sanchez (Argentinien).

48 **Costa Rica**, 10. 4., Lagos, 1:2 verloren (U20-WM-Gruppenspiel): Hildebrand – Schramm – Rapp, Stuckmann – Rosen (Kaul), Voss, Falk (Forkel), Rothholz, Schäper – Kern (Gensler), Timm (1) – K.: Schramm – SR: Sanchez (Argentinien).

2000: 3 Spiele: 2 Siege, 1 Niederlage

49 **Polen,** 8. 11., Königs Wusterhausen, 4:1 gewonnen: Ochs (Loboué) – Preuß (1), Zepek, Kling (Fickert) – Siegert, Balitsch (Laubinger), Mikolajczak, Gemiti – Teber (Lauth) – Auer (2) (Fischer (1)), Jungnickel (Burkhardt) – K.: Zepek – SR: Koop (Deutschland).

50 **Finnland,** 16. 12., La Plata, 2:1 gewonnen: Ochs – Preuß, Zepek (1) (Stark), Kling – Siegert, Teber (Laubinger), Balitsch, Burkhardt (Wolf), Fickert (Käfer-Ewertz) – Jones (Schüßler), Jungnickel (1) (Kügler) – K.: Zepek/Kling.

51 **Argentinien,** 20. 12., Buenos Aires, 0:1 verloren: Starke – Preuß, Zepek (Fischer), Kling – Siegert (Laubinger), Stark, Balitsch (Fickert), Gemiti – Teber (Jungnickel) – Jones, Burkhardt (Schüßler) – K.: Zepek/Kling – SR: Viera Bernardet (Uruguay).

2001: 14 Spiele: 6 Siege, 2 Unentschieden, 6 Niederlagen

52 **Spanien,** 9. 2., Las Palmas, n. V. 1:2 verloren: Starke – Wolf, Kling, Fickert – Siegert (Hinkel), Balitsch (1), Gemiti – Teber (Schächter), Dogan, Burkhardt (Käfer-Ewertz) – Fischer (Jones).

53 **Portugal,** 27. 2., Madeira, 0:3 verloren: Schlösser – Siegert, Zepek, Kling, Gemiti – Teber, Balitsch (Marx), Rau (Schüßler), Burkhardt (Mikolajzak) – Auer, Jungnickel (Fischer).

54 **Italien,** 1. 3., Madeira, 2:0 gewonnen: Starke – Wolf, Balitsch, Rau (Kling) – Siegert (Burkhardt), Schüßler (1), Marx, Dogan (Teber), Mikolajczak (Gemiti) – Fischer (1), Jungnickel (Auer).

55 **Tschechien,** 30. 5., Liberec, 4:1 gewonnen: Haas – Preuß (Hinkel), Stark (lapaczinski), Balitsch (Kling), Mikolajczak (Jungnickel 2) – Gemiti (Burkhardt), Teber, Dogan (Tiffert), Zepek – Jones, Auer (dazu ein Egentor Tschechiens).

56 **Ghana,** 10. 6., Groß-Gerau, 1:1 unentschieden: Schlösser (Stuckmann) – Preuß, Lapaczinski (Hinkel), Zepek (Fickert), Kling – Balitsch (Stark), Mikolajczak (Gemiti), Tiffert (Dogan), Burkhardt (Jones) – Auer (Teber), Jungnickel (1).

57 **Brasilien,** 17. 6., Cordoba, 0:2 verloren (U20-WM-Gruppenspiel): Starke – Zepek, Lapaczinski, Kling – Preuß, Balitsch (Dogan), Teber (Tiffert), Mikolajczak, Gemiti – Auer, Jungnickel (Jones), – SR: Statt (USA).

58 **Kanada,** 20. 6., Cordoba, 4:0 gewonnen (U20-WM-Gruppenspiel): Starke – Zepek (Hinkel), Lapaczinski, Kling – Preuß (1), Balitsch, Dogan (Tiffert), Mikolajczak, Gemiti – Auer (3), Jones (Teber), – SR: Tessema (Äthiopien).

59 **Irak,** 23. 6., Cordoba, 3:1 gewonnen (U20-WM-Gruppenspiel): Starke – Zepek (Hinkel), Lapaczinski, Kling – Preuß (1), Balitsch, Tiffert (Teber), Mikolajczak, Gemiti – Auer (1), Jones (Burkhardt) – (dazu ein Eigentor des Irak), – SP: Guirat (Tunesien).

60 **Frankreich,** 27. 6., Cordoba, 2:3 verloren (U20-WM-Viertelfinale): Starke – Zepek, Lapaczinski, Kling – Preuß, Balitsch, Teber (Jones), Mikolajczak, Gemiti (Burkhardt 1) – Auer (1) (Jungnickel), Tiffert – SR: Aros Alyarado (Chile).

61 **Schweiz,** 29. 8., Zofingen, 1:1 unentschieden: Eilhoff – Hinkel, Göttlicher, Wolf, Rolfes – Görlitz (El Kasmi), Feulner, Fink (Backhaus), Hitzlsperger – Männer (Puscher (1)), Heller (Kuranyi).

62 **Niederlande,** 2. 9., Wegberg-Beeck, 2:1 gewonnen: Schlösser – Koch, Rolfes, Göttlicher, Wolf Feulner, Backhaus (Görlitz), Hinkel, Hitzlsberger (Beckert) – Kuranyi (2) (Wersching), Männer (Heller).

63 **Italien,** 7. 11., Herxheim, 1:0 gewonnen: Schlösser – Koch, Wolf, Zepek, Kling (Bonimeier) – Siegert (Görlitz), Mikolajczak, Rolfes, Hitzlsperger (1) – Männer (Kuranyi), Tiffert.

64 **Niederlande,** 12. 11., Helmond, 1:2 verloren: Ochs – Wolf, Zepek, Gemiti – Mikolajczak (Braun), Fink (1), Tiffert, Siegert (Görlitz) – Männer, Kuranyi.

65 **Italien,** 5. 12., Senigallia, 1:4 verloren: Eilhoff – Koch (Nuhs), Fink, Wolf, Weigelt – Görlitz (Reuter), Feulner (1), Rolfes (Wimmer), Hitzlsperger – Schwehr, Männer (Kuranyi).

2002: 5 Spiele: 1 Unentschieden, 4 Niederlagen

66 **Schweiz,** 16. 4., Pfullendorf, 1:2 verloren: Schlösser (Eilhoff) – Koch, Wolf, Thorwart, Weigelt (Kurbjuweit) – Görlitz, Beckert, Rolfes, Mutschler (Kringe) – Schwehr (1), Heller (Braun, Fink).

67 **Schweiz,** 21. 8., Fribourg, 1:3 verloren: Görrissen – Weber, Stoll (Gunesch), Leschinski, Pander – Mahr (Hacker), Kruse – Schlaudraff, Kiral (Meier), Radtke (1), Patschinsky (Mathes).

68 **Slowakei,** 18. 9., Dubnica, 2:2 unentschieden: Haas – Meyer (Gunesch), Fathi, Leschinski, Chahed – Trochowski, Schulz (Radtke (1)), Wingerter, Meier (Schlaudraff) – Hanke (1), Patschinsky (Lehmann).

69 **England,** 23. 10., Dessau, 1:2 verloren: Haas – Lehmann, Leschinski, Fathi, Meyer (Kruse) – Riether (Chahed), Wingerter, Schulz (Schied) – Meier (Schlaudraff) – Radtke (1), Hanke.

70 **Italien,** 11. 12., Torre Annunziata, 1:2 verloren: Haas – Rundio (1), Wingerter (Leschinski), Fathi – Volz (Kruse), Lehmann, Lahm (Husterer), Meyer – Trochowski – Kneißl (Odonkor), Patschinsky.

2003: 17 Spiele: 7 Siege, 1 Unentschieden, 9 Niederlagen

71 **Katar**, 13. 1., Doha, 2:1 gewonnen: Platins – Husterer, Leschinski, Fathi – Chahed, Ma. Lehmann, Schulz (Wingerter), Meyer (Radtke} – Trochowski (1), Kiral – Kneißl (1) (Kruse).

72 Schweiz, 15. 1., Doha, 3:2 gewonnen: Haas – Leschinski (Ma. Lehmann), Wingerter, Fathi – Chahed (Volz), Lahm, Schulz, Kruse (Husterer), Kiral (Hanke (1)) – Trochowski (1), Radtke (1) (Kneißl).

73 **Thailand**, 17. 1., Doha, 6:0 gewonnen: Walke – Volz (Leschinski), Rundio (1), Husterer, Meyer – Ma. Lehmann, Lahm (Wingerter (1)), Kruse, Kiral (Schulz) – Kneißl (1) (Radtke), Hanke (2) (Trochowski (1)).

74 **Japan**, 19. 1., Doha, 0:4 verloren: Haas – Volz , Rundio, Leschinski (Kruse), Meyer – Schulz (Lahm), Wingerter – Trochowski, Kiral (Radtke) – Hanke, Kneißl.

75 **Brasilien**, 24. 1., Doha, 2:4 verloren: Walke – Husterer, Wingerter (Leschinski), Rundio – Meyer, Ma. Lehmann, Lahm (Schulz), Volz (1) (Radtke) – Kiral (Kneißl), Trochowski – Hanke (1).

76 **England**, 6. 2., Reading, 1:2 verloren: Walke (Haas) – Fathi, Rundio, Husterer – Meyer, Schulz, Schlaudraff (Trochowski), Chahed (Kruse) – Schied (Radtke), Hanke (1), Odonkor.

77 **Italien**, 19. 3., Trier, 3:4 verloren: Haas – Husterer, Leschinski, Fathi – Weber (Chahed) – Ma. Lehmann, Kruse (Westermann) – Schlaudraff (Ludwig), Kiral – Meier (1) (Schied), Hanke (2).

78 **Spanien**, 23. 4., Oberhausen, 0:2 verloren: Haas – Ma. Lehmann, Westermann (Leschinski) Schulz, Meyer – Schlaudraff (Chahed), Wingerter (Cozza), Meier, Kiral (Radtke) – Hanke, Krontiris.

79 **Schweiz**, 28. 5., Freiburg, 1:1 unentschieden: Haas – Volz, Husterer, Rundio, Meyer (Wingerter) – Riether, Lahm (Kolm), Cozza (Ma. Lehmann), Schulz – Meier (1) (Radtke), Krontiris.

80 **Schweiz**, 27. 8., Schaffhausen, 5:1 gewonnen: Grünberger – Dick, Lell, Idrissi, Milchraum (Reinhardt) – Baier (1) (Baltes), Jarosch (1) (Hoffmann), Caligiuri (Michael Lehmann), Ludwig (1) (Eigler) – Stier (2), Kilicaslan.

81 **Ägypten**, 1. 10., Kleve, 1:0 gewonnen: Walke – Ma. Lehmann, Husterer, Fathi, Pander – Ludwig (1), Cozza (Wingerter), Schulz, Bührer (Masmanidis) – Kneißl (Leschinski), Patschinsky (Crone).

82 **Tschechien**, 5. 11., Regensburg, 0:3 verloren: Walke (Haas) – Lell (Radtke), Husterer (Chahed), Fathi, Pander (Meyer) – Wingerter, Masmanidis (Cozza), Schulz – Ludwig, Kneißl, Bührer (Kiral).

83 **Österreich**, 12. 11., Ried, 1:0 gewonnen: Grünberger – Dick, Reinhardt, Idrissi, Paul (Heun) – Ochs, Fischer (Wittke), Haller (Jarosch), Milchraum (1) (Mertesacker) – Stier, Kilicaslan.

84 **Südkorea**, 29. 11., Abu Dhabi (U20-WM-Gruppenspiel), 0:2 verloren: Walke – Ma. Lehmann, Huth, Fathi, Meyer – Wingerter (Lell), Trochowski, Schulz – Ludwig (Patschinsky, Kilicaslan), Kneißl, Masmanidis.

85 **USA**, 2. 12., Abu Dhabi (U20-WM-Gruppenspiel), 3:1 gewonnen: Walke – Ma. Lehmann, Huth (1), Fathi (Rundio), Meyer (Milchraum) – Wingerter, Trochowski (1), Schulz – Lell (Ludwig), Kneißl (1), Masmanidis.

86 **Paraguay**, 5. 12., Abu Dhabi (U20-WM-Gruppenspiel), 0:2 verloren: Walke – Ma. Lehmann, Huth, Rundio, Meyer (Pander) – Ludwig (Lell), Wingerter, Schulz, Milchraum (Kilicaslan) – Kneißl, Trochowski.

87 **Italien**, 10. 12., Latina, 0:3 verloren: Hörrlein – Mertesacker, Jarosch, Callsen-Bracker – Ochs (Ebeling), Baltes, Caligiuri, Wittke, Haller – Stier (Fischer), Lewejohann (Müller).

2004: 6 Spiele: 4 Siege, 2 Unentschieden

88 **Italien**, 18. 2., Düsseldorf, 2:1 gewonnen: Haas (Rensing) – Dick, Lell (Idrissi), Huth, Milchraum – Ma. Lehmann (Baier), Trochowski (1)(Stoll), Schulz – Odonkor (1), Schied, Ludwig (Meier).

89 **Österreich**, 31. 3., Burghausen, 1:0 gewonnen: Rensing – Demirtas (Jarosch), Huth, Mi. Lehmann, Meyer – Odonkor (Filinger), Ma. Lehmann (Geißler), Schulz (1), Ludwig (Baier) – Trochowski – Schied (Patschinski).

90 **Schweiz**, 21. 4., Singen, 1:1 unentschieden: Grünberger – Dick (Idrissi), Westermann, Stoll, Meyer – Odonkor (Milchraum), Reinhardt, Schulz, Ludwig – Kilicaslan (1), Kießling (Fillinger).

91 **Schweiz**, 1. 9., Frauenfeld, 3:0 gewonnen: Tschauner – Bauer (Stegmayer), Job-Matip, Banecki (Kokocinski), Thomik (Janker) – Jansen (Tekkan), Gentner (Hampel), Ottl (1), Delura (2) – Senesie, Gomez (Bork).

92 **Österreich**, 6. 10., Fürth, 2:0 gewonnen: R. Adler – Thomik, Hoogland, Schaschko, Reinhard – Hampel, Gentner, Ottl (Banecki (1)) – Delura (Freis (1)), Bröker (Gomez), Jansen (Bauer).

93 **Italien**, 8. 12., Prato, 0:0 unentschieden: Tschauner – Janker (Cozza), Hoogland, Schaschko (Bauer), Stegmayer (Mauersberger) – Delura, Ottl, Gentner (Röttger), Hampel – Gomez (Thomik), Senesie (N. Adler).

2005: 14 Spiele: 5 Siege, 4 Unentschieden, 5 Niederlagen

94 **Italien**, 16. 2., Wattenscheid, 1:0 gewonnen: Tschauner – Heitmeier, Job-Matip, Compper, Janker (Huber) – Banecki (N. Adler), Cimen – Ottl (1) – Röttger (Bauer), Bröker (Bork), Hampel (Cozza).

95 **Österreich**, 23. 3., Weiz, 1:0 gewonnen: Tschauner – Schuon, Mauersberger (Huber), Janker, Stegmayer – Schnitzler (Röttger), Ottl (Reinhard), Gentner (Thomik) – Delura, N. Adler (Cimen), Gomez (1).

96 **Schweiz**, 13. 4., Pfullendorf, 2:2 unentschieden: Domaschke (Pirson) – Janker (Thomik), Hoogland, Compper (Mauersberger), Stegmayer – Cimen, Delura, Heitmeier (Ottl) – Senesie (1) – N. Adler (1) (Bröker), Freis (Schnitzler).

97 **China**, 11. 5., Schweinfurt, 2:2 unentschieden: Tschauner – Schuon (Janker), Sinkiewicz, Matip, Compper (Röttger) – Delura (Gentner (1)), Hampel (Banecki), Ottl, Thomik – Gomez (Schnitzler), N. Adler (1).

98 **Chile**, 1. 6., Kleve, 2:3 verloren: R. Adler – Compper (Matip), Janker, Schuon, Huber (Thomik) – Cimen (Senesie), Hampel (Ottl), Gentner (1) – Delura, Freis (1), Gomez (N. Adler).

99 **Russland** U21, 7. 6., Münster, 1:1 unentschieden: R. Adler – Jansen (Compper), Schuon, Matip, Janker – Cimen (Huber), Gentner, Thomik – Senesie (Delura) – N. Adler (Hampel), Freis (1) (Bröker).

100 **Ägypten**, 11. 6., Kerkrade, 2:0 gewonnen (U20-WM-Gruppenspiel): R. Adler – Janker, Schuon, Matip (1), Jansen – Cimen, Gentner – Senesie (Hampel)- Delura, Freis (N. Adler (1)), Thomik (Reinhard).

101 **USA**, 14. 6., Enschede, 0:0 unentschieden (U20-WM-Gruppenspiel): R. Adler – Janker, Schuon, Matip, Jansen – Ottl (Banecki), Cimen, Reinhard – Gentner – Delura, N. Adler (Senesie).

102 **Argentinien**, 18. 6., Emmen, 0:1 verloren (U20-WM-Gruppenspiel): R. Adler – Huber, Janker, Matip, Jansen (Compper) – Thomik, Ottl, Cimen, Reinhard – Senesie (Banecki), Freis (Delura).

103 **China**, 21. 6., Tilburg, 3:2 gewonnen (U20-WM-Achtelfinale): R. Adler – Janker, Schuon, Matip (1), Reinhard (Compper) – Thomik, Cimen – Gentner (1) – Delura (Banecki), N. Adler (1) (Senesie), Jansen.

104 **Brasilien**, 24. 6., Tilburg, 1:2 n. V. verloren (U20-WM-Viertelfinale): R. Adler – Janker (Huber (1)), Schuon, Matip, Compper – Thomik (Ottl), Cimen – Gentner – Delura, N. Adler (Bröker), Jansen.

105 **Schweiz**, 14. 9., Biel, 1:2 verloren: Fromlowitz (Neuer) – Polenz (Epstein), Klinger, Bungert, Bieler (R. Müller) – Karl (Calik (1)) – Schröck, F. Müller, Schutzbach – Pagenburg, Grote.

106 **Litauen U21**, 1. 11., Norderstedt, 3:0 gewonnen: Fromlowitz – Huber, Cimen, Zinke, Bieler (Schöneberg) – Delura (1) (Langen), Dejagah, Alushi, Heppke (Schröck) – Senesie (1), Kucukovic (1) (Adler).

107 **Italien**, 7. 12., Isernia, 0:2 verloren: Tschauner – Huber, Zinke (Klinger), Bieler, Compper – Adler (Schöneberg), Cimen, Alushi (Zimmermann), Langen (Grote) – Kucukovic, Dejagah.

2006: 7 Spiele: 3 Siege, 2 Unentschieden, 2 Niederlagen

108 **Italien**, 22. 2., Burghausen, 1:1 unentschieden: Tschauner – Huber, Müller, Bieler, Compper (Schöneberg) – Schuon, Alushi, Cimen (1) – Nehrig (Schaschko), Delura, Senesie (Ziemer).
109 **Österreich**, 22. 3., Traun, 3:2 gewonnen: Neuer – Ottl (Schöneberg), Cimen, Bieler (1), Reinhard (Compper) – Delura, Gentner, Alushi, Grote (Thomik (1)) – Gomez, Dejagah (Epstein (1)).
110 **Schweiz**, 26. 4., Hoffenheim, 1:1 unentschieden: Tschauner – Schöneberg, Callsen-Bracker, Zinke, Compper (Langen) – Gentner, Book, Epstein, Grote (Thomik) – Delura (Kucukovic), Gomez (1).
111 **Österreich**, 16. 5., Bautzen, 2:3 verloren: Tschauner – Russ, Cimen, Callsen-Bracker – Huber (Lerchl), Delura, Epstein (Zinke), Gentner, Langen (Compper) – Nehrig (Schöneberg), Kucukovic (2).
112 **Schweiz**, 30. 8., Wohlen, 1:0 gewonnen: Fromlowitz (Neuer) – Johnson, Tasci (Adlung), R. Müller, Langen – Flessers, Aogo (1), K. Boateng, Epstein – Ede (Heppke), Dejagah (Nehrig).
113 **Österreich**, 14. 11., Celle, 4:1 gewonnen: Neuer (Birkenbach) – Beck, Joneleit, Bertram (Fleßers), Boenisch – Ziegenbein, Kruska (Ebert), K. Boateng (Johnson), Khedira (1) (Artmann) – Dejagah (2), Heller (1) (Ede).
114 **Italien**, 6. 12., Pistoia, 0:1 verloren: Fromlowitz (Birkenbach) – Boenisch, R. Müller, Joneleit, Johnson (Bülow) – Özbek (Grote), Judt, Aogo, Kunert (Ziegenbein) – Adlung (Daghfous), Calik (Polenz).

2007: 3 Spiele: 2 Siege, 1 Niederlage

115 **Österreich**, 5. 9., Kaufbeuren, 0:1 verloren: Männel (Kirschbaum) – Falkenberg, Kotysch, Höwedes, Feick (Hessel) – Konrad, Kruse (Brosinski) – Schindler (Schütz), Ben-Hatira, Johnson (Stindl) – Petersen.
116 **Schweiz**, 21. 11., Liestal, 2:1 gewonnen: Fährmann (Männel) – Falkenberg, Kotysch, Haas (Bertram), Halfar (Feick) – Reinert (Brosinski (1)), Konrad, Ben-Hatira, Sauter (Kruse) – Sam (Lamidi), Tyrala (1).
117 **Italien**, 5. 12., Cuneo, 1:0 gewonnen: Männel (Fährmann) – Falkenberg (Haas), Bertram, Kotysch (1) (Sauter), Feick (Andersen) – Reinert, Konrad, Ben-Hatira (Kruse), Adlung (Lamidi) – Sam, Tyrala (Petersen).

2008: 6 Spiele: 3 Siege, 2 Unentschieden, 1 Niederlage

118 **Österreich**, 6. 2., Pasching, 1:1 unentschieden: Fährmann (Männel) – Jaissle (Evljuskin), Haas, Bertram, Feick (1) – Adlung, Konrad, Ben-Hatira, Kruse (Andersen) – Lamidi (Stindl), Brosinski (Fetsch).
119 **Italien**, 9. 4., Friedrichshafen, 0:0 unentschieden: Männel (Fährmann) – Feick, Haas (Neustädter), Eberlein, Falkenberg (Evljuskin) – Sauter (Kruse), Ben-Hatira, Konrad, Sam (Schindler) – Petersen (Flum), Tyrala (Lamidi).
120 **Schweiz**, 22. 4., Pfullendorf, 3:1 gewonnen: Fährmann (Männel) – Feick, Kotysch, Eberlein (Neustädter (1)), Haas (Brosinski) – Flum, Kruse (1), Konrad, Glockner (Stindl) – Ben-Hatira (Sauter), Sam (Lamidi (1)).
121 **Österreich**, 3. 9., Gütersloh, 4:2 gewonnen: Mickel – Petersch (Badstuber), Jungwirth, Schorch, Oczipka – Th. Müller (1), Latza (1), Vrancic (1), Nsereko (Aydilek) – Naki (1), Soyudogru (Schäffler).
122 **Schweiz**, 8. 10., Ulm: 3:2 gewonnen: Mickel – Diekmeier, Reinartz, Schorch, Oczipka – Risse, Latza (Vrancic), Pezzoni (Badstuber), Perthel – Naki, Schahin (1) (Huke (2)).
123 **Österreich**, 12. 10., Altach , 1:2 verloren: Mielitz – Perthel (Rodenberg), Badstuber, Reinartz, Diekmeier – Kempe (1), Pezzoni (Oczipka), Latza (Vrancic/Huke), Risse (Kegel) – Naki, Schahin.

2009: 12 Spiele: 7 Siege, 2 unentschieden, 3 Niederlage

124 **Schweiz**, 28. 3., Lugano, 0:2 verloren: Burchert – Diekmeier, Jungwirth, Reinartz, Oczipka – Vrancic, Latza – Naki, Gebhart (Großkreutz), Nsereko (Kempe) – Schäffler.
125 **Italien**, 22. 4., Chemnitz, 5:0 gewonnen: Burchert – Kopplin, Schorch, Pezzoni (Vrancic), Oczipka – Risse (1), Jungwirth, Reinartz (Latza), Perthel (2) – Naki (2) (Choupo-Moting), Schahin (1).
126 **Italien**, 19. 5., Biella, 1:0 gewonnen: Mickel (Amsif) – Kopplin, Jungwirth, Eberlein, Rodenberg – Risse (Petersch), Latza (Choupo-Moting), Pezzoni, Feick (Haeder) – Schahin (1), Naki (Neumann).

127 **Südafrika**, 5. 9., Pirmasens, 6:1 gewonnen: Mielitz (Zieler) – Jung, Jungwirth (1), L. Bender (1), Vrzogic (Rodenberg) – Rode, S. Bender (2) (Schulz), Vrancic (1), Aydilek (Schahin) – Sukuta-Pasu (Schäffler (1)), Holtby.

128 **USA**, 26. 9., Suez, 3:0 gewonnen (U20-WM-Gruppenspiel): Zieler – Jung, Jungwirth (1), L. Bender, Kopplin – Funk – Kempe (Schäffler (1)), Holtby (Kaptan), Vrancic, Aydilek (1) (Vrzogic) – Sukuta-Pasu.

129 **Südkorea**, 29. 8., Suez, 1:1 unentschieden (U20-WM-Gruppenspiel: Zieler – Jung, Jungwirth, L. Bender, Kopplin – Funk – Schahin (Vrgozic), Vrancic (Schäffler), Holtby, Aydilek (Kaptan) – Sukuta-Pasu (1).

130 **Kamerun**, 2. 10., Ismailia, 3:0 gewonnen (U20-WM-Gruppenspiel): Mielitz – Jung, Jungwirth, L. Bender, Kopplin – Funk (Schulz) – Holtby (1), Vrancic (Kempe), Aydilek (1) – Schäffler (Schahin), Sukuta-Pasu (1).

131 **Nigeria**, 7. 10., Suez, 3:2 gewonnen (U20-WM-Achtelfinale): Zieler – Jung, Jungwirth, L. Bender, Kopplin (2) – Funk (Vrancic (1)) – Holtby (Kaptan), S. Bender, Vrzogic – Sukuta-Pasu, Kempe.

132 **Schweiz**, 9. 10., Solothurn, 2:3 verloren: Amsif (Vollath) – Strifler (Bäcker), Teixeira, Jantschke, Contento – Ekici, Gündogan, Yalcin (1) (Piossek) – Bigalke (Vukcevic), Testroet (Soyudogru), Beister (1).

133 **Brasilien**, 10. 10., Kairo, 1:2 n. V. verloren (U20-WM-Viertelfinale): Zieler – Jung, Jungwirth, L. Bender, Kopplin – Funk – Holtby (1) (Schäffler), S. Bender (Schahin), Vrancic, Aydilek (Kaptan) – Sukuta-Pasu.

134 **Österreich**, 13. 11., Hoffenheim, 2:2 unentschieden: Vollath (Wiedwald) – Jung (Strifler), Koch, Teixeira (Erb), Jantschke (Contento) – Yalcin (Schürf), Funk – Moritz (1), Ekici, Beister (1) (Bäcker) – Testroet (Esswein).

135 **Italien**, 8. 12., Taranto, 4:1 gewonnen: Amsif (Vollath) – Jung (Schürf), Koch, Teixeira (Latza), Contento (Jantschke) – Bigalke (1), Moritz, Yalcin, Beister (1) (Bäcker (1)) – Schürrle (1) (Testroet), Ekici (Strifler).

2010: 6 Spiele: 5 Siege, 1 Unentschieden

136 **Schweiz**, 3. 3., Berlin, 1:1 unentschieden: Amsif (Baumann) – Jung (Strifler), Jungwirth, Schorch (Koch), Contento – Vukcevic (Bigalke), Ekici (1), Jantschke (Funk), Nsereko (Beister) – Gündogan (Esswein), Bäcker.

137 **Italien**, 7. 4., Hamburg, 4:0 gewonnen: Baumann (Amsif) – Dettmann (Haas), Wollscheid (Schulz), Teixeira, Jantschke – Latza (2) (Groß), Moritz, Holland – Kammlott (Jänicke), Schahin, Beister (1) (Bäcker (1)).

138 **Schweiz**, 6. 9., Schaffhausen, 3:2 gewonnen: Bussmann (Müller) – Koch (Koronkiewicz), Neumann, Erb (Schneider), Cincotta (Salger) – Knoll, Perdedaj – Beister (1) (Stiepermann), Didavi (Geyer), Quaner (1) (Clemens (1)) – Tosun (Uth).

139 **Schweiz**, 7. 10., Heidenheim, 2:0 gewonnen: Heimann (Unnerstall) – Teixeira, Gulde, Hornschuh, Cincotta (Bertram (1)) – Zeitz (Bickel), Knoll – Beister (Radjabali-Fardi), Groß (Bellarabi (1)), Terrazzino (Alvarez) – Tosun.

140 **Polen**, 10. 10., Wloclawek, 1:0 gewonnen: Unnerstall (Müller) – Teixeira, Neupert, Schneider, Radjabali-Fardi – Bickel, Knoll – Bertram (Beister), Groß (Zeitz), Bellarabi (Terrazino) – Alvarez (Tosun (1)).

141 **Italien**, 17. 11., Figline Valdarno, 2:1 gewonnen: Giefer – Teixeira (Geyer), Hübner (Endres), Erb (Neupert), Radjabali-Fardi (Cincotta) – Knoll, Bickel (Groß) – Stiepermann (1), Rupp (Testroet), Terrazzino (1) (Kramer) – Brandstetter (Müller) – Gelb-Rot: Kramer – Rot: Giefer.

2011: 2 Spiele: 1 Sieg, 1 Unentschieden

142 **Italien**, Oberhausen, 9. 2., 3:1 gewonnen: Heimann (Bussmann) – Teixeira (Brown Forbes), Geyer (Hübner), Erb (Neupert), Radjabali-Fardi (Blum) – Perdedaj (Cincotta), Vogt (Wolze) – Stiepermann (Bertram), Rupp (Groß), Bellarabi (Terrazzino) – Esswein (3) (Testroet).

143 **Polen**, 24. 3., Cottbus: 1:1 unentschieden: Müller (Heimann) – Teixeira (Koronkiewicz), Geyer (Endres), Erb (Neupert), Cincotta (Blum) – Kramer (1) (Wolze), Knoll – Beister (Bertram), Rupp (Arslan), Bellarabi (Terrazino) – Brandstetter (Exslager).

Die Bilanz der 875 A1-/A2-Junioren-Länderspiele U19/U18 (bis 2001 U18/U17)

Gegner	Spiele	Siege	Unentsch.	Niederl.	Tore	11-m-Sch.
Ägypten	9	4	1	4	12:8	
Albanien	1	1	–	–	2:0	
Algerien	2	2	–	–	9:0	
Andorra	1	1	–	–	10:0	
Argentinien	2	1	1	–	4:3	
Armenien	1	1	–	–	5:0	
Aserbaidschan	1	1	–	–	7:0	
Australien	3	–	1	2	3:5	
Belgien	31	15	13	3	54:27	4:1, 4:2
Bosnien-Herzegowina	2	2	–	–	13:1	
Brasilien	7	1	2	4	6:15	
Bulgarien	15	10	1	4	34:15	
Burkina Faso	1	–	1	–	1:1	
Chile	1	1	–	–	1:0	
China	8	4	1	3	16:12	
Costa Rica	1	1	–	–	4:0	
Dänemark	24	15	6	3	56:23	
DDR	10	4	5	1	19:12	3:2
England	22	7	5	10	29:34	
Estland	5	5	–	–	24:4	
Färöer	3	3	–	–	19:0	
Finnland	24	19	4	1	68:22	
Frankreich	96	33	28	35	128:133	4:3
Georgien	1	1	–	–	2:0	
Ghana	1	–	–	1	1:5	
Griechenland	20	10	3	7	39:33	
Iran	2	–	–	2	0:3	
Irland	16	8	5	3	28:14	3:4
Island	2	1	1	–	6:1	
Israel	20	13	5	2	41:15	
Italien	29	11	10	8	39:36	3:4
Japan	5	2	–	3	8:10	
Kanada	3	2	1	–	5:1	
Katar	3	2	1	–	9:3	
Kongo	1	1	–	–	4:1	
Kroatien	7	4	3	–	17:6	3:1
Lettland	4	3	1	–	10:1	
Liechtenstein	2	2	–	–	15:1	
Litauen	4	3	1	–	16:3	
Luxemburg	13	12	–	1	61:8	
Mali	2	–	2	–	0:0	4:3
Malta	6	6	–	–	24:1	
Mazedonien	1	1	–	–	5:0	
Mexiko	1	–	–	1	2:3	
Moldawien	1	1	–	1	5:0	
Namibia	2	–	2	–	1:1	4:2
Niederlande	35	21	6	8	67:45	
Nigeria	1	–	–	1	0:2	
Nordirland	9	6	1	2	19:9	
Norwegen	15	9	3	3	31:16	
Oman	3	1	–	2	6:6	
Österreich	23	15	5	3	50:22	
Polen	33	20	8	5	57:26	
Portugal	22	7	7	8	27:32	1:4
Ruanda	1	1	–	–	3:1	
Rumänien	11	4	3	4	7:9	
Russland (UdSSR/GUS)	34	9	9	16	32:49	
Saarland	1	1	–	–	6:1	

Gegner	Spiele	Siege	Unentsch.	Niederl.	Tore	11-m-Sch.
San Marino	1	1	–	–	10:0	
Saudi-Arabien	1	1	–	–	3:0	
Schottland	23	10	8	5	25:18	3:0
Schweden	27	17	8	2	47:26	
Schweiz	24	21	3	–	59:21	
Serbien (Serbien-Montenegro, Jugoslawien)	22	10	5	7	31:27	
Slowakei	11	8	–	3	30:20	
Slowenien	1	1	–	–	3:0	
Spanien	37	12	6	19	47:70	5:3
Sudan	1	1	–	–	3:1	
Südkorea	2	–	1	1	2:4	
Thailand	2	2	–	–	9:0	
Trinidad & Tobago	2	2	–	–	9:0	
Tschechien	17	8	4	5	28:22	
Tschechoslowakei	15	7	2	6	18:20	
Türkei	22	13	4	5	43:24	
Tunesien	1	1	–	–	5:2	
Ukraine	11	6	1	4	18:13	
Ungarn	26	17	6	3	60:28	
USA	13	9	3	1	27:8	
Vereinigte Arab. Emirate	3	2	1	–	7:3	
Wales	4	4	–	–	15:4	
Weißrussland	3	3	–	–	12:2	
Zypern	2	2	–	–	7:0	
Gesamt:	875	466	198	211	1685:992	

2010: 29 Spiele, 17 Siege, 6 Unentschieden, 6 Niederlagen

838 **Norwegen,** 5. 2., La Manga, 1:2 verloren: Bussmann – Koronkiewicz, Bell, Hornschuh, Cincotta (Brown Forbes) – Camdal (Neumann), Afsarli (Sauter), Kramer (Perdedaj), Stiepermann (1) – Mlapa, Alvarez.

839 **Polen,** 7. 2., La Manga, 2:0 gewonnen: Lenz – Brown Forbes, Bell, Neumann (Afsarli), Cincotta – Hornschuh, Perdedaj, Clemens (Camdal), Stiepermann (1) (Alvarez) – Grimaldi (Kramer), Mlapa (Sauter). Dazu kommt ein Eigentor von Tietrzak.

840 **Portugal,** 9. 2., La Manga, 1:3 verloren: Bussmann (Lenz) Brown Forbes, Bell, Hornschuh, Cincotta – Alvarez (Grimaldi), Camdal, Afsarli (Kramer), Stiepermann – Sauter, Mlapa (1).

841 **Italien,** 17. 3., Sacile, 1:1 unentschieden: Flückiger – Sauter, Bell, Sobiech, Radjabali Fardi (Cincotta) – Bertram (Alvarez), Perdedaj (Hornschuh), Hartmann (Camdal), Stiepermann – Mlapa, Ginczek (Tosun (1)).

842 **Frankreich,** 23. 3., Cloppenburg, 1:1 unentschieden: ter Stegen – Avevor, Hofstetter, Mustafi, Plattenhardt – Malli (Thomalla), Zimmermann (Röseler), Evseev (Hoffmann) – Gogia, Kargbo (Janzer), Scheidhauer (1) (Unzola).

843 **Frankreich,** 25. 3., Lingen, 2:0 gewonnen: Schwolow – Schilk (Malli (1)), Unzola (Avevor), Sabah, Mustafi – Röseler, Janzer (Albutat), Hoffmann (Bosseler), Kachunga (1) (Hofstetter) – Buchtmann (Gogia), Thomalla.

844 **Südkorea U19,** 7. 4., Al Ain, 0:1 verloren: Schwolow – Plattenhardt, Hofstetter, Sabah, Schilk (Bieler) – Röseler (Voglsammer), Janjatovic, Thomalla – Kargbo, Kachunga (Klaus), Scheidhauer.

845 **Vereinigte Arabische Emirate U19,** 10. 4., Al Ain, 1:0 gewonnen: Schwolow – Schilk, Jensen (Röseler), Hofstetter (Sabah), Unzola – Örücü, Janjatovic – Thomalla (Kachunga) – Bieler (Steimel), Scheidhauer (Voglsammer), Kargbo (1) (Albutat).

846 **Ägypten U19,** 12. 4., Al Ain, 1:0 gewonnen: Hohmann – Schilk, Jensen (Sabah), Hofstetter (1), Plattenhardt – Örücü, Janjatovic, Albutat (Scheidhauer) – Bieler (Röseler), Klaus (Unzola), Kargbo (Voglsammer).

847 **Kroatien,** 4. 5., Velika Gorica, 3:0 gewonnen: Leno – Basala-Mazana (1) (Schilk), Hofstetter, Mustafi (1), Sowah (Plattenhardt) – Yabo (Volland), Janjatovic, Buchtmann – Gogia (Uaferro), Thy (1) (Riemann), Scheidhauer (Malli).

848 **Tschechien,** 5. 5., Aue, 2:3 verloren: Flückiger (Bussmann) – Vaaßen (Brown Forbes), Sobiech, Hornschuh, Cincotta (1) (Radjabali Fardi) – Sauter (Hartmann), Perdedaj, Herrmann (Rühle), Stiepermann – Ginczek (1) (Tosun), Mlapa.

849 **Kroatien,** 6. 5., Samobor, 0:0 unentschieden: ter Stegen – Basala-Mazana (Gogia), Plattenhardt, Hofstetter, Mustafi – Uaferro, Riemann, Yabo (Thy) – Scheidhauer (Schilk), Malli, Volland.

850 **Polen,** 18. 5., Tegelen, 4:1 gewonnen (EM-Qualifikation): Flückiger – Sauter (Koronkiewicz), Bell, Sobiech, Radjabali Fardi – Vogt (Hartmann) – Stiepermann, Mlapa (Hornschuh), Alvarez (1), Bertram – Tosun (3).

851 **Slowakei,** 20. 5., Echt, 1:2 verloren (EM-Qualifikation): Flückiger – Sauter (1), Bell, Sobiech, Radjabali Fardi – Perdedaj – Stiepermann (Ginczek), Mlapa, Alvarez (Hartmann), Bertram (Herrmann) – Tosun.

852 **Niederlande,** 23. 5., Venlo, 0:3 verloren (EM-Qualifikation): Bussmann – Koronkiewicz, Bell, Sobiech, Sauter – Perdedaj (Hartmann) – Stiepermann, Mlapa, Alvarez (Hornschuh), Bertram – Tosun (Ginczek).

853 **Belgien,** 18. 8., Meerbusch, 5:2 gewonnen: Leno (Schwolow) – Basala-Mazana (Schilk), Sowah (Plattenhardt), Labus, Mustafi (Thölke) – Zimmermann (Malli (1)), Yabo, Buchtmann (1) (Russ), Thy (1) (Kachunga (1)) – Thomalla (1) (Volland), Scheidhauer (Korb).

854 **Niederlande,** 3. 9., Groesbeck, 2:2 unentschieden: Leno – Schulze (Yabo), Plattenhardt, Labus (Scheidhauer), Thölke – Korb, Volland (1), Cigerci (1), Malli – Kachunga (Thy), Kargbo (Hofstetter).

855 **Dänemark,** 6. 9., Krefeld, 3:0 gewonnen: ter Stegen – Basala-Mazana (Schulze), Hofstetter, Mustafi, Sowah – Zimmermann – Yabo (1), Thomalla (1) (Scheidhauer) – Malli (Leitner), Thy (Volland), Buchtmann (1).

856 **Andorra,** 8. 10., Sandhausen, 10:0 gewonnen (EM-Qualifikation): ter Stegen – Avevor (Korb), Mustafi (1), Hofstetter, Plattenhardt – Yabo (Cigerci), Zimmermann, Leitner (2) – Volland (4), Thy (2), Buchtmann (Thomalla) – Dazu kommt ein Eigentor von Ferreira.

857 **Ukraine,** 8. 10., Kiew, 2:1 gewonnen: Horn – Vieira da Costa (Younes), Rüdiger (1), Heintz, Hartherz – Hernandez Mayea, Draxler, Yildirim, Bittencourt – Parker, M. Müller (Bildirici (1)).

858 **Nordirland,** 10. 10., Hoffenheim, 2:1 gewonnen (EM-Qualifikation): ter Stegen – Korb, Mustafi (1), Hofstetter, Plattenhardt – Yabo, Cigerci (Thomalla), Zimmermann – Buchtmann (Leitner (1)) – Volland (Malli), Thy.

859 **Ukraine,** 10. 10., Kiew, 1:0 gewonnen: Rakovsky – da Costa, Dudda, Hoffmann, Hartherz – Schwehm (Bitencourt), Zenga (Draxler), Gärtner (1), Farrona-Pulido – Yildirim, Bildirici (Parker).

860 **Schweiz,** 13. 10., Mannheim, 2:2 unentschieden (EM-Qualifikation): Leno – Korb (Yabo), Avevor, Labo, Plattenhardt – Cigerci, Zimmermann, Leitner (Volland) – Malli, Kachunga (2), Thomalla.

861 **Türkei,** 16. 11., Bingen, 4:2 gewonnen: Horn – da Costa (Geis (1)), Rüdiger, Heintz (Hoffmann), Hartherz – Mendler (Ngankam (1)), Draxler, Zenga (Gärtner), Kittel (1) (Bittencourt) – Parker (1) (Bildirici), Schmidt (Füllkrug).

862 **Tschechien,** 17. 11., Dresden, 1:1 unentschieden: ter Stegen – Korb (Basala-Mazana), Avevor, Haitz (Gogia), Plattenhardt (Klaus) – Yabo (Thomalla), Cigerci (Jensen), Merkel (1) (Zimmermann) – Kachunga (Volland), Leitner (Janjatovic), Malli (Thy).

863 **Türkei,** 18. 11., Rüsselsheim, 2:0 gewonnen: Ruml – Vieira da Costa (Heintz), Rüdiger, Hoffmann, Hartherz – Ngankam (1) (Farrona-Pulido), Gärtner, Zenga (Mendler (1)), Bittencourt (Draxler) – Bildirici (Kittel), Yildirim (Schmidt).

864 **Israel,** 14. 12., Rishon le Zion, 7:0 gewonnen (Internationales Turnier): Rakovsky – Zenga (Geis), Rüdiger (1) (Hoffmann), Heintz, Hartherz – Mendler (1), Yildirim (1), Draxler (1), Bittencourt (Younes) – Parker (1) (Müller), Bildirici (2) (Schmidt).

865 **Frankreich,** 16. 12., Ra'anana, 2:1 gewonnen (Internationales Turnier): Horn – Hoffmann, Rüdiger, Heintz (Geis), Hartherz – Mendler (2) (Schmidt), Yildirim (Zenga), Gärtner, Younes – Bildirici (Draxler), Parker (M. Müller).

866 **USA,** 17. 12., Nes Ziona, 2:1 gewonnen (Internationales Turnier): Ruml – Geis, Rüdiger (1), Hoffmann, Hartherz – Younes, Yildirim (Gärtner), Zenga (M. Müller), Bitencourt (Draxler) – Bildirici, Schmidt (Parker (1)).

2011: 9 Spiele: 6 Siege, 3 Niederlagen

867 **England,** 8. 2., Chesterfield, 1:0 gewonnen: Leno (ter Stegen) – Korb (Dombrowka), Mustafi, Avevor, Plattenhardt – Zimmermann, Yabo (Trinks) – Gogia (Malli), Thomalla (1) (Jensen), Klaus (Riemann) – Thy (Kachunga)

868 **Frankreich,** 22. 3., Heimstetten, 3:2 gewonnen: Horn – da Costa, Rüdiger (1), Heintz, Schulz – Gärtner – Mendler, Younes (1) (Hofmann), Draxler, Kittel (1) – Yildirim.)

869 **Frankreich,** 24. 3., Prien, 1:2 verloren: Karius – Geis, Hoffmann, Dudda (Rüdiger), Hartherz – Bittencourt (Mendler (1)), Rankovic, Trybull (Gärtner), Ngankam (Kittel) – Yildirim (Younes), Hofmann.

870 **Belgien,** 25. 3. Völklingen, 1:2 verloren: Ermes (Schwolow) – Basala-Mazana, Kraus, Hofstetter, Haitz (Plattenhardt) – Zimmermann – Merkel (Kachunga), Trinks (Yabo) – Volland, Thy (Scheidhauer), Gogia (1).

871 **Ukraine,** 29. 3., Homburg, 3:0 gewonnen: Leno – Korb, Mustafi, Labus, Plattenhardt – Yabo, Zimmermann (Dombrowka) – Malli (Klaus), Thomalla, Buchtmann (1) (Volland (1)) – Kachunga (Scheidhauer) – Dazu kommt ein Eigentor von Babenko.

872 **Österreich,** 18. 5., Aalen, 1:0 gewonnen: Horn – Rankovic, da Costa, Sama, Hartherz – Mendler (Bittencourt), Geis, Zenga (Kolsinac), Schulz – Parker (1), Hofmann (Schmidt).

873 **Ungarn,** 31. 5., Antalya, 3:0 gewonnen (EM-Qualifikation): ter Stegen – Sama, Mustafi, Rüdiger, Plattenhardt – Zimmermann (Korb), Yabo – Leitner (1) – Schulz, Mendler (Volland) – Parker (Durm (2)).

874 **Mazedonien,** 2. 6., Antalya, 5:0 gewonnen (EM-Qualifikation): ter Stegen – Sama, Mustafi, Rüdiger, Plattenhardt – Zimmermann (Kraus), Yabo (Korb) – Leitner (3) – Schulz, Mendler (Wiessmeier) – Parker (2).

875 **Türkei,** 5. 6., Antalya, 0:1 verloren (EM-Qualifikation): ter Stegen – Sama (Cigerci), Plattenhardt, Rüdiger, Mustafi – Zimmermann, Yabo (Wiessmeier) – Leitner (Durm) – Schulz, Mendler – Parker.

Die A-Jugend-Länderspiele (U 18, U 17) finden Sie im KICKER-Almanach von 1989, die dann folgenden nur noch von Saison zu Saison im jeweiligen Almanach danach.

Die Bilanz der 426 B 1-Junioren-Länderspiele U 17 (bis 2001 U16)

Gegner	Spiele	Siege	Unentsch.	Niederl.	Tore	11-m-Sch.
Ägypten	2	2	–	–	3:1	
Albanien	1	1	–	–	8:1	
Argentinien	1	–	–	1	1:2	
Armenien	1	1	–	–	2:1	
Aserbaidschan	2	2	–	–	5:0	
Belgien	9	2	4	3	12:8	
Bosnien-Herzegowina	2	2	–	–	9:1	
Brasilien	2	1	–	1	5:5	
Bulgarien	7	5	2	–	15:4	
Burkina Faso	1	1	–	–	3:0	
Dänemark	12	7	1	4	26:16	
DDR	3	2	1	–	6:0	4:5
Ecuador	1	1	–	–	6:1	
England	10	7	2	1	27:14	3:5
Estland	1	1	–	–	5:0	
Färöer	2	2	–	–	12:0	
Finnland	6	4	–	2	10:4	
Frankreich	21	8	5	8	27:23	6:5, 2:4
Georgien	5	4	1	–	10:1	
Ghana	2	2	–	–	5:3	
Griechenland	9	6	1	2	17:9	
Honduras	1	1	–	–	3:1	
Irland	6	4	2	–	12:3	
Israel	17	8	4	5	31:17	
Italien	24	6	13	5	29:31	1:3, 6:5, 5:4
Japan	2	1	–	1	4:4	
Jugoslawien	2	1	1	–	3:1	
Katar	2	2	–	–	11:0	
Kolumbien	1	–	1	–	3:3	
Kuwait	1	1	–	–	3:0	
Lettland	1	1	–	–	4:0	
Liechtenstein	1	1	–	–	7:0	
Litauen	1	1	–	–	4:0	
Luxemburg	5	5	–	–	20:2	
Malta	3	3	–	–	21:0	
Mazedonien	2	2	–	–	9:1	
Mexiko	1	–	–	1	2:3	
Moldawien	3	3	–	–	12:1	
Niederlande	16	9	2	5	30:24	
Nigeria	2	–	1	1	4:6	
Nordirland	12	12	–	–	32:4	
Norwegen	5	3	2	–	14:4	
Österreich	17	10	2	5	47:27	
Oman	1	–	–	1	0:1	
Panama	1	1	–	–	2:0	
Polen	5	3	1	1	15:4	
Portugal	13	2	5	6	12:19	5:6
Rumänien	7	5	2	–	20:6	
Russland (UdSSR/GUS)	17	5	3	9	21:19	
San Marino	1	1	–	–	10:0	
Schottland	14	10	3	1	26:8	
Schweden	15	10	4	1	33:15	3:1
Schweiz	17	11	1	5	30:19	
Serbien (Serbien-Montenegro, Jugoslawien)	6	4	1	1	12:3	
Slowakei	3	2	1	–	8:1	
Slowenien	4	4	–	–	13:1	

Gegner	Spiele	Siege	Unentsch.	Niederl.	Tore	11-m-Sch.
Spanien	20	4	4	12	18:35	2:3
Togo	1	1	–	–	2:0	
Trinidad & Tobago	1	1	–	–	5:0	
Tschechien	10	6	3	1	12:6	
Tschechoslowakei	5	1	4	–	4:2	
Türkei	20	6	6	8	22:22	
Ukraine	12	9	2	1	28:9	
Ungarn	9	5	1	3	20:14	
USA	6	4	–	2	13:10	
Ver. Arab. Emirate	1	–	–	1	0:2	
Wales	1	1	–	–	1:0	
Zypern	8	6	1	1	22:8	
Gesamt:	426	241	86	99	880:434	

2010: 15 Spiele, 13 Siege, 1 Unentschieden, 1 Niederlage

393 **Griechenland,** 12. 2., Keratea, 1:0 gewonnen: Horn – da Costa (1), Schulz (Hartherz), Hoffmann, Geis – Hürzeler, Bittencourt (Ngankam), Pusch, Bildirici (Gündüzer) – Dürholtz, Kittel (F. Müller).

394 **Griechenland,** 14. 2., Athen, 3:2 gewonnen: Horn – Pläschke (Bittencourt), Geis, da Costa, Schulz – Dürholtz, Hoffmann, Pusch (Hien), Kittel (1) (Ngankam (1)) – Hürzeler, Parker (1) (Bildirici).

395 **Georgien,** 13. 3., Frankfurt, 1:0 gewonnen: Horn (Rakovsky) – da Costa (Pläschke), Geis (Hoffmann), Sama, Hartherz (Schulz) – Dürholtz (Bittencourt), Hien (Goncalves), Hürzeler (Pusch (1)), Kittel (F. Müller) – Ngankam (Younes), Parler (Bildirici).

396 **Ungarn,** 25. 3., Baden, 1:0 gewonnen (EM-Qualifikation): Horn – Schulz, Sama, Geis, da Costa – Pusch (1) (Pläschke), Hoffmann – Dürholtz, Kittel (Hartherz) – Hürzeler, Parker (Bildirci).

397 **Schweiz,** 27. 3., Aarau, 0:1 verloren (EM-Qualifikation): Horn – da Costa (Bildirici), Geis, Sama, Schulz – Hoffmann – Bittencourt, Hürzeler (Ngankam), Kittel, Hartherz (Younes) Parker.

398 **Serbien,** 30. 3., Aarau, 4:1 gewonnen (EM-Qualifikation): Horn – Pläschke, Geis, Sama, Schulz – Dürholtz, Hoffmann, Bittencourt (1) (Ngankam), Kittel (1) – Younes (1) (Pusch) – Parker (1) (Bildirici).

399 **Aserbaidschan,** 4. 9., Stadthagen, 2:0 gewonnen: Dähne (Zentner) – Gökyer (Guier), Günter (Gotthardt), Pluntke, Pacarada – Mende, Arnold – Holzweiler (Seegert) – Weiser (1) (Allen), März (Borowski), Ducksch (1).

400 **Niederlande,** 15. 9., Saarbrücken, 2:1 gewonnen (Vier-Nationen-Turnier): Wilmes – Kacinoglu (Weiser), Ayhan (1), Perrey, Pacarada (Arnold) – Can, Schnellhardt (1), Cecen (Aycicek) – Born, Yesil (Ducksch), Aydin. Schlager

401 **Israel,** 17. 9., Dillingen, 2:0 gewonnen (Vier-Nationen-Turnier): Vlachodimos – Weiser, Yalcin (Schnellhardt), Perrey (Can), Röcker – Meffert, Arnold – Aycicek – Ducksch, Quaschner (1), Weihrauch (1).

402 **Italien,** 20. 9., Elversberg, 2:2 unentschieden (Vier-Nationen-Turnier): Vlachodimos – Weiser (Pacarada), Yalcin, Perrey (Ayhan), Röcker (Kacinoglu) – Can, Aycicek – Born (Cecen), Schnellhardt (1), Weihrauch (Aydin) – Yesil (1).

403 **Estland,** 15. 10., Tallinn, 5:0 gewonnen (EM-Qualifikation): Vlachodimos – Weiser (Kacinoglu), Ayhan, Perrey, Röcker – Yalcin – Can, Aycicek (2) – Born (1) (Yesil), Quaschner (Aydin), Schnellhardt (2).

404 **Bosnien-Herzegowina,** 17. 10., Kuusalu, 6:1 gewonnen (EM-Qualifikation): Vlachodimos – Kacinoglu, Ayhan (Günter), Perrey, Röcker – Yalcin – Can (2), Aycicek (1) – Born (Cecen), Yesil (2), Schnellhardt (Arnold) – Dazu kommt ein Eigentor von Kondic.

405 **Österreich,** 20. 10., Kiisalu, 2:1 gewonnen (EM-Qualifikation): Vlachodimos – Kacinoglu, Ayhan, Perrey, Röcker – Yalcin – Can, Aycicek – Aydin (Cecen), Yesil (2), Schnellhardt (Arnold).

406 **Ägypten,** 10. 11., Kairo, 2:1 gewonnen: Wilmes – Knötzinger (Toljan), Günter, Pluntke, Pacarada – Mende, Meffert (Gökyar) – Arnold (1) – Ducksch (1), März (Gotthardt), Holzweiler (Berko).

407 **Ägypten,** 13. 11., Kairo, 1:0 gewonnen: Wilms (Dähne) – Toljan, Gebben, Günter (1), Bohl (Pacarada) – Mende (Pluntke), Gökyar – Gotthardt (März), Arnold, Berko (Holzweiler) – Ducksch (Knötzinger).

2011: 19 Spiele, 12 Siege, 2 Unentschieden, 5 Niederlagen

408 **Portugal,** 24. 2., Parchal, 1:2 verloren (Algarve-Cup): Vlachodimos – Weiser (Knötzinger), Ayhan (Günter), Perrey (Toljan), Rocker (Arnold) – Mende (1) (Gokyar), Can – Aycicek (Aydin) – Quaschner, Yesil (März), Ducksch (Berko).

409 **England,** 25. 2., Faro, 3:1 gewonnen (Algarve-Cup): Wilmes – Knötzinger (Weiser), Günter (Ayhan), Toljan (Perrey), Arnold (Röcker) – Gökyar (Mende), Schnellhardt (Can) – Aydin (Aycicek (1)) – Born, März (Yesil (1)), Berko (1) (Ducksch).

410 **Rumänien,** 27.2., Parchal, 1:1 unentschieden (Algarve-Cup): Vlachodimos – Toljan (Born), Günter, Perrey (Can), Röcker (Arnold) – Mende (Gökyar), Schnellhardt (März) – Aycicek (Aydin) – Weiser, Duksch (Yesil (1)), Quaschner (Berko).

411 **Türkei,** 24. 3., Krefeld, 2:0 gewonnen (EM-Qualifikation): Vlachodimos – Weiser, Günter, Perrey, Röcker – Yalcin, Can (Ayhan) – Aycicek (1) – Ducksch (Aydin), Yesil (1), Weihrauch (Quaschner).

412 **Ukraine,** 26. 3., Düsseldorf, 2:0 gewonnen (EM-Qualifikation): Vlachodimos – Weiser, Günter, Perrey (1), Röcker – Yalcin (Ayhan), Mende – Quaschner, Aycicek (Toljan), Aydin – Yesil (1) (Schnellhardt).

413 **Schweiz,** 29. 3., Düsseldorf, 2:0 gewonnen (EM-Qualifikation): Vlachodimos – Weiser, Günter, Perrey, Röcker (1) – Ayhan, Mende – Aydin (Ducksch), Aycicek, Weihrauch (Schnellhardt) – Yesil (1) (Quaschner).

414 **Serbien,** 13. 4., Novi Sad, 0:1 verloren: Dähne (Stritzel) – Kacinoglu, Korczowski, Allen (Kolbeck), Pacarada (Durmus) – Gökyar (Knötzinger), Meffert (Khedira) – Born (Borowski), Holzweiler (Guier), Berko.

415 **Niederlande,** 3. 5., Smederevo, 0:2 verloren (EM-Gruppenspiel): Vlachodimos – Weiser, Ayhan, Perrey, Röcker – Can, Yalcin – Quaschner (Schnellhardt), Aycicek, Aydin (Berko) – Weihrauch.

416 **Tschechien,** 6. 5., Smederevo, 1:1 unentschieden (EM-Gruppenspiel): Vlachodimos – Weiser, Günter, Perrey, Röcker – Can, Yalcin – Schnellhardt, Aycicek (Weihrauch), Aydin – Yesil (1).

417 **Rumänien,** 9. 5., Smederevo, 1:0 gewonnen (EM-Qualifikation): Vlachodimos – Weiser, Günter, Perrey, Röcker – Yalcin – Schnellhardt (Ayhan), Mende, Can, Aydin (Berko) – Yesil (1).

418 **Dänemark,** 12. 5., Novi Sad, 2:0 gewonnen (EM-Halbfinale): Vlachodimos – Kacinoglu, Ayhan (1), Günter, Röcker – Mende, Yalcin – Aydin, Can, Berko (Toljan) – Quaschner (1) (Weihrauch).

419 **Niederlande,** 12. 5., Novi Sad, 2:5 verloren (EM-Endspiel): Vlachodimos – Weiser, Günter, Perrey (Weihrauch), Röcker (Toljan) – Yalcin, Mende (Berko) – Schnellhardt, Can, Aydin (1) – Yesil (1).

420 **Ecuador,** 20. 6., Queretaro, 6:1 gewonnen (WM-Gruppenspiel): Vlachodimos – Weiser, Günter, Perrey, Röcker (1) – Yalcin, Aycicek (1) (Mende) – Born (Ayhan), Can, Aydin (1) – Yesil (2) (Ducksch (1)).

421 **Burkina Faso,** 23. 6., Queretaro, 3:0 gewonnen (WM-Gruppenspiel): Vlachodimos – Ayhan, Günter (1), Perrey, Röcker – Mende, Can – Weiser (1) (Schnellhardt), Aycicek (1) (Khedira), Aydin (Ducksch) – Yesil.

422 **Panama,** 26. 6., Queretaro, 2:0 gewonnen (WM-Gruppenspiel): Vlachodimos – Ayhan, Günter (Korczowski), Perrey, Röcker – Mende (Kacinoglu), Can – Weiser (1), Aycicek, Aydin (1) – Yesil (Quaschner) – Rot: Aydin.

423 **USA,** 30. 6., Queretaro, 4:0 gewonnen (WM-Achtelfinale): Vlachodimos – Ayhan, Günter (1), Perrey, Röcker – Yalcin, Can – Weiser (1) (Born), Aycicek (Schnellhardt), Ducksch (1) – Yesil (1) (Khedira).

424 **England,** 4. 7., Morelia, 3:2 gewonnen (WM-Viertelfinale): Vlachodimos – Ayhan (1) (Schnellhardt), Korzowski, Perrey, Röcker – Yalcin, Can – Weiser (Khedira), Aycicek (Mende), Ducksch – Yesil (2).

425 **Mexiko,** 8. 7., Torreon, 2:3 verloren (WM-Halbfinale): Vlachodimos – Ayhan, Korczowski, Perrey, Röcker – Yalcin, Can (1) (Khedira) – Weiser (Ducksch), Aycicek (Mende), Aydin – Yesil (1).

426 **Brasilien,** 10. 7., Mexiko City, 4:3 gewonnen (WM, Spiel um den 3. Platz): Vlachodimos – Ayhan (Günter (1)), Korzowski, Perrey, Röcker – Yalcin, Khedira – Weiser (Schnellhardt), Aycicek (1) (Can), Aydin (2) – Yesil.

Die B-Jugend-Länderspiele (U 16) finden Sie im KICKER-Almanach von 1989, die dann folgenden nur noch von Saison zu Saison im jeweiligen Almanach danach.

Die Bilanz der 389 B 2-Junioren-Länderspiele U 16 (Schüler) (bis 2001 U15)

Gegner	Spiele	Siege	Unentsch.	Niederl.	Tore	11-m-Sch.
Ägypten	1	1	–	–	2:1	
Argentinien	2	1	–	1	3:2	
Australien	1	1	–	–	5:1	
Belgien	14	11	2	1	46:10	
Brasilien	3	1	1	1	5:6	
Dänemark	12	7	2	3	21:12	
Elfenbeinküste	3	–	3	–	4:4	3:5, 5:3
England	76	29	16	31	117:117	1:2
Estland	1	1	–	–	5:1	
Finnland	1	1	–	–	1:0	
Frankreich	80	26	22	32	119:126	6:5
Griechenland	2	1	1	–	5:3	
Irland	14	11	2	1	24:7	
Israel	2	1	1	–	6:1	
Italien	5	3	–	2	6:4	
Japan	3	1	2	–	3:6	
Jugoslawien	1	–	–	1	1:2	
Kamerun	2	1	1	–	5:1	3:4
Lettland	1	1	–	–	5:0	
Liechtenstein	1	1	–	–	7:0	
Luxemburg	1	1	–	–	1:0	
Mali	1	1	–	–	2:0	
Malta	2	1	1	–	5:0	
Mazedonien	3	3	–	–	10:3	
Mexiko	1	1	–	–	3:0	
Niederlande	30	20	4	6	72:28	
Nordirland	13	11	–	2	43:17	
Österreich	4	2	1	1	11:5	
Polen	3	3	–	–	10:1	
Portugal	6	2	3	1	8:5	7:6
Rumänien	2	2	–	–	7:0	
Russland (UdSSR)	11	7	2	2	26:12	
Schottland	6	4	1	1	16:12	
Schweden	4	–	1	3	1:6	
Schweiz	19	13	6	–	53:11	
Slowakei	4	4	–	–	15:1	
Spanien	5	1	2	2	3:5	
Südkorea	1	1	–	–	5:0	
Tschechien	5	4	1	–	16:3	
Türkei	8	5	2	1	16:8	
Tunesien	4	3	1	–	6:1	
Ungarn	9	4	1	4	16:9	
Uruguay	1	1	–	–	1:0	
USA	4	3	–	1	9:5	
Wales	13	9	4	–	28:10	
Zypern	4	4	–	–	19:1	
Gesamt:	**389**	**209**	**81**	**99**	**792:447**	

2010: 9 Spiele, 7 Siege, 2 Unentschieden

375 **Zypern,** 10. 2., Larnaka, 6:0 gewonnen: Wilmes – Kacinoglu, Ayhan, Pluntke, Pacarada – Cecen, Schnellhardt (1) – März (2) – Weiser, Yesil (2), Aydin (1).

376 **Zypern U18,** 11. 2., Larnaka, 3:1 gewonnen: Vlachodimos – Knötzinger, Korczowski, Perrey, Röcker – Aycicek (1), Can, Yalcin – Born (1), Quaschner, Weihrauch (1).

377 **Dänemark,** 11. 5., Herfölge, 2:1 gewonnen: Stritzel – Weiser, Gebben, Pluntke, Pacarada – Gökyar, Arnold (Borowski), Meffert – Schneider (Duksch), März (1), Kobylanksi (1) (Seegert).

378 **Dänemark,** 12. 5., Roskilde, 1:1 unentschieden: Varrelmann – Trappe (Weiser), Kolbeck, Allen, Durmus – Mende, Holzweiler, Bohl (Arnold) – Seegert (März), Duksch (1), Borowski (Kobylanski).

379 **Frankreich,** 2. 6., Gap, 3:3 unentschieden: Vlachodimos – Knötzinger (Cecen), Röcker (Ayhan), Korczowski (1), Perrey – Yalcin (Kacinoglu), Can (Aydin), Born (Schnellhardt), Aycicek (1) – Quaschner (Yesil (1)), Weihrauch.

380 **Nordirland,** 15. 10., Göttingen, 3:2 gewonnen: Schünemann – Itter, Süle, Sarr, Weiss (Kempf) – Goretzka (1), Steinmann – Dittgen, Mukhtar (Palacios-Martinez (1)), Gnabry (1) (Hilßner) – Benkarit (Mohr).

381 **Nordirland,** 17. 10., Baunatal, 4:1 gewonnen: Mesenhöler – Itter, Süle (1) (Sarr), Sprenger, Kempf (Weiss) – Goretzka (Schulze), Steinmann (Mukhtar) – Mohr (Hilßner), Gnabry (Lohkemper), Dittgen (2) – Palacios-Martinez (Benkarit (1)).

382 **Russland,** 12. 11., Holzwickede, 4:0 gewonnen: Nothhaft – Itter (Framberger), Süle, Sarr, Dudziak – Steinmann (Fröde), Goretzka – Dittgen (1) (Synwoldt), Mukhtar (Lohkemper), Gnabry (Hilßner (1)) – Benkarit (2).

383 **Russland,** 16. 11., Hagen, 1:0 gewonnen: Mesenhöler (Schünemann) – Framberger, Sprenger, Sarr (Hilßner), Dudziak – Steinmann (Süle), Goretzka (Fröde) – Dittgen (Itter), Palacios-Martinez (Mukhtar), Gnabry (Synwoldt) – Benkarit (1) (Lohkemper).

2011: 6 Spiele, 6 Siege

384 **Zypern,** 15. 2., Paphos, 4:0 gewonnen: Schnitzler – Itter, Süle (1) (Sprenger), Kempf, Dudziak (Müller) – Goretzka, Steinmann (Öztürk) – Yildiz (1) (Akpoguma), Mukhtar (1) (Meyer), Green (1) (Engelmann) – Nitsch (Fingas).

385 **Zypern,** 17. 2., Paphos, 6:0 gewonnen: Schnitzler (Mesenhöler) – Akpoguma, Süle, Kempf (1) (Sprenger (1)), Dudziak (Müller) – Steinmann (1) (Goretzka), Engelmann – Öztürk (Green), Meyer (Fingas), Yildiz – Benkarit (1) (Mukhtar (2)).

386 **Rumänien,** 15. 3., Drochtersen, 5:0 gewonnen: Schnitzler – Itter, Akpoguma, Süle (Sprenger), Lingerski – Steinmann (Green), Goretzka (1) (Fröde) – Palacios-Martinez (Synwoldt), Mukhtar (Meyer (1)), Dudziak (Hilßner (2)) – Benkarit (1) (Engelmann).

387 **Rumänien,** 17. 3. Rotenburg, 2:0 gewonnen: Mesenhöler – Lingerski (Hilßner (1)), Akpoguma, Süle, Itter – Goretzka (Engelmann), Fröde (Green) – Palacios-Martinez (Dudziak, Sprenger), Mukhtar (Steinmann), Meyer – Benkarit (1) (Synwoldt).

388 **Lettland,** 13. 4., Riga, 5:0 gewonnen: Mesenhöler (Schnitzler) – Itter, Süle, Sprenger (Fröde (1)), Lingerski (1) – Steinmann (Brandenburger), Goretzka – Hilßner (Ekin), Mukhtar (Dudziak), Meyer (1) (Heßler) – Benkarit (1) (Marton (1)).

389 **Frankreich,** 23. 5., Berlin, 2:1 gewonnen: Schnitzler – Itter (Akpoguma), Süle, Sarr (Kempf), Dudziak – Goretzka, Steinmann (Fröde) – Dittgen (Hilßner (1)), Gnabry (Meyer), Mukhtar (Marton) – Benkarit (1) (Selke).

Die B-Jugend-Länderspiele (U 16) finden Sie im KICKER-Almanach von 1989, die dann folgenden nur noch von Saison zu Saison im jeweiligen Almanach danach.

Die Bilanz der 12 C-Junioren-Länderspiele U 15

Gegner	Spiele	Siege	Unentsch.	Niederl.	Tore	11-m-Sch.
Estland	1	1	–	–	6:2	
Polen	7	5	1	1	19:8	
Portugal	2	2	–	–	7:1	
Schweiz	1	1	–	–	4:1	
USA	1	1	–	–	2:0	
Gesamt:	12	10	1	1	38:12	

2007: 2 Spiele, 2 Siege

1 **Schweiz,** 20. 4., Stuttgart, 4:1 gewonnen: Vogl – Yabo (Zimmermann), Grupe, Nauber, Buchtmann (1) (Schulze) – Korb (Evseev (1)), Merkel, Götze (Meier), Silaj – Scheffler (Mandiangu (1)), Breier (1) (Kargbo).

2 **Polen,** 18. 5., Weimar, 4:3 gewonnen: Dehmelt – Yabo (Zimmermann (1)), Buchtmann, Grupe, Nauber – Silaj, Evseev (1) (Merkel), Korb (Labus), Götze – Breier (2) (Serrone), Feiersinger (Scheffler).

2008: 1 Spiel, 1 Unentschieden

3 **Polen,** 11. 6., Homberg/Efze, 1:1 unentschieden: Horn (Rakovsky) – Zeus, Zimmermann (Karathanasis), Zander, Schulz – Pläschke (Gallert), Hürzeler (Edisson), Ingreso – Ngankam (Halili), Parker (Jais), Ackermann (1) (Farrona-Pulido).

2009: 3 Spiele, 3 Siege

4 **USA,** 21. 5., Viersen, 2:0 gewonnen: Wilmes (Vlachodimos) – Yalcin, Röcker (Fagasinski), Korczowski, Perrey – Khedira, Weihrauch (1) (Schneider), Schnellhardt (Holzweiler) – Duksch (Busch), Aycicek (1) (Cecen), Demirbas (März).

5 **Polen,** 10. 6., Langenselbold, 3:0 gewonnen: Wilmes (Vlachodimos) – Yalcin, Korczowski (Pluntke), Perrey, Röcker (von Haake) – Khedira (Cecen), Can – Aycicek (1) (Demirbas) – Weihrauch (1) (Fagasinski), Duksch (1) (März), Berko.

6 **Estland,** 11. 11., Waren, 6:2 gewonnen: Nothaft (Nawe) – Framberger, Syhre (Weber), Löchner (Zander), Lemke – Mauersberger (Meyer (1)), Brandenburger (Genkinger), Mukhtar (1), P. Müller – Nitsch (Palacios-Martines (1)), Göttmann (2) (Grube (1)).

2010: 4 Spiele, 3 Siege, 1 Unentschieden

7 **Polen,** 11. 5., Kostrzyn, 2:0 gewonnen: Göcke – Lemke, Steinmann (Syhre), Sarr, Richter – Yildiz (Dittgen), Brandenburger, Mukhtar, P. Müller (Engelmann) – Mentz (1) (Löchner), Palacios-Martinez (1) (Fingas).

8 **Polen,** 13. 5., Slubice, 2:3 verloren: Oberschmidt – Yildiz, Löchner, Sarr, P. Müller (Dittgen) – Engelmann (1), Lemke, Mukhtar, Richter (Dudziak) – Fingas (Benkarit (1)), Palacios-Martinez (Mentz).

9 **Polen,** 9. 11., Buchbach, 5:1 gewonnen: Funk – Schröder, Landwehr, Regäsel, Tuzcu (Rodas Steeg) – Öztunali (Stenzel), Ristl – Brasnic (1), Öztürk (Pflücke), Kurt (Wolf) – Werner (3) – Dazu kommt ein Eigentor von Bartosinski.

10 **Polen,** 11. 11., Eggenfelden, 2:0 gewonnen: Leuchter (Müller) – Öztunali (Landwehr), Hinz (Regäsel), Brauer, Schröter (Ristl) – Rodas Steeg (1) (Tuzcu) – Dierßen (Kurt), Pflücke (Öztürk), Stenzel (Werner) – Kamarieh (Brasnic), Wolf (1) (Schmitt).

2011: 2 Spiele, 2 Siege

11 **Portugal,** 7. 6., Bamberg, 3:1 gewonnen: Husic – Multhaup, Kücükarslan, Brauer, Landwehr – Kranitz (Seydel), Öztunali (1) (Baumgartl) – Parker (Brandt (1)), Öztürk (Pflücke), Stenzel (Kamarieh (1)) – Werner (Rodas Steeg).

12 **Portugal,** 9. 6., Weismain, 4:0 gewonnen: Schwaiger – Bodenröder, Baumgartl, Regäsel, Schröder (Rodas Steeg) – Seydel (Multhaup), Öztunali (Parker) – Wolf (Werner), Pflücke (1) (Öztürk), Kamarieh (1) (Stenzel (1)) – Brandt (1) (Kranitz).

Deutsche Meisterschaft A-Junioren U18/U19

Die bisherigen Meister (bis 2001 U18, ab 2001 U19):

1969 VfL Bochum – 1970 Hertha Zehlendorf – 1971 1. FC Köln – 1972 MSV Duisburg – 1973 VfB Stuttgart – 1974 1. FC Nürnberg – 1975 VfB Stuttgart – 1976 FC Schalke 04 – 1977, 1978 MSV Duisburg – 1979 Stuttgarter Kickers – 1980 SV Waldhof Mannheim – 1981 VfB Stuttgart – 1982, 1983 Eintracht Frankfurt – 1984 VfB Stuttgart – 1985 Eintracht Frankfurt – 1986 Bayer Leverkusen – 1987 Bayer Uerdingen – 1988, 1989, 1990, 1991 VfB Stuttgart – 1992 1. FC Kaiserslautern – 1993 FC Augsburg – 1994, 1995, 1996, 1997, 1998 Borussia Dortmund – 1999 Werder Bremen – 2000 Bayer Leverkusen – 2001, 2002 Bayern München – 2003 VfB Stuttgart – 2004 Bayern München – 2005 VfB Stuttgart – 2006 FC Schalke 04 – 2007 Bayer Leverkusen – 2008 SC Freiburg – 2009 1. FSV Mainz 05 – 2010 Hansa Rostock – 2011 VfL Wolfsburg.

1969

Qualifikation: Karlsruher SC – Hertha BSC Berlin 0:3.
Halbfinale: VfL Bochum – Hertha BSC Berlin 2:0, 1. FC Saarbrücken – VfL Wolfsburg 5:3.
Um den 3. Platz: Hertha BSC Berlin – VfL Wolfsburg 3:2.
Endspiel am 13. Juli 1969 in Saarbrücken: VfL Bochum – 1. FC Saarbrücken 5:3 (0:3)
Bochum: Daniel – Strehlke (Paschke), Pommerin (1) – Böhmer (Berns), Mosch (1), Halstenberg – Böckmann (1), Kerkemeier, Köper, Etterich (2), Kandula – Trainer: Attern.

1970

Qualifikation: Concordia Hamburg – TuS Altrip 0:3.
Halbfinale: Hertha Zehlendorf – Eintracht Frankfurt n. V. 0:0 (Losentscheid für Zehlendorf), VfL Bochum – TuS Altrip 0:1.
Um den 3. Platz: Eintracht Frankfurt – VfL Bochum 6:1.
Endspiel am 12. Juli 1970 in Bochum: Hertha Zehlendorf – TuS Altrip 3:2 (1:2)
Zehlendorf: Hartfiel – Ludwig, Rieger, Hochheim, Kullak (Biermann) – Hanisch, Bertz (Boenke) – Winker, Stolzenburg (1), Pfisterer, Kunert (2) – Trainer: Bialek.

1971

Qualifikation: BFC Preußen Berlin – 1. FC Köln 0:2.
Halbfinale: 1. FC Köln – Ludwigshafener SC 6:0, 1. FC Nürnberg – Eintracht Braunschweig 3:0.
Um den 3. Platz: Eintracht Braunschweig – Ludwigshafener SC 6:1.
Endspiel am 11. Juli 1971 in Fürth: 1. FC Köln – 1. FC Nürnberg 3:1 (2:0)
Köln: Szczepanski – Liebig, Zock, Konopka (2), Nicot – Bläser, Neumann (1), Hein – Evers, Glowacz, Bosbach– Trainer: Röhrig.

1972

Vorrundengruppe Lörrach: FV Lörrach – Dornbreite Lübeck 4:2; MSV Duisburg – SV Fraulautern 2:1; Dornbreite Lübeck – SV Fraulautern n. V. 1:1, Elfmeterschießen 2:4; FV Lörrach – MSV Duisburg 1:3.
Vorrundengruppe Bremerhaven: TuS Bremerhaven 93 – Karlsruher SC 3:5; Eintracht. Trier – Bayern München 1:4; TuS Bremerhaven 93 – Eintracht Trier 3:4; Bayern München – Karlsruher SC 5:0.
Vorrundengruppe Bonn: Bonner SC – Blau-Weiß 90 Berlin 3:2; Kickers Offenbach – Hamburger SV 3:2; Hamburger SV – Blau-Weiß 90 Berlin 6:1; Bonner SC – Kickers Offenbach 2:3.
Vorrundengruppe Kaiserslautern: 1. FC Kaiserslautern – VfB Stuttgart 0:1; Hannover 96 – Borussia Dortmund 6:2; 1. FC Kaiserslautern – Borussia Dortmund 2:3; VfB Stuttgart – Hannover 96 2:1.
Halbfinale in Stuttgart: MSV Duisburg – Kickers Offenbach n. V. 0:0, Elfmeterschießen 5:4; VfB Stuttgart – Bayern München 3:1.
Um den 3. Platz: Kickers Offenbach – Bayern München 5:0.
Endspiel am 2. Juli 1972 in Stuttgart: MSV Duisburg – VfB Stuttgart 2:0 (0:0).
Duisburg: Edelhoff – Häming, Taubenbach, Bruckmann, Schwope – Savkovic, Baake (1), L. Schneider – W. Schneider (1), Worm, Sobbe (Moersdorf, Killich) – Trainer: Kremer.

1973

Vorrundengruppe Saarbrücken: FC Schalke 04 – Saar 05 Saarbrücken 5:1; Hamburger SV – FV Lörrach 3:1; FV Lörrach – Saar 05 Saarbrücken 6:5; FC Schalke 04 – Hamburger SV 2:0.
Vorrundengruppe Andernach: VfB Stuttgart – SpVgg Andernach 5:0; Alemannia Aachen – Werder Bremen 5:2; Werder Bremen – SpVgg Andernach 6:2; VfB Stuttgart – Alemannia Aachen 6:0.
Vorrundengruppe Offenbach: Blau-Weiß 90 Berlin – Heider SV 2:0; Kickers Offenbach – Fortuna Düsseldorf 5:1; Fortuna Düsseldorf – Heider SV 8:4; Kickers Offenbach – Blau-Weiß 90 Berlin 3:2.
Vorrundengruppe Karlsruhe: Bayern München – Karlsruher SC 6:0; Eintracht Braunschweig – 1. FSV Mainz 05 6:1; Karlsruher SC – 1. FSV Mainz 05 9:2; Bayern München – Eintracht Braunschweig 5:2.

Halbfinale in München: VfB Stuttgart – Bayern München 3:2; Kickers Offenbach – FC Schalke 04 1:1, Elfmeterschießen 5:4.
Um den 3. Platz: FC Schalke 04 – Bayern München 5:1.
Endspiel am 8. Juli 1973 in München: VfB Stuttgart – Kickers Offenbach 3:1 (2:1)
VfB Stuttgart: Dreher – Hangstorfer, Schmid, Schäfer, Götz – Martin (1), Hägele, W. Günther – Peters, Salzinger (1), Tochtermann (ein Offenbacher Eigentor) – Trainer: Bögelein.

1974

Vorrundengruppe Hannover: Hannover 96 – Hertha Zehlendorf 2:3; 1. FSV Mainz 05 – 1. FC Nürnberg 0:0, Elfmeterschießen 0:3; Hannover 96 – 1. FSV Mainz 05 4:1; Hertha Zehlendorf – 1. FC Nürnberg 2:5.
Vorrundengruppe Duisburg: MSV Duisburg – FC Schalke 04 2:3; Borussia Neunkirchen – Kickers Offenbach 2:3; MSV Duisburg – Borussia Neunkirchen 0:1; FC Schalke 04 – Kickers Offenbach 2:2, Elfmeterschießen 2:3.
Vorrundengruppe Hamburg: Hamburger SV – Sportfreunde Eisbachtal 4:0; Werder Bremen – Freiburger FC 1:3; Sportfreunde Eisbachtal – Werder Bremen 1:1, Elfmeterschießen 4:2; Hamburger SV – Freiburger FC 2:0.
Vorrundengruppe Kiel: Holstein Kiel – VfB Stuttgart 2:6; 1. FC Köln – Karlsruher SC 1:0; Holstein Kiel – Karlsruher SC 5:1; VfB Stuttgart – 1. FC Köln 1:2.
Halbfinale in Stade: 1. FC Nürnberg – Hamburger SV 3:1; 1. FC Köln – Kickers Offenbach 0:0, Elfmeterschießen 3:2.
Um den 3. Platz: Hamburger SV – Kickers Offenbach 2:2, Elfmeterschießen 2:1.
Endspiel am 9. Juni 1974 in Stade: 1. FC Nürnberg – 1. FC Köln 1:0 (0:0)
Nürnberg: Müller – Lindner, Dämpfling (1), Kraus, Kosian – Weyerich, Reichenbach, Steuerwald – Suffel, Sommer, Dorok – Trainer: Kreißel.

1975

Vorrunde: VfB Lübeck – FC Schalke 04 1:3, 0:6; SV Bliesen – SpVgg Andernach 3:1, 1:7; FC Singen 04 – OSC Bremerhaven 2:2, 0:3; 1. FC Nürnberg – Kickers Offenbach 0:2, 0:2; 1. FC Köln – 1. FSV Mainz 05 2:0, 2:1; VfB Stuttgart – Borussia Mönchengladbach 0:2, 4:1; Hamburger SV – Atlas Delmenhorst 3:2, 5:2; Rapide Wedding – SV Chio Waldhof 0:6, 3:7.
Viertelfinale: SpVgg Andernach – FC Schalke 04 1:1, 1:3; OSC Bremerhaven – Kickers Offenbach 0:1, 0:3; 1. FC Köln – VfB Stuttgart 0:6, 2:6; SV Chio Waldhof – Hamburger SV 6:1, 5:1.
Halbfinale: VfB Stuttgart – SV Chio Waldhof 5:2, 3:2; FC Schalke 04 – Kickers Offenbach 2:0, 1:2.
Endspiel am 12. Juli 1975 in Marburg: VfB Stuttgart – Schalke 04 4:0 (1:0)
Stuttgart: Höck – Fleischmann, Jost, Günther, Lang – Wörn, Müller, Jakob (1) – Klitz, Beck (3), Frick – Trainer: Hartl.

1976

Vorrunde: Werder Bremen – VfB Lübeck 0:0, 2:1; VfR Mannheim – 1. FC Nürnberg 0:2, 1:1; SpVgg Andernach – Rot-Weiss Essen 1:3, 0:5; 1. FC Köln – ASV Idar-Oberstein 3:3, 1:1, Elfmeterschießen 5:4; Eintracht Frankfurt – FC St. Pauli 5:2, 5:2; VfB Stuttgart – Freiburger FC 4:2, 1:0; SC Saarlouis-Roden – Eintracht Braunschweig 2:3, 4:0; Blau-Weiß 90 Berlin – FC Schalke 04 0:1, 0:5.
Viertelfinale: Rot-Weiss Essen – 1. FC Köln 3:1, 2:3; Eintracht Frankfurt – VfB Stuttgart 2:2, 1:3; SC Saarlouis-Roden – FC Schalke 04 1:5, 0:10; Werder Bremen – 1. FC Nürnberg 1:5, 2:1.
Halbfinale: FC Schalke 04 – 1. FC Nürnberg 2:0, 4:3; Rot-Weiss Essen – VfB Stuttgart 4:3, 2:0.
Endspiel am 24. Juli 1976 in Herne: FC Schalke 04 – Rot-Weiss Essen 5:1 (2:1)
Schalke: Sandhofe – Gorka, Dörmann, Köster (Reichel), Schipper – Santanius (Feldmann), Bittcher (1), Lander (1) – Mentzel, Höfer (2), Schütte (dazu ein Eigentor von Holznagel) – Trainer: Maslo.

1977

Vorrunde: Röchling Völklingen – 1. FSV Mainz 05 2:5, 2:4; Eintracht Braunschweig – Freiburger FC 1:4, 3:6; MSV Duisburg – Werder Bremen 2:0, 3:1; Alemannia Aachen – 1. FC Nürnberg 1:6, 0:8; SV Mehring – FC St. Pauli 1:1, 1:4; FC Schalke 04 – SC Staaken 3:0, 7:0; VfB Stuttgart – Itzehoer SV 1:0, 1:1; Karlsruher SC – FC Burgsolms 3:1, 6:0.
Viertelfinale: MSV Duisburg – 1. FC Nürnberg 3:2, 5:2; VfB Stuttgart – Karlsruher SC 2:3, 3:0; FC St. Pauli – FC Schalke 04 1:7, 2:5; 1. 1. FSV Mainz 05 – Freiburger FC 2:1, 3:4, Elfmeterschießen 9:8.
Halbfinale: 1. FSV Mainz 05 – MSV Duisburg 4:1, 0:4; FC Schalke 04 – VfB Stuttgart 4:5, 0:2.
Endspiel am 23. Juli 1977 in Mannheim: MSV Duisburg – VfB Stuttgart 2:1 (0:0)
Duisburg: Strozyk – Hörstgen, Brocker, Fenten, Jakobs – Quabeck, Klein, Ulitzka (2), Vengels – Jasinek, Schrafen, Buttgereit (Wuschka) – Trainer: Schafstall.

1978

Vorrunde: Hamburger SV – Hertha Zehlendorf 1:7, 2:0; Arminia Hannover – 1. FC Köln 2:2, 1:2; Freiburger FC – 1. FC Saarbrücken 6:0, 2:3; Stuttgarter Kickers – OSC Bremerhaven 0:2, 1:0; FC Augsburg – MSV Duisburg 1:2, 3:3; 1. 1. FSV Mainz 05 – Glas/Chemie Wirges 2:2, 1:1, Elfmeterschießen 4:5; Borussia Dortmund – SV Waldhof Mannheim 2:2, 0:1; Eintracht Frankfurt – VfB Lübeck 2:0, 4:2.
Viertelfinale: Hertha Zehlendorf – 1. FC Köln 3:0, 4:2; Freiburger FC – OSC Bremerhaven 4:2, 3:1; MSV Duisburg – Glas/Chemie Wirges 2:1, 1:1; SV Waldhof Mannheim – Eintracht Frankfurt 2:3, 0:5.
Halbfinale: MSV Duisburg – Eintracht Frankfurt 1:1, 2:1; Hertha Zehlendorf – Freiburger FC 3:2, 1:2, Elfmeterschießen 3:2.
Endspiel am 15. Juli 1978 in Essen: MSV Duisburg – Hertha Zehlendorf 5:2 (2:2)
Duisburg: Fuchs – Jasinek, Gebauer, Blum, Brings – Piepenburg, Wuschka (1), Steininger (Schmidt) – Weecks (1), Ulitzka (1), Kowalzik (2) (Meyer) – Trainer: Wenzlaff.

1979

Vorrunde: SV Waldhof Mannheim – SFL Bremerhaven 2:0, 4:0; 1. FC Köln – Kickers Offenbach 1:1, 2:3; Holstein Kiel – VfR Sölde 0:2, 1:3; Eintracht Braunschweig – 1. FC Nürnberg 2:2, 2:4; Fortuna Düsseldorf – SC Staaken 2:1, 4:0; Stuttgarter Kickers – Concordia Hamburg 5:2, 3:1; Borussia Neunkirchen – 1. FC Kaiserslautern 2:2, 0:3; FC Emmendingen – TuS Neuendorf 1:2, 2:3.
Viertelfinale: SV Waldhof Mannheim – Kickers Offenbach 4:0, 1:5, Elfmeterschießen 4:3; VfR Sölde – 1. FC Nürnberg 1:3, 0:3; Fortuna Düsseldorf – Stuttgarter Kickers 0:5, 1:7; 1. FC Kaiserslautern – TuS Neuendorf 7:0, 5:0.
Halbfinale: SV Waldhof Mannheim – 1. FC Nürnberg 0:0, 0:2; Stuttgarter Kickers – 1. FC Kaiserslautern 7:2, 3:3.
Endspiel am 29. Juli 1979 in Karlsruhe: Stuttgarter Kickers – 1. FC Nürnberg 2:1 (2:0)
Stuttgart: Rauscher – Stadtmüller, Müller (1), Schröck, Steinbach – Hägele (Kaiser), Bazien, Schulz – Kurbos (1), Buchwald (Eblen), Dienelt – Trainer: Philipp.

1980

Vorrunde: Werder Bremen – 1. FC Nürnberg 1:1, 2:2, Elfmeterschießen 1:3; Concordia Hamburg – 1. FC Saarbrücken 1:0, 0:0; 1. FC Kaiserslautern – Kickers Offenbach 1:1, 4:2; Arminia Hannover – Rot-Weiss Essen 2:1, 3:2; Eintracht Segeberg – TuS Neuendorf 1:5, 0:5; Blau-Weiß 90 Berlin – SSV Ulm 1846 2:0, 1:2; Bayer Leverkusen – SV Waldhof Mannheim 2:3, 2:5; FC Emmendingen – FC Schalke 04 2:5, 1:3.
Viertelfinale: SV Waldhof Mannheim – 1. FC Kaiserslautern 3:1, 1:1; TuS Neuendorf – FC Schalke 04 1:1, 0:2; Arminia Hannover – Blau-Weiß 90 Berlin 1:1, 2:0, Concordia Hamburg – 1. FC Nürnberg 0:7, 0:6.
Halbfinale: Arminia Hannover – Schalke 04 1:2, 0:7; SV Waldhof Mannheim – 1. FC Nürnberg 3:2, 1:1.
Endspiel am 12. Juli 1980 in Oberhausen: SV Waldhof Mannheim – FC Schalke 04 2:1 (1:0)
Mannheim: U. Zimmermann – P. Tsionanis, Pennese, D. Tsionanis, Quaisser – Rühl (Weixler), Rahn (1), Schön – Kispert (Weißenseel), Emig, E. Zimmermann (1) – Trainer: Kobberger.

1981

Vorrunde: Freiburger FC – Werder Bremen 1:0, 2:1; VfB Stuttgart – VfB Lübeck 7:0, 4:0; FC St. Pauli – Bayer Leverkusen 0:2, 3:1, Elfmeterschießen 3:1; 1. FC Saarbrücken – SpVgg Andernach 3:3, 4:1; Blau-Weiß 90 Berlin – VfL Wolfsburg 4:1, 1:2; Karlsruher SC – Borussia Mönchengladbach 1:1, 2:2, Elfmeterschießen 3:4; Bayern München – 1. FC Kaiserslautern 0:0, 0:1; FC Schalke 04 – Eintracht Frankfurt 3:1, 3:1.
Viertelfinale: Borussia Mönchengladbach – VfB Stuttgart 0:5, 0:0; 1. FC Kaiserslautern – FC St. Pauli 1:1, 1:0; Blau-Weiß 90 Berlin – Freiburger FC 0:0, 3:0; FC Schalke 04 – 1. FC Saarbrücken 3:0, 5:0.
Halbfinale: VfB Stuttgart – 1. FC Kaiserslautern 2:0, 2:1; Blau-Weiß 90 Berlin – FC Schalke 04 4:4, 0:4.
Endspiel am 25. Juli 1981 in Karlsruhe: VfB Stuttgart – FC Schalke 04 4:0 (1:0)
Stuttgart: Jäger – Beital, Rath, Stadler, Flad – Jeske (1), Müller, Secker – Tochtermann (1), Bialon (1), Zimmermann (1) – Trainer: Arnold.

1982

Vorrunde: VfB Stuttgart – 1. FC Saarbrücken 2:0, 1:0; SG Wattenscheid 09 – VfR Mannheim 3:1, 1:1; 1. FC Kaiserslautern – BFC Preußen Berlin 7:1, 0:0; Bayer Leverkusen – TSV München 1860 3:2, 0:3; Eintracht Frankfurt – Glas/Chemie Wirges 9:0, 1:1; Hamburger SV – SC Freiburg 3:0, 4:0; MSV Duisburg – Eintracht Braunschweig 2:0, 0:5; Werder Bremen – VfL Lübeck 3:1, 1:1.
Viertelfinale: VfB Stuttgart – SG Wattenscheid 09 1:0, 2:2; 1. FC Kaiserslautern – TSV München 1860 2:0, 1:2; Eintracht Frankfurt – Hamburger SV 3:1, 4:0; Eintracht Braunschweig – Werder Bremen 4:2, 3:6.
Halbfinale: VfB Stuttgart – 1. FC Kaiserslautern 5:0, 4:1; Eintracht Frankfurt – Werder Bremen 5:4, 7:2.
Endspiel am 17. Juli in Karlsruhe: Eintracht Frankfurt – VfB Stuttgart 2:0 (2:0)
Eintracht: Gundelach – Boy, Hofmann, Kahlhofen, Ernst – Kühn, Gabriel, Wöber – Kramer (2), Müller, Rieth (Berthold) – Trainer: Mank.

1983

Vorrunde: FC Schalke 04 – SV Sandhausen 2:0, 2:2; TSV München 1860 – Eintracht Frankfurt 3:2, 0:4; Borussia Mönchengladbach – VfB Stuttgart 0:5, 2:5; Freiburger FC – VfL Osnabrück 0:2, 1:5; Tus Mayen – VfB Lübeck 2:2, 1:2; BFC Preußen Berlin – 1. FC Kaiserslautern 1:2, 1:2; TuS Wulsdorf – 1. FC Köln 4:6, 1:12; Hamburger SV – Borussia Neunkirchen 3:0, 1:2.
Viertelfinale: FC Schalke 04 – Eintracht Frankfurt 4:4, 2:5; VfB Stuttgart – VfL Osnabrück 2:1, 2:1; VfB Lübeck – 1. FC Kaiserslautern 1:3, 0:9; 1. FC Köln – Hamburger SV 6:1, 2:1.
Halbfinale: Eintracht Frankfurt – VfB Stuttgart 5:1, 1:2; 1. FC Kaiserslautern – 1. FC Köln 1:3, 3:2.
Endspiel am 16. Juli 1983 in Marburg: Eintracht Frankfurt – 1. FC Köln 2:0 (1:0).
Frankfurt: Hollenbach – Klepper, Trares, Borkenhagen, Kraaz – Piesker, Binz (Conrad), Rieth, Heider, Wöber (Völker) – Fritz (2) – Trainer: Mank.

1984

Vorrunde: 1. FC Kaiserslautern – Freiburger FC 5:0, 8:0; 1. FC Nürnberg – VfL Marburg 1:0, 2:1; 1. FC Saarbrücken – Concordia Hamburg 1:1, 0:4; TSV Havelse – TSB Flensburg 3:0, 6:1; Eintracht Trier – Bayer Uerdingen 1:0, 0:5; VfB Stuttgart – SV Waldhof Mannheim 1:0, 2:2; Hertha Zehlendorf – 1. FC Köln 1:0, 1:2, Elfmeterschießen 4:3; Werder Bremen – VfL Bochum 0:3, 0:3.
Viertelfinale: 1. FC Kaiserslautern – 1. FC Nürnberg 4:0, 1:2; Concordia Hamburg – TSV Havelse 4:2, 4:5; Bayer Uerdingen – VfB Stuttgart 1:3, 1:4; Hertha Zehlendorf – VfL Bochum 4:2, 0:1.
Halbfinale: 1. FC Kaiserslautern – Concordia Hamburg 5:2, 2:2; VfB Stuttgart – Hertha Zehlendorf 8:0, 1:2.
Endspiel am 28. Juli 1984 in Heilbronn: VfB Stuttgart – 1. FC Kaiserslautern n. V. 3:1 (1:1, 1:0)
Stuttgart: Weber – Rothfuß (Skultety), Pfiz, Scheiffele, Szichta – Cyklarz (1), Waldner, Fritz – Lorch, Peukert (2), Kipper (Hertfelder) – Trainer: Güntner.

1985

Vorrunde: Bayer Uerdingen – Borussia Dortmund 1:4, 1:3; 1. FC Kaiserslautern – Bayer Leverkusen 1:1, 0:1; Borussia Neunkirchen – Werder Bremen 2:1, 0:3; Bayern München – Karlsruher SC 2:2, 0:5; Glas/Chemie Wirges – VfB Stuttgart 0:5, 0:2; FC Konstanz – Eintracht Braunschweig 1:4, 0:5; Reinickendorfer Füchse – TSV Rendsburg 1:1, 3:1; Eintracht Frankfurt – TSV Reinbek/Hamburg 3:1, 5:2.
Viertelfinale: Borussia Dortmund – Bayer Leverkusen 0:4, 3:2; Werder Bremen – Karlsruher SC 1:1, 0:4; VfB Stuttgart – Eintracht Braunschweig 0:0, 3:1; Reinickendorfer Füchse – Eintracht Frankfurt 2:7, 0:8.
Halbfinale: Bayer Leverkusen – Karlsruher SC 1:0, 2:2; VfB Stuttgart – Eintracht Frankfurt 3:0, 0:4.
Endspiel am 12. Juli 1985 in Mannheim: Eintracht Frankfurt – Bayer Leverkusen 4:2 (1:0).
Frankfurt: Rogowski – Conrad, Reussing (Pistauer), Iglesias (1) – Vucak, Möller, Völker (Gruner), Hestermann, Dembowski (1) – Walz, Reubold (2) – Trainer: Gerster.

1986

Vorrunde: SC Freiburg – Hamburger SV 1:0, 0:2; Fortuna Düsseldorf – TSB Flensburg 2:2, 5:0; Reinickendorfer Füchse – 1. FC Nürnberg 2:2, 0:3; Germania Metternich – Werder Bremen 1:1, 4:7; FC Homburg – Karlsruher SC 1:2, 0:5; Borussia Dortmund – Bayer Leverkusen 1:1, 0:2; 1. FC Kaiserslautern – Eintracht Braunschweig 3:0, 2:2; SSV Reutlingen – Eintracht Frankfurt 1:3, 1:4.
Viertelfinale: Hamburger SV – Fortuna Düsseldorf 0:2, 1:2; 1. FC Nürnberg – Werder Bremen 8:0, 3:2; Karlsruher SC – Bayer Leverkusen 0:0, 0:6; 1. FC Kaiserslautern – Eintracht Frankfurt 2:1, 0:1, Elfmeterschießen 7:8.
Halbfinale: Fortuna Düsseldorf – 1. FC Nürnberg 1:0, 0:1, Elfmeterschießen 2:4; Bayer Leverkusen – Eintracht Frankfurt 5:4, 3:0.
Endspiel am 11. Juli 1986 in Leverkusen: Bayer Leverkusen – 1. FC Nürnberg 2:0 (1:0)
Leverkusen: Deus – Job – Kühn, Nicolic, Gerhards – Drysdl (Hübner), Schwarz, Reinhardt, Wörsdörfer – Rehbein (2), Legerlotz (Petersen) – Trainer: Reschke.

1987

Vorrunde: Karlsruher SC – Bayer Leverkusen 2:1, 0:3; VfB Stuttgart – Bayern München 3:0, 0:3, Elfmeterschießen 3:4; Werder Bremen – Hannover 96 1:2, 2:1, Elfmeterschießen 2:4; Eintracht Frankfurt – Olympia Neumünster 5:0 , 1:1; SpVgg. Andernach – VfL Bochum 0:3, 0:2; Hamburger TS 1816 – Reinickendorfer Füchse 1:2, 2:0; 1. FC Kaiserslautern – Bayer Uerdingen 2:2, 1:3; ASC Dudweiler – FV Donaueschingen 0:0, 3:3, Elfmeterschießen 4:2.
Viertelfinale: Bayer Leverkusen – Bayern München 3:0, 2:1; Hannover 96 – Eintracht Frankfurt 3:2, 0:5; VfL Bochum – Hamburger TS 1816 2:1, 4:0; Bayer Uerdingen – ASC Dudweiler 2:1, 4:2.

Halbfinale: VfL Bochum – Bayer Uerdingen 1:2, 2:2; Bayer Leverkusen – Eintracht Frankfurt 2:1, 1:2, Elfmeterschießen 3:4.
Endspiel am 17. Juli 1987 in Krefeld: Bayer Uerdingen – Eintracht Frankfurt 2:1 (0:0)
Uerdingen : Teroede – Kempkens – Titgens (Schroers), Brinkmann – Hofschen, Jörißen, Steffen, Fallak – Dondera, Wolff (1), Witeczek (1) – Trainer: Rangs.

1988

Vorrunde: Hannover 96 – SV Kuppenheim 3:0, 1:0; Werder Bremen – Tennis Borussia Berlin 2:1, 3:2; TSV München 1860 – 1. FC Saarbrücken 0:0, 3:0; VfB Stuttgart – TuS Paderborn-Neuhaus 2:0, 9:0; Eintracht Frankfurt – VfB Kiel 2:1, 4:1; Bayer Uerdingen – 1. FC Kaiserslautern 0:1, 1:0, Elfmeterschießen 5:4; Bayer Leverkusen – Eintracht Trier 2:0, 6:0; Hamburger SV – Karlsruher SC 1:1, 2:3.
Viertelfinale: Hannover 96 – Werder Bremen 1:4, 2:2; TSV München 1860 – VfB Stuttgart 2:1, 0:2; Eintracht Frankfurt – Bayer Uerdingen 2:0, 3:5, Elfmeterschießen 3:1; Bayer Leverkusen – Karlsruher SC 4:0, 1:1.
Halbfinale: Werder Bremen – VfB Stuttgart 1:1, 2:2, Elfmeterschießen 3:4; Eintracht Frankfurt – Bayer Leverkusen 2:0, 0:3.
Endspiel am 15. Juli 1988 in Stuttgart: VfB Stuttgart – Bayer Leverkusen 4:1 (1:1)
Stuttgart: Welz – Gradwohl – Lang, Fritz, Mayer (1), Keller, Bufka, Marche (Seitz), Richter (1) – Latifovic (1), Terzic (1) – Trainer: Güntner.

1989

Vorrunde: SV Auersmacher – Bayer Uerdingen 0:5, 0:6; Werder Bremen – Borussia Dortmund 1:1, 0:4; 1. FC Nürnberg – Kehler FV 3:0, 7:0; 1. FC Kaiserslautern – Bayer Leverkusen 2:2, 0:3; SG Betzdorf – Holstein Kiel 0:0, 1:3; Hertha Zehlendorf – Hamburger SV 2:1, 1:2, Elfmeterschießen 3:4; SV Waldhof Mannheim – Hannover 96 5:1, 0:3; VfB Stuttgart – VfL Marburg 6:0, 7:0.
Viertelfinale: 1. FC Nürnberg – Bayer Leverkusen 3:3, 2:1; Holstein Kiel – Hamburger SV 0:6, 1:5; SV Waldhof Mannheim – VfB Stuttgart 1:0, 0:1, Elfmeterschießen 8:9; Bayer Uerdingen – Borussia Dortmund 2:1, 0:1, Elfmeterschießen 5:3.
Halbfinale: Hamburger SV – VfB Stuttgart 0:2, 0:2; Bayer Uerdingen – 1. FC Nürnberg 1:2, 1:2.
Endspiel am 14. Juli 1989 in Stuttgart: VfB Stuttgart – 1. FC Nürnberg 3:2 (1:2)
Stuttgart: Strotbek – Richter – Schneider, Latifovic – Santelli (Dense 1), Mayer, Keller, Gradwohl, Kramny (1) – Beierle (1), Terzic (Chatzikiriakos) – Trainer: Philipp.

1990

Vorrunde: Hertha Zehlendorf – Hamburger SV 2:0, 2:1; VfB Kiel – Hannover 96 1:0, 4:5, Elfmeterschießen 5:4; Werder Bremen – Bayer Leverkusen 0:2, 1:2; Eintracht Trier – Borussia Dortmund 0:2, 1:3; SV Waldhof Mannheim – Eintracht Frankfurt 0:0, 1:1, Elfmeterschießen 3:5; FC Homburg – VfB Stuttgart 0:6, 3:6; Bayer Uerdingen – 1. FC Kaiserslautern 1:0, 1:2, Elfmeterschießen 2:4; SC Freiburg – FC Augsburg 0:1, 0:3.
Viertelfinale: Hertha Zehlendorf – VfB Kiel 8:2, 5:0; Bayer Leverkusen – Borussia Dortmund 1:0, 0:1; Elfmeterschießen 3:5; Eintracht Frankfurt – VfB Stuttgart 2:5, 0:4; 1. FC Kaiserslautern – FC Augsburg 2:0, 2:1.
Halbfinale: Hertha Zehlendorf – Borussia Dortmund 3:0, 0:3, Elfmeterschießen 4:3; VfB Stuttgart – 1. FC Kaiserslautern 3:1, 3:0.
Endspiel am 6. Juli 1990 in Berlin: VfB Stuttgart – Hertha Zehlendorf 5:1 (3:1)
Stuttgart: Sick – Santelli – Papadopoulos, Posch – Endreß (Th. Schneider), Obeida, Otto, Trunkl, Krinke (2) – Kosztovics (Kienle 1), Beierle (1) (Dazu ein Eigentor von Rolbuch) – Trainer: Philipp.

1991

Vorrunde: Bayer Uerdingen – Altonaer FC 93 2:0, 4:0; 1. FC Saarbrücken – SC Freiburg 3:3, 0:1; Bayer Leverkusen – VfB Kiel 4:0, 2:1; VfB Stuttgart – Bayern München 3:1, 1:3, Elfmeterschießen 4:2; Kickers Offenbach – Eintracht Braunschweig 2:2, 0:0, Elfmeterschießen 1:3; VfL Bochum – SC Siemensstadt Berlin 1:2, 2:1, Elfmeterschießen 3:4; Werder Bremen – SV Schwetzingen 2:1, 0:3; Glas/Chemie Wirges – 1. FC Kaiserslautern 1:3, 1:5.
Viertelfinale: Bayer Uerdingen – SC Freiburg 0:0, 2:1; Bayer Leverkusen – VfB Stuttgart 3:2, 0:4; Eintracht Braunschweig – SC Siemensstadt 3:0, 2:1; SV Schwetzingen – 1. FC Kaiserslautern 1:1, 1:2.
Halbfinale: Bayer Uerdingen – VfB Stuttgart 1:1, 4:7; Eintracht Braunschweig – 1. FC Kaiserslautern 1:1, 0:1.
Endspiel am 30. Juni 1991 in Heilbronn: VfB Stuttgart – 1. FC Kaiserslautern 4:1 (1:1)
Stuttgart: Rentel – Endreß (1) – Posch, Reich – Schneider (1), Keckeisen, Otto (1), Remmler, Lenhart (Bittmann) – Kienle, Seifert (Ziegler 1) – Trainer: Rangnick.

1992

Qualifikation: Hamburger SV – Eintracht Frankfurt 0:0, 1:1, Elfmeterschießen 2:3; Energie Cottbus – Bayern München 2:8, 1:6; Werder Bremen – Phönix Lübeck 4:0, 4:0; Carl Zeiss Jena – Hannover 96 0:1, 6:2; Hertha BSC Berlin – 1. FC Saarbrücken 2:1, 2:1.

Vorrunde: SV Waldhof Mannheim – Bayer Uerdingen 3:1, 1:0; Dynamo Dresden – Hertha BSC Berlin 0:2, 1:2; Sportfreunde Eisbachtal – Carl Zeiss Jena 2:13, 1:6; Bayern München – Werder Bremen 1:1 und 4:1; Borussia Dortmund – Hansa Rostock 3:0, 1:1; 1. FC Magdeburg – 1. FC Köln 1:5, 1:4; Eintracht Frankfurt – VfB Stuttgart 1:0, 1:5; SC Freiburg – 1. FC Kaiserslautern 0:1, 0:2.

Viertelfinale: SV Waldhof Mannheim – Hertha BSC Berlin 0:1, 0:4; Carl Zeiss Jena – 1. FC Kaiserslautern 1:3, 0:3; Bayern München – Borussia Dortmund 3:1, 3:0; VfB Stuttgart – 1. FC Köln 1:2, 1:2.

Halbfinale: Hertha BSC Berlin – 1. FC Kaiserslautern 2:1, 0:1, Elfmeterschießen 1:3; Bayern München – 1. FC Köln 0:2, 1:2.

Endspiel am 5. Juli 1992 in Köln: 1. FC Kaiserslautern – 1. FC Köln 5:1 (3:0)

Kaiserslautern: Bitzer – Hengen – Simon, Lieberknecht – Leipold, Fetzer, Neumann, Gensel (1), Müller – Dittgen (1) (Brill), Dengel (3) – Trainer: Diehl.

1993

Qualifikation: 1. FC Kaiserslautern – Hallescher FC 3:0, 1:1; VfB Stuttgart – Fortuna Düsseldorf 2:0, 3:0; FC Konstanz – Borussia Dortmund 1:3, 2:7; VfB Leipzig – 1. FC Köln 2:1, 1:3; Hansa Rostock – Karlsruher SC 1:1, 1:2.

Vorrunde: Hannover 96 – Werder Bremen 0:2, 2:3; Phönix Lübeck – Eintracht Frankfurt 0:4, 0:12; Viktoria Frankfurt/O. – 1. FC Köln 1:3, 0:9; FC Augsburg – Hertha Zehlendorf 4:3, 3:1; Eintracht Trier – VfB Stuttgart 1:5, 1:14; Karlsruher SC – 1. FC Saarbrücken 3:0, 3:1; Carl Zeiss Jena – Hamburger SV 2:1, 1:2, Elfmeterschießen 5:3; Borussia Dortmund – 1. FC Kaiserslautern 1:0, 1:4.

Viertelfinale: Werder Bremen – Eintracht Frankfurt 0:0, 3:2; 1. FC Köln – FC Augsburg 0:2, 5:4; VfB Stuttgart – Karlsruher SC 4:1, 1:1; Carl Zeiss Jena – 1. FC Kaiserslautern 2:2, 1:1, Elfmeterschießen 6:7.

Halbfinale: Werder Bremen – FC Augsburg 6:4, 0:2, Elfmeterschießen 4:5; VfB Stuttgart – 1. FC Kaiserslautern 2:3, 0:2.

Endspiel am 4. Juli 1993 in Augsburg: FC Augsburg – 1. FC Kaiserslautern 3:1 (0:0)

Augsburg: Fuchs – Meier – Meggle (1), Neumann – Dobler, Gerster (1), Bachthaler, Rösele (1), Böhringer (Schwalle) – Söhner, Berkant, Oral (Luichtl) – Trainer: Schuhmann.

1994

Qualifikation: TSV Büdelsdorf – Bayern München 1:2, 0:3; Werder Bremen – Tennis Borussia Berlin 5:3, 2:1; Hannover 96 – Carl Zeiss Jena 3:2, 1:0; Eintracht Frankfurt – BSV Brandenburg 7:0, 4:1; Hamburger SV – 1. FC Saarbrücken 3:0, 4:1.

Achtelfinale: Bayer Leverkusen – Chemnitzer FC 3:2, 1:1; VfB Stuttgart – Greifswalder SC 5:1, 5:2; Karlsruher SC – Hannover 96 1:2, 2:0; Werder Bremen – Hallescher FC 5:0, 2:0, Bayern München – 1. FC Kaiserslautern 2:1, 0:2; Bayer Uerdingen – Hamburger SV 1:0, 1:2, Elfmeterschießen 5:4; Sportfreunde Eisbachtal – Borussia Dortmund 1:8, 0:4; Eintracht Frankfurt – SC Freiburg 0:0, 2:2, Elfmeterschießen 4:5.

Viertelfinale: Bayer Leverkusen – VfB Stuttgart 1:5, 4:6; Karlsruher SC – Werder Bremen 1:1, 0:3; 1. FC Kaiserslautern – Bayer Uerdingen 1:2, 1:1; Borussia Dortmund – SC Freiburg 4:0, 4:1.

Halbfinale: VfB Stuttgart – Werder Bremen 1:1, 1:1, Elfmeterschießen 3:4; Bayer Uerdingen – Borussia Dortmund 1:2, 1:3.

Endspiel am 3. Juli 1994 in Delmenhorst: Borussia Dortmund – Werder Bremen 3:2 (2:1)

Dortmund: Malonek – Mehnert – Hundshagen (Zachin), Brücker – Pagels, Wennmann, Ricken (1), Hinz, Sauerland – Grad (Riethmann), Tanko (2) (Danielzyk) – Trainer: Boekamp.

1995

Viertelfinale: Bayern München – Borussia Dortmund 1:1, 0:2; Werder Bremen – 1. FC Kaiserslautern 1:1, 0:1; Hansa Rostock – VfB Stuttgart 1:3, 4:4; Bayer Leverkusen – VfB Leipzig 1:0, 4:1.

Halbfinale: Borussia Dortmund – 1. FC Kaiserslautern 2:0, 9:0; VfB Stuttgart – Bayer Leverkusen 0:0, 1:4.

Endspiel am 2. Juli 1995 in Lüdenscheid: Borussia Dortmund – Bayer Leverkusen 2:0 (1:0)

Dortmund: Melka – Mehnert – Sahin, Brücker – Hundshagen, But (1) (Kalayci), Möller (1) (Horz), Vogt, Sauerland – Grad (Güner), Pagels (Karayildiz) – Trainer: Skibbe.

1996

Viertelfinale: VfB Stuttgart – 1. FC Kaiserslautern 2:0, 2:1; Borussia Mönchengladbach – Borussia Dortmund 1:2 und 1:1; Werder Bremen – Hannover 96 1:0, 2:0; Carl Zeiss Jena – SV Waldhof Mannheim 0:0, 0:2.

Halbfinale: VfB Stuttgart – Borussia Dortmund 1:1, 0:7; WerderBremen – SV Waldhof Mannheim 1:1, 1:1, Elfmeterschießen 5:6.

Endspiel am 7. Juli 1996 in Mannheim: Borussia Dortmund – SV Waldhof Mannheim 2:0 (1:0)

Dortmund: Kleinsteiber – Kalayci – Knoche (1), Sahin (1) – Volke (Hunger), Eraslan, Timm, But, Vogt (Savvidis) – Grad (Cichon), Güner (Piorunek) – Trainer: Skibbe.

1997

Viertelfinale: Borussia Dortmund – Reinickendorfer Füchse 4:1, 4:0; Borussia Mönchengladbach – VfB Stuttgart 3:2, 0:6; 1. FC Kaiserslautern – TSV München 1860 3:2, 0:2; Carl Zeiss Jena – Hamburger SV 0:1, 2:2.

Halbfinale: Borussia Dortmund – VfB Stuttgart 1:0, 3:2; TSV München 1860 – Hamburger SV 4:2, 3:0.

Endspiel am 6. Juli 1997 in Augsburg: Borussia Dortmund – TSV München 1860 2:1 (1:0)

Dortmund : Kuschmann – Sasy – Knoche, Savvidis – Volke, Öztürk, Dahan (Akcay 1), Ballout, Schäper (Rothholz) – Piorunek (Lindner), Bugri (1) – Trainer: Skibbe.

1998

Viertelfinale: 1. FC Kaiserslautern – FC. St. Pauli 2:2, 1:1, Elfmeterschießen 2:4; Hannover 96 – Borussia Dortmund 1:5, 3:4; Tennis Borussia Berlin – FC Augsburg 3:1, 0:2, Elfmeterschießen 1:3; Bayern München – 1. 1. FSV Mainz 05 4:1, 7:0.

Halbfinale: FC St. Pauli – Borussia Dortmund 1:3, 1:5; FC Augsburg – Bayern München 0:2, 1:4.

Endspiel am 5. Juli 1998 in Dortmund: Borussia Dortmund – Bayern München n. V. 2:2 (2:2, 0:0), Elfmeterschießen 2:1

Dortmund: Kuschmann – Rothholz – Heese, Ballout – Dahan (Abdulai), Rios (Lindner), Schäper, Öztürk (Stock) – Bugri (Beckmann 1), Akcay (1), Timm – Trainer: Boekamp.

1999

Viertelfinale: Karlsruher SC – Reinickendorfer Füchse 0:2, 1:0; KFC Uerdingen 05 – Werder Bremen 3:3, 0:2; 1. FC Kaiserslautern – Hertha BSC Berlin 2:1, 1:1; VfB Stuttgart – Bayer Leverkusen 2:1, 2:3, Elfmeterschießen 7:6.

Halbfinale: 1. FC Kaiserslautern – VfB Stuttgart 0:2, 3:3; Reinickendorfer Füchse – Werder Bremen 1:1, 1:5.

Endspiel am 4. Juli 1999 in Stuttgart: Werder Bremen – VfB Stuttgart 4:1 (3:1)

Bremen: Özkul – Schmedes (Kuhl), Krösche (1), Votava, Meyerdierks – Siasia, Borowski (1), Yrievich (Kum) – Greb (Titz), Alexandrovich (1), Di'Iorio (1) – Trainer: Plaat.

2000

Viertelfinale: 1. FC Kaiserslautern – Tennis Borussia Berlin 1:1, 1.3; VfB Stuttgart – Bayer Leverkusen 0:0, 0:2; FC Schalke 04 – Bayern München 2:0, 0:3; Hannover 96 – Werder Bremen 1:5, 1:4.

Halbfinale: Tennis Borussia Berlin – Bayer Leverkusen 1:1, 1:4; Bayern München – Werder Bremen 1:1, 2:3.

Endspiel am 2. Juli 2000 in Leverkusen: Bayer Leverkusen – Werder Bremen 4:2 (3:1)

Leverkusen: Starke – Lazarevic, Bozic, Reckert, Coupek (Bungart) – El Kasmi (1) (Donovan), Habljak, Jerat – Dogan (1), Burkhardt (2) (Käfer-Ewertz) – Bably – Trainer: Hörster.

2001

Viertelfinale: Borussia Dortmund – Werder Bremen 2:1, 0:3; 1. FC Kaiserslautern – Bayer Leverkusen 1:2, 2:4; Bayern München – VfL Wolfsburg 4:1, 3:2; SC Freiburg – Hertha BSC Berlin 1:1, 1:0.

Halbfinale: Werder Bremen – Bayer Leverkusen 1:1, 1:1, Elfmeterschießen 3:4; Bayern München – SC Freiburg 5:1, 3:1.

Endspiel am 1. Juli 2001 in Leverkusen: Bayern München – Bayer Leverkusen 3:2 (0:0)

München: Heerwagen – Haas (1), Husterer, Endres (Rietzler) – Contento, Thomik (Barut), Feulner, Lahm, Misimovic (1) – Trochowski (1), Heller (Karayün) – Trainer: Grill.

2002

Viertelfinale: Werder Bremen – FC Schalke 04 2:4, 2:2; Hertha BSC Berlin – VfB Stuttgart 1:2, 0:2; 1. FC Kaiserslautern – Bayern München 1:1, 0:4; Hamburger SV – Borussia Dortmund 0:0, 0:3.
Halbfinale: FC Schalke 04 – VfB Stuttgart 0:1, 2:2; Bayern München – Borussia Dortmund 2:3, 2:1, Elfmeterschießen 4:3.
Endspiel am 7. Juli 2002 in Unterhaching: Bayern München – VfB Stuttgart 4:0 (2:0)
München: Rensing – Haas (Aischmann), Ottl, Barut, Stegmayer – Lell (Thomik), Schweinsteiger, Lahm (1) – Trochowski (2), Kilicaslan (1), Atak (Endres) – Trainer: Niedermayer.

2003

Viertelfinale: Hansa Rostock – VfB Stuttgart 2:3, 1:3; VfL Bochum – 1. FC Kaiserslautern 1:1, 5:3; TSV München 1860 – Hannover 96 1:0, 1:2, Elfmeterschießen 5:3; Bayer Leverkusen – VfL Wolfsburg 5:2, 0:2.
Halbfinale: VfB Stuttgart – VfL Bochum 4:2, 2:4, Elfmeterschießen 5:4; TSV München 1860 – Bayer Leverkusen 2:1, 1:6.
Endspiel am 6. Juli 2003 in Leverkusen: VfB Stuttgart – Bayer Leverkusen 5:2 (1:1)
Stuttgart: Bonertz – Aslantas, Caligiuri (1), Schaschko, Franz – Jarosch (1), Gentner, Ricciardi, Mamajev (Walter) – G. Müller (2), Gomez (1) – Trainer: Kleitsch.

2004

Halbfinale: Bayern München – Hannover 96 1:0, 2:1; VfL Bochum – SpVgg Greuther Fürth 3:0, 4:3.
Endspiel am 27. Juni 2004 in Unterhaching: Bayern München – VfL Bochum 3:0 (2:0)
München: Höcker – Rehm, Niedermeier, Mauersberger, Stegmayer – Heinze, Ottl (1) (Storhas), Steinhöfer (Holjevic) – Ortiz (Müller) – Semler (1) (Heidinger), Thomik (1) – Trainer: Niedermayer.

2005

Halbfinale: VfB Stuttgart – SpVgg Greuther Fürth 1:1, 3:3, Elfmeterschießen 3:1; VfL Bochum – Hertha BSC Berlin 2:1, 1:2, Elfmeterschießen 3:1.
Endspiel am 25. Juni 2005 in Celle: VfB Stuttgart – VfL Bochum 1:0 (0:0)
Stuttgart: Baum – Pelipetz, Pisot, Tasci, Sauter – Nehrig (Prediger), Demir (Aupperle), Gridnev, Schill – Szalei (1) (Leschinski), Galm – Trainer: Kleitsch.

2006

Halbfinale: Hertha BSC Berlin – FC Schalke 04 2:0, 0:3; Bayern München – SC Freiburg 2:1, 1:0.
Endspiel am 4. Juni 2006 in Gelsenkirchen: FC Schalke 04 – Bayern München 2:1 (2:1)
Schalke: Fährmann – Hasanbegovic, Höwedes, Grembowietz, Boenisch (1) – Kunert (Altenbeck), A. Kilian, Altin – Özil – Pisano (1) (Öztürk), Pektürk (Lisyna) – Trainer: Elgert.

2007

Halbfinale: Werder Bremen – Bayern München 2:2, 2:4; Bayer Leverkusen – 1. FC Kaiserslautern 4:1, 2:0.
Endspiel am 24. Juni 2007 in Leverkusen: Bayer Leverkusen – Bayern München n.V. 2:1 (1:1, 0:1)
Leverkusen: Hohs – Petersch (Kaptan), Reinartz, Falkenberg, Oczipka (1) – Selmani – Hegeler (Hettich (1)), Naki – Risse, Schmidt, Schauerte (Sukuta-Paso, Nowak) – Trainer: Hörster.

2008

Halbfinale: VfB Stuttgart – VfL Wolfsburg 1:2, 2:2; SC Freiburg – 1. FC Köln 3:1, 2:2.
Endspiel am 23. Juni 2008 in Wolfsburg: SC Freiburg – VfL Wolfsburg 2:0 (1:0)
Freiburg: Baumann – Klossek, Schlieter, Toprak, Bettmer – Höfler, Bektasi (1) (Sorg), Targamadze (Üner), Gallus (Brud) – Williams – Soyudogru (1) – Trainer: Streich.

2009

Halbfinale: Borussia Dortmund – SC Freiburg 3:3, 3:1; 1. FSV Mainz 05 – Werder Bremen 0:1, 3:0.
Endspiel am 29. Juni 2009 in Mainz: 1. FSV Mainz 05 – Borussia Dortmund 2:1 (1:1)
Mainz: Tekin – Schneider, Rudolf, Kirchhoff (Velemir), Fliess – Ludwig (Wilk), Fring – Gopko (1), Schürrle, Sauter (Oesterreich) – Sliskovic (Mertinitz (1)) – Trainer: Tuchel.

2010

Halbfinale: Hansa Rostock – 1. FSV Mainz 05 1:0, 2:2; VfB Stuttgart – Bayer Leverkusen 2:0, 0:4.
Endspiel am 27. Juni 2010 in Leverkusen: Hansa Rostock – Bayer Leverkusen 1:0 (0:0)
Rostock: Müller – Trybull, Grupe, Bremer, Steinfeldt – Pannewitz (V. Cekirdek), Starke – Weilandt (Jordanov), H. Cekirdek – Albrecht (1), Fikic (Quaschner) – Trainer: Hartmann.

2011

Halbfinale: Bayer Leverkusen - VfL Wolfsburg 0:2, 2:5; 1. FC Kaiserslautern – TSV München 1860 0:1, 2:0.

Endspiel am 19. Juni 2011 in Wolfsburg: VfL Wolfsburg – 1. FC Kaiserslautern 4:2 (1:0)

Wolfsburg: Sauss – Schulze, Berzel, Thoelke, Hartherz – Arnold (Millemaci), Chamorro, Knoche, Gogia (1) (Winter) – Scheidhauer (3), Cigerci – Trainer: Schmidt.

Deutsche Meisterschaft B-Junioren U16/U17

Die bisherigen Meister (bis 2001 U16, ab 2002 U17):

1977 Eintracht Frankfurt – 1978 FC Schalke 04 – 1979 Blau-Weiß 90 Berlin – 1980 Eintracht Frankfurt – 1981 Borussia Mönchengladbach – 1982 SG Wattenscheid 09 – 1983 1. FC Kaiserslautern – 1984 Borussia Dortmund – 1985 VfL Bochum – 1986 VfB Stuttgart – 1987 Bayer Uerdingen – 1988 Hertha Zehlendorf – 1989 Bayern München – 1990 1. FC Köln – 1991 Eintracht Frankfurt – 1992 Bayer Leverkusen – 1993 Borussia Dortmund – 1994, 1995 VfB Stuttgart – 1996 Borussia Dortmund – 1997 Bayern München – 1998 Borussia Dortmund – 1999 VfB Stuttgart – 2000 Hertha BSC Berlin – 2001 Bayern München – 2002 FC Schalke 04 – 2003 Hertha BSC Berlin – 2004 VfB Stuttgart – 2005 Hertha BSC Berlin – 2006 TSV München 1860 – 2007 Bayern München – 2008 TSG 1899 Hoffenheim – 2009 VfB Stuttgart – 2010 Eintracht Frankfurt – 2011 1. FC Köln.

1977

Qualifikation: Hamburger SV – SC Staaken 1:3.
Halbfinale in Daxlanden: FC Schalke 04 – 1. 1. FSV Mainz 05 5:2; Eintracht Frankfurt – SC Staaken 2:1.
Um den 3. Platz: SC Staaken – 1. FSV Mainz 05 2:1.
Endspiel am 3. Juli 1977 in Niefern: Eintracht Frankfurt – Schalke 04 2:1 (0:1)
Frankfurt: Raps – Wörner, Koch, Kura, Werner, Castellano (1), Hohmann, Strauß, Sarraoca, Müller, Schaub (1) – Trainer: Eigenbrodt.

1978

Qualifikation: VfR Mannheim – 1. FSV Mainz 05 0:2.
Halbfinale in Menden: FC Schalke 04 – 1. FSV Mainz 05 3:1, Concordia Hamburg – Hertha Zehlendorf 2:3.
Um den 3. Platz: 1. FSV Mainz 05 – Concordia Hamburg 2:1.
Endspiel am 2. Juli 1978 in Hamm: FC Schalke 04 – Hertha Zehlendorf 6:0 (1:0)
Schalke: Vogel (Schwarz) – Keiner, Hause, Siewert, Draxler (1) – Opitz, Trompeter, Kügler (2) (Kreuz) – Wuttke (1), Schröder, Falzer (2) – Trainer: van Haaren.

1979

Vorrunde: Werder Bremen – Borussia Dortmund 0:1, 2:2; Arminia Hannover – Fortuna Düsseldorf 0:0, 2:2, Elfmeterschießen 4:3; VfB Lübeck – Blau-Weiß 90 Berlin 0:4, 1:1; FC St. Pauli – 1. FC Köln 1:1, 2:0; 1. FSV Mainz 05 – Kickers Offenbach 0:0, 2:1; Freiburger FC – Saar 05 Saarbrücken 5:0, 1:0; Stuttgarter Kickers – SpVgg Andernach 4:0, 3:1; FC Augsburg – VfR Mannheim 2:1, 3:0.
Viertelfinale: Borussia Dortmund – Arminia Hannover 1:2, 0:6; Blau-Weiß 90 Berlin – FC. St. Pauli 0:1, 2:0; 1. 1. FSV Mainz 05 – Freiburger FC 1:2, 5:2; Stuttgarter Kickers – FC Augsburg 1:2, 1:1.
Halbfinale: Arminia Hannover – Blau-Weiß 90 Berlin 1:2, 2:2; 1. 1. FSV Mainz 05 – FC Augsburg 1:2, 0:5.
Endspiel am 29. Juli 1979 in Berlin: Blau-Weiß 90 Berlin – FC Augsburg n. V. 1:1 (1:1, 0:0), Elfm. 5:4
Berlin: Vollborn – Rießler, Paulitz, Collack, Olschewski, Brandenburger, Schröder (Schubert), Schulze – Schmidt (1), Klatt (Pagels), Geesdorf – Trainer: Helfrich.

1980

Vorrunde: Fortuna Düsseldorf – Werder Bremen 1:0, 1:2, Elfmeterschießen 3:2; 1. FC Köln – Holstein Kiel 5:0, 3:2; Blau-Weiß 90 Berlin – FC Schalke 04 3:1, 1:6; SpVgg Andernach – SV Waldhof Mannheim 0:3, 1:1; Eintracht Frankfurt – FC Tailfingen 3:0, 5:0; TSV München 1860 – 1. FC Kaiserslautern 1:1, 0:1; Offenburger FV – SV Merchweiler 1:2, 2:1, Elfmeterschießen 2:4 2:4; Concordia Hamburg – Arminia Hannover 2:2, 2:3.
Viertelfinale: Fortuna Düsseldorf – Arminia Hannover 2:1, 4:3; 1. FC Köln – FC Schalke 04 1:2, 2:3; SV Waldhof Mannheim – Eintracht Frankfurt 0:2, 1:5; 1. FC Kaiserslautern – SV Merchweiler 2:2, 1:0.
Halbfinale: Fortuna Düsseldorf – FC Schalke 04 3:2, 1:3; Eintracht Frankfurt – 1. FC Kaiserslautern 2:1, 1:0.
Endspiel am 13. Juli 1980 in Gelsenkirchen: Eintracht Frankfurt – FC Schalke 04 2:1 (1:0)
Frankfurt: Gundelach – Boy, Ernst, Kühn, Hofmann (1) – Gabriel, Kramp (Schmidt), Rudel – Berthold, Krämer (Lenz), Müller (1) – Trainer: Mank.

1981

Vorrunde: FC 08 Villingen – 1. FC Kaiserslautern 0:7, 2:6; VfL Bochum – Hamburger SV 2:1, 0:1, Elfmeterschießen 4:3; VfR Neumünster – TSV Osterholz-Tenever 1:2, 1:3; Borussia Mönchengladbach – 1. FC Köln 1:3 , 2:0, Elfmeterschießen 7:6; FC Ensdorf – SpVgg Andernach 2:0, 5:0; FC Augsburg – Eintracht Frankfurt 1:3, 0:4; Spandauer SV – Hannover 96 0:2, 1:2; VfB Stuttgart – Karlsruher SC 1:0, 4:0.
Viertelfinale: VfL Bochum – Hannover 96 1:0, 4:2; TSV Osterholz-Tenever – Borussia Mönchengladbach 1:2, 1:3; FC Ensdorf – Eintracht Frankfurt 0:3, 0:6; VfB Stuttgart – 1. FC Kaiserslautern 0:5, 2:2.
Halbfinale: VfL Bochum – Borussia Mönchengladbach 3:3, 1:2; Eintracht Frankfurt – 1. FC Kaiserslautern 5:3, 2:2.
Endspiel am 26. Juli 1981 in Rheydt: Borussia Mönchengladbach – Eintracht Frankfurt 1:0 (1:0)
Mönchengladbach: Zimmermann – Kühn, Drehsen, Thomessen, Nelles – Meusen, Naumann (1), Dohrmann – Krahen, Kopp, Völl – Trainer: Schmitz.

1982

Vorrunde: Borussia Mönchengladbach – Concordia Hamburg 3:4, 1:2; TSV Osterholz-Tenever – 1. FC Köln 2:2, 0:7; SG Wattenscheid 09 – Hertha Zehlendorf 3:1, 2:3; VfR Neumünster – Arminia Hannover 2:1, 0:0; SV Weil – Eintracht Frankfurt 0:3, 0:7; FC Ensdorf – SV Waldhof Mannheim 0:3, 3:2; 1. FC Nürnberg – TuS Koblenz 3:0, 4:0; 1. FC Kaiserslautern – VfB Stuttgart 4:2, 0:1.
Viertelfinale: Concordia Hamburg – 1. FC Köln 3:3, 1:1, Elfmeterschießen 5:3; SG Wattenscheid 09 – VfR Neumünster 3:2, 6:0; Eintracht Frankfurt – SV Waldhof Mannheim 3:0, 5:4; 1. FC Kaiserslautern – 1. FC Nürnberg 3:0, 1:0.
Halbfinale: Concordia Hamburg – SG Wattenscheid 09 1:2, 0:6; Eintracht Frankfurt – 1. FC Kaiserslautern 0:0, 3:0.
Endspiel am 18. Juli 1982 in Wattenscheid: SG Wattenscheid 09 – Eintracht Frankfurt 3:1 (2:1)
Wattenscheid: Hildebrand – Zander, Skibbe (2), Appel, Heinke – Löring (Drews), Schmies, Yavuz (Linnemann), Kontny (1) – Schmidt, Hilligloh – Trainer: Busch.

1983

Vorrunde: Hannover 96 – Rot-Weiss Essen 3:2, 1:2, Elfmeterschießen 5:4; Borussia Dortmund – Werder Bremen 1:2, 0:0; TSV Rendsburg – Spandauer SV 0:0, 2:1; TSV Reinbek – Bayer Leverkusen 0:1, 1:2; Röchling Völklingen – Bayern München 0:8, 2:4; 1. SV Moersch – Kickers Offenbach 0:4, 1:4; 1. FC Kaiserslautern – SV Waldhof Mannheim 1:0, 3:1; TuS Koblenz – SSV Ulm 1846 0:1, 0:1.
Viertelfinale: Hannover 96 – Werder Bremen 1:2, 1:5; TSV Rendsburg – Bayer Leverkusen 1:3, 0:4; Bayern München – 1. FC Kaiserslautern 0:2, 2:4; Kickers Offenbach – SSV Ulm 1846 3:0, 2:1.
Halbfinale: Werder Bremen – Bayer Leverkusen 1:1, 2:0; 1. FC Kaiserslautern – Kickers Offenbach 0:0, 2:2, Elfmeterschießen 3:1.
Endspiel am 17. Juli 1983 in Kaiserslautern: 1. FC Kaiserslautern – Werder Bremen 2:1 (1:0)
Kaiserslautern: Bertram – Wetz, Strich, Schultheiß, Brenner – Kimmel, Denger, Kunz (2) – Gerstner (Hirschfeld), Kauf, Auschill – Trainer: Diehl.

1984

Vorrunde: TSV Osterholz-Tenever – Bramfelder SV 3:7, 1:6; BFC Preußen Berlin – Hannover 96 2:2, 1:1, Elfmeterschießen 5:3; MSV Duisburg – Bayer Leverkusen 1:1, 0:0, Elfmeterschießen 2:4; VfB Lübeck – Borussia Dortmund 1:3, 2:4; VfB Stuttgart – 1. FC Kaiserslautern 1:1, 2:1; TSV München 1860 – Eintracht Frankfurt 1:2, 3:2, Elfmeterschießen 4:2; Glas/Chemie Wirges – SC Freiburg 1:2, 3:3; FC Ensdorf – SV Waldhof Mannheim 0:4, 0:5.
Viertelfinale: VfB Stuttgart – TSV München 1860 0:1, 0:7; SC Freiburg – SV Waldhof Mannheim 0:3, 0:9; Bayer Leverkusen – Borussia Dortmund 1:5, 0:4; Bramfelder SV – BFC Preußen Berlin 2:3, 3:1.
Halbfinale: TSV München 1860 – SV Waldhof Mannheim 3:2, 2:2; Bramfelder SV – Borussia Dortmund 1:0, 0:2.
Endspiel am 29. Juli 1984 in Dortmund: Borussia Dortmund – TSV München 1860 1:0 (1:0)
Dortmund: Dildey – Gläß, Spyrka (1), Schacht, Germann – Fink (Hill), Mielke, Imming, Wisse – Bolst (Stüwe), Banach – Trainer: Trawinski.

1985

Vorrunde: Sportfreunde Eisbachtal – 1. FC Kaiserslautern 0:3, 1:3; Bayern München – ASC Dudweiler 4:1, 1:1; Hamburger SV – OSC Bremerhaven 4:0, 2:2; VfB Stuttgart – Kickers Offenbach 1:3, 2:1; SV Waldhof Mannheim – Offenburger FV 0:0, 2:1; Fortuna Düsseldorf – Hertha Zehlendorf 1:1, 1:1,

Elfmeterschießen 4:5; Vfl Bochum – Bayer Leverkusen 2:0, 3:2; Eintracht Braunschweig – Holstein Kiel 1:2, 2:1, Elfmeterschießen 2:3.
Viertelfinale: 1. FC Kaiserslautern – Bayern München 1:3, 2:4; Kickers Offenbach – SV Waldhof Mannheim 2:0, 1:1; Hamburger SV – Hertha Zehlendorf 2:0, 3:4; VfL Bochum – Holstein Kiel 5:0, 5:1.
Halbfinale: Bayern München – Kickers Offenbach 0:2, 2:0, Elfmeterschießen 2:3; Hamburger SV – VfL Bochum 0:1, 1:4.
Endspiel am 14. Juli 1986 in Offenbach: VfL Bochum – Kickers Offenbach 3:0 (1:0)
Bochum: Dorny – Wisniewski, Urban, Broos – Tasewski (Felber), Dressel, Liese, Poll, Legat – Trioani (Sieweke 1), Kirschke (2) – Trainer: Schiller.

1986

Vorrunde: TuS Paderborn-Neuhaus – VfB Kiel 4:0, 5:2; West Elmsbüttel Hamburg – Werder Bremen 2:0, 2:2, Hannover 96 – Schwarz-Weiß Essen 0:1, 3:2, Elfmeterschießen 4:5; Bayer Leverkusen – Hertha Zehlendorf 0:2, 0:2; VfB Stuttgart – Sportfreunde Eisbachtal 8:0, 5:0; SC Freiburg – Borussia Neunkirchen 5:1, 1:3; Bayern München – 1. FC Kaiserslautern 1:1, 1:2; SV Waldhof Mannheim – Eintracht Frankfurt 2:2, 0:2.
Viertelfinale: TuS Paderborn-Neuhaus – West Elmsbüttel Hamburg 5:2, 2:3; Schwarz-Weiß Essen – Hertha Zehlendorf 0:3, 5:1; VfB Stuttgart – SC Freiburg 6:0, 4:0; 1. FC Kaiserslautern – Eintracht Frankfurt 3:2, 1:3.
Halbfinale: TuS Paderborn-Neuhaus – Schwarz-Weiß Essen 4:1, 0:3, Elfmeterschießen 3:4; VfB Stuttgart – Eintracht Frankfurt 1:1, 3:1.
Endspiel am 13. Juli 1986 in Essen: VfB Stuttgart – Schwarz-Weiß Essen 5:0 (0:0)
Stuttgart: Welz – Weippert – Fritz, Bufka – Lang, Kihn, Edelmann (1) (Bollian), Poschner (1) – Latifovic (1) (Schneider), Ueding (2), Nickel – Trainer: Mosthaf.

1987

Vorrunde: Olympia Neumünster – 1. FC Köln 2:2, 1:1, Elfmeterschießen 8:9; VfL Bochum – Tennis Borussia Berlin 0:1, 1:2; OSC Bremerhaven – Bayer Uerdingen 1:3, 1:2; Hamburger SV – Hannover 96 0:1, 7:2; Karlsruher SC – SV Auersmacher 3:0, 1:2; SV Wittlich – 1. FC Nürnberg 0:3, 0:5; Freiburger FC – Eintracht Frankfurt 0:3, 0:4; VfB Stuttgart – 1. FC Kaiserslautern 1:0, 2:0.
Viertelfinale: 1. FC Köln – Tennis Borussia Berlin 0:0, 1:1, Elfmeterschießen 2:4; Bayer Uerdingen – Hamburger SV 3:0, 2:1; Karlsruher SC – 1. FC Nürnberg 0:2, 1:1; Eintracht Frankfurt – VfB Stuttgart 0:1, 1:4.
Halbfinale: Tennis Borussia Berlin – Bayer Uerdingen 0:1, 0:0; 1. FC Nürnberg – VfB Stuttgart 1:2, 3:1.
Endspiel am 8. Juli 1987 in Nürnberg: Bayer Uerdingen – 1. FC Nürnberg 4:0 (2:0)
Uerdingen: Schonz – Schoots – Welzing, McConner, Neber, Paßlack – Lewitzky (1) (Borgmann), Lanzafame, Bayertz (2) – Trienekens (Herrmann), Klauß (2) – Trainer: Maes.

1988

Vorrunde: SV Waldhof Mannheim – SC Freiburg 3:1, 3:1; 1. FC Kaiserslautern – SpVgg Andernach 6:1, 2:1; Eintracht Frankfurt – 1. FC Saarbrücken 5:0, 5:4; VfB Stuttgart – Bayern München 2:0, 1:1; Hamburger SV – Itzehoer SV 2:1, 2:0; Hertha Zehlendorf – Werder Bremen 3:1, 1:1; Bayer Leverkusen – TSV Havelse 2:1, 0:0; Eintracht Dortmund – Fortuna Düsseldorf 4:0, 3:2.
Viertelfinale: SV Waldhof Mannheim – 1. FC Kaiserslautern 1:1, 1:2; Eintracht Frankfurt – VfB Stuttgart 0:4, 1:5; Hamburger SV – Hertha Zehlendorf 0:3, 0:2; Bayer Leverkusen – Eintracht Dortmund 0:1, 0:1.
Halbfinale: 1. FC Kaiserslautern – VfB Stuttgart 2:3, 1:4; Hertha Zehlendorf – Eintracht Dortmund 2:1, 3:1.
Endspiel am 17. Juli 1988 in Berlin: Hertha Zehlendorf – VfB Stuttgart 2:1 (0:1)
Zehlendorf: Sommer – Kolbuch – Kremer, Gattl, Polat – Schleite, Block (1), Ziege, Braun (Fulmek) – Gehrwald, Lehmann (1) – Trainer: Przesdzing.

1989

Vorrunde: 1. FC Köln – Hertha Zehlendorf 0:0, 0:0, Elfmeterschießen 3:5; Hannover 96 – Concordia Hamburg 5:1, 4:2; FC Schalke 04 – VfB Kiel 4:1, 1:0; Schwarz-Weiß Essen – Werder Bremen 2:0, 1:1; Eintracht Frankfurt – 1. FC Kaiserslautern 1:0, 2:0; SC Freiburg – VfB Stuttgart 1:6, 1:3; Bayern München – FC Homburg 7:0, 9:0; SpVgg Andernach – SV Waldhof Mannheim 0:0, 2:8.
Viertelfinale: Hertha Zehlendorf – Hannover 96 2:0, 3:1; FC Schalke 04 – Schwarz-Weiß Essen 0:0, 3:0; Eintracht Frankfurt – VfB Stuttgart 0:0, 1:1, Elfmeterschießen 5:4; Bayern München – SV Waldhof Mannheim 4:1, 4:1.

Halbfinale: Hertha Zehlendorf – FC Schalke 04 1:0, 0:1, Elfmeterschießen 4:3; Eintracht Frankfurt – Bayern München 1:2, 1:3.

Endspiel am 16. Juli 1989 in München: Bayern München – Hertha Zehlendorf n. V. 1:1 (1:1, 0:0), Elfmeterschießen 5:4

München: Schöttl – Babbel – Punzelt (Karaula), Schönberger – Roth, Schmidt, Nerlinger (1), Eberl, Gehann – Tripp (Bauer), Papachristous – Trainer: Reupold.

1990

Vorrunde: Bramfelder SV – Bayer Uerdingen 1:1, 1:2; VfB Kiel – SC Siemensstadt Berlin 0:4, 0:2; Borussia Dortmund – Werder Bremen 2:2, 0:5; FC 08 Homburg – 1. FC Nürnberg 0:5, 0:8; KSV Baunatal – SV Waldhof Mannheim 1:2, 1:2; Offenburger FV – Sportfreunde Eisbachtal 1:0, 2:0; 1. FC Köln – Hannover 96 3:0, 0:0; VfB Stuttgart – 1. FC Kaiserslautern 1:1, 3:1.

Viertelfinale: 1. FC Köln – Bayer Uerdingen 3:1, 1:3, Elfmeterschießen 8:7; SC Siemensstadt – Werder Bremen 0:0, 3:2; 1. FC Nürnberg – SV Waldhof Mannheim 6:1, 1:0; Offenburger FV – VfB Stuttgart 1:9, 1:7.

Halbfinale: 1. FC Nürnberg – VfB Stuttgart 1:1, 1:2; 1. FC Köln – SC Siemensstadt 3:0, 0:1.

Endspiel am 22. Juli 1990 in Köln: 1. FC Köln – VfB Stuttgart 2:1 (0:0)

Köln: Sömezoglu – Ploeger – Chang, Schmitt – Carl, Bodelier (1), Jöres, Jores (Kötting), Koob (Biechmann) – Thiam, Lenhart (1) – Trainer: Schaefer.

1991

Vorrunde: Eintracht Frankfurt – 1. FC Nürnberg 5:2, 5:2; Karlsruher SC – TuS Koblenz 6:0, 1:1; SC Freiburg – FC 08 Homburg 1:1, 3:0; 1. FC Kaiserslautern – SSV Reutlingen 1:0, 3:0; Phönix Lübeck – Hamburger SV 0:2, 1:1; Werder Bremen – FC Schalke 04 2:0, 0:3; Hertha BSC Berlin – Hannover 96 5:0, 5:4; 1. FC Köln – Bayer Uerdingen 1:2, 1:2.

Viertelfinale: Eintracht Frankfurt – Karlsruher SC 5:1, 1:1; SC Freiburg – 1. FC Kaiserslautern 1:1, 2:2, Elfmeterschießen 4:5; Hamburger SV – FC Schalke 04 1:4, 1:9; Hertha BSC Berlin – Bayer Uerdingen 3:0, 2:5, Elfmeterschießen 3:1.

Halbfinale: Eintracht Frankfurt – 1. FC Kaiserslautern 1:1, 2:1; FC Schalke 04 – Hertha BSC Berlin 0:4, 1:7.

Endspiel am 14. Juli 1991 in Frankfurt: Eintracht Frankfurt – Hertha BSC Berlin n. V. 8:4 (2:2, 1:0)

Frankfurt: Nulle – Wilde – Akkus, Orf – Leuschner, Lense (3) (Buch 2), Niesner, Groh (1), Kresovic (Gessner) – Hagner (2), Anicic – Trainer: Lutz.

1992

Qualifikation: 1. FC Magdeburg – Hamburger SV 1:4, 0:7; Hansa Rostock – Stahl Brandenburg 3:0, 2:0; VfL Stade – Borussia Mönchengladbach 3:7, 3:6; 1. FC Saarbrücken – Rot-Weiß Erfurt 3:2, 2:2; Eintracht Trier – 1. FC Kaiserslautern 0:1, 0:4.

Vorrunde: Borussia Mönchengladbach – Hansa Rostock 1:1, 2:1; Werder Bremen – Bayer Leverkusen 1:4, 1:6; FC Schalke 04 – Phönix Lübeck 4:0, 9:1; Hamburger SV – Hertha Zehlendorf 0:0, 3:4; VfB Stuttgart – Kickers Offenbach 1:1, 3:2; SC Freiburg – 1. FC Saarbrücken 1:0, 1:0; Karlsruher SC – Dynamo Dresden 4:1, 1:2; 1. FC Kaiserslautern – 1. FC Nürnberg 2:1, 0:0.

Viertelfinale: Borussia Mönchengladbach – Bayer Leverkusen 1:1, 2:2, Elfmeterschießen 6:7; FC Schalke 04 – Hertha Zehlendorf 5:1, 5:3; VfB Stuttgart – SC Freiburg 6:1, 1:0; Karlsruher SC – 1. FC Kaiserslautern 0:1, 0:4.

Halbfinale: Bayer Leverkusen – FC Schalke 04 2:0, 2:1; VfB Stuttgart – 1. FC Kaiserslautern 0:2, 0:2.

Endspiel am 26. Juli 1992 in Leverkusen: Bayer Leverkusen – 1. FC Kaiserslautern 2:1 (0:0)

Leverkusen: Ischdonat – Addo – Dawitschek, Chicon – Hahn, Volke, Brcvak (1), Chylla, Poppelreuther (Nguyen) – Skamrahl (1) (Stalmach), Barnes – Trainer: Voigt.

1993

Qualifikation: Holstein Kiel – Bayer Leverkusen 0:2, 1:5; Werder Bremen – Hertha Zehlendorf 4:0, 0:3; Dynamo Dresden – Kehler FV 4:1, 7:3; Eintracht Frankfurt – VfB Stuttgart 1:1, 1:5; Bayern München – Karlsruher SC 3:1, 4:1.

Vorrunde: 1. FC Saarbrücken – SpVgg Andernach 2:1, 2:4; Bayer Uerdingen – Post Neubrandenburg 5:2, 1:0; Hannover 96 – Borussia Dortmund 2:1, 1:7; 1. FC Magdeburg – Carl Zeiss Jena 1:2, 0:7; VfB Stuttgart – 1. FC Kaiserslautern 5:0, 1:2; Bayer Leverkusen – Werder Bremen 3:0, 0:1; FC St. Pauli – Energie Cottbus 2:1, 2:0; Bayern München – Dynamo Dresden 0:1, 0:2.

Viertelfinale: Bayer Leverkusen – FC St. Pauli 1:1, 1:1, Elfmeterschießen 6:7; Bayer Uerdingen – Borussia Dortmund 1:1, 1:2; VfB Stuttgart – Carl Zeiss Jena 1:0, 1:3; Dynamo Dresden – SpVgg Andernach 5:0, 3:0.

Halbfinale: Carl Zeiss Jena – Dynamo Dresden 3:0, 3:2; FC St. Pauli – Borussia Dortmund 1:4, 0:3.

Endspiel am 25. Juli 1993 in Jena: Borussia Dortmund – Carl Zeiss Jena 5:1 (3:0)

Dortmund: Kleinsteiber – Mehnert – Brücker (1), Hancer – Braslan, Hundshagen, Sauerland (Sabin), Danielzyk, Möller (1) – Pagels (1), Grad (2) (Spitzer) – Trainer: Wongrowitz.

1994

Qualifikation: Hansa Rostock – Hamburger SV 0:4, 1:2; Wuppertaler SV – Hannover 96 1:3, 0:3; Energie Cottbus – Hallescher FC 1:2, 0:4; Rot-Weiß Erfurt – 1. FC Saarbrücken 1:1, 1:0; Sportfreunde Eisbachtal – 1. FC Kaiserslautern 1:4, 1:9.
Achtelfinale: 1. FC Kaiserslautern – Kickers Offenbach 4:1, 0:2; Werder Bremen – Bayer Leverkusen 0:4, 1:1; Hertha Zehlendorf – Hallescher FC 2:3, 3:2, Elfmeterschießen 3:0; Hamburger SV – Holstein Kiel 2:0, 4:2; Hannover 96 – Borussia Dortmund 0:0, 4:0; Erzgebirge Aue – Bayern München 0:3, 0:4; Rot-Weiß Erfurt – VfB Stuttgart 0:10, 0:7; Karlsruher SC – SC Freiburg 4:0, 4:1.
Viertelfinale: Bayer Leverkusen – Hertha Zehlendorf 2:1, 3:1; Hamburger SV – Hannover 96 3:4, 2:4; Bayern München – 1. FC Kaiserslautern 0:2, 5:6; VfB Stuttgart – Karlsruher SC 6:1, 2:0.
Halbfinale: Bayer Leverkusen – Hannover 96 0:1, 3:4; 1. FC Kaiserslautern – VfB Stuttgart 2:2, 0:2.
Endspiel am 17. Juli 1994 in Hannover: VfB Stuttgart – Hannover 96 3:0 (0:0)
Stuttgart: Behrendt – Moroff – Lechner, Oswald, Siopidis – Holzhauer (Bicer), Woldeab, Majunke (2), Iseli (Balle) – Catizone (Nuffer), Carnevale (1) – Trainer: Geiger.

1995

Qualifikation: Hannover 96 – Fortuna Düsseldorf 4:1; Reinickendorfer Füchse – Hamburger SV n. V. 0:0, Elfmeterschießen 5:4; Holstein Kiel – Werder Bremen 0:3; Carl Zeiss Jena – VfB Leipzig n. V. 2:2, Elfmeterschießen 6:5; SpVgg Andernach – 1. FC Kaiserslautern 1:2.
Achtelfinale: Hallescher FC – Hannover 96 2:4; Borussia Dortmund – Werder Bremen 2:0; Energie Cottbus – Hansa Rostock 1:5; Reinickendorfer Füchse – Bayer Leverkusen 2:0; FC Augsburg – 1. FC Kaiserslautern 1:3; 1. FC Saarbrücken – Karlsruher SC 1:4; VfB Stuttgart – Eintracht Frankfurt 2:1; Carl Zeiss Jena – Offenburger FV 6:0.
Viertelfinale: Hannover 96 – Borussia Dortmund 1:0; Reinickendorfer Füchse – Hansa Rostock 4:0; 1. FC Kaiserslautern – Karlsruher SC 0:1; Carl Zeiss Jena – VfB Stuttgart 1:2.
Halbfinale: Reinickendorfer Füchse – Hannover 96 3:4; Karlsruher SC – VfB Stuttgart 1:3.
Endspiel am 16. Juli 1995 in Heilbronn: VfB Stuttgart – Hannover 96 3:1 (2:1)
Stuttgart: Reber – Danglmayr – Pinto, Barton, Schwendemann (Grimaudo) – Deligiannidis (1), Hecke (1) (Scaglione), Iseli, Streit (1) (Dale) – Mayer-Vorfelder, Majunke – Trainer: Hocke.

1996

Qualifikation: Holstein Kiel – Tennis Borussia Berlin 1:3; Borussia Dortmund – MSV Duisburg n. V. 2:2, Elfmeterschießen 5:4; VfB Leipzig – VfB Stuttgart n. V. 2:3; Sportfreunde Eisbachtal – 1. FC Kaiserslautern n. V. 2:1; Eintracht Frankfurt – Carl Zeiss Jena 2:1.
Achtelfinale: Borussia Dortmund – Werder Bremen n. V. 2:2, Elfmeterschießen 3:1; Eintracht Frankfurt – VfB Stuttgart n. V. 4:4, Elfmeterschießen 4:1; Energie Cottbus – VfL Wolfsburg 3:2; Tennis Borussia Berlin – Greifswalder SC 3:0; FC. St. Pauli – 1. FC Köln 2:4; 1. FC Saarbrücken – SC Freiburg n. V. 1:1, Elfmeterschießen 4:2; Sportfreunde Eisbachtal – Hallescher FC 2:1; 1. FC Nürnberg – Karlsruher SC 0:2.
Viertelfinale: Sportfreunde Eisbachtal – Karlsruher SC 0:3; Borussia Dortmund – 1. FC Köln 4:1; Energie Cottbus – Tennis Borussia Berlin 2:3; 1. FC Saarbrücken – Eintracht Frankfurt n. V. 5:4.
Halbfinale: Tennis Borussia Berlin – Borussia Dortmund 2:4; 1. FC Saarbrücken – Karlsruher SC 1:0.
Endspiel am 21. Juli 1996 in Dortmund: Borussia Dortmund – 1. FC Saarbrücken 6:1 (2:0)
Dortmund: Kuschmann (Brocca) – Hesse – Ballout, Stehger – Rothholz (Woidtke), Bugri, Schäper, Öztürk (1), Vitt (Hoffmann) – Knop (3), Dabovic (1) (Brune) (dazu ein eigentor von Ganster)– Trainer: Wongrowitz.

1997

Qualifikation: Werder Bremen – KFC Uerdingen 05 n. V. 2:2, Elfmeterschießen 4:1; 1. FC Magdeburg – 1. FC Köln 1:2; Hertha Zehlendorf – Hamburger SV n. V. 1:1, Elfmeterschießen 5:4; Dynamo Dresden – 1. FC Kaiserslautern 1:2; Sportfreunde Eisbachtal – Carl Zeiss Jena 0:3.
Achtelfinale: Hertha Zehlendorf – VfL Bochum 1:2; Energie Cottbus – 1. FC Köln 0:7; Werder Bremen – Hansa Rostock 8:0; Hannover 96 – Holstein Kiel 8:0; 1. FC Kaiserslautern – Karlsruher SC 1:2; VfB Stuttgart – Carl Zeiss Jena 8:1; Eintracht Frankfurt – SC Freiburg 6:2; 1. FC Saarbrücken – Bayern München 2:6.
Viertelfinale: VfL Bochum – 1. FC Köln 1:0; Hannover 96 – Werder Bremen 2:3; Karlsruher SC – VfB Stuttgart 2:3; Eintracht Frankfurt – Bayern München 0:4.
Halbfinale: VfB Stuttgart – Bayern München 0:3; VfL Bochum – Werder Bremen 2:3.
Endspiel am 20. Juli 1997 in Unterhaching: Bayern München – Werder Bremen 3:0 (2:0)

München: Küfner – Mamzer, Kling, Bürgermeier, Kelletshofer, Backer, Schöckel, Hofmann (1) (Bönig), Misimovic (2) (Jungwirth), Mölzl (Hitzlsperger), Aydemir (Reinisch) – Trainer: Bassemir.

1998

Qualifikation: Hertha Zehlendorf - Holstein Kiel n. V. 3:5; 1. FC Köln - Hamburger SV 7:1; 1. FC Saarbrücken – Sportfreunde Eisbachtal 5:1; SC Freiburg – Carl-Zeiss Jena 1:0; FV Dresden-Nord – VfB Stuttgart 2:5.

Achtelfinale: Borussia Dortmund – Energie Cottbus 5:0; Hansa Rostock – Borussia Mönchengladbach n. V. 4:4, Elfmeterschießen 4:3; Hannover 96 – 1. FC Köln 1:4; Holstein Kiel – Werder Bremen 0:4; SV Waldhof Mannheim – SC Freiburg 1:2; 1. FC Saarbrücken – 1. FC Magdeburg n. V. 1:2; VfB Stuttgart – Eintracht Frankfurt 3:0; 1. FC Kaiserslautern – Bayern München 1:7.

Viertelfinale: Borussia Dortmund - Hansa Rostock 6:2; 1. FC Köln - Werder Bremen 2:1; 1. FC Magdeburg – SC Freiburg 2:1; VfB Stuttgart – Bayern München n. V. 4:4, Elfmeterschießen 4:2.

Halbfinale: Borussia Dortmund – 1. FC Köln 5:2; 1. FC Magdeburg – VfB Stuttgart 1:2.

Endspiel am 19. Juli 1998 in Dortmund: Borussia Dortmund – VfB Stuttgart n. V. 2:2 (2:2, 1:1), Elfm. 5:4

Dortmund: Ritz – Kozole (Placzek 1) – Boutagrat (Konya), Thorwart – Kügler, Kringe (Wurm), Bendowsky, Löring – Wersching (Kaya), Bogdanov (1), Woidtke – Trainer: Wingrowitz.

1999

Qualifikation: Bayer Leverkusen - Hertha BSC Berlin n. V. 0:2; 1. FC Magdeburg - Eintracht Braunschweig n. V. 3:4; Holstein Kiel – Energie Cottbus n. V. 1:2; 1. FC Saarbrücken – 1. FC Kaiserslautern 1:6; 1. FC Nürnberg – Karlsruher SC 2:0.

Achtelfinale: Eintracht Schwerin - Hamburger SV 2:1; Borussia Dortmund - Energie Cottbus 6:1; Werder Bremen - Hertha BSC Berlin 3:2; Eintracht Braunschweig - Borussia Mönchengladbach 2:4; SV Wittlich – 1. FC Nürnberg 0:2; VfB Leipzig – VfB Stuttgart 0:4; Carl Zeiss Jena - SC Freiburg 3:2; 1. FC Kaiserslautern – Eintracht Frankfurt 0:1.

Viertelfinale: Eintracht Schwerin – Borussia Dortmund 1:4; Werder Bremen – Borussia Mönchengladbach 4:0; 1. FC Nürnberg – VfB Stuttgart 1:2; Carl Zeiss Jena – Eintracht Frankfurt 0:3.

Halbfinale: Borussia Dortmund – Werder Bremen 3:0; VfB Stuttgart – Eintracht Frankfurt 2:1.

Endspiel am 21. Juli 1999 in Stuttgart: VfB Stuttgart – Borussia Dortmund 3:1 (1:0)

Stuttgart: Miller – Nakas, Fischer, Fink, Rathgeb (1) – Braun, Hinkel, Berger (Rundio) – Lutz (1), Smolcic (Villani 1), Hoeneß (Kuranyi) – Trainer: Kleitsch.

2000

Viertelfinale: Werder Bremen – 1. FC Saarbrücken 1:1, 2:1; Hertha BSC Berlin – Eintracht Trier 6:0, 0:1; Bayern München – 1. FC Köln 2:1, n. V. 2:3; Elfmeterschießen 6:5; Borussia Dortmund – VfB Stuttgart 0:2, 1:3.

Halbfinale: Werder Bremen – Hertha BSC Berlin 2:0, 0:3; Bayern München – VfB Stuttgart 2:0, n. V. 1:3, Elfmeterschießen 3:2.

Endspiel am 1. Juli 2000 in Berlin: Hertha BSC Berlin – Bayern München 1:0 (1:0)

Berlin: Ritter – Chahed (1) – Mamesa, Marszolik (Bahjat) Ulbricht, Kellner, Balta (Mohra), Penk, Kara – Soner (Dejagah), Doguran (Radosavljevic) – Trainer: Wolf.

2001

Viertelfinale: Bayern München - Hamburger SV 2:3, 3:0; VfB Stuttgart - Bayer Leverkusen 2:1, 2:1; Tennis Borussia Berlin – Borussia Dortmund 1:2, 1:1; Werder Bremen – 1. FC Kaiserslautern 0:1, 2:4.

Halbfinale: Bayern München – VfB Stuttgart 2:4, 4:0; Borussia Dortmund – 1. FC Kaiserslautern 3:0, 1:2.

Endspiel am 30. Juni 2001 in München: Bayern München – Borussia Dortmund 4:0 (2:0)

München: Rensing (Grünberger) – Balck, Brode, Lell, Stegmann – Ottl, Oguz, (Schulz) – Schweinsteiger (1) – Thomik (Contento), Kilicaslan (1), Atak (1) (Rakaric) – Trainer: Beckenbauer.

2002

Viertelfinale: Eintracht Frankfurt – Hannover 96 2:1, 1:0; Hertha BSC Berlin – FC Schalke 04 3:2, 1:5; 1. FC Kaiserslautern – Hamburger SV 1:0, 1:4; 1. FC Köln – VfB Stuttgart 2:3, 1:5.

Halbfinale: Eintracht Frankfurt – FC Schalke 04 3:2, 0:1, Elfmeterschießen 3:4; Hamburger SV – VfB Stuttgart 2:2, 1:3.

Endspiel am 6. Juli 2002 in Gelsenkirchen: FC Schalke 04 – VfB Stuttgart n. V. 3:1 (1:1, 1:0)

Schalke: Grothuysen – Hoogland – Seiffert, Talarek, Kamba – Nachtigall (Walter), Anton, Aziz – Hesse – Westerhoff (2), Delura (1) – Trainer: Dubski.

2003

Viertelfinale: Hannover 96 – Bayer Leverkusen 1:3, 2:3; Borussia Dortmund – Hertha BSC Berlin 1:6, 2:3; VfB Stuttgart – Werder Bremen 3:0, 1:0; TSV München 1860 – 1. FC Kaiserslautern 1:2, 1:0, Elfmeterschießen 4:1.

Halbfinale: Bayer Leverkusen – Hertha BSC Berlin 0:4, 0:0; VfB Stuttgart – TSV München 1860 3:1, 2:1.

Endspiel am 5. Juli 2003 in Stuttgart: Hertha BSC Berlin – VfB Stuttgart 4:1 (1:1)

Hertha: Lennard – Binder (1), Müller, Bieler – Thomas (Ebert), Cankaya, Boateng, Altin (Hinze), Cubukcu – Dejagah (1) (El-Kadi), Schrödter (2) (Steinwarth) – Trainer: Kunert.

2004

Viertelfinale: Eintracht Frankfurt – VfL Wolfsburg 2:0, 1:1; 1. FC Kaiserslautern – Energie Cottbus 1:0, 0:1, Elfmeterschießen 3:0; VfB Stuttgart – 1. FSV Mainz 05 2:0, 3:0; Hertha BSC Berlin – Borussia Dortmund 1:1, 4:2.

Halbfinale: Eintracht Frankfurt – Energie Cottbus 1:1, 2:2, Elfmeterschießen 2:4; VfB Stuttgart – Hertha BSC Berlin 2:2, 2:2, Elfmeterschießen 5:4.

Endspiel am 4. Juli 2004 in Cottbus: VfB Stuttgart – Energie Cottbus 2:1 (1:0)

Stuttgart: Baum – Beck, Pisot, Tasci, Katins, Mayer (Berenyi) – Khedira (1), Ikeng (Schmiedel), Sauter (Prediger) – Demir (Papadopoulos), Hess (1) – Trainer: Leicht.

2005

Viertelfinale: TSV München 1860 – VfB Stuttgart 1:1, 1:1, Elfmeterschießen 4:5; Hansa Rostock – VfL Wolfsburg 1:0, 1:2, Elfmeterschießen 4:2; 1. FC Saarbrücken – Hertha BSC Berlin 0:4, 0:4; Borussia Dortmund – 1. FSV Mainz 05 3:0, 0:3, Elfmeterschießen 11:10.

Halbfinale: VfB Stuttgart – Hansa Rostock 1:2, 1:1; Hertha BSC Berlin – Borussia Dortmund 5:1, 0:4, Elfmeterschießen 4:3.

Endspiel am 3. Juli 2005 in Rostock: Hertha BSC Berlin – Hansa Rostock 2:0 (1:0)

Berlin: Burchert – Schmiedebach, Morack, Schorch, Boateng – Reiss (Vogler), Bigalke, Pech, Knoll (Huke (1)) – Lemke, Moschko (1) – Trainer: Kunert.

2006

Viertelfinale: Hansa Rostock – Borussia Dortmund n. V. 1:1, Elfmeterschießen 2:4; Hertha BSC Berlin – SC Freiburg 1:0; 1. FC Kaiserslautern – Borussia Mönchengladbach n. V. 1:1, Elfmeterschießen 5:3; TSV München 1860 – VfL Wolfsburg 1:0.

Halbfinale: 1. FC Kaiserslautern – TSV München 1860 0:2; Borussia Dortmund – Hertha BSC Berlin 1:0.

Endspiel am 3. Juni 2006 in Hamm: TSV München 1860 – Borussia Dortmund 2:0 (1:0)

München: Rösch – Thomas, Wittek, Jungwirth, Alschinger – S. Bender, Kaiser (Ibrahim), L. Bender, Gebhardt (1) (Mayr) – Schäffler (1) (Rudnik), Knauer – Trainer: Schellenberg.

2007

Viertelfinale: 1. FC Kaiserslautern – Bayern München 3:4, 0:4; Eintracht Frankfurt – Tennis Borussia Berlin 1:0, 0:3; Borussia Dortmund – Borussia Mönchengladbach 4:1, 0:1; Hamburger SV – Hertha BSC Berlin 2:1, 2:3, Elfmeterschießen 2:4.

Halbfinale: Tennis Borussia Berlin – Borussia Dortmund 0:3, 1:3; Hertha BSC Berlin – Bayern München 1:2, 1:2.

Endspiel am 30. Juni 2007 in Dortmund: Bayern München – Borussia Dortmund 1:0 (0:0)

München: Oswald – Schlotter, Herberth, Haas, Schapfl – Erb (Simari) – Soriano (Hummels), Contento – Ekici (Trkulja) – Boenig, Kakoko (1) (Elender) – Trainer: Beckenbauer.

2008

Halbfinale: Hertha BSC Berlin – TSG 1899 Hoffenheim 1:6, 3:1; 1. FC Kaiserslautern – Borussia Dortmund 1:3, 1:0.

Endspiel am 21. Juni 2008 in Hoffenheim: TSG 1899 Hoffenheim – Borussia Dortmund 6:4 (4:2)

Hoffenheim: Strähle – Gruber, Gulde (1), Loviso (Atmaca), Grassel (1) – Neupert – Schäfer, Szarka (1) – Groß (1) – Suworow (Bellanave), Terrazzino (2) (Schmidt) – Trainer: Streichsbier.

2009

Halbfinale: Bayern München – VfL Wolfsburg 3:0, 0:1; VfB Stuttgart – Borussia Mönchengladbach 2:1, 1:1.

Endspiel am 28. Juni 2009 in Aschheim: VfB Stuttgart – Bayern München n. V. 3:1 (1:1, 1:1)

Stuttgart: Leno – Halder (Lang), Bauer, Maurer, Hegen – Kiefer, Ribeiro-Pals – Halili (Schaplewski), Janzer (1) (De Benedictis) – Weiß (Jedrzejczyk), Breier (2) – Trainer: Kienle.

2010

Halbfinale: VfB Stuttgart – Bayer Leverkusen 1:2, 0:1; Eintracht Frankfurt – Hertha BSC Berlin 2:1, 3:1.

Endspiel am 26. Juni 2010 in Frankfurt: Eintracht Frankfurt – Bayer Leverkusen n. V. 1:0 (0:0, 0:0)

Frankfurt: Özer – Söder, Dudda, Schorr, Wille (Bartheld) – Goncalves (1), Kittel, Hien, Demuth - Asta (Ehlert), Derici (Müller) – Trainer: Schur.

2011

Halbfinale: VfB Stuttgart - Werder Bremen n. V. 2:2, Elfmeterschießen 6:7; 1. FC Köln – TSG 1899 Hoffenheim 3:2.

Endspiel am 5. Juni 2011 in Bremen: 1. FC Köln – Werder Bremen n. V. 3:2 (2:2, 2:1)

Köln: Mesenhöler – Engelke (1), Schell (Rolke), Müller, Berg (Schäfer) – Wiebe, Gerhardt – Schnellhardt, Weiser – Ban (Scepanik (1)), la Monica (1) (Budimbu) – Trainer: Schommers.

DFB-Junioren-Vereinspokal der U18/U19

Die bisherigen Sieger (bis 2001 U18, ab 2002 U19 – bis 2003 DFB-jugendkicker-Pokal):

1987, 1988 1. FC Nürnberg – 1989 VfL Bochum – 1990 Stuttgarter Kickers – 1991, 1992 FC Augsburg – 1993 1. FC Nürnberg – 1994, 1995 FC Augsburg – 1996 VfR Heilbronn – 1997 VfB Stuttgart II – 1998 KFC Uerdingen 05 – 1999 1. FC Magdeburg – 2000 TSV München 1860 – 2001 VfB Stuttgart – 2002 FC Schalke 04 – 2003 1. FC Kaiserslautern – 2004 Hertha BSC Berlin – 2005 FC Schalke 04 – 2006 SC Freiburg – 2007 TSV München 1860 – 2008 Bayer Leverkusen – 2009 SC Freiburg – 2010 TSG 1899 Hoffenheim – 2011 SC Freiburg.

1987

Vorrunde: Borussia Mönchengladbach – Blau-Weiß 90 Berlin 7:0; FC Schalke 04 – Eintracht Braunschweig n. V. 2:1; TSB Flensburg – TSV Osterholz-Tenever 2:0; Alemannia Aachen – Hamburger SV 3:2; SV Darmstadt 98 – 1. FC Nürnberg n. V. 1:2; Germania Metternich – TSB Schwäbisch Gmünd n. V. 2:0; Borussia Neunkirchen – FV Kuppenheim 4:3; FK Pirmasens – SV Waldhof Mannheim 2:1.
Viertelfinale: Borussia Mönchengladbach – FC Schalke 04 3:1; TSB Flensburg – Alemannia Aachen 1:4; 1. FC Nürnberg – Germania Metternich 2:0; Borussia Neunkirchen – FK Pirmasens 5:2.
Halbfinale: Borussia Mönchengladbach – Alemannia Aachen 1:0; 1. FC Nürnberg – Borussia Neunkirchen 1:0.
Endspiel am 4. Juli 1987 in Rheydt: 1. FC Nürnberg – Borussia Mönchengladbach 2:1 (0:0)
Nürnberg: Romeis – Lang – Kaptan, Grimm, Schilling (Stirnweiß) – Meyer, Frauenknecht, Röhrer (1), Ziemer – Sentürk (1), Schleicher – Trainer: Rüsing.

1988

Vorrunde: SC Pfullendorf – Eintracht Koblenz 3:2; 1. FC Nürnberg – SC Großrosseln 7:2; Stuttgarter Kickers – SV Waldhof Mannheim n. V. 2:2, Elfmeterschießen 6:7; MTV 1817 Mainz – SG Hoechst 3:1; Blau-Weiß 90 Berlin – TuRa Bremen 5:1; VfL Osnabrück – Hamburger SV 1:2; TuS Höhenhaus – Holstein Kiel 0:1; VfL Bochum – Borussia Mönchengladbach 2:6.
Viertelfinale: SC Pfullendorf – 1. FC Nürnberg 1:7; SV Waldhof Mannheim – MTV 1817 Mainz n. V. 0:1; Hamburger SV – Blau-Weiß 90 Berlin 1:0; Holstein Kiel – Borussia Mönchengladbach 1:5.
Halbfinale: 1. FC Nürnberg – MTV 1817 Mainz n. V. 3: 2; Borussia Mönchengladbach – Hamburger SV 3:0.
Endspiel am 8. Juli 1988 in Fürth: 1. FC Nürnberg – Borussia Mönchengladbach 1:0 (0:0)
Nürnberg: Beims – Meyer – Messingschlager, Stirnweiß – Baumgartl, Thomas, Plößner, Ziemer (Herion 1), Bernhardt (Schneider) – Sentürk, Türr – Trainer: Lieberwirth.

1989

Vorrunde: 1. FC Saarbrücken – FC Augsburg 0:3; VfL Bochum – 1. SC Norderstedt 9:0; Tasmania 73 Berlin – VfL Wolfsburg 0:2; Borussia Mönchengladbach – VfB Kiel 4:2; 1. FC Köln – Tura Bremen 5:1; TV 1817 Mainz – SC Geislingen 2:0; CSC 03 Kassel – Glas/Chemie Wirges 1:3; Karlsruher SC – Freiburger FC 4:0.
Viertelfinale: VfL Wolfsburg – VfL Bochum 0:2; Glas/Chemie Wirges – TV 1817 Mainz 0:4; FC Augsburg – Karlsruher SC 2:4; Borussia Mönchengladbach – 1. FC Köln 4:1.
Halbfinale: VfL Bochum – Borussia Mönchengladbach 3:1; TV 1817 Mainz – Karlsruher SC 2:6.
Endspiel am 7. Juli 1989 in Bochum: VfL Bochum – Karlsruher SC 4:1 (2:0)
Bochum: Roch – Schmugge – Guder, Renkhoff – Golicki, Kusch (2), Vogelgesang, Bredenböcker (Zahlmann), Kreielkamp – Yacizi (Schröder), Kotthaus (2) – Trainer: Wittkamp.

1990

Vorrunde: Rheydter SV – TuS Schwachhausen 2:3; VfL Bochum – Viktoria Köln 10:1; Itzehoer SV – Lüneburger SK 0:3; Stuttgarter Kickers – SpVgg Andernach 2:1; TSV München 1860 – SV Sandhausen n. V. 2:2, Elfmeterschießen 2:4; SC Siemensstadt Berlin – SpVgg Blankenese n. V. 0:0, Elfmeterschießen 1:3; SV Darmstadt 98 – FC 08 Villingen n. V. 0:0, Elfmeterschießen 3:4; SV Fraulautern – Wormatia Worms 1:2.
Viertelfinale: TuS Schwachhausen – VfL Bochum 0:3; SpVgg Blankenese – Lüneburger SK 0:1; FC 08 Villingen – Stuttgarter Kickers 1:2; SV Sandhausen – Wormatia Worms 5:1.
Halbfinale: VfL Bochum – Lüneburger SK n. V. 1:1, Elfmeterschießen 5:6; Stuttgarter Kickers – SV Sandhausen 5:0.
Endspiel am 29. Juni 1990 in Stuttgart: Stuttgarter Kickers – Lüneburger SK 3:0 (1:0)

Stuttgart: Kukulinus – Kleyer – Straubmüller, Straube – Lösch (1), Skibowski (1), Ziller (1), Hübner, Ströbel – Kolb, Bobic (Intemperante) – Trainer: Rommel.

1991

Vorrunde: Hamburger SV – Hannover 96 0:2; FC Ensdorf – Karlsruher SC 0:4; SSV Ulm 1846 – Hessen Kassel 3:0; 1. FSV Mainz 05 – FC Augsburg 1:5; FC Schalke 04 – VfB Lübeck 2:1; 1. FC Köln – Borussia Mönchengladbach 7:0; Hertha Zehlendorf – TSV Leeste 5:0; SV Wittlich kampflos weiter, da Südbaden verzichtete.

Viertelfinale: Karlsruher SC – SSV Ulm 1846 2:0; FC Augsburg – SV Wittlich 3:1; Hannover 96 – FC Schalke 04 2:1; 1. FC Köln – Hertha Zehlendorf 2:1.

Halbfinale: Karlsruher SC – FC Augsburg 1:2; Hannover 96 – 1. FC Köln 1:4.

Endspiel am 26. Juni 1991 in Köln: FC Augsburg – 1. FC Köln 3:2 (1:2)

Augsburg: Müller – Tuchel – Niedermair, Rappl – Geneci, Gfreiter, Frey (1), Hoffmann, Bardak – Arslan, Bleicher (2) – Trainer: Schuhmann.

1992

Qualifikation: FC St. Pauli – FC Berlin 2:3 (annulliert, da Berlin drei Spieler auswechselte); Phönix Lübeck – TuS Paderborn-Neuhaus 1:3; OSC Bremerhaven – VfL Rostock 0:1; FC Nalbach – FC Augsburg 0:7; SpVgg Andernach – SV Sandhausen 0:4.

Achtelfinale: FC St. Pauli – Bayer Leverkusen 1:4; TuS Paderborn-Neuhaus – Hallescher FC 2:0; VfL Rostock – Borussia Mönchengladbach 0:3; Eintracht Braunschweig – Stahl Brandenburg 4:2; SV Sandhausen – Eintracht Bad Kreuznach 4:3; VfR Heilbronn – SV Altenburg 10:1; SV Darmstadt 98 – Chemnitzer FC 1:2; FC Augsburg – FC Konstanz 7:0.

Viertelfinale: Bayer Leverkusen – TuS Paderborn-Neuhaus 5:0; Borussia Mönchengladbach – Eintracht Braunschweig 2:3; VfR Heilbronn – SV Sandhausen n. V. 2:2, Elfmeterschießen 6:5; Chemnitzer FC – FC Augsburg 1:2.

Halbfinale: Eintracht Braunschweig – Bayer Leverkusen n. V. 4:2; FC Augsburg – VfR Heilbronn 8:2.

Endspiel am 27. Juni 1992 in Augsburg: FC Augsburg – Eintracht Braunschweig n. V. 1:1 (1:1, 0:0), Eldfmeterschießen 6:5

Augsburg: Fuchs – Tuchel – Geneci, Heberle – Stiller, Hammerl, Söhner (1) (Mair), Gfreiter, Rösele – Hanoglu, Stegmayer – Trainer: Schuhmann.

1993

Qualifikation: Borussia Mönchenggladbach – Bayer Leverkusen 3:2; Energie Cottbus – VfL Wolfsburg 3:6; 1. FSV Mainz 05 – VfL Sindelfingen 1:2; Freiburger FC – Dynamo Dresden 3:2; Germania Wernigerode – Rot-Weiß Erfurt 1:6.

Achtelfinale: OSC Bremerhaven – FC St. Pauli 7:2; VfL Wolfsburg – SV Teterow 3:0; Hertha BSC Berlin – Borussia Mönchengladbach n. V. 2:2, Elfmeterschießen 3:1; TSB Flensburg – FC Schalke 04 1:5; Freiburger FC – Rot-Weiß Frankfurt 3:1; Karlsruher FV – Rot-Weiß Erfurt n. V. 4:3; 1. FC Nürnberg – Sportfreunde Eisbachtal 5:0; VfL Sindelfingen – FC 08 Homburg 1:0.

Viertelfinale: VfL Wolfsburg – OSC Bremerhaven 0:2; FC Schalke 04 – Hertha BSC Berlin 2:0: Karlsruher FV – Freiburger FC 6:2; VfL Sindelfingen – 1. FC Nürnberg 0:4.

Halbfinale: OSC Bremerhaven – FC Schalke 04 1:6; 1. FC Nürnberg – Karlsruher FV 3:0.

Endspiel am 2. Juli 1993 in Gelsenkirchen: 1. FC Nürnberg – FC Schalke 04 2:1 (1:0)

Nürnberg: Müller – Seitz – Führling, Brandt – Jenkner (Tioutius), Licht, Herzog, Skurka, Maus – Oezkan (1), Parastatidis (1) (Herzig) – Trainer: Gebele.

1994

Qualifikation: Hansa Rostock – FC Vahr 5:1; Reinickendorfer Füchse – TSB Flensburg 9:2; Sportfreunde Oestrich-Iserlohn – Concordia Hamburg 2:0; FC 08 Homburg – TuS Koblenz 1:0; SV Sandhausen – FC Augsburg 0:2.

Achtelfinale: Wuppertaler SV – Energie Cottbus 5:2; Magdeburger SV – 1. FC Köln 0:5; Sportfreunde Oestrich-Iserlohn – SV Meppen 4:2; Hansa Rostock – Reinickendorfer Füchse 1:1, Elfmeterschießen 5:4; Stuttgarter Kickers – Rot-Weiß Frankfurt 1:0; Rot-Weiß Erfurt – Dynamo Dresden 1:4; 1. FSV Mainz 05 – FC 08 Homburg 0:2; SC Pfullendorf – FC Augsburg 0:5.

Viertelfinale: FC Augsburg – FC 08 Homburg 5:2; 1. FC Köln – Wuppertaler SV 3:0; Hansa Rostock – Sportfreunde Oestrich-Iserlohn 1:2; Dynamo Dresden – Stuttgarter Kickers 3:1.

Halbfinale: FC Augsburg – Dynamo Dresden 3:1; Sportfreunde Oestrich-Iserlohn – 1. FC Köln 1:1, Elfmeterschießen 1:2.

Endspiel am 26. Juni 1994 in Augsburg: FC Augsburg – 1. FC Köln 2:1 (1:0)

Augsburg: Kampa – Sengewald – Neumann (Harb), Kröger – Anspacher, Krzyzanowski, di Santo, Gerster, Osswald (Galun) – Mansiz, Oral (2) (Lichtl) – Trainer: Schuhmann.

1995

Qualifikation: Motor Eberswalde – VfL Wolfsburg 1:2; Alemannia Aachen – Hamburger SV 0:1; Hallescher FC – Chemnitzer FC 0:4; FC Konstanz – SpVgg Durlach – Erzgebirge Aue n. V. 4:5: VfB Marburg – Stuttgarter Kickers 2:6.

Achtelfinale: Schweriner SC – Hamburger SV 2:5; Rot-Weiss Essen – SC Bremen-Vahr 3:4; FC Berlin – VfL Wolfsburg 3:2; TSV Büdelsdorf – FC Schalke 04 n. V. 1:1, Elfmeterschießen 9:8; TuS Koblenz – SpVgg Durlach 2:1; Rot-Weiß Erfurt – Chemnitzer FC 1:3; Stuttgarter Kickers – 1. FSV Mainz 05 1:0; VfB Theley – FC Augsburg 0:3.

Viertelfinale: SC Bremen-Vahr – Hamburger SV 3:4; FC Berlin – TSV Büdelsdorf 5:1; TuS Koblenz – Chemnitzer FC 0:2; Stuttgarter Kickers – FC Augsburg 1:4.

Halbfinale: FC Berlin – Hamburger SV 3:2; FC Augsburg – Chemnitzer FC 1:0.

Endspiel am 10. Juli 1995 in Berlin: FC Augsburg – FC Berlin 4:2 (2:0)

Augsburg: Kampa – Vujanovic – Kaiser, Merkle – Harb (Eberl 1), Graf, di Santo (Menicanin), Krzyzanowski, Osswald (1) – Lichtl, Oguz (2) – Trainer: Schuhmann.

1996

Qualifikation: FC Burgsolms – Karlsruher SC 3:5; VfR Heilbronn – SC Pfullendorf n. V. 3:2; Energie Cottbus – Hertha Zehlendorf n. V. 4:3; SCB Preussen Köln – FC St. Pauli 2:3; Eintracht Braunschweig – 1. FC Magdeburg 0:3.

Achtelfinale: Arminia Bielefeld – FC St. Pauli 2:1; OSC Bremerhaven – Fortuna Düsseldorf 1:0; Energie Cottbus – 1. FC Magdeburg 2:1; VfR Heilbronn – Karlsruher SC 1:0; 1. FSV Mainz 05 – Chemnitzer FC 1:3; FC 08 Homburg – TSV München 1860 0:5 – Greifswalder SC und SV Jenaer Glas kampflos weiter, da Holstein Kiel und die Sportfreunde Eisbachtal verzichteten.

Viertelfinale: OSC Bremerhaven – Arminia Bielefeld n. V. 2:2, Elfmeterschießen 4:5; Greifswalder SC – Energie Cottbus 0:1; VfR Heilbronn – SV Jenaer Glas 9:0; Chemnitzer FC – TSV München 1860 1:2.

Halbfinale: Energie Cottbus – Arminia Bielefeld 3:0; VfR Heilbronn – TSV München 1860 3:1.

Endspiel am 14. Juli 1996 in Heilbronn: VfR Heilbronn – Energie Cottbus 6:1 (4:0)

Heilbronn: Seeg (Beck) – Schwarz – Leyer, Mucha (Heintzmann) – Gruber, Wenczel (1), Kern (1) (Schmid), Rehm (1), Wagner (1) – Bielohoubeck (1), Baumgart (1) (Celik) – Trainer: Frey.

1997

Vorrunde: SG Wattenscheid 09 – FC. St. Pauli 3:1; Holstein Kiel – VfL Bochum 1:3; Tennis Borussia Berlin – FC Schalke 04 n. V. 2:2, Elfmeterschießen 2:4; Concordia Hamburg – KFC Uerdingen 05 0:2; Eintracht Braunschweig – Bayer Leverkusen 1:2; Energie Cottbus – Greifswalder SC n. V. 1:0; Hertha Zehlendorf – VfL Wolfsburg 1:2; 1. FC Magdeburg – Werder Bremen 1:8; FSV Oggersheim – TuS Koblenz 2:3; 1. FC Nürnberg – Kehler SV 9:1; Dynamo Dresden – SV Jenaer Glas n. V. 2:2, Elfmeterschießen 4:3; Karlsruher SC – SC Freiburg n. V. 4:2; SpVgg Andernach – VfR Heilbronn 0:2; 1. FC Saarbrücken – VfB Stuttgart II 0:1; Bayern München – VfB Leipzig 3:2; 1. FSV Mainz 05 – Eintracht Frankfurt 0:5.

Achtelfinale: Energie Cottbus – Bayer Leverkusen 1:3; Bayern München – Eintracht Frankfurt 1:0; SG Wattenscheid 09 – VfL Bochum n. V. 2:2, Elfmeterschießen 1:4; FC Schalke 04 – KFC Uerdingen 05 n. V. 0:0, Elfmeterschießen 5:4; VfL Wolfsburg – Werder Bremen 1:7; TuS Koblenz – 1. FC Nürnberg 2:1; Dynamo Dresden – Karlsruher SC 2:3; VfR Heilbronn – VfB Stuttgart II 1:3.

Viertelfinale: VfL Bochum – FC Schalke 04 n. V. 1:1, Elfmeterschießen 4:5; Bayer Leverkusen – Werder Bremen 2:4; TuS Koblenz – Karlsruher SC 1:5; VfB Stuttgart II – Bayern München 3:1.

Halbfinale: FC Schalke 04 – Werder Bremen n. V. 5:3; Karlsruher SC – VfB Stuttgart II 2:3.

Endspiel am 5. Juli 1997 in Menden: VfB Stuttgart II – FC Schalke 04 3:1 (1:0)

Stuttgart: Romero – Morazzo (Koschmieder), Morena, Schwendemann, Straub – Pezzulla (D'Andrea), Zivic, Scaglione (Kehrer 1), Rodrigues – Perrino (Hillebrand), Sarajlic (2) – Trainer: Kleitsch.

1998

Vorrunde: VfB Oldenburg – Fortuna Düsseldorf 0:4; Bayer Leverkusen – Energie Cottbus n. V. 3:1; Vorwärts/Wacker Billstedt – Eintracht Braunschweig 3:7; Hertha BSC Berlin – FC Schalke 04 n. V. 2:4; KFC

Uerdingen 05 – Hamburger SV 2:0; Reinickendorfer Füchse – Werder Bremen 3:5; Holstein Kiel – Borussia Mönchengladbach 0:4; Eintracht Schwerin II – 1. FC Magdeburg 2:6; Chemnitzer FC – Eintracht Frankfurt 0:3; TuS Koblenz – VfB Stuttgart 1:6; 1. FC Saarbrücken – VfB Stuttgart II n. V. 4:4, Elfmeterschießen 2:4; SpVgg Bayreuth – Carl Zeiss Jena n. V. 2:2, Elfmeterschießen 2:4; Dynamo Dresden – TSV München 1860 2:3; FSV Salmrohr – SC Hauenstein 0:2; SV Waldhof Mannheim – Karlsruher SC n. V. 3:3, Elfmeterschießen 2:1; SpVgg Andernach – SC Freiburg 0:3.
Achtelfinale: Bayer Leverkusen – Fortuna Düsseldorf 8:0; Eintracht Braunschweig – FC Schalke n. V. 2:2, Elfmeterschießen 4:5; KFC Uerdingen 05 – Werder Bremen 3:2; 1. FC Magdeburg – Borussia Mönchengladbach 1:3; Eintracht Frankfurt – VfB Stuttgart 6:3; VfB Stuttgart II – Carl Zeiss Jena 2:0; SC Hauenstein – TSV München 1860 1:4; SV Waldhof Mannheim – SC Freiburg 0:3.
Viertelfinale: Bayer Leverkusen – FC Schalke 04 0:3; KFC Uerdingen 05 – Borussia Mönchengladbach 2:0; Eintracht Frankfurt – VfB Stuttgart II 1:0; TSV München 1860 – SC Freiburg 3:5.
Halbfinale: FC Schalke 04 – KFC Uerdingen 05 n. V. 1:1, Elfmeterschießen 3:4; Eintracht Frankfurt – SC Freiburg 4:3.
Endspiel am 3. Juli 1998 in Rüsselsheim: KFC Uerdingen 05 – Eintracht Frankfurt n. V. 1:1 (1:1, 0:0), Elfmeterschießen 4:3
Uerdingen: Vander – Roethmanns – Gebhardt (Wilms), Taleb-Karimi – Seifert (Manns), Passerschröer, Bradasch (1), König (Bahr), Kaul – Flore, Velardi (Hüsing) – Trainer: Maes.

1999

Vorrunde: SC Vahr – Tennis Borussia Berlin 0:6; SG Wattenscheid 09 – FC Schalke 04 3:1; VfL Bochum – Hannover 96 2:3; Fortuna Düsseldorf – 1. FC Köln 2:5; VfB Leipzig – Hamburger SV 3:0; Holstein Kiel – 1. FC Magdeburg n. V. 2:4; VfL Osnabrück – VfL Wolfsburg 4:2; Hansa Rostock – Energie Cottbus 0:3; SC Freiburg – Eintracht Frankfurt 7:1; Rot-Weiß Erfurt – FSV Salmrohr n. V. 2:3; FV Dresden-Nord – FC 08 Homburg 7:1; Dynamo Dresden – 1. FSV Mainz 05 4:0; Freiburger FC – FC Augsburg 0:4; FK Pirmasens – SG Hoechst n. V. 1:1, Elfmeterschießen 5:3; 1. FC Saarbrücken – SV Waldhof Mannheim 3:0; SV Darmstadt 98 – Stuttgarter Kickers 3:2.
Achtelfinale: Tennis Borussia Berlin – SG Wattenscheid 09 n. V. 2:1; Hannover 96 – 1. FC Köln 3:1; VfB Leipzig – 1. FC Magdeburg n. V. 1:2; VfL Osnabrück – Energie Cottbus 0:3; FSV Salmrohr – SC Freiburg 1:7; FV Dresden-Nord – Dynamo Dresden n. V. 0:0, Elfmeterschießen 4:1; FC Augsburg – FK Pirmasens n. V. 1:1, Elfmeterschießen 5:4; 1. FC Saarbrücken – SV Darmstadt 98 5:0.
Viertelfinale: Tennis Borussia Berlin – Hannover 96 4:6; 1. FC Magdeburg – Energie Cottbus 3:1; FV Dresden-Nord – SC Freiburg 2:3; FC Augsburg – 1. FC Saarbrücken 1:2.
Halbfinale: 1. FC Magdeburg – Hannover 96 1:0; 1. FC Saarbrücken – SC Freiburg 1:0.
Endspiel am 3. Juli 1999 in Magdeburg: 1. FC Magdeburg – 1. FC Saarbrücken 6:1 (3:1)
Magdeburg: Beer – Prest (1) – Lücke, Gröger – Stary, Buchholz, Franz (Uffrecht), Garlipp, Hartmann (Menzel) – Scholze (1), Schüßler (3) (Rasche 1) – Trainer: Pape.

2000

Vorrunde: Fortuna Düsseldorf – Hamburger SV n. V. 1:1, Elfmeterschießen 3:5; Blumenthaler SV – Hansa Rostock 0:10; Borussia Dortmund – Fortuna Köln 2:1; 1. FC Magdeburg – VfL Osnabrück 5:2; Borussia Mönchengladbach – Energie Cottbus 4:1; VfB Oldenburg – VfL Wolfsburg 4:1; Holstein Kiel – Reinickendorfer Füchse 0:2; 1. FC Köln – Hertha BSC Berlin 3:1; 1. FC Saarbrücken – 1. FSV Mainz 05 2:4; FC Augsburg – FK Pirmasens 2:0; DJK Donaueschingen – TSV München 1860 0:6; Rot-Weiß Hasborn – SSV Ulm 1846 n. V. 0:0, Elfmeterschießen 10:11; FV Dresden-Nord – Karlsruher SC 1:3; 1. FC Nürnberg – Eintracht Frankfurt 2:6; Dynamo Dresden – Rot-Weiß Erfurt 0:1; SV Steiningen – SV Darmstadt 98 1:7.
Achtelfinale: Hamburger SV – Hansa Rostock 6:3; 1. FC Magdeburg – Borussia Dortmund 0:3; VfB Oldenburg – Borussia Mönchengladbach 0:4; Reinickendorfer Füchse – 1. FC Köln n. V. 2:4; FC Augsburg – 1. FSV Mainz 05 2:3; SV Darmstadt 98 – TSV München 1860 0:3; SSV Ulm 1846 – Karlsruher SC 1:0; Rot-Weiß Erfurt – Eintracht Frankfurt 1:4.
Viertelfinale: .Hamburger SV – Borussia Dortmund n. V. 4:3; Borussia Mönchengladbach – 1. FC Köln n. V. 1:1, Elfmeterschießen 3:4, 1. FSV Mainz 05 – TSV München 1860 3:4; SSV Ulm 1846 – Eintracht Frankfurt 3:4.
Halbfinale: Hamburger SV – 1. FC Köln 4:0; TSV München 1860 – Eintracht Frankfurt 2:0.
Endspiel am 30. Juni 2000 in Vaterstetten: TSV München 1860 – Hamburger SV 2:1 (1:0)
München: Eberherr – Schmitt, Crone, Rappel, Atilgan – Görlitz, Lauth (1) (Kasparek), Heckenberger (Heimpel) – Okeke, Schiessl, Sahin (Mayr 1) – Trainer: Herold.

2001

Qualifikation: Reinickendorfer Füchse – VfB Stuttgart 1:4 – In diesem Jahr nahmen nur die Regional-Pokalsieger teil.
Halbfinale: Hamburger SV – VfB Stuttgart 0:3; FK Pirmasens – Arminia Bielefeld 2:1.
Endspiel am 24. Juni 2001 in Rottenburg: VfB Stuttgart – FK Pirmasens 5:1 (2:1)
Stuttgart: Ercetin – Ilg, Fink, Rundio, Kocholl – Di Biccari (1) (Heilemann 1), Bölstler (2), Rathgeb, Colon (Berger) – Kuranyi (Calamita), Luz (V. Hleb 1) – Trainer: Starzmann.

2002

1. Runde: VfB Lübeck – 1. FC Saarbrücken 3:0; VfL Halle 96 – SV Sandhausen 5:1; Hertha BSC Berlin – Energie Cottbus 6:1; VfL Hamm – Eintracht Frankfurt 0:4; Werder Bremen – Hansa Rostock 0:1.
Achtelfinale: Chemnitzer FC – SC Pfullendorf 1:3; Viktoria Aschaffenburg – VfB Stuttgart 1:5; Hansa Rostock – Hamburger SV n. V. 1:2; FK Pirmasens – FC Schalke 04 0:2; Carl Zeiss Jena – Borussia Mönchengladbach 1:2; VfL Halle 96 – Bayer Leverkusen n. V. 4:4, Elfmeterschießen 2:3; Hannover 96 – Eintracht Frankfurt n. V. 2:3; VfB Lübeck – Hertha BSC Berlin 0:5.
Viertelfinale: VfB Stuttgart – Borussia Mönchengladbach 2:0; SC Pfullendorf – Eintracht Frankfurt 1:6; Hertha BSC Berlin – FC Schalke 04 1:3; Hamburger SV – Bayer Leverkusen 0:3.
Halbfinale: Eintracht Frankfurt – FC Schalke 04 1:4; Bayer Leverkusen – VfB Stuttgart 1:4.
Endspiel am 10. Mai 2002 in Berlin: FC Schalke 04 – VfB Stuttgart n. V. 1:1 (1:1, 1:0), Elfm. 4:3
Schalke: Ünlü – Lamotte, Petereit, Leschinski, Pander (1) – C. Gündogan – Salmutter (Haufe), Holtheuer, Kiral (Dede)– Takyi (Düzgün), Hanke – Trainer: Elgert.

2003

1. Runde: Carl Zeiss Jena – Waldhof Mannheim 2:1; Fortuna Düsseldorf – 1. FC Kaiserslautern 0:2; FC Schalke 04 – VfL Wolfsburg n. V. 2:3; 1.FC Saarbrücken – Niendorfer TSV n. V. 3:3, Elfmeterschießen 4:3; SC Freiburg – Werder Bremen 3:1.
Achtelfinale: Bayer Leverkusen – Hansa Rostock 3:0; 1.FC Saarbrücken – VfB Stuttgart 1:3; Glas/Chemie Wirges – Carl Zeiss Jena 0:1; SC Freiburg – Energie Cottbus 4:0; 1.FC Magdeburg – VfL Wolfsburg n. V. 3:3, Elfmeterschießen 5:6; Holstein Kiel – Hertha BSC Berlin 0:6; FV Dresden-Nord – Eintracht Frankfurt 0:1; FC Augsburg – 1.FC Kaiserslautern n. V. 1:1, Elfmeterschießen 1:4.
Viertelfinale: Eintracht Frankfurt – VfB Stuttgart 0:2; Carl Zeiss Jena – Hertha BSC Berlin 2:1; 1.FC Kaiserslautern – VfL Wolfsburg n. V. 2:1; Bayer Leverkusen – SC Freiburg n. V. 0:0, Elfmeterschießen 3:1.
Halbfinale: Carl Zeiss Jena – 1.FC Kaiserslautern n. V. 0:0, Elfmeterschießen 4:5; Bayer Leverkusen – VfB Stuttgart 2:0.
Endspiel am 30. Mai 2003 in Berlin: 1. FC Kaiserslautern – Bayer Leverkusen n. V. 4:1 (1:1, 0:0)
Kaiserslautern: Fromlowitz – Schunck, Henn, J. Müller, Garlinski – Lehmann – Gaebler (Angel), Bzducha – Akten (1) (Roth), Moritz (Wischang (2)), Kumbela (1) (Nazarov) – Trainer: Dusek.

2004

1. Runde: Hertha BSC Berlin – Energie Cottbus 4:0; Werder Bremen – 1. FC Kaiserslautern n. V. 3:2; Spfr. Saarbrücken — SGV Freiberg/Neckar 1:8; SC Freiburg – 1. FC Köln 0:2; Borussia Mönchengladbach – FC Schalke 04 2:0.
Achtelfinale: 1. FC Magdeburg – Hansa Rostock n. V. 1:1, Elfmeterschießen 5:6; Karlsruher SC – VfL Wolfsburg 2:1; HSV Barmbek-Uhlenhorst – 1. FC Köln 0:5; Borussia Mönchengladbach – Hertha BSC Berlin 2:4; SGV Freiberg/Neckar — VfB Leipzig n. V. 3:3, Elfmeterschießen 4:2; Holstein Kiel – Werder Bremen 0:6; TuS Koblenz – Eintracht Frankfurt 0:3; Carl Zeiss Jena – FC Memmingen 2:1.
Viertelfinale: Carl Zeiss Jena – Werder Bremen 0:3; 1. FC Köln – Eintracht Frankfurt 0:1; Hansa Rostock – Hertha BSC Berlin 0:2; SGV Freiberg/Neckar – Karlsruher SC 2:0.
Halbfinale: Hertha BSC Berlin – Eintracht Frankfurt 5:0; SGV Freiberg/Neckar – Werder Bremen 2:1.
Endspiel am 28. Mai 2004 in Berlin: Hertha BSC Berlin – SGV Freiberg/Neckar 5:0 (2:0)
Berlin: Pellatz – Wallschläger, Müller, Gellner (Ackermann) – Ebert (Röhr), Altin (1), Cubukcu, Steinwarth (1) – Boateng – Schrödter (2), Stachnik (1) (Bozkurt) – Trainer: Schlegel.

2005

1. Runde: Kickers Offenbach – Tennis Borussia Berlin 0:1; Borussia Mönchengladbach – Hamburger SV n. V. 0:0, Elfmeterschießen 1:3; 1. FC Magdeburg – SC Freiburg 1:4; TuS Mayen – VfB Lübeck 1:5; Waldhof Mannheim – Werder Bremen 2:5.
Achtelfinale: Carl Zeiss Jena – 1. FC Kaiserslautern 1:4; Hamburger SV – SC Freiburg 0:3; VfB Lübeck – Energie Cottbus 1:2; Eintracht Bamberg – Bayer Leverkusen 1:5; SGV Freiberg/Neckar – Werder

Bremen 1:2; Tennis Borussia Berlin – 1. FC Saarbrücken 6:1; Hannover 96 – FC Schalke 04 0:2; Dynamo Dresden – Hansa Rostock 0:4.
Viertelfinale: Tennis Borussia Berlin – Energie Cottbus 2:0; Hansa Rostock – 1. FC Kaiserslautern 3:1; Werder Bremen – SC Freiburg n. V. 3:4; FC Schalke 04 – Bayer Leverkusen 2:0.
Halbfinale: SC Freiburg – FC Schalke 04 n. V. 1:1, Elfmeterschießen 2:4; Tennis Borussia Berlin – Hansa Rostock n. V. 2:1.
Endspiel am 27. Mai 2005 in Berlin: FC Schalke 04 – Tennis Borussia Berlin 3:1 (0:1)
Schalke: Neuer – Bayram (Kamba), Klinger, Bungert, Kilian – Baumjohann (Grembowitz), Durmaz (Boenisch), Kisyna – Altin, Öztürk (2), Heppke (1) (Perras) – Trainer: Elgert.

2006

1. Runde: FV Engers – Stuttgarter Kickers 2:3; Rot-Weiss Essen – Hansa Rostock 3:1; Bayer Leverkusen – Energie Cottbus 0:1; Hannover 96 – Hamburger SV 4:0; 1. FC Magdeburg – VfL Bochum 0:4.
Achtelfinale: Carl Zeiss Jena – Tasmania 73 Berlin 4:1; Stuttgarter Kickers – SC Freiburg 0:2; KSV Baunatal – 1. FC Nürnberg 0:7; Büdelsdorfer TSV – 1. FC Saarbrücken 2:1; FV Dresden-Nord – Hannover 96 0:3; Energie Cottbus – VfL Bochum 1:0; 1. 1. FSV Mainz 05 – Karlsruher SC 3:4; Rot-Weiss Essen – Werder Bremen n. V. 2:2, Elfmeterschießen 4:2.
Viertelfinale: Carl Zeiss Jena – Hannover 96 0:1; Rot-Weiss Essen – Karlsruher SC 0:1; SC Freiburg – Energie Cottbus n. V. 2:1; Büdelsdorfer TSV – 1. FC Nürnberg 0:5.
Halbfinale: SC Freiburg – 1. FC Nürnberg 2:0; Karlsruher SC – Hannover 96 n. V. 1:1, Elfmeterschießen 4:2.
Endspiel am 28. April 2006 in Berlin: SC Freiburg – Karlsruher SC 4:1 (2:0)
Freiburg: Solic – Flum (1), Braun, Mollet, Schwaab – Dell'Era (1) (Decortes), Konrad, Schuler (1) (Karkoschka), Pavlovic (1) (Caligiuri) – Roth, Waslikowski (Baillargeault) – Trainer: Streich.

2007

1. Runde: Holstein Kiel – SC Freiburg 2:3; SV Darmstadt 98 – MSV Duisburg 2:1; 1. FC Magdeburg – VfB Stuttgart 1:0; 1. FC Saarbrücken – Werder Bremen 1:6; Karlsruher SC – FC Schalke 04 0:2.
Achtelfinale: Rot-Weiß Erfurt – SC Vier- und Marschlande 2:4; SV Darmstadt 98 – VfL Wolfsburg 1:2; 1. FC Magdeburg – TuS Mayen 7:0; Energie Cottbus – 1. FC Kaiserslautern n. V. 0:1; TSV München 1860 – Werder Bremen 2:0; SC Freiburg – Hansa Rostock 3:6; Chemnitzer FC – Hertha BSC Berlin 1:0; FC Schalke 04 – 1. FC Köln 2:0.
Viertelfinale: Chemnitzer FC – FC Schalke 04 n. V. 1:1, Elfmeterschießen 3:2; TSV München 1860 – 1. FC Kaiserslautern 4:1; SC Vier- und Marschlande – Hansa Rostock 1:7; 1. FC Magdeburg – VfL Wolfsburg 2:3.
Halbfinale: Hansa Rostock – TSV München 1860 0:2; Chemnitzer FC – VfL Wolfsburg 0:3.
Endspiel am 25. Mai 2007 in Berlin: TSV München 1860 – VfL Wolfsburg 2:1 (0:1)
München: Mayr – Wittek (Klamt), Jungwirth, Schick – Steiner (Alschinger), Stahl, Eberlein (1), Kaiser – Lechthaler, Hosiner (1) – Trainer: Schromm.

2008

1. Runde: TSG 1899 Hoffenheim – Hansa Rostock n. V. 2:2, Elfmeterschießen 3:4; Energie Cottbus – Werder Bremen 0:3; VfR Horst – TSV München 1860 0:7; FSV Salmrohr – 1. FSV Mainz 05 1:3; VfB Stuttgart – SC Freiburg n. V. 1:1, Elfmeterschießen 3:5.
Achtelfinale: VfB 1900 Gießen – Hansa Rostock n. V. 4:3; Werder Bremen – Bayer Leverkusen 1:2; 1. FC Saarbrücken – Hertha BSC Berlin 2:3; SC Vier- und Marschlande – Borussia Dortmund 0:2; Chemnitzer FC – Borussia Mönchengladbach 0:4; TSV München 1860 – 1. FSV Mainz 05 n. V. 1:0; VfL Wolfsburg – Carl Zeiss Jena 1:2; Hallescher FC – SC Freiburg 1:4.
Viertelfinale: Borussia Mönchengladbach – Carl Zeiss Jena 4:1; SC Freiburg – Borussia Dortmund n. V. 1:1, Elfmeterschießen 9:10; Hertha BSC Berlin – TSV München 1860 2:1; VfB 1900 Gießen – Bayer Leverkusen 0:2.
Halbfinale: Hertha BSC Berlin – Borussia Mönchengladbach n. V. 1:1, Elfmeterschießen 3:4; Borussia Dortmund – Bayer Leverkusen 1:3.
Endspiel am 18. April 2008 in Potsdam: Bayer Leverkusen – Borussia Mönchengladbach 3:0 (0:0)
Leverkusen: Giefer – Petersch, Teixeira, Reinartz, Oczipka – Risse, Selmani, Kaptan, Drexler (Kampl) – Naki (1) – Sukuta-Pasu – Dazu kommen zwei Eigentore von Klitzsch – Trainer: Lewandowski.

2009

1. Runde: VfL Wolfsburg – Borussia Dortmund 1:5; Türkiyemspor Berlin – Karlsruher SC 2:1; 1. FC Köln – SC Freiburg 1:3; MSV Duisburg – Hansa Rostock 1:0; Holstein Kiel – Eintracht Frankfurt n. V. 2:2, Elfmeterschießen 5:4.

Achtelfinale: Borussia Dortmund – 1. FSV Mainz 05 5:3; 1. FC Magdeburg – VfB Stuttgart 2:1; Holstein Kiel – Türkiyemspor Berlin n. V. 0:0, Elfmeterschießen 2:4; SC Freiburg – Hamburger SV 3:2; Dynamo Dresden – Carl Zeiss Jena 0:1; TuS Koblenz – MSV Duisburg n. V. 4:3; 1. FC Saarbrücken – Werder Bremen 5:1; SV Babelsberg 03 – 1. FC Nürnberg 0:4.
Viertelfinale: 1. FC Saarbrücken – Türkiyemspor Berlin n. V. 1:1, Elfmeterschießen 5:3; SC Freiburg – 1. FC Nürnberg 1:0; 1. FC Magdeburg – Carl Zeiss Jena 1:2; Borussia Dortmund – TuS Koblenz 6:1.
Halbfinale: Carl Zeiss Jena – SC Freiburg n. V. 0:2; 1. FC Saarbrücken – Borussia Dortmund 2:3.
Endspiel am 29. Mai 2009 in Potsdam: SC Freiburg – Borussia Dortmund n. V. 2:2 (1:1, 0:0), Elfmeterschießen 6:5
Freiburg: Baumann – Sorg, Lais, Endres, Klein (1) – Ginter (1) (Durak), Höfler, Schmid (Schwär) – Vogler (Zangl), Bickel (Sautner), Bektasi – Trainer: Streich.

2010

1. Runde: Energie Cottbus – Rot-Weiß Erfurt 3:0; Hansa Rostock – SC Freiburg 6:3; FC Augsburg – TSG 1899 Hoffenheim 0:1; Hallescher FC – Concordia Hamburg n. V. 2:3; SV Eichede – 1. FC Saarbrücken 0:4.
Achtelfinale: 1. FC Saarbrücken – 1. FSV Mainz 05 1:3; Stuttgarter Kickers – Hansa Rostock 3:2; 1. FC Köln – TuS Koblenz 3:0; Dynamo Dresden – Energie Cottbus 0:3; TSG 1899 Hoffenheim – Eintracht Frankfurt 5:1; Fortuna Düsseldorf – VfL Bochum n. V. 2:2, Elfmeterschießen 3:4; Eintracht Braunschweig – Werder Bremen 0:6; Concordia Hamburg – Hertha BSC Berlin 3:4.
Viertelfinale: VfL Bochum – 1. FSV Mainz 05 n. V. 3:1; 1. FC Köln – Energie Cottbus 2:3; Stuttgarter Kickers – TSG 1899 Hoffenheim 0:5; Werder Bremen – Hertha BSC Berlin 1:5.
Halbfinale: TSG 1899 Hoffenheim – Energie Cottbus 3:1; Hertha BSC Berlin – VfL Bochum 6:0.
Endspiel am 15. Mai 2010 in Berlin: TSG 1899 Hoffenheim – Hertha BSC Berlin 2:1 (2:1)
Hoffenheim: Lück – Lensch (Hirsch), Gulde, Neupert, Szarka – Groß, Schäfer – Bellanave (Alex), Ammann – Thomalla (2), Terrazino (Sökler) – Trainer: Streichsbier.

2011

1. Runde: Hansa Rostock – 1. FSV Mainz 05 1:0; Carl Zeiss Jena - Eintracht Frankfurt 2:0; Borussia Dortmund - Energie Cottbus 2:1; 1. FC Union Berlin - Werder Bremen 0:2; VfL Wolfsburg - 1. FC Köln n. V. 2:0.
Achtelfinale: Borussia Mönchengladbach - VfB Stuttgart 3:0; Carl Zeiss Jena - Hallescher FC 2:0; 1. FC Lokomotive Leipzig - Werder Bremen 0:3; Hansa Rostock - SpVgg Greuther Fürth 1:0; TuS Mayen – TSG 1899 Hoffenheim 1:3; SC Freiburg - Hamburger SV 1:0; Holstein Kiel - VfL Wolfsburg 0:3; 1. FC Saarbrücken - Borussia Dortmund n. V. 1:1, Elfmeterschießen 4:3.
Viertelfinale: SC Freiburg – Borussia Mönchengladbach 2:1; TSG 1899 Hoffenheim - VfL Wolfsburg 0:3; Carl Zeiss Jena - Werder Bremen 1:6; 1. FC Saarbrücken - Hansa Rostock 1:2.
Halbfinale: VfL Wolfsburg - SC Freiburg n. V. 1:1, Elfmeterschießen 3:4; Hansa Rostock - Werder Bremen n. V. 2:1.
Endspiel am 21. Mai 2011 in Berlin: SC Freiburg – Hansa Rostock n. V. 2:2 (2:2, 1:0), Elfmeterschießen 5:3
Freiburg: Schwolow – Schulz (Göppert), Günter, Albutat, Hezel (1) – Gujahr, Lorenzoni, Ginter, Lienhard – Tasli (Falahen (1), Kerk), Knab – Trainer: Streich.

Junioren-Länderpokal

Von 1953 bis 1973 A-Junioren-Länderpokal der Regionalverbände; von 1974 bis 1983 A-Junioren der 16 Landesverbände; 1984 bis 1990 B1-Junioren (U16) der 16 Landesverbände; 1991 B2-Junioren (U15) der Regionalverbände; ab 1992 B2-Junioren der Landesverbände.

Die bisherigen Sieger:

1953 Nord – 1954, 1955, 1956 West – 1957 Süd – 1958 Nord – 1959 West – 1960 Nord – 1961, 1962, 1963 West – 1964 Südwest – 1965 West – 1966 Süd – 1967 Südwest und West (nach einem 2:2 wurden beide zum Sieger 2:2 erklärt) – 1968 Berlin – 1969 West – 1970 Süd – 1971 West – 1972 Nord – 1973 West – 1974 Niederrhein – 1975 Südwest – 1976 Westfalen – 1977, 1978 Bayern – 1979 Hessen – 1980 Mittelrhein – 1981 Niedersachsen – 1982 Bayern – 1983 Niedersachsen – 1984 Niederrhein – 1985 Westfalen – 1986 Mittelrhein – 1987, 1988, 1989 Württemberg – 1990 Hessen – 1991 West – 1992 Berlin – 1993 Sachsen – 1994 Mittelrhein – 1995 Hessen – 1996 Mittelrhein – 1997 Niedersachsen – 1998 Württemberg – 1999 Bayern – 2000 Bremen – 2001 Württemberg – 2002 Mittelrhein – 2003 Berlin – 2004 Würrtemberg – 2005 Bayern – 2006 Südwest – 2007 Württemberg – 2008 Westfalen – 2009 Mittelrhein – 2010 Niederrhein – 2011 Bayern.

Die Meister der A-Junioren-Bundesliga

Nord/Nordost: 2004 Hannover 96 – 2005, 2006 Hertha BSC Berlin – 2007 Werder Bremen – 2008 VfL Wolfsburg – 2009 Werder Bremen – 2010 Hansa Rostock – 2011 VfL Wolfsburg.
West: 2004, 2005 VfL Bochum – 2006 FC Schalke 04 – 2007 Bayer Leverkusen – 2008 1. FC Köln – 2009 Borussia Dortmund – 2010, 2011 Bayer Leverkusen.
Süd/Südwest: 2004 Bayern München – 2005 VfB Stuttgart – 2006 SC Freiburg – 2007 Bayern München – 2008 VfB Stuttgart – 2009 SC Freiburg – 2010 VfB Stuttgart – 2011 1. FC Kaiserslautern.

Die Meister der B-Junioren-Bundesliga

Nord/Nordost: 2008 Hertha BSC Berlin – 2009 Vfl Wolfsburg – 2010 Hertha BSC Berlin – 2011 Werder Bremen.
West: 2008 Borussia Dortmund – 2009 Borussia Mönchengladbach – 2010 Bayer Leverkusen – 2011 1. FC Köln.
Süd/Südwest: 2008 TSG 1899 Hoffenheim – 2009 Bayern München – 2010 Eintracht Frankfurt – 2011 VfB Stuttgart.

Die regionalen A-Junioren-Meister

Berlin: 1946 SG Wedding – 1947, 1948 SG Rixdorf (1. FC Neukölln) – 1949 BFC Nordstern 07 – 1950 Spandauer SV – 1951 Hertha Zehlendorf – 1952 Spandauer SV – 1953 SC Minerva 93 – 1954, 1955 Tennis Borussia – 1956 Hertha Zehlendorf – 1957 Tennis Borussia – 1958 SC Charlottenburg – 1959 Lichterfelder SU – 1960 FV Brandenburg 1892 – 1961, 1962, 1963 SC Wacker 04 – 1964, 1965, 1966 Hertha Zehlendorf – 1967 Spandauer SV – 1968 SV Blau-Weiß 90 – 1969 Hertha BSC und SC Tasmania 1900 – 1970 Hertha Zehlendorf – 1971 BFC Preussen – 1972, 1973 SV Blau-Weiß 90 – 1974 Hertha Zehlendorf – 1975 Rapide Wedding – 1976 SV Blau-Weiß 90 – 1977 SC Staaken – 1978 Hertha Zehlendorf – 1979 SC Staaken – 1980, 1981 SV Blau-Weiß 90 – 1982, 1983 BFC Preussen – 1984 Hertha Zehlendorf – 1985, 1986, 1987 Reinickendorfer Füchse – 1988 Tennis Borussia – 1989, 1990 Hertha Zehlendorf – 1991 SC Siemensstadt – ab 1991/92 zu Nordost.
Nordost: DDR-Juniorenmeister: 1949 ZSG Industrie Leipzig – 1950 ZSG Halle – 1951 Chemie Halle-Leuna – 1952 Chemie Bitterfeld – 1953 Motor Grubenlampe Zwickau – 1954 Stahl Helbra – 1955 Empor Halle – 1956 Rotation Babelsberg – 1957 SC Motor Jena – 1958 SC Lok Leipzig – 1959 ASK Vorwärts Berlin – 1960 SC Dynamo Berlin – 1961 SC Rotation Leipzig – 1962 Dynamo Dresden – 1963, 1954, 1965 SC Aufbau Magdeburg – 1966 TSG Wismar – 1967 FC Rot-Weiß Erfurt – 1968 FC Hansa Rostock – 1969 Hallescher FC Chemie – 1970 1. FC Magdeburg – 1971 1. FC Lok Leipzig – 1972 Dynamo Dresden – 1973 FC Hansa Rostock – 1974 1. FC Lok Leipzig – 1975 FC Vorwärts Frankfurt/Oder – 1976, 1977 1. FC Lok Leipzig – 1978, 1979 Berliner FC Dynamo – 1980 FC Hansa Rostock – 1981, 1982 Dynamo Dresden – 1983 FC Karl-Marx-Stadt – 1984 FC Vorwärts Frankfurt/Oder – 1985 Dynamo Dresden – 1986 FC Karl-Marx-Stadt – 1987 Berliner FC Dynamo – 1988 Dynamo Dresden – 1989 1. FC Magdeburg – 1990 nicht ausgetragen – ab 1991 NOFV-Meisterschaft: 1991 SV Merseburg 99 – 1992 bis 1995 nicht ausgetragen – ab 1995/96 Regionalliga: 1996 Nord: Tennis Borussia Berlin, Süd: Carl Zeiss Jena (Meister) – 1997 Nord: Reinickendorfer Füchse (Meister), Süd: Carl Zeiss Jena – 1998 Nord:

Tennis Borussia Berlin (Meister), Süd: Dynamo Dresden – 1999 Hertha BSC Berlin – 2000 Tennis Borussia Berlin – 2001, 2002 Hertha BSC Berlin – 2003 Hansa Rostock – (ab 2003/04 zweitklassig) 2004 Energie Cottbus – 2005 1. FC Union Berlin – 2006 Chemnitzer FC – 2007 Carl Zeiss Jena – 2008 1. FC Union Berlin – 2009 Hallescher FC – 2010 Hertha Zehlendorf – 2011 Rot-Weiß Erfurt.

West: 1950 Union Gelsenkirchen – 1951 Schwarz-Weiß Essen – 1952 bis 1959 nicht ausgetragen – 1960 Fortuna Düsseldorf – 1961 Arminia Bielefeld – 1962 Borussia Mönchengladbach – 1963 nicht ausgetragen – 1964, 1965 1. FC Köln – 1966, 1967 VfL Bochum – 1968 1. FC Köln – 1969, 1970 VfL Bochum – 1971 1. FC Köln – 1972 bis 1996 nicht ausgetragen – ab 1996/97 Regionalliga: 1997, 1998 Borussia Dortmund – 1999 KFC Uerdingen 05 – 2000, 2001 Bayer Leverkusen – 2002 FC Schalke 04 – 2003 VfL Bochum – ab 2003/04 siehe A-Junioren-Bundesliga Gruppe West.

Nord: 1956, 1957 Concordia Hamburg – 1958 Victoria Hamburg – 1959, 1960 Eintracht Braunschweig – 1961 Hamburger SV – 1962, 1963 Hannover 96 – 1964 Phönix Lübeck – 1965 Werder Bremen – 1966 Union Salzgitter – 1967 Hannover 96 – 1968 Rot-Weiß Steterburg – 1969 VfL Wolfsburg – 1970 Concordia Hamburg – 1971 Eintracht Braunschweig – 1972 bis 1977 nicht bekannt – 1978 Hamburger SV – 1979 Hannover 96 – 1980 Arminia Hannover – 1981 bis 1987 nicht bekannt – ab 1987/88 Regionalliga: 1988, 1989 Hamburger SV – 1990, 1991, 1992 Werder Bremen – 1993 Hamburger SV – 1994, 1995, 1996 Werder Bremen – 1997 Hamburger SV – 1998 FC St. Pauli – 1999, 2000, 2001 Werder Bremen – 2002 Hamburger SV – 2003 VfL Wolfsburg – (ab 2003/04 zweitklassig) 2004 Holstein Kiel – 2005 VfL Osnabrück – 2006 Holstein Kiel – 2007 Eintracht Braunschweig – 2008 VfL Osnabrück – 2009 Holstein Kiel – 2010 VfB Oldenburg – 2011 FC St. Pauli.

Südwest: 1963 Phönix Ludwigshafen – 1964 Borussia Neunkirchen – 1965 1. FC Kaiserslautern – 1966 FV Speyer – 1967, 1968 Eintracht Trier – 1969 1. FC Saarbrücken – 1970 TuS Altrip – 1971 Ludwigshafener SC – 1972 bis 1996 nicht bekannt – ab 1996/97 Regionalliga: 1997 1. FC Kaiserslautern – 1998 1. FSV Mainz 05 – 1999, 2000, 2001, 2002, 2003 1. FC Kaiserslautern – (ab 2003/04 zweitklassig) 2004, 2005 Eintracht Trier – 2006 1. FSV Mainz 05 – 2007 TuS Koblenz – 2008, 2009, 2010, 2011 1. FC Saarbrücken.

Süd: 1946 VfL Kornwestheim – 1947 Union Böckingen – 1948 Germania Nürnberg – 1949 Viktoria Augsburg – 1950 Bayern München – 1951 VfB Mühlburg – 1952 Kickers Offenbach – 1953 FC Konstanz – 1954 Bayern München – 1955 VfB Stuttgart – 1956 1. FC Nürnberg – 1957 Karlsruher SC – 1958 1.FC Nürnberg – 1959 VfR Mannheim – 1960 1. FC Nürnberg – 1961, 1962 Karlsruher SC – 1963 TSV München 1860 – 1964, 1965 1. FC Nürnberg – 1966, 1967, 1968 VfB Stuttgart – 1969 Karlsruher SC – 1970 Eintracht Frankfurt – 1971 1. FC Nürnberg – 1972, 1973 Kickers Offenbach – 1974 bis 1996 nicht ausgetragen – ab 1996/97 Regionalliga: 1997 VfB Stuttgart – 1998 FC Augsburg – 1999, 2000 VfB Stuttgart – 2001, 2002 Bayern München – 2003 TSV München 1860 – seitdem nicht mehr ausgetragen.

Die regionalen B-Junioren-Meister

Berlin: 1946 SG Rehberge (BSC) – 1947, 1948 SG Rixdorf (1. FC Neukölln) – 1949 Hertha BSC – 1950, 1951 Spandauer SV – 1952 SC Wacker 04 – 1953 VfB Hermsdorf – 1954 ASV Berlin – 1955 SV Blau-Weiß 90 – 1956 BSC Kickers 1900 – 1957 Spandauer SV – 1958 SC Staaken – 1959 Hertha Zehlendorf – 1960 VfL Schöneberg – 1961 Hertha Zehlendorf – 1962 Spandauer SV und SV Blau-Weiß 90 – 1963, 1964, 1965 Hertha Zehlendorf – 1966, 1967 SC Tegel – 1968 Hertha BSC – 1969 SC Wacker 04 – 1970 SV Blau-Weiß 90 – 1971, 1972 Hertha Zehlendorf – 1973 Stern Marienfelde – 1974 SV Blau-Weiß 90 – 1975 Berliner SV 92 – 1976, 1977 SC Staaken – 1978 Hertha Zehlendorf – 1979, 1980 SV Blau-Weiß 90 – 1981 Spandauer SV – 1982 Hertha Zehlendorf – 1983 Spandauer SV – 1984 BFC Preussen – 1985, 1986 Hertha BSC – 1987 Tennis Borussia – 1988, 1989 Hertha Zehlendorf – 1990 SC Siemensstadt – 1991 Hertha BSC – ab 1991/92 zu Nordost.

Nordost: DDR-Bestenermittlung: 1951 SC Turbine Erfurt – 1952 Adlershofer BC – 1953 Empor Halle – 1954 Chemie Zeitz – 1955 SC Chemie Halle-Leuna – 1956 Fortschritt Wilhelm-Pieck-Stadt Guben – 1957 ASK Vorwärts Berlin – 1956 bis 1964 nicht ausgetragen – 1965 SC Turbine Erfurt – 1966 1. FC Magdeburg – 1967 Berliner FC Dynamo – 1968 1. FC Magdeburg – 1969 1. FC Lok Leipzig – 1970 FC Hansa Rostock – 1971 1. FC Lok Leipzig – 1972 Berliner FC Dynamo – 1973 FC Vorwärts Frankfurt/Oder – 1974 FC Rot-Weiß Erfurt – 1975 Berliner FC Dynamo – 1976 Hallescher FC Chemie – 1977 FC Karl-Marx-Stadt – 1978 FC Hansa Rostock – 1979 1. FC Lok Leipzig – 1980 1. FC Magdeburg – 1981 1. FC Lok Leipzig – 1982 FC Vorwärts Frankfurt/Oder – 1983 Dynamo Dresden – 1984 1. FC Lok Leipzig – 1985 FC Rot-Weiß Erfurt – 1986 FC Vorwärts Frankfurt/Oder – 1987 FC Carl Zeiss Jena – 1988, 1989 Dynamo Dresden – 1990 FC Hansa Rostock – ab 1991 NOFV-Meisterschaft: 1991 FC Berlin – 1992 bis 1999 nicht ausgetragen – ab 1999/2000 Regionalliga: 2000 Hertha BSC Berlin – 2001 Tennis Borussia Berlin – 2002, 2003, 2004, 2005, 2006, 2007 Hertha BSC Berlin – (ab 2007/08 zweitklassig) 2008 Hertha Zehlendorf – 2009 1. FC Union Berlin – 2010 Dynamo Dresden – 2011 RB Leipzig.

West: 1977, 1978 FC Schalke 04 – 1979 bis 1999 nicht ausgetragen – ab 1999/2000 Regionalliga: 2000, 2001 Borussia Dortmund, 2002 FC Schalke 04 – 2003, 2004, 2005, 2006 Borussia Dortmund – 2007 Borussia Mönchengladbach – ab 2007/08 siehe B-Junioren-Bundesliga Gruppe West.
Nord: 1972 Hannover 96 – 1973 Werder Bremen – 1974 Hannover 96 – 1975 Werder Bremen – 1976 Hannover 96 – 1977 Hamburger SV – 1978 Concordia Hamburg – 1979 und 1980 nicht ausgetragen – 1981 Concordia Hamburg – 1982 Werder Bremen – 1983 FC St. Pauli – 1984 VfL Wolfsburg – 1985 Werder Bremen – 1986 Hamburger SV – 1987 Werder Bremen – 1988 OT Bremen – 1989 TuS Lingen – 1990 nicht ausgetragen – 1991 TuS Lingen – 1992 SpVgg Este 06/70 – 1993 VfL Osnabrück – 1994 VfL Stade – 1995 Concordia Hamburg – 1996 Hamburger SV – 1997 FC St. Pauli – 1998 VfB Lübeck – ab 1998/99 Regionalliga: 1999 Nord: Hamburger SV, Süd: Werder Bremen (Meister) – 2000 Nord: Hamburger SV, Süd: Werder Bremen (Meister) – 2001 Hamburger SV – 2002 Hannover 96 – 2003 Werder Bremen – 2004, 2005, 2006 VfL Wolfsburg – 2007 Hamburger SV – (ab 2007/08 zweitklassig) 2008 FC St. Pauli – 2009 SC Weyhe – 2010 FC St. Pauli – 2011 Werder Bremen II.
Südwest: 1977, 1978 1. FSV Mainz 05 – 1979 bis 1999 nicht ausgetragen – ab 1999/2000 Regionalliga: 2000 1. FC Saarbrücken – 2001, 2002, 2003 1. FC Kaiserslautern – 2004, 2005 1. FSV Mainz 05 – 2006, 2007 1. FC Kaiserslautern – (ab 2007/08 zweitklassig) 2008 1. FC Kaiserslautern II – 2009 FK Pirmasens – 2010 1. FSV Mainz 05 – 2011 1. FC Saarbrücken.
Süd: 1977 Eintracht Frankfurt – 1978 VfR Mannheim – 1979 bis 2000 nicht ausgetragen – ab 2000/01 Regionalliga: 2001 Bayern München – 2002, 2003, 2004, 2005 VfB Stuttgart – 2006 TSV München 1860 – 2007 Bayern München – seitdem nicht mehr ausgetragen.

Die regionalen C-Junioren-Meister

Berlin: 1946 SG Nordstern (BFC 07) – 1947 Hertha BSC – 1948 Hertha Zehlendorf – 1949 SC Südring – 1950 BFC Alemannia 90 – 1951 VfB Hermsdorf – 1952 ASV Berlin – 1953 BFC Alemannia 90 – 1954 SSC Südwest – 1955 Hertha Zehlendorf – 1956 Hertha BSC – 1957 FV Brandenburg 1892 – 1958 Tennis Borussia – 1959, 1960 Spandauer SV – 1961 Hertha Zehlendorf – 1962 SpVgg Schönberg – 1963 Spandauer SV – 1964 Berliner SV 92 – 1965 SV Blau-Weiß 90 – 1966 Hertha Zehlendorf – 1967 FSV Hansa 07 – 1968 Hertha BSC – 1969 SC Tegel – 1970 Neuköllner Spfr. – 1971 SC Staaken – 1972 SC Berliner Amateure – 1973 Berliner SV 92 – 1974 VfL Schönberg – 1975 SC Staaken – 1976 VfB Neukölln – 1977 BFC Meteor 06 – 1978 Hertha Zehlendorf – 1979 Blau-Weiß Spandau – 1980, 1981 Hertha Zehlendorf – 1982 Spandauer SV – 1983, 1984 Hertha Zehlendorf – 1985 Tennis Borussia – 1986, 1987 Hertha Zehlendorf – 1988 BFC Preussen – 1989, 1990 Hertha Zehlendorf – 1991 Hertha BSC – ab 1991/92 zu Nordost.
Nordost: DDR-Schülermeister: 1968 FC Rot-Weiß Erfurt – 1969 1. FC Magdeburg – 1970 1. FC Lok Leipzig – 1971, 1972 1. FC Magdeburg – 1973 FC Vorwärts Frankfurt/Oder – 1974 FC Karl-Marx-Stadt – 1975 Dynamo Dresden – 1976 FC Karl-Marx-Stadt – 1977, 1978 1. FC Magdeburg – 1979 Dynamo Dresden – 1980 Berliner FC Dynamo – 1981, 1982 1. FC Lok Leipzig – 1983 nicht ausgetragen – 1984 Dynamo Dresden – 1985, 1986 FC Rot-Weiß Erfurt – 1987 1. FC Magdeburg – 1988 FC Carl Zeiss Jena – 1989 Berliner FC Dynamo – 1990 Dynamo Dresden – ab 1991 NOFV-Meisterschaft: 1991 FC Carl Zeiss Jena – 1992 bis 2009 nicht ausgetragen – ab 2009/10 Regionalliga Mitteldeutschland: 2010, 2011 Hertha BSC Berlin.
West: 1975, 1976 FC Schalke 04 – 1977 nicht bekannt – 1978 FC Schalke 04 – 1979, 1980 Borussia Mönchengladbach – 1981 nicht bekannt – 1982 Borussia Dortmund – 1983 Borussia Mönchengladbach – 1984 MSV Duisburg – 1985 Bayer Uerdingen – 1986 Borussia Mönchengladbach – 1987 SC Buer-Hassel – 1988 1. FC Köln – 1989 Bayer Uerdingen – 1990 Bayer Leverkusen – 1991 Borussia Dortmund – 1992 Bayer Leverkusen – 1993 Fortuna Düsseldorf – 1994, 1995, 1996 Bayer Leverkusen – 1997 Borussia Dortmund – 1998 1. FC Köln – 1999 Borussia Dortmund – 2000 Bayer Leverkusen – 2001 LR Ahlen – 2002 Bayer Leverkusen II – 2003 Preußen Münster – 2004 SC West Köln – 2005 Borussia Dortmund U14 – 2006 Wuppertaler SV – ab 2006/07 Regionalliga: 2007 Borussia Mönchengladbach – 2008, 2009 Borussia Dortmund – 2010 Borussia Mönchengladbach – 2011 Bayer Leverkusen.
Außerdem wurde 2000/01 erstmals der »WFLV-U15-Nachwuchs-Cup« als Vorläufer der C-Junioren-Regionalliga ausgespielt. Bisherige Sieger: 2001, 2002 Borussia Dortmund – 2003 Bayer Leverkusen – 2004, 2005 Borussia Dortmund – 2006 1. FC Köln – ab 2006/07 für U14-Mannschaften: 2007 Bayer Leverkusen – 2008, 2009, 2010 Borussia Dortmund – 2011 Bayer Leverkusen.
Nord: 1979 Hannover 96 – 1980 Arminia Hannover – 1981, 1982 Bramfelder SV – 1983 Hamburger SV – 1984 Holstein Kiel – 1985 TSV Havelse – 1986, 1987 Werder Bremen – 1988 Hannover 96 – 1989 SVG Einbeck – 1990 Hamburger SV – 1991 FC St. Pauli – 1992 VfB Oldenburg – 1993 Hannover 96 – 1994 JSG Havelse/Garbsen – 1995 Werder Bremen – 1996 FC St. Pauli – 1997, 1998 Hannover 96 – 1999, 2000 Werder Bremen – 2001 Hannover 96 – 2002, 2003, 2004 Werder Bremen – ab 2004/05 Regionalliga: 2005, 2006, 2007, 2008, 2009, 2010 Werder Bremen – 2011 Hannover 96.

Südwest: Die Meister vor 1994 liegen nicht vor – 1994 1. FSV Mainz 05 – 1995 Sportfreunde Eisbachtal – 1996, 1997, 1998, 1999 1. FC Kaiserslautern – 2000 1. FC Saarbrücken – 2001 TuS Mayen – 2002 1. FC Kaiserslautern – 2003 1. FSV Mainz 05 – 2004, 2005 1. FC Kaiserslautern – 2006 1. FC Saarbrücken – 2007 1. FC Kaiserslautern – 2008 1. FC Saarbrücken – 2009 TuS Koblenz – ab 2009/2010 Regionalliga Südwest: 2010 1. FSV Mainz 05 – 2011 1. FC Kaiserslautern.

Süd: 1979 SV Gengenbach – 1980 Eintracht Frankfurt – 1981 VfB Stuttgart – 1982 Bayern München – 1983 1. FC Nürnberg – 1984 VfB Stuttgart – 1985 Bayern München – 1986 VfB Stuttgart – 1987 Bayern München – 1988 1. FC Nürnberg – 1989 Eintracht Frankfurt – 1990, 1991 Bayern München – 1992 VfB Stuttgart – 1993 1. FC Nürnberg – 1994 Kickers Offenbach – 1995 Eintracht Frankfurt – 1996, 1997, 1998 VfB Stuttgart – 1999 Karlsruher SC – 2000, 2001 VfB Stuttgart – 2002 Waldhof Mannheim – 2003 SC Freiburg – 2004 Karlsruher SC – 2005 Eintracht Frankfurt – 2006 Kickers Offenbach – 2007, 2008 VfB Stuttgart – 2009 Eintracht Frankfurt – 2010 Karlsruher SC – ab 2010/11 Regionalliga Süd: VfB Stuttgart.

Hinweis:

In den letzten Jahren haben wir anstelle des Kapitels „Die Olympischen Fußballturniere" sogenannte „Wechselkapitel" eingeschoben, um die Privatarchive unserer Leser mit anderen Wettbewerben zu vervollständigen. Wir bringen heute eine Übersicht, was wann erschienen ist und welche Almanache evtl. noch beim Copress-Verlag in München (PLZ 80636), Nymphenburger Straße 86, bezogen werden können.

1991 Mitropa-Cup

1992 DDR (Abschluß) mit allen Länderspielaufstellungen, den zahlenmäßigen Berufungen aller Nationalspieler und ihrer Tore, alle Gegner der DDR-Auswahl, alle Abschlußtabellen von 1948 bis 1991, Torschützenkönige, Fußballer des Jahres, alle Pokalendspiele.

1993 Olympia

1994 Europa-Supercup

1995 Weltpokal

1996 Inter-Totorunde

1997 Olympia

1998 Von Kontinent zu Kontinent

2002 Olympia

2003 Alle Meister und Pokalsieger in Europa

2004 UEFA-Intertoto-Cup

2005 Fußball in der DDR

2006 Olympia

2007 Deutsche Europapokal-Statistik

2008 Deutsche Liga-Tabellen ab 1945

2009 Bundesliga-Spieler-ABC 2008/09

2010 Bundesliga-Spieler-ABC 2009/10 und Olympia

2011 Bundesliga-Spieler-ABC 2009/10 und Olympia

Im 96er-Jahrgang ist auch letztmals erschienen alles über unsere B-Elf, U23- und Amateurmannschaft. In allen Almanachen davor wurden diese drei Unterkapitel regelmäßig aufgeführt. Inzwischen sind diese Wettbewerbe längst eingestellt worden.
Vorrätig sind (leider) nur noch folgende Jahrgänge des KICKER-Almanach: 2005, 2006, 2008, 2009, 2010 und 2011.

KAPITEL 13

DER FRAUENFUSSBALL

Die Bilanz der 350 Frauen-Länderspiele

Gegner	Spiele	Siege	Unentsch.	Niederl.	Tore	11-m-Sch.
Argentinien	2	2	-	-	17:1	
Australien	3	2	-	1	5:2	
Belgien	6	3	2	1	12:5	
Brasilien	9	4	4	1	18:11	
Bulgarien	3	3	-	-	11:2	
China	26	12	6	8	50:30	
Dänemark	20	12	3	5	44:17	
England	19	17	2	-	55:12	
Finnland	10	9	-	1	33:2	
Frankreich	10	8	-	2	30:6	
Irland	2	2	-	-	4:0	
Island	11	11	-	-	47:3	
Italien	25	13	8	4	45:18	4:3, 3:4
Japan	9	7	1	1	18:6	
Jugoslawien	1	1	-	-	3:0	
Kanada	10	10	-	-	36:11	
Kroatien	2	2	-	-	15:0	
Mexiko	2	2	-	-	8:0	
Neuseeland	2	2	-	-	12:1	
Niederlande	17	11	4	2	43:11	
Nigeria	7	7	-	-	22:2	
Nordkorea	4	4	-	-	9:0	
Norwegen	34	16	5	13	60:47	
Polen	4	4	-	-	21:1	
Portugal	4	4	-	-	41:0	
Russland (Sowjetunion)	15	13	2	-	48:7	
Schottland	4	4	-	-	17:1	
Schweden	18	12	-	6	32:24	
Schweiz	14	13	1	-	67:2	
Slowakei	2	2	-	-	5:0	
Spanien	1	1	-	-	6:0	
Taiwan	1	1	-	-	3:0	
Tschechien	3	3	-	-	14:0	
Tschechoslowakei	4	3	1	-	9:1	
Türkei	1	1	-	-	12:1	
Ukraine	6	5	1	-	24:3	
Ungarn	7	5	1	1	13:2	
USA	28	5	4	19	27:59	4:3
Wales	4	4	-	-	34:0	
Gesamt:	350	240	45	65	970:288	

Die A-Nationalmannschaften der Frauen

1982: 1 Spiel: 1 Sieg

1 **Schweiz**, 10. 11., Koblenz, 5:1 gewonnen: Feiden (Reichler) – Dlugi-Winterberg (Klinzmann), Landers, Degwitz, Klinz – Koekkoek (Neid 2), Trabant, Krug (Offermann) – Bormann (1), Kresimon (1), Gebauer (1) (Bartelmann) – Kapitän: Trabant – Schiedsrichter: Föckler (Deutschland).

1983: 7 Spiele: 1 Sieg, 5 Unentschieden, 1 Niederlage

2 **Belgien**, 5. 3., Bergisch Gladbach, 1:1 unentschieden (UEFA-Wettbewerb): Feiden – Dlugi-Winterberg, Landers, Klinz (Knopf), Degwitz – Raith (Neid), Koekkoek, Trabant – Bormann, Kresimon, Gebauer (1) – K.: Trabant – SR.: Pauly (Deutschland).

3 **Niederlande**, 19. 3., Venray, 2:2 unentschieden (UEFA-Wettbewerb): Feiden – Dlugi-Winterberg, Landers, Degwitz, Krug – Raith (Bartelmann), Trabant, Neid (Eichenlaub) – Bormann (1), Kresimon, Koekkoek – K.: Trabant. SR: Ettekoven (Niederlande). – Dazu ein Eigentor von Campers.

4 **Dänemark**, 1. 5., Delmenhorst, 1:1 unentschieden (UEFA-Wettbewerb): Feiden – Dlugi-Winterberg, Degwitz (Krug), Landers – Bartelmann, Raith, Koekkoek (1), Trabant – Bormann (Neid), Kresimon, Gebauer – K.: Trabant – SR.: Redelfs (Deutschland).

5 **Schweiz**, 7. 9., Basel, 2:0 gewonnen: Feiden (Breuer) – Klinz, Dlugi-Winterberg, Degwitz, Richter – Raith, Bartelmann (1), Knüpp (Trabant) – Bormann (Neid), Kresimon, Eichenlaub 1 (Fischer) – K.: Dlugi-Winterberg – SR: Blattmann (Schweiz).

6 **Dänemark**, 24. 9., Sonderburg, 0:1 verloren (UEFA-Wettbewerb): Feiden – Dlugi-Winterberg, Klinz, Degwitz, Richter – Neid, Trabant, Raith – Bormann (Doll), Kresimon, Bartelmann (Eichenlaub) – K.: Trabant – SR: Sörensen (Dänemark).

7 **Niederlande**, 8. 10., Siegen, 1:1 unentschieden (UEFA-Wettbewerb): Feiden – Richter, Klinz, Degwitz, Dlugi-Winterberg – Raith, Bormann (Henkel), Neid – Offermann (Fischer), Trabant, Eichenlaub (1) – K.: Trabant – SR: Assenmacher (Deutschland).

8 **Belgien**, 22. 10., Brüssel, 1:1 unentschieden (UEFA-Wettbewerb): Feiden – Dlugi-Winterberg, Dietrich, Degwitz, Klinz – Raith, Neid (1), Offermann, Trabant (Bartelmann) – Bormann, Eichenlaub (Kresimon) – K.: Trabant/Dlugi-Winterberg – SR: Crucke (Belgien).

1984: 8 Spiele: 3 Siege, 1 Unentschieden, 4 Niederlagen

9 **Italien**, 25. 1., Mailand, 1:2 verloren: Feiden (Neuser) – Richter (Jahn), Klinz, Degwitz, Doll – Raith (Kreuzberg), Bartelmann, Neid (1) – Koekkoek, Offermann, Eichenlaub (Henkel) – K.: Klinz – SR: Benini (Italien) – Vereinbarungsgemäß wurde nur über 2 x 35 Minuten gespielt.

10 **Norwegen**, 2. 5., Helmstedt, 1:4 verloren: Feiden (Melka) – Richter, Doll, I. Zimmermann, Scharras (Klinzmann) – Danner (Schute), Bartelmann, Koekkoek, Henkel – Neid, Kreuzberg (1) – K.: Koekkoek – SR: Dr. Umbach (Deutschland).

11 **Italien**, 19. 8., Caorle, 2:1 gewonnen (Vier-Länder-Turnier): Feiden – Richter, I. Zimmermann, Degwitz, Klinzmann – Raith, Koekkoek, Neid – Henkel, Bartelmann (1), Kreuzberg (Eichenlaub 1) – K.: Koekkoek – SR: Podavini (Italien).

12 **England**, 22. 8., Jesolo, 2:0 gewonnen (Vier-Länder-Turnier): Feiden – Richter, I. Zimmermann, Degwitz, Klinzmann – Raith (Schute), Koekkoek (Gehlen), Neid (2) – Henkel, Bartelmann, Kreuzberg – K.: Koekkoek/Neid – SR: Portelli (Italien).

13 **Belgien**, 23. 8., Caorle, 0:2 verloren (Vier-Länder-Turnier): Neuser (Melka) – Richter, Doll, Klinzmann, Gehlen – Raith, Koekkoek, Neid – Kreuzberg (I. Zimmermann), Schute (Eichenlaub), Bartelmann – K.: Koekkoek – SR: Podavini (Italien).

14 **Italien**, 26. 8., Jesolo, 1:3 verloren (Endspiel Vier-Länder-Turnier): Feiden – Richter, I. Zimmermann, Degwitz, Klinzmann (Scharras) – Raith, Koekkoek, Gehlen – Bartelmann, Kreuzberg (1), Eichenlaub (Schute) – K.: Koekkoek – SR: Zaza (Italien).

15 **Finnland**, 3. 10., Lüdenscheid, 1:0 gewonnen (2. UEFA-Wettbewerb): Feiden – Richter, I. Zimmermann, Degwitz, Klinzmann – Raith, Neid, Koekkoek – Kreuzberg (Voss), Offermann, Eichenlaub (1) – K.: Koekkoek – SR: van Swieten (Niederlande).

16 **Niederlande**, 21. 11., Waalwijk, 1:1 unentschieden: Feiden (Heidecke) – Richter, Kuhlmann, Degwitz, Klinzmann (Unsleber) – Raith, Koekkoek, Neid (Israel) – Voss, Kreuzberg (1), Eichenlaub (Damm) – K.: Koekkoek – SR: van Swieten (Niederlande).

1985: 4 Spiele: 4 Niederlagen

17 **Ungarn**, 9. 4., Siofok, 0:1 verloren: Feiden – Richter, J. Zimmermann, Kuhlmann (Unsleber), Klinzmann – Raith, Koekkoek, Neid (Gehlen) – Kreuzberg (Voss), Bartelmann, Offermann (Lasrich) – K.: Koekkoek – SR: Kovacs (Ungarn).

18 **Dänemark**, 1. 5., Sonerborg, 0:3 verloren (2. UEFA-Wettbewerb): Feiden – Haberlaß, Richter, Klinzmann, I. Zimmermann – Raith (Israel), Koekkoek, Neid – Kreuzberg (Lasrich), Offermann, Bartelmann – K.: Koekkoek – SR: Crucke (Belgien).

19 **Norwegen**, 7. 9., Lüneburg, 2:3 verloren (EM-Qualifikation): Reichler – Zimmermann – Paul (Kuhlmann), Haberlaß, Klinzmann – Neid, Raith, Koekkoek, Richter – Kratz, Limper (2) – K.: Koekkoek – SR: Kayser (Luxemburg).

20 **Finnland**, 5. 10., Turku, 0:1 verloren (EM-Qualifikation): Reichler – Haberlaß, Klinzmann, Kuhlmann, Klinz – Neid, Koekkoek, Richter – Kratz (Raith), Limper, Eichenlaub – K.: Koekkoek – SR: Bo Helen (Schweden).

1986: 6 Spiele: 5 Siege, 1 Unentschieden

21 **Ungarn,** 15. 4., Straubing, 2:1 gewonnen: Isbert (Neuser) – Haberlaß (1) (Unsleber), Richter, Klinzmann, Kuhlmann – Damm (1), Pirrung (Henkel), Koekkoek – Voss, Neid, Chaladyniak (Raith) – K.: Koekkoek – SR: Ermer (Deutschland).

22 **Norwegen**, 19. 5., Oslo, 0:0 unentschieden (EM-Qualifikation): Isbert – Degwitz, Klinzmann, Kuhlmann, Richter – Neid, Koekkoek, Limper (Haberlaß) – Damm, Mohr (Henkel), Voss – K.: Koekkoek – SR: Larsson (Schweden).

23 **Island**, 27. 7., Kopavogur, 4:1 gewonnen: Neuser (Butscher) – Degwitz, Kuhlmann (I. Zimmermann), Richter, Klinzmann – Neid, Koekkoek (Raith), Damm (Limper (1)) – Voss (1) (Henkel), Mohr (1), Bartelmann (1) – K.: Koekkoek/Neid – SR: Olafsson (Island).

24 **Island**, 30. 7., Reykjavik, 5:0 gewonnen: Neuser – Degwitz, I. Zimmermann, Richter (1), Klinzmann (1) – Neid (2), Koekkoek, Limper (Raith) – Voss (1), Mohr, Bartelmann (Henkel) – K.: Koekkoek – SR: Olson (Island).

25 **Dänemark**, 4. 10., Bergisch Gladbach, 2:0 gewonnen (EM-Qualifikation): Isbert – Paul (Damm), Degwitz, Kuhlmann, Richter – Raith, Neid, Koekkoek – Voss, Fitschen (1) (Mohr), Bartelmann (1) – K.: Koekkoek – SR: Constantin (Belgien).

26 **Niederlande**, 19. 11., Nordhorn, 3:1 gewonnen: Isbert (Neuser) – Paul (Haberlaß), Degwitz, Richter, Kuhlmann – Raith, Koekkoek, Neid (1) – Voss (1), Mohr (1) (Nardenbach), Bartelmann (Hümme) – K.: Koekkoek – SR: Osmers (Deutschland).

1987: 6 Spiele: 6 Siege

27 **Niederlande**, 1. 4., Bad Neuenahr-Ahrweiler, 3:1 gewonnen: Isbert – Haberlaß (Scharras), Kuhlmann, Degwitz, Raith – Richter, Neid (1) (Damm), Koekkoek – Voss (1), Fitschen (1) (Mohr), Bartelmann – K.: Koekkoek – SR: Assenmacher (Deutschland).

28 **Frankreich**, 16. 5., Dillingen/Saar, 2:0 gewonnen: Isbert (Neuser) – Kuhlmann (Limper) – Paul, Degwitz, Trauschke (Minor) – Richter, Koekkoek, Neid (1) – Voss (1) (Stumpf), Fitschen (Mohr), Bartelmann – K.: Koekkoek – SR: Dellwing (Deutschland).

29 **Island**, 4. 9., Verden, 5:0 gewonnen: Neuser – Kuhlmann (1) – Unsleber (1), Klinzmann – Neid, Damm (Mohr), Koekkoek (1). Raith (Scharras) – Voss, Fitschen (1), Stumpf (Nardenbach (1)) – K.: Koekkoek – SR: Mierswa (Deutschland).

30 **Island**, 6. 9., Delmenhorst, 3:2 gewonnen: Wagner – Kuhlmann – Unsleber, Raith – Neid (3), Damm (Richter), Koekkoek (Hümme) – Voss, Nardenbach (Mohr), Stumpf, Fitschen – K.: Koekkoek/Neid – SR: Heitmann (Deutschland).

31 **Ungarn**, 7. 10., Budapest, 1:0 gewonnen (EM-Qualifikation): Isbert – Richter, Raith, Unsleber, Degwitz-Steinmetz – Damm, Neid, Koekkoek (Mohr) – Voss, Fitschen (1), Stumpf – K.: Koekkoek/Voss – SR: Petrescu (Rumänien).

32 **Italien**, 15. 11., Burghausen, 3:0 gewonnen (EM-Qualifikation): Isbert – Limper – Unsleber (1), Raith, Klinzmann – Richter, Voss, Koekkoek (Damm), Neid – Fitschen (2), Bartelmann (Mohr) – K.: Koekkoek/Voss – SR.: Goris (Belgien).

1988: 8 Spiele, 3 Siege, 3 Unentschieden, 2 Niederlagen

33 **Italien**, 2. 4., Andria, 0:0 unentschieden (EM-Qualifikation): Isbert – Kuhlmann – Unsleber, Haberlass, Klinzmann – Richter (Fütterer), Damm, Fitschen, Neid – Voss, Mohr – K.: Neid – SR: Lartigot (Frankreich).

34 **Schweiz**, 14. 5., Pforzheim, 0:0 unentschieden (EM-Qualifikation): Isbert – Kuhlmann – Unsleber, Raith, Klinzmann – Damm, Fitschen, Neid – Voss, Fischer (Fütterer), Henkel – K.: Neid – SR. Lemmer (Luxemburg).

35 **Italien**, 20. 7., Arco, 0:1 verloren (Turnier): Wagner – Unsleber (Hümme), Landers, Kuhlmann, Raith, Voss, Damm, Mohr, Fehrmann, Fitschen (Engel), Krause (Trauschke) – K.: Raith – SR: Pozzati (Algerien).

36 **USA**, 22. 7., Arco, 1:2 verloren (Turnier): Lütke – Fehrmann, Kuhlmann, Landers, Raith (1), Klinzmann (Trauschke), Damm, Unsleber, Neid (Krause), Voss, Mohr – K.: Neid/Raith – SR: Cafiero di Roma (Italien).

37 **Schweiz**, 17. 9., Binningen, 10:0 gewonnen (EM-Qualifikation): Isbert – Landers – Unsleber, Fehrmann, Raith (1) – Sonn (2), Damm (Wiese), Neid (1) – Voss (1), Mohr (4), Krause 1 (Landwehr) – K.: Neid – SR: Girard (Frankreich).

38 **Ungarn**, 30. 10., Passau, 4:0 gewonnen (EM-Qualifikation): Isbert – Landers – Unsleber (1), Fehrmann, Raith (1) – Sonn (Nardenbach), Damm, Wiese – Krause (1), Fitschen 1 (Bindl), Mohr – K.: Raith – SR: Goethals (Belgien).

39 **Tschechoslowakei**, 26. 11., Bratislava, 1:1 unentschieden (EM-Viertelfinale): Isbert – Landers – Unsleber, Nardenbach, Raith – Sonn, Damm (Fitschen), Neid – Voss, Mohr, Krause (Bindl (1)) – K.: Neid – SR: Craciunescu (Rumänien).

40 **Tschechoslowakei**, 17. 12., Kaiserslautern, 2:0 gewonnen (EM-Viertelfinale): Isbert – Landers – Unsleber, Nardenbach, Raith, Sonn (Damm), Fehrmann (Fitschen), Neid (1) – Voss, Mohr (1), Bindl – K.: Neid – SR: Gilson (Luxemburg).

1989: 6 Spiele, 5 Siege, 1 Unentschieden

41 **Bulgarien**, 21. 3., Sofia, 3:1 gewonnen: Isbert (Walther) – Landers – Nardenbach, Unsleber, Raith – Sonn (1) (Fitschen). Fehrmann (Damm), Neid (Kuhlmann) – Voss, Mohr (1), Bindl (1) (Lohn)- K: Raith – SR: Alexandrov (Bulgarien).

42 **Dänemark**, 10. 5., Osnabrück, 1:0 gewonnen: Isbert-Landers – Unsleber (Haberlaß), Nardenbach (Fehrmann), Raith (Kuhlmann) – Damm, Neid, Fitschen (Bindl) – Lohn (1), Mohr, Bartelmann (Gottschlich) – K.: Neid – SR: Mierswa (Deutschland).

43 **Italien**, 28. 6., Siegen, 1:1 unentschieden/4:3 im Elfmeterschießen (EM-Halbfinale): Isbert – Landers – Kuhlmann, Nardenbach, Raith – Damm, Fitschen, Neid (1) (Fehrmann) – Voss, Mohr, Lohn (Bindl) – K.: Neid/Raith – SR: Hill (England) – Tore im Elfmeterschießen: Kuhlmann, Bindl, Fitschen, Isbert.

44 **Norwegen**, 2. 7., Osnabrück, 4:1 gewonnen (EM-Endspiel): Isbert – Kuhlmann – Nardenbach, Raith – Haberlaß (Bindl), Fitschen (Fehrmann (1)), Neid, Damm, Voss, Mohr (1), Lohn (2) – K.: Neid – SR: Silva Valente (Portugal).

45 **Ungarn**, 1. 10., Straubing, 0:0 unentschieden (EM-Qualifikation): Isbert – Kuhlmann – Nardenbach, Unsleber, Raith – Damm, Wiegmann, Neid – Gottschlich, Fitschen (Sonn), Lohn – K.: Neid – SR: Martino (Schweiz).

46 **Tschechoslowakei**, 22. 11., Marburg. 5:0 gewonnen (EM-Qualifikation): Isbert – Landers – Raith, Uebelhör, Nardenbach – Bindl (1) (Gottschlich), Neid (1), Unsleber (1), Sonn (Damm) – Mohr (2), Bartelmann – K.: Neid – SR: Steindl (Österreich).

1990: 10 Spiele: 9 Siege, 1 Niederlage

47 **Bulgarien**, 11. 4., Sofia, 4:1 gewonnen (EM-Qualifikation): Isbert – Uebelhör – Nardenbach, Raith, Unsleber (1), Fitschen, Bindl, Damm (1) – Lohn (1), Mohr (1), Bartelmann (Gottschlich) – K.: Raith – SR: Constantin (Rumänien).

48 **Tschechoslowakei**, 29. 4., Frydek-Mistek, 1:0 gewonnen (EM-Qualifikation): Isbert – Uebelhör – Nardenbach (1), Raith – Unsleber, Damm, Fitschen, Bindl (Kuhlmann) – Lohn, Mohr, Bartelmann (Gottschlich) – K.: Raith – SR: Pireaux (Belgien).

49 **England**, 5. 8., Minneapolis, 3:1 gewonnen (Nordamerika-Pokal): Goller – Uebelhör, Nardenbach (Kuhlmann), Unsleber – Raith, Damm (Heinrich), Fitschen (Wiegmann), Neid (Bindl) – Lohn (1), Mohr (2), Voss (Gottschlich) – K.: Neid/Raith – SR: Dominguez (USA).

50 **Sowjetunion**, 7. 8., Minneapolis, 3:0 gewonnen (Nordamerika-Pokal): N. Friedrich – Uebelhör (1), Kuhlmann, Unsleber – Raith, Damm (Wiegmann), Fitschen (Bindl), Neid (1) – Lohn (Heinrich), Mohr, Voss (Gottschlich) – Dazu ein Eigentor des Gegners – K.: Neid – SR: Kleinaitis (USA).

51 **USA II**, 9. 8., Minneapolis, 3:2 gewonnen (Nordamerika-Pokal): Goller (N. Friedrich) – Uebelhör, Kuhlmann, Unsleber – Raith (Heinrich), Wiegmann (Bindl), Fitschen (1), Neid (1) (Damm) – Lohn, Mohr (1), Voss (Gottschlich) – K.: Neid/Raith/Damm – SR: Kleinaitis (USA).

52 **USA I**, 11. 8., Minneapolis, 0:3 verloren (Nordamerika-Pokal): Goller – Uebelhör, Kuhlmann (Wiegmann), Nardenbach, Unsleber (Heinrich) – Raith, Fitschen (Damm), Neid – Lohn (Gottschlich), Mohr, Voss – K.: Neid – SR: Kleinaitis (USA).

53 **Bulgarien**, 26 .9., Rheine, 4:0 gewonnen (EM-Qualifikation): Isbert – Uebelhör – Unsleber (1), Raith (Fitschen) – Nardenbach, Wiegmann, Neid (2), Damm – Voss (Landwehr), Mohr (1), Lohn – K.: Neid – SR: Pireaux (Belgien).

54 **Ungarn**, 14. 10., Sopron, 4:0 gewonnen (EM-Qualifikation): Isbert – Uebelhör – Unsleber (1) (Damm), Nardenbach, Raith – Fitschen, Neid, Wiegmann (1) – Voss (1), Mohr (Hengst), Lohn (1) – K.: Neid – SR: Magni (Italien).

55 **England**, 25. 11., High Wycombe, 4:1 gewonnen (EM-Viertelfinale): Isbert – Fitschen – Unsleber, Nardenbach, Raith – Neid, Damm (Wiegmann), Bindl – Voss (Gottschlich), Mohr (3), Lohn (1) – K.: Neid – SR: Uilenberg (Niederlande).

56 **England**, 16. 12., Bochum, 2:0 gewonnen (EM-Viertelfinale): Isbert – Fitschen – Nardenbach, Raith – Uebelhör (Messner), Bindl, Neid, Unsleber (2) – Voss, Mohr, Lohn (Wiegmann) – K.: Neid – SR: Girard (Frankreich).

1991: 15 Spiele: 12 Siege, 3 Niederlagen

57 **Frankreich**, 28. 3., Paris-Antony, 2:0 gewonnen: Walther (Isbert) – Kuhlmann, Hümme (Nardenbach). Uebelhör (Fitschen), Raith, Neid (1), Fütterer, Damm (Unsleber) – Gottschlich (Voss), Landwehr (Wendt), Mohr (1) – K.: Neid – SR: Veniel (Frankreich).

58 **Polen**, 9.5., Aue, 2:1 gewonnen: Isbert (Walther) – Fitschen – Kuhlmann, Nardenbach (Wiegmann), Raith – Unsleber, Neid (1), Damm (Landwehr (1)) – Voss, Mohr, Weiß (Gottschlich) – K.: Neid – SR: Ziller (Deutschland).

59 **USA**, 30. 5., Kaiserslautern, 2:4 verloren: Isbert – Fitschen – Kuhlmann (Gottschlich), Nardenbach (Landers), Raith – Unsleber (König), Wiegmann (1), Neid, Damm (Landwehr) – Mohr, Voss (1) – K.: Neid – SR: Merk (Deutschland).

60 **China**, 30. 6., Lüdenscheid, 2:0 gewonnen: Isbert – Fitschen – Raith, Nardenbach (1), Kuhlmann – Unsleber, Neid (Bernhard), Bornschein (Damm) – Voss, Mohr (1) (Hengst), Landwehr (Gottschlich) – K.: Neid/Raith – SR: Assenmacher (Deutschland).

61 **Italien**, 11. 7., Frederikshavn, 3:0 gewonnen (EM-Halbfinale): Isbert – Fitschen – Nardenbach, Kuhlmann – Unsleber, Neid, Damm, Raith (1) (Hengst) – Voss (Gottschlich), Mohr (2), Wiegmann – K.: Neid – SR: Philippi (Luxemburg).

62 **Norwegen**, 14. 7., Aalborg, 3:1 n. V. gewonnen (EM-Endspiel): Isbert – Fitschen – Nardenbach, Kuhlmann – Unsleber (Gottschlich), Neid (1), Damm, Raith – Voss (Bornschein), Mohr (2), Wiegmann – K.: Neid – SR: McCluskey (Schottland).

63 **Schweiz**, 28. 8., Weil/Rhein, 3:1 gewonnen: Isbert (Alter) – Fitschen – Unsleber (Paul), Kuhlmann (Wiese) – Raith, Damm, Neid, Wiegmann – Mohr (2), Kubat (1) (Bindl), Hengst (Wendt) – K.: Neid – SR: Gertrud Regus (Hallstadt/Deutschland).

64 **Ungarn**, 25. 9., Mosonmagyarovar, 2:0 gewonnen: Isbert (Alter) – Fitschen – Paul, Nardenbach – Austermühl (Damm), Unsleber (Wendt (1)), Neid, Kuhlmann (Wiese), Wiegmann – Voss, Kubat (Mohr (1)) – K.: Neid – SR: Bay (Ungarn).

65 **Belgien**, 9. 10., Brüssel, 2:1 gewonnen: Walther (Isbert) – Nardenbach (Wiegmann) – Kuhlmann (Paul), Wiese, Stumpf – Unsleber (Austermühl), Neid, Damm – Meinert, Lasrich (1) (Voss), Wendt (Kubat (1)) – K.: Neid – SR: Pireaux (Belgien).

66 **Nigeria**, 17. 11., Jiangmen, 4:0 gewonnen (WM-Gruppenspiel): Isbert – Fitschen – Nardenbach, Unsleber (Kuhlmann), Austermühl – Damm, Neid (1) (Bindl), Wiegmann – Voss, Mohr (2), Gottschlich (1) – K.: Neid/Isbert– SR: Medina (El Salvador).

67 **Taiwan**, 19. 11., Zhongshan, 3:0 gewonnen (WM-Gruppenspiel): Isbert – Fitschen – Nardenbach (Kuhlmann), Paul – Bindl, Damm, Wiegmann (1), Austermühl (Wendt) – Voss, Mohr (2), Gottschlich – K.: Isbert – SR: Boucetta (Tunesien).

68 **Italien**, 21. 11., Zhongshan, 2:0 gewonnen (WM-Gruppenspiel): Isbert – Fitschen – Paul, Austermühl – Voss, Unsleber (1), Hengst (Kuhlmann), Wiegmann, Bindl – Mohr (1), Gottschlich (Wendt) – K.: Isbert – SR: McCluskey (Schottland).

69 **Dänemark**, 24. 11., Zhongshan, 2:1 n. V. gewonnen (WM-Viertelfinale): Isbert – Fitschen – Paul, Austermühl – Kuhlmann, Damm, Wiegmann (1), Bindl (Wendt) – Voss, Mohr (1), Gottschlich (Unsleber) – K.: Isbert – SR: Nikakis (Griechenland).

70 **USA**, 27. 11., Guangzhou, 2:5 verloren (WM-Halbfinale): Isbert – Fitschen – Kuhlmann, Nardenbach – Paul, Wiegmann (1), Bindl, Austermühl (Unsleber) – Voss, Mohr (1), Gottschlich (Wendt) – K.: Isbert – SR: Marcone (Chile).

71 **Schweden**, 29. 11., Guangzhou, 0:4 verloren (WM, Spiel um den 3. Platz): Isbert (Walther) – Fitschen – Unsleber, Nardenbach – Gottschlich, Damm, Wiegmann, Bindl (Kubat) – Voss, Mohr, Wendt – K.: Isbert/Voss – SR.: Guedes (Brasilien).

1992: 6 Spiele: 4 Siege, 2 Unentschieden

72 **Italien**, 18. 4., Rom, 1:1 unentschieden: Walther – Fitschen – Unsleber, Bernhard (Stumpf), Austermühl – Wiegmann, Meinert (Hengst), Berens (Roth) – Voss, Kubat (Gottschlich), Grigoli (1) – K.: Voss – SR: Schlup (Schweiz).

73 **Jugoslawien**, 28. 5., Sofia (wegen des Bürgerkriegs nach Bulgarien verlegt), 3:0 gewonnen (EM-Qualifikation): Walther – Fitschen – Bernhard, Austermühl – Unsleber (1), Voss, Minnert, Wiegmann, Hengst (1) – Grigoli (Kubat), Mohr (1) – K.: Voss – SR: Zygmont (Polen) – Rückspiel abgesagt.

74 **Frankreich**, 2. 9., Bad Kreuznach, 7:0 gewonnen: Walther (Goller) – Fitschen (1) – Kuhlmann (Bernhard), D. Pohlmann (Rastetter), Austermühl (Minnert) – Unsleber, Wiegmann, Neid (3) – Voss (1), Mohr (2), Grigoli (Meinert) – K.: Neid – SR: Birlin (Rheinfelden/Deutschland).

75 **Polen**, 5. 9., Jaworzno, 4:0 gewonnen: Walther – Fitschen – Kuhlmann (Bernhard), Minnert (D. Pohlmann) – Messner (Rastetter) – Voss, Neid, Unsleber, Wiegmann (2) – Mohr (2), Grigoli (Bornschein) – K.: Neid – SR: Grzesiczek (Polen).

76 **Russland**, 11. 10., Moskau, 7:0 gewonnen (EM-Viertelfinale): Walther – Fitschen – Bernhard, D. Pohlmann (Bornschein) – Unsleber (2), Voss (2), Neid (1), Messner, Wiegmann – Mohr (1), Grigoli (1) (Meinert) – K.: Neid – SR: Roduit (Schweiz).

77 **Russland**, 14. 11., Rheine, 0:0 unentschieden (EM-Viertelfinale): Goller – Fitschen – Schlamann (Austermühl), Nardenbach – Meinert, Voss, Unsleber, Neid, Wiegmann – Mohr, Bornschein (Kubat) – K.: Neid – SR: McDonald (Nordirland).

1993: 13 Spiele: 8 Siege, 5 Niederlagen

78 **Schweden**, 11.3., Ayia Napa, 1:3 verloren (Zypern-Cup): Goller – Bernhard (Minnert), Austermühl, Nardenbach, Fitschen – D. Pohlmann (1) (Rastetter), Voss, Weimar (Gottschlich), Neid – Mohr, Kubat (Bornschein) – K.: Neid – SR: Michanikos (Zypern).

79 **Frankreich**, 12.3., Ayia Napa, 3:0 gewonnen (Zypern-Cup): Goller – Bernhard (Minnert), Austermühl, Nardenbach, Fitschen (1) – D. Pohlmann (Weiss, Weimar), Voss, Gottschlich, Neid (Kubat) – Mohr (2), Bornschein (Rastetter) – K.: Neid/Voss – SR: Georgiou (Zypern).

80 **USA**, 14.3., Ayia Napa, 1:0 gewonnen (Zypern-Cup): Goller – Bernhard Austermühl, Nardenbach, Fitschen – D. Pohlmann, Voss (Minnert), Gottschlich (Kubat), Neid – Mohr (1), Bornschein (Rastetter) – K.: Neid – SR: Yiallouros (Zypern).

81 **USA**, 7. 4., Philadelphia, 2:1 gewonnen: Goller (Rottenberg) – Fitschen – Bernhard, Nardenbach, Austermühl (Minnert) – D. Pohlmann, Neid (1), Wiegmann (Unsleber) – Gottschlich (1), – Mohr, Bornschein (Meinert) – K.: Neid – SR: D'Aguila (USA).

82 **USA**, 10. 4., Atlanta, 0:3 verloren: Rottenberg – Fitschen – Bernhard, Nardenbach (Minnert), Austermühl – D. Pohlmann (Bornschein), Wiegmann, Neid (Unsleber) – Gottschlich, Mohr, Meinert (Weimar) – K.: Neid/Mohr – SR: Dias (USA).

83 **Schweiz**, 5. 5., Wädenswil, 1:0 gewonnen: Goller (Rottenberg) – Fitschen – Austermühl (Erhardt), Bernhard, Minnert (Hennen) – Unsleber (Rastetter), Gottschlich (Kubat), D. Pohlmann (1), Wiegmann – Weimar, Mohr – K.: Fitschen – SR: Schluchter (Schweiz).

84 **Italien**, 30. 6., Rimini, 1:1 unentschieden/3:4 im Elfmeterschießen (EM-Halbfinale): Goller – Fitschen – Bernhard, Nardenbach, Austermühl – Neid, Wiegmann, D. Pohlmann – Meinert (Gottschlich), Mohr (1), Bornschein (Unsleber) – K.: Neid – SR: Frisk (Schweden).

85 **Dänemark**, 3. 7., Cesenatico, 1:3 verloren (EM, Spiel um den 3. Platz): Rottenberg – Fitschen – Bernhard, Nardenbach, Austermühl – Wiegmann, D. Pohlmann (Unsleber), Neid – Meinert (1), Mohr, Bornschein (Jones-Field) – K.: Neid – SR.: Jol (Niederlande).

86 **Schweden**, 22. 9., Boras, 2:3 verloren: Walther (Goller) – Fitschen – Austermühl (Gottschlich), Minnert (Bernhard) – Hennen, D. Pohlmann (Jones), Wiegmann, Neid – Mohr (1), Grigoli (1), Weimar (Bornschein) – K.: Neid – SR: Monica Harswik (Norwegen).

87 **Norwegen**, 25.9., Rade, 3:1 gewonnen: Goller – Fitschen – Minnert, Austermühl – Hennen, Lasrich (2) (Bernhard), Jones (Grigoli), Wiegmann, Neid – Mohr (1) (D. Pohlmann), Bornschein (Gottschlich) – K.: Neid – SR: Eva Ödlund (Schweden).

88 **Schweiz**, 24. 10., Muri, 5:0 gewonnen (EM-Qualifikation): Goller – Fitschen – Minnert, Austermühl – Hennen, Wiegmann, Neid, Jones (Meinert) – Bornschein, Grigoli (3) (Lasrich), Mohr (2) – K.: Neid – SR: Luinge (Niederlande).

89 **Russland**, 7. 12., Tarragona, 1:0 gewonnen (Turnier): Goller – Fitschen – Minnert, Austermühl (König) – Hennen (Wunderlich), Meinert (Jones), Neid, Wiegmann, Bornschein (D. Pohlmann) – Grigoli (1), Mohr – K.: Neid – SR: J. Munoz (Spanien).

90 **Polen**, 8. 12., Tarragona, 7:0 gewonnen (Turnier): Walther – Fitschen – Minnert (Bernhard), Austermühl – Hennen, Wiegmann, Bornschein, Neid (3), Wunderlich (Jones) – Meinert (2) (König), Grigoli (Mohr (2)) – K.: Neid – SR: Crespo (Spanien).

1994: 13 Spiele, 11 Siege, 2 Niederlagen

91 **Wales**, 31. 3., Bielefeld, 12:0 gewonnen (EM-Qualifikation): Goller – Fitschen – Bernhard, Nardenbach – Jones (1) (D. Pohlmann), Wiegmann (3), Neid (2), Voss (2), Bornschein (Grigoli) – Mohr (1), Meinert (3) – K.: Neid – SR: Timofejew (Estland).

92 **Wales**, 5. 5., Swansea, 12:0 gewonnen (EM-Qualifikation): Walther – Fitschen – Bernhard, Nardenbach (Hennen) – D. Pohlmann (Austermühl (1)), Neid (1), Wiegmann (1), Minnert (2) – Voss (1), Grigoli (4), Meinert (2) – K.: Neid – SR: Schelings (Belgien).

93 **Kroatien**, 2. 6., Zagreb, 7:0 gewonnen (EM-Qualifikation): Walther – Fitschen – Bernhard, Nardenbach – Austermühl, Hennen (Minnert), Neid (1), Voss – Grigoli (3), Mohr (2) (Boll), Meinert (1) – K.: Neid – SR: Tivold (Slowenien).

94 **Kanada**, 27. 7., Montreal, 2:1 gewonnen: Goller – Fitschen – Bernhard, Hennen (Grigoli) – Nardenbach, Boll (Austermühl), Neid, Bornschein (D. Pohlmann) – Voss, Meinert (1), Mohr (Prinz (1)) – K.: Neid – SR: Bucci (Kanada).

95 **USA**, 31. 7., Fairfax, 1:2 verloren (Chiquita-Cup): Goller – Fitschen – Bernhard, Nardenbach (Cl. Klein) – Austermühl, Neid (1), Bornschein (Boll) – Voss, Meinert, Grigoli (D. Pohlmann), Mohr (Prinz) – K.: Neid – SR: Denoncourt (Kanada).

96 **Norwegen**, 2. 8., Oakford, 6:3 gewonnen (Chiquita-Cup): Goller – Fitschen – Bernhard, Nardenbach (Cl. Klein) – Austermühl, Neid (Michel), Bornschein (D. Pohlmann), Boll (Mohr (1)) – Voss (1), Meinert (1), Grigoli (2) (Prinz (1)) – K.: Neid/Fitschen – SR: Sheker (USA).

97 **China**, 6. 8., New Britain, 2:3 verloren (Chiquita-Cup): Goller (Walther) – Fitschen – Bernhard, Nardenbach – Austermühl, Neid (Cl. Klein), Bornschein (D. Pohlmann), Boll (Mohr (2)) – Voss, Meinert, Grigoli (Prinz) – K.: Neid/Fitschen – SR.: Reed (USA).

98 **Schweden**, 7. 9., Wolfenbüttel, 3:1 gewonnen: Goller – Fitschen – Austermühl, Bernhard – Bornschein (D. Pohlmann), Wiegmann, Neid (1) (Wunderlich P.), Voss – Grigoli-Brocker (1) (Prinz), Mohr (1), Meinert – K.: Neid/Fitschen – SR: Frai (Deutschland).

99 **Kroatien**, 21. 9., Sindelfingen, 8:0 gewonnen (EM-Qualifikation): Walther – Fitschen – Austermühl, Bernhard – Bornschein (Prinz (2)), Voss (1), Neid (1), Wiegmann – Meinert (1), Mohr (Pia Wunderlich), Grigoli-Brocker (3) – K.: Neid – SR: Meese (Belgien).

100 **Schweiz**, 25. 9., Weingarten, 11:0 gewonnen (EM-Qualifikation): Goller – Fitschen – Austermühl, C. Klein – Bornschein (Tina Wunderlich). Voss (1) (Lübbers (1)), Neid (1), Wiegmann (1), Meinert (2), Mohr (2). Grigoli-Brocker (3) – K.: Neid – SR: Young (Schottland).

101 **Russland**, 9. 10., Moskau, 1:0 gewonnen (EM-Viertelfinale): Goller – Fitschen – Austermühl, Bernhard – Bornschein (Pia Wunderlich), Wiegmann, Neid, Voss – Meinert (Prinz), Mohr (1), Grigoli-Brocker – K.: Neid – SR: Anquelov (Bulgarien).

102 **Russland**, 27. 10., Osbrück, 4:0 gewonnen (EM-Viertelfinale): Goller (Walther) – Fitschen – Austermühl, Minnert – Neid (1), Wiegmann, Pia Wunderlich (Bornschein), Voss – Meinert, Mohr (2) (Prinz), Grigoli-Brocker (1) – K.: Neid – SR: Gheorghe (Rumänien).

103 **England**, 11. 12., Watford, 4:1 gewonnen (EM-Halbfinale): Goller – Fitschen – Austermühl, Bernhard – Minnert (Pia Wunderlich), Neid, Voss, Wiegmann (1), Grigoli-Brocker (1) (Prinz), Mohr (2), Meinert – K.: Neid – SR: Piller (Ungarn).

1995: 13 Spiele: 11 Siege, 2 Niederlagen

104 **England**, 23. 2., Bochum, 2:1 gewonnen (EM-Halbfinale): Goller – Nardenbach – Austermühl, Bernhard – D. Pohlmann (Lohn), Voss, Wiegmann, Neid – Meinert, Mohr, Grigoli-Brocker (Prinz (1)), dazu ein Eigentor Waller – K.: Neid – SR: Guerguinov (Bulgarien).

105 **Schweden**, 26. 3., Kaiserslautern, 3:2 gewonnen (EM-Endspiel): Goller – Lohn – Bernhard, Austermühl – Wiegmann (1), Meinert (1), Neid, Voss (P. Wunderlich), D. Pohlmann – Mohr, Grigoli-Brocker (Prinz (1)) – K.: Neid – SR: Koho (Finnland).

106 **Polen**, 13. 4., Potsdam, 8:0 gewonnen: Goller (Francke) – Lohn (Minnert) – Bernhard, Austermühl (T. Wunderlich) – Mohr (2), Neid (1) (Stegemann), Wiegmann (1), D. Pohlmann – Prinz, Meinert (2), G.-Brocker (1) (Smisek (1)) – K.: Neid/Mohr – SR: Christine Frai (Bremen).

107 **Schweiz**, 23. 5., Therwyl, 8:0 gewonnen: Goller (Francke) – Hoffmann (Lohn (1)) – Austermühl (Tina Wunderlich), Bernhard – Neid (1), Voss, Wiegmann (1), D. Pohlmann (1) – Mohr (2), (Prinz (1)), Meinert (Boll), G.-Brocker (1) (Smisek) – K.: Neid/Mohr – SR: Schluchter (Schweiz).

108 **China**, 25. 5., Rotenburg/Wümme, 3:1 gewonnen: Goller (Kraus) – Lohn – Austermühl, Bernhard – Neid (1) Voss, (Minnert), Wiegmann (Prinz), D. Pohlmann (1) – Mohr, Meinert, G.-Brocker (1) – K.: Neid – SR: Regine Nelksma-Koninik (Niederlande).

109 **Japan**, 5. 6., Karlstad, 1:0 gewonnen (WM-Gruppenspiel): Goller – Lohn – Austermühl, Bernhard – Voss (Prinz), Wiegmann, Neid (1), Meinert, D. Pohlmann – Mohr , G. Brocker (Hoffmann) – K.: Neid – SR: Mathabela (Südafrika).

110 **Schweden**, 7. 6., Helsingborg, 2:3 verloren (WM-Gruppenspiel): Goller – Lohn (1) – Austermühl, Bernhard – Voss (Minnert), Wiegmann (1), Neid, Meinert, D. Pohlmann – Mohr, G.-Brocker (Prinz) – K.: Neid – SR: Linda Black (Neuseeland).

111 **Brasilien**, 9. 6., Karlstad, 6:1 gewonnen (WM-Gruppenspiel): Goller – Lohn – Austermühl (Tina Wunderlich), Bernhard (1) – Mohr (2), Voss, Wiegmann (1) (Pia Wunderlich), Neid, D. Pohlmann – Prinz (1), Meinert (1) (G.-Brocker) – K.: Neid – SR: Hamer (Luxemburg).

112 **England**, 13. 6., Västeras, 3:0 gewonnen (WM-Viertelfinale): Goller – Lohn – Bernhard, Minnert – Voss (1), Wiegmann, Neid, D. Pohlmann – Mohr (1), Meinert (1) (Pia Wunderlich), Prinz (G.-Brocker) – K.: Neid – SR: Bente Skogvang (Norwegen).

113 **China**, 15. 6., Helsingborg. 1:0 gewonnen (WM-Halbfinale): Goller – Lohn – Austermühl, Bernhard – Meinert, Voss, Wiegmann (1), Neid, D. Pohlmann – Mohr, Prinz (Pia Wunderlich) – K.: Neid – SR: Mathabela (Südafrika).

114 **Norwegen**, 18. 6., Stockholm, 0:2 verloren (WM-Endspiel): Goller – Lohn – Austermühl, Bernhard – Mohr, Wiegmann, Neid, Voss, D. Pohlmann (Pia Wunderlich) – Meinert (Smisek), Prinz (G. Brocker) – K.: Neid – SR: Ingrid Jonsson (Schweden).

115 **Finnland**, 20. 9., Tampere, 3:0 gewonnen (EM-Qualifikation): Goller – Fitschen – Austermühl, Bernhard – Mandrysch (Pia Wunderlich), Wiegmann (2), Neid, D. Pohlmann, Voss (Prinz) – Grigoli-Brocker (Smisek), Mohr (1) – K.: Neid – SR: Ingrid Jonsson (Schweden).

116 **Slowakei**, 25. 10., Bratislava, 3:0 gewonnen (EM-Qualifikation): Kraus – Fitschen (Mandrysch) – Austermühl, Bernhard – Wiegmann. Nardenbach. Neid (1), Mohr (1), Voss (Lingor) – Grigoli-Brocker (Smisek), Prinz (1) – K.: Neid – SR: Kiss (Ungarn).

1996: 15 Spiele: 8 Siege, 3 Unentschieden, 4 Niederlagen

117 **USA**, 14. 3., Decatur, 0:6 verloren: Goller – Fitschen – Bernhard, Austermühl – Nardenbach, Neid, Meinert, Voss (Pia Wunderlich), Wiegmann – Mohr (Lübbers), Stegemann (Grigoli-Brocker) – K.: Neid – SR: Zimmermann (USA).

118 **USA**, 16. 3., Davidson, 0:2 verloren: Kraus – Fitschen – Bernhard, Austermühl – Minnert (Grigoli-Brocker), Nardenbach, Meinert (Lübbers), Neid (Pia Wunderlich), Wiegmann (Lingor) – Mohr, Stegemann (Voss) – K.: Neid/Mohr – SR: Dominques (USA).

119 **Slowakei**, 11. 4., Unterhaching, 2:0 gewonnen: (EM-Qualifikation): Goller – Fitschen (1) – Austermühl (Lingor), Minnert – Stegemann, Nardenbach, Voss, Wiegmann (1), Bornschein (Smisek) – Mohr (Lübbers). Grigoli-Brocker – K.: Voss – SR: Nicole Mouidi-Petignat (Schweiz).

120 **Norwegen**, 2. 5., Jena, 1:3 verloren (EM-Qualifikation): Goller (Kraus) – Pia Wunderlich – Minnert, Austermühl, Nardenbach – Stegemann, Wiegmann, Lingor (Gottschlich), Voss – Mohr, Grigoli-Brocker (1) (Smisek) – K.: Voss – SR: Hamer (Luxemburg).

121 **Finnland**, 5. 5., Gifhorn, 6:0 gewonnen (EM-Qualifikation): Kraus – Nardenbach – Austermühl (1), Minnert (1), Stegemann, Voss, Pia Wunderlich (1) (D. Pohlmann), Wiegmann – Grigoli-Brocker (Grings), Mohr (2), Smisek (1) (Bornschein) – K.: Voss – SR: Calamosca (Italien).

122 **Norwegen**, 6. 6., Trondheim, 0:0 unentschieden (EM-Qualifikation): Goller – Nardenbach – Austermühl, Minnert – Stegemann (Tina Wunderlich), Neid, Wiegmann, Voss, Pia Wunderlich – Mohr (Lübbers), Grigoli-Brocker (Prinz) – K.: Neid – SR.: van Dijk (Niederlande).

123 **Island**, 28. 6., Mannheim, 8:0 gewonnen: Goller – Fitschen – Nardenbach (1), Austermühl (Minnert) – Stegemann (Grigoli-Brocker (1)), D. Pohlmann (Prinz), Voss (1), Wiegmann, Neid – Mohr (3), Lübbers (1) (Bornschein (1)) – K.: Neid – SR: Francoise Waz (Deutschland).

124 **Island**, 30. 6., Pfogheim, 3:0 gewonnen: Kraus – Fitschen – Tina Wunderlich, Bornschein – Pia Wunderlich (1), Voss (Stegemann), Lingor, Neid (D. Pohlmann) – Smisek (Wiegmann (1)), Prinz (Mohr (1)), Chaladyniak (G.-Brocker) – K.: Neid/Voss/Fitschen – SR: Sandra Schopper (Pforzheim).

125 **Japan**, 21. 7., Birmingham/USA, 3:2 gewonnen (Olympia-Gruppenspiel): Goller – Fitschen – Austermühl, Minnert – Nardenbach, Voss, Neid, Pia Wunderlich (Stegemann), Wiegmann (1) – Mohr (1), Grigoli-Brocker (Prinz) – K.: Neid – SR: Sonia Denoncourt (Kanada). – Dazu ein Eigentor von Tomei.

126 **Norwegen**, 23. 7., Washington, 2:3 verloren (Olympia-Gruppenspiel): Goller – Fitschen – Austermühl, Minnert – Nardenbach, Voss, Neid (Lingor), P. Wunderlich (Stegemann), Wiegmann (1) – Mohr, Grigoli-Brocker (Prinz (1)) – K.: Neid/Voss – SR: Lennie (Australien).

127 **Brasilien**, 25. 7., Birmingham/USA, 1:1 unentschieden (Olympia-Gruppenspiel): Goller – Fitschen – Nardenbach (Stegemann), Austermühl – Minnert, Wiegmann, Neid (D. Pohlmann), Pia Wunderlich (1), Voss – Mohr, Grigoli-Brocker (Prinz) – K.: Neid/Voss – SR: Sonia Denoncourt (Kanada).

128 **Niederlande**, 27. 8., Lichtenvoorde, 3:0 (2:0) gewonnen: Angerer (Gröpper) – Fitschen (Lübbers) – Minnert (Ferber), Stegemann (Scheib), P. Wunderlich (Fuss) – Voss (Hingst), Wiegmann (T. Wunderlich), Lingor (Jones) – Bornschein (1) (Müller (1)), Mohr (1) (Smisek), Prinz (Grings) – K.: Voss/Jones – SR: Warentorp (Niederlande).

129 **Island**, 18. 9., Reykjavik, 3:0 (1:0) gewonnen (EM-Relegationsspiel): Angerer – Fitschen – Minnert, Hingst – Voss (2), Stegemann (Lübbers), Lingor (Jones (1)), Wiegmann – Mohr (Grings), Prinz, Bornschein – K.: Voss – SR: Vibeke Gabrielsen (Norwegen).

130 **Island**, 29. 9., Koblenz, 4:0 (1:0) gewonnen (EM-Relegationsspiel): Angerer – Jones – Minnert, Hingst (2) – Stegemann (1), Voss (Smisek), Wiegmann, Lingor – Prinz (Müller), Mohr (1) (Grings), Bornschein – K.: Voss/Wiegmann – SR: Florence Dorigny (Frankreich).

131 **Italien**, 11. 12., Benevento, 0:0 unentschieden: Angerer – Fitschen – Hingst, Minnert – Lingor (T. Wunderlich), Stegemann, Voss (Jones), P. Wunderlich, Bornschein (Bernhard) – Müller (Grings), Prinz – K.: Voss/Fitschen – SR: Morello (Italien).

1997: 16 Spiele: 8 Siege, 5 Unentschieden, 3 Niederlagen

132 **England**, 27.2., Preston, 6:4 (4:3) gewonnen: Angerer (Rottenberg) – Stegemann (Fuss), Fitschen, Jones, Bernhard – Hingst, Wiegmann, P. Wunderlich (2) (Bornschein) – Voss (Lingor) – Meinert, Müller (3) (1 Eigentor) – K.: Voss/Fitschen – SR: Lodge (England).

133 **China**, 20. 3., Euskirchen, 2:2 (2:0) unentschieden: Angerer – Fitschen (1) – Stegemann, Jones, Bernhard – Hingst (Fuss), Meinert (1), Wiegmann, P. Wunderlich – Müller (Bornschein), Smisek (Prinz) – K.: Fitschen – SR: Elke Fielenbach (Much/Deutschland).

134 **China**, 23. 3., Warendorf, 1:1 (1:0) unentschieden: Kraus – Stegemann (Boll), Fitschen, Jones, Bernhard – Hingst (Fuss), Voss (Smisek), Wiegmann (1), P. Wunderlich – Meinert, Müller (Prinz) – K.: Voss/Fitschen – SR: Silke Janssen (Emden/Deutschland).

135 **Spanien**, 24.4., Lübeck, 6:0 (2:0) gewonnen: Rottenberg (von Lanken) – Fitschen (1) – Stegemann, Jones (Hoffmann), Minnert – Voss, Wiegmann, Meinert, P. Wunderlich (Hingst) – Müller (1) (Prinz (2)), Smisek (2) – K.: Voss – SR: Jutta Wegerich (Braunschweig/Deutschland).

136 **Dänemark**, 27. 5., Kopenhagen, 2:2 (1:1) unentschieden: Angerer – Stegemann, Klein, Jones, Künzer – Meyer, Voss (1) (Smisek), Fuss (Wiegmann), Hingst (P. Wunderlich) – Prinz (Meinert (1)), Grings (Schäfer) – K.: Voss/Wiegmann – SR: Lotte Waede (Dänemark).

137 **Norwegen**, 28. 5., Kopenhagen, 0:3 (0:1) verloren: Rottenberg – Jones – Stegemann, Becher, Hoffmann – Smisek (Künzer), Müller (Meyer), Wiegmann, Meinert, P. Wunderlich – Prinz (Schäfer) – K.: Wiegmann – SR: Gitte Lyngö-Nielsen (Dänemark).

138 **Italien**, 30. 6., Moss, 1:1 (0:0) unentschieden (EM-Endrunde): Rottenberg – Jones – Minnert, Stegemann – Fitschen – Voss (Müller), Wiegmann, Meinert (1), P. Wunderlich – Smisek, Prinz – K.: Voss/Fitschen – SR: Katrina Elovirta (Finnland).

139 **Norwegen**, 3. 7., Moss, 0:0 unentschieden (EM-Endrunde): Rottenberg – Jones – Stegemann, Minnert, Fitschen – Voss (Meyer), Meinert, Wiegmann, P. Wunderlich – Prinz, Smisek (Becher) – K.: Voss/Fitschen – SR: Nicole Mouidi-Petignat (Schweiz).

140 **Dänemark**, 6. 7., Moss, 2:0 (0:0) gewonnen (EM-Endrunde): Rottenberg – Jones – Stegemann, Fitschen, Becher – Hoffmann (Meyer (1)), Fuss, P. Wunderlich, Wiegmann – Prinz (1), Smisek (Hingst) – K.: Fitschen – SR: Katrina Elovirta (Finnland).

141 **Schweden**, 9. 7., Karlstad, 1:0 (0:0) gewonnen (EM-Halbfinale): Rottenberg – Jones – Stegemann, Minnert – P. Wunderlich, Meinert (Hingst), Fitschen, Wiegmann (1), Becher – Prinz, Smisek (Meyer) – K.: Fitschen – SR: Nicole Moudi-Petignat (Schweiz).

142 **Italien**, 12. 7., Oslo, 2:0 (1:0) gewonnen (Europameisterschafts-Endspiel): Rottenberg – Jones – Stegemann, Fitschen, Minnert (1) – Hingst, Meinert (Klein), Wiegmann, P. Wunderlich – Prinz (1) (Smisek), Meyer (Müller) – K.: Fitschen – SR: Gitte Lyngö-Nielsen (Dänemark).

143 **England**, 25. 9., Dessau, 3:0 gewonnen (WM-Qualifikation): Rottenberg – Jones – Stegemann, Minnert – Hingst (Smisek (1)), Fitschen, Hoffmann, Wiegmann, Pia Wunderlich – Meyer (1) (Fuss), Prinz (1) – K.: Fitschen – SR: Bente Skogvang (Norwegen).

144 **USA**, 9. 10., Duisburg, 3:1 gewonnen: Rottenberg (von Lanken) – Jones – T. Wunderlich (Fuss), Minnert – Stegemann, Voss, (Prinz (1)), Fitschen, Hoffmann, P. Wunderlich (1) – Smisek (1) (C. Schäfer), Meyer (Nicole Müller) – K.: Voss/Fitschen – SR: Susann Lampe (Rheinsberg).

145 **USA**, 12. 10., Salzgitter, 0:3 verloren: Rottenberg – Jones – Stegemann, Minnert (Tina Wunderlich) – Fuss (Voss), Wiegmann, Fitschen, Hoffmann (St. Gottschlich), Pia Wunderlich (Meyer) – Cl. Müller (Smisek), Prinz – K.: Fitschen – SR: Meyer (Braunschweig).

146 **Norwegen**, 6. 11., Bayreuth, 1:0 gewonnen (WM-Qualifikation): Rottenberg – Jones – T. Wunderlich, Stegemann (Hingst, Cl. Müller) – Wiegmann, Fitschen, Hoffmann, P. Wunderlich (1) – Prinz, Meyer (St. Gottschlich), Smisek – K.: Fitschen – SR: Juri Saar (Estland).

147 **Niederlande**, 13. 12., Almelo, 0:1 verloren (WM-Qualifikation): Rottenberg – Jones – Stegemann, Fitschen, T. Wunderlich – Hingst (St. Gottschlich), Hoffmann, Wiegmann, P. Wunderlich – Meyer (Cl. Müller), Prinz – K.: Fitschen – SR: Gitte Lyngö-Nielsen (Dänemark).

1998: 10 Spiele: 6 Siege, 2 Unentschieden, 2 Niederlagen

148 **Italien**, 5. 2., Catania, 1:0 gewonnen: Rottenberg – Jones – Stegemann (T. Wunderlich), Minnert – Fitschen, Hoffmann, Hingst (Fuss, Brandebusemeyer), St. Gottschlich (Lingor), Cl. Müller (1), Voss (Schmale) – Meyer (Baudzus) – K.: Voss/Fitschen – SR: Calamosca (Italien).

149 **England**, 8. 3., London, 1:0 gewonnen (WM-Qualifikation): von Lanken – Minnert, Jones, Stegemann – St. Gottschlich (Lingor), Hoffmann, Fitschen, Voss, Hingst (Grings) – Smisek (1) (Meyer), Prinz – K.: Voss – SR: Eva Otlund (Schweden).

150 **Niederlande**, 2. 4., Rheine, 2:1 gewonnen (WM-Qualifikation): Rottenberg – Jones, Stegemann, Minnert – Voss (1), Hingst (Meyer), Fitschen, Hoffmann, Pia Wunderlich (St.

Gottschlich) – Prinz, Smisek (Grings) – Dazu ein Eigentor von Koning – K.: Voss – SR: Znajdinsky (Weißrussland).

151 **Neuseeland**, 26. 5., Spremberg, 4:1 gewonnen: Rottenberg (Wasems) – Stegemann, Fitschen, Brandebusemeyer, Becher (Hoffmann) – Fuss (Wiegmann), Hingst (Jones), Smisek (1) (Grings), Lingor (Voss (1)) – Cl. Müller (2), Meyer – K.: Fitschen – SR: Peter Müller (Dresden).

152 **Neuseeland**, 28. 5., Dresden, 8:0 gewonnen: Rottenberg – Stegemann, Jones, Fitschen (1), St. Gottschlich (Brandebusemeyer) – Hoffmann, Voss (Lingor), Wiegmann (Meyer (1)), Pia Wunderlich (2) – Grings (3), Vreden (1) – K.: Fitschen – SR.: Christian Schößling (Leipzig)

153 **Norwegen**, 17. 6., Ulefoss, 2:3 verloren (WM-Qualifikation): Rottenberg – Jones – Stegemann, St. Gottschlich – Meyer (Smisek), Meinert, Fitschen, Hoffmann, Pia Wunderlich (1) – Prinz (1), Grings (Vreden) – K.: Fitschen – SR: Bragi Bergmann (Island).

154 **USA**, 25. 6., St. Louis, 1:1 unentschieden: Rottenberg (Angerer) – Jones – Stegemann, Fuss, Fitschen – Meyer (Brandebusemeyer), Hoffmann (1) (Becher), Smisek, Lingor (Hingst) – Vreden (Cl. Müller), Grings – K.: Fitschen – SR: Nancy Lay (USA).

155 **USA**, 28. 6., Chicago, 2:4 verloren: Rottenberg – Jones – Stegemann, Fitschen, Fuss (Becher, Hingst (1)) – Meyer (Brandebusemeyer), Hoffmann, Voss, Smisek (Lingor) – Vreden, Grings (1) (Cl. Müller) – K.: Voss – SR: Seitz-Varnhagen (USA).

156 **Ukraine**, 17. 9., Fulda, 5:0 gewonnen (WM-Qualifikation): Rottenberg – Jones – Fitschen, Minnert – Voss (Meyer), Hoffmann (1), Meinert (Tina Wunderlich), Lingor, Smisek (1), Cl. Müller (1) (Prinz (2)), Grings – K.: Voss/Fitschen – SR: Schaack (Luxemburg).

157 **Ukraine**, 11. 10., Kiew, 1:1 unentschieden (WM-Qualifikation): Rottenberg – Jones – Fitschen, Minnert – Smisek, Hoffmann (Wiegmann), Voss, Lingor, Cl. Müller (Tina Wunderlich) – Prinz (1), Grings (Meyer) – K.: Voss – SR: Kandare (Slowenien).

1999: 15 Spiele: 10 Siege, 3 Unentschieden, 2 Niederlagen

158 **Türkei**, 14. 2., Istanbul, 12:1 gewonnen: Angerer – Fitschen – Tina Wunderlich, Jones, Minnert (1) – Hoffmann (Hingst, Fuss), Voss, Cl. Müller (2) (Meyer (1)) – Prinz (1) (Vreden), Pia Wunderlich (3), Meinert (1) (Lingor (1)) – (Dazu 2 Eigentore von Cakir) – K.: Voss – SR: Lale Orta (Türkei).

159 **China**, 25. 3., Holzwickede, 0:3 verloren: Angerer – Tina Wunderlich (Brandebusemeyer), Jones, Fitschen, St. Gottschlich – Hingst (Voss), Hoffmann (Wiegmann), Lingor, Pia Wunderlich (Meinert) – Grings (Meyer), Prinz. – K.: Fitschen. – SR.: Sandra Südholter (Emden).

160 **China**, 28.3, Hamburg, 4:1 gewonnen: Rottenberg – Stegemann (Fuss), Jones, Fitschen, Minnert (1) – Voss, Meinert (1) (Lingor), Wiegmann, Smisek (Schmale) – Cl. Müller (1) (Vreden), Prinz (1) – K.: Voss. – SR: Antje Witteweg (Herzberg).

161 **Dänemark**, 22. 4., Saarbrücken, 3:1 gewonnen: Rottenberg – Stegemann, Jones (St. Gottschlich), Fitschen, T. Wunderlich (Hoffmann) – Voss, Wiegmann (1), Meinert (P. Wunderlich), Smisek (75. Lingor (1)) – Grings (1), Prinz (Cl. Müller) – K.: Voss – SR: Elke Fielenbach (Much).

162 **Schweiz**, 26. 5., Weil/Rhein, 2:0 gewonnen: Angerer – Hingst (St. Gottschlich), Jones, Fitschen, T. Wunderlich (Brandebusemeyer) – Smisek (P. Wunderlich), Lingor (Fuss), Wiegmann, Voss (1) – Meyer (1), Meinert (Grings) – K.: Voss – SR: Brombacher (Kandern).

163 **Frankreich**, 30. 5., Weil/Rhein, 4:1 gewonnen: Rottenberg – Jones – Stegemann, Fitschen, Hingst – Meinert (Lingor), Voss (1) (Hoffmann), Wiegmann (Smisek), P. Wunderlich – Cl. Müller (Prinz), Grings (2) – (Dazu 1 Eigentor von Guilbert) – K.: Voss/Fitschen – SR: Elke Günthner (Bamberg).

164 **Niederlande**, 3. 6., Rheinbach, 2:0 gewonnen: Rottenberg – Jones – Stegemann, Fitschen, Hingst (Smisek) – Voss, Wiegmann, Meinert, P. Wunderlich (1) (Minnert) – Prinz (Cl. Müller), Grings (1) – K.: Voss – SR: Elke Fielenbach (Much).

165 **Italien**, 20. 6., Los Angeles, 1:1 unentschieden (WM-Gruppenspiel): Rottenberg – Jones – Stegemann, Fitschen, Hingst – Wiegmann (1), Smisek (Lingor), Meinert (Meyer), Pia Wunderlich – Prinz, Grings – K.: Fitschen – SR: Elizabeth Abidoye (Nigeria).

166 **Mexiko**, 24. 6., Portland, 6:0 gewonnen (WM-Gruppenspiel): Rottenberg – Jones – Minnert, Fitschen, Hingst (1) – Smisek (1), Wiegmann (Hoffmann), Meinert (Lingor (1)), Pia Wunderlich – Prinz (Cl. Müller), Grings (3) – K.: Fitschen – SR: Im (Südkorea).

167 **Brasilien**, 27. 6., Washington, 3:3 unentschieden (WM-Gruppenspiel): Rottenberg – Jones (1) – Hingst, Fitschen, Minnert – Voss (Smisek), Wiegmann (1), Meinert, Pia Wunderlich (Tina Wunderlich) – Prinz (1), Grings (Meyer) – K.: Voss/Fitschen – SR: Im (Südkorea).

168 **USA**, 1. 7., Washington, 2:3 verloren (WM-Viertelfinale): Rottenberg – Fitschen – Hingst, Jones, Minnert – Smisek (Lingor), Wiegmann (1), Meinert, Pia Wunderlich (Meyer) – Prinz, Grings (Hoffmann) – (Dazu 1 Eigentor von Chastain) – K.: Fitschen – SR: Toro Pardo (Kolumbien).

169 **Russland,** 2. 9., Plauen, 3:1 gewonnen: Rottenberg – Stegemann, Fitschen, Jones, Minnert (61. Gottschlich) – Voss (Hoffmann), Meinert, Smisek (1) (P. Wunderlich), Wiegmann (1) (Wörle) – Grings (1), C. Müller (Lingor) – K.: Voss/Fitschen – SR: Günthner (Bamberg).

170 **Ukraine,** 23. 9., Fürth, 3:0 gewonnen (EM-Qualifikation): Rottenberg – Jones, Fitschen (1), Stegemann, Hingst – Voss, Wiegmann, Smisek – Meinert (Lingor) – Grings (2), Müller (Hoffmann) – K.: Voss – SR: Carlsen (Norwegen).

171 **Island,** 14. 10., Oldenburg, 5:0 gewonnen (EM-Qualifikation): Rottenberg – Stegemann, Jones, Fitschen (Gottschlich), Hingst – Voss (1), Wiegmann (2), Meinert (Wörle), Smisek – Prinz (Cl. Müller (1)), Grings (1) – K.: Voss – SR: Frederiksen (Dänemark).

172 **Italien,** 11. 11., Isernia, 4:4 unentschieden (EM-Qualifikation): Rottenberg – Stegemann, Fitschen (1), Jones, Hingst – Voss (80. P. Wunderlich), Wiegmann (1), Meinert, Smisek – Grings (2), Prinz (80. C. Müller) – K.: Voss/Fitschen – SR: Nicole Mouidi-Petignat (Schweiz).

2000: 13 Spiele: 8 Siege, 5 Niederlagen

173 **Niederlande,** 16. 3., Arnheim, 0:2 verloren: Rottenberg (Schaller) – Stegemann (Zerbe), Jones, Fitschen, Hingst (Götte) – Voss (Hoffmann), Wiegmann, Meinert, Smisek (Lingor) – Prinz, Grings (C. Müller) – K.: Voss/Fitschen – SR: Adriansen (Niederlande).

174 **Italien** 6. 4., Frankfurt, 3:0 gewonnen (EM-Qualifikation): Rottenberg – Stegemann, Jones, Fitschen (Minnert), Gottschlich – Hingst, Wiegmann, Smisek (1) – Meinert (Lingor) – Grings (1) (79. C. Müller), Prinz (1) – K.: Fitschen/Wiegmann – SR: Mattsson (Schweden).

175 **Ukraine,** 11.5., Kiew, 6:1 gewonnen (EM-Qualifikation): Rottenberg – Stegemann (Götte), Hoffmann, Jones (Lingor), Fitschen – Meinert, Minnert, Smisek – Wiegmann – Grings (1) (C. Müller 1), Prinz (4) – K.: Fitschen – SR: Dorigny (Frankreich).

176 **China,** 16. 7., Osnabrück, 1:3 verloren (Turnier 100 Jahre DFB): Rottenberg – Minnert, Jones, Hingst, Stegemann (T. Wunderlich) – Wiegmann – Smisek (Meinert), Lingor, Hoffmann (Gottschlich) – Prinz, Grings (1) – SR: Frai (Bremen).

177 **Norwegen,** 19. 7., Göttingen, 1:4 verloren (Turnier 100 Jahre DFB): Angerer – Gottschlich (Minnert), Jones (1), T. Wunderlich (Stegemann) – Hingst, Hoffmann (P. Wunderlich), Smisek, Wiegmann – Meinert, C. Müller (Grings), Prinz – SR: Fielenbach (Much).

178 **USA,** 22. 7., Braunschweig, 0:1 verloren (Turnier 100 Jahre DFB): Rottenberg – Minnert, Jones (Götte), Hingst, Stegemann – Meinert, Wiegmann, Lingor, Hoffmann (Smisek) – Prinz, Grings (M. Müller) – SR: Witteweg (Herzberg).

179 **Island,** 17. 8., Kopavogur, 6:0 gewonnen (EM-Qualifikation): Rottenberg – T. Wunderlich (Hoffmann), Fitschen, Jones (1), Minnert – Hingst (1), Lingor (Smisek), Wiegmann, Prinz (2) – Grings (C. Müller 1), Meinert (1) – SR: Jonsson (Schweden)

180 **Dänemark,** 27. 8., Aachen, 7:0 gewonnen: Rottenberg – Hingst, Jones, Fitschen (T. Wunderlich), Minnert (1) – Smisek (Götte), Wiegmann (1) (Stegemann), Lingor (2), Prinz (1) – Grings (2), Meinert – SR: Fielenbach (Much).

181 **Australien,** 13. 9., Canberra, 3:0 gewonnen (Olympische Spiele, Vorrunde): Rottenberg – Stegemann, Fitschen, Jones, Minnert – Hingst, Wiegmann (1), Meinert, Lingor (1) – Prinz, Grings (1) – SR: Abidoye (Nigeria).

182 **Brasilien,** 16. 9., Canberra, 2:1 gewonnen (Olympische Spiele, Vorrunde): Rottenberg – Stegemann, Fitschen, Jones, Minnert – Hingst, Wiegmann, Meinert, Lingor – Prinz (2), Grings – SR: Toro Pardo (Kolumbien).

183 **Schweden,** 19. 9., Melbourne, 1:0 gewonnen (Olympische Spiele, Vorrunde): Rottenberg – T. Wunderlich, Fitschen, Jones, Minnert – Hoffmann (Lingor), Hingst (1), Wiegmann, Meinert (Brandebusemeyer) – Prinz, Grings (C. Müller) – SR: Toms (Großbritannien).

184 **Norwegen,** 24. 9., Sydney, 0:1 verloren (Olympische Spiele, Halbfinale): Rottenberg – T. Wunderlich, Fitschen, Jones, Minnert – Stegemann, Hingst, Wiegmann, Meinert – Prinz, Grings – SR: Im (Südkorea).

185 **Brasilien,** 28. 9., Sydney, 2:0 gewonnen (Olympische Spiele, Spiel um den 3. Platz): Rottenberg – Stegemann (Hoffmann), Fitschen, Jones, Minnert – Lingor (1), Hingst (Gottschlich), Wiegmann, Meinert – Prinz (1), Grings (Götte) – SR: Im (Südkorea).

2001: 16 Spiele: 13 Siege, 1 Unentschieden, 2 Niederlagen

186 **China,** 6. 3., Augsburg, 1:0 gewonnen: Rottenberg – Götte (Angerer), Minnert, Jones, Stegemann (Wimbersky) – Smisek (Bachor) – Gottschlich, Lingor (Günther), P. Wunderlich (Künzer), Hingst (M. Müller) – C. Müller (1) – SR: Günthner (Bamberg).

187 **China,** 8. 3., Ulm, 2:4 verloren: Rottenberg – Götte, Minnert, Jones, Künzer (Wimbersky) – Smisek (M. Müller), P. Wunderlich (Gottschlich), Stegemannn, Hingst – Lingor, Prinz (1) – SR: Fielenbach (Much) – Dazu kommt ein Eigentor der Chinesinnen.

188 **Italien,** 10. 5., Troisdorf, 1:0 gewonnen: Rottenberg – Stegemann, Hingst, Künzer, Bresonik – Smisek (M. Müller (1)), Omilade, Lingor, Prinz – P. Wunderlich (Wimbersky), C. Müller (Pohlers) – SR: Fielenbach (Much).

189 **Russland,** 17. 5., Gera, 1:1 unentschieden: Rottenberg – Stegemann (Künzer), Hingst, Fitschen, Minnert – Smisek, Wiegmann, Lingor, P. Wunderlich (Bresonik) – C. Müller (1) (Wimbersky), Meinert (M. Müller) – SR: Kirchner (Benshausen).

190 **Kanada,** 14. 6., Goch, 3:0 gewonnen: Rottenberg (Angerer) – Stegemann, Fitschen, Jones, Minnert (Wilder) – P. Wunderlich (1) (Smisek), Wiegmann (Omilade), Lingor (Wimbersky), Prinz – C. Müller (1) (M. Müller), Meinert (1) – SR: Frai (Bremen).

191 **Kanada,** 17. 6., Oberhausen, 7:1 gewonnen: Rottenberg – Stegemann (Hingst), Fitschen, Jones (T. Wunderlich) – Minnert (Bresonik) – P. Wunderlich, Wiegmann (1) (M. Müller 1), Lingor (Smisek 2), Prinz (1) – C. Müller (1) (Omilade), Meinert (1) (Wimbersky) – SR: unbekannt.

192 **Schweden,** 23. 6., Erfurt, 3:1 gewonnen (EM-Vorrunde): Rottenberg – Stegemann, Jones, Fitschen, Minnert – P. Wunderlich (Hingst), Wiegmann, Lingor, Prinz (M. Müller) – Meinert (1), C. Müller (2) (Smisek) – SR: Elovirta (Finnland).

193 **Russland,** 27. 6., Erfurt, 5:0 gewonnen (EM-Vorrunde): Rottenberg – Stegemann (Hingst), Jones, Fitschen, Minnert – Smisek (2), Wiegmann (1), Lingor (Omilade), Prinz (1) – Meinert (1), C. Müller (P. Wunderlich) – SR: Skogvang (Norwegen).

194 **England,** 30. 6., Jena, 3:0 gewonnen (EM-Vorrunde): Rottenberg – Hingst, Jones, Fitschen, Minnert – P. Wunderlich (Bresonik), Wiegmann (1), Lingor (1), Prinz – Smisek (Wimbersky 1), C. Müller (M. Müller) – SR: Skogvang (Norwegen).

195 **Norwegen,** 4. 7., Ulm, 1:0 gewonnen (EM-Halbfinale): Rottenberg – Stegemann, Jones, Fitschen, Minnert (Hingst) – P. Wunderlich (C. Müller), Wiegmann, Lingor, Prinz – Meinert, Smisek (1) (Wimbersky) – SR: Toms (Großbritannien).

196 **Schweden,** 7. 7., Ulm, 1:0 gewonnen (EM-Endspiel): Rottenberg – Stegemann, Jones, Fitschen, Hingst – P. Wunderlich, Wiegmann, Lingor, Prinz – Meinert, Smisek (C. Müller 1) – SR: Petignat (Schweiz).

197 **Japan,** 8. 9., Oakbrook, 1:0 gewonnen (US Cup): Rottenberg (Angerer) – Stegemann, Künzer, Hingst – Zerbe (Hagedorn (1)), Omilade, Lingor, Wimbersky – Smisek, M. Müller, Pohlers (Meier) – SR: Grady (USA)

198 **USA,** 9. 9., Chicago, 1:4 verloren (US Cup): Rottenberg – Becker, Künzer, Hingst, Stegemann – Lingor, Wimbersky, Schmale (70. Hagedorn), Omilade – M. Müller (1), Smisek – SR: Seitz (USA)

199 **England,** 27. 9., Kassel, 3:1 gewonnen (WM-Qualifikation): Rottenberg – Stegemann, Künzer, Hingst, Minnert – Prinz, P. Wunderlich (Wimbersky), Omilade – Lingor – Smisek (2), M. Müller (1) (Hagedorn) – SR: Karlsen (Norwegen)

200 **Portugal,** 25. 10., Wolfsburg, 9:0 gewonnen (WM-Qualifikation): Angerer – Stegemann, Hingst, Künzer (1), Minnert – Pohlers (5), Lingor (Götte), Omilade, Becker (Wilder) – Smisek (Hagedorn), M. Müller (3) – SR: Ihringova (Slowakei)

201 **Niederlande,** 17. 11., Enschede, 3:0 gewonnen (WM-Qualifikation): Rottenberg – Stegemann, Hingst, Künzer, Minnert – Omilade, P. Wunderlich (1), Lingor – Prinz (1) (Becker) – Martina Müller (Garefrekes), Pohlers (J. Meier) – Dazu ein Eigentor der Niederlande. – SR: Persson (Schweden)

2002: 13 Spiele: 9 Siege, 1 Unentschieden, 3 Niederlagen

202 **China,** 23. 1., Huadu, 1:2 verloren (Internationales Turnier): Angerer – T. Wunderlich (Meier), Hingst (1), Künzer, Minnert (Gottschlich) – Stegemann (Wiegmann), Omilade, Lingor, Prinz – Pohlers (Garefrekes), M. Müller – SR: Seitz (USA)

203 **USA,** 25. 1., Panyu, 0:0 unentschieden (Internationales Turnier): Rottenberg – Stegemann, Hingst, Künzer, Gottschlich – Garefrekes (M. Müller), Omilade, Lingor, Wiegmann (Schäpertöns) – Prinz, Smisek (Meier) – SR: Karlsen (Norwegen)

204 **Norwegen,** 27. 1., Guangzhou, 3:1 gewonnen (Internationales Turnier): Angerer – Stegemann, Künzer, Hingst, Gottschlich – Garefrekes (1), Lingor, Wiegmann (1), Omilade, Smisek – Prinz (1) – SR: Zuo Xiui (China)

205 **Dänemark,** 1. 3., Portimao, 3:0 gewonnen (Algarve Cup): Rottenberg – Gottschlich, Künzer, Hingst (1), Stegemann – Smisek, Omilade (Hagedorn), Lingor, Garefrekes (M. Müller (1)) – Wiegmann – Wimbersky (1) (Meier) – SR: Hunt (USA)

206 **China,** 3. 3., Sao Antonio, 2:4 verloren (Algarve Cup): Angerer – T. Wunderlich (Omilade), Künzer, Hingst, Gottschlich – Garefrekes, Lingor (1), Stegemann (1), Smisek (Martina Müller) – Wiegmann, Wimbersky – SR: Zou Xiudi (China)

207 **Finnland,** 5. 3., Olmao, 2:0 gewonnen (Algarve Cup): Rottenberg – Gottschlich (Zerbe), Hingst, Künzer, Stegemann – Hagedorn (Wimbersky (1)), Lingor (Omilade), Wiegmann (1) – Pohlers (Meier), M. Müller, Smisek – SR: Zou Xiudi (China)

208 **Schweden,** 7. 3., Faro, 1:2 verloren (Algarve Cup): Angerer – Gottschlich (T. Wunderlich), Künzer, Hingst, Stegemann – Omilade (Hagedorn), Wiegmann – Smisek (Meier), Wimbersky, Garefrekes (1) – M. Müller (Pohlers) – SR: Toms (England)

209 **Niederlande,** 18. 4., Aschaffenburg, 6:0 gewonnen (WM-Qualifikation): Rottenberg – Stegemann, Künzer (T. Wunderlich), Hingst, Gottschlich – P. Wunderlich (Wilmes),Omilade, Wiegmann (3), Lingor (Wimbersky),Smisek – Prinz (3) – SR: Tacoronto (Spanien)

210 **Portugal,** 4. 5., Barcelos, 8:0 gewonnen (WM-Qualifikation): Rottenberg – Gottschlich, Künzer, Stegemann (1), T. Wunderlich – Omilade (Pohlers), Lingor (3) (Wimbersky), P. Wunderlich (2) (Wilmes) – Prinz (1), Grings (1), Smisek – SR: Ödlund (Schweden)

211 **England,** 19. 5., London, 1:0 gewonnen (WM-Qualifikation): Rottenberg – Künzer, Minnert, Gottschlich (1), Stegemann – Lingor (Hagedorn), P. Wunderlich, Omilade, Wiegmann – Prinz (Schadrack), Grings (Pohlers) – SR: Rinaldi (Italien)

212 **Norwegen,** 14. 9., Grimstad, 3:1 gewonnen: Angerer (Rottenberg) – Minnert, Rech, Zerbe, Stegemann – Omilade, Lingor (Bresonik), Wiegmann (1), Kliehm (Garefrekes) – M. Müller (1) (Pohlers (1)), Grings. – SR: Jónsson (Schweden)

213 **Dänemark,** 17. 10., Ulm, 2:0 gewonnen: Rottenberg (Angerer) – Stegemann, Rech (Grings), Omilade (Bresonik) – P. Wunderlich (Hagedorn), Lingor (1), Hingst, Smisek (M. Müller), Minnert (Kliehm) – Prinz (1) (Bachor), Wiegmann. – SR: Günthner (Bamberg)

214 **Russland,** 14. 11., Lüdenscheid, 4:0 gewonnen: Rottenberg (Angerer) – Stegemann, Rech (P. Wunderlich), Omilade (Bresonik (1)), Minnert – Smisek (M. Müller), Lingor (Wimbersky), Wiegmann, Hingst – Prinz (1), Grings (1) (Pohlers (1)) – SR: Storch-Schäfer (Petersberg)

2003: 20 Spiele: 14 Siege, 4 Unentschieden, 2 Niederlagen

215 **China,** 23. 1., Yiwu, 0:0 unentschieden (Internationales Turnier): Rottenberg – Stegemann, Hingst (Zerbe), Minnert, Bresonik – Omilade (Hagedorn), P. Wunderlich, Kliehm, Wimbersky (Garefrekes), Wiegmann – Prinz. – SR: Hunt (USA)

216 **Norwegen,** 26. 1., Wuhan, 2:2 unentschieden (Internationales Turnier): Rottenberg – Minnert, T. Wunderlich (Stegemann), Bresonik (1), Zerbe – Wiegmann (Wimbersky), P. Wunderlich, Odebrecht, Garefrekes – Prinz, M. Müller (1) (Kliehm) – SR: Xiudi (China)

217 **USA,** 29. 1., Schanghai, 0:1 verloren (Internationales Turnier): Angerer – Bresonik, Minnert (Hagedorn), Stegemann, Zerbe – Odebrecht (Omilade), P. Wunderlich, Prinz, Garefrekes – Wimbersky (Kliehm) – M. Müller – SR: Skogvang (Norwegen)

218 **China,** 4. 3., Gütersloh, 2:2 unentschieden: Angerer – Stegemann, Hagedorn (Zerbe), Minnert, Künzer (Rech) – P. Wunderlich, Grings (Garefrekes), Wiegmann, Lingor (Omilade), Bresonik – M. Müller (2) SR: Frai (Bremen)

219 **China,** 6. 3., Arnsberg, 3:1 gewonnen: Rottenberg – Stegemann, Rech (T. Wunderlich), Minnert Zerbe – P. Wunderlich (Odebrecht), Grings (1), Wiegmann (1), Lingor (Künzer), Bresonik (Garefrekes) – M. Müller (1) – SR: Steinhaus (Hannover)

220 **Schottland,** 27. 3., Potsdam, 5:0 gewonnen (EM-Qualifikation): Rottenberg – Stegemann, Hingst, Minnert, Bresonik – P. Wunderlich (Odebrecht), Wiegmann, Lingor (Smisek), Grings (3) – Prinz (2)– M. Müller (Wimbersky) – SR: Karlsen (Norwegen)

221 **Frankreich,** 17. 4., Ozoir-la-Ferrière, 0:1 verloren: Angerer – Stegemann, Minnert, Hingst, Bresonik (Rech) – Wiegmann, Lingor (Künzer), Odebrecht (Omilade) – Grings (Zerbe), M. Müller, Wimbersky – SR: Louiset (Frankreich)

222 **Dänemark,** 22. 5., Schönberg, 1:1 unentschieden: Rottenberg – Stegemann, Minnert, Hingst, Künzer – Wiegmann (Garefrekes), Lingor, S. Gottschlich, Odebrecht (Omilade) – Prinz (1), Grings (Hagedorn) – SR: Frai (Bremen)

223 **Dänemark,** 25. 5., Haderslev, 6:2 gewonnen: Angerer – Stegemann, Minnert, Hingst (Zerbe), Künzer (Günther) – Lingor (1), S. Gottschlich, Odebrecht, Garefrekes (1) – Wiegmann (1), Prinz (3) – SR: Karlsen (Norwegen)

224 **Nigeria,** 6. 8., Trier, 3:0 gewonnen: Rottenberg – Stegemann (Fuss), Hingst, Minnert (Zerbe), Bresonik (Rech) – Garefrekes (Smisek), Künzer (Odebrecht), Lingor (Günther), Thompson (Gottschlich) – Pohlers (1), Wimbersky (M. Müller 2) – SR: Storch-Schäfer (Petersberg)

225 **Ukraine,** 9. 8., Kiew, 3:1 gewonnen (EM-Qualifikation): Rottenberg – Stegemann, Minnert (1), Hingst, Bresonik (Rech) – Garefrekes (1), Lingor, Künzer (Odebrecht), Gottschlich – M. Müller (1), Smisek (Wimbersky) – SR: Ödlund (Schweden)

226 **Tschechien,** 28. 8., Passau, 4:0 gewonnen (EM-Qualifikation): Rottenberg – Stegemann, Minnert (1), Hingst, Gottschlich (1) – Garefrekes, Odebrecht, Wiegmann (Wimbersky), Bresonik (Fuss) – Prinz (1), Grings (M. Müller 1) – SR: Hänninen (Finnland)

227 **England,** 11. 9., Darmstadt, 4:0 gewonnen: Rottenberg – Stegemann, Hingst (Künzer), Minnert, Bresonik (Fuss) – Garefrekes (Smisek), Jones (P. Wunderlich), Lingor (1) (Gottschlich), Meinert (M. Müller), Wiegmann (1) – Prinz (2) (Pohlers) – SR: Dräger (Kirn-Sulzbach)

228 **Kanada,** 20. 9., Columbus, 4:1 gewonnen (WM-Vorrunde): Rottenberg – Stegemann, Bresonik, Hingst (Künzer), Minnert – Wiegmann (1), Jones, Lingor (Garefrekes 1), Gottschlich (1) – Meinert, Prinz (1) – SR: Ju (Südkorea)

229 **Japan,** 24. 9., Columbus, 3:0 gewonnen (WM-Vorrunde): Rottenberg – Stegemann, Jones, Hingst (Bresonik), Minnert (1) – Garefrekes (Smisek), Wiegmann (Künzer), Lingor, Gottschlich – Meinert, Prinz (2) – SR: Tortura (Brasilien)

230 **Argentinien,** 27. 9., Washington, 6:1 gewonnen (WM-Vorrunde): Rottenberg – Stegemann, Jones (Fuss), Hingst, Minnert – Garefrekes (Pohlers 1), Wiegmann (1), Lingor, Gottschlich (M. Müller 1) – Meinert (2), Prinz (1) – SR: Abidoye (Nigeria)

231 **Russland,** 2. 10., Portland, 7:1 gewonnen (WM-Viertelfinale): Rottenberg – Stegemann, Hingst, Minnert (1), Gottschlich – Garefrekes (2), Wiegmann (Künzer), Lingor (Odebrecht), Meinert – M. Müller (1) (P. Wunderlich 1), Prinz (2) – SR: Ju (Südkorea)

232 **USA,** 5. 10., Portland, 3:0 gewonnen (WM-Halbfinale): Rottenberg – Stegemann, Hingst, Minnert, Gottschlich – Garefrekes (1), Wiegmann, Lingor, P. Wunderlich – Prinz (1), Meinert (1) – SR: Denoncourt (Kanada)

233 **Schweden,** 12. 10., Carson, 2:1 i. V. gewonnen (WM-Finale): Rottenberg – Stegemann, Hingst, Minnert, Gottschlich – Garefrekes (M. Müller), Wiegmann, Lingor, P. Wunderlich (Künzer 1) – Meinert (1), Prinz – SR: Ionescu (Rumänien)

234 **Portugal,** 15. 11., Reutlingen, 13:0 gewonnen (EM-Qualifikation): Angerer – Stegemann, Hingst (1), Minnert (1), Gottschlich (Odebrecht 1) – Künzer (Smisek 1), Fuss (1) (Pohlers 2), Lingor (1), P. Wunderlich – Prinz (4), Garefrekes (1) – SR: Toms (England)

2004: 14 Spiele: 10 Siege, 1 Unentschieden, 3 Niederlagen

235 **Portugal,** 7. 2., Albufeira, 11:0 gewonnen (EM-Qualifikation): Rottenberg – Stegemann, Hingst, Minnert, Gottschlich (Bachor) – Garefrekes (Smisek), Lingor (1) (Pohlers 1), Odebrecht, P. Wunderlich – Prinz (3), Grings (5) – Dazu ein Eigentor von Portugal – SR: Wrohet (Belgien)

236 **China,** 4. 3., Fürth, 0:1 verloren: Angerer (Rottenberg) – Stegemann, Hingst (Carlson), Günther, Gottschlich – Garefrekes (Wimbersky), Minnert, P. Wunderlich (Fuss) – Bachor (Smisek), Prinz, Grings – SR: Günthner (Deutschland)

237 **Italien,** 31. 3., Bozen, 1:0 gewonnen: Rottenberg – Stegemann, Hingst, Minnert, Gottschlich (Fuss) – Garefrekes, Odebrecht, Bachor (Wimbersky), P. Wunderlich (Günther) – Prinz (1), Smisek (Mittag) – SR: de Toni (Italien)

238 **Ukraine,** 28. 4., Oldenburg, 6:0 gewonnen (EM-Qualifikation): Angerer – Stegemann, Hingst, Minnert (1), Günther – Garefrekes (M. Müller), Carlson (Pohlers), Bachor (1) (Wimbersky 1), Fuss – Prinz (2), Smisek (1) – SR: Tacoronte (Spanien)

239 **Schottland,** 2. 5., Livingston, 3:1 gewonnen (EM-Qualifikation): Rottenberg – Stegemann, Hingst, Minnert, Günther – Garefrekes (1), Carlson (Omilade), Bachor, Fuss (Odebrecht) – Prinz (1), Smisek (M. Müller 1) – SR: Djaleva (Bulgarien)

240 **Norwegen**, 21. 7., Hoffenheim, 0:1 verloren: Rottenberg – Stegemann, Hingst, Minnert, Fuss (Günther) – Garefrekes (Bachor), Lingor (Pohlers), Odebrecht (Omilade), P. Wunderlich (Jones) – Prinz, M. Müller (Wimbersky) – SR: Steinhaus (Deutschland)

241 **Nigeria**, 24. 7., Offenbach, 3:1 gewonnen: Rottenberg – Stegemann, Hingst, Minnert (Omilade), Günther (Fuss) – Garefrekes (Bachor), Lingor (Pohlers), Odebrecht, P. Wunderlich (Jones 1) – Prinz (1), Wimbersky (1) (M. Müller) – SR: Frai (Deutschland)

242 **China**, 11. 8., Patras, 8:0 gewonnen (Olympia-Gruppenspiel): Rottenberg – Stegemann, Jones, Hingst, Fuss (Günther) – Garefrekes, Odebrecht, P. Wunderlich (1) (Pohlers 1), Lingor (1) – Wimbersky (M. Müller 1), Prinz (4) – SR: Seitz (USA)

243 **Mexiko**, 17. 8., Athen, 2:0 gewonnen (Olympia-Gruppenspiel): Rottenberg – Stegemann, Jones, Günther, Hingst – Garefrekes (Pohlers), Lingor (Odebrecht), Omilade – Wimbersky (1) (M. Müller), Prinz (1), Bachor – SR: Szokolai (Australien)

244 **Nigeria**, 20. 8., Patras, 2:1 gewonnen (Olympia-Viertelfinale): Rottenberg – Stegemann, Jones (1), Minnert (Fuss), Hingst – Garefrekes, Odebrecht, Lingor, P. Wunderlich (Bachor) – Wimbersky (Pohlers 1), Prinz – SR: Dooth (Indien)

245 **USA**, 23. 8., Iraklion, 1:2 verloren n. V. (Olympia-Halbfinale): Rottenberg – Stegemann, Jones, Minnert, Hingst – Garefrekes, Odebrecht (Fuss), P. Wunderlich (Bachor 1), Lingor – Prinz, Pohlers (M. Müller) – SR: Szokolai (Australien)

246 **Schweden**, 26. 8., Athen, 1:0 gewonnen (Olympia-Spiel um Platz drei): Rottenberg – Stegemann, Jones, Minnert (Günther), Hingst – Garefrekes, Odebrecht (Omilade), Wimbersky (Fuss), Lingor (1) – Prinz, Pohlers – SR: Seitz (USA)

247 **Tschechien**, 25. 9., Pribram 5:0 gewonnen (EM-Qualifikation): Angerer – Fuss (Becher), Stegemann, Günther, P. Wunderlich – Garefrekes (1), Omilade (Carlson 1), Lingor, Pohlers – Prinz (1), Wimbersky (Thompson 1) – Dazu ein Eigentor von Tschechien – SR: Petignant (Schweiz)

248 **Niederlande**, 14. 10., Berlin, 0:0 unentschieden: Rottenberg – Stegemann, Jones (Becher), Hingst (Carlson), Minnert (Smisek) – Garefrekes, Odebrecht, Lingor (Omilade), P. Wunderlich (Günther) – Pohlers, Prinz – SR: Günthner (Deutschland)

2005: 19 Spiele: 17 Siege, 2 Niederlagen

249 **Australien**, 28. 1., Quanzhou, 0:1 verloren (Internationales Turnier): Angerer – Stegemann, Günther, Minnert (Krahn), Becher (Zietz) – Behringer (Bachor), Omilade (Okoyino da Mbabi), Lingor, Pohlers – Prinz, Mittag (Smisek) – SR: Zhang (China)

250 **Russland**, 30. 1., Quanzhou, 1:0 gewonnen (Internationales Turnier): Rottenberg – Stegemann, Günther, Krahn, Zietz (Becher) – Behringer (Mittag), Carlson, Lingor (1), Bachor (Omilade) – Prinz, Smisek (Okoyino da Mbabi) – SR: Deng (China)

251 **China**, 1. 2., Quanzhou, 2:0 gewonnen (Internationales Turnier): Angerer (Rottenberg) – Stegemann, Krahn, Minnert, Zietz (Becher) – Bachor (Günther), Carlson (1)(Omilade), Lingor (1) (Okoyino da Mbabi), Mittag – Prinz, Smisek (Behringer) – SR: Awdonschenko (Russland)

252 **Schweden**, 9. 3., Lagos, 2:1 gewonnen (Algarve Cup): Angerer – Stegemann, Hingst, Jones (Krahn), Günther (Minnert) – Garefrekes, Carlson, Lingor (Odebrecht), P. Wunderlich (Pohlers) – Smisek (1) (Mittag), Prinz (1) – SR: Tovar (Mexiko)

253 **Norwegen**, 11. 3., Silves, 4:0 gewonnen (Algarve Cup): Angerer – Stegemann, Hingst (Krahn), Jones, Fuss (Minnert/Günther) – Garefrekes (Behringer), Lingor, Odebrecht (Okoyino da Mbabi), P. Wunderlich (Pohlers 1) – Prinz (2), Mittag (1) – SR: Oiwa (Japan)

254 **China**, 13. 3., Alvor, 2:0 gewonnen (Algarve Cup): Rottenberg – P. Wunderlich (1), Hingst, Jones, Fuss – Garefrekes (Behringer), Carlson (Okoyino da Mbabi), Odebrecht, Pohlers (Stegemann) – Smisek (1) (Mittag), Prinz (Lingor) – SR: Girard-Fautrel (Frankreich)

255 **USA**, 15. 3., Faro-Loule, 0:1 verloren (Algarve Cup – Endspiel): Rottenberg – Stegemann, Hingst, Jones, Günther (Fuss) – Carlson (Odebrecht), Lingor (Okoyino da Mbabi), Garefrekes, Pohlers (P. Wunderlich) – Mittag (Smisek), Prinz – SR: Ionescu (Rumänien)

256 **Kanada**, 21. 4., Osnabrück, 3:1 gewonnen: Rottenberg – Fuss (1) (Mittag), Hingst, Jones, Minnert (Günther) – Omilade (Odebrecht), Lingor – Garefrekes, Prinz (1), Pohlers (Bachor), Smisek (Grings 1) – Steinhaus (Deutschland)

257 **Kanada**, 24. 4., Hildesheim: 3:2 gewonnen: Angerer – Stegemann, Hingst, Jones, Minnert – Mittag (Garefrekes 1), Lingor (1) (Zietz), Omilade (Odebrecht) – Prinz, Wimbersky (M. Müller), Pohlers (1) (Bachor) – SR: Frai (Deutschland)

258 **Norwegen**, 6. 6., Warrington, 1:0 gewonnen (EM-Vorrunde): Rottenberg – Stegemann, Hingst, Jones, Minnert – Garefrekes, Lingor, Omilade (Carlson), Pohlers (1), (Wimbersky) – Mittag, Grings (Smisek) – SR: Petignat (Schweiz)

259 **Italien**, 9. 6., Preston, 4:0 gewonnen (EM-Vorrunde): Rottenberg – Stegemann (Grings), Hingst, Jones (1), Minnert – Garefrekes, Carlson, Lingor (Wimbersky), Pohlers (1) – Prinz (1), Mittag (1) (Smisek) – SR: Seitz (USA)

260 **Frankreich**, 12. 6., Warrington, 3:0 gewonnen (EM-Vorrunde): Rottenberg – Garefrekes, Hingst, Jones, Minnert (1) – Omilade, Grings (1), Lingor (1) (Carlson), Pohlers (P. Wunderlich) – Mittag (Fuss), Prinz – SR: Ionescu (Rumänien)

261 **Finnland**, 15. 6., Preston, 4:1 gewonnen (EM-Halbfinale): Rottenberg – Garefrekes (Wimbersky), Hingst, Jones, Minnert – Carlson, Grings (2), Lingor (Günther), Pohlers (1) – Mittag (Fuss), Prinz (1) – SR: Damkova (Tschechien)

262 **Norwegen**, 19. 6., Blackburn, 3:1 gewonnen (EM-Finale): Rottenberg – Garefrekes, Hingst, Jones, Minnert – Carlson (Günther), Grings (1) (Smisek), Lingor (1), Pohlers – Mittag (Wimbersky), Prinz (1) – SR: Ihringova (Slowakei)

263 **Kanada**, 1. 9., Vancouver, 3:1 gewonnen: Rottenberg – Stegemann (Becher), Jones, Hingst, Günther – Carlson, Garefrekes (1), Lingor (Okoyino da Mbabi), Mittag (Pohlers 1) – Grings (Wimbersky 1), Prinz – SR: Bennet (USA)

264 **Kanada**, 4. 9., Edmonton, 4:3 gewonnen: Angerer – Stegemann (Zietz), Jones, Krahn (Okoyino da Mbabi 1), Günther – Hingst, Lingor (Carlson), Garefrekes, Pohlers (1) (Mittag) – Prinz (1), Wimbersky (Grings) – Dazu ein Eigentor von Kanada – SR: Seitz (USA)

265 **Russland**, 25. 9., Siegen, 5:1 gewonnen (WM-Qualifikation): Rottenberg – Stegemann, Hingst, Minnert (1), Günther – Garefrekes, Carlson (Okoyino da Mbabi), Lingor (1), Wimbersky (P. Wunderlich) – Prinz (1), Grings (1) (Smisek 1) – SR: Focic (Kroatien)

266 **Schottland**, 20. 10., Bayreuth, 4:0 gewonnen (WM-Qualifikation): Rottenberg – Stegemann (1), Hingst, Minnert, Günther – Carlson (Okoyino da Mbabi/Bajramaj), Lingor – Garefrekes, Mittag – Grings (1) (M. Müller), Prinz (2) – SR: Hänninen (Finnland)

267 **Schweiz**, 12. 11., Ulm, 4:0 gewonnen (WM-Qualifikation): Rottenberg – Stegemann, Hingst, Jones (1), Minnert – Garefrekes, Carlson (2) (Krahn), Lingor, Mittag (Pohlers) – Prinz, Wimbersky (1) – SR: De Toni (Italien)

2006: 13 Spiele: 11 Siege, 1 Unentschieden, 1 Niederlage

268 **China**, 1. 3., Homburg, 0:1 verloren: Angerer – Stegemann, Jones, Minnert, Fuss (Rech) – Carlson, P. Wunderlich (Okoyino da Mbabi) – Garefrekes, Prinz, Mittag (Pohlers) – M. Müller (Smisek) – SR: Günthner (Deutschland)

269 **Finnland**, 9. 3., Loulé, 5:0 gewonnen (Algarve Cup): Angerer – Stegemann (Rech), Jones (Peter), Krahn, Minnert (Fuss 1) – Garefrekes (1), Carlson (Okoyino da Mbabi), Mittag (Behringer 1) – Pohlers (1), Prinz (1), Smisek (Wimbersky) – SR: De Toni (Italien)

270 **Schweden**, 11. 3., Loulé, 3:0 gewonnen (Algarve Cup): Rottenberg – Stegemann, Jones (Peter), Krahn, Minnert (Fuss) – Garefrekes, Carlson (Okoyino da Mbabi), Mittag – Behringer (1) (Wimbersky 1), Prinz (1), Pohlers (Smisek) – SR: Tovar (Mexiko)

271 **Norwegen**, 13. 3., Faro, 1:0 gewonnen (Algarve Cup): Angerer – Stegemann, Rech (Fuss), Jones (Minnert), Peter (Krahn) – Okoyino da Mbabi (Garefrekes), Carlson (Thomas), Wimbersky (1), Smisek – Behringer, Prinz (Pohlers) – SR: Ionescu (Rumänien)

272 **USA**, 15. 3., Faro, 0:0 unentschieden/4:3 im Elfmeterschiessen (Algarve Cup – Endspiel): Rottenberg – Stegemann, Krahn, Jones, Minnert (Fuss) – Mittag (Behringer), Garefrekes, Carlson (Okoyino da Mbabi), Pohlers – Prinz, Wimbersky – SR: Borg (Schweden) – Tore aus dem Elfmeterschießen: Behringer, Okoyino da Mbabi, Pohlers, Wimbersky

273 **Irland**, 10. 5., Cottbus, 1:0 gewonnen (WM-Qualifikation): Rottenberg – Stegemann, Krahn, Minnert, Fuss (Okoyino da Mbabi) – Hingst, Lingor – Garefrekes, Wimbersky (1) (Smisek), Mittag (M. Müller) – Pohlers – SR: Tvanijonaite (Litauen)

274 **Italien**, 3. 8., Krefeld, 5:0 gewonnen: Rottenberg – Stegemann, Krahn, Hingst, Fuss (Rech) – Pohlers (Bachor 1), Garefrekes (1) (Zietz), Okoyino da Mbabi (Omilade), Mittag (M. Müller 1) – Prinz (2), Smisek (Wimbersky) – SR: Schumacher (Deutschland)

275 **Irland**, 26. 8., Dublin, 3:0 gewonnen (WM-Qualifikation): Rottenberg – Stegemann (Rech), Krahn, Jones, Hingst – Omilade, Lingor (Bachor), Garefrekes (1), Mittag – Prinz (1), Wimbersky (1) (Pohlers) – SR: Arwedahl (Schweden)

276 **Schweiz**, 30. 8., Schaffhausen, 6:0 gewonnen (WM-Qualifikation): Angerer – Stegemann, Krahn, Jones, Fuss – Garefrekes (1), Omilade, Lingor (1), Pohlers (1) (Mittag/Bachor) – Prinz (1), Wimbersky (1) (M. Müller 1) – SR: Noelle (Frankreich)

277 **Schottland**, 23. 9., Perth, 5:0 gewonnen (WM-Qualifikation): Rottenberg – Stegemann, Krahn (Rech), Hingst, Minnert – Garefrekes (1), Omilade, Lingor (1) (Okoyino da Mbabi), Pohlers (M. Müller) – Prinz (2), Smisek (1) – SR: Basimamovic (Kroatien)

278 **Russland**, 27. 9., Moskau, 3:2 gewonnen (WM-Qualifikation): Rottenberg – Stegemann, Krahn, Hingst, Minnert – Garefrekes (1), Omilade, Lingor (Okoyino da Mbabi), Pohlers (Bachor) – Prinz (1), Smisek (1) (Wimbersky) – SR: Skogvangen (Norwegen)

279 **England**, 25. 10., Aalen, 5:1 gewonnen: Schmetz – Stegemann (1) (Peter), Krahn, Hingst, Minnert (Rech) – Garefrekes, Carlson (Wimbersky), Lingor (M. Müller 1), Bachor (Okoyino da Mbabi 1) – Prinz (1) (Pohlers), Smisek (1) – SR: Beck (Deutschland)

280 **Japan**, 23. 11., Karlsruhe, 6:3 gewonnen: Angerer – Stegemann (Zietz), Krahn (Mittag), Hingst, Peter – Garefrekes (1), Carlson (Fuss), Okoyino da Mbabi (1), Bachor (Pohlers 1) – Prinz (1), Wimbersky (2) – SR: Steinhaus (Deutschland)

2007: 21 Spiele: 13 Siege, 5 Unentschieden, 3 Niederlagen

281 **USA**, 26. 1., Guangzhou, 0:0 unentschieden: Rottenberg – Stegemann, Krahn, Hingst, Peter – Carlson (Omilade), Okoyino da Mbabi, M. Müller (Behringer), Wimbersky – Smisek, Mittag (Bresonik) – SR: Junxia (China)

282 **China**, 28. 1., Guangzhou, 0:0 unentschieden: Ullrich – Stegemann, Krahn, Hingst, Fuss (Rech) – Bajramaj, Omilade, Bresonik, Pohlers (Okoyino da Mbabi) – Wimbersky (Behringer), M. Müller (Mittag) – SR: Rayner (England)

283 **England**, 30. 1., Guangzhou, 0:0 unentschieden: Ullrich – Stegemann, Krahn, Hingst, Zietz (Peter) – Wimbersky (Pohlers), Okoyino da Mbabi, Carlson (Bresonik), Mittag – Bajramaj (Omilade), Smisek (M. Müller) – SR: Ping (China)

284 **Norwegen**, 7. 3., Faro, 1:2 verloren (Algarve-Cup): Ullrich – Stegemann, Hingst, Krahn (Jones), Peter – Okoyino da Mbabi (Omilade), Garefrekes, Lingor (1), Mittag (Wimbersky) – Prinz, Smisek (M. Müller) – SR: Bennett (USA)

285 **Frankreich**, 9. 3., Faro, 0:1 verloren (Algarve-Cup): Holl – Stegemann, Hingst, Jones, Bresonik – Garefrekes (Behringer), Lingor (Omilade), Carlson (Okoyino da Mbabi), Wimbersky (Rech) – Prinz, Smisek (M. Müller) – SR: Fukano (Japan)

286 **Dänemark**, 12. 3., Vilareal de San Antonio, 3:0 gewonnen (Algarve-Cup): Holl – Stegemann, Hingst, Jones, Peter – Garefrekes (M. Müller), Lingor, Carlson (Bresonik), Behringer (1) – Prinz, Mittag (1) – Dazu ein Eigentor von Cederkvist – SR: de Silva (Trinidad & Tobago)

287 **Italien**, 14. 3., Olhão, 0:1 verloren (Algarve-Cup): Ullrich – Stegemann, Krahn, Jones, Peter – Garefrekes, Lingor, Okoyino da Mbabi, Behringer – Prinz, Mittag – SR: Adwonschenko (Russland)

288 **Niederlande**, 12. 4., Wattenscheid, 5:1 gewonnen (EM-Qualifikation): Angerer – Stegemann, Krahn, Hingst, Rech – Garefrekes (1), Bresonik, Lingor (2) (Bartusiak), Bajramaj (Pohlers) – Prinz (1), Mittag (1) (Wimbersky) – SR: Palmqvist (Schweden)

289 **Wales**, 10. 5., Haverfordwest, 6:0 gewonnen (EM-Qualifikation): Angerer – Stegemann (1), Peter, Hingst, Rech (Bartusiak) – Garefrekes (1), Bresonik, Lingor, Bajramaj (Kerschowski) – Prinz (3), Mittag (M. Müller 1) – SR: Svendsen (Dänemark)

290 **Dänemark**, 29. 7., Magdeburg, 4:0 gewonnen: Angerer – Stegemann, Minnert, Hingst, Fuss (Bartusiak) – Garefrekes (Pohlers 1), Laudehr (Omilade), Lingor, Behringer (Bajramaj 1) – Prinz (1), Smisek (Mittag/M. Müller) – Dazu ein Eigentor von Johansen – SR: Beck (Deutschland)

291 **Tschechien**, 2. 8., Gera, 5:0 gewonnen: Angerer – Stegemann, Minnert (Peter), Hingst, Rech – Garefrekes (1), Laudehr (1), Lingor (Bresonik), Wimbersky (Bajramaj) – Prinz (2), Mittag (M. Müller 1) – SR: Kunick (Deutschland)

292 **Schweiz**, 22. 8., Koblenz, 7:0 gewonnen (EM-Qualifikation): Angerer – Stegemann, Minnert, Hingst, Bresonik (Bartusiak) – Garefrekes (3), Laudehr, Lingor (Fuss), Behringer (2) – Prinz (1), Smisek (1)(Mittag) – SR: Ihringowa (England)

293 **Norwegen**, 30. 8., Mainz, 2:2 unentschieden: Angerer – Stegemann, Minnert, Hingst, Fuss (Peter) – Garefrekes, Bartusiak, Lingor (Bajramaj), Behringer (1) – Prinz (1), Mittag (Wimbersky) – SR: Steinhaus (Deutschland)

294 **Argentinien**, 10. 9., Schanghai, 11:0 gewonnen (WM-Vorrunde): Angerer – Stegemann, Hingst, Minnert, Bresonik – Garefrekes (1) (Mittag), Laudehr (Bartusiak), Lingor (1), Behringer (1) (Wimbersky) – Smisek (3), Prinz (3) – Dazu zwei Eigentore von Correa – SR: Ogston (Australien)

295 **England**, 14. 9., Schanghai, 0:0 unentschieden (WM-Vorrunde): Angerer – Stegemann, Krahn, Hingst, Bresonik – Garefrekes, Laudehr, Lingor, Behringer (Bajramaj) – Prinz, Smisek – SR: Palmqvist (Schweden)

296 **Japan**, 17. 9., Hangtschu, 2:0 gewonnen (WM-Vorrunde): Angerer – Stegemann, Krahn, Hingst, Bresonik – Wimbersky, Garefrekes, Lingor (1), Behringer (Bajramaj) – Smisek (M. Müller), Prinz (1) – SR: Correa (Kolumbien)

297 **Nordkorea**, 22. 9., Wuhan, 3:0 gewonnen (WM-Viertelfinale): Angerer – Stegemann, Krahn (1), Hingst, Bresonik (Minnert) – Garefrekes (1), Laudehr, Lingor (1), Behringer – Prinz, Smisek (M. Müller) – SR: Ogston (Australien)

298 **Norwegen**, 26. 9., Tiandschin, 3:0 gewonnen (WM-Halbfinale): Angerer – Stegemann (1), Krahn, Hingst, Bresonik (Minnert) – Garefrekes, Laudehr, Lingor, Behringer (Bajramaj) – Prinz, Smisek (M. Müller 1) – Dazu ein Eigentor von Rönning – SR: Damkova (Tschechien)

299 **Brasilien**, 30. 9., Schanghai, 2:0 gewonnen, (WM-Finale): Angerer – Stegemann, Krahn, Hingst, Bresonik – Garefrekes, Laudehr (1), Lingor, Behringer (M. Müller) – Prinz (1), Smisek (Bajramaj) – SR: Ogston (Australien)

300 **Belgien**, 28. 10., Lübeck, 3:0 gewonnen (EM-Qualifikation): Angerer – Stegemann, Krahn, Hingst (Fuss), Minnert (1) – Garefrekes (1), Bartusiak, Bresonik, Behringer (Bajramaj) – M. Müller (Mittag), Prinz (1) – SR: Damjanovic (Kroatien)

301 **Niederlande**, 1. 11., Volendam, 1:0 gewonnen (EM-Qualifikation): Angerer – Stegemann (Peter), Krahn (1), Hingst, Minnert (Fuss) – Garefrekes, Bartusiak (Omilade), Bresonik, Behringer – Mittag, Prinz – SR: de Toni (Italien)

2008: 16 Spiele: 11 Siege, 1 Unentschieden, 4 Niederlagen

302 **China**, 28. 2., Freiburg, 2:0 gewonnen: Angerer – Stegemann, Krahn, Hingst, Peter (Zietz) – Wimbersky (1), Laudehr (Goeßling), Lingor (Bartusiak), Behringer (Pohlers) – Smisek (M. Müller), Prinz (1) – SR: N. Schumacher (Deutschland)

303 **Dänemark**, 5. 3., Faro, 0:1 verloren (Algarve-Cup): Rottenberg – Stegemann, Krahn, Hingst, Zietz – Wimbersky (Behringer), Lingor (Bartusiak), Laudehr, Pohlers (Bachor) – Prinz, M. Müller (Goeßling) – SR: Chenard (Kanada)

304 **Finnland**, 7. 3., Faro, 3:0 gewonnen (Algarve-Cup): Angerer – Stegemann, Omilade, Hingst (Krahn), Bartusiak – Bachor (Pohlers), Goeßling, Lingor (1) (Zietz), Behringer (N. Banecki) – Prinz (2), Wimbersky (M. Müller) – SR: Schett (Österreich)

305 **Schweden**, 10. 3., Santo Antonio, 2:0 gewonnen (Algarve-Cup): Rottenberg (Angerer) – Stegemann, Krahn, Hingst, Peter – Bachor (Wimbersky), Lingor (Goeßling), Laudehr, Behringer – Prinz (1), Smisek (1) (M. Müller) – SR: Savolainen (Finnland)

306 **Norwegen**, 12. 3., Santo Antonio, 0:2 verloren (Algarve-Cup): Angerer – Stegemann, Omilade, Hingst, Peter (Bartusiak) – Lingor, Laudehr – Bachor (Goeßling), Prinz, Behringer (Pohlers) – Smisek (M. Müller) – SR: Chenard (Kanada)

307 **Belgien**, 7. 5., Eupen, 5:0 gewonnen (EM-Qualifikation): Angerer – Stegemann, Krahn, Hingst, Bresonik (1) – Garefrekes (2), Laudehr (Mittag), Bartusiak (Zietz), Behringer (Bajramaj) – Prinz, Pohlers (2) – SR: Ionescu (Rumänien)

308 **Wales**, 29. 5., Kassel, 4:0 gewonnen (EM-Qualifikation): Rottenberg (Angerer) – Stegemann, Krahn (1), Omilade, Bresonik – Garefrekes (Behringer 1), Goeßling, Hingst (1), Bajramaj – Pohlers (1) (M. Müller), Prinz – SR: Cohen (Israel)

309 **England**, 17. 7., Unterhaching, 3:0 gewonnen: Angerer – Stegemann (Peter), Krahn (Bartusiak), Hingst, Bresonik – Laudehr, Lingor (Okoyino da Mbabi) – Garefrekes (Pohlers), Prinz (1), Bajramaj (Behringer 1) – Smisek (1) (Mittag) – SR: Beck (Deutschland)

310 **Norwegen**, 23. 7., Sandefjord, 0:2 verloren: Angerer – Stegemann (Peter), Krahn (Bartusiak), Hingst, Bresonik – Laudehr, Lingor (Okoyino da Mbabi) – Garefrekes (Pohlers), Prinz, Behringer (Bajramaj) – Smisek (Mittag) – SR: Ödlund (Schweden)

311 **Brasilien**, 6. 8., Shenyang, 0:0 unentschieden (Olympia-Vorrunde): Angerer – Stegemann, Krahn, Hingst, Bresonik – Laudehr, Lingor – Garefrekes, Prinz, Behringer (Bajramaj) – Smisek (Okoyino da Mbabi) – SR: Seitz (USA)

312 **Nigeria**, 9. 8., Shenyang, 1:0 gewonnen (Olympia-Vorrunde): Angerer – Stegemann (1), Krahn, Hingst, Bresonik – Laudehr (Okoyino da Mbabi), Lingor – Garefrekes, Prinz, Behringer – Smisek (Mittag) – SR: Palmqvist (Schweden)

313 **Nordkorea**, 12. 8., Tianjin, 1:0 gewonnen (Olympia-Vorrunde): Angerer – Stegemann, Krahn, Hingst, Bresonik – Laudehr, Lingor – Garefrekes, Prinz, Behringer (Bajramaj) – Smisek (Mittag 1) – SR: Ferreira-James (Guyana)

314 **Schweden**, 15. 8., Shenyang, n. V. 2:0 gewonnen (Olympia-Viertelfinale): Angerer – Stegemann, Krahn, Hingst, Bresonik (Peter) – Laudehr (1), Lingor – Garefrekes (1), Prinz, Behringer – Mittag – SR: Damkova (Tschechien)

315 **Brasilien**, 18. 8., Shanghai, 1:4 verloren (Olympia-Halbfinale): Angerer – Stegemann, Krahn, Hingst, Peter – Laudehr, Lingor – Garefrekes, Prinz (1), Behringer (Bajramaj) – Mittag (Okoyino da Mbabi) – SR: Hong (Südkorea)

316 **Japan**, 21. 8., Peking, 2:0 gewonnen (Spiel um den dritten Platz): Angerer – Stegemann, Krahn, Hingst, Peter – Laudehr (Okoyino da Mbabi), Lingor – Garefrekes, Prinz, Behringer (Bajramaj 2) – Smisek (Pohlers) – SR: Alvarez (Argentinien)

317 **Schweiz**, 1. 10., Basel, 3:0 gewonnen (EM-Qualifikation): Angerer – Stegemann, Krahn, Hingst, Peter – Garefrekes (1) (Bachor), Bartusiak, Laudehr (Goeßling), Behringer (1) – Smisek (1) (M. Müller), Mittag – SR: Olander (Estland)

2009: 16 Spiele: 10 Siege, 3 Unentschieden, 3 Niederlagen

318 **China**, 25. 2., Bielefeld, 1:1 unentschieden: Angerer – Bachor (B. Schmidt), Omilade, Bartusiak, Peter – Garefrekes (N. Banecki), Bresonik, Goeßling (Kulig), Behringer – Mittag (M. Müller), Grings (1) (Bajramaj) – SR: Kunick (Deutschland)

319 **Finnland**, 4. 3., Albufeira, 2:0 gewonnen (Algarve-Cup): Angerer – B. Schmidt, Fuss, Bartusiak, Peter (Baunach) – Bresonik, Kulig – Garefrekes (1), Grings (N. Banecki), Bajramaj (Behringer 1) – M. Müller (Mittag) – SR: Chenard (Kanada)

320 **China**, 6. 3., Albufeira, 3:0 gewonnen (Algarve-Cup): Angerer – Bachor (Baunach), Omilade, Bartusiak, Peter (B. Schmidt) – Goeßling (Okoyino da Mbabi), Kulig (1) – Garefrekes (2) (Bajramaj), Mittag (M. Müller), Behringer (N. Banecki) – Grings

321 **Schweden**, 9. 3., Faro, 2:3 verloren (Algarve-Cup): Angerer – Fuss, Omilade, Bartusiak, Peter – Bresonik (Goeßling), Kulig (1) – Garefrekes, Bajramaj (Grings 1), Behringer – M. Müller (Mittag) – SR: Melksham (Australien)

322 **Dänemark**, 11. 3., Faro, 0:1 verloren (Algarve-Cup): Angerer – Fuss, Omilade, Bartusiak, Peter – Bresonik (Goeßling), Kulig – Garefrekes, N. Banecki (M. Müller), Behringer (Bajramaj) – Grings – SR: Palmqvist (Schweden)

323 **Brasilien**, 22. 4., Frankfurt, 1:1 unentschieden: Angerer – B. Schmidt, Krahn (Fuss), Bartusiak, Peter – Bresonik, Kulig – Garefrekes (Laudehr), Behringer – Prinz (M. Müller), Mittag (1) (Bajramaj) – SR: Palmqvist (Schweden)

324 **Niederlande**, 25. 7., Sinsheim, 6:0 gewonnen: Angerer (Holl) – Bresonik, Bartusiak (Krahn), Hingst, Peter – Garefrekes (Stegemann), Laudehr (1) (Bajramaj), Kulig, Behringer (1) – Prinz (1) (Okoyino da Mbabi 1), Grings (1) (M. Müller) – Dazu ein Eigentor von Geurts – SR: Dr. Hussein (Deutschland)

325 **Japan**, 29. 7., Mannheim, 0:0 unentschieden: Angerer – B. Schmidt (Stegemann), Bartusiak (Krahn), Hingst, Peter (Fuss) – Garefrekes, Laudehr, Bresonik, Bajramaj (Okoyino da Mbabi) – Prinz (Mittag), Grings (Kulig) – SR: Kurtes (Deutschland)

326 **Russland**, 6. 8., Bochum, 3:1 gewonnen: Angerer – Stegemann, Krahn, Hingst (Bartusiak), Peter (Fuss) – Garefrekes (1), Kulig, Bresonik, Laudehr (Bajramaj) – Prinz (M. Müller 1), Grings (Okoyino da Mbabi) – Dazu ein Eigentor von Tsybutovich – SR: Kunick (Deutschland)

327 **Norwegen**, 24. 8., Tampere, 4:0 gewonnen (EM-Vorrunde): Angerer – B. Schmidt, Krahn, Hingst, Peter – Garefrekes (Bajramaj 2), Kulig, Bresonik (1), Behringer (Mittag 1) – Prinz, Grings (Okoyino da Mbabi) – SR: Ihringova (England)

328 **Frankreich**, 27. 8., Tampere, 5:1 gewonnen (EM-Vorrunde): Angerer – B. Schmidt, Krahn (1), Hingst, Peter – Garefrekes, Kulig (Bartusiak), Bresonik (1), Behringer (1) (Laudehr 1) – Prinz, Grings (1) (Okoyino da Mbabi) – SR: Monsul (Ukraine)

329 **Island**, 30. 8., Tampere, 1:0 gewonnen (EM-Vorrunde): Angerer – Fuss (Stegemann), Krahn, Hingst, Peter – Mittag, Bartusiak, Laudehr, Bajramaj – Prinz (Grings 1/Okoyino da Mbabi), M. Müller – SR: Heikkinen (Finnland)

330 **Italien**, 4. 9., Lahti, 2:1 gewonnen (EM-Viertelfinale): Angerer – B. Schmidt (Laudehr), Krahn, Hingst (Fuss), Peter – Garefrekes, Kulig, Bresonik, Behringer – Prinz (M. Müller), Grings (2) – SR: Palmqvist (Schweden)

331 **Norwegen**, 7. 9., Helsinki, 3:1 gewonnen (EM-Halbfinale): Angerer – B. Schmidt (Okoyino da Mbabi 1), Krahn, Bartusiak, Peter – Garefrekes, Kulig, Bresonik (Laudehr 1), Behringer (Bajramaj 1) – Prinz, Grings – SR: Heikkinen (Finnland)

332 **England**, 10. 9., Helsinki, 6:2 gewonnen (EM-Finale): Angerer – Bresonik, Krahn, Bartusiak, Peter – Garefrekes (Bajramaj), Kulig (1), Laudehr, Behringer (1) (Okoyino da Mbabi) – Prinz (2), Grings (2) – SR: Damkova (Tschechien)

333 **USA**, 29. 10., Augsburg, 0:1 verloren: Angerer – Bresonik, Krahn, Bartusiak, Peter – Laudehr, Kulig – Garefrekes (B. Schmidt), Bajramaj (Okoyino da Mbabi), Prinz (M. Müller) – Grings (Mittag) – SR: Gaal (Ungarn)

2010: 6 Spiele: 4 Siege, 2 Niederlagen

334 **Nordkorea**, 17. 2., Duisburg, 3:0 gewonnen: Angerer (Weiß) – Bresonik, Bartusiak, Fuss, Peter – Laudehr (1) (Goeßling), Kulig (Popp) – Bajramaj (1), Prinz (M. Müller), Behringer (Garefrekes) – Mittag (Okoyino da Mbabi 1) – SR: Guillemin (Frankreich)

335 **Dänemark**, 24. 2., Parchal, 4:0 gewonnen (Algarve-Cup): Angerer – Garefrekes (B. Schmidt), Krahn (Grings 2), Bartusiak, Peter – Kulig (Zietz), Goeßling – Bajramaj (Okoyino da Mbabi), Prinz (1), Behringer (1) (Popp) – Mittag (M. Müller) – SR: Pye (Kanada)

336 **Finnland**, 26. 2., Parchal, 7:0 gewonnen (Algarve-Cup): Angerer – B. Schmidt, Krahn (Fuss), Bartusiak, Peter – Goeßling (Keßler 1), Prinz – Garefrekes (Popp 2), Grings (3) (M. Müller 1), Behringer (Bajramaj) – Mittag (Okoyino da Mbabi) – SR: Pedersen (Norwegen)

337 **China**, 1. 3., Faro, 5:0 gewonnen (Algarve-Cup): Holl – B. Schmidt, Krahn (Popp), Fuss, Peter (1) – Goeßling (Zietz 1), Prinz (Keßler) – Garefrekes (1) (Behringer), Mittag (2) (Grings), Bajramaj (M. Müller) – Okoyino da Mbabi – SR: Godinez (Mexiko)

338 **USA**, 3. 3., Faro, 2:3 verloren (Algarve-Cup): Angerer – B. Schmidt, Peter, Fuss, Garefrekes – Goeßling (Zietz), Prinz – Bajramaj (Okoyino da Mbabi), Grings (2), Behringer (M. Müller) – Mittag (Popp) – SR: Heikkinen (Finnland)

339 **USA**, 22. 5., Cleveland, 0:4 verloren: Angerer – Bresonik, Krahn (Omilade), Bartusiak, Fuss – Garefrekes, Hingst (Kulig), Laudehr, Behringer (Okoyino da Mbabi) – Prinz (Popp), Grings – SR: Domka (USA)

340 **Kanada**, 15. 9., Dresden, 5:0 gewonnen: Angerer – Fuss, Goeßling (Henning), Bartusiak, Peter – Laudehr (Hingst), Kulig, Garefrekes (Okoyino da Mbabi 1), Prinz (Behringer 1), Bajramaj (1) (Popp 1) – Grings (1) (Mittag) – SR: Damkova (Tschechien)

341 **Australien**, 28. 10., Wolfsburg, 2:1 gewonnen: Holl – Bartusiak, Goeßling, Fuss (Faißt), Peter – Laudehr, Kulig (M. Müller 1), Bajramaj, Garefrekes (Okoyino da Mbabi) – Prinz (Hingst), Grings (1) (Marozsan) – SR: Schett (Österreich)

342 **Nigeria**, 25. 11., Leverkusen, 8:0 gewonnen: Angerer – Peter, Bartusiak (Henning), Goeßling, Faißt – Laudehr (Bresonik), Hingst – Garefrekes (3) (Mittag), Prinz (2) (Maroszan), Bajramaj (Behringer) – Grings (2) (Popp 1) – SR: Pedersen (Norwegen)

2011: 8 Spiele: 7 Siege, 1 Niederlage

343 **Nordkorea**, 21. 5., Ingolstadt, 2:0 gewonnen: Angerer – Bresonik, Krahn (Peter), Bartusiak (Goeßling), Faißt – Kulig (1), Laudehr (Hingst) – Garefrekes, Prinz (M. Müller), Behringer (Bajramaj) – Popp (Okoyino da Mbabi 1) – SR: Schett (Österreich)

344 **Italien**, 3. 6., Osnabrück, 5:0 gewonnen: Angerer – Bresonik, Bartusiak (Goeßling), Krahn, Peter – Laudehr, Kulig (1) (Hingst) – Garefrekes (M. Müller), Prinz (Okoyino da Mbabi 1), Behringer (Bajramaj) – Grings (Popp 2) – Dazu ein Eigentor von D'Adda – SR: Ihringova (England)

345 **Niederlande**, 7. 6., Aachen, 5:0 gewonnen: Angerer – Schmidt, Krahn (Goeßling), Bartusiak, Peter – Kulig (1), Laudehr (1) (Hingst) – Garefrekes (Grings 1), Prinz (Popp 1), Bajramaj (Behringer) – Okoyino da Mbabi (1) (M. Müller) – SR: Ihringova (England)

346 **Norwegen**, 16. 6., Mainz, 3:0 gewonnen: Angerer – Bresonik, Krahn (Goeßling), Bartusiak, Peter – Laudehr (1), Kulig (Hingst) – Garefrekes (Behringer), Prinz (Bajramaj), Okoyino da Mbabi (M. Müller) – Grings (Popp 2) – SR: Hong (Südkorea)

347 **Kanada**, 26. 6., Berlin, 2:1 gewonnen (WM-Vorrunde): Angerer – Bresonik, Krahn, Bartusiak, Peter – Kulig, Laudehr – Garefrekes (1), Okoyino da Mbabi (1) (Grings), Behringer (Bajramaj) – Prinz (Popp) – SR: Melksham (Australien)

348 **Nigeria**, 30. 6., Frankfurt, 1:0 gewonnen (WM-Vorrunde): Angerer – Bresonik, Krahn, Bartusiak, Peter – Kulig, Laudehr (1) – Garefrekes, Okoyino da Mbabi (Bajramaj), Behringer (Popp) – Prinz (Grings) – SR: Cha (Südkorea)

349 **Frankreich**, 5. 7., Mönchengladbach, 4:2 gewonnen (WM-Vorrunde): Angerer – B. Schmidt, Krahn (Popp), Bartusiak, Peter – Laudehr (Hingst), Goeßling – Garefrekes (1), Okoyino da Mbabi (1), Bajramaj – Grings (2) – SR: Heikkinen (Finnland)

350 **Japan**, 9. 7., Wolfsburg, 0:1 verloren (WM-Viertelfinale): Angerer – Bresonik (Goeßling), Krahn, Bartusiak, Peter – Laudehr, Kulig (B. Schmidt) – Garefrekes, Okoyino da Mbabi, Behringer – Grings (Popp) – SR: Quetzalli Alvarado (Mexiko)

Zu Frauen-Länderspielen wurden berufen:

2 **Alter** Sandra, 10. 1. 1972 (KBC Duisburg) 1991 SUI, HUN

102 **Angerer** Nadine, 10. 11. 1978 (1. FC Nürnberg 2, Wacker München 9, Bayern München 3, Turbine Potsdam 42, Djurgardens IF 15, 1. FFC Frankfurt 31) 1996 NED, ISL, ISL, ITA – 1997 ENG, CHN, DEN – 1998 USA – 1999 TUR, CHN, SUI – 2000 NOR – 2001 CHN, CAN, JPN, POR – 2002 CHN, NOR, CHN, SWE, NOR, DEN, RUS – 2003 USA, CHN, FRA, DEN, POR – 2004 CHN, UKR, CZE – 2005 AUS, CHN, SWE, NOR, CAN, CAN – 2006 CHN, FIN, NOR, SUI, JPN – 2007 NED, WAL, DEN, CZE, SUI, NOR, ARG, ENG, JAP, PRK, NOR, BRA, BEL, NED – 2008 CHN, FIN, SWE, NOR, BEL, WAL, ENG, NOR, BRA, NGA, PRK, SWE, BRA, JPN, SUI – 2009 CHN, FIN, CHN, SWE, DEN, BRA, NED, JPN, RUS, NOR, FRA, ISL, ITA, NOR, ENG, USA – 2010 PRK, DEN, FIN, USA, USA, CAN, NGA – 2011 PRK, ITA, NED, NOR, CAN, NGA, FRA, JPN

58 **Austermühl** Birgitt, 8. 10. 1965 (TSV Battenberg 19, TSV Calden 7, FSV Frankfurt 32) 1991 HUN, BEL, NGA, TPE, ITA, DEN, USA – 1992 ITA, YUG, FRA, URS – 1993 SWE, FRA, USA, USA, USA, SUI, ITA, DEN, SWE, NOR, SUI, RUS, POL – 1994 WAL, KRO, CAN, USA, NOR, CHN, SWE, CRO, SUI, RUS, RUS, ENG – 1995 ENG, SWE, POL, SUI, CHN, JPN, SWE, BRA, CHN, NOR, FIN, SVK – 1996 USA, USA, SVK, N, FIN, NOR, ISL, JPN, NOR, BRA

30 **Bachor** Isabell, 10. 7. 1983 (FSV Frankfurt 2, SC Bad Neuenahr 28) 2001 CHN – 2002 DEN – 2004 POR, CHN, ITA, UKR, SCO, NOR, NGA, MEX, NGA, USA – 2005 AUS, RUS, CHN, CAN, CAN – 2006 ITA, IRL, SUI, RUS, ENG, JPN – 2008 DEN, FIN, SWE, NOR, SUI – 2009 CHN, CHN

50 **Bajramaj** Fatmire Lira, 1. 4. 1988 (FCR Duisburg 27, Turbine Potsdam 23) 2005 SCO – 2007 CHN, ENG, NED, WAL, DEN, CZE, NOR, ENG, JAP, NOR, BRA, BEL – 2008 BEL, WAL, ENG, NOR, BRA, PRK, BRA, JPN – 2009 CHN, FIN, CHN, SWE, DEN, BRA, NED, JPN, RUS, NOR, ISL, NOR, ENG, USA – 2010 PRK, DEN, FIN, CHN, USA, CAN, AUS, NGA – 2011 PRK, ITA, NED, NOR, CAN, NGA, FRA

5 **Banecki** Nicole, 3. 9. 1988 (Bayern München) 2008 FIN – 2009 CHN, FIN, CHN, DEN

25 **Bartelmann** Petra, 11. 3. 1962 (SC Klinge Seckach 3, SSG Bergisch Gladbach 11, TSV Siegen 7, Asker Club Oslo 4) 1982 SUI – 1983 NED, DEN, SUI, DEN, BEL – 1984 ITA, NOR, ITA, ENG, BEL, ITA – 1985 HUN, DEN – 1986 ISL, ISL, DEN, NED – 1987 NED, FRA, ITA – 1989 DEN, CSV – 1990 BUL, CSV

45 **Bartusiak** Saskia, 9. 9. 1982 (1. FFC Frankfurt) 2007 NED, WAL, DEN, SUI, NOR, ARG, BEL, NED – 2008 CHN, DEN, FIN, NOR, BEL, ENG, NOR, SUI – 2009 CHN, FIN, CHN, SWE, DEN, BRA, NED, JPN, RUS, FRA, ISL, NOR, ENG, USA – 2010 PRK, DEN, FIN, USA, CAN, AUS, NGA – 2011 PRK, ITA, NED, NOR, CAN, NGA, FRA, JPN

1 **Baudzus** Vanessa, 15. 1. 1978 (SC Bad Neuenahr) 1998 ITA

2 **Baunach** Katharina, 18. 1. 1989 (Bayern München) 2009 FIN, CHN

13 **Becher** Inken, 2. 9. 1978 (Hertha Zehlendorf 7, Turbine Potsdam 6) 1997 NOR, NOR, DEN, SWE – 1998 NZL, USA, USA – 2004 CZE, NED – 2005 AUS, RUS, CHN, CAN

3 **Becker** Stefanie, 5. 4. 1982 (FSV Frankfurt) 2001 USA, POR, NED

68 **Behringer** Melanie, 18. 11. 1985 (SC Freiburg 32, Bayern München 27, 1. FFC Frankfurt 9) 2005 AUS, RUS, CHN, NOR, CHN – 2006 FIN, SWE, NOR, USA – 2007 USA, CHN, FRA, DEN, ITA, DEN, SUI, NOR, ARG, ENG, JAP, PRK, NOR, BRA, BEL, NED – 2008 CHN, DEN, FIN, SWE, NOR, BEL, WAL, ENG, NOR, BRA, NGA, PRK, SWE, BRA, JPN, SUI – 2009 CHN, FIN, CHN, SWE, DEN, BRA, NED, NOR, FRA, ITA, NOR, ENG – 2010 PRK, DEN, FIN, CHN, USA, USA, CAN, NGA – 2011 PRK, ITA, NED, NOR, CAN, NGA, JPN

1 **Berens** Bettina, 2. 9. 1973 (TuS Ahrbach) 1992 ITA

47 **Bernhard** Anouschka, 5. 10. 1970 (VfL Sindelfingen 14, FSV Frankfurt 33) 1991 CHN – 1992 ITA, YUG, FRA, POL, URS – 1993 SWE, FRA, USA, USA, USA, SUI, ITA, DEN, SWE, NOR, POL – 1994 WAL, WAL, CRO, CAN, USA, NOR, CHN, SWE, CRO, RUS, ENG – 1995 ENG, SWE, POL, SUI, CHN, JPN, SWE, BRA, ENG, CHN, NOR, FIN, SVK – 1996 USA, USA, ITA – 1997 ENG, CHN, CHN

22 **Bindl** Roswitha, 14. 1. 1965 (Bayern München 15, Wacker München 7) 1988 HUN, CSV, CSV – 1989 BUL, DEN, ITA, NOR, CSV – 1990 BUL, CSV, ENG, URS, USA, ENG, ENG – 1991 SUI, NGA, TPE, ITA, DEN, USA, SWE

7 **Boll** Monika, 25. 10. 1971 (VfB Rheine/Eintracht Rheine) 1994 CRO, CAN, USA, NOR, CHN – 1995 SUI – 1997 CHN

8 **Bormann** Birgit, 14. 3. 1965 (SC Bad Neuenahr) 1982 SUI – 1983 BEL, NED, DEN, SUI, DEN, NED, BEL

37 **Bornschein** Katja, 16. 3. 1972 (FSV Frankfurt 31, SG Praunheim 6) 1991 CHN, NOR – 1992

POL, URS, URS – 1993 SWE, FRA, USA, USA, USA, ITA, DEN, SWE, NOR, SUI, RUS, POL – 1994 WAL, CAN, USA, NOR, CHN, SWE, CRO, SUI, RUS, RUS – 1996 SVK, FIN, ISL, ISL, NED, ISL, ISL, ITA – 1997 ENG, CHN

8 **Brandebusemeyer** Nicole, 9. 10. 1974 (FFC/Grün-Weiß Brauweiler) 1998 ITA, NZL, NZL, USA, USA – 1999 CHN, SUI – 2000 SWE

68 **Bresonik** Linda, 7. 12. 1983 (FCR Duisburg 49, SG Essen-Schönebeck 19) 2001 ITA, RUS, CAN, ENG – 2002 NOR, DEN, RUS – 2003 CHN, NOR, USA, CHN, CHN, SCO, FRA, NGA, UKR, CZE, ENG, CAN, JPN – 2007 USA, CHN, ENG, FRA, DEN, NED, WAL, CZE, SUI, ARG, ENG, JAP, PRK, NOR, BRA, BEL, NED – 2008 BEL, WAL, ENG, NOR, BRA, NGA, PRK, SWE – 2009 CHN, FIN, SWE, DEN, BRA, NED, JPN, RUS, NOR, FRA, ITA, NOR, ENG, USA – 2010 PRK, USA, NGA – 2011 PRK, ITA, NOR, CAN, NGA, JPN

1 **Breuer** Maria, 7. 3. 1954 (SC Bad Neuenahr) 1983 SUI

46 **Brocker** (geb. Grigoli) Patricia, 7. 4. 1966 (VfR Saarbrücken 2, TuS Niederkirchen 44) 1992 ITA, YUG, FRA, POL, URS – 1993 SWE, NOR, SUI, RUS, POL – 1994 WAL, WAL, CRO, USA, NOR, CHN, CAN, SWE, CRO, SUI, RUS, RUS, ENG,- 1995 ENG, SWE, POL, SUI, CHN, JPN, SWE, BRA, ENG, NOR, FIN, SVK – 1996 USA, USA, SVK, NOR, FIN, NOR, ISL, ISL, JPN, NOR, BRA

1 **Butscher** Brigitte, 18. 4. 1957 (SG Aulendorf) 1986 ISL

31 **Carlson** Britta, 3. 3. 1978 (Hamburger SV 3, Turbine Potsdam 26, VfL Wolfsburg 2) 2004 CHN, UKR, SCO, CZE, NED – 2005 RUS, CHN, SWE, CHN, USA, NOR, ITA, FRA, FIN, NOR, CAN, CAN, RUS, SCO, SUI – 2006 CHN, FIN, SWE, NOR, USA, ENG, JPN – 2007 USA, ENG, FRA, DEN

2 **Chaladyniak** Christine, 15. 6. 1968 (TSV Siegen) 1986 HUN – 1996 ISL

46 **Damm** Petra, 20. 3. 1968 (Eintracht Wolfsburg) 1984 NED – 1986 HUN, NOR, ISL, DEN – 1987 NED, ISL, ISL, HUN, ITA – 1988 ITA, SUI, ITA, USA, SUI, HUN, CSV, CSV – 1989 BUL, DEN, ITA, N, HUN, CSV – 1990 BUL, CSV, ENG, URS, USA, USA, BUL, HUN, ENG – 1991 FRA, POL, USA, CHN, ITA, NOR, SUI, HUN, BEL, NGA, TPE, DEN, SWE

1 **Danner** Karin, 22. 1. 1959 (Bayern München) 1984 NOR

1 **Dietrich** Helene, 8. 12. 1960 (TuS Ahrbach) 1983 BEL

8 **Dlugi-Winterberg** Gaby, 4. 12. 1948 (SSG Bergisch Gladbach) 1982 SUI – 1983 BEL, NED, DEN, SUI, DEN, NED, BEL

4 **Doll** Cornelia, 30. 6. 1958 (Bayern München) 1983 DEN – 1984 ITA, NOR, BEL

12 **Eichenlaub** Rosi, 16. 7. 1958 (Bayern München) 1983 NED, SUI, DEN, NED, BEL – 1984 ITA, ITA, BEL, ITA, FIN, NED – 1985 FIN

1 **Engel** Heidi, 5. 8. 1968 (SSG Bergisch Gladbach) 1988 ITA

1 **Erhardt** Nicole, 4. 4. 1971 (Sportfreunde Werne West) 1993 SUI

3 **Faißt** Verena, 22. 5. 1989 (VfL Wolfsburg) 2010 AUS, NGA – 2011 PRK

9 **Fehrmann** Angelika, 6. 1. 1964 (SSG Bergisch Gladbach) 1988 ITA, USA, SUI, HUN, CSV – 1989 BUL, DEN, ITA, NOR

1 **Ferber** Nicole, 19. 10. 1977 (FC Rumeln-Kaldenhausen) 1996 NED

3 **Fischer** Nicole, 2. 9. 1961 (Sportfreunde Schliengen) 1983 SUI, NED – 1988 SUI

144 **Fitschen** Doris, 25. 10. 1968 (TuS Westerholz 9, Eintracht Wolfsburg 35, TSV Siegen 40, SG Praunheim 27, 1. FFC Frankfurt 25, Philadelphia Charge 8) 1986 DEN – 1987 NED, FRA, ISL, ISL, HUN, ITA – 1988 ITA, SUI, ITA, HUN, CSV, CSV – 1989 BUL, DEN, ITA, NOR, HUN – 1990 BUL, CSV, ENG, URS, USA, USA, BUL, HUN, ENG, ENG- 1991 FRA, POL, USA, CHN, ITA, NOR, SUI, HUN, NGA, TPE, ITA, DEN, USA, SWE – 1992 ITA, YUG, FRA, POL, URS, URS – 1993 SWE, FRA, USA, USA, USA, SUI, ITA, DEN, SWE, NOR, SUI, RUS, POL – 1994 WAL, WAL, CRO, CAN, USA, NOR, CHN, SWE, CRO, SUI, RUS, RUS, ENG,- 1995 FIN, SVK – 1996 USA, USA, SVK, ISL, ISL, JPN, NOR, BRA, NED, ISL, ITA – 1997 ENG, CHN, CHN, ESP, ITA, NOR, DEN, SWE, ITA, ENG, USA, USA, NOR, NED – 1998 ITA, ENG, NED, NZL, NZL, NOR, USA, USA, UKR, UKR – 1999 T, CHN, CHN, DEN, SUI, FRA, NED, ITA, MEX, BRA, USA, RUS, UKR, ISLI, ITA – 2000 NED, ITA, UKR, ISL, DEN, AUS, BRA, SWE, NOR, BRA – 2001 RUS, CAN, CAN, SWE, RUS, ENG, NOR, SWE

2 **Francke** Christine, 12. 6. 1974 (TuS Ahrbach) 1995 POL, SUI

2 **Friedrich** Niobe, 27. 8. 1964 (Bayern München) 1990 URS, USA

3 **Fütterer** Christine, 14. 7. 1963 (FC Spöck 2, SC Klinge Seckach 1) 1988 ITA, SUI – 1991 FRA

68 **Fuss** Sonja, 5. 11. 1978 (FFC/Grün-Weiß Brauweiler 31, FSV Frankfurt 7, Turbine Potsdam 6, FCR Duisburg 13, 1. FC Köln 11) 1996 NED – 1997 ENG, CHN, CHN, DEN, DEN, ENG, USA,

USA – 1998 ITA, NZL, USA, USA – 1999 TUR, CHN, SUI – 2003 NGA, CZE, ENG, ARG, POR – 2004 CHN, ITA, UKR, SCO, NOR, NGA, CHN, NGA, USA, SWE, CZE – 2005 NOR, CHN, USA, CAN, FRA, FIN – 2006 CHN, FIN, SWE, NOR, USA, IRL, ITA, SUI, JPN – 2007 CHN, DEN, SUI, NOR, BEL, NED – 2009 FIN, SWE, DEN, BRA, JPN, RUS, ISL, ITA – 2010 PRK, FIN, CHN, USA, USA, CAN, AUS

130 **Garefrekes** Kerstin, 4. 9. 1979 (FFC Heike Rheine 31, 1. FFC Frankfurt 99) 2001 NED – 2002 CHN, USA, NOR, DEN, CHN, SWE, NOR, – 2003 CHN, NOR, USA, CHN, CHN, DEN, DEN, NGA, UKR, CZE, ENG, CAN, JPN, ARG, RUS, USA, SWE, POR – 2004 POR, CHN, ITA, UKR, SCO, NOR, NGA, CHN, MEX, NGA, USA, SWE, CZE, NED – 2005 SWE, NOR, CHN, USA, CAN, CAN, NOR, ITA, FRA, FIN, NOR, CAN, CAN, RUS, SCO, SUI – 2006 CHN, FIN, SWE, NOR, USA, IRL, ITA, IRL, SUI, SCO, RUS, ENG, JPN – 2007 NOR, FRA, DEN, ITA, NED, WAL, DEN, CZE, SUI, NOR, ARG, ENG, JAP, PRK, NOR, BRA, BEL, NED – 2008 BEL, WAL, ENG, NOR, BRA, NGA, PRK, SWE, BRA, JPN, SUI – 2009 CHN, FIN, CHN, SWE, DEN, BRA, NED, JPN, RUS, NOR, FRA, ITA, NOR, ENG, USA – 2010 PRK, DEN, FIN, CHN, USA, USA, CAN, AUS, NGA – 2011 PRK, ITA, NED, NOR, CAN, NGA, FRA, JPN

3 **Gebauer** Ingrid, 13. 2. 1959 (SSG Bergisch Gladbach) 1982 SUI – 1983 BEL, DEN

4 **Gehlen** Marie-Luise, 23. 6. 1961 (STV Lövenich) 1984 ENG, BEL, ITA – 1985 HUN

25 **Goeßling** Lena, 8. 3. 1986 (SC Bad Neuenahr) 2008 CHN, DEN, FIN, SWE, NOR, WAL, SUI – 2009 CHN, CHN, SWE, DEN – 2010 PRK, DEN, FIN, CHN, USA, CAN, AUS, NGA – 2011 PRK, ITA, NED, NOR, FRA, JPN

8 **Götte** Jeanette, 13. 3. 1979 (FFC Flaesheim-Hillen 7, FCR Duisburg 1) 2000 NED, UKR, USA, DEN, BRA – 2001 CHN, CHN, POR

45 **Goller** Manuela, 5. 1. 1971 (SSG Bergisch Gladbach 3, Grün-Weiß Brauweiler 42) 1990 ENG, USA, USA – 1992 FRA, URS – 1993 SWE, FRA, USA, USA, SUI, ITA, SWE, NOR, SZ, RUS – 1994 WAL, CAN, USA, NOR, CHN, SWE, SUI, RUS, RUS, ENG,- 1995 ENG, SWE, POL, SUI, CHN, JPN, SWE, BRA, ENG, CHN, NOR, FIN – 1996 USA, SVK, NOR, NOR, ISL, JPN, NOR, BRA

33 **Gottschlich** Gudrun, 23. 5. 1970 (KBC Duisburg 23, VfL Sindelfingen 7, Grün-Weiß Brauweiler 3) 1989 DEN, HUN, CSV – 1990 BUL, CSV, ENG, URS, USA, USA, ENG,- 1991 FRA, POL, USA, CHN, ITA, NOR, NGA, TPE, ITA, DEN, USA, SWE – 1992 ITA – 1993 SWE, FRA, USA, USA, USA, SUI, ITA, SWE, NOR – 1996 NOR

45 **Gottschlich** Stefanie, 5. 8. 1978 (WSV Wolfsburg 31, VfL Wolfsburg 14) 1997 USA, NOR, NED – 1998 ITA, ENG, NED, NZL, NOR – 1999 CHN, DEN, SUI, RUS, ISL – 2000 ITA, CHN, NOR, BRA – 2001 CHN, CHN – 2002 CHN, USA, NOR, DEN, CHN, FIN, SWE, NED, POR, ENG – 2003 DEN, DEN, NGA, UKR, CZE, ENG, CAN, JPN, ARG, RUS, USA, SWE, POR – 2004 POR, CHN, ITA

94 **Grings** Inka, 31. 10. 1978 (FC Rumeln-Kaldenhausen/FCR Duisburg) 1996 FIN, NED, ISL, ISL, ITA – 1997 DEN – 1998 ENG, NED, NZL, NZL, NOR, USA, USA, UKR, UKR – 1999 CHN, DEN, SUI, FRA, NED, ITA, MEX, BRA, USA, RUS, UKR, ISLI, ITA – 2000 NED, ITA, UKR, CHN, NOR, USA, ISL, DEEN, AUS, BRA, SWE, NOR, BRA – 2002 POR, ENG, NOR, DEN, RUS – 2003 CHN, CHN, SCO, FRA, DEN, CZE – 2004 POR, CHN – 2005 CAN, NOR, ITA, FRA, FIN, NOR, CAN, CAN, RUS, SCO – 2009 CHN, FIN, CHN, SWE, DEN, NED, JPN, RUS, NOR, FRA, ISL, ITA, NOR, ENG, USA – 2010 DEN, FIN, CHN, USA, USA, CAN, AUS, NGA – 2011 ITA, NED, NOR, CAN, NGA, FRA, JPN

1 **Gröpper** Astrid, 12. 4. 1977 (SV Kempten) 1996 NED

27 **Günther** Sarah, 25. 1. 1983 (ATS Buntentor 2, Hamburger SV 21, 1. FFC Frankfurt 4) 2001 CHN – 2003 DEN, NGA – 2004 CHN, ITA, UKR, SCO, NOR, NGA, CHN, MEX, SWE, CZE, NED – 2005 AUS, RUS, CHN, SWE, NOR, USA, CAN, FIN, NOR, CAN, CAN, RUS, SCO

10 **Haberlaß** Andrea, 26. 1. 1964 (SSG Bergisch Gladbach 1, TSV Siegen 9) 1985 DEN, NOR, FIN – 1986 HUN, NOR, NED – 1987 NED – 1988 ITA – 1989 DEN, NOR

13 **Hagedorn** Verena, 2. 7. 1982 (SC Bad Neuenahr) 2001 JPN, USA, ENG, POR – 2002 DEN, FIN, SWE, ENG, DEN – 2003 CHN, USA, CHN, DEN

1 **Heidecke** Astrid, 14. 9. 1959 (ABC Wesseln) 1984 NED

4 **Heinrich** Andrea, 17. 2. 1972 (FSV Frankfurt) 1990 ENG, URS, USA, USA

7 **Hengst** Sandra, 12. 4. 1973 (KBC Duisburg) 1990 HUN – 1991 CHN, ITA, SUI, ITA – 1992 ITA, YUG

10 **Henkel** Beate, 30. 7. 1960 (TSV Siegen) 1983 NED – 1984 ITA, NOR, ITA, ENG – 1986 HUN, NOR, ISL, ISL – 1988 SUI

9 **Hennen** Martina, 24. 8. 1972 (Schmalfelder SV) 1993 SUI, SWE, NOR, SUI, RUS, POL – 1994 WAL, CRO, CAN

2 **Henning** Josephine, 8. 9. 1989 (Turbine Potsdam) 2010 CAN, NGA

174 **Hingst** Ariane, 25. 7. 1979 (Hertha Zehlendorf 12, Turbine Potsdam 116, Djurgardens IF 30, 1. FFC Frankfurt 16) 1996 NED, ISL, ISL, ITA – 1997 ENG, CHN, CHN, ESP, DEN, DEN, SWE, ITA, ENG, NOR, NED – 1998 ITA, ENG, NED, NZL, USA, USA – 1999 TUR, CHN, SUI, FRA, NED, ITA, MEX, BRA, USA, UKR, ISL, ITA – 2000 NED, ITA, CHN, NOR, USA, ISL, DEN, AUS, BRA, SWE, NOR, BRA – 2001 CHN, CHN, ITA, RUS, CAN, SWE, RUS, ENG, NOR, SWE, JPN, USA, ENG, POR, NED – 2002 CHN, USA, NOR, DEN, CHN, FIN, SWE, NED, DEN, RUS – 2003 CHN, SCO, FRA, DEN, DEN, NGA, UKR, CZE, ENG, CAN, JPN, ARG, RUS, USA, SWE, POR – 2004 POR, CHN, ITA, UKR, SCO, NOR, NGA, CHN, MEX, NGA, USA, SWE, NED – 2005 SWE, NOR, CHN, USA, CAN, CAN, NOR, ITA, FRA, FIN, NOR, CAN, CAN, RUS, SCO, SUI – 2006 IRL, ITA, IRL, SCO, RUS, ENG, JPN – 2007 USA, CHN, ENG, NOR, FRA, DEN, NED, WAL, DEN, CZE, SUI, NOR, ARG, ENG, JAP, PRK, NOR, BRA, BEL, NED – 2008 CHN, DEN, FIN, SWE, NOR, BEL, WAL, ENG, NOR, BRA, NGA, PRK, SWE, BRA, JPN, SUI – 2009 NED, JPN, RUS, NOR, FRA, ISL, ITA – 2010 USA, CAN, AUS, NGA – 2011 PRK, ITA, NED, NOR, FRA

36 **Hoffmann** Melanie, 29. 11. 1974 (FC Rumeln-Kaldenhausen/FCR Duisburg) 1995 SUI, JPN – 1997 ESP, NOR, DEN, ENG, USA, USA, NOR, NED – 1998 ITA, ENG, NED, NZL, NZL, NOR, USA, USA, UKR, UKR – 1999 T, CHN, DEN, FRA, MEX, USA, RUS, UKR – 2000 NED, UKR, CHN, NOR, USA, ISL, SWE, BRA

5 **Holl** Ursula, 26. 6. 1982 (1. FFC Frankfurt 2, FCR Duisburg 3) 2007 FRA, DEN – 2009 NED – 2010 CHN, AUS

4 **Hümme** Anja, 24. 11. 1967 (Fortuna Sachsenroß Hannover) 1986 NED – 1987 ISL – 1988 ITA – 1991 FRA

58 **Isbert** (Feiden) Marion, 25. 2. 1964 (TuS Ahrbach 39, TSV Siegen 19) 1982 SUI – 1983 BEL, NED, DEN, SUI, DEN, NED, BEL – 1984 ITA, NOR, ITA, ENG, ITA, FIN, NED – 1985 HUN, DEN – 1986 HUN, NOR, DEN, NED – 1987 NED, FRA, HUN, ITA – 1988 ITA, SUI, SUI, HUN, CSV, CSV – 1989 BUL, DEN, ITA, NOR, HUN, CSV – 1990 BUL, CSV, BUL, HUN, ENG, ENG – 1991 FRA, POL, USA, CHN, ITA, NOR, SUI, HUN, BEL, NGA, TPE, ITA, DEN, USA, SWE

2 **Israel** Regine, 10. 12. 1958 (TuS Wörrstadt) 1984 NED – 1985 DEN

1 **Jahn** Susanne, 3. 10. 1960 (FSV Frankfurt) 1984 ITA

111 **Jones** Stephanie, 22. 12. 1972 (SG Praunheim 22, FSV Frankfurt 13, SC Bad Neuenahr 20, 1. FFC Frankfurt 56) 1993 DEN, SWE, NOR, SUI, RUS, POL – 1994 WAL – 1996 NED, ISL, ISL, ITA – 1997 ENG, CHN, CHN, ESP, DEN, NOR, ITA, NOR, DEN, SWE, ITA, ENG, USA, USA, NOR, NED – 1998 ITA, ENG, NED, NZL, NZL, NOR, USA, USA, UKR, UKR – 1999 TUR, CHN, CHN, DEN, SUI, FRA, NED, ITA, MEX, BRA, USA, RUS, UKR, ISL, ITA – 2000 NED, ITA, UKR, CHN, NOR, USA, ISL, DEN, AUS, BRA, SWE, NOR, BRA – 2001 CHN, CHN, CAN, CAN, SWE, RUS, ENG, NOR, SWE – 2003 ENG, CAN, JPN, ARG – 2004 NOR, NGA, CHN, MEX, NGA, USA, SWE, NED – 2005 SWE, NOR, CHN, USA, CAN, CAN, NOR, ITA, FRA, FIN, NOR, CAN, CAN, SUI – 2006 CHN, FIN, SWE, NOR, USA, IRL, SUI – 2007 NOR, FRA, DEN, ITA

1 **Kerschowski** Isabel, 22. 1. 1988 (Turbine Potsdam) 2007 WAL

2 **Keßler** Nadine, 4. 4. 1988 (Turbine Potsdam) 2010 FIN, CHN

6 **Klein** Claudia, 24. 9. 1971 (Grün-Weiß Brauweiler) 1994 USA, NOR, CHN, SUI – 1997 DEN, ITA

5 **Kliehm** Katrin, 17. 5. 1981 (1. FFC Frankfurt) 2002 NOR, DEN- 2003 CHN, NOR, USA

8 **Klinz** Brigitte, 4. 5. 1962 (SSG Bergisch Gladbach) 1982 SUI – 1983 BEL, SUI, DEN, NED, BEL – 1984 ITA – 1985 FIN

21 **Klinzmann** Christel, 16. 8. 1954 (Eintracht Wolfsburg) 1982 SUI – 1984 NOR, ITA, ENG, BEL, ITA, FIN, NED – 1985 HUN, DEN, NOR, FIN – 1986 HUN, NOR, ISL, ISL – 1987 ISL, ITA – 1988 ITA, SUI, USA

1 **Knopf** Maike-Katrin, 21. 8. 1959 (Eintracht Wolfsburg) 1983 BEL

1 **Knüpp** Anne, 7. 1. 1954 (Tennis Borussia Berlin) 1983 SUI

28 **Koekkoek** Rike, 16. 2. 1960 (FSV Frankfurt 18, TSV Siegen 10)1982 SUI – 1983 BEL, NED, DEN – 1984 ITA, NOR, ITA, ENG, BEL, ITA, FIN, NED – 1985 HUN, DEN, NOR, FIN – 1986 HUN, NOR, ISL, ISL, DEN, NED – 1987 NED, FRA, ISL, ISL, HUN, ITA

3 **König** Gaby, 5. 7. 1971 (FSV Frankfurt) 1991 USA – 1993 RUS, POL

70 **Krahn** Annike, 1. 7. 1985 (FCR Duisburg) 2005 AUS, RUS, CHN, SWE, NOR, CAN, SUI – 2006 FIN, SWE, NOR, USA, IRL, ITA, IRL, SUI, SCO, RUS, ENG, JPN – 2007 USA, CHN, ENG, NOR, ITA, NED, ENG, JAP, PRK, NOR, BRA, BEL, NED – 2008 CHN, DEN, FIN, SWE, BEL, WAL, ENG, NOR, BRA, NGA, PRK, SWE, BRA, JPN, SUI – 2009 BRA, NED, JPN, RUS, NOR, FRA, ISL, ITA, NOR, ENG, USA – 2010 DEN, FIN, CHN, USA – 2011 PRK, ITA, NED, NOR, CAN, NGA, FRA, JPN

2 **Kratz** Margret, 11. 1. 1962 (1. FC Kaiserslautern) 1985 NOR, FIN

7 **Kraus** Katja, 23. 11. 1970 (FSV Frankfurt) 1995 CHN, SVK – 1996 USA, NOR, FIN, ISL – 1997 CHN

5 **Krause** Thekla, 8. 5. 1969 (Fortuna Sachsenroß Hannover) 1988 ITA, USA, SUI, HUN, CSV

7 **Kresimon** Doris, 22. 3. 1955 (SSG Bergisch Gladbach) 1982 SUI – 1983 BEL, NED, DEN, SUI, DEN, BEL

10 **Kreuzberg** Anne, 29. 10. 1963 (SC Bad Neuenahr) 1984 ITA, NOR, ITA, ENG, BEL, ITA, FIN, NED – 1985 HUN, DEN

3 **Krug** Bettina, 30. 6. 1953 (SSG Bergisch Gladbach) 1982 SUI – 1983 NED, DEN

11 **Kubat** Michaela, 27. 9. 1969 (Grün-Weiß Brauweiler 6, TSV Siegen 5) 1991 SUI, HUN, BEL, SWE – 1992 ITA, YUG, URS – 1993 SWE, FRA, USA, SUI

34 **Künzer** Nia, 18. 1. 1980 (VfB Gießen 2, 1. FFC Frankfurt 32) 1997 DEN, NOR – 2001 CHN, CHN, ITA, RUS, JPN, USA, ENG, POR, ENG – 2002 CHN, USA, NOR, DEN, CHN, FIN, SWE, NED, POR, ENG – 2003 CHN, CHN, FRA, DEN, DEN, NGA, UKR, ENG, CAN, JPN, RUS, SWE, POR

43 **Kuhlmann** Frauke, 27. 9. 1966 (Schmalfelder SV 39, TSV Siegen 2, VfB Rheine 2) 1984 NED – 1985 HUN, NOR, FIN – 1986 HUN, NOR, ISL, DEN, NED – 1987 NED, FRA, ISL, ISL – 1988 ITA, SUI, ITA, USA – 1989 BUL, DEN, ITA, NOR, U – 1990 CSV, ENG, URS, USA, USA – 1991 FRA, POL, USA, CHN, ITA, NOR, SUI, HUN, BEL, NGA, TPE, ITA, DEN, USA – 1992 FRA, POL

27 **Kulig** Kim, 9. 4. 1990 (Hamburger SV) 2009 CHN, FIN, CHN, SWE, DEN, BRA, NED, JPN, RUS, NOR, FRA, ITA, NOR, ENG, USA – 2010 PRK, DEN, USA, CAN, AUS – 2011 PRK, ITA, NED, NOR, CAN, NGA, JPN

15 **Landers** Petra, 16. 1. 1962 (SSG Bergisch Gladbach) 1982 SUI – 1983 BEL, NED, DEN – 1988 ITA, USA, SUI, HUN, CSV, CSV – 1989 BUL, DEN, ITA, CSV – 1991 USA

6 **Landwehr** Ursula, 29. 5. 1968 (VfB Rheine) 1988 SUI – 1990 BUL – 1991 FRA, POL, USA, CHN

3 **von Lanken** Claudia, 3. 6. 1977 (Schmalfelder SV 1, Eintracht Rheine 2) 1997 ESP, USA – 1998 ENG

5 **Lasrich** Melanie, 23. 8. 1968 (VfB Uerdingen 2, TuS Ahrbach 3) 1985 HUN, DEN, – 1991 BEL – 1993 NOR, SUI

45 **Laudehr** Simone, 12. 7. 1986 (FCR Duisburg) 2007 DEN, CZE, SUI, ARG, ENG, PRK, NOR, BRA – 2008 CHN, DEN, SWE, NOR, BEL, ENG, NOR, BRA, NGA, PRK, SWE, BRA, JPN, SUI – 2009 BRA, NED, JPN, RUS, FRA, ISL, ITA, NOR, ENG, USA – 2010 PRK, USA, CAN, AUS, NGA – 2011 PRK, ITA, NED, NOR, CAN, NGA, FRA, JPN

7 **Limper** Andrea, 1. 5. 1966 (KBC Duisburg) 1985 NOR, FIN – 1986 NOR, ISL, ISL – 1987 FRA, ITA

149 **Lingor** Renate, 11. 10. 1975 (SC Klinge Seckach 11, SG Praunheim 8, 1. FFC Frankfurt 130) 1995 SVK – 1996 USA, SVK, NOR, ISL, NOR, NED, ISL, ISL, ITA – 1997 ENG – 1998 ITA, ENG, NZL, NZL, USA, USA, UKR, UKR – 1999 TUR, CHN, CHN, DEN, SUI, FRA, ITA, MEX, USA, RUS, UKR – 2000 NED, ITA, UKR, CHN, USA, ISL, DEN, AUS, BRA, SWE, BRA- 2001 CHN, CHN, ITA, RUS, CAN, CAN, SWE, RUS, ENG, NOR, SWE, JPN, USA, ENG, POR, NED – 2002 CHN, USA, NOR, DEN, CHN, FIN, NED, POR, ENG, NOR, DEN, RUS – 2003 CHN, CHN, SCO, FRA, DEN, DEN, NGA, UKR, ENG, CAN, JPN, ARG, RUS, USA, SWE, POR – 2004 POR, NOR, NGA, CHN, MEX, NGA, USA, SWE, CZE, NED – 2005 AUS, RUS, CHN, SWE, NOR, CHN, USA, CAN, CAN, NOR, ITA, FRA, FIN, NOR, CAN, CAN, RUS, SCO, SUI – 2006 IRL, IRL, SUI, SCO, RUS, ENG – 2007 NOR, FRA, DEN, ITA, NED, WAL, DEN, CZE, SUI, NOR, ARG, ENG, JAP, PRK, NOR, BRA – 2008 CHN, DEN, FIN, SWE, NOR, ENG, NOR, BRA, NGA, PRK, SWE, BRA, JPN

26 **Lohn** Ursula, 7. 11. 1966 (Grün-Weiß Brauweiler 15, TuS Ahrbach 11) 1989 BUL, DEN, ITA, NOR, HUN – 1990 BUL, CSV, ENG, URS, USA, USA, BUL, HUN, ENG, ENG – 1995 ENG, SWE, POL, SUI, CHN, JPN, SWE, BRA, ENG, CHN, NOR

8 **Lübbers** Claudia, 18. 6. 1978 (SV Wilhelmshaven) 1994 SUI – 1996 USA, USA, SVK, NOR, ISL, NED, ISL

1 **Lütke** Manuela, 8. 8. 1967 (Tennis Borussia Berlin) 1988 USA

2 **Mandrysch** Claudia, 27. 9. 1969 (FC Rumeln-Kaldenhausen) 1995 FIN, SVK

2 **Marozsan** Dzsenifer, 18. 4. 1992 (1. FFC Frankfurt) 2010 AUS, NGA

7 **Meier** Jennifer, 13. 4. 1982 (1. FFC Frankfurt) 2001 JPN, NED – 2002 CHN, USA, DEN, FIN, SWE

92 **Meinert** Maren, 5. 8. 1973 (FC Rumeln-Kaldenhausen/FCR Duisburg 68, FFC Brauweiler Pulheim 10, Boston Breakers 14) 1991 BEL – 1992 ITA, FRA, URS, URS – 1993 USA, USA, ITA, DEN, SUI, RUS, POL – 1994 WAL, WAL, CRO, CAN, USA, NOR, CHN, SWE, CRO, SUI, RUS, RUS, ENG – 1995 ENG, SWE, POL, SUI, CHN, JPN, SWE, BRA, ENG, CHN, NOR – 1996 USA,

USA – 1997 ENG, CHN, CHN, ESP, DEN, NOR, ITA, NOR, SWE, ITA – 1998 NOR, UKR – 1999 TUR, CHN, CHN, DEN, SUI, FRA, NED, ITA, MEX, BRA, USA, RUS, UKR, ISL, ITA – 2000 NED, ITA, UKR, CHN, NOR, USA, ISL, DEN, AUS, BRA, SWE, NOR, BRA – 2001 RUS, CAN, CAN, SWE, RUS, NOR, SWE – 2003 ENG, CAN, JPN, ARG, RUS, USA, SWE

2 **Melka** Petra, 3. 12. 1951 (FSV Frankfurt) 1984 NOR, BEL

3 **Messner** Susanne, 30. 11. 1972 (VfR Saarbrücken) 1990 ENG – 1992 POL, URS

27 **Meyer** Monika, 23. 6. 1972 (Sportfreunde Siegen 6, SG Praunheim 15, 1. FFC Frankfurt 6) 1997 DEN, NOR, NOR, DEN, SWE, ITA, ENG, USA, USA, NOR, NED – 1998 ITA, ENG, NED, NZL, NZL, NOR, USA, USA, UKR, UKR – 1999 TUR, CHN, SUI, ITA, BRA, USA

1 **Michel** Sylvia, 19. 10. 1972 (USV Jena) 1994 NOR

147 **Minnert** Sandra, 7. 4. 1973 (FSV Frankfurt 54, Sportfreunde Siegen 3, 1. FFC Frankfurt 49, Washington Freedom 3, SC Bad Neuenahr 38) 1992 YUG, FRA, POL – 1993 SWE, FRA, USA, USA, USA, SUI, SWE, NOR, SUI, RUS, POL – 1994 WAL, CRO, RUS, ENG – 1995 POL, CHN, SWE, ENG – 1996 USA, SVK, NOR, FIN, NOR, ISL, JPN, NOR, BRA, NED, ISL, ISL, ITA – 1997 ESP, ITA, NOR, SWE, ITA, ENG, USA, USA – 1998 ITA, ENG, NED, UKR, UKR – 1999 TUR, CHN, NED, MEX, BRA, USA, RUS – 2000 ITA, UKR, CHN, NOR, USA, ISL, DEN, AUS, BRA, SWE, NOR, BRA – 2001 CHN, CHN, RUS, CAN, CAN, SWE, RUS, ENG, NOR, ENG, POR, NED – 2002 CHN, ENG, NOR, DEN, RUS – CHN, NOR, USA, CHN, CHN, SCO, FRA, DEN, DEN, NGA, UKR, CZE, ENG, CAN, JPN, ARG, RUS, USA, SWE, POR – 2004 POR, CHN, ITA, UKR, SCO, NOR, NGA, NGA, USA, SWE, NED – 2005 AUS, CHN, SWE, NOR, CAN, CAN, NOR, ITA, FRA, FIN, NOR, RUS, SCO, SUI – 2006 CHN, FIN, SWE, NOR, USA, IRL, SCO, RUS, ENG – 2007 DEN, CZE, SUI, NOR, ARG, PRK, NOR, BEL, NED

1 **Minor** Eva, 21. 1. 1969 (VfR Saarbrücken) 1987 FRA

67 **Mittag** Anja, 16. 5. 1985 (Turbine Potsdam 64, Karlstad QBIK 3) 2004 ITA – 2005 AUS, RUS, CHN, SWE, NOR, CHN, USA, CAN, CAN, NOR, ITA, FRA, FIN, NOR, CAN, CAN, SCO, SUI – 2006 CHN, FIN, SWE, USA, IRL, ITA, IRL, SUI, JPN – 2007 USA, CHN, ENG, NOR, DEN, ITA, NED, WAL, DEN, CZE, SUI, NOR, ARG, BEL, NED – 2008 BEL, ENG, NOR, NGA, PRK, SWE, BRA, SUI – 2009 CHN, FIN, CHN, SWE, BRA, JPN, NOR, ISL, USA – 2010 PRK, DEN, FIN, CHN, USA, CAN, NGA

104 **Mohr** Heidi, 29. 5. 1967 (SV Laudenbach 25, TuS Niederkirchen 58, TuS Ahrbach 21) 1986 NOR, ISL, ISL, DEN, NED – 1987 NED, FRA, ISL, ISL, HUN, ITA – 1988 ITA, ITA, USA, SUI, HUN, CSV, CSV – 1989 BUL, DEN, ITA, NOR, CSV – 1990 BUL, CSV, ENG, URS, USA, USA, BUL, HUN, ENG, ENG – 1991 FRA, POL, USA, CHN, ITA, NOR, SUI, HUN, NGA, TPE, ITA, DEN, USA, SWE – 1992 YUG, FRA, POL, URS, URS – 1993 SWE, FRA, USA, USA, USA, SUI, ITA, DEN, SWE, NOR, SUI, RUS, POL – 1994 WAL, CRO, CAN, USA, NOR, CHN, SWE, CRO, SUI, RUS, RUS, ENG – 1995 ENG, SWE, POL, SUI, CHN, JPN, SWE, BRA, ENG, CHN, NOR, FIN, SVK – 1996 USA, USA, SVK, NOR, FIN, NOR, ISL, ISL, JPN, NOR, BRA, NED, ISL, ISL

45 **Müller** Claudia, 21. 5. 1974 (Fortuna Sachsenroß Hannover 10, SG Praunheim 9, 1. FFC Frankfurt 6, WSV Wolfsburg 20) 1996 NED, ISL, ITA – 1997 ENG, CHN, CHN, ESP, NOR, ITA, ITA USA, NOR, NED – 1998 ITA, NZL, USA, USA, UKR, UKR – 1999 TUR, CHN, DEN, FRA, NED, MEX, RUS, UKR, ISL, ITA – 2000 NED, ITA, UKR, NOR, ISL, SWE – 2001 CHN, ITA, RUS, CAN, CAN, SWE, RUS, ENG, NOR, SWE

93 **Müller** Martina, 18. 4. 1980 (SC Bad Neuenahr 43, VfL Wolfsburg 50) 2000 USA – 2001 CHN, CHN, ITA, RUS, CAN, CAN, SWE, ENG, JPN, USA, ENG, POR, NED – 2002 CHN, USA, DEN, CHN, FIN, SWE, NOR, DEN, RUS – 2003 NOR, USA, CHN, CHN, SCO, FRA, NGA, UKR, CZE, ENG, ARG, RUS, SWE – 2004 UKR, SCO, NOR, NGA, CHN, MEX, USA – 2005 CAN, SCO – 2006 CHN, IRL, ITA, SUI, SCO, ENG – 2007 USA, CHN, ENG, NOR, FRA, DEN, WAL, DEN, CZE, JAP, PRK, NOR, BRA, BEL – 2008 CHN, DEN, FIN, SWE, NOR, WAL, SUI – 2009 CHN, FIN, CHN, SWE, DEN, BRA, NED, RUS, ISL, ITA, USA – 2010 PRK, DEN, FIN, CHN, USA, AUS – 2011 PRK, ITA, NED, NOR

1 **Müller** Nicole, 1. 3. 1980 (1. FC Saarbrücken) 1997 USA

59 **Nardenbach** Jutta, 13. 8. 1968 (TuS Ahrbach 30, TSV Siegen 29) 1986 NED – 1987 ISL, ISL – 1988 HUN, CSV, CSV – 1989 BUL, DEN, ITA, NOR, HUN, CSV – 1990 BUL, CSV, ENG, USA, BUL, HUN, ENG, ENG – 1991 FRA, POL, USA, CHN, ITA, NOR, HUN, BEL, NGA, TPE, USA, SWE – 1992 URS – 1993 SWE, FRA, USA, USA, USA, ITA, DEN – 1994 WAL, WAL, CRO, CAN, USA, NOR, CHN – 1995 ENG, SVK – 1998 USA, USA, SVK, NOR, FIN, NOR, ISL, JPN, NOR, BRA

111 **Neid** Silvia, 2. 5. 1964 (SC Klinge Seckach 4, SSG Bergisch Gladbach 13, TSV Siegen 94) 1982 SUI – 1983 BEL, NED, DEN, SUI, DEN, NED, BEL – 1984 ITA, NOR, ITA, ENG, BEL, FIN, NED – 1985 HUN, DEN, NOR, FIN – 1986 HUN, NOR, ISL, ISL, DEN, NED – 1987 NED, FRA, ISL,

ISL, HUN, ITA – 1988 ITA, SUI, USA, SUI, CSV, CSV – 1989 BUL, DEN, ITA, NOR, HUN, CSV – 1990 ENG, URS, USA, USA, BUL, HUN, ENG, ENG – 1991 FRA, POL, USA, CHN, ITA, NOR, SUI, HUN, BEL, NGA – 1992 FRA, POL, URS, URS – 1993 SWE, FRA, USA, USA, USA, ITA, DEN, SWE, NOR, SUI, RUS, POL – 1994 WAL, WAL, CRO, CAN, USA, NOR, CHN, SWE, CRO, SUI, RUS, RUS, ENG – 1995 ENG, SWE, POL, SUI, CHN, JPN, SWE, BRA, ENG, CHN, NOR, FIN, SVK – 1996 USA, USA, NOR, ISL, ISL, JPN, NOR, BRA

8 **Neuser** Rosemarie, 22.3.1955 (SSG Bergisch Gladbach 2, TSV Siegen 6) 1984 ITA, BEL – 1986 HUN, ISL, ISL, NED – 1987 FRA, ISL

29 **Odebrecht** Viola, 11.2.1983 (Turbine Potsdam) 2003 NOR, USA, CHN, SCO, FRA, DEN, DEN, NGA, UKR, CZE, RUS, POR – 2004 POR, ITA, SCO, NOR, NGA, CHN, MEX, NGA, USA, SWE, NED – 2005 SWE, NOR, CHN, USA, CAN, CAN

7 **Offermann** Birgit, 12.8.1960 (KBC Duisburg) 1982 SUI – 1983 NED, BEL – 1984 ITA, FIN – 1985 HUN, DEN

59 **Okoyino da Mbabi** Celia, 27. 6. 1988 (SC Bad Neuenahr) 2005 AUS, RUS, CHN, NOR, CHN, USA, CAN, CAN, RUS, SCO – 2006 CHN, FIN, SWE, NOR, USA, IRL, ITA, SCO, RUS, ENG, JPN – 2007 USA, CHN, ENG, NOR, FRA, ITA – 2008 ENG, NOR, BRA, NGA, BRA, JPN – 2009 CHN, NED, JPN, RUS, NOR, FRA, ISL, NOR, ENG, USA – 2010 PRK, DEN, FIN, CHN, USA, USA, CAN, AUS – 2011 PRK, ITA, NED, NOR, CAN, NGA, FRA, JPN

61 **Omilade** Navina, 3. 11. 1981 (FFC Brauweiler-Pulheim 19, Turbine Potsdam 32, VfL Wolfsburg 10) 2001 ITA, CAN, CAN, RUS, JPN, USA, ENG, POR, NED – 2002 CHN, USA, NOR, DEN, CHN, FIN, SWE, NED, POR, ENG, NOR, DEN, RUS – 2003 CHN, USA, CHN, FRA, DEN – 2004 SCO, NOR, NGA, MEX, SWE, CZE, NED – 2005 AUS, RUS, CHN, CAN, CAN, NOR, FRA – 2006 ITA, IRL, SUI, SCO, RUS – 2007 USA, CHN, ENG, NOR, FRA, DEN, NED – 2008 FIN, NOR, WAL – 2009 CHN, CHN, SWE, DEN – 2010 USA

11 **Paul** Christine, 28. 1. 1965 (Bayern München 4, Wacker München 7) 1985 NOR – 1986 DEN, NED – 1987 FRA – 1991 SUI, HUN, BEL, TPE, ITA, DEN, USA

55 **Peter** Babett, 12.5.1988 (Turbine Potsdam) 2006 FIN, SWE, NOR, ENG, JPN – 2007 USA, ENG, NOR, DEN, ITA, WAL, CZE, NOR, NED – 2008 CHN, SWE, NOR, ENG, NOR, SWE, BRA, JPN, SUI – 2009 CHN, FIN, CHN, SWE, DEN, BRA, NED, JPN, RUS, NOR, FRA, ISL, ITA, NOR, ENG, USA – 2010 PRK, DEN, FIN, CHN, USA, CAN, AUS, NGA – 2011 PRK, ITA, NED, NOR, CAN, NGA, FRA, JPN

1 **Pirrung** Eva, 6.3.1961 (SV Beeden) 1986 HUN

67 **Pohlers** Conny, 16.11.1978 (Turbine Potsdam 56, Atlanta Beat 1, 1. FFC Frankfurt 10) 2001 ITA, JPN, POR, NED – 2002 CHN, FIN, SWE, POR, ENG, NOR, RUS – 2003 NGA, ENG, ARG, POR – 2004 POR, UKR, NOR, NGA, CHN, MEX, NGA, USA, SWE, CZE, NED – 2005 AUS, SWE, NOR, CHN, USA, CAN, CAN, NOR, ITA, FRA, FIN, NOR, CAN, CAN, SUI – 2006 CHN, FIN, SWE, NOR, USA, IRL, ITA, IRL, SUI, SCO, RUS, ENG, JPN – 2007 CHN, ENG, NED, DEN – 2008 CHN, DEN, FIN, NOR, BEL, WAL, ENG, NOR, JPN

37 **Pohlmann** Dagmar, 7.2.1972 (FSV Frankfurt) 1992 FRA, POL, URS – 1993 SWE, FRA, USA, USA, USA, SUI, ITA, DEN, SWE, NOR, RUS – 1994 WAL, WAL, CAN, USA, NOR, CHN, SWE – 1995 ENG, SWE, POL, SUI, CHN, JPN, SWE, BRA, ENG, CHN, NOR, FIN – 1996 FIN, ISL, ISL, BRA

16 **Popp** Alexandra, 6. 4. 1991 (FCR Duisburg) 2010 PRK, DEN, FIN, CHN, USA, USA, CAN, NGA – 2011 PRK, ITA, NED, NOR, CAN, NGA, FRA, JPN

214 **Prinz** Birgit, 25. 10. 1977 (FSV Frankfurt 50, SG Praunheim 2, 1. FFC Frankfurt 159, Carolina Courage 3) 1994 CAN, USA, NOR, CHN, SWE, CRO, RUS, RUS, ENG – 1995 ENG, SWE, POL, SUI, CHN, JPN, SWE, BRA, ENG, CHN, NOR, FIN, SVK – 1996 NOR, ISL, ISL, JPN, NOR, BRA, NED, ISL, ISL, ITA – 1997 CHN, CHN, ESP, DEN, NOR, ITA, NOR, DEN, SWE, ITA, ENG, USA, USA, NOR, NED – 1998 ENG, NED, NOR, UKR, UKR – 1999 TUR, CHN, CHN, DEN, FRA, NED, ITA, MEX, BRA, USA, ISL, ITA – 2000 NED, ITA, UKR, CHN, NOR, USA, ISL, DEN, AUS, BRA, SWE, NOR, BRA – 2001 CHN, ITA, CAN, CAN, SWE, RUS, ENG, NOR, SWE, ENG, NED – 2002 CHN, USA, NOR, NED, POR, ENG, DEN, RUS – 2003 CHN, NOR, USA, SCO, DEN, DEN, CZE, ENG, CAN, JPN, ARG, RUS, USA, SWE, POR – 2004 POR, CHN, ITA, UKR, SCO, NOR, NGA, CHN, MEX, NGA, USA, SWE, CZE, NED – 2005 AUS, RUS, CHN, SWE, NOR, CHN, USA, CAN, CAN, ITA, FRA, FIN, NOR, CAN, CAN, RUS, SCO, SUI – 2006 CHN, FIN, SWE, NOR, USA, ITA, IRL, SUI, SCO, RUS, ENG, JPN – 2007 NOR, FRA, DEN, ITA, NED, WAL, DEN, CZE, SUI, NOR, ARG, ENG, JAP, PRK, NOR, BRA, BEL, NED – 2008 CHN, DEN, FIN, SWE, NOR, BEL, WAL, ENG, NOR, BRA, NGA, PRK, SWE, BRA, JPN – 2009 BRA, NED, JPN, RUS, NOR, FRA, ISL, ITA, NOR, ENG, USA – 2010 PRK, DEN, FIN, CHN, USA, USA, CAN, AUS, NGA – 2011 PRK, ITA, NED, NOR, CAN, NGA

58 **Raith** Silvia, 11. 6. 1960 (Wacker München 8, FSV Frankfurt 8, TSV Siegen 42) 1983 BEL, NED, DEN, SUI, DEN, NED, BEL – 1984 ITA, ITA, ENG, BEL, ITA, FIN, NED – 1985 HUN, DEN, NOR, FIN – 1986 HUN, ISL, ISL, DEN, NED – 1987 NED, ISL, ISL, HUN, ITA – 1988 SUI, ITA, USA, SUI, HUN, CSV, CSV – 1989 BUL, DEN, ITA, NOR, HUN, CSV – 1990 BUL, CSV, ENG, URS, USA, USA, BUL, HUN, ENG, ENG – 1991 FRA, POL, USA, CHN, ITA, NOR, SUI

6 **Rastetter** Tanja, 19. 9. 1971 (SC Klinge Seckach) 1992 FRA, POL – 1993 SWE, FRA, USA, SUI

20 **Rech** Bianca, 25. 1. 1981 (1. FFC Frankfurt 8, Bayern München 12) 2002 NOR, DEN, RUS – 2003 CHN, CHN, FRA, NGA, UKR – 2006 CHN, FIN, NOR, ITA, IRL, SCO, ENG – 2007 CHN, FRA, NED, WAL, CZE

3 **Reichler** Claudia, 10. 10. 1963 (BV 08 Lüttringhausen 1, KBC Duisburg 2) 1982 SUI – 1985 NOR, FIN

27 **Richter** Elke, 4. 9. 1960 (Rot-Weiß Berrendorf) 1983 SUI, DEN, NED – 1984 ITA, NOR, ITA, ENG, BEL, ITA, FIN, NED – 1985 HUN, DEN, NOR, FIN – 1986 HUN, NOR, ISL, ISL, DEN, NED – 1987 NED, FRA, ISL, HUN, ITA – 1988 ITA

1 **Roth** Judith, 31. 3. 1966 (SSG Bergisch Gladbach) 1992 ITA

126 **Rottenberg** Silke, 25. 1. 1972 (TSV Siegen 4, Sportfreunde Siegen 37, FFC Brauweiler-Pulheim 38, FCR Duisburg 39, 1. FFC Frankfurt 8) 1993 USA, USA, SUI, DEN – 1997 ENG, ESP, NOR, ITA, NOR, DEN, SWE, ITA, ENG, USA, USA, NOR, NED – 1998 ITA, NED, NZL, NZL, NOR, USA, USA, UKR, UKR – 1999 CHN, DEN, FRA, NED, ITA, MEX, BRA, USA, RUS, UKR, ISL, ITA – 2000 NED, ITA, UKR, CHN, USA, ISL, DEN, AUS, BRA, SWE, NOR, BRA – 2001 CHN, CHN, ITA, RUS, CAN, CAN, SWE, RUS, ENG, NOR, SWE, JPN, USA, ENG, NED – 2002 USA, DEN, FIN, NED, POR, ENG, NOR, DEN, RUS – 2003 CHN, NOR, CHN, SCO, DEN, NGA, UKR, CZE, ENG, CAN, JPN, ARG, RUS, USA, SWE – 2004 POR, CHN, ITA, SCO, NOR, NGA, CHN, MEX, NGA, USA, SWE, NED – 2005 RUS, CHN, CHN, USA, CAN, NOR, ITA, FRA, FIN, NOR, CAN, RUS, SCO, SUI – 2006 SWE, USA, IRL, ITA, IRL, SCO, RUS – 2007 USA – 2008 DEN, SWE, WAL

1 **Schadrack** Jana, 27. 12. 1981 (Turbine Potsdam) 2002 ENG

3 **Schäfer** Carmen, 2. 7. 1971 (SC Bad Neuenahr) 1997 DEN, NOR, USA

1 **Schäpertöns** Christa, 18. 5. 1981 (FFC Brauweiler Pulheim) 2002 USA

1 **Schaller** Andrea, 14. 9. 1976 (SC Bad Neuenahr) 2000 NED

4 **Scharras** Susanne, 11. 2. 1965 (SC Hamm 2, SC Poppenbüttel 2) 1984 NOR, ITA – 1987 NED, ISL

1 **Scheib** Miriam, 5. 6. 1975 (VfR Saarbrücken) 1996 NED

1 **Schlamann** Manuela, 15. 1. 1973 (VfB Rheine) 1992 URS

3 **Schmale** Antonia, 12. 2. 1980 (Hamburger SV 2, FFC Brauweiler Pulheim 1) 1998 ITA – 1999 CHN – 2001 USA

1 **Schmetz** Ulrike, 30. 10. 1979 (Bayern München) 2006 ENG

17 **Schmidt** Bianca, 23. 1. 1990 (Turbine Potsdam) 2009 CHN, FIN, CHN, BRA, JPN, NOR, FRA, ITA, NOR, USA – 2010 DEN, FIN, CHN, USA – 2011 NED, FRA, JPN

4 **Schute** Eva, 4. 1. 1964 (VfL Wildeshausen) 1984 NOR, ENG, BEL, ITA

133 **Smisek** Sandra, 3. 7. 1977 (FSV Frankfurt 67, FCR Duisburg 34, 1. FFC Frankfurt 32) 1995 POL, SUI, NOR, FIN, SVK – 1996 SVK, NOR, FIN, ISL, NED, ISL – 1997 CHN, CHN, ESP, DEN, NOR, ITA, NOR, DEN, SWE, ITA, ENG, USA, USA, NOR – 1998 ENG, NED, NZL, NOR, USA, USA, UKR, UKR – 1999 CHN, DEN, SUI, FRA, NED, ITA, MEX, BRA, USA, RUS, UKR, ISL, ITA – 2000 NED, ITA, UKR, CHN, NOR, USA, ISL, DEN – 2001 CHN, CHN, ITA, RUS, CAN, CAN, SWE, RUS, ENG, NOR, SWE, JPN, USA, ENG, POR – 2002 USA, NOR, DEN, CHN, FIN, SWE, NED, POR, DEN, RUS – 2003 SCO, NGA, UKR, ENG, JPN, POR – 2004 POR, CHN, ITA, UKR, SCO, NED – 2005 AUS, RUS, CHN, SWE, CHN, USA, CAN, NOR, ITA, NOR, RUS – 2006 CHN, FIN, SWE, NOR, IRL, ITA, SCO, RUS, ENG – 2007 USA, ENG, NOR, FRA, DEN, SUI, ARG, ENG, JAP, PRK, NOR, BRA – 2008 CHN, SWE, NOR, ENG, NOR, BRA, NGA, PRK, JPN, SUI

7 **Sonn** Claudia, 7. 1. 1966 (SC Husen-Kurl) 1988 SUI, HUN, CSV, CSV – 1989 BUL, HUN, CSV

191 **Stegemann** Kerstin, 29. 9. 1977 (Eintracht Rheine 34, FFC Heike Rheine 95, FCR Duisburg 12, FFC Flaesheim-Hillen 18, SG Wattenscheid 09 27, Borussia Friedenstal 5) 1995 POL – 1996 USA, USA, SVK, NOR, FIN, NOR, ISL, ISL, JPN, NOR, BRA, NED, ISL, ISL, ITA – 1997 ENG, CHN, CHN, ESP, DEN, NOR, ITA, NOR, DEN, SWE, ITA, ENG, USA, USA, NOR, NED – 1998 ITA, ENG, NED, NZL, NZL, NOR, USA, USA – 1999 CHN, DEN, FRA, NED, ITA, RUS, UKR, ISL, ITA – 2000 NED, ITA, UKR, CHN, NOR, USA, DEN, AUS, BRA, NOR, BRA – 2001 CHN, CHN, ITA, RUS, CAN, CAN, SWE, RUS, NOR, SWE, JPN, USA, ENG, POR, NED – 2002 CHN, USA, NOR, DEN, CHN, FIN, SWE, NED, POR, ENG, NOR, DEN, RUS – 2003 CHN, NOR, USA, CHN, CHN, SCO, FRA, DEN, DEN, NGA, UKR, CZE, ENG, CAN, JPN, ARG, RUS, USA, SWE, POR

– 2004 POR, CHN, ITA, UKR, SCO, NOR, NGA, CHN, MEX, NGA, USA, SWE, CZE, NED – 2005 AUS, RUS, CHN, SWE, NOR, CHN, USA, CAN, NOR, ITA, CAN, CAN, RUS, SCO, SUI – 2006 CHN, FIN, SWE, NOR, USA, IRL, ITA, IRL, SUI, SCO, RUS, ENG, JPN – 2007 USA, CHN, ENG, NOR, FRA, DEN, ITA, NED, WAL, DEN, CZE, SUI, NOR, ARG, ENG, JAP, PRK, NOR, BRA, BEL, NED – 2008 CHN, DEN, FIN, SWE, NOR, BEL, WAL, ENG, NOR, BRA, NGA, PRK, SWE, BRA, JPN, SUI – 2009 NED, JPN, RUS, ISL

22 **Steinmetz** (Degwitz) Monika, 13. 1. 1960 (SSG Bergisch Gladbach) 1982 SUI – 1983 BEL, NED, DEN, SUI, DEN, NED, BEL – 1984 ITA, ITA, ENG, ITA, FIN, NED – 1986 NOR, ISL, ISL, DEN, NED – 1987 NED, FRA, HUN

6 **Stumpf** Daniela, 13. 9. 1965 (FSV Frankfurt) 1987 FRA, ISL, ISL, HUN – 1991 BEL – 1992 ITA

1 **Thomas** Karolin, 3. 4. 1985 (Turbine Potsdam) 2006 NOR

2 **Thompson** Shelley, 8. 2. 1984 (FCR Duisburg) 2003 NGA – 2004 CZE

8 **Trabant** Anne, 1. 1. 1949 (SSG Bergisch Gladbach) 1982 SUI – 1983 BEL, NED, DEN, SUI, DEN, NED, BEL

••• **Trauschke** Cornelia, 5. 12. 1966 (VfB Uerdingen 1, SSG Bergisch Gladbach 2) 1987 FRA – 1988 ITA, USA

11 **Uebelhör** Dagmar, 10. 12. 1965 (Bayern München) 1989 CSV – 1990 BUL, CSV, ENG, URS, USA, USA, BUL, HUN, ENG – 1991 FRA

4 **Ullrich** Stephanie, 29. 7. 1984 (VfL Wolfsburg) 2007 CHN, ENG, NOR, ITA

54 **Unsleber** Britta, 25. 12. 1966 (FSV Frankfurt 45, TSV Siegen 9) 1984 NED – 1985 HUN – 1986 HUN – 1987 ISL, ISL, HUN, ITA – 1988 ITA, SUI, ITA, USA, SUI, HUN, CSV, CSV – 1989 BUL, DEN, HUN, CSV – 1990 BUL, CSV, ENG, URS, USA, USA, BUL, HUN, ENG, ENG – 1991 FRA, POL, USA, CHN, ITA, NOR, SUI, HUN, BEL, NGA, ITA, DEN, USA, SWE – 1992 ITA, YUG, FRA, POL, URS, URS – 1993 USA, USA, SUI, ITA, DEN

125 **Voss** Martina, 22. 12. 1967 (KBC Duisburg 22, TSV Siegen 37, FCR Duisburg 66) 1984 FIN, NED – 1985 HUN – 1986 HUN, NOR, ISL, ISL, DEN, NED – 1987 NED, FRA, ISL, ISL, HUN, ITA – 1988 ITA, SUI, ITA, USA, SUI, CSV, CSV – 1989 BUL, ITA, NOR – 1990 ENG, URS, USA, USA, BUL, HUN, ENG, ENG – 1991 FRA, POL, USA, CHN, ITA, NOR, HUN, BEL, NGA, TPE, ITA, DEN, USA, SWE – 1992 ITA, YUG, FRA, POL, URS, URS – 1993 SWE, FRA, USA – 1994 WAL, WAL, CRO, CAN, USA, NOR, CHN, SWE, CRO, SUI, RUS, RUS, ENG – 1995 ENG, SWE, SUI, CHN, JPN, SWE, BRA, ENG, CHN, NOR, FIN, SVK – 1996 USA, USA, SVK, NOR, FIN, NOR, ISL, ISL, JPN, NOR, BRA, NED, ISL, ISL, ITA – 1997 ENG, CHN, ESP, DEN, ITA, NOR, USA, USA – 1998 ITA, ENG, NED, NZL, NZL, USA, UKR, UKR – 1999 TUR, CHN, CHN, DEN, SUI, FRA, NED, BRA, RUS, UKR, ISL, ITA – 2000 NED

6 **Vreden** Tanja, 10. 2. 1977 (Hamburger SV) 1998 NZL, NOR, USA, USA – 1999 TUR, CHN

2 **Wagner** Marion, 13. 8. 1968 (Jahn Delmenhorst) 1987 ISL – 1988 ITA

17 **Walther** Elke, 1. 4. 1967 (VfL Sindelfingen 15, SSG Bergisch Gladbach 2) 1989 BUL – 1991 FRA, POL, BEL, SWE – 1992 ITA, YUG, FRA, POL, URS – 1993 SWE, POL – 1994 WAL, CRO, CHN, CRO, RUS

1 **Wasems** Kerstin, 20. 9. 1979 (Grün-Weiß Brauweiler) 1998 NZL

5 **Weimar** Bärbel, 14. 12. 1965 (Wacker München) 1993 SWE, FRA, USA, SUI, SWE

1 **Weiß** Lisa, 29. 10. 1987 (SG Essen-Schönebeck) 2010 PRK

2 **Weiß** Birte, 5. 6. 1971 (Wismut Aue 1, Eintracht Wolfsburg 1) 1991 POL – 1993 FRA

9 **Wendt** Beate, 21. 9. 1971 (SC Poppenbüttel) 1991 FRA, SUI, HUN, BEL, TPE, ITA, DEN, USA, SWE

154 **Wiegmann** Bettina, 7. 10. 1971 (FFC/Grün-Weiß Brauweiler 124, Sportfreunde. Siegen 11, Boston Breakers 19) 1989 HUN – 1990 ENG, URS, USA, USA, BUL, HUN, ENG, ENG – 1991 POL, USA, ITA, NOR, SUI, HUN, BEL, NGA, TPE, ITA, DEN, USA, SWE – 1992 ITA, YUG, FRA, POL, URS, URS – 1993 USA, USA, SUI, ITA, DEN, SWE, NOR, SUI, RUS, POL – 1994 WAL, WAL, SWE, CRO, SUI, RUS, RUS, ENG – 1995 ENG, SWE, POL, SUI, CHN, JPN, SWE, BRA, ENG, CHN, NOR, FIN, SVK – 1996 USA, USA, SVK, NOR, FIN, NOR, ISL, ISL, JPN, NOR, BRA, NED, ISL, ISL – 1997 ENG, CHN, CHN, ESP, DEN, NOR, ITA, NOR, DEN, SWE, ITA, ENG, USA, NOR, NED – 1998 NZL, NZL, UKR – 1999 CHN, CHN, DEN, SUI, FRA, NED, ITA, MEX, BRA, USA, RUS, UKR, ISL, ITA – 2000 NED, ITA, UKR, CHN, NOR, USA, ISL, DEN, AUS, BRA, SWE, NOR, BRA – 2001 RUS, CAN, CAN, SWE, RUS, ENG, NOR, SWE – 2002 CHN, USA, NOR, DEN, CHN, FIN, SWE, NED, ENG, NOR, DEN, RUS – 2003 CHN, NOR, CHN, CHN, SCO, FRA, DEN, DEN CZE, ENG, CAN, JPN, ARG, RUS, USA, SWE

5 **Wiese** Birgit, 10. 11. 1965 (TSV Siegen) 1988 SUI, HUN – 1991 SUI, HUN, BEL

2 **Wilder** Madleen, 6. 7. 1980 (Turbine Potsdam) 2001 CAN, POR

2 **Wilmes** Marion, 24. 6. 1984 (Germania Twist) 2002 NED, POR

70 **Wimbersky** Petra, 9. 11. 1982 (Bayern München 17, Turbine Potsdam 33, 1. FFC Frankfurt 20) 2001 CHN, CHN, ITA, RUS, CAN, CAN, ENG, NOR, JPN, USA, ENG – 2002 DEN, CHN, FIN, SWE, NED, POR, RUS – 2003 CHN, NOR, USA, SCO, FRA, NGA, UKR, CZE – 2004 CHN, ITA, UKR, NOR, NGA, CHN, MEX, NGA, SWE, CZE – 2005 CAN, NOR, ITA, FIN, NOR, CAN, CAN, RUS, SUI – 2006 FIN, SWE, NOR, USA, IRL, ITA, IRL, SUI, RUS, ENG, JPN – 2007 USA, CHN, ENG, NOR, FRA, NED, CZE, NOR, ARG, JAP – 2008 CHN, DEN, FIN, SWE

2 **Wörle** Tanja, 6. 7. 1980 (Bayern München) 1999 RUS, ISL

102 **Wunderlich** Pia, 26. 1. 1975 (SG Praunheim 43, 1. FFC Frankfurt 59) 1993 RUS, POL – 1994 SWE, CRO, RUS, RUS, ENG – 1995 SWE, BRA, ENG, CHN, NOR, FIN – 1996 USA, USA, NOR, FIN, NOR, ISL, JPN, NOR, BRA, NED, ITA – 1997 ENG, CHN, CHN, ESP, DEN, NOR, ITA, NOR, DEN, SWE, ITA, ENG, USA, USA, NOR, NED – 1998 NED, NZL, NOR – 1999 TUR, CHN, DEN, SUI, FRA, NED, ITA, MEX, BRA, USA, RUS, ITA – 2000 NOR – 2001 CHN, CHN, ITA, RUS, CAN, CAN, SWE, RUS, ENG, NOR, SWE, ENG, NED – 2002 NED, POR, ENG, DEN, RUS – 2003 CHN, NOR, USA, CHN, CHN, SCO, ENG, RUS, USA, SWE, POR – 2004 POR, CHN, ITA, NOR, NGA, CHN, NGA, USA, CZE, NED – 2005 SWE, NOR, CHN, USA, FRA, RUS – 2006 CHN

34 **Wunderlich** Tina, 10. 10. 1977 (SG Praunheim 16, 1. FFC Frankfurt 18) 1994 SUI – 1995 POL, SUI, BRA – 1996 NOR, ISL, NED, ITA – 1997 USA, USA, NOR, NED – 1998 ITA, UKR, UKR – 1999 TUR, CHN, DEN, SUI, BRA – 2000 CHN, NOR, ISL, DEN, SWE, NOR – 2001 CAN – 2002 CHN, CHN, SWE, NED, POR – 2003 NOR, CHN

12 **Zerbe** Christina, 12. 9. 1980 (Sportfreunde Siegen 1, FFC Brauweiler-Pulheim 2, 1. FFC Frankfurt 9) 2000 NED – 2001 JPN – 2002 FIN, NOR – 2003 CHN, NOR, USA, CHN, CHN, FRA, DEN, NGA

15 **Zietz** Jennifer, 14. 9. 1983 (Turbine Potsdam) 2005 AUS, RUS, CHN, CAN, CAN – 2006 ITA, JPN – 2007 ENG – 2008 CHN, DEN, FIN, BEL – 2010 DEN, CHN, USA

11 **Zimmermann** Ingrid, 21. 12. 1959 (FSV Frankfurt) 1984 NOR, ITA, ENG, BEL, ITA, FIN – 1985 HUN, DEN, NOR – 1986 ISL, ISL

Änderung von Vereinsnamen: Änderung von Vereinsnamen: VfB Rheine ab 1994 Eintracht Rheine, ab 1998 FFC Heike Rheine; Eintracht Wolfsburg ab 1996 WSV Wolfsburg (Übertritt), ab 2003 VfL Wolfsburg (Übertritt); TSV Siegen ab 1996 Sportfreunde Siegen (Übertritt); VfR Saarbrücken ab 1997 1.FC Saarbrücken (Übertritt); FC Rumeln-Kaldenhausen ab 1997 FCR Duisburg, ab 2001 FCR Duisburg 2001; SG Praunheim ab 1. 1.1999 1. FFC Frankfurt; Grün-Weiß Brauweiler ab 2000 FFC Brauweiler-Pulheim.

Alle Torschützen der Frauen-Länderspiele

Name	Tore	Name	Tore	Name	Tore	Name	Tore
Austermühl	2	Gottschlich S.	3	Laudehr	10	Prinz	128
Bachor	3	Grings	64	Limper	3	Raith	4
Bajramaj	8	Haberlaß	1	Lingor	34	Richter	1
Bartelmann	4	Hagedorn	1	Lohn	9	Smisek	34
Behringer	16	Hengst	1	Lübbers	2	Sonn	3
Bernhard	1	Hingst	10	Meinert	33	Stegemann	8
Bindl	3	Hoffmann	2	Meyer M.	5	Thompson	1
Bormann	2	Jones	9	Minnert	16	Uebelhör	1
Bornschein	2	Keßler	1	Mittag	9	Unsleber	13
Bresonik	5	Klinzmann	1	Mohr	83	Voss	27
Brocker (geb. Grigoli)	30	Koekkoek	2	Müller C.	22	Vreden	1
Carlson	4	Krahn	4	Müller M.	30	Wendt	1
Damm	2	Krause	2	Nardenbach	4	Wiegmann	51
Eichenlaub	4	Kresimon	1	Neid	48	Wimbersky	16
Fehrmann	1	Kreuzberg	3	Odebrecht	1	Wunderlich P.	21
Fitschen	16	Kubat	2	Okoyino da Mbabi	12	Zietz	1
Fuss	3	Künzer	2	Peter	1		
Garefrekes	43	Kuhlmann	1	Pohlers	28		
Gebauer	2	Kulig	6	Pohlmann	4	Eigentore des Gegners	23
Gottschlich G.	2	Landwehr	1	Popp	9		
		Lasrich	3				

Die häufigsten Einsätze

Name	Spiele	Name	Spiele	Name	Spiele	Name	Spiele
Prinz	214	Neid	111	Mittag	67	Bajramaj	50
Stegemann	191	Mohr	104	Pohlers	67	Bernhard	47
Hingst	174	Angerer	102	Omilade	61	Brocker (geb. Grigoli)	46
Wiegmann	154	Wunderlich P.	102	Nardenbach	59	Damm	46
Lingor	149	Grings	94	Okoyino da Mbabi	59	Müller C.	46
Minnert	147	Müller M.	93	Austermühl	58	Bartusiak	45
Fitschen	144	Meinert	92	Isbert (geb. Feiden)	58	Goller	45
Smisek	133	Krahn	70	Raith	58	Gottschlich S.	45
Garefrekes	130	Wimbersky	70	Peter	55	Laudehr	45
Rottenberg	126	Behringer	68	Unsleber	54	Kuhlmann	43
Voss	125	Bresonik	68				
Jones	111	Fuss	68				

Die Bilanz der 18 U 23-Frauen-Länderspiele

Gegner	Spiele	Siege	Unentsch.	Niederl.	Tore	11-m-Sch.
England	4	1	2	1	6:6	
Finnland	3	3	–	–	10:0	
Norwegen	3	2	–	1	2:1	
Schottland	1	1	–	–	5:0	
Schweden	2	1	1	–	4:3	
USA	5	–	2	3	3:11	
Gesamt	**18**	**8**	**5**	**5**	**30:21**	

2010: 1 Spiel: 1 Unentschieden

17 **USA**, 26.5., Marburg, 2:2 unentschieden: Weiß (Längert) – Ewers (Bunte), Schiewe, Henning, Faißt – Draws, Simic (Löwenberg) – I. Kerschowski (Hamann), Schwab (1) (N. Banecki), Maier (Blässe) – Pollmann (1) (Hartel).

2011: 1 Spiel, 1 Niederlage

18 **England**, 30. 9., Leicester, 1:2 verloren: Vetterlein (Schult) – Wesely (Ewers), Schiewe, Gessat (Priessen), Faißt – Huth (Bunte), Kessler (Bagehorn), Mirlach (1), Wagner (Knaak) – Simic (Pollmann), Schwab.

Die Bilanz der 102 U 21-Frauen-Länderspiele (früher U20 u. U19)

Gegner	Spiele	Siege	Unentsch.	Niederl.	Tore	11-m-Sch.
Dänemark	31	17	6	8	73:34	
England	2	1	1	–	4:3	3:4
Finnland	9	4	4	1	21:9	4:5
Frankreich	2	2	–	–	7:1	
Griechenland	1	1	–	–	1:0	
Island	7	6	1	–	23:5	5:6
Italien	1	1	–	–	1:0	
Japan „A"	1	–	–	1	1:5	
Niederlande	8	5	1	2	15:5	
Norwegen	10	2	4	4	11:13	
Österreich „A"	1	1	–	–	4:0	
Polen	3	3	–	–	21:0	
Schweden	11	3	3	6	13:22	5:4
Tschechien	1	–	1	–	3:3	
Tschechien „A"	1	1	–	–	7:2	
Ukraine	1	1	–	–	2:0	
USA	11	2	1	8	15:26	
Gesamt	102	50	22	30	222:128	

Die U-21-Mannschaft wurde 2007 von der neuen U-23-Mannschaft ersetzt.

Die Bilanz der 27 U20-Frauen-Länderspiele

Gegner	Spiele	Siege	Unentsch.	Niederl.	Tore	11-m-Sch.
Brasilien	1	1	–	–	3:2	
Costa Rica	1	1	–	–	4:2	
England	1	1	–	–	1:0	
Frankreich	2	2	–	–	9:4	
Japan	2	–	–	2	2:4	
Kanada	1	1	–	–	2:1	
Kolumbien	1	1	–	–	3:1	
DR Kongo	1	1	–	–	5:0	
Mexiko	1	1	–	–	9:1	
Nigeria	1	1	–	–	2:0	
Nordkorea	2	1	–	1	2:2	
Norwegen	3	2	1	–	5:1	
Schweden	2	1	1	–	4:3	
Schweiz	1	1	–	–	6:0	
Südafrika	1	–	1	–	1:1	
Südkorea	2	2	–	–	8:1	
USA	4	1	1	2	5:7	
Gesamt	27	18	4	5	71:30	

2010: 12 Spiele, 9 Siege, 2 Unentschieden, 1 Niederlage

16 **England**, 22. 2., La Manga, 1:0 gewonnen (U23-Turnier): Schult – Kemme, Gessat, Wermelt, Brosius (Lübcke) – Wich, Hegering (J. Arnold), Wagner (Prießen), Huth (Amann) – S. Arnold (Pedersen), Bartke (1) (Joswiak).

17 **USA**, 24. 2., La Manga, 1:1 unentschieden (U23-Turnier): Schumann – Mirlach (1), Prießen, Gessat, Kemme – Joswiak (Huth), S. Arnold, Hegering (Wermelt), Wich (Brosius) – Wagner (Pedersen), Bartke.

18 **Norwegen**, 26. 2., La Manga, 0:0 unentschieden (U23-Turnier): Schult (Schumann) – Lübcke (J. Arnold), Mirlach, Gessat (Wermelt), Kemme – Wich (Pedersen), Prießen, Hegering (Wagner), Joswiak (Bartke) – S. Arnold, Huth.

19 **Südkorea**, 2. 6., Gießen, 3:0 gewonnen: Schumann – Brosius (Joswiak), Gessat, Prießen, Mirlach (1) – Wich (Bartke), Hegering (J. Arnold), S. Arnold (1) (Höß), Huth – Marozsan, Wagner (1).

20 **USA**, 13. 6., Herford, 3:1 gewonnen: Schult (Schumann) – Schmidt, Kleiner (Prießen), Gessat, Kemme – Mirlach (1) (Hegering), Kulig (Bagehorn) – Huth (Wich), Marozsan (1) (S. Arnold), Wagner (Knaak) – Popp (1) (Petzelberger).

21 **Japan**, 16. 6., Gütersloh, 1:2 verloren: Schumann (Schult) – Schmidt (Mirlach), Prießen, Gessat (Kleiner), Kemme (Wesely) – Huth, Hegering, Kulig (Bagehorn), Wich (Knaak) – Marozsan (Petzelberger), Popp (1) (Wagner).

22 **Costa Rica**, 13. 7., Bochum, 4:2 gewonnen (U20-WM-Gruppenspiel): Schult – Schmidt, Prießen, Gessat, Kemme (Mirlach) – Hegering (1), Kulig – Huth (1) (Wesely), S. Arnold, Knaak (Wich) – Popp (2).

23 **Kolumbien**, 16. 7., Bochum, 3:1 gewonnen (U20-WM-Gruppenspiel): Schult – Mirlach, Prießen, Gessat, Wesely – Hegering (1), Kulig (Bagehorn) – Huth (Wagner), Marozsan, S. Arnold (1) (Knaak) – Popp (1).

24 **Frankreich**, 20. 7., Augsburg, 4:1 gewonnen (U20-Gruppenspiel): Schumann – Schmidt, Prießen, Gessat, Mirlach – Hegering (Kulig), Wagner – Huth (Bartke), Marozsan (1), Knaak (Wich) – Popp (3).

25 **Nordkorea**, 24. 7., Bochum, 2:0 gewonnen (U20-WM-Viertelfinale): Schult – Schmidt, Prießen, Gessat, Kemme – Hegering, Kulig – Huth (Wagner), Marozsan, S. Arnold (1) (Knaak) – Popp (1).

26 **Südkorea**, 29. 7., Bochum, 5:1 gewonnen (U20-WM-Halbfinale): Schult – Schmidt, Prießen, Gessat, Kemme – Hegering (Mirlach), Kulig (2) (Kleiner) – Huth (1), Marozsan, S. Arnold – Popp (2) (Wagner).

27 **Nigeria**, 1. 8. Bielefeld, 2:0 gewonnen (U20-WM-Endspiel): Schult Schmidt, Prießen, Gessat, Kemme – Hegering, Kulig – Huth (Knaak), Marozsan (Mirlach), S. Arnold (Wagner) – Popp (1) – Dazu kommt ein Eigentor von Ohale.

Die Bilanz der 176 U19-Frauen-Länderspiele (bis 2001 U18)

Gegner	Spiele	Siege	Unentsch.	Niederl.	Tore	11-m-Sch.
Australien	**2**	**1**	**–**	**1**	**4:3**	
Belgien	**2**	**2**			**6:0**	
Brasilien	**2**		**1**	**1**	**1:2**	**4:3**
China	**2**	**1**		**1**	**2:2**	
Dänemark	**10**	**4**	**3**	**3**	**8:8**	
England	**9**	**8**	**–**	**1**	**20:8**	
Finnland	**6**	**6**	**–**	**–**	**23:3**	
Frankreich	**12**	**8**	**1**	**3**	**29:14**	**3:5**
Georgien	**1**	**1**	**–**	**–**	**18:0**	
Irland	**2**	**2**	**–**	**–**	**9:0**	
Island	**3**	**3**	**–**	**–**	**12:3**	
Italien	**13**	**7**	**2**	**4**	**24:13**	
Japan	**2**	**2**	**–**	**–**	**5:2**	
Kanada	**5**	**3**	**1**	**1**	**8:7**	
Mazedonien	**2**	**2**	**–**	**–**	**19:0**	
Mexiko	**1**	**1**	**–**	**–**	**3:1**	
Niederlande	**5**	**5**	**–**	**–**	**11:1**	
Nigeria	**1**	**–**	**1**	**–**	**1:1**	**5:4**
Norwegen	**15**	**11**	**4**	**–**	**37:12**	**2:4**
Österreich	**1**	**1**	**–**	**–**	**5:1**	
Polen	**3**	**3**	**–**	**–**	**27:0**	
Rumänien	**1**	**1**	**–**	**–**	**4:0**	
Russland	**8**	**7**	**–**	**1**	**39:8**	
Schottland	**5**	**5**	**–**	**–**	**26:2**	
Schweden	**20**	**11**	**5**	**4**	**36:15**	
Schweiz	**7**	**4**	**1**	**2**	**17:9**	
Serbien (Jugoslawien)	**2**	**2**	**–**	**–**	**14:0**	
Slowakei	**2**	**2**	**–**	**–**	**12:0**	
Slowenien	**1**	**1**	**–**	**–**	**8:0**	
Spanien	**7**	**6**	**–**	**1**	**19:4**	
Thailand	**1**	**1**	**-**	**–**	**6:0**	
Tschechien	**3**	**3**	**-**	**–**	**14:1**	
Türkei	**1**	**1**	**–**	**–**	**2:0**	

Ukraine	1	–	1	–	0:0
Ungarn	5	5	–	–	27:0
USA	10	2	1	7	10:19
Wales	2	1	1	–	8:1
Weißrussland	1	1	–	–	9:0
Gesamt	**176**	**124**	**22**	**30**	**523:140**

2010: 11 Spiele, 7 Siege, 2 Unentschieden, 2 Niederlagen

156 **Niederlande**, 1. 3., La Manga, 1:0 gewonnen (Internationales Turnier): Schmitz (Benkart) – Simon, Elsig (Vetterlein), Kleiner, Maier – Bagehorn, Petzelberger (Mester) – Knaak (1) (Rolser), Kayikci (Beckmann), Linden (Doppler) – Malinowski (Nati).

157 **USA**, 3. 3., La Manga, 0:1 verloren (Internationales Turnier): Benkarth (Schmitz) – Maier, Kleiner, Elsig (Vetterlein), Simon (Doorsoun) – Petzelberger, Bagehorn (Mester) – Rolser (Nati), Knaak (Doppler) – Kayikci – Malinowski (Beckmann).

158 **England**, 5. 3., La Manga, 1:4 verloren (Internationales Turnier): Benkarth (Schmitz) – Maier, Kleiner, Vetterlein (Elsig), Simon (Doorsoun) – Petzelberger (Mester), Bagehorn – Kayikci (Doppler), Knaak – Malinowski (Nati), Rolser (1) (Beckmann).

159 **Polen**, 27. 3., Tavankut, 7:0 gewonnen (EM-Qualifikation): Schult – Kemme, Elsig, Kleiner, Maier (1) – Knaak (Simon), Bagehorn (1), Petzelberger, Huth (2) – Kayikci (Malonowski (1)), Marozsan (Rolser (2)).

160 **Serbien**, 29. 3., Subotica, 8:0 gewonnen (EM-Qualifikation): Schult – Simon (1), Vetterlein, Elsig, Kemme – Doppler (3), Marozsan (Kayikci (1)), Bagehorn (1)(Petzelberger), Huth (Knaak) – Malinowski (2), Nati.

161 **Norwegen**, 1. 4., Subotica, 3:0 gewonnen (EM-Qualifikation): Schult – Kemme (Doppler), Elsig, Kleiner, Maier – Knaak (1) (Simon), Bagehorn, Petzelberger, Huth (1) – Marozsan (1), Malinowski (Rolser).

162 **Italien**, 24. 5., Kumanovo, 4:1 gewonnen (EM-Gruppenspiel): Schult – Simon (1), Elsig, Kleiner, Maier (Wesely) – Knaak (Doppler), Bagehorn (1), Hendrich (Rolser), Kayikci (1) – Petzelberger, Malinowski (1).

163 **Schottland**, 27. 5., Skopje, 5:1 gewonnen (EM-Gruppenspiel): Schult – Ioannidou, Wesely, Kleiner (1), Maier – Knaak (3), Petzelberger, Bagehorn, Kayikci (Doppler (1)) – Beckmann (Rolser), Malinowski (Hendrich).

164 **England**, 30. 5., Skopje, 2:1 gewonnen (EM-Gruppenspiel): Benkarth – Simon, Elsig, Kleiner, Wesely – Doppler (1), Bagehorn (Petzelberger), Hendrich (Vetterlein), Knaak (1) (Kayikci) – Beckmann, Rolser.

165 **Frankreich**, 2. 6., Skopje, 1:1 n. V. unentschieden, Elfmeterschießen 3:5 (EM-Halbfinale): Schult – Simon (Ioannidou), Elsig, Kleiner, Maier – Doppler (Rolser), Hendrich (Beckmann), Bagehorn, Knaak – Petzelberger, Malinowski (1) – Tore im Elfmeterschießen: Bagehorn, Kleiner verschießt, Elsig, Beckmann.

166 **Schweden**, 27. 10., Sollentuna, 1:1 unentschieden: Benkarth (Schmitz) – Maier, Elsig, Vetterlein (Störzel), Simon (Brüggemann) – Hendrich (Blessing), Götte (Hepfer) – Beckmann (Pyko), Doppler (Hegenauer) – Petzelberger – Rolser (1).

2011: 10 Spiele, 9 Siege, 1 Unentschieden

167 **Niederlande**, 23. 2., Nettetal, 2:0 gewonnen: Benkarth (Schmitz) – Cramer (Vetterlein), Demann (Störzel), Elsig, Savin (Bade) – Lotzen (Hegenauer), Schmidt, Hendrich, Beckmann (1) (Moik) – Malinowski (1) (Rheinheimer), Rolser (Schöne).

168 **Wales**, 31. 3., Llanelli, 1:1 unentschieden (EM-Qualifikation): Benkarth – Maier, Elsig, Wensing (1), Simon – Pyko (Beckmann), Hendrich, Schmid, Lotzen (Cramer) – Rolser, Petzelberger.

169 **Türkei**, 2. 4., Carmarthen, 2:0 gewonnen (EM-Qualifikation): Benkarth – Cramer, Wensing, Elsig, Maier – Simon (1), Schmidt (Nati), Hendrich, Rolser (Lotzen) – Petzelberger, Beckmann (1) (Savin).

170 **Island**, 5. 4., Llanelli, 3:0 gewonnen (EM.Qualifikation): Benkarth – Cramer (Hegenauer), Demann, Wensing, Maier – Simon (1), Schmid, Hendrich, Rolser (Pyko) – Petzelberger (1), Beckmann (1) (Nati).

171 **Russland**, 11. 5., Bremerhaven, 5:0 gewonnen: Abt – Maier (Schöne), Elsig, Demann (Steck), Vetterlein (Cramer) – Rolser (Pyko), Hendrich (Nati), Schmid (Lotzen), Simon (1) (Hegenauer (1)) – Beckmann (1) (Rudelic (1)), Petzelberger (1).

172 **Norwegen**, 30. 5., Cervia, 3:1 gewonnen (EM-Gruppenspiel): Schmitz – Simon, Wensing, Elsig, Maier – Lotzen (1) (Cramer), Schmid (1), Hendrich, Rolser (Hegenauer (1)) – Petzelberger, Beckmann (Rudelic).

173 **Spanien**, 2. 6., Belleria, 1:0 gewonnen (EM-Gruppenspiel): Schmitz – Simon (Hegenauer), Wensing, Elsig, Maier – Lotzen, Schmid, Hendrich, Rolser (Cramer) – Petzelberger, Beckmann (1) (Rudelic).

174 **Niederlande**, 5. 6., Imola, 2.1 gewonnen (EM-Gruppenspiel): Abt – Cramer, Demann, Elsig, Wensing – Hegenauer (Lotzen (1)), Petzelberger, Hendrich (Schmidt), Pyko – Nati (Maier), Rudelic (1).

175 **Schweiz**, 8. 6., Imola, 3.1 gewonnen (EM-Halbfinale): Schmitz – Wensing, Elsig, Demann, Simon (Cramer) – Hendrich, Schmid – Maier (Hegenauer), Petzelberger (1), Lotzen (1) – Beckmann (1) (Rudelic).

176 **Norwegen**, 11. 6., Imola, 8:1 gewonnen (EM-Endspiel): Schmitz – Wensing (1), Elsig, Cramer, Maier – Hendrich (Hegenauer (1)), Schmid (2) – Beckmann (Rudelic (1)), Petzelberger (1), Simon (Pyko) – Lotzen (2).

Die Bilanz der 180 U17-Juniorinnen-Länderspiele (bis 2001 U16)

Gegner	Spiele	Siege	Unentsch.	Niederl.	Tore	11-m-Sch.
Australien	1	1	–	–	4:0	
Bulgarien	2	2	–	–	21:0	
Costa Rica	1	1	–	–	5:0	
Dänemark	21	16	4	1	50:7	
England	1	1	–	–	3:0	
Finnland	10	8	2	–	31:5	5:3
Frankreich	34	22	4	8	78:34	5:6
Ghana	1	1	–	–	3:2	
Irland	1	–	–	1	0:1	
Island	8	6	2	–	31:5	
Israel	4	4	–	–	27:1	
Kanada	9	5	2	2	16:9	
Mexiko	1	1	–	–	9:0	
Neuseeland	1	1	–	–	5:1	
Niederlande	17	9	4	4	31:13	4:3
Nigeria	1	–	1	–	2:2	
Nordkorea	2	–	1	1	1:2	
Norwegen	12	10	2	–	43:7	4:2
Österreich	1	1	–	–	1:0	
Polen	1	1	–	–	3:0	
Russland	2	2	–	–	13:0	
Schweden	25	14	7	4	51:32	9:10, 4:5, 4:5
Schweiz	5	4	–	1	20:3	
Serbien	1	1	–	–	11:0	
Spanien	1	1	–	–	7:0	
Südafrika	1	1	–	–	10:1	
Südkorea	1	1	–	–	3:1	
Ungarn	1	1	–	–	6:0	
USA	14	2	3	9	12:26	
Gesamt:	**180**	**117**	**32**	**31**	**497:153**	

2010: 11 Spiele, 9 Siege, 2 Niederlagen

165 **Österreich**, 10. 4., Trumau, 1:0 gewonnen (EM-Qualifikation): Nuding – Savin, Wensing, Demann, Rheinheimer – Schmid, Blessing (Magull), Romert – Petermann (1), Maceri (Pyko), Lotzen (Chojnowski).

166 **Norwegen**, 12. 4., Lindabrunn, 4:0 gewonnen (EM-Qualifikation): Nuding – Jäger, Wensing, Demann, Cramer – Schmid, Moik (Savin), Magull (Blessing), Romert – Petermann (2) (Lotzen), Chojnowski (1) – Dazu kommt ein Eigentor von Thorisdottir.

167 **Finnland**, 15. 4., Lindabrunn, 3:0 gewonnen (EM-Qualifikation): Abt – Jäger (Savin), Demann, Cramer, Rheinheimer – Blessing, Moik (1) (Pyko), Magull, Romert (1) – Petermann (1), Chojnowski (Lotzen).

168 **Irland**, 22. 6., Nyon, 0:1 verloren (EM-Halbfinale): Nuding – Wensing, Demann, Cramer, Moik (Lotzen) – Schmid, Jäger, Magull (Pyko) – Romert, Chojnowski, Petermann (Leupolz).

169 **Niederlande**, 26. 6., Nyon, 3:0 gewonnen (EM, Spiel um den 3. Platz): Nuding – Jäger (Savin), Wensing, Demann, Cramer – Lotzen, Schmid (Leupolz (1)), Magull, Romert – Petermann (1) (Rheinheimer), Chojnowski (1).

170 **Mexiko**, 5. 9., Scarborough, 9:0 gewonnen (WM-Gruppenspiel): Nuding – Cramer (Rheinheimer), Demann (1), Wensing, Romert – Lotzen (2), Schmid (Heinze), Magull, Leupolz (Jäger) – Malinowski (3), Petermann (3).

171 **Südafrika**, 8. 9., Scarborough, 10:1 gewonnen (WM-Gruppenspiel): Abt – Cramer, Demann, Wensing, Romert (Moik) – Lotzen (1) (Savin), Schmid, Magull, Leupolz (2) (Chojnowski) – Malinowski (4), Petermann (2) – Dazu kommt ein Eigentor von Seoposenwe.

172 **Südkorea**, 12. 9., Arima, 3:0 gewonnen (WM-Gruppenspiel): Nuding – Wensing, Demann, Cramer, Schmid (1) – Magull (Schöne), Malinowski (Chojnowski (1)), Lotzen (1), Leupolz (Jäger) – Petermann, Romert.

173 **Nordkorea**, 17. 9., Marabella, 0:1 verloren (WM-Viertelfinale): Nuding – Cramer, Demann, Wensing, Romert – Lotzen, Schmid, Magull, Leupolz (Jäger) – Malinowski (Chojnowski), Petermann.

174 **Israel U19**, 14. 12., Rishon le Zion, 4:1 gewonnen: Jaeschke – Schedel, T. Dongus, Eckermann (Leiding), Bröckl – Dallmann, Heep, Scherzberg (Barth) – El-Kassem (Däbritz), Meyer (1) (F. Dongus (2)), Hünerfauth (1) (Schulte).

175 **Israel U19**, 16. 12., Kfar Saba, 5:0 gewonnen: Frohms – Schedel, Leluschko (T. Dongus), Leiding (Eckermann), Bröckl – Barth (1) (Scherzberg), Schulte (Heep), Däbritz (1) – Dallmann (Meyer), F. Dongus (3), Hünerfauth (El-Kassem).

2011: 5 Spiele, 4 Siege, 1 Unentschieden

176 **Finnland**, 21. 4., Esbjerg, 5:0 gewonnen (EM-Qualifikation): Abt – Romert, Seifert, Leiding, Bröckl – Dallmann (1) (de Backer), Leupolz (Barth), Magull, Jäger – Däbritz, F. Dongus (3) (Petermann (1)).

177 **Russland**, 23. 4., Esbjerg, 9:0 gewonnen (EM-Qualifikation): Kämper – Romert, Schedel, Leiding (T. Dongus), Bröckl (Hünerfauth) – Dallmann, Leupolz (1), Magull (2), Jäger (F. Dongus (1)) – Däbritz (3), Petermann (2).

178 **Dänemark**, 26. 4., Esbjerg, 3:0 gewonnen (EM-Qualifikation): Abt – Romert, Seifert, Leiding, Bröckl – Dallmann (de Backer), Leupolz (Jäger), Magull, Däbritz – F. Dongus (3) (Barth), Petermann.

179 **Frankreich**, 28. 7., Nyon, 2:2 n. V. unentschieden, Elfmeterschießen 5:6 (EM-Halbfinale): Abt – Romert, Seifert, Leiding, Bröckl – Magull (1), Leupolz – Dallmann, F. Dongus (Jäger (1)), Däbritz – Petermann – Elfmeterschießen: Magull trifft, Dallmann scheitert, Seifert, Petermann, Däbritz, Bröckl treffen, Jäger, Leupolz verschießen.

180 **Island**, 31. 7., Nyon, 8:2 gewonnen (EM, Spiel um den 3. Platz): Abt (Kämper) – Jäger (3), Seifert, Leiding (Schedel), Bröckl – Magull (3), Leupolz (1) – Dallmann, F. Dongus, Däbritz (1) (Barth) – Petermann.

Die Bilanz der 25 U16-Juniorinnen-Länderspiele

Gegner	Spiele	Siege	Unentsch.	Niederl.	Tore	11-m-Sch.
Dänemark	2	2	–	–	14:0	
Finnland	2	2	–	–	7:2	
Frankreich	6	4	2	–	17:3	
Island	4	3	1	–	10:1	
Italien	2	1	1	–	2:0	
Niederlande	1	1	–	–	3:0	
Norwegen	4	2	–	2	10:4	
Schottland	1	1	–	–	4:1	
Schweden	2	–	1	1	3:4	
USA	1	–	–	1	0:2	
Gesamt:	25	16	5	4	70:17	

2010: 6 Spiele, 4 Siege, 1 Unentschieden, 1 Niederlage

15 **Frankreich**, 18. 5., Sainte Genevieve des Bois, 1:0 gewonnen: Kämper – Schedel (Kallmaier), Eckermann (Urbas), Leiding, Bröckl – Schulte, Wörner (Dallmann), Scherzberg, Toporski (Meyer) – De Backer (F. Dongus), Hünerfauth (1).

16 **Frankreich**, 20. 5., Yerres-Crosne, 2:1 gewonnen: Kämper – Schedel (Kallmaier), Eckermann, Leiding, Bröckl – Scherzberg, Dallmann (Urbas), Schulte, Toporski (1) – F. Dongus (1) (Wörner), Hünerfauth (De Backer).

17 **Schweden**, 5. 7., Birkeröd, 2:2 unentschieden (Nordic Cup): Kämper – Schedel, Eckermann, Leiding, Bröckl – Hünerfauth (1), Heep (Scherzberg), Schulte, Dallmann – F. Dongus (1), Toporski.

18 **Island**, 6. 7., Hörsholm, 1:0 gewonnen (Nordic Cup): Kämper – Bröckl, Leiding, Kallmaier (Eckermann), Schedel (A. Schmidt) – Hünerfauth, Schulte, Heep (Scherzberg), Dallmann (T. Dongus) – F. Donugs (1) (De Backer), Toporski (Gidion).

19 **Finnland**, 8. 7., Hilleröd, 3:2 gewonnen (Nordic Cup): Kämper (Jaeschke) – Schedel (Schmidt), Eckermann, Leiding, Bröckl – Hünerfauth (De Backer), Schulte (1) (Scherzberg), Heep, Dallmann – F. Dongus (1), Toporski (T. Dongus (1)).

20 **USA**, 10. 7., Hilleröd, 0:2 verloren (Nordic Cup, Endspiel): Kämper – Schedel, Eckermann (T. Dongus), Leiding, Bröckl – Hünerfauth, Schulte, Heep (De Backer), Dallmann F. Dongus, Toporski.

2011: 5 Spiele, 2 Siege, 2 Unentschieden, 1 Noederlage

21 **Italien**, 11. 5., Tamai, 2:0 gewonnen: Straub (Klink) – Führer (Gördel), Leluschko, Becker, Meister (Beck) – Beil, Meißner (Schlee), Streng, Virsinger (Wilde (1)) – Panfil (1), El-Kassem (Spengler).

22 **Island**, 4. 7., Äänekoski, 1:1 unentschieden (Nordic Cup): Frohms – Führer, Leluschko, Becker (Lückel), Beck (Meister) – Meissner, Schlee (Gördel) – Beil (1), Panfil, Wilde (Virsinger) – El-Kassem.

23 **Norwegen**, 5. 7., Laukaa, 0:1 verloren (Nordic Cup): Straub – Führer, Leluschko, Becker, Meister – Meissner, Streng (Gördel) – Beil, Panfil, Wilde (Virsinger) – El-Kassem (Wojtecki).

24 **Frankreich**, 7. 7., Keuruu, 1:1 unentschieden (Nordic Cup): Frohms – Gördel, Leluschko, Becker, Beck (Lückel) – Meissner, Streng (Führer) – Beil, El-Kassem (Schlee), Virsinger (1) (Wilde) – Panfil.

25 **Finnland**, 9. 7. Keuruu, 4:0 gewonnen (Nordic Cup, Spiel um den 7. Platz): Straub – Führer (Goerdel), Leluschko, Lückel, Meister (Beck) – Schlee, Meissner (Streng) – Beil (Wilde), Panfil, Virsinger (2) – El-Kassem (1) (Wojtecki (1)).

Die Bilanz der 36 U15-Juniorinnen-Länderspiele

Gegner	Spiele	Siege	Unentsch.	Niederl.	Tore	11-m-Sch.
Dänemark	**1**	**1**	**–**	**–**	**3:0**	
England	**6**	**4**	**2**	**–**	**21:5**	
Irland	**2**	**2**	**–**	**–**	**10:0**	
Kanada	**4**	**1**	**1**	**2**	**3:8**	
Niederlande	**10**	**6**	**1**	**3**	**23:9**	
Norwegen	**2**	**1**	**1**	**–**	**3:1**	
Polen	**1**	**1**	**–**	**–**	**4:1**	
Russland	**2**	**2**	**–**	**–**	**14:1**	
Schottland	**7**	**7**	**–**	**–**	**44:4**	
Wales	**1**	**1**	**–**	**–**	**7:1**	
Gesamt:	**36**	**26**	**5**	**5**	**132:30**	

2010: 4 Spiele, 4 Siege

31 **Niederlande**, 7. 4., Kerkrade, 1:0 gewonnen: Frohms (Schröpfer) – Gerhardt, Lückel, Leluschko, Giraud (1) (Gördel) – Führer (Schneider), Zinner (Wilde), Streng (Knaak), Bürger (Panfil) – Däbritz, Wein (Gier).

32 **Norwegen**, 24. 6., Porsgrunn/Skien, 2:0 gewonnen: Frohms (Schröpfer) – Giraud, Leluschko (Mey), Lückel, Gördel – Bürger (Meißner), Streng (Kießling (1)), Däbritz (1) (Grimaldi), Schneider (Jaser) – Spengler (Wahlen), Panfil.

33 **Schottland**, 4. 11., Ravenscraig, 3:0 gewonnen: Gornowitz – Lösch, Jaser, Kaiser, Hild – Weidt (1) (Becker), Knaak (Michel), Sewald (Pape), Bremer (von Carlsburg) – Matheis (Kießling (1)), Gier (1) (Sehan).

34 **Schottland**, 6. 11., Ravenscraig, 5:1 gewonnen: Gornowitz (Pistoia) – Michel (Kaiser), Lösch, Jaser, Hild – Kießling (1), Sewald (Pape), Becker (Knaak), Bremer (Matheis) – Sehan (3) (von Carlsburg), Weidt (Gier (1)).

2011: 2 Spiele, 2 Siege

35 **Niederlande**, 24. 4., Spelle, 4:2 gewonnen: Hanemann (Danisch) – Hild (Eiberger), Jaser, Lösch (1), Schwarz – Bremer (1), Knaak (1), Fliege (Sewald), Loos – Gier (1) (Kießling), Sehan (Pape).

36 **Polen**, 22. 6., Slubice, 4:1 gewonnen: Hanemann – Lösch, Jaser, Schlarb (Sewald), Hild (Volkmer) – Gier (Matuschewski), Knaak, Pape, Bremer (Matheis (1)) – Becker, Loos (3).

Ehrentafel

DER DEUTSCHEN FRAUEN-MEISTER

1974	**TuS Wörrstadt**	**1993**	**TuS Niederkirchen**
1975	**Bonner SC**	**1994**	**TSV Siegen**
1976	**Bayern München**	**1995**	**FSV Frankfurt**
1977	**SSG Bergisch Gladbach**	**1996**	**TSV Siegen**
1978	**SC Bad Neuenahr**	**1997**	**Grün-Weiß Brauweiler**
1979	**SSG Bergisch Gladbach**	**1998**	**FSV Frankfurt**
1980	**SSG Bergisch Gladbach**	**1999**	**1. FFC Frankfurt**
1981	**SSG Bergisch Gladbach**	**2000**	**FCR Duisburg**
1982	**SSG Bergisch Gladbach**	**2001**	**1. FFC Frankfurt**
1983	**SSG Bergisch Gladbach**	**2002**	**1. FFC Frankfurt**
1984	**SSG Bergisch Gladbach**	**2003**	**1. FFC Frankfurt**
1985	**KBC Duisburg**	**2004**	**Turbine Potsdam**
1986	**FSV Frankfurt**	**2005**	**1. FFC Frankfurt**
1987	**TSV Siegen**	**2006**	**Turbine Potsdam**
1988	**SSG Bergisch Gladbach**	**2007**	**1. FFC Frankfurt**
1989	**SSG Bergisch Gladbach**	**2008**	**1. FFC Frankfurt**
1990	**TSV Siegen**	**2009**	**Turbine Potsdam**
1991	**TSV Siegen**	**2010**	**Turbine Potsdam**
1992	**TSV Siegen**	**2011**	**Turbine Potsdam**

Die Spiele um die deutsche Frauen-Meisterschaft

1974: TuS Wörrstadt

Gruppe 1: Bayern München – SpVgg Wiehre/Freiburg 3:2, TSV Grötzingen – SV Bubach/Calmesweiler 0:9, SpVgg Wiehre/Freiburg – TSV Grötzingen 5:1, SV Bubach/Calmesweiler – Bayern München 3:2, TSV Grötzingen – Bayern München 1:5, SpVgg Wiehre/Freiburg – SV Bubach/Calmesweiler 2:5 – Gruppensieger: SV Bubach/Calmesweiler.

Gruppe 2: TuS Wörrstadt – Preußen Krefeld 5:1, Oberst Schiel Frankfurt – SV Untergrombach 4:0, Preußen Krefeld – Oberst Schiel Frankfurt 0:2, SV Untergrombach – TuS Wörrstadt 0:5, Oberst Schiel Frankfurt – TuS Wörrstadt 0:1, Preußen Krefeld – SV Untergrombach 4:0 – Gruppensieger: TuS Wörrstadt.

Gruppe 3: SC Bad Neuenahr – Sparta Göttingen 5:0, Bonner SC – SV Kiel-Wik 1:0, Sparta Göttingen – Bonner SC 2:3, SV Kiel-Wik – SC Bad Neuenahr 0:4, Bonner SC – SC Bad Neuenahr 1:0, Sparta Göttingen – SV Kiel-Wik 6:1 – Gruppensieger: Bonner SC.

Gruppe 4: Werder Bremen – Tennis Borussia Berlin 1:1, Buxtehuder SV – DJK Eintracht Erle 0:2, Tennis Borussia Berlin – Buxtehuder SV 1:1, DJK Eintracht Erle – Werder Bremen 5:1, Buxtehuder SV – Werder Bremen 1:1, Tennis Borussia Berlin – DJK Eintracht Erle 1:2 – Gruppensieger: DJK Eintracht Erle.

Halbfinale: SV Bubach/Calmesweiler – DJK Eintracht Erle 1:3, Bonner SC – TuS Wörrstadt 1:3.

Spiel um den 3. Platz: SV Bubach/Calmesweiler – Bonner SC n. V. 3:3, Elfmeterschießen 4:1.

Endspiel am 8. September in Mainz: TuS Wörrstadt – DJK Eintracht Erle 4:0

Die Siegermannschaft: Manewal – Jung, Mayer (Nickel), Ellmer, Pätzold, Solbach, Israel, Wohlleben, Demler (Petzold), Haarbach, Binder – Tore: Israel 3, Wohlleben – Zuschauer: 3800 – SR: Eschweiler (Bonn).

1975: Bonner SC

Gruppe 1: Jahn Delmenhorst – Tennis Borussia Berlin 1:4 und 1:4, SV Kiel-Wik – TSV Wulsdorf 2:1 und 2:2 – Gruppenendspiele: Tennis Borussia – SV Kiel-Wik 2:1 und 2:0.

Gruppe 2: KBC Duisburg – DJK Eintracht Erle 0:1 und 1:1, Lorbeer Rothenburgsort – Bonner SC 1:2 und 0:7 – Gruppenendspiele: DJK Eintracht Erle – Bonner SC 0:5 und 0:6.

Gruppe 3: TSV Battenberg – SC Bad Neuenahr 2:2 und 0:4, TuS Wörrstadt – Spvgg Freiburg/Wiehre 2:1 und 5:0 – Gruppenendspiele SC Bad Neuenahr – TuS Wörrstadt 0:3 und 0:2.
Gruppe 4: SV Schlierstadt – VfL Schorndorf 1:1 und 1:4, Bayern München – FC Marpingen 6:1 und 1:1 – Gruppenendspiele: VfL Schorndorf – Bayern München 0:5 und 1:6.
Halbfinale: Bayern München – Tennis Borussia Berlin 2:1, TuS Wörrstadt – Bonner SC 0:4.
Spiel um den 3. Platz:: Tennis Borussia Berlin – TuS Wörrstadt 3:2.

Endspiel am 15. Juni in Bad Godesberg: Bonner SC – Bayern München 4:2 (1:2)
Die Siegermannschaft: Klein – Bädorf, Riebartsch, Schmidt, Christa Nüsser, Neuenfeld, Ranger, Pätzold, Charlotte Nüsser, Haarbach-Trabant, Wurps – Tore: Charlotte Nüsser 2, Haarbach-Trabant, Ranger (Niederlöhner, Langer) – Zuschauer: 2337 – SR: Linn (Altendiez).

1976: Bayern München

Gruppe 1: SC Bad Neuenahr – Oberst Schiel Frankfurt 0:0 und 1:2, VfR Rheinfelden – TSV Siegen 2:2 und 2:3 – Gruppenendspiele: TSV Siegen – Oberst Schiel Frankfurt 2:0 und 2:2.
Gruppe 2: SV Kiel-Wik – Tennis Borussia Berlin 1:2 und 0:1; Hamburger SV – FC Marpingen 2:1 und 0:4 – Gruppenendspiele: Tennis Borussia Berlin – FC Marpingen 6:0 und 1:2.
Gruppe 3: Bayern München – VfL Schorndorf 2:1 und 4:0; TuS Niederkirchen – Bonner SC 2:8 und 0:2 – Gruppenendspiele: Bonner SC – Bayern München 1:1 und 2:3.
Gruppe 4: TSV Wulsdorf – KBC Duisburg 0:7 und 0:3; SV Schlierstadt – Sparta Göttingen 2:4 und 1:3 – Gruppenendspiele: KBC Duisburg – Sparta Göttingen 4:3 und 1:3 n. Verl.
Halbfinale: Sparta Göttingen – Tennis Borussia Berlin n. V. 1:3., Bayern München – TSV Siegen 3:2.
Spiel um den 3. Platz: Sparta Göttingen – TSV Siegen 2:1.

Endspiel am 20. Juni in Siegen: Bayern München – Tennis Borussia Berlin n. V. 4:2 (2:2, 1:1)
Die Siegermannschaft: Köhl – Kasimir, Lehner, Völkl, Doll, Niederlöhner (Leroy), Raith, Süß, Mayerhofer, Schmidt, Langer (Wagner) – Tore: Niederlöhner 2, Schmidt, Mayerhofer (Cygon 2) – Zuschauer: 3700 – SR: Hilker (Bochum).

1977: SSG Bergisch Gladbach

Vorrunde: KBC Duisburg – SSG Bergisch Gladbach 1:4 und 0:2, SV Schlierstadt – VfL Wildeshausen 1:1 und 3:2; TuS Niederkirchen – TV Farmsen/Hamburg 1:2 und 3:1; SC Freiburg – FC Schalke 04 0:1 und 3:0; VfL Schorndorf – Bayern München 2:2 und 2:4; TSV Wulsdorf – TSV Rendsburg 0:5 und 0:4; Oberst Schiel Frankfurt – Tennis Borussia Berlin 2:2 und 2:1; FC Marpingen – SC Bad Neuenahr 2:2 und 2:3.
Viertelfinale: SC Bad Neuenahr – SSG Bergisch Gladbach 2:2 und 0:1; SC Freiburg – SV Schlierstadt 0:1 und 0:2; Bayern München – TuS Niederkirchen 0:0 und 2:0; Oberst Schiel Frankfurt – TSV Rendsburg 6:0 und 1:2.
Halbfinale: Bayern München – SSG Bergisch Gladbach 1:3 und 0:4; SV Schlierstadt – Oberst Schiel Frankfurt 1:2 und 1:3.

Endspiele am18. und 25. Juni: SSG Bergisch Gladbach – Oberst Schiel Frankfurt 0:0 und 1:0
Die Siegermannschaft: Schmoll – Göbel, Winkel, Stoffels, Krug – Neuenfeldt, Lesink, Trabant-Haarbach – Dlugi (Frese), Ranger (Hamburger, Klinz), Gebauer – Tor: Gebauer – Zuschauer: 8000 und 3000 – SR: Lutz (Bremen) und Quindeau (Ludwigshafen).

1978: SC Bad Neuenahr

Vorrunde: Rot-Weiß Berrendorf – KBC Duisburg 0:2 und 0:3, TSV Wulsdorf – FC Marpingen 0:3 und 0:4; SV Schlierstadt – TV Farmsen/Hamburg 0:0 und 1:3, Meteor 06 Berlin – Kickers Offenbach 1:0 und 0:2, TSV Siegen – TuS Wörrstadt 1:1 und 3:0, Rotenburger SV – Bayern München 1:6 und 1:1, SC Freiburg – VfL Schorndorf 4:1 und 1:1, SC Bad Neuenahr – Rendsburger TV 6:0 und 3:1.
Viertelfinale: KBC Duisburg – TV Farmsen/Hamburg 3:2 und 0:0, TSV Siegen – Kickers Offenbach 0:1 und 1:2, SC Bad Neuenahr – SC Freiburg 1:1 und 2:1, FC Marpingen – Bayern München 2:2 und 1:0.
Halbfinale: Kickers Offenbach – FC Marpingen 1:1 und 1:2, SC Bad Neuenahr – KBC Duisburg 0:0 und 2:0.

Endspiele am 17. und 25. Juni: SC Bad Neuenahr – FC Marpingen 2:0 und 0:1
Die Siegermannschaft: Breuer – Esch (Bünning), Weyer, Schreiber (Kullmann), Eisenhuth – Richelmann, Förster, Nüsser – Wohlleben, Pütz, Keller – Tore: Nüsser 2 im 1. Spiel; Eigentor Schreiber im 2. Spiel – Zuschauer: 1000 und 4000 – SR: Dreher (Darmstadt) und Schmoock (Konstanz).

1979: SSG Bergisch Gladbach

Vorrunde: SC Bad Neuenahr – Meteor 06 Berlin 1:1 und 5:2, FC Marpingen – KBC Duisburg 1:0 und 0:3, Jahn Delmenhorst – VfL Schorndorf 0:1 und n. V. 4:2, TSV Siegen – Oberst Schiel Frankfurt 1:3 und 5:2, Bayern München – SC Freiburg 3:0 und 4:0, FSV Harburg – TuS Wörrstadt 1:0 und 2:2, SSG Bergisch Gladbach – SV Schlierstadt 2:0 und 2:1, TV Rendsburg – TSV Wulsdorf 1:0 und 2:0.

Viertelfinale: KBC Duisburg – TV Rendsburg 2:0 und 1:0, TSV Siegen – Jahn Delmenhorst 1:1 und n. V. 2:2, Elfmeterschießen 3:1, SC Bad Neuenahr – Bayern München 2:0 und n. V. 0:4, SSG Bergisch Gladbach – FSV Harburg 5:0 und 1:0.

Halbfinale: SSG Bergisch Gladbach – KBC Duisburg 1:0 und 3:0, Jahn Delmenhorst – Bayern München 2:5 und 2:5.

Endspiele am17. und 24. Juni: Bayern München – SSG Bergisch Gladbach 2:3 und 0:1
Die Siegermannschaft: Schmoll – Klinz, Dlugi, Krug, Winkel, Neuenfeldt, Degwitz, Lesnik (Pestel), Kresimon, Trabant-Haarbach, Gebauer (Frauenrath) – Tore: Kresimon 2, Neuenfeld (Doll, Mayerhofer) im 1. Spiel; Kresimon im 2. Spiel – Zuschauer: 800 und und 12 000– SR: Walz (Waiblingen) und Burgers (Essen).

1980: SSG Bergisch Gladbach

Vorrunde: Bayern München – FC Schalke 04 2:0 und 2:1, Meteor 06 Berlin – KBC Duisburg 0:2 und 1:3, FSV Frankfurt – SSG Bergisch Gladbach 0:4 und 0:5, TuS Niederkirchen – FC Marpingen 1:0 und 2:1, VfL Schorndorf – VfL Wildeshausen 1:0 und 0:3, FSV Harburg – SC Lauchringen 5:2 und 2:0, TSV Wulsdorf – SC Bad Neuenahr 0:2 und 0:11, TSV Rendsburg – SV Schlierstadt 0:5 und 2:6.

Viertelfinale: SV Schlierstadt – KBC Duisburg 0:2 und 1:3, VfL Wildeshausen – SC Bad Neuenahr 1:0 und 0:2, SSG Bergisch Gladbach – TuS Niederkirchen 4:1 und 7:0, Bayern München – FSV Harburg 5:0 und 0:4.

Halbfinale: Bayern München – SSG Bergisch Gladbach 0:2 und 0:6, KBC Duisburg – SC 07 Bad Neuenahr 5:1 und 6:0.

Endspiel am 15. Juni in Bergisch Gladbach: SSG Bergisch Gladbach – KBC Duisburg 5:0 (2:0)
Die Siegermannschaft: Manewal – Klinz, Winkel, Schmoll, Dlugi – Krug, Neuenfeldt, Trabant-Haarbach (Pestel) – Degwitz (Budney), Kresimon, Gebauer – Tore: Kresimon 2, Krug, Gebauer, Budny – Zuschauer: 5000 – SR: Risse (Hattingen).

1981: SSG Bergisch Gladbach

Vorrunde: SFD Düsseldorf – VfL Wildeshausen 5:3 und 1:2, VfL Schorndorf – TuS Wulsdorf 6:0 und 5:0, FSV Harburg – Tennis Borussia Berlin 2:2 und 1:6, SC Bad Neuenahr – SC Freiburg 3:1 und 0:1, FC Schalke 04 – TuS Wörrstadt 0:1 und 0:4, FSV Frankfurt – TSV Rendsburg 3:0 und 5:0, SV Schlierstadt – SV Weiskirchen 3:0 und 4:0, SSG Bergisch Gladbach – Bayern München 3:0 und 0:1.

Viertelfinale: FSV Frankfurt – SSG Bergisch Gladbach 1:3 und 1:6, TuS Wörrstadt – SFD Düsseldorf 4:1 und 2:3, SC Bad Neuenahr – SV Schlierstadt 3:0 und 1:1, Tennis Borussia Berlin – VfL Schorndorf 2:0 und 4:3

Halbfinale: Tennis Borussia Berlin – TuS Wörrstadt 4:0 und 4:2, SC Bad Neuenahr – SSG Bergisch Gladbach 0:3 und 1:0.

Endspiel am 20. Juni in Bergisch Gladbach: SSG Berg Gladbach – Tennis Borussia Berlin 4:0 (3:0)
Die Siegermannschaft: Geilen (Domhoff) – Klinz, Winkel, Krug, Dlugi – Schmoll, Neuenfeldt, Trabant-Haarbach – Degwitz. Kresimon, Gebauer (Haberlass) – Tore: Kresimon 3, Neuenfeldt – Zuschauer: 4000 – SR: Föckler (Weisenheim).

1982: SSG Bergisch Gladbach

Vorrunde: SC Klinge Seckach – TuS Niederkirchen 3:2 und 7:0, Bayern München – SG Thumby 6:0 und 12:0, Eintracht Wolfsburg – Lorbeer Rothenburgsort 1:0 und 2:0, TSV Siegen – FSV Frankfurt 0:1 und 0:0, Meteor 06 Berlin – VfL Schorndorf 2:3 und 1:4, SSG Bergisch Gladbach – SC Freiburg 11:0 und 11:0, VfR Saarbrücken – TSV Wulsdorf 2:0 und 0:0, SC Bad Neuenahr – KBC Duisburg 2:3 und 2:3.

Viertelfinale: SSG Bergisch Gladbach – VfL Schorndorf 6:0 und 5:0, FSV Frankfurt – Bayern München 0:3 und n. V. 3:1, VfR Saarbrücken – SC Klinge Seckach 1:2 und 2:4, KBC Duisburg – Eintracht Wolfsburg 2:0 und 2:1.

Halbfinale: Bayern München – KBC Duisburg 1:1 und 2:1, SC Klinge Seckach – SSG Bergisch Gladbach 0:4 und 0:3.

Endspiel am 17. Juni in Bergisch Gladbach: SSG Bergisch Gladbach – Bayern München 6:0 (1:0)
Die Siegermannschaft: Domhoff – Dlugi, Winkel, Degwitz, Klinz – Krug (Kozany), Landers, Trabant-Haarbach – Dahl (Frauenrath), Kresimon, Gebauer – Tore: Kresimon 3, Trabant-Haarbach, Gebauer. Frauenrath – Zuschauer: 3500 – SR: Wahmann (Recklinghausen).

1983: SSG Bergisch Gladbach

Vorrunde: Bayern München – VfL Wildeshausen 1:1 und 2:0, SC Bad Neuenahr – Bremer TS Neustadt 7:0 und 3:0, Tennis Borussia Berlin – VfR Saarbrücken 7:0 und 3:1, TSV Rendsburg – VfB Unzhurst 2:3 und 3:1, FSV Frankfurt – KBC Duisburg 1:1 und 2:4, SSG Bergisch Gladbach – TSV Siegen 2:0 und 2:0, TuS Niederkirchen – FSV Harburg 5:1 und 0:2., TSV Vilsingen – SC Klinge Seckach 1:8 und 0:2.
Viertelfinale: SC Bad Neuenahr – TSV Rendsburg 4:0 und 3:0, Bayern München – KBC Duisburg 1:2 und 0:1, TuS Niederkirchen – Tennis Borussia Berlin 2:4 und 1:3, SSG Bergisch Gladbach – SC Klinge Seckach 5:0 und 5:0.
Halbfinale: KBC Duisburg – SSG Bergisch Gladbach 1:2 und 1:4, Tennis Borussia Berlin – SC Bad Neuenahr 0:1 und 4:2.

Endspiel am 25. Juni in Bergisch Gladbach: SSG Berg Gladbach – Tennis Borussia Berlin 6:0 (1:0)
Die Siegermannschaft: Domhoff – Dlugi-Winterberg, Landers, Degwitz, Klinz – Schauerova (Winkel), Krug, Trabant-Haarbach – Dahl (Neuenfeldt), Kresimon, Gebauer – Tore: Schauerova 2, Gebauer, Kresimon, Krug, Dlugi-Winterberg – Zuschauer: 3200 – SR: Dellwing (Trier).

1984: SSG Bergisch Gladbach

Vorrunde: Bremer TS Neustadt – ASV Feudenheim 1:0 und 3:6 n.V., Eintracht Wolfsburg – TuS Niederkirchen 4:1 und 2:0, FSV Frankfurt – SV Weiskirchen 6:1 und 4:1, SC Freiburg – Bayern München 0:2 und 2:7, Lorbeer Rothenburgsort – SSG Bergisch Gladbach 0:3 und 1:7, VfL Schorndorf – KBC Duisburg 3:4 und 0:7, Tennis Borussia Berlin – TSV Wentorf 4:0 und 7:1, FC Schalke 04 – SC Bad Neuenahr 2:0 und n.V. 2:5.
Viertelfinale: Tennis Borussia Berlin – KBC Duisburg 1:3 und 2:7, ASV Feudenheim – FSV Frankfurt 0:4 und 0:9, Bayern München – Eintracht Wolfsburg 3:1 und 3:0, SC Bad Neuenahr – SSG Bergisch Gladbach 0:2 und 0:6.
Halbfinale: KBC Duisburg – FSV Frankfurt 0:2 und 1:2, Bayern München – SSG Bergisch Gladbach 0:3 und 0:2.

Endspiel am 30. Juni in Frankfurt: SSG Bergisch Gladbach – FSV Frankfurt 3:1 (1:1)
Die Siegermannschaft: Neuser – Krug, Neuenfeldt, Dlugi-Winterberg, Degwitz – Schauerova, Neid, Bartelmann – Dahl, Kresimon, Gebauer (Haberlass) – Tore: Neid, Bartelmann, Dahl (Jahn) – Zuschauer: 2200 – SR: Fleischer (Hallstadt).

1985: KBC Duisburg

Vorrunde: FC Schalke 04 – SSG Bergisch Gladbach 0:9 und 0:5, FSV Frankfurt – VfL Wildeshausen 3:2 und 3:0, Meteor 06 Berlin – KBC Duisburg 0:4 und 1:5, Bayern München – TuS Niederkirchen 5:0 und 1:0, TSV Wentorf – TuS Ahrbach 1:0 und 1:4, FSV Harburg – TuS Binzen 1:3 und 0:4, Polizei SV Bremen – SC Klinge Seckach 0:7 und 1:5, Eintracht Stuttgart – VfR Saarbrücken 1:1 und 2:8.
Viertelfinale: TuS Binzen – VfR Saarbrücken 1:1 und 0:2, KBC Duisburg – SC Klinge Seckach 7:0 und 2:0, TuS Ahrbach – Bayern München 0:1 und 1:3, FSV Frankfurt – SSG Bergisch Gladbach 1:1 und 0:3.
Halbfinale: VfR Saarbrücken – Bayern München 1:4 und 0:12, SSG Bergisch Gladbach – KBC Duisburg 1:2 und 1:2.

Endspiel am 30. Juni in Duisburg: KBC Duisburg – Bayern München 1:0 (0:0)
Die Siegermannschaft: Reichler – de Koning, Thulke, Dieckmann, Patzel – Limper (Klinkowski), Schiffer, Hohmann (Frey) – Voss, Offermann, Pohl – Tor: Klinkowski – Zuschauer: 5500 – SR: Waltert (Paderborn).

1986: FSV Frankfurt

Vorrunde: Bayern München – TuS Binzen 2:0 und 6:1, Tennis Borussia Berlin – TSV Crailsheim 2:0 und 0:1, FSV Frankfurt– Lorbeer Rothenburgsort 4:1 und 4:0, KBC Duisburg – TSV Siegen 0:2 und 0:1, SC Klinge Seckach – VfR Saarbrücken 1:1 und 1:3, Polizei SV Bremen – VfL Wildeshausen 0:1 und 0:3, SSG Bergisch Gladbach – Schmalfelder SV 9:1 und 5:1, TuS Ahrbach – TuS Wörrstadt 3:0 und 0:0.
Viertelfinale: FSV Frankfurt – Tennis Borussia Berlin 0:1 und 2:0, Bayern München – VfR Saarbrücken 2:1 und 0:0, SSG 09 Bergisch Gladbach – VfL Wildeshausen 3:0 und 3:0, TuS Ahrbach – TSV Siegen 0:3 und 1:2.
Halbfinale: Bayern München – SSG Bergisch Gladbach 0:3 und 2:0, FSV Frankfurt – TSV Siegen 2:2 und n. V. 0:0, Elmeterschießen 3:1.

Endspiel am 28. Juni in Bergisch Gladbach: FSV Frankfurt – SSG Bergisch Gladbach 5:0 (1:0)

Die Siegermannschaft: Melka – Zimmermann – Metz, Lissner, Unsleber – Koekkoek, Jahn, Strauch (Haft), Hamza (Pfeifer) – Mantel, Laufer – Tore: Laufer 2, Jahn, Koekkoek, Mantel – Zuschauer: 2000 – SR: Weber (Essen).

1987: TSV Siegen

Vorrunde: SC Bad Neuenahr – FSV Frankfurt 0:6 und 0:2, KBC Duisburg – VfR Saarbrücken 3:1 und 5:1, VfL Sindelfingen – SpVgg Wiehre 1:0 und n. V. 0:1, Elfmeterschießen 4:3, Bayern München – SC Siegelbach 1:0 und 3:0, SSG Bergisch Gladbach – Lorbeer Rothenburgsort 3:0 und 2:0, Eintracht Wolfsburg – Tennis Borussia Berlin 1:3 und 0:0, ATSV Stockelsdorf – TSV Siegen 2:2 und 0:9, FC Spöck – Polizei SV Bremen 2:1 und n. V. 0:1, Elfmeterschießen 4:3.

Viertelfinale: VfL Sindelfingen – KBC Duisburg 0:4 und 1:6, TSV Siegen – Bayern München 2:1 und 2:0, Tennis Borussia Berlin – FSV Frankfurt 0:1 und 0:1, FC Spöck – SSG Bergisch Gladbach 0:2 und 1:2.

Halbfinale: KBC Duisburg – FSV Frankfurt 2:3 und 2:1, Elfmeterschießen 4:5, TSV Siegen – SSG Bergisch Gladbach 3:0 und 1:0.

Endspiel am 28. Juni in Siegen: TSV Siegen – FSV Frankfurt 2:1 (0:1)

Die Siegermannschaft: Neuser – Kozany – Thomas, Sänger – Haberlaß (Hamm), Koekkoek, Raith, Neid – Czyganowski, Chaladyniak (Pick), Bartelmann – Tore: Neid, Piek (Stumpf) – Zuschauer: 6400 – SR: Mierswa (Hänigsen).

1988: SSG Bergisch Gladbach

Vorrunde: FC Spöck – Polizei SV Bremen 6:0 und 1:0, Lorbeer Rothenburgsort – TSV Siegen 0:5 und 0:1, ATSV Stockelsdorf – TuS Wörrstadt 0:1 und 0:4, Tennis Borussia Berlin – KBC Duisburg 0:4 und 1:1, FSV Frankfurt – Fortuna Sachsenroß Hannover 2:2 und 1:3, SSG Bergisch Gladbach – TSV Crailsheim 2:1 und 3:0, VfR Saarbrücken – TuS Binzen 4:0 und 2:1, TuS Ahrbach – Bayern München 2:2 und n. V. 0:0, Elfmeterschießen 3:1.

Viertelfinale: TuS Wörrstadt – TSV Siegen 0:3 und 0:1, KBC Duisburg – FC Spöck 2:1 und 4:0, TuS Ahrbach – SSG Bergisch Gladbach 2:1 und 0:2, Fortuna Sachsenroß Hannover – VfR Saarbrücken 1:1 und 3:1.

Halbfinale: KBC Duisburg – Fortuna Sachsenroß Hannover 1:0 und 1:0, SSG Bergisch Gladbach – TSV Siegen 2:0 und 2:0.

Endspiel am 26. Juni in Bergisch Gladbach: SSG Bergisch Gladbach – KBC Duisburg n. V. 0:0, Elfmeterschießen 5:4

Die Siegermannschaft: Weiß – Landers – Trauschke, Fehrmann – Meyer, Dahl, Knüpp, Holzhüter, Bünger – Tai-Ving, Jansen (Schute) – Tore im Elfmeterschießen: Tai-Ying, Landers, Trauschke, Fehrmann, Schute (Offermann, Schiller, Voß, Dieckmann) – Zuschauer: 3800 – SR: Broska (Gelsenkirchen).

1989: SSG Bergisch Gladbach

Vorrunde: SSG Bergisch Gladbach – Tennis Borussia Berlin 4:0 und 1:1; KBC Duisburg – TuS Niederkirchen 1:0 und 2:0; Lorbeer Rothenburgsort – VfL Sindelfingen 1:2 und 1:3; Schmalfelder SV – TSV Siegen 0:4 und 0:2; VfR Saarbrücken – SC Klinge Seckach 2:0 und 1:0; TuS Ahrbach – Eintracht Bremen 7:0 und 4:0; FSV Frankfurt – Bayern München 1:0 und 4:2; TuS Binzen – Fortuna Sachsenroß Hannover 1:2 und 1:2.

Viertelfinale: KBC Duisburg – FSV Frankfurt 1:5 und 0:2; VfL Sindelfingen – SSG Bergisch Gladbach 1:3 und 1:3; TuS Ahrbach – TSV Siegen 0:0 und n. V. 0:0, Elfmeterschießen 6:5; Fortuna Sachsenroß Hannover – VfR Saarbrücken 0:1 und 0:3.

Halbfinale: TuS Ahrbach – FSV Frankfurt 3:2 und 2:1; VfR Saarbrücken – SSG Bergisch Gladbach 0:2 und 0:5.

Endspiel am 8. Juli in Montabaur: SSG Bergisch Gladbach – TuS Ahrbach 2:0 (0:0)

Die Siegermannschaft: Wego – Landers – Trauschke, Jansen (Bünger), Hartmann – Meyer (Pradella), Holzhüter, Fehrmann, Dahl – Flues, Ruppaner – Tore: Flues 2 – Zuschauer: 6000 – SR: Umbach (Rottorf).

1990: TSV Siegen

Vorrunde: 1. FC Neukölln – VfR Saarbrücken 1:2 und 1:4, TuS Niederkirchen – Schmalfelder SV 1:0 und n. V. 2:3, Elfmeterschießen 1:3, VfL Sindelfingen – SC Klinge Seckach 1:0 und 4:0, SSG Bergisch Gladbach – KBC Duisburg 3:2 und 2:2, TSV Siegen – TuS Binzen 3:0 und 1:0, Bayern München – Polizei SV Bremen 4:0 und 3:0, FSV Frankfurt – SC Bad Neuenahr 8:0 und 6:1, Lorbeer Rothenburgsort – Eintracht Wolfsburg 0:2 und 1:2.

Viertelfinale: FSV Frankfurt – TSV Siegen 1:2 und 1:1, VfR Saarbrücken – Bayern München 0:0 und 1:2, VfL Sindelfingen – Eintracht Wolfsburg 4:1 und 1:2, Schmalfelder SV – SSG Bergisch Gladbach 0:5 und 0:2.
Halbfinale: TSV Siegen – VfL Sindelfingen 2:0 und 1:1, Bayern München – SSG Bergisch Gladbach 2:1 und n. V. 0:1, Elfmeterschießen 3:4.

Endspiel am 24. Juni in Siegen: TSV Siegen – SSG Bergisch Gladbach 3:0 (2:0)
Die Siegermannschaft: Neuser – Kozany – Sänger, Raith – Wiese, Henkel, Hennecke, Czyganowski (Neid), Knieper – Voß, Fitzner (Kern) – Tore: Voß 2, Hennecke – Zuschauer: 3700 – SR: Berg (Konz).

Die zweigeteilte Frauen-Bundesliga

Die Meister:

Gruppe Nord: 1991, 1992, 1993, 1994 TSV Siegen – 1995, 1996, 1997 Grün-Weiß Brauweiler.
Gruppe Süd: 1991, 1992 FSV Frankfurt – 1993, 1994 TuS Niederkirchen – 1995, 1996, 1997 FSV Frankfurt.

• Die Abschlusstabellen sind zum letzten Mal im Almanach 1998 erschienen.

1991: TSV Siegen

Halbfinale: TSV Siegen – TuS Niederkirchen 2:0 und 2:3, FSV Frankfurt – KBC Duisburg 3:2 und 5:0.

Endspiel am 16. Juni in Siegen: TSV Siegen – FSV Frankfurt 4:2 (4:1)
Die Siegermannschaft: Isbert – Wiese – Sänger, Nardenbach – Veldhulzen, Camper (Mink), Neid, Raith (Czyganowski), Knieper – Voss, Kern – Tore: Kern 2, Neid, Voss (Unsleber, Walter) – Zuschauer: 4500 – SR: Osmaers (Bremen).

1992: TSV Siegen

Halbfinale: TSV Siegen – TSV Niederkirchen 2:0 und 2:1, Grün-Weiß Brauweiler – FSV Frankfurt 3:1 und 0:1.

Endspiel am 28. Juni in Siegen: TSV Siegen – Grün-Weiß Brauweiler 2:0 (1:0)
Die Siegermannschaft: Isbert – Nardenbach – Sänger, Camper – Veldhuizen, Voss, Neid, Wiese, Czyganowski (Schmidt) – Meyer, Mink – Tore: Neid, Meyer – Zuschauer: 2649 – SR: Zdunek (Bremen).

1993: TuS Niederkirchen

Halbfinale: TSV Siegen – FSV Frankfurt 2:0 und 3:0, TuS Niederkirchen – Grün-Weiß Brauweiler 4:3 und 1:1.

Endspiel am 20. Juni in Niederkirchen: TuS Niederkirchen – TSV Siegen n. V. 2:1 (1:1, 1:0)
Die Siegermannschaft: Boss – Trimpop – Heitmann, Obermeier, Maier – Wölbitsch (Brecht), Fütterer, Scherer, Dums (Seyfert) – Mohr, Grigoli – Tore: Mohr 2 (Neid) – Zuschauer: 5000 – SR: Peil (Saarland).

1994: TSV Siegen

Halbfinale: TuS Niederkirchen – Grün-Weiß Brauweiler 1:5 und 0:4, TSV Siegen – FSV Frankfurt 3:0 und 1:1

Endspiel am 19. Juni in Pulheim: TSV Siegen – Grün-Weiß Brauweiler 1:0 (0:0)
Die Siegermannschaft: Rottenberg – Fitschen – Nardenbach, Fitzner – Trauschke, Euteneuer, Neid, Unsleber (Camper) – Voss, Kubat, Mink (Chaladyniak) – Tor: Kubat – Zuschauer: 2600 – SR: Janssen (Emden).

1995: FSV Frankfurt

Halbfinale: Grün-Weiß Brauweiler – TuS Ahrbach 3:2 und 6:1, FC Rumeln-Kaldenhausen – FSV Frankfurt 2:2 und 1:5.

Endspiel am 14. Mai in Pulheim: FSV Frankfurt – Grün-Weiß Brauweiler 2:0 (2:0)
Die Siegermannschaft: Kraus – Bernhard – Milke, Austermühl, Stumpf – D. Pohlmann, Minnert, König (Schlösser) – Bornschein (K. Pohlmann), Prinz, Smisek – Tore: Bornschein, Prinz – Zuschauer: 2000 – SR: Gebhard (Hallstadt).

1996: TSV Siegen

Halbfinale: TSV Siegen – FSV Frankfurt 2:1 und 1:1, SG Praunheim – Grün-Weiß Brauweiler 1:0 und 0:0.

Endspiel am 2. Juni in Frankfurt: TSV Siegen – SG Praunheim 1:0 (1:0)
Die Siegermannschaft: Rottenberg – Euteneuer – Trauschke, Röwer – Sefron, Meyer (Alfes), Hansen (Frettlöh), Neid, Kubat – Limper (Fitschen), Chaladyniak – Tor: Kubat – Zuschauer: 3100 – SR: Warns (Hamburg).

1997: Grün-Weiß Brauweiler

Halbfinale: FSV Frankfurt – FC Rumeln-Kaldenhausen 2:1 und 1:3, SG Praunheim – Grün-Weiß Brauweiler 2:4 und 1:1.

Endspiel am 8. Juni in Duisburg: Grün-Weiß Brauweiler – FC Rumeln-Kaldenhausen n. V. 1:1 (0:0, 0:0), Elfmeterschießen 5:3
Die Siegermannschaft: Goller – C. Klein – Gertheinrich, Schwind (Lieth) – A. Klein, Fuss, Nagy (Vidmar), Wiegmann, Brandebusemeyer (Menge) – Gottschlich, Holinka – Tore: Menge (Grings) – Tore im Elfmeterschießen: Wiegmann, Vidmar, A. Klein, Gertheinrich, C. Klein (Meinert, Hoffmann, Mandrysch) – Zuschauer: 5000 – SR: Günthner (Bamberg).

Die eingleisige Frauen-Bundesliga

1998: FSV Frankfurt

1.	FSV Frankfurt	22	80:19	56
2.	SG Praunheim	22	58:22	50
3.	FCR Duisburg	22	57:22	47
4.	Grün-Weiß Brauweiler	22	35:28	39
5.	Sportfreunde Siegen	22	46:23	38
6.	Turbine Potsdam	22	34:43	30
7.	FFC Heike Rheine	22	28:32	29
8.	1. FC Saarbrücken	22	32:41	29
9.	TuS Niederkirchen	22	26:44	20
10.	SC Bad Neuenahr	22	23:49	19
11.	SC Klinge Seckach	22	23:58	18
12.	Hamburger SV	22	17:78	5

Die Meistermannschaft: Kraus, Volz – Jones, Minnert, Stumpf, Krämer, Soyah, Häusler – Bernhard, König, Koch, A. Walter, Smisek, Prinz, Bornschein, Meier, M. Walter, Vogt. – Trainer: Jürgen Strödter.

1999 1. FFC Frankfurt

1.	1. FFC Frankfurt	22	96:11	59
2.	FCR Duisburg	22	77:14	56
3.	Sportfreunde Siegen	22	32:28	37
4.	Turbine Potsdam	22	41:39	29
5.	FSV Frankfurt	22	26:31	29
6.	WSV Wolfburg	22	39:48	27
7.	1. FC Saarbrücken	22	21:31	24
8.	TuS Niederkirchen	22	26:54	24
9.	Grün-Weiß Brauweiler	22	29:51	23
10.	SC Bad Neuenahr	22	18:43	23
11.	FFC Heike Rheine	22	29:44	22
12.	SC Freiburg	22	18:58	11

Die Meistermannschaft: Wissink, Koch – Tina Wunderlich, Werlein, Serocka, Sefron, Hagmann, Zorn – Fitschen, Pia Wunderlich, Lingor, Baumann, Kliehm, Lindner, Künzer – Meyer, Cl. Müller, Prinz, Feuerbach – Trainerin: Monika Staab.

2000 FCR Duisburg

1.	FCR Duisburg	22	85:10	60
2.	1. FFC Frankfurt	22	67:13	45
3.	Sportfreunde Siegen	22	48:28	42
4.	Turbine Potsdam	22	43:27	41
5.	Grün-Weiß Brauweiler	22	50:30	39
6.	SC Bad Neuenahr	22	41:28	38
7.	WSV Wolfsburg	22	46:37	35
8.	FFC Flaesheim-Hillen	22	23:74	20
9.	FSV Frankfurt	22	28:52	19
10.	1. FC Saarbrücken	22	25:40	18
11.	TuS Niederkirchen	22	16:63	14
12.	1. FC Nürnberg	22	15:85	9

Die Meistermannschaft: Höfkes, Wasems – Albertz, Bükrü, Flacke, Heinbach, Hoffmann, Kulot, Mandrysch, Schubert – Adrian, Katagiri, Kinoshita, Reisinger, S. Smisek, Stegemann, Voss – Grings, Meinert, Schäpertöns – Trainer: Jürgen Krust.

2001 1. FFC Frankfurt

1.	1. FFC Frankfurt	22	81:17	54
2.	Turbine Potsdam	22	63:17	44
3.	FCR Duisburg	22	43:39	40
4.	FFC Brauweiler-Pulheim	22	56:32	37
5.	FFC Flaesheim-Hillen	22	30:25	33
6.	Bayern München	22	45:52	33
7.	FSV Frankfurt	22	28:37	28
8.	Sportfreunde Siegen	22	28:46	26
9.	SC Bad Neuenahr	22	36:55	26
10.	WSV Wolfsburg	22	30:48	20
11.	FFC Heike Rheine	22	28:52	20
12.	1. FC Saarbrücken	22	18:66	9

Sportfreunde Siegen erhielt für 2001/02 keine Lizenz, FFC Flaesheim-Hillen zog seine Mannschaft zurück.

Die Meistermannschaft: Holl, Legrand, Wissink – Drijica, Jones, Minnert, Nardenbach, Serocka, Werlein, T. Wunderlich, Zorn – Fitschen, Kliehm, Künzer, Lingor, Rech, Ries, Vollerthun, P. Wunderlich – Affeld, Hartmann, Meier, Prinz – Trainerin: Monika Staab.

2002 1. FFC Frankfurt

1. 1. FFC Frankfurt	22	65:17	58
2. Turbine Potsdam	22	56:23	44
3. FCR Duisburg	22	61:34	44
4. Bayern München	22	59:38	40
5. FSV Frankfurt	22	48:29	39
6. SC Freiburg	22	30:34	35
7. FFC Brauweiler-Pulheim	22	37:27	33
8. FFC Heike Rheine	22	34:34	27
9. SC Bad Neuenahr	22	24:51	22
10. WSV Wolfsburg	22	26:52	17
11. Hamburger SV	22	16:62	8
12. 1. FC Saarbrücken	22	16:71	8

Die Meistermannschaft: Legrand, Wissink – Hansen, Jones, Klein, Krummenuaer, Lange, Meier, Minnert, Nardenbach, T. Wunderlich – Haase, Kliehm, Künzer, Lingor, Rech, P. Wunderlich – Affeld, Prinz – Trainerin: Monika Staab.

2003 1. FFC Frankfurt

1. 1. FFC Frankfurt	22	90:14	57
2. Turbine Potsdam	22	65:15	55
3. FCR Duisburg	22	58:32	44
4. Heike Rheine	22	52:31	38
5. Bayern München	22	45:32	37
6. FFC Brauweiler-Pulheim	22	41:27	31
7. FSV Frankfurt	22	42:54	27
8. SC Freiburg	22	33:43	24
9. WSV Wolfsburg	22	31:49	24
10. SC Bad Neuenahr	22	31:73	23
11. Tennis Borussia Berlin	22	17:68	15
12. TuS Niederkirchen	22	10:77	2

Die Meistermannschaft: Wissink, Holl, Legrand – Jones, Krummenauer, Künzer, Minnert, Rech, T. Wunderlich, Werlein, Zerbe – Hansen, Kliehm, Lingor, Weichelt, Wilmes, Woock, P. Wunderlich – Affeld, Arcangioli, Barucha, Finkenauer, Meier, Prinz, Spee – Trainerin: Monika Staab.

2004 Turbine Potsdam

1. FFC Turbine Potsdam	22	96:17	61
2. 1. FFC Frankfurt	22	68:19	57
3. Heike Rheine	22	64:37	43
4. FCR Duisburg	22	57:38	35
5. Bayern München	22	53:36	34
6. Hamburger SV	22	47:34	34
7. SC Bad Neuenahr	22	40:48	28
8. VfL Wolfsburg	22	35:55	27
9. FSV Frankfurt	22	29:53	21
10. SC Freiburg	22	34:51	20
11. FFC Brauweiler-Pulheim	22	30:57	15
12. 1. FC Saarbrücken	22	7:115	1

Die Meistermannschaft: Angerer, Ullrich – N. Augustinyak, Hingst, Kuznik, Liepack, Machalett, Makowska, Nickel – J. Augustinyak, Becher, Brendel, Omilade, Odebrecht – Mittag, Pohlers, Schadrack, Wimbersky, Zietz – Trainer: Bernd Schröder.

2005 1. FFC Frankfurt

1. 1. FFC Frankfurt	22	78:16	63
2. FCR Duisburg	22	91:20	56
3. Turbine Potsdam	22	79:29	49
4. Bayern München	22	39:37	33
5. SC Bad Neuenahr	22	40:42	33
6. FSV Frankfurt	22	37:51	26
7. Heike Rheine	22	36:54	25
8. SC Freiburg	22	30:56	23
9. Hamburger SV	22	20:48	20
10. SG Essen-Schönebeck	22	28:63	20
11. TSV Crailsheim	22	19:49	18
12. VfL Wolfsburg	22	26:58	17

Die Meistermannschaft: Wissink, Francke – Jannermann, Jones, Koch, Krummenauer, Künzer, T. Wunderlich, Zerbe – Garefrekes, Hansen, Kliehm, Lingor, Weber, P. Wunderlich – Affeld, Albertz, Hartel, Nyembo, Prinz, Stammler, Weichelt – Trainer: Dr. Hans-Jürgen Tritschoks.

2006 Turbine Potsdam

1. Turbine Potsdam	22	115:13	59
2. FCR Duisburg	22	91:11	55
3. 1. FFC Frankfurt	22	97:25	52
4. SC Bad Neuenahr	22	61:40	44
5. Hamburger SV	22	42:40	33
6. SG Essen-Schönebeck	22	44:49	30
7. SC Freiburg	22	45:48	29
8. Bayern München	22	41:48	27
9. Heike Rheine	22	39:56	20
10. FFC Brauweiler Pulheim	22	24:79	13
10. VfL Sindelfingen	22	19:72	11
12. FSV Frankfurt	22	5:142	1

Der FSV Frankfurt löst seine Frauen-Mannschaft auf und verzichtet auf den Startplatz in der 2. Bundesliga.

Die Meistermannschaft: Angerer, Ullrich – Becher, Carlson, Höfler, M. Kerschowski, Kuznik, Peter, Schlanke – Hingst, Omilade, Schiewe, Thomas, Zietz – Cristiane, I. Kerschowski, Mittag, Podvorica, Pohlers, Wimbersky – Trainer: Bernd Schröder.

2007 1. FFC Frankfurt

1. 1. FFC Frankfurt	22	91:17	60
2. FCR Duisburg	22	76:25	51
3. Turbine Potsdam	22	51:23	44
4. Bayern München	22	35:29	38
5. SC Bad Neuenahr	22	45:45	33
6. SG Essen-Schönebeck	22	55:42	32
7. TSV Crailsheim	22	33:37	30
8. VfL Wolfsburg	22	20:49	27
9. Hamburger SV	22	34:34	26
10. SC Freiburg	22	36:57	25
11. Heike Rheine	22	24:57	14
12. FFC Brauweiler Pulheim	22	15:100	0

Die Meistermannschaft: Holl, Janischewski, Rottenberg – Affeld, Jannermann, Jones, Künzer, Marciak, T. Wunderlich, Zerbe – Bartusiak, Hansen, Kliehm, Lingor, Smisek, Thomas, Weber, P. Wunderlich – Garefrekes, Hartel, Prinz, Wimbersky – Trainer: Dr. Hans-Jürgen Tritschoks.

2008 1. FFC Frankfurt

1. 1. FFC Frankfurt	22	87:22	54
2. FCR Duisburg	22	65:20	53
3. Turbine Potsdam	22	48:32	38
4. Bayern München	22	53:38	38
5. SC Bad Neuenahr	22	43:33	37
6. VfL Wolfsburg	22	42:48	34
7. SG Essen-Schönebeck	22	43:40	33
8. SC Freiburg	22	30:63	21
9. TSV Crailsheim	22	28:43	19
10. Hamburger SV	22	23:46	18
11. 1. FC Saarbrücken	22	26:51	18
12. SG Wattenscheid 09	22	17:69	11

Die Meistermannschaft: Rottenberg, Ullrich – Engel, Günther, Jones, Krieger, Künzer, Lewandowski, Marciak, T. Wunderlich – Bartusiak, Hansen, Kliehm, Lingor, Smisek, Thomas, Weber, P. Wunderlich – Garefrekes, Huth, Pohlers, Prinz, Wimbersky – Trainer: Dr. Hans-Jürgen Tritschoks.

2009 Turbine Potsdam

1. Turbine Potsdam	22	67:19	54
2. Bayern München	22	69:22	54
3. FCR Duisburg	22	86:20	53
4. 1. FFC Frankfurt	22	58:25	45
5. SG Essen-Schönebeck	22	46:39	30
6. Hamburger SV	22	53:49	29
7. SC Freiburg	22	36:53	29
8. VfL Wolfsburg	22	53:48	27
9. USV Jena	22	32:56	23
10. SC Bad Neuenahr	22	26:74	18
11. HSV Borussia Friedenstal	22	23:79	14
12. TSV Crailsheim	22	14:79	5

Die Meistermannschaft: Schumann – Braun, Draws, Peter, B. Schmidt, Schumski – Bagehorn, I. Kerschowski, Odebrecht, Sainio, Schiewe, Zietz – Kemme, M. Kerschowski, Larsen Kaurin, Mittag, Podvorica, Wich – Trainer: Bernd Schröder.

2010 Turbine Potsdam

1. Turbine Potsdam	22	84:15	59
2. FCR Duisburg	22	73:16	54
3. 1. FFC Frankfurt	22	84:29	51
4. Bayern München	22	42:35	39
5. VfL Wolfsburg	22	45:30	37
6. SC Bad Neuenahr	22	35:36	32
7. Hamburger SV	22	31:51	28
8. USV Jena	22	31:60	21
9. 1. FC Saarbrücken	22	30:54	19
10. SG Essen-Schönebeck	22	25:58	16
11. SC Freiburg	22	14:53	13
12. Tennis Borussia Berlin	22	17:74	9

Die Meistermannschaft: Sarholz, Schumann – Draws, Henning, Peter, B. Schmidt, Schröder – Bagehorn, Bajmaraj, I. Kerschowski, M. Kerschowski, Keßler, Odebrecht, Schiewe, Zietz – Kemme, Larsen Kaurin, Mittag, Nagasato, Wich – Trainer: Bernd Schröder.

2011 Turbine Potsdam

1. Turbine Potsdam	22	67:17	58
2. 1. FFC Frankfurt	22	103:16	57
3. FCR Duisburg	22	61:19	51
4. Hamburger SV	22	42:42	38
5. Bayern München	22	43:36	35
6. SC Bad Neuenahr	22	54:48	33
7. VfL Wolfsburg	22	52:46	32
8. Bayer Leverkusen	22	32:67	21
9. SG Essen-Schönebeck	22	27:50	20
10. USV Jena	22	24:57	19
11. 1. FC Saarbrücken	22	20:72	14
12. HSV Borussia Friedenstal	22	25:80	5

Die Meistermannschaft: Sarholz, Schumann – Demann, Henning, Peter, B. Schmidt, Wesely – Bagehorn, Cramer, Kemme, I. Kerschowski, Keßler, Löwenberg, Odebrecht, Schröder, Zietz – Andonova, Bajramaj, Mittag, Nagasato, Wich – Trainer: Bernd Schröder.

Ewige Tabelle der Frauen-Bundesliga seit 1990/91

Verein	Saisons	Spiele	S	U	N	Tore	Punkte
1. 1. FFC Frankfurt	21	436	310	60	66	1352:397	990
2. FCR 2001 Duisburg	18	380	266	45	69	1184:416	843
3. 1. FFC Turbine Potsdam	17	362	226	55	81	995:459	733
4. FSV Frankfurt	16	326	173	49	104	785:551	568
5. FFC Brauweiler Pulheim 2000	15	308	152	46	110	695:501	502
6. Sportfreunde Siegen	11	216	144	33	39	609:203	465
7. FFC Heike Rheine	16	326	129	66	131	570:561	453
8. VfL Wolfsburg	19	392	135	71	186	646:831	476
9. FC Bayern München	13	280	134	44	102	560:449	446
10. SC 07 Bad Neuenahr	17	362	129	50	183	570:833	437
11. 1. FC Saarbrücken	16	326	94	60	172	431:753	342
12. TuS Niederkirchen	11	216	97	30	89	424:397	321
13. Hamburger SV	10	220	69	32	119	325:484	239
14. SC Freiburg	10	220	67	32	121	306:516	230
15. SC Klinge Seckach	8	150	55	39	56	214:247	204
16. SG Essen-Schönebeck	7	154	51	28	75	268:341	181
17. VfL Sindelfingen	8	150	46	33	71	201:293	171
18. Fortuna Sachsenroß Hannover	7	128	48	22	58	214:276	166
19. Tennis Borussia Berlin	8	154	36	33	85	163:333	141
20. TuS Ahrbach	6	110	39	22	49	194:205	139
21. TSV Crailsheim	6	124	29	21	74	124:259	108
22. KBC Duisburg	4	74	27	20	27	119:154	101
23. SSG 09 Bergisch Gladbach	4	74	28	13	33	102:131	97
24. Schmalfelder SV	5	92	23	20	49	93:150	89
25. FF USV Jena	4	86	20	10	56	101:244	70
26. FFC Flaesheim-Hillen	3	62	15	11	36	69:187	56
27. TuS Wörrstadt	3	54	9	10	35	42:160	37
28. VfL Ulm/Neu-Ulm	2	38	10	5	23	40:88	35
29. TSV Ludwigsburg	2	38	8	3	27	28:85	27
30. TSV Battenberg	2	36	6	7	23	36:116	25
31. FFC Wacker München	2	36	2	17	17	34:73	23
32. FSV Schwarzbach	2	36	6	5	25	32:114	23
33. SC Sand	1	18	6	4	8	24:41	22
34. SC Poppenbüttel	2	38	5	7	26	38:90	22
35. SG Wattenscheid 09	2	40	6	4	30	36:139	22
36. Bayer Leverkusen	1	22	6	3	13	32:67	21
37. Herforder SV Borussia Friedenstal	2	44	5	4	35	48:159	19
38. FC Erzgebirge Aue	1	20	3	5	12	20:38	14
39. SV Wilhelmshaven	1	18	4	2	12	25:56	14
40. VfL Wittekind Wildeshausen	1	18	3	3	12	10:49	12
41. STV Lövenich	1	18	2	3	13	14:43	9
42. TuS Binzen	1	18	2	3	13	14:46	9
43. 1. FC Nürnberg	1	22	2	3	17	15:85	9
44. Polizei SV Rostock	1	18	1	3	14	18:57	6
45. TV Jahn Delmenhorst	1	18	0	4	14	5:54	4
46. 1. FC Neukölln	1	18	0	0	18	8:102	0

Einige Vereine entstanden durch Übernahme oder Ausgliederung der Frauen-Fußballabteilung oder durch eine Fusion. So spielte der 1. FFC Frankfurt bis 1998 unter dem Namen SG Praunheim, der FCR Duisburg bis 1998 als FC Rumeln-Kaldenhausen, der FFC Brauweiler Pulheim bis 2000 als Grün-Weiß Brauweiler, die Sportfreunde Siegen bis als TSV Siegen, der FFC Heike Rheine bis 1994 als VfB Rheine, bis 1998 als FC Eintracht Rheine, der VfL Wolfsburg bis 1997 als VfR Eintracht Wolfsburg, bis 2004 als WSV Wendschott, der 1. FC Saarbrücken bis 1997 als VfR Saarbrücken, der FFC Flaesheim Hillen bis 1999 als Rot-Weiß Hillen in der Frauen-Bundesliga – Die Frauen-Bundesliga wurde bis 1997 in zwei Staffeln Nord und Süd gespielt. Dem SC Freiburg wurden 2005/06 drei Punkte abgezogen.

Ehrentafel

DER DEUTSCHEN FRAUEN-POKALSIEGER

1981	**SSG Bergisch Gladbach**	**1997**	**Grün-Weiß Brauweiler**
1982	**SSG Bergisch Gladbach**	**1998**	**FCR Duisburg**
1983	**KBC Duisburg**	**1999**	**1. FFC Frankfurt**
1984	**SSG Bergisch Gladbach**	**2000**	**1. FFC Frankfurt**
1985	**FSV Frankfurt**	**2001**	**1. FFC Frankfurt**
1986	**TSV Siegen**	**2002**	**1. FFC Frankfurt**
1987	**TSV Siegen**	**2003**	**1. FFC Frankfurt**
1988	**TSV Siegen**	**2004**	**Turbine Potsdam**
1989	**TSV Siegen**	**2005**	**Turbine Potsdam**
1990	**FSV Frankfurt**	**2006**	**Turbine Potsdam**
1991	**Grün-Weiß Brauweiler**	**2007**	**1. FFC Frankfurt**
1992	**FSV Frankfurt**	**2008**	**1. FFC Frankfurt**
1993	**TSV Siegen**	**2009**	**FCR Duisburg**
1994	**Grün-Weiß Brauweiler**	**2010**	**FCR Duisburg**
1995	**FSV Frankfurt**	**2011**	**1. FFC Frankfurt**
1996	**FSV Frankfurt**		

1981: SSG Bergisch Gladbach

Vorrunde: Komet Bremen – Meteor 06 Berlin 0:14 und 0:7, KBC Duisburg – Eintracht Wolfsburg 1:1 und 2:1, SSG Bergisch Gladbach – TSV Siegen 3:1 und 2:1, FV Bellenberg – TSV Hungen 4:2 und 1:4, Hellas Marpingen – SC Bad Neuenahr 0:1 und 0:2, SV Schlierstadt – VfR Rheinfelden 8:1 und 6:0, Inter-Bergsteig Amberg – TuS Wörrstadt 0:0 und 1:4, Wedeler SV – TSG Thumby 1:0 und 1:1.
Viertelfinale: Meteor 06 Berlin – Wedeler SV 5:1 und 5:3, KBC Duisburg – SSG Bergisch Gladbach 0:0 und 2:3, TSV Hungen – SC Bad Neuenahr 1:2 und 1:1, SV Schlierstadt – TuS Wörrstadt 1:2 und 2:3.
Halbfinale: TuS Wörrstadt – Meteor 06 Berlin 1:0 und 1:0, SSG Bergisch Gladbach – SC 07 Bad Neuenahr 6:0 und 3:0.

Endspiel am 2. Mai in Stuttgart SSG Bergisch Gladbach – TuS Wörrstadt 5:0 (2:0)
Berg. Gladbach: Geilen – Klinz, Dlugi, Krug, Neuenfeldt (Budny) – Winkel, Degwitz, Trabant-Haarbach – Schmoll (Haberlass), Kresimon, Gebauer – Tore: Kresimon 3, Degwitz, Trabant-Haarbach – Zuschauer: 35 000 (Vorspiel zum Herren-Finale) – SR: Walz (Waiblingen).

1982: SSG Bergisch Gladbach

Vorrunde: TSV Rendsburg – TSV Farge-Rekum Bremen 2:1, FSV Frankfurt – SC Freiburg 5:0, VfL Schorndorf – TSV Bäumenheim 2:1, VfL Wildeshausen – Meteor 06 Berlin 3:0, Lorbeer Rothenburgsort – SSG Bergisch Gladbach 1:4, TSV Siegen – KBC Duisburg n. V. 0:1, TuS Niederkirchen – SC Bad Neuenahr 0:2, SV Weiskirchen – Germania Untergrombach n. V. 1:1 und 3:0.
Viertelfinale: FSV Frankfurt – VfL Schorndorf 3:0, TSV Rendsburg – VfL Wildeshausen 0:4, SC Bad Neuenahr – SV Weiskirchen 6:0, SSG Bergisch Gladbach – KBC Duisburg 2:0.
Halbfinale: SSG Bergisch Gladbach – FSV Frankfurt 9:0, SC Bad Neuenahr – VfL Wildeshausen 0:2.

Endspiel am 1. Mai in Frankfurt: SSG Bergisch Gladbach – VfL Wildeshausen 3:0 (1:0)
Berg. Gladbach: Domhoff – Klinz, Winkel, Degwitz, Dlugi-Winterberg – Krug, Dahl (Landers), Trabant-Haarbach – Frauenrath, Kresimon, Gebauer (Kozany) – Tore: Dahl, Trabant-Haarbach, Krug – Zuschauer: 61 000 (Vorspiel zum Herren-Finale) – SR: Brückner (Darmstadt).

1983: KBC Duisburg

Vorrunde: Bayern München – SV Oberteuringen 12:1, SC Klinge Seckach – TuS Binzen 5:0, Bremer TS Neustadt – VfL Wildeshausen 2:7, TSV Rendsburg – FSV Harburg n. V. 3:4, FC Schalke 04 – KBC Duisburg 0:5, Tennis Borussia Berlin – SSG Bergisch Gladbach 3:1, FSV Frankfurt – Viktoria DJK Neunkirchen 2:0, TuS Wörrstadt – SC Bad Neuenahr 1:4.

Viiertelfinale: FSV Harburg – VfL Wildeshausen n. V. 2:4, KBC Duisburg – Tennis Borussia Berlin 5:2, FSV Frankfurt – SC Bad Neuenahr 1:0, Bayern München – SC Klinge Seckach 2:3.

Halbfinale: VfL Wildeshausen – KBC Duisburg 0:1, FSV Frankfurt – SC Klinge Seckach 3:0.

Endspiel am 8. Mai in Frankfurt: KBC Duisburg – FSV Frankfurt 3:0 (1:0)

Duisburg: Dykstra – De Koning, Thulke, Halfmann, Frey – Frauenrath, Dieckmann, Carastergiou – Voß, Offermann, Schuh – Tore: Offermann 2, Caratergiou – Zuschauer: 1200 – SR: Meßmer (Mannheim).

1984: SSG Bergisch Gladbach

Vorrunde: TSV Siegen – SSG Bergisch Gladbach 0:5, SC Bad Neuenahr – VfL Unzhurst 5:3, 1. FC Kaiserslautern – VfR Saarbrücken 4:0, Meteor 06 Berlin – FSV Harburg 1:4, KBC Duisburg – BTS Neustadt 16:1, Eintracht Wolfsburg – ATSV Stockelsdorf 4:2, VfL Schorndorf – SC Klinge Seckach 4:1, FC Schweinfurt 05 – FSV Frankfurt 0:8.

Viertelfinale: FSV Harburg – Eintracht Wolfsburg 0:6, SSG Bergisch Gladbach – KBC Duisburg 1:0, VfL Schorndorf – FSV Frankfurt 2:3, SC Bad Neuenahr – 1. FC Kaiserslautern 4:1.

Halbfinale: SC Bad Neuenahr – Eintracht Wolfsburg 1:2, SSG Bergisch Gladbach – FSV Frankfurt 2:0.

Endspiel am 31. Mai in Frankfurt: SSG Bergisch Gladbach – Eintracht Wolfsburg 2:0 (1:0)

Berg. Gladbach: Neuser – Dlugi-Winterberg, Neuenfeldt, Degwitz, Corica (Gebauer) – Dahl, Krug, Klinz (Neid), Schauerova – Kresimon, Bartelmann – Tore: Bartelmann, Dlugi-Winterberg – Zuschauer: 50 000 (Vorspiel zum Herren-Finale) – SR: Neuner (Leimen).

1985: FSV Frankfurt

Vorrunde: SV Weiskirchen – Bayern München 2:4, SC Klinge Seckach – VfL Schorndorf 8:1, Bremer TS Neustadt – Lorbeer Rotheburgsort 1:2, VfL Wildeshausen – Tennis Borussia Berlin 4:0, FC Schalke 04 – KBC Duisburg 0:1, SC Bad Neuenahr – 1. FC Kaiserslautern n. V. 3:1, Rot-Weiß Berresdorf – ATSV Stockelsdorf 4:2, FSV Frankfurt – SC Freiburg 2:0.

Viertelfinale: Lorbeer Rotheburgsort – VfL Wildeshausen 0:3, KBC Duisburg – Rot-Weiß Berrendorf 2:0, Bayern München – SC Bad Neuenahr 3:2, FSV Frankfurt – SC Klinge Seckach 2:0.

Halbfinale: FSV Frankfurt – VfL Wildeshausen 2:1, KBC Duisburg – Bayern München 2:1.

Endspiel am 26. Mai in Berlin: FSV Frankfurt – KBC Duisburg n. V. 1:1 (1:1, 1:0), Elfmeterschießen 4:3

Frankfurt: Melka – Kurt (Unsleber), Zimmermann, Lissner, Pfeifer – Strauch, Koekkoek, Hamza – Raith, Mantel, Laufer (Scheler) – Tore: Koekkoek (Offermann) – Tore im Elfmeterschießen: Hamza, Mantel, Raith, Unsleber (Thulke, Reichler, Frey) – Zuschauer: 25 000 (Vorspiel zum Herren-Finale) – SR: Horeis (Buchholz) .

1986: TSV Siegen

Vorrunde: SV Flörsheim – SC Klinge Seckach 2:3, VfR Saarbrücken – Bayern München 0:4, TuS Niederkirchen – SV Oberteuringen 7:0, TuS Binzen – SC Bad Neuenahr 0:4, KBC Duisburg – Schmalfelder SV 6:0, SSG Bergisch Gladbach – Eintracht Wolfsburg 1:0, Bremer TS Neustadt – TSV Siegen 0:4, Meteor 06 Berlin – Lorbeer Rothenburgsort n. V. 0:0 und 0:1.

Viertelfinale: TSV Siegen – KBC Duisburg 5:0, Bayern München – SC Klinge Seckach 5:0, TuS Niederkirchen – SC Bad Neuenahr 2:4, Lorbeer Rothenburgsort – SSG Bergisch Gladbach 0:4.

Halbfinale: Bayern München – SSG Bergisch Gladbach 0:5, SC Bad Neuenahr – TSV Siegen 0:3.

Endspiel am 3. Mai in Berlin: TSV Siegen – SSG Bergisch Gladbach 2:0 (1:0)

Siegen: Neuser – Kozany – Haberlaß, Sänger, Goebel (Hamm) – Neid, Bartelmann, Raith, Thomas – Henkel, Chaladyniak (Fischbach) – Tore: Chaladyniak, Fischbach – Zuschauer: 50 000 (Vorspiel zum Herren-Finale) – SR: Wiesel (Ottbergen).

1987: TSV Siegen

Vorrunde: SC Bad Neuenahr – STV Lövenich 2:3, Viktoria Jägersburg – TuS Niederkirchen 1:0, Lorbeer Rothenburgsort – Mariendorfer SV Berlin 2:1, FSV Frankfurt – SV Oberteuringen 7:0, Wittenseer SV – TSV Siegen 0:5, FC Spöck – TuS Binzen 0:1, Polizei SV Bremen – VfL Wildeshausen 0:3, VfB Uerdingen Bayern München n. V. 1:1 und 0:2.

Viertelfinale: Viktoria Jägersburg – Lorbeer Rothenburgsort 0:1, VfL Wildeshausen – FSV Frankfurt 0:3, Bayern München – TSV Siegen 0:4, STV Lövenich – TuS Binzen 4:1.
Halbfinale: STV Lövenich – Lorbeer Rothenburgsort 4:0, TSV Siegen – FSV Frankfurt n. V. 2:1.

Endspiel am 20. Juni in Berlin: TSV Siegen – STV Lövenich 5:2 (2:0)
Siegen: R. Neuser – Kozany – Thomas, Hennecke (Hamm) – Sänger, Raith, Czyganowski, Koekkoek, Neid – Chaladyniak (Pick), Bartelmann – Tore: Neid, Chaladyniak, Hennecke, Pick, Bartelmann (Schotten, Eigentor Czyganowski) – Zuschauer: 30 000 (Vorspiel zum Herren-Finale) – SR: Zimmermann (Kiel).

1988: TSV Siegen

Vorrunde: SC Bad Neuenahr – SC Klinge Seckach 2:3, Husumer FV 1918 – Viktoria Jägersburg 0:6, Fortuna Sachsenroß Hannover – FSV Frankfurt 1:5, TSV Siegen – Polizei SV Bremen 6:0, KBC Duisburg – TuS Binzen 4:0, SSG Bergisch Gladbach – TuS Wörrstadt 2:0, SpVgg Groß-Flottbek – VfL Sindelfingen 0:1, Tennis Borussia Berlin – Bayern München 0:3.
Viertelfinale: Viktoria Jägersburg – Bayern München 0:4, TSV Siegen – KBC Duisburg n. V. 3:1, FSV Frankfurt – VfL Sindelfingen 1:0, SC Klinge Seckach – SSG Bergisch Gladbach 0:1.
Halbfinale: TSV Siegen – FSV Frankfurt 4:0, Bayern München – SSG Bergisch Gladbach 1:0.

Endspiel am 28. Mai in Berlin: TSV Siegen – Bayern München 4:0 (2:0)
Siegen: Neuser – Kozany – Raith, Sänger – Czyganowski, Thomas (Hamm), Neid, Koekkoek, Wiese – Henkel, Cox – Tore: Neid 3, Wiese – Zuschauer: 30 000 (Vorspiel zum Herren-Finale) – SR: Dellwing (Trier).

1989: TSV Siegen

Vorrunde: TSV Ludwigsburg – Tennis Borussia Berlin 2:0, TuS Binzen – Lorbeer Rothenburgsort 0:4, FT Geestemünde – TuS Ahrbach 1:4, FC Spöck – Bayern München 1:4, FSV Frankfurt – VfR Saarbrücken 2:0, TuS Wörrstadt – TSV Siegen 1:3, SSG Bergisch Gladbach – Eintracht Wolfsburg 1:0, ATSV Stockelsdorf – KBC Duisburg 0:8.
Viertelfinale: FSV Frankfurt – Bayern München 3:0, TSV Siegen – TSV Ludwigsburg 2:0, TuS Ahrbach – Lorbeer Rothenburgsort 3:0, KBC Duisburg – SSG Bergisch Gladbach n. V. 0:0, n. V. 3:3, Elfmeterschießen 5:6.
Halbfinale: SSG Bergisch Gladbach – TSV Siegen 1:3, FSV Frankfurt – TuS Ahrbach 4:0.

Endspiel am 24. Juni 1989 in Berlin: TSV Siegen – FSV Frankfurt 5:1 (3:0)
Siegen: Neuser – Kozany – Sänger, Raith – Haberlaß, Neid, Voß, Koekkoek – Henkel, Kern (Schäfer), Knieper (Czyganowski) – Tore: Neid 2, Kern 2, Voss (Unsleber) – Zuschauer: 76 500 (Vorspiel zum Herren-Finale) – SR: Kriegelstein (Berlin).

1990: FSV Frankfurt

Vorrunde: VfR Saarbrücken – TuS Wörrstadt 3:0, TuS Ahrbach – Grün-Weiß Brauweiler 1:2, Eintracht Wolfsburg – VfL Sindelfingen 1:3, SpVgg Wiehre – 1. FC Neukölln 6:2, KBC Duisburg – FSV Frankfurt 3:5, SC Poppenbüttel – Schmalfelder SV 0:3, SC Klinge Seckach – Polizei SV Bremen 6:0, Bayern München – TSV Siegen n. V. 1:1, n. V. 1:1, Elfmeterschießen 5:3.
Viertelfinale: Schmalfelder SV – VfR Saarbrücken 0:2, FSV Frankfurt – Spvgg. Wiehre 10:0, SC Klinge Seckach – Bayern München 1:2, VfL Sindelfingen – Grün-Weiß Brauweiler 0:1.
Halbfinale: Grün-Weiß Brauweiler – Bayern München 0:1, VfR Saarbrücken – FSV Frankfurt n. V. 1:1, n. V. 2:3.

Endspiel am 19. Mai 1990 in Berlin: FSV Frankfurt – Bayern München 1:0 (1:0)
Frankfurt: Harvey – Heinrich – Stumpf, Unsleber, K. Pohlmann – König, Mantel, D. Pohlmann, Bornschein – Walter (Birkenbach), Mink (Rotard) – Tor: Walter – Zuschauer: 45 000 (Vorspiel zum Herren-Finale) – SR: Krug (Gelsenkirchen).

1991: Grün-Weiß Brauweiler

Vorrunde: TuS Binzen – SC Klinge Seckach 0:2, Tennis Borussia Berlin – Eintracht Wolfsburg 1:4, Grün-Weiß Brauweiler – FSV Frankfurt 1:0, TSV Siegen – Lorbeer Rothenburgsort 6:0, TuS Ahrbach – VfR Saarbrücken 0:1, Schmalfelder SV – VfL Sindelfingen n. V. 0:1, GSV Moers – Polizei SV Bremen 3:0, TuS Wörrstadt – Bayern München n. V. 2:2, 0:4.
Viertelfinale: GSV Moers – Eintracht Wolfsburg 1:2, Grün-Weiß Brauweiler – SC Klinge Seckach n. V. 1:1, 5:1, Bayern München – VfL Sindelfingen 1:0, VfR Saarbrücken – TSV Siegen 1:5.
Halbfinale: TSV Siegen – Bayern München 2:0, Grün-Weiß Brauweiler – VfR Eintracht Wolfsburg 6:0.

Endspiel am 22. Juni 1991 in Berlin: Grün-Weiß Brauweiler – TSV Siegen 1:0 (1:0)

Brauweiler: Rottenberg – C. Klein – A. Klein, Walek – Permer-Wrobel (Agocs), Wiegmann, Lovavs-Anton – Fischer (Haberkorn), Richter – Kubat, Lohn – Tor: Kubat – Zuschauer: 40 000 (Vorspiel zum Herren-Finale) – SR: Boos (Friedrichsdorf).

1992: FSV Frankfurt

1. Runde: SV Weiskirchen – FSV Frankfurt 0:7, Wismut Chemnitz – Wismut Aue 0:5, VfL Wildeshausen – USV Jena 1:0, Turbine Potsdam – Schmalfelder SV 2:4, TuS Binzen – Bayern München 0:5, Wittenseer SV – SSG Berg. Gladbach 0:3, SpVgg Landshut – TuS Ahrbach 0:2, SC Bad Neuenahr – SG Praunheim 4:3, SG Wattenscheid 09 – Eintracht Wolfsburg 0:5, VfR Rheinfelden – VfL Sindelfingen 0:7, Hamburger SV – Grün-Weiß Brauweiler 1:6, TuS Erbstorf – Fortuna Sachsenroß Hannover 0:2, Polizei SV Bremen – Tennis Borussia Berlin 1:2, SV Wilhelmshaven – KBC Duisburg n. V. 1:1, Elfmeterschießen 6:5, Motor Halle – SC Klinge Seckach 0:7, SC Oberteuringen – VfR Saarbrücken 0:10.
2. Runde: SV Eiche Branitz – VfB Rheine 0:6, SSG Berg. Gladbach – Hansa Rostock 6:1, SC Poppenbüttel – Tennis Borussia Berlin n. V. 2:4 , Concordia Goch – Eintracht Wolfsburg 1:5, SC Neubrandenburg – Schmalfelder SV 0:5, Grün-Weiß Brauweiler – VfL Wildeshausen 5:0, Fortuna Sachsenroß Hannover – TSV Siegen 0:6, 1. FC Neukölln – SV Wilhelmshaven 1:4, SC Bad Neuenahr – TuS Wörrstadt n. V. 2:2, Elfmeterschießen 1:3, TSV Münchhausen – LTA Dresden 5:1, FC Spöck – FSV Frankfurt 1:3, VfL Ulm – TuS Niederkirchen 1:5, TuS Ahrbach – TUR Dresden-Übigau 3:0, VfR Saarbrücken – Wacker München 5:0, VfL Sindelfingen – Bayern München 1:0, SC Klinge Seckach – Wismut Aue 2:1.
Achtelfinale: SV Wilhelmshaven – FSV Frankfurt 1:5, VfL Sindelfingen – VfR Wolfsburg n. V. 0:1, SC Klinge Seckach – TSV Siegen 0:5, Grün-Weiß Brauweiler – TuS Ahrbach 1:0, VfR Saarbrücken – TuS Niederkirchen n. V. 2:2, Elfmeterschießen 3:4, TSV Münchhausen – TuS Wörrstadt 4:0, VfB Rheine – SSG Berg. Gladbach n. V. 2:1, Tennis Borussia Berlin – Schmalfelder SV n. V. 0:0, Elfmeterschießen 4:1.
Viertelfinale: TSV Siegen – TSV Niederkirchen 3:0, VfB Rheine – TSV Münchhausen 2:0, FSV Frankfurt – VfR Wolfsburg 1:0, Tennis Borussia Berlin – Grün-Weiß Brauweiler 0:3.
Halbfinale: VfB Rheine – TSV Siegen 0:3, FSV Frankfurt – Grün-Weiß Brauweiler n. V. 2:2, Elfmeterschießen 5:4.

Endspiel am 23. Mai 1992 in Berlin: FSV Frankfurt – TSV Siegen 1:0 (0:0)
Frankfurt: Kraus – Heinrich – Schlösser, Stumpf – Unsleber, Mantel, Minnert, König, D. Pohlmann (K. Pohlmann) – Walter (Weise), Bornschein – Tor: König – Zuschauer: 6000 (Vorspiel zum Herren-Finale) – SR: Regus (Hallstadt).

1993: TSV Siegen

1. Runde: Lorbeer Rothenburgsort – STV Lövenich 4:0, BSV Müssen – VfB Rheine 0:1, SV Wittensee – Grün-Weiß Brauweiler 0:8, SC Poppenbüttel – KBC Duisburg 0:5, Schmalfelder SV – Jahn Delmenhorst 3:1, Fortuna Magdeburg – Tennis Borussia Berlin 0:3, Turbine Potsdam – Eintracht Wolfsburg 0:2, SV Wolfenbüttel – Fortuna Sachsenroß Hannover 0:6, FSV Jägersburg – TuS Ahrbach 0:1, SG Kirchardt – TuS Niederkirchen 1:15, SC Siegelbach – VfR Saarbrücken 1:5, SpVgg Landshut – VfL Sindelfingen 0:10, SpVgg Hausen – SG Praunheim 0:2, Grün-Weiß Erfurt – TSV Ludwigsburg 2:3, TSV Crailsheim – SC Klinge Seckach 1:0.
2. Runde: Eintracht Wolfsburg – SSG Berg. Gladbach 2:1, KBC Duisburg – Preußen Borghorst 7:0, VfB Rheine – Lorbeer Rothenburgsort 9:0, GSV Moers – Grün-Weiß Brauweiler 0:8, TSV Siegen – Hansa Rostock 15:1, 1. FC Neukölln – Polizei SV Bremen 1:0, Fortuna Sachsenroß Hannover – USV Jena 8:1, Tennis Borussia Berlin – Schmalfelder SV n. V. 1:0, TSV Crailsheim – TuS Niederkirchen 0:6, FV Faurndau – SV Flörsheim 0:1, TSV Ludwigsburg – SpVgg Wehr 2:1, SC Bad Neuenahr – SG Praunheim 1:2, Bayern München – TuS Ahrbach 0:6, VfL Sindelfingen – Wismut Aue 11:0, VfR Saarbrücken – TSV Münchhausen 3:0, LTA Dresden – FSV Frankfurt 0:2.
Achtelfinale: TuS Niederkirchen – TuS Ahrbach n. V. 1:1, Elfmeterschießen 4:3, Eintracht Wolfsburg – Tennis Borussia Berlin 2:1, 1. FC Neukölln – SG Praunheim 0:3, VfB Rheine – VfL Sindelfingen n. V. 0:0, Elfmeterschießen 4:3, Grün-Weiß Brauweiler – FSV Frankfurt 3:0, TSV Siegen – TSV Ludwigsburg 3:0, Fortuna Sachsenroß Hannover – VfR Saarbrücken 1:3, KBC Duisburg – SV Flörsheim n. V. 1:0.
Viertelfinale: TuS Niederkirchen – VfB Rheine 0:1, SG Praunheim – TSV Siegen 0:1, Eintracht Wolfsburg – KBC Duisburg n. V. 1:1, Elfmeterschießen 5:4, VfR Saarbrücken – Grün-Weiß Brauweiler 2:4.
Halbfinale: VfB Rheine – Grün-Weiß Brauweiler 1:3, TSV Siegen – Eintracht Wolfsburg 6:0.

Endspiel am 12. Juni 1993 in Berlin: TSV Siegen – Grün-Weiß Brauweiler n. V. 1:1 (1:1, 1:1), Elfm. 6:5
Siegen: Rottenberg – Euteneuer – Fitzner (Veldhuizen), Nardenbach, Camper – Unsleber, Neid, Fitschen, Czyganowski – Kubat, Mink (Meyer) – Tore: Fitschen (Wiegmann) – Tore im Elfmeterschießen:

Euteneuer, Fitschen, Unsleber, Kubat, Camper, Czyganowski (Nagy, A. Klein, Staubitz, Lovasz-Anton, Wiegmann) – Zuschauer: 40 000 (Vorspiel zum Herren-Finale) – SR: Frai (Bremen).

1994: Grün-Weiß Brauweiler

1. Runde: Schwaben Augsburg – VfL Sindelfingen 1:2, Viktoria Gersten – SSG Berg. Gladbach 1:4, BSV Müssen – Grün-Weiß Brauweiler 0:5, Fortuna Dilkrath – TSV Siegen 0:12, Hertha Zehlendorf – Tennis Borussia Berlin 0:5, PSV Rostock – Fortuna Sachsenroß Hannover 4:2, Wittenseer SV – Eintracht Wolfsburg 0:6, TSV Ludwigsburg – TuS Niederkirchen 0:5, SV Zussdorf – SC Klinge Seckach 1:5, SG Weißkirchen – VfR Saarbrücken 0:8, FSV Schwarzbach – TuS Ahrbach 0:3, TSV Eschollbrücken – FSV Frankfurt 0:5, SC Bad Neuenahr – SG Praunheim 2:7, Fortuna Dresden-Rähnitz – TSV Battenberg n. V. 1:1, Elfmeterschießen 4:5, FC St. Augustin – VfB Rheine 0:5, SV Brackel – KBC Duisburg 2:0 – 16 Mannschaften hatten ein Freilos.

2. Runde: STV Lövenich – VfB Rheine 0:2, Teutonia Weiden – SSG Berg. Gladbach 1:2, Turbine Potsdam – Tennis Borussia Berlin 4:5, Rheinfranken Düsseldorf – Jahn Delmenhorst 2:5, FT Geestemünde – Grün-Weiß Brauweiler 0:12, SV Brackel – TSV Siegen 0:9, Moorfleeter SV – Eintracht Wolfsburg 1:9, PSV Rostock – SG Erbstorf 4:0, Viktoria Neckarhausen – FSV Frankfurt 0:5, Fortuna Magdeburg – TSV Battenberg 0:6, TSV Crailsheim – SG Praunheim 0:5, Bayern München – SC Klinge Seckach 1:4, Wacker München – TuS Niederkirchen 0:1, USV Jena – TuS Ahrbach 0:5, FC St. Georgen – VfL Sindelfingen 1:2, SC Siegelbach – VfR Saarbrücken 0:11.

Achtelfinale: TSV Battenberg – FSV Frankfurt 2:1, SG Praunheim – TSV Siegen 0:2, PSV Rostock – SSG Berg. Gladbach 2:1, SC Klinge Seckach – Eintracht Wolfsburg 4:1, Grün-Weiß Brauweiler – Jahn Delmenhorst 6:0, TuS Ahrbach – Tennis Borussia Berlin 1:0, VfB Rheine – TuS Niederkirchen n. V. 1:1, Elfmeterschießen 2:0, VfL Sindelfingen – VfR Saarbrücken n. V. 1:1, Elfmeterschießen 5:6.

Viertelfinale: Grün-Weiß Brauweiler – TSV Battenberg 7:1, TuS Ahrbach – VfR Saarbrücken n. V. 2:4, SC Klinge Seckach – PSV Rostock 4:1, TSV Siegen – VfB Rheine 2:0.

Halbfinale: SC Klinge Seckach – TSV Siegen 1:4, VfR Saarbrücken – Grün-Weiß Brauweiler 2:9.

Endspiel am 14. Mai 1994 in Berlin: Grün-Weiß Brauweiler – TSV Siegen 2:1 (0:0)
Brauweiler: Goller – C. Klein – A. Klein (Reimann), Hanushek – Hengst, Nagy, Wiegmann, Schwind, Koser – Gottschlich, Menge (Lovacz-Anton) – Tore: A. Klein, Wiegmann (Fitschen) – Zuschauer: 30 000 (Vorspiel zum Herren-Finale) – SR: Günthner (Bamberg).

1995: FSV Frankfurt

1. Runde: Lorbeer Rothenburgsort – Eintracht Wolfsburg 0:11, BVB Halle – Tennis Borussia Berlin 2:7, Breitenthal Oberhausen – TuS Ahrbach 2:7, SV Brackel – Grün-Weiß Brauweiler 1:10, FT Geestemünde – FC Rumeln-Kaldenhausen 7:9, Fortuna Dresden-Rähnitz – SC Klinge Seckach 0:6, TSV Battenberg – SG Praunheim 1:3, KBC Duisburg – Eintracht Rheine 0:5, SpVgg Wehr – VfR Saarbrücken 1:3, SKV Beienheim – FSV Frankfurt 0:7, Hertha Zehlendorf – Fortuna Sachsenroß Hannover 1:4, TSV Georgsdorf – TSV Siegen 0:16, SV Wolfenbüttel – Schmalfelder SV 2:0, TuS Ahrbach II – TuS Wörrstadt 0:4, SC Bad Neuenahr – TuS Niederkirchen 1:9, TSV Crailsheim – FSV Schwarzbach 3:1 – 16 Mannschaften hatten ein Freilos.

2. Runde: Fortuna Wuppertal – FC Rumeln-Kaldenhausen 0:7, USV Jena – Tennis Borussia Berlin 1:3, SC Marktbreit – SC Klinge Seckach 0:3, TSV Crailsheim – FSV Frankfurt 0:3, GSV Moers – TSV Siegen 0:12, BSV Müssen – Eintracht Rheine 1:4, STV Lövenich – Grün-Weiß Brauweiler 0:7, BWG Köln – SSG Berg. Gladbach 3:2, PSV Rostock – Fortuna Sachsenroß Hannover 2:6, SV Wolfenbüttel – Eintracht Wolfsburg 0:2, Wittenseer SV – Turbine Potsdam 0:7, SV Oberteuringen – TuS Ahrbach 0:8, SG Kirchardt – TuS Wörrstadt 1:0, FSV Jägersburg – VfL Sindelfingen 0:4, VfR Saarbrücken – TuS Niederkirchen 3:1, FSV Unterkotzau – SG Praunheim 1:5.

Achtelfinale: Eintracht Rheine – SC Klinge Seckach 1:3, Turbine Potsdam – VfR Saarbrücken 0:5, Eintracht Wolfsburg – FC Rumeln-Kaldenhausen 1:6, TuS Ahrbach – Grün-Weiß Brauweiler 2:3, BWG Köln – VfL Sindelfingen 1:3, TSV Siegen – SG Praunheim 3:1, Fortuna Sachsenroß Hannover – Tennis Borussia Berlin 3:1, SG Kirchardt – FSV Frankfurt 0:8.

Viertelfinale: Fortuna Sachsenroß Hannover – SC Klinge Seckach n. V. 2:3, Grün-Weiß Brauweiler – FC Rumeln-Kaldenhausen n. V. 4:1, TSV Siegen – VfR Saarbrücken 3:1, VfL Sindelfingen – FSV Frankfurt 0:2.

Halbfinale: TSV Siegen – SC Klinge Seckach n. V. 1:1, Elfmeterschießen 4:2, FSV Frankfurt – Grün-Weiß Brauweiler n. V. 1:1, Elfmeterschießen 5:4.

Endspiel am 24. Juni 1995 in Berlin: FSV Frankfurt – TSV Siegen 3:1 (1:1)

Frankfurt: Kraus – Bernhard (K. Pohlmann) – Austermühl, Minnert – Stumpf, König, Unsleber, Bornschein (Schlösser), D. Pohlmann – Prinz, Smisek – Tore: Prinz, König, Austermühl (Fitzner) – Zuschauer: 45 000 (Vorspiel zum Herren-Finale) – SR: Janssen (Emden).

1996: FSV Frankfurt

1. Runde: Blau-Weiß Fuhlenbrock – TSV Siegen 0:12, SG Wattenscheid 09 – FC Rumeln-Kaldenhausen 2:4, Fortuna Dilkrath – FC Eintracht Rheine 1:18, SG Lütgendortmund – Grün-Weiß Brauweiler 0:17, Energie Cottbus – Turbine Potsdam 1:9, Hamburger SV – PSV Rostock 3:5, Hertha Zehlendorf – Fortuna Sachsenroß Hannover 2:4, Fortuna Magdeburg – Tennis Borussia Berlin 1:5, 1. FC Nürnberg – TSV Crailsheim 3:2, FC Forstern – TuS Niederkirchen 1:9, SC Freiburg – SC Klinge Seckach 1:4, VfL Sindelfingen II – VfL Sindelfingen I 1:10, TSV 1880 Gera-Zwötzen – SG Praunheim 1:12, FSV Schwarzbach – FSV Frankfurt 0:5, TSV Escholbrücken – SC Bad Neuenahr 1:3, SC Solsforf – TuS Ahrbach 0:3 – 16 Mannschaften hatten ein Freilos.

2. Runde: DFC Eggenstein – SC Klinge Seckach 0:3, TuS Niederkirchen II – TuS Niederkirchen I 1:13, Erzgebirge Aue – FSV Frankfurt 1:11, Wacker München – TuS Ahrbach 0:5, VfL Sindelfingen – SG Praunheim 0:2, STV Lövenich – Eintracht Rheine 0:5, BSV Müssen – FC Rumeln-Kaldenhausen 0:7, FC St. Augustin – TSV Siegen 0:6, Grün-Weiß Brauweiler – SC Bad Neuenahr 8:0, SC Wedemark – Tennis Borussia Berlin 0:5, VfL Wildeshausen – Turbine Potsdam 3:1, Polizei SV Bremen – Eintracht Wolfsburg 1:3, SG Thumby – PSV Rostock 0:5, Schmalfelder SV – Fortuna Sachsenroß Hannover 1:3, FC Oster Oberkirchen – VfR Saarbrücken 0:11, 1. FC Nürnberg – TuS Wörrstadt 1:3.

Achtelfinale: FSV Frankfurt – TuS Ahrbach 4:0, SC Klinge Seckach – Tennis Borussia Berlin 4:1, TuS Niederkirchen – Fortuna Sachsenroß Hannover 4:5, SG Praunheim – FC Rumeln-Kaldenhausen 0:1, VfR Saarbrücken – PSV Rostock n. V. 3:3, Elfmeterschießen 5:4, Eintracht Wolfsburg – Eintracht Rheine 2:3, VfL Wildeshausen – Grün-Weiß Brauweiler 0:5, TuS Wörrstadt – TSV Siegen 1:3.

Viertelfinale: Grün-Weiß Brauweiler – TSV Siegen 0:2, VfR Saarbrücken – SC Klinge Seckach 0:3, Eintracht Rheine – FC Rumeln-Kaldenhausen n. V. 0:4, Fortuna Sachsenroß Hannover – FSV Frankfurt 0:8).

Halbfinale: FSV Frankfurt – FC Rumeln-Kaldenhausen 2:0, SC Klinge Seckach – TSV Siegen n. V. 2:2, Elfmeterschießen 4:3.

Endspiel am 25. Mai 1996 in Berlin: FSV Frankfurt – SC Klinge Seckach 2:1 (1:1)
Frankfurt: Kraus – Minnert – Austermühl, Soyah – Stumpf, König, Unsleber – Piekarski, D. Pohlmann – Prinz, Smisek, Bornschein – Tore: Smisek, Prinz (Lingor) – Zuschauer: 25 000 (Vorspiel zum Herren-Finale) – SR: Krumpen (Schmidtheim).

1997: Grün-Weiß Brauweiler

1. Runde: Rot-Weiß Hillen – Grün-Weiß Brauweiler 0:6, SC Brackel – FC Rumeln-Kaldenhausen 0:8, SpVgg Oberaußem-Fortuna – Eintracht Rheine 0:4, TuS Köln rrh. – Spfr. Siegen 0:6, PSV Rostock – Schmalfelder SV 1:5, Hamburger SV – Turbine Potsdam 0:8, TuS Westerholz – Tennis Borussia Berlin 1:5, Fortuna Magdeburg – WSV Wolfsburg 2:3, SC Bad Neuenahr – TuS Niederkirchen 1:8, SV Dirmingen – TuS Ahrbach 0:4, SV Ellingen – VfR Saarbrücken 0:12, Schwaben Augsburg – FSV Frankfurt 0:4, SG Kirchhardt – VfL Sindelfingen 1:5, Wacker München – SC Klinge Seckach 1:0, USV Jena – TSV Crailsheim 0:4, Fortuna Dresden-Rähnitz – FSV Schwarzbach 1:3.

2. Runde: DJK/VfL Willich – Eintracht Rheine 0:10, GSV Moers – Grün-Weiß Brauweiler 0:9, Arminia Ibbenbüren – FC Rumeln-Kaldenhausen 0:10, Jahn Delmenhorst – Turbine Potsdam I 1:6, Turbine Potsdam II – WSV Wolfsburg 0:4, Hertha Zehlendorf – Fortuna Sachsenroß Hannover 2:0 (Zehlendorf wegen Einsatzes einer nicht spielberechtigten Spielerin disqualifiziert), Polizei SV Bremen – Tennis Borussia Berlin 0:2, Nagema Neubrandenburg – Schmalfelder SV 0:9, TuS Wörrstadt – TuS Niederkirchen 0:3, SC Siegelbach – VfR Saarbrücken 1:4, Spfr. Siegen – TuS Ahrbach 3:1, VfB Gießen – SC Sand 0:4, TSV Ludwigsburg – FSV Schwarzbach 0:1, FV Löchgau – FSV Frankfurt 0:15, Wacker München – SG Praunheim 0:12, TSV Crailsheim – VfL Sindelfingen 1:4.

Achtelfinale: VfL Sindelfingen – SC Sand 4:1, Eintracht Rheine – Fortuna Sachsenroß Hannover 4:1, WSV Wolfsburg – Grün-Weiß Brauweiler 0:5, TSV Siegen – SG Praunheim n. V. 2:1, FSV Frankfurt – TuS Niederkirchen n. V. 3:0, VfR Saarbrücken – FC Rumeln-Kaldenhausen 1:3, Turbine Potsdam – Tennis Borussia Berlin 7:3, Schmalfelder SV – FSV Schwarzbach 1:0.

Viertelfinale: VfL Sindelfingen – Grün-Weiß Brauweiler 1:4, FC Rumeln-Kaldenhausen – Spfr. Siegen 2:0, Schmalfelder SV – Turbine Potsdam 0:6, Eintracht Rheine – FSV Frankfurt n. V. 2:2, Elfmeterschießen 4:2.

Halbfinale: Turbine Potsdam – Eintracht Rheine 2:3, Grün-Weiß Brauweiler – FC Rumeln-Kaldenhausen n. V. 4:3.

Endspiel am 14. Juni 1997 in Berlin: Grün-Weiß Brauweiler – Eintracht Rheine 3:1 (1:0)
Brauweiler: Goller – Cl. Klein – Schwind, Gertheinrich – A. Klein, Lieth (Menge), Fuss, Wiegmann (Bleibler), Brandebusemeyer – Gottschlich, Holinka – Tore: Cl. Klein, Fuss, Holinka (Unterbronk) – Zuschauer: 35 000 (Vorspiel zum Herren-Finale) – SR: Zdunek (Leimen).

1998: FCR Duisburg

1. Runde: Nagema Neubrandenburg – Fortuna Sachsenroß Hannover 6:1, Wittenseer SV – Turbine Potsdam 0:4, Wolfenbütteler SV – Schmalfelder SV 4:3, Hertha Zehlendorf – Turbine Potsdam I 2:1, Wacker Merkenich – Spfr. Siegen 0:17, Fortuna Dilkrath – FC Rumeln-Kaldenhausen 1:9, Polizei SV Bremen – Jahn Delmenhorst 0:4, SC Bulach – SC Klinge Seckach 1:4, VfL Sindelfingen – TuS Niederkirchen 1:12, Fortuna Dresden-Rähnitz – FSV Frankfurt 1:9, FSV Schwarzbach – SG Praunheim 0:8, TSV Crailsheim – TSV Eschollbrücken 12:0 – 16 Mannschaften hatten ein Freilos.
2. Runde: SpVgg Rehweiler – 1. FC Saarbrücken 0:14, TSV Ludwigsburg – SC Klinge Seckach n.V. 2:3, SC Freiburg – TuS Niederkirchen 0:1, SV Dirmingen – Eintracht Seekirch 1:6, TuS Linter – FSV Frankfurt 1:7, FC Rennertshofen – SG Praunheim 0:7, TSV Crailsheim – USV Jena 4:1, Nagema Neubrandenburg – Turbine Potsdam 0:4, Tennis Borussia Berlin – Hamburger SV 2:0, WSV Wolfsburg – Hertha Zehlendorf 3:5, Wolfenbütteler SV – Fortuna Magdeburg 6:0, GSV Moers – Spfr. Siegen 0:10, SG Wattenscheid 09 – FC Rumeln-Kaldenhausen 0:5, Jahn Delmenhorst – SC Bad Neuenahr 0:2, SpVgg Oberaußem-Fortuna – Grün-Weiß Brauweiler 0:7, Arminia Ibbenbüren – Eintracht Rheine 0:1.
Achtelfinale: Grün-Weiß Brauweiler – FSV Frankfurt 3:5, SC Bad Neuenahr – Eintracht Seekirch 3:0, Wolfenbütteler SV – FCR Duisburg (früher Rumeln) 0:5, Turbine Potsdam – Spfr. Siegen n. V. 0:1, SG Praunheim – Hertha Zehlendorf 1:0, Tennis Borussia Berlin – TuS Niederkirchen 0:3, SC Klinge Seckach – Eintracht Rheine 0:4, TSV Crailsheim – 1. FC Saarbrücken 0:2.
Viertelfinale: SG Praunheim – FSV Frankfurt 0:1, FCR Duisburg – Eintracht Rheine 2:0, 1. FC Saarbrücken – Spfr. Siegen 0:3, TuS Niederkirchen – SC Bad Neuenahr 3:0.
Halbfinale: FCR Duisburg – TuS Niederkirchen 1:0, Spfr. Siegen – FSV Frankfurt n. V. 2:3.

Endspiel am 16. Mai 1998 in Berlin: FCR Duisburg – FSV Frankfurt 6:2 (4:1)
Duisburg: McKnight – Hoffmann – Fitzner, Nardenbach – Arndt, Voss, Meinert (Kubat), Mandrysch, Albertz – Nieczypor (Schäperthöns), Grings – Tore: Grings 3, Nieczypor 2, Meinert (König, Bornschein) – Zuschauer: 35 000 (Vorspiel zum Herren-Finale) – SR: Witteweg (Goslar).

1999: 1. FFC Frankfurt

Qualifikation: FC Oster Oberkirchen – TuS Ahrbach 0:3.
1. Runde: Fortuna Magdeburg-Wolmirstedt – Turbine Potsdam 0:7, TSV Gera-Zwötzen – WSV Wolfsburg 0:3, Erzgebirge Aue – Hertha Zehlendorf 0:1, Turbine Potsdam II – PSV Rostock (Rostock verzichtete), SV Sereetz – Grün-Weiß Brauweiler 0:7, Hamburger SV – FCR Duisburg 0:2, FC Huchting – FFC Heike Rheine 0:10, Garather SV – TuS Köln rrh. 1:4, Arminia Ibbenbüren – Lorbeer Rothenburgsort 5:0, SV Oberteuringen – Spfr. Siegen 1:11, DFC Eggenstein – SG Praunheim 1:8, 1. FC Nürnberg – FSV Frankfurt 1:2, TuS Linter – SC Freiburg 1:2, SC Klinge Seckach – SC Bad Neuenahr 0:10, SC Siegelbach TuS Niederkirchen 0:8, TuS Ahrbach – 1. FC Saarbrücken 1:6.
Achtelfinale: 1. FC Saarbrücken – SC Freiburg 3:1, SC Bad Neuenahr – FSV Frankfurt 2:1, TuS Köln rrh. – Eintracht Rheine n. V. 1:4, Hertha Zehlendorf – Grün-Weiß Brauweiler 1:0, Arminia Ibbenbüren – Turbine Potsdam I 0:10, Turbine Potsdam II – WSV Wolfsburg 0:6, FCR Duisburg – Spfr. Siegen 4:1, SG Praunheim – TuS Niederkirchen 3:0.
Viertelfinale: Hertha Zehlendorf – 1. FC Saarbrücken n. V. 1:0, Eintracht Rheine – KBC Duisburg 0:4, WSV Wolfsburg – SG Praunheim 1:4, SC Bad Neuenahr – Turbine Potsdam 2:3.
Halbfinale: 1. FFC Frankfurt (früher Praunheim) – Hertha Zehlendorf 5:0, FCR Duisburg – Turbine Potsdam 2:0.

Endspiel am 12. Juni 1999 in Berlin: 1. FFC Frankfurt – FCR Duisburg 1:0 (1:0)
Frankfurt: Wissink – Tina Wunderlich – Künzer, Zorn – Pia Wunderlich, Lingor (Cl. Müller), Sefron, Fitschen, Kliehm (Serocka) – Meyer (Lindner), Prinz – Tor: Künzer – Zuschauer: 15 000 (Vorspiel zum Herren-Finale) – SR: Fielenbach (Much).

2000: 1. FFC Frankfurt

Qualifikation: FC Huchting – Lorbeer Rotenburgsort 1:5, SV Oberteuringen – Rot-Weiß Göcklingen 3:1, Turbine Potsdam II – Eintracht Schwerin n. V. 8:4.

1. Runde: FSV Schwarzbach – FSV Frankfurt 1:2, SC Sand – 1. FFC Frankfurt 2:7, RSV Drosendorf – 1. FC Nürnberg (Drosendorf verzichtete), SV Oberteuringen – Viktoria Neckarhausen 6:1, TuS Ahrbach – 1. FC Saarbrücken I (Ahrbach verzichtete), 1. FC Saarbrücken II – TuS Niederkirchen 0:3, SC Freiburg – SC Bad Neuenahr 0:5, FSV Westerstede – Grün-Weiß Brauweiler 0:7, SpVgg Oberaußem-Fortuna – Spfr. Siegen 0:6, FFC Heike Rheine – FFC Flaesheim-Hillen 2:1, Lorbeer Rothenburgsort – FCR Duisburg 0:4, SG Wattenscheid 09 – GSV Moers 4:5, Erzgebirge Aue – WSV Wolfsburg 0:3, Turbine Potsdam II – Turbine Potsdam I 0:15, Wittenseer SV – USV Jena 3:2, Hertha Zehlendorf – BVB Halle n. V. 3:2.
Achtelfinale: SV Oberteuringen – 1. FC Saarbrücken 0:4, TuS Niederkirchen – 1. FFC Frankfurt 0:3, 1. FC Nürnberg – FSV Frankfurt 0:4, FFC Heike Rheine – FCR Duisburg 0:5, Hertha Zehlendorf – Grün-Weiß Brauweiler (Zehlendorf verzichtete), Wittenseer SV – WSV Wolfsburg 0:11, GSV Moers – Turbine Potsdam 2:10, SC Bad Neuenahr – Spfr. Siegen 1:2.
Viertelfinale: Grün-Weiß Brauweiler – FCR Duisburg n. V. 4:4, Elfmeterschießen 5:3, WSV Wolfsburg – Spfr. Siegen 0:1, 1. FC Saarbrücken – Turbine Potsdam 3:1, FSV Frankfurt – 1. FFC Frankfurt 0:6.
Halbfinale: 1. FC Saarbrücken – 1. FFC Frankfurt 1:3, Grün-Weiß Brauweiler – Spfr. Siegen 0:3.

Endspiel am 6. Mai 2000 in Berlin: 1. FFC Frankfurt – Sportfreunde Siegen 2:1 (0:0)
Frankfurt: Wissink – Tina Wunderlich – Obermeier, Zorn – Künzer, Pia Wunderlich (Affeld), Fitschen (Werlein), Kliehm (Mohr), Lingor – Meyer, Prinz – Tore: Meyer, Lingor (Menge) – Zuschauer: 10 000 (Vorspiel zum Herren-Finale) – SR: Fornacon (Stöckse).

2001: 1. FFC Frankfurt

Qualifikation: Westsachsen Zwickau – Fortuna Magdeburgs-Wolmirstedt 2:5, SC Freiburg – TSV Crailsheim 4:0, Hamburger SV – TuS Köln rrh. 10:2.
1. Runde: Viktoria Gersten – FFC Heike Rheine 2:5, Fortuna Magdeburgs-Wolmirstedt – FFC Flaesheim-Hillen 1:6, PSV Neubrandenburg – WSV Wolfsburg 1:13, Berliner SV 92 – Turbine Potsdam I 0:16, USV Jena – FFC Brauweiler-Pulheim 0:7, Hamburger SV – FCR Duisburg n. V. 2:1, ATS Buntentor – Spfr. Siegen 0:5, Borussia Friedenstal – SV Neuenbrock 5:0, Turbine Potsdam II – SG Essen-Schönebeck 1:4, TSV Pfersee Augsburg – SC Bad Neuenahr 0:5, 1. FC Saarbrücken II – 1. FFC Frankfurt 0:7, FSV Schwarzbach – 1. FC Saarbrücken I 0:2, SpVgg Rehweiler – FSV Frankfurt 0:4, 1. FC Nürnberg – Bayern München 1:5, TuS Niederkirchen – SC Freiburg 0:2, SC Bad Neuenahr II – Viktoria Neckarhausen 1:5.
Achtelfinale: Borussia Friedenstal – WSV Wolfsburg 1:5, Hamburger SV – FFC Flaesheim-Hillen n. V. 1:1, Elfmeterschießen 4:5, SG Essen-Schönebeck – Turbine Potsdam 0:11, FFC Heike Rheine – FFC Brauweiler-Pulheim 1:2, SC Freiburg – SC Bad Neuenahr n. V. 2:2, Elfmeterschießen 4:5, Viktoria Neckarhausen – FSV Frankfurt 0:7, Bayern München – 1. FC Saarbrücken 5:1, 1. FFC Frankfurt – Spfr. Siegen 10:0.
Viertelfinale: FSV Frankfurt – Bayern München 3:2, WSV Wolfsburg – 1. FFC Frankfurt 0:6, SC Bad Neuenahr – Turbine Potsdam n. V. 2:2, Elfmeterschießen 3:4, FFC Flaesheim-Hillen – FFC Brauweiler-Pulheim n. V. 0:0, Elfmeterschießen 3:2.
Halbfinale: FSV Frankfurt – 1. FFC Frankfurt 1:2, Turbine Potsdam – FFC Flaesheim-Hillen n. V. 0:0, Elfmeterschießen 2:4.

Endspiel am 26. Mai 2001 in Berlin: 1. FFC Frankfurt – FFC Flaesheim-Hillen 2:1 (0:1)
Frankfurt: Wissink – Tina Wunderlich, Nardenbach, Minnert – Künzer, Pia Wunderlich, Jones, Affeld (Lech) – Lingor – J. Meier, Prinz – Tore: Prinz, J. Meier (A. Meier) – Zuschauer: 20 000 (Vorspiel zum Herren-Finale) – SR: Beck (Magstadt).

2002: 1. FFC Frankfurt

Qualifikation: Erzgebirge Aue – Eintracht Seekirch n. V. 2:0.
1. Runde: Viktoria Gersten – Hallescher FC 3:2; Tennis Borussia Berlin – Hamburger SV 0:2; 1. FC Saarbrücken II – SC Bad Neuenahr II 0:7; Erzgebirge Aue – Bayern München 2:7; USV Jena – FSV Frankfurt 1:3; Ratzeburger SV – WSV Wendschott 0:5; Turbine Potsdam II – Turbine Potsdam I 0:5; FC Eintracht Schwerin – ATS Buntentor 0:2; Jahn Calden – FFC Heike Rheine 1:5; Sportfreunde Siegen – FCR Duisburg 0:9; TuS Niederkirchen – SC Bad Neuenahr I 1:3; 1. FC Saarbrücken – FFC Brauweiler Pulheim 1:2; Karlsruher SC – 1. FFC Frankfurt 0:20; TSV Pfersee Augsburg – SC Freiburg 0:3; GSV Moers – SpVgg Oberaußem-Fortuna 1:4; Freilos: Borussia Friedenstal.
Achtelfinale: SC Bad Neuenahr II – SC Bad Neuenahr 2:4; SpVgg Oberaußem-Fortuna – Hamburger SV n. V. 1:2; ATS Buntentor – SC Freiburg 0:8; Bayern München – 1. FFC Frankfurt 0:2; Borussia Frieden-

stal – Turbine Potsdam 0:10; Viktoria Gersten – FCR Duisburg 0:5; WSV Wendschott – FSV Frankfurt 0:7; FFC Brauweiler Pulheim – FFC Heike Rheine 4:0.
Viertelfinale: Hamburger SV – FFC Brauweiler Pulheim 1:0; SC Freiburg – Turbine Potsdam 2:3; FSV Frankfurt – FCR Duisburg 2:1; SC Bad Neuenahr – 1. FFC Frankfurt 0:2.
Halbfinale: FSV Frankfurt – 1. FFC Frankfurt 0:4, Hamburger SV – Turbine Potsdam 3:2.

Endspiel am 11. Mai 2002 in Berlin: 1. FFC Frankfurt – Hamburger SV 5:0 (2:0)
Frankfurt: Wissink – T. Wunderlich, Nardenbach (Rech), Minnert – Künzer, Hansen (Meier) – Kliehm (Affeld), Lingor, P. Wunderlich – Jones, Prinz – Tore: Prinz 3, Lingor, Künzer – Zuschauer: 10 000 (Vorspiel zum Herren-Finale) – SR: Kirchner (Benshausen).

2003: 1. FFC Frankfurt

Qualifikation: SC Sand – DFC Allendorf n. V. 1:2
1. Runde: 1. FC Saarbrücken – SC Bad Neuenahr 0:5; Erzgebirge Aue – Bayern München 0:8; Turbine Potsdam II – Tennis Borussia Berlin 2:4; USV Jena – WSV Wendschott 0:1; FSV Schwerin – Hallescher FC 1:2; ATS Buntentor – FFC Brauweiler-Pulheim 1:16; TSV Schilksee – Hamburger SV II 6:1; FSV Jägersburg – SC Freiburg 0:5; SC Bad Neuenahr II – TuS Niederkirchen 0:4; TSV Crailsheim – 1. FFC Frankfurt 1:11; Karlsruher SC – 1. FC Nürnberg 1:3; DFC Allendorf – FSV Frankfurt 0:10: FSV Westerstede – FCR Duisburg 0:12; TuS Köln rrh. – GSV Moers n. V. 1:2; FC Gütersloh 2000 – Heike Rheine 1:6; Hamburger SV – Turbine Potsdam 2:0.
Achtelfinale: TSV Schilksee – WSV Wendschott 2:5; GSV Moers – FCR Duisburg 0:8; Heike Rheine – 1. FFC Frankfurt 0:7; TuS Niederkirchen – FSV Frankfurt 2:4; Hamburger SV – Bayern München 0:4; 1. FC Nürnberg – SC Freiburg 0:3; Hallescher FC – Tennis Borussia Berlin 0:5; FFC Brauweiler-Pulheim – SC Bad Neuenahr n. V. 1:1, Elfmeterschießen 5:3.
Viertelfinale: FFC Brauweiler-Pulheim – SC Freiburg 2:0; FCR Duisburg – WSV Wendschott 3:0; Bayern München – 1. FFC Frankfurt 0:1; Tennis Borussia Berlin – FSV Frankfurt 0:3.
Halbfinale: FSV Frankfurt – 1. FFC Frankfurt 0:3; FFC Brauweiler-Pulheim – FCR Duisburg n. V. 1:2.

Endspiel am 31. Mai 2003 in Berlin: 1. FFC Frankfurt – FCR Duisburg 1:0.
Frankfurt: Wissink – T. Wunderlich, Zerbe (Weichelt), Minnert, Rech – Hansen, Künzer – Lingor – Barucha (Woock), Affeld (P. Wunderlich) – Meier– Tor: Voss (Eigentor) – Zuschauer: 25 000 (Vorspiel zum Herren-Finale) – SR: Steinhaus (Hannover).

2004: Turbine Potsdam

Qualifikation: Borussia Mönchengladbach – Victoria Gersten 0:3; Bayern München II – Jahn Calden 1:0
1. Runde: TuS Niederkirchen II – TuS Ahrbach 4:1; Viktoria Jägersburg – FSV Frankfurt 1:3; FSV Schwerin – FCR Duisburg 0:10; TuS Niederkirchen – Bayern München 2:4; Bayern München II – 1. FC Saarbrücken 1:3; Karlsruher SC – USV Jena n. V. 3:5; TSV Schilksee – FFC Brauweiler-Pulheim 0:6; Tennis Borussia Berlin – Hamburger SV 0:1; SpVgg Oberaußem-Fortuna – VfL Wolfsburg 0:4; Alemannia Altdöbern – Turbine Potsdam 0:14; 1. FFC Recklinghausen – Victoria Gersten 1:7; Hertha Zehlendorf – Magdeburger FFC 0:3; SC Freiburg II – SC Bad Neuenahr 0:2; TSV Crailsheim – SC Freiburg 1:3; SG Jößnitz – 1. FFC Frankfurt 1:20; FC Oberneuland – Heike Rheine 0:20.
Achtelfinale: VfL Wolfsburg – FCR Duisburg 0:6; Hamburger SV – Turbine Potsdam n. V. 1:2; Bayern München – 1. FFC Frankfurt 0:1; USV Jena – FSV Frankfurt 0:1; Magdeburger FFC – Heike Rheine 0:6; Victoria Gersten – FFC Brauweiler-Pulheim 0:5; TuS Niederkirchen II – SC Freiburg 1:3; 1. FC Saarbrücken – SC Bad Neuenahr 0:4.
Viertelfinale: FCR Duisburg – Heike Rheine n. V. 2:3; 1. FFC Frankfurt – SC Freiburg 3:0; Turbine Potsdam – SC Bad Neuenahr 3:0; FFC Brauweiler-Pulheim – FSV Frankfurt 2:1.
Halbfinale: 1. FFC Frankfurt – Heike Rheine 4:1; FFC Brauweiler-Pulheim – Turbine Potsdam 0:3.

Endspiel am 29. Mai 2004 in Berlin: Turbine Potsdam – 1. FFC Frankfurt 3:0 (1:0)
Potsdam: Angerer – Kuznik, Becher, Augustinyak (Brendel) – Zietz, Hingst, Omilade – Odebrecht – Mittag, Pohlers (Liepack), Wimbersky (Makowska) – Tore: Pohlers, Zietz, Mittag – Zuschauer: 30 000 (Vorspiel zum Herren-Finale) – SR: Schumacher (Oberhausen).

2005: Turbine Potsdam

Qualifikation: PSV Bremen – Hamburger SV II 0:3.
1. Runde: Tennis Borussia Berlin – VfL Wolfsburg 2:4; FFV Neubrandenburg – Heike Rheine 0:6; Magdeburger FFC – SG Essen-Schönebeck 0:9; Erzgebirge Aue – FSV Frankfurt 0:4; SC Bad Neuenahr II – 1. FFC Frankfurt 0:9; USV Jena – FSV Jägersburg 1:2; FFC Oldesloe – TuS Köln rrh. n. V. 2:4; FFC

Brauweiler-Pulheim – FCR Duisburg n. V. 3:2; Turbine Potsdam II – Hamburger SV n. V. 2:2, Elfmeterschießen 4:3; FC Gütersloh 2000 – Hamburger SV II 11:3; SC Klinge Seckach – SC Freiburg 1:6; FC Memmingen – Bayern München 1:6; Germania Pfungstadt – SC Bad Neuenahr 0:7; SC Sand – TSV Crailsheim 0:4; 1. FC Saarbrücken – TuS Niederkirchen n. V. 5:2; Jahn Delmenhorst – Turbine Potsdam 1:11.
Achtelfinale: FFC Brauweiler-Pulheim – Turbine Potsdam 2:12 ; FC Gütersloh 2000 – SG Essen-Schönebeck 1:2; 1. FC Saarbrücken – Bayern München 1:3; TuS Köln rrh. – Heike Rheine 0:2; Turbine Potsdam II – VfL Wolfsburg 2:3; FSV Jägersburg – SC Freiburg n. V. 5:6; 1. FFC Frankfurt – TSV Crailsheim 5:0; SC Bad Neuenahr – FSV Frankfurt 3:1.
Viertelfinale: Turbine Potsdam – SC Bad Neuenahr 5:0; 1. FFC Frankfurt – SG Essen-Schönebeck n. V. 3:0; Heike Rheine – Bayern München 0:1; SC Freiburg – VfL Wolfsburg 4:1.
Halbfinale: Turbine Potsdam – Bayern München 2:0; SC Freiburg – 1. FFC Frankfurt 0:1.
Endspiel am 28. Mai 2005 in Berlin: Turbine Potsdam – 1. FFC Frankfurt 3:0 (2:0)
Potsdam: Angerer – Carlson, Becher, Fuss – Omilade, Hingst, Zietz, Odebrecht (Thomas) – Wimbersky (Cristiane), Pohlers, Mittag – Tore: Pohlers, Wimbersky, Mittag – Zuschauer: 15 000 (Vorspiel zum Herren-Finale) – SR: Dräger (Mainz).

2006: Turbine Potsdam

1. Runde: Eintracht Seekirch – TuS Niederkirchen 0:5; 1. FC Gera 03 – SC Sand 0:6; SV Großdubrau – SG Lütgendortmund 0:3; Polizei SV Bremen – FFV Neubrandenburg 1:6; Fortuna Friedersdorf – Jahn Calden 0:6; Magdeburger FFC – SG Wattenscheid 09 n. V. 0:1; GSV Moers – MTV Wolfenbüttel 0:4; SV Lurup – Holstein Kiel 0:10; SuS Timmel – FC Gütersloh 2000 n. V. 3:1; SV Dirmingen – TuS Köln rrh. 0:4; SC Regensburg – USV Jena 3:0; VfR Niederfell – Karlsruher SC 0:3; 1. FC Lok Leipzig – Wacker München 4:1; Klinge Seckach – 1. FC Saarbrücken 0:6; SV Jungingen – Erzgebirge Aue 0:4; Arminia Ibbenbüren – Victoria Gersten 2:4; SV Titisee – VfL Sindelfingen 1:5; VfR Limburg – FSV Jägersburg 1:3; SpVgg Oberaußem-Fortuna – Tennis Borussia Berlin (nach Rückzug von Oberaußem-Fortuna kampflos für Tennis Borussia).
2. Runde: 1. FFC Frankfurt – SC Freiburg 3:0; SG Essen-Schönebeck – Turbine Potsdam n. V. 2:2, Elfmeterschießen 5:6; Jahn Calden – Hamburger SV 1:2; SG Lütgendortmund – Tennis Borussia Berlin 3:1; Heike Rheine – Holstein Kiel 5:0; 1. FC Lok Leipzig – Bayern München 1:8; TuS Niederkirchen – 1. FC Saarbrücken 0:2; FSV Jägersburg – Karlsruher SC 1:3; FCR Duisburg – SuS Timmel 6:0; MTV Wolfenbüttel – FFV Neubrandenburg 3:5; Victoria Gersten – VfL Wolfsburg 1:2; FFC Brauweiler-Pulheim – SG Wattenscheid 09 n. V. 2:1; SC Regensburg – VfL Sindelfingen 1:4; Erzgebirge Aue – TSV Crailsheim n. V. 2:3; FSV Frankfurt – SC Bad Neuenahr 0:7; SC Sand – TuS Köln rrh. 4:0.
Achtelfinale: FFV Neubrandenburg – TSV Crailsheim 0:4; 1. FFC Frankfurt – FFC Brauweiler-Pulheim 5:0; VfL Wolfsburg – Bayern München 2:4; Karlsruher SC – SC Sand 1:2; VfL Sindelfingen – 1. FC Saarbrücken n. V. 1:2; SC Bad Neuenahr – FCR Duisburg n. V. 2:3; Turbine Potsdam – SG Lütgendortmund 7:1; Hamburger SV – Heike Rheine 2:1.
Viertelfinale: Turbine Potsdam – SC Sand 10:0; FCR Duisburg – Hamburger SV n. V. 4:2; 1. FC Saarbrücken – 1. FFC Frankfurt 0:12; TSV Crailsheim – Bayern München 0:7.
Halbfinale: FCR Duisburg – 1. FFC Frankfurt 1:2; Turbine Potsdam – Bayern München 3:1.

Endspiel am 29. April 2006 in Berlin: Turbine Potsdam – 1. FFC Frankfurt 2:0 (0:0)
Potsdam: Angerer – Carlson (Thomas), Becher, Kuznik – Omilade, Peter, Hingst, Zietz – Mittag (Podvorica), Pohlers (I. Kerschowski), Wimbersky – Tore: Kerschowski, Wimbersky – Zuschauer: 15 000 (Vorspiel zum Herren-Finale) – SR: Kunick (Lissa).

2007: 1. FFC Frankfurt

1. Runde: ASV Hagsfeld – 1. FC Saarbrücken 1:2; FC Finnentrop – SuS Timmel 1:6; SG Lütgendortmund – FFV Neubrandenburg 1:0; Hafen Rostock – Victoria Gersten 0:8; 1. FFV Erfurt – SC Sand n. V. 4:4, Elfmeterschießen 3:4; VfL Kommern – Wacker München 0:4; SV Dirmingen – Erzgebirge Aue 1:0; VfL Oythe – FC Gütersloh 2000 0:8; Bremer TS Neustadt – VfL Wolfsburg 0:16; 1. FC Union Berlin – Holstein Kiel 3:4; MTV Wolfenbüttel – FFC Brauweiler-Pulheim 1:5; FFC Oldesloe – SG Wattenscheid 09 n. V. 3:3, Elfmeterschießen 4:5; Rot-Weiss Flatow – Tennis Borussia Berlin 0:9; Hallescher FC – Jahn Calden 0:4; TGM-SV Jügesheim – TuS Niederkirchen 3:1; FV Löchgau – TSV Crailsheim 0:10; TuS Ahrbach – USV Jena 1:5; VfR Engen – Karlsruher SC n. V. 2:2, Elfmeterschießen 3:5; FSV Jägersburg – VfL Sindelfingen 0:5; SC Siegelbach – TuS Köln rrh. n. V. 2:2, Elfmeterschießen 4:5; TSV Niendorf – Borussia Friedenstal 0:1; Ratinger SV 04/19 – 1. FC Lokomotive Leipzig 1:4; SV Weinberg – SC Regensburg n. V. 2:2, Elfmeterschießen 4:3 (wegen eines Regelverstoßes der Schiedsrichterin neu angesetzt: 3:1 für Weinberg).

2. Runde: Hamburger SV – SG Wattenscheid 09 5:0; 1. FC Lokomotive Leipzig – SG Essen-Schönebeck 0:5; VfL Wolfsburg – Heike Rheine 4:1; FC Gütersloh 2000 – Jahn Calden 9:0; SV Weinberg – 1. FC Saarbrücken 0:3; 1. FFC Frankfurt – FFC Brauweiler-Pulheim 4:0; Bayern München – SC Bad Neuenahr 2:1; TSV Crailsheim – Wacker München 6:0; SG Lütgendortmund – SuS Timmel n. V. 2:1; Turbine Potsdam – FCR Duisburg 2:3; Victoria Gersten – Holstein Kiel 2:1; Borussia Friedenstal – Tennis Borussia Berlin 1:2; SV Dirmingen – SC Sand n. V. 1:3; TGM-SV Jügesheim – USV Jena n. V. 2:4; SC Freiburg – VfL Sindelfingen 4:2; TuS Köln rrh. – Karlsruher SC 4:0.
Achtelfinale: USV Jena – 1. FC Saarbrücken 1:4; VfL Wolfsburg – FC Bayern München n. V. 0:0, Elfmeterschießen 5:4; SG Lütgendortmund – Tennis Borussia Berlin n. V. 1:3; FC Gütersloh 2000 – SC Sand n. V. 1:3; TSV Crailsheim – SC Freiburg 1:0; Hamburger SV – 1. FFC Frankfurt 0:3; SG Essen-Schönebeck – TuS Köln rrh. 10:0; Victoria Gersten – FCR Duisburg 0:6.
Viertelfinale: 1. FFC Frankfurt – SC Sand 9:0; TSV Crailsheim – SG Essen-Schönebeck 0:4; Tennis Borussia Berlin – 1. FC Saarbrücken 1:2; VfL Wolfsburg – FCR Duisburg 0:2.
Halbfinale: SG Essen-Schönebeck – FCR Duisburg n. V. 1:5; 1. FFC Frankfurt – 1. FC Saarbrücken 4:0.

Endspiel am 26. Mai 2007 in Berlin: 1. FFC Frankfurt – FCR Duisburg 1:1 (1:1), Elfmeterschießen 4:1
Frankfurt: Holl – Affeld (Kliehm), Jones, T. Wunderlich – Garefrekes, Lingor (Weber), Bartusiak, P. Wunderlich (Hansen) – Smisek, Prinz, Wimbersky – Trainer: Dr. Tritschoks – Tore: Lingor (Fuss) – Tore im Elfmeterschießen: Prinz, Smisek, Hansen, Wimbersky (Fuss) – Zuschauer: 20 000 (Vorspiel zum Herren-Finale) – SR: Jung (Worms).

2008: 1. FFC Frankfurt

1. Runde: Karlsruher SC – SC Regensburg 0:1; SpVgg Rehweiler-Matzenbach – SV Dirmingen 0:4; Energie Cottbus – Holstein Kiel 0:9; Jahn Calden – 1. FC Lokomotive Leipzig 1:3; Erzgebirge Aue – SC Sand 0:2; Mellendorfer TV – FFC Oldesloe 3:2; FSV Schwerin – Borussia Friedenstal 2:9; SuS Timmel – FC Gütersloh 2000 0:3; SG Lütgendortmund – Victoria Gersten n. V. 1:3; FSC Mönchengladbach – Tennis Borussia Berlin 0:2; Geestemünder SC – 1. FC Union Berlin 0:11; Magdeburger FFC – SG Wattenscheid 09 1:6; ASV Bergedorf 85 – FFV Neubrandenburg 2:8; Hegauer FV – ASV Hagsfeld 0:4; SV Eutingen – 1. FC Saarbrücken 2:6; SV Johannstadt Dresden – USV Jena 1:8; 1. FFV Erfurt – TuS Niederkirchen 2:6; TuS Ahrbach – Wacker München 1:2; Fortuna Köln – TuS Köln rrh. 1:3; TSV Uengershausen – VfL Sindelfingen 0:10; VfR 07 Limburg – FFC Brauweiler-Pulheim 1:0.
2. Runde: SC Regensburg – SC Freiburg 0:4; SG Wattenscheid 09 – Turbine Potsdam 1:6; Heike Rheine – Holstein Kiel 0:5; FFV Neubrandenburg – 1. FC Lokomotive Leipzig 1:2; Bayern München – SV Dirmingen 6:0; Mellendorfer TV – Borussia Friedenstal 1:12; SG Essen-Schönebeck – FCR Duisburg 1:5; Tennis Borussia Berlin – 1. FC Union Berlin 2:1; VfL Wolfsburg – Hamburger SV 1:2; FC Gütersloh 2000 – Victoria Gersten 3:0; VfR 07 Limburg – ASV Hagsfeld 1:0; Wacker München – SC 07 Bad Neuenahr 0:3; VfL Sindelfingen – 1. FFC Frankfurt 1:9; TuS Niederkirchen – TuS Köln rrh. 0:2; SC Sand – 1. FC Saarbrücken 0:2; USV Jena – TSV Crailsheim 0:1.
Achtelfinale: FC Gütersloh 2000 – 1. FC Lokomotive Leipzig 6:0; FCR Duisburg – Borussia Friedenstal 5:0; Holstein Kiel – 1. FC Saarbrücken 1:4; TSV Crailsheim – Hamburger SV 3:2; 1. FFC Frankfurt – Tennis Borussia Berlin 1:0; VfR 07 Limburg – TuS Köln rrh. 0:2; Bayern München – SC Freiburg 2:1; SC Bad Neuenahr – Turbine Potsdam n. V. 4:6.
Viertelfinale: Bayern München – FCR Duisburg n. V. 2:2, Elfmeterschießen 3:0; Turbine Potsdam – 1. FFC Frankfurt 0:1; TSV Crailsheim – 1. FC Saarbrücken 0:2; FC Gütersloh 2000 – TuS Köln rrh. n. V. 1:1, Elfmeterschießen 1:3.
Halbfinale: TuS Köln rrh. – 1. FC Saarbrücken 0:2; Bayern München – 1. FFC Frankfurt 0:4.

Endspiel am 19. April 2008 in Berlin: 1. FFC Frankfurt – 1. FC Saarbrücken 5:1 (1:1)
Frankfurt: Rottenberg – Kliehm, T. Wunderlich, Lewandowski, Krieger – Garefrekes, Thomas, Lingor (Weber), Wimbersky (Smisek) – Pohlers, Prinz – Trainer: Dr. Tritschoks – Tore: Wimbersky, Pohlers, Garefrekes, Pohlers, Prinz (Budge) – Zuschauer: 10 000 (Vorspiel zum Herren-Finale) – SR: Schneider (Limbach-Oberfrohna)

2009: FCR Duisburg

1. Runde: VfR 07 Limburg – 1. FC Saarbrücken 0:10; 1. FC Lübars – Borussia Friedenstal 1:5; SV Bardenbach – SC Sand 2:7; FFV Neubrandenburg – SG Lütgendortmund 1:0; Borussia Bocholt – 1. FC Lokomotive Leipzig 0:8; SV Johannstadt – SG Essen-Schönebeck 1:10; Hegauer FV – SG Wattenscheid 09 1:3; 1. FFC Niederkirchen – FV Löchgau 4:2; FFC Brauweiler Pulheim – TSV Crailsheim 1:5; DJK Arminia Ibbenbüren – Victoria Gersten 3:1; Fortuna Köln – Viktoria Jägersburg 1:2; Niendorfer TSV – FC

Gütersloh 2000 0:8; TSV Nahe – Hamburger SV 0:7; Magdeburger FFC – Holstein Kiel 2:1; FSV Schwerin – Mellendorfer TV 2:5; Heike Rheine – FFC Oldesloe 2000 2:3; Werder Bremen – Blau-Weiß Hohen Neuendorf 2:1; VfL Oythe – 1. FC Union Berlin n. V. 3:5; Rot-Weiß Flatow – Tennis Borussia Berlin 0:9; TSG 1899 Hoffenheim – Bayer Leverkusen n. V. 2:2, Elfmeterschießen 4:5; SC Regensburg – VfL Sindelfingen 0:2; 1. FFC Montabaur – SC Freiburg 0:6; 1. FC Gera 03 – USV Jena 1:6; Schwaben Augsburg – Wacker München 1:0; Eintracht Seekirch – ASV Hagsfeld 0:3; Rot-Weiß Göcklingen – SV Dirmingen n. V. 2:4.
2. Runde: DJK Arminia Ibbenbüren – FC Gütersloh 2000 1:0; Werder Bremen – FCR Duisburg 1:10; FFV Neubrandenburg – VfL Wolfsburg 2:4; Magdeburger FFC – Mellendorfer TV 1:6; SG Wattenscheid 09 – FFC Oldesloe 2000 2:0; 1. FC Union Berlin – 1. FC Lokomotive Leipzig 0:2; Tennis Borussia Berlin – Turbine Potsdam 1:6 ; Bayer Leverkusen – Hamburger SV n. V. 1:1, Elfmeterschießen 2:3; SG Essen-Schönebeck – Borussia Friedenstal 4:1; Schwaben Augsburg – SC Freiburg 1:5; 1. FFC Niederkirchen – SC Bad Neuenahr 2:7; TSV Crailsheim – ASV Hagsfeld 3:1; Bayern München – 1. FFC Frankfurt 1:0; SC Sand – SV Dirmingen 3:2; USV Jena – 1. FC Saarbrücken 1:3; VfL Sindelfingen – Viktoria Jägersburg 3:0.
Achtelfinale: DJK Arminia Ibbenbüren – VfL Sindelfingen 0:2; 1. FC Lokomotive Leipzig – SG Essen-Schönebeck 1:4; 1. FC Saarbrücken – SC Freiburg 1:2; Mellendorfer TV – Turbine Potsdam 0:5; SC Bad Neuenahr – Bayern München 2:5; VfL Wolfsburg – TSV Crailsheim 2:0; SG Wattenscheid 09 – SC Sand 4:2; FCR Duisburg – Hamburger SV 5:0.
Viertelfinale: Bayern München – FCR Duisburg n. V. 1:1, Elfmeterschießen 4:5; VfL Sindelfingen – Turbine Potsdam 0:1; SC Freiburg – VfL Wolfsburg 0:2; SG Essen-Schönebeck – SG Wattenscheid 09 1:2.
Halbfinale: FCR Duisburg – VfL Wolfsburg 3:1; Turbine Potsdam – SG Wattenscheid 09 3:0.

Endspiel am 30. Mai 2009 in Berlin: FCR Duisburg – Turbine Potsdam 7:0 (2:0)
Duisburg: Längert – Bresonik, Krahn, Fuss, Popp – Kiesel (Oster), Hegering (Hauer) – Laudehr (Knaak), Maes, Bajramaj – Grings – Trainerin: Voss – Tore: Bajramaj, Kiesel 2, Maes, Grings 2, Popp – Zuschauer: 25 000 (Vorspiel zum Herren-Finale) – SR: Storch-Schäfer (Regensburg).

2010: FCR Duisburg

1. Runde: Hallescher FC – Tennis Borussia Berlin 0:5; ATS Buntentor – Werder Bremen 0:8; SV Bardenbach – SC Sand 0:4; Rot-Weiß Merl – SC Bad Neuenahr 0:11; FSV Jägersburg – 1. FC Saarbrücken 0:2; Mellendorfer TV – Victoria Gersten 2:1; Borussia Mönchengladbach – FFC Oldesloe 0:2; 1. FC Union Berlin – FSV Gütersloh 2009 0:10; FFV Neubrandenburg – SG Lütgendortmund 2:3; SV Weinberg – 1. FC Köln n. V. 1:2; 1. FFV Erfurt – VfL Sindelfingen 1:7; SV Dirmingen – USV Jena 1:7; DJK Eintracht Coesfeld – SG Wattenscheid 09 3:5; FC Angeln 02 – Blau-Weiß Hohen Neuendorf 0:9; SC Eilbek 1913 – Holstein Kiel 0:4; 1. FC Lübars – 1. FC Lokomotive Leipzig 0:1; Rot-Weiß Flatow – VfL Wolfsburg 0:13; 09, 14.00 Leipziger FC 07 – Herforder SV Borussia Friedenstal 2:3; TSG Burg Gretesch – Magdeburger FFC 0:2; TSV Ludwigsburg – TuS Wörrstadt 1:3; TuS Ahrbach – TSV Crailsheim 0:5; 1. FFC Niederkirchen – ASV Hagsfeld 1:3; Jahn Calden – Bayer Leverkusen 0:2; Hegauer FV – Wacker München n. V. 0:1; TSG 1899 Hoffenheim – FV Löchgau 2:0.
2. Runde: SC Freiburg – 1. FC Saarbrücken 2:0; Magdeburger FFC – SG Essen-Schönebeck 1:4; SC Sand – USV Jena 0:5; Turbine Potsdam – FFC Oldesloe 7:0; SG Lütgendortmund – 1. FC Lokomotive Leipzig 1:2; Blau-Weiß Hohen Neuendorf – Werder Bremen 1:4; TSG 1899 Hoffenheim – VfL Sindelfingen 0:1; TSV Crailsheim – 1. FC Köln 2:5; FCR Duisburg – Herforder SV Borussia Friedenstal 9:0; Bayern München – Wacker München 2:1; SG Wattenscheid 09 – ASV Hagsfeld 2:1; Mellendorfer TV – FSV Gütersloh 2009 0:5; VfL Wolfsburg – Hamburger SV 3:0; Bayer Leverkusen – TuS Wörrstadt 7:0; Holstein Kiel – Tennis Borussia Berlin n. V. 0:0, Elfmeterschießen 4:3; SC Bad Neuenahr – 1. FFC Frankfurt 0:4.
Achtelfinale: USV Jena – VfL Sindelfingen 1:0; 1. FFC Frankfurt – SC Freiburg 6:0; SG Essen-Schönebeck – 1. FC Lokomotive Leipzig 4:0; Werder Bremen – FSV Gütersloh 2009 1:5; Bayern München – VfL Wolfsburg 1:3; SG Wattenscheid 09 – 1. FC Köln 0:4; Turbine Potsdam – Holstein Kiel 7:0; Bayer Leverkusen – FCR Duisburg 0:2.
Viertelfinale: Turbine Potsdam – 1. FFC Frankfurt 3:0; VfL Wolfsburg – USV Jena 1:2; 1. FC Köln – FCR Duisburg 0:4; SG Essen-Schönebeck – FSV Gütersloh 2009 1:0.
Halbfinale: FCR Duisburg – Turbine Potsdam 1:0; USV Jena – SG Essen-Schönebeck 3:0.

Endspiel am 15. Mai 2010 in Köln: FCR Duisburg – USV Jena 1:0 (0:0)
Duisburg: Holl – Wensing (Himmighofen), Bresonik, Krahn, Popp – Oster (Knaak), Kiesel (Ando), Hegering, Laudehr – Maes, Grings – Trainerin: Voss-Tecklenburg – Tor: Krahn – Zuschauer: 26 282 – SR: Dr. Hussein (Bad Harzburg).

2011: 1. FFC Frankfurt

1. Runde: VfL Bochum – 1. FC Lokomotive Leipzig 0:3; ETSV Würzburg – 1. FC Köln 2:4 ; ASV Hagsfeld – TB Neckarhausen 3:4; Lichterfelder FC – 1. FFC Recklinghausen 2:1; ATSV Scharmbeckstotel – BV Cloppenburg 1:3; Leipziger FC 07 – SG Essen-Schönebeck 0:16; 1. FFV Erfurt – Bayer Leverkusen 0:11; Wacker München – 1. FC Saarbrücken 0:5; TuS Wörrstadt – 1. FFC Niederkirchen 3:9; Alemannia Aachen – TSG 1899 Hoffenheim 0:7; SV Dirmingen – TSV Crailsheim 0:4; Borussia Mönchengladbach – SC Sand n. V. 2:1; Hallescher FC – FSV Gütersloh 2009 0:7; SV Wilhelmsburg – FFC Oldesloe 0:10; Bremer TS Neustadt – Tennis Borussia Berlin 0:11; Blau-Weiß Hohen Neuendorf – Herforder SV Borussia Friedenstal 0:4; Hafen Rostock – Magdeburger FFC 1:9; Arminia Bielefeld – Victoria Gersten 1:10; Jahn Calden – Holstein Kiel 3:1; TuRa Meldorf – Werder Bremen 0:2; Blau-Weiß Beelitz – 1. FC Lübars 0:6; SC Klinge Seckach – USV Jena 0:18; SpVgg Rehweiler-Matzenbach – VfL Sindelfingen 0:3; Hegauer FV – SC Freiburg 0:7; FC Bitburg – FV Löchgau 0:3.

2. Runde: SG Essen-Schönebeck – Magdeburger FFC 7:0; TB Neckarhausen – 1. FC Köln 0:5; USV Jena – SC Freiburg n. V. 4:2; FV Löchgau – 1. FC Lokomotive Leipzig n. V. 1:0; VfL Sindelfingen – TSG 1899 Hoffenheim 1:2; 1. FC Saarbrücken – TSV Crailsheim 3:1; Jahn Calden – Hamburger SV 1:4; Herforder SV Borussia Friedenstal – FCR Duisburg 0:6; 1. FFC Niederkirchen – Bayern München 0:4; Lichterfelder FC – Turbine Potsdam 0:8; VfL Wolfsburg – 1. FC Lübars 5:0; Tennis Borussia Berlin – FFC Oldesloe 0:3; Werder Bremen – FSV Gütersloh 2009 2:3; Borussia Mönchengladbach – SC Bad Neuenahr 0:1; Bayer Leverkusen – 1. FFC Frankfurt 0:6; BV Cloppenburg – Victoria Gersten 2:4.

Achtelfinale: Hamburger SV – TSG 1899 Hoffenheim 1:0; FFC Oldesloe – FSV Gütersloh 2009 n. V. 1:1, Elfmeterschießen 2:4; Bayern München – Victoria Gersten 8:0; 1. FFC Frankfurt – FV Löchgau 11:0; USV Jena – Turbine Potsdam 0:8; SG Essen-Schönebeck – 1. FC Köln 2:1; SC Bad Neuenahr – 1. FC Saarbrücken 7:0; VfL Wolfsburg – FCR Duisburg 1:5.

Viertelfinale: Turbine Potsdam – SG Essen-Schönebeck 1:0; SC Bad Neuenahr – Hamburger SV 3:1; Bayern München – FCR Duisburg 3:0; FSV Gütersloh 2009 – 1. FFC Frankfurt 0:4.

Halbfinale: 1. FFC Frankfurt – SC Bad Neuenahr 3:1; Bayern München – Turbine Potsdam 2:4.

Endspiel am 26. März 2011 in Köln: 1. FFC Frankfurt – Turbine Potsdam 2:1 (1:1)

Frankfurt: Angerer – Krieger, Hingst, Lewandowski, Weber (Thunebro) – Garefrekes, Smisek, Behringer (Landström), Huth (Pohlers) – Marozsan, Prinz – Trainer: Kahlert – Tore: Huth, Garefrekes (Nagasato) – Zuschauer: 20 312 – SR: Jaworek (Rötsweiler).

Länderpokal der Frauen

1981 Mittelrhein – 1982 Niederrhein – 1983 Bayern – 1984 Hessen – 1985, 1986, 1987 Niederrhein – 1988 Mittelrhein – 1989 Württemberg – 1990, 1991, 1992 Hessen – 1993 Westfalen – 1994, 1995 Hessen – 1996 Niederrhein – 1997, 1998 Hessen – **1998 bis 2001 für U-20-Mannschaften:** 1999, 2000, 2001 Hessen – **2002 bis 2005 für U-21-Mannschaften:** 2002 Bayern – 2003, 2004, 2005 – **ab 2006 für U-20-Mannschaften:** 2006, 2007 Niederrhein – 2008 Württemberg – 2009 Niederrhein – 2010 Brandenburg – 2011 Rheinland.

Turnier vom 16. bis 19. April 2011 in Duisburg: Rheinland (– Saarland 2:1; – Thüringen 6:1; – Bayern 2:1; – Mittelrhein 2:1).

Aufgebot: Debitzki, Dorsun, Gadziala, Krumscheid, Maier, Meyer, Petzelberger, Pyko, Rolser, Schröder, Selinsky, Störzel, Umbach, Wagner, Weingartz, Zimmerman – Trainer: Decker.

Frauen-Supercup

1992 **TSV Siegen** (– FSV Frankfurt 4:0) – 1993 **TuS Niederkirchen** (– TSV Siegen 2:1) – 1994 **Grün-Weiß Brauweiler** (– TSV Siegen 4:0) – 1995 **FSV Frankfurt** (– TSV Siegen 4:0) – 1996 **FSV Frankfurt** (– Sportfreunde Siegen n. V. 2:0) – 1997 **Grün-Weiß Brauweiler** (– Eintracht Rheine 1:0) – Danach zugunsten des Bundesliga-Saisoneröffnungsturniers eingestellt.

Bundesliga-Saisoneröffnungsturnier

Teilnehmer waren die 12 Vereine der eingleisigen Bundesliga (1998 Hermes-Cup, 1999 Lotto-Hessen-Cup, 2000 OBI-Cup, 2001 Oddset-Pokal):

1997 **SG Praunheim** (– TuS Niederkirchen 0:0, Elfmeterschießen 3:1) – 1998 **FFC Heike Rheine** (– SC Bad Neuenahr 1:1, Elfmeterschießen 4:2) – 1999 **1. FFC Frankfurt** (– FCR Duisburg 4:0) – 2000 **1. FFC Frankfurt** (– Turbine Potsdam 3:0) – 2001 **1. FFC Frankfurt** (– FSV Frankfurt 4:0) – seitdem nicht mehr ausgetragen – 2003 („WM-Cup“ während der Frauen-Weltmeisterschaft) **Bayern München**

(– Turbine Potsdam 2:0) – 2007 („WM-Cup“ während der Frauen-Weltmeisterschaft) **FCR Duisburg** (Punktwertung) – 2011 („Bundesliga-Cup“ wegen des frühen Bundesliga-Endes vor der Frauen-Weltmeisterschaft) **Bayern München** (– Turbine Potsdam 2:1).

Die Fußballerinnen des Jahres

1996 Martina Voss (FC Rumeln-Kaldenhausen) – 1997 Bettina Wiegmann (Grün-Weiß Brauweiler) – 1998 Silke Rottenberg (Sportfreunde Siegen) – 1999 Inka Grings (FCR Duisburg) – 2000 Martina Voss (FCR Duisburg) – 2001, 2002, 2003, 2004, 2005, 2006, 2007, 2008 Birgit Prinz (1. FFC Frankfurt) – 2009, 2010 Inka Grings (FCR Duisburg) – 2011 Fatmire Bajramaj (Turbine Potsdam).

Die Torschützenköniginnen

1991 Heidi Mohr (TuS Niederkirchen) 36 – 1992 Heidi Mohr (TuS Niederkirchen) 24 – 1993 Heidi Mohr (TuS Niederkirchen) 21 – 1994 Heidi Mohr (TuS Niederkirchen) 28 – 1995 Heidi Mohr (TuS Ahrbach) 27 – 1996 Sandra Smisek (FSV Frankfurt) 29 – 1997 Birgit Prinz (FSV Frankfurt) 20 – 1998 Birgit Prinz (FSV Frankfurt) 23 – 1999 Inka Grings (FCR Duisburg) 25 – 2000 Inka Grings (FCR Duisburg) 38 – 2001 Birgit Prinz (1. FFC Frankfurt) 24 – 2002 Conny Pohlers (Turbine Potsdam) 27 – 2003 Inka Grings (FCR Duisburg) 20 – 2004 Kerstin Garefrekes (Heike Rheine) 26 – 2005 Shelley Thompson (FCR Duisburg) 30 – 2006 Conny Pohlers (Turbine Potsdam) 36 – 2007 Birgit Prinz (1. FFC Frankfurt) 28 – 2008 Inka Grings (FCR Duisburg) 26 – 2009 Inka Grings (FCR Duisburg) 29 – 2010 Inka Grings (FCR Duisburg) 28 – 2011 Conny Pohlers (1. FFC Frankfurt) 25.

Frauen-Masters/DFB-Hallenpokal

(1994 inoffziell, ab 1995 unter DFB-Regie):
1994 **Grün-Weiß Brauweiler** (– TSV Siegen n. V. 5:4) – 1995 **FSV Frankfurt** (– FC Rumeln-Kaldenhausen 6:2) – 1996 **FC Rumeln-Kaldenhausen** (– TSV Siegen 3:2) – 1997 **SG Praunheim** (– FSV Frankfurt 0:0, Neunmeterschießen 4:3) – 1998 **SG Praunheim** (– FSV Frankfurt 5:1) – 1999 **1. FFC Frankfurt** (– FCR Duisburg 5:1) – 2000 **FCR Duisburg** (– Sportfreunde Siegen 1:1, Neunmeterschießen 4:3) – 2001 **Sportfreunde Siegen** (– FFC Brauweiler-Pulheim 2:0) – 2002 **1. FFC Frankfurt** (– Bayern München 1:0) – 2003 **Heike Rheine** (– SC Bad Neuenahr 1:0) – 2004 **Turbine Potsdam** (– Hamburger SV 1:0) – 2005 **Turbine Potsdam** (– 1. FFC Frankfurt 5:3) – 2006 **1. FFC Frankfurt** (– FCR Duisburg 1:0) – 2007 **1. FFC Frankfurt** (– Hamburger SV 2:1) – 2008 **Turbine Potsdam** (– FCR Duisburg 2:1) – 2009 **Turbine Potsdam** (– Hamburger SV 2:1) – 2010 **Turbine Potsdam** (– Bayern München 3:0) – 2011 nicht ausgetragen.

Die Meister der 2. Frauen-Bundesliga

Nord: 2005 FFC Brauweiler-Pulheim – 2006 VfL Wolfsburg – 2007 SG Wattenscheid 09 – 2008 Herforder SV Borussia Friedenstal – 2009 Tennis Borussia Berlin – 2010 Herforder SV Borussia Friedenstal – 2011 Hamburger SV II.
Süd: 2005 VfL Sindelfingen – 2006 TSV Crailsheim – 2007 1. FC Saarbrücken – 2008 USV Jena – 2009 1. FC Saarbrücken – 2010 Bayer Leverkusen – 2011 SC Freiburg.

Die Meister der Frauen-Ober-/Regionalligen

Berlin: 1972 Schwarz-Weiß Spandau – 1973 Preußen Wilmersdorf – 1974, 1975, 1976, 1977 Tennis Borussia – 1978, 1979, 1980 BFC Meteor 06 – 1981 Tennis Borussia – 1982 BFC Meteor 06 – 1983, 1984 Tennis Borussia – 1985 BFC Meteor 06 – 1986, 1987, 1988, 1989 Tennis Borussia – 1990 1. FC Neukölln – 1991 Tennis Borussia – ab 1991/92 zu Nordost.
Nordost: (1979 bis 1989: DDR-Bestenermittlung) 1979 Motor Mitte Karl-Marx-Stadt – 1980 Wismut Karl-Marx-Stadt – 1981, 1982, 1983 Turbine Potsdam – 1984 Motor Halle – 1985, 1986 Turbine Potsdam – 1987, 1988 Rotation Schlema – 1989 Turbine Potsdam – 1990 (DDR-Meisterschaft) Post Rostock – ab 1991 NOFV-Meisterschaft: 1991 USV Jena – 1992 Turbine Potsdam – 1993 1. FC Lübars – 1994 Turbine Potsdam – 1995 Polizei SV Rostock – 1996, 1997, 1998, 1999 Hertha Zehlendorf – 2000, 2001, 2002 Tennis Borussia Berlin – 2003 USV Jena – 2004 Tennis Borussia Berlin – (ab 2004/05 drittklassig) 2005 FFV Neubrandenburg – 2006 1. FC Lokomotive Leipzig – 2007 1. FC Union Berlin – 2008 USV Jena II – 2009 Magdeburger FFC – 2010 Leipziger FC 07 – 2011 USV Jena II.
Nord: (bis 1994 Oberliga) 1987, 1988 Lorbeer Rothenburgsort – 1989 Fortuna Sachsenroß Hannover – 1990 Eintracht Wolfsburg – 1991, 1992 Jahn Delmenhorst – 1993 Schmalfelder SV – 1994 Wittekind Wildeshausen – 1995 Jahn Delmenhorst – 1996 Wittekind Wildeshausen – 1997 Jahn Delmenhorst – 1998 WSV Wendschott – 1999, 2000, 2001 Hamburger SV – 2002 Victoria Gersten – 2003 Hamburger SV –

2004 Victoria Gersten – (ab 2004/05 drittklassig) 2005: Holstein Kiel – 2006 Hamburger SV II – 2007 FFC Oldesloe – 2008 Mellendorfer TV – 2009 Werder Bremen – 2010 BV Cloppenburg – 2011 Mellendorfer TV.
West: 1986, 1987 TSV Siegen – 1988 SSG Berg. Gladbach – 1989, 1990 TSV Siegen – 1991 Grün-Weiß Brauweiler – 1992 STV Lövenich – 1993 FC Rumeln-Kaldenhausen – 1994 SG Wattenscheid 09 – 1995 SpVgg Oberaußem-Fortuna – 1996, 1997 SG Wattenscheid 09 – 1998 Rot-Weiß Hillen – 1999 SpVgg Oberaußem-Fortuna – 2000 FFC Heike Rheine – 2001, 2002 SpVgg Oberaußem-Fortuna – 2003 FC Gütersloh 2000 – 2004 SG Essen-Schönebeck – (ab 2004/05 drittklassig) 2005 TuS Köln rrh. – 2006 Borussia Friedenstal – 2007 FCR Duisburg II – 2008 SG Essen-Schönebeck II – 2009 FFC Brauweiler Pulheim – 2010 1. FFC Recklinghausen – 2011 Borussia Mönchengladbach.
Südwest: (bis 2001 Oberliga) 1997 SC Bad Neuenahr – 1998, 1999 TuS Ahrbach – 2000 1. FC Saarbrücken II – 2001, 2002 TuS Niederkirchen – 2003 1. FC Saarbrücken – 2004 TuS Niederkirchen – (ab 2004/05 drittklassig) 2005 TuS Niederkirchen – 2006 SC Bad Neuenahr II – 2007 SV Dirmingen – 2008 FSV Jägersburg – 2009 TuS Wörrstadt – 2010 1. FFC Niederkirchen – 2011 SC Bad Neuenahr II.
Süd: 2001 SC Freiburg – 2002 1. FC Nürnberg – 2003 SC Sand – 2004 TSV Crailsheim – von 2004/05 bis 2006/07 gab es keine Regionalliga Süd – 2008 FV Löchgau – 2009 Bayern München II – 2010 TSG 1899 Hoffenheim – 2011 ETSV Würzburg.

Juniorinnen-Länderpokal

Bis 1997 für U19-Mannschaften: 1995 Württemberg – 1996, 1997 Niedersachsen – 1998 Hessen (U18) – **1999 und 2000 für U17-Mannschaften:** 1999 Württemberg – 2000 Brandenburg – **2001 bis 2007 für U18-Mannschaften:** 2001 Niedersachsen – 2002, 2003 Westfalen – 2004 Bayern – 2005 Berlin – 2006 Bayern – 2007 Brandenburg – **ab 2007 für U17-Mannschaften:** 2007, 2008 Westfalen – 2009 Niederrhein – 2010 Brandenburg.

U16/U15-Juniorinnen-Länderpokal

Die ersten drei Jahre als Mädchen-Turnier, seit 1991 als Länderpokal.
1988 Hessen – 1989 Niederrhein – 1990 Westfalen – 1991 Hessen – 1992 Südbaden – 1993 Hessen – 1994 Niedersachsen – 1995, 1996 Westfalen – 1997, 1998 Württemberg – 1999, 2000 Bayern – 2001 Westfalen – **ab 2002 für U15-Mannschaften:** 2002 Westfalen – 2003 Mittelrhein – 2004 Niederrhein – 2005 Westfalen – 2006 Hessen – 2007 Saarland – 2008 Bayern – 2009 Württemberg – 2010 Niederrhein – 2011 Westfalen.

Deutsche B-Juniorinnen-Meisterschaft

2000 **Turbine Potsdam** (– Bayern München 7:1) – 2001 **DFC Eggenstein** (– Turbine Potsdam 1:0) – 2002 **FC Gütersloh 2000** (– FCR Duisburg 2:1) – 2003 **Turbine Potsdam** (– FC Gütersloh 2000 1:0) – 2004 **Turbine Potsdam** (– SG Wattenscheid 09 3:1) – 2005 **Turbine Potsdam** (– FC Gütersloh 2000 3:0) – 2006 **Turbine Potsdam** (– Bayern München 3:0) – 2007 **FCR Duisburg** (– Bayern München (1:0) – 2008 **Turbine Potsdam** (– Bayern München n. V. 2:0) – 2009 **Turbine Potsdam** (– FCR Duisburg n. V. 1:1, Elfmeterschießen 5:4) – 2010 **Turbine Potsdam** (– TSG 1899 Hoffenheim 3:1) – 2011 **Turbine Potsdam** (– VfL Sindelfingen 3:2).

Weltmeisterschaft der Frauen

Die bisherigen Gewinner
1991 USA – 1995 Norwegen – 1999 USA – 2003, 2007 Deutschland – 2011 Japan.

1991: USA

Deutschland als Europameister automatisch qualifiziert.

Endrunde vom 16. bis 30. November 1991 in China
Gruppe A: China, Norwegen und Dänemark. China – Norwegen 4:0, Dänemark – Neuseeland 3:0, Norwegen – Dänemark 2:1, China – Neuseeland 4:1, China – Dänemark 2:2, Norwegen – Neuseeland 4:0.
Gruppe B: USA und Schweden. Japan – Schweden 0:8, Brasilien – USA 0:5, Japan – USA 0:3, Brasilien – Schweden 0:4, Japan – Brasilien 0:1, Schweden – USA 2:3.
Gruppe C: Deutschland, Italien und Taiwan. Deutschland – Taiwan 3:0, Italien – Nigeria 1:0, Taiwan – Nigeria 2:0, Deutschland – Italien 2:0, Taiwan – Italien 0:5, Deutschland – Nigeria 4:0.

Viertelfinale: Deutschland – Dänemark n. V. 2:1, USA – Taiwan 7:0, China – Schweden 0:1, Norwegen – Italien n. V. 3:2.
Halbfinale: Deutschland – USA 2:5, Schweden – Norwegen 1:4.
Um den 3. Platz: Schweden – Deutschland 4:0.

Endspiel am 30. November1991 in Guangzhou: USA – Norwegen 2:1 (1:1)
USA: Harvey – Werden – Biefield, Hamilton – Higgins, Hamm, Foody, Lilly – Heinrichs, Akers-Stahl, Jennings.
Tore: Akers-Stahl 2 (Medalen) – Zuschauer: 60 000 – SR: Zhuk (Sowjetunion).

Das deutsche Aufgebot (alle eingesetzt): Austermühl, Bindl, Damm, Fitschen, Gottschlich, Hengst, Isbert, Kubat, Kuhlmann, Mohr, Nardenbach, Neid, Paul, Unsleber, Voss, Walther, Wendt, Wiegmann.

1995: Norwegen

Deutschland als Europameister automatisch qualifiziert.

Endrunde vom 5. bis 18. Juni 1995 in Schweden
Gruppe A: Deutschland, Schweden und Japan. Schweden – Brasilien 0:1, Deutschland – Japan 1:0, Schweden – Deutschland 3:2, Brasilien – Japan 1:2, Deutschland – Brasilien 6:1, Schweden – Japan 2:0.
Gruppe B: Norwegen und England. Norwegen – Nigeria 8:0, England – Kanada 3:2, Norwegen – England 2:0, Nigeria – Kanada 3:3, Norwegen – Kanada 7:0, Nigeria – England 2:3.
Gruppe C: USA, China und Dänemark. USA – China 3:3, Dänemark – Australien 5:0, USA – Dänemark 2:0, China – Australien 4:2, USA – Australien 4:1, China – Dänemark 3:1.

Viertelfinale: Deutschland – England 3:0; Schweden – China n. V. 1:1, Elfmeterschießen 3:4; Japan – USA 0:4; Norwegen – Dänemark 3:1.
Halbfinale: Deutschland – China 1:0; USA – Norwegen 0:1.
Um den 3. Platz: USA – China 2:0.

Endspiel am 18. Juni 1995 in Stockholm: Norwegen – Deutschland 2:0 (2:0)
Norwegen: Nordby – Svensson, Espeseth, Nina Nymark – Andersen, Myklebust – Riise, Haugen, Anne Nymark – Andersen, Aarönes – Medalen, Pettersen.
Deutschland: Goller – Lohn – Austermühl, Bernhard – Mohr, Wiegmann, Neid, Voss, D. Pohlmann (Pia Wunderlich) – Meinert (Smisek), Prinz (Grigoli-Brockner). – Nicht eingesetzt während des Turniers: Kraus, Francke, A. Klein.
Tore: Riise, Pettersen – Zuschauer: 17 158 – SR: Ingrid Jonsson (Schweden).

1999: USA

Deutschland qualifizierte sich gegen England 3:0, 1:0; Niederlande 2:1, 0:1; Norwegen 1:0, 2:3; Ukraine 5:0, 1:1.

Endrunde vom 19. Juni bis 10. Juli 1999 in den USA
Gruppe A: USA und Nigeria. USA – Dänemark 3:0, Nordkorea – Nigeria 1:2, USA – Nigeria 7:1, Nordkorea – Dänemark 3:1, Nigeria – Dänemark 2:0, USA – Nordkorea 3:0.
Gruppe B: Brasilien und Deutschland. Brasilien – Mexiko 7:1, Deutschland – Italien 1:1, Brasilien – Italien 2:0, Deutschland – Mexiko 6:0, Deutschland – Brasilien 3:3, Mexiko – Italien 0:2.
Gruppe C: Norwegen und Russland. Japan – Kanada 1:1, Norwegen – Russland 2:1, Norwegen – Kanada 7:1, Japan – Russland 0:5, Kanada – Russland 1:4, Norwegen – Japan 4:0.
Gruppe D: China und Schweden. China – Schweden 2:1, Australien – Ghana 1:1, Australien – Schweden 1:3, China – Ghana 7:0, China – Australien 3:1, Ghana – Schweden 0:2.

Viertelfinale: China – Russland 2:0; Norwegen – Schweden 3:1; USA – Deutschland 3:2; Brasilien – Nigeria i. V. 4:3 („golden goal").
Halbfinale: China – Norwegen 5:0; USA – Brasilien 2:0.
Um den 3. Platz: Brasilien – Norwegen n. V. 0:0, Elfmeterschießen 5:4.

Endspiel am 10. Juli 1999 in Los Angeles: USA – China n. V. 0:0, Elfmeterschießen 5:4
USA: Scurry – Fawcett, Oberbeck, Sobrero, Chastain – Lilly, Akers (Whalen), Foody – Milbrett (Venturini), Hamm, Parlow (McMillan).
Zuschauer: 90 185 – SR: Nicole Mouidi-Petignat (Schweiz).

Das deutsche Aufgebot: Fitschen, Grings, Hingst, Hoffmann, Jones, Lingor, Meinert, Meyer, Minnert, Cl. Müller, Prinz, Rottenberg, Smisek, Stegmann, Voss, Wiegmann, P. Wunderlich, T. Wunderlich – Nicht eingesetzt: Angerer, Brandebusemeyer.

2003: Deutschland

Deutschland qualifizierte sich gegen England 3:1, 1:0; Niederlande 6:0, 3:0; Portugal 9:0, 8:0.

Endrunde vom 20. September bis 12. Oktober 2003 in den USA
Gruppe A: USA und Schweden. Nigeria – Nordkorea 0:3; USA – Schweden 3:1; Schweden – Nordkorea 1:0; USA – Nigeria 5:0; Schweden – Nigeria 3:0; Nordkorea – USA 0:3.
Gruppe B: Brasilien und Norwegen. Norwegen – Frankreich 2:0; Brasilien – Südkorea 3:0; Norwegen – Brasilien 1:4; Frankreich – Südkorea 1:0; Südkorea – Norwegen 1:7; Frankreich – Brasilien 1:1.
Gruppe C: Deutschland und Kanada. Deutschland – Kanada 4:1; Japan – Argentinien 6:0; Deutschland – Japan 3:0; Kanada – Argentinien 3:0; Kanada – Japan 3:1; Argentinien – Deutschland 1:6.
Gruppe D: China und Russland. Australien – Russland 1:2; China – Ghana 1:0; Ghana – Russland 0:3; China – Australien 1:1; Ghana – Australien 2:1; China – Russland 1:0.

Viertelfinale: USA – Norwegen 1:0; Brasilien – Schweden 1:2; Deutschland – Russland 7:1; China – Kanada 0:1.
Halbfinale: USA – Deutschland 0:3; Schweden – Kanada 2:1.
Um den 3. Platz: USA – Kanada 3:1.

Endspiel am 12. Oktober 2003 in Carson: Deutschland – Schweden i. V. 2:1 (1:1, 0:1) („golden goal")
Deutschland: Rottenberg – Stegemann, Hingst, Minnert, Gottschlich – Garefrekers (M. Müller), Wiegmann, Lingor, P. Wunderlich (Künzer) – Meinert, Prinz – Außerdem eingestzt: Bresonik, Jones, Smisek, Fuss, Odebrecht, Pohlers – Nicht eingesetzt: Angerer.
Tore: Meinert, Künzer (Ljungberg) – Zuschauer: 26 137 – SR: Ionescu (Rumänien).

2007: Deutschland

Deutschland qualifizierte sich gegen Russland 5:1, 3:2; Schweiz 4:0, 6:0; Irland 1:0, 3:0; Schottland 4:0, 5:0.

Endrunde vom 10. bis 30. September 2007 in China
Gruppe A: Deutschland und England. Deutschland – Argentinien 11:0; Japan – England 2:2; Argentinien – Japan 0:1; England – Deutschland 0:0; Deutschland – Japan 2:0; England – Argentinien 6:1.
Gruppe B: USA und Nordkorea. USA – Nordkorea 2:2; Nigeria – Schweden 1:1; Schweden – USA 0:2; Nordkorea – Nigeria 2:0; Nigeria – USA 0:1; Nordkorea – Schweden 1:2.
Gruppe C: Norwegen und Australien. Ghana – Australien 1:4; Norwegen – Kanada 2:1; Kanada – Ghana 4:0; Australien – Norwegen 1:1; Norwegen – Ghana 7:2; Australien – Kanada 2:2.
Gruppe D: Brasilien und China. Neuseeland – Brasilien 0:5; China – Dänemark 3:2; Dänemark – Neuseeland 2:0; Brasilien – China 4:0; China – Neuseeland 2:0; Brasilien – Dänemark 1:0.

Viertelfinale: Deutschland – Nordkorea 3:0; USA – England 3:0; Norwegen – China 1:0; Brasilien – Australien 3:2.
Halbfinale: Deutschland – Norwegen 3:0; USA – Brasilien 0:4.
Um den 3. Platz: USA – Norwegen 4:1.

Endspiel am 30. September 2007 in Shanghai: Deutschland – Brasilien 2:0 (0:0)

Deutschland: Angerer – Stegemann, Krahn, Hingst, Bresonik – Garefrekes, Laudehr, Lingor, Behringer (M. Müller) – Smisek (Bajramaj), Prinz – Außerdem eingesetzt: Bartusiak, Minnert, Mittag, Wimbersky – Nicht eingesetzt: Peter, Fuss, Holl, Rottenberg.
Tore: Prinz, Laudehr – Zuschauer: 31 000 – SR: Ogston (Australien).

2011: Japan

Deutschland als Ausrichter automatisch qualifiziert.

Endrunde vom 26. Juni bis 17. Juli 2011 in Deutschland
Gruppe A: Deutschland und Frankreich. Nigeria – Frankreich 0:1; Deutschland – Kanada 2:1; Kanada – Frankreich 0:4; Deutschland – Nigeria 1:0; Frankreich – Deutschland 2:4; Kanada – Nigeria 0:1.
Gruppe B: England und Japan. Japan – Neuseeland 2:1; Mexiko – England 1:1; Japan – Mexiko 4:0; Neuseeland – England 1:2; England – Japan 2:0; Neuseeland – Mexiko 2:2.
Gruppe C: Schweden und USA. Kolumbien – Schweden 0:1; USA – Nordkorea 2:0; Nordkorea – Schweden 0:1; USA – Kolumbien 3:0, Schweden – USA 2:1; Nordkorea – Kolumbien 0:0.
Gruppe D: Brasilien und Australien. Norwegen – Äquatorial-Guinea 1:0; Brasilien – Australien 1:0; Australien – Äquatorial-Guinea 3:2; Brasilien – Norwegen 3:0; Äquatorial-Guinea – Brasilien 0:3; Australien – Norwegen 2:1.

Viertelfinale: England – Frankreich n. V. 1:1, Elfmeterschießen 3:4; Deutschland – Japan n. V. 0:1; Schweden – Australien 3:1; Brasilien – USA n. V. 2:2, Elfmeterschießen 3:5.
Halbfinale: Frankreich – USA 1:3; Japan – Schweden 3:1.
Um den 3. Platz: Schweden – Frankreich 2:1.

Endspiel am 17. Juli 2011 in Frankfurt: Japan – USA n. V. 2:2 (1:1, 0:0), Elfmeterschießen 3:1

Japan: Kaihori – Kinga, Iwashimizu, Kumagai, Sameshima – Sawa, Sakaguchi – Ohno (Maruyama, Iwabuchi), Miyama – Ando (Nagasato), Kawasumi.

Tore: Miyama, Sawa (Morgan, Wambach) – Elfmeterschießen: Miyama trifft, Nagasato vergibt, Sakaguchi, Kumagai treffen (Boxx, Lloyd vergeben, Wambach verwandelt) – Zuschauer: 48 817 – SR: Steinhaus (Hannover).

Das deutsche Aufgebot: Angerer, Bajramaj, Bartusiak, Behringer, Bresonik, Garefrekes, Goeßling, Grings, Hingst, Krahn, Kulig, Laudehr, Okoyino da Mbabi, Peter, Popp, Prinz, Schmidt – Nicht eingesetzt: Faißt, Holl, M. Müller, Schult.

Olympia-Fußballturnier der Frauen

Die bisherigen Gewinner:
1996 USA – 2000 Norwegen – 2004, 2008 USA.

1996 in Atlanta: USA

Gruppe A: China, USA. USA – Dänemark 3:0, Schweden – China 0:2, USA – Schweden 2:1, Dänemark – China 1:5, USA – China 0:0, Dänemark – Schweden 1:3.
Gruppe B: Norwegen, Brasilien. Deutschland – Japan 3:2, Norwegen – Brasilien 2:2, Brasilien – Japan 2:0, Norwegen – Deutschland 3:2, Brasilien – Deutschland 1:1, Norwegen – Japan 4:0.
Halbfinale: China – Brasilien 3:2; Norwegen – USA n. V. 1:2.
Um den 3. Platz: Norwegen – Brasilien 2:0.

Endspiel am 1. August 1996 in Athens: USA – China 2:1 (1:1)
USA: Scurry – Chastain, Overbeck, Fawcett – Foudy, Venturini, Akers, Lilly – Hamm (Gabarra), McMillan, Millbrett (Roberts).
Tore: Millbrett, McMillan (Sun Wen) – Zuschauer: 67 841 – SR: Skogvang (Norwegen).

Das deutsche Aufgebot: Austermühl, Fitschen, Goller, Grigoli-Brocker, Lingor, Minnert, Mohr, Nardenbach, Neid, Pohlmann, Prinz, Stegemann, Voss, Wiegmann, P. Wunderlich – Nicht eingesetzt: Kraus.

2000 in Sydney: Norwegen

Gruppe E: Deutschland und Brasilien. Australien – Deutschland 0:3, Schweden – Brasilien 0:2, Azstralien – Schweden 1:1, Deutschland – Brasilien 2:1, Australien – Brasilien 1:2, Deutschland – Schweden 1:0.
Gruppe F: USA und Norwegen. USA – Norwegen 2:0, China – Nigeria 3:1, USA – China 1:1, Norwegen – Nigeria 3:1, USA – Nigeria 3:1, Norwegen – China 2:1.
Halbfinale: Deutschland – Norwegen 0:1; USA – Brasilien 1:0.
Um den 3. Platz: Deutschland – Brasilien 2:0.

Endspiel am 28. September 2000 in Sydney: Norwegen – USA i. V. („golden goal") 3:2 (2:2, 1:1)
Norwegen: Nordby – Sandaune, Espeseth, Kringen, Jörgensen – S. Gulbrandsen (Lehn), Riise, Knudsen (B. Jensen), Haugenes – Pettersen (Mellgren), R. Gulbrandsen.
Tore: Espeseth, R. Gulbransen, Mellgren (Milbrett 2) – Zuschauer: 22 848 – SR: Denoncourt (Kanada).

Das deutsche Aufgebot: Brandebusemeyer, Fitschen, Götte, Gottschlich, Grings, Hingst, Hoffmann, Jones, Lingor, Meinert, Minnert, Cl. Müller, Prinz, Rottenberg, Stegemann, Wiegmann, P. Wunderlich – Nicht eingesetzt: Angerer, M. Müller, Schaller, Smisek, T. Wunderlich.

2004 in Athen: USA

Gruppe E: Nigeria, Schweden und Japan: Schweden – Japan 0:1; Japan – Nigeria 0:1; Schweden – Nigeria 2:1.
Gruppe F: Deutschland und Mexiko: Deutschland – China 8:0; China – Mexiko 1:1; Deutschland – Mexiko 2:0.

Gruppe G: USA, Brasilien und Australien: Griechenland – USA 0:3; Brasilien – Australien 1:0; Griechenland – Australien 0:1; USA – Brasilien 2:0; Griechenland – Brasilien 0:7; USA – Australien 1:1.
Viertelfinale: Deutschland – Nigeria 2:1; USA – Japan 2:1; Mexiko – Brasilien 0:5; Schweden – Australien 2:1.
Halbfinale: USA – Deutschland n. V. 2:1; Schweden – Brasilien 0:1.
Um den 3. Platz: Deutschland – Schweden 1:0.

Endspiel am 26. August 2004 in Athen: USA – Brasilien n. V. 2:1 (1:1, 1:0)

USA: Scurry – Rampone, Fawcett, Markgraf, Chastain (Reddick) – Boxx – Foudy, Tarpley (O'Reilly), Lilly – Hamm, Wambach.
Tore: Tarpley, Wambach (Pretinha) – Zuschauer: 10 416 – SR: Palmqvist (Schweden).

Das deutsche Aufgebot: Rottenberg, Stegemann, Garefrekes, Jones, Günther, Odebrecht, P. Wunderlich, Wimbersky, Prinz, Lingor, M. Müller, Omilade, Minnert, Bachor, Fuss, Pohlers, Hingst – Nicht eingesetzt: Angerer.

2008 in Peking: USA

Gruppe E: China, Schweden und Kanada. Argentinien – Kanada 1:2; China – Schweden 2:1; Schweden – Argentinien 1:0; Kanada – China 1:1; China – Argentinien 2:0; Schweden – Kanada 2:1.
Gruppe F: Brasilien und Deutschland. Deutschland – Brasilien 0:0; Nordkorea – Nigeria 1:0; Nigeria – Deutschland 0:1; Brasilien – Nordkorea 2:1; Nordkorea – Deutschland 0:1; Nigeria – Brasilien 1:3.
Gruppe G: USA, Norwegen und Japan. Japan – Neuseeland 2:2; Norwegen – USA 2:0; USA – Japan 1:0; Neuseeland – Norwegen 0:1; Norwegen – Japan 1:5; USA – Neuseeland 4:0.
Viertelfinale: USA – Kanada n. V. 2:1; Brasilien – Norwegen 2:1; Schweden – Deutschland n. V. 0:2; China – Japan 0:2.
Halbfinale: Brasilien – Deutschland 4:1; Japan – USA 2:4.
Um den 3. Platz: Deutschland – Japan 2:0.

Endspiel am 21. August 2008 in Peking: USA – Brasilien n. V. 1:0 (0:0, 0:0)

USA: Solo – Mitts, Markgraf, Rampone, Chalupny – O'Reilly (Kai), Boxx, Lloyd, Tarpley (Cheney) – Rodriguez (Cox), Hucles.
Tor: Lloyd – Zuschauer: 51 612 – SR: Damkova (Tschechien).

Das deutsche Aufgebot: Angerer, Stegemann, Peter, Krahn, Bresonik, Hingst, Behringer, Lingor, Bajramaj, Laudehr, Okoyino da Mbabi, Garefrekes, Smisek, Prinz, Mittag, Pohlers – nicht eingesetzt: Holl, Bartusiak.

U19/U20-Weltmeisterschaft der Frauen

Die bisherigen Gewinner:
(bis 2004 für U19-, ab 2006 für U20-Mannschaften: 2002 USA – 2004 Deutschland – 2006 Nordkorea – 2008 USA – 2010 Deutschland.

2002: USA

Gruppe A: Kanada, Japan und Dänemark. Kanada – Dänemark 3:2, Nigeria – Japan 1:1, Dänemark – Nigeria 2:1, Japan – Kanada 0:4, Dänemark – Japan 1:2, Nigeria – Kanada 0:2.
Gruppe B: Brasilien und Deutschland. Deutschland – Frankreich 2:0, Mexiko – Brasilien 3:5, Frankreich – Mexiko 2:1, Brasilien – Deutschland 1:0, Frankreich – Brasilien 0:4, Mexiko – Deutschland 1:3.
Gruppe C: USA, Australien und England. USA – England 5:1, Taiwan – Australien 1:5, England – Taiwan 4:0, Australien – USA 0:4, England – Australien 0:0, Taiwan – USA 0:6
Viertelfinale: Brasilien – Australien n. V. 4:3, USA – Dänemark 6:0, Kanada – England 6:2, Japan – Deutschland n. V. 1:2.
Halbfinale: Brasilien – Kanada n. V. 1:1, Elfmeterschießen 3:4; USA – Deutschland 4:1.
Um den 3. Platz: Deutschland – Brasilien 1:1, Elfmeterschießen 4:3.

Endspiel am 1. September 2002 in Edmonton: USA – Kanada i. V. 1:0 (0:0, 0:0)
USA: Harris – Buehler (Ballweg), Fletcher, Osborne, Dowling – Oakes, Chalupny. Makoski (Woznuk, Kakadelas) – O'Reilly, Tarpley, Wilson.
Tor: Tarpley – Zuschauer: 47 784 – SR: Ferreira-James (Guyana).

Das deutsche Aufgebot: Bachor, Barucha, Boschert, Brendel, Bresonik, Elling, Günther, Kasperczyk, Krüger, Mittag, Müller, Odebrecht, Richter, Sabel, Stegmann, Thomas, Zietz – Nicht eingesetzt: Richter.

2004: Deutschland

Gruppe A: Deutschland, Kanada, Australien. Thailand – Deutschland 0:6; Australien – Kanada 1:2 ; Deutschland – Australien 4:0; Kanada – Thailand 7:0; Deutschland – Kanada 3:3; Australien – Thailand 5:0.
Gruppe B: Brasilien, China und Nigeria. Nigeria – China 0:1; Italien – Brasilien 1:2; China – Italien 2:1; Brasilien – Nigeria 2:3; China – Brasilien 1:2; Italien – Nigeria 1:1.
Gruppe C: USA und Russland. Südkorea – USA 0:3; Russland – Spanien 4:1; USA – Russland 4:1; Spanien – Südkorea 2:1; USA – Spanien 1:0; Russland – Südkorea 0:2.
Viertelfinale: Deutschland – Nigeria n. V. 1:1, Elfmeterschießen 5:4; Brasilien – Russland n. V. 4:2; USA – Australien 2:0; Kanada – China 1:3.
Halbfinale: Deutschland – USA 3:1; Brasilien – China 0:2.
Um den 3. Platz: USA – Brasilien 3:0.

Endspiel am 27. November 2004 in Bangkok: Deutschland – China 2:0 (1:0)
Deutschland: Rinkes van Bonn, Hauer, Krahn, Kuznik – Behringer, Thomas, Okoyino da Mbabi, Laudehr (Feldbacher) – Hanebeck (Goeßling), Mittag – Im weiteren Turnierverlauf eingesetzt: Schiewe, Mpalaskas, Niemeier, Jokuschies, Blässe – Nicht eingesetzt: Längert, Veeh.
Tore: Laudehr, Behringer – Zuschauer: 23 000 – SR: Tovar (Mexiko).

2006: Nordkorea

Gruppe A: Brasilien und Russland. Neuseeland – Australien 0:3; Russland – Brasilien 0:0; Brasilien – Australien 2:0; Russland – Neuseeland 3:2; Australien – Russland 1:1; Brasilien – Neuseeland 0:0.
Gruppe B: China und Nigeria. China – Finnland 2:1; Nigeria – Kanada 3:2; Finnland – Kanada 0:2; China – Nigeria 3:0; Kanada – China 0:1; Finnland – Nigeria 0:8.
Gruppe C: Nordkorea und Deutschland. Schweiz – Mexiko 2:4; Nordkorea – Deutschland 2:0; Mexiko – Deutschland 1:9; Schweiz – Nordkorea 0:4; Deutschland – Schweiz 6:0; Mexiko – Nordkorea 0:4.
Gruppe D: USA und Frankreich. DR Kongo – USA 1:2; Frankreich – Argentinien 5:0; USA – Argentinien 4:1; DR Kongo – Frankreich 0:1; Argentinien – DR Kongo 4:0; USA – Frankreich 1:0.
Viertelfinale: Brasilien – Nigeria 2:1; China – Russland 4:0; Nordkorea – Frankreich 2:1; USA – Deutschland 4:1.
Halbfinale: Brasilien – Nordkorea 0:1; China – USA n. V. 0:0, Elfmeterschießen 5:4.
Um den 3. Platz: Brasilien – USA 0:0, Elfmeterschießen 6:5.

Endspiel am 3. September 2006 in Moskau: Nordkorea – China 5:0 (3:0)
Nordkorea: Jon M.-H. – Ri S.-S., Hong M.-G., Ri U.-H., Ri J.-O. – Jo Y.-M. (Ri J.-S.), Kim C.-H., Kim S.-H., Kim O.-S. (Ri U.-S.), Kim K.-H. – Kil S.-H.
Tore: Kim S.-H. 3, Jo Y.-M., Kil S.-H. – Zuschauer: 8500 – SR: Bennett (USA).

2008: USA

Gruppe A: Nigeria und England. Chile – England 0:2; Neuseeland – Nigeria 2:3; Chile – Neuseeland 3:4; Nigeria – England 1:1; Nigeria – Chile 2:0; England – Neuseeland 1:1.
Gruppe B: USA und Frankreich. China – Argentinien 0:0; Frankreich – USA 0:3; China – Frankreich 0:2; USA – Argentinien 3:0; USA – China 0:2; Argentinien – Frankreich 1:3.
Gruppe C: Japan und Deutschland. Kanada – Japan 0:2; DR Kongo – Deutschland 0:5; Kanada – DR Kongo 4:0; Deutschland – Japan 1:2; Deutschland – Kanada 2:1; Japan – DR Kongo 3:1.
Gruppe D: Brasilien und Nordkorea. Mexiko – Norwegen 1:2; Brasilien – Nordkorea 3:2; Mexiko – Brasilien 0:5; Nordkorea – Norwegen 3:2; Nordkorea – Mexiko 5:1; Norwegen – Brasilien 0:3.
Viertelfinale: Nigeria – Frankreich 2:3; USA – England 3:0; Japan – Nordkorea 1:2; Brasilien – Deutschland 2:3.
Halbfinale: Frankreich – Nordkorea 1:2; USA – Deutschland 1:0.
Im den 3. Platz: Deutschland – Frankreich 5:3.

Endspiel am 7. Dezember 2008 in Santiago de Chile: USA – Nordkorea 2:1 (2:0)
USA: Naeher – Reed, Fowlkes, Marshall, Klingenberg – Nairn (Wells), Winters, Edwards – Washington (Enyeart), Morgan, Leroux.
Tore: Leroux, Morgan (Cha H.-N.) – Zuschauer: 12 000 – SR: Ihringova (England).

2010: Deutschland

Gruppe A: Deutschland und Kolumbien. Deutschland – Costa Rica 4:2; Kolumbien – Frankreich 1:1; Costa Rica – Frankreich 0:2; Deutschland – Kolumbien 3:1; Frankreich – Deutschland 1:4; Costa Rica – Kolumbien 0:3.
Gruppe B: Schweden und Nordkorea. Brasilien – Nordkorea 0:1; Schweden – Neuseeland 2:1; Brasilien – Schweden 1:1; Nordkorea – Neuseeland 2:1; Nordkorea – Schweden 2:3; Neuseeland – Brasilien 1:4.
Gruppe C: Mexiko und Nigeria. England – Nigeria 1:1; Mexiko – Japan 3:3; Nigeria – Japan 2:1; England – Mexiko 0:1; Nigeria – Mexiko 1:1; Japan – England 3:1.
Gruppe D: USA und Südkorea. Schweiz – Südkorea 0:4; USA – Ghana 1:1; Ghana – Südkorea 2:4; USA – Schweiz 5:0; Ghana – Schweiz 2:0; Südkorea – USA 0:1.
Viertelfinale: Schweden – Kolumbien 0:2; Deutschland – Nordkorea 2:0; USA – Nigeria n. V. 1:1, Elfmeterschießen 2:4; Mexiko – Südkorea 1:3.
Halbfinale: Deutschland – Südkorea 5:1; Kolumbien – Nigeria 0:1.
Im den 3. Platz: Südkorea – Kolumbien 1:0.
Endspiel am 1. August 2010 in Bielefeld: Deutschland – Nigeria 2:0 (1:0)
Deutschland: Schult – Schmidt, Prießen, Gessat, Kemme – Hegering, Kulig, Huth (Knaak), Marozsan (Mirlach), Arnold (Wagner) – Popp.
Tore: Popp, Eigentor Ohale – Zuschauer: 24 633 – SR: Chenard (Kanada).

U17-Weltmeisterschaft der Juniorinnen

Die bisherigen Gewinner:
2008 Nordkorea – 2010 Südkorea.

2008: Nordkorea

Gruppe A: Dänemark und Kanada. Neuseeland – Kanada 0:1; Dänemark – Kolumbien 1:1; Kolumbien – Kanada 1:1; Neuseeland – Dänemark 1:2; Kanada – Dänemark 0:0; Kolumbien – Neuseeland 1:3.
Gruppe B: Deutschland und Nordkorea. Costa Rica – Deutschland 0:5; Nordkorea – Ghana 1:1; Ghana – Deutschland 2:3; Costa Rica – Nordkorea 1:2; Deutschland – Nordkorea 1:1; Ghana – Costa Rica 1:0.
Gruppe C: Japan und USA. Japan – USA 3:2; Frankreich – Paraguay 6:2; Paraguay – USA 1:3; Japan – Frankreich 7:1; Paraguay – Japan 2:7; USA – Frankreich 1:1.
Gruppe D: Südkorea und England. Brasilien – England 0:3; Südkorea – Nigeria 1:2; Nigeria – England 0:1; Brasilien – Südkorea 1:2; Nigeria – Brasilien 2:2; England – Südkorea 0:3.
Viertelfinale: Dänemark – Nordkorea 0:4; Deutschland – Kanada 3:1; Japan – England n. V. 2:2, Elfmeterschießen 4:5; Südkorea Republik – USA 2:4.
Halbfinale: Nordkorea – England 2:1; Deutschland – USA 1:2.
Um den 3. Platz: Deutschland – England 3:0.

Endspiel am 16. November 2008 in Auckland: Nordkorea – USA n. V. 2:1 (1:1, 0:1)
Nordkorea: Hong M.-H. – Hyon U.-H., Jon H.-Y., Kim S.-H., Kim U.-H. – Kim U. (Ri U.-A.), Pae Y.-H. (Jang H.-S.), Kim H.-M., Ho U.-B. – Jon M.-H., Yun H.-H. (Kim U.-J.)
Tore: Kim U.-H., Jang H.-S. (Eigentor Hong M.-H.) – Zuschauer: 16 162 – SR: Reyes (Peru).

2010: Südkorea

Gruppe A: Nigeria und Nordkorea: Trinidad & Tobago – Chile 2:1; Nigeria – Nordkorea 3:2; Trinidad & Tobago – Nigeria 1:2; Nordkorea – Chile 3:0; Nordkorea – Trinidad & Tobago 1:0; Chile – Nigeria 0:5.
Gruppe B: Deutschland und Südkorea: Deutschland – Mexiko 9:0; Südafrika – Südkorea 1:3; Deutschland – Südafrika 10:1; Südkorea – Mexiko 4:1; Südkorea – Deutschland 0:3; Mexiko – Südafrika 4:0.
Gruppe C: Spanien und Japan: Neuseeland – Venezuela 1:2; Spanien – Japan 4:1; Neuseeland – Spanien 1:3; Japan – Venezuela 6:0; Japan – Neuseeland 6:0; Venezuela – Spanien 1:2.
Gruppe D: Irland und Brasilien: Irland – Brasilien 1:2; Kanada – Ghana 1:0; Irland – Kanada 1:0; Ghana – Brasilien 1:0; Ghana – Irland 0:3; Brasilien – Kanada 2:0.
Viertelfinale: Nigeria – Südkorea n. V. 5:6; Deutschland – Nordkorea 0:1; Spanien – Brasilien 2:1; Irland – Japan 1:2.
Halbfinale: Südkorea – Spanien 2:1; Nordkorea – Japan 1:2.
Um den 3. Platz: Spanien – Nordkorea 1:0

Endspiel am 25. September 2010 in Port of Spain: Südkorea – Japan n. V. 3:3 (3:3, 2:2), Elfmeterschießen 5:4
Südkorea: Kim M. – Jang, Lim, Shin, Kim B. – Kim A., Lee J. – Lee G.-M. (Baek), Kim N. (Lee S.-D.) – Joo (Kim D.), Yeo.

Tore: Lee J., Kim A., Lee S.-D. (Naomoto, Tanaka, Kato) – Elfmeterschießen: Yeo, Lee S.-D., Kim D., Kim A., Jang (Tanaka, Nakada, Hamada, Naomoto) – Zuschauer: 12 983 – SR: Heikkinen (Finnland).

Europameisterschaft der Frauen

Die bisherigen Gewinner:
1984 Schweden – 1987 Norwegen – 1989, 1991 Deutschland – 1993 Norwegen – 1995, 1997, 2001, 2005, 2009 Deutschland.

1982/84: Schweden

Deutschland wurde in der Qualifikation Dritter hinter Dänemark (1:1, 0:1), den Niederlanden (1:1, 2:2) und vor Belgien (1:1, 1:1).

Halbfinale: England – Dänemark 2:1, 1:0; Schweden – Italien 3:2, 2:1.

1. Endspiel am 21. 5. 1984 in Göteborg: Schweden – England 1:0 (0:0)
2. Endspiel am 27. 5. 1984 in Luton; England – Schweden 1:0 (0:0), Elfmeterschießen 3:4
Schweden: Leidinge – Jansson, Börjesson, Burevik, Kaberg, Svenjeby, Andersson, Hansson (2. Spiel Johannsson), Ahman-Svensson, Videkull (2. Spiel ab 30. Uusitalo), Sundhage.
1. Spiel: Tor: Sundhage. – Zuschauer: 5552 – SR: Bakker (Niederlande) – 2. Spiel: Tor: Curl – Zuschauer: 2665 – SR: Goris (Belgien).

1985/87: Norwegen

Deutschland wurde in der Qualifikation Dritter hinter Norwegen (2:3, 0:0), Dänemark (2:0, 0:3) und vor Finnland (1:0, 0:1).

Endrunde vom 11. bis 14. Juni 1987 in Norwegen:
Halbfinale: Norwegen – Italien 2:0; Schweden – England n. V. 2:2, Elfmeterschießen 3:2.
Um den 3. Platz: Italien – England 2:1.

Endspiel am 14. Juni 1987 in Oslo: Norwegen – Schweden 2:1 (1:0)
Norwegen: Andreassen – Hoch-Nielsen, Straedet, Storhaug, Mortensen, Scheel, Støre, Haugen, Stendal, Nyborg, Nielsen (Bakken).
Tore: Stendall 2 (Videkull) – Zuschauer: 8470 – SR: Aaho (Finnland).

1987/89: Deutschland

Deutschland wurde in der Qualifikation Gruppensieger vor Italien (3:0, 0:0), Ungarn (4:0, 1:0) und der Schweiz (0:0, 10:0).

Viertelfinale: Norwegen – Niederlande 2:1, 3:0; Dänemark – Schweden 1:5, 1:1; Tschechoslowakei – Deutschland 1:1, 0:2; Italien – Frankreich 2:0, 2:1.

Endrunde vom 28. Juni bis 2. Juli 1989 in Deutschland:
Halbfinale: Deutschland – Italien n. V. 1:1, Elfmeterschießen 4:3; Schweden – Norwegen 1:2.
Um den 3. Platz: Schweden – Italien n. V. 2:1.

Endspiel am 2. Juli 1989 in Osnabrück: Deutschland – Norwegen 4:1 (2:0)
Deutschland: Isbert – Kuhlmann – Nardenbach, Raith – Haberlass (Bindl), Fitschen (Fehrmann), Neid, Damm – Voss, Mohr, Lohn.
Tore: Lohn 2, Mohr, Fehrmann (Grude) – Zuschauer: 22 000 – SR: Silva Valente (Portugal).

1989/91: Deutschland

Deutschland wurde in der Qualifikation Gruppensieger vor Ungarn (0:0, 4:0), der Tschechoslowakei (5:0, 1:0) und Bulgarien (4:0, 4:1).

Viertelfinale: Norwegen – Ungarn 2:1, 2:0; Schweden – Italien 1:1, 0:0; Dänemark – Niederlande 0:0, n. V. 1:0; England – Deutschland 1:4, 0:2.

Endrunde vom 10. bis 14. Juli 1991 in Dänemark:
Halbfinale: Dänemark – Norwegen n. V. 0:0, Elfmeterschießen 7:8; Deutschland – Italien 3:0.
Um den 3. Platz: Dänemark – Italien n. V. 2:1.

Endspiel am 14. Juli 1991 in Aalborg: Deutschland – Norwegen n. V. 3:1 (1:1, 0:0)
Deutschland: Isbert – Fitschen – Nardenbach, Kuhlmann – Unsleber (Gottschlich), Neid, Damm, Raith – Voss (Bornschein), Mohr, Wiegmann.
Tore: Mohr 2, Neid (Hegstad) – Zuschauer: 3100 – SR: McCluskey (Schottland)

1991/93: Norwegen

Deutschland siegte in der Qualifikation in Sofia gegen Jugoslawien 3:0. Das zweite Spiel wurde wegen des Balkankriegs nicht ausgetragen.

Viertelfinale: England – Italien 0:3, 2:3; Dänemark – Schweden 1:1, 2:1; Niederlande – Norwegen 0:3, 0:3; Deutschland – Russland 0:0, 7:0.

Endrunde vom 29. Juni bis 4. Juli in Italien:
Halbfinale: Norwegen – Dänemark 1:0; Italien – Deutschland n. V. 1:1, Elfmeterschießen 4:3.
Um den 3. Platz: Dänemark – Deutschland 3:1.

Endspiel am 4. Juli 1993 in Cesena: Norwegen – Italien 1:0 (0:0)
Norwegen: Seth – Nysveen, Nymark – Zaborowsky, Espeseth, Rilse – Store, Carisen, Nymark, Aarones (Hegstad), Medalen (Sandberg).
Tor: Hegstad – Zuschauer: 8000 – SR: Wieser (Österreich)

1993/95: Deutschland

Deutschland wurde in der Qualifikation Gruppensieger vor Kroatien (8:0, 7:0), der Schweiz (11:0, 5:0) und Wales (12:0, 12:0).

Viertelfinale: Island – England 1:2, 1:2; Russland – Deutschland 0:1, 0:4; Dänemark – Schweden 2:0, 0:3; Italien – Norwegen 1:3, 2:4.
Halbfinale: England – Deutschland 1:4, 1:2; Norwegen – Schweden 4:3, 1:4.

Endspiel am 28. März 1995 in Kaiserslautern: Deutschland – Schweden 3:2 (1:1)
Deutschland: Goller – Lohn – Bernhard, Austermühl – Wiegmann, Meinert, Neid, Voss (T. Wunderlich), D. Pohlmann – Mohr, Grigoli-Brocker (Prinz).
Tore: Meinert, Prinz, Wiegmann (Andersson, Andelen) – Zuschauer: 8500 – SR: Koho (Finnland).

1995/97: Deutschland

Deutschland wurde in der Qualifikation Zweiter hinter Norwegen (1:3, 0:0) und vor Finnland (6:0, 3:0) und der Slowakei (2:0, 3:0). In den Play-offs der Gruppenzweiten und –dritten setze sich die DFB-Auswahl gegen Island durch (4:0, 3:0).

Endrunde vom 29. Juni bis 12. Juli 1997 in Norwegen und Schweden:
Gruppe A: Schweden und Spanien. Frankreich – Spanien 1:1, Schweden – Russland 2:1, Spanien – Schweden 0:1, Russland – Frankreich 1:3, Russland – Spanien 0:1, Schweden – Frankreich 3:0.
Gruppe B: Italien und Deutschland. Deutschland – Italien 1:1, Dänemark – Norwegen 0:5, Italien – Dänemark 2:2, Norwegen – Deutschland 0:0, Norwegen – Italien 0:2, Dänemark – Deutschland 0:2.
Halbfinale: Schweden – Deutschland 0:2, Italien – Spanien 2:1.

Endspiel am 12. Juli 1997 in Oslo: Deutschland – Italien 2:0 (1:0)
Deutschland: Rottenberg – Jones – Stegemann, Fitschen, Minnert – Hingst, Meinert (Cl. Klein), Wiegmann, Pia Wunderlich – Prinz (Smisek), Meyer (Cl. Müller) – Im weiteren Turnierverlauf eingesetzt: Voss, Becher, Hoffmann, Fuss – Nicht eingesetzt: Angerer, Grings, Künzer, von Lanken.
Tore: Minnert, Prinz – Zuschauer: 2221 – SR: Lyngö-Nielsen (Dänemark).

1999/2001: Deutschland

Deutschland wurde in der Qualifikation Gruppensieger vor Italien (3:0, 4:4), der Ukraine (3:0, 6:1) und Island (5:0, 6:0).

Endrunde vom 23. Juni bis 7. Juli 2001 in Deutschland:
Gruppe A: Deutschland und Schweden. Deutschland - Schweden 3:1, Russland –England 1:1, Deutschland - Russland 5:0, Schweden - England 4:0, England - Deutschland 0:3, Schweden - Russland 1:0.
Gruppe B: Dänemark und Norwegen. Italien – Dänemark 2:1, Norwegen – Frankreich 3:0, Frankreich – Dänemark 3:4, Norwegen – Italien 1:1, Dänemark – Norwegen 1:0, Frankreich – Italien 2:0
Halbfinale: Deutschland – Norwegen 1:0; Dänemark – Schweden 0:1.

Endspiel am 7. Juli 2001 in Ulm: Deutschland – Schweden i. V. 1:0 („golden goal") (0:0, 0:0)
Deutschland: Rottenberg – Stegemann, Jones, Fitschen, Hingst – Wiegmann, Lingor – P. Wunderlich, Meinert, Prinz – Smisek (Cl. Müller) – Im weiteren Turnierverlauf eingesetzt: Bresonik, Minnert, M. Müller, Omilade, Wimbersky – Nicht eingesetzt: Angerer, Wilder, T. Wunderlich.
Tor: Cl. Müller – Zuschauer: 18 000 – SR: Pétignat (Schweiz).

2003/05: Deutschland

Deutschland wurde in der Qualifikation Gruppensieger vor Tschechien (4:0, 5:0), Schottland (5:0, 3:1), der Ukraine (6:0, 3:1) und Portugal (13:0, 11:0).

Endrunde vom 5. bis 19. Juni in England:
Gruppe A: Schweden und Finnland. Schweden – Dänemark 1:1; England – Finnland 3:2; Dänemark – England 2:1; Schweden – Finnland 0:0; England – Schweden 0:1; Finnland – Dänemark 2:1.
Gruppe B: Deutschland und Norwegen. Deutschland – Norwegen 1:0; Frankreich – Italien 3:1; Italien – Deutschland 0:4; Frankreich – Norwegen 1:1; Deutschland – Frankreich 3:0; Norwegen – Italien 5:3.
Halbfinale: Deutschland – Finnland 4:1; Norwegen – Schweden n. V. 3:2.
Endspiel am 19. Juni 2005 in Blackburn: Deutschland – Norwegen 3:1 (2:1)
Deutschland: Rottenberg – Garefrekes, Hingst, Jones, Minnert – Carlson (Günther), Grings (Smisek), Lingor, Pohlers – Mittag (Wimbersky), Prinz – Im weiteren Turnierverlauf eingesetzt: Fuss, Omilade, Stegemann, P. Wunderlich – Nicht eingesetzt: Angerer, Holl.
Tore: Grings, Lingor, Prinz (Mellgren) – Zuschauer: 21 105 – SR: Ihringowa (Slowakei).

2007/09: Deutschland

Deutschland wurde in der Qualifikation Gruppensieger vor den Niederlanden (5:1, 1:0), der Schweiz (7:0, 3:0), Belgien (3:0, 5:0) und Wales (4:0, 6:0).

Endrunde vom 23. August bis 10. September in Finnland:
Gruppe A: Finnland und Niederlande. Ukraine – Niederlande 0:2; Finnland – Dänemark 1:0; Ukraine – Dänemark 1:2; Niederlande – Finnland 1:2; Finnland – Ukraine 0:1; Dänemark – Niederlande 1:2.
Gruppe B: Deutschland, Frankreich und Norwegen. Deutschland – Norwegen 4:0; Island – Frankreich 1:3; Frankreich – Deutschland 1:5; Island – Norwegen 0:1; Deutschland – Island 1:0; Norwegen – Frankreich 1:1.
Gruppe C: Schweden, Italien und England. England – Italien 1:2; Schweden – Russland 3:0; Italien – Schweden 0:2; England – Russland 3:2; Russland – Italien 0:2; Schweden – England 1:1.
Viertelfinale: Finnland – England 2:3; Netherlands – Frankreich n. V. 0:0, Elfmeterschießen 5:4; Deutschland – Italien 2:1; Schweden – Norwegen 1:3.
Halbfinale: England – Niederlande n. V. 2:1; Deutschland – Norwegen 3:1.

Endspiel am 10. September 2009 in Helsinki: Deutschland – England 6:2 (2:1)
Deutschland: Angerer – Bresonik, Krahn, Bartusiak, Peter – Kulig, Laudehr – Garefrekes (Bajramaj), Prinz, Behringer (Okoyino da Mbabi) – Grings – Im weiteren Turnierverlauf eingesetzt: Fuss, Hingst, Mittag, M. Müller, Schmidt, Stegemann – Nicht eingesetzt: Holl, Weiß, Zietz.
Tore: Prinz 2, Behringer, Kulig, Grings 2 (Carney, K. Smith) – Zuschauer: 15 877 – SR: Damkova (Tschechien).

Europameisterschaft U19 der Frauen

Die bisherigen Gewinner (bis 2001 als U18-Wettbewerb):
1998 Dänemark – 1999 Schweden – 2000, 2001, 2002 Deutschland – 2003 Frankreich – 2004 Spanien – 2005 Russland – 2006, 2007 Deutschland – 2008 Italien – 2009 England – 2010 Frankreich – 2011 Deutschland.

1997/98: Dänemark

Deutschland qualifizierte sich gegen Polen (11:0), Jugoslawien (6:0) und die Slowakei (5:0).

Viertelfinale: Norwegen – Deutschland 1:2, 2:3; Schweden – Italien 1:0, 4:0; Dänemark – Niederlande 0:1, 2:1; Frankreich – Russland 2:0, 1:0.
Halbfinale: Dänemark – Deutschland 0:0, 1:0; Frankreich – Schweden 2:0, n. V. 0:2, Elfmeterschießen 5:3.
Endspiele: Dänemark – Frankreich 2:0, 2:3.

1998/99: Schweden

Deutschland qualifizierte sich gegen Belgien (2:0), Tschechien (4:0) und Ungarn 8:0).

Viertelfinale: England – Norwegen 1:3, 0:1; Frankreich – Deutschland 2:1, 0:5; Dänemark – Schweden 1:3, 2:5; Italien – Finnland 0:0, 1:1.

Endrunde vom 3. bis 8. August 1999 in Schweden:
Punktrunde Jeder gegen Jeden: Deutschland – Norwegen 2:1, Schweden – Italien 1:3, Deutschland – Schweden 0:1, Norwegen – Italien 0:0, Italien – Deutschland 0:2, Norwegen – Schweden 1:2. Deutschland und Schweden punktgleich, Schweden dank des direkten Vergleichs (1:0) Europameister.

1999/2000: Deutschland

Deutschland qualifizierte sich gegen Dänemark (2:0), Finnland (3:0) und die Ukraine (0:0).

Endrunde vom 27. Juli bis 5. August 2000 in Frankreich:
Punktrunde Jeder gegen Jeden: Schweden – Frankreich 2:1, Spanien – Deutschland 0:2, Schweden – Spanien 1:3, Frankreich – Deutschland 1:3, Frankreich – Spanien 2:4, Deutschland – Schweden 0:0.
Endspiel am 5. August 2000 in Boulogne: Deutschland – Spanien 4:2.
Deutschland: Holl – Krummenauer, Rech, Becker, Notbom, Hagedorn, Kliehm (Färber (1), Wilmes (1), (Günther), Wimbersky, Schäpertöns, J. Meier (2).

2000/01: Deutschland

Deutschland qualifizierte sich gegen Russland (6:0), Finnland (5:1) und die Niederlande (3:0).

Endrunde vom 26. bis 28. Juli 2001 in Norwegen:
Halbfinale: Deutschland – Spanien 2:0; Norwegen – Dänemark 1:0.
Endspiel am 28. Juli 2001 in Lilleström: Deutschland – Norwegen 3:2.
Deutschland: Holl (Nünnke) – Krummenauer, Bresonik, Becker, Günther, Hagedorn, Wilmes (1), Barucha (Brendel), Wimbersky (1), Müller, Odebrecht (1).

2001/02: Deutschland

Deutschland qualifizierte sich gegen Finnland (2:1), Schottland (4:1) und die Niederlande (3:0).

Endrunde vom 2. bis 12. Mai 2002 in Schweden:
Gruppe A: Deutschland und Frankreich. Frankreich – Deutschland 2:3, Schweden – Spanien 0:1, Spanien – Deutschland 0:2, Schweden – Frankreich 0:0, Deutschland – Schweden 1:0, Spanien – Frankreich 1:2.
Gruppe B: Dänemark und England. Norwegen – England 1:3, Schweiz – Dänemark 0:3, Norwegen – Schweiz 2:1, England – Dänemark 1:2, Dänemark – Norwegen 3:1, England – Schweiz 3:4.
Halbfinale: Deutschland – England 1:0; Dänemark – Frankreich 0:1.
Endspiel am 12. Mai 2002 in Helsingborg: Deutschland – Frankreich 3:1.
Deutschland: Elling – Stegmann, Kierner, Kasperczyk, Günther – Brendel, Odebrecht (1), Sabel, Bachor (1) – Mittag, Müller (1).

2002/03: Frankreich

Deutschland als Veranstalter automatisch qualifiziert.

Endrunde vom 25. Juli bis 3. August 2003 in Deutschland:
Gruppe A: England und Schweden. Deutschland – Italien 0:2, Schweden – England 1:2, Deutschland – Schweden 1:2, Italien – England 1:3, England – Deutschland 0:6, Italien – Schweden 3:3, Elfmeterschießen1:4.
Gruppe B: Norwegen und Frankreich. Norwegen – Frankreich 2:2, Niederlande – Spanien 2:1, Norwegen – Niederlande 2:1, Frankreich – Spanien 2:3, Spanien – Norwegen 1:2, Frankreich – Niederlande 2:1.
Halbfinale: Norwegen – Schweden 2:2, Elfmeterschießen 4:2; England – Frankreich 0:2.
Endspiel am 3. August 2003 in Leipzig: Frankreich – Norwegen 2:0.

2003/04: Spanien

Deutschland qualifizierte sich gegen Island (5:1), Ungarn (9:0) und Polen 9:0).

Endrunde vom 28. Juli bis 8. August 2004 in Finnland:
Gruppe A: Deutschland und Spanien. Finnland – Deutschland 0:4; Spanien – Schweiz 3:1; Finnland – Spanien 0:4; Deutschland – Schweiz 4:0; Schweiz – Finnland 2:1; Deutschland – Spanien 7:0.
Gruppe B: Italien und Russland. Norwegen – Frankreich 2:0; Italien – Russland 5:1; Norwegen – Italien 0:0; Frankreich – Russland 1:1; Russland – Norwegen 3:0; Frankreich – Italien 3:2.
Halbfinale: Deutschland – Russland 8:0; Italien – Spanien 0:1.
Endspiel am 8. August 2004 in Vantaa: Spanien – Deutschland 2:1 (1:1)

2004/05: Russland

Deutschland qualifizierte sich gegen Schweden (1:0), Tschechien (4:1) und Dänemark (1:0).

Endrunde vom 20. bis 31. Juli in Ungarn:
Gruppe A: Deutschland und Finnland: Finnland – Schweiz 4:2; Ungarn – Deutschland 0:2; Ungarn – Finnland 0:2; Deutschland – Schweiz 5:2; Deutschland – Finnland 3:1; Schweiz – Ungarn 4:1.
Gruppe B: Frankreich und Russland: Frankreich – Russland 4:0; Schottland – England 1:3; Frankreich – Schottland 3:1; Russland – England 2:1; England – Frankreich 1:1; Russland – Schottland 5:0.
Spiel um den 5. Platz: Schweiz – England 2:1 (Qualifikation für die U20–WM 2006).
Halbfinale: Deutschland – Russland 1:3; Frankreich – Finnland 1:0.
Endspiel am 31. Juli 2995 in Zalaegerszeg: Russland – Frankreich n. V. 2:2, Elfmeterschießen 6:5

2005/06: Deutschland

Deutschland qualifizierte sich gegen Schottland (7:0), Irland (3:0) und Slowenien (8:0).

Endrunde vom 11. bis 22. Juli in der Schweiz:
Gruppe A: Deutschland und Dänemark: Deutschland – Schweden 1:1; Dänemark – Belgien 2:1; Deutschland – Dänemark 2:0; Schweden – Belgien 0:0; Belgien – Deutschland 0:4; Schweden – Dänemark 0:0.
Gruppe B: Frankreich und Russland: Russland – Frankreich 1:4; Schweiz – Niederlande 2:0; Niederlande – Frankreich 0:1; Schweiz – Russland 1:2; Frankreich – Schweiz 3:0; Niederlande – Russland 1:5.
Halbfinale: Deutschland – Russland 4:0; Frankreich – Dänemark 1:0.
Endspiel am 22. Juli 2006 in Bern: Deutschland – Frankreich 3:0
Deutschland: Holz – Höfler, Maier (Angel), Peter, Schiewe, Schlanke – Bajramaj, Keßler, Weber (Wübbenhorst) – M. Kerschowski (2) (Löwenberg), I. Kerschowski (2).

2006/07: Deutschland

Deutschland qualifizierte sich gegen Österreich (5:1), Mazedonien (7:0) und Georgien (18:0) sowie gegen Ungarn (6:0), Schottland (3:0) und Schweden (4:1).

Endrunde vom 18. bis 29. Juli in Island:
Gruppe A: Deutschland und Norwegen. Dänemark – Deutschland 0:1; Island – Norwegen 0:5; Norwegen – Deutschland 0:2; Island – Dänemark 1:2; Deutschland – Island 4:2; Norwegen – Dänemark 2.1.
Gruppe B: England und Frankreich. Polen – England 1.1; Spanien – Frankreich 0:1; Polen – Spanien 0:2; England – Frankreich 3:1; Frankreich – Polen 4:0; England – Spanien 1:0.
Halbfinale: Deutschland – Frankreich n. V. 4:2; England – Norwegen 2:0.
Endspiel am 29. Juli 2007 in Reykjavik: Deutschland – England n. V. 2:0.
Deutschland: Vetterlein – Schmidt, Schiewe, Draws, Baunach – Banecki (Hartel), Keßler, Bock (1), Schwab (M. Kerschowski (1)) – I. Kerschowski – Goddard (Wübbenhorst).

2007/08: Italien

Deutschland qualifizierte sich gegen Tschechien (6:0), Wales (7:0) und Mazedonien (12:0) sowie gegen Russland (8:3), Ungarn (2:0) und Rumänien (4:0).

Endrunde vom 7. bis 19. Juli in Frankreich:
Gruppe A: Italien und Norwegen. Italien – Norwegen 1:0; Frankreich – Spanien 1:0; Spanien – Norwegen 1:2; Frankreich – Italien 1:3; Norwegen – Frankreich 1:1; Spanien – Italien 3:0.
Gruppe B: Deutschland und Schweden. Schweden – Schottland 2:1; Deutschland – England 2:0; Schweden – Deutschland 1:1; Schottland – England 1:3; England – Schweden 1:1; Schottland – Deutschland 0:7.
Halbfinale: Italien – Schweden 4:0; Deutschland – Norwegen n. V. 1:1, Elfmeterschießen 2:4.
Endspiel am 19. Juli 2008 in Tours: Italien – Norwegen 1:0.

2008/09: England

Deutschland qualifizierte sich gegen Irland (6:0), Russland (4:0) und die Slowakei (7:0).

Endrunde vom 13. bis 25. Juli in Weißrussland:
Gruppe A: Schweiz und Frankreich: Frankreich – Deutschland 1:2; Weißrussland – Schweiz 1:4; Weißrussland – Frankreich 0:3; Schweiz – Deutschland 3:0; Deutschland – Weißrussland 9:0; Schweiz – Frankreich 0:2.
Gruppe B: England und Schweden. Schweden – England 0:3; Island – Norwegen 0:0; Schweden – Island 2:1; England – Norwegen 0:0; Norwegen – Schweden 1:2; England – Island 4:0.
Halbfinale: Frankreich – Schweden n. V. 2:5; England – Schweiz 3:0
Endspiel am 25. Juli 2009 in Baryssau: England – Schweden 2:0.

2009/10: Frankreich

Deutschland qualifizierte sich gegen Norwegen (3:0), Polen (7:0) und Serbien (8:0).

Endrunde vom 24. Mai bis 2. Juni in Mazedonien:
Gruppe A: Deutschland und England: Schottland – England 1:3; Deutschland – Itlalien 4:1; Schottland – Deutschland 1:5; England – Italien 2:1; Italien – Schottland 3:3; England – Deutschland 1:2.
Gruppe B: Niederlande und Frankreich. Niederlande – Frankreich 2:0; Mazedonien – Spanien 0:6; Mazedonien – Niederlande 0:7; Spanien – Frankreich 0:1; Frankreich – Mazedonien 6:1; Spanien – Niederlande 0:2.
Halbfinale: Deutschland – Frankreich n. V. 1:1, Elfmeterschießen 3:5; Niederlande – England n. V. 0:0, Elfmeterschießen 4:5.
Endspiel am 2. Juni 2010 in Skopje: Frankreich – England 2:1.

2010/11: Deutschland

Deutschland qualifizierte sich gegen Wales (1:1), die Türkei 2:0 und Island (3:0).

Endrunde vom 30. Mai bis 11. Juni in Italien:
Gruppe A: Schweiz und Italien. Italien – Russland 2:1; Schweiz – Belgien 4:1; Italien – Schweiz 1:0; Russland – Belgien 3:1; Belgien – Italien 1:3; Russland – Schweiz 0:0.
Gruppe B: Deutschland und Niederlande. Deutschland – Norwegen 3:1; Spanien – Niederlande 1:1; Deutschland – Spanien 1:0; Norwegen – Niederlande 3:0; Niederlande – Deutschland 1:2; Norwegen – Spanien 5:1.
Halbfinale: Italien – Norwegen 2:3; Deutschland – Schweiz 3:1.
Endspiel am 11. Juni 2911 in Imola: Deutschland – Norwegen 8:1.

Europameisterschaft U17 der Juniorinnen

Die bisherigen Gewinner:
2008, 2009 Deutschland – 2010, 2011 Spanien.

2007/08: Deutschland

Deutschland qualifizierte sich gegen Norwegen (6:1), Israel (8:0) und Bulgarien (10:0) sowie Polen (3:0), Schweden (4:1) und die Schweiz (4:0).

Endrunde vom 20. bis 23. Mai in Nyon/Schweiz:
Halbfinale: Deutschland – Dänemark 1:0; England – Frankreich n. V. 1:3.
Spiel um den 3. Platz: Dänemark – England 4:1.
Endspiel am 23. Mai 2008 in Nyon: Deutschland – Frankreich 3:0.
Deutschland: Sarholz – Bujna, Wesely, Kleiner, Simon – Bagehorn, Knaak (Kemme), Zumbült (Mester), Maroszan (1) – Huth (Rudelic (1)), Popp (1).

2008/09: Deutschland

Deutschland qualifizierte sich gegen Finnland (8:0), Serbien (11:0) und Bulgarien (11:0) sowie die Schweiz (6:0), Russland (4:0) und Ungarn (6:0).

Endrunde vom 22. bis 25. Juni in Nyon/Schweiz:
Halbfinale: Norwegen – Spanien 0:2; Deutschland – Frankreich 4:1.
Spiel um den 3. Platz: Frankreich – Norwegen 3:1.
Endspiel am 25. Juni 2009 in Nyon: Deutschland – Spanien 7:0.
Deutschland: Sarholz – Maier, Elsig (1), Vetterlein (Wensing), Simon – Götte, Mester, Petzelberger (Eberhardt) – Rolser (1) (Hartmannsegger), Malinowski (5), Doppler.

2009/10: Spanien

Deutschland qualifizierte sich gegen Frankreich (1:0), Island (0:0) und Israel (10:0) sowie gegen Norwegen (4:0), Österreich (1:0) und Finnland (3:0).

Endrunde vom 22. bis 26. Juni in Nyon/Schweiz:
Halbfinale: Niederlande – Spanien 0:3; Irland – Deutschland 1:0.
Spiel um den 3. Platz: Deutschland – Niederlande 3:0.
Endspiel am 26. Juni 2010 in Nyon: Spanien – Irland n. V. 0:0, Elfmeterschießen 4:1.

2010/11: Spanien

Deutschland qualifizierte sich gegen Finnland (5:0), Russland (9:0) und Dänemark (3:0).

Endrunde vom 28. bis 31. Juli in Nyon/Schweiz:
Halbfinale: Island – Spanien 0:4; Deutschland – Frankreich n. V. 2:2, Elfmeterschießen 5:6.
Spiel um den 3. Platz: Deutschland – Island 8:2.
Endspiel am 26. Juni 2010 in Nyon: Spanien – Frankreich 1:0.

UEFA-Frauen-Pokal (ab 2009/2010 Champions League)

Die bisherigen Gewinner:
2002 1. FFC Frankfurt – 2003, 2004 Umea IK/SWE – 2005 Turbine Potsdam – 2006 1. FFC Frankfurt – 2007 Arsenal LFC/ENG – 2008 1. FFC Frankfurt – 2009 FCR Duisburg – 2010 Turbine Potsdam – 2011 Olympique Lyon/FRA.

2001/02: 1. FFC Frankfurt

Der 1. FFC Frankfurt setzte sich in der Qualifikation gegen UD Levante/ESP (1:0), Codru Chisinau/MDA (5:0) und College SC Erewan/ARM (18:0) durch.

Viertelfinale: Odense BK/DEN – 1. FFC Frankfurt 0:3, 1:2; LFC Arsenal/ENG – FC Toulouse/FRA 1:1, 1:2; SK Trondheim-Örn/NOR – HJK Helsinki/FIN 2:1, 0:2; Umea IK/SWE – TNK Ryazan/RUS 4:1, 3:1.
Halbfinale: Umea IK – HJK Helsinki 2:1, 1:0; FC Toulouse – 1. FFC Frankfurt 1:2, 0:0.
Endspiel am 23. Mai 2002 in Frankfurt: 1. FFC Frankfurt – Umea IK 2:0 (0:0).
Frankfurt: Wissink – T. Wunderlich, Nardenbach, Minnert – Kliehm (Meier), Jones, Hansen (Rech), P. Wunderlich – Künzer, Lingor, Prinz – Trainerin: Staab.
Tore: Jones, Prinz – Zuschauer: 12 106 – SR: Elovirta (Finnland).

2002/03: Umea IK

Der 1. FFC Frankfurt erte sich in der Qualifikation gegen ZFK Nisch/YUG (2:0), Shamrock Rovers/IRL (7:1) und ZNK Osijek/CRO (8:0) durch.

Viertelfinale: SK Trondheim-Örn/NOR – Fortuna Hjörring/DEN 2:2, 0:1; VVS Samara/RUS – LFC Arsenal/ENG 0:2, 1:1; HJK Helsinki/FIN – 1. FFC Frankfurt 0:2, 0:8; Umea IK/SWE – FC Toulouse/FRA 2:0, 0:0.
Halbfinale: Fortuna Hjörring – LFC Arsenal 3:1, 5:1; Umea IK – 1. FFC Frankfurt 1:1, n. V. 1:1, Elfmeterschießen 7:6.
1. Endspiel am 9. Juni 2003 in Umea: Umea IK – Fortuna Hjörring 4:1 (1:1).
2. Endspiel am 21. Juni 2003 in Hjörring: Fortuna Hjörring – Umea IK 0:3 (0:2).
Umea: Lundgren – Bergkvist, Marklund, Valkonen, Paulson (Eriksson) – Östberg, Moström, Dahlqvist, Sjöström (Runesson) – Ljungberg, Kalmari (Nordbrand, Lindqvistt)– Trainer: Holmlund.
Tore im 1. Spiel: Ljungberg 2, Östberg, Kalmari (Madsen); Tore im 2. Spiel: Moström, Kalmari, Ljungberg – Zuschauer: 7648/2119 – SR: Günthner (Deutschland)/Toms (England).

2003/04: Umea IK

Der 1. FFC Frankfurt setzte sich in der Qualifikation gegen Athletic Bilbao/ESP (8:1), SV Neulengenbach/AUT (7:1) und 1. Dezembro Sintra/POR (4:0) durch.

Viertelfinale: Bröndby IF/DEN – Gömrükcü Baku/AZE 9:0, 3:0; 1. FFC Frankfurt – Fulham LFC/ENG 3:1, 4:1; Energy Woronesch/RUS – Umea IK/SWE 1:2, 1:2; Malmö FF/SWE – Kolbotn IL/NOR 2:0, 0:1.
Halbfinale: Bröndby IF – Umea IK 2:3, 0:1; Malmö FF – 1. FFC Frankfurt 0:0, 1:4.
1. Endspiel am 8. Mai 2004 in Stockholm: Umea IK – 1. FFC Frankfurt 3:0 (1:0).
2. Endspiel am 5. Juni 2004 in Frankfurt: 1. FFC Frankfurt – Umea IK 0:5 (0:2).
Umea: Lundgren – Paulson (Nordbrandt), Valkonen, Marklund, Berqkvist – Juhlin (Hammarström), Moström, Östberg – Marta (Eriksson), Sjöström, Kalmari (Lindqvist) – Trainer: Jeglertz.
Tore im 1. Spiel: Marta 2, Östberg; Tore im 2. Spiel: Sjöström 2, Marta, Östberg, Moström – Zuschauer: 5409/9500 – SR: Ionescu (Rumänien)/Brohet (Belgien).

2004/05: Turbine Potsdam

Turbine Potsdam setzte sich in der Qualifikation gegen Torres Terra Sarda/ITA (7:5), KS AZS Breslau (4:1) und Montpellier HSC/FRA (6:0) durch.

Viertelfinale: Torres Terra Sarda – Arsenal LFC/ENG 2:0, 1:4; Energy Woronesch/RUS – Turbine Potsdam 1:1, 1:4; Djurgardens IF/Älvsjö AIK/SWE – Umea IK/SWE 2:1, 1:0; FC Bobruichanka/BLR – SK Trondheim-Örn/NOR 0:4, 1:2.
Halbfinale: Turbine Potsdam – SK Trondheim-Örn 4:0, 3:1; Djurgardens IF/Älvsjö AIK – Arsenal LFC 1:1, 1:0.
1. Endspiel am 15. Mai 2005 in Stockholm: Djurgardens IF/Älvsjö AIK – Turbine Potsdam 0:2 (0:1)
2. Endspiel am 21. Mai 2005 in Potsdam: Turbine Potsdam – Djurgardens IF/Älvsjö AIK 3:1 (3:1)
Potsdam: Angerer – Carlson, Becher, Fuss (Thomas) – Omilade, Zietz, Hingst, Odebrecht – Wimbersky (Christiane), Pohlers, Mittag – Trainer: Schröder.
Tore im 1. Spiel: Pohlers, Mittag; Tore im 2. Spiel: Wimbersky, Pohlers 2 (Bengtsson) – Zuschauer: 1382/8664 – SR: De Toni (Italien)/Orta (Türkei).

2005/06: 1. FFC Frankfurt

Turbine Potsdam setzte sich in der Qualifikation gegen Montpellier HSC/FRA (0:0), SV Saestum/NED (2:0) und SV Neulengbach/AUT (12:1) durch, der 1. FFC Frankfurt gegen Sparta Prag/CZE (1:1), SC LUwin.ch/SUI (4:0) und Gömrükcü Baku/AZE (11:1).

Viertelfinale: Valur Reykjavik/ISL – Turbine Potsdam 1:8, 1:11; Arsenal LFC/ENG – 1. FFC Frankfurt 1:1, 1:3; Sparta Prag – Djurgardens IF/Älvsjö AIK/SWE 0:2, 0:0; Montpellier HSC – Bröndby IF/DEN 3:0, 3:1.
Halbfinale: Turbine Potsdam – Djurgardens IF/Älvsjö AIK 2:3, 5:2; 1. FFC Frankfurt – Montpellier HSC 0:1, 3:2.
1. Endspiel am 20. Mai 2006 in Potsdam: Turbine Potsdam – 1. FFC Frankfurt 0:4 (0:1)
2. Endspiel am 27. Mai 2006 in Frankfurt: 1. FFC Frankfurt – Turbine Potsdam 3:2 (1:2)
Frankfurt: Holl – T. Wunderlich (Weber), Jones, Künzer, Kliehm – Hansen, Garefrekes, Lingor, Smisek – Prinz (Barucha), Albertz (Bartusiak) – Trainer: Dr. Tritschoks.
Tore im 1. Spiel: Lingor 2, Albertz, Garefrekes; Tore im 2. Spiel: Jones, Lingor, Prinz (Pohlers 2) – Zuschauer: 4431/13 200 – SR: Oedlund (Schweden)/Damkova (Tschechien).

2006/07: Arsenal LFC

Der 1. FFC Frankfurt setzte sich in der Qualifikation gegen UMF Breidablik/ISL (5:0), HJK Helsinki/FIN (2:0) und Universitet Witebsk/BLR (5:0 durch, Turbine Potsdam gegen SV Saestum/NED (2:2), Rapide Wezemaal/BEL (1:0) und Sparta Prag/CZE (4:0).

Viertelfinale: Kolbotn IL/NOR – 1. FFC Frankfurt 2:1, 2:3; Bröndby IF/DEN – Turbine Potsdam 3:0, 1:2; UMF Breidablik – Arsenal LFC/ENG 0:5, 1:4; SV Saestum – Umea IK/SWE 1:6, 2:5.
Halbfinale: Bröndby IF – Arsenal LFC 2:2, 0:3; Kolbotn IL – Umea IK 1:5, 0:6.
1. Endspiel am 21. April 2007 in Umea: Umea IK – Arsenal LFC 0:1 (0:0)
2. Endspiel am 29. April 2007 in Borehamwood: Arsenal LFC – Umea IK 0:0
Arsenal: Byrne – Scott, Asante, Phillip, Chapman – Grant, Ludlow (White) – Sanderson, Fleeting, Yankey, Carney (Davison) – Trainerin: Hayes.
Tor im 1. Spiel: Scott – Zuschauer: 6295/3467 – SR: Beck (Deutschland)/Petignat (Schweiz).

2007/08: 1. FFC Frankfurt

Der 1. FFC Frankfurt setzte sich in der Qualifikation gegen Rapide Wezemaal/BEL (1:1), Everton LFC/ENG (2:1) und Valur Reykjavik (3:1) durch.

Viertelfinale: Rapide Wezemaal – Umea IK/SWE 0:4, 0:6; CF Bardolino/ITA – Bröndby IF/DEN 0:1, n. V. 1:0, Elfmeterschießen 3:2; Olympique Lyon/FRA – Arsenal LFC/ENG 0:0, 3:2; Rossiyanka Krasnoarmeysk/RUS – 1. FFC Frankfurt 0:0, 1:2.
Halbfinale: 1. FFC Frankfurt – CF Bardolino 4:2, 3:0; Olympique Lyon – Umea IK 1:1, 0:0.
1. Endspiel am 17. Mai 2008 in Umea: Umea IK – 1. FFC Frankfurt 1:1 (1:1)
2. Endspiel am 24. Mai 2008 in Frankfurt: 1. FFC Frankfurt – Umea IK 3:2 (1:0)
Frankfurt: Rottenberg (Ullrich) – Kliehm (Günther), T. Wunderlich, Lewandowski, Bartusiak – Weber, Krieger – Garefrekes, Wimbersky (Thomas) – Prinz, Pohlers (Smisek) – Trainer: Dr. Tritschoks.
Tore im 1. Spiel: Pohlers (Marta); Tore im 2. Spiel: Pohlers 2, Wimbersky (Dahlquist, Östberg) – Zuschauer: 4128/27 640 – SR: Gaal (Ungarn)/Ihringova (England).

2008/09: FCR Duisburg

Der 1. FFC Frankfurt wurde in der Qualifikation Zweiter hinter Zvezda-2005 Perm/RUS (0:1) und vor Röa IL/NOR (3:1) und Glasgow City/SCO (3:1), der FCR Duisburg setzte sich gegen Bröndby IF/DEN (4:1), UD Levante/ESP (5:0) und Naftokhimik Kalus/UKR (5:1) durch.

Viertelfinale: Bröndby IF – Zvezda-2005 Perm 2:4, 1:3; CF Bardolino/ITA – Olympique Lyon/FRA 0:5, 1:4; Arsenal LFC/ENG – Umea IK/SWE 3:2, 0:6; 1. FFC Frankfurt – FCR Duisburg 1:3, 0:2.

Halbfinale: Olympique Lyon – FCR Duisburg 1:1, 1:3; Zvezda-2005 Perm – Umea IK 2:0, 2:2.
1. Endspiel am 16. Mai 2009 in Kasan: Zvezda-2005 Perm – FCR Duisburg 0:6 (0:1)
2. Endspiel am 22. Mai 2009 in Duisburg: FCR Duisburg – Zvezda-2005 Perm 1:1
Duisburg: Längert (Bellinghoven) – Popp, Fuss, Krahn, Bresonik – Hegering, Griffloen (van Bonn) – Bajramaj (Knaak), Laudehr (Oster, Kiesel), Maes – Grings – Trainerin: Voss.
Tore im 1. Spiel: Maes 2, Grings 3, Bajramaj; Tore im 2. Spiel: Krahn (Apanashchenko) – Zuschauer: 700/28 112 – SR: Brohet (Belgien)/Palmqvist (schweden).

2009/10: Turbine Potsdam

Bayern München setzte sich in der Qualifikation gegen Glasgow City/SCO (5:2), Gintra Universitetas Siauliai/LTU (8:0) und Nortschi Dinamoeli Tiflis/GEO (19:0) durch.

1. Runde: Universitet Witebsk/BLR – FCR Duisburg 1:5, 3:6; Viktoria Szombathely/HUN – Bayern München 0:5, 2:4; FC Honka Espoo/FIN – Turbine Potsdam 1:8; 0:8; Alma KTZH/KAZ – Sparta Prag/CZE 1:0, 0:2; Zhilstroy-1 Charkiw/UKR – Umea IK/SWE 0:5, 0:6; Torres Sassari CF/ITA – Valur Reykjavik/ISL 4:1, 2:1; Unia Ratibor/POL – SV Neulengbach/AUT 1:3, 1:0; ZNK-SFK 2000 Sarajevo/BIH – Zvezda-2005 Perm/RUS 0:3, 0:5; Masinac Nis/SRB – Olympique Lyon/FRA 0:1, 0:5; Röa IL/NOR – Everton LFC/ENG 3:0, 0:2; Standard Femina Lüttich/BEL – Montpellier HSC/FRA 0:0, 1:3; PAOK Saloniki/GRE – Arsenal LFC/ENG 0:9; 0:9; FC Zürich Frauen/SUI – Linköpings FC/SWE 0:2; 0:3; Fortuna Hjörring/DEN – Bardolino CF/ITA 4:0, 1:2; AZ Alkmaar/NED – Bröndby IF/DEN 1:2, 1:1; Rayo Vallecano/ESP – Rossiyanka Krasnoarmeysk/RUS 1:3, 1:2.
Achtelfinale: Montpellier HSC – Bayern München 0:0, n. V. 1:0; Turbine Potsdam – Bröndby IF 1:0, 4:0; FCR Duisburg – Linköpings FC 1:1, 2:0; Röa IL – Zvezda-2005 Perm 0:0, 1:1; Rossiyanka Krasnoarmeysk – Umea IK 0:1, 1:1; Sparta Prag – Arsenal LFC 0:3, 0:2; SV Neulengbach – Torres Sassari CF 1:4, 1:4; Fortuna Hjörring – Olympique Lyon 0:1, 0:5.
Viertelfinale: Turbine Potsdam – Röa IL 5:0, 5:0; FCR Duisburg – Arsenal LFC 2:1, 2:0; Olympique Lyon – Torres Sassari CF 3:0, 0:1; Umea IK – Montpellier HSC 0:0, 2:2.
Halbfinale: FCR Duisburg – Turbine Potsdam 1:0, n. V. 0:1, Elfmeterschießen 1:3; Olympique Lyon – Umea IK 3:2, 0:0.
Endspiel am 20. Mai 2010 in Getafe: Turbine Potsdam – Olympique Lyon n. V. 0:0, Elfm. 7:6
Potsdam: Sarholz – Schmidt, Peter, Henning – Odebrecht, Zietz, Keßler (I. Kerschowski), Kemme (Schröder) – Wich (Nagasato), Bajramaj, Mittag – Trainer: Schröder.
Elfmeterschießen: Zietz gehalten, Peter, Odebrecht, Mittag gehalten, I. Kerschowski, Nagasato, Bajramaj, Sarholz, Schmidt (Franco, Dickenmann, Kaci, Henry gehalten, Herlovsen gehalten, Renard, Simone, Bouhaddi, Thomis Latte) – Zuschauer: 10 372 – SR: Heikkinen (Finnland).

2010/11: Olympique Lyon

Der FCR Duisburg setzte sich in der Qualifikation gegen Slovan Bratislava/SVK (3:0), Crusaders Newtownabbey Strikers/NIR (6:1) und Glasgow Cty/SCO (4:0) durch.

1. Runde: CSHVSM Almaty/KAZ – FCR Duisburg 0:5, 0:6; Aland United/FIN – Turbine Potsdam 0:9, 0:6; VV St. Truiden/BEL – Sparta Prag/CZE 0:3, 0:7; Legend-Cheksil Chernigov/UKR – FK Rossijanka/RUS 1:3, 0:4; Masinac Nis/SRB – Arsenal LFC/ENG 1:3, 0:9; MTK Budapest/HUN – Everton LFC/ENG 0:0, 1:7; Breidablik Kopavogur/ISL – Juvisy FCF/FRA 0:3, 0:6; PAOK Saloniki/GRE – SV Neulengbach/AUT 1:0, 0:3; ZNK KRKA Novo Mesto/SVN – Linköpings FC/SWE 0:7, 0:5; Rayo Vallecano/ESP – Valur Reykjavík/ISL 3:0, 1:1; AZ Alkmaar/NED – Olympique Lyon/FRA 1:2, 0:8; FK Zorka-BDU/BLR – Röa IL/NOR 1:2, 0:0; Fortuna Hjörring/DEN – ASD CF Bardolino/ITA 8:0, 6:1; Unia Raciborz/POL – Bröndby IF/DEN 1:2, 1:0; Apollon Limassol/CYP – Zwezda-2005 Perm/RUS 1:2, 1:2; FC Zürich Frauen/SUI – Sassari Torres/ITA 2:3, 1:4.
Achtelfinale: FCR Duisburg – Fortuna Hjörring 4:2, 3:0; Turbine Potsdam – SV Neulengbach 7:0, 9:0; Rayo Vallecano – Arsenal LFC 2:0, 1:4; FK Rossijanka – Olympique Lyon 1:6, 0:5; Bröndby IF – Everton LFC 1:4, 1:1; Sassari Torres – Juvisy FCF 1:2, n. V. 2:2; Linköpings FC – Sparta Prag 2:0, 1:0; Röa IL – Zwezda-2005 Perm 1:1, 0:4.
Viertelfinale: Everton LFC – FCR Duisburg 1:3, 1:2; Juvisy FCF – Turbine Potsdam 0:3, 2:6; Zwezda-2005 Perm – Olympique Lyon 0:0, 0:1; Arsenal LFC – Linköpings FC 1:1, 2:2.
Halbfinale: FCR Duisburg – Turbine Potsdam 2:2, 0:1; Olympique Lyon – Arsenal LFC 2:0, 3:2.
Endspiel am 26. Mai 2011 in London: Olympique Lyon – Turbine Potsdam 2:0 (1:0)
Lyon: Bouhaddi – Renard, Georges, Viguier, Bompastor – Cruz Trana, Necib (Dickenmann), Henry, Abily – Thomis (Le Sommer), Schelin – Trainer: Lair.
Tore: Renard, Dickenmann – Zuschauer: 14 303 – SR: Damkova (Tschechien).

Die Weltfußballerinnen des Jahres

2001, 2002 Mia Hamm (USA/Washington Freedom) – 2003 Birgit Prinz (Deutschland/Carolina Courage) – 2004, 2005 Birgit Prinz (Deutschland/1. FFC Frankfurt) – 2006, 2007, 2008 Marta (Brasilien/Umea IK) – 2009 Marta (Brasilien/Los Angeles Sol) – 2010 Marta (Brasilien/FC Gold Pride).

KAPITEL 14

ANHANG

Europas Abschlusstabellen und Pokal-Endspiele 2010/2011

Abkürzungen:
(M) = Meister der letzten Saison, (P) = Pokalsieger der letzten Saison, (N) = Aufsteiger, * Absteiger.

ALBANIEN

1. Skenderbeu Korce	33	52:23	73
2. Flamurtari Vlore	33	62:27	66
3. Vllaznia Shkoder	33	41:27	59
4. KF Laci	33	44:44	47
5. KF Tirana	33	42:31	44
6. Bylis Ballsh (N)	33	44:48	43
7. Teuta Durres	33	38:40	42
8. Kastrioti Kruje	33	40:47	42
9. Shkumbini Peqin	33	43:54	42
10. Dinamo Tirana (M)	33	46:50	39
11. Besa Kavaje (P) *	33	35:47	39
12. KF Elbasani (N) *	33	30:79	12

Aufsteiger: KS Pogradeci, Tomori Berat, KS Kamza, Apolonia Fier. – Die Liga spielt 2011/12 mit 14 Klubs.
Pokal-Endspiel: KF Tirana – Dinamo Tirana n.V. 1:1, Elfmeterschießen 4:3

ANDORRA

1. FC Santa Coloma (M)	20	71:11	47
2. UE Sant Julia (P)	20	47:9	43
3. FC Lusitans	20	43:20	38
4. UE Escale Santa Coloma	20	54:27	30
----------			
5. CE Principat	20	49:34	28
6. Inter Escaldes	20	28:54	21
7. FC Encamp *	20	24:79	13
8. FC Casa Benfica (N) *	20	15:97	6

Nach einer Doppelrunde (14 Spieltage) spielten die ersten vier Mannschaften um die Meisterschaft, die letzten vier gegen den Abstieg.
Aufsteiger: Ranger's FC, UE Engordany
Pokal-Endspiel: UE Sant Julia – UE Santa Coloma n. V. 3:1

ASERBAIDSCHAN

1. Neftci Baku	32	53:17	67
2. Xäzär Länkäran	32	38:18	60
3. Qarabag Agdam	32	41:22	58
4. AZAL Baku	32	36:28	49
5. Inter Baku (M)	32	29:24	49
6. FK Baku (P)	32	33:32	40
----------			
7. FK Qäbälä	32	31:18	51
8. FK Mugan Salyan	32	29:31	47
9. FK Gäncä (N)	32	33:37	36
10. Turan Tovuz	32	24:47	27
11. Simurq Zaqatala *	32	20:52	19
12. MOIK Baku (N) *	32	14:55	18

Nach einer Doppelrunde (22 Spieltage) spielten die ersten sechs Mannschaften um die Meisterschaft, die letzten sechs gegen den Abstieg.
Aufsteiger: Abseron Baku, Rävan Baku
Pokal-Endspiel: Xäzär Länkäran – Inter Baku n. V. 1:1, Elfmeterschießen 4:2

BELGIEN

1. RSC Anderlecht (M)	30	58:20	65
2. KRC Genk	30	64:27	64
3. KAA Gent (P)	30	59:42	57
4. FC Brügge	30	60:35	53
5. KSC Lokeren OV	30	43:36	50
6. Standard Lüttich	30	50:38	49
7. KV Mechelen	30	34:30	48
8. KVC Westerlo	30	41:40	41
9. Cercle Brügge	30	33:34	39
10. KV Kortrijk	30	36:39	38
11. SV Zulte-Waregem	30	39:41	33
12. Sint-Truidense VV	30	20:51	29
13. Germinal Beerschot	30	24:40	26
14. Lierse SK (N)	30	26:58	24
15. KAS Eupen (N)	30	28:50	23
16. RSC Charleroi	30	20:54	19

Nach einer Doppelrunde spielten die ersten sechs Mannschaften um die Meisterschaft. Die Teams auf den Plätzen 7 bis 14 wurden in zwei Vierergruppen eingeteilt. Die beiden Gruppensieger ermittelten in Hin- und Rückspielen den Klub, der gegen den Vierten der Meisterschaftsrunde einen Europa-League-Teilnehmer ausspielte. Der Vorletzte und Letzte spielten eine Relegationsrunde. Die schlechter platzierte Mannschaft stieg direkt ab, die besser platzierte Mannschaft bestritt eine weitere Relegationsrunde mit drei Zweitligisten.

Meisterrunde

1. KRC Genk	10	16:12	51 (32)
2. Standard Lüttich	10	18:6	51 (25)
3. RSC Anderlecht (M)	10	14:16	44 (33)
4. FC Brügge	10	13:6	43 (27)
5. KAA Gent (P)	10	9:22	33 (29)
6. KSC Lokeren OV	10	9:17	31 (25)

(In Klammern die Bonuspunkte aus der Hauptunde)

Europa-League-Play-off, Gruppe A

1. Cercle Brügge	6	5:5	9
2. Lierse SK (N)	6	10:8	8
3. KV Mechelen	6	9:10	8
4. Sint-Truidense VV	6	6:7	6

Europa-League-Play-off, Gruppe B

1. KVC Westerlo	6	16:6	12
2. SV Zulte-Waregem	6	6:10	10
3. Germinal Beerschot	6	6:6	6
4. KV Kortrijk	6	2:8	3

Entscheidungspiele der Gruppenersten:

KVC Westerlo – Cercle Brügge	3:0, 2:2

Die Entscheidungsspiele um den Europa-League-Platz entfielen, da Westerlo als unterlegener Pokal-Finalist bereits für die Europa League qualifiziert war.

Relegation

1. KAS Eupen (N) *	4	9:8	10 (3)
2. RSC Charleroi *	4	8:9	4 (0)

(In Klammern die Bonuspunkte aufgrund der Position in der Hauptrunde)

Charleroi stieg damit direkt ab. Eupen scheiterte in der anschließenden zweiten Relegationsrunde mit drei Zweitligisten.
Aufsteiger: Oud-Heverlee Leuven, RAEC Mons
Pokal-Endspiel: Standard Lüttich – KVC Westerlo 2:0

BOSNIEN-HERZEGOWINA

1. Borac Banja Luka (P)	30	37:15	64
2. FK Sarajevo	30	51:26	57
3. Zeljeznicar Sarajevo (M)	30	50:25	55
4. NK Siroki Brijeg	30	59:45	50
5. Olimpik Sarajevo	30	35:33	48
6. Sloboda Tuzla	30	28:29	46
7. Zrinjski Mostar	30	41:39	42
8. Zvijezda Gradacac	30	40:38	42
9. Rudar Prijedor	30	37:41	41
10. Celik Zenica	30	30:30	40
11. Slavija Istocno Sarajevo	30	44:46	38
12. NK Travnik	30	44:43	37
13. Velez Mostar	30	31:43	36
14. Leotar Trebinje	30	29:49	35
15. Buducnost Banovici (N) *	30	25:44	25
16. Drina Zvornik (N) *	30	18:53	23

Aufsteiger: Kozara Gradiska, GOSK Gabela
Pokal-Endspiele: Zeljeznicar Sarajevo – Celik Zenica 1:0, 3:0

BULGARIEN

1. Litex Lovetsch (M)	30	56:13	75
2. Levski Sofia	30	67:24	72
3. ZSKA Sofia	30	53:26	61
4. Lokomotive Sofia	30	47:33	52
5. Lokomotive Plovdiv	30	54:28	52
6. Tscherno More Varna	30	36:28	51
7. Beroe Stara Sagora (P)	30	33:34	46
8. Tschernomorez Burgas	30	19:28	37
9. Minjor Pernik	30	33:45	36
10. FK Montana	30	30:46	32
11. Slavia Sofia	30	34:38	32
12. Kaliakra Kavarna (N)	30	19:40	30
13. Pirin Blagoevgrad *	30	32:39	27
14. Vidima-Rak. Sevlievo (N)	30	26:52	25
15. Akademik Sofia (N) *	30	16:51	20
16. FK Sliven 2000 *	30	22:52	19

Aufsteiger: Ludogorez Rasgrad, Botev Vraza, Swetkaviza Targowischte
Pokal-Endspiel: ZSKA Sofia – Slavia Sofia 1:0

DÄNEMARK

1. FC Kopenhagen (M)	33	77:29	81
2. Odense BK	33	55:41	55
3. Bröndby IF	33	52:39	51
4. FC Midtjylland	33	50:42	49
5. Silkeborg IF	33	43:49	43
6. FC Nordsjaelland (P)	33	38:50	39
7. Sönderjysk Elitesport	33	32:46	39
8. Lyngby BK (N)	33	42:52	38
9. AC Horsens (N)	33	29:40	37
10. Aalborg BK	33	38:48	35
11. Randers FC *	33	41:48	34
12. Esbjerg fB *	33	36:49	33

Aufsteiger: Aarhus GF, HB Köge
Pokal-Endspiel: FC Nordsjaelland – FC Midtjylland 3:2

ENGLAND

1. Manchester United	38	78:37	80
2. FC Chelsea (M, P)	38	69:33	71
3. Manchester City	38	60:33	71
4. FC Arsenal	38	72:43	68
5. Tottenham Hotspur	38	55:46	62
6. FC Liverpool	38	59:44	58
7. FC Everton	38	51:45	54
8. FC Fulham	38	49:43	49
9. Aston Villa	38	48:59	48
10. AFC Sunderland	38	45:56	47
11. West Bromwich Albion (N)	38	56:71	47
12. Newcastle United (N)	38	56:57	46
13. Stoke City	38	46:48	46
14. Bolton Wanderers	38	52:56	46
15. Blackburn Rovers	38	46:59	43
16. Wigan Athletic	38	40:61	42
17. Wolverhampton Wanderers	38	46:66	40
18. Birmingham City *	38	37:58	39
19. FC Blackpool (N) *	38	55:78	39
20. West Ham United *	38	43:70	33

Aufsteiger: Queens Park Rangers, Norwich City, Swansea City
Pokal-Endspiel: Manchester City – Stoke City 1:0
Ligapokal-Endspiel: Birmingham City – FC Arsenal 2:1

FRANKREICH

1. Lille OSC	38	68:36	76
2. Olympique Marseille (M)	38	62:39	68
3. Olympique Lyon	38	61:40	64
4. FC Paris St.-Germain (P)	38	56:41	60
5. FC Sochaux	38	60:43	58
6. Stade Rennes	38	38:35	56
7. Girondins Bordeaux	38	43:42	51
8. Toulouse FC	38	38:36	50
9. AJ Auxerre	38	45:41	49
10. AS St.-Etienne	38	46:47	49
11. FC Lorient	38	46:48	49
12. Valenciennes FC	38	45:41	48
13. AS Nancy	38	43:48	48
14. Montpellier Herault SC	38	32:43	47
15. SM Caen (N)	38	46:51	46
16. Stade Brest (N)	38	36:43	46

17. OGC Nizza	38	33:48	46
18. AS Monaco *	38	36:40	44
19. RC Lens *	38	35:58	35
20. AC Arles-Avignon (N) *	38	21:70	20

Aufsteiger: Evian Thonon Gaillard FC, AC Ajaccio, Dijon FCO

Pokal-Endspiel: Lille OSC – FC Paris St.-Germain 1:0

Ligapokal-Endspiel: Olympique Marseille – Montpellier Herault SC 1:0

GEORGIEN

1. FK Sestaponi	36	72:19	78
2. Dinamo Tiflis	36	55:22	72
3. Olimpi Rustawi (M)	36	52:31	66
4. Torpedo Kutaisi (N)	36	31:22	55
5. WIT Georgia Tiflis (P)	36	35:41	48
6. Baia Sugdidi	36	36:51	44
7. Kolcheti 1913 Poti (N)	36	25:47	40
8. Sioni Bolnisi	36	27:45	39
9. Spartaki Zchinwali	36	32:42	32
10. FK Samtredia *	36	27:72	25

Aufsteiger: Aufsteiger: FK Gagra, Merani Martwili, Dila Gori – Die Liga spielt 2011/12 mit 12 Klubs.

Pokal-Endspiel: FK Gagra – Torpedo Kutaisi n. V. 1:0

GRIECHENLAND

1. Olympiakos Piräus	30	65:18	73
2. Panathinaikos Athen (M, P)	30	47:26	60
3. AEK Athen	30	46:37	50
4. PAOK Saloniki	30	32:29	48
5. Olympiakos Volou (N)	30	40:28	47
6. Aris Saloniki	30	29:29	45
7. AO Kavala	30	29:27	40
8. AE Ergotelis	30	32:38	39
9. AO Xanthi	30	29:35	36
10. Panionios Athen	30	25:35	35
11. Atromitos Chalkidona	30	30:34	34
12. AO Kerkyra (N)	30	30:40	33
13. Asteras Tripolis	30	21:29	31
14. AE Larisa *	30	29:47	25
15. Panserraikos Serres (N) *	30	22:48	24
16. Iraklis Saloniki *	30	22:28	35

Iraklis Saloniki erhielt wegen finanzieller Unregelmäßigkeiten keine Lizenz für die Saison 2011/12. Im Anschluss an die Meisterschaft ermittelten die Klubs auf den Plätzen 2 bis 5 in einer Play-off-Runde den Teilnehmer an der Champions-League-Qualifikation.

1. Panathinaikos Athen (M, P)	6	9:5	13 (3)
2. PAOK Saloniki	6	11:8	12 (0)
3. AEK Athen	6	6:6	8 (1)
4. Olympiakos Volou (N)	6	5:12	6 (0)

(In Klammern die Bonuspunkte aus der Vorrunde)

Aufsteiger: Panetolikos Agrinio, PAS Ioannina, OF Iraklion.

Pokal-Endspiel: AEK Athen – Atromitos Halkidona 3:0

ISRAEL

1. Maccabi Haifa	30	55:25	70
2. Hapoel Tel Aviv (M, P)	30	65:27	65
3. Maccabi Tel Aviv	30	41:33	50
4. Ironi Kiryat Shmona (N)	30	50:34	48
5. Bnei Yehuda Tel Aviv	30	33:27	48
6. Maccabi Netanya	30	39:33	44
7. Hapoel Haifa	30	38:37	44
8. Maccabi Petah Tikva	30	50:39	42
9. Hapoel Akko	30	43:38	41
10. Hapoel Beer Sheva	30	36:38	38
11. Beitar Jerusalem	30	30:32	38
12. Hapoel Petah Tikva	30	36:51	33
13. MS Ashdod	30	36:52	33
14. Hapoel Ashkelon (N)	30	29:56	26
15. Bnei Sachnin	30	19:40	25
16. Hapoel Ramat-Gan	30	18:56	8

Meisterrunde

1. Maccabi Haifa	35	61:28	45 (35)
2. Hapoel Tel Aviv	35	72:36	38 (33)
3. Maccabi Tel Aviv	35	53:40	35 (25)
4. Bnei Yehuda Tel Aviv	35	42:34	31 (24)
5. Ironi Kiryat Shmona (N)	35	57:45	28 (24)
6. Maccabi Netanya	35	47:47	27 (22)

Platzierungsrunde

7. Maccabi Petah Tikva	33	57:41	28 (21)
8. Hapoel Akko	33	49:45	27 (21)
9. Hapoel Beer Sheva	33	41:43	23 (19)
10. Hapoel Haifa	33	40:43	22 (22)

Abstiegsrunde

11. Beitar Jerusalem	35	38:35	26 (19)
12. MS Ashdod	35	42:55	25 (17)
13. Bnei Sachnin	35	25:44	23 (13)
14. Hapoel Petah Tikva	35	42:58	22 (17)
15. Hapoel Ashkelon (N) *	35	33:66	19 (13)
16. Hapoel Ramat-Gan *	35	24:65	10 (4)

(In Klammern Bonuspunkte aus der Hauptrunde)

Aufsteiger: Ironi Nir Ramat HaSharon, Ironi RishonLeZion

Pokal-Endspiel: Hapoel Tel Aviv – Maccabi Haifa 1:0

ITALIEN

1. AC Mailand	38	65:24	82
2. Inter Mailand (M, P)	38	69:42	76
3. SSC Neapel	38	59:39	70
4. Udinese Calcio	38	65:43	66
5. Lazio Rom	38	55:39	66
6. AS Rom	38	59:52	63
7. Juventus Turin	38	57:47	58
8. US Palermo	38	58:63	56
9. AC Florenz	38	49:44	51
10. CFC Genua 1893	38	45:47	51

11. AC Chievo Verona	38	38:40	46
12. FC Parma	38	39:47	46
13. Catania Calcio	38	40:52	46
14. Cagliari Calcio	38	44:51	45
15. AC Cesena (N)	38	38:50	43
16. FC Bologna	38	35:52	42
17. US Lecce (N)	38	46:66	41
18. Sampdoria Genua *	38	33:49	36
19. Brescia Calcio (N) *	38	34:52	32
20. AS Bari *	38	27:56	24

Aufsteiger: Atalanta Bergamo, AC Siena, Novara Calcio

Pokal-Endspiel: Inter Mailand – US Palermo 3:1

KROATIEN

1. Dinamo Zagreb (M)	30	52:12	72
2. Hajduk Split (P)	30	54:32	55
3. RNK Split (N)	30	38:22	53
4. Cibalia Vinkovci	30	33:24	44
5. Inter Zapresic	30	31:35	42
6. NK Karlovac	30	25:27	41
7. Slaven Belupo Koprivnica	30	34:30	40
8. NK Osijek	30	31:29	39
9. HNK Rijeka	30	29:35	39
10. NK Zadar	30	31:34	38
11. NK Varazdin	30	32:38	36
12. NK Zagreb	30	32:39	35
13. HNK Sibenik	30	37:38	35
14. Lokomotiva Zagreb	30	24:37	33
15. Istra 1961 Pula	30	24:44	31
16. Hrv. Drag. Zagreb (N) *	30	24:55	23

Aufsteiger: Lucko Zagreb

Pokal-Endspiele: Dinamo Zagreb – NK Varazdin 5:1, 3:1

LIECHTENSTEIN

Keine eigene Meisterschaft – die Liechtensteiner Klubs spielen in Schweizer Ligen.

Pokal-Endspiel: FC Vaduz – USV Eschen/Mauren 5:0

LUXEMBURG

1. F91 Dudelange	26	75:24	59
2. Fola Esch	26	48:28	47
3. UN Käerjeng '97	26	54:34	44
4. FC Differdange 03 (P)	26	51:37	43
5. Progres Niedercorn	26	43:43	41
6. CS Grevenmacher	26	43:39	39
7. CS Petange	26	37:36	38
8. Jeunesse Esch (M)	26	40:37	37
9. FC RM Hamm Benfica	26	47:46	36
10. Swift Hesperange	26	38:49	31
11. RFC Union Luxemburg	26	38:38	29
12. FC Wiltz 71 (N) *	26	38:78	26
13. Etzella Ettelbruck *	26	31:60	21
14. Jeunesse Canach (N) *	26	28:62	20

Aufsteiger: Union 05 Kayl-Tetange, US Rumelange, US Hostert

Pokal-Endspiel: FC Differdange 03 – F91 Dudelange 1:0

MALTA

Vorrunde

1. FC Valletta (P)	18	42:11	44
2. Tarxien Rainbows	18	25:22	29
3. FC Floriana	18	25:20	27
4. FC Birkirkara (M)	18	25:25	27
5. FC Marsaxlokk (N)	18	25:25	24
6. Hamrun Spartans	18	31:36	23
7. Sliema Wanderers	18	22:26	22
8. FC Qormi	18	22:26	21
9. Hibernians Paola	18	23:33	15
10. Vittoriosa Stars (N)	18	20:36	11

Meisterrunde

1. FC Valletta (P)	28	59:17	42 (22)
2. FC Floriana	28	46:32	34 (14)
3. FC Birkirkara (M)	28	42:40	29 (14)
4. FC Marsaxlokk (N)	28	45:43	26 (12)
5. Tarxien Rainbows	28	41:45	23 (15)
6. Hamrun Spartans	28	44:66	16 (12)

Abstiegsrunde

7. Sliema Wanderers	24	37:31	26 (11)
8. FC Qormi	24	37:43	18 (11)
9. Hibernians Paola	24	34:46	17 (8)
10. Vittoriosa Stars (N) *	24	26:48	10 (6)

(In Klammern Bonuspunkte aus der Hauptrunde)

Aufsteiger: Balzan Youths, FC Mqabba, FC Mosta – Die Liga spielt 2011/12 mit 12 Klubs.

Pokal-Endspiel: FC Floriana – FC Valletta 1:0

MAZEDONIEN

1. Shkendija Tetovo (N)	33	65:23	72
2. Metalurg Skopje	33	48:24	61
3. Renova Dzepciste (M)	33	54:31	60
4. Rabotnicki Skopje	33	53:31	55
5. Sileks Kratovo	33	39:38	47
6. FK Turnovo	33	35:35	45
7. Teteks Tetovo (P)	33	38:36	44
8. Bregalnica Stip (N)	33	33:49	41
9. FK Skopje (N) *	33	36:39	37
10. Napredok Kicevo (N)	33	30:48	37
11. Vardar Skopje	33	24:44	29
12. Pelister Bitola *	33	25:82	18

Aufsteiger: FK 11 Oktomvri Prilep, FK Ohrid 2004. FK Miravci fusioniert mit Vardar Skopje.

Pokal-Endspiel: Metalurg Skopje – Teteks Tetovo 2:0

MOLDAWIEN

1. Dacia Chisinau	39	66:16	92
2. Sheriff Tiraspol (M, P)	39	81:16	83
3. Milsami Orhei	39	71:23	78
4. Zimbru Chisinau	39	56:20	76
5. Iskra-Stal Ribnita	39	62:26	74
6. Olimpia Balti	39	59:31	74
7. FC Tiraspol	39	57:45	57
8. CSCA-Rapid Chisinau	39	39:37	55
9. Academia Chisinau	39	44:37	52
10. FC Costuleni (N)	39	23:68	27
11. Nistru Otaci	39	33:75	25

12. Sfintul Gheorghe Suruceni	39	30:83	25
13. Gagauziya Comrat (N) *	39	38:89	23
14. Dinamo Bender *	39	25:118	22

Aufsteiger: keine – Die Liga spielt 2011/12 mit 12 Klubs.
Pokal-Endspiel: Iskra-Stal Ribnita – Olimpia Balti 2:1

MONTENBEGRO

1. Mogren Budva	33	60:24	73
2. Buducnost Podgorica	33	58:29	73
3. Rudar Pljevlja (M, P)	33	44:29	55
4. Zeta Golubovci	33	36:29	49
5. Mladost Podgorica (N)	33	36:35	41
6. Decic Tuzi	33	24:33	39
7. Grbalj Radanovici	33	30:35	38
8. Lovcen Cetinje	33	29:36	37
9. OFK Petrovac	33	26:38	35
10. Mornar Bar *	33	25:45	34
11. Sutjeska Niksic	33	32:54	34
12. OFK Bar (N) *	33	30:43	32

Aufsteiger: Bokelj Kotor, FK Berane
Pokal-Endspiel: Rudar Pljevlja – Mogren Budva n. V. 2:2, Elfmeterschießen 5:4

NIEDERLANDE

1. Ajax Amsterdam (P)	34	72:30	73
2. FC Twente Enschede (M)	34	65:34	71
3. PSV Eindhoven	34	79:34	69
4. AZ Alkmaar	34	55:44	59
5. FC Groningen	34	65:52	57
6. Roda JC Kerkrade	34	65:50	55
7. ADO Den Haag	34	63:55	54
8. Heracles Almelo	34	65:56	49
9. FC Utrecht	34	55:51	47
10. Feyenoord Rotterdam	34	53:54	44
11. NEC Nijmegen	34	57:56	43
12. SC Heerenveen	34	60:54	41
13. NAC Breda	34	44:60	40
14. De Graafschap (N)	34	31:56	38
15. Vitesse Arnhem	34	42:61	35
16. Excelsior Rotterdam (N)	34	45:66	35
17. VVV-Venlo	34	34:76	21
18. Willem II Tilburg *	34	37:98	15

Im Anschluss an die Meisterschaft ermittelten die Klubs auf den Plätzen 6 bis 9 in einer Play-off-Runde den vieten Teilnehmer an der Europa League:

Heracles Almelo – FC Groningen 3:2, 1:2
ADO Den Haag – Roda JC Kerkrade 4:2, 2:1
ADO Den Haag – FC Groningen 5:1, n. V. 1:4, Elfmeterschießen 4:3

Aufsteiger: RKC Waalwijk
Pokal-Endspiel: FC Twente Enschede – Ajax Amsterdam n. V. 3:2

NORDIRLAND

1. FC Linfield (M, P)	38	80:29	85
2. FC Crusaders	38	78:59	74
3. FC Glentoran	38	63:41	66
4. FC Cliftonville	38	60:56	58
5. FC Portadown	38	49:58	50
6. Lisburn Distillery	38	50:66	48
7. FC Coleraine	38	51:50	56
8. Dungannon Swifts	38	50:53	51
9. Ballymena United	38	48:56	49
10. FC Glenavon	38	60:59	45
11. Donegal Celtic (N)	38	55:89	32
12. Newry City *	38	37:65	26

Nach einer Dreifachrunde (33 Spiele) spielten die ersten sechs Mannschaften um die Meisterschaft, die letzten sechs gegen den Abstieg.
Aufsteiger: Carrick Rangers
Pokal-Endspiel: FC Linfield – FC Crusaders 2:1

ÖSTERREICH

1. Sturm Graz (P)	36	66:33	66
2. RB Salzburg (M)	36	53:31	63
3. Austria Wien	36	65:37	61
4. SV Ried	36	51:38	58
5. Rapid Wien	36	52:42	53
6. Wacker Innsbruck (N)	36	43:42	50
7. SC Wiener Neustadt	36	44:52	50
8. Kapfenberger SV	36	42:61	38
9. SV Mattersburg	36	29:56	31
10. LASK Linz *	36	22:75	19

Aufsteiger: Admira Wacker Mödling
Pokal-Endspiel: SV Ried – Austria Lustenau 2:0

POLEN

1. Wisla Krakau	30	44:29	56
2. Slask Wroclaw	30	46:34	49
3. Legia Warschau	30	45:38	49
4. Jagiellonia Bialystok (P)	30	38:32	48
5. Lech Posen (M)	30	37:23	45
6. Gornik Zabrze (N)	30	36:40	45
7. Polonia Warschau	30	41:26	44
8. Lechia Gdansk	30	37:36	43
9. Widzew Lodz (N)	30	41:34	43
10. GKS Belchatow	30	31:33	40
11. Zaglebie Lubin	30	31:38	39
12. Ruch Chorzow	30	29:32	38
13. Korona Kielce	30	34:48	37
14. Cracovia Krakau	30	37:47	29
15. Arka Gdynia *	30	22:43	28
16. Polonia Bytom *	30	29:45	27

Aufsteiger: LKS Lodz, Podbeskidzie Bielsko-Biala
Pokal-Endspiel: Legia Warschau – Lech Posen 1:1, Elfmeterschießen 5:4

PORTUGAL

1. FC Porto (P)	30	73:16	84
2. Benfica Lissabon (M)	30	61:31	63
3. Sporting Lissabon	30	41:31	48
4. Sporting Braga	30	45:33	46
5. Vitoria Guimaraes	30	36:37	43
6. Nacional Funchal	30	28:31	42
7. FC Pacos de Ferreira	30	35:42	41
8. FC Rio Ave	30	35:33	38
9. Maritimo Funchal	30	33:32	35

10. Uniao Leiria	30	25:38	35
11. SC Olhanense	30	24:34	34
12. Vitoria Setubal	30	29:42	34
13. SC Beira-Mar (N)	30	32:36	33
14. Academica Coimbra	30	32:48	30
15. SC Portimonense (N) *	30	29:49	25
16. Naval 1° de Maio *	30	26:51	23

Aufsteiger: FC Gil Vicente, CD Feirense
Pokal-Endspiel: FC Porto – Vitoria Guimaraes 6:2

RUMÄNIEN

1. Otelul Galati	34	46:25	70
2. FC Timisoara *	34	63:38	66
3. FC Vaslui	34	51:28	65
4. Rapid Bukarest	34	43:22	59
5. Steaua Bukarest	34	44:27	57
6. Dinamo Bukarest	34	68:52	56
7. Gaz Metan Medias	34	41:32	55
8. Universitatea Cluj (N)	34	48:54	47
9. FCM Targu-Mures (N)	34	34:41	45
10. Astra Ploiesti	34	36:30	45
11. CFR Cluj (M, P)	34	50:45	45
12. FC Brasov	34	34:40	43
13. Pandurii Targu Jiu	34	36:46	37
14. Gloria Bistrita *	34	34:49	35
15. Universitatea Craiova *	34	35:48	30
16. Victoria Branesti (N) *	34	35:61	25
17. Unirea Urziceni *	34	23:63	25
18. Sportul Stud. Bukarest (N)	34	38:58	23

Dem FC Timisoara, Gloria Bistrita, Universitatea Craiova, Victoria Branesti sowie dem sportlichen Aufsteiger Bihor Oradea wurde keine Erstligalizenz für 2011/12 erteilt. Der Abstieg von Sportul Studentesc Bukarest wurde vom Verband aufgehoben.
Aufsteiger: Ceahlaul Piatra Neamt, Petrolul Ploiesti, Concordia Chiajna, CS Mioveni, Vointa Sibiu
Pokal-Endspiel: Steaua Bukarest – Dinamo Bukarest 2:1

SAN MARINO
Gruppe A

1. Pennarossa Chiesanuova	20	31:15	42
2. La Fiorita Montegiardino	20	44:28	36
3. Cosmos Serravalle	20	22:22	36
4. AC Juvenes/Dogana	20	37:31	29
5. SC Faetano	20	30:33	24
6. FC Fiorentino	20	22:37	19
7. SP Cailungo	20	17:40	10

Gruppe B

1. Tre Fiori Fiorentino (M, P)	21	41:26	39
2. Libertas Borgo Maggiore	21	26:13	37
3. Tre Penne Galazzano	21	32:19	36
4. SS Murata	21	34:19	35
5. Virtus Acquaviva	21	32:32	30
6. SS San Giovanni	21	29:34	29
7. SS Folgore/Falciano	21	21:44	13
8. SP Domagnano	21	17:42	9

Meisterschafts-Play-off:
1. Runde (Zweite – Dritte):
AC Libertas – SS Cosmos 0:2
SP La Fiorita – SP Tre Penne 3:1

2. Runde (Verlierer 1. Runde):
AC Libertas – SP Tre Penne 1:4

3. Runde (Sieger 1. Runde):
SS Cosmos – SP La Fiorita 4:2

4. Runde (Sieger 2. Runde – Verlierer 3. Runde):
SP Tre Penne – SP La Fiorita 2:0

5. Runde (Erster Gruppe A – Erster Gruppe B):
SS Pennarossa – SP Tre Fiori n. V. 1:2

6. Runde (Sieger 4. Runde – Verlierer 5. Runde):
SP Tre Penne – SS Pennarossa 3:1

7. Runde (Sieger 5. Runde – Sieger 3. Runde):
SP Tre Fiori – SS Cosmos 2:0

8. Runde (Sieger 6. Runde – Verlierer 7. Runde):
SP Tre Penne – SS Cosmos n. V. 2:1

Endspiel (Sieger 7. Runde – Sieger 8. Runde):
SP Tre Fiori– SP Tre Penne 1:0
Pokal-Endspiel: AC Juvenes/Dogana – Virtus Acquaviva 4:1

SCHOTTLAND

1. Glasgow Rangers (M)	38	88:29	93
2. Celtic Glasgow	38	85:22	92
3. Heart of Midlothian	38	53:45	63
4. Dundee United (P)	38	55:50	61
5. FC Kilmarnock	38	53:55	49
6. FC Motherwell	38	40:60	46
7. Inverness Caled. Th. (N)	38	52:44	53
8. FC St. Johnstone	38	23:43	44
9. FC Aberdeen	38	39:59	38
10. Hibernian Edinburgh	38	39:61	37
11. FC St. Mirren	38	33:57	33
12. Hamilton Academical *	38	24:59	26

Nach einer Dreifachrunde (33 Spiele) spielten die ersten sechs Mannschaften um die Meisterschaft, die letzten sechs gegen den Abstieg.
Aufsteiger: Dunfermline Athletic
Pokal-Endspiel: Celtic Glasgow – FC Motherwell 3:0

SCHWEIZ

1. FC Basel (M, P)	36	76:44	73
2. FC Zürich	36	74:44	72
3. Young Boys Bern	36	65:50	57
4. FC Sion	36	47:36	54
5. FC Thun (N)	36	48:43	49
6. FC Luzern	36	62:57	48
7. Grasshopper-Club Zürich	36	45:54	41
8. Neuchatel Xamax	36	44:67	32

9. AC Bellinzona *	36	42:75	32
10. FC St. Gallen *	36	34:67	31

Aufsteiger: FC Lausanne-Sport, Servette Genf
Pokal-Endspiel: FC Sion – Neuchatel Xamax 2:0

SERBIEN

1. Partizan Belgrad (M)	30	75:21	76
2. Roter Stern Belgrad (P)	30	52:18	70
3. Vojvodina Novi Sad	30	44:14	67
4. FK Rad Belgrad	30	38:21	52
5. Spartak Zlat. Voda Subotica	30	34:27	43
6. Sloboda Sevojno Uzice (N)	30	34:35	43
7. OFK Belgrad	30	27:26	42
8. Javor Ivanjica	30	21:24	41
9. Borac Cacak	30	22:31	36
10. FK Smederevo	30	24:31	35
11. BSK Borca	30	23:37	33
12. FK Jagodina	30	26:33	32
13. Hajduk Kula	30	25:37	29
14. Metalac Gornji Milanovac	30	21:38	29
15. FK Indjija (N) *	30	29:47	26
16. Cukaricki Belgrad *	30	10:65	5

Aufsteiger: Radnicki Kragujevac, FK Novi Pazar
Pokal-Endspiel: Partizan Belgrad – Vojvodina Novi Sad 2:1

SLOWAKEI

1. Slovan Bratislava (P)	33	63:22	68
2. FK Senica	33	54:30	61
3. MSK Zilina (M)	33	47:28	54
4. Spartak Trnava	33	40:30	49
5. Dukla Banska Bystrica	33	39:32	48
6. FC Zlate Moravce (N)	33	35:31	46
7. MFK Ruzomberok	33	23:33	41
8. FC Nitra	33	30:51	40
9. DAC Dunajska Streda	33	24:39	36
10. MFK Kosice	33	28:44	33
11. Tatran Presov	33	30:49	33
12. MFK Dubnica nad Vahom *	33	23:47	31

Aufsteiger: AS Trencin
Pokal-Endspiel: Slovan Bratislava – MSK Zilina n. V. 3:3, Elfmeterschießen 5:4

SLOWENIEN

1. NK Maribor (P)	36	65:25	75
2. NK Domzale	36	57:35	67
3. FC Koper (M)	36	57:43	60
4. Olimpija Ljubljana	36	59:43	55
5. ND Gorica	36	42:53	48
6. Rudar Velenje	36	58:50	46
7. Triglav Kranj (N)	36	38:59	39
8. NK Celje	36	41:55	37
9. Nafta Lendava	36	47:67	37
10. Primorje Ajdovscina (N) *	36	40:74	31

Aufsteiger: Mura 05 Murska Sobota
Pokal-Endspiel: NK Domzale – NK Maribor 4:3

SPANIEN

1. FC Barcelona (M)	38	95:21	96
2. Real Madrid	38	102:33	92
3. FC Valencia	38	64:44	71
4. FC Villarreal	38	54:44	62
5. FC Sevilla (P)	38	62:61	58
6. Athletic Bilbao	38	59:55	58
7. Atletico Madrid	38	62:53	58
8. Espanyol Barcelona	38	46:55	49
9. CA Osasuna	38	45:46	47
10. Sporting Gijon	38	35:42	47
11. FC Malaga	38	54:68	46
12. Racing Santander	38	41:56	46
13. Real Saragossa	38	40:53	45
14. UD Levante (N)	38	41:52	45
15. Real Sociedad (N)	38	49:66	45
16. FC Getafe	38	49:60	44
17. RCD Mallorca	38	41:56	44
18. Deportivo La Coruna *	38	31:47	43
19. Hercules Alicante (N) *	38	36:60	35
20. UD Almeria *	38	36:70	30

Aufsteiger: Real Betis Sevilla, Rayo Vallecano, FC Granada
Pokal-Endspiel: Real Madrid – FC Barcelona n. V. 1:0

TSCHECHIEN

1. Viktoria Plzen (P)	30	70:28	69
2. Sparta Prag (M)	30	54:21	68
3. FK Jablonec	30	65:34	58
4. Sigma Olomouc	30	47:29	47
5. FK Mlada Boleslav	30	49:40	46
6. Bohemians 1905 Prag	30	33:33	43
7. Slovan Liberec	30	45:36	43
8. FC Hradec Kralove (N)	30	26:36	41
9. Slavia Prag	30	41:36	40
10. FK Teplice	30	39:46	39
11. Dynamo Ceske Budejovice	30	30:48	33
12. 1. FC Slovacko	30	27:43	31
13. 1. FK Pribram	30	22:36	31
14. Banik Ostrava	30	31:46	30
15. Zbrojovka Brno *	30	33:55	24
16. FK Usti nad Labem (N) *	30	22:67	19

Aufsteiger: Dukla Prag, Viktoria Zizkov
Pokal-Endspiel: FK Mlada Boleslav – Sigma Olomouc n. V. 1:1, Elfmeterschießen 4:3

TÜRKEI

1. Fenerbahce Istanbul	34	84:34	82
2. Trabzonspor (P)	34	69:23	82
3. Bursaspor (M)	34	50:29	61
4. Gaziantepspor	34	44:33	59
5. Besiktas Istanbul	34	53:36	54
6. Kayserispor	34	46:44	51
7. Eskisehirspor	34	41:40	47
8. Galatasaray Istanbul	34	41:46	46
9. Kardemir Karabükspor (N)	34	46:53	44
10. Manisaspor	34	49:52	43
11. Antalyaspor	34	41:48	42
12. Istanbul BB	34	40:45	42
13. MKE Ankaragücü	34	52:62	41
14. Genclerbirligi Ankara	34	43:51	40
15. Sivasspor	34	43:57	35
16. Bucaspor (N) *	34	37:65	26
17. Konyaspor (N) *	34	28:49	24
18. Kasimpasa Istanbul *	34	31:71	23

Aufsteiger: Mersin Idmanyurdu, Samsunspor, Orduspor
Pokal-Endspiel: Besiktas Istanbul – Istanbul BB n. V. 2:2, Elfmeterschießen 4:3

UKRAINE

1. Schachtar Donezk (M)	30	53:16	72
2. Dynamo Kiew	30	60:24	65
3. Metalist Charkiw	30	58:26	60
4. Dnipro Dnipropetrowsk	30	46:20	57
5. Karpaty Lwiw	30	41:34	48
6. Worskla Poltawa	30	37:32	39
7. Tawrija Simferopol (P)	30	44:46	39
8. Metalurh Donezk	30	36:45	38
9. Arsenal Kiew	30	36:38	37
10. Obolon Kiew	30	26:38	34
11. Wolyn Luzk (N)	30	27:49	34
12. Sorja Luhansk	30	28:40	30
13. Krywbas Krywyj Rih	30	27:45	29
14. Illitschiwez Mariupol	30	45:67	29
15. PFK Sewastopol (N) *	30	26:48	27
16. Metalurh Saporischschja *	30	18:40	24

Aufsteiger: PFK Oleksandrija, Tschornomorez Odessa
Pokal-Endspiel: Schachtar Donezk – Dynamo Kiew 2:0

UNGARN

1. Videoton Szekesfehervar	30	59:29	61
2. Paksi SE	30	54:38	56
3. Ferencvaros Budapest	30	50:43	50
4. Zalaegerszegi TE	30	51:47	48
5. Debreceni VSC (M, P)	30	53:43	46
6. Ujpest Budapest	30	50:38	45
7. Kaposvari Rakoczi	30	41:42	43
8. Szombathelyi Haladas	30	42:36	41
9. Györi ETO FC	30	40:35	41
10. Honved Budapest	30	36:39	40
11. Vasas Budapest	30	34:46	40
12. Kecskemeti TE	30	51:56	36
13. Lombard Papa FC	30	39:52	35
14. BFC Siofok (N)	30	29:41	34
15. MTK Budapest *	30	35:49	30
16. Szolnoki MAV (N) *	30	26:56	21

Aufsteiger: Diosgyöri VTK, Pecsi MFC
Pokal-Endspiel: Kecskemeti TE – Videoton Szekesfehervar 3:2

WALES

1. Bangor City (P)	32	80:44	70
2. The New Saints (M)	32	87:34	68
3. FC Neath	32	62:41	58
4. AFC Llanelli	32	58:41	53
5. Prestatyn Town	32	44:46	40
6. Port Talbot Town	32	37:48	36
7. Aberystwyth Town	32	42:54	42
8. Airbus UK Broughton	32	53:52	41
9. AFC Newtown	32	40:55	35
10. Carmarthen Town	32	39:64	35
11. Bala Town	32	41:57	33
12. Haverfordwest County *	32	30:77	19

Nach einer Doppelrunde (22 Spiele) spielten die ersten sechs Mannschaften um die Meisterschaft, die letzten sechs gegen den Abstieg. Anschließend ermittelten die Klubs auf den Plätzen 3 sowie 5 bis 8 den zweiten Teilnehmer an der Europa League.

Aberystwyth Town – Airbus UK Broughton	2:1
Prestatyn Town – Port Talbot Town	2:1
FC Neath – Aberystwyth Town	2:1
FC Neath – Prestatyn Town	3:2

Aufsteiger: FC Afan Lido
Pokal-Endspiel: Llanelli AFC – Bangor City 4:1

ZYPERN

1. APOEL Nikosia	32	63:22	74
2. Omonia Nikosia (M)	32	45:19	63
3. Anorthosis Famagusta	32	51:34	55
4. AEK Larnaka (N)	32	37:42	42
5. Apollon Limassol (P)	32	55:44	49
6. EN Paralimni	32	33:34	44
7. AEL Limassol	32	37:45	41
8. Olympiakos Nikosia (N)	32	48:53	41
9. Ethnikos Achnas	32	29:37	39
10. Alki Larnaka (N)	32	40:48	39
11. Ermis Aradippou	32	38:45	38
12. AE Pafos *	32	44:44	35
13. Doxa Katokopias *	26	25:55	20
14. APOP Kinyras *	26	24:47	19

Nach Beendigung der regulären Spielzeit folgten Play-offs. Die Klubs auf den Plätzen 1 bis 4 spielten um die Meisterschaft, 5 bis 8 bestritten lediglich Platzierungsspiele, 9 bis 12 ermittelten den dritten Absteiger.
Aufsteiger: Aris Limassol, Nea Salamina Famagusta, Anagennisi Derynia
Pokal-Endspiel: Omonia Nikosia – Apollon Limassol n.V. 1:1, Elfmeterschießen 4:3

ABSCHLUSSTABELLEN DER LÄNDER, DIE IM KALENDERJAHR SPIELEN

ARMENIEN

1. Pjunik Erewan (M, P)	28	73:22	65
2. Banants Erewan	28	58:24	64
3. Ulisses Erewan	28	44:23	55
4. MIKA Ashtarak	28	47:31	46
5. Impuls Dilijan (N)	28	29:43	37
6. Gandzasar Kapan	28	24:45	27
7. Kilikia Erewan *	28	19:60	15
8. Schirak Gyumri	28	22:68	10

Aufsteiger: Ararat Erewan – Kilikia Erewan zog sich wegen finanzieller Probleme zurück.
Pokal-Endspiel 2011: MIKA Ashtarak – Shirak Gyumri 4:1

ESTLAND

1. Flora Tallinn	36	104:32	91
2. Levadia Tallinn (M, P)	36	100:16	86
3. Trans Narva	36	67:31	76
4. Nomme Kalju	36	59:42	62
5. Kalev Sillamäe	36	79:52	59
6. Tartu Tammeka	36	50:66	40
7. Tulevik Viljandi *	36	33:62	29
8. Paide Linnameeskond	36	30:79	25
9. FC Kuressaare	36	32:93	24
10. Lootus Kohtla-Järve (N) *	36	22:103	20

Aufsteiger: Ajax Lasnamäe – Tulevik Viljandi zog sich freiwillig in die 2. Liga zurück. Dafür rückte der FC Viljandi nach.

Pokal-Endspiel 2011: Flora Tallinn – Trans Narva 2:0

FÄRÖER

1. HB Torshavn (M)	27	49:32	54
2. EB/Streymur	27	65:30	51
3. NSI Runavik	27	60:33	48
4. IF Fuglafjördur	27	50:41	43
5. Vikingur Göta (P)	27	44:35	43
6. B36 Torshavn	27	44:36	40
7. B68 Toftir	27	42:47	31
8. B71 Sandur (N)	27	24:65	23
9. FC Suduroy Vagur (N) *	27	33:54	22
10. AB Argir *	27	27:65	14

Aufsteiger: 07 Vestur Sörvagur, KI Klaksvik

Pokal-Endspiel 2010: EB/Streymur – IF Fuglafjördur 1:0

Pokal-Endspiel 2011: EB/Streymur – IF Fuglafjördur 3:0

FINNLAND

1. HJK Helsinki (M)	26	43:19	52
2. Kuopio PS	26	45:36	48
3. Turku PS	26	46:30	45
4. Honka Espoo	26	42:34	41
5. FF Jaro	26	42:34	38
6. Inter Turku (P)	26	34:32	37
7. Tampere United *	26	37:46	34
8. Haka Valkeakoski	26	30:38	33
9. MyPa Anjalankoski	26	36:39	32
10. Vaasa PS	26	29:40	31
11. AC Oulu (N) *	26	31:44	30
12. IFK Mariehamn	26	38:43	28
13. JJK Jyväskylä	26	34:41	27
14. FC Lahti *	26	26:37	26

Aufsteiger: Rovaniemi PS – Tampere United und AC Oulo wurde kurz vor Saisonbeginn die Lizenz entzogen. Die Liga spielt 2011 nur mit 12 Klubs.

Pokal-Endspiel 2010: Turku PS – HJK Helsinki 2:0

IRLAND

1. Shamrock Rovers	36	57:34	67
2. Bohemians Dublin (M)	36	50:29	67
3. Sligo Rovers	36	61:36	63
4. Sporting Fingal (N, P) *	36	60:38	62
5. St. Patrick's Athletic	36	55:33	57
6. FC Dundalk	36	46:50	48
7. Univ. College Dublin (N)	36	47:54	41
8. Galway United	36	38:59	38
9. Bray Wanderers	36	35:72	27
10. Drogheda United	36	30:74	21

Aufsteiger: Derry City – Sporting Fingal zog sich wegen finanzieller Probleme zurück.

Pokal-Endspiel 2010: Sligo Rovers – Shamrock Rovers n. V. 0:0, Elfmeterschießen 2:0

ISLAND

1. Breidablik Kopavogur (P)	22	47:23	44
2. FH Hafnarfjördur (M)	22	48:31	44
3. IB Vestmannaeyjar	22	36:27	42
4. KR Reykjavik	22	45:31	38
5. Fram Reykjavik	22	35:35	32
6. IF Keflavik	22	30:32	30
7. Valur Reykjavik	22	34:41	28
8. Stjarnan Gardabaer	22	39:42	25
9. Fylkir Reykjavik	22	36:42	24
10. UMF Grindavik	22	28:39	21
11. Haukar Hafnarfjördur (N) *	22	29:45	20
12. UMF Selfoss (N) *	22	32:51	17

Aufsteiger: Vikingur Reykjavik, Thor Akureyri

Pokal-Endspiel 2010: FH Hafnarfjördur – KR Reykjavik 4:0

KASACHSTAN

1. Tobol Qostanai	32	53:25	64
2. FK Aqtöbe (M)	32	56:30	63
3. Irtysch Pawlodar	32	39:30	56
4. Lokomotiv Astana	32	41:28	50
5. FK Atyrau (P)	32	36:44	44
6. Schachtjor Karaganda	32	32:30	41
----------			
7. Schetisu Taldykorghan	32	36:26	49
8. Ordabassy Schymkent	32	37:34	45
9. FK Taras	32	36:40	37
10. Kairat Almaty (N)	32	17:38	29
11. Aqschaiyq Oral (N) *	32	33:58	26
12. Oqschetpes Kökschetau *	32	24:57	25

Nach einer Doppelrunde (22 Spiele) spielten die ersten sechs Mannschaften um die Meisterschaft, die letzten sechs gegen den Abstieg.

Aufsteiger: Wostok Öskemen, Kaisar Kysylorda

Pokal-Endspiel 2010: Lokomotiv Astana – Schachtjor Karaganda 1:0

LETTLAND

1. Skonto Riga	27	86:16	69
2. FK Ventspils	27	68:18	63
3. Metalurgs Liepaja (M)	27	70:20	61
4. Daugava Daugavpils (N)	27	35:16	56
5. FK Jurmala-VV	27	30:45	28
6. FK Jelgava (N, P)	27	36:45	25
7. Blazma Rezekne *	27	27:57	24
8. Olimps Riga	27	31:63	21
9. Tranzit Ventspils *	27	17:56	19
10. Jauniba Riga (N) *	27	16:80	16

Aufsteiger: FB Gulbene, FC Jurmala – Blazma Rezekne erhielt keine Lizenz für 2011. Die Liga spielt daher nur mit 9 Klubs.
Pokal-Endspiel 2011: FK Ventspils – Metalurgs Liepaja 3:1

LITAUEN

1. Ekranas Panevezys (M, P)	27	64:19	63
2. Suduva Marijampole	27	56:16	56
3. Zalgiris Vilnius (N)	27	47:16	56
4. Tauras Taurage	27	41:27	47
5. FK Siauliai	27	37:28	41
6. Banga Gargzdai	27	34:30	39
7. Kruoja Pakruojis	27	41:45	35
8. FC Klaipeda (N)	27	19:74	15
9. FK Mazeikiai (N)	27	17:59	12
10. Atletas Kaunas *	27	14:56	0
11. Vetra Vilnius *	0	0:0	0

Wegen finanzieller Unregelmäßigkeiten wurden Atletas Kaunas sechs, Vetra Vilnius neun Punkte abgezogen. Vetra wurde nach 17 Spielen vom Spielbetrieb ausgeschlossen.
Aufsteiger: FBK Kaunas, Dainava Alytus, Atlantas Klaipeda – Die Liga spielt 2011 mit 12 Klubs.
Pokal-Endspiel 2011: Ekranas Panevezys – Banga Gargzdai n. V. 4:2

NORWEGEN

1. Rosenborg Trondheim (M)	30	58:24	68
2. Valerenga Oslo	30	69:36	61
3. Tromsö IL	30	36:30	50
4. Aalesunds FK (P)	30	46:37	47
5. Odd Grenland	30	48:41	46
6. FK Haugesund (N)	30	51:39	45
7. Strömsgodset Drammen	30	51:59	43
8. Start Kristiansand	30	57:60	42
9. Viking Stavanger	30	48:41	41
10. Lilleström SK	30	51:44	40
11. Molde FK	30	42:45	40
12. Stabaek IF	30	46:47	39
13. Brann Bergen	30	48:50	34
14. Hönefoss BK (N) *	30	28:62	27
15. Kongsvinger IL (N) *	30	27:58	20
16. Sandefjord Fotball *	30	25:58	12

Aufsteiger: Sogndal IL, Sarpsborg 08 FF, Fredrikstad FK
Pokal-Endspiel 2010: Strömsgodset Drammen – Follo FK 2:0

RUSSLAND

1. Zenit St. Petersburg (P)	30	61:21	68
2. ZSKA Moskau	30	51:22	62
3. Rubin Kasan (M)	30	37:16	58
4. Spartak Moskau	30	43:33	49
5. Lokomotive Moskau	30	34:29	48
6. Spartak Naltschik	30	40:37	44
7. Dynamo Moskau	30	38:31	40
8. Tom Tomsk	30	35:43	37
9. FK Rostow	30	27:44	34
10. Saturn Moskowskaja Obl. *	30	27:38	34
11. Anschi Machatschkala (N)	30	29:39	33
12. Terek Grosny	30	28:34	33
13. Krylja Sowjetow Samara	30	28:40	31
14. Amkar Perm	30	24:35	30
15. Alania Wladikawkas (N) *	30	25:41	30
16. Sibir Nowosibirsk (N) *	30	34:58	20

Aufsteiger: Kuban Krasnodar, Wolga Nischni Nowgorod, FK Krasnodar – Saturn Moskowskaja Oblast zog sich wegen finanzieller Probleme zurück.
Pokal-Endspiel 2011: ZSKA Moskau – Alania Wladikawkas 2:1

SCHWEDEN

1. Malmö FF	30	59:24	67
2. Helsingborgs IF	30	49:26	65
3. Örebro SK	30	40:30	52
4. IF Elfsborg Boras	30	55:40	47
5. Trelleborgs FF	30	39:42	44
6. Mjällby AIF (N)	30	36:29	43
7. IFK Göteborg	30	42:29	40
8. BK Häcken Göteborg	30	40:42	40
9. Kalmar FF	30	36:38	40
10. Djurgardens IF	30	35:42	40
11. AIK Solna (M, P)	30	29:36	35
12. Halmstads BK	30	31:42	35
13. GAIS Göteborg	30	24:35	32
14. Gefle IF	30	33:46	29
15. Atvidabergs FF (N) *	30	32:51	29
16. IF Brommapojkarna *	30	20:48	25

Aufsteiger: Syrianska FC Södertälje, IFK Norrköping
Pokal-Endspiel 2010: Helsingborgs IF – Hammarby FF 1:0

WEISSRUSSLAND

1. BATE Baryssau (M, P)	33	64:18	72
2. Schachzjor Salihorsk	33	51:23	66
3. FK Minsk	33	59:32	60
4. Dinamo Minsk	33	49:34	56
5. Dinamo Brest	33	48:40	46
6. Belschyna Babrujsk (N)	33	31:42	45
7. Naftan Nawapolazk	33	41:34	44
8. Dnjapro Mahiljou	33	40:53	40
9. FK Wizebsk	33	31:52	32
10. Njoman Hrodna	33	27:42	31
11. Torpedo Schodsina	33	33:58	28
12. Partizan Minsk *	33	24:70	23

Aufsteiger: FK Homel
Pokal-Endspiel 2011: FK Homel – Njoman Hrodna 2:0

Weltfußballer des Jahres

1982 Paolo Rossi (Italien/Juventus Turin) – 1983 Zico (Brasilien/Udinese Calcio) – 1984, 1985 Michel Platini (Frankreich/Juventus Turin) – 1986 Diego Maradona (Argentinien/SSC Neapel) – 1987 Ruud Gullit (Niederlande/AC Mailand) – 1988 Marco van Basten (Niederlande/AC Mailand) – 1989 Ruud Gullit (Niederlande/AC Mailand) – 1990 Lothar Matthäus (Deutschland/Inter Mailand) – seit 1991 eine offizielle FIFA-Auszeichnung: 1991 Lothar Matthäus (Deutschland/Inter Mailand) – 1992 Marco van Basten (Niederlande/AC Mailand) – 1993 Roberto Baggio (Italien/Juventus Turin) – 1994 Romario (Brasilien/FC Barcelona) – 1995 George Weah (Liberia/AC Mailand) – 1996 Ronaldo (Brasilien/PSV Eindhoven & FC Barcelona) – 1997 Ronaldo (Brasilien/FC Barcelona & Inter Mailand) – 1998 Zinedine Zidane (Frankreich/Juventus Turin) – 1999 Rivaldo (Brasilien/FC Barcelona) – 2000 Zinedine Zidane (Frankreich/Juventus Turin) – 2001 Luis Figo (Portugal/Real Madrid) – 2002 Ronaldo (Brasilien/Inter Mailand & Real Madrid) – 2003 Zinedine Zidane (Frankreich/Real Madrid) – 2004, 2005 Ronaldinho (Brasilien/FC Barcelona) – 2006 Fabio Cannavaro (Italien/Juventus Turin & Real Madrid) – 2007 Kaka (Brasilien/AC Mailand) – 2008 Cristiano Ronaldo (Portugal/Manchester United)– 2009 Lionel Messi (Argentinien/FC Barcelona) seit 2010 „FIFA Ballon d'Or“: 2010 Lionel Messi (Argentinien/FC Barcelona).

Europas Fußballer des Jahres

1956 Stanley Matthews (England/FC Blackpool) – 1957 Alfredo Di Stefano (Spanien/Real Madrid) – 1958 Raymond Kopa (Frankreich/Real Madrid) – 1959 Alfredo Di Stefano (Spanien/Real Madrid) – 1960 Luis Suarez (Spanien/FC Barcelona) – 1961 Omar Sivori (Italien/Juventus Turin) – 1962 Josef Masopust (Tschechoslowakei/Dukla Prag) – 1963 Lew Jaschin (UdSSR/Dynamo Moskau) – 1964 Denis Law (Schottland/Manchester United) – 1965 Eusebio (Portugal/Benfica Lissabon) – 1966 Bobby Charlton (England/Manchester United) – 1967 Florian Albert (Ungarn/Ferencvaros Budapest) – 1968 George Best (Nordirland/Manchester United) – 1969 Gianni Rivera (Italien/AC Mailand) – 1970 Gerd Müller (Deutschland/Bayern München) – 1971 Johan Cruyff (Niederlande/Ajax Amsterdam) – 1972 Franz Beckenbauer (Deutschland/Bayern München) – 1973, 1974 Johan Cruyff (Niederlande/FC Barcelona) – 1975 Oleg Blochin (UdSSR/Dynamo Kiew) – 1976 Franz Beckenbauer (Deutschland/Bayern München) – 1977 Allan Simonsen (Dänemark/Borussia Mönchengladbach) – 1978, 1979 Kevin Keegan (England/Hamburger SV) – 1980, 1981 Karl-Heinz Rummenigge (Deutschland/Bayern München) – 1982 Paolo Rossi (Italien/Juventus Turin) – 1983, 1984, 1985 Michel Platini (Frankreich/Juventus Turin) – 1986 Igor Belanow (UdSSR/Dynamo Kiew) – 1987 Ruud Gullit (Niederlande/AC Mailand) – 1988, 1989 Marco van Basten (Niederlande/AC Mailand) – 1990 Lothar Matthäus (Deutschland/Inter Mailand) – 1991 Jean-Pierre Papin (Frankreich/Olympique Marseille) – 1992 Marco van Basten (Niederlande/AC Mailand) – 1993 Roberto Baggio (Italien/Juventus Turin) – 1994 Hristo Stoichkov (Bulgarien/FC Barcelona) – 1995 George Weah (Liberia/AC Mailand) – 1996 Matthias Sammer (Deutschland/Borussia Dortmund) – 1997 Ronaldo (Brasilien/FC Barcelona & Inter Mailand) – 1998 Zinedine Zidane (Frankreich/Juventus Turin) – 1999 Rivaldo (Brasilien/FC Barcelona) – 2000 Luis Figo (Portugal/Real Madrid) – 2001 Michael Owen (England/FC Liverpool) – 2002 Ronaldo (Brasilien/Inter Mailand & Real Madrid) – 2003 Pavel Nedved (Tschechien/Juventus Turin) – 2004 Andriy Shevchenko (Ukraine/AC Mailand) – 2005 Ronaldinho (Brasilien/FC Barcelona) – 2006 Fabio Cannavaro (Italien/Juventus Turin & Real Madrid) – 2007 Kaka (Brasilien/AC Mailand) – 2008 Cristiano Ronaldo (Portugal/Manchester United) – 2009 Lionel Messi (Argentinien/FC Barcelona) – 2009 Lionel Messi (Argentinien/FC Barcelona) – seit 2010 sind die Auszeichnungen „Europas Fußballer des Jahres“ und „Weltfußballer des Jahres“ zusammengelegt im „FIFA Ballon d'Or“..

Europas Torjäger des Jahres („Goldener Schuh“)

1968 Eusebio (Benfica Lissabon) 42 – 1969 Petar Jekov (ZSKA Sofia) 36 – 1970 Gerd Müller (Bayern München) 38 – 1971 Josip Skoblar (Olympique Marseille) 44 – 1972 Gerd Müller (Bayern München) 40 – 1973 Eusebio (Benfica Lissabon) 40 – 1974 Hector Yazalde (Sporting Lissabon) 46 – 1975 Dudu Georgescu (Dinamo Bukarest) 33 – 1976 Sotiris Kaiafas (Omonia Nicosia) 39 – 1977 Dudu Georgescu (Dinamo Bukarest) 47 – 1978 Hans Krankl (Rapid Wien) 41 – 1979 Kees Kist (AZ '67 Alkmaar) 34 – 1980 Erwin Vandenbergh (Lierse SK) 39 – 1981 Georgi Slavkov (Trakia Plovdiv) 31 – 1982 Wim Kieft (Ajax Amsterdam) 32 – 1983 Fernando Gomez (FC Porto) 36 – 1984 Ian Rush (FC Liverpool) 32 – 1985 Fernando Gomez (FC Porto) 39 – 1986 Marco van Basten (Ajax Amsterdam) 37 – 1987 Rodion Camataru (Dinamo Bukarest) 44 – 1988 Tanju Colak (Galatasaray Istanbul) 39 – 1989 Dorin Mateut (Dinamo Bukarest) 43 – 1990 Hugo Sanchez (Real Madrid) und Hristo Stoichkov (ZSKA Sofia) je 38 – von 1991 bis 1996 wurde kein „Goldener Schuh“ verliehen. Die besten Torjäger Europas waren: 1991 Darko Pancev (Roter Stern Belgrad) 34 – 1992* Ally McCoist (Glasgow Rangers) 34 – 1993 Ally McCoist (Glasgow Rangers) 34 – 1994 David Taylor (FC Porthmadog) 43 – 1995 Arsen Avetisyan (Homenmen Erewan) 39 – 1996 Zviad Endeladze (Margveti Zestafoni) 40 – seit 1997 verleiht der Verbund „European Sports Magazines“ (ESM) wieder den „Goldenen Schuh“, jedoch in einer modifizierten Form, nach der die Stärke einer Liga der UEFA-Fünfjahreswertung angepasst ist (der tatsächlich beste Torschütze Europas ist in *kursiver Schrift* hinzugefügt: 1997 Ronaldo (FC Barcelona) 34 Tore (68 Punkte); *Tony Bird (Barry Town)* 42 – 1998 Nikos Mahlas (Vitesse Arnheim) 34 (68); *Rainer Rauffmann (Omonia (Nicosia)* 42 – 1999 *Mario Jardel* (FC Porto) 36 (72) – 2000 Kevin Phillips (FC Sunderland) 30 (60); *Mario Jardel (FC Porto)* 38 – 2001 *Henrik Larsson* (Celtic Glasgow) 35 (52,5) – 2002 Mario Jardel (Sporting Lissabon) 42 (63); *Marc Lloyd Williams (Bangor City)* 47 – 2003 Roy Makaay (Deportivo La Coruna) 29 (58); *Andrei Krölov (Tallinna VMK)* 37 – 2004 Thierry Henry (FC Arsenal) 30 (60); *Ara Hakobian (Banants Erewan)* 45 – 2005 Thierry Henry (FC Arsenal) und Diego Forlan (FC Villarreal) je 25 (50); *Marc Lloyd Williams (TNS Llansantffraid)* 34 – 2006 Luca Toni (AC Florenz) 31 (62); *Tarmo Neemelo (Tallinna VMK) 41* – 2007 Francesco Totti (AS Rom) 26 (52); *Afonso Alves (SC Heerenveen) und Eduardo da Silva (Dinamo Zagreb) je 34* – 2008 Cristiano Ronaldo (Manchester United) 31 (62); *Rhys Griffiths (Llanelli AFC) 40.* – 2009 Diego Forlan (Atletico Madrid) 32 (64); *Marc Janko (RB Salzburg) 39* – 2010 Lionel Messi (FC Barcelona) 34 (64); *Luis Suarez (Ajax Amsterdam) 35* – 2011 *Cristiano Ronaldo* (Real Madrid) 40 (80)..

* 1991 erzielte Otar Korgalidze (Guria Lanchkhuti) 40 Tore, 1992 Merab Megreladze (Samgurali Tshkaltubo) 41 Tore, doch werden beide Leistungen in dieser inoffiziellen Rangliste generell nicht anerkannt.

Die Kontinentalmeisterschaften

Südamerika

Copa America bis 1993 nur für südamerikanische Länder. Seitdem nahmen auch Vertreter aus Nord-/ Mittelamerika und Asien teil.
1916, 1917 Uruguay – 1919 Brasilien – 1920 Uruguay – 1921 Argentinien – 1922 Brasilien – 1923, 1924 Uruguay – 1925 Argentinien – 1926 Uruguay – 1927, 1929 Argentinien – 1935 Uruguay – 1937 Argentinien – 1939 Peru – 1941 Argentinien – 1942 Uruguay – 1945, 1946, 1947 Argentinien – 1949 Brasilien – 1953 Paraguay – 1955 Argentinien – 1956 Uruguay – 1957, 1959 Argentinien (1959 zweite Austragung Uruguay) – 1963 Bolivien – 1967 Uruguay – 1975 Peru – 1979 Paraguay – 1983, 1987 Uruguay – 1989 Brasilien – 1991, 1993 Argentinien – 1995 Uruguay – 1997, 1999 Braslien – 2001 Kolumbien – 2004, 2007 Brasilien – 2011 Uruguay.

Mittelamerika

CCCF-Meisterschaft: 1941 Costa Rica – 1943 El Salvador – 1946, 1948 Costa Rica – 1951 Panama – 1953, 1955 Costa Rica – 1957 Haiti – 1960, 1961 Costa Rica.

Nordamerika

NAFC-Meisterschaft: 1947, 1949 Mexiko – 1990 Kanada – 1991 Mexiko.

Nord/Mittelamerika

CONCACAF-Meisterschaft: 1963 Costa Rica – 1965 Mexiko – 1967 Guatemala – 1969 Costa Rica – 1971 Mexiko – Von 1973 bis 1989 wurde die WM-Qualifikation der CONCACAF-Zone gleichzeitig als Kontinentalmeisterschaft gewertet: 1973 Haiti – 1977 Mexiko – 1981 Honduras – 1985 Kanada – 1989 Costa Rica – seit 1991 CONCACAF Gold Cup: 1991 USA – 1993, 1996, 1998 Mexiko – 2000 Kanada – 2002 USA – 2003 Mexiko – 2005, 2007 USA – 2009, 2011 Mexiko.

Afrika

1957, 1959 Ägypten – 1962 Äthiopien – 1963, 1965 Ghana – 1968 Kongo-Kinshasa – 1970 Sudan – 1972 Kongo-Brazzaville – 1974 Zaire – 1976 Marokko – 1978 Ghana – 1980 Nigeria – 1982 Ghana – 1984 Kamerun – 1986 Ägypten – 1988 Kamerun – 1990 Algerien – 1992 Elfenbeinküste – 1994 Nigeria – 1996 Südafrika – 1998 Ägypten – 2000, 2002 Kamerun – 2004 Tunesien – 2006, 2008, 2010 Ägypten.

Asien

1956, 1960 Südkorea – 1964 Israel – 1968, 1972, 1976 Iran – 1980 Kuwait – 1984, 1988 Saudi-Arabien – 1992 Japan – 1996 Saudi-Arabien – 2000, 2004 Japan – 2007 Irak – 2011 Japan.

Ozeanien

1973 Neuseeland – 1980, 1996 Australien – 1998 Neuseeland – 2000 Australien – 2002 Neuseeland – 2004 Australien – 2008 Neuseeland.

Weitere bedeutende regionale Turniere

Arab Cup: 1963 Tunesien – 1964, 1966, 1985, 1988 Irak – 1992 Ägypten Olympiaauswahl – 1998, 2002 Saudi-Arabien – 2009 nicht beendet.

Golf Cup: 1970, 1972, 1974, 1976 Kuwait – 1979 Irak – 1982 Kuwait – 1984 Irak – 1986 Kuwait – 1988 Irak – 1990 Kuwait – 1992 Katar – 1994 Saudi-Arabien – 1996, 1998 Kuwait – 2000 nicht ausgetragen – 2002, 2004 Saudi-Arabien (2. Turnier 2004: Katar) – 2007 Vereinigte Arabische Emirate – 2009 Oman – 2010 Jemen.

Westasien-Meisterschaft: 2000 Iran – 2002 Irak – 2004, 2007, 2008 Iran – 2010 Kuwait.

Südasien-Meisterschaft: 1993 Indien – 1995 Sri Lanka – 1997, 1999 Indien – 2003 Bangladesch – 2005 Indien – 2008 Malediven – 2009 Indien.

Südostasien-Meisterschaft (bis 2004 Tiger Cup): 1996 Thailand – 1998 Singapur – 2000, 2002 Thailand – 2004, 2007 Singapur – 2008 Vietnam – 2010 Malaysia.

Ostasien-Meisterschaft: 2003 Südkorea – 2005 China – 2008 Südkorea – 2010 China.

AFC Challenge Cup: 2006 Tadschikistan – 2008 Indien – 2010 Nordkorea.

Copa Amilcar Cabral: 1979, 1980 Senegal – 1981, 1982 Guinea – 1983, 1984, 1985, 1986 Senegal – 1987, 1988 Guinea – 1989 Mali – 1990 nicht ausgetragen – 1991 Senegal – 1993, 1995 Sierra Leone – 1997 Mali – 2000 Kap Verde – 2001 Senegal – 2003 nicht ausgetragen – 2005 Guinea – 2007 Mali B – 2009 nicht ausgetragen.

Ost- und Zentralafrika-Meisterschaft: (bis 1966 Gossage Cup) 1926 Kenia – 1927 nicht ausgetragen – 1928, 1929, 1930 Uganda – 1931 Kenia – 1932 Uganda – 1933, 1934 nicht ausgetragen – 1935, 1936, 1937, 1938, 1939, 1940 Uganda – 1941, 1942 Kenia – 1943 Uganda – 1944 Kenia – 1945 Uganda – 1946 Kenia – 1947, 1948 Uganda – 1949 Tanganjika – 1950 nicht ausgetragen – 1951 Tanganjika – 1952 Uganda – 1953 Kenia – 1954, 1955, 1956, 1957 Uganda – 1958, 1959, 1960, 1961 Kenia – 1962, 1963 Uganda – 1964, 1965 Tansania – 1966 Kenia – (1967 bis 1971 Challenge Cup) 1967 Kenia – 1968, 1969, 1970 Uganda – 1971 Kenia – (seit 1973 CECAFA Cup) 1973 Uganda – 1974 Tansania – 1975 Kenia – 1976, 1977 Uganda – 1978, 1979 Malawi – 1980 Sudan – 1981, 1982, 1983 Kenia – 1984 Sambia – 1985 Simbabwe – 1986 nicht ausgetragen – 1987 Äthiopien – 1988 Malawi – 1989, 1990 Uganda – 1991 Sambia – 1992 Uganda – 1993 nicht ausgetragen – 1994 Tansania – 1995 Sansibar – 1996 Uganda – 1997, 1998 nicht ausgetragen – 1999 Ruanda B – 2000 Uganda – 2001 Äthiopien – 2002 Kenia – 2003 Uganda – 2004, 2005 Äthiopien – 2006 Sudan (als Zweitplatzierter, da Sieger Sambia nur Gastteam war) – 2007 Sudan – 2008, 2009 Uganda – 2010 Tansania.

Zentralafrika-Meisterschaft: (bis 1990 Coupe UDEAC) 1984 Kamerun – 1985 Gabun – 1986, 1987 Kamerun – 1988 Gabun – 1989 Kamerun – 1990 Kongo – (seit 2003 Coupe CEMAC) 2003, 2005 Kamerun Am. – 2006 Äquatorial-Guinea – 2007 Kongo – 2008 Kamerun Am – 2009 Zentralafrikanische Republik – 2010 Kongo.

Südafrika-Meisterschaft: 1997, 1998 Sambia – 1999 Angola – 2000 Simbabwe – 2001 Angola – 2002 Südafrika – 2003 Simbabwe – 2004 Angola – 2005 Simbabwe – 2006 Sambia – 2007 Südafrika – 2008 Südafrika Nachwuchs XI – 2009 Simbabwe – 2010 nicht ausgetragen.

Karibik-Meisterschaft: 1989 Trinidad & Tobago – 1990 Turnier abgebrochen – 1991 Jamaika – 1992 Trinidad & Tobago – 1993 Martinique – 1994, 1995, 1996, 1997 Trinidad & Tobago – 1998 Jamaika – 1999 Trinidad & Tobago – 2001 Trinidad & Tobago – 2003 kein Sieger (Jamaika und Trinidad & Tobago beide für den Gold Cup qualifiziert) – 2005 Jamaika – 2007 Haiti – 2008, 2010 Jamaika.

Mittelamerika-Meisterschaft: 1991 Costa Rica – 1993, 1995 Honduras – 1997, 1999 Costa Rica – 2001 Guatemala – 2003, 2005, 2007 Costa Rica – 2009 Panama – 2011 Honduras.

Internationale Klub-Wettbewerbe

Europa-Super-Cup

Europapokalsieger der Landesmeister/Champions-League-Sieger gegen Europapokalsieger der Pokalsieger Cupgewinner/seit 2000 UEFA-Pokal-Sieger.

1972: Ajax Amsterdam (– Glasgow Rangers 3:2 und 3:1) – **1973: Ajax Amsterdam** (– AC Mailand 6:0 und 0:1) – 1974: nicht ausgetragen – **1975: Dynamo Kiew** (– Bayern München 2:0 und 1:0) – **1976: RSC Anderlecht** (– Bayern München 4:1 und 1:2) – **1977: FC Liverpool** (– Hamburger SV 6:0 und 1:1) – **1978: RSC Anderlecht** (– FC Liverpool 3:1 und 1:2) – **1979: Nottingham Forest** (– FC Barcelona 1:0 und 1:1) – **1980: FC Valencia** (– Nottingham Forest 1:0 und 1:2) – 1981: nicht ausgetragen – **1982: Aston Villa** (– FC Barcelona 0:1 und 3:0 n. V.) – **1983: FC Aberdeen** (– Hamburger SV 2:0 und 0:0) – **1984: Juventus Turin** (– FC Liverpool 2:0) – 1985: nicht ausgetragen – **1986: Steaua Bukarest** (– Dynamo Kiew 1:0) – **1987: FC Porto** (– Ajax Amsterdam 1:0 und 1:0) – **1988: KV Mechelen** (– PSV Eindhoven 3:0 und 0:1) – **1989: AC Mailand** (– FC Barcelona 1:0 und 1:1) – **1990: AC Mailand** (– Sampdoria Genua 2:0 und 1:1) – **1991: Manchester United** (– Roter Stern Belgrad 1:0) – **1992: FC Barcelona** (– Werder Bremen 2:1 und 1:1) – **1993: AC Parma** (– AC Mailand 2:0 n. V. und 0:1) – **1994: AC Mailand** (– FC Arsenal 2:0 und 0:0) – **1995: Ajax Amsterdam** (– Real Saragossa 4:0 und 1:1) – **1996: Juventus Turin** (– Paris St. Germain 3:1 und 6:1) – **1997: FC Barcelona** (– Borussia Dortmund 2:0 und 1:1) – **1998: FC Chelsea** (– Real Madrid 1:0) – **1999: Lazio Rom** (– Manchester United 1:0) – **2000: Galatasaray Istanbul** (– Real Madrid 2:1 i. V.) – **2001: FC Liverpool** (– Bayern München 3:2) – **2002: Real Madrid** (– Feyenoord Rotterdam 3:1) – **2003: AC Mailand** (– FC Porto 1:0) – **2004: FC Valencia** (– FC Porto 2:1) – **2005: FC Liverpool** (– ZSKA Moskau n. V. 3:1) – **2006: FC Sevilla** (– FC Barcelona 3:0) – **2007: AC Mailand** (– FC Sevilla 3:1) – **2008: Zenit St. Petersburg** (– Manchester United 2:1) – **2009: FC Barcelona** (– Schachtar Donezk n. V. 1:0) – **2010: Atletico Madrid** (– Inter Mailand 2:0).

Weltpokal

Europapokalsieger der Landesmeister/Champions-League-Sieger gegen den Sieger der Copa Libertadores.

1960: Real Madrid (– Penarol Montevideo 5:1 und 0:0) – **1961: Penarol Montevideo** (– Benfica Lissabon 5:0, 0:1 und 2:1) – **1962: FC Santos** (– Benfica Lissabon 3:2 und 5:2) – **1963: FC Santos** (– AC Mailand 4:2, 2:4 und 1:0) – **1964: Inter Mailand** (– Independiente Avellaneda 2:1, 0:1, n. V. 1:0) – **1965: Inter Mailand** (–Independiente Avellaneda 3:0 und 0:0) – **1966: Penarol Montevideo** (– Real Madrid 2:0 und 2:0) – **1967: Racing Avellaneda** (– Celtic Glasgow 2:1, 0:1 und 1:0) – **1968: Estudiantes de la Plata** (– Manchester United 1:0 und 1:1) – **1969: AC Mailand** (– Estudiantes de la Plata 3:0 und 1:2) – **1970: Feyenoord Rotterdam** (– Estudiantes de la Plata 1:0 und 2:2) – **1971: Nacional Montevideo** (– Panathinaikos Athen 2:1 und 1:1; Ajax Amsterdam verzichtete) – **1972: Ajax Amsterdam** (– Independiente Avellaneda 3:0 und 1:1) – **1973: Independiente Avellaneda** (– Juventus Turin 1:0 – nur ein Spiel; Ajax Amsterdam verzichtete) – **1974: Atletico Madrid** (– Independiente Avellaneda 2:0 und 0:1; Bayern München verzichtete) – 1975: nicht ausgetragen – **1976: Bayern München** (– Cruzeiro Belo Horizonte 2:0 und 0:0) – **1977: Boca Juniors** (– Borussia Mönchengladbach 2:2 und 3:0 in Karlsruhe; FC Liverpool verzichtete) – 1978: nicht ausgetragen – **1979: Olimpia Asuncion** (– Malmö FF 2:1 und 1:0; Nottingham Forest verzichtete) – seit 1980 als „Toyota Cup" in Tokio: **1980: Nacional Montevideo** (– Nottingham Forest 1:0) – **1981: CR Flamengo** (– FC Liverpool 3:0) – **1982: Penarol Montevideo** (– Aston Villa 2:0) – **1983: Gremio Porto Alegre** (– Hamburger SV n. V. 2:1) – **1984: Independiente Avellaneda** (– FC Liverpool 1:0) – **1985: Juventus Turin** (– Argentinos Juniors n. V. 2:2, 4:2 im Elfmeterschießen) – **1986: River Plate** (– Steaua Bukarest 1:0) – **1987: FC Porto** (– Penarol Montevideo n. V. 2:1) – **1988: Nacional Montevideo** (– PSV Eindhoven n. V. 2:2, 7:6 im Elfmeterschießen) – **1989: AC Mailand** (– Nacional Medellin n. V. 1:0) – **1990: AC Mailand** (– Olimpia Asuncion 3:0) – **1991: Roter Stern Belgrad** (– Colo Colo Santiago 3:0) – **1992: FC Sao Paulo** (– FC Barcelona 2:1) – **1993: FC Sao Paulo** (– AC Mailand 3:2; Europapokalsieger Olympique Marseille war wegen eines Bestechungsskandals suspendiert) – **1994: Velez Sarsfield** (– AC Mailand 2:0) – **1995: Ajax Amsterdam** (– Gremio Porto Alegre n. V. 0:0, 4:3 im Elfmeterschießen) – **1996: Juventus Turin** (– River Plate 1:0) – **1997: Borussia Dortmund** (– Cruzeiro Belo Horizonte 2:0) – **1998: Real Madrid** (– Vasco da Gama 2:1) – **1999: Manchester United** (– Palmeiras Sao Paulo 1:0) – **2000: Boca Juniors** (– Real Madrid 2:1) – **2001: Bayern München** (– Boca Juniors 1:0) – **2002: Real Madrid** (– Olimpia Asuncion 2:0) – **2003: Boca Juniors** (– AC Mailand n. V. 1:1, 3:1 im Elfmeterschießen) – **2004: FC Porto** (– Once Caldas n. V. 0:0, 8:7 im Elfmeterschießen) – danach zu Gunsten der FIFA-Club-WM eingestellt.

FIFA-Klub-Weltmeisterschaft

2000: Corinthians Sao Paulo (– Vasco da Gama n. V. 0:0, 4:3 im Elfmeterschießen) – 2001 bis 2004 nicht ausgetragen – **2005: FC Sao Paulo** (– FC Liverpool 1:0) – **2006: Internacional Porto Alegre** (– FC Barcelona 1:0) – **2007: AC Mailand** (– Boca Juniors 4:2) – **2008: Manchester United** (– LDU Quito 1:0) – **2009: FC Barcelona** (– Estudiantes de La Plata n. V. 1:0) – 2010: **Inter Mailand** (– TP Mazembe 3:0).

Intercontinental-Cup

Ausgespielt zwischen den Siegern der Meisterpokale Afrikas und Asiens.
1986: Daewoo Royals/KOR (– FAR Rabat/MAR 2:0) – **1987: Zamalek Kairo/EGY** (– Furukawa Electric Company/JPN 2:0) – **1988: Al Ahly Kairo/EGY** (– Yomiuri Kawasaki/JPN 3:1 und 1:0) – **1989: EP Setif/ALG** (– Al Sadd Doha/QAT 2:0 und 3:1) – 1990 und 1991 nicht ausgetragen – **1992: Club Africain Tunis/TUN** (– Al Hilal Riyadh/KSA 2:1 und 2:2) – **1993: WAC Casablanca/MAR** (– Pas Teheran/IRN 0:0 und 2:0) – **1994: Thai Farmers Bank Bangkok/THA** (– Zamalek Kairo/EGY 1:2 und 1:0) – **1995: Esperance Tunis/TUN** (– Thai Farmers Bank/THA 1:1 und 3:0) – **1996: Ilhwa Chunma/KOR** (– Orlando Pirates/RSA 0:0 und 5:0) – **1997: Zamalek Kairo/EGY** (– Pohang Steelers/KOR 1:2 und 1:0) – **1998: Raja Casablanca/MAR** (– Pohang Steelers/KOR 2:2 und 1:0) – 1999: Endspiel abgesagt.

Südamerika: Copa Libertadores

1960: Penarol Montevideo/URU (– Olimpia Asuncion/PAR 1:0 und 1:1) – **1961: Penarol Montevideo/URU** (– Palmeiras Sao Paulo/BRA 1:0 und 1:1) – **1962: FC Santos/BRA** (– Penarol Montevideo/URU 1:0, 2:3 und 3:0) – **1963: FC Santos/BRA** (– Boca Juniors/ARG 2:1 und 3:2) – **1964: Independiente Avellaneda/ARG** (– Nacional Montevideo/URU 0:0 und 1:0) – **1965: Independiente Avellaneda/ARG** (– Penarol Montevideo/URU 1:0, 2:3 und 4:1) – **1966: Penarol Montevideo/URU** (– River Plate/ARG 2:0, 2:3 und n. V. 4:2) – **1967: Racing Avellaneda/ARG** (– Nacional Montevideo/URU 0:0, n. V. 0:0 und 2:1) – **1968: Estudiantes de la Plata/ARG** (– Palmeiras Sao Paulo/BRA 1:3, 2:1 und 2:0) – **1969: Estudiantes de la Plata/ARG** (– Nacional Montevideo/URU 1:0 und 2:0) – **1970: Estudiantes de la Plata/ARG** (– Penarol Montevideo/URU 1:0 und 0:0) – **1971: Nacional Montevideo/URU** (– Estudiantes de la Plata/ARG 0:1, 1:0 und 2:0) – **1972: Independiente Avellaneda/ARG** (– Universitario Lima/PER 0:0 und 2:1) – **1973: Independiente Avellaneda/ARG** (– Colo Colo Santiago/CHI 1:1, 0:0 und n. V. 2:1) – **1974: Independiente Avellaneda/ARG** (– FC Sao Paulo/BRA 1:2, 2:0 und 1:0) – **1975: Independiente Avellaneda/ARG** (– Union Espanola Santiago/CHI 0:1, 3:1 und 2:0) – **1976: Cruzeiro Belo Horizonte/BRA** (– River Plate/ARG 4:1, 1:2 und 3:2) – **1977: Boca Juniors/ARG** (– Cruzeiro Belo Horizonte/BRA 1:0, 0:1 und 0:0, 5:4 im Elfmeterschießen) – **1978: Boca Juniors/ARG** (– Deportivo Cali/COL 4:0 und 0:0) – **1979: Olimpia Asuncion/PAR** (– Boca Juniors/ARG 2:0 und 0:0) – **1980: Nacional Montevideo/URU** (– Internacional Porto Alegre/BRA 1:0 und 0:0) – **1981: CR Flamengo/BRA** (– Cobreloa Calama/CHI 2:1, 0:1 und 2:0) – **1982: Penarol Montevideo/URU** (– Cobreloa Calama/CHI 1:0 und 0:0) – **1983: Gremio Porto Alegre/BRA** (– Penarol Montevideo/URU 2:1 und 1:1) – **1984: Independiente Avellaneda/ARG** (– Gremio Porto Alegre/BRA 1:0 und 0:0) – **1985: Argentinos Juniors/ARG** (– America Cali/COL 1:0, 0:1 und n. V. 1:1, 5:4 im Elfmeterschießen) – **1986: River Plate/ARG** (– America Cali 1:0 und 2:1) – **1987: Penarol Montevideo/URU** (– America Cali/COL 2:1, 0:2 und n. V. 1:0) – **1988: Nacional Montevideo/URU** (– Newell's Old Boys/ARG 3:0 und 0:1) – **1989: Nacional Medellin/COL** (– Olimpia Asuncion/PAR 0:2 und n. V. 2:0, 5:4 im Elfmeterschießen) – **1990: Olimpia Asuncion/PAR** (– Barcelona Guayaquil/ECU 2:0 und 1:1) – **1991: Colo Colo Santiago/CHI** (– Olimpia Asuncion/PAR 3:0 und 0:0) – **1992: FC Sao Paulo/BRA** (– Newell's Old Boys/ARG 0:1 und n. V. 1:0, 3:2 im Elfmeterschießen) – **1993: FC Sao Paulo/BRA** (– Universidad Catolica Santiago/CHI 5:1 und 0:2) – **1994: Velez Sarsfield/ARG** (– FC Sao Paulo/BRA 1:0 und n. V. 0:1, 5:3 im Elfmeterschießen) – **1995: Gremio Porto Alegre/BRA** (– Nacional Medellin/COL 3:1 und 1:1) – **1996: River Plate/ARG** (– America Cali/COL 2:0 und 0:1) – **1997: Cruzeiro Belo Horizonte/BRA** (– Sporting Cristal Lima/PER 1:0 und 0:0) – **1998: Vasco da Gama/BRA** (– Barcelona Guayaquil/ECU 2:0 und 2:1) – **1999: Palmeiras Sao Paulo/BRA** (– Deportivo Cali/COL 0:1 und 2:1, 4:3 im Elfmeterschießen) – **2000: Boca Juniors/ARG** (– Palmeiras Sao Paulo/BRA 2:2 und 0:0, 4:2 im Elfmeterschießen) – **2001: Boca Juniors/ARG** (– CD Cruz Azul/MEX 1:0 und 0:1, 3:1 im Elfmeterschießen) – **2002: Olimpia Asuncion/PAR** (– AD Sao Caetano/BRA 0:1 und 2:1, 4:2 im Elfmeterschießen) – **2003: Boca Juniors/ARG** (– FC Santos/BRA 2:0 und 3:1) – **2004: Once Caldas/COL** (– Boca Juniors/ARG 0:0 und 1:1, 2:0 im Elfmeterschießen) – **2005: FC Sao Paulo/BRA** (– Atletico Paranaense/BRA 1:1 und 4:0) – **2006: Internacional Porto Alegre/BRA** (– FC Sao Paulo/BRA 2:2 und 2:1) – **2007: Boca Juniors/ARG** (– Gremio Porto Alegre/BRA 3:0 und 2:0) – **2008: LDU Quito/ECU** (– FC Fluminense/BRA 4:2 und 1:3, Elfmeterschießen 3:1) – **2009: Estudiantes La Plata/ARG** (– Cruzeiro Belo Horizonte/BRA 0:0 und 2:1) – **2010:** Das Finale wurde erst nach Redaktionsschluss ausgetragen – **2010: Internacional Porto Alegre/BRA** (– Chivas Guadalajara/MEX 2:1 und 3:2) – **2011: FC Santos/BRA** (– Penarol Montevideo/URU 2:1 und 0:0).

Südamerika: Supercopa Libertadores

Ausgespielt zwischen den bisherigen Siegern der Copa Libertadores.

1988 Racing Avellaneda/ARG – 1989 Boca Juniors/ARG – 1990 Olimpia Asuncion/PER – 1991, 1992 Cruzeiro Belo Horizonte/BRA – 1993 FC Sao Paulo/BRA – 1994, 1995 Independiente Avellaneda/ARG – 1996 Velez Sarsfield/ARG – 1997 River Plate/ARG – seitdem nicht mehr ausgetragen.

Südamerika: Recopa

Ausgespielt zwischen dem Sieger der Copa Libertadores und dem Sieger der Supercopa. Nachdem der FC Sao Paulo 1993 beide Pokale gewonnen hatte, spielte er gegen den Sieger der Copa Conmebol (FR Botafogo).

1988 Nacional Montevideo/URU – 1989 Boca Juniors/ARG – 1990 Olimpia Asuncion/PAR – 1992, 1993 FC Sao Paulo/BRA – 1994 Independiente Avellaneda/ARG – 1995 Gremio Porto Alegre/BRA – 1996 Velez Sarsfield/ARG – 1997 Cruzeiro Belo Horizonte/BRA – 1998 bis 2001 nicht ausgetragen – seit 2002/03 ausgespielt zwischen dem Sieger der Copa Libertadores und dem Sieger der Copa Sudamericana: 2003 Olimpia Asuncion/PAR – 2004 Cienciano Cusco/PER – 2005, 2006 Boca Juniors/ARG – 2007 Internacioanl Porto Alegre/BRA – 2008 Boca Juniors/ARG – 2009, 2010 LDU Quito/ECU.

Südamerika: Copa Conmebol

1992 Atletico Mineiro/BRA – 1993 Botafogo FR/BRA – 1994 FC Sao Paulo/BRA – 1995 Rosario Central/ARG – 1996 AC Lanus/ARG – 1997 Atletico Mineiro/BRA – 1998 FC Santos/BRA – 1999 Talleres Cordoba/ARG – seitdem nicht mehr ausgetragen.

Südamerika: Copa Mercosur

1998 Palmeiras Sao Paulo/BRA – 1999 CR Flamengo/BRA – 2000 Vasco da Gama/BRA – 2001 San Lorenzo de Almagro/ARG – danach zu Gunsten der Copa Sudamericana eingestellt.

Südamerika: Copa Merconorte

1998 Atletico Nacional Medellin/COL – 1999 America Cali/COL – 2000 Atletico Nacional Medellin/COL – 2001 Millionarios Bogota/COL – danach zu Gunsten der Copa Sudamericana eingestellt.

Südamerika: Copa Sudamericana

2002 San Lorenzo de Almagro/ARG – 2003 Cienciano Cusco/PER – 2004, 2005 Boca Juniors/ARG – 2006 Pachuca CF/MEX – 2007 Arsenal Sarandi/ARG – 2008 Internacional Porto Alegre/BRA – 2009 LDU Quito/ECU – 2010 Independiente Avellaneda/ARG.

Nord- und Mittelamerika: Pokal der Landesmeister

1962: CD Guadalajara/MEX (– Comunicaciones Guatemala City/GUA 1:0 und 5:0) – **1963: Racing Club Cap Haitienne/HAI** (– CD Guadalajara/MEX; Racing kampflos Sieger, da Guadalajara nicht antrat) – 1964 und 1965: Turnier abgebrochen – 1966: nicht ausgetragen – **1967: Alianza San Salvador/SLV** (– Jong Colombia Sint Michiels/ANT 1:2, 3:0 und 5:3) – **1968: CD Toluca/MEX** (kampflos, da alle anderen teilnehmenden Vereine suspendiert wurden) – **1969: CD Cruz Azul/MEX** (– Comunicaciones Guatemala City/GUA 0:0 und 1:0) – **1970: CD Cruz Azul/MEX** (kampflos, da alle anderen teilnehmenden Vereine suspendiert wurden) – **1971: CD Cruz Azul/MEX** (– LD Alajuelense/CRC 5:1) – **1972: Olimpia Tegucigalpa/HON** (– Robin Hood Paramaribo/SUR 0:0 und 2:0) – **1973: SV Transvaal Paramaribo/SUR** (kampflos, da alle anderen teilnehmenden Vereine nicht antraten) – **1974: Municipal Guatemala City/GUA** (– SV Transvaal Paramaribo/SUR 2:1 und 2:1) – **1975: Atletico Espanol/MEX** (– SV Transvaal Paramaribo/SUR 3:0 und 2:1) – **1976: Aguila San Salvador/SLV** (– Robin Hood Paramaribo/SUR; San Salvador kampflos Sieger, da Paramaribo nicht antrat) – **1977: CF America/MEX** (– Robin Hood Paramaribo/SUR 1:0 und 0:0) – **1978: Universidad Guadalajara/MEX, Comunicaciones Guatemala City/GUA und Defence Force Chaguaramas/TRI** zum gemeinsamen Sieger erklärt – **1979: Deportivo FAS San Salvador/SLV** (– Jong Colombia Sint Michiels/ANT 1:0 und 8:0) – **1980: UNAM Pumas/MEX** (Sieger des Endrunden-Turniers mit drei teilnehmenden Mannschaften) – **1981: SV Transvaal Paramaribo/SUR** (– Atletico Marte San Salvador/SLV 1:0 und 1:1) – **1982: UNAM Pumas/MEX** (– Robin Hood Paramaribo/SUR 0:0 und 2:1) – **1983: FC Atlante/MEX** (– Robin Hood Paramaribo/SUR 1:1 und 5:0) – **1984: Violette Port-au-Prince/HAI** (kampflos, da alle anderen teilnehmenden Vereine nicht antraten) – **1985: Defence Force Chaguaramas/TRI** (– Olimpia Tegucigalpa/HON 2:0 und 0:1) – **1986: LD Alajuelense/CRC** (– SV Transvaal Paramaribo/SUR 4:1 und 1:1) – **1987: CF America/MEX** (– Defence Force Chaguaramas/TRI 1:1 und 2:0) – **1988: Olimpia Tegucigalpa/HON** (– Defence Force Chaguaramas/TRI 2:0 und 2:0) – **1989: UNAM Pumas/MEX** (– FC Pinar del Rio/CUB 1:1 und 3:1) – **1990: CF America/MEX** (– FC Pinar del Rio/CUB 2:2 und 6:0) – **1991: Club Puebla de la Franja/MEX** (– Police FC St. James/TRI 3:1 und 1:1) – **1992: CF America/MEX** (– LD Alajuelense/CRC 1:0) – **1993: Deportivo Saprissa/CRC** (Sieger der Endrunde mit vier Mannschaften) – **1994: CS Cartagines/CRC** (– FC Atlante/MEX 3:2) – **1995: Deportivo Saprissa/CRC** (Sieger der Endrunde mit vier Mannschaften) – **1996: CD Cruz Azul/MEX** (Sieger der Endrunde mit vier Mannschaften) – **1997: CD Cruz Azul/MEX** (– Los Angeles Galaxy/USA 5:3) – **1998: Washington DC United/USA** (– CD Toluca/MEX 1:0) – **1999: CD Necaxa/MEX** (– LD Alajuelense/CRC 2:1) – **2000: Los Angeles Galaxy/USA** (– Olimpia Tegucigalpa/HON 3:2) – 2001 Turnier wurde abgebrochen – **2002: Pachuca CF/MEX** (– Atletico Morelia/MEX 1:0) – **2003: CD Toluca/MEX** (– Monarcas Morelia/MEX 2:1 und 3:3) – **2004: LD Alajuelense/CRC** (– Deportivo Saprissa/CRC 4:0 und 1:1) – **2005: Deportivo Saprissa/CRC** (– UNAM Pumas/MEX 2:0 und 1:2) – **2006: CF America/MEX** (– CD Toluca/MEX n. V. 2:1 und 0:0) – **2007: Pachuca CF/MEX** (– CD Guadalajara/MEX n. V. 0:0, 7:6 im Elfmeterschießen 7:6 und 2:2) – **2008: Pachuca CF/MEX** (– Deportivo Saprissa/CRC 2:1 und 1:1) – **2009: CF Atlante Cancun/MEX** (– CD Cruz Azul/MEX 0:0 und 2:0) – **2010: Pachuca CF/MEX** (– CD Cruz Azul/MEX 1:0 und 1:2) – **2011: CF Monterrey/MEX** (– Real Salt Lake/USA 2:2 und 1:0).

Nord- und Mittelamerika: Pokal der Pokalsieger

1991: Atletico Marte San Salvador/SLV (Sieger der Endrunde mit vier Mannschaften) – 1992: nicht ausgetragen – **1993: CF Monterrey/MEX** (Sieger der Endrunde mit vier Mannschaften) – **1994: CD Necaxa/MEX** (– Aurora Guatemala City/GUA 3:0) – **1995: Universidad Guadalajara/MEX** (– Luis Angel Firpo Usulutan/SLV – Nachdem die Turniere 1996, 1997 und 1998 nicht beendet wurden, wurde der Wettbewerb eingestellt.

Afrika: Pokal der Landesmeister

1964: Oryx Douala/CMR (– Stade Malien/MLI 2:1) – 1965: nicht ausgetragen – **1966: Stade Abidjan/CIV** (– AS Real Bamako/MLI 1:3 und n. V. 4:1) – **1967: TP Englebert/COD** (– Asante Kotoko Kumasi/GHA 1:1 und n. V. 2:2) – **1968: TP Englebert/COD** (– Etoile Filante Lome/TOG 5:0 und 1:4) – **1969: Ismailia SC/EGY** (– TP Englebert/COD 2:2 und 3:1) – **1970: Asante Kotoko Kumasi/GHA** (– TP Englebert/COD 1:1 und 2:1) – **1971: Canon Yaounde/CMR** (– Asante Kotoko Kumasi/GHA 1:0 abgebrochen und gewertet) – **1972: Hafia Conakry/GUI** (– Simba Kampala/UGA 4:2 und 3:2) – **1973: Vita Club Kinshasa/COD** (– Asante Kotoko Kumasi/GHA 2:4 und 3:0) – **1974: CARA Brazzaville/CGO** (– Mehalla Al Kubra/EGY 4:2 und 2:1) – **1975: Hafia Conakry/GUI** (– Enugu Rangers/NGA 1:0 und 2:1) – **1976: MC Algier/ALG** (– Hafia Conakry/GUI 0:3 und 3:0, 4:1 im Elfmeterschießen) – **1977: Hafia Conakry/GUI** (– Hearts of Oak/GHA 1:0 und 3:2) – **1978: Canon Yaounde/CMR** (– Hafia Conakry/GUI 0:0 und 2:0) – **1979: Union Douala/CMR** (– Hearts of Oak/GHA 1:0 und 0:1, 5:3 im Elfmeterschießen) – **1980: Canon Yaounde/CMR** (– AS Bilima Kinshasa/COD 2:2 und 3:0) – **1981: JE Tizi-Ouzou/ALG** (– Vita Club Kinshasa/COD 4:0 und 1:0) – **1982: Al Ahly Kairo/EGY** (– Asante Kotoko Kumasi/GHA 3:0 und 1:1) – **1983: Asante Kotoko Kumasi/GHA** (– Al Ahly Kairo/EGY 0:0 und 1:0) – **1984: Zamalek Kairo/EGY** (– Shooting Stars Ibadan/NGA 2:0 und 1:0) – **1985: FAR Rabat/MAR** (– AS Bilima Kinshasa/COD 5:2 und 1:1) – **1986: Zamalek Kairo/EGY** (– Africa Sports Abidjan/CIV 2:0 und 0:2, 4:2 im Elfmeterschießen) – **1987: Al Ahly Kairo/EGY** (– Al Hilal Omdurman/SUD 0:0 und 2:0) – **1988: Entente Plasticiens Setif/ALG** (– Iwuanyanwu Owerri/NGA 0:1 und 4:0) – **1989: Raja Casablanca/MAR** (– MP Oran/ALG 1:0 und 0:1, 4:2 im Elfmeterschießen) – **1990: JS Kabylie Tizi-Ouzou/ALG** (– Nkana Red Devils/ZAM 1:0 und 0:1, 5:3 im Elfmeterschießen) – **1991: Club Africain Tunis/TUN** (– Nakivubo Villa Kampala/UGA 6:2 und 1:1) – **1992: WAC Casablanca/MAR** (– Al Hilal Omdurman/SUD 2:0 und 0:0) – **1993: Zamalek Kairo/EGY** (– Asante Kotoko Kumasi/GHA 0:0 und 0:0, 7:6 im Elfmeterschießen) – **1994: Esperance Tunis/TUN** (– Zamalek Kairo/EGY 0:0 und 3:1) – **1995: Orlando Pirates/RSA** (– ASEC Mimosas Abidjan/CIV 2:2 und 1:0) – **1996: Zamalek Kairo/EGY** (– Shooting Stars Ibadan/NGA 1:2 und 2:1, 5:4 im Elfmeterschießen) – **1997: Raja Casablanca/MAR** (– Obuasi Goldfields/GHA 0:1 und 1:0, 5:4 im Elfmeterschießen) – **1998: ASEC Mimosas Abidjan/CIV** (– Dynamos Harare/ZIM 0:0 und 4:2) – **1999: Raja Casablanca/MAR** (– Esperance Tunis/TUN 0:0 und 0:0, 4:3 im Elfmeterschießen) – **2000: Hearts of Oak/GHA** (– Esperance Tunis/TUN 2:1 und 3:1) – **2001: Al Ahly Kairo/EGY** (– Mamelodi Sundowns/RSA 3:0 und 1:1) – **2002: Zamalek Kairo/EGY** (– Raja Casablanca/MAR 1:0 und 0:0) – **2003: Enyimba Aba/NGA** (– Ismailia SC/EGY 2:0 und 0:1) – **2004: Enyimba Aba/NGA** (– Etoile du Sahel Sousse/TUN 2:1 und 1.2, 5:3 im Elfmeterschießen) – **2005: Al Ahly Kairo/EGY** (– Etoile du Sahel/TUN 3:0 und 0:0) – **2006: Al Ahly Kairo/EGY** (– CS Sfaxien/TUN 1:1 und 1:0) – **2007: Etoile du Sahel Sousse/TUN** (– Al Ahly Kairo/EGY 0:0 und 3:1) – **2008: Al Ahly Kairo/EGY** (– Cotonsport Garoua/CMR 2:0 und 2:2) – **2009: TP Mazembe Lubumbashi/COD** (– Heartland FC Owerri/NGA 1:0 und 1:2) – **2010: TP Mazembe Lubumbashi/COD** (– Esperance Tunis/TUN 5:0 und 1:1).

Afrika: Pokal der Pokalsieger

1975: Tonnerre Yaounde/CMR (– Stella Abidjan/CIV 1:0 und 4:1) – **1976: Shooting Stars Ibadan/NGA** (– Tonnerre Yaounde/CMR 4:1 und 0:1) – **1977: Enugu Rangers/NGA** (– Canon Yaounde/CMR 4:1 und 1:1) – **1978: Horoya Conakry/GUI** (– MA Hussein-Dey/ALG 3:1 und 2:1) – **1979: Canon Yaounde/CMR** (– Gor Mahia Nairobi/KEN 2:0 und 6:0) – **1980: TP Mazembe/COD** (– Africa Sports Abidjan/CIV 3:1 und 1:0) – **1981: Union Douala/CMR** (– Stationery Stores Lagos/NGA 0:0 und 2:1) – **1982: Al Mokaoulun**

Kairo/EGY (– Power Dynamos Kitwe/ZAM 2:0 und 2:0) – **1983: Al Mokaoulun Kairo/EGY** (– Agaza Lome/TOG 1:0 und 0:0) – **1984: Al Ahly Kairo/EGY** (– Canon Yaounde/CMR 1:0 und 0:1, 4:2 im Elfmeterschießen) – **1985: Al Ahly Kairo/EGY** (– Leventis United Ibadan/NGA 2:0 und 0:1) – **1986: Al Ahly Kairo/EGY** (– AS Sogara Port Gentil/GAB 3:0 und 0:2) – **1987: Gor Mahia Nairobi/KEN** (– Esperance Tunis/TUN 2:2 und 1:1) – **1988: Club Athletique Bizerte/TUN** (– Ranchers Bees Kaduna/NGA 0:0 und 1:0) – **1989: Al Merreikh Omdurman/SUD** (– Bendel Insurance Benin City/NGA 1:0 und 0:0) – **1990: BCC Lions Gboko/NGA** (– Club Africain Tunis/TUN 3:0 und 1:1) – **1991: Power Dynamos Kitwe/ZAM** (– BCC Lions Gboko/NGA 2:3 und 3:1) – **1992: Africa Sports Abidjan/CIV** (– Vital'O Bujumbura/BDI 1:1 und 4:0) – **1993: Al Ahly Kairo/EGY** (– Africa Sports Abidjan/CIV 1:1 und 1:0) – **1994: Daring Motema Pembe/COD** (– Kenya Breweries Nairobi/KEN 2:2 und 3:0) – **1995: JS Kabylie Tizi-Ouzou/ALG** (– Julius Berger Lagos/NGA 1:1 und 2:1) – **1996: Al Mokaoulun Kairo/EGY** (– AC Sodigraf Kinshasa/COD 0:0 und 4:0) – **1997: Etoile du Sahel Sousse/TUN** (– FAR Rabat/MAR 2:0 und 0:1) – **1998: Esperance Tunis/TUN** (– Primeiro de Agosto Luanda/ANG 3:1 und 1:1) – **1999: Africa Sports Abidjan/CIV** (– Club Africain Tunis/TUN 1:0 und 1:1) – **2000: Zamalek Kairo/EGY** (– Canon Yaounde/CMR 4:1 und 0:2) – **2001: Kaizer Chiefs/RSA** (– Inter Luanda/ANG 1:0 und 1:1) – **2002: WAC Casablanca/MAR** (– Asante Kotoko Kumasi/GHA 1:0 und 1:2) – **2003: Etoile du Sahel Sousse/TUN** (– Julius Berger Lagos/NGA 3:0 und 0:2) – danach mit dem CAF-Cup zum Confederation Cup zusammengelegt.

Afrika: CAF-Cup

1992: Shooting Stars Ibadan/NGA (– Nakivubo Villa Kampala/UGA 0:0 und 3:0) – **1993: Stella Abidjan/CIV** (– Simba Dar-es-Salaam/TAN 0:0 und 2:0) – **1994: Bendel Insurance Benin City/NGA** (– Primeiro de Maio Benguela/ANG 0:1 und 3:0) – **1995: Etoile du Sahel Sousse/TUN** (– AS Kaloum Star Conakry/GUI 0:0 2:0) – **1996: KAC Marrakech/MAR** (– Etoile du Sahel Sousse/TUN 1:3 und 2:0) – **1997: Esperance Tunis/TUN** (– Petro Atletico Luanda/ANG 0:1 und 2:0) – **1998: CS Sfaxien/TUN** (– ASC Jeanne d'Arc Dakar/SEN 1:0 und 3:0) – **1999: Etoile du Sahel Sousse/TUN** (– WAC Casablanca/MAR 1:0 und 1:2) – **2000: JS Kabylie Tizi-Ouzou/ALG** (– Ismailia SC/EGY 1:1 und 0:0) – **2001: JS Kabylie Tizi-Ouzou/ALG** (– Etoile du Sahel Sousse/TUN 1:0 und 1:2) – **2002: JS Kabylie Tizi-Ouzou/ALG** (– Tonnerre Yaounde/CMR 4:0 und 0:1) – **2003: Raja Casablanca/MAR** (– Cotonsport Garoua/CMR 2:0 und 0:0) – danach mit dem Pokal der Pokalsieger zum Confederation Cup zusammengelegt.

Afrika: Confederation Cup

2004: Hearts of Oak/GHA (– Asante Kotoko Kumasi/GHA 1:1 und 1:1, 8:7 im Elfmeterschießen) – **2005: FAR Rabat/MAR** (– Dolphin FC/NGA 3:0, 0:1) – **2006: Etoile du Sahel/TUN** (– FAR Rabat/MAR 0:0 und 1:1) – **2007: CS Sfaxien/TUN** (– Al-Merreikh Omdurman/SUD 1:0 und 4:2) – **2008: CS Sfaxien/TUN** (– Etoile du Sahel 0:0 und 2:2) – **2009: Stade Malien Bamako/MLI** (– ES Setif 2:0, Elfmeterschießen 3:2 und 0:2) – **2010: FUS Rabat/MAR** (– CS Sfaxien 3:2 und 0:0).

Afrika: Super Cup

Ausgespielt zwischen den Siegern der Pokale der Landesmeister und Pokalsieger/seit 2004 Confederation Cup.

1992: Africa Sports Abidjan/CIV (– WAC Casablanca 2:2, 5:3 im Elfmeterschießen) – **1993: Zamalek Kairo/EGY** (– Al-Ahly Kairo/EGY 1:0) – **1994: Esperance Tunis/TUN** (– Daring Motema Pembe 3:0) – **1995: Orlando Pirates/RSA** (– JS Kabylie Tizi-Ouzou 1:0) – **1996: Zamalek Kairo/EGY** (– Al-Mokaoulun Kairo/EGY 0:0, 4:2 im Elfmeterschießen) – **1997: Etoile du Sahel Sousse/TUN** (– Raja Casablanca/MAR 2:2, 4:2 im Elfmeterschießen) – **1998: ASEC Mimosas Abidjan/CIV** (– Esperance Tunis/TUN n. V. 3:1) – **1999: Raja Casablanca/MAR** (– Africa Sports Abidjan/CIV 2:0) – **2000: Hearts of Oak/GHA** (– Zamalek Kairo/EGY 2:0) – **2001: Al Ahly Kairo/EGY** (– Kaizer Chiefs/RSA 4:1) – **2002: Zamalek Kairo/EGY** (– WAC Casablanca/MAR 3:1) – **2003: Enyimba Aba/NGA** (– Etoile du Sahel Sousse/TUN 1:0) – **2004: Enyimba Aba/NGA** (– Hearts of Oak/GHA n. V. 2:0) – **2005: Al Ahly Kairo/EGY** (– FAR Rabat/MAR n. V. 0:0, 4:2 im Elfmeterschießen) – **2006: Al Ahly Kairo/EGY** (– Etoile du Sahel Sousse/TUN n. V. 0:0, 5:4 im Elfmeterschießen) – **2007: Etoile du Sahel Sousse/TUN** (– CS Sfaxien/TUN 2:1) – **2008: Al Ahly Kairo/EGY** (– CS Sfaxien/TUN 2:1) – **2009: TP Mazembe Lubumbashi/COD** (– Stade Malien Bamako/MLI 2:0) – **2010: TP Mazembe Lubumbashi/COD** (– FUS Rabat/MAR 0:0, Elfmeterschießen 9:8).

Asien: Pokal der Landesmeister/Champions League

1967: Hapoel Tel Aviv/ISR (– Selangor FA/MAS 2:1) – **1968: Maccabi Tel Aviv/ISR** (– Yangzee/KOR 1:0) – 1969: nicht ausgetragen – **1970: Taj Club Teheran/IRN** (– Hapoel Tel Aviv/ISR 2:1) – **1971: Maccabi Tel Aviv/ISR** (– Al Shourta Bagdad/IRQ, kampflos, da Al Shourta nicht antrat) – 1972: aus politischen Gründen abgesagt – 1973 bis 1985 nicht ausgetragen – **1986: Daewoo Royals/KOR** (– Al Ahly Riyadh/KSA 3:1) – **1987: Furukawa Electric Company/JPN** (Sieger der Endrunde mit vier Mannschaften) – **1988:**

Yomiuri Kawasaki/JPN (– Al Hilal Riyadh/KSA, Yomiuri kampflos Sieger, da Al Hilal nicht antrat) – **1989: Al Saad Doha/QAT** (– Al Rasheed Bagdad 2:3 und 1:0) – **1990: Liaoning Shenyang/CHN** (– Nissan Yokohama/JPN 2:1 und 1:1) – **1991: Esteghlal Teheran/IRN** (– Liaoning Shenyang/CHN 2:1) – **1992: Al Hilal Riyadh/KSA** (– Esteghlal Teheran/IRN n. V. 1:1, 4:3 im Elfmeterschießen) – **1993: Pas Teheran/IRN** (– Al Shabab Riyadh/KSA 1:0) – **1994: Thai Farmers Bank/THA** (– Omani Club Maskat/OMA 2:1) – **1995: Thai Farmers Bank/THA** (– Al Arabi Doha/QAT 1:0) – **1996: Ilhwa Chunma/KOR** (– Al Nasr Riyadh/KSA n. V. 1:0) – **1997: Pohang Steelers/KOR** (– Ilhwa Chunma/KOR i. V. 2:1) – **1998: Pohang Steelers/KOR** (– Dalian Wanda/CHN n. V. 0:0, 6:5 im Elfmeterschießen) – **1999: Jubilo Iwata/JPN** (– Esteghlal Teheran/IRN 2:1) – **2000: Al Hilal Riyadh/KSA** (– Jubilo Iwata/JPN i. V. 3:2) – **2001: Suwon Samsung Bluewings/KOR** (– Jubilo Iwata/JPN 1:0) – **2002: Suwon Samsung Bluewings/KOR** (– Anyang LG Cheetahs/KOR n. V. 0:0, 4:2 im Elfmeterschießen) – ab 2003 AFC Champions League, an der nur noch die stärksten 14 Länder teilnahmeberechtigt sind. 14 Länder einer B-Gruppe spielen künftig um den AFC Cup, die am schwächsten eingestuften Länder um den Presidents Cup – **2003: Al Ain SC/UAE** (– BEC Tero Sesana/THA 2:0 und 0:1) – **2004: Al Ittihad Jeddah/KSA** (– Ilhwa Chunma/KOR 1:3 und 5:0) – **2005: Al Ittihad Jeddah/KSA** (– Al Ain SC/UAE 4:2 und 1:1) – **2006: Chonbuk Hyundai Motors/KOR** (– Al Karama Homs/SYR 2:0 und 1:2) – **2007: Urawa Red Diamonds/JPN** (– Sepahan Isfahan/IRN 2:0 und 1:1) – **2008: Gamba Osaka/JPN** (– Adelaide United/AUS 3:0 und 2:0) – **2009: Pohang Steelers/KOR** (– Al Ittihad Jeddah/KSA 2:1) – **2010: Seongnam Ilhwa Chunma/KOR** (– Zob Ahan Isfahan/IRN 3:1).

Asien: Pokal der Pokalsieger

1991: Pirouzi Teheran/IRN (– Al Muharraq/BHR 0:0 und 1:0) – **1992: Nissan Yokohama/JPN** (– Al Nasr Riyadh/KSA 1:1 und 5:0) – **1993: Nissan Yokohama** (– Pirouzi Teheran/IRN 1:1 und 1:0) – **1994: Al Qadisiyah Dammam/KSA** (– South China/HKG 4:2 und 2:0) – **1995: Yokohama Flügels/JPN** (– Al Sha'ab Dubai/UAE 2:1) – **1996: Bellmare Hiratsuka/JPN** (– Al Talaba Bagdad/IRQ 2:1) – **1997: Al Hilal Riyadh/KSA** (– Nagoya Grampus Eight/JPN 3:1) – **1998: Al Nasr Riyadh/KSA** (– Suwon Samsung Bluewings/KOR 1:0) – **1999: Al Ittihad Jeddah/KSA** (– Chunnam Dragons/KOR i. V. 3:2) – **2000: Shimizu S-Pulse/JPN** (– Al Zawra Bagdad/IRQ 1:0) – **2001: Al Shabab Riyadh/KSA** (– Dalian Shide/CHN 4:2) – **2002: Al Hilal Riyadh/KSA** (– Chonbuk Hyundai Motors/KOR i. V. 2:1) – danach mit dem Pokal der Landesmeister zur AFC Champions League zusammengelegt.

Asien: Super-Cup

Ausgespielt zwischen den Siegern der Pokale der Landesmeister und Pokalsieger.
1995: Yokohama Flügels/JPN (– Thai Farmers Bank/THA 1:1 und 3:2) – **1996: Ilhwa Chunma/KOR** (– Bellmare Hiratsuka/JPN 5:3 und 1:0) – **1997: Al Hilal Riyadh/KSA** (– Pohang Steelers/KOR 1:0 und 1:1) – **1998: Al Nasr Riyadh/KSA** (– Pohang Steelers/KOR 0:0 und 1:1) – **1999: Jubilo Iwata/JPN** (– Al Ittihad Jeddah/KSA 1:0 und 1:2) – **2000: Al Hilal Riyadh/KSA** (– Shimizu S-Pulse/JPN 2:1 und 1:1) – **2001: Suwon Samsung Bluewings/KOR** (– Al Shabab Riyadh/KSA 2:2 und 2:1) – **2002: Suwon Samsung Bluewings/KOR** (– Al Hilal Riyadh/KSA 1:0 und 0:1, 4:2 im Elfmeterschießen) – seitdem nicht mehr ausgespielt.

Asien: AFC Cup

2004: Al Wahda Damaskus/SYR (– Al Jaish Damaskus/SYR 2:3 und 1:0) – **2005: Al Faisaly Amman/JOR** (– Al Nijmeh Beirut/LIB 1:0 und 3:2) – **2006: Al Faisaly Amman/JOR** (– Muharraq Club/BHR 3:0 und 2:4) – **2007: Shabab Al Ordon Al Qadisiya Amman/JOR** (– Al Faisaly Amann/JOR 1:0 und 0:0) – **2008: Muharraq Club/BHR** (– Safa Beirut/LIB 5:1 und 5:4) – **2009: Al Kuwait SC Kaifan/KUW** (– Al Karama Homs/SYR 2:1) – **2010: Al-Ittihad Aleppo/SYR** (– Al Qadsia Kuwait/KUW 1:1, Elfmeterschießen 4:2).

Asien: Presidents Cup

2005: Regar-TadAZ Tursunsade/TJK (– Dordoy-Dinamo Naryn/KGZ 3:0) – **2006: Dordoy-Dinamo Naryn/KGZ** (– FC Vakhsh Qurghonteppa/TJK n. V. 2:1) – **2007: Dordoy-Dinamo Naryn/KGZ** (– Mahendra Police/NEP 2:1)) – **2008: Regar-TadAZ Tursunsade/TJK** (– Dordoy-Dinamo Naryn/KGZ n. V. 1:1, Elfmeterschießen 4:3) – **2009: Regar-TadAZ Tursunsade/TJK** (– Dordoy-Dinamo Naryn/KGZ 2:0) – **2010: Yadanabon FC/MYA** (– Dordoy-Dinamo Naryn/KGZ 1:0).

Ozeanien: Pokal der Landesmeister (ab 2007 O-League)

1999: South Melbourne/AUS (– Nadi FC/FIJ 5:1) – 2000 nicht ausgetragen – **2001: Wollongong City Wolves/AUS** (– Tafea FC/VAN 1:0) – 2002 bis 2004 nicht ausgetragen – **2005: Sydney FC/AUS** (– AS Magenta Noumea/NCL 2:0) – **2006: Auckland City/NZL** (– AS Piraé/TAH 3:1) – **2007: Waitakere United/NZL** (– Ba FC/FIJ 1:0 und 1:2) – **2008: Waitakere United/NZL** (– Kossa FC Honiara/SOL 5:0 und 1:3) – **2009: Auckland City/NZL** (– Koloale FC Honiara/SOL 2:2 und 7:2) – **2010: Hekari United/PNG** (– Waitakere United/NZL 3:0 und 1:2) – **2011: Auckland City/NZL** (– Amicale FC/VAN 4:0 und 2:1).

Das Ziel heißt Kiew. Ohne Punktverlust führt Deutschland die EM-Qualifikationsgruppe A an. Selbstbewusst stellten sich Neuer, Gomez, Kroos, Hummels, Friedrich, Khedira (stehend v. l.) sowie Lahm, Podolski, Müller, Schmelzer und Özil (vorne v. l.) vor dem Spiel in Wien gegen Österreich den Fotografen.

Wichtige Termine für die Fußballsaison 2011/2012

Sortiert nach Terminen und nach Wettbewerben:

Die Spielzeit Monat für Monat

Juli 2011

Di./Mi., 12./13. Champions League: 2. Qualifikationsrunde, Hinspiele
Do., 14. Europa League: 2. Qualifikationsrunde, Hinspiele
Fr. – Mo., 15. – 18. 2. Bundesliga: 1. Spieltag
Di./Mi., 19./20. Champions League: 2. Qualifikationsrunde, Rückspiele
Do., 21. Europa League: 2. Qualifikationsrunde, Rückspiele
Fr. – Mo., 22. – 25. 2. Bundesliga: 2. Spieltag
Fr./Sa., 22./23. 3. Liga: 1. Spieltag
Sa., 23. Supercup: Borussia Dortmund – FC Schalke 04 (in Gelsenkirchen)
Di./Mi., 26./27. Champions League: 3. Qualifikationsrunde, Hinspiele
Do., 28. Europa League: 3. Qualifikationsrunde, Hinspiele
Fr. – Mo., 29. – 1.8. DFB-Pokal: 1. Runde

August 2011

Di./Mi., 2./3. 3. Liga: 2. Spieltag
Di./Mi., 2./3. Champions League: 3. Qualifikationsrunde, Rückspiele
Do., 4. Europa League: 3. Qualifikationsrunde, Rückspiele
Fr. – So., 5. – 7. Bundesliga: 1. Spieltag
Fr. – Mo., 5. – 8. 2. Bundesliga: 3. Spieltag
Fr. – So., 5. – 7. 3. Liga: 3. Spieltag
Fr. – So., 5. – 7. Regionalliga: 1. Spieltag
Di., 9. U-21-EM-Quali: Deutschland – Zypern (in Karlsruhe)
Mi., 10. Länderspiel: Deutschland – Brasilien (in Stuttgart)
Mi. – Mi., 10. – 17. Champions League Frauen: 1. Runde (Mini-Turnier)
Fr. – Mo., 12. – 15. 2. Bundesliga: 4. Spieltag
Fr. – So., 12. – 14. Regionalliga: 2. Spieltag
Sa./So., 13./14. Bundesliga: 2. Spieltag
Sa., 13. 3. Liga: 4. Spieltag
Sa./So., 13./14. DFB-Pokal Frauen: 1. Runde
Di./Mi., 16./17. 3. Liga: 5. Spieltag
Di./Mi., 16./17. Champions League: Play-offs, Hinspiele
Do., 18. Europa League: Play-offs, Hinspiele
Fr. – So., 19. – 21. Bundesliga: 3. Spieltag
Fr. – Mo., 19. – 22. 2. Bundesliga: 5. Spieltag
Fr. – So., 19. – 21. 3. Liga: 6. Spieltag
Fr. – So., 19. – 21. Regionalliga: 3. Spieltag
So., 21. Frauen-Bundesliga: 1. Spieltag
Di./Mi., 23./24. Champions League: Play-offs, Rückspiele
Do., 25. Europa League: Play-offs, Rückspiele
Fr., 26. UEFA-Supercup: FC Barcelona – FC Porto (in Monaco)
Fr. – So., 26. – 28. Bundesliga: 4. Spieltag
Fr. – Mo., 26. – 29. 2. Bundesliga: 6. Spieltag
Fr./Sa., 26./27. 3. Liga: 7. Spieltag
Fr. – So., 26. – 28. Regionalliga: 4. Spieltag
So., 28. Frauen-Bundesliga: 2. Spieltag
Mi., 31. U-20-Länderspiel: Deutschland – Polen

September 2011

Do., 1. U-21-EM-Quali: Deutschland – San Marino (in Paderborn)
Fr., 2. EM-Qualifikation: Deutschland – Österreich (in Gelsenkirchen)
So., 4. U-20-Länderspiel: Schweiz – Deutschland (in Wohlen)
So., 4. Frauen-Bundesliga: 3. Spieltag
Di., 6. Länderspiel: Polen – Deutschland (in Danzig)
Di., 6. U-21-EM-Qualifikation: Weißrussland – Deutschland
Fr. – So., 9. – 11. Bundesliga: 5. Spieltag
Fr. – Mo., 9. – 12. 2. Bundesliga: 7. Spieltag
Fr. – So., 9. – 11. 3. Liga: 8. Spieltag
Fr. – So., 9. – 11. Regionalliga: 5. Spieltag
Sa./So., 10./11. DFB-Pokal Frauen: 2. Runde
Di./Mi., 13./14. 3. Liga: 9. Spieltag
Di./Mi., 13./14. Champions League: Gruppenphase, 1. Spieltag
Do., 15. Europa League: Gruppenphase, 1. Spieltag
Fr. – So., 16. – 18. Bundesliga: 6. Spieltag
Fr. – Mo., 16. – 19. 2. Bundesliga: 8. Spieltag
Fr. – So., 16. – 18. 3. Liga: 10. Spieltag
Fr. – So., 16. – 18. Regionalliga: 6. Spieltag
Sa., 17. EM-Qualifikation Frauen: Deutschland – Schweiz
Fr. – So., 23. – 25. Bundesliga: 7. Spieltag
Fr. – Mo., 23. – 26. 2. Bundesliga: 9. Spieltag
Fr. – Di., 23. – 27. 3. Liga: 11. Spieltag
Fr. – So., 23. – 25. Regionalliga: 7. Spieltag
So., 25. Frauen-Bundesliga: 4. Spieltag
Di./Mi., 27./28. Champions League: Gruppenphase, 2. Spieltag
Mi./Do., 28./29. Champions League Frauen: 2. Runde, Hinspiele
Do., 29. Europa League: Gruppenphase, 2. Spieltag
Fr. – Mo., 30. – 2.10. Bundesliga: 8. Spieltag
Fr. – Mo., 30. – 3.10. 2. Bundesliga: 10. Spieltag
Fr. – So., 30. – 2.10. 3. Liga: 12. Spieltag
Fr. – So., 30. – 2.10. Regionalliga: 8. Spieltag

Oktober 2011

So., 2. Frauen-Bundesliga: 5. Spieltag

Mi./Do., 5./6. Champions League Frauen: 2. Runde, Rückspiele

Mi., 5. U-20-Länderspiel: Deutschland – Italien

Do., 6. U-21-EM-Qualifikation: Deutschland – Bosnien-Herzegowina (Ingolstadt)

Fr., 7. EM-Qualifikation: Türkei – Deutschland (in Istanbul)

So., 9. U-20-Länderspiel: Deutschland – Schweiz

So., 9. Frauen-Bundesliga: 6. Spieltag

Mo., 10. U-21-EM-Qualifikation: San Marino – Deutschland)

Di., 11. EM-Qualifikation: Deutschland – Belgien (in Düsseldorf)

Fr. – So., 14. – 16. Bundesliga: 9. Spieltag

Fr. – Mo., 14. – 17. 2. Bundesliga: 11. Spieltag

Fr. – So., 14. – 16. 3. Liga: 13. Spieltag

Fr. – So., 14. – 16. Regionalliga: 9. Spieltag

So., 16. Frauen-Bundesliga: 7. Spieltag

Di./Mi., 18./19. Champions League: Gruppenphase, 3. Spieltag

Do, 20. Europa League: Gruppenphase, 3. Spieltag

Fr. – So., 21. – 23. Bundesliga: 10. Spieltag

Fr. – Mo., 21. – 24. 2. Bundesliga: 12. Spieltag

Fr. – So., 21. – 23. 3. Liga: 14. Spieltag

Fr. – So., 21. – 23. Regionalliga: 10. Spieltag

Sa., 22. EM-Qualifikation Frauen: Rumänien – Deutschland

Di./Mi., 25./26. DFB-Pokal: 2. Runde

Fr. – So., 28. – 30. Bundesliga: 11. Spieltag

Fr. – Mo., 28. – 31. 2. Bundesliga, 13. Spieltag

Fr. – So., 28. – 30. 3. Liga: 15. Spieltag

Fr. – So., 28. – 30. Regionalliga: 11. Spieltag

Sa./So., 29./30. DFB-Pokal Frauen: Achtelfinale

November 2011

Di./Mi., 1./2. Champions League: Gruppenphase, 4. Spieltag

Mi./Do., 2./3. Champions League Frauen: Achtelfinale, Hinspiele

Do., 3. Europa League: Gruppenphase, 4. Spieltag

Fr. – So., 4. – 6. Bundesliga: 12. Spieltag

Fr. – Mo., 4. – 7. 2. Bundesliga: 14. Spieltag

Fr. – So., 4. – 6. 3. Liga: 16. Spieltag

Fr. – So., 4. – 6. Regionalliga: 12. Spieltag

So., 6. Frauen-Bundesliga: 8. Spieltag

Mi./Do., 9./10. Champions League Frauen: Achtelfinale, Rückspiele

Fr. – So., 11. – 13. Regionalliga: 13. Spieltag

Fr./Sa., 11./12. EM-Qualifikation: Play-offs, Hinspiel oder

Fr., 11. Länderspiel: Ukraine – Deutschland (in Kiew)

Fr., 11. U-21-EM-Qualifikation: Griechenland – Deutschland

Sa., 12. U-20-Länderspiel: Polen – Deutschland

Sa./So., 12./13. Frauen-Bundesliga: 9. Spieltag

Di., 15. EM-Qualifikation: Play-offs, Rückspiel oder

Di., 15. Länderspiel: Deutschland – Niederlande (in Hamburg)

Di., 15. U-21-EM-Qualifikation: Zypern – Deutschland

Fr. – So., 18. – 20. Bundesliga: 13. Spieltag

Fr. – Mo., 18. – 21. 2. Bundesliga: 15. Spieltag

Fr. – So., 18. – 20. 3. Liga: 17. Spieltag

Fr. – So., 18. – 20. Regionalliga: 14. Spieltag

Sa., 19. EM-Qualifikation Frauen: Deutschland – Kasachstan

Di./Mi., 22./23. Champions League: Gruppenphase, 5. Spieltag

Do., 24. EM-Qualifikation Frauen: Spanien – Deutschland

Fr. – So., 25. – 27. Bundesliga: 14. Spieltag

Fr. – Mo., 25. – 28. 2. Bundesliga: 16. Spieltag

Fr. – So., 25. – 27. 3. Liga: 18. Spieltag

Fr. – So., 25. – 27. Regionalliga: 15. Spieltag

So., 27. Frauen-Bundesliga: 10. Spieltag

Mi./Do., 30./1.12. Europa League: Gruppenphase, 5. Spieltag

Dezember 2011

Fr. – So., 2. – 4. Bundesliga: 15. Spieltag

Fr. – Mo., 2. – 5. 2. Bundesliga: 17. Spieltag

Fr. – So., 2. – 4. 3. Liga: 19. Spieltag

Fr. – So., 2. – 4. Regionalliga: 16. Spieltag

Sa./So., 3./4. DFB-Pokal Frauen: Viertelfinale

Di./Mi., 6./7. Champions League: Gruppenphase, 6. Spieltag

Fr. – Mo., 8. – 18. FIFA-Klub-WM (in Japan)

Fr. – So., 9. – 11. Bundesliga: 16. Spieltag

Fr. – Mo., 9. – 12. 2. Bundesliga: 18. Spieltag

Fr. – So., 9. – 11. 3. Liga: 20. Spieltag

Fr. – So., 9. – 11. Regionalliga: 17. Spieltag

So., 11. Frauen-Bundesliga: 11. Spieltag

Mi./Do., 14./15. Europa League: Gruppenphase, 6. Spieltag

Fr. – So., 16. – 18. Bundesliga, 17. Spieltag

Fr. – Mo., 16. – 19. 2. Bundesliga: 19. Spieltag

Fr. – So., 16. – 18. 3. Liga: 21. Spieltag

Fr. – So., 16. – 18. Regionalliga: 18. Spieltag

So., 18. Frauen-Bundesliga: 12. Spieltag

Di./Mi., 20./21. DFB-Pokal: Achtelfinale

Januar 2012

Fr. – So., 20. – 22. Bundesliga: 18. Spieltag

Fr. – So., 20. – 22. 3. Liga: 22. Spieltag

Sa., 21. DFB-Hallenpokal Frauen (Ort noch offen)

Fr. – So., 27. – 29. Bundesliga: 19. Spieltag

Fr. – So., 27. – 29. 3. Liga: 23. Spieltag

Februar 2012

Fr. – So., 3. – 5. Bundesliga: 20. Spieltag

Fr. – Mo., 3. – 6. 2. Bundesliga: 20. Spieltag
Fr. – So., 3. – 5. 3. Liga: 24. Spieltag
Di./Mi., 7./8. DFB-Pokal: Viertelfinale
Fr. – So., 10. – 12. Bundesliga: 21. Spieltag
Fr. – Mo., 10. – 13. 2. Bundesliga: 21. Spieltag
Fr. – So., 10. – 12. 3. Liga: 25. Spieltag
Fr. – So., 10. – 12. Regionalliga: 19. Spieltag
Di./Mi., 14./15. Champions League: Achtelfinale, Hinspiele
Mi., 15. EM-Qualifikation Frauen: Türkei – Deutschland
Do., 16. Europa League: Zwischenrunde, Hinspiele
Fr. – So., 17. – 19. Bundesliga: 22. Spieltag
Fr. – Mo., 17. – 20. 2. Bundesliga: 22. Spieltag
Fr. – So., 17. – 19. 3. Liga: 26. Spieltag
Fr. – So., 17. – 19. Regionalliga: 20. Spieltag
Di./Mi., 21./22. Champions League: Achtelfinale, Hinspiele
Do., 23. Europa League: Zwischenrunde, Rückspiele
Fr. – So., 24. – 26. Bundesliga: 23. Spieltag
Fr. – Mo., 24. – 27. 2. Bundesliga: 23. Spieltag
Fr. – So., 24. – 26. 3. Liga: 27. Spieltag
Fr. – So., 24. – 26. Regionalliga: 21. Spieltag
So., 26. Frauen-Bundesliga: 13. Spieltag
Mo. – Do., 27. – 8.3. Frauen-Nationalmannschaft: Algarve-Cup (in Portugal)
Mi., 29. Länderspiel: Deutschland – Frankreich (in Bremen)
Mi., 29. U-21-EM-Qualifikation: Deutschland – Griechenland
Mi., 29. U-20-Länderspiel: Italien – Deutschland

März 2012

Fr. – Mo., 2. – 5. 2. Bundesliga: 24. Spieltag
Fr. – So., 2. – 4. 3. Liga: 28. Spieltag
Fr. – So., 2. – 4. Regionalliga: 22. Spieltag
Sa./So., 3./4. Bundesliga: 24. Spieltag
Di./Mi., 6./7. Champions League: Achtelfinale, Rückspiele
Do., 8. Europa League: Achtelfinale, Hinspiele
Fr. – So., 9. – 11. Bundesliga: 25. Spieltag
Fr. – Mo., 9. – 12. 2. Bundesliga: 25. Spieltag
Fr. – So., 9. – 11. 3. Liga: 29. Spieltag
Fr. – So., 9. – 11. Regionalliga: 23. Spieltag
So., 11. Frauen-Bundesliga: 14. Spieltag
Di./Mi., 13./14. Champions League: Achtelfinale, Rückspiele
Mi./Do., 14./15. Champions League Frauen: Viertelfinale, Hinspiele
Do., 15. Europa League: Achtelfinale, Rückspiele
Fr. – So., 16. – 18. Bundesliga: 26. Spieltag
Fr. – Mo., 16. – 19. 2. Bundesliga: 26. Spieltag
Fr. – So., 16. – 18. 3. Liga: 30. Spieltag
Fr. – So., 16. – 18. Regionalliga: 24. Spieltag
So., 18. Frauen-Bundesliga: 15. Spieltag
Di./Mi., 20./21. DFB-Pokal: Halbfinale
Mi./Do., 21./22. Champions League Frauen: Viertelfinale, Rückspiele
Fr. – So., 23. – 25. Bundesliga: 27. Spieltag
Fr. – Mo., 23. – 26. 2. Bundesliga: 27. Spieltag
Fr. – So., 23. – 25. 3. Liga: 31. Spieltag
Fr. – So., 23. – 25. Regionalliga: 25. Spieltag
So., 25. Frauen-Bundesliga: 16. Spieltag
Di./Mi., 27./28. Champions League: Viertelfinale, Hinspiele
Do., 29. Europa League: Viertelfinale, Hinspiele
Fr. – So., 30. – 1.4. Bundesliga: 28. Spieltag
Fr. – Mo., 30. – 2.4. 2. Bundesliga: 28. Spieltag
Fr. – So., 30. – 1.4. 3. Liga: 32. Spieltag
Fr. – So., 30. – 1.4. Regionalliga: 26. Spieltag
Sa., 31. EM-Qualifikation Frauen: Deutschland – Spanien

April 2012

Di./Mi., 3./4. Champions League: Viertelfinale, Rückspiele
Do., 5. Europa League: Viertelfinale, Rückspiele
Do., 5. EM-Qualifikation Frauen: Schweiz – Deutschland
Do. – So., 5. – 8. 2. Bundesliga: 29. Spieltag
Do. – So., 5. – 8. Regionalliga: 27. Spieltag
Sa./So., 7./8. Bundesliga: 29. Spieltag
Sa./So., 7./8. 3. Liga: 33. Spieltag
Sa. – Mo., 7. – 9. DFB-Pokal Frauen: Halbfinale
Di./Mi., 10./11. Bundesliga: 30. Spieltag
Di./Mi., 10./11. 2. Bundesliga: 30. Spieltag
Di./Mi., 10./11. 3. Liga: 34. Spieltag
Di./Mi., 10./11. Regionalliga: 28. Spieltag
Fr. – So., 13. – 15. Bundesliga: 31. Spieltag
Fr. – Mo., 13. – 16. 2. Bundesliga: 31. Spieltag
Fr. – So., 13. – 15. 3. Liga: 35. Spieltag
Fr. – So., 13. – 15. Regionalliga: 29. Spieltag
Sa./So., 14./15. Champions League Frauen: Halbfinale, Hinspiele
So., 15. Frauen-Bundesliga: 17. Spieltag
Di./Mi., 17./18. Champions League: Halbfinale, Hinspiele
Do., 19. Europa League: Halbfinale, Hinspiele
Fr. – So., 20. – 22. Bundesliga: 32. Spieltag
Fr. – Mo., 20. – 23. 2. Bundesliga: 32. Spieltag
Fr. – So., 20. – 22. 3. Liga: 36. Spieltag
Fr. – So., 20. – 22. Regionalliga: 30. Spieltag
Sa./So., 21./22. Champions League Frauen: Halbfinale, Rückspiele
So., 22. Frauen-Bundesliga: 18. Spieltag
Di./Mi., 24./25. Champions League: Halbfinale, Rückspiele
Do., 26. Europa League: Halbfinale, Rückspiele
Fr. – So., 27. – 29. Regionalliga: 31. Spieltag

Sa., 28. Bundesliga: 33. Spieltag
Sa., 28. 3. Liga: 37. Spieltag
So., 29. 2. Bundesliga: 33. Spieltag
So., 29. Frauen-Bundesliga: 19. Spieltag

Mai 2012
Sa., 5. Bundesliga: 34. Spieltag
Sa., 5. 3. Liga: 38. Spieltag
Sa./So., 5./6. Regionalliga: 32. Spieltag
So., 6. 2. Bundesliga: 34. Spieltag
So., 6. Frauen-Bundesliga: 20. Spieltag
Mi., 9. Europa League: Endspiel (in Bukarest)
Do./Fr., 10./11. Bundesliga/ 2. Bundesliga/3. Liga: Relegation, Hinspiele
Sa., 12. DFB-Pokal: Endspiel (in Berlin)
Sa., 12. DFB-Pokal Frauen: Endspiel (in Köln)
Sa./So., 12./13. Regionalliga: 33. Spieltag
So./Mo., 13./14. Bundesliga/ 2. Bundesliga/3. Liga: Relegation, Rückspiele
Do., 17. Champions League Frauen: Endspiel (in München)
Sa., 19. Champions League: Endspiel (in München)
Sa./So., 19./20. Regionalliga: 34. Spieltag
So., 20. Frauen-Bundesliga: 21. Spieltag
ab Fr., 25. Abstellungsperiode zur Vorbereitung auf die EM 2012
Mo., 28. Frauen-Bundesliga: 22. Spieltag

Juni 2012
Fr. – So., 8. – 1.7. EM 2012 in Polen und der Ukraine
Sa., 16. EM-Qualifikation Frauen: Deutschland – Rumänien

Die Spielzeit nach Wettbewerben

A-Nationalmannschaft
10. 8. Brasilien (Stuttgart)
2. 9. EM-Qualifikation: Österreich (Gelsenkirchen)
6. 9. Polen (Danzig)
7. 10. EM-Qualifikation: Türkei (Istanbul)
11. 10. EM-Qualifikation: Belgien (Düsseldorf)
11. 11. Ukraine (Kiew) – oder EM-Play-off, Hinspiel
15. 11. Niederlande (Hamburg) – oder EM-Play-off, Rückspiel
29. 2. Frankreich (Bremen)

Bei erfolgreicher Qualifikation sind im Vorfeld der EM weitere Testspiele geplant.

8. 6. – 1. 7. EM-Endrunde in Polen und der Ukraine

U-21-Nationalmannschaft
9. 8. EM-Qualifikation: Zypern (Karlsruhe)
1. 9. EM-Qualifikation: San Marino (Paderborn)
6. 9. EM-Qualifikation: Weißrussland (A)
6. 10. EM-Qualifikation: Bosnien-Herzegowina (Ingolstadt)
10. 10. EM-Qualifikation: San Marino (A)
11. 11. EM-Qualifikation: Griechenland (A)
15. 11. EM-Qualifikation: Zypern (A)
29. 2. EM-Qualifikation: Griechenland (H)

U-20-Nationalmannschaft
Alle Spiele im Rahmen der internationalen U-20-Spielrunde:
31. 8. Polen (H)
4. 9. Schweiz (Wohlen)
5. 10. Italien (H)
9. 10. Schweiz (H)
12. 11. Polen (A)
29. 2. Italien (A)

Frauen-Nationalmannschaft
17. 9. EM-Qualifikation: Schweiz (H)
22. 10. EM-Qualifikation: Rumänien (A)
19. 11. EM-Qualifikation: Kasachstan (H)
24. 11. EM-Qualifikation: Spanien (A)
15. 2. EM-Qualifikation: Türkei (A)
27. 2. – 8. 3. Algarve Cup in Portugal
31. 3. EM-Qualifikation: Spanien (H)
5. 4. EM-Qualifikation: Schweiz (A)
16. 6. EM-Qualifikation: Rumänien (H)

Weitere Test- und Freundschaftsspiele waren bei Redaktionsschluss noch nicht vereinbart.

UEFA-Supercup
26. 8. FC Barcelona – FC Porto (Monaco)

FIFA-Klub-WM
8. – 18. 12. FIFA-Klub-WM (in Japan)

Champions League
Qualifikation: 1. Runde 28./29. 6. und 5./6. 7.
2. Runde 12./13. 7. und 19./20. 7.
3. Runde 26./27. 7. und 2./3. 8.
Play-offs: Auslosung 5. 8.
Spiele 16./17. 8. und 23./24. 8.
Gruppenphase: Auslosung 25. 8. – Spieltage 13./14. 9. – 27./28. 9. – 18./19. 10. – 1./2. 11. – 22./23. 11. – 6./7. 12.
Achtelfinale: Auslosung 16. 12. – Spiele 14./15./21./22. 2. und 6./7./13./14. 3.
Viertelfinale: Auslosung 16. 3. – Spiele 27./28. 3. und 3./4. 4.
Halbfinale: Auslosung 16. 3. – Spiele 17./18. 4. und 24./ 25. 4.
Endspiel: 19. 5. (München)

Europa League
Qualifikation: 1. Runde 30. 6. und 7. 7.
2. Runde 14. 7. und 21. 7.
3. Runde 28. 7. und 4. 8.
Play-offs: Auslosung 5. 8. – Spiele 18. 8. und 25. 8.
Gruppenphase: Auslosung 26. 8. – Spieltage 5. 9. – 29. 9. – 20. 10. – 3. 11. – 30. 11./1. 12. – 14./15. 12.
Zwischenrunde: Auslosung 16. 12. – Spiele 16. 2. und 23. 2.
Achtelfinale: Auslosung 16. 12. – Spiele 8. 3. und 15. 3.
Viertelfinale: Auslosung 16. 3. – Spiele 29. 3. und 5. 4.
Halbfinale: Auslosung 16. 3. – Spiele 19. 4. und 26. 4.
Endspiel: 9. 5. (Bukarest)

Frauen Champions League
1. Runde: 10. – 17. 8. (Miniturniere ohne deutsche Klubs)
2. Runde: 28./29. 9. und 5./6. 10.

Achtelfinale: 2./3. 11. und 9./
10. 11.
Viertelfinale: 14./15. 3. und
21./22. 3.
Halbfinale: 14./15. 4. und
21./22. 4.
Endspiel: 17. 5. (München)

DFB-Pokal
1. Runde: 29. 7. – 1. 8.
2. Runde: 25./26. 10.
Achtelfinale: 20./21. 12.
Viertelfinale: 7./8. 2.
Halbfinale: 20./21. 3.
Endspiel: 12. 5. (Berlin)

DFL-Supercup
23. 7. FC Schalke 04 –
Borussia Dortmund
(Gelsenkirchen)

DFB-Pokal Frauen
1. Runde: 13./14. 8.
2. Runde: 10./11. 9.
Achtelfinale: 29./30. 10.
Viertelfinale: 3./4. 12.
Halbfinale: 7. – 9. 4.
Endspiel: 12. 5. (Köln)

DFB-Pokal Frauen
1. Runde: 13. 9.
2. Runde: 14. 10.
Achtelfinale: 15. 11.
Viertelfinale: 20. 12.
Halbfinale: 4./5. 4.
Endspiel: 30. 5. in Köln